Der Große Duden · Wörterbuch und Leitfaden der deutschen Rechtschreibung

↑ *unter* Mit diesem Verweis wird auf Stichwortartikel verwiesen, in denen das Verweiswort in der Definition oder in der Herkunftsangabe steht, z. B.

Canossa ↑ *unter* Kanossa

Ka|nos|sa, das, _s (*übertr*; Demütigung) ⟨*nach* der Felsenburg Canossa in Oberitalien, ...⟩

[ ] Die *eckigen Klammern* schließen mögliche Auslassungen ein, ferner Aussprachebezeichnungen, Silbentrennungsangaben und außerdem Zusätze zu Worterläuterungen innerhalb der runden Klammern.

( ) In *runden Klammern* stehen die Worterklärungen, außerdem Auslassungen bei der Aussprache innerhalb der eckigen Klammern.

» « In *Anführungszeichen* innerhalb der runden Klammern für die Worterklärungen stehen wörtliche Bedeutungen, z. B.

si|ne ira et stu|dio [...] (»ohne Haß und Gunst«; ...) ⟨*lat*⟩

⟨ ⟩ In *Winkelklammern* stehen die Angaben über die Wortherkunft.

‚ ‘ In *halben Anführungszeichen* innerhalb der Winkelklammern für die Wortherkunft steht mitunter die ursprüngliche Bedeutung, z. B.

in spe [...] (zukünftig) ⟨*lat*, ‚in der Hoffnung‘⟩

| Der *senkrechte Strich* gibt die Silbentrennung an.

⋮ Die *senkrechte punktierte Linie* kennzeichnet die Nottrennung.
In den eckigen Klammern für die Aussprache kennzeichnet sie die getrennte Aussprache von Vokalen, die als Diphthonge oder Umlaute mißverstanden werden könnten.

· Der *auf Mitte stehende Punkt* in Wortgruppen scheidet die Stichwörter voneinander.

_ Der *waagerechte Strich* auf der Zeile vertritt das unveränderte Stichwort.

‿ Der *kleine Bogen* bei Zusammensetzungsbeispielen zeigt die Möglichkeit ähnlicher Zusammensetzungen an.

ˈ ˌ *Tonakzente* in der Aussprachebezeichnung vgl. 7.2. der »Einführung in Anlage und Aufbau des Wörterverzeichnisses«.

_ Der Strich unter einem Vokal oder unter einem Diphthong gibt die Betonung an, z. B.

In|ter|es|se
Aus|gang

in|ter|es|sie|ren
Kon|di|to|rei

.. *Zwei Punkte* ersetzen in den grammatischen Angaben, bei der Silbentrennung und in den Ausspracheangaben den fehlenden Teil des Stichwortes, z. B.

Dok|tor, der, _s, ..oren
Ni|veau [..ˈvo:]

Ba|racke [*Tr* ..rak|ke]
Ge|nie [ʒe..]

... *Drei Punkte* stehen für den fehlenden Teil eines zusammengesetzten Stichwortes oder auch eines Satzes innerhalb eines Fügungsbeispiels, z. B.

...far|big *K 277*: 1. *österr* **...fär|big** (z. B. ...)
daß *Konj, vgl. auch K 390*; ich glaube, daß ...

: *Doppelpunkt* nach Vokalen in der Ausspracheangabe bezeichnet deren Länge, d. h., sie werden lang gesprochen.

Der Große DUDEN

Wörterbuch und Leitfaden der deutschen Rechtschreibung

mit einem Anhang:
Vorschriften für den Schriftsatz,
Korrekturvorschriften,
Hinweise für das Maschinenschreiben

VEB Bibliographisches Institut Leipzig

Bearbeitet von der Dudenredaktion des VEB Bibliographisches Institut Leipzig unter Mitwirkung mehrerer Fachwissenschaftler

Mitarbeiter der Redaktion an dieser Bearbeitung:

Dieter Baer (Leitung), Brigitte Dalitz, Sonnele Eckstein, Ralf Engelbrecht, Pia Fritzsche, Dorothea Herfurth, Michael Herfurth, Helga Karamischewa, Werner Lange; Ruth Bloch, Gisela Kaupert, Elvira Meyer

Gestaltung: Renate Liebig

Der Große Duden : Wörterbuch u. Leitf. d. dt. Rechtschreibung ; mit e. Anh.: Vorschriften für d. Schriftsatz, Korrekturvorschriften, Hinweise für d. Maschinenschreiben. – 5., durchges. Aufl. (d. 18. Neubearb.) – Leipzig : Bibliographisches Institut, 1989. – 768, 4 S.

ISBN 3-323-00030-7

ISBN 3-323-00030-7

5., durchgesehene Auflage (der 18. Neubearbeitung)

Verlagslizenz-Nr. 433-130/144/89
Printed in the German Democratic Republic
Gesamtherstellung: INTERDRUCK Graphischer Großbetrieb Leipzig,
Betrieb der ausgezeichneten Qualitätsarbeit, III/18/97
Einbandgestaltung: Rolf Kunze, Großpösna
LSV 0817
Best.-Nr.: 577 680 6
Bestell-Nr. Volk und Wissen: 734 176 9
00980

Vorwort

Als Dr. Konrad Duden 1880 im Bibliographischen Institut zu Leipzig sein »Vollständiges Orthographisches Wörterbuch der deutschen Sprache« herausgab, ahnte er wohl kaum, daß dieses Wörterbuch mehr als 100 Jahre danach noch das maßgebliche Nachschlagewerk zur deutschen Rechtschreibung sein würde. Das Werk ist seit seinem ersten Erscheinen immer wieder neu bearbeitet und erweitert worden. Die Veränderungen im Sprachgebrauch, besonders im Wortschatz, erforderten die nunmehr 18. Neubearbeitung des Werkes.

Das *Wörterverzeichnis* wurde durchgängig neu bearbeitet. Während etwa 5000 neue Wörter, darunter viele Fachwörter der verschiedensten Gebiete, Eingang in den Duden fanden, wurden zahlreiche veraltete und überholte Wörter gestrichen. Dazu zählen auch überholte rechtschreibliche Doppelformen. Geprüft wurden weiterhin grammatische Angaben, Definitionen und Fügungen.

Die Betonungs- und Ausspracheangaben wurden von Frau Dr. Ursula Stötzer bearbeitet. Neu sind Betonungsangaben bei jedem mehrsilbigen Stichwort. Ausspracheangaben wurden besonders dort gegeben, wo eine vom Schriftbild abweichende Aussprache üblich ist und wo Betonungsunterschiede zu berücksichtigen waren.

Die stilistischen Angaben wurden im gesamten Wörterverzeichnis nach einheitlichen Kriterien bearbeitet. In diesem Zusammenhang wurden ebenfalls die Kennzeichnungen zu landschaftlichem, fachbezogenem bzw. fachsprachlichem sowie sondersprachlichem Wortschatz überprüft.

Sämtliche *geographische Namen* und die in den Stichwortartikeln erwähnten geographischen Angaben wurden unter Beachtung der neuesten Ausgabe der »Instruktion für die Schreibweise geographischer Namen in kartographischen Erzeugnissen der DDR« auf den aktuellen Stand gebracht.

Der *Leitfaden* und das *Abkürzungsverzeichnis* wurden überprüft und dem Wörterverzeichnis entsprechend ergänzt bzw. verändert.

Neu bearbeitet bzw. überarbeitet wurden die *Vorschriften für den Schriftsatz* und die *Hinweise für das Maschinenschreiben.*

Mit dieser völligen Neufassung stellt sich der Große Duden als das Nachschlagewerk vor, das über die geltenden Normen und den gegenwärtigen Sprachgebrauch in Orthographie, Grammatik, Stilistik, Betonung und Aussprache verbindlich Auskunft gibt.

Wir danken allen an der Entstehung dieser Auflage beteiligten Kollegen und Mitarbeitern innerhalb und außerhalb des Verlages sowie auch allen, die an den vorangegangenen Auflagen mitgewirkt haben.

Für Hinweise zur weiteren Verbesserung des Werkes sind wir jederzeit dankbar.

VEB BIBLIOGRAPHISCHES INSTITUT LEIPZIG

Inhaltsverzeichnis

Einführung in Anlage und Aufbau des Wörterverzeichnisses

Kurze Hinweise zur Benutzung befinden sich auf der vorderen Einbanddecke.

1. Wortauswahl

1.1. Das Wörterverzeichnis enthält die wichtigsten Stamm- und Lehnwörter der deutschen Sprache, häufig gebrauchte Fremdwörter, außerdem wichtige Ableitungen und Zusammensetzungen. Es enthält auch Termini vieler Fachgebiete, wie Chemie, Mathematik, Medizin, Physik usw. Für die Auswahl waren hauptsächlich rechtschreibliche und grammatische Gründe maßgebend.

1.2. Die von Verben häufig gebildeten Ableitungen auf *-ung* sind nicht in jedem Fall angeführt, da sie keine rechtschreiblichen Schwierigkeiten bieten; sie sind dann angeführt, wenn sie eine Eigenbedeutung haben, wie beispielsweise *Erfahrung*. Ableitungen von Verben auf *-eln* bzw. *-ern*, bei denen *e*-Ausfall möglich ist, sind nur in den im Sprachgebrauch üblichen Formen aufgeführt.

1.3. *Verkleinerungsformen* sind in der Regel nur verzeichnet, wenn sich das Stammwort verändert oder wenn eine Verkleinerung zwei Pluralformen hat. Es ist generell nur die gebräuchlichere Form angeführt, meist die Form auf *-chen*.

1.4. Die im Wörterverzeichnis angeführten *zusammengesetzten Wörter* sind nur als Beispiel für die Art der Bildung von Zusammensetzungen zu betrachten. Eine auch nur annähernde Erfassung des gebräuchlichen Wortschatzes ist mit Rücksicht auf die Handlichkeit dieses Nachschlagewerkes unmöglich und, besonders vom rechtschreiblichen Standpunkt her gesehen, unnötig. Die meisten substantivischen Zusammensetzungen sind bei den Stichwörtern zu finden, bei denen die Wortfuge Schwierigkeiten bietet.

2. Anordnung der Stichwörter

2.1. Die Stichwörter sind *alphabetisch* angeordnet. Bei gleichlautenden Stichwörtern stehen diejenigen mit kleinem Anfangsbuchstaben vor denen mit großem Anfangsbuchstaben. Umlaute (*ä* bzw. *ae*, *ö* bzw. *oe*, *ü* bzw. *ue*) gelten als einfache Laute (also als *a*, *o*, *u*). Dagegen zählen *ae*, *oe*, *ue* als zwei Buchstaben, wenn sie als zwei Lautwerte gesprochen werden. Ebenso zählt das Dehnungs-*e* (z. B. in Soest) als selbständiger Buchstabe. Der Buchstabe *ß* wird wie *ss* eingeordnet.

2.2. Zur *etymologischen* Anordnung der Stichwörter vgl. 8.2.

3. Silbentrennung (Worttrennung)

3.1. In der Regel ist die Silbentrennung durch senkrechte Striche angegeben (z. B. **Gast|stät|te**). Trennungsangaben können aber auch neben Stichwörtern in eckigen Klammern oder als Fußnoten stehen, wenn sich die Konsonanten von Stichwörtern bei der Trennung gegenüber dem ungetrennten Wort verändern, z. B.

schmecken [*Tr* schmek|ken]

Zuweilen sind Trennungsangaben neben die Ausspracheangaben gestellt, um eine Häufung von Klammern zu vermeiden, z. B.

In|vert|zucker [..v..; *Tr* ...zuk|ker]

3.2. Bei zusammenstoßenden Vokalen, von denen jeder einzelne silbisch ausgesprochen wird, wurde von den im Leitfaden unter *K 81* aufgeführten zwei Trennungsmöglichkeiten im Wörterverzeichnis nur *eine* Trennung berücksichtigt, z. B.

Ky|re|nai|ka (*möglich ist auch*: Ky|re|na|ika)
He|bräi|sche (*möglich ist auch*: He|brä|ische)

3.3. Bei Stichwörtern mit unbetontem *i* + Vokal sind keine Trennungen angegeben; wir empfehlen – entsprechend *K 88* –, Trennungen zwischen solchen Vokalgruppen zu vermeiden, z. B.

Me|ri|dian, In|dien, Na|tion, Gre|mium

3.4. Nottrennungen sind in der Regel nicht angegeben. Bei Ableitungen von geographischen Namen auf *-ow* (*vgl. K 91*) ist die Möglichkeit der Nottrennung durch eine punktierte Linie angezeigt, z. B.

Tel|tow:er [..to:ər, *Tr K 91*]

4. Aufbau der Stichwortartikel

4.1. Das *Stichwort* ist, einschließlich eventueller Nebenformen, durch halbfetten Druck gekennzeichnet, mit Silbentrennungsangaben (*vgl. K 68 ff.*) und in der Regel mit einem Tonstrich unter dem betonten Vokal versehen. Notwendige Ausspracheangaben (vgl. 7.) stehen in eckigen Klammern.

4.2. *Grammatische Angaben* gehören zu den meisten Stichwortartikeln. Bei *Substantiven* steht in der Regel der Artikel, der Genitiv Singular und der Nominativ Plural (z. B. **Arpeg|gia|tur** [..pɛdʒa..], die, –, –en). Bei *starken und unregelmäßigen Verben* (z. B. **be|ginnen**) ist außer dem Infinitiv (= Stichwort) die 2. Person Singular des Indikativs Präteritum (du begannst), die 2. Person Singular des Konjunktivs Präteritum (du begännest, *älter* begönnest), das Partizip II (begonnen) und der Imperativ im Singular (beginn[e]!) angegeben. Starke Verben, deren Stammvokal im Präsens von *e* zu *i* wechselt (z. B. **hel|fen**) oder umlautet (z. B. **hal|ten**), sind zusätzlich mit den Formen der 2. und 3. Person des Indikativs Präsens (du hilfst, er hilft) versehen. Bei den *schwachen Verben* sind nur dann Konjugationsformen zu finden, wenn sie in anderer Bedeutung stark konjugiert oder nur unpersönlich gebraucht werden (vgl. z. B. **¹lö|schen**) oder wenn rechtschreibliche Schwierigkeiten wie Wechsel von *ß* und *ss* in den Konjugationen beachtet werden müssen (vgl. z. B. **fas|sen**). Grammatische Angaben bei *Adjektiven* stehen nur, wenn Schwierigkeiten oder Unsicherheiten, z. B. in der Steigerung, auftreten können.

4.3. Die *Worterläuterungen* stehen in runden Klammern, wenn nötig, mit kursiven Sachgebiets-, territorialen (landschaftlichen) oder stilistischen Kennzeichnungen versehen. Es sind, wenn überhaupt, immer nur die wichtigsten Bedeutungen angegeben. Unterschiedliche Bedeutungen sind durch Semikolon voneinander getrennt, wenn vor der folgenden Bedeutung nicht eine kursive Kennzeichnung nötig ist. In diesem Fall steht ein Gedankenstrich. Die kursiven Kennzeichnungen wurden von der jeweiligen Wortbedeutung mit Semikolon abgetrennt, da sie im eigentlichen Sinne nicht der Bedeutungsangabe, sondern dem Stichwort zuzuordnen sind, z. B.

Jour|nal [ʒurˈna:l], das, –s, –e (Zeitung; Zeitschrift – *veraltend*; Tagebuch)

Bei Stichwörtern, deren Bedeutung mit einem kurzen Hinweis erschlossen werden kann, steht oftmals nur eine kursive Kennzeichnung als Erläuterung. Die stilistischen Angaben wurden häufig relativiert, da eine absolute Kennzeichnung ohne Kontext oft nicht möglich ist. Stehen territoriale Kennzeichnungen in Verbindung mit *noch*, so bedeutet das, daß die Stichwörter in der angegebenen Landschaft noch üblich, im allgemeinen Sprachgebrauch aber veraltet oder im Veralten begriffen sind.

4.4. Die Angaben über die *Herkunft* des Stichwortes stehen in Winkelklammern (vgl. 8.).

4.5. Am Ende des Stichwortartikels können Zusammensetzungs- und Fügungsbeispiele sowie Vergleichsverweise stehen. Hinter einfachen Stichwörtern, mit denen nur eine Art der Zusammensetzung üblich ist, finden sich häufig Zusammensetzungsbeispiele, eingeleitet durch die Abkürzung *Zus*, z. B.

> **Gar|ten,** der, –s, *Pl* Gärten. *Zus K 365ff.*: Garten‿tür usw.

4.6. Besonderheiten bei den Stichwortartikeln

4.6.1. Auf die Angabe des Genus (Geschlechts) und der Deklination wurde im Wörterverzeichnis bei *abgeleiteten Substantiven*, die mit folgenden Suffixen gebildet sind, verzichtet:

deutsche und eingedeutschte Suffixe:

-chen: Mädchen, das, –s, –
-lein: Äuglein, das, –s, –
-ei: Bäckerei, die, –, –en
-er: (soweit diese Substantive von Verben abgeleitet sind) Lehrer, der, –s, –
-heit: Freiheit, die, –, –en
-keit: Ähnlichkeit, die, –, –en
-ling: Lehrling, der, –s, –e
-schaft: Landschaft, die, –, –en
-tum: Bistum, das, –[e]s, ..tümer
-ung: Prüfung, die, –, –en

fremdsprachige Suffixe:

-ade: Fassade, die, –, –n
-age: Etage [...], die, –, –n [...]
-ant: Praktikant, der, –en, –en
-ent: Referent, der, –en, –en
-ion: Nation, die, –, –en
-ist: Germanist, der, –en, –en
-ität: Nationalität, die, –, –en

Ausnahmen: Bei Ableitungen, die in Genus, Numerus (Zahl) oder Deklination von diesen Beispielen abweichen, sind die grammatischen Angaben oder nur der Artikel hinzugefügt, z. B. **Hei|ter|keit,** die, – oder **Reich|tum,** der.
Bei *Zusammensetzungen* sind grammatische Angaben nur dann angeführt, wenn sie von den Angaben beim entsprechenden Einzelstichwort abweichen oder wenn das Grundwort als Einzelstichwort im Wörterverzeichnis nicht enthalten ist.

4.6.2. *Abgeleitete Substantive und Verben* wie *Abfahrt, abfahren, Beschluß, beschließen* sowie *Substantive und Verben mit Präfixen* wie *Unruhe, Mißernte, mißverstehen* sind ähnlich wie Zusammensetzungen behandelt, d. h., die grammatischen Angaben stehen nur dann, wenn sie nicht mit den grammatischen Angaben der einfachen Wörter (*Fahrt, fahren* usw.) übereinstimmen.

5. Verweisstichwörter

Im allgemeinen sind die bei einem Stichwort stehenden gleichberechtigten Formen oder sonstige Nebenformen in alphabetischer Reihenfolge als Verweisstichwörter aufgeführt. Von diesen wird mit einem Pfeil auf dasjenige Stichwort verwiesen, bei dem alle Formen näher behandelt sind.

6. Betonung

6.1. In jedem mehrsilbigen Stichwort gibt ein Tonstrich unter dem Vokal die Betonung an. Verändert sich die Betonung im Plural gegenüber dem Singular, so ist die Veränderung in den grammatischen Angaben zu finden, z. B.

Dok|tor, der, –s, ..oren

Agens, das, –, *Pl* Agenzien [..ĭən] *od* Agentia

6.2. Der durch Tonstrich gekennzeichnete Vokal ist in deutschen Wörtern und in Fremdwörtern griechisch-lateinischer Herkunft meist **lang** in offener oder durch Flexion oder Ableitung offener Silbe (ein Vokal steht am Silbenende), z. B. **Do|se, Me|tho|de, Mu|se-um, röt|lich** (weil: **ro|te**), **Me|nü**. **Kurz** ist er in stets geschlossener Silbe (ein Konsonant schließt die Silbe), z. B. **Kan|te, Knos|pe, Stu|dent, Kos|mos, kom|men, letz|tens, Ap|pell,** sowie vor st, sch [ʃ], ng [ŋ], x [ks], z. B. **wa|schen, sin|gen, Re|flex.** Unbetonte Vokale sind immer kurz.

7. Aussprache

7.1. Die im Duden angewendete Lautschrift fußt auf den Aussprachebezeichnungen der Association Phonétique Internationale (Internationale Phonetische Vereinigung), ist aber den Zwecken des Dudens angepaßt. Für die aus fremden Sprachen übernommenen Stichwörter wird in der Regel die im Deutschen übliche Aussprache angegeben. Die Liste der benutzten Aussprachebezeichnungen (vgl. 7.3.) erfaßt die nachstehenden Konsonanten nicht, da für sie keine Ausspracheschwierigkeiten bestehen: b, d, f, g, h, j, k, l, m, n, p, r, t, v (bei Aussprache wie [f]), w.

Außerdem wurde die übliche Aussprache nicht angegeben bei

aa	[a:]	in einer Silbe (*wie in* Saat)
c	[k]	vor a, o, u (*wie in* Café)
c	[ts]	vor e, i, ä, ae [ɛ(:)], ö, oe [ø(:)] oder [œ], ü, ue [y(:)], y (*wie in* Celsius)
ch	[ç]	in deutschen Wörtern nach i, e, ä, ö, ü, ei, ai, eu, äu, n, l, r (*wie in* Recht, euch)
ch	[x]	in deutschen Wörtern nach a, o, u, au (*wie in* Bach)
chs	[ks]	(*wie in* Büchse)
ck	[k]	in deutschen Wörtern (*wie in* Ecke)
dsch	[dʒ]	(*wie in* Dschungel)
ee	[e:]	in einer Silbe (*wie in* See)
i	[ĭ]	vor Vokal in Fremdwörtern (*wie in* Union)
ie	[i:]	(*wie in* tief, Melodie)
ng	[ŋ]	im In- und Auslaut deutscher und eingedeutschter Wörter und in Ableitungen mit deutschen Suffixen (*wie in* bringen, Sublimierung, Hongkonger)
ng	[ŋg]	im Inlaut fremder Wörter (*wie in* Mangan, Mangold)
nk	[ŋk]	im Inlaut einfacher Wörter (*wie in* Bank)

oo	[o:]	in einer Silbe (*wie in* Moos)
ph	[f]	(*wie in* Geograph)
qu	[kv]	(*wie in* Quelle)
rh	[r]	(*wie in* Rheuma)
sp	[ʃp]	im Stammsilbenanlaut deutscher und im Wortanlaut eingedeutschter Wörter (*wie in* Spiel, Spedition)
sp	[sp]	im Wortinlaut (*wie in* Knospe, Prospekt)
st	[ʃt]	im Stammsilbenanlaut deutscher und im Wortanlaut eingedeutschter Wörter (*wie in* Bestand, Strapaze)
st	[st]	im Wortin- und -auslaut (*wie in* Fenster, Ast, Existenz)
th	[t]	(*wie in* Theater)
ti	[tsĭ]	vor Vokal in Fremdwörtern (*wie in* Aktion, Patient)
x	[ks]	(*wie in* boxen)
ü	[y:]	(*wie in* fühlen)
ü	[y]	(*wie in* füllen)
z	[ts]	(*wie in* Zahl)

7.2. Die Aussprache wird nur angegeben, wenn ein Wort nicht nach den im Deutschen üblichen Regeln ausgesprochen wird. Hauptakzent [ˈ] und Nebenakzent [ˌ] stehen vor der betonten Silbe, z. B.

Fan [fɛn] **loy|al** [lŏaˈja:l] **Re|cher|che** [reˈʃɛrʃə]
Bas|re|lief [ˈbareˌlĭɛf]

Wegen der besseren Erfaßbarkeit bleiben die Glieder mehrteiliger Stichwörter, auch französischer und englischer Wendungen mit Bindung (Liaison) und mit gesprochenem Auslautkonsonanten, in der Umschrift getrennt. Die Wendungen sind als Einheit zu sprechen, z. B.

Ac|cent ai|gu [akˌsã: tɛˈgy:], der, – –, *Pl* –s –s [akˌsã: zɛˈgy:]

7.2.1. Bei Stichwörtern mit den Buchstaben ch, sp, st, v, ie, y (vgl. 7.1.) genügen oft die entsprechenden Lautzeichen, z. B.

Re|vo|lu|tion [..v..] **Yacht** [j..] **Li|nie** [..ĭə]

7.2.2. Die beim ersten Stichwort stehende Ausspracheangabe ist für alle nachfolgenden halbfetten Wortformen eines Stichwortartikels oder einer Wortgruppe (↑ 8.2.) gültig, sofern diese nicht eine neue Angabe erfordern, z. B.

bi|en|nal [biɛ..] · **Bi|en|na|le**
Char|ge [ˈʃarʒə] · **Char|gen|spie|ler** · **char|gie|ren** [..ˈʒi:..]

7.3. Zeichen der Lautschrift

7.3.1. Vokale

[a]	a (*wie in* Mann, Kahn, Master [ˈma:s..]); es vertritt auch das kurze dumpfe englische a (*wie in* Butler [ˈbat..])
[ã]	nasaliertes a (*wie in* Franc [frã:], Centime [sãˈti:m])
[ai]	Diphthong mit der Betonung auf a (*wie in* mein, Mai, live [laif])
[au]	Diphthong mit der Betonung auf a (*wie in* braun, Browning [ˈbrauniŋ])
[e]	geschlossenes e (*wie in* Klee, Meteor, Regie [reˈʒi:]); es vertritt auch den englischen Diphthong [ɛi] (*wie in* Shake [ʃe:k])

[ɛ] offenes e (*wie in* Mensch, Ähre, fair [fɛ:r]); es vertritt auch das sehr offene kurze englische ä (*wie in* Handikap ['hɛndikɛp])
[ɛ̃] nasaliertes e (*wie in* Impromptu [ɛ̃prɔ̃'ty:], Chagrinleder [ʃa'grɛ̃:..])
[ɛi] Diphthong mit der Betonung auf ɛ (*wie in* Van-Dyck-Braun [van'dɛik..])
[ə] kurzes dumpfes e (*wie in* Gebirge, Lilie [..ĭə])
[ər] vokalisiertes r in Affixen (*wie in* Verband, Terrier [..iər])
[i] i (*wie in* Sinn, Biene, Citoyen [sitŏa'jɛ̃:], Creek [kri:k])
[ĭ] sehr kurzes, nichtsilbenbildendes i (*wie in* Linie [..ĭə]). In der Aussprache russischer und anderer slawischer Wörter wird es zur Kennzeichnung der Palatalisierung verwendet (*wie in* Neman ['nĭɛ..]).
[o] geschlossenes o (*wie in* Sohn, Logis [lo'ʒi:], Plateau [..'to:]); es vertritt auch den englischen Diphthong [ou] (*wie in* Show [ʃo:])
[ɔ] offenes o (*wie in* Sonne, Hobby ['hɔbi]); es vertritt auch das lange [ɔ:], das sich dem a nähert (*wie in* Baseball ['be:sbɔ:l])
[ɔ̃] nasaliertes o (*wie in* Bonmot [bɔ̃'mo:], Chanson [ʃã'sɔ̃:])
[ɔy] Diphthong mit der Betonung auf ɔ (*wie in* Heu, Bräu, Boykott [bɔy..])
[ŏa] Diphthong mit der Betonung auf a (*wie in* chamois [ʃa'mŏa])
[ø] geschlossenes ö (*wie in* Ökonom, Öl, pasteurisieren [..tøri..], Friseuse [..'zø:zə])
[œ] offenes ö (*wie in* können, Feuilletonist [fœjəto..], Girl [gœ:rl])
[œ̃] nasaliertes ö (*wie in* Dunkerque [dœ̃'kɛrk], Verdun [vɛr'dœ̃:])
[u] u (*wie in* Fluß, Fuß, Routine [ru..], Route ['ru:..])
[ŭ] sehr kurzes, nichtsilbenbildendes u (*wie in* lingual [liŋ'gŭa:l])
[y] ü (*wie in* Stück, früh, Budget [by'dʒe:], Avenue [avə'ny:])

7.3.2. Konsonanten

[ç] siehe zwischen w und x
[ŋ] ng (*wie in* Enge, Bon [bɔŋ])
[r] r im Anlaut und nach kurzem Vokal (*wie in* rühren, Wort, Revue [rə'vy:], Tournee [tur..])
[r] vokalisiertes r nach langem Vokal (*wie in* Bär, Friseur [..'zø:r])
[s] stimmloses s (*wie in* Roß, City ['siti])
[z] stimmhaftes s (*wie in* Rose, Bulldozer [..do:zər])
[ʃ] stimmloses sch (*wie in* Schuh, Charme [ʃarm])
[ʒ] stimmhafter Sch-Laut (*wie in* Genie [ʒe..])
[θ] stimmloser Lispellaut (*wie in* Commonwealth ['kɔmənwɛlθ])
[ð] stimmhafter Lispellaut (*wie in* Bermúdez [..'muðɛθ])
[v] Lippenzahnlaut w (*wie in* Wolle, Violine [v..])
[w] u-ähnlicher Lippenlaut w (*wie in* Waterproof ['wɔ:tərpru:f]); es vertritt auch das polnische ł, Ł (*wie in* Wrocław ['vrɔtslaf, *poln* 'vrɔtswaf])
[ç] ch (*wie in* ich, Bronchien [..çiən])
[x] ch (*wie in* Dach, Achill [..x..])
[z] siehe zwischen s und ʃ

8. Wortherkunft

8.1. Allgemeines

Angaben über die Herkunft finden sich vor allem bei den Fremd- und den Lehnwörtern. Bei den deutschen Wörtern stehen sie nur dann, wenn die Herkunft besonders aufschlußreich ist oder wenn es sich um deutsche Wörter mit fremden Endungen handelt. Die Herkunftsangabe bei den deutschen Wörtern weist auf den sprachlichen Zusammenhang oder auf die sprachliche Verwandtschaft hin.
Die verschiedenen Entwicklungsstufen von Sprachen (z. B. Altfranzösisch, Mittellatein, Neugriechisch) sind in der Regel nicht berücksichtigt.
Zwischen Fremd- und Lehnwörtern wird bei Angabe der Wortherkunft grundsätzlich nicht unterschieden.

8.2. Wortgruppen

Alphabetisch aufeinanderfolgende Wörter, die von ein und derselben Wurzel abgeleitet werden können, sind in Wortgruppen zusammengeschlossen. Die Wortgruppen sind im Schriftbild an dem Einzug nach der ersten Zeile zu erkennen. Innerhalb dieser Wortgruppen sind die einzelnen Stichwörter durch auf Mitte stehende Punkte getrennt. Die Herkunftsangabe steht in der Regel beim ersten Stichwort; sie ist – wie die Ausspracheangabe – für alle nachfolgenden Stichwörter innerhalb der Wortgruppe gültig, sofern nicht für eines der nachfolgenden Stichwörter eine neue Herkunftsangabe erforderlich ist und sofern es sich nicht um zusammengesetzte Stichwörter innerhalb der Wortgruppe handelt. Die zusammengesetzten Stichwörter erhalten in der Regel keine Herkunftsangaben. Für sie sind die Angaben gültig, die bei den einzelnen als selbständige Stichwörter aufgeführten Bestandteilen verzeichnet sind.
Ist der eine Teil der Zusammensetzung nicht als selbständiges Stichwort vorhanden oder handelt es sich um zusammengesetzte Wortstammteile, so ist für die einzelnen Teile jeweils die Herkunftssprache angegeben. Die Sprachangaben sind durch das Zeichen + verbunden, z. B.

Au|to|mo|bil ... ⟨*grch* + *lat*, ‚Selbstbeweger'⟩

Bei einem Stichwort, das schon in der fremden Sprache aus mehreren Wörtern zusammengezogen ist, sowie bei fremdsprachigen Redewendungen wird nur die eine Sprache angegeben, aus der das Wort oder die Fügung unmittelbar ins Deutsche gelangt ist, z. B.

Ter|ra|kot|ta: ... – 2. *österr nur so, auch* **Ter|ra|kot|te** ... ⟨*ital*⟩

8.3. Einzelheiten

8.3.1. Bei deutschen Wörtern wird der sprachliche Zusammenhang in der Regel durch ⟨*zu* ...⟩ angegeben, z. B.

Ge|sicht ... ⟨*zu* sehen⟩

8.3.2. Während bei deutschen Wörtern die fremde Endung in der Herkunftsangabe bezeichnet wird, bleibt die deutsche Ableitungs- oder Vorsilbe bei Fremd- und Lehnwörtern unbezeichnet. In halbe Anführungszeichen gesetzte Angaben innerhalb der Winkelklammern bezeichnen die ursprüngliche Bedeutung des Wortes oder einer Redensart.
Der Weg, wie ein Fremd- oder Lehnwort über verschiedene Sprachen ins Deutsche gelangt ist, wird durch Pfeile angedeutet.

8.3.3. Die auf Eigennamen zurückgehenden Stichwörter sind mit der Herkunftsangabe ⟨*nach* ...⟩ versehen, z. B.

Grad Cel|sius ... ⟨*nach* dem schwed. Astronomen⟩

8.3.4. Gleichlautende Stichwörter verschiedener Herkunft werden durch vorangesetzte hochgestellte Zahlen bezeichnet, z. B.

¹Hecke ... ⟨*zu* Hag⟩
²Hecke ... ⟨*zu* hecken⟩

¹Schmir|gel ... ⟨*zu* schmieren⟩
²Schmir|gel ... ⟨*grch* → *lat* → *ital*⟩

8.4. Übersicht über die verwendeten Sprachbezeichnungen

afgh	afghanisch
afrik	afrikanisch
afrikaans	afrikaans
ägypt	ägyptisch
ahd	althochdeutsch
aind	altindisch
akkad	akkadisch
alb	albanisch
amerik	amerikanisch
amhar	amharisch
anord	altnordisch
apers	altpersisch
arab	arabisch
aram	aramäisch
armen	armenisch
assyr	assyrisch
austral	australisch
austroas	austroasiatisch
austrones	austronesisch
babyl	babylonisch
Bantu	Bantusprachen
bask	baskisch
Bengali	Bengali
Berberspr	Berbersprachen
bulg	bulgarisch
burmes	burmesisch
chin	chinesisch
dän	dänisch
drawid	drawidisch
dt	deutsch
engl	englisch
eskim	eskimoisch
estn	estnisch
etrusk	etruskisch
finn	finnisch
finnougr	finnougrisch
fläm	flämisch
frz	französisch
gallorom	galloromanisch
georg	georgisch
germ	germanisch
gräzis	gräzisiert
grch	griechisch
hebr	hebräisch
Hind	Hindustani
iber	iberisch
illyr	illyrisch
ind	indisch
indian	indianisch
indones	indonesisch
ir	irisch
iran	iranisch
isl	isländisch
ital	italienisch
italisch	italisch
jak	jakutisch
jap	japanisch
jav	javanisch
jidd	jiddisch
katalan	katalanisch
kaukas	kaukasisch
kelt	keltisch
kopt	koptisch
korean	koreanisch
lapp	lappisch
lat	lateinisch
latinis	latinisiert
lett	lettisch
lit	litauisch
maked	makedonisch
mal	malaiisch
mandschur	mandschurisch
Maori	Maorisprache
melan	melanesisch
mhd	mittelhochdeutsch
mnd	mittelniederdeutsch
mongol	mongolisch
ndrl	niederländisch
nhebr	neuhebräisch
norw	norwegisch
pers	persisch
phön	phönikisch
poln	polnisch
polyn	polynesisch
portug	portugiesisch
prov	provenzalisch
rätorom	rätoromanisch
rom	romanisch
rumän	rumänisch
russ	russisch
schwed	schwedisch
semit	semitisch
serbokr	serbokroatisch
singhal	singhalesisch
sinotibet	sinotibetisch
skand	skandinavisch
slaw	slawisch
slowak	slowakisch
slowen	slowenisch
sorb	sorbisch
span	spanisch
Swahili	Swahili
sumer	sumerisch
syr	syrisch
tagal	tagalisch
tat	tatarisch
Thaispr	Thaisprachen
tibet	tibetisch
tschech	tschechisch
tungus	tungusisch
türk	türkisch
Turkspr	Turksprachen
ukr	ukrainisch
ung	ungarisch
vietnames	vietnamesisch
Zig	Zigeunersprachen
Zulu	Zulusprache

9. Im Wörterverzeichnis und Leitfaden verwendete Abkürzungen

9.1. Die folgenden Abkürzungen sind in der Schriftart angegeben, in der sie im Wörterverzeichnis bzw. Leitfaden in der Regel gebraucht sind, doch sind die in Kursivschrift (Schrägschrift) stehenden Abkürzungen (ohne Punkt) gelegentlich in gewöhnlicher Schrift (mit Punkt) angewendet und umgekehrt.

9.2. Abkürzungen für *Sprachbezeichnungen* bei den Herkunftsangaben der Stichwörter siehe 8.4.

9.3. Es ist zu beachten, daß die folgenden Abkürzungen nicht mit den allgemein üblichen Abkürzungen verwechselt werden, die in einem besonderen Abkürzungsverzeichnis im Anschluß an das Wörterverzeichnis stehen (S. 560ff.).

9.4. Übersicht

Abergl	Aberglaube
Abk	Abkürzung
Abs	Absatz
abwert	abwertend
Adj	Adjektiv
Adv	Adverb
ägypt Mythol	ägyptische Mythologie
ägypt Sage	ägyptische Sage
akadem	akademisch
Akk	Akkusativ
alemann	alemannisch
allg	allgemein
Alpin	Alpinistik
altgriech Theat	altgriechisches Theater
amtl[1]	amtlich
Anat	Anatomie
Anthrop	Anthropologie
Arch	Architektur
Archäol	Archäologie
Art	Artikel
Astrol	Astrologie
Astron	Astronomie
A. T.	Altes Testament
Atomphys	Atomphysik
Ausspr	Aussprache
AV	Abkürzungsverzeichnis
babylon Sage	babylonische Sage
bair	bairisch (in der Herkunftsangabe)
Bankw	Bankwesen
Bauw	Bauwesen
bayr	bayrisch (bei landschaftl. Kennzeichnung)
Bergb	Bergbau
bergm	bergmännisch
berlin	berlinisch
bes	besonders
best	bestimmte, _n, _r
Bez.	Bezeichnung; Bezirk
bibl	biblisch
Biochem	Biochemie
Biol	Biologie
Bot	Botanik
Boxsp	Boxsport
Buchw	Buchwesen
bürgerl Staat	bürgerlicher Staat

[1] Bei Staatsnamen bezeichnet *amtl* die offizielle Vollform in deutscher Sprache.

bürospr	bürosprachlich
bzw	beziehungsweise
Chem	Chemie
christl Mythol	christliche Mythologie
christl Rel	christliche Religion
d.[1]	dies, dort
Dat	Dativ
Datenv	Datenverarbeitung
d. h.	das heißt
dicht	dichterisch
Dok	Dokumentation
dt	deutsch, _e, _er, _es
ehem.	ehemalige, _n, _r, _s
eigtl	eigentlich
einschl.	einschließlich
Eisenb	Eisenbahn
Eiskunstl	Eiskunstlauf
Elektrotechn	Elektrotechnik
En.	Eigenname
etw.	etwas
europ.	europäisch
ev Kirche	evangelische Kirche
ev-reform Kirche	evangelisch-reformierte Kirche
f	feminin (weiblich)
fachspr	fachsprachlich
Fallschirmsp	Fallschirmsport
fälschl	fälschlich
f. E.	fremde Endung
Fechtsp	Fechtsport
Fernmeldetechn	Fernmeldetechnik
Ferns	Fernsehen
Fernsprechw	Fernsprechwesen
Filmw	Filmwesen
Finanzw	Finanzwesen
Flugw	Flugwesen
Fn.	Familienname
Forstw	Forstwirtschaft
Fot	Fotografie
Fototechn	Fototechnik
fränk	fränkisch
französ Sage	französische Sage
Funkw	Funkwesen
Fut	Futur (Zukunft)
Gartenb	Gartenbau
Gastron	Gastronomie
Gen	Genitiv
Geneal	Genealogie
Geogr	Geographie
Geol	Geologie

[1] Stets mit Punkt.

Geom	Geometrie
Geophys	Geophysik
german Mythol	germanische Mythologie
german Sage	germanische Sage
Gesch	Geschichte
Geschl	Geschlecht
gespr	gesprochen
Ggs	Gegensatz
Gramm	Grammatik
griech Mythol	griechische Mythologie
griech-röm Mythol	griechisch-römische Mythologie
griech-röm Sage	griechisch-römische Sage
griech Sage	griechische Sage
Handarb	Handarbeit
hess	hessisch
Hilfsv	Hilfsverb
hist	historisch
histor.	historische, _n, _r, _s
Hotelw	Hotelwesen
Hptst.	Hauptstadt
Hüttenw	Hüttenwesen
idealist Philos	idealistische Philosophie
i. e. S.	im engeren Sinne
Imp	Imperativ
Ind	Indikativ
ind Philos	indische Philosophie
ind Rel	indische Religion
Inf	Infinitiv
Informationsth	Informationstheorie
Int	Interjektion
intr	intransitiv
in Zus	in Zusammensetzungen
iron	ironisch
irrtüml	irrtümlich
i. w. S.	im weiteren Sinne
Jh.	Jahrhundert
jmd.	jemand
jmdm.	jemandem
jmdn.	jemanden
jmds.	jemandes
jüd Legende	jüdische Legende
jüd Rel	jüdische Religion
K	Kennzahl
kap Wirtsch	kapitalistische Wirtschaft
karoling Sage	karolingische Sage
Kartensp	Kartenspiel

Kartogr	Kartographie
kath Kirche	katholische Kirche
kaufm	kaufmännisch
kelt Sage	keltische Sage
Kernphys	Kernphysik
kindersprr	kindersprachlich
Kochk	Kochkunst
Kommandospr	Kommandosprache
Komp	Komparativ
Konj	Konjunktion
Kosef	Koseform
Kosew	Kosewort
Kunstgesch	Kunstgeschichte
Kunstw	Kunstwort
Kunstwiss	Kunstwissenschaft[en]
Kurzw	Kurzwort
landsch	landschaftlich
Landsch.	Landschaft
Landw	Landwirtschaft
lausitz	lausitzisch
lautm	lautmalend
Lichttechn	Lichttechnik
Lit	Literatur
Literaturw	Literaturwissenschaft
Luftf	Luftfahrt
m	maskulin (männlich)
m.	männlich(er)
Mal	Malerei
Math	Mathematik
mecklenburg	mecklenburgisch
Med	Medizin
Meßtechn	Meßtechnik
Met	Meteorologie
Milit	Militär
Mineral	Mineralogie
mittelalterl Abergl	mittelalterlicher Aberglaube
mittelalterl Sage	mittelalterliche Sage
Motorsp	Motorsport
Münzw	Münzwesen
Mus	Musik
Mythol	Mythologie
n	neutral (sächlich)
N	Nord(en)
Nachrichtentechn	Nachrichtentechnik
Naturw	Naturwissenschaften
nd	niederdeutsch
Nebenf	Nebenform
Nom	Nominativ
norddt	norddeutsch (Sprachgebiet im Norden der DDR und BRD)
nord Mythol	nordische Mythologie
nord Sage	nordische Sage
normalspr	normalsprachlich
N. T.	Neues Testament
Num	Numerale
O	Ost(en)
obersächs	obersächsisch
od	oder
On.	Ortsname
Opt	Optik
orth Kirche	orthodoxe Kirche
österr	österreichisch(es)
ostfränk	*ostfränkisch*
Päd	*Pädagogik*
Paläont	*Paläontologie*
Part	*Partizip*
Pass	*Passiv*
Pelzw	*Pelzwirtschaft*
Pers	*Person*
Pferdesp	*Pferdesport*
Pharm	*Pharmazie*
Pharmakol	*Pharmakologie*
Philat	*Philatelie*
Philos	*Philosophie*
Phon	*Phonetik/Phonologie*
Phys	*Physik*
Pl	*Plural*
Pol	*Politik*
polit Ök	*politische Ökonomie*
Polygr	*Polygraphie*
Präs	*Präsens*
Prät	Präteritum
Prod	Produktion
Pron	Pronomen
Psych	Psychologie
Radsp	Radsport
Raumf	Raumfahrt
Rechtsw	Rechtswesen
refl	reflexiv
Reitsp	Reitsport
Rel	Religion
Rennsp	Rennsport
rhein	rheinisch
röm Mythol	römische Mythologie
röm Sage	römische Sage
Rudersp	Rudersport
Rundf	Rundfunk
S	Süd(en)
Sammelbez.	Sammelbezeichnung
scherzh	scherzhaft
Schiff	Schiffahrt
Schiffb	Schiffbau
Schimpfw	Schimpfwort
schülerspr	schülersprachlich
schweiz	schweizerisch(es)
seem	seemännisch
Seeversicherungsw	Seeversicherungswesen
Seew	Seewesen
semit Mythol	semitische Mythologie
Sg	Singular
Skisp	Skisport
slaw Sage	slawische Sage
sog.	sogenannt[e], _er, _es
soldatenspr	soldatensprachlich
Sprachw	Sprachwissenschaft
Sprechw	Sprechwissenschaft
sprichw	sprichwörtlich
studentenspr	studentensprachlich
Subst	Substantiv
süddt	süddeutsch (Sprachgebiet im Süden der BRD)
südwestdt	südwestdeutsch (Sprachgebiet im Südwesten der BRD)
Sup	Superlativ
svw.	soviel wie
Tanzk	Tanzkunst
Techn	Technik
Textiltechn	Textiltechnik
Textilwirtsch	Textilwirtschaft
Theat	Theater
thüring	thüringisch
tr	transitiv
Tr	Trennung (der Silben)
Transportw	Transportwesen
u.[1]; *u. ä.*[1]	und; und ähnliche[s]
übertr	übertragen
u. dgl.[1]	und dergleichen
umg	umgangssprachlich(es)
unbest	unbestimmt
unpers	unpersönlich
Urgesch	Urgeschichte
urspr	ursprünglich
usw.[1]	und so weiter
u. Z.[1]	unserer Zeitrechnung
verhüll	verhüllend
Verkehrsw	Verkehrswesen
Verkl, Verkleinerungsf	Verkleinerung[sform]
Vermessungsw	Vermessungswesen
Versicherungsw	Versicherungswesen
Vet	Veterinärmedizin
vgl.[1]	vergleiche
Vn.	Vorname
Völkerk	Völkerkunde
volkstüml	volkstümlich
v. u. Z.[1]	vor unserer Zeitrechnung
w.	weiblich(er)
W	West(en)
Wappenk	Wappenkunde
Wasserw	Wasserwirtschaft
Web	Weberei
weidm	weidmännisch
Weinb	Weinbau
Wirtsch	Wirtschaft
Wissensch	Wissenschaft
Zool	Zoologie
Zus	Zusammensetzung(en)
zw.	zwischen

[1] Stets mit Punkt.

WÖRTERVERZEICHNIS

A

A, das, *Gen* des A, *Pl* die A (Buchstabe); von A bis Z (von Anfang bis Ende); das A und [das] O (die Hauptsache, das Wesentlichste [*nach* Alpha u. Omega, dem ersten u. dem letzten Buchstaben des griech. Alphabets]); *K 106*: A-Laut
a: 1. das, _, _ (*Mus*; Tonbezeichnung) – 2. (*Mus*; Tonartbezeichnung [↑ a-Moll]) · **A**: 1. das, _, _ (*Mus*; Tonbezeichnung) – 2. (*Mus*; Tonartbezeichnung [↑ A-Dur])
à [a] (*kaufm*; für, je, zu, zu je) ⟨*frz*⟩; 5 Stück à 10 Pfennig
Aa, die, _ (Flußbezeichnung); *vgl. auch* Aach u. Ache · **Aach,** die, _ (Flußbezeichnung); *vgl. auch* Aa u. Ache
Aa|chen (Stadt im W der BRD) · **Aa|che|ner**: 1. *K 231*: der, _s, _; 2. *als Attribut K 232*: die Aachener Printen
Aal *K 8*, der, _[e]s, _e; *Verkl* Älchen (↑ *d.* [1]). *Zus K 365ff.*: Aal‿reuse usw. · **aa|len, sich** (*Akk*) (*umg*; sich [durch Nichtstun] ausruhen, faulenzen) · **aal|glatt**
Aar, der, _[e]s, _e (*dicht*; Adler)
Aar|au (Stadt in der Schweiz) · **Aa|re,** die, _ (Fluß in der Schweiz) · **Aar|gau,** der, _[e]s (Kanton in der Schweiz) · **aar|gau|isch**
Aas, das, _es, *Pl* _e (tote Tiere) *u.* Äser (als Schimpfwort), *österr in beiden Bedeutungen meist* Äser ⟨*zu* essen⟩. *Zus K 365ff.*: Aas‿geier usw. · **aa|sen** *K 354* (*salopp*; verschwenderisch umgehen) · **aa|sig** (ekelhaft)
ab: 1. *Adv*: _ und an (ab und zu); _ und zu (zuweilen); *K 125*: ab und zu nehmen (gelegentlich nehmen); *aber K 178*: ab- und zunehmen (abnehmen und zunehmen); auf und ab (↑ *d.*). *Schreibung in Verbindung mit »sein«* ↑ absein – 2. *Präp mit Dat, kaufm* [vor Orts- u. Zeitbestimmungen] *ohne Art*: ab [unserem] Werk, ab hier, ab Rostock, ab 1. März [*sprich*: ab erstem März, *umg meist* ab ersten März], ab heute
ab...: *in unfest zusammengesetzten Verben*, z. B. ablehnen *K 356*, du lehnst ab, abgelehnt, abzulehnen
Aba|kus, der, _, _ (*Arch*; Säulendeckplatte) ⟨*grch* → *lat*⟩
ab|än|dern · **Ab|än|de|rung**
Aban|don [abã'dɔ̃:], der, _s, _s (*Rechtsw*; Abtretung; Verzicht, Preisgabe) ⟨*frz*⟩ · **aban|don|nie|ren** [abãdɔ'ni:..] (*Rechtsw*)
ab|ar|bei|ten; sich (*Akk*) _
Ab|art · **ab|ar|ten** (*veraltend*; von der Art abweichen) · **ab|ar|tig**
ab|äschern *K 363*, **sich** (*Akk*) (*landsch umg*; sich abjagen, sich abarbeiten) ⟨*zu* Asche⟩
ab|backen [*Tr* ...bak|ken]
Ab|ba|si|de, der, _n, _n (Angehöriger des Kalifengeschlechts der Abbasiden) ⟨*nach* Abbas [a'ba:s], dem Oheim des Religionsstifters Mohammed⟩
Ab|bau, der, _[e]s, _e. *Zus K 365ff.*: Abbau‿produkt usw. · **ab|bau|en** · **Ab|bau|ten** *Pl* (*landsch*; abseits liegende Dorfteile) · **ab|bau|wür|dig**
Ab|bé [a'be:], der, _s, _s (niederer kath. Weltgeistlicher in Frankreich) ⟨*aram* → *grch* → *lat* → *frz*⟩
ab|bee|ren
ab|be|ru|fen · **Ab|be|ru|fung**
ab|be|stel|len · **Ab|be|stel|lung**
Ab|be|vil|lien [abəvi'liɛ̃:] ⟨*nach* der Stadt Abbeville [ab(ə)'vi:l] in Nordfrankreich⟩, das, _[s], *älter* **Chel|lé|en** [ʃɛle'ɛ̃:] ⟨*nach* der Stadt Chelles [ʃɛl] in Nordfrankreich⟩, das, _[s] (*Urgesch*; Kultur des frühesten Paläolithikums)
ab|bie|gen · **Ab|bie|gung**
Ab|bild · **ab|bil|den** · **Ab|bil|dung;** *Abk* Abb.
ab|bin|den
Ab|bit|te; _ tun, leisten
ab|bla|sen
ab|blas|sen *K 354*
ab|blät|tern
ab|blen|den · **Ab|blend|licht,** das, _[e]s
ab|blit|zen (*umg*; keinen Erfolg haben); jmdn. _ lassen (jmdn. abweisen)
ab|blocken[1] (*Sport*; einen Angriff abwehren)
Ab|brand (*Hüttenw*; Röstrückstand; Metallverlust durch Verbrennung) · **Ab|bränd|ler,** der, _s, _ (*südd, österr*; durch Brand Geschädigter)
ab|bre|chen
ab|brem|sen
Ab|bre|via|tur [..v..], die, _, _en (Abkürzung) ⟨*lat*⟩ · **ab|bre|vi|ieren**
ab|brin|gen; jmdn. von etw. _
ab|bröckeln[1]
Ab|bruch ⟨*zu* [1]Bruch⟩; jmdm. _ tun; keinen _ tun · **ab|bruch|reif**
ab|brü|hen; *vgl. auch* abgebrüht
ab|bu|chen · **Ab|bu|chung.** *Zus K 365ff.*: Abbuchungs‿auftrag, ...verfahren usw.
Abc [a:be:'tse:], *österr nur so, od* **Abe|ce,** das, _, _ · **Abc-Kode** *od* **Abc-Code** [*beide* a:be:'tse:ko:t] *K 186*, der, _s, _s (Telegrammschlüssel) · **abclich** ↑ abecelich · **Abc-Schüt|ze** *K 186*, *österr nur so, od* **Abe|ce|schüt|ze,** der
ABC-Staa|ten [a:be:'tse:..] *K 186 Pl* (Argentinien, Brasilien, Chile)
ABC-Waffen ↑ KBC-Waffen
ab|da|chen · **Ab|da|chung**
Ab|dampf (*Techn*) · **ab|damp|fen** · **ab|dämp|fen** ([Schall] dämpfend herabmindern) · **Ab|dampf|wär|me**
ab|dan|ken · **Ab|dan|kung** (*schweiz auch für* Trauerfeier)
ab|decken[1] · **Ab|decker**[1] (jmd., der Kadaver verarbeitet) · **Ab|decke|rei**[1] (Anstalt zur Beseitigung u. Verwertung von Kadavern)
Ab|de|ra (*Altertum*; Stadt in Thrakien) ⟨*grch* → *lat*⟩ · **Ab|de|rit,** der, _en, _en (Bewohner von Abdera)
ab|dich|ten · **Ab|dich|tung**
ab|ding|bar · **ab|din|gen** (*veraltend*; vom Preis abhandeln); jmdm. etw. _
Ab|do|men, das, _s, *Pl* _ *od* ..mina (*Med*; Unterleib, Bauch – *Zool*;

---

[1] *Tr* ..k|k..

Hinterleib der Gliederfüßer) ⟨*lat*⟩ · **ab|do|mi|nal** (*Med, Zool*)

ab|drän|gen (drängend entfernen, wegschieben); jmdn. _

ab|dre|hen

Abdrift ↑ Abtrift (2)

Ab|druck, *Pl* ..drücke *u.* (*Polygr*) ..drucke · **ab|drucken**¹; ein Buch _ · **ab|drücken**¹

Abece ↑ Abc · **abe|ce|lich** *od* **abc|lich** [a:be:'tse:liç], *österr nur so* · **Abeceschütze** ↑ Abc-Schütze

Abel (bibl. Gestalt) ⟨*hebr*⟩

abend; *K 109*: heute, gestern, morgen _; Dienstag abend *od* Dienstagabend · **Abend,** der, _s, _e (Tagesende; *nur Sg*: *noch übertr*; West[en]); des Abends, eines Abends, *aber K 109*: abends; gegen Abend; den [ganzen] Abend über; es ist, wird Abend; am Abend; diesen Abend; zu Abend essen; guten Abend sagen

Abend|brot, das, _[e]s; _essen · **aben|de|lang** *K 176, aber K 127*: drei Abende lang · **Abend|land,** das, _[e]s (*übertr*; Europa) · **abend|län|disch** (*übertr*) · **abend|lich** · **Abend|mahl,** *Pl* ..mahle; *K 119*: das heilige _ · **Abend|mahls|wein** · **Abend|rot** · **Abend|rö|te** (*gehoben*)

abends *K 109* (*Abk* abds.), *aber* des Abends; von früh bis abends; von morgens bis abends; abends spät; [um] 8 Uhr abends; abends [um] 8 Uhr (*umg*; [um] 20 Uhr); Dienstag abends; dienstags abends *od* dienstagabends

Abend|stu|dium, das, _s · **Abend|stun|de** · **abend|wärts** (*dicht*)

Aben|teu|er, das, _s, _ ⟨*lat → frz*⟩ · **Aben|teue|rin** *od* **Aben|teu|re|rin** *K 363*, die, _, ..innen · **aben|teu|er|lich** · **Aben|teu|er|lust,** die, _ · **aben|teu|ern** *K 363*; geabenteuert · **Aben|teu|rer** · **Abenteurerin** ↑ Abenteuerin

aber: 1. *Konj*; *vgl. auch K 390* und *K 450* – 2. *Adv* (wieder[um]); *in Fügungen wie* aber und abermals, tausend und aber tausend (*österr nur* abertausend), Tausende und aber Tausende (*österr nur* Abertausende), tausend- und aber tausendmal · **Aber,** das, _s, _; es ist ein _ dabei; das Wenn und [das] _

Aber|glau|be[n], der, ..ens · **aber|gläu|bisch**

ab|er|ken|nen; du erkennst ab, *auch* du aberkennst; jmdm. etw. _ · **Ab|er|ken|nung**

aber|ma|lig *Adj* · **aber|mals** *Adv*

¹ *Tr* ..k|k..

ab|ern|ten

Ab|er|ra|tion (*fachspr*; Abirrung, Abweichung) ⟨*lat*⟩; chromatische _ (*Opt*; ein Abbildungsfehler)

aber tausend ↑ *unter* aber (2)

Aber|witz, der, _es (*gehoben*; Wahnwitz) · **aber|wit|zig** (*gehoben*)

Abes|si|nien [..iən] (veraltete Bez. von Äthiopien [2]) · **Abes|si|nier** [..iər], der, _s, _ · **abes|si|nisch**

ab|fackeln [*Tr* ...fak|keln] (*fachspr, von Gasen gesagt*; durch Abbrennen beseitigen)

ab|fah|ren · **ab|fahr|be|reit** · **Ab|fahrt;** *Abk* Abf. · **Ab|fahrt[s]|gleis** · **Ab|fahrts‿zei|chen, ...zeit**

Ab|fall, der. *Zus K 365ff.*: Abfall‿produkt usw. · **ab|fäl|lig;** jmdn. _ beurteilen; _ urteilen

ab|fan|gen

ab|fär|ben

ab|fa|sen (*fachspr*; abkanten) ⟨*frz*⟩

ab|fas|sen

ab|fei|ern *K 363*

abferkeln ↑ ferkeln · **Ab|fer|kel|stall** (*Landw*)

ab|fer|ti|gen · **Ab|fer|ti|gung**

ab|fin|den · **Ab|fin|dung**

ab|fi|schen

ab|flau|en (schwächer werden, abnehmen) ⟨*germ → frz → ndrl*⟩

ab|flie|gen

ab|flie|ßen

ab|fluch|ten (*fachspr*; eine Baulinie abstecken)

Ab|flug · **ab|flug|be|reit**

Ab|fluß. *Zus K 365ff.*: Abfluß‿rohr usw.

Ab|fol|ge (Reihenfolge)

ab|fra|gen

Ab|fuhr, die, _, _en · **ab|füh|ren** · **Ab|führ|mit|tel**

ab|fül|len · **Abfüllinie** [..iə; *Tr* Abfüll|li|nie *K 78*]

ab|füt|tern · **Ab|füt|te|rung**

Ab|ga|be (Überlassung, Auslieferung, Verkauf) – **Ab|ga|ben** *Pl* (Steuern) · **ab|ga|ben|frei** · **ab|ga|be|pflich|tig**

Ab|gang · **Ab|gän|ger** · **ab|gän|gig** · **Ab|gangs|zeug|nis**

Ab|gas (bei Verbrennungsvorgängen entweichendes Gas) ⟨*grch → ndrl*⟩

ab|ge|ben; sich (*Akk*) _; sich gern mit Kindern _

ab|ge|blaßt; eine _e (sinnentleerte) Redensart

ab|ge|brannt (*auch umg*; ohne Sachen, Geld; arm – *österr auch für* von der Sonne gebräunt) · **Ab|ge|brann|te,** der *u.* die, _n, _n *K 341*

ab|ge|brüht (*auch umg*; abgestumpft, gefühllos)

ab|ge|dro|schen *K 364* (*umg*; abgenutzt, inhaltslos)

ab|ge|feimt (durchtrieben) ⟨*zu* Feim ‚Schaum'⟩

ab|ge|grast (*umg*; abgesucht)

ab|ge|grif|fen *K 364*

ab|ge|härmt

ab|ge|hen *K 363*; mir geht etw. ab (fehlt etw.)

ab|ge|kämpft (*umg*; erschöpft)

ab|ge|kar|tet (*umg*; heimlich vereinbart) ⟨*grch → lat → frz*⟩; ein _es Spiel

ab|ge|klärt ⟨*lat → ndrl*⟩ · **Ab|ge|klärt|heit,** die, _

ab|ge|lebt

ab|ge|le|gen *K 364*

ab|ge|lei|ert (*salopp*; abgebraucht, platt; geistlos, seicht) ⟨*grch → lat*⟩

ab|gel|ten; Ansprüche _

ab|ge|macht; eine _e Sache

ab|ge|mes|sen *K 364*

ab|ge|neigt

ab|ge|ord|net ⟨*lat*⟩ · **Ab|ge|ord|ne|te,** der *u.* die, _n, _n *K 341*; *Abk* Abg.

ab|ge|plat|tet ⟨*grch → lat → frz → ndrl*⟩

ab|ge|ris|sen *K 364* (*auch für* abgenutzt, verkommen); _ sein

Ab|ge|sand|te, der *u.* die, _n, _n *K 341*

Ab|ge|sang (*Metrik*)

ab|ge|schie|den *K 364* (entlegen, einsam; verstorben) · **Ab|ge|schie|de|ne,** der *u.* die, _n, _n *K 341* · **Ab|ge|schie|den|heit,** die, _

ab|ge|schla|gen *K 364*

ab|ge|schlos|sen *K 364* · **Ab|ge|schlos|sen|heit,** die, _

ab|ge|schmackt (geschmacklos, albern) · **Ab|ge|schmackt|heit**

ab|ge|se|hen; _ [davon], daß ... *K 450*

ab|ge|son|dert

ab|ge|spannt

ab|ge|stan|den *K 364*

ab|ge|stor|ben *K 364*

ab|ge|stumpft

ab|ge|ta|kelt (*auch salopp*; heruntergekommen)

ab|ge|tan; eine _e Sache

ab|ge|tra|gen *K 364*

ab|ge|win|nen; jmdm. etw. _

ab|ge|wo|gen *K 364*

ab|ge|wöh|nen; sich (*Dat*) etw. _

ab|ge|zo|gen *K 364*

ab|gie|ßen

Ab|glanz, der, _es

ab|glei|chen (*fachspr*; aufeinander abstimmen)

Ab|gott, *Pl* ..götter · **Ab|göt|te|rei** (*Rel*) · **ab|göt|tisch** · **Ab|gott|schlan|ge** (*Zool*)

ab|gren|zen ⟨*slaw*⟩ · **Ab|gren|zung**

Ab|grund · **ab|grün|dig** (*gehoben*) · **ab|grund|tief**

ab|gucken [*Tr* ...guk|ken] (*umg*); [bei] jmdm. etw. _

Ab|guß

ab|hacken [*Tr* ...hak|ken]

ab|ha|ken

ab|half|tern *K 363*
ab|hal|ten · Ab|hal|tung
ab|han|deln
ab|han|den (‚aus den Händen‘); *nur in der Wendung* _ kommen (verlorengehen) · **Ab|han|den|kom|men,** das, _s
Ab|hand|lung
Ab|hang · ab|hän|gen; *Konjugation vgl.* hängen *tr u. intr* · **ab|hän|gig;** _e Rede (*Gramm*; indirekte Rede); _er Fall (*Gramm*; obliquer Kasus); _er Fragesatz (*Gramm*; indirekter Fragesatz) · **Ab|hän|gig|keit**
ab|här|men, sich (*Akk*)
ab|här|ten; sich (*Akk*) _ · **Ab|här|tung,** die, _
ab|hau|en: 1. *tr* (wegschlagen); du hiebst, *auch* hautest ab; abgehauen – 2. *tr u. intr* (*salopp schülerspr*; unerlaubt abschreiben); du hautest ab; abgehauen – 3. *intr* (*salopp*; sich [unbemerkt] schnell entfernen, sich drücken); du hautest ab; abgehauen
ab|he|ben
ab|he|bern *K 363* (*fachspr*; mit einem Heber Flüssigkeiten entnehmen)
ab|hel|fen; einem Übel _ · **Ab|hil|fe,** die, _; du hast _ geschafft
Abhitze ↑ Abwärme
ab|ho|beln
ab|hold; *meist in* jmdm. _ (*gehoben*; feindlich; abgeneigt) [gesinnt] sein
ab|ho|len · Ab|ho|ler · Ab|ho|lung
ab|hol|zen · Ab|hol|zung
ab|hö|ren
Abi, das, _s, _s *Kurzw* (*schülerspr*; Abitur)
Abi|djan [..ˈdʒaːn] (Stadt in der Republik Côte d'Ivoire)
ab|ir|ren
Ab|itur, das, _s, _e (Reifeprüfung) ⟨*lat*⟩; *Kurzw* Abi; *vgl. auch* Matura · **Ab|itu|ri|ent** (jmd., der die Reifeprüfung ablegt bzw. abgelegt hat) · **Ab|itu|ri|en|tin,** die, _, ..innen
ab|kal|ben (*Landw*) · **Ab|kal|be|stall** (*Landw*)
ab|kan|zeln *K 363* (*umg*; schelten) ⟨*lat*⟩ · **Ab|kan|ze|lung** *K 363 (umg)*
ab|ka|pi|teln *K 363* (*landsch*; schelten) ⟨*lat*⟩
ab|kap|seln *K 363* ⟨*lat*⟩ · **Ab|kap|se|lung** *K 363*
Ab|kehr, die, _ · **ab|keh|ren**
ab|klä|ren ⟨*lat*⟩
Ab|klatsch (Abdruck, Abbild – *auch abwert*; Nachbildung ohne Eigenwert)
ab|knap|pen (*landsch*; abknapsen) · **ab|knap|sen** (*umg*; kleinlich entziehen); jmdm. etw. _
ab|knöp|fen (*auch umg*; abnehmen); jmdm. Geld _ (*umg*)

ab|kom|man|die|ren ⟨*lat* → *rom*⟩
Ab|kom|me, der, _n, _n (Nachkomme, Sprößling) · **ab|kom|men · Ab|kom|men,** das, _s, _; das Potsdamer _ · **Ab|kom|men|schaft,** die, _ · **ab|kömm|lich · Ab|kömm|ling** (*auch Chem*; Derivat)
ab|kra|gen (*Arch*; abschrägen)
ab|küh|len · Ab|küh|lung
Ab|kunft, die, _
ab|kür|zen *K 354* ⟨*lat*⟩ · **Ab|kür|zung,** *Abk* Abk.; *vgl. auch K 196ff.* · **Ab|kür|zungs|spra|che** (von vielen Abkürzungen u. Kurzwörtern durchsetzte Ausdrucksweise); *Kurzw* Aküsprache; *vgl. auch K 196* · **Ab|kür|zungs|zei|chen**
ab|la|den; *Konjugation vgl.* [1]laden · **Ab|la|de|platz**
Ab|la|ge (*schweiz auch für* Agentur) · **ab|la|gern · Ab|la|ge|rung**
ab|lan|dig (*seem*; vom Lande her wehend)
Ab|laß, der, ..asses, ..ässe (*Rel*) · **Ab|laß|brief** (*Rel*) · **ab|las|sen**
Ab|la|tion (*Geol, Med*) ⟨*lat*⟩ · **Ab|la|tiv** [*auch* ..ˈtiːf], der, _s, _e [..v..] (*Gramm*; indoeurop. Kasus, bes. im Lateinischen erhalten)
Ab|lauf · ab|lau|fen · Ab|lauf|rin|ne
Ab|laut (*Sprachw*; gesetzmäßiger Vokalwechsel in stammverwandten Formen) · **ab|lau|ten** (*Sprachw*; Ablaut haben) · **ab|läu|ten** (zur Abfahrt läuten)
Ab|le|ben, das, _s (*gehoben*; das Sterben, der Tod)
ab|le|dern *K 363* (mit einem Leder putzen)
ab|le|gen · Ab|le|ger (Sprößling, Pflanzentrieb)
ab|leh|nen; den Vorschlag _
ab|lei|ten · Ab|lei|tung · Ab|lei|tungs|sil|be (*Sprachw*)
ab|len|ken · Ab|len|kung
ab|le|sen
ab|lich|ten (etw. fototechnisch vervielfältigen) · **Ab|lich|tung** (Fotokopie einer zweiseitig bedruckten Vorlage)
ab|lie|fern · Ab|lie|fe|rung
ab|lie|gen (weit entfernt liegen – *bes südd*; durch Lagern gut, reif werden)
ab|li|sten ⟨*zu* List⟩; jmdm. etw. _
ab|loh|nen (*veraltend*); jmdn. _ (jmdn. für geleistete Arbeit bezahlen)
ab|lös|bar · Ab|lö|se, die, _, _n (*österr*; Tilgungssumme) · **ab|lö|sen · Ab|lö|sung**
ab|luch|sen (*umg*; ablisten); jmdm. etw. _
Ab|luft, die, _ (verbrauchte Luft, die bei der Raumlüftung entweicht)
ab|ma|chen · Ab|ma|chung

ab|ma|gern *K 363* · **Ab|ma|ge|rung**
ab|mel|den; sich (*Akk*) _ · **Ab|mel|dung**
ab|mes|sen · Ab|mes|sung
ab|mon|tie|ren [*od* ..mɔŋ..] ⟨*lat* → *frz*⟩
ab|mü|hen, sich (*Akk*)
ab|murk|sen (*salopp*; umbringen)
ab|mu|stern *K 363* (*seem*; das Arbeitsrechtsverhältnis [Heuerverhältnis] der Seeleute lösen) ⟨*lat* → *ital*⟩ · **Ab|mu|ste|rung** (*seem*)
ab|na|beln *K 363*
ab|nä|hen · Ab|nä|her (eingenähte Falte zum Verringern der Stoffweite)
Ab|nah|me, die, _, _n · **ab|neh|men;** *vgl.* ab (1) · **Ab|neh|mer**
Ab|nei|gung
ab|norm ⟨*lat*⟩, *auch* **anor|mal** ⟨*grch* + *lat*⟩ (regel-, normwidrig, ungewöhnlich; widernatürlich, krankhaft); *Ggs* normal; *vgl. auch* anomal · **ab|nor|mal** (*umg, österr u. schweiz*; abnorm) ⟨*lat*⟩ · **Ab|nor|mi|tät**
ab|nö|ti|gen (*gehoben*); jmdm. etw. _
abnutschen ↑ nutschen (2)
ab|nut|zen *od* **ab|nüt|zen,** *österr meist so* · **Ab|nut|zung** *od* **Ab|nüt|zung,** *österr meist so*
Abo, das, _s, _s *umg Kurzw* (Abonnement)
Åbo [ˈoːbuː], *finn* **Tur|ku** (Hafenstadt im SW Finnlands)
Abodriten ↑ Obodriten
A-Bombe ↑ Atombombe
Abon|ne|ment [abɔnəˈmaŋ *od* ..ˈmãː, *österr* abɔnˈmãː], das, _s, _s, *schweiz auch* [abɔn(ə)ˈmɛnt], das, _s, _e (Bezug [von Zeitungen, Karten usw.] auf bestimmte Zeit, Vorausbestellung; Dauermiete, Anrecht) ⟨*frz*⟩; *umg Kurzw* Abo · **Abon|ne|ment[s]|kar|te** (Anrechtskarte) · **Abon|ne|ment[s]|preis** · **Abon|nent** (auf Zeit verpflichteter Bezieher, Besteller; Anrechtler) · **abon|nie|ren** ([im Abonnement] beziehen; vorausbestellen; ein Anrecht erwerben)
ab|ord|nen ⟨*lat*⟩ · **Ab|ord|nung**
[1]**Ab|ort** [ˈap.. *od* aˈbɔrt, *österr nur so*], *Pl* ..orte (Klosett) ⟨*zu* Ort⟩
[2]**Ab|ort,** der, _s, _e (*Med*; Fehlgeburt) ⟨*lat*⟩ · **ab|or|tie|ren** (*Med*; fehlgebären) · **ab|or|tiv** (*Med*; abtreibend)
ab ovo [_ ˈoːvoː], *auch* **ex ovo** (von Anfang an; weit ausgeholt) ⟨*lat*, ‚vom Ei an‘⟩
ab|packen [*Tr* ...pak|ken]
ab|pas|sen (auf jmds. Vorbeikommen warten, jmdm. auflauern)

ab|pfei|fen (*Sport*); ein Spiel _ · **Ab|pfiff** (*Sport*)

ab|plat|ten (platt machen) ⟨*grch → lat → frz*⟩ · **Ab|plat|tung**

Ab|prall · **ab|pral|len**

Ab|pro|dukt, *meist Pl* (Rückstand aus Produktionsprozessen; Müll) ⟨*lat*⟩

ab|prot|zen (*Milit* – *auch soldatenspr*; Notdurft verrichten); du protzt ab *K 354* ⟨*lat → ital*⟩

Ab|putz (*Bauw*; Bewurf des Hauses) · **ab|put|zen**

ab|rackern [*Tr* ...rak|kern], **sich** (*Akk*) (*umg*; sich abarbeiten)

Abra|ham (bibl. Gestalt) ⟨*hebr*, ‚Vater der Menge'⟩

ab|rah|men (*von Milch gesagt*)

Abra|ka|da|bra, das, _s (altes Zauberwort; sinnloses Gerede) ⟨*Herkunft umstritten*⟩

Ab|ra|sion (*Geol*; Abtragung durch Meeresbrandung – *Med*; Ausschabung) ⟨*lat*⟩

ab|ra|ten; jmdm. von etw. _

Ab|raum, der, _[e]s (*Bergb*; Deckschicht über Bodenschätzen – *landsch*; Schutt, Abfall)

Abra|xas (alte Zauberformel auf Amuletten) ⟨*Herkunft umstritten*⟩

ab|rea|gie|ren ([Erregung, Spannung] zum Abklingen bringen) ⟨*lat*⟩; sich (*Akk*) _

ab|re|chen|bar; _e Ziele · **ab|rechnen** · **Ab|rech|nung**

Ab|re|de; etw. [nicht] in _ stellen

ab|rei|ben · **Ab|rei|bung** (*auch umg*; Zurechtweisung)

Ab|rei|se, die, _ · **ab|rei|sen**

Ab|reiß|block, *Pl vgl.* Block (3) · **ab|rei|ßen;** *vgl. auch* abgerissen · **Ab|reiß|ka|len|der**

ab|rich|ten · **Ab|rich|ter** (Dresseur) · **Ab|rich|tung**

Ab|rieb, der, _[e]s · **ab|rieb|fest**

ab|rie|geln · **Ab|rie|ge|lung** *K 363*

Ab|riß (das Abreißen; abzureißender Abschnitt; Entwurf; kurze Darstellung)

Ab|ruf; auf _ · **ab|ru|fen**

ab|run|den (rund machen, nach unten runden) ⟨*lat → frz*⟩ · **Ab|rundung**

ab|rupt (abgebrochen, zusammenhanglos) ⟨*lat*⟩; *vgl.* ex abrupto

ab|rü|sten · **Ab|rü|stung** · **Ab|rüstungs|kon|fe|renz**

Abruz|zen *Pl* (Teil der Apenninen)

[1]**ab|sacken** [*Tr* ...sak|ken] (*umg*; weg-, untersinken; nachlassen [in der Leistung])

[2]**ab|sacken** [*Tr* ...sak|ken] (in Säcke abfüllen) ⟨*akkad → hebr → grch → lat*⟩

Ab|sa|ge · **ab|sa|gen**

Ab|satz; *Abk* Abs. (*Buchw*) · **Ab|satz|ge|biet** · **ab|satz|wei|se** *K 176* · **Ab|satz|zei|chen**

ab|sau|gen

ab|scha|ben

ab|schaf|fen; du schafftest ab; abgeschafft

ab|schal|ten (*auch umg*; sich nicht mehr konzentrieren)

ab|schat|ten · **Ab|schat|tung**

ab|schät|zen · **ab|schät|zig**

Ab|schaum, der, _[e]s

ab|schei|den · **Ab|schei|der** (*Techn, Chem*; Trennvorrichtung)

ab|sche|ren

Ab|scheu, der, _[e]s, *auch* die, _ · **ab|scheu|er|re|gend;** *vgl. aber K 163*; *K 115*: am _sten; *K 127*: große[n] Abscheu erregend · **ab|scheu|lich** · **Ab|scheu|lich|keit**

Ab|schied, der, _[e]s, _e · **Ab|schieds|stun|de**

ab|schil|fern (*landsch*; sich in Schuppen ablösen); die Haut schilfert [sich] ab · **Ab|schil|fe|rung** (*landsch*)

ab|schir|men

ab|schir|ren; die Pferde _

ab|schlach|ten

Ab|schlag; auf _ · **ab|schla|gen** · **ab|schlä|gig;** jmdn. _ bescheiden (*bürospr*; jmdm. etw. nicht genehmigen) · **Ab|schlag[s]|zah|lung**

ab|schläm|men

Ab|schlepp|dienst · **ab|schlep|pen**

ab|schlie|ßen · **ab|schlie|ßend** · **Ab|schluß;** zum _ bringen. *Zus K 365ff.*: Abschluß‿prüfung usw.

ab|schmecken [*Tr* ...schmek|ken] (auf den Geschmack prüfen); *vgl. auch* abgeschmackt

ab|schnei|den · **Ab|schnitt;** *Abk* Abschn. (*Buchw*) · **Ab|schnitts|be|voll|mäch|tig|ter;** *Abk* ABV · **ab|schnitt[s]|wei|se** *K 176* · **Ab|schnit|zel,** das (*süddt, österr*; Abfall beim Schneiden)

ab|schnü|ren

ab|schrä|gen

ab|schreckend [*Tr* ...schrek|kend]; *K 115*: auf das *od* aufs _ste, am _sten

ab|schrei|ben ⟨*lat*⟩ · **Ab|schrei|bung** · **Ab|schrift** · **ab|schrift|lich**

ab|schuf|ten, sich (*Akk*) (*umg*)

ab|schup|pen

ab|schür|fen

Ab|schuß. *Zus K 365ff.*: Abschuß‿rampe usw. · **ab|schüs|sig**

ab|schwä|chen

ab|schwei|fen

ab|seh|bar; in _er Zeit · **ab|se|hen** *K 363*; jmdm. etw. _; es darauf, auf eine Sache _; von etw. _; *vgl. auch* abgesehen

ab|sei|len (mit Hilfe eines Seiles hinablassen); sich (*Akk*) _

ab|sein (*umg*; entfernt, getrennt sein; abgespannt sein); die *Zusammenschreibung* ist nur im *Inf* (*einschl* »abzusein«) u. im *Part II* (»abgewesen«) üblich; *aber*: daß der Haken ab ist, wäre usw. (*K 159*)

[1]**Ab|sei|te** (*landsch*; Nebenraum, Nebenbau) ⟨*grch → lat, an Seite angelehnt*⟩

[2]**Ab|sei|te** (*Textilwirtsch*; linke Seite eines Gewebes) · **ab|sei|tig** · **Ab|sei|tig|keit** · **ab|seits:** 1. *Adv. Schreibung bei Verben K 125*; abseits stehen (nicht in unmittelbarer Nähe stehen; sich nicht beteiligen); die abseits stehenden Kollegen – 2. *Präp mit Gen* _ des Weges · **Ab|seits,** das, _ (*Sport*)

ab|sen|den · **Ab|sen|der;** *Abk* Abs.

ab|sen|ken · **Ab|sen|ker** (Pflanzentrieb)

ab|sent (*veraltet*; abwesend) ⟨*lat*⟩ · **Ab|senz,** die, _, _en (*noch österr, schweiz*; Schulversäumnis)

ab|setz|bar · **ab|set|zen;** sich (*Akk*) _ · **Ab|set|zer** (*Bergb*; ein Fördergerät) · **Ab|set|zung**

ab|si|chern *K 363*; sich (*Akk*) _

Ab|sicht, die, _, _en · **ab|sicht|lich** [*österr nur so, od* ..'ziçt..] · **ab|sichts|los;** *vgl.* ...los · **Ab|sichts|satz** (*Gramm*)

Ab|sin|gen, das, _s

Ab|sinth, der, _[e]s, _e (Branntwein od. Likör aus der Wermutpflanze; Wermut) ⟨*grch → lat*⟩

ab|so|lut: 1. *Adj* (unbeschränkt, unabhängig; rein, völlig; unbedingt, beziehungslos) – 2. *Adv* (durchaus, gänzlich, überhaupt) ⟨*lat*⟩ · **Ab|so|lu|tion** (*Rel*; Lossprechung von Sünden) · **Ab|so|lu|tis|mus,** der, _ (*hist*; unbeschränkte Herrschaft eines Monarchen; Willkürherrschaft) · **ab|so|lu|ti|stisch** (*hist*; den Absolutismus betreffend; unumschränkt; willkürlich); _ste · **Ab|so|lu|to|rium,** das, _s, ..ien [..iən] (*österr*; Bescheinigung über den Abschluß des Hochschulstudiums) · **Ab|sol|vent** [..v..] (jmd., der eine Schule od. einen Lehrgang erfolgreich besucht hat; Prüfling) · **ab|sol|vie|ren** (ableisten; [eine Schule] durchlaufen; [eine Prüfung] bestehen – *Rel*; los-, freisprechen [von Sünden])

ab|son|der|lich · **Ab|son|der|lich|keit** · **ab|son|dern** · **Ab|son|de|rung**

Ab|sor|ber, der, _s, _ (*Techn*; Einrichtung zum Absorbieren) ⟨*lat → engl*⟩ · **ab|sor|bie|ren** (aufsaugen, einsaugen, aufzehren; [gänzlich] in Anspruch nehmen) ⟨*lat*⟩; *vgl. aber* adsorbieren · **Ab|sorp|tion** (*fachspr*); *vgl. aber* Adsorption · **ab|sorp|tiv** (*fachspr*; einsaugend, aufsaugend; aufzehrend)

[1]**ab|spä|nen** (Späne entfernen; mit Spänen reinigen)
[2]**ab|spä|nen** (*landsch*; Tiere der Muttermilch entwöhnen)
Ab|spann, der, _[e]s, _e (*Filmw, Funkw*) · **ab|span|nen** · **Ab|span|nung** · **ab|spen|stig;** jmdm. jmdn. _ machen; jmdm. etw. _ machen
ab|sper|ren · **Ab|sperr|hahn** · **Ab|sper|rung**
Ab|spiel, das, _[e]s (*Sport*) · **ab|spie|len;** sich (*Akk*) _; da spielt sich nichts ab! (*umg*; daraus wird nichts!)
Ab|spra|che (Vereinbarung) · **ab|spra|che|ge|mäß** · **ab|spre|chen**
ab|sprin|gen · **Ab|sprung** · **Ab|sprung[s]|tisch** (*Sport*)
ab|spü|len
ab|stam|men · **Ab|stam|mung**
Ab|stand; von etw. _ nehmen (etw. nicht tun) · **ab|stän|dig** (*Forstw*; absterbend) · **Ab|stands|sum|me**
ab|stat|ten; einen Besuch _
ab|stau|ben, *landsch* **ab|stäu|ben**
ab|ste|chen · **Ab|ste|cher** (Nebenreise)
ab|ste|hen *K 363*
ab|stei|fen (*fachspr*) · **Ab|stei|fung** (*fachspr*)
ab|stei|gen · **Ab|stei|ge|quar|tier,** *österr* **Ab|steig|quar|tier** · **Ab|stei|ger** (*Sport*)
Ab|stell|bahn|hof · **ab|stel|len** · **Ab|stell|raum**
ab|ster|ben
Ab|stich
Ab|stieg
ab|stil|len (von der Mutterbrust entwöhnen)
ab|stim|men · **Ab|stimm|kreis** (*Funkw*) · **Ab|stimm|schär|fe,** die, _ (*Funkw*; Trennsicherheit) · **Ab|stim|mung**
ab|sti|nent[1] [..st..] (enthaltsam, bes. alkohol. Getränke meidend) ⟨*lat*⟩ · **Ab|sti|nenz**[1], die, _ · **Ab|sti|nenz|ler**[1], der, _s, _
ab|stop|pen
Ab|stoß (*Sport*) · **ab|sto|ßen** · **ab|sto|ßend;** *K 115*: am _sten
ab|stot|tern *K 363* (*salopp*; in kleinen Raten abzahlen)
ab|stra|fen · **Ab|stra|fung**
ab|stra|hie|ren[1] [..st..] ([einen Begriff] ableiten; zum Begriff erheben; verallgemeinern) ⟨*lat*, ‚abziehen'⟩ · **ab|strakt**[1] (unwirklich; begrifflich; nur gedacht); *Ggs* konkret · **Ab|strak|tion**[1] (Verallgemeinerung [zum Begriff], Begriffsbildung [*Ggs* Konkretisierung]; allgemeiner Begriff) · **Ab|strak|tum**[1], das, _s, ..ta (*Sprachw*; begriffl. Substantiv); *Ggs* Konkretum

[1] *Zur S-Schreibung u. Trennung* ↑*K 44.*

ab|strän|gen ([ein Zugtier] abspannen) ⟨*zu* Strang⟩
ab|strei|chen · **Ab|strei|cher** (*landsch*; Fußabtreter) · **Ab|strich**
ab|strus[1] [..st..] *K 349* (verworren, kraus, schwer verständlich) ⟨*lat*⟩
ab|stu|fen · **Ab|stu|fung**
ab|stump|fen
Ab|sturz · **ab|stür|zen**
ab|stüt|zen
Ab|sud [*österr nur so, auch* ..'zu:t] (durch Absieden gewonnene Flüssigkeit)
ab|surd (ungereimt, unvernünftig, widersinnig) ⟨*lat*⟩; *vgl. auch* ad absurdum · **Ab|sur|di|tät**
Ab|szeß[1], der, *österr* das, ..esses, ..esse (*Med*; Eiteransammlung) ⟨*lat*⟩
Ab|szis|se[1], die, _, _n (*Math*; Abstand von der Ordinatenachse im rechtwinkligen Koordinatensystem) ⟨*lat*⟩ · **Ab|szis|sen|ach|se**[1] (*Math*)
Abt, der, _[e]s, *Pl* Äbte (Kloster-, Stiftsvorsteher) ⟨*aram* → *grch* → *lat*⟩
ab|ta|keln (*seem*; von einem Schiff die Takelage abbauen, es außer Dienst stellen); *vgl. auch* abgetakelt · **Ab|ta|ke|lung** *K 363*, die, _ (*seem*)
ab|tau|en
Ab|tausch
Ab|tei ⟨*aram* → *grch* → *lat*⟩
Ab|teil [*od* 'ap..], das. *Zus K 365ff.*: Abteil‿tür usw. · **ab|tei|len** · **Ab|tei|lung:** 1. ['ap..], die, _ (das Abteilen) – 2. [..'tai.., *österr* 'ap..], die, _, _en (durch Abteilen entstandener Teil); *Abk* Abt. · **Ab|tei|lungs|ge|werk|schafts|lei|tung;** *Abk* AGL · **Ab|tei|lungs|lei|ter,** der
ab|teu|fen ⟨*zu* tief⟩ *od* **nie|der|brin|gen** (*Bergb*; einen senkrechten Schacht graben)
ab|tip|pen (*umg*; mit der Schreibmaschine abschreiben) ⟨*grch* → *lat* → *frz* → *engl*⟩
Äb|tis|sin, die, _, ..innen (Kloster-, Stiftsvorsteherin) ⟨*aram* → *grch* → *lat*⟩
ab|tö|nen (abschatten, abstufen) ⟨*grch* → *lat*⟩ · **Ab|tö|nung**
ab|tö|ten · **Ab|tö|tung**
ab|tra|gen · **ab|träg|lich** (*gehoben*; schädlich) · **Ab|tra|gung**
ab|trei|ben · **Ab|trei|bung**
ab|trenn|bar · **ab|tren|nen**
ab|tre|ten · **Ab|tre|ter** (Fußabtreter) · **Ab|tre|tung**
Ab|trieb (das Abtreiben des Viehs von der Weide – *Forstw*; Abholzung)
Ab|trift: 1. (der Abtrieb des Viehs von der Alm) – 2. *od* **Ab|drift** (*Seew, Luftf*; das Abgetriebenwerden vom Kurs)

[1] *Zur S-Schreibung u. Trennung* ↑*K 44*

Ab|tritt (*auch landsch*: [1]Abort)
ab|trock|nen
ab|trop|fen
ab|trump|fen (*landsch*; derb zurechtweisen, abkanzeln) ⟨*lat* → *frz*⟩
ab|trün|nig ⟨*zu* trennen⟩ · **Ab|trün|nig|keit,** die, _
Abt[s]|stab
ab|tun; *vgl. auch* abgetan
Abu Dha|bi [_ 'da..] (Hptst. der VAE) ⟨*arab*⟩
ab und zu; *vgl.* ab
ab|ur|tei|len · **Ab|ur|tei|lung**
Ab|ver|kauf (*österr*; das Verkaufen unter dem Wert) · **ab|ver|kau|fen** (*österr*)
ab|vie|ren [..f..] (*fachspr*; vierkantig zuschneiden)
ab|wä|gen; abgewogen · **ab|wäg|sam** (*noch landsch*; bedächtig)
ab|wäl|len (*Kochk*)
ab|wan|deln
ab|wan|dern · **Ab|wan|de|rung**
Ab|wand|lung *K 363*
Ab|wär|me *od* **Ab|hit|ze** (*Techn*; für die eigentl. Arbeit nicht verwendbare Wärme)
Ab|wart, der, _s, _e (*schweiz*; Hausmeister) · **ab|war|ten**
ab|wärts. *Schreibung in Verbindung mit Verben K 144ff.*: **I.** *Getrenntschreibung* in ursprüngl. Bedeutung, z. B. *K 145*: abwärts gehen (nach unten gehen) – **II.** *Zusammenschreibung* in übertragener Bedeutung, z. B. *K 148*: abwärtsgehen (schlechter werden), es geht abwärts, abwärtsgegangen, abwärtszugehen
Ab|wasch: 1. der, _[e]s (das Abwaschen; das zu reinigende Geschirr) – 2. die, _, _en (*österr*; montiertes Geschirrwaschbecken mit Wasserhahn u. Abfluß) · **ab|wa|schen** · **Ab|wasch|was|ser,** *Pl* ..wässer
Ab|was|ser, *Pl* ..wässer
ab|wech|seln; sich (*Akk*) _ · **ab|wech|selnd** · **Ab|wechs|lung** *K 363* · **ab|wechs|lungs|reich**
Ab|weg · **ab|we|gig** · **Ab|we|gig|keit**
Ab|wehr, die, _ · **ab|weh|ren**
ab|wei|chen · **Ab|wei|chung**
ab|wei|sen · **Ab|wei|sung**
ab|wend|bar · **ab|wen|den:** 1. (abwehren); du wendetest (*seltener* wandtest) ab; abgewendet (*seltener* abgewandt) – 2. (in eine andere Richtung wenden); du wandtest (*seltener* wendetest) ab; abgewandt (*seltener* abgewendet) – *Vgl. auch* wenden · **ab|wen|dig** (*veraltend*;

sich abwendend, abgeneigt); *fast nur in* jmdm. jmdn. _ machen
ab|wer|ben · Ab|wer|bung
ab|wer|ten · Ab|wer|tung
ab|we|send · Ab|we|sen|de, der *u.* die, _n, _n *K 341* · **Ab|we|sen|heit,** die, _ (das Abwesendsein; Zerstreutheit)
ab|wet|tern (*seem*; auf See einen Sturm überstehen – *bergm*; ein Wetter ableiten, einen Schacht abdichten)
ab|wickeln[1] · **Ab|wick|lung** *K 363*
ab|wim|meln *K 363* (*umg*; jmdn. [unfreundlich] abweisen)
Ab|wind (*Luftf, Met*; absteigender Luftstrom)
ab|wracken[1] (ein unbrauchbar gewordenes Schiff abbauen) ⟨*ndrl*⟩
Ab|wurf · Ab|wurf|vor|rich|tung
abys|sisch (*fachspr*; aus der Tiefe der Erde od. des Meeres stammend) ⟨*grch* → *lat*⟩
ab|zah|len · Ab|zah|lung
ab|zap|fen · Ab|zap|fung
ab|zäu|men · Ab|zäu|mung
ab|zäu|nen · Ab|zäu|nung
ab|zeh|ren
Ab|zei|chen · ab|zeich|nen; etw. zeichnet sich (*Akk*) ab
Ab|zieh|bild · ab|zie|hen · Ab|zie|her
ab|zir|keln ⟨*grch* → *lat*⟩ · **Ab|zir|ke|lung** *K 363*
Ab|zucht, die, _, ..üchte (*noch landsch*; Abzugsgraben) ⟨*lat*⟩
Ab|zug · ab|züg|lich *Präp* (*bürospr*): 1. *mit Gen*: abzüglich der Zinsen – 2. *vor Subst ohne Art in nichtdeklinierter Form*: abzüglich Zinsen; Zeichen ⁒ · **ab|zugs|frei · Ab|zugs|ka|nal**
ab|zwacken[1] (*umg*; kleinlich entziehen); jmdm. etw. _
Ab|zweig (Abzweigung) · **Ab|zweig|do|se · ab|zwei|gen · Ab|zweig|stel|le · Ab|zwei|gung**
a cap|pel|la (*Mus*; ohne Begleitung) ⟨*ital*⟩ · **A-cap|pel|la-Chor** [..k..] *K 188*, der, _s, ..-Chöre (*Mus*)
ac|ce|le|ran|do [atʃele..] (*Mus*; schneller werdend); *Abk* accel. ⟨*lat* → *ital*⟩
Ac|cent ai|gu [aksã: tɛ'gy:] *K 47*, der, _ _, *Pl* _s _s [aksã: zɛ'gy:] (*Sprachw*; Akut); *Zeichen* ´ ⟨*frz*⟩ · **Ac|cent cir|con|flexe** [aksã: sirkɔ̃'flɛks] *K 47*, der, _ _, *Pl* _s _s [aksã: sirkɔ̃'flɛks] (*Sprachw*; Zirkumflex); *Zeichen* ˆ · **Ac|cent grave** [aksã: 'gra:v] *K 47*, der, _ _, *Pl* _s _s [aksã: 'gra:v] (*Sprachw*; Gravis; *Zeichen* `

[1] *Tr* ..k|k..

Ac|ces|soires [aksɛ'sŏa:r] *Pl* (modisches Zubehör, Beiwerk) ⟨*lat* → *frz*⟩
Ac|cra ['akra] (Hptst. von Ghana)
ach!; ach und weh schreien · **Ach,** das, _s, _[s]; mit _ und Krach (*umg*); mit Weh und _
Achä|er [..x..], der, _s, _ (*Altertum*; Angehöriger eines griech. Hauptstammes) · **Achaia** [..ja] (Landsch. auf dem Peloponnes) · **achä|isch**
Achä|ne [..x..], die, _, _n (*Bot*; einsamige Schließfrucht, Nüßchen) ⟨*grch* → *lat*⟩
Achat [..x..], der, _[e]s, _e (*Mineral*; ein quarzartiger Schmuckstein) ⟨*grch*⟩
Ache, die, _ (Flußbezeichnung); *vgl. auch* Aa u. Aach
acheln [..x..] *K 363* (*landsch*; essen) ⟨*hebr*⟩
Ache|ron ['axe.. *od* a'xe(:)..], der, _[s] (*griech Sage*; Fluß in der Unterwelt) · **ache|ron|tisch** (unterweltlich)
Acheu|lé|en [aʃøle'ɛ̃:], das, _[s] (*Urgesch*; Kultur des frühen Paläolithikums) ⟨*nach* dem Fundort Saint-Acheul [sɛ̃ta'ʃœl] in Nordfrankreich⟩
Achill [..x..] *od* **Achil|les** ⟨*grch* → *lat*⟩ *od* **Achil|leus** [a'xi.. *od* ..'lɔys, *österr nur* a'xile:us] ⟨*grch*⟩ (*griech Sage*; Held vor Troja) · **Achil|le|is,** die, _ (Heldengesang über Achill) · **Achil|les|fer|se** *K 209* (verwundbare Stelle, schwache Stelle)
Achim [..x..] (m. Vn.) ⟨*Kurzf von* Joachim⟩
Ach-Laut *K 187*
Achro|mat [..k..], der *od* das, _[e]s, _e (*Opt*; Linsensystem, das weißes Licht nicht in Farben zerlegt) ⟨*grch*⟩ · **achro|ma|tisch** [*österr nur so, od* ..'ma:..] (*Opt*; das Licht nicht in Farben zerlegend) · **Achro|ma|tis|mus** [*österr nur so, od* ..'tis..], der, _ (*Opt*; Eigenschaft eines Linsensystems, keine Farbenzerlegung zu bewirken) ⟨*grch* → *lat*⟩ · **Achro|ma|top|sie,** die, _ (*Med*; völlige Farbenblindheit) ⟨*grch*⟩
Ach|se, die, _, _n
Ach|sel, die, _, _n. *Zus K 365ff.*: Achsel‿höhle usw. · **ach|sel|stän|dig** (*Bot*; in der Blattachsel stehend)
Ach|sen|bruch *od* **Achs|bruch** · **...achser** (z. B. Zweiachser [*mit Ziffer K 284* 2achser] = Wagen mit zwei Achsen) · **ach|sig** (axial) · **...ach|sig** (z. B. einachsig [*mit Ziffer K 284* 1achsig]) · **Achs|ki|lo|me|ter** (*Verkehrsw*)
acht; *K 120*: wir sind [unser] acht; wir sind zu acht[en]; es schlägt eben acht; es ist halb acht; es ist [ein] Viertel vor, nach acht; [ein] Viertel [auf (*landsch*)] acht; [fünf Minuten vor] drei Viertel acht; gegen acht [Uhr]; es ist [um, Punkt, Schlag] acht [Uhr]; er wird acht [Jahre alt]; die ersten acht (*vgl.* erste, I); die Zahlen von eins bis acht; alle acht [Jungen] fehlen; die Mannschaft gewann acht zu vier (*mit Ziffern* 8:4); $4 + 4 = 8$ (*Math*; vier plus vier gleich acht); $40 : 8 = 5$ (*Math*; vierzig [geteilt] durch acht gleich fünf); $12 - 4 = 8$ (*Math*; zwölf minus vier gleich acht); $8 \cdot 2 = 16$ (*Math*; acht mal zwei gleich sechzehn); eine Fläche von 8 m × 4 m (acht Metern mal vier Metern)
[1]**Acht,** die, _, _en; eine römische _; die Zahl _; eine _ schreiben; mit der _ (mit einem Wagen der Straßenbahnlinie Nr. 8) fahren
[2]**Acht,** die, _ (*veraltet*; Aufmerksamkeit; Fürsorge)
I. *Großschreibung noch in Wendungen wie* aus der, außer aller Acht lassen – **II.** *heute üblicher in Kleinschreibung K 108*: [ganz] außer acht lassen; sich (*Akk*) in acht nehmen; etw. in acht nehmen; *vgl. auch* achtgeben
[3]**Acht,** die, _ (*hist*; Ausschließung [vom Rechtsschutz], Bann); in _ und Bann tun
acht|bar (*gehoben*) · **Acht|bar|keit,** die, _ (*gehoben*)
ach|te:
I. *Kleinschreibung K 120*: der achte (der Reihe nach), z. B. der achte, den ich treffe; das achte Mal *od K 176*: das achtemal; der achte Mai (*mit Ziffer* der 8. Mai)
II. *Großschreibung K 100*: der Achte (der Leistung nach), z. B. er ist der Achte in der Klasse; am Achten [des Monats]; *K 258*: Heinrich der Achte (*mit Ziffer* Heinrich VIII.)
Acht|eck[1] · **acht|eckig**[1] [*Tr* ...ek|kig] · **acht|ein|halb** *od* **acht|und|ein|halb** *K 282* (*mit Ziffern* 8½ *od* 8,5); _ Stunden, *aber* acht und eine halbe Stunde; acht[und]einhalbmal soviel · **ach|tel** (*mit Ziffern* ⅛); *K 288*: ein achtel Kilo, *aber K 289*: ein Achtelkilo · **Ach|tel,** das, *schweiz meist* der, _s, _ (‚achter Teil'); ein, das Achtel vom Kilo, *aber*: ein Achtelkilo (*K 289*) *od* ein achtel Kilo (*K 288*); ein Achtel des Weg[e]s, drei Achtel des Ganzen; *K 289*: mit drei Achtel Gewinnanteil, *aber* in drei Achteln des Gartens, zu drei Achteln erledigt · **Ach|tel...** (z. B. Achtelkilo) · **Ach|tel|ki|lo;** *vgl.* achtel · **Ach|tel|li|ter;** *vgl. auch* achtel · **ach|teln** *K 363* (in acht Teile teilen) · **Ach|tel|no|te**

[1] *Mit Ziffer vgl. K 284.*

achiten
ächiten ⟨*zu* ³Acht⟩
Achtienider (*weidm*) ⟨*zu* ¹Acht⟩
achitens
achiter (*seem*; hinter)
Achiter, der, _s, _ (*Sport*; achtsitziges Ruderboot)
achiterlaus (*seem*; nach hinten)
Achiterlbahn (Vergnügungsbahn mit Achterschleifen)
Achiterldeck (*seem*; Hinterdeck) · achiterlalstig (*seem*; hinten tiefer liegend als vorn)
achiterllei
achiterllich (*seem*; von hinten kommend) · achitern (*seem*; hinten); nach _ · Achiterlstelven [..v..] (*seem*; hinterster Steven am Schiff – *norddt umg*; Gesäß)
achtlfach[1] · Achtlfalche[1], das, _n *K 341*; ein _s; um das _, um ein _s · Achtlflächlner[1], der, _s, _ (*Geom*) · Achtlfüßer *Pl* (*Zool*; Kopffüßer mit acht Kopffüßen bzw. -armen); *Sg* Achtlfülßer, der, _s
achtlgelben *K 356*; du gibst acht *K 112*; achtgegeben; achtzugeben; *aber*: auf etwas nicht die mindeste Acht geben · achtlhalben; *vgl.* achtgeben
achtlhunldert; *vgl.* hundert (1) · achtljählrig[1], *aber K 93*: der Achtjährige; *vgl.* ...jährig · Achtkampf (*Sport*)
achtllos *K 349*; *vgl.* ...los · Achtllolsiglkeit
achtlmal[1] *K 176*, *aber K 175*: acht mal zwei gleich sechzehn (*mit Ziffern* 8 · 2 = 16); acht- bis neunmal (*mit Ziffern* 8- bis 9mal *od* 8–9mal) · achtlmallig[1] · Achtpfünlder[1], der, _s, _
achtlsam · Achtlsamlkeit, die, _
Achtlstunldenltag (*mit Ziffer K 285* 8-Stunden-Tag) · achtlstünldig[1]; *vgl.* ...stündig · achtlstündllich[1]; *vgl.* ...stündlich · achtltälgig[1]; *vgl.* ...tägig · achtltägllich[1]; *vgl.* ...täglich · achtltaulsend; *vgl.* tausend (1) · achtundeinhalb ↑achteinhalb · achtlundlzwanlzig *K 282*
Achltung, die, _; Achtung!
Ächltung ⟨*zu* ächten⟩
achltunglgelbieltend *K 163*; *vgl. aber K 127* · Achltungslbelzeigung · achltungslvoll
achtlzehn; er wird _ [Jahre alt]; die Zahlen von eins bis _ (*mit Ziffern* 1–18)
achtlzig; der Mensch über achtzig [Jahre], *aber K 100*: der Mensch über [die] Achtzig · Achtlzig, die, _, _en; Mitte Achtzig; Mitte der Achtzig *od* der Achtziger; in die Achtzig kommen; in den Achtzig *od* Achtzigern sein; der Mensch über [die] Achtzig, *aber*: der Mensch über achtzig [Jahre]
achtlzilger[1]; _ Jahrgang (aus dem Jahre achtzig [eines Jahrhunderts]); im _ Jahre (im Jahre achtzig [eines Jahrhunderts]); in den achtziger Jahren [des vorigen Jahrhunderts]
Achtlzilger[1], der, _s, _ (achtzigjähriger Mann; Wein aus dem Jahre achtzig; *österr auch für* achtzigster Geburtstag) · Achtlzilger[1] *Pl*; in den Achtzigern *od* in den Achtzig sein; Mitte der Achtziger *od* Achtzig · Achtlzilgelrin[1], die, _, ..innen (achtzigjährige Frau) · Achtlzilgerljahlre[1] *Pl*; in den _n [des vorigen Jahrhunderts] · achtlzilgerllei · achtlziglfach[1] · achtlzigljählrig[1], *aber K 93*: der Achtzigjährige; *vgl.* ...jährig · achtlziglmal[1]; *vgl.* achtmal · achtlziglste[1] · achtlzigstel · Achtlziglstel, das, *schweiz meist* der, _s, _
achtlzöllig[1] *od* achtlzollig[1] · Achtlzylinlder[1] *umg Kurzw* ([Fahrzeug mit] Achtzylindermotor) · Achtlzylinldermoltor (*mit Ziffer K 285* 8-Zylinder-Motor) · achtlzylinldrig[1]
ächlzen *K 354* ⟨*zu* ach⟩
Acker[2], der, _s, *Pl* Äcker u. *bei Maßangabe* (*K 308*) Acker, z. B. 30 Acker; 20 Acker Land[es] *K 312* · Ackerlbau[2], der, _[e]s · Ackerlbolden[2] · Ackerlflälche[2] · ackern[2] *K 363* (*auch umg*; angestrengt arbeiten)
Aconlcalgua, der, _ (Berg in den Anden Argentiniens)
à conldiltion [a kõdiˈsiõ:] (*kaufm*; auf Bedingung, nicht fest) ⟨*frz*⟩
a conlto (*Bankw*; auf Rechnung von ...; auf Abschlag); *Abk* a c. ⟨*ital*⟩; *vgl.* Akontozahlung
Acre [ˈe:kər], der, _s, *Pl* _s *u. bei Maßangabe* (*K 308*) Acre (Einheit der Fläche in Großbritannien u. den USA ≈ 0,4 ha) ⟨*engl*⟩; 7 Acre Wiesenland[es] *K 312*
Actinium ↑*unter* Aktinium
Adalbei, der, _s, _s (*österr umg*; jmd., der überall auch dabei sein will; Neugieriger, Wichtigtuer)
ad ablsurldum ⟨*lat*⟩; _ _ führen (das Widersinnige nachweisen)
ad aclta (»zu den Akten«); *Abk* a. a. ⟨*lat*⟩; etw. _ _ legen
adalgio [aˈda:dʒo] (*Mus*; sanft, langsam) ⟨*ital*⟩ · Adalgio, das, _s, _s (*Mus*)
Adallbert (m. Vn.) ⟨,edel' + ,glänzend'⟩; *Nebenf* ↑Adelbert, *Kurzf* ↑Albert, ↑Albrecht
Adam (der erste Mensch in der Bibel) ⟨*hebr*, ,Mensch'⟩. *Zus K 365ff.*: Adams⌣apfel usw. · Adalmilten *Pl* (Angehörige verschiedener Sekten); *Sg* Adalmit, der, _en ⟨*hebr* → *grch*⟩
Adlaplaltion *od* Adlapltion (*fachspr*; Anpassung) ⟨*lat*⟩ · Adlapter, der, _s, _ (*Techn*; Ergänzungs- od. Zusatzgerät) ⟨*lat* → *engl*⟩ · adaplltielren (*fachspr*; anpassen – *österr*; [eine Wohnung] neu vorrichten od. verändern) ⟨*lat*⟩ · adlapltiv (*fachspr*)
adläquat (angemessen, entsprechend) ⟨*lat*⟩
a dalto (*veraltend*; vom Tage der Ausstellung [an]); *Abk* a d. ⟨*lat*⟩
adldielren (zusammenzählen, hinzufügen) ⟨*lat*⟩ · Adldierlmalschine
Adldis Abelba [*od* – ˈa:be..] (Hptst. von Äthiopien [2]) ⟨*amhar*, ,neue Blume'⟩
Adldiltion (Zusammenzählung; Hinzufügung) ⟨*lat*⟩ · adldiltiv (auf Addition beruhend; hinzufügend, hinzukommend)
ade! (*veraltend*) ⟨*frz*⟩; ade sagen · Ade, das, _s, _s (*veraltend*)
Adelbar, der, _[e]s, _e (*landsch*; Storch) ⟨,Sumpfgänger'⟩
Adel, der, _s ⟨*zu* edel⟩
Adellaide [ˈɛdəlit *od* ..lid] (Hafenstadt im S Australiens) ⟨*nach* einer engl. Königin⟩
Adellbert (m. Vn.) ⟨*Nebenf von* Adalbert⟩ · Adelle (w. Vn.) ⟨*Kurzf von* Adelheid⟩ · Adellheid (w. Vn.) ⟨,edel' + ,Gestalt'⟩; *dt Kurzf* ↑Adele, *französ* u. *engl Kurzf* ↑Alice, *dt Verkleinerungsf* ↑Heidi
adelig usw. ↑adlig usw. · adeln *K 363*
Aden (Hptst. der VDRJ) · Adelner, der, _s, _ · adelnisch
Adelnom, das, _s, _e (*Med*; Drüsengeschwulst) ⟨*grch*⟩
Adlept, der, _en, _en (*hist*; [in geheime Künste] Eingeweihter; Goldmacher) ⟨*lat*⟩
Ader, die, _, _n · Äderlchen · aderig *od* ädelrig *K 362* · Aderllaß, der, ..lasses, ..lässe · ädern *K 363*; *vgl. auch* geädert · aderlreich · Ädelrung
adlhälrielren (*fachspr*; anhängen, anhaften) ⟨*lat*⟩ · Adlhälsion, die, _ (*Phys*; durch Molekularkräfte bewirktes Aneinanderhaften zweier Körper) · Adlhälsions⌣bahn (*Eisenb*), ...kraft (*Phys*)
ad hoc [at ˈho:k *od* _ ˈhɔk] (eigens zu diesem od. für diesen Zweck) ⟨*lat*⟩ · Ad-hoc-Entlscheildung *K 188*
adieu! [aˈdiø:] (*veraltend*; lebe wohl!)

[1] *Mit Ziffer vgl. K 284.*

[1] *Mit Ziffer vgl. K 284.*
[2] *Tr* ..k|k..

⟨*frz*⟩; adieu sagen · **Adieu,** das, _s, _s (*veraltend*; das Lebewohl)
Adige ↑ Etsch
ad in|fi|ni|tum *od* **in in|fi|ni|tum** (»bis ins Unendliche«, ohne Ende) ⟨*lat*⟩
Ad|jek|tiv [*auch* ..'ti:f], das, _s, _e [..v..] (*Gramm*; Eigenschaftswort); *Abk* Adj. ⟨*lat*⟩ · **ad|jek|ti|visch** [*auch* ..'ti:viʃ] (*Gramm*)
Ad|junkt, der, _en, _en (*veraltet*; Gehilfe, Amtsgehilfe – *österr, schweiz*; Titel unterer Beamter) ⟨*lat*⟩
ad|ju|stie|ren (*fachspr*; einpassen; zurichten; genau einstellen – *österr auch für* ausrüsten, dienstmäßig kleiden) ⟨*lat*⟩ · **Ad|ju|stie|rung** (*fachspr*; genaue Einstellung – *österr auch für* Uniform)
Ad|ju|tant (*Milit*; beigeordneter Offizier; Helfer des Kommandeurs) ⟨*lat*⟩
Ad|la|tus, der, _, *Pl* _ *od* ..ten (*veraltet*; Beistand, Helfer)⟨*lat*⟩
Ad|ler, der, _s, _. *Zus K 365ff.*: Adler‿auge usw.
ad li|bi|tum (»nach Belieben«), *Abk* ad lib. ⟨*lat*⟩ · **Ad-li|bi|tum-Be|set|zung** *K 188* (*Mus*)
ad|lig *K 362, österr* **ade|lig** ⟨*zu* edel⟩ · **Ad|li|ge** *K 362, österr* **Ade|li|ge,** der *u.* die, _n, _n *K 341*
Ad|mi|ni|stra|tion (das bürokrat. Anordnen – *auch für* Verwaltungsbehörde) ⟨*lat*⟩ · **ad|mi|ni|stra|tiv** · **ad|mi|ni|strie|ren** (bürokratisch anordnen)
Ad|mi|ral, der _s, _e, *österr* ..äle (*Milit*; ein Offizier der Seestreitkräfte im Generalsrang – *Zool*; ein Tagfalter) ⟨*arab → frz*⟩ · **Ad|mi|ra|li|tät** (*Milit*; Gesamtheit der Admirale)
Ad|nex, der, _es, _e (*veraltet*; Anhang, Beigabe) – **Ad|ne|xe,** *seltener* **An|ne|xe** *Pl* (*Med*; Anhangsgebilde [bes. der Gebärmutter]) ⟨*lat*⟩
Ado|les|zenz, die, _ (Jugendalter) ⟨*lat*⟩
Adolf *K 208* (m. Vn.) ⟨‚edel' + ‚Wolf'⟩
Ado|nai (*A. T.*; Anrede Gottes) ⟨*hebr*⟩ · **Ado|nis:** 1. [..'do:.. *od* 'a..] (*griech Sage*; schöner Jüngling, Geliebter der Aphrodite) – 2. [..'do:..], der, _, ..isse (schöner junger Mann) ⟨*semit → grch → lat*⟩ · **ado|nisch** (schön wie Adonis); *K 218*: der _e Vers (alter griech. Vers)
ad|op|tie|ren (an Kindes Statt annehmen) ⟨*lat*⟩ · **Ad|op|tion** · **Ad|op|tiv|kind**
Ad|ora|tion (*veraltend*; Anbetung, Verehrung) ⟨*lat*⟩

Adre|ma, die, _, _s *Kurzw* (Adressiermaschine)
Ad|re|na|lin, das, _s (*Med*; Hormon des Nebennierenmarks) ⟨*lat*⟩
Adres|sant (*veraltet*; Absender) ⟨*lat → frz*⟩ · **Adres|sat,** der, _en, _en (*veraltend*; Empfänger) · **Adreß|buch** (Einwohner-, Anschriftenbuch) · **Adres|se:** 1. ⟨*lat → frz*⟩, die, _, _n (Anschrift, Wohnungsangabe), *Abk* Adr.; *vgl. auch K 397* – 2. ⟨*lat → frz → engl*⟩, die, _, _n (schriftl. Kundgebung, Ehrenschreiben – *Datenv*; Teil eines Befehls im Programm programmgesteuerter Maschinen, der die Kennzeichnung von Speicherzellen enthält) · **adres|sie|ren:** 1. ⟨*lat → frz*⟩ (mit Anschrift versehen) – 2. ⟨*lat → frz → engl*⟩ (etw. an jmdn. richten)
Adres|sier|ma|schi|ne; *Kurzw* Adrema
adrett (nett; sauber; von angenehmem Äußerem) ⟨*frz*⟩
Adria, die, _ (*kurz für* das Adriatische Meer) ⟨*lat, nach* Adria, der im Altertum an der Küste gelegenen oberitalien. Stadt⟩ · **Adria|no|pel** (früherer Name von Edirne) ⟨*grch,* ‚Hadriansstadt'⟩ · **adria|tisch;** *K 238*: die adriatische Küste, *aber K 258*: das Adriatische Meer (*kurz* Adria)
ad|sor|bie|ren (*fachspr*; [Gas] auf der Oberfläche fester Körper verdichten, anlagern) ⟨*lat*⟩; *vgl. aber* absorbieren · **Ad|sorp|tion** (*fachspr*); *vgl. aber* Absorption · **ad|sorp|tiv** (*fachspr*; durch Adsorption erfolgend)
Ad|strin|gens [..st..], das, _, *Pl* ..genzien [..iən] *od* ..gentia (*Med*; zusammenziehendes, blutstillendes Mittel) ⟨*lat*⟩ · **ad|strin|gie|ren** (*Med*)
A-Dur *K 106, das,* _ (*Mus*; Tonart), *Zeichen* A; in A-Dur *od* in A · **A-Dur-Ton|lei|ter** *K 188* (*Mus*)
Ad|vent [..v..], der, *Gen* _[e]s, *österr nur* _s, *Pl* _e (Zeit vor Weihnachten) ⟨*lat,* ‚Ankunft'⟩. *Zus K 365ff.*: Advents‿licht usw. · **Ad|ven|tist** (Angehöriger einer religiösen Gemeinschaft)
Ad|verb [..v..], das, _s, _ien [..iən] (*Gramm*; Umstandswort); *Abk* Adv. ⟨*lat*⟩ · **ad|ver|bi|al,** *seltener* **ad|ver|bi|ell** (*Gramm*) · **Ad|ver|bi|al|be|stim|mung,** *auch* **Ad|ver|bi|a|le,** das, _s, ..lien [..iən] (*Gramm*; Umstandsbestimmung) · **Ad|ver|bi|al|satz** (*Gramm*; Umstandssatz)
ad|ver|sa|tiv [..v..] (entgegensetzend, gegensätzlich) ⟨*lat*⟩
Ad|vo|kat [..v..], der, _en, _en (*noch österr, schweiz*; Rechtsanwalt, Anwalt) ⟨*lat*⟩ · **Ad|vo|ka|tur,** die, _, _en (*noch österr, schweiz*; Anwaltschaft)
ae|rob [a:e..] (*Biol*; Luftsauerstoff atmend) ⟨*grch*⟩ · **Ae|ro|bier** [..iər] *od* **Ae|ro|bi|on|ten** *Pl* (*Biol*; Luftsauerstoff atmende niedere Lebewesen); *Sg* Ae|ro|bier, der, _s *od* Ae|ro|biont, der, _en · **Ae|ro|bi|o|se** *od* **Oxy|bi|o|se**[1], die, _ (*Biol*; von Sauerstoff abhängiges Leben)
Ae|ro|bus [a:e..] ⟨*grch + lat*⟩ *od* **Air|bus** ['ɛ:r..] ⟨*engl*⟩ (Großraumverkehrsflugzeug)
Ae|ro|dy|na|mik [a:e..], die, _ (*Phys*; Lehre von den strömenden Gasen) ⟨*grch*⟩ · **ae|ro|dy|na|misch** (*Phys*)
Ae|ro|flot [a:e..], die, _ (Luftverkehrsunternehmen der UdSSR) ⟨*grch + germ*⟩
Ae|ro|gramm [a:e..], das, _s, _e (Luftpostleichtbrief) ⟨*grch*⟩
ae|ro|kos|misch [a:e..] ⟨*grch*⟩
Ae|ro|lo|gie [a:e..], die, _ (*Met*; Wissenschaft von der Erforschung der höheren Luftschichten) ⟨*grch*⟩
Ae|ro|me|cha|nik [a:e..], die, _ (*Phys*; Lehre von dem Gleichgewicht u. von der Bewegung der Gase) ⟨*grch*⟩
Ae|ro|me|ter [a:e..], das (*Techn*) ⟨*grch*⟩
Ae|ro|plan [a:e..], der, _[e]s, _e (*veraltet*; Flugzeug) ⟨*grch + lat*⟩
Ae|ro|sol [a:e..], das, _s, _e (Gasgemisch, das feinste feste od. flüssige Teilchen enthält) ⟨*grch + lat*⟩
Ae|ro|sta|tik [a:e..], die, _ (*Phys*; Lehre von den Gleichgewichtszuständen in ruhenden Gasen) ⟨*grch*⟩ · **ae|ro|sta|tisch** (*Phys*)
Af|fä|re, die, _, _n (Angelegenheit; [unangenehmer] Vorfall; Streitsache) ⟨*frz*⟩
Äff|chen · **Af|fe,** der, _n, _n
Af|fekt, der, _[e]s, _e (Gemütsbewegung, stärkere Erregung) ⟨*lat*⟩ · **af|fek|tiert** (geziert, gemacht) · **Af|fek|tiert|heit** · **Af|fek|tion** (*Med*; Erregung; [krankhafte] Reizung) · **af|fek|tiv** (durch Affekt bestimmt; gefühlsmäßig) · **Af|fek|ti|vi|tät** [..v..] (Gefühlserregbarkeit)
äf|fen (nachahmen; narren) · **Af|fen|art** · **af|fen|ar|tig** · **Af|fen|brot|baum** · **Af|fen|lie|be,** die, _ · **Af|fe|rei** (*salopp abwert*; unsinniges Verhalten)
Af|fi|da|vit [..vit], das, _s, _s (eidesstattl. Erklärung) ⟨*lat,* ‚hat bezeugt'⟩
af|fig (*umg abwert*; eitel) · **Af|fig|keit** (*umg abwert*) · **Äf|fin,** die, _, ..innen
af|fi|nie|ren (*Chem*; scheiden [z. B. Metall aus Legierungen]) ⟨*lat → frz*⟩ · **Af|fi|ni|tät** (*Chem*; Verbin-

[1] *Vgl.* Fußnote zu »Oxid«.

dungsneigung, Verwandtschaft – *Rechtsw*; Schwägerschaft) ⟨*lat*⟩
Af|fir|ma|ti̱on (Bejahung, Zustimmung) ⟨*lat*⟩ · **af|fir|ma|ti̱v**
a̱f|fisch
Af|fi̱x [*od* 'afiks], das, _es, _e (*Sprachw*; zum Wortstamm tretendes Wortbildungselement, gemeinsame Bez. für Präfix, Suffix [u. Infix]) ⟨*lat*⟩
Af|fo|di̱ll, der, _s, _e (ein Liliengewächs) ⟨*grch* → *lat*⟩
Af|fri|ka̱|ta, die, _, ..tä *od* **Af|fri|ka̱|te,** die, _, _n (*Phon*; Verschlußlaut mit folgendem Reibelaut, z. B. pf) ⟨*lat*⟩
Af|front [a'frɔ̃:], der, _s, _s *od* [a'frɔnt], der, _[e]s, _e (Beleidigung, schwere Kränkung) ⟨*frz*⟩
Af|gha|ne [..'ga:..], der, _n, _n (Angehöriger eines iran. Volkes; Staatsbürger von Afghanistan – *kurz für* Afghanischer Windhund) · **Af|gha̱|ni,** der, _[s], *Pl* _[s] *u. bei Wertangabe* (*K 310*) Afghani (Währungseinheit in Afghanistan) · **af|gha̱|nisch;** *vgl. K 266f.*; *K 254*: Afghanischer Windhund · **Af|gha̱|nisch** (*K 268ff.*), das, *Gen* _[s], *Dat* _ *od* **Pa̱sch|tu,** das, _ (Sprachbezeichnung); auf afghanisch (*K 267*) *od* auf Paschtu heißt es ... **Af|gha̱|ni|sche** (*K 271*), das, *Gen* _n, *Dat* _n *od* **Pa̱sch|tu,** das, _ (Sprachbezeichnung) · **Af|gha̱|ni|stan** [..sta(:)n], *amtl* **Re|pu|bli̱k Af|gha̱|ni|stan** (im O Vorderasiens) ·
à fonds per|du [a fɔ̃(:) pɛr'dy:] (*bes Wirtsch*; auf Verlustkonto; [Zahlung] ohne Aussicht od. Anspruch auf Gegenleistung od. Rückerhalt) ⟨*frz*⟩
a fresco ↑ al fresco
A̱fri|ka (Erdteil) ⟨*semit* → *lat*⟩
Afri|ka̱an|der *od* **Afri|ka̱n|der,** der, _s, _ (Nachkomme in Südafrika eingewanderter Europäer, bes. burischer Abstammung) ⟨*semit* → *lat* → *ndrl*⟩ · **afri|ka̱ans;** die _e Literatur · **Afri|ka̱ans,** das, _ (Tochtersprache des Niederländischen; amtl. Sprache in Südafrika [2]); auf _ heißt es ...
Afri|ka̱|ner, der, _s, _ (einheimischer Bewohner von Afrika) ⟨*semit* → *lat*⟩ · **afri|ka̱|nisch** · **Afri|ka|ni̱st** (Wissenschaftler auf dem Gebiet der Afrikanistik) · **Afri|ka|ni̱|stik,** die, _ (Wissenschaft von den Sprachen u. Kulturen Afrikas)
A̱fro|ame|ri|ka|ner *K 245*, der, _s, _ · **a̱fro|ame|ri|ka|nisch** *K 245* · **a̱fro-ame|ri|ka̱|nisch** *K 244* · **a̱fro|asia|tisch** *K 245* · **a̱fro-asia̱|tisch** *K 244* · **a̱fro|ku|ba|nisch** *K 245* · **a̱fro-ku|ba̱|nisch** *K 244*
A̱f|ter, der, _s, _ · **A̱f|ter|klau|en** *Pl* (*weidm*; die zurückgebildeten Hufe der zweiten u. vierten Zehe beim Schalenwild) · **A̱f|ter|le|der** (*österr*; Hinterleder des Schuhs) · **A̱f|ter|re|de** (*veraltend*; üble Nachrede)
A̱ga|dir (Hafenstadt in Marokko) ⟨*phön*⟩
Äg̱ä|is, die, _ (*kurz für* das Ägäische Meer) · **ägä̱|isch;** *K 238*: die ägäische Küste; *aber K 258*: das Ägäische Meer (*kurz* Ägäis)
Aga|me̱m|non (*griech Sage*; König von Mykene, griech. Heerführer vor Troja) ⟨*grch*⟩
Aga̱|men *Pl* (Bez. für eine Echsenfamilie); *Sg* Aga|me, die, _ ⟨*grch*⟩
A̱gar-A̱gar, der *od* das, _s (Gelatine aus Meeresalgen) ⟨*mal*⟩
Aga̱|the (w. Vn.) ⟨*grch*, ‚die Gute'⟩
Aga̱|ve [..v..], die, _, _n (eine [sub]trop. Pflanze) ⟨*grch*⟩
Agence France Presse [aʒɑ̃:s frɑ̃s 'prɛs], die, *Gen* _ _ _ (französ. Nachrichtenagentur); *Abk* AFP ⟨*frz*⟩
Age̱n|da, die _, ..den (Schreibtafel; Merkbuch) ⟨*lat*⟩ · **Age̱n|de,** die, _, _n (*ev Kirche*; Gottesdienstordnung; Buch, das die Gottesdienstordnung enthält) · **A̱gens,** das, _, *Pl* Agenzien [..ǐən] *od* Agentia (*fachspr*; Triebkraft; wirkende Ursache; wirksames Mittel) – **Agen|zien** [..ǐən] *Pl* (*Chem auch für* aufeinander wirkende Stoffe) · **Age̱nt** (Spion, Person, die polit. Geheimaufträge [Sabotage, Spionage] ausführt – *noch österr*; Vertreter) ⟨*lat* → *frz*⟩ · **Agentia** ↑ Agens · **Agen|tie** [..'tsi:], die, _, ..ien (*österr*; Geschäftsstelle der Donau-Dampfschiffahrtsgesellschaft) ⟨*lat* → *ital*⟩ · **agen|ti̱e|ren** (*österr*; die Tätigkeit eines Handlungsagenten ausüben) ⟨*lat* → *frz*⟩ · **Age̱n|tin,** die, _, ..innen · **Agent pro|vo|ca|teur** [aʒɑ̃: provoka'tø:r *od* _ prɔvɔka'tœ:r] *K 47*, der, _ _, *Pl* _s _s [aʒɑ̃: provoka'tø:r *od* _ prɔvɔka'tœ:r] (Lockspitzel) ⟨*frz*⟩ · **Agen|tu̱r** [agɛn..], die, _, _en (Geschäftsnebenstelle; Vertretung) ⟨*lat*⟩ · **Agenzien** ↑ Agens
Ag|glo|me|ra̱t, das, _[e]s, _e (*Geol*; Anhäufung loser Gesteinstrümmer) ⟨*lat*⟩ · **Ag|glo|me|ra|ti̱on** (*fachspr*; Anhäufung; Zusammenballung) · **ag|glo|me|ri̱e|ren** (*fachspr*)
Ag|glu|ti|na|ti̱on (*Med*; Verklebung, Verklumpung, Zusammenballung – *Sprachw*; lose Anfügung selbständiger Bildungssilben an die Wortwurzel) ⟨*lat*⟩ · **ag|glu|ti|ni̱e|ren** (*Med, Sprachw*) · **Ag|glu|ti|ni̱n,** das, _s, _e (*Med*; Schutzstoff des Blutes)
Ag|gre|ga̱t, das, _[e]s, _e (Gruppe von Teilen, die zu einem Ganzen vereinigt sind, z. B. Maschinen) ⟨*lat*⟩ · **Ag|gre|ga|ti̱on** (*Chem*; Vereinigung von Molekülen) · **Ag|gre|ga̱t|zu|stand** (*Chem, Phys*; Erscheinungsform eines Stoffes)
Ag|gres|si̱on (völkerrechtswidriger Angriff; imperialist. Überfall – *Psych*; Angriffsverhalten) ⟨*lat* → *frz*⟩ · **ag|gres|si̱v** (angriffslustig, herausfordernd; zu völkerrechtswidrigen Angriffen neigend – *Bauw*; baustoffschädlich) · **Ag|gre̱s|sor,** der, _s, ..o̱ren (völkerrechtswidrig Angreifender) ⟨*lat*⟩
Ägi̱|de, die, _ ⟨*grch* → *lat*, *nach* Ägis, dem Schild des Zeus⟩; *nur noch in* unter der _ (Leitung) von ...
agi̱e|ren (handeln – *Theat veraltend*; eine Rolle spielen) ⟨*lat*⟩ · **agi̱l** (flink; beweglich, behende) · **Agi|li|tä̱t,** die, _
Ägi̱|na (Stadt auf der gleichnamigen griech. Insel) · **Ägi|ne̱|te,** der, _n, _n (Bewohner von Ägina) – **Ägi|ne̱|ten** *Pl* (Giebelfiguren vom Aphäatempel auf Ägina) · **ägi|ne̱|tisch**
Agio ['a:dʒo, *auch* 'a:ʒǐo], das, _s (*Wirtsch*; Aufgeld, Aufschlag) ⟨*ital*⟩ · **Agio|ta|ge** [aʒǐo'ta:ʒə, *österr* ..'ta:ʒ] (*kap Wirtsch*; Ausnutzung des Agios zu Börsenspekulationen; Jobbertum – *österr auch für* unerlaubter Handel mit Eintrittskarten) ⟨*ital* → *frz*⟩ · **Agio|teur** [aʒǐo'tø:r], der, _s, _e (*kap Wirtsch*) · **agio|ti̱e|ren** [aʒǐo..] (*kap Wirtsch*)
Ä̱gir (*nord Mythol*; Meerriese, Meergott)
Agi|ta|ti̱on (Methode zur Entwicklung des gesellschaftl. Bewußtseins durch Aufklärung über aktuelle polit. Tagesfragen) ⟨*lat*⟩ · **Agi|ta̱|tor,** der, _s, ..o̱ren (Aufklärer; jmd., der aktiv zur polit. Bewußtseinsbildung seiner Mitmenschen beiträgt) · **agi|ta|to̱|risch** · **agi|ti̱e|ren** (für eine Überzeugung, für eine polit. Bewegung, für eine Partei aufklärend werben) · **Agit|pro̱p** *Kurzw* (Agitation u. Propaganda) · **Agit|pro̱p|grup|pen** *Pl* (Spielgruppen der Laienspielbewegung der revolutionären Arbeiterbewegung)
Agla̱ia [..ja] (*griech Mythol*; eine der drei Chariten) ⟨*grch*, ‚Glanz'⟩
A̱gnes *K 90* (w. Vn.) ⟨*grch*, ‚die Reine'⟩; *span Form* ↑ Ines
Agno|sti|zi̱s|mus, der, _ (philosoph. Lehre, die die völlige Erkennbarkeit der objektiven Realität leugnet) ⟨*grch* → *lat*⟩ · **agnos|zi̱e|ren** (*österr*) ⟨*lat*⟩; einen Toten _ (identifizieren)
A̱gnus De̱i: 1. das, *Gen* _ _ ⟨christl.

Symbol [Lamm mit Kreuzesfahne]) – 2. das, _ _, *Pl* _ _ (Wachstäfelchen mit dem Bilde des Gotteslammes) ⟨*lat*, ‚Lamm Gottes'⟩
ago|gisch (*Mus*; beweglich-frei im Vortrag) ⟨*grch*⟩
Ago|nie, die, _, ..ien (Todeskampf) ⟨*grch*⟩
Ago|ra, die, _, ..rot (Münzeinheit in Israel) ⟨*hebr*⟩
Agra ↑ *unter* Tadsch Mahal
Agraf|fe, die, _, _n (Schmuckspange, -nadel; Schnalle) ⟨*frz*⟩
Agrar|flug (*Landw*; Einsatz von Flugzeugen zur Ertragssicherung bzw. -steigerung) ⟨*lat*⟩ · **Agrar|flugzeug** · **Agra|rier** [..iər], der, _s, _ (*veraltend*; Großgrundbesitzer) · **agra|risch** (landwirtschaftlich, Land...) · **Agrar|wis|sen|schaf|ten** *Pl* (Landwirtschaftswissenschaften)
Agree|ment [ə'gri:mənt], das, _s, _s (*Diplomatie*; formlose, aber bindende Übereinkunft) ⟨lat → frz → engl, ‚Vereinbarung'⟩; *vgl.* Gentleman's Agreement · **Agré|ment** [agre'mã:], das, _s, _s (Zustimmung einer Regierung zur Entsendung eines fremdstaatl. Diplomaten in ihr Land) ⟨*lat* → *frz*⟩
Agri|kul|tur (*veraltend*; Ackerbau, Landwirtschaft) ⟨*lat*⟩
Agrip|pa (röm. m. En.) ⟨*lat*⟩ · **Agrippi|na** (röm. w. En.)
Agro|che|mie [..ç..] (Landwirtschaftschemie) ⟨*grch*⟩ · **agro|chemisch**; *K 119*: agrochemisches Zentrum (*Abk* ACZ), *aber K 259*: Agrochemisches Zentrum Delitzsch · **Agro|nom**, der, _en, _en (wissenschaftl. Fachkraft auf dem Gebiet der Pflanzenproduktion) · **Agro|no|mie**, die, _ (Lehre vom Ackerbau) · **agro|no|misch** · **Agrotech|nik** [..ç..], die, _ (Landwirtschaftstechnik) · **agro|tech|nisch**; _er Termin
Ägyp|ten, *ohne Art* ⟨*ägypt* → *grch*⟩: 1. (*Altertum*; Pharaonenreich) – 2. (Kulturlandsch. am Nil) – 3. *amtl* **Ara|bi|sche Re|pu|blik Ägyp|ten** *K 258*, die, *Gen* _n _ _; *Abk* ARÄ · **Ägyp|ter**, der, _s, _ (1. *Altertum*; Angehöriger der Bevölkerung Ägyptens [1] – 2. Staatsbürger von Ägypten [3]) · **ägyp|tisch**; *vgl. K 266f.* · **Ägyp|tisch**, das, *Gen* _[s], *Dat* _ (Sprachbezeichnung *K 268ff.*) · **Ägyp|ti|sche**, das, *Gen* _n, *Dat* _n (Sprachbezeichnung *K 271*) · **Ägyp|to|lo|ge**, der, _n, _n (Wissenschaftler auf dem Gebiet der Ägyptologie) · **Ägyp|to|lo|gie**, die, _ (Wissenschaft von der Sprache, Kultur u. Literatur des ägypt. Altertums) · **ägyp|to|lo|gisch**
ah!; ah so!; ah was! · **Ah**, das, _s, _s; ein lautes Ah ertönte · **äh!** · **aha!** · **Aha-Er|leb|nis** *K 187* (*Psych*)
Ahas|ver [..'ve:r *od* a'has... *österr nur so*] *od* **Ahas|ve|rus** [..'ve:..] (*jüd Legende*; Name des zu ewigem Umherirren verurteilten »Ewigen Juden«) ⟨*hebr* → *lat*⟩ · **ahas|verisch** *K 218* (ruhelos, umherirrend)
Ahl|beck, See|bad (im Bez. Rostock)
Ah|le, die, _, _n (nadelartiges Werkzeug)
Ahn, der, *Gen* _[e]s *od* _en, *Pl* _en, *auch* **Ah|ne**, der, _n, _n (Stammvater, Vorfahr – *landsch*; Großvater)
ahn|den (*gehoben*; strafen; rächen) · **Ahn|dung** (*gehoben*)
Ah|ne: 1. ↑ Ahn – 2. die, _, _n (Stammutter, weibl. Vorfahr – *landsch*; Großmutter)
äh|neln *K 363*; jmdm. _
ah|nen
Ah|nen‿bild, ...**kult**, ...**rei|he** · **Ahn‿frau** (*veraltet*), ...**herr** (*veraltet*)
ähn|lich: **I.** *Kleinschreibung K 114*: ähnliches (solches); und ähnliche[s] (*Abk* u. ä.); und dem ähnliche[s] (*Abk* u. d. ä.); oder ähnliche[s] (*Abk* o. ä.) – **II.** *Großschreibung*: **a)** *K 93*: das Ähnliche, Ähnliches und Verschiedenes; **b)** *K 95*: viel Ähnliches, zu vieles Ähnliche, etwas Ähnliches, nichts Ähnliches · **Ähnlich|keit**
Ah|nung · **ah|nungs|los** *K 349*; *vgl.* ...los · **Ah|nungs|lo|sig|keit** · **ahnungs|voll**
ahoi! [a'hɔy] (Anruf eines Schiffes); Boot ahoi!
Ahorn, der, _[e]s, _e
Ahr, die, _ (Fluß im W der BRD)
Äh|re, die, _, _n · **Äh|ren|le|se**
Ah|rens|hoop, Ost|see|bad (im Bez. Rostock)
äh|rig (*Bot*); ein _er Blütenstand
Ai, das, _s, _s (ein Dreifingerfaultier) ⟨*indian*⟩
Aide-mé|moire [ɛ:dme'mõa:r], das, _, _[s] (*Diplomatie*; nachträgl. Niederschrift mündl. abgegebener Erklärungen) ⟨*frz*⟩
Aids [è:ds], das, _ (*meist ohne Art*) *od* **AIDS** *Kurzw* (*Med*; erworbenes Immunmangelsyndrom) ⟨*engl*⟩
Ai|nu [*od* a'i:nu:], der, _s, _ (Angehöriger eines Volkes auf Hokkaido u. Sachalin) ⟨*Ainusprache*, ‚Mensch'⟩
Air [ɛ:r], das, _s, _s (*veraltend*; Aussehen, Miene) ⟨*frz*⟩
Airbus ↑ Aerobus
Aire|dale|ter|rier ['ɛ:rde:l,tɛriər] (eine Hunderasse) ⟨*nach* dem Flußtal in England⟩
ais, das, _, _ (*Mus*; Tonbezeichnung) · **Ais**, das, _, _ (*Mus*; Tonbezeichnung)
Ai|tel, der, _s, _ (*südd*, *österr*, *schweiz*; [1]Döbel)
Aja (*karoling Sage*; Mutter der vier Haimonskinder) ⟨*rom* → *ital*⟩
Aja|tol|lah, der, _[s], _s (Titel schiitischer Würdenträger) ⟨*pers*⟩
Ajax (*griech Sage*: Held vor Troja) ⟨*grch* → *lat*⟩
à jour [a 'ʒu:r], *österr* **ajour** (1. durchbrochen [von Geweben u. Spitzen] – 2. auf dem laufenden) ⟨*frz*⟩; _ _ gefaßt, *österr* ajour gefaßt (*von Edelsteinen gesagt*; eingerandet, so daß die Rückseite frei bleibt) · **Ajour|ar|beit** (Durchbrucharbeit in Geweben)
Aka|de|mie, die, _, ..ien (zentrale Forschungs- u. Bildungseinrichtung; wissenschaftl. Gesellschaft; Hochschule, Fachhochschule; *österr auch für* literar. od. musikal. Veranstaltung) ⟨*grch*⟩ · **Aka|de|miker**, der, _s, _ (jmd. mit abgeschlossenem Hochschulstudium; Mitglied einer Akademie) · **aka|demisch** (zu einer Akademie od. Hochschule gehörig od. sie betreffend; gelehrt – *auch abwert*; lebensfern, weltfremd, trocken); das _e Viertel (*vgl.* cum tempore)
Akan|je, das, _ (*Phon*; *a*-ähnliche Aussprache des vortonigen *o* im Russischen) ⟨*russ*⟩
Akan|thus, der, _, *Pl* _ *od* ..thi (eine Pflanze) ⟨*grch* → *lat*⟩ · **Akanthus|blatt** (*Arch*; ein Ornament)
aka|ta|lek|tisch (*Metrik*; unverkürzt) ⟨*grch*⟩
Aka|zie [..iə], die, _, _n (ein [sub]trop. Laubbaum od. Strauch) ⟨*grch* → *lat*⟩
Ake|lei [*österr nur so*, *auch* 'a:..], die, _, ..eien (Zierpflanze, ein Hahnenfußgewächs) ⟨*lat*⟩
Ak|kad (*Altertum*; Stadt in Mesopotamien) · **ak|ka|disch**; *vgl. K 266f.* · **Ak|ka|disch**, das, *Gen* _[s], *Dat* _ (Sprachbezeichnung *K 268ff.*) · **Ak|ka|di|sche**, das, *Gen* _n, *Dat* _n (Sprachbezeichnung *K 271*)
Ak|kla|ma|tion (*bes österr*; Zuruf; Beifall) ⟨*lat*⟩ · **ak|kla|mie|ren** (*bes österr*)
Ak|kli|ma|ti|sa|tion (Anpassung an veränderte Klima-, Umwelt- od. Lebensbedingungen) ⟨*grch* → *lat*⟩ · **ak|kli|ma|ti|sie|ren** (anpassen); sich (*Akk*) _
Ak|ko|la|de: 1. (*Polygr*; geschweifte Klammer); *Zeichen* { } – 2. (*hist*; Ritterschlag; Aufnahme in einen Orden) ⟨*lat* → *ital* → *frz*⟩
ak|kom|mo|da|bel (*fachspr*; anpassungsfähig) ⟨*lat* → *frz*⟩; *K 363*: ein

akkomodables Organ · **Ak|kom|mo|da|tion** (*fachspr*; Angleichung, Anpassung – *Biol*; Scharfeinstellung der Augenlinse) ⟨*lat*⟩ · **ak|kom|mo|da|tions|fä|hig** (*fachspr*) · **ak|kom|mo|die|ren** (*fachspr*)

Ak|kord, der, _[e]s, _e (1. *Rechtsw*; Vergleich – *Mus*; Zusammenklang mehrerer Töne – 2. ↑ Akkordarbeit) ⟨*lat* → *frz*⟩ · **Ak|kord|ar|beit,** die, _, _en *od* **Ak|kord,** der, _[e]s, _e (*kap Wirtsch*) · **Ak|kor|de|on,** das, _s, _s (eine Handharmonika) ⟨*lat* + *grch*⟩ · **Ak|kor|deo|nist** (Akkordeonspieler)

ak|kre|di|tie|ren (bevollmächtigen; [einen Diplomaten] beglaubigen – *Bankw*; Kredit einräumen od. beschaffen) ⟨*lat* → *frz*⟩; jmdn. bei einer Bank für einen Betrag _ · **Ak|kre|di|tiv,** das, _s, _e [..v..] (*Diplomatie*; Beglaubigungsschreiben – *Bankw*; Zahlungsauftrag; Kreditbrief)

Ak|ku, der, _s, _s *Kurzw* (Akkumulator) ⟨*lat*⟩ · **Ak|ku|mu|la|tion** (Anhäufung) · **Ak|ku|mu|la|tor,** der, _s, ..oren (Gerät zur Speicherung elektr. Energie); *Kurzw* Akku · **ak|ku|mu|lie|ren** (anhäufen, ansammeln, speichern)

ak|ku|rat (genau; sorgfältig) ⟨*lat*⟩ · **Ak|ku|ra|tes|se,** die, _ ⟨*lat* → *frz*⟩

Ak|ku|sa|tiv [*auch* ..'ti:f], der, _s, _e [..v..] (*Gramm*; Wenfall, 4. Fall); *Abk* Akk. ⟨*lat*⟩ · **Ak|ku|sa|tiv|ob|jekt** (*Gramm*; Ergänzung im Akkusativ)

Ak|ne, die, _, _n (*Med*; Hautausschlag) ⟨*grch*⟩

A-Kohle ↑ Aktivkohle

Ako|ni|tin, das, _s, _e (*Biochem*; giftiges Alkaloid des Eisenhuts) ⟨*grch* + *lat*⟩

Akon|to, das, _s, *Pl* ..ten *od* _s (*österr*; Anzahlung) ⟨*ital*⟩ · **Akon|to|zah|lung** (*Bankw*; Abschlagszahlung); *vgl. aber* a conto

ak|qui|rie|ren [akvi..] (*veraltend*; Kunden gewinnen) ⟨*lat* → *frz*⟩ · **Ak|qui|si|teur** [..'tø:r], der, _s, _e (*veraltend*; Kundenwerber; Anzeigensammler) · **Ak|qui|si|tion** (*veraltend*; Kundenwerbung)

Akri|bie, die, _ (höchste Sorgfalt, Genauigkeit) ⟨*grch*⟩

Akro|bat, der, _en, _en (Turnkünstler) ⟨*grch*⟩ · **Akro|ba|tik,** die, _ (Leistung der Akrobaten; Geschicklichkeit, Wendigkeit) · **Akro|ba|tin,** die, _, ..innen · **akro|ba|tisch**

Akro|nym, das, _s, _e (aus den Anfangsbuchstaben mehrerer Wörter gebildetes Wort, z. B. MEGA [↑ *d.*]) ⟨*grch*⟩

Akro|po|lis, die, _, ..polen (altgriech. Stadtburg, bes. die von Athen) ⟨*grch*, ‚Hochstadt'⟩

Akro|sti|chon [..ç..], das, _s, *Pl* ..chen *od* ..cha (*Metrik*; Gedicht, in dem die Anfangsbuchstaben od. -wörter der Zeilen ein Wort od. einen Satz ergeben) ⟨*grch*⟩

akro|ze|phal (*Biol, Med*; spitzköpfig, -schädelig) ⟨*grch* → *lat*⟩ · **Akro|ze|pha|le,** der *u.* die, _n, _n (*Biol, Med*) · **Akro|ze|pha|lie,** die, _ (*Biol, Med*)

äks! (*salopp*; pfui!)

Akt, der, _[e]s, _e: 1. (Vorgang, Handlung; Geschlechtsakt – *Lit, Theat*; Aufzug in Bühnenwerken – *bildende Kunst*; Stellung u. Darstellung des nackten menschl. Körpers) – 2. ↑ Akte ⟨*lat*⟩ · **Ak|te,** die, _, _n, *auch, österr nur,* **Akt,** der, _[e]s, *Pl* _e, *österr* _en (Schriftstück, Sammlung schriftl. Unterlagen); zu den Akten legen (als erledigt ablegen, *auch* als erledigt ansehen) · **ak|ten|kun|dig** (*bürospr*) · **Ak|ten|schrank** · **Ak|ten|zei|chen** · **Ak|teur** [..'tø:r], der, _s, _e (Handelnder; Schauspieler) ⟨*lat* → *frz*⟩ · **Ak|tie** [..ĭə], die, _, _n (Anteilschein, Anteil am Grundkapital einer Aktiengesellschaft) ⟨*lat* → *ndrl*⟩ · **Ak|tien|ge|sell|schaft** (*Wirtsch*; Gesellschaft, deren Grundkapital durch Verkauf von Aktien aufgebracht wird); *Abk* AG · **Ak|tien|ka|pi|tal** (Grundkapital einer Aktiengesellschaft)

Ak|ti|nie [..ĭə], die, _, _n (*Zool*; Seerose [ein Korallentier]) ⟨*grch*⟩ · **ak|ti|nisch** (*Chem*; durch Strahlung hervorgerufen) · **Ak|ti|nium,** das, _s (radioaktives chem. Element, Metall); *Zeichen* Ac (*für lat u. fachspr* Actinium) ⟨*grch* → *lat*⟩ · **Ak|ti|no|me|ter,** das (*Met*; Gerät zum Messen von Strahlungsenergie, bes. der Sonne) · **Ak|ti|no|my|ko|se,** die, _ (*Med*; Strahlenpilzkrankheit)

Ak|tion (Handlung; Unternehmung; Vorgehen; [polit.] Maßnahme) ⟨*lat*⟩ · **Ak|tio|när,** der, _s, _e (Besitzer von Aktien) ⟨*lat* → *frz*⟩ · **Ak|tions|art** (*Sprachw*; eine Ordnungsweise des Verbalsystems, die die Sonderart des Vorgangs in seinen Phasen od. in der inhaltl. Art seines Verlaufs kennzeichnet) · **Ak|tions|ein|heit,** die, _ · **Ak|tions|form** (*Sprachw*; Handlungsrichtung des Verbs [Aktiv, Passiv]) · **Ak|tions|ra|dius** (Reichweite; Fahr-, Flugbereich)

ak|tiv [*österr nur so, od* 'ak..]: 1. (tätig, tatkräftig, unternehmend, wirksam); *Ggs* passiv (1); _e [..v..] Erholung; _es [..v..] Wahlrecht (das Recht zu wählen) – 2. (im [militär.] Dienst stehend) – 3. ↑ aktivisch · **Ak|tiv:** 1. [..'ti:f], das, _s, *Pl* _e [..v..] *od* _s (Arbeitsgruppe, die kollektiv an der Erfüllung bestimmter Aufgaben arbeitet u. überdurchschnittl. Leistungen anstrebt) – 2. ['ak.., *auch* ..'ti:f], das, _s, _e [..v..] (*Gramm*; Tätigkeitsform des Verbs [*Ggs* Passiv]) · **Ak|ti|va** [..v..], *auch, österr nur,* **Ak|ti|ven** *Pl* (Vermögenswerte; Guthaben; Sollseite); *Ggs* Passiva, *auch, österr nur,* Passiven · **ak|ti|vie|ren** (in Tätigkeit setzen; [die Wirkung] verstärken) · **ak|ti|visch** *od* **ak|tiv** [..f, *auch* ..'ti:f] (*Gramm*; das Aktiv betreffend); *Ggs* passivisch *od* passiv · **Ak|ti|vis|mus** [..v..], der, _ (Tätigkeitsdrang; zielbewußtes Handeln) · **Ak|ti|vist** (Werktätiger, der für seine vorbildlichen berufl. u. gesellschaftl. Leistungen ausgezeichnet wurde) · **Ak|ti|vi|sten|be|we|gung** · **Ak|ti|vi|stin,** die, _, ..innen · **ak|ti|vi|stisch** · **Ak|ti|vi|tät,** die, _, _en (aktives Verhalten, Tätigkeitstrieb; Unternehmungsgeist – *meist Pl*: wirksame Tätigkeit – *Chem*; wirksame Konzentration eines gelösten Stoffes – *Phys*; Größenart der ionisierenden Strahlung) · **Ak|tiv|koh|le** [..f..], *kurz* **A-Koh|le** *K 186* (als Adsorptionsmittel verwendete Kohle mit poröser Oberfläche) · **Ak|tiv|ta|gung**

ak|tua|li|sie|ren (auf die unmittelbare Gegenwart beziehen; den Bedürfnissen des Tages anpassen) ⟨*lat* → *frz*⟩ · **Ak|tua|li|tät** (Wirklichkeitsnähe; Bedeutsamkeit für die Gegenwart) ⟨*lat*⟩ · **Ak|tu|ar,** der, _s, _e (*schweiz*; Schriftführer) · **ak|tu|ell** (zeitgemäß, zeitnah; für die Gegenwart bedeutsam) ⟨*lat* → *frz*⟩

aku|punk|tie|ren (mit Akupunktur behandeln) ⟨*lat*⟩ · **Aku|punk|tur,** die, _, _en ([asiat.] Heilbehandlung durch Einstechen von Nadeln)

Akü|spra|che, die, _ *Kurzw* (Abkürzungssprache); *vgl. auch K 196*

Aku|stik, die, _ (Lehre vom Schall; Klangwirkung) ⟨*grch*⟩ · **aku|stisch** (Schall..., Klang...; klanglich); _er Typ (jmd., der Gehörtes leichter aufnimmt als Gesehenes [*Ggs* visueller Typ])

akut (heftig, scharf – *Med*; schnell u. heftig verlaufend [*Ggs* chronisch]) ⟨*lat*⟩ · **Akut,** der, _[e]s, _e (*Phon*; Betonungszeichen); *Zeichen* ´

Ak|ze|le|ra|tion (*fachspr*; Beschleunigung) ⟨*lat*⟩ · **Ak|ze|le|ra|tor,** der, _s, ..oren (*fachspr*; Beschleuniger) · **ak|ze|le|rie|ren** (*fachspr*)

Ak|zent, der, _[e]s, _e (Tonzeichen; Tonfall; Betonung; Nachdruck)

⟨*lat*⟩ · **Ak|zen|tua|ti|on** (Betonung) · **ak|zen|tu|ie|ren** · **Ak|zent|wech|sel** (*Phon, Sprachw*)

Ak|zept, das, _[e]s, _e (*Bankw*; Unterschrift des Bezogenen auf einem Wechsel; der akzeptierte Wechsel selbst) · **ak|zep|ta|bel** (annehmbar); *K 363*: eine akzepta|ble Bedingung · **Ak|zep|tant** (*Bankw*; Wechselannehmer, Bezogener) · **Ak|zep|ta|ti|on** (Annahme) · **ak|zep|tie|ren** (annehmen) · **Ak|zep|tor,** der, _s, ..oren (*fachspr*; Annehmer)

ak|zes|so|risch (hinzutretend; nebensächlich, weniger wichtig) ⟨*lat*⟩

Ak|zi|dens, das, _, ..enzien [..ïən] (*meist Philos*; Zufälliges; unwesentl. Eigenschaft) ⟨*lat*, ‚Hinzukommendes'⟩ · **ak|zi|den|ti|ell** *od* **ak|zi|den|tell** (*meist Philos*; zufällig, unwesentlich) · **Ak|zi|denz,** die, _, _en (Industrie-, Geschäfts- u. Privatdrucksache) · **Ak|zi|denz|druck,** *Pl* ..drucke

Ak|zi|se, die, _, _n (*Wirtsch veraltend*; indirekte Steuer, Verbrauchssteuer) ⟨*lat*⟩

à la [a _] (auf od. nach Art von ...) ⟨*frz*⟩

Ala|ba|ma (Staat der USA)

Ala|ba|ster, der, _s, _ (weiße, durchscheinende Gipsabart) ⟨*grch*, *nach* der antiken oberägypt. Stadt Alabastron⟩ · **ala|ba|stern** (aus od. wie Alabaster)

à la carte [a la 'kart] (nach der Speisekarte) ⟨*frz*⟩

Ala|din (Gestalt aus »1001 Nacht«)

Alai, der, _[s] (Gebirge in Mittelasien)

à la mode [a la 'mo:t *od* 'mɔd] (*veraltet*; nach der [neuesten] Mode) ⟨*frz*⟩

Aland, der, _[e]s, _e (ein Karpfenfisch); *vgl. aber* Alant

Åland[s]|in|seln ['o:..] *Pl* (finn. Inselgruppe am Eingang des Bottnischen Meerbusens) ⟨*schwed*⟩

Ala|ne, der, _n, _n (*Altertum*; Angehöriger eines skythisch-sarmatischen Volkes aus Innerasien)

Alant, der, _[e]s, _e (ein Korbblütler); *vgl. aber* Aland

Alarm, der, _[e]s, _e (Ruf zur Bereitschaft; [plötzl.] Aufruf; Signal zum militär. Einsatz; Warn-, Rettungssignal, Warnruf) ⟨*ital*, ‚zu den Waffen'⟩ · **Alarm|an|la|ge** · **alarm|be|reit** · **Alarm|be|reit|schaft** · **alar|mie|ren** ([plötzlich] aufrufen, warnen; aufrütteln; beunruhigen)

Alas|ka (Halbinsel im NW Nordamerikas; Staat der USA)

Alaun, der, _s, _e (*Chem*; Doppelsalz der Schwefelsäure) ⟨*lat*⟩. *Zus K 365 ff.*: Alaun‿gips usw. · **alaun|hal|tig** · **alau|nig** (wie, aus Alaun)

A-Laut *K 106*

Alb, die, _ (Name mehrerer Hochflächen im S der BRD); *K 258*: die Fränkische _, die Schwäbische _

Al|ba|ner, der, _s, _ · **Al|ba|nien** [..ïən], *ohne Art, amtl* **So|zia|li|sti|sche Volks|re|pu|blik Al|ba|nien** *K 258*, die, *Gen* _n _ _ (im SO Europas) · **al|ba|nisch;** *vgl. K 266 f.* · **Al|ba|nisch,** das, *Gen* _[s], *Dat* _ (Sprachbezeichnung *K 268 ff.*) · **Al|ba|ni|sche,** das, *Gen* _n, *Dat* _n (Sprachbezeichnung *K 271*)

Al|ba|tros, der, _, ..osse (ein Sturmvogel) ⟨*arab → span → engl*⟩

Al|be, die, _, _n (*kath Kirche*; weißes liturg. Gewand) ⟨*lat*, ‚weiß'⟩ · **Al|be|do,** die, _ (*Phys*; Rückstrahlvermögen von zerstreut reflektierenden u. nicht selbstleuchtenden Oberflächen) · **Alben** ↑ Albe u. Album

Al|be|rei

Al|be|rich (*german Sage*; Zwerg, der den Nibelungenhort hütet) ⟨*zu* ²Elf⟩

al|bern: 1. *Verb K 363* – 2. *Adj* · **Al|bern|heit**

Al|bert (m. Vn.) ⟨*Kurzf von* Adalbert⟩ · **Al|ber|ti|na,** die, _ (graph. Kunstsammlung in Wien) ⟨*germ → lat, nach* dem Gründer, Herzog Albert von Sachsen-Teschen⟩ · **Al|ber|ti|num,** das, _s (Schaustätte kostbarer Schatz- u. bedeutender Kunstsammlungen in Dresden)

¹Al|bin (m. Vn.) ⟨*Nebenf von* Alwin⟩

²Al|bin (m. Vn.) ⟨*lat*, ‚der Weiße'⟩

Al|bi|nis|mus, der, _ (»Weißsucht«, angeborener allg., manchmal völliger Haut-, Haar- u. Augenfarbstoffmangel) ⟨*lat → span*⟩ · **Al|bi|no,** der, _s, _s (Mensch od. Tier mit ererbter Unfähigkeit zur Farbstoffbildung) ⟨‚Weißling'⟩; *vgl. auch* Kakerlak · **al|bi|no|tisch**

Al|bion (*dicht*; alter Name für Britannien) ⟨*kelt*, ‚Berginsel', ‚Hochland'⟩

Al|brecht (m. Vn.) ⟨*Kurzf von* Adalbert⟩

Al|bum, das, _s, *Pl* ..ben, *umg* _s (Gedenk-, Stammbuch; Sammelbuch) ⟨*lat*, ‚das Weiße'⟩ · **Al|bu|men,** das, _s (*Biochem*; Eiweiß) · **Al|bu|mi|ne** *Pl* (*Biochem*; zu den Proteinen gehörende Gruppe von Eiweißstoffen); *Sg* Al|bu|min, das, _s · **al|bu|mi|nös** *K 349* (*Biochem*; eiweißhaltig)

alcäisch ↑ alkäisch

Alcázar ↑ Alkazar

Äl|chen *K 8*: 1. das, _s, _ (kleiner Aal) – 2. *Pl* (Gruppe kleiner Fadenwürmer)

Al|chi|mie [..ç..] *od* **Al|che|mie** (*hist*; die mittelalterl. Chemie, bes. die sog. Goldmacherkunst) ⟨*grch → arab → span → frz*⟩ · **Al|chi|mist** *od* **Al|che|mist** (*hist*; sog. Goldmacher) · **al|chi|mi|stisch** *od* **al|che|mi|stisch** (*hist*)

Al|de|ba|ran, der, _s (ein Stern) ⟨*arab*⟩

Al|de|hy|de *Pl* (*Chem*; durch Wasserstoffentzug aus Alkoholen entstehende organ. Verbindungen); *Sg* Al|de|hyd, der, _s (*Kurzw aus lat* alcohol dehydrogenatus) · **Al|de|hyd|har|ze** *Pl* (*Chem*)

Al|di|ne: 1. die, _, ..nen (Druckwerk des venezian. Druckers Aldus Manutius) – 2. die, _ (*Polygr*; eine halbfette Antiquaschrift) ⟨*nach* dem Drucker⟩

alea|to|risch (*fachspr*; vom Zufall abhängig) ⟨*lat*⟩

Alek|to [*od* ..'to:] (*griech Mythol*; eine der drei Erinnyen) ⟨*grch*, ‚die Rastlose'⟩

Ale|man|ne, der, _n, _n (Angehöriger eines german. Volksstammes) · **ale|man|nisch;** *vgl. K 266 f.* · **Ale|man|nisch,** das, *Gen* _[s], *Dat* _ (Sprachbezeichnung *K 268 ff.*) · **Ale|man|ni|sche,** das, *Gen* _n, *Dat* _n (Sprachbez. *K 271*)

Alep|po (Stadt in Syrien)

alert (*noch landsch*; flink, munter, frisch) ⟨*frz*⟩

Aletsch|glet|scher, der, _s (in der Schweiz)

Aleu|ron [*od* 'a:..], das, _s (*Biol*; Reserveeiweiß pflanzl. Gewebe) ⟨*grch*⟩

Alëu|ten [ale..] *od* **Aleu|ten** *Pl* (Inselkette zw. Alaska u. Kamtschatka)

Alex|an|der (m. Vn.) ⟨*grch*, ‚der Männer Abwehrende'⟩; *russ Kurzf* ↑ Sascha · **Alex|an|dra** (w. Vn.); *russ Kurzf* ↑ Sascha

Alex|an|dria [*od* ..'dri:a] (Hafenstadt in der ARÄ) · **Alex|an|dri|ner:** 1. *K 231*: der, _s, _ (in Alexandria Geborener od. Wohnender – *Metrik*; ein Versmaß) – 2. *als Attribut K 232* · **alex|an|dri|nisch**

Ale|xie, die, _ (*Med*; Leseunfähigkeit bei erhaltenem Sehvermögen) ⟨*grch*⟩

Ale|xi|ne *Pl* (*Med*; im Blutserum enthaltene Abwehrstoffe gegen Bakterien) ⟨*grch*⟩

Al|föld ['ɔl..], das, _[s] (Tiefebene im O Ungarns)

Al|fons [..fɔŋs] (m. Vn.) ⟨*germ* (‚edel' + ‚willig' [od. ‚Kampf' + ‚willig' od. ‚all' + ‚willig']) → *span*⟩

Al|fred (m. Vn.) ⟨*angelsächs*, ‚Elfe' + ‚Rat'⟩

al fres|co, *richtig eigtl* **a fres|co** (*Mal*; »auf frischem« Kalk) ⟨*ital*⟩

Alge ↑ Algen

Al|ge|bra [*österr* ..'ge:..]: 1. die, _ (*Math*; Lehre von den Gleichungen, Lehre von den algebraischen Strukturen – *auch für* Buchstabenrechnung) – 2. die, _, ..gebren (*Math*; durch eine Operation gekennzeichnete algebraische Struktur) ⟨*arab* → *lat*⟩ · **al|ge|bra|isch;** _e Struktur (*Math*; Menge von Elementen, zu denen eine algebraische Operation definiert ist)

Al|gen *Pl* (niedere Wasserpflanzen); *Sg* Al|ge, die, _ ⟨*lat*⟩

Al|ge|nib, der, _s (ein Stern) ⟨*arab*⟩

Al|ge|rien [..iən], *ohne Art, amtl* **De|mo|kra|ti|sche Volks|re|pu|blik Al|ge|rien** *K 258*, die, *Gen* _n _ _ (im N Afrikas) · **Al|ge|rier** [..iər], der, _s, _ · **al|ge|risch** · **Al|gier** ['alʒi:r] (Hptst. von Algerien)

Al|gol [..'go:l *od* 'al..], der, _s (ein Stern) ⟨*arab*⟩

AL|GOL, die, _ *Kurzw* (eine Programmiersprache) ⟨*engl* Algorithmic Language [ɛlgə'riθmik 'lɛŋgwidʒ], ‚algorithmische Sprache'⟩

Al|go|lo|gie ⟨*lat* + *grch*⟩, *älter* **Phy|ko|lo|gie** ⟨*grch*⟩, die, _ (*Biol*; Algenkunde)

Al|gon|kin *Pl* (Angehörige einer indian. Sprach- u. Völkergruppe Nordamerikas) · **algonkisch** usw. ↑ Proterozoikum usw.

al|go|rith|misch (*Math*) ⟨*arab* → *lat*⟩ · **Al|go|rith|mus,** der, _, ..men (*Math*; eindeutig bestimmtes Verfahren zur schemat. Lösung einer Klasse von Aufgaben)

Al|ham|bra, die, _ (Palast bei Granada) ⟨*arab*, ‚die rote' Burg⟩

alias (*heute meist abwert*; anders; sonst; auch ... genannt [z. B. Meyer alias Neumann]) ⟨*lat*⟩

Ali|bi, das, _s, _s (Nachweis der Abwesenheit [vom Tatort]) ⟨*lat*, ‚anderswo'⟩ · **Ali|bi|be|weis**

Ali|ce [a'li:sə, *österr* a'li:s] (w. Vn.) ⟨*französ* u. *engl Kurzf von* Adelheid⟩

Ali|gne|ment [alinjə'mã:], das, _s, _s (*Geodäsie*; [das Abstecken einer] Richtlinie) ⟨*frz*⟩ · **ali|gnie|ren** [ali'nji:..] (*Geodäsie*)

ali|men|ta|tions|pflich|tig ⟨*lat*⟩ · **Ali|men|te** *Pl* (Unterhaltsbeiträge); *Sg* Ali|ment, das, _[e]s

aliphatisch ↑ azyklisch (2)

Ali|za|rin, das, _s (Farbstoff der Krappwurzel od. aus Anthrazen) ⟨*arab* → *span*⟩ · **ali|za|rin|schwarz;** *vgl.* blau · **Ali|za|rin|tin|te**

Alk, der, *Gen* _[e]s, *Pl* _e *od Gen* _en, *Pl* _en (ein Tauchvogel) ⟨*skand*⟩

al|kä|isch ⟨*grch, nach* dem altgriech. Lyriker Alkaios⟩ *od* **al|cä|isch** [..ts..] ⟨*grch* → *lat*⟩; *K 218*: _e Strophe (*Metrik*)

Al|ka|lien [..iən] *Pl* (*Chem*; stark basische Stoffe); *Sg* Al|ka|li [..'ka:.. *od* 'al..], das, _s ⟨*arab*⟩ · **Al|ka|li|me|tal|le** *Pl* (*Chem*; Gruppe einwertiger basenbildender Metalle) · **alkalisch** ↑ basisch · **Al|ka|lo|id,** das, _s, _e (*Chem*; giftige Pflanzenbase [z. B. als Heilmittel]) ⟨*arab* + *grch*⟩ · **Al|ka|na|le** *Pl* (*Chem, Pharmakol*; gesättigte kettenförmige Aldehyde); *Sg* Al|ka|nal, das, _s ⟨*arab* + *grch* + *arab*⟩ · **Al|ka|ne** ⟨*arab* + *grch*⟩ *od* **Pa|raf|fi|ne** ⟨*lat*⟩ *Pl* (*Chem*; gesättigte kettenförmige Kohlenwasserstoffe); *Sg* Al|kan *od* Pa|raf|fin, das, _s · **Al|ka|no|le** *Pl* (*Chem*; gesättigte kettenförmige Alkohole); *Sg* Al|ka|nol, das, _s ⟨*arab* + *grch* + *arab*⟩ · **Al|ka|no|ne** *Pl* (*Chem*; gesättigte kettenförmige Ketone); *Sg* Al|ka|non, das, _s ⟨*arab* + *grch*⟩ · **Al|kan|säu|ren** *Pl* (*Chem*; gesättigte kettenförmige Karbonsäuren)

Al|ka|zar [..(t)sar, *österr* ..'za(:)r] *od* **Al|cá|zar** [..'ka(:t)sar], der, _s, _e (Burg, Palast [in Spanien]) ⟨*arab* → *span*, ‚*Schloß*'⟩

Al|ke|ne ⟨*arab* + *grch* + *lat*⟩ *od* **Ole|fi|ne** ⟨*grch* → *lat* → *frz*⟩ *Pl* (*Chem*; eine Gruppe ungesättigter Kohlenwasserstoffe); *Sg* Al|ken *od* Ole|fin, das, _s · **Al|ki|ne** ⟨*arab* + *grch* + *lat*⟩ *od* **Aze|ty|len|koh|len|was|ser|stof|fe** ⟨*lat* + *grch* + *lat*⟩, *auch* **Aze|ty|le|ne** ⟨*lat* + *grch* + *lat*⟩ *Pl* (*Chem*; eine Gruppe ungesättigter Kohlenwasserstoffe); *Sg* Al|kin, das, _s *od* Aze|ty|len|koh|len|was|ser|stoff, der, _[e]s, *auch* Aze|ty|len, das, _s

alk|ma|nisch ⟨*nach* Alkman, dem ältesten griech. Chorlyriker⟩; *K 218*: _er Vers (*Metrik*; ein daktylisches Versmaß)

Alk|me|ne [..nə *od* ..ne:] (*griech Sage*; Mutter des Herakles)

Al|ko|hol: 1. ↑ Äthanol; 2. ↑ Alkohole – **Al|ko|ho|le** [*od* ..'ho:..] *Pl* (*Chem*; eine sauerstoffhaltige Stoffklasse); *Sg* Al|ko|hol, der, _s ⟨*arab*⟩ · **al|ko|hol|arm** · **Al|ko|ho|li|ker,** der, _s, _ (gewohnheitsmäßiger Trinker) ⟨*arab* → *lat*⟩ · **al|ko|ho|lisch** · **al|ko|ho|li|sie|ren** (mit Alkohol versetzen) · **Al|ko|ho|lis|mus,** der, _ (Trunksucht; Alkoholvergiftung) · **Al|ko|hol|spie|gel** (Menge des Alkohols im Blut)

Al|kor, der, _s (ein Stern) ⟨*arab*⟩

Al|ko|ven [..v.., *auch* 'al..], der, _s, _ (*veraltend*; kleiner Nebenraum; Bettnische) ⟨*arab* → *span* → *frz*⟩

Al|kyd|har|ze *Pl* (synthet. Lackharze für wetterfeste Lacke) ⟨*Kunstw*⟩

Al|ky|le *Pl* (*Chem*; einwertige gesättigte Kohlenwasserstoffreste); *Sg* Alkyl, das, _s ⟨*arab* + *grch*⟩

Al|kyo|ne [..'ky:one: *od* ..ky'o(:)ne: *od* ..'o:nə]: 1. (*griech Sage*; Tochter des Äolus) – 2. die, _ (ein Stern) ⟨*grch*⟩

all:

I. *Auch substantivisch* (außer am Satzanfang u. dem Substantiv »das All«) *stets klein geschrieben K 120*: alle, die geladen waren; alle kamen; all und jeder; all[es] und jedes; in aller Erinnerung; mein ein und [mein] alles; *in Briefen* wir wünschen Euch allen, Ihnen allen ...

II. *In Verbindung*

a) *mit einem Substantiv od substantivisch gebrauchten Adjektiv*: aller Schmerz, all der Schmerz. *K 333, Merke*: *vor stark deklinierten männl. u. sächl. Substantiven im Gen des Singulars ohne vorangehenden Art meist schwach flektiert,* z. B. allen Schmerzes, allen Übels, allen Ernstes, *aber nur*: alles Guten; Dinge aller Art; mit all[er] seiner Habe; alle Fehler, all[e] die Fehler; alle (*landsch* aller) Nasen lang *od K 176*: alle nase[n]lang *bzw* naslang (*umg*); *K 340*: alles Gute, all das Gute, *Gen* alles Guten, all des Guten: unter allem Guten; *K 95*: alles Weitere, alles in ihren Kräften Stehende *od K 114*: alles in ihren Kräften stehende; *K 120*: alles and[e]re; *K 114*: alles beliebige, alles mögliche, alles übrige

b) *mit attributivem Adjektiv K 340*: alle ehrlichen Menschen

c) *mit Pronomen*: das alles, all[es] das; dem allem, all[em] dem; dies *od* dieses alles, all[es] dieses; diese alle, all[e] diese; was alles; wer alles; alles, was ...

d) *mit Numerale*: alle drei; alle neune (beim Kegeln); alle (*landsch* aller) vier Jahre; alle beide

e) *mit Präposition*: bei (in, mit, trotz, über, zu usw.) allem; bei dem allem (*nicht* allen), bei allem dem *od* bei all[e]dem; bei diesem allem, bei all[em] diesem, bei alle diesem; für alles; alles in allem; um alles in der Welt; vor allem

III. *Zus*: allemal (↑ *d.*); allerart (↑ *d.*); alltags usw.

IV. *In der Bedeutung* verbraucht, erschöpft: alle sein (*umg*); alle werden (*umg*); alle machen (*umg*)

All, das, _s (Weltall, -raum) · **all|abend|lich, ...abends** (*gehoben*)

al|la bre|ve [_ ..v..] (*Mus*; im $^2/_2$- statt $^4/_4$-Takt) ⟨*ital*⟩ · **Al|la-bre|ve-Takt** *K 188* (*Mus*)

Al|lah (*Rel*; Name des Gottes der Moslems) ⟨*arab*, ‚der Gott'⟩

al|la po|lac|ca [_ po'laka] (*Mus*; in der Art der Polonaise) ⟨*ital*⟩

Al|lasch, der, _[e]s, _e (ein Likör) ⟨*russ, nach* einem Ort bei Riga⟩

all|be|kannt · all|da (*veraltend*)

Al|lee, die, _, ..een (von Bäumen eingefaßte Straße) ⟨*frz*⟩; *in Straßennamen* ↑ *K 249 ff.*

Al|le|ghe|nies ['ɛligɛnis *od* ..niz] *Pl* (Teil der Appalachen) ⟨*indian* (‚endloses Gebirge') → *engl*⟩

Al|le|go|rie, die, _, ..ien (Sinnbild; Gleichnis) ⟨*grch*⟩ · **al|le|go|risch** (sinnbildlich; gleichnishaft) · **al|le|go|ri|sie|ren** (versinnbildlichen)

al|le|gret|to (*Mus*; mäßig bewegt) ⟨*ital*⟩ · **Al|le|gret|to,** das, _s, *Pl* _s *od* ..tti (*Mus*) · **al|le|gro** (*Mus*; lebhaft) · **Al|le|gro,** das, _s, *Pl* _s *od* ..ri (*Mus*)

al|lein: 1. *Adj u. Adv*; allein stehen, *vgl. aber* alleinstehend – 2. *Konj* (verstärktes »aber«); *vgl. auch K 390 u. K 450* · **Al|lein|flug · al|lei|nig · al|lein|se|lig|ma|chend** *K 128* (*bes kath Kirche*) · **al|lein|ste|hend** *K 128* (allein; ehelos; ohne Verwandte) · **Al|lein|ste|hen|de,** der *u.* die, _n, _n *K 341* · **Al|lein|un|ter|hal|ter**

Al|le|le *Pl* (*Genetik*; bezüglich ihrer räuml. Anordnung in homologen Chromosomen einander entsprechende Gene); *Sg* Al|lel, das, _s ⟨*grch*⟩ · **Al|le|lie** ⟨*grch*⟩, die, _ *od* **Al|le|lo|mor|phis|mus** ⟨*grch* → *lat*⟩, der, _ (*Genetik*; das Vorkommen eines Gens in zwei od. mehreren Zustandsformen an gleichem Ort in homologen Chromosomen)

alleluja!, Alleluja ↑ halleluja!, Halleluja

al|le|mal *K 176*, *aber K 175*: alle Male; ein für allemal

Al|le|man|de [al(ə)'mã:də], die, _, _n (ein alter »deutscher« Tanz) ⟨*frz*⟩

al|len|falls · al|lent|hal|ben (*veraltend*)

al|ler|al|ler|letzt; *K 120*: der allerallerletzte · **al|ler|art** *K 176* (allerlei); allerart Dinge, *aber K 175*: Dinge aller Art; *K 95*: allerart Schönes · **al|ler|be|ste: I.** *Kleinschreibung K 115*: am allerbesten; es ist das allerbeste, daß ... – **II.** *Großschreibung K 94*: die Torte ist das Allerbeste, was ... · **al|ler|dings · al|ler|en|den** *K 176* (*noch landsch*; überall) · **al|ler|erst;** *K 120*: der allererste

Al|ler|gie, die, _, ..ien (krankhafte, zu veränderten Reaktionen des Körpers führende Überempfindlichkeit gegen bestimmte körperfremde Stoffe) ⟨*grch*⟩ · **All|er|gi|ker,** der, _s, _ · **all|er|gisch**

al|ler|hand; *K 95*: _ Neues; _ Streiche · **Al|ler|hei|li|gen,** das, _ (*kath Kirche*; Fest zu Ehren aller Heiligen); an, zu _ · **al|ler|hei|ligst** (*kath Kirche*), *aber K 258*: das Allerheiligste Sakrament · **Al|ler|hei|lig|ste,** das, _n *K 341* (*kath Kirche*) · **al|ler|höchst;** allerhöchstens; *K 115*: auf das *od* aufs allerhöchste · **al|ler|lei;** *K 95*: _ Wichtiges; _ Farben · **Al|ler|lei,** das, _s, _s; Leipziger _ (Mischgemüse) · **al|ler|letzt;** *K 120*: der allerletzte; *vgl. auch* zuallerletzt · **al|ler|liebst**

Al|ler|manns|har|nisch (dt. Name der Gladiole)

al|ler|meist · al|ler|nächst · al|ler|or|ten[1] *od* **al|ler|orts**[1] (*veraltend*; überall) · **Al|ler|see|len**[1], das, _ (*kath Kirche*; Gedächtnistag für die Verstorbenen); an, zu _ · **al|ler|seits**[1] · **al|ler|wärts · al|ler|we|gen**[1] (*veraltet*) · **Al|ler|welts...** (*umg*; z. B. Allerweltskerl) · **al|ler|we|nig|stens · Al|ler|wer|te|ste,** der, _n, _n *K 341* (*umg scherzh*; Gesäß) · **al|les;** *vgl.* all, I u. II, a, c, e · **al|le|samt** [*od* 'al..] (*umg*) · **Al|les|bes|ser|wis|ser** (*umg*) · **Al|les|fres|ser · al|le|wei|le**[1] *od* **al|le|weil**[1] (*noch landsch*; immer)

al|lez! [a'le:] (vorwärts!) ⟨*frz*, ‚geht!'⟩

al|le|zeit[1] *od* **all|zeit**[1] (*noch landsch*) · **all|fäl|lig** (*österr bürospr u. schweiz*; möglicherweise [vorkommend], gegebenenfalls)

All|gäu, das, _s (Alpengebiet in der BRD) ⟨‚Alpgau'⟩ · **All|gäu|er:** 1. *K 231*: der, _s, _; 2. *als Attribut K 232*: die Allgäuer Alpen

all|ge|mein [*od* ..'main]; *K 114*: im allgemeinen (im großen u. ganzen; *Abk* i. allg.), *aber K 93*: er bewegt sich im Allgemeinen (er geht nicht auf das Besondere ein) – *Großschreibung K 258*: Allgemeiner Deutscher Nachrichtendienst (*Abk* ADN) · **All|ge|mein|be|fin|den · all|ge|mein|bil|dend;** *K 119*: die allgemeinbildende polytechnische Oberschule, *aber K 259*: die Allgemeinbildende Polytechnische Oberschule Neustadt (*Abk* OS, *auch* POS Neustadt) · **all|ge|mein|gül|tig;** ein allgemeingültiges Gesetz, das Gesetz war allgemein gültig; *vgl. auch K 173* · **All|ge|mein|heit,** die, _ · **All|ge|mein|me|di|zin;** Facharzt für _ · **all|ge|mein|ver|ständ|lich;** ein allgemeinverständlicher Vortrag, der Vortrag war allgemein verständlich; *vgl. auch K 173* · **All|ge|mein|wohl**

All|ge|walt, die, _ (*gehoben*) · **all|ge|wal|tig** [*od* ..'val..] (*gehoben*; sehr mächtig) · **All|heil|mit|tel**

[1] *Vgl. K 176.*

Al|li|anz, die, _, _en (Bündnis; Vereinigung) ⟨*lat* → *frz*⟩; *K 258*: die Heilige _ (*hist*)

al|lie|bend [*od* 'al..; *Tr* all|lie|bend *K 78*] (*Rel*)

Al|li|ga|tor, der, _s, ..oren (ein Krokodil) ⟨*lat* → *span*⟩

al|li|ie|ren, sich (*Akk*) (sich verbünden) ⟨*lat* → *frz*⟩ · **Al|li|ier|te,** der, _n, _n *K 341*

Al|li|te|ra|tion, die, _, *Pl* (*selten*) _en (*Metrik*; Anlautreim, Stabreim) ⟨*lat*⟩ · **al|li|te|rie|rend** (*Metrik*); _e Dichtung

all|jähr|lich [*od* 'al..] · **All|macht,** die, _ (*gehoben*) · **all|mäch|tig · All|mäch|ti|ge,** der, _n *K 341* (*Rel*; Gott); Allmächtiger! (Ausruf des Schreckens) · **all|mäh|lich · All|men|de,** *schweiz* **All|mend,** die, _, ..den (*hist*; gemeinsam genutzter Gemeindebesitz an Wiesen, Wäldern u. Mooren) · **all|mo|nat|lich** [*od* 'al..] · **All|mut|ter,** die, _ (*dicht*); _ Natur · **all|nächt|lich** [*od* 'al..]

Al|lod, das, _[e]s, _e (*Rechtsw hist*; das persönliche Eigentum an Grund und Boden; Freigut) · **al|lo|dial** (*Rechtsw hist*) ⟨*germ* → *lat*⟩

al|lo|gam *od* **xe|no|gam** ⟨*grch*⟩; _e Pflanzen (*Bot*; Pflanzen, deren Blüten durch fremden Blütenstaub befruchtet werden) · **Al|lo|ga|mie** *od* **Xe|no|ga|mie,** die, _ (*Bot*; Fremdbestäubung, -befruchtung)

Al|lon|ge [a'lɔŋʒə *od* a'lɔ̃:ʒə], die, _, _n (*Wirtsch*; Anhängsel, Verlängerungsstreifen an Wechseln) ⟨*frz*⟩ · **Al|lon|ge|pe|rücke** [*Tr* ..rük|ke] (langlockige Männerperücke)

al|lons! [a'lɔ̃:] (*veraltet*; vorwärts!, los!) ⟨*frz*, ‚laßt uns gehen!'⟩

Al|lo|path, der, _en, _en (allopathisch Behandelnder) ⟨*grch*⟩; *Ggs* Homöopath · **Al|lo|pa|thie,** die, _ (ein Heilverfahren); *Ggs* Homöopathie · **al|lo|pa|thisch;** *Ggs* homöopathisch

Al|lo|tria *Pl* (*meist ohne Art*) *od Sg*: das, –s (Unfug) ⟨*grch*⟩

All|rad|an|trieb, der, _[e]s (Antriebsart beim Kraftwagen)

all right! ['ɔ:l 'rait] (»richtig!«, in Ordnung!) ⟨*engl*⟩

All|round|man [ɔ:l'raundmən], der, _s, ..men [..mən] (Alleskönner; auf vielen Gebieten beschlagener Mensch) ⟨*engl*⟩

all|sei|tig · All|sei|tig|keit · all|seits *K 176* · **All|strom|ge|rät** (*Elektrotechn*) · **all|stünd|lich** [*od* 'al..] · **All|tag;** des Alltags, *aber K 109*: alltags · **all|täg|lich** [*od* 'al..] · **All|täg|lich|keit · all|tags** *K 109*, *aber*: des Alltags; alltags wie feiertags · **All|tags|be|schäf|ti|gung · All|tags|sor|gen** *Pl*

all|über|all (*dicht*; überall)
Al|lü|re, die, _, _n (*Pferdesp*; Gangart des Pferdes) – **Al|lü|ren** *Pl* (*meist abwert*; hochmütiges, gespreiztes Benehmen) ⟨*frz*⟩
Al|lu|vion [..v..], die, _, _en (*Geol*; angeschwemmtes Land)
all|ver|ehrt · **all|wis|send;** Doktor Allwissend (Märchengestalt) · **Allwis|sen|heit,** die, _ · **all|wö|chentlich** [*od* 'al..] · **all|zeit** *od* **al|le|zeit** *K 176* (*noch landsch*)
all|zu; *Getrenntschreibung bei gleichmäßig heraushebender Betonung der Teile* [*u. Flexion des zweiten Teiles*]: es ist nicht allzu weit zum Bus, er hatte allzu viele Bedenken (*vgl.* viel, III); *aber Zusammenschreibung entsprechend K 176 sowie einem Hauptton auf einer der betonten Silben*: er soll nicht allzuweit gehen, es gab allzuviel zu tun
all|zu|bald *K 176* · **all|zu|früh** *K 176* · **all|zu|gern** *K 176* · **all|zuoft** *K 176* · **all|zu|sehr** *K 176* · **allzu|viel** *K 176*; *vgl. auch* allzu · **allzu|weit** *K 176*; *vgl. auch* allzu
Alm, die, _, _en (Hochgebirgsweide)
Al|ma (w. Vn.) ⟨*lat*, ‚die Nährende'⟩
Al|ma-Ata [*od* ..ma a'ta] (Hptst. von Kasachstan) ⟨*kasach*⟩ · **Al|ma-Ataer:** 1. *K 231*: der, _s, _; 2. *als Attribut K 232*
Al|ma ma|ter, die, *Gen* _ _ (*gehoben*; Universität, Hochschule) ⟨*lat*, ‚nährende Mutter'⟩
Al|ma|nach [*österr auch* ..'nax], der, _s, _e (Kalender; [bebildertes] Jahrbuch) ⟨*ägypt* → *grch* → *lat* → *ndrl*⟩
Al|men|rausch *od* **Alm|rausch,** der, _es (eine Rhododendronart)
Al|mo|sen [*österr auch* ..'mo:..], das, _s, _ (milde Gabe – *auch abwert*; wegen seiner Kleinheit demütigendes Geschenk; unverhältnismäßig kleine Spende) ⟨*grch* → *lat*⟩
Almrausch ↑ Almenrausch
Al|mut (w. Vn.) (‚edel' + ‚Gesinnung')
Aloe ['a:loːe:], die, _, _n ['a:loən] (ein Liliengewächs) ⟨*grch* → *lat*⟩
alo|gisch [*auch* a'lo:..] (unlogisch, der Logik widersprechend) ⟨*grch*⟩
Alo|is ['a:loi(:)s, *österr* 'a:lɔys] (m. Vn.) ⟨*germ* (‚ganz' + ‚weise') → *lat* → *span* → *ital*⟩; *Nebenf* ↑ Aloisius · **Aloi|sius** [*österr* a'lɔy..] (m. Vn.) ⟨*Nebenf von* Alois⟩
[1]**Alp,** der, _[e]s, _e (*Abergl*; Nachtgespenst, das den Schlafenden quält) ⟨*ahd* alb → *mhd* alp = [2]Elf⟩
[2]**Alp,** *auch* **Al|pe,** *österr nur so*, die, _, ..pen (Alm)
Al|pa|ka: 1. das, _s, _[s] (eine Haustierform südamerikan. Kamele) – 2. der, _s (Reißwolle aus halbwollenen Abfällen) – 3. das, _s (eine wie Silber aussehende Legierung, Neusilber) ⟨*indian* → *span*⟩. *Zus K 365ff.*: Alpaka‿löffel usw.
al pa|ri *od* **pa|ri** (*Bankw*; zum gleichen Kurs u. Nennwert [bei Wertpapieren], dem Nennwert gleich) ⟨*lat* → *ital*⟩; über pari, unter pari
Alp|druck, *Pl* ..drücke ⟨*zu* [1]Alp⟩; wie ein _ auf jmdm. lasten · **Alpdrücken** [*Tr* ...drük|ken], das, _s (Beklemmungsgefühl im Schlaf)
Alpe ↑ [2]Alp · **al|pen** (*österr*, *schweiz*; Vieh auf der Alp halten) · **Al|pen** *Pl* (ein europ. Hochgebirge). *Zus K 365ff.*: Alpen‿veilchen usw. · **Alpen|ro|se** (eine Rhododendronart); *K 254*: Rauhhaarige _
Al|pha, das, _[s], *Pl* _s, *österr auch* _ (erster Buchstabe des griech. Alphabets: *A*, *α*) ⟨*semit* → *grch*⟩ · **Alpha|bet,** das, _[e]s, _e (Abc, Buchstabenfolge) ⟨*grch* → *lat*⟩ · **alpha|be|tisch** (abecelich) · **al|phabe|ti|sie|ren** (abecelich einreihen; das Analphabetentum beseitigen) · **al|pha|me|risch** *Kurzw* (*Datenv*; alphanumerisch) · **al|pha|nu|merisch** (*Datenv*; sowohl Alphazeichen als auch numerische Zeichen umfassend) ⟨*grch* + *lat*⟩; *Kurzw* alphamerisch
Al|phard, der, _ (ein Stern) ⟨*arab*⟩
Al|pha|strah|len *od* **α-Strah|len** ['alfa..] *K 186 Pl* (*Kernphys*; beim radioaktiven Zerfall entstehende Strahlen aus schnell bewegten Heliumkernen) · **Al|pha|zei|chen** *Pl* (*Datenv*; Zeichen eines Alphabets, Buchstaben)
Alp|horn, *Pl* ..hörner
al|pin (die Alpen od. allg. das Hochgebirge betreffend bzw. dazu gehörig) ⟨*lat*⟩; die _e Flora · **Al|pi|ni** *Pl* (Alpenjäger [italien. Gebirgstruppe]); *Sg* Al|pi|no, der, _s ⟨*lat* → *ital*⟩ · **Al|pi|nis|mus,** der, _ *od* **Alpi|ni|stik,** die, _ (das sportl. Bergsteigen [im alpinen Gelände]) ⟨*lat*⟩ · **Al|pi|nist** (sportl. Bergsteiger [im alpinen Gelände]) · **Al|pi|num,** das, _s, ..na (Steingarten mit Alpenpflanzen) · **Älp|ler,** der, _s, _ (Alpenbewohner)
Alp|traum (Beklemmungsgefühl im Schlaf) ⟨*zu* [1]Alp⟩; wie ein _ auf jmdm. lasten
Al|rau|ne, die, _, _n *od* **Al|raun,** der, _[e]s, _e (*Abergl*; menschenähnlich aussehende Wurzel, der Zauberkräfte zugesprochen werden) ⟨*zu* raunen⟩
als; *vgl. auch K 381 u. K 390*
Alsace ↑ Elsaß
als|bald (*veraltend*) · **als|bal|dig** · **als|dann** (*veraltend*) · **al|so** · **Als-ob** *K 105*, das, _
Al|ster, die, _ (Elbezufluß in Hamburg)
alt; älter, älteste; alten Stils (*Zeitrechnung nach dem Julianischen Kalender*; *Abk* a. St.)
I. *Kleinschreibung*: **a)** *K 114*: er ist immer der alte (derselbe), wir bleiben die alten (dieselben)
b) *K 118*: alt und jung (jedermann); aus alt neu machen
c) *K 116*: beim alten bleiben; am alten hängen; es beim alten lassen
II. *Großschreibung*: **a)** *K 93*: der Alte (Greis); die Alte (Greisin); an das Alte denken; Altes und Neues; aus Altem Neues machen; Alte und Junge (alte u. junge Menschen); die Alten (alte Leute od. Völker); der Älteste (z. B. Kirchenälteste); die Ältesten (z. B. der kirchl. Gemeinde)
b) *K 95*: etwas Altes
c) *K 258*: der Ältere (*als Zusatz bei Eigennamen*; *Abk* d. Ä.); das Alte Testament (*Abk* A. T.); die Alte Geschichte (die Geschichte des Altertums); die Alte Welt (veraltete Bez. für Afrika, Asien u. Europa); das Alte Land (↑ *d.*)
III. *Vor geographischen Namen K 242*: Alt-Wien, altwienerisch, *aber K 239*: Altötting, Altgriechenland
Alt, der, _[e]s, _e (tiefste Frauen- od. Knabenstimme; Sängerin od. Sängerknabe mit Altstimme; Gesamtheit der Altstimmen im Chor) ⟨*lat* → *ital*⟩
Alt... (z. B. Altmagnifizenz); *in der Schweiz auch getrennt u. klein geschrieben*, z. B. alt Bundesrat
Al|tai, der, _[s] (Hochgebirge in Zentralasien) · **al|ta|isch;** die _en Sprachen
Al|tan, der, _s, _e (*Arch*; von unten gestützter balkonartiger Vorbau) ⟨*lat* → *ital*⟩
Al|tar [..'ta:r, *österr nur so*, *auch* 'al..], der, _s, ..äre ⟨*lat*⟩ · **Al|tarbild** · **Al|tar[s]|sa|kra|ment** (*Rel*)
alt|backen [*Tr* ...bak|ken] *K 128 u. 364* · **Alt|bau,** *Pl* ..bauten · **Altbau|woh|nung**
Alt-Ber|lin *K 242*
alt|be|währt · **alt|deutsch;** eine _e Bierstube (Lokal mit altertüml. Einrichtung)
Alt|dorf *K 239* (Ort in der Schweiz)
alt|ein|ge|ses|sen *K 364* · **Alt|eisen**
Al|te Land *K 258*, das, *Gen* _n _[e]s (Elbmarschengebiet bei Hamburg)
alt|eng|lisch *od* **an|gel|säch|sisch;** *vgl. K 266f.* · **Alt|eng|lisch**

od **An|gel|säch|sisch,** das, *Gen* _[s], *Dat* _ (Sprachbezeichnung *K 268 ff.*) · **Alt|eng|li|sche** *od* **An|gel|säch|si|sche** *K 271*, das, *Gen* _n, *Dat* _n (die engl. Sprache vor der Eroberung Englands durch die Normannen) · **Al|ten|teil,** das (*veraltend*) · **Al|ter,** das, _s, _; *aber K 109*: seit alters (*gehoben*), vor alters (*veraltet*), von alters her (*gehoben*)

Al|te|ra|tion (*veraltet*; Gemütsbewegung, Aufregung – *Med*; krankhafte Veränderung – *Mus*; chromat. Veränderung eines Akkordtones) ⟨*lat*⟩ · **al|te|rie|ren**: 1. (*veraltend*; erregen); sich (*Akk*) _ (sich aufregen) – 2. (*Mus*; einen Akkordton chromatisch verändern)

al|tern *K 363*: 1. *intr* (alt werden) – 2. *intr u. tr* (*fachspr*; die ursprüngl. Eigenschaften ändern) · **Al|tern,** das, _s (das Altwerden)

Al|ter|nanz, die, _, _en (Wechsel zw. zweien) ⟨*lat*⟩ · **al|ter|na|tiv** (zw. zweien abwechselnd, wahl-, wechselweise) ⟨*lat* → *frz*⟩ · **Al|ter|na|ti|ve** [..v..], die, _, _n (Wahl, Entscheidung zw. zwei Möglichkeiten) · **al|ter|nie|ren** (zw. zweien wechseln) ⟨*lat*⟩ · **al|ter|nie|rend;** _e Reihe (*Math*; Reihe mit wechselnden Vorzeichen der einzelnen Glieder)

Al|terns|for|schung, die, _

alt|er|probt

alters ↑ *unter* Alter · **al|ters|ge|recht;** _er Wohnraum · **al|ters|grau** · **Al|ters|heil|kun|de,** die, _ · **Al|ters|jahr** (*schweiz*; Lebensjahr) · **al|ters|schwach** · **Al|ters|schwä|che,** die, _ · **Al|ters|sich|tig|keit,** die, _ · **Al|ter|tum,** das, _[e]s; *vgl. auch* Altertümer · **Al|ter|tü|me|lei** · **al|ter|tü|meln** (das Wesen der alten Zeit [übertrieben] nachahmen) · **Al|ter|tü|mer** *Pl* (Überreste aus dem Altertum – *auch für* Antiquitäten) · **Al|ter|tüm|ler,** der, _s, _ (*veraltet*) · **al|ter|tüm|lich** · **Al|ter|tüm|lich|keit** · **Al|ter|tums|for|scher** · **Al|te|rung,** die, _ (*fachspr*; zeitbedingte Eigenschaftsänderung von Werkstoffen) · **al|te|rungs|be|stän|dig** (*fachspr*) · **Äl|te|ste,** der *u.* die, _n, _n *K 341* · **alt|frän|kisch** (*veraltend*; altmodisch, altväterisch; bieder)

Alt|gei|ge (Bratsche)

alt|ge|wohnt · **Alt|gold**

Alt|grie|chen|land *K 239* · **alt|grie|chisch;** *vgl. auch K 265 ff.*

Al|thee, die, _ (Eibisch) ⟨*grch*⟩ · **Al|thee|saft**

alt|her|ge|bracht · **alt|her|kömm|lich** · **alt|hoch|deutsch;** *Abk* ahd.; *vgl. K 266 f.* · **Alt|hoch|deutsch,** das, *Gen* _[s], *Dat* _ (Sprachbezeichnung *K 268 ff.*); *Abk* Ahd. · **Alt|hoch|deut|sche** *K 271*, das, *Gen* _n, *Dat* _n (Entwicklungsstufe des Deutschen etwa vom 8. bis zum 11. Jh.); *Abk* Ahd.

Al|tist (Altsänger) ⟨*lat* → *ital*⟩ · **Al|ti|stin,** die, _, ..innen

Alt|jahr|abend *od* **Alt|jah|res|abend** (*landsch*; Silvesterabend) · **alt|jüng|fer|lich** · **alt|klug** · **ält|lich**

Alt|mark, die, _ (Landsch. im W der DDR)

Alt|mei|ster (Ältester eines Gewerbes, ältester, hervorragendster Vertreter einer Wissenschaft usw.) · **Alt|me|tall** · **alt|mo|disch** · **Alt|neu|bau,** *Pl* ..bauten · **alt|nor|disch;** *Abk* anord.; *vgl. K 266 f.* · **Alt|nor|disch,** das, *Gen* _[s], *Dat* _ (Sprachbezeichnung *K 268 ff.*); *Abk* Anord. · **Alt|nor|di|sche** *K 271*, das, *Gen* _n, *Dat* _n (die german. Sprachen Skandinaviens, Islands u. der Färöer im Mittelalter); *Abk* Anord.

Al|to|na (Stadtteil von Hamburg)

Alt|pa|pier · **Alt|phi|lo|lo|ge** (Wissenschaftler auf dem Gebiet der klass. Sprachen u. Literaturen)

Alt-Rom *K 242* · **alt|rö|misch** *K 242*

Al|tru|is|mus, der, _ (Selbstlosigkeit, uneigennützige Tätigkeit für andere) ⟨*lat*⟩; *Ggs* Egoismus · **Al|tru|ist;** *Ggs* Egoist · **al|tru|i|stisch;** *Ggs* egoistisch

alt|sprach|lich · **Alt|stadt|sa|nie|rung** (planmäßige Umgestaltung ungesunder u. übervölkerter alter Stadtteile) · **Alt|stein|zeit,** die, _ (Paläolithikum)

Alt|stim|me

Alt|stoff · **Alt|stoff|samm|lung**

Alt|te|sta|ment|ler, der, _s, _ (Erforscher, Kenner des Alten Testaments) ⟨*lat*⟩ · **alt|te|sta|ment|lich,** *österr* **alt|te|sta|men|ta|risch** · **Alt|tier** (*weidm*; weibl. Stück Rot- od. Damwild nach der ersten Brunft) · **alt|über|lie|fert** · **alt|vä|te|risch** (altmodisch); _ste · **alt|vä|ter|lich** (ehrwürdig) · **Alt|vor|dern** *Pl* (*gehoben*; Vorfahren) · **Alt|wa|ren** *Pl* · **Alt|wa|ren|händ|ler** · **Alt|was|ser,** *Pl* ..wasser (ehem. Flußarm mit stehendem Wasser) · **Alt|wei|ber|som|mer** (warme Spätherbsttage; vom Wind getragenes Spinnengewebe)

Alt-Wien *K 242* · **alt|wie|ne|risch** *K 242*

Alu ['a:lu(:), *österr* a'lu:], das, _[s] *umg Kurzw* (Aluminium) ⟨*lat*⟩ · **Alu|ab|fäl|le** *Pl* (*umg*) · **Alu|fo|lie** [..ĭə] (*umg*) · **Alu|mi|nium,** das, _s (chem. Element, Leichtmetall); *Zeichen* Al, *umg Kurzw* Alu

Alum|nat, das, _[e]s, _e (Schülerwohnheim – *österr*; Internat zur Heranbildung von Geistlichen) ⟨*lat*⟩

Alup|ka (Kurort auf der Krim)

al|veo|lar [..v..] (*Phon*; mit der Zungenspitze am Zahnfleisch gebildet) ⟨*lat*⟩ · **Al|veo|le,** die, _, _n (*Anat*; Hohlraum in Zellen u. Geweben)

Al|weg|bahn *Kunstw* (elektr. Einschienenbahn) ⟨*nach* dem Schweden *A*xel *L*enárd *We*nner-*G*re*n* [_ ..nard _]⟩

Al|win (m. Vn.) (‚Elfe' + ‚Freund' (od. ‚edel' + ‚Freund')); *Nebenf* ↑ ¹Albin

am *K 61* (an dem); *K 380*: am nächsten Sonntag, dem 27. März; *K 115*: am besten usw.

Ama|de|us (m. Vn.) ⟨*lat*, ‚liebe Gott!'⟩

Ama|ler, der, _s, _, *in der Heldensage auch* **Ame|lung,** der, _en, _en (Angehöriger eines ostgot. Herrschergeschlechtes) ⟨‚Kämpfer'⟩

Amal|gam, das, _s, _e (Legierung von Metall mit Quecksilber) ⟨*grch* → *arab* → *lat*⟩ · **Amal|ga|ma|tion** (Verfahren zur Gewinnung von Gold u. Silber aus Erzen durch Lösen in Quecksilber) · **amal|ga|mie|ren** (Metall mit Quecksilber legieren; Gold u. Silber als Amalgam aus Erzen gewinnen)

Ama|lie [..ĭə] (w. Vn.) ⟨‚Kampf', ‚Kampfarbeit'⟩; *Nebenf* Amalia

Ama|rant, der, _[e]s, _e (eine krautige Pflanze) ⟨*grch*⟩ · **ama|ran|ten** *K 364* (dunkelrot); *vgl.* blau · **ama|rant|rot;** *vgl.* blau

Ama|rel|le, die, _, _n (eine Sauerkirschsorte) ⟨*lat*⟩

Amar|na *od* **Tell el-Amar|na** (oberägypt. Ruinen- u. Ausgrabungsstätte). *Zus K 365 ff.*: Amarnabriefe usw.

Ama|ryl, der, _s, _e (*Mineral*; synthet. grüner Korund) ⟨*grch*⟩ · **Ama|ryl|lis,** die, _, ..llen (eine Zierpflanze) ⟨*nach* einem in der antiken Dichtung für Schäferinnen gebräuchl. Namen⟩

Ama|teur [..'tø:r], der, _s, _e (Nichtfachmann; jmd., der Kunst, Sport usw. als Liebhaber ausübt) ⟨*lat* → *frz*⟩ · **Ama|teur|fo|to|graf** [..'tø:r..] *od* **Ama|teur|pho|to|graph** *K 54*

Ama|ti, die, _, _s (Geige aus der Werkstatt der gleichnamigen italien. Geigenbauerfamilie des 16. u. 17. Jh.)

Ama|zo|nas: 1. der, _ (Strom in Südamerika) – 2. (Staat im NW Brasiliens) ⟨*indian* amassunu ‚Wasserlärm'⟩

Ama|zo|ne, die, –, –n (*griech Sage*; Angehörige des kleinasiat. kriegerischen Frauenvolkes der Amazonen)
Amber ↑ Ambra
Am|bi|tion (Ehrgeiz; Streben) ⟨*lat → frz*⟩ · **am|bi|tio|niert;** – sein (ehrgeizig, strebsam, interessiert sein) · **am|bi|tiös** *K 349* (ehrgeizig)
Am|boß, der, ..osses, ..osse (‚Aufhau‘). *Zus K 365ff.*: Amboß‿klotz usw. · **Am|böß|chen**
Am|bra ⟨*arab → lat → ital*⟩, die, –, –s *od* **Am|ber** ⟨*arab → lat → frz → ndrl*⟩, der, –s, *Pl* – *od* –n (Ausscheidungsprodukt des Pottwals; Duftstoff)
Am|bro|sia, die, – (*griech Sage*; Speise der Götter – *übertr*; köstliche, wohlschmeckende Nahrung) ⟨*grch*⟩ · **am|bro|sia|nisch** *K 218* ⟨*nach* dem kath. Kirchenlehrer Ambrosius⟩ · **Am|bro|sia|nisch** *K 217*; der Ambrosianische Lobgesang (*kath Kirche*) · **am|bro|sisch** (*veraltend*; himmlisch, göttlich; köstlich) ⟨*grch*⟩
am|bu|lant (wandernd, Wander...; ohne festen Sitz – *Med*; nicht stationär) ⟨*lat*⟩; *K 119*: –er Handel (Wanderhandel); –e Behandlung (Behandlung nichtbettlägeriger Kranker ohne Krankenhausaufenthalt); *vgl. auch* ambulatorisch · **Am|bu|lanz,** die, –, –en (Einrichtung für ambulante, nichtstationäre Behandlung; Krankentransportwagen) · **am|bu|la|to|risch;** –e Behandlung (*österr*; ambulante Behandlung) · **Am|bu|la|to|rium,** das, –s, ..ien [..iən] (medizin. Einrichtung für ambulante Versorgung der Bevölkerung, z. B. Landambulatorium)
Amei|se, die, –, –n (‚Abschneider‘) · **Amei|sen|bär** · **Amei|sen|säu|re** *od* **Me|than|säu|re,** die, –
Ame|lung (*Heldensage*): 1. der, –en (Dietrich von Bern) – 2. der, –en, –en (Gefolgsmann Dietrichs von Bern) – 3. ↑ Amaler (‚Kämpfer‘)
amen (*Rel*) ⟨*hebr*⟩; – sagen; zu etwas ja und – sagen (*umg*) · **Amen,** das, –s, – (Bestätigung, Einverständnis); sein – zu etwas geben (*umg*)
Amen|de|ment [amãd(ə)'mã:, *österr nur* amãd'mã:], das, –s, –s (*Rechtsw*; Zusatz-, Verbesserungs-, Änderungsantrag) ⟨*lat → frz*⟩ · **amen|die|ren** [amɛn..] (*Rechtsw*; verbessern)
Ame|nor|rhoe *od* **Ame|nor|rhöe** [*beide* ..'rø:], die, – (*Med*; das Fehlen od. Ausbleiben der Menstruation) ⟨*grch*⟩ · **ame|nor|rho|isch** (*Med*)
Americium ↑ *unter* Amerizium · **Ame|ri|ka** (Erdteil – *auch kurz für* USA) ⟨*nach* dem florentin. Seefahrer Amerigo Vespucci [– vɛs'putʃi]⟩ · **Ame|ri|ka|ner,** der, –s, –; *umg kurz* Ami · **ame|ri|ka|nisch;** *vgl. auch K 265ff.* · **Ame|ri|ka|nisch-Sa|moa** *K 241* (im westl. Pazifik) · **ame|ri|ka|ni|sie|ren** (Sitten u. Gebräuche der USA einführen; andere Länder in Abhängigkeit von den USA bringen) · **Ame|ri|ka|nis|mus,** der, –, ..men (amerikan. Spracheigentümlichkeit des Englischen) · **Ame|ri|ka|nist** (Wissenschaftler auf dem Gebiet der Amerikanistik) · **Ame|ri|ka|ni|stik,** die, – (1. Wissenschaft von den indian. Kulturen, auch von den Sprachen u. Literaturen des amerikan. Kontinents – 2. Wissenschaft von der Kultur, der Sprache u. der Literatur der USA); *vgl. auch* Indianistik · **Ame|ri|zium,** das, –s (künstliches radioaktives chem. Element, Metall); *Zeichen* Am (*lat u. fachspr* Americium) ⟨*nach* dem Erdteil Amerika⟩
Ame|thyst, der, –[e]s, –e (*Mineral*; ein violetter Quarz) ⟨*grch*⟩
Ame|trie, die, –, ..ien (Ungleichmäßigkeit; Mißverhältnis) ⟨*grch*⟩ · **ame|trisch**
Am|ha|ra (Hochland in Äthiopien [2]) · **Am|ha|re,** der, –n, –n (Angehöriger der größten Bevölkerungsgruppe Äthiopiens [2]) · **am|ha|risch;** *vgl. K 266f.* · **Am|ha|risch,** das, *Gen* –[s], *Dat* – (Sprachbezeichnung *K 268ff.*) · **Am|ha|ri|sche,** das, *Gen* –n, *Dat* –n (Sprachbezeichnung *K 271*)
Ami, der, –[s], –s (*umg kurz für* Amerikaner, ursprüngl. für USA-Besatzungssoldat in Europa)
ami|kro|sko|pisch [*od* ..'sko:..] (*fachspr*; mit dem Lichtmikroskop nicht mehr erkennbar) ⟨*grch*⟩
Ami|ne *Pl* (*Chem*; eine Gruppe organ. Verbindungen); *Sg* Amin, das, –s ⟨*grch + lat*⟩ · **Ami|no|säu|ren** *Pl* (*Chem*)
Ami|to|se, die, – (*Biol*; Zellteilung mit einfacher Kerndurchschnürung) ⟨*grch*⟩ · **ami|to|tisch** (*Biol*)
Am|man (Hptst. von Jordanien)
Am|mann, *Pl* ..männer (*schweiz*; leitender Beamter einer Verwaltungsbehörde)
Am|me, die, –, –n · **Am|men|mär|chen**
[1]**Am|mer,** die, –, –n (ein Singvogel)
[2]**Am|mer,** *im Unterlauf* **Am|per,** die, – (Fluß im S der BRD)
[3]**Am|mer,** die, –, –n (eine Sauerkirschensorte) ⟨*lat*⟩
Am|mon (*ägypt Mythol*; Hauptgott) ⟨*ägypt → grch*⟩
Am|mo|niak [*auch* 'a.., *österr* a'mo:..], das, –s (*Chem*; stechend riechende, gasförmige Verbindung von Stickstoff u. Wasserstoff) ⟨*grch → lat, nach* Ammon⟩ · **Am|mo|nit,** der, –en, –en *od* **Am|mons|horn,** *Pl* ..hörner (*Paläont*; Versteinerung ausgestorbener Kopffüßer)
Am|mo|ni|ter, der, –s, – (*A. T.*; Angehöriger eines semit. Volkes) ⟨*hebr*⟩
Am|mo|nium, das, –s (*Chem*; eine Atomgruppe) ⟨*grch → lat, nach* Ammon⟩ · **Ammonshorn** ↑ Ammonit
Amne|sie, die, –, ..ien (*Med*; Erinnerungslücke) ⟨*grch*⟩ · **Amne|stie,** die, –, ..ien (Begnadigung, Straferlaß) · **amne|stie|ren**
Am|nion, das, –s (*Biol*; eine Embryonalhülle) ⟨*grch*⟩
Amö|ben *Pl* (*Zool*; Wurzelfüßer); *Sg* Amö|be, die, – ⟨*grch*⟩ · **amö|bo|id** (*Zool*; amöbenartig)
Amok ['a:mɔk, *auch* a'mɔk], der, –s (Zustand krankhafter Verwirrtheit mit blindwütiger Angriffslust) ⟨*mal*⟩; *K 131*: – laufen, *aber K 101*: das Amoklaufen · **Amok|lau|fen,** das, –s (Geistesstörung, bei der der Kranke bewaffnet durch die Straßen läuft u. die ihm Begegnenden zu töten versucht) · **Amok|läu|fer**
a-Moll *K 106*, das, – (*Mus*; Tonart), *Zeichen* a; in a-Moll *od* in a · **a-Moll-Ton|lei|ter** *K 188* (*Mus*)
Amor, der, –s (*röm Mythol*; Liebesgott) ⟨*lat*⟩
amo|ra|lisch [*österr nur so, od* ..'ra:..] ⟨*grch + lat*⟩ *od* **im|mo|ra|lisch** [*österr nur so, od* ..'ra:..] ⟨*lat*⟩ (sittlich ungehemmt, sich über die Moral hinwegsetzend) · **Amo|ra|lis|mus** [*österr* 'a(:)..] ⟨*grch + lat*⟩ *od* **Im|mo|ra|lis|mus** [*österr* 'im..] ⟨*lat*⟩, der, – (Gleichgültigkeit gegenüber der Moral; moralfeindl. Geisteshaltung) · **Amo|ra|li|tät** ⟨*grch + lat*⟩ *od* **Im|mo|ra|li|tät** ⟨*lat*⟩, die, – (sittl. Grundsätze ablehnende Haltung)
Amo|ret|te, die, –, –n, *meist Pl* (*bildende Kunst*; geflügelter Knabe als verniedlichte Darstellung Amors) ⟨*lat → frz*⟩
amorph (gestaltlos, formlos) ⟨*grch*⟩ · **Amor|phie,** die, – (*fachspr*)
amor|ti|sa|bel (tilgbar) ⟨*lat → frz*⟩; *K 363*: eine amortisa|ble Anleihe · **Amor|ti|sa|tion** (allmähl. Tilgung einer Schuld – *polit Ök*; Abschreibung des allmähl. Verschleißes der Grundmittel in der Produktion) · **amor|ti|sie|ren**
amou|rös [amu..] *K 349* (*veraltend*; verliebt; eine Liebschaft betreffend) ⟨*lat → frz*⟩

Am|pel, die, –, –n (Hängelampe, -vase; Lichtsignalanlage) ⟨*grch → lat*⟩

Amper ↑ ²Ammer

Am|pere [am'pɛ:r], das, –[s], – (Einheit der elektr. Stromstärke, SI-Basiseinheit); *Einheitenzeichen* A ⟨*nach* dem französ. Physiker Ampère [ã'pɛ:r]⟩ · **Am|pere|me|ter** *K 209*, das (Stromstärkemeßgerät) · **Am|pere|se|kun|de** *K 209* (SI-Einheit der Elektrizitätsmenge); *Einheitenzeichen* A · s; *auch zulässig für* Coulomb · **Am|pere|stun|de** *K 209* (Einheit der Elektrizitätsmenge); *Einheitenzeichen* Ah

Amp|fer, der, –s, – (ein Knöterichgewächs)

Am|phi|bien [..ĭən] *Pl* (Lurche, Wirbeltiere, die sich über ein Larvenstadium im Wasser entwickeln); *Sg* Am|phi|bium ⟨*grch → lat*⟩, das, –s, *auch* Am|phi|bie [..ĭə] ⟨*grch*⟩, die, – · **Am|phi|bien|fahr|zeug** [..ĭən..] (Kraftfahrzeug, das sich auf dem Lande u. im Wasser fortbewegen kann) · **am|phi|bisch** (im Wasser u. auf dem Lande lebend, »beidlebig«) ⟨*grch*⟩

Am|phi|bol, der, –s, –e (Sammelbez. für eine Gruppe gesteinsbildender Minerale) ⟨*grch*⟩ · **Am|phi|bo|lie,** die, –, ..ien (*Philos, Sprachw*; Zweideutigkeit, Doppelsinn) · **am|phi|bo|lisch** (*Philos, Sprachw*)

Am|phi|mi|xis, die, – (*Biol*; Verschmelzung einer männl. mit einer weibl. Keimzelle) ⟨*grch*⟩

Am|phi|thea|ter (altröm. Freilichttheater mit halbkreisförmiger Anordnung der Sitzreihen) ⟨*grch*⟩ · **am|phi|thea|tra|lisch** [*österr nur so, od* ..'tra:..] ([halb]kreisförmig angeordnet u. stufenweise aufsteigend)

Am|phi|tri|te [..tə *od* ..te:] (*griech Mythol*; Meernymphe, Frau des Poseidon)

Am|pho|ra *od* **Am|pho|re,** die, –, ..oren (zweihenkliges Gefäß der Antike) ⟨*grch → lat*⟩

am|pho|ter (*Chem*; teils wie Säure, teils wie Base wirkend od. sich verhaltend) ⟨*grch*⟩

Am|pli|fi|ka|tion (*fachspr*; Erweiterung; weitere Ausführung) ⟨*lat*⟩ · **am|pli|fi|zie|ren** (*fachspr*) · **Am|pli|tu|de,** die, –, –n (*Phys*; Schwingungsweite; Ausschlag)

Am|pul|le, die, –, –n (bauchiges Gefäß; zugeschmolzenes Glasröhrchen zur Aufbewahrung von injizierbaren Arzneimitteln) ⟨*lat*⟩

Am|pu|ta|tion (operative Entfernung eines endständigen Körperteils [z. B. eines Armes]) ⟨*lat*⟩ · **am|pu|tie|ren**

Am|sel, die, –, –n

Am|ster|dam [..'dam, *auch* 'am..] (Hptst. der Niederlande) · **Am|ster|da|mer:** 1. *K 231*: der, –s, –; 2. *als Attribut K 232*: die Amsterdamer Grachten

Amt, das, –[e]s, *Pl* Ämter ⟨*kelt → lat*⟩; von Amts wegen · **am|tie|ren** (ein Amt ausüben) · **am|tie|rend** (stellvertretend); *K 119*: der amtierende Bürgermeister; *vgl.*, *aber K 263* · **amt|lich** · **Amt|mann,** *Pl* ..männer *od* ..leute (*hist*) · **amts|hal|ber** · **Amts|hand|lung** · **amts|mü|de** · **Amts|schim|mel,** der, –s (*umg scherzh*; [übertriebenes] bürokrat. Verhalten) · **Amts|sitz**

Amu|dar|ja [*od* ..'ja], der, –[s] (Fluß in Mittelasien)

Amu|lett, das, –[e]s, –e (*Abergl*; kleiner Gegenstand mit unheilabwehrender u. glückbringender Kraft) ⟨*lat*⟩

Amur [*od* a'mu:r], der, –[s] (Fluß im SO der UdSSR)

amü|sant (unterhaltsam; belustigend) ⟨*frz*⟩ · **Amü|se|ment** [amyzə'maŋ *od* ..'mã:, *österr* amyz'mã:], das, –s, –s (Zeitvertreib; Spaß; flache, geistlose Belustigung) · **amü|sie|ren** (unterhalten; belustigen); sich (*Akk*) –

amu|sisch [*österr nur so, od* a'mu:..] (ohne Kunstverständnis) ⟨*grch*⟩

Amyl *od* **Pen|tyl,** das, –s, –e (*Chem*; ein Alkyl) ⟨*grch*⟩ · **Amyl|aze|tat,** das, –[e]s (*Chem*; ein Lösungsmittel) ⟨*grch + lat*⟩

an: 1. *Präp mit Dat u. Akk K 379*: an der Mauer stehen, *aber*: an die Mauer stellen; es ist nicht an dem; am (an dem; ↑ am); ans (an das; ↑ ans) – *In Zus*: aneinander usw. **2.** *Adv*: ab und an (ab und zu); *K 379*: an [die] (ungefähr); an [die] 100 Jugendliche waren anwesend; er begegnet an [die] 100 Jugendlichen – *In Zus*: anbei, bergan usw.

an...: *in unfest zusammengesetzten Verben*, z. B. anbinden *K 356*, du bindest an, angebunden, anzubinden

...ana *od* **...iana** (Pluralendung, die mit dem vorangesetzten Eigennamen den Titel von Sammlungen bildet, z. B. Afrikana, Mozartiana) ⟨*lat*⟩

Ana|bap|tis|mus, der, – (Lehre der Wiedertäufer) ⟨*grch → lat*⟩ · **Ana|bap|tist**

Ana|cho|ret [..ç.. *od* ..x..], der, –en, –en (*Frühchristentum*; Einsiedler) ⟨*grch*⟩

Ana|chro|nis|mus [..k..], der, –, ..men (Zeitwidrigkeit; Verlegung einer Erscheinung usw. in einen falschen Zeitabschnitt) ⟨*grch → lat*⟩ · **ana|chro|ni|stisch** ⟨*grch*⟩

Ana|dyo|me|ne [..dy'o:mene: *od* ..dyo'me(:)ne: *od* ..'me:nə] (*griech Mythol*; Beiname der Aphrodite) ⟨*grch → lat*, ‚die Aufgetauchte'⟩

an|ae|rob [..a:e.. *od* 'an..] (*Biol*; ohne Sauerstoff lebend) ⟨*grch*⟩ · **An|ae|ro|bier** [..ĭər] *od* **An|ae|ro|bi|on|ten** *Pl* (*Biol*; dauernd od. nur zeitweise ohne Sauerstoff lebende Organismen); *Sg* An|ae|ro|bier, der, –s *od* An|ae|ro|biont, der, –en · **An|ae|ro|bio|se**[1], die, – (*Biol*; von Sauerstoff unabhängiges Leben)

Ana|gramm, das, –s, –e (durch Vertauschen von Buchstaben innerhalb eines Wortes entstandenes neues Wort; Rätselform) ⟨*grch*⟩

An|ako|luth, das, –s, –e (*Stilistik*; folgewidrige Satzführung) ⟨*grch*⟩ · **an|ako|lu|thisch,** *seltener* **an|ako|luth** (*Stilistik*; aus der Satzkonstruktion geraten, folgewidrig)

Ana|kon|da, die, –, –s (eine Riesenschlange) ⟨*span*⟩

Ana|kre|on|ti|ker, der, –s, – (*Literaturw*; Nachahmer der Dichtweise des altgriech. Dichters Anakreon) · **ana|kre|on|tisch** *K 218* (*Literaturw*; in der Art des altgriech. Dichters Anakreon; heiter, tändelnd) · **Ana|kre|on|tisch** *K 217* (von dem altgriech. Dichter Anakreon herrührend)

anal (*Med*; den After betreffend) ⟨*lat*⟩

An|al|ge|ti|kum, das, –s, ..ka (*Pharmakol*; schmerzstillendes Mittel) ⟨*grch → lat*⟩

ana|log (gleichartig; entsprechend; ähnlich) ⟨*grch*⟩ · **Ana|lo|gie,** die, –, ..ien (Gleichartigkeit; Entsprechung; Ähnlichkeit) · **Ana|lo|gon,** das, –s, ..ga (gleichartiger Fall) · **Ana|log|rech|ner** (ein Rechenautomat)

An|al|pha|bet [..'be:t *od* 'an..], der, –en, –en (des Lesens u. des Schreibens Unkundiger) ⟨*grch*⟩ · **An|al|pha|be|ten|tum,** das, –[e]s

Ana|ly|se, die, –, –n (Zerlegung, Auflösung; Untersuchung) ⟨*grch*⟩ · **ana|ly|sie|ren** (zerlegen, auflösen; untersuchen) · **Ana|ly|sis,** die, – (Gebiet der Mathematik, in dem stetig veränderl. Größen u. Grenzwerte untersucht werden) · **Ana|ly|tik,** die, – (Lehre bzw. Verfahren der Analyse) · **Ana|ly|ti|ker,** der, –s, – · **ana|ly|tisch** (zerlegend, auflösend; auf einem zergliedernden Verfahren beruhend); –e Chemie

[1] *Vgl.* Fußnote zu »Oxid«.

An|ämie, die, –, ..ien (*Med*; Blutleere, Blutarmut) ⟨*grch*⟩ · **an|ämisch** (*Med*; blutarm)

Ana|mne|se, die, –, –n (*Med*; Vorgeschichte einer Krankheit) ⟨*grch*, ‚Erinnerung'⟩ · **ana|mne|stisch** (*Med*)

Ana|nas, die, –, *Pl* – *od* ..asse ⟨*indian* → *portug*⟩

Ana|päst, der, –[e]s, –e (*Metrik*; ein Versfuß) ⟨*grch*⟩ · **ana|pä|stisch** (*Metrik*)

Ana|pher, die, –, –n *od* **Ana|pho|ra,** die, –, ..rä (*Stilistik*; Wiederholung des Anfangswortes [in aufeinanderfolgenden Sätzen]) ⟨*grch*⟩ · **ana|pho|risch** (*Stilistik*)

An|ar|chie [..ç..], die, –, ..ien (Herrschaftslosigkeit; Gesetzlosigkeit; Planlosigkeit; Chaos) ⟨*grch*⟩ · **an|ar|chisch** (gesetzlos; planlos; chaotisch) · **An|ar|chis|mus,** der, – (jede staatl. Organisation ablehnende kleinbürgerl., antimarxist. Ideologie) ⟨*grch* → *lat*⟩ · **An|ar|chist** (Anhänger des Anarchismus) ⟨*grch*⟩ · **an|ar|chi|stisch** (im Sinne des Anarchismus)

An|äs|the|sie, die, –, ..ien (*Med*; Schmerzunempfindlichkeit; Betäubung durch Narkose) ⟨*grch*⟩ · **an|äs|the|sie|ren,** *auch* **an|äs|the|ti|sie|ren** (*Med*) · **An|äs|the|sist** (*Med*; Narkosefacharzt) · **An|äs|the|ti|kum,** das, –s, ..ka (*Med*; die Schmerzempfindlichkeit beseitigendes Arzneimittel) ⟨*grch* → *lat*⟩ · **an|äs|the|tisch** (*Med*; schmerzunempfindlich machend; berührungsunempfindlich) ⟨*grch*⟩

An|astig|mat, der, –s, –e (*Fot*; ein Objektivtyp) ⟨*grch*⟩ · **an|astig|ma|tisch** (*Opt*; Punkte an den Bildecken unverzerrt abbildend)

Ana|the|ma, das, –s, ..themata *od* **Ana|them,** das, –s, –e (*Rel*; Verfluchung, Kirchenbann) ⟨*grch*⟩ · **ana|the|ma|ti|sie|ren** (*Rel*)

Ana|tol [..'to:l, *auch* 'ana..] (m. Vn.) ⟨*grch*, ‚Mann aus Anatolien'⟩

Anatolien ↑ Kleinasien · **anatolisch** ↑ kleinasiatisch

Ana|tom, der, –en, –en (Wissenschaftler auf dem Gebiet der Anatomie) ⟨*grch*, ‚Zergliederer'⟩ · **Ana|to|mie:** 1. die, – (Wissenschaft vom inneren Bau der Lebewesen, insbes. von dem des Menschen) – 2. die, –, ..ien (Universitätsgebäude, in dem Anatomie gelehrt wird) · **ana|to|misch**

an|axial [*od* ..'ksĭa:l] (ungleichachsig angeordnet) ⟨*grch* + *lat*⟩

an|bah|nen

an|bän|deln *K 363* (*umg*) · **An|bän|de|lung** *K 363* (*umg*)

An|bau: 1. der, –[e]s (Anpflanzung) – 2. der, –[e]s, ..bauten (Gebäudeteil) · **an|bau|fä|hig** · **An|bau|wand**

An|be|ginn (*gehoben*); seit –, von – [an]

an|bei (*bürospr*)

an|[be|]lan|gen; was mich an[be]langt

an|be|rau|men; du beraumst an; anberaumt; anzuberaumen

an|be|ten

An|be|tracht; *nur noch in* in –, z. B. in – des Umstandes

an|be|tref|fen; was mich anbetrifft

An|be|tung

an|bie|dern, sich (*Akk*) *K 363* (*abwert*)

an|bie|ten

an|bin|den; kurz angebunden (wortkarg) sein

An|blick · **an|blicken** [*Tr* ...blik|ken]

an|bre|chen; der Tag bricht an (*gehoben*; beginnt)

an|brin|gen; etw. am Hause – *K 379*

An|bruch, der (*meist gehoben*; Beginn)

Anchovis usw. ↑ Anschovis usw.

An|cien|ni|tät [ãsĭɛni'tɛ:t] (*veraltet*; Reihenfolge nach dem Dienstalter) ⟨*frz*⟩ · **An|cien ré|gime** [ã,sĭɛ̃: re'ʒi:m], das, *Gen* – – (überlebte Gesellschaftsordnung – *urspr* das korrupte feudalabsolutist. System in Frankreich vor der Revolution von 1789) (‚alte Regierung')

An|dacht, die, –, –en · **an|däch|tig** · **an|dachts|voll** (*gehoben*)

An|da|lu|sien [..ĭən] (Landsch. in Südspanien) · **An|da|lu|sier** [..ĭər], der, –s, – · **an|da|lu|sisch;** *K 258*: das Andalusische Faltengebirge

An|da|lu|sit, der, –s, –e (*Mineral*)

An|da|ma|nen *Pl* (Inselkette im nordöstl. Indik)

an|dan|te (*Mus*; mäßig langsam) ⟨*lat* → *ital*, ‚gehend'⟩ · **An|dan|te,** das, –[s], –s (*Mus*) · **an|dan|ti|no** (*Mus*; ein wenig schneller als andante) · **An|dan|ti|no,** das, –s, *Pl* –s *od* ..ni (*Mus*)

an|dau|en (*Med*; anfangen zu verdauen)

an|dau|ern · **an|dau|ernd**

An|dau|ung, die, – (*Med*; teilweise Zersetzung der Speisen durch den Magensaft)

An|den *Pl* ⟨*span*⟩, *auch* **Kor|dil|le|ren** [..di'lje:..] *Pl* ⟨*grch* → *lat* → *span*⟩ (Hochgebirge in Südamerika)

An|den|ken, das, –s, –

an|de|re *od* **and|re** *K 363*; *außer am Satzanfang stets klein geschrieben K 120*; mit ander[e]n Worten (*Abk* m. a. W.)

a) *starke Deklination* (*K 333, Merke*: *im Gen des Singulars vor stark deklinierten männl u. sächl Substantiven ohne vorangehenden Art nur noch selten stark* [*vgl.* b]): and[e]rer, and[e]re, and[e]res; und and[e]re, und and[e]res (*Abk* u. a.); und and[e]re mehr, und and[e]res mehr (*Abk* u. a. m.); ein, kein and[e]rer, and[e]res; jemand, niemand anders (*österr* and[e]rer); etwas, nichts and[e]res; wer, wem, wen anders (*österr* wer and[e]rer, wem and[e]rem *od* anderm, wen and[e]ren *od* andern); von jemand, niemand anders reden, d. h. von jemand, niemand and[e]rem *od* anderm reden, *österr nur so* [*vgl.* jemand]; von etwas and[e]rem *od* anderm sprechen; unter ander[e]m, unter and[e]ren (*Abk* u. a.); ein and[e]res Mal, *aber*: ein andermal; und viele[s] and[e]re (*Abk* u. v. a.); eines and[e]ren *od* andern belehren; sich eines and[e]ren *od* andern besinnen

b) *schwache Deklination*: *Sg* der, die, das, eine, keine, alles and[e]re; *Pl* die, alle, keine and[e]ren *od* andern; der eine ..., der and[e]re ...; das and[e]re Mal; ein um das *od* ums and[e]re Mal; *K 333, Merke*: *meist im Gen des Singulars vor stark deklinierten männl u. sächl Substantiven ohne vorangehenden Art*, z. B. and[e]ren *od* andern Gebrauchs

c) *bei Adjektiv u. Substantiv K 339f.*: and[e]re ähnliche Fälle

d) *in Verbindung mit »als« K 381*: er gab eine and[e]re Begründung als der Vorredner

e) anders (↑ *d.*)

an|de|ren|falls[1] *od* **an|dern|falls**[1] · **an|de|ren|orts**[1] *od* **an|dern|orts**[1] (*gehoben*); *aber K 175*: anderen Ortes (*gehoben*) · **an|de|ren|tags**[1] *od* **an|dern|tags**[1] (*gehoben*); *aber K 175*: anderen Tages (*gehoben*) · **an|de|ren|teils**[1] *od* **an|dern|teils**[1]; *vgl. auch* einesteils · **an|de|rer|seits**[1] *od* **and|rer|seits**[1] *od* **an|der|seits**[1]; *vgl. auch* einerseits · **an|der|lei** (*gehoben*) · **an|der|mal**[1]; ein –, *aber K 175*: ein and[e]res Mal

An|der|matt (Ort in der Schweiz)

än|dern *K 363*

andernfalls ↑ anderenfalls · **an|dern|mal**[1]; zum –, *aber*: zum and[e]ren Mal[e] · **andernorts** ↑ anderenorts · **anderntags** ↑ anderentags · **andernteils** ↑ anderenteils

an|ders; anders handeln, sein, werden; *aber K 101*: das Andershandeln, das Anderssein; von jmdm. [ganz] anders reden (in anderer Weise reden; von einer anderen

[1] *Vgl. K 176.*

Person reden); *vgl. auch* andere; anders als (*nicht* anders wie) *K 381*; irgendwo anders; wo anders? (wo sonst?), *aber*: woanders (irgendwo sonst); anderswo · **an|ders|ar|tig** · **an|ders|den|kend** · **An|ders|den|ken|de,** der *u.* die, _n, _n *K 341* · **anderseits** ↑ andererseits · **an|ders|ge|ar|tet** · **An|ders|ge|sinn|te,** der *u.* die, _n, _n *K 341* · **An|ders|gläu|bi|ge,** der *u.* die, _n, _n *K 341* · **an|ders|her|um** · **an|ders|spra|chig** · **an|ders|wie** · **an|ders|wo** · **an|ders|wo|her** · **an|ders|wo|hin**

an|dert|halb; _ Stunde[n] · **an|dert|halb|fach** · **An|dert|halb|fa|che,** das, _n *K 341*; *vgl. K 282* bis *286*

Än|de|rung · **Än|de|rungs|ver|trag**

an|der|wär|tig · **an|der|wärts** (*gehoben*) · **an|der|weit** (*veraltet*) · **an|der|wei|tig**

An|de|sit, der, _[e]s, _e (*Geol*; ein vulkan. Gestein) ⟨*nach* den Anden⟩

an|deu|ten · **An|deu|tung** · **an|deu|tungs|wei|se** *K 176*

an|din (den Anden zugehörig) ⟨*span*⟩; die _e Vegetation

an|docken [*Tr* ..dok|ken] (*Raumf*; koppeln) ⟨*lat* → *ndrl* → *engl*⟩

An|dor|ra, *amtl* **Für|sten|tum An|dor|ra** (Staat in den Pyrenäen) · **An|dor|ra|ner,** der, _s, _ · **an|dor|ra|nisch**

An|drang, der, _[e]s

andre ↑ andere

An|dre|as *K 90* (m. Vn.) ⟨*grch*, ‚der Mannhafte'⟩

andrerseits ↑ andererseits

an|dro|gyn (*Biol*; zweigeschlechtig, zwittrig) ⟨*grch*⟩ · **An|dro|gy|nie,** die, _ (*Biol*)

An|dro|ma|che [..xe: *od* ..'maxe:] (*griech Sage*; Frau Hektors) ⟨*grch*⟩

An|dro|me|da: 1. [*od* ..dro'me(:)..] (*griech Sage*; Frau des Perseus) – 2. die, _ (ein Sternbild)

An|drö|ze|um, das, _s, ..een (*Bot*; Gesamtheit der Staubblätter einer Blüte) ⟨*grch* → *lat*⟩

An|druck, *Pl* ..drucke (*Polygr*; Probe[farb]druck) · **an|drucken** [*Tr* ...druk|ken] (*Polygr*) · **an|drücken** [*Tr* ...drük|ken]

Äne|as (*griech-röm Sage*; trojan. Held) ⟨*grch* → *lat*⟩

an|ecken [*Tr* ...ek|ken] (*auch umg*; Anstoß erregen)

Äneide ↑ Äneis

an|eig|nen, sich (*Dat*) *K 363*; sich Kenntnisse _ · **An|eig|nung**

an|ein|an|der. *Schreibung bei Verben*: *Getrenntschreibung, wenn beide Teile den Charakter als selbständige Satzglieder gewahrt haben* (*K 145*). *Beide Teile tragen auch den Ton* (*K 129*): aneinander hängen, aneinander vorbeigehen, sich aneinander gewöhnen – *Zusammenschreibung, wenn der Hauptton auf dem Adverb liegt* (*K 129*). *Dabei entsteht oft eine* [*übertragene*] *Gesamtbedeutung* (*K 148*): aneinanderbinden, aneinanderreihen; aneinandergeraten (*umg*; in Streit geraten)

Äne|is *od* **Äne|ide,** die, _ (latein. Dichtung des röm. Dichters Vergil [v..]) ⟨*nach* Äneas⟩

An|ek|do|te, die, _, _n (kurze, kennzeichnende Geschichte über eine Begebenheit) ⟨*grch*⟩ · **an|ek|do|ten|haft** · **an|ek|do|tisch**

an|ekeln; es ekelt mich an

Ane|mo|graph, der, _en, _en (*Met*; selbstschreibendes Windmeßgerät) ⟨*grch*⟩ · **Ane|mo|me|ter,** das (*Met*; ein Windmeßgerät)

Ane|mo|ne, die, _, _n (Windröschen, ein Frühlingsblüher) ⟨*grch*⟩

...aner *od* **...ianer** (Suffix an Eigennamen zur Bezeichnung der Herkunft, Anhängerschaft usw., z. B. Weimaraner, Lutheraner, Wagnerianer) ⟨*lat*⟩

an|er|bie|ten, sich (*Akk*); du erbietest dich an; anerboten; anzuerbieten · **An|er|bie|ten,** das, _s, _

an|er|kann|ter|ma|ßen *K 176* · **an|er|ken|nen;** du erkennst an, *auch* du anerkennst; anerkannt; anzuerkennen · **an|er|ken|nens|wert** · **An|er|kennt|nis,** das, ..isses, ..isse (*Rechtsw*; Schuldanerkennung) · **An|er|ken|nung**

An|ero|id, das, _[e]s, _e *od* **An|ero|id|ba|ro|me|ter,** das (*Met*; ein Luftdruckmeßgerät) ⟨*grch*⟩

An|eu|rys|ma, das, _s, *Pl* ..men *od* _ta (*Med*; Schlagadererweiterung) ⟨*grch*⟩

an|fa|chen (*gehoben*); die Glut _

an|fah|ren · **An|fahrt**

An|fall, der · **an|fal|len** · **an|fäl|lig** (gegen Erkrankungen nicht widerstandsfähig) · **An|fäl|lig|keit**

An|fang; am _; von _ an; zu _; [zu] _ des Jahres; _ Januar *K 328*; *vgl. auch* anfangs · **an|fan|gen** · **An|fän|ger** · **an|fäng|lich** · **an|fangs** *K 109*; *als Präp mit Gen*: _ des Jahres, der Woche · **An|fangs|buch|sta|be**

an|fecht|bar · **An|fecht|bar|keit,** die, _ · **an|fech|ten;** das ficht mich nicht an (das berührt mich nicht, kann mir nichts anhaben) · **An|fech|tung**

an|fein|den · **An|fein|dung**

an|fer|ti|gen · **An|fer|ti|gung**

an|feuch|ten

an|feu|ern · **An|feue|rung**

an|fle|hen · **An|fle|hung**

an|flie|gen · **An|flug**

an|for|dern · **An|for|de|rung**

An|fra|ge · **an|fra|gen;** bei jmdm. _ (*schweiz* jmdn. _)

an|fres|sen; sich einen Bauch _ (*derb*)

an|freun|den, sich (*Akk*); du freundest dich mit ihm an · **An|freun|dung**

An|fuhr, die, _, _en · **an|füh|ren;** *vgl. auch* angeführt · **An|füh|rer** · **An|füh|rung** · **An|füh|rungs|zei|chen** (*Zeichen* „...", »...«, «...» *od* ‚...'); *vgl. auch K 487ff.*

An|ga|be (*auch für* Großtun, Prahlerei)

an|gän|gig (zulässig, statthaft)

An|ga|ra [*od* ..'ra], die, _ (Fluß in Mittelsibirien)

an|ge|ben (*auch für* großtun, prahlen); *vgl. auch* angegeben · **An|ge|ber** (*auch für* Großtuer, Prahler) · **An|ge|be|rei** · **an|ge|be|risch;** _ste

An|ge|be|te|te, der *u.* die, _n, _n *K 341*

An|ge|bin|de, das, _s, _ ([kleines] Geschenk)

an|geb|lich

an|ge|bo|ren *K 364*

An|ge|bot

an|ge|bracht

an|ge|dei|hen; *nur in* jmdm. etw. _ lassen (*gehoben*)

An|ge|den|ken, das, _s, *Pl* (*selten*) _ (*noch gehoben*)

an|ge|führt; am _en Ort (*Abk* a. a. O.)

an|ge|ge|ben *K 364*; am _en Ort (*Abk* a. a. O.)

an|ge|grif|fen *K 364* (nicht ganz gesund; geschwächt) · **An|ge|grif|fen|heit,** die, _

an|ge|hei|ra|tet

an|ge|hei|tert (leicht betrunken)

an|ge|hen *K 363*; das, es geht [nicht] an; es geht mich [nichts] an; jmdn. um etw. _ (bitten) · **an|ge|hend** (künftig, in der Ausbildung stehend); ein _er Facharbeiter

an|ge|hö|ren · **an|ge|hö|rig** · **An|ge|hö|ri|ge,** der *u.* die, _n, _n *K 341*

An|ge|klag|te, der *u.* die, _n, _n *K 341*

an|ge|krän|kelt

An|gel, die, _, _n. *Zus K 365ff.*: Angel‿haken usw.

An|ge|la (w. Vn.) ⟨*grch* → *lat*, ‚Engel'⟩

An|geld (*veraltet*; Anzahlung)

an|ge|le|gen; sich (*Dat*) etw. _ sein lassen (*gehoben*) · **An|ge|le|gen|heit** · **an|ge|le|gent|lich** (*gehoben*); *K 115*; auf das *od* aufs _ste

An|ge|li|ka: 1. (w. Vn.) – 2. die, _,

Pl ..ken, *österr* _s (Engelwurz, eine Arzneipflanze) ⟨*grch* → *lat*, ‚die Engelhafte'⟩
an|geln *K 363*
An|geln Pl (german. Volksstamm) · **An|gel|sach|sen** *Pl* (*hist*; zusammenfassende Bez. bes. für die german. Stämme der Angeln u. Sachsen – *auch für* die Bewohner der Brit. Inseln); *Sg* An|gel|sach|se, der, _n · **angelsächsisch** usw. ↑ altenglisch usw.
An|ge|lus, der, _ (*kath Kirche*; mehrmaliges Tagesgebet) ⟨*grch* → *lat*⟩
an|ge|mes|sen *K 363f.* · **An|ge|mes|sen|heit,** die, _, *Pl* (*selten*) _en
an|ge|nä|hert (*Math*)
an|ge|nehm ⟨*zu* annehmen⟩ · **an|ge|nom|men** *K 364*; _ (vorausgesetzt), daß ... *K 450*
An|ger, der, _s, _ (*landsch*; Dorfplatz) · **An|ger|dorf**
an|ge|regt
An|ger|mün|de (Stadt im Bez. Frankfurt)
an|ge|säu|selt (*umg*; leicht betrunken)
an|ge|schla|gen *K 364* (*umg*; erschöpft; beschädigt)
An|ge|schul|dig|te, der *u.* die, _n, _n *K 341*
an|ge|se|hen *K 364* (geachtet); _ste
An|ge|sicht, das, _[e]s, *Pl* (*selten*) _e, *österr nur so, od* _er (*gehoben*; Gesicht) · **an|ge|sichts** *K 110 Präp mit Gen*: _ dieses Umstandes
an|ge|spannt
an|ge|stellt · **An|ge|stell|te,** der *u.* die, _n, _n *K 341*
an|ge|stie|felt ⟨*lat* → *ital*⟩; *nur in* _ kommen (*umg*; mit großen Schritten kommen)
an|ge|strengt
an|ge|tan; es jmdm. _ haben (jmdm. gefallen); von jmdm. *od* etw. _ (begeistert) sein; [nicht] danach *od* dazu _ ([nicht] dazu geeignet) sein
an|ge|trun|ken *K 364*
angewandt, angewendet ↑ *unter* anwenden
an|ge|wie|sen *K 364*; auf jmdn. *od* etw. _ sein
an|ge|wöh|nen; jmdm., sich (*Dat*) etw. _ · **An|ge|wohn|heit**
An|gi|na, die, _, ..nen (*Med*; Mandelentzündung) ⟨*lat*⟩
An|gi|om, das, _s, _e (*Med*; Blutschwamm, eine Gefäßgeschwulst) ⟨*grch*⟩ · **An|gio|sper|men** *Pl* (*Bot*; die bedecktsamigen Blütenpflanzen); *Sg* An|gio|sper|me, die, _; *Ggs* Gymnospermen
an|glei|chen · **An|glei|chung**
Ang|ler
an|glie|dern *K 363*
an|gli|ka|nisch (die engl. Staatskirche betreffend od. ihr angehörend); *K 119*: die anglikanische Kirche (engl. Staatskirche) ⟨*germ* → *lat*⟩ · **An|gli|ka|nis|mus,** der, _ (Lehre u. Ordnung der engl. Staatskirche) · **an|gli|sie|ren:** 1. (engl. Sitten u. Gebräuche einführen) – 2. *od* **eng|li|sie|ren** (Pferden den Schweif stutzen) · **An|glist** (Wissenschaftler auf dem Gebiet der Anglistik) · **An|gli|stik,** die, _ (Wissenschaft von der engl. Sprache u. Literatur) · **An|gli|zis|mus,** der, _, ..men (eine der engl. Sprache eigentüml. Ausdrucksweise, die in einer anderen Sprache nachgeahmt wird) · **An|glo|ame|ri|ka**[1] (zusammenfassende Bez. für die Englisch sprechenden Teile Nordamerikas [USA, Kanada]) · **An|glo|ame|ri|ka|ner**[1] (Nordamerikaner engl. Herkunft) · **An|glo-Ame|ri|ka|ner** *K 244 Pl* (Sammelbez. für Engländer u. Amerikaner hinsichtlich ihrer gemeinsamen Politik, bes. im 2. Weltkrieg) · **an|glo|ame|ri|ka|nisch**[1] · **an|glo-ame|ri|ka|nisch** *K 244* · **An|glo|ka|na|dier**[1] [..ɪər], der, _s, _ (Bewohner Kanadas mit Englisch als Muttersprache) · **an|glo|nor|man|nisch**[1]; *vgl. auch K 265ff.*
An|go|la, *amtl* **Volks|re|pu|blik An|go|la** (im SW Afrikas) · **An|go|la|ner,** der, _s, _ · **an|go|la|nisch**
An|go|ra (früherer Name von Ankara) · **An|go|ra‿kat|ze, ...wol|le**
an|grei|fen; *vgl. auch* angegriffen · **An|grei|fer**
an|gren|zen ⟨*slaw*⟩
An|griff; etw. in _ nehmen · **an|grif|fig** (*schweiz*; unternehmend; angriffslustig) · **An|griffs|krieg**
Angst, die, _, *Pl* Ängste ⟨*zu* eng⟩; in Angst, in [tausend] Ängsten sein, Angst haben, *aber K 108*: angst und bange machen, sein, werden; mir ist, wird angst und bange · **angst|er|füllt** · **Angst|ge|fühl** · **äng|sti|gen;** sich (*Akk*) _ · **ängst|lich** · **Ängst|lich|keit**
Ång|ström [ˈaŋstrøːm *od* ˈɔŋ..], das, _ (*Spektroskopie*; veraltende Einheit der Länge = ein 10milliardstel Meter); *Einheitenzeichen* Å ⟨*nach* dem schwed. Physiker⟩
Angst|ruf · **angst|voll**
an|gur|ten (anschnallen)
an|ha|ben *K 158*; etw. _ (*umg*); du kannst mir nichts _
an|hä|gern (*von Gewässern gesagt*; [Schlamm, Sand] ablagern)
an|hä|keln (hinzuhäkeln) · **an|ha|ken**
¹An|halt (ehem. Land)
²An|halt, der, _[e]s, *Pl* (*selten*) _e (Anhaltspunkt) · **an|hal|ten**
¹An|hal|ter, der, _s, _ ⟨*zu* ¹Anhalt⟩
²An|hal|ter; [per] _ fahren, reisen (*umg*; Fahrzeuge anhalten, um mitfahren zu können)
an|hal|tisch ⟨*zu* ¹Anhalt⟩
An|halts|punkt
an Hand, *jetzt häufig* **an|hand** (*K 176*): 1. *Präp mit Gen*: _ _ des Buches – 2. *in Verbindung mit* von: _ _ von Unterlagen; *vgl. auch* Hand, I
An|hang; *Abk* Anh. (*Buchw*) · **an|hän|gen:** 1. *tr*: *Konjugation vgl.* hängen (2) – 2. *intr* (zu jmdm. halten); *Konjugation vgl.* hängen (1) · **An|hän|ger** · **an|hän|gig** (*Rechtsw*; bei Gericht vorgebracht); eine Klage _ machen (vor Gericht Klage erheben) · **an|häng|lich** (treu; sich eng anschließend) · **An|häng|lich|keit,** die, _ · **An|häng|sel,** das, _s, _ · **an|hangs|wei|se** *K 176*
An|hauch, der, _[e]s (*dicht*) · **an|hau|chen**
an|hau|en (zu behauen beginnen [Bäume]); du hiebst, *auch* hautest an; angehauen; jmdn. _ (*salopp*; um etw. angehen); du hautest ihn an (*salopp*)
an|häu|fen · **An|häu|fung**
an|he|ben (*auch gehoben*; anfangen); er hob an zu sprechen (*gehoben*)
an|hef|ten; am Hut *od* an den Hut _ *K 379*
an|hei|meln; es heimelt mich an
an|heim|fal|len (*gehoben*; zufallen; [einer Sache] verfallen; jmds. Eigentum werden); es fällt anheim; anheimgefallen; anheimzufallen · **an|heim‿ge|ben** (*gehoben*), **...stel|len** (*gehoben*)
an|hei|schig; *nur in* sich (*Akk*) _ machen (*gehoben*; sich verpflichten, sich zutrauen, etw. zu tun)
an|heu|ern *K 363* (*seem*) ⟨*zu* ²Heuer⟩
An|hieb; *nur in* auf _ (*umg*; [gleich] beim ersten Mal)
an|hin (*schweiz*); bis _ (bis jetzt)
An|hö|he
an|hö|ren
An|hy|drid, das, _s, _e (*Chem*; Verbindung, die durch Reaktion mit Wasser eine Säure od. Base ergibt) ⟨*grch*⟩ · **An|hy|drit,** der, _s, _e (ein gesteinsbildendes Mineral)
Ani|lin, das, _s (Ausgangsstoff für Farben u. Heilmittel) ⟨*arab + lat*⟩ · **Ani|lin|far|be**
ani|ma|lisch (tierisch, Tier...; sinnlich) ⟨*lat*⟩ · **Ani|ma|lis|mus,** der, _ (Verehrung als heilig angesehener Tiere)

[1] *Vgl. K 245.*

Ani|ma|tion, die, _, _en (Belebung der Objekte im Trickfilm) ⟨*lat*⟩ · **Ani|ma|tions|film** · **ani|ma|to** (*Mus*; belebt) ⟨*lat* → *ital*⟩ · **ani|mie|ren** (anregen, ermuntern) ⟨*lat*⟩ · **Ani|mo,** das, _s (*österr*; Lust, Schwung, Stimmung) ⟨*lat* → *ital*⟩ · **Ani|mo|si|tät** (Gereiztheit; Erbitterung; feindl. Gesinnung; Abneigung [*österr nur diese Bedeutung*]) ⟨*lat*⟩ · **Ani|mus,** der, _ (*umg scherzh*; Ahnung) ⟨‚Seele'⟩

An|ion, das, _s, ..onen (*Phys*; zur Anode wanderndes negatives Ion) ⟨*grch*⟩; *Ggs* Kation · **an|io|nisch** (*Phys*)

Anis [a'ni:s *od* 'a:nis, *österr nur so*], der, _es, _e (eine Gewürz- u. Arzneipflanze, Doldengewächs) ⟨*grch* → *lat*⟩ · **Anis|öl**

Ani|ta (w. Vn.) ⟨*span Verkleinerungsf von* Anna⟩

An|ka|ra (Hptst. der Türkei)

An|kauf · **an|kau|fen**

An|ker, der, _s, _; vor _ gehen, liegen ⟨*grch* → *lat*⟩. *Zus K 365ff.*: Anker◡boje usw. · **An|ker|mast,** der, _es, _[e]n · **an|kern** *K 363* · **Anker|tau,** das, _[e]s, _e

an|ket|ten ⟨*lat*⟩

An|kla|ge · **an|kla|gen** · **An|klä|ger**

An|klam (Stadt im Bez. Neubrandenburg)

An|klang

an|kle|ben

an|klei|den · **An|klei|de|raum**

an|kom|men; mich (*auch* mir) kommt ein Ekel an, *aber nur* mir ist ein Ekel angekommen; es kommt mir nicht darauf an · **Ankömm|ling**

an|kö|ren (*Landw*; ausgewählte [gekörte] männl. Haustiere zur Zucht zulassen)

an|krei|den (*umg*; Schulden anschreiben); jmdm. etw. _ (übel vermerken) ⟨*lat*⟩

an|kün|di|gen · **An|kün|di|gung**

An|kunft, die, _; *Abk* Ank.

an|kur|beln ⟨*lat*⟩ · **An|kur|be|lung** *K 363*

An|la|ge · **An|la|ge|rung**

an|lan|den (etw. od. jmdn. an Land bringen – *Geol*; Land anschwemmen) · **An|lan|dung**

anlangen ↑ an[be]langen

An|laß, der, ..asses, ..ässe; _ geben, nehmen · **an|las|sen** ([Motoren] in Gang setzen) · **An|las|ser** (Vorrichtung zum Anlassen des Motors) · **an|läß|lich** *Präp mit Gen*: _ des Festes

an|la|sten (zur Last legen); jmdm. etw. _; das Versäumnis wurde ihm angelastet

An|lauf · **an|lau|fen;** einen Hafen _; ein Film läuft an · **An|lauf|zeit**

An|laut (*Sprachw*) · **an|läu|ten;** jmdm. _ (*schweiz*; jmdn. telefonisch anrufen) · **an|lau|tend** (*Sprachw*)

an|le|gen · **An|le|ge|stel|le**

an|leh|nen · **An|leh|nung**

An|lei|he · **An|lei|hen,** das, _s, _ (*schweiz*; Anleihe)

an|lei|ten · **An|lei|tung**

an|ler|nen · **An|lern|zeit**

an|lie|fern · **An|lie|fe|rung**

an|lie|gen; die Sache hat *od* ist ihm angelegen; *vgl. auch* angelegen · **An|lie|gen,** das, _s, _ (Wunsch); ich habe ein _ an ihn · **an|liegend;** _ (*bürospr*; anbei; hiermit) der Bericht · **An|lie|ger** (Anwohner, Nachbar)

an|lu|ven [..v.., *auch* ..f..] *od* **luven** (*seem*; den Bug mehr in die Windrichtung drehen)

an|ma|chen (*umg*)

An|marsch, der ⟨*lat* → *frz*⟩

an|ma|ßen, sich (*Dat*); du maßt (*K 354*) dir etw. an · **an|ma|ßend;** *K 115*: am _sten · **An|ma|ßung**

an|mel|den · **An|mel|dung**

an|mer|ken · **An|mer|kung;** *Abk* Anm.

an|mes|sen; jmdm. etw. _

an|mu|stern *K 363* (*seem*; den Arbeitsvertrag [Heuervertrag] der Seeleute abschließen) ⟨*lat* → *ital*⟩ · **Anmu|ste|rung** (*seem*)

An|mut, die, _ (*gehoben*) · **an|muten;** es mutet mich seltsam an · **anmu|tig** (*gehoben*) · **an|mut[s]|voll** (*gehoben*)

An|na (w. Vn.) ⟨*hebr*, ‚Gnade'⟩; *Nebenf* ↑ Anne, *dt Verkleinerungsf* ↑ Anni, *engl Verkleinerungsf* ↑ Nanny (*eindeutschend* ↑ Nanni), *französ Verkleinerungsf* ↑ Annette, ↑ Nannette, *span Verkleinerungsf* ↑ Anita

an|na|deln (*österr*; mit einer Stecknadel befestigen)

an|nä|hern; sich (*Akk*) _ · **an|nähernd** · **An|nä|he|rung** · **an|nä|herungs|wei|se** *K 176*

An|nah|me, die, _, _n; _ an Kindes Statt; in der _, daß ... *K 450* · **Annah|me|ver|wei|ge|rung**

An|na|len *Pl* (Jahrbücher) ⟨*lat*⟩

Änn|chen (*Verkleinerungsf von* Anna) · **An|ne** (w. Vn.) ⟨*Nebenf von* Anna⟩

an|nehm|bar · **an|neh|men** · **Annehm|lich|keit**

an|nek|tie|ren (sich gewaltsam aneignen) ⟨*lat*⟩

An|ne|li|den *Pl* (*Zool*; die Ringelwürmer); *Sg* An|ne|li|de, die, _ ⟨*lat* + *grch*⟩

An|ne|lie|se [*österr nur* ..'li:..] *K 208* (w. Vn.) ⟨Anna + ²Liese⟩ · **An|ne|ma|rie** [*österr nur* ..'ri:] *K 208* (w. Vn.) ⟨Anna + Maria⟩ · **An|net|te** (w. Vn.) ⟨*französ Verkleinerungsf von* Anna⟩

An|nex, der, _es, _e (Zubehör; Anhängsel; Nebenraum) ⟨*lat*⟩ · **Annex|bau,** *Pl* ..bauten (Anbau, Nebengebäude) · **Annexe** ↑ Adnex · **An|ne|xion** (gewaltsame Aneignung, gewaltsame Einverleibung fremden Staatsgebietes) · **an|nexio|ni|stisch**

An|ni (w. Vn.) ⟨*Verkleinerungsf von* Anna⟩

An|ni|ver|sa|rien [..vɛr'za:riən] *Pl* (*kath Kirche*; jährlich wiederkehrende Gedächtnisfeiern) ⟨*lat*⟩ · **Anno** *od* **an|no,** *österr nur so* [*vgl. aber* Anno Domini] (im Jahre ...), *Abk* A. *od* a.; Anno [neunzehnhundert]elf; Anno dazumal; Anno Tobak (*umg*; in alter Zeit) · **An|no Do|mi|ni,** *österr nur so, od* **an|no Do|mi|ni** (*veraltet*; im Jahre des Herrn); *Abk* A. D. *od* a. D.

An|non|ce [a'nɔŋsə *od* a'nɔ̃:sə], die, _, _n (Zeitungsanzeige) ⟨*lat* → *frz*⟩ · **An|non|ceu|se** [anɔŋ'sø:zə *od* anɔ̃'sø:zə], die, _, _n (*Gastron*; Angestellte, die Speisebestellungen an die Küche weiterleitet) · **an|noncie|ren** [anɔŋ'si:.. *od* anɔ̃'si:..]

An|no|ta|tion (*Buchw*; kurze Charakteristik einer Publikation) ⟨*lat*⟩ · **an|no|tie|ren** (*Buchw*)

an|nu|ell (*Bot*; einjährig); _e Pflanzen ⟨*lat*⟩ · **An|nui|tät** (*fachspr*; jährl. Zahlung zur Schuldentilgung u. Verzinsung)

an|nul|lie|ren (für ungültig, für nichtig erklären) ⟨*lat*⟩

Ano|de, die, _, _n (*Phys*; positive Elektrode) ⟨grch, ‚Aufstieg'⟩; *Ggs* Katode

an|öden (*umg*; langweilen [u. daher lästig fallen]); jmdn. _

Ano|den|strahl (*Phys*)

ano|mal (regelwidrig, vom Normalen abweichend; unregelmäßig) ⟨*grch*⟩; *vgl. auch* abnorm · **Ano|ma|lie,** die, _, ..ien (Regelwidrigkeit, Abweichung; Unregelmäßigkeit)

an|onym (namenlos, ungenannt, ohne Namensangabe) ⟨*grch*⟩ · **Anony|mi|tät,** die, _ (Verschweigen, Nichtangabe des Namens, der Unterschrift) ⟨*grch* → *lat*⟩ · **An|onymus,** der, _, *Pl* ..mi *od* ..nymen (Ungenannter)

An|ophe|les, die, _, _ (*Zool*; eine Stechmücke [Malariaüberträger]) ⟨*grch*⟩

Ano|rak, der, _s, _s (Windbluse [mit Kapuze]) ⟨*eskim*⟩

an|ord|nen · **An|ord|nung;** *Abk* AO

an|or|ga|nisch [*österr nur so, od* ..'ga:..] (unbelebt, nicht zur lebenden Natur gehörend; nicht von Le-

bewesen stammend) ⟨grch⟩; *Ggs* organisch; *K 119*: die _e Chemie
anormal ↑ abnorm
Anoxybiose ↑ Anaerobiose
An|pad|deln, das, _s (jährl. Eröffnung des sportl. Paddelns) ⟨engl⟩
an|pas|sen ⟨*lat* → *frz*⟩ · **An|pas|sung**
an|pei|len (durch Peilung ansteuern) ⟨*zu* Pegel⟩
an|pfei|fen (*Sport*; ein Spiel durch einen Pfiff eröffnen – *umg*; tadeln) · **An|pfiff**
an|pflan|zen ⟨*lat*⟩ · **An|pflan|zung**
an|picken [*Tr* ...pik|ken] (*österr umg auch für* ankleben)
an|pö|beln *K 363* (*umg*; in gemeiner Weise belästigen) ⟨*lat* → *frz*⟩
An|prall · **an|pral|len**
an|pran|gern *K 363* (öffentlich tadeln); *vgl. auch* Pranger
anpreien ↑ preien
an|prei|sen ⟨*lat* → *frz*⟩
An|pro|be ⟨*lat*⟩ · **an|pro|bie|ren**
An|rai|ner, der, _s, _ (*süddt, österr*; Grenznachbar; Anlieger)
an|ran|zen (*salopp*; hart anfahren)
an|ra|ten · **An|ra|ten,** das, _s; auf _
an|rech|nen; das rechne ich dir hoch an · **An|rech|nung;** in _ bringen (*bürospr*), *dafür besser* anrechnen
An|recht · **An|recht|ler,** der, _s, _ (Abonnent) · **An|rechts|kar|te**
An|re|de · **An|re|de|fall** (*Gramm*) · **an|re|den**
an|re|gend; *K 115*: am _sten · **An|re|gung**
an|rei|chern *K 363* (den Gehalt an etw. erhöhen) · **An|rei|che|rung**
an|rei|hend (*Sprachw*); _e Konjunktion
An|rei|se · **an|rei|sen**
an|rei|ßen (*auch für* auf etw. zu sprechen kommen); ein Problem _ · **An|rei|ßer** (Vorzeichner in metall- u. holzverarbeitender Industrie – *umg*; [unlauterer] Kundenwerber) · **an|rei|ße|risch** (*umg*; marktschreierisch)
An|reiz · **an|rei|zen**
an|rem|peln (*umg*) · **An|rem|pe|lung** *K 363* (*umg*)
An|rich|te, die, _, _n · **an|rich|ten** · **An|rich|te|tisch**
an|rü|chig · **An|rü|chig|keit,** die, _
An|ru|dern, das, _s (jährl. Eröffnung des sportl. Ruderns)
An|ruf · **an|ru|fen** · **An|ru|fung**
ans *K 61* (an das); bis ans Äußerste *K 93*; bis ans Ende
AN|SA, die, _ *Kurzw* (italien. Nachrichtenagentur) ⟨*aus ital* Agenzia Nazionale Stampa Associata [adʒɛn.. _ 'stampa aso'tʃa:ta], ‚Vereinigte nationale Zeitungsagentur'⟩
an|sä|en
An|sa|ge · **an|sa|gen** · **An|sa|ger** · **An|sa|ge|rin,** die, _, ..innen
An|sa|mung (*Forstw*; durch herabfallenden Samen entstandene junge Holzpflanzung)
an|säs|sig · **An|säs|sig|keit,** die, _
An|satz · **An|satz|rohr**
an|schaf|fen (*auch süddt, österr*; anordnen, befehlen); du schafftest an; angeschafft · **An|schaf|fung**
an|schäf|ten; Stiefel _ (Schäfte ansetzen); Pflanzen _ (veredeln)
an|schau|en · **an|schau|lich** · **Anschau|lich|keit,** die, _ · **An|schauung** · **An|schau|ungs|ma|te|rial**
An|schein, der, _[e]s; allem, dem _ nach · **an|schei|nend;** er hat anscheinend (wie es scheint, dem Anschein nach) keinen Pfennig mehr, *aber*: er hat scheinbar keinen Pfennig mehr [hat aber in Wirklichkeit doch noch Geld]; *vgl. auch* scheinbar
an|schicken [*Tr* ...schik|ken], **sich** (*Akk*)
an|schir|ren (das Geschirr anlegen); die Pferde _
An|schiß, der, ..isses, ..isses (*derb*; grober Tadel)
An|schlag. *Zus K 365ff.*: Anschlag‿säule usw. · **an|schla|gen** · **Anschlä|ger** (*auch Bergb*; Bergmann, der das Signal zum Ingangsetzen der Fördermaschine gibt) · **anschlä|gig** (*landsch*; erfinderisch, pfiffig)
an|schlie|ßen · **An|schluß** · **Anschluß|gleis**
an|schmie|gen, sich (*Akk*) · **anschmieg|sam** · **An|schmieg|samkeit,** die, _
an|schnal|len; sich (*Akk*) _
an|schnau|zen (*salopp*) · **Anschnau|zer** (*salopp*; grober Tadel)
an|schnei|den · **An|schnitt**
An|scho|vis *od* **An|cho|vis** [*beide* ..'ʃo:vis], die, _, _ (als pikante Paste od. Präserve bereitete Sardelle) ⟨*bask* → *ndrl*⟩ · **An|scho|vis|pa|ste** *od* **An|cho|vis|pa|ste**
an|schrei|ben ⟨*lat*⟩ · **An|schreiben** · **An|schrift;** *vgl. K 397* · **Anschrif|ten|buch**
an|schu|hen (*fachspr*; Schäfte mit neuen Schuhen versehen – *Techn*; vorn mit Eisen beschlagen)
an|schul|di|gen · **An|schul|di|gung**
An|schuß (*bes weidm*)
an|schwär|zen (*meist umg abwert*; verleumden); jmdn. _
an|schwei|ßen
an|schwel|len; der Strom schwillt an, war angeschwollen · **Anschwel|lung**
an|schwem|men · **An|schwemmung**
an|schwin|gen (zum Schwingen ansetzen, zu schwingen beginnen) · **An|schwung**
an|se|hen · **An|se|hen,** das, _s; ohne _ der Person (unparteiisch) · **an|sehn|lich** · **An|sehn|lich|keit,** die, _ · **An|se|hung;** *nur noch in* in _ dessen (*bürospr*)
an|set|zen; am oberen Ende _; *vgl. K 379*
An|sicht, die, _, _en; meiner _ nach (*Abk* m. A. n.) · **an|sich|tig;** *nur in* jmds. _ werden (*gehoben*; jmdn. erblicken) · **An|sichts‿kar|te, ...sa|che**
an|sie|deln · **An|sied|ler** · **Ansied|le|rin,** die, _, ..innen · **Ansied|lung** *K 363*
An|sin|nen, das, _s, _; ein _ an jmdn. stellen
An|sitz (*weidm*)
an|sonst (*österr, schweiz*; sonst, andernfalls) · **an|son|sten** (sonst, im übrigen, andernfalls)
an|span|nen · **An|spän|ner** (*landsch*; Geschirrführer)
an|spa|ren
An|spiel, das, _[e]s (*Sport*) · **anspie|len** · **An|spie|lung;** eine _ machen (einen versteckten Hinweis geben)
An|sporn, der, _[e]s · **an|spor|nen**
An|spra|che · **an|spre|chen;** auf etw. _ (reagieren) · **an|spre|chend;** *K 115*: am _sten
an|sprit|zen
An|spruch · **an|spruchs|los** *K 349*; *vgl.* ...los · **An|spruchs|lo|sig|keit,** die, _ · **an|spruchs|voll**
an|spü|len · **An|spü|lung**
An|stalt, die, _, _en; keine _en zu etw. machen (mit etw. nicht beginnen [wollen])
An|stand; keinen _ an etw. nehmen (etw. nicht beanstanden); auf dem _ stehen (*weidm*) · **an|stän|dig** · **An|stän|dig|keit,** die, _ · **anstands|hal|ber** *K 176* · **an|standslos** *K 349*; *vgl.* ...los · **An|standsre|gel**
anstatt ↑ statt
an|stau|en · **An|stau|ung**
an|ste|chen; ein Faß _ (durch einen Stich öffnen); angestochen
an|stecken [*Tr* ...stek|ken] · **ansteckend** [*Tr* ...stek|kend]; *K 115*: am _sten; _e Krankheiten · **Ansteck|na|del** · **An|steckung** [*Tr* ...stek|kung]
an|ste|hen *K 363*; *auch unpersönl* es steht mir nicht an (es kommt mir nicht zu; es behagt mir nicht)
an Stel|le, *jetzt häufig* **an|stel|le** (*K 176*); *mit Gen*: an Stelle *od* anstelle des Vaters; an Stelle *od* anstelle von Worten; *aber K 175*: an die Stelle des Vaters ist die Mutter getreten · **an|stel|len** · **an|stel|lig**

(geschickt) · **An|stel|lig|keit,** die, _ · **An|stel|lung**

An|stich; der _ eines neuen Fasses [Bier]

An|stieg

[1]**an|stif|ten** (annageln) ⟨*zu* [1]Stift⟩

[2]**an|stif|ten** ([zu Bösem] veranlassen) ⟨*zu* stiften⟩ · **An|stif|ter** · **An|stif|tung**

an|stim|men; ein Lied _

An|stoß · **an|sto|ßen** · **An|stö|ßer** (*schweiz*; Grundstücksnachbar) · **an|stö|ßig** · **An|stö|ßig|keit**

an|strän|gen (anschirren, anspannen); die Pferde _; *vgl. aber* anstrengen

an|strei|chen · **An|strei|cher**

an|stren|gen; einen Prozeß _; sich (*Akk*) _ (sich sehr bemühen); *vgl. aber* ansträngen · **An|stren|gung**

An|strich

an|stücken [*Tr* ...stük|ken] (ein Stück ansetzen)

an|su|chen; um etw. _ (bitten) · **An|su|chen,** das, _s, _ ([förmliche] Bitte; Gesuch); auf _ des ... *od* auf _ von ...

Ant|ago|nis|mus, der, _, ..men (Widerstreit, Gegensätzlichkeit, Gegnerschaft; unversöhnlicher Widerspruch) ⟨*grch* → *lat*⟩ · **Ant|ago|nist** (Gegner) · **ant|ago|ni|stisch;** _er Widerspruch

An|ta|na|na|ri|vo [..v..] (Hptst. von Madagaskar [2])

Ant|ares, der, _ (ein Stern) ⟨*grch*⟩

Ant|ark|ti|ka (Erdteil am Südpol) ⟨*grch*⟩ · **Ant|ark|tis,** die, _ (Gebiet um den Südpol [Meer u. Festland]) · **ant|ark|tisch**

an|tau|chen (*österr umg*; anschieben; sich mehr anstrengen)

An|tä|us (*griech Sage*; Riese in Libyen) ⟨*grch* → *lat*⟩

An|teil, der · **an|tei|lig** · **an|teil|mä|ßig** · **An|teil|nah|me,** die, _

An|ten|ne, die, _, _n (Vorrichtung zum Empfang od. zum Abstrahlen elektromagnet. Wellen – *Zool*; Fühler der Gliederfüßer) ⟨*lat*⟩ · **An|ten|nen|ver|stär|ker**

An|the|mion, das, _s, ..ien [..iən] (*Arch*; altgriech. Schmuckfries) ⟨*grch*⟩ · **An|the|re,** die, _, _n (*Bot*; Staubbeutel) · **An|tho|lo|gie,** die, _, ..ien (Auswahl von Gedichten, Sprüchen u. ä.) (‚Blütenlese') · **an|tho|lo|gisch**

An|thra|zen, das, _s (ein Kohlenwasserstoff, der aus Steinkohlenteer gewonnen wird) ⟨*grch*⟩ · **An|thra|zit,** der, _[e]s, _e (Steinkohle der höchsten Inkohlungsstufe)

an|thro|po|id (*Zool*; menschenähnlich) ⟨*grch*⟩ · **An|thro|po|iden** *Pl* (*Zool*; die Affen) · **An|thro|po|lo|ge,** der, _n, _n (Wissenschaftler auf dem Gebiet der Anthropologie) · **An|thro|po|lo|gie,** die, _ (Wissenschaft, die sich mit der Entstehung u. Entwicklung des Menschen befaßt) · **an|thro|po|lo|gisch** · **an|thro|po|morph** (menschlich gestaltet; vermenschlicht) · **An|thro|po|mor|phis|mus,** der, _, ..men (Übertragung menschl. Eigenschaften auf Nichtmenschliches, Vermenschlichung) ⟨*grch* → *lat*⟩

An|thu|rie [..iə], die, _, _n (Flamingoblume, eine Zierpflanze) ⟨*grch* → *lat*⟩

An|ti|al|ko|ho|li|ker [*österr nur so, auch* ..'ho:..], der, _s, _ (Alkoholgegner) ⟨*grch* + *arab*⟩

an|ti|au|to|ri|tär [*auch* ..'tɛ:r] (jede Autorität ablehnend) ⟨*grch* + *lat*⟩

An|ti|ba|by|pil|le [..'be:bi(:)..], die, _, _n (empfängnisverhütendes Arzneimittel auf hormonaler Basis); *umg kurz* Pille ⟨*grch* + *engl*⟩

an|ti|bak|te|riell [*auch* ..'riɛl] (gegen Bakterien wirkend) ⟨*grch* → *frz*⟩

An|ti|bio|ti|kum, das, _s, ..ka (*Med*; organ. Verbindung, die meist von Kleinlebewesen [z. B. Pilzen] ausgeschieden wird und das Wachstum anderer Mikroorganismen hemmt) ⟨*grch* → *lat*⟩ · **an|ti|bio|tisch** (*Med*; wachstums-, lebenshemmend) ⟨*grch*⟩

an|ti|cham|brie|ren [..ʃam..] (*veraltend*; katzbuckeln, liebedienern) ⟨*frz*⟩

An|ti|christ [..k..], der, _[s] (*bibl*; satan. Gegenspieler Christi) ⟨*grch* → *lat*⟩

An|ti|dot, das, _[e]s, _e (*Med*; Gegengift, -mittel) ⟨*grch*⟩

An|ti-Düh|ring *K 187*, der, _s (Kurztitel der Schrift »Herrn Eugen Dührings Umwälzung der Wissenschaft« von Friedrich Engels)

An|ti|fa|schis|mus ['an.., *österr nur so, auch* ..'ʃis..], der, _ (Gesamtheit der gegen den Faschismus gerichteten Bewegungen) ⟨*grch* + *ital*⟩ · **An|ti|fa|schist** (Gegner des Faschismus) · **an|ti|fa|schi|stisch** · **an|ti|fa|schi|stisch-de|mo|kra|tisch** *K 189*; die _e Ordnung

An|ti|fou|ling|an|strich [..'fauliŋ..] (Bewuchs- u. Korrosionsschäden verhindernder Anstrich an Schiffen) ⟨*engl*⟩

An|ti|gen, das, _s, _e (*Med*; artfremder Eiweißstoff, der die Bildung von Antikörpern bewirkt) ⟨*grch*⟩

An|ti|go|ne [..ne: *od* ..'go(:)ne:] (*griech Sage*; Tochter des Ödipus) ⟨*grch* → *lat*⟩

an|ti|im|pe|ria|li|stisch [*od* ..'lıs..] (gegen den Imperialismus gerichtet) ⟨*grch* + *lat*⟩

an|tik (der Antike zugehörig, aus ihr stammend; altertümlich) ⟨*lat* → *frz*⟩ · **An|ti|ke:** 1. die, _ (das Altertum u. die alte Kultur Griechenlands u. Roms) – 2. die, _, _n (antikes Kunstwerk) · **an|ti|kisch** (der Antike nachstrebend) · **an|ti|ki|sie|ren** (nach dem Vorbild der Antike gestalten; altertümlich machen)

an|ti|kle|ri|kal [*österr nur so, od* ..'ka:l] (gegen den Klerus gerichtet) ⟨*grch* → *lat*⟩

An|ti|kli|max, die, _, _e (*Stilistik*; Übergang vom stärkeren zum schwächeren Ausdruck) ⟨*grch*⟩

an|ti|kli|nal (*Geol*; sattelförmig) ⟨*grch* → *lat*⟩ · **An|ti|kli|na|le,** die, _, _n *K 342* (*Geol*; Sattel)

An|ti|kom|mu|nis|mus ['an.., *auch* ..'nis..], der, _ (Grundzug imperialist. Ideologie u. Politik) ⟨*grch* + *lat*⟩ · **an|ti|kom|mu|ni|stisch**

an|ti|kon|zep|tio|nell [*österr nur so, auch* ..'nɛl] (*Med*; empfängnisverhütend) ⟨*grch* → *lat*⟩

An|ti|kör|per (*Med*; nach Zuführung von Antigenen im Organismus entstehender Abwehrstoff) ⟨*grch* + *lat*⟩

An|ti|kri|tik [*österr nur so, od* ..'ti(:)k], die, _, _en (Erwiderung auf Kritik) ⟨*grch*⟩

An|til|len *Pl* (Inselgruppe vor der Ostküste Mittelamerikas); *K 258*: die Großen _, die Kleinen _

An|ti|lo|pe, die, _, _n (ein Paarhufer) ⟨*grch* → *lat* → *frz*⟩

An|ti|ma|te|rie [..iə] (*Kernphys*) ⟨*grch* + *lat*⟩

an|ti|mi|li|ta|ri|stisch [*od* ..'ris..] (gegen den Militarismus gerichtet) ⟨*grch* + *lat*⟩

An|ti|mon [..'mo:n, *österr* 'an..], das, _s (chem. Element, Metall); *Zeichen* Sb (*für latein* Stibium [st..]) ⟨*ägypt* → *arab* → *lat*⟩

an|ti|mon|ar|chi|stisch [*od* ..'çis..] (gegen den Monarchismus gerichtet) ⟨*grch*⟩

An|ti|no|mie, die, _, ..ien (Widersprüchlichkeit zweier, für sich genommen, logisch begründeter Gegebenheiten) ⟨*grch*⟩ ·

an|tio|che|nisch [..'xe:..] ⟨*grch*⟩ · **An|tio|chia** [..'ɔxia *od* ..'xi:a] (*Altertum*; Hptst. von Syrien) · **An|tio|chier** [..iər], der, _s, _

An|ti|pa|thie, die, _, ..ien (Abneigung; Widerwille) ⟨*grch*⟩; *Ggs* Sympathie

An|ti|po|de, der, _n, _n (*Geogr*; auf dem entgegengesetzten Punkt der Erde lebender Mensch, Gegenwohner – *übertr*; Gegner, Widersacher) ⟨*grch*, ‚Gegenfüßer'⟩

An|ti|qua, die, _ (*Polygr*; eine

Schriftgattung) ⟨*lat*⟩ · **An|ti|quar,** der, _s, _e (Altbuchhändler) · **An|ti|qua|ri|at,** das, _[e]s, _e (Altbuchhandel; Altbuchhandlung) · **an|ti|qua|risch** (alt; im Altverkauf) · **An|ti|qua|schrift** (*Polygr*) · **an|ti|quiert** (veraltet) · **An|ti|qui|tät,** die, _, _en (altertüml. Gegenstand) – **An|ti|qui|tä|ten** *Pl* (alte Gegenstände, bes. des älteren Kunstgewerbes) · **An|ti|qui|tä|ten|han|del,** der, _s

An|ti|se|mit [*od* 'an..], der, _en, _en (Judengegner) ⟨*grch + hebr*⟩ · **an|ti|se|mi|tisch** [*od* 'an..] · **An|ti|se|mi|tis|mus** [*od* 'an..], der, _

An|ti|sep|sis [*od* 'an..], die, _ (*Med*; Abtötung von Krankheitserregern, bes. in Wunden) ⟨*grch*⟩ · **An|ti|sep|ti|kum,** das, _s, ..ka (*Med*; Krankheitserreger abtötendes Mittel) ⟨*grch → lat*⟩ · **an|ti|sep|tisch** [*od* 'an..] (*Med*; Krankheitserreger abtötend) ⟨*grch*⟩

An|ti|so|wje|tis|mus [*österr nur so, auch* ..'tis..], der, _ (gegen die Sowjetunion gerichtete Form des Antikommunismus) ⟨*grch + russ*⟩

An|ti|sta|tik|tuch [..st.. *od* ..ʃt..] (antistatisch ausgerüstetes Putztuch) ⟨*grch*⟩ · **an|ti|sta|tisch** (gegen elektrostat. Aufladungen geschützt)

An|ti|stes, der, _, ..stites [..te:s] (*kath Kirche*; Titel des Bischofs bzw. Abtes) ⟨*lat*⟩

An|ti|teil|chen *Pl* (*Kernphys*; einem Elementarteilchen zugeordnetes Teilchen derselben Masse mit entgegengesetzter Ladung u. umgekehrtem magnet. Moment)

An|ti|the|se (Gegenbehauptung) ⟨*grch*, ‚Gegensatz'⟩ · **an|ti|the|tisch**

An|ti|to|xi|ne [*österr nur so, auch* ..'ksi:..] *Pl* (*Med*; gegen Bakterien wirksame Antikörper im Blutserum); *Sg* An|ti|to|xin, das, _s ⟨*grch + lat*⟩

an|ti|zi|pie|ren (vorwegnehmen) ⟨*lat*⟩

An|ti|zy|klo|ne [*österr nur so, auch* ..'klo:..], die, _, _n (*Met*; Hochdruckgebiet) ⟨*grch → lat*⟩

Ant|litz, das, _es, _e (*dicht*; Gesicht)

An|toi|net|te [antŏa'nɛtə, *auch* ãtŏa'nɛt(ə) (*österr nur* ..'nɛt)] (w. Vn.) ⟨*französ Verkleinerungsf von* Antonie⟩ · **An|ton** (m. Vn.) ⟨*lat*, *nach* dem altröm. Geschlecht der Antonier [..ĭər]); *Kurzf* ↑ Toni

an|tö|nen (*schweiz*; vorsichtig andeuten)

¹An|to|nie [..ĭə] (w. Vn.) ⟨*zu* Anton⟩; *Nebenf* Antonia, *Kurzf* ↑ Toni, *französ Verkleinerungsf* ↑ Antoinette · **An|to|nius** (röm. En.)

ant|onym, *auch* **ant|ony|misch** (*Sprachw*; von entgegengesetzter Bedeutung) · **Ant|onym,** das, _s, _e (*Sprachw*; Wort von entgegengesetzter Bedeutung, z. B. »schwarz« im Gegensatz zu »weiß«) ⟨*grch*⟩

An|trag, der, _[e]s, ..äge; auf (*österr* über) Antrag des ... · **an|trags|ge|mäß** *K 176* · **An|trag|stel|ler**

an|trei|ben

an|tre|ten

An|trieb. *Zus K 365ff.*: Antriebs‿kraft usw.

an|trin|ken; sich (*Dat*) einen [Rausch] _ (*umg*; sich betrinken)

An|tritt. *Zus K 365ff.*: Antritts‿besuch usw.

an|tun; jmdm. etw. _; sich (*Dat*) etw. _ (*verhüll*; Selbstmord begehen – *österr auch für* sich über etw. aufregen)

Ant|wer|pen (Hafenstadt in Belgien) ⟨*ndrl*, ‚an der Werft'⟩

Ant|wort, die, _, _en · **ant|wor|ten;** geantwortet · **Ant|wort|schein** (*Post*)

an und für sich

Anus, der, _, _ (*Med*; After) ⟨*lat*⟩

an|ver|trau|en; du vertraust an, *selten auch* du anvertraust; jmdm. ein Geheimnis _; sich (*Akk*) jmdm. _

An|ver|wand|te, der *u.* die, _n, _n *K 341*

an|vi|sie|ren [..v..] (ins Visier nehmen; ins Auge fassen) ⟨*lat → frz*⟩

an|wach|sen

An|walt, der, _[e]s, ..wälte · **An|wäl|tin,** die, _, ..innen · **An|walts|bü|ro** · **An|walt|schaft**

an|wan|deln · **An|wand|lung**

An|wär|ter · **An|wart|schaft,** die, _

an|wei|sen · **An|wei|sung**

an|wen|den; du wendetest *od* wandtest an; angewandt *od* angewendet; ich wendete *od* wandte die Regel an; die angewendete *od* angewandte Regel; *aber nur*: die angewandte Kunst · **An|wen|der** (Nutzer) · **An|wen|dung**

an|wer|ben · **An|wer|bung**

An|wert, der, _s (*bayr, österr*; Wertschätzung)

An|we|sen (Grundstück mit Wohnhaus) · **an|we|send** · **An|we|sen|de,** der *u.* die, _n, _n *K 341* · **An|we|sen|heit,** die, _ · **An|we|sen|heits|li|ste**

an|wi|dern (ekeln); es widert mich an

An|woh|ner · **An|woh|ner|schaft,** die, _

An|wuchs (*Forstw*; sehr junger Wald)

An|wurf (Schmähung – *Bauw*; Verputz, Bewurf)

An|zahl, die, _; *vgl. auch K 387*; eine Anzahl gute[r] Freunde *K 312* · **an|zah|len** · **An|zah|lung**

an|zap|fen · **An|zap|fung**

An|zei|chen · **an|zeich|nen**

An|zei|ge, die, _, _n · **an|zei|gen** · **An|zei|gen|sei|te** · **An|zei|ge|pflicht**

an|zet|teln (*umg*; anstiften) ⟨*zu* ²Zettel⟩

an|zie|hen · **an|zie|hend** (reizvoll) · **An|zie|hung**

¹An|zucht, die, _ (Aufzucht junger Pflanzen [und Tiere]) ⟨*zu ziehen*⟩

²An|zucht, die, _, ..üchte (*bergm*; Abwassergraben) ⟨*lat, angelehnt an* Abzucht⟩

An|zug (*schweiz auch für* Antrag [im Parlament]); es ist Gefahr im _ · **an|züg|lich** · **An|züg|lich|keit**

an|zün|den · **An|zün|der**

Äo|lien [..ĭən] (*Altertum*; Küstenlandsch. im NW Kleinasiens) · **Äo|lier** [..ĭər], der, _s, _ (*Altertum*; Angehöriger eines griech. Hauptstammes) · **äo|lisch** (auf Äolien bezüglich; Äolus betreffend – *Geol*; durch Windeinwirkung entstanden) · **Äols|har|fe** (Windharfe) ⟨*nach* Äolus⟩ · **Äo|lus** (*griech Mythol*; Gott der Winde) ⟨*grch → lat*⟩

Aomen ↑ Macau

Äon, der, *Gen* _s, *auch* Äonen, *Pl* Äonen, *meist Pl* ([unermeßlich langer] Zeitraum; Weltalter) ⟨*grch*⟩; in _en (in Ewigkeit) · **äo|nen|lang** (unendlich lang)

Ao|rist, der, _[e]s, _e (*Sprachw*; indoeurop., noch im Neugriechischen erhaltene Zeitform) ⟨*grch*⟩

Aor|ta, die, _, ..ten (*Med*; Hauptschlagader) ⟨*grch*⟩ · **Aor|ten|bo|gen** (*Med*)

Apa|che [..xə *od* ..tʃə], der, _n, _n (Angehöriger einer Gruppe nordamerikan. Indianerstämme) ⟨*indian*, ‚Kriegsmann'⟩

apart (geschmackvoll, reizvoll; ungewöhnlich) ⟨*lat → frz*, ‚abgesondert'⟩ · **Apart|heid** [a'pa:rthɛit *od* ..hait], die, _ (Rassentrennung u. Diskriminierung der Menschen nichtweißer Hautfarbe in Südafrika [2]) ⟨*lat → frz → afrikaans*, ‚Trennung'⟩

Apa|thie, die, _ (Teilnahmslosigkeit, Gleichgültigkeit) ⟨*grch*⟩ · **apa|thisch**

Apa|tit, der, _[e]s, _e (ein Phosphatmineral) ⟨*grch*⟩

Apen|ni|nen *Pl od* **Apen|nin,** der, _s (Gebirge in Italien) · **Apen|ni|nen|halb|in|sel** *K 246*, die, _ · **apen|ni|nisch;** *K 258*: die Apenninische Halbinsel

aper (*süddt, österr, schweiz*; schneefrei) ⟨*Herkunft umstritten*⟩

Aper|çu [apɛr'sy:], das, _s, _s (geistreicher Einfall) ⟨*lat → frz*⟩

Ape|ri|tif, der, _s, _s (appetitanregendes alkohol. Getränk) ⟨*lat* → *frz*⟩

apern (*süddt, österr, schweiz*; tauen, schneefrei werden) ⟨*zu* aper⟩

Apex, der, –, *Pl* Apizes [..tse:s] (*Astron*; Zielpunkt der Bewegung eines Gestirns am Himmel) ⟨*lat*, ‚Spitze'⟩

Ap|fel, der, –s, *Pl* Äpfel. *Zus K 365 ff.*: Apfel‿mus usw. · **Äp|fel|chen** · **ap|fel|för|mig** · **Ap|fel|si|ne,** die, –, –n ⟨*ndrl*, ‚Apfel aus China'⟩ · **Ap|fel|wick|ler** (eine Kleinschmetterlingsart)

Aph|äre|se, die, –, –n (*Sprachw*; Lautschwund im Anlaut) ⟨*grch*⟩

Apha|sie, die, – (*Med*; Störung des Sprechvermögens u. des Sprachverständnisses) ⟨*grch*⟩

Aphel [a'fe:l], das, –s, –e (*Astron*; der sonnenfernste Punkt der ellipt. Bahn eines Planeten, Kometen od. eines künstl. Planetoiden) ⟨*grch*⟩; *Ggs* Perihel

Aphon|ge|trie|be (*Techn*; geräuscharmes Schaltgetriebe) ⟨*grch*⟩

Apho|ris|mus, der, –, ..men (kurz u. treffend formulierter Gedanke, geistreicher Sinnspruch) ⟨*grch* → *lat*⟩ · **apho|ri|stisch** (kurz, treffend u. geistvoll)

aphro|di|sisch: 1. *od* **aphro|di|tisch** (Aphrodite betreffend) – 2. (*Med*; den Geschlechtstrieb steigernd) ⟨*grch* → *lat*⟩ · **Aphro|di|te** [..tə *od* ..te:] (*griech Mythol*; Göttin der Liebe u. der Schönheit) ⟨*grch*⟩ · **aphroditisch** ↑ aphrodisisch (1)

Aph|then ['aftən] *Pl* (*Med*; Mundfäule, Bläschen); *Sg* Aph|the, die, – ⟨*grch*⟩

Apia (Hptst. von Westsamoa)

api|kal (*Astron*; den Apex betreffend) ⟨*lat*⟩

Apis, der, – (*Altertum*; heiliger Stier der Ägypter) ⟨*ägypt* → *grch*⟩

Apizes ↑ Apex

Apla|nat, der *od* das, –s, –e (*Fot*; ein Objektivtyp) ⟨*grch*⟩ · **apla|na|tisch** (*Fot*)

Apnoe [a'pno:e:, *auch* a'pnø:], die, – (*Med*; Atemstillstand) ⟨*grch*⟩

Apo|chro|mat [..k..], der *od* das, –s, –e (*Fot*; ein Objektivtyp) ⟨*grch*⟩ · **apo|chro|ma|tisch** (*Fot*)

apo|dik|tisch (unwiderleglich; sicher; von schlagender Beweiskraft) ⟨*grch*⟩

Apo|gä|um, das, –s, ..äen (*Astron*; der erdfernste Punkt der Mondbahn od. der Bahn eines künstl. Erdsatelliten) ⟨*grch* → *lat*⟩; *Ggs* Perigäum

Apo|ka|lyp|se, die, –, –n (*Rel*; prophet. Schrift über das Weltende, bes. die Schrift des Johannes) ⟨*grch*, ‚Offenbarung'⟩ · **apo|ka|lyp|tisch** (in der Apokalypse vorkommend; dunkel, geheimnisvoll); *K 258*: die Apokalyptischen Reiter

Apo|ko|pe [..kope:], die, –, ..kopen [..'ko:pən] (*Sprachw*; Lautschwund im Auslaut) ⟨*grch*⟩ · **apo|ko|pie|ren** (*Sprachw*; den Vokal am Wortende auslassen)

apo|kryph (*Rel*; zu den Apokryphen gehörig; unecht, untergeschoben) ⟨*grch*⟩ · **Apo|kry|phen** *Pl* (*Rel*; in den Kanon des Alten bzw. des Neuen Testaments nicht aufgenommene Schriften); *Sg* Apo|kryph, das, –

Apol|da (Stadt im Bez. Erfurt)

apo|li|tisch [*österr nur so, od* ..'li(:)..] (unpolitisch, indifferent gegenüber der Politik u. den gesellschaftl. Zusammenhängen) ⟨*grch*⟩

Apoll *bzw* **Apol|lon** ⟨*grch*⟩ *od* **Apol|lo** ⟨*grch* → *lat*⟩ (*griech-röm Mythol*; Gott des Lichtes, der Weissagung u. der Dichtkunst) · **apol|li|nisch** (Apoll betreffend; harmonisch, maßvoll) · **Apol|lo:** 1. ↑ Apoll – 2. der, –s, –s (ein Schmetterling) ⟨*grch* → *lat*⟩

Apo|lo|get, der, –en, –en (Verfechter, Verteidiger [meist reaktionärer Strömungen u. Systeme] – *hist*; frühchristl. Schriftsteller, der das Christentum verteidigte) ⟨*grch*⟩ · **Apo|lo|ge|tik,** die, – (Verteidigung [bes. der christl. Glaubenslehren]) · **apo|lo|ge|tisch** (verteidigend) · **Apo|lo|gie,** die, –, ..ien (Verteidigung; Verteidigungsschrift)

Apo|plek|ti|ker, der, –s, – (*Med*; zu Schlaganfällen Neigender) ⟨*grch*⟩ · **apo|plek|tisch** (*Med*) · **Apo|ple|xie,** die, –, ..ien (*Med*; Schlaganfall)

Apo|stel, der, –s, – ([erster] Verkünder einer Lehre; Jünger Jesu) ⟨*grch* → *lat*⟩

a po|ste|rio|ri (nachher; aus der Erfahrung stammend) ⟨*lat*, ‚vom Späteren'⟩ · **Apo|ste|rio|ri,** das, –, – (Erfahrungssatz) · **apo|ste|rio|risch** (erfahrungsgemäß)

Apo|stilb, das, –s, – (*Lichttechn*; veraltende Einheit der Leuchtdichte); *Einheitenzeichen* asb ⟨*grch*⟩

Apo|sto|lat, das, –[e]s, –e (*Rel*; Apostelamt, geistl. Auftrag) ⟨*grch* → *lat*⟩ · **Apo|sto|li|kum,** das, –s (*Rel*; das Apostolische Glaubensbekenntnis) · **apo|sto|lisch** (*Rel*; von den Aposteln herrührend, auf sie bezüglich); *K 258*: das Apostolische Glaubensbekenntnis, der Apostolische Stuhl (der Päpstliche Stuhl)

Apo|stroph, der, –s, –e (Auslassungszeichen, Häkchen); *Zeichen* ' ⟨*grch* → *lat*⟩; *vgl. auch K 56–67* · **apo|stro|phie|ren** (einen Apostroph setzen); jmdn. als etw. – (jmdn. als etw. charakterisieren)

Apo|the|ke, die, –, –n ⟨*grch* → *lat*⟩ · **Apo|the|ker,** der, –s, – · **Apo|the|ke|rin,** die, –, ..innen

Apo|theo|se, die, –, –n (Vergöttlichung; Verherrlichung – *Theat*; verherrlichendes Schlußbild) ⟨*grch* → *lat*⟩

Ap|pa|la|chen [..x..] *Pl* (Mittelgebirgssystem im O der USA)

Ap|pa|rat, der, –[e]s, –e (Gerät; Vorrichtung; Zubehör) ⟨*lat*⟩ · **Ap|pa|ra|tur,** die, –, –en (Gesamtheit der Apparate)

Ap|par|te|ment [apartə'mã: *od* apartə'maŋ, *schweiz* apartə'mã:, *auch* ..'mɛnt, *österr* apart'mã:], das, –s, *Pl* –s, *schweiz auch* ..mente (komfortable Wohnung, Zimmerflucht) ⟨*lat* → *frz*⟩ · **Ap|par|te|ment|haus** (Haus mit kleinen, modern ausgestatteten Wohnungen [für Berufstätige])

ap|pas|sio|na|to *od* **pas|sio|na|to** (*Mus*; leidenschaftlich) ⟨*lat* → *ital*⟩

Ap|pell, der, –s, –e (Aufruf, Mahnruf; Ruf zum Sammeln, Antreten) ⟨*lat* → *frz*⟩ · **Ap|pel|la|tion** (*Rechtsw veraltet*; Berufung) · **Ap|pel|la|ti|vum** [..v..], das, –s, ..va (*Sprachw*; Gattungsname, -bezeichnung) · **ap|pel|lie|ren;** an jmdn. – (jmdn. anrufen, sich mahnend an jmdn. wenden)

Ap|pen|dix: 1. der, *Gen* –es, *Pl* –e *od Gen* –, *Pl* ..dizes [..tse:s] (Anhängsel) – 2. die, *Gen* –, *Pl* –e *od* ..dizes, *auch* der, *Gen* –es, *Pl* –e *od Gen* –, *Pl* ..dizes (*Med*; Wurmfortsatz des Blinddarms) ⟨*lat*⟩ · **Ap|pen|di|zi|tis,** die, –, ..itiden (*Med*; Entzündung der Appendix [2], sog. Blinddarmentzündung) ⟨*lat* + *grch*⟩

Ap|pen|zell [..'tsɛl *od* 'apən..] (Ort u. Kanton in der Schweiz); – Außerrhoden, – Innerrhoden (Halbkantone) · **Ap|pen|zel|ler:** 1. *K 231*: der, –s, –; 2. *als Attribut K 232* · **ap|pen|zel|lisch**

Ap|per|zep|tion (*Psych*; aufmerksames Erfassen eines Sinneseindrukkes) ⟨*lat*⟩ · **ap|per|zi|pie|ren** (*Psych*; bewußt wahrnehmen)

Ap|pe|tit, der, –[e]s, –e (Eßlust) ⟨*lat* → *frz*⟩; den Appetit anregend, *aber K 165*: ein appetitanregendes Mittel · **ap|pe|tit|lich** (den Appetit anregend; sauber, nett) · **Ap|pe|tit|lo|sig|keit,** die, – · **Ap|pe|tit|züg|ler** (Medikament zur Unterstützung der Gewichtsabnahme)

ap|plau|die|ren (Beifall klatschen) ⟨*lat*⟩; jmdm. – · **Ap|plaus,** der, –es, –e (Beifall)

Appletonschicht ↑ F-Schicht

Ap|pli|ka|tion (Anwendung; Anbringung, Befestigung; Aufnäharbeit – *Med*; Verabreichung [von Arzneimitteln]) ⟨*lat*⟩ · **ap|pli|zie|ren**

ap|port! (such!, bring her! [Befehl an den Hund]) ⟨*lat* → *frz*⟩ · **Ap|port,** der, _s, _e (das Herbeibringen [des erlegten Wildes] durch den Hund) · **ap|por|tie|ren** · **Ap|portl,** das, _s, _[n] (*österr umg*; geworfener u. vom Hund zurückgebrachter Gegenstand)

Ap|po|si|tion (*Gramm*; Beisatz, substantivisches Attribut im gleichen Fall) ⟨*lat*⟩ · **ap|po|si|tio|nell** (*Gramm*) ⟨*lat* → *frz*⟩

Ap|pre|teur [..'tø:r], der, _s, _e (Fachmann, der Textilien appretiert) ⟨*lat* → *frz*, ‚Zurichter'⟩ · **ap|pre|tie|ren** (Textilien durch Bearbeitung Glanz u. Festigkeit verleihen) · **Ap|pre|tur,** die, _, _en

Ap|pro|ba|tion (staatl. Zulassung für Ärzte u. Apotheker) ⟨*lat*⟩ · **ap|pro|biert;** _er Arzt (staatlich geprüfter u. zugelassener Arzt)

Ap|pro|xi|ma|tion (*fachspr*; Annäherung) ⟨*lat*⟩ · **ap|pro|xi|ma|tiv** (*fachspr*; annähernd, ungefähr)

Après-Ski [a'prɛ: ʃi: *od* aprɛ'ʃi:], das, _ (bequeme Kleidung nach dem Skifahren) ⟨*frz* + *norw*⟩ · **Après-Ski-Klei|dung** [aprɛ'ʃi:..]

Apri|ko|se, die, _, _n ⟨*lat* → *grch* → *arab* → *frz* → *ndrl*⟩ · **Apri|ko|sen|blü|te**

April, der, _[s] *K 328*, *Pl* (*selten*) _e (vierter Monat im Jahr); *Abk* Apr. ⟨*lat*⟩ · **April‿scherz, ...wet|ter**

a pri|ma vi|sta [_ _ v..] (*Mus*) ⟨*ital*, ‚auf den ersten Blick'⟩; _ _ _ (vom Blatt) spielen, singen

a prio|ri (von vornherein – *idealist Philos*; ohne erfahrungsmäßige Grundlage gegeben) ⟨*lat*⟩ · **Aprio|ri,** das, _, _ (*idealist Philos*) · **aprio|risch** (*idealist Philos*; allein aus dem Denken stammend) · **Aprio|ris|mus,** der, _ (*idealist Philos*; Richtung, die eine von der Erfahrung unabhängige Erkenntnis annimmt)

apro|pos [..'po:] (nebenbei [bemerkt]; übrigens) ⟨*frz*⟩

Ap|si|de: 1. ↑Apsis (1) – 2. die, _, _n (*Astron*; Punkt der kleinsten bzw. größten Entfernung eines Planeten vom Zentralgestirn) ⟨*grch*⟩ · **Ap|sis,** die, _, ..iden: 1. *od* **Ap|si|de,** die, _, _n *bzw* **Kon|cha** [..ç..] ⟨*grch* → *lat*⟩, die, _, ..chen *od* [1]**Kon|che,** die, _, _n (*Arch*; Altarnische) – 2. (*Camping*; Gepäckgiebel [eines Zeltes])

Apu|lien [..ĭən] (Landsch. in Unteritalien)

Aqua de|stil|la|ta *K 47* (*fachspr*; destilliertes, reines Wasser) ⟨*lat*⟩ · **Aquä|dukt,** der, _[e]s, _e (altröm. Wasserleitung[sbrücke]) · **Aqua|ma|rin,** der, _s, _e (*Mineral*; ein meergrüner Beryll) · **Aqua|naut,** der, _en, _en (Tiefseeforscher) ⟨*lat* + *grch*⟩ · **Aqua|pla|ning,** das, _[s] (Wasserglätte; haftmindernde Wasserkeilbildung unter Kfz-Reifen bei rascher Fahrt auf nasser Fahrbahn) ⟨*lat* + *engl*⟩ · **Aqua|rell,** das, _s, _e (mit Wasserfarben gemaltes Bild) ⟨*lat* → *ital*⟩ · **Aqua|rell|far|be** · **aqua|rel|lie|ren** (mit Wasserfarben malen) · **Aqua|ria|ner,** der, _s, _ (Aquarienliebhaber) ⟨*lat*⟩ · **Aqua|rien|glas** [..iən..], *Pl* ..gläser · **Aqua|ri|stik,** die, _ (angewandte Aquarienkunde) · **Aqua|rium,** das, _s, ...ien [..iən] (Glasbehälter zur Haltung od. zur Zucht von Wassertieren) · **Aqua|tin|ta,** die, _ (eine Kupferstichart) ⟨*lat* → *ital*⟩ · **aqua|tisch** (*Zool*; im Wasser lebend) ⟨*lat*⟩

Äqua|tor, der, _s (größter Breitenkreis der Erde) ⟨*lat*⟩ · **äqua|to|rial** (in der Gegend des Äquators befindlich) · **Äqua|to|rial-Gui|nea**[1] [..gi..], *amtl* **Re|pu|blik Äqua|to|rial-Gui|nea**[1] (in Afrika) · **Äqua|to|rial|gui|ne|er,** der, _s, _ · **äqua|to|rial|gui|ne|isch** *K 238* · **Äqua|tor|tau|fe**

Aqua|vit [..'vi:t], der, _[e]s (ein Branntwein) ⟨*lat*, ‚Lebenswasser'⟩

Äqui|li|brist ⟨*lat*⟩, *auch* **Equi|li|brist** ⟨*lat* → *frz*⟩ (Gleichgewichtskünstler; Seiltänzer) · **Äqui|li|bri|stik** ⟨*lat*⟩, *auch* **Equi|li|bri|stik** ⟨*lat* → *frz*⟩, die, _ (Gleichgewichtskunst) · **äqui|li|bri|stisch** ⟨*lat*⟩, *auch* **equi|li|bri|stisch** ⟨*lat* → *frz*⟩ (nach Art eines Äquilibristen) · **äqui|nok|tial** (*fachspr*; auf die Tagundnachtgleiche bezüglich) ⟨*lat*⟩ · **Äqui|nok|tial|stun|de** (*fachspr*) · **Äqui|nok|tium,** das, _s, ..ien [..ĭən], *meist Pl* (*fachspr*; Tagundnachtgleiche) · **äqui|va|lent** [..v..] (gleichwertig) · **Äqui|va|lent,** das, _[e]s, _e (Gegenwert; Ersatz, Entschädigung; Ausgleich) · **Äqui|va|lenz,** die, _, _en (Gleichwertigkeit)

Ar, das (*österr nur so*) *od* der, _s, *Pl* _e u. *bei Maßangabe* (*K 308*) Ar, *schweiz* **Are,** die, _, *Pl*, *auch bei Maßangabe*, _n (veraltende Einheit der Fläche = 100 m²); *Einheitenzeichen* a ⟨*lat* → *frz*⟩; 3 Ar, *schweiz* 3 Aren

Ära, die, _, *Pl* Ären (Zeitalter; Zeitabschnitt) ⟨*lat*⟩

Ara|ber [*österr* a'ra:..], der, _s, _ (Angehöriger einer Völkergruppe in Vorderasien u. im N Afrikas) ⟨*arab* → *grch* → *lat*⟩ · **Ara|bes|ke,** die, _, _n (*bildende Kunst*; rankenförmige Verzierung) ⟨*arab* → *grch* → *lat* → *ital* → *frz*⟩ · **Ara|bien** [..ĭən] (Halbinsel in Vorderasien) ⟨*arab* → *grch* → *lat*⟩ · **ara|bisch;** *vgl. K 266 f.*; *K 238*: die arabischen Ziffern, *aber K 258*: die Arabische Liga, die Arabische Republik Ägypten (↑Ägypten [3]) · **Ara|bisch,** das, *Gen* _[s], *Dat* _ (Sprachbezeichnung *K 268 ff.*) · **Ara|bi|sche,** das, *Gen* _n, *Dat* _n (Sprachbezeichnung *K 271*) · **Ara|bist** (Wissenschaftler auf dem Gebiet der Arabistik) ⟨*arab* → *grch* → *lat*⟩ · **Ara|bi|stik,** die, _ (Wissenschaft von der arab. Sprache, Literatur u. Kultur) · **ara|bi|stisch**

Arach|ni|den [..x..] *Pl* (*Zool*; die Spinnentiere); *Sg* Arach|ni|de, die, _ ⟨*grch*⟩

Aragonese ↑Aragonier · **aragonesisch** ↑aragonisch · **Ara|go|nien** [..ĭən] (Landsch. im NO Spaniens) · **Ara|go|nier** [..ĭər], der, _s, _, *auch* **Ara|go|ne|se,** der, _n, _n · **ara|go|nisch,** *auch* **ara|go|ne|sisch** · **Ara|go|nit,** der, _[e]s (*Mineral*; rhombische Modifikation des Kalziumkarbonats)

Aral|see, der, _s (in Mittelasien)

Ara|mäa (*A. T.*; Name von Syrien) ⟨*aram*, ‚Hochland'⟩ · **Ara|mä|er,** der, _s, _ (*Altertum*; Angehöriger eines semit. Volkes in Nordsyrien) · **ara|mä|isch;** *vgl. K 266 f.* · **Ara|mä|isch,** das, *Gen* _[s], *Dat* _ (Sprachbezeichnung *K 268 ff.*) · **Ara|mäi|sche,** das, *Gen* _n, *Dat* _n (Sprachbezeichnung *K 271*)

Aran|ju|ez [aran'xŭɛs] (Stadt in Mittelspanien)

Aräo|me|ter, das (Senkwaage, Senkspindel zum Bestimmen der Dichte von Flüssigkeiten) ⟨*grch*⟩

Ärar, das (*österr* der), _s, _e (*noch österr*; Staatsschatz, -vermögen) ⟨*lat*⟩

Ara|rat, der, _[s] (Berg im O der Türkei)

ära|risch (*noch österr*; staatlich) ⟨*lat*⟩

Ara|te, der, _n, _n (Viehzüchter in der MVR)

Arau|ka|ner, der, _s, _ (Angehöriger einer indian. Sprach- u. Stammesgruppe in Chile u. Westargentinien) · **Arau|ka|rie** [..iə], die, _, _n (Zimmertanne)

Ar|beit, die, _, _en · **ar|bei|ten** · **Ar|bei|ter** · **Ar|bei|ter|be|we|gung,** die, _ · **Ar|bei|ter|fest|spie|le** *Pl* · **Ar|bei|te|rin,** die, _, ..innen · **Ar|bei|ter|klas|se,** die, _ ·

---

[1] Nach *K 239* müßte zusammengeschrieben werden.

Ar|bei|ter⌣kon|fe|renz, ...lied, ...par|tei, ...rück|fahr|kar|te · **Ar|bei|ter-und-Bau|ern-Fa|kul|tät** *K 189* (*Abk* ABF), *aber K 178*: Arbeiter- und Bauernstudenten · **Ar|bei|ter-und-Bau|ern-In|spek|tion** *K 189*; *Abk* ABI · **Ar|bei|ter-und-Bau|ern-Staat** *K 189* · **Ar|bei|ter⌣ver|sor|gung, ...ve|te|ran** · **Ar|bei|ter|woh|nungs|bau|ge|nos|sen|schaft;** *Abk* AWG · **ar|beit|sam** · **Ar|beits|be|din|gung,** *meist Pl* · **Ar|beits|dis|zi|plin,** die, _ · **Ar|beits|ein|heit** (*Landw*); *Abk* AE · **ar|beits|fä|hig** · **Ar|beits|fä|hig|keit,** die, _ · **Ar|beits⌣gang, ...ge|mein|schaft** (*Abk* AG), **...ge|richt** · **Ar|beits|ge|setz|buch;** *Abk* AGB · **Ar|beits⌣hy|gie|ne** [..ˌgie:..], **...in|ten|si|tät, ...kol|le|ge, ...kol|lek|tiv, ...kraft** · **Ar|beits|lohn** · **ar|beits|los;** *vgl.* ...los · **Ar|beits|lo|se,** der *u.* die, _n, _n *K 341* · **Ar|beits|lo|sig|keit,** die, _ · **Ar|beits|me|di|zin,** die, _ · **Ar|beits|mo|ral;** *K 119*: die sozialistische _ · **Ar|beits⌣norm, ...nor|mung, ...ord|nung, ...or|ga|ni|sa|tion** (die, _), **...plan, ...platz, ...pro|duk|ti|vi|tät** [..v..], **...psy|cho|lo|gie, ...raum, ...recht, ...schutz, ...stu|die** [..ĭə] · **ar|beit|su|chend** · **Ar|beit|su|chen|de,** der *u.* die, _n, _n *K 341* · **Ar|beits|und Le|bens|be|din|gun|gen** *K 178, Pl* · **Ar|beits⌣un|fall, ...ver|hält|nis, ...zeit**

Ar|bi|tra|ge [..ˈtra:ʒə, *österr* ..ˈtra:ʒ] (*Rechtsw*; Schiedsspruch, -gericht, Schätzung) ⟨*lat* → *frz*⟩ · **ar|bi|trär** (nach Ermessen, willkürlich)

Ar|bo|re|tum, das, _s, *Pl* ..ta *od* ..ten (*Bot*; Baumgarten, Baumschule) ⟨*lat*⟩

Ar|chai|kum [..ç..], das, _s (*Geol*; älterer Abschnitt des Präkambriums) ⟨*grch* → *lat*⟩ · **ar|cha|isch** ⟨*grch*⟩: 1. (altertümlich – *Kunstgesch*; frühzeitlich) – 2. *auch* **ar|chä|isch** ⟨*grch* → *lat*⟩ (*Geol*; aus dem Archaikum stammend) · **ar|chai|sie|ren** [..ça:i..] (altertümeln – *Kunstgesch*; auf frühzeitl. Formen zurückgreifen) · **Ar|cha|is|mus,** der, _, ..men (*Kunstgesch*; altertüml. Form; Nachahmung, Verwendung nicht mehr gebräuchl. Formen – *Sprachw*; altertüml. Redewendung bzw. Sprachform) · **ar|chai|stisch** (*Kunstgesch, Sprachw*) ⟨*grch*⟩

Ar|chan|gelsk [..ˈçaŋəlsk *od* ..ˈxangɛlsk] (Hafenstadt im NW der RSFSR) ⟨*grch* → *russ*⟩

Ar|chäo|lo|ge [..ç..], der, _n, _n (Wissenschaftler auf dem Gebiet der Archäologie) ⟨*grch*⟩ · **Ar|chäo|lo|gie,** die, _ (Altertumskunde; Erforschung des Altertums) · **ar|chäo|lo|gisch** · **Ar|chäo|pte|ryx,** der, _, *Pl* _e *od* ..pteryges [..ge:s] *od* die, _, *Pl* _e *od* ..pteryges [..ge:s] (*Paläont*; Urvogel)

Ar|che [..ç..], die, _, _n (Kastenschiff [Noahs]) ⟨*lat*, ‚Kasten'⟩

Ar|che|typ [..ç..] ⟨*grch*⟩, der, _s, _en *od* **Ar|che|ty|pus** ⟨*grch* → *lat*⟩, der, _, ..pen (Urbild, Urform; älteste erreichbare Vorlage einer Schrift; Vorbild, Muster) · **ar|che|ty|pisch** (urbildlich; vorbildlich, mustergültig) ⟨*grch*⟩

Ar|chi|man|drit [..ç..], der, _en, _en (*orth Kirche*; Erzabt, Klostervorsteher) ⟨*grch*⟩

ar|chi|me|disch [..ç..] *K 218* ⟨*nach* dem altgriech. Mathematiker Archimedes⟩; die _e Schraube · **Ar|chi|me|disch** *K 217*; _es Prinzip

Ar|chi|pel [..ç..], der, _s, _e (Inselmeer, Inselgruppe) ⟨*grch*⟩ · **Ar|chi|tekt,** der, _en, _en (künstlerisch u. technisch ausgebildeter Baufachmann, Baumeister) ⟨*grch* → *lat*⟩ · **Ar|chi|tek|to|nik,** die, _ (Wissenschaft von der Baukunst; Grundgedanke u. Aufbau eines Bau- od. Kunstwerkes) · **ar|chi|tek|to|nisch** (baulich, baukünstlerisch; die Architektonik od. Architektur betreffend) · **Ar|chi|tek|tur,** die, _, _en (Baukunst; Baustil, Bauart) · **Ar|chi|trav,** der, *Gen* _s, *Pl* _e [..v..] *od Gen* _en, *Pl* _en ⟨*grch* + *lat*⟩, *auch* **Epi|styl** ⟨*grch*⟩, das, _s, _e (*Arch*; Tragbalken)

Ar|chiv [..ç..], das, _s, _e [..v..] (Urkundensammlung; Aufbewahrungsraum für Schriftstücke, Urkunden, Akten) ⟨*grch* → *lat*⟩ · **Ar|chi|va|lien** [..ˈva:lĭən] *Pl* (Schriftstücke, Bücher, Akten eines Archivs) · **ar|chi|va|lisch** (urkundlich, zum Archivwesen gehörig) · **Ar|chi|var,** der, _s, _e ([wissenschaftlich ausgebildeter] Archivangestellter) · **ar|chi|vie|ren** ([Akten, Schriftstücke] in ein Archiv aufnehmen)

Ar|chi|vol|te [..çiˈvɔl..], die, _, _n (*Arch*; Bogenleiste) ⟨*lat* → *ital*⟩

Ar|den|nen *Pl* (Teil des Rhein. Schiefergebirges in Belgien)

Are ↑ Ar · **Are|al,** das, _s, _e (Fläche; Flächeninhalt) ⟨*lat*⟩

Ären ↑ Ära

Are|na, die, _, ..nen ([sandbestreuter] Kampfplatz; [Vorführungsplatz im] Zirkus – *österr auch für* Sommerbühne) ⟨*lat*⟩

Areo|pag, der, _s, _e (*Altertum*; Staatsgerichtshof in Athen) ⟨*grch*, ‚Areshügel'⟩ · **Ares** (*griech Mythol*; Gott des Krieges)

arg; ärger, ärgste. **I.** *Kleinschreibung K 117*: im argen liegen – **II.** *Großschreibung*: **a)** *K 93*: der Arge; vor dem Ärgsten bewahren; das Ärgste an der Sache ist ...; **b)** *K 95*: nichts Arges denken

Arg, das, _s (*gehoben*); ohne _; kein _ finden; es ist kein _ an ihm

Ar|gen|ti|nien [..ĭən] ⟨*lat* → *span*, ‚Silberland'⟩, *amtl* **Re|pu|blik Ar|gen|ti|nien** (in Südamerika) · **Ar|gen|ti|nier** [..ĭər], der, _s, _ · **ar|gen|ti|nisch**

Ar|gen|tit, der, _[e]s (*Mineral*; Silberglanz) ⟨*lat*⟩ · **Ar|gen|tum,** das, _s (Silber); *Zeichen* Ag

Är|ger, der, _s · **är|ger|lich** · **är|gern** *K 363*; sich (*Akk*) _ · **Är|ger|nis,** das, ..isses, ..isse · **Arg|list,** die, _ (*gehoben*) · **arg|li|stig** (*gehoben*) · **arg|los** *K 349*; *vgl.* ...los · **Arg|lo|sig|keit,** die, _

Ar|gon [*od* ..ˈgo:n], das, _s (chem. Element, Edelgas); *Zeichen* Ar ⟨*grch*⟩

Ar|go|nau|ten *Pl* (*griech Sage*; Helden der Fahrt nach der Kolchis); *Sg* Ar|go|naut, der, _en ⟨*grch*, ‚Argoschiffer'⟩

Ar|go|nen *Pl* (Höhenzug im NO Frankreichs)

Ar|got [..ˈgo:], das *od* der, _s (Jargon bestimmter sozialer Gruppen) ⟨*frz*⟩

Ar|gu|ment, das, _[e]s, _e (Beweis[grund]) ⟨*lat*⟩ · **Ar|gu|men|ta|tion** (Beweisführung) · **ar|gu|men|tie|ren** (beweisen)

Ar|gus (*griech Sage*; vieläugiger Riese) ⟨*grch* → *lat*⟩ · **Ar|gus|au|gen** *Pl* (scharfe, wachsame Augen)

Arg|wohn, der, _[e]s ⟨*zu* Wahn, ‚Vermutung'⟩ · **arg|wöh|nen** (*gehoben*); du argwöhnst; geargwöhnt; zu _ · **arg|wöh|nisch;** _ste

Ariad|ne [..nə *od* ..ne:] (*griech Sage*; Tochter des kret. Königs Minos) · **Ariad|ne|fa|den,** der, _s (rettendes Mittel)

Aria|ner, der, _s, _ (*Rel*; Anhänger des Arianismus) ⟨*nach* dem alexandrin. Presbyter Arius⟩ · **aria|nisch** (*Rel*) · **Aria|nis|mus,** der, _ (eine christl. Glaubenslehre)

arid (*fachspr*; trocken, dürr) ⟨*lat*⟩ · **Ari|di|tät,** die, _ (*fachspr*)

Arie [..ĭə], die, _, _n (kunstvolles Sologesangstück mit Instrumentalbegleitung) ⟨*grch* → *lat* → *ital*⟩

Ariel [..iɛl, *auch* ..ie:l]: 1. (Luftgeist in einem Shakespearischen [ˈʃe:kspi:r..] Märchenspiel) – 2. der, _[s] (ein Uranusmond) ⟨*hebr*⟩

Arier [..ĭər], der, _s, _ (Angehöriger der im 2. Jahrtausend v. u. Z. in Vorderindien u. Iran eingewanderten indoeurop. Völker; in der hitlerfaschist. Rassentheorie mißbrauchter Begriff) ⟨*aind*⟩

arios *od* **ario|so** (*Mus*; liedmäßig [vorgetragen]) ⟨*grch* → *lat* → *ital*⟩ · **Ario|so,** das, _s, *Pl* _s *od* ..si (*Mus*; kleiner liedhafter Gesangs- od. Instrumentalsatz)

arisch (die Arier betreffend) ⟨*aind*⟩

Ari|sto|krat, der, _en, _en (Angehöriger der Aristokratie) ⟨*grch* → *lat* → *frz*⟩ · **Ari|sto|kra|tie,** die, _, ..ien (Adelsherrschaft; Besitz- od. Geburtsadel; die privilegierte Oberschicht einer Klasse od. Gesellschaftsschicht [Feudaladel u. Geldaristokratie]) ⟨*grch* → *lat*⟩ · **ari|sto|kra|tisch;** _ste

ari|sto|pha|nisch *K 218* ⟨*nach* dem altgriech. Lustspieldichter Aristophanes⟩ · **Ari|sto|pha|nisch** *K 217*; die _e Komödie

Ari|sto|te|li|ker, der, _s, _ (Anhänger der Lehre des altgriech. Philosophen Aristoteles) · **ari|sto|te|lisch** *K 218* · **Ari|sto|te|lisch** *K 217*

Arith|me|tik [*auch* ..'tik], die, _ (*Math*; Lehre von den verschiedenen Arten der Zahlen u. von den Gesetzen des Rechnens mit ihnen) ⟨*grch* → *lat*, ‚Rechenkunst'⟩ · **Arith|me|ti|ker,** der, _s, _ (*Math*) · **arith|me|tisch** (*Math*; die Arithmetik betreffend); das _e Mittel (der Durchschnittswert)

Ari|zo|na (Staat der USA)

Ar|ka|de, die, _, _n (*Arch*; von Säulen od. Pfeilern getragener Bogen) – **Ar|ka|den** *Pl* (Bogen-, Laubengang) ⟨*lat* → *ital* → *frz*⟩

Ar|ka|dien [..ĭən] (Landsch. auf dem Peloponnes) · **Ar|ka|dier** [..ĭər], der, _s, _ · **ar|ka|disch** (*auch übertr*; friedlich, ländlich, hirtenmäßig schlicht)

Ar|kan|sas (Staat der USA) · **Ar|kan|sit,** der _[e]s (*Mineral*)

Ar|ke|bu|se, die, _, _n (*hist*; »Hakenbüchse« des 15. u. 16. Jh.) ⟨*ndrl* → *frz*⟩ · **Ar|ke|bu|sier,** der, _s, _e (*hist*; Soldat mit Arkebuse)

Arkona, Kap ↑ Kap Arkona

Ar|ko|se, die, _ (*Geol*; Feldspatsandstein) ⟨*frz*⟩

Ark|tik, der, _s *od* die, _ (*kurz für* der Arktische Ozean) · **Ark|ti|ker,** der, _s, _ (Angehöriger eines der die Arktis bewohnenden Völker) ⟨*grch*⟩ · **Ark|tis,** die, _ (Gebiet um den Nordpol [Meer u. Festland]) · **ark|tisch;** *K 258*: der Arktische Ozean (*kurz* Arktik) · **Ark|tu|rus,** der, _ (ein Stern) ⟨*grch* → *lat*, ‚Bärenhüter'⟩

Ar|kus, der, ..usses, ..usse (*Math*; Bogenmaß eines Winkels); *Zeichen* arc ⟨*lat*⟩

Arl|berg, der, _[e]s (Alpenpaß in Österreich) · **Arl|berg|bahn** *K 246*, die, _

arm; ärmer, ärmste; *K 119*: arme Ritter (eine Speise), *aber K 258*: der Arme Heinrich (Dichtung Hartmanns von Aue)

Arm, der, _[e]s, _e; *vgl. auch* Armvoll. *Zus K 365ff.*: Arm‿binde usw.

Ar|ma|da, die, _, *Pl* ..den *od* _s (starke Kriegsflotte) ⟨*lat* → *span*, ‚die Bewaffnete'⟩ · **Ar|ma|tur,** die, _, _en (Bedienungs- u. Überwachungszubehör an Maschinen, techn. Anlagen usw.) ⟨*lat*⟩ · **Ar|ma|tu|ren|brett** (Schaltbrett)

Arm|ber|ge, die, _, _n (*hist*; Armschiene [Teil der Ritterrüstung])

Arm|brust, die, _, *Pl* _e *od* ..brüste (*hist*) ⟨*lat* + *grch*⟩ · **Arm|bru|ster,** der, _s, _ (*hist*; Armbrustmacher, -schütze)

Ärm|chen · **arm|dick,** *aber K 127*: einen Arm dick

Ar|me, der *u.* die, _n, _n *K 341*

Ar|mee, die, _, ..een (Gesamtheit bzw. operativer Verband der Streitkräfte eines Staates) ⟨*lat* → *frz*⟩. *Zus K 365ff.*: Armee‿general usw. · **Ar|mee-Ein|heit** *K 184* · **Ar|mee|sport|klub;** *Abk* ASK

Är|mel, der, _s, _

Ärmelkanal ↑ Kanal

Ar|me|nien [..ĭən], *ohne Art*: 1. (Hochland in Vorderasien) – 2. *amtl* **Ar|me|ni|sche So|zia|li|sti|sche So|wjet|re|pu|blik** *K 258*, die, *Gen* _n _n _ (im SW der UdSSR) · **Ar|me|nier** [..ĭər], der, _s, _ · **ar|me|nisch;** *vgl. K 266f.* · **Ar|me|nisch,** das, *Gen* _[s], *Dat* _ (Sprachbezeichnung *K 268ff.*) · **Ar|me|ni|sche,** das, *Gen* _n, *Dat* _n (Sprachbezeichnung *K 271*)

Arm|fü|ßer *Pl* (*Zool*; muschelähnl. Meerestiere); *Sg* Arm|fü|ßer, der, _s

ar|mie|ren (ausrüsten) ⟨*lat*⟩ · **Ar|mie|rung**

Ar|min [*auch* ..'mi:n] (m. Vn.) ⟨*nach* dem Cheruskerfürsten Arminius⟩

arm|lang, *aber K 127*: einen Arm lang · **Arm|leuch|ter** (*auch Schimpfw*)

ärm|lich · **Ärm|lich|keit,** die, _

Ärm|ling (Ärmel zum Überstreifen, Ärmelschoner)

Ar|mo|ri|ka (kelt. Name der Bretagne) ⟨*kelt* → *lat*⟩ · **ar|mo|ri|ka|nisch;** *K 258*: das Armorikanische Gebirge (*Geol*)

arm|se|lig · **Arm|se|lig|keit,** die, _

Ar|mut, die, _ · **Ar|muts|zeug|nis;** sich (*Dat*) ein _ ausstellen

Arm|voll, der, _, _ (ein Maß); ein, zwei, ein paar Armvoll Reisig, *aber*: er hat den einen, den ganzen Arm voll[er] Reisig

Ar|ni|ka, die, _ (Bergwohlverleih, eine Arzneipflanze) ⟨*lat*⟩. *Zus K 365ff.*: Arnika‿tinktur usw.

Ar|no (m. Vn.) ⟨*Kurzf der mit* Arn... (‚Adler') *gebildeten männl Vornamen*⟩

Arn|stadt (Stadt im Bez. Erfurt)

Aro|ma, das, _s, *Pl* ..men *od* _s ([angenehm] würziger Geruch od. Geschmack; künstlich hergestellter Geschmacksstoff) ⟨*grch*⟩ · **Aro|ma|ten** *Pl* (*Chem*; aus Erdöl gewonnene ungesättigte Kohlenwasserstoffe); *Sg* Aro|mat, der, _en · **aro|ma|tisch** (wohlriechend; würzig)

Aron|stab (eine Giftpflanze) ⟨*ägypt* → *grch* → *lat*⟩

Aro|sa (Kurort in der Schweiz) · **Aro|ser:** 1. *K 231*: der, _s, _; 2. *als Attribut K 232*

Ar|pa|de, der, _n, _n (Angehöriger des ungar. Fürstengeschlechts der Arpaden) ⟨*nach* Árpád ['a:rpa:d], dem ersten Großfürsten der Ungarn⟩

Ar|peg|gia|tur [..pɛdʒa..], die, _, _en (*Mus*; Reihe gebrochener Akkorde) ⟨*germ* → *ital*⟩ · **ar|peg|gie|ren** [..pɛ'dʒi:..] (*Mus*; harfenartig in gebrochenen Akkorden spielen) · **ar|peg|gio** [..'pɛdʒo] (*Mus*; nach Harfenart gebrochen) · **Ar|peg|gio,** das, _s, *Pl* (*selten*) ..ggien [..dʒĭən] (*Mus*)

Ar|rak, der, _s, *Pl* _e *od* _s (Branntwein aus Reis, Zuckerrohr od. Palmwein) ⟨*arab* → *frz*⟩

Ar|ran|ge|ment [araŋʒə'maŋ *od* arãʒə'mã:], das, _s, _s (Anordnung; Vergleich, Übereinkunft; Einrichtung eines Musikstücks für andere Instrumente) ⟨*germ* → *frz*⟩ · **Ar|ran|geur** [araŋ'ʒø:r *od* arã'ʒø:r], der, _s, _e · **ar|ran|gie|ren** [araŋ'ʒi:.. *od* arã'ʒi:..] (anordnen; ein Musikstück für andere Instrumente einrichten)

Ar|rest, der, _es, _e (Beschlagnahme; Schnellverfahren zur Sicherung einer künftigen Zwangsvollstreckung; Haft) ⟨*lat*⟩ · **Ar|re|stant** (Häftling; Gefangener) · **Ar|re|sta|tion** (Festnahme) · **ar|re|tie|ren** (verhaften – *Techn*; feststellen, -halten) ⟨*lat* → *frz*⟩ · **Ar|re|tie|rung** (*Techn*) · **Ar|re|tier|vor|rich|tung** (*Techn*)

Ar|rhyth|mie, die, _, ..ien (Mangel an Rhythmus; Mangel an Ebenmaß – *Med*; Unregelmäßigkeit der Herztätigkeit) ⟨*grch*⟩ · **ar|rhyth|misch** [*od* a'ryt..] (ohne Rhythmus)

ar|ri|vie|ren [..v..] (Erfolg haben, vorwärtskommen) ⟨*frz*⟩ · **Ar|ri|vier|te,** der *u.* die, _n, _n *K 341* (jmd., der sich durchgesetzt hat, der anerkannt ist – *abwert*; Emporkömmling)

ar|ro|gant (anmaßend; dünkelhaft) ⟨*lat* → *frz*⟩ · **Ar|ro|ganz,** die, –
ar|ron|die|ren (*fachspr*; [Grundbesitz] abrunden, [Grundbesitz] zusammenlegen) ⟨*lat* → *frz*⟩ · **Ar|ron|dis|se|ment** [arɔ̃dis(ə)'mã:], das, –s, –s (kleinerer Verwaltungsbezirk in Frankreich)
Arsch, der, –es, *Pl* Ärsche (*derb*; Gesäß)
Ar|schin, der, –s, *Pl* –en u. *bei Maßangabe* (*K 308*) Arschin (altes russ. Längenmaß) ⟨*Turkspr* → *russ*⟩; 5 Arschin
Arsch|krie|cher (*derb*; unterwürfiger Schmeichler)
¹Ar|sen, das, –s (chem. Element, Halbmetall); *Zeichen* As ⟨*grch*⟩
²Arsen ↑ Arsis
Ar|se|nal, das, –s, –e (Lager für Waffen u. Kriegsmaterial) ⟨*arab* → *ital*⟩
ar|se|nig (arsenikhaltig) ⟨*grch*⟩ · **Ar|se|nik,** das, –s (giftige Arsenverbindung) · **ar|se|nik|hal|tig**
Ar|sis, die, –, *Pl* Arsen (*Metrik*; Hebung) ⟨*grch*⟩
Art, die, –, –en; aus der – schlagen; von der –; *K 175*: ein Mann [von] der Art, *aber K 176*: er hat mich derart beleidigt, daß ...; *K 175*: Bücher aller Art, *aber K 176*: allerart Bücher
Ar|te|fakt, das, –[e]s, –e (*Archäol*; urgeschichtl. Werkzeug – *Med*; künstlich hervorgerufener Körperschaden) ⟨*lat*, ‚Kunsterzeugnis'⟩
Ar|tek, der, –[s] (auf der südl. Krim gelegenes größtes sowjet. Pionierlager)
Ar|tel, das, –s, –s (Hauptform der kollektivwirtschaftl. Produktion in der sowjet. Landwirtschaft; Genossenschaft einfacher Warenproduzenten [z. B. von Handwerkern, Fischern] in der UdSSR) ⟨*russ*⟩
Ar|te|mis (*griech Mythol*; Göttin der Jagd)
ar|ten; nach jmdm. –
Ar|te|rie [..iə], die, –, –n (Schlagader) ⟨*grch*⟩ · **ar|te|ri|ell** ⟨*grch* → *lat*⟩ · **Ar|te|rien|ver|kal|kung** [..iən..] · **Ar|te|rio|skle|ro|se** (*Med*; Arterienverkalkung) ⟨*grch*⟩
ar|te|sisch; *K 238*: –er Brunnen (Bohrbrunnen, dessen Wasser infolge eigenen Überdrucks steigt) ⟨*nach* der französ. Landschaft Artois [ar'tŏa]⟩
Ar|thral|gie, die, –, ..ien (*Med*; Gelenkschmerz) ⟨*grch*⟩ · **Ar|thri|ti|ker,** der, –s, – (*Med*; an Gelenkentzündung Leidender) · **Ar|thri|tis,** die, – (*Med*; Gelenkentzündung) · **Ar|thro|po|den** *Pl* (*Zool*; die Gliederfüßer); *Sg* Ar|thro|po|de, der, –n
Ar|thur (m. Vn.) ⟨*kelt* → *engl*⟩; *Nebenf* ↑ Artur
ar|ti|fi|ziell (künstlich; gekünstelt) ⟨*lat* → *frz*⟩
ar|tig (gesittet; folgsam) · **Ar|tig|keit**
Ar|ti|kel, der, –s, – (Abschnitt [*Abk* Art.]; Aufsatz; Ware, Handelsgegenstand – *Gramm*; Geschlechtswort) ⟨*lat*, ‚kleines Glied'⟩ · **Ar|ti|ku|la|tion** (*Anat*; Gelenkverbindung – *Phon*; Lautbildung, deutliche Aussprache) · **ar|ti|ku|lie|ren** (*Phon*; deutlich aussprechen)
Ar|til|le|rie [*österr nur so, od* 'ar..], die, –, ..ien (*Milit*; Waffengattung der Landstreitkräfte) ⟨*lat* → *frz*⟩ · **Ar|til|le|rist** [*österr nur so, od* 'ar..] (*Milit*) · **ar|til|le|ri|stisch** (*Milit*)
Ar|ti|schocke [*Tr* ..schok|ke], *österr* **Ar|ti|scho|ke,** die, –, –n (eine Gemüsepflanze, Korbblütler) ⟨*arab* → *ital*⟩
Ar|tist (in Zirkus u. Varieté auftretender Künstler) ⟨*lat* → *frz*⟩ · **Ar|ti|stik,** die, – (Kunst der Artisten) · **Ar|ti|stin,** die, –, ..innen · **ar|ti|stisch**
Ar|to|thek, die, –, –en (Sammlung u. Verleih von Gemäldereproduktionen u. ä.) ⟨*lat* + *grch*⟩
Ar|tung, die, – (*selten*; Veranlagung, Gepräge)
Ar|tur (m. Vn.) ⟨*Nebenf von* Arthur⟩
Ar|tus (*kelt Sage*; altbrit. König) · **Ar|tus|hof,** der, –[e]s (*kelt Sage*)
art|ver|wandt
Ar|ve [..v..], die, –, –n (Zirbelkiefer)
Arz|nei (Heilmittel) ⟨*grch* → *lat*⟩. *Zus K 365 ff.*: Arznei‿buch usw. · **Arz|nei|kun|de,** die, – · **arz|nei|lich** · **Arz|nei|mit|tel|ver|zeich|nis** · **Arzt,** der, –es, *Pl* Ärzte · **Ärz|te|be|ra|tungs|kom|mis|sion;** *Abk* ÄBK · **Arzt|hel|fer** · **Ärz|tin,** die, –, ..innen · **ärzt|lich**
as: 1. das, –, – (*Mus*; Tonbezeichnung) – 2. (Tonartbezeichnung [↑ as-Moll]) · **¹As:** 1. das, –, – (*Mus*; Tonbezeichnung) – 2. (Tonartbezeichnung [↑ As-Dur])
²As: 1. *österr auch* **Aß,** das, *Gen* Asses, *Pl* Asse (die Eins auf Würfeln u. französ. Spielkarten; Spielkarte mit dem höchsten Wert, Daus; Spitzenkönner, erfolgreicher Sportler) ⟨*lat* → *frz*⟩ – 2. der, *auch* das, *Gen* Asses, *Pl* Asse (altröm. Masse- u. Münzeinheit) ⟨*lat*⟩
As|best, der, –es, –e (Sammelbez. für verschiedene fasrige Minerale) ⟨*grch*⟩
Asch, der, –es, *Pl* Äsche (*landsch*; Napf, [tiefe] schrägrandige Schüssel)
Aschan|ti|nuß (*österr*; Erdnuß) ⟨*nach* dem afrikan. Stamm der Aschanti⟩
Aschbecher ↑ Aschenbecher · **aschblond**
Asch|cha|bad [aʃxa..] (Hptst. von Turkmenien)
Asche, die, –, –n
¹Äsche, die, –, –n (ein Süßwasserfisch)
²Äsche ↑ Asch
Asche|ge|halt, der · **aschen|arm** · **Aschen|bahn** · **Aschen|be|cher,** *auch* **Asch|be|cher** · **Aschen|brö|del,** das, –s (eine Märchengestalt) ⟨*zu* brodeln⟩ · **Aschen|gru|be** · **aschen|hal|tig** · **Aschen|put|tel:** 1. das, –s (eine Märchengestalt) – 2. das, –s, – (jmd., der schmutzige Arbeit verrichten muß) · **Ascher,** der, –s, – (*umg*; Aschenbecher) · **Äscher,** der, –s, – (*fachspr*; [Grube, Faß mit] Aschen- u. Kalklauge) · **Ascher|mitt|woch** (Mittwoch nach Fastnacht) · **äschern** *K 363* (*fachspr*; Tierhäute durch Kalkwasser u. a. enthaaren) · **asch|fahl** · **asch|far|ben** *K 364*; *vgl. auch K 272 ff.* · **asch|grau;** *vgl.* blau; *K 117*: bis ins aschgraue (bis zum Überdruß) · **aschig**
Asch|ke|na|sim [..zi:m *od* ..'zi:m] *Pl* (hebr. Bez. für die ost- u. mitteleurop. Juden) ⟨*hebr*⟩
Asch|ku|chen (*landsch*; Napfkuchen) ⟨*zu* Asch⟩
äschy|le|isch *K 218* ⟨*grch* → *lat*, *nach* dem altgriech. Tragödiendichter Aischylos [..s'çy..]⟩ · **Äschy|le|isch** *K 217*
As-Dur *K 186*, das, – (*Mus*; Tonart), *Zeichen* As; in As-Dur *od* in As · **As-Dur-Ton|lei|ter** *K 188* (*Mus*)
Ase ↑ Asen
äsen (*weidm*; fressen) ⟨*zu* Aas⟩
Asen *Pl* (*german Mythol*; Göttergeschlecht); *Sg* Ase, der, –n
Asep|sis, die, – (*Med*; Keimfreiheit) ⟨*grch*⟩ · **asep|tisch** (*Med*)
Äser ↑ Aas
Aser|bai|dshan [..'dʒa(:)n], *ohne Art*, *amtl* **Aser|bai|dsha|ni|sche So|zia|li|sti|sche So|wjet|re|pu|blik** *K 258*, die, *Gen* –n –n – (im SW der UdSSR) · **Aser|bai|dsha|ner,** der, –s, – · **aser|bai|dsha|nisch;** *vgl. K 266 f.* · **Aser|bai|dsha|nisch,** das, *Gen* –[s], *Dat* – (Sprachbezeichnung *K 268 ff.*) · **Aser|bai|dsha|ni|sche,** das, *Gen* –n, *Dat* –n (Sprachbezeichnung *K 271*)
Asiat, der, –en, –en (Angehöriger eines der Völker Asiens) ⟨*semit* → *grch* → *lat*⟩ · **asia|tisch** · **Asien** [..iən] (Erdteil)
As|ka|ri|den *Pl* (*Zool*; die Spulwürmer); *Sg* As|ka|ris, die, – ⟨*grch*⟩
As|ke|se, die, – (streng enthaltsame

Lebensweise, Entsagung; Selbstüberwindung; entsagungsvolle Buße) ⟨*grch*⟩ · **As|ket,** der, _en, _en (jmd., der Askese übt; streng enthaltsamer Mensch) · **as|ke|tisch** (streng enthaltsam, entsagend; büßend)

Asklepios ↑ Äskulap

Askor|bin|säu|re, die, _ (*Chem*; Vitamin C) ⟨*grch + lat*⟩

Äs|ku|lap [..'la:p, *österr* 'ɛs..] ⟨*grch → lat*⟩ *od* **As|kle|pios** [*od* ..'ɔs] ⟨*grch*⟩ (*griech-röm Mythol*; Gott der Heilkunde) · **Äs|ku|lap‿schlange, ...stab**

As|ma|ra (Hptst. von Eritrea)

as-Moll *K 186*, das, _ (*Mus*; Tonart), *Zeichen* as; in as-Moll *od* in as · **as-Moll-Ton|lei|ter** *K 188* (*Mus*)

äso|pisch *K 218* (*auch für* witzig) ⟨*nach* dem altgriech. Fabeldichter Äsop⟩ · **Äso|pisch** *K 217*

Asow|sche Meer [a'zɔfʃə _] *K 258*, das, *Gen* _n _[e]s (Teil des Schwarzen Meeres)

aso|zial [*od* ..'tsi̯a:l] (die Gesellschaft schädigend; nicht gewillt, sich in die Gesellschaft einzufügen) ⟨*grch + lat*⟩

Aspekt [..sp..], der, _[e]s, _e (Ansicht; Gesichtspunkt, Blickrichtung – *Astron*; bestimmte Stellung von Sonne, Mond u. Planeten zur Erde – *Sprachw*; Aktionsart des Verbs, bes. in slaw. Sprachen) ⟨*lat*⟩

As|phalt [as'falt, *auch* 'as..], der, _[e]s, _e (bes. als Straßenbelag verwendetes Destillationsprodukt des Erdöls) ⟨*grch → lat → frz*⟩. *Zus K 365 ff.*: Asphalt‿bahn usw. · **as|phal|tie|ren** (mit Asphaltschicht versehen)

As|pik, der *od* das, *österr nur so*, _s, _e (für die Fisch- u. Fleischzubereitung verwendetes Gallert) ⟨*grch → lat → frz*⟩

Aspi|rant (Anwärter; Nachwuchswissenschaftler, der sich auf den Erwerb eines höheren akadem. Grades vorbereitet) ⟨*lat*⟩ · **Aspi|ran|tin,** die, _, ..innen · **Aspi|ran|tur,** die, _, _en (eine Form der Heranbildung des wissenschaftl. Nachwuchses) · **Aspi|ra|ta,** die, _, ..ten *od* ..tä (*Phon*; behauchter Laut) · **Aspi|ra|teur** [..'tø:r], der, _s, _e (*Techn*; Windsichter, Maschine zum Reinigen von Getreide) ⟨*lat → frz*⟩ · **Aspi|ra|tion** (*Med*; das Ansaugen von Gasen, Flüssigkeiten od. festen Stoffen – *Phon*; Aussprache mit Hauchlaut; Behauchung) ⟨*lat*⟩ · **Aspi|ra|tor,** der, _s, ..oren (*Techn*; mechan. Vorrichtung zum Ansaugen von Gasen u. ä.) · **aspi|ra|to|risch** (*Phon*; mit Hauchlaut gesprochen) · **aspi|rie|ren** (*Med, Techn*; ansaugen – *Phon*; mit Hauchlaut aussprechen); auf etw. _ (*österr*; sich um etw. bewerben, etw. anstreben)

Aspis ↑ Uräusschlange

Aß ↑ [2]As (1)

As|sa|gai, der, _s, _e (Speer südafrikan. Völkerschaften) ⟨*berberisch → arab → portug*⟩

As|sam (Staat im NO Indiens) · **As|sa|me|se,** der, _n, _n · **As|sa|mi,** das, _ (eine neuind. Sprache); auf _ heißt es ... · **As|sam|tee** *K 246*

As|seln *Pl* (eine Ordnung der Krebse); *Sg* As|sel, die, _

As|sem|bler [*od* ə'sɛm..], der, _s, _ (*Datenv*; Programm zur Übersetzung in eine Maschinensprache) ⟨*frz → engl*⟩

As|ser|tion (*Philos*; bestimmte Behauptung) ⟨*lat*⟩ · **as|ser|to|risch** (*Philos*; bestimmt behauptend)

As|ser|vat [..v..], das, _[e]s, _e (*Rechtsw*; [amtlich] aufbewahrte Sache) ⟨*lat*⟩

As|si, der, _s, _s *umg Kurzw* (asozialer Mensch)

As|si|bi|la|tion (*Phon*; Wandel eines Zahn- od. eines Gaumenlautes in einen Zischlaut) ⟨*lat*⟩ · **as|si|bi|lie|ren** (*Phon*)

As|siet|te, die, _, _n (flacher Behälter aus Aluminiumfolie, z. B. für tischfertige Gerichte) ⟨*lat → frz*⟩

As|si|gna|te, die, _, _n, *meist Pl* (Papiergeld der ersten französ. Republik) ⟨*lat → frz*⟩

As|si|mi|la|tion (Angleichung, Anpassung) ⟨*lat*⟩ · **as|si|mi|lie|ren**

As|si|si (Stadt in Mittelitalien)

As|si|stent (Helfer, Mitarbeiter; wissenschaftl. Mitarbeiter an Hochschulen) ⟨*lat*⟩ · **As|si|sten|tin,** die, _, ..innen · **As|si|stenz,** die, _, _en (Beistand, Mitwirkung, Mitarbeit) · **As|si|stenz|arzt** · **as|si|stie|ren** (beistehen, mitwirken, mitarbeiten)

As|so|cia|ted Press [ə'so:ʃie:tid _], die, *Gen* _ _ (USA-Nachrichtenagentur); *Abk* AP ['e:'pi:] ⟨*engl*⟩

As|so|nanz, die, _, _en (*Metrik*; unvollständiger, sich nur auf die Vokale beziehender Reim) ⟨*lat*, ‚Anklang'⟩

as|sor|tie|ren (nach Warenarten ordnen u. vervollständigen) ⟨*lat → frz*⟩

As|so|zia|tion (Vereinigung, Genossenschaft; Vergesellschaftung – *Psych*; [unabsichtl.] Vorstellungsverknüpfung) ⟨*lat*⟩ · **as|so|zia|tiv** (*Psych*; durch Vorstellungsverknüpfung bewirkt) ⟨*lat → frz*⟩ · **as|so|zi|ie|ren** (verbinden, verknüpfen)

As|su|an (Stadt in Oberägypten) ⟨*ägypt → arab*⟩ · **As|su|an|stau|damm** *K 246*, der, _[e]s

As|sy|rer *od* **As|sy|rier** [..iər], der, _s, _ ⟨*akkad*⟩ · **As|sy|rien** [..iən] (*Altertum*; Reich in Mesopotamien) · **As|sy|rio|lo|ge,** der, _n, _n (Wissenschaftler auf dem Gebiet der Assyriologie) · **As|sy|rio|lo|gie,** die, _ (Wissenschaft von Sprache, Geschichte u. Kultur des assyrisch-babylon. Altertums, bes. der Keilschriften) · **as|sy|risch;** *vgl. K 266 f.* · **As|sy|risch,** das, *Gen* _[s], *Dat* _ (Sprachbezeichnung *K 268 ff.*) · **As|sy|ri|sche,** das, *Gen* _n, *Dat* _n (Sprachbezeichnung *K 271*)

Ast, der, _es, *Pl* Äste

Asta (w. Vn.) ⟨*Kurzf von* Anastasia (*grch*, ‚die Auferstandene') *u. von* Augusta (*zu* August [1])⟩

Astar|te [..te: *od* ..tə] (*Mythol*; vorderasiat. Fruchtbarkeits- u. Liebesgöttin) ⟨*semit → grch*⟩

Astat, *früher* **Asta|tin,** das, _s (radioaktives chem. Element, Nichtmetall); *Zeichen* At ⟨*grch + lat*, ‚das Unbeständige'⟩ · **asta|tisch** (*Phys*; in jeder Lage im Gleichgewicht befindlich) ⟨*grch*⟩

Äst|chen · **asten** (*salopp*; sich abmühen)

Aster, die, _, _n ⟨*grch*, ‚Stern'⟩ · **Astern|art** · **Asteroid** ↑ Planetoid

Asthe|nie, die, _, ..ien (*Med*; Körperschwäche, Kraftlosigkeit) ⟨*grch*⟩ · **Asthe|ni|ker,** der, _s, _ (*Med*; schlanker, schmächtiger Menschentyp) · **asthe|nisch** (*Med*)

Äs|thet, der, _en, _en ([überfeinert empfindender] Freund des Schönen) ⟨*grch*⟩ · **Äs|the|tik,** die, _ (Wissenschaft von den allg. Gesetzen u. Prinzipien des künstler. Schaffens u. dem Wesen der Kunst) · **Äs|the|ti|ker,** der, _s, _ (Wissenschaftler auf dem Gebiet der Ästhetik) · **äs|the|tisch** (den Forderungen der Ästhetik entsprechend; in das Gebiet der Kunst gehörig; schön, künstlerisch, geschmackvoll, formvollendet; überfeinert) · **äs|the|ti|sie|ren** ([einseitig] nach den Gesetzen der Ästhetik urteilen, gestalten) · **Äs|the|ti|zis|mus,** der, _ ([einseitig] das Ästhetische betonende formalist. Kunst- und Lebensanschauung) ⟨*grch → lat*⟩

Asth|ma, das, _s (*Med*; Atemnot) ⟨*grch*⟩ · **Asth|ma|ti|ker,** der, _s, _ (*Med*; an Asthma Leidender) · **asth|ma|tisch** (*Med*)

ästig (astreich)

astig|ma|tisch (*Opt*; nicht punktförmig abbildend) ⟨*grch*⟩ · **Astig|ma|tis|mus,** der, _ (*Med*; Stabsichtigkeit – *Opt*; Linsenfehler, der linear

verzerrte Punktdarstellung an den Bildecken bewirkt) ⟨*grch* → *lat*⟩
ästi|mie|ren (*veraltend*; hochachten; schätzen, würdigen) ⟨*lat*⟩
Astra|chan [..xa(:)n]: 1. (Hafenstadt der RSFSR im Wolgadelta) – 2. das, ₋s, ₋s (das zugerichtete u. gefärbte Fell junger Lämmer des Astrachanschafes) · **Astra|chan|kaviar** [..v..] *K 246*
astral (*fachspr*; auf die Sterne bezüglich, Stern...) ⟨*grch* → *lat*⟩
ast|rein (*umg*); die Sache ist nicht ganz ₋ (ist moralisch nicht sauber, nicht in Ordnung)
astro..., Astro... (*in Zus*; sich auf die Sterne beziehend; zu den Sternen gehörend; stern..., Stern... [z. B. astronomisch, Astrobotanik]) ⟨*grch*⟩
Astro|bo|ta|nik (Zweig der Botanik, der die Lebensbedingungen für pflanzl. Organismen auf den Planeten erforscht) ⟨*grch*⟩ · **Astrolo|ge,** der, ₋n, ₋n (jmd., der sich mit Astrologie befaßt) · **Astro|lo|gie,** die, ₋ (unwissenschaftl. Sterndeutung) · **astro|lo|gisch** · **Astronaut** usw. ↑ Kosmonaut usw. · **Astro|nom,** der, ₋en, ₋en (Wissenschaftler auf dem Gebiet der Astronomie) · **Astro|no|mie,** die, ₋ (Stern-, Himmelskunde) · **astro|nomisch;** ₋e Einheit (*Astron*; Einheit der Länge [*Einheitenzeichen* AE] ≈ 150 Gm) · **Astro|phy|sik** (Wissenschaft von der physikal. Beschaffenheit der Himmelskörper)
Ästu|ar, das, ₋s, ₋ien [..iən] (*fachspr*; trichterartig erweiterte Flußmündung) ⟨*lat*⟩
Astu|rien [..iən] (Landsch. in Nordspanien) · **Astu|rier** [..iər], der, ₋s, ₋ · **astu|risch**
Asun|ción [asun'sĭɔn] (Hptst. von Paraguay)
Äsung (*weidm*) ⟨*zu* äsen⟩
Asyl, das, ₋s, ₋e (Freistätte, Zufluchtsort; Obdach, Heim) ⟨*grch*⟩ · **Asy|lant**
Asym|me|trie, die, ₋, ..ien (Mangel an Ebenmaß; Ungleichmäßigkeit) ⟨*grch*⟩ · **asym|me|trisch** [*od* ..'me:..]
Asym|pto|te, die, ₋, ₋n (*Math*; Gerade, der sich eine Kurve immer mehr nähert, ohne sie im Endlichen zu erreichen) ⟨*grch*⟩ · **asympto|tisch** (*Math*)
asyn|chron [..k.. *od* ..'kro:n] (nicht gleichzeitig) ⟨*grch*⟩
asyn|de|tisch [*od* ..'de:..] (*Sprachw*; unverbunden, ohne Konjunktion) ⟨*grch*⟩ · **Asyn|de|ton** [..tɔn], das, ₋s, ..ta (*Sprachw*; nicht durch Konjunktionen verbundene Wort- od. Satzreihe)
Aszen|dent (*Geneal*; Vorfahr; Verwandter in aufsteigender gerader Linie) ⟨*lat*⟩ · **Aszen|denz,** die, ₋ (*Geneal*; Verwandtschaft in aufsteigender gerader Linie)
Ata|ir, der, ₋s (ein Stern) ⟨*arab*⟩
Ata|man, der, ₋s, ₋e (*hist*; Kosakenführer) ⟨*türk* → *russ*⟩
Ata|vis|mus [..v..], der, ₋, ..men (*Biol*; Entwicklungsrückschlag, das Wiederauftreten entwicklungsgeschichtlich überholter Merkmale) ⟨*lat*⟩ · **ata|vi|stisch** (*Biol*)
Ate ['a:tə *od* ..te:] (*griech Mythol*; Göttin der Verblendung) ⟨*grch*⟩
Ate|lier [atə'lĭe:], das, ₋s, ₋s (Künstlerwerkstatt; Raum für fotograf. od. Filmaufnahmen) ⟨*frz*⟩
Atem, der, ₋s; ₋ holen; außer ₋ sein · **atem|be|rau|bend** *K 349* · **Atem|ho|len,** das, ₋s · **atem|los** *K 349*; *vgl.* ...los · **Atem|not**
a tem|po (*umg*; sofort, unverzüglich – *Mus*; im ursprünglich vorgesehenen Zeitmaß) ⟨*ital*⟩; *vgl. auch* Tempo
Äthan[1], das, ₋s (*Chem*; ein Alkan) ⟨*grch*⟩ · **Äthanal** ↑ Azetaldehyd
atha|na|sia|nisch *K 218* (*Rel*; den kath. Kirchenvater Athanasius betreffend) ⟨*grch* → *lat*⟩ · **Atha|na|sia|nisch** *K 217* (*Rel*); das ₋e Glaubensbekenntnis
Ätha|nol[1] ⟨*grch* + *arab*⟩, das, ₋s *od* **Äthyl|al|ko|hol**[1] ⟨*grch* + *arab*⟩, der, ₋s, *allg* **Al|ko|hol** ⟨*arab*⟩ (*Chem*; eine organ. Verbindung, Hauptbestandteil der alkohol. Getränke) · **Äthansäure** ↑ Essigsäure
Athe|is|mus, der, ₋ (Weltanschauung, die die Existenz eines Gottes bestreitet) ⟨*grch* → *lat*⟩ · **Athe|ist** · **athe|i|stisch**
Athen (Hptst. von Griechenland)
Äthen[1] *od* **Äthy|len**[1], das, ₋s (*Chem*; ein gasförmiges Alken) ⟨*grch* + *lat*⟩
Athe|nä|um, das, ₋s, ..äen (Tempel der Athene) ⟨*grch* → *lat*⟩ · **Athe|ne** [..nə *od* ..ne:] *od* **Pal|las Athe|ne** (*griech Mythol*; Göttin der Weisheit) · **Athe|ner:** 1. *K 231*: der, ₋s, ₋; 2. *als Attribut K 232* · **athenisch**
Äther[1]: 1. der, ₋s (Himmel – *Med*; ein Narkosemittel) – 2. der, ₋s, ₋ (*Chem*; eine Gruppe organ. Verbindungen) ⟨*grch*, ‚Himmelsluft'⟩ · **äthe|risch**[1] (ätherartig – *gehoben*; hauchzart – *veraltet*; himmlisch); ₋e Öle (leichtflüchtige pflanzl. Öle) · **äthe|ri|sie|ren**[1] (*fachspr*; Äther anwenden; mit Äther behandeln)
ather|man (*fachspr*; Wärmestrahlen nicht durchlassend) ⟨*grch*⟩; *Ggs* diatherman
Äthin[1] ⟨*grch* + *lat*⟩ *od* **Aze|ty|len** ⟨*lat* + *grch* + *lat*⟩, das, ₋s (*Chem*; ein gasförmiges Alkin)
Äthio|pien [..ĭən], *ohne Art*: 1. (*Altertum*; Name für das Gebiet südl. von Ägypten [1, 2]) – 2. *amtl* **Volks|de|mo|kra|ti|sche Re|pu|blik Äthio|pien** *K 258*, die, *Gen* ₋n ₋ ₋ (im O Afrikas); *Abk* VDRÄ · **Äthiopier** [..ĭər], der, ₋s, ₋ (Staatsbürger von Äthiopien [2]) · **äthio|pisch**
Ath|let, der, ₋en, ₋en (Wettkämpfer, trainierter Sportler; Kraftmensch) ⟨*grch*⟩ · **Ath|le|tik,** die, ₋ (*Sport*) · **Ath|le|ti|ker,** der, ₋s, ₋ (starkknochiger, muskulöser Menschentyp) · **ath|le|tisch**
Äthyl[1], das, ₋s (*Chem*; ein Alkyl) ⟨*grch*⟩ · **Äthylalkohol** ↑ Äthanol · **Äthylen** ↑ Äthen
Ätio|lo|gie, die, ₋ (Lehre von den Ursachen der Krankheiten; Ursache einer Krankheit) ⟨*grch*⟩ · **ätio|logisch** (ursächlich, begründend)
At|lant, der, ₋en, ₋en (*Arch*; Gebälkträger, Stützpfeiler in Form einer herkulischen Männergestalt) ⟨*grch, nach* dem Riesen Atlas⟩ · **Atlan|tik,** der, ₋s (*kurz für* der Atlantische Ozean) · **At|lan|tis,** die, ₋ (der Sage nach im Atlantik versunkenes Inselreich) · **at|lan|tisch** ⟨*zu* Atlantik⟩; *K 238*: die atlantische Küste, *aber K 258*: der Atlantische Ozean (*kurz* Atlantik) · [1]**At|las:** 1. (*griech Sage*; Träger des Himmelsgewölbes) – 2. der, ₋ *od* ..lasses, *Pl* ..lanten (Sammlung von Landkarten, Kartenwerk; Bildtafelwerk) – 3. der, ₋ *od* ..lasses, *Pl* ..lasse (*Anat*; erster Halswirbel der höheren Wirbeltiere) – 4. der, ₋ (Gebirge im NW Afrikas)
[2]**At|las,** der, ₋ *od* ..lasses, *Pl* ..lasse (ein Seidengewebe) ⟨*arab*⟩
at|men
At|mo|sphä|re, die, ₋, ₋n (1. Lufthülle der Erde; Gashülle eines Planeten – *übertr*; Umwelt, Umgebung [mit ihrer besonderen Eigenart]; Stimmung – 2. veraltende Einheit des Drucks: *a.* physikalische ₋ [*Einheitenzeichen* atm] ≈ 101,3 kPa – *b.* technische ₋ [*Einheitenzeichen* at] ≈ 98,1 kPa) ⟨*grch*⟩ · **at|mo|sphä|risch** (Luft...)
At|mung · **at|mungs|ak|tiv** (luftdurchlässig)

---

[1] In der chem. Fachsprache werden *Äthan, Äthen, Äther, Äthin, Polyäthylen* usw. einschl. ihrer Ableitungen meist *Ethan, Ethen, Ether, Ethin, Polyethylen* usw. geschrieben.

[1] *Vgl.* Fußnote zu »Äthan«.

Ät|na, der, _[s] (Vulkan auf Sizilien)
Äto|lien [..ĭən] (*Altertum*; Landsch. in Mittelgriechenland) · **Äto|lier** [..ĭər], der, _s, _ (*Altertum*; Angehöriger eines griech. Stammes) · **äto|lisch**
Atoll, das, _s, _e (ringförmige Koralleninsel) ⟨*mal*⟩
Atom, das, _s, _e (kleinstes Teilchen eines chem. Elements, das noch dessen charakterist. Eigenschaften besitzt) ⟨*grch*, ‚das Unteilbare'⟩. *Zus K 365ff.*: Atom‿energie, ..kern usw. · **ato|mar** (auf die Atome bezüglich; aus einzelnen, nicht miteinander verbundenen Atomen bestehend; die Kernwaffen betreffend) ⟨*grch* → *lat*⟩; _e Masseeinheit (*Atom- u. Kernphys*; Einheit der Masse [*Einheitenzeichen* u] ≈ 1,66 · 10^{-27} kg) · **Atom|bom|be**, *kurz* **A-Bom|be** (*K 186*) · **ato|mi|sie|ren** (in kleinste Teile auflösen; völlig zerstören) ⟨*grch*⟩ · **Ato|mist** (Anhänger der Atomistik) · **Ato|mi|stik**, die, _ (im Altertum begründete materialist. philosoph. Lehre, nach der alle Vorgänge in der Natur auf kleine unzerstörbare Teilchen [Atome] u. ihre Bewegungen zurückgeführt werden) · **ato|mi|stisch** (die Atomistik betreffend) · **Atomkraftwerk** ↑Kernkraftwerk · **Atom|müll** (radioaktive Abfälle) · **Atomphysik** ↑Kernphysik · **Atomreaktor** ↑Kernreaktor
ato|nal [*od* ..'na:l] (*Mus*; nicht auf einen Grundton bezogen) ⟨*grch* → *lat*⟩
Atout [a'tu:], das, _s, _s (*Kartensp*; Trumpf) ⟨*frz*⟩
Atrium, das, _s, ..ien [..iən] (*Arch*; offene Vorhalle [des altröm. Wohnhauses]) ⟨*lat*⟩
Atro|phie, die, _ (*Med*; Schwund von Organen und Zellen) ⟨*grch*⟩ · **atro|phisch** (*Med*)
Atro|pin, das, _s (*Biochem*; giftiges Alkaloid der Tollkirsche) ⟨*grch* + *lat*⟩ · **Atro|pos** (*griech-röm Mythol*; eine der drei Schicksalsgöttinnen) ⟨*grch*, ‚die Unabwendbare'⟩
ätsch! (*umg*)
At|ta|ché [..'ʃe:], der, _s, _s (Diplomat im niedrigsten diplomat. Rang) ⟨*germ* → *frz*, ‚Zugeordneter'⟩
At|tacke [*Tr* ..tak|ke], die, _, _n (Angriff – *Med*; Anfall) ⟨*germ* → *ital* → *frz*⟩ · **at|tackie|ren** [*Tr* ..tak|kie..]
At|ten|tat [*auch* 'a..], das, _[e]s, _e (Anschlag; polit. Mordversuch) ⟨*lat* → *frz*⟩ · **At|ten|tä|ter** [*od* 'a..], der, _s, _ (jmd., der ein Attentat begeht) ⟨*lat* → *frz*, *angelehnt an* Täter⟩
At|test, das, _es, _e ([ärztl.] Bescheinigung; Zeugnis) ⟨*lat*⟩ · **at|te|stie|ren** · **At|te|stie|rung** *od* **At|te|sta|tion** (Titelverleihung als Berufsanerkennung für langjährige Praxis)
At|ti|ka: 1. (Landsch. in Mittelgriechenland) – 2. die, _, ..ken (*Arch*; niedrige Schmuckwand über dem Gesimsabschluß von Bauwerken) ⟨*grch* → *lat*⟩
At|ti|la, die, _, _s (schnürenbesetzte Jacke der ungar. Nationaltracht; Husarenjacke) ⟨*lat* → *ung*⟩
at|tisch (*auch übertr*; witzig, fein) ⟨*zu* Attika (1)⟩; *K 238*: _es Salz (geistreicher Witz)
At|ti|tü|de, die, _, _n (ausdrucksvolle Körperhaltung, Stellung, Gebärde; [innere] Einstellung) ⟨*lat* → *ital* → *frz*⟩
At|ti|zis|mus, der, _, ..men (*fachspr*; attische Spracheigentümlichkeit; Nachahmung des Sprachgebrauchs u. der Ausdrucksformen der klassischen griech. Schriftsteller) · **at|ti|zi|stisch** (*fachspr*)
At|to... (Vorsatz bei Einheiten = der 10^{18}te Teil der genannten Einheit [z. B. Attojoule]); *Vorsatzzeichen* a... (z. B. aJ) ⟨*skand*⟩ · **At|to|joule** [..dʒu:l] (ein 10^{18}tel J); *Einheitenzeichen* aJ
At|trak|tion (Anziehung, Anziehungskraft; Zugstück, Schlager) ⟨*lat*⟩ · **at|trak|tiv** (anziehend, hübsch; wirkungsvoll)
At|trap|pe, die, _, _n ([täuschend ähnliche] Nachbildung, Schaupackung; trügerischer Schein) ⟨*germ* → *frz*⟩
At|tri|but, das, _[e]s, _e (Eigenschaft, [wesentl.] Merkmal; sinnbildl. Zeichen – *Gramm*; Beifügung) ⟨*lat*⟩ · **at|tri|bu|tiv** [*auch* 'a..] (*Gramm*; beifügend) · **At|tri|but|satz** (*Gramm*; Beifügungssatz)
aty|pisch (nicht typisch) ⟨*grch*⟩
Ätz|al|ka|lien [..ĭən] *Pl* (*Chem*; die Hydroxide der Alkalimetalle) · **ätz|bar** · **Ätz|bar|keit**, die, _ · **Ätz|druck**, *Pl* ..drucke (*Polygr*) · **at|zen** (*weidm*, *von Greifvögeln gesagt*; die Jungen füttern) · **ät|zen**; du ätzt *K 354* · **Ätz|ka|li**, das, _s (Kaliumhydroxid) · **At|zung** (*weidm*; das Futter der jungen Greifvögel) · **Ät|zung** (*Polygr*; geätzte Druckplatte; Druckerzeugnis einer Ätzplatte)
au!; au, au!; auweh!; au Backe! (*umg*)
Au ↑Aue
Au|ber|gi|ne [obɛr'ʒi:nə], die, _, _n (gurken- od. eiförmige Frucht einer aus Ostindien stammenden Gemüsepflanze) ⟨*pers* → *arab* → *katalan* → *frz*⟩
auch; auch wenn, wenn auch; *vgl. auch K 390 u. K 450*
Auck|land ['ɔ:klənt *od* ..lənd] (Hafenstadt in Neuseeland) ⟨*nach* einem Generalgouverneur Indiens⟩
Au|dienz, die, _, _en (feierl. offizieller Empfang; Zulassung zur Aussprache; Unterredung) ⟨*lat* → *frz*, ‚Gehör'⟩ · **Au|dion**, das, _s, *Pl* _s, *auch* ..onen (*Elektrotechn*; Schaltungsanordnung in Rundfunkgeräten mit Elektronenröhren) ⟨*lat*⟩ · **au|dio|vi|su|ell** [..v..] *K 245* (das Hören u. das Sehen betreffend) ⟨*lat* → *frz*⟩; _e Unterrichtsmittel · **au|di|tiv** (das Hören betreffend) ⟨*lat*⟩ · **Au|di|to|rium**, das, _s, ..ien [..iən] (Zuhörerschaft; Hörsaal [einer Hochschule]); _ maximum (größter Hörsaal einer Hochschule)
Aue: 1. *auch* **Au**, *österr nur so*, die, _, *Pl* Auen (feuchte Niederung) – 2. (Stadt im Bez. Karl-Marx-Stadt)
Au|en|land|schaft · **Auenwald** ↑Auwald
Au|er: 1. *K 231*: der, _s, _; 2. *als Attribut K 232* ⟨*zu* Aue (2)⟩
Au|er|huhn (eine Hühnervogelart)
Au|er|och|se (Ur, eine ausgestorbene Wildrindart)
Au|er|stedt (Ort im Bez. Erfurt)
Auewald ↑Auwald
auf:
1. *Präp mit Dat u. Akk K 379*: auf dem Tisch liegen, *aber*: auf den Tisch legen; auf Grund (↑*d.*); von Grund auf; auf Zeit (*Abk* a. Z.); auf das *od* aufs äußerste (↑äußerst); aufs neue (↑neu); auf das, aufs beste (↑beste); auf seiten (↑Seite); auf einmal, aufeinander (*vgl.* aneinander); auf daß (↑daß)
2. *Adv*: auf und ab (↑*d.*); auf und davon (↑*d.*); auf und nieder – *In Zus*: bergauf
Schreibung in Verbindung mit »sein« u. »haben« ↑aufsein u. aufhaben
Großschreibung K 104: das Auf und Ab, das Auf und Nieder
auf...: *in unfest zusammengesetzten Verben*, z. B. aufzeichnen *K 356*, ich zeichne auf, aufgezeichnet, aufzuzeichnen
auf|at|men
auf|bah|ren · **Auf|bah|rung**
Auf|bau, der, _[e]s, *Pl* (*nur bei Gebäudeteilen usw.*) ..bauten. *Zus K 365ff.*: Aufbau‿stunden (*Pl*) usw. · **auf|bau|en**
auf|bau|men (*weidm*; auf einen Baum fliegen od. klettern) · **auf|bäu|men, sich** (*Akk*)
auf|bau|schen (*auch umg*; übertreiben)
Aufbauten ↑Aufbau
auf|be|geh|ren
auf|be|hal|ten; den Hut _
auf|be|rei|ten · **Auf|be|rei|tung**

auf|bes|sern *K 363 f.* · **Auf|bes|se|rung** *K 363 f.*

auf|bet|ten · **Auf|bet|tung**; Zimmer mit _

auf|be|wah|ren · **Auf|be|wah|rung**

auf|bie|ten · **Auf|bie|tung**

auf|blä|hen · **Auf|blä|hung**

auf|bla|sen; *vgl. auch* aufgeblasen

auf|blen|den (mit voller Leuchtkraft scheinen [lassen]; das Fernlicht einschalten – *Filmw, Ferns*; eine Szenenaufnahme beginnen)

auf|brau|send

auf|bre|chen (*auch weidm*; dem erlegten Schalenwild die Bauchhöhle öffnen u. den Aufbruch [2] herausnehmen)

auf|brin|gen (*auch für* kapern); *vgl. auch* aufgebracht

Auf|bruch: 1. der, _[e]s (das Aufbrechen; das Fortgehen) – 2. der, _[e]s (*weidm*; Gescheide u. Geräusch [2]) – 3. der, _[e]s, ..brüche (*Geol*; Durchbruch liegender Schichten durch darüberliegende)

auf|bür|den (*gehoben*)

auf|drän|geln *K 363* (*umg*); jmdm. etw. _; sich (*Akk*) jmdm. _ · **auf|drän|gen**; jmdm. etw. _; sich (*Akk*) jmdm. _ · **auf|dring|lich** · **Auf|dring|lich|keit**

auf|drö|seln *K 363* (*landsch*; zu einzelnen Fäden aufdrehen)

auf|ein|an|der. *Schreibung bei Verben vgl.* aneinander; *K 145 u. 129*: aufeinander achten, *aber K 148 u. 129*: aufeinanderschlagen · **Auf|ein|an|der|fol|ge,** die, _ · **auf|ein|an|der|fol|gen**

auf|en|tern *K 363* (*seem*) ⟨*lat → frz → ndrl*⟩

Auf|ent|halt, der, _[e]s, _e. *Zus K 365 ff.*: Aufenthalts‿genehmigung, ...ort (*Pl* ..orte) usw.

auf|er|le|gen; jmdm. etw. _

auf|er|ste|hen *K 363* (*meist Rel*); *nur in festen Formen üblich*, z. B. er ist auferstanden, wenn er auferstände · **Auf|er|ste|hung** (*meist Rel*)

auf|fä|deln *K 363*

auf|fah|ren · **Auf|fahrt** (*südd, schweiz auch für* Himmelfahrt) · **Auf|fahr|un|fall**

auf|fal|len · **auf|fal|lend**; *K 115*: am _sten · **auf|fäl|lig** · **Auf|fäl|lig|keit**

auf|fan|gen · **Auf|fang|vor|rich|tung**

auf|fas|sen · **Auf|fas|sung**

auf|fin|den

auf|for|dern *K 363* · **Auf|for|de|rung** · **Auf|for|de|rungs|satz**

auf|for|sten (Wald [wieder] anpflanzen)

auf|fres|sen

auf|fri|schen; der Wind frischt auf

auf|führ|bar · **Auf|führ|bar|keit,** die, _ · **auf|füh|ren** · **Auf|füh|rung**

Auf|ga|be

auf|ga|beln *K 363* (*auch salopp*; entdecken, finden)

Auf|ga|ben‿be|reich, ...**samm|lung,** ...**stel|lung** · **Auf|ga|be|tag**

Auf|gang

auf|ge|bläht (*auch abwert*; großtuerisch)

auf|ge|bla|sen (*auch umg*; hochmütig, überheblich) · **Auf|ge|bla|sen|heit,** die, _ (*umg*)

Auf|ge|bot (*Rechtsw*; öffentl. Aufforderung zur Anmeldung von Ansprüchen usw.) · **Auf|ge|bots|ver|fah|ren** (*Rechtsw*)

auf|ge|bracht (*auch für* zornig, wütend)

auf|ge|don|nert (*salopp*; auffällig, geschmacklos gekleidet)

auf|ge|dun|sen *K 364*

auf|ge|hen *K 363*; es ist ihm aufgegangen (klar geworden), daß ...

auf|gei|en (*seem*; Segel mit Geitauen zusammenziehen)

auf|ge|kratzt (*auch umg*; heiter, gutgelaunt)

auf|ge|legt; [nicht] gut _ (gestimmt, gelaunt) sein; zum Tanzen _ sein

auf|ge|paßt! ⟨*lat → frz*⟩

auf|ge|rauht

auf|ge|räumt (*auch für* gutgelaunt) · **Auf|ge|räumt|heit,** die, _

auf|ge|regt · **Auf|ge|regt|heit,** die, _

Auf|ge|sang (*Metrik*; zwei Stollen zusammenfassender Strophenteil des Meistersingerliedes)

auf|ge|schlos|sen *K 364*

auf|ge|schmis|sen (*salopp*); _ (in Not, Verlegenheit) sein

auf|ge|schwemmt

auf|ge|ta|kelt (*auch salopp*; auffällig, geschmacklos gekleidet)

auf|ge|wärmt (*auch umg*; erneut zur Sprache gebracht)

auf|ge|weckt (lebhaft, klug)

auf|gie|ßen

auf|glei|sen (*fachspr*; auf Gleise setzen); du gleist auf *K 354* · **Auf|glei|sung** (*fachspr*)

auf|glie|dern *K 363* · **Auf|glie|de|rung**

auf Grund, *jetzt häufig* **auf|grund;** _ _ (*jetzt häufig* aufgrund) der Dokumente *od* von Dokumenten

Auf|guß · **Auf|guß|beu|tel** · **Auf|guß|tier|chen** *Pl* (*Zool*)

auf|ha|ben *K 158* (*umg*); einen Hut _; in der Schule viel _ (als Aufgabe)

auf|hacken [*Tr* ...hak|ken] (mit der Hacke lockern od. öffnen); *vgl. aber* aufhaken

auf|ha|ken (einen Hakenverschluß lösen); *vgl. aber* aufhacken

auf|hal|sen (*salopp*; aufbürden)

auf|hän|gen; *Konjugation vgl.* hängen (2); sich (*Akk*) _ · **Auf|hän|ger** (*auch für* aktueller Anlaß, wirksamer Vorwand)

auf|he|ben · **Auf|he|ben,** das, _s; [ein] großes _, viel _s von etw. machen · **Auf|he|bungs|ver|trag**

auf|hei|tern *K 363*; jmdn. _; es heitert sich auf · **Auf|hei|te|rung**

auf|hel|len; es hellt sich auf · **Auf|hel|lung**

auf|het|zen · **Auf|het|zung**

auf|hö|ren

Auf|kauf ⟨*lat*⟩ · **auf|kau|fen** · **Auf|käu|fer**

auf|kei|men

auf|kla|ren (klar werden, sich aufklären – *seem*; aufräumen) ⟨*lat*⟩; es klart auf, das Deck _ (*seem*) · **auf|klä|ren** (Zusammenhänge aufzeigen; [politisch] unterrichten; sexuell belehren); es klärt sich auf · **Auf|klä|rer** · **auf|klä|re|risch** · **Auf|klä|rung**

auf|kle|ben · **Auf|kle|ber**

auf|klin|ken

auf|knüp|fen · **Auf|knüp|fung**

auf|ko|chen ⟨*lat*⟩

auf|kom|men · **Auf|kom|men,** das, _s, _

auf|krem|peln *K 363*

auf|kün|di|gen · **Auf|kün|di|gung**

auf|lad|bar · **auf|la|den;** *Konjugation vgl.* [1]laden · **Auf|la|de|platz**

Auf|la|ge (*auch für* bindende Weisung staatl. Organe – *auch für* Serienproduktion); *Abk* Aufl. (*Buchw*) · **Auf|la|gen|hö|he**

auf|lan|dig (*seem*; auf das Land zu)

auf|las|sen (aufsteigen lassen – *landsch*; stillegen, schließen – *umg*; auf dem Kopf behalten; geöffnet lassen; nicht zu Bett schicken – *Rechtsw*; Eigentumsrechte an einem Grundstück übertragen) · **auf|läs|sig** (*bergm*; außer Betrieb) · **Auf|las|sung** (*landsch, Rechtsw*)

auf|la|sten (aufbürden); jmdm. etw. _

auf|lau|ern *K 363*; jmdm. _

Auf|lauf: 1. der, _[e]s, *Pl* ..läufe (Menschenansammlung) – 2. der, _[e]s, *Pl* ..läufe, *österr* ..laufe (eine überbackene Speise) · **auf|lau|fen** (anwachsen [von Schulden, Guthaben]; keimen, aufgehen [von Samen] – *seem*; auf Grund geraten)

Auf|le|ge|ma|trat|ze · **auf|le|gen;** *vgl. auch* aufgelegt · **Auf|le|ger** (Auflegematratze)

auf|leh|nen, sich (*Akk*) · **Auf|leh|nung**

Auf|lie|fe|rer ⟨*lat → frz → ndrl*⟩ · **auf|lie|fern** *K 363* · **Auf|lie|fe|rung**

auf|lie|gen; zum Verkauf _ (*österr*; ausliegen); sich (*Akk*) _ (sich wundliegen)

auf|li|sten ⟨*germ → lat → ital*⟩
auf|lockern[1] *K 363* · Auf|locke-rung[1]
auf|lö|sen · Auf|lö|sung
auf|ma|chen ⟨*umg*⟩; auf- und zumachen *K 178* · Auf|ma|chung
Auf|marsch ⟨*lat → frz*⟩
Auf|mast ⟨*zu* ²Mast⟩ · auf|mä|sten
auf|mer|ken ⟨*gehoben*⟩ · auf|merk-sam · Auf|merk|sam|keit
auf|mucken[1] ⟨*umg*; aufbegehren⟩
auf|mun|tern *K 363* · Auf|mun|te-rung
auf|müp|fig ⟨*umg*; aufsässig⟩
Auf|nah|me, die, –, –n. *Zus K 365ff.*: Aufnahme‿gerät usw. · auf|nah|me|fä|hig, *österr* auf-nahms|fä|hig · Auf|nah|me|fä|hig-keit, *österr* Auf|nahms|fä|hig-keit · auf|neh|men
äuf|nen ⟨*schweiz*; [einen Geldvorrat] vermehren⟩ · Äuf|nung, die, – ⟨*schweiz*⟩
auf|nö|ti|gen; jmdm. etw. –
auf|op|fern *K 363* ⟨*lat*⟩; sich ⟨*Akk*⟩ – · Auf|op|fe|rung, die, –
auf|päp|peln *K 363* ⟨*umg*; [ein kleines Kind] bes. sorgfältig auffüttern, aufziehen⟩
auf|pas|sen ⟨*lat → frz*⟩ · Auf|pas-ser
auf|picken[1] ⟨*österr umg auch für* aufkleben⟩
auf|plu|stern *K 363*; sich ⟨*Akk*⟩ –
auf|raf|fen; sich ⟨*Akk*⟩ –
auf|rap|peln, sich ⟨*Akk*⟩ *K 363* ⟨*umg*; sich aufraffen⟩
auf|räu|men; *vgl. auch* aufgeräumt · Auf|räu|mungs|ar|bei|ten *Pl*
auf|rech|nen
auf|recht (gerade, aufgerichtet). *Schreibung bei Verben K 135*: aufrecht halten, sitzen, stehen, stellen usw.; sich nicht mehr aufrecht halten können
auf|recht|er|hal|ten *K 136* (im alten Zustand erhalten, bewahren); du erhältst aufrecht; du hast aufrechterhalten; aufrechtzuerhalten · Auf|recht|er|hal|tung, die, –
auf|re|gen · auf|re|gend; *K 115*: am –sten · Auf|re|gung
auf|rei|ben; sich ⟨*Akk*⟩ – · auf|rei-bend; *K 115*: am –sten
auf|rei|ßen ⟨*auch für* etw. im Überblick darstellen⟩
auf|rei|zen · auf|rei|zend; *K 115*: am –sten · Auf|rei|zung
Auf|rich|te, die, –, –n ⟨*schweiz*; Richtfest⟩ · auf|rich|ten · auf|rich-tig · Auf|rich|tig|keit, die, –
Auf|riß (Bauzeichnung, Standriß)
Auf|ruf · auf|ru|fen
Auf|ruhr, der, –[e]s, –e · auf|rüh-ren · Auf|rüh|rer · auf|rüh|re-risch

[1] *Tr* ..k|k..

auf|run|den (nach oben runden) ⟨*lat → frz*⟩
auf|rü|sten (die Stärke der Streitkräfte u. ihrer Ausrüstung [in aggressiver Absicht] erhöhen; ein Gerüst errichten) · Auf|rü|stung
auf|rüt|teln *K 363* · Auf|rüt|te|lung *K 363*
aufs *K 61* (auf das); *vgl.* auf
auf|sa|gen ⟨*auch für* kündigen, für beendet erklären⟩
Auf|san|dung ⟨*Geol*; Landbildung durch angeschwemmten Sand⟩
auf|säs|sig; – sein, ein –er Mensch · Auf|säs|sig|keit, die, –
Auf|satz
auf|schär|fen ⟨*weidm*; die Decke bzw. die Schwarte od. den Balg aufschneiden⟩
auf|schei|nen ⟨*südd, österr*; enthalten sein⟩; das Buch scheint im Katalog auf, ist im Katalog aufgeschienen
auf|schich|ten
auf|schie|ben · Auf|schieb|ling ⟨*Bauw*; kleiner Aufsatzbalken am Dachstuhl⟩
Auf|schlag · auf|schla|gen
auf|schläm|men
auf|schlie|ßen ⟨*auch Bergb*⟩ · Auf-schluß ⟨*auch Bergb*⟩ · auf|schlüs-seln *K 363f.* (nach einem bestimmten Verhältnis [Schlüssel] aufteilen) · Auf|schlüs|se|lung *K 363f.* · auf|schluß|reich
auf|schnei|den ⟨*auch umg*; prahlen⟩ · Auf|schnei|der ⟨*umg*; Prahler⟩ · Auf|schnei|de|rei ⟨*umg*⟩ · auf|schnei|de|risch ⟨*umg*⟩ · Auf-schnitt; gemischter –
Auf|schrift ⟨*lat*⟩
Auf|schub
auf|schüt|teln *K 363* · auf|schüt-ten · Auf|schüt|tung
auf|schwin|gen, sich ⟨*Akk*⟩ · Auf-schwung
auf|se|hen; zu jmdm. – (jmdn. bewundern) · Auf|se|hen, das, –s · auf|se|hen|er|re|gend; *K 115*: am –sten; *K 165*: ein aufsehenerregender Zwischenfall, *K 127*: ein großes Aufsehen erregender Zwischenfall · Auf|se|her
auf|sein ⟨*umg*; geöffnet sein; aufgewacht, aufgestanden sein⟩; *vgl. auch K 159*
auf sei|ten *K 110 Präp mit Gen*; *vgl. auch* Seite
Auf|sicht · Auf|sich|ter ⟨*Eisenb*; Aufsichtführender⟩ · auf|sicht|füh-rend · Auf|sicht|füh|ren|de, der *u.* die, –n, –n *K 341* · auf|sicht[s]-los; *vgl.* ...los · Auf|sichts|pflicht, die, –
auf|spal|ten · Auf|spal|tung
auf|spa|ren · Auf|spa|rung
auf|spei|chern *K 363* ⟨*lat*⟩ · Auf-spei|che|rung

auf|spie|len; sich ⟨*Akk*⟩ –
auf|spie|ßen *K 354*
auf|spü|ren · Auf|spü|rung
Auf|stand · auf|stän|disch · Auf-stän|di|sche, der *u.* die, –n, –n *K 341*
auf|sta|peln *K 363* · Auf|sta|pe-lung *K 363*
Auf|stau ⟨*Wasserw, Techn*⟩
auf|stecken [*Tr* ...stek|ken] ⟨*auch umg*; aufgeben, nicht weiterführen⟩
auf|ste|hen *K 363*
auf|stei|gen · Auf|stei|ger ⟨*Sport*⟩
auf|stel|len · Aufstellinie [..iə; *Tr* Auf|stell|li|nie *K 78*] · Auf|stel-lung
auf|stem|men (mit dem Stemmeisen öffnen); sich ⟨*Akk*⟩ – (sich auflehnen, aufstützen)
Auf|stieg · Auf|stiegs|mög|lich|keit
auf|stö|bern *K 363*
auf|stocken [*Tr* ...stok|ken] ([um ein Stockwerk] erhöhen; einen Betrag vergrößern)
auf|sto|ßen; mir stieß [es] auf; mir stieß auf, daß ...
auf|stre|ben
Auf|strich
auf|su|chen
auf|ta|keln *K 363* ⟨*seem*; mit Takelwerk versehen⟩; sich ⟨*Akk*⟩ – ⟨*salopp*; sich auffällig kleiden⟩; *vgl. auch* aufgetakelt · Auf|ta|ke|lung *K 363*, die, – ⟨*seem*⟩
Auf|takt ⟨*lat*⟩
auf|tan|ken ⟨*Hind → engl*⟩
auf|tei|len · Auf|tei|lung
auf|ti|schen *K 354* ([Speisen] auftragen – *umg*; erzählen, vorbringen) ⟨*grch → lat*⟩
auf|top|pen ⟨*seem*; eine Rah [senkrecht] hochziehen⟩
Auf|trag, der, –[e]s, ..träge; im – (↑ im Auftrag); einen – erteilen; etw. in – geben · Auf|trag|ge|ber · Auf|trags|be|stä|ti|gung · auf-trags|ge|mäß
auf|tre|ten
Auf|trieb
Auf|tritt
auf|trump|fen ⟨*lat → frz*⟩
auf|tür|men ⟨*lat → frz*⟩; sich ⟨*Akk*⟩ –
auf und ab; *K 145*: auf und ab gehen, *aber K 178*: auf- und abspringen · Auf und Ab, das, *Gen* des Auf und Ab · Auf|und|ab|ge|hen *K 101*, das, –s; ein Platz zum –, *aber K 178*: das Auf- und [das] Abspringen
auf und da|von; *K 153*: – – – laufen; *K 101*: es ist zum Aufunddavonlaufen; sich ⟨*Akk*⟩ – – – machen ⟨*umg*⟩
auf|wa|chen *intr*

Auf|wand, der, _[e]s · **Auf|wands|ent|schä|di|gung** (für Mehraufwendungen gezahlter steuerfreier Geldbetrag)
auf|war|ten; jmdm. _ (*noch landsch*; jmdn. bedienen); mit etw. _ (etw. anbieten, darbieten) · **Auf|wär|te|rin,** die, _, ..innen (*noch landsch*)
auf|wärts; auf- und abwärts. *Schreibung bei Verben K 145* (*vgl.* abwärts): aufwärts gehen (nach oben gehen), *aber K 148*: aufwärtsgehen (besser werden) · **Auf|wärts|ha|ken** (*Boxsp*)
Auf|war|tung (*noch landsch*; Stundenhilfe im Haushalt – *veraltend*; förmlicher Besuch)
Auf|wasch, der, _[e]s (das Aufwaschen; das zu reinigende Geschirr) · **auf|wa|schen** · **Auf|wasch|tisch**
auf|wecken [*Tr* ...wek|ken] *tr*; *vgl. auch* aufgeweckt
auf|wei|chen
auf|wei|sen
auf|wen|den; du wendetest *od* wandtest auf; aufgewendet *od* aufgewandt; er wendete *od* wandte viel Fleiß auf; aufgewendete *od* aufgewandte Zeit; *vgl. auch* wenden · **auf|wen|dig** (kostspielig, großen Aufwand erfordernd) · **Auf|wen|dung**
auf|wer|ten · **Auf|wer|tung**
Auf|wie|ge|lei (*abwert*) · **auf|wie|geln** *K 363* · **Auf|wie|ge|lung** *K 363* · **Auf|wieg|ler** · **auf|wieg|le|risch**
Auf|wind (aufsteigender Luftstrom)
Auf|wuchs (*Forstw*; junger Baumbestand)
Auf|wurf (Aufschüttung)
auf|zeich|nen · **Auf|zeich|nung**
auf|zei|gen (darlegen, erklären)
auf Zeit; *Abk* a. Z.
auf|zie|hen · **Auf|zucht** · **Auf|zug**
Aug|ap|fel · **Au|ge,** das, _s, _n · **Äu|gel|chen** *od* **Äug|lein** (*dicht*) · **äu|geln** *K 363* (*auch Gartenb*; okulieren) · **äu|gen** (*umg*; [vorsichtig] blicken) · **Au|gen|arzt** · **Au|gen|blick** [*od* ..'blik] · **au|gen|blick|lich** · **au|gen|blicks** (*veraltend*) · **Au|gen|blicks|er|folg** · **Au|gen|braue** · **au|gen|fäl|lig** · **Au|gen|licht,** das, _[e]s · **Au|gen‿lid, ...maß** (das) · **Au|gen|merk,** das, _[e]s · **Au|gen|op|ti|ker** · **Au|gen|schein,** der, _[e]s · **au|gen|schein|lich** · **Au|gen|trost** (Arzneipflanze, Braunwurzgewächs) · **Au|gen|wei|de,** die, _ · **Au|gen|zeu|ge**
Au|gi|as|stall, der, _ (große Unordnung) (*nach* dem König der griech. Sage)

Au|git, der, _[e]s, _e (*Mineral*; ein Pyroxen) ⟨*grch*⟩
Aug|ment, das, _[e]s, _e (*Sprachw*; dem Verbalstamm vorangesetzter Wortbildungsteil) ⟨*lat*, ‚Zuwachs'⟩
Augs|burg (Stadt im S der BRD) · **Augs|bur|ger:** 1. *K 231*: der, _s, _, 2. *als Attribut K 232*: der Augsburger Religionsfriede · **augs|bur|gisch**
Aug|sproß (*weidm*; das unterste Ende am Hirschgeweih)
Au|gu|ren|lä|cheln, das, _s (spöttisches Lächeln des Wissens u. des Einverständnisses unter Eingeweihten) ⟨*lat*, *nach* den altröm. Priestern u. Wahrsagern⟩
Au|gust: 1. ['au..] ⟨*lat*, ‚der Erhabene'⟩ (m. Vn.) – 2. [..'gust] ⟨*lat*, *nach* dem röm. Kaiser Augustus⟩, der, _[e]s *od* _ *K 328*, *Pl* (*selten*) _e (achter Monat im Jahr); *Abk* Aug. · **au|gu|ste|isch** *K 218* (der Kunst u. Literatur günstig) ⟨*nach* dem röm. Kaiser Augustus⟩; ein augusteisches Zeitalter · **Au|gu|ste|isch** *K 217*: das Augusteische Zeitalter · **Au|gu|sti|ner,** der, _s, _ (*kath Kirche*; Angehöriger eines Ordens bzw. einer Kongregation) ⟨*nach* dem kath. Kirchenlehrer Augustinus⟩ · **Au|gu|sti|ner|or|den** (*kath Kirche*) · **Au|gust|wo|che**
Auk|tion (Versteigerung) ⟨*lat*⟩ · **Auk|tio|na|tor,** der, _s, ..oren (Versteigerer) · **auk|tio|nie|ren**
Au|la, die, _, ..len (Festsaal einer Schule od. Hochschule) ⟨*grch* → *lat*⟩
au na|tu|rel [o naty'rɛl] (*von Speisen und Getränken gesagt*; ohne künstl. Zusatz) ⟨*frz*⟩
Aurar ↑ Eyrir
Au|reo|le, die, _, _n (kleiner Hof [um Sonne u. Mond]; Heiligenschein) ⟨*lat*⟩
Au|ri|gna|cien [orinja'sjɛ̃:], das, _[s] (*Urgesch*; Kultur des frühen Jungpaläolithikums) ⟨*nach* der Stadt Aurignac [ori'njak] in Südfrankreich⟩ · **Au|ri|gnac|ras|se** [ori'njak..] *K 246*, die, _ (*Anthrop*)
Au|ri|kel, die, _, _n (eine Primelart) ⟨*lat*, ‚Öhrchen'⟩
Au|ri|pig|ment, das, _[e]s (ein gelbes Arsenmineral) ⟨*lat*⟩
Au|ro|ra: 1. (*röm Mythol*; Göttin der Morgenröte) – 2. die, _ (Name des russ. Kreuzers, der am 7. 11. 1917 das Signal zum Sturm auf das Winterpalais in Petrograd gab) · **Au|ro|ra|fal|ter** (ein Schmetterling)
Au|rum, das, _s (Gold); *Zeichen* Au ⟨*lat*⟩
aus: 1. *Präp mit Dat*: aus dem Haus[e] – 2. *Adv*: bei jmdm. aus und ein gehen (verkehren), *aber*

K 178: aus- und eingehende Briefe; weder (*od* nicht) aus noch ein wissen · **Aus,** das, _ (*Sport*; Raum außerhalb des Spielfeldes)
aus...: *in unfest zusammengesetzten Verben*, z. B. ausbeuten *K 356*, du beutest aus, ausgebeutet, auszubeuten
aus|ar|bei|ten; sich (*Akk*) _
aus|ar|ten · **Aus|ar|tung**
aus|at|men · **Aus|at|mung**
aus|ba|den (*umg*; die Folgen tragen); eine Sache _ müssen
aus|ba|ken (*Seew*; [Fahrwasser] mit Baken versehen)
aus|bal|do|wern *K 363* (*salopp*; auskundschaften); ausbaldowert ⟨*jidd*⟩
Aus|bau: 1. der, _[e]s (das Ausbauen) – 2. der, _[e]s, *Pl* ..bauten (*bes norddt*; abseits liegendes Gebäude)
aus|bau|chen · **Aus|bau|chung**
aus|bau|en
aus|be|din|gen (etw. zur Bedingung machen); ich bedang mir aus, habe mir ausbedungen, daß ...
aus|bes|sern *K 363 f.* · **Aus|bes|se|rung** *K 363 f.* · **aus|bes|se|rungs|be|dürf|tig**
Aus|beu|te, die, _, _n (Ertrag) · **aus|beu|ten** (ausnutzen) · **Aus|beu|ter** (Eigentümer von Produktionsmitteln, der sich fremde unbezahlte Arbeit aneignet) · **Aus|beu|ter|ge|sell|schaft** · **Aus|beu|tung**
aus|bie|ten (öffentl. zum Kauf anbieten, feilbieten) · **Aus|bie|tung**
aus|bil|den · **Aus|bil|der** · **Aus|bil|dung,** die, _
aus|bit|ten; sich (*Dat*) etw. _
aus|bla|sen
aus|blei|chen: 1. *tr* (bleich machen); ausgebleicht – 2. *intr* (bleich werden); ausgeblichen, *auch schon* ausgebleicht
Aus|blick
aus|bo|gen (*fachspr*; bogenförmig schneiden)
aus|bo|jen *nur im Präs gebräuchlich* (*Schiff*; ein Fahrwasser mit Bojen versehen) ⟨*lat* → *ndrl*⟩
aus|boo|ten (mit einem Boot vom Schiff an Land bringen – *salopp*; aus einer Position verdrängen) ⟨*engl*⟩
aus|bre|chen · **Aus|bre|cher**
aus|brei|ten · **Aus|brei|tung**
aus|brin|gen
Aus|bruch, der (*auch Weinb*; Wein besonderer Güte)
aus|bu|chen (*Wirtsch*)
aus|buch|ten · **Aus|buch|tung**
Aus|bund, der (Inbegriff, Muster); ein _ an *bzw* von Klugheit (*meist iron*); ein _ von einem Spitzbuben (*abwert*)
aus|bür|gern *K 363* (die Staatsange-

hörigkeit entziehen) · **Aus|bür|ge|rung**

Ausch|witz (hitlerfaschist. Konzentrationslager in Polen)

Aus|dau|er · **aus|dau|ernd;** *K 115*: am _sten

aus|deh|nen; sich (*Akk*) _

Aus|druck, der, _[e]s, ..drücke · **aus|drucken** [*Tr* ...druk|ken] (*Polygr*; [Auflagen] zu Ende drucken, fertigdrucken) · **aus|drücken** [*Tr* ...drük|ken]; sich (*Akk*) _ · **aus|drück|lich** · **Aus|drucks|kunst,** die, _ · **aus|drucks|los** *K 349*; *vgl.* ...los · **aus|drucks|stark** · **aus|drucks|voll** · **Aus|drucks|wei|se**

aus|dun|sten *intr* · **aus|dün|sten** *tr* · **Aus|dun|stung** · **Aus|dün|stung**

aus|ein|an|der. *Schreibung bei Verben vgl.* aneinander; *K 145 u. 129*: auseinander setzen (getrennt setzen), *aber K 148 u. 129*: auseinandersetzen (erklären) · **aus|ein|an|der|le|ben, sich** (*Akk*) · **aus|ein|an|der|set|zen** (erklären); sich (*Akk*) mit jmdm. _ (etw. in einem Gespräch klären); *vgl.* auseinander · **Aus|ein|an|der|set|zung**

aus|er|ko|ren *K 364* (*gehoben*; ausgewählt)

aus|er|le|sen *K 364* (ausgewählt, von hervorragender Qualität)

aus|er|se|hen: 1. *Verb K 363* (*gehoben*; auswählen) – 2. *Part II K 364* (*gehoben*; ausgewählt)

aus|er|wählt (*gehoben*; ausgewählt)

aus|fah|ren · **Aus|fahr|sig|nal** (*Eisenb*) · **Aus|fahrt**

Aus|fall, der · **aus|fal|len;** *vgl. auch* ausgefallen · **aus|fäl|len** (*Chem*; aus einer Lösung abscheiden – *schweiz auch für* [eine Strafe usw.] verhängen) · **aus|fal|lend** *od* **aus|fäl|lig** (grob, beleidigend) · **Aus|fall[s]|er|schei|nung** (*Med*) · **Aus|fall|stra|ße** · **Aus|fall|zeit**

aus|fe|gen · **Aus|fe|ger** (*landsch*)

aus|fer|ti|gen

aus|fin|dig; _ machen

Aus|flucht, die, _, ..üchte ⟨*zu* fliehen⟩

Aus|flug · **Aus|flüg|ler,** der, _s, _ · **Aus|flugs|ort,** *Pl* ..orte

Aus|fluß

aus|fran|sen ⟨*lat* → *frz*⟩

Aus|fuhr, die, _, _en · **aus|führ|bar** · **Aus|führ|bar|keit,** die, _ · **aus|füh|ren** · **Aus|fuhr|land,** *Pl* ..länder · **aus|führ|lich** [*od* ..'fy:r..] · **Aus|führ|li|che|res** *K 93* · **Aus|führ|lich|keit** · **Aus|füh|rung**

aus|fül|len · **Aus|fül|lung**

Aus|ga|be; *Abk* Ausg. (*Buchw*) · **Aus|ga|be[n]|buch** · **Aus|ga|be|stel|le**

Aus|gang · **aus|gangs** (*bürospr*): 1. *Adv K 109* – 2. *Präp mit Gen K 110*: _ des Winters · **Aus|gangs|punkt**

aus|ge|ben; sich (*Akk*) _ (sich verausgaben)

aus|ge|bleicht (bleich gemacht, durch Bleichen entfernt) · **aus|ge|bli|chen** (bleich geworden)

aus|ge|bombt ⟨*grch* → *lat* → *ital* → *frz*⟩ · **Aus|ge|bomb|te,** der u. die, _n, _n *K 341*

Aus|ge|burt (*abwert*; böser Auswuchs, übles Produkt); eine _ seiner Phantasie

aus|ge|dient

Aus|ge|din|ge, das, _s, _ (*landsch*; Altenteil) · **Aus|ge|din|ger,** der, _s, _ (*landsch*; auf dem Altenteil Lebender)

aus|ge|dorrt *intr* · **aus|ge|dörrt** *tr*

aus|ge|fal|len *K 364* (*auch für* ungewöhnlich, nicht alltäglich)

aus|ge|franst ⟨*lat* → *frz*⟩

aus|ge|fuchst (*umg*; schlau)

aus|ge|gli|chen *K 364*

aus|ge|hen *K 363*; es geht sich [nicht] aus (*österr*; es reicht, paßt [nicht])

aus|ge|kocht (*salopp*; durchtrieben) ⟨*lat*⟩

aus|ge|las|sen *K 364* (sehr lustig, übermütig) · **Aus|ge|las|sen|heit,** die, _

aus|ge|macht; es ist _e (beschlossene) Sache, daß ...; eine _e (*umg*; große) Dummheit

aus|ge|mer|gelt ⟨*kelt* → *lat*⟩

aus|ge|nom|men:

1. *Part II*; er wurde von dieser Bestimmung ausgenommen

2. *Absolutes Part mit Akk*, wenn das Ausgenommene dem Wort *vorangestellt* wird, z. B. ich sage es allen, dich ausgenommen (*seltener mit Nom*: alle, keiner ausgenommen, wissen es); sonst mit dem vom *Verb* des Satzes geforderten Fall, z. B. alle, ausgenommen dein Bruder (*Nom*), wissen es; er erinnert sich jedes Tages, ausgenommen des wichtigsten (*Gen*); ich sage es allen, ausgenommen dir (*Dat*); ich kenne alle, ausgenommen ihn (*Akk*); ausgenommen, wenn ...; ausgenommen, daß ... *K 450*

aus|ge|rech|net (eben, gerade)

aus|ge|schlos|sen

aus|ge|spro|chen *K 364*

aus|ge|stal|ten

aus|ge|zeich|net

aus|gie|big (reichlich) · **Aus|gie|big|keit,** die, _

aus|gie|ßen

Aus|gleich, der, _[e]s, _e · **aus|gleich|bar** · **aus|glei|chen** · **Aus|gleich|ge|trie|be** (*Techn*; Differentialgetriebe) · **Aus|gleichs|ent|wick|ler** (*Fot*) · **Aus|gleichs|sport**

aus|glü|hen

aus|gra|ben · **Aus|grä|ber** · **Aus|gra|bung**

Aus|guck, der, _[e]s, _e

Aus|guß

aus|hacken[1] (durch Hacken entfernen, z. B. Unkraut)

aus|ha|ken

aus|hal|ten; *K 102*: es ist nicht zum Aushalten

aus|hän|di|gen

Aus|hang · **Aus|hän|ge|bo|gen** (*Polygr*) · **aus|hän|gen;** *Konjugation vgl.* hängen (1 *u.* 2) · **Aus|hän|ge|schild,** das; als _ dienen (einen positiven Eindruck vermitteln sollen)

aus|här|ten (*Techn*)

aus|hau|chen (*veraltend*)

aus|hau|en

aus|häu|sig (*landsch*; außer Haus; selten zu Hause)

aus|he|ben (herausheben; ausschachten, ausschaufeln – *österr auch für* den Briefkasten leeren) · **aus|he|bern** *K 363* (*fachspr*; mit einem Heber herausnehmen; [den Magen] zu Untersuchungszwecken entleeren) · **Aus|he|be|rung** (*fachspr*) · **Aus|he|bung**

aus|hecken[1] (*salopp abwert*; listig ersinnen)

aus|hei|len · **Aus|hei|lung**

aus|hel|fen · **Aus|hel|fer** · **Aus|hil|fe** · **aus|hilfs|wei|se** *K 176*

aus|höh|len · **Aus|höh|lung**

aus|ho|len

aus|hol|zen · **Aus|hol|zung**

aus|hor|chen · **Aus|hor|cher**

aus|ixen (Schreibmaschinentext mit dem Buchstaben x ungültig machen – *landsch*; ausknobeln, austüfteln)

aus|käm|men

aus|keh|len (*fachspr*; eine Hohlkehle anbringen) · **Aus|keh|lung** (*fachspr*)

aus|keh|ren

Aus|kei|lung (*Geol*; Zuspitzung einer Gesteinsschicht)

aus|ken|nen, sich (*Akk*)

aus|ker|ben (mit Kerben versehen)

aus|ker|nen

aus|klam|mern *K 363* · **Aus|klam|me|rung**

Aus|klang

aus|kla|rie|ren (*Schiff*; die Abmeldeformalitäten für ein auslaufendes Schiff erledigen) ⟨*lat* → *ndrl*⟩

aus|klau|ben (*landsch*)

aus|klei|den; sich (*Akk*) _

aus|klin|ken

aus|klü|geln *K 363* · **Aus|klü|ge|lung** *K 363*, die, _

aus|knocken[1] [..nɔkən] (*Boxsp*; durch K. o. besiegen) ⟨*engl*⟩

---

[1] *Tr* ..k|k..

aus|ko|chen ⟨*lat*⟩; *vgl. auch* ausgekocht
aus|kof|fern *K 363* (*Straßenbau*) ⟨*lat → frz*⟩
aus|kol|ken (*Geol*; auswaschen) · **Aus|kol|kung** (*Geol*)
aus|kom|men · **Aus|kom|men** · **aus|kömm|lich**
aus|kot|zen (*derb*)
aus|kra|gen (*Arch*; vorkragen, vorspringen)
aus|kra|men (*umg*)
aus|krat|zen
aus|küh|len · **Aus|küh|lung**
Aus|kul|ta|tion (*Med*; das Abhören) ⟨*lat*⟩ · **aus|kul|tie|ren** (*Med*)
aus|kund|schaf|ten · **Aus|kundschaf|ter**
Aus|kunft, die, _, ..ünfte · **Auskunfts|stel|le**
aus|la|chen; jmdn. _; sich (*Akk*) _
Aus|lad, der, _s (*schweiz*; Ausladung [bei der Eisenbahn]) · **aus|laden** · **Aus|la|dung**
Aus|la|ge
aus|la|gern *K 363* · **Aus|la|ge|rung**
Aus|land, das, _[e]s · **Aus|län|der,** der, _s, _ · **Aus|län|de|rin,** die, _, ..innen · **aus|län|disch** · **Auslands‿be|zie|hun|gen** (*Pl*), **...reise, ...te|le|gramm**
Aus|lan|gen, das, _s (*landsch*); mit etw. das _ finden (*österr*; mit etw. auskommen)
Aus|laß, der, ..asses, ..ässe (*landsch*; Abflußöffnung) · **aus|lassen** (*süddt, österr auch für* loslassen, freilassen) · **Aus|las|sung** · **Aus|las|sungs|punk|te** *Pl*; *vgl. K 477* · **Aus|las|sungs|satz** (Ellipse) · **Aus|las|sungs|zei|chen** (Apostroph); *Zeichen* ' ; *vgl. K 56 ff.*
aus|la|sten
Aus|lauf · **aus|lau|fen** · **Aus|läu|fer**
aus|lau|gen
Aus|laut (*Sprachw*) · **aus|lau|tend** (*Sprachw*)
aus|lee|ren · **Aus|lee|rung**
aus|le|gen · **Aus|le|ger** · **Aus|leger|brücke** [*Tr* ...brük|ke] · **Aus|lege|wa|re,** die, _ · **Aus|le|gung**
Aus|lei|he · **aus|lei|hen** · **Aus|leihsta|tion**
Aus|le|se · **aus|le|sen**
aus|lich|ten; Obstbäume _
aus|lie|fern *K 363* ⟨*lat → frz → ndrl*⟩ · **Aus|lie|fe|rung**
Aus|lo|bung (*Rechtsw*; öffentl. Zusicherung einer Belohnung für eine Leistung)
aus|los|bar
aus|lös|bar
aus|lo|sen
aus|lö|sen · **Aus|lö|ser** (*meist Techn*)
aus|lo|ten
aus|lüf|ten
aus|ma|chen; einen Treffpunkt _ (*umg*)
aus|mah|len (zu Mehl verarbeiten)
aus|ma|len (mit Farbe bestreichen, ausfüllen)
aus|mar|chen [..ç..] (*schweiz*; sich auseinandersetzen; seine Rechte, Interessen abgrenzen)
aus|mä|ren, sich (*Akk*) (*landsch umg*; [aufhören zu] trödeln, fertig werden)
Aus|maß, das
aus|mau|ern *K 363* ⟨*lat*⟩ · **Ausmaue|rung** *K 363*
aus|mer|geln *K 363* ⟨*kelt → lat*⟩ · **Aus|mer|ge|lung** *K 363*, die, _
aus|mer|zen *K 354* (als untauglich aussondern; tilgen) ⟨*lat*⟩ · **Aus|merzung**
aus|mes|sen
aus|mie|ten (*schweiz*; vermieten)
aus|mün|zen ⟨*lat*⟩ · **Aus|mün|zung** (Münzprägung)
aus|mu|stern *K 363* ⟨*lat → ital*⟩ · **Aus|mu|ste|rung**
Aus|nah|me, die, _, _n · **Aus|nahme|fall,** *österr* **Aus|nahms|fall,** der · **aus|nahms|los;** *vgl.* ...los · **aus|nahms|wei|se** *K 176*
aus|neh|men; sich (*Akk*) gut _ (gut wirken); *vgl. auch* ausgenommen · **aus|neh|mend** (sehr)
aus|nüch|tern *K 363*
aus|nut|zen *od* **aus|nüt|zen,** *österr meist so* · **Aus|nut|zung** *od* **Ausnüt|zung,** *österr meist so*
aus|peit|schen
aus|pfäh|len (einzäunen – *bergm*; Gesteinsmassen mit Pfählen abstützen) ⟨*lat*⟩
aus|pfei|fen ⟨*lat*⟩
Au|spi|zien [..ĭən] *Pl* ⟨*lat*⟩; *in Wendungen wie* unter jmds. _ (*gehoben*; unter jmds. Obhut, Leitung)
aus|plau|dern *K 363*
aus|plün|dern *K 363* · **Aus|plün|derung** *K 363*
aus|pol|stern *K 363*
aus|po|wern *K 363* (*umg abwert*; bis zur Verelendung ausbeuten) ⟨*lat → frz*⟩
aus|prä|gen · **Aus|prä|gung**
aus|prei|sen *K 354* (mit Preisschild versehen) ⟨*lat → frz*⟩
Aus|puff, der, _[e]s, *Pl* ..puffe *od* ..püffe · **Aus|puff|flam|me** *K 17* · **Aus|puff|gas**
aus|pum|pen ⟨*span u. portug → ndrl*⟩
aus|punk|ten (*Boxsp*; nach Punkten besiegen) ⟨*lat*⟩
Aus|putz (*landsch*; Verzierung an Kleidungsstücken) · **aus|put|zen** (*landsch*; innen reinigen – *umg*; ausnutzen)
aus|quar|tie|ren ⟨*lat → frz*⟩
aus|quet|schen
aus|ran|gie|ren [..raŋʒiː..] (*umg*; aussondern, ausscheiden) ⟨*germ → frz*⟩
aus|räu|chern *K 363*
aus|rau|fen
aus|räu|men
aus|rech|nen
Aus|re|de
aus|rei|ben (*österr auch für* scheuern) · **Aus|reib|tuch** (*österr*; Scheuertuch)
aus|rei|chend
Aus|rei|se · **aus|rei|sen** · **Aus|reise|vi|sum** [..v..]
aus|rei|ßen (*auch umg*; davonlaufen) · **Aus|rei|ßer** (*umg*)
aus|ren|ken · **Aus|ren|kung**
aus|rich|ten · **Aus|rich|tung**
aus|rin|gen (*landsch*; auswringen)
aus|ro|den (mit den Wurzeln herausholen)
aus|rot|ten (vertilgen, vernichten)
aus|rücken [*Tr* ...rük|ken] (*meist Milit*; ausmarschieren – *umg*; fliehen)
Aus|ruf · **aus|ru|fen** · **Aus|ru|fer** · **Aus|ru|fe|satz** · **Aus|ru|fe|wort,** *Pl* ..wörter (*Gramm*) · **Aus|ru|fe|zeichen;** *vgl. K 462 ff.*
aus|rü|sten · **Aus|rü|stung**
Aus|saat · **aus|sä|en**
Aus|sa|ge. *Zus K 365 ff.*: Aussage‿kraft (die, _), ...satz usw. · **aus|sagen** · **Aus|sa|ge|satz** · **Aus|sa|gewei|se** (*Gramm*)
Aus|satz, der, _es (eine Infektionskrankheit) · **aus|sät|zig**
aus|sau|gen
aus|scha|ben · **Aus|scha|bung** (*bes Med*)
aus|schach|ten
aus|scha|len (*fachspr*; entschalen; verschalen – *vom Wellenschlag gesagt*; ausspülen)
aus|schal|men (*Forstw*; Bäume durch Schalmen zum Fällen aussondern)
aus|schal|ten
Aus|scha|lung (*fachspr*)
Aus|schank, *aber*: ausschenken
Aus|schau, die, _; _ halten · **ausschau|en** (*süddt, österr auch für* aussehen); gut _ (*süddt, österr*)
Aus|scheid, der, _[e]s, _e (Ausscheidungskampf, Vorkampf) · **ausschei|den** · **Aus|schei|dung**
aus|schen|ken; Bier, Wein _, *aber:* Ausschank
aus|sche|ren (*von Fahrzeugen gesagt*; die Linie verlassen, seitlich ausbiegen); es scherte aus; ausgeschert
aus|schif|fen (vom Schiff an Land bringen)
aus|schlach|ten (*auch umg*; bis zum letzten auseinandernehmen u. verwenden)

Aus|schlag; den _ geben · **aus|schla|gen** · **aus|schlag|ge|bend**
aus|schläm|men (Schlamm aus etw. entfernen)
aus|schlie|ßen · **aus|schließ|lich** [*od* ..'ʃli:s..]: 1. *Adj*: das _e Recht der Benutzung – 2. *Adv*: die Pflanze kommt _ im Gebirge vor – 3. *Präp* (*Abk* ausschl.) *mit Gen*: _ [der] Verpackung · **Aus|schließ|lich|keit,** die, _
Aus|schlupf · **aus|schlüp|fen**
Aus|schluß
aus|schmücken [*Tr* ...schmük|ken]
aus|schnei|den · **Aus|schnitt**
aus|schöp|fen
aus|schrei|ben ⟨*lat*⟩; ein Rezept _
aus|schrei|ten · **Aus|schrei|tung**
aus|schro|ten (*österr*; [Fleisch] zerlegen)
Aus|schu|hen, das, _s (*Vet*; das krankhafte Abfallen der Hornschuhe bei Huftieren)
aus|schu|len (aus der Schule herausnehmen – *österr auch für* an eine andere Schule versetzen) ⟨*grch* → *lat*⟩
Aus|schuß. *Zus K 365 ff.*: Ausschuß‿mitglied usw.
aus|schüt|teln *K 363* · **aus|schüt|ten**
aus|schwei|fen · **aus|schwei|fend** · **Aus|schwei|fung**
aus|schwin|gen (zu schwingen aufhören)
aus|schwit|zen
aus|se|hen *K 363* · **Aus|se|hen,** *K 363,* das, _s
aus|sei|hen
aus|sein (*umg*; zu Ende sein); auf etw. _ (etw. beabsichtigen, nach etw. streben); *vgl. auch K 159*
au|ßen; von _ [her]; nach innen und _; nach _ [hin] · **Au|ßen|al|ster** · **Au|ßen|bord|mo|tor** · **au|ßen|bords** *Adv* (*seem*; außen am Schiff)
aus|sen|den
Au|ßen|dienst · **au|ßen|dienst|lich**
Aus|sen|dung (*österr auch für* Verlautbarung)
Au|ßen|el|be · **Au|ßen|han|del,** der, _s · **Au|ßen|han|dels|vo|lu|men** [..v..] · **au|ßen|lie|gend** · **Au|ßen|mi|ni|ster** · **Au|ßen|po|li|tik,** die, _ · **au|ßen|po|li|tisch** · **Au|ßen|sei|ter** · **Au|ßen|stän|de** *Pl* (ausstehende Forderungen) · **Au|ßen|welt,** die, _
au|ßer:
1. *Konj*: _ daß, _ wenn, _ wo; *vgl. auch K 450 u. 390*; *seltener zwischen Satzteilen*: alle, _ ein Fahrgast, sind am Leben geblieben (*dafür üblicher die Verwendung von* außer *als Präp*: alle außer einem Fahrgast ...)
2. *Präp*: **a)** *mit Dat*: _ dem Hause; _ allem Zweifel sein; ich kann Ihnen alles _ Skistiefeln anbieten; _ Dienst (*Abk* a. D.); ich bin _ mir (empört); *K 176*: außerstand (↑ *d.*), außerstande (↑ *d.*); *K 117*: _ acht lassen, *aber K 92*: _ aller Acht lassen – **b)** *mit Akk* (*bei Verben der Bewegung*): etw. _ Kurs, _ Tätigkeit setzen; *aber K 176*: außerstand setzen – **c)** *mit Gen nur noch in*: _ Landes gehen, sein (*gehoben*) usw.
Au|ßer|acht|las|sen *K 101,* das, _s · **Au|ßer|acht|las|sung** · **au|ßer|dem** [*od* ..'de:m] · **au|ßer|dienst|lich** · **äu|ße|re:** *Großschreibung K 93*: Äußeres, das Äußere, im Äußeren, sein Äußeres, ein erschreckendes Äußeres, *auch* ein erschreckendes Äußere · **au|ßer|ehe|lich** · **au|ßer|ge|richt|lich** · **au|ßer|ge|wöhn|lich** [*auch* 'au..'vø:n..] · **au|ßer|halb:** 1. *Adv* – 2. *Präp mit Gen*: _ des Gartens · **Au|ßer|kurs|set|zung** · **äu|ßer|lich** · **Äu|ßer|lich|keit**
äu|ßerln *nur im Inf gebräuchlich* (*österr umg*; spazierenführen); den Hund _
äu|ßern *K 363*; sich (*Akk*) _
au|ßer|or|dent|lich [*auch* 'au..'ɔr..]; *K 258*: der Außerordentliche und Bevollmächtigte Botschafter · **au|ßer|plan|mä|ßig;** *Abk* apl. · **au|ßer|schu|lisch;** die _e Bildung und Erziehung
äu|ßerst:
1. *Adj*: **a)** *Kleinschreibung*: bis zum äußersten Bereich; *K 115*: bis zum äußersten (sehr); auf das *od* aufs äußerste (sehr) erschrocken sein – **b)** *Großschreibung K 94*: 20 Mark sind *od* ist (*K 387*) das Äußerste; das Äußerste befürchten; auf das *od* aufs Äußerste gefaßt sein; es auf das *od* aufs Äußerste ankommen, zum Äußersten kommen lassen; bis zum Äußersten gehen; er bringt mich zum Äußersten; jmdn. zum Äußersten reizen
2. *Adv* (sehr, überaus); er war _ erstaunt
au|ßer|stand; _ setzen · **au|ßer|stan|de** *K 176*; _ sein
äu|ßer|sten|falls *K 176*
au|ßer|tour|lich [..tu:r..] (*österr*; außerhalb der Reihenfolge, zusätzlich zum Fahrplan) ⟨*grch* → *lat* → *frz*⟩
Äu|ße|rung
aus|set|zen · **Aus|set|zung**
Aus|sicht, die, _, _en · **aus|sichts|los** *K 349*; *vgl.* ...los · **Aus|sichts|lo|sig|keit,** die, _ · **aus|sichts|reich** · **Aus|sichts|turm** · **aus|sichts|voll**
aus|söh|nen; sich (*Akk*) _
aus|son|dern *K 363*
aus|spä|hen; nach jmdm., etw. _; etw. _
aus|span|nen (*auch umg*; ablisten, abspenstig machen); er hat ihm die Freundin ausgespannt (*umg*) · **Aus|span|nung**
aus|spa|ren · **Aus|spa|rung**
aus|sper|ren (*kap Wirtsch*; streikende Werktätige entlassen) · **Aus|sper|rung** (*kap Wirtsch*)
aus|spie|len
Aus|spra|che · **Aus|spra|che|be|zeich|nung** · **aus|sprech|bar** · **aus|spre|chen;** sich (*Akk*) _
aus|spren|gen (*auch für* ein Gerücht verbreiten)
aus|sprit|zen
Aus|spruch
aus|spü|len · **Aus|spü|lung**
aus|staf|fie|ren (ausstatten, ausrüsten) ⟨*frz* → *ndrl*⟩
Aus|stand (*auch für* Streik – *süddt, österr auch für* das Ausscheiden aus der Schule od. dem Dienst) · **aus|stän|dig** (*süddt, österr*; [noch] ausstehend)
aus|stat|ten · **Aus|stat|tung**
aus|ste|chen
aus|ste|hen *K 363*; er kann mich nicht _ (leiden); er muß manches _ (ertragen); die Zusage steht noch aus (fehlt noch)
aus|stei|gen
aus|stei|nen; Pflaumen _
aus|stel|len · **Aus|stel|ler** · **Aus|stel|lung**
Aus|ster|be|etat [..e,ta(:)], der, _s; *nur in Wendungen wie* auf den _ setzen (*umg*; seiner Bedeutung, seines Einflusses berauben); auf dem _ stehen (*umg*; zu Ende gehen, eingehen; sich sehr verschlechtert haben) · **aus|ster|ben**
Aus|steu|er, die (*veraltend*) · **aus|steu|ern** *K 363*
Aus|stich (das Beste [vom Wein])
aus|stop|fen · **Aus|stop|fung**
Aus|stoß, der, _es (Leistung eines Produktionsbetriebes an Fertigwaren [in einem bestimmten Zeitraum]) · **aus|sto|ßen** · **Aus|stoß|quo|te** · **Aus|sto|ßung**
aus|strah|len · **Aus|strah|lung**
aus|strecken [*Tr* ...strek|ken]
aus|strei|chen
aus|streu|en
aus|strö|men
aus|su|chen
aus|ta|rie|ren (ins Gleichgewicht bringen – *österr auch für* das Gewicht der Verpackung feststellen) ⟨*arab* → *ital*⟩
Aus|tausch, der, _es · **aus|tau|schen** · **Aus|tausch|stoff** (Werkstoff, der an Stelle eines herkömml.

verwendet werden kann) · **aus|tausch|wei|se** *K 176*
aus|tei|len · **Aus|tei|lung**
Au|ster, die, _, _n ⟨*grch* → *lat* → *ndrl*⟩. *Zus K 365ff.*: Austern‿bank usw.
aus|to|ben; sich (*Akk*) _
aus|ton|nen (*Schiff*; ausbojen) ⟨*kelt* → *lat*⟩
Aus|trag, der, _[e]s (*süddt, österr*; Altenteil) · **aus|tra|gen** · **Aus|trä|ger** (Austragender) · **Aus|träg|ler** (*süddt, österr*; auf dem Altenteil Lebender) · **Aus|tra|gung**
au|stra|lid (*Anthrop*) ⟨*lat* + *grch*⟩ · **Au|stra|li|de,** der *u.* die, _n, _n *K 341* (*Anthrop*; vorwiegend in Australien u. Südasien lebender Mensch, der Beziehungen zum europiden, mongoliden u. negriden Rassenkreis aufweist u. keinem selbständigen Rassenkreis zugeordnet wird) · **Au|stra|lien** [..ĭən], *ohne Art* (1. Erdteil – 2. Staat) ⟨*lat*, ‚Südland'⟩ · **Au|stra|lier** [..ĭər], der, _s, _ · **au|stra|lisch;** *K 258*: die Australischen Alpen
Au|stra|sien [..ĭən] *od* **Au|strien** [..iən] (*Mittelalter*; der östl. Teil des Frankenreiches)
aus|trei|ben · **Aus|trei|bung**
aus|tre|ten
Au|stria (latein. Form von Österreich) · **Austrien** ↑ Austrasien
Aus|tritt
au|stro|asia|tisch *K 245*; die _en Sprachen (in Süd- u. Südostasien auftretende Sprachen)
aus|trock|nen
au|stro|ne|sisch *K 245*; die _en Sprachen (in Indonesien u. Ozeanien auftretende Sprachen)
aus|tüf|teln *K 363* (*umg*)
aus|üben · **Aus|übung**
aus|ufern (*von Flüssen usw. gesagt*; über die Ufer treten) · **Aus|ufe|rung**
aus und ein; *vgl.* aus (2)
Aus|ver|kauf · **aus|ver|kau|fen**
aus|wach|sen; *K 102*: es ist zum Auswachsen (*umg*; es ist zum Verzweifeln)
aus|wä|gen
Aus|wahl. *Zus K 365ff.*: Auswahl‿spieler usw. · **aus|wäh|len**
Aus|wan|de|rer. *Zus K 365ff.*: Auswanderer‿schiff usw. · **aus|wan|dern** *K 363* · **Aus|wan|de|rung,** die, _
aus|wär|tig; *K 258*: Ministerium für Auswärtige Angelegenheiten · **aus|wärts;** nach, von _; nach _ gehen. *Schreibung in Verbindung mit Verben K 144–148*
aus|wa|schen · **Aus|wa|schung**
aus|wech|seln *K 363* · **Aus|wechs|lung** *K 363*
Aus|weg · **aus|weg|los;** *vgl.* ...los · **Aus|weg|lo|sig|keit,** die, _
Aus|wei|che (*landsch*; Ausweichstelle, Weitung eines schmalen Weges) · **aus|wei|chen** · **aus|wei|chend** · **Aus|weich|stel|le**
aus|wei|den (*weidm*; das Gescheide entfernen [bei Niederwild])
Aus|weis, der, _es, _e · **aus|wei|sen** (des Landes verweisen); sich (*Akk*) _ · **Aus|weis|pa|pie|re** *Pl*
aus|wei|ßen ([Innenräume] weißen, tünchen)
aus|wei|ten · **Aus|wei|tung**
aus|wen|dig; *K 135*: etw. _ lernen, *aber K 101*: das Auswendiglernen
aus|wer|fen
aus|wer|keln (*österr umg*; stark abnutzen); das Gewinde ist ausgewerkelt
aus|wer|ten · **Aus|wer|tung**
aus|wet|zen; eine Scharte _
aus|wickeln [*Tr* ...wik|keln] *K 363*
aus|win|den (*landsch u. österr, schweiz*; auswringen)
aus|win|tern (*von Getreidesaaten gesagt*; durch Frost absterben); die Saat ist ausgewintert · **Aus|win|te|rung,** die, _ (*Landw*)
aus|wir|ken, sich (*Akk*); sich auf etw. _ · **Aus|wir|kung**
aus|wi|schen; jmdm. eins _ (*salopp*; jmdm. einen üblen Streich spielen)
aus|wit|tern (durch Witterungseinflüsse schadhaft werden)
aus|wrin|gen (*landsch*); Wäsche _
Aus|wuchs
aus|wuch|ten (*Techn*; Unwuchten beseitigen)
Aus|wurf · **Aus|würf|ling** (*Geol*; von einem Vulkan ausgeworfenes Lava- bzw. Gesteinsstück) · **Aus|wurfs|mas|se** (*Geol*)
aus|zah|len · **aus|zäh|len** · **Aus|zah|lung** · **Aus|zäh|lung**
aus|zeich|nen; sich (*Akk*) _ · **Aus|zeich|nung**
aus|zie|hen
aus|zir|keln *K 363* ⟨*grch* → *lat*⟩ · **Aus|zir|ke|lung** *K 363*
Aus|zu|bil|den|de, der *u.* die, _n, _n *K 341*
Aus|zug (*landsch auch noch für* Altenteil – *schweiz auch für* erste Altersklasse der Wehrpflichtigen) · **Aus|züg|ler** (*noch landsch*; auf dem Altenteil Lebender – *schweiz auch für* Wehrpflichtiger der ersten Altersklasse) · **Aus|zug|mehl** · **aus|zugs|wei|se** *K 176*
aut|ark (*Wirtsch*; sich selbst versorgend; wirtschaftlich vom Ausland unabhängig) ⟨*grch*⟩ · **Aut|ar|kie,** die, _ (*Wirtsch*)
Authentie ↑ Authentizität · **au|then|ti|fi|zie|ren** (die Echtheit bezeugen, beglaubigen) ⟨*grch* → *lat*⟩ · **au|then|tisch** (echt; zuverlässig; glaubwürdig) ⟨*grch*⟩ · **au|then|ti|sie|ren** (*Rechtsw*; glaubwürdig machen) ⟨*grch* → *lat*⟩ · **Au|then|ti|zi|tät** ⟨*grch* → *lat*⟩, *auch* **Au|then|tie** ⟨*grch*⟩, die, _ (Echtheit; Glaubwürdigkeit)
Au|to, das, _s, _s *Kurzw* (Automobil – *Polygr*; Autotypie); *K 131*: Auto fahren, ich bin Auto gefahren, *aber K 101*: das Autofahren. *Zus K 365ff.*: Auto‿atlas, ...fahrt usw. · **Au|to|bahn** · **Au|to|bahn|rast|stät|te**
Au|to|bio|gra|phie *K 54*, die, _, ..ien (Beschreibung des eigenen Lebens) ⟨*grch*⟩ · **au|to|bio|gra|phisch** *K 54*
Au|to|bus, der, ..busses, ..busse (Omnibus) ⟨*grch* + *lat*, *aus Auto*mobil + Omni*bus*⟩; *Kurzw* Bus
Au|to|car, der, _s, _s (*schweiz*; Ausflugsomnibus, Omnibus für Gesellschaftsfahrten) ⟨*grch* + *engl*⟩; *Kurzw* Car
au|to|chthon [autɔx'to:n] (ureingesessen – *Geol*; am Ort entstanden) ⟨*grch*⟩ · **Au|to|chtho|ne,** der, _n, _n (Ureinwohner)
Au|to|da|fé [..'fe:], das, _s, _s (*hist*; Ketzerverbrennung) ⟨*portug*, ‚Akt des Glaubens'⟩
Au|to|di|dakt, der, _en, _en (jmd., der sich durch Selbstunterricht bildet) ⟨*grch*, ‚Selbstlerner'⟩ · **Au|to|di|dak|ten|tum,** das, _[e]s · **au|to|di|dak|tisch**
Au|to|drom, das, _s, _e (Übungsgelände für Auto- u. Motorradfahrer) ⟨*grch*⟩
Au|to|fah|ren, das, _s, *aber K 131*: Auto fahren · **Au|to|fahrt**
Au|to|ga|mie, die, _ (*Biol*; Selbstbefruchtung) ⟨*grch*⟩
au|to|gen (aus eigenen Kräften hervorgehend; selbsttätig) ⟨*grch*⟩; das _e Schweißen (*Techn*); das _e Training (*Med*)
Au|to|gramm, das, _s, _e (eigenhändige Unterschrift einer bekannten Persönlichkeit) ⟨*grch*, ‚Selbstschrift'⟩ · **Au|to|graph,** das, _, *Pl* _e *od* _en (eigenhändig geschriebenes Schriftstück einer bedeutenden Persönlichkeit)
Au|to|klav, der, _s, _en [..v..] (*fachspr*; Stahlgefäß für chem. Reaktionen bei hohem Druck u. hohen Temperaturen od. zur Keimfreimachung von Instrumenten) ⟨*grch* + *lat*⟩
Au|to|krat, der, _en, _en (Selbst-, Alleinherrscher) ⟨*grch*⟩ · **Au|to|kra|tie,** die, _, ..ien (Alleinherrschaft, auf Selbstherrschaft beruhendes

diktator. Regime) · **au|to|kra|tisch**

Au|to|mat, der, _en, _en (selbsttätiger Verkaufs- bzw. Arbeitsapparat) *(grch)* · **Au|to|ma|ten|re|stau|rant** [..rεsto,raŋ] · **Au|to|ma|tik:** 1. die, _ (Selbststeuerung von Vorrichtungen u. Maschinen) – 2. die, _, _en (die dafür vorhandenen Apparaturen) · **Au|to|ma|tik|gurt** · **Auto|mation** ↑ Automatisierung · **au|to|ma|tisch** (selbsttätig, selbstregelnd; unwillkürlich) · **au|to|ma|ti|sie|ren** *(grch → lat)* · **Au|to|ma|ti|sie|rung** *(grch → lat), auch* **Au|to|ma|tion** *(grch → engl)*, die, _ (vollständige Mechanisierung des gesamten Fertigungsprozesses, der nach einem bestimmten Programm ohne unmittelbares Eingreifen des Menschen selbsttätig überwacht u. gesteuert wird) · **Au|to|ma|tis|mus,** der, _, ..men *(Psych*; Bez. für alle sich wiederholenden, der bewußten Kontrolle entzogenen Vorgänge [z. B. Atmung, bedingte Reflexe u. ä.]) *(grch → lat)*

Au|to|mo|bil, das, _s, _e *(veraltend*; Kraftfahrzeug, Kraftwagen) *(grch + lat*, ‚Selbstbeweger'); *Kurzw* Auto · **Au|to|mo|bi|list** *(noch schweiz*; Autofahrer)

au|to|nom (selbständig, unabhängig) *(grch)*; *K 119*: die autonomen sozialistischen Sowjetrepubliken, *aber K 258*: die Autonome Sozialistische Sowjetrepublik *(Abk* ASSR) *als Teil eines Namens* · **Au|to|no|mie,** die, _, ..ien (Eigengesetzlichkeit; Selbstverwaltung; Unabhängigkeit) · **Au|to|no|mist** (Kämpfer für die Autonomie)

Au|to|pi|lot *(Luftf, Raumf*; Flugregler, automat. Flugreglungseinrichtung) *(grch)*

Aut|op|sie, die, _, ..ien (Prüfung durch Augenschein, Eigenbeobachtung – *Med*; Leichenöffnung) *(grch)*

Au|tor, der, _s, ..oren (Verfasser; Urheber) *(lat)* · **Au|to|ren|kol|lek|tiv**

Au|to|ri|sa|tion (Ermächtigung, Vollmacht) *(lat)* · **au|to|ri|sie|ren** · **au|to|ri|siert;** eine _e ([einzig] berechtigte) Übersetzung · **au|to|ri|tär** (sich auf angemaßte Macht stützend); ein _er Staat · **Au|to|ri|tät** (maßgebender Einfluß, Ansehen; anerkannter u. daher maßgebender Fachmann) · **au|to|ri|ta|tiv** (auf Autorität beruhend; entscheidend, maßgebend) · **Au|tor|kor|rek|tur** *od* **Au|to|ren|kor|rek|tur** · **Au|tor|re|fe|rat** (Besprechung eines Werkes usw. durch den Autor) · **Au|tor|schaft** (Urheberschaft)

Au|to|sug|ge|stion [*od* ..'tio:n] (Selbstbeeinflussung; Selbsttäuschung) *(grch + lat)*

au|to|troph *(Biol*; aus anorganischen Stoffen organische aufbauend) *(grch)*

Au|to|ty|pie, die, _, ..ien *(Polygr*; Rasterätzung) *(grch)*; *Kurzw* Auto

autsch! *(salopp)*

Au|ver|gne [o'vεrnjə], die, _ (Gebirgslandsch. in Südfrankreich)

Au|wald *od* **Aue|wald,** *auch* **Au|en|wald**

au|weh!

Avan|ce [a'vã:sə *od* a'vaŋsə], die, _, _n; *nur noch in* jmdm. _n machen (Hoffnungen machen, Entgegenkommen zeigen) *(lat → frz)* · **avan|cie|ren** [avã'si:.. *od* avaŋ'si:..] (befördert werden; aufrücken)

Avant|gar|de [a'vaŋ.. *od* a'vã:gardə] (Vorhut, Vortrupp; die fortgeschrittensten Kräfte [einer Bewegung]) *(lat → frz)* · **Avant|gar|dist** [avaŋgar.. *od* avãgar..] (Vorkämpfer) · **avant|gar|di|stisch**

avanti! [..v..] *(umg*; vorwärts!, los!) *(lat → ital)*

Ave-Ma|ria [,a:ve..], das, _[s], _[s] (ein kathol. Gebet) *(lat*, ‚gegrüßt seist du, Maria!') · **Ave-Ma|ria-Läu|ten** *K 188*, das, _s *(kath Kirche)*

Aven|tin [..v..], der, _s *od* **Aven|ti|ni|sche Hü|gel** *K 258*, der, *Gen* _n _s (einer der sieben Hügel Roms) *(lat)*

Aven|tiu|re [avεn'ty:rə], die, _, _n (Abschnitt eines mhd. Epos mit der Beschreibung eines Abenteuers) *(lat → frz)*

Ave|nue [avə'ny:], die, _, _n [..'ny:ən] (Prachtstraße, Allee) *(lat → frz)*

Avers [a'vεrs], der, _es, _e *(Münzw*; Vorder-, Bildseite einer Münze od. einer Medaille) *(lat)* · **Aver|sion** (Abneigung, Widerwille) *(lat → frz)*

Avi|gnon ['avinjɔŋ *od* avi'njɔ̃:] (Stadt in Südfrankreich)

avio|che|misch [avio'çe:.., *österr* ..'ke:..] *(lat + grch)*; _er Flugdienst (Institution, die Düngung, Schädlings- u. Unkrautbekämpfung mit Flugzeugen ausführt)

Avis [a'vi:s] *(lat → ital)*, der *od* das, _es, _e *od* **Avis** [a'vi:] *(lat → frz)*, der *od* das, _, _ *od* **Avi|so** [a'vi:zo(:)] *(lat → ital)*, *österr nur so*, das, _s, _s *(Wirtsch*; Nachricht, Ankündigung, Anzeige) · **avi|sie|ren** [avi..] *(bes Wirtsch*; signalisieren; benachrichtigen; schriftlich ankündigen, anzeigen) *(lat → frz u. ital)*

a vi|sta [_ v..] *(Bankw*; auf od. bei Sicht, bei Vorlage fällig) *(ital)* · **Avi|sta|wech|sel** *(Bankw*; Sichtwechsel)

Avit|ami|no|se [..v..], die, _, _n *(Med*; Vitaminmangelkrankheit) *(grch + lat + grch)*

avi|vie|ren [avi'vi:..] *(Textiltechn*; gefärbten Geweben Glanz geben) *(lat → frz u. ital)*

Awa|re, der, _n, _n (Angehöriger eines untergegangenen, zu den Turkvölkern gehörenden Nomadenstammes) · **awa|risch**

Awe|sta, das, _ (Sammlung heiliger Schriften der Parsen) *(pers*, ‚Grundtext'); *vgl. aber* Zendawesta · **awe|stisch**

[1]**Axel** (m. Vn.) *(skand Kurzf von* Absalom)

[2]**Axel,** der, _[s], _ *(Eiskunstl*; Sprung mit eineinhalbfacher Drehung) *(nach* dem norweg. Eisläufer Axel Paulsen)

Axen|stra|ße, die, _ (am Ostufer des Vierwaldstätter Sees)

axial (achsig; auf eine Achse bezogen, in der Achsenrichtung; symmetrisch angeordnet [z. B. Schriftsatz]) *(lat)* · **Axia|li|tät** · **Axial|ver|schie|bung**

axil|lar *(Bot*; blattachselständig) *(lat)* · **Axil|lar|knos|pe** *(Bot*; Achselknospe)

Axiom, das, _s, _e (unmittelbar einleuchtender grundlegender Lehrsatz) *(grch)* · **axio|ma|tisch**

Ax|min|ster|tep|pich ['εks.., *auch* 'aks..] (gewebter Florteppich) *(nach* der engl. Stadt)

Axo|lotl, der, _s, _ (eine mexikan. Molchart) *(indian)*

Axo|no|me|trie, die, _, ..ien *(Geom*; maßstabgetreue Darstellung eines Körpers durch Bezug auf ein Achsensystem) *(grch)*; *vgl. auch* dimetrische _, isometrische _ u. trimetrische _

Axt, die, _, *Pl* Äxte · **Axt|helm** *(landsch*; Axtstiel)

Aza|lee, *auch* **Aza|lie** [..iə], die, _, _n (eine Zuchtform aus verschiedenen Rhododendronarten) *(grch*, ‚die Dürre')

Aze|pha|le, der *u.* die, _n, _n *K 341* *(Zool, Med*; Mißgeburt, bei der der Kopf fehlt) *(grch → lat)* · **Aze|pha|lie,** die, _ *(Zool, Med*; das Fehlen des Kopfes)

Azet|al|de|hyd *(lat + arab + lat + grch)*, der, _s *od* **Ätha|nal**[1] *(grch + arab)*, das, _s *(Chem*; ein Alkanal) · **Aze|tat,** das, _[e]s, _e *(Chem*; Salz der Essigsäure) *(lat)* · **Aze|tat|sei|de** (eine Kunstseide) · **Aze|ton** *(lat + grch) od* **Pro|pa|non** *(grch)*, das, _s *(Chem*; ein

---

[1] *Vgl.* Fußnote zu »Äthan«.

Alkanon [Lösungsmittel]) · **Azetylen:** 1. ↑ Äthin; 2. ↑ Alkine – **Azetylene** ↑ Alkine · **Azetylenkohlenwasserstoffe** ↑ Alkine

Azid, das, _[e]s, _e (*Chem*; Salz der Stickstoffwasserstoffsäure) ⟨*lat*⟩ · **Azi|di|tät,** die, _ (*Chem*; Säuregrad einer Flüssigkeit)

Azi|mut, der *od* das, _[e]s, _e (*Astron*; Größe zur Sternortbestimmung) ⟨*arab*⟩ · **azi|mu|tal** (*Astron*)

Azo|farb|stoff (*Chem*; synthet. Farbstoff) ⟨*grch* → *frz*⟩ · **Azo|grup|pe** (*Chem*; eine Stickstoffgruppe in Verbindungen) · **Azoi|kum,** das, _s (*Geol*; älteste Zeit der Erdgeschichte ohne nachweisbare Lebewesen) ⟨*grch* → *lat*⟩ · **azo|isch** (*Geol*)

Azo|ren *Pl* (Inselgruppe im Atlantik) ⟨*portug*, ‚Habichtsinseln'⟩

Az|te|ke, der, _n, _n (Angehöriger eines ehemals hochstehenden indian. Kulturvolkes in Mexiko) · **Az|te|ken|reich,** das, _[e]s

Azur, der, _s (Himmelsblau) ⟨*pers* → *arab* → *frz*⟩ · **azur|blau;** *vgl.* blau · **Azu|ree|li|nien** [..ĭən] *Pl* (*fachspr*; waagerechtes Linienfeld für Wertangaben in Vordrucken) · **azu|riert** (*fachspr*; mit Azureelinien versehen) · **Azu|rit,** der, _[e]s (*Mineral*; kristallines Kupferkarbonat) · **azurn** (himmelblau)

azy|klisch [*od* a'tsy(:)..]: 1. (nicht zyklisch) – 2. *od* **ali|pha|tisch** (*Chem*; keine ringförmig angeordneten Kohlenstoffatome enthaltend) ⟨*grch*⟩

B

B [be:], das, *Gen* des B, *Pl* die B (Buchstabe)

b [be:]: 1. das, _, _ (*Mus*; Tonbezeichnung) – 2. (*Mus*; Tonartbezeichnung [↑ b-Moll]) · **B:** 1. das, _, _ (*Mus*; Tonbezeichnung) – 2. (*Mus*; Tonartbezeichnung [↑ B-Dur])

Baal (*semit Mythol*; Gott des Himmels u. allg. Gottesbezeichnung) ⟨*hebr*, ‚Herr'⟩

Baal|bek (Stadt in Libanon)

Baas, der, _es, _e (*nordt*; Herr, Meister; Vermittler)

Ba|ba-Ja|ga, die, _, _s (*russ Märchen*; Hexe) ⟨*russ*⟩

bab|beln *K 363* (*landsch umg*; schwatzen)

Babel ↑ Babylon

Bab el Man|deb (Meerenge zw. Rotem Meer u. Indik) ⟨*arab*, ‚Tor der Tränen'⟩

Ba|ben|ber|ger, der _s, _ (Angehöriger eines ostfränk. Fürstengeschlechts) ⟨*nach* der Stammburg Bamberg⟩

Ba|bu|schen *Pl* (*landsch umg*; Stoffpantoffeln); *Sg* Ba|bu|sche, die, _ ⟨*pers* → *türk* → *slaw*⟩

Ba|by ['be:bi], das, _s, _s (Säugling) ⟨*engl*⟩ · **Ba|by|jahr** (bezahlte Freistellung der Mutter zur Betreuung des Babys)

Ba|by|lon ⟨*akkad*, ‚Tor Gottes'⟩ *od* **Ba|bel** ⟨*hebr*⟩ (*Altertum*; Stadt in Mesopotamien) · **Ba|by|lo|nien** [..ĭən] (*Altertum*; Reich in Mesopotamien) · **Ba|by|lo|nier** [..ĭər], der, _s, _ · **ba|by|lo|nisch;** *vgl. auch K 265ff.*; *K 258*: die Babylonische Gefangenschaft (Zwangsumsiedlung der Israeliten im 6. Jh. v. u. Z.)

Ba|by|sit|ter ['be:bi..], der, _s, _ (jmd., der Kleinkinder bei Abwesenheit der Eltern beaufsichtigt) ⟨*engl*⟩

Bac|cha|nal [baxa.., *österr auch* baka..], das, _s, *Pl* _e *od* _ien [..ĭən] (wüstes Trinkgelage – *Antike*; röm. Bacchusfest) ⟨*grch* → *lat*, *nach* Bacchus⟩ · **Bac|chant** (Teilnehmer an einem Bacchanal; trunkener Schwärmer) · **Bac|chan|tin,** die, _, ..innen · **bac|chan|tisch** (trunken; ausgelassen; ausschweifend) · **bac|chisch** (Bacchus betreffend) · **Bac|chus** (*griech-röm Mythol*; Gott des Weines)

Bach, der, _[e]s, *Pl* Bäche. *Zus K 365ff.*: Bach‿forelle usw.

Ba|che, die, _, _n (*weidm*; weibl. Wildschwein) · **Ba|cher,** der, _s, _ (*weidm*; zwei- bis vierjähriges männl. Wildschwein)

back (*seem*; zurück) · **[1]Back,** die, _, _en (*seem*; Eßschüssel, -tisch, -gemeinschaft; Aufbau auf dem Vorschiff)

[2]Back [bɛk], der, _s, _s (*schweiz*; Verteidiger beim Fußball) ⟨*engl*⟩

back|bord (*seem*; links); hart _!; _ voraus! ⟨*zu* [1]Back⟩; *Ggs* steuerbord · **Back|bord,** das, *österr* der, _[e]s, _e (*seem*; die linke Schiffsseite [von hinten gesehen]); *Ggs* Steuerbord · **back|bords** (*seem*; links, auf der linken Seite); *Ggs* steuerbords

Bäck|chen · **Backe**[1], die, _, _n

backen[1]: 1. (durch trockene Hitze gar machen); du bäckst, er bäckt; du bukst, *auch* backtest; gebacken; back[e]! – 2. (kleben; *nur mit schwacher Konjugation* der Schnee backt, backte, hat gebackt

[1] *Tr*..k|k..

Backen[1]: 1. der, _s, _ (*landsch*; Backe) – 2. ↑ [1]Back · **Backenbart**[1] · **Backen|zahn**[1], *auch* **Backzahn**

Bäcker[1] · **Bäcke|rei**[1] (*österr auch für* süßes Gebäck) · **Bäcker|laden**[1] · **Bäcker[s]|frau**[1] · **Back|fisch** (*veraltend*; halbwüchsiges Mädchen)

Back|ground ['bɛkgraunt], der, _s (*Filmw, Theat*; Hintergrund – *Mus*; Klanghintergrund) ⟨*engl*⟩ · **Back|ground|mu|sik** · **Back|hand** ['bɛkhɛnt], der, _[s], _s (*Sport*; Rückhandschlag beim Tennis)

Back|hendl, das, _s, _[n] (*österr*; Backhuhn, -hähnchen) · **Back‿obst, ...ofen**

Back|pfei|fe (*umg*; Ohrfeige)

Back|stag (*seem*; den Mast von hinten haltendes Seil) ⟨*zu* back⟩

Back|stein · **Back|stein|bau,** *Pl* ..bauten

Backzahn ↑ Backenzahn

Ba|con ['be:kən], der, _s (geräucherter durchwachsener Speck) ⟨*germ* → *frz* → *engl*⟩

Bad, das, _[e]s, *Pl* Bäder · **Bad ...** (Ortsnamenzusatz); *vgl.* die betreffenden Ortsnamen · **Ba|de|an|stalt**

Bae|de|ker *K 318*, der, *Gen* _s, *auch* _, *Pl* _ (ein Reisehandbuch) ⟨*nach* dem Begründer⟩

ba|den; gebadet; _ gehen (*auch umg*; scheitern)

Ba|den (1. Teil des Bundeslandes Baden-Württemberg [BRD]) – 2. Stadt in Österreich) · **Ba|den-Ba|den** *K 244* (Stadt im SW der BRD) · **Ba|de|ner:** 1. *auch* **Ba|den|ser** ⟨*latinis*, *zu* Baden (1)⟩ *K 231*: *a.* der, _s, _ (in Baden [1] Geborener od. Wohnender); *b. als Attribut K 232*: die Badener, *auch* Badenser Verkehrszentren – 2. *auch* **Bad|ner** (*K 236*) *K 231*: *a.* der, _s, _ (in Baden [2] Geborener od. Wohnender); *b. als Attribut K 232*: die Badener, *auch* Badner Heilquellen · **ba|de|nisch** (Baden [2] betreffend) · **ba|densisch** ↑ badisch · **Ba|den-Würt|tem|berg** *K 244* (Bundesland der BRD)

Ba|de|ort, *Pl* ..orte · **Ba|der** (*veraltet*; Friseur; Heilgehilfe)

Bad|ga|stein [..st..] (Ort in Österreich) · **ba|disch,** *auch* **ba|den|sisch** ⟨*zu* Baden⟩

Badminton ↑ Federball

Badner ↑ Badener (2)

Ba|fel *od* **Bo|fel,** *auch* **Pa|fel,** der, _s: 1. *süddt, österr* **Po|fel** (Ausschußware) – 2. (*landsch*; Geschwätz) ⟨*Herkunft umstritten*⟩

baff *od* **paff;** *in der Wendung* _ (*umg*; verblüfft) sein

[1] *Tr*..k|k..

Ba|ga|ge [..'ga:ʒə, *österr* ..'ga:ʒ] (*veraltend*; Gepäck – *umg*; Gesindel) ⟨*frz*⟩

Ba|ga|tel|le, die, –, –n (unbedeutende Kleinigkeit – *Mus*; kurzes Instrumentalstück) ⟨*frz*⟩ · ba|ga|tel|li|sie|ren (als Bagatelle behandeln) · Ba|ga|tell|sa|che

Bag|dad (Hptst. von Irak) ⟨*pers*, ‚Gottesgeschenk'⟩ · Bag|da|der: 1. *K 231*: der, –s, –; 2. *als Attribut K 232*

Bag|ger, der, –s, – (Maschine zum Lösen u. Fördern von Erde od. Mineralen) ⟨*ndrl*⟩ · Bag|ger|fah|rer · bag|gern *K 363* (mit dem Bagger arbeiten)

Bag|stall, der, –s, *Pl* –e *od* ..ställe (*österr*; »beigestellter« Pfosten)

bah! *od* pah! (*umg*; Ausruf der Geringschätzung) · bäh! (*umg*; Ausruf der Schadenfreude)

Ba|ha|ma|er *od* Ba|ha|mer, der, –s, – · ba|ha|ma|isch *od* ba|ha|misch · Ba|ha|mas *od* Ba|ha|ma|in|seln (*K 246*) *Pl* (im westl. Atlantik)

bä|hen (*landsch*; [feucht] wärmen – *süddt, österr, schweiz*; rösten)

Bahn, die, –, –en; – brechen; sich (*Dat*) – brechen. *Zus K 365 ff.*: Bahn‿damm usw. · bahn|bre|chend; *K 161*: eine bahnbrechende Erfindung, *aber*: sich durch das Dickicht Bahn brechend · Bähn|chen · bah|nen; sich (*Dat*) einen Weg – · bah|nen|wei|se *K 176* · Bahn|hof; *Abk* Bf. · Bahn|hofs|hal|le · bahn|la|gernd · Bahn|steig

Bah|re, die, –, –n (Gestell zum Tragen u. Aufbahren von Toten)

Bah|rein [*od* bax'rɛin], *amtl* Staat Bah|rein (auf den Bahreininseln) · Bah|rei|ner, der, –s, – · Bah|rein|in|seln *K 246 Pl* (im Pers. Golf) · bah|rei|nisch

Bahr|tuch, *Pl* ..tücher (Leichentuch)

Baht, der, –, – (Währungseinheit in Thailand) ⟨*sinotibet*⟩

Bä|hung (*landsch*; Heilbehandlung mit warmen Umschlägen)

Bai, die, –, –en (Meeresbucht) ⟨*span → frz → ndrl*⟩

Bai|kal-Amur-Ma|gi|stra|le, die, – (Eisenbahnstrecke im SO der UdSSR); *Kurzw* BAM · Bai|kal|see (*K 246*), der, –s, *kurz* Bai|kal, der, –[s] (in Sibirien) ⟨*tat*⟩

Bai|ko|nur [..'nu:r] (Kosmodrom in Kasachstan)

bai|risch (*Sprachw*; bayerisch)

Bai|ser [bɛ'ze:], das, –s, –s (ein Schaumgebäck) ⟨*lat → frz*, ‚Kuß'⟩

Bais|se ['bɛ:sə *od* bɛ:s, *österr nur so*], die, –, –n [..s(ə)n] (*kap Wirtsch*; [starkes] Fallen der Börsenkurse) ⟨*lat → frz*⟩; *Ggs* Hausse

Ba|ja|de|re, die, –, –n (ind. Tempeltänzerin) ⟨*grch → lat → portug → ndrl*⟩

Ba|jaz|zo, der, –s, –s (italien. Lustspielfigur) ⟨*ital*⟩

Ba|jo|nett, das, –[e]s, –e (Seitengewehr) ⟨*frz, nach* der Stadt Bayonne [ba'jɔn]⟩ · Ba|jo|nett|ver|schluß ([leicht lösbarer] Drehsteckverschluß)

Ba|ju|wa|re, der, –n, –n (Angehöriger eines german. Volksstammes – *noch scherzh*; Bayer) · ba|ju|wa|risch

Ba|ke, die, –, –n (feststehendes Seezeichen; Hinweiszeichen an Straßen u. an Eisenbahnstrecken) · Ba|ken|ton|ne (schwimmendes Seezeichen)

Bak|ka|lau|re|at, das, –[e]s, –e (unterster akadem. Grad in Frankreich, England, Kanada u. in den USA) ⟨*lat*⟩ · Bak|ka|lau|re|us [..re:us], der, –, ..rei [..re:i(:)] (Inhaber des Bakkalaureats)

Bak|ka|rat ('baka.., *auch* ..'rat], das, –s (ein Kartenglücksspiel) ⟨*frz*⟩

Bak|ken, der, –, – (*Sport*; Sprungschanze) ⟨*norw*⟩

Bak|schisch [*od* ..'ʃiʃ], das, *österr meist* der, –[e]s, –e (Trinkgeld – *auch* Bestechungsgeld) ⟨*pers → arab*⟩

bak|te|ri|ell (durch Bakterien hervorgerufen, die Bakterien betreffend) ⟨*grch → frz*⟩ · Bak|te|rien [..iən] *Pl* (Spaltpilze [zum Teil Krankheitserreger]); *Sg* Bak|te|rie [..iə] ⟨*grch*⟩, die, – *od* Bak|te|rium ⟨*grch → lat*⟩, das, –s · Bak|te|rien|fil|ter · Bak|te|rio|lo|ge, der, –n, –n (Wissenschaftler auf dem Gebiet der Bakteriologie) ⟨*grch*⟩ · Bak|te|rio|lo|gie, die, – (Bakterienkunde, Lehre von den Bakterien) · bak|te|rio|lo|gisch · Bakterium ↑ Bakterien · Bak|te|ri|zid, das, –[e]s, –e (*fachspr*; bakterientötender Stoff) ⟨*grch + lat*⟩

Bak|trer, der, –s, – (Bewohner von Baktrien) · Bak|trien [..iən] (*Altertum*; Landsch. im O des Perserreiches) · bak|trisch

Ba|ku [*od* ba'ku:] (Hptst. von Aserbaidshan) · Ba|ku|er: 1. *K 231*: der, –s, –; 2. *als Attribut K 232*

Ba|la|lai|ka, die, –, *Pl* –s *od* ..ken (russ. Zupfinstrument) ⟨*russ*⟩

Ba|lan|ce [..'laŋsə *od* ..'lã:s(ə), *österr* ..'lã(:)s], die, –, –n (Gleichgewicht) ⟨*lat → frz*⟩ · ba|lan|cie|ren [..laŋ'si:.. *od* ..lã'si:..] (das Gleichgewicht halten)

Ba|la|ton, der, –[s], *dt* Plat|ten|see, der, –s (in Ungarn) · Ba|la|to|ner: 1. *K 231*: der, –s, –; 2. *als Attribut K 232*

Bal|bier, der, –s, –e (*noch landsch scherzh*; Friseur) · bal|bie|ren; *noch in* jmdn. über den Löffel – (*umg*; jmdn. betrügen)

Bal|boa, der, –[s], *Pl* –[s] *u. bei Wertangabe* (*K 310*) Balboa (Währungseinheit in Panama) ⟨*nach* dem span. Eroberer⟩

Bal|chasch|see [..x.. *od* ..'xaʃ..], der, –s (in Kasachstan)

bald; *Steigerung* eher, ehestens; möglichst bald, tunlichst bald; so bald wie, *älter* als möglich (*vgl. K 381 u.* sobald); bald ... bald (*vgl. auch K 450*); *vgl. auch* allzubald

Bal|da|chin ['baldaxi:n, *österr auch* ..'xi:n], der, –s, –e (Prunkhimmel, Traghimmel) ⟨*nach* italien. Baldacco [..'dako] = Bagdad⟩ · bal|da|chin|ar|tig

Bäl|de, die; *nur noch in* in Bälde (bald) · bal|dig; –st · bald|mög|lichst *K 350*, *dafür besser* möglichst bald

Baldr ⟨*anord*⟩ *od* Bal|dur ⟨*isl*⟩ (*nord Mythol*; Gott des Lichts)

Bal|drian, der, –s, –e ⟨*lat*⟩; *K 254*: Echter – (Arzneipflanze). *Zus K 365 ff.*: Bal|drian‿tee usw.

Baldur ↑ Baldr

Ba|lea|ren *Pl* (Inselgruppe im westl. Mittelmeer)

Balg: 1. der, –[e]s, *Pl* Bälge (Luftsack, -behälter [an Musikinstrumenten] – *weidm*; das Fell verschiedener Wildtiere; die abgezogene befiederte Vogelhaut) – 2. der *od* das, –[e]s, *Pl* Bälger (*umg*; ungezogenes Kind)

Bal|ge, die, –, –n (*norddt*; Fahrwasser im Wattenmeer; Waschfaß) ⟨*frz → ndrl*⟩

bal|gen, sich (*Akk*) (sich raufen) · Bal|gen, der, –s, – (*Fototechn*; zusammenfaltbares Verbindungsstück von Objektiv u. Kamerarückteil) · Bälger ↑ Balg (2) · Bal|ge|rei

Ba|li (eine der Kleinen Sundainseln) · Ba|li|ne|se, der, –n, –n · ba|li|ne|sisch

Bal|kan, der, –s (Gebirge in Bulgarien – *auch kurz für* Balkanhalbinsel) ⟨*türk*, ‚Gebirge'⟩ · Bal|kan|halb|in|sel *K 246*, die, –; *kurz* Balkan · bal|ka|nisch

Bälk|chen · Bal|ken, der, –s, –. *Zus K 365 ff.*: Balken‿kopf usw. · Bal|kon [..'kɔŋ], der, –s, –s *u.* [..'ko:n, *österr nur so*], der, –s, –e *K 307* ⟨*germ → ital → frz*⟩

¹Ball, der, –[e]s, *Pl* Bälle (kugelförmiges Sport- od. Spielgerät); *K 131*: Ball‿spielen, *aber K 101*: das Ballspielen

²Ball, der, –[e]s, *Pl* Bälle (Tanzfest) ⟨*grch → lat → frz*⟩. *Zus K 365 ff.*:

Ball‿abend usw. · **Bal|la|de** (dramatisch bewegtes episch-lyrisches Gedicht) ⟨*grch → lat → frz → engl*⟩ · **bal|la|den|haft** *od* **bal|la|desk;** ‿e Erzählung · **Bal|la|den|stoff**

Bal|last, ['ba.., *auch* ..'last, *österr nur so*], der, ‿es, ‿e (wertlose Fracht zum Gewichtsausgleich; Bürde) · **Bal|last|stof|fe** *Pl* (unverdauliche organ. Substanzen von Nahrungs- od. Futtermitteln)

Ballawatsch ↑ Pallawatsch

Bäll|chen ⟨*zu* [1]Ball⟩

bal|len; die Fäuste ‿ · **Bal|len,** der, ‿s, ‿

Bal|len|stedt (Stadt der DDR am Harz)

Bal|le|ri|na, die, ‿, ..nen (Ballettsolistin) ⟨*grch → lat → ital*⟩

bal|lern *K 363* (*umg*; knallen, schießen)

Bal|lett, das, ‿[e]s, ‿e (Bühnentanz[gruppe]) ⟨*grch → lat → ital*⟩ · **Ballettänzerin** [*Tr* Bal|lett|tän|ze|rin *K 78*], die, ‿, ..innen *od* **Bal|let|teu|se** [..'tø:zə] ⟨*ital + frz*⟩, die, ‿, ‿n · **Ballettheater** [*Tr* Bal|lett|thea|ter *K 78*] · **Bal|lett|mu|sik**

Bal|li|stik, die, ‿ (Lehre von der Bewegung geworfener od. geschossener Körper) ⟨*grch → lat*⟩ · **bal|li|stisch;** ‿e Kurve (Flugbahn eines geworfenen od. abgeschossenen Körpers); ‿e Raketen (Waffen)

Bal|lon [..'lɔŋ], der, ‿s, ‿s *u.* [..'lo:n, *österr nur so*], der, ‿s, ‿e *K 307* (*österr auch* ‿s) (mit Gas gefülltes ballförmiges Luftfahrzeug; Korbflasche; Glaskolben) ⟨*germ → frz*⟩. *Zus K 365ff.*: Ballon‿reifen usw. · **Bal|lo|nett** [..lo'nɛt], das ‿[e]s, ‿e (kleiner mit Luft gefüllter Ballon im Innern von Luftschiffen u. Fesselballons) · **Bal|lot** [..'lo:], das, ‿s, ‿s (*fachspr*; kleiner Warenballen) · **Ball|spiel** ⟨*zu* [1]Ball⟩ · **Ball|spie|len,** das, ‿s, *aber K 131*: Ball spielen · **Bal|lung** · **Bal|lungs|ge|biet** · **Bal|lungs|zen|trum**

Bal|neo|lo|gie, die, ‿ (Bäderkunde) ⟨*lat + grch*⟩ · **bal|neo|lo|gisch** · **Bal|neo|the|ra|pie,** die, ‿ (Heilbäderbehandlung)

Bal|sam, der, ‿s, ..ame (Gemisch von Harzen u. äther. Ölen – *dicht*; Linderung, Wohltat) ⟨*hebr → grch*⟩. *Zus K 365ff.*: Balsam‿apfel usw. · **bal|sa|mie|ren** (einsalben) · **Bal|sa|mie|rung** · **Bal|sa|mi|ne,** die, ‿, ‿n (Zierpflanze, ein Springkraut) · **bal|sa|misch** (*gehoben*; wohlriechend – *dicht*; lindernd)

Bal|ten *Pl* (frühere Bez. der dt. Bewohner Litauens, Lettlands u. Estlands); *Sg* Bal|te, der, ‿n ⟨*zu* Belt⟩

Bal|ti|more [..mo:r] (Hafenstadt an der Ostküste der USA)

bal|tisch ⟨*zu* Balten⟩; *K 258*: der Baltische Schild (↑ Fennoskandia)

Ba|lu|ster, der, ‿s, ‿ (*Arch*; Geländerstütze) ⟨*grch → lat → ital → frz*⟩ · **Ba|lu|stra|de** (Brüstung)

Balz, die, ‿, ‿en (Paarungszeit bestimmter Vögel). *Zus K 365ff.*: Balz‿zeit usw. · **bal|zen** (*von bestimmten Vögeln gesagt*; werben)

BAM, die, ‿ *Kurzw* (Baikal-Amur-Magistrale)

Ba|ma|ko [*od* ..'ko:] (Hptst. von Mali)

Bam|ba|ra [..'ra, *auch* ..'ba:..]: 1. der, ‿, ‿ (Angehöriger eines Volkes im W Afrikas) – 2. das, ‿ (Sprachbezeichnung); auf ‿ heißt es ...

Bam|berg (Stadt im O der BRD) · **Bam|ber|ger:** 1. *K 231*: der, ‿s, ‿; 2. *als Attribut K 232*: der Bamberger Dom · **bam|ber|gisch**

Bam|bi|no, der, ‿s, ..ni (*Kunstwiss*; Jesuskind in der italien. Kunst – *umg*; kleines Kind) ⟨*ital*, ‚Kindlein'⟩

Bam|bus, der, *Gen* ‿, *Pl* ‿ *od Gen* ..usses, *Pl* ..usse (*österr nur so*) (trop. baumartige Graspflanze) ⟨*mal*⟩. *Zus K 365ff.*: Bambus‿rohr usw.

Bam|mel, der, ‿s (*salopp*; Angst; Glück) · **bam|meln** *K 363* (*salopp*; baumeln)

Ban, der, ‿[s], *Pl* Bani (Münzeinheit in Rumänien) ⟨*rumän*⟩

ba|nal (alltäglich, fade, nichtssagend, abgedroschen) ⟨*germ → frz*⟩ · **Ba|na|li|tät**

Ba|na|ne, die, ‿, ‿n ⟨*afrik → portug*⟩

Ba|nat, das, ‿[e]s (Landsch. zw. Donau, Theiß u. Südkarpaten) ⟨*slaw → lat*⟩

Ba|nau|se, der, ‿n, ‿n (*abwert*; unkünstlerischer Mensch; Spießer) ⟨*grch*, ‚Handwerker'⟩ · **Ba|nau|sen|tum,** das, ‿[e]s (*abwert*) · **ba|nau|sisch** (*abwert*)

[1]**Band:** 1. der, ‿[e]s, *Pl* Bände (Buch); *Abk* Bd., *Pl* Bde. – 2. das, ‿[e]s, *Pl* Bänder (Streifen, Gewebestreifen) – 3. das, ‿[e]s, ‿e, *meist Pl* (*gehoben*; Verbundenheit – *dicht*; Fessel) ⟨*zu* binden⟩

[2]**Band** [bɛnt], die ‿, ‿s (Tanz-, Jazzkapelle) ⟨*germ → frz → engl*, *zu* [2]Bande⟩

Ban|da|ge [..'da:ʒə, *österr* ..'da:ʒ] (Stützvorrichtung bei körperl. Gebrechen; Schutzverband) ⟨*germ → frz*, ‚Binde[zeug]'⟩ · **ban|da|gie|ren** [..da'ʒi:..] (Bandagen anlegen) · **Ban|da|gist** [..da'ʒist] (Facharbeiter, der Prothesen u. Stützeinrichtungen anfertigt) · **Bänd|chen:** 1. (kleines Buch) – 2. *Pl* ‿ *od* Bänderchen (kleiner Streifen, Gewebestreifen) · [1]**Bande** ↑ [1]Band (3)

[2]**Ban|de,** die, ‿, ‿n ([bewaffnete] Schar, Verbrecherbande) ⟨*germ → frz*⟩

[3]**Ban|de,** die, ‿, ‿n (Rand, Einfassung) ⟨*germ → frz*, ‚Binde'⟩ · **Bän|del,** das, *schweiz* der, ‿s, ‿ ([schmales] [1]Band, Schnur) · **Ban|den|spek|trum** (*Phys*; Spektrum aus einzelnen Streifen) · **Bänderchen** ↑ Bändchen (2)

Ban|de|ril|la [..'rilja], die, ‿, ‿s (mit »Fähnchen« geschmückter Wurfspieß des berittenen Stierkämpfers) ⟨*germ → span*⟩ · **Ban|de|ril|le|ro** [..ri'lje:..], der, ‿s, ‿s (Stierkämpfer, der den Stier mit den Banderillas reizt)

Ban|de|ro|le, die, ‿, ‿n (Verschlußstreifen [mit Steuervermerk]) ⟨*germ → ital → frz*⟩ · **ban|de|ro|lie|ren** (mit Banderole[n] versehen)

bän|di|gen (zähmen, beruhigen)

Ban|dit, der, ‿en, ‿en (Räuber, Straßenräuber) ⟨*germ → ital*, ‚Verbannter'⟩

Band|ke|ra|mik, die, ‿ (*Urgesch*; Kultur des frühen Neolithikums) ⟨*nach* der bandförmigen Verzierung der Tongefäße⟩

Ban|do|nion, *häufig auch* **Ban|do|ne|on,** das, ‿s, ‿s (eine Handharmonika) ⟨*nach* dem Erfinder Heinrich Band⟩

Bänd|sel, das, ‿s, ‿ (*seem*; dünnes Tau)

Ban|dung (Stadt auf Java) · **Ban|dung-Kon|fe|renz** *K 246*, die, ‿

Bang|büx *od* **Bang|bü|xe,** die, ‿, ..xen (*norddt scherzh*; Angsthase) · **ban|ge** *od* **bang;** *K 348*: banger *od* bänger; am bangsten *od* am bängsten; *K 108*: mir ist angst und bang[e]; *K 103*: bange machen *od* Bangemachen gilt nicht! · **Ban|ge,** die, ‿ (*landsch*; Angst, Sorge); keine ‿! · **ban|gen** · **Ban|gig|keit,** die, ‿

Bang|kok (Hptst. von Thailand)

Bang|la|desh [..'dɛʃ] ⟨*Bengali*⟩, *amtl* **Volks|re|pu|blik Bang|la|desh** (in Vorderindien)

bäng|lich

Bang|sche Krank|heit *K 219 u. K 258*, die, *Gen* ‿n ‿ (Rinderbrucellose) ⟨*nach* dem dän. Tierarzt Bernhard Bang⟩

Ban|gui ['baŋgi *od* bã'gi:] (Hptst. der ZAR)

bang|ver|seucht *K 215* ⟨*zu* Bangsche Krankheit⟩

Bani ↑ Ban

Ban|jo [*od* 'bɛndʒo], das, ‿s, ‿s (Zupfinstrument) ⟨*pers → arab → grch → lat → span → engl*⟩

Ban|jul [..'dʒu:l] (Hptst. von Gambia)

[1]**Bank,** die, _, *Pl* Bänke (Sitz für mehrere Personen). *Zus K 365ff.*: Bank‿eisen usw.
[2]**Bank,** die, _, _en (Geld- u. Kreditinstitut) ⟨*germ* → *ital* → *frz*⟩. *Zus K 365ff.*: Bank‿konto usw.
Bänk|chen ⟨*zu* [1]Bank⟩ · **Bän|kel|sang** · **Bän|kel|sän|ger** · **bän|kel|sän|ge|risch**
Ban|kett, das, _[e]s, _e: 1. ⟨*germ* → *ital*⟩ (Festmahl) – 2. ⟨*germ* → *ital* → *frz*⟩, *auch* **Ban|ket|te,** die, _, _n (*fachspr*; Randstreifen neben einer Straße)
Ban|kier [baŋ'kie:], der, _s, _s (*kap Wirtsch*; Inhaber eines Bankhauses) ⟨*germ* → *ital* → *frz*⟩
bank|rott (zahlungsunfähig) ⟨*ital*⟩; _ gehen, sein, werden · **Bank|rott,** der, _[e]s, _e (Zahlungseinstellung; [wirtschaftl.] Zusammenbruch); _ machen · **Bank|rott|er|klä|rung** · **Bank|rot|teur** [..'tø:r], der, _s, _e ⟨*ital* → *frz*⟩ · **bank|rot|tie|ren**
Bann, der, _[e]s, _e (bezwingende Macht, magische Gewalt – *hist*; Ausschluß aus der kirchl. Gemeinschaft; Acht; Gerichtsbarkeit; Verbot; Strafe); jmdn. in seinen _ ziehen. *Zus K 365ff.*: Bann‿fluch usw. · **ban|nen**
Ban|ner, das, _s, _ (an einer mit dem Schaft verbundenen Querstange befestigte Fahne) ⟨*germ* → *frz*⟩ · **Ban|ner|trä|ger**
ban|nig (*norddt umg*; sehr, außerordentlich) ⟨*zu* Bann⟩ · **Bann|strahl,** der, _[e]s (*hist*) · **Bann|wart** (*schweiz*; Flurhüter)
Ban|se, die, _, _n (*landsch*; Lagerplatz, bes. in der Scheune)
Ban|sin, See|bad (im Bez. Rostock)
Ban|tam|ge|wicht, das, _[e]s (*Sport*) ⟨*nach* dem Bantamhuhn⟩ · **Ban|tam|huhn** (eine Zwerghuhnrasse) ⟨*nach* dem früheren Gebiet Bantam auf Java⟩
Ban|tu, der, _[s], _[s] (Angehöriger einer Sprach- u. Völkergruppe in Afrika) ⟨*Bantu*: ba-ntu ‚Menschen'⟩ · **Ban|tu|stan** [..sta(:)n], das *od* der, _s, _s (angeblich autonomes Bantugebiet in Südafrika [2])
Bao|bab, der, _s, _s (Affenbrotbaum, eine afrikan. Baumart) ⟨*afrikan*⟩
Ba|on, das, _s, _e *österr Kurzw* (Bataillon)
Bap|tis|mus, der, _ (Lehre christl. Gemeinschaften, nach der nur Erwachsene getauft werden dürfen) ⟨*grch* → *lat*, ‚Taufe'⟩ · **Bap|tist,** der, _en, _en (Anhänger des Baptismus) · **Bap|ti|ste|rium,** das, _s, ..ien [..iən] (*christl Rel, Kunstwiss*; Taufkirche, -kapelle)
bar (*auch gehoben*; bloß); aller Ehre[n] bar (*gehoben*); bares Geld; etw. für bare Münze nehmen; bar zahlen; in *od* gegen bar; barer Unsinn
[1]**Bar,** der, _[e]s, _e (*Metrik*; Strophenform des Meistergesangs) ⟨*Herkunft umstritten*⟩
[2]**Bar,** die, _, _s (Ausschank [von alkohol. Getränken]; kleines Lokal [zum Trinken u. Tanzen]) ⟨*lat* → *frz* → *engl*⟩. *Zus K 365ff.*: Bar‿dame usw.
[3]**Bar,** das, _s, _ (*Met, Phys*; veraltende Einheit des Druckes); *Einheitenzeichen* bar ⟨*grch*⟩
Bär: 1. der, _en, _en (ein Raubtier); *K 258*: der Große _, der Kleine _ (Sternbilder) – 2. der, _s, *Pl* _en, *fachspr* _e (*Techn*; Rammklotz)
Ba|racke [*Tr* ..rak|ke], die, _, _n (leichter, flacher Behelfsbau) ⟨*span* → *frz*⟩ · **Ba|racken|la|ger** [*Tr* ..rak|ken...], *Pl* ..lager
Ba|rat|te|rie, die, _, ..ien (*Seeversicherungsw*; durch die Besatzung verschuldeter Schaden am Schiff od. an der Ladung) ⟨*ital*, ‚Betrug'⟩
Bar|ba|dier [..iər], der, _s, _ (Staatsbürger von Barbados) · **barba|disch** · **Bar|ba|dos** (Staat auf der gleichnamigen Insel der Kleinen Antillen)
Bar|bar, der, _en, _en (unkultivierter Mensch, Rohling – *urspr* Nichtgrieche) ⟨*grch*, ‚Stammler, Fremder'⟩
Bar|ba|ra (w. Vn.) ⟨*grch*, ‚die Fremde'⟩; *Verkleinerungsf* ↑ Bärbel
Bar|ba|rei (Unmenschlichkeit, Roheit; Unkultur, völlige Unbildung; vorgeschichtl. Kulturstufe der Menschheit) ⟨*grch* → *lat*⟩ · **bar|barisch** (roh, unmenschlich); _ste · **Bar|ba|ris|mus,** der, _, ..men (grober Fehler im sprachl. Ausdruck)
Bar|ba|ros|sa (Beiname des Staufenkaisers Friedrich I.) ⟨*ital*, ‚Rotbart'⟩
Bar|be, die, _, _n (ein Karpfenfisch) ⟨*lat*⟩
bär|bei|ßig (grimmig; verdrießlich) · **Bär|bei|ßig|keit,** die, _
Bär|bel (w. Vn.) ⟨*Verkleinerungsf von* Barbara⟩
Bar|bier, der, _s, _e (*noch scherzh*; Herrenfriseur) ⟨*lat* → *frz*⟩
Bar|bi|tur|säu|re (*Pharm*; Grundsubstanz vieler Schlafmittel u. Narkotika) ⟨*lat*⟩
Bar|ce|lo|na [..tse..] (Hafenstadt im NO Spaniens)
Bar|chent [..ç..], der, _[e]s, _e (ein einseitig gerauhtes Gewebe) ⟨*arab* → *lat*⟩
bardauz! ↑ pardauz!
[1]**Bar|de,** der, _n, _n ([altkelt.] Sänger) ⟨*kelt* → *frz*⟩
[2]**Bar|de,** die, _, _n (*Kochk*; Speckscheibe um gebratenes Geflügel) ⟨*arab* → *frz*⟩
Bar|diet *od* **Bar|dit,** das, _[e]s, _e (Lied im Ton der german. u. kelt. Zeit) ⟨*germ* → *lat*⟩
Bä|ren|dienst; *meist in* jmdm. einen _ (schlechten Dienst) erweisen · **Bä|ren|fell** · **Bä|ren|häu|ter,** der, _s, _ (*veraltet*; Faulenzer) · **Bä|ren|hun|ger** (*umg*) · **Bä|renklau,** die, _ *od* der, _s (hochstaudiges Doldengewächs) · **bä|renstark** · **Bä|ren|trau|be** (eine Arzneipflanze, Heidekrautgewächs)
Ba|rents|see, die, _ (Randmeer des Arktiks)
Ba|rett, das, _[e]s, _e (schirmlose flache Kopfbedeckung) ⟨*lat*⟩
Bar|frei|ma|chung (*Post*) · **Bar|frost** (Frost ohne Schnee) · **bar|fuß;** _ gehen · **Bar|fü|ßer,** der, _s, _ (*kath Kirche*; Angehöriger eines Bettelordens, dessen Mitglieder barfuß gehen od. nur Sandalen tragen) · **Barfü|ße|rin,** die, _, ..innen (*kath Kirche*) · **bar|fü|ßig** · **Bar|geld,** das, _[e]s; *vgl. auch* bar · **bar|geldlos;** *vgl.* ...los · **bar|haupt** (*gehoben*); _ gehen · **bar|häup|tig** (*gehoben*)
Ba|ri|bal, der, _s, _s (Schwarzbär) ⟨*grch* → *lat*⟩
Ba|ri|ton [..tɔn], der, _s, _e [..to:nə] (mittlere Männerstimme; Sänger dieser Stimme) ⟨*grch* → *ital*⟩ · **bari|to|nal** [..to..] (*Mus*) · **Ba|ri|tonist**
Ba|rium, das, _s (chem. Element, Metall); *Zeichen* Ba ⟨*grch* → *lat*⟩
Bark, die, _, _en (ein Segelschiff) ⟨*grch* → *lat* → *ital* → *frz* → *engl*⟩ · **Bar|ka|ro|le,** die, _, _n (Gondellied; ein Ruderboot) ⟨*grch* → *lat* → *ital*⟩ · **Bar|kas|se,** die, _, _n (größtes Beiboot eines Kriegsschiffes; Hafenverkehrsboot) ⟨*grch* → *lat* → *ital* → *span* → *ndrl*⟩ · **Bar|ke,** die, _, _n (kleines Boot) ⟨*grch* → *lat* → *ital* → *frz* → *ndrl*⟩
Bar|kee|per [..ki:pər], der, _s, _ (Inhaber, Schankkellner einer Bar) ⟨*engl*⟩
Bär|lapp, der, _s, _e (eine Sporenpflanze)
Bär|me, die, _ (*landsch*; Hefe)
bar|men (*landsch abwert*; klagen, jammern)
barm|her|zig (*gehoben*) · **Barm|herzig|keit,** die, _ (*gehoben*)
Bar|mi|xer ⟨*engl*⟩
Bar|nim, der, _s (Landsch. im O der DDR)
ba|rock (im Barockstil gehalten; verschnörkelt; überladen) ⟨*portug* → *frz*, ‚schiefrund'⟩ · **Ba|rock,** der *od*

das, *österr meist so*, _s (Kunststil des 17. u. 18. Jh.) · **Ba|rock|stil**, der, _[e]s

Ba|ro|graph, der, _en, _en (selbstaufzeichnendes Luftdruckmeßgerät) ⟨*grch*⟩ · **Ba|ro|me|ter**, das (Luftdruckmeßgerät); das _ steht auf »normal« · **ba|ro|me|trisch**; _es Maximum (*Met*; höchster Barometerstand; Hoch); _es Minimum (*Met*; niedrigster Barometerstand; Tief)

Ba|ron, der, _s, _e (Adelstitel u. Anrede für einen Freiherrn) ⟨*germ → frz*⟩ · **Ba|ro|nes|se**, die, _, _n (Adelstitel u. Anrede für ein Freifräulein bzw. eine Freiin) · **Ba|ro|net** ['ba.. *od* 'bɛronɛt], der, _s, _s (Adelstitel des engl. erbl. Ritteradels) ⟨*germ → frz → engl*⟩ · **Ba|ro|nin**, die, _, ..innen (Adelstitel u. Anrede für eine Freifrau) ⟨*germ → frz*⟩

Bar|ras, der, _ (*abwert*; Militär[wesen]) ⟨*jidd*⟩

Bar|re, die, _, _n (*Geol*; Sand-, Schlammbank – *Bauw*; Querstange; Schranke, Schlagbaum; Metallstange) ⟨*lat → frz*⟩ · **Bar|rel** ['bɛrəl], das, _s, *Pl* _s *u. bei Maßangabe* (*K 308*) Barrel (Einheit des Volumens für Erdöl, Petroleum u. Benzin in den USA ≈ 159 l) ⟨*lat → frz → engl*, ‚*Faß, Tonne*'⟩ · **Bar|ren** ['ba..], der, _s, _ (Turngerät; Handelsform der Edelmetalle) ⟨*lat → frz*⟩ · **Bar|rie|re**, die, _, _n (Schranke, Sperre, Schlagbaum) · **Bar|ri|ka|de** (Hindernis, Straßensperre) ⟨*lat → ital → frz*⟩ · **Bar|ri|ster** ['bɛristər], der, _s, _ (Rechtsanwalt bei den höheren engl. Gerichten) ⟨*lat → frz → engl*⟩

barsch (unfreundlich, rauh)

Barsch, der, _es, _e (ein Raubfisch)

Bar|schaft

Barsch|heit (*zu* barsch)

Bar|soi [..'zɔy], der, _s, _s (russ. Windhundrasse) ⟨*russ*⟩

Bart, der, _[e]s, *Pl* Bärte · **Bärt|chen** · **Bar|te**, die, _, _n (Hornplatte im Oberkiefer der Bartenwale) · **Bar|teln** *Pl* (Tast- u. Geschmacksorgane enthaltende Hautanhänge am Maul mancher Fische) · **Bar|ten|wal**

Barth (Stadt im Bez. Rostock) · **Barther**: 1. *K 231*: der, _s, _; 2. *als Attribut K 232*: der Barther Bodden

Bär|tier|chen *Pl* (*Zool*; Gruppe kleiner im Wasser lebender Gliedertierchen)

bär|tig · **Bär|tig|keit**, die, _ · **bart|los**; *vgl.* ...los · **Bart|wisch** (*österr*; Handbesen)

Ba|ry|on, das, _s, ..onen, *meist Pl* (*Kernphys*; schweres Elementarteilchen) ⟨*grch*⟩

Ba|ryt, der, _[e]s, _e (Schwerspat, ein meist farbloses Mineral) ⟨*grch*⟩ · **Ba|ry|ton** [..tɔn], das, _s, _s (sechssaitiges Streichinstrument) · **Ba|ry|to|non**, das, _s, ..tona (*Sprachw*; Wort mit unbetonter letzter Silbe)

Bar|zah|lung

Ba|salt, der, _[e]s, _e (ein vulkan. Gestein) ⟨*grch → lat*⟩ · **ba|sal|ten** (*K 364*) *od* **ba|sal|tisch** (aus Basalt) · **Ba|salt|tuff** (*Geol*)

Ba|sar, der, _s, _e (oriental. Warenmarkt; Verkaufsstelle; Verkauf von Waren für Solidaritätszwecke) ⟨*pers*⟩

Basch|ki|re, der, _n, _n (Angehöriger eines Turkvolkes) ⟨*Turkspr*, ‚Bienenzüchter'⟩ · **basch|ki|risch**; *vgl. auch K 265 ff.*; *K 258*: die Baschkirische ASSR

[1]**Ba|se**, die, _, _n (*veraltend*; Cousine – *schweiz auch für* Tante)

[2]**Ba|se**, die, _, _n (eine chem. Verbindung) ⟨*grch*, ‚Grundlage'⟩;

Base|ball ['be:sbɔ:l], der, _s (dem Schlagball ähnl. Ballspiel) ⟨*engl*⟩

Ba|se|dow|sche Krank|heit [..do:ʃə _, *österr* ..do:vʃə _] *K 219 u. 258*, die, *Gen* _n _, *umg auch* **Ba|se|dow** [..do:, *österr* ..do:v], der, _ ⟨*nach* dem Arzt⟩

Ba|sel (Stadt u. Kanton in der Schweiz); *K 244*: Basel-Land, Basel-Stadt (Halbkantone) · **Ba|sel|biet**, das, _[e]s (Gebiet östl. von Basel) · **Ba|sel|bie|ter**, der, _s, _ · **Ba|se|ler** *od* **Bas|ler** *K 236*, *schweiz nur so*: 1. *K 231*: der, _s, _; 2. *als Attribut K 232*: die Basler Leckerli · **ba|sel|städ|tisch** *K 242*

Basen ↑ Basis, [1]Base, [2]Base

ba|sie|ren; auf etw. _ (auf etw. beruhen, sich auf etw. gründen) ⟨*grch → lat*⟩ · **...ba|sig** (*Chem*; ...wertig [die Anzahl der in einem Säuremolekül durch Metallatome ersetzbaren Wasserstoffatome angebend], z. B. eine zweibasige [*mit Ziffer K 284* 2basige] Säure) ⟨*zu* [2]Base⟩

Ba|si|li|ka, die, _, ..ken (*Altertum*; röm. Markt- od. Gerichtshalle – *Mittelalter*; Kirchenbauform mit überhöhtem Mittelschiff) ⟨*grch → lat*⟩ · **ba|si|li|kal** (*Arch*) · **ba|si|li|ken|för|mig** (*Arch*) · **Ba|si|li|kum**, das, _s (eine Gewürzpflanze, Lippenblütler) · **Ba|si|lisk**, der, _en, _en (ein Fabeltier – *Zool*; ein Leguan) ⟨*grch*⟩ · **Ba|si|lis|ken|blick** (stechender, unheiml. Blick)

Ba|sis, die, _, ..sen (Grundlage, Ausgangspunkt – *Pol*; die ökonom. Struktur der Gesellschaft in einer gegebenen Etappe ihrer Entwicklung – *Math*; Grundlinie, -seite, -fläche; Grundzahl – *Arch*; Säulenfuß, Sockel, Unterbau) ⟨*grch*⟩ · **basisch** ⟨*grch*⟩ *od* **al|ka|lisch** ⟨*arab*⟩ (*Chem*; laugenhaft, wie eine [2]Base reagierend); basische Salze · **Ba|si|zi|tät**, die, _ (*Chem*; Basengehalt einer Lösung; Maß für die Neutralisationskraft einer Säure) ⟨*grch → lat*⟩

Bas|ke, der, _n, _n (Angehöriger eines Volkes in den Westpyrenäen) ⟨*lat → span*⟩ · **Bas|ken|müt|ze**

Bas|ket|ball, der, _[e]s (ein Korbballspiel) ⟨*engl*⟩

bas|kisch ⟨*lat → span*⟩; *vgl. K 266 f.* · **Bas|kisch**, das, *Gen* _[s], *Dat* _ (Sprachbezeichnung *K 268 ff.*) · **Bas|ki|sche**, das, *Gen* _n, *Dat* _n (Sprachbezeichnung *K 271*)

Bas|kü|le ⟨*lat → frz*⟩, die, _, _n *od* **Bas|kü|le|ver|schluß** (ein Fensterverschluß)

Basler ↑ Baseler · **bas|le|risch**

Bas|re|lief ['bare,liɛf] (*bildende Kunst*; nur flachgewölbt hervortretendes Bildwerk) ⟨*frz*⟩

baß; *noch scherzh in* _ (sehr) erstaunt sein

Baß, der, *Gen* Basses, *Pl* Bässe (tiefste Männerstimme; Sänger dieser Stimme; *kurz für* Kontrabaß; Gesamtheit der Bässe in Chor u. Orchester) ⟨*lat → ital*⟩. *Zus K 365 ff.*: Baß‿bariton usw.

Bas|se, der, _n, _n (*weidm*; starker Keiler)

Baß|gei|ge (Kontrabaß)

Bas|sin [ba'sɛŋ *od* ba'sɛ̃:], das, _s, _s (Wasserbecken; Behälter für Flüssigkeiten) ⟨*lat → frz*⟩

Bas|sist ⟨*lat → ital*⟩ · **Baß|schlüs|sel** (*Mus*)

Bast, der, _es, _e (pflanzl. Fasergewebe – *weidm*; die behaarte Haut am wachsenden Geweih od. Gehörn)

ba|sta! (*umg*; genug!) ⟨*ital u. span*, ‚es ist genug'⟩; und damit _!

Ba|stard, der, _[e]s, _e (tier. od. pflanzl. Produkt einer Rassenkreuzung) ⟨*germ → frz*⟩ · **Ba|star|die|rung** (*Biol*; Kreuzung, Rassenmischung)

Ba|stei: 1. die, _, _en (*hist*; Bastion) – 2. die, _ (Felsengruppe im Elbsandsteingebirge) ⟨*lat → ital*⟩

ba|steln *K 363*

ba|sten *K 364* (aus Bast) · **bast|farben** *K 364*; *vgl. auch K 272 ff.*

Ba|stil|le [bas'ti:jə]: 1. die, _, _n (befestigtes Schloß in Frankreich) – 2. die, _ (als Staatsgefängnis benutztes Schloß in Paris, das am 14. 7. 1789 vom Volk erstürmt wurde) ⟨*lat → frz*⟩ · **Ba|stion** (*hist*; vorspringender Teil einer Befesti-

gungsanlage) ⟨lat → ital → frz⟩ · **ba|stio|nie|ren** (*hist*; mit Bollwerken versehen)
Bast|ler ⟨*zu* basteln⟩
Ba|sto|na|de (frühere oriental. Prügelstrafe) ⟨*lat → ital → frz*⟩
Ba|tail|lon [bata'ljo:n], das, _s, _e (*Milit*; Einheit der Landstreitkräfte); *Abk* Bat.; *österr Kurzw* Baon ⟨*lat → ital → frz*⟩. *Zus K 365ff.*: Bataillons‿kommandeur usw.
Ba|ta|te, die, _, _n (Süßkartoffel) ⟨*indian → span*⟩
Ba|ta|ver [..v..], der, _s, _ (Angehöriger eines german. Volksstammes) · **Ba|ta|via** (*hist*; niederländ. Name für Jakarta) · **ba|ta|visch**
Ba|thy|skaph, das *od* der, _en, _en (ein Tiefseetauchgerät) ⟨*grch → frz*⟩
Ba|thy|sphä|re (*Geol*; Tiefenbereich der Ozeane) ⟨*grch*⟩
Ba|tik, *meist ohne Art, auch* die, _ (ein Verfahren zum Färben von Stoffen) ⟨*mal*⟩ · **Ba|tik|druck,** *Pl* ..drucke · **ba|ti|ken** (Stoff unter Verwendung von Wachs färben)
Ba|tist, der, _[e]s, _e (ein feines Gewebe) ⟨*frz*⟩ · **ba|ti|sten** *K 364* (aus Batist)
Bat|te|rie, die, _, ..ien (*Milit*; Artillerieeinheit [*Abk* Bttr.] – *Techn*; Zusammenschaltung mehrerer gleichartiger Geräte) ⟨*lat → frz*⟩
Ba|tu|mi (Kurort u. Hafenstadt in Georgien)
Bat|zen, der, _s, _ (*umg*; Klumpen – *Mittelalter*; eine Münze)
Bau, der, _[e]s, *Pl* _e *od* [bei Gebäuden] Bauten (*eigtl Pl* aus dem veralteten *Sg* Baute, die = Gebäude; *vgl. aber* Baude); im, *auch* in _ sein *bzw* sich im, *auch* in _ befinden (gebaut werden) · **Bau|ar|bei|ter** · **Bau|art** · **Bau|auf|sicht;** *K 258*: Staatliche _ · **Bau|block,** *Pl* ..blocks *od* ..blöcke
Bauch, der _[e]s, *Pl* Bäuche. *Zus K 365ff.*: Bauch‿fell usw. · **Bauch|grim|men** (*veraltet*; Bauchschmerzen) · **bau|chig** · **Bauch|knei|pen,** das, _s (*umg*) · **Bäuch|lein** (*kinderspr*) · **bäuch|lings** · **bauch|re|den;** *nur im Inf u. Part II gebräuchlich*; gebauchredet; zu _ · **Bau|chung** (Wölbung) · **Bauch|weh,** das, _s
Baucis ↑Philemon und Baucis
Bau|de, die, _, _n (Unterkunftshütte; Berggasthof) ⟨*dt → tschech*, ‚Bude'⟩; *vgl. aber* Bau
Bau|denk|mal · **Bau|ele|ment** · **bau|en** · **Bau|ent|wurf**
¹**Bau|er:** 1. der, _n, *selten* _s, *Pl* _n (Produzent landwirtschaftl. Güter) – 2. der, _n, _n (Schachfigur)
²**Bau|er,** das, *auch* der, _s, _ (Vogelkäfig)
...bau|er (z. B. Orgelbauer) · **Bäue|rin,** die, _, ..innen · **bäuerisch** ↑bäurisch · **bäu|er|lich;** *K 258*: Bäuerliche Handelsgenossenschaft (wirtschaftl. Einrichtung der Vereinigung der gegenseitigen Bauernhilfe); *Abk* BHG · **Bau|ern|fän|ge|rei** (*abwert*; Betrügerei) · **Bau|ern|frau** *od* **Bau|ers|frau** (*veraltend*) · **Bau|ern|früh|stück** (eine Speise) · **Bau|ern|le|gen,** das, _s (*hist*; Einziehung von bäuerl. Einzelbesitz durch die Feudalherren) · **Bau|ern|mö|bel** · **Bau|er|sa|me,** die, _ (*schweiz*; Gesamtheit der Bauern) · **Bauersfrau** ↑Bauernfrau · **Bau|ers|mann,** *Pl* ..leute (*noch dicht*)
bau|fäl|lig · **Bau|fäl|lig|keit,** die, _ · **Bau|flucht** ⟨*zu* ¹Flucht⟩ · **Bau|grup|pe** (konstruktive Vereinigung funktionell zusammenhängender Teile) · **Bau|hof** (Lagerplatz für Baumaterial u. -maschinen der Baubetriebe) · **Bau|ka|sten** · **Bau|ka|sten|sy|stem,** das, _s (*Techn*) · **Bau|kom|bi|nat** · **Bau|kunst,** die, _ · **Bau|land,** das, _[e]s · **bau|lich;** _e Veränderungen · **Bau|lich|kei|ten** *Pl*
Baum, der, _[e]s, *Pl* Bäume · **Baum|blü|te,** die, _ · **Bäum|chen**
bau|meln *K 363* (*umg*)
bäu|men; sich (*Akk*) _ · **baum|kan|tig** (*von zugeschnittenem Holz gesagt*; an den Kanten noch die Rinde tragend) · **Baum|läu|fer** (ein Singvogel) · **baum|reich** · **Baum|schrö|ter** (ein Käfer) · **Baum|schu|le** · **baum|stark** · **Baum|wol|le** · **baum|wol|len** (aus Baumwolle) · **Baum|woll|ern|te** · **Baum|woll|garn**
bäu|risch, *seltener* **bäue|risch** (*auch abwert*)
Bausch, der, _es, *Pl* _e *od* Bäusche, *bayr-österr auch* **Bau|schen,** der, _s, _; in Bausch und Bogen (alles in allem)
Bäu|schel, der *od* das, _s, _ (*bergm*; schwerer Hammer)
bau|schen *K 354* · **bau|schig**
Bau|stel|le
Bau|ta|stei|ne *Pl* (vorgeschichtl. Gedenksteine im S Nordeuropas) ⟨*Herkunft umstritten*⟩
Bauten ↑Bau
Baut|zen, *sorb* **Bu|dy|šin** [..diʃin] (Stadt im Bez. Dresden) · **Baut|ze|ner:** 1. *K 231*: der, _s, _; 2. *als Attribut K 232*: das Bautzener Eierschieben
Bau|wei|se ⟨*zu* ²Weise⟩ · **Bau|werk** · **Bau|we|sen** · **Bau|wich,** der, _[e]s, _e (*Arch*; Häuserzwischenraum)
Bau|xit, der, _[e]s, _e (ein Aluminiummineral) ⟨*nach* dem ersten Fundort Les Baux [lɛ 'bo:] in Frankreich⟩
bauz! (*kinderspr*; Ausruf, wenn jmd. hinfällt)
Ba|va|ria [..v..]: 1. (latinisierte Form von Bayern) – 2. die, _ (Frauengestalt als Sinnbild Bayerns) ⟨*germ → lat*⟩
Bay|er ['bai..], der, _n, _n · **baye|risch** (*K 362*); *K 258*: die Bayerischen Alpen; *vgl: auch* bairisch · **Bay|ern** (Bundesland der BRD)
Bay|reuth [bai..] (Stadt im O der BRD)
ba|zil|lär (*Biol*; Bazillen betreffend) ⟨*lat*⟩ · **Ba|zil|len** *Pl* (*Biol*; stäbchenförmige, sporenbildende Bakterien); *Sg* Ba|zil|lus, der, _ · **Ba|zil|len|trä|ger** (*Biol*)
B-Dur ['be:..] *K 106*, das, _ (*Mus*; Tonart), *Zeichen* B; in B-Dur *od* in B · **B-Dur-Ton|lei|ter** *K 188* (*Mus*)
be...: *in fest zusammengesetzten Verben*, z. B. beantworten *K 357*, ich beantworte, beantwortet, zu beantworten
be|ab|sich|ti|gen
be|ach|ten · **be|ach|tens|wert** · **be|acht|lich**
be|ackern [*Tr* ..ak|kern] *K 363*
Be|am|te, der, _n, _n *K 341* (*bürgerl Staat*; Staatsangestellter mit besonderen Vorrechten); einige Beamte ⟨*verkürzte substantivierte Form des Part II* beamtet⟩
be|äng|sti|gend; *K 115*: am _sten · **Be|äng|sti|gung**
be|an|spru|chen · **Be|an|spru|chung**
be|an|stan|den, *österr meist* **be|an|stän|den** · **Be|an|stan|dung,** *österr meist* **Be|an|stän|dung**
be|an|tra|gen; du beantragtest; beantragt
be|ant|wor|ten
be|ar|bei|ten · **Be|ar|bei|tung**
be|arg|wöh|nen; jmdn. _
Beat [bi:t], der, _[s] (gleichmäßiger Schlagrhythmus im Jazz u. in moderner Tanz- u. Unterhaltungsmusik) ⟨*engl*⟩
Bea|te (w. Vn.) ⟨*lat*, ‚die Glückliche'⟩
bea|ten ['bi:t(ə)n] (*umg*; nach Beatmusik tanzen) ⟨*engl*⟩ · **Beat|grup|pe**
be|at|men (*Med*; Luft in die Atemwege einführen) · **Be|at|mung**
Beat|mu|sik ['bi:t..], die, _
Bea|tri|ce [..'tri:sə, *italien* ..'tri(:)tʃe] (w. Vn.) ⟨*italien Form von* Beatrix⟩ · **Bea|trix** (w. Vn.) ⟨*lat*, ‚die Beglückende'⟩; *italien Form* ↑Beatrice
be|auf|la|gen; jmdn. mit etw. _ (jmdm. eine Auflage erteilen, jmdn. zu einer Planaufgabe verpflichten)

Beau|fort|ska|le ['bo:fərt..] *K 209*, die, _ (Einteilung zur Angabe der Windstärke) ⟨*nach* dem engl. Admiral⟩
be|auf|schla|gen (*vom Wasser- oder Dampfstrahl gesagt*; die Turbinenschaufeln treffen); beaufschlagt
be|auf|sich|ti|gen · **Be|auf|sich|ti|gung**
be|auf|tra|gen; du beauftragtest; beauftragt · **Be|auf|trag|te**, der *u.* die, _n, _n *K 341*
be|äu|gen (*umg scherzh*; betrachten) · **be|au|gen|schei|ni|gen** (*scherzh*)
be|bän|dern *K 363* (mit Bändern versehen)
be|bau|en · **Be|bau|ung**
Bé|bé [be'be:], das, _s, _s (*schweiz*; Säugling, kleines Kind) ⟨*frz*⟩
be|ben · **Be|ben**, das, _s, _
be|bil|dern *K 363*
be|brillt (*scherzh*; eine Brille tragend) ⟨*grch* → *lat*⟩
be|brü|ten
Bé|cha|mel|so|ße [beʃa'mɛl..] *K 209* ⟨*nach* dem Franzosen de Béchamel [də _]⟩
Be|cher, der, _s, _ ⟨*lat*⟩ · **be|cher|för|mig** · **Be|cher|glas** (Laborgerät) · **be|chern** *K 363* (*umg*; zechen)
Becken [*Tr* ..k|k..], das, _s, _ ⟨*lat*⟩
Beck|mes|ser (kleinlicher Tadler u. Krittler) ⟨*nach* einer Gestalt in Wagners »Meistersingern«⟩ · **Beck|mes|se|rei** (*abwert*) · **beck|mes|sern** *K 363 f.* (*abwert*); gebeckmessert
Bec|que|rel [bɛk(ə)'rɛl], das, _s, *Pl* _s *u. bei Maßangabe* (*K 308*) Becquerel (SI-Einheit der Aktivität); *Einheitenzeichen* Bq ⟨*nach* dem französ. Physiker⟩
be|da|chen (mit einem Dach versehen); *meist im Part II* (»bedacht«) *gebräuchlich*
be|dacht ⟨*zu* bedenken⟩; auf seinen guten Ruf _ sein · **Be|dacht**, der, _[e]s (Überlegung, Umsicht); etw. mit _ tun; auf etw. [keinen] _ nehmen · **be|däch|tig** · **Be|däch|tig|keit**, die, _ · **be|dacht|sam** (*gehoben*) · **Be|dacht|sam|keit**, die, _ (*gehoben*)
Be|da|chung ⟨*zu* Dach⟩
be|dan|ken, sich (*Akk*); sei bedankt! (habe Dank!)
Be|darf, der, _[e]s; nach _. *Zus K 365 ff.*: Bedarfs‿forschung usw. · **Be|darfs|fall**, der; im _[e] · **be|darfs|ge|recht**; _e Versorgung · **Be|darfs|trä|ger**; gesellschaftliche _
be|dau|er|lich ⟨*zu* teuer⟩ · **be|dau|ern** *K 363* · **Be|dau|ern**, das, _s · **be|dau|erns|wert**
be|decken[1] · **Be|deckt|sa|mer** *Pl* (*Bot*); *Sg* Be|deckt|sa|mer, der, _s · **be|deckt|sa|mig** (*Bot*)
be|den|ken; bedacht (↑ *d.*); sich (*Akk*) _; sich eines Besseren _ · **Be|den|ken**, das, _s, _ · **be|denk|lich** · **Be|denk|lich|keit** · **Be|denk|zeit**
be|dep|pert (*salopp*; bestürzt, ratlos) ⟨*Herkunft umstritten*⟩; _ sein, dreinschauen
be|deu|ten; das bedeutet; jmdm. etw. _ (*auch für* andeuten, zu verstehen geben) · **be|deu|tend**: **I.** *Kleinschreibung K 115*: am bedeutendsten; *K 114*: um ein bedeutendes (sehr) zunehmen – **II.** *Großschreibung K 94*: das Bedeutendste; *K 95*: etwas Bedeutendes · **be|deut|sam** · **Be|deut|sam|keit**, die, _ (*gehoben*) · **Be|deu|tung** · **be|deu|tungs|los** *K 349*; *vgl.* ...los · **Be|deu|tungs|lo|sig|keit**
be|die|nen · **Be|die|ne|rin**, die, _, ..innen (*österr*; Aufwartefrau) · **be|dien|stet** (in Dienst stehend)
be|din|gen (voraussetzen; zur Folge haben); seine Unachtsamkeit bedingte einen Unfall · **be|dingt** (an bestimmte Voraussetzungen geknüpft); _e Reflexe · **Be|dingt|heit**, die, _ · **Be|din|gung**; unter der _, daß ...; *vgl. auch K 450* · **Be|din|gungs|form** (*Gramm*) · **be|din|gungs|los**; *vgl.* ...los · **Be|din|gungs|satz** (*Gramm*) · **be|din|gungs|wei|se** *K 176*
be|drän|gen · **Be|dräng|nis**, die, _, ..isse
be|dro|hen · **be|droh|lich**
be|drucken[1] (mit Druck od. Aufdruck versehen) · **be|drücken**[1] · **Be|drückung**[1]
Be|dui|ne, der, _n, _n (nomad. od. halbnomad. Araber in Arabien u. im N Afrikas) ⟨*arab*, ‚Wüstenbewohner'⟩
be|dür|fen; eines Zusatzes _ · **Be|dürf|nis**, das, ..isses, ..isse · **Be|dürf|nis|an|stalt** · **be|dürf|nis|los** *K 349*; *vgl.* ...los · **be|dürf|tig** · **Be|dürf|tig|keit**, die, _
be|du|selt (*umg*; betrunken; leicht betäubt)
Beef|steak ['bi:fste:k], das, _s, _s (Rinds[lenden]stück) ⟨*engl*⟩; *K 119*: deutsches _ (gebratenes Fleischklößchen)
be|eh|ren
be|ei|den (mit einem Eid bekräftigen) · **be|ei|di|gen** (*veraltend*; beeiden)
be|ei|len, sich (*Akk*)
be|ein|drucken[1]; von etw. beeindruckt sein, werden
be|ein|flus|sen; du beeinflußt *K 354*
be|ein|träch|ti|gen
be|elen|den (*schweiz*; nahegehen, dauern, jammern); er, es beelendet mich
Beel|ze|bub [*auch* be'ɛl..], der, _ (*bibl*; oberster Teufel) ⟨*hebr*, ‚Herr der Fliegen'⟩
be|en|den, *auch* **be|en|di|gen** · **Be|en|di|gung**, *auch* **Be|en|dung**, die, _
be|en|gen
be|er|ben [*Tr K 70*]
be|er|di|gen [*Tr K 70*] · **Be|er|di|gung** [*Tr K 70*]
Bee|re, die, _, _n. *Zus K 365 ff.*: Beeren‿obst usw. · **bee|ren|för|mig** · **Bee|ren|wein**
Beet, das, _[e]s, _e
Beete ↑ Bete
be|fä|hi|gen · **be|fä|higt**; *K 115*: am _sten · **Be|fä|hi|gung**
be|fahr|bar · **be|fah|ren**: 1. *Verb* ([Straßen] mit einem Fahrzeug benutzen) – 2. *Adj K 364* (*auch seem*; in der Seefahrt erfahren)
Be|fall, der · **be|fal|len**; mich befiel eine Schwäche, hat eine Schwäche befallen
be|fan|gen (schüchtern) · **Be|fan|gen|heit**, die, _
be|fas|sen; befaßt; sich (*Akk*) mit etw. _
be|feh|den (*gehoben*; bekämpfen); sich (*Akk*) _
Be|fehl, der, _[e]s, _e · **be|feh|len**; du befiehlst; du befahlst; du beföhlest (*jünger* befählest); befohlen; befiehl! · **be|feh|le|risch** · **be|feh|li|gen** · **Be|fehls|form** (*Gramm*) · **Be|fehls|ha|ber** · **be|fehls|ha|be|risch** · **Be|fehls|satz** (*Gramm*)
be|fein|den; sich (*Akk*) _
be|fe|sti|gen · **Be|fe|sti|gung**
be|feuch|ten
be|feu|ern *K 363* (*fachspr*) · **Be|feue|rung** (*fachspr*)
Beff|chen (Halsbinde protestant. Geistlicher) ⟨*lat*⟩
be|fie|dern
be|fin|den; etw. für gut _ (als gut anerkennen); über etw. _ (entscheiden, urteilen); zu _ haben; sich (*Akk*) im Ausland _ (aufhalten); das sich in der Entwicklung befindende Projekt · **Be|fin|den**, das, _s · **be|find|lich**; das in der Entwicklung befindliche Projekt
be|fin|gern *K 363* (*salopp*; betasten; erledigen)
be|fi|schen; einen See _
be|flag|gen ⟨*engl*⟩
be|flecken [*Tr* ..flek|ken]
be|fle|geln *K 363* (*österr*; flegelhaft beschimpfen)
be|flei|ßi|gen, sich (*Akk*) (*gehoben*); du befleißigst dich; ich beflei-

---
[1] *Tr* ..k|k..

ßigte mich, du befleißigtest dich; befleißigt; befleißige dich!; sich eines guten Benehmens _
be|flie|gen; eine Strecke _
be|flis|sen (eifrig [bemüht]); sehr um etw. _ sein · **Be|flis|sen|heit,** die, _ · **be|flis|sent|lich** (geflissentlich); _ schweigen
be|flü|geln *K 363*
be|fol|gen · **Be|fol|gung,** die, _
be|för|der|bar · **Be|för|de|rer** *K 363* · **be|för|der|lich** (*schweiz*; beschleunigt) · **be|för|dern** *K 363* · **Be|för|de|rung**
be|for|sten (forstlich bewirtschaften) ⟨*lat → frz*⟩
be|frach|ten · **Be|frach|tung**
be|fra|gen; du befragst; du befragtest; befragt; befrag[e]!; *K 102*: auf Befragen · **Be|fra|gung**
be|franst ⟨*lat → frz*⟩
be|frei|en · **Be|frei|er** · **Be|frei|ung** · **Be|frei|ungs|be|we|gung**
be|frem|den; es befremdet [mich], daß ... · **Be|frem|den,** das, _s · **be|frem|dend;** *K 115*: am _sten · **be|fremd|lich**
be|freun|den, sich (*Akk*) · **be|freun|det**
be|frie|den (Frieden bringen, geben); *Part II* befriedet · **be|frie|di|gen** (zufriedenstellen); *Part II* befriedigt · **be|frie|di|gend;** er hat mit [der Note] »befriedigend« bestanden · **Be|frie|di|gung,** die, _ (Zufriedenstellung) · **Be|frie|dung,** die, _ (Herbeiführung des Friedens)
be|fri|sten
be|fruch|ten ⟨*lat*⟩ · **Be|fruch|tung**
be|fu|gen; *meist im Part II* (»befugt«) *gebräuchlich*; jmdn. zu etw. _ · **Be|fug|nis,** die, _, ..isse · **befugt;** _ sein
be|füh|len · **Be|füh|lung**
be|fum|meln *K 363* (*salopp*; befühlen; erledigen, besorgen)
Be|fund (Feststellung); nach dem _ der Kommission; ohne _ (*Med*; *Abk* o. B.)
be|fürch|ten · **Be|fürch|tung**
be|für|wor|ten · **Be|für|wor|tung**
Beg ↑ Bei
be|gabt · **Be|gab|te,** der *u.* die, _n, _n *K 341* · **Be|ga|bung**
Be|gäng|nis: 1. das, ..isses, ..isse (*gehoben*; Bestattung) – 2. die, _ (*landsch*; starker Verkehr, häufiges Begangenwerden)
be|ga|sen *K 354* (*fachspr*) ⟨*grch → ndrl*⟩ · **Be|ga|sung,** die, _ (*fachspr*)
be|gat|ten; sich (*Akk*) _ · **Be|gattung**
be|ge|ben: 1. *tr* (*kaufm*; verkaufen, in Umlauf setzen, ausgeben); einen Wechsel begeben – 2. *refl* sich (*Akk*) _; sich in Gefahr _ (sich einer Gefahr aussetzen); sich eines Rechtes _ (auf ein Recht verzichten); er fragte, was sich bei ihnen _ (ereignet) habe (*gehoben*) · **Be|ge|ben|heit** · **Be|geb|nis,** das, ..isses, ..isse (*veraltend*; Ereignis)
be|geg|nen; jmdm. _ · **Be|geg|nung**
be|ge|hen *K 363*
Be|gehr, der *od* das, _s (*noch dicht*) · **be|geh|ren** · **Be|geh|ren,** das, _s, _ · **be|geh|rens|wert** · **be|gehr|lich** · **Be|gehr|lich|keit**
be|gei|fern *K 363* (*umg*; schmähen)
be|gei|stern *K 363*; sich (*Akk*) _ · **be|gei|stert** · **Be|gei|ste|rung**
be|gich|ten (*Hüttenw*; den Hochofen beschicken)
Be|gier (*gehoben*) · **Be|gier|de,** die, _, _n · **be|gie|rig**
be|gie|ßen
Be|gi|ne, die, _, _n (*kath Kirche*; Angehörige einer halbklösterl. Frauenvereinigung) ⟨*ndrl → frz*⟩; *vgl. aber* Beguine
Be|ginn, der, _[e]s; von _ an; zu _ · **be|gin|nen;** du begannst; du begännest, *älter* begönnest; begonnen; beginn[e]! · **Be|gin|nen,** das, _s (Vorhaben)
be|glau|bi|gen · **Be|glau|bi|gung**
be|glei|chen (bezahlen, tilgen); eine Rechnung _
Be|gleit|adres|se (Begleitschein) · **be|glei|ten** (mitgehen) · **Be|glei|ter** · **Be|glei|te|rin,** die, _, ..innen · **Be|gleit‿er|schei|nung, ...mu|sik, ...schrei|ben** · **Be|glei|tung**
be|glücken [*Tr* ..glük|ken] · **Be|glückung** [*Tr* ..glük|kung] · **be|glück|wün|schen**
be|gna|det (hochbegabt) · **be|gna|di|gen** (die Strafe erlassen) · **Be|gna|di|gung**
be|gnü|gen, sich (*Akk*); sich mit etw. _ (zufriedengeben)
Be|go|nie [..ǐə], die, _, _n (eine Garten- u. Zierpflanze) ⟨*nach* Bégon [be'gɔ̃:], dem französ. Statthalter auf Haïti (1)⟩
be|gön|nern *K 363* (*oft abwert*)
be|gra|ben; *Part II* begraben (*Abk* begr.) · **Be|gräb|nis,** das, ..isses, ..isse. *Zus K 365ff.*: Begräbnis‿kosten (*Pl*) usw.
be|gra|di|gen (gerademachen, ausgleichen, verkürzen)
be|grei|fen · **be|greif|lich** · **be|greif|li|cher|wei|se** *K 176*
be|gren|zen ⟨*slaw*⟩ · **be|grenzt** · **Be|grenzt|heit** · **Be|gren|zung**
Be|griff; im _ sein · **be|griff|lich;** _es Substantiv (*Sprachw*) · **be|griffs|mä|ßig** · **be|griffs|stut|zig** *österr* **be|griffs|stüt|zig**
be|grün|den; seine Meinung _ · **Be|grün|dung** · **Be|grün|dungs|satz** (*Gramm*)
be|grü|nen; ein Neubaugebiet _
be|grü|ßen · **Be|grü|ßung**
be|gucken [*Tr* ..guk|ken] (*umg*)
Be|gui|ne [be'gi(:)n], die, _ (ein Modetanz) ⟨*ndrl → frz*⟩; *vgl. aber* Begine
be|gün|sti|gen · **Be|gün|sti|gung**
be|gut|ach|ten · **Be|gut|ach|ter** · **Be|gut|ach|tung** · **be|gü|tert** · **be|gü|ti|gen** · **be|gü|ti|gend**
be|haart · **Be|haa|rung**
be|hä|big (*schweiz auch für* wohlhabend) · **Be|hä|big|keit,** die, _
be|hacken [*Tr* ...hak|ken] (*auch salopp*; betrügen)
be|haf|tet
be|ha|gen; es behagt mir, hat mir behagt · **Be|ha|gen,** das, _s · **be|hag|lich** · **Be|hag|lich|keit,** die, _
be|hal|ten · **Be|häl|ter** · **Be|hält|nis,** das, ..isses, ..isse
be|han|deln *K 363* · **Be|hand|lung.** *Zus K 365ff.*: Behandlungs‿weise usw.
Be|hang (*auch weidm*; die hängenden Ohren des Jagdhundes) · **be|hän|gen;** *Konjugation vgl.* hängen (2)
be|har|ren · **be|harr|lich** · **Be|harr|lich|keit,** die, _ · **Be|har|rung,** die, _. *Zus K 365ff.*: Beharrungs‿vermögen usw.
be|haucht; _er Laut (*Phon*)
be|hau|en; *Konjugation vgl.* hauen (2)
be|haup|ten; sich (*Akk*) _ · **Be|haup|tung**
Be|hau|sung
Be|ha|vio|ris|mus [bihevĭə'ris..], der, _ (vom Positivismus beeinflußte Richtung der bürgerl. Psychologie) ⟨*engl*⟩
be|he|ben (*österr auch für* abholen, abheben) · **Be|he|bung**
be|hei|ma|tet; im Gebirge _ sein
be|hei|zen
Be|helf, der, _[e]s, _e · **be|hel|fen, sich** (*Akk*) · **be|helfs|mä|ßig**
be|hel|li|gen (belästigen) · **Be|hel|li|gung**
be|helmt
be|hen|de (‚bei der Hand') · **Be|hen|dig|keit,** die, _
be|her|ber|gen
Be|herrsch|bar|keit, die, _ · **be|herr|schen;** sich (*Akk*) _ · **be|herrscht** (*auch für* sich in der Gewalt habend) · **Be|herrscht|heit,** die, _ · **Be|herr|schung,** die, _
be|her|zi|gen · **Be|her|zi|gung,** die, _ · **be|herzt** (mutig) · **Be|herzt|heit,** die, _
be|he|xen
be|hilf|lich
be|hin|dern *K 363* · **Be|hin|de|rung**

be|hor|chen (belauschen – *umg*; abhören) · **Be|hör|de,** die, –, –n · **be|hörd|lich**
be|host (*umg*; mit Hosen bekleidet)
Be|huf, der, –[e]s, –e (*bürospr veraltet*; Zweck); *noch in Wendungen wie* zum –[e] des …; zu diesem –[e]
be|hü|ten · **be|hut|sam** · **Be|hutsam|keit,** die, –
bei (*Abk* b.): **1.** *Präp mit Dat*; beim (↑ *d.*); bei weitem *K 114*; bei all[e]dem *K 176*; bei allem dem; bei dem allen *od* allem; bei diesem allem *od* allen; bei der Hand sein; bei [der] Abfahrt des Zuges; bei[m] Ausbruch des Feuers
2. *Adv* (*norddt umg*; dabei, hierbei, wobei): Da kann man nichts bei machen. [*Auf Getrenntschreibung achten!*]
3. *In Zus*: beileibe nicht; anbei, beinahe, dabei, nahebei usw.
bei…: *in unfest zusammengesetzten Verben*, z. B. beispringen *K 356*, du springst bei, beigesprungen, beizuspringen
Bei *od* **Bey** [bai, *seltener* bɛĭ], *auch* **Beg** [bɛk *od* be:k], der, –s, –s (ehem. türk. Titel, z. B. Ali-Bei *od* Ali Bei) ⟨*türk*, ‚Herr'⟩
bei|be|hal|ten
Bei|blatt
Bei|boot ⟨*engl*⟩
Bei|bre|che, die, –, –n (*bergm*; nutzbare Nebengesteine im Grubenbetrieb)
bei|brin|gen; jmdm. etw. –
Beicht, die, –, –en (*süddt*; Beichte) · **Beich|te,** die, –, –n · **beich|ten** · **Beicht|stuhl**
beid|ar|mig
bei|de:
I. *Auch substantivisch, außer am Satzanfang, stets klein geschrieben K 120*: beides, alles beides, alle beide, die[se] beiden, dieses beides; einer, jeder von beiden
II. *Zur Deklination*: von beider Leben ist nichts bekannt; wir beide[n] (*österr nur* wir beide); *K 338*: wir beiden jungen Leute; *K 340*: beide jungen Leute (*auch noch* beide junge Leute); *K 341*: beide Jugendlichen (*auch noch* beide Jugendliche)
bei|de|mal *K 176*, *aber*: beide Male; *vgl.* Mal (2) · **bei|der|lei** · **bei|der|sei|tig** · **bei|der|seits,** *schweiz* **beid|seits:** 1. *Adv*: der Wunsch besteht –; 2. *Präp mit Gen*: – des Rhein[e]s · **Bei|derwand,** die, – *od* das, –[e]s (*fachspr*; grobes Gewebe) ⟨‚beiderlei Tuch'⟩ · **Beid|hän|der,** der, –s, – (jmd., der mit der linken u. der rechten Hand gleich geschickt ist) · **beid|hän|dig** · **Beid|recht,** das, –[e]s, –e (*fachspr*; beidseitig gleich aussehendes Gewebe)
bei|dre|hen (*seem*; die Fahrt verlangsamen)
beidseits ↑ beiderseits
bei|ein|an|der. *Schreibung bei Verben vgl.* aneinander; *K 145 u. 129*: beieinander sein, beieinander sitzen, dicht beieinander stehen, *aber K 148 u. 129*: gut beieinandersein (*umg*; gesund und wohl sein, in guter körperl. Verfassung sein), beieinanderhaben (zusammenhaben, z. B. eine Summe), beieinandersitzen, beieinanderhalten (zusammenhalten)
Bei|fah|rer
Bei|fall, der, –[e]s · **bei|fäl|lig** · **Beifalls|sturm**
bei|fol|gend (*veraltend*), *Abk* beif.; – (anbei) der Bericht
bei|fü|gen · **Bei|fü|gung** (*auch Gramm*) · **Bei|fü|gungs|satz** (*Gramm*)
Bei|fuß, der, –es (eine Gewürzpflanze, Korbblütler)
Bei‿fut|ter, **…ga|be**
beige [be:ʃ] *nichtdeklinierbar* (sandfarben, graugelb) ⟨*frz*⟩; *vgl. auch K 272ff.* · [1]**Beige** [be:ʃ], das, – (Sandfarbe, Graugelb); *vgl.* Blau
[2]**Bei|ge** [ˈbaigə], die –, –n (*süddt, schweiz*; Stoß, Stapel)
bei|ge|ben (bei-, hinzufügen); klein – (*umg*; nachgeben, sich fügen)
Bei|ge|schmack
bei|ge|sel|len (*gehoben*); sich (*Akk*) jmdm. –
Bei|hil|fe
bei|ho|len (*seem*; [Segel] einziehen)
Beijing ↑ Peking
Bei|klang
Bei|kö|chin
bei|kom|men; ihm ist nicht beizukommen (er ist nicht zu fassen, zu besiegen)
Beil, das, –[e]s, –e
Bei|la|dung (*auch Rechtsw*)
Bei|la|ge; *Abk* Beil.
bei|läu|fig (nebenbei [gesagt] – *österr*; etwa, ungefähr); – 5 Schilling (*österr*)
bei|le|gen · **Bei|le|gung**
bei|lei|be (wahrhaftig, bestimmt); *nur in Verneinungen* – nicht (auf gar keinen Fall)
Bei|leid · **Bei|leids|be|zei|gung** *od* **Bei|leids|be|zeu|gung**
bei|lie|gend (*bürospr*) · **Bei|lie|gende,** das, –n *K 341* (*bürospr*)
beim *K 61* (bei dem), *Abk* b.; *K 117*: etw. beim alten lassen; *K 102*: beim Schreiben
bei|men|gen · **Bei|men|gung**
bei|mes|sen
be|imp|fen (*fachspr*)
Bein, das, –[e]s, –e
bei|na|he *od* **bei|nah** [*beide od* ..ˈna:..]
Bei|na|me
Bein|bruch, der · **bei|nern** (*veraltend*; aus Knochen bestehend)
be|in|hal|ten (enthalten, umfassen); *nur im Inf. u. in der 3. Pers gebräuchlich*
Bein|haus (Haus zur Aufbewahrung ausgegrabener Menschenknochen auf Friedhöfen) · **…bei|nig** (z. B. dreibeinig [*mit Ziffer K 284* 3beinig]) · **Bein|stumpf** · **Bein|well,** der *od* das, –[e]s (eine Arzneipflanze, Borretschgewächs) ⟨*zu* wallen ‚zuwachsen'⟩
bei|ord|nen ⟨*lat*⟩ · **bei|ord|nend;** –e Konjunktion (*Gramm*) · **Beiord|nung**
bei|pflich|ten (zustimmen)
Bei|ra [*od* ˈbɛi..] (Hafenstadt in Moçambique) ⟨*port*⟩
Bei|rat, *Pl* ..räte
Bei|ried, das, –[e]s, –e (*österr*; Rippen-, Rumpfstück vom Rind)
be|ir|ren; sich (*Akk*) nicht – lassen
Bei|rut [ˈbe:ru:t] (Hptst. von Libanon) · **Bei|ru|ter:** 1. *K 231:* der, –s, –; 2. *als Attribut K 232*
bei|sam|men; beisammen (zusammen) sein; *aber K 148*: gut beisammensein (*umg*; in guter körperl. Verfassung sein) · **bei|sam|menha|ben** *K 148* · **Bei|sam|men|sein,** das, –s · **bei|sam|men|sit|zen** *K 148*
Bei|sas|se, der, –n, –n (*hist*; Einwohner ohne Bürgerrecht)
Bei|satz (*Gramm*)
Bei|schlaf, der, –[e]s (Geschlechtsverkehr)
Bei|schlag (*Arch*; terrassenartiger Vorbau an Häusern)
Bei|sein; *nur in Wendungen wie* im – [von]; ohne mein –
bei|sei|te *K 176*; – legen, – schaffen, – treten
Bei|sel, *auch* **Beisl,** das, –s, –n (*österr umg*; Kneipe) ⟨*hebr*⟩
bei|set|zen · **Bei|set|zung** · **bei|sitzen** · **Bei|sit|zer**
Beisl ↑ Beisel
Bei|spiel, das, –[e]s, –e ⟨*zu mhd* spel ‚Rede, Erzählung'⟩; *K 202*: zum – (*Abk* z. B.); *vgl. auch K 420* · **bei|spiel|ge|bend** · **beispiel|haft** · **bei|spiel|los** *K 349*; *vgl.* …los · **bei|spiels|hal|ber** *K 176* · **Bei|spiel[s]|satz** · **bei|spiels|weise** *K 176*
bei|sprin|gen (helfen)
bei|ßen; du beißt *K 354*; ich biß, du bissest; gebissen; beiß[e]! · **Bei|ßer** (*umg*; bissiges Tier – *österr auch für* ein Hebeeisen) · **Beiß|zan|ge** (*landsch*; Kneifzange)

Bei|stand · bei|ste|hen *K 363*

bei|stel|len (*österr*; zur Verfügung stellen) · Bei|stell|herd

bei|steu|ern *K 363*

Bei|strich (*Gramm, bes österr*; Komma); *vgl. auch K 399ff.*

Bei|tel, der, –s, – (meißelähnl. Werkzeug)

Bei|trag, der, –[e]s, ..äge · bei|tra|gen · Bei|trags|zah|lung

bei|trei|ben (*Rechtsw veraltend*; Geldforderungen [zwangsweise] einziehen)

bei|tre|ten · Bei|tritt · Bei|tritts|er|klä|rung

Bei|wa|gen

Bei|werk (Ausschmückung; Unwichtiges)

bei|woh|nen; einem Fest –

Bei|wort, *Pl* ..wörter (*Sprachw*; charakterisierendes Wort als Attribut – *auch* Bez. für Adjektive, Adverbien u. Numeralien); schmückendes – (*Stilistik*); *vgl. auch* Epitheton *u.* Epitheton ornans

Bei|ze, die, –, –n

bei|zei|ten *K 109*

bei|zen *K 354* (‚beißen machen‘)

bei|zie|hen (*bes süddt, österr, schweiz*; mitwirken lassen, mit urteilen lassen)

Beiz|jagd · Beiz|vo|gel (zur Jagd abgerichteter Greifvogel)

be|ja|hen; eine bejahende Antwort

be|jahrt

Be|ja|hung

be|kämp|fen ⟨*lat*⟩ · Be|kämp|fung

be|kannt; *K 93*: jemand Bekanntes; *K 135*: mit jmdm. bekannt machen, werden; *vgl. aber* bekanntmachen, bekanntwerden · Be|kann|te, der *u.* die, –n, –n *K 341* · be|kann|ter|ma|ßen *K 176* · Be|kannt|ga|be, die, – · be|kannt|ge|ben *K 136*; du gibst bekannt; bekanntgegeben; bekanntzugeben · Be|kannt|heit · be|kannt|lich · be|kannt|ma|chen *K 137* (veröffentlichen, öffentlich mitteilen); *Konjugation vgl.* bekanntgeben; die neue Verordnung wird bekanntgemacht; *aber*: du hast meinen Freund mit ihm bekannt gemacht · Be|kannt|ma|chung · Be|kannt|schaft · be|kannt|wer|den *K 137; Konjugation vgl.* bekanntgeben; die Nachricht ist schon gestern bekanntgeworden; *aber*: du bist mit ihm bekannt geworden

be|kan|ten (mit Kanten versehen) ⟨*lat → frz → ndrl*⟩

Be|kas|si|ne, die, –, –n (ein Schnepfenvogel) ⟨*lat → frz*⟩

be|keh|ren · Be|kehr|te, der *u.* die, –n, –n *K 341* · Be|keh|rung

be|ken|nen · Be|kennt|nis, das, ..isses, ..isse · be|kennt|nis|haft · Be|kennt|nis|schrif|ten *Pl* (*Rel*)

be|kla|gen; sich (*Akk*) – · be|kla|gens|wert · be|kla|gens|wür|dig · Be|klag|te, der *u.* die, –n, –n *K 341* · Be|klag|ten|par|tei (*Rechtsw*)

be|kle|ben

be|kleckern [*Tr* ...klek|kern] *K 363* (*umg*; beschmutzen); sich (*Akk*) – · be|kleck|sen (*umg*)

be|klei|den; ein Amt – · Be|klei|dung

be|klem|mend; *K 115*: am –sten · Be|klem|mung · be|klom|men *K 364* (ängstlich, bedrückt) · Be|klom|men|heit, die, –

be|koh|len (*fachspr*; mit Kohlen versorgen) · Be|koh|lung (*fachspr*)

be|kom|men; du hast es –; es ist dir gut, schlecht – · be|kömm|lich; die Speise ist leicht bekömmlich, eine leichtbekömmliche Speise

be|kö|sti|gen · Be|kö|sti|gung

be|kräf|ti|gen · Be|kräf|ti|gung

be|krän|zen *K 354*

be|kreu|zen (*Rel*; mit dem Kreuzeszeichen segnen) ⟨*lat*⟩ · be|kreu|zi|gen, sich (*Akk*) (*Rel*)

be|krie|gen

be|krit|teln *K 363* (*abwert*; bemängeln, [kleinlich] tadeln) · Be|krit|te|lung *K 363* (*abwert*)

Be|krö|nung (*Arch*; oberer Abschluß eines Bauwerkes) ⟨*grch → lat*⟩

be|küm|mern: 1. *tr* (betrüben) – 2. *refl* sich (*Akk*) – *K 363*; sich um etw. – (sorgen) · Be|küm|mer|nis, die, –, ..isse (*gehoben*)

be|kun|den · Be|kun|dung

be|la|den; *Konjugation vgl.* [1]laden

Be|lag, der, –[e]s, ..äge · Be|la|ge|rer · be|la|gern *K 363* · Be|la|ge|rung

Be|lang, der, –[e]s, –e; das ist von [keinem] –, ist nicht von – · be|lan|gen; was mich belangt (*veraltend*; an[be]langt); jmdn. – (zur Rechenschaft ziehen; verklagen) · be|lang|los *K 349*; *vgl.* ...los · Be|lang|lo|sig|keit · be|lang|reich

be|las|sen

be|last|bar · Be|last|bar|keit · be|la|sten; ein Konto mit einem Betrag – · be|lä|sti|gen · Be|lä|sti|gung · Be|la|stung

be|lau|ben, sich (*Akk*) · be|laubt

be|lau|ern *K 363* · Be|laue|rung

be|lau|fen; die Kosten – sich (*Akk*) auf ..., haben sich auf ... belaufen

be|lau|schen

Bel|can|to, *selten* Bel|kan|to, der, –s (Kunstgesang in italien. Art) ⟨*ital*, ‚schöner Gesang‘⟩

be|le|ben · be|lebt

Be|leg, der, –[e]s, –e (Beweis, Beweisstück) · Be|leg|ar|beit · be|le|gen · Be|leg|schaft · be|legt; eine –e Stimme

be|leh|nen (*hist*; in ein Lehen einsetzen) · Be|leh|nung (*hist*)

be|leh|ren; *K 120*: eines ander[e]n *od* andren –, *aber K 93*: eines Besser[e]n (*K 363f.*) – · Be|leh|rung

be|leibt · Be|leibt|heit, die, –

be|lei|di|gen · Be|lei|di|ger · be|lei|digt · Be|lei|di|gung

be|lei|hen · Be|lei|hung

be|lem|mert (*salopp*; betreten; übel, schlimm) ⟨*ndrl*⟩

Be|lem|nit, der, –en, –en (*Geol*; Donnerkeil, Schalenteil von fossilen Tintenfischen) ⟨*grch*⟩

be|le|sen (kenntnisreich, durch vieles Lesen gut unterrichtet) · Be|le|sen|heit, die, –

be|leuch|ten · Be|leuch|ter (*Theat*) · Be|leuch|tung

be|leum|det; übel – sein · be|leu|mun|det; gut, übel – sein

Bel|fast [..fa:st] (Hptst. von Nordirland)

bel|fern *K 363* (*umg*; keifend schimpfen – *umg landsch*; bellen)

Bel|gien [..ĭən], *amtl* Kö|nig|reich Bel|gien (in Westeuropa) · Bel|gier [..ĭər], der, –s, – · bel|gisch

Bel|grad, *serbokroat* Beo|grad (Hptst. von Jugoslawien u. Serbien)

be|lich|ten · Be|lich|tung

be|lie|ben (wünschen; geneigt sein); du beliebst wohl zu scherzen? (du machst wohl Spaß?); es beliebte (gefiel) ihr nicht, ihn zu treffen · Be|lie|ben, das, –s; nach –; es steht in seinem – · be|lie|big; *K 114*: alles, jeder beliebige, jeder x-beliebige (*K 186*) · be|liebt; –este · Be|liebt|heit, die, –

be|lie|fern *K 363* ⟨*lat → frz → ndrl*⟩ · Be|lie|fe|rung

Be|lize [..'li:s] (Staat in Mittelamerika)

Belkanto ↑ Belcanto

Bel|la (w. Vn.) ⟨*ital* u. *span*, ‚die Schöne‘ (od. *Kurzf von* Arabella [*lat → rom*] *u. von* Isabella [*span*])⟩

Bel|la|don|na, die, – (ein Arzneimittel) ⟨*ital*, ‚schöne Dame‘⟩

Belle-Al|liance [bɛla'lĭã:s] ⟨*frz*⟩; Schlacht bei – (Waterloo)

bel|len

Bel|le|trist (Verfasser von Belletristik) ⟨*frz*⟩ · Bel|le|tri|stik, die, – (alle Formen der erzählenden Literatur, die sog. schöne Literatur) · bel|le|tri|stisch

Belle|vue [bɛl'vy:] ⟨*frz*, ‚schöne Aussicht‘⟩, das, –, –n [bɛl'vy:ən] *od* Bel|ve|de|re [bɛlve'de:rə, *österr* ..'dɛ:r] ⟨*ital*⟩, das, –[s], –s (Aussichtspunkt; Name von Schlössern)

be|lo|bi|gen · Be|lo|bi|gung

be|loh|nen · Be|loh|nung

Be|lo|rus|se [od 'b(ĭ)ɛ..], der, _n, _n ⟨russ, ‚Weißrusse‘⟩ · be|lo|rus|sisch; vgl. K 266f. · Be|lo|rus|sisch, das, Gen _[s], Dat _ (Sprachbezeichnung K 268ff.) · Be|lo|rus|si|sche, das, Gen _n, Dat _n (Sprachbezeichnung K 271) · Be|lo|ruß|land, ohne Art, amtl Be|lo|rus|si|sche So|zia|li|sti|sche So|wjet|re|pu|blik K 258, die, Gen _n _n _ (im W der UdSSR)
Belt, der, _[e]s, _e (Name zweier Meerengen der westl. Ostsee); K 258: der Große _, der Kleine _
Be|lu|ga: 1. der, _s (Kaviar vom Hausen) – 2. der, _s, _s (Weißwal) ⟨russ⟩
be|lu|sti|gen · Be|lu|sti|gung
Be|lu|tsche, der, _n, _n (Angehöriger eines iran. Volkes) · be|lu|tschisch; vgl. K 266f. · Be|lu|tschisch, das, Gen _[s], Dat _ (Sprachbezeichnung K 268ff.) · Be|lu|tschi|sche, das, Gen _n, Dat _n (Sprachbezeichnung K 271) · Be|lu|tschi|stan [be'lu(:)tʃista(:)n] (Gebirgslandsch. in Iran u. Pakistan)
Belvedere ↑ Bellevue
be|mäch|ti|gen, sich (Akk) (gehoben); sich einer Sache _
be|mä|keln K 363 (abwert; bemängeln, bekritteln) ⟨lat⟩
be|män|geln K 363 · Be|män|ge|lung K 363
be|man|nen; ein Boot _ · Be|man|nung
be|män|teln K 363 (beschönigen) ⟨lat⟩ · Be|män|te|lung K 363
be|ma|ßen (fachspr; eine Zeichnung mit Maßen versehen)
be|ma|sten (mit Mast[en] versehen)
be|merk|bar · be|mer|ken · Be|mer|ken, das, _s; mit dem _ · be|mer|kens|wert · Be|mer|kung; Abk Bem.
be|mit|lei|den
be|mit|telt (begütert)
Bemm|chen (obersächs umg) · Bem|me, die, _, _n (obersächs umg; gestrichene, belegte Brotschnitte) ⟨slaw⟩
be|moost
be|mü|hen; sich (Akk) [um etw.] _ · be|mü|hend (schweiz; unerfreulich, peinlich); eine _e Sache · Be|mü|hung
be|mü|ßigt; nur in Wendungen wie sich (Akk) zu etw. _ fühlen; er fühlte sich _, etw. dazu zu sagen
be|mut|tern K 363
be|nach|bart
be|nach|rich|ti|gen
be|nach|tei|li|gen
be|nam|sen K 354 (umg scherzh; mit einem Namen belegen)
be|nannt
Be|na|res (früherer Name von Varanasi)
be|ne|belt (umg; [leicht] betrunken)
Be|ne|dik|ten|kraut, das, Gen _[e]s (eine Arzneipflanze) ⟨lat⟩ · Be|ne|dik|ti|ner, der, _s, _ (1. kath Kirche; Angehöriger eines Ordens – 2. ein Kräuterlikör) · Be|ne|dik|ti|ner|or|den, der, Gen _s (kath Kirche) ⟨nach Benedikt von Nursia⟩
Be|ne|dik|ti|on (Rel; Segnung) ⟨lat⟩
Be|ne|fiz, das, _es, _e: 1. (veraltend; Theatervorstellung zugunsten eines Künstlers) – 2. od Be|ne|fi|zium, das, _s, ..ien [..ĭən] (Mittelalter; Lehen – kath Kirche; Pfründe, Einkommen aus einer Pfründe) ⟨lat⟩
be|neh|men, sich (Akk) · Be|neh|men, das, _s; sich mit jmdm. ins _ setzen (sich mit jmdm. verständigen)
be|nei|den · be|nei|dens|wert
Be|ne|lux|staa|ten [od ..'luks..] K 246 Pl ⟨aus Belgique [bɛl'ʒi:k] = Belgien, Nederland = Niederlande u. Luxembourg [lyksã'bu:r] = Luxemburg⟩
be|nen|nen · Be|nen|nung
be|net|zen
Ben|ga|le [bɛŋ'ga:lə], der, _n, _n · Ben|ga|len (Landsch. im O Vorderindiens) · Ben|ga|li, das, _[s] (eine der neuind. Sprachen indoeuropäischer Herkunft); auf _ heißt es ... · ben|ga|lisch; K 238: das bengalische Feuer (Feuerwerkssatz), aber K 258: das Bengalische Meer
Ben|ga|si od Ben|gha|si [beide bɛn'ga:zi] (Hafenstadt in Libyen)
Ben|gel, der, _s, Pl _, umg _s ([ungezogener] Junge)
be|ni|gne (Med; gutartig) ⟨lat⟩ · Be|ni|gni|tät, die, _ (Güte – Med; Gutartigkeit)
Be|nimm, der, _s (umg; das Benehmen)
Be|nin, amtl Volks|re|pu|blik Be|nin (im W Afrikas) · Be|ni|ner, der, _s, _ · be|ni|nisch
Ben|ja|min: 1. (bibl. Gestalt) – 2. der, _s, _e (der Jüngste [einer Familie]) ⟨hebr, ‚Sohn der rechten Seite‘⟩
Ben|no (m. Vn.) ⟨Kurzf von Bernhard⟩
be|nom|men K 364 (leicht betäubt) · Be|nom|men|heit, die, _
be|no|ten (eine Leistung mit einer Note beurteilen)
be|nö|ti|gen; einen Vermittler _; benötigt werden
Ben|thal, das, _s (Hydrol; Bodenregion der Gewässer) ⟨grch⟩ · Ben|thos, das, _ (Biol; Gesamtheit der Organismen am Grund der Gewässer) ⟨‚Tiefe‘⟩
be|num|mern K 363 ⟨lat⟩ · Be|num|me|rung
be|nut|zen od be|nüt|zen, österr meist so · Be|nut|zer od Be|nüt|zer, österr meist so · Be|nut|zung od Be|nüt|zung, österr meist so
Benzen ↑ Benzol · Ben|zin, das, _s, _e (Treibstoff; Lösungsmittel) ⟨arab + lat⟩ · Ben|zin|lei|tung · Ben|zoe [..tso:e:], die, _ od Ben|zoe|harz, das, _es (aus Südostasien stammendes Harz) ⟨arab → ital⟩ · Ben|zol, fachspr Ben|zen, das, _s (Chem; einfachster aromat. Kohlenwasserstoff; ein Lösungsmittel) ⟨arab + lat⟩ · Benz|py|ren, das, _s, _e (Chem; krebserzeugender Kohlenwasserstoff) ⟨arab + grch⟩ · Ben|zyl, das, _s (Chem; einwertiger Toluolrest). Zus K 365ff.: Benzyl‿alkohol usw.
be|ob|ach|ten · Be|ob|ach|ter · Be|ob|ach|tung
Beograd ↑ Belgrad
be|or|dern K 363; jmdn. zu sich (Dat) _ (befehlen, bestellen); ich wurde in die Klinik beordert (geschickt) ⟨lat → frz⟩
be|pflan|zen ⟨lat⟩ · Be|pflan|zung
be|quem ⟨zu kommen⟩ · be|que|men, sich (Akk); sich zu einer Antwort _ (bereit finden) · Be|quem|lich|keit
Be|rapp, der, _[e]s (Bauw; rauher Verputz) · ¹be|rap|pen (Bauw)
²be|rap|pen (salopp; einen Geldbetrag aufbringen) ⟨Herkunft umstritten⟩
be|ra|ten; jmdn. _; er hat mich gut beraten (Part II); gut beraten sein; vgl. auch K 166 · Be|ra|ter · Be|ra|te|rin, die, _, ..innen · be|rat|schla|gen; du beratschlagst; du beratschlagtest; beratschlagt; beratschlag[e]! · Be|rat|schla|gung · Be|ra|tung · Be|ra|tungs|zen|trum
be|rau|ben · Be|rau|bung
be|räu|men · Be|räu|mung
be|rau|schen; sich (Akk) [an etw.] _ · be|rau|schend; K 115: am _sten
Ber|ber, der, _s, _ (Angehöriger einer Völkergruppe im N Afrikas). Zus K 365ff.: Berber‿pferd usw. · ber|be|risch · Ber|ber|lö|we (ausgerottete Unterart des Löwen)
Ber|be|rit|ze, die, _, _n (Sauerdorn, ein Zierstrauch) ⟨arab → lat⟩
Berch|tes|ga|den (Kurort in den Alpen [BRD])
be|re|chen|bar · be|rech|nen · Be|rech|nung
be|rech|ti|gen · Be|rech|tig|te, der u. die, _n, _n K 341 · Be|rech|ti|gung
be|re|den · be|red|sam · Be|red-

sam|keit, die, _ · **be|redt** (redegewandt)

be|ree|dert (*Seew*; von einer Reederei betreut, obwohl dieser nicht gehörend)

be|reg|nen; den Rasen, ein Feld _ · **Be|reg|nung**

Be|reich, der, *auch* das, _[e]s, _e

be|rei|chern *K 363*; etw. _ (wertvoller, reichhaltiger machen); sich (*Akk*) _ (sich auf unredl. Weise Gewinn verschaffen) · **Be|rei|che|rung**

Be|reichs|lei|ter, der

¹be|rei|fen (mit Reifen versehen); bereift

²be|rei|fen; es bereift (bedeckt sich mit Reif), ist bereift

Be|rei|fung ⟨*zu* ¹bereifen⟩

be|rei|ni|gen · **Be|rei|ni|gung,** die, _

be|rei|sen; ein Land _

be|reit. *Schreibung in Verbindung mit Verben K 135*: sich (*Akk*) bereit erklären, sich (*Akk*) bereit finden, zu allem bereit sein; *aber K 136*: bereitlegen (du legst bereit, bereitgelegt, bereitzulegen), bereitmachen, bereitstehen, bereitstellen · **¹be|rei|ten** (*gehoben*; zubereiten); bereitet

²be|rei|ten (zureiten); *vgl. auch* beritten · **Be|rei|ter** (Zureiter)

be|reit|hal|ten *K 136*; sich (*Akk*) _ · **be|reits** (schon) · **Be|reit|schaft** · **Be|reit|schafts|dienst** · **Be|rei|tung,** die, _ · **be|reit|wil|lig** · **Be|reit|wil|lig|keit,** die, _

Be|re|si|na [*od* ..'na], die, _ (Fluß im W der UdSSR)

be|reu|en

Berg, der, _[e]s, _e; die Haare stehen einem zu Berge (*umg*) · **berg|ab** *od* **berg|ab|wärts** · **Berg|aka|de|mie**

Ber|ga|mas|ke, der, _n, _n (in Bergamo Geborener od. Wohnender) · **Ber|ga|mas|ker Al|pen** *K 232 Pl* ⟨*nach* Bergamo⟩ · **ber|ga|mas|kisch** · **Ber|ga|mo** (Stadt in Oberitalien)

Ber|ga|mot|te, die, _, _n (eine Zitrusfrucht; Birnensorte) ⟨*türk* → *ital* → *frz*⟩

berg|an · **Berg|ar|bei|ter** · **berg|auf** *od* **berg|auf|wärts** · **Berg|bau,** der, _[e]s · **Berg|bau|fol|ge|land|schaft** *K 192* · **Berg|be|hör|de** · **Ber|ge** *Pl* (*bergm*; taubes Gestein) · **ber|ge|hoch,** *auch* **berg|hoch**

Ber|ge|lohn (*Seew*) · **ber|gen;** du birgst, er birgt; du bargst; du bärgest, *älter* bürgest; geborgen; birg!

Ber|ges|hö|he (*dicht*)

Berg|fried, der, _[e]s, _e (Burgturm) ⟨*lat, angelehnt an* Berg *u.* Friede⟩

Berg|füh|rer · **berghoch** ↑ bergehoch · **ber|gig**

Ber|gi|sel, der, _[s] (oberhalb von Innsbruck) · **Ber|gi|sel|schan|ze,** die, _

Berg|knap|pe (*veraltet*; Bergmann) · **Berg|krax|ler** (*umg, bes süddt, österr*) · **Berg|kri|stall** (*Mineral*; ein wasserklarer Quarz) · **Berg|kup|pe** · **Berg|ler,** der, _s, _ (im Bergland Wohnender) · **Berg|mann,** *Pl* ..leute · **berg|män|nisch** · **Berg|par|te,** die, _, _n (*bergm*; Paradebeil der Bergleute) ⟨*zu* Barte⟩ · **Berg|pre|digt,** die, _ (*N. T.*) · **berg|reich** · **Berg|ret|tungs|dienst** · **berg|schüs|sig** (*bergm*; viel taubes Gestein enthaltend) · **Berg|stei|gen,** das, _s · **Berg|stei|ger**

Berg|stra|ße, die, _ (am Westhang des Odenwaldes) · **Berg|strä|ßer** *K 232*; der Bergsträßer Wein

Berg|tour [..tu:*r*] · **Berg-und-Tal-Bahn** *K 189*

Ber|gung

Berg|wacht · **Berg|werk** · **Berg|wohl|ver|leih,** der, _s (Arnika)

Be|ri|be|ri, die, _ (*Med*; Vitamin-B_1-Mangelkrankheit) ⟨*singhal*⟩

Be|richt, der, _[e]s, _e; _ erstatten · **be|rich|ten** · **Be|rich|ter** · **Be|richt|er|stat|ter** · **Be|richt|er|stat|tung** · **be|rich|ti|gen** · **Be|rich|ti|gung** · **Be|richts|jahr**

be|rie|seln *K 363* · **Be|rie|se|lung** *K 363*

be|rin|gen ([Vögel] am Fuß mit einem Ring versehen)

Be|ring|meer *K 209*, das, _[e]s (nördl. Randmeer des Pazifiks) ⟨*nach* dem dän. Forscher⟩ · **Be|ring|stra|ße** *K 209*, die, _ (Meerenge zw. Nordamerika u. Asien)

Be|ritt (*veraltet*; Bezirk, Forstbezirk) · **be|rit|ten** *K 364* (mit Reittier[en] ausgerüstet)

Ber|ke|lium, das, _s (künstl. radioaktives chem. Element, Metall); *Zeichen* Bk ⟨*nach* der Universitätsstadt Berkeley ['bœ:rkli] in den USA⟩

Ber|lepsch|sche Nist|höh|le *K 219* ⟨*nach* dem Begründer des Vogelschutzes⟩

Ber|lin (Hptst. der DDR); *K 244*: Berlin-Adlershof, Berlin-Köpenick, Berlin-Oberschöneweide, Berlin-Pankow [..'paŋko:], Berlin-Prenzlauer Berg, Berlin-Treptow [..'tre:pto:, *auch* ..'trɛpto:] · **Ber|li|ner:** 1. *K 231*: der, _s, _; 2. *als Attribut K 232* · **Ber|li|ner Blau,** das, *Gen* _ _s (ein Farbstoff) · **ber|li|nern** *K 363* (berlinisch sprechen) · **ber|li|nisch** *od* **ber|li|ne|risch**

Ber|me, die, _, _n (*Bauw*; waagerechter Böschungsabsatz) ⟨*ndrl* → *frz*⟩

Ber|mu|das *od* **Ber|mu|da|in|seln** (*K 209*) *Pl* (im westl. Atlantik) ⟨*nach* dem span. Entdecker Bermúdez [..'muðɛθ]⟩

Bern (Hptst. der Schweiz) · **Bern|biet,** das, _[e]s (Gebiet um Bern) · **Ber|ner:** 1. *K 231*: der, _s, _; 2. *als Attribut K 232*: das Berner Oberland

Bern|hard (m. Vn.) ⟨‚Bär' + ‚stark'⟩; *Kurzf* ↑ Benno

Bern|har|di|ner, der, _s, _ (eine Hunderasse) ⟨*nach* dem Hospiz auf dem Großen Sankt Bernhard⟩ · **Bern|har|di|ner|hund**

Ber|ni|na|bahn *K 246*, die, _ · **Ber|ni|na|grup|pe** *K 246, auch* **Ber|ni|na,** die, _ (Teil der Ostalpen)

ber|nisch ⟨*zu* Bern⟩

Bern|stein (fossiles Harz) ⟨‚Brennstein'⟩. *Zus K 365ff.*: Bernstein⌣kette usw. · **bern|stei|ne[r]n** (aus Bernstein) · **bern|stein|far|ben** *od* **bern|stein|far|big;** *vgl. auch* ...farben

Be|ro|li|na: 1. (latinisierte Form von Berlin) – 2. die, _ (Frauengestalt als Sinnbild Berlins) ⟨*slaw* → *lat*⟩

Ber|sa|glie|ri [bɛrsa'lje:ri] *Pl* (italien. Scharfschützentruppe); *Sg* Ber|sa|glie|re [..sa'lje:rə], der, _ ⟨*ital*⟩

Ber|ser|ker [..'zɛr.., *österr nur so, auch* 'bɛr..], der, _s, _ (*nord Sage*; wilder Krieger _ *übertr*; kampfwütiger Mensch) ⟨*anord,* [Krieger im] ‚Bärenfell'⟩ · **Ber|ser|ker|wut**

ber|sten; du birst, er birst; du barstest; du bärstest; geborsten; birst!, berste!

Ber|ta *K 208* (w. Vn.) ⟨‚die Glänzende'⟩ · **Ber|told** *K 208* (m. Vn.) ⟨‚glänzend' + ‚walten'⟩; *Nebenf* Berthold *K 90* · **Bert|ram** *K 90* (m. Vn.) ⟨‚glänzend' + ‚Rabe'⟩

be|rüch|tigt ⟨*zu* rufen⟩

be|rücken [*Tr* ..rük|ken] (*gehoben*; betören) · **be|rückend** [*Tr* ..rük|kend] (*gehoben*); *K 115*: am _sten

be|rück|sich|ti|gen · **Be|rück|sich|ti|gung,** die, _

Be|ruf, der, _[e]s, _e · **be|ru|fen** *K 364*; er wurde nach Leipzig berufen (*Part II*) · **be|ruf|lich** · **Be|rufs⌣aus|bil|dung,** ...**be|ra|tung** · **be|rufs|fremd** · **be|rufs|los;** *vgl.* ...los · **be|rufs|mä|ßig** · **Be|rufs|prak|ti|kum** · **Be|rufs|schu|le** · **be|rufs|tä|tig** · **Be|rufs|tä|ti|ge,** der *u.* die, _n, _n *K 341* · **Be|rufs|ver|kehr** · **Be|rufs|wahl,** die, _ · **Be|ru|fung**

be|ru|hen; es beruht auf einem Irrtum; etw. auf sich _ lassen · **be|ru|hi|gen;** sich (*Akk*) _ · **Be|ru|hi|gung,** die, _

be|rühmt · **Be|rühmt|heit**

be|rüh|ren · **Be|rüh|rung** · **Be|rüh|rungs|elek|tro|nik** (elektron. Schalteinrichtung ohne mechan. Hilfsmittel)

Be|ryll, der, ~s, ~e (*Mineral*; ein Edelstein) ⟨*grch* → *lat* → *frz*⟩ · **Be|ryl|lium,** das, ~s (chem. Element, Leichtmetall); *Zeichen* Be ⟨*grch* → *lat, nach* dem Mineral Beryll⟩

be|sä|en; *vgl. auch* besät

be|sagt (erwähnt, schon genannt)

be|sai|ten (mit Saiten bespannen); *vgl. auch* zartbesaitet

be|sa|men (*Zool*)

be|sam|meln (*schweiz*; sammeln, [Truppen] zusammenziehen) · **Be|samm|lung** (*schweiz*)

Be|sa|mung; künstliche ~ · **Be|sa|mungs|sta|tion**

Be|san, der, ~s, ~e (*seem*; Segel am hinteren Mast) ⟨*arab* → *ital* → *ndrl*⟩. *Zus K 365ff.*: Besan‿mast usw.

be|sänf|ti|gen

be|sät; mit etw. ~ (über u. über bedeckt) sein

Be|satz: 1. der, ~es, *Pl* Besätze (aufgenähte Verzierung an Kleidungsstücken) – 2. der, ~es (*fachspr*; Bestand an Tieren, Maschinen usw. im Verhältnis zur Fläche) · **Be|satz|strei|fen** · **Be|sat|zung**

be|sau|fen, sich (*Akk*) (*derb*; sich betrinken)

be|schä|di|gen · **Be|schä|di|gung**

be|schaf|fen: 1. *Verb*; du beschafftest; beschafft – 2. *Adj K 364* (geartet) · **Be|schaf|fen|heit,** die, ~

be|schäf|ti|gen · **Be|schäf|ti|gung** · **be|schäf|ti|gungs|los;** *vgl.* ...los

be|schä|len (*fachspr, vom Hengst gesagt*; begatten) · **Be|schä|ler** (*fachspr*; Zuchthengst)

be|schal|len (dem Schall od. dem Ultraschall aussetzen)

be|schä|men · **be|schä|mend;** *K 115*: am ~sten · **Be|schä|mung**

be|schat|ten · **Be|schat|tung,** die, ~

be|schau|en · **Be|schau|er** · **be|schau|lich** · **Be|schau|lich|keit,** die, ~

Be|scheid, der, ~[e]s, ~e; ~ sagen (benachrichtigen), ~ wissen (informiert sein); jmdm. ~ tun (jmds. Zutrunk erwidern) · **be|schei|den:** 1. *Verb*: *a.* jmdn. zu sich bescheiden (*gehoben*; kommen lassen); er wurde abschlägig beschieden (*gehoben*; man ließ ihm eine Ablehnung zukommen); *b.* sich (*Akk*) bescheiden (*gehoben*; sich zufriedengeben) – 2. *Adj K 364* (anspruchslos, einfach) · **Be|schei|den|heit,** die, ~

be|schei|nen

be|schei|ni|gen · **Be|schei|ni|gung**

be|schei|ßen (*derb*); jmdn. ~ (betrügen); *vgl. auch* beschissen

be|schen|ken · **Be|schenk|te,** der *u.* die, ~n, ~n *K 341*

be|sche|ren (schenken) ⟨*zu* Schar⟩; jmdm. [etw.] bescheren; den Kindern wurde beschert, *heute auch* die Kinder wurden beschert · **Be|sche|rung** (*auch umg iron*; unangenehme Überraschung); eine schöne ~ (*umg iron*)

be|scheu|ert (*salopp*; nicht ganz bei Verstand; dumm)

be|schich|ten

be|schicken [*Tr* ..schik|ken] (*fachspr*) · **Be|schickung** [*Tr* ..schikkung] (*fachspr*)

be|schie|ßen · **Be|schie|ßung**

be|schil|dern *K 363*

be|schimp|fen · **Be|schimp|fung**

be|schir|men (*gehoben*)

Be|schiß, der, ..isses (*derb*; Betrug) · **be|schis|sen** (*derb*; sehr schlecht, unangenehm)

be|schlab|bern *K 363* (*salopp*); jmdn. ~ (überreden); sich (*Akk*) ~ (sich beim Essen beschmutzen)

Be|schlächt, das, ~es, ~e (*fachspr*; hölzerner Uferschutz) · **Be|schlag;** mit ~ belegen (sich aneignen; beschlagnahmen) · **be|schla|gen:** 1. *Verb* (*auch weidm, vom männl Schalenwild gesagt*; begatten) – 2. *Adj K 364* (kenntnisreich; bewandert – *weidm, vom weibl Schalenwild gesagt*; trächtig); auf einem Gebiet gut beschlagen sein · **Be|schlag|nah|me,** die, ~, ~n · **be|schlag|nah|men;** du beschlagnahmtest; beschlagnahmt

be|schleu|ni|gen · **Be|schleu|ni|ger** (*Kernphys*; Anlage zur Beschleunigung geladener Teilchen) · **Be|schleu|ni|gung** (*Phys*); *Formelzeichen a*

be|schleu|sen (*fachspr*; mit Schleusen versehen) ⟨*lat* → *frz* → *ndrl*⟩

be|schlie|ßen · **Be|schlie|ße|rin,** die, ~, ..innen (*Hotelw*; Frau, die Wäsche u. a. verwaltet) · **be|schlos|sen** *K 364*; die Sache ist ~ · **Be|schluß;** einen Beschluß fassen, *aber K 165*: eine beschlußfassende Versammlung · **be|schluß|fä|hig** · **Be|schluß|fä|hig|keit,** die, ~ · **Be|schluß|fas|sung**

be|schmie|ren

be|schmut|zen

be|schnei|den · **Be|schnei|dung**

be|schnüf|feln *K 363* (*auch salopp*; vorsichtig betrachten, zu ergründen versuchen)

be|schö|ni|gen

be|schot|tern (*fachspr*; mit Schotter bedecken)

be|schrän|ken ⟨*zu* Schranke⟩ · **be|schrankt** (*Eisenb*; mit Schranken versehen); ein ~er Bahnübergang · **be|schränkt** (eingeengt; geistig arm, wenig begabt) · **Be|schränkt|heit** · **Be|schrän|kung**

be|schrei|ben ⟨*lat*⟩ · **Be|schrei|bung** · **Be|schrieb,** der, ~s, ~e (*schweiz*; Beschreibung) · **be|schrif|ten** · **Be|schrif|tung**

be|schul|di|gen; jmdn. des Mordes ~ · **Be|schul|di|ger** · **Be|schul|dig|te,** der *u.* die, ~n, ~n *K 341* · **Be|schul|di|gung**

be|schum|meln (*umg*; betrügen) ⟨*Herkunft umstritten*⟩

be|schup|pen (*salopp*; betrügen) ⟨*Herkunft umstritten*⟩

Be|schuß, der, ..usses

be|schüt|zen · **Be|schüt|zer**

be|schwat|zen (*umg*; überreden; erörtern)

Be|schwer, die, ~, *auch* das, ~[e]s (*noch gehoben*; Mühe, Anstrengung); ohne ~ · **Be|schwer|de,** die, ~, ~n; ~ führen; keine ~n haben · **Be|schwer|de|buch** · **Be|schwer|de|füh|ren|de,** der *u.* die, ~n, ~n *K 341* · **be|schwe|ren;** sich (*Akk*) ~ · **be|schwer|lich** · **Be|schwer|lich|keit** · **Be|schwer|nis,** die, ~, ..isse *od* das, ..isses, ..isse (*gehoben*; Anstrengung, Last) · **Be|schwe|rung**

be|schwich|ti|gen · **Be|schwich|ti|gung**

be|schwin|deln *K 363*

be|schwingt · **Be|schwingt|heit,** die, ~

be|schwipst (*umg*; angeheitert, leicht betrunken)

be|schwö|ren · **Be|schwö|rung**

be|see|len (*gehoben*; mit innerem Leben erfüllen) · **be|seelt** (*gehoben*) · **Be|seelt|heit,** die, ~ (*gehoben*)

be|sei|ti|gen · **Be|sei|ti|gung**

be|se|li|gen (*gehoben*; glücklich machen) · **be|se|ligt** (*gehoben*)

Be|sen, der, ~s, ~. *Zus K 365ff.*: Besen‿schrank usw. · **be|sen|rein**

be|ses|sen *K 364*; von einer Idee ~ sein · **Be|ses|se|ne** *K 363f.*, der *u.* die, ~n, ~n *K 341* · **Be|ses|sen|heit,** die, ~ · **be|set|zen** · **Be|setzt|zei|chen** · **Be|set|zung**

be|sich|ti|gen · **Be|sich|ti|gung**

be|sie|deln *K 363* · **Be|sied|lung** *K 363*

be|sie|geln *K 363* ⟨*lat*⟩ · **Be|sie|ge|lung** *K 363*

be|sie|gen · **Be|sieg|te,** der *u.* die, ~n, ~n *K 341*

be|sin|nen, sich (*Akk*); *vgl. auch* [1]besonnen · **be|sinn|lich** · **Be|sinn|lich|keit,** die, ~ · **Be|sin|nung,** die, ~ · **be|sin|nungs|los;** *vgl.* ...los

Be|sitz; im *od* in ~ haben · **be|sitz|an|zei|gend;** ein ~es Fürwort (*Gramm*) · **be|sit|zen** · **Be|sit|zer** · **Be|sitz|er|grei|fung** · **be|sitz|los;**

vgl. ...los · **Be|sitz|tum** · **Be|sit-zung** · **Be|sitz|wech|sel**

Bes|ki|den *Pl* (Teil der Karpaten in der ČSSR u. in Polen)

be|sof|fen *K 364* (*derb*; betrunken)

be|soh|len ⟨*zu* Sohle⟩

be|sol|den ⟨*lat* → *ital* → *frz*⟩ · **Be-sol|de|te,** der *u.* die, _n, _n *K 341* · **Be|sol|dung,** die, _

be|söm|mern *K 363* (*Landw*; die Brache durch einjährige Futterpflanzen nutzen)

be|son|de|re *K 363*; *vgl. auch* besonders; zur besonderen Verwendung (*Abk* z. b. V.)
I. *Kleinschreibung K 114*: im besond[e]ren *od* im besondern, *aber*: insbesondere; bis aufs einzelne und besond[e]re
II. *Großschreibung K 93*: das Besond[e]re (das Außergewöhnliche); *K 95*: etw., nichts Besond[e]res

Be|son|der|heit · **be|son|ders,** *Abk* bes.; ein _ gutes Buch; die Aufführung war nicht _ (*umg*; war mittelmäßig); _ wenn ... (*vgl. auch K 450*)

[1]**be|son|nen** (ruhig überlegend, umsichtig) ⟨*zu* besinnen⟩

[2]**be|son|nen;** sich (*Akk*) _ (von der Sonne bescheinen) lassen

Be|son|nen|heit, die, _

be|sonnt ⟨*zu* [2]besonnen⟩

be|sor|gen · **be|sorg|lich** (*veraltend*; besorgt) · **Be|sorg|nis,** die, _, ..isse · **be|sorg|nis|er|re|gend;** *vgl. aber K 163*; *K 115*: am _sten, *aber K 127*: große Besorgnis erregend · **be|sorgt** · **Be|sorgt|heit,** die, _ · **Be|sor|gung**

be|span|nen · **Be|span|nung**

be|spie|geln *K 363*; sich (*Akk*) _ · **Be|spie|ge|lung** *K 363*

be|spie|len; ein Tonband _

be|spit|zeln (*abwert*; heimlich beobachten u. aushorchen) · **Be|spit|ze-lung** *K 363* (*abwert*)

be|spre|chen · **Be|spre|cher** · **Be-spre|chung**

be|spren|gen

be|sprit|zen · **Be|sprit|zung**

Bes|sa|ra|bien [..ĭən] (histor. Gebiet nordwestl. vom Schwarzen Meer)

Bes|se|mer|bir|ne *K 209* (techn. Anlage zur Stahlgewinnung) ⟨*nach* dem engl. Erfinder⟩ · **bes|se|mern** (*Techn*); gebessemert

bes|ser:
I. *Zusammen- od Getrenntschreibung K 125*: einen Gegenstand besser [hin]stellen, *aber K 126*: jmdn. [finanziell] besserstellen
II. *Kleinschreibung K 114*: es ist das bessere (es ist besser), daß ...
III. *Großschreibung K 93* (*vgl. auch K 363 f.*): jmdn. eines Besser[e]n *od* Beßren belehren; eine Wendung zum Besser[e]n *od* Beßren; das Bessere *od* Beßre ist des Guten Feind; *K 95*: er hat etw. Besseres *od* Beßres vor

bes|sern *K 363 f.*; sich (*Akk*) _ · **Bes|se|rung** *K 363 f.* · **Bes|ser|wis-ser** · **Best,** das, _s, _e (*süddt, österr*; [höchster] ausgesetzter Preis)

be|stal|len (behördl. die Berufsfähigkeit anerkennen – *bürgerl Staat*; in ein Amt, eine Stellung einsetzen) ⟨*zu* bestellen⟩

Be|stand (*österr auch für* Bestehen); von _ sein; _ haben; der 25jährige _ (*österr*) · **be|stan|den** (bewachsen); mit Wald _ sein; *vgl. auch* bestehen · **be|stän|dig;** das Barometer steht auf »beständig« · **Be|stän-dig|keit** · **Be|stands|auf|nah|me** · **Be|stand|teil,** der

be|stär|ken · **Be|stär|kung**

be|stä|ti|gen · **Be|stä|ti|gung**

be|stat|ten · **Be|stat|tung**

be|stau|ben (staubig machen); bestaubt · **be|stäu|ben** (*Bot*; den Blütenstaub auf die weibl. Blütenorgane bringen); bestäubt · **Be|stäu-bung** (*Bot*)

be|ste:
I. *Kleinschreibung:*
a) *K 113*: das beste [Buch] seiner Bücher
b) *K 115*: auf das *od* aufs beste, *vgl. aber* II; am besten; nicht zum besten stehen; es ist das beste, er hält es für das beste (am besten), daß ...
c) *K 116*: jmdn. zum besten haben, halten; etw. zum besten geben, kehren, lenken, wenden
d) *K 114*: der erste (*od* nächste) beste
II. *Großschreibung K 94*: das Beste auslesen; das Beste in seiner Art; das Beste ist für ihn gerade gut genug; seine Wahl ist auf das Beste gefallen; es ist das Beste, was wir tun können; er ist der Beste in der Klasse; es fehlt ihm am Besten; zu deinem Besten; zum Besten der Republik; er hat sein Bestes getan

be|ste|chen · **be|stech|lich** · **Be-stech|lich|keit,** die, _ · **Be|ste-chung**

Be|steck, das, _[e]s, _e. *Zus K 365 ff.*: Besteck‿kasten usw.

Be|steg (*Geol*; tonige Zwischenlage zw. Gesteinsschichten)

be|ste|hen *K 363*; ich habe die Prüfung mit »gut« bestanden; das Institut besteht seit vielen Jahren; aus etw. _ (z. B. das Buch besteht aus losen Blättern); auf etw. _ (*mit Dat, nur selten mit Akk*, z. B. ich bestehe auf meiner, *selten* meine Forderung) · **Be|ste|hen,** das, _s · **be-ste|hen|blei|ben;** es bleibt bestehen; bestehengeblieben; bestehenzubleiben

Be|stell|da|tum · **be|stel|len** · **Be-stel|ler** · **Bestelliste** [*Tr* Be|stell|liste *K 78*]

be|sten|falls *K 176* · **be|stens**

be|steu|ern (*fachspr*) · **Be|steue-rung** (*fachspr*)

best|ge|haßt · **best|ge|pflegt**

be|stia|lisch (*abwert*; unmenschlich, viehisch); _ste ⟨*lat*⟩ · **Be|stia|li|tät** (Unmenschlichkeit, viehische Roheit) · **Be|stie** [..tĭə], die, _, _n (reißendes Tier – *abwert*; Unmensch)

be|stie|felt ⟨*lat* → *ital*⟩

be|stim|men · **be|stimmt;** der _e Artikel (*Gramm*) · **Be|stimmt|heit** · **Be|stim|mung** · **Be|stim|mungs-wort,** *Pl* ..wörter (*Sprachw*); *vgl. auch K 365 ff.*

be|stirnt; der _e Himmel

Best|lei|stung · **Best|mann,** *Pl* ..männer (*seem*; erfahrener Seemann, der auf kleinen Schiffen den Schiffsführer vertritt) · **best|mög-lich** (so gut wie möglich); *falsch ist die doppelte Steigerung* »bestmöglichst«

be|stocken[1] (*Forstw, von Bäumen gesagt*; bedecken); sich (*Akk*) _ (*Bot*; Seitentriebe bilden)

be|sto|ßen (*fachspr*)

be|stra|fen · **Be|stra|fung**

be|strah|len · **Be|strah|lung**

be|stre|ben, sich (*Akk*) (*gehoben*); er bestrebt sich, seine Leistungen zu verbessern · **Be|stre|ben,** das, _s · **be|strebt;** _sein; er war immer _, die Höflichkeit zu wahren

be|strei|ken ⟨*engl*⟩; einen Betrieb _

be|strei|ten

be|stricken[1] (bezaubern) · **be-strickend**[1]; *K 115*: am _sten

be|strumpft

Best|sel|ler, der, _s, _[s] (Ware [bes. Buch] mit dem besten Absatz) ⟨*engl*⟩

be|stücken[1] (ausstatten, mit Teilstücken versehen); ein Schiff _ (mit Waffen ausrüsten) · **Be|stückung**[1], die, _

be|stuh|len (mit Stühlen, Sitzplätzen ausstatten) · **Be|stuh|lung**

be|stür|men

be|stür|zen · **be|stür|zend;** *K 115*: am _sten · **be|stürzt;** _ sein · **Be-stürzt|heit,** die, _ · **Be|stür|zung,** die, _

Best|wert

Be|such, der, _[e]s, _e; auf *od* zu _ sein · **be|su|chen** · **Be|su|cher** · **Be|su|cher|zahl** · **Be|suchs|stun-de** · **be|suchs|wei|se** *K 176*

be|su|deln *K 363* (*abwert*) · **Be|su-de|lung** *K 363* (*abwert*)

[1] *Tr* ..k|k..

Be|ta, das, _[s], _s (österr auch _) (griech. Buchstabe; B, β) ⟨semit → grch⟩

be|tagt (alt) · Be|tagt|heit, die, _

be|tan|ken ⟨ind → engl⟩; ein Flugzeug _

be|ta|sten ⟨lat → frz⟩

Be|ta|strah|len od β-Strah|len ['be:ta..] K 186 Pl (Kernphys; beim radioaktiven Zerfall entstehende Strahlen aus Elektronen od. Positronen)

be|tä|ti|gen; sich (Akk) _ · Be|tä|ti|gung

Be|ta|tron, das, _s, Pl _s od ..trone (Kernphys; Anlage zur Beschleunigung elektrisch geladener Teilchen) ⟨Kurzw aus Betastrahlen + Elektron⟩

be|täu|ben · Be|täu|bung

Bet|bru|der (umg abwert; übertrieben eifriger Kirchgänger)

Be|te, auch noch Bee|te, die, _ ⟨lat⟩; nur in rote Bete (rote Rübe)

Be|tei|geu|ze, der, _ (ein Stern) ⟨arab → frz⟩

be|tei|len (österr; mehrere Personen beschenken) · be|tei|li|gen; sich (Akk) _ · Be|tei|lig|te, der u. die, _n, _n K 341 · Be|tei|li|gung

Be|tel, der, _s (südostasiat. Genußmittel) ⟨drawid → portug⟩ · Be|tel|kau|en, das, _s

be|ten

be|teu|ern K 363 · Be|teue|rung K 363

Be|thel (Heil- u. Pflegeanstalt bei Bielefeld [BRD]) ⟨hebr, nach dem bibl. Ort⟩

Beth|le|hem (N. T.; Geburtsort Jesu Christi) ⟨hebr⟩ · beth|le|he|mi|tisch

be|ti|teln K 363 ⟨lat⟩ · Be|ti|te|lung K 363

Be|ton [be'tɔŋ], der, _s, _s od [be'to:n], österr nur so, der, _s, _e K 307 (österr auch _s) (erhärtendes Gemenge aus Zement, Wasser u. Zuschlagstoffen wie Sand, Kies usw.) ⟨lat → frz⟩ · Be|ton|bau, Pl ..bauten

be|to|nen (durch Tonstärke hervorheben) ⟨grch → lat⟩

be|to|nie|ren (mit Beton ausführen, befestigen) ⟨lat → frz⟩ · Be|to|nie|rer · Be|ton|mi|scher [be'tɔŋ.. od be'to:n..]

be|ton|nen (ein Fahrwasser durch Seezeichen [Tonnen usw.] bezeichnen) ⟨kelt → lat⟩ · Be|ton|nung

Be|to|nung ⟨grch → lat⟩

be|tö|ren · Be|tö|rer

Be|tracht, der, _[e]s; nur in Wendungen wie außer _ bleiben; in _ kommen, ziehen · be|trach|ten · Be|trach|ter · be|trächt|lich; K 114: um ein _es (bedeutend, sehr) · Be|trach|tung

Be|trag, der, _[e]s, ..äge (Geldsumme) · be|tra|gen; sich (Akk) _ · Be|tra|gen, das, _s

be|trau|en; mit einem Auftrag betraut

be|träu|feln K 363

Be|treff, der, _[e]s, _e (bürospr); Abk Betr.; K 110: in betreff dieser Angelegenheit (bürospr; diese Angelegenheit betreffend); vgl. auch betreffs

In Briefen stehende stichwortartige Inhaltsangaben [unter dem vorgedruckten Wort »Betreff«] beginnen mit großem Anfangsbuchstaben u. stehen am Ende ohne Punkt (K 395); vgl. auch Hinweise für das Maschinenschreiben, 6.7.

be|tref|fen; was mich betrifft · be|tref|fend; Abk für die nichtdeklinierte Form betr.; die _e (in Frage kommende) Behörde; den Bahnbau _; der den Unfall _e Bericht od der Bericht, _ den Unfall (bürospr) · Be|tref|fen|de, der u. die, _n, _n K 341 · Be|treff|nis, das, ..isses, ..isse (schweiz; Anteil, anteilige Summe) · be|treffs K 110 (bürospr [Abk betr.]); Präp mit Gen: _ dieser Angelegenheit (diese Angelegenheit betreffend); vgl. auch Betreff

be|trei|ben (voranbringen, fördern – schweiz auch für [Geld] eintreiben) · Be|trei|ben, das, _s; auf _ des Direktors ..., von Direktor Köhler

be|treßt (mit Tressen besetzt) ⟨frz⟩

be|tre|ten: 1. Verb – 2. Adj (verlegen, verwirrt, peinlich verwundert) · Be|tre|ten, das, _s

be|treu|en · Be|treu|er · Be|treu|ung

Be|trieb; in _ setzen; in _ sein. Zus K 365ff.: Betriebs‿kosten (Pl) usw. · be|trieb|lich · Be|triebs|aka|de|mie · be|trieb|sam · Be|trieb|sam|keit, die, _ · Be|triebs|be|rufs|schu|le; Abk BBS · be|triebs|ei|gen · Be|triebs‿er|geb|nis (finanzielles Ergebnis der wirtschaftl. Tätigkeit eines Betriebes), ...ge|werk|schafts|lei|tung (Abk BGL), ...kampf|grup|pe, ...kol|lek|tiv|ver|trag (Abk BKV), ...par|tei|or|ga|ni|sa|tion (Abk BPO), ...sport|ge|mein|schaft (Abk BSG)

be|trin|ken, sich (Akk)

be|trof|fen (unangenehm berührt) · Be|trof|fen|heit, die, _

be|trü|ben · be|trüb|lich · be|trüb|li|cher|wei|se K 176 · Be|trüb|nis, die, _, ..isse (gehoben) · be|trübt · Be|trübt|heit, die, _

Be|trug · be|trü|gen · Be|trü|ger · Be|trü|ge|rei · be|trü|ge|risch

be|trun|ken · Be|trun|ke|ne, der u. die, _n, _n K 341 · Be|trun|ken|heit, die, _

Bett, das, _[e]s, _en; zu _ gehen

Bet|tag ⟨zu beten⟩

Bett|decke [Tr ...dek|ke]

Bet|tel, der, _s (abwert; Kram) · bet|tel|arm · Bet|te|lei (abwert) · Bet|tel|mönch · bet|teln K 363

bet|ten; sich (Akk) _ · Bet|ten|haus

Bet|ti (w. Vn.) ⟨eindeutschende Schreibung von Betty⟩ · Bet|ti|na (w. Vn.) ⟨italien Kurzf von Elisabeth⟩; Nebenf Bettine · Bet|ti|ne (w. Vn.) ⟨Kurzf von Elisabeth⟩; Nebenf Bettina

Bett|la|de (landsch; Bettstelle) · bett|lä|ge|rig · Bett|la|ken

Bett|ler

Bett|ru|he · Bett|statt, Pl ..stätten (landsch; Bettstelle) · Bett|stel|le · Bett|tru|he K 17 · [1]Bettuch K 15 [Tr Bett|tuch K 78], Pl Bettücher

[2]Bet|tuch K 183, Pl ..tücher (beim israelit. Gottesdienst)

Bet|tung (befestigter Untergrund [für Eisenbahngleise])

Bet|ty ['bɛti] (w. Vn.) ⟨engl Kurzf von Elisabeth⟩

be|tu|lich (in umständl. Weise geschäftig, fürsorglich) · be|tun, sich (Akk) (in umständl. Weise geschäftig, fürsorglich sein); betan

Beu|che, die, _, _n (Textilwirtsch; Lauge zum Entfernen von natürl. Verunreinigungen aus Textilien) · beu|chen (Textilwirtsch; in Lauge kochen)

beug|bar (auch Gramm) · Beu|ge, die, _, _n (turner. Übung) · Beu|gel, das, _s, _[n] (österr; Hörnchen [ein Gebäck]) · beu|gen (auch Gramm); du beugtest; gebeugt · Beu|ger (Anat; Beugemuskel) · beug|sam · Beu|gung (auch Gramm)

Beu|le, die, _, _n · Beu|len|pest · beu|lig

be|un|ru|hi|gen · Be|un|ru|hi|gung, die, _

be|ur|kun|den · Be|ur|kun|dung

be|ur|lau|ben · Be|ur|lau|bung

be|ur|tei|len · Be|ur|tei|lung

Beu|schel, das, _s, _ (bayr, österr; Gericht aus Lunge u. Herz) ⟨zu Bausch⟩

[1]Beu|te, die, _ (etw. Erbeutetes) ⟨‚Tausch'⟩

[2]Beu|te, die, _, _n (fachspr; Bienenstock – landsch; Holzgefäß; Backtrog) ⟨‚Brett'⟩

beu|te|gie|rig ⟨zu [1]Beute⟩

Beu|tel, der, _s, _ · beu|teln (von Stoffen gesagt; beutelartig werden od. fallen [dafür auch sich beuteln]); jmdn. derb _ (landsch; schütteln) · Beu|tel|tier

beu|ten (*fachspr*; wilde Bienen einsetzen); gebeutet · **Beu|ten|ho|nig**

Beu|te|zug

Beut|ler, der, _s, _ (*Zool*; Beuteltier)

Beut|ner, der, _s, _ (*fachspr*; Bienenzüchter) · **Beut|ne|rei,** die, _ (*fachspr*)

Be|va|tron [ˈbe:vatrɔn, *auch* bevaˈtro:n], das, _s (*Kernphys*; Anlage zur Beschleunigung positiv geladener Teilchen)

be|völ|kern · **Be|völ|ke|rung** · **Be|völ|ke|rungs‿be|darf, ...struk|tur**

be|voll|mäch|ti|gen · **Be|voll|mäch|tig|te,** der *u.* die, _n, _n *K 341*

be|vor; *vgl. K 390*

be|vor|mun|den · **Be|vor|mun|dung**

be|vor|ra|ten (mit einem Vorrat ausstatten); sich (*Akk*) _

be|vor|rech|ti|gen *od* **be|vor|rech|ten** · **Be|vor|rech|ti|gung** *od* **Be|vor|rech|tung,** die, _

be|vor|schus|sen *K 354* (*bürospr*; einen Vorschuß gewähren); *Part II* bevorschußt

be|vor|ste|hen *K 363*

be|vor|zu|gen

be|wa|chen

be|wach|sen *K 364*

be|waff|nen · **Be|waff|ne|te,** der *u.* die, _n, _n *K 341* · **Be|waff|nung**

be|wah|ren ([be]hüten); [i] bewahre!, Gott bewahre! (*umg*) · **be|wäh|ren, sich** (*Akk*) · **Be|wah|rer** · **be|wahr|hei|ten, sich** (*Akk*) · **be|währt** · **Be|wah|rung,** die, _ · **Be|wäh|rung** (Erprobung); *vgl. aber* Bewehrung

be|wal|den; sich (*Akk*) _ · **be|wal|det** · **be|wald|rech|ten** (*Forstw*; [Stämme] von Ästen befreien)

be|wäl|ti|gen · **Be|wäl|ti|gung,** die, _

be|wan|dert (erfahren; kenntnisreich)

Be|wandt|nis, die, _, ..isse

be|wäs|sern *K 363f.* · **Be|wäs|se|rung** *K 363f.*, die, _

be|we|gen: 1. (in der Lage ändern, fortbewegen); du bewegst; du bewegtest; bewegt; beweg[e]! – 2. (veranlassen, anregen); du bewegst; du bewogst; du bewögest; bewogen; beweg[e]! · **Be|weg|grund** · **be|weg|lich** · **Be|weg|lich|keit,** die, _ · **be|wegt;** _ sein · **Be|wegt|heit,** die, _ · **Be|we|gung** · **be|we|gungs|los;** *vgl.* ...los

be|weh|ren (*Techn*; Beton mit Einlagen aus Rundstahl versehen; Kabel [mit Stahldrahtgeflecht] umhüllen) · **Be|weh|rung** (*Techn*); *vgl. aber* Bewährung

be|wei|ben, sich (*Akk*) (*scherzh*; eine Frau heiraten)

be|weih|räu|chern (*abwert*; überschwenglich loben); sich (*Akk*) _

Be|weis, der, _es, _e; unter _ stellen (beweisen). *Zus K 365ff.*: Beweis‿aufnahme usw. · **be|weis|bar** · **Be|weis|bar|keit,** die, _ · **be|wei|sen;** bewiesen · **be|weis|kräf|tig** · **Be|weis|mit|tel,** das (*Rechtsw*)

be|wen|den; *nur in Wendungen wie* es mit *bzw* bei etw. _ lassen · **Be|wen|den,** das, _s; *nur in Wendungen wie* damit soll es sein _ haben (dabei soll es bleiben)

be|wer|ben, sich (*Akk*) · **Be|wer|ber** · **Be|wer|bung**

be|wer|fen

be|werk|stel|li|gen

be|wer|ten · **Be|wer|tung**

Be|wet|te|rung, die, _ (*bergm*; Zuführung von Frischluft)

be|wil|li|gen · **Be|wil|li|gung**

be|will|komm|nen; du bewillkommnetest; bewillkommnet

be|wir|ken

be|wir|ten · **be|wirt|schaf|ten** · **Be|wirt|schaf|ter** · **Be|wirt|schaf|tung,** die, _ · **Be|wir|tung,** die, _

be|wit|zeln *K 363*

be|wohn|bar · **be|woh|nen** · **Be|woh|ner**

be|wöl|ken, sich (*Akk*) · **be|wölkt;** der _e Himmel · **Be|wöl|kung,** die, _

Be|wuchs, der, _es

Be|wun|de|rer *K 363* · **be|wun|dern** *K 363* · **be|wun|derns|wert** · **be|wun|de|rungs|wür|dig** · **Be|wund|re|rin** *K 363*, die, _, ..innen

be|wur|zeln, sich (*Akk*)

be|wußt; ich bin mir keines Vergehens _; ich war mir's (*vgl.* ¹es [2]) *od* mir dessen _; *K 135*: etw. _ (absichtlich) machen; *vgl. aber* bewußtmachen · **Be|wußt|heit,** die, _ · **be|wußt|los;** *vgl.* ...los · **Be|wußt|lo|sig|keit,** die, _ · **be|wußt|ma|chen** *K 137* (ins Bewußtsein rufen); sich (*Dat*) etw. _; du machst bewußt; bewußtgemacht; bewußtzumachen; *aber*: bewußt (absichtlich) machen · **Be|wußt|sein,** das, _s

Bey ↑ Bei

be|zah|len; bezahlt (*Abk* bez.); das macht sich bezahlt; *vgl. auch* zahlen · **Be|zah|ler** · **Be|zah|lung**

be|zähm|bar · **be|zäh|men;** sich (*Akk*) _

be|zau|bern · **be|zau|bernd;** *K 115*: am _sten

be|zecht (betrunken)

be|zeich|nen · **be|zeich|nend;** *K 115*: am _sten · **be|zeich|nen|der|wei|se** *K 176* · **Be|zeich|nung;** *Abk* Bez.

be|zei|gen (*gehoben*; zu erkennen geben, kundgeben); jmdm. sein Beileid, sein Wohlgefallen bezeigen

be|zeu|gen (Zeugnis ablegen; als Zeuge bestätigen); die Wahrheit _

be|zich|ti|gen ⟨*zu* zeihen⟩; jmdn. eines Verbrechens _

be|zieh|bar · **be|zie|hen;** sich (*Akk*) auf eine Sache _ · **be|zie|hent|lich** (*bürospr*): 1. *Konj* (*selten*; beziehungsweise, *dafür oft besser* und, oder, oder vielmehr) – 2. *Präp mit Gen*: _ des Vorfall[e]s, *dafür besser* mit Bezug auf den Vorfall · **Be|zie|her** · **Be|zie|hung;** etw. zueinander in _ setzen · **be|zie|hungs|wei|se** *K 176* (*Konj, dafür oft besser* und, oder, oder vielmehr), *Abk* bzw.; *vgl. auch K 390 u. K 450*

be|zif|fern *K 363* ⟨*arab* → *ital*⟩; bezifferter Generalbaß (*Mus*) · **Be|zif|fe|rung**

Be|zirk, der, _[e]s, _e ⟨*grch* → *lat*⟩; *Abk* Bez. · **Be|zirks‿be|hör|de, ...stadt, ...tag** · **be|zirks|wei|se** *K 176*

be|zir|zen *K 51* (*umg scherzh*; bezaubern, verführen) ⟨*zu* Circe⟩

Be|zo|ge|ne, der, _n, _n *K 341* (*Bankw*; Akzeptant [eines Wechsels]) · **Be|zug;** auf etw. Bezug nehmen; Bezug nehmend auf, *besser* mit Bezug auf, *aber K 110*: in bezug auf – **Be|zü|ge** *Pl* (Einkünfte) · **Be|zü|ger** (*schweiz*; Bezieher) · **be|züg|lich:** 1. *Adj*: _es Fürwort (*Gramm*) – 2. *Präp mit Gen, Abk* bez.; _ Ihres Schreibens · **Be|zug|nah|me,** die, _, _n · **be|zugs|fer|tig** · **Be|zugs‿per|son, ...preis, ...quel|le**

be|zu|schus|sen *K 354* (*bürospr*; einen Zuschuß gewähren); bezuschußt

be|zwecken [*Tr* ..zwek|ken]

be|zwei|feln *K 363* · **Be|zweif|lung** *K 363*

be|zwing|bar · **be|zwin|gen** · **Be|zwin|ger**

Bhu|tan [ˈbu:..], *amtl* **Kö|nig|reich Bhu|tan** (am östl. Himalaja) · **Bhu|ta|ner** [bu..], der, _s, _ · **bhu|ta|nisch**

Bia|ły|stok [bi̯aˈlistɔk, *poln* ..ˈwi..] (Stadt im NO Polens)

Bi|ath|let, der, _en, _en ⟨*lat* + *grch*⟩ · **Bi|ath|lon,** das, _s (aus einem Skilanglauf u. Schießwettbewerben bestehender Wettkampf)

bib|bern *K 363* (*umg*; zittern, beben)

Bi|bel, die, _, _n (Bez. für die Schriften des Alten u. des Neuen Testaments) ⟨*grch* → *lat*, ‚Bücher', *nach* der Hafenstadt Byblos in Phönikien⟩ · **bi|bel|fest** · **Bi|bel|wort,** *Pl* ..worte

Bi|ber: 1. der, _s, _ (Nagetier; Pelzart) – 2. der *od* das, _s (Rohflanell). *Zus K 365ff.*: Biber⌣pelz usw.

Bi|ber|ach an der Riß (Stadt im SW der BRD)

Bi|be|ret|te ⟨*dt* + *f. E.*⟩, die, _, _n (Biberpelzimitation aus Kaninchenfell)

Bi|ber|geil, das, _[e]s (Drüsenabsonderung des Bibers) · **Bi|ber|schwanz** (*auch für* eine Dachziegelart)

Bi|blio|graph, der, _en, _en (Verfasser von Bibliographien) ⟨*grch*⟩ · **Bi|blio|gra|phie**, die, _, ..ien (1. Literaturverzeichnis – 2. *nur Sg*; Lehre von den Literaturverzeichnissen) · **bi|blio|gra|phie|ren** (den Titel einer Schrift bibliographisch aufnehmen) · **bi|blio|gra|phisch**, *aber K 258*: VEB Bibliographisches Institut Leipzig

bi|blio|phil (bücherliebend; für Bücherliebhaber bestimmt); eine _e Ausgabe · **Bi|blio|phi|le**, der *u.* die, _n, _n (Bücherliebhaber[in]); *K 342*: zwei begeisterte _[n] ⟨*grch*⟩ · **Bi|blio|phi|lie**, die, _

Bi|blio|thek, die, _, _en (Büchersammlung; Bücherei) ⟨*grch* → *lat*⟩ · **Bi|blio|the|kar**, der, _s, _e (Bibliotheksmitarbeiter mit Fach- od. Hochschulabschluß) · **Bi|blio|the|ka|rin**, die, _, ..innen · **bi|blio|the|ka|risch** · **Bi|blio|theks|ge|bäu|de** · **Bi|blio|theks|we|sen**, das, _s

bi|blisch ⟨*grch* → *lat*⟩

Bick|bee|re (*norddt*; Heidelbeere) ⟨‚Pechbeere'⟩

Bi|det [..'de:], das, _s, _s (Sitzbadebecken) ⟨*frz*⟩

bie|der · **Bie|der|keit**, die, _ · **Bie|der|mann**, *Pl* ..männer (*iron*; Heuchler) · **Bie|der|mei|er**, das, _s (Kunststil der 1. Hälfte des 19. Jh.) · **bie|der|mei|er|lich** · **Bie|der|mei|er|stil**, der, _[e]s · **Bie|der|mei|er|zeit**, die, _

Bie|ge, die, _, _n (*landsch*; Krümmung) · **bie|gen**; du bogst; du bögest; gebogen; bieg[e]!; *K 102*: auf Biegen oder Brechen · **bieg|sam** · **Bieg|sam|keit**, die, _ · **Bie|gung**

Biel (Stadt in der Schweiz)

Bie|le|feld (Stadt im N der BRD) · **Bie|le|fel|der**: 1. *K 231*: der, _s, _; 2. *als Attribut K 232*

Bien, der, _s (*fachspr*; Gesamtheit des Bienenvolkes) · **Bien|chen** · **Bie|ne**, die, _, _n · **Bie|nen|fleiß** · **Bie|nen|schwarm** · **Bie|nen|stock**, der, *Pl* ..stöcke · **Bie|nen|wachs**

bi|en|nal [biɛ..] (zweijährlich; alle zwei Jahre stattfindend) ⟨*lat*⟩ · **Bi|en|na|le**, die, _, _n (alle zwei Jahre stattfindende Leistungsschau auf dem Gebiet der Kunst, bes. des Films u. der bildenden Kunst) ⟨*lat* → *ital*⟩

Bier, das, _[e]s, _e ⟨*lat*⟩; *K 312*: 5 Liter helles Bier, 3 [Glas] Bier. *Zus K 365ff.*: Bier⌣faß usw. · **Bier|glas**, *Pl* ..gläser

Bie|se, die, _, _n (abstechender Vorstoß an Uniformen; Ziersäumchen)

Bies|flie|gen *od* **Das|sel|flie|gen** *Pl* ⟨*Herkunft umstritten*⟩

Biest, das, _[e]s, _er (*umg abwert*; bösartiges, lästiges Tier; bösartiger, hinterhältiger Mensch) ⟨*lat*⟩

Biest|milch (erste Milch der Kuh nach dem Kalben)

Biet, das, _[e]s, _e (*schweiz*; Gebiet); *meist in Zus*, z. B. Baselbiet · **bie|ten**; du biet[e]st; du bot[e]st; du böt[e]st; geboten; biet[e]! · **Bie|ter**

bi|fi|lar (*Techn*; zweifädig; zweidrähtig) ⟨*lat*⟩

Bi|fo|kal|glä|ser *Pl* (*Opt*; Brillengläser für Nah- u. Fernsicht) ⟨*lat*⟩

Bi|ga|mie, die, _ (Doppelehe) ⟨*lat* + *grch*⟩ · **bi|ga|misch** · **Bi|ga|mist**

Big Band ['bik 'bɛnt], die, _ _, *Pl* _ _s (großes Tanz- od. Jazzorchester) ⟨*engl*, *zu* ²Band⟩

bi|gott (blindgläubig; frömmelnd, scheinheilig) ⟨*span* → *frz*⟩ · **Bi|got|te|rie**, die, _, ..ien

Bi|har (Staat im NO Indiens)

Bi|jou [bi'ʒu:], der *od* das, _s, _s (*schweiz*; Juwel, Kleinod) ⟨*kelt* → *frz*⟩ · **Bi|jou|te|rie** [biʒu..], die, _, ..ien ([unechte] Schmuckgegenstände; Schmuckwarengeschäft) · **Bi|jou|te|rie|la|den** · **Bi|jou|tier** [..'tie:] (*schweiz*; Schmuckhändler)

Bikarbonat ↑ Hydrogenkarbonat

Bi|ki|ni, der, _s, _s (knapper zweiteiliger Badeanzug) ⟨*nach* dem Südseeatoll⟩

bi|kon|kav [*od* ..'ka:f] (*Opt*; doppelseitig hohl geschliffen) ⟨*lat*⟩

bi|kon|vex [*od* ..'vɛks] (*Opt*; doppelseitig erhaben geschliffen) ⟨*lat*⟩

bi|la|bial [*od* ..'bīa:l] (*Phon*; mit beiden Lippen gebildet) ⟨*lat*⟩

Bi|lanz, die, _, _en (Gegenüberstellung, Übersicht; Abschluß, Jahres-, Rechnungsabschluß) ⟨*lat* → *ital*, ‚Gleichgewicht'⟩ · **bi|lan|zie|ren** (Bilanz aufstellen, Bilanz abschließen)

bi|la|te|ral [*od* ..'ra:l] (zweiseitig) ⟨*lat*⟩; _e Verhandlungen (Verhandlungen zw. zwei Staaten)

Bilch, der, _[e]s, _e (ein Nagetier) ⟨*slaw*⟩

Bild, das, _[e]s, _er; im _e sein · **Bild|band** · **Bild|bei|la|ge** · **Bild|chen**, *Pl* _ *od* Bilderchen · **bil|den**; *K 119*: die bildenden Künste · **Bil|der|buch** · **bil|der|reich** · **Bil|der|schrift** · **Bil|der|sturm**, der, _[e]s (*hist*) · **Bil|der|stür|mer** (*hist*) · **Bild⌣flä|che**, ...funk · **bild|haft** · **Bild|hau|er** · **Bild|hau|er|kunst** · **bild|hau|ern** *K 363* (*umg*); gebildhauert · **bild|hübsch** · **Bild|kraft**, die, _ (Anschaulichkeit) · **bild|kräf|tig** · **bild|lich** · ...**bild|ner** (z. B. Maskenbildner) · **bild|ne|risch** · **Bild|nis**, das, ..isses, ..isse · **bild|sam** (*gehoben*) · **Bild|sam|keit**, die, _ (*gehoben*) · **Bild|säu|le** · **Bild|schirm** · **bild|schön** · **Bild|te|le|gra|fie** *K 54* · **Bil|dung** · **Bil|dungs|ein|rich|tung** · **Bil|dungs|stu|fe** · **Bil|dungs|we|sen** · **Bild|wer|bung** · **Bild|wer|fer** · **Bild|werk**

Bil|ge ['bilgə *od* bilʃ], die, _, _n [..gən *od* ..ʃ(ə)n] (*seem*; Kielraum, Sammelraum für Leck- u. Schwitzwasser) ⟨*lat* → *frz* → *engl*⟩ · **Bil|ge|was|ser**, das, _s (*seem*)

bi|lin|gu|isch [..'liŋgŭiʃ] (*fachspr*; zweisprachig) ⟨*lat*⟩ · **Bi|lin|gu|is|mus**, der, _ (*fachspr*)

Bi|li|ru|bin, das, _s (*Med*; ein Gallenfarbstoff) ⟨*lat*⟩

Bil|lard ['biljart], das, _s, _e [..də], *österr* [bi'ja:r], das, _s, _s (Kugelspiel auf stoffbezogenem Tisch; der Tisch selbst) ⟨*frz*⟩ · **Bil|lard|queue** [..kø:] (Spielstock)

Bil|le|teur, der, _s, _e: 1. [bije'tø:r] (*österr*; Platzanweiser in Theater u. Kino) – 2. [biljɛ'tø:r] (*schweiz*; Kartenausgeber; Schaffner) ⟨*lat* → *frz*⟩ · **Bil|lett** [bi'ljɛt], das, _[e]s, *Pl* _s *od* _e (*schweiz*, *sonst veraltend*; Eintrittskarte, Fahrkarte, -schein – *österr auch* Briefkarte)

Bil|liar|de, die, _, _n (tausend Billionen [10^{15}])⟨*lat* → *prov* → *frz*⟩; *vgl.* Million

bil|lig; das ist nur recht und _; *K 114*: um ein _es; _e Waren; _e (*umg*; niedrige) Preise · **bil|li|gen** · **bil|li|ger|ma|ßen** *K 176* · **bil|li|ger|wei|se** *K 176* · **Bil|lig|keit**, die, _ · **Bil|li|gung**, die, _ (Zustimmung, Einverständnis)

Bil|li|on, die, _, _en (eine Million Millionen [10^{12}]; *in der UdSSR, in den USA u. in Frankreich* tausend Millionen [10^9]) ⟨*lat* → *ital*⟩; *vgl.* Million · **bil|li|on|stel**[1] · **Bil|li|on|stel**[2], das, *schweiz* der, _s, _ · **Bil|li|on|stel**...[1]

Bil|sen|kraut, das, _[e]s (eine Arzneipflanze, Nachtschattengewächs)

Bi|lux|lam|pe (*fachspr*; Zweifadenlampe für Fern- u. Abblendlicht in Fahrzeugscheinwerfern) ⟨*lat*⟩

bim! ⟨*lautm*⟩; bim, bam!; bim, bam, bum! · **Bim|bam**, das, _s

---

[1] *Vgl.* achtel.
[2] *Vgl.* Achtel.

Bi|me|tall, das, _s, _e (zwei aufeinandergeschweißte Streifen aus verschiedenen Metallen mit unterschiedl. Ausdehnungskoeffizienten) ⟨*lat + grch*⟩

Bim|mel, die, _, _n (*umg*; Klingel) · **Bim|me|lei** (*umg abwert*) · **bimmeln** *K 363* (*umg*)

bim|sen *K 354* (*umg*; scharf drillen, angestrengt lernen) · **Bims|stein** ⟨*lat*⟩

bi|när (*fachspr*; aus zwei Einheiten bestehend, zweigliedrig) ⟨*lat*⟩ · **Bi-När‿zei|chen, ...zif|fer**

Bin|de, die, _, _n · **Bin|de|ge|we-be** · **Bin|de|ge|webs‿mas|sa|ge** [..,sa:ʒə], **...zel|len** (*Pl*) · **Bin|de-‿glied, ...mit|tel** · **bin|den;** du band[e]st; du bänd[e]st; gebunden; bind[e]! · **Bin|der** · **Bin|de|rei** · **Bin-de|rin,** die, _, ..innen · **Bin|de-s** *K 106 u. 186*, das, _, _; *vgl. auch K 370 ff.* · **Bin|de|strich;** *vgl. K 177–195* · **Bin|de|wort,** *Pl* ..wörter (*Gramm*) · **Bind|fa|den,** *Pl* ..fäden · **bin|dig** · **Bin|dung**

Bin|ge *od* **Pin|ge,** die, _, _n (*bergm*; durch Grubeneinsturz entstandene trichterförmige Vertiefung)

Bin|gel|kraut, das, _[e]s (ein Wolfsmilchgewächs)

Bin|gen (Stadt der BRD am Mittelrhein) · **Bin|ger:** 1. *K 231*: der, _s, _; 2. *als Attribut K 232*: das Binger Loch

Bin|kel *od* **Binkl,** der, _s, _[n] (*bayr u. österr umg*; Bündel)

bin|nen *Präp mit Dat, auch mit Gen*; _ einem Jahr, *auch* _ eines Jahres; _ drei Tagen; *K 114*: _ kurzem · **bin|nen|bords** *Adv* (*seem*; innerhalb des Schiffes) · **Bin|nen-han|del,** der, _s · **Bin|nen|land,** *Pl* ..länder · **Bin|nen|land|eis** · **bin-nen|län|disch** · **Bin|nen‿meer, ...see**

bin|oku|lar [*od* ..'la:r] (*Opt*; für das Sehen mit zwei Augen eingerichtet) ⟨*lat*⟩; ein _es Mikroskop

Bi|nom, das, _s, _e (*Math*; zweigliedriger Ausdruck) ⟨*lat + grch*⟩ · **Bi|no|mi|al|ko|ef|fi|zient** [..koɛfi,tsiɛnt] (*Math*) · **bi|no|misch** (*fachspr*; zweigliedrig); der _e Lehrsatz (*Math*)

Bin|se, die, _, _n; in die _n gehen (*umg*; entzweigehen, verlorengehen) · **Bin|sen|weis|heit** (allbekannte Wahrheit)

bio..., Bio... (*in Zus*; lebens..., Lebens... [z. B. biogenetisch, Biochemie]) ⟨*grch*⟩

Bio|che|mie [..ç.., *österr* ..k..], die, _ (Wissenschaft von den chem. Eigenschaften der lebenden Materie) ⟨*grch*⟩ · **Bio|che|mi|ker** · **bio-che|misch**

bio|gen (*fachspr*; von Lebewesen stammend) ⟨*grch*⟩ · **Bio|ge|ne|se,** die, _ (*fachspr*; Entstehung des Lebens; Entstehungsgeschichte der Lebewesen) · **bio|ge|ne|tisch** (*fachspr*)

Bio|geo|gra|phie *K 54*, die, _ (Wissenschaft von der Verbreitung der Lebewesen auf der Erde) ⟨*grch*⟩

Bio|graph *K 54*, der, _en, _en (Verfasser einer Biographie) ⟨*grch*⟩ · **Bio|gra|phie** *K 54*, die, _, ..ien (Lebensbeschreibung) · **bio-gra|phisch** *K 54*

Bio|lo|ge, der, _n, _n (Wissenschaftler auf dem Gebiet der Biologie) ⟨*grch*⟩ · **Bio|lo|gie,** die, _ (Wissenschaft von den Gesetzmäßigkeiten u. Erscheinungsformen des Lebens). *Zus K 365 ff.*: Biologie‿unterricht usw. · **bio|lo|gisch**

Bio|mas|se, die, _ (Menge der organ. Substanz in Form lebender Organismen) ⟨*grch*⟩

Bio|me|trie: 1. die, _ (Sterblichkeitsberechnung) – 2. *auch* **Bio-sta|ti|stik,** die, _ (Lehre von den Maß- u. Zahlenverhältnissen der Pflanzen u. der Tiere) ⟨*grch*⟩

Bio|nik, die, _ (Wissenschaft, die die Kenntnis biolog. Erscheinungen u. Vorgänge zur Lösung techn. Probleme ausnutzt) ⟨*grch*⟩ · **bio-nisch**

Bio|no|mie, die, _ (Lehre von den Gesetzmäßigkeiten des Lebens) ⟨*grch*⟩

Bio|phy|sik, die, _ (Wissenschaft von den physikal. Gesetzmäßigkeiten, denen die Lebensvorgänge u. die Lebewesen selbst unterliegen) ⟨*grch*⟩

Bio|rhyth|mus (periodischer Ablauf der Lebensvorgänge, z. B. Atembewegungen, Herztätigkeit) ⟨*grch → lat*⟩

Bio|sphä|re, die, _ (Lebensraum der Erde) ⟨*grch*⟩

Biostatistik ↑ Biometrie (2)

Bio|tech|nik [..ç..], die, _ (Bez. für bestimmte physikal. Grundsätze in Bau u. Funktion organ. Körper, die der Technik zum Vorbild gedient haben) ⟨*grch*⟩

bio|tisch (*fachspr*; auf Lebewesen, auf das Leben bezüglich) ⟨*grch*⟩

Bio|tit, der, _[e]s, _e (*Mineral*; Katzengold, ein dunkler Glimmer) ⟨*nach* dem französ. Physiker Biot [bi'o:]⟩

Bio|top, der *od* das, _s, _e (*Biol*; Lebensraum, der einer bestimmten Lebensgemeinschaft artverschiedener Organismen die ihnen zusagenden Lebensbedingungen bietet) ⟨*grch*⟩

Bio|typ ⟨*grch*⟩, der, _s, _en *od* **Bio-ty|pus** ⟨*grch → lat*⟩, der, _, ..pen (*Biol*; durch Selbstbefruchtung od. Parthenogenese entstandene Nachkommenschaft)

Bio|zö|no|se, die, _ (*Biol*; Lebensgemeinschaft verschiedener Tier- u. Pflanzenarten mit gleichen Umweltbedingungen) ⟨*grch → lat*⟩

Bi|pe|den *Pl* (*Zool*; Zweifüßer); *Sg* Bi|pe|de, der, _n ⟨*lat*⟩ · **bi|pe-disch** (*Zool*)

bi|po|lar [*od* ..'la:r] (*Techn*; zweipolig) ⟨*lat*⟩ · **Bi|po|la|ri|tät** [*od* ..'tɛ:t] (*Techn*)

Bi|qua|drat, das, _[e]s, _e (*Math*; Quadrat des Quadrats, vierte Potenz) ⟨*lat*⟩ · **bi|qua|dra|tisch** [*od* ..'dra:..] (*Math*); eine _e Gleichung (eine Gleichung vierten Grades)

Bi|rett, das, _[e]s, _e (Kopfbedeckung kath. Geistlicher im Amt) ⟨*lat → ital*⟩

Bir|ke, die, _, _n · **bir|ken** (aus Birkenholz) · **Bir|ken|reis,** das · **Birk-‿hahn, ...hen|ne, ...huhn**

Bir|ming|ham ['bœ:rmiŋəm] (Stadt in England; Stadt im SO der USA)

Birn|baum · **Bir|ne,** die, _, _n ⟨*lat*⟩ · **bir|nen|för|mig**

bis; acht- bis zehnmal (*mit Ziffern* 8- bis 10mal *od* 8–10mal); bis 50 Jahre; _ an die Ecke; *K 114*: _ auf weiteres; _ morgen; _ wann läuft der Lehrgang?

K 379: die Schreibmaschine liefert bis zu 6 gut lesbare Durchschläge; bis zu 10 Jugendlichen kann Unterkunft gewährt werden; eine Wand bis zu 2 m Dicke; ein Fassungsvermögen bis zu 3 Eimern; Kinder bis zu 10 Jahren, mit Kindern bis zu 10 Jahren. *Zus* bisher usw.

»bis« *bei Zwischenwerten*:

Ein Strich (–) darf, aber muß nicht dafür gesetzt werden, wenn »bis« einen Zwischenwert angibt, z. B. das Buch darf 3–4 Mark kosten; der Balken hat eine Länge von 6–8 Metern (*älter* Meter); der Hund erreicht ein Alter von 15–20 Jahren; 8–10mal, *aber*: die Tagung dauerte vom 5. bis 9. Mai, der Bau der Brücke dauerte von 1975 bis 1977

In der Technik wird für »bis« als Zwischenwert das Zeichen ... verwendet, z. B. eine Gittervorspannung von −3...−5 Volt; ein Rohr von 15...18 mm Durchmesser

Bi|sam, der, _s, _[s] (Fell der Bisamratte [Pelzart]) ⟨*semit → grch*⟩ · **Bi-sam|rat|te**

Biscaya ↑ Biskaya

bi|schen ['biʃ(ə)n] *K 354* (*landsch*; ein Kleinkind beruhigen)

Bi|schof, der, _s ..öfe (kirchl. Wür-

denträger) ⟨*grch* → *lat*, ‚Aufseher'⟩. *Zus K 365 ff.*: Bischofs‿sitz usw. · **bi|schöf|lich** · **Bi|schofs|hut**, der
Bi|se, die, ‿, ‿n *od* **Bis|wind** (*schweiz*; Nordostwind)
bi|se|xu|ell [*od* ..'ɛl] (zweigeschlechtig; mit beiden Geschlechtern sexuell verkehrend) ⟨*lat*⟩
bis|her · **bis|he|rig**; *K 114*: im bisherigen (im vorangegangenen; weiter oben), *aber K 93*: das Bisherige (das Gesagte, Erwähnte)
Bis|ka|ya *od* **Bis|ca|ya** [*beide* ..'ka:ja], die, ‿ (*kurz für* der Golf von Biskaya) ⟨*nach* der baskischen Provinz Vizcaya [biθ'kaja]⟩ · **bis|ka|yisch**
Bis|kot|te, die, ‿, ‿n, *meist Pl* (*österr*; Löffelbiskuit) ⟨*lat* → *ital*⟩ · **Bis|kuit** [..'kvi(:)t], das, *österr nur so*, *auch* der, ‿[e]s, *Pl* ‿s, *auch*, *österr nur*, ‿e (feines Gebäck) ⟨*lat* → *frz*, ‚zweimal gebacken'⟩
bis|lang (bis jetzt)
Bismut ↑ Wismut
Bi|son, der, ‿s, ‿s (Wildrindart Nordamerikas) ⟨*germ* → *lat*⟩
Biß, der, *Gen* Bisses, *Pl* Bisse
Bis|sau (Hptst. von Guinea-Bissau)
biß|chen; *K 111*: das ‿ (das wenige), ein ‿ (ein wenig); ein klein[es] ‿; mit ein ‿ Geduld · **bis|sel** (*landsch umg*; bißchen); ein ‿ Freude · **Bis|sen**, der, ‿s, ‿ · **bis|sen|wei|se** *K 176* · **bis|sig** · **Bis|sig|keit**
Bi|sten, das, ‿s (*weidm*; das Rufen des Haselwildes außerhalb der Balz)
Bi|ster, der *od* das, ‿s (eine braune Wasserfarbe) ⟨*frz*⟩
Bi|stro, das, ‿s, ‿s (französ. Bez. für eine kleine Gaststätte) ⟨*frz*⟩
Bis|tum (Amtsbereich, bes. eines kath. Bischofs) ⟨*grch* → *lat*⟩
bis|wei|len
Biswind ↑ Bise
Bit, das, ‿[s], ‿s *Kunstw* (*Datenv*; Informationseinheit); *Zeichen* bit ⟨*aus engl* binary digit ['bainəri 'didʒit], ‚Zweierschritt'⟩
Bitt|brief · **bit|te** (Höflichkeitsformel); bitte! (*vgl. auch K 435*); bitte schön! (*vgl. auch* Bitteschön); das Kind sagt bitte, bitte; bitte wenden! (*Abk* b. w.) · **Bit|te**, die, ‿, ‿n · **bit|ten**; du batst *od* batest; du bätest; gebeten; bitte · **Bit|ten**, das, ‿s
bit|ter *K 363*; es ist bitter kalt (sehr kalt), *aber* ein bitterkalter Tag; *vgl. aber K 173* · **bit|ter|bö|se** *K 128* · **Bit|te|re** *K 363*, der, ..r[e]n, ..r[e]n *K 341* (ein Schnaps); ein Bitterer, zwei Bittere · **bit|ter|ernst**; es wird ‿
Bit|ter|feld (Stadt im Bez. Halle) · **Bit|ter|fel|der**: 1. *K 231*: der, ‿s, ‿; 2. *als Attribut K 232*
Bit|ter|keit · **bit|ter|lich** · **Bit|ter|ling** (ein Pilz; ein Karpfenfisch) · **Bit|ter|man|del|öl** · **Bit|ter|nis**, die, ‿, ..isse (*gehoben*)
Bit|te|schön, das, ‿s; Bitteschön sagen, *aber*: »Bitte schön!« sagen · **Bitt‿gang**, **...ge|such** (*veraltend*) · **Bitt‿schrift** (*veraltend*), **...stel|ler**
Bi|tu|men, das, ‿s, *Pl* ‿ *od* ..mina (Sammelbez. für natürl. Kohlenwasserstoffe [z. B. Erdpech]) ⟨*lat*⟩ · **bi|tu|mig** · **bi|tu|mi|nie|ren** (mit Bitumen bestreichen) · **bi|tu|mi|nös**; ‿er Schiefer
bit|zeln: 1. (*süddt*; etw. Beißendes an sich haben; prickeln; kribbeln); es bitzelt – 2. *K 363* (*landsch*; kleine Stückchen abschneiden)
Bi|wak, das, ‿s, *Pl* ‿s *od* ‿e (Freilager [im Gebirge]; Feldlager) ⟨*dt* → *frz*, ‚Beiwacht'⟩ · **bi|wa|kie|ren**
bi|zarr (seltsam, bewußt ungewöhnlich; launenhaft) ⟨*bask* → *span* → *frz*⟩ · **Bi|zar|re|rie**, die, ‿, ..ien
Bi|zeps, der, ‿es, ‿e (*Anat*; Oberarmmuskel) ⟨*lat*⟩
bi|zy|klisch [*od* ..'tsy(:)..] (*Chem*) ⟨*lat* + *grch*⟩
Blache ↑ Blahe
Blach|feld (*dicht*; Schlachtfeld)
Black box ['blɛk 'bɔks], die, *Gen* ‿ ‿, *Pl* ‿ ‿es [‿ ..is] (*Informationsth*; System, bei dem nur die Ein- u. Ausgangsgrößen bekannt sind) ⟨*engl*, ‚schwarzer Kasten'⟩ · **Black-box-Me|tho|de** *K 188*, die, ‿
Black|out [blɛk'aut], das, *auch* der, ‿s, ‿s (*Theat*; plötzl. Verdunklung am Szenenschluß; kabarettist. Kurzszene – *Raumf*; Ausfall der Funkverbindung) ⟨*engl*⟩
blaff! ⟨*lautm*⟩ · **blaf|fen** *od* **bläf|fen** (*landsch*; bellen) · **Blaf|fer** *od* **Bläf|fer** (*landsch*)
Blag, das, ‿s, ‿en *od* **Bla|ge**, die, ‿, ‿n (*salopp abwert*; unartiges Kind)
Bla|he ['bla:ə], *auch* **Bla|che** ['blaxə], *österr* **Pla|che**, die, ‿, ‿n (*bes süddt*; Plane, Wagendecke)
blä|hen · **Blä|hung**
bla|ken (*norddt*; schwelen, rußen)
blä|ken (*landsch salopp*; schreien, brüllen)
bla|kig (*norddt*; rußend)
bla|ma|bel (beschämend) ⟨*grch* → *lat* → *frz*⟩; *K 363*: eine blama|ble Geschichte · **Bla|ma|ge** [..'ma:ʒə, *österr* ..'ma:ʒ] (Schande, Bloßstellung) · **bla|mie|ren**; sich (*Akk*) ‿
blan|chie|ren [blaŋ'ʃi:.., *auch* blã'ʃi:..] (*Kochk*; abbrühen) ⟨*germ* → *frz*⟩
bland (*Med*; milde, reizlos) ⟨*lat*⟩; eine ‿e Diät
blank; *K 119*: der ‿e Hans (*dicht*; die Nordsee bei Sturm). *Schreibung in Verbindung mit Verben K 135*: blank machen, blank sein, werden; *vgl. aber* blankziehen · **Blän|ke**, die, ‿, ‿n (*landsch*; Waldblöße; Moortümpel) · **blän|ken** (*landsch*; polieren, blank machen)
Blan|kett, das, ‿[e]s, ‿e (unterzeichnetes, nur teilweise ausgefülltes Schriftstück) ⟨*germ* → *rom*⟩ · **blan|ko** *nichtdeklinierbar* (leer, nicht vollständig ausgefüllt) · **Blan|ko|scheck** · **Blan|ko|voll|macht** (Vollmachtserklärung ohne nähere Angaben)
Blank|vers (*Metrik*; fünffüßiger Vers in Jamben) ⟨*engl*⟩
blank|zie|hen *K 136* (den Säbel aus der Scheide ziehen)
Bläs|chen · **Bla|se**, die, ‿, ‿n · **Bla|se|balg**, *Pl* ..bälge · **bla|sen**; du bläst *K 354*, er bläst; du bliest, du bliesest; geblasen; blas[e]! · **Bla|sen|stein** · **bla|sen|zie|hend**; ein ‿es Mittel; *vgl. aber K 163* · **Blä|ser** · **Bla|se|rei** (*umg*; das Blasen auf Instrumenten)
bla|siert (hochnäsig [bei innerer Hohlheit], hochmütig) ⟨*frz*⟩ · **Bla|siert|heit**
bla|sig · **Blas|in|stru|ment**
Blas|phe|mie, die, ‿, ..ien (Beschimpfung, Verhöhnung von Personen, Überzeugungen u. Bräuchen, die allgemeine Verehrung genießen) ⟨*grch*⟩ · **blas|phe|misch** *od* **blas|phe|mi|stisch**
Blas|rohr
blaß; *K 348*: blasser, *seltener* blässer; blasseste, *seltener* blässeste; ‿ machen, sein, werden · **Bläs|se**, die, ‿ (Blaßheit); *vgl. aber* Blesse · **bläß|lich** · **blaß|rot**; *vgl.* blau
Bla|sto|ge|ne|se, die, ‿ (*Biol*; Entstehung durch Knospung) ⟨*grch*⟩ · **Bla|stu|la**, die, ‿ (*Zool*, *Med*; frühes Entwicklungsstadium des Embryos) ⟨*grch* → *lat*⟩
Blatt, das, ‿[e]s, *Pl* Blätter (*auch weidm*; Schulterblatt beim Schalenwild); *Abk* [für Papier] Bl.; *K 308*: 5 Blatt Papier · **Blattang** [*Tr* Blatt|tang *K 78*], der, ‿[e]s · **Blätt|chen** · **Blat|te**, die, ‿, ‿n, *auch*
¹**Blat|ter**, der, ‿s, ‿ (*weidm*; Instrument, mit dem der Rehbock gereizt u. angelockt wird) · **blat|ten** (*weidm*; auf einem Buchenblatt od. einer Blatte den Rehbock anlocken)
²**Blat|ter**, die, ‿, ‿n (Symptom der Blatternkrankheit) ⟨‚Blase'⟩ · **blat|te|rig** *K 362*
Blät|ter|ma|gen (Teil des Wiederkäuermagens)
Blat|tern *Pl* (1. eine Hautkrankheit – 2. ↑ ²Blatter)
blät|tern *K 363* (Buchseiten um-

schlagen); in einem Buch _

Blat|ter|nar|be ⟨*zu* ²Blatter⟩ · **blat-ter|nar|big** · **Blat|tern|gift**

Blät|ter|teig · **Blät|ter|werk** *od* **Blatt|werk**, das, _[e]s · **Blatt‿fe-der**, **...gold**, **...grün**, **...laus** · **...blätt|rig** *K 362* (z. B. vierblättrig) · **Blatt|trieb** *K 17* · **blatt|wei|se** *K 176* · **Blattwerk** ↑ Blätterwerk · **Blatt|zinn** (Stanniol)

blau; blauer, blau[e]ste *K 348*

I. *Kleinschreibung*: sein blaues Wunder erleben (*umg*; staunen); jmdm. blauen Dunst vormachen (*umg*; jmdm. etw. vorspiegeln); *K 119*: die blaue Blume [der Romantik] (*Literaturw*); blauer Montag (*umg*), die blauen Trikots, *oft nach K 258*: die Blauen Trikots (*Radsp*)

II. *Großschreibung*: die Blaue Grotte (von Capri); das Blaue Band (des Ozeans)

III. *In Verbindung mit Verben K 135*: blau färben, machen, werden; *vgl. aber* blaumachen

IV. *Beim Part I u. II Getrennt- od Zusammenschreibung K 166*: die blau brennende *od* blaubrennende Flamme; ein blau gestreifter *od* blaugestreifter Stoff; der Stoff ist blau gestreift *od* blaugestreift; *K 127*: ein blau und weiß gestreifter Rock; der Rock ist blau und weiß gestreift; *vgl. auch K 280*

V. *Farbbez*: *K 272–280*

Blau *K 274*, das, _s (blaue Farbe); die Farbe Blau; in Blau gekleidet, gedruckt; mit Blau bemalt; Stoffe in Blau; das Blau des Himmels; *K 279*: ein Kleid in Blau-Weiß

Blau|bart, der, _[e]s (französ. Märchengestalt) · **Blau|bee|re** (Heidelbeere) · **Blau|druck**, *Pl* ..drucke · **Blaue**, das, _n; ins _ reden, das _ vom Himmel [herunter] reden (*umg*); eine Fahrt ins _ · **Bläue**, die, _ (*meist gehoben*; das Blausein, die blaue Farbe – *dicht auch für* blauer Himmel) · **blau|en** (blau werden) · **bläu|en** (blau machen; blau färben) · **Blau|fel|chen** (ein Fisch) · **Blau‿fuchs**, **...hemd** · **bläu|lich** · **bläu|lich|grün** *K 278* · **Bläu|ling** (ein Schmetterling) · **blau|ma|chen** *K 137* (*umg*; nicht arbeiten), *aber*: blau machen (blau färben) · **Blau|mei|se** · **Blau|racke** [*Tr* ...rak|ke] (Mandelkrähe) · **blau-rot** *K 278* · **Blau|säu|re**, die, _ · **Blau|schim|mel** (Pferd mit grauem Fell) · **Blau|strumpf** (*veraltend scherzh*; Bez. für eine Frau, die in unweibl. Weise in der Öffentlichkeit ihre Gelehrsamkeit betont)

Bla|zer ['ble:zər], der, _s, _ (sportlich-elegante Jacke) ⟨*engl*⟩

Blech, das, _[e]s, _e. *Zus K 365ff.*: Blech‿büchse usw. · **ble|chen** (*salopp*; [be]zahlen) · **ble|chern** (aus Blech) · **Blech|ner** (*südwestdt*; Klempner)

blecken [*Tr* blek|ken] (‚blicken lassen'); *nur noch in* die Zähne _

¹Blei, der, _[e]s, _e (ein Karpfenfisch)

²Blei: 1. das, _[e]s (chem. Element, Metall); *Zeichen* Pb (*von latein* Plumbum) – 2. das, _[e]s, _e (Senkblei, Richtblei – *auch für* Zollplombe) – 3. der, _[e]s, _e *umg Kurzw* (Bleistift)

Blei|be, die, _, _n (Unterkunft) · **blei|ben**; du bliebst; du bliebest; geblieben; bleib[e]!. *Schreibung bei Verben K 139*: sitzen bleiben (nicht aufstehen), *aber* sitzenbleiben (*umg*; in der Schule nicht versetzt werden); *K 135*: erhalten (*Part II*) bleiben · **blei|ben|las|sen** *K 141* (*umg*; unterlassen); du läßt (*K 354*) es bleiben; du hast es bleibenlassen, *auch* bleibengelassen *K 361*; bleibenzulassen

bleich · **Blei|che**, die, _, _n · **blei-chen** · **Blei|chert** *od* **Blei|chart**, der, _s, _e (ein blaßroter Wein) · **Bleich|ge|sicht**, *Pl* ..gesichter (*umg*; Mensch mit blasser Hautfarbe)

blei|ern (aus Blei) · **Blei|gie|ßen**, das, _s · **Blei|glanz** (*Mineral*; ein Bleierz) · **Blei|stift**, der, *umg Kurzw* ²Blei (3) · **Blei|stift|spit|zer** · **Blei-weiß** (ein Farbstoff)

Blen|de, die, _, _n (aufgesetzter Stoffstreifen – *Arch*; »blindes« Fenster, Nische – *Opt*; Vorrichtung zur Veränderung der Belichtung) ⟨*zu* blind⟩ · **blen|den** · **blen|dend**; *K 115*: am _sten; *vgl. auch K 173* · **Blen|der** (Schaumschläger) · **Blend|schutz** · **Blend|werk** (*gehoben abwert*)

Bles|se, die, _, _n (weißer Stirnfleck; Tier mit weißem Stirnfleck) ⟨*zu* blaß⟩; *vgl. aber* Blässe · **Bleß-ral|le**

Bles|sur, die, _, _en (*veraltend*; Verletzung) ⟨*germ* → *frz*⟩

bleu [blø:] *nichtdeklinierbar* (blau, blaugrau) ⟨*germ* → *frz*⟩; *vgl. auch K 272ff.*

Blick, der, _[e]s, _e. *Zus K 365ff.*: Blick‿fang usw. · **blicken** [*Tr* blik-ken]; *vgl. auch* tiefblickend

blind; blinder Passagier (Passagier ohne Fahrkarte); blinder (falscher) Alarm. *Schreibung bei Verben K 135*: blind sein, werden; *vgl. aber* blindfliegen usw. · **Blind|darm** · **Blin|de**, der *u.* die, _n, _n *K 341* · **Blin|de|kuh**; *nur in* _ spielen · **Blin|den‿hund**, **...schrift** · **blind-flie|gen** *K 136* (*Luftf*), du fliegst blind; blindgeflogen; blindzufliegen · **Blind|flie|gen**, das, _s (*Luftf*) · **Blind|flug** (*Luftf*) · **Blind-gän|ger** (nicht explodierte Granate od. Bombe – *umg*; untaugl. Mensch) · **Blind|ge|bo|re|ne** *K 363*, der *u.* die *K 341* · **Blind|heit**, die, _ · **blind|lings** · **Blind|schlei-che**, die, _, _n · **blind|schrei|ben** *K 136*; *Konjugation vgl.* blindfliegen · **Blind|spiel** (*Schach*) · **blind-spie|len** *K 136* (*Schach*; ohne Ansicht des Brettes spielen); *Konjugation vgl.* blindfliegen · **Blind|spie-ler** (*Schach*) · **Blind|wi|der|stand** (*Elektrotechn*)

blink; *nur in* _ und blank (vor Sauberkeit glänzend) · **blin|ken** ⟨*zu* blank⟩ · **Blin|ker** · **blin|kern** *K 363* (*landsch*; zwinkern) · **Blink|feu|er** (ein Leuchtfeuer [Seezeichen]) · **Blink|licht**, *Pl* ..lichter · **blin|zeln** *K 363*

Blitz, der, _es, _e · **Blitz|ab|lei|ter** · **blitz|ar|tig** · **blitz|blank** · **blit|zen**; es blitzt · **Blit|zes|schnel|le**, die, _ · **Blitz|ge|spräch** (*Fernsprechw*) · **Blitz|licht**, *Pl* ..lichter (*Fot*) · **blitz-sau|ber** · **Blitz|schlag** · **blitz-schnell** · **Blitz|strahl**

Bliz|zard ['blizərt], der, _s, _s (Schneesturm [in Nordamerika]) ⟨*engl*⟩

Bloch, der, _[e]s, *Pl* Blöcher (*süddt*, *österr*, *schweiz*; Holzblock) · **Blo-cher** (*schweiz*; Bohnerbesen) ·

Block: 1. der, _[e]s, *Pl* Blöcke (großes Stück eines festen Körpers; Klotz) – 2. der, _[e]s, *Pl* (*selten*) Blöcke *od* Blocks (Gruppe polit. Parteien usw.) – 3. der, _[e]s, *Pl* Blocks, *auch* Blöcke, *österr u. schweiz nur* Blöcke (in bestimmter Form zusammengefaßte Menge von Papier[blättern]) – 4. der, _[e]s, *Pl* Blocks *od* Blöcke (eine Anzahl zusammengebauter Häuser)

Blocka|de[1] (Sperrung des Verkehrs zu einem anderen Staatsgebiet – *Polygr*; im Satz durch ■ gekennzeichnete Stelle) ⟨*ndrl* → *ital*⟩

blocken[1] (*weidm*, *von Greifvögeln gesagt*; auf einem erhöhten Gegenstand sitzen – *süddt*; bohnern) · **Blocker**[1] (*süddt*; Bohnerbesen) · **Block‿flö|te**, **...haus**

blockie|ren[1] ([ab]sperren – *Polygr*; fehlenden Text durch ■ kennzeichnen) ⟨*ndrl* → *frz*⟩

Block|par|tei · **Block|po|li|tik**

Blocks|berg, der, _[e]s (*Volkssage*; der ²Brocken)

Block‿schrift, **...si|gnal** (*Eisenb*), **...stel|le** (*Eisenb*)

---

[1] *Tr* ..k|k..

blöd *od* **blö|de** (schwachsinnig – *umg*; unsinnig) · **blö|deln** *K 363* (*salopp*; Unsinn reden, sich albern benehmen) · **Blö|dian,** der, _[e]s, _e (*salopp*; Dummkopf) ⟨*dt* + *f. E.*⟩ · **Blöd|ling** (*salopp*; Dummkopf) · **Blöd|sinn,** der, _[e]s (Schwachsinn – *umg*; Unsinn) · **blöd|sin|nig** (schwachsinnig – *umg*; unsinnig) · **Blöd|sin|nig|keit** (*umg*; Sinnlosigkeit)

blö|ken

blond ⟨*lat* → *frz*⟩; *K 166*: blondgetönt *od* blond getönt · **Blon|de:** 1. *als Subst gebrauchtes Adj K 341*: *a.* der *u.* die, _n, _n (blonder Mensch); *b.* die, _n, _n (ein Glas helles Bier); zwei Blonde – 2. [*auch* 'blɔ̃:də] *zum Subst gewordenes Adj K 342*: die, _, _n, *meist Pl* (eine Seidenspitze) · **blond|ge|lockt** · **Blond|haar,** das, _[e]s · **blon|die|ren** ([Haar] künstlich aufhellen) · **Blon|di|ne,** die, _, _n (blonde Frau) · **Blond|kopf** · **blond|lockig** [*Tr* ..lok|kig]

bloß: 1. *Adv* (nur) – 2. *Adj* (entblößt) · **Blö|ße,** die, _, _n · **bloß|fü|ßig** (*veraltend*) · **bloß‿le|gen, ...lie|gen, ...stel|len** · **bloß|stram|peln, sich** (*Akk*) *K 136*

Blou|son [blu'zɔŋ *od* ..'zɔ̃:], das *od* der, _[s], _s (Jacke od. Bluse mit enganliegendem Taillenbund) ⟨*frz*⟩

blub|bern *K 363* (*umg*; glucksen; undeutlich sprechen)

Blue jeans, *auch* **Blue|jeans** [*beide* 'blu:dʒi:ns] *Pl* (blaue Hosen aus derbem Baumwollgewebe) ⟨*engl*⟩; *kurz* Jeans [dʒi:ns]

Blues [blu:s], der, _, _ (schwermütiges, oft sozial anklagendes Lied der Afroamerikaner in den USA; moderner Gesellschaftstanz) ⟨*engl*⟩

Bluff [*od* blœf, *österr* blaf], der, _s, _s (dreiste Irreführung) ⟨*ndrl* → *engl*⟩ · **bluf|fen** [*od* 'blœ..]

blü|hen · **blüh|wil|lig** (gern u. reich blühend) · **Blüm|chen** · **Blu|me,** die, _, _n · **Blu|men‿beet, ...kohl** · **Blu|men|strauß,** *Pl* ..sträuße

blü|me|rant (*umg*; schwach, schwindlig) ⟨*frz*, ‚sterbendes Blau'⟩; *nur in Wendungen wie* mir wurde [es] ganz _

blu|mig · **Blüm|lein** *od* **Blü|me|lein** (*dicht*)

Blüs|chen · **Blu|se,** die, _, _n ⟨*frz*⟩

Blust, der, *auch* das, _es (*schweiz*; Blüte, das Blühen)

Blut, das, _[e]s

blut... (*verstärkend*; z. B. blutjung) ⟨*zu* bloß⟩

Blut|ader · [1]**blut|arm** (arm an Blut) [2]**blut|arm** (*umg*; sehr arm); *vgl.* blut...

Blut|ar|mut · **Blut|bank,** *Pl* _en (Sammelstelle für Blutkonserven) · **Blut|druck,** der, _[e]s, *Pl in Umschreibungen*, z. B. Blutdruckwerte · **blut|dür|stig**

Blü|te, die, _, _n

blu|ten

Blü|ten|stand (*Bot*)

Blu|ter (jmd., der an der Bluterkrankheit leidet) · **...blü|ter** (z. B. Kaltblüter) · **Blu|ter|krank|heit,** die, _ (erbl. Blutgerinnungsstörung)

Blü|te|zeit

Blut‿ge|fäß, ...ge|rinn|sel · **Blut|grup|pe** · **Blut|grup|pen|un|ter|su|chung**

Blüth|ner|flü|gel *K 209* ⟨*nach* dem Begründer der Klavierfabrik⟩

blu|tig · [1]**...blü|tig** (z. B. heißblütig) ⟨*zu* Blut⟩

[2]**...blü|tig** (z. B. vielblütig) ⟨*zu* Blüte⟩

blut|jung (sehr jung); *vgl.* blut...

Blut|kon|ser|ve [..v..] · **blut|leer** (ohne Blut) · **Blut‿pro|be, ...ra|che** · **blut|rei|ni|gend** · **blut|rün|stig** · **blut|sau|gend** · **Blut|sau|ger** · **Blut|schan|de,** die, _ · **blut|schän|de|risch** · **Blut|se|rum** [..ze:..] · **Blut|spen|der** · **blut|stil|lend** · **Bluts|trop|fen** · **Blut|sturz** · **bluts|ver|wandt** · **Bluts|ver|wand|te** · **Bluts|ver|wandt|schaft** · **Blut|tat** (*gehoben*) · **Blut|trans|fu|sion** · **blut|trie|fend** · **Blut|über|tra|gung** · **Blu|tung** · **blut|un|ter|lau|fen** *K 364* · **Blut|ver|gif|tung** · **blut|voll** · **Blut|wei|de|rich,** der, _s (eine Sumpfpflanze) · **Blut|wurst** · **Blut|zeu|ge** (Märtyrer)

b-Moll ['be:..] *K 106*, das, _ (*Mus*; Tonart), *Zeichen* b; in b-Moll *od* in b · **b-Moll-Ton|lei|ter** *K 188* (*Mus*)

Bö, die, _, _en, *auch* **Böe,** die, _, _n (Windstoß) ⟨*ndrl*⟩

Boa, die, _, _s (eine Riesenschlange; langer schmaler Pelz zum Umhängen) ⟨*lat*⟩

Bob [bɔp], der, _s, _s (Spezialrennschlitten) ⟨*aus engl* bobsleigh ['bɔbsle:]⟩; *K 131*: _ fahren · **Bob|bahn**

Bo|bi|ne, die, _, _n (*Textiltechn*; Garnspule bei Spinnereimaschinen – *Bergb*; Seiltrommel) ⟨*frz*⟩

Boc|cia ['bɔtʃa], das *od* die, _ (ein italien. Kugelwurfspiel) ⟨*ital*⟩

Bo|chum ['bo:xum] (Stadt im W der BRD) · **Bo|chu|mer:** 1. *K 231*: der, _s, _; 2. *als Attribut K 232*

[1]**Bock,** der, _[e]s, *Pl* Böcke; *K 131*: Bock springen; *vgl. aber* Bockspringen

[2]**Bock,** das, _ *Kurzw* (Bockbier)

bock|bei|nig ⟨*zu* [1]Bock⟩

Bock|bier (ein Starkbier); *Kurzw* [2]Bock ⟨‚Bier aus Einbeck' [BRD]⟩

Böck|chen ⟨*zu* [1]Bock⟩ · **bocken**[1] · **bockig**[1] · **Bock|kä|fer** · **Bocks|beu|tel** (bauchige Flasche; Frankenwein in einer solchen Flasche) · **Bocks|dorn,** der, _[e]s (ein Strauch) · **Bocks|horn,** *Pl* ..hörner; ins _ jagen (*umg*; einschüchtern) · **Bocks|horn|klee,** der, _s · **Bock|sprin|gen** *K 101*, das, _s; *vgl. auch* [1]Bock

Bock|wurst ⟨*zu* Bockbier⟩

Bod|den, der, _s, _ (flache Ostseebucht) ⟨‚Boden'⟩

Bo|de, die, _ (Fluß im W der DDR)

Bo|de|ga, die, _, _s (Weinstube, -keller, -lager) ⟨*grch* → *lat* → *span*⟩

Bo|den, der, _s, *Pl* Böden · **Bo|den|kam|mer** · **bo|den|los** *K 349*; *vgl.* ...los · **Bo|den‿re|form, ...satz**

Bo|den|see, der, _s (im westl. Alpenvorland)

bo|den|stän|dig · **Bo|den‿sta|tion** (*Raumf*), **...tur|nen, ...ver|bes|se|rung** · **Bo|den|wich|se** (*schweiz*; Bohnerwachs) · **bo|di|gen** (*schweiz*; zu Boden werfen, besiegen) · **bod|men** (*seem*; mit Bodmerei belasten) · **Bod|me|rei** (*seem*; Schiffsbeleihung, -verpfändung)

Bo|do (m. Vn.) ⟨‚Gebieter'⟩; *Nebenf* ↑ Boto

Bo|do|ni, die, _ (*Polygr*; eine Antiquaschrift) ⟨*nach* dem italien. Stempelschneider u. Buchdrucker⟩ · **Bo|do|ni|druck** *K 209*, *Pl* ..drucke (*Polygr*)

Bo|dy|check ['bɔditʃɛk], der, _s, _s (*Eishockey*; erlaubter, harter Körpereinsatz) ⟨*engl*⟩

Böe ↑ Bö

Bofel ↑ Bafel

Bo|gen, der, _s *Pl* _, *auch* Bögen; *Abk* (für den Bogen Papier) Bg.; in Bausch und _ (alles in allem) · **Bo|gen|län|ge** (*Math*) · **Bo|gen|schie|ßen** (*Sport*) · **bo|gig**

Bogotá [..'ta] (Hptst. von Kolumbien)

Bo|heme [bɔ'ɛ:m, *auch* bo'hɛ:m], die, _ (ungebunden lebende Künstler; bes. das Milieu der kleinbürgerl. künstlerischen Intelligenz des 19. Jh.) ⟨*frz*⟩ · **Bo|he|mien** [boe'mĩɛ̃:], der, _, _s (Angehöriger der Boheme)

Boh|le, die, _, _n (starkes Brett)

Böh|len (Stadt im Bez. Leipzig)

Boh|len|be|lag

Böh|le|ner: 1. *K 231*: der, _s, _; 2. *als Attribut K 232*

Böh|me, der, _n, _n · **Böh|men** (dt. Name für den westl. Landesteil der ČSSR) · **Böh|mer|wald** *K 234*, der,

---

[1] *Tr* ..k|k..

_[e]s (Gebirge in Österreich, der BRD u. der ČSSR) · **Böh|mer|wäld|ler,** der, _s, _ · **Böh|min,** die, _, ..innen · **böh|misch;** *K 238*: für jmdn. böhmische Dörfer (*umg*; unverständlich) sein, *aber K 258*: die Böhmische Schweiz

Böhn|chen · **Boh|ne,** die, _, _n. *Zus K 365ff.*: Bohnen‿kaffee usw.

boh|nen (*landsch*; bohnern) · **Boh|ner|be|sen** · **Boh|ner|bür|ste** · **boh|nern** *K 363* · **Boh|ner|wachs**

boh|ren · **Boh|rer** · **Bohr‿in|sel, ..ma|schi|ne, ..turm** · **Boh|rung**

bö|ig (*vom Wind gesagt*; in kurzen Stößen wehend) ⟨*ndrl, zu* Bö⟩

Boi|ler ['bɔy..], der, _s, _ (Heißwasserspeicher) ⟨*lat* → *frz* → *engl*⟩

Boi|zen|burg ['bɔy..] (Stadt im Bez. Schwerin)

Bo|jar, der, _en, _en (*hist*; Angehöriger des hohen Adels im zarist. Rußland u. im alten Rumänien) ⟨*russ*⟩

Bo|je, die, _, _n ([verankerter] Schwimmkörper) ⟨*germ* → *frz* → *ndrl*⟩ · **Bo|jen|ge|schirr** (*Seew*)

Bo|la, die, _, _s (südamerikan. Wurf- u. Fanggerät) ⟨*lat* → *span*⟩

Bo|le|ro, der, _s, _s (ein span. Tanz; kurzes Damenjäckchen) ⟨*lat* → *span*⟩ · **Bo|le|ro|jäck|chen**

Bo|li|var [..v..] *od* **Bo|lí|var** [..'li(:)..], der, _[s], *Pl* _[s] *u. bei Wertangabe* (*K 310*) Bolivar *od* Bolívar (Währungseinheit in Venezuela) ⟨*nach* dem südamerikan. Freiheitskämpfer Bolívar⟩ · **Bo|li|via|ner** *od* **Bo|li|vier** [..viər], der, _s, _ · **bo|li|via|nisch** *od* **bo|li|visch** · **Bo|li|vien** [..viən], *amtl* **Re|pu|blik Bo|li|vien** (in Südamerika)

böl|ken (*norddt*; brüllen)

Bol|le, die, _, _n (*berlin*; Zwiebel)

Böl|ler (kleiner Mörser zum Schießen) · **böl|lern** *K 363*

Bol|let|te, die, _, _n (*österr bürospr*; amtl. Bescheinigung) ⟨*lat* → *ital*⟩

Boll|werk

Bo|lo|gna [bo'lɔnja] (Stadt in Oberitalien) · **Bo|lo|gne|se** [..'nje:..], der, _n, _n *od* **Bo|lo|gne|ser,** der, _s, _ (Bewohner von Bologna) · **Bo|lo|gne|ser** *K 231*: 1. ↑ Bolognese – 2. (ein Luxushund) – 3. *als Attribut K 232* · **bo|lo|gne|sisch**

Bo|lo|me|ter, das (*fachspr*; Gerät zur Messung von Strahlungsenergie) ⟨*grch*⟩

Bol|sche|wik, der, _en, *Pl* ..ki *od* ..ki, *meist Pl* (histor. Bez. für Mitglied der KPdSU) ⟨*russ*⟩ · **Bol|sche|wis|mus,** der, _ (Strategie u. Taktik der KPdSU in der Epoche des Imperialismus u. der proletar. Revolution; Leninismus) · **bol|sche|wi|stisch** (entsprechend den Grundsätzen des Bolschewismus; leninistisch) · **Bol|schoi|thea|ter** [..'ʃɔy..] *K 209* (führende Opern- u. Ballettbühne in Moskau)

Bo|lus, der, _ (*Mineral*; saugfähige Tonerde) ⟨*grch* → *lat*⟩

Bolzano ↑ Bozen

bol|zen (*Fußball*; planlos od. regelwidrig spielen); du bolzt *K 354* · **Bol|zen,** der, _s, _

Bom|ba|ge [bɔm'ba:ʒə, *österr* bɔm'ba:ʒ *od* bɔ̃'ba:ʒ], die, _ (*fachspr*; Aufwölbung des Deckels einer Konservendose bei Zersetzung des Inhalts; das Umbördeln von Blech) ⟨*grch* → *lat* → *ital* → *frz*⟩ · **Bom|bar|de|ment** [bɔmbardə'mã:, *auch* ..'maŋ, *österr* bɔmbard'mã: *od* bɔ̃bard'mã:], das, _s, _s *u. schweiz auch* [bɔmbardə'mɛnt], das, _s, _e (Bombenangriff) ⟨*grch* → *lat* → *frz*⟩ · **bom|bar|die|ren** · **Bom|bar|dier|kä|fer**

Bom|bast, der, _es (*abwert*; Redeschwulst, Wortschwall) ⟨*pers* → *grch* → *lat* → *frz* → *engl*⟩ · **bom|ba|stisch** (*abwert*)

Bom|bay ['bɔmbe:] (Hafenstadt an der Westküste Indiens)

Bom|be, die, _, _n (mit Sprengstoff gefüllter Metallkörper) ⟨*grch* → *lat* → *ital* → *frz*⟩

bom|ben..., Bom|ben... (*umg verstärkend*; z. B. bombensicher [ganz bestimmt], Bombenerfolg [großer Erfolg])

Bom|ben|flug|zeug

Bom|ben|hit|ze (*umg*)

Bom|ben|last

bom|ben|si|cher: 1. ['bɔm..] ⟨*zu* Bombe⟩ (gegen Bomben gesichert) – 2. ['bɔmbən'zi..] ⟨*zu* bomben...⟩ (*umg*; ganz bestimmt)

Bom|ber, der, _s, _ (Bombenflugzeug) ⟨*grch* → *lat* → *ital* → *frz* → *engl*⟩

bom|big (*umg*; hervorragend) ⟨*zu* bomben...⟩

Bom|mel *od* **Bum|mel,** die, _, _n (*landsch umg*; Troddel, Quaste)

Bon [bɔŋ], der, _s, _s (Gutschein; Kassenzettel) ⟨*lat* → *frz*⟩

bo|na fi|de (guten Glaubens, auf Treu und Glauben) ⟨*lat*⟩

Bo|na|par|tis|mus, der, _ (*hist*; bürgerl. polit. Richtung in Frankreich) ⟨*nach* Napoleon (Bonaparte) I.⟩ · **Bo|na|par|tist** (*hist*; Anhänger des Bonapartismus)

Bon|bon [bɔŋ'bɔŋ, *auch* bɔ̃'bɔ̃:, *österr nur so*], der *od* das (*österr nur so*), _s, _s (ein Stück Zuckerzeug) ⟨*frz*⟩ · **Bon|bon|nie|re** [bɔŋbɔŋ'jɛ:rə, *auch* bɔ̃bɔn'jɛ:rə, *österr nur so*], die, _, _n (Pralinenpackung)

Bond, der, _s, _s (*kap Wirtsch*; eine Schuldverschreibung) ⟨*engl*⟩

bon|die|ren *Kunstw* (*fachspr*; zwei Stoffflächen durch Schaumstoff verbinden)

bon|gen (*umg*; einen Kassenzettel an der Registrierkasse ausstellen) ⟨*dt Weiterbildung zu* Bon⟩

Bon|gos *Pl* (aus zwei Kleintrommeln bestehendes Rhythmusinstrument kubanischen Ursprungs); *Sg* Bon|go, das *od* die, _ ⟨*span*⟩

Bo|ni|fi|ka|tion (Vergütung, Entschädigung) ⟨*lat*⟩ · **bo|ni|fi|zie|ren** (vergüten, entschädigen) · **Bo|ni|tät** (Güte, innerer Wert; Sicherheit [einer Geldforderung]; Zahlungsfähigkeit) · **bo|ni|tie|ren** (abschätzen, bewerten) · **Bon|mot** [bɔ̃'mo:, *auch* bɔŋ'mo:], das, _s, _s (geistreiches Witzwort) ⟨*frz*⟩

Bonn (Hptst. der BRD) · **Bon|ner:** 1. *K 231*: der, _s, _; 2. *als Attribut K 232*

Bon|sai: 1. das, _ (die Kunst, Zwergbäume zu ziehen) – 2. das, _, _s (Zwergbaum) ⟨*jap*⟩

Bo|nus, der, *Gen* _, *Pl* _ *od Gen* ..usses, *Pl* ..usse (*kap Wirtsch*; Gewinnanteil, Sondervergütung) ⟨*lat* → *engl*⟩ · **Bon|vi|vant** [bɔ̃vi'vã:], der, _s, _s (*Theat*; Fach des Salonhelden) ⟨*frz*⟩

Bon|ze, der, _n, _n (buddhist. Mönch, Priester – *abwert*; schmarotzerhafter Funktionär) ⟨*jap* → *portug* → *frz*⟩

Boom [bu:m], der, _s, _s (*kap Wirtsch*; plötzl. kurzer wirtschaftl. Aufschwung [z. B. durch Börsenmanöver]) ⟨*engl*⟩

Boo|ne|kamp, der, _s, _s (ein Magenbitter) ⟨*ndrl*⟩; 3 _[s]

Boot *K 8*, das, _[e]s, *Pl* _e (kleines Wasserfahrzeug) ⟨*engl*⟩; *Verkl* Bötchen

Boo|tes, der, _ (ein Sternbild) ⟨*grch*, ‚Ochsentreiber'⟩

Böo|tien [..tiən] (Landsch. in Mittelgriechenland) · **Böo|tier** [..tiər], der, _s, _ · **böo|tisch**

Boots|bau, der, _[e]s · **Boots|gast,** *Pl* ..gasten (*seem*) · **Boots|mann,** *Pl* ..leute (*seem*) · **Boots|manns|maat** (*Milit*; ein Unteroffiziersdienstgrad bei den Seestreitkräften) · **boot[s]|wei|se** *K 176*

Bor, das, _s (chem. Element, Nichtmetall); *Zeichen* B ⟨*pers* → *arab* → *lat*⟩

Bo|ra, die, _, _s (kalter Fallwind, bes. an der dalmatin. Küste) ⟨*grch* → *lat* → *ital*⟩

Bo|rax, der, *österr auch* das, *Gen* _[es] (*Chem*; wichtige Borverbindung) ⟨*pers* → *arab* → *lat*⟩

Bord: 1. das, _[e]s, _e (Bücher-, Wandbrett) – 2. das, *Gen* _[e]s, *Pl*

(*selten*) _e (*noch schweiz*; Böschung) – 3. der, _[e]s, _e (Rand; Schiffsrand, -seite – *in best Wendungen* Schiff, Luftfahrzeug); an _, über _ gehen, Mann über _! *Zus K 365ff.*: Bord‿kante usw.

Bör|de, die, _, _n (fruchtbare Ebene); die Magdeburger _

Bor|deaux [bɔr'do:]: 1. (Hafenstadt im SW Frankreichs) – 2. der, _ [..'do:(s)], _ [..'do:s] (eine Weinsorte) · **bor|deaux|rot** (weinrot); *vgl.* blau · **Bor|de|lai|ser** [..'lɛ:zər]; *als Attribut K 232* ⟨*nach* der Landsch. Bordelais [..'lɛ:]⟩ · **Bor|de|le|se,** der, _n, _n (in Bordeaux Geborener od. Wohnender)

Bor|dell, das, _s, _e (öffentl. Haus der Prostitution) ⟨*germ* → *lat* → *frz*⟩ · **bör|deln** *K 363* (bei Blechen einen Rand biegen) ⟨*zu* Bord⟩ · **bor|die|ren** (mit einer Borte einfassen, besetzen) ⟨*germ* → *frz*⟩ · **Bor|dü|re,** die, _, _n (eingewebte od. gestickte Kante) · **Bor|dü|ren|kleid**

Bo|re|as, der, _ (kalter Bergwind am Ägäischen Meer) ⟨*nach* dem griech. Gott des Nordwinds⟩

Borg, der, _[e]s (das Borgen); *nur in Wendungen wie* auf _ geben, nehmen, kaufen usw. · **bor|gen**

Bor|gis, die, _ (*Polygr*; ein Schriftgrad) ⟨*rom*⟩

borg|wei|se *K 176*

Bor|ke, die, _, _n (Rinde) · **Borken|kä|fer** · **bor|kig**

Bor|kum (eine der Ostfries. Inseln der BRD)

Born, der, _[e]s, _e (*dicht*; Brunnen)

Bor|neo (früherer Name von Kalimantan) ⟨*aind* → *mal*⟩

Born|holm (dän. Ostseeinsel)

bor|niert (engstirnig; geistig beschränkt) ⟨*lat* → *frz*⟩ · **Bor|niert|heit**

Bor|retsch, der, _[e]s (Gurkenkraut, eine Gewürzpflanze) ⟨*arab* → *lat* → *rom*⟩

Bor|sal|be, die, _ (eine Heilsalbe)

Borschtsch, der, _ (russ. Kohlsuppe mit roten Rüben u. Fleisch) ⟨*russ*⟩

Bör|se, die, _, _n (*kap Wirtsch*; zentraler Markt für Wertpapiere u. Waren – *veraltend*; Geldbeutel) ⟨*lat* → *ndrl*⟩ · **Bör|sen|mak|ler** (*kap Wirtsch*; Vermittler von Börsengeschäften) · **Bör|sia|ner,** der, _s, _ (*kap Wirtsch*; Börsenspekulant)

Bor|ste, die, _, _n (starkes, steifes Haar) · **Bor|sten|vieh** (*umg scherzh*) · **bor|stig** · **Bor|stig|keit** · **Borst|wisch** (*landsch*; Stielbürste, Handbesen)

Bor|te, die, _, _n (Einfassung, Besatz)

Bo|rus|se, der, _n, _n (*scherzh*; Preuße) ⟨*lat*⟩ · **Bo|rus|sia:** 1. (latinisierte Form von Preußen) – 2. die, _ (Frauengestalt als Sinnbild Preußens)

bös ↑ böse · **bös|ar|tig** · **Bös|ar|tig|keit**

bö|schen (*Eisenbahn-, Straßenbau*; abschrägen) · **Bö|schung** · **Bö|schungs|win|kel**

bö|se *od* **bös.** *Großschreibung K 93*: der Böse (*Rel*; Teufel); das Gute und das Böse; Böses tun · **Bö|se|wicht,** der, _[e]s, *Pl* _er, *auch* _e (*österr nur so*) · **bos|haft** · **Bos|heit**

Bos|kett, das, _[e]s, _e (Ziergebüsch, bes. im Barockgarten) ⟨*germ* → *ital* → *frz*⟩

Bos|koop ['bɔsko:p], *oft* **Bos|kop** ['bɔskɔp], der, _s, _s (eine Apfelsorte) ⟨*nach* dem niederländ. Ort Boskoop⟩

Bos|nickel [*Tr* ....nik|kel] *od* **Bos|nigl,** *auch* **Bos|ni|gel,** der, _s, _ (*österr*; boshafter Mensch)

Bos|nien und Her|ze|go|wi|na [..iən _ ..'go:.., *österr auch* ..'vi:..], *ohne Art, amtl* **So|zia|li|sti|sche Re|pu|blik Bos|nien und Her|ze|go|wi|na** *K 258*, die, *Gen* _n _ _ _ _ (in Jugoslawien) · **Bos|nier** [..iər], der, _s, _

Bosnig[e]l ↑ Bosnickel

bos|nisch · **bos|nisch-her|ze|go|wi|nisch** *K 244*

bos|po|ra|nisch ⟨*grch* → *lat*⟩; *K 238*: die bosporanischen Inschriften, *aber K 258*: das Bosporanische Reich (*Altertum*; Sklavenhalterstaat nördlich des Schwarzen Meeres) · **Bos|po|rus,** der, _ (Meeresverbindung zw. Schwarzem Meer u. Marmarameer) ⟨*grch*, ‚Rinderfurt'⟩

Boß, der, *Gen* Bosses, *Pl* Bosse (*abwert*; Chef, Vorgesetzter) ⟨*ndrl* → *amerik*⟩

bosselieren ↑ bossieren · **bos|seln** *K 363f.* (1. *umg*; kleine Arbeiten machen – 2. ↑ bossieren)

Bo|ßeln, das, _s (ein fries. Kugelspiel auf dem Eis) ⟨*zu nd* Boßel ‚Kugel'⟩

Bos|sen|qua|der (*Bauw*) · **Bos|sen|werk** (*Bauw*; roh bearbeitetes Mauerwerk) · **bos|sie|ren,** *auch* **bos|se|lie|ren** *od* **bos|seln** (die Rohform eines Bildwerks herausmeißeln; weiche Massen formen; getriebene Arbeit machen – *Bauw*; Mauerquadern grob behauen) ⟨*germ* → *frz*⟩ · **Bos|sie|rer** · **Bos|sier|wachs** (Modellierwachs)

Bo|ston ['bɔst(ə)n]: 1. (Hafenstadt an der Ostküste der USA) – 2. ⟨*nach* Boston (1)⟩, der, _s, _s (amerikan. langsamer Walzer) – 3. ⟨*nach* Boston (1)⟩, das, _s (ein amerikan. Kartenspiel)

bös|wil|lig · **Bös|wil|lig|keit**

Bo|ta|nik, die, _ (Pflanzenkunde) ⟨*grch*⟩ · **Bo|ta|ni|ker,** der, _s, _ (Wissenschaftler auf dem Gebiet der Botanik) · **bo|ta|nisch;** *K 119*: die botanischen Gärten; *aber K 259*: der Botanische Garten der Sektion Biowissenschaften der Karl-Marx-Universität Leipzig · **bo|ta|ni|sie|ren** (Pflanzen sammeln)

Böt|chen *K 8* (kleines Boot)

Bo|te, der, _n, _n. *Zus K 365ff.*: Boten‿dienst usw.

Bo|tel [*auch* 'bo:..], das, _s, _s *Kurzw* (schwimmendes Hotel [für Bootsreisende]) ⟨*aus Boot + Hotel*⟩

Bo|tin, die, _, ..innen

bot|mä|ßig (*hist*; untertan, tributpflichtig) · **Bot|mä|ßig|keit** (*hist*)

Bo|to (m. Vn.) (*Nebenf von* Bodo)

Bo|to|ku|de, der, _n, _n (Angehöriger einer indian. Stammesgruppe in Brasilien) ⟨*portug* botoque [..kə], ‚Lippenpflock'⟩ · **bo|to|ku|disch**

Bot|schaft · **Bot|schaf|ter,** der, _s, _ · **Bot|schaf|ter|po|sten** · **Bot|schafts|rat,** *Pl* ..räte

Bots|wa|na, *amtl* **Re|pu|blik Bots|wa|na** (im S Afrikas) · **Bots|wa|ner,** der, _s, _ · **bots|wa|nisch**

Bött|cher, der, _s, _ (Bottichmacher) ⟨*lat*⟩ · **Bött|cher|ar|beit** · **Bött|che|rei** · **Bot|tich,** der, _[e]s, _e ⟨*lat*⟩

bott|nisch; *K 258*: der Bottnische Meerbusen (nördl. Teil der Ostsee) ⟨*schwed*⟩

Bo|tu|lis|mus, der, _ (*Med*; Lebensmittelvergiftung) ⟨*lat*⟩

Bou|clé [bu'kle:]: 1. das, _s, _s (starkes Garn aus Tierhaaren mit Knoten bzw. Schlingen) – 2. der, _s, _s (Haargarnteppich mit Gewebenoppen) ⟨*frz*⟩

Bou|doir [bu'do̯a:r], das, _s, _s (*veraltend*; elegantes kleines Damenzimmer) ⟨*frz*⟩

Bou|gie [bu'ʒi:], die, _, _s (*Med*; Dehnsonde) ⟨*frz*⟩

Bouil|lon [bul'jɔŋ, *auch* bul'jõ:, *österr* bu'jõ], die, _, _s (Fleischbrühe) ⟨*frz*⟩ · **Bouil|lon|wür|fel**

Bou|le|vard [bulə'va:r, *österr* bul'va:r], der, _s, _s (breite, gepflegte Straße; Fußgängerzone) ⟨*ndrl* → *frz*⟩ · **Bou|le|vard|pres|se** (*abwert*; Sensationszeitungen u. -zeitschriften)

Bou|lo|gner [bu'lɔnjər]: 1. *K 231*: der, _s, _; 2. *als Attribut K 232* · **Bou|lo|gne-sur-Mer** [bu,lɔnj(ə)syr'mɛ:r] *K 247* (Hafenstadt in Nordfrankreich)

Bouquet ↑ Bukett

Bour|bo|ne [bur..], der, _n, _n (Angehöriger der französ. Dynastie der Bourbonen) ⟨*nach* der Burg Bourbon [bur'bõ:]⟩ · **bour|bo|nisch** *K 218*

bour|geois [bur'ʒoa] (der Bourgeoisie angehörend, entsprechend) ⟨*germ* → *frz*⟩; die bourgeoise [..'ʒoa:zə] Gesinnung (*meist abwert*) · **Bour|geois,** der, _, _ (Angehöriger der Bourgeoisie, Kapitalist) · **Bour|geoi|sie** [..ʒoa'zi:], die, _ (die herrschende Klasse in der kapitalist. Gesellschaft)

Bour|tan|ger Moor ['bu:r.. _] *K 232*, das, *Gen* _ _[e]s (in der BRD u. den Niederlanden)

Bou|tique [bu'ti:k, *österr* bu'tik], die, _, *Pl* _n [..kən] *od* _s [..'ti:ks, *österr* ..'tiks] (Modesalon, Modegeschäft für Konfektion) ⟨*grch* → *prov* → *frz*⟩; *vgl. aber* Budike

Bo|vist [..v.., *auch* ..'vist], der, _es, _e (ein Bauchpilz) ⟨‚Fuchsfurz'⟩

Bow|den|zug ['baud(ə)n..] *K 209* (*Techn*; Drahtseilzug zur Übertragung von Zug- u. Druckkräften) ⟨*nach* dem engl. Erfinder⟩ · **Bowden|zug|brem|se** *K 209* (*Techn*)

Bo|wie|mes|ser ['bo:vi..] *K 209*, das (ein Jagdmesser) ⟨*nach* einem nordamerikan. Oberst⟩

Bow|le ['bo:lə], die, _, _n (ein alkoholhaltiges Kaltgetränk; das Gefäß zum Ansetzen dieses Getränks) ⟨*engl*⟩ · **Bow|len|glas**

Bow|ling ['bo:liŋ], das, _s (ein Kegelspiel mit 10 Kegeln) ⟨*engl* → *amerik*⟩ · **Bow|ling|bahn**

Box, die, _, _en (Pferdestand; geschlossenes Abteil; Unterstellraum; einfache kastenförmige Kamera) ⟨*grch* → *lat* → *engl*, ‚Büchse'⟩

bo|xen *K 354* (mit den Fäusten kämpfen) ⟨*engl*⟩ · **Bo|xer** (Faustkämpfer; eine bulldoggenähnl. Hunderasse – *österr auch für* Faustschlag)

Box|kalf [*österr auch* ..ka:f], das, _s, _s *od* **Box|kalb,** das, _[e]s, _[s] (Kalbsleder) ⟨*engl*⟩

Box|kampf

Box|pa|let|te, die, _, _n (*Transportw*; Stapelplatte mit Seitenwänden) ⟨*engl* + *frz*⟩

Boy|kott [bɔy..], der, _[e]s, _e (Verrufserklärung; Sperrung; Käuferstreik; Verfahren im polit. u. wirtschaftl. Kampf, bei dem die Beziehungen völlig od. zum Teil abgebrochen werden) ⟨*nach* dem irischen Gutsverwalter Boycott ['bɔykət]⟩ · **boy|kot|tie|ren** (mit Boykott belegen)

Boyle-Ma|riotte|sche Ge|setz [‚bɔylma'riɔtʃə _] *K 216*, das, *Gen* _n _es (*Phys*) ⟨*nach* seinen Entdekkern⟩

Bo|zen, *italien* **Bol|za|no** (Stadt in Oberitalien)

Bra|ban|çonne [brabã'sɔn], die, _ (belg. Nationalhymne) ⟨*nach* Brabant⟩ · **Bra|bant** [..'bant] (Provinz in Belgien) · **Bra|ban|ter**: 1. *K 231*: der, _s, _; 2. *als Attribut K 232*: die Brabanter Spitzen

brach (*veraltend*; unbebaut, unbestellt); *vgl. auch* brachliegen · **Brache,** die, _, _n (der nach dem Umpflügen ruhende Acker; Anbaupause)

Bra|chial|ge|walt [..x..], die, _ (rohe Gewalt) ⟨*lat*⟩

Brach|land · **brach|lie|gen** *K 136* (unbebaut liegen); es liegt brach; brachgelegen; brachzuliegen

Brach|sen, der, _s, _ (ein Karpfenfisch)

Brach|vo|gel (ein Schnepfenvogel)

bra|chy|ze|phal [..x..] (*Biol, Med*; kurzköpfig, -schädelig) ⟨*grch* → *lat*⟩ · **Bra|chy|ze|pha|le,** der *u.* die, _n, _n *K 341* (*Biol, Med*) · **Brachy|ze|pha|lie,** die, _ (*Biol, Med*)

Bracke[1], der, _n, _n, *seltener* die, _, _n (ein Jagdhund)

brackig[1] (mit Salzwasser gemischt, untrinkbar) · **brackisch**[1] (im Brackwasser lebend bzw. entstanden – *Geol*; aus einer Mischung von Meer- und Süßwasser abgelagert) · **Brack|was|ser,** *Pl* ..wasser (Gemisch von Süß- u. Salzwasser)

Brägen ↑ Bregen

Brah|ma, *seltener* **Brah|man,** der, _ (Personifikation des schöpferischen Weltprinzips, höchster Gott des Brahmanismus u. Hinduismus) ⟨*aind* → *Hind*⟩ · **Brah|man**: 1. ↑ Brahma – 2. das, _s (*ind Philos u. Rel*; Weltseele) · **Brah|ma|ne,** der, _n, _n (Angehöriger der obersten Kaste des Hinduismus) · **brah|manisch** · **Brah|ma|[n]is|mus,** der, _ (Lehre vom Brahman) · **Brah|mapu|tra,** der, _[s] (Strom in Südasien) ⟨‚Sohn des Brahma'⟩

Brail|le|schrift ['bra:jə.. *od* 'bra:ĭ..] *K 209*, die, _ (Blindenschrift) ⟨*nach* dem französ. Erfinder⟩

Brak|te|at, der, _en, _en (einseitig hohlgeprägte mittelalterl. Münze) ⟨*lat*⟩

Bra|mar|bas, der, _, ..asse (*veraltend*; Großsprecher, Prahlhans, Aufschneider) ⟨*Herkunft umstritten*⟩ · **bra|mar|ba|sie|ren** (*veraltend*)

Bram|bach, Bad (im Bez. Karl-Marx-Stadt)

Bram|me, die, _, _n (*Hüttenw*; quaderförmiges Stahlhalbzeug) · **Brammen|walz|werk**

Bram|se|gel (*seem*) ⟨*ndrl*⟩

---

[1] *Tr*..k|k..

Bran|che ['braŋʃə, *österr* braŋʃ], die, _, _n [..ʃ(ə)n] (Fach, Gebiet, bes. Industrie- od. Handelszweig) ⟨*lat* → *frz*⟩ · **Bran|chen|fern|sprech|buch**

Bran|chien [..çiən] *Pl* (*Zool*; Kiemen) ⟨*grch*⟩

Brand, der, _[e]s, *Pl* Brände. *Zus K 365ff.*: Brand‿schutz usw. · **brand|ei|lig** (*umg*; sehr eilig) · **bran|deln** (*österr umg*; brandig riechen – *österr salopp*; [ungern] zahlen); es brandelt; er hat tüchtig _ müssen · **bran|den**

Bran|den|burg (Stadt im Bez. Potsdam; ehem. Land) · **Bran|den|burger**: 1. *K 231*: der, _s, _; 2. *als Attribut K 232*: das Brandenburger Tor · **bran|den|bur|gisch**; *K 258*: die Brandenburgischen Konzerte

bran|dig ⟨*zu* Brand⟩ · **Brand|mal,** *Pl* ..male, *österr nur so, seltener* ..mäler (*gehoben*) · **brand|mar|ken** *K 132*; gebrandmarkt · **Brand|mauer** · **brand|schat|zen** *K 354* (*hist*; [unter Androhung von Brand u. Plünderung] erpressen); gebrandschatzt · **Brand|schutz,** der, _[e]s · **Brand|soh|le** · **Bran|dung** · **Brandy** ['brεndi], der, _s, _s (Branntwein) ⟨*ndrl* → *engl*⟩

Brannt|kalk (Ätzkalk) ⟨*zu* gebrannt⟩ · **Brannt|wein**

Bra|sil: 1. der, _s, *Pl* _e *od* _s (Kaffee-, Tabaksorte) – 2. die, _, _ (Zigarrensorte) ⟨*nach* Brasilien⟩ · **Bra|si|let|to|holz** (unechtes Brasilholz) · **Brasilholz** ↑ Pernambukholz · **Bra|si|lia** (Hptst. von Brasilien) · **Bra|si|lia|ner,** der, _s, _ · **bra|si|lia|nisch** · **Bra|si|lien** [..ĭən], *ohne Art, amtl* **Fö|de|ra|ti|ve Re|pu|blik Bra|si|lien** [..v.. _ _] *K 258*, die, *Gen* _n _ _ (in Südamerika) ⟨*nach* dem Brasilholz⟩

Bra|şov [..'ʃɔf] (Stadt in Rumänien)

Bras|se, die, _, _n (*seem*; Tau zum Drehen der Rahen) ⟨*lat* → *frz* → *ndrl*⟩ · **bras|sen** *K 354* (*seem*); gebraßt; *vgl. aber* prassen

Bras|sen, der, _s, _ (*landsch*; Brachsen)

Brat|ap|fel

brä|teln *K 363* (leicht braten) · **braten;** du brätst, er brät, du brietst; du brietest; gebraten; brat[e]!

Bra|ten, der, _s, _ (*eigtl* ‚Fleisch' (*vgl.* Wildbret), *an* braten *angelehnt*) · **Brat|hendl,** das, _s, _[n] (*süddt, österr*; Brathühnchen)

Bra|ti|sla|va [..v..] (Hptst. der Slowakei)

Brat|kar|tof|feln *Pl* · **Brät|ling** (Speisepilz, ein Milchling) · **Brat‿pfanne, ...röh|re, ...rost**

Brat|sche, die, _, _n (Altgeige,

Viola) ⟨*ital*⟩ · **Brat|scher** *od* **Brat|schist**

Bratsk (Stadt der RSFSR an der Angara) · **Brats|ker:** 1. *K 231*: der, _s, _; 2. *als Attribut K 232*: der Bratsker Stausee

Brat|spieß · **Brat|spill** (*seem*; eine Ankerwinde) · **Brat|wurst**

...bräu (Bestandteil von Bier- u. Brauereinamen)

Brauch, der, _[e]s, *Pl* Bräuche; in *od* im _ sein · **brauch|bar** · **Brauch|bar|keit,** die, _ · **brau|chen** (nötig haben); du brauchst; du brauchtest; *Konj* du brauchtest, *landsch u. scherzh* bräuchtest; gebraucht; er hat es nicht zu tun brauchen; *vgl. aber* gebrauchen · **Brauch|was|ser,** das, _s

Braue, die, _, _n

brau|en · **Brau|er** · **Braue|rei** · **Brau|haus**

braun; *vgl.* blau · **Braun,** das, _s; *vgl.* Blau · **Brau|ne,** das, _n · **Bräu|ne,** die, _ (das Braunsein) · **Braun|ei|sen|erz,** das, _es *od* **Braun|ei|sen|stein,** der, _[e]s · **Brau|nel|le,** die, _, _n (ein Singvogel; ein Lippenblütler) · **bräu|nen** · **Braun|kehl|chen** (ein Singvogel) · **Braun|koh|le** · **Braun|koh|len|ta|ge|bau** · **bräun|lich;** bräunlichgelb; *vgl.* blau

Braun|schweig (Stadt im NO der BRD) · **Braun|schwei|ger:** 1. *K 231*: der, _s, _; 2. *als Attribut K 232* · **braun|schwei|gisch**

Braun|stein, der, _[e]s (*Mineral*; ein Manganerz) · **Bräu|nung** · **Braun|wurz|ge|wäch|se** *Pl* (eine Pflanzenfamilie, Rachenblütler)

Braus, der; *nur noch in* in Saus und _ (im Überfluß, verschwenderisch)

Brau|sche, die, _, _n (*landsch*; Beule an der Stirn)

Brau|se, die, _, _n · **Brau|se|bad** · **Brau|se|kopf** · **brau|se|köp|fig** · **brau|sen** *K 354* · **Brau|sen,** das, _s

Braut, die, _, *Pl* Bräute. *Zus K 365ff.*: Braut‿kleid usw. · **Bräu|ti|gam,** der, _s, _e · **bräut|lich** · **Braut|paar** · **Braut|stand,** der, _[e]s (*veraltet*)

brav (artig; tüchtig); braver, bravste ⟨*grch → lat → span → ital → frz*⟩ · **Brav|heit** · **bra|vis|si|mo!** [..v..] (sehr gut!, ausgezeichnet!) ⟨*grch → lat → span → ital*⟩ · **bra|vo!** (gut!); bravo rufen · **Bra|vo:** 1. das, _s, _s (Beifallsruf) – 2. der, _s, *Pl* _s *od* ..vi (italien. Bez. für einen gedungenen Mörder) · **Bra|vo|ruf** · **Bra|vour** [..'vu:r], die, _ (Meisterschaft; Schneid, Tapferkeit) ⟨*grch → lat → span → ital → frz*⟩ · **bra|vou|rös** *K 349* · **Bra|vour|stück**

Braz|za|ville [braza'vi:l] (Hptst. von Kongo)

Breccie ↑ Brekzie

brech|bar · **Brech|boh|ne** · **bre|chen;** du brichst, er bricht; du brachst; du brächest; gebrochen; brich!; *K 102*: auf Biegen oder Brechen · **Bre|cher** (Sturzsee; eine Zerkleinerungsmaschine)

Bre|douil|le [bre'duljə], die, _ (*umg*; Verlegenheit, Bedrängnis) ⟨*frz*⟩; *nur in Wendungen wie* in der _ sein

Bree|ches ['britʃis *od* 'britʃəs] *Pl* (Sporthose, bes. Reithose) ⟨*engl*⟩

Bre|gen, *auch* **Brä|gen,** der, _s, _ (*norddt*; Gehirn)

Bre|genz (Stadt in Österreich) · **Bre|gen|zer:** 1. *K 231*: der, _s, _; 2. *als Attribut K 232*: der Bregenzer Wald, *österr* Bregenzerwald *K 234* (Bergland südöstl. vom Bodensee)

Brei, der, _[e]s, _e · **brei|ig**

Breis|gau, der, _[e]s (Landsch. im SW der BRD); *Abk* Br. · **Breis|gau|er:** 1. *K 231*: der, _s, _; 2. *als Attribut K 232*

breit; weit und _; groß und _ dastehen (*umg*)

I. *Kleinschreibung K 114*: etw. des langen und [des] breiten (umständlich) erklären; ein langes und breites (viel) erzählen – **II.** *Großschreibung K 93*: ins Breite gehen (weitschweifig darlegen) – **III.** *In Verbindung mit Verben* ↑ breitmachen, breitschlagen, breittreten · **Brei|te,** die, _, _n; die geographische _; nördlicher _ (*Geogr* [*Abk* n. Br. *od* nördl. Br.]); südlicher _ (*Geogr* [*Abk* s. Br. *od* südl. Br.]) · **brei|ten;** eine Decke über den Tisch _ · **Brei|ten|grad** (*Geogr*) · **Brei|ten|wir|kung** · **breit|ge|fä|chert** · **Breit|ling,** der, _s (seenartige Erweiterung der unteren Warnow) · **breit|ma|chen** *K 137*, **sich** (*Akk*) (*umg*; ungebührlich viel Raum beanspruchen); du machst dich breit; du hast dich breitgemacht; um sich breitzumachen; *aber*: breit machen (z. B. einen Graben) · **breit|ran|dig** · **breit|schla|gen**[1] *K 137* (*umg*; überreden); *meist* sich (*Akk*) _ lassen; *aber*: breit schlagen (z. B. Metall) · **breit|schult|rig** *K 362* · **Breit|sei|te** (*seem*; Längsseite des Schiffes) · **breit|spu|rig** (*auch für* prahlerisch) · **breit|tre|ten**[1] *K 137* (*umg*; weitschweifig erzählen; verbreiten), *aber*: breit treten (z. B. Schuhe, Sand) · **Breit|wand|bild** (*Filmw*) · **Breit|we|ge|rich** (eine Arzneipflanze)

Brek|zie [..iə] *od* **Brec|cie** ['brɛtʃə], die, _, _n (*Geol*; ein Sedimentgestein aus kantigen Gesteinstrümmern) ⟨*germ → ital*⟩

Bre|me, die, _, _n (*südd*t; ²Bremse) ⟨*zu* brummen⟩

Bre|men (Stadt u. Bundesland der BRD) · **Bre|mer:** 1. *K 231*: der, _s, _; 2. *als Attribut K 232*: die Bremer Stadtmusikanten · **Bre|mer|ha|ven** [..f..] (zum Bundesland Bremen gehörige Hafenstadt) · **bre|misch**

Brems|berg (*Bergb*) · **¹Brem|se,** die, _, _n (Hemmvorrichtung)

²Brem|se, die, _, _n (eine Fliege)

brem|sen; du bremst *K 354*

Brem|sen|stich ⟨*zu* ²Bremse⟩

Brem|ser · **Brems|licht,** *Pl* ..lichter · **Brems|weg**

brenn|bar · **Brenn|bar|keit,** die, _ · **bren|nen;** du branntest; du brenntest; gebrannt; brenn[e]! · **bren|nend;** zu den brennendsten Aufgaben gehört ... · **¹Bren|ner**

²Bren|ner, der, _s (Alpenpaß an der österreichisch-italien. Grenze) ⟨*kelt*⟩ · **Bren|ner|bahn** *K 246*, die, _

Bren|ne|rei · **Brennessel** [*Tr* Brenn-nes|sel *K 78*], die, _, _n; *kurz* Nessel · **Brenn|holz** · **Brenn|stoff** · **Brenn|stoff|frage** *K 17* · **Brenn|wei|te** (*Opt*)

Bren|ze *Pl* (*fachspr*; alle brennbaren Mineralien) · **bren|zeln** (*landsch*; brandig riechen) · **Brenz|ka|te|chin** [..çi:n], das, _s (*Chem*; ein fotograf. Entwickler) · **brenz|lig,** *österr meist* **brenz|lich**

Bre|sche, die, _, _n (*veraltend*; Durchbruch in der gegner. Front) ⟨*germ → frz, zu* brechen⟩; *normalspr in Wendungen wie* in die _ springen (einspringen, aushelfen)

Brest, *früher* **Brest-Li|towsk** [..'tɔfsk] (Stadt in Belorußland)

Bre|ta|gne [bre'tanjə, *österr* brə'tanj], die, _ (Halbinsel im NW Frankreichs) ⟨*kelt → frz*⟩ · **Bre|to|ne,** der, _n, _n (Bewohner der Bretagne) · **bre|to|nisch;** *vgl. auch K 265ff.*

Brett, das, _[e]s, _er · **Bret|tel** *od* **Brettl,** das, _s, _[n] (*südd*t, *österr*; Ski; kleines Brett) · **Bret|ter|bu|de** · **bret|tern** (aus Brettern bestehend) · **Brettl:** 1. das, _s, _ (*umg*; Kleinkunstbühne) – 2. ↑ Brettel · **brett|se|geln** *K 133*; *nur im Inf u. Part II* (»brettgesegelt«) *gebräuchlich*; *vgl. auch* surfen · **Brett|se|geln,** das, _s · **Brett|spiel**

Bre|ve [..v..], das, _s, *Pl* _n *od*, *österr nur*, _s ([kurzes] päpstl. Schreiben) ⟨*lat*⟩ · **Bre|vier,** das, _s, _e (knappe Auswahl aus den Werken eines Schriftstellers; latein. Gebetbuch der römisch-kath. Geistlichen)

Bre|zel, die, _, _n ⟨*lat*⟩

[1] *Konjugation vgl.* breitmachen.

Briand-Kel|logg-Pakt [bri,ã:..] *K 213*, der, _[e]s (internat. Kriegsächtungspakt von 1928) ⟨*nach* dem französ. u. dem amerikan. Staatsmann⟩

Bridge [britʃ *od* bridʒ], das, _ (ein Kartenspiel) ⟨*engl*⟩

Bridge|town ['bridʒtaun] (Hptst. von Barbados)

Brief, der, _[e]s, _e ⟨*lat*⟩ · **Brief|kar|te** · **Brief|ka|sten**, Pl ..kästen · **brief|lich** · **Brief|mar|ke** · **Brief|mar|ken|block**, *Pl* ..blocks · **Brief|mar|ken|samm|lung** · **Brief|schaf|ten** *Pl* · **Brief|um|schlag** · **Brief|wech|sel**, der, _s

Brie|kä|se *K 246* ⟨*nach* der französ. Landschaft⟩

Bries, das, _es, _e *od* **Brie|sel**, das, _s, _ (innere Brustdrüse bei jungen Schlachttieren, bes. bei Kälbern) · **Bries|chen**, *auch* **Brös|chen** (*landsch*; Gericht aus Briesen des Kalbes, Kalbsmilch)

Bri|ga|de, die, _, _n (kleinstes Arbeitskollektiv im sozialist. Betrieb – *Milit*; takt. Verband bzw. Truppenteil) ⟨*kelt* → *ital* → *frz*⟩; _ der sozialist. Arbeit · **Bri|ga|de|lei|ter**, der · **Bri|ga|de|ta|ge|buch** · **Bri|ga|de|ver|an|stal|tung** · **Bri|ga|dier** [..'die:], der, _s, _s *od* [..'di:*r*], der, _s, _e (Leiter einer Arbeitsbrigade) · **Bri|gant**, der, _en, _en (*hist*; Straßenräuber in Italien) ⟨*kelt* → *ital*⟩ · **Bri|gan|ti|ne**, die, _, _n (ein zweimastiges Segelschiff) · **Brigg**, die, _, _s (ein zweimastiges Segelschiff) ⟨*kelt* → *ital* → *engl*⟩

Bri|git|te (w. Vn.) ⟨*ir*⟩; *Nebenf* Brigitta

Bri|kett, das, _[e]s, *Pl* _s, *schweiz noch* _e (Preßling aus Braun- od. Steinkohle) ⟨*ndrl* → *frz*⟩. *Zus K 365ff.*: Brikett‿träger (*K 17*) usw. · **bri|ket|tier|bar** · **bri|ket|tie|ren** (zu Briketts pressen)

bril|lant [bri'ljant] (glänzend, ausgezeichnet) ⟨*ital* → *frz*⟩ · **Bril|lant**: 1. der, _en, _en (*Mineral*; in besonderer Form geschliffener Edelstein, meist Diamant) – 2. die, _ (*Polygr veraltet*; ein Schriftgrad). *Zus K 365ff.*: Brillant‿ring usw. · **Bril|lan|ti|ne**, die, _, _n, *österr auch* **Bril|lan|tin**, das, _s, _e (Haarpomade) · **Bril|lanz** [bri'ljants], die, _ (Glanz)

Bril|le, die, _, _n ⟨*grch* → *lat*⟩. *Zus K 365ff.*: Brillen‿futteral usw. · **Bril|len|glas**, *Pl* ..gläser

bril|lie|ren [bri'lji:.., *österr* bri'li:..] (glänzen, sich besonders hervortun) ⟨*ital* → *frz*⟩

Brim|bo|rium, das, _s (*salopp*; unwesentliches Geschwätz) ⟨*lat* → *frz* → *lat*⟩

Brim|sen, der, _s (*österr*; Schafkäse) ⟨*tschech*⟩

Bri|nell|här|te *K 209*, die, _ (Härtegrad von Werkstoffen) ⟨*nach* dem schwed. Ingenieur⟩

brin|gen; du brachtest; du brächtest; gebracht; bring[e]!

brioso ↑ con brio

bri|sant (zermalmend; sprengend; hochexplosiv) ⟨*kelt* → *frz*⟩ · **Bri|sanz**, die, _, _en (zermalmende Sprengkraft) · **Bri|sanz|gra|na|te**

Bris|bane ['brisbe:n *od* 'brizbən] (Hafenstadt im O Australiens)

Bri|se, die, _, _n (gleichmäßig wehender Seewind mittlerer Stärke) ⟨*span* → *frz* → *engl*⟩

Bri|so|lett, das, _[e]s, _e *od* **Bri|so|let|te**, die, _, _n (*Kochk*; gebratenes Kalbfleischklößchen) ⟨*dt* → *frz*⟩

Bris|sa|go, die, _, _[s] (eine Zigarrensorte) ⟨*nach* dem Ort in der Schweiz⟩

Bri|stol ['brist(ə)l] (Hafenstadt im SW Englands)

Bri|tan|nia|me|tall, das, _s (eine Zinnlegierung) · **Bri|tan|nien** [..iən] (*Altertum*; Name für England u. Schottland) ⟨*kelt* → *lat*⟩ · **bri|tan|nisch** · **Bri|te**, der, _n, _n (Staatsbürger von Großbritannien) · **Bri|tin**, die, _, ..innen · **bri|tisch**; *K 258*: die Britischen Inseln, das Britische Museum

Brno ↑ Brünn

Broad|way ['brɔ:dwe:], der, _s (Hauptgeschäftsstraße in New York) ⟨*engl*, ‚breiter Weg'⟩

Bröck|chen · **bröckeln**[1]: 1. *tr K 363* – 2. *intr* das Gestein bröckelt · **brocken**[1] (in kleine Stücke brechen – *süddt, österr*; pflücken); Brot in die Suppe _ · [1]**Brocken**[1], der, _s, _ (Stück, das Abgebrochene)

[2]**Brocken**[1], der, _s (höchster Harzgipfel) [DDR])

brocken|wei|se[1] *K 176* · **bröck|lig** *K 362* · **Bröck|lig|keit** *K 362*, die, _

Bro|del, der, _s, _ · **bro|deln** (dampfend aufsteigen, aufwallen – *österr umg*; trödeln); es brodelt; ich brodle *K 363* (*österr umg*) · **Bro|dem**, der, _s, _ (*dicht*; Dampf, Dunst)

Broi|ler ['brɔy..], der, _s, _ (junges Mastgeflügel) ⟨*engl*⟩

Bro|kat, der, _[e]s, _e (schweres, reich gemustertes Seidengewebe) ⟨*lat* → *ital*⟩

Brok|ko|li *Pl* (Spargelkohl) ⟨*lat* → *ital*⟩

Brom, das, _s (chem. Element, Nichtmetall); *Zeichen* Br ⟨*grch*⟩

Brom|bee|re ⟨*zu mhd* brame ‚Dornstrauch'⟩. *Zus K 365ff.*: Brombeer‿strauch usw.

Bro|mid, das, _[e]s, _e (*Chem*; Salz des Bromwasserstoffs) ⟨*grch*⟩ · **Bro|mit**, der, _[e]s, _e (ein Brommineral)

bron|chial [..ç..] (*Med*; die Bronchien betreffend) ⟨*grch* → *lat*⟩ · **Bron|chien** [..çiən] ⟨*grch*⟩ *Pl* (Luftröhrenäste); *Sg* Bron|chie [..iə], die, _ *od* Bron|chus ⟨*grch* → *lat*⟩, der, _ · **Bron|chi|tis** ⟨*grch*⟩, die, _, ..itiden *od* **Bron|chial|ka|tarrh**, der, _s, _e (Bronchienentzündung)

Bronn, der, _[e]s, _en *od* **Bron|nen**, der, _s, _ (*dicht*; Brunnen)

Bron|ze ['brɔŋsə *od* 'brɔ̃:sə, *österr* brɔ̃:s]: 1. die, _, _n [..s(ə)n] (eine Kupferlegierung; Kunstgegenstand aus dieser Legierung) – 2. die, _ (eine Farbe; *vgl. auch* Blau) ⟨*pers* → *lat* → *ital* → *frz*⟩. *Zus K 365ff.*: Bronze‿statue usw. · **bron|ze|far|ben** (*K 364*) *od* **bron|ze|far|big**; *vgl. auch* ...farben u. *K 272ff.* · **bron|zen** *K 364* (aus Bronze) · **Bron|ze|zeit**, die, _ (mittlerer Abschnitt der Urgeschichte) · **bron|ze|zeit|lich** · **bron|zie|ren** [brɔŋ.. *od* brɔ̃'si:..., *österr nur so*] (mit Bronze überziehen) · **Bron|zit** [..'sit], der, _[e]s, _e (*Mineral*; ein Pyroxen)

Brook|lyn ['bruklin] (Stadtteil von New York)

Bro|sa|men *Pl* (*veraltend*); *Sg* (*selten*) Bro|sa|me, die, _

Bro|sche [*österr* bro:ʃ], die, _, _n [..ʃ(ə)n] (Vorstecknadel; Spange) ⟨*kelt* → *lat* → *frz*⟩

Bröschen ↑ Brieschen

bro|schie|ren (*Polygr*; Druckbogen zu einer Broschur verarbeiten) ⟨*kelt* → *lat* → *frz*⟩ · **bro|schiert** (*Polygr*); *Abk* brosch. · **Bro|schur**, die, _, _en (*Polygr*; buchbinder. Erzeugnis mit einem Umschlag aus Papier od. Karton) · **Bro|schü|re**, die, _, _n (Verlagserzeugnis in Broschurform)

Brö|sel, der, *österr* das, _s, *Pl* _ (Krümel, bes. von geriebener Semmel) · **brö|seln** *K 363* (bröckeln)

Brot, das, _[e]s, _e. *Zus K 365ff.*: Brot‿laib usw. · **Bröt|chen**

brotzeln ↑ brutzeln

Brow|ning ['brauniŋ], der, _s, _s (eine Selbstladepistole) ⟨*nach* dem nordamerikan. Erfinder⟩ · **Brow|ning|pi|sto|le** *K 209*

brr! (*Zuruf an Zugtiere* halt!)

Bru|cel|lo|se [..tsɛ..], die, _, _n (*Med, Vet*; eine auf den Menschen übertragbare Infektionskrankheit bei Haustieren) ⟨*nach* dem engl. Militärarzt Sir David Bruce [sœ:*r* ,de:vid 'bru:s]⟩

---

[1] *Tr* ..k|k..

[1]**Bruch** [brux, *österr* bru:x], der, _[e]s, *Pl* Brüche ['bryçə] (Gebrochenes, Zerbrochenes) ⟨*zu* brechen⟩; in die Brüche gehen. *Zus K 365ff.*: Bruch‿teil (der) usw.

[2]**Bruch** [brux *od* bru:x], der *od* das, _[e]s, *Pl* Brüche ['bryçə *od* 'bry:çə] (Sumpfland)

Bruch|band, das, *Pl* ..bänder (*Med*) · **bruch|fest** · **Bruch|fe|stig|keit**

bru|chig ['bru(:)xiç] (sumpfig)

brü|chig (morsch) · **Brü|chig|keit,** die, _ · **bruch|rech|nen;** *nur im Inf gebräuchlich* · **Bruch|rech|nen,** das, _s · **bruch|stück|haft** · **Bruch|zahl**

Brücke[1], die, _, _n; *in Straßennamen* ↑ *K 249ff.* · **Brücken|bau**[1], *Pl* ...bauten · **Brücken|kopf**[1] (*Milit*)

Brü|den, der, _s, _ (*Techn*; Abdampf, nebelartiges Wasserdampf-Luft-Gemisch) ⟨*zu* Brodem⟩ · **Brü|den|wär|me** (*Techn*)

Bru|der, der, _s, *Pl* Brüder · **Brü|der|chen** · **Brü|der|ge|mei|ne,** die, _ (*kurz für* Herrnhuter Brüdergemeine) · **brü|der|lich** · **Brü|der|lich|keit,** die, _ · **Bru|der Lu|stig,** der, *Gen* des Bruder[s] Lustig, *ohne Art* Bruder Lustigs, *Pl* Brüder Lustig (fröhlicher Bursche) · **Bru|der|par|tei** · **Bru|der|schaft** (religiöse Vereinigung) · **Brü|der|schaft** (brüderl. Verhältnis); _ trinken

Brüg|ge (Stadt in Belgien)

Brü|he, die, _, _n · **brü|hen** · **brüh|heiß** · **brü|hig** · **Brüh|kar|tof|feln** *Pl* · **brüh|warm** (*umg*); etw. _ (sofort) weitererzählen

Brüll|af|fe (*auch Schimpfw*) · **brül|len**

Bru|maire [bry'mɛ:r], der, _[s], _s (2. Monat [22. Okt. bis 20. Nov.] des Kalenders der Französ. Revolution) ⟨*lat* → *frz*, ‚Nebelmonat'⟩

Brumm|bär (*umg*) · **brum|meln** *K 363* (leise, ein wenig brummen; undeutlich sprechen) · **brum|men** · **Brum|mer** (*umg*; große Fliege; Dummkopf) · **brum|mig** · **Brumm|och|se** (*salopp*; Dummkopf)

brü|nett (braunhaarig; dunkelhäutig) ⟨*germ* → *frz*⟩ · **Brü|net|te:** 1. *als Subst gebrauchtes Adj K 341*: der *u.* die, _n, _n (brünetter Mensch); zwei Brünette – 2. *zum Subst gewordenes Adj K 342*: die, _, _n (brünetter Frauentyp); zwei Brünetten

Brunft, die, _, ..ünfte (*weidm*; Begattungszeit beim Schalenwild [außer Schwarzwild]) ⟨*zu* brummen⟩; *vgl. auch* Brunst. *Zus K 365ff.*: Brunft‿zeit usw. · **brunf|ten** (*weidm*) · **brunf|tig** (*weidm*)

Brun|hild: 1. (w. Vn.) ⟨*Nebenf von* Brunhilde⟩ – 2. *od* **Brün|hilt** (Gestalt der Nibelungensage) · **Brun|hil|de** (w. Vn.) ⟨‚Panzer' + ‚Kampf'⟩; *Nebenf* ↑ Brunhild (1), *Kurzf* ↑ Hilde

brü|nie|ren (*fachspr*; Metalloberflächen bräunlich oxydieren lassen) ⟨*germ* → *frz*⟩

Brunn, der, _[e]s *od* _en, *Pl* _en (*dicht*; Brunnen); *vgl. auch* Born

Brünn, *tschech* **Brno** ['br(ə)nɔ] (Stadt in der ČSSR)

Brün|ne, die, _, _n (*Mittelalter*; Panzerhemd) ⟨*kelt*⟩

Brun|nen, der, _s, _; *vgl. auch* Brunn, Bronn u. Born. *Zus K 365ff.*: Brunnen‿kresse usw. · **Brun|nen|ver|gif|ter** (*abwert*; Verleumder) · **Brünn|lein** (*dicht*)

Bru|no (m. Vn.) ⟨‚der Braune'⟩

Brunst, die, _, ..ünste (Paarungsbereitschaft, -zeit [bei vielen Säugetieren]) ⟨*zu* brennen⟩; *vgl. auch* Brunft. *Zus K 365ff.*: Brunst‿zeit usw. · **brun|sten** · **brün|stig**

brüsk (barsch; rücksichtslos) ⟨*ital* → *frz*⟩ · **brüs|kie|ren** (kränkend behandeln)

Brüs|sel, *französ* **Bru|xelles** [bry'sɛl] (Hptst. von Belgien) · **Brüs|se|ler,** *selten* **Brüß|ler** (*K 38*): 1. *K 231*: der, _s, _; 2. *als Attribut K 232*: die Brüsseler, *selten* die Brüßler Spitzen

Brust, die, _, ..üste. *Zus K 365ff.*: Brust‿tee usw. · **brü|sten, sich** (*Akk*) · **brust|hoch** · **...brü|stig** (z. B. engbrüstig) · **Brust|schwim|men,** das, _s · **Brust|ton,** *Pl* ..töne · **Brü|stung**

Brut, die, _, _en. *Zus K 365ff.*: Brut‿stätte usw.

bru|tal (roh, gefühllos; gewalttätig) ⟨*lat*⟩ · **Bru|ta|li|tät**

brü|ten; brütend heiß *od* brütendheiß *K 173* · **Brü|ter** (*Kernphys*; Brutreaktor); *K 119*: der schnelle _ · **Brü|te|rei** (Brutanstalt) · **brü|tig,** *österr meist* **bru|tig** (zum Brüten bereit) · **Brut|pfle|ge,** die, _ · **Brut|re|ak|tor** (*Kernphys*; Reaktor, der mehr Spaltstoff erzeugt, als er verbraucht)

brut|to (ohne Abzug [gerechnet]; mit Verpackung; roh), *Abk* btto. ⟨*lat* → *ital*⟩; _ für netto (*Abk* bfn.) · **Brut|to|er|trag** (Rohertrag) · **Brut|to|ge|wicht** (Bruttomasse) · **Brut|to|mas|se** · **Brut|to|re|gi|ster|ton|ne** (Einheit zur Bezeichnung des Gesamtvolumens eines Schiffes); *Einheitenzeichen* BRT · **Brut|to|so|zial|pro|dukt,** das, _s (*kap Wirtsch*) · **Brut|to|ver|dienst,** der

Bru|tus (röm. m. En.)

brut|zeln, *auch* **brot|zeln** *K 363* (*umg*; [spritzend] braten); der Speck brutzelt, *auch* brotzelt; was brutzelst, *auch* brotzelst du da?

Bruxelles ↑ Brüssel

Bru|yère|holz [bry'jɛ:r..] (rötlich gemasertes Wurzelholz der Baumheide) ⟨*kelt* → *lat* → *frz*⟩

Bryo|lo|gie, die, _ (Mooskunde) ⟨*grch*⟩

bst! *od* **pst!**

Bub, der, _en, _en (*süddt, österr, schweiz*; Junge) · **Büb|chen** · **Bu|be,** der, _n, _n (Spielkarte – *veraltend abwert*; Schurke, Schuft) · **bu|ben|haft** (*süddt, österr, schweiz*) · **Bu|ben|streich** (*veraltend*; Schurkenstreich) · **Bu|bi,** der, _s, _s (*umg Kosew*; kleiner Junge – *umg abwert*; unreifer Bursche) · **Bu|bi|kopf** (weibl. Haartracht) · **bü|bisch;** _ lächeln

Buch, das, _[e]s, *Pl* Bücher ⟨*zu* Buche⟩

Bu|cha|ra [..x.. *od* ..'ra]: 1. (Stadt in Usbekistan) – 2. der, _s, _s (ein handgeknüpfter Teppich) · **Bu|cha|re,** der, _n, _n · **bu|cha|risch**

Buch|ba|sar · **Buch|bin|de|rei** · **buch|bin|dern** *K 363* · **Buch|druck,** der, _[e]s · **Buch|drucker**[1] · **Buch|drucke|rei**[1] · **Bu|che,** die, _, _n · **Buch|ecker**[1], *auch* **Ecker**[1], die, _, _n (Frucht der Buche) · **Bu|chel,** die, _, _n (*landsch*; Buchecker) · **Bü|chel|chen** *od* **Büch|lein** · **bu|chen:** 1. *Verb* (eintragen; vermerken; bestellen) – 2. *Adj K 364* (aus Buchenholz) · **Bu|chen|holz** · **Bu|chen|stamm**

Bu|chen|wald (hitlerfaschist. Konzentrationslager bei Weimar)

Bü|cher|bord, das · **Bü|che|rei;** *K 258*: die Deutsche Bücherei in Leipzig (*Abk* DB) · **Bü|cher|re|vi|sor** [..v..] · **Bü|cher|wurm,** der (*umg scherzh*; jmd., der gern u. viel liest) · **Buch|füh|rung** · **Buch|ge|wer|be,** das, _s · **buch|ge|werb|lich** · **Buch|hal|ter** · **Buch|hal|te|rin,** die, _, ..innen · **buch|hal|te|risch** · **Buch|hal|tung** · **Buch|han|del,** der, _s · **Buch|händ|ler** · **buch|händ|le|risch** · **Buch|hand|lung** · **Buch|klub** · **Buch|ma|cher** (Vermittler von Wetten bei Pferderennen)

Buchs|baum (ein Zierstrauch) · **buchs|bau|men** *K 364* (aus Buchsbaum) · **Buch|se,** die, _, _n (*Techn*; Hohlzylinder – *Elektrotechn*; Steckdose) ⟨*grch* → *lat*⟩ · **Büch|se,** die, _, _n (Gefäß, Dose; ein Jagdgewehr). *Zus K 365ff.*: Büchsen‿fleisch, ...macher usw.

---

[1] *Tr* ..k|k..

[1] *Tr* ..k|k..

Buch|sta|be, der, ‿ns *od* ‿n, *Pl* ‿n · **Buch|sta|ben|rät|sel** · **buch|sta|bie|ren** ⟨*dt* + *f. E.*⟩ · ...**buch|sta|big** (z. B. vierbuchstabig *K 283* [*mit Ziffer K 284*: 4buchstabig]) · **buch|stäb|lich** (dem Buchstaben, Wortinhalt nach)

Bucht, die, ‿, ‿en ⟨*zu* biegen⟩

Buch|tel, die, ‿, ‿n (*österr*; ein gefülltes Hefegebäck) ⟨*tschech*⟩

buch|tig

Bu|chung · **Bu|chungs|ma|schi|ne** · **Buch|ver|leih** · **Buch|wei|zen** (ein Knöterichgewächs)

Buckel[1], der, ‿s, ‿ ⟨*lat* → *frz*⟩ · **Buckel|ke|ra|mik**[1] (*Urgesch*) · **buckel|kra|xen**[1] (*österr umg*; huckepack); jmdn. ‿ tragen · **buckeln**[1] *K 363* (einen Buckel machen – *übertr, abwert*; liebedienern – *umg*; etw. Schweres [auf dem Rükken] tragen) · **bücken**[1], **sich** (*Akk*) · **Buckerl**[1], das, ‿s, ‿[n] (*österr umg*; Verbeugung)

Bücking[1], der, ‿s, ‿e (*landsch*; [2]Bückling)

Buck|ing|ham|pa|last ['bakiŋəm..], der, ‿es (seit dem 19. Jh. Hauptresidenz der brit. Könige)

buck|lig *K 362*

[1]**Bück|ling** (*meist abwert*; Verbeugung)

[2]**Bück|ling,** der, ‿s, ‿e (ein geräucherter Hering) ⟨*ndrl*, *zu* Bock⟩

Buck|skin [..skin], der, ‿s, ‿s (starker Wollstoff) ⟨*engl*⟩

București ↑ Bukarest

Bu|da|pest (Hptst. von Ungarn) · **Bu|da|pe|ster:** 1. *K 231*: der, ‿s, ‿; 2. *als Attribut K 232*

Bud|del, *auch* **But|tel,** die, ‿, ‿n (*landsch umg*; Flasche) ⟨*grch* → *lat* → *frz*⟩

Bud|de|lei (*umg*) · **bud|deln** *K 363* (*umg*; im Sand wühlen, graben); *vgl. aber* puddeln

Bud|dha ['buda], der, ‿s, ‿s (Abbild Siddhartas [zi'dar..], des Begründers des Buddhismus) ⟨*aind*, ‚der Erleuchtete', Ehrenname Siddhartas⟩ · **Bud|dhis|mus,** der, ‿ (ind. Religion u. Philosophie) ⟨*aind* → *lat*⟩ · **Bud|dhist** · **bud|dhi|stisch**

Bu|de, die, ‿, ‿n (Bretterbau – *salopp*; [kleines] Zimmer)

Bu|del *od* **Pu|del,** die, ‿, ‿ (*bayr, österr umg*; Ladentisch; Fehlwurf beim Kegeln)

Bu|den|zau|ber (*salopp*; ausgelassene Veranstaltung im [eigenen] Zimmer)

Bud|get [by'dʒe:], das, ‿s, ‿s (Haushalts-, Staatshaushaltsplan) ⟨*lat* → *frz* → *engl* → *frz*⟩. *Zus K 365ff.*: Budget‿betrag usw.

Bu|di|ke, *auch* **Bu|ti|ke,** die, ‿, ‿n (*umg*; kleiner Laden; Kneipe) ⟨*grch* → *prov* → *frz*⟩; *vgl. aber* Boutique · **Bu|di|ker,** *auch* **Bu|ti|ker,** der, ‿s, ‿ (*umg*; Budikenbesitzer)

Bu|do, das, ‿[s] (Sammelbez. für Judo, Karate u. ähnl. Kampfsportarten) ⟨*jap*⟩

Budyšin ↑ Bautzen

Bue|nos Ai|res (Hptst. von Argentinien) ⟨*span*, ‚gute Winde'⟩

Bü|fett, das, ‿[e]s, ‿e *od* **Bü|fett** [..'fe:], das, ‿s, ‿s, *österr u. schweiz auch* **Buf|fet** [by'fe:, *schweiz auch* 'byfɛ], das, ‿s, ‿s, *österr auch* **Büf|fet** [..'fe:], das, ‿s, ‿s (Anrichtetisch; Geschirrschrank; Schanktisch – *österr auch für* kleine Gaststätte) ⟨*frz*⟩; kaltes ‿ · **Bü|fet|tier** [..fɛ'tie:], der, ‿s, ‿s (jmd., der am Schanktisch Getränke ausgibt)

Büf|fel, der, ‿s, ‿ ⟨*grch* → *lat* → *frz*⟩. *Zus K 365ff.*: Büffel‿herde usw. · **Büf|fe|lei** (*salopp*) · **büf|feln** *K 363* (*salopp*; angestrengt lernen)

Buffet, Büffet ↑ Büfett

Buffi ↑ Buffo

Büff|ler (*salopp*) ⟨*zu* büffeln⟩

Buf|fo, der, ‿s *Pl* ‿s *od* ..ffi (Sänger komischer Rollen) ⟨*ital*⟩

[1]**Bug,** der, ‿[e]s, *Pl* Büge, *auch* (*von Schiffen*:) Buge (Gelenk am Vorderbein; Vorderteil [des Pferdes, des Rindes]; Schiffsvorderteil)

[2]**Bug,** der, ‿s (Name zweier Flüsse in Osteuropa); *K 258*: der Westliche ‿, der Südliche ‿

Bü|gel, der, ‿s, ‿ · **Bü|gel|ei|sen** · **bü|gel|frei** · **bü|geln** *K 363*; *vgl. auch* schniegeln · **Büg|le|rin,** die, ‿, ..innen

Bu|gra, die, ‿ *Kurzw* (Buchgewerbe- und Graphikausstellung)

bug|sie|ren (*seem*; [Schiffe] ins Schlepptau nehmen, im Hafen bewegen – *umg*; mühevoll befördern) ⟨*lat* → *portug* → *ndrl*⟩

Bug|spriet, das *od* der, ‿[e]s, ‿e (*seem*; über den Bug hinausragende Spiere bei Segelschiffen)

Bühl, der, ‿[e]s, ‿e *od* **Bü|hel,** der, ‿s, ‿ (*süddt, österr, schweiz*; Hügel)

Buh|le: 1. der, ‿n, ‿n (*dicht*; Geliebter) – 2. die, ‿, ‿n (*dicht*; Geliebte) · **buh|len**; um etw. ‿ (*abwert*; heftig nach etw. streben)

Buh|mann, *Pl* ..männer (*umg*; Schreckgespenst, böser Mann; jmd., der an allem schuld sein soll)

Buh|ne, die, ‿, ‿n (Damm zum Küsten- u. Uferschutz) ⟨*ndrl*⟩

Büh|ne, die, ‿, ‿n (Spielfläche im Theater – *landsch*; Dach-, Heuboden) · **Büh|nen|bild** · **Büh|nen|bild|ner** · **büh|nen‿mä|ßig,** ...**reif**

Bu|hurt, der, ‿[e]s, ‿e (*Mittelalter*; ein Ritterkampfspiel) ⟨*frz*⟩

Bu|jum|bu|ra (Hptst. von Burundi)

Bu|ka|rest, *rumän* **Bu|cu|rești** [buku'rɛʃt] (Hptst. von Rumänien) · **Bu|ka|re|ster:** 1. *K 231*: der, ‿s, ‿; 2. *als Attribut K 232*

Bu|kett, das, ‿[e]s, *Pl* ‿e *od* ‿s, *österr u. schweiz auch noch* **Bouquet** [bu'ke:], das, ‿s, ‿s (Blumenstrauß; Duft, Blume des Weines) ⟨*lat* → *frz*⟩

Bu|ko|lik, die, ‿ (*Literaturw*; Hirtendichtung) ⟨*grch* → *lat*⟩ · **Bu|ko|li|ker,** der, ‿s, ‿ (*Literaturw*) · **bu|ko|lisch** (*Literaturw*); ‿e Dichtung

Bu|ko|wi|na, die, ‿ (histor. Gebiet im NO Rumäniens u. im SW der Ukraine) (‚Buchenland') · **Bu|ko|wi|ner:** 1. *K 231*: der, ‿s, ‿; 2. *als Attribut K 232* · **bu|ko|wi|nisch**

bul|bös (*Med*; zwiebelartig, knollig) ⟨*lat*⟩; ‿e Anschwellung · **Bul|bus,** der, ‿, ..bi (*Med*; rundl. Gebilde – *Bot*; Zwiebel)

Bu|let|te, die, ‿, ‿n (gebratenes Fleischklößchen) ⟨*lat* → *frz*⟩

Bul|ga|re, der, ‿n, ‿n · **Bul|ga|rien** [..iən], *amtl* **Volks|re|pu|blik Bul|ga|rien** (im SO Europas); *Abk* VRB · **Bul|ga|rin,** die, ‿, ..innen · **bul|ga|risch**; *vgl. K 266f.* · **Bul|ga|risch,** das, *Gen* ‿[s], *Dat* ‿ (Sprachbezeichnung *K 268ff.*) · **Bul|ga|ri|sche,** das, *Gen* ‿n, *Dat* ‿n (Sprachbezeichnung *K 271*)

Bulk|la|dung (*seem*; Schüttgut)

Bull|au|ge (rundes Schiffsfenster) ⟨*engl*⟩ · **Bull|dog|ge,** die, ‿, ‿n (eine Hunderasse) · **Bull|do|zer** [..do:zər], der, ‿s, ‿ (Raupenfahrzeug mit Planierschild)

[1]**Bul|le,** der, ‿n, ‿n (Stier)

[2]**Bul|le,** die, ‿, ‿n (*kath Kirche*; feierl. Erlaß des Papstes – *hist*; Urkunde) ⟨*lat*⟩; *K 258*: die Goldene ‿

Bul|len|bei|ßer (*umg*; großer, stämmiger Hund; bissiger Mensch)

Bul|len|hit|ze (*umg*)

bul|le|rig *K 362* (*umg*; polternd, aufbrausend) · **bul|lern** *K 363* (*umg*; aufwallen; wütend sprechen)

Bul|le|tin [byl(ə)'tɛ̃:], das, ‿s, ‿s (amtl. Bekanntmachung; offizieller Krankheitsbericht) ⟨*lat* → *ital* → *frz*⟩

bul|lig (*umg*; stark, massiv); ‿e (drückende) Hitze

Bull|ter|rier [..iər], der, ‿s, ‿ (eine Hunderasse) ⟨*engl*⟩

Bul|ly [..li], das, ‿s, ‿s (*Hockey, Eishockey*; der von zwei Spielern ausgeführte Abschlag) ⟨*engl*⟩

Bül|te, die, ‿, ‿n (*fachspr*; kleine von Pflanzen gebildete Erhöhung in Sumpfgebieten)

bum! ⟨*lautm*⟩; bum, bum!; bim, bam, bum!

---

[1] *Tr* ..k|k..

Bum|boot (Händlerboot in Afrika u. Asien) ⟨*engl*⟩

Bu|me|rang, der, _s, *Pl* _s *od* _e (gekrümmtes Wurfholz) ⟨*austral*⟩

Bum|mel: 1. ↑ Bommel – 2. der, _s, _ (*umg*; Spaziergang) · **Bum|me|lant** (*umg abwert*; arbeitsscheuer Mensch) ⟨*dt* + *f. E.*⟩ · **Bum|me|lei** (*umg*) · **bum|meln** *K 363* (*umg*; spazierengehen; nicht arbeiten) · **Bumm|ler** (*umg*) · **bumm|lig** *K 362* (*umg*; langsam; nachlässig) · **Bumm|lig|keit** *K 362*, die, _ (*umg*)

bums! ⟨*lautm*⟩ · **bum|sen** *K 354*

Bu|na, der *od* das, _[s] (ein synthet. Kautschuk) ⟨*Kurzw aus Bu*tadien + *Na*trium⟩

Bund: 1. der, _[e]s, *Pl* Bünde (Bündnis, Vertrag) ⟨‚das Bindende'⟩ – 2. das, _[e]s, _e (Gebinde) ⟨‚das Gebundene'⟩; vier Bund Radieschen *K 308*

Bünd|chen · **Bün|del,** das, _s, _ · **Bun|des|di|strikt Co|lum|bia,** der, *Gen* _[e]s _ (im O der USA) · **Bun|des|ge|nos|se** · **bun|des|ge|nös|sisch** · **Bun|des|re|pu|blik Deutsch|land;** *Abk* BRD · **Bun|des|staat,** *Pl* ..staaten · **bün|dig** (überzeugend, schlagend – *Arch*; in gleicher Fläche liegend); kurz und _ (treffend) · **Bün|dig|keit,** die, _ · **Bündner** usw. ↑ Graubündner usw. · **Bünd|nis,** das, ..isses, ..isse · **Bund|schuh** (*Mittelalter*; Bauernschuh; Zeichen u. Name von Bünden aufständ. Bauern) · **Bund|steg** (*Polygr*)

Bun|ga|low [ˈbuŋgalo:], der, _s, _s (einstöckiges Sommerhaus) ⟨*hindustan* → *engl*⟩

Bun|ge, die, _, _n (*fachspr*; eine Fischreuse)

Bun|ker, der, _s, _ (Behälter für Massengut; bombensicherer Unterstand; Sandloch beim Golfspiel) ⟨*engl*⟩ · **bun|kern** *K 363* (Massengüter einlagern – *seem*; Treibstoff übernehmen)

Bun|sen|bren|ner *K 209* (ein Gasbrenner für Laborarbeiten) ⟨*nach* dem Chemiker⟩

bunt ⟨*lat*⟩; bunt färben, bunt bemalen; *K 119*: der bunte Abend; das Tuch ist bunt gestreift, ein buntgestreiftes Tuch, *vgl. aber K 166*; *K 274*: in Bunt gekleidet; *vgl.* blau u. Blau

Bünt, die, _, _en (*schweiz*; eingezäuntes Landstück)

Bunt|druck, *Pl* ..drucke · **bunt|ge|fie|dert** *K 166* · **Bunt|heit,** die, _ · **Bunt|me|tall** · **Bunt|sand|stein,** der, _[e]s (*Geol*; ein Gestein; älteste Abteilung der Trias) · **bunt‿scheckig** [*Tr* ...schek|kig], ...**schil|lernd** · **Bunt‿specht,** ...**stift** (der)

Bür|de, die, _, _n (*gehoben*)

Bu|ren *Pl* (Nachkommen niederländ. Einwanderer des 17. u. 18. Jh. in Südafrika); *Sg* Bu|re, der, _n ⟨*ndrl*, ‚Bauern'⟩ · **Bu|ren|krieg,** der, _[e]s (1899–1902)

Bü|ret|te, die, _, _n (*fachspr*; bei der Maßanalyse verwendete Meßröhre) ⟨*germ* → *frz*⟩

Burg, die, _, _en ⟨*zu* bergen⟩

Bür|ge, der, _n, _n ⟨*zu* borgen⟩ · **bür|gen**

Bur|gen|land, das, _[e]s (Bundesland in Österreich) · **bur|gen|län|disch**

Bür|ger, der, _s, _ · **Bür|ge|rin,** die, _, ..innen · **Bür|ger|in|itia|ti|ve** · **bür|ger|lich;** *K 258*: das Bürgerliche Gesetzbuch (*Abk* BGB) · **Bür|ger|mei|ster** · **Bür|ger|mei|ste|rei** (*noch landsch*) · **bür|ger|nah;** _e Politik · **Bür|ger|rechts|kämp|fer** · **Bür|ger|tum,** das, _[e]s

Bür|gin, die, _, ..innen · **Bürg|schaft**

Bur|gund (histor. Gebiet in Ostfrankreich) ⟨*nach* Burgunder (1)⟩ · **Bur|gun|der,** der, _s, _: 1. *od* **Bur|gun|de,** der, _n, _n (Angehöriger eines german. Volksstammes) – 2. (in Burgund Geborener od. Wohnender; eine Weinsorte) · **Bur|gun|der|wein** *K 234* · **bur|gun|disch;** *K 258*: die Burgundische Pforte (zw. Vogesen u. Schweizer Jura)

bu|risch ⟨*zu* Buren⟩

Bur|ja|te, *auch* **Bur|jä|te,** der, _n, _n (Angehöriger eines mongol. Volkes) · **bur|ja|tisch;** *vgl. auch K 265ff.*; *K 258*: die Burjatische ASSR

Bur|ki|na, *amtl* **Bur|ki|na Fa|so,** *früher* **Ober|vol|ta** [..v..] (Staat im W Afrikas) · **Bur|ki|ner,** der, _s, _ · **bur|ki|nisch**

bur|lesk (possenhaft) ⟨*lat* → *ital* → *frz*⟩ · **Bur|les|ke,** die, _, _n (Posse)

Bur|ma, *ohne Art*, *amtl* **So|zia|li|sti|sche Re|pu|blik der Union von Bur|ma** *K 258*, die, *Gen* _n _ _ _ _ _ (Staat in Hinterindien) · **Bur|me|se,** der, _n, _n (Staatsbürger von Burma) · **bur|me|sisch;** *vgl. K 266f.* · **Bur|me|sisch,** das, *Gen* _[s], *Dat* _ (Sprachbezeichnung *K 268ff.*) · **Bur|me|si|sche,** das, *Gen* _n, *Dat* _n (Sprachbezeichnung *K 271*)

Bur|nus, der, _ *od* ..usses, *Pl* ..usse (Kapuzenmantel der Beduinen) ⟨*grch* → *arab* → *frz*⟩

Bü|ro, das, _s, _s ⟨*lat* → *frz*⟩. *Zus K 365ff.*: Büro‿angestellte usw. · **Bü|ro|krat,** der, _en, _en (*abwert*; Akten-, Buchstabenmensch) ⟨*frz* + *grch*⟩ · **Bü|ro|kra|tie,** die, _, ..ien (*abwert*; pedantisches, formalistisches Verhalten in dienstl. Angelegenheiten) · **bü|ro|kra|tisch** (*abwert*) · **Bü|ro|kra|tis|mus,** der, _ (*abwert*; formalistische Auslegung von Vorschriften) · **Bü|ro|kra|tius** (*scherzh*; Personifizierung des Bürokratismus); heiliger _! · **Bü|ro|tech|nik,** die, _

Bursch, der, _en, _en (*landsch*) ⟨*lat*⟩ · **Bürsch|chen** · **Bur|sche,** der, _n, _n · **bur|schen|haft** · **Bur|schen|schaft** (*hist*; liberale dt. Studentenorganisation im 19. Jh.) · **Bur|schen|schaf|ter,** der, _s, _ (*hist*) · **bur|schen|schaft|lich** (*hist*) · **bur|schi|kos** *K 349* ([übertrieben] ungezwungen; flott) ⟨*lat* + *grch*⟩ · **Bur|schi|ko|si|tät** ⟨*lat* + *grch* + *lat*⟩

Bür|ste, die, _, _n · **bür|sten** · **Bür|sten|bin|der**

Bu|run|di, *amtl* **Re|pu|blik Bu|run|di** (im O Afrikas) · **Bu|run|dier** [..ĭər] *od* **Bu|run|der,** der, _s, _ · **bu|run|disch**

Bür|zel: 1. der, _s, _ (Schwanzbasis der Vögel) – 2. *od* **Pür|zel,** der, _s, _ (*weidm*; Schwanz des Schwarzwildes u. des Dachses)

Bus, der, *Gen* Busses, *Pl* Busse *Kurzw* (Omnibus, Autobus). *Zus K 365ff.*: Bus‿hof usw.

Busch, der, _es, *Pl* Büsche · **Büsch|chen** · **Bü|schel,** das, _s, _ · **Bü|schel|chen** · **Bu|schen,** der, _s, _ (*süddt u. österr umg*; Blumen-, Reiserstrauß) · **bu|schig** · **Busch|klep|per** (*veraltet*; Wegelagerer, Strauchdieb) · **Busch|män|ner** *Pl* (kleinwüchsiges Volk im S Afrikas) · **Busch|obst** · **Busch|wind|rös|chen** (ein Frühlingsblüher)

Bü|se, die, _, _n (Heringsfangboot) ⟨*lat* → *frz* → *ndrl*⟩

Bu|sen, der, _s, _. *Zus K 365ff.*: Busen‿freund usw.

Bu|shel [ˈbuʃ(ə)l], der, _s, *Pl* _s u. *bei Maßangabe* (*K 308*) Bushel (Einheit des Volumens für Getreide usw. in den USA); 6 Bushel ⟨*kelt* → *lat* → *frz* → *engl*⟩

Busi|neß [ˈbiznis], das, _ (von Profitstreben bestimmtes Geschäft) ⟨*engl*⟩

Bus|sard, der, _[e]s, _e (ein Greifvogel) ⟨*lat* → *frz*⟩

Bu|ße, die, _, _n · **bü|ßen** *K 354* · **Bü|ßer** (*Rel*)

Bus|serl, das, _s, _[n] (*süddt u. österr umg*; Kuß, Küßchen)

buß|fer|tig (*Rel*) · **Buß|fer|tig|keit,** die, _ (*Rel*)

Bus|so|le, die, _, _n (*Geophys*; Winkelmeßgerät) ⟨*grch* → *lat* → *ital*⟩

Buß|tag (*Rel*) · **Buß-und-Bet-Tag** *K 189* (*Rel*)

Bü|ste, die, –, –n ⟨*lat* → *frz*⟩. *Zus K 365ff.*: Büsten‿halter usw.
Bu|ta|di|en, das, –s (*Chem*; ungesättigter, gasförmiger Kohlenwasserstoff) ⟨*grch* + *lat*⟩ · **Bu|tan**, das, –s, –e (*Chem*; ein Alkan) ⟨*grch*⟩
Butike usw. ↑ Budike usw.
But|ler ['bat..], der, –s, – (Diener [in Häusern der brit. Oberschicht]) ⟨*lat* → *frz* → *engl*⟩
Butt, der, –[e]s, –e (ein Plattfisch)
Büt|te, *süddt, österr, schweiz* **But|te**, die, –, –n (ein Holzgefäß) ⟨*grch* → *lat* → *frz*⟩ · **Buttel** ↑ Buddel
Büt|tel, der, –s, – (*hist*; Gerichtsdiener; Häscher – *veraltend*; Ordnungshüter) ⟨*zu* bieten⟩
Büt|ten, das, –s, – (handgeschöpftes Papier) ⟨*grch* → *lat* → *frz*⟩. *Zus K 365ff.*: Bütten‿papier usw.
But|ter, die, – ⟨*grch* → *lat*⟩. *Zus K 365ff.*: Butter‿dose usw. · **but|tern** *K 363* · **but|ter|weich**
Bütt|ner (*landsch*; Böttcher) ⟨*grch* → *lat* → *frz*⟩
butt|rig *K 362* · **Bu|tyl**, das, –s, –e (*Chem*; ein Alkyl) ⟨*grch*⟩ · **Bu|ty|ro|me|ter**, das (*fachspr*; Fettgehaltsmeßgerät)
[1]**Butz**, der, –en, –en (*landsch umg*; Kobold; Knirps, kleines Kind)
[2]**Butz**, der, –en, –en *od* **But|zen**, der, –, – (*landsch*; Klümpchen; Kerngehäuse – *bergm*; vereinzelte Erzanhäufung)
But|ze|mann, *Pl* ..männer (ein Kobold, Kinderschreck) ⟨*zu* [1]Butz⟩
But|zen|schei|be ([runde] Glasscheibe mit Buckel in der Mitte) ⟨*zu* [2]Butz⟩
Büx, die, –, –en *od* **Bu|xe**, die, –, –n (*norddt*; Hose) ⟨*nd*, [Hose aus] ‚Bockleder'⟩
Bux|te|hu|de (Stadt im N der BRD); *auch in Wendungen wie* aus – (*umg scherzh*; von weit her) sein
Bys|sus, der, – (*Altertum*; feines Gewebe – *Zool*; Haftfaden mancher Muscheln) ⟨*grch* → *lat*⟩
Byte [bait], das, –[s], –s (*Datenv*; Folge von 8 Binärzeichen) ⟨*engl*⟩
By|zan|ti|ner, der, –s, – (Bewohner von Byzanz) · **by|zan|ti|nisch**; *K 258*: das Byzantinische Reich (*hist*) · **By|zan|ti|nist** (Wissenschaftler auf dem Gebiet der Byzantinistik) · **By|zan|ti|ni|stik**, die, – (Wissenschaft zur Erforschung der byzantin. Kultur) · **By|zanz** (*Altertum*; Name von Konstantinopel) ⟨*grch*⟩

C

Stichwörter, die nicht unter C aufgeführt sind, sind unter **K**, **Sch**, **Z** nachzuschlagen.
Vgl. auch K 49–53
C [tse:], das, *Gen* des C, *Pl* die C (Buchstabe)
c [tse:]: 1. das, –, – (*Mus*; Tonbezeichnung) – 2. (*Mus*; Tonartbezeichnung [↑ c-Moll]) · **C**: 1. das, –, – (*Mus*; Tonbezeichnung); K 119: das hohe C – 2. (*Mus*; Tonartbezeichnung [↑ C-Dur])
Ca|bal|le|ro [kava'lje:ro], der, –s, –s (Herr [Anrede in spanischsprachigen Ländern] – *hist*; span. Edelmann) ⟨*lat* → *span*⟩
Ca|bin|da (zu Angola gehörendes Gebiet)
Cä|ci|lie [..ĭə](w. Vn.)⟨*lat, nach* dem altröm. Geschlecht der Cäcilier [..ĭər]⟩; *Kurzf* ↑ Cilli, ↑ Zilli
Cá|diz ['ka(:)dis] (Hafenstadt in Südspanien)
Cadmium ↑ *unter* Kadmium
Caesium ↑ *unter* Zäsium
Ca|fé [..'fe:, *auch* 'ka..], *eindeutschend auch* **Kaf|fee** ['ka.. *od* ..'fe:, *österr nur so*], das, –s, –s (Kaffeehaus, -stube) ⟨*arab* → *türk* → *ital* → *frz*⟩ · **Ca|fe|te|ria** [kafete'ri:a], die, –, *Pl* –s *od* ..ien (Gaststätte mit Selbstbedienung) ⟨*arab* → *türk* → *ital* → *span*⟩
Cais|son [kɛ'sɔŋ *od* ..'sɔ̃:], der, –s, –s (*Bauw*, *Schiffb*; Senkkasten für Bauarbeiten unter Wasser) ⟨*lat* → *ital* → *frz*⟩
Ca|lais [ka'lɛ:] (Hafenstadt in Nordfrankreich)
ca|lan|do (*Mus*; abnehmend) ⟨*grch* → *lat* → *ital*⟩
Ca|lau *K 227*: (Stadt im Bez. Cottbus) · **Ca|lau|er**: 1. *K 231*: der, –s, –; 2. *als Attribut K 232*; *vgl. aber* Kalauer
Cal|be (Saale) *K 227* (Stadt im Bez. Magdeburg); *vgl. aber* [2]Kalbe
Calcium ↑ *unter* Kalzium
Californium ↑ *unter* Kalifornium
Calla ↑ Kalla
Call|girl ['kɔ:lgœ:rl], das, –s, –s (telefon. bestellbare Prostituierte in kapitalist. Ländern) ⟨*engl*⟩
Calw [kalf] *K 227* (Stadt im SW der BRD) · **Cal|wer** [..vər]: 1. *K 231*: der, –s, –; 2. *als Attribut K 232*: das Calwer Rathaus
Ca|lyp|so, der, –[s], –[s] (ein Modetanz) ⟨*engl*⟩; *vgl. aber* Kalypso
Cam|bridge ['ke:mbritʃ *od* ..bridʒ] (Stadt in England; Vorort von Boston)
Ca|mem|bert ['kaməmbɛ:r, *auch* ..bɛrt, *österr* kamã'bɛ:r], der, –s, –s (eine Käsesorte) ⟨*nach* dem französ. Ort⟩
Ca|me|ra ob|scu|ra *K 47*, die, *Gen* – –, *Pl* ..rae ..rae [..rɛ: ..rɛ:] (*Fot*; Lochkamera, Vorläufer des Fotoapparates) ⟨*lat*⟩
Ca|mion [ka'mjɔ̃:], der, –s, –s (*schweiz*; Lastkraftwagen) ⟨*frz*⟩ · **Ca|mion|na|ge** [kamjɔ'na:ʒə], die, – (*schweiz*; Spedition) · **Ca|mion|neur** [kamjɔ'nø:r], der, –s, –e (*schweiz*; Spediteur)
Camp [kɛmp], das, –s, –s (Zeltlager; Gefangenenlager) ⟨*lat* → *frz* → *engl*, ‚Feld'⟩; *vgl. aber* Kamp
Campecheholz ↑ Kampescheholz
cam|pen ['kɛm..] (zelten) ⟨*lat* → *frz* → *engl*⟩ · **Cam|per**, der, –s, – (Teilnehmer am Camping)
Cam|pi|gnien [kãpi'njɛ̃:], das, –[s] (*Urgesch*; Kultur des ausgehenden Mesolithikums u. des Neolithikums) ⟨*nach* dem französ. Ort Campigny [kãpi'nji]⟩
Cam|ping ['kɛm..], das, –s, –s (das Leben in Zelten od. Wohnwagen; Urlaub auf Zeltplätzen) ⟨*lat* → *frz* → *engl*⟩ · **Cam|ping‿an|hän|ger**, **...beu|tel**, **...mö|bel** (*Pl*), **...platz**
Ca|na|sta, das, –s (ein Kartenspiel) ⟨*semit* → *grch* → *lat* → *span*⟩
Canaveral, Kap ↑ Kap Canaveral
Can|ber|ra [*od* 'kɛnbərə] (Hptst. von Australien [2])
Can|can [kã'kã:, *österr nur so*, *auch* kaŋ'kaŋ], der, –s, –s (ein Modetanz des 19. Jh.) ⟨*frz*⟩
Can|de|la, die, –, – (Einheit der Lichtstärke, SI-Basiseinheit); *Einheitenzeichen* cd ⟨*lat*, ‚Kerze'⟩
Can|na, *auch* **Kan|na**, die, – (eine Zierpflanze, Blumenrohr) ⟨*semit* → *grch* → *lat*, ‚Röhre'⟩
Cannelkohle ↑ Kännelkohle
Cannes [kan] (Kurort an der französ. Riviera)
Ca|ñon ['kanjɔn *od* ka'njo:n], der, –s, –s (tief eingeschnittenes Tal, Schlucht) ⟨*semit* → *grch* → *lat* → *span*, ‚Röhre'⟩
Canossa ↑ *unter* Kanossa
can|ta|bi|le [..le: *od* ..lə] (*Mus*; ausdrucksvoll, gesangartig) ⟨*lat* → *ital*, ‚gesangsmäßig'⟩
Can|ter|bu|ry ['kɛntərbəri] (Stadt in England)
Can|tus fir|mus *K 47*, der, *Gen* – –, *Pl* – [..tu:s] ..mi (*Mus*; [choralartige] Hauptmelodie eines polyphonen Chor- od. Instrumentalsatzes) ⟨*lat*, ‚fester Gesang'⟩
Cape [ke:p], das, –s, –s (ärmelloser, weiter Umhang) ⟨*lat* → *span* → *frz* → *engl*⟩
Ca|pre|se, der, –n, –n (Bewohner

von Capri) · **ca|pre|sisch** · Ca|pri (Insel vor dem Golf von Neapel) ⟨*lat → ital*⟩

Ca|pric|cio [..'pritʃo], das, _s, _s (scherzhaft-launiges Musikstück) ⟨*lat → ital*⟩

Cap|sien [..'sĩɛ̃:], das, _[s] (*Urgesch*; Kultur des ausgehenden Paläolithikums u. des Mesolithikums) ⟨*nach* dem Ort Capsa (*lat*), *heute* Gafsa, im N Afrikas⟩

Cap|ta|tio be|ne|vo|len|tiae [_ ..vo'lɛntsĩɛ:] *K 47*, die, *Gen* _ _ (das Werben um die Gunst des Lesers od. des Hörers) ⟨*lat*, ‚Jagd nach Wohlwollen'⟩

Ca|pua (Stadt in Unteritalien)

Capuletti ↑ Montecchi und Capuletti

Car [ka:r], der, _s, _s *Kurzw* (*schweiz*; Autocar) ⟨*frz*⟩

Carabinieri ↑ Karabinieri

Ca|ra|cas (Hptst. von Venezuela)

Ca|ra|van ['karava:n], der, _s, _s (Autowohnwagen, Wohnmobil) ⟨*engl*⟩ · **Ca|ra|va|ning**, das, _s (Urlaub im Wohnwagen)

Caritas ↑ Karitas

Carl *K 208* (m. Vn.) ⟨*Nebenf von* Karl⟩ · **Car|la** *K 208* (w. Vn.) ⟨*Nebenf von* Karla⟩

Car|ma|gno|le [..ma'njo:lə, *österr* ..'njo:l], die, _ (ein französ. Revolutionslied) ⟨*frz*, *nach* der Stadt Carmagnola in Oberitalien⟩

Car|nal|lit *od* **Kar|nal|lit**, der, _[e]s, _e (*Mineral*; ein Kalisalz) ⟨*nach* dem dt. Bergingenieur Carnall⟩

Ca|ro|la [ka'ro:.., *österr nur so, od* 'ka:ro..] *K 207* (w. Vn.) ⟨*latinisierte Form von* Karla⟩

Car|ra|ra (Stadt in Mittelitalien); *vgl. auch* karrarisch

Car|sten *K 208* (m. Vn.) ⟨*niederdt Form von* Christian⟩; *Nebenf* Karsten

Carte blanche [kart 'blã:ʃ] *K 47*, die, *Gen* _ _, *Pl* _s _s [kart 'blã:ʃ] (unbeschränkte Vollmacht) ⟨*frz*, ‚weiße Karte'⟩

car|te|sia|nisch *K 218* ⟨*zu* Cartesius, dem latinisierten Namen des französ. Philosophen Descartes [dɛ'kart]⟩, *eindeutschend* **kar|te|sia|nisch**; *K 119*: _er Teufel od. Taucher · **Car|te|sia|nisch** *K 217*, *eindeutschend* **Kar|te|sia|nisch**; _er Dualismus · **Car|te|sia|nis|mus**, der, _ (Lehre des Cartesius)

Car|toon [kar'tu:n], der *od* das, _[s], _s (Witzzeichnung [ohne Worte], Karikatur) ⟨*lat → ital → engl*⟩

Ca|sa|blan|ca [..'blaŋka] (Hafenstadt in Marokko)

Ca|sa|no|va [..v..], der, _[s], _s (Frauenliebling, -verführer) ⟨*nach* dem italien. Liebesabenteurer des 18. Jh.⟩

Cä|sar, der, ..aren, ..aren (Beiname der röm. Kaiser) ⟨*lat*, *nach* dem röm. Feldherrn u. Staatsmann⟩ · **Cä|sa|ren|wahn**

Ca|sus bel|li *K 47*, der, *Gen* _ _ (zum Krieg führendes Ereignis) ⟨*lat*, ‚Kriegsfall'⟩ · **Ca|sus ob|li|quus** [_ ..kvus] *K 47*, der, *Gen* _ _, *Pl* _ [..zu:s] ..qui (*Gramm*; abhängiger Fall) · **Ca|sus rec|tus** *K 47*, der, *Gen* _ _, *Pl* _ [..zu:s] ..ti (*Gramm*; unabhängiger Fall)

Catchup ↑ Ketchup

Cat|ta|ro (früherer Name der jugoslaw. Hafenstadt Kotor)

Cau|sa, die, _, ..sae [..zɛ:] (*Rechtsw*; Grund, Ursache; Rechtsfall) ⟨*lat*⟩

Ca|yenne [ka'jɛn] (Hptst. von Französisch-Guayana) · **Ca|yenne|pfef|fer** *K 246*

C-Dur ['tse:..] *K 106*, das, _ (*Mus*; Tonart), *Zeichen* C; in C-Dur *od* in C · **C-Dur-Ton|lei|ter** *K 188* (*Mus*)

Ce|di ['tse:..], der, _s, *Pl* _s *u. bei Wertangabe* (*K 310*) Cedi (Währungseinheit in Ghana)

Ce|dil|le [se'di:jə *od* ..'di:ĭ], die, _, _n [..jən] (*Sprachw*; Häkchen als Aussprachezeichen, z. B. ç) ⟨*lat → frz*⟩

Celebes ↑ Sulawesi

Ce|le|sta [tʃe'lɛsta], die, _, *Pl* _s *od* ..ten (Stahlplattenklavier mit glockenähnl. Klang) ⟨*lat → ital*⟩

Cel|la ['tsɛ..], die, _, ..llae [..lɛ:] (*Arch*; Innenraum antiker Tempel) ⟨*lat*⟩

Cel|le ['tsɛ..] *K 227* (Stadt im NO der BRD) · **Cel|ler**, der, _s, _ · **cel|lisch**, *auch* **cel|lesch**

Cel|list [tʃɛ..] (Cellospieler) ⟨*ital*⟩ · **Cel|lo**, das, _s, *Pl* _s *od* ..lli *Kurzw* (Violoncello)

Cel|sius|tem|pe|ra|tur *K 209* ⟨*nach* dem schwed. Astronomen⟩; *vgl. auch* Grad Celsius

Cem|ba|lo ['tʃɛm..], das, _s, *Pl* _s *od* ..li (ein Tasteninstrument) ⟨*ital*⟩

Cent [tsɛnt *od* sɛnt], der, _s, *Pl* _s *u. bei Wertangabe* (*K 310*) Cent (Münzeinheit in den USA u. in anderen Ländern); *Abk* c *od* ct, *Pl* cts ⟨*lat → frz → engl*⟩

Cen|ta|vo [sɛn'ta(:)vo *od* sɛ̃n'tavu], der, _[s], *Pl* _[s] *u. bei Wertangabe* (*K 310*) Centavo (Münzeinheit, bes. in lateinamerikan. Ländern) ⟨*lat → portug u. span*⟩ · **Cen|te|si|mo**: 1. [tʃɛn..] ⟨*lat → ital*⟩, der, _[s], *Pl* ..mi *u. bei Wertangabe* (*K 310*) Centesimo (Münzeinheit in Italien) – 2. *od* **Cen|té|si|mo** [sɛn'te:..] ⟨*lat → span*⟩, der, _[s], *Pl* _[s] *u. bei Wertangabe* (*K 310*) Centésimo *od* Centesimo (Münzeinheit in Panama u. Uruguay) · **Cen|time** [sã'ti:m]: 1. der, _s [..'ti:ms], *Pl* _s [..'ti:m] *u. bei Wertangabe* (*K 310*) Centime (Münzeinheit in Frankreich u. in anderen Ländern); *Abk* ct, *Pl* cts ⟨*lat → frz*⟩ – 2. ↑ Rappen · **Cén|ti|mo** ['sɛn..], der, _[s], *Pl* _[s] *u. bei Wertangabe* (*K 310*) Céntimo (Münzeinheit in Spanien u. in anderen Ländern) ⟨*lat → span*⟩

Ce|pheus ['tse:..], der, _ (ein Sternbild) ⟨*grch → lat*⟩; *vgl. auch* Kepheus

Ce|res ['tse:..] (*röm Mythol*; Göttin des Ackerbaus) ⟨*lat*⟩

Cerium ↑ *unter* Zer

Cer|to|sa [tʃɛr..], die, _, ..sen (Klostergebäude der Kartäuser) ⟨*ital*, ‚Kartause'⟩

ces, das, _, _ (*Mus*; Tonbezeichnung) · **Ces**: 1. das, _, _ (*Mus*; Tonbezeichnung) – 2. (*Mus*; Tonartbezeichnung [↑ Ces-Dur]) · **Ces-Dur** *K 186*, das, _ (*Mus*; Tonart), *Zeichen* Ces; in Ces-Dur *od* in Ces · **Ces-Dur-Ton|lei|ter** *K 188* (*Mus*)

Ce|ven|nen [se'vɛn..] *Pl* (Gebirge in Südfrankreich)

Cey|lon ['tsailɔn] (Insel südl. von Vorderindien, als Staat Sri Lanka) · **Cey|lon|tee** *K 246*

C-Fal|ter ['tse:..] *K 106* (ein Tagfalter)

Cha|ba|rowsk [çaba'rɔfsk *od* xa'ba:..] (Stadt der RSFSR am Amur)

Cha-Cha-Cha [tʃatʃa'tʃa], der, _[s], _s (ein um 1953 entstandener Modetanz) ⟨*vermutlich lautm nach* dem Rasseln der Maracas⟩

Cha|conne [ʃa'kɔn] ⟨*span → frz*⟩, die, _, *Pl* _s *od* _n [..nən], *auch* **Cia|co|na** [tʃa'ko:..] ⟨*span → ital*⟩, die, _, _s (ein Tanz – *Mus*; Satz der Suite des 18. Jh.)

Cha|grin [ʃa'grɛ̃:], das, _s (Leder mit künstl. Narben) ⟨*türk → frz*⟩ · **cha|gri|nie|ren** [..gri..] (künstlich mit Narben versehen) · **Cha|grin|le|der** [..'grɛ̃:..]

Chai|se ['ʃɛ:zə], die, _, _n (*hist*; halbverdeckter Wagen zur Personenbeförderung) ⟨*grch → lat → frz*, ‚Stuhl'⟩ · **Chai|se|longue** [ʃɛzə'lɔŋ *od* ʃɛzə'lɔ̃:(g)], die, _, *Pl* _n [..'lɔŋən *od* ..'lɔ̃:gən] *od* _s [..'lɔŋs *od* ..'lɔ̃:(g)] *bzw* das, _s, *Pl* _n *od* _s (Liege) ⟨*frz*, ‚langer Stuhl'⟩

Chal|däa [k..] (*Altertum*; Gebiet am unteren Euphrat – *A. T.*; Babylonien) ⟨*akkad*⟩ · **Chal|dä|er**, der, _s, _ (*Altertum*; Angehöriger eines semit. Volkes) · **chal|dä|isch**

Cha|let [ʃa'le:], das, _s, _s (*schweiz*; Sennhütte; Landhaus) ⟨*frz*⟩

Chal|ki|di|ke [çal'ki:dike:] (Halbinsel im N Griechenlands) ⟨*grch*⟩

chal|ko|gen [ç..] (*Chem*) ⟨*grch*, ,erzbildend'⟩ · **Chal|ko|gen,** das, _s, _e (Element einer chem. Gruppe) · **Chal|ko|li|thi|kum** ⟨*grch* → *lat*⟩, das, _s *od* **Stein|kup|fer|zeit** *bzw* **Kup|fer|zeit,** die, _ (*Urgesch*; letzter Abschnitt der Jungsteinzeit, in dem schon Kupferbearbeitung bekannt war) · **chal|ko|li|thisch** (*Urgesch*)

Chal|ze|don [k..], der, _s, _e (*Mineral*; Bez. für eine Gruppe feinstkristalliner Quarze) ⟨*grch* → *lat*, *nach* der altgriech. Stadt Chalkedon [ç..]⟩

Cha|mä|le|on [k..], das, _s, _s (eine Echse – *abwert*; oft seine Überzeugung wechselnder Mensch) ⟨*grch* → *lat*⟩

Cham|bre sé|pa|rée [,ʃã:bər *od* ,ʃã:br(ə) sepa're:] *K 47*, das, *Gen* _ _, *Pl* _s _s [,ʃã:bər *od* ,ʃã:br(ə) sepa're:] (*veraltend*; abgesonderter Raum in Restaurants) ⟨*frz*⟩

cha|mois [ʃa'mõa] *nichtdeklinierbar* (gelbbräunlich) ⟨*lat* → *frz*, ,gemsfarben'⟩; *vgl. K 272 ff.* · **Cha|mois,** das, _ *od* **Cha|mois|le|der** (Gems-, Ziegen-, Schafleder)

Cham|pa|gne [ʃã'panjə, *österr* ʃã'panj], die, _ (Landsch. im NO Frankreichs) ⟨*lat* → *frz*⟩ · **Cham|pa|gner** [ʃam'panjər], der, _s, _ (ein Schaumwein) · **Cham|pa|gner|wein** *K 234*

Cham|pi|gnon ['ʃampinjɔŋ *od* ʃãpi'njɔ̃:, *österr* 'ʃampinjɔn], der, _s, _s [*Gen u. Pl* ..jɔŋs *od* ..'njɔ̃:, *österr* ..jɔns] (ein Edelpilz) ⟨*lat* → *frz*⟩

Cham|pion ['tʃɛmpĭən, *französ* ʃã'pĭɔ̃:], der, _s, _s [*Gen u. Pl* ..ĭəns, *französ* ..'pĭɔ̃:] (der erfolgreichste Sportler in einer Sportart, Spitzensportler) ⟨*lat* → *frz u. engl*⟩ · **Cham|pio|nat** [ʃam..], das, _[e]s, _e (Meisterschaft in einer Sportart) ⟨*lat* → *frz*⟩

Champs-Ély|sées [ʃãzeli'ze:] *Pl* (Hauptstraße in Paris) ⟨*frz*, ,Elysäische Felder'⟩

Chan usw. ↑ Khan usw.

Chan|ce ['ʃaŋsə *od* 'ʃã:s(ə)], die, _, _n [..s(ə)n] (Glücksfall; Aussicht; [günstige] Gelegenheit) ⟨*lat* → *frz*⟩

Chan|ge [*engl* tʃe:ntʃ, *französ* 'ʃã:ʒ(ə)], der *od* die, _ (Geldwechsel, Valutaumtausch) ⟨*lat* → *engl u. frz*, ,Tausch'⟩ · **chan|geant** [ʃã'ʒã:] *nichtdeklinierbar* (wechselnd; in zwei Farben schillernd) ⟨*lat* → *frz*⟩; *vgl. K 272 ff.* · **Chan|geant,** der, _s [..'ʒã:], _s [..'ʒã:] (schillerndes Gewebe [bes. Taft]) · **chan|gie|ren** [ʃaŋ'ʒi:.. *od* ʃã'ʒi:..] (*von Textilien gesagt*; in verschiedenen Farben schillern)

Chang|jiang *od* **Chang Jiang** [*beide* tʃaŋ'djĭaŋ] *frühere Schreibung* **Jang|tse|kiang,** der, _[s] (Strom in China) ⟨*chin*, ,langer Fluß'⟩

Chan|son [ʃã'sɔ̃:], das, _s, _s (Lied, bes. im Kabarett) ⟨*lat* → *frz*⟩ · **Chan|so|net|te** [ʃãsɔ'nɛtə], die, _, _n (Chansonsängerin od. -dichterin) · **Chan|son|nier** [ʃãsɔ'nĭe:], der, _s, _s (Chansonsänger od. -dichter)

Chan|te [x..] ⟨*russ*⟩, *früher* **Ost|ja|ke** ⟨*tat* → *finn-ugr*⟩, der, _n, _n (Angehöriger eines Volkes in Westsibirien)

Cha|os ['ka:ɔs], das, _ (Wirrwarr, Durcheinander – *griech Mythol*; der ungeordnete Urzustand der Welt) ⟨*grch*⟩ · **chao|tisch** [ka'o:..] (ungeordnet)

Cha|peau claque [ʃapo 'klak] *K 47*, der, *Gen* _ _, *Pl* _x _s [ʃapo 'klak(s)] (Klappzylinder) ⟨*lat* → *frz*⟩

Cha|rak|ter [k..], der, _s, ..ere (Gesamtheit der Wesensmerkmale; Gepräge; Sinnesart, Wesensart) ⟨*grch* → *lat*⟩. *Zus K 365 ff.*: Charakter‿bildung usw. · **cha|rak|ter|fest** · **cha|rak|te|ri|sie|ren** (kennzeichnen; [treffend] schildern) · **Cha|rak|te|ri|stik,** die, _, _en (Kennzeichnung; [treffende] Schilderung – *Phys*; Kennlinie) · **Cha|rak|te|ri|sti|kum,** das, _s, ..ka (kennzeichnendes Merkmal) · **cha|rak|te|ri|stisch** (kennzeichnend; treffend; hervorstechend) · **cha|rak|ter|lich** · **cha|rak|ter|los** *K 349*; *vgl.* ...los · **Cha|rak|te|ro|lo|gie,** die, _ (Persönlichkeitsforschung; Charakterkunde) ⟨*grch*⟩ · **cha|rak|te|ro|lo|gisch** · **Cha|rak|ter|rol|le**

Charbin ↑ Harbin

Char|ge ['ʃarʒə], die, _, _n (*veraltend*; Rang, Dienstgrad – *Techn*; Beschickung, Ladung – *Theat*; Nebenrolle von ausgeprägter Eigenart) ⟨*lat* → *frz*⟩ · **Char|gen|num|mer** (*Pharmakol*) · **Char|gen|spie|ler** (*Theat*) · **char|gie|ren** [..'ʒi:..] (*Techn*; beschicken – *Theat*; eine Rolle überdeutlich gestalten)

Charis ↑ Chariten

Cha|ri|té [ʃari'te:], die, _, _s (Name von Krankenhäusern, bes. von Berlin und Paris) ⟨*lat* → *frz*, ,Barmherzigkeit'⟩

Cha|ri|ten [ç..] *Pl* (*griech Mythol*; Göttinnen der Anmut); *Sg* **Cha|ris,** die, _ ⟨*grch*⟩

Char|kow ['çarkɔf] (Stadt in der Ukraine)

Char|le|ston ['tʃa:rlst(ə)n], der, _, _s (ein Modetanz) ⟨*nach* der Hafenstadt im O der USA⟩

Char|lot|te [ʃar..] (w. Vn.) ⟨*frz*, *zu* Karl⟩; *dt Kurzf* ↑ Lotte, *span Kurzf* ↑ Lola

char|mant [ʃar..], *eindeutschend* **schar|mant** (bezaubernd, reizend) ⟨*lat* → *frz*⟩ · **Charme** [ʃarm], *eindeutschend* **Scharm,** der, _s (Zauber, Liebreiz, Anmut) · **Char|meur** [ʃar'mø:r], der, _s, *Pl* _s *od* _e (vor allem Frauen gegenüber betont liebenswürdiger Mann; galanter Unterhalter) · **Char|meu|se** [ʃar'mø:s *od* ..'mø:zə], die, _ (ein Gewebe)

Cha|ron ['ça:rɔn] (*griech Sage*; Fährmann der Unterwelt) ⟨*grch*⟩

Char|ta [k..] ⟨*grch* → *lat*⟩, die, _, _s, *auch* **Char|te** ['ʃartə] ⟨*grch* → *lat* → *frz*⟩, die, _, _n (grundlegende Urkunde, Gründungsurkunde); die Charta der Vereinten Nationen; *vgl. auch* Magna Charta · **Char|ter** ['(t)ʃar..], der, _s, _s (Freibrief, Schutzbrief; Miete eines Schiffes od. Schiffsraums [für Befrachtung]) ⟨*grch* → *lat* → *frz* → *engl*⟩ · **Char|te|rer** (Mieter, Befrachter eines Schiffes od. Flugzeugs) · **Char|ter|flug|zeug** · **Char|ter|ge|sell|schaft** · **char|tern** *K 363* (Schiff od. Flugzeug [zur Beförderung von Personen u. Reisegesellschaften od. zur Befrachtung] mieten); gechartert · **Char|te|rung** · **Char|tis|mus** [tʃar..], der, _ (*hist*; proletarisch-revolutionäre Massenbewegung in England im 19. Jh.)

Charybdis ↑ Skylla und Charybdis

Chas|sis [ʃa'si: *od* 'ʃasi:], das, _ [..'si:s *od* 'ʃasi:s], _ [..'si:s *od* 'ʃasi:s] (*Techn*; Fahrgestell von Kraftfahrzeugen – *Elektrotechn*; Grundplatte in elektron. Geräten) ⟨*lat* → *frz*⟩

Châ|teau [ʃa'to:], das, _s, _s (französ. Bez. für Schloß, Weingut) ⟨*lat* → *frz*⟩

Chat|te [k.., *auch* ç..], der, _n, _n (Angehöriger eines german. Volksstammes)

Chauf|feur [ʃɔ'fø:r], *eindeutschend* **Schof|för,** der, _s, _e (jmd., der in einem Kraftwagen berufsmäßig Personen befördert) ⟨*lat* → *frz*, ,Heizer'⟩ · **chauf|fie|ren** (*veraltend*)

Chaus|see [ʃɔ..], die, _, ..gen (befestigte Landstraße) ⟨*lat* → *frz*⟩; *in Straßennamen* ↑ *K 249 ff.* *Zus K 365 ff.*: Chaussee‿graben usw.

Chau|vi|nis|mus [ʃovi..], der, _ (den Haß gegen andere Völker schürender, eroberungssüchtiger Nationalismus) ⟨*nach* dem napoleonischen Rekruten Chauvin [ʃo'vɛ̃:]⟩ · **Chau|vi|nist** · **chau|vi|ni|stisch**

¹Check ↑ ¹Scheck

²Check [tʃɛk], der, _s, _s (*Eishokkey*; erlaubter Angriff mit Körpereinsatz) ⟨*engl*⟩ · **checken** [*Tr* chekken] (*Eishockey*; behindern, rempeln – *Techn*; überprüfen, kontrollieren) · **Check|li|ste** (*Flugw*)

Chef [ʃɛf, *österr* ʃe:f], der, _s, _s (Leiter, Vorgesetzter; Geschäftsinhaber) ⟨*lat* → *frz*⟩ · **Chef|arzt** (leitender Arzt) · **Che|fin,** die, _, ..innen · **Chef|lek|tor** (Leiter eines Verlagslektorats) · **Chef|re|dak|teur** [..,tø:r] · **Chef|se|kre|tä|rin** (Sekretärin des Chefs)

Chelléen ↑ Abbevillien

Che|mie [ç.., *österr* k..], die, _ (Wissenschaft von den Stoffen, ihren Eigenschaften u. Umwandlungen) ⟨*grch*⟩. *Zus K 365ff.*: Chemie‿ingenieur usw. · **Che|mie|fa|ser** (Kunstfaser) · **Che|mie|wer|ker** (Facharbeiter der chem. Industrie)

Chemi|graph [ç.., *österr* k..] *K 54*, der, _en, _en ⟨*grch*⟩ · **Che|mi|gra|phie** *K 54*, die, _ (fotomechan. Bildreproduktion u. Druckplattenherstellung)

Che|mi|ka|lien [çemi'ka:lĭən, *österr* k..] *Pl* (chemisch hergestellte Stoffe); *Sg* Che|mi|ka|lie [..ĭə], die, _ ⟨*grch* → *lat*⟩

Che|mi|ker [ç.., *österr* k..], der, _s, _ (Wissenschaftler auf dem Gebiet der Chemie) ⟨*grch*⟩ · **Che|mi|ke|rin,** die, _, ..innen

che|misch [ç.., *österr* k..] ⟨*grch*⟩; _e Elemente (chem. Grundstoffe) · **che|misch-tech|nisch** *K 189*; ein _es Zwischenprodukt

Che|mi|sett [ʃəmi..], das, _[e]s, *Pl* _s *bzw* _e *od* **Che|mi|sette** [..'zɛt], die, _, _n [..t(ə)n] (*veraltend*; Vorhemd, weißer Bluseneinsatz) ⟨*lat* → *frz*, ‚Hemdchen'⟩

che|mi|sie|ren [ç.., *österr* k..] (die Chemisierung durchführen) ⟨*grch* → *lat*⟩

Che|mi|sier|kleid [ʃ(ə)mi'zĭe:..] (*schweiz*; Kittelkleid) ⟨*lat* → *frz*⟩

Che|mi|sie|rung [ç.., *österr* k..], die, _ (Anwendung der Chemie in anderen Wirtschaftszweigen) ⟨*grch* → *lat*⟩ · **Che|mis|mus,** der, _ (Ablauf chem. Stoffumsetzungen, bes. im Tier- u. im Pflanzenkörper)

Chem|nitz [k..] (früherer Name von Karl-Marx-Stadt)

che|mo|tak|tisch [ç.., *österr* k..] (*Biol*) ⟨*grch*⟩ · **Che|mo|ta|xis,** die, _, ..xen (*Biol*; durch chem. Reize ausgelöste Ortsbewegung niederer Organismen)

Che|mo|the|ra|peu|ti|kum [ç.., *österr* k..], das, _s, ..ka (*Pharmakol*) ⟨*grch*⟩ · **che|mo|the|ra|peu|tisch** (*Pharmakol*) · **Che|mo|the|ra|pie,** die, _ (ein Heilverfahren)

Che|nil|le [ʃə'niljə, *österr auch* ʃə'ni:jə *od* ʃə'ni:lə], die, _, _n (ein raupenartiges Spezialgarn) ⟨*lat* → *frz*⟩

Che|ops|py|ra|mi|de [ç..] *K 209*, die, _ (bei Kairo) ⟨*nach* dem altägypt. König Cheops⟩

Cher|bourg [ʃɛr'bu:r] (Hafenstadt im NW Frankreichs)

Cherokee ↑ Tscherokese

Cher|ry Bran|dy [,tʃɛri 'brɛndi], der, *Gen* _ _s, *Pl* _ _s (ein Kirschlikör) ⟨*engl*⟩

Cher|son [ç.. *od* x..] (Hafenstadt der Ukraine am Dnepr) ⟨*grch* → *russ*⟩

Che|rub [ç.. *od* k..], der, _s, *Pl* _im [..bi:m] *od* _inen (*A. T.*; Engel) ⟨*akkad* → *hebr*⟩ · **che|ru|bi|nisch**

Che|rus|ker [ç..], der, _s, _ (Angehöriger eines german. Volksstammes)

Che|ster ['tʃɛstər] (Stadt in England) · **Che|ster|kä|se** *K 246*

che|va|le|resk [ʃəva..] (*veraltend*; ritterlich) ⟨*lat* → *frz*⟩ · **Che|va|lier** [ʃəva'lĭe:], der, _s, _s (französ. Adelstitel)

Che|viot ['ʃe:vĭɔt *od* 'ʃɛ.., *österr* 'ʃɛ:..], der, _s, _s (ein Wollgewebe) ⟨*nach* dem englisch-schott. Bergland der Cheviot Hills ['tʃɛvĭət _]⟩

Che|vreau ['ʃɛvro: *od* ʃə'vro:], das, _s (Ziegenleder) ⟨*lat* → *frz*⟩. *Zus K 365ff.*: Chevreau‿leder usw. ·

Che|vron [ʃə'vrɔ̃:], der, _s, _s (ein Gewebe – *Wappenk*; Sparren [nach unten offener Winkel])

Chi [çi:], das, _[s], _s (*österr auch* _) (griech. Buchstabe: X, χ) ⟨*semit* → *grch*⟩

Chian|ti [k..], der, _s (ein italien. Rotwein) ⟨*nach* der italien. Landschaft⟩

chic ↑ schick

Chi|ca|go [ʃi'ka:go] (Stadt der USA am Michigansee) · **Chi|ca|go|er**: 1. *K 231*: der, _s, _; 2. *als Attribut K 232*: die Chicagoer Großschlächtereien

Chi|co|rée ['ʃikore: *od* ʃiko're:], der, _[s], *seltener* die, _ (als Salat od. Gemüse verwendete Kulturform der Wegwarte) ⟨*grch* → *lat* → *frz*⟩

Chiem|see [k..], der, _s (im Alpenvorland der BRD)

Chif|fon ['ʃifɔŋ *od* ʃi'fɔ̃:, *österr* ʃi'fo:n], der, _s, _s (*österr auch* _e) (ein Gewebe) ⟨*arab* → *frz*⟩ · **Chif|fon|nie|re** [ʃifɔn..], die, _, _n (*schweiz*; Kleiderschrank)

Chif|fre ['ʃifər], die, _, _n (Ziffer; Geheimzeichen, Kennwort) ⟨*arab* → *frz*⟩ · **Chif|fre|schrift** · **chif|frie|ren** [ʃi'fri:..] (in Geheimschrift verschlüsseln) · **Chif|frier|ma|schi|ne**

Chi|le ['tʃi:le(:), *österr nur so, auch* 'çi:le(:)] ⟨*indian* → *span*⟩, *amtl* **Re|pu|blik Chi|le** (in Südamerika) · **Chi|le|ne** [tʃi.., *auch* çi..], der, _n, _n · **chi|le|nisch** · **Chi|le|sal|pe|ter** *K 246*

Chi|mä|re [ç..]: 1. ⟨*grch* → *lat*⟩, die, _ (*griech Sage*; feuerschnaubendes Ungeheuer) – 2. ⟨*grch* → *lat*⟩, die, _, _n (*Genetik*; auf dem Wege der Mutation od. Pfropfung entstandenes Individuum) – 3. ↑ Schimäre · **chimärisch** ↑ schimärisch

Chim|bo|ra|zo [çimbo'raso *od* tʃ..], der, _[s] (Berg in den Anden Ekuadors)

Chi|na [ç.., *österr* k..], *amtl* **Volks|re|pu|blik Chi|na** · **Chi|na|kohl,** der, _[e]s (eine Kohlart)

Chi|na|rin|de [ç.., *österr* k..] (eine chininhaltige Droge) ⟨*indian*⟩

Chin|chil|la [tʃin'tʃil(j)a]: 1. die, _, _s (ein Nagetier) – 2. das, _s, _s (eine Pelzart) ⟨*indian* → *span*⟩

Chi|ne|se [ç.., *österr* k..], der, _n, _n · **Chi|ne|sin,** die, _, ..innen · **chi|ne|sisch;** *vgl. K 266f.*; *K 238*: der chinesische Tee, *aber K 258*: die Chinesische Mauer · **Chi|ne|sisch,** das, *Gen* _[s], *Dat* _ (Sprachbezeichnung *K 268ff.*) · **Chi|ne|sische,** das, *Gen* _n, *Dat* _n (Sprachbezeichnung *K 271*)

Chi|nin [ç.., *österr* k..], das, _s (Alkaloid der Chinarinde) ⟨*indian* → *ital*⟩

Chi|noi|se|rie [ʃinŏazə..], die, _, ..ien (Zierform in chines. Stil) ⟨*frz*⟩

Chintz [tʃ..], der, _es, _e (buntbedrucktes Gewebe aus Baum- od. Zellwolle, das infolge verschiedener Verfahren einen besonderen Glanz aufweist) ⟨*Hind* → *engl*⟩; *vgl. auch* gechintzt

Chip [tʃip], der, _s, _s (*Elektronik*; plättchenförmiges Bauelement mit hoher Schaltungsdichte) – **Chips** *Pl* (gebackene rohe Kartoffelscheibchen) ⟨*engl*⟩

Chip|pen|dale ['tʃipənde:l], der, *auch* das, _ (ein engl. Möbelstil des 18. Jh.) ⟨*nach* dem engl. Kunsttischler⟩

Chi|ro|man|tie [ç..], die, _ (die sog. Handlesekunst) ⟨*grch*⟩

Chir|urg [ç.., *österr* k..], der, _en, _en (Facharzt für Chirurgie) ⟨*grch* → *lat*⟩ · **Chir|ur|gie**: 1. die, _ (operative Medizin) – 2. die, _, ..ien (*umg*; chirurg. Klinik bzw. Abteilung) · **chir|ur|gisch**

Chi|tin [ç..], das, _s (Stützsubstanz im Außenskelett der meisten Gliederfüßer) ⟨*semit* → *grch*⟩ · **chi|ti|nig** *od* **chi|ti|nös** (aus Chitin bestehend, chitinhaltig)

Chittagong ↑ Tschittagong

Ch-Laut [tse:'ha:..] *K 106*

Chlor [k..], das, _s (chem. Element,

Gas); *Zeichen* Cl ⟨*grch*⟩ · **chlo|ren** (durch Behandlung mit Chlor keimfrei machen) ⟨*grch*⟩ · **Chlo|rid,** das, _[e]s, _e (*Chem*; Salz der Salzsäure) ⟨*grch* + *lat*⟩ · **chlo|rie|ren** (*Chem*; Chlor in chem. Verbindungen einführen) ⟨*grch*⟩ · **chlo|rig** · **Chlo|rit:** 1. das, _[e]s, _e (*Chem*; Salz der chlorigen Säure) – 2. der, _[e]s, _e (Sammelbez. für eine Gruppe glimmerähnl. Minerale)

Chlo|ro|form [k..], das, _s (ein Lösungs- u. Betäubungsmittel) ⟨*grch* + *lat*⟩ · **chlo|ro|for|mie|ren**

Chlo|ro|phyll [k..], das, _s, _e (*Bot*; Blattgrün) ⟨*grch*⟩

Cho|le|ra [k..], die, _ (seuchenartige Darmkrankheit) ⟨*grch* → *lat*⟩. *Zus K 365ff.*: Cholera‿epidemie usw. · **Cho|le|ri|ker,** der, _s, _ (aufbrausender, jähzorniger Mensch) · **cho|le|risch** (aufbrausend, jähzornig) · **Cho|le|ste|rin** [ç..], *fachspr* **Cho|le|ste|rol,** das, _s (*Biochem*; organ. Verbindung, lebenswichtiges Sterin)

Chon [tʃɔn] *od* **Tschon,** der, _[s], *Pl* _[s] *u. bei Wertangabe* (*K 310*) Chon' *od* Tschon (Münzeinheit in der KDVR) ⟨*korean*⟩

Chor [k..]: 1. der, *selten* das, _s, *Pl* _e *od* Chöre (erhöhter Kirchenraum mit Hauptaltar) – 2. der, _s, *Pl* Chöre (mehrstimmige Gesangsgemeinschaft; Komposition für diese) – 3. das, _s (*abwert*; Gesindel) ⟨*grch* → *lat*⟩ · **Cho|ral,** der, _s, ..äle (Kirchengesang, Kirchenlied)

Chor|da|ten [k..] *od* **Chor|da|tie|re** *Pl* (*Zool*; Tierstamm, für den ein auf der Rückenseite verlaufendes Nervenrohr kennzeichnend ist); *Sg* Chor|dat, der, _en *od* Chor|da|tier, das _[e]s ⟨*grch* → *lat*⟩

Cho|reo|graph [k..], der, _en, _en (*Tanzk*) ⟨*grch*⟩ · **Cho|reo|gra|phie,** die, _, ..ien (*Tanzk*; Entwurf u. Gestaltung von Bewegungsabläufen) · **cho|reo|gra|phie|ren** (*Tanzk*) · **Cho|reut** [ç..], der, _en, _en (altgriech. Chortänzer) · **Cho|reu|tik,** die, _ (altgriech. Tanzlehre)

Cho|rin [k..] (Ort im Bez. Frankfurt; ehem. Zisterzienserkloster) · **Cho|ri|ner:** 1. *K 231*: der, _s, _; 2. *als Attribut K 232*: der Choriner Musiksommer

Cho|rion [k..], das, _s (*Biol*; eine Embryonalhülle) ⟨*grch*⟩

cho|risch [k..] (von einem Chor gesungen bzw. zu singen) ⟨*grch* → *lat*⟩ · **Cho|rist** (Chorsänger) · **Chör|lein** (kleiner Erker an mittelalterl. Wohnhäusern) · **Chor|sän|ger** · **Cho|rus,** der, _, ..usse (*Jazz*; jede improvisierende Abwandlung des Themas durch Solisten über gleichbleibenden Akkordharmonien)

Chose ↑ Schose

Chow-Chow [tʃau'tʃau, *auch* ʃau'ʃau] *K 187*, der, _s, _s (eine Hunderasse) ⟨*chin* → *engl*⟩

Chre|sto|ma|thie [k..], die, _, ..ien (Auswahl aus literar. Werken, bes. zu Unterrichtszwecken) ⟨*grch*⟩

Christ [k..], der, _en, _en (Anhänger des Christentums) ⟨*grch*⟩

Chri|sta [k..] (w. Vn.) ⟨*Kurzf von* Christiane, Christina, Christine⟩

Christ|baum [k..] · **Chri|sten|heit,** die, _ (*Rel*) ⟨*grch*⟩ · **Chri|sten|tum,** das, _[e]s

Chri|stian [k..] (m. Vn.) ⟨*grch* → *lat*, ‚Christ'⟩; *niederdt Form* ↑ Carsten, ↑ Karsten · **Chri|stia|ne** (w. Vn.) ⟨*zu* Christian⟩; *Kurzf* ↑ Christa · **chri|stia|ni|sie|ren** [k..] (zum Christentum bekehren) ⟨*grch* → *lat*⟩ · **Chri|stin,** die, _, ..innen ⟨*grch*⟩

Chri|sti|ne [k..] (w. Vn.) ⟨*zu* Christian⟩; *Nebenf* Christina, *Kurzf* ↑ Christa

Christ|kind [k..], das, _[e]s (*Rel*) · **christ|lich** ⟨*grch*⟩; *K 258*: die Christlich-Demokratische Union (*Abk* CDU)

Chri|stoph [k..] (m. Vn.) ⟨*grch* → *lat*, ‚Christusträger'⟩

Christ|ro|se [k..] (eine Nieswurz, Hahnenfußgewächs)

Chri|stus [k..] (*Rel*; Beiname Jesu) ⟨*grch* → *lat*, ‚der Gesalbte'⟩; Jesus Christus; *noch bei Zeitrechnungsangaben*: nach Christus (*Abk* n. Chr.) *od* nach Christi Geburt (*Abk* n. Chr. G.); vor Christus (*Abk* v. Chr.) *od* vor Christi Geburt (*Abk* v. Chr. G.); *vgl.* Zeitrechnung. – *Vgl. auch* Jesus Christus

Chrom [k..], *fachspr* **Chro|mium,** das, _s (chem. Element, Metall); *Zeichen* Cr ⟨*grch*, ‚Farbe'⟩ · **Chro|ma|sie,** die, _ (*Opt*; Farbzerstreuung)

Chro|ma|tik [k..], die, _, _en (*Mus*; Erhöhung bzw. Erniedrigung der Stammtöne um einen Halbton – *Phys*; Farbenlehre) ⟨*grch*⟩ · **Chro|ma|tin,** das, _s (*Biol*; leicht anzufärbender Zellkernbestandteil) ⟨*grch* + *lat*⟩ · **chro|ma|tisch** (*Mus*; in Halbtönen fortschreitend [*Ggs* diatonisch] – *Opt*; auf Farbenzerlegung beruhend) ⟨*grch*⟩; _e Aberration (*Opt*; ein Abbildungsfehler)

Chro|ma|to|pho|ren [k..] *Pl* (*Zool*; Farbstoff enthaltende Zellen in der Haut von Tieren – *Bot*; farbige Plasmakörperchen der pflanzl. Zellen); *Sg* Chro|ma|to|phor, das, _s ⟨*grch*⟩ · **chro|mie|ren** (*fachspr*; [Wolle] mit einer Chromsalzlösung behandeln – *auch für* verchromen) ⟨*grch* → *lat*⟩

Chro|mit [k..], der, _[e]s, _e (*Mineral*; ein Chromerz) ⟨*grch*⟩ ·

Chromium ↑ Chrom

Chro|mo|so|men [k..] *Pl* (*Biol*; Kernschleifen [fadenförmige Gebilde des Zellkerns]); *Sg* Chro|mo|som, das, _s ⟨*grch*⟩

Chro|mo|sphä|re [k..], die, _ (*Astron*; eine Schicht in der Sonnenatmosphäre) ⟨*grch*⟩

Chrom|rot [k..], das (eine Malerfarbe); *vgl.* Blau

Chro|nik [k..], die, _, _en (Aufzeichnung geschichtl. Ereignisse in der Reihenfolge ihres Geschehens) ⟨*grch* → *lat*⟩ · **chro|ni|ka|lisch** (chronikartig) · **chro|nisch** (*Med*; langsam verlaufend; langwierig [*Ggs* akut] – *auch umg*; dauernd) · **Chro|nist** (Verfasser einer Chronik)

Chro|no|bio|lo|gie [k..] (Teilgebiet der Biologie, das sich mit den zeitl. Abläufen der Lebensvorgänge befaßt) ⟨*grch*⟩ · **chro|no|bio|lo|gisch**

Chro|no|graph [k..], der, _en, _en (*Techn*; Zeitschreiber, Gerät zur Aufzeichnung der Dauer eines Vorgangs) ⟨*grch*⟩ · **Chro|no|gra|phie,** die, _, ..ien (*fachspr*; Geschichtsschreibung nach der Zeitfolge) · **chro|no|gra|phisch** (*fachspr*)

Chro|no|lo|gie [k..]: 1. die, _ (Wissenschaft von der Zeitmessung u. -rechnung) – 2. die, _, ..ien (Zeitrechnung; Zeitfolge) ⟨*grch*⟩ · **chro|no|lo|gisch** (in zeitl. Reihenfolge)

Chro|no|me|ter [k..], das (genau gehende Uhr, Präzisionsuhr) ⟨*grch*, ‚Zeitmesser'⟩ · **chro|no|me|trisch** (auf genauer Zeitmessung beruhend)

Chrys|an|the|me [k..], die, _, _n (Wucherblume, eine Zierpflanze) ⟨*grch*⟩ · **Chry|so|be|ryll** [ç..], der, _s, _e (*Mineral*; ein Edelstein) · **Chry|so|lith** ⟨*grch*⟩, der, *Gen* _[e]s, *Pl* _e *od Gen* _en, *Pl* _en *od* **Pe|ri|dot** ⟨*frz*⟩, der, _s, _e (*Mineral*; ein Olivin von Edelsteinqualität) · **Chry|so|pras,** der, _es, _e (*Mineral*; ein hellgrüner Chalzedon)

chtho|nisch [ç..] (der Erde angehörend, irdisch; unterirdisch) ⟨*grch*⟩; _e Götter (*griech Mythol*)

Chur [k..] (Stadt in der Schweiz) · **Chur|fir|sten** *Pl* (Bergkette im NO der Schweiz) · **chur|welsch** (*veraltet*; rätoromanisch)

Ciacona ↑ Chaconne

Ci|ce|ro ['tsi.., *auch* 'tsi:..], die, _ (*Polygr*; ein Schriftgrad) ⟨*lat*⟩; 3 Cicero · **Ci|ce|ro|ne** [tʃitʃe.., österr tsitsə..], der, Gen _s, Pl _s od Gen _, Pl ..ni (scherzh; [sehr beredsamer] Fremdenführer) ⟨lat → ital⟩ · **ci|ce|ro|nia|nisch** [tsitse..] od **ci|ce|ro|nisch** K 218 (nach Art des altröm. Redners Cicero) ⟨lat⟩; ciceronianische Beredsamkeit · **Ci-ce|ro|nia|nisch** od **Ci|ce|ro|nisch** K 217

Cien|fue|gos [sĭɛn..] (Hafenstadt in Kuba)

Cil|li [ts..] (w. Vn.) ⟨Kurzf von Cäcilie⟩; Nebenf Zilli

Ci|ne|ma|scope [sinəma'sko:p], das, _ (Filmw; ein bes. Breitbildverfahren) ⟨grch → engl⟩

Cin|que|cen|to [tʃiŋkve'tʃɛn..], das, _s (Kunstwiss; das 16. Jh. in Italien [als Stilbegriff], Hochrenaissance) ⟨ital⟩

Cir|ce ['tsirtsə], die, _, _n (Verführerin) ⟨grch → lat, nach Kirke [..ke:], der Zauberin der griech. Sage⟩; vgl. auch bezirzen

Cir|cu|lus vi|tio|sus [_ v..] K 47, der, Gen _ _, Pl ..li ..si (Logik; Zirkelschluß) ⟨lat⟩

cis: 1. das, _, _ (Mus; Tonbezeichnung) – 2. (Mus; Tonartbezeichnung [↑ cis-Moll]) · **Cis**: 1. das, _, _ (Mus; Tonbezeichnung) – 2. (Mus; Tonartbezeichnung [↑ Cis-Dur]) · **Cis-Dur** K 186, das, _ (Mus; Tonart), Zeichen Cis; in Cis-Dur od in Cis · **Cis-Dur-Ton-lei|ter** K 188 (Mus) · **cis-Moll** K 186, das, _ (Mus; Tonart), Zeichen cis; in cis-Moll od in cis · **cis-Moll-Ton|lei|ter** K 188 (Mus)

Ci|toy|en [sitõa'jɛ̃:] K 88, der, _s, _s (Bürger, bes. Anrede während der Zeit der Französ. Revolution) ⟨lat → frz⟩

Ci|ty ['siti], die, _, _s (Innenstadt, Stadtzentrum; geschäftl. Mittelpunkt von Großstädten) ⟨lat → frz → engl⟩

Claim [kle:m], das, _[s], _s (Rechtsanspruch, Besitzanspruch; Anteil [an einer Goldmine]) ⟨lat → frz → engl⟩

Clair-ob|scur [klɛ:rɔp'sky:r], das, _s (Mal; Helldunkel) ⟨frz⟩

Clair|vaux [klɛr'vo:] (ehem. Abtei in Ostfrankreich) ⟨frz⟩

Clan [kla:n], der, _s, _e od [engl klɛn], der, _s, _s (Lehnsverband, Sippe; Stammesuntergruppe) ⟨kelt⟩

Claque ['klak(ə)], die, _ (die Gesamtheit der Claqueure) ⟨frz⟩ · **Claqueur** [kla'kø:r], der, _s, _e (bezahlter Beifallklatscher)

Cla|ra K 207 (w. Vn.) ⟨Nebenf von Klara⟩ · **Clär|chen** K 207 (Verkleinerungsf von Clara)

Clau|dia K 207 (w. Vn.) ⟨Nebenf von Klaudia⟩

Claus|thal-Zel|ler|feld K 227 u. 244 (Stadt der BRD im Harz)

Cla|ves [..v..] Pl (zwei Hartholzstäbchen als Rhythmusinstrument) ⟨lat → span⟩

Clea|ring ['kli:riŋ], das, _s, _s (Wirtsch; ein Verrechnungsverfahren) ⟨engl⟩ · **Clea|ring|ab|kom-men** (Wirtsch)

Cle|mens K 207 (m. Vn.) ⟨Nebenf von Klemens⟩

cle|ver ['klɛvər] (schlau; taktisch geschickt) ⟨engl⟩ · **Cle|ver|neß**, die, _

Clinch [klin(t)ʃ], der, _[e]s (Boxsp; Umklammerung des Gegners) ⟨engl⟩

Clip ↑ Klipp

Cli|que ['kli:kə], die, _, _n (abwert; Sippschaft, Klüngel) ⟨frz⟩ · **Cli-quen|wirt|schaft**, die, _ (abwert)

Cli|via [..vĭa], eindeutschend **Kli|vie** [..vĭə], die, _, ..ien [..ĭən] (eine Zierpflanze) ⟨nach Lady Clive [ˌle:di 'klaiv]⟩

Clogs [klɔks] Pl (wie Holzschuhe gestaltete Pantoletten); Sg Clog, der, _s ⟨engl⟩

Clo|qué [klɔ'ke:], der, _s (ein Kleiderstoff) ⟨lat → frz⟩

Clou [klu:], der, _s, _s (Glanz-, Höhepunkt; Zugstück) ⟨lat → frz, ‚Nagel'⟩

Clown [klaun], der, _s, _s (Spaßmacher in Zirkus u. Varieté) ⟨engl⟩ · **Clow|ne|rie**, die, _, ..ien (Betragen eines Clowns) · **clow|nesk** (nach Art eines Clowns)

Club ↑ unter Klub

Clu|ny [kly'ni:] (Stadt u. ehem. Abtei in Ostfrankreich); vgl. auch Kluniazenser

Clu|ster ['klastər], der, _s, _ (Mus; Klangballung von mehreren [kleinen] Intervallen – Phys, Chem; einheitl. Gruppe von Metallatomen bzw. Molekülen) ⟨engl ‚Büschel, Traube'⟩

c-Moll ['tse:..] K 106, das, _ (Mus; Tonart), Zeichen c; in c-Moll od in c · **c-Moll-Ton|lei|ter** K 188 (Mus)

Coach [ko:tʃ], der _[s], _s (Sport; Trainer) ⟨engl⟩

Cobalt ↑ unter Kobalt

Cob|bler, der, _s, _s (ein alkoholhaltiges Erfrischungsgetränk) ⟨engl⟩

Co|burg K 227 (Stadt im O der BRD); die Veste Coburg · **Co|bur-ger**: 1. K 231: der, _s, _; 2. als Attribut K 232 · **co|bur|gisch**

Cochenille ↑ Koschenille

Cocker|spa|niel [..nĭəl] [Tr ..k|k..] (eine Hunderasse) ⟨engl⟩

Cock|pit, das, _s, _s: 1. od **Plicht**, die, _, _en (Sitzraum im Heck von Motor- u. Segelbooten) – 2. (Flugw; Pilotenraum) ⟨engl⟩ ·

Cock|tail [..te:l, österr auch ..te:i], der, _s, _s: 1. (ein alkohol. Mischgetränk) – 2. (eine Form des diplomat. Empfangs) – 3. Kurzw (Cocktailparty) · **Cock|tail|par|ty** [..te:l-pa:rti, österr auch ..te:i..], die, _, _s (gesellige Veranstaltung, meist mit Tanz u. alkohol. Getränken); Kurzw Cocktail (3)

Co|da od **Ko|da**, die, _, _s (Mus; Schlußteil eines Musikstücks) ⟨lat → ital⟩

Code ↑ Kode · **Code civil** [ko:t od kɔd si'vil] K 47, der, Gen _ _ (das französ. Zivilgesetzbuch) ⟨frz⟩ · **co-dieren** ↑ kodieren

Cœur [kø:r], das, _[s] (eine Spielkartenfarbe [Herz]) ⟨lat → frz⟩ · **Cœur-As** ['kø:r'as] K 187

Co|gnac [kɔ'njak] (Stadt im SW Frankreichs); vgl. auch Kognak

Coif|feur [kŏa'fø:r], der, _s, _e (schweiz; Friseur) ⟨lat → frz⟩ · **Coif|feu|se** [kŏa'fø:zə], die, _, _n (schweiz; Friseuse)

Col|la|ge [kɔ'la:ʒə], die, _, _n (aus Papier od. anderen Materialien zusammengesetztes Klebebild) ⟨frz⟩

Col|lege ['kɔlitʃ od ..lidʒ], das, _ od _s [..litʃs], Pl _s [..litʃs od ..lidʒiz] (höhere Schule in England, Vorstufe der Universität in den USA) ⟨lat → frz → engl⟩ · **Col|lè|ge** [kɔ'lɛ:ʒ(ə)], das, _[s], _s (höhere Schule in Frankreich, Belgien u. in der französ. Schweiz) ⟨lat → frz⟩

Col|le|gium mu|si|cum K 47, das, _ _, Pl ..gia ..ca (Kammerorchester, meist für alte Musik) ⟨lat⟩

Col|lie ['kɔli], der, _s, _s (eine Hunderasse) ⟨engl⟩

Col|mar (Stadt in Ostfrankreich) · **Col|ma|rer**: 1. K 231: der, _s, _; 2. als Attribut K 232 · **col|ma|risch**

Co|lom|bo (Hptst. von Sri Lanka) ⟨singhal⟩

Co|lón [ko'lɔn], der, _[s], Pl _[s] u. bei Wertangabe (K 310) Colón (Währungseinheit in Kostarika u. El Salvador) ⟨nach der span. Form des Namens Kolumbus⟩

Co|lo|nel [französ kɔlɔ'nɛl, engl 'kœ:n(ə)l], der, _s, _s (Milit; höchster Stabsoffizier [Oberst] in verschiedenen Ländern) ⟨lat → ital → frz u. engl⟩

Co|lo|ra|do (Staat der USA)

Co|lor|film (Farbfilm) ⟨lat + engl⟩

Colt [kɔlt], der, _s, _s (ein Revolver) ⟨engl⟩

Columbia, Bundesdistrikt ↑ Bundesdistrikt Columbia

Com|bo, die, _, _s (kleine Jazz- u. Tanzmusikgruppe) ⟨lat → frz → engl⟩

Come|back [kam'bɛk], das, _[s], _s (Wiederbeginn einer [scheinbar] abgeschlossenen Laufbahn) ⟨*engl*, ‚Rückkehr'⟩

Co|mer See (*K 232*), der, *Gen* _ _s, *schweiz* **Co|mer|see** (*K 234*), der, _s (in Oberitalien)

Co|mics ['kɔmiks] *Pl Kurzw* (Comic strips) · **Co|mic strips** ['kɔmik 'strips] *K 47 Pl* (komische u. abenteuerl. Bilderfolgen in Streifen); *Kurzw* Comics; *Sg* Co|mic strip, der, *Gen* _ _ ⟨*engl*⟩

comme il faut [kɔm il 'fo:] *K 47* (*veraltend*; musterhaft; wie es sich gehört) ⟨*frz*⟩

Com|mon sense ['kɔmən 'sɛns] *K 47*, der, *Gen* _ _ (der gesunde Menschenverstand) ⟨*engl*⟩ · **Com|mon|wealth** ['kɔmənwɛlθ], das, _ (*kurz für* Commonwealth of Nations) ⟨*engl*, ‚Gemeinwohl'⟩ · **Com|mon|wealth Coun|try** ['kɔmənwɛlθ 'kantri] *K 47*, das, *Gen* _ _, *Pl* _ ..tries [..triz] (Staat des Commonwealth) · **Com|mon|wealth of Na|tions** ['kɔmənwɛlθ ɔv 'ne:ʃ(ə)nz], das, *Gen* _ _ _ (wirtschaftl. Verflechtung Großbritanniens u. der Staaten seines ehem. Kolonialreiches); *kurz* Commonwealth

Com|pi|ler [kɔm'pailər], der, _s (*Datenv*; Übersetzungsprogramm für eine Programmiersprache) ⟨*engl*⟩ · **Com|po|ser** [..'po:..], der, _s, _ (*Polygr*; halbautomat. Schreibsatzmaschine) · **Com|pu|ter** [..'pju:..], der, _s, _ (elektron. Datenverarbeitungsanlage) · **com|pu|ter|ge|steu|ert**; _e Anlagen · **Com|pu|ter|to|mo|gra|phie** (*Med*)

Comtesse ↑ Komteß

Co|na|kry [ko'na:kri] (Hptst. von Guinea)

con brio ⟨*ital*⟩, *auch* **brio|so** ⟨*kelt* → *ital*⟩ (*Mus*; mit Feuer)

Con|cer|to gros|so [kɔn'tʃɛrto _] *K 47*, das, _ _, *Pl* ..ti grossi (*Mus*; mehrsätzige barocke Instrumentalkomposition für Orchester u. Solistengruppe) ⟨*ital*⟩

Con|cor|dia (*röm Mythol*; Göttin der Eintracht ⟨*lat*⟩

Con|di|tio si|ne qua non *K 47*, die, *Gen* _ _ _ _ (unerläßliche Bedingung) ⟨*lat*⟩

Con|fé|ren|ce [kɔ̃fe'rã:s], die, _, _s [..'rã:s] (Ansage) ⟨*lat* → *frz*⟩ · **Con|fé|ren|cier** [kɔnferaŋ'sie: *od* kɔ̃ferã'sie:], der, _s, _s (Sprecher, Ansager) · **conferieren** ↑ konferieren

Con|foe|de|ra|tio Hel|ve|ti|ca [..fø.. ..v..], die, *Gen* _ _ (Schweizerische Eidgenossenschaft); *Abk* CH ⟨*lat*⟩

Con|ga ['kɔŋga], die, _, _s (eine große Trommel; ein Tanz) ⟨*span*⟩

Con|nec|ti|cut [kə'nɛtikət] (Staat der USA)

Con|rad *K 208* (m. Vn.) ⟨*Nebenf von* Konrad⟩

Con|se|cu|tio tem|po|rum *K 47*, die, *Gen* _ _ (*Gramm*; [Regel der] Zeitenfolge) ⟨*lat*⟩

con sor|di|no (*Mus*; mit Dämpfer); *Abk* con sord. ⟨*ital*⟩

Con|stan|ţa [..'stantsa] (Kurort u. Hafenstadt in Rumänien)

Con|tai|ner [kɔn'te:nər], der, _s, _ (transportabler Großbehälter) ⟨*lat* → *frz* → *engl*⟩. *Zus K 365ff.*: Container‿schiff usw.

contra ↑ kontra

Co|py|right ['kɔpirait], das, _s, _s (urheberrechtl. Vermerk in Verlagserzeugnissen); *Zeichen* © ⟨*engl*⟩

co|ram pu|bli|co (in aller Öffentlichkeit) ⟨*lat*⟩; etw. _ _ aussprechen

Cór|do|ba ['kɔr..]: 1. ⟨*phön* → *lat* → *span*⟩ (Stadt in Südspanien) – 2. ⟨*nach* dem span. Forscher Francisco de Córdoba [..,θisko _ _]⟩, der, _[s], *Pl* _[s] *u. bei Wertangabe* (*K 310*) Córdoba (Währungseinheit in Nikaragua)

Cor|du|la *K 207* (w. Vn.) ⟨*Nebenf von* Kordula⟩

Cor|ned beef ['kɔrnət 'bɛf *od* 'kɔ:rnt 'bi:f] *K 47*, *österr* **Cor|ned|beef**, das, *Gen* _ _ (Pökelrindfleisch in Blechdosen) ⟨*engl*⟩

Cor|ne|lia *K 207* (w. Vn.) ⟨*Nebenf von* Kornelia⟩

Corn|flakes ['kɔrnfle:ks *od* 'kɔ:rn..] *Pl* (geröstete Maisflocken) ⟨*engl*⟩

Corn|wall ['kɔ:rnwəl] (Halbinsel im SW Englands)

Corps di|plo|ma|tique [kɔr diplɔma'tik] *K 47*, das, _ _, *Pl* _ _s [– ..'tik] (Gesamtheit der diplomat. Vertreter in einem Staat); *Abk* CD ⟨*frz*, ‚diplomatisches Korps'⟩

Cor|pus de|lic|ti *K 47*, das, _ _, *Pl* ..pora _ (Gegenstand od. Werkzeug eines Verbrechens; Beweisstück) ⟨*lat*⟩

cor|ri|ger la for|tune [kɔri‚ʒe: la fɔr'ty:n] *K 47* (dem Glück [durch betrügerische Mittel] nachhelfen) ⟨*frz*, ‚das Glück verbessern'⟩

Cor|tes *Pl* (span. Parlament) ⟨*lat* → *span*⟩

Cor|ti|na d'Am|pez|zo (Kurort in Oberitalien)

Cor|ti|sche Or|gan *K 217*, das, _n _s, *Pl* _n _e (*Anat*; Hörorgan im Innenohr) ⟨*nach* dem italien. Anatomen Corti⟩

Co|si fan tut|te [kɔ'si(:) _ _] (Titel einer Oper von Mozart) ⟨*ital*, ‚so machen's alle [Frauen]'⟩

Cos|mea, die, _, ..meen (eine Gartenblume, Korbblütler) ⟨*grch* → *lat*⟩

Cos|wig *K 227* (Name zweier Städte in der DDR)

Côte d'Azur [kot da'zy:r], die, *Gen* _ _ (französ. Teil der Riviera) ⟨*frz*⟩

Côte d'Ivoire [kot di'vŏa:r], *ohne Art*, *amtl* **Re|pu|blik Côte d'Ivoire** ⟨*frz*⟩, *früher* **El|fen|bein|kü|ste** (im W Afrikas)

Co|to|nou [kɔtɔ'nu:] (Regierungssitz von Benin)

Cot|tage ['kɔtitʃ *od* ..tidʒ], das, _, _s [..titʃs *od* ..tidʒiz] ([kleines] Landhaus in England) ⟨*engl*⟩

Cott|bus *K 227* (Bezirksstadt in der DDR) · **Cott|bu|ser** *od* **Cott|bus|ser** (*K 235*): 1. *K 231*: der, _s, _; 2. *als Attribut K 232*: die Cottbus[s]er Tuchindustrie

Cot|ti|sche Al|pen *K 258 Pl* (Teil der Westalpen)

Cot|ton ['kɔt(ə)n] ⟨*arab* → *frz* → *engl*⟩, das, _s *od* **Ko|ton** [..'tɔ̃:] ⟨*arab* → *frz*⟩, der, _s, _s (Baumwolle, Kattun)

Couch [kautʃ], die, *schweiz auch* der, _, *Pl* _s, *auch* _es ['kautʃiz] (gepolsterte Liege mit niedriger Lehne) ⟨*lat* → *frz* → *engl*⟩

Cou|leur [ku'lø:r]: 1. die, _ (Prägung, Eigenart) – 2. die, _, _s (Farbe einer bestimmten bürgerlich-student. Verbindung) ⟨*lat* → *frz*, ‚Farbe'⟩

Cou|loir [ku'lŏa:r], der, _s, _s (*Alpin*; schluchtartige Rinne) ⟨*lat* → *frz*⟩

Cou|lomb [ku'lɔ̃: *od* ..'lɔmp], das, _[s], _ (SI-Einheit der Elektrizitätsmenge); *Einheitenzeichen* C ⟨*nach* dem französ. Physiker⟩; *vgl. auch* Amperesekunde · **Cou|lomb|me|ter** *K 209*, das (Gerät zum Messen der Elektrizitätsmenge)

Count [kaunt], der, _s, _s (engl. Titel für nichtengl. Grafen) ⟨*lat* → *frz* → *engl*⟩

Count|down ['kaunt'daun], der *od* das, _[s], _s (das Rückwärtszählen von Zeiteinheiten bis zum Zeitpunkt Null [Start]; exakt aufgeschlüsselter Zeitfolgeplan der nötigen Vorbereitungen für einen Trägerraketenstart) ⟨*engl*⟩

Coun|ter|te|nor ['kauntərte‚no:r] (*Mus*; Altist) ⟨*engl*⟩

Coun|teß ['kauntis], die, _, *Pl* ..tessen [..'tɛs(ə)n] *od* ..tesses ['kauntisiz] (Frau eines Counts od. Earls [Gräfin]) ⟨*lat* → *frz* → *engl*⟩

Coun|try-mu|sic ['kantri‚mju:zik], die, _ (Volksmusik aus den USA) ⟨*amerik*⟩

Coun|ty ['kaunti], die, _, *Pl* _s *od engl* ..ties [..tiz] (Verwaltungseinheit in Großbritannien u. Irland) ⟨*engl*, ‚Grafschaft'⟩

Coup [ku:], der, _s, _s (Handstreich; erfolgreiches Unternehmen; überraschende Aktion) ⟨*grch* → *lat* → *frz*⟩

Cou|pé [ku'pe:], das, _s, _s (geschlossener Personenkraftwagen mit sportl. Karosserie); *vgl. aber* Kupee ⟨*lat* → *frz*⟩

Cou|plet [ku'ple:], das, _s, _s (witzig-satir. Lied für die Kleinkunstbühne) ⟨*lat* → *frz*⟩

Coupon ↑ Kupon

Cour [ku:r], die, _ ⟨*lat* → *frz*, ,[Empfang am] Hof'⟩; *nur noch in Wendungen wie* jmdm. die _ (den Hof) machen (*veraltend*)

Cou|ra|ge [ku'ra:ʒə, *österr* ..'ra:ʒ], die, _ (Mut) ⟨*lat* → *frz*⟩ · **cou|ra|giert** [kura'ʒi:rt] (beherzt)

Cour|toi|sie [kurtŏa'zi:], die, _, ..ien (*veraltend*; ritterl. Benehmen; Höflichkeit) ⟨*lat* → *frz*⟩

Cou|sin [ku'zɛŋ], der, _s, _s (Vetter) ⟨*lat* → *frz*⟩ · **Cou|si|ne** [ku'zi:nə] *od* **Ku|si|ne**, die, _, _n (Base)

Cou|vert [ku'vɛ:r], das, _s, _s (Wäschebezug mit Ausschnitt für Stepp- u. Daunendecken) ⟨*lat* → *frz*⟩; *vgl. aber* Kuvert · **Cou|ver|ture** [kuvɛr'ty:r(ə)], die, _ (bedruckter Linon für Bettwäsche); *vgl. aber* Kuvertüre

Co|ven|try ['kɔvəntri] (Stadt in England)

Cow|boy ['kaubɔy], der, _s, _s (berittener nordamerikan. Rinderhirt) ⟨*engl*, ,Kuhjunge'⟩

Coyote ↑ Kojote

Crack [krɛk], der, _s, _s (*Sport*; hervorragender Sportler; gutes Rennpferd) ⟨*engl*⟩

Cracker[s] ['krɛkər(s); *Tr* Crakker(s)] *Pl* (sprödes, ungesüßtes Kleingebäck); *Sg* Cracker, der, _s ⟨*engl*⟩

Craio|va [kra'jo(:)va] (Stadt in Rumänien)

Craquelée ↑ Krakelee

Crayon usw. ↑ Krayon usw.

Credo ↑ Kredo

Creek [kri:k], der, _s, _s (nur zur Regenzeit wasserführender Fluß in Australien) ⟨*anord* → *engl*⟩

creme [krɛ:m *od* kre:m] *nichtdeklinierbar* (zart gelblich, mattgelb) ⟨*grch* → *lat* → *frz*⟩; *vgl. auch K 272ff.* · **Creme**: 1. die, _, *Pl* _s, *österr meist* _n [..mən], *eindeutschend* **Krem**, die, _, _s (feine Süßspeise; Salbe) – 2. die, _ (das Erlesenste, Feinste) · **Creme|far|be** · **creme|far|ben** (*K 364*) *od* **creme|far|big** (zart gelblich, mattgelb); *vgl. auch* ..farben *u. K 272ff.* · **cre|mig**, *eindeutschend* **kre|mig**

Crêpe ↑ Krepp · **Crêpe de Chine** [krɛ(:)p də 'ʃi:n], der, *Gen* _ _ _, *Pl* _s _ _ [krɛ(:)p _ _] (leichter Seiden- od. Kunstseidenkrepp) ⟨*frz*⟩ · **Crêpe Geor|gette** [krɛ(:)p ʒɔr'ʒɛt], der, *Gen* _ _, *Pl* _s _ [krɛ(:)p _] (durchsichtiger Seiden- od. Kunstseidenkrepp) · **Crêpe Sa|tin** [krɛ(:)p sa'tɛ̃:], der, *Gen* _ _, *Pl* _s _ [krɛ(:)p _] (doppelseitig verwendbarer Atlaskrepp)

cre|scen|do [krɛ'ʃɛndo] (*Mus*; anschwellend); *Abk* cresc. ⟨*lat* → *ital*⟩; *Ggs* decrescendo · **Cre|scen|do**, das, _s, *Pl* _s *od* ..di (*Mus*); *Ggs* Decrescendo

Crew [kru:], die, *auch* der, _, _s (Mannschaft, Besatzung [von Schiffen, Sportbooten, Flugzeugen]) ⟨*lat* → *frz* → *engl*⟩

Crim|mit|schau ['kri..] *K 227* (Stadt im Bez. Karl-Marx-Stadt)

Cro|ma|gnon|ras|se [kroma'njɔ̃:..] *K 246*, die, _ (Menschenrasse des jüngeren Paläolithikums) ⟨*nach* der Höhle Crô-Magnon in Frankreich⟩

Cross, *auch* **Croß**, der, _, *Pl* ..osse (*Kurzw*) *od* **Cross-Coun|try** [krɔs'kantri *od* 'krɔs'kan..], *auch* **Croß-Coun|try**, das, _, _s (*Sport*; Jagdrennen zu Pferde; Querfeldeinrennen; Geländelauf) ⟨*engl*⟩

Crux, die, _ (Leid, Last, Kummer) ⟨*lat*, ,Kreuz'⟩ · **Cru|zei|ro** [kru'ze:ro, *auch* kru'zɛiru], der, _, *Pl* _s *u. bei Wertangabe* (*K 310*) Cruzeiro (Währungseinheit in Brasilien) ⟨*lat* → *portug*⟩

Csár|da ['tʃarda], *eindeutschend auch* **Tschar|da**, die, _, _s (Pußtaschenke) ⟨*ung*⟩

Csár|dás ['tʃardaʃ], der, _, _, *eindeutschend auch* **Tschar|dasch**, der, _[e]s, _e (ein ungar. Nationaltanz) ⟨*ung*⟩

Csi|kós ['tʃi:kɔʃ, *ungar* 'tʃiko:ʃ], der, _, _, *eindeutschend auch* **Tschi|kosch**, der, _[e]s, _e (ungar. Pferdehirt) ⟨*ung*⟩

cui bo|no? (wem nützt es?) ⟨*lat*⟩

Cu|le|mey|er [..mai..], der, _s, _ (ein Schwerlast-Straßenroller im Dienste der Eisenbahn) ⟨*nach* dem Erfinder⟩

cum gra|no sa|lis (nicht ganz wörtlich zu nehmen) ⟨*lat*, ,mit einem Körnchen Salz'⟩

cum lau|de (Note der Doktorprüfung) ⟨*lat*, ,mit Lob'⟩

cum tem|po|re [_ ..re:] (mit dem akademischen Viertel, eine Viertelstunde nach der angegebenen Zeit); *Abk* c. t. ⟨*lat*⟩

Cup [kap], der, _s, _s (Pokal, Ehrenpreis bei Sportwettkämpfen) ⟨*engl*⟩

Cu|pi|do (*röm Mythol*; Liebesgott) ⟨*lat*, ,das Begehren'⟩

Cu|prum, das, _s (Kupfer); *Zeichen* Cu ⟨*grch* → *lat*, [Erz] ,aus Zypern'⟩

Cu|ra|çao [kyra'sa:o, *auch* ku..]: 1. (Insel der Kleinen Antillen) – 2. der, _s, _s (ein Likör)

Cu|ra po|ste|rior *K 47*, die, *Gen* _ _, *Pl* (*selten*) Curae [..rɛ:] ..riores [..re:s] (zukünftige Sorge) ⟨*lat*⟩

Cu|rie [ky..], das, _, _ (veraltende Einheit der Radioaktivität = 37 GBq); *Einheitenzeichen* Ci ⟨*nach* dem Forscherehepaar M. u. P. Curie⟩ · **Cu|rium** ['ku:..], das, _s (künstliches radioaktives Element, Metall); *Zeichen* Cm

Cur|ling ['kœ:rliŋ], das, _s (schott. Form des Eisschießens) ⟨*engl*⟩

Cur|ry ['kœri *od* 'ka..], der *od* das, _ (eine scharfe ind. Gewürzmischung) ⟨*drawid* → *engl*⟩

Curt *K 208* (m. Vn.) ⟨*Kurzf von* Konrad⟩; *Nebenf* Kurt

Cut [kœt *od* kat] *od* **Cut|away** ['kœtəwe: *od* 'ka..], der, _[s], _s (ein Herrenschoßrock mit abgerundeten Vorderecken) ⟨*engl*⟩ · **cut|tern** *K 363* ['kœtərn *od* 'katərn] (*fachspr*; Filmstreifen od. Magnetbänder zwecks Herausnahme von Teilen zerschneiden u. wieder zusammenfügen)

Cux|ha|ven [..f..] (Hafenstadt der BRD an der Elbmündung)

Cym|bal ['tsym.. *od* 'tsim..] *od* **Zym|bal**, das, _s, *Pl* _e *od* _s: 1. (Hackbrett, ein Saiteninstrument) – 2. *auch* **Zim|bel**, die, _, _n (ein antikes Schlaginstrument) ⟨*grch* → *lat*⟩

Czę|sto|cho|wa [tʃɛ̃stɔ'xɔva] (Stadt im S Polens)

D

D [de:], das, *Gen* des D, *Pl* die D (Buchstabe)

d [de:]: 1. das, _, _ (*Mus*; Tonbezeichnung) – 2. (*Mus*; Tonartbezeichnung [↑ d-Moll]) · **D**: 1. das, _, _ (*Mus*; Tonbezeichnung) – 2. (*Mus*; Tonartbezeichnung [↑ D-Dur])

da: 1. *Konj* (weil – *gehoben*; als). *Vgl. K 390* – 2. *Adv*; da und dort, hier und da. *Schreibung bei Verben*: *a. Getrenntschreibung K 145*, z. B. da erwarten, da verweilen; *b. Zusammenschreibung K 148*, *vgl.* die entsprechenden Stichwörter. *Vgl. auch* dahinab, dahinauf usw.

da|be|hal|ten *K 148* (zurückbehalten); du behältst da; dabehalten; dazubehalten; jmdn. zu Tisch dabehalten

da|bei [*od* 'da:..] *Adv. Schreibung bei Verben*: *a. Getrenntschreibung K 145*, z. B. nichts dabei finden; sehr beschäftigt, dabei immer hilfsbereit sein; *b. Zusammenschreibung K 148*, *vgl.* die entsprechenden Stichwörter
da|bei|blei|ben *K 148* (sich nicht entfernen); du bleibst dabei; dabeigeblieben; dabeizubleiben; *aber K 145*: dabei *od* dabei (bei einer Meinung) bleiben
da|bei|sein[1] *K 159* (beteiligt sein); *Zusammenschreibung* ist nur im *Inf* (einschließlich »dabeizusein«) u. im *Part II* (»dabeigewesen«) üblich, *aber K 145*: dabei *od* dabei sein; es wird nichts dabei sein (*umg*; es wird unbedenklich sein)
da|bei|sit|zen[1] *K 148* (zugegen sein), *aber K 145*: dabei *od* dabei (bei einer Tätigkeit) sitzen
da|bei|ste|hen[1] *K 148 u. 363* (zugegen sein), *aber K 145*: dabei *od* dabei (bei einer Tätigkeit) stehen
da|blei|ben[2] *K 148*; du mußt heute länger dableiben; *aber K 145*: du mußt jetzt da (dort) bleiben
da ca|po (*Mus*; noch einmal vom Anfang an); *Abk* d. c. ⟨*ital*⟩ · **Da-ca|po-Arie** [..iə] *K 188* (*Mus*)
Dac|ca ['daka] (frühere Schreibung von Dakka) ⟨*ind* → *engl*⟩
Dach, das, _[e]s, *Pl* Dächer. *Zus K 365ff.*: Dach‿decker usw.
Dach|au (hitlerfaschist. Konzentrationslager bei München)
Dach|gar|ten · **Dach|glei|che**, die, _, _n *bzw* **Dach|glei|chen|fei|er** *od* **Glei|chen|fei|er** (*österr*; Richtfest) · **Dach|rei|ter**
Dachs, der, _es, _e · **Dachs|bau**, der, _[e]s, _e · **Dachshund** ↑ Dakkel · **Dächs|in**, die, _, ..innen
Dach|stuhl
Dach|tel, die, _, _n (*landsch umg*; Ohrfeige) (,Dattel')
Dackel [*Tr* Dak|kel], *fachspr* **Teckel** [*Tr* Tek|kel], der, _s, _ *od* **Dachshund**, der, _[e]s, _e (eine Hunderasse)
Da|da|is|mus, der, _ (wirklichkeitsfremde, bewußt primitive Kunst- u. Literaturrichtung um 1920) ⟨*nach* den ersten kindl. Stammellauten⟩ · **Da|da|ist**
Dä|da|lus (*griech Sage*; erfindungsreicher Baumeister) ⟨*grch* (,Künstler') → *lat*⟩
da|durch [*auch* ..'durç]; dadurch, daß ..., *aber K 175*: du mußt da (an einer bestimmten Stelle) durch (*umg*)
da|für [*od* 'da:..] *Adv*; es steht nicht dafür (*österr*; es lohnt sich nicht). *Schreibung bei Verben K 145*, z. B. nichts dafür können (unschuldig sein), dafür sein (zustimmen), dafür halten (für etw. ansehen) · **Da|für|hal|ten**, das, _s; nach meinem _ (nach meiner Meinung)
da|ge|gen: 1. [..'ge:.. *od* 'da:..] *Adv*; ein Mittel dagegen. *Schreibung bei Verben*: *a. Getrenntschreibung K 145*, z. B. dagegen angehen, etw. dagegen haben, dagegen sein; *b. Zusammenschreibung K 148*, *vgl.* dagegenhalten – 2. [..'ge:..] *Konj* (hingegen); dagegen halten wir es für richtig, daß ... *Vgl. auch K 390*
da|ge|gen|hal|ten *K 148* (gegen etw. halten; erwidern); du hältst dagegen; dagegengehalten; dagegenzuhalten
Da|ge|sta|ner, der, _s, _ (Angehöriger eines kaukas. Volkes) ⟨*türk*⟩ · **da|ge|sta|nisch**; *K 258*: die Dagestanische ASSR
Dag|mar (w. Vn.) ⟨*dän*, ,Tag' + ,berühmt'⟩
Da|guer|reo|ty|pie [..gεro..], die, _, ..ien (*Fot hist*; Lichtbild auf einer versilberten Kupferplatte) ⟨*nach* dem Erfinder, dem französ. Maler Daguerre [..'gε:r]⟩
Da|ha|bi|je, die, _, _n (langes schmales Nilschiff) ⟨*arab*, ,die Goldene'⟩
da|heim; _ bleiben, sein, sitzen; von _ · **Da|heim**, das, _s · **Da|heim|ge|blie|be|ne**, der *u.* die, _n, _n *K 341*
da|her: 1. ['da:.., *auch* ..'he:r] *Adv* (von da, von dort); daher die Aufregung!; daher weht also der Wind (*umg*; so ist es also). *Schreibung bei Verben*: *a. Getrenntschreibung K 145*, z. B. daher (von da) sein, kommen; falls du daher bist; *b. Zusammenschreibung K 148*, *vgl.* daherkommen – 2. ['da:..] *Konj* (deshalb); daher kam er zu spät. *Vgl. K 390*
da|her|kom|men *K 148*; du kommst daher; dahergekommen; daherzukommen; man sah ihn daherkommen, *aber K 145*: daher kommen, z. B. es wird daher kommen, daß ...
da|hin [*auch* ..'hin] *Adv. Schreibung bei Verben*: *a. Getrenntschreibung K 145*, z. B. die Worte dahin auslegen, eine dahin zielende Eingabe; *b. Zusammenschreibung K 148*, *vgl.* die entsprechenden Stichwörter
da|hin|ab [*od* 'da:..]; *K 150*: dahinab gehen u. da hinabgehen · **da‿hin|auf** [*od* 'da:..], ...**hin|aus** [*od* 'da:..], ...**hin|ein** [*od* 'da:..]
da|hin|fal|len (*schweiz*; wegfallen, entfallen)
da|hin|flie|gen *K 148* (fortfliegen; schnell vergehen); du fliegst dahin; dahingeflogen; dahinzufliegen; *aber K 145*: dahin (nach einem bestimmten Ort) fliegen
da|hin|ge|hen[1] *K 148 u. 363* (vergehen); wie schnell die Tage dahingehen; *aber K 145*: dahin (nach einem bestimmten Ort) gehen; *K 161*: ein dahin gehender (dahin zielender) Antrag
da|hin|ge|stellt; _ bleiben, etw. _ sein lassen
da|hin|le|ben[1]
da|hin|sie|chen[1] *K 148*
da|hin|ten [*od* 'da:..] *Adv*; dahinten an dem Hang. *Schreibung bei Verben K 145*, z. B. der Stuhl kann dahinten bleiben
da|hin|ter [*od* 'da:..] *Adv*; dahinter fängt der Wald an. *Schreibung bei Verben*: *a. Getrenntschreibung K 145*, z. B. es kann nicht viel dahinter (*umg*; nicht viel wert) sein; *b. Zusammenschreibung K 148*, *vgl.* die entsprechenden Stichwörter
da|hin|ter|kom|men *K 148* (*umg*; ausfindig machen, ergründen); du kommst dahinter; dahintergekommen; dahinterzukommen; *aber K 145*: dahinter kommen; dahinter (z. B. hinter dem Dorf) kommt eine Wegkreuzung
da|hin|ter|stecken[2] [*Tr* ...stek-ken] *K 148* (*umg*; in etw. [als eigentl. Ursache] verborgen sein); er meint, es müsse etw. dahinterstekken; *aber K 145*: dahinter stecken, z. B. ich will das Blatt dahinter (nicht davor) stecken, ich will das Blatt dahinter (dorthin) stecken
da|hin|un|ter [*od* 'da:..]. *Schreibung bei Verben vgl. K 150*
Dah|lie [..ĭə], die, _, _n (eine Zierpflanze, Korbblütler) ⟨*nach* dem schwed. Botaniker Dahl⟩
Da|ho|me [da(h)o'me:] (früherer Name von Benin)
Dail Ei|reann [da:l 'e:rin], der, *Gen* _ _ (irisches Abgeordnetenhaus) ⟨*ir*⟩
Daily Worker ↑ Morning Star
Daim|ler|mo|tor *K 209* ⟨*nach* dem Ingenieur⟩
Dai|sy ['de:zi] (w. Vn.) ⟨*engl*, ,Maßliebchen'⟩
Da|ka|po, das, _s, _s (Wiederholung; Beifallsruf) ⟨*ital*⟩; *vgl. auch* da capo
Da|kar [*od* ..'ka:r] (Hptst. von Senegal)
Da|ker ⟨*grch*⟩ *od* **Da|zier** [..ĭər] ⟨*grch* → *lat*⟩ (*Altertum*; Angehöriger eines thrak. Volkes) · **Da|kien** [..ĭən] ⟨*grch*⟩ *od* **Da|zien** ⟨*grch* →

---

[1] *Konjugation vgl.* dabeibleiben.
[2] *Konjugation vgl.* dabehalten.

[1] *Konjugation vgl.* dahinfliegen.
[2] *Konjugation vgl.* dahinterkommen.

lat⟩ (*Altertum*; Name des zw. unterer Donau u. Dnestr gelegenen Landes) · **da|kisch** ⟨*grch*⟩ *od* **da|zisch** ⟨*grch* → *lat*⟩; *K 258*: die Dakischen *od* Dazischen Kriege

Dak|ka, *ind* **Dha|ka** ['daka] (Hptst. von Bangladesh)

Da|ko|ta ⟨*indian*⟩, der, _[s], _[s] *od älter u. fälschlich* **Si|oux** ['zi:uks] ⟨*indian* → *frz*⟩, der, _, _ (Angehöriger einer Gruppe von Indianerstämmen in Nordamerika)

dak|ty|lisch (*Metrik*; im Versmaß des Daktylus) ⟨*grch*⟩

Dak|ty|lo, die, _, _s *schweiz Kurzw* (Daktylographin) ⟨*grch*⟩ · **Dak|ty|lo|gra|phie,** die, _ (*schweiz*; das Maschinenschreiben) · **Dak|ty|lo|gra|phin,** die, _, ..innen (*schweiz*; Maschinenschreiberin); *Kurzw* Daktylo

Dak|ty|lo|sko|pie, die, _, ..ien (Fingerabdruckverfahren [bes. in der Kriminalistik]) ⟨*grch*⟩ · **dak|ty|lo|sko|pisch**

Dak|ty|lus, der, _, ..tylen (*Metrik*; ein Versmaß) ⟨*grch* → *lat*, ‚Finger'⟩

Da|lai-La|ma, der, _[s], _s (Oberhaupt des Lamaismus) ⟨*tibet*⟩

da|las|sen[1] *K 148* (zurücklassen), *aber K 145*: da (an einem bestimmten Ort) lassen

Dal|ben, der, _s, _ *od* **Dal|be,** die, _, _n *Kurzw* (Dückdalbe[n]) ⟨*ndrl*⟩

da|lie|gen[1] *K 148* (hingestreckt liegen), *aber K 145*: da (an einem bestimmten Ort) liegen; es soll da liegen, wo es liegt

Dalk, der, _[e]s, _e (*südd*, *österr umg*; einfältiger, ungeschickter Mensch) · **dal|ken** (*österr umg*; dumm, kindisch reden) · **Dal|ken,** der, _s, _ (*österr*; ein Gebäck in Form kleiner Fladen)

Dal|las ['dɛləs] (Stadt im S der USA)

Dal|les, der, _ (*umg*; Not, Armut) ⟨*hebr*⟩

dal|li! (*umg*; schnell!) ⟨*poln*⟩; dalli, dalli!

Dal|ma|tien [..ĭən] (Küstenlandsch. in Jugoslawien) · **Dal|ma|ti|ner,** der, _s, _ (Bewohner von Dalmatien; eine Hunderasse; eine Weinsorte) · **dal|ma|ti|nisch,** *auch* **dal|ma|tisch**

da|ma|lig · **da|mals**

Da|mas|kus (Hptst. von Syrien)

Da|mast, der, _[e]s, _e (ein Gewebe) ⟨*nach* Damaskus⟩ · **da|ma|sten** *K 364* (aus Damast)

Da|mas|ze|ner: 1. *K 231*: der, _s, _; 2. *als Attribut K 232*: die Damaszener Klingen · **da|mas|ze|nisch**

[1] *Konjugation vgl.* dabehalten.

da|mas|zie|ren (Stahl mit Mustern versehen)

Dambrett ↑ Damebrett · **Däm|chen** (*umg abwert*; Modepuppe) · **Da|me:** 1. die, _, _n (Fräulein, Frau; eine Spielkarte od. -figur) – 2. *in der Wendung* Dame (das Damespiel) spielen ⟨*lat* → *frz*⟩; *vgl. auch* Damespiel · **Da|me|brett,** *österr auch* **Dam|brett**

Dä|mel, der, _s, _ *od* **Däm|lack,** der, _s, *Pl* _e *od* _s (*salopp*; Dummkopf)

da|men|haft · **Da|men|hut,** der · **Da|me|spiel,** *österr auch* **Dam|spiel** (ein Brettspiel); *vgl. auch* Dame (2) · **Da|me|stein,** *österr auch* **Dam|stein**

Dam|hirsch ⟨*lat*⟩

da|misch (*südd*, *österr salopp*; dumm; betäubt; ungeheuerlich)

da|mit: 1. [..'mit *od* 'da:..] *Adv*; her[aus] damit! (*umg*). *Schreibung bei Verben*: *Getrenntschreibung K 145* z. B. nicht damit reichen; es wird wohl nichts damit sein (nichts werden, nichts taugen) – 2. [..'mit] *Konj*; ich rufe, damit es alle hören; *vgl. K 390*

Dämlack ↑ Dämel · **däm|lich** (*salopp*; dumm)

Damm, der, _[e]s, *Pl* Dämme; *in Straßennamen* ↑ *K 249 ff.*

Dam|mar, das, _s *od* **Dam|mar|harz,** das, _es (ein durchsichtiges Harz) ⟨*mal*⟩

Damm|bruch, der · **däm|men** (*auch für* isolieren)

Däm|mer, der, _s (*dicht*; Dämmerung) · **däm|me|rig** *K 362* · **Däm|mer|licht,** das, _[e]s · **däm|mern;** es dämmert · **Däm|mer|schein** · **Däm|mer|schlaf,** der, _[e]s · **Däm|mer|stun|de** · **Däm|me|rung**

Dämm|stoff (*Bauw*; Isoliermaterial) · **Däm|mung** (*Bauw*; Isolierung)

Dam|no ⟨*lat* → *ital*⟩, der *od* das, _s, _s *od* **Dam|num** ⟨*lat*⟩, das, _s, ..na (*Bankw*; Schaden, Verlust, Einbuße, Abzug)

Da|mo|kles|schwert *K 209*, das, _[e]s (eine ständig drohende Gefahr) ⟨*grch*, *nach* Damokles, über dessen Haupt der Tyrann von Syrakus ein scharfes Schwert schweben ließ⟩

Dä|mon, der, _s, ..onen (*Abergl*; meist in Gestalt von Menschen od. Tieren vorgestellter böser Geist) ⟨*grch*⟩ · **dä|mo|nen|haft** · **dä|mo|nisch** (teuflisch, unheimlich) · **Dä|mo|nis|mus,** der, _ (Glaube an Dämonen) ⟨*grch* → *lat*⟩

Dampf, der, _[e]s, *Pl* Dämpfe. *Zus K 365 ff.*: Dampf‿bad usw. · **Dampf|druck,** *Pl meist* ..drücke · **damp|fen** *intr* (Dampf entwickeln – *salopp*; schwitzen) · **dämp|fen** *tr* (mit Dampf behandeln; dünsten; mildern) · **Damp|fer** · **Dämp|fer** (Druck-, Schalldämpfer); jmdm. einen _ aufsetzen (*umg*; jmds. Begeisterung zügeln) · **damp|fig** (mit Dampf erfüllt) · **dämp|fig** (*bes von Pferden gesagt*; kurzatmig) · **Dämp|fig|keit,** die, _ (*Vet*; Atembeschwerden bei Pferden)

Damspiel usw. ↑ Damespiel usw.

Dam|wild ⟨*lat*⟩

Dan, der, _, _ (*Judo*; Meistergrad) ⟨*jap*⟩

da|nach [*od* 'da:..]: 1. *Adv. Schreibung bei Verben*: *Getrenntschreibung K 145*, z. B. du mußt dich danach umsehen; wir wollen danach streben – 2. *Konj* (dann); erst die Ware, danach das Geld; erst hörten sie zu, danach sangen sie mit; *vgl. auch K 390*

Da|nae [..naːe: *od* ..'naːe:] (*griech Sage*; Mutter des Perseus)⟨*grch*⟩ · **Da|na|er|ge|schenk** [..naər..] (unheilbringendes Geschenk) ⟨*nach* den Danaern, den alten Griechen⟩ · **Da|na|iden** *Pl* (*griech Sage*; die 50 Töchter des Danaos); *Sg* Da|na|ide, die, _ · **Da|na|os** [*od* ..'ɔs] (*griech Sage*; Vater der Danaiden)

Dan|dy ['dɛndi], der, _s, _s (Stutzer; Geck; Modenarr) ⟨*engl*⟩ · **Dan|dy|tum,** das, _[e]s

Dä|ne, der, _n, _n

da|ne|ben: 1. *Adv. Schreibung bei Verben*: a. *Getrenntschreibung K 145*, z. B. der Schrank muß daneben stehen; b. *Zusammenschreibung K 148*, *vgl.* die entsprechenden Stichwörter – 2. *Konj* (außerdem); es wurde diskutiert, daneben auch gescherzt; *vgl. auch K 390*

da|ne|ben|fal|len *K 148*; du fällst daneben; danebengefallen; danebenzufallen

da|ne|ben|ge|hen[1] *K 148 u. 363* (*umg*; mißlingen), *aber K 145*: daneben (neben jmdm.) gehen

Da|ne|brog, der, _s (die dän. Staatsflagge) ⟨*dän*, ‚Dänentuch'⟩ · **Dä|ne|mark,** *amtl* **Kö|nig|reich Dä|ne|mark** (in Nordeuropa) · **Da|ne|werk,** das, _[e]s (*Mittelalter*; dän. Grenzwall in Schleswig)

da|nie|der · **da|nie|der|lie|gen** *K 148*; du liegst danieder; daniedergelegen; daniederzuliegen

Da|niel [..ĭɛl, *auch* ..ĭe:l] (m. Vn.) ⟨*hebr*⟩

Dä|nin, die, _, ..innen · **dä|nisch;** *vgl. K 266 f.* · **Dä|nisch,** das, *Gen* _[s], *Dat* _ (Sprachbezeichnung *K 268 ff.*) · **Dä|ni|sche,** das, *Gen* _n, *Dat* _n (Sprachbezeichnung *K 271*)

[1] *Konjugation vgl.* danebenfallen.

dank *K 110; Präp, urspr nur mit Dat*: _ seinem Fleiße, *heute auch üblich mit Gen*: _ eures guten Willens · **Dank,** der, _[e]s; Gott sei Dank!; vielen Dank!; tausend Dank!; jmdm. etw. zu Dank machen; jmdm. Dank sagen (*österr nur so*) *od* danksagen (↑ *d.*); Dank schulden, wissen; er weiß es (↑ [1]es [2]) dir *od* weiß dir's keinen Dank *od* er weiß dir dessen keinen Dank · **dank|bar** · **Dank|bar|keit,** die, _ · **dan|ke** (Höflichkeitsformel); danke!; danke schön! (*vgl. auch* Dankeschön) · **dan|ken** · **dankens|wert** · **dank|er|füllt** · **Dankes|be|zei|gung** · **Dan|ke|schön,** das, _s; Dankeschön sagen, *aber*: »Danke schön« sagen · **Dan|kes|wor|te** *Pl* · **dank|sa|gen** (*K 132*) *od* **Dank sa|gen** (*K 131*), *österr nur so* (*gehoben*); du danksagst *od* du sagst Dank; dankgesagt *od* Dank gesagt; dankzusagen *od* Dank zu sagen; *vgl. auch K 134*; *aber K 127*: jmdm. vielen Dank sagen; *vgl. auch* Dank · **Dank|sa|gung** · **Dank|schrei|ben**

dann; _ und wann

dan|nen; *nur noch in* von dannen (*dicht*; fort, weg) fahren, gehen, ziehen

dann|zu|mal (*schweiz*; dann, in jenem künftigen Augenblick)

Daph|ne [..nə *od* ..ne:] (*griech Sage*; eine Nymphe) ⟨*grch*⟩

Daph|nia, die, _, ..ien [..iən] (ein Wasserfloh) ⟨*grch → lat*⟩ · **Daphnia|pro|be** (*fachspr*; Prüfung von Aquarien auf Giftfreiheit)

dar...: *in unfest zusammengesetzten Verben*, z. B. darbieten *K 356*, du bietest dar, dargeboten, darzubieten

dar|an [*od* 'da:..]. *Schreibung bei Verben*: *a. Getrenntschreibung K 145*, z. B. daran zweifeln; daran ist kein wahres Wort; nahe daran sein; *b. Zusammenschreibung K 148*, *vgl.* die entsprechenden Stichwörter. *Vgl. auch* dran

dar|an|ge|hen *K 148 u. 363* (anfangen); du gehst daran; darangegangen; daranzugehen; *aber K 145*: daran (an dieses Fenster) gehen, daran (an das Fenster) gehen

dar|an|kom|men[1] *K 148* (an die Reihe kommen); *aber K 145*: daran (an die Kante) kommen

dar|an|set|zen[1] *K 148* (aufwenden, opfern); ich werde mein Letztes daransetzen; *aber K 145*: daran (an diesen Tisch) setzen, daran (an den Tisch) setzen

dar|auf [*od* 'da:..]: 1. *Adv. Schreibung bei Verben*: *a. Getrenntschreibung K 145*, z. B. darauf (auf diesen Tisch) legen, darauf (auf den Tisch) legen; wir wissen nicht, was darauf *od* darauf folgen wird; *vgl. auch* darauffolgend; darauf ausgehen (erstreben, bezwecken); darauf (auf ein Ziel) losgehen; *vgl. auch* drauflosgehen; *b. Zusammenschreibung K 148*, *vgl.* daraufkommen – 2. *Konj*; ..., darauf *od* darauf (dann) folgte ein Tanz. *Vgl.* drauf u. *K 390*

dar|auf|fol|gend *K 169*; am darauffolgenden Tage

dar|auf|hin [*od* 'da:..] (danach, darauf); er wandte sich daraufhin *od* daraufhin an mich

dar|auf|kom|men *K 148* (entdekken; sich erinnern); du kommst darauf; daraufgekommen; daraufzukommen; ich werde schon noch daraufkommen (mich schon erinnern); *aber K 145*: sie müssen gleich darauf *od* darauf (danach) kommen

dar|aus [*od* 'da:..]. *Schreibung bei Verben*: *Getrenntschreibung K 145*, z. B. es wird nichts daraus werden (es wird nicht gelingen, zustande kommen); du darfst dir nichts daraus machen (dich nicht darüber ärgern)

dar|ben ⟨*zu* dürfen⟩

dar|bie|ten · **Dar|bie|tung**

dar|brin|gen (*gehoben*)

Dar|da|nel|len *Pl, im Altertum* **Hel|les|pont** (Meeresverbindung zw. Marmarameer u. Ägäis)

dar|ein [*od* 'da:..] *od* **drein.** *Schreibung bei Verben*: *a. Getrenntschreibung K 145*, z. B. sich (*Akk*) darein ergeben; *b. Zusammenschreibung K 148*, *vgl.* dareinreden

dar|ein|re|den *od* **drein|re|den,** *österr nur so, K 148*; du redest darein; dareingeredet; dareinzureden

Dar|es|sa|lam (Hptst. von Tansania) ⟨*arab*, ,Haus des Friedens'⟩

Darg, der, _s, _e (*norddt*; fester Moorgrund, Schilftorf)

Dar|ge|bot, das, _[e]s (*fachspr*); das _ (Aufkommen) an Wasser

dar|in [*od* 'da:..]. *Schreibung bei Verben*: *Getrenntschreibung K 145*, z. B. darin sein; du hast dich darin (in dieser Sache) geirrt, du hast dich nur darin (nur in diesem Punkt) geirrt. *Vgl. auch* drin

dar|in|nen (*gehoben*; drinnen)

Dar|jee|ling|tee [da:r'dʒi:liŋ..] *K 246* ⟨*nach* der engl. Form der Stadt Dardschiling im NO Indiens⟩

dar|le|gen · **Dar|le|gung**

Dar|le|hen, *österr nur so, auch* **Dar|lehn** *K 362*, das, _s, _

Dar|ling ['da:r..], der, _s, _s (Liebling) ⟨*engl*⟩

Darm, der, _[e]s, *Pl* Därme · **Darm|sai|te**

Darm|stadt (Stadt in der mittleren BRD) · **Darm|städ|ter:** 1. *K 231*: der, _s, _; 2. *als Attribut K 232*: der Darmstädter Kreis (*Lit*) · **darm|städ|tisch**

Dar|re, die, _, _n (*fachspr*; eine Röstvorrichtung)

dar|rei|chen (*gehoben*) · **Dar|rei|chung** (*gehoben*)

dar|ren (*fachspr*; dörren, trocknen, rösten) · **Darr|ofen** (*fachspr*) · **Darr|sucht,** die, _ (eine Tierkrankheit)

Darß, der, _es (Halbinsel im N der DDR)

dar|stel|len · **Dar|stel|ler** · **Dar|stel|le|rin,** die, _, ..innen · **dar|stel|le|risch** · **Dar|stel|lung**

dar|tun (*gehoben*; zeigen, beweisen)

dar|über [*od* 'da:..]; darüber hinaus (außerdem). *Schreibung bei Verben*: *a. Getrenntschreibung K 145*, z. B. darüber wohnen; du wirst dich darüber freuen, du wirst dich besonders darüber freuen; darüber hinaus sein; darüber hinausgehen; *b. Zusammenschreibung K 148*, *vgl.* die entsprechenden Stichwörter. *Vgl. auch* drüber

dar|über|ma|chen, sich (*Akk*) *K 148* (*umg*; damit beginnen), *aber K 145*: du mußt das Bild darüber (nicht darunter) machen (*umg*; anbringen); du mußt das Bild darüber (z. B. über das Regal) machen (*umg*)

dar|über|ste|hen *K 148 u. 363* (überlegen sein), *aber K 145*: darüber (weiter oben) stehen

dar|um: 1. [..'rum *od* 'da:..] *Adv*; darum herum. *Schreibung bei Verben*: *a. Getrenntschreibung K 145*, du mußt ihn darum bitten, du mußt ihn besonders darum bitten; nicht darum herumkommen; *b. Zusammenschreibung K 148*, *vgl.* darumbinden – 2. ['da:..] *Konj* (deshalb); darum kam er so spät. *Vgl.* drum u. *K 390*

dar|um|bin|den *K 148*; einen Faden darumbinden

dar|un|ter [*auch* 'da:..]. *Schreibung bei Verben*: *a. Getrenntschreibung K 145*, z. B. darunter wohnen, darunter sein; *b. Zusammenschreibung K 148*, *vgl.* darunterlegen

dar|un|ter|le|gen *K 148*; du legst darunter; daruntergelegt; darunterzulegen; du mußt eine Decke darunterlegen; *aber K 145*: du mußt die Decke darunter (an diese Stelle) legen

dar|wi|nisch *od* **dar|winsch** *K 218* ⟨*nach* dem engl. Naturforscher Darwin⟩ · **Dar|wi|nisch** *od* **Dar|winsch** *K 217*; die Darwinsche Lehre ·

[1] *Konjugation vgl.* darangehen.

Dar|wi|nis|mus, der, _ (Darwins materialist. Theorie zur Erklärung der stammesgeschichtl. Entwicklung der Lebewesen) · **Dar|wi|nist** · **dar|wi|ni|stisch** *K 221*

das: 1. *Art*: *Sg* das, des, dem, das; *Pl* die, der, den, die
2. *Demonstrativpron K 120*: *Sg* das, des *u.* dessen (↑ *K 352*), dem, das; *Pl* die, der *u.* deren (↑ *K 352*) *bzw* derer (↑ *K 353*), den *u.* (*unverbunden*) denen, die; alles das, was ich gesagt habe
3. *Relativpron K 120*: *Sg* das, dessen, dem, das; *Pl* die, deren (↑ *K 352*), denen, die; *vgl. auch K 390*

da|sein *K 148* (anwesend, vorhanden sein); *K 159*: er soll um 9 Uhr dasein; so etw. ist noch nicht dagewesen; wenn er da ist, da war; *aber K 145*: da (an dieser Stelle) sein; er soll um 9 Uhr da sein; ich bin schon oft da (dort) gewesen · **Dasein,** das, _s · **Da|seins|be|rech|tigung**

da|selbst (*veraltend*; dort, hier)

das heißt, *Abk* d. h., *aber K 202*; *vgl. auch K 450* · **das ist,** *Abk* d. i., *aber K 202*; *vgl. auch K 450*

da|sit|zen[1] *K 148*; wenn ihr so teilnahmslos dasitzt ...; *aber K 145*: da (an dieser Stelle) sitzen

das|je|ni|ge *K 120, Gen* desjenigen, *Pl* diejenigen

daß *Konj*, *vgl. auch K 390*; ich glaube, daß ...; so daß (*immer getrennt geschrieben*; *vgl. auch K 450*); auf daß (*veraltend*; damit)

das|sel|be *K 120, Gen* desselben, *Pl* dieselben; dasselbe Haus, ein und dasselbe Haus; es ist alles ein und dasselbe

Dasselfliegen ↑ Biesfliegen

da|ste|hen[1] *K 148 u. 363*; ein einzig dastehender Fall; *aber K 145*: da (an dieser Stelle) stehen

Da|tei (*Datenv*; Speichereinrichtung für Belege u. Dokumente) ⟨*lat*⟩ · **Da|ten** *Pl* (1. ↑ Datum – 2. Tatsachen, Angaben; Maße – *Datenv*; [kodierte] Informationen) · **Da|ten|bank,** *Pl* ..banken · **Da|ten|er|fassung** · **Da|ten|fern|über|tragung** · **Da|ten|ver|ar|bei|tung,** die, _; *K 119*: elektronische _ (*Abk* EDV) · **Da|ten|ver|ar|bei|tungs|an|la|ge** · **da|tie|ren** (mit Zeitangabe versehen) ⟨*lat → frz*⟩; das Gemälde datiert (stammt) aus dem 16. Jahrhundert · **Da|tie|rung** · **Da|tiv,** der, _s, _e [..v..] (*Gramm*; Wemfall, 3. Fall); *Abk* Dat. ⟨*lat*⟩ · **Da|tiv|ob|jekt** (*Gramm*; Ergänzung im Dativ) · **da|to** ⟨*lat → ital*⟩; *nur noch in* bis _ (*veraltend*; bis heute) · **Da|to|wech|sel** (*Bankw*; Fristwechsel)

Dat|sche, die, _, _n (Landhaus; Wochenendhaus) ⟨*russ*⟩

Dat|tel, die, _, _n ⟨*grch → lat → ital*⟩ · **Dat|tel|pal|me**

Da|tum, das, _s, *Pl* Daten (genaue Tagesbezeichnung) ⟨*lat*⟩; *vgl. auch* Daten u. *K 380* · **Da|tums|an|gabe** *K 380* · **Da|tums|gren|ze,** *auch* **Da|tum|gren|ze,** die, _

Dau|be, die, _, _n (Seitenwandbrett des Fasses; Holzwürfel als Ziel beim Eisstockschießen) ⟨*grch → lat → frz*⟩

Dau|er, die, _. *Zus K 365 ff.*: Dauerlauf, ...welle usw. · **dau|er|haft** · **Dau|er|haf|tig|keit,** die, _ · [1]**dau|ern** ⟨*lat*⟩; es dauert lange

[2]**dau|ern** ⟨*zu* teuer⟩; es dauert mich; mich dauert die Mühe

dau|ernd (stets, ständig) ⟨*zu* [1]dauern⟩

Däum|chen · **Dau|men,** der, _s, _ · **dau|men|breit;** _er Abstand, *aber*: der Abstand ist einen Daumen breit · **Dau|men|schrau|be** (*hist*; ein Folterwerkzeug); jmdm. die _en anlegen (*umg*; auf jmdn. Druck ausüben) · **Däum|ling**: 1. der, _s (eine Märchengestalt) – 2. der, _s, _e (Fingerling für den Daumen)

Dau|ne, die, _, _n (Flaumfeder) · **Dau|nen|decke** [*Tr* ...dek|ke]

Dau|phin [do'fɛ̃:], der, _s, _s (*hist*; Titel des französ. Thronfolgers) ⟨*grch → lat → frz*⟩ · **Dau|phi|né** [dofi'ne:], die, _ (*hist*; Landbesitz des französ. Thronfolgers)

[1]**Daus,** der, _es, _e (*verhüll*; Teufel); *nur noch in Wendungen wie* ei der _! (Ausruf der Verwunderung)

[2]**Daus,** das, _es, *Pl* Däuser, *auch* _e (zwei Augen im Würfelspiel; As im Kartenspiel) ⟨*lat → frz*⟩

Da|vid [..f.. *od* ..v..] (m. Vn.) ⟨*hebr*, ‚Liebling'⟩ · **Da|vid[s]|stern** ⟨*nach* dem altjüd. König David⟩

Da|vis|po|kal ['de:vis..] *K 209*, der, _s (Tenniswanderpreis) ⟨*nach* dem Stifter⟩

Da|vis|stra|ße ['de:vis..] *K 209*, die, _ (Meeresstraße südwestl. von Grönland) ⟨*nach* dem engl. Seefahrer⟩

Da|vit ['de:vit, *seem auch* 'da:vit], der, _s, _s (*Seew*; Aussetzvorrichtung auf Schiffen) ⟨*frz → engl*⟩

da|von [*od* 'da:..] *Adv*: nichts [mehr] davon! (Schluß damit!), Hände weg davon! *Schreibung bei Verben*: a. *Getrenntschreibung K 145*, z. B. etwas, nichts, den Schaden davon haben; davon kommen viele Krankheiten; nichts davon wissen wollen; *b. Zusammenschreibung K 148*, *vgl.* die entsprechenden Stichwörter

da|von|ge|hen *K 148 u. 363*; du gehst davon; davongegangen; davonzugehen; *aber K 153*: auf und davon gehen

da|von|kom|men[1] *K 148*; mit dem Leben davonkommen; *aber K 145*: die Wirkung soll davon kommen

da|von|las|sen[1] *K 148*; wir dürfen ihn nicht davonlassen (weglaufen lassen); *aber K 145*: er mußte davon lassen (von seinem Plan Abstand nehmen)

da|von|lau|fen[1] *K 148*; *K 102*: es ist zum Davonlaufen; *aber K 153*: auf und davon laufen

da|vor [*od* 'da:..] *Adv*: davor siehst du den Wald; davor (vorher) war eine Besprechung. *Schreibung bei Verben*: *a. Getrenntschreibung K 145*, z. B. davor steht ein Haus; davor warnen, davor graut mir; *b. Zusammenschreibung K 148*, *vgl.* die entsprechenden Stichwörter

da|vor|ste|hen *K 148 u. 363* (z. B. vor einem Hause); du stehst davor; davorgestanden; davorzustehen; *aber K 146*: davor stehen (nicht liegen)

da|vor|stel|len[2] *K 148* (z. B. vor die Tür), *aber K 146*: davor stellen (nicht legen)

Da|vos [da'vo:s] (Kurort in der Schweiz) · **Da|vo|ser**: 1. *K 231*: der, _s, _; 2. *als Attribut K 232*

Da|vy|sche Lam|pe ['de:viʃə _] *K 217*, die (Sicherheitslampe für Bergleute) ⟨*nach* dem engl. Chemiker⟩

da|wi|der (*veraltend*; dagegen) · **dawi|der|re|den** *K 148* (*veraltend*; dagegenreden, widersprechen); du redest dawider; dawidergeredet; dawiderzureden

Dazien usw. ↑ Daker usw.

da|zu [*od* 'da:..] *Adv*: dazu (z. B. zum Frühstück) eine Tasse Tee trinken; dazu (außerdem) ein Ei. *Schreibung bei Verben*: *a. Getrenntschreibung K 145*, z. B. dazu einladen, dazu gehören; *b. Zusammenschreibung K 148*, vgl. die entsprechenden Stichwörter

da|zu|ge|hö|rig

da|zu|hal|ten, sich (*Akk*) *K 148* (*umg*; sich beeilen); du hältst dich dazu; du hast dich dazugehalten; sich dazuzuhalten

da|zu|kom|men[3] *K 148* (hinzukommen), *aber K 145*: es darf nicht dazu kommen, daß ...

da|zu|mal (*veraltend*); Anno (*österr*

---

[1] *Konjugation vgl.* dabehalten.

---

[1] *Konjugation vgl.* davongehen.
[2] *Konjugation vgl.* davorstehen.
[3] *Konjugation vgl.* dazuhalten.

anno) _ (*umg*; einst, vor langer Zeit)

da|zu|schau|en[1] (*österr*; sich dazuhalten); schau dazu, daß du fortkommst

da|zu|schrei|ben[1] *K 148* (schreibend hinzufügen), *aber K 145*: dazu (zu dieser Frage) schreiben

da|zu|tun[1] *K 148* (hinzufügen)

da|zwi|schen *Adv*; man sieht Wiesen, dazwischen Felder; dazwischen liegen zehn Jahre. *Schreibung bei Verben*: *a. Getrenntschreibung K 145*, z. B. du darfst nicht dazwischen (zwischen den Autos) spielen; *b. Zusammenschreibung K 148*, *vgl.* die entsprechenden Stichwörter

da|zwi|schen|kom|men *K 148* (zwischen etw. geraten; stören); du kommst dazwischen; dazwischengekommen; dazwischenzukommen; *aber K 145*: dazwischen kommen, z. B. ..., da Blumenbeete dazwischen kommen · **Da|zwi|schen|kom|men,** das, _s

da|zwi|schen|tre|ten[2] *K 148 u. 152* (zwischen etw. treten; vermittelnd eingreifen) · **Da|zwi|schen|tre|ten,** das, _s

DDR-Bür|ger [de:de:'ɛr..] *K 186*

D-Dur ['de:..] *K 106*, das, _ (*Mus*; Tonart), *Zeichen* D; in D-Dur *od* in D · **D-Dur-Ton|lei|ter** *K 188* (*Mus*)

De|ba|kel, das, _s, _ (Zusammenbruch, Niederlage) ⟨*lat* → *frz*⟩

De|bat|te, die, _, _n (Aussprache, Erörterung) ⟨*lat* → *frz*⟩ · **de|bat|tie|ren**

De|bet, das, _s, _s (*Bankw*; das Soll, die Schuld; Sollseite) ⟨*lat*⟩; *Ggs* Kredit (2)

de|bil (*Med*; schwach; [leicht] schwachsinnig) ⟨*lat*⟩ · **De|bi|li|tät,** die, _ (*Med*)

de|bi|tie|ren (*kaufm*): 1. ⟨*lat*⟩ ([ein Konto] belasten) – 2. ⟨*lat* → *frz*⟩ (verkaufen) · **De|bi|tor,** der, _s, ..oren (*Bankw*; Schuldner) ⟨*lat*⟩

De|bre|cen ['dɛbrɛtsɛn] (Stadt im O Ungarns)

De|büt [de'by:], das, _s, _s (erstes öffentl. Auftreten) ⟨*frz*⟩ · **De|bü|tant** [..by'tant] · **De|bü|tan|tin,** die, _, ..innen · **de|bü|tie|ren**

Decamerone ↑ Dekameron

Dechanat ↑ Dekanat (2) · **Dechant** ↑ [1]Dekan (3)

de|chif|frie|ren [deʃif'ri:..] ([Geheimschrift] entziffern; Klartext herstellen) ⟨*arab* → *frz*⟩

Dech|sel, *auch* **Deich|sel,** die, _, _n (Breitbeil)

---

[1] *Konjugation vgl.* dazuhalten.
[2] *Konjugation vgl.* dazwischenkommen.

Deck, das, _[e]s, *Pl* _s *od* _e ⟨*ndrl*⟩

Deck|bett ⟨*zu* decken⟩ · **Deck|blatt** · **Decke**[1], die, _, _n · **Deckel**[1], der, _s, _ · **Deckel|glas**[1], *Pl* ..gläser · **deckeln**[1] (*umg*; mit Deckel versehen) · **decken**[1] · **Decken|ge|mäl|de**[1] · **Deck|farbe** · **Deck|na|me,** der, _ns, _n

Deck|pei|lung (*seem*) ⟨*zu* Deck⟩ · **Decks|la|dung** (*seem*)

Deckung[1] ⟨*zu* decken⟩ · **deckungs|gleich**[1] (*Geom*)

De|co|der, *auch* **De|ko|der,** der, _s, _ (*Elektronik*; Datenentschlüsseler) ⟨*lat* → *frz* → *engl*⟩ · **decodieren** ↑ dekodieren

de|cou|ra|giert [dekura'ʒi:rt] (*veraltend*; entmutigt, verzagt) ⟨*lat* → *frz*⟩

de|cre|scen|do [dekrɛ'ʃɛndo] (*Mus*; leiser werdend), *Abk* decresc. ⟨*lat* → *ital*⟩; *Ggs* crescendo · **De|cre|scen|do,** das, _s, *Pl* _s *od* ..di (*Mus*); *Ggs* Crescendo

DE|DE|RON, *auch* **De|de|ron,** das, _s *Kunstw* (Bez. für Polyamidfaserstoffe der DDR) ⟨*aus DDR* + ...*on* (Endung der Bezeichnungen für Chemiefasern)⟩ · **DE|DE|RON-Misch|ge|we|be,** *auch* **De|de|ron-Misch|ge|we|be** *K 187*

De|di|ka|ti|on (Widmung; Geschenk) ⟨*lat*⟩ · **de|di|zie|ren** (widmen; schenken)

De|duk|ti|on (*Logik*; Ableitung des Besonderen aus dem Allgemeinen; Beweis) ⟨*lat*⟩; *Ggs* Induktion · **de|duk|tiv** (*Logik*; vom Allgemeinen das Besondere, das Einzelne herleitend); *Ggs* induktiv · **de|du|zie|ren** (*Logik*); *Ggs* induzieren

DE|FA, die, _ *Kurzw* (volkseigene Filmgesellschaft der DDR) ⟨*aus* *D*eutsche *F*ilm-*AG*⟩

de fac|to (nach Lage der Tatsachen; tatsächlich [bestehend]) ⟨*lat*⟩; *vgl. auch* de jure · **De-fac|to-An|er|ken|nung** *K 188*

De|fä|tis|mus, der, _ (Pessimismus, Schwarzseherei, Untergangsstimmung) ⟨*lat* → *frz*⟩ · **De|fä|tist** · **de|fä|ti|stisch**

de|fekt (mangelhaft, fehlerhaft; schadhaft) ⟨*lat*⟩ · **De|fekt,** der, _[e]s, _e (Mangel, Fehler; Schaden) – **De|fek|te** *Pl* (*Polygr*) · **de|fek|tiv** (mangelhaft; lückenhaft) · **De|fek|ti|vum** [..v..], das, _s, ..va (*Sprachw*; Wort, bei dem bestimmte Flexionsformen fehlen)

de|fen|siv (abwehrend, verteidigend) ⟨*lat*⟩; *Ggs* offensiv · **De|fen|si|ve** [..v..], die, _, _n (Abwehr, Verteidigung) ⟨*lat* → *frz*⟩; *Ggs* Offensive · **De|fen|siv|hal|tung** [..f..]

De|fi|lee, das, _s, ..een (das Vor-

---

[1] *Tr* ..k|k..

überziehen; [parademäßiger] Vorbeimarsch – *fachspr*; Enge, Engpaß) ⟨*lat* → *frz*⟩ · **de|fi|lie|ren** ([parademäßig] vorbeimarschieren)

de|fi|nie|ren (begrifflich bestimmen) ⟨*lat*, ‚abgrenzen'⟩ · **De|fi|ni|ti|on** (Begriffsbestimmung – *kath Kirche*; als unfehlbar geltende Entscheidung in dogmat. Fragen) · **de|fi|ni|tiv** (endgültig)

De|fi|zit ['de:.., *österr auch* ..'tsit], das, _s, _e (Fehlbetrag; Verlust) ⟨*lat* → *frz*, ‚es fehlt'⟩ · **de|fi|zi|tär** (ein Defizit ergebend)

De|fla|ti|on (*kap Wirtsch*; Verminderung des Geldumlaufs im Verhältnis zur Warenmenge; *Ggs* Inflation – *Geol*; Abtragung von Lockermaterial durch den Wind) ⟨*lat*⟩ · **de|fla|tio|ni|stisch** *od* **de|fla|to|risch** (*kap Wirtsch*)

De|flek|tor, der, _s, ..oren (*Techn*; Rauchkappe, Saugkappe [Schornsteinaufsatz]) ⟨*lat*⟩

De|flo|ra|ti|on (*Med*; Entjungferung) ⟨*lat*⟩ · **de|flo|rie|ren** (*Med*)

De|for|ma|ti|on (Formveränderung; Verunstaltung, Mißbildung) ⟨*lat*⟩ · **de|for|mie|ren** · **De|for|mie|rung** · **De|for|mi|tät** (*Med*; Mißbildung)

De|frau|dant (*veraltend*; Betrüger) ⟨*lat*⟩ · **De|frau|da|ti|on** (*veraltend*; Betrug; Unterschlagung)

def|tig (*umg*; tüchtig, kräftig; derb, grob)

[1]**De|gen,** der, _s, _ (*dt Sage*; [junger] Held, Krieger)

[2]**De|gen,** der, _s, _ (eine Stichwaffe) ⟨*lat* → *frz*⟩

De|ge|ne|ra|ti|on (Entartung; Rückbildung) ⟨*lat*⟩ · **de|ge|ne|rie|ren**

De|gen|klin|ge ⟨*zu* [2]Degen⟩

De|gout [de'gu:], der, _s (*gehoben*; Ekel, Widerwille, Abneigung) ⟨*lat* → *frz*⟩ · **de|gou|tant** [..gu'tant] (*gehoben*; ekelhaft, abstoßend) · **de|gou|tie|ren** (*gehoben*; anekeln, anwidern; etw. ekelhaft finden)

De|gra|da|ti|on (Degradierung – *Landw*; Verschlechterung der Bodenqualität) ⟨*lat*⟩; _ der Energie (*Phys*; Umwandlung mechanischer in Wärmeenergie) · **de|gra|die|ren** · **De|gra|die|rung** (Rangentkleidung, -erniedrigung)

de|gres|siv (abnehmend, nachlassend) ⟨*lat*⟩; _e [..v..] Kosten (*Wirtsch*)

De|gu|sta|ti|on (*bes schweiz*; Kostprobe) ⟨*lat* → *frz*⟩ · **de gu|sti|bus non est dis|pu|tan|dum** (»über den Geschmack läßt sich nicht streiten«) ⟨*lat*⟩ · **de|gu|stie|ren** (*bes schweiz*; prüfen, kosten, versuchen) ⟨*lat* → *frz*⟩

dehn|bar · **Dehn|bar|keit,** die, _ · **deh|nen** · **Dehn|son|de** · **Deh|nung;** *vgl. auch K 8–10* · **Deh|nungs-h** *K 106*, das, _, _

De|hors [de'o:rs] *Pl* (*veraltend*; äußerer Schein; äußerer Anstand) ⟨*lat → frz*⟩; *nur noch in* die _ wahren

de|hy|drie|ren (*fachspr*; einer chem. Verbindung Wasserstoff entziehen) ⟨*grch → lat*⟩ · **De|hy|drie|rung** (*fachspr*)

Deibel ↑ Deiwel

Deich, der, _[e]s, _e (Hochwasserschutzdamm) · **Deich|bruch** ⟨*zu* [1]Bruch⟩

[1]**Deich|sel,** die, _, _n (Wagenteil)

[2]**Deichsel** ↑ Dechsel

deich|seln *K 363* (*salopp*; durch geschicktes Vorgehen zustande bringen) ⟨*zu* [1]Deichsel⟩

Dei|fi|ka|tion [de:i..] (Vergötterung; Vergottung) ⟨*lat*⟩ · **dei|fi|zie|ren**

deik|tisch (*fachspr*; hinweisend; auf Beispiele gegründet) ⟨*grch*⟩

dein[1]:

1\. *Possessivpron*: *m* dein, *f* deine, *n* dein (*vgl. auch Stichwort* deine *od* deinige); dein Tisch usw.; ein Streit über mein und dein; mein und dein nicht unterscheiden können, *aber K 97*: das Mein und [das] Dein

2\. dein[1] (*dicht*) *od* deiner[1] (*gehoben*) *Gen des Personalpron* »du«: ich gedenke dein[er]

dei|ne[1] *od* **dei|ni|ge**[1]; der, die, das dein[ig]e (*gehoben*). Außer in Briefen *klein* geschrieben, wenn ein vorausgehendes Substantiv zu ergänzen ist; *z. B.* Wessen Garten ist das? Ist es der dein[ig]e? (*gehoben*) – *Großschreibung K 97*: die Dein[ig]en (deine Angehörigen); das Dein[ig]e (deine Habe, das dir Zukommende); du mußt das Dein[ig]e tun · **deiner** ↑ dein (2) · **dei|ner|seits**[1] · **dei|nes|glei|chen**[1] · **dei|nes|teils**[1] (deinerseits) · **dei|net|hal|ben**[1] (*veraltend*) · **dei|net|we|gen**[1] · **dei|net|wil|len**[1]; *nur in* um _ · **deinige** ↑ deine

De|is|mus, der, _ (religionsphilosoph. Strömung der Aufklärung) ⟨*lat → frz*⟩; *vgl. aber* Theismus · **De|ist** · **dei|stisch**

Dei|wel, *auch* **Dei|xel** *od* **Dei|bel,** der, _s (*landsch umg*; Teufel); pfui _!

De|jeu|ner [deʒø'ne:], das, _s, _s (Frühstücksservice) ⟨*lat → frz*⟩

de ju|re (von Rechts wegen, rechtlich) ⟨*lat*⟩; *vgl. auch* de facto ·

---

[1] *In Briefen K 98*: Dein usw.

De-ju|re-An|er|ken|nung *K 188*

De|ka, das, _[s], _ *österr Kurzw* (Dekagramm) ⟨*grch*⟩ · **De|ka..**.[1] (Vorsatz bei Einheiten = das Zehnfache der genannten Einheit [z. B. Dekagramm]); *Vorsatzzeichen* da... (z. B. dag)

De|ka|brist (Teilnehmer an der ersten revolutionären Erhebung im zarist. Rußland im Jahr 1825) ⟨*lat → grch → russ*, ‚Dezembermann'⟩

De|ka|de (Zehnzahl; zehn Stück; Zeitraum von zehn Tagen) ⟨*grch*⟩

de|ka|dent (heruntergekommen; entartet) ⟨*lat*⟩ · **De|ka|denz,** die, _ (allgemeiner kultureller Verfall)

de|ka|disch (zehnteilig, auf der Zehn beruhend) ⟨*grch*⟩ · **De|ka|eder,** das, _s, _ (*Geom*; Zehnflächner) · **De|ka|gramm** (10 g); *österr Kurzw* Deka; *Einheitenzeichen* dag

De|ka|log, der, _[e]s (*Rel*; die Zehn Gebote) ⟨*grch*⟩ · **Dek|ame|ron,** *italien* **Dec|ame|rone,** das, _s (*Lit*; Boccaccios [bɔ'katʃo:s] Sammlung von Novellen, die an zehn Tagen erzählt wurden) ⟨*grch → lat → ital*⟩

[1]**De|kan** [de..], der, _s, _e: 1. (Leiter einer Fakultät) – 2. (*ev Kirche*; ein höherer Geistlicher [Superintendent]) – 3. *auch* **De|chant** [dɛ'çant, *österr* 'dɛ..], der, _en, _en (*kath Kirche*; der einem Domkapitel vorstehende Geistliche) ⟨*lat*⟩

[2]**De|kan,** das, _s, _e (*Chem*; ein Alkan) ⟨*grch*⟩

[3]**De|kan,** *auch* **De|khan** [..ka:n], der, _s (Hochland in Vorderindien) ⟨*aind*, ‚Südland'⟩

De|ka|nat [de..], das, _[e]s, _e: 1. (Verwaltung einer Fakultät) – 2. *auch* **De|cha|nat** [dɛça..] (*ev bzw kath Kirche*; Amt od. Bezirk eines Dekans od. Dechanten) ⟨*lat*⟩

de|kan|tie|ren (*Chem*; Flüssigkeit vom Bodensatz abgießen) ⟨*lat → frz*⟩

de|ka|pie|ren (*fachspr*; [geglühte] Metalle von Zunder od. unsichtbaren Oxidschichten reinigen; entzundern) ⟨*lat → frz*⟩

De|ka|teur [..'tø:r], der, _s, _e *od* **De|ka|tie|rer,** der, _s, _ (*Textiltechn*; jmd., der an der Dekatiermaschine tätig ist) ⟨*frz*⟩ · **de|ka|tie|ren** (*Textiltechn*; Textilgewebe einlaufen lassen)

Dekhan ↑ [3]Dekan

De|kla|ma|tion (kunstgerechter Vortrag [einer Dichtung]) ⟨*lat*⟩ · **De|kla|ma|tor,** der, _s, ..oren (Vortragskünstler) · **de|kla|mie|ren**

De|kla|ra|tion ([schriftl.] Erklärung;

---

[1] Nur bei bisher schon üblichen Dezimalen u. Vielfachen von Einheiten.

Zoll-, Steuererklärung) ⟨*lat*⟩ · **de|kla|rie|ren**

de|klas|sie|ren (herabsetzen – *Pol*; der ursprüngl. Klasse durch wirtschaftl. od. polit. Einflüsse entfremden – *Sport*; einen Gegner überlegen besiegen) ⟨*lat → frz*⟩ · **De|klas|sie|rung**

de|kli|na|bel (*Gramm*; veränderlich, beugbar) ⟨*lat*⟩; *K 363*: ein deklinables Wort · **De|kli|na|tion** (*Gramm*; Beugung der Substantive, Adjektive, Pronomen u. Numeralien – *Geophys*; Mißweisung, Abweichung der Magnetnadel von der geograph. Nordsüdrichtung) · **de|kli|nier|bar** (*Gramm*; beugbar) · **de|kli|nie|ren** (*Gramm*; Substantive, Adjektive, Pronomen u. Numeralien beugen)

Dekoder ↑ Decoder · **de|ko|die|ren** *od* **de|co|die|ren** (Wörter od. einen Text entschlüsseln) ⟨*lat → frz → engl*⟩

De|kokt, das, _[e]s, _e (*Pharm*; Abkochung, Absud) ⟨*lat*⟩

De|kolle|té [..kɔl'te:], das, _s, _s (tiefer Hals- od. Rückenausschnitt an Frauenkleidern) ⟨*lat → frz*⟩ · **de|kolle|tie|ren** (mit einem Dekolleté versehen) · **de|kolle|tiert**

de|kom|po|nie|ren (in seine Bestandteile zerlegen, auflösen) ⟨*lat*⟩ · **De|kom|po|si|tion** · **De|kom|po|si|tum,** das, _s, ..ta (*Sprachw*; Ableitung von einer Zusammensetzung; Zusammensetzung aus Simplex u. Kompositum od. aus zwei Komposita)

De|kon|ta|mi|na|tion (*fachspr*; Entseuchung) ⟨*lat*⟩ · **de|kon|ta|mi|nie|ren** (*fachspr*)

De|kor, der *od* das, _s, *Pl* _s *od* _e (Verzierung; Muster) ⟨*lat → frz*⟩ · **De|ko|ra|teur** [..'tø:r], der, _s, _e (Gestalter von Innenräumen, Schaufenstern usw.) · **De|ko|ra|tion** (Schmuck, Ausstattung; Orden, Ehrenzeichen) · **De|ko|ra|tions|stoff,** *Kurzw* **De|ko|stoff,** *österr Kurzw* **De|kor|stoff** · **de|ko|ra|tiv** (schmückend, durch Ausschmückung wirksam) · **de|ko|rie|ren**

De|ko|rum, das, _s (*veraltend*; äußerer Anstand, Schicklichkeit) ⟨*lat*⟩; *fast nur noch in* das _ wahren

Dekostoff ↑ Dekorationsstoff

De|kres|zenz, die, _, _en (*fachspr*; Abnahme) ⟨*lat*⟩

De|kret, das, _[e]s, _e (Verordnung, Erlaß, behördl. Entscheidung) ⟨*lat*⟩ · **de|kre|tie|ren**

De|ku|mat|land *od* **De|ku|ma|ten|land,** das, _[e]s (*Altertum*; röm. Herrschaftsgebiet im SW Germaniens) ⟨*lat*⟩

de|ku|pie|ren (*fachspr*) ⟨*lat → frz*⟩ ·

De|ku|pier|sä|ge (*fachspr;* Laub-, Schweifsäge)
de|ku|vrie|ren [..v..] (aufdecken; offenbaren) ⟨*lat → frz*⟩
De|la|wa|re: 1. ['dɛləwɛ:r] (Staat der USA) – 2. [dela'va:rə], der, _n, _n (Angehöriger eines nordamerikan. Indianerstammes)
de|lea|tur (*Polygr;* Anweisung zur Streichung); *Abk* del., *Zeichen* ₰ ⟨*lat,* ‚es möge vernichtet werden'⟩ · **De|lea|tur,** das, _s, _ (*Polygr;* Tilgungszeichen); *Abk* del., *Zeichen* ₰ · **De|lea|tur|zei|chen**
De|le|ga|tion (Abordnung; Übertragung von Befugnissen) ⟨*lat*⟩ · **de|le|gie|ren** · **De|le|gier|te,** der *u.* die, _n, _n *K 341* · **De|le|gier|ten|kon|fe|renz** · **De|le|gie|rung** (Entsendung von Personen zu Konferenzen, zum Studium, in andere Betriebe u. ä.)
Delft (Stadt in den Niederlanden) · **Delf|ter:** 1. *K 231:* der, _s, _; 2. *als Attribut K 232*
De|lhi ['de:li] (Hptst. von Indien); *vgl. auch* Neu-Delhi
de|li|kat (lecker, wohlschmeckend; heikel) ⟨*lat*⟩ · **De|li|ka|tes|se:** 1. die, _, _n (Leckerbissen; Feinkost) – 2. die, _ (Zartgefühl) ⟨*lat → frz*⟩ · **De|li|ka|teß|ge|schäft** *od* **De|li|ka|tes|sen|ge|schäft** · **De|li|kat|la|den**
De|likt, das, _[e]s, _e (strafbare Handlung) ⟨*lat*⟩
De|li|la (weibl. bibl. Gestalt) ⟨*hebr*⟩
de|li|nea|vit [..v..] (»er hat [es] gezeichnet« [Unterschrift des Künstlers]); *Abk* del. *od* delin. ⟨*lat*⟩
De|lin|quent (Übeltäter, Missetäter, Verbrecher) ⟨*lat*⟩
de|li|rie|ren (*Med;* irrereden, irre sein) ⟨*lat*⟩ · **De|li|rium,** das, _s, ..ien [..iən] (*Med;* krankhafte Bewußtseinstrübung mit Sinnestäuschungen u. Wahnideen) · **De|li|rium tre|mens** *K 47,* das, *Gen* _ _ (*Med;* Säuferwahnsinn)
de|lisch ⟨*nach* Delos, dem antiken Namen einer Kykladeninsel⟩; *K 258:* der Delische Bund (altgriech. Seebund)
de|li|ziös *K 349* (köstlich) ⟨*lat → frz*⟩
Del|kre|de|re, das, _, _ (*Wirtsch;* Haftung für das Bezahlen einer Forderung) ⟨*ital*⟩
Del|le, die, _, _n (*landsch umg;* [flache] Vertiefung)
de|lo|gie|ren [..'ʒi:..] (*bes österr;* zum Räumen zwingen, [aus der Wohnung] ausweisen) ⟨*germ → frz*⟩
Del|phi (*Altertum;* Orakelstätte in Griechenland)
Del|phin, der, _s, _e (ein Zahnwal) ⟨*grch → lat*⟩ · **Del|phi|na|rium,** das, _s, *Pl* ..ien [..iən] (Anlage zur Schaustellung u. Erforschung kleinerer Walarten) · **Del|phin|schwim|men,** das, _s
del|phisch (doppelsinnig, rätselhaft) ⟨*zu* Delphi⟩; *K 119:* ein delphisches (doppelsinniges) Orakel, *aber K 258:* das Delphische Orakel (*Altertum*)
Del|ta: 1. das, _[s], *Pl* _s, *österr auch* _ (griech. Buchstabe: Δ, δ) – 2. das, _[s], *Pl* _s *od* ..ten, *österr nur* _s (dreieckförmige Mündungsform eines Flusses) ⟨*semit → grch*⟩ · **del|ta|för|mig** · **Del|to|id,** das, _[e]s, _e (*Geom;* Viereck aus zwei gleichschenkligen Dreiecken) · **Del|to|id|do|de|ka|eder** [..ka,e:..] (*Mineral;* von zwölf Deltoiden begrenzte Kristallform)
dem ↑ der, das (*Art u. Pron*); wie dem [nun] auch sei
Dem|ago|ge, der, _n, _n (*abwert;* Aufwiegler, Volksverführer) ⟨*grch,* ‚Volksführer'⟩ · **Dem|ago|gie,** die, _, ..ien (*abwert;* Aufwiegelung; Irreführung des Volkes) · **dem|ago|gisch** (*abwert;* aufwieglerisch; die Wahrheit entstellend)
De|mant [*od* ..'mant], der, _[e]s, _e (*dicht;* Diamant) ⟨*grch → lat → frz*⟩ · **de|man|ten** *K 364* (*dicht;* diamanten)
De|mar|che [de'marʃ(ə)], die, _, _n [..ʃ(ə)n] (diplomat. Einspruch) ⟨*lat → frz*⟩
De|mar|ka|tion (Abgrenzung) ⟨*lat*⟩ · **De|mar|ka|tions|li|nie** [..ĭə] · **de|mar|kie|ren**
de|mas|kie|ren (entlarven, scheinheilige Politik aufdecken – *Milit;* Tarnung entfernen) ⟨*arab → frz*⟩; jmdn. _, sich (*Akk*) _
Demen ↑ Demos
dem|ent|ge|gen *K 176* (dagegen)
De|men|ti, das, _s, _s (Ableugnung; Widerruf; Richtigstellung) ⟨*lat → frz*⟩ · **de|men|tie|ren**
dem|ent|spre|chend *K 176*
De|menz, die, _, _en (*Med;* Geistesschwäche; Verblödung) ⟨*lat*⟩
De|me|ter [*österr auch* 'de:..] (*griech Mythol;* Göttin des Ackerbaus)
dem|ge|gen|über *K 176* (dagegen, andererseits), *aber K 175:* dem [Mann] gegenüber saß ... · **dem|ge|mäß** *K 176*
de|mi|li|ta|ri|sie|ren (entmilitarisieren, abrüsten) ⟨*lat → frz*⟩
De|mi|mon|de [dəmi'mɔ̃:də], die, _ (*abwert;* »Halbwelt«) ⟨*frz*⟩
De|mis|sion (Abdankung, Rücktritt, Entlassung, Verabschiedung) ⟨*lat → frz*⟩ · **de|mis|sio|nie|ren**
dem|nach · **dem|nächst**
de|mo|bi|li|sie|ren (abrüsten; aus dem Kriegszustand in Friedensverhältnisse überführen) ⟨*lat → frz*⟩ · **De|mo|bi|li|sie|rung,** *auch* **De|mo|bi|li|sa|tion**
De|mo|gra|phie, die, _, ..ien (Bevölkerungskunde, -statistik) ⟨*grch*⟩ · **de|mo|gra|phisch**
De|mo|krat, der, _en, _en (Anhänger der Demokratie, einer demokrat. Partei) ⟨*grch → lat → frz*⟩ · **De|mo|kra|tie:** 1. die, _ (Prinzip der »Volksherrschaft«) – 2. die, _, ..ien (eine Staatsform, deren Charakter durch die jeweils herrschende Klasse bestimmt wird) ⟨*grch → lat*⟩; die bürgerliche Demokratie, die sozialistische Demokratie · **de|mo|kra|tisch;** _ste ⟨*grch → lat → frz*⟩; eine demokratische Partei; *K 258:* Deutsche Demokratische Republik (*Abk* DDR) · **de|mo|kra|ti|sie|ren** (mit demokrat. Geist erfüllen)
de|mo|lie|ren (zerstören) ⟨*lat → frz*⟩
de|mo|ne|ti|sie|ren (*fachspr;* eine Münze gesetzlich außer Kurs setzen; ein Metall nicht mehr zu Münzzwecken verwenden) ⟨*lat → frz*⟩
De|mon|strant (Kundgebungsteilnehmer) ⟨*lat*⟩ · **De|mon|stra|tion** (Beweis; eingehende Darlegung; Vorführung; Massenkundgebung; Massenprotest) · **de|mon|stra|tiv** (seine Einstellung betont zeigend; deutlich, veranschaulichend) · **De|mon|stra|tiv|pro|no|men** (*Gramm;* hinweisendes Fürwort) · **de|mon|strie|ren** (beweisen; eingehend darlegen; bekunden; an einer Kundgebung teilnehmen)
De|mon|ta|ge [..mɔŋ'ta:ʒə *od* ..mɔn'ta:ʒə, *österr nur* ..mɔn'ta:ʒ] (Zerlegung; Abbau, Abbruch) ⟨*lat → frz*⟩ · **de|mon|tie|ren**
De|mo|ra|li|sa|tion, die, _ (Untergrabung der Moral; Zuchtlosigkeit) ⟨*lat → frz*⟩ · **de|mo|ra|li|sie|ren** (den moral. Halt nehmen; entmutigen)
De|mos, der, _, *Pl* Demen (Gebiet u. vollberechtigte Bevölkerung eines altgriech. Stadtstaates) ⟨*grch,* ‚Volk'⟩ · **De|mo|sko|pie,** die, _, ..ien ([Methode zur] Erforschung der öffentl. Meinung) · **de|mo|sko|pisch** · **de|mo|tisch** (volkstümlich); *vgl. K 266f.; K 119:* die _e Schrift (volkstümliche Schrägschrift in Ägypten [1]) · **De|mo|tisch,** das, *Gen* _[s], *Dat* _ (Sprachbezeichnung *K 268ff.*) · **De|mo|ti|sche,** das, *Gen* _n, *Dat* _n (Sprachbezeichnung *K 271*)
dem|un|ge|ach|tet, *auch* **dem|un|er|ach|tet** (*veraltend;* dessenungeachtet)

De|mut, die, _ · **de|mü|tig** · **de|mü|ti|gen** · **De|mü|ti|gung** · **de|muts|voll,** *auch* **de|mut|voll**
dem|zu|fol|ge *K 176* (infolgedessen, deshalb); er war gestern zu leicht gekleidet und ist heute demzufolge [*od* demzufolge heute] krank (*besser* und ist deshalb heute krank); *aber K 175*: der Plan, dem zufolge ... gebaut werden sollen, ...
den ↑ der, die, das (*Art u. Pron*)
De|nar, der, _s, _e (*Altertum*; röm. Silbermünze) ⟨*lat*⟩
de|na|tu|ra|li|sie|ren (aus der Staatsbürgerschaft entlassen; ausbürgern) ⟨*lat*⟩ · **de|na|tu|rie|ren** (*fachspr*; vergällen, ungenießbar machen); denaturierter Spiritus
Den|drit, der, _en, _en (*Geol*; [an verästelte Pflanzenreste erinnernde] Mangan- u. Eisenausscheidungen an Gestein – *Med*; verästelter Zytoplasmafortsatz der Nervenzelle) ⟨*grch*⟩ · **den|dri|tisch** (*Geol, Med*; verästelt, verzweigt) · **Den|dro|lo|gie,** die, _ (wissenschaftl. Baumkunde, Gehölzkunde)
denen ↑ der, die, das (*Pron*)
den|geln *K 363* ([Sensen] durch Hammerschlag schärfen)
Den Haag, *niederländ amtl* **'s-Gra|ven|ha|ge** [*niederländ* sxra:vən'ha:xə] (Stadt in den Niederlanden; Regierungssitz); *vgl. auch* Haager
De|nier [də'nĭe:], das, _[s], _ (*veraltet*; Einheit für die Feinheit [von Garnen] = 0,111 tex); *Einheitenzeichen* den ⟨*lat* → *frz*⟩
Denk|an|stoß · **Denk|art** · **denk|bar;** die _ günstigsten Bedingungen · **den|ken;** du dachtest, du dächtest; gedacht; denk[e]! · **Den|ker** · **den|ke|risch** · **Den|ker|stirn** (*oft scherzh*) · **denk|faul** · **Denk|mal,** *Pl* ..mäler, *österr nur so, auch* ..male · **Denk|mal[s]|kun|de,** die, _ · **denk|mal[s]|kund|lich** · **Denk|mal[s]|pfle|ge,** die, _ · **Denk|mal[s]|schutz** · **Denk|pau|se** (*zu* [1]Pause) · **Denk|schrift** (Memorandum) · **denk|wür|dig** · **Denk|wür|dig|keit** · **Denk|zet|tel;** jmdm. einen _ geben (*umg*)
denn, *vgl. auch K 390 u. 454*; es sei denn, daß ...; es müßte denn sein, daß ... (*vgl. auch K 450*); *für* »als« nach dem Komparativ, z. B. süßer denn Honig (*gehoben*) · **den|noch** [*Tr* ↑ *K 78*]
den|tal (*fachspr*; die Zähne betreffend) ⟨*lat*⟩ · **Den|tal,** der, _s, _e *od* **Den|tal|laut,** der, _[e]s, _e (*Phon*; Zahnlaut) · **den|te|lie|ren** [dãtə..] (*fachspr*; auszacken) ⟨*lat* → *frz*⟩ · **Den|ti|tion** (*Med*; das Zahnen; Zahndurchbruch) ⟨*lat*⟩
De|nu|da|tion (*Geol*; Abspülung von Verwitterungsschutt der Erdoberfläche) ⟨*lat*⟩
De|nun|ziant (jmd., der denunziert) ⟨*lat*⟩ · **De|nun|zia|tion** (Anzeige durch einen Denunzianten) · **de|nun|zie|ren** (aus niederen, meist persönl. Beweggründen anzeigen, verleumden)
De|odo|rant ⟨*lat* → *engl*⟩, das, _s, *Pl* _s *od* _e *od* **Des|odo|rans** ⟨*lat* → *frz*⟩, das, _, *Pl* ..ranzien [..ĭən] *od* ..rantia (Mittel gegen Körpergeruch) · **De|odo|rant|spray** [..ʃpre: *od* ..sp..]; *kurz* Deospray · **de|odo|rie|ren** ⟨*lat* → *engl*⟩ *od* **des|odo|rie|ren** ⟨*lat* → *frz*⟩ (geruchlos machen) · **Deo|spray** [..ʃpre: *od* ..sp..] (*kurz für* Deodorantspray)
De|par|te|ment [departə'mã:], das, _s, *Pl* _s *u. schweiz* [*auch* ..'mɛnt], das, _s, _e (Verwaltungsbezirk in Frankreich; Ministerium in der Schweiz – *schweiz auch für* Abteilung) ⟨*lat* → *frz*⟩ · **De|part|ment** [di'pa:rtmənt], das, _s, _s (staatl. Verwaltungsbezirk; zentrales Regierungsamt in Großbritannien u. in den USA) ⟨*lat* → *frz* → *engl*⟩
De|pen|denz, die, _, _en (*Philos, Sprachw*; Abhängigkeit) ⟨*lat*⟩
De|pe|sche, die, _, _n (*Diplomatie*; Eilnachricht – *veraltend*; Telegramm, Funkspruch) ⟨*lat* → *frz*⟩ · **De|pe|schen|wech|sel** (*Diplomatie*) · **de|pe|schie|ren** (*veraltend*; telegrafieren)
De|place|ment [deplas'mã:], das, _s, _s (*Schiff*; Wasserverdrängung) ⟨*lat* → *frz*⟩ · **de|pla|ciert** [..'(t)si:rt] *od* **de|pla|ziert** (fehl am Platze; unangebracht)
De|po|nens, das, _, *Pl* ..enzien [..ĭən] *od* ..entia (*Sprachw*; Verb in Form des Passivs, aber mit aktivischer Bedeutung) ⟨*lat*⟩ · **De|po|nent** (jmd., der etw. hinterlegt, in Verwahrung gibt) · **De|po|nie,** die, _, ..ien (Lagerplatz, Müllagerplatz); *K 119*: die geordnete _ · **de|po|nie|ren**
De|por|ta|tion (Zwangsverschickung, Verbannung) ⟨*lat*⟩ · **de|por|tie|ren**
De|po|si|tar ⟨*lat*⟩ *od* **De|po|si|tär** ⟨*lat* → *frz*⟩, der, _s, _e (Verwahrer von hinterlegten Werten) · **De|po|si|ten** *Pl* (*Bankw*; hinterlegte Wertsachen od. Wertpapiere; verzinslich angelegte Gelder) ⟨*lat*⟩ · **De|po|si|tion** (*Bankw*; Hinterlegung) · **De|po|si|tum,** das, _s, *Pl* ..ta *od* ..iten (*Bankw*; das Deponierte, Hinterlegte)
De|pot [de'po:], das, _s, _s (Aufbewahrungsort für Wertsachen, Wertpapiere; Sammelort für Omnibusse od. Schienenfahrzeuge) ⟨*lat* → *frz*⟩ · **De|pot|fund** (*Urgesch*; Sammelfund)
Depp, *auch* **Tepp,** der, *Gen* _en, *Pl* _en *od Gen* _s, *Pl* _e (*süddt, österr, schweiz*; ungeschickter, einfältiger Mensch; Dummkopf)
De|pres|sion (Niedergeschlagenheit, gedrückte Stimmung – *kap Wirtsch*; tiefste Stufe der zyklischen Krise; gedrückte Marktlage – *Met*; Tiefdruckgebiet, Tief) ⟨*lat*⟩ · **de|pres|siv** (niedergeschlagen, traurig gestimmt)
de|pri|mie|ren (niederdrücken, entmutigen) ⟨*lat*⟩; deprimiert
De|pu|tat, das, _[e]s, _e (in Naturalien entrichteter Teil des Lohnes) ⟨*lat*⟩ · **De|pu|ta|tion** (Abordnung; Ausschuß) · **de|pu|tie|ren** (abordnen) · **De|pu|tier|te,** der *u.* die, _n, _n *K 341*
der:
1. *Art*: *Sg* der, [1]des (↑ *d.*; *vgl. auch* dessen), dem, den; *Pl* die, der, den, die
2. *Demonstrativpron K 120*: *Sg* der, [1]des (↑ *d.*) *u.* dessen (*vgl. auch K 352*), dem, den; *Pl* die, der u. deren (↑ *d.*), den *u.* denen, die
3. *Relativpron K 120*: *Sg* der, dessen (*vgl. auch K 352*), dem, den; *Pl* die, deren (↑ *d.*), denen, die; *vgl. auch K 390*
der|art (so); *vgl. auch* Art · **der|ar|tig;** *K 114*: derartiges (solches), *aber K 95*: etwas Derartiges (so Beschaffenes)
derb · **Derb|heit**
Der|by: 1. ['da:rbi] ⟨*engl*⟩ (Stadt in England) – 2. ['dɛrbi] ⟨*nach* dem engl. Grafen⟩, das, _[s], _s (Pferderennen – *auch* sportl. Wettbewerb)
der|einst (*veraltend*)
de|ren:
1. *Relativpron vgl. K 352 u. K 390*
2. *Demonstrativpron vgl. K 352*
de|rent|hal|ben (*veraltend*; derentwegen) · **de|rent|we|gen** · **de|rent|wil|len;** *nur in* um _
de|rer *Demonstrativpron*, und zwar *betonter Gen des Pl* »die«, *vgl. K 353*
der|ge|stalt (so)
der|glei|chen, *Abk* dgl.; und _ [mehr] (*Abk* u. dgl. [m.])
De|ri|vat [..v..], das, _[e]s, _e (*Sprachw*; abgeleitetes Wort – *Chem*; abgeleitete Verbindung) ⟨*lat*, ‚das Abgeleitete'⟩ · **De|ri|va|tion** (*fachspr*; Ableitung) · **de|ri|va|tiv** (*fachspr*; durch Ableitung entstanden) · **de|ri|vie|ren** (*fachspr*; ableiten)
der|je|ni|ge *K 120*, *Gen* desjenigen, *Pl* diejenigen
der|lei (dergleichen)

Der|ma, das, _s, _ta (*Med*; Haut) ⟨*grch*⟩ · **der|mal** (*Med*; von der Haut stammend, zur Haut gehörend) ⟨*grch → lat*⟩
der|mal|einst *K 176* (*veraltet*)
der|ma|ßen (so)
Der|ma|to|lo|ge, der, _n, _n (Facharzt für Hautkrankheiten) ⟨*grch*⟩ · **Der|ma|to|lo|gie,** die, _ (Lehre von den Hautkrankheiten)
Der|mo|pla|stik *od* **Der|ma|to-pla|stik,** die, _, _en (*fachspr*; operative Beseitigung von Hautschäden; plastischer Hautersatz; Verfahren zur naturgetreuen Präparation größerer Tiere) ⟨*grch*⟩
Der|nier cri [dɛr‚nĭe 'kri:] *K 47*, der, *Gen* _ _, *Pl* _s _s [..‚nĭe 'kri:] (letzte Modeneuheit) ⟨*frz*, ‚letzter Schrei'⟩
De|ro|ga|tion (Schmälerung, Beeinträchtigung; Beschränkung – *Rechtsw*; [teilweise] Aufhebung einer gesetzl. Bestimmung durch ein späteres Gesetz) ⟨*lat*⟩ · **de|ro-gie|ren** (*Rechtsw*)
Der|rick|kran *K 109* ⟨*nach* einem Londoner Henker⟩
der|sel|be *K 120*, *Gen* desselben, *Pl* dieselben; ein und derselbe, ein[e] und dieselbe, ein und dasselbe; mit ein[em] und demselben; ein[en] und denselben
der|weil *od* **der|wei|le[n]** (unterdessen, mittlerweile)
Der|wisch, der, _[e]s, _e (*Rel*; Angehöriger eines moslem. Ordens bzw. einer Bruderschaft) ⟨*pers*, ‚arm'⟩
der|zeit (jetzt; damals) · **der|zei|tig**
[1]**des:** 1. *vgl.* der, das (*Art u. Pron*) – 2. (*noch dicht*; dessen); des freuten sich die Alten und die Jungen. *In Zus*: indes *od* indessen usw.
[2]**des,** das, _, _ (*Mus*; Tonbezeichnung) · **Des:** 1. das, _, _ (*Mus*; Tonbezeichnung) – 2. (*Mus*; Tonartbezeichnung [↑ Des-Dur])
De|sa|ster, das, _s, _ (schweres Mißgeschick; Zusammenbruch) ⟨*lat → ital → frz*, ‚Unstern'⟩
des|avou|ie|ren [..avu..] (nicht anerkennen, ableugnen, für unbefugt erklären; im Stich lassen; bloßstellen) ⟨*lat → frz*⟩
Des|de|mo|na [*od* ..'de:..] (Frauengestalt in Shakespeares ['ʃe:kspi:rs] Tragödie »Othello«) ⟨*ital*⟩
Des-Dur *K 186*, das, _ (*Mus*; Tonart), *Zeichen* Des; in Des-Dur *od* in Des · **Des-Dur-Ton|lei|ter** *K 188* (*Mus*)
de|sen|si|bi|li|sie|ren (*Med*; eine Überempfindlichkeit herabsetzen – *Fot*; die Lichtempfindlichkeit fotograf. Schichten herabsetzen) ⟨*lat*⟩
De|ser|teur [..'tø:r], der, _s, _e (Fahnenflüchtiger, Überläufer) ⟨*lat → frz*⟩ · **de|ser|tie|ren** · **De|ser-tion**
des|glei|chen; *Abk* desgl.
des|halb
de|si|de|ra|bel (wünschenswert) ⟨*lat*⟩; *K 363*: ein desidera|bler Erfolg · **De|si|de|rat,** das, _[e]s, _e *od* **De|si|de|ra|tum,** das, _s, ..ta (»Gewünschtes«; Vermißtes, bes. gesuchtes Buch) · **De|si|de|ra|ten-li|ste**
De|sign [di'zain], das, _s, _s (Plan, Entwurf [für ein Industrieprodukt]) ⟨*lat → frz → engl*⟩ · **De|si|gna|tion** [dezigna..] (Bestimmung, Bezeichnung; vorläufige Ernennung) ⟨*lat*⟩ · **De|si|gner** [di'zainər], der, _s, _ (Industrieformgestalter) ⟨*lat → frz → engl*⟩ · **De|si|gne|rin,** die, _, ..innen · **de|si|gnie|ren** [dezig'ni:..] ⟨*lat*⟩
Des|il|lu|sion (Enttäuschung, Ernüchterung) ⟨*lat → frz*⟩ · **des|il|lu-sio|nie|ren**
Des|in|fek|tion (Entseuchung, Entkeimung; das Unschädlichmachen von Krankheitserregern) ⟨*lat → frz*⟩ · **Des|in|fek|tions|mit|tel** · **Des|in|fek|tor,** der, _s, ..oren (Fachmann für Desinfektion u. Ungeziefervernichtung) · **Des|in|fi-ziens** [..ĭɛns], das, _, *Pl* ..ienzien [..ĭən] *od* ..ientia (*fachspr*; keimtötendes Mittel) · **des|in|fi|zie|ren**
Des|in|ter|es|se, das, _s (Uninteressiertheit, Unbeteiligtheit, Gleichgültigkeit) ⟨*lat → frz*⟩ · **des|in|ter-es|siert** · **Des|in|ter|es|siert|heit,** die, _
Desjatine ↑ Deßjatine
de|skrip|tiv (*fachspr*; beschreibend) ⟨*lat*⟩ · **De|skrip|tor,** der, _s, ..oren (*Datenv*, *Dok*; genormtes Schlagwort für Informationsspeicher)
Desodorans usw. ↑ Deodorant usw.
de|so|lat (vereinsamt; trostlos, traurig) ⟨*lat*⟩
Des|or|ga|ni|sa|tion, die, _ (Auflösung, Zerrüttung; Unordnung) ⟨*grch → lat → frz*⟩ · **des|or|ga|ni-sie|ren**
des|orien|tiert [..iɛn..] (falsch od. nicht unterrichtet) ⟨*lat → frz*⟩
Des|oxy|da|tion[1] (*Chem*; Entzug von Sauerstoff aus einer chem. Verbindung) ⟨*grch → lat → frz*⟩ · **des-oxy|die|ren**[1] (*Chem*) · **Des|oxy|ri-bo|nu|kle|in|säu|re,** die, _ (*Biochem*; Nukleinsäure, die die Eiweißsynthese u. die Vererbung steuert); *Abk* DNS ⟨*lat + grch + lat*⟩
de|spek|tier|lich [..sp..] (verächtlich, geringschätzig) ⟨*lat*⟩
De|spe|ra|do [..sp..], der, _s, _s (ein zu jeder Verzweiflungstat fähiger; Bandit; polit. Abenteurer) ⟨*lat → span*⟩ · **de|spe|rat** (verzweifelt; hoffnungslos) ⟨*lat*⟩
Des|pot, der, _en, _en (Gewalt-, Willkürherrscher – *scherzh od abwert*; herrischer, selbstherrlicher Mensch) ⟨*grch*⟩ · **Des|po|tie** ⟨*grch*⟩: 1. die, _, ..ien (despotisch regierter Staat) – 2. Despotie, die, _ *od* **Des|po|tis|mus** ⟨*grch → lat*⟩, der, _ ([System der] Gewalt- u. Willkürherrschaft [eines einzelnen]) · **des-po|tisch** (gewalttätig; willkürlich – *scherzh od abwert*; herrisch, selbstherrlich) ⟨*grch*⟩
Des|sau (Stadt der DDR an der Elbe) · **Des|sau|er:** 1. *K 231*: der, _s, _; 2. *als Attribut K 232* · **des-sau|isch**
des|sel|ben; desselben Jahres (*Abk* d. J. *K 313*); *vgl. auch* derselbe u. dasselbe
des|sen (*vgl. auch* [1]des)
1. *Relativpron K 352 u. K 390*
2. *Demonstrativpron K 352*
des|sent|hal|ben (*veraltend*; deswegen) · **des|sent|we|gen** (*veraltend*; deswegen) · **des|sent|wil|len;** *nur in* um _ · **des|sen|un|ge|ach-tet** *od* **des|un|ge|ach|tet;** *vgl. auch K 390*
Des|sert [dɛ'sɛ:r, *österr nur so, od* dɛ'sɛrt], das, _s, _s (Nachtisch) ⟨*lat → frz*⟩. *Zus K 365 ff.*: Dessert‿wein usw.
Des|sin [dɛ'sɛ̃:], das, _s, _s (Zeichnung; Muster) ⟨*lat → ital → frz*⟩ · **Des|si|na|teur** [dɛsina'tø:r], der, _s, _e (Musterzeichner) · **des|si-nie|ren** (Muster zeichnen)
Deß|ja|ti|ne *od* **Des|ja|ti|ne,** die, _, _n (altes russ. Flächenmaß ≈ 10930 m²) ⟨*russ*⟩
Des|sous [dɛ'su:], das, _ [..'su:s], _ [..'su:s], *meist Pl* (*veraltend*; Damenunterwäsche) ⟨*lat → frz*⟩
De|stil|lat, das, _[e]s, _e (*Chem*; Produkt der Destillation) ⟨*lat*⟩ · **De-stil|la|teur** [..'tø:r], der, _s, _e (*Chem*; Fachkraft bei der Destillation – *veraltend*; Branntweinbrenner) ⟨*lat → frz*⟩ · **De|stil|la|tion** (*Chem*; Verdampfen u. anschließendes Wiederverflüssigen von Flüssigkeiten) · **De|stil|le,** die, _, _n (*umg*; Branntweinschenke) ⟨*lat*⟩ · **de|stil|lie|ren** (*Chem*; eine Destillation durchführen); destilliertes Wasser (chemisch reines Wasser) · **De|stil|lier|kol|ben** (*Chem*)
de|sto; _ besser; _ größer; _ mehr; desto weniger, *aber* (in *einem* Wort): nichtsdestoweniger
De|struk|tion (*fachspr*; Zerstörung)

[1] *Vgl.* Fußnote zu »Oxid«.

⟨*lat*⟩ · **de|struk|tiv** (zerstörend, zersetzend)
desungeachtet ↑ dessenungeachtet · **des|we|gen**
De|szen|dent (*Geneal*; Nachkomme, Abkömmling) ⟨*lat*⟩ · **Deszen|denz**, die, _ (*Geneal*; Abstammung; Nachkommenschaft)
De|ta|cheur [..'ʃø:r], der, _s, _e (*Textilwirtsch*; Fachmann für Fleckenentfernung) ⟨*germ* → *frz*⟩ · **Deta|cheu|se** [..'ʃø:zə], die, _, _n (*Textilwirtsch*; weibl. Detacheur) · **de|ta|chie|ren** [..'ʃi:..] (*Techn*; das Mahlgut lockern, zerbröckeln – *Textilwirtsch*; von Flecken reinigen) · **De|ta|chur** [..'ʃu:r], die, _ (*Textilwirtsch*; Fleckenreinigung)
De|tail [de'tai *od* ..'ta:ĭ], das, _s, _s (Einzelheit; Einzelteil) ⟨*lat* → *frz*⟩; *vgl. auch* en détail · **de|tail|lie|ren** [deta'ji:..] (bis ins einzelne darlegen) · **de|tail|liert** (ins einzelne gehend)
De|tek|tiv, der, _s, _e [..v..] (privater berufsmäßiger Ermittler von Beweismaterial, Kriminalist in bürgerl. Staaten) ⟨*lat* → *engl*⟩ · **De|tek|tor**, der, _s, ..oren (*Nachrichtentechn*; Hochfrequenzgleichrichter) ⟨*lat*⟩
Dé|tente [de'tã:t], die, _ (*Pol*; Entspannung [bes. zw. Staaten]) ⟨*lat* → *frz*⟩
De|ter|gen|zien [..ĭən] *Pl* (*fachspr*; Bez. für grenzflächenaktive Stoffe, z. B. Seifen, Waschmittel); *Sg* Deter|gens, das, _ ⟨*lat*⟩
De|ter|mi|nan|te, die, _n, _n (*Math*; wichtiges formales Hilfsmittel der Algebra) ⟨*lat*⟩ · **De|ter|mi|na|tion** (*Wissensch*; [nähere] Begriffsbestimmung) · **de|ter|mi|na|tiv** (bestimmend; entschieden) · **de|ter|mi|nie|ren** ([näher] bestimmen; entscheiden) · **De|ter|mi|nis|mus**, der, _ (*Philos*; Lehre vom objektiven gesetzmäßigen Zusammenhang u. von der kausalen Bedingtheit aller Erscheinungen der Natur u. der Gesellschaft); dialektischer _ · **de|ter|mi|ni|stisch**
Det|lef ['dɛt.. *od* 'de:t..] (m. Vn.) (‚Volk' + ‚Nachkomme')
De|to|na|tion (Knall; schlagartige Zersetzung von Sprengstoffen – *Mus*; das unreine Singen od. Spielen) ⟨*lat*⟩ · **de|to|nie|ren** (*auch Mus*)
De|tri|tus, der, _ (*Geol*; fein zerriebenes Gesteinsmaterial – *Med*; Zell- u. Gewebstrümmer) ⟨*lat*⟩
De|troit [də'trɔyt] (Stadt im NO der USA)
detto ↑ dito

deucht usw. ↑ dünken usw.
De|us ex ma|chi|na [_ _ ..x..] *K 47*, der, *Gen* _ _ _ (unerwartete Lösung von Verwicklungen) ⟨*nach lat*, ‚Gott aus der Maschine' [im Theater]⟩
Deut, der (*veraltet*; kleine Münze) ⟨*ndrl*⟩; *nur noch in* keinen _, nicht einen _ (*umg*; nicht das geringste) wert sein
Deu|te|lei (*abwert*; spitzfindige, gezwungene, kleinliche Deutung u. Auslegung) · **deu|teln** *K 363* (*abwert*) · **deu|ten** (erklären, auslegen) · **Deu|ter** · **Deu|te|rei** (*umg abwert*; [kleinliche] Auslegung)
Deu|te|rium, das, _s (*Chem*; schwerer Wasserstoff); *Zeichen* D ⟨*grch* → *lat*⟩ · **Deu|te|ron**, das, _s, ..onen (*Chem*; Atomkern des Deuteriums) ⟨*grch*⟩ · **Deu|te|ro|nomium**, das, _s (*A. T.*; das 5. Buch Mose) ⟨*grch* → *lat*⟩
Deut|ler (*abwert*) · **deut|lich**; *K 115*: auf das *od* aufs deutlichste · **Deut|lich|keit**, die, _ · **deut|lich|keits|hal|ber** *K 176*
DEU|TRANS, die, _ (*kurz für* VEB DEUTRANS, Internationale Spedition) ⟨*aus deut*sche *Trans*porte⟩
deutsch[1] ⟨*ahd*, ‚zum Volk gehörig'⟩; *vgl. K 266f.*
A. Adjektiv
I. *Kleinschreibung*: *K 266*: die deutsche Sprache, die deutsche (*K 269*: deutsch *od* Deutsch sprechende *od* deutschsprechende) Schweiz
II. *Großschreibung*: *K 258*: Deutsche Bücherei (*Abk* DB); Deutsche Hochschule für Körperkultur (*Abk* DHfK); Deutsche Kommunistische Partei [BRD] (*Abk* DKP); Deutscher Gewerkschaftsbund [BRD] (*Abk* DGB); der Deutsch-Französische Krieg (1870–1871); Deutsche Reichsbahn (*Abk* DR); Deutsche Volkspolizei (*Abk* DVP), *meist kurz* Volkspolizei (*Abk* VP); *K 254*: die Deutsche Dogge. *Vgl.* Deutsch u. [2]Deutsche
B. Adverb:
deutsch (in deutscher Sprache) sprechen; mit jmdm. deutsch reden (*umg*; jmdm. [ungeschminkt] die Wahrheit sagen); *vgl. Sprachbezeichnungen K 267*
Deutsch, das, *Gen* _[s], *Dat* _ (die deutsche Sprache, sofern sie die Sprache eines einzelnen od. einer bestimmten Gruppe bezeichnet od. sonstwie näher bestimmt ist); er spricht ein gutes _; ihr _ ist mangelhaft; *vgl. Sprachbezeichnungen K 268ff., Deklination K 345. Für Zus*, z. B. das Schriftdeutsch, *vgl.* Sprachbezeichnungen *K 271*
Deutsch|ame|ri|ka|ner *K 245*, der, _s, _ (Amerikaner dt. Abstammung) · **deutsch|ame|ri|ka|nisch**; *K 245*: die deutschamerikanische Literatur, *aber K 244*: deutsch-amerikanisch
[1]**Deut|sche**, der *u.* die, _n, _n *K 341*; ich Deutscher; wir Deutschen, *auch* wir Deutsche *K 344*
[2]**Deut|sche**[1], das, *Gen* _n, *Dat* _n; *nur mit best Art gebraucht* (die deutsche Sprache; Grundwort in Zusammensetzungen, die einzelne Zweige od. Stufen der deutschen Sprache bezeichnen, z. B. das Oberdeutsche, das Althochdeutsche); *vgl. Sprachbezeichnungen K 271, Deklination K 345*
Deut|sche De|mo|kra|ti|sche Re|pu|blik *K 258*, die, *Gen* _n _n _; *Abk* DDR
Deutsch|land
Deutsch|leh|rer
deutsch|schwei|ze|risch *K 245*, *aber K 244*: deutsch-schweizerisch
deutsch-so|wje|tisch *K 244*, *aber K 258*: Gesellschaft für Deutsch-Sowjetische Freundschaft (*Abk* DSF), Woche der Deutsch-Sowjetischen Freundschaft
deutsch|spra|chig (deutsch sprechend); die _e Bevölkerung · **deutsch|sprach|lich** (auf die deutsche Sprache bezüglich); der _e Unterricht · **Deutsch|spre|chen**, das, _s · **deutsch|spre|chend**; *vgl.* deutsch, I *u. K 269*
Deutsch|un|ter|richt
Deu|tung (Erklärung, Auslegung) · **Deu|tungs|ver|such**
Deut|zie ['dɔytsĭə], die, _, _n (ein Zierstrauch, Steinbrechgewächs) ⟨*nach* dem Amsterdamer Ratsherrn van der Deutz⟩
De|val|va|tion [..valva..] (*fachspr*; Währungsabwertung) ⟨*lat* → *frz*⟩ · **de|val|va|tio|ni|stisch** (*fachspr*) · **de|val|vie|ren** (*fachspr*)
Devanagari ↑ Dewanagari
De|via|tion [..v..] (*fachspr*; Abweichung) ⟨*lat*⟩ · **de|vi|ie|ren** (*fachspr*)
De|vi|se [..v..], die, _, _n (Wahlspruch, Losung) ⟨*lat* → *frz*⟩ – **De|vi|sen** *Pl* (auf ausländ. Währung lautende Zahlungsanweisungen) · **De|vi|sen|kurs, ...ver|kehr**
De|von [de'vo:n], das, _s (*Geol*; System des Paläozoikums) ⟨*nach* der engl. Grafschaft Devon(shire) ['dɛv(ə)n(ʃər)]⟩ · **de|vo|nisch** (*Geol*)
de|vot [..v..] (ergeben; kriecherisch; unterwürfig) ⟨*lat*⟩ · **De|vo|tio|na|lien** [..ĭən] *Pl* (*kath Kirche*; der Andacht dienende Gegenstände)
De|wa|na|ga|ri *od* **De|va|na|ga|ri**

[1] Deutsches Alphabet ↑ *S. 573.*

[1] Deutsches Alphabet ↑ *S. 573.*

[..v..], die, _ (verbreitetste ind. Schrift) ⟨ind, ‚städt. Schrift'⟩

Dex|trin, das, _s, _e (ein Klebstoff) ⟨lat → frz⟩ · **Dextrose** ↑ Glukose

Dez [dɛ:ts od de:ts], der, _es, _e (salopp; Kopf) ⟨lat → frz⟩

De|zem|ber, der, _[s] K 328, Pl (selten) _ (zwölfter Monat im Jahr); Abk Dez. ⟨lat, nach der Bez. für den zehnten Monat des röm. Kalenders⟩ · **De|zen|nium**, das, _s, ..ien [..iən] (Jahrzehnt)

de|zent (anständig, schicklich, unaufdringlich) ⟨lat⟩

de|zen|tral (vom Mittelpunkt entfernt) ⟨grch → lat⟩ · **De|zen|tra|li|sa|tion** (Auseinanderlegung; Aufgliederung) ⟨grch → lat → frz⟩ · **de|zen|tra|li|sie|ren**

De|zer|nat, das, _[e]s, _e (Sachgebiet, Geschäftsbereich) ⟨lat, ‚er möge entscheiden'⟩ · **De|zer|nent** (Leiter eines Dezernats)

De|zi...[1] (Vorsatz bei Einheiten = der zehnte Teil der genannten Einheit [z. B. Dezimeter]); *Vorsatzzeichen* d... (z. B. dm) ⟨lat⟩

de|zi|diert (*bes österr*; kurz entschlossen, bestimmt) ⟨lat⟩

De|zi|li|ter, das *od* der, *schweiz nur so* ($^1/_{10}$ l); *Einheitenzeichen* dl ⟨lat + grch⟩

de|zi|mal (zehnteilig, auf die Zahl 10 bezogen, auf 10 beruhend) ⟨lat⟩ · **De|zi|mal|bruch**, der (*Math*; Zehnerbruch) · **De|zi|ma|le**, die, _[n], _n (*Math*; Stelle einer im Dezimalsystem geschriebenen Zahl) · **De|zi|mal|klas|si|fi|ka|tion**, die, _ (ein Ordnungssystem); *Abk* DK, z. B. DK-Zahl · **De|zi|mal|sy|stem**, das, _s

De|zi|me, die, _, _n (*Mus*; der zehnte Ton der diaton. Tonleiter; ein Intervall) ⟨lat⟩

De|zi|me|ter, das *od* der, *schweiz nur so* ($^1/_{10}$ m); *Einheitenzeichen* dm ⟨lat + grch⟩

de|zi|mie|ren (große Verluste beibringen; stark vermindern) ⟨lat⟩

de|zi|siv (entscheidend, bestimmt) ⟨lat → frz⟩

De|zi|ton|ne (100 kg); *Einheitenzeichen* dt ⟨lat + kelt⟩

De|zyl, das, _s, _e (*Chem*; ein Alkyl) ⟨grch⟩

Dhaka ↑ Dakka

Dia, das, _s, _s *Kurzw* (Diapositiv) ⟨grch⟩

Dia|bas, der, _es, _e (*Mineral*; ein Ergußgestein) ⟨grch⟩

Dia|be|tes, der, _ (*Med*; Harnruhr, insbes. die Zuckerkrankheit) ⟨grch⟩ · **Dia|be|ti|ker**, der, _s, _ (Zuckerkranker) ⟨grch⟩. *Zus K 365ff.*: Diabetiker‿wein usw. · **dia|be|tisch** (*Med*)

dia|bo|lisch (teuflisch) ⟨grch⟩

Dia|chro|nie [..k..], die, _ (*Sprachw*; Beschreibung der geschichtl. Entwicklung der Sprache) ⟨grch⟩ · **dia|chro|nisch**, *auch* **dia|chron** (*Sprachw*); _e Sprachbetrachtung

Dia|dem, das, _s, _e (Stirnbinde, -reif) ⟨grch → lat⟩

Dia|do|chen [..x..] *Pl* (Nachfolger Alexanders d. Gr.); *Sg* Dia|do|che, der, _n ⟨grch⟩ · **Dia|do|chen‿kämp|fe** (*Pl*), **...zeit**

Dia|ge|ne|se, die, _ (*Geol*; Verfestigung von Lockersedimenten) ⟨grch⟩

Dia|gno|se, die, _, _n (Erkennung, Feststellung [einer Krankheit]) ⟨grch⟩ · **Dia|gno|stik**, die, _, _en (Fähigkeit u. Lehre des Erkennens, Feststellens einer Krankheit) · **Dia|gno|sti|ker**, der, _s, _ · **dia|gno|stisch** · **dia|gno|sti|zie|ren**

dia|go|nal (schräglaufend) ⟨grch → lat⟩ · **Dia|go|na|le**, die, _[n], _n (Schräglinie); zwei _[n] *K 343* · **Dia|go|nal|kraft** (*Phys*)

Dia|gramm, das, _s, _e (Schaubild, Zustandskurve) ⟨grch⟩

Dia|kon [..'ko:n, *österr* 'di:..], der, *Gen* _s, *Pl* _e *od Gen* _en, *Pl* _en (*kath Kirche*; niederer Geistlicher – *ev Kirche*; Helfer in der Gemeindearbeit) ⟨grch → lat⟩ · **Dia|ko|nat**, das, _[e]s, _e (Diakonenamt; Diakonenwohnung) · **dia|ko|nisch** · **Dia|ko|nis|se**, die, _, _n *od* **Dia|ko|nis|sin**, die, _, ..innen (evangel. Kranken- od. Gemeindeschwester) · **Dia|ko|nis|sen|haus**

dia|kri|tisch (unterscheidend) ⟨grch⟩; _es Zeichen (*Sprachw*; Unterscheidungszeichen für die Aussprache eines Lautes)

Dia|lekt, der, _[e]s, _e (Mundart-[gruppe]) ⟨grch → lat⟩ · **dia|lek|tal**, *auch* **dia|lek|tisch** (die Mundart betreffend, mundartlich) · **Dia|lekt|geo|gra|phie** *K 54*, die, _ (*Sprachw*) · **Dia|lek|tik**, die, _ (Wissenschaft von den allg. Bewegungs- u. Entwicklungsgesetzen in der Natur, in der Gesellschaft u. im menschl. Denken – *urspr* die Kunst, in Rede u. Gegenrede durch Aufdeckung der Widersprüche u. deren Überwindung die Wahrheit zu finden) ⟨grch⟩; *K 119*: die materialistische _ · **Dia|lek|ti|ker**, der, _s, _ (Vertreter, Meister der [materialist.] Dialektik) · **dia|lek|tisch**: 1. ↑ dialektal – 2. (die Dialektik betreffend); *K 119*: der dialektische Materialismus ↑ *unter* Materialismus; die dialektische Methode (die Denk- u. Forschungsmethode des Marxismus-Leninismus) · **Dia|lek|to|lo|ge**, der, _n, _n (Wissenschaftler auf dem Gebiet der Dialektologie) ⟨grch → lat⟩ · **Dia|lek|to|lo|gie**, die, _ (Mundartforschung)

Dia|log, der, _[e]s, _e (Wechselrede) ⟨grch, ‚Zwiegespräch'⟩ · **dia|lo|gisch** (in Dialogform) · **dia|lo|gi|sie|ren** (in Dialogform kleiden)

Dia|ly|sa|tor, der, _s, ..oren (*fachspr*; Gerät zur Durchführung der Dialyse) ⟨grch → lat, ‚Auflöser'⟩ · **Dia|ly|se**, die, _, _n (*Phys*, *Chem*; ein Trennungsverfahren – *Med*; Blutwäsche bei Nierenkranken) ⟨grch⟩ · **Dia|ly|se|zen|trum** (*Med*) · **dia|ly|tisch** (*fachspr*; auf Dialyse beruhend; auflösend)

Dia|mant: 1. der, _en, _en (ein Edelstein); *vgl. auch* Demant – 2. die, _ (*Polygr*; ein Schriftgrad) ⟨grch → lat → frz⟩ · **dia|man|ten** *K 364*; *K 119*: die diamant[e]ne Hochzeit (60. Jahrestag der Hochzeit); *vgl. auch* demanten

Dia|me|ter, der, _s, _ (*Geom*; Durchmesser) ⟨grch⟩ · **dia|me|tral** (völlig entgegengesetzt) ⟨grch → lat⟩ · **dia|me|trisch** (*Geom*; dem Durchmesser entsprechend) ⟨grch⟩

Dia|na (*röm Mythol*; Göttin der Jagd) ⟨lat⟩

Dia|pa|son (*Mus*): 1. [..'pa:zɔn], der *od* das, _s, *Pl* _s *od* _e [..pa'zo:nə] (Orgelregister) – 2. [..'zɔ̃:], der, _s (Kammerton) ⟨grch → lat → frz⟩

dia|phan (*fachspr*; durchscheinend) ⟨grch⟩ · **Dia|pha|nie**, die, _, ..ien (*Kunst*; durchscheinendes Bild)

Dia|phrag|ma, das, _s, ..men (*fachspr*; Scheidewand – *Anat*; Zwerchfell) ⟨grch⟩

Dia|po|si|tiv [*auch* 'di:..], das, _s, _e [..v..] (durchsichtiges fotograf. Bild) ⟨grch + lat⟩; *Kurzw* Dia

Di|äre|se, die, _, _n (*Phon*; getrennte Aussprache zweier nebeneinanderstehender Vokale – *Metrik*; Zusammenfallen von Wort- u. Versfußende) ⟨grch⟩

Dia|rium, das, _s, ..ien [..iən] (*veraltend*; Notiz-, Tagebuch, Schreibheft) ⟨lat⟩

Diar|rhoe *od* **Diar|rhöe** [*beide* dia'rø:], die, _, _n [..'rø:ən] (*Med*; Durchfall) ⟨grch⟩ · **diar|rhö|isch** (*Med*)

Dia|spo|ra, die, _ (*Rel*; verstreut lebende konfessionelle Minderheit; Gebiet, in dem die Anhänger einer Konfession in der Minderheit sind) ⟨grch⟩

Dia|sto|le [..le: *od* ..'to:lə], die, _, _n [..'to:lən] (*Med*; Erschlaffungs-

[1] Nur bei bisher schon üblichen Dezimalen u. Vielfachen von Einheiten.

phase des Herzmuskels) ⟨*grch*⟩; *Ggs* Systole

di|ät (der richtigen Ernährung entsprechend; mäßig) ⟨*grch* → *lat*⟩; diät leben *K 135* · **Di|ät,** die, _, _en (gesunde Ernährungsweise; Schonkost) ⟨‚Lebensart'⟩

Diä|ten *Pl* (Tagegelder für Abgeordnete in bürgerl. Parlamenten) ⟨*lat*⟩

Diä|te|tik, die, _, _en (Lehre von der gesunden Lebensweise) ⟨*grch* → *lat*⟩ · **Diä|te|ti|kum,** das, _s, ..ka (für eine gesunde Lebensweise geeignetes Nahrungsmittel) · **diä|te|tisch**

Dia|thek, die, _, _en (Sammlung von Diapositiven [zum Verleih]) ⟨*grch*⟩ ·

dia|ther|man (*fachspr*; Wärmestrahlen durchlassend) ⟨*grch*⟩; *Ggs* atherman · **Dia|ther|mie,** die, _ (*fachspr*; ein Wärmeheilverfahren)

Diät‿koch, ...kü|che, ...kur

Dia|to|me|en *Pl* (*Zool*; Kieselalgen); *Sg* Dia|to|mee, die, _ ⟨*grch*⟩

dia|to|nisch (*Mus*; in der Tonfolge einer Dur- od. einer Molltonleiter) ⟨*grch*⟩; *Ggs* chromatisch

Dib|bel|ma|schi|ne (*Landw*) · **dib|beln** *K 363* (*Landw*; in Reihen säen) ⟨*engl*, ‚tüpfeln'⟩

dich (*Akk des Pron* »du«); *in Briefen K 98*: Dich

di|chro|ma|tisch [..k..] (*fachspr*; zweifarbig) ⟨*grch*⟩

dicht ⟨*zu* gedeihen⟩. *Schreibung bei Verben*: *a. Getrenntschreibung K 135*: dicht halten, dicht machen, dicht schließen; *b. Zusammenschreibung K 136*; *vgl.* dichthalten, dichtmachen

dicht|be|haart *od* **dicht be|haart** *K 166*; *K 127*: dichter, am dichtesten behaart

dicht|be|völ|kert *od* **dicht be|völ|kert** *K 166*; *vgl.* dichtbehaart

Dich|te, die, _, *Pl* (*selten*) _n (Gedrängtheit – *Phys*; Verhältnis von Masse zu Volumen)

¹dich|ten (dicht machen)

²dich|ten (ein sprachl. Kunstwerk [in Versen] gestalten) ⟨*vermischt mit lat* dictare ‚diktieren'⟩ · **Dich|ten,** das, _s · **Dich|ter** · **Dich|te|rin,** die, _, ..innen · **dich|te|risch;** _ste · **Dich|ter|kom|po|nist** *K 190* · **Dich|ter|ling** (*abwert*; Verfasser minderwertiger Verse) · **Dich|ter|wort,** *Pl* ..worte

dicht|ge|drängt *od* **dicht ge|drängt** *K 166*; *K 128*: eine dichtgedrängte Menge; *vgl.* dichtbehaart

dicht|hal|ten *K 136* (*umg*; nichts verraten); du hältst dicht; dichtgehalten; dichtzuhalten; *aber K 135*: dicht halten ‚(undurchlässig bleiben)

Dicht|heit, die, _ · **Dich|tig|keit,** die, _

Dicht|kunst, die, _

dicht|ma|chen *K 136* (*umg*; schließen); er hat den Laden dichtgemacht, *aber K 135*: der Klempner hat das Rohr dicht gemacht (abgedichtet) · **¹Dich|tung** ⟨*zu* ¹dichten⟩

²Dich|tung (sprachl. Kunstwerk [in Versen]) · **Dich|tungs|art**

dick; *K 118*: mit jmdm. durch _ und dünn gehen (*umg*; jmdm. in allen Lebenslagen beistehen) · **Dick|darm** · **Dicke¹**: 1. die, _ (das Dicksein) – 2. die, _, _n (Maß von einer Seite zur andern) – 3. der *u.* die, _n, _n *K 341* (dicker Mensch) · **dicke|tun¹** *od* **dick|tun** *K 136* (*umg*; prahlen; sich wichtig machen); er tut dick[e]; dick[e]getan; dick[e]zutun; [sich (*Akk*)] mit etw. _; sich (*Akk*) _ · **dick|fel|lig** (*umg*; unempfindlich) · **Dick|fel|lig|keit,** die, _ (*umg*) · **Dick|häu|ter,** der, _s, _ · **Dickicht¹,** das, _[e]s, _e · **Dick|kopf** · **dick|köp|fig** · **dick|lei|big** · **dick|lich** · **Dick|milch** · **Dick|sein,** das, _s · **Dick|te,** die, _, _n (*Polygr*; Buchstabenbreite) · **Dick|tu|er** (*umg*; Prahler, Wichtigtuer) · **Dick|tue|rei** (*umg*) · **dick|tue|risch** (*umg*) · **dicktun** ↑ dicketun · **Dickung¹** (*Forstw*; junger, aber schon zusammengewachsener Baumbestand)

Di|dak|tik, die, _ (Unterrichtslehre, Theorie der Bildung u. Erziehung) ⟨*grch*⟩ · **Di|dak|ti|ker,** der, _s, _ · **di|dak|tisch**

di|del|dum! ⟨*lautm*⟩

Di|do [*od* ..'do:] (*antike Sage*; Gründerin Karthagos)

Di|dot|sy|stem [..'do:..] *K 209*, das, _s (*Polygr*; ein typograph. Maßsystem) ⟨*nach* der französ. Buchdruckerfamilie⟩

die:

1. *Art*: *Sg* die, der, der, die; *Pl* die, der, den, die

2. *Demonstrativpron K 120*: *Sg* die, der *u.* deren, der, die; *Pl* die, der *u.* deren, den *u.* denen, die; *vgl. auch K 352*

3. *Relativpron K 120*: *Sg* die, deren, der, die; *Pl* die, deren, denen, die; *vgl. auch K 352 u. K 390*

Dieb, der, _[e]s, _e · **Die|be|rei** (*umg*; Diebstahl) · **Die|bes‿ban|de, ...gut** · **die|bes|si|cher** · **die|bisch** · **Diebs|ge|sin|del** (*abwert*) · **Dieb|stahl,** der, _[e]s, ..stähle · **Dieb|stahl[s]|ver|si|che|rung**

Dief|fen|ba|chie [..xiə], *auch* **Dief|fen|ba|chia,** die, _, ..ien [..iən] (eine Zimmerpflanze) ⟨*nach* dem Naturforscher Ernst Dieffenbach⟩

die|je|ni|ge *K 120*, *Gen* derjenigen, *Pl* diejenigen

Die|le, die, _, _n

Di|elek|tri|kum [di(:)e..], das, _s, ..ka (*Phys*; elektr. Nichtleiter) ⟨*grch* → *lat*⟩ · **di|elek|trisch** (*Phys*) ⟨*grch*⟩ · **Di|elek|tri|zi|täts|kon|stan|te** (*Phys*); *Formelzeichen* ε ⟨*grch* + *lat*⟩

die|len · **Die|len|brett**

Die|me, die, _, _n *od* **Die|men,** der, _s, _ (*norddt*; Schober)

die|nen · **Die|ner** · **dien|lich** · **Dien|lich|keit,** die, _ · **Dienst,** der, _es, _e; zu Diensten; jmdm. einen Dienst leisten; in Dienst stellen, *aber*: Indienststellung; außer Dienst (*Abk* a. D.). *Zus K 365ff.*: Dienst‿abteil usw.

Diens|tag; *Abk* Di. ⟨*zu* Ding (1)⟩; eines Dienstags, des Dienstags, *aber K 109*: dienstags; [am] Dienstag abend *od* am Dienstagabend *od* [am] Dienstag, abends

Entsprechendes gilt für die Schreibweise aller Wochentage in Verbindung mit mittag[s], morgen[s], nachmittag[s], vormittag[s]

Diens|tag|abend; an dem _, an einem _; am _ jeder Woche; Dienstagabend *od* Dienstag abend *od* Dienstag, abends · **diens|tag|abends** *K 109*; *vgl. auch* dienstags · **diens|tä|gig** (an einem Dienstag stattfindend) · **diens|täg|lich** (jeden Dienstag wiederkehrend) · **Diens|tag|mit|tag** [*Tr* ↑ *K 78*], der · **Diens|tag|mor|gen,** der · **Diens|tag|nach|mit|tag** [*Tr* ↑ *K 78*], der · **diens|tags** *K 109*, *aber*: des Dienstags; dienstags abends *od* dienstagabends · **Diens|tag|vor|mit|tag** [*Tr* ↑ *K 78*], der

dienst|bar · **dienst|be|flis|sen** *K 364* · **dienst|be|reit** · **Dien|ste** *Pl* (*Arch*; Säulchen eines Bündelpfeilers in der Gotik) · **Dienst|grad** · **dienst|ha|bend** · **Dienst|ha|ben|de,** der *u.* die, _n, _n *K 341* · **Dienst|lei|stung** · **Dienst|lei|stungs|be|trieb;** *Abk* DLB · **Dienst|lei|stungs|kom|bi|nat** (kommunaler Dienstleistungsbetrieb); *Abk* DLK · **dienst|lich** · **Dienst|mann,** *Pl* ..männer, *österr nur so*, *od* ..leute (*veraltend*; Gepäckträger) · **Dienst|stel|le** · **dienst|tu|end;** *vgl. auch K 163*

dies ↑ dieses

dies|be|züg|lich (hierauf bezügl.)

die|se *K 120*; diese Frau; *Sg* dieser, dieser, diese; *Pl* diese, dieser, diesen, diese; diese selbe Frau

Die|sel *K 318*, der, _s, *auch* _, *Pl* _ *Kurzw* (Dieselkraftstoff, Dieselmotor) ⟨*nach* dem Erfinder⟩

---

¹ *Tr* ..k|k..

die|se|be *K 120; Gen* derselben; *Pl* dieselben; ein[e] und dieselbe
die|sel|elek|trisch · **Die|sel|kraftstoff** *K 209; Kurzw* Diesel; *Abk* DK · **Die|sel|mo|tor** *K 209; Kurzw* Diesel
die|ser *K 120*; dieser Mann; *Sg* dieses, diesem, diesen; *Pl* diese; dieser selbe Mann; jener … dieser (der erste … der letzte); *vgl.* diese *u.* dieses
die|ser|halb
die|ses *od (bes alleinstehend)* **dies** *K 120*; dieses *od* dies Kind; *Sg* dieses, diesem, dieses *od* dies; *Pl* diese (↑ *d.*); dieses selbe *od* dies selbe Kind
die|ses Jah|res; *Abk* d. J.
die|ses Mo|nats; *Abk* d. M.; vom 3. (Dritten) dieses Monats (in Briefen u. a.)
dies|falls (*bürospr*; für diesen Fall)
die|sig (trüb, nebelig) · **Die|sig|keit,** die, _
dies|jäh|rig
dies|mal *K 176, aber K 175:* dieses *od* dies Mal; dieses *od* dies eine, letzte Mal · **dies|ma|lig**
dies|sei|tig *Adj* · **dies|seits:** 1. *Adv* – 2. *Präp mit Gen:* _ des Flusses · **Dies|seits,** das, _; im _
Die|ter *K 208* (m. Vn.) (,Volk' + ,Heer') (od. *Kurzf von* Dietrich); *Nebenf* Diether *K 71* · **Diet|lin|de** (w. Vn.) (,Volk' + ,Schild' (od. ,Volk' + ,Schlange')); *Nebenf* Dietlind · **Diet|mar** (m. Vn.) (,Volk' + ,berühmt') · **Diet|rich:** 1. (m. Vn.) (,Volk' + ,mächtig'); *Kurzf* ↑ Dieter, Diether, ↑ Tilo – 2. der, _s, _e (Nachschlüssel)
die|weil: 1. *Adv* (*veraltend*; währenddessen) – 2. *Konj* (*veraltend*; während; weil)
dif|fa|mie|ren (*oft abwert*; herabsetzen, verleumden) ⟨*lat*⟩
dif|fe|rent (verschieden, unterschiedlich) ⟨*lat*⟩ · **dif|fe|ren|tial** ⟨*lat*⟩ *od* **dif|fe|ren|tiell** ⟨*lat → frz*⟩ (einen Unterschied darstellend od. begründend) · **Dif|fe|ren|tial:** 1. das, _s, _e (*Math*; unendlich kleine Differenzen) – 2. das, _s, _e *Kurzw* (*Techn*; Differentialgetriebe) ⟨*lat*⟩ · **Dif|fe|ren|tial|dia|gno|se** (*Med*; Unterscheidung ähnlicher Krankheitsbilder) · **Dif|fe|ren|tial|ge|trie|be** (*Techn*; Ausgleichgetriebe [bei Kraftwagen]); *Kurzw* Differential · **Dif|fe|ren|tial|rech|nung,** die, _ (*Math*) · **Dif|fe|ren|tia|tion,** die, _ (*fachspr*) · **differentiell** ↑ differential · **Dif|fe|renz,** die, _, _en (Unterschied; Fehlbetrag; Meinungsverschiedenheit) · **dif|fe|ren|zie|ren** (verschieden gestalten; trennen; abstufen; die Differentialrechnung anwenden) · **Dif|fe|ren|zie|rung** (Abstufung; Auseinanderentwicklung) · **dif|fe|rie|ren** (verschieden sein, voneinander abweichen; anderer Meinung sein)
dif|fi|zil (schwierig; schwer zu behandeln; peinlich [genau]; heikel) ⟨*lat → frz*⟩
dif|form (*Med*; mißgestaltet) ⟨*lat*⟩ · **Dif|for|mi|tät** (*Med*)
dif|fun|die|ren (*Phys*; zerstreuen – *Chem*; eindringen u. sich vermischen) ⟨*lat*⟩ · **dif|fus** *K 349* (*Phys, Chem*; zerstreut – *normalspr*; verschwommen) · **Dif|fu|sion** (*Phys, Chem*)
di|ge|rie|ren (*Chem*; auslaugen, ausziehen – *Med*; verdauen) ⟨*lat*⟩ · **Di|gest** ['daidʒəst], der *od* das, _s, _s (Sammlung, Zusammenstellung; ein Zeitschriftentyp) ⟨*lat → engl*⟩ · **Di|ge|stion** [digɛ..] (*Chem*; Auszug, Auslaugung – *Med*; Verdauung) ⟨*lat*⟩ · **di|ge|stiv** (*Med*; die Verdauung betreffend)
di|gi|tal (*Med*; mit dem Finger – *Math*; schrittweise, ziffernmäßig; in Zahleneinheiten od. abgegrenzten Wertstufen dargestellt, berechnet od. rechnend) ⟨*lat*⟩ · **Di|gi|ta|lis,** die, _ (*Bot*; Fingerhut, eine Arzneipflanze) · **Di|gi|tal|rech|ner** (ein Rechenautomat) · **Di|gi|tal|uhr**
di|hy|brid (*Biol*; sich in zwei erblichen Merkmalen unterscheidend) ⟨*grch + lat*⟩ · **Di|hy|bri|de,** der, _n, _n *u.* die, _, _n *K 341* (*Biol*)
Di|ke ['di:kə *od* ..ke:] (*griech Mythol*; Göttin der Gerechtigkeit, eine der drei Horen) ⟨*grch*⟩
Di|ko|ty|le|do|ne, die, _, _n (*Bot*; zweikeimblättrige Pflanze) ⟨*grch*⟩
Dik|ta|phon, das, _[e]s, _e (Diktiergerät) ⟨*lat + grch*⟩ · **Dik|tat,** das, _[e]s, _e (Ansage zum Nachschreiben; Nach-, Niederschrift; aufgezwungene harte Verpflichtung) ⟨*lat*⟩ · **Dik|ta|tor,** der, _s, ..oren (Regierender mit unbeschränkter Macht; unumschränkt Herrschender – *Altertum*; röm. Beamter, dem auf kurze Zeit die volle Staatsgewalt übertragen wurde) · **dik|ta|to|risch** (gebieterisch, keinen Widerspruch duldend; unumschränkt herrschend) · **Dik|ta|tur,** die, _, _en (unumschränkte Herrschaft eines einzelnen, einer Gruppe od. einer Klasse); _ des Proletariats (der Errichtung des Sozialismus dienende Staatsmacht der Arbeiterklasse u. ihrer werktätigen Bündnispartner) · **dik|tie|ren** (zum Nachschreiben ansagen; aufzwingen, befehlen) · **Dik|tier|ge|rät** · **Dik|tion** (Sprech-, Ausdrucksweise, Schreibart, Stil) · **Dik|tum,** das, _s, ..ta ([bedeutsamer] Ausspruch) ⟨*lat,* ,Gesagtes'⟩
Di|la|ta|tion (*fachspr*; Ausdehnung) ⟨*lat*⟩
Di|la|tion (Aufschub; Verzögerung; Frist) ⟨*lat*⟩ · **di|la|to|risch** (aufschiebend)
Di|lem|ma, das, _s, *Pl* _s *od* _ta (Zwangslage; Situation, in der man zwischen zwei gleich unangenehmen Dingen wählen muß) ⟨*grch*⟩
Di|let|tant (Laie, Nichtfachmann, Liebhaber einer Kunst od. Wissenschaft; Halbkönner) ⟨*lat → ital*⟩ · **di|let|tan|tisch** (liebhabermäßig, laienhaft; oberflächlich) · **Di|let|tan|tis|mus,** der, _ · **di|let|tie|ren** (sich als Dilettant betätigen; sich versuchen)
Dill, der, _[e]s, *österr meist* **Dil|len|kraut,** das, _[e]s (eine Gewürzpflanze, Doldengewächs) · **Dil|le,** die, _ (*landsch*; Dill)
Dime [daim], der, _s, _[s] (nordamerikan. Münze) ⟨*lat → frz → engl*⟩
Di|men|sion (Abmessung, Ausdehnung; Ausmaß) ⟨*lat*⟩ · **...di|men|sio|nal** [..,na:l] (die Ausdehnung bestimmend, Dimensionen besitzend, z. B. dreidimensional [*mit Ziffer K 284:* 3dimensional])
Di|me|ter, der, _s, _ (*Metrik*; Versform aus zwei doppelten Versfüßen) ⟨*grch*⟩ · **di|me|trisch** (*fachspr*) · **di|me|tri|sche Axo|no|me|trie** *K 119*, die, *Gen* _n _ *od* **Di|me|trie,** die, _ (*Geom*; axonometr. Darstellung mit gleichem Maßstab auf zwei [von drei] Achsen)
di|mi|nu|en|do (*Mus*; allmählich leiser werdend); *Abk* dim. ⟨*lat → ital*⟩ · **Di|mi|nu|tion** (Verkleinerung, Verringerung, Verminderung) ⟨*lat*⟩ · **di|mi|nu|tiv** (*Sprachw*; verkleinernd) · **Di|mi|nu|tiv,** das, _s, _e [..v..] (*Sprachw*; Verkleinerungsform)
di|morph (*fachspr*; zweigestaltig) ⟨*grch*⟩ · **Di|mor|phis|mus,** der, _ (*fachspr*) ⟨*grch → lat*⟩
DIN [di:n] *Kurzw* (*D*eutsche *I*ndustrie-*N*orm [*in der DDR abgelöst durch* TGL]; Kennzeichen für die Richtlinien des Deutschen Instituts für Normung [BRD])
Di|nar, der, _s, *Pl* _e *u. bei Wertangabe* (*K 310*) Dinar (Währungseinheit in Jugoslawien [*Abk* Din], Irak, Algerien u. in anderen Ländern; Münzeinheit in Iran) ⟨*lat*⟩
Di|na|ri|sche Ge|bir|ge *K 258*, das, *Gen* _n _s (in Jugoslawien)
Di|ner [di'ne:], das, _s, _s (*gehoben*; Mittagessen; Festmahl) ⟨*lat → frz*⟩
Ding: 1. *älter* **Thing,** das, _[e]s, _e (*hist*; Volks- u. Gerichtsversamm-

lung bei den Germanen) – 2. das, _[e]s, *Pl* _e, *umg u. meist abwert* _er (Sache); guter Dinge sein, *aber K 176*: unverrichteterdinge; *vgl. auch* Dings · **Din|gel|chen,** *Pl* _ *od* Dingerchen · **din|gen** (jmdn. gegen Bezahlung zu einer verbrecher. Tat veranlassen); du dingtest; gedungen; ding[e]! · **ding|fest**; *nur in* jmdn. _ machen (jmdn. verhaften)

Din|gi ['diŋgi:], das, _s, _s (kleines Beiboot, Ruderboot) ⟨*Hind*⟩

ding|lich (gegenständlich, eine Sache betreffend); _es Recht (*Rechtsw*)

Din|go ['diŋgo:], der, _s, _s (ein austral. Wildhund) ⟨*austral*⟩

Dings: 1. der *u.* die, _ (*umg*; Person, deren Name einem unbekannt ist od. gerade nicht einfällt) – 2. das, _, *Pl* Dinger (*umg*; Sache, die man gerade nicht näher bezeichnen kann) – 3. *ohne Art* (*umg*; Ort, den man gerade nicht mit Namen nennen kann); er wohnt in _ · **Dings|da**: 1. der *u.* die, _ (*umg*; Person, deren Name einem unbekannt ist od. gerade nicht einfällt) – 2. das, _ (*umg*; Sache, die man gerade nicht näher bezeichnen kann) – 3. *ohne Art* (*umg*; Ort, den man gerade nicht mit Namen nennen kann); er wohnt in _ · **Dings|kir|chen** [*od* ..'kir..] (*umg*; Ort, den man gerade nicht mit Namen nennen kann) · **Ding|wort**, *Pl* ..wörter (*Gramm*)

di|nie|ren (*gehoben*; ein Diner einnehmen) ⟨*lat → frz*⟩

Din|kel, der, _s (Spelz, eine Weizenart)

Din|ner, das, _s, _s (am Abend eingenommene Hauptmahlzeit in England) ⟨*lat → frz → engl*⟩

Di|no|sau|rier [..iər], der, _s, _ *od* **Di|no|sau|rus**, der, _, ..rier [..iər] (*Paläont*; Kriechtier des Erdmittelalters) ⟨*grch → lat*⟩ · **Di|no|the|rium**, das, _s, ..ien [..iən] (*Paläont*; fossiles Rüsseltier)

Dio|de, die, _, _n (*Phys*; Zweipolröhre; elektron. Bauelement mit zwei Elektroden) ⟨*grch*⟩

Di|on, die, _, _en *österr Kurzw* (Direktion; Division)

Dio|ny|sien [..iən] *Pl* (*Altertum*; Dionysosfest) ⟨*grch → lat*⟩ · **dio|ny|sisch** *K 218* (zur Dionysosverehrung gehörig; rauschhaft, wild) ⟨*nach* Dionysos⟩ · **Dio|ny|sos** (*griech Mythol*; Gott des Weines u. der Fruchtbarkeit) ⟨*grch*⟩

dio|phan|tisch *K 218* ⟨*nach* dem griech. Mathematiker Diophantos); _e Gleichungen (*Math*)

Di|op|ter, das, _s, _ (*fachspr*; eine Visiervorrichtung) ⟨*grch*⟩ · **Di|op|trie**, die, _, ..ien (*Opt*; Einheit der Brechkraft von Linsen = 1/m); *Einheitenzeichen* dpt · **di|op|trisch** (*Opt*; auf Strahlenbrechung beruhend, durchsichtig)

Di|ora|ma, das, _s, ..men (ein Schaubild) ⟨*grch*⟩

Di|orit, der, _[e]s, _e (*Geol*; ein Tiefengestein) ⟨*grch*⟩

Dios|ku|ren *Pl* (unzertrennliches Freundespaar) ⟨*grch*, ‚Zeussöhne'⟩ · **Dio|ti|ma** (weise Griechin in Platos »Gastmahl«; weibl. Gestalt bei Hölderlin) ⟨*grch*⟩

Di|öze|se, die, _, _n (*kath Kirche*; Amtsgebiet eines Bischofs) ⟨*grch → lat*⟩

Di|özie, die, _ (*Bot*; Zweihäusigkeit) ⟨*grch → lat*⟩ · **di|özisch** (*Bot*; zweihäusig)

Diph|the|rie, die, _, ..ien (Infektionskrankheit) ⟨*grch*⟩. *Zus K 365ff.*: Diphtherie‿serum usw. · **diph|the|risch** (*Med*)

Di|phthong [dif'tɔŋ], der, _[e]s, _e (*Sprachw*; Zwielaut) ⟨*grch*⟩ · **Di|phthon|gie|rung** [..tɔŋ'gi:..] (*Sprachw*; der Wandel eines einfachen Vokals zum Diphthong) · **di|phthon|gisch** [..'tɔŋiʃ] (*Sprachw*)

Di|plo|do|kus, der, _, ..ken (*Paläont*; ein pflanzenfressender Dinosaurier) ⟨*grch → lat*⟩ · **di|plo|id** (*Biol*; mit doppeltem Chromosomensatz) ⟨*grch*⟩

Di|plom, das, _[e]s, _e (Urkunde über die Ablegung einer Prüfung od. über die Verleihung einer Auszeichnung) ⟨*grch → lat*⟩ · **Di|plom...** (akadem. Grad in Berufsbezeichnungen, z. B. Diplomchemiker); *Abk* Dipl.; *vgl. auch Beispiele im Abkürzungsverzeichnis* · **Di|plo|mand**, der, _en, _en (jmd., der sich auf die Diplomprüfung vorbereitet) · **Di|plo|mat**, der, _en, _en (Vertreter eines Staates im Ausland; gewandt, geschickt [ver]handelnder Mensch) ⟨*grch → lat → frz*⟩ · **Di|plo|ma|tie**, die, _, ..ien (die völkerrechtl. anerkannten Regeln für die Führung außenpolit. Verhandlungen; die Außenpolitik u. ihre Träger; Staatskunst; Unterhandlungskunst; kluge Berechnung) · **Di|plo|ma|tik**, die, _ (Urkundenlehre) ⟨*grch → lat*⟩ · **Di|plo|ma|ti|ker**, der, _s, _ (Urkundenforscher, -kenner) · **di|plo|ma|tisch** (die Diplomatie betreffend; geschickt beim Verhandeln; klug berechnend); *K 119*: das diplomatische Korps, *aber K 259*: das Diplomatische Korps in Stockholm · **di|plo|mie|ren** (ein Diplom erteilen)

Di|pol, der, _s, _e (*Phys*; eine Antennenart) ⟨*grch*⟩

Dip|pel, der, _s, _ (*süddt, österr*; Dübel, Zapfen)

dip|pen (*seem*; [die Flagge] zum Gruß niederholen u. wieder aufziehen) ⟨*engl*⟩

Di|pte|ren *Pl* (*Zool*; die Zweiflügler) ⟨*grch*⟩

Di|pty|chon [..ç..], das, _s, *Pl* ..chen *od* ..cha (zweiflügeliges Altarbild – *Altertum*; Doppeltäfelchen zum Schreiben) ⟨*grch*⟩

dir (*Dat des Pron* »du«); *in Briefen K 98*: Dir

Di|rec|toire [..'tõa:r] ⟨*lat → frz*⟩, das, _[s]: 1. *od* **Di|rek|to|rium** ⟨*lat*⟩, das, _s (großbürgerl. Regierung in Frankreich [1795–1799]) – 2. *od* **Di|rec|toire|stil** [..'tõa:r..] ⟨*frz + lat*⟩, der, _[e]s (klassizist. Abart in Mode u. Kunst am Ende des 18. Jh.) · **di|rekt**: 1. *Adj* (gerade, unmittelbar; nächst); direkte Rede (*Sprachw*; wörtliche Rede [*Ggs* indirekte Rede]) – 2. *Adv* (gleich; geradewegs, geradezu, ohne weiteres) ⟨*lat*⟩ · **Di|rekt|be|zug** (*Wirtsch*) · **Di|rekt|heit**, die, _ · **Di|rek|tion** (Leitung, Verwaltung; Vorstand); *österr Kurzw* Dion · **Di|rek|tions|kraft** (*Phys*) · **Di|rek|ti|ve** [..v..], die, _, _n (Weisung, Richtlinie; Verhaltensregel) · **Di|rek|tor**, der, _s, ..oren: 1. (Leiter); *Abk* Dir. – 2. (*Funkw*; Teil der Richtantenne) · **Di|rek|to|rat**, das, _[e]s, _e (Amt, Dienstraum eines Direktors) · **di|rek|to|rial** (den Direktor od. das Direktorium betreffend) · **Di|rek|to|rin**, die, _, ..innen (Leiterin) · **Di|rek|to|rium**: 1. das, _s, ..ien [..iən] (Vorstand, leitende Behörde) – 2. ↑ Directoire (1) · **Di|rek|tri|ce** [..'tri:sə, *österr* ..'tri:s], die, _, _n [..s(ə)n] (leitende Angestellte [in Bekleidungsgeschäften]) ⟨*lat → frz*⟩ · **Di|rek|trix**, die, _ (*Geom*; Leitlinie von Kegelschnitten) ⟨*lat*⟩ · **Di|rekt|stu|dent** · **Di|rekt|stu|dium** · **Di|rekt|über|tra|gung** (*Rundf, Ferns*)

Dir|ham ['dir(h)am], der, _[s], *Pl* _[s] *u. bei Wertangabe* (*K 310*) Dirham (Währungseinheit in Marokko; Münzeinheit in Kuweit, Libyen u. in anderen Ländern) ⟨*grch → arab*⟩

Di|ri|gat, das, _[e]s, _e (das Dirigieren eines Orchesters) ⟨*lat*⟩ · **Di|ri|gent** (Leiter eines Orchesters od. Chors) · **di|ri|gie|ren**

Dirndl *od* **Dirn|del**, das, _s, _[n] (*österr auch für* Frucht des Dirndlstrauches) · **Dirndl|kleid** *od* **Dirn|del|kleid** · **Dirndl|strauch** *od* **Dirn|del|strauch** (*österr*; Kornelkirsche) · **Dir|ne**, die, _, _n (*abwert*; Prostituierte – *noch landsch*; junges Mädchen)

dis: 1. das, _, _ (*Mus*; Tonbezeichnung) – 2. (*Mus*; Tonartbezeichnung [↑ dis-Moll]) · **Dis**, das, _, _ (*Mus*; Tonbezeichnung)

Dis|agio [..'a:dʒo, *auch* ..'a:ʒio], das, _s (*Wirtsch*; Betrag, um den der Kurs von Geldsorten od. Wertpapieren unter dem Nennwert steht) ⟨*ital*⟩

Dis|har|mo|nie [*od* 'dis..], die, _, ..ien (Mißklang; Uneinigkeit) ⟨*lat* + *grch*⟩ · **dis|har|mo|nie|ren** (nicht zusammenstimmen; uneinig sein) · **dis|har|mo|nisch** (mißtönend, Dissonanzen aufweisend; uneinig)

Dis|junk|tion (Trennung, Sonderung, Scheidung) ⟨*lat*⟩ · **dis|junk|tiv** (trennend; einander ausschließend)

Dis|kant, der, _[e]s, _e (höchste Stimmlage) ⟨*lat*⟩. *Zus K 365ff.*: Diskant‿stimme usw.

Disken ↑ Diskus · **Dis|ket|te**, die, _, _n (magnetisierbare Scheibe zur Datenspeicherung) ⟨*grch* → *lat* → *frz*⟩ · **Dis|ket|ten|lauf|werk** · **Diskjockei** *bzw* **Diskjockey** ↑ Diskosprecher · **Dis|ko**, die, _, _s *umg Kurzw* (Diskothek) ⟨*grch*⟩ · **Dis|ko|mu|sik**

Dis|kont, der, _[e]s, _e *od* **Dis|konto**, der, _s, *Pl* _s *od* ..ti (*kap Wirtsch*; Zinsabzug bei noch nicht fälligen Zahlungen; Zinsvergütung, Vorzinsen); *Abk* Disk. ⟨*lat* → *ital*⟩ · **dis|kon|tie|ren** (*kap Wirtsch*; [den Diskont] abziehen; Wechsel [vor Fälligkeit] gegen Zinsabzug kaufen)

dis|kon|ti|nu|ier|lich [*od* 'dis..] (mit zeitl. od. räuml. Unterbrechungen aufeinanderfolgend) ⟨*lat*⟩ · **Dis|kon|ti|nui|tät**, die, _ (zeitlich od. räumlich unterbrochener Zusammenhang)

Diskonto ↑ Diskont · **Dis|kont|satz** (*kap Wirtsch*; Zinssatz im Diskontgeschäft)

Dis|kor|danz, die, _, _en (Uneinigkeit – *Geol*; ungleichförmige Lagerung von Gesteinsschichten) ⟨*lat*⟩

Dis|ko|spre|cher ⟨*grch* + *dt*⟩, *auch* **Disk|jockei** *bzw* **Disk|jockey** [*beide* ..,dʒɔke:; *Tr* ..k|k..] ⟨*engl*⟩ (Conférencier für Schallplattensendungen u. -veranstaltungen) · **Dis|ko|thek**, die, _, _en: 1. (Tanzveranstaltung mit Schallplattenmusik); *umg Kurzw* Disko – 2. (Schallplattensammlung) ⟨*grch*⟩

Dis|kre|dit, der, _[e]s (Mißkredit, übler Ruf) ⟨*lat* → *frz*⟩ · **dis|kre|di|tie|ren**

dis|kre|pant (abweichend; unstimmig) ⟨*lat*⟩ · **Dis|kre|panz**, die, _, _en (Abweichung; Mißverhältnis; Zwiespalt)

dis|kret (verschwiegen; rücksichtsvoll – *Math*; nicht zusammenhängend, vereinzelt) ⟨*lat* → *frz*⟩ · **Dis|kre|tion**, die, _ (Verschwiegenheit; Rücksicht[nahme])

Dis|kri|mi|nan|te, die, _n, *seltener* _, *Pl* _n (*Math*; entscheidende Größe) ⟨*lat*⟩; zwei _[n] *K 343* · **dis|kri|mi|nie|ren** · **Dis|kri|mi|nie|rung**, *seltener* **Dis|kri|mi|na|tion** (unterschiedl. Behandlung; Herabsetzung, Herabwürdigung)

Dis|kurs, der, _es, _e (Erörterung; lebhafte Verhandlung; Unterhaltung) ⟨*lat*⟩

Dis|kus, der, _, *Pl* ..ken *od* ..usse (Wurfscheibe) ⟨*grch* → *lat*⟩. *Zus K 365ff.*: Diskus‿werfer usw.

Dis|kus|sion (Erörterung, Meinungsaustausch; Auseinandersetzung) ⟨*lat*⟩ · **Dis|kus|sions|bei|trag** · **dis|ku|ta|bel** (erwägenswert); *K 363*: ein diskuta|bler Vorschlag · **dis|ku|tier|bar** · **dis|ku|tie|ren** (erörtern, besprechen); über eine Frage _ *od* eine Frage _

Dis|lo|ka|tion (*fachspr*; Verlegung, Verteilung – *Geol*; Verschiebung von Teilen der Erdkruste) ⟨*lat*⟩ · **dis|lo|zie|ren** (*fachspr*; verlegen, verteilen, verschieben)

dis-Moll *K 186*, das, _ (*Mus*; Tonart), *Zeichen* dis; in dis-Moll *od* in dis · **dis-Moll-Ton|lei|ter** *K 188* (*Mus*)

dis|pa|rat (ungleichartig; unvereinbar) ⟨*lat*⟩

Dis|pat|cher [..'pɛtʃər], der, _s, _ (Verantwortlicher für die Lenkung u. Kontrolle des Arbeitsablaufs in Industrie- u. Verkehrsbetrieben) ⟨*lat* → *rom* → *engl*⟩ · **Dis|pat|cher|zen|tra|le**

Dis|pens, der, _es, _e, *österr* die, _, _en (Befreiung von einer Verpflichtung; Ausnahmebewilligung) ⟨*lat*, ‚Erlaß'⟩ · **Dis|pen|saire|be|treu|ung** [..pɛn'sɛ:r.., *auch* ..pã'sɛ:r..], die, _ (Überwachung gesundheitlich Gefährdeter) ⟨*lat* → *frz*⟩ · **Dis|pen|sa|to|rium** [..pɛnza..], das, _s, ..ien [..iən] (Arzneibuch) ⟨*lat*⟩ · **dis|pen|sie|ren** (befreien; beurlauben – *fachspr*; Arzneien bereiten u. abgeben)

di|sper|gie|ren (zerstreuen; fein verteilen) ⟨*lat*⟩ · **di|spers** (zerstreut; fein verteilt) · **Di|sper|sion** (Zerstreuung, Verbreitung – *Phys*; Zerlegung von mehrfarbigem Licht durch Brechung – *Chem*; feinste Verteilung eines Stoffes in einem anderen)

Dis|play [..'ple:], das, _s, _s (*Datenv*; Bildschirmanzeigegerät) ⟨*lat* → *engl*⟩

Dis|po|nent (mit begrenzten Vollmachten ausgestatteter Leiter eines größeren kaufmänn. Sachgebietes) ⟨*lat*⟩ · **dis|po|ni|bel** (verfügbar); *K 363*: eine disponi|ble Summe · **Dis|po|ni|bi|li|tät**, die, _ (Verfügbarkeit) · **dis|po|nie|ren** (ordnen, einteilen; verfügen) · **dis|po|niert**; schlecht _ (schlecht aufgelegt, nicht gut gestimmt) sein; für *bzw* zu etw. _ (zu etw. veranlagt) sein · **Dis|po|si|tion** (Einteilung, Gliederung; Zustand, Verfassung; Veranlagung); zur _ (Verfügung) stehen

Dis|pro|por|tion [*od* 'dis..] (Mißverhältnis) ⟨*lat*⟩ · **dis|pro|por|tio|niert** (unverhältnismäßig; ungleich)

Dis|put, der, _[e]s, _e ([wissenschaftl.] Streitgespräch; wortreiche Auseinandersetzung) ⟨*lat*⟩

Dis|pu|ta|tion (*veraltend*; Meinungsaustausch; wissenschaftl. Streitgespräch) ⟨*lat*⟩ · **dis|pu|tie|ren** (*veraltend*; [gelehrt] streiten; seine Meinung verfechten)

Dis|qua|li|fi|ka|tion [*od* 'dis..] *od* **Dis|qua|li|fi|zie|rung** (Untauglichkeitserklärung; Ausschließung bei sportl. Kämpfen) ⟨*lat*⟩ · **dis|qua|li|fi|zie|ren**

Dis|sens, der, _es, _e (Meinungsverschiedenheit) ⟨*lat*⟩ · **Dis|sen|ters** *Pl* (in England alle nicht der Staatskirche Angehörenden); *Sg* Dis|sen|ter, der, _s ⟨*lat* → *engl*, ‚Andersdenkender'⟩ · **dis|sen|tie|ren** (anderer Meinung sein) ⟨*lat*⟩

Dis|ser|ta|tion (Doktorarbeit); *Abk* Diss. ⟨*lat*⟩ · **dis|ser|tie|ren** (eine Doktorarbeit anfertigen)

Dis|si|dent (*veraltend*; jmd., der keiner staatlich anerkannten Religionsgemeinschaft angehört – *auch* bürgerl. Bez. für einen [polit.] Andersdenkenden) ⟨*lat*⟩

Dis|si|mi|la|tion (*Biol*; Veränderung, Abbau [von Nährstoffen] – *Sprachw*; Entähnlichung eines Konsonanten gegenüber einem bisher ähnl. od. gleichen, z. B. Bibel → [1]Fibel) ⟨*lat*⟩ · **dis|si|mi|lie|ren** (*Biol*, *Sprachw*)

Dis|si|mu|la|tion (*Med*; Verheimlichung vorhandener Krankheitszeichen) ⟨*lat*⟩ · **dis|si|mu|lie|ren** (*Med*)

dis|so|lu|bel (*fachspr*; löslich, schmelzbar, zerlegbar) ⟨*lat*⟩; *K 363*: dissolu|ble Mischungen · **Dis|so|lu|tion** (*Med*; Auflösung)

dis|so|nant (*Mus*; mißtönend) ⟨*lat*⟩ · **Dis|so|nanz**, die, _, _en (Unstimmigkeit – *Mus*; Mißklang) · **dis|so|nie|ren** (*Mus*)

Dis|so|zia|tion (*fachspr*; Zerfall, Trennung; Auflösung) ⟨*lat*⟩; elektrolytische _, thermische _ (*Chem*) · **dis|so|zi|ie|ren** (*fachspr*)

di|stal (*Anat*; von der Körpermitte entfernt) ⟨*lat*⟩ · **Di|stanz**, die, _, _en (Abstand, Entfernung); *vgl. auch* par distance · **Di|stanz|ge|schäft** (*kaufm*) · **di|stan|zie|ren** ([im Wettkampf] überbieten, hinter sich lassen); sich (*Akk*) von etw. od. jmdm. _ (von etw. od. jmdm. abrücken)

Di|stel, die, _, _n · **Di|stel|fink**

Di|sti|chon [..ç..], das, _s, ..chen (*Metrik*; antiker Doppelvers, i. allg. Hexameter u. Pentameter) ⟨*grch*⟩

di|stin|guiert [..tiŋ'gi:rt, *auch* ..tiŋ'güi:rt] ([betont] vornehm) ⟨*lat*⟩ · **Di|stink|tion** (*veraltend*; Vornehmheit – *österr*; Rangabzeichen) · **di|stink|tiv** (unterscheidend); _e [..v..] Merkmale (*Sprachw*)

Dis|tor|sion (*Med*; Verstauchung – *Opt*; Verzerrung, Verzeichnung) ⟨*lat*⟩

dis|tra|hie|ren (*fachspr*; auseinanderziehen) ⟨*lat*⟩ · **Dis|trak|tion** (*fachspr*; Dehnung, Streckung)

Dis|tri|bu|tion (Ver-, Austeilung – *polit Ök*; Verteilung des gesellschaftl. Gesamtproduktes) ⟨*lat*⟩ · **dis|tri|bu|tiv** (*fachspr*; verteilend) · **Dis|tri|bu|tiv|zahl** (*fachspr*; Verteilungszahl, z. B. je fünf)

Di|strikt, der, _[e]s, _e (Bezirk, abgeschlossener Bereich) ⟨*lat*⟩

Dis|zi|plin: 1. die, _ (Ordnung; Bereitschaft zur Einordnung) – 2. die, _, _en (wissenschaftl. Fachrichtung; Teilgebiet einer Sportart) ⟨*lat*⟩ · **dis|zi|pli|na|risch,** *österr* **dis|zi|pli|när** (die Dienstordnung betreffend; auf dem Wege des Dienststrafverfahrens; streng) · **Dis|zi|pli|nar|ver|fah|ren** · **dis|zi|pli|nie|ren** (maßregeln) · **dis|zi|pli|niert** (an Disziplin gewöhnt; beherrscht) · **dis|zi|plin|los** *K 349*; *vgl.* ...los · **dis|zi|plin|wid|rig**

Dith|mar|schen (Landsch. im N der BRD) · **Dith|mar|scher:** 1. *K 231*: der, _s, _; 2. *als Attribut K 232* · **dith|mar|sisch**

Di|thy|ram|be ⟨*grch*⟩, die, _, _n *od* **Di|thy|ram|bus** ⟨*grch* → *lat*⟩, der, _, ..ben (altgriech. Lob-, Festlied) · **di|thy|ram|bisch** (*gehoben*; überschwenglich, begeistert) ⟨*grch*⟩

di|to ⟨*lat* → *ital* → *frz*, ‚besagt'⟩, *österr* **det|to** ⟨*lat* → *ital*⟩ (dasselbe, ebenso); *Abk* do. *od* dto. · **Di|to,** das, _s, _s (Einerlei)

Di|va [..v..], die, _, *Pl* _s *od* ..ven (gefeierte Bühnen- bzw. Filmkünstlerin) ⟨*lat* → *ital*, ‚die Göttliche'⟩

di|ver|gent [..v..] (auseinandergehend; in entgegengesetzter Richtung verlaufend) ⟨*lat*⟩ · **Di|ver|genz,** die, _, _en (das Auseinandergehen; Meinungsverschiedenheit) · **di|ver|gie|ren**

di|vers [..v..] *K 349* (verschieden) – **di|ver|se** *Pl* (mehrere) ⟨*lat*⟩ · **Di|ver|sant** (Sabotageagent) · **Di|ver|sion** (Zersetzungsarbeit reaktionärer Kräfte) ⟨‚Abwendung'⟩ · **Di|ver|ti|men|to** ⟨*lat* → *ital*⟩, das, _s, *Pl* _s *od* ..ti *od* **Di|ver|tis|se|ment** [..tis(ə)'mã:] ⟨*lat* → *frz*⟩, das, _s, _s (*Mus*; unterhaltendes Instrumentalstück; Zwischenspiel; Tanzeinlage)

Di|vi|dend [..v..], der, _en, _en (*Math*; zu teilende Zahl; Zähler eines Bruches) ⟨*lat*⟩ · **Di|vi|den|de,** die, _, _n (*kap Wirtsch*; Jahresprofitanteil des Aktionärs; Gewinnanteil) · **di|vi|die|ren** (*Math*; teilen)

Di|vi|na Com|me|dia [..v.. _], die, *Gen* _ _ (Dantes »Göttliche Komödie«) ⟨*ital*⟩

Di|vis [..v..], das, _es, _e (*Polygr*; Silbentrennungszeichen; Bindestrich) ⟨*lat*⟩ · **Di|vi|sion:** 1. ⟨*lat*⟩ (*Math*; Teilung); *Zeichen* : – 2. ⟨*lat* → *frz*⟩ (größter militär. Verband); *österr Kurzw* Dion · **Di|vi|sions|kom|man|deur** [..dø:r], der, _s, _e (*Milit*) · **Di|vi|sor,** der, _s, ..oren (*Math*; teilende Zahl, Teiler; Nenner eines Bruches) ⟨*lat*⟩

Di|wan, der, _s, _e (Ruhebett; oriental. Gedichtsammlung, z. B. der »Westöstliche Diwan« von Goethe [Goethe schrieb: West-östlicher Divan]) ⟨*pers* → *arab* → *türk* → *rom*⟩

Di|xie|land ['diksilɛnt], der, _[s] *od* **Di|xie|land-Jazz** [..'dʒɛs], der, _ (ein Jazzstil) ⟨*nach* der Bez. für die Südstaaten der USA⟩

Dja|kar|ta (frühere Schreibung von Jakarta)

Dja|wa usw. (frühere Schreibung von Java usw.)

Dji|bou|ti [dʒi'bu:ti], *eindeutschend* **Dschi|bu|ti:** 1. *amtl* **Re|pu|blik Dji|bou|ti** (im NO Afrikas) – 2. (Hptst. von Djibouti)

d-Moll ['de:..] *K 106*, das, _ (*Mus*; Tonart), *Zeichen* d; in d-Moll *od* in d · **d-Moll-Ton|lei|ter** *K 188* (*Mus*)

Dnepr [dnïɛpr], der, _[s] (Fluß im W der UdSSR) · **Dne|pro|pe|trowsk** [..'trɔfsk] (Stadt in der Ukraine)

Dnestr [dnïɛstr], der, _[s] (Fluß im W der UdSSR)

¹Dö|bel, der, _s, _ (ein Karpfenfisch)

²Dö|bel, der, _s, _ (*landsch*; Dübel) · **dö|beln** *K 363* (*landsch*; dübeln)

Do|ber|mann, der, _s, ..männer (eine Hunderasse) ⟨*nach* dem Züchter⟩

Do|bru|dscha [*od* 'dɔ..], die, _ (Landsch. an der Donaumündung)

doch: 1. *Adv*; ja _!; nicht _!; o daß _ ...! – 2. *Konj* (aber); *vgl. auch K 390 u. 450*

Docht, der, _[e]s, _e

Dock, das, _[e]s, *Pl* _e *od, österr nur* _s (Anlage zum Neubau bzw. zur Reparatur von Schiffen) ⟨*lat* → *ndrl* → *engl*⟩

Docke[1], die, _, _n (kleines Bündel von Fäden od. Tabakblättern – *veraltet*; Garnmaß – *landsch*; Spielpuppe) · **¹docken**[1] (Garn, Flachs, Tabak bündeln)

²docken[1] (ein Schiff ins Dock bringen; im Dock liegen) ⟨*lat* → *ndrl* → *engl*⟩ · **Docker**[1] (Dockarbeiter)

do|de|ka|disch (*fachspr*; zwölf Einheiten umfassend) ⟨*grch*⟩ · **Do|de|ka|eder,** das, _s, _ (*Geom*; Zwölfflächner)

Do|de|ka|nes [..'ne:s], der, _ (griech. Inselgruppe in der Ägäis) ⟨*grch*, ‚Zwölfinseln'⟩

Do|do|ma (Stadt in Tansania)

Dog|cart ['dɔkart *od* 'dɔgka:rt], der, _s, _s (ein offener zweirädriger Einspänner) ⟨*engl*, ‚Hundekarren'⟩

Do|ge ['do:ʒə, *österr nur so, od* 'do:dʒə], der, _n, _n (Staatsoberhaupt der ehem. Republiken Venedig u. Genua) ⟨*lat* → *ital*, ‚Herzog'⟩ · **Do|gen|pa|last**

Dog|ge, die, _, _n (eine Hunderasse) ⟨*engl*⟩; *K 254*: Deutsche, Englische _

¹Dog|ger, der, _s (*Geol*; mittlere Abteilung des Juras, Brauner Jura) ⟨*engl*⟩

²Dog|ger, der, _s, _ (niederländ. Fischereifahrzeug) ⟨*ndrl*⟩

Dog|ger|bank, die, _ (Sandbank in der Nordsee)

Dög|ling, der, _[e]s, _e (eine Walart)

Dog|ma, das, _s, ..men (theolog. Lehrsatz; Glaubenssatz; festgelegte, starre Lehrmeinung; Behauptung ohne Beweis) ⟨*grch*⟩ · **Dog|ma|tik,** die, _, _en (Glaubenslehre) · **Dog|ma|ti|ker,** der, _s, _ (Lehrer der Dogmatik – *oft abwert*; unkritischer Verfechter starrer Lehrsätze) · **dog|ma|tisch** (an ein Dogma gebunden – *oft abwert*; unkritisch) · **dog|ma|ti|sie|ren** (zum Dogma machen) · **Dog|ma|tis|mus,** der, _ (*oft abwert*; unkritisches, starres Festhalten an Lehrmeinungen) ⟨*grch* → *lat*⟩

Do|ha (Hptst. von Katar)

Doh|le, die, _, _n (ein Rabenvogel)

dok|tern *K 363* (*umg*; den Arzt spielen; Heilmittel nehmen) ⟨*lat*⟩

Dok|tor, der, _s, ..oren (ein akadem. Grad – *umg*; Arzt); *Abk* Dr. ⟨*lat*, ‚Lehrer'⟩; *zu den Abkürzungen*

[1] *Tr* ..k|k..

in akadem Titeln vgl. das Verzeichnis von Abkürzungen; in Briefanreden meist Sehr geehrter Herr Dr. Müller!, *seltener ohne Namensnennung* Sehr geehrter Herr Doktor!

Dok|to|rand *K 20*, der, _en, _en (jmd., der sich auf die Doktorprüfung vorbereitet) ⟨*lat*⟩ · **Dok|to|ran|din**, die, _, ..innen · **dok|to|rie|ren** (sich die Doktorwürde erwerben; an der Dissertation arbeiten) · **Dok|to|rin** [*od* 'dɔkto..], die, _, ..innen (*umg*; Ärztin) · **Dok|tor|in|ge|nieur** [..inʒeˌnĭø:r]; *Abk* Dr.-Ing. *K 186* · **Dok|tor|prü|fung**

Dok|trin, die, _, _en (Lehre; polit. Grundsatz; [starre] Lehrmeinung, wirklichkeitsfremder Standpunkt) ⟨*lat*⟩ · **dok|tri|när** (an einer Lehrmeinung starr festhaltend; einseitig theoretisch) ⟨*lat → frz*⟩ · **Dok|tri|na|ris|mus**, der, _ (*oft abwert*; wirklichkeitsfremdes Festhalten an einer Lehrmeinung) ⟨*lat*⟩

Do|ku|ment, das, _[e]s, _e (Urkunde; amtlich beglaubigtes od. als Beweis dienendes Schriftstück) ⟨*lat*⟩ · **Do|ku|men|ta|list** (Mitarbeiter von Informationseinrichtungen [Fachschulabsolvent]) · **Do|ku|men|tar|film** ⟨*lat + engl*⟩ · **do|ku|men|ta|risch** (urkundlich; belegbar) ⟨*lat*⟩ · **Do|ku|men|ta|rist** (künstler. Gestalter von Dokumentarfilmen) · **Do|ku|men|ta|tion** (Beurkundung; Sammlung, Ordnung; inhalt. Erschließung von Dokumenten aller Art) · **do|ku|men|tie|ren** (beurkunden; beweisen; Dokumente inhaltlich erschließen)

dol|ce ['dɔltʃe] (*Mus*; süß, lieblich) ⟨*lat → ital*⟩ · **dol|ce far nien|te** (»süß [ist's], nichts zu tun«) ⟨*ital*⟩ · **Dol|ce|far|nien|te** *K 101*, das, _ (süßes Nichtstun)

Dolch, der, _[e]s, _e. *Zus K 365 ff.*: Dolch‿stoß usw.

Dol|de, die, _, _n (Blütenstand) · **Dol|den|blüt|ler**, der, _s, _ (*Bot*) · **dol|den|för|mig** · **dol|dig** (*Bot*); _er Blütenstand

Do|le, die, _, _n (überbauter Ablaufgraben)

do|li|cho|ze|phal [..ç..] (*Biol, Med*; langköpfig, -schädelig) ⟨*grch → lat*⟩ · **Do|li|cho|ze|pha|le**, der *u.* die, _n, _n *K 341* (*Biol, Med*) · **Do|li|cho|ze|pha|lie**, die, _ (*Biol, Med*)

Do|li|ne, die, _, _n (*Geol*; trichterartige Senke im Karstgebiet) ⟨*slowen*⟩

Dol|lar, der, _s, *Pl* _s *u. bei Wertangabe* (*K 310*) Dollar (Währungseinheit in den USA u. in anderen Ländern); *Zeichen* $ ⟨*dt → ndrl → engl*, ‚Taler'⟩

Dol|lart, der, _s (Meerbusen an der Emsmündung)

Doll|bord, das, _[e]s, _e (*fachspr*; oberer Bootsrand) · **Dol|le**, die, _, _n (*fachspr*; Vorrichtung zum Halten der Riemen [Ruder])

dol|lie|ren (*fachspr*; Felle innen abschleifen) ⟨*lat → frz*⟩

Dol|man, der, _s, _e (Husarenjacke) ⟨*türk*⟩

Dol|men, der, _s, _ (*Urgesch*; eine Form des Großsteingrabes) ⟨*kelt → frz*⟩

Dol|metsch, der, *Gen* _es, *Pl* _e, *auch Gen* _en, *Pl* _en (*gehoben*; Fürsprecher – *österr*; Übersetzer) ⟨*türk → ung*⟩ · **dol|met|schen** *K 354* · **Dol|met|scher** ([berufsmäßiger] Sprachmittler)

Do|lo|mit, der, _[e]s, _e (ein gesteinsbildendes Mineral) ⟨*nach* dem französ. Geologen Dolomieu [..'mĭø:]⟩ · **Do|lo|mi|ten** *Pl* (Gruppe der Südl. Kalkalpen)

do|los *K 349* (*Rechtsw*; arglistig, auf Täuschung gerichtet) ⟨*lat*⟩ · **Do|lus**, der, _ (*Rechtsw*; Arglist, auf Täuschung gerichteter Wille; Vorsatz)

Dom: 1. [do:m], der, _[e]s, _e (Münster, Bischofskirche; Hauptkirche; Kuppel, gewölbeartige Decke) ⟨*lat* ‚Haus'⟩ – 2. [dɔ̃:, *auch* dɔm], der, _ (Ehrentitel beim portugies. Adel) ⟨*lat → portug*, ‚Hausherr'⟩

Do|mä|ne, die, _, _n (land- od. forstwirtschaftl. Großbesitz; besonders gut beherrschtes Arbeits- od. Wissensgebiet eines Menschen) ⟨*lat → frz*⟩

Do|me|stik, *österr nur so, od* **Do|me|sti|ke**, der, ..ken, ..ken, *meist Pl* (*veraltend abwert*; Diener, Hausangestellter) ⟨*lat → frz*, ‚Hausgenosse'⟩ · **Do|me|sti|ka|tion**, die, _ (*Zool*; die allmähliche Umbildung von Wildtieren zu Haustieren) ⟨*lat*⟩ · **do|me|sti|zie|ren** (*Zool*; zum Haustier machen)

Dom|frei|heit (*hist*; Gebiet um den Dom, das früher unter der Gerichtsbarkeit des Domstiftes stand) · **Dom|herr** (*kath Kirche*)

do|mi|nant (vorherrschend; überdeckend) ⟨*lat*⟩ · **Do|mi|nan|te** *K 342*, die, _, _n (vorherrschendes Merkmal – *Mus*; fünfte Stufe einer Tonart; der darauf stehende Dreiklang) ⟨*lat → ital*⟩ · **Do|mi|nanz**, die, _, _en (das Vorherrschen bestimmter Merkmale) ⟨*lat*⟩ · **do|mi|nie|ren** (herrschen; beherrschen) · **Do|mi|ni|ka|ner**, der, _s, _: 1. ⟨*lat*⟩ (Staatsbürger der Dominikanischen Republik) – 2. ⟨*nach* dem Gründer Dominikus⟩ (Angehöriger eines Mönchsordens) · **Do|mi|ni|ka|ner|or|den**, der, _s (*kath Kirche*) · **do|mi|ni|ka|nisch** (die Dominikaner [1 *u.* 2] betreffend; die Dominikanische Republik betreffend) · **Do|mi|ni|ka|ni|sche Re|pu|blik** *K 258*, die, *Gen* _n _ (auf dem Ostteil von Haïti [1])

Do|mi|nion [..'minĭən], das, _s, *Pl* _s *od* ..ien [..ĭən] (*hist*; Gliedstaat des brit. Kolonialreiches mit innerer Selbständigkeit) ⟨*lat → engl*, ‚Herrschaft'⟩; *vgl.* Commonwealth Country

Do|mi|no: 1. der, _s, _s (Maskenkostüm, -mantel; Person in diesem Mantel) – 2. das, _s, _s (ein Anlegespiel) ⟨*lat → ital → frz*⟩ · **Do|mi|no|stein**

Do|mi|nus vo|bis|cum! [_ v..] *K 47* (*kath Kirche*; liturg. Gruß) ⟨*lat*, ‚der Herr [sei] mit euch!'⟩

Do|mi|zil, das, _s, _e (Wohnsitz – *Bankw*; Zahlungsort [bei Wechseln]) ⟨*lat*⟩

Dom|ka|pi|tel (*kath Kirche*) · **Dom|ka|pi|tu|lar** (*kath Kirche*; Domherr)

Do|mo|wi|na, die, _ (Organisation der sorb. nationalen Minderheit in der DDR) ⟨*sorb*, ‚Heimat'⟩

Dom|pfaff, der, _en, _en (Gimpel)

Domp|teur [dɔmp'tø:r], der, _s, _e (Tierbändiger) ⟨*lat → frz*⟩. *Zus K 365 ff.*: Dompteur‿kunst usw. · **Domp|teu|se** [dɔmp'tø:zə], die, _, _n

[1]**Don** [dɔn], der, _[s] (Fluß im W der UdSSR)

[2]**Don** [dɔn]: 1. ⟨*lat → ital*⟩, der, _[s], _s (Ehrentitel der Priester u. des Adels in Italien); *vgl. auch* Donna – 2. ⟨*lat → span*⟩, der, _[s], _s (Herr [span. Anrede]) · **Do|ña** ['dɔnja], die, _, _s (Herrin [span. Anrede]) ⟨*lat → span*⟩; *vgl. auch* Donja

Donar ↑ Thor

Do|nau, die, _ (Strom in Mittel- u. Südosteuropa); Do|nau-Dampfschiffahrts|ge|sell|schaft *K 182* [*Tr* ...schiff|fahrts... *K 78*] · **Do|nau-Theiß-Ka|nal** *K 247*, der, _s · **Do|nau|wörth** (Stadt im S der BRD)

Don|bass [*od* ..'bas], der, *auch* das, _ *Kurzw* (Donezbecken) ⟨*aus russ* Donezki bassejn [da'nĭetski ba'sĭeĭn]⟩ · **Do|nez** [*od* ..'n(ĭ)ɛts], der, _ (Nebenfluß des Dons) · **Do|nez|becken** [*Tr* ...bek|ken], das, _s (Industriegebiet der UdSSR im SO der Ukraine); *russ Kurzw* Donbass

Do|nezk [*od* ..'n(ĭ)ɛtsk] (Stadt in der Ukraine)

Dong, der, _[s], *Pl* _[s] *u. bei Wert-*

angabe (K 310) Dong (Währungseinheit in Vietnam) ⟨*vietnames*⟩

Don Gio|van|ni [dɔn dʒo'vani] (Titelgestalt einer Mozartschen Oper) ⟨*ital für* Don Juan⟩

Don|ja, die, –, –s (*veraltend abwert*; Geliebte; Hausangestellte) ⟨*lat → span*⟩

Don Ju|an ['dɔn juan *od* dɔn 'xŭan], der, *Gen* – –s, *Pl* – –s (Frauenverführer) ⟨*nach* der mittelalterl. span. Sagengestalt⟩

Don|ko|sak (Kosak aus dem Dongebiet)

Don|na, die, –, *Pl* –s *od* ..nnen (Herrin [ital. Anrede]) ⟨*lat → ital*⟩

Don|ner, der, –s, –; – und Doria! (*umg*); *vgl.* Doria · **Don|ner|keil** (Belemnit) · **don|nern** *K 363* · **Don|ners|tag;** *Abk* Do. (‚Tag des Donars'); des Donnerstags, *aber K 109*: donnerstags; *vgl.* Dienstag · **Don|ners|tag|abend;** *vgl.* Dienstagabend · **don|ners|tag|abends** *K 109*; *vgl. auch* dienstags · **don|ners|tags** *K 109*, *aber*: des Donnerstags; *vgl.* dienstags · **Don|ner|wet|ter** (*umg*; Krach, Auseinandersetzung); –! (*umg*; Ausruf der Anerkennung); zum – [noch einmal]! (*salopp*; Ausruf des Zorns)

Don Qui|chotte [dɔn ki'ʃɔt], der, *Gen* – –s, *Pl* – –s (idealist. Schwärmer, dessen Tatendrang an der Realität scheitert) ⟨*span → frz*, *nach* Don Quijote [dɔn ki'xo(:)tə], der Romangestalt bei Cervantes [sɛr'vantɛs, *span* θɛr..]⟩ · **Don|qui|chot|te|rie** [dɔnkiʃɔtə'ri: *od* dõkiʃɔ'tri:], *österr auch* **Don|qui|cho|te|rie** [dõkiʃɔ'tri:], die, –, ..ien (zum Scheitern verurteiltes Unternehmen eines weltfremden Träumers)

doof (*salopp*; dumm, langweilig)

do|pen ['dɔ.. *od* 'do:..] (*Sport*; durch verbotene Anregungsmittel zu Höchstleistungen antreiben); gedopt ⟨*ndrl → engl*⟩ · **Do|ping,** das, –s, –s (*Sport*)

Dop|pel: 1. das, –s, – (zweite Ausfertigung [einer Schrift], Zweitschrift – *Sportspiele*; Doppelspiel) – 2. der, –s, – (*schweiz*; Einsatz beim Schützenfest) ⟨*lat → frz*⟩ · **dop|pel|bö|dig** · **dop|pel|deu|tig** · **Dop|pel|gän|ger** · **dop|pel|glei|sig** · **Dop|pel|hal|te|stel|le** · **Dop|pel|heit,** die, – · **Dop|pel|kopf,** der, –[e]s (ein Kartenspiel) · **Dop|pel|laut** · **Dop|pel|le|ben,** das, –s · **dop|peln** *K 363* (*österr*; neu besohlen) · **Dop|pel|punkt;** *vgl. auch K 456ff.* · **dop|pel‿rei|hig,** ...**sin|nig** · **Dop|pel|stock|zug** · **dop|pelt** (zweifach); –e Buchführung; doppelt vorkommen; doppelt so groß, *aber*: doppelt soviel; *K 93*: das Doppelte leisten, um das *od* ums Doppelte größer, ums Doppelte spielen · **dop|pelt|koh|len|sau|er;** *K 363*: doppeltkohlensaures Natron · **Dop|pel-T-Trä|ger** [..'te:..] *K 188* (*Bauw*; Stahlträger von ⌶-förmigem Querschnitt) · **Dop|pel|tür** · **dop|pelt|wir|kend** · **Dop|pe|lung** *K 363* · **Dop|pel|wir|kung** · **dop|pel|zün|gig** (*abwert*) · **Dopp|ler** (*österr*; erneuerte Schuhsohle)

Dopp|ler|ef|fekt *K 209* (*Phys*) ⟨*nach* dem Physiker⟩

Do|ra (w. Vn.) ⟨*Kurzf von* Dorothea *u. von* Theodora (*zu* Theodor)⟩

Dorado ↑ Eldorado

Dor|do|gne [dɔr'dɔnjə], die, – (Fluß in Südfrankreich)

Dor|drecht (Stadt in den Niederlanden)

Do|rer *od* **Do|rier** [..iər], der, –s, – (*Altertum*; Angehöriger eines griech. Hauptstammes)

Dorf, das, –[e]s, *Pl* Dörfer. *Zus K 365ff.*: Dorf‿klub usw. · **Dörf|chen** · **dör|fisch** (*meist abwert*) · **Dörf|ler,** der, –s, – · **dörf|lich** · **Dörf|lich|keit,** die, – · **Dorf|sa|me,** die, – (*schweiz*; Dorfgenossenschaft)

Do|ria; Donner und –! (*umg*; ein Fluch) ⟨*nach* dem genuesischen Adelsgeschlecht der Doria⟩

Dorier ↑ Dorer

Do|ris (w. Vn.) ⟨*grch* (od. *Kurzf von* Dorothea *u. von* Theodora [*zu* Theodor])⟩

do|risch ⟨*zu* Dorer⟩; *K 238*: die –e Säule

Dor|mi|to|rium, das, –s, ..ien [..iən] (Schlafsaal in Klöstern) ⟨*lat*⟩

Dorn, der, –[e]s, *Pl* (*Spitzen der Dornbüsche*:) Dornen *u.* (*Techn*:) Dorne · **Dorn|busch** · **Dor|nen|hecke** [*Tr* ...hek|ke] · **Dor|nen|kro|ne** (*Rel*) · **dor|nig** (mit Dornen versehen) · **Dorn|rös|chen** (eine Märchengestalt)

Do|ro|thea *K 207* (w. Vn.) ⟨*grch*, ‚Gabe Gottes'⟩; *Nebenf* ↑ Dorothee, *Kurzf* ↑ Dora, ↑ Doris, ↑ Thea · **Do|ro|thee** [..'te:ə, *auch* ..'te:] (w. Vn.) ⟨*Nebenf von* Dorothea⟩

Dor|pat (früherer Name von Tartu) ⟨*lat*⟩

dor|ren (*gehoben*; dürr werden) · **dör|ren** (dürr machen); *vgl. auch* darren · **Dörr‿ge|mü|se,** ...**obst**

dor|sal (*Anat*; den Rücken betreffend; nach dem Rücken zu) ⟨*lat*⟩ · **Dor|sal,** der, –s, –e *od* **Dor|sal|laut,** der, –[e]s, –e (*Phon*; mit dem Zungenrücken gebildeter Laut)

Dorsch, der, –es, –e (junger Kabeljau) ⟨*ndrl*, *zu* dorren⟩

dor|si|ven|tral [..v..] *od* **zy|go|morph** (*Biol*; nur eine Symmetrieebene besitzend, aber mit verschiedener Rücken- u. Bauchseite) ⟨*lat*⟩ · **dor|so|ven|tral** (*Anat*; vom Rücken aus bauchwärts)

dort; dort drüben, dort hinten, dort oben
In Zus: dorther, dortzulande usw.

dort|her [*od* 'dɔrt..]; von dorther.
Schreibung bei Verben K 150: von dorther kommen *u.* von dort herkommen

dort|hin [*od* 'dɔrt..]; da- und dorthin *K 178*.
Schreibung bei Verben K 150: dorthin gehen *u.* dort hingehen

dort|hin|ab [*od* 'dɔrt..]; *K 150*: dorthinab gehen *u.* dort hinabgehen · **dort‿hin|auf,** ...**hin|aus,** ...**hin|ein,** ...**hin|un|ter;** *vgl.* dorthinab · **dor|tig**

Dort|mund (Stadt im W der BRD) · **Dort|mund-Ems-Ka|nal** *K 247*, der, –s · **Dort|mun|der:** 1. *K 231*: der, –s, –; 2. *als Attribut K 232*: die Dortmunder Westfalenhalle

dort|selbst (*veraltend*) · **dort|zu|lan|de** *K 176*

Dös|chen · **Do|se,** die, –, –n (kleine Büchse) ⟨*grch → lat → ndrl*⟩

dö|sen *K 354* (*umg*; wachend träumen; halb schlafen; unaufmerksam vor sich hin starren)

do|sie|ren (abmessen, zumessen) ⟨*grch → lat → ndrl*⟩; *vgl. aber* dossieren

dö|sig (*umg*; schläfrig; geistesabwesend)

Do|si|me|ter, das (Strahlungsmeßgerät) ⟨*grch*⟩ · **Do|si|me|trie,** die, – (Strahlendosismessung, Messung der absorbierten Energie) · **Do|sis,** die, –, ..sen (zugemessene Gabe, Arzneigabe; kleine Menge)

Dos|sier [dɔ'sie:], das, *älter* der, –s, –s (Aktenbündel) ⟨*lat → frz*⟩ · **dos|sie|ren** (*fachspr*; abschrägen); *vgl. aber* dosieren

Dost, der, –[e]s, –e (eine Arznei- u. Gewürzpflanze, Lippenblütler)

Do|ta|tion (Ausstattung; Heiratsgut; Schenkung – *auch Finanzw*; Zuweisung) ⟨*lat → frz*⟩ · **do|tie|ren** (*auch Finanzw*) · **Do|tie|rung** (*auch Finanzw*)

Dot|ter, der *od* das, –s, – (das Gelbe im Vogelei) · **Dot|ter|blu|me** (Sumpfdotterblume) · **dot|ter|gelb;** *vgl.* blau

Douala ↑ Duala

Doua|ne [du'a:n(ə)], die, –, –n [..nən] (Zoll, Zollamt) ⟨*pers → arab → ital → frz*⟩

dou|beln ['du:..] *K 363* (*Filmw*; als Double mitwirken) ⟨*lat → frz*⟩ · **Dou|ble** ['du:b(ə)l], das, –s, –s

(*Filmw*; Person, die für einen Schauspieler [gefährliche] Teile der Rolle übernimmt) · **Doublé** usw. ↑ Dublee usw.

Dou|gla|sie [du'gla:zĭə], die, –, –n, *auch* **Dou|glas|tan|ne** ['du(:)..] *K 209* (ein Nadelbaum) ⟨*nach* dem schott. Botaniker David Douglas [ˌde:vid 'dagləs]⟩

Douro ↑ Duero

Do|ver [..v..] (Hafenstadt im SO Englands)

down [daun] (‚nieder') ⟨*engl*⟩; *meist in* – (*umg*; niedergeschlagen, ermattet) sein

Dow|ning Street ['dauniŋ 'stri:t], die, *Gen* – – (Straße in London – *übertr*; brit. Auswärtiges Amt) ⟨*engl*⟩

Do|xa|le, das, –s, –s (*Arch*; Gitter zw. hohem Chor u. Hauptschiff) ⟨*lat*, ‚Rückwand'⟩

Doy|en [dŏa'jɛ̃:], der, –s, –s (Rang- od. Dienstältester eines diplomat. Korps) ⟨*lat → frz*⟩

Do|zent (Lehrer an einer Hochschule od. an einem hochschulähnl. Institut); *Abk* Doz. ⟨*lat*⟩ · **Do|zen|tin**, die, –, ..innen; *Abk* Doz. · **Do|zen|tur**, die, –, –en (Lehrauftrag; Planstelle eines Dozenten) · **do|zie|ren** (lehren; Vorlesungen halten – *abwert*; von oben herab belehrend darlegen)

Dra|che, der, –n, –n (Fabeltier) ⟨*grch → lat*⟩ · **Dra|chen**, der, –s, – (Fluggerät – *abwert*; zänkische Frau)

Drach|me [..x..], die, –, –n (Währungseinheit in Griechenland; altgriech. Silbermünze; altes Apothekergewicht) ⟨*grch*⟩

Dra|gée, *seltener* **Dra|gee** [*beide* dra'ʒe:], das, –s, –s (überzuckerte Frucht; verzuckerte Arzneipille) ⟨*grch → lat → frz*⟩

Drag|gen, der, –s, – (*seem*; ein kleiner stockloser Anker)

dra|gie|ren [..'ʒi:..] (Dragées herstellen) ⟨*grch → lat → frz*⟩; dragierte Erdnüsse

Dra|go|man, der, –s, –e (Dolmetscher u. Fremdenführer im Vorderen Orient) ⟨*assyr → aram → arab → grch → ital*⟩

Dragon ↑ Estragon

Dra|go|ner, der, –s, – (*Milit hist*; leichter Reiter) ⟨*grch → lat → frz*⟩

drahn (*österr umg*; sich einen vergnügten Abend machen, die Nacht durchschwärmen) · **Drah|rer**, der, –s, – (*österr umg*; Nachtschwärmer)

Draht, der, –[e]s, ..ähte. *Zus K 365ff.*: Draht‿bürste usw. · **Dräht|chen** · **drah|ten** (*veraltend*; telegrafieren) · **Draht|esel** (*salopp scherzh*; Fahrrad) · **Draht|geflecht** · **draht|haa|rig** · **drah|tig** (kräftig, sehnig) · **draht|los**; *vgl.* ...los; die –e Telegrafie · **Draht|seil|bahn** · **Draht|ver|hau** (*Milit*) · **Draht|zaun**

Drain: 1. [drɛ̃: *od* drɛ:n], das *od* der, –s, –s (*Med*; Röhrchen od. dünner Schlauch zur Eiterableitung aus Operationswunden) – 2. ↑ Drän ⟨*engl → frz*⟩ · **Drainage** ↑ Dränage · **drainieren** ↑ dränieren

Drai|si|ne [drai.., *österr* drɛ..], die, –, –n (Schienenfahrzeug zur Kontrolle von Eisenbahnstrecken; Vorläufer des Fahrrads) ⟨*nach* dem Erfinder Drais⟩

dra|ko|nisch *K 218* (sehr streng, rücksichtslos) ⟨*nach* dem altgriech. Gesetzgeber Drako⟩

drall (derb, stramm) · **Drall**, der, –[e]s, –e (*fachspr*; Drehung, Windung – *auch salopp*; Neigung, Hang) · **Drall|heit**, die, –

Dra|ma, das, –s, ..men (Schauspiel, Bühnendichtung; aufregendes od. trauriges Geschehnis) ⟨*grch*⟩ · **Dra|ma|tik**, die, – (dramat. Dichtkunst; Spannung, Lebendigkeit) · **Dra|ma|ti|ker**, der, –s, – (Dramendichter) · **dra|ma|tisch** (in Dramenform; auf das Drama bezogen; lebendig; spannend, bewegt) · **dra|ma|ti|sie|ren** (einen literar. Stoff zu einem Bühnenstück verarbeiten; etw. übertrieben darstellen, schildern) · **Dra|ma|turg**, der, –en, –en (literarisch-künstler. Mitarbeiter bei Theater, Film u. Fernsehen) · **Dra|ma|tur|gie**, die, –, ..ien (Wissenschaft vom Drama; Gestaltung eines Dramas) · **dra|ma|tur|gisch**

dran (*umg*; daran); *K 153*: drauf und dran sein (im Begriff sein) wegzugehen; alles, was drum und dran hängt. *Vgl. auch* daran

Drän, *auch* **Drain** [drɛ:n], der, –s, –s (Entwässerungsgraben, Strang aus Entwässerungsrohren) ⟨*engl → frz*⟩; *vgl. aber* Drain. *Zus K 365ff.*: Drän‿rohr usw. · **Drä|na|ge** [..'na:ʒə, *österr* ..'na:ʒ]: 1. *od* **Drä|nung**, *österr auch* **Drai|nage** [drɛ'na:ʒ] (Entwässerung, Entwässerungsanlage) – 2. **Drä|na|ge**, *auch* **Drai|na|ge** [drɛ'na:ʒə, *österr* ..'na:ʒ] (*Med*; Ableitung der Wundflüssigkeit, Trockenlegung)

Drang, der, –[e]s, *Pl* (*selten*) Dränge

dran|ge|hen *K 363* (*umg*; darangehen)

Drän|ge|lei · **drän|geln** *K 363* · **drän|gen** · **Drän|ger** · **Drän|ge|rei** (*umg*) · **Drang|sal**, die, –, –e, *auch* das, –s, –e (*gehoben*; Qual, Not, Leiden) · **drang|sa|lie|ren** (quälen, peinigen) · **drang|voll** (*gehoben*)

drä|nie|ren *od* **drai|nie|ren** [drɛ..] ⟨*engl → frz*⟩

dran|kom|men (*umg*; darankommen)

dran|set|zen (*umg*; daransetzen)

Dränung ↑ Dränage (1)

Dra|pe|rie, die, –, ..ien (künstler. Faltenanordnung; schmückender Behang mit gerafften Tüchern) ⟨*lat → frz*⟩ · **dra|pie|ren** (mit Stoff behängen, ausschmücken; raffen, in Falten legen) · **Dra|pie|rung**

Drasch [dra:ʃ], der, –es (*obersächs*; aufgeregte Geschäftigkeit, nervöse Eile)

dra|stisch (sehr wirksam; derb; handgreiflich) ⟨*grch*⟩

dräu|en (*dicht*; drohen)

drauf (*umg*; darauf); *K 153*: drauf und dran sein (im Begriff sein) wegzugehen. *Vgl. auch* darauf

Drauf|ga|be (Handgeld beim Vertragsabschluß – *österr auch für* künstler. Zugabe)

Drauf|gän|ger · **drauf|gän|ge|risch** · **Drauf|gän|ger|tum**, das, –s

drauf|ge|ben *K 148* (*umg*); du gibst drauf; draufgegeben; draufzugeben; jmdm. eins draufgeben (jmdn. züchtigen); *aber K 145*: drauf geben (*umg*); nichts drauf (auf seine Reden) geben

drauf|ge|hen[1] *K 148 u. 363* (*umg*; verbraucht werden; umkommen); *aber K 145*: drauf gehen (*umg*); du sollst drauf gehen (nicht rutschen)

Drauf|geld, das, –es (Handgeld beim Vertragsabschluß)

drauf|kom|men[1] (*umg*; daraufkommen)

drauf|le|gen[1] *K 148* (*umg*); ich muß viel drauflegen (Geld hinzufügen), um es bezahlen zu können; *aber K 145*; drauf legen (*umg*); du sollst es drauf legen (nicht werfen)

drauf|los (*umg*); immer –! · **drauf|los|ge|hen** *K 148 u. 363* (*umg*; ohne Überlegung losgehen); du gehst drauflos; drauflosgegangen; drauflos zugehen; *aber K 145*: drauf (*umg*; auf ein bestimmtes Ziel) losgehen. *Vgl.* darauf

draus (*umg*; daraus)

drau|ßen

Dra|wi|da [..'vi:.. *od* 'dra:..], der, –[s], – (Angehöriger einer Völkergruppe mit nichtindoeurop. Sprache in Vorderindien) ⟨*aind*⟩ · **dra|wi|disch**; die –en Sprachen

Drech|se|lei (*auch umg*; gekünstelte Ausdrucksweise) · **drech|seln** *K 363* · **Drechs|ler** · **Drechs|ler|ar|beit** · **Drechs|le|rei**

Dreck, der, –[e]s (*umg*) · **Dreck|fink**

---

[1] *Konjugation vgl.* draufgeben.

(*umg*) · **dreckig** [*Tr* drek|kig] (*umg*)
Dred|ge ['drɛdʒə], *eindeutschend* **Dred|sche,** die, _, _n (*fachspr*; ein kleines Schleppnetz) ⟨*engl*⟩
Dreesch *od* **Driesch,** der, _es, _e (*landsch*; Brache, unbebautes Land)
Dreh, der, _[e]s, *Pl* _s *od* _e (*umg*; Handhabung, [unlauterer] Trick) · **Dreh|au|to|mat** · **Drehbank** ↑ Drehmaschine · **dreh|bar** · **Dreh|buch** (Vorlage, Textbuch für Filmaufnahmen) · **Dre|he,** die, _, _n (*landsch umg*; Gegend); in der _ kenne ich mich aus · **dre|hen** · **Dre|her** · **Dre|he|rei** · **Dreh|ma|schi|ne,** *früher* **Dreh|bank,** *Pl* ..bänke · **Dreh|schei|be** · **Dreh|strom** (*Elektrotechn*) · **Dre|hung** · **Dreh|zahl** ↑ Umlauffrequenz · **Dreh|zahl|mes|ser,** der
drei; *Gen* dreier *od* drei, *Dat* dreien *od* drei; *K 337*: dreier guter (*selten* guten) Schüler; *K 120*: die drei sagen, daß ...; er kann nicht bis drei zählen; zu dreien *od* zu dritt; *K 258*: die Heiligen Drei Könige (*Rel*); *vgl.* acht
Drei, die, _, _en; *vgl.* [1]Acht
Drei|ach|tel|takt (*Mus*; *mit Ziffern K 286* $^3/_8$-Takt); im _ · **Drei|an|gel,** der, _s, _ (*landsch*; winkelförmiger Riß im Stoff) · **drei|blätt|rig** *K 362* · **Drei|bund,** der, _[e]s (*hist*; Bündnis zw. dem wilhelminischen Deutschland, Österreich-Ungarn u. Italien) · **Drei-D-Film** *od* **3-D-Film** [*beide* drai'de:..] *K 285 od* **drei|di|men|sio|na|ler Film** (*Filmw*) · **Drei|eck**[1] (*Math*) · **drei|eckig**[1] [*Tr* ...ek|kig] · **Drei|ecks|mes|sung** · **drei|ein|halb** *od* **drei|und|ein|halb** *K 282* (*mit Ziffern* 3½ *od* 3,5); *vgl.* achteinhalb · **Drei|ei|nig|keit,** die, _ (*Rel*) · **Drei|er,** der, _s, _ · **drei|er|lei;** auf _ Art · **drei|fach**[1] · **Drei|fa|che**[1], das, _n *K 341*; *vgl.* Achtfache · **Drei|fal|tig|keit,** die, _ (*Rel*) · **Drei|fal|tig|keits|fest** (*Rel*) · **Drei|far|ben|druck:** 1. der, _[e]s (ein Druckverfahren) – 2. der, _[e]s, _e (durch dieses Verfahren erzeugter Druck) · **Drei|fel|der|wirt|schaft,** die, _ · **drei|ge|stri|chen** *K 364* (*Mus*); das _e C · **Drei|heit,** die, _ · **drei|hun|dert;** *vgl.* hundert (1) · **Drei|kant,** das *od* der, _[e]s, _e · **Drei|kan|ter,** der, _s, _ (durch Sandschliff in bestimmter Weise geformter Stein) · **Drei|kant|fei|le** · **drei|kan|tig**[1] · **Drei|kä|se|hoch,** der, _s, _[s] (*umg*; Knirps) · **Drei|klas|sen|wahl|recht,** das, _[e]s (nach Besitz u. Einkommen abgestuftes undemokrat. Wahlverfahren vor 1918) · **Drei|kö|ni|ge** *Pl* (*Rel*; Dreikönigsfest); an, nach, vor, zu _ · **Drei|kö|nigs|fest** (*Rel*; der 6. Januar) · **drei|mal**[1]; *vgl.* achtmal · **drei|ma|lig**[1] · **Drei|ma|ster,** der, _s, _ (dreimastiges Segelschiff) · **drei|ma|stig**[1] · **Drei|mei|len|zo|ne** (*mit Ziffer K 285* 3-Meilen-Zone)
drein ↑ darein · **dreinreden** ↑ dareinreden
Drei|paß, der, ..passes, ..passe (*Arch*; gotisches dreibogiges Maßwerk) · **Drei|pha|sen|strom** (*Elektrotechn*) · **Drei|schicht|sy|stem,** das, _s · **Drei|schlitz** (*Arch*) · **Drei|schneuß** (*Arch*) · **Drei|spitz** (*hist*; dreieckiger Hut) · **drei|ßig;** *vgl.* achtzig · **drei|ßig|jäh|rig**[1] *K 258*: der Dreißigjährige Krieg; *vgl.* ...jährig
dreist · **Drei|stig|keit**
drei|stim|mig · **Drei|stu|fen|ra|ke|te** · **Drei|ta|ge|fie|ber,** das, _s (subtrop. Infektionskrankheit) · **drei|tau|send;** *vgl.* tausend (1) · **drei|tei|lig**[1] · **dreiundeinhalb** ↑ dreieinhalb · **drei|und|zwan|zig** *K 282* · **drei|vier|tel** (*mit Ziffern* ¾); *K 288*: in [einer] dreiviertel Stunde *od K 289*: in einer Dreiviertelstunde, *aber*: in drei viertel Stunden; *K 288*: in dreiviertel Länge, *aber*: in Dreiviertel der Länge; die Ärmel haben Dreiviertellänge (*K 283*); *vgl. auch* viertel *u.* Viertelstunde · **Drei|vier|tel|stun|de;** eine geschlagene _; *vgl. auch* Viertelstunde · **Drei|vier|tel|takt** (*Mus*; *mit Ziffern K 286* $^3/_4$-Takt); im _ · **Drei|zack,** der, _[e]s, _e · **drei|zackig**[1] [*Tr* ... zak|kig] · **drei|zehn;** *K 100*: die verhängnisvolle Dreizehn (*Abergl*); *vgl.* achtzehn · **Drei|zim|mer|woh|nung** (*mit Ziffern K 285* 3-Zimmer-Wohnung) · **Drei|zy|lin|der**[1] *umg Kurzw* ([Fahrzeug mit] Dreizylindermotor) · **Drei|zy|lin|der|mo|tor** (*mit Ziffer K 285* 3-Zylinder-Motor) · **drei|zy|lin|drig**[1]
Drell, der, _s, _e (*norddt*; Drillich)
Drem|pel, der, _s, _ (*fachspr*; Schwelle [beim Schleusenbau])
Dre|sche, die, _ (*salopp*; Prügel, Schläge) · **dre|schen** (*auch salopp*); du drischst *K 354*, er drischt; du droschst; du dröschest; gedroschen; drisch! · **Dresch|fle|gel** (früher gebräuchliches Gerät zum Dreschen)
Dres|den (Bezirksstadt in der DDR); *K 244*: Dresden-Altstadt, Dresden-Bad Weißer Hirsch · **Dresd|ner** *od* **Dres|de|ner** *K 236*: 1. *K 231*: der, _s, _; 2. *als Attribut K 232*: der Dresd[e]ner Zwinger · **dresd|nisch** *od* **dres|de|nisch,** *auch* **dresd|ne|risch**
Dreß, der, ..esses, ..esse, *österr* die, _, ..essen (Sportkleidung) ⟨*lat* → *frz* → *engl*⟩ · **Dres|seur** [drɛ'sø:r], der, _s, _e (Abrichter von Tieren, Tierlehrer) ⟨*lat* → *frz*⟩ · **dres|sie|ren** (Tiere abrichten – *Gastron*; [Speisen] gefällig anrichten, garnieren; [Gebäck] verzieren – *Techn*; nachwalzen) · **Dress|man** [..mən], der, _s, ..men (Vorführer von Bekleidungsmodellen) ⟨*engl*⟩ · **Dres|sur,** die, _, _en ⟨*lat* → *frz*⟩. *Zus K 365ff.*: Dressur‿prüfung usw.
Drey|fus|af|fä|re ['draifu:s..] *K 209*, die, _ (der gegen den unschuldig angeklagten französ. Offizier Dreyfus [drɛ'fys] um 1900 geführte Prozeß u. seine polit. Auswirkungen)
drib|beln *K 363* (*Fußball*; den Ball durch kurze Stöße vor sich hertreiben) ⟨*engl*⟩ · **Dribb|ling,** das, _s, _s (*Fußball*)
Driesch ↑ Dreesch
Drift, die, _, _en *od* **Trift,** die, _, _en (durch den Wind bewirkte Strömung an der Meeresoberfläche) · **drif|ten** (auf dem Meer treiben)
Drilch, [1]**Drill** ↑ Drillich
[2]**Drill,** der, _[e]s (hartes Einexerzieren) · **Drill|boh|rer** · **dril|len** (scharf einüben; »drehen«; mit dem Drillbohrer bohren – *Landw*; in Reihen säen, mit der Drillmaschine säen)
Dril|lich, *auch* [1]**Drill,** *schweiz auch* **Drilch,** der, _[e]s, _e (dreifädiges Leinen- od. Baumwollgewebe) ⟨*lat*⟩ · **Dril|lich|zeug,** das, _[e]s · **Dril|ling** (1. *meist Pl* eines von drei gleichzeitig im Mutterleib entwikkelten Kindern – 2. Jagdgewehr mit drei Läufen)
Drill|ma|schi|ne (*Landw*; Maschine, die in Reihen sät)
drin (*umg*; darin); *vgl.* darin *u.* drinsein
drin|gen; du drang[e]st; du drängest; gedrungen; dring[e]! · **drin|gend;** *K 115*: am dringendsten, auf das *od* aufs dringendste · **dring|lich** · **Dring|lich|keit,** die, _
Drink, der, _[s], _s (Alkohol[misch]getränk) ⟨*engl*⟩
drin|nen; *vgl.* darinnen · **drin|sein** *K 148* (*salopp*; möglich sein); das ist nicht [mehr] drin (ist nicht [mehr] möglich, läßt sich schwer machen) · **drin|sit|zen** *K 148* (*umg*; in mißlicher Lage sein); du sitzt (*K 354*) drin; dringesessen; drin zu sitzen; *aber K 146*: drin (z. B. im Boot) sitzen
dritt; *nur in der Wendung* zu dritt

[1] *Mit Ziffer vgl. K 284.*

[1] *Mit Ziffer vgl. K 284.*

drit|te:
I. *Kleinschreibung K 120*: der dritte (der Reihe nach); von dreien der dritte; der eine ..., der andere ..., der dritte ...; das dritte Mal *od K 176*: das drittemal; der dritte Stand (*hist*; der Bürgerstand im vorrevolutionären Frankreich); zum dritten (drittens); *vgl. auch* achte
II. *Großschreibung K 100*: der Dritte (der Leistung nach); er ist der Dritte in der Klasse; der Dritte im Bunde; ein Dritter (ein Unbeteiligter), z. B. einem Dritten gegenüber; ein Drittes ist zu erwägen; bis zum Dritten des Monats; *K 258*: Richard der Dritte (*mit Ziffer* Richard III.)
Drit|teil [*Tr K 78*], das, -[e]s, -e · **drit|tel;** *vgl.* achtel · **Drit|tel,** das (*schweiz meist* der), -s, - (‚dritter Teil‘); *vgl.* Achtel · **Drit|tel|ge|viert** (*Polygr*) · **drit|teln** *K 363* (in drei Teile teilen) · **Drit|ten|ab|schla|gen,** das, -s (ein Laufspiel) · **drit|tens** · **dritt|letzt;** *K 100*: der Drittletzte in der Klasse

dro|ben (*süddt, österr, sonst gehoben*; da oben)

Dro|ge, die, -, -n (Rohstoff zur Bereitung von Arzneien) ⟨*ndrl → frz*⟩ · **Dro|gen|sucht** · **dro|gen|süch|tig** · **Dro|gen|süch|ti|ge,** der *u.* die; -n, -n *K 341* · **Dro|ge|rie,** die, -, ..ien (Verkaufsstelle für Drogen, Kosmetika u. ä.) · **Dro|gist**

Droh|brief · **dro|hen**

Drohn, der, -en, -en (*fachspr*; Drohne) · **Droh|ne,** die, -, -n (Bienenmännchen)

dröh|nen

Dro|hung

drol|lig ⟨*ndrl*⟩ · **Drol|lig|keit**

Dro|me|dar [*od* 'dro:..], das, -s, -e (einhöckeriges Kamel) ⟨*grch → lat*⟩

Dron|te, die, -, -n (eine ausgestorbene Vogelart) ⟨*indones*⟩

Drops, der *od* das, -, -, *meist Pl* (saurer Fruchtbonbon) ⟨*engl*⟩

Drosch|ke, die, -, -n (*veraltend*) ⟨*russ*⟩ · **Drosch|ken|kut|scher** (*veraltend*)

drö|seln *K 363f.* (*landsch*; [Fäden] drehen)

[1]**Dros|sel,** die, -, -n (ein Singvogel)

[2]**Dros|sel,** die, -, -n (*weidm*; Luftröhre des Schalenwildes – *Techn*; Vorrichtung zur Verringerung der Energie). *Zus K 365ff.*: Drossel‿klappe (*Techn*) usw. · **dros|seln** *K 363f.* (absperren, bremsen) · **Dros|se|lung** *K 363f.*

drü|ben (auf der anderen Seite); hüben und - · **drü|ber** (*umg*; darüber); *K 153*: drunter und drüber gehen (in Unordnung sein). *Vgl.* darüber

Druck, der, -[e]s, *Pl* (*Techn, Phys*) Drücke *u.* (*Polygr*) Drucke. *Zus K 365ff.*: Druck‿fehler usw. · **Drücke|ber|ger**[1], der, -s, - (*umg*) · **drucken**[1] · **drücken**[1] · **Drucker**[1] · **Drücker**[1] · **Drucke|rei**[1] · **Drücke|rei**[1] (*umg*) · **Druck|er|zeug|nis** · **druck|fer|tig** · **Druck|le|gung,** die, - · **Druck|luft|brem|se** · **druck|reif** · **Druck‿sa|che, ...schrift** · **druck|sen** *K 354* (*umg*; mit dem Sprechen zögern; nicht mit der Sprache herauswollen) · **Druck|sor|te** (*österr*; Drucksache) · **Druck|stock,** *Pl* ..stöcke (*Polygr*)

Dru|de, die, -, -n (*Abergl*; weibl. Nachtgespenst; Zauberin, Hexe) ⟨*zu* treten⟩ · **Dru|den|fuß,** *Pl* ..füße (Fünfstern – *Abergl*; Zeichen gegen Zauberei u. böse Geister [☆])

Drui|de, der, -n, -n (kelt. Priester) ⟨*kelt → lat*⟩

drum (*umg*; darum); sei's drum!; alles, was drum und dran hängt; nicht drum rumkommen. *Vgl.* darum · **drum|bin|den** (*umg*; darumbinden) · **Drum|her|um,** das, -s (*umg*)

Drum|lin, der, -s, -s, *meist Pl* (*Geol*; langgestreckter Hügel aus Moränengeschiebe) ⟨*kelt → engl*⟩

Drum|mer ['dramər], der, -s, - (Schlagzeuger im Jazz- u. Tanzorchester) ⟨*engl*⟩

Drum und Dran, das, *Gen* des Drum und Dran (*umg*; alles Zugehörige); mit allem - - -

drun|ten (*süddt, österr*; da unten); - liegen · **drunter** (*umg*; darunter); *K 153*: drunter und drüber gehen (in Unordnung sein). *Vgl.* darunter · **drun|ter|le|gen** (*umg*; darunterlegen) · **Drun|ter und Drü|ber,** das, *Gen* des Drunter und Drüber (*umg*; Unordnung)

Drusch, der, -es, -e (das Dreschen; Dreschertrag)

[1]**Dru|se:** 1. die, -, -n (*Mineral*; [Hohlraum im] Gestein mit Kristallen) – 2. die, - (*Vet*; eine Pferdekrankheit)

[2]**Dru|se,** der, -n, -n (Angehöriger eines arab. Volkes in Syrien u. in Libanon)

Drü|se, die, -, -n (Organ, das Körpersäfte absondert) ⟨*zu* [1]Druse (2)⟩ · **dru|sig** (mit der Druse [Pferdekrankheit] behaftet) · **drü|sig** (voller Drüsen)

dry [drai] *nichtdeklinierbar* (*von alkohol Getränken gesagt*; herb, zuckerfrei) ⟨*engl*, ‚trocken‘⟩

Drya|de, die, -, -n (*griech Sage*; Baumnymphe)

---
[1] *Tr* ..k|k..

Dsche|bel, der, -[s], - (Gebirge, Berg) ⟨*arab*⟩

Dschibuti ↑ Djibouti

D-Schicht ['de:..] *K 186*, die, - (*Met*; unterste Schicht der Ionosphäre)

Dschid|da (Hafenstadt in Saudi-Arabien)

Dschiu-Dschitsu ↑ Jiu-Jitsu

Dschun|gel, der, *selten* das, -s, -, *veraltet* die, -, - (trop. Urwald) ⟨*Hind → engl*⟩

Dschun|ke, die, -, -n (chines. Segelschiff) ⟨*mal*⟩

Dsun|ga|re, der, -n, -n · **Dsun|ga|rei,** die, - (Landsch. in Zentralasien) · **dsun|ga|risch;** *K 258*: die Dsungarische Pforte

du, *in Briefen usw. K 98*: Du; jmdn. du nennen, du zueinander sagen; mit jmdm. auf du und du stehen · **Du,** das, -[s], -s; das vertraute Du

Du|al, der, -s, ..ale (*Sprachw*; Zweizahl) ⟨*lat*⟩

Dua|la, *französ* **Doua|la** [dŭa'la]: 1. (Hafenstadt in Kamerun) – 2. der, -[s], -[s] (Angehöriger eines Bantuvolkes im W Afrikas) – 3. das, - (Sprachbezeichnung); auf Duala heißt es ...

Dua|lis|mus, der, - (Zweiheit, Zwiespältigkeit; das Bestehen gegensätzl. Kräfte – *Philos*; die Annahme zweier voneinander verschiedener, gegensätzl. Prinzipien od. Kräfte) ⟨*lat*⟩ · **Dua|list** (*Philos*) · **dua|li|stisch** · **Dua|li|tät** (Zweiheit, Zweigliederung; Vertauschbarkeit)

Dü|bel, der, -s, - (kleiner Holzkeil, Zapfen) · **dü|beln** *K 363* (einen Holzkeil in die Wand einsetzen; mit Zapfen od. Bolzen aneinanderfügen)

du|bios *od* **du|biös** *K 349* (zweifelhaft) ⟨*lat*⟩ · **Du|bio|sen** *Pl* (zweifelhafte Dinge od. Forderungen) · **du|bi|ta|tiv** (Zweifel ausdrückend)

Du|blee, *auch* **Dou|blé** [du'ble:], das, -s, -s (Metall mit Edelmetallüberzug – *Billard*; ein Stoß) ⟨*lat → frz*⟩ · **Du|blee|gold,** *auch* **Dou|blé|gold** · **Du|blet|te,** die, -, -n (Doppelstück, -schlag, -treffer; zusammengesetzter Edelstein) · **du|blie|ren** (mit Edelmetall überziehen – *Textiltechn*; Fäden zusammendrehen) · **Du|blier|ma|schi|ne** (*Textiltechn*)

Dub|lin ['dablin] (Hptst. von Irland)

Dub|na [*od* ..'na] (Stadt bei Moskau) · **Dub|na|er:** 1. *K 231*: der, -s, -; 2. *als Attribut K 232*: die Dubnaer Kernforschungszentren

Du|brov|nik [..v..] (Hafenstadt in Jugoslawien)

Ducento ↑ Duecento

Ducht, die, –, –en (*seem;* Sitzbank in offenen Booten)

Dück|dal|ben [*od* ..'dal..], der, –s, – *od* **Dück|dal|be,** die, –, –n (Pfahlbündel im Hafen; Seezeichen); *Kurzw* Dalbe[n] ⟨*ndrl*⟩

ducken [*Tr* duk|ken]; sich (*Akk*) – · **Duck|mäu|ser,** der, –s, – (*abwert;* Schleicher) · **duck|mäu|se|risch** (*abwert*)

Du|de|lei (*umg abwert;* anhaltende, als lästig empfundene Musik) · **du|deln** *K 363* (*umg*) · **Du|del|sack** (Sackpfeife) ⟨*türk → slaw*⟩. *Zus K 365ff.:* Dudelsack‿pfeifer usw.

Du|den *K 318,* der, –s, *auch* –, *Pl* – (Rechtschreibbuch) ⟨*nach* dem Begründer⟩; *K 258 u. 260:* Der Große –

Due|cen|to [due'tʃɛnto], *auch* **Du|en|to** [du'dʒɛnto] *od* **Du|cen|to** [du'tʃɛnto], das, –s (*Kunstwiss;* das 13. Jh. in Italien [als Stilbegriff])

Du|ell, das, –s, –e (Zweikampf) ⟨*lat*⟩ · **Du|el|lant** [duɛ..] (Teilnehmer an einem Zweikampf) · **du|el|lie|ren, sich** (*Akk*)

Due|ro [...ro] ⟨*span*⟩ *od* **Dou|ro** ['do(:)ru] ⟨*portug*⟩, der, –[s] (Fluß auf der Pyrenäenhalbinsel)

Du|ett, das, –[e]s, –e (Musikstück für zwei Singstimmen, *auch* für zwei Instrumente) ⟨*lat → ital*⟩

Duf|fle|coat ['daf(ə)lko:t], der, –[s], –s (dreiviertellanger, mit Schlaufen zu schließender Mantel) ⟨*engl*⟩

Duft, der, –[e]s, *Pl* Düfte. *Zus K 365ff.:* Duft‿stoff usw. · **Düft|chen**

duf|te (*salopp;* großartig, fein) ⟨*hebr*⟩

duf|ten · **duf|tig**

Dugento ↑ Duecento

Duis|burg ['dy:s..] (Stadt im W der BRD)

Du|ka|ten, der, –s, – (*hist;* eine Goldmünze) ⟨*lat*⟩

Dü|ker, der, –s, – (*fachspr;* Rohrleitung unter Gewässern)

duk|til (*fachspr;* dehn-, streckbar; gut verformbar) ⟨*lat*⟩ · **Duk|ti|li|tät,** die, – (*fachspr*) · **Duk|tus,** der, – (charakterist. Linienführung der Schrift; Art des Schreibens)

dul|den · **Dul|der** · **Dul|der|mie|ne** · **duld|sam** · **Duld|sam|keit,** die, –

Dult, die, –, –en (*bayr;* Jahrmarkt, Messe)

Dul|zi|nea, die, –, ..een (*umg;* Liebchen) ⟨*lat → span, nach* der Geliebten Don Quichottes, einer Romangestalt bei Cervantes [sɛr'vantɛs, *span* θɛr..]⟩

Du|ma, die, –, –s (Rat, Magistrat; Stadthaus; Parlament, bes. das russ. Parlament 1906–1917) ⟨*russ*⟩

Dum|dum [*od* ..'dum], das, –[s], –[s] (völkerrechtl. verbotenes, große Wunden reißendes Infanteriegeschoß) ⟨*nach* dem Herstellungsort in Indien⟩

dumm; dümmer; dümmste; *K 119:* der dumme August · **Dumm|bar|tel,** der, –s, – (*umg;* Dummkopf) · **dumm|dreist** · **Dum|me|jun|gen|streich** *K 368,* der, *Gen* des Dumme[n]jungenstreich[e]s, *Pl* die Dumme[n]jungenstreiche; ein Dummerjungenstreich · **Dum|mer|jan,** *österr u. landsch* **Dum|mian,** der, –s, –e (*umg;* Dummkopf) · **Dum|mer|ling** (*landsch umg;* Dummkopf) · **Dumm|heit** · **Dumm|kopf** · **dümm|lich** · **Dümm|ling** (*umg;* Dummkopf)

Dum|per ['dam..], der, –s, – (Kippfahrzeug für den Erdtransport) ⟨*engl*⟩

dumpf ⟨*zu* Dampf⟩ · **Dumpf|heit,** die, – · **dump|fig** · **Dump|fig|keit,** die, –

Dum|ping ['dam..], das, –s (*kap Wirtsch;* zeitweilige extreme Preisunterbietung auf dem Markt zur Ausschaltung der Konkurrenz) ⟨*engl*⟩

dun (*norddt salopp;* betrunken)

Du|ne, die, –, –n (*norddt;* Daune) · **Dü|ne,** die, –, –n ⟨*ndrl*⟩ · **Dü|nen‿bil|dung, ..‿sand**

Dung, der, –[e]s. *Zus K 365ff.:* Dung‿ablage usw. · **Dün|ge|mit|tel** · **dün|gen** · **Dün|ger,** der, –s, – · **Dün|gung**

dun|kel; dunkler, dunkelste *K 363; K 116:* im dunkeln (im ungewissen) lassen, *aber K 93:* im Dunkeln ist gut munkeln (*sprichw*); ein Sprung ins Dunkle; dunkel färben usw. *vgl.* blau, III *u.* IV; dunkelblau *vgl.* blau · **Dun|kel,** das, –s

Dün|kel, der, –s (*abwert*)

dun|kel|braun; *vgl.* blau

dün|kel|haft (*abwert*)

Dun|kel|heit, die, – · **dun|keln;** es dunkelt · **dun|kel|rot;** *vgl.* blau

dün|ken; dich *od* dir dünkt, *noch scherzh* deucht; dich *od* dir dünkte, *noch scherzh* deuchte; dich *od* dir hat gedünkt, *noch scherzh* gedeucht ⟨*zu* denken⟩

Dün|kir|chen, *französ* **Dun|kerque** [dœ̃'kɛrk] (Hafenstadt in Nordfrankreich)

dünn; *K 118:* durch dick und dünn. *Schreibung bei Verben vgl.* dünnemachen, sich

dünn|be|völ|kert; *vgl.* dichtbevölkert · **Dünn|druck,** *Pl* ..drucke (*Polygr*) · **Dünn|druck|pa|pier** (*Polygr*) · **Dün|ne,** die, – · **dün|ne|ma|chen** *od* **dünn|ma|chen, sich** (*Akk*) *K 137* (*salopp;* weglaufen, -schleichen); du machst dich dünn[e]; dünn[e]gemacht; dünn[e]zumachen; *aber:* dünn machen, sich (*Akk*) (wenig Platz einnehmen) · **Dünn|heit,** die, – · **Dünn|pfiff,** der, –[e]s (*salopp*) · **Dün|nung** (*weidm;* die Bauchdecken beim Schalenwild) · **dünn|wan|dig**

Dun|sel, der, –s, – (*landsch salopp;* Dummkopf)

Dunst, der, –es, *Pl* Dünste · **dun|sten** (Dunst verbreiten, dampfen); es dunstet · **dün|sten** (durch Dampf gar machen) · **Dunst|glocke** [*Tr* ...glok|ke] · **dun|stig** · **Dunst|kreis** · **Dünst|obst,** *österr* **Dunst|obst**

Dü|nung (Seegang nach einem Sturm) ⟨*ndrl*⟩

Duo, das, –s, –s (Musikstück für zwei Instrumente; die beiden Ausführenden) ⟨*lat → ital*⟩

Duo|de|num, das, –s, ..na (*Med;* Zwölffingerdarm) ⟨*lat*⟩

Duo|dez|für|sten|tum ⟨*lat*⟩ · **duo|de|zi|mal** (zwölfteilig) · **Duo|de|zi|mal|sy|stem,** das, –s · **Duo|de|zi|me,** die, –, –n (*Mus;* zwölfter Ton der diaton. Tonleiter; Intervall im Zwölfstufenabstand)

dü|pie|ren (*gehoben;* täuschen, nasführen) ⟨*lat → frz*⟩ · **Dü|pie|rung** (*gehoben*)

Du|plex... (Doppel..., z. B. Duplexbremse) ⟨*lat*⟩ · **du|plie|ren** (verdoppeln) · **Du|pli|kat,** das, –[e]s, –e, *auch* **Du|plum,** das, –s, ..la (Doppel, Durchschlag; Abschrift, Zweitschrift); *Abk* Dupl. · **Du|pli|ka|tion** (Verdoppelung) · **du|pli|zie|ren** (verdoppeln) · **Du|pli|zi|tät** (Doppelheit; doppeltes Vorkommen) · **Duplum** ↑ Duplikat

Dur, das, – (*Mus;* das eine [die große Terz verwendende] der beiden Tongeschlechter) ⟨*lat*⟩, *Ggs* Moll; A-Dur *K 106,* A-Dur-Tonleiter *K 188. Zus K 365ff.:* Dur‿akkord usw. · **du|ra|bel** (dauerhaft, haltbar); *K 363:* eine dura|ble Ausführung · **Dur|alu|min** [..mi:n], *auch* **Dur|al,** das, –s (eine aushärtbare Aluminiumlegierung)

durch: 1. *Präp mit Akk; Zeichen* (*Math*) :, z. B. 8 : 2; mit jmdm. durch dick und dünn gehen (*umg;* alle Gefahren teilen) – 2. *Adv:* die ganze Nacht durch (*umg;* hindurch); durch und durch (*umg;* völlig) naß; durch und durch gehen (bis ins Innerste ergreifen)

Schreibung in Verbindung mit »sein« vgl. durchsein

durch... *in Verbindung mit Verben K 360:*

a) *unfeste Zusammensetzungen,* z. B. durchbrechen (↑ *d.*) *K 356,* du

brichst durch, durchgebrochen, durchzubrechen
b) *feste Zusammensetzungen,* z. B. durchbrechen (↑ *d.*) *K 357,* du durchbrichst, durchbrochen, zu durchbrechen
durch|ackern[1] *K 363* (*umg;* sorgsam durcharbeiten); durchgeackert
durch|ar|bei|ten (sich bis zu Ende, zur Fertigstellung mit etw. befassen); du hast das Buch durchgearbeitet · **durch|ar|bei|tet** *Part II;* eine durcharbeitete (mit Arbeit ausgefüllte) Nacht
durch|at|men; er hat tief durchgeatmet
durch|aus [*auch* 'durç..]
durch|backen[1]; [gut] durchgebackenes Brot
durch|be|ben (*gehoben*); von Wonne durchbebt
durch|bei|ßen; ich habe den Faden durchgebissen; sich (*Akk*) _ (alle Widerstände überwinden) · **durch|bei|ßen;** der Hund hat die Hose durchbissen
durch|bie|gen; das Brett hat sich durchgebogen
durch|bil|den (vollständig ausbilden); ein durchgebildeter Körper
durch|bla|sen; der Staub muß [durch das Rohr] durchgeblasen werden
durch|blät|tern *K 363;* er hat das Buch durchgeblättert
durch|bleu|en (*salopp;* durchprügeln); er hat ihn durchgebleut
Durch|blick · **durch|blicken**[1] *intr* (hindurchblicken); etw. durchblikken lassen (andeuten); er hat durchblicken lassen, daß ...
durch|blit|zen; plötzlich durchblitzte ihn ein Gedanke
durch|blu|tet *Part II;* eine gut _e Haut · **Durch|blu|tung,** die, _ · **Durch|blu|tungs|stö|rung**
durch|boh|ren; ich habe aus Versehen durchgebohrt · **durch|boh|ren;** er hat sie mit seinen Blicken durchbohrt
durch|bra|ten; das Fleisch ist gut durchgebraten
durch|brau|sen; der Zug ist durchgebraust · **durch|brau|sen;** vom Sturm durchbraust
durch|bre|chen; er hat die Stange durchgebrochen; er ist [durch das Dach] durchgebrochen · **durch|bre|chen;** er hat die Schranken durchbrochen; *vgl. auch* durchbrochen
durch|bren|nen (*auch umg;* entlaufen); durchgebrannt
durch|brin|gen; er hat das Vermögen durchgebracht (*umg;* verschwendet)
durch|bro|chen; *K 364:* _e Arbeit (Stickerei, Goldarbeit) · **Durch|bruch,** der
durch|den|ken; ich habe die Sache noch einmal durchgedacht · **durch|den|ken;** er hatte seinen Plan gut durchdacht
durch|drän|gen; sich (*Akk*) _; du hast dich durchgedrängt
durch|dre|hen (*auch umg;* die Nerven verlieren); durchgedreht; *vgl. auch* durchgedreht
durch|drin|gen; er ist mit seiner Ansicht durchgedrungen (hat sich durchgesetzt) · **durch|drin|gen;** er ist von Begeisterung durchdrungen (erfüllt) · **durch|drin|gend;** *K 115:* am _sten
durch|dröh|nen; durchdröhnt
durch|drücken [*Tr* ...drük|ken]; durchgedrückt
durch|duf|ten (*dicht*); durchduftet
durch|ei|len; sie sind hier durchgeeilt · **durch|ei|len;** die Nachricht hat die Welt durcheilt (*gehoben*)
durch|ein|an|der. *Schreibung bei Verben vgl.* aneinander; *K 145 u. 129:* durcheinander (in Unordnung) sein, durcheinander essen und trinken, *aber K 148 u. 129:* ganz durcheinandersein (verwirrt sein), alles durcheinanderessen, durcheinandertrinken · **Durch|ein|an|der,** das, _s, _ · **durch|ein|an|der|ge|hen;** es geht alles durcheinander · **durch|ein|an|der|lau|fen** · **durch|ein|an|der|re|den**
durch|fah|ren; wir sind nur durchgefahren · **durch|fah|ren;** er hat das Land kreuz und quer durchfahren · **Durch|fahrt;** Durchfahrt verboten! · **Durch|fahrts|recht**
Durch|fall, der · **durch|fal|len;** du bist durchgefallen (du hast die Prüfung nicht bestanden)
durch|fech|ten; sie hat den Kampf durchgefochten
durch|feuch|ten; vom Regen durchfeuchtet
durch|fin|den, sich (*Akk*); du hast dich gut durchgefunden
durch|flech|ten; sie hat das Band [durch den Kranz] durchgeflochten · **durch|flech|ten;** mit Blumen durchflochten
durch|flie|gen; dieses Jahr sind hier noch keine Zugvögel durchgeflogen · **durch|flie|gen;** das Flugzeug hat die Wolken durchflogen; ich habe das Buch nur durchflogen (oberflächlich gelesen)
durch|flie|ßen; das Wasser ist bis ins Erdgeschoß durchgeflossen · **durch|flie|ßen;** ein von Wasserläufen durchflossenes Waldgebiet
durch|flu|ten; an dieser Stelle sind die Wassermassen durchgeflutet · **durch|flu|ten;** das Zimmer wurde von Licht durchflutet
durch|for|schen (forschend durchsuchen); durchforscht
durch|for|sten (den Wald ausholzen); durchforstet (*lat*) · **Durch|for|stung**
durch|fres|sen; der Wurm hat sich durchgefressen
durch|frie|ren; er war ganz durchgefroren, *auch* durchfroren
Durch|fuhr, die, _, _en (*fachspr*); _ von Waren · **durch|führ|bar** · **durch|füh|ren;** durchgeführt · **Durch|füh|rung**
durch|fur|chen; eine von Leid durchfurchte Stirn
Durch|gang · **durch|gän|gig** · **Durch|gangs|ver|kehr**
durch|ge|ben; die Meldung wurde durchgegeben
durch|ge|dreht (*umg;* verwirrt)
durch|ge|hen *K 363;* wir sind [durch den Wald] durchgegangen; das Pferd ist durchgegangen; *aber K 153:* durch und durch gehen; es ist mir durch und durch gegangen · **durch|ge|hend:** 1. *Adj* – 2. *österr u. umg* **durch|ge|hends** *Adv*
durch|gei|stigt
durch|glie|dern, *auch* **durch|glie|dern** (unterteilen); ein gut durchgegliedertes, *auch* durchgliedertes Referat · **Durch|glie|de|rung** [*auch* ..'gli:..]
durch|glü|hen; das Eisen wird durchgeglüht · **durch|glü|hen;** von Begeisterung durchglüht sein (*gehoben*)
durch|grei|fen (Ordnung schaffen); durchgegriffen
durch|hal|ten (aushalten); durchgehalten · **Durch|hal|te|ver|mö|gen,** das, _s
durch|hau|en: 1. (*a.* in zwei Teile zerschlagen, durch etw. hindurchschlagen, *vgl. auch* durchhauen; *b. umg;* durchprügeln) du hautest durch, *seltener* hiebst durch; durchgehauen – 2. sich (*Akk*) durchhauen (*umg;* sich einen Weg bahnen) · **durch|hau|en** (*svw* durchhauen [1, a]); du durchhautest, *seltener* durchhiebst; durchhauen *od* durchgehauen; ein durchhauener *od* durchgehauener Knoten; *aber nur:* einen Wald durchhauen (*Forstw;* einen Weg durch den Wald schlagen)
Durch|haus (*österr;* Haus mit Durchgang von einer Straße zur anderen)
durch|he|cheln *K 363* (*umg;* unfreundlich über jmdn. reden); durchgehechelt
durch|hel|fen; ich habe ihm durchgeholfen

[1] *Tr* ..k|k

Durch|hieb (Schneise, ausgehauener Waldstreifen)

durch|käm|men; durchgekämmt

durch|kämp|fen ⟨*lat*⟩; du hast den Kampf durchgekämpft · **durch|kämp|fen;** manche durchkämpfte Stunde

durch|klin|gen; deine Stimme hat *od* ist durchgeklungen · **durch|klin|gen** (*gehoben*); von Musik durchklungen

durch|kom|men (eine Prüfung bestehen; sich retten); sie ist durchgekommen

durch|kom|po|niert (*Mus*; ohne Rücksicht auf die Textstrophen musikal. frei gestaltetes Lied) ⟨*lat*⟩

durch|ko|sten ⟨*lat*⟩; du hast alle Speisen durchgekostet · **durch|ko|sten;** du hast alle Freuden durchkostet

durch|kreu|zen (kreuzweise durchstreichen); durchgekreuzt ⟨*lat*⟩ · **durch|kreu|zen;** du hast seinen Plan durchkreuzt

Durch|laß, der, ..lasses, ..lässe · **durch|las|sen;** durchgelassen · **durch|läs|sig** · **Durch|läs|sig|keit,** die, _

Durch|laucht [*auch* ..'lauxt], die, _, _en (Anrede bzw. Titel von Fürsten) ⟨*zu* durchleuchten⟩; *vgl.* euer, ihr u. [1]sein (1) · **durch|lauch|tig;** _st

durch|lau|fen; das Wasser ist durchgelaufen · **durch|lau|fen;** du hast den Wald durchlaufen · **Durch|lauf|er|hit|zer** (Heißwasserspender)

durch|le|ben; froh durchlebte Tage

durch|le|sen; hast du den Brief durchgelesen?

durch|leuch|ten (durchscheinen); durchgeleuchtet · **durch|leuch|ten** (mit Licht, mit Röntgenstrahlen durchdringen); durchleuchtet · **Durch|leuch|tung**

durch|lie|gen, sich (*Akk*) (sich wundliegen); der Kranke hat sich durchgelegen

durch|lo|chen; durchlocht

durch|lö|chern *K 363*; durchlöchert

durch|lot|sen (*umg*) ⟨*engl* → *ndrl*⟩; du hast uns geschickt durchgelotst

durch|lüf|ten (gründlich lüften); durchgelüftet · **durch|lüf|ten** (von frischer Luft durchziehen lassen); durchlüftet · **Durch|lüf|tung,** die, _

durch|ma|chen (*umg*; erdulden, erleben); du hast viel durchgemacht

Durch|marsch, der (*auch umg*; Durchfall) · **durch|mar|schie|ren** ⟨*lat* → *frz*⟩

durch|mes|sen (die Länge, Weite usw. messen); durchgemessen · **durch|mes|sen** (*gehoben*; durchqueren); durchmessen · **Durch|mes|ser,** der; *Formelzeichen d, auf techn Zeichnungen* ∅

durch|mu|stern, *auch* **durch|mu|stern** *K 363* ⟨*lat* → *ital*⟩; du hast die Bestände durchgemustert, *auch* durchmustert (nachgeprüft) · **Durch|mu|ste|rung** [*auch* ..'mu..]

Durch|nah|me, die, _

durch|näs|sen; durchnäßt

durch|neh|men (einen Lehrstoff behandeln); durchgenommen

durch|nu|me|rie|ren ⟨*lat*⟩ · **Durch|nu|me|rie|rung**

durch|or|ga|ni|sie|ren; durchorganisiert ⟨*grch* → *lat* → *frz*⟩

durch|ör|tern *K 363* (*bergm*; Strekken anlegen, durchfahren); durchörtert

durch|pau|sen; durchgepaust ⟨*lat* → *frz*⟩

durch|pul|sen; durchpulst ⟨*lat*⟩

durch|que|ren; durchquert

durch|ra|sen; das Auto ist hier durchgerast · **durch|ra|sen;** eine von Autos durchraste Straße

durch|reg|nen; es hat durchgeregnet · **durch|reg|nen;** du bist ganz durchregnet, *meist* durchgeregnet

Durch|rei|che, die, _, _n (Öffnung zum Durchreichen von Speisen) · **durch|rei|chen;** sie hat es mir durchgereicht

Durch|rei|se · **durch|rei|sen;** sie sind nur durchgereist · **durch|rei|sen;** wir haben das ganze Land durchreist · **Durch|rei|sen|de**

durch|rei|ßen; durchgerissen

durch|rei|ten; du bist nur durchgeritten · **durch|rei|ten;** du hast das Land durchritten

durch|rie|seln; der Sand ist durchgerieselt · **durch|rie|seln;** von Wonne durchrieselt

durch|rin|gen; durchgerungen

durch|ro|sten; die Karosserie ist durchgerostet

durchs *K 61* (durch das)

Durch|sa|ge · **durch|sa|gen**

Durch|satz, der, _es, *Pl* ..sätze (*fachspr*; durch Hochöfen u. ä. geleiteter Stoff)

durch|schau|bar · **durch|schau|en;** wir haben [durch das Fernrohr] durchgeschaut · **durch|schau|en;** ich habe ihn durchschaut

durch|schei|nen; die Sonne hat [durch die Vorhänge] durchgeschienen · **durch|schei|nend**

durch|schie|ßen; du hast [durch das Brett] durchgeschossen · **durch|schie|ßen;** du hast das Brett durchschossen; *vgl. auch* durchschossen

durch|schim|mern; das Licht hat durchgeschimmert

durch|schla|fen (ohne Unterbrechung schlafen); durchgeschlafen

Durch|schlag (*auch bergm*; das Verbinden zweier Grubenbaue, die aufeinander zulaufen) · **durch|schla|gen;** hast du die Erbsen schon durchgeschlagen (durch das Sieb gedrückt)? · **durch|schla|gen;** der Stein hat das Fenster durchschlagen · **durch|schla|gend;** *K 115*: am _sten · **durch|schlä|gig** (*bergm*) · **Durch|schlag|pa|pier** · **Durch|schlags|kraft,** die, _

durch|schlei|chen (leise, heimlich hindurchgehen); durchgeschlichen

durch|schleu|sen; durchgeschleust ⟨*lat* → *frz* → *ndrl*⟩

Durch|schlupf · **durch|schlüp|fen;** durchgeschlüpft

durch|schnei|den; ich habe den Faden durchgeschnitten · **durch|schnei|den;** eine von Flüssen durchschnittene Ebene · **Durch|schnitt;** im _. *Zus K 365ff.*: Durchschnitts‿alter usw. · **durch|schnitt|lich**

durch|schnüf|feln, *auch* **durch|schnüf|feln** *K 363* (*umg abwert*; untersuchen); durchgeschnüffelt, *auch* durchschnüffelt

durch|schos|sen *K 364*; ein _es Buch, _er Satz (*Polygr*)

Durch|schrei|be|block, *Pl* ..blocks, *auch* ..blöcke · **durch|schrei|ben;** durchgeschrieben ⟨*lat*⟩

durch|schrei|ten (*gehoben*); sie sind durchgeschritten · **durch|schrei|ten** (*gehoben*); sie haben die Halle durchschritten

Durch|schrift ⟨*lat*⟩

Durch|schuß (*Polygr*; Zeilenzwischenraum)

durch|schwär|men; eine durchschwärmte Nacht

durch|schwei|fen; durchschweift

durch|schwim|men; er ist unter der Brücke durchgeschwommen · **durch|schwim|men;** sie hat den Kanal durchschwommen

durch|se|hen; durchgesehen

durch|sein (*umg*; nichts mehr gelten); *vgl.* absein

durch|set|zen (erreichen); sich (*Akk*) _; er hat es durchgesetzt · **durch|set|zen;** das Gestein ist mit Erzen durchsetzt · **Durch|set|zungs|ver|mö|gen,** das, _s

Durch|sicht · **durch|sich|tig** · **Durch|sich|tig|keit,** die, _

durch|sickern [*Tr* ...sik|kern]; durchgesickert

durch|sit|zen; die durchgesessenen Stühle

durch|spre|chen; durchgesprochen

durch|sprin|gen (hindurchspringen); durchgesprungen · **durch|sprin|gen** (im Sprung, in Sprüngen durchqueren); durchsprungen

durch|ste|chen; ich habe die Nadel durchgestochen · **durch|ste|chen;**

der Damm wird durchstochen · **Durch|ste|che|rei** (Betrug, Täuschung)
durch|ste|hen; er hat viel durchgestanden
durch|stel|len; sie hat das Gespräch zum Chef durchgestellt
durch|stö|bern *K 363* (*umg*); sie hat meine Briefe durchstöbert
Durch|stoß · **durch|sto|ßen;** jetzt hast du die Stange durchgestoßen · **durch|sto|ßen;** habt ihr die Wand durchstoßen?
durch|strei|chen (durch Streichung ungültig machen); das Wort ist durchgestrichen; Nichtzutreffendes ist durchzustreichen · **durch|strei|chen** (umherstreifen); wir haben die ganze Gegend durchstrichen
durch|strei|fen; wir haben den ganzen Wald durchstreift
durch|strö|men; unzählige Menschen sind hier schon durchgeströmt · **durch|strö|men;** das Land ist durchströmt von ...
durch|su|chen; du hast alles durchgesucht · **durch|su|chen;** das Gepäck ist durchsucht worden · **Durch|su|chung**
durch|tan|zen (bis ans Ende tanzen); durchgetanzt ⟨*germ* → *frz* → *ndrl*⟩ · **durch|tan|zen;** durchtanzte Nächte
durch|to|ben; durchtobt
durch|trän|ken; durchtränkt
durch|trei|ben; ein durchgetriebener Nagel · **durch|trie|ben** (*abwert*; gerissen, verschlagen); ein durchtriebener Mensch · **Durch|trie|ben|heit,** die, _ (*abwert*)
durch|wa|chen; sie hat die Nacht durchwacht; durchwachte Nächte
durch|wach|sen *Verb*; der Baum ist durchgewachsen · **durch|wach|sen** *Adj K 364*; _es Fleisch
durch|wa|gen, sich (*Akk*); er hat sich durchgewagt
Durch|wahl, die, _ · **durch|wäh|len;** er hat nach Moskau durchgewählt
durch|wal|ken (*auch umg*; verprügeln); durchgewalkt
durch|wan|dern *K 363*; er hat das ganze Land durchwandert
durch|wär|men, *auch* **durch|wär|men;** der heiße Tee hat uns gut durchgewärmt, *auch* durchwärmt
durch|wa|ten; du bist durchgewatet · **durch|wa|ten;** du hast den Bach durchwatet
durch|we|ben; der Stoff ist durchgewebt · **durch|we|ben;** mit Silberfäden durchwebt; mit poetischen Gedanken durchwoben (*dicht*)
durch|weg [..'vɛk *od* 'durç..], *süddt, österr* **durch|wegs** [..'ve:ks *od* 'durç..]
durch|wei|chen *od* **durch|wei|chen;** wir waren vom Regen völlig durchgeweicht *od* durchweicht
durch|win|den, sich (*Akk*); er hat sich überall durchgewunden · **durch|win|den;** von Blumen durchwundener Kranz
durch|win|tern; gut durchwinterte Pflanzen
durch|wir|ken; gut durchgewirkter Teig · **durch|wir|ken** (beim Wirken verschiedene Fäden einarbeiten); durchwirkt mit ...
durch|wüh|len; sich (*Akk*) _; durchgewühlt · **durch|wüh|len;** jemand hat meine Tasche durchwühlt, *auch* durchgewühlt
durch|zäh|len; durchgezählt · **Durch|zäh|lung**
durch|ze|chen; durchgezecht · **durch|ze|chen;** eine durchzechte Nacht
durch|zeich|nen (durchpausen); durchgezeichnet
durch|zie|hen; du hast den Faden durchgezogen · **durch|zie|hen;** wir haben das Land durchzogen · **Durch|zie|her** (*bürgerl-student*; ein Hieb bei der Mensur)
durch|zit|tern *K 363*; durchzittert
durch|zucken [*Tr* ...zuk|ken]; durchzuckt
Durch|zug · **Durch|züg|ler** (*Zool*)
durch|zwän|gen; sich (*Akk*) _; er hat sich durchgezwängt
dür|fen; du darfst, er darf; du durftest; du dürftest; gedurft ⟨*zu* darben⟩; du hast [es] nicht gedurft, *aber K 361*: das hättest du nicht tun dürfen · **dürf|tig** · **Dürf|tig|keit,** die, _
Du|ro|plast, der, _[e]s, _e (gehärteter Plast) ⟨*lat* + *grch*⟩ · **du|ro|pla|stisch**
dürr · **Dür|re,** die, _, _n
Dürr|röhrs|dorf *K 227* (Ort im Bez. Dresden)
Durst, der, _es · **dür|sten,** *österr nur so, seltener* **dur|sten;** mich dürstet (*gehoben u. dicht*); ich dürste · **dur|stig** · **durst|lö|schend** *K 128*: ein _es Getränk
Du|schan|be (Hptst. von Tadshikistan)
Du|sche, die, _, _n (Brause, Brausebad) ⟨*lat* → *frz*⟩ · **du|schen** *K 354* · **Dusch|ka|bi|ne**
Dü|se, die, _, _n (sich verengendes Ende einer Rohrleitung; Vorrichtung zum Zerstäuben) ⟨*tschech*⟩
Du|sel, der, _s (*umg*; [unverdientes] Glück; Schwindel; Rausch) · **Du|se|lei** (*umg*) · **du|se|lig** *K 362* (*umg*) · **du|seln** *K 363* (*umg*; schlummern)
Dü|sen|flug|zeug (Flugzeug mit Luftstrahltriebwerk)
Dus|sel, der, _s, _ (*salopp*; Dummkopf) ⟨*zu* Dusel⟩
Düs|sel|dorf (Hptst. von Nordrhein-Westfalen [BRD]) · **Düs|sel|dor|fer:** 1. *K 231*: der, _s, _; 2. *als Attribut K 232*
duß|lig *od* **dus|se|lig** *K 363f.* · **Duß|lig|keit** *od* **Dus|se|lig|keit** *K 363f.*
Dust, der, _es (*norddt*; Dunst, Staub)
du|ster *K 363* (*landsch umg*; düster) · **dü|ster** *K 363* · **Dü|ster,** das, _s (*dicht*) · **Dü|ster|heit** *od* **Dü|ster|keit,** die, _ · **dü|stern** (*dicht*; dunkeln); es düstert · **Dü|ster|nis,** die, _, ..isse (*gehoben*)
Dutt, der, _[e]s, *Pl* _e *od* _s (*landsch*; Haarknoten)
Dut|zend, das, _, *Pl* _e u. *bei Mengenangabe* (*K 308*) Dutzend (alte Zähleinheit = 12 Stück); *Abk* Dtzd.; 6 Dutzend ⟨*lat* → *frz*⟩; *vgl. auch K 387* · **dut|zen|de|mal** *K 176* · **dut|zend|mal** *K 176*: ein halbes, ein, einige, viele _, *aber K 175*: einige Dutzend Male · **Dut|zend|wa|re** · **dut|zend|wei|se** *K 176*
Du|vet [dy'vɛ:], das, _s, _s (*schweiz*; Flaumdecke, Federbett) ⟨*anord* → *frz*⟩ · **Du|ve|ti|ne** [dyvə'ti:n(ə), *österr* dyf'ti:n], der, _s, _s (ein wildlederartiges, samtiges Gewebe)
du|zen *K 354* · **Duz|freund** · **Duz|fuß;** *nur in* mit jmdm. auf [dem] _ stehen
dwars *Adv, selten Adj u. Präp* (*seem*; quer) · **Dwars|li|nie** [..iə]; in _ (*seem*; Schiffsformation mit nebeneinanderfahrenden Schiffen) · **Dwars|see,** die (*seem*)
Dweil, der, _s, _e (*seem*; ein schrubberähnlicher Aufwischer)
Dwi|na [*od* ..'na], die, _ (Name zweier Flüsse im W der UdSSR); *K 258*: die Nördliche _, die Westliche _
dya|disch (aus zwei Einheiten bestehend) ⟨*grch*⟩ · **Dy|as,** die, _, ..aden (»Zweiheit«, Paar)
Dyn [dy:n], das, _s, _ (veraltende Einheit der Kraft = 1/100000 N); *Einheitenzeichen* dyn ⟨*grch*⟩ · **Dy|na|mik** [dy..], die, _ (Bewegungslehre, Lehre von den bewegenden Kräften; Schwung; Triebkraft) · **dy|na|misch** (die Dynamik betreffend; voll innerer Kraft; kraftgespannt; triebkräftig; Kraft...) · **dy|na|mi|sie|ren** · **Dy|na|mit,** das, _[e]s, _e (ein Sprengstoff) · **Dy|na|mit|pa|tro|ne** · **Dy|na|mo,** der, _s, _s (Stromerzeuger) ⟨*Kurzw aus* Dynamomaschine⟩ · **Dy|na|mo|me|ter,** das (Gerät zur Kraftmessung) · **Dy|nast,** der, _en, _en (Herrscher, regierender Fürst) · **Dy|na|stie,** die,

_, ..ien (Herrscherfamilie, -haus) · **dy|na|stisch**
Dys|en|te|rie, die, _, ..ien (*Med*; Ruhr) ⟨*grch*⟩ · **dys|en|te|risch** (*Med*; ruhrartig)
Dys|me|nor|rhoe *od* **Dys|me|nor|rhöe** [*beide* ..'rø:], die, _, _n [..'rø:ən] (*Med*; krankhaft gestörte, schmerzhafte Monatsblutung) ⟨*grch*⟩
Dys|pep|sie, die, _, ..ien (*Med*; Verdauungsstörung) ⟨*grch*⟩ · **dys|pep|tisch** (*Med*; schwer verdaulich; schwer verdauend)
Dys|pnoe [..'pno:e:, *auch* ..'pnø:], die, _ (*Med*; Atemnot) ⟨*grch*⟩
Dys|pro|sium, das, _s (chem. Element, Metall); *Zeichen* Dy ⟨*grch* → *lat*⟩
Dys|to|nie, die, _, ..ien (*Med*; anomales Verhalten der Muskeln, des vegetativen Nervensystems od. der Gefäße) ⟨*grch*⟩
Dys|tro|phie, die, _, ..ien (*Med*; Ernährungsstörung) ⟨*grch*⟩
D-Zug ↑Schnellzug · **D-Zug-Wagen** ['de:..] *K 188*

E

E, das, *Gen* des E, *Pl* die E (Buchstabe)
e: 1. das, _, _ (*Mus*; Tonbezeichnung) – 2. (*Mus*; Tonartbezeichnung [↑e-Moll]) · **E**: 1. das, _, _ (*Mus*; Tonbezeichnung) – 2. (*Mus*; Tonartbezeichnung [↑E-Dur])
e..., E... ↑ex..., Ex...
Earl [œ:rl], der, _s, _s (engl. Grafentitel) ⟨*engl*⟩
Eau de Co|lo|gne [o: də ko'lɔnjə, *österr* ..'lɔnj], das, *österr nur so, seltener* die, *Gen* _ _ _ (Kölnischwasser) ⟨*frz*, *nach* Köln = Cologne⟩
Eb|be, die, _, _n · **eb|ben**
eben:
1. *Adj K 364* (gleichmäßig hoch, flach); eben machen; *in Zus* ebenerdig, Ebenbild
2. *Adv* (soeben, gerade; nun einmal); *K 175*: er wurde eben genannt; er ist eben (in dem Augenblick) so (derart) erschrocken, daß ...; das ist eben (nun einmal) so; er leidet eben so sehr *od* so sehr, daß ...; das kostet eben so viel, daß ...; das kostet eben soviel; *vgl.* ebenso
In Zus: ebenda
Eben|bild · **eben|bür|tig** · **Eben|bür|tig|keit**, die, _ · **eben|da**; *Abk* ebd. · **eben|da|her** · **eben|da|hin** · **eben|dar|um** · **eben|der** · **eben|der|sel|be** · **eben|des|halb** · **eben|des|we|gen** · **eben|die|ser** · **eben|dort** · **Ebe|ne**, die, _, _n · **eben|er|dig** · **eben|falls** · **Eben|heit** (das Ebensein)
Eben|holz ⟨*ägypt* → *grch* → *lat*⟩
eben|je|ner · **Eben|maß**, das, _es · **eben|mä|ßig** · **Eben|mä|ßig|keit**
eben|so (genauso, geradeso). *Zusammen- od Getrenntschreibung* mit dem folgenden *Adj* od. *Adv* richtet sich *nach der Betonung K 129*:
I. *Immer Zusammenschreibung K 126*: mit dem folgenden *echten Adv* u. mit dem *nichtdeklinierten unbestimmten Num*, z. B. ebensosehr, ebensolange, ebensowohl; ebensoviel; *vgl. aber* eben (2)
II. *Zusammen- od Getrenntschreibung* (je nach der Betonung) mit dem folgenden *nichtdeklinierten Adj*, auch in der *Funktion des Adv*, z. B. *K 129*: Die Blume ist, blüht ebensoschön, *aber K 125*: Die Blume ist ebenso schön wie teuer. Sie blüht ebenso schön wie reich. Er war ebenso edelmütig.
III. *Immer Getrenntschreibung K 125*: **a)** mit folgendem *dekliniertem Adj*, z. B. ebenso schöne Blumen, ebenso viele Freunde – **b)** *in der Fügung* ebenso wie, z. B. ebenso wie er; *vgl. aber* eben (2)
eben|so|gut[1] *K 126* (genausogut); das kannst du ebensogut machen wie er, *aber K 125*: er handelte ebenso gut und edel wie sein Freund; es sind ebenso (gleich) gute Leute; das war eben (nun einmal) so gut, daß ...
eben|so|lan|ge[1] *K 126* (gleich lange dauernd), *aber*: er hat ebenso lange Beine wie ich
eben|sol|cher[1] *K 126*; das ist ebensolcher Wein, *aber K 125*: das ist eben solcher Wein
eben|so|oft[1] *K 126* · **eben|so|sehr**[1] *K 126*
eben|so|viel[1] *K 126*; ebensoviel schöne Stunden, *aber*: ebenso viele schöne Stunden
eben|so|weit[1] *K 126*
eben|so|we|nig *K 126*; ebensowenig schöne Tage, *aber* ebenso wenige schöne Tage
eben|so|wohl[1] *K 126*
Eber, der, _s, _
Eber|esche (Vogelbeerbaum)
Eber|hard (m. Vn.) ⟨,Eber' + ,stark'⟩
Eber|rau|te, die, _, _n (eine Gewürzpflanze) ⟨*grch* → *lat*⟩
eb|nen ⟨*zu* eben (1)⟩

[1] *Getrennt- od. Zusammenschreibung vgl.* ebenso.

Ebro, der, _[s] (Fluß im NO Spaniens)
Ec|ce-Ho|mo [ˌɛktsə..], das, _s, _s (*Kunstw*; Darstellung des dornengekrönten Christus) ⟨*lat*, ,siehe, welch ein Mensch!'⟩
echauf|fie|ren [eʃɔ'fi:..], **sich** (*Akk*) (*veraltend*; sich aufregen) ⟨*lat* → *frz*⟩
Echi|no|der|men [..ç..], *Pl* (*Zool*; die Stachelhäuter) ⟨*grch*⟩ · **Echi|nus**, der, _, _ (Seeigel – *Arch*; Säulenwulst) ⟨*grch* → *lat*⟩
Echo ['ɛço], das, _s, _s (Widerhall) ⟨*grch*⟩ · **echo|en** ['ɛçoən] (widerhallen); es echot ['ɛço:t]; geechot · **Echo|lot**
Ech|se, die, _, _n (Schuppenkriechtier) ⟨*aus der falschen Trennung* Eid|echse⟩
echt; *K 172*: echtblau usw.
Ech|ter|nach (Stadt in Luxemburg) · **Ech|ter|na|cher**: 1. *K 231*: der, _s, _; 2. *als Attribut K 232*: die Echternacher Springprozession
Echt|heit, die, _ · **Echt|sil|ber** · **echt|sil|bern** *K 172*
Eck, das, _[e]s, *Pl* _e, *österr* _en (*süddt, österr*; Ecke – *allg noch in On u. in Zus wie* Dreieck usw.)
Eckart[1] (Gestalt der got. Sage); *K 119*: der getreue _; *vgl. auch* Eckehard u. Ekkehard
Eck|bert (m. Vn.) ⟨*Nebenf von* Egbert⟩
Eck|brett · **Eck|chen** · **Ecke**[1], die, _, _n
Ecke|hard[1] *K 90* (m. Vn.) ⟨,Schwert' + ,stark'⟩; *Nebenf* ↑Eckehart, ↑Eckhard, ↑Eckhart, ↑Ekkehard, *Kurzf* ↑Egon; *vgl. auch* Eckart · **Ecke|hart**[1] *K 90* (m. Vn.) ⟨*Nebenf von* Eckehard⟩
ecken[1] (mit Ecken versehen, auszakken) · **Eckenband** ↑Eggenband · **ecken|los**[1]; *vgl.* ...los · **Ecken|ste|her**[1] (*umg*)
Ecker ↑Buchecker · **Eckern**[1], das, _ (eine Spielkartenfarbe [Eicheln])
Eck|hard (m. Vn.) ⟨*Nebenf von* Eckehard⟩ · **Eck|hart** (m. Vn.) ⟨*Nebenf von* Eckehard⟩
Eck|haus · **eckig**[1] · **Eckig|keit**[1], die, _
Eclair [e'klɛ:r], das, _s, _s (ein mit Creme gefülltes Gebäck) ⟨*lat* → *frz*⟩
Economiser ↑Ekonomiser
Edam (Stadt in den Niederlanden) · **Eda|mer**: 1. *K 231*: der, _s, _ (in Edam Geborener od. Wohnender; eine Käsesorte) – 2. *als Attribut K 232*: der Edamer Käse, *österr meist* Eidamerkäse
Eda|phon, das, _s (*Biol*; die Kleinlebewelt des Erdbodens) ⟨*grch*⟩

[1] *Tr* ..k|k..

Ed|da, die, –, *Pl* –s *od* Edden (Sammlung altisländ. Dichtungen) ⟨*isländ*⟩ · **ed|disch;** –e Lieder

edel *K 363*; *vgl.* Edle · **Edel|fäu|le** (Überreife von Weintrauben) · **Edel|gas** · **Edel|mann,** *Pl* ..leute (*hist*) · **edel|män|nisch** (*hist*) · **Edel|me|tall** · **Edel|mut** (*gehoben*) · **edel|mü|tig** (*gehoben*) · **Edel|rost** (Patina) · **Edel|stein**

Edel|traud (w. Vn.) ⟨‚edel‘ + ‚Kraft‘ (od. ‚edel‘ + ‚lieb‘)⟩; *Nebenf* Edeltrud

Edel|weiß, das, –[es], –e (eine Hochgebirgspflanze, Korbblütler)

Eden, das, –s (*A. T.*; das Paradies) ⟨*hebr*, ‚Garten‘⟩

Eder, die, – (Fluß im O der BRD) · **Eder|tal|sper|re** *K 246*, die, –

Ed|gar (m. Vn.) ⟨*angelsächs*, ‚Besitz‘ + ‚Speer‘⟩

edie|ren (herausgeben, veröffentlichen) ⟨*lat*⟩ · **ediert;** *Abk* ed.

Edikt, das, –[e]s, –e (Erlaß; Verordnung) ⟨*lat*⟩

Edin|burgh [..burk, *engl* ˈɛdinbərə] (Hptst. von Schottland)

Edir|ne (Stadt im europ. Teil der Türkei) ⟨*grch* → *türk*⟩

Edith (w. Vn.) ⟨*angelsächs*, ‚Besitz‘ + ‚Kampf‘⟩

Edi|tion (Ausgabe, Auflage); *Abk* Ed. ⟨*lat*⟩ · **Edi|tor** [*auch* eˈdi:..], der, –s, ..oren ([wissenschaftl.] Herausgeber) · **edi|to|risch**

Ed|le, der *u.* die, –n, –n *K 341*; Edle[r] von ... (Adelstitel); *vgl.* edel

Ed|mund (m. Vn.) ⟨*angelsächs*, ‚Besitz‘ + ‚Schutz‘⟩

Edu|ard (m. Vn.) ⟨*angelsächs* (‚Besitz‘ + ‚Hüter‘) → *frz*⟩

Edukt, das, –[es], –e (*fachspr*; aus Rohstoffen ausgeschiedener Stoff) ⟨*lat*, ‚Ausgezogenes‘⟩

E-Dur *K 106*, das, – (*Mus*; Tonart), *Zeichen* E; in E-Dur *od* in E · **E-Dur-Ton|lei|ter** *K 188* (*Mus*)

EDV-ge|recht [e:de:ˈfau..] *K 186*; *vgl. auch* elektronisch

Ed|win (m. Vn.) ⟨*angelsächs*, ‚Besitz‘ + ‚Freund‘⟩

ef..., Ef... ↑ ex..., Ex...

Efeu, der, –s · **Efeu|ran|ke**

Eff|eff [ɛfˈɛf], das, – (geschriebene Aussprache der Abkürzung »ff«); etw. aus dem – (*umg*; gründlich) verstehen

Ef|fekt, der, –[e]s, –e ([überraschende] Wirkung; Erfolg) – **Ef|fek|ten** *Pl* (*kap Wirtsch*; Wertpapiere über langfristige Kapitalanlagen) ⟨*lat*⟩ · **Ef|fek|ten|bör|se** (*kap Wirtsch*; Börse, an der Wertpapiere gehandelt werden) · **Ef|fekt|ha|sche|rei** (*abwert*) · **ef|fek|tiv** (wirksam, greifbar, tatsächlich); –e [..v..] Leistung (Nutzleistung) ⟨*lat* → *frz*⟩ · **Ef|fek|tiv|be|stand** (Ist-Bestand) · **ef|fek|ti|vie|ren** [..v..] (den Wirkungsgrad erhöhen) · **Ef|fek|ti|vi|tät,** die, – (Nutzen; erzielte Leistung im Verhältnis zu den eingesetzten Mitteln); die volkswirtschaftliche – · **ef|fekt|voll** (wirkungsvoll) ⟨*lat*⟩

Ef|fet [ɛˈfe: *od* ɛˈfɛ:], das, –s, –s (*Sport*; von der geraden Richtung abweichende Drehbewegung des Balles) ⟨*lat* → *frz*, ‚Wirkung‘⟩

ef|fi|lie|ren (*fachspr*; die Haare beim Schneiden ausdünnen) ⟨*lat* → *frz*⟩ · **Ef|fi|lier|sche|re** (*fachspr*)

ef|fi|zient (*fachspr*; wirksam) ⟨*lat*⟩ · **Ef|fi|zienz,** die, –, –en (*fachspr*)

Ef|flo|res|zenz, die, –, –en (*Med*; Hautausschlag – *Mineral*; Bildung eines Überzugs von Salzkristallen) ⟨*lat*⟩ · **ef|flo|res|zie|ren** (*Med, Mineral*)

Ef|fu|sion (*Geol*; Ausströmung, Erguß [von Lava]) ⟨*lat*⟩ · **Ef|fu|siv|ge|stein** (*Geol*; Ergußgestein)

egal: 1. [eˈga:l] (gleich – *umg*; einerlei) – 2. [ˈe:..] (*landsch umg*; fortwährend, immer) ⟨*lat* → *frz*⟩ · **ega|li|sie|ren** (gleichmachen, ausgleichen) · **Ega|li|sie|rung** · **Égalité** ↑ Liberté

Eg|bert (m. Vn.) ⟨‚Schwert‘ + ‚glänzend‘⟩; *Nebenf* ↑ Eckbert

Egel, der, –s, – (ein Ringelwurm)

Eger|ling (Champignon)

[1]Eg|ge, die, –, –n (ein landwirtschaftl. Gerät)

[2]Eg|ge, die, –, –n (Tuchkante, Salkante) ⟨*zu* Ecke⟩

eg|gen (mit der [1]Egge bearbeiten)

Eg|gen|band, *auch* **Ecken|band** [*Tr* Ek|ken...], das, *Pl* ..bänder (*Schneiderei*; Kantenband)

Eg|mont (Titelgestalt eines Dramas von Goethe)

Ego|is|mus, der, –, ..men (Ichsucht, Selbstsucht, Eigensucht, Eigennutz) ⟨*lat* → *frz*⟩; *Ggs* Altruismus · **Ego|ist;** *Ggs* Altruist · **egoi|stisch** (selbstsüchtig, eigensüchtig, nur auf sich bedacht); *Ggs* altruistisch

Egon (m. Vn.) ⟨*Kurzf von* Eckehard⟩

Ego|tis|mus, der, – (die Neigung, sich in den Vordergrund zu stellen) ⟨*lat* → *engl*⟩ · **Ego|tist** (*auch Literaturw*; Verfasser von Ich-Romanen) · **ego|zen|trisch** (alles auf das Ich beziehend) ⟨*lat*⟩

egre|nie|ren (*fachspr*; Baumwolle entkörnen) ⟨*lat* → *frz*⟩ · **Egre|nier|ma|schi|ne** (*fachspr*)

Egyp|tienne [*fachspr* egipˈtsiɛn *od* eʒipˈsiɛn], die, – (*Polygr*; eine Schriftgattung) ⟨*frz*, ‚ägyptische‘ [Schrift]⟩

[1]eh: 1. ↑ *unter* eher (1) – 2. (*österr umg*; ohnedies, ohnehin, sowieso)

[2]eh! (*umg*; Ausruf des Staunens – *salopp*; Anruf); eh, du!

ehe:

1. ehe *od* eh’ *Konj* (bevor). *Vgl. auch K 390*: ehe *od* eh’ ich das tue, ...

2. ehe... *in Zus* ⟨*urspr Präp*⟩, z. B. ehedem; ehemals

Ehe, die, –, –n. *Zus K 365ff.*: Ehe‿frau usw. · **Ehe|be|ra|tung** · **ehe|bre|chen;** *nur im Inf üblich, aber*: er bricht die Ehe

ehe|dem (*gehoben*; vormals); *vgl. auch* ehe (2)

ehe|haft (*schweiz*; rechtsgültig) · **Ehe|häl|fte** (*umg scherzh*; Ehepartner) · **Ehe|kre|dit,** der · **Ehe|leu|te** *Pl* · **ehe|lich;** die –e Vermögensgemeinschaft (*Rechtsw*) · **ehe|li|chen** (*veraltend*; heiraten); jmdn. – · **ehe|los;** *vgl.* ...los · **Ehe|lo|sig|keit,** die, –

ehe|ma|lig · **ehe|mals;** *vgl. auch* ehe (2)

Ehe|mann, *Pl* ..männer · **Ehe‿paar, ...part|ner**

eher *Adv*: **1.** (früher); je eher, desto besser; wie (*od* seit) eh und je – **2.** (lieber, leichter); weit eher; eher will ich das Äußerste wagen – **3.** (mehr, vielmehr); das ist eher ein Sumpf als ein See. – *Vgl. auch* ehe, ehest

ehern (*dicht*; aus Erz; fest, standhaft)

Ehe‿schei|dung, ...schlie|ßung

ehest *Adj*: bei ehester (erster, nächster) Gelegenheit; *K 115*: mit ehestem (*kaufm*; so früh wie möglich); am ehesten (am leichtesten); *vgl. auch* ehe, eher

Ehe|stand, der, –[e]s

ehe|stens (nächstens)

Ehe|streit

ehr|bar (*gehoben*) · **Ehr|bar|keit,** die, – (*gehoben*) · **Ehr|be|griff** · **Eh|re,** die, –, –n; in –n, mit –n; jmdm. zu –n · **eh|ren;** Sehr geehrter Herr Krause!; *aber K 172*: Hochgeehrter Herr Krause! · **eh|ren|amt|lich;** –e Tätigkeit · **Eh|ren|ban|ner** · **Eh|ren|be|zei|gung** (*nicht* ...bezeugung) · **Eh|ren|bür|ger** · **Eh|ren|dienst** · **eh|ren|haft** · **Eh|ren|haf|tig|keit,** die, – · **eh|ren|hal|ber** *K 176*, *Abk* e. h.; Doktor – (*Abk* Dr. e. h.; *vgl. auch* Dr. h. c. *im Verzeichnis der Abkürzungen*) · **Eh|ren|kom|pa|nie** · **Eh|ren|le|gion,** die, – (der höchste französ. Orden) · **Eh|ren|mal,** *Pl* ..male *od* ..mäler · **Eh|ren|mann,** *Pl* ..männer · **Eh|ren|mit|glied** · **Eh|ren|na|del** · **Eh|ren|pa|ten|schaft** · **Eh|ren|preis:** 1. der, –es, –e (ehrenvolle Auszeichnung) – 2. der *od* das, –[es] (Arzneipflanze, ein Braunwurzgewächs) · **Eh|ren|rech|te** *Pl*; die bürgerlichen _ · **eh|ren|rüh|rig** · **Eh|ren|sa|che**; Ehrensache! (*umg*; selbstverständlich); das ist doch _! · **Eh|ren|ti|tel** · **eh|ren|voll** · **eh|ren|wert**, *aber*: aller Ehren wert · **Eh|ren|wort**, *Pl* ..worte · **Eh|ren|zei|chen** · **ehr|er|bie|tig** (*gehoben*) · **Ehr|er|bie|tig|keit**, die, _ (*gehoben*) · **Ehr|er|bie|tung**, die, _ · **Ehr|furcht** · **ehr|fürch|tig** · **ehr|furchts|voll** · **Ehr|ge|fühl**, das, _[e]s · **Ehr|geiz** · **ehr|gei|zig** · **Ehr|geiz|ling** (*abwert*) · **ehr|lich** · **Ehr|lich|keit**, die, _ · **ehr|los** *K 349*; *vgl.* ...los · **Ehr|lo|sig|keit**, die, _ · **ehr|sam** (*noch gehoben*) · **Ehr|sam|keit**, die, _ (*noch gehoben*) · **Ehr|sucht**, die, _ · **ehr|süch|tig** · **Eh|rung** · **ehr|ver|ges|sen** · **Ehr|ver|lust**, der, _es (*Rechtsw*) · **Ehr|wür|den** (*kath Kirche*; Anrede für Ordensbrüder u. -schwestern); Euer *od* Eure (*Abk* Ew.) _; *vgl. auch* euer, ihr u. [1]sein (1) · **ehr|wür|dig** · **Ehr|wür|dig|keit**, die, _

ei! (Ausruf des Erstaunens); ei, ei!; ei machen (*kinderspr*; streicheln, liebkosen)

Ei, das, _[e]s, _er

eiapopeia! ↑ heiapopeia!

Ei|be, die, _, _n (ein Nadelbaum) · **ei|ben** *K 364* (aus Eibenholz)

Ei|bisch, der, _[e]s, _e (ein Malvengewächs) ⟨*grch* → *lat*⟩; *K 254*: Echter _ (Arzneipflanze) · **Ei|bisch|tee**, der, _s

Eich|amt ⟨*zu* [2]eichen⟩

Ei|che, die, _, _n · **Ei|chel**, die, _, _n (Frucht der Eiche) · **Ei|chel|hä|her** (ein Rabenvogel) · **Ei|cheln**, das, _ (eine Spielkartenfarbe) · [1]**ei|chen** *K 364* (aus Eichenholz)

[2]**ei|chen** (das vorgeschriebene Maß geben; prüfen) ⟨*lat*⟩

Ei|chen (*Pl* _ *od* Eierchen)

Ei|chen|holz

Ei|cher (*umg*; Eichmeister) ⟨*zu* [2]eichen⟩

Eich|hörn|chen ⟨*an* Horn *angelehnt*⟩ · **Eich|kätz|chen** *od* **Eich|kat|ze** (*landsch*; Eichhörnchen)

Eich‿maß (das), ...**mei|ster**

Eichs|feld, das, _[e]s (Landsch. in der DDR u. der BRD) · **Eichs|fel|der**: 1. *K 231*: der, _s, _; 2. *als Attribut K 232* · **eichs|fel|disch**

Ei|chung ⟨*zu* [2]eichen⟩

Eid, der, _[e]s, _e ⟨*kelt*⟩; an _es Statt

Eidamerkäse ↑ *unter* Edamer (2)

Eid|bruch, der · **eid|brü|chig**

Ei|dech|se, die, _, _n; *vgl. auch* Echse

Ei|der, die, _ (Fluß im N der BRD)

Ei|der|dau|ne *od* **Ei|der|du|ne** (Flaumfeder der Eiderente) ⟨*isl*⟩ · **Ei|der|en|te** (eine gänsegroße Tauchente)

Ei|der|stedt (Halbinsel im N der BRD)

Ei|des|for|mel · **ei|des|statt|lich** (an Eides Statt, einen Eid vertretend)

Ei|de|tik, die, _ (*Psych*; Fähigkeit, früher Wahrgenommenes als anschaul. Bild wiederzuerleben) ⟨*grch*⟩ · **Ei|de|ti|ker**, der, _s, _ (*Psych*; jmd., der mit Eidetik begabt ist) · **ei|de|tisch** (*Psych*)

Eid|ge|nos|se · **Eidgenossenschaft** ↑ Schweiz · **eid|ge|nös|sisch** (*Abk* eidg.); *K 258*: die Eidgenössische Technische Hochschule (in Zürich) (*Abk* ETH) · **eid|lich**; etw. _ versichern

Ei|dot|ter · **Eierchen** ↑ Eichen · **Ei|er‿ku|chen**, ...**li|kör** · **ei|ern** *K 363* (*umg*); das Rad eiert · **Ei|er|scha|le** · **Ei|er|schwamm** (*landsch*; Pfifferling) · **Ei|er|spei|se** (*auch österr*; Rührei) · **Ei|er|tätsch**, der, _es, _e (*schweiz*; Eierpfannkuchen)

Ei|fel, die, _ (Teil des Rhein. Schiefergebirges in der BRD u. in Belgien) · **Ei|fe|ler** *od* **Eif|ler** *K 236 u. 231f.*, der, _s, _

Ei|fer, der, _s · **Ei|fe|rer** · **ei|fern** *K 363* · **Ei|fer|sucht** · **Ei|fer|süch|te|lei** · **ei|fer|süch|tig**

Eif|fel|turm *K 209*, der, _[e]s (in Paris) ⟨*nach* dem französ. Ingenieur Eiffel [ɛ'fɛl]⟩

Eifler ↑ Eifeler

ei|för|mig ⟨*lat*⟩

eif|rig · **Eif|rig|keit**

Ei|gelb, das, _[e]s, _e; *K 308*: 3 Eigelb

ei|gen *K 363*: zu _ geben, haben, machen; mein _ Kind (*gehoben*); mein eig[e]ner Sohn; es ist, ich nenne es mein _; aus eig[e]nem bezahlen · **Ei|gen**, das, _s (*veraltet*; Besitz); des Volkes _ sein, *meist nach K 108*: des Volkes eigen sein; *vgl. aber* volkseigen · **Ei|gen|art** · **ei|gen|ar|tig** · **Ei|gen|ar|tig|keit** · **Ei|gen|bau**, der, _[e]s · **Ei|gen|be|darf**; für den _ · **Ei|gen|be|we|gung** · **Ei|gen|brö|te|lei**, *auch* **Ei|gen|bröt|le|rei**, die, _ · **Ei|gen|bröt|ler**, der, _s, _ (Sonderling) · **ei|gen|bröt|le|risch** · **ei|gen|ge|setz|lich** · **Ei|gen|ge|wicht** (*veraltend*; Eigenmasse) · **ei|gen|hän|dig**; *Abk* e. h. (*österr*) · **Ei|gen|hän|dig|keit**, die, _ · **Ei|gen|heim** · **Ei|gen|heim|bau**, *Pl* ..bauten · **Ei|gen|heit** · **Ei|gen‿le|ben**, ...**lei|stung**, ...**lie|be**, ...**lob** · **ei|gen|mäch|tig** · **Ei|gen|mäch|tig|keit** · **Ei|gen|na|me**; *vgl. auch K 256ff.* · **Ei|gen|nutz**, der, _es · **ei|gen|nüt|zig** · **Ei|gen|nüt|zig|keit**, die, _ · **ei|gens** · **Ei|gen|schaft** · **Ei|gen|schafts|wort**, *Pl* ..wörter (*Gramm*); *zur Deklination vgl. K 330ff.* · **Ei|gen|sinn**, der, _[e]s · **ei|gen|sin|nig** · **Ei|gen|sin|nig|keit** · **ei|gen|stän|dig** · **Ei|gen|sucht**, die, _ · **ei|gen|süch|tig** · **ei|gent|lich**; *Abk* eigtl. · **Ei|gen|tum** · **Ei|gen|tü|mer**, der, _s, _ · **ei|gen|tüm|lich**: 1. ['ai..] (zugehörig) – 2. [..'ty:m.. *od* 'ai..] (sonderbar) · **Ei|gen|tüm|lich|keit** [..'ty:m.. *od* 'ai..] · **Ei|gen|tums‿form**, ...**recht** · **ei|gen|ver|ant|wort|lich** · **Ei|gen|wil|le** · **ei|gen|wil|lig** · **Ei|gen|wil|lig|keit**

Ei|ger, der, _[s] (Berg in der Schweiz)

eig|nen (*gehoben*; eigentümlich sein, gehören); geeignet; ihm eignet eine sehr angenehme Stimme; sich (*Akk*) _ (*normalspr*) · **Eig|ner** (*veraltend*; Besitzer) · **Eig|nung** (Tauglichkeit)

...**ei|ig** (z. B. eineiig) · **Ei|klar**, das, _s, _ (*süddt, österr*; [flüssiges] Eiweiß, Weißei)

Ei|land, das, _[e]s, _e (*dicht*; Insel) ⟨*zu* Aue⟩

Eil‿bo|te, ...**brief** · **Ei|le**, die, _

Ei|lei|ter, der (*Anat*)

ei|len · **ei|lends** · **eil|fer|tig** · **Eil|fer|tig|keit**, die, _ · **Eil|gut** (im Frachtverkehr) · **ei|lig**; *K 95*: er hatte nichts Eiligeres zu tun, als ... · **ei|ligst** · **Eil|zug**; *Zeichen* E

Ei|mer, der, _s, _ ⟨*grch* → *lat* → *rom*⟩ · **ei|mer|wei|se** *K 176*

[1]**ein** *Adv*; ein und aus; nicht ein noch aus wissen; *K 153*: bei jmdm. ein und aus gehen, *aber K 148*: Briefe werden ein- und ausgehen *In Zus*: querfeldein; jahrein, jahraus

[2]**ein**:

1. *unbest Art*: ein, eine, ein; ein Mann, eine Frau, ein Kind; ein jeder, ein jeglicher

2. *Indefinitpron*, immer *klein* geschrieben *K 120*: einer, eine, eins (*seltener* eines)

einer (man, jemand); so einer; was für einer?; da kann einer (*umg*; man) närrisch werden; hier ist einer (z. B. ein Bleistift); was man nicht weiß, macht einen nicht heiß; das muß einen kränken; einer der Männer; eine von diesen Federn; die einen loben die anderen; der eine oder der andere; die einen, die anderen; vom einen zum anderen, von einem zum anderen schicken; eins ins andere; eins (*umg*; Alkohol) trinken usw.

In Zus: unsereiner, unsereins

3. *Num*, stets *betont* und *klein* geschrieben *K 120*

a) *Deklination wie beim Adj*

(↑ *K 330ff.*): dies eine, ein Herz und eine Seele; mit einem Schlage; eine Henne legte nur ein Ei; in ein[em] und einem halben Jahre; ein und derselbe; in ein[em] und demselben Hause; ein bis zwei Tage; sie stehen alle wie ein Mann; mein einer Sohn (*umg*; der eine meiner Söhne); dieser eine Mann; es war nur einer da; mein ein und [mein] alles; das eine, das not tut; das eine zeige mir; unter einem (*österr bürospr*; zugleich [mit dem vorher Gesagten]); in einem fort (ununterbrochen) laufen; etwas in einem hin (*umg*; ohne Unterbrechung) machen; ein für allemal; ein oder mehrmals; einer von uns beiden; eines schickt sich nicht für alle; eins (*seltener* eines) der beiden Pferde; eins (das eine) tut not; eins (dies eine) zeige mir; es läuft auf eins (ein und dasselbe) hinaus; eins sein, werden; sich eins fühlen; er sagte, daß ihm alles eins (einerlei) sei; mit eins (*umg*; mit einem Male); in einem (*österr*; zusammen), z. B. in einem geschrieben (zusammengeschrieben)
b) eins (↑ *d.*)
ein... ⟨*zu* [1]ein⟩ *in unfest zusammengesetzten Verben*, z. B. einräumen *K 356*, du räumst ein, eingeräumt, einzuräumen
Ein|achs|an|hän|ger · **ein|ach|sig**
Ein|ak|ter, der, _s, _ (Schauspiel in einem Akt) ⟨*lat*⟩ · **ein|ak|tig**
ein|an|der; _ lieben; *vgl.* aneinander
ein|ar|bei|ten; sich (*Akk*) _
ein|ar|mig
ein|äschern · **Ein|äsche|rung** · **Ein|äsche|rungs|hal|le** (Krematorium)
ein|at|men
ein|äu|gig
Ein|back, der, _[e]s, *Pl* _e *od* ..bäcke (ein Gebäck); *vgl. auch* Zwieback
Ein|bahn|stra|ße
ein|bal|sa|mie|ren ⟨*hebr → grch*⟩
Ein|band, der · **Ein|band|decke** [*Tr* ...dek|ke] (*Buchw*) · **ein|bän|dig**
Ein|bau, *Pl* ..bauten · **ein|bau|en**
Ein|baum (aus einem ausgehöhlten Baumstamm hergestelltes Boot)
Ein|bau‿mö|bel (*Pl*), **...schrank**, **...teil** (das)
Ein|bee|re (eine Giftpflanze)
einbegriffen ↑ inbegriffen
ein|be|hal|ten
ein|be|ken|nen (*österr*; eingestehen, bekennen)
ein|be|ru|fen · **Ein|be|ru|fe|ne**, der *u.* die, _n, _n *K 341* · **Ein|be|ru|fung**
ein|be|to|nie|ren ⟨*lat → frz*⟩
ein|bet|ten
ein|be|zie|hen
ein|bie|gen · **Ein|bie|gung**
ein|bil|den, sich (*Dat*) · **Ein|bil|dung**
ein|bin|den
ein|blen|den; sich (*Akk*) _ (*Rundf, Ferns*)
ein|bleu|en (*umg*; durch ständiges Wiederholen beibringen)
Ein|blick
ein|bre|chen · **Ein|bre|cher**
Ein|bren|ne, die, _, _n, *österr auch* **Ein|brenn**, die, _, _en (*landsch*; Mehlschwitze)
ein|brin|gen · **ein|bring|lich**
ein|brocken [*Tr* ...brok|ken]; sich (*Dat*) etw. _ (*umg*; sich selbst Unannehmlichkeiten bereiten)
Ein|bruch, der · **Ein|bruchs|dieb|stahl**
ein|buch|ten (*auch salopp scherzh*; jmdn. ins Gefängnis sperren) · **Ein|buch|tung**
Ein|bund, der (*schweiz*; Taufpatengeschenk)
ein|bür|gern *K 363*; das Wort hat sich (*Akk*) bei uns eingebürgert · **Ein|bür|ge|rung**
Ein|bu|ße · **ein|bü|ßen**
ein|cre|men [..k..], *eindeutschend* **ein|kre|men** ⟨*grch → lat → frz*⟩
ein|däm|men
ein|decken[1]; sich (*Akk*) mit etw. _ (versorgen)
ein|dei|chen
ein|del|len (*landsch umg*; eine Vertiefung verursachen)
ein|deu|tig · **Ein|deu|tig|keit**
ein|deut|schen *K 354* · **Ein|deut|schung**; *vgl. auch K 48ff.*
ein|dicken[1]; eingedickter Saft
ein|dö|beln *K 363* (*landsch*; eindübeln)
ein|drin|gen · **ein|dring|lich**; *K 115*: auf das *od* aufs _ste · **Ein|dring|lich|keit**, die, _ · **Ein|dring|ling**
Ein|druck, *Pl* ..drücke *u.* (*Polygr*) ..drucke · **ein|drucken**[1] (*Polygr*) · **ein|drücken**[1] · **ein|drück|lich** (*schweiz*; eindrucksvoll) · **ein|drucks|voll**
ein|dü|beln *K 363*
ei|ne: 1. *unbest Art*; *vgl.* [2]ein (1) – 2. *Indefinitpron*; *vgl.* [2]ein (2) – 3. *Num*; *vgl.* [2]ein (3, a)
ein|eb|nen
Ein|ehe
ein|ei|ig; _e Zwillinge
ein|ein|deu|tig (*fachspr*; umkehrbar eindeutig)
ein|ein|halb *od* **ein|und|ein|halb** *K 282* (*mit Ziffern* 1½ *od* 1,5); _ Stunde[n], *aber*: ein[e] und eine halbe Stunde; *vgl.* achteinhalb
ei|nen (*noch gehoben*; einigen); sich (*Akk*) _

[1] *Tr* ..k|k..

ein|en|gen
ei|ner: 1. *Indefinitpron* (*umg*; man, jemand); *vgl.* [2]ein (2) – 2. *Num*; *vgl.* [2]ein (3, a) · **Ei|ner**, der, _s, _ (*auch Sport*; einsitziges Ruderboot); *vgl. auch* Einser · **Ei|ner|ka|jak** (*Sport*; einsitziges Kanu) · **Ei|ner|ka|na|dier** [..ɪər] (*Sport*; mit Stechpaddel fortbewegtes Kanu für einen Mann) · **ei|ner|lei** · **Ei|ner|lei**, das, _s · **ei|ner|seits**; einerseits ..., andererseits ...; *vgl. K 450* · **ei|nes**: 1. *Indefinitpron*; *vgl.* [2]ein (2) – 2. *Num*; *vgl.* [2]ein (3, a) · **ei|nes|teils**; einesteils ..., anderenteils ...; *vgl. K 450* · **ein|fach**; _ wirkend; _es Wort (Simplex); *K 115*: das einfachste ist ... · **Ein|fa|che**, das, _n *K 341*; das _ einer Zahl · **Ein|fach|heit**, die, _
ein|fä|deln *K 363*
ein|fah|ren · **Ein|fahr|si|gnal** (*Eisenb*) · **Ein|fahrt**
Ein|fall, der · **ein|fal|len** · **ein|falls|los** *K 349*; *vgl.* ...los · **ein|falls|reich** · **Ein|falls|win|kel**
Ein|falt, die, _ · **ein|fäl|tig** (arglos, beschränkt) · **Ein|falts|pin|sel** (*umg*; einfältiger Mensch); *vgl. auch* [1]Pinsel
ein|fal|zen *K 354* (*Polygr*)
Ein|fa|mi|lien|haus [..ɪən..] *K 283*
ein|far|big, *österr* **ein|fär|big**; *vgl. auch* ...farbig
ein|fas|sen · **Ein|fas|sung**
ein|fet|ten
ein|flech|ten
ein|flie|gen; ein Flugzeug _; in ein bestimmtes Gebiet _
ein|flie|ßen · **ein|flö|ßen** · **Ein|flö|ßung** · **Ein|fluß** · **Ein|fluß|be|reich**, der · **Ein|fluß|nah|me**, die, _ · **ein|fluß|reich**
ein|flü|stern *K 363*; jmdm. etw. _ · **Ein|flü|ste|rung**
ein|för|mig ⟨*lat*⟩ · **Ein|för|mig|keit**, die, _
ein|frie|den *od* **ein|frie|di|gen** (*gehoben*; einhegen) · **Ein|frie|dung** *od* **Ein|frie|di|gung** (*gehoben*)
ein|frie|ren (*auch für* unbenutzbar werden [Guthaben, Kredite usw.])
ein|fü|gen · **Ein|fü|gung**
ein|füh|len, sich (*Akk*) · **ein|fühl|sam** · **Ein|füh|lungs|ver|mö|gen**, das, _s
Ein|fuhr, die, _, _en · **ein|füh|ren** · **Ein|füh|rung**
ein|fül|len
Ein|ga|be · **Ein|ga|be|ge|rät** (*Datenv*)
Ein|gang · **ein|gän|gig**; eine _e Melodie · **ein|gangs** *K 109* (*bürospr*): 1. *Adv* – 2. *Präp mit Gen K 110*: _ des Schreibens

ein|ge|ben
ein|ge|bil|det
[1]**ein|ge|bo|ren** *K 364* (*noch Rel*); *nur in der Wendung* der eingeborene Sohn (der einzige Sohn Gottes)
[2]**ein|ge|bo|ren** *K 364* (*gehoben*; angeboren – *auch für* einheimisch) · **Ein|ge|bo|re|ne** *K 364*, der *u.* die, _n, _n *K 341* (*veraltend*; Ureinwohner[in])
Ein|ge|brach|te, das, _n *K 341* (*veraltend*; das [in die Ehe] eingebrachte Gut)
Ein|ge|bung
ein|ge|bür|gert (*auch für* üblich)
ein|ge|denk (*gehoben*); *mit Gen*: _ deiner Ermahnung; sei dessen _!
ein|ge|fleischt
ein|ge|fuchst (*umg*; gut eingearbeitet)
ein|ge|hen *K 363* · **ein|ge|hend;** *K 115*: auf das *od* aufs _ste
Ein|ge|mach|te, das, _n *K 341*
ein|ge|mein|den · **Ein|ge|mein|dung**
ein|ge|nom|men (begeistert); ganz von etw. (*Dat*) _ sein; von sich (*Dat*) _ sein · **Ein|ge|nom|men|heit**, die, _
ein|ge|sandt
ein|ge|schlech|tig (*Biol*)
ein|ge|ses|sen (einheimisch)
Ein|ge|sot|te|ne, das, _n *K 341* (*österr*; eingekochte Früchte)
ein|ge|sprengt; in das Gestein _es Gold; _e Wäsche
ein|ge|stan|de|ner|ma|ßen *K 176* · **Ein|ge|ständ|nis** · **ein|ge|ste|hen** *K 363*
ein|ge|stri|chen *K 364* (*Mus*); das _e a
ein|ge|tra|gen; *K 119*: eingetragene Genossenschaft (*Abk* eG *od* e. G.); eingetragene Genossenschaft mit beschränkter Haftpflicht (*Abk* eGmbH *od* e. G. m. b. H.); eingetragener Verein (*Abk* e. V.)
Ein|ge|tropf|te, das, _n *K 341* (*österr*; in die Suppe getropfter Teig)
Ein|ge|wei|de, das, _s, _, *meist Pl*
ein|ge|wöh|nen; *meist* sich (*Akk*) _; sich in neue Verhältnisse _
ein|gie|ßen
ein|gip|sen *K 354* ⟨*semit → grch → lat*⟩
Ein|glas, *Pl* ..gläser (Monokel)
ein|glei|sen *K 354* ([Schienenfahrzeuge] auf das Gleis stellen)
ein|glei|sig
ein|glie|dern *K 363* · **Ein|glie|de|rung**
ein|gra|ben
ein|gra|vie|ren [..v..] ⟨*germ → frz*⟩
ein|grei|fen
ein|gren|zen *K 354* ⟨*slaw*⟩
Ein|griff
Ein|guß (*Techn*)
ein|halb|mal *K 176*; _ soviel
Ein|halt, der, _[e]s; *nur in* jmdm., einer Sache _ gebieten, tun · **ein|hal|ten**
ein|hän|dig
ein|hän|di|gen
ein|hän|gen
ein|hau|chen (*gehoben*)
ein|hau|en: 1. (einschlagen; hauend in etw. eindringen, z. B. ein Zeichen in einen Baum einhauen); du hiebst ein, *auch* du hautest ein; eingehauen – 2. (*umg*; *a.* einschlagen, z. B. ein Tor einhauen; *b.* tüchtig essen); du hautest ein; eingehauen
ein|häu|sig (*Bot*; mit männl. u. weibl. Blüten auf nur einer Pflanze) · **Ein|häu|sig|keit**, die, _ (*Bot*)
ein|he|ben (*süddt, österr*; [Geld, Steuern] einziehen, erheben)
ein|he|gen · **Ein|he|gung**
ein|hei|misch · **Ein|hei|mi|sche**, der *u.* die, _n, _n *K 341* · **ein|heim|sen** *K 354* (*umg*; für sich erlangen u. nehmen)
Ein|hei|rat · **ein|hei|ra|ten**
Ein|heit · **Ein|hei|ten|sy|stem**, das, _s; *K 258*: das Internationale _ [der naturwissenschaftlich-techn. Einheiten] · **ein|heit|lich** · **Ein|heit|lich|keit**, die, _ · **Ein|heits|front**, die, _
ein|hel|fen
ein|hel|lig · **Ein|hel|lig|keit**, die, _
ein|hen|keln *K 363* (*landsch*); sich (*Akk*) _
ein|henk|lig *K 362*
ein|her...: *in unfest zusammengesetzten Verben*, z. B. einhergehen *K 356*, du gehst einher, einhergegangen, einherzugehen
ein|hie|ven [..f.. *od* ..v..] (*seem*; die Ankerkette usw. einziehen)
ein|ho|len · **Ein|ho|lung**
Ein|horn, *Pl* ..hörner, *österr* ..horne (ein Fabeltier)
Ein|hu|fer, der, _s, _ (*Zool*) · **ein|hu|fig** (*Zool*)
ein|hül|len
einhundert ↑ hundert
ei|nig; _ sein, werden; sich (*Dat*) _ werden; *aber*: einiggehen (↑ *d.*)
ei|ni|ge *Indefinitpron*:
1. *Sg* (etwas, ein wenig, gering); es dauert einige Zeit, in einiger Entfernung; *vgl. auch* einiges
2. *Pl*: *a.* (mehrere); einige Menschen; *K 340*: einige ähnliche Fälle; *K 120*: einige [wenige] behaupten dies – *b.* (*vor Kardinalzahlen* ungefähr, etwas über); einige zwanzig; *vgl. auch* hundert (2) *u.* Hundert (3)
ei|ni|ge|mal *K 176*, *aber K 175*: einige Male
ei|ni|gen; sich (*Akk*) _
ei|ni|ger|ma|ßen *K 176* · **ei|ni|ges;** *K 120*: er versteht davon einiges; *K 95*: einiges Gute; *vgl. auch* einige (1) · **ei|nig|ge|hen** *K 136 u. 363* (*bürospr*; übereinstimmen, einig sein); du gehst einig; einiggegangen; einigzugehen · **Ei|nig|keit**, die, _ · **Ei|ni|gung**
ein|jäh|rig; *vgl.* ...jährig · **Ein|jäh|ri|ge**, der *u.* die *u.* das, _n, _n *K 341*
ein|kap|seln *K 363* ⟨*lat*⟩ · **Ein|kap|se|lung** *K 363*
ein|kas|sie|ren ([Geld] einziehen) ⟨*lat → ital*⟩
Ein|kauf ⟨*lat*⟩ · **ein|kau|fen** · **Ein|käu|fer** · **Ein|kaufs‿bum|mel**, ...**preis**, ...**zeit**, ...**zen|trum**
Ein|kehr, die, _, _en (*veraltend*) · **ein|keh|ren**
ein|kel|lern *K 363* ⟨*lat*⟩ · **Ein|kel|le|rung**
ein|ker|ben · **Ein|ker|bung**
ein|ker|kern *K 363* (*gehoben*) ⟨*lat*⟩ · **Ein|ker|ke|rung** (*gehoben*)
ein|klam|mern *K 363* · **Ein|klam|me|rung**
Ein|klang
ein|klei|den · **Ein|klei|dung**
ein|klem|men
ein|klin|ken
ein|knicken [*Tr* ...knik|ken]
ein|ko|chen ⟨*lat*⟩ · **Ein|koch|topf**
ein|kom|men; um etw. _ (*bürospr*; um etw. bitten *od* nachsuchen) · **Ein|kom|men**, das, _s, _ · **Ein|kom|mens|steu|er** *od* **Ein|kom|men|steu|er** *K 373*, die · **Ein|kom|mens|ver|hält|nis|se** *Pl*
Ein|korn, das, _[e]s (ältere Kulturform des Weizens)
ein|kra|chen (*umg*)
ein|krei|sen *K 354* · **Ein|krei|sung**
einkremen ↑ eincremen
ein|kreu|zen *K 354* (*Biol*) ⟨*lat*⟩
Ein|kri|stall, der (*fachspr*; einheitlich aufgebauter Kristall) ⟨*lat*⟩
Ein|künf|te *Pl*
Ein|lad, der, _s (*schweiz*; Ein-, Verladung) · [1]**ein|la|den** (in etw. laden); *Konjugation vgl.* [1]laden
[2]**ein|la|den** (zum Kommen auffordern); *Konjugation vgl.* [2]laden · **Ein|la|dung**
Ein|la|ge · **ein|la|gern** *K 363* · **Ein|la|ge|rung**
ein|lan|gen (*österr*; eintreffen)
Ein|laß, der, ..asses, ..ässe · **ein|las|sen;** sich (*Akk*) _; sich auf keine Verhandlungen _ · **Ein|laß|kar|te** · **ein|läß|lich** (*schweiz*; gründlich) · **Ein|las|sung** (*Rechtsw*)
Ein|lauf · **ein|lau|fen**
ein|läu|ten; die letzte Runde _ (*Sport*)
ein|le|ben, sich (*Akk*)

Ein|le|ge|ar|beit · **ein|le|gen** · **Ein|le|ge|soh|le**
ein|lei|ten · **Ein|lei|tung**
ein|len|ken
ein|leuch|ten; das leuchtet mir ein · **ein|leuch|tend;** *K 115*: am _sten
ein|lie|fern *K 363* ⟨*lat* → *frz* → *ndrl*⟩ · **Ein|lie|fe|rung**
einliegend ↑ inliegend
ein|lo|chen (*salopp*; gefangensetzen)
ein|lö|sen *K 354* · **Ein|lö|sung**
ein|lul|len (*umg*; in den Schlaf singen)
Ein|mach, *auch* **Ein|mache,** die, _ (*österr*; helle Mehlschwitze) · **ein|ma|chen** · **Ein|mach|glas,** *Pl* ..gläser
ein|mah|nen
ein|mal; auf _; noch _; noch _ soviel; _ mehr (*dafür besser* wieder einmal, von neuem); einmal und nicht wieder; mit ein[em]mal, *aber K 175*: mit einem Mal[e]; ein- bis dreimal (*mit Ziffern K 284*: 1- bis 3mal *od* 1–3mal) · **Ein|mal|eins,** das, _, _; *K 119*: das große _, das kleine _ · **ein|ma|lig** · **Ein|ma|lig|keit,** die, _
Ein|mann|be|trieb
Ein|mark|stück (*mit Ziffer K 285* 1-Mark-Stück)
ein|mas|sie|ren ⟨*arab* → *frz*⟩
Ein|ma|ster, der, _s, _ (Segelschiff mit nur einem Mast) · **ein|ma|stig**
ein|mau|ern *K 363* ⟨*lat*⟩ · **Ein|maue|rung**
ein|men|gen; sich (*Akk*) _
Ein|me|ter|brett (*mit Ziffer K 285* 1-Meter-Brett)
[1]**ein|mie|ten** (einen Mietvertrag schließen); *meist* sich (*Akk*) _
[2]**ein|mie|ten** (Feldfrüchte in Mieten einlagern) ⟨*lat*⟩
ein|mi|schen *K 354*; sich (*Akk*) _ · **Ein|mi|schung**
ein|mot|ten
ein|mum|meln *K 363* (*umg*; einmummen); sich (*Akk*) _ · **ein|mum|men** (warm einhüllen); sich (*Akk*) _
ein|mü|tig · **Ein|mü|tig|keit,** die, _
ein|nach|ten (*schweiz*; Nacht werden); es nachtet ein
Ein|nah|me, die, _, _n · **Ein|nah|me|buch**
ein|ne|beln *K 363* · **Ein|ne|be|lung** *K 363*
ein|neh|men; *vgl. auch* eingenommen · **ein|neh|mend**
ein|nicken [*Tr* ...nik|ken] (*umg*; [für kurze Zeit] einschlafen)
Ein|öde
ein|ord|nen ⟨*lat*⟩; sich (*Akk*) _ · **Ein|ord|nung,** die, _
ein|packen [*Tr* ...pak|ken]
ein|pas|sen ⟨*lat* → *frz*⟩
ein|pfer|chen
Ein|pha|sen|wech|sel|strom (*Elektrotechn*)
ein|pin|seln *K 363* ⟨*lat* → *frz*⟩
ein|pla|nen ⟨*lat* → *ital* → *frz*⟩
ein|po|lig (*Elektrotechn*)
ein|prä|gen; sich (*Dat*) etw. _ · **ein|präg|sam**
ein|pro|gram|mie|ren (*Datenv*) ⟨*grch* → *lat*⟩
ein|quar|tie|ren ⟨*lat* → *frz*⟩; sich (*Akk*) _ · **Ein|quar|tie|rung**
ein|rah|men; ein Bild _
ein|ram|men; Pfähle _
ein|ran|gie|ren [..raŋʒi:..] (einreihen) ⟨*germ* → *frz*⟩
ein|ra|sten
ein|räu|men; jmdm. etw. _ · **Ein|räu|mungs|satz** (*Gramm*)
Ein|raum|woh|nung
Ein|re|de (*Rechtsw*) · **ein|re|den;** sich (*Dat*) etw. _ [lassen]
ein|rei|ben · **Ein|rei|bung**
ein|rei|chen · **Ein|rei|chung**
ein|rei|hen
Ein|rei|her (Anzug, dessen Jacke nur eine Knopfreihe aufweist) · **ein|rei|hig**
Ein|rei|se · **Ein|rei|se|er|laub|nis** · **ein|rei|sen** *K 354*
ein|rei|ßen *K 354*
ein|ren|ken · **Ein|ren|kung**
ein|re|xen *K 354* (*österr*; in Einmachgläser einkochen) ⟨*nach* dem Warenzeichen Rex⟩
ein|rich|ten; sich (*Akk*) _ · **Ein|rich|ter** · **Ein|rich|tung** · **Ein|rich|tungs‿ge|gen|stand,** ...**haus**
Ein|riß
ein|rol|len ⟨*lat* → *frz*⟩
ein|ro|sten
ein|rücken [*Tr* ...rük|ken] · **Ein|rückung** [*Tr* ...rük|kung]
ein|rü|sten (mit einem Gerüst versehen)
eins:
1. *Indefinitpron*: eins; *vgl.* [2]ein (2)
2. *Num*:
a) eins; *vgl.* [2]ein (3, a)
b) eins: es ist, schlägt eins (ein Uhr); er arbeitet bis eins (ein Uhr); [ein] Viertel eins (0^{15} *od* 12^{15}); ein Viertel vor, *landsch* auf eins (0^{45} *od* 12^{45}); halb eins; gegen eins; eins und zwei macht drei; eins zu null (*mit Ziffern* 1:0)
c) *als römisches Zahlzeichen* I; *vgl. K 291*; Ia [‿ains 'a:] (*umg*; hervorragend, ausgezeichnet – *kaufm*; von der besten Qualität)
Eins, die, _, _en; eine _ schreiben; er hat die Prüfung mit [der Note] Eins bestanden; *vgl.* [1]Acht
Ein|saat (*Landw*)
ein|sa|gen (*süddt, österr*; vorsagen)
ein|sal|zen; eingesalzen, *auch* eingesalzt
ein|sam · **Ein|sam|keit,** die, _
ein|sam|meln *K 363*
ein|sar|gen ⟨*grch* → *lat*⟩ · **Ein|sar|gung**
Ein|satz · **ein|satz|be|reit** · **Ein|satz|be|reit|schaft,** die, _ · **ein|satz|fä|hig** · **Ein|satz‿lei|ter** (der), ...**wa|gen**
ein|säu|ern *K 363* · **Ein|säue|rung** *K 363*
ein|sau|gen
ein|schach|teln *K 363* ⟨*germ* → *ital* → *frz*⟩ · **Ein|schach|te|lung** *K 363*
ein|scha|len (*Bauw*)
ein|schal|ten · **Ein|schal|tung**
ein|schär|fen; jmdm. etw. _
ein|schät|zen · **Ein|schät|zung**
ein|schen|ken; jmdm. etw. _
ein|sche|ren (*Verkehrsw*; sich [wieder] in einen Verband einordnen); er scherte ein; eingeschert
ein|schich|tig
ein|schicken [*Tr* ...schik|ken]
ein|schie|ben · **Ein|schieb|sel,** das, _s, _
Ein|schie|nen|bahn
ein|schie|ßen; sich (*Akk*) _
ein|schif|fen; sich (*Akk*) _ · **Ein|schif|fung** (*veraltend*)
ein|schla|fen · **ein|schlä|fern** *K 363* · **Ein|schlä|fe|rung**
ein|schläf|rig (*K 362*) *od* **ein|schlä|fig;** ein _es Bett
Ein|schlag · **ein|schla|gen** · **ein|schlä|gig** (darauf bezüglich, dazu gehörig) · **Ein|schlag|pa|pier**
ein|schlei|chen, sich (*Akk*)
ein|schleu|sen ⟨*lat* → *frz* → *ndrl*⟩ · **Ein|schleu|sung**
ein|schlie|ßen · **ein|schließ|lich** (*Abk* einschl.): 1. *Adv*: bis _ Dienstag – 2. *Präp a. mit Gen*: _ der Versandkosten; *b. vor einem bloßen Substantiv auch in nichtdeklinierter Form*: 10 kg _ Verpackung · **Ein|schlie|ßung** · **Ein|schluß**
ein|schmei|cheln, sich (*Akk*) *K 363* · **Ein|schmei|che|lung** *K 363* · **Ein|schmeich|ler**
ein|schnap|pen (*auch umg*)
ein|schnei|dend; *K 115*: am _sten · **Ein|schnitt**
ein|schnü|ren · **Ein|schnü|rung**
ein|schrän|ken; sich (*Akk*) _ · **Ein|schrän|kung**
Ein|schreib|brief *od* **Ein|schrei|be|brief** · **ein|schrei|ben** ⟨*lat*⟩; Einschreiben! (Vermerk auf eingeschriebenen Postsendungen) · **Ein|schrei|ben,** das, _s, _ (eingeschriebene Postsendung) · **Ein|schreib|sen|dung** *od* **Ein|schrei|be|sen|dung** · **Ein|schrei|bung**
ein|schrei|ten
ein|schrump|fen
Ein|schub. *Zus K 365ff.*: Einschub‿decke (*Bauw*) usw.

ein|schüch|tern *K 363* · Ein|schüch|te|rung
ein|schu|len ⟨*grch → lat*⟩ · Ein|schu|lung
ein|schü|rig (*von Wiesen gesagt*; eine Ernte liefernd)
Ein|schuß
ein|schwär|zen
ein|seg|nen (*Rel*) ⟨*lat*⟩ · Ein|seg|nung (*Rel*)
ein|se|hen · Ein|se|hen, das, _s; ein _ haben
ein|sei|tig · Ein|sei|tig|keit
ein|sen|den · Ein|sen|der · Ein|sen|de|schluß · Ein|sen|dung
Ein|ser, der, _s, _ (*landsch*; die Zahl 1); mit dem _ (mit einem Bus der Linie 1) fahren; einen _ (*süddt, österr*; die Note Eins) bekommen
ein|set|zen *K 354* · Ein|set|zung
Ein|sicht, die, _, _en; in eine Sache _ nehmen · ein|sich|tig · Ein|sicht|nah|me, die, _, _n (*bürospr*) · ein|sichts|los; *vgl.* ...los · ein|sichts|voll
Ein|sie|de|glas, *Pl* ..gläser (*österr*; Einmachglas)
Ein|sie|de|lei
Ein|sie|deln (Wallfahrtsort in der Schweiz)
ein|sie|den (*österr*; einkochen)
Ein|sied|ler · ein|sied|le|risch
Ein|sil|ber *od* Ein|silb|ler, der, _s, _ (*Sprachw*; einsilbiges Wort) ⟨*grch → lat*⟩ · ein|sil|big · Ein|sil|big|keit, die, _
ein|sit|zen *K 354* (*Rechtsw*; im Gefängnis sitzen)
Ein|sit|zer · ein|sit|zig
ein|söm|me|rig (*von Fischen gesagt*; einen Sommer alt)
ein|sor|tie|ren ⟨*lat → ital u. frz*⟩
ein|span|nen
Ein|spän|ner (*österr auch für* Mokka mit Schlagsahne; einzelnes Frankfurter Würstchen) · ein|spän|nig
ein|spa|ren · Ein|spa|rung
ein|spei|sen *K 354* (*Techn*) ⟨*lat*⟩
ein|sper|ren (einschließen)
Ein|spra|che (*österr, schweiz*; Einspruch; Einrede)
ein|spra|chig; ein _es Wörterbuch
Ein|spren|sel, das, _s, _
ein|sprit|zen *K 354* · Ein|sprit|zung
Ein|spruch · Ein|spruchs|recht
ein|spu|rig
einst (*gehoben*) · Einst, das, _ (*gehoben*); das Einst und das Jetzt
ein|stamp|fen
Ein|stand
ein|stau|ben (*österr auch für* [ein]pudern) · ein|stäu|ben (pudern)
ein|ste|chen
Ein|steck|bo|gen (*Polygr*) · ein|stecken [*tr* ...stek|ken] · Ein|steck|kamm
ein|ste|hen *K 363* (bürgen)
ein|stei|gen
Ein|stei|nium [..ʃt..], das, _s (radioaktives chem. Element, Metall); *Zeichen* Es ⟨*nach* dem Physiker Einstein⟩
ein|stel|len · Ein|stell|raum · Ein|stel|lung
ein|stens (*veraltet*; einst)
Ein|stich
Ein|stieg
ein|stig
ein|stim|men · ein|stim|mig · Ein|stim|mig|keit, die, _
einst|ma|lig · einst|mals (*gehoben*)
ein|stöckig [*Tr* ...stök|kig]
ein|strah|len · Ein|strah|lung (*Met*)
Ein|streu, die, _, _en (*Landw*; Stroh, Torf u. anderes Material zum Auslegen der Haustierställe) · ein|streu|en
ein|stu|die|ren ⟨*lat*⟩ · Ein|stu|die|rung
ein|stu|fen
ein|stu|fig; eine _e Rakete
Ein|sturz. *Zus K 365ff.*: Einsturz‿gefahr usw. · ein|stür|zen
einst|wei|len · einst|wei|lig
Ein|tags|flie|ge
ein|tau|chen
ein|tau|send
ein|tei|len
ein|tei|lig
Ein|tei|lung
Ein|tel, das (*schweiz meist* der), _s, _ (*Math*; Ganzes)
ein|tö|nig *K 171* · Ein|tö|nig|keit, die, _
Ein|topf|ge|richt, *kurz* Ein|topf
Ein|tracht, die, _ · ein|träch|tig *Adj u. Adv*
Ein|trag, der, _[e]s, ..äge; _ tun (*gehoben*; abträglich sein) · ein|tra|gen · ein|träg|lich · Ein|träg|lich|keit, die, _
ein|trän|ken; jmdm. etw. _ (*salopp*; vergelten)
ein|träu|feln *K 363* · Ein|träu|fe|lung *K 363*
ein|tref|fen
ein|treib|bar · ein|trei|ben · Ein|trei|bung
ein|tre|ten; auf etw. _ (*schweiz*; sich mit etw. befassen, auf etw. eingehen) · Ein|tre|tens|de|bat|te (*schweiz*)
ein|trich|tern *K 363* (*meist salopp*; mühsam beibringen) ⟨*lat*⟩
Ein|tritt · Ein|tritts‿geld, ...kar|te
ein|tröp|feln *K 363*
ein|trü|ben; der Himmel trübt sich (*Akk*) ein · Ein|trü|bung (das Trübwerden [des Wetters])
ein|tru|deln *K 363* (*umg*; ohne Eile eintreffen)
ein|tü|ten (in Tüten abpacken)
ein|üben · Ein|übung
ein und der|sel|be · ein|und|drei|ßig *K 282* · einundeinhalb ↑eineinhalb
ein|ver|lei|ben; du verleibst ein *od* du einverleibst; einverleibt; einzuverleiben; sich (*dat*) etw. _ · Ein|ver|lei|bung
Ein|ver|nah|me, die, _, _n (*österr, schweiz*; Vernehmung) · ein|ver|neh|men (*österr, schweiz*; vernehmen, verhören) · Ein|ver|neh|men, das, _s; mit jmdm. in gutem _ stehen; sich ins _ setzen
ein|ver|stan|den · ein|ver|ständ|lich (*österr*; mit Einverständnis der Partner); _es Handeln · Ein|ver|ständ|nis · Ein|ver|ständ|nis|er|klä|rung
Ein|waa|ge, die, _ (Masseschwund beim Auswiegen; reine Warenmasse ohne Flüssigkeit usw. [bei Konserven])
[1]ein|wach|sen (einwurzeln; hineinwachsen)
[2]ein|wach|sen *K 354* (mit Wachs einreiben)
Ein|wand, der, _[e]s, ..ände
Ein|wan|de|rer *K 363* · ein|wan|dern *K 363* · Ein|wan|de|rung
ein|wand|frei
ein|wärts. *Schreibung bei Verben vgl.* abwärts; *K 148*: einwärtsgehen (mit einwärts gerichteten Füßen gehen) · ein|wärts|ge|bo|gen
ein|wech|seln *K 363* · Ein|wechs|lung *K 363*
ein|wecken [*Tr* ...wek|ken] (einkochen) ⟨*nach* dem Erfinder J. Weck⟩ · Ein|weck|glas, *Pl* ..gläser
Ein|weg|fla|sche (nicht wiederverwendbare Flasche)
ein|wei|chen
ein|wei|hen · Ein|wei|hung
ein|wei|sen *K 354* · Ein|wei|sung
ein|wen|den; du wandtest *od* wendetest ein; du hast eingewandt *od* eingewendet · Ein|wen|dung
ein|wer|fen
ein|wickeln *K 363* [*Tr* ...wik|keln]
ein|wil|li|gen · Ein|wil|li|gung
ein|win|ken (*Verkehrsw*)
ein|wir|ken · Ein|wir|kung
Ein|woh|ner. *Zus K 365ff.*: Einwohner‿versammlung, ...zahl usw. · Ein|woh|ner|schaft
Ein|wurf
ein|wur|zeln
Ein|zahl, die, _ (*Gramm*)
ein|zah|len · Ein|zah|lung · Ein|zah|lungs|schein (*schweiz*; Zahlkarte)
ein|zäu|nen · Ein|zäu|nung
ein|zeich|nen · Ein|zeich|nung
ein|zei|lig
Ein|zel, das, _s, _ (*Sportspiele*; Einzelspiel) · Ein|zel|dar|stel|lung · Ein|zel|ding, *Pl* ..dinge · Ein|zel-

gän|ger · Ein|zel|han|del, der, -s · Ein|zel|heit
Ein|zel|ler Pl (Biol; Urtierchen); Sg Ein|zel|ler, der, -s ⟨lat⟩ · ein|zel|lig
ein|zeln:
I. Kleinschreibung K 120: der, die, das einzelne (nur einer, eine, eines allein, je einer, eine, eines); einzelnes hat mir gefallen; als einzelner; einzelne sagen ...; jeder einzelne; alles einzelne; im einzelnen; bis ins einzelne; zu sehr ins einzelne gehen
II. Großschreibung K 100: vom Einzelnen (von der Einzelform, der Einzelheit) ins Ganze gehen; vom Einzelnen zum Allgemeinen
ein|zeln|ste|hend od ein|zeln stehend K 166, aber K 93: der Einzelstehende · Ein|zel‿teil (das), ...wesen, ...zim|mer
ein|zie|hen · Ein|zie|hung
ein|zig:
I. Kleinschreibung K 120: der, die, das einzige; das einzige (nicht einzigste) wäre, daß man ...; ein einziger, kein einziger, als einziger; etwas einziges; einzig schön
II. Großschreibung K 100: Karl ist unser Einziger
III. Getrenntschreibung K 125: ein einzig dastehender Fall
ein|zig|ar|tig; K 114: das einzigartige dabei ist, daß ... · Ein|zig|keit
Ein|zug · Ein|zü|ger, der, -s, - (schweiz; Kassierer) · Ein|zugs|gebiet
ein|zwän|gen
Ein|zy|lin|der umg Kurzw (Einzylindermotor) · ein|zy|lin|drig
Ei|re|ne [..nə od ..ne:] (griech Mythol; Friedensgöttin, eine der drei Horen) ⟨grch⟩
ei|rund · Ei|rund (Oval)
eis, das, -, - (Mus; Tonbezeichnung) · [1]Eis, das, -, - (Mus; Tonbezeichnung)
[2]Eis, das, -es; Eis essen. Zus K 365ff.: Eis‿bahn usw. · Eis|bär · Eis|be|cher · Eis|bein ([gepökeltes] oberes Beinstück des Schweins) · Eis|beu|tel · Eis|blink, der, -[e]s, -e (Met; Widerschein des Polareises am Horizont) · Eis|bom|be in halbkugeliger Form gefrorenes Speiseeis) · Eis|bre|cher
Eisen, das, -s (chem. Element, Metall); Zeichen Fe (für Ferrum, ↑ d.)
Ei|sen|ach K 90 (Stadt im Bez. Erfurt) · Ei|sen|acher: 1. K 231: der, -s, - (in Eisenach Geborener od. Wohnender – hist; Anhänger der [in Eisenach 1869 gegründeten] Sozialdemokratischen Arbeiterpartei) – 2. als Attribut K 232
Ei|sen|bahn · Ei|sen|bah|ner, der, -s, - · Ei|sen|bahn|fahr|plan K 192
Ei|sen|bart (durch Gewaltkuren sprichwörtlich gewordener quacksalberischer Heilkünstler des 17. Jh.); ein Doktor - (derbe Kuren anwendender Arzt)
Ei|sen|blü|te, die, - (Mineral; korallenartig verästelter Aragonit) · eisen|hal|tig · Ei|sen|hut, der (Arzneipflanze, Hahnenfußgewächs) · Ei|sen|hüt|ten|stadt (Stadt in der DDR an der Oder) · Ei|sen|hütten|städ|ter: 1. K 231: der, -s, -; 2. als Attribut K 232 · ei|senschüs|sig (Mineral; eisenhaltig) · ei|sen|ver|ar|bei|tend K 164 · Eisen|zeit, die, - (jüngster Abschnitt der Urgeschichte) · ei|sen|zeitlich · ei|sern; K 119: die eiserne Lunge (Med), der eiserne Vorhang (Theat), aber K 258: das Eiserne Tor (Donaudurchbruch zw. Südkarpaten u. Balkangebirge), das Eiserne Kreuz (hist; eine Kriegsauszeichnung)
eis|frei; ein -er Hafen · Eis|gang, der, -[e]s · Eis|hei|li|gen Pl (die kalten Tage in der zweiten Maidekade) · Eis|hockey [..,hɔke:; Tr ...hok|key] (Sport) · ei|sig; K 173: es war eisig kalt, aber: eisigkalte Tage · eis|kalt · Eis|kunst|lauf, der, -[e]s · eis|lau|fen K 133; du läufst eis K 112; du bist eisgelaufen; eiszulaufen; eis- u. Ski laufen, aber: Ski u. eislaufen
Eis|le|ben, Lu|ther|stadt (im Bez. Halle) · Eis|le|b[e|n]er K 236: 1. K 231: der, -s, -; 2. als Attribut K 232: der Eisleb[en]er Kupferbergbau
Eis|män|ner Pl (süddt, österr; die Eisheiligen) · Eis|meer; K 258: das Nördliche -, das Südliche - · Eisschnellauf [Tr Eis|schnell|lauf K 78], der, -[e]s · Eis|se|geln, das, -s
Eis|sproß (weidm; das zweite, über dem Augsproß abzweigende Ende am Hirschgeweih)
Eis|stock|schie|ßen, das, -s · Eis‿tanz, ...vo|gel, ...zap|fen · Eiszeit (Geol) · eis|zeit|lich
ei|tel: 1. Adj K 363 (eingebildet, selbstgefällig) – 2. erstarrte Form des Adj vor Substantiven (gehoben; bloß; nichts als); eitel Sonnenschein (noch scherzh); vgl. auch lauter · Ei|tel|keit
Ei|ter, der, -s. Zus K 365ff.: Eiter‿beule usw. · ei|tern; es eitert · Eite|rung · eit|rig K 362
Ei|weiß, das, -es, Pl (selten) -e u. bei Maßangabe (K 308) Eiweiß, fachspr Weiß|ei, das, -[e]s, Pl (selten) - (die den Dotter umgebenden Schichten des Vogeleis) – Ei|weiße Pl (aus Aminosäuren zusammengesetzte Verbindungen). Zus K 365ff.: Eiweiß‿mangel (der) usw. · Ei|zel|le
Eja|ku|la|tion (Med; Samenerguß) ⟨lat⟩ · eja|ku|lie|ren (Med) · Ejektor, der, -s, ..oren (Techn; Auswerfer; Strahlpumpe)
Eka|dur, das, -s Kurzw (ein Kunststoff) ⟨aus EK (Elektrochemisches Kombinat [Bitterfeld]) + lat durus (= hart)⟩
Ekar|té [..'te:], das, -s, -s (ein Kartenspiel – Tanzk; Abspreizen eines Beines) ⟨grch → lat → frz, ‚Abgeworfenes'⟩
ekel; K 363: ein ekler Geruch · Ekel: 1. der, -s (Widerwille) – 2. das, -s, - (umg; widerwärtiger Mensch) · ekel|er|re|gend; vgl. aber K 163; K 115: am -sten · ekel|haft · ekeln; es ekelt mich od mir; sich (Akk) - K 363
Ekel|na|me (Bei-, Spitz-, Übername) ⟨zu auch⟩
Ek|ke|hard: 1. (m. Vn.) ⟨Nebenf von Eckehard⟩ – 2. (Scheffelsche Romangestalt); vgl. auch Eckart
Ek|lamp|sie, die, -, ..ien (Med; gefährl. Schwangerschaftserkrankung mit Krampfanfällen) ⟨grch⟩
Eklat [e'kla(:)], der, -s, -s (aufsehenerregender Vorfall; Skandal) ⟨germ → frz⟩ · ekla|tant [ekla'tant] (aufsehenerregend; deutlich, offenkundig)
Ek|lek|ti|ker, der, -s, - (Vertreter des Eklektizismus) ⟨grch, ‚Auswähler'⟩ · ek|lek|tisch (unschöpferisch; zusammengestückelt; unselbständig) · Ek|lek|ti|zis|mus, der, - (unschöpferische, unselbständige, mechan. Vereinigung zusammengetragener Gedanken-, Stilelemente usw.) ⟨grch → lat⟩
ek|lig K 362
Ek|lip|se, die, -, -n (Astron; Sonnen- bzw. Mondfinsternis) ⟨grch, ‚Verschwinden'⟩ · Ek|lip|tik, die, - (Astron; die scheinbare Sonnenbahn am Himmel im Laufe eines Jahres) · ek|lip|tisch (Astron)
Ek|lo|ge, die, -, -n (altröm. Hirtengedicht) ⟨grch → lat, ‚Auswahl'⟩
Eko|no|mi|ser [ekɔnɔ'maizər] od Eco|no|mi|ser [i'kɔnəmaizər], der, -s, - (Techn; Vorwärmer) ⟨grch → lat → frz → engl⟩
Ekrü|sei|de (eine Rohseidenart) ⟨lat → frz⟩
Ek|sta|se [..st..], die, -, -n ([religiöse] Verzückung; höchste Begeisterung) ⟨grch⟩ · Ek|sta|ti|ker, der, -s, - · ek|sta|tisch
Ek|to|derm, das, -s, -e (Zool; äußeres Keimblatt des Embryos) ⟨grch⟩
Ekua|dor, amtl Re|pu|blik Ekua|dor

(im NW Südamerikas) ⟨*lat* → *span*, ‚Äquator‘⟩ · **Ekua|do|ria|ner,** der, ₋s, ₋ · **ekua|do|ria|nisch**

Ek|zem, das, ₋s, ₋e (eine Hauterkrankung) ⟨*grch*⟩ · **ek|ze|ma|tisch** (*Med*; ein Ekzem hervorrufend)

Ela|bo|rat, das, ₋[e]s, ₋e ([schriftl.] Ausarbeitung; Machwerk) ⟨*lat*⟩

Elan [e'la:n, *auch* e'lã:], der, ₋s (Schwung; Begeisterung; Stoßkraft) ⟨*lat* → *frz*⟩

Ela|ste *Pl* (Sammelbez. für elast. makromolekulare Werkstoffe); *Sg* Elast, der, ₋es ⟨*grch*⟩ · **Ela|stik,** die, ₋, ₋en *od* das, ₋s, ₋s (ein elast. Gewebe) ⟨*grch* → *lat*⟩ · **ela|stisch** (dehnbar; federnd – *übertr*; anpassungsfähig); ₋ste · **Ela|sti|zi|tät,** die, ₋ (Spann-, Feder-, Schnellkraft) · **Ela|sti|zi|täts|mo|dul** (*Phys, Techn*) · **Ela|sto|mer,** das, ₋s, ₋e *od* **Ela|sto|me|re,** das, ₋n, ₋n (*Chem*; synthet. Kautschuk) ⟨*grch*⟩

Ela|tiv [*auch* ..'ti:f], der, ₋s, ₋e [..v..] (*Gramm*; absoluter Superlativ [z. B. sehr groß, bestens]) ⟨*lat*⟩

El|ba (Insel vor der Westküste Italiens)

elb|ab[|wärts] · **elb|auf[|wärts]** · **El|be,** die, ₋, *tschech* [1]**La|be** ['labɛ] (Fluß in der ČSSR, der DDR u. der BRD) · **El|be-Ha|vel-Ka|nal** *K 247*, der, ₋s (in der DDR) · **El|be|strand** *od* **Elb|strand,** der, ₋[e]s · **Elb-Flo|renz** *K 242* (Bez. für Dresden) · **Elb|mün|dung,** die, ₋

El|brus, der, ₋ (höchster Berg des Kaukasus); *vgl. aber* Elburs

Elb|sand|stein|ge|bir|ge *K 246*, das, ₋s (in der DDR u. der ČSSR) · **Elb|strand** ↑ Elbestrand

El|burs, der, ₋ (Gebirge im N Irans); *vgl. aber* Elbrus

Elch, der, ₋[e]s, ₋e (eine Hirschart). *Zus K 365ff.*: Elch‿jagd usw.

El|do|ra|do *od* **Do|ra|do,** das, ₋s, ₋s ([sagenhaftes] Goldland; Wunschland, Paradies) ⟨*lat* → *span*, *eigtl* el dorado, ‚das Vergoldete‘⟩

Ele|fant, der, ₋en, ₋en ⟨*grch* → *lat*⟩ · **Ele|fan|ten|rüs|sel** · **Elefantiasis** ↑ Elephantiasis

ele|gant (modisch, geschmackvoll; fein) ⟨*lat* → *frz*⟩ · **Ele|ganz,** die, ₋ (Geschmack; Feinheit)

Ele|gie, die, ₋, ..ien (eine Gedichtform) ⟨*grch*⟩ · **Ele|gien|dich|ter** · **Ele|gi|ker,** der, ₋s, ₋ (Elegiendichter) · **ele|gisch** (nach Art einer Elegie; klagend, wehmütig)

Elek|tion, die, ₋, ₋en (Auswahl) ⟨*lat*⟩ · **elek|tiv** (auswählend)

Elek|tra (*griech Sage*; Tochter Agamemnons) ⟨*grch*⟩

Elek|tri|fi|ka|tion, die, ₋ (*bes schweiz*; Elektrifizierung) ⟨*grch* → *lat*⟩ · **elek|tri|fi|zie|ren** (auf elektr. Betrieb umstellen) · **Elek|tri|fi|zie|rung,** die, ₋

Elek|trik, die, ₋: 1. (Elektrizitätslehre; elektr. Ausrüstung [eines Fahrzeugs]) – 2. *Kurzw* (Elektrotechnik) ⟨*grch*⟩ · **Elek|tri|ker,** der, ₋s, ₋ *Kurzw* (Elektrotechniker)

elek|trisch ⟨*grch* → *lat*⟩ · **Elek|tri|sche,** die, ₋n, ₋n *K 343* (*umg veraltet*; Straßenbahn) · **elek|tri|sie|ren** (elektr. aufladen – *Med*; mit elektr. Strom behandeln – *übertr*; aufrütteln, begeistern) ⟨*grch* → *lat* → *frz*⟩ · **Elek|tri|zi|tät,** die, ₋ ⟨*grch* → *lat*⟩ · **Elek|tri|zi|täts‿men|ge** (*Phys*), **...werk**

Elek|tro|au|to ⟨*grch*⟩

Elek|tro|che|mie [..ç.., *österr* ..k..], die, ₋ (Wissenschaft von der Wechselwirkung chem. und elektr. Vorgänge) ⟨*grch*⟩ · **elek|tro|che|misch**

Elek|tro|de, die, ₋, ₋n (Ein- od. Austrittsstelle für elektr. Ladungen) ⟨*grch*⟩

Elek|tro|dy|na|mik, die, ₋ (Elektrizitätsbewegung; Lehre von der strömenden Elektrizität) ⟨*grch*⟩ · **elek|tro|dy|na|misch**

Elek|tro|ener|gie, die, ₋ ⟨*grch*⟩

Elek|tro|en|ze|pha|lo|gramm, das, ₋s, ₋e (*Med*; graph. Darstellung der Aktionsströme des Gehirns); *Abk* EEG ⟨*grch*⟩

Elek|tro|ge|rät ⟨*grch*⟩

Elek|tro|herd ⟨*grch*⟩

Elek|tro|in|du|strie ⟨*grch* → *lat*⟩

Elek|tro|in|ge|nieur [..inʒe,niø:r] ⟨*grch* + *frz*⟩

Elek|tro|in|stal|la|teur [..,tø:r] ⟨*grch* + *frz*⟩

Elek|tro|kar|dio|gramm, das, ₋s, ₋e (*Med*; graph. Darstellung der Aktionsströme des Herzens); *Abk* EKG, *auch* Ekg ⟨*grch*⟩

Elek|tro|ly|se, die, ₋, ₋n (*fachspr*; Zersetzung chem. Verbindungen durch elektr. Strom) ⟨*grch*⟩ · **Elek|tro|ly|seur** [..'zø:r], der, ₋s, ₋e (*fachspr*; Vorrichtung zur Ausführung von Elektrolysen) ⟨*grch* → *frz*⟩ · **Elek|tro|lyt,** der, ₋s *od* ₋en, *Pl* ₋e (*Chem*; elektr. Strom leitende u. dabei sich zersetzende Lösung od. Schmelze) ⟨*grch*⟩ · **elek|tro|ly|tisch** (*Chem*)

Elek|tro|ma|gnet ⟨*grch*⟩ · **elek|tro|ma|gne|tisch;** ein ₋es Feld (*Phys*)

elek|tro|me|cha|nisch [..ç..] ⟨*grch*⟩

Elek|tro|me|ter, das (Gerät zum Messen von elektr. Ladungen u. Spannungen) ⟨*grch*⟩

Elek|tro|mon|teur [..,tø:r] ⟨*grch* + *frz*⟩

Elek|tro|mo|tor ⟨*grch* + *lat*⟩ · **elek|tro|mo|to|risch;** ₋e Kraft (*Phys*)

Elek|tron [*od* e'lɛk.., *österr* elɛk'tro:n]: 1. das, ₋s, ..onen (*Kernphys*; elektr. negativ geladenes Elementarteilchen) – 2. das, ₋s (eine Magnesiumlegierung) ⟨*grch*, ‚Bernstein‘⟩ · **Elek|tro|nen|mi|kro|skop** · **elek|tro|nen|mi|kro|sko|pisch** · **Elek|tro|nen|rech|ner** · **Elek|tro|nen|röh|re** (*Funkw*) · **Elek|tro|nen|strah|len** *Pl* (Strahlen [künstlich] bewegter Elektronen) · **Elek|tro|nen|volt** [..v..] (*Atom- u. Kernphys*; Einheit der Energie); *Einheitenzeichen* eV · **Elek|tro|nik,** die, ₋ (Teilgebiet der Elektrotechnik, das sich mit der Entwicklung u. Anwendung elektr. Geräte mit Hilfe von Halbleiterbauelementen u. a. befaßt). *Zus K 365ff.*: Elektronik‿facharbeiter usw. · **elek|tro|nisch;** elektronische Datenverarbeitung (*Abk* EDV)

Elek|tro|ofen ⟨*grch*⟩

Elek|tro|phor, der, ₋s, ₋e (*Phys*; Gerät zur Trennung positiver u. negativer elektr. Ladungen) ⟨*grch*⟩ · **Elek|tro|pho|re|se,** die, ₋ (*Phys*; Wanderung kleinster geladener Teilchen im elektr. Feld)

Elek|tro|skop, das, ₋s, ₋e (Gerät zum Nachweis elektr. Ladungen) ⟨*grch*⟩

Elek|tro|sta|tik, die, ₋ (*Phys*; Lehre von der ruhenden Elektrizität) ⟨*grch*⟩ · **elek|tro|sta|tisch** (*Phys*)

Elek|tro|tech|nik, die, ₋; *Kurzw* Elektrik ⟨*grch*⟩ · **Elek|tro|tech|ni|ker;** *Kurzw* Elektriker · **elek|tro|tech|nisch**

Elek|tro|the|ra|pie, die, ₋ (*Med*; Behandlung mit elektr. Strömen) ⟨*grch*⟩

Ele|ment, das, ₋[e]s, ₋e ([chem.] Grundstoff, Grundbestandteil, Grundlage; Urgewalt; das einem bestimmten Menschen Gemäße); er fühlte sich (*Akk*) in seinem ₋ – **Ele|men|te** *Pl* (Anfangsgründe [einer Wissenschaft, eines Faches]) ⟨*lat*⟩ · **ele|men|tar** (grundlegend; naturhaft, naturgewaltig, einfach; Natur..., Ur...; Grund..., Anfangs...) · **Ele|men|tar|ge|walt** (Naturgewalt) · **Ele|men|tar|teil|chen** (Grundbaustein des Atoms) · **Ele|men|tar|un|ter|richt**

Ele|mi, das, ₋s (ein Ölbaumharz) ⟨*arab* → *span*⟩

Elen, das, *auch* der, ₋s, ₋ (Elch) ⟨*lit*⟩

elend (‚in fremdem Land‘) · **Elend,** das, ₋[e]s · **elen|dig** · **elen|dig|lich** · **Elends|ge|stalt**

Eleo|no|re (w. Vn.) ⟨*arab* (‚Gott [ist] mein Licht‘) → *span* → *frz* →

engl⟩; *dt Kurzf* ↑ Ella, ↑ Lenore, ↑ Leonore, ↑ ²Lore, ↑ Nora, *engl Kurzf* ↑ Ellen

Ele|phan|tia|sis *od* **Ele|fan|tia|sis,** die, –, ..tiasen ⟨*Med*; unförmige Verdickung der Haut u. des Unterhautzellgewebes⟩ ⟨*grch*⟩

Eleu|si|nien [..ĭən] *Pl* ⟨*Altertum*; Geheimkult in Eleusis⟩ · **eleu|si|nisch;** *K 258*: die Eleusinischen Mysterien ⟨*Altertum*⟩ · **Eleu|sis** ⟨altgriech. Kultort nahe Athen⟩

Ele|va|tion [..v..] ⟨*Astron*; Erhebung eines Gestirns über den Horizont⟩ ⟨*lat*⟩ · **Ele|va|tor,** der, –s, ..oren ⟨*Techn*; Förder-, Hebewerk⟩ · **Ele|ve,** der, –n, –n ⟨Zögling, Schüler; Lehrling⟩ ⟨*lat* → *frz*⟩ · **Ele|vin,** die, –, ..innen

elf; *K 120*: zu elfen *od* zu elft; *vgl.* acht · **¹Elf,** die, –, –en ⟨*auch für* Fußballmannschaft⟩; *vgl.* ¹Acht

²Elf, der, –en, –en ⟨*Märchen*; ein männl. Naturgeist⟩ ⟨*engl*⟩; *vgl. auch* ¹Alp · **El|fe,** die, –, –n ⟨*Märchen*; ein weibl. Naturgeist⟩

elf|ein|halb *od* **elf|und|ein|halb** *K 282* ⟨*mit Ziffern* 11½ *od* 11,5⟩; *vgl.* achteinhalb

El|fen|bein, das, –[e]s ⟨‚Elefantenknochen'⟩ · **el|fen|bei|nern** ⟨aus Elfenbein⟩ · **El|fen|bein|kü|ste:** 1. die, – ⟨Küstenlandsch. im W Afrikas⟩ – 2. ↑ Côte d'Ivoire · **El|fen|bein|schnit|ze|rei**

el|fen|haft ⟨*zu* ²Elf, Elfe⟩ · **El|fen|rei|gen** ⟨*Märchen*⟩

El|fer, der, –s, – · **el|fer|lei** · **elf|fach**[1] · **Elf|fa|che**[1], das, –n *K 341*; *vgl.* Achtfache

el|fisch ⟨*zu* ²Elf, Elfe⟩

elf|mal[1]; *vgl.* achtmal · **elf|ma|lig**[1] · **Elf|me|ter,** der, –s, – ⟨*Fußball*; Strafstoß⟩ · **Elf|me|ter|schie|ßen,** das, –s ⟨*Fußball*⟩

El|frie|de (w. Vn.) ⟨‚Elfe' + ‚Schutz' (od. ‚Elfe' + ‚Rat')⟩; *Kurzf* ↑ Frieda

elft; *nur in der Wendung* zu elft · **elf|tau|send;** *vgl.* tausend (1) · **elf|te;** *vgl.* achte · **elf|tel;** *vgl.* achtel · **Elf|tel,** das (*schweiz meist* der), –s, – ⟨‚elfter Teil'⟩; *vgl.* Achtel · **elf|tens** · **elfundeinhalb** ↑ elfeinhalb

eli|die|ren ⟨*Sprachw*; [einen Vokal] auslassen, ausstoßen⟩ ⟨*lat*⟩ · **Eli|die|rung** ⟨*Sprachw*⟩

Eli|mi|na|tion ⟨Ausscheidung, Beseitigung⟩ ⟨*lat*⟩ · **eli|mi|nie|ren**

Eli|sa (w. Vn.) ⟨*italien Kurzf von* Elisabeth⟩ · **Eli|sa|beth** (w. Vn.) ⟨*hebr*, ‚Gott [ist] mein Eid'⟩; *dt Kurzf* ↑ Bettine, ↑ Ella, ↑ Elsa, ↑ Elsbeth, ↑ Else, ↑ Ilse, ↑ ²Liese, ↑ Lisbeth, ↑ Lise, *engl Kurzf* ↑ Betty (*eindeutschend* ↑ Betti), ↑ Lilly (*eindeutschend* ↑ Lilli), *französ Kurzf* ↑ Elise, *italien Kurzf* ↑ Bettina, ↑ Elisa · **eli|sa|be|tha|nisch** *K 218* ⟨die Regierungszeit der Königin Elisabeth I. von England betreffend⟩; das elisabethanische Drama · **Eli|sa|be|tha|nisch** *K 217* ⟨die Königin Elisabeth I. von England betreffend⟩; das Elisabethanische England

Eli|sa|beth|ville [..'vi:l] ⟨früherer Name von Lubumbashi⟩

Eli|se (w. Vn.) ⟨*französ Kurzf von* Elisabeth⟩

Eli|sion ⟨*Sprachw*; Auslassung, Ausstoßung [eines Vokals]⟩ ⟨*lat*⟩

eli|tär ⟨zu einer Elite gehörend; sich als Elite fühlend⟩ ⟨*lat* → *frz*⟩ · **Eli|te** [*österr* ɛ'lit], die, –, –n [..t(ə)n] ⟨Auswahl, Auslese⟩

Eli|xier, das, –s, –e ⟨Pflanzenauszug; Heiltrank⟩ ⟨*grch* → *arab* → *lat*⟩

el|jen! ['ɛljɛn] (»er lebe hoch!«) ⟨*ung*⟩

El|la (w. Vn.) ⟨*Kurzf von* Eleonore, *von* Elisabeth *u. von* Helene⟩; *Verkleinerungsf* ↑ Elli, ↑ Elly

Ell|bo|gen *od* **El|len|bo|gen,** *Pl* ..bogen · **El|le,** die, –, –n; *K 309*: 3 Ellen Tuch

El|len (w. Vn.) ⟨*engl Kurzf von* Eleonore *u. engl Nebenf von* Helene⟩

Ellenbogen ↑ Ellbogen · **el|len|lang** ⟨*umg*⟩

El|ler, die, –, –n ⟨*norddt*; Erle⟩

El|li (w. Vn.) ⟨*Verkleinerungsf von* Ella⟩; *Nebenf* Elly

El|lip|se, die, –, –n: 1. ⟨*Sprachw*; Auslassungssatz⟩; *vgl. auch K 434* – 2. ⟨*Geom*; ein Kegelschnitt⟩ ⟨*grch*, ‚Auslassung'⟩ · **el|lip|sen|för|mig** · **El|lip|so|id,** das, –[e]s, –e ⟨*Geom*; durch Rotation einer Ellipse entstehender Körper⟩ · **el|lip|tisch** ⟨ellipsenförmig – *Sprachw*; unvollständig⟩

El|ly ['ɛli] (w. Vn.) ⟨*Verkleinerungsf von* Ella⟩; *Nebenf* Elli

Elms|feu|er ⟨elektr. Spitzenentladung, bes. an Mastspitzen⟩ ⟨*nach ital* Sant' Elmo = Erasmus, dem Schutzheiligen der Seeleute roman. Länder⟩; *vgl. auch* Sankt

Elo|ge [..ʒə], die, –, –n ⟨Lob, Lobeserhebung; Schmeichelei⟩ ⟨*grch* → *lat* → *frz*⟩

Elo|him ⟨*A. T.*; Gottesbezeichnung⟩ ⟨*hebr*⟩

E-Lok *K 186 Kurzw* ⟨elektrische Lokomotive⟩

Elon|ga|tion ⟨*Phys*; Abstand eines schwingenden Körpers von seiner Ruhelage – *Astron*; Entfernung, Winkelabstand Sonne – Planet⟩ ⟨*lat*, ‚Verlängerung'⟩

elo|xie|ren ⟨Aluminium [zum Schutz] elektrolytisch oxydieren⟩ ⟨*grch*⟩

El|rit|ze *od* **Pfril|le,** die, –, –n ⟨ein Karpfenfisch⟩

El|sa (w. Vn.) ⟨*Kurzf von* Elisabeth⟩; *Nebenf* Else

El Sal|va|dor [– ..v..], *amtl* **Re|pu|blik El Sal|va|dor** ⟨in Mittelamerika⟩ ⟨*span*, ‚der Heiland'⟩

El|saß, das, –, *österr nur so, od* ..asses, *französ* **Al|sace** [al'zas], *ohne Art* ⟨Landsch. im O Frankreichs⟩ · **El|säs|ser:** 1. *K 231*: der, –s, –; 2. *als Attribut K 232* · **el|säs|sisch** · **El|saß-Loth|rin|gen** *K 244* ⟨1871 bis 1918 vom Dt. Reich annektiertes Gebiet⟩

Els|beth (w. Vn.) ⟨*Kurzf von* Elisabeth⟩ · **Els|chen** ⟨*Verkleinerungsf von* Elsa, Else⟩ · **El|se** (w. Vn.) ⟨*Kurzf von* Elisabeth⟩; *Nebenf* Elsa

¹El|ster, die, –, –n ⟨ein Rabenvogel⟩

²El|ster, die, – ⟨Name mehrerer Flüsse in der DDR⟩; *K 258*: die Schwarze –, die Weiße –

³El|ster, Bad ⟨im Bez. Karl-Marx-Stadt⟩

El|ster[n]|nest ⟨*zu* ¹Elster⟩

El|ter, der, *auch* das, –s, –n ⟨*Biol*, *Statistik*; ein Elternteil⟩ · **el|ter|lich** · **El|tern** *Pl* · **El|tern|abend** · **El|tern|ak|tiv,** das, –s, *Pl* –e [..v..] *od* –s ⟨Organ der Eltern einer Schulklasse⟩ · **El|tern|bei|rat** ⟨Organ der Eltern an den allgemeinbildenden Schulen der DDR⟩ · **El|tern|lie|be** · **el|tern|los;** *vgl.* ...los · **El|tern|schaft,** die, – · **El|tern|se|mi|nar** · **El|tern|teil,** der ⟨einer der beiden Eltern⟩

El|vi|ra [..v..] (w. Vn.) ⟨*germ* (‚ganz' + ‚schützen' [od. ‚ganz' + ‚weise']) → *span*⟩

ely|sä|isch *od* **ely|sisch,** *österr nur so* ⟨wonnevoll, paradiesisch⟩ ⟨*grch*⟩; das –e Gefilde · **Ely|see** [eli'ze:], das, –s, *kurz für* Palais de l'Élysée [pa,lɛ: də leli'ze:] ⟨Palast in Paris⟩ ⟨*grch* → *lat* → *frz*⟩; *vgl. auch* Champs-Élysées · **Ely|sium** [e'ly:..], das, –s ⟨*griech Sage*; Aufenthaltsort der Seligen⟩ ⟨*grch* → *lat*⟩

El|ze|vir ['ɛlzəvi:r], die, – ⟨*Polygr*; eine Antiquaschrift⟩ ⟨*nach* der niederländischen Buchdruckerfamilie Elzevier [..vi:r]⟩ · **El|ze|vir|aus|ga|be**

Email [e'mai *od* e'ma:ĭ, *österr* e'mail], das, –s, –s, *österr nur so, od* **Email|le** [e'maljə *od* e'ma:ĭ], die, –, –n [..jən] ⟨Schmelz, Glasfluß⟩ ⟨*germ* → *lat* → *frz*⟩ · **Email|far|be** · **Email|leur** [ema(l)'jø:r], der, –s, –e ⟨Fachmann, der das Email auf die Metallunterlage aufbringt⟩ · **email|lie|ren** [ema(l)'ji:.., *österr* emai'li:..] ⟨mit einem glas-

[1] *Mit Ziffern vgl. K 284.*

artigen Schmelzfluß überziehen) · **Email|lier|werk** · **Email|ma|le|rei**

Ema|na|tion (das Ausströmen, das Ausstrahlen) ⟨*lat*, ‚Ausfluß'⟩ · **ema|nie|ren**

Ema|nu|el [..nuɛl *od* ..nue:l] (m. Vn.) ⟨*hebr* (‚Gott [ist] mit uns') → *grch* → *lat*⟩

Eman|zi|pa|tion (Befreiung aus entwürdigender gesellschaftl. u. rechtl. Abhängigkeit; Verselbständigung; Gleichstellung) ⟨*lat* → *frz*⟩ · **eman|zi|pie|ren, sich** (*Akk*) · **eman|zi|piert** (befreit, frei; unabhängig, selbständig; gleichberechtigt)

Em|ba, die, _ (Fluß in Kasachstan)

Em|bal|la|ge [ãba'la:ʒə, *österr* ..'la:ʒ] (*veraltend*; Verpackung [einer Ware]) ⟨*germ* → *frz*⟩

Em|bar|go, das, _s, _s (Ausfuhrverbot für Waren; Handelssperre) ⟨*lat* → *span*⟩

Em|blem [ɛm'ble:m *od* ã'ble:m], das, _s, _e (Sinnbild; Kennzeichen; Wahrzeichen; Hoheitszeichen) ⟨*grch* → *frz*⟩ · **em|ble|ma|tisch** (sinnbildlich)

Em|bo|lie, die, _, ..ien (*Med*; Verstopfung eines Blutgefäßes durch einen Blutpfropf od. Fremdkörper) ⟨*grch*⟩

Em|bryo, der, _s, ..onen, *österr auch* das, _s, _s (Keimling; sich aus der befruchteten Eizelle entwikkelnder Organismus; Leibesfrucht) ⟨*grch* → *lat*⟩ · **Em|bryo|lo|gie,** die, _ (Lehre von der Keimesentwicklung) · **em|bryo|nal** (im Keimlingszustand, unentwickelt)

Emd, das, _es *od* **Em|det,** der, _s (*schweiz*; Grummet) · **em|den** (*schweiz*; nachmähen)

Em|den (Stadt im NW der BRD) · **Em|der,** *auch* **Em|de|ner** *od* **Emd|ner** *K 236*, der, _s, _

eme|ri|tie|ren (in den Ruhestand versetzen, entpflichten) ⟨*lat*⟩ · **eme|ri|tiert;** *Abk* em. · **Eme|ri|tus,** der, _, ..ti (jmd., der emeritiert ist [bes. Hochschulprofessoren]) (‚Ausgedienter')

Eme|ti|kum, das, _s, ..ka (*Pharmakol*; Brechmittel) ⟨*grch* → *lat*⟩

Emi|grant (Auswanderer, Flüchtling, bes. aus polit. Gründen) ⟨*lat*⟩ · **Emi|gran|ten|schick|sal** · **Emi|gra|tion** (Auswanderung) · **emi|grie|ren**

Emil *K 90* (m. Vn.) ⟨*lat* → *frz*, *nach* dem altröm. Geschlecht der Aemilier [ɛ..ĭər]⟩ · **Emi|lia** (w. Vn.) ⟨*lat* → *ital*⟩ · **Emi|lie** [..ĭə] (w. Vn.) ⟨*lat* → *frz*⟩

emi|nent (hervorragend, bedeutend, außerordentlich) ⟨*lat*⟩ · **Emi|nenz,** die, _, _en (Titel der Kardinäle) (‚Erhabenheit'); *vgl. auch* euer u. ¹sein (1)

Emir [*auch* e'mi:r], der, _s, _e (Titel unabhängiger moslem. Stammeshäuptlinge u. Fürsten) ⟨*arab*, ‚Befehlshaber'⟩ · **Emi|rat,** das, _[e]s, _e (Rang od. Herrschaftsgebiet eines Emirs) ⟨*arab* + *lat*⟩

Emis|sär, der, _s, _e (Abgesandter; Kundschafter) ⟨*lat* → *frz*⟩ · **Emis|sion** (Ausgabe von Wertpapieren u. ä. – *Phys*; Ausstrahlung elektromagnet. Wellen od. Aussendung materieller Teilchen – *schweiz auch für* Rundfunksendung – *Umweltschutz*; das Aussenden von Abgasen in die Luft, Luftverunreinigung) ⟨*lat*⟩ · **Emit|tent,** der, _en, _en (Ausgeber von Wertpapieren – *Umweltschutz*; Verursacher von Luftverunreinigungen) · **Emit|ter,** der, _s, _ (*Elektrotechn*; eine der Elektroden des Transistors) ⟨*lat* → *engl*⟩ · **emit|tie|ren** ⟨*lat*⟩

Em|ma (w. Vn.) ⟨*Kurzf der mit* Ermen... (‚groß') *gebildeten weibl Vornamen*⟩; *Verkleinerungsf* ↑Emmi

Em|men|tal, das, _[e]s (Voralpental in der Schweiz) ⟨*nach* dem Fluß Emme⟩ · **Em|men|ta|ler:** 1. *K 231*: der, _s, _ (*auch kurz für* Emmentaler Käse) – 2. *als Attribut K 232*: der Emmentaler Käse

Em|mer, der, _s (ältere Kulturform des Weizens)

Em|mi (w. Vn.) ⟨*Verkleinerungsf von* Emma⟩

e-Moll *K 106*, das, _ (*Mus*; Tonart), *Zeichen* e; in e-Moll *od* in e · **e-Moll-Ton|lei|ter** *K 188* (*Mus*)

Emo|tion (Gefühl, Gemütsbewegung, Erregung) ⟨*lat*⟩ · **emo|tio|nal** *od* **emo|tio|nell,** *österr nur so* (gefühlsmäßig)

emp... ⟨*zu* ent...⟩: *in fest zusammengesetzten Verben*, z. B. empfinden *K 357*, empfunden, zu empfinden

Emp|fang, der, _[e]s, ..änge · **emp|fan|gen;** du empfängst; du empfingst; du empfingest; empfangen; empfang[e]! · **Emp|fän|ger** · **emp|fäng|lich** · **Emp|fäng|lich|keit,** die, _ · **Emp|fang|nah|me,** die, _ (*bürospr*) · **Emp|fäng|nis,** die, _, ..isse · **emp|fäng|nis|ver|hü|tend;** _es Mittel · **Emp|fäng|nis|ver|hü|tung,** die, _ · **emp|fangs|be|rech|tigt** · **Emp|fangs|stö|rung** (*Rundf, Ferns*)

emp|feh|len; du empfiehlst, er empfiehlt; du empfahlst; du empföhlest, *jünger* du empfählest; empfohlen; empfiehl! · **emp|feh|lens|wert** · **Emp|feh|lung**

emp|find|bar · **emp|fin|den;** du empfandst *od* empfandest; du empfändest; empfunden; empfind[e]! · **emp|find|lich** · **Emp|find|lich|keit** · **emp|find|sam** · **Emp|find|sam|keit** · **Emp|fin|dung** · **emp|fin|dungs|los;** *vgl.* ...los · **Emp|fin|dungs|lo|sig|keit,** die, _ · **Emp|fin|dungs|wort,** *Pl* ..wörter (*Gramm*)

Em|pha|se, die, _, _n (Nachdruck beim Reden) ⟨*grch* → *lat* → *frz*⟩ · **em|pha|tisch** (nachdrücklich; stark); _ste

Em|phy|sem, das, _s, _e (*Med*; Luftansammlung in Geweben, bes. in Lunge u. Haut) ⟨*grch*⟩

Empire: 1. Em|pire [ã'pi:r] ⟨*lat* → *frz*⟩: *a.* das, _s (das Napoleonische Kaiserreich); *b.* das, _s *od* **Em|pire|stil,** der, _[e]s (Kunststil der Zeit des ersten französ. Kaiserreichs) – 2. Em|pi|re ['ɛmpaiər] ⟨*lat* → *frz* → *engl*⟩, das, _ (*hist*; das brit. Weltreich)

Em|pi|rem, das, _s, _e (Erfahrungstatsache) ⟨*grch*⟩ · **Em|pi|rie,** die, _ ([wissenschaftliche] Erfahrung) · **Em|pi|ri|ker,** der, _s, _ (Anhänger des Empirismus) · **Em|pi|rio|kri|ti|zis|mus,** der, _ (subjektiv-idealist. Philosophie der reinen Erfahrung, die die objektive Realität der materiellen Welt leugnet u. alle Dinge lediglich auf Bewußtseinserscheinungen zurückführt) ⟨*grch* → *lat*⟩ · **em|pi|risch** (erfahrungsgemäß; durch Erfahrung gewonnen) · **Em|pi|ris|mus,** der, _ (Erfahrungsstandpunkt; philosoph. Lehre, die die Sinneserfahrung als alleinige Erkenntnisquelle betrachtet) · **Em|pi|rist** · **em|pi|ri|stisch**

em|por · **em|por...:** *in unfest zusammengesetzten Verben*, z. B. emporkommen *K 356*, du kommst empor, emporgekommen, emporzukommen · **Em|po|re,** die, _, _n (erhöhter Sitzraum in Kirchen) · **em|pö|ren;** empört; sich (*Akk*) _ · **Em|pö|rer** · **em|pö|re|risch**

em|por|kom|men; *vgl.* empor... · **Em|por|kömm|ling** (*abwert*) · **Em|pö|rung**

em|py|re|isch (himmlisch, feurig strahlend) ⟨*grch*⟩ · **Em|py|re|um,** das, _s (*griech Mythol*; hinter den Sphären liegender Feuerhimmel – *bei Dante* Ort der Seligen) ⟨*grch* → *lat*⟩

Ems, die, _ (Fluß im NW der BRD)

em|sig · **Em|sig|keit,** die, _

Emu, der, _s, _s (straußenähnl. Laufvogel Australiens) ⟨*portug* → *engl*⟩

emul|gie|ren (eine Emulsion herstellen) ⟨*lat*⟩ · **Emul|sion** (ein Gemenge feinstverteilter schwebender Tröpfchen von Ölen, Harzen usw. in Flüssigkeiten – *Fot*; lichtempfindl. Schicht)

Ena|ki|ter *od* **Enaks|söh|ne** *Pl* (*A. T.*; sagenhaftes Volk von Riesen im südl. Kanaan)

En|al|la|ge [..ge:], die, _ (*Sprachw*; [dichterische] Beziehungsvertauschung des adjektivischen Beiworts) ⟨*grch*⟩

en bloc [ã 'blɔk] (im ganzen, in Bausch und Bogen) ⟨*frz*⟩ · **En-bloc-Ab|stim|mung** *K 188*

End|chen · **En|de**: 1. *in zeitl Sinne* das, *Gen* _s; 2. *in räuml Sinne* das, _s, _n; am Ende; am Ende sein; zu Ende bringen, gehen, kommen; Ende Januar *K 328*; letzten Endes, *dafür meist ausreichend* endlich, letztlich, im Grunde · **End|ef|fekt;** im _ · **En|del,** das, _s, _[n] (*österr*; Webkante) · **en|deln** (*österr*; einfassen, säumen); ich endle

En|de|mie, die, _, ..ien (*Med*; in einem örtlich begrenzten Gebiet heimische Infektionskrankheit, z. B. Malaria) ⟨*grch*⟩ · **en|de|misch** (einheimisch – *Biol*; auf bestimmte [engbegrenzte] Gebiete beschränkt – *Med*; in bestimmten Gegenden ständig auftretend) · **En|de|mismus,** der, _ (*Biol*; das Vorkommen von Tier- u. Pflanzenarten auf einem bestimmten [begrenzten] Raum) ⟨*grch → lat*⟩

en|den; nicht enden wollender Beifall

...en|der (z. B. Achtender)

End|er|geb|nis

en dé|tail [ã de'tai *od* _ ..'ta:i] (im kleinen; einzeln; im Einzelverkauf) ⟨*frz*⟩; *Ggs* en gros; *vgl. auch* Detail

end|gül|tig · **en|di|gen** (*noch gehoben*; enden)

En|di|vie [..vĭə], die, _, _n (eine Salatpflanze, Korbblütler) ⟨*ägypt → grch → lat → frz*⟩ · **En|di|vien|salat** [..ĭən..]

end|lich · **End|lich|keit,** die, _ · **end|los;** *vgl.* ..los; *K 93*: bis ins Endlose (bis in den unbegrenzten Raum), *aber K 114*: er hat mich bis ins endlose gelangweilt · **Endlo|sig|keit,** die, _

En|do|ga|mie, die, _ (Heirat innerhalb eines Stammes od. einer hinduist. Kaste) ⟨*grch*⟩

en|do|gen (von innen heraus entstehend – *Psych*; auf Veranlagung beruhend) ⟨*grch*⟩

En|do|kard, das, _[e]s, _e (*Anat*; Herzinnenhaut) ⟨*grch → lat*⟩ · **Endo|kar|di|tis,** die, _, ..itiden (*Med*; Entzündung der Herzinnenhaut) ⟨*grch*⟩

En|do|karp, das, _[e]s, _e (*Bot*; innerste Schicht der Fruchtwand) ⟨*grch → lat*⟩

en|do|krin (*Med, Biol*; mit innerer Sekretion) ⟨*grch*⟩; die _en Drüsen

En|do|pro|the|se (*Med*; künstl. Gelenk od. Knochenersatz zur Einpflanzung in den Körper) ⟨*grch*⟩

en|do|therm (*Phys, Chem*; Wärme bindend, aufnehmend) ⟨*grch*⟩

End|pro|dukt · **End|run|de** (*Sport*) · **End|sil|be** · **End|spiel** (*Sport*) · **End|spurt** (Endkampf – *übertr*; höchste Anspannung vor dem Ziel) · **end|stän|dig** (*Bot*) · **End-sta|tion** · **En|dung** (*Sprachw*) · **End|ver|brau|cher**

Ener|ge|tik, die, _ (1. Wissenschaft von allen industriell genutzten Formen der Energie [Kohle, Elektrizität, Gas u. a.] u. ihrer Umwandlung – 2. ↑ Energetismus) ⟨*grch*⟩ · **Ener-ge|ti|ker,** der, _s, _ (Fachmann auf dem Gebiet der Energetik) · **ener|ge|tisch** · **Ener|ge|tis|mus,** der, _ *od* **Ener|ge|tik,** die, _ (idealist. philosoph. Lehre, die alle Erscheinungen in Natur u. Gesellschaft auf Energie zurückführt) · **Ener|gie,** die, _, ..ien (Willensstärke, Kraft, Tatkraft; Nachdruck – *Phys*; Fähigkeit, Arbeit zu verrichten) · **Ener|gie|ein|spa|rung** · **ener|gie|los** *K 349*; *vgl.* ...los · **Ener|gie|lo|sig|keit,** die, _ · **Ener-gie|ver|sor|gung,** die, _ · **ener-gisch** (tatkräftig; entschlossen; nachdrücklich); _ste

ener|vie|ren [..v..] (*gehoben*; entnerven, entkräften) ⟨*lat*⟩

en face [ã 'fa(:)s] (von vorn, in Vorderansicht) ⟨*frz*⟩

en fa|mille [ã fa'mi:ĭ] (in engem Kreise) ⟨*frz*, ‚in der Familie'⟩

En|fant ter|ri|ble [ã,fã: tɛ'ri:b(ə)l] *K 47*, das, *Gen* _[s] _, *Pl* _s _s [ã,fã: tɛ'ri:b(ə)l] (jmd., der durch unüberlegte Offenheit Verlegenheit hervorruft) ⟨*frz*, ‚schreckliches Kind'⟩

eng; im engeren Sinn[e] (*Abk* i. e. S.); *K 115*: aufs engste *Schreibung in Verbindung mit einem Partizip II*, z. B. seine Mittel waren eng begrenzt, ein engbegrenztes *od* eng begrenztes Feld für seine Arbeit, *vgl. K 166*; enger begrenzt, am engsten begrenzt

En|ga|din ['ɛŋga.. *od* ..'di:n], das, _s (Hochtal in der Schweiz) ⟨*rätorom*⟩

En|ga|ge|ment [aŋgaʒ(ə)'maŋ *od* ãgaʒ(ə)'mã:], das, _s, _s (Verpflichtung; vertragl. Anstellung an einem Theater; persönl. Einsatz) ⟨*germ → frz*⟩ · **en|ga|gie|ren** [aŋga'ʒi:.. *od* ãga'ʒi:..] (jmdn. anstellen; verpflichten; zum Tanz auffordern); sich (*Akk*) _ (sich einsetzen)

eng‿an|schlie|ßend, **...be|freun-det, ...be|grenzt;** *vgl.* eng · **eng-brü|stig** · **En|ge,** die, _, _n

En|gel, der, _s, _ ⟨*grch → lat*, ‚Bote'⟩

En|ge|laut (*Phon*)

En|gel|chen *od* **En|ge|lein** *bzw* **Eng|lein** (*K 363*, *vgl. auch K 84*) · **en|gel|gleich,** *auch* **en|gels|gleich** (*gehoben*) · **en|gel|haft** · **En|gels-burg,** die, _ (in Rom) · **en|gel-schön** (*gehoben*) · **En|gels|ge-duld** · **engelsgleich** ↑ engelgleich · **En|gel|süß,** das, _es (eine Farnart) · **En|gel|wurz,** die, _, _en *od* **An|ge|li|ka** ⟨*grch → lat*, ‚die Engelhafte'⟩, die, _, *Pl* ..ken, *österr* _s (eine Arzneipflanze, Doldengewächs)

en|gen (einengen)

En|ger|ling (Maikäferlarve)

eng|her|zig · **Eng|her|zig|keit,** die, _ · **En|gig|keit,** die, _

Eng|land (Teil Großbritanniens – *auch für* Großbritannien insgesamt) · **Eng|län|der,** der, _s, _ · **eng|lisch;** *vgl. K 266f.*; *K 238*: die englische Krankheit (*veraltet*; Rachitis), ein englischer Garten (Landschaftsgarten), *aber K 258*: der Englische Garten in München; *K 254*: die Englische Dogge · **Eng-lisch,** das, *Gen* _[s], *Dat* _ (Sprachbezeichnung *K 268ff.*) · **Eng|li|sche,** das, *Gen* _n, *Dat* _n (Sprachbezeichnung *K 271*)

Eng|li|sche Gruß, der, *Gen* _n _es (ein Gebet) ⟨*zu* Engel⟩

Eng|lisch|horn, *Pl* ..hörner (ein Holzblasinstrument) · **En|glish spo|ken** ['iŋgliʃ 'spo:kən] *K 47* ([hier wird] »Englisch gesprochen«) ⟨*engl*⟩ · **En|glish-Waltz** ['iŋgliʃ-wɔ:ls], der, _, _ (ein langsamer Walzer) · **englisieren** ↑ anglisieren (2)

eng|ma|schig

En|go|be [ã'go:bə], die, _, _n (keramische Gußmasse; Überguß; Anguß) ⟨*kelt → frz*⟩ · **en|go|bie|ren**

Eng|paß

En|gramm, das, _s, _e (*Psych, Med*; bleibende Spur geistiger Eindrücke [in der Großhirnrinde], Erinnerungsbild) ⟨*grch*, ‚Inschrift', ‚Eingeschriebenes'⟩

en gros [ã 'gro:, *auch* aŋ 'gro:] (im großen) ⟨*frz*⟩; *Ggs* en détail · **En-gros|sist** [ãgrɔ'sist] (*österr*; Großhändler)

eng|stir|nig (*abwert*) · **eng|um-grenzt;** *vgl.* eng · **eng|ver|bün|det;** *vgl.* eng

en|har|mo|nisch (*Mus*; harmonisch vertauschbar) ⟨*grch*⟩; _e Verwechslung

En|jam|be|ment [ãʒãb(ə)'mã:], das, _s, _s (*Metrik*; das Übergreifen eines Satzes od. Wortes über Versod. Strophenende hinaus) ⟨*lat → frz*⟩

[1]En|kel, der, _s, _ (*landsch*; Fußknöchel) ⟨*zu mhd* anke ‚Gelenk'⟩
[2]En|kel, der, _s, _ (Kindeskind) ⟨*Verkl zu* Ahn⟩ · **En|ke|lin,** die, _, ..innen · **En|kel|kind**
En|kla|ve [..v..], die, _, _n (vom eigenen Staatsgebiet umschlossener Teil eines anderen Staates, Einschlußgebiet; Inselgebiet) ⟨*lat* → *frz*⟩; *Ggs* Exklave
En|kli|se, die, _, _n (*Sprachw*; Anlehnung eines Wortes an das vorangehende Wort unter Verlust des Eigentones) ⟨*grch*⟩ · **En|kli|ti|kon,** das, _s, *Pl* ..ken *od* ..ka (*Sprachw*; das sich anlehnende Wort bei der Enklise) · **en|kli|tisch** (*Sprachw*)
en masse [ã 'mas] (massenhaft) ⟨*frz*, ‚in Masse'⟩
en mi|nia|ture [ã minia'ty:r] (in kleinem Maßstab, im kleinen) ⟨*frz*⟩
Enns: 1. (Stadt in Österreich) – 2. die, _ (Nebenfluß der Donau)
enorm (maßlos, ungeheuer; erstaunlich) ⟨*lat* → *frz*, ‚aus der Norm' [herausfallend]⟩
en pas|sant [ã pa'sã:] (im Vorübergehen; beiläufig) ⟨*frz*⟩; _ _ schlagen (*Schach*)
en pro|fil [ã prɔ'fi(:)l] (im Profil, von der Seite [gesehen]) ⟨*frz*⟩
en|ra|giert [ãra'ʒi:rt] (*veraltend*; leidenschaftlich eingenommen; wütend) ⟨*lat* → *frz*⟩
en route [ã 'ru(:)t] (unterwegs) ⟨*frz*⟩
En|sem|ble [ã'sã:b(ə)l *od* aŋ'sa:mb(ə)l], das, _s, _s (Ganzes, Gesamtheit, Zusammengehöriges; Zusammenspiel; Künstlerkollektiv, -truppe; Kleid mit Jacke od. Mantel bzw. Kostüm u. Mantel in gleichem od. aufeinander abgestimmtem Stoff) ⟨*lat* → *frz*⟩
ent...: *in fest zusammengesetzten Verben,* z. B. entwerfen *K 357*, du entwirfst, entworfen, zu entwerfen
ent|ar|ten · **ent|ar|tet;** _ste · **Ent|ar|tung**
ent|aschen · **Ent|aschung**
En|ta|sis, die, _, ..asen (*Arch*; Anschwellung des Säulenschaftes nach der Mitte zu) ⟨*grch*⟩
ent|äu|ßern, sich (*Akk*) *K 363* (*gehoben*; [auf etw.] verzichten) · **Ent|äu|ße|rung** (*gehoben*)
ent|beh|ren; ich kann das Buch entbehren; die Beschuldigung entbehrt jeder Grundlage · **ent|behr|lich** · **Ent|behr|lich|keit,** die, _ · **Ent|beh|rung**
ent|bie|ten (*noch gehoben*); einen Gruß _
ent|bin|den; sie hat [ein Kind] entbunden *od* sie wurde von einem Kind entbunden; jmdn. von seinen Verpflichtungen, *gehoben* seiner Verpflichtungen entbinden · **Ent|bin|dung** · **Ent|bin|dungs|sta|tion**
ent|blät|tern *K 363*
ent|blö|den; *nur in* sich (*Akk*) nicht _ (sich nicht scheuen)
ent|blö|ßen *K 354* · **Ent|blö|ßung**
Ent|chen
ent|decken[1] · **Ent|decker[1]** · **Ent|decker|freu|de[1]** · **Ent|deckung[1]**
En|te, die, _, _n; *K 119*: kalte Ente (ein Getränk). *Zus K 365ff.*: Entenbraten usw.
En|teb|be (Stadt in Uganda)
ent|eh|ren · **Ent|eh|rung**
ent|eig|nen · **Ent|eig|nung**
ent|ei|sen *K 354* (von Eis befreien); enteist
ent|ei|se|nen (von Eisen befreien); du enteisenst; enteisent · **Ent|ei|se|nung**
Ent|ei|sung (Befreiung von Eis)
En|ten|te [ã'tã:t(ə)], die, _, _n [..tən] (lockeres Staatenbündnis) ⟨*lat* → *frz*⟩; *K 258*: die Große _, die Kleine _ · **En|ten|te cor|diale** [_ kɔr'dial] *K 47*, die, *Gen* _ _ (Bündnis zw. Frankreich u. Großbritannien vor dem ersten Weltkrieg) ⟨*frz*, ‚herzliches Einvernehmen'⟩ · **En|ten|te|mäch|te** *Pl*
En|ter, das, _s, _ (*norddt*; einjähriges Fohlen)
ent|er|ben · **Ent|er|bung**
En|te|rich, der, _s, _e (Erpel)
En|te|ri|tis, die, _, ..itiden (*Med*; Darmentzündung) ⟨*grch*⟩
en|tern *K 363* (in die Takelung eines Schiffes klettern; ein Schiff erobern) ⟨*lat* → *frz* → *ndrl*⟩
En|ter|tai|ner [..'te:nər], der, _s, _ (Unterhalter) ⟨*engl*⟩
ent|fa|chen (*gehoben*)
ent|fal|len
ent|fal|ten; sich (*Akk*) _ · **Ent|fal|tung**
ent|fär|ben; sich (*Akk*) _ · **Ent|fär|ber** (Entfärbungsmittel)
ent|fer|nen · **ent|fernt;** weit [davon] _, es zu tun; *K 115*: nicht im _esten · **Ent|fer|nung;** in einer _ von 4 Metern (*älter* Meter) *K 308*
ent|fes|seln *K 363 f.* · **Ent|fes|se|lung** *K 363 f.*
ent|fet|ten · **Ent|fet|tung**
ent|flam|men · **ent|flammt** (begeistert)
ent|flech|ten · **Ent|flech|tung**
ent|flecken [*Tr* ..flek|ken]
ent|frem|den · **Ent|frem|dung,** die, _
ent|fro|sten · **Ent|fro|ster** · **Ent|fro|stung,** die, _
ent|füh|ren · **Ent|füh|rung**
ent|ga|sen (*fachspr*; von Gasen säubern) ⟨*grch* → *ndrl*⟩

[1] *Tr* ..k|k..

ent|ge|gen: 1. *Adv* – 2. *Präp mit Dat*: meinem Vorschlag entgegen *od* entgegen meinem Vorschlag
ent|ge|gen...: *in unfest zusammengesetzten Verben,* z. B. entgegenkommen *K 356*, du kommst entgegen, entgegengekommen, entgegenzukommen · **ent|ge|gen|gesetzt;** *K 93*: das Entgegengesetzte; die Sache entwickelt sich entgegengesetzt (anders), als (*nicht* wie) er angenommen hatte, *aber*: ... entgegengesetzt (anders), und zwar so, wie er [es bereits vorher] angenommen hatte · **ent|ge|gen|kom|men** · **Ent|ge|gen|kom|men,** das, _s · **ent|ge|gen|kom|mend;** *K 115*: am _sten · **ent|ge|gen|kom|men|der|wei|se** *K 176*, *aber K 175*: in entgegenkommender Weise · **ent|ge|gen|lau|fen** · **ent|ge|gen|set|zen** · **ent|geg|nen** · **Ent|geg|nung**
ent|ge|hen *K 363*; ihm entgeht nichts; sich (*Dat*) etwas _ lassen; du läßt dir nichts _
ent|gei|stert (der Besinnung beraubt; erstarrt)
Ent|gelt, das, _[e]s; *meist nur in* gegen _, ohne _ · **ent|gel|ten**
ent|gif|ten (Gift entfernen, Gift unschädlich machen)
ent|glei|sen *K 354*
ent|göt|tern *K 363* · **Ent|göt|te|rung,** die, _
ent|gra|ten (scharfe, dünne Kanten an Werkstücken entfernen)
ent|grä|ten
ent|haa|ren · **Ent|haa|rung,** die, _
ent|hal|ten; sich (*Akk*) _; ich enthalte mich jedes Urteils (*gehoben*) · **ent|halt|sam** · **Ent|halt|sam|keit,** die, _
ent|haup|ten · **Ent|haup|tung**
ent|he|ben (*gehoben*); jmdn. seines Amtes _ · **Ent|he|bung** (*gehoben*)
ent|hemmt (hemmungslos)
ent|hül|len · **Ent|hül|lung**
en|thu|sias|mie|ren (begeistern) ⟨*grch* → *lat*⟩ · **En|thu|sias|mus,** der, _ (Begeisterung; Schwärmerei; Leidenschaftlichkeit) · **En|thu|siast,** der, _en, _en (Begeisterter) · **en|thu|sia|stisch;** _ste
ent|kei|men · **Ent|kei|mung**
ent|ker|nen · **Ent|ker|nung**
ent|klei|den · **Ent|klei|dung**
ent|kom|men · **Ent|kom|men,** das, _s
ent|kor|ken
ent|kräf|ten · **Ent|kräf|tung**
ent|la|den; sich (*Akk*) _; ein Gewitter entlud sich über dem Tal · **Ent|la|dung**
ent|lang: 1. *Adv*: am Ufer entlang – 2. *Präp*: *a. bei Nachstellung mit Akk, selten mit Dat*: das Ufer, *selten* dem Ufer entlang; *b. bei Voran-*

stellung mit Dat, selten (österr meist) mit Gen: entlang dem Ufer, *selten (österr meist)* des Ufers
ent|lang...: *in unfest zusammengesetzten Verben*, z. B. entlanglaufen *K 356*, du läufst entlang, entlanggelaufen, entlangzulaufen; *vgl. auch K 149* · **ent|lang|lau|fen** *K 149*; das (*od* am) Ufer entlanglaufen; *aber*: das (*od* am) Ufer entlang laufen
ent|lar|ven [..f.., *auch* ..v..] ⟨*lat*⟩ · **Ent|lar|vung**
ent|las|sen · **Ent|las|sung**
ent|la|sten · **Ent|la|stung**
ent|laubt
ent|lau|sen · **Ent|lau|sung**
ent|le|di|gen (*gehoben*); *meist* sich (*Akk*) _; ich entledige mich meines Auftrages
ent|lee|ren · **Ent|lee|rung**
ent|le|gen; _ste · **Ent|le|gen|heit**, die, _
ent|leh|nen · **Ent|leh|nung**
ent|lei|ben, sich (*Akk*) (*gehoben*; sich töten)
ent|lei|hen · **Ent|lei|her**
ent|lo|ben, sich (*Akk*)
ent|loh|nen, *schweiz* **ent|löh|nen** · **Ent|loh|nung**, *schweiz* **Ent|löh|nung**
ent|lüf|ten · **Ent|lüf|ter** · **Ent|lüf|tung**
ent|mach|ten · **Ent|mach|tung**, die, _
ent|man|nen
ent|menscht
ent|mi|li|ta|ri|sie|ren ⟨*lat* → *frz*⟩ · **Ent|mi|li|ta|ri|sie|rung**, die, _
ent|mi|nen (von Minen säubern) ⟨*kelt* → *lat* → *frz*⟩
ent|mün|di|gen · **Ent|mün|di|gung**
ent|mu|ti|gen
ent|my|sti|fi|zie|ren ⟨*grch* → *lat*⟩ · **ent|my|tho|lo|gi|sie|ren** ⟨*grch*⟩
Ent|nah|me, die, _, _n
ent|na|zi|fi|zie|ren (*hist*) ⟨*lat*⟩ · **Ent|na|zi|fi|zie|rung** (*hist*)
ent|ner|ven [..f.., *auch* ..v..] ⟨*grch* → *lat*⟩ · **ent|nervt** [..f..] (geschwächt, verbraucht) · **Ent|ner|vung** [..f.., *auch* ..v..]
En|to|derm, das, _s, _e (*Zool*; inneres Keimblatt des Embryos) ⟨*grch*⟩
En|to|mo|lo|ge, der, _n, _n (Insektenforscher) ⟨*grch*⟩ · **En|to|mo|lo|gie**, die, _ (Insektenkunde) · **en|to|mo|lo|gisch**
En|to|zo|en *Pl* (*Biol, Med*; die im Inneren eines tier. od. menschl. Körpers lebenden Schmarotzer); *Sg* En|to|zo|on, das, _s ⟨*grch*⟩
ent|pflich|ten (von einer Pflicht entbinden) · **Ent|pflich|tung**
ent|pup|pen, sich (*Akk*) ⟨*lat*⟩
ent|rah|men · **ent|rahmt** · **Ent|rah|mung**
ent|ra|ten (*noch gehoben*; entbehren, ohne etw. auskommen); *meist nur in Verbindung mit »können«*: eines Dinges [nicht] _ können
ent|rät|seln *K 363* · **Ent|rät|se|lung**
En|tre|akt [ãtər'akt *od* ãtr(ə)'akt], der, _[e]s, _e (*Theat*; Zwischenakt, -spiel) ⟨*lat* → *frz*⟩
ent|rech|ten · **Ent|rech|tung**
En|tree [ã'tre: *od* aŋ..], das, _s, _s (Eingang; Eintritt[sgeld]; Vorzimmer; Eröffnungsmusik, Auftrittslied; Vorspeise) ⟨*lat* → *frz*⟩
En|tre|lacs [ãtər'la(:) *od* ãtr(ə)'la], das, _, _ [..'la(:)s], *meist Pl* (*Arch*; geflechtartige Verzierung) ⟨*lat* → *frz*⟩
en|tre nous [ˌãtər 'nu(:) *od* ˌãtr(ə) 'nu] (ungezwungen, vertraulich) ⟨*frz*, ‚unter uns'⟩
En|tre|pot [ãtər'po(:) *od* ãtr(ə)'po], das, _s, _s (zollfreier Lager-, Stapelplatz) ⟨*lat* → *frz*⟩
ent|rich|ten · **Ent|rich|tung**
ent|rin|den (*Forstw*)
ent|rin|nen (*gehoben*) · **Ent|rin|nen**, das, _s (*gehoben*)
En|tro|pie, die, _, ..ien (*Informationsth*; Größe des Nachrichtengehaltes einer Nachrichtenquelle – *Phys*; Größenart der Thermodynamik) ⟨*grch*⟩
ent|ro|sten
ent|rücken [*Tr* ..rük|ken]
ent|rüm|peln *K 363* · **Ent|rüm|pe|lung** *K 363*, die, _
ent|rü|sten, sich (*Akk*) · **ent|rü|stet** (zornig) · **Ent|rü|stung**, die, _
ent|saf|ten · **Ent|saf|ter**
ent|sa|gen (*gehoben*); du entsagst einem Wunsch · **Ent|sa|gung** (*gehoben*) · **ent|sa|gungs|voll** (*gehoben*)
ent|sal|zen · **Ent|sal|zung**
Ent|satz, der, _es
ent|säu|ern *K 363*
ent|schä|di|gen · **Ent|schä|di|gung**
ent|schär|fen; einen Sprengkörper _ · **Ent|schär|fung**, die, _
Ent|scheid, der, _[e]s, _e · **ent|schei|den**; sich (*Akk*) für etw. _ · **ent|schei|dend**; *K 115*: am _sten · **Ent|schei|dung** · **ent|schie|den**; *K 115*: auf das *od* aufs _ste · **Ent|schie|den|heit**, die, _
ent|schlacken [*Tr* ...schlak|ken]
ent|schla|fen (*gehoben verhüll*; sterben)
ent|schla|gen, sich (*Akk*) (*noch gehoben*); du entschlägst dich der Sorgen
ent|schlam|men
ent|schlei|ern *K 363* · **Ent|schleie|rung**
ent|schlich|ten (*Textilwirtsch*)
ent|schlie|ßen, sich (*Akk*) · **Ent|schlie|ßung** · **ent|schlos|sen** · **Ent|schlos|sen|heit**, die, _ · **Ent|schluß**
ent|schlüs|seln *K 363f.* · **Ent|schlüs|se|lung** *K 363f.*, die, _
ent|schluß|fä|hig · **Ent|schluß|fä|hig|keit**, die, _ · **ent|schluß|los**; *vgl.* ...los · **Ent|schluß|lo|sig|keit**, die, _
ent|schuld|bar · **Ent|schuld|bar|keit**, die, _ · **ent|schul|di|gen**; sich (*Akk*) _ · **Ent|schul|di|gung**
ent|schwe|feln *K 363*; Rauchgase _ · **Ent|schwe|fe|lung** *K 363*, die, _
ent|schwei|ßen (*Textilwirtsch*; [Wolle] von Schweiß u. Fett reinigen)
ent|seelt (*gehoben*; tot)
ent|sen|den · **Ent|sen|dung**
ent|set|zen; sich (*Akk*) _ · **Ent|set|zen**, das, _s · **ent|setz|lich** · **Ent|setz|lich|keit** · **ent|setzt**
ent|seu|chen · **Ent|seu|chung**
ent|si|chern *K 363*
ent|sie|geln *K 363* ⟨*lat*⟩ · **Ent|sie|ge|lung** *K 363*, die, _
ent|sin|nen, sich (*Akk*); ich habe mich des Vorgangs *od* auf den Vorgang entsonnen
ent|sor|gen (Abfälle [gefahrlos] beseitigen) · **Ent|sor|gung**, die, _
ent|span|nen; sich (*Akk*) _ · **Ent|span|nung**, die, _
ent|spre|chen · **ent|spre|chend**, *Abk* entspr.; *meist als Präp mit Dat* (*K 437*): entsprechend seinem Vorschlag *od* seinem Vorschlag entsprechend(,) teile ich mit, daß ...; *K 93*: Entsprechendes, das Entsprechende gilt für ... · **Ent|spre|chung**
ent|stam|men
ent|stau|ben · **Ent|stau|bung**, die, _
ent|ste|hen · **Ent|ste|hung**, die, _
ent|stei|nen; Pflaumen _
ent|stel|len · **ent|stellt** (verunstaltet) · **Ent|stel|lung**
ent|stö|ren (*Funkw*) · **Ent|stö|rung** (*Funkw*)
ent|sump|fen
ent|täu|schen · **Ent|täu|schung**
ent|tee|ren
ent|thro|nen ⟨*grch* → *lat* → *frz*⟩ · **Ent|thro|nung**
ent|trüm|mern · **Ent|trüm|me|rung**
ent|völ|kern · **Ent|völ|ke|rung**
ent|waff|nen · **Ent|waff|nung**, die, _
ent|war|nen · **Ent|war|nung**
ent|wäs|sern *K 363f.* · **Ent|wäs|se|rung** *K 363f.*
ent|we|der ['ɛnt.. *od* ..'ve:..], *Abk* entw.; entweder ... oder *K 450* · **Ent|we|der-Oder** *K 105*, das, _
ent|wei|chen (aus etw. ausströmen; unbekannt entkommen); es *bzw* er entwich; entwichen; *vgl. aber* entwischen

ent|wei|hen · **Ent|wei|hung**

ent|wen|den (*gehoben*); du entwandtest *od* entwendetest; entwandt *od* entwendet

ent|wer|fen

ent|wer|ten · **Ent|wer|ter** (*Verkehrsw*) · **Ent|wer|tung**

ent|we|sen *K 354* (*fachspr*; von Ungeziefer befreien) · **Ent|we|sung** (*fachspr*)

ent|wickeln[1] *K 363*; sich (*Akk*) _ · **ent|wickelt**[1]; *K 119*: die _e sozialistische Gesellschaft · **Ent|wick|ler** · **Ent|wick|lung** · **Ent|wick|lungs|land,** *Pl* ..länder (Land mit niedrigem Stand der Produktivkräfte, verursacht durch koloniale Ausbeutung)

ent|wir|ren; entworren *od* entwirrt · **Ent|wir|rung**

ent|wi|schen *K 354* (*umg*; unbemerkt entkommen); du entwischtest; entwischt; *vgl. aber* entweichen

ent|wöh|nen (von einer Gewohnheit abbringen; abstillen) · **Ent|wöh|nung**

entworren ↑ entwirren

ent|wür|di|gen · **Ent|wür|di|gung**

Ent|wurf

ent|wur|zeln *K 363* · **Ent|wur|ze|lung** *K 363*

ent|zau|bern *K 363*

ent|zer|ren · **Ent|zer|rer** (*Fernmeldetechn, Vermessungsw*) · **Ent|zer|rung**

ent|zie|hen; sich (*Akk*) _ · **Ent|zie|hung** · **Ent|zie|hungs|kur**

ent|zif|fer|bar ⟨*arab* → *ital*⟩ · **Ent|zif|fe|rer** · **ent|zif|fern** *K 363* · **Ent|zif|fe|rung,** die, _

ent|zücken[1] · **Ent|zücken**[1], das, _s · **ent|zückend**[1]; *K 115*: am _sten

Ent|zug, der, _[e]s ⟨*zu* entziehen⟩

ent|zün|den · **ent|zun|dern** *K 363* (*fachspr*) · **ent|zünd|lich** · **Ent|zünd|lich|keit,** die, _ · **Ent|zün|dung**

ent|zwei; entzwei sein

ent|zwei...: *in unfest zusammengesetzten Verben,* z. B. entzweibrechen *K 356,* du brichst entzwei, entzweigebrochen, entzweizubrechen

ent|zwei|bre|chen *K 136* · **ent|zwei|en;** sich (*Akk*) _ · **ent|zwei|ge|hen** *K 136 u. 363* · **Ent|zwei|ung**

En|ve|lop|pe [ãvə'lɔp *od* aŋvə'lɔpə], die, _, _n [..pən] (*Math*; einhüllende Kurve) ⟨*lat* → *frz*⟩

En|ze|pha|li|tis, die, _, ..itiden (*Med*; Gehirnentzündung) ⟨*grch*⟩ · **En|ze|pha|lo|gramm,** das, _s, _e (Röntgenbild der Gehirnkammern)

En|zian, der, _s, _e (eine Hochgebirgspflanze; ein alkohol. Getränk); 5 Enzian ⟨*grch* → *lat, nach* dem König Gent[h]ius von Illyrien⟩

En|zy|kli|ka, die, _, ..ken (päpstl. Rundschreiben) ⟨*grch* → *lat*⟩ · **en|zy|klisch** (einen Kreis durchlaufend) · **En|zy|klo|pä|die,** die, _, ..ien (universelles Nachschlagewerk; umfassendes Lexikon) · **En|zy|klo|pä|di|ker,** der, _s, _ (Verfasser einer Enzyklopädie) · **en|zy|klo|pä|disch** (allgemeinwissenschaftlich, allumfassend) · **En|zy|klo|pä|dist** (Mitarbeiter an der großen französ. Enzyklopädie [1751–1780])

En|zym ⟨*grch*⟩, das, _s, _e, *auch* **Fer|ment** ⟨*lat*⟩, das, _[e]s, _e (*Biol*; Stoffwechselvorgänge bewirkender Stoff) · **en|zy|ma|tisch** ⟨*grch*⟩, *auch* **fer|men|ta|tiv** ⟨*lat*⟩ (*Biol*; von Enzymen bewirkt) · **En|zy|mo|lo|gie,** die, _ (*Biol*; Lehre von den Enzymen)

eo ip|so (von selbst; selbstverständlich) ⟨*lat*, ‚eben dadurch'⟩

Eo|lienne [eɔ'liɛn], die, _ (ein Seiden- od. Halbseidengewebe) ⟨*grch* → *lat* → *frz*⟩

Eo|lith, der, *Gen* _[e]s, *Pl* _e *od Gen* _en, *Pl* _en (*Geol*; Feuerstein mit natürl. Absplitterungen, vermeintl. Werkzeug der Urmenschen) ⟨*grch*, ‚Stein der Morgenröte'⟩

Eos [*od* e'o:s] (*griech Mythol*; Göttin der Morgenröte) ⟨*grch*⟩

Eo|sin, das, _s (roter organ. Farbstoff) ⟨*grch* + *lat*⟩ · **eo|zän** (*Geol*) ⟨*grch* → *lat*⟩ · **Eo|zän,** das, _s (*Geol*; mittlere Abteilung des Paläogens)

Epau|let|te [epo'lɛtə], die, _, _n, *seltener* **Epau|lett** [epo..], das, _[e]s, _s, *beide meist Pl* (Achsel-, Schulterstück auf Uniformen) ⟨*lat* → *frz*⟩

Epen ↑ Epos

ephe|mer, *österr nur so, auch* **ephe|me|risch** (eintägig; kurzfristig, vorübergehend) ⟨*grch*⟩ · **Ephe|me|ri|de,** die, _, _n (*Astron*; Tabelle vorausberechneter Örter eines Himmelskörpers – *Zool*; Eintagsfliege)

Ephe|ser: 1. *K 231*: der, _s, _; 2. *als Attribut K 232*: der Epheser Artemistempel · **Ephe|ser|brief** (*bibl*) · **ephe|sisch** ⟨*zu* Ephesos⟩ · **Ephe|sos** ⟨*grch*⟩ *od* **Ephe|sus** ⟨*grch* → *lat*⟩ (*Altertum*; Stadt an der Westküste Kleinasiens)

Epho|rie, die, _, ..ien (*ev Kirche*; Amtsgebiet eines Ephorus) ⟨*grch*⟩ · **Epho|rus,** der, _, ..oren (*ev Kirche*; Superintendent eines Kirchenbezirks; Vorsteher eines theologischen Seminars od. Konvikts) ⟨*grch* → *lat*⟩

Epi|de|mie, die, _, ..ien (Seuche; ansteckende, plötzlich auftretende Massenerkrankung) ⟨*grch*⟩ · **Epi|de|mio|lo|gie,** die, _ (Seuchenlehre) · **epi|de|mio|lo|gisch** · **epi|de|misch** (epidemieartig auftretend)

Epi|der|mis, die, _, ..men (*Biol*; Oberhaut) ⟨*grch*⟩

Epi|dia|skop, das, _s, _e (Bildwerfer für Aufsichts- u. Durchsichtsbilder) ⟨*grch*⟩

epi|ge|ne|tisch (*Geol*; später entstanden) ⟨*grch*⟩ · **epi|go|nal** (unschöpferisch, nachahmend) · **Epi|go|ne,** der, _n, _n (Nachkomme; unschöpferischer Nachahmer) · **epi|go|nen|haft** · **Epi|go|nen|tum,** das, _[e]s

Epi|gramm, das, _s, _e (Sinn- od. Spottgedicht) ⟨*grch*, ‚Aufschrift'⟩ · **Epi|gram|ma|ti|ker,** der, _s, _ (Verfasser von Epigrammen) · **epi|gram|ma|tisch** (nach Art des Epigramms; kurz, treffend) · **Epi|graph,** das, _s, _e (*Archäol*; Aufschrift, Inschrift) · **Epi|gra|phik,** die, _ (*Archäol*; Inschriftenkunde)

epi|gyn (*Bot, von Blüten gesagt*; mit einem unterständigen Fruchtknoten); eine _e Blüte ⟨*grch*⟩

Epik, die, _ (erzählende Dichtung) ⟨*grch*⟩

Epi|karp, das, _[e]s, _e (*Bot*; äußere Schicht der Fruchtschale) ⟨*grch*⟩

Epi|ker, der, _s, _ (Dichter epischer Werke) ⟨*grch*⟩

Epi|ku|re|er, der, _s, _ (Anhänger der Lehre des altgriech. Philosophen Epikur – *übertr*; Genußmensch) ⟨*grch*⟩ · **epi|ku|re|isch** *K 218* (nach Art des altgriech. Philosophen Epikur od. der Epikureer – *übertr*; dem Genuß ergeben) · **Epi|ku|re|isch** *K 217* (vom altgriech. Philosophen Epikur herrührend)

Epi|lep|sie, die, _, ..ien (*Med*; Fallsucht) ⟨*grch*⟩ · **Epi|lep|ti|ker,** der, _s, _ (*Med*) · **epi|lep|tisch** (*Med*)

Epi|log, der, _[e]s, _e (Nachwort; Schlußwort; Nachruf; Nachspiel) ⟨*grch*⟩

Epi|pha|nias|fest (*christl Rel*; Fest der Erscheinung Christi [6. Januar]) ⟨*grch* → *lat*⟩ · **Epi|pha|nie,** die, _, ..ien *od* **Epi|pha|nia,** die, _, ..ien [..iən] (*christl Rel*; Vorstellung von der Erscheinung eines göttl. Wesens unter den Menschen)

Epi|phy|se, die, _, _n (*Zool, Anat*; Gelenkstück eines Röhrenknochens; Zirbeldrüse bei Säugetieren u. beim Menschen) ⟨*grch*⟩ · **Epi|phyt,** der, _en, _en (*Bot*; auf Bäumen wachsende Pflanze; Scheinschmarotzer)

Epi|rot, der, _en, _en (Bewohner

---

[1] *Tr* ..k|k..

von Epirus) ⟨*grch → lat*⟩ · **epi|ro|tisch** · **Epi|rus** (Landsch. im NW Griechenlands u. S Albaniens)

episch (erzählend; das Epos betreffend) ⟨*grch*⟩

Epi|skop, das, _s, _e (Bildwerfer für nicht durchscheinende Bilder) ⟨*grch*⟩ · **epi|sko|pal** (bischöflich) ⟨*grch → lat*⟩ · **Epi|sko|pat,** der, *österr meist so, od* das, _[e]s, _e (*kath Kirche*; Gesamtheit der Bischöfe; Bistum) · **epi|sko|pisch** (mit dem Episkop erfolgend) ⟨*grch*⟩ · **Epi|sko|pus,** der, _, *Pl* ..pi *od* ..open (*kath Kirche*; Bischof) ⟨*grch → lat*⟩

Epi|so|de, die, _, _n (Einschaltung; Zwischenspiel, Nebenhandlung, -sache) ⟨*grch*⟩ · **epi|so|den|haft** · **epi|so|disch** (Zwischen...; nebensächlich, vorübergehend)

Epi|stel, die, _, _n (Apostelbrief des Neuen Testaments, Sendschreiben; [kunstvoller] längerer Brief – *veraltend*; Strafpredigt) ⟨*grch → lat*⟩

Epistyl ↑ Architrav

Epi|taph, das, _s, _e (Grabschrift; Grabmal mit Inschrift) ⟨*grch*⟩

Epi|thel, das, _s, _e (*Zool, Med*; tier. u. menschl. Oberflächengewebe, dessen Zellen fast ohne Zwischenzellsubstanz aneinander haften) ⟨*grch*⟩

Epi|the|ton, das, _s, ..ta (*Sprachw*; [attributives] Beiwort) ⟨*grch*⟩ · **Epi|the|ton or|nans** *K 47*, das, *Gen* _ _, *Pl* ..ta ..antia (*Stilistik*; schmückendes [immer wiederkehrendes] Beiwort) ⟨*grch + lat*⟩

Epi|zen|trum, das, _s (*Geol*; senkrecht über dem Erdbebenherd liegende Stelle der Erdoberfläche) ⟨*grch → lat*⟩

Epi|zo|en *Pl* (*Biol, Med*; auf dem tier. od. menschl. Körper lebende Schmarotzer); *Sg* Epi|zo|on, das, _s ⟨*grch*⟩

Epi|zy|klo|ide, die, _, _n (*Geom*; geometr. Kurve) ⟨*grch → lat*⟩

epo|chal [..x..] (aufsehenerregend, epochemachend; [hoch]bedeutend; für einen [bedeutenden] Zeitabschnitt geltend) ⟨*grch → lat*⟩ · **Epo|che,** die, _, _n (Beginn eines Zeitraumes; [bedeutsamer] Zeitabschnitt, historischer Wendepunkt) · **epo|che|ma|chend** *K 128* (aufsehenerregend, umwälzend, denkwürdig)

Ep|ode, die, _, _n (*altgriech Dichtung*; der auf die Strophe u. Gegenstrophe folgende Abgesang – *röm Dichtung*; lyrische Strophe mit langem u. kurzem Vers in regelmäßiger Abwechslung) ⟨*grch → lat*⟩

Epos, das, _, *Pl* Epen (erzählende Versdichtung [meist in Strophenform]) ⟨*grch*⟩

Eprou|vet|te [epru'vɛtə], die, _, _n (*österr*; Probierröhrchen) ⟨*lat → frz*⟩

Ep|si|lon, das, _[s], _s (*österr auch* _) (griech. Buchstabe [kurzes E]: *E, ε*) ⟨*grch*⟩

Equilibrist usw. ↑ Äquilibrist usw.

Equi|pa|ge [ek(v)i'pa:ʒə, *österr* ..'pa:ʒ] (*noch österr*; elegante Kutsche, Luxuswagen) ⟨*germ → frz*⟩ · **Equipe** [e'k(v)ip], die, _, _n [..pən] (Wettkampf- bzw. Sportmannschaft; Gruppe) · **equi|pie|ren** [ek(v)i..] (*veraltet*; ausstatten, ausrüsten)

er · **Er**: 1. *K 99* (*veraltete Anrede* der 2. Person männl. Geschlechts des Sg.); jmdn. _ nennen; das veraltete Er – 2. *K 97*, der, _s, *Pl* (*selten*) _s (*umg*; männl. Person; Männchen bei Tieren usw.); ein _; ein _ und eine Sie

er...: *in fest zusammengesetzten Verben*, z. B. ermitteln *K 357*, ich ermitt[e]le *K 363*, ermittelt, zu ermitteln

er|ach|ten (*gehoben*); etw. für gut, schlecht _; etw. [für] nötig _ · **Er|ach|ten,** das, _s; *nur in den Wendungen* meines _s (*Abk* m. E.); unseres _s (*Abk* u. E.); meinem _ nach (*nicht* meines Erachtens nach)

er|ah|nen

er|ar|bei|ten; sich (*Dat*) etw. _

eras|misch *K 218* (in der Weise des niederländ. Humanisten Erasmus von Rotterdam) · **Eras|misch** *K 217* (vom niederländ. Humanisten Erasmus von Rotterdam herrührend)

Era|to [*od* ..'to:] (*griech Mythol*; Muse der Liebesdichtung) ⟨*grch*⟩

Erb|an|la|ge, *meist Pl* · **Erb|an|spruch**

er|bar|men; sein Unglück erbarmt mich; daß [es] Gott erbarm'!; *österr* er erbarmt mir; sich (*Akk*) _; du erbarmst dich seiner (*gehoben*) · **Er|bar|men,** das, _s; zum _ · **Er|bar|mer** · **er|bärm|lich** · **Er|bärm|lich|keit** · **Er|bar|mung,** die, _ · **er|bar|mungs|los** *K 349*; *vgl.* ...los · **Er|bar|mungs|lo|sig|keit,** die, _

er|bau|en · **Er|bau|er** · **er|bau|lich** · **Er|bau|lich|keit,** die, _ · **Er|bau|ung**

erb|be|rech|tigt · **Er|be**: 1. der, _n, _n (Erbender) – 2. das, _s (Hinterlassenschaft)

er|be|ben

erb|ei|gen (ererbt) · **erb|ein|ge|ses|sen** (alteingesessen) · **er|ben**

[1]er|be|ten; erbetet ⟨*zu* beten⟩

[2]er|be|ten *Part II* ⟨*zu* erbitten⟩

er|beu|ten

Erb|fall, der (Todesfall, der jmdn. zum Erben macht) · **Erb|fol|ge** · **Erb|fol|ger** · **Erb|gut,** das, _[e]s

er|bie|ten, sich (*Akk*) (*gehoben*); du erbotst *od* erbotest dich, es zu tun · **Er|bie|ten,** das, _s (*gehoben*)

Er|bin, die, _, ..innen

er|bit|ten

er|bit|tern *K 363*; es erbittert mich · **er|bit|tert** (äußerst heftig, hartnäckig); _er Kampf · **Er|bit|te|rung**

Er|bium, das, _s (chem. Element, Metall); *Zeichen* Er ⟨*nach* dem schwed. Ort Ytterby ['ytərby:]⟩

erb|krank · **Erb|krank|heit**

er|blas|sen *K 354* (*gehoben*; blaß werden)

Erb|las|sen|schaft (*Rechtsw*) · **Erb|las|ser,** der, _s, _ (*Rechtsw*; jmd., der ein Erbe hinterläßt) · **Erb|las|se|rin,** die, _, ..innen (*Rechtsw*) · **erb|las|se|risch** (*Rechtsw*) · **Erb|las|sung** (*Rechtsw*) · **Erb|le|hen** (*hist*)

er|blei|chen: 1. (*gehoben*; bleich werden); du erbleichtest, *älter* erblichst; erbleicht, *älter* erblichen; erbleich[e]! – 2. (*dicht*; sterben); du erblichst; erblichen

erb|lich · **Erb|lich|keit,** die, _

er|blicken [*Tr* ..blik|ken]

er|blin|den · **Er|blin|dung**

erb|los; *vgl.* ...los · **erb|mä|ßig**

er|bo|sen *K 354*; ich bin erbost über ihn; was mich am meisten erbost, ist ...; sich (*Akk*) _, ich habe mich über ihn erbost

er|bö|tig (*noch gehoben*; sich erbietend); *nur prädikativ*: er ist zu dieser Arbeit _ *od* er ist _, er macht sich _, diese Arbeit zu übernehmen

er|bre|chen; sich (*Akk*) _ · **Er|bre|chen,** das, _s

Erb|recht

er|brü|ten (*fachspr*; ausbrüten)

Erbsbrei ↑ Erbsenbrei

Erb|schaft · **erb|schaft|lich** · **Erb|schafts|steu|er** *od* **Erb|schaft|steu|er** *K 373*, die

Erb|se, die, _, _n · **Erb|sen|brei** *od* **Erbs|brei** · **erb|sen|groß** · **Erb|sen|stroh** *od* **Erbs|stroh** · **Erbs|wurst**

Erb|teil, das · **Erb|ver|trag** · **Erb|ver|zicht** · **Erb|ver|zichts|ver|trag** · **Erb|we|sen,** das, _s

Erd|ach|se, die, _

er|dacht; ein _er Fall

Erd|al|ter|tum, das, _s · **Erd|ap|fel** (*landsch u. österr*; Kartoffel)

er|dau|ern *K 363* (*schweiz*; gründlich prüfen) · **Er|daue|rung** (*schweiz*)

Erd|ball, der, _[e]s · **Erd|be|ben** · **Erd|beer|bow|le** [..,bo:lə] · **Erd|bee|re** · **erd|beer|far|ben** (*K 364*) *od* **erd|beer|far|big;** *vgl. auch* ...farben u. *K 272 ff.* · **Erd|be|völ|ke|rung,** die, _ · **Erd|bir|ne** (Topi-

nambur – *landsch*; Kartoffel) · **Erdboden, ...boh|rer** · **Er|de**: 1. die, _ (Planet) – 2. die, _, *Pl* (*selten*) _n (Erdboden; Erdart) · **er|den** (*Elektrotechn*; Verbindung mit der Erde herstellen) · **Er|den|bür|ger**
er|denk|bar · **er|denk|lich**
Er|den|rund, das, _[e]s (*dicht*) · **Erd|fall,** der (*Geol*; trichterförmige Senkung von Erdschichten) · **erdfern** (*Astron*) · **Erd|fer|ne,** die, _ (*Astron*) · **Erd|gas,** das, _es · **erdge|bun|den** · **Erd|ge|bun|denheit,** die, _ · **Erd|ge|schich|te,** die, _ · **Erd|ge|schoß**; *Abk* Erdg. · **erdhaft** · **er|dig** · **Erd|kreis,** der, ..kreises (*gehoben*) · **Erd|kun|de,** die, _ · **Erd|kund|ler,** der, _s, _ · **erdkund|lich** · **Erd|mit|tel|al|ter,** das, _s
Erd|mu|te (w. Vn.) (‚kühn' + ‚Gesinnung')
erd|nah (*Astron*) · **Erd|nä|he** (*Astron*) · **Erd|neu|zeit,** die, _ · **Erd|nuß** · **Erd|öl** · **erd|öl|höf|fig** (*bergm*; reiche Ausbeute an Erdöl versprechend) · **Erd|pech** · **Erdrauch** (ein Ackerunkraut) · **Erdreich,** das, _[e]s
er|drei|sten, sich (*Akk*)
Erd|rin|de, die, _
er|dröh|nen
er|dros|seln *K 363 f.* · **Er|dros|selung**
er|drücken [*Tr* ..drük|ken] · **erdrückend** [*Tr* ..drük|kend]; *K 115*: am _sten
Erdrutsch, ...sa|tel|lit, ...schatten, ...schicht · **Erd|schlipf** (*schweiz*; Erdrutsch) · **Erd|schluß** (*Elektrotechn*) · **Erdschol|le, ...stoß** · **Erd|strö|me** *Pl* (*Phys*; vagabundierende Ströme in der Erdkruste) · **Erd|teil,** der
er|dul|den
Erd|um|krei|sung · **Erd|um|laufbahn** · **Er|dung** (*Techn*) · **Erdwachs, ...wär|me**
Ere|chthei|on [*od* ..'rɛç..], das, _s (Heiligtum des mythischen Königs Erechtheus [*od* ..'tɔys] in Athen) ⟨*grch*⟩
er|ei|fern, sich (*Akk*) *K 363* · **Er|eife|rung**
er|eig|nen, sich (*Akk*) · **Er|eig|nis,** das, ..isses, ..isse · **er|eig|nis|reich**
erek|til (*Med*; aufrichtbar) ⟨*lat*⟩ · **Erek|tion** (*Med*; Aufrichtung; Anschwellung)
Ere|mit, der, _en, _en (Einsiedler; Klausner) ⟨*grch* → *lat*⟩ · **Ere|mi|tage** [..'taːʒə, *österr* ..'taːʒ], die, _, _n [..'taːʒ(ə)n] (Nachahmung einer Einsiedelei in Parkanlagen – *veraltet*; Einsiedelei, Klause) ⟨*grch* → *lat* → *frz*⟩; *vgl. aber* Ermitage
Eren *od* **Ern,** der, _, _ (*landsch*; Hausflur, Hausgang) ⟨*lat*⟩
er|fah|ren: 1. *Verb* – 2. *Adj K 364*; ein _er Mann · **Er|fah|re|ne,** der *u.* die, _n, _n *K 341* · **Er|fahrung** · **Er|fah|rungs|aus|tausch,** der, _es, _e · **er|fah|rungs|gemäß** · **er|fah|rungs|mä|ßig**
er|fas|sen
er|fin|den · **Er|fin|der** · **er|fin|derisch** · **Er|fin|dung** · **er|fin|dungsreich**
Er|folg, der, _[e]s, _e · **er|fol|gen** (vonstatten gehen) · **Er|folg|hasche|rei,** die, _ (*abwert*) · **er|folglos** *K 349*; *vgl.* ...los · **Er|folg|losig|keit,** die, _ · **er|folg|reich** · **Erfolgs|aus|sicht,** *meist Pl* · **Erfolgs|er|leb|nis** · **er|folgs|si|cher** · **er|folg|ver|spre|chend** *K 128*; *K 115*: am _sten; *aber K 127*: einen großen Erfolg versprechend
er|for|der|lich · **er|for|der|li|chenfalls** *K 176* (*bürospr*) · **er|for|dern** · **Er|for|der|nis,** das, ..isses, ..isse
er|forsch|bar · **er|for|schen** · **Erfor|scher** · **Er|for|schung,** die, _
er|fra|gen
er|fre|chen, sich (*Akk*)
er|freu|en; sich (*Akk*) an etw. _ · **er|freu|lich**; *K 95*: viel Erfreuliches · **er|freu|li|cher|wei|se** *K 176*
er|frie|ren · **Er|frie|rung**
er|fri|schen · **er|fri|schend**; *K 115*: am _sten · **Er|fri|schung**
er|fül|len · **Er|füllt|heit,** die, _ · **Erfül|lung** · **Er|fül|lungs|ort,** *Pl* ..orte (*Rechtsw*)
Er|furt (Bezirksstadt in der DDR) · **Er|fur|ter**: 1. *K 231*: der, _s, _; 2. *als Attribut K 232*: das Erfurter Programm (1891) · **er|fur|tisch**
Erg, das, _s, _ (veraltende Einheit der Arbeit = 0,1 μJ); *Einheitenzeichen* erg ⟨*grch*⟩
er|gän|zen *K 354* · **Er|gän|zung** · **Ergän|zungs|bin|de|strich**; *vgl. auch K 178–181* · **Er|gän|zungs|satz** (*Gramm*)
er|gat|tern *K 363* (*umg*; [durch List] erlangen)
er|gau|nern *K 363* (*umg abwert*; durch Betrug erlangen) ⟨*grch* → *jidd*⟩
er|ge|ben: 1. *Verb*: das ergibt ...; es hat sich [so] ergeben; sich (*Akk*) ergeben – 2. *Adj K 364*; ergebenst · **Er|ge|ben|heit,** die, _ · **Er|geb|nis,** das, ..isses, ..isse · **er|geb|nis|los**; *vgl.* ...los · **er|geb|nis|reich** · **Erge|bung,** die, _
er|ge|hen *K 363*; wie ist es ihm ergangen?; sich (*Akk*) _; ich habe es über mich _ lassen · **Er|ge|hen,** das, _s (das Befinden)
er|gie|big · **Er|gie|big|keit,** die, _
er|gie|ßen; sich (*Akk*) über etw. _ · **Er|gie|ßung**
er|go (folglich, also) ⟨*lat*⟩
Er|go|me|ter, das (*Med*; Gerät zur Messung der körperl. Leistungsfähigkeit) ⟨*grch*⟩ · **er|go|me|trisch** (*Med*) · **Er|go|no|mie,** die, _ (Wissenschaftszweig, der sich mit den menschl. Leistungsmöglichkeiten im Zusammenhang mit den Arbeitsbedingungen befaßt) · **er|gono|misch**
Er|go|ste|rin, das, _s (*Biochem*; Vorstufe des Vitamins D_2) ⟨*Kurzw aus frz ergot* [..'go], ‚Mutterkorn' + Chole*sterin*⟩
er|göt|zen *K 354* (*gehoben*) (‚vergessen machen'); sich (*Akk*) _ · **Ergöt|zen,** das, _s (*gehoben*) · **ergötz|lich** (*gehoben*) · **Er|göt|zung** (*gehoben*)
er|grau|en (grau werden; altern); ergraut
er|grei|fen; *vgl. auch* ergriffen · **ergrei|fend**; *K 115*: am _sten · **Ergrei|fung** · **er|grif|fen** *K 364* (gerührt, erschüttert) · **Er|grif|fen|heit,** die, _ · **Er|grif|fen|sein,** das, _s
er|grün|den
Er|guß · **Er|guß|ge|stein** (*Geol*)
er|ha|ben *K 364*; *K 115*: am _sten; über allen Zweifel _ · **Erha|ben|heit,** die, _
Er|halt, der, _[e]s (*bürospr*; Empfang) · **er|hal|ten**; frisch _; sich (*Akk*) _; sich gesund _; *vgl. auch* bleiben · **er|hält|lich** · **Er|hal|tung**
er|hän|gen; *Konjugation vgl.* hängen (2) · **Er|häng|te,** der *u.* die, _n, _n *K 341*
Er|hard (m. Vn.) (‚Ehre' + ‚stark')
er|här|ten · **Er|här|tung**
er|ha|schen
er|hau|sen (*schweiz*; ersparen)
er|he|ben; sich (*Akk*) _ · **er|hebend**; *K 115*: am _sten · **er|heblich** (ansehnlich; bedeutend, wichtig) · **Er|he|bung**
er|hei|tern *K 363* · **Er|hei|te|rung**
er|hel|len: 1. *tr* (beleuchten); das Zimmer erhellen – 2. *intr* (*gehoben*; klarwerden), *nur unpersönlich*: daraus erhellt, daß ...
er|hit|zen *K 354* · **Er|hit|zung**
er|hof|fen
er|hö|hen · **Er|hö|hung**
er|ho|len, sich (*Akk*) · **er|hol|sam** · **Er|ho|lung,** die, _ · **er|ho|lungsbe|dürf|tig** · **er|ho|lung|su|chend**; *vgl. aber K 163*; *K 127*: eine wirksame Erholung suchend · **Er|holung|su|chen|de,** der *u.* die, _n, _n *K 341* · **Er|ho|lungsur|laub, ...zen|trum**
er|hö|ren; jmds. Bitten _ (*gehoben*)
Erich (m. Vn.) (‚Ehre' + ‚mächtig')
Eri|da|nus, der, _ (ein Sternbild) ⟨*grch* → *lat*⟩

Erie|see, der, _s (in Nordamerika)
[1]**Eri|ka** (w. Vn.) ⟨*latinis, zu* Erich⟩
[2]**Eri|ka:** 1. das, _s (eine Farbe) – 2. die, _, ..ken (ein Heidekrautgewächs) ⟨*grch*⟩
er|in|ner|lich · er|in|nern *K 363*; jmdn. an eine Sache _; sich (*Akk*) _; ich erinnere mich an den Vorfall, *gehoben* des Vorfalls · **Er|in|ne|rung**
Erin|ny|en [..nyən] *od* **Eri|ny|en** *Pl* (*griech Mythol*; Rachegöttinnen); *Sg* Erin|nye *od* Erin|nys *bzw* Erinye *od* Eri|nys, die, _ ⟨*grch*⟩
Eris (*griech Mythol*; Göttin der Zwietracht) ⟨*grch*⟩ · **Eri|stik,** die, _ (Kunst des wissenschaftl. Streitgesprächs)
Eri|trea (Provinz in Äthiopien [2]) ⟨*grch → ital*⟩ · **eri|tre|isch**
er|ja|gen
er|kal|ten (kalt werden) · **er|käl|ten, sich** (*Akk*) · **Er|kal|tung · Er|käl|tung**
er|kämp|fen
er|kecken [*Tr* ..kek|ken], **sich** (*Akk*) (*veraltend*; sich erdreisten)
er|kenn|bar · Er|kenn|bar|keit, die, _ · **er|ken|nen · er|kennt|lich;** sich _ zeigen · **Er|kennt|lich|keit · Er|kennt|nis:** 1. die, _, ..isse (Einsicht) – 2. das, ..isses, ..isse (*noch österr*; richterl. Urteil) · **er|kennt|nis|theo|re|tisch · Er|kennt|nis|theo|rie** (*Philos*; wissenschaftl. Lehre von den Bedingungen, der objektiven Gültigkeit u. den Zielen menschl. Erkenntnis) · **Er|ken|nungs|zei|chen**
Er|ker, der, _s, _ ⟨*lat → frz*⟩. *Zus K 365ff.*: Erker⌣fenster usw.
er|kie|sen *K 354* (*noch dicht*; erwählen); *Konjugation vgl.* [2]kiesen
er|klär|bar · er|klä|ren · Er|klä|rer · er|klär|lich · er|klär|li|cher|wei|se *K 176* · **Er|klä|rung**
er|kleck|lich (genügend; beträchtlich)
er|klet|tern *K 363*
er|klim|men
er|klin|gen
er|klü|geln *K 363*
er|ko|ren *Part II* (*zu* erkiesen)
er|kran|ken · Er|kran|kung
er|küh|nen, sich (*Akk*)
er|kun|den · Er|kun|der · er|kun|di|gen, sich (*Akk*) · **Er|kun|di|gung · Er|kun|dung**
er|kün|steln *K 363*; *K 95*: etwas Erkünsteltes
er|kü|ren (*gehoben*; auswählen); *Konjugation vgl.* küren
Er|lag|schein (*österr*; Zahlkarte)
er|lah|men · Er|lah|mung
er|lan|gen
Er|lan|gen (Stadt im SO der BRD) · **Er|lan|ger:** 1. *K 231*: der, _s, _; 2. *als Attribut K 232*
Er|lan|gung, die, _
Er|laß, der, ..asses, *Pl* ..asse, *österr* ..ässe · **er|las|sen · Er|las|sung**
er|lau|ben · Er|laub|nis, die, _
er|laucht (*noch gehoben*; angesehen, würdig) ⟨,erleuchtet'⟩; _e Geister · **Er|laucht,** die, _, _en (Anrede *bzw* Titel von Fürsten); *K 99*: Euer *od* Eure *od* Ew. _; *vgl. auch* euer, ihr u. [1]sein (1)
er|läu|tern *K 363* · **Er|läu|te|rung**
Er|le, die, _, _n (ein Laubbaum)
er|le|ben · Er|le|bens|fall, der, _[e]s (*Versicherungsw*) · **Er|leb|nis,** das, ..isses, ..isse · **er|leb|nis|reich**
er|le|di|gen · er|le|digt · Er|le|di|gung
er|le|gen
er|leich|tern *K 363* · **Er|leich|te|rung**
er|lei|den
er|len *K 364* (aus Erlenholz)
er|lern|bar · Er|lern|bar|keit, die, _ · **er|ler|nen**
er|le|sen: 1. *Verb* (*veraltet*; auswählen) – 2. *Adj K 364* (*gehoben*; auserlesen, hervorragend) · **Er|le|sen|heit,** die, _ (*gehoben*)
er|leuch|ten · Er|leuch|tung
er|lie|gen; *K 102*: zum Erliegen kommen
er|li|sten
Erl|kö|nig, der, _[e]s (*Märchen*) ⟨*aus mißverstandenem dän* ellerkonge ,Elfenkönig'⟩
er|lo|gen *K 364* · **Er|lo|gen|heit,** die, _
Er|lös, der, _es, _e
er|lö|schen; das Feuer erlischt, ist erloschen
er|lo|sen
er|lö|sen · Er|lö|ser (*Rel*; Christus) · **Er|lö|sung**
er|mäch|ti|gen · Er|mäch|ti|gung
er|mah|nen · Er|mah|nung
er|man|geln *K 363* (*gehoben*); er ermangelt eines Freundes · **Er|man|ge|lung** *K 363*, die, _; *nur noch in Wendungen wie* in _ eines Glases (*gehoben*)
er|man|nen, sich (*Akk*)
er|mä|ßi|gen · Er|mä|ßi|gung
er|mat|ten ⟨*arab → span → frz*⟩ · **Er|mat|tung,** die, _
er|meß|bar · er|mes|sen · Er|mes|sen, das, _s; nach meinem _; ich stelle es in dein _
Er|mi|ta|ge [..'taːʒə], die, _ (Name des Staatl. Museums [Kunstsammlungen] in Leningrad) ⟨*grch → lat → frz*⟩; *vgl. aber* Eremitage
er|mit|teln *K 363* · **Er|mitt|lung**
er|mög|li|chen
er|mor|den · Er|mor|dung
er|mü|den · Er|mü|dung, die, _
er|mun|tern *K 363* · **Er|mun|te|rung**
er|mu|ti|gen · Er|mu|ti|gung
Ern ↑ Eren
Er|na (w. Vn.) ⟨*Kurzf von* Ernesta (*zu* Ernst) *u. von* Ernestine (*Weiterbildung von* Ernesta)⟩
er|näh|ren · Er|näh|rer · Er|näh|re|rin, die, _, ..innen · **Er|näh|rung · Er|näh|rungs⌣phy|sio|lo|gie, ...stö|rung**
er|nen|nen · Er|nen|nung
er|neu|en (ich erneue; *Part II* erneut) *od* **er|neu|ern** *K 363* (*Part II* erneuert); *vgl. auch* erneut · **Er|neue|rung · er|neut** *Adv* (wieder, nochmals)
er|nied|ri|gen · er|nied|ri|gend · Er|nied|ri|gung
ernst; _er, _este; *K 115*: auf das *od* aufs _este; _ sein, stehen, werden, meinen; *vgl. auch* ernstgemeint; jmdn. _ nehmen; eine Sache [für] _ nehmen · **Ernst:** 1. der, _es – 2. (m. Vn.) ⟨,Kampf'⟩. *Zu* 1: im _; _ machen; Scherz für _ nehmen; es wurde _; aus dem Spiel wurde _; es ist mir _; es ist mir voller, völliger _ damit; *K 333*: allen _es · **Ernst|fall,** der · **ernst|ge|meint;** *vgl. aber K 166*; *K 127*: seine Anfrage ist ganz ernst gemeint · **ernst|haft · Ernst|haf|tig|keit,** die, _ · **ernst|lich**
Ern|te, die, _, _n. *Zus K 365ff.*: Ernte⌣fest usw. · **Ern|te|mo|nat** (*veraltet*; August [2]) · **ern|ten**
er|nüch|tern *K 363*; ich habe ihn ernüchtert; ich bin ernüchtert · **Er|nüch|te|rung**
Er|obe|rer · Er|obe|rin, die, _, ..innen · **er|obern** *K 363* · **Er|obe|rung · Er|obe|rungs|sucht · er|obe|rungs|süch|tig**
ero|die|ren (*Geol*; abtragen, auswaschen) ⟨*lat*⟩
er|öff|nen · Er|öff|nung
ero|gen ⟨*grch*⟩; *K 119*: _e (sexuell erregbare) Zonen
Eroi|ca, die, _ (Titel der 3. Sinfonie von Beethoven – *eigtl* Sinfonia eroica [heldische Sinfonie]) ⟨*grch → ital*⟩
er|ör|tern *K 363* · **er|ör|terns|wert · Er|ör|te|rung**
Eros: 1. (*griech Mythol*; Liebesgott) – 2. der, _ (sinnl. Liebe; ein Planetoid – *Philos*; Prinzip jeder Erzeugung, auch der geistigen) ⟨*grch*⟩
Ero|sion (*Geol*; zerstörende, auswaschende u. abtragende Tätigkeit von Wind, Wasser, Eis) ⟨*lat*⟩
Ero|ten *Pl* (*Kunst*; geflügelte Liebesgötter, meist in Kindergestalt) ⟨*grch*⟩; *vgl.* Eros (1) · **Ero|tik,** die, _ (sinnliche Liebe, Liebesleben) · **Ero|ti|ker,** der, _s, _ (die [sinnl.] Liebe Betonender; Verfasser von

Liebesliedern u. erotischen Schriften) · **ero|tisch;** ...ste · **ero|ti|sie|ren** (sinnl. Verlangen hervorrufen)
Er|pel, der, ...s, ... (Enterich, männl. Ente)
er|picht (gierig); auf eine Sache ... sein ⟨*zu* Pech⟩
er|pres|sen ⟨*lat* → *frz*⟩ · **Er|pres|ser** · **er|pres|se|risch;** ...ste · **Er|pres|sung**
er|pro|ben ⟨*lat*⟩ · **er|probt** · **Er|pro|bung**
er|quicken [*Tr* ..quik|ken] (erfrischen) · **er|quick|lich** · **Er|quickung** [*Tr* ..quik|kung]
Er|ra|ta *Pl* (*Buchw*; Bez. für Druckfehlerverzeichnis, -berichtigung); *Sg* Er|ra|tum, das, ...s ⟨*lat*, ‚Irrtum'⟩
er|rat|bar · **er|ra|ten**
er|ra|tisch (verirrt, verstreut) ⟨*lat* → *frz*⟩; der ...e Block (*Geol*; eiszeitl. Gesteinsblock, Findling) · **Erratum** ↑ Errata
er|re|chen|bar · **er|rech|nen**
er|reg|bar · **Er|reg|bar|keit,** die, ... · **er|re|gen** · **Er|re|ger** · **Er|regt|heit,** die, ... · **Er|re|gung**
er|reich|bar · **Er|reich|bar|keit,** die, ... · **er|rei|chen** · **Er|rei|chung,** die, ...
er|ret|ten (*gehoben*); er hat ihn vom *od* vor dem Tode errettet · **Er|ret|ter** (*gehoben*)
er|rich|ten · **Er|rich|tung**
er|rin|gen · **Er|rin|gung,** die, ...
er|rö|ten · **Er|rö|ten,** das, ...s
Er|run|gen|schaft
Er|satz, der, ...es · **Er|satz|mann,** *Pl* ..männer *od* ..leute · **Er|satz|teil,** das, *seltener* der · **er|satz|wei|se** *K 176*
er|sau|fen *intr* (*derb*; ertrinken); ersoffen · **er|säu|fen** *tr* (ertränken); ersäuft
er|schaf|fen (*gehoben*); *Konjugation vgl.* schaffen (2) · **Er|schaf|fung** (*gehoben*)
er|schal|len
er|schei|nen · **Er|schei|nung**
er|schie|ßen · **Er|schie|ßung**
er|schlaf|fen · **er|schlafft**
er|schließ|bar · **er|schlie|ßen** · **Er|schlie|ßung**
er|schöp|fen · **er|schöpf|lich** · **er|schöpft** · **Er|schöp|fung**
er|schrecken [*Tr* ..schrek|ken]: **1.** *tr* (in Schrecken setzen, ängstigen); du erschreckst, er erschreckt ihn; du erschrecktest; erschreckt; erschreck[e]!; sich (*Akk*) ... (*landsch*); ich erschreckte mich über sein Aussehen (*landsch*; sein Aussehen erschreckte mich), *auch mit starker Konjugation des Part II*: ich habe mich erschrocken – **2.** *intr* (in Schrecken geraten); du erschrickst, er erschrickt; du erschrakst *od* erschrakest; du erschräkest; erschrocken; erschrick!; erschrick nicht!
er|schreckend [*Tr* ..schrek|kend] · **Er|schrocken|heit** [*Tr* ..schrok|ken..], die, ...
er|schüt|tern *K 363* · **Er|schüt|te|rung**
er|schwe|ren · **Er|schwer|nis,** die, ..., ..isse · **Er|schwer|nis|zu|la|ge** · **Er|schwe|rung**
er|schwing|bar · **er|schwin|gen** · **er|schwing|lich** · **Er|schwing|lich|keit,** die, ...
er|se|hen *K 363*
er|seh|nen
er|setz|bar · **Er|setz|bar|keit,** die, ... · **er|set|zen** · **er|setz|lich**
er|sicht|lich
er|sinn|lich (*veraltet*)
er|sor|gen (*schweiz*; mit Sorge erwarten)
er|spa|ren · **Er|spar|nis,** die, ..., ..isse (*österr auch* das, ..isses, ..isse), *meist Pl* · **Er|spa|rung**
er|sprieß|lich · **Er|sprieß|lich|keit**
erst: 1. *Adv* [nun] erst recht; 2. *Konj* erst[,] als ... *u.* erst[,] wenn ...; *vgl. K 390 u. 450*
er|star|ken · **Er|star|kung**
er|star|ren · **Er|star|rung**
er|stat|ten · **Er|stat|tung**
erst|auf|füh|ren; *nur im Inf u. Part II* (»erstaufgeführt«) *gebräuchlich* · **Erst|auf|füh|rung**
er|stau|nen · **Er|stau|nen,** das, ...s · **er|stau|nens|wert** · **er|staun|lich**
erstbeste ↑ erste, I, a · **Erst|druck,** *Pl* ..drucke
erste:
I. *Kleinschreibung*:
a) *alleinstehend od in Verbindung mit einem Verb od Substantiv K 120*: der, die, das erste (der Reihe nach); er war der erste, der das erwähnte (hat es zuerst erwähnt); das erste, was ich höre (das höre ich zum erstenmal); als erster, als erste, als erstes; der erste beste, *aber*: der erstbeste; der erste ..., der letzte ... (jener ..., dieser ...); die ersten beiden (z. B. das erste und das zweite Glied *eines* Fingers), die ersten drei usw., *aber*: die beiden ersten (z. B. die Spitzenglieder von *zwei* Fingern), die drei ersten usw.; zu Hause war es sein erstes, ... (zuerst ...); das erste Mal *od K 176*: das erstemal; der erste [*oft nach K 258*: der Erste] Weltkrieg; der erste Mai (Datum), *aber K 258*: der Erste Mai (Kampf- u. Feiertag der Werktätigen)
b) *in Verbindung mit einer Präposition K 120*: am ersten, fürs erste, zum ersten; *K 175*: beim *od* zum ersten Mal[e], *aber K 176*: beim *od* zum erstenmal
II. *Großschreibung*:
a) *alleinstehend K 100*: der Erste des Monats, am Ersten des Monats; zum Ersten kündigen; vom nächsten Ersten an; der, die Erste (dem Range, der Tüchtigkeit nach); die Ersten unter Gleichen; die Ersten werden die Letzten sein (*bibl*); das Erste und das Letzte (*Rel*; Anfang und Ende)
b) *als attributives Numerale K 258*: die Erste Internationale (*mit Ziffer* die I. Internationale); der Erste Weltkrieg [↑ erste, I, a]; der Erste Mai (Kampf- u. Feiertag der Werktätigen); die Erste Hilfe (bei Unglücksfällen); Otto der Erste (*mit Ziffer* Otto I.)
er|ste|hen *K 363* (*oft gehoben*; von neuem entstehen) · **Er|ste|hung** (*gehoben*)
er|steig|bar · **Er|steig|bar|keit,** die, ... · **er|stei|gen** · **Er|stei|ger**
er|stei|gern *K 363* · **Er|stei|ge|rung**
Er|stei|gung
er|stel|len
er|ste|mal *K 176*; das ... *od K 175*: das erste Mal; *vgl.* erste, I, b · **er|stens** · **er|ste|re** (der erste von zweien), *auch substantivisch* (außer am Satzanfang) *stets klein geschrieben K 120*: ersterer, erstere,ersteres; der, die, das erstere; der erstere ..., der letztere ..., *dafür besser* jener ..., dieser ... · **erst|er|wähnt** *K 128* · **Erst|er|wähn|te,** der *u.* die, ...n, ...n *K 341* · **erst|ge|bo|ren** *K 128 u. 364* · **Erst|ge|bo|re|ne** *K 363*, der *u.* die, ...n, ...n *K 341* · **Erst|ge|burt** · **erst|ge|nannt** *K 128* · **Erst|ge|nann|te,** der *u.* die, ...n, ...n *K 341*
er|sticken [*Tr* ..stik|ken] · **Er|stickung** [*Tr* ..stik|kung]
erst|klas|sig ⟨*zu* Klasse⟩ · **Erst|klas|sig|keit,** die, ... · **Erst|klaß|wa|gen** (*schweiz*) · **Erst|ling** · **Erst|lings|druck,** *Pl* ..drucke · **Erst|lings|werk** · **erst|ma|lig** · **Erst|ma|lig|keit,** die, ... · **Erst|pla|zier|te** *od* **Erst|pla|cier|te** [..(t)si:r..], der *u.* die, ...n, ...n *K 341* · **erst|ran|gig** ⟨*zu* Rang⟩ · **Erst|ran|gig|keit,** die, ...
er|stre|ben · **er|stre|bens|wert**
er|strecken [*Tr* ..strek|ken]; sich (*Akk*) ...
Erst|tags‿brief, ...stem|pel (*Philat*)
er|stun|ken; *nur in* ... und erlogen (*salopp*; völlig erlogen)
er|stür|men · **Er|stür|mung**
Erst|ver|kaufs|tag · **Erst|ver|öf|fent|li|chung** · **Erst|ver|stor|be|ne,** der *u.* die, ...n, ...n *K 341*
er|su|chen (*gehoben*) · **Er|su|chen,** das, ...s; auf ... (*bürospr*)
er|tap|pen

er|tei|len
er|tö|nen ⟨grch → lat⟩
Er|trag, der, _[e]s, ..äge · er|tragen · er|trag|fä|hig · Er|trag|fähig|keit, die, _ · er|träg|lich · Erträg|lich|keit, die, _ · Er|träg|nis, das, ..isses, ..isse (*veraltend*; Ertrag) · er|trag|reich · Er|trags|steige|rung
er|trän|ken *tr*; ertränkt
er|träu|men; sich (*Dat*) etw. _
er|trin|ken *intr*; ertrunken · Er|trinken, das, _s
er|trot|zen
er|tüch|ti|gen; sich (*Akk*) _
er|üb|ri|gen; es erübrigt sich (ist überflüssig), darauf einzugehen
eru|ie|ren (herausfinden, feststellen – *österr*; ermitteln) ⟨*lat*⟩
erup|tie|ren (*Geol*) ⟨*lat*⟩ · Erup|tion (*Geol*; Ausbruch) · erup|tiv (*Geol*; durch Eruption entstanden) · Erup|tiv|ge|stein (*Geol*)
er|wa|chen; aus dem Schlaf _ · Erwa|chen, das, _s
er|wach|sen: 1. *Verb*; *Konjugation vgl.* [1]wachsen; mir sind Bedenken erwachsen – 2. *Adj K 364*; erwachsen sein · Er|wach|se|ne, der *u.* die, _n, _n *K 341* · Er|wach|senen|bil|dung, die, _
er|wä|gen; du erwogst; du erwögest; erwogen; erwäg[e]! · er|wä|genswert · Er|wä|gung; in _ ziehen
er|wäh|len (*gehoben*)
er|wäh|nen · er|wäh|nens|wert · Er|wäh|nung
er|wah|ren (*schweiz*; das Ergebnis einer Abstimmung od. Wahl amtlich bestätigen)
er|wan|dern *K 363* (durch Wandern kennenlernen) · Er|wan|de|rung, die, _
er|wär|men (warm machen); ich habe ihn erwärmt, er ist erwärmt; sich (*Akk*) _ (*auch für* sich begeistern) · Er|wär|mung
er|war|ten · Er|war|ten, das, _s; wider _; über _ gut gehen · Er|wartung · er|war|tungs|voll
er|wecken [*Tr* ..wek|ken] · Erweckung [*Tr* ..wek|kung]
er|weh|ren, sich (*Akk*) (*gehoben*); ich kann mich des Eindrucks nicht erwehren
er|weich|bar · er|wei|chen; *Konjugation vgl.* [1]weichen · Er|wei|chung
Er|weis, der, _es, _e (*veraltend*) · er|wei|sen; sich (*Akk*) _ · er|weislich (*veraltet*; nachweislich) · Erwei|sung
er|wei|tern *K 363*; *K 119*: die erweiterte Oberschule; *aber K 259*: die Erweiterte Oberschule Frankenberg (*Abk* EOS Frankenberg) · Er|weite|rung
Er|werb, der, _[e]s, _e · er|werben · Er|wer|ber · er|werbs|fähig · Er|werbs|fä|hig|keit, die, _ · Er|werbs|min|de|rung, die, _ · erwerbs|un|fä|hig · Er|wer|bung
er|wi|dern *K 363* · Er|wi|de|rung
er|wie|sen *K 364* · er|wie|se|nerma|ßen *K 176*
Er|win (m. Vn.) (‚Heer' + ‚Freund')
er|wir|ken
er|wirt|schaf|ten; Gewinn _
er|wi|schen (*umg*)
er|wor|ben *K 364*
er|wünscht; *K 115*: am _esten
er|wür|gen
ery|man|thisch ⟨*grch*⟩; *K 258*: der Erymanthische Eber (*griech Sage*) · Ery|man|thos, der, _ (Gebirge auf dem Peloponnes) ⟨*grch*⟩
Ery|si|pel, das, _s (*Med*; Gesichts-, Wundrose) ⟨*grch*⟩
Ery|thräi|sche Meer *K 258*, das, *Gen* _n _[e]s (*Altertum*; das Rote Meer) ⟨*grch* → *lat*⟩
Ery|thro|zy|ten *Pl* (*Med*; rote Blutkörperchen); *Sg* Ery|thro|zyt, der, _en *od* Ery|thro|zy|te, die, _ ⟨*grch*⟩
Erz, das, _es, _e
erz..., Erz... (*verstärkend*; z. B. erzfaul, Erzschelm) ⟨*grch* → *lat*⟩
Erz|ader
er|zäh|len · Er|zäh|ler · er|zäh|lerisch · Er|zäh|lung
Erz|berg|bau, der, _[e]s
Erz|bi|schof · erz|bi|schöf|lich
er|zei|gen (*gehoben*; erweisen); sich (*Akk*) dankbar _
er|zen *K 364* (*gehoben*; von Erz)
Erz|en|gel (*N. T.*)
er|zeu|gen · Er|zeu|ger · Er|zeuger‿land, ...preis · Er|zeug|nis · Er|zeug|nis|grup|pe · Er|zeu|gung
erz|faul
Erz|ge|bir|ge, das, _s (in der DDR u. der ČSSR) · erz|ge|bir|gisch; *K 238*: _e Schnitzkunst; *vgl. aber* gebirgig · Erz|ge|birg|ler, *auch* Erz|ge|bir|ger, der, _s, _ · Erz|gewin|nung · erz|hal|tig
Erz‿her|zog, ...her|zo|gin
erz|höf|fig (*bergm*; eine reiche Ausbeute an Erz versprechend)
er|zie|hen · Er|zie|her · Er|zie|herin, die, _, ..innen · er|zie|herisch · Er|zie|hung, die, _ · Er|ziehungs|be|rech|tig|te, der *u.* die, _n, _n *K 341*
er|zie|len · Er|zie|lung, die, _
er|zit|tern
Erz‿schelm, ...spitz|bu|be
er|zür|nen
er|zwin|gen · Er|zwin|gung, die, _ · er|zwun|ge|ner|ma|ßen *K 176*
[1]es: 1. *Nom des Personalpron*; *K 57*: er ist's, er war's, er sprach's, 's ist nicht anders, 's war einmal; es sei denn, daß... (*vgl. auch K 450*); *K 97*: das unbestimmte Es – 2. *alter Gen des Personalpron, nur noch in Wendungen wie* ich bin es zufrieden, ich bin es müde, ich weiß es dir Dank, ich war mir's bewußt; ehe man sich's versieht
[2]es: 1. das, _, _ (*Mus*; Tonbezeichnung) – 2. (*Mus*; Tonartbezeichnung [↑ es-Moll]) · Es: 1. das, _, _ (*Mus*; Tonbezeichnung) – 2. (*Mus*; Tonartbezeichnung [↑ Es-Dur])
Esau (*A. T.*; männl. bibl. Gestalt) ⟨*hebr* → *grch* → *lat*⟩
Es|cha|to|lo|gie [ɛsça..], die, _ (*Theol*; Vorstellung vom Endschicksal des einzelnen u. der Welt) ⟨*grch*⟩ · es|cha|to|lo|gisch (*Theol*)
Esche, die, _, _n (ein Laubbaum) · eschen *K 364* (aus Eschenholz)
E-Schicht *K 186*, *älter* Hea|vi|sideschicht ['hɛvisait..] *K 209* ⟨*nach dem engl. Physiker*⟩, die, _ (*Met*; mittelste Schicht der Ionosphäre)
Es|co|rial, der, _s (Schloß u. Kloster in Mittelspanien) ⟨*grch* → *lat* → *span*, ‚Schlackenhalde'⟩
Es|cu|do, der, _[s], *Pl* _[s] *u. bei Wertangabe* (*K 310*) Escudo (Währungseinheit in Portugal); *Abk* Esc, *Zeichen* $ ⟨*lat* → *portug*⟩
Es-Dur *K 186*, das, _ (*Mus*; Tonart), *Zeichen* Es; in Es-Dur *od* in Es · Es-Dur-Ton|lei|ter *K 188* (*Mus*)
Esel, der, _s, _ ⟨*lat*⟩ · Esel|chen · Ese|lei (*umg*) · esel|haft · Ese|lin, die, _, ..innen · Esels‿brücke [*Tr* ...brük|ke], ...ohr
ESER, das, _ *Kurzw* (*E*inheitssystem der *e*lektron. *R*echentechnik)
Es|fa|han *od* Is|fa|han [*od. beide* ..'ha:n] (Stadt in Iran) ⟨*pers*⟩
Es|ka|dron, die, _, _en (*Milit hist*) ⟨*lat* → *frz*⟩
es|ka|la|die|ren (*Milit*; ein Hindernis nehmen, erstürmen) ⟨*lat* → *frz*⟩ · Es|ka|la|dier|wand (*Milit*) · Es|ka|la|tion (ständige Steigerung [von Aggressionshandlungen u. a.]) ⟨*lat* → *frz* → *engl*⟩ · es|ka|lie|ren
Es|ka|mo|ta|ge [..'ta:ʒə, *österr* ..'ta:ʒ] (*veraltet*; Taschenspielerei) ⟨*lat* → *span* → *frz*⟩ · Es|ka|mo|teur [..'tø:r], der, _s, _e (*veraltet*; Taschenspieler, Zauberkünstler) · eska|mo|tie|ren (*veraltet*; etw. heimlich verschwinden lassen, wegzaubern)
Es|ka|pa|de (*Reitsp*; falscher Sprung eines Pferdes – *übertr*; mutwilliger Streich) ⟨*lat* → *ital* → *frz*⟩
Es|ki|mo, der, _[s], _[s] (Angehöriger eines arkt. Volkes) ⟨*indian* (‚Rohfleischesser') → *frz*⟩ · es|kimo|isch · Es|ki|mo|spra|che, die, _
Es|kor|te, die, _, _n ([militär.] Be-

deckung, Geleit) ⟨*lat* → *ital* → *frz*⟩ · **es|kor|tie|ren**

es-Moll *K 186*, das, – (*Mus*; Tonart), *Zeichen* es; in es-Moll *od* in es · **es-Moll-Ton|lei|ter** *K 188* (*Mus*)

Eso|te|ri|ker, der, –s, – (in eine Geheimlehre Eingeweihter) ⟨*grch*⟩ · **eso|te|risch** (nur für Eingeweihte bestimmt; geheim); *Ggs* exoterisch

Es|pa|gno|le [ɛspa'njo:lə *od* ..'njɔl], die, –, –n [..'njo:lən] (ein span. Tanz) ⟨*span* → *frz*⟩ · **Es|pa|gno|let|te** [ɛspanjɔ..], die, –, –n (Drehriegel als Fensterverschluß) · **Es|pa|gno|let|te|ver|schluß**

Es|par|set|te, die, – (eine Futterpflanze, Schmetterlingsblütler) ⟨*prov* → *frz*⟩

Es|par|to ⟨*grch* → *lat* → *span*⟩, der, –s *od* **Hal|fa** ⟨*arab*⟩, die, – *bzw* **Es|par|to|gras**, das, –es *od* **Hal|fa|gras**, das, –es (eine Grasart)

Es|pe, die, –, –n (Zitterpappel) · **es|pen** *K 364* (aus Espenholz) · **Es|pen|laub**

Es|pe|ran|tist (Kenner, Anhänger des Esperantos) ⟨*lat* → *rom* → *Esperanto*⟩ · **Es|pe|ran|to**, das, –[s] (eine Plansprache)

Es|pla|na|de (großer freier Platz) ⟨*lat* → *span* → *frz*⟩

es|pres|si|vo [..v..] (*Mus*; ausdrucksvoll) ⟨*lat* → *ital*⟩ · **Es|pres|so**: 1. der, –s, *Pl* –[s] *od* ..ssi (in der Maschine bereiteter, starker Kaffee) – 2. das, –[s], –[s] (kleines Café)

Es|prit [..'pri:], der, –s (Geist, Witz) ⟨*lat* → *frz*⟩

Es|ra (*A. T.*; männl. bibl. Gestalt) ⟨*hebr*⟩

Es|say ['ɛse: *od* ɛ'se:, *österr nur so*] ⟨*lat* → *frz* → *engl*, ‚Versuch'⟩, *auch* **Es|sai** [ɛ'se:] ⟨*lat* → *frz*⟩, der *od* das, –s, –s (Abhandlung in knapper, allgemeinverständlicher Form) · **Es|say|ist** [ɛse'ist] *K 88* (Verfasser von Essays) · **Es|sayi|stik**, die, – · **es|sayi|stisch** *K 81*

eß|bar · **Eß|bar|keit**, die, –

Es|se, die, –, –n (*landsch*; Schornstein)

es|sen; du ißt *K 354*, er ißt; du aßest; du äßest; gegessen; iß!; zu Abend –; sich (*Akk*) satt – · **¹Es|sen**, das, –s, –

²Es|sen (Stadt im W der BRD) · **Es|se|ner**: 1. *K 231*: der, –s, –; 2. *als Attribut K 232*

Es|sen|keh|rer (*landsch*)

es|sensch *od* **es|se|nisch** ⟨*zu* ²Essen⟩

Es|sens|zeit

es|sen|tiell (wesentlich; lebensnotwendig) ⟨*lat* → *frz*⟩; *K 119*: –e Aminosäuren (*Biochem*) · **Es|senz**: 1. die, – (Wesen; Hauptbegriff; Geist) – 2. die, –, –en (Auszug, konzentrierte Lösung) ⟨*lat*⟩

Es|ser · **Es|se|rei** (*abwert*)

Es|sex [*od* 'ɛsiks] (Grafschaft in England)

Eß|gier

Es|sig, der, –s, –e ⟨*lat*⟩. *Zus K 365 ff.*: Essig‿gurke usw. · **Es|sig|mut|ter**, die, – (die sich im Essig bildende Bakterienkultur) ⟨*zu* Moder⟩ · **es|sig|sau|er** *K 128*; essigsaure Tonerde · **Es|sig|säu|re** *od* **Äthan|säu|re**[1], die, –

Eß|löf|fel · **eß|löf|fel|wei|se** *K 176* · **Eß|lust**, die, – · **eß|lu|stig** · **Eß|tisch** · **Eß|un|lust** · **Eß|wa|ren** *Pl*

Esta|blish|ment [is'tɛbliʃmənt], das, –s (*oft abwert*; etablierte bürgerl. Oberschicht) ⟨*engl*⟩

Estam|pe [ɛs'tã:p(ə)], die, –, –n [..pən] (Abdruck eines Holz-, Kupfer- od. Stahlstichs) ⟨*germ* → *ital* → *frz*⟩

Estan|zia, *auch* **Estan|cia** [..sĭa], die, –, –s (Gehöft, Viehzuchtfarm in Südamerika) ⟨*lat* → *span*⟩

Este (*österr nur so*), der, –n, –n *od* **Est|län|der**, der, –s, –

Ester, der, –s, – (*Chem*; eine organ. Verbindung) ⟨*Kurzw aus* Essigäther⟩

Esther (1. *A. T.*; weibl. bibl. Gestalt – 2. w. Vn.) ⟨*pers* → *hebr*, ‚Stern'⟩

Est|land, *ohne Art, amtl* **Est|ni|sche So|zia|li|sti|sche So|wjet|re|pu|blik** *K 258*, die, *Gen* –n –n – (im NW der UdSSR) · **Estländer** ↑Este · **est|län|disch** · **est|nisch**; *vgl. K 266 f.* · **Est|nisch**, das, *Gen* –[s], *Dat* – (Sprachbezeichnung *K 268 ff.*) · **Est|ni|sche**, das, *Gen* –n, *Dat* –n (Sprachbezeichnung *K 271*)

Esto|mi|hi (*christl Rel*; Name des letzten Sonntags vor der Passionszeit) ⟨*lat*, ‚sei mir' [ein starker Fels]⟩

Estra|de: 1. ⟨*lat* → *frz*⟩ (*veraltend*; erhöhter Tritt, Platz) – 2. ⟨*lat* → *frz* → *russ*⟩ *od* **Estra|den|kon|zert** (volkstümliche künstlerische Veranstaltung mit gemischtem Programm von Musik, Tanz u. Artistik)

Estra|gon ⟨*arab* → *lat* → *frz*⟩, *selten* **Dra|gon** ⟨*arab* → *lat*⟩, der, –s (eine Gewürzpflanze, Korbblütler)

Estre|ma|du|ra: 1. (Küstenlandsch. im SW Portugals; Landsch. im SW Spaniens) – 2. die, – (ein Garn) ⟨*lat* → *span* + *portug*⟩

Est|rich, der, –s, –e (fugenloser Fußboden aus Beton u. a. – *schweiz*; Dachraum) ⟨*grch* → *lat*, ‚Pflaster'⟩

Es|zett, das, –, – (Buchstabe »ß«)

[1] *Vgl.* Fußnote zu »Äthan«.

et [ɛt] (und); *Zeichen* [in Firmenbezeichnungen] & ⟨*lat*⟩; *vgl. auch* et cetera

Eta, das, –[s], –s (*österr auch* –) (griech. Buchstabe [langes E]: *H, η*) ⟨*semit* → *grch*⟩

eta|blie|ren (festsetzen; gründen, begründen) ⟨*lat* → *frz*⟩; sich (*Akk*) – (sich [geschäftl.] niederlassen; einen festen Bestand erlangen) · **Eta|blier|te**, der *u.* die, –n, –n *K 341* · **Eta|blis|se|ment** [..blis(ə)'mã: *od* ..'maŋ, *österr nur* ..blis'mã:], das, –s, –s *u. schweiz auch* [..'mɛnt], das, –s, –e (Geschäft; Vergnügungslokal)

Eta|ge [e'ta:ʒə, *österr* e'ta:ʒ] (Stockwerk, Obergeschoß) ⟨*lat* → *frz*⟩ · **eta|gen|för|mig** · **Eta|gen|hei|zung** · **Eta|ge|re** [..'ʒɛ:rə], die, –, –n (stufenförmig angeordnete Schalen für Obst u. ä. – *veraltend*; Wandgestell)

Eta|lon [..'lɔŋ *od* ..'lõ:], der, –s, –s (*Meßtechn*; Normalmeßmittel, Eichmaß) ⟨*germ* → *frz*⟩

Eta|min, das, *österr* der, –s *od* **Eta|mi|ne**, die, – (gazeartiges, leichtes Gewebe) ⟨*lat* → *frz*⟩

Etap|pe, die, –, –n (Teilstrecke, Strecke, Abschnitt; Stufe) ⟨*ndrl* → *frz*, ‚Stapelplatz'⟩ · **Etap|pen|ren|nen** (*Sport*) · **etap|pen|wei|se** *K 176*

Etat [e'ta(:)], der, –s, –s (Staatshaushalts-, Haushaltsplan) ⟨*lat* → *frz*, ‚Stand'⟩ · **eta|ti|sie|ren** [etati..] (in den Etat aufnehmen) · **etat|mä|ßig** [e'ta(:)..] (zum Staatshaushalt gehörig; planmäßig; zum Bestand gehörig)

Eta|zis|mus, der, – (*Phon*; Aussprache des altgriech. Eta als langes E) ⟨*grch* → *lat*⟩

et ce|te|ra (und so weiter); *Abk* etc. ⟨*lat*⟩

ete|pe|te|te (*umg*; zimperlich, geziert; übertrieben feinfühlig)

Ete|sien [..ĭən] *Pl* (jahreszeitl. Winde im Mittelmeergebiet) ⟨*grch*⟩ · **Ete|sien|kli|ma**, das, –s (*Met*; Klima mit feuchten Wintern u. trockenen Sommern)

Ethan ↑*unter* Äthan · **Ethanal** ↑*unter* Azetaldehyd · **Ethanol** ↑*unter* Äthanol · **Ethansäure** ↑*unter* Essigsäure · **Ethen** ↑*unter* Äthen · **Ether** usw. ↑*unter* Äther usw.

Ethik, die, – (Sittenlehre; Lehre vom sittlichen Wollen u. Handeln der Menschen untereinander u. in Beziehung zur Gesellschaft) ⟨*grch*⟩ · **Ethi|ker**, der, –s, – (Vertreter, Lehrer der Ethik) · **ethisch**

Ethin ↑*unter* Äthin

eth|nisch (volkseigentümlich, Volks...) ⟨*grch*⟩

Eth|no|graph, der, –en, –en (Wissenschaftler auf dem Gebiet der Ethnographie) ⟨*grch*⟩ · **Eth|no|gra|phie,** die, – ([beschreibende] Völkerkunde) · **eth|no|gra|phisch**

Eth|no|lo|ge, der, –n, –n (Wissenschaftler auf dem Gebiet der Ethnologie) ⟨*grch*⟩ · **Eth|no|lo|gie,** die, – ([vergleichende] Völkerkunde) · **eth|no|lo|gisch**

Etho|lo|gie, die, – (Lehre vom Verhalten der Tiere u. des Menschen) ⟨*grch*⟩ · **etho|lo|gisch**

Ethos, das, – (die sittl. Gesamthaltung) ⟨*grch*⟩

Ethyl ↑ *unter* Äthyl

Etienne [e'tiɛn], die, – (*Polygr*; eine Antiquaschrift) ⟨*nach* dem Pariser Buchdrucker⟩

Eti|kett, das, –s, *Pl* –en *od* –s, *auch* –e, *österr u. schweiz auch* **Eti|ket|te,** die, –, –n (Warenkennzeichnung; Aufschrift; Preiszettel, -schild) ⟨*ndrl* → *frz*⟩ · **Eti|ket|te:** 1. die, – (Gesamtheit der zur Förmlichkeit erstarrten Umgangsformen) – 2. ↑Etikett · **eti|ket|tie|ren** (mit einem Etikett versehen)

et|li|che *Indefinitpron* (*veraltend*; einige):

1. *f Sg*: *zur Angabe von Maß- u. Zahlverhältnissen*: nach etlicher Zeit; *vgl. auch* etliches

2. *Pl*: *a.* (einige); etliche Menschen; *K 340*: etliche ähnliche Fälle; *K 120*: nur etliche [wenige] behaupten dies – *b.* (*vor Kardinalzahlen* ungefähr, etw. über); etliche zwanzig

et|li|che|mal *K 176* (*veraltend*), *aber K 175*: etliche Male · **et|li|ches** (*veraltend*; manches, einiges wenige); *K 120*: es fiel ihm etliches ein; *K 95*: etliches Gute; *vgl. auch* etliche (1)

Et|mal, das, –[e]s, –e (*Schiff*; Zeit von Mittag bis Mittag, Schiffstagereise)

Eton ['i:t(ə)n] (engl. Schulstadt westl. von London)

Etru|rien [..iən] (*Altertum*; Landsch. in Mittelitalien) ⟨*lat*⟩ · **Etrus|ker,** *auch* **Tyr|rhe|ner** ⟨*grch*⟩, der, –s, – (*Altertum*; Angehöriger eines Volkes in Mittelitalien) · **etrus|kisch** ⟨*lat*⟩; *vgl. auch K 265ff.*

Etsch, die, –, *italien* **Adi|ge** ['a:didʒe], der, – (Fluß in Oberitalien)

Et|ters|berg, der, –[e]s (Höhenrükken bei Weimar)

Etü|de, die, –, –n (*Mus*; Übungsstück) ⟨*lat* → *frz*⟩

Etui [ɛt'vi:], das, –s, –s (Hülle, Behältnis) ⟨*frz*⟩

et|wa; in – (annähernd, ungefähr) · **et|wa|ig** [..va:iç] (*bürospr*) · **etwas;** *K 95*: etwas Ähnliches, Dementsprechendes, Neues, *aber K 120*: etwas anderes; das ist doch etwas; wenn du etwas tust, was unrecht ist, ...; *vgl. auch* was · **Et|was,** das, –, –; das gewisse Etwas

et|wel|che *Pl* (*veraltet u. schweiz*; einige)

Ety|mo|lo|ge, der, –n, –n (Wissenschaftler auf dem Gebiet der Etymologie) ⟨*grch*⟩ · **Ety|mo|lo|gie,** die, –, ..ien (Lehre von der Herkunft, der Geschichte u. der Bedeutung der Wörter) · **ety|mo|lo|gisch** · **Ety|mon,** das, –s, ..ma (*Sprachw*; Grundbedeutung eines Wortes; Stamm-, Wurzelwort)'

Et-Zei|chen ['ɛt..] *K 187* (Und-Zeichen: &) ⟨*lat*⟩; *vgl. auch* et

etz|li|che *Indefinitpronomen* (*noch scherzh*; einige)

Eu|bio|tik, die, – (*Med*; die Kunst, gesundheitsgemäß zu leben) ⟨*grch*⟩

Eu|böa (Insel vor der Ostküste Griechenlands) ⟨*grch* → *lat*⟩ · **eu|bö|isch**

euch (*Dat u. Akk des Personalpron* »ihr« *Pl*); *in Briefen K 98*: Euch

Eu|cha|ri|stie [..ç..], die, –, ..ien (*kath Kirche*; das Dankgebet vor dem Abendmahl; die Abendmahlsfeier; Altarsakrament) ⟨*grch*, ‚Danksagung'⟩ · **eu|cha|ri|stisch** (*kath Kirche*); *K 258*: der Eucharistische Kongreß

eu|er:

1. *Possessivpron m* euer, *f* eu[e]re *K 363*, *n* euer (*vgl. auch* eu[e]re). *Großschreibung*: a) *in Briefen K 98*: Euer Sohn usw.; b) *in Titeln gehoben*: Euer *od* Eu[e]re *od* Ew. Exzellenz usw., *Gen* Euer *od* Eurer *od* Ew. Exzellenz usw.

2. *Gen des Personalpron* »ihr« *Pl* (*gehoben*); euer (*nicht* eurer) sind drei, sind wenige; ich erinnere mich euer (*nicht* eurer). *Großschreibung in Briefen K 98*: ich gedenke Euer

eu[e]|re[1] *od* **eu|ri|ge**[1]; der, die, das eu[e]re *od* eurige (*gehoben*). *Kleinschreibung K 122*: Wessen Bücher sind das? Sind es die euern, euren *od* eurigen? (*gehoben*) – *Großschreibung K 97*: die Euern, Euren *od* Eurigen (eure Angehörigen); das Eu[e]re *od* Eurige (eure Habe, das euch Zukommende); ihr müßt das Eu[e]re *od* Eurige tun

euerseits ↑ eurerseits · **euersgleichen** ↑ euresgleichen · **euerthalben** ↑ eurethalben · **euertwegen** ↑ euretwegen · **euertwillen** ↑ euretwillen

Eu|gen ['ɔyge:n *od* ɔy'ge:n, *auch* 'ɔygən] (m. Vn.) ⟨*grch*, ‚der Wohlgeborene'⟩ · **Eu|ge|nie** [..ĭə] (w. Vn.)

Eu|ge|nik *od* **Eu|ge|ne|tik,** die, – (*Genetik*; Erbgesundheitslehre, -forschung) ⟨*grch*⟩

Eu|ka|lyp|tus, der, –, *Pl* ..ten *od* – (immergrüner, an äther. Ölen reicher Laubbaum) ⟨*grch* → *lat*⟩ · **Eu|ka|lyp|tus|öl**

eu|kli|disch *K 218* (*Math*) ⟨*grch* → *lat*, *nach* dem altgriech. Mathematiker Euklid⟩; die –e Geometrie; *vgl. auch* nichteuklidisch · **Eu|kli|disch** *K 217*

Eu|le, die, –, –n (*landsch auch für* langstieliger Besen, Deckenbesen). *Zus K 365ff.*: Eulen‿ruf usw. · **eu|len|äu|gig** · **Eu|len|flucht,** die, – (*norddt*; Abenddämmerung) · **Eu|len|spie|ge|lei** (Schelmenstreich) ⟨*nach* dem niederdt. Schalksnarren Eulenspiegel⟩

Eu|me|ni|den *Pl* (*griech Mythol*; beschönigender Name für die Erinnyen); *Sg* Eu|me|ni|de, die, – ⟨*grch*, ‚die Wohlmeinenden'⟩

Eu|no|mia [*od* ..'mi:a] (*griech Mythol*; Göttin der Gesetzmäßigkeit, eine der drei Horen) ⟨*grch*⟩

Eu|nuch [..'nu:x], der, –en, –en (Kastrat; Haremswächter) ⟨*grch*⟩

Eu|phe|mis|mus, der, –, ..men (*Stilistik*; beschönigende Bezeichnung, Hüllwort) ⟨*grch* → *lat*⟩ · **eu|phe|mi|stisch** (*Stilistik*); –ste ⟨*grch*⟩

Eu|pho|nie, die, –, ..ien (Wohlklang, Wohllaut) ⟨*grch*⟩ · **eu|pho|nisch** (wohlklingend – *Sprachw*; des Wohlklangs wegen eingeschoben, z. B. t in anderthalb)

Eu|pho|rie, die, – (Hochstimmung; Wohlbefinden [trotz schwerer organ. Krankheit]) ⟨*grch*⟩ · **eu|pho|risch;** –ste · **eu|pho|ri|sie|ren** (*bes Med*); euphorisierende Drogen

Eu|phrat, der, –[s] (Strom in Vorderasien) ⟨*akkad* → *grch* → *lat*⟩

Eu|phro|sy|ne [..nə *od* ..ne:] (*griech Mythol*; eine der drei Chariten) ⟨*grch*, ‚die Frohsinnige'⟩

Eu|pnoe [..'pno:e:, *auch* ..'pnø:], die, – (*Med*; das leichte, mühelose Atmen) ⟨*grch*⟩

Eu|ra|sien [..iən] (das Festland von Europa u. Asien) · **eu|ra|sisch**

eure ↑ eu[e]re · **Eure, Eurer** ↑ euer (1) · **eu|rer|seits**[1] *od* **eu|er|seits**[1] · **eu|res|glei|chen**[1], *österr nur so, od* **eu|ers|glei|chen**[1] · **eu|ret|hal|ben**[1], *österr nur so, od* **eu|ert|hal|ben**[1] (*veraltend*) · **eu|ret|we|gen**[1], *österr nur so, od* **eu|ert|we|gen**[1] · **eu|ret|wil|len**[1], *österr nur so, od* **eu|ert|wil|len**[1]; *nur in* um – · **eurige** ↑ eu[e]re

[1] *In Briefen K 98*: Eu[e]re usw. *Vgl. auch K 363.*

[1] *In Briefen K 98*: Eu[e]re usw. *Vgl. auch K 363.*

eu|ri|pi|de|isch *K 218* ⟨*grch, nach* dem altgriech. Tragödiendichter Euripides⟩ · **Eu|ri|pi|de|isch** *K 217*
Eu|ro|pa (Erdteil – *griech Sage*; phönik. Königstochter) ⟨*semit → grch → lat*⟩. *Zus K 365ff.*: Europa-meister, ...pokal usw. · **Eu|ro|pä|er,** der, _s, _ · **eu|ro|pä|isch;** *K 238*: die europäische Türkei, *aber K 258*: das Europäische Nordmeer · **eu|ro|pid** ⟨*semit + grch*⟩; _er Rassenkreis (*Anthrop*; Gruppe vorwiegend in Europa u. Vorderasien lebender Menschen) · **Eu|ro|pi|de,** der *u.* die, _n, _n *K 341* (*Anthrop*)
Eu|ro|pium, das, _s (chem. Element, Metall); *Zeichen* Eu ⟨*semit + lat*⟩
eu|ro|po|id (*Anthrop*; ähnlich wie der Europide aussehend) ⟨*semit + grch*⟩ · **Eu|ro|po|ide,** der *u.* die, _n, _n *K 341* (*Anthrop*)
Eu|ro|vi|sion [..v..], die, _ (Zusammenschluß westeurop. Fernsehgesellschaften zum Austausch von Fernsehsendungen u. Direktübertragungen) ⟨*Kurzw aus euro*päisch + Tele*vision*⟩
Eu|ry|di|ke [..'ry:dike: *od* ..ry'di:ke:] (*griech Sage*; Frau des Orpheus) ⟨*grch*⟩
eu|ry|therm (*Biol*; *von Pflanzen u. Tieren gesagt*; widerstandsfähig gegenüber starken Temperaturschwankungen) ⟨*grch*⟩; *Ggs* stenotherm · **eu|ry|top** (*Biol*; *von Pflanzen u. Tieren gesagt*; weit verbreitet, in verschiedenen Lebensräumen vorkommend); *Ggs* stenotop
Eu|sta|chi|sche Röh|re [..x.. _] *K 217*, die, *Gen* _n _ (*Anat*; Ohrtrompete) ⟨*nach* dem italien. Anatomen Eustachio [eu'stá:kio]⟩
Eu|ter, das, _s, _
Eu|ter|pe [..pə *od* ..pe:] (*griech Mythol*; Muse der lyr. Dichtung) ⟨*grch*⟩
Eu|tha|na|sie, die, _ (Herbeiführung des Todes [vom Hitlerfaschismus verbrecherisch mißbraucht] od. Sterbeerleichterung durch Medikamente bei unheilbar Kranken) ⟨*grch*⟩
eu|troph (*fachspr*; nährstoffreich) ⟨*grch*⟩ · **Eu|tro|phie,** die, _ (*Med*; guter Ernährungszustand) · **Eu|tro|phie|rung** (*Umweltschutz*; unerwünschte Anreicherung der Gewässer mit Pflanzennährstoffen)
Eva [..f.. *od* ..v..] (1. die Frau Adams in der Bibel – 2. w. Vn.) ⟨*hebr*, ‚Leben'⟩
Eva|kua|tion [..v..] (*Techn*; das Luftleermachen eines Raumes) ⟨*lat*⟩ · **eva|ku|ie|ren** · **Eva|ku|ie|rung** (Räumung eines Gebietes, Aussiedlung von Bewohnern)
Evan|ge|liar [evaŋge..], das, _s, *Pl* _e *od* _ien [..iən] (*kath Kirche*; Sammlung von Evangelienabschnitten zur gottesdienstl. Lesung) ⟨*grch → lat*⟩ · **Evan|ge|li|sa|tion** (*ev Kirche*; Verkündigung des Evangeliums) · **evan|ge|lisch** (zum bibl. Evangelium, zur Bibel gehörig; protestantisch); *Abk* ev. · **evan|ge|lisch-lu|the|risch** [..'lu.., *auch noch* ..'te:..] *K 189*; *Abk* ev.-luth. · **evan|ge|lisch-re|for|miert** *K 189*; *Abk* ev.-ref. · **Evan|ge|list** (Verfasser eines der vier Evangelien; freikirchl. Prediger) · **Evan|ge|lium:** 1. das, _s (die Botschaft von Jesus) – 2. das, _s, ..ien [..iən] (eine der vier neutestamentl. Schriften über das Leben Jesu); *Abk* Ev. ⟨‚gute Botschaft'⟩
Eva|po|ra|tion [..v..] (*fachspr*; Verdampfung, Ausdünstung) ⟨*lat*⟩ · **Eva|po|ra|tor,** der, _s, ..oren (*fachspr*; Verdampfer) · **eva|po|rie|ren** (*fachspr*); evaporierte (eingedampfte) Milch
Eva|sion [..v..] (Entweichung) ⟨*lat*⟩
Evas|toch|ter [..f.. *od* ..v..] (*scherzh*)
Evek|tion [..v..], die, _ (*Astron*; durch die Sonne hervorgerufene Störung der Mondbewegung) ⟨*lat*⟩
Eve|li|ne [..v..] (w. Vn.) ⟨*kelt → engl*⟩
Even|tu|al|an|trag [..v..] (*Rechtsw*; Neben-, Hilfsantrag) · **Even|tua|li|tät** (Möglichkeit, möglicher Fall) ⟨*lat*⟩ · **even|tu|ell** [*auch* 'e:..]: 1. *Adj* (möglicherweise eintretend) – 2. *Adv* (möglicherweise, gegebenenfalls, vielleicht, unter Umständen); *Abk* evtl. ⟨*lat → frz*⟩
Ever|green ['ɛvərgri:n], der, *auch* das, _s, _s, *meist Pl* (populär gebliebener Schlager der Tanz- u. Unterhaltungsmusik) ⟨*engl*, ‚Immergrün'⟩
Ever|te|bra|ten [..v..] *od* **In|ver|te|bra|ten** *Pl* (*Zool*; die wirbellosen Tiere, Wirbellose); *Sg* Ever|te|brat *od* In|ver|te|brat, der, _en ⟨*lat*⟩
evi|dent [..v..] (augenscheinlich, offenbar; einleuchtend) ⟨*lat*⟩ · **Evi|denz:** 1. die, _ (völlige Klarheit) – 2. die, _, _en (*österr bürospr*; handliche Übersicht)
Evo|lu|tion [..v..] (*bes Biol, Philos*; [allmähl. fortschreitende] Entwicklung) ⟨*lat*⟩ · **evo|lu|tio|när** · **Evol|ven|te** [evɔl'vɛntə], die, _, _n (math. Kurve) · **evol|vie|ren** (entwickeln, entfalten)
ev|vi|va! [ɛ'vi:va] (»er lebe [hoch]!«) ⟨*ital*⟩
Ewald (m. Vn.) ⟨‚Recht' + ‚walten'⟩
Ewen|ke, *früher* **Tun|gu|se,** der, _n, _n (Angehöriger eines Volkes in Mittel- u. Ostsibirien)
Ewer, der, _s, _ (*seem*; früheres Küsten[fischerei]fahrzeug) ⟨*nd*, ‚Ein-[mann]fahrer'⟩
ewig; ein ewiges Einerlei (*umg*); *K 119*: der ewige Kalender, *aber K 258*: der Ewige Jude (Ahasver), die Ewige Lampe *od* das Ewige Licht (*kath Kirche*), die Ewige Stadt (Bez. für Rom) · **Ewig|keit** · **ewig|lich** (*noch dicht*); auf _ · **Ewig|weib|li|che,** das, _n *K 341*
ex..., **Ex...,** *vor Konsonanten oft auch* **e...,** **E...,** *vor* f *immer* **ef...,** **Ef...** (*in Zus* aus, heraus, auf, ent... [z. B. examinieren, Evolution, effilieren] – *in neueren Zus* gewesen, ehemalig, abgedankt [z. B. Exweltmeister]) ⟨*lat*⟩
Exa... (Vorsatz bei Einheiten = das 10^{18}fache der genannten Einheit [z. B. Exabecquerel]); *Vorsatzzeichen* E... (z. B. EBq) ⟨*grch*⟩ · **Exa|bec|que|rel** [..bɛk(ə),rɛl] (10^{18} Bq); *Einheitenzeichen* EBq
ex|akt (genau; sorgfältig; pünktlich) ⟨*lat*⟩ · **Ex|akt|heit,** die, _
Ex|al|ta|tion (Aufregung; Überspanntheit; krankhaft gehobene Stimmung) ⟨*lat*⟩ · **ex|al|tiert**
Ex|amen, das, _s, *Pl* _ *od* ..mina (Prüfung, bes. Abschlußprüfung) ⟨*lat*⟩ · **Ex|amens|ar|beit** · **Ex|ami|nand** *K 20*, der, _en, _en (Prüfling) · **Ex|ami|na|tor,** der, _s, ..oren (Prüfender) · **ex|ami|nie|ren** (prüfen)
Ex|an|them, das, _s, _e (*Med*; Hautausschlag) ⟨*grch*⟩
Ex|au|di (*ev Kirche*; Name des 6. Sonntags nach Ostern) ⟨*lat*, ‚erhöre!'⟩
ex ca|the|dra (vom päpstl. Stuhl, aus päpstl. Vollmacht; unfehlbar) ⟨*lat*⟩
ex|cu|dit (*veraltet*; Signatur auf alten Kupfer- od. Holzstichen); *Abk* exc., excud. ⟨*lat*, ‚hat [es] gestochen, verlegt od. gedruckt'⟩
Ex|edra, die, _, ..edren (*Arch*; [halbrunde] Nische) ⟨*grch*⟩
Ex|ege|se, die, _, _n (Erklärung, Auslegung [bes. der Bibel]) ⟨*grch*⟩ · **Ex|eget,** der, _en, _en (Bibelausleger) · **ex|ege|tisch** ([die Bibel] erklärend, deutend)
exe|ku|tie|ren (vollziehen, [ein Urteil] vollstrecken; hinrichten – *österr auch für* pfänden) ⟨*lat*⟩ · **Exe|ku|tion** (Vollzug, Vollstreckung [eines Urteils]; Hinrichtung – *österr auch für* Pfändung) · **exe|ku|tiv** (ausführend; vollziehend, vollstreckend) · **Exe|ku|ti|ve** [..v..], die, _ *od* **Exe|ku|tiv|ge|walt** [..f..] (*Pol*; vollziehende Staatsgewalt) · **Exe|ku|tiv|ko|mi|tee** (*Pol*) · **Exe|ku-**

tor, der, _s, ..oren (Vollstrecker – *österr*; Gerichtsvollzieher) · **exe|ku|to|risch** (durch Zwang erfolgend, die Vollstreckung betreffend)

Ex|em|pel, das, _s, _ ([warnendes] Beispiel) ⟨*lat*⟩ · **Ex|em|plar,** das, _s, _e (das einzelne Stück; Einzelbuch, -bild); *Abk* Ex. *od* Expl. · **ex|em|pla|risch** (beispielhaft; warnend, abschreckend); _ste · **Ex|em|pli|fi|ka|tion** (Erläuterung durch Beispiele) · **ex|em|pli|fi|zie|ren**

Exe|qua|tur, das, _s, ..uren (staatl. Erlaubnis für einen ausländ. Konsul zur Ausübung seines Amtes) ⟨*lat*, ‚er vollziehe!'⟩ · **Exe|quien** [..iən] *Pl* (*kath Kirche*; Begräbnis[feierlichkeiten]) · **exe|quie|ren** (*Rechtsw veraltet*; vollstrecken, eintreiben, pfänden)

ex|er|zie|ren (militärisch üben, ausbilden; einüben) ⟨*lat*⟩ · **Ex|er|zi|tium,** das, _s, ..ien [..iən] (*veraltend*; Übung, Übungsstück) – **Ex|er|zi|tien** [..iən] *Pl* (geistl. Übungen)

Ex|ha|la|tion (*Med*; Ausatmung, Ausdünstung – *Geol*; Aushauchung von Erdgasen) ⟨*lat*⟩

Ex|hau|stor, der, _s, ..oren (*Techn*; Absauger, Entlüfter) ⟨*lat*⟩

ex|hi|bie|ren (zur Schau stellen, vorzeigend darbieten) ⟨*lat*⟩ · **Ex|hi|bi|tio|nis|mus,** der, _ (krankhafte Neigung, die Geschlechtsteile in der Öffentlichkeit zu entblößen) · **Ex|hi|bi|tio|nist** · **ex|hi|bi|tio|ni|stisch**

ex|hu|mie|ren ([eine Leiche] wieder ausgraben) ⟨*lat*⟩

Exil, das, _s, _e (Verbannung; Verbannungsort) ⟨*lat*⟩ · **exi|lie|ren**

ex|imie|ren (*Rechtsw*; von einer allg. Pflicht ausnehmen, befreien) ⟨*lat*⟩

exi|stent (wirklich, vorhanden) ⟨*lat*⟩ · **exi|sten|tial** (auf das Dasein bezüglich) · **Exi|sten|tia|lis|mus,** der, _ *od* **Exi|stenz|phi|lo|so|phie,** die, _ (bürgerl.-philosoph. Richtung, die die Existenzangst u. das Gefühl der Ausweglosigkeit als allgemein menschl. Gefühle interpretiert) · **exi|sten|tiell** (das Dasein betreffend) ⟨*lat* → *frz*⟩ · **Exi|stenz,** die, _, _en (Dasein; Auskommen, Unterhalt – *meist abwert*; Person) ⟨*lat*⟩ · **exi|stenz|fä|hig** · **Exi|stenz|mi|ni|mum** · **exi|stie|ren** (bestehen, vorhanden sein, leben; auskommen)

Ex|itus, der, _ (*Med*; Tod) ⟨*lat*⟩

Ex|kla|ve [..v..], die, _, _n (von fremdem Staatsgebiet umschlossener eigener Landesteil) ⟨*lat*⟩; *Ggs* Enklave

ex|klu|siv (sich abschließend; [gesellschaftlich] abgeschlossen; vornehm; höchsten Ansprüchen genügend) ⟨*lat* → *engl*⟩ · **ex|klu|si|ve** [..v..] (mit Ausschluß von ..., ausschließlich, ohne; *Abk* exkl. [*Ggs* inklusive]): 1. *Adv* – 2. *Präp mit Gen*: exklusive [der] Versandkosten ⟨*lat*⟩ · **Ex|klu|si|vi|tät,** die, _ ([gesellschaftl.] Absonderung; das Exklusivsein)

Ex|kom|mu|ni|ka|tion (*kath Kirche*; Ausschließung aus der Kirchengemeinschaft) ⟨*lat*⟩ · **ex|kom|mu|ni|zie|ren** (*kath Kirche*)

Ex|kre|ment, das, _[e]s, _e (Ausscheidungsprodukt, Kot) ⟨*lat*⟩

Ex|kret, das, _[e]s, _e (*Med, Zool*; ausgeschiedenes wertloses Stoffwechselprodukt) ⟨*lat*⟩ · **Ex|kre|tion** (*Med, Zool*; Ausscheidung unbrauchbarer Stoffwechselprodukte)

Ex|kul|pa|tion (*Rechtsw*; Rechtfertigung, Entschuldigung, Entlastung) ⟨*lat*⟩ · **ex|kul|pie|ren** (*Rechtsw*)

Ex|kurs, der, _es, _e (Abschweifung; einer [wissenschaftl.] Abhandlung beigegebene Erörterung) ⟨*lat*⟩ · **Ex|kur|sion** (Ausflug zu wissenschaftl. Zwecken) ⟨*lat* → *frz*⟩

Ex|li|bris, das, _, _ ([meist künstlerisch ausgeführter] Zettel auf der Innenseite des Buchdeckels mit dem Namen od. Symbol des Bucheigentümers) ⟨*lat*, ‚aus den Büchern'⟩

Ex|ma|tri|kel, die, _, _n (Abgangsbescheinigung beim Verlassen der Hochschule) ⟨*lat*⟩ · **Ex|ma|tri|ku|la|tion** (Streichung aus der Matrikel, d. h. aus der Liste der Studierenden) · **ex|ma|tri|ku|lie|ren**

Ex|mis|sion *od* **Ex|mit|tie|rung** (*Rechtsw*; Zwangsräumung einer Wohnung od. eines Grundstücks) ⟨*lat*⟩ · **ex|mit|tie|ren** (*Rechtsw*)

Ex|odus, der, _ (das 2. Buch Mose) ⟨*grch* → *lat*, ‚Auszug'⟩

ex of|fi|cio (*Rechtsw*; von Amts wegen, ohne daß es eines Antrags bedarf) ⟨*lat*⟩

exo|gen (von außen stammend, verursacht) ⟨*grch*⟩

Exo|karp, das, _[e]s, _e (*Bot*; äußere Schicht der Fruchtwand) ⟨*grch* → *lat*⟩

ex|or|bi|tant (übertrieben; außerordentlich) ⟨*lat*⟩

ex orien|te lux (»aus dem Osten [kommt] das Licht«) ⟨*lat*⟩

ex|or|zie|ren *od* **ex|or|zi|sie|ren** (*Abergl*; böse Geister beschwören, austreiben) ⟨*grch* → *lat*⟩ · **Ex|or|zis|mus,** der, _ (*Abergl*; Beschwörung u. Austreibung böser Geister) · **Ex|or|zist** (*Abergl*; Geisterbeschwörer – *kath Kirche*; niederer Kleriker)

Exo|sphä|re [*od* 'ɛ..], die, _ (*Met*; äußerste Schicht der Erdatmosphäre) ⟨*grch*⟩

Exot, *auch* **Exo|te,** der, ..ten, ..ten (Mensch, Tier od. Pflanze aus fernen, meist überseeischen od. tropischen Ländern) ⟨*grch* → *lat*⟩

exo|te|risch (für weitere Kreise bestimmt u. verständlich) ⟨*grch*⟩; *Ggs* esoterisch

exo|therm (*Phys, Chem*; Wärme abgebend) ⟨*grch*⟩

Exo|tik, die, _ (Anziehungskraft, die von etw. Fremdartigem, bes. Überseeischem, ausgeht) ⟨*grch* → *lat*⟩ · **Exo|tin,** die, _, ..innen (Angehörige eines fernen, meist überseeischen od. tropischen Landes) · **exo|tisch** (fremdländisch, überseeisch, tropisch; fremdartig)

ex ovo ↑ ab ovo

Ex|pan|der, der, _s, _ (Trainingsgerät für Muskelkräftigungsübungen) ⟨*lat* → *engl*⟩; *Ggs* Impander · **ex|pan|die|ren** (*fachspr*; ausdehnen) ⟨*lat*⟩ · **ex|pan|si|bel** (*fachspr*; ausdehnbar, ausdehnungsfähig); *K 363*: ein expansi|bler Stoff · **Ex|pan|sion** (Ausdehnung; insbes. im Imperialismus die wirtschaftl. u. militär. Ausweitung des Einflußgebietes) · **ex|pan|sio|ni|stisch** · **Ex|pan|sions|kraft,** *auch* **Ex|pan|siv|kraft** (*Phys*; Ausdehnungskraft) · **ex|pan|siv** ([sich] ausdehnend)

ex|pa|tri|ie|ren (ausbürgern, die Staatsangehörigkeit entziehen) ⟨*lat*⟩

Ex|pe|dient (Aus-, Abfertiger, Versender; Versandleiter) ⟨*lat*⟩ · **ex|pe|die|ren** (abfertigen; absenden, aufgeben) · **Ex|pe|dit,** das, _s, _e (*österr*; Versandabteilung) · **Ex|pe|di|tion** (Versandabteilung, -stelle; Forschungsreise; eine Forschungsreise unternehmende Gruppe von Menschen) · **Ex|pe|di|tor,** der, _s, ..oren (Absender; Versandleiter)

Ex|pek|to|ran|zien [..iən], *auch* **Ex|pek|to|ran|tia** *K 53 Pl* (*Pharmakol*; auswurffördernde, schleimlösende Mittel); *Sg* Ex|pek|to|rans, das, _ ⟨*lat*⟩ · **Ex|pek|to|ra|tion** (*Med*; Auswurf) · **ex|pek|to|rie|ren** (*Med*; aushusten, auswerfen)

ex|pen|siv (kostspielig) ⟨*lat* → *frz*⟩

Ex|pe|ri|ment, das, _[e]s, _e ([wissenschaftl.] Versuch; [gewagtes] Unternehmen) ⟨*lat*⟩ · **Ex|pe|ri|men|ta|tor,** der, _s, ..oren (jmd., der Versuche macht od. vorführt) · **ex|pe|ri|men|tell,** *österr nur so* ⟨*lat* → *frz*⟩, *selten* **ex|pe|ri|men|tal** ⟨*lat*⟩ · **ex|pe|ri|men|tie|ren** ⟨*lat*⟩ · **Ex|per|te,** der, _n, _n *K 342* (Sachverständiger, Fachmann, Gutachter) · **Ex|per|ti|se,** die, _, _n (*bes Wissensch*; Untersuchung, Begutach-

tung durch Sachverständige) ⟨*lat* → *frz*⟩
ex|pli|zie|ren (darlegen, erklären) ⟨*lat*⟩ · **ex|pli|zit** (ausführlich [dargestellt]; entwickelt) · **ex|pli|zi|te** [..tə *od* ..'pli:tsite:] (ausführlich, deutlich)
ex|plo|dier|bar · **ex|plo|die|ren** ⟨*lat*⟩
Ex|ploi|ta|tion [..plöata..], die, _ (*veraltet*; Ausnutzung; Ausbeutung [bes. der Werktätigen im Kapitalismus]) ⟨*lat* → *frz*⟩ · **ex|ploi|tie|ren** (*veraltet*; ausbeuten)
Ex|plo|ra|tion (*fachspr*; Erforschung, Erkundung) ⟨*lat*⟩ · **Ex|plo|rer** [*engl* iks'plɔ:..], der, _s, _ (Bez. für die ersten amerikan. künstl. Erdsatelliten) ⟨*lat* → *engl*⟩ · **ex|plo|rie|ren** (*fachspr*) ⟨*lat*⟩
ex|plo|si|bel (leicht explodierend; sprengstoffhaltig) ⟨*lat* → *frz*⟩; *K 363*: ein explosi|bler Stoff · **Ex|plo|sion** ⟨*lat*⟩ · **ex|plo|siv** (leicht explodierend) · **Ex|plo|siv|laut,** der, _[e]s, _e *od* **Ex|plo|siv,** der, _s, _e [..v..] (*Phon*; Sprenglaut, Verschlußlaut)
Ex|po|nat, das, _[e]s, _e (Ausstellungs-, Museumsstück) ⟨*lat*⟩ · **Ex|po|nent** (herausgehobener Vertreter [einer Partei od. Richtung] – *Math*; Hochzahl, erhöht gesetzte Zahl in der Potenz- u. Wurzelrechnung) · **Ex|po|nen|tial|funk|tion** (*Math*) · **ex|po|nie|ren** (herausheben, -stellen; [einer Gefahr] aussetzen – *Fot*; belichten); sich (*Akk*) _ · **ex|po|niert** (gefährdet; [Angriffen] ausgesetzt; herausgehoben)
Ex|port, der, _[e]s, _e (Ausfuhr, Ausfuhrhandel) ⟨*lat*⟩; *Ggs* Import. *Zus K 365ff.*: Export‿artikel, ...geschäft usw. · **Ex|por|ten** *Pl* (*veraltend*; Ausfuhrwaren); *Sg* Ex|porte, die, _; *Ggs* Importen · **Ex|por|teur** [..'tø:r], der, _s, _e (Ausfuhrunternehmer, -gesellschaft) ⟨*lat* → *frz*⟩; *Ggs* Importeur · **ex|por|tie|ren** ⟨*lat*⟩; *Ggs* importieren
Ex|po|sé [..'ze:], das, _s, _s (Denkschrift, Bericht; erläuternde Darlegung; Plan, Übersicht – *Filmw*; Handlungsabriß als Drehbuchvorgabe) ⟨*lat* → *frz*⟩ · **Ex|po|si|tion** (Ausstellung, Schau – *Lit*, *Mus*; Einleitung, erster Teil – *Fot*; Belichtung) ⟨*lat*⟩
ex|preß (*veraltend*; eilig, Eil... – *landsch auch für* ausdrücklich, mit Absicht) ⟨*lat*⟩ · **Ex|preß** (*kurz für* Expreßzug) · **Ex|preß|gut** (Transportgut mit schnellster Beförderung) · **Ex|pres|sio|nis|mus,** der, _ (Ausdruckskunst; Kunstrichtung zu Anfang des 20. Jh.) · **Ex|pres|sio|nist** (Vertreter, Anhänger des Expressionismus) · **ex|pres|sio|ni|stisch;** _ste · **ex|pres|siv** (ausdrücklich; ausdrucksvoll, gestaltend; Ausdrucks...) · **Ex|pres|si|vi|tät** [..v..], die, _ (Ausdrucksfülle, -stärke – *Genetik*; Grad der Ausprägung eines Merkmals) · **Ex|preß|zug,** *kurz* **Ex|preß,** der, ..esses, *Pl* ..esse *od* Expreßzüge (Fernschnellzug); *Zeichen* Ex
ex pro|fes|so (berufsmäßig; von Amts wegen) ⟨*lat*⟩
Ex|pro|pria|tion (Enteignung) ⟨*lat*⟩ · **ex|pro|pri|ie|ren**
ex|qui|sit (ausgesucht, [aus]erlesen, vorzüglich, feinst, geschmackvoll) ⟨*lat*⟩ · **Ex|qui|sit,** das, _s, *Pl* Exquisitläden *Kurzw* (Exquisitverkaufsstelle) · **Ex|qui|sit|ver|kaufs|stel|le** (Verkaufsstelle des sozialist. Einzelhandels für auserlesene Bekleidung u. auserlesenes Zubehör); *Kurzw* Exquisit
Ex|sik|ka|tion (*fachspr*; Austrocknung) ⟨*lat*⟩ · **ex|sik|ka|tiv** (*fachspr*; austrocknend) · **Ex|sik|ka|tor,** der, _s, ..oren (*Chem*; Laborgerät zum Trocknen von Substanzen durch wasserentziehende Mittel)
Ex|spi|ra|tion (*Med*; Ausatmung) ⟨*lat*⟩ · **ex|spi|ra|to|risch** (*Med*; auf Ausatmung beruhend – *Phon*; auf starker Betonung beruhend, mit Nachdruck gesprochen) · **ex|spi|rie|ren** (*Med*; ausatmen)
Ex|stir|pa|tion [..st..] (*Med*; Ausrottung; Entfernung eines kranken Organs) ⟨*lat*⟩ · **ex|stir|pie|ren** (*Med*)
Ex|su|dat, das, _[e]s, _e (*Med*; Ausschwitzungsprodukt bei Entzündungen) ⟨*lat*⟩ · **Ex|su|da|tion** (*Med*; Ausschwitzung bei Entzündungen)
ex tem|po|re [_ ..re:] (aus dem Stegreif) ⟨*lat*⟩ · **Ex|tem|po|re,** das, _s, _[s] (*Theat*; unvorbereitete Einlage; Stegreifspiel) · **ex|tem|po|rie|ren** (*meist Theat*; aus dem Stegreif reden, schreiben, spielen usw.; hinzusetzen)
Ex|ten|si|tät, *auch* **Ex|ten|si|vi|tät** [..v..], die, _ (Ausdehnung; Umfang) ⟨*lat*⟩ · **ex|ten|siv** (der Ausdehnung nach; räumlich [ausgedehnt]; umfassend; nach außen wirkend); *Ggs* intensiv
Ex|te|rieur [..'riø:r], das, _s, _e (Äußeres; Außenseite; Erscheinung) ⟨*lat* → *frz*⟩ · **ex|tern** (draußen befindlich; von auswärts [zugewiesen]; nicht im Internat wohnend) ⟨*lat*⟩; *Ggs* intern · **Ex|ter|nat,** das, _[e]s, _e (Bildungseinrichtung, deren Schüler außerhalb [als Externe] wohnen); *Ggs* Internat · **Ex|ter|ne,** der *u.* die, _n, _n *K 341* (Schüler bzw. Schülerin einer Bildungseinrichtung, der bzw. die nich im Internat wohnt; von auswärts zugewiesener Prüfling) · **Ex|ter|nist** (*österr*; Externe)
Ex|tern|stei|ne *Pl* (Gruppe von Sandsteinfelsen im Teutoburger Wald)
ex|ter|ri|to|rial (der Staatsgewalt des Aufenthaltsstaates nicht unterworfen) ⟨*lat*⟩ · **Ex|ter|ri|to|ria|li|tät,** die, _ (Unabhängigkeit der Gesandten usw. von der Staatsgewalt des Aufenthaltsstaates; Unverletzlichkeit, Unantastbarkeit)
ex|tra: 1. *Adv* (besonders, eigens; außerdem, nebenbei); das muß _ angefertigt werden – 2. *umg auch substantivisch gebrauchtes Adj K 95*: etwas Extraes ⟨*lat*⟩ · **Ex|tra,** das, _s, _s, *meist Pl* (Besonderes, Sonderzubehör [z. B. bei Autos]) · **Ex|tra|blatt** (Sonderausgabe [einer Zeitung]) · **ex|tra|fein** (*umg*; besonders fein) · **ex|tra|ga|lak|tisch** (Astron; außerhalb der Milchstraße befindlich) ⟨*lat* + *grch*⟩
ex|tra|hie|ren (*fachspr*; einen Auszug machen, ausziehen; auslaugen) ⟨*lat*⟩ · **Ex|trakt,** der, _[e]s, _e: 1. (Auszug [aus Büchern]; Hauptinhalt; Kern) – 2. *fachspr auch* das, _[e]s, _e (durch Extrahieren gewonnene Lösung, oft eingedickt) · **Ex|trak|tion** (*fachspr*; das Herausziehen, die Auslaugung) · **ex|trak|tiv** (*fachspr*; durch Extraktion erfolgend)
ex|tra|or|di|när (*veraltend*; außergewöhnlich, außerordentlich) ⟨*lat* → *frz*⟩ · **ex|tra|po|lie|ren** (*Math*); *Ggs* interpolieren ⟨*lat*⟩ · **ex|tra|ter|re|strisch** (*Astron*, *Phys*; außerhalb der Erde befindlich); _e Physik · **ex|tra|va|gant** [..v..] (verstiegen, überspannt) ⟨*lat* → *frz*, ‚ausschweifend'⟩ · **Ex|tra|va|ganz,** die, _, _en · **Ex|tra|wurst;** *in Wendungen wie* jmdm. eine _ braten (*umg*; für jmdn. eine Ausnahme machen, jmdn. bevorzugt behandeln)
ex|trem (übertrieben; radikal) ⟨*lat*, ‚äußerst'⟩ · **Ex|trem,** das, _s, _e (höchster Grad; äußerste Grenze; Übertreibung) · **Ex|trem|fall,** der; im _ · **Ex|tre|mis|mus,** der, _, ...men (übersteigert radikale Haltung) · **Ex|tre|mist** · **ex|tre|mi|stisch** · **Ex|tre|mi|tät,** die, _, _en (1. äußerstes Ende; das Extremsein, z. B. eines Plans, einer Idee – 2. *meist Pl* Gliedmaßen [Arme, Beine])
ex|trors (*Bot*; nach außen gewendet) ⟨*lat*⟩
Ex|tru|der, der, _s, _ (*Techn*; Schnecken- od. Strangpresse zum Formen von Thermoplasten) ⟨*lat* → *engl*⟩

Ex|ul|ze|ra|ti|on (*Med*; Geschwürbildung) ⟨*lat*⟩

ex usu (*Rechtsw*; aus dem Gebrauch heraus; durch Übung)⟨*lat*⟩

Ex|u|vie [..vĭə], die, _, _n (*Zool*; abgestreifte Haut [von Schlangen, Krebsen usw.]) ⟨*lat*⟩

Ex|vo|to [..v..], das, _s, *Pl* _s *od* ..ten (*kath Kirche*; Weihgeschenk) ⟨*lat*, ‚auf Grund eines Gelübdes'⟩

ex|zel|lent (hervorragend) ⟨*lat*⟩ · **Ex|zel|lenz**, die, _, _en (Anrede, Titel, bes. im diplomat. Verkehr); *Abk* Exz.; *K 99*: Euer _; *vgl.* euer (1, b), ihr, [1]sein (1)

Ex|zen|ter, der, _s, _(*Techn*; exzentrisch auf einer Achse befestigte Scheibe zum Umsetzen einer Drehbewegung in eine Hin- u. Herbewegung) ⟨*grch* → *lat*⟩ · **Ex|zen|trik**, die, _ (mit Komik dargebotene Artistik) · **Ex|zen|tri|ker**, der, _s, _ (Artist der Exzentrik) · **ex|zen|trisch** (*Math*, *Astron*; vom Mittelpunkt abweichend, keinen gemeinsamen Mittelpunkt habend – *übertr*; überspannt, verschroben); _ste · **Ex|zen|tri|zi|tät** (*Math*, *Astron*; das Abweichen, der Abstand vom Mittelpunkt – *übertr*; Überspanntheit)

ex|zep|tio|nell (außergewöhnlich) ⟨*lat* → *frz*⟩

ex|zer|pie|ren (herausziehen, Auszüge machen [aus Büchern od. Schriften]) ⟨*lat*⟩ · **Ex|zerpt**, das, _[e]s, _e (Auszug [aus einer Schrift])

Ex|zeß, der, ..esses, ..esse (Ausschreitung; Ausschweifung) ⟨*lat*⟩ · **ex|zes|siv** (übermäßig; übertrieben; ausschweifend) ⟨*lat* → *frz*⟩

Eye|li|ner ['ailainər], der, _s, _(Kosmetikum zum Ziehen des Lidstriches) ⟨*engl*⟩

Ey|rir ['ai..], der *od* das, _s, *Pl* Aurar (Münzeinheit in Island) ⟨*isl*⟩

F

F [ɛf], das, *Gen* des F, *Pl* die F (Buchstabe)

f [ɛf]: 1. das, _, _ (*Mus*; Tonbezeichnung) – 2. (*Mus*; Tonartbezeichnung [↑ f-Moll]) · **F**: 1. das, _, _ (*Mus*; Tonbezeichnung) – 2. (*Mus*; Tonartbezeichnung [↑ F-Dur])

Fa|bel, die, _, _n (wesentl. Handlung eines literar. Werkes; kurze lehrhafte Erzählung) ⟨*lat* → *frz*⟩. *Zus K 365ff.*: Fabel‿tier usw. · **fa|bel|haft** (*umg*) · **fa|beln** *K 363*

Fa|bier [..ĭər], der, _s, _ (Mitglied der Fabian Society ['fe:bĭən sə'saiəti], einer reformist. engl. Organisation) ⟨*lat*, *nach* dem röm. Staatsmann Fabius Maximus Cunctator⟩ · **Fa|bius** (altröm. En.)

Fa|brik, die, _, _en (Produktionsstätte mit vorwiegend maschineller Fertigung; Betrieb, Werk) ⟨*lat* → *frz*⟩ · **Fa|bri|kant** (Hersteller; Fabrikbesitzer) · **Fa|bri|kat**, das, _[e]s, _e (fabrikmäßig hergestelltes Erzeugnis) · **Fa|bri|ka|ti|on** (fabrikmäßige Herstellung) · **Fa|brik|marke** · **fa|brik‿mä|ßig**, ...**neu** · **fa|bri|zie|ren** (*veraltend*; fabrikmäßig erzeugen – *umg abwert*; behelfsmäßig anfertigen); etw. _ (*umg*; etw. Törichtes anstellen)

Fa|bu|lant (phantasiereicher Plauderer, Erzähler von Erdichtetem – *abwert*; Schwätzer) ⟨*lat*⟩ · **fa|bu|lie|ren** (phantasievoll erzählen)

Fa|cet|te [fa'sɛtə], die, _, _n (geschliffene Fläche; Abschrägung) ⟨*lat* → *frz*⟩ · **Fa|cet|ten|au|ge** (*Zool*; Lichtsinnesorgan der Gliederfüßer) · **Fa|cet|ten|glas**, *Pl* ..gläser · **fa|cet|tie|ren** (mit Facetten versehen, abschrägen)

...fach (z. B. *K 283*: zweifach [*mit Ziffer K 284*: 2fach; 2,5fach], *aber K 186*: x-fach) · **Fach**, das, _[e]s, *Pl* Fächer. *Zus K 365ff.*: Fach‿buch, ...werk usw. · **Fach|ab|tei|lung** · **Fach|ar|bei|ter**; *Abk* FA · **Fach|arzt** · **fach|ärzt|lich** · **Fach|be|reich|stan|dard** · **...fa|che** (z. B. das Zweifache [*mit Ziffer K 284*: das 2fache; das 2,5fache])

fä|cheln *K 363* ⟨*lat*⟩ · **fa|chen** (*Textiltechn*; zwei od. mehr Fäden ohne Verdrehen zusammenführen); gefachter Faden · **Fä|cher**, der, _s, _ · **fä|cher|för|mig** · **fä|chern** *K 363* · **Fä|che|rung**

Fach|ge|schäft · **Fach|han|dels|or|ga|ni|sa|tion**; *Abk* FHO · **Fach|ka|bi|nett** (*Päd*) · **fach|lich** · **Fach|mann**, *Pl* ..leute, *auch* ..männer · **fach|män|nisch** · **Fach|schu|le** · **Fach|sim|pe|lei** (*umg*) · **fach|simpeln** *K 363* (*umg*; sich mit jmdm. außerberuflich ausgiebig über fachl. Angelegenheiten unterhalten); gefachsimpelt *K 358*; zu _ · **Fach|spra|che** · **fach|sprach|lich** · **Fach|werk|haus** · **Fach|wort**, *Pl* ..wörter

Fackel[1], die, _, _n ⟨*lat*⟩ · **fackeln**[1] *K 363* (*umg*; zögernd abwarten); *meist in verneinten Wendungen wie* er fackelte nicht lange (*umg*) · **Fackel|zug**[1]

Fa|cul|tas do|cen|di *K 47*, die, *Gen* _ _ (Lehrbefähigungsnachweis für Hochschullehrer) ⟨*lat*⟩

fad (*K 64*), *österr nur so*, *od* **fa|de** (kraft-, geschmacklos, ungewürzt, schal – *umg*; reizlos, albern, langweilig) ⟨*lat* → *frz*⟩

Fäd|chen · **fä|deln** *K 363* (einfädeln) · **Fa|den**, der, _s, *Pl* Fäden *u. als veraltetes seem Längenmaß* (*K 308*) Faden, z. B. 4 Faden; 4 Faden tief. *Zus K 365ff.*: Faden‿nudeln (*Pl*) usw. · **fa|den|dünn** · **Fa|den|mo|le|kül** (*Chem*; langgestrecktes Makromolekül) · **fa|den|schei|nig**; _e Gründe (*abwert*) · **Fa|den|schlag**, der, _[e]s (*schweiz*; lockere Naht)

Fad|heit (*auch abwert*; Langweiligkeit) ⟨*lat* → *frz*⟩ · **Fa|ding** ['fe:diŋ], das, _s, *Pl* (*selten*) _s (*Funkw*; Schwund der Empfangsfeldstärke) ⟨*lat* → *frz* → *engl*⟩

Fa|gott, das, _[e]s, _e (Holzblasinstrument) ⟨*lat* → *ital*⟩. *Zus K 365ff.*: Fagott‿bläser usw. · **Fa|got|tist** (Fagottbläser)

Fä|he, die, _, _n (*weidm*; weibl. Tier beim Haarraubwild)

fä|hig; *mit Gen*: eines Betruges _ *od mit* »*zu*«: zu allem _ · **Fä|hig|keit**

fahl (blaß, bleich) · **Fahl|er|ze** *Pl* (eine Mineralgruppe) · **fahl|gelb**; *vgl.* blau · **Fahl|heit**, die, _ (fahles Aussehen) · **Fahl|le|der**, das, _s (*fachspr*; Rindsoberleder)

Fähn|chen

fahn|den · **Fahn|dung**

Fah|ne, die, _, _n · **Fah|nen|ab|zug** (*Polygr*); *Kurzw* Fahne · **Fah|nen|eid** (*Milit*) · **Fah|nen|flucht**, die, _ (*Milit*) · **fah|nen|flüch|tig** (*Milit*) · **Fah|nen|stan|ge** · **Fähn|rich**, der, _[e]s, _e (ein militär. Dienstgrad)

Fahr|aus|weis · **Fahr|bahn** · **fahr|bar** · **fahr|be|reit** · **Fahr|be|reit|schaft** · **Fahr|damm** (*landsch*; Fahrbahn) · **Fahr|dienst**, der, _[e]s · **Fahr|dienst|lei|ter**, der (*Eisenb*) · **Fäh|re**, die, _, _n · **fah|ren**; du fährst, er fährt; du fuhrst; du führest; gefahren; fahr[e]!; erster, zweiter [Klasse] _; *K 131*: Auto fahren; *vgl. auch* radfahren, fahrenlassen, spazierenfahren · **Fah|ren|de**, der, _n, _n *K 341* (*hist*; umherziehender Spielmann)

Fahrenheit ↑ Grad Fahrenheit

fah|ren|las|sen *K 141* (*umg*; aufgeben, auf etw. verzichten); du läßt (*K 354*) fahren; du hast fahrenlassen, *auch* fahrengelassen *K 361*; fahrenzulassen; man hat die Absicht fahrenlassen, *auch* fahrengelassen; *weniger gut* die Absicht wurde fahrengelassen; *aber*: fahren lassen (die Erlaubnis zum Fahren geben) · **Fah|rer** · **Fah|re|rei**, die, _ (*meist abwert*) · **Fah|rer|flucht**, die, _ · **Fah|re|rin**, die, _, ..innen ·

[1] *Tr* ..k|k..

Fahr|er|laub|nis · **Fahr|gast,** *Pl* ..gäste · **Fahr|gast|schiff** · **Fahr|geld** · **Fahr|ge|schwin|dig|keit** · **Fahr|ge|stell** · **Fahr|ha|be,** die, _, _n (*schweiz*; Fahrnis) · **fah|rig** (unstet) · **Fah|rig|keit,** die, _ · **Fahr|kar|te** · **Fahr|ko|sten** *od* **Fahrt|ko|sten** *Pl* · **fahr|läs|sig** · **Fahr|läs|sig|keit** · **Fähr|mann,** *Pl* ..männer *od* ..leute · **Fahr|nis,** die, _, ..isse *od* das, ..isses, ..isse (*Rechtsw veraltend*; bewegl. Vermögen, Mobiliar)

Fähr|nis, die, _, ..isse (*dicht*; Gefahr)

Fahr|plan · **fahr|plan|mä|ßig;** der Zug fährt _ · **Fahr‿rad, ...rin|ne** · **Fähr|schiff** · **Fahr‿schu|le, ...stuhl** · **Fahrt,** die, _, _en (*auch bergm*; Steigleiter in den Schacht); eine _ ins Blaue · **Fahrt|dau|er** · **Fähr|te,** die, _, _n (Spur) · **Fahr|ten|buch** · **Fahr[t]|ko|sten** *Pl* · **Fahr|trai|ner** [..trɛ:.. *od* ..tre:..] (Fahrschulübungsgerät) · **Fahrt‿rich|tung, ...schrei|ber** (*Techn*) · **Fahr‿zeit, ...zeug**

Fai|ble ['fɛ:b(ə)l], das, _ (Schwäche, Neigung) ⟨*lat* → *frz*⟩; ein _ für etw. haben

fair [fɛ:r] (einwandfrei; anständig; ehrlich – *Sport*; den Wettkampfbestimmungen entsprechend) ⟨*engl*⟩ · **Fair|neß** ['fɛ:r..], die, _ · **Fair play** [fɛ:r 'ple:], das, *Gen* _ _ (ehrliches, einwandfreies Spiel; anständiges Verhalten)

Fait ac|com|pli [fɛ: takɔ̃'pli:] *K 47*, das, *Gen* _ _, *Pl* _s _s [fɛ: zakɔ̃'pli:] (vollendete Tatsache) ⟨*frz*⟩

Fa|jum, das, _[s] (Landsch. in der ARÄ) ⟨*ägypt* → *kopt* → *arab*, ‚See[land]'⟩

fä|kal (kotig) ⟨*lat*⟩ · **Fä|kal|dün|ger** · **Fä|ka|lien** [..iən] *Pl* (menschl. Kot)

Fa|kir [*österr* ..'ki:r], der, _s, _e (asketisch lebender indischer Büßer) ⟨*arab*⟩

Fak|si|mi|le [..le:], das, _s, _s (vorlagengetreue, meist fotomechanisch hergestellte Nachbildung einer Urschrift, Zeichnung usw.) ⟨*lat*, ‚mach ähnlich!'⟩ · **Fak|si|mi|le|aus|ga|be** *K 185* · **fak|si|mi|lie|ren**

Fakt, Fakta, Fakten ↑ Faktum · **fak|tisch** (tatsächlich) ⟨*lat*⟩ · **faktitiv** usw. ↑ kausativ usw.

Fak|tor, der, _s, ..oren (bewirkende Kraft; mitwirkender Umstand – *Math*; Zahl, die mit einer anderen multipliziert wird – *veraltend*; techn. Leiter einer Setzerei bzw. Druckerei) ⟨*lat*, ‚Macher'⟩ · **Fak|to|rei** (*hist*; Handelsniederlassung in überseeischen Ländern)

Fak|to|tum, das, _s, *Pl* _s *od* ..toten (Helfer in allem, rechte Hand) ⟨*lat*, ‚mach alles!'⟩ · **Fak|tum,** das, _s, *Pl* ..ten, *auch noch* ..ta *od* **Fakt,** der *od* das, _[e]s, _en ([nachweisbare] Tatsache; Ereignis)

Fak|tur *od* **Fak|tu|ra,** *österr nur so*, die, _, ..ren (*kaufm veraltend*; Warenrechnung) ⟨*lat* → *ital*⟩ · **fak|tu|rie|ren** (*kaufm*; [Waren] berechnen) · **Fak|tu|rier|ma|schi|ne**

Fa|kul|tät (Hauptwissenschaftsgebiet einer Hochschule; interdisziplinärer Bereich im wissenschaftl. Rat einer Hochschule) ⟨*lat*⟩ · **fa|kul|ta|tiv** (dem eigenen Ermessen überlassen, freigestellt; wahlfrei); *Ggs* obligatorisch

falb (graugelb, gelblich) · **Fal|be,** der, _n, _n *K 341* (falbes Pferd)

Fal|bel, die, _, _n (gereihter od. rundgeschnittener Stoffstreifen als Kleidbesatz) ⟨*frz*⟩ · **fäl|beln** *K 363* (mit Falbeln versehen)

Fa|ler|ner, der, _s, _ (eine Weinsorte) ⟨*nach* dem Ager Falernus in Nordwestkampanien⟩; _ Wein

Fal|ke, der, _n, _n (ein Greifvogel) ⟨*lat*⟩ · **Fal|ken‿au|ge, ...bei|ze** (*weidm*) · **Falkenier** ↑ Falkner · **Fal|ken|jagd**

Falk|land|in|seln *K 209 Pl* (östl. der Südspitze von Südamerika) ⟨*nach* dem engl. Lord Falkland ['fɔ:klənd]⟩

Falk|ner, der, _s, _, *veraltet* **Fal|ke|nier,** der, _s, _e (Jäger, der Falken abrichtet u. mit ihnen jagt) · **Falk|ne|rei** (*weidm*)

Fall: 1. der, _[e]s, *Pl* Fälle (*auch Gramm*); im Fall[e], daß ... *od* ..., im Fall[e] daß ... (*vgl. auch K 450 u. 390*); zu Fall bringen; *Klein- und Zusammenschreibung K 176*, z. B. allenfalls, bestenfalls usw. – 2. das, _[e]s, _en (*seem*; Tau) · **Fall|beil** · **Fall|be|schleu|ni|gung** (*Phys*); *Formelzeichen g* · **Fall|brücke** [*Tr* ...brük|ke] (*hist*)

Fal|le, die, _, _n

fal|len *intr*; du fällst, er fällt; du fielst; du fielest; gefallen (↑ *d.*); fall[e]!; *vgl. auch* fallenlassen

fäl|len *tr*; du fällst, er fällt; du fälltest; du fälltest; gefällt; fäll[e]!

fal|len|las|sen *K 141* (aufgeben, nicht weiter verfolgen [z. B. Absichten, Pläne]; nicht mehr unterstützen); du läßt (*K 354*) fallen; du hast fallenlassen, *auch* fallengelassen *K 361*; fallenzulassen; man hat das Thema fallenlassen, *auch* fallengelassen, *weniger gut* das Thema ist fallengelassen worden; *aber*: fallen lassen (z. B. einen Stein)

Fal|len|stel|ler

Fall|gru|be

fal|lie|ren (*veraltend*; zahlungsunfähig werden) ⟨*lat* → *ital*⟩

fäl|lig; _er Wechsel · **Fäl|lig|keit** · **Fall|obst**

Fallott ↑ Falott

Fall|out [fɔ:l'aut], der, _s, _s (*Kernphys*; radioaktiver Niederschlag [nach Kernwaffenexplosionen]) ⟨*engl*⟩

Fall|reep (*seem*; äußere Schiffstreppe) · **falls** *Konj*; *vgl. auch K 390* · **Fall|schirm** · **Fall|schirm|sprin|gen,** das, _s · **Fall|sucht,** die, _ (*veraltend*; Epilepsie) · **Fall|tür** · **Fäl|lung** · **fall|wei|se** *K 176* (*österr*)

Fa|lott *od* **Fal|lott,** der, _en, _en (*österr umg*; Betrüger, Lump) ⟨*Herkunft umstritten*⟩

falsch ⟨*lat* → *frz* → *ndrl*⟩; falsch sein; falsch (fehlerhaft) spielen *K 137* (*vgl. aber* falschspielen); *K 119*: falscher Hase (eine Speise); falsch und richtig nicht unterscheiden können · **Falsch,** der *od* das; *nur in gehobenen Wendungen wie* es ist kein _ an ihm, ohne _ sein · **fäl|schen** *K 354* ⟨*lat*⟩ · **Fäl|scher** · **Falsch|heit** ⟨*lat* → *frz* → *ndrl*⟩ · **fälsch|lich** · **Falsch|mün|zer** · **Falsch|mün|ze|rei** · **falsch|spie|len** *K 137* (betrügerisch spielen); du spielst falsch; falschgespielt; falschzuspielen; *aber*: falsch spielen (fehlerhaft spielen) · **Falsch|spie|ler** · **Fäl|schung** ⟨*lat*⟩

Fal|sett, das, _[e]s, _e (*Mus*; Kopfstimme der Männer) ⟨*lat* → *ital*⟩ · **Fal|si|fi|kat,** das, _[e]s, _e (Fälschung, etw. Gefälschtes) ⟨*lat*⟩

Fal|staff, der, _s, _s (dicker Prahlhans, Schlemmer) ⟨*nach* einer komischen Gestalt bei Shakespeare ['ʃe:kspi:r]⟩

Falt, der, _s, *Pl* Fälte (*schweiz*; Falte) · **falt|bar** · **Falt‿beu|tel, ...blatt, ...boot** · **Fält|chen** (*zu* Falte) · **Fal|te,** die, _, _n · **fäl|teln** *K 363* · **fal|ten;** gefaltet · **Fal|ten|ge|bir|ge** (*Geol*) · **fal|ten|los;** *vgl.* ...los · **Fal|ten|wurf**

Fal|ter, der, _s, _ (Schmetterling)

fal|tig (Falten habend) · **...fäl|tig** (z. B. vielfältig) · **Falz,** der, _es, _e (Papierfalte – *Techn*; Verbindung umgebogener Ränder) · **Falz|bo|gen** (*Polygr*) · **fal|zen** *K 354* (mit einem Falz versehen) · **Fal|zer** · **Fal|ze|rin,** die, _, ..innen · **Falz|zie|gel** (*Bauw*)

Fa|ma, die, _ (*gehoben*; Gerücht) ⟨*lat*, *nach* der röm. Göttin des Gerüchts⟩

fa|mi|liär (die Familie betreffend; vertraut; zwanglos – *abwert*; zudringlich) ⟨*lat*⟩ · **Fa|mi|lia|ri|tät** · **Fa|mi|lie** [..iə], die, _, _n · **Fa|mi|lien|ge|setz|buch** [..iən..], das, _[e]s; *Abk* FGB · **Fa|mi|lien|na|me;** *vgl. auch K 204 ff.* · **Fa|mi|lien|pla|nung,** die, _

fa|mos *K 349* (*umg veraltend*; großartig, prächtig, ausgezeichnet, vortrefflich) ⟨*lat*, ‚berühmt'⟩

Fa|mu|lus, der, –, *Pl* ..li, *österr nur so, od* ..usse (im Krankenhaus tätiger Medizinstudent – *noch scherzh*; Student als Helfer eines Hochschuldozenten) ⟨*lat*⟩

Fan [fɛn], der, –s, –s (begeisterter Anhänger) ⟨*engl*⟩

Fa|nal, das, –s, –e (*gehoben*; Aufmerksamkeit erregendes Zeichen; Vorankündigung von Ereignissen) ⟨*grch → arab → ital → frz*⟩

Fa|na|ti|ker, der, –s, – (rücksichtsloser, unduldsamer Verfechter einer Überzeugung, Eiferer) ⟨*lat*⟩ · **fa|na|tisch** (sich leidenschaftlich, rücksichtslos einsetzend; blindgläubig, blindwütig, verrannt) · **fa|na|ti|sie|ren** (fanatisch machen, aufhetzen) · **Fa|na|tis|mus**, der, –

Fan|dan|go, der, –s, –s (ein schneller span. Tanz) ⟨*span*⟩

Fan|fa|re, die, –, –n (ein Blasinstrument; Trompetensignal) ⟨*arab → span → frz*⟩ · **Fan|fa|ren|blä|ser**

Fang, der, –[e]s, *Pl* Fänge · **Fangarm** (*Zool*) · **fan|gen**; du fängst, er fängt; du fingst; du fingest; gefangen; fang[e]! · **Fän|ger** · **fän|gisch** (*weidm, von Fallen gesagt*; fangbereit)

Fan|go, der, –s ([heilkräftiger] Mineralschlamm) ⟨*germ → ital*⟩

Fang|schiff · **fang|si|cher** (*meist Sport*)

Fan|ni (w. Vn.) ⟨*eindeutschende Schreibung von* Fanny⟩ · **Fan|ny** ['fani] (w. Vn.) ⟨*engl Kurzf von* Franziska⟩

Fant, der, –[e]s, –e (*veraltend*; junger, unreifer Mensch) ⟨*ndrl*⟩

Fan|ta|sia, die, –, –s (arab. Reiterkampfspiel) ⟨*grch → lat → ital*⟩ · **Fan|ta|sie**, die, –, ..ien (*Mus*; Instrumentalstück in freier Form) ⟨*grch → lat → ital*⟩; *vgl. aber* Phantasie

Fa|rad, das, –[s], – (SI-Einheit der elektr. Kapazität); *Einheitenzeichen* F ⟨*nach* dem engl. Physiker Faraday ['fɛrədi]⟩ · **Fa|ra|day|kä|fig** ['fa:rade:.. *od* 'fɛrəde:..] *K 209* (*Phys*; geerdeter metallischer Käfig, der elektr. Felder abschirmt) · **Fa|ra|daysch** [..de:ʃ] *K 217 u. 219*; –e Gesetze (Grundgesetze der Elektrolyse) · **fa|ra|disch**; *K 119*: –er Strom (*Phys*; Strom, der durch Induktion entsteht)

Farb|band, das, *Pl* ..bänder · **färbbar** · **Far|be**, die, –, –n; *vgl. auch K 272ff.* · **farb|echt** · **Farb|echtheit**, die, – · **Fär|be|mit|tel** · **...far|ben** (*K 364*) *od* **...far|big** *K 277* (z. B. beigefarben *od* beigefarbig, goldfarben *od* goldfarbig, honigfarben *od* honigfarbig, korallenfarben *od* korallenfarbig) · **fär|ben** · **farben|blind** · **Far|ben|blind|heit**, die, – · **Far|ben|druck**, *Pl* ..drucke · **far|ben|freu|dig** · **Farbenkasten** ↑ Farbkasten · **Far|ben|pracht** · **far|ben|präch|tig** · **Far|ben|sinn**, der, –[e]s · **Fär|ber** · **Fär|be|rei** · **Fär|ber|pflan|zen** *Pl* (Pflanzen, aus denen Farbstoffe gewonnen werden) · **farb|fern|se|hen** *K 136*; *nur im Inf gebräuchlich* · **Farb|fern|se|hen**, das, –s · **Farb|fern|se|her** (Farbfernsehapparat) · **Farb|film** · **Farb|ge|bung**, die, – · **Farb|holz** · **far|big**, *österr im konkreten Sinne auch* **fär|big**; farbig ausgeführt, *aber K 93*: in Farbig ausgeführt; ein färbiges Tuch (*österr*) · **...far|big** *K 277*: 1. *österr* **...fär|big** (z. B. einfarbig, dreifarbig, mehrfarbig) – 2. ↑ ...farben · **Far|bi|ge**, der *u.* die, –n, –n *K 341* · **Far|big|keit**, die, – · **farb|in|ten|siv** · **Farb|ka|sten**, *auch* **Far|ben|ka|sten** · **Farb|kör|per** (Pigment) · **farb|lich** · **farb|los**; *vgl.* ...los · **Farb|lo|sig|keit**, die, – · **Farb|pro|be** · **Farb|stoff** · **Farbton**, *Pl* ..töne · **farb|ton|rich|tig** (*Fot*) · **Fär|bung** · **Farb|wal|ze** (*Polygr*)

Far|ce ['farsə, *österr* fars], die, –, –n [..s(ə)n] (derb-komisches Lustspiel; belanglose, lächerliche Angelegenheit – *Kochk*; Füllsel für Geflügel u. a.) ⟨*lat → frz*, ‚Füllsel'⟩ · **far|cie|ren** (*Kochk*; mit Farce füllen)

Fa|rin *od* **Fa|rin|zucker** [*Tr* ..zukker], der, –s (siruphaltiger, bräunl., feuchtkrümliger Rübenzucker) ⟨*lat → ital*⟩

Färinger ↑ Färöer (2)

Farm, die, –, –en (Betrieb für Geflügel- od. Pelztierzucht; Landgut [bes. in den englisch sprechenden Ländern]) ⟨*lat → frz → engl*⟩ · **Farmer**, der, –s, – · **Far|mers|frau**

Farn, der, –[e]s, –e (eine Sporenpflanze). *Zus K 365ff.*: Farn‿kraut usw.

Fä|rö|er ['fɛ:rø:ər *od* fɛ'rø:ər] ⟨*dän*, ‚Schafinseln'⟩: 1. *Pl* (dän. Inselgruppe im Nordatlantik) – 2. der, –s, – *od* **Fä|rin|ger**, der, –s, – (Bewohner der Färöer [1]) · **fä|rö|isch**; *vgl. auch K 265ff.*

Far|re, der, –n, –n (*landsch*; junger Stier) · **Fär|se**, *auch* [1]**Kal|be**, die, –, –n (junge Kuh bis zum ersten Kalben); *vgl. aber* Ferse

Fa|san, der, –[e]s, *Pl* –en *od* –e (*österr nur* –e) (jagdbarer Hühnervogel) ⟨*grch → lat → frz*⟩ · **Fa|sanen|zucht** · **Fa|sa|ne|rie**, die, –, ..ien (Fasanengehege)

Fa|sche, die, –, –n (*österr*; Wickelbinde) ⟨*lat → ital*⟩ · **fa|schen** (*österr*; fest wickeln, bandagieren)

fa|schie|ren (*österr*; durch die Fleischmaschine drehen) ⟨*lat → frz*⟩ · **Fa|schier|te**, das, –n *K 341* (*österr*; Hackfleisch, Bulette)

Fa|schi|ne, die, –, –n (*fachspr*; zusammengeschnürtes Reisigbündel [für Uferbefestigungen]) ⟨*lat → frz*⟩

Fa|sching, der, –s, *Pl* –e, *österr nur so, od* –s (*landsch u. österr*; Karneval, Fastnacht) · **Fa|schings|zeit** (*landsch u. österr*)

Fa|schis|mus, der, – (offen terrorist. Diktatur reaktionärster imperialistischer Kreise) ⟨*lat → ital*⟩ · **Faschist** (Anhänger des Faschismus) · **fa|schi|stisch** · **fa|schi|sto|id** (faschistische Züge aufweisend)

Fa|se, die, –, –n (Abschrägung einer scharfen Kante) ⟨*frz*⟩

Fa|sel, der, –s, – (junges Zuchttier; Wurf, Brut) · **Fa|sel|eber**

Fa|se|lei (*umg abwert*) · **Fa|se|ler** *K 363* (*umg*) · **Fa|sel|feh|ler** · **Fasel|hans**, der, –[es], *Pl* –e *od* ..hänse (*umg*) · **fa|se|lig** *K 362* (*umg*) · **Fa|sel|lie|se**, die, –, –n (*umg*) · **fa|seln** *K 363* (*umg*; unüberlegt, wirr reden)

fa|sen *K 354* (abkanten) ⟨*frz*⟩

Fa|ser, die, –, –n. *Zus K 365ff.*: Faser‿stoff usw. · **Fä|ser|chen** · **fase|rig** *K 362* · **fa|sern** *K 363* · **faser|nackt** (völlig nackt) · **Fa|serpflan|ze** · **fa|ser|scho|nend**; ein –es Waschmittel · **Fa|ser|schreiber** · **Fa|se|rung**, die, –

Fa|shion ['fɛʃ(ə)n], die, –, –s (Mode; [feine] Lebensart) ⟨*lat → frz → engl*⟩ · **fa|shio|na|ble** ['fɛʃ(ə)nəb(ə)l], *österr nur so, od* **fa|shiona|bel** [faʃio'na:b(ə)l] (modisch, elegant); *K 363*: fashiona|ble Kleidung

Faß, das, *Gen* Fasses, *Pl* Fässer *u. bei Maßangabe* (*K 308*) Faß, z. B. 2 Faß Bier. *Zus K 365ff.*: Faß‿brause usw.

Fas|sa|de (Vorderseite; Vorderansicht; das Äußere) ⟨*lat → ital → frz*⟩ · **Fas|sa|den|klet|te|rer**

faß|bar · **Faß|bar|keit**, die, – · **Fäß|chen** · **fas|sen**; du faßt *K 354*; du faßtest; gefaßt; fasse! *od* faß!; *vgl. auch* gefaßt · **faß|lich** · **Faß|lichkeit**, die, –

Fas|son [..'sɔŋ, *auch* ..'sõ:, *südd, österr, schweiz meist* ..'so:n]: 1. die, –, *Pl* –s, *südd, österr, schweiz auch* –en (Form; Muster; Art; Zuschnitt; Lebensart) – 2. das, –s, –s (Format von Zigarren) ⟨*lat → frz*⟩ · **fas|so|nie|ren** [faso'ni:..] (formen, gestalten – *österr auch für* die Haare nach Fasson schneiden)

Fas|sung · **fas|sungs|los** *K 349*; *vgl.* ...los · **Fas|sungs|lo|sig|keit,** die, _
fast (beinahe)
Fastage ↑ Fustage
Fast|ebe|ne, die, _, _n (*Geogr*; Rumpffläche, flachwellige Oberfläche)
Fa|stel|abend (*landsch*; Abend vor Aschermittwoch) · **fa|sten** · **Fa|sten:** 1. das, _s – 2. *Pl* (*kath Kirche*; Fastenzeit vor Ostern) · **Fa|sten|zeit** (*Rel*) · **Fast|nacht,** die, _ (der Tag vor Aschermittwoch) · **Fast|nachts|spiel,** *seltener* **Fast|nacht|spiel** · **Fast|tag**
Fas|zes ['fastse:s] *Pl* (*Altertum*; Bündel aus Stäben [Ruten] u. einem Beil, Abzeichen der altröm. Liktoren) ⟨*lat*⟩ · **Fas|zi|kel,** der, _s, _ (Bündel, Aktenbündel, Heft)
Fas|zi|na|tion (Bezauberung, fesselnde Wirkung; Verblendung) ⟨*lat*⟩ · **fas|zi|nie|ren** (bezaubern, berücken, fesseln; verblenden)
Fata ↑ Fatum · **fa|tal** (unangenehm, peinlich; verhängnisvoll) ⟨*lat*⟩ · **Fa|ta|lis|mus,** der, _ (Schicksalsglaube; passive Lebenshaltung, die alles Geschehen als unvermeidlich u. vorherbestimmt ansieht) · **Fa|ta|list** · **fa|ta|li|stisch** (schicksalsgläubig, untätig dem Schicksal ergeben) · **Fa|ta|li|tät** (Mißgeschick; peinl. Lage)
Fa|ta Mor|ga|na, die, *Gen* _ _, *Pl* _ ..nen *od* _ _s (durch Luftspiegelung vorgetäuschtes Bild; Sinnestäuschung) ⟨*ital + arab*⟩
fa|tie|ren (*noch österr bürospr*; eine Steuererklärung abgeben) ⟨*lat*⟩
Fa|tum, das, _s, ..ta (Schicksal) ⟨*lat*⟩
Fatz|ke, der, _n, _n (*umg abwert*; eingebildeter, eitler Mensch)
fau|chen, *süddt u. österr auch* **pfau|chen**
faul · **Faul|baum** · **Faul|brut** (eine Bienenkrankheit) · **Fäu|le,** die, _ · **fau|len** · **fau|len|zen** *K 354* (*meist abwert*) · **Fau|len|zer** (*abwert* – *österr umg auch für* Linienblatt) · **Fau|len|ze|rei** (*abwert*) · **Faul|heit,** die, _ · **fau|lig** · **Fäul|nis,** die, _ · **Fäul|nis|er|re|ger** · **Faul‿pelz** (*umg*), ...**schlamm,** ...**tier**
Faun: 1. *od* **Fau|nus** (*Mythol*; altitalischer Gott der Fruchtbarkeit) – 2. der, _[e]s, *Pl* _e *od* Fauni, *meist Pl* (*röm Sage*; Wald- u. Wiesendämon) – 3. der, _[e]s, _e (lüsterner Mensch) ⟨*lat*⟩ · **Fau|na,** die, _, ..nen (die Tierwelt [eines Gebietes]) · **Fauni** ↑ Faun (2) · **fau|nisch** (lüstern [wie ein Faun])

[1]**Faust** (Gestalt der dt. Dichtung) ⟨*lat*⟩
[2]**Faust,** die, _, *Pl* Fäuste. *Zus K 365ff.*: Faust‿ball usw. · **Fäust|chen;** sich (*Dat*) ins _ lachen ([heimlich] schadenfroh lachen) · **faust|dick;** er hat es _ hinter den Ohren (*umg*; er ist sehr durchtrieben) · **Fäu|stel,** der, _s, _ (schwerer Hammer [der Bergleute]) · **fau|sten** (*Sport*) · **faust|groß**
fau|stisch *K 218* (nach Art des Goetheschen Faust)
Faust|keil (altsteinzeitl. Werkzeug) · **Fäust|ling** (Fausthandschuh – *bergm*; faustgroßer Stein) · **Faust|recht,** das, _[e]s (*hist*; [gewaltsame] Selbsthilfe) · **Faust|re|gel** (grobe Regel)
Fau|teuil [fo'tœ:ï], der, _s, _s (*veraltend*; Lehnsessel) ⟨*germ* → *frz*, ,Faltstuhl'⟩
Faux|pas [fo'pa], der, _, _ [fo'pas] (Verstoß gegen die geltenden Umgangsformen, Taktlosigkeit) ⟨*frz*, ,Fehltritt'⟩
fa|vo|ri|sie|ren [..v..] (begünstigen – *Sport*; als aussichtsreichsten Teilnehmer an einem Wettkampf nennen) ⟨*lat* → *frz*⟩ · **Fa|vo|rit,** der, _en, _en (Günstling, Liebling – *Sport*; aussichtsreichster Teilnehmer an einem Wettkampf) ⟨*lat* → *ital* → *frz*⟩ · **Fa|vo|ri|tin,** die, _, ..innen ([erklärte] Geliebte [eines Fürsten] – *Sport*; aussichtsreichste Teilnehmerin an einem Wettkampf)
Fa|xen *Pl* (*umg*; spaßige Grimassen; dumme Späße); *Sg* Fa|xe, die, _ (*zu* fickfacken) · **Fa|xen|ma|cher** (*umg*)
Fa|yen|ce [fa'jã:s, *österr nur so, od* fa'jaŋs], die, _, _n [..s(ə)n] (weißglasierte, bemalte Töpferware) ⟨*frz, nach* der italien. Stadt Faenza⟩
Fa|zies [..iɛs], die, _, _ (*Geol*; Gesamtheit der Merkmale gleichaltriger geolog. Schichten) ⟨*lat*⟩
Fa|zit, das, _s, *Pl* _e *od* _s (Summe, Schlußsumme, Ergebnis) ⟨*lat*, ,es macht'⟩
FDGB-Mit|glied [ɛfde:ge:'be:..] *K 186*
FDJler [ɛfde:'jɔtlər] *K 203*, der, _s, _ (Mitglied der Freien Deutschen Jugend [FDJ])
F-Dur ['ɛf..] *K 106*, das, _ (*Mus*; Tonart), *Zeichen* F; in F-Dur *od* in F · **F-Dur-Ton|lei|ter** *K 188* (*Mus*)
Fea|ture ['fi:tʃər], das, _[s], _s (Rundfunk- bzw. Fernsehsendung, die in unterhaltender Form Kenntnisse aus verschiedenen Wissensgebieten vermittelt) ⟨*lat* → *frz* → *engl*⟩
Fe|ber, der, _s, *Pl* (*selten*) _ (*österr*; Februar) ⟨*lat*⟩
fe|bril (*Med*; fieberhaft) ⟨*lat*⟩

Fe|bru|ar, der, _[s] *K 328*, *Pl* (*selten*) _e (zweiter Monat im Jahr); *Abk* Febr. ⟨*lat*⟩
Fech|ser [..ks..] (*Landw*; Schößling, Steckling)
fech|ten; du fichtst, er ficht; du fochtest *od* fochtst; du föchtest; gefochten; ficht! · **Fech|ter**
fe|cit (»hat [es] gemacht« [Vermerk auf Kunstwerken]) ⟨*lat*⟩, *Abk* fec.; ipse _ (↑ *d.*)
Fecker [*Tr* Fek|ker], der, _s, _ (*schweiz*; Maß- od. Milchprüfer; Landstreicher)
Fe|der, die, _, _n. *Zus K 365ff.*: Feder‿hut (der) usw. · **Fe|der|ball,** der, _[e]s, *fachspr auch* **Bad|min|ton** ['bɛdmintən] ⟨*engl*⟩, das, _[s] · **Fe|der|fuch|ser,** der, _s, _ (*abwert*; Schreiberseele, Pedant) · **fe|der|füh|rend** (für die Bearbeitung verantwortlich; zuständig); der _e Autor · **Fe|der|ge|wicht,** das, _[e]s (*Sport*) · **fe|der|leicht** · **Fe|der|le|sen,** das, _s; *nur in Wendungen wie* nicht viel _s (Umstände) machen (*umg*) · **fe|dern** *K 363* · **fe|dernd** · **Fe|der|spiel** (*weidm*; zwei Taubenflügel zum Zurücklocken des Beizvogels) · **Fe|de|rung** · **Fe|der|weiß** (feines Pulver; Schneiderkreide) · **Fe|der|wei|ße,** der, _n, _n *K 341* (junger, gärender Wein) · **fed|rig** *K 362* · **Fed|rig|keit**
Fee, die, _, *Pl* Feen (eine Sagen- u. Märchengestalt) ⟨*lat* → *frz*⟩
Feed|back ['fi:tbɛk], das, _s, _s (*Informationsth*; Rückkopplung) ⟨*engl*⟩
fe|en|haft ⟨*lat* → *frz*⟩ · **Fe|en|mär|chen**
Fe|ge, die, _, _n (Werkzeug zum Getreidereinigen) · **Fe|ge|feu|er** (*kath Kirche*) · **fe|gen** · **Fe|ger** · **Feg|nest** (*schweiz*; unruhiger Geist, z. B. ein Kind) · **feg|ne|sten** (schweiz, *bes von Kindern gesagt*; unruhig sein); gefegnestet *K 358*; zu _
Feh, das, _[e]s, _e (Fell des sibir. u. nordamerikan. Eichhörnchens)
Feh|de, die, _, _n (*hist u. gehoben*) · **Feh|de|hand|schuh;** *nur noch in Wendungen wie* jmdm. den _ hinwerfen (mit jmdm. Streit beginnen)
fehl ⟨*lat* → *frz*⟩; _ am Platz[e], *seltener* am Ort sein · **Fehl,** der; *nur noch in* ohne _ · **Fehl|an|zei|ge** · **fehl|bar** (*schweiz*; [einer Übertretung] schuldig) · **Fehl|be|trag** · **Fehl|druck,** *Pl* ..drucke · **feh|len** · **Fehl|ent|schei|dung** · **Feh|ler** · **feh|ler|haft** · **Feh|ler|haf|tig|keit,** die, _ · **feh|ler|los;** *vgl.* ...los · **Feh|ler|lo|sig|keit,** die, _ · **Feh|ler|quel|le** · **Fehl|ge|burt** · **fehl|ge|hen** *K 363*; du gehst fehl; du gingst

fehl; fehlgegangen; fehlzugehen · **fehl|grei|fen**[1] · **Fehl|griff** · **fehl|lei|ten**[1] · **Fehl|lei|stung** · **Fehl|lei|tung** · **fehl|schie|ßen**[1] · **Fehl|schlag** · **fehl|schla|gen**[1] · **Fehl‿schluß, ...schuß** · **Fehl|sich|tig|keit,** die, – · **fehl|tre|ten**[1] · **Fehl|tritt** · **Fehl|zün|dung**

Feh|marn (Ostseeinsel der BRD)

Fehn ↑Fenn · **Fehn|kul|tur,** die, – (*fachspr*; Moorkultur mit Torfgewinnung) ⟨*ndrl* + *lat*⟩; *vgl.* Fenn

Fei|er, die, –, –n ⟨*lat*⟩ · **Fei|er|abend** · **Fei|er|abend|ar|beit** · **Fei|er|abend|heim** · **fei|er|abend|lich** · **fei|er|lich** · **Fei|er|lich|keit** · **fei|ern** *K 363* · **Fei|er|tag;** des Feiertags · **fei|er|täg|lich** · **fei|er|tags** *K 109*, *aber*: des Feiertags; sonntags und feiertags *od K 178*: sonn- und feiertags; werktags und feiertags *od K 178*: werk- und feiertags

feig *od* **fei|ge**

Fei|ge, die, –, –n ⟨*lat* → *rom*⟩ · **Fei|gen‿baum, ...blatt**

Feig|heit, die, – · **feig|her|zig** (*veraltend*) · **Feig|her|zig|keit,** die, – (*veraltend*) · **Feig|ling** (*abwert*)

Feig|war|ze (*Med*; Hautwucherung)

feil (*veraltet*; verkäuflich) · **feil|bie|ten** *K 136* (*noch gehoben*); du bietest feil; feilgeboten; feilzubieten

Fei|le, die, –, –n · **fei|len** · **Fei|len|hau|er**

feil|schen *K 354*

Feil|staub, der, –[e]s

Fei|me, die, –, –n *od* **Feim,** der, –[e]s, –e *bzw* **Fei|men,** der, –s, – (*landsch*; Schober)

fein ⟨*lat* → *frz*⟩; die Kreide ist fein gemahlen, feingemahlene Kreide; *vgl. aber K 166* · **Fein|ar|beit** · **Fein|be|ar|bei|tung** (*Techn*) · **Fein|bren|nen,** das, –s (*Techn*)

feind; *K 108*: jmdm. – bleiben, sein, werden · **Feind,** der, –[e]s, –e; jmds. – bleiben, sein, werden · **Fein|des|hand,** die, –; *nur noch in Wendungen wie* in – geraten (*gehoben*) · **Fein|des|land,** das, –[e]s · **feind|lich** · **Feind|schaft** · **feind|se|lig** · **Feind|se|lig|keit**

Fei|ne, die, – (*veraltet*; Feinheit) ⟨*lat* → *frz*⟩ · **fei|nen** (*Hüttenw*; [Metall] reinigen) · **fein|füh|lend** · **fein|füh|lig** · **Fein|füh|lig|keit,** die, – · **Fein|ge|fühl,** das, –[e]s · **Fein|ge|halt,** der · **Fein|heit** · **Fein|ke|ra|mik** · **fein|ke|ra|misch** · **fein|kör|nig** · **Fein|kör|nig|keit,** die, – · **Fein|me|cha|nik** [..ç..], die, – · **Fein|me|cha|ni|ker** · **fein|me|cha|nisch** · **fein|ner|vig** · **fein|schlei|fen** *K 136*; du schleifst fein; feingeschliffen; feinzuschleifen · **Fein|schmecker** [*Tr* ...schmek|ker] · **fein|sin|nig** · **Feins|lieb|chen** (*dicht*) · **Feinst|waa|ge** · **Fein|wasch|mit|tel**

feiß (*alemann*; fett, feist) · **feist** (*abwert*); –este · **Feist,** das, –es (*weidm*; Fett [beim Schalenwild]) · **Feist|heit** *od* **Fei|stig|keit,** *auch* **Fei|ste,** die, – (*abwert*)

fei|xen *K 354* (*umg*; grinsend lachen)

Fel|bel, der, –s, – (ein samtartiges Gewebe) ⟨*ital*⟩

Feld, das, –[e]s, –er; über freies – laufen; *K 178*: Feld-, Wald- und Wiesenkräuter, *aber K 189*: eine Feld-Wald-und-Wiesen-Mischung (*umg*) · **Feld|bau|bri|ga|de** · **Feld|blu|me** · **Feld|flüch|ter** (zur Nahrungssuche auf das Feld fliegende Taube) · **Feld|kü|che** (*Milit*; fahrbare Kocheinrichtung) · **Feld|la|ger** (*Milit*) · **Feld|mark,** *Pl* ..marken (zu einer Ortschaft gehörende nutzbare Landfläche) · **Feld|scher** [..e:r], der, –[e]s, –e (*Milit*; Arzthelfer) · **Feld|spat** (*Mineral*) · **Feld|ste|cher** (Fernglas) · **Feld|we|bel,** *schweiz* **Feld|wei|bel,** der, –s, – (*Milit*); *Abk* Fw.

Fel|ge, die, –, –n (Radkranz; Turnübung am Reck) · **fel|gen** ([ein Rad] mit Felgen versehen)

Fe|lix (m. Vn.) ⟨*lat*, ‚der Glückliche'⟩ · **Fe|li|zi|tas** (w. Vn.) ⟨*lat*, ‚Glück'⟩

Fell, das, –[e]s, –e

Fel|la|che [..x..], der, –n, –n (Angehöriger der bäuerl. Bevölkerung in arab. Ländern, bes. im Niltal) ⟨*arab*⟩

Fell|ei|sen, das, –s, – (*hist*; Reisesack der Handwerksburschen) ⟨*frz*⟩

Fel|low ['fɛlo:], der, –s, –s (Graduierter eines engl. College; Mitglied einer wissenschaftl. Körperschaft in Großbritannien u. den USA) ⟨*engl*⟩

Fe|lo|nie, die, –, ..ien (*Mittelalter*; Verweigerung der Lehensdienste, Treuebruch) ⟨*lat* → *frz*⟩

Fels: 1. der, –en (hartes Gestein) – 2. der, –en, –en (*gehoben*; Felsen) · **Fels|block,** *Pl* ..blöcke · **Fel|sen,** der, –s, – (größere Gesteinsmasse) · **fel|sen|fest** *K 171* · **Fel|sen‿nest, ...riff** · **fel|sig** · **Fels|wand**

Fe|lu|ke, die, –, –n (Küstenfahrzeug des Mittelmeers) ⟨*grch* → *arab* → *span* → *frz*⟩

Fe|me, die, –, –n (*hist*; heiml. Gericht, Freigericht)

Fe|mel *od* **²Fim|mel,** der, –s (*Landw*; männl. Hanf- od. Hopfenpflanze) ⟨*lat*⟩ · **Fe|mel|[schlag|]be|trieb** (*Forstw*; eine Form der Bewirtschaftung des Hochwaldes)

Fe|me|mord (*hist*) · **Fem|ge|richt** (*hist*)

fe|mi|nie|ren (*Zool, Med*; verweiblichen) ⟨*lat*⟩ · **fe|mi|nin** (weiblich; weibisch – *Gramm*; weiblichen Geschlechts) · **Fe|mi|ni|num** [*auch* ..'ni:..], das, –s, ..na (*Gramm*; weibl. Geschlecht; weibl. Substantiv); *Abk* f. *od* F. · **Fe|mi|nis|mus,** der, –, ..men (Überbetonung des Weiblichen, weibische Art; Verweiblichung bei Männern) · **fe|mi|ni|stisch**

Fem|to... (Vorsatz bei Einheiten = der 10^{15}te Teil der genannten Einheit [z. B. Femtometer]); *Vorsatzzeichen* f... [z. B. fm] ⟨*skand*⟩ · **Fem|to|me|ter,** das *od* der, *schweiz nur so* (ein 10^{15}tel m); *Einheitenzeichen* fm ⟨*skand* + *grch*⟩

Fen [fən], der, –[s], *Pl* –[s] *u. bei Wertangabe* (*K 310*) Fen (Münzeinheit in China) ⟨*chin*⟩

Fen|chel, der, –s (eine Arzneipflanze, Doldengewächs) ⟨*lat*⟩ · **Fen|chel‿öl, ...tee**

Fen|der, der, –s, – (*seem*; Stoßschutzkissen für die Bordwand von Schiffen) ⟨*lat* → *frz* → *engl*⟩

Fe|nier [..ĭər], der, –s, – (*hist*; Anhänger eines irischen antibrit. Geheimbundes im 19. Jh.) ⟨*nach* dem kelt. Namen der Iren⟩

Fenn *od* **Fehn,** das, –[e]s, –e (*norddt*; Sumpf-, Moorland); *vgl. aber* Hohe Venn, das

Fen|no|sar|ma|tia (*Geol*; europ. Urkontinent, Kernstück des europ. Kontinents) ⟨*lat*⟩

Fen|no|skan|dia ⟨*lat*⟩ *od* **Bal|ti|sche Schild,** der, *Gen* –n –[e]s (*Geol*; das erdgeschichtlich einheitl. Gebiet von Skandinavien, Finnland u. der Halbinsel Kola) · **fen|no|skan|disch** (*Geol*)

Fen|ster, das, –s, – ⟨*lat*⟩. *Zus K 365ff.*: Fenster‿rahmen usw. · **fen|sterln** (*südd*t, *österr*; die Geliebte nachts durchs Fenster besuchen); ich fensterle, du fensterlst, er fensterlt; gefensterlt · **...fenst|rig** (z. B. zweifenstrig)

Fe|od, das, –[e]s, –e (*hist*; fahrende Habe im german. Recht) ⟨*germ* → *lat*, ‚Viehgut'⟩

Fer|di|nand (m. Vn.) ⟨*germ* (‚Schutz' + ‚kühn') → *span*⟩

Fer|ga|na (Stadt in Usbekistan)

ferg|gen (*schweiz*; abfertigen, fortschaffen) · **Ferg|ger** (*schweiz*; Spediteur, Vermittler)

Fe|rial|tag (*österr*; Ferientag) ⟨*lat*⟩ · **Fe|rien** [..iən] *Pl* (Urlaub); *K 119*: die großen – · **Fe|rien|dienst,** der, –es · **Fe|rien|la|ger,** *Pl* ..lager ·

[1] *Konjugation vgl.* fehlgehen.

Fe|rien‿rei|se, ...scheck, ...spie|le *(Pl)*
Fer|kel, das, _s, _. *Zus K 365ff.*: Ferkel‿zucht usw. · **fer|keln** *od* **ab|fer|keln;** die Sau ferkelt [ab]
Fer|man, der, _s, _e *(hist*; Erlaß, Befehl des Herrschers in islam. Ländern) *(pers → türk)*
Fer|ma|te, die, _, _n *(Mus*; Haltezeichen [über Noten od. Pausen]) *(lat → ital)*; *Zeichen* 𝄐
Ferment ↑ Enzym · **Fer|men|ta|tion** *(Biochem*; eine Form der Gärung) *(lat)* · **fermentativ** ↑ enzymatisch · **fer|men|tie|ren** *(Biochem*; durch Fermentation genußfähig machen) ·
Fer|mium, das, _s (künstliches radioaktives chem. Element, Metall); *Zeichen* Fm *(nach* dem italien. Physiker Fermi)
fern, *dicht* **fer|ne;** dem Heimatort fern *od* fern dem Heimatort
I. *Kleinschreibung K 118*: von nah und fern; von fern[e]; *K 176*: von fern her *od* von fernher
II. *Großschreibung K 258*: der Ferne Osten (Ostasien)
III. *Zusammenschreibung in Verbindung mit Verben K 136 vgl.* fernbleiben usw.
fern|ab *(gehoben)*
Fernambukholz ↑ Pernambukholz
Fern|be|die|nung · **fern|be|heizt** · **fern|blei|ben** *K 136*; du bleibst fern; ferngeblieben; fernzubleiben · **ferne** ↑ fern · **Fer|ne,** die, _, _n · **Fern|emp|fang,** der, _[e]s *(Funkw)* · **fer|ner;** *K 114*: des _[e]n (weiterhin) darlegen *(bürospr)*
Fer|ner, *auch* **Fir|ner,** der, _s, _ *(südd., österr*; mit Firnschnee bedeckter Gipfel; Gletscher); *vgl.* Firn
fer|ner|hin · **Fern|er|kun|dung** *(Geol)* · **fer|ner|ste|hen** *K 137 u. 363* · **Fern|fah|rer** · **Fern|gas** · **Fern|gas|ver|sor|gung,** die, _ · **Fern|ge|spräch** · **fern|ge|steu|ert** · **Fern|glas,** *Pl* ...gläser · **fern|hal|ten**[1] *K 136* · **Fern|hei|zung** · **fern|her** *(gehoben)*; *vgl. auch* fern, I · **fern|hin** *(gehoben)* · **Fern|la|ster,** der, _s, _ *(umg*; Fernlastzug) · **Fern|last|fah|rer** · **fern|len|ken**[1] *K 136* · **fern|lie|gen**[1] *K 137* · **fern|lie|gend** *K 128* · **Fern|mel|de|amt** · **fern|münd|lich** (telefonisch) · **Fern|ost** *ohne Art* (der Ferne Osten); in _, *aber*: im Fernen Osten · **fern|öst|lich** · **Fern|rohr** · **Fern|schrei|ber** · **Fern|seh‿aka|de|mie, ...ap|pa|rat** · **fern|se|hen**[1] *K 136 u. 363* · **Fern|se|hen,** das, _s · **Fern|se|her** (Fernsehapparat) · **Fern|seh‿film, ...ge|rät, ...spiel, ...turm** · **fern|sich|tig** · **Fern|sich|tig|keit,** die, _ · **fern|spre|chen** *K 136*; *nur im Inf gebräuchlich* · **Fern‿spre|cher, ...spruch** · **fern|ste|hen**[1] *K 136 u. 363* · **fern|steu|ern**[1] *K 136 u. 363* · **Fern|steue|rung** · **Fern|stu|dent** · **Fern|stu|dium,** das, _s · **Fern|ver|kehr** · **Fern|ver|kehrs|stra|ße** · **Fern|wär|me** · **Fern|weh,** das, _[e]s
Fer|ra|ra (Stadt in Oberitalien)
Fer|rit, der, _[e]s, _e *(fachspr*; Kristall des reinen Eisens, ferromagnet. Metalloxid) *(lat)*
Fer|ro (eine der Kanarischen Inseln)
fer|ro|ma|gne|tisch *(Phys)* · **Fer|ro|ma|gne|tis|mus** *(Phys)* · **Fer|rum,** das, _s (Eisen); *Zeichen* Fe *(lat)*
Fer|se, die, _, _n; *vgl. aber* Färse · **Fer|sen|geld;** *nur noch in* _ geben *(umg scherzh*; fliehen)
fer|tig; _ sein, _werden. *Schreibung bei Verben K 135–138*: fertig (im fertigen Zustand) bringen, *vgl. aber* fertigbringen, fertigkochen usw. · **Fer|tig|bau|wei|se** · **fer|tig|brin|gen** *K 137* (in fertigen Zustand versetzen; erledigen, leisten); du bringst fertig; fertiggebracht; fertigzubringen; *aber*: fertig bringen (im fertigen Zustand bringen) · **fer|ti|gen** · **Fer|tig‿er|zeug|nis, ...haus** · **Fer|tig|keit** · **fer|tig|ko|chen**[2] *K 136* · **fer|tig|ma|chen**[2] *K 136* *(auch übertr, umg*; jmdn. aller Widerstandskraft berauben) · **Fer|tig‿nah|rung, ...pro|dukt** · **fer|tig|stel|len**[2] *K 136* · **Fer|tig|stel|lung** · **Fer|ti|gung** · **Fer|tig|wa|re**
Fer|ti|li|tät, die, _ *(Biol, Med*; Fruchtbarkeit) *(lat)*
fes [fɛs], das, _, _ *(Mus*; Tonbezeichnung) · [1]**Fes,** das, _, _ *(Mus*; Tonbezeichnung)
[2]**Fes** [fe:s], der, *Gen* _, *Pl* _ *od Gen* _es, *Pl* _e *od* [1]**Fez** [fe:(t)s], der, _[es], _e (rote Filzkappe) *(nach* einer Stadt in Marokko)
fesch [fɛʃ] (flott, schneidig, schick); _este *(aus engl* fashionable) · **Fe|schak,** der, _s, _s *(österr salopp*; fescher Kerl) *(fesch +* ...ak [slaw. Endung])
Fes|san (Landsch. in Libyen)
[1]**Fes|sel,** die, _, _n *(zu* Fuß)
[2]**Fes|sel,** die, _, _n *(zu* fassen) · **Fes|sel|bal|lon** [...lɔŋ *od* ...lo:n]
fes|sel|frei *(zu* [1]Fessel) · **Fes|sel|ge|lenk**
fes|sel|los *(zu* [2]Fessel); *vgl.* ...los · **fes|seln** *K 363f.* · **Fes|se|lung** *K 363f.*
fest; festeste *K 349*. *Schreibung*: *a.* bei Verben *(K 135–138)*; *vgl.* festbacken usw.; *b. in Verbindung mit einem Part II*: das Paket ist fest geschnürt, das festgeschnürte Paket; *vgl. auch K 166*
Fest, das, _es, _e *(lat)*
Fest|an|ge|stell|te, der *u.* die, _n, _n *K 341* · **fest|backen** [*Tr* ...bak|ken] *K 137* (kleben); es backt fest; es backte fest; es hat festgebackt; festzubacken; *aber*: fest backen (nicht locker backen); das Brot ist [zu] fest gebacken · **fest|bin|den**[1] *K 137* (anbinden); *aber*: fest binden; der Knoten war fest gebunden · **Fe|ste,** die, _, _n *(veraltet*; Festung, Burg – *dicht*; Himmel); *vgl. auch* Veste · **Fest|ein|band** *(Polygr)*
Fest|es|sen · **Fe|stes|stim|mung,** die, _ *(gehoben)*
fest|hal|ten[1] *K 137* (nicht loslassen); an seiner Meinung _; sich *(Akk)* _; sich am Griff _, *aber K 127*: du mußt das Brett ganz fest halten · **fest|hef|ten**[1] *K 137*; ich werde das lose Band _; *aber K 138*: du darfst das Band nicht ganz so fest heften · **fe|sti|gen** · **Fe|stig|keit,** die, _
Fe|sti|val ['fɛstival, *auch* fɛsti'val], das, _s, _s (große Festveranstaltung, Musikfest, Weltfestspiele der Jugend) *(lat → frz → engl)* · **Fe|sti|vi|tät** [..v..] *(noch umg scherzh*; Fest, Festlichkeit) *(lat)*
fest|kei|len[1] *K 136* (mit Keil[en] befestigen) · **fest|kle|ben**[1] *K 137* (mit Klebstoff befestigen), *aber K 138*: er meint, daß dieser Leim nicht so fest klebt
Fest|kör|per · **Fest|kör|per|phy|sik**
Fest|land, *Pl* ...länder · **fest|län|disch** · **Fest|land[s]|sockel** [*Tr* ...sok|kel] (Fortsetzung des Festlandes bis zu einer Meerestiefe von 200 m)
fest|le|gen[1] *K 136* (bestimmen); die Tagesordnung ist festgelegt worden
fest|lich · **Fest|lich|keit**
fest|ma|chen[1]; *K 137*: ein Brett _ (befestigen); einen Termin _ *(umg*; festlegen); *aber*: fest machen; den Teig nicht [so] fest (dicht) machen ·
Fest|me|ter, das *od* der, *schweiz nur so* (1 m^3 fester Holzmasse [im Gegensatz zu Schichtfestmeter]); *Einheitenzeichen* Fm · **fest|na|geln**[1] *K 136 u. 363*; du sollst das Brett _; *aber K 138*: die Bretter sind zu fest genagelt · **Fest|nah|me,** die, _, _n · **fest|neh|men**[1] *K 136* (verhaften)
Fe|ston [fɛs'tɔŋ *od* ..'tõ:], das, _s, _s

---
[1] *Konjugation vgl.* fernbleiben.

[1] *Konjugation vgl.* fernbleiben.
[2] *Konjugation vgl.* fertigbringen.

[1] *Konjugation vgl.* festbacken.

(Blumengewinde) ⟨*lat* → *ital* → *frz*⟩

Fest|preis · **fest|set|zen**[1] *K 137* (gefangennehmen; bestimmen, anordnen), *aber*: fest setzen; du mußt die Steine so fest setzen, daß ...

Fest|spiel

fest|ste|hen[1] *K 137 u. 363* (sicher, gewiß sein), *aber*: fest stehen (nicht schwanken) · **fest|ste|hend** (sicher, gewiß); *K 138*: fester stehend, am festesten stehend · **Fest|stell|bremse** · **fest|stel|len**[1] *K 137* (Gewißheit verschaffen), *aber*: fest stellen ([etwas] so stellen, daß es nicht schwankt) · **Fest|stel|lung**

Fest|stim|mung, die, _ · **Fest|tag**; des Festtags, *aber K 109*: festtags · **fest|täg|lich** · **fest|tags** *K 109*, *aber*: des Festtags; sonntags und festtags *od K 178*: sonn- und festtags

fest|tre|ten[1]

Fe|stung

Fest|ver|an|stal|tung · **Fest|zug**

fe|tal, *älter* **fö|tal** (*Med*; die Leibesfrucht betreffend) ⟨*lat*⟩

Fe|te ['fe:.. *od* 'fɛ:..], die, _, _n (*umg*; Fest) ⟨*lat* → *frz*⟩

Fe|tisch, der, _[e]s, _e (Gegenstand abergläubischer Verehrung; Götzenbild) ⟨*lat* → *portug* → *frz*⟩ · **Fe|ti|schis|mus**, der, _ (Fetischverehrung; geschlechtl. Abartigkeit) · **Fe|ti|schist**

fett; _[e]ste *K 362*. *Schreibung bei Verben K 135*: fett werden; fett drucken; fettgedruckte Buchstaben, die Überschrift ist fett gedruckt; *vgl. aber K 166* · **Fett**, das, _[e]s, _e. *Zus K 365ff.*: Fett‿auge usw. · **fett|arm** · **Fettehenne** ↑ Fetthenne · **fet|ten** · **fett|fein** (*Polygr*); eine _e Linie · **Fett|fleck**, *auch* **Fett|flecken** [*Tr* ...flek|ken] · **fett|ge|druckt**; *vgl.* fett · **Fett|ge|halt**, der · **Fett|heit**, die, _ · **Fett|hen|ne**, die, _, _n, *auch* **Fet|te|hen|ne** (*K 368*), die, *Gen* der Fettenhenne, *Pl* die Fettenhennen, *ohne Art* Fettehennen (ein Dickblattgewächs) · **fet|tig** · **Fet|tig|keit**: 1. die, _ (das Fettigsein) – 2. die, _, _en, *meist Pl* (*umg*; Speisefett) · **fett|lös|lich** · **Fett|säu|re** (*Chem*) · **fett|trie|fend** *K 17* · **Fett|trop|fen** *K 17* · **Fettusche** [*Tr* Fett|tu|sche *K 78*]

Fe|tus, *älter* **Fö|tus**, der, *Gen* ..usses, *Pl* ..usse, *fachspr Gen* ..ten, *Pl* ..ten (*Med*; Leibesfrucht vom dritten Monat an) ⟨*lat*⟩

Fetz|chen · **fet|zen** *K 354* · **Fet|zen**, der, _s, _

feucht; _este; _ werden · **Feuch|te**, die, _ · **feuch|ten** (*meist gehoben*) · **feucht|fröh|lich** (*umg scherzh*) · **feucht|heiß** · **Feuch|tig|keit**, die, _ · **Feuch|tig|keits|mes|ser**, der (*Met*) · **feucht|warm**

feu|dal (das Lehnswesen betreffend, Lehns...; den mittelalterl. Lehnsstaat u. die Vorrechte des Adels verfechtend; adlig, junkerlich; reaktionär – *umg*; vornehm, großartig) ⟨*germ* → *lat*⟩ · **Feu|da|lis|mus**, der, _ (Gesellschaftsformation, die auf der Ausbeutung der leibeigenen Bauern beruht) · **feu|da|li|stisch** · **Feu|da|li|tät**, die, _ (Lehnsverhältnis, Lehnsherrlichkeit; Adelsherrschaft)

Feu|del, der, _s, _ (*norddt*; Scheuerlappen) ⟨*frz* → *ndrl*⟩

Feu|er, das, _s, _; *K 131*: _ fangen · **Feu|er‿an|zün|der**, ...**be|stat|tung**, ...**ei|fer** · **feu|er|fest** · **Feu|er|fe|stig|keit**, die, _ · **Feu|er|ge|fahr** · **feu|er|ge|fähr|lich** · **Feu|er|ge|fähr|lich|keit**, die, _

Feu|er|land (Inselgruppe an der Südspitze von Südamerika) · **Feu|er|län|der**, der, _s, _

Feu|er|mel|der · **feu|ern** *K 363* · **Feu|er|pro|be** · **feu|er|rot**; *vgl.* blau · **Feu|ers|brunst** (*gehoben*) · **feu|er|si|cher** · **Feu|ers|not** (*veraltet*) · **feu|er|spei|end** *K 128* · **Feu|er|stein** · **Feu|er|stuhl** (*umg scherzh*; Motorrad, Moped) · **Feue|rung** · **Feu|er|ver|si|che|rung** · **feu|er|ver|zinkt** · **Feu|er|was|ser**, das, _s (*umg scherzh*; Branntwein) · **Feu|er|wehr**, die; *K 119*: die freiwillige _ (*Abk* FF *od* FFW) · **Feu|er|wehr|mann**, *Pl* ..männer *od* ..leute · **Feu|er|werk** · **feu|er|wer|ken**; gefeuerwerkt; zu feuerwerken · **Feu|er|wer|ker** · **Feu|er|wer|ke|rei**, die, _ · **Feu|er|werks|kör|per** · **Feu|er|zeug**

Feuil|le|ton [fœjə'tɔŋ *od* ..'tõ:], das, _s, _s (Gesamtheit der literar. Beiträge einer Zeitung; [literar.] Zeitungsaufsatz) ⟨*lat* → *frz*⟩ · **Feuil|le|to|nist** [..to'nist] · **feuil|le|to|ni|stisch** · **Feuil|le|ton|stil**, der, _[e]s

feu|rig

Fex [fɛks], der, *Gen* _es, *Pl* _e *od* (*österr nur*:) *Gen* _en, *Pl* _en (*süddt, österr*; Narr; Vernarrter)

[1]**Fez** ↑ [2]Fes

[2]**Fez** [fe:ts], der, _es (*umg*; Spaß, Vergnügen, Unsinn, Unfug) ⟨*lat* → *frz*, ‚Fest'⟩

Fia|ker, der, _s, _ (*österr*; Mietkutsche, Mietkutscher) ⟨*nach* dem Einsiedler Fiacrius⟩

Fia|le, die, _, _n (*Arch*; spitzes, got. Ziertürmchen) ⟨*grch*⟩

Fias|ko, das, _s, _s (Mißerfolg; Zusammenbruch) ⟨*germ* → *ital* → *frz*⟩

[1]**Fi|bel**, die, _, _n (Lesebuch, Elementarlehrbuch) ⟨*grch* → *lat*, ‚Bibel'⟩

[2]**Fi|bel**, die, _, _n, *auch* **Fi|bu|la**, die, _, ..buln ([ur- u. frühgeschichtl.] Gewandspange) ⟨*lat*⟩

Fi|ber: 1. die, _, _n (*Med*, *Biol*; Muskel- od. Pflanzenfaser) – 2. ↑ Vulkanfiber ⟨*lat*⟩ · **Fi|bril|le**, die, _, _n (*Med*; [kleine] Faser des Muskel-, Nerven- od. Bindegewebes) ⟨*lat* → *frz*⟩ · **Fi|brin**, das, _s (*Med*; Eiweißstoff des Blutes) ⟨*lat*⟩ · **Fi|bro|in**, das, _s (*fachspr*; Seidensubstanz) · **Fi|brom**, das, _s, _e (*Med*; Bindegewebsgeschwulst) ⟨*lat* + *grch*⟩ · **fi|brös** (*Med*; faserig, Faser...) ⟨*lat*⟩; _e Geschwulst

Fi|bu|la: 1. die, _, *Pl* ..lae [..lɛ:] *bzw* ..lä (*Anat*; Wadenbein) – 2. ↑ [2]Fibel ⟨*lat*⟩

Fiche [fi:ʃ], das *od* der, _s, _s (*Datenv*, *Informationsth*; Filmkarte, auf der Daten verkleinert gespeichert sind) ⟨*lat* → *frz* → *engl*⟩

Fich|te, die, _, _n. *Zus K 365ff.*: Fichten‿nadel usw.

Fich|tel|berg, der, _[e]s (bei Oberwiesenthal) · **Fich|tel|ge|bir|ge**, das, _s (im O der BRD)

fich|ten *K 364* (aus Fichtenholz) · **Fich|ten|spar|gel**, der, _s (eine parasit. Waldpflanze ohne Chlorophyll)

Ficke[1], die, _, _n (*noch landsch*; Tasche) · **ficken**[1] (*derb*; koitieren)

Fick|fack, der, _[e]s, _e (*landsch*; Ausflucht, Vorwand) · **fick|facken**[1] (*landsch*; unruhig hin und her laufen; Ausflüchte suchen; Böses anstellen) · **Fick|facker**[1] (*landsch*; unbeständiger Mensch) · **Fick|müh|le** (*landsch*; Zwickmühle)

fi|del (*umg*; lustig, heiter, vergnügt) ⟨*lat*, ‚treu'⟩

Fi|di|bus, der, _ *od* ..usses, *Pl* ..usse (*veraltend*; Papierstreifen od. Holzspan zum Anzünden [der Pfeife]) ⟨*lat*⟩

Fi|dschi (Staat auf den Fidschiinseln) · **Fi|dschia|ner**, der, _s, _ · **fi|dschia|nisch** · **Fi|dschi|in|seln** *K 246 Pl* (im westl. Pazifik)

Fi|duz, das, _es ⟨*lat*, ‚Vertrauen'⟩; *nur noch in* kein _ (Zutrauen) zu etw. haben

Fie|ber, das, _s, _ (erhöhte Körpertemperatur) ⟨*lat*⟩. *Zus K 365ff.*: Fieber‿thermometer (das) usw. · **fie|ber|haft** · **fie|ber|krank** · **fie|bern** *K 363* · **fieb|rig** *K 362*

Fie|del, die, _, _n (*noch scherzh od abwert*; Geige) ⟨*lat*⟩ · **fie|deln** *K 363* (*scherzh*, *oft abwert*; [schlecht] geigen)

Fie|der, die, _, _n (*veraltet*; kleine Feder). *Zus K 365ff.*: Fieder‿blatt

---

[1] *Konjugation vgl.* festbacken.

[1] *Tr* ..k|k..

usw. · fie|dern, sich (*Akk*) (*weidm, von Vögeln gesagt*; Federn bekommen) · fie|der|tei|lig

Fied|ler (*scherzh, oft abwert*; [schlechter] Geiger) ⟨*lat*⟩

fie|pen (*weidm, von Rehen gesagt*; sehr leise Locktöne ausstoßen – *umg*; dünne, hohe Pfeiftöne ausstoßen)

Fie|rant [fie.. *od* fiə..] (*österr*; Markthändler, Wanderhändler) ⟨*lat → ital*⟩

fie|ren (*seem*, herablassen, [ein Tau] ablaufen lassen) ⟨*ndrl*⟩

fies (*umg*; ekelhaft, widerlich); ein ₋er Kerl

FI|FA, die, ₋ *Kurzw* (Internationaler Fußballverband) ⟨*aus frz F*édération *I*nternationale de *F*ootball *A*ssociation [federa'sjɔ̃: ɛ̃tɛrnasjɔ'nal də 'futbɔ:l asɔsia'sjɔ̃:]⟩

fif|ty-fif|ty ['fifti'fifti] (*umg*; halb und halb, halbpart) ⟨*engl*, ‚fünfzig [zu] fünfzig'⟩

Fi|ga|ro, der, ₋[s], ₋s (*scherzh*; Friseur) ⟨*span → frz, nach* einer Bühnengestalt⟩

Figh|ter ['faitər], der, ₋s, ₋ (*bes Sport*; [temperamentvoller] Kämpfer, Draufgänger, bes. beim Boxen) ⟨*engl*⟩

Fi|gur, die, ₋, ₋en: 1. (Gestalt; Bild; Zeichnung); *Abk* Fig. – 2. (Bewegungsablauf, z. B. Tanz, Eiskunstlauf – *Mus*; Gruppe zusammengehöriger Töne) ⟨*lat*⟩ · **Fi|gu|ra**, die, ₋; *nur in* wie ₋ zeigt (*veraltet*; wie klar vor Augen liegt)

Fi|gu|rant (*Theat, Filmw veraltet*; Statist) ⟨*lat*⟩ · **Fi|gu|ra|tion** *od* **Fi|gu|rie|rung** (*Mus*; Ausschmückung einer Figur od. Melodie)

Fi|gür|chen · **fi|gu|rie|ren** (*gehoben*; erscheinen, auftreten, darstellen – *Mus*; durch Figuration ausschmücken) ⟨*lat*⟩ · **fi|gu|riert** (gemustert – *Mus*; ausgeschmückt); ₋e Gewebe · **Figurierung** ↑ Figuration · **Fi|gu|ri|ne**, die, ₋, ₋n (Figürchen; Kostümzeichnung [für Bühne u. Mode]) ⟨*lat → ital → frz*⟩ · **fi|gür|lich** (bildlich; übertragen) ⟨*lat*⟩

Fik|tion (Erdichtung; Annahme; Unterstellung) ⟨*lat*⟩ · **fik|tiv** (erdichtet; angenommen, nur gedacht) ⟨*lat → frz*⟩

Fi|la|ment, das, ₋[e]s, ₋e (*Bot*; Staubfaden) – **Fi|la|men|te** *Pl* (*Astron*; Flecke auf der Sonnenoberfläche) ⟨*lat*⟩ · **Fi|let** [fi'le:], das, ₋s, ₋s (Netzwerk, -stoff; Lendenstück, Rückenfleisch – *Textiltechn*; Abnehmertrommel hinter der großen Trommel einer Krempel in Baumwollspinnereien) ⟨*lat → frz*⟩ · **Fi|let‿ar|beit** (*Handarb*), ...**bra|ten** · **fi|le|tie|ren** [..le'ti:..], *auch* **fi|lie|ren** (*Kochk*; Filetstücke schneiden) · **Fi|le|tier|ma|schi|ne**

Fi|lia|le, die, ₋, ₋n (Zweigniederlassung, -geschäft, -stelle) ⟨*lat*⟩ · **Fi|lial|lei|ter**, der

fi|lie|ren: 1. (*Handarb*; Netzwerk knüpfen) – 2. ↑ filetieren ⟨*lat → frz*⟩ · **fi|liert** (netzartig) · **Fi|li|gran**, das, ₋s, ₋e *od* **Fi|li|gran|ar|beit**, die, ₋, ₋en (Schmuckstück aus einem Geflecht feiner Edelmetalldrähte) ⟨*lat → ital*⟩

Filipino ↑ Philippiner

Fi|lius, der, ₋, *Pl* ..lii [..li:i:] *od* ..usse (*scherzh*; Sohn) ⟨*lat*⟩

Fil|lér ['file:r], der, ₋[s], ₋ (Münzeinheit in Ungarn) ⟨*ung*, ‚Heller'⟩

Film: 1. der, ₋[e]s, ₋e (dünnes Häutchen; mit einer lichtempfindl. Schicht überzogener Zelluloidstreifen für fotograf. Zwecke; Filmkunstwerk) – 2. der, ₋[e]s (Filmwesen) ⟨*engl*⟩. *Zus K 365ff.*: Film‿schauspieler usw. · **fil|men** (für den Film aufnehmen od. spielen) · **Film|fe|sti|val** [..val] · **fil|misch** · **Fil|mo|thek**, die, ₋, ₋en (wissenschaftl. Sammlung von Filmen) ⟨*engl + grch*⟩ · **Film|star**, *Pl* ..stars

Fi|lou [fi'lu:], der, *landsch auch* das, ₋s, ₋s (Betrüger; Schlaukopf) ⟨*frz*⟩

Fils, der, ₋, ₋ (Münzeinheit in Irak u. in anderen Ländern) ⟨*arab*⟩

Fil|ter, der, *Techn meist* das, ₋s, ₋ (Vorrichtung zum Trennen fester Stoffe von Flüssigkeiten od. Gasen) ⟨*germ → lat*⟩ · **fil|tern** (*K 363*) *od* **fil|trie|ren** (eine Flüssigkeit od. ein Gas durch Benutzung eines Filters klären) · **Fil|ter|pa|pier** *od* **Fil|trier|pa|pier** · **Fil|trat**, das, ₋[e]s, ₋e (durch Filtern geklärte Flüssigkeit) · **Fil|tra|tion** (Filterung)

Filz, der, ₋es, ₋e (*auch umg abwert*; Geizhals – *österr auch für* unausgeschmolzenes Fett) · **fil|zen** *K 354* (*auch salopp*; durchsuchen) · **Filz|hut**, der · **fil|zig** (*auch umg abwert*; geizig) · **Filz|stift** ⟨*zu* [1]Stift⟩

[1]**Fim|mel**, der, ₋s, ₋ (*umg abwert*; Versessenheit; kleine Verrücktheit)

[2]**Fimmel** ↑ Femel

FI|NA, die, ₋ *Kurzw* (Internationaler Amateur Schwimmverband) ⟨*aus frz F*édération *I*nternationale de *N*atation *A*mateur [federa'sjɔ̃: ɛ̃tɛrnasjɔ'nal də nata'sjɔ̃: ama'tœ:r]⟩

fi|nal (den Schluß bildend; den Zweck bezeichnend) ⟨*lat*⟩ · **Fi|na|le**: 1. das, ₋s, ₋[s] (Schlußteil) – 2. das, ₋s, *Pl* ₋ *od* ..li (*Mus*; Schlußstück, -satz) – 3. das, ₋s, *Pl* ₋ *od* Finals (*Sport*; Schlußrunde, Endkampf) ⟨*lat → ital*⟩ · **Fi|na|list** (*Sport*; Endrundenteilnehmer, Teilnehmer am Schlußkampf) · **Fi|nal|pro|dukt** (End-, Fertigprodukt) · **Fi|nal|satz** (*Gramm*; Absichts-, Zwecksatz) ⟨*lat*⟩

Financier ↑ Finanzier · **Fi|nanz**, die, ₋ (Geldwesen; Gesamtheit der Finanziers) ⟨*lat → frz*⟩ – **Fi|nan|zen** *Pl* (Vermögen, Vermögenslage; Staatshaushalt, Haushalt); meine ₋ (*umg*; mein Vermögen, meine Geldmittel). *Zus K 365ff.*: Finanz‿monopol usw. · **Fi|nan|zer**, der, ₋s, ₋ (*österr umg*; Beamter der Zollwache) · **fi|nan|ziell** (wirtschaftlich, geldlich, Geld..., Kassen...) · **Fi|nan|zier** [finan'tsie:], *österr* **Fi|nan|cier** [finã'sie:], der, ₋s, ₋s (Bankier, kapitalkräftiger Geldgeber) · **fi|nan|zie|ren** (mit Geldmitteln ausstatten; geldlich ermöglichen) · **Fi|nanz‿plan**, ...**wis|sen|schaft**

Fin|del|kind · **fin|den**; du fandst *od* fandest; du fändest; gefunden; find[e]! · **Fin|der** · **Fin|der|lohn**

Fin de siè|cle [fɛ̃(:) də 'siɛ(:)k(ə)l] *K 47*, das, *Gen* ₋ ₋ ₋ (Bez. für die sich in der westeurop. Kultur, bes. der Literatur u. der Kunst, offenbarende Verfallsstimmung an der Wende vom 19. zum 20. Jh.) ⟨*frz*⟩

fin|dig; ein ₋er Kopf · **Fin|dig|keit**, die, ₋ · **Find|ling** (Findelkind – *Geol*; vom pleistozänen Inlandeis verschleppter Gesteinsblock) · **Find|lings|block**, *Pl* ..blöcke

Fi|nes|se, die, ₋, ₋n (Feinheit; Schlauheit; Kniff) ⟨*lat → frz*⟩

Fin|gals|höh|le, die, ₋ (Basaltgrotte auf einer der Hebriden) ⟨*nach* dem irischen Sagenhelden Fingal⟩

Fin|ger, der, ₋s, ₋; *K 119*: der kleine ₋. *Zus K 365ff.*: Finger‿ring usw. · **Fin|ger|ab|druck**, *Pl* ..abdrücke · **fin|ger|breit**; ₋er Streifen, *aber K 127*: drei Finger breit; der Stab ist keinen Finger breit; *vgl. aber* Fingerbreit · **Fin|ger|breit** *K 308*, der, ₋, ₋; einen, zwei, ein paar ₋ größer; keinen ₋ von etwas abgehen · **fin|ger|dick**; ein ₋er Stab, *aber K 127*: drei Finger dick · **fin|ger|fer|tig** · **Fin|ger|fer|tig|keit** · **Fin|ger|hut**, der (*auch* eine Arzneipflanze, Braunwurzgewächs) · **fin|ger|lang**; alle ₋ (*salopp*; oft, jeden Augenblick); *vgl. auch* fingerbreit · **Fin|ger|ling** (Schutzhülle für einen Finger) · **fin|gern** *K 363* · **Fin|ger|spit|ze** · **Fin|ger|spit|zen|ge|fühl**, das, ₋[e]s · **Fin|ger|zeig**, der, ₋[e]s, ₋e

fin|gie|ren (erdichten; vortäuschen; unterstellen) ⟨*lat*⟩

Fi|nish ['finiʃ], das, ₋s, ₋s (letzter Schliff – *Sport*; Endkampf, Endphase eines Wettkampfes) ⟨*lat* (finis = Ende) → *frz* → *engl*⟩

fi|nit (*Gramm*; konjugiert) ⟨*lat*⟩; _e Verbform; *vgl. auch* Verbum finitum

Fink, der, _en, _en (ein Singvogel)

Fin|ken, der, _s, _ (*schweiz*; Hausschuh) ⟨*lat*⟩

Fin|ken|schlag, der, _[e]s

Finn-Din|gi [..,diŋgi(:)], das, _s, _s (ein Segelboot) ⟨*engl* + *Hind*⟩

[1]**Fin|ne**, die, _, _n (Larve bestimmter Bandwürmer – *Med*; entzündeter Mitesser)

[2]**Fin|ne**, die, _, _n (Rückenflosse bei Haien u. Walen; zugespitzte Seite des Handhammers)

[3]**Fin|ne**, die, _ (ein Höhenzug im SW der DDR)

[4]**Fin|ne**, der, _n, _n: 1. (Angehöriger eines nordeurop. Volkes) – 2. *auch noch* **Finn|län|der**, der, _s, _ (Staatsbürger von Finnland) · **Finn-hüt|te**

fin|nig (mit Finnen behaftet, durchseucht) ⟨*zu* [1]Finne⟩

Fin|nin, die, _, ..innen · **fin|nisch**; *vgl. K 266f.*; *K 258*: der Finnische Meerbusen · **Fin|nisch**, das, *Gen* _[s], *Dat* _ (Sprachbezeichnung *K 268ff.*) · **Fin|ni|sche**, das, *Gen* _n, *Dat* _n (Sprachbezeichnung *K 271*) · **finnisch-ugrisch** ↑finnougrisch · **Finn|land**, *amtl* **Re|pu-blik Finn|land** (in Nordeuropa) · **Finn|län|der**, der, _s, _: 1. ↑[4]Finne (2) – 2. (meist Bez. für einen Bewohner Finnlands mit Schwedisch als Muttersprache) · **finn|län-disch** · **Finn|mark**: 1. die, _, _ (Währungseinheit in Finnland); *Abk* fmk – 2. (nördlichste Provinz Norwegens) · **fin|no|ugrisch** (*K 245*) *od* **fin|nisch-ugrisch** (*K 244*); die finnougrischen *od* finnisch-ugrischen Sprachen

Finn|wal ⟨*zu* [2]Finne⟩

Fi|now|ka|nal ['fi:no:..] *K 246*, der, _s (im O der DDR)

fin|ster; finst[e]rer *K 363*, finsterste; *K 116*: im finstern tappen (ungewiß sein), *aber K 96*: im Finstern (in der [tatsächlichen] Dunkelheit) · **Fin|ster|keit**, die, _ · **Fin|ster|nis**, die, _, ..isse

Fin|te, die, _, _n (Vorwand, Täuschung[smanöver] – *Sport*; Scheinangriff) ⟨*lat* → *ital*⟩ · **fin|ten|reich**

finz|lig *K 362* (*landsch*; überfein; die Augen anstrengend)

Fips, der, _es, _e (*umg*; Schneller mit Daumen u. Mittelfinger) · **fip-sen** *K 354* (*umg*) · **fip|sig** (*umg*; unbedeutend, klein)

Fir|le|fanz, der, _es, _e (*umg abwert*; Torheit, Albernheit; überflüssiges Zeug) ⟨*frz*⟩ · **Fir|le|fan|ze|rei** (*umg abwert*)

firm ([in einem Fachgebiet] erfahren, beschlagen) ⟨*lat*⟩ · **Fir|ma**, die, _, ..men (Geschäft, Betrieb; Geschäfts-, Handelsname); *Abk* Fa. ⟨*lat* → *ital*⟩. *Zus K 365ff.*: Firmen‿schild (das) usw. · **Fir|ma|ment**, das, _[e]s (*dicht*; Himmelsgewölbe) ⟨*lat*⟩ · **fir|men** (*kath Kirche*; einsegnen) · **fir|mie|ren** (einen Geschäftsnamen führen; mit dem Geschäftsnamen unterzeichnen) ⟨*lat* → *ital*⟩ · **Firm|ling** (*kath Kirche*; der Einzusegnende) ⟨*lat*⟩ · **Fir|mung** (*kath Kirche*; Sakrament der Einsegnung)

firn (*bes von Wein gesagt*; alt) · **Firn**, der, _[e]s, _e (körnig gewordener Altschnee – *österr, schweiz*; Gletscher); *vgl. auch* Ferner · **Fir|ne**, die, _, _n (Reife des Weines) · **Fir-ner** ↑Ferner · **Fir|ne|wein** (alter, abgelagerter Wein)

Fir|nis, der, ..isses, ..isse (ein Schutzanstrich) ⟨*grch* → *lat* → *frz*⟩ · **fir|nis|sen** *K 354*; gefirnißt

First, der, _es, _e · **First|zie|gel**

fis: 1. das, _, _ (*Mus*; Tonbezeichnung) – 2. (*Mus*; Tonartbezeichnung [↑fis-Moll]) · **Fis**: 1. das, _, _ (*Mus*; Tonbezeichnung) – 2. (*Mus*; Tonartbezeichnung [↑Fis-Dur])

FIS, die, _ *Kurzw* (Internationaler Skiverband) ⟨*aus frz F*édération *I*nternationale de *S*ki [federa,sjɔ̃: ɛ̃tɛrnasjɔ,nal də 'ski:]⟩

Fisch, der, _es, _e. *Zus K 365ff.*: Fisch‿otter (der) usw. · **fisch|arm** · **Fisch|bein**, das, _[e]s (Horn aus den Barten der Bartenwale) · **fi-schen** *K 354* · **Fi|scher** · **Fi|sche-rei** · **Fi|sche|rei|pro|duk|tions|ge-nos|sen|schaft**; *Abk* FPG · **Fisch-grat**, der, _s, _s (Gewebe mit Fischgrätenmuster) · **fi|schig** · **Fisch|kom|bi|nat** · **Fisch|mehl**

Fis-Dur *K 185*, das, _ (*Mus*; Tonart), *Zeichen* Fis; in Fis-Dur *od* in Fis · **Fis-Dur-Ton|lei|ter** *K 188* (*Mus*)

Fi|si|ma|ten|ten *Pl* (*umg*; leere Ausflüchte) ⟨*lat*⟩; *meist in* keine _ machen

fis|ka|lisch (dem Fiskus gehörend od. ihn betreffend) ⟨*lat*⟩ · **Fis|kus**, der, _, *Pl* _ *od* ..ken (der [bürgerl.] Staat als Vermögensträger; Staatskasse)

fis-Moll *K 185*, das, _ (*Mus*; Tonart), *Zeichen* fis; in fis-Moll *od* in fis · **fis-Moll-Ton|lei|ter** *K 188* (*Mus*)

fis|sil (*fachspr*; spaltbar) ⟨*lat*⟩ · **Fis-si|li|tät**, die, _ (*fachspr*) · **Fis|sion** (*Kernphys*; Kernspaltung) · **Fis|sur**, die, _, _en (*Med*; Spalt, Furche; Einriß in der Haut od. am Knochen)

Fi|stel, die, _, _n: 1. (*Med*; anomale röhrenförmige Verbindung zw. dem Körperinnern u. der Körperoberfläche) – 2. (*kurz für* Fistelstimme) ⟨*lat*⟩ · **fi|steln** *K 363* (mit Fistelstimme sprechen, singen) · **Fi|stel-stim|me** (*Mus*; ungestützte Kopfstimme)

fit (tauglich; leistungsfähig, in bester sportl. Form) ⟨*engl*⟩

Fi|tis, der, _ *od* ..isses, *Pl* ..isse (ein Singvogel) ⟨*lautm*⟩

Fit|neß, die, _ ([sportl.] Leistungsfähigkeit) ⟨*engl*⟩ · **Fit|neß|raum**

Fit|tich, der, _[e]s, _e (*meist dicht*; Flügel); jmdn. unter seine _e (*scherzh*; in seine Obhut) nehmen

Fit|ting, das, _s, _s, *meist Pl* (*Techn*; Verbindungsstück für Rohrleitungen) ⟨*engl*⟩

Fitz: 1. der, _es, _e (*landsch*; Wirrwarr von Fäden) – 2. der, _es (*salopp*; Aufregung, Ärger) · **Fitz|chen** (*landsch umg*; Kleinigkeit) · **Fit|ze**, die, _, _n (*landsch*; Faden zum Zusammenbinden des Garns; Garngebinde) · **fit|zen** *K 354* (*landsch*; in Fitzen ordnen – *landsch umg*; aufgeregt arbeiten)

Fiu|ma|ra, die, _, ..re, *auch* **Fiu|ma-re**, die, _, ..ren (periodisch Wasser führender Fluß) ⟨*lat* → *ital*⟩

fix (stetig, fest, feststehend – *umg*; schnell, gewandt, tüchtig); _este ⟨*lat*⟩; *K 119*: _e Idee (Zwangsvorstellung; törichte Einbildung); _er Preis (fester Preis); _ und fertig (*umg*; erschöpft) · **Fixa** ↑Fixum · **Fi|xa|teur** [..'tø:r], der, _s, _e (*Techn*; Zerstäuber zum Auftragen von Fixativ) ⟨*lat* → *frz*⟩ · **Fi|xa|tiv**, das, _s, _e [..v..] (*fachspr*; Mittel, das Zeichnungen unverwischbar macht; Mittel zum Festlegen der Frisur) ⟨*lat*⟩

fi|xen *K 354* (*salopp*; sich Rauschgift einspritzen) ⟨*lat* → *frz*⟩ · **Fi-xer** (*salopp*)

fi|xie|ren (festhalten, -machen, -legen, -stellen; anstarren; pflanzl. od. tier. Gewebe haltbar machen; fotograf. Schichten nach dem Entwickeln lichtunempfindlich machen) ⟨*lat*⟩ · **Fi|xier|salz** (*Fot*) · **Fi|xie-rung** · **Fix|punkt** · **Fi|xum**, das, _s, ..xa (festes Einkommen)

Fizz [fis], der, _, _es (ein alkohol. Mischgetränk) ⟨*engl*⟩

Fjäll ⟨*schwed*⟩ *od* **Fjell** ⟨*norw*⟩, *ältere Form* **Fjeld**, der, _[e]s, _e (von Eis überformte Hochfläche in Skandinavien)

Fjo|dor (m. Vn.) ⟨*russ Form von* Theodor⟩

Fjord, der, _[e]s, _e (tief ins Festland eindringender Meeresarm) ⟨*skand*⟩

Fla-... (*Milit in Zus*; *kurz für* Fliegerabwehr..., z. B. Fla-Rakete)

Flab, die, _ *schweiz Kurzw* (Fliegerabwehr)
flach; flacher, flachste; *vgl.* flachfallen · **Flach,** das, _[e]s, _e (*seem*; Untiefe) · **Flach|bau,** *Pl* ..bauten · **Flach|druck** (*Polygr*): 1. der, _[e]s (Druckverfahren) – 2. der, _[e]s, *Pl* ..drucke (Druckerzeugnis) · **Flä|che,** die, _, _n · **Flä|chen|in|halt** (*Math*) · **flach|fal|len** *K 136* (*salopp*; nicht in Betracht kommen); das fällt flach; flachgefallen; flachzufallen · **Flach|heit** · **flä|chig** · **Flach|land,** *Pl* ..länder · **Flach|län|der,** der, _s, _
Flachs, der, _es. *Zus K 365ff.*: Flachs‿feld usw.
Flachse ↑ Flechse
flach|sen *K 354* (*umg*; scherzend verspotten, sticheln) · **fläch|sern** (aus Flachs)
flacke|rig[1] *K 362* · **flackern**[1] *K 363*
Fla|den, der, _s, _ (flacher Kuchen; breiige Masse [*auch* aus Rinderkot])
Fla|der, die, _, _n (Maser, Jahresring im Holz) · **Fla|der|holz** · **fla|de|rig** *K 362* (gemasert) · **Fla|de|rung** (Maserung)
Fla|gel|lan|ten *Pl* (*Rel*; Bruderschaft im Mittelalter); *Sg* Fla|gel|lant, der, _en ⟨*lat*, ‚Geißler'⟩ · **Fla|gel|la|ten** *Pl* (*Zool*; eine Gruppe der Urtierchen, Geißeltierchen); *Sg* Fla|gel|lat, der, _en
Fla|geo|lett [flaʒoˈlɛt], das, _[e]s, *Pl* _e *od* _s (*Mus*; kleine Schnabelflöte; ein Orgelregister; flötenartiger Ton) ⟨*lat* → *frz*⟩
Flag|ge, die, _, _n ⟨*engl*⟩ · **flag|gen** · **Flag|gen|gruß** · **Flagg|schiff**
fla|grant (offenbar) ⟨*lat*⟩; *vgl. auch* in flagranti
Flair [flɛ:r], das, _s (Spürsinn; Fluidum) ⟨*lat* → *frz*⟩
Flak, die, _, _[s] *Kurzw* (*Milit*; Fliegerabwehrkanone, Flakartillerie)
Fla|kon [flaˈkɔŋ *od* ..ˈkõ:], der *od* das, *österr meist so*, _s, _s (Glasfläschchen, Riechfläschchen) ⟨*germ* → *lat* → *frz*⟩
Flam|berg, der, _[e]s, _e (*hist*; Landsknechtsschwert) ⟨*germ* → *frz*⟩
flam|bie|ren (Speisen ab-, überflammen) ⟨*lat* → *frz*⟩
Fla|me, der, _n, _n (Angehöriger der Niederländisch [Flämisch] sprechenden Bevölkerung von Belgien u. Nordfrankreich) · **Fla|min** *od* **Flä|min,** die, _, ..innen
Flä|ming, der, _s (ein Landrücken in der mittleren DDR)

[1] *Tr* ..k|k..

Fla|min|go, der, _s, _s (ein Wasservogel) ⟨*portug*⟩ · **Fla|min|go|blu|me**
flä|misch; *vgl. auch K 265ff.*
Flämm|chen · **Flam|me,** die, _, _n ⟨*lat*⟩ · **flam|men** (*gehoben*) · **fläm|men** (*Techn*; mit einem Sauerstoffstrahl hobeln) · **Flam|men‿meer** (*gehoben*), ...**wer|fer**
Flam|me|ri, der, _s, _s (eine kalte Süßspeise); *vgl. auch* Pudding ⟨*kelt* → *engl*⟩
flam|mig (in, mit Flammen) · **Flamm|ofen** (*Techn*) · **Flamm|punkt** (Entflammungstemperatur)
Flan|dern (Landsch. im NW Belgiens u. in Nordfrankreich) · **fland|risch**
Fla|nell, der, _s, _e (ein aufgerauhtes Mischgewebe) ⟨*kelt* → *engl* → *frz*⟩ · **fla|nel|len** *K 364* (aus Flanell)
fla|nie|ren (*veraltend*; ohne Ziel spazierengehen) ⟨*frz*⟩
Flan|ke, die, _, _n (Seite; Turnübung – *Zool*; Bez. für die seitl. Weichteile mancher Säugetiere) ⟨*germ* → *frz*⟩ · **flan|ken** (*Sport*; den Ball von der Seite zur Mitte des Spielfeldes bringen) · **Flan|ken|an|griff** (*Milit*) · **flan|kie|ren** (von der Seite decken od. fassen)
Flansch, der, _[e]s, _e (Verbindungsansatz an Rohren usw.) · **Flansch|ver|bin|dung**
Flap|pe, die, _, _n (*landsch salopp*; schiefer Mund)
Flaps, der, _es, _e (*salopp*; Lümmel) · **flap|sig** (*salopp*)
Fla-Ra|ke|te (*Milit*; Fliegerabwehrrakete)
Fläsch|chen · **Fla|sche,** die, _, _n · **Fla|schen|bier** · **Fla|schen|zug** (Vorrichtung zum Lastenheben) · **Flasch|ner** (*südwestdt, schweiz*; Klempner)
Fla|ser, die, _, _n (Ader im Gestein) · **fla|se|rig** *K 362* (geädert)
Flatsch *bzw* **Pflatsch,** der, _es, _e *od* **Flat|schen** *bzw* **Pflat|schen,** der, _s, _ (*landsch umg*; jäher Regenguß; Haufen; Fetzen)
Flat|ter|geist, *Pl* ..geister · **flat|ter|haft** (*abwert*) · **Flat|ter|haf|tig|keit** (*abwert*) · **flat|te|rig** *K 362* · **Flat|ter|mar|ke** (*Polygr*) · **flat|tern** *K 363* · **Flat|ter|satz,** der, _es (*Polygr*)
flau ⟨*germ* → *frz* → *ndrl*⟩ · **flau|en** (*seem, vom Wind gesagt*) · **Flau|heit**
[1]**Flaum** *od* **Flom,** der, _[e]s *bzw* **Flo|men,** der, _s (*norddt*; Bauch- u. Nierenfett)
[2]**Flaum,** der, _[e]s (weiche Bauchfeder; erster Bartwuchs) ⟨*lat*⟩
Flau|ma|cher (*umg abwert*; Miesmacher) ⟨*zu* flau⟩

Flaum|fe|der (Daune) ⟨*zu* [2]Flaum⟩ · **flau|mig** · **flaum|weich** · **Flausch,** der, _es, _e (dickes, weiches Wollgewebe) · **flau|schig** · **Flau|sen** *Pl* (*umg*; Geschwätz, Lügen, Ausreden); *Sg* Flau|se, die, _ · **Flau|sen|ma|cher** (*umg*)
Flau|te, die, _, _n (Windstille; Unbelebtheit [im Geschäftsgang]) ⟨*zu* flau⟩
Fla|vier [..viər], der, _s, _ (Angehöriger des röm. Kaisergeschlechts der Flavier) ⟨*lat*⟩
Fläz, der, _es, _e (*umg abwert*; Flegel, Lümmel) · **flä|zen, sich** *K 354* (*Akk*) (*umg abwert*; sich hinlümmeln) · **flä|zig** (*umg abwert*; flegelhaft)
Fleb|be, die, _, _n, *meist Pl* (*salopp*; Ausweispapier) ⟨*rotw*⟩
Flech|se, *österr auch* **Flach|se,** die, _, _n (Sehne) · **flech|sig**
Flech|te, die, _, _n (eine niedere Pflanze; eine Hautkrankheit – *gehoben*; Zopf) · **flech|ten;** du flichtst; er flicht; du flochtest; du flöchtest; geflochten; flicht! · **Flech|ter** · **Flecht|werk**
Fleck, der, _[e]s, _e: 1. *od* **Flecken** [*Tr* Flek|ken], der, _s, _ (verunreinigte od. verfärbte Stelle; Makel) – 2. (bestimmte Stelle; Platz) – 3. (Flicken, Fetzen) – **Flecke**[1] *Pl* (*landsch*; Kaldaunen) · **flecken**[1] (*umg*; vorangehen); es fleckt [nicht] · **Flecken**[1], der, _s, _ (1. ↑ Fleck [1] – 2. größeres Dorf, kleine Ortschaft) · **flecken|los**[1]; *vgl.* ...los · **Flecken|lo|sig|keit**[1], die, _ · **Flecken|was|ser**[1] · **Fleckerl**[1], das, _s, _[n] (*österr*; quadratisch geschnittenes Stückchen Nudelteig; kleiner Fleck) · **Fleckerl|sup|pe**[1] (*österr*) · **Fleck|fie|ber,** das, _s *od* **Fleck|ty|phus,** der, _ (durch Kleiderläuse übertragene Krankheit) · **fleckig**[1] · **Fleckig|keit**[1], die, _ · **Fleck|sei|fe**
Fled|de|rer ⟨*rotw*⟩ · **fled|dern** *K 363* ([Leichen] ausplündern)
Fle|der|maus ⟨*zu* flattern⟩ · **Fle|der|wisch**
Fleet, das, _[e]s, _e (*norddt*; Graben, Kanal, fließendes Wässerchen) ⟨*zu* fließen⟩
Fle|gel, der, _s, _ (*abwert*) ⟨*lat*⟩ · **Fle|ge|lei** (*abwert*) · **fle|gel|haft** (*abwert*) · **Fle|gel|haf|tig|keit** (*abwert*) · **Fle|gel|jah|re** *Pl* · **fle|geln, sich** *K 363* (*Akk*) (*abwert*)
fle|hen · **fle|hent|lich** (*gehoben*)
Fleier usw. ↑ Flyer usw.
Fleisch, das, _es; mein eigen _ u. Blut (*gehoben*) · **Fleisch|bank,** *Pl* ..bänke (*südd, österr*) · **Fleisch|be|schau,** die, _ · **Flei|scher** · **Flei-**

[1] *Tr* ..k|k..

sche|rei · **Flei|scher|mei|ster** · **flei-schern** (aus Fleisch) · **Flei|sches-lust,** die, _ *(Rel)* · **fleisch|far|ben** *(K 364) od* **fleisch|far|big;** *vgl. auch* ...farben *u. K 272ff.* · **fleisch-fres|send** *K 128*; _e Pflanze; *vgl. aber K 163* · **Fleisch|hau|er** *(österr*; Fleischer) · **flei|schig** · **fleisch|lich** *(Rel)* · **Fleisch|lich|keit,** die, _ *(Rel)* · **fleisch|los;** *vgl.* ...los · **Fleisch|wa|ren**

Fleiß, der, _es · **flei|ßig;** *K 254*: das Fleißige Lieschen (eine Zierpflanze)

flek|tier|bar, *selten* **fle|xi|bel** *(Gramm*; beugbar) ⟨*lat*⟩ · **flek|tie-ren** *(Gramm*; beugen)

flen|nen *(umg abwert*; weinen) · **Flen|ne|rei** *(umg abwert)*

flet|schen; du fletschst *(K 354)* die Zähne

flet|schern *K 363* (sorgfältig u. lange kauen) ⟨*nach* dem Amerikaner Fletcher [..tʃər]⟩

Flett, das, _[e]s, _e *(norddt*; ein Raum im niedersächs. Bauernhaus)

Fletz [fle:ts *od* flɛts], das *od* der, _es, _e *(süddt*; Hausflur)

fleuchst, fleucht ↑ *unter* fliehen

fleugst, fleugt ↑ *unter* fliegen

Fleu|ron [flœ'rɔŋ *od* ..'rɔ̃:], der, _s, _s *(Arch, Buchw*; Blumenornament) – **Fleu|rons** [flœ'rɔŋs *od* ..'rɔ̃:s] *Pl (Kochk*; ungesüßte Blätterteigstückchen) ⟨*lat → frz*⟩

Fleu|rop ['flɔyrɔp *od* flœ'ro:p], die, _ (internationale Blumengeschenkvermittlung) ⟨*Kurzw aus lat* Flores Europae [..res ..pɛ:] = Blumen Europas⟩

fleußt ↑ *unter* fließen

fle|xi|bel (1. biegbar, biegsam; veränderlich – 2. ↑ flektierbar) ⟨*lat*⟩; *K 363*: flexi|ble Wörter · **Fle|xi|bi-li|tät** · **Fle|xion** *(Med*; Muskelbeugung – *Gramm*; Beugung); *vgl. auch K 292ff.* · **fle|xions|los** *(Gramm)*; *vgl.* ...los · **fle|xi|visch** [..v..] *(Gramm*; die Flexion betreffend) · **Fle|xo|druck** *(Polygr)*: 1. der, _[e]s (ein Druckverfahren) – 2. der, _[e]s, _e (Erzeugnis dieses Verfahrens) · **Fle|xur,** die, _, _en *(Geol*; Biegung, Krümmung)

Fli|bu|stier [..ĭər], der, _s, _ *(hist*; [westind.] Freibeuter, Seeräuber) ⟨*lat → span → frz*⟩

Flick|ar|beit ⟨*zu* Fleck⟩ · **flicken**[1] · **Flicken**[1], der, _s, _ · **Flicke|rei**[1] *(umg)* · **Flicke|rin**[1], die, _, ..innen

Flick|flack, der, _s, _s *(Turnen*; akrobat. Überschlag nach hinten) ⟨*frz*⟩

Flick|werk, das, _[e]s *(abwert)* ⟨*zu* Fleck⟩ · **Flick|wort,** *Pl* ..wörter

Flie|der, der, _s, _ (ein Zierstrauch – *landsch*; Schwarzer Holunder); *K 254*: Gemeiner _ · **flie|der|far-ben** *(K 364) od* **flie|der|far|big;** *vgl. auch* ...farben *u. K 272ff.* · **Flie|der|tee,** der, _s

Flie|ge, die, _, _n · **flie|gen;** du flogst *od* flogest; du flögest; geflogen; flieg[e]!; *dicht noch die 2. u. 3. Pers Sg des Präs* du fleugst, er fleugt *u. der Imp* fleug!; *K 254*: fliegende Fische, *aber K 258*: der Fliegende Holländer (Sagengestalt) · **Flie|gen|ge|wicht,** das, _[e]s *(Sport)* · **Flie|gen|schnäp|per** (ein Singvogel) · **Flie|ger.** *Zus K 365ff.*: Flieger‿abwehr *(Milit)* usw. · **Flie-ge|rei** *(umg)* · **flie|ge|risch** · **Flie-ger|kos|mo|naut**

flie|hen; du flohst *od* flohest; du flöhest; geflohen; flieh[e]!; *dicht noch die 2. u. 3. Pers Sg des Präs* du fleuchst, er fleucht *u. der Imp* fleuch! · **Flieh|kraft** *(Phys)*

Flie|se, die, _, _n (Wand- od. Bodenplatte) · **flie|sen** (mit Fliesen belegen)

Fließ, das, _es, _e *(landsch*; Bach) · **Fließ|band** · **Fließ|band|ar|beit** · **Fließ|ei** (Windei) · **flie|ßen** *K 354*; du flossest, er floß; du flössest; geflossen; fließ[e]!; *dicht noch die 2. u. 3. Pers Sg des Präs* du fleußt, er fleußt *u. der Imp* fleuß! · **Fließ|fer-ti|gung** · **Fließ|laut** *(Phon)* · **Fließ-pa|pier** · **Fließ|stra|ße** *od* **Fließ|rei-he** *(Techn)* · **Fließ|was|ser** *(österr*; fließendes Wasser [im Zimmer])

Flim|mer, der, _s, _ *(meist dicht)* · **Flim|mer|epi|thel** [..te:l] *(Zool, Med)* · **Flim|mer|ki|ste** *(scherzh*; Fernsehapparat) · **flim|mern** *K 363*

flink · **Flink|heit,** die, _

Flin|te, die, _, _n (ein Jagdgewehr) ⟨*engl*⟩ · **Flin|ten|schuß** · **Flint|glas,** *Pl* ..gläser *(Opt)*

Flip, der, _s, _s (alkohol. Mischgetränk; Sprung beim Eiskunstlauf) ⟨*engl*⟩

Flip|flop, das *od* der, _s, _s (elektron. Kippschaltung) ⟨*engl*⟩

flir|ren (unruhig glänzen; flimmern)

Flirt [*auch* flœ:rt, *österr u. schweiz nur so*], der, _s, _s (Liebelei) ⟨*engl*⟩ · **flir|ten** [*auch* 'flœ:rt(ə)n, *österr u. schweiz nur so*]

Flitt|chen *(umg abwert*; leichtes Mädchen)

Flit|ter, der, _s, _. *Zus K 365ff.*: Flitter‿gold usw. · **flit|tern** *K 363* (glänzen) · **Flit|ter|wo|chen** *Pl*

flit|zen *K 354 (umg*; wie ein Pfeil sausen) ⟨*germ → frz*⟩

floa|ten ['flo:t(ə)n] *(kap Wirtsch, von Währungskursen gesagt*; schwanken); gefloatet ⟨*engl*⟩

𝔉-Loch ['ɛf..] *K 185*, das, _[e]s, *Pl* 𝔉-Löcher (𝔉-förmiges Schalloch der Streichinstrumente)

Flocke[1], die, _, _n ⟨*zu* fliegen⟩ · **flocken**[1] · **flocken|för|mig**[1] · **flocken|wei|se**[1] *K 176* · **flockig**[1] · **Flock|sei|de,** die, _

Flö|del, der, _s, _ (Verzierung an Streichinstrumenten)

Floh, der, _[e]s, *Pl* Flöhe ⟨*zu* fliehen⟩ · **flö|hen;** sich *(Akk)* _

Flom[en] ↑ [1]Flaum

Flop, der, _s *(Sport*; eine Hochsprungtechnik) ⟨*engl*⟩ · **flop|pen** *(Sport)*

[1]**Flor,** der, _s, _e *(gehoben*; Blütenpracht; alle Blüten einer Pflanze; Wohlstand) ⟨*lat*⟩

[2]**Flor,** der, _s, _e (dünnes Gewebe; samtartige Oberfläche) ⟨*lat → frz → ndrl*⟩

Flo|ra: 1. *(röm Mythol*; Göttin der Blüten) – 2. die, _, ..ren (die Pflanzenwelt [eines Gebietes]) ⟨*lat*⟩

Flo|re|al, der, _[s], _s (8. Monat [20. April bis 19. Mai] des Kalenders der Französ. Revolution) ⟨*lat → frz*, ‚Blütenmonat'⟩

Floren ↑ Flora (2)

Flo|ren|ti|ner: 1. *K 231*: der, _s, _ (in Florenz Geborener od. Wohnender; breitkrempiger Strohhut; ein Mandelgebäck) – 2. *als Attribut K 232* · **flo|ren|ti|nisch** · **Flo|renz** (Stadt in Mittelitalien)

Flo|res (eine der Kleinen Sundainseln)

Flo|res|zenz, die, _ *(Bot*; Blütezeit) ⟨*lat*⟩

Flo|rett, das, _[e]s, _e (Stoßdegen) ⟨*lat → frz*⟩

Flo|ri|da (Staat der USA)

flo|rie|ren (gedeihen, [geschäftlich] vorankommen; blühen) ⟨*lat*⟩ · **Flo-rin:** 1. [flo'ri:n] ⟨*lat → ital (→ frz)*⟩, der, _s, *Pl* _e *od* _s (mittelalterl. Goldmünze, Gulden) – 2. ['flɔrin] ⟨*lat → ital → frz → engl*⟩, der, _s, *Pl* _e *od* _s (ehem. engl. Silbermünze); *Abk* fl. *od* Fl.; *vgl. auch K 310* · **Flo|rist** (Blumenbinder; Kenner u. Erforscher einer Flora) ⟨*lat*⟩ · **Flo|ri|stik,** die, _ *(Bot)* · **flo-ri|stisch** *(Bot)* · **Flos|kel,** die, _, _n ([leere] Redensart) · **flos|kel|haft**

Floß, das, _es, ..öße ⟨*zu* fließen⟩. *Zus K 365ff.*: Floß‿haken usw. · **flöß|bar** · **Flos|se,** die, _, _n · **flö-ßen** *K 354* · **Flö|ßer** · **Flö|ße|rei**

Flo|ta|tion *(Techn*; Schwimmaufbereitung) ⟨*engl*⟩

Flö|te, die, _, _n ⟨*frz*⟩; *K 131*: Flöte spielen, *aber K 102*: beim Flötespielen · **flö|ten** · **Flö|ten|blä|ser**

flö|ten|ge|hen *K 140 u. 363 (salopp*; verlorengehen); es geht flö-

[1] *Tr* ..k|k..

[1] *Tr* ..k|k..

ten; flötengegangen; flötenzugehen ⟨*hebr*⟩
Flö|ten|spiel, das, _[e]s
flo|tie|ren (*Techn*; durch Flotation aufbereiten) ⟨*engl*⟩
Flö|tist (Flötenspieler) ⟨*frz*⟩
flott (*umg*; schnell; modisch, hübsch – *bes seem*; fahrbereit) ⟨*zu* fließen⟩; _e Bedienung (*umg*). *Schreibung bei Verben vgl.* flottmachen · **Flott,** das, _[e]s (*norddt*; Milchrahm)
Flot|te, die, _, _n ⟨*germ* → *rom*⟩ · **Flot|ten|stütz|punkt** · **flot|tie|ren** (*fachspr*; schwimmen; schweben; schwanken) ⟨*germ* → *frz*⟩ · **Flot|til|le** [..'tilə, *österr nur so, auch* ..'tiljə], die, _, _n (Verband kleiner Kriegsschiffe) ⟨*germ* →*span*⟩
flott|ma|chen *K 137* (wieder zum Schwimmen bringen); er macht flott; flottgemacht; flottzumachen; ein Schiff flottmachen; *aber*: flott machen (*umg*; flink machen) · **flott|weg** [*od* ..'vɛk] (*umg*; in einem weg)
Flotz|maul (Nasenspiegel bei Rindern)
Flöz, das, _es, _e (*Bergb*; abbauwürdige Gesteinsschicht) ⟨*zu* Fladen, flach⟩. *Zus K 365ff.*: Flöz‿gebirge usw.
Flu|at, das, _[e]s, _e *Kurzw* (*Chem*; Fluorosilikat)
Fluch, der, _[e]s, ..üche · **fluch|be|la|den** (*gehoben*) · **flu|chen**
[1]**Flucht,** die, _, _en (Richtung, Gerade) ⟨*zu* fliegen⟩
[2]**Flucht,** die, _, *Pl* (*selten*) _en ⟨*zu* fliehen⟩ · **flucht|ar|tig**
fluch|ten (*Bauw*; in eine gerade Linie bringen) ⟨*zu* [1]Flucht⟩
flüch|ten; sich (*Akk*) _
fluch|tig (*veraltet*; perspektivisch) ⟨*zu* [1]Flucht⟩
flüch|tig · **Flüch|tig|keit** · **Flüch|tig|keits|feh|ler** · **Flücht|ling**
Flucht|li|nie [..iə] ⟨*zu* [1]Flucht⟩
flucht|ver|däch|tig
fluch|wür|dig (*gehoben*)
Flug, der, _[e]s, ..üge ⟨*zu* fliegen⟩; im _e · **Flug|asche** · **Flug|bahn** (Geschoßbahn) · **flug|be|reit** · **Flug|blatt** · **Flü|gel,** der, _s, _. *Zus K 365ff.*: Flügel‿tür usw. · ...**flü|ge|lig** *K 362* · **flü|gel|lahm** · **Flü|gel|mann,** *Pl* ..männer *od* ..leute (*Milit*) · **flü|geln** *K 363* (*weidm*; den Flügelknochen zerschießen) · **Flü|gel|ra|ke|te** · **flü|gel|schla|gend** · **Flug|gast,** *Pl* ..gäste · **flüg|ge** · **Flug‿ha|fen,** ...**leit|zen|trum,** ...**platz** · **Flug|post** (*bes österr*; Luftpost) · **flugs** *K 109* (schnell, sofort) ⟨*aus* [des] Fluges⟩ · **Flug**‿**sand,** ...**schrei|ber,** ...**schrift,** ...**si|che|rung,** ...**tech|nik** · **Flug|we|sen,** das, _s · **Flug|zeug.** *Zus K 365ff.*: Flugzeug‿träger (*Milit*) usw.
Fluh, die, _, ..ühe (*schweiz*; Felswand)
Flui|dum, das, _s, ..da (unwägbare, von einer Person od. Sache ausgehende Wirkung) ⟨*lat*⟩ · **Fluk|tua|tion** (das Hinundherfluten; das Schwanken; das Kommen u. Gehen; ständiges Wechseln [von Arbeitskräften]) · **fluk|tu|ie|ren**
Flun|der, die, _, _n (ein Plattfisch)
Flun|ke|rei (*umg*; kleine Lüge) ⟨*zu* flink⟩ · **Flun|ke|rer** (*umg*) · **flun|kern** *K 363* (*umg*)
Flunsch, der, _es, _e (*umg*; mürrisch verzogener Mund) ⟨*zu* flennen⟩
Flu|or, das, _s (chem. Element, Gas); *Zeichen* F ⟨*lat*⟩ · **Fluo|res|zenz,** die, _ (das Aufleuchten unter Strahleneinwirkung) · **fluo|res|zie|ren** (aufstrahlen); fluoreszierender Stoff (Leuchtstoff); *vgl. aber* fluoridieren, fluorieren · **Fluo|rid,** das, _[e]s, _e (*Chem*; Salz der Flußsäure) · **fluo|ri|die|ren** (*Chem*; einem anderen Stoff ein Fluorid zugeben); *vgl. aber* fluoreszieren, fluorieren · **fluo|rie|ren** (*Chem*; Fluor in chemische Verbindungen einführen); *vgl. aber* fluoreszieren, fluoridieren · **Fluo|rit,** der, _[e]s, _e (*Mineral*; Flußspat) · **Fluo|ro|si|li|kat** (*Chem*); *Kurzw* Fluat
Flur: 1. der, _[e]s, _e (Vorplatz, -saal, Diele, Hausflur) – 2. die, _, _en (nutzbare Landfläche; Feldflur). *Zus K 365ff.*: Flur‿garderobe, ...schaden usw. · **Flur|buch** (Kataster)
Flu|se, die, _, _n (*norddt*; kleiner Fadenrest, Fadenende)
Fluß, der, ...usses, ...üsse ⟨*zu* fließen⟩ · **fluß|ab** *od* **fluß|ab|wärts** · **fluß|auf** *od* **fluß|auf|wärts** · **Fluß|bett** · **Flüß|chen** · **Fluß|dich|te** (Größenart der Physik) · **flüs|sig.** *Schreibung bei Verben vgl.* flüssigmachen · **Flüs|sig|gas** · **Flüs|sig|keit** · **Flüs|sig|keits|pres|se** (hydraulische Presse) · **Flüs|sig|kri|stall,** der (*Phys*) · **flüs|sig|ma|chen** *K 137* (Geld usw.); ich mache flüssig; flüssiggemacht; flüssigzumachen; *aber*: flüssig machen (fließend machen; schmelzen) · **Fluß‿re|gu|lie|rung,** ...**sand** · **Fluß|schiffahrt** [*Tr* Fluß|schiff|fahrt *K 78*] · **Fluß|spat** · **Fluß|stahl**
Flü|ste|rer · **flü|stern** *K 363* · **Flü|ster|ton,** *Pl* ..töne
Flut, die, _, _en. *Zus K 365ff.*: Flut‿höhe, ...licht usw. · **flu|ten** (strömen [machen])
flut|schen (*umg*; reibungslos vonstatten gehen); es flutscht
flu|via|til [..v..] *od* **flu|vial** (flußbedingt; Fluß...) ⟨*lat*⟩
Fly|er ['flaiər], *eindeutschend* **Flei|er,** der, _s, _ (*Textiltechn*; Vorspinnmaschine) ⟨*engl*⟩ · **Flye|rin** ['flaiərin], *eindeutschend* **Fleie|rin,** die, _, ..innen (Vorspinnerin) · **Fly|ing Dutch|man** ['flaiiŋ 'datʃmən], der, _ _s, *Pl* _ ..men [..mən] (eine Segelbootklasse) ⟨*engl*, ‚fliegender Holländer'⟩
Flysch [fliʃ], das, *österr* der, _[e]s (*Geol*; Mergel- u. Tonschiefer mit Sandsteineinlagerungen) ⟨*zu* fließen⟩
f-Moll ['ɛf..] *K 106*, das, _ (*Mus*; Tonart), *Zeichen* f; in f-Moll *od* in f · **f-Moll-Ton|lei|ter** *K 188* (*Mus*)
fob *Kurzw* (free on board [fri: ɔn 'bɔ:rd], Vertragsformel im Überseehandel) ⟨*engl*, ‚frei an Bord'⟩; fob Rostock, fob finnischen Ausfuhrhafen
Fock, die, _, _en (auf Segelbooten hinterstes Vorsegel; auf Rahschiffen unterstes Rahsegel des Vormastes) ⟨*ndrl*⟩. *Zus K 365ff.*: Fock‿rahe usw.
Fö|de|ra|lis|mus, der, _ (System der Staatenverbindung, bei der die beteiligten Staaten mehr od. weniger ihre Selbständigkeit bewahren) ⟨*lat*⟩ · **Fö|de|ra|list** · **fö|de|ra|li|stisch** · **Fö|de|ra|tion** (Bündnis, Verband von Staaten, Ländern, Organisationen usw.) · **fö|de|ra|tiv** (bundesmäßig) · **Fö|de|ra|tiv|staat,** *Pl* ..staaten · **Fö|de|rier|te,** der *u.* die, _n, _n *K 341*
Fog [fɔk], der, _s (*norddt*; dicker Nebel) ⟨*engl*⟩ · **Fog|horn,** *Pl* ..hörner (*norddt*; Nebelhorn)
Fo|gosch, der, _[e]s, _e (*österr*; Zander) ⟨*ung*⟩
foh|len (ein Fohlen zur Welt bringen) · **Foh|len,** das, _s, _ (junges Pferd)
Föhn, der, _[e]s, _e (trockener, warmer Fallwind) ⟨*lat*⟩; *vgl. aber* Fön. *Zus K 365ff.*: Föhn‿wind usw. · **föh|nen;** es föhnt (der Föhn weht); *vgl. aber* fönen · **föh|nig**
Föhr (eine der Nordfries. Inseln der BRD)
Föh|re, die, _, _n (eine Kiefernart) · **Föh|ren|wald**
fo|kal (*Opt*; auf einen Brennpunkt bezüglich – *Med*; von einem infektiösen Streuherd ausgehend) ⟨*lat*⟩ · **Fo|kal|di|stanz** (*Opt*; Brennweite) · **Fo|kal|in|fek|tion** (*Med*) · **Fo|kus,** der, _, *Pl* _, *umg* ..usse (*Opt*; Brennpunkt – *Med*; Krankheitsherd) · **fo|kus|sie|ren** (*Opt*; Lichtstrahlen in einem Punkt vereinigen)

Fol|ge, die, _, _n; _ leisten; zur _ haben; für die _, in der _
In Zus: demzufolge (↑ *d.*); infolge (↑ *d.*) usw.
fol|gen; du bist mir gefolgt (nachgekommen); du hast mir gefolgt (gehorcht)
fol|gend; und folgende [Seite] (*Abk* f.); und folgende [Seiten] (*Abk* ff.); folgende lange[n] Ausführungen *K 339*
I. *Kleinschreibung K 114*: der _e (der Reihe nach); _es, das _e (dieses); wir teilen Ihnen _es mit; durch _es, aus, mit, nach, von _em; im _en, in _em (weiter unten)
II. *Großschreibung K 93*: der Folgende (der einem andern Nachfolgende); das Folgende (das später Erwähnte, Geschehende, die folgenden Ausführungen); das Folgende wird später erledigt; durch das Folgende; aus, in, mit, nach, von dem Folgenden (den folgenden Ausführungen)
fol|gen|der|ge|stalt *K 176* · **fol|gen|der|ma|ßen** *K 176* · **fol|gen|reich** · **fol|gen|schwer** · **Fol|gen|schwe|re** · **fol|ge|recht** (*veraltend*) · **fol|ge|rich|tig** · **Fol|ge|rich|tig|keit** · **fol|gern** *K 363* · **Fol|ge|rung** · **Fol|ge|satz** (*Gramm*) · **fol|ge|wid|rig** · **Fol|ge|wid|rig|keit** · **Fol|ge|zeit** · **folg|lich** · **folg|sam** · **Folg|sam|keit,** die, _
Fo|liant (großformatiges Buch) ⟨*lat*⟩ · **Fo|lie** [..ĭə], die, _, _n (dünnes Blatt, Metallblatt; Prägeblatt für Bucheinbände; Hintergrund; Vergleichsmaßstab) · **Fo|lien|zelt** [..ĭən..] · **fo|li|ie|ren** (mit einer Folie unterlegen – *veraltet*; mit Seitenzahlen versehen) · **Fo|lium,** das, _s, *Pl* ..ien [..ĭən] *od* ..ia (*Bot*; Blatt, Blattseite)
Fol|ke|ting, das, _s (dän. Parlament) ⟨*dän*, ‚Volksthing'⟩
Folk|lo|re, die, _ (vorwiegend sprachl. u. musikal. Zeugnisse der Volkskultur) ⟨*engl*⟩ · **Folk|lo|rist** (Wissenschaftler auf dem Gebiet der Folkloristik) · **Folk|lo|ri|stik,** die, _ (Wissenschaft von der Folklore) · **Folk|mu|sik** ['fo:k.. *od* 'fɔlk..] (folkloristischer Musikstil); *vgl. aber* Volksmusik · **Folk|song**
Fol|li|kel, der, _s, _ (*Biol, Med*; Schlauch, Drüsenschlauch, Säckchen, Bläschen) ⟨*lat*⟩ · **fol|li|ku|lar** *od* **fol|li|ku|lär** (*Biol, Med*)
Fol|ter, die, _, _n ⟨*grch → lat*⟩. *Zus K 365ff.*: Folter‿kammer (*hist*) usw. · **Fol|ter|bank,** *Pl* ..bänke (*hist*) · **Fol|te|rer** · **fol|tern** *K 363*
Fo|ment, das, _[e]s, _e (*Med*; warmer Umschlag) ⟨*lat*⟩
Fön, der, _[e]s, _e (elektr. Heißlufttrockner) ⟨*lat*⟩; *vgl. aber* Föhn
Fond [fɔŋ *od* fɔ̃:], der, _s [fɔŋs *od* fɔ̃:(s)], _s [fɔŋs *od* fɔ̃:s] (Grund, Grundlage; Hintergrund; hinterer Sitz eines Wagens) ⟨*lat → frz*⟩; *vgl. aber* Fonds
Fon|dant [fɔŋ'daŋ *od* fɔ̃'dã:], der, *auch* das, *österr nur so,* _s, _s (Zuckerzeug) ⟨*lat → frz*⟩
Fonds [fɔŋ *od* fɔ̃:], der, _ [fɔŋs *od* fɔ̃:(s)], _ [fɔŋs *od* fɔ̃:s] (Geldvorrat; für bestimmte Zwecke vorgesehene Mittel) ⟨*lat → frz*⟩; *vgl. auch* à fonds perdu; *vgl. aber* Fond
Fon|due [fɔŋ.. *od* fɔ̃'dy:], das, _s, _s *od* die, _, _s (am Tisch bereitetes Käse-, Fleisch- od. Fischgericht) ⟨*frz*⟩ · **Fon|due|ge|rät**
fö|nen (mit dem Fön behandeln) ⟨*lat*⟩; *vgl. aber* föhnen
Fon|taine|bleau [fɔ̃tɛn'blo:] (Stadt in Frankreich)
Fon|tä|ne, die, _, _n (Springbrunnen) ⟨*lat → frz*⟩ · **Fon|ta|nel|le,** die, _, _n (*Anat*; Knochenlücke am Schädel Neugeborener) ⟨*lat*⟩
fop|pen · **Fop|pe|rei** (*oft abwert*)
Fora ↑ Forum
Fo|ra|mi|ni|fe|ren *Pl* (*Zool*; zu den Wurzelfüßern gehörende Urtierchen); *Sg* Fo|ra|mi|ni|fe|re, die, _ ⟨*lat*⟩
Force ma|jeure [fɔrs ma'ʒø:r] *K 47*, die, *Gen* _ _ (*veraltet*; höhere Gewalt) ⟨*frz*⟩ · **for|cie|ren** [fɔr'si:..] (erzwingen; erstürmen; beschleunigen, vorantreiben) ⟨*lat → frz*⟩ · **for|ciert** (*auch für* gezwungen, unnatürlich)
För|de, die, _, _n (schmale Meeresbucht)
För|der|band, das, *Pl* ..bänder · **För|de|rer** · **För|de|rin,** die, _, ..innen · **För|der|korb** · **för|der|lich**
for|dern *K 363*
för|dern *K 363* · **För|der‿seil,** **...tech|nik,** **...turm**
For|de|rung
För|de|rung · **För|de|rungs|ver|trag**
Fö|re, die, _ (*Skisp*; Geführigkeit des Schnees) ⟨*schwed*⟩
Fo|reign Of|fice ['fɔrin 'ɔfis], das, *Gen* _ _ (das brit. Auswärtige Amt) ⟨*engl*⟩
Fo|rel|le, die, _, _n. *Zus K 365ff.*: Forellen‿bach usw.
Foren ↑ Forum · **fo|ren|sisch** (gerichtlich) ⟨*lat*⟩
Fo|rint, der, _[s], *Pl* _s, *österr* _ *od* _e, *u. bei Wertangabe* (*K 310*) Forint (Währungseinheit in Ungarn); *Abk* Ft ⟨*ung*, ‚Gulden'⟩
For|ke, die, _, _n (*norddt*; Heu-, Mistgabel) ⟨*lat*⟩ · **for|keln** (*weidm; von Hirschen u. Rehböcken gesagt*; mit dem Geweih bzw. Gehörn stoßen)
For|le, die, _, _n (*süddt*; Föhre) · **Forl|eu|le** (ein Schmetterling)
Form, die, _, _en; *K 125*; in Form von Würfeln; in Form sein (*bes Sport*; leistungsfähig sein) ⟨*lat*⟩; *vgl. auch* pro forma · **for|mal** (auf die Form bezüglich, förmlich, äußerlich; starr)
Form|al|de|hyd [*od* ..'hy(:)t], der, _s (ein Desinfektionsmittel) ⟨*lat + arab + lat + grch*⟩
For|ma|lie [..ĭə], die, _, _n: 1. *meist Pl* (Äußerlichkeit, Förmlichkeit) – 2. ↑ Formalität ⟨*lat*⟩ · **for|ma|li|sie|ren** (in [strenge] Form bringen; sich an gegebene Formen halten) ⟨*lat → frz*⟩ · **For|ma|lis|mus,** der, _, ..men (Überbetonung der Form; subjektivist., spätbürgerl. Kunstauffassung – *abwert*; bürokratisch-formalist. Arbeitsweise) ⟨*lat*⟩ · **For|ma|list** · **for|ma|li|stisch** · **For|ma|li|tät,** die, _, _en, *österr nur so, auch* **For|ma|lie** [..ĭə], die, _, _n (Förmlichkeit, Formsache; Formvorschrift) · **for|ma|li|ter** (auf förmliche Weise; in aller Form) · **for|mal|recht|lich**
For|mat, das, _[e]s, _e (Gestalt; [genormte] Größe – *übertr*; hervorragende Leistung) ⟨*lat*⟩ · **For|ma|tion** (1. Gestaltung; Bildung – *Milit*; Truppenteil – *Mus*; Tanzkapelle – 2. ↑ System [2]) ⟨*lat → frz*⟩ · **for|ma|tiv** (auf die Gestaltung bezüglich, gestaltend) ⟨*lat*⟩ · **For|ma|tiv,** das, _s, _e [..v..] (*Sprachw*; die materielle Seite eines sprachl. Zeichens) · **form|bar** · **Form|bar|keit,** die, _ · **form|be|stän|dig** · **Form|be|stän|dig|keit,** die, _
For|mel, die, _, _n (feststehender Ausdruck; Vorschrift – *Chem*; Kurzzeichen einer chem. Verbindung, Ausdruck für deren stoff- u. mengenmäßige Zusammensetzung – *Math*; Buchstabengleichung) ⟨*lat*⟩ · **for|mel|haft** · **For|mel|haf|tig|keit,** die, _ · **For|mel|kram,** der, _[e]s (*umg abwert*) · **for|mell** (förmlich, die Formen [peinlich, streng] beobachtend; zum Schein [vorgenommen]) ⟨*lat → frz*⟩ · **For|mel|we|sen,** das, _s (*abwert*)
for|men ⟨*lat*⟩ · **For|men|leh|re** · **for|men|reich** · **For|men|reich|tum,** der, _[e]s · **For|men|sinn,** der, _[e]s · **For|mer** · **For|me|rei** · **Form‿feh|ler,** **...frä|ser,** **...ge|stal|ter** · **form|ge|wandt** · **form|haft** · **for|mie|ren** (bilden; aufstellen) ⟨*lat*⟩ · **For|mie|rung** · **...för|mig** (z. B. T-förmig [↑ *d.*]) · **förm|lich** · **Förm|lich|keit** · **Form|ling** (*fachspr*) · **form|los** *K 349*; *vgl.*

...los · **Form|lo|sig|keit** · **Formobst** (Spalierobst)
Formosa ↑ Taiwan
Form|sa|che · **form|schön** · **Formschön|heit,** die, _ · **Form|stück** · **For|mu|lar,** das, _s, _e (Formblatt, Muster, Vordruck) ⟨*lat*⟩ · **for|mulie|ren** · **For|mu|lie|rung,** die, _, _en (das Abfassen [z. B. von Schriftstücken]; das Sichausdrükken in richtiger [gedankl. u. sprachl.] Form) · **For|mung** · **formvoll|en|det**
forsch (kräftig, derb); _este ⟨*lat* → *frz*⟩ · **For|sche,** die, _ (*umg*; Schneid, Mut, Entschlossenheit)
för|scheln *K 363* (*schweiz*; vorsichtig forschen, aushorchen) · **forschen** *K 354* · **For|scher** · **Forschung** · **For|schungs‿auf|trag,** **...stu|dent, ...zen|trum**
Forst, der, _es, *Pl* _e *od* _en. *Zus K 365ff.*: Forst‿haus usw. · **Förster,** der, _s, _ · **För|ste|rei** · **Forstkun|de,** die, _ · **forst|kund|lich** · **forst|lich** · **Forst|mann,** *Pl* ..männer *od* ..leute · **For|stung** · **Forstwirt|schaft,** die, _ · **Forst|wis|senschaft,** die, _
For|sy|thie [..'zy:t(s)ĭə, *österr* ..'si:tsĭə], die, _, _n (ein Zierstrauch) ⟨*nach* dem engl. Botaniker Forsyth [fɔ:(*r*)'saiθ]⟩
fort; _ mit ihm!; und so _ (*Abk* usf.); in einem _; ich war weiter _ [als er]. *In Zus K 176*: sofort, immerfort
fort...: *in unfest zusammengesetzten Verben,* z. B. fortlaufen *K 356*, du läufst fort, fortgelaufen, fortzulaufen
Fort [fo:*r*], das, _s, _s (Festungswerk) ⟨*lat* → *frz*⟩
fort|ab (*gehoben*) · **fort|an** (*gehoben*)
fort|be|we|gen · **Fort|be|we|gung**
fort|bil|den · **Fort|bil|dungs|schu|le** (*österr, schweiz*; landwirtschaftl. Berufsschule)
Fort|dau|er · **fort|dau|ernd**
for|te (*Mus*; stark, laut); *Abk* f ⟨*lat* → *ital*⟩ · **For|te,** das, _s, *Pl* _s *od* ..ti (*Mus*; große Tonstärke) · **for|tefor|tis|si|mo** (*Mus*; ganz stark, mit höchster Lautstärke); *Abk* fff · **Forte|pia|no,** das, _s, _s (*veraltet*; Klavier) ⟨*ital*⟩
fort|fah|ren; in der Rede _
Fort|fall, der, _[e]s
Fort|gang, der, _[e]s · **fort|ge|hen** *K 363*
fort|ge|schrit|ten *K 364* · **Fort|geschrit|te|ne,** der *u.* die, _n, _n *K 341*
fort|hin (*veraltend*)
For|ti|fi|ka|tion (*veraltet*; Festungswerk; Befestigungskunst) ⟨*lat* → *frz*⟩
for|tis|si|mo (*Mus*; sehr stark, sehr laut); *Abk* ff ⟨*lat* → *ital*⟩ · **For|tissi|mo,** das, _s, *Pl* _s *od* ..mi (*Mus*; sehr große Tonstärke) · **for|tis|sissi|mo** (*Mus*; ganz stark, mit höchster Lautstärke); *Abk* fff
fort|kom|men · **Fort|kom|men,** das, _s
Fort-La|my [fɔ(:)rla'mi:] (früherer Name von N'Djamena)
fort|lau|fen · **fort|lau|fend**
fort|müs|sen
fort|pflan|zen ⟨*lat*⟩; sich (*Akk*) _ · **Fort|pflan|zung,** die, _
Fort|satz
fort|schaf|fen
fort|schicken [*Tr* ...schik|ken]
fort|schrei|ten · **Fort|schritt** · **Fortschritt|ler,** der, _s, _ (*abwert*) · **fort|schritt|lich** · **Fort|schritt|lichkeit,** die, _
fort|set|zen · **Fort|set|zung**
For|tu|na (*röm Mythol*; Göttin des Glücks) ⟨*lat*⟩
fort|wäh|rend
fort|wol|len
Fo|rum: 1. das, _s, *Pl* ..ren *od* ..ra (altröm. Marktplatz; Gericht; Öffentlichkeit) – 2. das, _s, ..ren (öffentl. Aussprache) ⟨*lat*⟩
Forz, der, _es, _e (*landsch derb*; Furz)
forzato usw. ↑ sforzato usw.
for|zen (*landsch derb*; furzen)
Fo|ße, die, _, _n (*Kartensp landsch*; leere Karte; Fehlfarbe) ⟨*lat* → *frz*⟩
fos|sil (*fachspr*; versteinert; vorweltlich) ⟨*lat*⟩ · **Fos|sil,** das, _s, _ien [..ĭən], *meist Pl* (*fachspr*; Abdruck od. Versteinerung)
fötal ↑ fetal
Fo|to *od* **Pho|to** [*beide* 'fo:.., *österr* 'fɔ..] *K 54*, das, _s, _s, *schweiz* die, _, _s *Kurzw* (Fotografie) ⟨*grch*⟩
Fotochemie ↑ Photochemie
Fo|to|che|mi|gra|fie [..ç.., *österr* ..k..] *od* **Pho|to|che|mi|gra|phie** *K 54*, die, _ (*fachspr*; Herstellung von Ätzungen auf fotograf. Wege) ⟨*grch*⟩
Fotoelement ↑ Photoelement
fo|to|gen: 1. *od* **pho|to|gen** *K 54* (zum Fotografieren geeignet, bildwirksam) – 2. ↑ photogen (1) ⟨*grch*⟩
Fo|to|graf *od* **Pho|to|graph** *K 54*, der, _en, _en (Lichtbildner, Fachmann auf dem Gebiet der Fotografie) ⟨*grch*⟩ · **Fo|to|gra|fie** *od* **Photo|gra|phie** *K 54*: 1. die, _ (Lichtbildnerei) – 2. die, _, ..ien (Lichtbild [*Kurzw* Foto *od* Photo]) · **Fo|to|gra|fie|al|bum** *od* **Pho|togra|phie|al|bum** *K 54* · **fo|to|grafie|ren** *od* **pho|to|gra|phie|ren** *K 54* · **Fo|to|gra|fik** *od* **Pho|to|graphik** *K 54*: 1. die, _ (Fotografie mit graphischen Elementen) – 2. die, _, _en (mit graphischen Elementen gestaltetes Foto) · **Fo|to|gra|fi|ker** *od* **Pho|to|gra|phi|ker** *K 54* (Fachmann auf dem Gebiet der Fotografie u. Graphik) · **fo|to|gra|fisch** *od* **pho|to|gra|phisch** *K 54*
Fo|to|gramm *od* **Pho|to|gramm** *K 54*, das, _s, _s (*fachspr*; fotograf. Bild für Meßzwecke) ⟨*grch*⟩ · **Fo|togramme|trie** *od* **Pho|to|grammetrie** [*beide Tr* ...gramm|me|trie *K 78*] *K 54*, die, _ (*fachspr*; Meßbildtechnik)
Fotogravüre ↑ Heliogravüre
Fo|to|ko|pie *od* **Pho|to|ko|pie** *K 54*, die, _, ..ien, *österr* [..'ko:pĭə], die, _, _n (Lichtbildabzug, Ablichtung [einer zweiseitig bedruckten Vorlage]) ⟨*grch* + *lat*⟩
Fo|to|li|tho|gra|fie *od* **Pho|to|litho|gra|phie** *K 54* (*Polygr*): 1. die, _ (fotomechan. Übertragung für Stein- u. Offsetdruck) – 2. die, _, ..ien (Ergebnis dieses Verfahrens) ⟨*grch*⟩
fo|to|me|cha|nisch [..ç..] *od* **photo|me|cha|nisch** *K 54* (*Polygr*): ein _es Verfahren (zur Herstellung von Druckformen) ⟨*grch*⟩
Fotometer usw. ↑ Photometer usw.
Fo|to|mon|ta|ge *od* **Pho|to|monta|ge** [*beide* ..,ta:ʒə] *K 54* (Zusammenstellung mehrerer Fotografien zu einem Gesamtbild) ⟨*grch* + *frz*⟩
Fo|to|satz *od* **Pho|to|satz** *K 54*, der, _es (*Polygr*; ein Setzverfahren) ⟨*grch*⟩
Fo|to|thek *od* **Pho|to|thek** *K 54*, die, _, _en (Fotosammlung) ⟨*grch*⟩
Fotozelle ↑ Photozelle
Fötus ↑ Fetus
Fot|ze, die, _, _n (*derb*; weibl. Scheide)
Föt|zel, der, _s, _ (*schweiz derb*; Lump, Taugenichts)
Fou|cault|sche Pen|del|ver|such [fu'ko:ʃə _] *K 217 u. 219*, der, *Gen* _n _[e]s (*Phys*; Versuch, die Erddrehung nachzuweisen) ⟨*nach* dem französ. Physiker⟩
foul [faul] (*Sport*; regelwidrig u. unfair) ⟨*engl*⟩ · **Foul,** das, _s, _s (*Sport*; Regelverstoß) · **fou|len** ['faulən] (*Sport*; regelwidrig u. unfair spielen); gefoult
Fou|rie|ris|mus [furĭe'ris..], der, _ (Lehre des französ. utop. Sozialisten Charles Fourier [ʃarl fu'rĭe:])
Fox, der, _[es], _e *Kurzw* (Foxterrier; Foxtrott) ⟨*engl*⟩ · **Fox|ter|rier** [..ĭər], der, _s, _ (eine Hunderasse); *Kurzw* Fox · **Fox|trott,** der, _[e]s, *Pl* _s *od* _e (ein Tanz); *Kurzw* Fox ⟨‚Fuchsgang'⟩
Foy|er [fŏa'je:], das, _s, _s (Wandelhalle [im Theater]) ⟨*lat* → *frz*⟩

Fra *Kurzw, nur vor Eigennamen* (Ordensbruder) ⟨*lat* → *ital* frate ‚Ordensbruder, Bruder'⟩

Fracht, die, –, –en · **Fracht|brief** · **Frach|ten|aus|gleich,** der, –[e]s · **Frach|ter,** der, –s, – (Frachtschiff) · **fracht|frei** · **Fracht‿gut, ...raum**

Frack, der, –[e]s, *Pl* ..äcke *od* –s ⟨*germ* → *frz* → *lat* → *engl*⟩. *Zus K 365ff.*: Frack‿mantel usw.

Fra|ge, die, –, –n; in Frage[1] kommen, stellen · **Fra|ge|bo|gen** · **Fra|ge|für|wort** (*Gramm*) · **fra|gen;** du fragst (*landsch auch* frägst); er fragt (*landsch auch* frägt); du fragtest (*landsch auch* frugst); du fragtest (*landsch auch* frügest); gefragt; frag[e]! · **Fra|ger** · **Fra|ge|rei** (*abwert*) · **Fra|ge|satz** · **Fra|ge-und-Ant|wort-Spiel** *K 189* · **Fra|ge|wort,** *Pl* ..wörter · **Fra|ge|zei|chen;** *vgl. auch K 459ff.*

fra|gil (zerbrechlich; zart) ⟨*lat*⟩ · **Fra|gi|li|tät,** die, –

frag|lich · **Frag|lich|keit,** die, – · **frag|los** (sicher, bestimmt); *vgl.* ...los

Frag|ment, das, –[e]s, –e (Bruchstück; Rest) ⟨*lat*⟩ · **frag|men|ta|risch** (in Bruchstücken; unvollendet)

frag|wür|dig

frais [frɛ:s] *od* **frai|se** ['frɛ:zə, *österr* frɛ:z], *österr nur so, nichtdeklinierbar* (erdbeerfarben) ⟨*lat* → *frz*⟩; *vgl. auch K 277*

Frai|sen *Pl* (*süddt, österr*; Krämpfe [bei Kindern]); *Sg* Frais, der, –es · **Frai|sen|an|fall** (*süddt, österr*)

Frak|tion (Gesamtheit der Abgeordneten einer Partei; [sich absondernde] Gruppe von Parteiangehörigen – *Chem*; abgetrennter Anteil eines Flüssigkeitsgemisches) ⟨*lat*⟩ · **frak|tio|nie|ren** (*Chem*; stufenweise trennen); fraktionierte Destillation (Trennung von Flüssigkeitsgemischen nach dem Siedepunkt) · **Frak|tions|zwang,** der, –[e]s (Verpflichtung der Fraktionsangehörigen zur einheitl. Stimmabgabe)

Frak|tur, die, –, –en (*Med*; Knochenbruch – *Polygr*; eine Schriftgattung) ⟨*lat*⟩ · **Frak|tur|satz,** der, –es (*Polygr*)

Franc [frã:], der, –, –s [frã:] (Währungseinheit in verschiedenen Ländern, z. B. in Frankreich [*Abk Sg u. Pl*: F, *internationale Abk Sg u. Pl*: FF], in Belgien [*Abk* fr, *Pl* frs, *internationale Abk* bfr, *Pl* bfrs], in Luxemburg [*Abk* fr, *Pl* frs, *internationale Abk* lfr, *Pl* lfrs], im französ. Sprachgebiet der Schweiz [*Abk* fr, *Pl* frs, *internationale Abk* sfr, *Pl* sfrs]) ⟨*germ* → *lat* → *frz*⟩; *vgl. auch* Franken (2) · **Fran|chi|se** [frã'ʃi:zə *od* fraŋ..], die, –, –n [..z(ə)n] (*veraltet*; Abgabenfreiheit; Freimütigkeit – *Versicherungsw*; Prozentsatz der Versicherungssumme, bis zu dem kein Ersatz erfolgt)

Francium ↑ Franzium

frank (frei; gerade, offen) ⟨*germ* → *lat* → *frz*⟩; *meist in* – und frei

Frank (m. Vn.) ⟨‚der Franke'⟩

Fran|ka|tur, die, –, –en (*Post*; Portosatz; das Freimachen von Sendungen) ⟨*germ* → *lat* → *ital*⟩ · **Fran|ka|tur|tausch** (*Philat*)

Fran|ke, der, –n, –n

Fran|ken: 1. ⟨*nach* dem german. Volksstamm⟩ (Landsch. in der BRD) – 2. ⟨*germ* → *lat* → *frz*⟩, der, –s, – (Währungseinheit in der Schweiz); Schweizer –; *Abk in der Schweiz Sg u. Pl*: Fr, *internationale Abk* sfr, *Pl* sfrs; *vgl. auch* Franc

Fran|ken|wald, der, –[e]s (Gebirge in der DDR u. der BRD)

Frank|furt; Frankfurt am Main (Stadt in der BRD); Frankfurt (Oder) (Bezirksstadt in der DDR) · **Frank|fur|ter:** 1. *K 231*: der, –s, –; 2. *als Attribut K 232*: die Frankfurter Würstchen · **frank|fur|tisch**

fran|kie|ren (Sendungen freimachen) ⟨*germ* → *lat* → *ital*⟩

Fränk|kin, die, –, ..innen · **frän|kisch;** *K 258*: die Fränkische Alb

Frankium ↑ Franzium

fran|ko (*noch kaufm*; [porto]frei; ohne Postgeld) ⟨*germ* → *lat* → *ital*⟩; – nach allen Stationen; – Berlin

Fran|ko|ka|na|dier [..iər] *K 245* (Bewohner Kanadas mit Französisch als Muttersprache)

Frank|reich, *ohne Art, amtl* **Fran|zö|si|sche Re|pu|blik** *K 258*, die, *Gen* –n – (in Westeuropa)

Fran|se, die, –, –n ⟨*lat* → *frz*⟩ · **fran|sen** *K 354*; gefranst · **fran|sig**

Franz (m. Vn.) ⟨*Kurzf von* Franziskus (*germ* → *lat*, ‚der Franzose')⟩

Franz|band, der (*Buchw*; Ledereinband nach französ. Art) · **Franz|brannt|wein**

Fränz|chen (*Verkleinerungsf von* Franz *u. von* Franziska) · **Fran|zis|ka** (w. Vn.) ⟨*germ* → *lat*, *zu* Franziskus (*germ* → *lat*, ‚der Franzose')⟩; *engl Kurzf* ↑ Fanny (*eindeutschend* ↑ Fanni)

Fran|zis|ka|ner, der, –s, – (*kath Kirche*; Angehöriger eines Mönchsordens) ⟨*nach* Franz von Assisi⟩ · **Fran|zis|ka|ner|or|den,** der, –s (*kath Kirche*)

Fran|zium *od* **Fran|kium,** *auch* **Fran|cium,** das, –s (radioaktives chem. Element, Metall); *Zeichen* Fr ⟨*germ* → *lat*, *nach* Francia = Frankreich⟩

Franz-Jo|seph-Land *K 247*, das, –[e]s (sowjet. Inselgruppe in der Arktik)

Fran|zo|se, der, –n, –n · **Fran|zö|sin,** die, –, ..innen · **fran|zö|sisch;** *vgl. K 266f.*; *K 238*: die französische (*K 269*: französisch *od* Französisch sprechende *od* französischsprechende) Schweiz; *K 119*: die französischen Revolutionen, *aber K 258*: die Große Französische Revolution *od* die Französische Revolution (1789–1794), die Französische Republik (↑ Frankreich) · **Fran|zö|sisch,** das, *Gen* –[s], *Dat* – (Sprachbezeichnung *K 268ff.*) · **Fran|zö|si|sche,** das, *Gen* –n, *Dat* –n (Sprachbezeichnung *K 271*) · **Fran|zö|sisch-Gua|ya|na** [..gua'ja:..] *K 241* (im N Südamerikas)

frap|pant (auffallend; überraschend) ⟨*germ* → *frz*⟩ · **Frap|pé** [fra'pe:], das, –s, –s (*österr*; gequirltes, eisgekühltes Erfrischungsgetränk) · **frap|pie|ren** (überraschen; verblüffen – *fachspr*; in Eis kühlen)

Fräs|dorn, *Pl* ..dorne · **Frä|se,** die, –, –n (*Techn*) ⟨*lat* → *frz*⟩ · **frä|sen** *K 354* (spanabhebend bearbeiten – *Landw*; mit einer Bodenfräse bearbeiten) · **Frä|ser** (Fräsender; Schneidwerkzeug) · **Fräs|ma|schi|ne**

Fraß, der, –es, –e · **Fraß|gift** (Schädlingsbekämpfungsmittel)

Fra|ter, der, –s, *Pl* Fra|tres [..tre:s] (*kath Kirche*; Klosterbruder ohne Priesterweihe) ⟨*lat*, ‚Bruder'⟩ · **fra|ter|ni|sie|ren** (sich verbrüdern; vertraut werden) ⟨*lat* → *frz*⟩ · **Fra|ter|ni|tät:** 1. die, – (Brüderlichkeit; Verbrüderung) – 2. die, –, –en (*kath Kirche*; Bruderschaft) ⟨*lat*⟩ · **Fraternité** ↑ Liberté

Fratz, der, –es, *österr* –en, *Pl* –e *od*, *österr nur*, –en (schelmisches, niedliches od. eitles Kind – *landsch abwert*; ungezogenes Kind) ⟨*lat* → *ital*⟩ · **Frätz|chen** · **Frat|ze,** die, –, –n (verzerrtes Gesicht – *umg*; Grimasse) · **frat|zen|haft**

Frau, die, –, –en; *Abk* Fr. · **Frau|chen** · **Frau|en|arzt** · **Frau|en|be|we|gung,** die, – · **Frau|en|fra|ge,** die, – · **Frau|en|haar,** das, –[e]s (*auch für* ein Laubmoos) · **frau|en|haft** · **Frau|ens|per|son** (*umg*) · **Frau|en|tag,** der, –[e]s; *K 258*: der Internationale Frauentag · **Frau|en|zim|mer** (*veraltend abwert*) · **Fräu|lein,** das, –s, *Pl* –, *umg auch* –s, *Abk* Frl.; Ihr[e] – Braut, Tochter

---

[1] Die Schreibung »infrage« entspricht nicht der dt. Rechtschreibung.

(*noch gehoben*); *vgl. auch K 382* · **frau|lich** · **Frau|lich|keit,** die, – **Fraun|ho|fer|sche Li|nien** [..ĭən] *K 217 u. 219 Pl* (*Astron, Phys*; Linien im Sonnenspektrum) (*nach* dem Physiker)

frech · **Frech|dachs** (*umg scherzh*) · **Frech|heit** · **Frech|ling**

Free|hol|der ['fri:ho:l..], der, –s, –s (lehnfreier Landbesitzer im feudalist. England, Freisasse) (*engl*)

Free|sie [..ĭə], die, –, –n (eine Schnittblume, Schwertliliengewächs) (*nach* dem Arzt u. Botaniker Theodor F. H. Freese)

Free|town ['fri:taun] (Hptst. von Sierra Leone) (*engl*)

Fre|gat|te, die, –, –n (kleineres Kriegsschiff) (*ital → frz*) · **Fre|gatt|vo|gel** (ein Seevogel)

frei; frank und –; frei von Sorgen, *gehoben* frei der Sorgen [sein]; *kaufm mit folgender nichtdeklin., artikelloser Form*: frei [bis ins] Haus; frei ungarisch-rumänische Grenze

I. *Kleinschreibung K 119*: freie Berufe, freie Fahrt, freier Mitarbeiter

II. *Großschreibung*: **a)** *K 93*: das Freie, im Freien, ins Freie – **b)** *K 258*: Freie Deutsche Jugend (*Abk* FDJ); Freier Deutscher Gewerkschaftsbund (*Abk* FDGB); die [Sieben] Freien Künste (*Mittelalter*); Freie Reichsstadt (*Mittelalter*)

III. *In Verbindung mit Verben Getrenntschreibung K 135*, z. B. frei sein, werden, bleiben, halten; *vgl. aber* freibekommen, freihalten usw.

Freia ↑ Freyja

Frei|bank, *Pl* ..bänke · **frei|be|kom|men** *K 137* (z. B. eine Stunde); du bekommst frei; freibekommen; freizubekommen; *aber*: etw. frei (unentgeltlich) bekommen

frei|be|ruf|lich

Frei|beu|ter, der, –s, – (*hist*; Seeräuber – *übertr, abwert*; rücksichtslos seinen Vorteil wahrnehmender Mensch) (*ndrl*) · **frei|beu|te|risch** (*oft abwert*)

frei|blei|bend *K 128* (*kaufm*; ohne Verbindlichkeit); *aber K 135*: frei (ungebunden, unbesetzt) bleibend · **Frei|bord,** der (*Schiff*; Höhe des Oberdecks über der Wasserspiegellinie) · **Frei|brief** (*hist*); *noch in* jmdm. einen – ausstellen

Frei|burg im Breis|gau (Stadt in der BRD)

Frei|den|ker · **frei|den|ke|risch**

frei|en (*veraltend*) (‚zur Frau machen') · **Frei|er** (*veraltend*) · **Frei|ers|fü|ße** *Pl*; *nur in*: auf –n gehen (*scherzh*)

Frei|ex|em|plar (ein Freistück) · **Frei|frau** (Frau eines Freiherrn, Baronin) · **Frei|fräu|lein,** das, –s, – *od* **Frei|in,** die, –, ..innen (Tochter eines Freiherrn, Baronesse) · **frei|ge|ben**[1] *K 137*; jmdm. eine Stunde freigeben; jmdn. freigeben (jmdn. freilassen); *aber*: jmdm. etw. frei (aus freien Stücken) geben · **frei|ge|big** · **Frei|ge|big|keit** · **Frei|ge|he|ge** · **Frei|geist,** *Pl* ..geister · **Frei|gei|ste|rei** · **frei|gei|stig** · **Frei|ge|las|se|ne,** der *u.* die, –n, –n *K 341* · **Frei|ge|richt** (*hist*; Feme, Femgericht) · **Frei|graf** (*Mittelalter*; Vorsitzender des Femgerichts) · **frei|ha|ben**[1] *K 137* (Urlaub, Ferien haben); 10 Tage freihaben · **Frei|ha|fen** (Hafen od. Hafenbezirk mit zollfreiem Verkehr) · **frei|hal|ten**[1] *K 130 u. 137*; jmdn. – (für jmdn. bezahlen); Ausfahrt – (unbesetzt lassen), *aber*: frei halten, ich kann die Last frei (ohne Stütze) halten, ich werde die Rede frei (ohne Ablesen) halten · **Frei|hand|bi|blio|thek** · **frei|hän|dig** · **Frei|hän|dig|keit,** die, – · **Frei|hand|zeich|nen,** das, –s · **Frei|heit** · **frei|heit|lich** · **Frei|heits|be|rau|bung** · **Frei|heits|kämp|fer** · **Frei|heits|krieg** · **frei|heit[s]|lie|bend** · **Frei|heits|stra|fe** · **frei|her|aus;** etwas freiheraus (offen) sagen, *aber*: etwas frei (ohne Hemmung) heraussagen · **Frei|herr** (ehem. Adelstitel, Baron); *Abk* Frhr. · **Freiin** ↑ Freifräulein · **frei|kom|men**[1] *K 136* (loskommen) · **Frei|kör|per|kul|tur,** die, –; *Abk* FKK · **Frei|la|de|bahn|hof** · **Frei|land,** das, –[e]s · **frei|las|sen**[1] *K 137* (in die Freiheit entlassen), *aber*: frei (unbesetzt, unbedeckt, offen) lassen · **Frei|lauf** (*Techn*) · **frei|le|bend** · **frei|le|gen**[1] *K 137* (entblößen; deckende Schichten entfernen), *aber*: frei (ohne besondere Stütze) legen ·

Frei|lei|tung

frei|lich *Adv*

Frei|licht|büh|ne · **Frei|licht|mu|se|um** · **frei|ma|chen**[1] *K 137*; Briefe freimachen, *aber*: Plätze frei machen; sich (*Akk*) [von Vorurteilen] frei machen · **Frei|mau|re|rei,** die, – · **Frei|mut** · **frei|mü|tig** · **Frei|mü|tig|keit** · **frei|schaf|fend;** –er Künstler · **Frei|schar,** die (*hist*; bewaffneter Freiwilligenverband) · **Frei|schär|ler,** der, –s, – (*hist*) · **frei|schwim|men**[1], **sich** (*Akk*) *K 137* (eine Schwimmprüfung ablegen); du hast dich freigeschwommen, *aber*: frei (ohne Hilfeleistung) schwimmen · **Frei|schwim|mer** · **Frei|sinn,** der, –[e]s · **frei|sin|nig** ·

[1] *Konjugation vgl.* freibekommen.

frei|spre|chen[1] *K 137* (von Schuld), *aber*: frei (ohne Ablesen) sprechen · **Frei|spre|chung** *od* **Frei|spruch** · **Frei|statt** *od* **Frei|stät|te,** die (*gehoben*) · **frei|ste|hen**[1] *K 137 u. 363* (gestattet sein); ein freistehendes (leeres) Haus, *aber*: frei (ohne Stütze) stehen; ein frei stehendes (alleinstehendes) Haus · **frei|stel|len**[1] *K 137* (überlassen, erlauben); jmdm. etwas freistellen, *aber*: etw. frei (ohne Stütze) stellen · **Frei|stil|schwim|men,** das, –s · **Frei|stoß** (*Fußball*)

Frei|tag; *Abk* Fr. (‚Tag der Freyja'); des Freitags, *aber K 109*: freitags; *vgl.* Dienstag · **Frei|tag|abend;** *vgl.* Dienstagabend · **frei|tag|abends** *K 109*; *vgl. auch* dienstags · **frei|tags** *K 109*, *aber*: des Freitags; *vgl.* dienstags

Frei|te; *noch scherzh in* auf die – (Brautschau) gehen

Frei|tod (*verhüll*; Selbstmord) · **Frei|‿trep|pe, ...übung** · **Frei|wild** · **frei|wil|lig;** *K 119*: die freiwillige Feuerwehr (*Abk* FF *od* FFW); die freiwillige Zusatzrentenversicherung (*Abk* FZR) · **Frei|wil|li|ge,** der *u.* die, –n, –n *K 341* · **Frei|wil|lig|keit,** die, – · **Frei|zei|chen** (*Fernsprechw*) · **Frei|zeit,** die, – · **Frei|zeit|ge|stal|tung** · **frei|zü|gig** · **Frei|zü|gig|keit,** die, – · **Frei|zü|gig|keits|ver|kehr** (*Finanzw*)

fremd · **fremd|ar|tig** · **Fremd|ar|tig|keit** · **Frem|de:** 1. der *u.* die, –n, –n *K 341* (fremder Mann *bzw* fremde Frau) – 2. die, – (*gehoben*; Ausland); in der – · **Frem|den|buch** · **Frem|den‿le|gion, ...ver|kehr** · **Fremd|heit** (das Fremdsein) · **Fremd‿herr|schaft, ...kör|per** · **fremd|län|disch** · **Fremd|ling** (*dicht*) · **Fremd|spra|che** · **fremd|spra|chig** (eine fremde Sprache sprechend); –er (in einer Fremdsprache gehaltener) Unterricht; –e Völker; ein –es Buch · **fremd|sprach|lich** (auf eine fremde Sprache bezüglich); –er (über eine Fremdsprache gehaltener) Unterricht · **Fremd|wort,** *Pl* ..wörter; *vgl. auch K 46ff.* · **Fremd|wör|ter|buch** · **fremd|wort|frei**

fre|ne|tisch (rasend, tobend) (*grch → lat → frz*); –er Beifall; *vgl. aber* phrenetisch

fre|quen|tie|ren (häufig besuchen; ein- und ausgehen) (*lat*) · **Fre|quenz,** die, –, –en (Häufigkeit; Besucherzahl; Verkehr – *Phys*; Schwingungszahl je Zeiteinheit [*Formelzeichen f*]) · **Fre|quenz|mes|ser,** der (*Phys*)

Fres|ko (*germ → ital*, ‚frisch'), das,

[1] *Konjugation vgl.* freibekommen.

_s, *österr auch* _, *Pl* ..ken, *auch* **Fres|ke** ⟨*germ* → *ital* → *frz*⟩, die, _, _n (Wandgemälde mit Wasserfarben auf frischem Kalkputz); *vgl.* al fresco · **Fres|ko|ma|le|rei**
Fres|sa|lien [..iən] *Pl* (*salopp scherzh*; Eßwaren) · **Fres|se,** die, _, _n (*derb*; Mund) · **fres|sen** (*von Tieren gesagt*; Nahrung aufnehmen – *derb*; essen); du frißt *K 354*; du fraßest; du fräßest; gefressen; friß! · **Fres|sen,** das, _s (*auch derb*) · **Fres|ser** (*derb*; übermäßig Essender) · **Fres|se|rei** (*derb abwert*) · **Freß|sack** (*derb abwert*)
Frett|chen, das, _s, _ (gezüchtete Form des Iltis) ⟨*lat* → *frz*⟩
fret|ten, sich (*Akk*) (*süddt u. österr umg*; sich einschränken, sich kümmerlich forthelfen)
fret|tie|ren (*weidm*; [Kaninchen] mit dem Frettchen jagen) ⟨*lat* → *frz*⟩
Freu|de, die, _, _n ⟨*zu* froh⟩; [in] Freud und Leid *K 63* (*gehoben*) · **Freu|den‿be|cher** (*dicht*), **...bot-schaft** · **freu|den|reich** · **Freu|den‿ruf, ...trä|ne** · **freu|de|strah|lend** *K 164* · **freu|de|trun|ken** (*gehoben*) · **freu|dig** · **Freu|dig|keit,** die, _ · **freud|los,** *seltener* **freu|de[n]-los** *K 349*; *vgl.* ...los · **Freud|lo|sig-keit,** *seltener* **Freu|de[n]|lo|sig-keit,** die, _ · **freu|en, sich** (*Akk*)
freund (*veraltend*); jmdm. _ bleiben, sein, werden · **Freund,** der, _[e]s, _e; jemandes _ bleiben, sein, werden; gut _ sein · **Freun|des‿kreis, ...treue** (*gehoben*) · **Freund Hein** (*verhüll*; Tod) · **Freun|din,** die, _, ..innen · **freund|lich** · **Freund|lich|keit** · **Freund|schaft;** Freundschaft! (Gruß der Freien Deutschen Jugend) · **freund-schaft|lich**
Fre|vel [..f..], der, _s, _ (*gehoben*; verwerfl. Verstoß gegen eine Ordnung od. ein Gesetz) · **fre|vel|haft** (*gehoben*) · **fre|veln** *K 363* (*gehoben*) · **Fre|vel|tat** (*gehoben*) · **Frev-ler** (*gehoben*) · **Frev|le|rin,** die, _, ..innen (*gehoben*) · **frev|le|risch** (*gehoben*)
Frey *od* **Freyr** ['frai(ə)r] (*nord Mythol*; Gott der Fruchtbarkeit u. des Friedens)
Frey|burg ['frai..] (Unstrut) (Stadt im Bez. Halle)
Frey|ja ['frai..], *auch* **Freia** (*nord Mythol*; Göttin der Liebe)
Freyr ↑ Frey
Fri|aul, *ohne Art*, *auch* das, _s (Landsch. in Oberitalien)
Fridatte ↑ Frittate (2)
fri|de|ri|zia|nisch *K 218* (Friedrich II. von Preußen und seine Zeit betreffend) · **Fri|de|ri|zia|nisch** *K 217*

Fri|do|lin, *österr u. schweiz nur diese Form* (m. Vn.) ⟨*Verkleinerungsf von* Friedrich⟩; *Nebenf* Fridolin · **Frie|da** (w. Vn.) ⟨*Kurzf von* Elfriede *u. von* Friederike⟩
Frie|de, der, _ns, _n (*gehoben*; Frieden) · **Frie|den,** der, _s, _; [in] Fried und Freud *K 63* (*dicht*) · **Frie|dens‿be|din|gung, ...bruch** (der), **...fahrt, ...kämp|fer, ...la-ger** · **Frie|dens‿stö|rer, ...ver-hand|lun|gen** (*Pl*), **...ver|trag**
Frie|der (m. Vn.) ⟨*Kurzf von* Friedrich⟩ · **Frie|de|ri|ke** (w. Vn.) ⟨*zu* Friedrich⟩; *Kurzf* ↑ Frieda
fried|fer|tig · **Fried|fer|tig|keit** · **Fried|fisch** · **Fried|hof.** *Zus K 365ff.*: Friedhofs‿mauer usw. · **fried|lich;** _e Koexistenz · **Fried-lich|keit,** die, _ · **fried|lie|bend;** *K 115*: am _sten · **fried|los;** *vgl.* ...los · **Fried|lo|sig|keit,** die, _
Frie|do|lin, *österr u. schweiz nur* **Fri|do|lin** (m. Vn.) ⟨*Verkleinerungsf von* Friedrich⟩; *Nebenf* Fridolin · **Fried|rich** *K 90* (m. Vn.) ⟨,Schutz' + ,mächtig'⟩; *Kurzf* ↑ Frieder, ↑ Fritz; *Verkleinerungsf* ↑ Fridolin, ↑ Friedolin
Fried|rich|ro|da (Stadt im Bez. Erfurt)
Fried|richs|dor [*österr* ..'do:r], der, _s, *Pl* _e *u. bei Wertangabe* (*K 310*) Friedrichsdor (*hist*; eine Goldmünze) ⟨*dt* + *frz*⟩
Fried|richs|ha|fen (Stadt der BRD am Bodensee)
fried|sam (*noch gehoben*) · **Fried-sam|keit,** die, _ (*noch gehoben*)
frie|ren; du frierst; du frorst; du frörest; gefroren; frier[e]!; ich friere an den Händen (*nicht* an die Hände); mich friert an den Händen (*älter* an die Hände)
Fries, der, _es, _e (*Arch*; Gesimsstreifen, Verzierung – *Textilwirtsch*; flauschiger Wollstoff) ⟨*germ* → *frz*⟩
Frie|se, der, _n, _n (Angehöriger eines german. Volksstammes an der Nordsee)
Frie|sel, der *od* das, _s, _n, *meist Pl* (Hautbläschen, Pustel) · **Frie|sel-fie|ber**
Frie|sin, die, _, ..innen · **frie|sisch;** *vgl. auch K 265ff.* · **Fries|land** (*i. w. S.* das ursprüngl. Wohngebiet der Friesen an der Nordseeküste – *i. e. S.* Provinz in den Niederlanden; Gebiet in Niedersachsen [BRD]) · **Fries|län|der,** der, _s, _ · **fries|län|disch**
Frigg ↑ Frija
fri|gid, *österr nur so, od* **fri|gi|de** ([sexuell] gefühlskalt) ⟨*lat*⟩ · **Fri|gi-di|tät,** die, _ (Gefühlskälte; sexuelle Empfindungslosigkeit)
Fri|ja ⟨*ahd*⟩ *od* **Frigg** ⟨*anord*⟩ (*nord Mythol*; Himmelsgöttin, Frau Wodans)
Fri|ka|del|le, die, _, _n (gebratenes Fleischklößchen) ⟨*lat* → *frz*⟩ · **Fri-kan|deau** [..'do:], das, _s, _s (Teil der Kalbskeule) · **Fri|kan|del|le,** die, _, _n (Fleischscheibe – *auch für* Frikadelle) · **Fri|kas|see,** das, _s, _s (Gericht aus kleingeschnittenem Fleisch) · **fri|kas|sie|ren** (*Kochk*)
fri|ka|tiv (*fachspr*; auf Reibung beruhend) ⟨*lat*⟩ · **Fri|ka|tiv,** der, _s, _e [..v..] *od* **Fri|ka|tiv|laut,** der, _[e]s, _e, *auch* **Spi|rant** [sp..], der, _en, _en *od* **Spi|rans,** die, _, ..anten (*Phon*; Engelaut, Reibelaut) · **Frik-tion** (*fachspr*; Reibung)
Fri|maire [..'mɛ:r], der, _[s], _s (3. Monat [21. Nov. bis 20. Dez.] des Kalenders der Französ. Revolution) ⟨*germ* → *lat* → *frz*, ,Frostmonat'⟩
frisch; *K 115*: am _esten. *In Verbindung mit Partizipien K 166*: frisch gebackenes Brot, *aber*: frischbackenes Brot. *In Zus K 176*: frischauf!; frischweg
frisch|auf! (*veraltend*) · **frischbak-ken** ↑ *unter* frisch · **Fri|sche,** die, _ · **fri|schen** (*Hüttenw*; Metalle von Beimengungen reinigen – *weidm*, *von der Bache gesagt*; Junge werfen) · **Frisch|ge|mü|se** · **Frisch|ling** (junges Wildschwein) · **Frisch|was|ser,** das, _s (Süßwasser auf Schiffen) · **frisch|weg** [*od* ..'vɛk]
Frisco ↑ San Francisco
Fri|seur [..'zø:r], *eindeutschend* **Fri-sör,** der, _s, _e (Haarschneider, Fachkraft für Haarpflege) ⟨*germ* → *frz*⟩ · **Fri|seu|se** [..'zø:zə], *eindeutschend* **Fri|sö|se,** die, _, _n, *österr* **Fri|seu|rin** [..'zø:rin], die, _, ..innen · **fri|sie|ren** (*auch für* zurechtstutzen, schön zurechtmachen)
Frisko ↑ San Francisco
Frisör usw. ↑ Friseur usw.
Frist, die, _, _en · **fri|sten** · **Frist-wech|sel** (*Bankw*)
Fri|sur, die, _, _en (Haartracht) ⟨*germ* → *frz*⟩
Frit|flie|ge (ein Getreideschädling)
Frit|hjof (1. *nord Sage*; norweg. Held – 2. m. Vn.) ⟨*anord*, ,Schutz' + ,rauben'⟩
fri|tie|ren, *auch* **frit|ten** (*Kochk*; in Fett backen) ⟨*lat* → *frz*⟩ · **Fri|tier-ge|rät** (*Kochk*) · **Frit|ta|te,** die, _, _n: 1. (Eierkuchen) – 2. *auch* **Fri-dat|te,** die, _, _n (*österr*; in Streifen geschnittener Eierkuchen als Suppeneinlage) ⟨*lat* → *ital*⟩ · **fritten** ↑ fritieren · **Fri|tü|re,** die, _, _n

(*Kochk*; heißes Ausbackfett für Teig; das Auszubackende selbst) ⟨*lat* → *frz*⟩

Fritz (m. Vn.) ⟨*Kurzf von* Friedrich⟩

fri|vol [..v..] (leichtfertig; schlüpfrig, schamlos) ⟨*lat* → *frz*⟩ · **Fri|vo|li|tät,** die, _, _en – **Fri|vo|li|tä|ten** *Pl* (*Handarb*; Schiffchenarbeit)

froh · **froh|ge|mut** (*veraltend*) · **fröh|lich** · **Fröh|lich|keit** · **froh|locken** [*Tr* ...lok|ken]; du frohlockst; frohlockt; zu _ · **Froh|mut** (*gehoben*) · **froh|mü|tig** (*gehoben*) · **Froh|sinn,** der, _[e]s

fromm; *K 348*: frommer *od* frömmer, frommste *od* frömmste · **From|me:** 1. der, _n (*veraltet*; Nutzen); *nur noch in* zu Nutz und Frommen – 2. der *u.* die, _n, _n *K 341* · **Fröm|me|lei** (*abwert*) · **fröm|meln** *K 363* (*abwert*; sich fromm gebärden) · **from|men** (*veraltend*; nutzen); *nur unpersönl*: was frommt es ihm? · **Fromm|heit,** die, _ (*veraltend*) · **Fröm|mig|keit** · **Frömm|ler** (*abwert*)

Fron [fro:n], die, _, _en (*hist*; dem Feudalherrn zu leistender Dienst des Leibeigenen) · **Fron|ar|beit** (*hist*)

Fron|de [ˈfrɔ̃:də], die, _, _n (regierungsfeindl. Oppositionsgruppe) ⟨*lat* → *frz*⟩

Fron|dienst [ˈfro:n..] (*hist*; Dienst für den Feudalherrn) · **fro|nen** (*hist*; Frondienste leisten – *übertr*; gezwungen arbeiten) · **frö|nen** (*gehoben*; sich einer Leidenschaft hingeben) · **Frö|ner** (*hist*; Arbeiter im Frondienst) · **Fron|leich|nam,** der, _[e]s (kath. Fest) ⟨‚des Herrn Leib'⟩ · **Fron|leich|nams|pro|zes|sion** (*kath Kirche*)

Front, die, _, _en (Vorder-, Stirnseite – *Met*; atmosphär. Trennungslinie – *Milit*; vorderste Gefechtslinie; Kampfgebiet; Vorderansicht der angetretenen Truppe) ⟨*lat* → *frz*⟩; _ machen gegen jmdn. (sich jmdm. widersetzen). *Zus K 365ff.*: Front‿ansicht usw. · **fron|tal** (von vorn; nach vorn gerichtet) · **Fron|tal|zu|sam|men|stoß** · **Fron|ti|spiz,** das, _es, _e (*Buchw*; Titelbild – *Arch*; Giebeldreieck)

Frosch, der, _[e]s, *Pl* Frösche · **Frosch|biß,** der, ..bisses (eine Schwimmpflanze) · **Frösch|chen** · **Frosch|laich** · **Frosch|mann,** *Pl* ..männer (Taucher)

Frost, der, _es, *Pl* Fröste ⟨*zu* frieren⟩ · **frö|steln** *K 363*; mich fröstelt · **fro|stig** · **Fro|stig|keit** · **fröst|lig** *K 362* · **Fröst|ling** *od* **Fröst|ler** · **Frost|scha|den**

Frot|tee, *fachspr* **Frot|té** [*beide* ..ˈte:, *österr nur so, auch* ˈfrɔ..], das *od* der, _[s], _s (Gewebe aus Kräuselzwirnen) ⟨*lat* → *frz*⟩ · **frot|tie|ren** (reiben, abreiben) · **Frot|tier|ge|we|be** (Gewebe mit vorstehenden Schlingen) · **Frot|tier|tuch,** *Pl* ..tücher

frot|zeln *K 363* (*umg*; necken, aufziehen)

Frucht, die, _, *Pl* Früchte ⟨*lat*⟩ · **frucht|bar** · **Frucht|bar|keit,** die, _ · **Frucht|bo|den** · **frucht|brin|gend** · **Frücht|chen** (*auch umg*; kleiner Taugenichts) · **Früch|te|brot,** *österr* **Früch|ten|brot** · **fruch|ten;** es fruchtet (nützt) nichts · **früchtereich** ↑ fruchtreich · **Frucht|fol|ge** (Anbaufolge der einzelnen Feldfrüchte) · **frucht|los** *K 349*; *vgl.* ...los · **Frucht|lo|sig|keit,** die, _ · **frucht|reich,** *auch* **früch|te|reich** · **Frucht|saft**

fru|gal (mäßig; einfach) ⟨*lat*, ‚aus Feldfrüchten bestehend'⟩ · **Fru|ga|li|tät,** die, _

früh; _er, _est; *K 115*: zum, mit dem, am früh[e]sten; morgens früh; von [morgens] früh bis [abends] spät; morgen früh · **Früh** ↑ Frühe · **früh|auf;** von _ · **Früh|auf|ste|her** · **Früh|beet** · **Früh|chen** (Frühgeborenes) · **Früh|druck,** *Pl* ..drucke · **Frü|he,** *auch, bes süddt, österr* **Früh,** die, _; in der Früh[e]; in aller Früh[e]; bis in die Früh · **frü|her** · **frü|he|stens** · **Früh|ge|burt** · **Früh|ge|schich|te,** die, _ (sich unmittelbar an die Urgeschichte anschließende Geschichte mit schriftl. Quellen) · **früh|ge|schicht|lich** · **Früh|jahr** · **früh|jahrs** *K 109*, *aber*: des Frühjahrs · **Früh|jahrs|an|fang** · **Früh|ling,** der, _s, _e · **Früh|lings|an|fang** · **früh|lings|haft** · **Früh|lings|mo|nat** (März) · **Früh|lings|tag** · **Früh|lings-Tag|und|nacht|glei|che** *K 182*, die, _, _n · **Früh|met|te** (*Rel*) · **früh|mor|gens** *K 109* · **früh|neu|hoch|deutsch;** *Abk* frühnhd. *od* frnhd.; *vgl. K 266f.* · **Früh|neu|hoch|deutsch,** das, *Gen* _[s], *Dat* _ (Sprachbezeichnung *K 268ff.*); *Abk* Frühnhd. *od* Frnhd. · **Früh|neu|hoch|deut|sche** *K 271*, das, *Gen* _n, *Dat* _n (Entwicklungsstufe des Deutschen etwa vom 14. bis zum 17. Jh.); *Abk* Frühnhd. *od* Frnhd. · **früh|reif** · **Früh|reif** (gefrorener Tau) · **Früh|rei|fe** · **Früh|schop|pen** · **Früh|stück** · **früh|stücken** [*Tr* ...stük|ken]; du frühstückst; gefrühstückt; zu _ · **früh|zei|tig**

Fruk|ti|dor [fryk..], der, _[s], _s (12. Monat [18. Aug. bis 16. Sept.] des Kalenders der Französ. Revolution) ⟨*lat* → *frz*, ‚Fruchtmonat'⟩ · **Fruk|ti|fi|ka|tion** [fruk..] (*Bot*; Fruchtbildung) ⟨*lat*⟩ · **fruk|ti|fi|zie|ren** (*Bot*) · **Fruk|to|se,** die, _ (*Biochem*; Fruchtzucker) ⟨*lat* + *grch*⟩

Frun|se (Hptst. von Kirgisien) ⟨*nach* dem sowjet. Armeeführer⟩

Frust, der, _[e]s (*umg*; das Frustriertsein, Frustration) ⟨*lat*⟩ · **Fru|stra|tion** (Erlebnis der wirkl. oder vermuteten Benachteiligung) · **fru|strie|ren** ([eine Erwartung] enttäuschen)

F-Schicht [ˈɛf..] *K 186*, *älter* **Ap|ple|ton|schicht** [ˈɛp(ə)lt(ə)n..] *K 209* ⟨*nach* dem engl. Physiker⟩, die, _ (*Met*; oberste Schicht der Ionosphäre)

F-Schlüs|sel [ˈɛf..] *K 185* (*Mus*)

Fuchs, der, _es, *Pl* Füchse. *Zus K 365ff.*: Fuchs‿balg usw. · **Fuchs|bau,** *Pl* ..baue · **Füchs|chen** *od* **Füchs|lein** · **fuch|sen** *K 354*; sich (*Akk*) _ (*umg*; sich ärgern); das fuchst mich

Fuch|sie [..ĭə], die, _, _n (eine Zierpflanze) ⟨*nach* dem Botaniker L. Fuchs⟩

fuch|sig (rothaarig – *umg*; wütend)

Fuch|sin, das, _s (roter Farbstoff) ⟨*nach* dem Botaniker L. Fuchs⟩

Füch|sin, die, _, ..innen · **fuchs|rot** · **Fuchs|schwanz** (*auch für* kleine Handsäge) · **fuchs|[teu|fels|]wild** (*umg*; sehr wütend)

Fuch|tel, die, _ (strenge Zucht) ⟨*zu* fechten⟩; unter jmds. _ stehen (*umg*; von jmdm. beherrscht werden) · **fuch|teln** *K 363* (*umg*) · **fuch|tig** (*umg*; wütend)

Fu|der, das, _s, _ (Wagenladung; altes Weinmaß) · **fu|der|wei|se** *K 176*

fu|dit (*auf künstlerischen Gußwerken* »hat [es] gegossen«); *Abk* fud. ⟨*lat*⟩

Fu|dschi (*kurz für* Fudschijama) · **Fu|dschi|ja|ma,** der, _[s] (erloschener Vulkan auf Honschu)

Fug, der, _[e]s; *nur noch in* mit _ und Recht

fu|ga|to (*Mus*; fugenartig) ⟨*lat* → *ital*⟩ · **Fu|ga|to,** das, _s, *Pl* _s *od* ..ti (*Mus*)

[1]**Fu|ge,** die, _, _n (Furche, Nut) ⟨*zu* fügen⟩

[2]**Fu|ge,** die, _, _n (*Mus*; kontrapunktischer Satz strengster Form) ⟨*lat* → *ital*⟩

fu|gen (eine [1]Fuge herstellen; passend verbinden) · **fü|gen** (passend aneinanderschließen); sich (*Akk*) _ · **Fu|gen|form** (*Mus*)

Fug|ge|rei, die, _ (Handelsgesellschaft der Fugger im Mittelalter; Stadtteil in Augsburg) ⟨*nach* dem Augsburger Patriziergeschlecht⟩

füg|lich (*gehoben*; mit Recht, berechtigterweise) · füg|sam · Füg|sam|keit, die, _ · Fu|gung · Fü|gung (*auch Sprachw*; Wortgruppe)

fühl|bar · füh|len · Füh|ler · fühl|los (*noch gehoben*); *vgl.* ...los · Füh|lung · Füh|lung|nah|me, die, _

Fuh|re, die, _, _n ⟨*zu* fahren⟩ · Füh|re, die, _, _n (*Alpin*; Bergtour) · füh|ren · Füh|rer · Füh|re|rin, die, _, ..innen · Füh|rer|schein · Füh|rig|keit; *vgl.* geführig usw. · Fuhr|mann, *Pl* ..männer *od* ..leute · Fuhr|park · Füh|rung · Fuhr|werk · fuhr|wer|ken; du fuhrwerkst; gefuhrwerkt; zu _ · Fuhr|werks|len|ker

Ful *od* Ful|ful|de, das, _ (Sprache der Fulbe) · Ful|be, der, _, _ (Angehöriger eines Volkes im W Afrikas)

Ful|da: 1. (Stadt im O der BRD) – 2. die, _ (Fluß im O der BRD) · Ful|da|er: 1. *K 231*: der, _s, _; 2. *als Attribut K 232* · ful|da|isch *od* ful|disch

Fulfulde ↑ Ful

Ful|gu|rit, der, _[e]s, _e (Isolationspreßmasse – *Geol*; Blitzröhre) ⟨*lat*⟩

Fül|le, die, _ · fül|len ⟨*zu* voll⟩

Fül|len, das, _s, _ (*landsch*; Fohlen)

Fül|ler *od* Füll|[fe|der|]hal|ter · Füll|horn, *Pl* ..hörner · Füll|ort, das, _[e]s, ..örter (*Bergb*) · Füll|sel, das, _s, _ · Fül|lung · Füll|wort, *Pl* ..wörter (*auch Gramm*)

ful|mi|nant (zündend; großartig) ⟨*lat*, ‚blitzend'⟩

Fu|ma|ro|le, die, _, _n (*Geol*; vulkan. Wasserdampf- od. Gasausstoßung) ⟨*lat → ital*⟩

Fum|me|lei (*umg*) · fum|meln *K 363* (*umg*; sich mit den Händen [unsachgemäß, ungeschickt] an etw. zu schaffen machen; reibend reinigen)

Fund, der, _[e]s, _e ⟨*zu* finden⟩

Fun|da|ment, das, _[e]s, _e (Grundlage, -stein, -mauer, Sockel; Grundbegriff, -lehre; Hauptsache) ⟨*lat*⟩ · fun|da|men|tal (grundlegend; hauptsächlich) · Fun|da|men|tal|satz · fun|da|men|tie|ren (den Grund legen) · Fun|da|ment|plat|te (*Bauw*) · Fun|da|tion ([kirchl.] Stiftung – *schweiz*; Fundament)

Fund|bü|ro · Fund|gru|be

fun|die|ren (untermauern; mit Mitteln versehen – *veraltet*; gründen) ⟨*lat*⟩ · fun|diert ([fest] begründet – *kaufm*; sicher)

fün|dig (*Bergb*; ergiebig, reich); _er Erzgang; _ werden ([Mutung] ausfindig machen, erhalten)

Fun|dus, der, _, _ (*Theat*; Gesamtheit der Ausstattungsmittel – *gehoben*; Grundbestand, -stock) ⟨*lat*⟩

Fü|nen (dän. Ostseeinsel) ⟨*dän*⟩

fünf (*als römisches Zahlzeichen* V; *vgl. K 291*); *K 120*: wir sind [unser] fünf; zu fünfen *od* zu fünft; fünf gerade sein lassen (*umg*; sich um nichts kümmern, es nicht so genau nehmen); *vgl.* acht · Fünf, die, _, _en; *vgl.* [1]Acht · Fünf|eck[1] · fünf|eckig[1] [*Tr* ...ek|kig] · fünf|ein|halb *od* fünf|und|ein|halb *K 282* (*mit Ziffern* 5½ *od* 5,5); *vgl.* achteinhalb · Fün|fer, der, _s, _ (*auch umg*; Fünfpfennigstück) · fün|fer|lei · fünf|fach[1] · Fünf|fa|che[1], das, _n *K 341*; *vgl.* Achtfache · Fünf|fläch|ner[1], der, _s, _ (*Geom*) · fünf|hun|dert (*als römisches Zahlzeichen* D; *vgl. K 291*); *vgl.* hundert (1) · Fünf|jahr|plan · Fünf|kampf (*Sport*); *K 119*: moderner _ · Fünf|ling, *meist Pl* · fünf|mal[1]; *vgl.* achtmal · fünf|ma|lig[1] · Fünf|mark|stück (*mit Ziffer K 285* 5-Mark-Stück) · Fünf|me|ter|brett (*Sport*; *mit Ziffer* 5-Meter-Brett *K 285*) · Fünf|paß, der, ..passes, ..passe (*Arch*; gotisches fünfbogiges Maßwerk)

Fünfstromland ↑ *unter* Pandschab

fünft; *nur in der Wendung* zu fünft · Fünf|ta|ge|wo|che (*mit Ziffer* 5-Tage-Woche *K 285*) · fünf|tau|send; *vgl.* tausend (1) · fünf|te; *vgl.* achte · fünf|tel; *vgl.* achtel · Fünf|tel, das (*schweiz meist* der), _s, _ (‚fünfter Teil'); *vgl.* Achtel · fünf|tens · Fünf|uhr|tee · fünfundeinhalb ↑ fünfeinhalb · fünf|und|zwan|zig *K 282* · fünf|zehn; *vgl.* achtzehn · fünf|zig (*als römisches Zahlzeichen* L; *vgl. K 291*); *vgl.* achtzig · Fünf|zi|ger, der, _s, _ (*auch umg*; Fünfzigpfennigstück); *vgl.* Achtziger

fun|gie|ren (in einem Amt tätig sein) ⟨*lat*⟩

Fun|gi|zid, das, _[e]s, _e (chem. Pilzbekämpfungsmittel) ⟨*lat*⟩ · Fun|gus, der, _, ..gi (*Med*; schwammige Geschwulst)

Funk, der, _[e]s (Rundfunkwesen, drahtlose Telegrafie) · Funk|aus|stel|lung · Fünk|chen · Funk|dienst · Fun|ke, der, _ns, _n *od* Fun|ken, der, _s, _ · fun|keln *K 363* · fun|kel|na|gel|neu (*umg*) · fun|ken · Fun|ken|sprü|hen, das, _s · Fun|ker · Funk|ge|rät

Fun|kie [..iə], die, _, _n (eine Zierpflanze, Liliengewächs) ⟨*nach* dem Apotheker H. Chr. Funck⟩

fun|kisch · Funk|pei|lung · Funk|spruch

Funk|tion (Tätigkeit, Aufgabe; Dienststellung; Amt; Wirksamkeit; bestimmtes Aufgabengebiet – *Biol*; Aufgabe, Betätigungsweise eines Organs – *Math*; von einer od. mehreren Veränderlichen abhängige Größe) ⟨*lat*⟩; außer _ (außer Dienst, Betrieb, Wirksamkeit) · funk|tio|nal (auf die Leistung bezogen, durch die Leistung bedingt); *vgl.* funktionell · Funk|tio|na|lis|mus, der, _ (*Arch*) · Funk|tio|nal|or|gan (*soz Wirtsch*; den Betriebsleiter in seiner Leitungsfunktion unterstützende Abteilung od. Gruppe) · Funk|tio|när, der, _s, _e (gewählter Vertreter, Mitarbeiter, Beauftragter einer Partei, eines gesellschaftl. Organs od. einer staatl. Einrichtung) · funk|tio|nell (auf die Tätigkeit bezüglich; wirksam) ⟨*lat → frz*⟩; *vgl.* funktional · funk|tio|nie|ren ([ohne Störung] arbeiten; klappen) ⟨*lat*⟩ · funk|tions|fä|hig · Funk|tions|glei|chung (*Math*) · funk|tions|tüch|tig

Funk|turm

Fun|zel *od* Fun|sel, die, _, _n (*umg abwert*; schlecht brennende Lampe)

für *Präp mit Akk*; ein für allemal; fürs erste *K 120*; für und wider, *aber K 104*: das Für und [das] Wider, das Für oder [das] Wider

für|baß (*noch scherzh*; weiter, vorwärts); _ schreiten

Für|bit|te (*Rel*) · für|bit|ten (*veraltet*); *nur im Inf* (*einschl* »fürzubitten«) *gebräuchlich*

Fur|che, die, _, _n · fur|chen · Fur|chen|wal · fur|chig

Furcht, die, _ · furcht|bar · fürch|ten · fürch|ter|lich · furcht|los *K 349*; *vgl.* ...los · Furcht|lo|sig|keit, die, _ · furcht|sam

für|der|hin (*altertümelnd*; künftig)

für|ein|an|der. *Bei Verben Getrenntschreibung vgl. K 145 u. 129*: füreinander sein, füreinander leben, füreinander eintreten; *vgl. auch* aneinander

Fu|rie [..iə], die, _, _n (wütende Frau) – Fu|rien [..iən] *Pl* (*röm Mythol*; Rachegöttinnen) ⟨*lat*⟩ · fu|rios *K 349* (*veraltend*; rasend, hitzig) · fu|rio|so (*Mus*; rasend, wild) ⟨*lat → ital*⟩ · Fu|rio|so, das, _s, *Pl* _s *od* ..si (*Mus*)

Fur|ka, die, _ (Alpenpaß in der Schweiz) ⟨*lat* furca ‚Gabel'⟩

fürliebnehmen ↑ vorliebnehmen

Fur|nier, das, _s, _e (edles Blattholz) ⟨*germ → frz*⟩ · fur|nie|ren (mit Furnier belegen)

Fu|ror, der, _s (*gehoben*; Wut, Raserei) ⟨*lat*⟩ · Fu|ro|re, die, _ *od* das, _s ⟨*lat → ital*⟩; *nur in* _ machen (großes Aufsehen erregen; begeisterten Beifall erringen)

fürs *K 61* (für das); *K 120*: _ erste

Für|sor|ge, die, _ · Für|sor|ger

[1] *Mit Ziffer vgl. K 284.*

Für|sor|ge|rin, die, _, ..innen · **für|sor|ge|risch** (zum Fürsorgewesen gehörig) · **für|sorg|lich** (pfleglich, liebevoll) · **Für|sorg|lich|keit,** die, _

Für|spra|che · **Für|sprech,** der, _s, _e (*gehoben*; Fürsprecher – *schweiz auch für* Rechtsanwalt) · **Für|spre|cher,** der, _s, _ (Wortführer)

Fürst, der, _en, _en · **für|sten** (*hist*; in den Fürstenstand erheben); gefürstet · **Für|sten|tum** · **Fürst|erz|bi|schof** *K 190* (*hist*) · **Für|stin,** die, _, ..innen · **fürst|lich,** *in Titeln K 258*: Fürstlich · **Fürst|lich|keit**

Furt, die, _, _en (*zu* fahren)

Fürth (Stadt im SO der BRD)

Für|tuch, *Pl* ..tücher (*süddt, schweiz*; Schürze) (‚Vortuch')

Fu|run|kel, der, *auch, österr nur,* das, _s, _ (Haarbalgentzündung, Eitergeschwür) ⟨*lat*⟩ · **Fu|run|ku|lo|se,** die, _, _n (*Med*; Erkrankung an Furunkeln) ⟨*lat + grch*⟩

für|wahr (*noch gehoben*; wirklich, tatsächlich)

Fürwitz usw. ↑ Vorwitz usw.

Für|wort, *Pl* ..wörter (*Gramm*)

Furz, der, _es, *Pl* Fürze (*derb*; [laut] abgehende Blähung) · **fur|zen** (*derb*)

Fu|sche|lei (*landsch umg*) · **fu|scheln** *K 363* (*landsch umg*; mit den Händen schnell hin und her tasten; täuschen, mogeln; pfuschen)

Fu|sel, der, _s, _ (*umg abwert*; schlechter Branntwein)

fü|si|lie|ren (*veraltend*; standrechtlich erschießen) ⟨*lat → ital → frz*⟩

Fu|sion, die, _, _en (*fachspr*; Verschmelzung, Vereinigung) ⟨*lat*⟩ · **fu|sio|nie|ren** (*fachspr*)

Fuß, der, _es, *Pl* Füße u. *als veraltete Längeneinheit* (*K 308*) Fuß, z. B. 3 Fuß; zu Fuß gehen; jmdm. zu Füßen fallen; Fuß fassen; ich trete dir (*auch* dich) auf den Fuß; einen Fuß breit; *vgl. auch* fußbreit u. Fußbreit. *Zus K 365ff.*: Fuß‿pfad usw. · **Fuß|ball;** _ spielen · **Fuß|bal|ler,** der, _s, _ · **Fuß|ball|spiel** · **Fuß|bank,** *Pl* ..bänke · **Fuß|bo|den,** *Pl* ..böden · **Fuß|bo|den|be|lag** · **fuß|breit;** der Pfad ist kaum fußbreit · **Fuß|breit,** der, _; keinen Fußbreit weichen, *aber K 175*: einen Fuß breit; *vgl.* Fuß u. fußbreit · **Füß|chen**

Fus|sel, die, _, _n (Fädchen [in der Schreibfeder, am Kleid]) · **fus|se|lig** *K 363f.* · **fus|seln;** der Stoff fusselt

fü|ßeln *K 363* (*landsch*; mit den Füßen unter dem Tisch Berührung suchen) · **fu|ßen** *K 354*; auf etw. _ (sich auf etw. gründen)

Füs|sen (Stadt am Alpenrand [BRD])

...fü|ßer (z. B. Gliederfüßer) · **fuß|frei** · **Fuß|gän|ger** · **Fuß|gän|ger‿schutz|weg, ...tun|nel, ...zo|ne** · **fuß|ge|recht;** _e Schuhe · **fuß|hoch;** fußhoher Schlamm, *aber K 127*: ein drei Fuß hohes Gestell · **fuß|lang;** ein fußlanges Brett, *aber K 127*: das Brett war 4 Fuß lang · **Füß|ling** (Fußteil des Strumpfes) · **Fuß|no|te** · **Fuß|[s]tap|fen** *Pl* · **fuß|tief;** eine fußtiefe Aushöhlung, *aber K 127*: eine 2 Fuß tiefe Aushöhlung · **Fuß|weg**

Fu|sta|ge *od* **Fa|sta|ge** [*beide* ..ˈtaːʒə, *österr* ..ˈtaːʒ] (Leergut, z. B. Fässer, Kisten) ⟨*lat → frz*⟩

Fu|sta|nel|la, die, _, ..llen (kurzer Männerrock der Albaner u. Griechen) ⟨*lat → grch*⟩

Fu|sti *Pl* (Abfall einer Ware; Abzug für schadhafte Ware) ⟨*lat → ital*⟩

Fu|thark [ˈfuθark], das, _[e]s, _e (Runenalphabet) (*nach* den ersten sechs Buchstaben)

futsch, *österr* **pfutsch** (*salopp*; weg)

¹Fut|ter, das, _s (Nahrung [für Tiere]). *Zus K 365ff.*: Futter‿getreide, ...mittel usw.

²Fut|ter, das, _s, _ (in ein Kleidungsstück eingenähter Stoff usw.). *Zus K 365ff.*: Futter‿stoff usw. · **Fut|te|ral,** das, _s, _e (Hülle, Schutzhülle, Überzug; Behälter; Schachtel) ⟨*germ → lat*⟩

fut|tern *K 363* (*scherzh*; essen) · **¹füt|tern** *K 363* (¹Futter geben)

²füt|tern *K 363* (mit ²Futter ausstatten)

Füt|te|rung ⟨*zu* ¹Futter *u.* ²Futter⟩

Fu|tur, das, _s, _e (*Gramm*; Zukunft) ⟨*lat*⟩ · **Fu|tu|ris|mus,** der, _ (formalist. Kunstrichtung zu Anfang des 20. Jh.) · **Fu|tu|rist** · **Fu|tu|ro|lo|gie,** die, _ (bürgerl. Zukunftsforschung) ⟨*lat + grch*⟩ · **fu|tu|ro|lo|gisch** · **Fu|tu|rum ex|ak|tum** *K 47*, das, *Gen* _ _, *Pl* ..ra ..ta (*Gramm*; vollendete Zukunft) ⟨*lat*⟩

G

G [geː], das, *Gen* des G, *Pl* die G (Buchstabe)

g [geː]: 1. das, _, _ (*Mus*; Tonbezeichnung) – 2. (*Mus*; Tonartbezeichnung [↑ g-Moll]) · **G**: 1. das, _, _ (*Mus*; Tonbezeichnung) – 2. (*Mus*; Tonartbezeichnung [↑ G-Dur])

Gäa (*griech Mythol*; Göttin der lebentragenden Erde) ⟨*grch → lat*⟩

Ga|bar|di|ne [ˈgabardiːn], der, _s *od* [..ˈdiːnə], die, _ (gerippter Kleider- od. Mantelstoff) ⟨*frz*⟩

Gab|bro, der, _s, _s (*Geol*; ein Tiefengestein) ⟨*ital, nach* dem ersten Fundort⟩

gäbe ↑ *unter* gang · **Ga|be,** die, _, _n ⟨*zu* geben⟩

Ga|bel, die, _, _n. *Zus K 365ff.*: Gabel‿bissen usw. · **Gä|bel|chen** · **ga|beln** *K 363*; sich (*Akk*) _ · **Ga|bel|stap|ler** · **Ga|be|lung** *K 363* · **Gabelweihe** ↑ *unter* Milane · **Gab|ler** (*weidm*; Gabelhirsch, Gabelbock [Hirsch bzw. Bock, dessen Stangen nur je zwei Enden haben])

Ga|bo|ro|ne (Hptst. von Botswana)

Ga|brie|le (w. Vn.) ⟨*zu* Gabriel [..ieːl] (*hebr*, ‚Held Gottes')⟩

Ga|bro|wo (Stadt in Bulgarien)

Ga|bun, *amtl* **Re|pu|blik Ga|bun** (im W Afrikas) · **Ga|bu|ner,** der, _s, _ · **ga|bu|nisch**

gackeln [*Tr* gak|keln] (*landsch*; gackern) · **gackern** [*Tr* gak|kern] (*von Hühnern gesagt*; Laute von sich geben – *umg*; viel u. aufgeregt reden, kichern) · **gack|sen** (*landsch*; gackern)

Ga|do|li|nium, das, _s (chem. Element, Metall); *Zeichen* Gd ⟨*nach* dem finn. Chemiker Gadolin⟩

Gaf|fel, die, _, _n (*seem*; oberer Segelbaum mit Gabel, die um den Mast greift) (‚Gabel') · **Gaf|fel|se|gel** (*seem*)

gaf|fen (*abwert*) · **Gaf|fer** (*abwert*) · **Gaf|fe|rei** (*abwert*)

Gag [gɛk], der, _s, _s (filmischer od. kabarettist. witziger Einfall) ⟨*engl*⟩

Ga|gat, der, _[e]s, _e (*fachspr*; eine pechschwarze, polierbare Braunkohle, sog. schwarzer Bernstein – *auch für* Jett) ⟨*grch → lat, nach* dem alten Fundort Gagai in Kleinasien⟩

Ga|ge [ˈgaːʒə, *österr* gaːʒ], die, _, _n [..ʒ(ə)n] (Bezahlung der darstellenden Künstler) ⟨*germ → frz*⟩

Ga|gra (Schwarzmeerkurort in Georgien)

gäh|nen

gäh|stot|zig (*schweiz*; steil, abschüssig)

Gal, das, _s, _ (*Geophys*; veraltende Einheit der Beschleunigung = 1 cm/s^2); *Einheitenzeichen* Gal (*nach* dem italien. Physiker u. Astronomen Galilei⟩

Ga|la, die, _ (Festkleidung) ⟨*arab → span*⟩. *Zus K 365ff.*: Gala‿anzug usw.

ga|lak|tisch (*Astron*; auf die Milchstraße bezüglich) ⟨*grch*⟩

ga|la|mä|ßig · **Ga|lan,** der, _s, _e (*scherzh od abwert*; Liebhaber; Verehrer) ⟨*arab* → *span*⟩ · **ga|lant** (höflich, zuvorkommend; rüchsichtsvoll) ⟨*arab* → *span* → *ital* → *frz*⟩ · **Ga|lan|te|rie,** die, _, ..ien (Höflichkeit [gegen Frauen]; Umwerbung) · **Ga|lan|te|rie|wa|ren** *Pl* (Schmuck- u. Ziergegenstände)

Ga|la|pa|gos|in|seln *Pl* (westl. von Südamerika) ⟨*span*, ‚Schildkröten'-inseln⟩

Ga|la|tea (*griech Sage*; eine Meernymphe) ⟨*grch* → *lat*⟩

Ga|la|ter *Pl* (griech. Name der in Kleinasien eingedrungenen Kelten) · **Ga|la|ter|brief,** der, _[e]s (*bibl*)

Ga|la|uni|form [..la:u..] · **Ga|la|vor|stel|lung** (*Theat, auch übertr*)

Ga|la|xie, die, _, ..ien (*Astron*; Sternsystem außerhalb der Milchstraße) ⟨*grch*⟩ · **Ga|la|xis,** die, _ (*Astron*; Milchstraße)

Gä|le, der, _n, _n (Angehöriger des in Irland, Schottland u. auf der Insel Man lebenden Zweiges der kelt. Bevölkerung)

Ga|le|as|se ⟨*grch* → *lat* → *ital*⟩, *auch* **Gal|jaß** ⟨*grch* → *lat* → *ital* → *frz* → *ndrl*⟩, die, _, ..assen (Küstenfrachtsegler) · **Ga|lee|re,** die, _, _n (mittelalterl. Ruderkriegsschiff) ⟨*grch* → *lat* → *ital*⟩ · **Ga|lee|ren|sträf|ling** (*hist*)

Ga|le|rie, die, _, ..ien (Laufgang; schmaler Raum; Säulenhalle; oberster Rang im Theater; Kunstsammlung) ⟨*ital*⟩ · **Ga|le|rist** (Besitzer, Leiter einer Kunstsammlung)

Gal|gen, der, _s, _. *Zus K 365ff.*: Galgen‿humor usw.

Ga|li|cien [..tsiən] (Landsch. im NW Spaniens) ⟨*kelt* → *lat* → *span*⟩; *vgl. aber* Galizien · **Ga|li|cier** [..iər], der, _s, _ · **ga|li|cisch**

Ga|li|läa (Landsch. im N Palästinas) ⟨*hebr* → *grch* → *lat*⟩ · **Ga|li|lä|er,** der, _s, _ · **ga|li|lä|isch**

Ga|li|ma|thi|as, der, _ (*veraltend abwert*; sinnloses Geschwätz; verworrenes Gerede) ⟨*frz*⟩

Ga|lion, das, _s, _e (Vorbau am Bug älterer Schiffe) ⟨*grch* → *lat* → *span* → *ndrl*⟩ · **Ga|lions|fi|gur**

gä|lisch ⟨*zu* Gäle⟩; *vgl. K 266f.* · **Gä|lisch,** das, *Gen* _[s], *Dat* _ (Sprachbezeichnung *K 268ff.*) · **Gä|li|sche** *K 271*, das, *Gen* _n, *Dat* _n (Zweig des Keltischen)

Ga|li|zien [..iən] (histor. Gebiet nördl. der Karpaten); *vgl. aber* Galicien · **Ga|li|zier** [..iər], der, _s, _ · **ga|li|zisch**

Galjaß ↑ Galeasse

Gall|ap|fel ⟨*zu* [2]Galle⟩

[1]**Gal|le,** die, _ (Absonderung der Leber) ⟨*zu* gelb⟩

[2]**Gal|le,** die, _, _n (Auswuchs an Pflanzen) ⟨*lat*⟩

gal|le[n]|bit|ter · **Gal|len‿ko|lik,** ..**stein** · **gal|len|trei|bend**

Gal|lert [*auch* ..'lɛrt], das, _[e]s, _e *od* **Gal|ler|te** [*österr nur so, auch* 'ga..], die, _, _n, *österr nur so* (zähe, geleeartige Masse) ⟨*Herkunft umstritten*⟩ · **gal|lert|ar|tig,** *auch* **gal|ler|tig** [*auch* ..'lɛr.., *österr nur so*] · **Gal|lert|mas|se**

Gal|lien [..iən], *latein* **Gal|lia** (*Altertum*; röm. Provinz, bes. das heutige Frankreich) ⟨*kelt* → *lat*⟩ · **Gal|lier** [..iər], der, _s, _

gal|lig (Galle enthaltend; verbittert) ⟨*zu* [1]Galle⟩; _er Humor

gal|li|ka|nisch ⟨*kelt* → *lat*⟩; gallikanische Kirche (französ. röm.-kath. Nationalkirche vom 15. Jh. bis 1870)

gal|lisch ⟨*zu* Gallien *u.* Gallier⟩

Gal|lium, das, _s (chem. Element, Metall); *Zeichen* Ga ⟨*kelt* → *lat, nach* Gallia = Frankreich [Gallien]⟩ · **Gal|li|zis|mus,** der, _, ..men (*Sprachw*; französ. Spracheigentümlichkeit [in einer nichtfranzös. Sprache])

Gal|lo|ne, die, _, _n (Einheit des Volumens in Großbritannien u. den USA) ⟨*lat* → *frz* → *engl*⟩, *Zeichen* gal; *vgl. aber* Galone

gal|lo|ro|ma|nisch *K 245* ⟨*lat*⟩; die _e Sprache (Entwicklungsstufe des Lateinischen in Gallien); *vgl. auch K 265ff.*

Gal|lus|säu|re, die, _ ⟨*lat*⟩

Gal|mei [*od* 'gal..], der, _s, _e (*Mineral*; Gemenge verschiedener Zinkminerale) ⟨*hebr* → *grch* → *lat* → *frz*⟩

Ga|lon [..'lõ:], der, _s, _s *od* **Ga|lo|ne** [..'lo:nə], die, _, _n (*Schneiderei*; Borte, Tresse) ⟨*frz*⟩; *vgl. aber* Gallone · **ga|lo|nie|ren** (*Schneiderei*; mit Borten od. Tressen besetzen) · **ga|lo|niert** (*Schneiderei*; betreßt)

Ga|lopp, der, _s, *Pl* _e *od* _s (schnellste Gangart [des Pferdes]; schneller Rundtanz) ⟨*germ* → *frz*⟩; im Galopp (*auch umg*; in großer Eile) · **ga|lop|pie|ren**

Ga|lo|sche, die, _, _n, *meist Pl* (*veraltend*; Überschuh – *umg scherzh*; ausgetretener Schuh) ⟨*lat* → *frz*⟩

Galt, der, _[e]s (*schweiz*; Zeit, in der eine Kuh keine Milch gibt) · **Galt|vieh** (*schweiz*; Jungvieh)

Gal|va|ni|sa|tion [..v..], die, _ (*Med*; Verwendung von Gleichstrom zu Heilzwecken) ⟨*nach* dem italien. Naturforscher Galvani⟩ · **gal|va|nisch** *K 218*; _es Element (*Phys*) · **gal|va|ni|sie|ren** (*Techn*; auf elektrolyt. Wege mit Metall überziehen) · **Gal|va|ni|sie|rung** (*Techn*) · **Gal|va|nis|mus,** der, _ (*Phys*; das Auftreten elektr. Spannung zw. verschiedenen in eine Flüssigkeit tauchenden Metallen) · **Gal|va|no,** das, _s, _s (*Polygr*; durch galvan. Abformung hergestellter Druckstock) · **Gal|va|no|me|ter,** das (*Phys*; Meßinstrument zur Bestimmung kleiner Stromstärken) ⟨*ital* → *grch*⟩ · **Gal|va|no|pla|stik,** die, _ (*Techn*; Verfahren zum Abformen plast. Gegenstände durch galvan. Niederschlag, z. B. zur Herstellung von Druckstöcken u. -platten) · **gal|va|no|pla|stisch** (*Techn*) · **Gal|va|no|skop,** das, _s, _e (*Phys*; Gerät zum Nachweis elektr. Ströme) · **Gal|va|no|ste|gie** [..st..], die, _ (*Techn*; Verfahren zur Herstellung metall. Überzüge) · **Gal|va|no|tech|nik**

Ga|man|der, der, _s, _ (ein Lippenblütler) ⟨*grch*⟩

Ga|ma|sche, die, _, _n, *meist Pl* (eine Leder- od. Stoffbekleidung des Beins) ⟨*arab* → *span* → *frz*, ‚Überstrumpf'⟩

Gam|be, die, _, _n *od* **Vio|la da gam|ba** [v.. _ _] *K 47*, die, *Gen* _ _ _, *Pl* _s _ _ *od* ..len _ _ (»Kniegeige«) ⟨*ital*⟩

Gam|bia, *amtl* **Re|pu|blik Gam|bia** (im W Afrikas) ⟨*nach* dem Fluß Gambia⟩ · **Gam|bier** [..iər], der, _s, _ · **gam|bisch**

Gam|bit, das, _s, _s (*Schach*; eine Eröffnungsvariante) ⟨*arab* → *span*⟩

Ga|mel|le, die, _, _n (*schweiz*; Koch- u. Eßgeschirr der Soldaten) ⟨*lat* → *ital* → *frz*⟩

Ga|met, der, _en, _en (*Biol*; Geschlechtszelle) ⟨*grch*⟩ · **Ga|me|to|phyt,** der, _en, _en (*Bot*; Geschlechtszellen bildende Generation bestimmter Pflanzen)

Gam|ma, das, _[s], *Pl* _s, *österr auch* _ (griech. Buchstabe: Γ, γ) ⟨*semit* → *grch*⟩ · **Gam|ma|strah|len** *od* **γ-Strah|len** ['gama..] *K 186 Pl* (*Kernphys*; beim radioaktiven Zerfall auftretende elektromagnet. Strahlen)

gam|me|lig *K 362* (*umg abwert*) ⟨*dän*⟩ · **gam|meln** *K 363* (*umg abwert*); *vgl. auch* vergammeln · **Gamm|ler** (*umg abwert*; arbeitsscheue [bisweilen asoziale] Person, bes. Jugendlicher, mit meist verwahrlostem Äußeren)

Gams, der *od* die, *weidm* das, _, _en (*weidm u. bayr, österr*; Gemse)

Ganef[f] ↑ Ganove

gang; *nur in der Fügung* gang und gäbe (üblich, geläufig) · **Gang,** der, _[e]s, *Pl* Gänge; die Maschine ist in Gang; die Untersuchung ist bereits

im Gange; in _ halten, setzen, bringen, *aber K 101*: das Inganghalten, Ingangsetzen, Ingangbringen. *Zus K 365ff.*: Gang‿art usw. · **gangbar** · **Gang|bar|keit,** die, _
Gän|gel|band, das; *nur noch in* jmdn. am _ führen · **Gän|ge|lei** (*umg*) · **gän|geln** *K 363* (*umg*)
Gan|ges ['gaŋgɛs, *auch* 'gaŋəs], der, _ (Strom im N Vorderindiens)
gän|gig (etw., was geht; gangbar); _es Pferd; _e Ware; _er Hund (*weidm*); _e Beine (*schweiz*) · **Gän|gig|keit,** die, _
Gan|glien|zel|len ['gaŋliən..] *Pl* (*Med*; einen Nervenknoten bildende Zellen) (*grch + lat*) · **Ganglion,** das, _s, ..lien [..iən] (*Med*; Nervenknoten; Überbein) (*grch*)
Gan|grän [gaŋ'grɛ:n], die, _, _e (*Med*; Brand, Gewebstod) (*grch*) · **gan|grä|nös** [..grɛ..] *K 349* (*Med*; brandig) (*grch → frz*)
Gang|spill, das, _s, *Pl* _e *od* _s (*Seew*; Ankerwinde) (*ndrl*)
Gang|ster ['gɛŋ..], der, _s, _ (Schwerverbrecher; Mitglied einer organisierten Verbrecherbande) (*engl*)
Gang|way ['gɛŋwe:], die, _, _s (Treppe zum Flugzeug; Laufsteg vom Schiff ans Ufer) (*engl*)
Ga|no|ve [..v..], der, _n, _n, *auch* **Ga|nef[f],** *österr nur so,* der, _[s], *Pl* Ganoven [..v..], *österr* Ganef[f]s (*salopp abwert*; Gauner, Dieb) (*hebr → jidd*)
Gans, die, _, *Pl* Gänse · **Gans|braten** (*südd*t, *österr*; Gänsebraten) · **Gäns|chen** (*auch umg*; albernes junges Mädchen) · **Gän|se|blümchen** · **Gän|se|bra|ten** · **Gän|sefett,** das, _[e]s · **Gän|se|füß|chen,** *meist Pl* (*umg*; Anführungszeichen); *vgl. auch K 487ff.* · **Gän|seklein,** das, _s, *österr* **Gansl|jun|ge,** das, _n *K 341* · **Gän|se|marsch,** der, _[e]s; im _ (einzeln hintereinander) · **Gan|ser,** der, _s, _ (*südd*t, *österr*; Gänserich) · **Gän|se|rich,** der, _s, _e · **Gän|se|wein,** der, _[e]s (*umg scherzh*; Wasser)
Gant, die, _, _en (*noch schweiz*; öffentl. Versteigerung) (*lat → ital*) · **gan|ten** (*noch schweiz*; versteigern)
Gan|ter, der, _s, _ (*norddt*; Gänserich)
Ga|ny|med [..'me:t, *österr auch* 'ga..], der, _s (*griech Sage*; Mundschenk des Zeus) (*grch*)
ganz; [in] ganz Europa; ganz und gar; ganz ergeben; die ganzen Leute (*umg*; alle Leute); *K 125*: ganz bleiben (*umg*), ganz machen (*umg*)
I. *Kleinschreibung K 114*: im ganzen [genommen]; im großen [und] ganzen
II. *Großschreibung K 93*: das Ganze; aufs Ganze gehen; ums Ganze; das große Ganze; ein großes Ganzes, *auch* ein großes Ganze; ein Ganzer, ein Ganzes; als Ganzes [genommen]; der Inhalt, der Leiter des Ganzen
[1]**Gän|ze,** die, _, _n (*bergm*; nicht abgebautes Erzlager – *Techn*; Erzguß)
[2]**Gän|ze,** die, _; *nur in Wendungen wie* zur _ (*bes österr*; ganz, vollständig) · **ganz|gar** *K 128*; _e Häute, *aber K 125*: das Fleisch ist [noch nicht] ganz gar · **Ganz|gewe|be|ein|band** (*Buchw*) · **Ganzheit,** die, _ · **ganz|heit|lich** · **Ganzle|der|band,** der (*Buchw*) · **ganzlei|nen** *K 172* (aus reinem Leinen) · **Ganz|lei|nen,** *meist ohne Artikel* · **gänz|lich** · **Ganz|sa|che** (*Philat*) · **ganz|sei|den** *K 364* (aus reiner Seide) · **ganz|tä|gig** · **ganzwol|len** *K 364* (aus reiner Wolle) · **Ganz|zug** (*Eisenb*)
gar: 1. *Adj* (fertiggekocht) ('fertig', 'bereit'); das Fleisch ist [noch nicht] ganz gar, erst halb gar (*vgl. aber* ganzgar, halbgar); gar sein, kochen; *K 166*: gargekochtes *od* gar gekochtes Fleisch – 2. *Adv* (ganz, sehr, sogar), *immer getrennt geschrieben*: ganz und gar; gar nicht, gar nichts, gar kein, gar niemand; gar sehr, gar wohl; gar zu sehr; nicht gar so ernst nehmen
Ga|ra|ge [..'ra:ʒə, *österr* ..'ra:ʒ] (Einstellraum für Autos) (*germ → frz*) · **Ga|ra|gen|wa|gen** · **ga|ra|gie|ren** (*österr, schweiz*; [das Auto] einstellen)
Ga|ra|mond [..mɔŋ *od* ..'mɔ̃:], die, _ (*Polygr*; eine Antiquaschrift) (*nach* dem französ. Stempelschneider); *vgl. aber* Garmond
Ga|rant (Bürge, Gewährsmann) (*germ → frz*) · **Ga|ran|tie,** die, _, ..ien (Bürgschaft, Gewähr, Gewährleistung, Sicherheit) · **ga|ran|tieren** · **Ga|ran|tie|schein**
Gar|aus, der; *nur noch in* jmdm. den _ machen
Gar|be, die, _, _n · **Gar|ben|binder**
Gär|bot|tich
Gar|çon|nière [garsɔ'niɛ:r], die, _, _n [..rən] (*österr*; Einraumwohnung) (*frz*)
Gar|da|see, der, _s (in Oberitalien)
Gar|de, die, _, _n (Elite-, Kerntruppe) (*germ → frz*). *Zus K 365ff.*: Garde‿regiment usw.
Gar|de|ro|be, die, _, _n (Kleidung; Kleiderbestand; Ankleideraum; Kleiderablage) (*germ → frz*) · **Gar|de|ro|be[n]‿schrank, ...stän|der** · **Gar|de|ro|bier** [..'bie:], der, _s, _s (*Theat*; Verantwortlicher für die Bühnengarderobe) · **Gar|de|ro|bie|re,** die, _, _n · **Gar|dez!** [..'de:] (*Schach*; Warnung beim Angriff auf die Dame [Königin])
Gar|di|ne, die, _, _n (*lat → frz → ndrl*) · **Gar|di|nen|pre|digt** (*umg scherzh*)
Gar|dist (Angehöriger der Garde) (*germ → frz*)
Ga|re, die, _ (*Landw*; günstigster lockerer Zustand des Kulturbodens) · **ga|ren** (*Kochk*; gar werden [lassen])
gä|ren; es gor, *auch* (*bes übertr*) gärte; es göre, *auch* gärte; gegoren, *auch* gegärt; gär[e]! · **Gär|fut|ter,** das, _s (*Landw*; durch Einsäuerung haltbar gemachtes Grünfutter)
gar kein ↑ gar (2)
Gar‿koch, ...kü|che
Gar|misch-Par|ten|kir|chen (Kurort in den Alpen [BRD])
Gar|mond [..'mɔ̃:, *österr* 'garmɔnd], die, _ (*südd*t, *österr*; Korpus [2]) (*nach* dem französ. Stempelschneider Garamond); *vgl. aber* Garamond
Garn, das, _[e]s, _e. *Zus K 365ff.*: Garn‿knäuel usw.
Gar|ne|le, die, _, _n (ein kleiner Meereskrebs) (*lat → ndrl*)
gar nicht ↑ gar (2)
gar|nie|ren (schmücken, verzieren) (*germ → frz*) · **Gar|ni|son,** die, _, _en (Truppenstandort; Gesamtheit der Truppen im Standort) · **Gar|nitur,** die, _, _en (Verzierung; Anzahl od. Satz zusammengehöriger Gegenstände)
Ga|ronne [ga'rɔn], die, _ (Fluß im SW Frankreichs)
Gar|rot|te, die, _, _n (*hist*; Würgeisen zum Hinrichten durch Erdrosseln) (*span → frz*)
gar|stig · **Gar|stig|keit**
Gärt|chen · **gär|teln** *K 363* (*südd*t; Gartenarbeit aus Liebhaberei verrichten) · **Gar|ten,** der, _s, *Pl* Gärten. *Zus K 365ff.*: Garten‿tür usw. · **Gärt|ner,** der, _s, _ · **Gärt|ne|rei** · **Gärt|ne|rin,** die, _, ..innen · **gärtne|risch;** gärtnerische Produktionsgenossenschaft (*Abk* GPG), *aber mit Namenszusatz K 259*: Gärtnerische Produktionsgenossenschaft ... · **gärt|nern** *K 363*
Gä|rung
Gas, das, _es, _e (*grch → ndrl*). *Zus K 365ff.*: Gas‿beton, ...kocher usw.
Gasel[e] ↑ Ghasel
ga|sen *K 354* (*grch → ndrl*) · **gasför|mig** · **ga|sie|ren** (*Textiltechn*; sengen, glattbrennen) · **ga|sig**
Gas|ko|na|de (*veraltet*; Prahlerei)

⟨nach den Bewohnern der Gascogne [gas'kɔnjə], einer Landsch. im SW Frankreichs⟩

Ga|sol, das, _s (*Chem*; ein Gasgemisch) ⟨*grch + lat*⟩ · **Ga|so|lin**, das, _s (ein leichtes Benzin) · **Ga|so|me|ter**, der, _s, _ (Gasbehälter) ⟨*grch*⟩

Gäß|chen

Gas|[schmelz|]schwei|ßung (autogene Schweißung)

Gas|se, die, _, _n; *bei Straßennamen* ↑*K 249ff.* · **Gas|sen|hau|er** (*umg*) · **gas|sen|sei|tig** (*österr*; nach der Straße zu gelegen)

Gast: 1. der, _es, *Pl* Gäste (Besucher; an fremdem Ort auftretender Künstler); zu _ sein; als _ (*Abk* a. G.) – 2. der, _es, _en (*seem*; bestimmte Dienste versehender Matrose) · **Gast|bett** · **Gä|ste|buch** · **Gä|ste|haus** · **Gasten** ↑Gast (2) · **gast|frei** · **Gast|freund** · **Gast|freund|schaft** · **Gast‿ge|ber, ...haus, ...hö|rer** · **ga|stie|ren** (*Theat*; Gastrolle geben) ⟨*dt + f. E.*⟩ · **gast|lich** (*gehoben*) · **Gast|lich|keit** (*gehoben*) · **Gast|mahl**, *Pl* ..mähler (*österr nur so*) *od* _e (*gehoben*)

Ga|stral|gie, die, _, ..ien (*Med*; Magenkrampf) · **ga|strisch** (*Med*; zum Magen gehörend, vom Magen ausgehend) · **Ga|stri|tis**, die, _ (*Med*; Magenschleimhautentzündung) · **Ga|stro|nom**, der, _en, _en (Fachmann des Gaststättenwesens) · **Ga|stro|no|mie**, die, _ (Gaststättenwesen, verfeinerte Kochkunst) · **ga|stro|no|misch**; _ste · **Ga|stro|po|den** *Pl* (*Zool*; die Schnecken); *Sg* Ga|stro|po|de, der, _n · **Ga|stru|la**, die, _ (*Zool, Med*; frühes Entwicklungsstadium des Embryos) ⟨*grch → lat*⟩

Gast|spiel · **Gast|stät|te** · **Gast|stät|ten|lei|ter**, der

Gas|tur|bi|ne

Gast|wirt · **Gast|wirt|schaft**

Gatt, das, _[e]s, *Pl* _en *od* _s (*norddt, seem*; Loch; enger Raum; Schiffsheck)

Gat|te, der, _n, _n (*gehoben*) · **Gat|ten|lie|be** (*gehoben*)

Gat|ter, das, _s, _ (Gitter, Zaun – *Techn*; Säge mit mehreren Sägeblättern) · **Gat|ter|sä|ge**

gat|tie|ren (*fachspr*; fachgemäß mischen) ⟨*dt + f. E.*⟩ · **Gat|tin**, die, _, ..innen (*gehoben*) · **Gat|tung** · **Gat|tungs|na|me** (*Sprachw*)

Gau, der, _[e]s, _e (*hist*) · **Gäu**, das, _[e]s, _e (*süddt, österr, schweiz landsch*; Gau); *K 258*: das Obere _ (im SW der BRD)

Gau|be *od* **Gau|pe**, die, _, _n (*Arch*; Dachhäuschen; kleines Giebelfenster mit Walmdach)

Gauch, der, _[e]s, *Pl* _e *od* Gäuche (*noch landsch*; Narr) ⟨‚Kuckuck'⟩ · **Gauch|heil**, der, _[e]s, _e (ein Ackerunkraut, Primelgewächs)

Gau|cho ['gautʃo], der, _[s], _s (südamerikan. Viehhirt) ⟨*indian → span*⟩

Gau|dea|mus, das, _ (altes Studentenlied [benannt nach seinem Anfang]) ⟨*lat*, ‚freuen wir uns!'⟩ · **Gau|di**, das, _s, *auch, österr nur*, die, _ (*umg*; Gaudium) · **Gau|dium**, das, _s (Freude; Spaß; Ausgelassenheit)

Gau|fra|ge [go'fra:ʒə, *österr* ..'fra:ʒ], die, _, _n [..ʒ(ə)n] (*Textiltechn*; Musterung, Narbung) ⟨*ndrl → frz*⟩ · **gau|frie|ren** (*Textiltechn*; mit dem Gaufrierkalander prägen u. rillen) · **Gau|frier|ka|lan|der** (*Textiltechn*; Prägewalze)

Gau|ke|lei (*abwert*; Vorspiegelung, Vortäuschung) · **gau|keln** *K 363* (*gehoben*; hin u. her flattern – *noch abwert*; Gaukelei treiben) · **Gau|kel|spiel** (*abwert*) · **Gauk|ler** · **Gauk|le|rin**, die, _, ..innen

Gaul, der, _[e]s, *Pl* Gäule (*meist abwert*)

gau|men (*schweiz*; hüten, behüten)

Gau|men, der, _s, _ · **Gau|men|laut** (*Phon*)

Gau|ner, der, _s, _ (*abwert*) ⟨*jidd*⟩. *Zus K 365ff.*: Gauner‿bande usw. · **Gau|ne|rei** (*abwert*) · **gau|ner|haft** (*abwert*) · **gau|ne|risch** (*abwert*) · **gau|nern** *K 363* (*abwert*) · **Gau|ner|spra|che**

Gaupe ↑Gaube

Gau|ri|san|kar, der, _s (Gipfel im Himalaja) ⟨*aind*⟩

Gauß, das, _, _ (veraltete Einheit der magnet. Flußdichte = 0,1 mT); *Einheitenzeichen* G *od* Gs ⟨*nach* dem Mathematiker⟩

Gautsch|brief (*Polygr*) · **Gaut|sche**, die, _, _n (*süddt*; Schaukel) · **gaut|schen** *K 354* (frisch erzeugtes Papier pressen – *Polygr*; Lehrlinge unter die Facharbeiter aufnehmen – *süddt*; schaukeln) · **Gaut|scher**

Ga|vot|te [..'vɔt, *österr nur so, od* ..'vɔtə], die, _, _n [..t(ə)n] (ein älterer Tanz – *Mus*; Satz der Suite des 18. Jh.) ⟨*frz*⟩

Ga|ze [..zə], die, _, _n (durchsichtiges Gewebe) ⟨*pers → arab → span → frz*⟩

Ga|zel|le, die, _, _n (eine Antilope) ⟨*arab → ital*⟩

Ga|zet|te [*auch* ga'zɛt(ə)], die, _, _n [..t(ə)n] (*abwert*; Zeitung) ⟨*ital → frz*⟩

Gdańsk [gdansk, *poln* gdaĩsk] (Hafenstadt im N Polens) · **Gdańs|ker**: 1. *K 231*: der, _s, _; 2. *als Attribut K 232*: die Gdańsker Bucht

G-Dur ['ge:..] *K 106*, das, _ (*Mus*; Tonart), *Zeichen* G; in G-Dur *od* in G · **G-Dur-Ton|lei|ter** *K 188* (*Mus*)

Gdy|nia ['gdinĭa] (Hafenstadt im N Polens)

ge...: 1. *im Part II* ↑*K 358–361*; 2. *in fest zusammengesetzten Verben*, z. B. gedenken *K 357*, du gedenkst, gedacht, zu gedenken

Ge|äder, das, _s · **ge|ädert**

Ge|äf|ter, das, _s, _ (*weidm*; die Afterklauen)

ge|ar|tet

Ge|äse, das, _s, _ (*weidm*; das Maul des Haarwildes mit Ausnahme des Schwarz- u. Raubwildes)

Ge|äst, das, _[e]s (Astwerk)

Ge|bäck, das, _[e]s, _e · **Ge|backe|ne** [*Tr* ..bak|ke..], das, _n *K 341*

Ge|bälk, das, _[e]s

Ge|bär|de, die, _, _n · **ge|bär|den, sich** (*Akk*) · **Ge|bär|den|spiel**, das, _[e]s · **Ge|bär|den|spra|che** · **ge|ba|ren, sich** (*Akk*) (*veraltet*; sich gebärden) · **ge|bä|ren**; du gebärst, *gehoben* gebierst; sie gebärt, *gehoben* gebiert; du gebarst; du gebärest; geboren (↑ *d.*); gebär[e]!, *gehoben* gebier! · **Ge|ba|ren**, das, _s (*oft abwert*) · **Ge|bär|mut|ter**, *Pl* (*selten*) ..mütter · **Ge|ba|rung**, die, _ (*österr*; geschäftl. Handhabung, Buchführung)

Ge|bäu|de, das, _s, _ · **Ge|bäu|de|na|me**; *vgl. auch K 255* · **Ge|bäu|de|teil**, der · **Ge|bäu|de|wirt|schaft**, die, _

ge|be|freu|dig

Ge|bei|ne *Pl* (*gehoben*)

Ge|bel|fer, das, _s (*umg abwert*; dauerndes Belfern) · **Ge|bell**, das, _[e]s · **Ge|bel|le**, das, _s (*umg abwert*)

ge|ben; du gibst, er gibt; du gabst; du gäbest; gegeben (↑ *d.*); gib!

Ge|be|ne|dei|te, die, _n (*kath Kirche*; Beiname Marias, der Mutter Jesu) ⟨*lat*⟩

Ge|ber · **Ge|ber|lau|ne**; in _

Ge|bet, das, _[e]s, _e ⟨*zu* bitten⟩; jmdn. ins _ nehmen (*umg*) · **Ge|bet|buch** · **Ge|bets|man|tel** (*jüd Rel*)

Ge|biet, das, _[e]s, _e · **ge|bie|ten**; du gebietest, er gebietet; du gebotest; du gebötest; geboten · **Ge|bie|ter** (*noch scherzh*) · **Ge|bie|te|rin**, die, _, ..innen (*noch scherzh*) · **ge|bie|te|risch**; _ste · **Ge|biets|teil**, der · **ge|biets|wei|se** *K 176*

Ge|bild|brot (Gebäck besonderer Gestalt zu bestimmten Festtagen)

Ge|bil|de, das, _s, _ · **ge|bil|det**

Ge|bim|mel, das, _s (*umg*)

Ge|bin|de, das, _s, _

Ge|bir|ge, das, _s, _ ⟨*zu* Berg⟩ · **ge|bir|gig;** *vgl. aber* erzgebirgisch · **Ge|bir|gig|keit,** die, _ · **Ge|birg|ler,** der, _s, _ · **Ge|birgs|zug**

Ge|biß, das, ..isses, ..isse

Ge|bla|se, das, _s (*umg abwert*; das Blasen) · **Ge|blä|se,** das, _s, _ (*Techn*)

Ge|blö|del, das, _s (*salopp*)

Ge|blök, das, _[e]s · **Ge|blö|ke,** das, _s (*umg abwert*)

ge|blümt, *österr* **ge|blumt**

Ge|blüt, das, _[e]s (*gehoben*)

ge|bo|ren *K 364*; *Abk* geb., *Zeichen* *; *vgl. K 412*

ge|bor|gen *K 364* · **Ge|bor|gen|heit,** die, _

Ge|bot, das, _[e]s, _e; zu _[e] stehen; *K 258*: die Zehn _e (*bibl*)

Ge|bräch, das, _[e]s, _e: 1. (*weidm*; der vom Schwarzwild mit dem Rüssel aufgewühlte Boden) – 2. *auch* **Ge|brech,** das, _[e]s, _e *od* **Ge|brä|che,** das, _s, _ (*bergm*; mürbes Gestein)

Ge|bra|te|ne, das, _n *K 341*

Ge|bräu, das, _[e]s, _e (*meist abwert*)

Ge|brauch, der, _[e]s, ..äuche; in _ haben · **ge|brau|chen** (benutzen, verwenden – *umg*; brauchen, nötig haben); du gebrauchtest viele Worte · **ge|bräuch|lich** · **Ge|bräuch|lich|keit,** die, _ · **Ge|brauchs◡an|wei|sung, ...ei|gen|schaf|ten** (*Pl*) · **ge|brauchs|fer|tig;** _e Nahrung · **Ge|brauchs|wert** · **Ge|braucht◡wa|gen, ...wa|ren** (*Pl*) · **Ge|braucht|wa|ren|han|del**

Ge|braus, das, _[e]s (*gehoben*) · **Ge|brau|se,** das, _s

Ge|brech, das, _[e]s, _e: 1. (*weidm*; Rüssel des Schwarzwildes) – 2. ↑Gebräch · **ge|bre|chen** (*gehoben*; fehlen, mangeln); es gebricht mir an einer Sache · **Ge|bre|chen,** das, _s, _ (*gehoben*; Körperschaden) · **ge|brech|lich** · **Ge|brech|lich|keit**

Ge|bre|sten, das, _s, _ (*noch schweiz*; Gebrechen) ⟨*zu* bersten⟩

ge|bro|chen *K 364*; _e Zahlen

Ge|brü|der *Pl*; *Abk* Gebr.

Ge|brüll, das, _[e]s · **Ge|brül|le,** das, _[e]s (*umg abwert*)

Ge|brumm, das, _[e]s · **Ge|brum|me,** das, _s (*umg abwert*)

Ge|bühr, die, _, _en; nach _ (nach Verdienst, wie es sich gehört); über _ · **ge|büh|ren** (*gehoben*); die Ehre gebührt ihm; es gebührt sich (es gehört sich) · **ge|büh|rend** · **ge|büh|ren|der|wei|se** *K 176* · **ge|büh|ren|frei** · **Ge|büh|ren|frei|heit,** die, _ · **ge|büh|ren|pflich|tig**

ge|bun|den *K 364*; *Abk* (*Buchw*) geb.; _e Rede (Verse) · **Ge|bun|den|heit,** die, _

Ge|burt, die, _, _en · **Ge|bur|ten|kon|trol|le,** die, _ · **Ge|bur|ten|über|schuß** · **ge|bür|tig;** aus Berlin _ · **Ge|burts|hel|fer** · **Ge|burts|hil|fe,** die, _ · **Ge|burts|ort,** *Pl* ..orte · **Ge|burts|tag** · **Ge|burts|tags|fei|er** · **Ge|burts|ur|kun|de**

Ge|büsch, das, _es, _e

ge|chintzt [gəˈtʃintst] ⟨*zu* Chintz⟩; eine _e Bluse

Geck, der, _en, _en (*abwert*) · **gecken|haft**[1] (*abwert*)

Gecko[1], der, _s, *Pl* _s *od* ..onen (eine Echse) ⟨*mal* → *ndrl*⟩

ge|dacht ⟨*zu* denken *u.* gedenken⟩ · **Ge|dächt|nis,** das, ..isses, ..isse. *Zus K 365ff.*: Gedächtnis◡stütze usw.

ge|dackt (*Orgelbau*; gedeckt)

ge|dämpft; _e Musik

Ge|dan|ke, der, _ns, _n · **Ge|dan|ken|aus|tausch** · **Ge|dan|ken|frei|heit,** die, _ · **ge|dan|ken|los** *K 349*; *vgl.* ...los · **Ge|dan|ken|lo|sig|keit** · **Ge|dan|ken|strich;** *vgl. auch K 468ff.* · **ge|dan|ken|ver|lo|ren** · **ge|dank|lich**

Ge|därm, das, _[e]s, _e, *meist Pl*

Ge|deck, das, _[e]s, _e

Ge|deih, der; *nur noch in* auf _ und Verderb · **ge|dei|hen;** du gedeihst; du gediehst; du gediehest; gediehen; gedeih[e]!; *vgl. auch* gediegen · **Ge|dei|hen,** das, _s · **ge|deih|lich** (*gehoben*)

Ge|den|ke|mein, das, _s, _ (eine Zierpflanze, Borretschgewächs) · **ge|den|ken;** etw. zu tun _ (beabsichtigen); *mit Gen*: gedenke meiner, unser! (*gehoben*), ich gedenke euer (*gehoben*) · **Ge|den|ken,** das, _s · **Ge|denk|stät|te**

Ge|dicht, das, _[e]s, _e ⟨*lat*⟩ · **Ge|dicht◡in|ter|pre|ta|tion, ...samm|lung**

ge|die|gen *K 364* ⟨*zu* gedeihen⟩; _es Gold · **Ge|die|gen|heit,** die, _

Ge|din|ge, das, _s, _ (*kap Wirtsch*; Akkordlohn[vereinbarung] im Bergbau) ⟨*zu* dingen⟩

Ge|don|ner, das, _s

Ge|drän|ge, das, _s · **ge|drängt** · **Ge|drängt|heit,** die, _

ge|drückt · **Ge|druck|te,** das, _n *K 341* · **Ge|drückt|heit,** die, _

ge|drun|gen *K 364* · **Ge|drun|gen|heit,** die, _

Ged|ser [*dän* ˈgɛsər] (Fährhafen im SO Dänemarks)

Ge|du|del, das, _s (*umg abwert*)

Ge|duld, die, _ · **ge|dul|den, sich** (*Akk*) · **ge|dul|dig** · **Ge|dulds|fa|den,** der, _s; *in Wendungen wie* jmdm. reißt der _ (*umg*) · **Ge|dulds|spiel**

ge|dun|gen *K 364* ⟨*zu* dingen⟩; ein _er Mörder

ge|dun|sen *K 364* ⟨*zu* dehnen⟩ · **Ge|dun|sen|heit,** die, _

ge|eig|net; _ste · **Ge|eig|net|heit,** die, _

Geer, die, _, _en (*seem*; Haltetau an der Gaffel)

Geest, die, _, _en (das höher als die Marsch gelegene [sandige] Land) · **Geest|land,** *Pl* ..länder

Ge|fach: 1. das, _[e]s, _e (balkenumgrenztes Feld beim Fachwerkbau) – 2. das, _[e]s, *Pl* _e *od* ..ächer (Fach, Schublade)

Ge|fahr, die, _, _en; *_ laufen *K 131* · **ge|fahr|brin|gend** *K 165*; *K 115*: am _sten · **ge|fähr|den** · **ge|fahr|dro|hend** *K 165* · **Ge|fähr|dung,** die, _ · **Ge|fah|ren◡herd, ...quel|le, ...zo|ne** · **ge|fähr|lich** · **Ge|fähr|lich|keit,** die, _ · **ge|fahr|los** *K 349*; *vgl.* ...los · **Ge|fahr|lo|sig|keit,** die, _

Ge|fährt, das, _[e]s, _e (*gehoben*) · **Ge|fähr|te,** der, _n, _n (*gehoben*) · **Ge|fähr|tin,** die, _, ..innen (*gehoben*)

ge|fahr|voll

Ge|fäl|le, das, _s, _ · **Ge|fäl|le|mes|ser,** der

ge|fal|len: 1. *Verb* es hat mir gefallen; sich (*Dat*) [in etw.] _ (hervorkehren) – 2. *nur in* sich (*Dat*) etw. _ lassen (ohne Widerstand hinnehmen) · **Ge|fal|len:** 1. der, _s, _; jmdm. einen Gefallen tun; jmdm. etwas zu Gefallen tun – 2. das, _s; [kein] Gefallen an etwas finden · **Ge|fal|le|ne,** der *u.* die, _n, _n *K 341*

ge|fäl|lig · **Ge|fäl|lig|keit** · **ge|fäl|ligst** (*meist umg*) · **Ge|fall|sucht,** die, _ (*abwert*) · **ge|fall|süch|tig** (*abwert*)

ge|fan|gen. *Schreibung bei Verben vgl.* gefangenhalten, gefangennehmen, gefangensetzen · **Ge|fan|ge|ne,** der *u.* die, _n, _n *K 341* · **Ge|fan|ge|nen◡la|ger, ...wär|ter** · **ge|fan|gen|hal|ten** *K 136*; du hältst gefangen; gefangengehalten; gefangenzuhalten · **Ge|fan|gen|nah|me,** die, _ · **ge|fan|gen|neh|men** *K 136*; *Konjugation vgl.* gefangenhalten · **Ge|fan|gen|schaft,** die, _ · **ge|fan|gen|set|zen** *K 136*; *Konjugation vgl.* gefangenhalten · **Ge|fäng|nis,** das, ..isses, ..isse. *Zus K 365ff.*: Gefängnis◡strafe usw.

ge|färbt; dunkelgefärbt *od* dunkel gefärbt; *vgl. K 280*

Ge|fa|sel, das, _s (*abwert*)

Ge|fäß, das, _es, _e · **ge|faßt;** auf alles _ sein · **Ge|faßt|heit,** die, _

Ge|fecht, das, _[e]s, _e · **ge|fechts-**

[1] *Tr* ..k|k..

be|reit · Ge|fechts|be|reit|schaft, die, _

Ge|fe|ge, das, _s (*weidm*; der vom Geweih bzw. Gehörn abgefegte Bast)

ge|feit (fest, sicher, geschützt)

Ge|fie|der, das, _s, _ ⟨*zu* Feder⟩ · ge|fie|dert; *vgl. auch* buntgefiedert

Ge|fil|de, das, _s, _ (*dicht*; Land, Landschaft)

ge|fin|kelt (*österr*; schlau, durchtrieben)

ge|fir|nißt ⟨*grch* → *lat* → *frz*⟩

ge|flammt; _e Muster

Ge|flat|ter, das, _s

Ge|flecht, das, _[e]s, _e

ge|fleckt; blaugefleckt *od* blau gefleckt; *vgl. K 280*

Ge|flim|mer, das, _s

ge|flis|sent|lich ⟨*zu* Fleiß⟩

Ge|flu|che, das, _s (*umg abwert*)

Ge|flu|der, das, _s, _ (*bergm*; Gerinne) ⟨*zu* Flut⟩

Ge|flü|gel, das, _s. *Zus K 365ff.*: Geflügel‿farm, ...krankheiten (*Pl*) usw. · ge|flü|gelt; ein _es Wort, *Pl* _e Worte

Ge|flü|ster, das, _s

Ge|fol|ge, das, _s; im _ von ... · Ge|folgs|mann, *Pl* ..männer *od* ..leute (*hist*)

Ge|fra|ge, das, _s (*abwert*) · gefragt; ein _er Artikel

ge|frä|ßig (*abwert*) · Ge|frä|ßigkeit, die, _ (*abwert*)

Ge|frei|te, der, _n, _n *K 341* (militär. Dienstgrad); *Abk* Gefr.

Ge|frett *od* Gfrett, das, _s (*süddt, österr*; Ärger, Mühe)

ge|frie|ren · Ge|frier‿fleisch, ...gemü|se · ge|frier|ge|trock|net; _er Kaffee · Ge|frier‿punkt, ...schrank, ...trock|nung, ...truhe

Ge|fro|re|ne *K 363*, das, _n *K 341* (*süddt, österr*; Speiseeis)

Ge|fü|ge, das, _s, _ · ge|fü|gig (sich fügend) · Ge|fü|gig|keit, die, _

Ge|fühl, das, _[e]s, _e · ge|fühl|erfüllt · ge|fühl|los *K 349*; *vgl.* ...los · Ge|fühl|lo|sig|keit · ge|fühls‿arm, ...be|tont, ...mä|ßig · Ge|fühls‿mensch (der), ...re|gung, ...sache · ge|fühl|voll

ge|füh|rig (*vom Schnee gesagt*; für das Skilaufen günstig) · Ge|füh|rigkeit, die, _ (*vom Schnee gesagt*)

Ge|fum|mel, das, _s (*umg abwert*)

Ge|fun|kel, das, _s

Ge|gacker [*Tr* ..gak|ker], das, _s (*auch umg abwert*; dummes Gerede)

ge|ge|ben; *K 114*: es ist das gegebene, *aber K 93*: er nahm das Gegebene gern · ge|ge|be|nen|falls *K 176*, *Abk* ggf.; *vgl.* auch Fall (1) · Ge|ge|ben|heit

ge|gen: 1. *Präp mit Akk*; *vgl. auch* gen – 2. *K 379*: *vor Zahlen in der Funktion eines Adv* (etwa, ungefähr): das Haus ist gegen 20 m hoch; gegen 1000 Jugendliche versammelten sich
In Zus: dagegen; hiergegen; gegeneinander; gegenüber; gegenzeichnen

Ge|gen‿an|trag, ...ar|gu|ment, ...be|weis

Ge|gend, die, _, _en

Ge|gen‿dar|stel|lung, ...dienst

Ge|gen|druck, *Pl* ..drücke

ge|gen|ein|an|der. *Schreibung bei Verben vgl.* aneinander; *K 145 u. K 129*: gegeneinander kämpfen, gegeneinander spielen, etwas gegeneinander haben, *aber K 148 u. K 129*: gegeneinanderprallen, gegeneinanderstehen (sich feindlich gegenüberstehen)

Ge|gen|fahr|bahn

Ge|gen|füß|ler (*Geogr veraltet*; Antipode)

Ge|gen‿ge|wicht, ...gift, ...leistung, ...maß|nah|me, ...mit|tel, ...pro|be

Ge|gen|satz; in *od* im _ zu jmdm. stehen; sich im _ befinden · gegen|sätz|lich · Ge|gen|sätz|lichkeit

ge|gen|sei|tig; *vgl. auch* Rat · Gegen|sei|tig|keit, die, _

Ge|gen|spie|ler

Ge|gen|stand · ge|gen|stän|dig (*Bot*; gegenüberstehend) · ge|genständ|lich (sachlich, anschaulich, klar); _es Substantiv (*Sprachw*) · Ge|gen|ständ|lich|keit, die, _ · ge|gen|stands|los (hinfällig, unbegründet; nicht der Berücksichtigung wert); *vgl.* ...los · Ge|genstands|lo|sig|keit, die, _ · Ge|genstands|satz (*Gramm*)

ge|gen|stim|mig (*Mus*)

ge|gen|stro|mig *od* ge|gen|strömig · Ge|gen|strö|mung

Ge|gen|stück

Ge|gen|teil, das; im _; ins _ umschlagen · ge|gen|tei|lig

ge|gen|über: 1. *Adv Schreibung bei Verben K 145–148*; 2. *Präp mit Dat*: dem Denkmal gegenüber liegen ..., *vgl. aber* gegenüberliegen; dem Rathaus schräg gegenüber *od* schräg gegenüber dem Rathaus *od* schräg gegenüber vom Rathaus; *bei Ortsnamen auch* gegenüber von; gegenüber von Pillnitz *od* Pillnitz gegenüber · Ge|gen|über, das, _s, _

ge|gen|über|lie|gen *K 148*; es liegt gegenüber; gegenübergelegen; gegenüberzuliegen; Dörfer, die einander gegenüberliegen

ge|gen|über|ste|hen *K 148 u. 363*; *Konjugation vgl.* gegenüberliegen

ge|gen|über|tre|ten *K 148*; *Konjugation vgl.* gegenüberliegen

Ge|gen‿ver|kehr, ...vor|schlag

Ge|gen|wart, die, _ (*auch Gramm*) · ge|gen|wär|tig · Gegen|warts|form (*Gramm*) · gegen|warts|nah *od* ge|gen|wartsna|he · Ge|gen|warts|spra|che

Ge|gen‿wert, ...wind

ge|gen|zeich|nen (mit der Gegenunterschrift versehen; mit unterschreiben); du zeichnest gegen; gegengezeichnet; gegenzuzeichnen · Ge|gen|zeich|nung

Ge|gen|zug

Geg|ner, der, _s, _ · geg|nerisch · Geg|ner|schaft

ge|go|ren *K 364* ⟨*zu* gären⟩

Ge|grö|le, das, _s (*umg abwert*)

ge|grün|det; *Abk* gegr.

Ge|ha|be, das, _s (*abwert*; Ziererei; eigenwilliges Benehmen) · ge|haben, sich (*Akk*); *nur noch in* gehab dich wohl! · Ge|ha|ben, das, _s (das Benehmen, Gebaren)

Ge|hack|te, das, _n *K 341*; 100 g Gehacktes

Ge|halt: 1. das, *österr* der, _[e]s, ..älter (Besoldung) – 2. der, _[e]s, _e (Inhalt, Wert) · ge|halt|arm · ge|hal|ten; _ (*gehoben*; verpflichtet) sein · ge|halt|los *K 349*; *vgl.* ...los · Ge|halt|lo|sig|keit, die, _ · ge|halt|reich · Ge|halts‿emp|fänger, ...er|hö|hung, ...kon|to · gehalt|voll

ge|han|di|kapt, *österr* ge|han|dicapt [*beide* ..'hɛndikɛpt] (behindert, benachteiligt) ⟨*engl*⟩

Ge|hän|ge, das, _s, _ (*auch weidm*; Hirschfängerkoppel, Tragriemen für das Jagdhorn) · Gehängte ↑ Gehenkte

ge|har|nischt (zornig; unmißverständlich) ⟨*germ* → *frz*⟩; ein _er Brief

ge|häs|sig · Ge|häs|sig|keit

Ge|häu|se, das, _s, _

ge|haut (*österr umg*; gerissen, schlau); ein _er Bursch

Geh|bahn · geh|be|hin|dert · Gehbe|hin|der|te, der *u.* die, _n, _n *K 341*

ge|hef|tet; *Abk* (*Buchw*) geh.

Ge|he|ge, das, _s, _; jmdm. ins _ kommen

ge|hei|ligt

ge|heim; *K 114*: im _en (insgeheim); *K 119*: eine geheime Wahl, *aber als ehem Titel K 258*: der Geheime Rat. *Schreibung in Verbindung mit Verben K 135*: geheim bleiben, *aber K 136*: geheimhalten; *K 137*: geheimtun · Ge|heimbund, der · Ge|heim|bün|de|lei ·

Ge|heim|bünd|ler, der, _s, _ · ge|heim|hal|ten *K 136*; du hältst geheim; geheimgehalten; geheimzuhalten · Ge|heim|nis, das, ..isses, ..isse · Ge|heim|nis|krä|mer · Geheim|nis|krä|me|rei, die, _ (*abwert*) · Ge|heim|nis|tu|er, *seltener* Ge|heim|tu|er (*umg abwert*) · Geheim|nis|tue|rei, *seltener* Geheim|tue|rei, die, _ (*umg abwert*) · ge|heim|nis|voll · Ge|heim|schrift · ge|heim|tun *K 137* (geheimnisvoll tun), *Konjugation vgl.* geheimhalten; *aber*: etw. geheim (im geheimen) tun

Ge|heiß, das, _es (*gehoben*); auf _ des _; auf sein _

Ge|hem|me, das, _s, _ (*Techn*; Hemmvorrichtung) · ge|hemmt

ge|hen *K 363*; du gehst; du gingst; du gingest; gegangen; geh[e]!; in sich gehen; vor sich gehen; gut gehen (sich in gutem körperl. Zustand befinden, [geschäftlich] gut vorwärtskommen)

Schreibung bei Verben K 140:

a) *als Grundwort* schwimmen gehen, schlafen gehen; *vgl. aber* spazierengehen, verlorengehen – b) *als Bestimmungswort vgl.* gehenlassen

Ge|hen, das, _s

Ge|henk|te *od* Ge|häng|te, der *u.* die, _n, _n *K 341* (durch den Strang hingerichtete Person)

ge|hen|las|sen *K 141 u. 363* (*umg*; in Ruhe lassen); du läßt (*K 354*) gehen; du hast gehenlassen *K 361*; gehenzulassen; man hat dich gehenlassen; sich (*Akk*) gehenlassen (nachlässig, sorglos sein; keine Rücksicht auf andere nehmen); *aber*: jmdn. gehen (weggehen) lassen; sich (*Dat*) etwas durch den Kopf gehen lassen; es sich (*Dat*) gut gehen lassen

Ge|her (*Sport*)

ge|heu|er; *nur prädikativ gebraucht*: nicht [ganz] _

Ge|heul, das, _[e]s

Ge|hil|fe, der, _n, _n · Ge|hil|fin, die, _, ..innen

Ge|hirn, das, _[e]s, _e. *Zus K 365ff.*: Gehirn‿erschütterung usw.

gehl (*landsch*; gelb)

ge|ho|ben *K 364*; _er Sprachgebrauch ⟨*zu* heben⟩

Ge|höft, das, _[e]s, _e

Ge|hölz, das, _es, _e · Ge|hol|ze, das, _s (*salopp*; regelwidriges, rohes Spiel beim Fußball)

Ge|hör, das, _[e]s; jmdm. _ schenken · ge|hor|chen · ge|hö|ren · ge|hö|rig · ge|hör|los; *vgl.* ...los · Ge|hör|lo|se, der *u.* die, _n, _n *K 341* · Ge|hör|lo|sen|schu|le · Ge|hör|lo|sig|keit, die, _

Ge|hörn, das, _[e]s, _e · ge|hörnt

ge|hor|sam · Ge|hor|sam, der, _s · Ge|hor|sam|keit, die, _ · Ge|hor|sams‿pflicht, ...ver|wei|ge|rung

Ge|hör|sinn, der, _[e]s

Gehre ↑ Gehrung · geh|ren (*fachspr*; schräg abschneiden)

Geh|rock (*veraltend*)

Geh|rung, die, _, _en, *auch* Gehre, die, _, _n (*fachspr*; Verbindungsstücke im Winkel von 45°) · Geh|rungs|win|kel (*fachspr*)

Geh‿steig, ...ver|band, ...weg

Gei, die, _, _en *od* Gei|tau, das (*seem*; Tau zum Zusammenholen des Segels)

Gei|er, der, _s, _

Gei|fer, der, _s · Gei|fe|rer (*abwert*) · gei|fern *K 363* (*auch abwert*; wütend u. giftig reden)

Gei|ge, die, _, _n; _ spielen; die erste _ (*auch umg*; die führende Rolle) spielen · gei|gen · Gei|gen|sai|te · Gei|ger (Geigenspieler)

Gei|ger|zäh|ler *K 209* (*Kernphys*; Meßgerät zum Nachweis ionisierender Strahlung) ⟨*nach* dem Erfinder⟩

geil (*meist abwert*) · Geil|heit, die, _ (*meist abwert*)

Geisa ↑ Geison

Gei|sel, die, _, _n, *selten* der, _s, _ (Bürgschaftsgefangener); *vgl. aber* Geißel · Gei|sel|nah|me, die, _, _n · Gei|sel|neh|mer

Gei|sel|tal, das, _[e]s (ein ehem. Braunkohlenrevier im Bez. Halle)

Geiser ↑ Geysir

Gei|sha ['ge:ʃa], die, _, _s (japan. Tänzerin u. Sängerin) ⟨*jap → engl*⟩

Gei|son, das, _s, *Pl* _s *od* ..sa (*Arch*; Kranzgesims an antiken Tempeln) ⟨*grch*⟩

Geiß, die, _, _en (*süddt, österr, schweiz*; Ziege) · Geiß|bart, der, _[e]s (ein Rosengewächs) · Geiß|blatt, das, _[e]s (ein windender Strauch)

Gei|ßel, die, _, _n (*landsch*; Peitsche – *übertr*; Plage); *vgl. aber* Geisel · gei|ßeln *K 363* · Gei|ßel|tier|chen *Pl* (*Zool*) · Gei|ße|lung *K 363*

Geiß|fuß, *Pl* ..füße (ein Handwerkszeug; ein zahnärztl. Instrument)

Geiß|ler ⟨*zu* geißeln⟩

Geist: 1. der, _es (Bewußtsein, Verstand, Scharfsinn; Sinn, Gehalt); *K 258*: der Heilige Geist (*Rel*) – 2. der, _es, _er (*a. Abergl*; unkörperl. Wesen, Gespenst; *b. in Verbindung mit Adj* bes. kluger Mensch [z. B. ein hervorragender Geist]) – 3. der, _es, _e (Essenz [1]) · geist|bil|dend *K 165* · Gei|ster|bahn · Gei|ster|fah|rer (auf der falschen Autobahnseite fahrender Kraftfahrer) · gei|ster|haft · gei|stern *K 363* (*Abergl*; spuken) · Gei|ster|stun|de (*Abergl*; Mitternachtsstunde) · Gei|stes‿ab|we|sen|heit, ...blitz, ...ge|gen|wart · gei|stes|ge|gen|wär|tig · gei|stes|ge|stört · gei|stes|krank · Gei|stes|kran|ke, der *u.* die, _n, _n *K 341* · Gei|stes|krank|heit · Gei|stes|stö|rung · Gei|stes|wis|sen|schaft, *meist Pl* (bürgerl. Bez. für Gesellschaftswissenschaft) · gei|stig; _es Eigentum; _e Getränke · Gei|stig|keit · gei|stig-kul|tu|rell *K 189*; das _e Leben · geist|lich; _er Beistand · Geist|li|che, der, _n, _n *K 341* · Geist|lich|keit, die, _ · geist|los *K 349*; *vgl.* ...los · geist‿reich, ...tö|tend, ...voll

Geitau ↑ Gei

Geiz: 1. der, _es (Geldgier, übertriebene Sparsamkeit) – 2. der, _es, _e *od* Geiz|trieb (*Gartenb*; Nebenschößling bei Pflanzen) · gei|zen *K 354* · Geiz|hals (*abwert*) · gei|zig · Geiz|kra|gen (*umg abwert*)

Ge|jam|mer, das, _s (*abwert*)

Ge|jau|le, das, _s (*abwert*)

Ge|joh|le, das, _s (*abwert*)

Ge|kei|fe, das, _s (*umg abwert*)

Ge|kläff, das, _[e]s (*abwert*)

Ge|klap|per, das, _s

Ge|klim|per, das, _s (*umg abwert*)

Ge|klin|gel, das, _s (*umg*)

Ge|klirr, das, _[e]s

Ge|klop|fe, das, _s (*abwert*)

Ge|klüft, das, _[e]s, _e (*dicht*)

Ge|knat|ter, das, _s (*umg*)

ge|kö|pert (*Textiltechn*; köperartig gewebt) ⟨*ndrl*⟩

ge|körnt

Ge|krächze, das, _s

Ge|kra|kel, das, _s (*umg abwert*)

Ge|krätz, das, _es *od* Krät|ze, die, _ (*Techn*; mit Schlacke vermischte Metallabfälle) · Ge|krat|ze, das, _s (*abwert*)

Ge|kreisch, das, _[e]s

Ge|krit|zel, das, _s (*umg abwert*)

ge|kröpft (*Techn, Arch*; hakenförmig gebogen)

Ge|krö|se, das, _s, _ ⟨*zu* kraus⟩

ge|kün|stelt

Gel [ge:l], das, _s, _e (*Chem*; ausgeflockter Niederschlag) ⟨*Kurzw aus Gel*atine⟩

Ge|la|che, das, _s (*umg abwert*) · Ge|läch|ter, das, _s, _

ge|lack|mei|ert (*salopp*; angeführt, hineingefallen) ⟨*zu* lackieren⟩ · Ge|lack|mei|er|te, der *u.* die, _n, _n *K 341* (*salopp*)

Ge|la|ge, das, _s, _ · Ge|lä|ger, das, _s, _ (*fachspr*; Gärniederschlag)

ge|lähmt

ge|lahrt (*noch iron*; gelehrt)

Ge|län|de, das, _s, _. *Zus K 365ff.*: Gelände‿lauf usw. · **ge|län|de|gän|gig**

Ge|län|der, das, _s, _

ge|lan|gen

Ge|lär|me, das, _s (*abwert*)

Ge|laß, das, ..asses, ..asse (*gehoben*; Raum, Zimmer) · **ge|las|sen** *K 364* · **Ge|las|sen|heit**, die, _

Ge|la|ti|ne [ʒə.. *od* ʒe..], die, _ (aus tierischen Substanzen gewonnener Leim) ⟨*lat* → *ital* → *frz*⟩. *Zus K 365ff.*: Gelatine‿kapsel usw. · **ge|la|ti|nie|ren** (zu Gelatine werden) · **ge|la|ti|nös** (gelatineartig); eine _e Masse

Ge|läuf, das, _[e]s, _e (*weidm*; Spur des Federwildes – *Sport*; Boden der Pferderennbahn) · **Ge|lau|fe**, das, _s (*umg*) · **ge|läu|fig** · **Ge|läu|fig|keit**, die, _

ge|launt ⟨*lat*⟩; *K 167*: gutgelaunt, *aber*: gut gelaunt sein

Ge|läut: 1. das, _[e]s, _e (die Glokken einer Kirche) – 2. das, _[e]s *od* **Ge|läu|te**, das, _s (anhaltendes Läuten)

gelb; *K 254*: gelbe Rüben (*südd*; Mohrrüben); *K 119*: das gelbe Fieber, der gelbe Fleck (in der Netzhaut), die gelbe Karte (*Fußball*), das gelbe Trikot, *oft nach K 258*: das Gelbe Trikot (*Radsp*); *K 258*: der Gelbe Fluß (frühere dt. Bez. für Huanghe); *vgl.* blau · **Gelb**, das, _[e]s (gelbe Farbe); *vgl.* Blau · **gelb|braun**; *vgl.* blau · **Gel|be**, das, _n · **Gelb‿fie|ber** (*Med*), ...**fil|ter** · **Gelb|gie|ßer** (*veraltend*; Messinggießer) · **gelb|lich**; gelblichgrün *K 278* · **Gelbschnabel** ↑ Grünschnabel · **Gelb|sucht**, die, _ · **gelb|süch|tig**

Geld, das, _[e]s, _er ⟨*zu* gelten⟩ · **Geld|beu|tel** · **Gel|des|wert**, der, _[e]s; *noch in Wendungen wie* Geld und _ · **Geld|ge|ber** · **Geld|gier** · **geld|gie|rig** · **geld|lich**, *aber*: unentgeltlich · **Geld‿schein**, ...**schrank** · **Geld|stück**, *Pl* ..stücke · **Geld|wech|sel** · **Geld|wert**, der, _[e]s

ge|leckt (*umg*; peinlich sauber) ⟨*zu* [1]lecken⟩

Ge|lee [ʒe.. *od* ʒə..], das, _s, _s (eingedickter Saft) ⟨*lat* → *frz*⟩ · **ge|lee|ig**

Ge|le|ge, das, _s, _ · **ge|le|gen** *Adj K 364*; zu _er Zeit; es kam ihm sehr _; mir ist viel daran _ · **Ge|le|gen|heit** · **Ge|le|gen|heits|kauf** · **ge|le|gent|lich**

ge|leh|rig · **Ge|leh|rig|keit**, die, _ · **Ge|lehr|sam|keit**, die, _ (*gehoben*) · **ge|lehrt** · **Ge|lehr|te**, der *u.* die, _n, _n *K 341*

Ge|lei|er, das, _s (*umg abwert*) ⟨*grch* → *lat*⟩

Geleise ↑ Gleis

Ge|leit, das, _[e]s, _e · **ge|lei|ten** (*gehoben*) · **Ge|leit|wort**, *Pl* ..worte

Ge|lenk, das, _[e]s, _e · **Ge|lenk|band**, das, *Pl* ..bänder · **ge|len|kig**, *veraltend* **ge|lenk** · **Ge|len|kig|keit**, die, _ · **Ge|lenk|wel|le** (*Techn*)

ge|lernt; _er Schlosser

Ge|leucht, das, _[e]s (*bergm*; Grubenlampe)

Ge|lich|ter, das, _s (*abwert*; Gesindel)

Ge|lieb|te, der *u.* die, _n, _n *K 341*

ge|lie|ren [ʒe.. *od* ʒə..] (Gelee bilden) ⟨*lat* → *frz*⟩

ge|lin|de; das ist, gelinde gesagt, sehr übereilt

ge|lin|gen; es gelang; es gelänge; gelungen; geling[e]! · **Ge|lin|gen**, das, _s

Ge|lis|pel, das, _s (*abwert*)

[1]**gell** (helltönend)

[2]**gell?** *od* **gel|le?** (*landsch*; nicht wahr?)

gel|len; es gellt; es gellte; gegellt

ge|lo|ben (*gehoben*); jmdm. etwas _ (versprechen); sich (*Dat*) etwas _ (sich etw. fest vornehmen); *vgl. auch* gelobt · **Ge|löb|nis**, das, ..isses, ..isse (*gehoben*) · **ge|lobt**; *K 258*: das Gelobte Land (*bibl*; das versprochene Land, d. h. Kanaan)

ge|lockt; *K 168*: blondgelockt

Gel|se, die, _, _n (*österr*; Stechmücke)

Gel|sen|kir|chen (Stadt im W der BRD)

[1]**gelt** (*weidm u. landsch, von weibl Tieren gesagt*; unbefruchtet)

[2]**gelt?** (*südd u. österr umg*; nicht wahr?) ⟨»soll es gelten?«⟩ · **gel|ten**; du giltst, er gilt; du galtst; du gältest, *älter* göltest; gegolten; gelten lassen; geltend machen · **Gel|tung** · **Gel|tungs|be|dürf|nis**, das, ..isses

Ge|lüb|de, das, _s, _ (*gehoben*) ⟨*zu* geloben⟩

Ge|lum|pe, das, _s (*salopp abwert*; Minderwertiges)

Ge|lün|ge, das, _s (*weidm*; Herz, Lunge, Leber u. Nieren des erlegten Schalenwildes)

ge|lun|gen *K 364*; gut gelungen; *vgl. K 166*

Ge|lüst, das, _es, _e *od* **Ge|lü|ste**, das, _s, _ (*gehoben*) · **ge|lü|sten** (*gehoben*); es gelüstet mich

Gel|ze, die, _, _n (*noch landsch*; verschnittene Sau) · **gel|zen** *K 354* (*noch landsch*; ein Tier, bes. ein Schwein, verschneiden)

ge|mach (*altertümelnd*) ⟨*zu* machen⟩; nur gemach! · **Ge|mach**, das, _[e]s, ..ächer (*veraltend*) · **ge|mäch|lich** · **Ge|mäch|lich|keit**, die, _

Ge|mahl, der, _[e]s, *Pl* (*selten*) _e (*gehoben*; Ehemann) · **Ge|mah|lin**, die, _, ..innen (*gehoben*; Ehefrau)

ge|mah|nen (*gehoben*); das gemahnt mich an ...

Ge|mäl|de, das, _s, _. *Zus K 365ff.*: Gemälde‿galerie usw.

Ge|mar|kung (Grenze; Gemeindeflur)

ge|ma|sert; _es Holz

ge|mäß: 1. *Adj* – 2. *Präp mit Dat* (*Abk* gem.); seinem Wunsche gemäß, *seltener* gemäß seinem Wunsche · **ge|mä|ßigt**; *K 119*: die gemäßigte Zone (*Met*)

Ge|mäu|er, das, _s, _ ⟨*lat*⟩

Ge|mecker [*Tr* ..mek|ker], das, _s (*auch umg abwert*; ständiges unsachl. Kritisieren)

ge|mein (*auch abwert*; niederträchtig; ordinär); das gemeine Recht; *K 93*: das Gemeine daran ist ... (*abwert*) · **Ge|mein|de**, die, _, _n · **Ge|mein|de|am|mann** (*schweiz*; Gemeindevorsteher) · **ge|mein|de|ei|gen** · **Ge|mein|de|rat**, *Pl* ..räte · **Ge|mein|de‿schwe|ster**, ...**ver|band** · **ge|meind|lich** · **Ge|mein|ei|gen|tum** · **ge|mein|faß|lich** · **ge|mein|ge|fähr|lich** · **Ge|mein|ge|fähr|lich|keit**, die, _ · **Ge|mein|gut**, das, _[e]s · **Ge|mein|heit** (*meist abwert*) · **ge|mein|hin** · **Ge|mein|ko|sten** (*Wirtsch*) · **Ge|mein|nutz** · **ge|mein|nüt|zig** · **Ge|mein|platz** (*oft abwert*) · **ge|mein|sam** · **Ge|mein|sam|keit** · **Ge|mein|schaft** · **ge|mein|schaft|lich** · **Ge|mein|schafts|ar|beit** · **Ge|mein|schafts|er|zie|hung** · **Ge|mein|schafts|ver|pfle|gung**, die, _ · **Ge|mein|sinn**, der, _[e]s · **Ge|mein|spra|che** (*Sprachw*) · **ge|mein|sprach|lich** (*Sprachw*)

ge|meint; *K 166*: der Vorschlag war gut gemeint *od* gutgemeint; *aber*: ein gutgemeinter Rat

ge|mein|ver|ständ|lich · **Ge|mein|werk** (*schweiz*; unbezahlte Arbeit für die Gemeinde) · **Ge|mein|we|sen**

Ge|men|ge, das, _s, _ · **Ge|meng|sel**, das, _s, _ (*oft abwert*)

ge|mes|sen *K 364* (*auch für* ernst, überlegt, zurückhaltend) · **Ge|mes|sen|heit**, die, _

Ge|met|zel, das, _s, _ (*abwert*)

Ge|mi|na|tion (*Sprachw*; Verdoppelung eines Konsonanten) ⟨*lat*⟩ · **ge|mi|nie|ren** (*Sprachw*)

Ge|misch, das, _es, _e · **ge|mischt** · **Ge|mischt|bau|wei|se**, die, _ · **ge|mischt|wirt|schaft|lich**

Gem|ma, die, _ (ein Stern) ⟨*lat*⟩ · **Gem|me**, die, _, _n (Edelstein mit

[vertieft od. erhaben] geschnittenem Bild – *Bot*; eine Sporenform bei den Pilzen)
ge|mol|ken *K 364*; *vgl.* melken
Gems|bock · **Gem|se,** die, –, –n ⟨*rom*⟩ · **gems|far|ben** *K 364* (chamois); *vgl. auch* '...farben *u. K 272 ff.* · **Gems|wurz** (eine Zierpflanze, Korbblütler)
Ge|mun|kel, das, –s
Ge|mur|mel, das, –s
Ge|mü|se, das, –s, – ⟨*zu* Mus⟩
ge|mü|ßigt; *nur noch in* sich ⟨*Akk*⟩ – sehen
Ge|müt, das, –[e]s, –er ⟨*zu* Mut⟩ · **ge|müt|lich** · **Ge|müt|lich|keit,** die, – · **ge|müt|los;** *vgl.* ...los · **ge|müts|arm** · **ge|müts|krank** · **Ge|müts|krank|heit** · **Ge|müts|mensch** (*umg*) · **ge|müt|voll**
gen [gɛn] (*noch dicht*; gegen); – Himmel
Gen [ge:n], das, –s, –e (*Genetik*; an spezifischer Stelle des Chromosoms lokalisierte Erbanlage) ⟨*grch*⟩
ge|nannt; *Abk* gen.
ge|nant [ʒe..] (*veraltend*; peinlich; unangenehm) ⟨*hebr* → *grch* → *lat* → *frz*⟩
ge|narbt; –es Leder
ge|nä|schig (naschhaft)
ge|nau; *K 115*: auf das *od* aufs –[e]ste; etw. – nehmen; *K 95*: nichts Genaues; *vgl.* genau so u. genauso
ge|nau|ge|nom|men *K 176 u. 364, aber K 127*: er hat es sehr genau genommen
Ge|nau|ig|keit
ge|nau so; *K 175*: er blieb genau so lange, wie er vorausgesagt hatte; *vgl.* genauso; die Bretter sind genau so lang *od* es sind genau so lange Bretter, wie wir sie brauchen; es waren genau so viele Mädchen, daß ...
ge|nau|so *K 176* (ebenso, geradeso): *Zur Zusammen- od Getrenntschreibung mit dem folgenden Adj od Adv vgl.* ebenso
I. *Immer Zusammenschreibung K 126*: genausosehr, genausolange, genausoviel; *vgl.* genau so
II. *Zusammen- oder Getrenntschreibung:* dies Brett ist genausolang (*K 126*), *aber K 127*: dies Brett ist genauso lang wie breit; *vgl.* genau so
III. *Immer Getrenntschreibung K 175*: genauso lange Bretter, genauso viele Freunde; *vgl.* genau so
ge|nau|so|gut, ge|nau|so|viel; *Getrennt- od Zusammenschreibung vgl.* ebensogut, ebensoviel
Gen|darm [ʒan.. *od* ʒã..], der, –en, –en (*landsch u. österr*; [bes. auf dem Land eingesetzter] Polizist) ⟨*lat* → *frz*, ‚Leute mit Waffen'⟩ · **Gen|dar|me|rie,** die, –, ..ien (*landsch u. österr*; Truppe für den Polizeidienst [auf dem Lande])
Gene ↑ Gen
Ge|nea|lo|ge, der, –n, –n (Fachmann auf dem Gebiet der Genealogie) ⟨*grch*⟩ · **Ge|nea|lo|gie,** die, –, ..ien (Geschlechterkunde, Familienforschung) · **ge|nea|lo|gisch**
ge|nehm (*gehoben*) · **ge|neh|mi|gen** · **Ge|neh|mi|gung** · **ge|neh|mi|gungs|pflich|tig**
ge|neigt · **Ge|neigt|heit,** die, –
Genera ↑ Genus
Ge|ne|ral, der, –s, *Pl* –e *od, österr nur,* ..äle (Offizier der höchsten Rangklasse) ⟨*lat* → *frz*⟩ · **Ge|ne|ral|baß** (*Mus*) · **Ge|ne|ral|di|rek|tor** ⟨*lat*⟩ · **Ge|ne|ra|le,** das, –s, *Pl* ..lien [..iən], *auch* ..lia (allgemein Gültiges; allgemeine Angelegenheit) · **ge|ne|ra|li|sie|ren** (verallgemeinern) ⟨*lat* → *frz*⟩ · **Ge|ne|ra|li|sie|rung** · **Ge|ne|ra|lis|si|mus,** der, –, *Pl* ..mi *od* ..musse (oberster Befehlshaber) · **Ge|ne|ra|li|tät** (Gesamtheit der Generale) · **Ge|ne|ral|kon|sul, ...leut|nant, ...ma|jor** · **Ge|ne|ral|mu|sik|di|rek|tor** [*österr auch* ..'si:k..]; *Abk* GMD · **Ge|ne|ral‿oberst, ...pau|se** (*Mus*), **...re|pa|ra|tur, ...se|kre|tär** · **Ge|ne|rals|rang** · **Ge|ne|ral|staa|ten** *Pl* (das niederländ. Parlament) · **Ge|ne|ral|stab** · **Ge|ne|ral|stäb|ler,** der, –s, – · **Ge|ne|rals|uni|form** · **ge|ne|ral|über|ho|len** (völlig überholen); *nur im Inf u. Part II gebräuchlich*; das Fahrzeug ist generalüberholt
Ge|ne|ra|tion (Geschlechterfolge; gesamte Nachkommenschaft eines Elternpaares; Gesamtheit aller zu gleicher Zeit lebenden Menschen, *auch* Tiere, Pflanzen; Menschenalter – *fachspr*; Zeitabschnitt in der Entwicklung von techn. Erzeugnissen) ⟨*lat*⟩ · **Ge|ne|ra|tions|wech|sel** · **ge|ne|ra|tiv** (*Biol*; die geschlechtl. Fortpflanzung betreffend – *Sprachw*; erzeugend) · **Ge|ne|ra|tor,** der, –s, ..oren (*Techn*) · **ge|ne|rell** (allgemein, allgemeingültig; im allgemeinen) · **ge|ne|risch** (das Geschlecht, die Gattung betreffend)
ge|ne|rös [*seltener* ʒe..] *K 349* (*gehoben*; groß-, edelmütig; freigebig) ⟨*lat* → *frz*⟩ · **Ge|ne|ro|si|tät,** die, – (*gehoben*)
Ge|ne|se, die, –, –n (*Wissensch*; Entstehung, Bildung) ⟨*grch*⟩; *vgl. auch* Genesis
ge|ne|sen: 1. *Verb*: du genest *K 354*, er genest; du genasest, er genas; du genäsest; genesen; genese! – 2. *Adj K 364* · **Ge|ne|sen|de,** der *u.* die, –n, –n *K 341*
Ge|ne|sis, die, – (*Wissensch*; Ursprung, Entstehungsgeschichte – *A. T.*; das 1. Buch Mose) ⟨*grch*⟩; *vgl. auch* Genese
Ge|ne|sung · **Ge|ne|sungs|pro|zeß**
Ge|ne|tik, die, – (Vererbungslehre) ⟨*grch*⟩ · **ge|ne|tisch** (erblich bedingt)
Genetiv ↑ Genitiv
Genève ↑ Genf
Ge|ne|ver [ge'ne:vər, *auch* ʒə.. *od* ʒe..], der, –s, – (ein Wacholderbranntwein) ⟨*ndrl*⟩
Genf, *französ* **Ge|nève** [ʒə'nɛ:v] (Stadt u. Kanton in der Schweiz) · **Gen|fer:** 1. *K 231*: der, –s, –; 2. *als Attribut K 232*: die Genfer Konvention · **gen|fe|risch** · **Gen|fer See** (*K 232*), der, *Gen* – –s, *schweiz* **Gen|fer|see** (*K 234*), der, –s
ge|nial [*österr auch* ʒe..] (geistvoll; schöpferisch) ⟨*lat*⟩ · **ge|nia|lisch** (nach Art eines Genies) · **Ge|nia|li|tät,** die, –
Ge|nick, das, –[e]s, –e ⟨*zu* Nacken⟩ · **Ge|nick|fang,** der, –[e]s (*weidm*; Stich ins Genick) · **Ge|nick|fän|ger,** *auch* **Nicker** [*Tr* ..k|k..] *od* **Nick|fän|ger** (*weidm*; Wildmesser) · **Ge|nick|star|re** (*Med*; eine Form der Hirnhautentzündung)
Ge|nie [ʒe..]: 1. das, –s, –s (höchste schöpferische Geisteskraft; ungewöhnlich begabter, schöpferischer Mensch) – 2. die, –, –s (*schweiz kurz für* Genietruppe) ⟨*lat* → *frz*⟩ · **Genien** ↑ Genius (1) · **Ge|nie|of|fi|zier** [ʒe..] (*schweiz*)
ge|nie|ren [ʒe..]: 1. sich ⟨*Akk*⟩ – (gehemmt sein; sich unsicher fühlen) – 2. (*veraltend*; belästigen, stören) ⟨*hebr* → *grch* → *lat* → *frz*⟩ · **Ge|nie|rer,** der, –s (*österr umg*; Schüchternheit, Zurückhaltung) · **ge|nier|lich** (peinlich; schüchtern)
ge|nieß|bar · **Ge|nieß|bar|keit,** die, – · **ge|nie|ßen;** du genießt *K 354*; du genossest; du genössest; genossen; genieß[e]! · **Ge|nie|ßer** · **ge|nie|ße|risch;** –ste
Ge|nie|trup|pe [ʒe..] (*schweiz*; technischer militärischer Verband); *kurz* Genie (2)
ge|ni|tal (*Med*; die Genitalien betreffend) ⟨*lat*⟩ · **Ge|ni|ta|lien** [..iən] *Pl* (*Med*; Geschlechtsorgane)
Ge|ni|tiv [*auch* ..'ti:f], *selten* **Ge|ne|tiv,** der, –s, –e [..v..] (*Gramm*; Wesfall, 2. Fall); *Abk* Gen. ⟨*lat*⟩ · **Ge|ni|tiv|ob|jekt** (*Gramm*; Ergänzung im Genitiv)
Ge|nius: 1. der, –, ..ien [..iən] (Schutzgeist [in der röm. Kunst als geflügeltes Wesen dargestellt, in der christl. Kunst als Engel übernom-

men]; schöpfer. Mensch) – 2. der, _ (*gehoben*; höchste schöpfer. Geisteskraft) ⟨*lat*⟩
Ge|mu|ta|tion (*Genetik*)
ge|nobbt (*von Fischerzeugnissen gesagt*; ohne Kopf [verarbeitet]) ⟨*engl*⟩; *vgl. aber* genoppt
Ge|nom, das, _s, _e (*Genetik*; Gesamtheit der im einfachen Chromosomensatz bzw. der im Zellkern vorhandenen Erbanlagen) ⟨*grch*⟩
ge|noppt (*Textiltechn*; mit Noppen versehen); *vgl. aber* genobbt
Ge|nos|se, der, _n, _n; *Abk* Gen. · **Ge|nos|sen|schaft;** *vgl.* eingetragen · **Ge|nos|sen|schaf|ter,** *auch* **Ge|nos|sen|schaft|ler,** der, _s, _ · **ge|nos|sen|schaft|lich** · **Ge|nos|sen|schafts|bau|er** ⟨*zu* [1]Bauer⟩ · **Ge|nos|sen|schafts|bäue|rin** · **Ge|nos|sin,** die, _, ..innen; *Abk* Genn. · **Ge|noß|sa|me,** die, _, _n (*schweiz*; Genossenschaft)
Ge|no|typ ⟨*grch*⟩, der, _s *od* **Ge|no|ty|pus** ⟨*grch* → *lat*⟩, der, _ (*Genetik*; Gesamtheit der im Zellkern gelegenen Erbanlagen) · **ge|no|ty|pisch** (*Genetik*; durch die Erbanlagen bestimmt) ⟨*grch*⟩
Genova ↑ Genua
Gen|re [ˈʒã:ər *od* ˈʒã:r(ə)], das, _s [ˈʒã:ər(s)], _s [ˈʒã:ər(s)] (Art, Gattung; Wesen) ⟨*lat* → *frz*⟩ · **Gen|re|bild** (Bild aus dem täglichen Leben) · **gen|re|haft** (volksmäßig, in der Art der Genremalerei) · **Gen|re|ma|le|rei**
Gens, die, _, *Pl* Gentes [..te:s] (eine Organisationsform der Urgesellschaft) ⟨*lat*, ‚Geschlecht'⟩
[1]**Gent** [*niederländ* xɛnt] (Stadt in Belgien)
[2]**Gent** [dʒɛnt], der, _s, _s (*veraltend abwert*; Stutzer, Geck) ⟨*engl*, *Kurzf von* Gentleman⟩
Gentes ↑ Gens
Gen|til|homme [ʒãtiˈjɔm], der, _s, _s (Mann von guter Lebensart) ⟨*frz*⟩ · **Gen|tle|man** [ˈdʒɛnt(ə)lmən], der, _s, ..men [..mən] (Mann von [bürgerl.] Lebensart u. von Charakter, Ehrenmann) ⟨*engl*⟩ · **gen|tle|man|like** [..laik] (nach Art eines Gentlemans; höchst anständig) · **Gen|tle|man's** *od* **Gen|tle|men's Agree|ment** [*beide* ˈdʒɛnt(ə)lmənz əˈgri:mənt], das, *Gen* _ _, *Pl* _ _s (diplomat. Übereinkunft; formloses Wirtschaftsabkommen; freundschaftl. Vertrag) · **Gen|try** [ˈdʒɛntri], die, _ (der engl. niedere Adel) ⟨*lat* → *frz* → *engl*⟩
Ge|nua, *italien* **Ge|no|va** [ˈdʒɛnɔva] (Hafenstadt in Oberitalien) · **Ge|nue|ser:** 1. *K 231*: der, _s, _ *od* **Ge|nue|se,** der, _n, _n; 2. *als Attribut K 232* · **ge|nue|sisch**
ge|nug; _ und übergenug; *K 95*: _ Gutes; _ des Guten (*veraltend*); von etwas _ haben · **Ge|nü|ge;** *nur in Wendungen wie* zur _; _ leisten, tun (*gehoben*) · **ge|nü|gen** · **ge|nü|gend;** er hat mit [der Note] »genügend« bestanden · **ge|nug|sam** (*altertümelnd*; genügend, genug) · **ge|nüg|sam** (anspruchslos, bescheiden) · **Ge|nüg|sam|keit,** die, _ · **ge|nug|tun** *K 148* (*veraltend*; genügen; Genugtuung gewähren); jmdm. genugtun; du hast mir genuggetan; *aber K 145*: genug tun (genügend arbeiten); du hast jetzt genug getan · **Ge|nug|tu|ung**
ge|nu|in (angeboren, natürlich, echt; unverfälscht) ⟨*lat*⟩ · **Ge|nus,** das, _, *Pl* Genera (*Gramm*; Geschlecht – *Biol*; Gattung); *vgl. auch* in genere
Ge|nuß, der, ..usses, ..üsse. *Zus K 365ff.*: Genuß‿mittel usw. · **Ge|nüß|ling** (Genußmensch) · **ge|nuß|reich** · **Ge|nuß|sucht,** die, _ · **ge|nuß|süch|tig,** ...**voll**
Ge|nus ver|bi [_ v..] *K 47*, das, *Gen* _ _, *Pl* ..nera _ (*Gramm*; Handlungsrichtung des Verbs) ⟨*lat*⟩
Geo|bo|ta|nik [*od* ˈge:.., *österr nur so*], die, _ (Wissenschaft von der Verteilung der Pflanzen auf der Erde) ⟨*grch*⟩ · **geo|bo|ta|nisch**
Geo|che|mie [*od* ˈge:.., *österr nur* ˈgeokemi:], die, _ (Wissenschaft vom chem. Aufbau der Erde) ⟨*grch*⟩ · **geo|che|misch**
Geo|dä|sie, die, _ (Vermessungskunde) ⟨*grch*⟩ · **Geo|dät,** der, _en, _en (Landvermesser) · **geo|dä|tisch**
Geo|graph *K 54*, der, _en, _en (Wissenschaftler auf dem Gebiet der Geographie) ⟨*grch*⟩ · **Geo|gra|phie** *K 54*, die, _ (Erdbeschreibung, -kunde) · **geo|gra|phisch** *K 54*
Geo|id, das, _[e]s (*Geophys*; die durch Vermessung bestimmte Figur der Erde) ⟨*grch*⟩
Geo|lo|ge, der, _n, _n (Wissenschaftler auf dem Gebiet der Geologie) ⟨*grch*⟩ · **Geo|lo|gie,** die, _ (Wissenschaft von Zusammensetzung, Bau u. Entwicklung der Erde, bes. der Erdkruste) · **geo|lo|gisch**
Geo|me|ter, der, _s, _ (Geodät) ⟨*grch*⟩ · **Geo|me|trie,** die, _, ..ien (Zweig der Mathematik, der sich mit den Eigenschaften u. gegenseitigen Beziehungen ebener u. räuml. Gebilde befaßt) · **geo|me|trisch**
Geo|mor|pho|lo|gie [*od* ˈge:..], die, _ (Wissenschaft von den Formen der Erdoberfläche) ⟨*grch*⟩
Geo|phy|sik [*od* ˈge:.., *österr nur so*], die, _ (Wissenschaft von den physikal. Erscheinungen in u. auf der Erde) ⟨*grch*⟩ · **geo|phy|si|ka|lisch** · **Geo|phy|si|ker** [*od* ˈge:.., *österr nur so*]
Ge|org [ˈge:.., *österr nur so*, *od* geˈɔrk] (m. Vn.) ⟨*grch*, ‚Landmann'⟩: *Kurzf* ↑ Jörg, ↑ Jürgen
George|town [ˈdʒɔ:rdʒtaun] (Hptst. von Guyana)
Geor|gette [ʒɔrˈʒɛt], die, _, _s *od* der, _s, _s (Seiden- od. Kunstseidenkrepp) ⟨*nach* dem Vornamen einer Pariser Modistin⟩; *vgl. auch* Crêpe Georgette
Geor|gia [*od* ˈdʒɔ:rdʒ(i)ə] (Staat der USA) ⟨*grch* → *lat* → *frz* → *engl*⟩
Ge|or|gien [..ïən] ⟨*armen* → *pers* → *grch*⟩, *ohne Art, amtl* **Ge|or|gi|sche So|zia|li|sti|sche So|wjet|re|pu|blik** *K 258*, die, *Gen* _n _n _ (im S der UdSSR) · **Ge|or|gier** [..ïər], der, _s, _
Ge|or|gi|ne, die, _, _n (frühere Bez. für Dahlie) ⟨*nach* dem Botaniker Georgi⟩
ge|or|gisch ⟨*armen* → *pers* → *grch*⟩; *vgl.* grusinisch *u. K 266f.* · **Ge|or|gisch,** das, *Gen* _[s], *Dat* _ (Sprachbezeichnung *K 268ff.*) · **Ge|or|gi|sche,** das, *Gen* _n, *Dat* _n (Sprachbezeichnung *K 271*)
geo|sta|tio|när (*fachspr*; scheinbar über einem festen Punkt der Erde befindlich) ⟨*grch* + *lat*⟩; _er Satellit
geo|ther|misch (*fachspr*; die Erdwärme betreffend) ⟨*grch*⟩
geo|tro|pisch (*Bot*) ⟨*grch*⟩ · **Geo|tro|pis|mus,** der, _ (*Bot*; das Reaktionsvermögen der Pflanzen auf die Wirkung der Schwerkraft) ⟨*grch* → *lat*⟩
Geo|wis|sen|schaf|ten *Pl* ⟨*grch*⟩
geo|zen|trisch (*Astron*; auf die Erde als Mittelpunkt bezogen) ⟨*grch*⟩
geo|zy|klisch (*Astron*; den Umlauf, die Umdrehung der Erde betreffend) ⟨*grch*⟩
Ge|päck, das, _[e]s · **Ge|päck|an|nah|me und -aus|ga|be** *K 178* · **Ge|päck|stück**
Ge|pard, der, _s, _en (ein Raubtier) ⟨*frz*⟩
ge|pflegt; ein _es Äußere[s]; ein _er Körper; gutgepflegt, gut gepflegt; *vgl. K 166* · **Ge|pflegt|heit,** die, _ · **Ge|pflo|gen|heit** (*gehoben*; Gewohnheit)
Ge|plän|kel, das, _s, _
Ge|plap|per, das, _s (*umg*)
Ge|plau|der, das, _s
Ge|pol|ter, das, _s
Ge|prä|ge, das, _s, _
Ge|prän|ge, das, _s (*gehoben*)
ge|punk|tet ⟨*lat*⟩; _er Stoff
Ge|qua|ke, das, _s (*umg*)
Ge|quas|sel, das, _s (*salopp abwert*)

Ge|quat|sche, das, _s (*salopp abwert*)
Ger, der, _[e]s, _e (german. Wurfspieß)
Ge|ra (Bezirksstadt in der DDR)
[1]**ge|ra|de**[1] (durch 2 ohne Rest teilbar) ⟨*zu* Rede⟩; eine _ Zahl; [alle] fünf[e] _ sein lassen (*umg*; etw. nicht so genau nehmen)
[2]**ge|ra|de**[1] (in unveränderter Richtung weiterlaufend; direkt; offen; soeben; zufällig; erst recht) ⟨*zu* rasch⟩; gerade darum
In Zus z. B. geradeaus, geradeheraus, geradesoviel
In Verbindung mit Verben K 135 bis 137:
I. *Zusammenschreibung vgl.* z. B. geradelegen, gerademachen, geradesitzen, geradestellen; *Konjugation K 356*
II. *Getrenntschreibung*:
a) wenn die Verben schon Zusammenrückungen sind, z. B. das Buch gerade (nicht schief) hinlegen; etwas ehrlich und gerade heraussagen *od* geradeheraus sagen – **b)** wenn »gerade« bedeutet »soeben«, z. B. da du gerade sitzt (dich soeben hingesetzt hast); du hast es gerade (soeben) gemacht
Ge|ra|de[1], die, _n, _n (gerade Linie); zwei, mehrere _[n] *K 343* · **ge|ra|de|aus**[1]
ge|ra|de|hal|ten[1] *K 126*, **sich** (*Akk*) (sich ungebeugt lassen); *vgl. aber* [2]gerade, II b
ge|ra|de|her|aus[1]; etwas _ sagen; *vgl.* [2]gerade, II a · **ge|ra|de|hin**[1]
ge|ra|de|le|gen[1] *K 126* (zurechtlegen, ordnen); *vgl. aber* [2]gerade, II b
ge|ra|de|ma|chen[1] *K 126* (*umg*; in eine gerade Lage bringen); *vgl. aber* [2]gerade, II b
ge|ra|de[n]|wegs[1] *K 176*
ge|ra|de|sit|zen[1] *K 126* (aufrecht sitzen); *vgl. aber* [2]gerade, II b
ge|ra|de[1] **so**; *K 175*: er blieb gerade so lange, wie er vorausgesagt hatte; *vgl.* geradeso; die Bretter sind gerade so lang *od* es sind gerade so lange Bretter, wie wir sie brauchen; es waren gerade so viele Mädchen, daß …
ge|ra|de|so[1] *K 176* (ebenso, genauso). *Zur Zusammen- od Getrenntschreibung mit dem folgenden Adj od Adv vgl.* ebenso

I. *Immer Zusammenschreibung K 126*: geradesosehr, geradesolange, geradesoviel; *vgl. aber* gerade so
II. *Zusammen- od Getrenntschreibung*: dies Brett ist geradesolang (*K 126*), *aber K 127*: dies Brett ist geradeso lang wie breit; *vgl.* gerade so
III. *Immer Getrenntschreibung K 175*: geradeso lange Bretter, geradeso viele Freunde; *vgl.* gerade so · **ge|ra|de|so|gut**[1] *K 126* · **ge|ra|de|so|viel**[1]; ich habe geradesoviel geleistet, *aber*: es waren gerade (in diesem Augenblick) so viel[e] Menschen da, daß …
ge|ra|de|stel|len[1] *K 137* (ordnen); *vgl. aber* [2]gerade, II b
geradewegs[1] ↑ gerade[n]wegs · **ge|ra|de|zu**[1] [*od* ..'ra:..] · **Ge|rad|heit**[1], die, _ · **Ge|rad|ho|bel**[1] · **ge|rad|läu|fig**[1] · **ge|rad|li|nig**[1] · **Ge|rad|li|nig|keit,** die, _ · **ge|rad|sin|nig**[1]
Ge|rald (m. Vn.) ⟨*Nebenf von* Gerold⟩
Ge|ran|gel, das, _s (*umg abwert*; zäher Kampf, Streit um Positionen, Einflußbereiche)
Geranie ↑ Pelargonie
Ge|ran|ke, das, _s (Rankenwerk)
Ge|ras|sel, das, _s (*umg*)
Ge|rät, das, _[e]s, _e ⟨*zu* Rat⟩ · **Ge|rä|te|bau,** der, _[e]s · **ge|ra|ten**: 1. *Verb*: es gerät [mir]; es geriet; es geriete; geraten – 2. *Adj K 364*; *K 115*: es ist das geratenste (am besten) · **Geräteturnen** ↑ Gerätturnen · **Ge|ra|te|wohl,** das; *nur in der Wendung* aufs _ (*umg*; auf gut Glück) ⟨*eigtl Wunschform* es gerate wohl!⟩ · **Ge|rät|schaf|ten** *Pl*
Ge|rat|ter, das, _s (*umg*)
Ge|rät|tur|nen *od* **Ge|rä|te|tur|nen,** das, _s
ge|räu|chert · **Ge|räu|cher|te,** das, _n *K 341*
ge|raum (*gehoben*); _e Zeit (längere Zeit) · **Ge|räum|de,** *auch* **Ge|räum|te,** das, _s, _n (*Forstw*; abgeholztes Waldstück) · **ge|räu|mig** · **Ge|räu|mig|keit,** die, _
Ge|rau|ne, das, _s
Ge|räusch: 1. das, _es, _e (*Akustik*) – 2. das, _es (*weidm*; Herz, Lunge, Leber u. Nieren des erlegten Schalenwildes) · **ge|räusch|los**; *vgl.* …los · **ge|räusch|voll**
Ge|räus|per, das, _s
ger|ben (»gar« machen) · **Ger|ber**
Ger|be|ra, die, _, _[s] (eine Schnittblume, Korbblütler) ⟨*nach* dem Naturforscher Gerber⟩
Ger|be|rei · **Ger|ber|lo|he** · **Gerb|säu|re**

Gerd (m. Vn.) ⟨*Kurzf von* Gerhard⟩ · **Ger|da** (w. Vn.) ⟨‚Gerte' u. *Kurzf der mit* Ger… (‚Speer') od. …gard (‚Schutz') *gebildeten weibl Vornamen*⟩; *Nebenf* ↑ Gerta
Ge|re|bel|te, der, _n, _n *K 341* (*österr*; Wein aus einzeln abgenommenen Beeren)
ge|recht; jmdm. _ werden · **Ge|rech|tig|keit,** die, _
Ge|re|de, das, _s; ins _ kommen
ge|rei|chen (*gehoben*); es gereicht mir zur Ehre
ge|reizt · **Ge|reizt|heit,** die, _
ge|reu|en (*veraltend*); es gereut mich
Ger|fal|ke (eine Falkenart des hohen Nordens) ⟨*anord*⟩
Ger|hard (m. Vn.) ⟨‚Speer' + ‚stark'⟩; *Kurzf* ↑ Gerd
Ger|ia|trie, die, _ (Altersheilkunde) ⟨*grch*⟩ · **ger|ia|trisch**
Ge|richt, das, _[e]s, _e ⟨*zu* recht⟩; zu _ sitzen. *Zus K 365 ff.*: Gerichtsvollzieher usw. · **ge|richt|lich**; *K 119*: gerichtliche Medizin · **Ge|richts|bar|keit,** die, _ · **Ge|richts|me|di|zin,** die, _
ge|rie|ben *K 364* (*auch umg*; schlau, raffiniert)
ge|rie|hen *K 364* (*landsch u. fachspr*; gereiht); *vgl* reihen
ge|ring:
I. *Kleinschreibung*: **a)** *K 114*: ein geringes (wenig) tun; um ein geringes (wenig) erhöhen
b) *K 115*: am geringsten; nicht im geringsten (gar nicht); nicht das geringste (gar nichts)
II. *Großschreibung*: **a)** *K 93*: auch der Geringste; kein Geringerer als …; er beachtet auch das Geringste (Unbedeutendste); es entgeht ihm nicht das Geringste; im Geringsten treu sein; [sich] auf ein Geringes beschränken; um ein Geringes (etw. Unbedeutendes); das Geringste, was er tun kann, ist …
b) *K 95*: es ist nichts Geringes; nichts Geringeres
III. *Schreibung bei Verben vgl.* geringachten, geringschätzen
ge|ring|ach|ten *K 136*; ich achte gering; geringgeachtet; geringzuachten · **ge|ring|fü|gig** · **Ge|ring|fü|gig|keit** · **ge|ring|hal|tig** (*Mineral*) · **ge|ring|schät|zen** *K 136* (verachten); *Konjugation vgl.* geringachten; *aber*: gering schätzen (niedrig schätzen); es kostet, gering geschätzt, drei Mark · **ge|ring|schät|zig** · **Ge|ring|schät|zung,** die, _ · **ge|ring|sten|falls** *K 176*
ge|rinn|bar · **Ge|rinn|bar|keit,** die, _ · **Ge|rin|ne,** das, _s, _ (kleiner künstl. Wasserlauf) · **ge|rin|nen** · **Ge|rinn|sel,** das, _s, _
Ge|rip|pe, das, _s, _ · **ge|rippt**

---
[1] In der *Umgangssprache* wendet man häufig die verkürzte Form »grade« *bzw.* »Grade« an. *Österreichisch* gilt »gerad« neben »gerade«, *in der österr Umgangssprache* »grad« neben »grade«.

[1] *Vgl. Sp. 1, Anm. 1.*

ge|ris|sen *K 364* (*auch umg*; schlau, durchtrieben) · **Ge|ris|sen|heit,** die, _ (*umg*)

Germ, der, _[e]s, *österr meist* die, _ (*süddt, österr*; Hefe)

Ger|ma|ne, der, _n, _n (Angehöriger einer indoeurop. Völkergruppe) ⟨*lat*⟩ · **Ger|ma|nia:** 1. (latein. Form von Germanien) – 2. die, _ (*hist*; Frauengestalt als Sinnbild Deutschlands) · **Ger|ma|nien** [..ĭən] (das Gebiet zw. Rhein, Donau u. Weichsel zur Römerzeit) · **ger|ma|nisch** · **Ger|ma|nis|mus,** der, _, ..men (deutsche Spracheigentümlichkeit [in einer nichtdeutschen Sprache]) · **Ger|ma|nist** (Wissenschaftler auf dem Gebiet der Germanistik) · **Ger|ma|ni|stik,** die, _ (*i. w. S.*; Wissenschaft von den german. Sprachen – *i. e. S.*; Wissenschaft von der deutschen Sprache, ihrer Geschichte u. ihrer Literatur) · **ger|ma|ni|stisch** · **Ger|ma|nium,** das, _s (chem. Element, Halbmetall); *Zeichen* Ge ⟨*nach lat* Germania⟩

Ger|mer, der, _s, _ (eine Arzneipflanze, Liliengewächs)

ger|mig (*süddt, österr*) ⟨*zu* Germ⟩

Ger|mi|nal [ʒɛr..], der, _[s], _s (7. Monat [21. März bis 19. April] des Kalenders der Französ. Revolution) ⟨*lat* → *frz*, ‚Keimmonat'⟩ · **Ger|mi|na|tion** [gɛr..] (*Bot*; Keimungsperiode) ⟨*lat*⟩

gern, *seltener* **ger|ne;** lieber, am liebsten; jmdn. gern haben; etwas gern tun; gar zu gern, *aber*: allzugern · **Ger|ne|groß,** der, _, _e (*umg*)

Ge|ro (m. Vn.) ⟨*Kurzf der mit* Ger... (‚Speer') *gebildeten männl Vornamen*⟩

Ge|rö|chel, das, _s

Ge|rold (m. Vn.) ⟨‚Speer' + ‚walten'⟩; *Nebenf* ↑ Gerald

Ge|röll, das, _[e]s, _e

Ge|ron|to|lo|ge, der, _n, _n (Facharzt für Gerontologie) ⟨*grch*⟩ · **Ge|ron|to|lo|gie,** die, _ (Altersforschung, Lehre vom Altern) · **ge|ron|to|lo|gisch**

Ger|ste, die, _ ⟨‚die Stachlige'⟩ · **Ger|stel** *od* **Gerstl,** das, _s, _[n] (*österr*; Graupe – *süddt, österr umg scherzh*; Geld) · **Ger|sten|korn,** *Pl* ..körner (*auch für* Entzündung einer Augenliddrüse) · **Ger|sten|saft,** der, _[e]s (*scherzh*; Bier) · **Ger|sten|wert** (*Landw*); *Abk* GW

Ger|ta (w. Vn.) ⟨*Nebenf von* Gerda⟩

Ger|te, die, _, _n · **ger|ten|schlank**

Ger|trau|de (w. Vn.) ⟨‚Speer' + ‚Kraft' (od. ‚Speer' + ‚lieb')⟩; *Nebenf* Gertraud, Gertraut, Gertrud, Gertrude, *Kurzf* ↑ Gerda, ↑ Gerta, ↑ Traude, ↑ ¹Traute, ↑ Trude

Ge|ruch, der, _[e]s, ..üche; *vgl. auch* Ruch · **ge|ruch|los;** *vgl.* ...los · **Ge|ruchs|sinn,** der, _[e]s · **Ge|ruchs|ver|schluß** (*für* Traps)

Ge|rücht, das, _[e]s, _e ⟨*zu* rufen⟩ · **Ge|rüch|te|ma|cher** (*abwert*) · **ge|rücht|wei|se** *K 176*

ge|ru|hen (*meist iron*; sich bewogen fühlen, sich bereit finden) · **ge|ruh|sam** · **Ge|ruh|sam|keit,** die, _

Ge|rum|pel, das, _s (das Rumpeln) · **Ge|rüm|pel,** das, _s (*abwert*; wertloses Zeug)

Ge|run|dium, das, _s, ..ien [..ĭən] (*latein Gramm*; der deklinierte substantivierte Infinitiv, z. B. ars scribendi: die Kunst des Schreibens) ⟨*lat*⟩ · **Ge|run|div,** das, _s, _e [..v..], *älter* **Ge|run|di|vum** [..v..], das, _s, ..va (*latein Gramm*; Partizip im Futur des Passivs, z. B. laudandus: einer, der gelobt werden soll) · **ge|run|di|visch** (*Gramm*)

Ge|rüst, das, _[e]s, _e

Ge|rüt|tel, das, _s · **ge|rüt|telt;** *nur noch in* ein _ Maß; _ voll

ges, das, _, _ (*Mus*; Tonbezeichnung) · **Ges:** 1. das, _, _ (*Mus*; Tonbezeichnung) – 2. (*Mus*; Tonartbezeichnung [↑ Ges-Dur])

ge|sal|zen *K 364*; *vgl.* salzen · **Ge|sal|ze|ne,** das, _n *K 341*

ge|samt; *K 114*: im gesamten (*veraltend*; insgesamt) · **Ge|samt‿aus|ga|be** (*Buchw*), **...ein|druck** · **ge|samt|eu|ro|pä|isch** · **ge|samt|haft** (*schweiz*; insgesamt, gesamt) · **Ge|samt|heit,** die, _ · **Ge|samt‿schuld|ner** (*Rechtsw*), **...sum|me, ...wer|tung** (*Sport*)

Ge|sand|te, der *u.* die, _n, _n *K 341* · **Ge|sand|tin,** die, _, ..innen · **Ge|sandt|schaft**

Ge|sang, der, _[e]s, ..änge · **ge|sang|ar|tig** · **Ge|sang|buch,** *österr* **Ge|sangs|buch** · **ge|sang|lich** · **Ge|sang|schu|le** · **Ge|sangs|kunst** · **Ge|sang[s]‿stück, ...un|ter|richt** · **Ge|sang|ver|ein,** *österr* **Ge|sangs|ver|ein**

Ge|säß, das, _es, _e

Ge|säu|ge, das, _s, _ (*weidm*; die Zitzen beim Haarwild u. bei der Hündin)

Ge|sau|se, das, _s · **Ge|säu|sel,** das, _s

Ge|schäft, das, _[e]s, _e ⟨*zu* schaffen⟩; Geschäfte halber, *auch* geschäftehalber *K 176* · **Ge|schäf|te|ma|cher** (*abwert*) · **ge|schäf|tig** · **Ge|schäf|tig|keit,** die, _ · **Ge|schaftl|hu|ber,** der, _s, _ (*süddt, österr abwert*; übertrieben geschäftiger, wichtigtuender Mensch) · **ge|schäft|lich** · **Ge|schäfts|freund** · **ge|schäfts|kun|dig** · **Ge|schäfts|mann,** *Pl* ..leute · **ge|schäfts|mä|ßig** · **Ge|schäfts‿schluß, ...stel|le**

ge|scheckt ⟨*pers* → *arab* → *frz*⟩

ge|sche|hen; es geschieht; es geschah; es geschähe; geschehen · **Ge|scheh|nis,** das, ..isses, ..isse (*gehoben*)

Ge|schei|de, das, _s, _ (*weidm*; Magen u. Därme beim Niederwild [außer dem Rehwild])

Ge|schein, das, _[e]s, _e (*Bot*; Blütenstand der Weinrebe)

ge|scheit ⟨*zu* scheiden⟩; _[e]ste · **Ge|scheit|heit,** die, _

Ge|schenk, das, _[e]s, _e · **ge|schenk|wei|se** *K 176*

Ge|schich|te, die, _, _n ⟨*zu* geschehen⟩ · **Ge|schich|ten|buch** (Buch mit Geschichten, d. h. mit Erzählungen) · **ge|schicht|lich** · **Ge|schichts|buch** (Buch mit Geschichtsdarstellungen) · **Ge|schichts|for|scher** · **Ge|schichts|klit|te|rung** (*abwert*; unwissenschaftl. willkürl. Geschichtsdarstellung) · **Ge|schichts|schrei|ber** · **Ge|schichts|schrei|bung,** die, _ · **Ge|schichts|werk** · **Ge|schichts|wis|sen|schaft,** die, _

Ge|schick: 1. das, _[e]s (Geschicklichkeit, Eignung) – 2. das, _[e]s, _e (*gehoben*; Schicksal) ⟨*zu* schicken⟩ · **Ge|schick|lich|keit,** die, _ · **ge|schickt**

Ge|schie|be, das, _s, _ (*auch umg*) · **Ge|schie|be|lehm** (*Geol*; eiszeitl. Lockersediment)

ge|schie|den *K 364*; *Abk* gesch.; *vgl. auch K 412*

Ge|schirr, das, _[e]s, _e ⟨*zu* ¹scheren⟩ · **Geschirreinigen** [*Tr* Ge|schirr|rei|ni|gen *K 78*], das, _s · **Ge|schirr|tuch,** *Pl* ..tücher

Ge|schlecht, das, _[e]s, _er (*auch Gramm*) ⟨*zu* schlagen⟩ · **Ge|schlech|ter|fol|ge** (Generation) · **Ge|schlech|ter|kun|de,** die, _ (Genealogie) · **ge|schlecht|lich** · **ge|schlechts|los;** *vgl.* ...los · **Ge|schlechts‿na|me, ...rei|fe, ...ver|kehr** · **Ge|schlechts|wort,** *Pl* ..wörter (*Gramm*)

ge|schlif|fen *K 364* · **Ge|schlif|fen|heit,** die, _

Ge|schlin|ge, das, _s, _ (Herz, Lunge, Leber bei Schlachttieren)

ge|schlos|sen *K 364* · **Ge|schlos|sen|heit,** die, _

Ge|schmack, der, _[e]s, *Pl* ..äcke, *umg scherzh* ..äcker ⟨*zu* schmecken⟩ · **ge|schmack|lich** · **ge|schmack|los** *K 349* (*auch übertr*); *vgl.* ...los · **Ge|schmack|lo|sig|keit** · **ge|schmack[s]|bil|dend** · **Ge|schmacks|rich|tung** · **Ge|schmack[s]|sa|che** · **Ge|schmack[s]|sinn,** der, _[e]s · **ge|schmack|voll**

Ge|schmei|de, das, _s, _ *(gehoben)* ⟨*zu* schmieden⟩ · **ge|schmei|dig** · **Ge|schmei|dig|keit,** die, _

Ge|schmeiß, das, _es *(weidm;* die Losung der Greifvögel u. Graureiher – *abwert;* ekelerregendes Ungeziefer u. dessen Brut – *übertr, abwert;* Gesindel)

Ge|schmet|ter, das, _s *(umg)*

Ge|schmier, das, _[e]s *(abwert)* · **Ge|schmie|re,** das, _s *(umg abwert)*

Ge|schmor|te, das, _n *K 341*

Ge|schmu|se *od* **Ge|schmus,** das, ..uses *(umg, auch abwert)* ⟨*hebr* → *jidd*⟩

Ge|schnat|ter, das, _s

ge|schnie|gelt *(umg); meist in* _ und gebügelt

Ge|schöpf, das, _[e]s, _e

Ge|schoß [*österr* ..'ʃo:s], das, ..osses, *Pl* ..osse *(österr* ..oßes, *Pl* ..oße). *Zus K 365ff.:* Geschoß‿bahn usw. · **...ge|schos|sig** (z. B. fünfgeschossig [*mit Ziffer K 284:* 5geschossig])

ge|schraubt *(abwert;* geziert, gekünstelt); eine _e Erklärung

Ge|schrei, das, _[e]s

Ge|schrei|be, das, _s *(umg abwert)* ⟨*lat*⟩ · **Ge|schreib|sel,** das, _s *(umg abwert)*

Ge|schütz, das, _es, _e. *Zus K 365ff.:* Geschütz‿bedienung usw.

Ge|schwa|der, das, _s, _ *(Milit;* Verband von Kriegsschiffen od. Flugzeugen) ⟨*lat* → *ital*⟩

Ge|schwa|fel, das, _s *(salopp abwert;* Geschwätz)

Ge|schwätz, das, _es, _e *(umg abwert)* · **Ge|schwat|ze,** das, _s *(umg abwert)* · **ge|schwät|zig** · **Ge|schwät|zig|keit,** die, _

ge|schwei|ge; geschweige [denn], ... *od* geschweige, daß *bzw* geschweige denn, daß *od* ..., geschweige daß; *vgl. auch K 390 u. 450*

ge|schwind · **Ge|schwin|dig|keit** *(Phys); Formelzeichen v (aus lat* velocitas [v..]) · **Ge|schwin|dig|keits‿be|gren|zung, ...kon|trol|le, ...über|schrei|tung**

Ge|schwi|ster: 1. das, _s *(Biol, Statistik;* ein Geschwisterteil [Bruder od. Schwester]) – 2. *Pl* (Bruder u. Schwester; Brüder u. Schwestern) ⟨*zu* Schwester⟩ · **Ge|schwi|ster|kind** *(landsch)* · **ge|schwi|ster|lich**

Ge|schwo|re|ne *K 363,* der *u.* die, _n, _n *K 341 (Rechtsw;* Laienrichter[in])

Ge|schwulst, die, _, ..ülste ⟨*zu* schwellen⟩ · **Ge|schwulst|be|kämp|fung**

Ge|schwür, das, _[e]s, _e ⟨*zu* schwären⟩ · **Ge|schwür|bil|dung** · **ge|schwü|rig**

Ges-Dur *K 186,* das, _ *(Mus;* Tonart), *Zeichen* Ges; in Ges-Dur *od* in Ges · **Ges-Dur-Ton|lei|ter** *K 188 (Mus)*

Ge|sei|re, das, _s *(salopp;* unnützes Gerede; Gejammer) ⟨*hebr* → *jidd*⟩

Ge|selch|te, das, _n *K 341 (bayr, österr;* geräucherte Fleischware)

Ge|sell, der, _en, _en *(dicht)* · **Ge|sel|le,** der, _n, _n *(veraltend;* Gehilfe eines Handwerksmeisters) (‚Saalgenosse') · **ge|sel|len;** sich *(Akk)* _ · **Ge|sel|len|stück** *(veraltend)* · **ge|sel|lig** · **Ge|sel|lig|keit,** die, _

Ge|sell|schaft; *K 119:* die entwickelte sozialistische _; *K 258:* _ für Deutsch-Sowjetische Freundschaft *(Abk* DSF); _ mit beschränkter Haftung *(Abk* GmbH *od* G. m. b. H.) · **Ge|sell|schaf|ter,** der, _s, _ · **Ge|sell|schaf|te|rin,** die, _, ..innen · **ge|sell|schaft|lich;** *K 189:* politisch-gesellschaftlich · **Ge|sell|schafts|bau,** *Pl* ..bauten

Ge|sell|schafts|in|seln *Pl* (im Pazifik)

ge|sell|schafts|kri|tisch · **Ge|sell|schafts|ord|nung;** Staaten unterschiedlicher _ · **Ge|sell|schafts‿rei|se, ...spiel** · **Ge|sell|schafts|wis|sen|schaft,** *meist Pl* · **Ge|sell|schafts|wis|sen|schaft|ler** · **ge|sell|schafts|wis|sen|schaft|lich**

Ge|senk, das, _[e]s, _e *(Techn;* Hohlform zum Schmieden u. Pressen – *Bergb;* Grubenbau, z. B. Blindschacht) · **Ge|sen|ke,** das, _s, _ (Bodensenkung)

Ge|setz, das, _es, _e · **Ge|setz|blatt;** *Abk* GBl. · **Ge|setz|buch;** *K 258:* das Bürgerliche _ *(Abk* BGB) · **Ge|setz|ent|wurf** · **Ge|set|zes|kraft,** die, _ · **ge|set|zes|kun|dig,** *auch* **ge|setz|kun|dig** · **Ge|set|zes|samm|lung,** *auch* **Ge|setz|samm|lung** · **Ge|set|zes|spra|che** · **ge|setz|ge|bend** · **ge|setz|ge|be|risch** · **Ge|setz|ge|bung** · **gesetzkundig** ↑ gesetzeskundig · **ge|setz|lich** · **Ge|setz|lich|keit,** die, _ · **ge|setz|los;** *vgl.* ...los · **Ge|setz|lo|sig|keit,** die, _ · **ge|setz|mä|ßig** · **Ge|setz|mä|ßig|keit** · **Gesetzsammlung** ↑ Gesetzessammlung

ge|setzt; gesetzt den Fall, daß ...; gesetzt, [daß] ...; *vgl. auch K 390 u. 450* · **Ge|setzt|heit,** die, _

ge|setz|wid|rig

Ge|seuf|ze, das, _s

Ge|sicht: 1. das, _[e]s, _er (Vorderseite des menschl. Kopfes; Miene) – 2. das, _[e]s, _e *(noch gehoben;* Vision) ⟨*zu* sehen⟩. *Zus K 365ff.:* Gesichts‿kreis, ...punkt usw. · **Gesichts|sinn,** der, _[e]s

Ge|sims, das, _es, _e ⟨*zu* Sims⟩

Ge|sin|de, das, _s, _ *(hist;* Gesamtheit der Knechte u. Mägde auf einem Bauernhof) · **Ge|sin|del,** das, _s *(abwert)*

ge|sinnt ⟨*zu* Sinn⟩; *K 167:* ein gutgesinnter, gleichgesinnter, übelgesinnter, andersgesinnter Mensch usw., *aber:* er ist gut gesinnt usw.; *vgl.* gut, IV *u.* gesonnen · **Ge|sin|nung** · **ge|sin|nungs|los;** *vgl.* ...los · **Ge|sin|nungs|lo|sig|keit,** die, _ · **ge|sin|nungs|mä|ßig**

ge|sit|tet

Ge|socks, das, _ *(salopp abwert;* Pack, üble Gesellschaft, Gesindel)

Ge|söff, das, _[e]s, _e *(salopp abwert;* schlechtes Getränk)

ge|son|dert; etw. _ schicken

ge|son|nen ⟨*zu* sinnen⟩; ich bin nicht _, das zu tun; *vgl. auch* gesinnt

ge|sot|ten *K 364* · **Ge|sot|te|ne,** das, _n *K 341 (landsch)*

ge|spal|ten *K 364;* _es Holz

Ge|spann, das, _[e]s, _e (Zugtiere) · **ge|spannt** · **Ge|spannt|heit,** die, _

Ge|sparr, das, _[e]s, _e *od* **Ge|spär|re,** das, _s, _ (Sparrenwerk)

ge|spa|ßig *(bayr, österr;* wunderbar, lustig, interessant)

Ge|spenst, das, _es, _er · **Ge|spen|ster‿furcht, ...ge|schich|te** · **ge|spen|ster|haft** · **ge|spen|stern** *K 363* · **ge|spen|stisch** *od* **ge|spen|stig;** _ste

Ge|sper|re, das, _s, _ *(Techn;* Vorrichtung zum Absperren – *weidm;* Familienverband [Junge u. Alte] beim Auer- u. Birkwild u. bei Fasanen)

Ge|spie|le, der, _n, _n *(veraltend;* Spielgefährte) · **Ge|spie|lin,** die, _, ..innen *(veraltend)*

Ge|spinst, das, _es, _e

Ge|spons: 1. der, _es, _e *(noch umg scherzh;* Ehemann; Bräutigam – 2. das, _es, _e *(noch umg scherzh;* Ehefrau; Braut) ⟨*lat*⟩

Ge|spött, das, _[e]s; zum _ sein, werden · **Ge|spöt|tel,** das, _s

Ge|spräch, das, _[e]s, _e · **ge|sprä|chig** · **Ge|sprä|chig|keit,** die, _ · **Ge|sprächs‿part|ner, ...stoff, ...the|ma** · **ge|sprächs|wei|se** *K 176*

ge|spreizt *(abwert;* geziert, unnatürlich) · **Ge|spreizt|heit,** die, _ *(abwert)*

Ge|spren|ge, das, _s, _ *(umg;* häufiges Sprengen – *bergm;* steil aufsteigendes Gebirge – *Bauw;* Dachstuhl od. Wand mit Sprengwerk – *Arch;* Aufbau auf spätgot. Flügelaltären)

ge|spren|kelt (getupft); *vgl. auch* gestreift

Ge|spritz|te, der, _n, _n *K 341* (*bes österr*; Wein mit Sodawasser)

Ge|spür, das, _s ⟨*zu* spüren⟩

Ge|sta|de, das, _s, _ (*dicht*; Küste, Ufer) ⟨*zu* stehen⟩

Ge|sta|ge|ne [..st..] *Pl* (*Biochem*; Schwangerschaftshormone); *Sg* Gesta|gen, das, _s ⟨*lat*⟩

Ge|stalt, die, _, _en ⟨*zu* stellen⟩; dergestalt (so, derartig); gleichergestalt; solchergestalt *K 176*, *aber K 175*: in solcher Gestalt · **ge|stalt|bar** · **ge|stal|ten** · **ge|stal|ten|reich** · **Ge|stal|ter** · **ge|stal|te|risch** · **ge|stalt|los;** *vgl.* ...los · **Ge|stal|tung**

Ge|stam|mel, das, _s

ge|stän|dig ⟨*zu* gestehen⟩ · **Ge|ständ|nis,** das, ..isses, ..isse

Ge|stän|ge, das, _s, _

Ge|stank, der, _[e]s

ge|stat|ten

Ge|ste ['gɛstə *od* 'ge:..], die, _, _n (Gebärde) ⟨*lat*⟩

Ge|steck, das, _[e]s, _e (Blumengebinde – *österr*; Hutschmuck)

ge|ste|hen *K 363* · **Ge|ste|hungs|ko|sten** *Pl* (*Wirtsch*; Herstellungs-, Selbstkosten)

Ge|stein, das, _[e]s, _e · **Ge|steins|kun|de,** die, _ · **Ge|steins|schicht**

Ge|stell, das, _[e]s, _e · **Ge|stel|lung** (*bürospr*)

ge|stern; *K 109*: _ abend, _ morgen, _ nachmittag, _ nacht · **Gestern,** das, _ (die Vergangenheit)

ge|stie|felt ⟨*lat* → *ital* → *frz*⟩; _ und gespornt (*umg scherzh*; zum Aufbruch bereit, fertig) sein; *K 258*: der Gestiefelte Kater (eine Märchengestalt)

ge|stielt (mit einem Stiel versehen) ⟨*lat*⟩

Ge|stik ['gɛstik *od* 'ge:..], die, _ (Gesamtheit der Ausdrucksbewegungen) ⟨*lat*⟩ · **Ge|sti|ku|la|tion** [gɛsti..] (Gebärde; Zeichensprache) · **ge|sti|ku|lie|ren**

Ge|stirn, das, _[e]s, _e (*gehoben*) ⟨*zu* ²Stern⟩ · **ge|stirnt** (*gehoben u. dicht*); *K 167*: der Himmel ist hell gestirnt, *aber*: der hellgestirnte Himmel

ge|stisch ['gɛstiʃ *od* 'ge:..] ⟨*lat*⟩

Ge|stö|ber, das, _s, _

ge|stockt (*süddt, österr, schweiz*); _e Milch (Dickmilch)

Ge|stör, das, _[e]s, _e (*noch landsch*; Teil eines Floßes)

ge|stor|ben *K 364*; *Abk* gest., *Zeichen* †

Ge|stot|ter, das, _s (*umg*)

Ge|stram|pel, das, _s (*umg*)

Ge|sträuch, das, _[e]s, _e

ge|streift ⟨*zu* Streifen⟩; *K 167*; schwarzgestreift, schwarz gestreift (*vgl.* blau, IV); ein weiß und rot gestreiftes Kleid, das Kleid ist weiß und rot gestreift

ge|streng (*altertümelnd*); *K 258*: die Gestrengen Herren (Bez. für die Eisheiligen)

Ge|streu, das, _[e]s

Ge|strick, das, _[e]s, _e (Strickereiware)

gest|rig; mein _es Schreiben

ge|stromt (streifig, gefleckt)

Ge|strüpp, das, _[e]s, _e

Ge|stü|be, das, _s (*Hüttenw*; Gemisch von Koksrückstand u. Lehm) ⟨*zu* Staub⟩ · **Ge|stü|ber,** das, _s (*weidm*; Losung des Federwildes)

Ge|stühl, das, _[e]s, _e

Ge|stüm|per, das, _s (*umg abwert*)

Ge|stüt, das, _[e]s, _e ⟨*zu* Stute⟩ · **Ge|stüts|brand** (Brandzeichen für Pferde) · **Ge|stüt[s]‿hengst, ...pferd**

Ge|such, das, _[e]s, _e

Ge|su|del, das, _s (*abwert*)

Ge|summ, das, _[e]s · **Ge|sum|me,** das, _s (*umg*)

ge|sund; *K 348*: gesünder (*seltener* gesunder), gesündeste (*seltener* gesundeste); gesund sein, werden. *Schreibung bei Verben K 135*: jmdn. gesund erhalten, schreiben; *vgl. aber* gesundmachen · **Ge|sund|brun|nen** (*veraltet*; Heilquelle) · **ge|sun|den** (*gehoben*) · **Ge|sund|heit,** die, _ · **ge|sund|heit|lich** · **ge|sund|heits|hal|ber** *K 176* · **Ge|sund|heits|hel|fer** (jmd., der für die Erste Hilfe ausgebildet ist) · **Ge|sund|heits|pfle|ge,** die, _ · **Ge|sund|heits|we|sen,** das, _s · **ge|sund|ma|chen** *K 137*, **sich** (*Akk*) (*umg*; sich bereichern); du machst dich gesund; gesundgemacht; um sich gesundzumachen; *aber*: gesund machen; einen Kranken gesund machen · **ge|sund|sto|ßen, sich** (*Akk*) (*umg*) · **Ge|sun|dung,** die, _

Ge|tä|fel, *schweiz* **Ge|tä|fer,** das, _s (Tafelwerk, Täfelung) ⟨*lat*⟩ · **ge|tä|felt,** *schweiz* **ge|tä|fert**

Ge|tän|del, das, _s (*abwert*) ⟨*lat*⟩

Ge|tier, das, _[e]s

ge|ti|gert (gestreift) ⟨*pers* → *grch* → *lat*⟩

Ge|to|se, das, _s · **Ge|tö|se,** das, _s

Ge|tränk, das, _[e]s, _e

Ge|trap|pel, das, _s

ge|trau|en, sich; du getraust dich (*seltener* dir), etwas zu tun; *aber nur*: du getraust dir den Schritt; du getraust es (*vgl.* ¹es [2]) dir; du getraust dich hinein; *vgl. auch* trauen

Ge|trei|de, das, _s, _ (was [von der Erde] ‚getragen' wird). *Zus K 365ff.*: Getreide‿einfuhr usw. · **ge|trei|de|arm** · **Ge|trei|de|ein|heit,** die, _, _en (*Landw*; Einheit des Naturalwertes für pflanzl. u. tier. Erzeugnisse); *Abk* GE

ge|trennt; *K 135*: getrennt schreiben, getrennt lebend, getrennt vorkommend usw., *aber K 128*: getrenntgeschlechtig (*Biol*) · **Ge|trennt|schrei|bung;** *vgl. auch K 124 u. 125*

ge|treu: 1. *Adj*: _er, _[e]ste (*noch gehoben*; treu) – 2. *Adv*: _ seinem Vorsatz *od* seinem Vorsatz _ · **ge|treu|lich** (*gehoben*)

Ge|trie|be, das, _s, _ · **Ge|trie|be|tech|nik,** die, _

Ge|trip|pel, das, _s (*umg*)

ge|trost

Get|ter, der, _s, _ (*Chem*; ein die Restgase in evakuierten Glasgefäßen [z. B. bei Elektronenröhren] bindender Stoff) ⟨*engl*⟩

Get|to *od* **Ghet|to** ['gɛ..], das, _s, _s (*hist*; [der Unterdrückung der Juden dienender] abgeschlossener Stadtteil für jüd. Einwohner) ⟨*ital*⟩

Ge|tue, das, _s (*umg abwert*)

Ge|tüm|mel, das, _s, _

Ge|übt|heit, die, _

Geu|se, der, _n, _n (niederländ. Freiheitskämpfer gegen die span. Herrschaft im 16. Jh.) ⟨*frz* → *ndrl*, ‚Bettler'⟩

Ge|vat|ter, der, _s *od* _n, *Pl* _n (*veraltend*; Pate) ⟨*zu* Vater⟩ · **Ge|vat|te|rin,** die, _, ..innen (*veraltend*; Patin)

Ge|viert, das, _[e]s, _e (Viereck, bes. Quadrat); im, ins Geviert

Ge|wächs, das, _es, _e · **ge|wach|sen;** _er Boden (natürlicher, noch unveränderter Erdboden); *K 166*: die Pflanze ist gut gewachsen, *aber*: ein gutgewachsener junger Mensch · **Ge|wächs|haus**

ge|wachst (mit Wachs geglättet)

Ge|waff, das, _[e]s (*weidm*; die Eckzähne des Keilers)

ge|wahr ⟨*zu* wahren⟩; *nur in Wendungen wie* eine[r] Sache _ werden; es (*vgl.* ¹es [2]) *od* dessen _ werden

Ge|währ, die, _ (Sicherheit, Garantie); du leistest [mir] _ [für etw.]; *vgl. auch* gewährleisten

ge|wah|ren (*gehoben*; sehen, bemerken, erkennen) ⟨*zu* gewahr⟩

ge|wäh|ren (bewilligen, erlauben) · **ge|währ|lei|sten** *K 132*; du gewährleistest; gewährleistet; zu gewährleisten; *aber K 131*: du leistest [mir] Gewähr [für etw.]

Ge|wahr|sam: 1. der, _[e]s, _e (Haft, Obhut); in [sicheren] _ bringen – 2. das, _[e]s, _e (*veraltet*; Gefängnis)

Ge|währs|mann, *Pl* ..männer *od* ..leute

ge|walmt (*Bauw*) ⟨*zu* Walm⟩; _es Dach (mit schrägem Giebel)
Ge|walt, die, _, _en ⟨*zu* walten⟩ · **Ge|walt‿akt, ...herr|schaft · ge|wal|tig · ge|wäl|ti|gen** (*bergm*; wieder zugänglich machen) · **ge|walt|sam · Ge|walt|tat · ge|walt|tä|tig · Ge|walt|tä|tig|keit · Ge|walt|ver|zicht**
Ge|wand, das, _[e]s, ..änder ⟨*zu* wenden⟩ · **Ge|wän|de,** das, _s, _ (*Arch*; seitliche Umgrenzung der Fenster u. Türen) · **Ge|wand|haus|or|che|ster** [..,kεs..], das, _s; _ zu Leipzig
ge|wandt; ein _er (geschickter) Mensch; *vgl. auch* wenden · **Ge|wandt|heit,** die, _
Ge|wan|dung (*gehoben*)
Ge|wann, das, _[e]s, _e, *seltener* **Ge|wan|ne,** die, _, _n (*noch landsch*; regelmäßig streifig aufgeteiltes Flurstück, Ackerstreifen)
ge|wär|tig; du mußt _ sein, [daß] ...; einer Sache _ sein; ich bin es (*vgl.* [1]es [2]) _ · **ge|wär|ti|gen** (*gehoben*); etw. zu _ haben
Ge|wäsch, das, _es (*umg abwert*; nutzloses Geschwätz)
Ge|wäs|ser, das, _s, _ · **ge|wäs|sert**
Ge|we|be, das, _s, _ · **Ge|we|be|brei|te · Ge|we|be|leh|re,** die, _ (Histologie) · **Ge|webs|flüs|sig|keit,** die, _
ge|weckt (klug)
Ge|wehr, das, _[e]s, _e. *Zus K 365ff.*: Gewehr‿lauf usw.
Ge|weih, das, _[e]s, _e · [1]**ge|weiht** (*weidm, von Hirschen gesagt*; ein Geweih tragend)
[2]**ge|weiht** ⟨*zu* weihen⟩
Ge|wen|de, das, _s, _ (*hist*; Feldstück – *noch landsch*; Ackergrenze)
Ge|wer|be, das, _s, _ · **Ge|wer|be‿schein, ...steu|er** (die) · **ge|wer|be|trei|bend** *K 128* · **Ge|wer|be|trei|ben|de,** der *u.* die, _n, _n *K 341* · **ge|werb|lich · ge|werbs|mä|ßig · Ge|werbs|zweig**
Ge|werk, das, _[e]s, _e (Handwerkszweig) · **Ge|werk|schaft · Ge|werk|schaf|ter · ge|werk|schaft|lich · Ge|werk|schafts|bund;** *K 258*: Freier Deutscher _ (*Abk* FDGB); Deutscher _ (in der BRD [*Abk* DGB])
Ge|we|se, das, _s, _ (*umg, meist abwert*; Aufsehen, Gehabe)
[1]**Ge|wicht,** das, _[e]s, _er (*süddt weidm*; Gehörn des Rehbocks) ⟨*zu* Geweih⟩
[2]**Ge|wicht,** das, _[e]s, _e (*zu* [2]wiegen) · **Ge|wicht|he|ber** (Schwerathlet) · **ge|wich|tig · Ge|wich|tig|keit,** die, _ · **Ge|wichts|klas|se** (*Sport*) · **Ge|wichts|ver|lust**
ge|wieft (*umg*; schlau; durchtrieben)
ge|wiegt (*auch umg*; sehr erfahren; schlau; durchtrieben); _este ⟨*zu* [1]wiegen⟩
Ge|wie|her, das, _s (*auch salopp*; lautes, ordinäres Gelächter)
ge|willt; *nur in* _ (bereit) sein, etw. zu tun
Ge|wim|mel, das, _s
Ge|wim|mer, das, _s
Ge|win|de, das, _s, _. *Zus K 365ff.*: Gewinde‿schneider usw.
Ge|winn, der, _[e]s, _e · **Ge|winn|an|teil · ge|winn|brin|gend;** *K 115*: am _sten · **ge|win|nen;** du gewannst *od* gewannest; du gewännest *od* gewönnest; gewonnen; gewinn[e]! · **ge|win|nend;** *K 115*: am _sten · **Ge|win|ner · Ge|winn|quo|te · ge|winn|süch|tig · Ge|winnummer** [*Tr* Ge|winn|num|mer *K 78*] · **Ge|winn-und-Ver|lust-Rech|nung** *K 189* (*nicht* Gewinn- und Verlustrechnung)
Ge|win|sel, das, _s
Ge|wir|ke, das, _s, _ (Maschinenstrickware, Wirkware)
Ge|wirr, das, _[e]s, _e
ge|wiß; gewisser, gewisseste; *K 95*: etwas, nichts Gewisses; *K 97*: ein gewisses Etwas, ein gewisser Jemand, *aber K 120*: ein gewisser anderer · **Ge|wis|sen,** das, _s, _ · **ge|wis|sen|haft · Ge|wis|sen|haf|tig|keit,** die, _ · **ge|wis|sen|los** *K 349*; *vgl.* ...los · **Ge|wis|sen|lo|sig|keit,** die, _ · **Ge|wis|sens|bis|se** *Pl* · **Ge|wis|sens|frei|heit,** die, _ · **ge|wis|ser|ma|ßen** *K 176* · **Ge|wiß|heit · ge|wiß|lich** (*veraltend*)
Ge|wit|ter, das, _s, _ (*zu* [2]Wetter). *Zus K 365ff.*: Gewitter‿regen usw. · **ge|wit|tern;** es gewittert · **ge|wit|ter|schwül · ge|witt|rig** *K 362*
ge|wit|zigt (durch Schaden klug, vorsichtig geworden) · **ge|witzt** (schlau)
ge|wo|gen (*auch gehoben*; gut gesinnt, zugetan) ⟨*zu* wägen⟩; du bist mir _ · **Ge|wo|gen|heit,** die, _ (*gehoben*)
ge|wöh|nen; sich (*Akk*) _ · **Ge|wohn|heit · ge|wohn|heits|mä|ßig · ge|wöhn|lich;** für _ (meist) · **ge|wohnt** (herkömmlicherweise, durch [zufällige] Gewohnheit mit etw. vertraut); ein _er Weg; die _e Arbeit; mit _er Gründlichkeit; ich bin es (*vgl.* [1]es [2]) _; schwere Arbeit _ sein; jung _, alt getan (*sprichw*) · **ge|wöhnt** (grundsätzlich durch Überlegung, durch [bewußte] Gewöhnung mit etw. vertraut); ich habe mich an diese Arbeit _ · **Ge|wöh|nung,** die, _
Ge|wöl|be, das, _s, _
Ge|wölk, das, _[e]s
Ge|wöl|le, das, _s, _ (*weidm*; die von Greifvögeln in Ballen ausgewürgten unverdaul. Nahrungsrückstände)
Ge|wühl, das, _[e]s
ge|wür|felt; ein _es Muster
Ge|würm, das, _[e]s
Ge|würz, das, _es, _e. *Zus K 365ff.*: Gewürz‿nelke usw. · **gewürzig** ↑ würzig
Gey|sir ['gai..], der, _s, _e, *eindeutschend* **Gei|ser,** der, _s, _ (heiße Springquelle) ⟨*isl*⟩
ge|zackt
Ge|zä|he, das, _s, _ (*bergm*; das Werkzeug des Bergmannes)
ge|zahnt *od* **ge|zähnt;** ein _es Blatt
Ge|zänk, das, _[e]s · **Ge|zan|ke,** das, _s (*umg*)
Ge|zap|pel, das, _s (*umg*)
ge|zeich|net; *Abk* gez.
Ge|zei|ten *Pl* ([Wechsel von] Ebbe u. Flut) · **Ge|zei|ten|kraft|werk**
Ge|ze|ter, das, _s (*abwert*)
Ge|zie|fer, das, _s, _ (*veraltet*; Ungeziefer)
ge|zielt; eine _e Frage
ge|zie|men (*gehoben*); ihm geziemt Milde; sich (*Dat*) _ (*normalspr*); es geziemt sich nicht für dich · **ge|zie|mend** (*gehoben*); *K 115*: am _sten
Ge|zie|re, das, _s (*umg abwert*) · **ge|ziert · Ge|ziert|heit,** die, _
Ge|zirp, das, _[e]s
Ge|zisch, das, _es · **Ge|zi|schel,** das, _s (*abwert*)
Ge|zücht, das, _[e]s, _e (*abwert*; Brut; Gesindel)
Ge|zweig, das, _[e]s
Ge|zwit|scher, das, _s
ge|zwun|ge|ner|ma|ßen *K 176*
Gfrett ↑ Gefrett
Gha|na ['ga:..], *amtl* **Re|pu|blik Gha|na** (im W Afrikas) · **Gha|na|er,** der, _s, _ · **gha|na|isch**
Gha|sa ['ga:..] (ägypt. Oasenstadt im SW Palästinas)
Gha|sel [ga..], das, _s, _e *od* **Gha|se|le,** die, _, _n, *eindeutschend* **Ga|sel** *od* **Ga|se|le** (eine oriental. Gedichtform) ⟨*arab*⟩
Ghetto ↑ Getto
Ghibelline ↑ Gibelline
Giaur [..'au(ə)r], der, _s, _s (islam. Bez. für Ungläubiger, Andersgläubiger) ⟨*pers* → *türk*⟩
Gib|bon, der, _s, _s (ein Langarmaffe) ⟨*frz*⟩
Gi|bel|li|ne *od* **Ghi|bel|li|ne** [gi..], der, _n, _n (*hist*; italien. Anhänger der Hohenstaufen) ⟨*ital*⟩
Gi|bral|tar [*od* ..'ta:r, *österr* 'gi..] (Halbinsel an der Südspitze Spaniens) ⟨*arab*, ‚Berg des Tarik'⟩
[1]**Gicht,** die, _, _en (*Hüttenw*; oberer

Teil des Hochofens) ⟨*zu* gehen⟩. *Zus K 365ff.*: Gicht‿gas usw.

²Gicht, die, _ (Stoffwechselerkrankung) ⟨‚das Angezauberte'⟩. *Zus K 365ff.*: Gicht‿knoten usw. · **gicht|brü|chig** (*veraltet*)

Gich|ter, der, _s, _ (*Hüttenw*; Öffner des Hochofens) ⟨*zu* ¹Gicht⟩

gich|tig ⟨*zu* ²Gicht⟩ · **gich|tisch**

Gickel [*Tr* Gik|kel], der, _s, _ (*landsch*; Hahn)

gicks (*umg*); weder _ noch gacks sagen · **gick|sen:** 1. *od* **kick|sen** *K 354* (*umg*; einen [leichten] Schrei ausstoßen; [mit der Stimme] überschnappen) – 2. ↑ gieksen

¹Gie|bel, der, _s, _ (ein Karpfenfisch) ⟨*grch* → *lat*⟩

²Gie|bel, der, _s, _ (*Arch*). *Zus K 365ff.*: Giebel‿wand usw. · **gie|be|lig** *K 362*

Giek|baum (*seem*; Rundholz für Gaffelsegel)

giek|sen, *auch* **gick|sen** *K 354* (*landsch*; stechen)

Gie|men, das, _s (*Med, Vet*; krankhaftes Atmungsgeräusch)

Gien, das, _s, *Pl* _e *od* _s (*seem*; schweres Takel) ⟨*lat* → *engl* → *ndrl*⟩ · **Gien|block,** *Pl* ..blöcke (*seem*) · **gie|nen** (*seem*; mit dem Gien schleppen, heben)

gie|pern *K 363* (*landsch salopp*; gierig sein) · **giep|rig** (*landsch salopp*; gierig)

Gier, die, _ · **¹gie|ren** (gierig sein)

²gie|ren (*seem*; hin u. her gehen [von einem aus dem Kurs geworfenen Schiff]) · **Gier|fäh|re** (Seilfähre)

gie|rig

Giersch, der, _[e]s (ein Unkraut, Doldengewächs)

Gieß|bach · **gie|ßen;** du gießt *K 354*; ich goß, du gossest; du gössest; gegossen; gieß[e]!

Gie|ßen (Stadt in der mittleren BRD) · **Gie|ße|ner** *od* **Gieß|ner** *K 236*: 1. *K 231*: der, _s, _; 2. *als Attribut K 232*

Gie|ßer · **Gie|ße|rei** · **Gieß‿form, ...kan|ne**

Gift, das, _[e]s, _e ⟨*zu* geben⟩ · **gif|ten** (*umg*; gehässig reden); sich (*Akk*) _ (sich ärgern); das giftet (ärgert) mich · **gift|fest** · **gif|tig** (*auch umg*; böse, gehässig) · **Gif|tig|keit,** die, _ · **Gift|mi|scher** (*abwert*) · **Gift|mi|sche|rin,** die, _, ..innen (*abwert*) · **Gift|nu|del** (*umg scherzh*; Zigarre – *umg abwert*; zänkische weibl. Person) · **Gift|pflan|ze**

Gig: 1. die, _, _s, *selten* das, _s, _s (*seem*; Sportruderboot; leichtes Beiboot) – 2. das, _s, _s (*veraltend*; leichter [zweirädriger] Einspänner) ⟨*engl*⟩

Gi|ga... (Vorsatz bei Einheiten = das 10^9fache der genannten Einheit [z. B. Gigaohm]); *Vorsatzzeichen* G... (z. B. GΩ) ⟨*grch*⟩

gi|gamp|fen (*schweiz*; schaukeln)

Gi|gant, der, _en, _en (außergewöhnl., riesenhafte Erscheinung) ⟨*grch*, *nach* den himmelstürmenden Riesen der griech. Sage⟩ · **gi|gan|tisch** (riesenhaft; gewaltig; außerordentlich); _ste

Gi|ga|ohm (1 Milliarde Ω); *Einheitenzeichen* GΩ

Gi|gerl, der *od* das, _s, _ (*süddt, österr umg*; Modegeck) ⟨*zu* Gickel⟩

Gigue [ʒi:k], die, _, _n [ˈʒi:gən] (ein Tanz) ⟨*germ* → *frz*⟩

gil|ben (*dicht*; gelb werden); etwas gilbt; gilbende Blätter

Gil|de, die, _, _n (*hist*; Vereinigung von Handwerkern, Kaufleuten od. Bauern) ⟨*zu* Geld⟩ · **Gil|den|hal|le** (*hist*)

Gi|let [ʒiˈle:], das, _s, _s (*noch schweiz*; Weste) ⟨*arab* → *span* → *frz*⟩

Gil|ga|mesch (*babylon Sage*; König im südbabylon. Stadtstaat Uruk) · **Gil|ga|mesch-Epos** *K 211 (babylon Sage)*

Gil|lung, die, _, _en (*seem*; eingebogene Seite des Rahsegels; nach innen gewölbter Teil des Hinterschiffs)

Gim|pe, die, _, _n (mit Seide umwundener Faden [für Knopflöcher]) ⟨*germ* → *frz* → *engl*⟩

Gim|pel, der, _s, _ (ein Singvogel – *umg abwert*; einfältiger Mensch) ⟨*zu mhd* gumpen ‚hüpfen'⟩

Gin [dʒin], der, _s, _s (Wacholderbranntwein) ⟨*lat* → *frz* → *ndrl* → *engl*⟩

Gink|go [ˈgiŋko], der, _s, _s (Fächerblattbaum) ⟨*jap*, ‚Silberaprikose'⟩

Gin|seng, der, _s, _s (eine ostasiat. Pflanze; heilkräftige Wurzel dieser Pflanze) ⟨*chin*⟩

Gin|ster, der, _s, _ (ein Strauch) ⟨*lat*⟩. *Zus K 365ff.*: Ginster‿blüte usw.

¹Gip|fel, der, _s, _ ⟨*zu* Kuppe⟩. *Zus K 365ff.*: Gipfel‿punkt usw.

²Gip|fel, das, _s, _ (*schweiz*; Hörnchen)

...gip|fe|lig *K 362* (z. B. zwei-, mehrgipfelig) · **Gip|fel|kon|fe|renz** · **gip|feln;** es gipfelt

Gips, der, _es, _e ⟨*semit* → *grch* → *lat*⟩. *Zus K 365ff.*: Gips‿verband usw. · **gip|sen** *K 354* (Gips auftragen) · **Gip|ser** · **gip|sern** (aus Gips)

Gi|pür|ar|beit · **Gi|pü|re,** die, _, _n (eine Spitzenart) ⟨*germ* → *frz*⟩

Gi|raf|fe [*österr* ʒi..], die, _, _n (langhalsiger Paarhufer) ⟨*arab* → *ital*⟩

Gi|ran|do|la [dʒi..] ⟨*grch* → *lat* → *ital*⟩ *od* **Gi|ran|do|le** [ʒirãˈdo:lə *od* ʒiran..] ⟨*grch* → *lat* → *ital* → *frz*⟩, die, _, ..olen (Feuerrad beim Feuerwerk; Armleuchter)

Gi|rant [ʒi..] (*Bankw*; jmd., der durch Übertragungsvermerk einen Wechsel od. Scheck weitergibt) ⟨*grch* → *lat* → *ital*⟩ · **Gi|rat,** der, _en, _en *od* **Gi|ra|tar,** der, _s, _e (*Bankw*; jmd., auf den ein Wechsel od. Scheck übertragen wird) · **gi|rie|ren** (*Bankw*; [Wechsel od. Schecks] übertragen, in Umlauf setzen)

Girl [gœ:rl], das, _s, _s (weibl. Mitglied einer Tanztruppe – *umg*; [junges] Mädchen) ⟨*engl*, ‚Mädchen'⟩

Gir|lan|de, die, _, _n (bandförmiges Laub- od. Blumengewinde) ⟨*germ* → *frz*⟩

Gir|litz, der, _es, _e (ein Singvogel)

Gi|ro [ˈʒi:..], das, _s, *Pl* _s, *österr auch* ..ri (*Bankw*; im bargeldlosen Zahlungsverkehr Umbuchung von Geldbeträgen von Konto zu Konto; Umlauf von Wechseln u. Schecks) ⟨*grch* → *lat* → *ital*, ‚Kreis'⟩ · **Gi|ro|kon|to**

Gi|ron|de [ʒiˈrɔ̃:də], die, _ (Mündungstrichter der Garonne) · **Gi|ron|di|sten** *Pl* (Anhänger der Partei der Großbourgeoisie u. der mittleren Bourgeoisie in der Französ. Revolution von 1789); *Sg* Gi|ron|dist, der, _en

Gi|ro|ver|kehr [ˈʒi:..] (bargeldloser Zahlungsverkehr)

gir|ren ⟨*lautm*⟩

gis: 1. das, _, _ (*Mus*; Tonbezeichnung) – 2. (*Mus*; Tonartbezeichnung [↑ gis-Moll]) · **Gis,** das, _, _ (*Mus*; Tonbezeichnung)

Gischt, der, _es, *Pl* (*selten*) _e *od* die, _, *Pl* (*selten*) _en (Schaum; Sprühwasser)

Gi|se[h] [ˈgi:ze] (Stadt in der ARÄ)

Gi|se|la [*österr* giˈzɛla:] (w. Vn.)

gis-Moll *K 186*, das, _ (*Mus*; Tonart), *Zeichen* gis; in gis-Moll *od* in gis · **gis-Moll-Ton|lei|ter** *K 188* (*Mus*)

gis|sen (*seem*; den Schiffsort schätzen, ungefähr bestimmen) ⟨*ndrl*⟩; du gißt *K 354*; du gißtest; gegißt

Gi|tar|re, die, _, _n (ein Zupfinstrument) ⟨*grch* → *aram* → *arab* → *span*⟩ · **Gi|tar|ren|ton,** *Pl* ..töne

Git|ter, das, _s, _. *Zus K 365ff.*: Gitter‿brücke usw.

Glace: 1. [gla(:)s], die, _, _s [gla(:)s] (Zuckerglasur; geleeartig eingedickte Fleischbrühe) – 2. [ˈglas(ə)], die, _, _n [..sən] (*schweiz*; Speiseeis) ⟨lat → frz⟩ · **Gla|cé** [gla'se:], das, _[s], _s (ein glänzendes u. schillerndes Gewebe; Glanzleder) (‚Glanz'). *Zus K 365ff.*: Glacé⌣handschuh usw.

Gla|dia|tor, der, _s, ..oren (altröm. Schwertkämpfer bei Zirkusspielen) ⟨*lat*⟩ · **Gla|dio|le,** die, _, _n (Siegwurz, eine Zierpflanze, Schwertliliengewächs) (‚Schwertchen')

gla|go|li|tisch ⟨*slaw*⟩; _e Schrift (altslaw. Schrift) · **Gla|go|li|za,** die, _ (die glagolit. Schrift)

Glanz, der, _es, _e · **glän|zen** *K 354* · **glän|zend;** *K 115*: am _sten, auf das *od* aufs _ste; glänzendschwarzes Haar, ihr Haar war glänzend schwarz; *vgl. aber K 173* · **Glanz|koh|le** · **glanz|los;** *vgl.* ...los · **glanz|voll**

Glar|ner Al|pen *K 232 Pl* (in der Schweiz) · **glar|ne|risch** · **Gla|rus** (Stadt u. Kanton in der Schweiz)

Glas: 1. das, _es, *Pl* Gläser; zwei Glas Bier *K 308*; ein Glas voll – 2. das, _es, _en (*seem*; halbe Stunde) · **Glas⌣au|ge, ...bau|stein** · **Gläs|chen** · **Gla|ser,** der, _s, _ · **Gla|se|rei** · **Glä|ser|klang,** der, _es · **glä|sern;** *K 258*: die Gläserne Frau · **Glas|fa|ser** · **Glas|fi|ber** · **Glas|fi|ber|stab** (*Sport*)

Glas|gow ['gla:sgo:] (Stadt in Schottland)

gla|sie|ren (mit Zuckerglasur überziehen; [Töpferwaren] mit glasartigem Überzug versehen) ⟨*dt + f. E.*⟩ · **gla|sig** · **glas|klar** · **Glas|kopf** (Bez. für verschiedene Eisen- u. Manganerze) · **Glasma|le|rei** · **Glas⌣per|le, ...schei|be, ...split|ter**

Glast, der, _es, _e (*dicht*; Glanz)

Gla|sur, die, _, _en (Überzug aus Zuckerguß; gebrannter glasartiger Überzug bei Töpferwaren, Schmelz) ⟨*dt + f. E.*⟩ · **Glas|wol|le** (eine mineralische Faser)

glatt; *K 348*: glatter, *umg* glätter, glatteste, *umg* glätteste. *Schreibung bei Verben vgl.* z. B. glatthobeln, glattlegen · **Glät|te,** die, _, _n · **Glatt|eis** · **glät|ten** · **glat|ter|dings** *K 176* (ohne alle Umstände) · **Glät|te|rin,** die, _, ..innen (*schweiz*; Büglerin) · **glatt|ho|beln** *K 136*; ich hob[e]le glatt *K 363*; glattgehobelt; glattzuhobeln · **glatt|le|gen**[1] *K 136* · **glatt|ma|chen**[1] *K 136* (*auch umg*; bezahlen) · **glatt|stel|len**[1] *K 136* (*kaufm*; erledigen) · **Glatt|wal** · **glatt|weg** [*od* ..'vɛk] (*umg*) · **glatt|zie|hen**[1] *K 136*

[1] *Konjugation vgl.* glatthobeln.

Glat|ze, die, _, _n · **glat|zig** · **Glatz|kopf** · **glatz|köp|fig**

Glau|be, der, _ns, _n, *seltener* **Glau|ben,** der, _s, _ ⟨*zu* lieb⟩ · **glau|ben;** er wollte mich _ machen, daß ... · **Glau|bens|be|kennt|nis**

Glau|ber|salz *K 209*, das, _es (*Chem*; Natriumsulfat) ⟨*nach* dem Arzt u. Chemiker⟩

glaub|haft · **Glaub|haf|tig|keit,** die, _ · **gläu|big** · **Gläu|bi|ge,** der *u.* die, _n, _n *K 341* (Bekenner[in] einer Religion) · **Gläu|bi|ger,** der, _s, _ (jmd., der eine Schuldforderung an jmdn. hat). *Zus K 365ff.*: Gläubiger⌣anspruch usw. · **Gläu|big|keit,** die, _ · **glaub|lich;** *meist in Wendungen wie* kaum _ · **glaub|wür|dig** · **Glaub|wür|dig|keit,** die, _

Glau|kom, das, _s, _e (*Med*; grüner Star, eine Augenkrankheit) ⟨*grch*⟩

G-Laut ['ge:..] *K 106*

gla|zi|al (*Geol*; durch Eiswirkung, bes. durch Gletscher, entstanden; eiszeitlich, Eiszeit...) ⟨*lat*⟩ · **Gla|zi|al|zeit** (*Geol*; Eiszeit) · **Gla|zio|lo|ge,** der, _n, _n (Gletscherforscher, Erforscher der Erscheinungen der Eiszeit) ⟨*lat + grch*⟩

gleich *Adj*:

I. *Kleinschreibung*:

a) *K 114*: der, die, das gleiche; es kommt aufs gleiche (auf dasselbe) hinaus – **b)** *K 116*: ins gleiche (*gehoben*; in Ordnung) bringen, *aber*: in die Gleiche bringen; *K 118*: gleich und gleich gesellt sich gern

II. *Großschreibung K 93*:

Gleiches mit Gleichem vergelten; es kann uns Gleiches begegnen; Gleiches zu Gleichem addiert ergibt Gleiches; ein Gleiches tun

III. *Getrenntschreibung* (»gleich« in der Bedeutung von »in gleicher Weise« und »sogleich«) *K 125*:

a) *mit Adjektiven*, z. B. gleich groß, gleich gut, das ist [so]gleich gut, gleich viel (*vgl. aber* gleichviel)

b) *mit Verben*, z. B. sich gleich verhalten, gleich kommen (*vgl. aber* gleichkommen); gleich sein, gleich werden

IV. *Zusammenschreibung K 126*:

a) *mit Adjektiven vgl.* gleichwinklig, gleichviel

b) *mit Verben vgl.* gleichbleiben, gleichkommen

c) *mit Partizipien K 128*: gleichbleibend, gleichberechtigt, gleichgesinnt usw.

V. *In Zus*: desgleichen; meinesgleichen; gleicherweise; gleichviel usw.

gleich *Adv* (*auch für* sogleich, sofort); *vgl.* gleich *Adj*, III, (a, b)

gleich|alt|rig *K 362* · **gleich|ar|tig;** *K 93*: Gleichartiges · **gleich|be|deu|tend** · **gleich|be|rech|tigt** · **Gleich|be|rech|ti|gung,** die, _ · **gleich|blei|ben, sich** (*Dat*) *K 137* (unverändert bleiben); ich bleibe mir gleich; gleichgeblieben; gleichzubleiben; *K 128*: gleichbleibend (unveränderlich); du sollst dir gleichbleiben; *aber*: gleich bleiben (sogleich bleiben); er ist gleich geblieben, als ich ihn einlud · **Glei|che,** die, _; etwas in die _ bringen; *vgl. aber* gleich *Adj*, I, b · **glei|chen** (gleich sein; gleich aussehen); du glichst *od* glichest; du glichest; geglichen; gleich[e]! · **Gleichenfeier** ↑ Dachgleiche · **glei|cher|ge|stalt** *K 176* (*veraltend*) · **glei|cher|ma|ßen** *K 176* · **glei|cher|wei|se** *K 176* · **gleich|falls** · **gleich|för|mig** · **Gleich|för|mig|keit,** die, _ · **gleich|ge|schlecht|lich** (*Biol*) · **Gleich|ge|wicht,** das, _[e]s, _e · **gleich|gül|tig** · **Gleich|gül|tig|keit,** die, _ · **Gleich|heit** · **Gleich|heits|zei|chen;** *Zeichen* = · **Gleich|klang** · **gleich|kom|men**[1] *K 137* (erreichen), *aber*: gleich kommen (sofort kommen) · **gleich|lau|fend** · **gleich|läu|fig** (*Techn*) · **Gleich|läu|fig|keit,** die, _ (*Techn*) · **gleich|lau|tend** · **gleich|ma|chen**[1] *K 137* (angleichen; eben machen); dem Erdboden gleichmachen; *aber*: gleich machen (*umg*; sofort machen) · **Gleich|ma|cher** (*abwert*) · **Gleich|ma|che|rei** (*abwert*) · **gleich|ma|che|risch** (*abwert*) · **Gleich|maß,** das · **gleich|mä|ßig** · **Gleich|mä|ßig|keit,** die, _ · **Gleich|mut,** der, _[e]s · **gleich|mü|tig** · **gleich|na|mig** · **Gleich|na|mig|keit,** die, _ · **Gleich|nis,** das, ..isses, ..isse · **gleich|nis|haft** · **Gleich|rich|ter** (*Elektrotechn*) · **gleich|sam** (*gehoben*); _ als ..., _ als ob ..., _ als wenn ... · **gleich|schenk|lig** *K 362* · **gleich|se|hen**[1] *K 137 u. 363* (im Aussehen gleichen), *aber*: gleich sehen (sofort sehen); wie du gleich sehen wirst · **gleich . sein,** *aber K 101*: das Gleichsein · **gleich|sei|tig** · **Gleich|sei|tig|keit,** die, _ · **gleich|set|zen**[1] *K 137* (vergleichbar machen), *aber*: gleich setzen (sofort setzen) · **gleich|ste|hen**[1] *K 137 u. 363* (gleich sein), *aber*: gleich stehen (sofort, ohne weiteres stehen) · **Gleich|ste|hen|de,** der u. die, _n, _n *K 341* · **gleich|stel|len**[1] *K 137* (auf die gleiche Stufe stellen, angleichen), *aber*: etw. gleich stellen (sofort stellen) · **gleich|stim|mig** · **Gleich|strom** · **gleich|tun**[1] *K 137* (erreichen); *nur in* es jmdm. gleichtun; *aber*: etw. gleich tun (sofort tun) · **Glei|chung** · **gleich|viel** *Adv*

[1] *Konjugation vgl.* gleichbleiben.

(einerlei); _(,) ob ...; _(,) wenn ...; _(,) wo ...; *vgl.* K 390 *u.* 450; gleichviel, du wirst es sehen, *aber*: ihr habt alle gleich viel (ebensoviel); *vgl.* viel, III · **gleich wer|den,** *aber* K 101: das Gleichwerden · **gleich|wer|tig** · **gleich|wie** (*gehoben*) · **gleich|wink|lig** K 362 · **gleich|wohl** *Konj* (*veraltend*), *aber Adv*: ihr befindet euch alle gleich wohl (gleicherweise wohl) · **gleich|zei|tig**

Gleis, das, _es, _e, *österr, sonst gehoben* **Ge|lei|se,** das, _s, _ · **Gleis|bet|tung** (Untergrund einer Gleisanlage) · **...glei|sig**

Gleis|ner (*veraltend*; Heuchler) · **Gleis|ne|rei,** die, _ (*veraltend*) · **gleis|ne|risch** (*veraltend*)

Glei|ße, die, _, _n (eine Giftpflanze) · **glei|ßen** (*gehoben*; glänzen, glitzern)

Gleit|bau|wei|se, die, _ · **Gleit|boot** · **glei|ten;** du glittst; geglitten; gleit[e]! · **Glei|ter** (*Luftf*) · **Gleit|flug** · **gleit|si|cher** · **Gleit|zeit**

Glen|check ['glɛntʃɛk], der, _[s], _s (Gewebe mit großflächigem Karomuster) ⟨*engl*⟩ · **Glen|check|an|zug**

Glet|scher, der, _s, _ ⟨*lat* → *rom*⟩. *Zus* K 365*ff.*: Gletscher‿spalte usw. · **glet|scher|ar|tig** · **Glet|scher|brand,** der, _[e]s

Glied, das, _[e]s, _er · **Glie|der|fü|ßer** *Pl* (*Zool*; artenreichster Stamm im Tierreich); *Sg* Glie|der|fü|ßer, der, _s · **glie|der|lahm** · **Glie|der|maß|stab** (zusammenklappbares Metermaß) · **glie|dern** K 363 · **Glie|der|rei|ßen** (*umg*) · **Glie|de|rung** · **Glied|ma|ßen** *Pl*; *Sg* Gliedma|ße, die, _ ⟨*zu* Glied *u.* messen⟩ · **...glied|rig** K 362 (z. B. viergliedrig [*mit Ziffer* K 284: 4gliedrig]) · **Glied|satz** (*Gramm*; Satzglied in Satzform); *vgl. auch* Gliedteil-Satz · **Glied|staat,** *Pl* ..staaten · **Glied|teil-Satz** K 187 (*Gramm*; Satzgliedteil [= Attribut] in Satzform); *vgl. auch* Gliedsatz

glim|men; du glommst, *auch* glimmtest; du glömmest, *auch* glimmtest; geglommen, *auch* geglimmt; glimm[e]! · **Glim|mer,** der, _s, _ (Sammelbez. für eine Gruppe gesteinsbildender Minerale) · **glim|mern** (sanft leuchten) · **Glim|mer|schie|fer** (*Geol*; ein metamorphes Gestein) · **Glimm|sten|gel** (*umg scherzh*; Zigarette)

Glimpf, der, _[e]s, _e (*schweiz*; Durchziehnadel)

glimpf|lich (schonend, rücksichtsvoll; ohne Schaden) ⟨,angemessen'⟩

glis|san|do (*Mus*; gleitend) ⟨*frz* + *ital*⟩ · **Glis|san|do,** das, _s, *Pl* _s *od* ..di (*Mus*)

Glitsch|bahn (*landsch umg*) · **Glit|sche,** die, _, _n (*landsch umg*; Schlitterbahn) · **glit|schen** K 354 (*landsch umg*; gleiten; schlittern) · **glit|schig** (*umg*) · **glitsch|rig** K 362 (*umg*)

Glit|zer, der, _s, _ · **glit|ze|rig** K 362 · **glit|zern** K 363

glo|bal (Erd...; weltumfassend; gesamt; ungefähr) ⟨*lat*⟩ · **Glo|bal|ab|kom|men** · **Glo|be|trot|ter** ['glo:bə.. *od* 'glo:p..], der, _s, _ (Weltenbummler) ⟨*engl*⟩ · **Glo|bu|li|ne** [globu..] *Pl* (*Biochem*; zu den Proteinen gehörende Gruppe von Eiweißstoffen); *Sg* Glo|bu|lin, das, _s ⟨*lat*⟩ · **Glo|bus,** der, *Gen* _, *Pl* ..ben *od Gen* ..usses, *Pl* ..usse (kugelförmige Nachbildung der Himmelskörper, bes. der Erde)

Glöck|chen · **Glocke**[1], die, _, _n ⟨*ir*⟩. *Zus* K 365*ff.*: Glocken‿spiel, ...ton usw. · **glocken|för|mig**[1] · **glockig**[1] · **Glöck|ner,** der, _s, _ (*veraltet*)

Glo|ria: 1. (Ruhm, Ehre) – 2. das, _s (Lobgesang, Teil der kath. Messe) ⟨*lat*⟩ · **Glo|rie** [..iə], die, _, _n (Glanz; Heiligenschein) · **Glo|rien|schein** [..iən..] · **Glo|ri|fi|ka|tion** (Verherrlichung) · **glo|ri|fi|zie|ren** (verherrlichen) · **Glo|rio|le,** die, _, _n (Heiligenschein) · **glo|rios** K 349 (*oft iron*; ruhmvoll) · **glor|reich** (ruhmreich)

Glos|sar, das, _s, _e (Sammlung von Glossen – *bes Sprachw*; Wörterverzeichnis [mit Erklärungen]) ⟨*grch* → *lat*⟩ · **Glos|sa|tor,** der, _s, ..oren (*bes Sprachw*; Verfasser von Worterklärungen) · **Glos|se,** die, _, _n (Randbemerkung – *bes Sprachw*; Erklärung eines Wortes) ⟨*grch*, ,Zunge'⟩ · **glos|sie|ren** ⟨*grch* → *lat*⟩ · **Glot|tis,** die, _, ..ttes [..te:s] (Stimmritze) · **Glot|tis|schlag** (*Phon*)

glot|zen K 354 (*salopp abwert*)

Glo|xi|nie [..ĭə], die, _, _n (eine Zimmerpflanze) ⟨*nach* dem Arzt Gloxin⟩

gluck!, *auch* **kluck!** (*lautm*); gluck, gluck!, *auch* kluck, kluck!

Glück, das, _[e]s; jmdm. _ wünschen; auf gut _; _ auf! (Bergmannsgruß) · **Glück|auf,** das, _s · **glück|brin|gend;** *vgl.* K 163

Glucke[1], die, _, _n · **glucken**[1] (*auch umg*; untätig herumsitzen)

glücken[1]

gluckern[1], *auch* **kluckern**[1]

glück|haft (*gehoben*)

Gluck|hen|ne

glück|lich · **glück|li|cher|wei|se** K 176 · **glück|se|lig** · **Glück|se|lig|keit,** die, _

gluck|sen K 354 (*zu* gluck!)

Glücks‿kind, ...pilz (*umg*) · **Glück[s]|sa|che,** die, _ · **Glücks|sträh|ne** · **glück|strah|lend** · **Glück|wunsch** · **Glück zu!**

glü|hen; K 173: glühend heiß *od* glühendheiß · **glüh|heiß** · **Glüh|lam|pe** · **Glüh|licht,** das, _[e]s · **Glüh|wein** · **Glüh|würm|chen** (Leuchtkäfer)

Glu|ko|se ⟨*grch*⟩, die, _, *seltener* **Dex|tro|se** ⟨*lat* + *grch*⟩, die, _ (Traubenzucker)

Glut, die, _, _en

Glut|amin|säu|re, die, _ (*Biochem*; in vielen Eiweißstoffen vorkommende Aminosäure) ⟨*lat* + *dt*⟩

Gly|ko|gen, das, _s (*Biochem*; Leberstärke) ⟨*grch*⟩ · **Gly|ko|sid,** das, _[e]s, _e (*Chem*; zuckerhaltige Verbindung)

Glyp|te, die, _, _n (geschnittener Stein) ⟨*grch*⟩ · **Glyp|tik,** die, _ (Steinschneidekunst; Bildhauerei) · **Glyp|to|thek,** die, _, _en (Sammlung von geschnittenen Steinen od. von Bildhauerarbeiten)

Gly|san|tin, das, _s *Kunstw* (Frostschutzmittel für Fahrzeugkühler)

Gly|ze|rin ⟨*grch* + *lat*⟩ *od* **Gly|ze|rol** ⟨*grch* + *arab*⟩, das, _s (ein ölartiger Alkohol) · **Gly|zi|ne,** *österr* **Gly|zi|nie** [..ĭə] ⟨*grch* → *lat*⟩, die, _, _n, *auch* **Wi|sta|rie** [..iə] ⟨*nach* dem nordamerikan. Botaniker Wistar ['wistər]⟩, die, _, ..ien [..iən] (eine Windepflanze)

g-Moll ['ge:..] K 106, das, _ (*Mus*; Tonart), *Zeichen* g; in g-Moll *od* in g · **g-Moll-Ton|lei|ter** K 188 (*Mus*)

Gna|de, die, _, _n; Euer Gnaden (*hist*); *vgl.* euer (1, b) · **gna|den;** *nur noch in* gnade dir [Gott]! · **Gna|den|brot,** das, _[e]s; *nur noch in Wendungen wie* sein _ essen, bekommen · **Gna|den|frist** · **gnä|dig**

Gneis, der, _es, _e (*Geol*; ein metamorphes Gestein)

Gneisenaustadt Schildau ↑ Schildau, Gneisenaustadt

gnei|sig (*Geol*)

Gni|te *od* **Gnit|ze,** die, _, _n (*norddt*; kleine Mücke)

Gnom, der, _en, _en (*Sage*; Erdgeist; Kobold, Zwerg) ⟨*grch* → *lat*⟩ · **gno|men|haft**

Gno|sis ⟨*grch*⟩, die, _ *od* **Gno|sti|zis|mus** ⟨*grch* → *lat*⟩, der, _ (mystisch-religiöse Strömung im 1. u. 2. Jh., bes. im Christentum) · **Gno|stik,** die, _ (Lehre der Gnosis) ⟨*grch*⟩ · **Gno|sti|ker,** der, _s, _ · **gno|stisch** · **Gnostizismus** ↑ Gnosis

[1] *Tr* ..k|k..

Gnu, das, _s, _s (eine Antilopengattung) ⟨*afrik*⟩
Go, das, _ (japan. Brettspiel chines. Ursprungs) ⟨*jap*⟩
Goal [go:l], das, _s, _s (*Sport österr u. schweiz*; Tor; Treffer) ⟨*engl*⟩ · **Goal|get|ter** [ˈgo:lgɛtər], der, _s, _ (*Sport*; [erfolgreicher] Torschütze)
Go|be|lin [gɔbəˈlɛ̃:] *K 318*, der, _s, _s (Wandteppich mit eingewebten Bildern) ⟨*nach* der französ. Herstellerfamilie⟩
Go|bi, die, _ (Wüste im O Zentralasiens) ⟨*mongol*, ‚Wüste'⟩
Gockel[1], der, _s, _ (*landsch*; Hahn) · **Gockel|hahn**[1] (*landsch, bes Kinderspr*)
Gode ↑ [1]Gote
Goi [gɔi], der, _[s], *Pl* Gojim [goˈji:m *od* ˈgo:jim] (hebr. Bez. für Nichtjude) ⟨*hebr*⟩
Goi|se|rer [ˈgɔy..], der, _s, _, *meist Pl* (*österr*; schwerer, genagelter Bergschuh)
go|keln *K 363* (*landsch umg*; leichtsinnig mit Feuer spielen) ⟨*zu* gaukeln⟩
Golatsche ↑ Kolatsche
Gold, das, _[e]s (chem. Element, Edelmetall); *Zeichen* Au (*für* Aurum, ↑ *d.*) · **gold|ähn|lich** · **Gold|am|mer** (ein Singvogel)
gol|den *K 364*:
I. *Kleinschreibung K 119*: goldene Hochzeit, goldene Medaille, goldene Worte, die goldene Mitte
II. *Großschreibung K 258*; die Goldene Aue, das Goldene Prag, das Goldene Horn; die Goldene Bulle (*hist*), das Goldene Kalb (*bibl*), die Goldene Horde (*hist*), der Goldene Schnitt (*Math*), das Goldene Vlies (*vgl.* Vlies), das Goldene Zeitalter (*vgl.* saturnisch)
gold|far|ben (*K 364*) *od* **gold|far|big**; *vgl. auch* ...farben *u. K 272 ff.*
gold‿gelb, ...haa|rig, ...hal|tig · **gol|dig**
Gold|lack (eine Zierpflanze, Kreuzblütler) · **Gold|par|mä|ne**, die, _, _n (eine Apfelsorte) · **Gold|re|gen** (ein Zierstrauch, Schmetterlingsblütler)
Go|lem, der, _s (*jüd Legende*; belebte Tonfigur) ⟨*hebr*⟩
[1]**Golf**, der, _[e]s, _e (größere Meeresbucht) ⟨*grch → rom*⟩
[2]**Golf**, das, _s (ein Ballspiel) ⟨*engl*⟩; _ spielen · **Gol|fer**, der, _s, _ (Golfspieler) · **Golf|platz**
Golf|strom, der, _[e]s (warme Meeresströmung im nördl. Atlantik) ⟨*nach* dem Golf von Mexiko⟩

---
[1] *Tr* ..k|k..

Gol|ga|tha, *ohne Art, Gen* _s (Hügel vor Jerusalem, Kreuzigungsort Jesu) ⟨*hebr → aram → grch*⟩
Go|liath, der, _s, _s (Mensch von riesenhaftem Wuchs) ⟨*nach* dem alttestamentl. Riesen⟩
Göl|ler, das, _s, _ (*schweiz*; Kragen) ⟨*zu* [1]Koller⟩
Go|mor|r[h]a (bibl. On.); *vgl. auch* Sodom
Gon, das, _s, _ (*Geodäsie*; Einheit des ebenen Winkels = der 100. Teil eines rechten Winkels ≈ 15,708 mrad); *Einheitenzeichen* gon ⟨*grch*⟩; *vgl. auch* Neugrad
Gon|del, die, _, _n (schmales Ruderboot; Raum für Passagiere od. Ballast an Luftballon u. Luftschiff) ⟨*ital*⟩ · **gon|deln** *K 363* (*umg*; sich gemächlich [in einem Boot] vorwärtsbewegen) · **Gon|do|lie|re**, der, _, ..ri (Gondelführer)
Gong, der, *österr nur so, selten* das, _s, _s ⟨*mal*⟩ · **gon|gen**; es gongt · **Gong|schlag**
Go|nio|me|ter, das (Winkelmesser) ⟨*grch*⟩ · **Go|nio|me|trie**, die, _ (Winkelmessung, -rechnung)
gön|nen · **Gön|ner** · **gön|ner|haft** (*abwert*) · **Gön|ner|haf|tig|keit**, die, _ (*abwert*) · **Gön|ner|schaft**, die, _
Go|no|kok|ken *Pl* (*Biol*; eine Bakterienart [Trippererreger]); *Sg* Go|no|kok|kus, der, _ ⟨*grch → lat*⟩ · **Go|nor|rhoe** *od* **Go|nor|rhöe** [*beide* ..ˈrø:], die, _, _n [..ˈrø:ən] (*Med*; Tripper) ⟨*grch*⟩ · **go|nor|rho|isch** (*Med*)
good-bye! [gudˈbai] (»leb(t) wohl!«) ⟨*engl*⟩
Good|will [ˈgudwil], der, _s (*kap Wirtsch*; Teil des Firmenwertes; Entgegenkommen, Wohlwollen) ⟨*engl*⟩
Gö|pel, der, _s, _ (durch Zugtiere betätigte Antriebsvorrichtung) · **Gö|pel|werk**
Gör ↑ Göre (1)
Go|ra|le, der, _n, _n (Angehöriger der poln. Bergbevölkerung in den Beskiden u. der Tatra) ⟨*poln*, ‚Bergbewohner'⟩
Gor|ding, die, _, _s (*seem*; Tau zum Zusammenholen der Segel)
gor|disch ⟨*nach* der phryg. Stadt Gordion⟩; *K 238*: ein gordischer Knoten (eine schwer lösbare Aufgabe); *K 258*: der Gordische Knoten (in der Sage)
Gö|re, die, _, _n: 1. *od* **Gör**, das, _[e]s, _en (*landsch umg*; [kleines] Kind – 2. (*salopp*; kesses Mädchen)
Gor|go|nen *Pl* (*griech Sage*; schlangenhaarige weibl. Schreckgestalten); *Sg* Gor|go, die, _ ⟨*grch*, ‚die Schrecklichen'⟩

Gor|gon|zo|la, der, _s, _s (ein Käse) ⟨*nach* dem italien. Ort⟩
Go|ril|la, der, _s, _s (größter Menschenaffe) ⟨*afrik → grch*⟩
Gor|ki, *früher* **Nish|ni Now|go|rod** [ˌniʒni ˈnɔv..] (Stadt der RSFSR an der Wolga, Geburtsort des russisch-sowjet. Dichters Gorki)
Gor|ki Le|nin|ski|je (Dorf nahe Moskau, Sterbeort Lenins)
Gör|litz (Stadt im Bez. Dresden)
Gösch, die, _, _en (*seem*; kleine Flagge auf dem Vorsteven; andersfarbiges Obereck mancher Flaggen) ⟨*ndrl, zu* Geuse⟩
Go|scherl, das, _s, _[n] (*österr umg*; kleiner Mund)
Go|se, die, _, _n (ein obergäriges Bier) ⟨*nach* dem Flüßchen im Nordharz⟩
Gos|lar (Stadt der BRD am Harz)
Gos|pel, das *od* der, _s, _s (*kurz für* Gospelsong) ⟨*engl*⟩ · **Gos|pel|song** (eine Form des Spirituals); *kurz* Gospel
Gos|se, die, _, _n ⟨*zu* gießen⟩
Gös|sel, das, _s, _[n] (*norddt*; Gänseküken)
GOST [gɔst] *Kurzw* (Staatlicher Standard der UdSSR) ⟨*aus russ* *G*ossud*a*rstwenny *o*bschtschesojusny *st*andart [..ni ..ni st..]⟩
[1]**Go|te**, *auch* **Go|de**: 1. der, _n, _n (*landsch*; Pate) – 2. die, _, _n (*landsch*; Patin); *vgl. auch* Gotte
[2]**Go|te**, der, _n, _n (Angehöriger eines german. Volksstammes)
Gö|te|borg (Hafenstadt an der Westküste Schwedens) ⟨‚Gotenburg'⟩
Go|tha (Stadt im Bez. Erfurt) · **Go|tha|er**: 1. *K 231*: der, _s, _; 2. *als Attribut K 232*: das Gothaer Programm (1875) · **go|tha|isch**
Goe|the|ana [..ø..] *Pl* (Werke von u. über den Dichter Goethe) · **Goe|the|band** *K 209*, der · **goe|the|freund|lich** *K 215* · **goe|thesch**, *älter* **goe|thisch** *K 218* ⟨*nach* dem Dichter Goethe⟩ · **Goe|thesch**, *älter* **Goe|thisch** *K 217*
Go|tik, die, _ (Kunststil vom 13. bis 15. Jh.) ⟨*nach* dem Volk der [2]Goten⟩ · **go|tisch** (die [2]Goten betreffend; die Gotik betreffend); *vgl. K 266 f.* · **Go|tisch**: 1. das, *Gen* _[s], *Dat* _ (Sprachbezeichnung *K 268 ff.*) – 2. die, _ (*Polygr*; eine Schriftgattung) · **Go|ti|sche**, das, *Gen* _n, *Dat* _n (Sprachbezeichnung *K 271*)
Got|land (schwed. Ostseeinsel)
Gott: 1. *meist ohne Art, seltener* der, *Gen* _es, *in festen Fügungen mitunter auch* _s; _ sei Dank!, _ befohlen!; grüß' _!; um _es willen, in _es Namen – 2. der, _[e]s, *Pl* Götter · **gott|be|gna|det** (*gehoben*) ·

gott|be|wah|re! *K 176 (umg), aber K 175*: Gott bewahre uns davor! · **Got|te,** die, _, _n (*schweiz*; Patin); *vgl. auch* Götti · **Göt|ter‿bo|te** (*Mythol*), **...däm|me|rung** (*nord Mythol*) · **gott|er|ge|ben** (*oft iron*) · **göt|ter|gleich** · **Got|tes‿acker** [*Tr* ...ak|ker] (*landsch gehoben*), **...dienst** · **Got|tes|sohn,** der, _[e]s (*Rel*; Beiname Jesu) · **Got|tes|ur|teil** (*hist*) · **gott|ge|fäl|lig** (*noch gehoben*)

Gott|hard|bahn *K 246*, die, _ (in der Schweiz)

Gott|heit

Göt|ti, der, _s, _ (*schweiz*; Pate); *vgl. auch* Gotte · **Göt|tin,** die, _, ..innen

Göt|tin|gen (Stadt im O der BRD) · **Göt|tin|ger:** 1. *K 231*: der, _s, _; 2. *als Attribut K 232* · **göt|tin|gisch**

gött|lich · **Gött|lich|keit,** die, _ · **gott|lob** *K 176, aber K 175*: Gott [sei] Lob und Dank! · **Gott|sei|bei|uns** [*auch* ..'zai..], der, _ (*verhüll*; Teufel) · **gotts‿er|bärm|lich** (*umg*), **...jäm|mer|lich** (*umg*) · **Gott|va|ter,** *ohne Art, Gen* _s (*Rel*) · **gott|ver|las|sen** (*umg*; einsam) · **gott|voll** (*umg*; komisch)

Götz (m. Vn.) ⟨*Kurzf von* Gottfried (,Gott' + ,Schutz')⟩

Göt|ze, der, _n, _n (Abgott). *Zus K 365ff.*: Götzen‿bild usw.

Gouache usw. ↑ Guasch usw.

Gou|da ['gau..], der, _s, _s *od* **Gou|da|kä|se** *K 246* ⟨*nach* der niederländ. Stadt Gouda ['xauda:]⟩

Gourde [gurt *od* gurd], der, _, *Pl* _s [gurd *od* 'gurdəs] *u. bei Wertangabe* (*K 310*) Gourde (Währungseinheit in Haïti) ⟨*lat → frz*⟩

Gour|mand [gur'mã:], der, _s, _s (jmd., der gern gut u. viel ißt) ⟨*frz*, ,Vielesser'⟩ · **Gour|met** [gur'mɛ(:) *od* ..'me:], der, _s, _s (Feinschmekker)

gou|tie|ren [gu'ti:..] (an etw. Gefallen, Geschmack finden; gutheißen) ⟨*lat → frz*⟩; *vgl. auch* gustieren

Gou|ver|nan|te [guvɛr..], die, _, _n (*veraltet*; Erzieherin, Hauslehrerin) ⟨*lat → frz*⟩ · **Gou|ver|ne|ment** [..'mã: *od* ..'maŋ], das, _s, _s (Regierung; Verwaltung; Verwaltungsbezirk) · **Gou|ver|neur** [..'nø:r], der, _s, _e (Leiter eines Gouvernements)

Graal-Mü|ritz, Ost|see|bad (im Bez. Rostock)

Grab, das, _[e]s, *Pl* Gräber; zu _e tragen

Grab|be|lei (*norddt umg*); *vgl. aber* Krabbelei · **grab|beln** *K 363* (*norddt umg*; umhertasten); *vgl. aber* krabbeln

gra|ben; du gräbst, er gräbt; du grubst *od* grubest; du grübest; gegraben; grab[e]! · **Gra|ben,** der, _s, *Pl* Gräben; *in Straßennamen* ↑ *K 249ff.*

Grä|ber: 1. *Pl* ⟨*zu* Grab⟩ – 2. der, _s, _ ⟨*zu* graben⟩ · **Grä|ber|feld** · **Gra|bes‿käl|te, ...ru|he, ...stil|le** · **Grab|mal,** *Pl* ...mäler, *auch* ..male · **Grab|scheit,** *Pl* ..scheite (*landsch*; Spaten) · **Grab|stät|te** (*gehoben*) · **Grab|sti|chel** (Meißel für Metallarbeit) · **Gra|bung**

Gracht [..x..], die, _, _en (Kanal, schiffbarer Graben) ⟨*ndrl*⟩; *in Straßennamen* ↑ *K 249ff.*

Grae|cum ['grɛ:..], *eindeutschend* **Grä|kum,** das, _s (Prüfung im Altgriechischen) ⟨*grch → lat*⟩

Grad: 1. der, _[e]s, _e (Maßeinteilung; Steigerungsstufe; Rang; Verwandtschaftsstufe) – 2. der, _[e]s, _ (*Phys*; Bestandteil von Temperaturangaben [*Kurzzeichen* °], z. B. 20 °C) – 3. der, _[e]s, _ (*Math*; Einheit des ebenen Winkels = der dreihundertsechzigste Teil eines Kreises ≈ 17,453 mrad [*Einheitenzeichen* °, z. B. ein Winkel von 20°; *nicht* 20 °]) ⟨*lat*⟩; *vgl. auch* Vorschriften für den Schriftsatz 3.9. *Zus K 365ff.*: Grad‿messer (der) usw. · **Gra|da|tion** (Einteilung nach Graden; Steigerung; Abstufung)

Grad Cel|sius (Einheit der Celsiustemperatur); *Einheitenzeichen* °C, *bei Temperaturdifferenzen* K (*vgl.* Kelvin), z. B. 20 °C ± 1 K *od* (20 ± 1) °C ⟨*nach* dem schwed. Astronomen⟩

grade ↑ *unter* ¹gerade *bzw* ²gerade

Gra|del *od* **Gradl,** der, _s, _ (*süddt, österr*; Gewebe mit eingewebtem Muster)

Grad Fah|ren|heit (*veraltende* Einheit der Temperatur in Großbritannien u. in den USA); *Einheitenzeichen* °F ⟨*nach* dem Physiker⟩; 5 °F

Gra|di|ent (*fachspr*; Gefälle od. Anstieg einer ortsveränderlichen Größe); *Zeichen* grad ⟨*lat*⟩ · **Gra|di|en|te,** die, _, _n (*fachspr*; Neigungs-, Gefällelinie)

gra|die|ren (in Grade einteilen; verstärken – *Chem*; Salzlösung durch Abdunsten konzentrieren) ⟨*lat*⟩ · **Gra|dier|werk** (Rieselwerk zur Salzgewinnung)

Gra|ditz (Ort im Bez. Leipzig) · **Gra|dit|zer:** 1. *K 231*: der, _s, _ (in Graditz Geborener od. Wohnender; Pferd einer in Graditz gezüchteten Rasse) – 2. *als Attribut K 232*: das Graditzer Gestüt

Gradl ↑ Gradel

gra|du|al (den Grad od. den Rang betreffend) ⟨*lat*⟩ · **gra|du|ell** (grad-, stufenweise; allmählich) ⟨*lat → frz*⟩ · **gra|du|ie|ren** (mit genauer Einteilung versehen; einen akadem. Grad erteilen) ⟨*lat*⟩ · **Gra|du|ier|te,** der *u.* die, _n, _n *K 341* (Inhaber[in] eines akadem. Grades) · **grad|wei|se** *K 176*

Graf, der, _en, _en ⟨*Herkunft umstritten*⟩ · **Gra|fen|ti|tel**

Grafik usw. ↑ Graphik usw.

Grä|fin, die, _, ..innen ⟨*Herkunft umstritten*⟩ · **gräf|lich,** *als Titel K 258*: Gräflich · **Graf|schaft**

Gra|ham|brot *K 209* ⟨*nach* dem amerikan. Arzt Graham ['gre:əm]⟩

Gra|ji|sche Al|pen *K 258 Pl* (Teil der Westalpen)

grä|ko-la|tei|nisch *K 244* (griechisch-lateinisch) ⟨*grch + lat*⟩ · **Gräkum** ↑ Graecum

Gral, der, _[e]s (*mittelalterl Sage u. Dichtung*; wundertätige Schale) ⟨*lat*⟩; *K 119*: der heilige _. *Zus K 365ff.*: Grals‿sage usw.

gram; *meist in* jmdm. _ sein (*gehoben*) · **Gram,** der, _[e]s (*gehoben*) · **grä|men;** sich (*Akk*) _ (*gehoben*) · **gräm|lich** (*gehoben*)

Gramm, das, _s, *Pl* _e u. *bei Maßangabe* (*K 308*) Gramm ($^1/_{1000}$ kg); *Einheitenzeichen* g ⟨*grch*⟩; 2 Gramm · **Gram|ma|tik,** die, _, _en (Regelwerk einer Sprache; Sprachlehre [in Buchform]) · **Gram|ma|ti|ker,** der, _s, _ (Wissenschaftler auf dem Gebiet der Grammatik) ⟨*grch → lat*⟩ · **gram|ma|tisch,** *auch* **gram|ma|ti|ka|lisch** (die Grammatik betreffend)

Gram|mel, die, _, _[n] (*bayr, österr*; Griebe)

...gram|mig (z. B. fünfziggrammiges [*mit Ziffern K 284*: 50grammiges] Papier) ⟨*grch*⟩

Gram|mo|phon, das, _s, _e (Vorläufer des Plattenspielers) ⟨*grch*⟩ · **Gram|mo|phon|plat|te**

Gran, *auch* **Grän,** das, _[e]s, *Pl* _e u. *bei Maßangabe* (*K 308*) Gran, *auch* Grän (alte Einheit der Masse ≈ 0,063 g) ⟨*lat*⟩; 3 Gran, *auch* Grän

Gra|na|da (Stadt in Südspanien)

¹Gra|nat, der, _[e]s, _e (eine Garnelenart der Nordsee) ⟨*zu* Granne⟩

²Gra|nat, der, _[e[s, _e (*österr* _en, _en) (ein Schmuckstein) ⟨*lat*⟩. *Zus K 365ff.*: Granat‿schmuck usw. · **Gra|nat|ap|fel** · **Gra|na|te,** die, _, _n ⟨*lat → ital*⟩ · **Gra|nat|wer|fer** (kleines Steilfeuergeschütz)

Gran Ca|na|ria [_ k..] (eine der Kanarischen Inseln) ⟨*span*⟩

Gran Cha|co [_ 'tʃako], der, *Gen* _ _s (Landsch. in Südamerika) ⟨*span* + *indian*, ,große Treibjagd'⟩

¹Grand, der, _[e]s, _e (*bayr, österr*; Wasserbehälter)

[2]Grand [grã: *od* graŋ], der, _s, _s (Großspiel [beim Skat]) ⟨*lat → frz*⟩ · **Gran|de** ['grandə], der, _n, _n (Mitglied des span. Hochadels) ⟨*lat → span*⟩

Gran|del, *österr* **Gra|ne**, die, _, _n (*weidm*; Eckzahn im Oberkiefer des Rotwildes)

Gran|dez|za, die, _ (feierliche, steife Würde) ⟨*lat → span*⟩ · **gran|dios** *K 349* (großartig; stattlich; überwältigend) ⟨*lat → ital*⟩ · **Grand ou|vert** [graŋ *od* grã(:) u'vɛ:r] *K 47*, der, *Gen* _ _, *Pl* _s _s [graŋ *od* grã(:) u'vɛ:r(s)] (offenes Großspiel beim Skat) ⟨*frz*⟩ · **Grand Prix** [grã(:) 'pri:], der, *Gen* _ _, *Pl* _ _ (Hauptpreis, Großer Preis [im Sport, Filmwesen u. a.]) · **Grand|sei|gneur** [grãsɛ'njø:r], der, _s, *Pl* _s *od* _e (*oft iron*; vornehmer Mann) ⟨‚großer Herr'⟩

Grane ↑ Grandel

gra|nie|ren (*fachspr*; in Körner od. Pulver verwandeln) ⟨*lat*⟩ · **gra|niert** (*fachspr*; gekörnt; gerieft; gerauht) · **Gra|nit**, der, _[e]s, _e (*Geol*; ein Tiefengestein) ⟨*lat → ital*⟩. *Zus K 365 ff.*: Granit‿quader usw. · **gra|ni|ten** *K 364* (aus Granit)

Gran|ne, die, _, _n (Ährenborste)

gran|nig (*Bot*)

Grant, der, _s (*bayr, österr*; Übellaunigkeit) · **gran|tig** (*umg*)

Gra|nu|lat, das, _[e]s, _e (gekörnte Substanz) ⟨*lat*⟩ · **Gra|nu|la|tion** (*fachspr*; Bildung bzw. Herstellung einer körnigen Oberflächenstruktur) · **gra|nu|lie|ren** (*fachspr*; eine körnige Oberflächenstruktur bilden bzw. herstellen) · **Gra|nu|lit**, der, _[e]s, _e (*Geol*; ein metamorphes Gestein) · **gra|nu|lös** *K 349* (*fachspr*; körnig)

Grape|fruit ['gre:pfru:t], die, _, _s (eine Zitrusfrucht) ⟨*engl*⟩

Graph: 1. der, _en, _en (*Math*; graph. Darstellung) – 2. das, _s, _e (*Sprachw*; Schriftzeichen, kleinste nicht bedeutungstragende Einheit der geschriebenen Sprache) ⟨*grch*⟩ · **Gra|phem**, das, _s, _e (*Sprachw*; kleinste bedeutungsunterscheidende Einheit der geschriebenen Sprache) · **Gra|phie**, die, _, ..ien (*Sprachw*; Schreibung, Schreibweise) · **Gra|phik** *od* **Gra|fik** *K 54*: 1. die, _ (Sammelbez. für Handzeichnung, Holzschnitt, Kupferstich, Lithographie u. Radierung) – 2. die, _, _en (Kunstblatt dieser Techniken) ⟨‚Schreibkunst'⟩ · **Gra|phi|ker** *od* **Gra|fi|ker** *K 54*, der, _s, _ · **gra|phisch** *od* **gra|fisch** *K 54*; _e Darstellung · **Gra|phit**, der, _[e]s, _e (*Mineral*; natürlich vorkommender Kohlenstoff) · **gra|phi|tisch** (*Mineral*)

Gra|pho|lo|ge, der, _n, _n ⟨*grch*⟩ · **Gra|pho|lo|gie**, die, _ (Handschriftforschung) · **gra|pho|lo|gisch**

grap|schen *K 354* (*umg*; schnell nach etw. greifen)

Grap|to|li|then *Pl* (*Paläont*; Klasse der Wirbellosen im Erdaltertum); *Sg* Grap|to|lith, der, _en ⟨*grch*⟩

Gras: 1. das, _es (Rasen) – 2. das, _es, *Pl* Gräser (einzelne Graspflanze) · **gras|ar|tig** · **Gräs|chen**, *Pl* _ *od* Gräserchen · **gra|sen** *K 354* · **Gra|ser** (*weidm*; die Zunge beim Schalenwild [außer dem Schwarzwild]) · **Gras|flä|che** · **gras|grün**; *vgl.* blau · **Gras‿halm, ...hüp|fer** · **gra|sig** · **Gras|land**, das, _[e]s · **Gras|mücke** [*Tr* ...mük|ke], die, _, _n (ein Singvogel) ⟨‚Grasschlüpfer', *an* Mücke angelehnt⟩ · **Gras|nar|be**

gras|sie|ren (*bes von Krankheiten gesagt*; um sich greifen, gehäuft auftreten) ⟨*lat*⟩

gräß|lich · **Gräß|lich|keit**

Gras|step|pe

Grat, der, _[e]s, _e ([oberste scharfe] Kante; Bergkamm, Bergkammlinie). *Zus K 365 ff.*: Grat‿leiste usw. · **Grä|te**, die, _, _n (Fischknochen)

Gra|ti|fi|ka|tion (Sonderzuwendung; Entschädigung; Ehrengabe) ⟨*lat*⟩

grä|tig (viele Gräten enthaltend – *umg*; mürrisch, reizbar, gereizt)

Grä|ting, die, _, *Pl* _e *od* _s (*seem*; Lattenrost als Bodenbelag auf Schiffen) ⟨*lat → engl*⟩

gra|ti|nie|ren (*Kochk*; durch Überbacken mit einer braunen Kruste versehen) ⟨*frz*⟩

gra|tis (unentgeltlich, frei) ⟨*lat*⟩; _ und franko (*umg verstärkend*; unentgeltlich und portofrei)

Grät|sche, die, _, _n (eine Turnübung) · **grät|schen** *K 354* (die Beine seitwärts spreizen)

Gra|tu|lant (jmd., der Glück wünscht) ⟨*lat*⟩ · **Gra|tu|la|tion** (Beglückwünschung; Glückwunsch) · **Gra|tu|la|tions|cour** [..ku:r], die, _, _en (feierl. Beglückwünschung durch viele Gratulanten) · **gra|tu|lie|ren**; jmdm. zu etw. _

grau; der, _e Star; _e Salbe; *aber K 258*: die Grauen Schwestern (kath. Kongregation); *K 275* grau färben; grau in grau malen; *vgl.* blau; sein Haar war grau meliert, *aber*: er hatte graumeliertes Haar; *vgl. auch K 166* · **Grau**, das, _s (graue Farbe); das _ des Himmels; in _ gekleidet; *vgl.* Blau · **grau|äu|gig** · **grau|bär|tig** · **grau|blau** *K 278*; *vgl.* blau · **Grau|brot**, das, _[e]s

Grau|bün|den (Kanton in der Schweiz) · **Grau|bünd|ner** *od* **Grau|bün|de|ner** *K 236*, *schweiz kurz* **Bünd|ner**: 1. *K 231*: der, _s, _; 2. *als Attribut K 232*: die Graubünd[e]ner Luftkurorte · **grau|bünd|ne|risch**, *schweiz kurz* **bünd|ne|risch**

Grau|chen [..ç..] (*Kosew*; Esel) · **[1]grau|en** (grau werden); der Morgen graut

[2]grau|en: 1. *unpersönl* mir (*seltener* mich) graut [es] vor etwas – 2. *refl* sich (*Akk*) _ (Furcht vor etw. haben) ⟨*zu* Greuel⟩; *vgl. auch* graulen u. grausen (2) · **Grau|en**, das, _s (Furcht, Schauder) · **grau|en|er|re|gend**; *vgl. K 163*; am _sten *K 115* · **grau|en|haft**

Grau|kopf (*umg*)

grau|len (*umg*): 1. *refl* sich (*Akk*) _ (sich in abergläubischer Weise ängstigen) – 2. *tr* jmdn. aus dem Haus _ (unfreundlich vertreiben) ⟨*zu* [2]grauen⟩; *vgl. auch* [2]grauen (2) u. grausen (2); *vgl. aber* [1]kraulen · **[1]grau|lich** (grauenerregend); *vgl. auch* greulich

gräu|lich, *auch* **[2]grau|lich** (etwas grau); *vgl. aber* greulich · **grau|me|liert**; _es Haar; *vgl.* grau

Gräup|chen · **Grau|pe**, die, _, _n, *meist Pl* (ein Nährmittel) ⟨*slaw*⟩ · **Grau|pel**, die, _, _n, *meist Pl* (kleines Hagelkorn) · **grau|peln**; es graupelt · **Grau|pel|wet|ter**

graus (*noch gehoben*; schrecklich, grauenerregend) ⟨*zu* grausen⟩; ein grauses Morden · **Graus**, der, _es (*noch gehoben*; Schrecken); es ist ein _! (*noch umg*; es ist schrecklich!) · **grau|sam** · **Grau|sam|keit** · **grau|sen**: 1. *unpersönl* mir (*seltener* mich) graust [es] vor etwas – 2. *selten refl* sich (*Akk*) grausen [vor etwas] (sich stark grauen). *Vgl. auch* [2]grauen u. graulen · **Grau|sen**, das, _s · **grau|sig** (grauenerregend) · **graus|lich** (*österr*; ekelhaft, häßlich)

Grau|specht · **Grau|spieß|glanz**, der, _es (*Mineral*; ein Antimonerz) · **Grau|tier** (*umg scherzh*; Esel) · **Grau|wacke** [*Tr* ...wak|ke], die, _, _n (*Geol*; ein Sedimentgestein) · **Grau|werk**, das, _[e]s (graues Pelzwerk, Feh)

Gra|ven|stei|ner [..v..] *K 231*, der, _s, _ (eine Apfelsorte)

Gra|veur [..'vø:r], der, _s, _e (Metall-, Stein- od. Holzschneider, Stecher) ⟨*germ → frz*⟩ · **Graveurarbeit** ↑ Gravierarbeit

Gra|vi|di|tät [..v..] (*Med*; Schwangerschaft) ⟨*lat*⟩

Gra|vier|ar|beit [..v..] *od* **Gra|veur-**

ar|beit [..'vø:r..] · **gra|vie|ren** ([in Metall, Stein od. Holz] schneiden, stechen) ⟨*germ* → *frz*⟩

gra|vie|rend [..v..] (erschwerend, belastend) ⟨*lat*⟩; _e Umstände · **Gra|vi|me|ter,** das (Gerät zur Schwerkraftmessung) ⟨*lat* + *grch*⟩ · **Gra|vi|me|trie,** die, _ (*Geophys*; Schweremessung – *Chem*; Gewichtsanalyse) · **gra|vi|me|trisch** (*Geophys*, *Chem*) · **Gra|vis,** der, _, _ (*Phon*; Betonungszeichen); *Zeichen* ` ⟨*lat*⟩ · **Gra|vi|tät,** die, _ (*veraltet*; [steife] Würde) · **Gra|vi|ta|tion,** die, _ (*Phys*; Schwerkraft, Masseanziehungskraft) · **Gra|vi|ta|tions|ge|setz** (*Phys*) · **gra|vi|tä|tisch** (feierlich, würdevoll, gemessen); _ste · **gra|vi|tie|ren** (*Phys*; [infolge der Schwerkraft] zu etw. hinstreben)

Gra|vur [..v..], die, _, _en (gravierte Druckplatte aus Metall od. Stein) ⟨*germ* → *frz*⟩ · **Gra|vü|re,** die, _, _n (Kupfer-, Stahlstich; Tiefdruckplatte)

Gray [gre:], das, _[s], _ (SI-Einheit der Energiedosis); *Einheitenzeichen* Gy ⟨*nach* dem engl. Physiker⟩

Graz (Stadt in Österreich) · **Gra|zer:** 1. *K 231*: der, _s, _; 2. *als Attribut K 232*

Gra|zie [..ĭə], die, _ (Anmut) – **Grazien** [..ĭən] *Pl* (*röm Mythol*; Göttinnen der Anmut) ⟨*lat*⟩

gra|zil (schlank, geschmeidig; schmächtig) ⟨*lat*⟩ · **Gra|zi|li|tät,** die, _

gra|ziös *K 349* (anmutig) ⟨*lat* → *frz*⟩ · **gra|zio|so** (*Mus*; anmutig) ⟨*lat* → *ital*⟩ · **Gra|zio|so,** das, _s, *Pl* _s *od* ..si (*Mus*)

grä|zi|sie|ren (nach griech. Muster formen; die alten Griechen nachahmen) ⟨*grch* → *lat*⟩ · **Grä|zis|mus,** der, _, ..men (*Sprachw*; altgriech. Spracheigentümlichkeit [in einer nichtgriech. Sprache]) · **Grä|zist** (Wissenschaftler auf dem Gebiet der Gräzistik); *vgl. auch* Hellenist · **Grä|zi|stik,** die, _ (Wissenschaft von der altgriech. Sprache, Literatur u. Kultur) · **Grä|zi|tät,** die, _ (Wesen der altgriech. Sprache u. Kultur)

Green|horn ['gri:nhɔ(:)rn], das, _s, _s (*iron*; Neuling) ⟨*engl*⟩

Green|wich ['gri:nitʃ *od* 'grinidʒ] (östl. Vorstadt von London) · **Green|wi|cher** ['gri:nitʃər *od* 'grinidʒər]: 1. *K 231*: der, _s, _; 2. *als Attribut K 232*: die Greenwicher Zeit

Grège [grɛ:ʃ *od* grɛ:ʒ], die, _, _s [grɛ:ʃ(s) *od* [grɛ:ʒ] (Rohseidenfaden) ⟨*ital* → *frz*⟩. *Zus K 365ff.*: Grège‿seide usw.

Gre|go|ria|nisch *K 217*: der _e Kalender ⟨*nach* Papst Gregor XIII.⟩; der _e Choral *od* Gesang (*kath Kirche*; liturgischer Gesang) ⟨*nach* Papst Gregor I.⟩

Greif, der, *Gen* _[e]s, *Pl* _e *od Gen* _en, *Pl* _en: 1. (ein Fabeltier) – 2. (*kurz für* Greifvogel) ⟨*assyr* → *hebr* → *grch* → *lat*⟩

greif|bar · **grei|fen;** du griffst *od* griffest; du griffest; gegriffen; greif[e]!; um sich _; *K 102*: zum Greifen nahe · **Grei|fer**

Greifs|wald (Stadt im Bez. Rostock) · **Greifs|wal|der:** 1. *K 231*: der, _s, _; 2. *als Attribut K 232*: der Greifswalder Bodden

Greif|vo|gel; *kurz* Greif

Greif|zan|ge

grei|nen (*umg abwert*; weinen)

greis *K 349* (*gehoben*; alt, altersgrau) · **Greis,** der, _es, _e · **Grei|sen|al|ter** · **grei|sen|haft** · **Grei|sen|haf|tig|keit,** die, _ · **Grei|sin,** die, _, ..innen

Greiß|ler, der, _s, _ (*österr*; Krämer)

grell ⟨*zu* Groll⟩ · **Grel|le,** die, _

grelleuchtend [*Tr* grell|leuch|tend *K 78*]; *vgl. K 166* · **grell|rot** *K 278*; *vgl.* blau

Gre|mium, das, _s, ..ien [..ĭən] (Körperschaft, Gemeinschaft; Kollegium) ⟨*lat*, ‚[1]Schoß'⟩

Gre|na|da [*engl* grə'ne:də] (Insel der Kleinen Antillen; Inselstaat vor der Nordküste Südamerikas) · **Gre|na|der,** der, _s, _

Gre|na|dier, der, _s, _e (*hist*; Soldat der Infanterie) ⟨*lat* → *ital* → *frz*, ‚Granatenwerfer'⟩

gre|na|disch ⟨*zu* Grenada⟩

Gre|no|ble [grə'nɔb(ə)l] (Stadt im SO Frankreichs)

Grenz|baum · **Gren|ze,** die, _, _n ⟨*slaw*⟩ · **gren|zen** *K 354* · **gren|zen|los;** *vgl.* ...los; *K 114*: bis ins grenzenlose (unendlich) abgespannt sein, *aber K 93*: sich bis ins Grenzenlose (in das All hinaus) erstrekken · **Gren|zen|lo|sig|keit,** die, _ · **Gren|zer,** der, _s, _ (*umg*; Grenzpolizist, Grenzbewohner) · **grenz|flä|chen|ak|tiv** (*Chem*) · **Grenz‿fluß, ...ge|biet** · **grenz|über|schrei|tend;** _er Verkehr · **Grenz|wert** (*Math*; Limes)

Gre|te (w. Vn.) ⟨*Kurzf von* Margarete⟩ · **Gre|tel** (w. Vn.) ⟨*Verkleinerungsf von* Margarete⟩

Greu|be, die, _, _n (*schweiz*; Griebe)

Greu|el, der, _s, _ ⟨*zu* [2]grauen⟩. *Zus K 365ff.*: Greuel‿tat usw. · **greu|lich**

Grey|erz ['graiərts], *französ* **Gruyères** [gry'jɛ:r] (Stadt in der Schweiz) · **Grey|er|zer:** 1. *K 231*: der, _s, _ (in Greyerz Geborener od. Wohnender; eine Käsesorte) – 2. *als Attribut K 232*: der Greyerzer Käse

Grie|be, die, _, _n (Speckstückchen; Fettrückstand beim Ausbraten); *vgl. auch* Griefe u. Greube · **Grie|ben|fett,** das, _[e]s

Griebs, der, _es, _e (*landsch*; Kerngehäuse des Obstes – *landsch umg*; Gurgel); an den *od* am _ fassen; *vgl. aber* Grips

Grie|che, der, _n, _n ⟨*grch* → *lat*⟩ · **Grie|chen|land,** *ohne Art, amtl* **Grie|chi|sche Re|pu|blik** *K 258*, die, *Gen* _n _ (im SO Europas) · **grie|chisch**[1]; *vgl. K 266f.* · **Grie|chisch,** das, *Gen* _[s], *Dat* _ (Sprachbezeichnung *K 268ff.*) · **Grie|chi|sche,** das, *Gen* _n, *Dat* _n (Sprachbezeichnung *K 271*) · **grie|chisch-ka|tho|lisch** *K 189*; *Abk* gr.-kath. · **grie|chisch-orien|ta|lisch** [..orĭɛn..] *K 244* · **grie|chisch-or|tho|dox** *K 189* · **grie|chisch-uniert** *K 189*

Grie|fe, die, _, _n (*landsch*; Griebe)

Grien, das, _s (*schweiz*; [2]Kies)

grie|nen (*umg*; selbstzufrieden u. schadenfroh lachen; schmunzeln)

gries *K 349* (*noch landsch*; grau)

grie|seln *K 363* (*norddt*; erschauern [vor Kälte, Ekel, usw.]); mich grieselt; *vgl. aber* grießeln

Gries|gram, der, _[e]s, _e (*abwert*) · **gries|grä|mig,** *seltener* **gries|gräm|lich** (*abwert*)

Grieß, der, _es, _e (körnig gemahlener Weizen, Reis od. Mais). *Zus K 365ff.*: Grieß‿brei usw. · **grie|ßeln** (körnig werden; in kleinen Körnern niederfallen); es grießelt; *vgl. aber* grieseln · **grie|ßig;** ein _es Mehl · **Grie|ßig,** das, _[e]s (Bienenkot)

Griff, der, _[e]s, _e. *Zus K 365ff.*: Griff‿brett usw.

Grif|fel, der, _s, _ ⟨*grch* → *lat* → *frz*, *an* Griff *angelehnt*⟩

griffest [*Tr* griff|fest *K 78*] · **grif|fig** · **griff|los;** *vgl.* ...los

Grill, der, _s, _s (Bratrost) ⟨*lat* → *frz* → *engl*⟩ · **Gril|la|de** [gri'ja:də *od* gri'la:..] (Rostbratstück) ⟨*lat* → *frz*⟩ · **Grill|bar** ⟨*zu* [2]Bar⟩

Gril|le, die, _, _n (ein Insekt – *übertr*; Laune, sonderbarer Einfall) ⟨*grch* → *lat*⟩

gril|len (auf dem Grill braten) ⟨*lat* → *frz* → *engl*⟩

Gril|len|fän|ger ⟨*zu* Grille⟩ · **gril|len|fän|ge|risch** · **gril|len|haft**

Gril|let|te [gri'lɛt(ə)], die, _, _n [..t(ə)n] (*Kochk*; gegrilltes Hack-

[1] Griech. Alphabet ↑ *S. 574*.

fleisch) ⟨*lat* → *frz*⟩ · **Grill‿fo|lie** [..iə], **...ge|rät**
gril|lig (launenhaft) ⟨*zu* Grille⟩ · **Gril|lig|keit**, die, _
Grill|re|stau|rant [..rɛsto,raŋ]
Gri|mas|se, die, _, _n (unschöne od. spaßige Gesichtsverzerrung) ⟨*germ* → *span* → *frz*⟩
Grim|bart, der, _s (Name des Dachses in der Tierfabel)
grimm (*noch dicht*; zornig) · **Grimm**, der, _[e]s (*noch gehoben*) · **Grimm|darm** (ein Dickdarmteil) · **grim|mig** · **Grim|mig|keit**, die, _
Grimmsch *K 217* (von den Brüdern Grimm herrührend); das _e Wörterbuch; die _en Märchen
Grind, der, _[e]s, _e (Schorf – *weidm landsch*; der Kopf bei Hirschen u. beim Gemswild) · **grin|dig** · **Grind|wal** (eine Delphinart)
Grin|sel, das, _s, _[n] (*österr*; Kimme am Gewehrlauf)
grin|sen *K 354* ⟨*zu* greinen⟩
Grin|zing (Stadtteil von Wien)
grip|pal *od* **grip|pös** (grippeartig) ⟨*russ* → *frz*⟩; grippaler Infekt · **Grip|pe**, die, _, _n (eine Infektionskrankheit). *Zus 365ff.*: Grippe‿wetter usw.
Grips, der, _es, _e (*salopp*; Verstand, Auffassungsgabe) ⟨*zu* greifen⟩; *vgl. aber* Griebs
Gri|saille [..'za:i *od* ..'zai]: 1. die, _ (*Kunstwiss*; Malerei, die nur Abstufungen von Grau verwendet) – 2. die, _, _n [..'za:jən] (*Kunstwiss*; Bild in dieser Technik) – 3. die, _ (ein Seidengewebe) ⟨*germ* → *frz*⟩
Gri|set|te, die, _, _n (*veraltend*; junges, leichtfertiges Mädchen) ⟨*germ* → *frz, nach* den Pariser Putzmacherinnen u. Näherinnen⟩
Grislybär ↑ Grizzlybär
GRI|SU|TEN [..'te:n], *auch* **Gri|su|ten**, das, _s (Bez. für Polyesterfaserstoffe der DDR) ⟨*Kunstw*⟩
Grit, der, _s, _e (grober Sand, Sandstein) ⟨*engl*⟩
Grizz|ly|bär ['grizli..], *eindeutschend* **Gris|ly|bär** ['grisli..] (nordamerikan. Braunbär) ⟨*engl*, ‚grau' + Bär⟩
grob; gröber, gröbste; *K 117*: aus dem groben, aus dem gröbsten arbeiten, *aber K 94*: aus dem Gröbsten heraus sein (*umg*) · **Grob|blech** · **grob|fa|se|rig** *K 362* · **Grob|heit** · **Gro|bian**, der, _[e]s, _e (*abwert*; grober Mensch) · **grob|kör|nig** *K 172* · **gröb|lich** (ein wenig grob; grob, stark, ungemein) · **grob|schläch|tig** (von grober Art; unfein); ein _er Mensch · **Grob|schmied** (*veraltend*)
Gro|den, der, _s, _ (*norddt*; angeschwemmtes Land außerhalb eines Deiches)
Grog, der, _s, _s (heißes alkohol. Getränk) ⟨*lat* → *frz* → *engl*⟩ · **grog|gy** ['grɔgi] (*Boxsp*; hart angeschlagen, benommen, nicht mehr klaren Sinns – *umg*; erschöpft)
grö|len (*abwert*; schreien, lärmen) · **Grö|le|rei** (*abwert*)
Groll, der, _[e]s ⟨*zu* grell⟩ · **grol|len**
Gro|nin|gen (Stadt in den Niederlanden)
Grön|land (Insel in der Arktis) ⟨*anord*, ‚Grünland'⟩ · **Grön|län|der**, der, _s, _ · **grön|län|disch** · **Grön|land|wal**
Grop|pe, die, _, _n (ein Fisch)
Gros: 1. [gro:] ⟨*lat* → *frz*⟩, das, _ [gro:(s)], _ [gro:s] (Hauptmasse, Gesamtheit); *vgl. auch* en gros – 2. [grɔs] ⟨*lat* → *frz* → *ndrl*⟩, das, *Gen* Grosses, *Pl* Grosse u. *bei Mengenangabe* (*K 308*) Gros (alte Zähleinheit = 144 Stück = 12 Dutzend); *Abk* Gr. · **Gro|schen**, der, _s, _: 1. (Münzeinheit in Österreich); *Abk* g – 2. (*umg*; Zehnpfennigstück) ⟨*lat* → *dt* → *tschech*⟩
groß; größer, größte; größer als (*Zeichen* [*Math*] >)
I. *Kleinschreibung:* **a)** *K 119*: die großen Ferien – **b)** *K 114*: am größten; um ein großes (viel) verbessert – **c)** *K 116*: im großen (im allgemeinen) gesehen; im großen und im kleinen betreiben, verkaufen – **d)** *K 118*: groß und klein (jedermann); im großen [und] ganzen; *in Zus vgl.* VI
II. *Großschreibung*: **a)** *K 93*: die Großen (*umg*; die Erwachsenen); Große und Kleine, die Großen und die Kleinen; *vgl. aber K 113*; vom Kleinen auf das Große schließen; ein Zug ins Große; im Großen wie im Kleinen treu sein; das Verhalten einer Kurve im Großen (*Math*; das Verhalten einer Kurve, das auf große Zusammenhänge gerichtet ist) – **b)** *K 95*: etwas, nichts, viel, wenig Großes – **c)** *K 258*: Karl der Große (*Abk* d. Gr.), *Gen* Karls des Großen; der Große Bär; die Große Französische Revolution *od* die Französische Revolution (1789 bis 1794); das Große Los; die Große Mauer (im N Chinas); die Große Sozialistische Oktoberrevolution; der Große Vaterländische Krieg [der Sowjetunion gegen den Hitlerfaschismus]; die Große Trommel (*Mus*)
III. *Getrennt- od Zusammenschreibung bei Verben K 135*: ein Wort groß schreiben; *vgl. aber* großmachen usw.
IV. *Zusammenschreibung bei Partizipien*: großangelegt, großdenkend usw.; *vgl. aber K 166*
V. *Vor geograph Namen K 242*: Groß-London, *aber*: Großlondoner; *K 239*: Großbritannien
VI. *In Zus K 176*: großenteils, größer[e]nteils *K 363*, größtenteils
groß|ar|tig · **Groß|ar|tig|keit**, die, _ · **Groß|block|bau|wei|se**
Groß|bri|tan|nien [..iən], *ohne Art*, *amtl* **Ver|ei|nig|te Kö|nig|reich von Groß|bri|tan|nien und Nord|ir|land** *K 258*, das, *Gen* _n _[e]s _ _ _ _ (Inselstaat nördl. von Westeuropa)
Groß|buch|sta|be · **groß|den|kend** (*gehoben*); *vgl. aber K 166* · **Grö|ße**, die, _, _n · **Groß|el|tern** *Pl* · **Grö|ßen|ord|nung** · **gro|ßen|teils** *K 176* · **Grö|ßen‿ver|hält|nis**, **...wahn** (*abwert*) · **grö|ße|ren|teils** *od* **grö|ßern|teils** *K 176* · **groß|fi|gu|rig** · **Groß|for|mat** · **groß|for|ma|tig** · **Groß|fürst** (*hist*; Titel russischer Prinzen) · **Groß|für|stin** (*hist*)
Groß|glock|ner, der, _s (Berg in den Ostalpen)
Groß|grund|be|sitz (feudaler od. kapitalist. landwirtschaftl. Großbesitz) · **Groß|han|del**, der, _s · **Groß|han|dels|ge|sell|schaft**; *Abk* GHG · **Groß|händ|ler** · **groß|her|zig** (*gehoben*) · **Groß|her|zig|keit**, die, _ (*gehoben*) · **Groß|her|zog** (*hist*) · **groß|her|zog|lich** (*hist*); *als Titel K 258*: Großherzoglich · **Groß|hirn**
Gros|sist (*kaufm*; Großhändler) ⟨*lat* → *frz*⟩
groß|jäh|rig (*veraltend*; volljährig) · **Groß|jäh|rig|keit**, die, _ (*veraltend*) · **groß|ka|li|be|rig** *K 362* · **Groß|kli|ma** (*Met*) · **groß|kot|zig** (*salopp*) · **Groß|kund|ge|bung** · **groß|ma|chen** *K 136*, **sich** (*Akk*) (*umg*; prahlen, wichtig tun); ich mache mich groß; großgemacht; großzumachen · **Groß|macht** · **groß|mäch|tig** · **Groß|manns|sucht**, die, _ (*abwert*) · **groß|manns|süch|tig** (*abwert*) · **groß|maß|stäb|lich**, *auch* **groß|maß|stä|big** · **Groß|maul** (*umg abwert*) · **groß|mäu|lig** (*umg abwert*) · **Groß|mut**, die, _ · **groß|mü|tig** · **Groß|mü|tig|keit**, die, _ · **Groß|mut|ter**, *Pl* ..mütter · **groß|müt|ter|lich** · **Groß|pro|duk|tion** · **Groß|rat**, *Pl* ..räte (Mitglied schweiz. Kantonsparlamente) · **Groß|raum|flug|zeug** · **groß|räu|mig** · **Groß|rei|ne|ma|chen**, das, _s · **groß|schnau|zig** *od* **groß|schnäu|zig** (*salopp abwert*) · **Groß|schrei|bung**; *aber K 135*: groß schreiben; *vgl. auch K 92ff.* · **groß|spre|che|risch** (*abwert*) · **groß|spu|rig** (*abwert*) ·

Groß|spu|rig|keit, die, _ ⟨*abwert*⟩ · **Groß|stadt** · **Groß|städ|ter,** der, _s, _ · **groß|städ|tisch** · **Großstein|grä|ber|leu|te** *Pl* ⟨*Archäol*; Megalithiker der jüngeren Steinzeit⟩ · **groß|tech|nisch** · **Groß|teil,** der · **größ|ten|teils** *K 176* · **Größtmaß,** das · **größt|mög|lich** · **großtue|risch** [..tu:ə..] ⟨*abwert*⟩ · **großtun** *K 136* ⟨*abwert*; prahlen⟩; *Konjugation vgl.* großmachen · **Großva|ter** · **groß|vä|ter|lich**

Groß|ve|ne|di|ger [..v..], der, _s (Berg in den Ostalpen)

Groß|vieh|ein|heit ⟨*Landw*⟩; *Abk* GV *od* GVE · **Groß|wet|ter|lage** · **groß|zie|hen** *K 136*; *Konjugation vgl.* großmachen · **groß|zü|gig** · **Groß|zü|gig|keit,** die, _

Grosz [grɔʃ], der, _, *Pl* Groszy ['grɔʃi] (Münzeinheit in Polen) ⟨*lat → dt → tschech → dt → poln*⟩

gro|tesk (wunderlich; verzerrt) ⟨*grch → lat → ital → frz*⟩ · **Gro|tesk,** die, _ ⟨*Polygr*; eine Antiquaschrift⟩ · **Gro|tes|ke,** die, _, _n (groteskes Geschehen; groteske Darstellung in Literatur u. Kunst; grotesker Tanz)

Grot|te, die, _, _n ([künstliche] Felsenhöhle) ⟨*grch → lat → ital*⟩

Grub|ber, der, _s, _ (ein Bodenbearbeitungsgerät) ⟨*engl*⟩ · **grub|bern** *K 363* (den Boden mit dem Grubber lockern)

Grüb|chen · **Gru|be,** die, _, _n. *Zus K 365ff.*: Gruben‿gas usw.

Grü|be|lei · **grü|beln** *K 363* · **Grübler** · **Grüb|le|rin,** die, _, ..innen · **grüb|le|risch;** _ste

Gru|de, die, _, _n (Braunkohlenkoks)

Gruft, die, _, ..üfte ⟨*zu* graben⟩

Grum|met, das, _s, *österr nur so, od* **Grumt,** das, _[e]s (Heu vom zweiten Schnitt) ⟨‚Grünmahd'⟩

grün:

I. *Kleinschreibung K 119*: am grünen Tisch; der grüne Star; der grüne Tee; die grüne Welle ⟨*Verkehrsw*⟩; *K 276*: dasselbe in grün *od* in Grün ⟨*umg*; dasselbe ein wenig abgewandelt⟩

II. *Großschreibung K 258*: der Grüne Donnerstag; das Grüne Gewölbe (Kunstsammlung in Dresden); die Grüne Insel (Irland); der Grüne Heinrich (Titel eines Romans des schweiz. Schriftstellers Gottfried Keller [Keller schrieb: Der grüne Heinrich, *K 261*]); *K 276*: dasselbe in Grün *od* in grün (*vgl.* I)

III. *Getrenntschreibung bei Verben*: Stoffe grün färben; grün werden; *vgl.* blau *u. K 272ff.*

Grün, das, _s; das erste _; *vgl.* Blau · **Grün|an|la|ge,** *meist Pl* · **grün|blau;** *vgl.* blau

Grund, der, _[e]s, ..ünde; auf Grund (↑ *d.*); im Grunde[1]; von Grund auf; von Grund aus; auf [den] Grund setzen; in [den] Grund bohren; *aber K 176*: zugrunde gehen, legen, liegen, richten; der Grund und Boden, ein Teil seines Grund und Bodens. *Zus K 365ff.*: Grund‿begriff usw.

grund|ehr|lich · **Grun|del,** die, _, _n (ein Fisch) · **grün|deln** ⟨*von Wasservögeln gesagt*; Nahrung unter Wasser suchen⟩ · **grün|den;** gegründet (*Abk* gegr.); seine Ansicht gründet sich auf ganz klare Tatsachen; eine Stadt, einen Klub gründen; *vgl. aber* begründen · **Gründer** · **Grund|er|werbs|steu|er** *od* **Grund|er|werb|steu|er** *K 373*, die · **grund|falsch** · **Grund|form** (*auch Gramm*) · **grun|die|ren** (die Grundfarbe eines Anstrichs auftragen) · **Grund|la|ge** · **Grund|la|genfor|schung** · **grund|le|gend;** am _sten *K 115* · **gründ|lich** · **Gründlich|keit,** die, _ · **Gründ|ling** (ein Karpfenfisch) · **Grund|lohn** · **grund|los;** *vgl.* ...los · **Grund|losig|keit,** die, _ · **Grund|mit|tel** *Pl* ⟨*Wirtsch*⟩

Grün|don|ners|tag

Grund|recht, *meist Pl* · **Grundsatz** · **grund|sätz|lich** · **grundstän|dig** ⟨*Bot*⟩ · **Grund|stoff;** chemischer _ (chem. Element) · **Grund|stück** · **Grund|stücks|besit|zer** · **Grund|stücks|ei|gen|tümer** · **Grund|stu|fe** ⟨*Gramm*⟩ · **Grund|ton,** *Pl.* ..töne · **Grund|umsatz** ⟨*Med*⟩ · **Grün|dung**

Grün|dün|gung

grund|ver|kehrt · **grund|ver|schieden** *K 171 u. 364*; *K 95*: etwas Grundverschiedenes · **Grund|wasser,** *Pl* ..wasser · **Grund|wort,** *Pl* ..wörter ⟨*Sprachw*⟩; *vgl. auch K 365* · **Grund|zahl**

Grü|ne: 1. die, _ (*noch dicht*; das Grünsein) – 2. das, _n (die begrünte Natur); ins _ gehen · **grünen** (grün werden) · **Grün|fink** · **grün|gelb** *K 278*; *vgl.* blau · **Grünkohl,** der, _[e]s · **grün|lich;** *K 278*: grünlichgelb usw. · **Grün|ling** (ein Pilz; Grünfink – *umg abwert*; unreifer Mensch) · **Grün|rock** (*scherzh*; Förster, Jäger) · **Grünschna|bel,** *auch* **Gelb|schna|bel** (*oft abwert*; junger, unerfahrener Mensch; Naseweis) · **Grün|span,** der, _[e]s (grüner Überzug auf Kupfer u. Messing) ⟨‚spanisches Grün'⟩

grun|zen *K 354* ⟨*lautm*⟩

Grupp, der, _s, _s (verschlossenes Geldpäckchen, Geldrolle) ⟨*germ → lat → ital*⟩ · **Grüpp|chen** · [1]**Gruppe,** die, _, _n ⟨*germ → lat → ital → frz*⟩; *vgl. auch K 387. Zus K 365ff.*: Gruppen‿bild, ...therapie usw.

[2]**Grup|pe** *od* **Grüp|pe,** die, _, _n (*landsch*; Graben, Wassergraben, Rinne) · **grüp|peln** (*K 363*) *od* **grup|pen** (*landsch*; eine [2]Gruppe ausheben)

Grup|pen|be|ar|bei|tung (*Techn*; eine Fertigungsmethode) ⟨*zu* [1]Gruppe⟩ · **grup|pen|wei|se** *K 176* · **grup|pie|ren** (ordnen; wirkungsvoll zusammenstellen) ⟨*germ → lat → ital → frz*⟩

Grus, der, _es, _e (fein zerbröckelte Kohle – *Geol*; Verwitterungsprodukt von Festgesteinen) ⟨*zu* Grieß⟩; *vgl. aber* Gruß

Grüsch, das, _s (*schweiz*; Kleie) ⟨*rom*⟩

Gru|sel|ge|schich|te · **gru|se|lig** *K 362* (Furcht erregend) ⟨*zu* grausen⟩ · **gru|seln:** 1. *unpersönl* es gruselt jmdm. *od* jmdn.; mir *od* mich gruselt's – 2. *refl* sich (*Akk*) _ *K 363*

gru|sig ⟨*zu* Grus⟩

gru|si|nisch ⟨*armen → pers → türk → russ*⟩; *vgl.* Georgien usw.; *K 258*: die Grusinische Heerstraße (Paßstraße über den Kaukasus)

Grus|koh|le

Gruß, der, _es, ..üße; *vgl. aber* Grus. *Zus K 365ff.*: Gruß‿form usw. · **grü|ßen** *K 354*; grüß' [dich] Gott! · **gruß|los;** *vgl.* ...los

Grütz|beu|tel (gutartige Geschwulst) · **Grüt|ze,** die, _, _n ⟨*zu* Grieß⟩

Gruyères ↑ Greyerz

G-Sai|te ['ge:..] *K 106* ⟨*Mus*⟩ · **G-Schlüs|sel** *K 106* ⟨*Mus*⟩

Gstan|zel *od* **Gstanzl,** das, _s, _[n] (*bayr, österr umg*; lustiges volkstüml. Lied)

Gua|de|loupe [..də'lup] (Inselgruppe der Kleinen Antillen)

Guajakholz ↑ Pockholz

Gua|ja|ve [..v..], die, _, _en (Frucht von Myrtengewächsen im trop. Amerika) ⟨*indian → span*⟩

Gua|na|ko, das *od* der, _s, _s (eine südamerikan. Kamelart) ⟨*indian → span*⟩

Guang|dong [gŭaŋ'duŋ], *frühere Schreibung* **Kwang|tung** (Provinz im SO Chinas) ⟨*chin*⟩

Guangzhou ↑ [1]Kanton

Gua|no, der, _s (Vogelkotablagerung, Naturdünger) ⟨*indian → span*⟩. *Zus K 365ff.*: Guano‿inseln (*Pl*) usw.

Gu|an|ta|na|mo (Hafenstadt in

---

[1] Die Schreibweise »imgrunde« entspricht nicht der dt. Rechtschreibung.

Kuba; Militärstützpunkt der USA in Kuba)

Gua|ra|ni [*od* gŭara'ni(:)]: 1. *a.* der, –[s], – (Angehöriger der Tupi-Guarani-Sprachfamilie in Südamerika); *b.* das, –[s] (Sprachbezeichnung); auf – heißt es .... – 2. der, –[s], *Pl* –[s] *u. bei Wertangabe* (*K 310*) Guarani (Währungseinheit in Paraguay) ⟨*indian* → *span*⟩

Gu|asch: 1. *od* **Gou|ache** [gu'a(:)ʃ], *österr nur so,* die, – (eine Art der Wasserfarbenmalerei) – 2. die, –, –en *od* **Gou|ache,** *österr nur so,* die, –, *Pl* –n [..ʃ(ə)n] *od* –s [gu'a(:)ʃ(s)] (Bild in dieser Malweise) ⟨*lat* → *ital* → *frz*⟩ · **Gu|asch|ma|le|rei** *od* **Gou|ache|ma|le|rei,** *österr nur so*

Gua|te|ma|la: 1. *amtl* **Re|pu|blik Gua|te|ma|la** (in Mittelamerika) – 2. (Hptst. von Guatemala) · **Gua|te|mal|te|ke,** der, –n, –n (Staatsbürger von Guatemala) · **gua|te|mal|te|kisch**

Gua|ya|na [gŭa'ja:..] (Landsch. im N Südamerikas); das Bergland von –; *vgl. aber* Guyana

Guben ↑ Wilhelm-Pieck-Stadt Guben

gucken[1] (*umg*; blicken, sehen) **Gucker**[1] (*umg*) · **Guck|fen|ster** (*umg*) · **Gucki**[1], der, –s, –s (*Skat*) · **Guck|in|die|luft,** der, – (*umg*); Hans – · **Guck|in|die|welt,** der, – (*umg*) · **Guck|ka|sten** (*umg*; Fernsehapparat)

Gud|run (w. Vn.) ⟨‚Kampf' + ‚Zauber[zeichen]'⟩

Guel|fe ['g(ŭ)ɛl..], der, –n, –n (*hist*; italien. Gegner der Hohenstaufen)

Gue|ril|la [ge'ril(j)a]: 1. die, –, –s (Partisanenkampf) – 2. der, –[s], –s, *meist Pl* (Partisan) ⟨*germ* → *span,* ‚Kleinkrieg'⟩ · **Gue|ril|la‿kämp|fer, ...krieg** · **Gue|ril|le|ro** [geri'lje:ro], der, –s, –s (Partisan [in Lateinamerika])

Gu|gel|hupf *od* **Gugl|hupf,** der, –[e]s, –e (*süddt, österr, schweiz*; eine Art Napfkuchen)

Guil|loche [gi(l)'jɔʃ, *österr* gui'jɔʃ], die, –, –n [..ʃ(ə)n] (*fachspr*; System von Zierlinien auf Metall, Banknoten u. ä.; Werkzeug zum Anbringen solcher Linien) ⟨*frz*⟩ · **Guil|lo|cheur** [gi(l)jɔ'ʃø:r, *österr* guijɔ'ʃø:r], der, –s, –e (*fachspr*) · **guil|lo|chie|ren** (*fachspr*)

Guil|lo|ti|ne [gi(l)jo'ti:nə, *österr* guijo'ti:n], die, –, –n [..nən] (Fallbeil) ⟨*nach* dem französ. Arzt Guillotin [gijɔ'tɛ̃:]⟩ · **guil|lo|ti|nie|ren** [..ti..]

[1] *Tr* ..k|k..

Gui|nea: 1. [gi'ne:a], *ohne Art, amtl* **Re|pu|blik Gui|nea** (im W Afrikas) – 2. ['gini], die, –, –s *od* **Gui|nee** [gi'ne:(ə)], die, –, –n [..'ne:ən] (*hist*; engl. Goldmünze) · **Gui|nea-Bis|sau** [gi'ne:a..] *K 244, amtl* **Re|pu|blik Gui|nea-Bis|sau** (im W Afrikas) · **Gui|ne|er** [gi..], der, –s, – · **gui|ne|isch**

Gu|lasch ['gu(:).., *österr* 'gu..], das, *auch* der (*österr nur* das), –[e]s, –e (ein scharfgewürztes Fleischgericht) ⟨*ung*⟩ **Gu|lasch|ka|no|ne** (*scherzh*; Feldküche)

gül|den *K 364* (*dicht*; golden) ⟨*zu* Gold⟩ · **Gul|den,** der, –s, – (Währungseinheit in den Niederlanden); *vgl. auch* hfl *im Abkürzungsverzeichnis* · **gül|disch** (*bergm*; goldhaltig) · **Gül|disch|sil|ber** (*bergm*)

Gül|le, die, – (*Landw*; Gemisch aus tier. Exkrementen – *landsch*; Jauche) · **gül|len** (*landsch*)

Gul|li|ver [..v..] (Romanfigur des engl. Satirikers Swift)

Gul|ly [..li], der, *auch* das, –s, –s (Entwässerungsschacht; Senkloch) ⟨*lat* → *frz* → *engl*⟩

gül|tig · **Gül|tig|keit,** die, – **Gül|tig|keits|dau|er**

Gum|mi: 1. der, –s, –[s] (Kautschukprodukt; Radiergummi) – 2. das, *österr* der, –s, –[s] (ein Klebstoff) ⟨*ägypt* → *grch* → *lat*⟩. *Zus K 365ff.*: Gummi‿schuh, ...strumpf usw. · **Gum|mi|ara|bi|kum,** das, –s (ein Klebstoff) ⟨*lat*⟩ · **Gum|mi|band,** das, *Pl* ..bänder · **gum|mi|be|reift** · **gum|mie|ren** ⟨*ägypt* → *grch* → *lat*⟩

Gum|pe, die, –, –n (*bergm*; Schlammkasten – *süddt, schweiz*; Wasserloch, tiefe Wasserstelle)

Gun|der|mann, der, –[e]s, *auch* **Gun|del|re|be,** die, – (eine Arzneipflanze, Lippenblütler)

gunk|sen (*landsch umg*; [mit dem Arm] stoßen)

Gün|sel, der, –s, – (ein Lippenblütler) ⟨*lat*⟩

Gunst, die, – ⟨*zu* gönnen⟩; nach Gunst; in jmds. Gunst stehen; zu seinen Gunsten, *aber K 176*: zugunsten, zuungunsten des Menschen. *Zus K 365ff.*: Gunst‿bezeigung usw. · **gün|stig** · **gün|sti|gen|falls** *K 176* · **Günst|ling**

Gün|ter *K 208* (m. Vn.) ⟨‚Kampf' + ‚Heer'⟩; *Nebenf* Gunter, ↑ Gunther, Günther (*K 71*)

Gun|ther *K 71*: 1. (Burgunderkönig im Nibelungenlied) – 2. *K 208* (m. Vn.) ⟨*Nebenf von* Günter⟩

Guo|min|dang [ˌgŭomin'daŋ], *in früherer Schreibung* **Kuo|min|tang,** die, – (chines. Partei, zunächst fortschrittlich, seit 1927 konterrevolutionär)

Gupf, der, –[e]s, *Pl* Güpfe, *österr* Gupfe (*süddt, österr u. schweiz umg*; Gipfel, Spitze, oberer Teil des Eies)

Gup|py [..pi], der, –s, –s (ein Aquarienfisch) ⟨*nach* dem engl. Naturforscher Guppy ['gapi]⟩

Gur, die, – (*Geol*; feinkörniges Sediment aus abgestorbenen Pflanzenzellen) ⟨*zu* gären⟩

Gur|gel, die, –, –n ⟨*lat*⟩ · **gur|geln** *K 363*

Gürk|chen · **Gur|ke,** die, –, –n ⟨*pers* → *grch* → *slaw*⟩ · **Gur|ken|sa|lat**

gur|ren ⟨*lautm*⟩

Gurt, der, –[e]s, –e · **Gurt|bo|gen** (*Arch*) · **Gür|tel,** der, –s, –. *Zus K 365ff.*: Gürtel‿tier usw. · **gür|ten** · **Gurt|ge|sims** (*Arch*) · **Gürt|ler,** der, –s, – (Facharbeiter für kunsthandwerkl. Metallarbeiten)

Gu|sche, die, –, –n (*landsch salopp*; Mund)

Guß, der, *Gen* Gusses, *Pl* Güsse ⟨*zu* gießen⟩. *Zus K 365ff.*: Guß‿eisen usw.

güst (*Landw, bes von Rindern gesagt*; unbefruchtet)

Gu|stav (m. Vn.) ⟨*schwed,* ‚Kampf' + ‚Stab'⟩

gu|stie|ren (*umg*; goutieren – *österr umg*; [1]kosten, prüfen) ⟨*lat*⟩ · **gu|stiös** (*österr, von Speisen gesagt*; appetitlich) · **Gu|sto,** der, –s, –s (*veraltend*; Geschmack, Geschmacksrichtung; Neigung – *österr auch für* Appetit) ⟨*lat* → *ital*⟩; das ist nach seinem –

gut; besser (↑ *d.*), beste (↑ *d.*); jmdm. guten Abend, guten Morgen, gute Nacht sagen; ein gut Teil; gut und gern; *K 381*: so gut wie (*älter* als) ...; *vgl. auch* Gut

I. *Kleinschreibung*:

a) *K 114*: um ein gutes (viel, sehr)

b) *K 117*: im guten sagen; ins gute [Heft] schreiben; du hast mit [der Note] »gut« bestanden

c) *K 119*: das gute Heft; der gute Anzug

II. *Großschreibung*:

a) *K 93*: ein Guter; Gutes und Böses; des Guten zuviel tun; vom Guten das Beste; zum Guten lenken, reden, wenden

b) *K 95*: etwas, nichts, viel, wenig Gutes; alles Gute

c) *K 254*: die Gute Luise (eine Birnensorte); *K 258*: das Kap der Guten Hoffnung

III. *bei Verben*:

a) *Getrenntschreibung K 135,* z. B. etwas gut (vortrefflich) machen; es [zu] gut haben; gut (treffend) reden; du hast gut reden; gut gehen; alles wäre gut (nicht schlecht) gegangen, wenn ...; sich mit jmdm. gut stel-

len; [sich] mit jmdm. gut stehen; jmdm, gut sein
b) *Zusammenschreibung vgl.* guthaben, gutmachen usw.
IV. *Bei dem Part II K 166*: gut beraten sein, *aber*: der gut beratene *od* gutberatene Freund; *K 167*: die Besucher waren alle gut gelaunt, *aber*: die gutgelaunten Besucher
Gut, das, _[e]s, *Pl* Güter; *K 119*: ein volkseigenes Gut, *aber K 259*: Volkseigenes Gut ... (*Abk* VEG ...); *K 176*: zugute halten, kommen, tun
Gut|ach|ten, das, _s, _ · **Gut|achter,** der, _s, _ (Sachverständiger) · **gut|acht|lich** · **gut|ar|tig** · **Gütchen;** *in Wendungen wie* sich an einer Sache ein _ tun (*umg*; etw. bewußt genießen) · **Gut|dün|ken,** das, _s; nach [seinem] _ · **Gü|te,** die, _; sich in _ einigen; [ach, du] meine _! (*salopp*). *Zus K 365ff.*: Güte‿klasse usw. · **Gü|te|kon|trolle** · **Gü|te|kon|trol|leur** [..lø:r] · **Gu|te|nacht|kuß**
Gu|ten|berg|go|tisch *K 171*, die, _ (*Polygr*; eine Schriftgattung) ⟨*nach* dem Erfinder der Buchdruckerkunst⟩
Gu|ten|mor|gen|gruß · **Gü|ter‿ver|kehr, ...zug** · **Gü|te|zeichen** · **Gut|fin|den,** das, _s (*schweiz*; Gutdünken) · **Gut Freund!** (Antwort auf den Ruf: Wer da?) · **gut|ge|launt;** *vgl. aber K 167* · **gut|ge|meint;** *vgl. K 166* · **gut|ge|sinnt;** *vgl. aber K 167* · **Gutge|sinn|te,** der *u.* die, _n, _n *K 341* · **gut|gläu|big** · **Gut|gläubig|keit,** die, _ · **gut|ha|ben** *K 137* (zu fordern haben); du hast gut; gutgehabt; gutzuhaben; *aber*: gut haben; er hat es zu Hause gut gehabt · **Gut|ha|ben,** das, _s, _ · **gutheißen**[1] *K 136* (billigen) · **gutherzig** · **Gut|her|zig|keit,** die, _ · **gü|tig** · **güt|lich;** sich (*Akk*) _ tun **gut|ma|chen**[1] *K 137* (*umg*; in Ordnung bringen, ausgleichen; Vorteil erringen, einsparen), *aber*: gut machen (gut ausführen); er hat seine Sache gut gemacht · **gut|mü|tig** · **Gut|mü|tig|keit,** die, _ · **gut|nachbar|lich;** _e Beziehungen · **gut|sagen**[1] *K 137* (bürgen); ich sage gut für ihn; *aber*: gut sagen (treffend, schön sagen); das hast du gut gesagt · **Gut|schein** · **gut|schrei|ben**[1] *K 137* (anrechnen); ich schreibe es ihm gut; *aber*: gut schreiben (schön, richtig schreiben); er bemüht sich, gut zu schreiben · **Gutschrift** (Eintragung einer Summe als Guthaben) · **Gut|sel,** das, _s, _ (*landsch*; Bonbon) · **gut|si|tu|iert** *K 168* (in guten Verhältnissen lebend)
GutsMuths-Preis *K 211* ⟨*nach* dem Begründer der schulischen Körpererziehung in Deutschland⟩
gut|spre|chen *K 137* (*landsch*; gutsagen), *aber*: gut sprechen (schön, richtig sprechen); das Kind kann schon gut sprechen. *Konjugation vgl.* guthaben
Gut|ta|per|cha [..ç..], die, _ *od* das, _[s] (kautschukähnl. Harz südost-asiat. Bäume) ⟨*mal*⟩
Gut|tat · **gut|tun** *K 137* (wohltun), *aber*: etwas gut tun (richtig tun). *Konjugation vgl.* guthaben
gut|tu|ral (die Kehle betreffend, Kehl...) ⟨*lat*⟩ · **Gut|tu|ral,** der, _s, _e *od* **Gut|tu|ral|laut,** der, _[e]s, _e (*Phon*; Gaumenlaut)
Gut|wet|ter|zei|chen · **gut|wil|lig** · **Gut|wil|lig|keit,** die, _
Gu|ya|na [gu'ja:..], *ohne Art, amtl* **Ko|ope|ra|ti|ve Re|pu|blik Gu|ya|na** [ko:o..v.. _ _] *K 258*, die, *Gen* _n _ _ (im N Südamerikas); *vgl. aber* Guayana · **Gu|ya|ner,** der, _s, _ (Staatsbürger von Guyana) · **gu|ya|nisch**
Gym|na|siast, der, _en, _en (Schüler eines Gymnasiums) ⟨*grch*⟩ · **Gym|na|sium,** das, _s, ..ien [..ĭən] (*bürgerl Staat*; Form der Oberschule – *Altertum*; Übungsplatz für Leibesübungen) ⟨*grch → lat*⟩
Gym|nast, der, _en, _en (*kurz für* Kranken- bzw. Heilgymnast) ⟨*grch*⟩ · **Gym|na|stik,** die, _ (eine Sportart; Körperschulung durch sportl. Übungsformen) · **Gym|na|sti|ker,** der, _s, _ · **Gym|na|stin,** die, _, ..innen (*auch kurz für* Kranken- bzw. Heilgymnastin) · **gym|na|stisch**
Gym|no|sper|men *Pl* (*Bot*; die nacktsamigen Blütenpflanzen); *Sg* Gym|no|sper|me, die, _ ⟨*grch*⟩; *Ggs* Angiospermen
Gy|nä|ko|lo|ge, der, _n, _n (Facharzt für Gynäkologie) ⟨*grch*⟩ · **Gy|nä|ko|lo|gie,** die, _ (Frauenheilkunde) · **gy|nä|ko|lo|gisch** · **Gy|nä|ze|um,** das, _s, ..een (*Bot*; Gesamtheit der Fruchtblätter u. Samenanlagen einer Blüte) ⟨*grch → lat*⟩
Győr [djø:r] (Stadt im NW Ungarns)
Gy|ro|bus (bes. in der Schweiz eingesetzter Bus, der die Antriebskraft einer zuvor in Rotation versetzten Schwungscheibe entnimmt) ⟨*grch + lat*⟩

H

H [ha:], das, *Gen* des H, *Pl* die H (Buchstabe)
h [ha:]: 1. das, _, _ (*Mus*; Tonbezeichnung) – 2. (*Mus*; Tonartbezeichnung [↑ h-Moll]) · **H**: 1. das, _, _ (*Mus*; Tonbezeichnung) – 2. (*Mus*; Tonartbezeichnung [↑ H-Dur])
ha!; haha!
Haa|ger: 1. *K 231*: der, _s, _; 2. *als Attribut K 232*: die Haager Friedenskonferenzen ⟨*zu* Den Haag⟩
Haar, das, _[e]s, _e; *Verkl* Härchen · **haar|breit** · **Haar|breit,** das, _, *meist in* nicht [um] ein _; *vgl. auch* Haaresbreite · **Haar|bür|ste** · **haa|ren:** 1. (die Haare entfernen) – 2. **haa|ren, sich** (*Akk*), *auch* **hä|ren, sich** (*Akk*) (die Haare verlieren) · **Haa|res|brei|te,** die, _; *meist in* um _; *vgl. auch* Haarbreit · **haar|fein** · **Haar|garn|tep|pich** · **haa|rig** (*auch umg*; heikel) · **haarklein;** jmdm. etw. _ (in allen Einzelheiten) erzählen
Haar|lem (Stadt in den Niederlanden); *vgl. aber* Harlem · **Haar|le|mer:** 1. *K 231*: der, _s, _; 2. *als Attribut K 232*
Haar|na|del · **Haar|pfle|ge** · **Haar|röhr|chen** · **haar|scharf** · **Haar‿schnei|der, ...spal|te|rei** (*abwert*) · **haar|sträu|bend;** *K 115*: am _sten · **Haar|wild** (*weidm*; Sammelbez. für alle jagdbaren Säugetiere)
Ha|be, die, _ (*gehoben*); *vgl.* Hab und Gut
Ha|be|as|kor|pus|ak|te, die, _ (1679 erlassenes engl. Gesetz zum Schutz des Bürgers) ⟨*lat*⟩
ha|ben; du hast, er hat; du hattest; du hättest; gehabt; hab[e]!; ich habe auf dem Tisch Blumen stehen, *nicht*: ... zu stehen · **Ha|ben,** das, _s (*Wirtsch*; die Gutschriften enthaltende Seite eines Kontos); *Ggs* [1]Soll · **Ha|ben|be|stän|de** *Pl* (*Wirtsch*) · **Ha|be|nichts,** der, _ *od* _es, *Pl* _e
Ha|ber, der, _s (*süddt, österr, schweiz*; Hafer)
Ha|ber|feld|trei|ben, das, _s, _ (*hist*; volkstüml. Rügegericht in Bayern u. Tirol) ⟨‚Ziegenfelltreiben'⟩ · **Ha|ber|geiß** (*süddt, österr*; Spukgestalt)
Hab|gier · **hab|gie|rig** · **hab|haft;** des Diebes _ werden (ihn festnehmen)
Ha|bicht, der, _[e]s, _e (ein Greifvogel) · **Ha|bichts|na|se**

[1] *Konjugation vgl.* guthaben.

Ha|bi|li|tand, der, _en, _en (jmd., der sich habilitieren will) ⟨*lat*⟩ · **Ha|bi|li|ta|tion**[1] (Erwerb der Lehrberechtigung an einer Hochschule) · **Ha|bi|li|ta|tions|schrift** · **ha|bi|li|tie|ren;** sich (*Akk*) _
Ha|bit [..'bi(:)t], das, *österr auch* der, _s, _e (Kleidung; Ordenstracht, Tracht; wunderlicher Aufzug) ⟨*lat* → *frz*⟩ · **ha|bi|tu|ell** (gewohnheitsmäßig; ständig) · **Ha|bi|tus,** der, _ (äußere Gestalt; Körperbeschaffenheit; Haltung) ⟨*lat*⟩
hab|lich (*schweiz*; wohlhabend)
Habs|burg, die, _ (Burg im NO der Schweiz) · **Habs|bur|ger,** der, _s, _ (Angehöriger der ehem. Dynastie der Habsburger) · **habs|bur|gisch**
Hab|schaft (*veraltet*; Habe) · **Hab|se|lig|kei|ten** *Pl* (persönl. Sachen von geringem Wert) · **Hab|sucht,** die, _ · **hab|süch|tig** · **Hab und Gut** *K 63*, das, *Gen* _ _ _ *od* _ _ _[e]s
hach!
Ha|chel, das, _, _[n], *auch* die, _, _n (*österr*; Küchenhobel) · **ha|cheln** *K 363* (*österr*; Gemüse hobeln)
Hach|se *od* **Ha|xe,** die, _, _n: 1. *österr* **Haxl,** das, _s, _[n] (Kniebug von Kalb u. Schwein) – 2. (*umg scherzh*; Bein des Menschen)
Hack|bank, Pl ..bänke · **Hack|bau,** der, _[e]s (*Landw*) · **Hack|beil** *od* **Hacke|beil**[2] · **Hack|bra|ten** · **Hack|brett** (ein Saiteninstrument)
[1]**Hacke**[2], die, _, _n, *seltener* **Hacken**[2], der, _s, _ (Ferse; Schuhabsatz)
[2]**Hacke**[2], die, _, _n (ein Werkzeug) · **Hackebeil** ↑ Hackbeil · **hacken**[2] (hauen) · **Hacke|pe|ter**[2], der, _s, _ (*landsch*; gewürztes Gehacktes) · **Hacker**[2] (Hackender) · **Häcker|ling**[2], der, _s (Häcksel) · **Hack|frucht** · **Hack|klotz**
Hacksch, der, _es, _e (*landsch*; Eber; Kaninchenbock)
Häck|sel, der *od* das, _s (kurzgeschnittenes Stroh) · **Häcks|ler,** der, _s, _ (Häckselmaschine) · **Hack|stock** (*österr*; Hackklotz)
[1]**Ha|der:** 1. der, _s, _n (*süddt, österr*; Lumpen) – 2. der, _s, _ (*landsch*; Scheuertuch, Lappen)
[2]**Ha|der,** der, _s (Zank, Streit)
Ha|der|lump (*süddt u. österr abwert*; liederlicher Mensch) ⟨*zu* [1]Hader⟩ · **Ha|der|lum|pen** (*süddt, österr*; Leinenlumpen)
ha|dern *K 363* ⟨*zu* [2]Hader⟩

---
[1] In der DDR bis 1969.
[2] *Tr* ..k|k..

Ha|des, der, _ (*griech Mythol*; Totenreich, Unterwelt) ⟨*grch, nach* dem Gott der Unterwelt⟩
Ha|dschi, der, _s, _s (Mekkapilger) ⟨*arab* → *pers*⟩
[1]**Ha|fen,** der, _s, *Pl* Häfen (ausgebauter Anker- u. Anlegeplatz für Schiffe)
[2]**Ha|fen,** der, _s, *Pl* Häfen (*süddt, österr, schweiz*; Topf)
Ha|fer, der, _s. *Zus K 365ff.*: Hafer‿grütze usw.; *vgl. auch* Haber
Haff, das, _[e]s, *Pl* _e *od* _s (ein durch eine Nehrung vom Meer abgetrennter flacher Strandsee) · **Haffischer** [*Tr* Haff|fi|scher *K 78*]
Haf|lin|ger, der, _s, _ (kleines Gebirgspferd) ⟨*nach* der dt. Form Hafling des oberitalien. Ortes Avelengo [..v..]⟩
Haf|ner, der, _s, _ (*süddt, österr, schweiz*; Töpfer) · **Haf|ne|rei** (*süddt, österr, schweiz*)
Haf|nium, das, _s (chem. Element, Metall); *Zeichen* Hf ⟨*nach lat* Hafnia = Kopenhagen⟩
Haft: 1. die, _ (Gewahrsam) – 2. der, _[e]s, *Pl* _e *od* _en (*veraltet*; Haken; Spange) ⟨*zu* heben⟩ · **haftbar** · **Haft|be|fehl** · **Haf|te,** die, _, _n (ein Haken) · **Haf|tel,** der *od* das (*österr nur so*), _s, _ (*süddt, österr*; Häkchen) · **häf|teln** *K 363* ⟨*zu* Haftel⟩ · **haf|ten** · **haf|ten|blei|ben** *K 139*; es bleibt haften; haftengeblieben; haftenzubleiben · **Haftgläser** ↑ Haftschalen · **Häft|ling** · **Haft|pflicht** · **haft|pflich|tig** · **Haftpflicht|ver|si|che|rung** · **Haftscha|len** *od* **Haft|glä|ser** *Pl* (dünne geschliffene Linsen auf der Hornhaut [statt einer Brille]) · **Haftung**
Hag, der, _[e]s, _e (*dicht*; [1]Hecke; umfriedetes Waldgrundstück) ⟨*zu* hegen⟩
Ha|ge|but|te, die, _, _n · **Ha|gedorn,** *Pl* ..dorne (volkstüml. Bez. für Weißdorn)
Ha|gel, der, _s, _. *Zus K 365ff.*: Hagel‿schloße usw. · **ha|gel|dicht** · **Ha|gel|korn,** das, *Pl* ..körner · **hageln;** es hagelt · **Ha|gel|schnü|re** *Pl* (zwei spiralig gewundene Eiweißschnüre an den Polen des Dotters im Vogelei)
Ha|gen (m. En.); _ von Tronje (Gestalt der Nibelungensage)
ha|ger *K 363*; _er, _ste · **Ha|gerkeit,** die, _
Ha|ge|stolz, der, _es, _e (*noch iron*; alter Junggeselle)
Ha|gia So|phia, die, *Gen* _ _ (Kirche in Istanbul, *jetzt* Museum) ⟨*grch*⟩
Ha|gio|graph, der, _en, _en (Verfasser von Lebensbeschreibungen der Heiligen) – **Ha|gio|gra|phen** *Pl* (*Rel*; dritter Teil der Bücher des Alten Testaments) ⟨*grch*⟩ · **Ha|giogra|phie,** die, _, ..ien (*Rel*; Lebensbeschreibung der Heiligen) · **Ha|gio|la|trie,** die, _, ..ien (*Rel*; Heiligenverehrung)
ha|ha!
Hä|her *Pl* (Sammelbez. für Eichelhäher u. Tannenhäher); *Sg* Hä|her, der, _s ⟨*lautm*⟩
Hahn, der, _[e]s, *Pl* Hähne, *in der Techn auch* _en · **Hähn|chen** · **Hah|nen|fe|der** · **Hah|nen|fuß|gewäch|se** *Pl* · **Hah|nen|tritt,** der, _[e]s: 1. (Keimscheibe im Hühnerei – *Web*; ein Stoffmuster) – 2. *auch* **Zuck|fuß,** der, _es (fehlerhafter Gang des Pferdes) · **Hah|ne|pot,** die, _, _en (*seem*; Gabelung eines Taues) · **Hahn|rei,** der, _[e]s, _e (*veraltend abwert*; betrogener Ehemann)
Hai, der, _[e]s, _e *od* **Hai|fisch** (ein Raubfisch) ⟨*anord* → *isl* → *ndrl*⟩
Hai|dar|abad [..'ba:t], *engl* **Hy|derabad** ['haidərəba:d] (Stadt in Indien; Stadt in Pakistan)
Hai|fa (Hafenstadt in Israel [2])
Haifisch ↑ Hai
Hai|mons|kin|der *Pl* (Gestalten des karoling. Sagenkreises)
Hain, der, _[e]s, _e (*dicht*; Wäldchen) ⟨*zu* Hag⟩
Hai|nan [xai..] (Insel vor der Südküste Chinas) ⟨*chin*, ‚südlich des Meeres'⟩
Hain|bu|che *od* **Weiß|bu|che** · **Hain|bund,** der, _[e]s (ein Dichterbund im 18. Jh.) · **Hain|lei|te,** die, _ (ein Höhenzug im SW der DDR)
Hai|phong [hai'fɔŋ] (Hafenstadt in Vietnam)
Hai|tha|bu (befestigter Wikingerhandelsplatz nahe der Stadt Schleswig) ⟨*anord*, ‚Heidesiedlung'⟩
Haï|ti [ha'i:..]: 1. (Insel der Großen Antillen) – 2. *amtl* **Re|pu|blik Haï|ti** (Inselstaat vor der Ostküste Mittelamerikas) · **Haï|tier** [..ĭər] *od* **Haï|ti|a|ner** [ha:i..], der, _s, _ (Staatsbürger von Haïti) · **haï|tisch** *od* **haï|tia|nisch**
Häk|chen · **Hä|kel|ar|beit** · **Hä|kelei** · **Hä|kel|garn** · **hä|keln** *K 363* · **Hä|kel|na|del** · **ha|ken** · **Ha|ken,** der, _s, _ · **Ha|ken|büch|se** (*hist*) · **ha|ken|för|mig** · **ha|kig**
Ha|la|li [*auch* ..'la:..], das, _s, _[s] (Jagdruf) ⟨*arab* → *frz*⟩; _ blasen
halb (*mit Ziffern* ½)
I. *Kleinschreibung*:
a) *in Zeitbestimmungen*: es ist, es schlägt [ein] halb fünf [Uhr]; alle halben Stunden; eine viertel und eine halbe Stunde; in einer halben oder [einer] dreiviertel Stunde; [um] voll und halb jeder Stunde; der Zeiger steht auf halb

b) *in Maßangaben*: ein halbes dutzendmal; ein halbes hundertmal; drei[und]einhalb (*K 282*) Prozent, *aber*: drei und ein halbes Prozent; halb soviel; eine halbe Note
II. *Großschreibung*:
K 100: einen Halben (*norddt*), eine Halbe (*bayr*) trinken; *K 95*: das ist etwas Halbes, nichts Halbes und nichts Ganzes
III. *Getrennt- od Zusammenschreibung bei einem Adjektiv od Partizip*:
K 173: das Fleisch ist erst halb gar *od* halbgar; halb gares *od* halbgares Fleisch; *K 174*: ein halb ernstes, halb freundliches Gesicht; halb seiden, halb wollen, *aber K 172*: halbseiden, halbwollen
Halb|af|fe · **halb|bat|zig** (*schweiz*; halbwertig) · **halb|blank** *K 172* · **Halb|blut|pferd,** das, _[e]s, _e, *kurz* **Halb|blut,** das, _[e]s, *Pl* ..blüter (Kreuzung aus einem Warm- u. einem Vollblutpferd) · **halb|bür|tig** (nur einen Elternteil gemeinsam habend) · **Halb|bür|ti|ge,** der *u.* die, _n, _n *K 341* · **halb|dun|kel** · **Halb|dun|kel** · **Hal|be,** der, die *u.* das, _n, _n *K 341* · **hal|ber** *Präp mit Gen*: gewisser Umstände halber; des [guten] Beispiels halber; *aber* (mit einem *Subst ohne Art* zusammengeschrieben *K 176*): beispielshalber usw. · **Halb|fa|bri|kat** · **halb|fett** *K 172*; _e Buchstaben (*Polygr*) · **Halb|fi|na|le,** das, _s, *Pl* _ *od* ..finals (*Sport*) · **halb|gar;** *K 173*: _e Häute; _es Fleisch, *aber K 125*: das Fleisch ist erst halb gar · **Halb|ge|fro|re|ne,** das, _n *K 341* (ein Speiseeis) · **Halb|ge|viert** (*Polygr*) · **Halb|ge|we|be** · **Halb|ge|we|be|ein|band** (Einband, dessen Rücken u. evtl. Ecken mit Gewebe überzogen sind) · **Halb|gott,** *Pl* ..götter (*Sage*) · **Halb|heit** · **hal|bie|ren** (*dt + f. E.*) · **Halb|in|sel** · **Halb|jahr** · **halb|jäh|rig** (ein halbes Jahr dauernd, ein halbes Jahr alt); *vgl.* ...jährig · **halb|jähr|lich** (alle halben Jahre wiederkehrend); *vgl.* ...jährlich · **Halb|kan|ton** (selbständige Hälfte bestimmter Schweizer Kantone) · **Halb‿kreis, ...ku|gel** · **halb|laut** · **halb|lei|nen** *K 172* · **Halb|lein|wand** · **Halb|lei|ter,** der (*Elektronik*; Festkörper, dessen elektr. Leitfähigkeit mit steigender Temperatur zunimmt) · **Halb|lin|ke,** der *u.* die, _n, _n *K 341* (*Sport*) · **halb|links** *K 172* (*Sport*) · **halb|mast** *Adv* (als Zeichen der Trauer); [die Flagge] _ hissen; auf _ stehen · **Halbmesser** ↑ Radius · **Halb|me|tall** (*Chem*) · **halb|me|ter|dick** · **Halb|mond** · **halb|mond|för|mig** · **halb|of|fen** *K 173 u. 364*; ein halboffenes *od* halb offenes Fenster, das Fenster steht halb offen · **halb|part** (*umg*; um die Hälfte; zu gleichen Teilen); _ machen (teilen) · **Halb|rech|te,** der *u.* die, _n, _n *K 341* (*Sport*) · **halb|rechts** *K 172* (*Sport*) · **halb|rund** *K 172*; eine halbrunde Vertiefung, *aber K 174*: das Zimmer ist halb rund, halb eckig · **Halb|rund** · **halb|schü|rig** ([Wolle] von halbjährlich geschorenen Schafen – *übertr, veraltet*; minderwertig) · **Halb|schwer|ge|wicht,** das, _[e]s (*Sport*) · **Halb|schwe|ster** · **Halb|sei|de** · **halb|sei|den** *K 172 u. 364* (*auch umg abwert*; moralisch anfechtbar); ein halbseidenes Tuch, *aber K 174*: halb seiden, halb wollen · **halb|sei|tig** · **halb|stock** (*schweiz*; halbmast) · **halb|stün|dig** (eine halbe Stunde dauernd); *vgl.* ...stündig · **halb|stünd|lich** (jede halbe Stunde); *vgl.* ...stündlich · **Halb|tags|ar|beit** · **Halb|teil,** das *od* der (Hälfte) · **Halb|ton,** *Pl* ..töne (*Mus*) · **halb|tot** *K 172*; sich halbtot lachen; *K 174*: halb tot, halb lebendig · **halb|voll** *K 172*; ein halbvolles Gefäß; *K 173*: der Eimer ist erst halbvoll *od* halb voll · **halb|wach** *K 172*; im halbwachen Zustand; *K 173*: das Kind war erst halbwach *od* halb wach · **Halb|waise** ↑ *unter* Waise · **halb|wegs** (auf halbem Wege – *umg*; einigermaßen, ziemlich) · **Halb|welt,** die, _ (*abwert*) · **Halb|werts|zeit** (*Atomphys*; Zeit, in der die Hälfte einer Anzahl radioaktiver Atome zerfallen ist) · **Halb|wis|sen** (*abwert*) · **Halb|wol|le** · **halb|wol|len** *K 172 u. 364*; ein halbwollenes Tuch, *aber K 174*: halb wollen, halb baumwollen · **halb|wüch|sig** · **Halb|zeit** · **Halb|zeug** (*Prod*; Halbfabrikat)
Hal|de, die, _, _n (*zu* hold)
Haléř ↑ Heller (2)
Halfa usw. ↑ Esparto usw.
Hälf|te, die, _, _n · **hälf|ten** (halbieren)
[1]**Half|ter,** der *od* das, _s, _ (Zaum ohne Gebiß) (*zu* [2]Helm). *Zus K 365ff.*: Halfter‿riemen usw.
[2]**Half|ter,** die, _, _n (Pistolentasche am Sattel) (*zu* Hülle)
half|tern *K 363* ([1]Halfter anlegen)
Half-Time ['ha:ftaim], die, _, _s (*schweiz*; Halbzeit) (*engl*)
Ha|li, das, _s, _[s] (Hornklang)
[1]**Hall,** der, _[e]s, _e
[2]**Hall** (bes. in Österreich vorkommender On.)
[1]**Hal|le,** die, _, _n (*zu* hehlen)
[2]**Hal|le;** Halle (Saale) (Bezirksstadt in der DDR), Halle (Westf.) (Stadt im N der BRD)
hal|le|lu|ja!, *seltener* **al|le|lu|ja!** (*hebr*, ‚lobet den Herrn') · **Hal|le|lu|ja,** *seltener* **Al|le|lu|ja,** das, _s, _s (formelhafter Lobpreis in den Psalmen)
hal|len (schallen) (*zu* hell)
Hal|len|bad · **Hal|len|hand|ball,** der, _[e]s
Hal|len|ser (*latinis, zu* [2]Halle (Saale)): 1. *K 231*: der, _s, _ (in Halle [Saale] Geborener od. Wohnender) – 2. *als Attribut K 232*: die Hallenser Studenten
Hal|ler: 1. *K 231*: der, _s, _ (in [2]Hall od. Schwäbisch Hall Geborener od. Wohnender) – 2. *als Attribut K 232*: die Haller Einwohner
hallesch ↑ hallisch
Hal|ley|sche Ko|met ['hale:ʃə _] *K 217*, der, *Gen* _n _en (*nach* dem engl. Astronomen Halley ['hɛli])
hal|lig ([nach]hallend, [über]akustisch)
Hal|li|gen *Pl* (Gruppe der Nordfries. Inseln der BRD); *Sg* Hal|lig, die, _ · **Hal|lig|leu|te** *Pl*
Hal|li|masch, der, _es, _e (ein Pilz)
hal|lisch *od* **hal|lesch** (*zu* [2]Hall *u.* [2]Halle)
Hall|jahr (*A. T.*; Feier-, Jubeljahr)
hal|lo! ['ha.. *od* ..'lo:] (*zu* holen); hallo rufen · **Hal|lo,** das, _s, _s; mit lautem _ (*umg*)
Hal|lo|dri, der, _s, _[s] (*süddt u. österr abwert*; ausgelassener, auch leichtsinniger Mensch) (*zu* Allotria)
Hal|lo|re, der, _n, _n (*hist*; Salzsieder in Halle [Saale]) (*dt + f. E.*)
Hall|statt (Ort in Österreich) · **Hall|stät|ter See** *K 232*, der, *Gen* _ _s
Hall|statt|zeit, die, _ (*Urgesch*; Kultur der älteren Eisenzeit) · **hall|statt|zeit|lich**
Hal|lu|zi|na|tion (Sinnestäuschung) (*lat*) · **hal|lu|zi|nie|ren** · **Hal|lu|zi|no|gen,** das, _s, _e (*Pharmakol*; Rauschmittel, -gift)
Halm, der, _[e]s, _e
Hal|ma, das, _s (ein Brettspiel) (*grch*, ‚Sprung')
Hälm|chen · **Halm|flie|ge** (Fliegenart, Getreideschädling) · **Halm|frucht**
Ha|lo, der, _[s], *Pl* _s, *seltener* ..onen (*fachspr*; farbige Ringerscheinung, bes. um Himmelskörper) (*grch*)
ha|lo|gen (*Chem*; salzbildend) (*grch*) · **Ha|lo|gen,** das, _s, _e (chem. Element, das mit Metallen direkt Salze bildet). *Zus K 365ff.*: Halogen‿lampe usw. · **Ha|lo|ge|nid,** das, _[e]s, _e (*Chem*; ein Salz der Halogene) · **ha|lo|ge|nie|ren**

(*Chem*; Salz bilden) · **Ha|lo|phyt,** der, _en, _en (*Bot*; auf salzhaltigem Boden wachsende Pflanze)
Hals, der, _es, *Pl* Hälse. *Zus K 365ff.*: Hals‿kette usw. · **Hals|ab|schnei|der** (*umg abwert*) · **Hals|band,** das, *Pl* ..bänder · **Hals|ber|ge,** die, _, _n (*hist*; Teil der Rüstung) · **hals|bre|chend** (*veraltend*) · **hals|bre|che|risch;** _ste · **Häls|chen** · **hal|sen** *K 354* (*noch gehoben*; umarmen – *seem*; ein Segelschiff auf die andere Windseite bringen) · **Hals|ge|richt** (*hist*) · **Hals-Na|sen-Oh|ren-Arzt** *K 189* · **hals|star|rig** · **Hals|star|rig|keit** · **Hals|tuch,** *Pl* ..tücher · **Hal|sung** (*weidm*; Hundehalsband)
[1]**halt** (*bes süddt, österr, schweiz*; eben, wohl, ja, schon, doch)
[2]**halt!**; Halt! Wer da? (Postenanruf) · **Halt,** der, _[e]s, _e; keinen _ haben; _ gebieten (*gehoben*); wir machen einen kurzen _; *vgl. aber* haltmachen · **halt|bar** · **Halt|bar|keit,** die, _ · **hal|ten** (*österr auch für* [Vieh] hüten); du hältst, er hält; du hieltst *od* hieltest; du hieltest; gehalten; halt[e]! · **Hal|te|punkt** · **Hal|ter** (*österr auch für* Hirt)
Hal|te|ren *Pl* (*Zool*; umgebildete Hinterflügel der Zweiflügler); *Sg* Hal|te|re, die, _ (*grch*)
hal|tern *K 363* (festmachen) · **Hal|te|rung** · **Hal|te‿stel|le,** ...**ver|bot** · **hal|tig** (*bergm*; erzführend) · ...**hal|tig,** *österr* ...**häl|tig** (z. B. mehlhaltig, *österr* mehlhältig) · **halt|los** *K 349*; *vgl.* ...los · **Halt|lo|sig|keit,** die, _ · **halt|ma|chen** *K 133*; du machst halt *K 112*; haltgemacht; haltzumachen; *vgl. aber* Halt · **Hal|tung**
Ha|lun|ke, der, _n, _n (*Schimpfw*; Schuft, Spitzbube, erbärmlicher Mensch) (*tschech*) · **Ha|lun|ken|streich** (*abwert*)
Ha|ma|me|lis, die, _ (Zaubernuß, ein Zierstrauch, Arzneipflanze) (*grch*)
Hä|ma|tin, das, _s (*Med*; Abkömmling des roten Blutfarbstoffs) (*grch + lat*) · **Hä|ma|tit,** der, _[e]s, _e (*Mineral*; ein Eisenerz) (*grch*) · **hä|ma|to|gen** (*Med*; blutbildend; aus dem Blute entstehend) · **Hä|ma|to|lo|gie,** die, _ (Lehre vom gesunden u. vom kranken Blut) · **Hä|ma|tom,** das, _s, _e (*Med*; Bluterguß)
Ham|burg (Hafenstadt u. Bundesland der BRD) · **Ham|bur|ger:** 1. *K 231*: der, _s, _; 2. *als Attribut K 232*: der Hamburger Hafen · **ham|bur|gern** *K 363* (hamburgisch sprechen) · **ham|bur|gisch**
Ha|meln (Stadt im N der BRD) · **Ha|mel|ner,** *auch* **Ha|me|ler:** 1. *K 231*: der, _s, _; 2. *als Attribut K 232*: das Hamelner Rattenfängerhaus · **ha|melnsch**
Ha|men, der, _s, _ (*Fischerei*; ein Fangnetz)
hä|misch; _ste
Ha|mit *od* **Ha|mi|te,** der, ..ten, ..ten (Angehöriger einer sprachlich verwandten Gruppe von Völkern in Afrika) (*nach* Ham, einem Sohn Noahs) · **ha|mi|tisch;** die _en Sprachen
Ham|let (Titelgestalt einer Tragödie des engl. Dramatikers Shakespeare [ˈʃeːkspiːr])
Ham|mel, der, _s, *Pl* _, *seltener* Hämmel. *Zus K 365ff.*: Hammel‿braten usw.
Ham|mer, der, _s, *Pl* Hämmer. *Zus K 365ff.*: Hammer‿schmied usw. · **Häm|mer|chen** · **häm|mern** *K 363* · **Ham|mer|wer|fen,** das, _s
Ham|mond|or|gel [ˈhɛmənt..] (elektroakust. Tasteninstrument) (*nach* dem amerikan. Erfinder)
Hä|mo|glo|bin, das, _s (*Med*; Farbstoff der roten Blutkörperchen); *Zeichen* Hb (*grch + lat*) · **Hä|mor|rhoi|dal|lei|den** [..oːi..] (*Med*) (*grch*) · **Hä|mor|rhoi|den** *Pl* (*Med*; leicht blutende Venenknoten des Mastdarms)
Ham|pel|mann, *Pl* ..männer · **ham|peln** *K 363* (*umg*; zappeln)
Ham|ster, der, _s, _ (ein Nagetier) (*Herkunft umstritten*) · **Ham|ste|rer** (*abwert*; jmd., der [gesetzwidrig] Vorräte aufhäuft) · **ham|stern** *K 363* (*abwert*)
Hand, die, _, *Pl* Hände
I. *Bei Präpositionen*:
a) *Getrenntschreibung*: an Hand (*jetzt häufig* anhand *K 176*; *vgl. auch* I, b); an Hand *od* an der Hand des Buches; an Hand *od* an der Hand von Unterlagen; etwas an *od* bei der Hand haben; jmdm. an die Hand gehen; Hand in Hand arbeiten, die Hand in Hand Arbeitenden, *aber K 101*: das Hand-in-Hand-Arbeiten; etwas unter der Hand (in Arbeit) haben (*vgl. aber* unterderhand); von Hand zu Hand gehen; von langer Hand [her] vorbereitet; zur Hand gehen, sein; zu Händen (*Abk* z. H.) des ... *od* der ... *od* von ...
b) *Zusammenschreibung*: abhanden kommen; überhandnehmen; *K 176*: anhand (*jetzt häufig für* an Hand; *vgl. auch* I, a); unterderhand (heimlich); vorderhand (einstweilen); vorhanden sein
II. *Bei Adjektiven*:
a) *Getrenntschreibung*: linker, rechter, letzter Hand
b) *Zusammenschreibung K 176*: allerhand (*umg*); kurzerhand
c) *in Maßangaben vgl.* handbreit, Handbreit, handgroß, handlang, Handvoll
III. *Bei Verben* (*vgl. auch* I): [mit] Hand anlegen; Hand an sich legen (*gehoben*); freie Hand haben (*vgl. aber* handhaben)
Hand|än|de|rung (*schweiz*; Wechsel im Grundbesitz) · **Hand|ar|beit** · **hand|ar|bei|ten** *K 132*; gehandarbeitet; *vgl. aber K 164*: handgearbeitet · **Hand‿ball,** ...**bal|ler** · **hand|breit** *K 171*; der Rand ist kaum handbreit, *aber K 127*: das Brett ist eine Hand breit · **Hand|breit,** die, _, _ (ein Maßbegriff); eine, zwei, keine Handbreit; zwei Handbreit Tuch ansetzen, *aber*: ein zwei Hand breites Tuch · **Händ|chen** · **Hän|de|druck,** *Pl* ..drücke · **Hän|de|klat|schen,** das, _s
Han|del: 1. der, _s (Kauf u. Verkauf von Waren); Handel und Wandel – 2. der, _s, *Pl* Händel (Streit); Händel suchen · **han|deln** *K 363* · **Han|dels|ab|kom|men** · **Han|dels|aka|de|mie** (*österr*; höhere Handelsschule) · **han|dels|ei|nig** *od* **han|dels|eins** · **Han|dels|ge|sell|schaft;** *K 258*: Offene Handelsgesellschaft (*Abk* OHG) · **Han|dels|ge|setz|buch;** *Abk* HGB · **Han|dels|kam|mer;** *K 258*: Internationale Handelskammer (*Abk* IHK) · **Han|dels|ma|ri|ne** · **Han|dels|or|ga|ni|sa|tion,** die, _; *Abk* HO · **Han|dels|re|gi|ster** · **Han|dels|schiff** · **Han|dels|span|ne** · **han|dels|üb|lich** · **Hän|del|sucht,** die, _ (*veraltend*) · **hän|del|süch|tig** (*veraltend*) · **han|del|trei|bend** *K 163*
Hän|de|rin|gen, das, _s · **hän|de|rin|gend** *K 165* · **Hän|de|wa|schen,** das, _s · **Hand|fer|tig|keit** · **hand|fest** · **Hand|feu|er|waf|fe** · **hand|ge|ar|bei|tet** *K 164* (mit der Hand verfertigt); ein _es Deckchen, ein _er Leuchter; *vgl. aber* handarbeiten · **Hand|ge|brauch** · **hand|ge|bun|den** *K 164 u. 364* · **Hand|geld,** das, _[e]s (Vorschuß bei Vertragsabschluß) · **hand|ge|mein;** _ werden · **hand|ge|webt** *K 164* · **hand|greif|lich;** _ werden · **Hand|greif|lich|keit** · **Hand|griff** · **hand|groß** *K 171*; ein _es Stück, *aber K 127*: ein zwei Hand großes Stück · **hand|hab|bar** · **Hand|ha|be,** die, _, _n (*veraltend*) · **hand|ha|ben** *K 132*; du handhabst; du handhabtest; gehandhabt; zu _; *vgl. aber* Hand, III · **Hand|ha|bung**
Han|di|kap, *österr* **Han|di|cap** [*beide* ˈhɛndikɛp], das, _s, _s (*Sport*; Wettkampf mit Vorgaben

für einzelne Teilnehmer; Ausgleich; Benachteiligung – *umg*; Hindernis, Nachteil) ⟨*engl*, ‚Hand in der Mütze'⟩; *vgl. auch* gehandikapt · **Han|di|kap|per**, *österr* **Han|di|cap|per**, der, _s, _ (*Sport*; Kampfrichter, von dem die Vorgaben bei Handikaps festgelegt werden)

Hand-in-Hand-Ar|bei|ten *K 101*, das, _s; *vgl. auch* Hand I, a · **Hand-in-Hand-Ge|hen** *K 101*, das, _s; *vgl. auch* Hand I, a · **hän|disch** (*österr*; mit der Hand, in Handarbeit) · **hand|lang**; ein _er Riß, *aber K 127*: der Riß war zwei Hand lang · **Hand|lan|ger** · **hand|lan|gern** *K 363* (*umg*)

Händ|ler

Hand|le|se|kunst, die, _ · **Hand|le|ser** · **hand|lich** (*schweiz auch für* behende) · **Hand|lich|keit**, die, _

Hand|lung · **Hand|lungs|rich|tung** (*Gramm*; gemeinsame Bez. für Aktiv u. Passiv, Genus verbi)

Hand|mehr, das, _s (*schweiz*; durch Handheben festgestellte Mehrheit)

Hands! [hɛnts] (*Fußball schweiz*; Hand!) ⟨*engl*⟩

Hand|schei|den, das, _s (*Hüttenw*; Teil der Aufbereitung der Erze) · **Hand|schel|le** (Fessel) · **Hand|schlag** · **Hand|schrift**; *Abk* Hs., *Pl* Hss. · **Hand|schrif|ten|druck**, *Pl* ..drucke (*Polygr*) · **Hand|schrif|ten|kun|de**, die, _ · **hand|schrift|lich** · **Hand|schuh**; ein Paar _e · **Hand|streich** · **Hand|tuch**, *Pl* ..tücher · **Hand|um|dre|hen**, das, _s; im _ (im Nu) · **Hand|voll**, die, _, _; eine, zwei, etliche, einige, ein paar Handvoll, *aber K 125*: die Hand voll [Nüsse] haben; beide Hände voll · **Hand|werk**; Produktionsgenossenschaft des Handwerks (*Abk* PGH) · **Hand|wer|ke|lei** (*abwert*) · **Hand|wer|ker**, der, _s, _ · **hand|werk|lich** · **Hand|werks|steu|er** *od* **Hand|werk|steu|er** *K 373*, die · **Hand|werks|zeug**

ha|ne|bü|chen *K 364* (*umg abwert*; derb, grob; unerhört)

Hanf, der, _[e]s · **han|fen** *od* **hän|fen** *K 364* (aus Hanf) · **Hanf|garn** · **Hänf|ling** (ein Singvogel) · **Hanf|sa|men**

Hang, der, _[e]s, *Pl* Hänge

Han|gar ['haŋga:r, *österr nur so, od* ..'ga:r], der, _s, _s (Schutzdach; überdachter, seitlich offener Schuppen; Flugzeughalle) ⟨*pers → lat → frz*⟩

Hän|ge|bo|den (Bretterzwischendecke für Abstellzwecke) · **Hän|ge|brücke** [*Tr* ...brük|ke], ...**lam|pe** · **han|geln** *K 363* (*Sport*)

Hän|ge|mat|te ⟨*indian → span → frz → ndrl*⟩

han|gen (*noch landsch*) · **hän|gen**: 1. *intr* das Bild hängt, hing an der Wand, hat an der Wand gehangen; *vgl. auch* henken – 2. *tr* du hängst, hängtest, hast das Bild an die Wand gehängt, *umg* gehangen

hän|gen|blei|ben *K 139*; du bleibst hängen; hängengeblieben; hängenzubleiben · **Han|gen|de**, das, _n (*bergm*) · **hän|gen|las|sen** *K 141* (*auch umg*; verzögern, vergessen); du läßt hängen *K 354*; du hast hängenlassen, *auch* hängengelassen *K 361*; hängenzulassen; man hat den Mantel hängenlassen, *auch* hängengelassen · **Hän|ge|par|tie** (*Schach*) · **Han|ger**, der, _s, _ (*seem*; Seil für den Ladebaum) · **Hän|ger**, der, _s, _ (*umg*; eine Mantel- od. Kleiderform – *auch für* Anhänger [Fahrzeug]) · **Hän|ge|schloß**, ...**schrank** · **hän|gig**: 1. (*fachspr*; abschüssig); in _em Gelände – 2. (*noch schweiz*; anhängig, schwebend); ein _er Rechtsstreit

Han|na *od* **Han|ne** (w. Vn.) ⟨*Kurzf von* Johanna⟩; *Verkleinerungsf* ↑ Hansi

Hann. Münden ↑ Münden

Han|no (m. Vn.) ⟨*Kurzf von* Hagen (‚umhegter Bezirk') *od* Johann[es]⟩

Han|no|ver [..f.., *österr* ..v..] (Hptst. von Niedersachsen [BRD]) · **Han|no|ve|ra|ner** [..v..]: 1. *K 231*: der, _s, _ (in Hannover Geborener od. Wohnender; eine Pferderasse) – 2. *als Attribut K 232* · **han|no|versch** (*K 66*) *bzw* **han|no|ve|risch** *od* **han|nö|versch** (*K 66*) *bzw* **han|nö|ve|risch** [*alle vier* ..f..], *österr* **han|nov|ra|nisch** [..v..]; *K 93*: im Hannover[i]schen *od* Hannöver[i]schen, *österr* Hannovranischen

Ha|noi [..'nɔy] (Hptst. von Vietnam)

Hans: 1. (m. Vn.); *Verkleinerungsf* ↑ Hansi – 2. der, _en, *Pl* Hänse (Name volkstümlicher Gestalten) ⟨*Kurzf von* Johannes⟩; Hans im Glück; Hans Guckindieluft; Hans Taps (*vgl. auch* Taps); Hansdampf (↑ *d.*); Hansnarr; Hanswurst (↑ *d.*); *K 119*: der blanke Hans (*norddt dicht*; Nordsee bei Sturm)

Hansa ↑ Hanse

Häns|chen (*Verkleinerungsf von* Hans)

Hans|dampf, der, _[e]s, _e; _ in allen Gassen (*umg*)

Han|se, *latinis Form* **Han|sa**, die, _ (mittelalterl. niederdt. Kaufmanns- u. Städtebund) ⟨‚Schar'⟩ · **Han|se|at**, der, _en, _en (Mitglied der Hanse; Hansestädter) ⟨*dt → lat*⟩ · **hanseatisch** ↑ hansisch

Han|sel (*Verkleinerungsf von* Hans); *Nebenf* Hänsel · **Hansel|bank** ↑ Heinzelbank

hän|seln *K 363* (*umg*; necken) ⟨*zu* Hanse, *an* Hans *angelehnt*⟩

Han|se|stadt (z. B. Hansestadt Bremen)

Han|si (w. *u.* m. Vn.) ⟨*Verkleinerungsf von* Hanna, Hanne *u. von* Hans⟩

han|sisch, *latinis Form* **han|sea|tisch** (die Hanse betreffend; hansestädtisch)

Hansl (*Verkleinerungsf von* Hans); *Nebenf* Hänsl

Hans|narr (*umg*) · **Hans|wurst** [*auch* 'hans..], der, _es, *Pl* _e *u. scherzh auch* ..würste; *vgl. auch* Harlekin · **Hans|wur|ste|rei** (*noch abwert*); *vgl. auch* Harlekinade

Han|tel, die, _, _n (Sportgerät) · **han|teln** *K 363*

han|tie|ren (*umg*; handhaben; umgehen mit ...) ⟨*germ → frz → ndrl, an* Hand *angelehnt*⟩

Hao [hau *od* ha:ŭ], der, _[s], *Pl* _[s] *u. bei Wertangabe* (*K 310*) Hao (Münzeinheit in Vietnam) ⟨*vietnames*⟩

ha|pern (*umg*; fehlen; mangeln); es hapert

ha|plo|id (*Biol*; mit einfachem Chromosomensatz) ⟨*grch*⟩

Häpp|chen · **Hap|pen**, der, _s, _

Hap|pe|ning ['hɛpəniŋ], das, _s, _s (modernist. Ausdrucksform in Kunst u. Unterhaltung) ⟨*engl*⟩

hap|pig (*umg*; zu stark, übertrieben)

Hap|py-End, *österr auch* **Hap|py|end** [*beide* hɛpi'ɛnt], das, _[s], _s (guter Ausgang; unrealist., meist soziale Probleme verwischende Lösung) ⟨*engl*, ‚glückliches Ende'⟩

har! (*Zuruf an Zugtiere* nach links!); *vgl.* hott!, hü!, hüst!

Ha|ra|ki|ri, das, _[s], _s (*hist*; ritueller Selbstmord durch Bauchaufschneiden in Altjapan) ⟨*jap*⟩

Ha|rald (m. Vn.) ⟨*anord*, ‚Heer' + ‚walten'⟩

Ha|ra|re (Hptst. von Simbabwe)

Ha|raß, der, ..asses, ..asse (*fachspr*; Lattenkiste od. Plastbehälter zum Verpacken von Flaschen, Gläsern usw.) ⟨*frz*⟩

Har|bin *od* **Char|bin** [*beide* xa:r'bin] (Stadt im NO Chinas)

Här|chen (kleines Haar)

Har|dan|ger|fjord, der, _[e]s (im S Norwegens)

Hard|ware ['ha:rdwɛ:r], die, _, _s (*Datenv*; gerätetechn. Bestandteile einer Datenverarbeitungsanlage) ⟨*engl*, ‚feste Ware'⟩; *Ggs* Software

Ha|rem, der, _s, _s (die Frauen-

räume des islam. Hauses; Gesamtheit der darin wohnenden Frauen) ⟨*arab* → *türk*, ‚Unzugängliches'⟩; einen _ (*umg scherzh*; viele Frauen) um sich haben
hä|ren: 1. *Verb* ↑ haaren (2) – 2. *Adj K 362* (*gehoben*; aus Haar); ein _es Gewand
Hä|re|sie, die, _, ..ien (*Rel*; Ketzerei) ⟨*grch*⟩ · **Hä|re|ti|ker**, der, _s, _ (*Rel*; sog. Ketzer) · **hä|re|tisch** (*Rel*)
Har|fe, die, _, _n · **har|fen** (*gehoben*) · **Har|fe|nist** (Harfenspieler) · **Har|fe|ni|stin**, die, _, ..innen · **Har|fen|spiel**, das, _[e]s · **Harf|ner** (*veraltet*; Harfenspieler)
Har|ke, die, _, _n (*landsch*; Rechen) · **har|ken** (*landsch*; rechen)
Har|le|kin, der, _s, _e (Hanswurst; Narr) ⟨*frz* → *ital* → *frz*⟩ · **Har|le|ki|na|de** (Hanswursterei)
Har|lem ['ha:rləm] (Elendsviertel in New York); *vgl. aber* Haarlem
Harm, der, _[e]s (*gehoben*) · **härmen, sich** (*Akk*) (*gehoben*) · **harmlos** *K 349*; *vgl.* ...los · **Harm|lo|sigkeit**
Har|mo|nia [*od* ..'ni:a] (*griech Sage*; Tochter des Ares u. der Aphrodite) ⟨*grch*⟩ · **Har|mo|nie**, die, _, ..ien (Übereinstimmung; Einklang; Eintracht; Ebenmaß) · **har|mo|nie|ren** · **Har|mo|nik**, die, _ (Wohlklang, Wohlklangstechnik) · **Har|mo|ni|ka**, die, _, *Pl* _s *od* ..ken (ein Musikinstrument) ⟨*grch* → *lat*⟩ · **har|mo|nisch** (zusammenklingend; übereinstimmend; einträchtig; ebenmäßig); _ste · **har|mo|ni|sie|ren** (in Einklang bringen, stehen) · **Har|mo|nium**, das, _s, *Pl* _s *od* ..ien [..ĭən] (ein Tasteninstrument) · **Har|mo|no|gramm**, das, _s, _e (graph. Darstellung mehrerer Arbeitsabläufe für Kapazität, Ort, Zeit u. Technologie) ⟨*grch*⟩
Harn, der, _[e]s. *Zus K 365ff.*: Harn‿blase usw. · **har|nen**
Har|nisch, der, _[e]s, _e (*Mittelalter*; Panzer, Brustpanzer) ⟨*germ* → *frz*⟩; jmdn. in _ (*übertr*; Zorn) bringen; in _ (*übertr*; Zorn) kommen
Harn‿lei|ter (der), ...**stoff** · **harn|trei|bend** *K 128*
Har|pu|ne, die, _, _n (Walfanggerät mit Widerhaken) ⟨*germ* → *frz* → *ndrl*⟩ · **Har|pu|nen|ka|no|ne** · **Har|pu|nier**, der, _s, _e *od* **Har|pu|nie|rer** (Harpunenwerfer) · **har|pu|nie|ren**
Har|py|ie [..'py:ĭə], die, _, _n (*griech Sage*; weibl. Sturmdämon – *übertr*; gieriger Plagegeist – *Zool*; adlerartiger Greifvogel Mittel- u. Südamerikas) ⟨*grch*⟩
har|ren (*gehoben*; warten); jemandes, *auch* auf jemanden _
Har|ri (m. Vn.) ⟨*eindeutschende Schreibung von* Harry⟩ · **Har|ry** ['hari, *engl* 'hɛri] (m. Vn.) ⟨*engl Form von* Heinrich⟩; *Nebenf* Henry
harsch · **Harsch**, der, _es (hartgefrorener Schnee) · **har|schen** (hart, krustig werden)
Harst, der, _es, _e (*schweiz*; Heerhaufe, Vortrab)
hart; härter, härteste; hart auf hart. *Schreibung beim Part II K 128*: das hartgewordene Brot, *aber*: das Brot ist hart geworden; *K 166*: hartgebrannter Stein, der Stein ist hartgebrannt *od* hart gebrannt
Hart|brand, der, _[e]s · **Hart|brand|zie|gel** · **Här|te**, die, _, _n · **Här|te|grad** · **här|ten** · **Här|ter** (*Chem*) · **Här|te|rei** · **hartgebrannt** ↑ *unter* hart · **hart|ge|kocht** *K 128* · **Hart|geld**, das, _[e]s · **hart|ge|sot|ten** *K 128 u. 364* (*meist übertr*, *umg*; uneinsichtig); ein _er Verkehrssünder · **Hart|gum|mi**, der · **hart|her|zig** · **Hart|her|zig|keit**, die, _ · **Hart|heu** (Johanniskraut) · **hart|hö|rig** · **Hart|hö|rig|keit**, die, _ · **hart|köp|fig** · **Hart|köp|fig|keit**, die, _ · **hart|lei|big** · **Härt|ling** (*Geol*; herausragender Einzelberg od. Bergzug widerständigen Gesteins) · **hart|mäu|lig** (*von Pferden gesagt*) · **Hart|me|tall**
Hart|mut (m. Vn.) ⟨‚kühn' + ‚Gesinnung'⟩
hart|näckig [*Tr* ...näk|kig] ⟨*zu* Nacken⟩ · **Hart|näckig|keit** [*Tr* ...näk|kig..], die, _ · **Hart|rie|gel**, der, _s, _ (ein Strauch) · **hart|rindig**
Har|tung, der, _s, _e (*veraltet*; Januar) · **Här|tung**
Har|vard|uni|ver|si|tät ['ha:rvərt..] *K 209*, die, _ (in Cambridge [USA]) ⟨*nach* einem der Gründer⟩
[1]**Harz**, das, _es, _e (Ausscheidung aus Rinden der Nadelhölzer)
[2]**Harz**, der, _es (Gebirge in der DDR u. der BRD) ⟨‚Wald'⟩
har|zen *K 354*: 1. *intr* (*von Bäumen gesagt*; [1]Harz ausscheiden – *süddt*, *schweiz*; schwierig sein) – 2. *tr* (*Forstw*; von Bäumen Harz gewinnen) · [1]**Har|zer** (Forstarbeiter für die Harzgewinnung)
[2]**Har|zer**: 1. *K 231*: der, _s, _ (Bewohner des Harzes; eine Käsesorte) – 2. *als Attribut K 232*: der Harzer Käse
har|zig (*süddt u. schweiz auch für* schwierig) · **Harz|säu|re** ⟨*zu* [1]Harz⟩
Ha|sard [..'zart, *österr auch* ..'za:r], das, _s (*kurz für* Hasardspiel) ⟨*arab* → *span* → *frz*⟩ · **Ha|sar|deur** [..zar'dø:r], der, _s, _e (*abwert*; Glücksspieler; Wagehals) · **ha|sar|die|ren** (*veraltend*; Hasard spielen – *übertr*; etw. wagen) · **Ha|sard|spiel** (Glücksspiel); *kurz* Hasard
Hasch, das, _s *umg Kurzw* (Haschisch)
Ha|schee, das, _s, _s (Gericht aus gehacktem Fleisch) ⟨*germ* → *frz*⟩
Ha|sche|mit, der, _en, _en (Angehöriger eines arab. Volksstammes) · **ha|sche|mi|tisch**; *K 258*: Haschemitisches Königreich Jordanien; *vgl. auch* Jordanien
[1]**ha|schen** *K 354* (fangen – *übertr*, *abwert*; gierig zu erlangen suchen)
[2]**ha|schen** (*umg*; Haschisch rauchen)
Ha|schen, das, _s; _ spielen
Häs|chen
Ha|scher (*umg*; Haschischsüchtiger)
Hä|scher (*veraltet abwert*; Verfolger; Büttel, Gerichtsdiener)
Ha|scherl, das, _s, _[n] (*umg*; bemitleidenswertes Geschöpf)
ha|schie|ren ([mit dem Wiegemesser] zerkleinern; feinhacken) ⟨*germ* → *frz*⟩
Ha|schisch, der *od* das, _ (ein Rauschgift); *umg Kurzw* Hasch ⟨*arab*, ‚[trockenes] Gras', ‚Kraut'⟩
Ha|se, der, _n, _n; *K 119*: falscher Hase (Hackbraten)
Ha|sel, die, _, _n, *seltener* der, _s, _ (ein Strauch) · **Ha|sel‿busch**, ...**huhn**, ...**maus** · **Ha|sel|nuß** · **Ha|sel|nuß|strauch**
Ha|sen|fell · **Ha|sen|fuß** (*umg scherzh*; überängstlicher Mensch) · **ha|sen|fü|ßig** (*umg scherzh*) · **Ha|sen|herz** (*umg scherzh*) · **Ha|sen|jun|ge**, das, _n (*österr*; Hasenklein) · **Ha|sen|klein**, das, _s (Innereien des Hasen [als Speise]) · **Ha|sen|pa|nier**; *nur noch in* das _ ergreifen (*umg scherzh*; fliehen) · **Ha|sen|pfef|fer** (Gericht aus Hasenklein) · **Ha|sen|schar|te** · **Hä|sin**, die, _, ..innen
Has|lin|ger, der, _s, _ (*österr*; Stock aus Haselholz)
Has|pe, die, _, _n, *auch* **Has|pen**, der, _s, _ (Tür- od. Fensterhaken) · **Has|pel**, die, _, _n, *auch* der, _s, _ (Garnwinde, Winde) · **Has|pel|ach|se** · **has|peln** *K 363* (*auch umg*; hastig sprechen)
Haß, der, *Gen* Hasses · **has|sen**; du haßt *K 354*; gehaßt; hasse! *od* haß! · **has|sens|wert** · **Has|ser** · **haß|erfüllt** · **häs|sig** (*schweiz*; mürrisch; verdrießlich) · **häß|lich** · **Häß|lichkeit**
Hast, die, _ ⟨*germ* → *frz* → *ndrl*⟩ · **ha|sten** · **ha|stig** · **Ha|stig|keit**, die, _
hät|scheln *K 363* (*meist abwert*)

hat|schen *K 354* (*landsch umg*; schlurfen, humpeln)

hat|schi! *od* **hat|zi!** [*beide auch* 'ha..] (*umg*)

Hat-Trick, *auch* **Hat|trick** [*beide* 'hɛt..], der, _s, _s (*Sport*; dreimal aufeinander folgender Torschuß durch denselben Spieler) ⟨*engl*⟩

Hatz, die, _, _en (*weidm*; Hetzjagd – *umg*; Hetze) · **Hatz|rü|de**

Hau, der, _[e]s, _e (*Forstw veraltend*) · **Hau|bank,** *Pl* ..bänke (*landsch*; Schieferdeckergerät) · **Hau|bar|keits|al|ter** (*Forstw*)

Häub|chen · **Hau|be,** die, _, _n · **Hau|ben|ler|che**

Hau|bit|ze, die, _, _n (Geschütz für Flach- u. Steilfeuer) ⟨*tschech*⟩

Hauch, der, _[e]s, *Pl* (*selten*) _e · **hauch|dünn** · **hau|chen** · **hauch-fein** · **Hauch|laut** (*Phon*) · **hauch-zart**

Hau|de|gen (alter, erprobter Krieger; Draufgänger) ⟨*zu* ²Degen⟩

Haue: 1. die, _, _n (*südt, österr, schweiz*; ²Hacke) – 2. die, _ (*umg*; Prügel, Schläge); _ kriegen (*umg*) · **hau|en:** 1. (mit einer Waffe draufschlagen); du haust; du hiebst, *auch* hautest; gehauen; hau[e]!; er hieb [mit der Waffe] auf seinen Verfolger – 2. (mit einem Werkzeug draufschlagen – *umg*; züchtigen, prügeln); du haust; du hautest; gehauen; hau[e]!; er haute Holz, Gras; er haute den Jungen · **Hau|er:** 1. *auch* **Häu|er** (ausgebildeter Bergmann) – 2. (*südt, österr*; Winzer) – 3. (*weidm*; unterer Eckzahn des Keilers)

Häuf|chen · **häu|feln** *K 363* · **Haufen,** der, _s, _, *veraltet u. dicht* **Hau|fe,** der, _ns, _n; in [hellen] Haufen; *K 176*: zuhauf (*dicht*); *vgl. auch K 387* · **häu|fen;** sich (*Akk*) _ · **Hau|fen|dorf** (Dorf mit unregelmäßiger Anlage der Gehöfte) · **haufen|wei|se** *K 176* · **häu|fig** · **Häufig|keit,** die, _ · **Häu|fung**

Hauf|werk ⟨*zu* Haufen⟩ *od* **Hau-werk** ⟨*zu* hauen⟩, das, _[e]s (*bergm*; durch Hauen erhaltenes Roherzeugnis)

Hau|he|chel, die, _, _n (eine Arzneipflanze, Schmetterlingsblütler) · **Hau|klotz**

Haupt, das, _[e]s, *Pl* Häupter (*gehoben*); zu Häupten · **Haupt|auf|gabe** · **Haupt|bahn|hof;** *Abk* Hbf.; *vgl. auch K 229* · **Haupt|buch** · **Häup|tel,** das, _s, *Pl* _ *od* _n (*südt, österr*; Kopf von Salat usw.) · **Haup|tes|län|ge;** *meist in* jmdn. um _ überragen (*gehoben*) · **Häupt|ling** · **Haupt|mann,** *Pl* ..leute (*Milit*); *Abk* Hptm. · **Haupt-pro|be** · **Haupt|sa|che** · **hauptsäch|lich** · **Haupt|satz** (*Gramm*) · **Haupt|stadt;** *Abk* Hptst. · **hauptstäd|tisch** · **Haupt‿teil** (der), **...tref|fer, ...ver|kehrs|stra|ße** · **Haupt|ver|le|sen,** das, _s, _ (*Milit schweiz*; Appell) · **Haupt|ver|waltung;** *Abk* HV · **Haupt|wort,** *Pl* ..wörter

hau ruck! *od* **ho ruck!**

Haus, das, _es, *Pl* Häuser; im Hause (*Abk* i. H.); zu, nach Haus[e]; von Haus[e] aus; von Haus zu Haus; *vgl.* Zuhause

Hausa ↑ Haussa

Haus|apo|the|ke · **Haus|ar|beitstag** *od* **Haus|halt[s]|tag** · **Hausarzt** · **haus|backen** [*Tr* ...bak|ken] *Adj K 364* (*veraltet*; selbstgebacken – *übertr, abwert*; allzu einfach; reizlos) · **Haus|bau,** *Pl* ..bauten · **Haus|be|sor|ger** (*österr*; Hausmeister) · **Haus|brand‿koh|le, ...versor|gung** · **Haus|buch** · **Häuschen,** *Pl* _ *od* Häuserchen · **Hausdurchsuchung** ↑ Haussuchung · **Häu|sel** *od* **Häusl,** das, _s, _ (*landsch*) · **hau|sen** *K 354* (*schweiz auch für* sparen)

Hau|sen, der, _s, _ (ein Fisch) · **Hau|sen|bla|se,** die, _ (Fischleim)

Häu|ser|block, *Pl* ..blocks *od* ..blöcke · **Hau|se|rin** *od* **Häu|serin,** die, _, ..innen (*bayr, österr*; Haushälterin) · **Häu|ser|rei|he** · **Haus|flur,** der · **Haus|frau** · **hausfrau|lich** · **Haus|frie|dens|bruch,** der · **Haus|ge|mein|schaft** · **Haushalt** · **haus|hal|ten** *K 133*; du hältst haus *K 112*; hausgehalten; hauszuhalten; da er gut haushält · **Haushäl|te|rin,** die, _, ..innen · **haushäl|te|risch** (sparsam, wirtschaftlich) · **Haus|halt[s]|plan** · **Haushalt[s]tag** ↑ Hausarbeitstag · **Haushal|tung** · **Haus|hal|tungs|vorstand** (*veraltend*) · **Haus|halt|waren** *Pl* · **Haus|herr** · **haus|hoch;** haushohe Wellen · **hau|sie|ren** (*veraltet*; von Haus zu Haus Handel treiben – *auch abwert*; etw. aufdringlich anbieten) ⟨*dt* + *f. E.*⟩ · **Hau|sie|rer** (*veraltend*) · **Häus|ler,** der, _s, _ (*veraltet*; Besitzer kleinster Anwesen) · **Haus|leu|te** *Pl* (*veraltend*; Hausmann u. dessen Frau); *vgl.* Hausmann · **haus|lich** (*schweiz*; sparsam) · **häus|lich** · **Häus|lich|keit,** die, _ · **Hausmann,** *Pl* ..männer (*veraltend*); *vgl.* Hausleute

Haus|manns|kost · **Hausmeier** ↑ Majordomus · **Haus‿mei|ster, ...ord|nung** · **Haus|rat,** der, _[e]s

Haus|sa *od* **Hau|sa:** 1. der, _[s], _ (Angehöriger eines Volkes im W Afrikas) – 2. das, _ (Sprache im Sudan [1]); auf Haussa *od* Hausa heißt es ...

haus|schlach|ten *K 364*; _e Wurst · **Haus|schlach|tung** · **Haus‿schlüssel, ...schuh**

Haus|se ['ho:s(ə) *od* o:s, *österr* (h)o:s], die, _, _n [..s(ə)n] (*kap Wirtsch*; das Steigen u. der Hochstand der Kurse an der Börse) ⟨*lat* → *frz*⟩; *Ggs* Baisse

Haus|su|chung, *österr* **Haus|durchsu|chung** · **Haus‿tier, ...tür** · **Haus|ver|trau|ens|mann,** *Pl* ..leute, *selten* ..männer · **Hausver|wal|ter** · **Haus‿wirt, ...wirtschaft** · **Haus|wirt|schafts|pfle|gerin** · **Haus|wurz,** die, _ (ein Dickblattgewächs)

Haut, die, _, *Pl* Häute; *K 102*: das ist zum Aus-der-Haut-Fahren (*umg*) · **Haut|aus|schlag** · **Häutchen** · **Haut|creme** [..krɛ:m]

Haute Cou|ture [o:t ku'ty:r], die, *Gen* _ _ (Schneiderkunst in höchster Vollendung) ⟨*frz*⟩ · **Haute|lisse** [(h)o:t'lis], die, _ (*Textiltechn*; Webart) · **Haute|lisse|we|be|rei** (*Textiltechn*)

häu|ten; sich (*Akk*) _ · **haut|eng;** ein _es Kleid

Haute|vo|lee [(h)o:tvo'le:], die, _ (*bürgerl Staat*; die oberen Zehntausend – *meist iron*; die Gesellschaft, die sich für »vornehm« hält) ⟨*frz*, ‚der hohe Flug'⟩

Haut|flüg|ler *Pl* (*Zool*; eine Insektenordnung); *Sg* Haut|flüg|ler, der, _s · **haut|freund|lich;** ein _es Gewebe

Haut|gout [o'gu:], der, _s (scharfer Geschmack lange abgehangenen Wildfleisches – *übertr*; Anrüchigkeit) ⟨*frz*⟩

häu|tig · **Haut|krank|heit** · **hautnah**

Haut|re|lief ['o(:)re,liɛf] (*bildende Kunst*; Hochrelief) ⟨*frz*⟩

haut|scho|nend; ein _es Waschmittel · **Häu|tung**

Hauwerk ↑ Haufwerk

Ha|van|na [..v..]: 1. *span* **La Ha|bana** [la a'ba(:)na] (Hptst. von Kuba) – 2. die, _, _s (eine Zigarre) – 3. der, _s (eine Tabaksorte; eine Kaffeesorte) · **Ha|van|na|zi|gar|re**

Ha|va|rie [..v..] ⟨*arab* → *ital* → *frz*⟩, die, _, ..ien: 1. *älter* **Ha|ve|rei** ⟨*arab* → *ital* → *ndrl*⟩, die, _, _en (*Verkehrsw*; Unfall, Bruch, Unfallschaden eines Fahrzeugs [insbes. bei Schiff u. Flugzeug]) – 2. (Brand, Explosion [in Industriebetrieben], Entgleisung [bei Eisenbahntransporten]) · **ha|va|riert** (*bes Verkehrsw*; beschädigt; verdorben) ⟨*arab* → *ital* → *frz*⟩

Ha|vel [..f..], die, _ (Fluß in der DDR) · **Ha|vel|land** *K 246*, das,

_[e]s · ha|vel|län|disch; *K 258*: das Havelländische Luch
Haverei ↑ Havarie (1)
Ha|waii [*polynes* hava'i(:)i] (eine der Hawaii-Inseln; Staat der USA im Pazifik) · **Ha|waii-In|seln** *K 247 Pl* (Inselgruppe) · **ha|wai|isch**
Haxe, Haxl ↑ Hachse
Ha|zien|da, die, _, *Pl* _s *od* ..den (Farm, Landgut in Mittel- u. Südamerika) ⟨*lat → span*⟩
H-Bombe ↑ Wasserstoffbombe
H-Dur ['ha:..] *K 106*, das, _ (*Mus*; Tonart), *Zeichen* H; in H-Dur *od* in H · **H-Dur-Ton|lei|ter** *K 188* (*Mus*)
he! (*salopp*)
Hea|ring ['hi:riŋ] (öffentl. Anhörung durch ein bürgerl. Parlament) ⟨*engl*⟩
Heavisideschicht ↑ E-Schicht
Heb|am|me, die, _, _n (‚die Hebende', *an Amme angelehnt*)
He|be [..bə *od* ..be:] (*griech Mythol*; Göttin der Jugend, Mundschenkin der Götter) ⟨*grch*, ‚Jugendkraft'⟩
He|be|baum
He|bei, *frühere Schreibung* **Ho|peh** [*beide* xə'bɛi̯] (Provinz im O Chinas) ⟨*chin*, ‚nördl. des Flusses', d. h. des Huanghe⟩
He|bel, der, _s, _ · *Zus K 365ff.*: Hebel‿arm usw. · **he|ben;** du hobst *od* hobest; du höbest, *älter* hübest; gehoben; heb[e]!
He|be|prahm (*Techn*) · **He|ber** (*fachspr*). *Zus K 365ff.*: Heber‿turbine usw. · **He|be|schmaus** (Richtfest) · **He|be|werk** (*Techn*) · **He|be|zeug** (*Techn*)
He|brä|er (Israelit) · **He|brä|er|brief** (*bibl*) · **he|brä|isch;** *vgl. K 266f.* · **He|brä|isch,** das, *Gen* _[s], *Dat* _ (Sprachbezeichnung *K 268ff.*) · **He|bräi|sche,** das, *Gen* _n, *Dat* _n (Sprachbezeichnung *K 271*) · **He|bra|ist** (Wissenschaftler auf dem Gebiet der Hebraistik) ⟨*hebr → aram → grch → lat*⟩ · **He|brai|stik,** die, _ (Wissenschaft von der hebräischen Sprache u. Literatur)
He|bri|den *Pl* (Inselgruppe nordwestl. von Schottland)
He|chel, die, _, _n (*Landw*) · **He|che|lei** (*umg abwert*; boshaftes Gerede) · **he|cheln** *K 363*
Hecht, der, _[e]s, _e. *Zus K 365ff.*: Hecht‿sprung usw. · **hecht|blau** *K 278*; *vgl.* blau · **hecht|grau** *K 278*; *vgl.* blau
Heck: 1. das, _[e]s, *Pl* _e *od* _s (hinterer Teil von Schiffen, Flugzeugen u. Autos) – 2. das, _[e]s, _e (*norddt*; Gattertür, Koppel) ⟨*zu* Hag⟩ · **¹Hecke¹,** die, _, _n ([als Umzäunung dienendes] Strauchwerk) ⟨*zu* Hag⟩
²Hecke¹, die, _, _n (*noch landsch*) ⟨*zu* hecken⟩ · **hecken¹** (*von Kaninchen, Vögeln usw. gesagt*; sich fortpflanzen – *übertr, umg*; sich stark vermehren)
Hecken|ro|se¹
Heck|la|ter|ne
Heck|meck, der, _s (*umg abwert*; Unnötiges, Unsinn)
Heck|mo|tor (im hinteren Teil eines Fahrzeuges eingebauter Motor) · **Heck|schei|be**
he|da! (*veraltend*)
¹He|de (w. Vn.) ⟨*Kurzf von* Hedwig⟩
²He|de, die, _, _n (*norddt*; Werg) · **he|den** *K 364* (*norddt*; aus ²Hede gemacht)
He|de|rich, der, _s, _e (ein Ackerunkraut, Kreuzblütler) ⟨*lat*⟩
He|do|ni|ker, der, _s, _ (Anhänger des Hedonismus) ⟨*grch*⟩ · **He|do|nis|mus,** der, _ (altgriech. Lebensauffassung, nach der sinnl. Lust als höchstes Gut gilt) ⟨*grch → lat*⟩
He|dschas, *ohne Art, auch* das, _ (Landesteil von Saudi-Arabien) ⟨*arab*, ‚Schranke'⟩
He|dschra, die, _ (Übersiedlung Mohammeds von Mekka nach Medina 622 u. Z., Beginn der mohammedan. Zeitrechnung) ⟨*arab*, ‚Loslösung'⟩
Hed|wig (w. Vn.) ⟨‚Kampf' + ‚Kampf'⟩; *Kurzf* ↑ ¹Hede
Heer, das, _[e]s, _e · **Hee|res|macht** (*veraltend*) · **Heer|füh|rer** · **Heer|la|ger,** *Pl* ..lager
He|fe, die, _, _n ⟨*zu* heben⟩ · **He|fe[n]‿ku|chen, ...teig** · **he|fig**
Heft, das, _[e]s, _e (*auch für* Handgriff [an Werkzeugen]); *Abk* (*Buchw*) H. · **Hef|tel,** das, *auch* der, _s, _ *od* die, _, _n (*landsch*; Häkchen, Spange) · **hef|teln** *K 363* (*landsch*) · **hef|ten** ⟨*zu* Haft⟩; *vgl. auch* geheftet · **Heft|fa|den,** *Pl* ..fäden
hef|tig · **Hef|tig|keit,** die, _
Heft‿la|de (*Buchw*), **...pfla|ster, ...zan|ge, ...zwecke¹**
He|gau, der, _[e]s (Landschaft im SW der BRD)
He|ge, die, _ (alle Maßnahmen zur Pflege u. zum Schutze des Wildes u. der Wildbahn)
He|ge|lia|ner, der, _s, _ (Anhänger des Philosophen Hegel) · **he|ge|lia|nisch** *od* **he|gelsch** *K 218* · **He|gelsch** *K 217*
He|ge|mei|ster (*weidm veraltet*; Forstangestellter)
He|ge|mo|nie, die, _, ..ien (Vormachtstellung, Vorherrschaft, Führung) ⟨*grch*⟩ · **he|ge|mo|nisch**
he|gen (*weidm – sonst gehoben*) ⟨*zu* Hag⟩ · **He|ger** (*weidm*) · **He|ge|zeit** (*weidm veraltend*; Schonzeit)
Hehl, das, *auch* der; *nur noch in* kein (*auch* keinen) _ daraus machen (es nicht verheimlichen); ohne _ · **heh|len** (*veraltet*) · **Heh|ler** · **Heh|le|rei** · **Heh|le|rin,** die, _, ..innen
hehr (*dicht*; erhaben; heilig)
hei! · **heia|po|peia!** *od* **eia|po|peia!** *od* **heio|po|peio!** (*kinderspr*) · **hei|da!** [*od* 'hai..]
¹Hei|de, der, _n, _n (*christl Rel hist*; Nichtchrist u. Nichtjude)
²Hei|de: 1. die, _, *Pl* (*selten*) _n (Heidelandschaft) – 2. die, _ (Heidekraut) · **Hei|de|korn,** das, _[e]s · **Hei|de|kraut,** das, _[e]s · **Hei|de|land,** das, _[e]s · **Hei|del|bee|re** · **Hei|del|beer|kraut,** das, _[e]s
Hei|del|berg (Stadt im SW der BRD)
Hei|den... (*umg verstärkend*; z. B. Heidenlärm, Heidenspaß) ⟨*zu* ¹Heide⟩ · **hei|den|mä|ßig** (*umg*; sehr, groß)
Hei|de[n]|rös|chen
Hei|den|tum, das, _[e]s (*Rel*)
Hei|de|ro|se ⟨*zu* ²Heide⟩
hei|di! [*od* 'hai..] (lustig!, schnell!); heidi gehen (*umg*; verlorengehen)
Hei|di (w. Vn.) ⟨*Verkleinerungsf von* Adelheid⟩
Hei|din, die, _, ..innen · **heid|nisch**
Heid|schnucke [*Tr* ...schnuk|ke], die, _, _n (Heideschaf)
Hei|duck, der, _en, _en (*hist*; Freiheitskämpfer in den Balkanländern; ungar. Grenzsoldat) ⟨*ung*⟩
hei|kel *K 363*
heil · **Heil,** das, _[e]s; Ski Heil! · **Hei|land,** der, _[e]s, _e (*Rel*; Beiname Jesu) · **Heil|an|stalt** · **heil|brin|gend** *K 128*
Heil|bronn (Stadt im SW der BRD)
Heil|butt (ein Plattfisch) · **hei|len** · **heil|froh** (*umg*)
Heilgymnast usw. ↑ Physiotherapeut usw.
hei|lig; *Abk* hl., *für den Pl* hll.
I. *Kleinschreibung K 119*: der heilige Paulus, die heilige Theresia usw.; das heilige Abendmahl, die heilige Messe, das heilige Sakrament, die heilige Taufe usw.
II. *Großschreibung K 258*: der Heilige Abend; die Heilige Allianz; der Heilige Christ; die Heilige Dreifaltigkeit; die Heilige Familie; der Heilige Geist; die Heilige Jungfrau; die Heiligen Drei Könige; der Heilige Krieg (der Mohammedaner); das Heilige Land; die Heilige Nacht; das Heilige Römische Reich Deutscher Nation (*hist*); die Hei-

¹ *Tr* ..k|k..

lige Schrift; die Heilige Stadt (Jerusalem); der Heilige Stuhl (der Päpstliche Stuhl); der Heilige Synod (↑ *unter* Synod); der Heilige Vater (kirchl. Titel des Papstes)

III. *Schreibung bei Verben vgl.* z. B. heilighalten u. heiligsprechen

Hei|lig|abend · **Hei|li|ge,** der *u.* die, _n, _n *K 341* · **Hei|li|ge|drei|kö|nigs|tag** *K 193,* der, *Gen* des Heilige[n]dreikönigstag[e]s, *Pl* die Heilige[n]dreikönigstage; ein Heiligerdreikönigstag · **hei|li|gen** · **Hei|li|gen|bild** · **Hei|lig|geist|kir|che** *K 193* · **hei|lig|hal|ten** *K 136* (feiern); du hältst heilig; heiliggehalten; heiligzuhalten · **Hei|lig|keit,** die, _ (*Rel*); *K 99*: Seine _, Euer _ (Titel u. Anrede des Papstes); *vgl.* euer, 1, b · **hei|lig|spre|chen** *K 136* (zum od. zur Heiligen erklären); *Konjugation vgl.* heilighalten · **Hei|lig|tum**

heil⌣kli|ma|tisch, ...kräf|tig · **Heil|kun|de,** die, _ · **heil|kun|dig** · **Heil|kun|di|ge,** der *u.* die, _n, _n *K 341* · **heil|los** *K 349* (*meist umg*); *vgl.* ...los · **Heil⌣mit|tel, ...quel|le** · **heil|sam** · **Heils|ar|mee,** die, _ (militärisch geordnete christl. Gemeinschaft) · **Heils|bot|schaft** · **Heil|se|rum** (*Med*; zu therapeut. u. prophylakt. Zwecken verwendetes antikörperhaltiges Serum von Menschen u. Tieren) · **Heil|stät|te** · **Hei|lung**

heim; *vgl.* heimbegeben, heimbringen usw. · **Heim,** das, _[e]s, _e · **Heim|ar|beit**

Hei|mat, die, _, *Pl* (*selten*) _en · **Hei|mat|er|de,** die, _ (*meist gehoben*) · **Hei|mat|fest** · **hei|mat|ge|nös|sig** (*schweiz*; wohnberechtigt) · **Hei|mat|kun|de,** die, _ · **hei|mat|kund|lich** · **Hei|mat|land,** *Pl* ..länder · **hei|mat|lich** · **hei|mat|los;** *vgl.* ...los · **Hei|mat|lo|se,** der *u.* die, _n, _n *K 341* · **Hei|mat|lo|sig|keit,** die, _ · **Hei|mat|mu|se|um** · **Hei|mat[s]|ort,** *Pl* ..orte · **Hei|mat[s]|recht** · **Hei|mat|staat,** *Pl* ..staaten

heim|be|ge|ben, sich (*Akk*) *K 148*; du begibst dich heim; du hast dich heimbegeben; um sich heimzubegeben · **heim|brin|gen** *K 148*; du bringst heim; heimgebracht; heimzubringen · **Heim|bür|gin,** die, _, ..innen (*landsch*; Leichenfrau) · **Heim|chen** (eine Grille) · **hei|me|lig** (zutraulich, vertraut, gemütlich, anheimelnd) · **Hei|men,** das, _s, _ (*schweiz*; Bauerngut, Heimat) · **heim|fah|ren**[1] · **Heim|fahrt** · **Heim|fall,** der, _[e]s (*Rechtsw*; Rückfall [z. B. eines Erbbaurechtes] an den Eigentümer) · **heim|fäl|lig** (*Rechtsw*) · **heim|füh|ren**[1] · **Heim|gang,** der, _[e]s (*gehoben verhüll*; Tod) · **heim|ge|gan|gen** (*gehoben verhüll*; gestorben) · **Heim|ge|gan|ge|ne,** der *u.* die, _n, _n *K 341* (*gehoben verhüll*) · **heim|ho|len**[1] (*auch gehoben verhüll*) · **hei|misch** · **Heim|kehr,** die, _ · **heim|keh|ren**[1] · **Heim|kunft,** die, _ (*gehoben*) · **heim|leuch|ten**[1] (*salopp*) · **heim|lich;** *K 135*: etwas heimlich (geheim) tun; *vgl. aber* heimlichtun · **Heim|lich|keit** · **Heim|lich|tu|er** (*umg abwert*) · **Heim|lich|tue|rei** (*umg abwert*) · **heim|lich|tun** *K 137* (*umg*; den Heimlichen spielen, geheimnisvoll tun); du tust heimlich; heimlichgetan; heimlichzutun; *aber K 135*: heimlich (im geheimen) tun · **Heim|rei|se** · **heim|rei|sen**[1] · **Heim|stät|te** (*gehoben*) · **heim|su|chen**[1] · **Heim|su|chung** · **Heimtrainer** ↑ Hometrainer · **Heim|tücke**[2] · **Heim|tücker**[2], der, _s, _ (*abwert*) · **heim|tückisch**[2]; _ste · **heim|wärts** · **Heim|weh,** das, _[e]s · **Heim|wer|ker** · **Heim|we|sen** (*schweiz*; Anwesen) · **heim|zah|len**[1]; jmdm. etwas _ · **heim|zu** (*umg*; heimwärts)

Hein (m. Vn.); *Kurzf zu* ↑ Heinrich; *vgl. auch* Freund Hein · **Hein|rich** (m. Vn.) ⟨‚umhegter Bezirk' + ‚mächtig' (od. ‚Haus' + ‚mächtig')⟩; *niederdt Form* ↑ Hinrich, *engl Form* ↑ Harry (*eindeutschend* ↑ Harri), ↑ Henry, *französ Form* ↑ Henri, *dt Kurzf* Hein, Heinz

Hein|zel|bank, *auch* **Han|sel|bank** (*österr*; Werkbank)

Hein|zel|männ|chen (*Märchen*; Hausgeist) ⟨*nach* Heinzel, *einer Verkleinerungsf von* Heinz⟩

heiopopeio! ↑ heiapopeia!

Hei|rat, die, _, _en · **hei|ra|ten** · **Hei|rats⌣an|trag, ...an|zei|ge** · **hei|rats⌣fä|hig, ...lu|stig**

hei|sa! *od* **hei|ßa!** · **hei|sa|sa!** *od* **hei|sas|sa!** *od* **hei|ßas|sa!**

hei|schen *K 354* (*noch gehoben*; fordern, verlangen)

hei|ser *K 363*; heis[e]rer, heiserste · **Hei|ser|keit,** die, _

heiß; heißer, heißeste *K 349*; jmdm. die Hölle _ machen (*umg*); was ich nicht weiß, macht mich (*urspr nur* mir) nicht heiß (*sprichw*); brütend heiß *od* brütendheiß *K 166* (*vgl. auch* glühen, kochen, sieden)

In Zus: heißgeliebt (↑ *d.*), heißumkämpft (↑ *d.*), heißumstritten (↑ *d.*)

heißa! usw. ↑ heisa! usw.

heiß|blü|tig

[1]**hei|ßen:** 1. *tr* (*gehoben*; befehlen, nennen) – 2. *intr* (einen Namen tragen); du heißt *K 354*; du hießest; du hießest; geheißen; heiß[e]!; er hat's mich geheißen, *aber K 361*: wer hat dich das tun heißen?; das heißt (*Abk* d. h.)

[2]**hei|ßen** (*norddt*; hissen); du heißt *K 354*; du heißtest; du heißtest; geheißt; heiß! ⟨*ndrl*⟩

heiß|ge|liebt; ein heißgeliebter Mensch, er hat sie wirklich heiß geliebt; *vgl. aber K 166*; *K 93*: mein Heißgeliebter · **Heiß|hun|ger,** der, _s · **heiß|hung|rig** *K 172* · **heiß|lau|fen;** die Achse hat sich heißgelaufen · **Heiß|sporn,** *Pl* ..sporne · **heiß|spor|nig** · **heiß|um|kämpft;** eine heißumkämpfte Höhe, die Höhe ist heiß umkämpft; *vgl. aber K 166* · **heiß|um|strit|ten** *K 364*; eine heißumstrittene Frage, diese Frage ist heiß umstritten; *vgl. aber K 166* · **Heiß|was|ser|spei|cher**

Hei|ster, der, _s, _, *auch* die, _, _n (*landsch*; Buche – *Forstw*; junger Laubbaum)

hei|ter *K 363*; heit[e]rer, heiterste · **Hei|ter|keit,** die, _

Heiz|an|la|ge · **heiz|bar** · **hei|zen** *K 354* ⟨*zu* heiß⟩ · **Hei|zer** · **Heiz⌣kis|sen, ...lüf|ter** · **Hei|zung**

He|ka|te ['he:kate: *od* he'ka:te:, *österr nur so*] (*griech Mythol*; Zaubergöttin in der Unterwelt) ⟨*grch*⟩

He|ka|tom|be, die, _, _n (großes Opfer) ⟨*grch*⟩

He|kla, die, _ (Vulkan auf Island) ⟨*isl*, ‚Kapuze'⟩

Hekt|ar, *schweiz* **Hekt|are** (Einheit der Fläche von Flur- u. Grundstükken = 10 000 m²); *Einheitenzeichen* ha ⟨*grch* + *lat*⟩

Hek|tik, die, _ (fieberhafte Eile, überstürzte Betriebsamkeit – *Med*; chron. Fieber u. Kräfteverfall) ⟨*grch*⟩ · **hek|tisch** (fieberhaft, eilig, überstürzt betriebsam – *Med*; [chronisch] fiebrig); _es Fieber

Hek|to...[1] (Vorsatz bei Einheiten = das Hundertfache der genannten Einheit [z. B. Hektoliter]); *Vorsatzzeichen* h... (z. B. hl) ⟨*grch*⟩

Hek|to|graph, der, _en, _en (Vervielfältigungsapparat) ⟨*grch*⟩ · **Hek|to|gra|phie,** die, _, ..ien (Vervielfältigung) · **hek|to|gra|phie|ren** · **Hek|to|li|ter,** das *od* der, *schweiz*

---

[1] *Vgl. K 148; Konjugation vgl.* heimbringen.

[1] *Vgl. K 148; Konjugation vgl.* heimbringen.

[2] *Tr* ..k|k..

[1] Nur bei bisher schon üblichen Dezimalen u. Vielfachen von Einheiten.

nur so (100 l); *Einheitenzeichen* hl · **He̲k|to|pas|cal** [..pas,kal] (*Met*; Einheit des Luftdrucks = 100 Pa [1 mbar]); *Einheitenzeichen* hPa

He̲k|tor (*griech Sage*; trojan. Held) ⟨*grch*⟩

He̲|ku|ba (*griech Sage*; Frau des Priamos) ⟨*grch → lat*⟩

¹**Hel** (*nord Mythol*): 1. (Todesgöttin) – 2. die, _ (Totenreich, Unterwelt)

²**Hel** (Halbinsel im N Polens)

Held, der, _en, _en ⟨*anord*⟩; Held der Arbeit · **He̲l|den|dar|stel|ler** · **he̲l|den|haft** · **He̲l|den|mut** · **he̲l|den|mü|tig** · **He̲l|den|stadt** · **He̲l|den|tat** · **He̲l|den|tum,** das, _[e]s

He̲l|der, der *od* das, _s, _ (*norddt*; uneingedeichtes Marschland)

He̲l|din, die, _, ..innen · **he̲l|disch;** _ste

He̲|le|na (*griech Sage*; Frau des Menelaos, von Paris entführt) ⟨*grch → lat*⟩ · **He|le̲|ne** (w. Vn.) ⟨*grch*⟩; *engl Nebenf* ↑ Ellen, *ungar Form* ↑ Ilona, *dt Kurzf* ↑ Ella, ↑ ²Lena, ↑ Lene, *engl Kurzf* ↑ Nelly (*eindeutschend* ↑ Nelli)

He̲l|fe, die, _, _n (*Web*; Schnur am Webstuhl) · **he̲l|fen;** du hilfst, er hilft; du halfst *od* halfest; du hülfest, *seltener* hälfest; geholfen; hilf!; sie hat ihr beim Nähen geholfen, *aber K 361*: sie hat ihr nähen helfen · **He̲l|fer** · **He̲l|fers|hel|fer** (*abwert*)

He̲l|ga (w. Vn.) ⟨*anord*, ‚die Gesunde'⟩; *russ Form* ↑ Olga

Helge, Helgen ↑ Helling

He̲l|go|land (Nordseeinsel der BRD) · **He̲l|go|län|der:** 1. *K 231*: der, _s, _; 2. *als Attribut K 232* · **hel|go|län|disch**

He̲|liand, der, _s (altsächs. Evangeliendichtung) ⟨‚Heiland'⟩

He|li|a̲n|thus, der, _s, ..then (*Bot*; Sonnenblume) ⟨*grch → lat*⟩

¹**He̲|li|kon,** das, _s, _s (Blechblasinstrument) ⟨*grch*⟩

²**He̲|li|kon,** der, _[s] (Gebirge in Mittelgriechenland) ⟨*grch*⟩

He|li|ko̲|pter, der, _s, _ (Hubschrauber) ⟨*grch*⟩

He|lio|gra̲ph, der, _en, _en (*Astron*; Gerät zum Fotografieren der Sonne – *Nachrichtentechn*; Signalgerät) ⟨*grch*⟩ · **He|lio|gra|phi̲e,** die, _ (*Polygr*; ein Tiefdruckverfahren – *Nachrichtentechn*; das Signalisieren mit dem Heliographen) · **he|lio|gra̲|phisch** **He|lio|gra|vü̲|re** [..v..], *auch* **Pho|to|gra|vü̲|re** *bzw* **Fo|to|gra|vü̲|re** *K 54* (*Polygr*): 1. die, _ (Tiefdruckverfahren) – 2. die, _, _n (Ergebnis dieses Verfahrens) ⟨*grch* → *frz*⟩

He̲|lios (*griech Mythol*; Sonnengott) ⟨*grch*⟩

He|lio|sko̲p, das, _s, _e (*Astron*; helligkeitsverminderndes opt. Gerät zur Beobachtung der Sonne im Fernrohr) ⟨*grch*⟩

He|lio|the|ra|pi̲e, die, _ (*Med*; Heilbehandlung mit Sonnenlicht u. -wärme) ⟨*grch*⟩

heliotrop usw. ↑ phototrop usw.

He|lio|tro̲p: 1. das, _s, _e (eine Zierpflanze, Borretschgewächs; ein Parfüm; ein Farbstoff – *Geodäsie*; Sonnenspiegel) – 2. der, _[e]s, _e (*Mineral*; ein rot-grüner Quarz) ⟨*grch*⟩

he|lio|ze̲n|trisch (*Astron*; auf die Sonne als Mittelpunkt bezüglich) ⟨*grch → lat*⟩

He̲|lium, das, _s (chem. Element, Edelgas); *Zeichen* He ⟨*grch → lat*⟩

hell (*zu* hallen); *K 93*: das Helle (↑ Helle [2]); hellblau (↑ *d.*); hell auflachen, *aber*: hellauf (laut) lachen

He̲l|las (*Altertum*; Name für Griechenland) ⟨*grch*⟩

he̲ll|auf; hellauf (laut) lachen, *aber K 135*: hell auflachen · **he̲ll|äu|gig** · **he̲ll|blau** *K 278*; *vgl.* blau; _ färben · **he̲ll|du̲n|kel;** *vgl.* blau · **He̲ll|du̲n|kel;** *vgl.* Blau · **He̲l|le:** 1. *Abstraktum*: die, _ (Helligkeit) – 2. *als substantiviertes Adj K 93*: *a.* das, _n (z. B. ins Helle treten); *b.* das, _n, _n (*umg*; ein Glas helles Bier); *K 341*: 2 Helle

Hel|le|ba̲r|de, die, _, _n (*hist*; Hieb- u. Stoßwaffe des Mittelalters) ⟨*germ → rom*⟩

Hel|le̲|bo|rus, der, _ (Nieswurz, ein Hahnenfußgewächs) ⟨*grch → lat*⟩

He̲l|le|gatt, das, _[e]s, _s (Vorratsraum auf Schiffen)

he̲l|len, sich (*Akk*) (*dicht*; sich erhellen, sich aufhellen)

Hel|le̲|nen *Pl* (*Altertum*; Bez. für die Griechen); *Sg* Hel|le|ne, der, _n ⟨*grch*⟩ · **Hel|le̲|nen|tum,** das, _[e]s · **hel|le̲|nisch** · **Hel|le|ni̲s|mus,** der, _ (die nachklass. griech. Epoche) ⟨*grch → lat*⟩ · **Hel|le|ni̲st** (Wissenschaftler auf dem Gebiet der nachklass. altgriech. Sprache, Literatur u. Kultur bzw. der Hellenistik); *vgl. auch* Gräzist · **Hel|le|ni̲|stik,** die, _ (Wissenschaft vom Hellenismus) · **hel|le|ni̲|stisch**

He̲l|ler, der, _s, _: 1. (ehem. dt. Münze); auf _ und Pfennig (*umg*; ganz genau, restlos) – 2. *tschech u. slowak* **Ha|léř** ['halɛ:rʃ] (Münzeinheit in der ČSSR)

Hellespont ↑ Dardanellen

he̲lleuchtend [*Tr* hell|leuch|tend *K 78*]: helleuchtendes Feuer, das Feuer brannte hell leuchtend; *vgl. aber K 166*

he̲ll|haa|rig · **he̲ll|hö|rig** (feinhörig) · **he̲llicht** [*Tr* hell|licht *K 78*]; es ist _er Tag

Helligen ↑ Helling

He̲l|lig|keit, die, _ · **he̲llila** [*Tr* hell|li|la *K 78*] *nichtdeklinierbar*; im hellila Kleid; *vgl.* blau

He̲l|ling, die, _, *Pl* _en *bzw* ..lligen *od* der, _s, _e, *auch* **He̲l|ge,** die, _, _n *od* **He̲l|gen,** der, _s, _ (*norddt*; Schiffsbauplatz)

he̲llodernd [*Tr* hell|lo|dernd *K 78*]; helloderndes Feuer, das Feuer brannte hell lodernd; *vgl. aber K 166* · **he̲ll|se|hen** *K 136*; *nur im Inf gebräuchlich* · **He̲ll|se|hen,** das, _s (angebl. Fähigkeit, über Raum u. Zeit hinweg Personen u. Tatsachen wahrzunehmen) · **He̲ll|se|her** · **he̲ll|sich|tig** · **He̲ll|sich|tig|keit,** die, _ · **he̲ll|strah|lend;** ein hellstrahlendes Licht, das Licht erglänzte hell strahlend; *vgl. aber K 166*

¹**Helm,** der, _[e]s, _e (Kopfschutz; ein Turmdach)

²**Helm,** der, *auch* das, _[e]s, _e (Stiel von Werkzeugen)

Hel|mi̲n|then *Pl* (*Zool*; parasitisch lebende Würmer, vor allem in den Eingeweiden); *Sg* Hel|min|the, die, _ ⟨*grch*⟩

He̲lm|stedt (Stadt im NO der BRD) · **He̲lm|sted|ter:** 1. *K 231*: der, _s, _; 2. *als Attribut K 232*

He̲l|mut *K 208* (m. Vn.) ⟨‚Schutz' + ‚Gesinnung' (od. ‚Kampf' + ‚Gesinnung' od. ‚gesund' + ‚Gesinnung')⟩

He|lo̲t *od* **He|lo̲|te,** der, ..ten, ..ten (*Altertum*; spartan. Staatssklave – *übertr*; Ausgebeuteter) ⟨*grch*⟩ · **He|lo̲|ten|tum,** das, _[e]s (*Altertum*)

He̲l|sin|ki, *schwed* **Hel|sing|fo̲rs** (Hptst. von Finnland)

Hel|ve̲|tien [..'ve:tsiən] (*hist*; Gebiet der Helvetier) ⟨*lat* helvetia ‚Schweiz'⟩ · **Hel|ve̲|tier** [..iər], der, _s, _ (Angehöriger eines kelt. Volksstammes) · **hel|ve̲|tisch**

hem! ↑ hm!

Hemd, das, _[e]s, _en · **He̲md|blu|se** · **He̲m|den|knopf** *od* **He̲md|knopf** · **He̲m|den|matz** (*umg scherzh*; Kind im Hemd) · **He̲md|ho|se** · **He̲mds|är|mel** · **he̲mds|ärm|lig** *K 362*

He|mi|pte̲|ren *Pl* (*Zool*; Schnabelkerfe); *Sg* He|mi|pte|re, der, _n ⟨*grch*⟩ · **He|mi|sphä̲|re,** die, _, _n (Halbkugel, Erdhälfte – *Anat*; rechte bzw. linke Hälfte des Groß- u. Kleinhirns) · **he|mi|sphä̲|risch** · **he|mi|zy̲|klisch** (halbkreisförmig) ⟨*grch → lat → frz*⟩

he̲m|men · **He̲mm|nis,** das, ..isses, ..isse · **He̲mm|schuh** · **He̲m|mung** · **he̲m|mungs|los** *K 349*; *vgl.*

...los · **Hem|mungs|lo|sig|keit,** die, _

He|nan [xə'nan], *frühere Schreibung* **Ho|nan** (Provinz im O Chinas) ⟨*chin*, ‚südl. des Flusses‘, d. h. des Huanghe⟩

Hendl, das, _s, _[n] ⟨*südd*t, *österr*; Back-, Brathuhn, Hähnchen, [junges] Huhn⟩

Hengst, der, _es, _e

Hen|kel, der, _s, _ · *Zus K 365ff.*: Henkel‿topf usw. · **hen|ken** (*veraltend*; an den Galgen hängen) ⟨‚hangen machen‘⟩; *vgl. auch* hängen (1) · **Hen|ker** · **Hen|ker[s]|beil** · **Hen|kers‿frist,** ...**knecht** (*abwert*) · **Hen|kers|mahl|zeit** (*meist umg scherzh*)

Hen|na, die, _ (ein Färbemittel) ⟨*arab*⟩

Hen|ne, die, _, _n (*zu* Hahn)

Hennegatt ↑ [1]Koker

Hen|ne|gau, der, _[e]s (Provinz in Belgien)

Hen|ni (w. Vn.) ⟨*Kurzf von* Henriette⟩; *Nebenf* Henny

Hen|ning (Name des Hahnes in der Tierfabel)

Hen|ny ['hɛni] (w. Vn.) ⟨*Kurzf von* Henriette⟩; *Nebenf* Henni

Hen|ri [ã'ri:] (m. Vn.) ⟨*französ Form von* Heinrich⟩ · **Hen|riet|te** [hɛnri..] (w. Vn.) ⟨*zu* Henri⟩; *Kurzf* ↑ Henni, ↑ Henny

Hen|ri|qua|tre [ãri'katr(ə)], der, _s [..tr(əs)], _s [..tr(əs)] (kurzer Spitz- u. Schnurrbart) ⟨*nach* dem französ. König Henri IV.⟩

Hen|ry ['hɛnri]: 1. ⟨*engl Form von* Heinrich⟩ (m. Vn.); *Nebenf* Harry – 2. das, _, _ (SI-Einheit der Induktivität); *Einheitenzeichen* H ⟨*nach* dem nordamerikan. Physiker⟩

He|pa|ti|ka, die, _, ..ken (*Bot*; Leberblümchen, ein Hahnenfußgewächs) ⟨*grch*⟩ · **He|pa|ti|tis,** die, _ (*Med*; Leberentzündung)

He|phä|stus *bzw* **He|phäst** ⟨*grch* → *lat*⟩ *od* **He|phai|stos** ⟨*grch*⟩ (*griech Mythol*; Gott des Feuers u. der Schmiedekunst)

Hep|ta|chord [..k..], der *od* das, _[e]s, _e (*Mus*; die große Septime) ⟨*grch*⟩ · **Hept|ame|ron,** das, _s (*Lit*; Sammlung von Novellen der französ. Dichterin Margarete von Navarra) · **Hep|ta|me|ter,** der, _s, _ (*Metrik*; siebenfüßiger Vers) · **Hep|tan,** das, _s, _e (*Chem*; ein Alkan) · **Hep|ta|teuch** [..ç], der, _s (Bez. für die ersten sieben Bücher des Alten Testaments) · **Hep|to|de,** die, _, _n (*Phys*; Siebenpolröhre) · **Hep|tyl,** das, _s, _e (*Chem*; ein Alkyl)

her (auf den Sprechenden zu); *K 147*: nicht weit her sein; hinter der Musikkapelle her‿singen und winken; *aber K 148*: der Musikkapelle hinterherwinken; vom Fenster her ziehen (wehen); *aber K 148*: hinter sich herziehen (*vgl.* herziehen); hin und her; *vgl. auch* hin u. hinter

her...: *in unfest zusammengesetzten Verben*, z. B. herbringen *K 356*, du bringst her, hergebracht, herzubringen

He|ra (*griech Mythol*; höchste Göttin, Frau des Zeus) ⟨*grch*⟩

her|ab

her|ab...[1]: *in unfest zusammengesetzten Verben*, z. B. herabblicken *K 356*, du blickst herab, herabgeblickt, herabzublicken · **her|ab|blicken** [*Tr* ...blik|ken] · **her|ab|las|sen;** sich (*Akk*) _ · **Her|ab|las|sung,** die, _ · **her|ab|wür|di|gen** · **Her|ab|wür|di|gung**

he|ra|kle|isch (Herakles betreffend) ⟨*grch*⟩ · **He|ra|kles** [*od* ..'kle:s] ⟨*grch*⟩ *od* **Her|ku|les** ⟨*grch* → *lat*⟩ (*griech-röm Sage*; Sohn des Zeus u. der Alkmene) · **He|ra|kli|de,** der, _n, _n (*griech-röm Sage*; Nachkomme des Herakles)

He|ral|dik, die, _ (Wappenkunde) ⟨*germ* → *lat* → *frz*⟩ · **He|ral|di|ker,** der, _s, _ (Fachmann auf dem Gebiet der Heraldik) · **he|ral|disch**

her|an, *auch* **ran** (*K 56*)

her|an...[1]: *in unfest zusammengesetzten Verben*, z. B. heranbringen *K 356*, du bringst heran, herangebracht, heranzubringen · **her|an|brin|gen** · **her|an|kom|men** · **her|an|wach|sen**

her|auf, *auch* **rauf** (*K 56*)

her|auf...[1]: *in unfest zusammengesetzten Verben*, z. B. heraufziehen *K 356*, du ziehst herauf, heraufgezogen, heraufzuziehen · **her|auf|be|schwö|ren** · **her|auf|kom|men** · **her|auf|zie|hen**

her|aus, *auch* **raus** (*K 56*)

her|aus...[1]: *in unfest zusammengesetzten Verben*, z. B. herausgeben *K 356*, du gibst heraus, herausgegeben, herauszugeben · **Her|aus|ga|be,** die, _ · **her|aus|ge|ben;** *vgl.* heraus... u. herausgegeben · **Her|aus|ge|ber;** *Abk* (*Buchw*) Hg. *od* Hrsg. · **her|aus|ge|ge|ben** *K 364*; *Abk* (*Buchw*) hg. *od* hrsg. · **her|aus|kom|men;** es kommt nichts dabei heraus · **her|aus|neh|men;** sich (*Dat*) etw. _ · **her|aus|schau|en** (*bes südd*t, *österr*; herauskommen); es schaut nichts dabei heraus · **her|aus|stel|len;** es hat sich herausgestellt, daß ...

herb

Her|ba|rium, das, _s, ..rien [..iən] (Sammlung getrockneter Pflanzen) ⟨*lat*⟩

Her|be, die, _ (*gehoben*; Herbheit)

her|bei

her|bei...: *in unfest zusammengesetzten Verben*, z. B. herbeieilen *K 356*, du eilst herbei, herbeigeeilt, herbeizueilen · **her|bei|ei|len** · **her|bei|las|sen, sich** (*Akk*) (*meist iron*)

her|be|mü|hen; sich (*Akk*) _

Her|ber|ge, die, _, _n

Her|bert (m. Vn.) ⟨‚Heer‘ + ‚glänzend‘⟩

Herb|heit, *veraltend* **Her|big|keit,** die, _

Her|bi|vo|re [..v..], der, _n, _n (*Zool*; Pflanzenfresser) ⟨*lat*⟩ · **Her|bi|zid,** das, _[e]s, _e (chem. Unkrautbekämpfungsmittel)

her|brin|gen; *vgl.* her...

Herbst, der, _[e]s, _e · **Herbst|an|fang** · **Herbst|blu|me** · **herb|steln** (*südd*t, *österr*); es herbstelt · **herb|sten** (*gehoben*); es herbstet · **Herbst|fe|rien** [..iən] *Pl* · **herbst|lich** · **herbst|lich|gelb;** *vgl. K 280 u.* blau · **Herbst|mo|nat** (*veraltet*; September) · **Herbst‿ne|bel,** ...**tag** · **Herbst-Tag|und|nacht|glei|che** *K 182*, die, _, _n · **Herbst|zeit|lo|se,** die, _, _n (eine Arzneipflanze, Liliengewächs)

Her|cu|la|ne|um [..'la:ne:um], *auch* **Her|cu|la|num** [..'la:num] (*Altertum*; Stadt am Vesuv)

Herd, der, _[e]s, _e

Herd|buch (*Landw*; Zuchtstammbuch) · **Her|de,** die, _, _n · **Her|den|tier** · **Her|den|trieb,** der, _[e]s (*meist übertr, abwert*) · **her|den|wei|se** *K 176*

he|re|di|tär (erblich; ererbt; vererbbar) ⟨*lat*⟩

her|ein, *auch* [2]**rein** (*K 56*); »Herein!« rufen, *aber*: jmdn. hereinrufen

her|ein...: *in unfest zusammengesetzten Verben*, z. B. hereinkommen *K 356*, du kommst herein, hereingekommen, hereinzukommen; *vgl. auch K 149* · **her|ein|brin|gen** · **her|ein|kom|men** · **her|ein|le|gen** (*umg*) · **her|ein|ru|fen;** *vgl. auch* herein

He|re|ro [*auch* 'he:..]: 1. der, _[s], _[s] (Angehöriger eines bantusprachigen Volkes im SW Afrikas) – 2. das, _ (Sprachbezeichnung); auf _ heißt es ...

her|fah|ren · **Her|fahrt;** Hin- und Herfahrt *K 178*

her|fal|len; über jmdn. od. etwas _ (*meist übertr, umg*)

Her|gang

---

[1] *Vgl. auch K 149.*

her|ha|ben (*umg*); wo er's wohl herhat?

her|hal|ten; für etw. ‿ (büßen) müssen

her|ho|len; *K 150*: das ist weit hergeholt, *aber*: du hast es von weither geholt

He|ring, der, ‿s, ‿e (*auch für* Zeltpflock)

He|rings|dorf, See|bad (im Bez. Rostock)

He|rings|fang · **He|rings|fi|let** [..‚le:]

He|ris|au (Stadt in der Schweiz)

her|kom|men · **Her|kom|men,** das, ‿s, ‿ · **her|kömm|lich**

Her|ku|les: 1. ↑ Herakles – 2. der, ‿, ..esse (Mensch von ungewöhnlicher Körperkraft) – 3. der, ‿ (ein Sternbild) ⟨*grch* → *lat*⟩ · **Her|ku|les|ar|beit** · **her|ku|lisch** *K 218* (außergewöhnlich stark); ‿e Kräfte

Her|kunft, die, ‿. *Zus K 365ff.*: Herkunfts‿angabe usw.

Her|lit|ze [*od* ..'lit..], die, ‿, ‿n (Kornelkirsche)

Her|mann (m. Vn.) ⟨‚Heer' + ‚Mann'⟩

Herm|aphro|dit, der, ‿en, ‿en (*Biol*, *Med*; Zwitter) ⟨*nach* dem Sohn des griech. Gottes Hermes u. der Göttin Aphrodite⟩ · **herm|aphro|di|tisch** (*Biol*, *Med*)

Her|me, die, ‿, ‿n (Büstenpfeiler) ⟨*nach* Hermes⟩

Her|me|lin: 1. das, ‿s, ‿e (ein Raubtier) – 2. der, ‿s, ‿e (ein Pelz) ⟨*dt, mit fremder Endbetonung*⟩. *Zus K 365ff.*: Hermelin‿mantel usw.

Her|me|neu|tik, die, ‿ (Auslegekunst, Deutung) ⟨*grch*⟩ · **her|me|neu|tisch**

Her|mes [*od* ..'me:s] (*griech Mythol*; Götterbote, Gott des Handels, Totenführer) ⟨*grch*⟩; Hermes Trismegistos (griech. Bez. für den wundertätigen ägypt. Gott Thot[h]) ⟨‚der Dreimalgrößte'⟩

her|me|tisch (luft-, wasserdicht) ⟨*nach* Hermes Trismegistos⟩

Her|mi|no|nen, *auch* **Ir|mi|no|nen** *Pl* (Kultgemeinschaft westgerm. Stämme) · **her|mi|no|nisch,** *auch* **ir|mi|no|nisch**

Her|mun|du|re, der, ‿n, ‿n (Angehöriger eines german. Volksstammes)

her|nach (*noch landsch*; nachher)

Her|nie [..iə]: 1. die, ‿, ‿n (*Med*; Eingeweidebruch) – 2. die, ‿ (*Biol*; eine Pflanzenkrankheit) ⟨*lat*⟩

her|nie|der (*gehoben*)

her|nie|der... (*gehoben*): *in unfest zusammengesetzten Verben,* z. B. herniedergehen *K 356*, der Regen geht hernieder, herniedergegangen, herniederzugehen; *vgl. auch K 149*

Hero ↑ Hero und Leander

Heroe ↑ Heros · **He|ro|en|kult,** der, ‿[e]s (Heldenverehrung)

[1]He|ro|in, das, ‿s (ein Rauschgift) ⟨*grch* + *lat*⟩

[2]He|ro|in, die, ‿, ..innen (*veraltend*; Heldin) ⟨*grch*⟩ · **He|roi|ne,** die, ‿, ‿n (Heldendarstellerin) · **he|ro|isch** (heldenmütig, heldenhaft); ‿ste · **he|roi|sie|ren** [..ro:i..] (zum Helden erheben) ⟨*grch* → *lat*⟩ · **He|ro|is|mus,** der, ‿

He|rold, der, ‿[e]s, ‿e (*hist*; Verkündiger, Ausrufer) ⟨*germ* → *frz*, ‚Heerwalter'⟩

He|rons|ball ⟨*nach* dem hellenist. Mathematiker Heron⟩

He|ros, der, ‿, ..oen *od* **He|roe,** der, ‿n, ‿n (Held; Halbgott) ⟨*grch*⟩

He|ro|strat [..st..], der, ‿en, ‿en (Zerstörer, Verbrecher aus Ruhmsucht) ⟨*grch, nach* dem Brandstifter Herostratos⟩ · **he|ro|stra|tisch** *K 218* (frevelhaft ruhmsüchtig)

He|ro und Le|an|der (*griech Sage*; treues Liebespaar) ⟨*grch*⟩ · **He|ro-und-Le|an|der-Sa|ge** *K 189*, die, ‿ (*griech Sage*)

Her|pes, der, ‿, ..etes (*Med*; Bläschenausschlag) ⟨*grch*⟩ · **Her|pe|to|lo|gie,** die, ‿ (Zweig der Zoologie, der sich mit den Lurchen u. Kriechtieren befaßt)

Herr *K 322*, der, *Gen* ‿n, *älter* ‿en, *Pl* ‿en; *Abk* Hr., *Dat* Hrn.; mein Herr!; meine Herren! · **Herr|chen**

Her|rei|se; Hin- und Herreise *K 178*

her|ren|los; *vgl.* ...los · **Her|ren|tie|re** *Pl* (*Zool*; höchstentwickelte Ordnung der Säugetiere) · **Herr|gott,** der, ‿s (Bez. für Gott u. für Christus) · **Herr|gotts|frü|he,** die, ‿; in aller ‿ · **Her|rin,** die, ‿, ..innen · **her|risch;** ‿ste · **herr|je!** (*umg*) ⟨*entstellt aus* Herr Jesus⟩; ach herrje! · **herr|je|mi|ne!** [..ne:] (*umg*); *vgl. auch* jemine! · **herr|lich** ⟨*zu* hehr⟩ · **Herr|lich|keit**

Herrn|hut (Stadt im Bez. Dresden) · **Herrn|hu|ter:** 1. *K 231*: der, ‿s, ‿; 2. *als Attribut K 232*: die Herrnhuter Brüdergemeine (eine evangel. Gemeinschaft); *kurz* Brüdergemeine · **herrn|hu|tisch**

Herr|schaft · **herr|schaft|lich** (*veraltend*) · **herr|schen** *K 354* · **Herr|scher** · **Herr|scher|ge|schlecht** · **Herr|sche|rin,** die, ‿, ..innen · **Herrsch|sucht,** die, ‿ · **herrsch|süch|tig**

her|rüh|ren

her|schau|en (*landsch*); da schau her! (*landsch, bes österr*; sieh einmal an!)

her|stel|len · **Her|stel|ler** · **Her|stel|lung,** die, ‿ · **Her|stel|lungs|ko|sten** *Pl*

Her|ta *K 208* (w. Vn.) ⟨*entstellt aus* Nerthus (od. ‚die Starke' od. *Kurzf der mit* Hart... [‚stark'] *gebildeten weibl Vornamen*)⟩; *Nebenf* Hertha

Hertz, das, ‿, ‿ (SI-Einheit der Frequenz); *Einheitenzeichen* Hz ⟨*nach* dem Physiker⟩

her|über, *auch* **rü|ber** (*K 56*)

her|über...[1]: *in unfest zusammengesetzten Verben,* z. B. herüberkommen *K 356*, du kommst herüber, herübergekommen, herüberzukommen · **her|über|brin|gen** · **her|über|kom|men**

her|um, *auch* **rum** (*K 56*)

her|um...[1]: *in unfest zusammengesetzten Verben,* z. B. herumgehen *K 356* (im Kreise), du gehst herum, herumgegangen, herumzugehen · **her|um|drücken** [*Tr* ..drük|ken], **sich** (*Akk*) (*umg*); sich darum ‿ · **her|um|füh|ren;** jmdn. an der Nase ‿ (*umg*) · **her|um|ge|hen** *K 363* · **her|um|kom|men;** nicht darum ‿ · **her|um|lau|fen** *K 148* (*auch umg*); um den Häuserblock herumlaufen, *aber K 146*: um den Häuserblock herum laufen (nicht fahren) · **her|um|stie|ren** (*österr umg*; herumstöbern) · **her|um|sto|chern** *K 363* (*umg*); im Essen ‿

her|un|ter, *auch* **run|ter** (*K 56*)

her|un|ter...[1]: *in unfest zusammengesetzten Verben,* z. B. herunterkommen *K 356* (*auch umg*); du kommst herunter, heruntergekommen, herunterzukommen · **her|un|ter|brin|gen** · **her|un|ter|ge|kom|men** *K 364* (*umg*; verfallen; zerlumpt, verarmt) · **her|un|ter|kom|men** · **her|un|ter|spie|len** (*umg*); eine Angelegenheit ‿ (bagatellisieren)

her|vor

her|vor...[1]: *in unfest zusammengesetzten Verben,* z. B. hervortreten *K 356*, du trittst hervor, hervorgetreten, hervorzutreten · **her|vor|ra|gend;** *K 115*: am ‿sten; ein hervorragender Fachmann, *K 258*: Hervorragender Wissenschaftler des Volkes (Ehrentitel) · **her|vor|tre|ten** · **her|vor|tun, sich** (*Akk*)

her|wärts (*umg*)

Her|weg; Hin- und Herweg *K 178*

Herz, das, *Gen* ‿ens, *fachspr auch* ‿es, *Pl* ‿en; von Herzen kommen; zu Herzen gehen, nehmen · **herz|al|ler|liebst** · **Herz|al|ler|lieb|ste,** der *u.* die, ‿n, ‿n *K 341* (*dicht*) · **Herz-As** *K 187* (eine Spielkarte) · **herz|be|klem|mend** · **Herz|beu|tel** · **Herz|bin|kerl** (*süddt, österr*; Lieblingskind) · **Herz‿blätt|chen,**

---

[1] *Vgl. auch K 149.*

…blut (*meist gehoben*) · **herz|bre|chend** (*gehoben*) · **Herz|chen** (*auch abwert*; naiver, ahnungsloser Mensch) · **Herz|chir|ur|gie,** die, _
Herzegowina ↑ Bosnien und Herzegowina · **Her|ze|go|wi|ner:** 1. *K 231*: der, _s, _; 2. *als Attribut K 232*
Her|ze|leid (*gehoben*) · **her|zen** *K 354* (*veraltet*) · **Her|zens‿angst,** …**be|dürf|nis,** …**bru|der** · **her|zens|gut** · **Her|zens|gü|te** · **Her|zens|wunsch** · **herz|er|fri|schend;** *K 115*: am _sten · **herz|er|quickend** [*Tr* …quik|kend]; *K 115*: am _sten · **herz|för|mig** · **herz|haft** · **Herz|haf|tig|keit,** die, _
her|zie|hen; du sollst hinter mir herziehen; über jmdn. herziehen (*umg abwert*); weil ich es hinter mir herzog; *vgl.* her
her|zig · **Herz|in|farkt** · **herz|in|nig** · **herz|in|nig|lich** (*veraltet*) · **Herz|klop|fen,** das, _s · **herz|krank** · **Herz-Kreis|lauf-Er|kran|kung** *K 189* · **herz|lich;** *K 115*: aufs *od* auf das _ste · **Herz|lich|keit,** die, _ · **herz|los** *K 349*; *vgl.* …los · **Herz|lo|sig|keit,** die, _ · **Herz-Lun|gen-Ma|schi|ne** *K 189* (*Med*) · **herz|nah**
Her|zog, der, _[e]s, *Pl* _e *od* ..zöge ('Heerführer')
Her|zo|gen|busch, *niederländ* **'s-Her|to|gen|bosch** [shɛrtoːxə(n)ˈbɔs] (Stadt in den Niederlanden)
Her|zo|gin, die, _, ..innen · **her|zog|lich,** *als Titel K 258*: Herzoglich · **Her|zog|tum**
Herz|schlag · **Herz|schritt|ma|cher;** *kurz* Schrittmacher · **herz|stär|kend** · **Herz|ton,** *meist Pl* ..töne
her|zu; *aber K 175*: komm her zu mir!
her|zu…: *in unfest zusammengesetzten Verben*, z. B. herzukommen *K 356*, du kommst herzu, herzugekommen, herzuzukommen · **her|zu|kom|men**
her|zy|nisch (*Geol*; nordwestl.-südöstl. streichend); *K 258*: Herzynischer Wald (antiker Name der Waldgebirge vom Rhein bis zu den Karpaten)
herz|zer|rei|ßend (*auch umg iron*); *K 115*: am _sten
hes, das, _, _ (*Mus*; Tonbezeichnung) · **Hes,** das, _, _ (*Mus*; Tonbezeichnung)
Hes|pe|ri|den *Pl* (*griech Sage*; Hüterinnen der goldenen Äpfel des Lebens) ⟨*grch*⟩ · **Hes|pe|ri|den|äp|fel** *Pl* · **Hes|pe|rus** ⟨*grch → lat*⟩ *od* **Hes|pe|ros** [..rɔs] ⟨*grch*⟩, der, _ (*Antike*; Abendstern)
Hes|se, der, _n, _n · **Hes|sen** (Bundesland der BRD) · **Hes|sin,** die, _, ..innen · **hes|sisch;** *K 258*: die Hessische Senke
He|tä|re, die, _, _n (*hist*; Buhlerin – *auch für* Halbweltdame) ⟨*grch*, 'Gefährtin'⟩
he|te|ro|dox (*Theol*; anders-, irrgläubig) ⟨*grch*⟩ · **He|te|ro|do|xie,** die, _, ..ien (*Theol*; Irrlehre, Irrglaube)
he|te|ro|gen (verschieden-, ungleichartig; nicht gleichartig zusammengesetzt; entgegengesetzt) ⟨*grch*⟩ · **He|te|ro|ge|ni|tät,** die, _
he|te|ro|morph (*fachspr*; anders-, verschiedengestaltig) ⟨*grch*⟩
he|te|ro|nom (nach fremden Gesetzen, von fremden Gesetzen abhängig) ⟨*grch*⟩ · **He|te|ro|no|mie,** die, _
He|te|ro|se|xua|li|tät (geschlechtl. Hinneigung zum anderen Geschlecht) ⟨*grch + lat*⟩; *Ggs* Homosexualität · **he|te|ro|se|xu|ell;** *Ggs* homosexuell
he|te|ro|troph (*Biol*; sich von organ. Stoffen ernährend) ⟨*grch*⟩ · **He|te|ro|tro|phie,** die, _, ..ien (*Biol*; Ernährungsweise der nichtgrünen Pflanzen sowie der Tiere u. der Menschen)
He|ter|özie, die, _ (*Biol*; Getrenntgeschlechtigkeit; Entwicklung eines Parasiten auf verschiedenen Wirten [Wirtswechsel]) ⟨*grch → lat*⟩ · **he|ter|özisch** (*Biol*; getrenntgeschlechtig; wirtswechselnd)
he|te|ro|zy|got (*Biol*; spalt- od. gemischterbig) ⟨*grch*⟩
he|te|ro|zy|klisch (*Chem*) ⟨*grch*⟩; _e Verbindung (Stoff mit mehreren Atomarten im Ring)
He|thi|ter, der, _s, _ (*Altertum*; Angehöriger eines indoeurop. Kulturvolkes im östl. Kleinasien) · **he|thi|tisch**
Het|man, der, _s, _e (*österr auch* _s) (*hist*; in Polen, Litauen u. Rußland übl. Titel u. militär. Rang) ⟨*dt → slaw*, 'Hauptmann'⟩
Hett|stedt (Stadt der DDR am Harz)
Hetz, die, _ (*österr umg*; Spaß, Scherz, vergnügtes Treiben) · **Het|ze,** die, _, _n (*auch abwert*) · **het|zen** *K 354* (*auch abwert*) ⟨*zu* Haß⟩ · **Het|zer** (*abwert*) · **Het|ze|rei** (*meist umg abwert*) · **het|ze|risch** (*abwert*); _ste · **Hetz|jagd**
Heu, das, _[e]s ⟨*zu* hauen⟩. *Zus K 365ff.*: Heu‿boden usw. · **Heu|büh|ne** (*schweiz*; Heuboden)
Heu|che|lei (*abwert*) · **heu|cheln** *K 363* (*abwert*) · **Heuch|ler** (*abwert*). *Zus K 365ff.*: Heuchler‿miene usw. · **heuch|le|risch** (*abwert*); _ste
Heu|die|le (*schweiz*; Heuboden) · **heu|en** (*landsch*; Heu machen)
heu|er (*südt*, *österr*, *schweiz*; in diesem Jahre)
[1]**Heu|er,** der, _s, _ (*landsch*; Heumacher)
[2]**Heu|er,** die, _, _n (*Seew*; Löhnung; Anmusterungsvertrag) · **Heu|er|baas** (*Seew*)
Heu|et, der, _s *od* die, _ (*südt*, *schweiz*; Heuernte) · **Heu|fei|me** *od* **Heu|feim** *bzw* **Heu|fei|men** (*landsch*, *bes norddt*; Heuhaufen) · **Heu|fie|ber,** das, _s
Heul|bo|je (*seem*) · **heu|len** ⟨*zu* Eule⟩ · **Heu|ler**
Heu|mahd · **Heu|mo|nat** (*veraltet*; Juli) · **Heu|och|se** (ein Schimpfwort) · **Heu|pferd** (eine Heuschrecke) · **Heu|rei|ter** *od* **Heu|reu|ter** (*südt*; Holzgestell zum Heu- u. Kleetrocknen)
heu|re|ka! (»ich hab's gefunden!«) ⟨*grch*⟩
heu|rig (*südt*, *österr*, *schweiz*; diesjährig); im August heurigen (dieses) Jahres · **Heu|ri|ge:** 1. der, _n, _n *K 341* (*bes österr*; junger Wein im ersten Jahr; Straußwirtschaft) – 2. *Pl* (*österr*; erste Frühkartoffeln)
Heu|ri|stik, die, _ (Lehre, auf method. Wege neue Erkenntnisse zu finden) ⟨*grch*, 'Erfindungskunst'⟩ · **heu|ri|stisch** (erfinderisch; die Erkenntnis fördernd); die _e Methode
Heu|schrecke [*Tr* …schrek|ke], die, _, _n, *dicht u. österr auch* **Heu|schreck,** der, _[e]s, _e (ein Insekt) ('Heuspringer') · **Heu|stock,** der, *Pl* ..stöcke (*österr*, *schweiz*; Heuhaufen)
heu|te, *umg u. österr auch* **heut** ('an diesem Tage'); *K 109*: heute abend, früh, mittag, morgen, nachmittag, nacht · **Heu|te,** das, _ (die Gegenwart); das _ und das Morgen · **heu|tig;** *K 93*: am Heutigen; mein Heutiges (*bürospr*), *besser* mein heutiges Schreiben · **heu|ti|gen|tags** *K 176* · **heut|zu|ta|ge** *K 176*
He|xa|chord [..k..], der *od* das, _[e]s, _e (*Mus*; sechsstufige diaton. Tonleiter) ⟨*grch*⟩
He|xa|eder, das, _s, _ (*Geom*; Sechsflächner, Würfel) ⟨*grch*⟩ · **he|xa|edrisch** (*Geom*)
He|xa|gon, das, _s, _e (*Geom*; Sechseck) ⟨*grch*⟩ · **he|xa|go|nal** (*Geom*) ⟨*grch → lat*⟩
He|xa|gramm, das, _[e]s, _e (*Geom*; Figur aus zwei gekreuzten gleichseitigen Dreiecken, Sechsstern) ⟨*grch*⟩ · **Hex|ame|ron,** das, _s, ..one (*Lit*; eine Sammlung von Novellen) · **He|xa|me|ter,** der, _s, _ (*Metrik*; sechsfüßiger Vers) · **he|xa|me|trisch** (*Metrik*) · **He|xan,**

das, _s, _e (*Chem*; ein Alkan) · **He|xa|teuch** [..ç], der, _s (*Rel*; Bez. für die ersten sechs Bücher des Alten Testaments)

He|xe, die, _, _n (*Abergl*) (‚Hekkengeist'). *Zus K 365ff.*: Hexen-⌣küche usw. · **he|xen** *K 354* · **He-xen|schuß,** der, ..usses (*umg*; plötzl. Muskelschmerz in der Kreuzgegend) · **He|xer** (*Abergl*) · **He|xe|rei** (*Abergl*)

He|xo|de, die, _, _n (*Phys*; Sechspolröhre) ⟨*grch*⟩ · **He|xyl,** das, _s, _e (*Chem*; ein Alkyl)

hi!; hihi!

Hia|tus, der, _, _ [*auch* ..tu:s] (*Geol*; durch zeitl. Unterbrechung entstandene Schichtlücke bei Gesteinsablagerungen – *Sprachw*; das Zusammentreffen zweier Vokale in zwei aufeinanderfolgenden Silben) ⟨*lat*⟩

Hi|ber|na|tion (Überwinterung – *Med*; Heilschlaf) ⟨*lat*⟩

Hicko|ry [..ri; *Tr* Hik|ko..], der, _s, _s, *auch* die, _, _s (ein hartholziger nordamerikan. Walnußbaum) ⟨*indian* → *engl*⟩

Hid|den|see (Ostseeinsel der DDR) · **Hid|den|seer** [..ze:ər] *K 237*: 1. *K 231*: der, _s, _; 2. *als Attribut K 232*: der Hiddenseer Goldschatz

hi|dro|tisch (*Med*; schweißtreibend) ⟨*grch*⟩

hie (*noch süddt, österr*; hier); _ und da; *vgl. auch* hier

Hieb, der, _[e]s, _e

hieb|fest; hieb- und stichfest *K 178* · **Hiebs|art** (*Forstw*)

hie|nie|den [*od* 'hi:..] (*dicht*; auf der Erde, auf dieser Erde)

hier[1]; hier und da; *vgl. auch* hie. Für die *Schreibung bei Verben* gelten dieselben Gesichtspunkte wie für »da« (↑ *d.*) · **hier|amts** (*österr bürospr*) · **hier|an**[2]

Hier|ar|chie [hi(e)rar'çi:], die, _, ..ien (Priesterherrschaft; [strenge] Rangordnung) ⟨*grch* → *lat*⟩ · **hier-ar|chisch** · **hie|ra|tisch** (priesterlich) ⟨*grch*⟩; *K 119*: die _e Schrift (Schrift der Priester in Ägypten [1])

hier|auf[2] · **hier|auf|hin**[2] · **hier-aus**[2] · **hier|be|hal|ten** (zurückbehalten, nicht weglassen); *vgl. auch* hier · **hier|bei**[1,2] · **hier|blei|ben** *K 148* (nicht weggehen; *österr auch für* nachsitzen); *aber K 145*: hier (an diesem Ort) bleiben · **hier-durch**[1,2] · **hier|ein**[2] · **hier-für**[1,2] · **hier|ge|gen**[1,2]

hier|her[1,2] (zu dem Sprechenden hin); komm _ [zu mir]

hier|her...[1]: *in unfest zusammengesetzten Verben*, z. B. hierherkommen *K 356*, du kommst hierher, hierhergekommen, hierherzukommen · **hier|her|auf**[1,2] · **hier|her-kom|men;** *vgl. auch* hierher... · **hier|her|um**[2]

hier|hin[2] (nach diesem Ort hin); bald _, bald dorthin

hier|hin...: *in unfest zusammengesetzten Verben*, z. B. hierhinlegen *K 356*, du legst hierhin, hierhingelegt, hierhinzulegen · **hier|hin|le-gen**

hier|in[2] · **hier|in|nen**[2] (*veraltet*) · **hier|las|sen;** *vgl. auch* hier · **hier-mit**[1,2] · **hier|nach**[1,2] · **hier|ne-ben**[1,2] (*veraltend*)

Hie|ro|gly|phe [hi(e)ro..], die, _, _n (Zeichen der [altägypt.] Bilderschrift – *übertr*; schwer deutbares Schriftzeichen einer Handschrift) ⟨*grch*, ‚heiliges Zeichen'⟩ · **hie|ro-gly|phisch** (in Bilderschrift; rätselhaft)

hier|orts[2] *K 176* (*bürospr*) · **hier-selbst**[1,2] (*veraltet*) · **hier|über**[2] · **hier|um**[2] · **hier|un|ter**[2] · **hier-von**[1,2] · **hier|vor**[1,2] · **hier|zu**[1,2] · **hier|zu|lan|de**[1,2] *K 176* · **hier|zwi-schen**[1,2]

hie|sig (*zu* hie); _en Ort[e]s · **Hie-si|ge,** der *u.* die, _n, _n *K 341*

hie|ven [..f.. *od* ..v..] (*seem*; hoch-, einziehen) ⟨*zu* heben⟩; den Anker _

Hi-Fi ['haifi] *Kurzw* (*Rundf*; High-Fidelity) · **Hi-Fi-An|la|ge** *K 188*

Hift|horn, *Pl* ..hörner (Jagdhorn)

High-Church ['haitʃœ:rtʃ], die, _ (Richtung der anglikanischen Kirche) ⟨*engl*, ‚Hochkirche'⟩

High-Fi|de|li|ty [haifi'dɛliti], die, _ (*Rundf*; hohe Wiedergabequalität elektroakustischer Übertragungssysteme); *Kurzw* Hi-Fi ['haifi] ⟨*engl*, ‚hohe Treue'⟩

High-So|cie|ty [haisə'saiəti], die, _ (*bürgerl Staat*; die sog. gute Gesellschaft, die oberen Zehntausend) ⟨*engl*⟩

hi|hi!

Hik-Brem|se *K 211* (*Eisenb*; eine Druckluftbremse) ⟨*nach* den Erfindern *Hi*ldebrand u. *K*norr⟩

hilb (*schweiz*; mild, windgeschützt)

Hil|de (w. Vn.) ⟨*Kurzf der mit* Hild[e].../...hild[e] (‚Kampf') *gebildeten weibl Vornamen*⟩

Hil|de|brands|lied *K 209*, das, _[e]s (*Lit*)

Hil|de|gard (w. Vn.) ⟨‚Kampf' + ‚Schutz'⟩; *Kurzf* ↑ Hilde

Hil|fe, die, _, _n ⟨*zu* helfen⟩; *K 258*: die Erste Hilfe (bei Unglücksfällen); Hilfe bringen, leisten; zu Hilfe kommen; der Hammer, mit dessen Hilfe *od* mit Hilfe dessen ... · **hil-fe⌣brin|gend, ...fle|hend** · **Hil|fe-lei|stung** · **Hil|fe|ruf** · **hil|fe|ru-fend** · **hil|fe|su|chend** · **hilf|los** *K 349*; *vgl.* ...los · **Hilf|lo|sig|keit,** die, _ · **hilf|reich** (*gehoben*) · **Hilfs-ar|bei|ter** · **hilfs|be|dürf|tig** · **hilfs-be|reit** · **Hilfs|be|reit|schaft,** die, _ · **Hilfs⌣kraft, ...mit|tel, ...quel-le, ...schiff** · **Hilfs|verb** (*Gramm*)

Hil|le|bil|le, die, _, _n (altes hölzernes Signalgerät)

Hil|mar (m. Vn.) ⟨‚Kampf' + ‚berühmt'⟩

Hi|ma|la|ja [*od* ..ma'la:..], der, _[s] (Hochgebirge zw. Zentral- u. Südasien) ⟨*aind*, ‚Schneewohnung'⟩

Him|beere ⟨*zu veraltet* Hinde ‚Hirschkuh'⟩ · **him|beer|far|ben** (*K 364*) *od* **him|beer|far|big;** *vgl. auch* ...farben *u. K 272ff.* · **Him-beer|saft,** der, _[e]s

Him|mel, der, _s, _; um [des] _s willen (*umg*) · **him|mel|an** (*dicht*) · **him|mel|angst** (*umg*); es ist mir _ · **Him|mel|bett** · **him|mel|blau;** *vgl.* blau; _ färben · **Him|mel|don|ner-wet|ter!** (*salopp*); _ noch einmal! · **Him|mel|fahrt** (*christl Rel*) · **Him-mel|fahrts|tag** · **him|mel|hoch;** himmelhohe Gebirge · **Him|mel-lau|don!** [..dɔn] (*österr*; ein Fluchwort) ⟨*nach* dem österr. Heerführer Laudon⟩ · **him|meln** *K 363* (*umg*) · **Him|mels|ach|se,** die, _ (*Astron*) · **Him|mels|bahn** (*dicht*) · **Him-mels|bo|gen:** 1. der, _s (*gehoben*; Himmelsgewölbe) – 2. der, _s, _ (Regenbogen) · **Him|mel|schlüs-sel** (ein Frühlingsblüher, Primelgewächs) · **him|mel|schrei|end** (*umg*); *K 115*: am _sten · **Him-mels|kör|per** · **Him|mels|lei|ter,** die, _ (*bibl*) · **Him|mels|rich-tung** · **Him|mels|strich** (*gehoben*; Gegend) · **Him|mel[s]|stür|mer** (*gehoben od scherzh*) · **Him|mels-zelt,** das, _[e]s (*dicht*) · **him|mel-⌣wärts** (*gehoben*), **...weit** · **himm-lisch;** _ste

hin (vom Sprechenden weg); *K 147*: auf seinen Rat hin arbeiten, vor sich hin lachen, *aber K 148*: auf ein Ziel hinarbeiten; hinsein (*umg*; kaputt, tot sein); hin und her; *K 145*: hin und her fahren (kreuz und quer), *aber K 178*: hin- und herfahren (hin- und wieder zurückfahren); hin und wieder (zuweilen); hin und wider (hin und zurück; *vgl. auch*

---

[1] Die Form ohne *r* ist im Süddeutschen u. Österreichischen noch gebräuchlich.

[2] [*od* 'hi:r..].

---

[1] Die Form ohne *r* ist im Süddeutschen u. Österreichischen noch gebräuchlich.

[2] [*od* 'hi:r..].

wider); *vgl. auch* Hin und Her, Hin- und Herfahrt, her
hin...: *in unfest zusammengesetzten Verben,* z. B. hinlaufen *K 356,* du läufst hin, hingelaufen, hinzulaufen
hin|ab
hin|ab...[1]: *in unfest zusammengesetzten Verben,* z. B. hinabgehen *K 356,* du gehst hinab, hinabgegangen, hinabzugehen · **hin|ab|ge|hen**[1] *K 148 u. 363*; den Berg hinabgehen; *aber K 146*: hinab gehen (nicht fahren)
hin|an (*gehoben*)
hin|an...[1] (*gehoben*): *in unfest zusammengesetzten Verben,* z. B. hinansteigen *K 356,* du steigst hinan, hinangestiegen, hinanzusteigen · **hin|an|stei|gen** (*gehoben*)
hin|ar|bei|ten *K 148*; auf ein Ziel hinarbeiten, *aber K 147*: auf seinen Rat hin arbeiten
hin|auf
hin|auf...[1]: *in unfest zusammengesetzten Verben,* z. B. hinaufgehen *K 356,* du gehst hinauf, hinaufgegangen, hinaufzugehen · **hin|auf|ge|hen**[1] *K 148 u. 363*; auf den Berg hinaufgehen, *aber K 146*: hinauf gehen (nicht fahren) · **hin|auf|zie|hen**[1] *K 148*; eine Last mit dem Kran hinaufziehen; *aber K 146*: hinauf ziehen (nicht schieben)
hin|aus; darüber hinaus sein
hin|aus...[1]: *in unfest zusammengesetzten Verben,* z. B. hinausgehen *K 356,* du gehst hinaus, hinausgegangen, hinauszugehen · **hin|aus|ge|hen**[1] *K 148 u. 363*; auf das Feld hinausgehen; *aber K 146*: hinaus gehen (nicht fahren); du wirst auf das Feld hinaus gehen · **hin|aus|wol|len** *K 148* (*umg*); hoch _
Hin|blick; in *od* im _ auf · **hin|blicken** [*Tr* ..blik|ken]
hin|der|lich (*zu* hinter) · **hin|dern** *K 363* · **Hin|der|nis,** das, ..isses, ..isse. *Zus K 365ff.*: Hindernis‿rennen usw. · **Hin|de|rung**
Hin|di, das, _ (eine Form des Hindustani, amtl. Sprache in Indien) (*aind* → *pers* → *Hind*); auf _ heißt es ...
Hin|du, der, _[s], _[s] (Anhänger des Hinduismus) (*aind* (sindhu = Fluß, d. h. der Indus) → *pers* (Hindu = Land am Indus, d. h. Indien) → *Hind*) · **Hin|du|is|mus,** der, _ (Religionsform in Indien) (*Hind + lat*) · **hin|dui|stisch** · **Hin|du|kusch** [*od* 'hin..], der, _ *od* _[e]s (Hochgebirge in Zentralasien) (*pers,* ‚Indisches Gebirge')
hin|durch
hin|durch...[1]: *in unfest zusammengesetzten Verben,* z. B. hindurchgehen *K 356,* du gehst hindurch, hindurchgegangen, hindurchzugehen · **hin|durch|ge|hen**[1] *K 148 u. 363*; du mußt hindurchgehen (durch das Tor); *aber K 146*: hindurch gehen (nicht fahren)
Hin|du|stan [..sta(:)n] (Landsch. im N Vorderindiens) (*pers*) · **Hin|du|sta|ni,** das, _[s] (eine der Sprachen Vorderindiens); auf _ heißt es ...
hin|ein
hin|ein...[1]: *in unfest zusammengesetzten Verben,* z. B. hineingehen *K 356,* du gehst hinein, hineingegangen, hineinzugehen · **hin|ein|ge|heim|nis|sen** (*umg*); du geheimnißt hinein *K 354*; hineingeheimnißt; hineinzugeheimnissen · **hin|ein|ge|hen**[1] *K 148 u. 363*; in die Stadt hineingehen; *aber K 146*: hinein gehen (nicht fahren)
hin|fah|ren · **Hin|fahrt;** Hin- und Herfahrt *K 178*
hin|fäl|lig *K 171* · **Hin|fäl|lig|keit,** die, _
hin|fort (*gehoben*; in Zukunft)
Hin|ga|be, die, _ · **hin|ga|be|fä|hig**
Hin|gang
hin|ge|ben *K 148*; sich (*Akk*) _; *aber K 147*: etw. auf seine Aufforderung hin geben · **hin|ge|bend;** *K 115*: am _sten · **Hin|ge|bung,** die, _
hin|ge|gen
hin|ge|hen *K 363*
hin|ge|ris|sen *K 364* (begeistert)
Hing|fong|es|senz [..,sɛnts] (ein Hausmittel) (*chin + lat*)
hin|hal|ten *K 148* (*meist umg*); jmdn. mit Versprechungen hinhalten; *aber K 147*: etw. auf seinen Wunsch hin halten · **Hin|hal|tung** (*umg*)
hin|hau|en: 1. *tr* (*umg*; hinwerfen [*österr nur in dieser Bedeutung*]); du hautest ihm die Arbeit hin; hingehauen – 2. *intr* (*umg*; sich beeilen); du hautest hin; hingehauen; hau hin! – 3. *intr u. unpersönl* (*umg*; glücken, klappen); das haute hin; das hat hingehauen
Hin|ke‿bein, ...fuß
Hin|kel, das, _s, _ (*rhein*; Küken) (‚kleines Huhn')
hin|ken
Hin|kunft, die, _; in _ (*österr*; in Zukunft)
hin|läng|lich (ausreichend)
hin|lau|fen; *vgl.* hin...
Hin|nah|me, die, _ · **hin|neh|men**
hin|nen; *nur noch in* von _ gehen (*gehoben verhüll*)
hin|rei|chend (ausreichend)
Hin|rei|se; Hin- und Herreise *K 178*
hin|rei|ßend; *K 115*: am _sten
Hin|rich (m. Vn.) (*niederdt Form von* Heinrich)
hin|rich|ten · **Hin|rich|tung**
Hin|schied, der, _[e]s (*österr u. schweiz gehoben verhüll*; Ableben)
hin|se|hen *K 363*
hin|sein (*umg*; kaputt, tot sein); *Zusammen- od Getrenntschreibung vgl.* absein
Hin|sicht, die, _; in _ auf · **hin|sicht|lich** *Präp mit Gen*: _ seines Briefes
hin|sie|chen (*gehoben*)
Hin|spiel (*Sport*); Hin- und Rückspiel *K 178*
hint|an... (*gehoben*): *in unfest zusammengesetzten Verben,* z. B. hintansetzen *K 356,* du setzt hintan, hintangesetzt, hintanzusetzen · **hint|an|set|zen** *K 148* (*gehoben*) · **Hint|an|set|zung** (*gehoben*) · **hin|ten** · **hin|ten|an;** *vgl. auch* hintan... · **hin|ten|an|set|zen** *K 148* · **hin|ten|her|um** (*umg*) · **hin|ten|hin** · **hin|ten|nach** (*landsch, bes süddt, österr*) · **hin|ten|über** (*gehoben*)
hin|ten|über...: *in unfest zusammengesetzten Verben,* z. B. hintenüberfallen *K 356,* du fällst hintenüber, hintenübergefallen, hintenüberzufallen · **hin|ten|über|fal|len** *K 148*
hin|ter *Präp mit Dat u. Akk K 379*: hinter der Tür stehen, *aber*: hinter die Tür stellen; *K 147*: hinter einer Sache her sein, *vgl. aber* hinterher
hin|ter...: *bei Verben K 360*:
a) *unfeste Zusammensetzungen,* z. B. hinterbringen *K 356* (*umg*; nach hinten bringen; durch den Mund in den Magen bringen), du bringst hinter, hintergebracht (*K 358*), hinterzubringen
b) *feste Zusammensetzungen,* z. B. hinterbringen *K 357* (heimlich melden, zutragen), du hinterbringst, hinterbracht (*K 359*), zu hinterbringen
Hin|ter|ach|se
hin|ter|blei|ben; hinterblieben · **Hin|ter|blie|be|ne,** der *u.* die, _n, _n *K 341*
hin|ter|brin|gen *K 356* (*umg*); *Bedeutung u. Konjugation vgl.* hinter... (a) · **hin|ter|brin|gen** *K 357*; *Bedeutung u. Konjugation vgl.* hinter... (b)
hin|ter|drein; _ sein (hinterher sein)
hin|ter|drein...: *in unfest zusammengesetzten Verben,* z. B. hinterdreinlaufen *K 356,* du läufst hinterdrein, hinterdreingelaufen, hinterdreinzulaufen

[1] *Vgl. auch K 149.*

[1] *Vgl. auch K 149.*

hin|te|re; die _ Reihe; hinterste (↑ *d.*)
hin|ter|ein|an|der. *Schreibung bei Verben vgl.* aneinander; *K 145 u. K 129*: die Briefe hintereinander schreiben (einen nach dem anderen schreiben), sich (*Gen*) hintereinander verstecken; *aber K 148 u. K 129*: die Namen auf einer Liste hintereinanderschreiben, hintereinandergehen · **hin|ter|ein|an|der|her** (*umg*); *K 147*: _ gehen
hin|ter|es|sen (*umg*; mit Mühe, unwillig essen); hintergegessen
hin|ter|fra|gen (nach den Ursachen, Grundlagen fragen); etw. _
Hin|ter|gau|men|laut (*Phon*)
Hin|ter|ge|bäu|de
Hin|ter|ge|dan|ke
hin|ter|ge|hen *K 363* (*umg*; nach hinten gehen); hintergegangen · **hin|ter|ge|hen** *K 363* (täuschen, betrügen); hintergangen · **Hin|ter|ge|hung**
hin|ter|gie|ßen (*umg*; hinuntergießen); hintergegossen · **hin|ter|gie|ßen** (*Polygr*; Galvanos mit Blei unterlegen); hintergossen
Hin|ter|glas|ma|le|rei
Hin|ter|grund · **hin|ter|grün|dig**
Hin|ter|halt · **hin|ter|häl|tig** · **Hin|ter|häl|tig|keit**
Hin|ter|hand, die, _
Hin|ter|haupt · **Hin|ter|haupt[s]|bein**
Hin|ter|haus
hin|ter|her [*od* 'hin..]; *K 145*: hinterher glätten, *aber K 148*: hinterherlaufen; hinterhersein, *aber K 147*: hinterher sein; hinter einer Sache her sein
Hin|ter|in|dien [..iən] *K 239* (Halbinsel in Südostasien)
Hin|ter|kopf
Hin|ter|la|ge (*schweiz*; Pfand)
Hin|ter|land, das, _[e]s
hin|ter|las|sen (*umg*; nach hinten gehen lassen); hintergelassen · **hin|ter|las|sen** (zurücklassen; vererben); *Part II* hinterlassen · **Hin|ter|las|se|ne,** der *u.* die, _n, _n *K 341* · **Hin|ter|las|sen|schaft** · **Hin|ter|las|sung** (*bürospr*); unter _ von ...
hin|ter|le|gen (*umg*; nach hinten legen); hintergelegt · **hin|ter|le|gen** (als Pfand geben); hinterlegt · **Hin|ter|le|ger** · **Hin|ter|le|gung**
Hin|ter|list · **hin|ter|li|stig** · **Hin|ter|li|stig|keit**
hin|term *K 61* (*umg*; hinter dem)
Hin|ter|mann, *Pl* ..männer
Hin|ter|maue|rung *K 363* ⟨*lat*⟩
hin|tern *K 61* (*umg*; hinter den) · **Hin|tern,** der, _s, _ *od* **Hin|ter|ste,** der, _n, _n *K 341* (*umg*; Gesäß)
Hin|ter|rad
hin|ter|rücks (*abwert*)
hin|ters *K 61* (*umg*; hinter das)
Hin|ter|sas|se, *auch* **Hin|ter|saß,** der, ..sassen, ..sassen, *schweiz* **Hin|ter|säß,** der, ..sässen, ..sässen (*hist*; vom Feudalherrn abhängiger Bauer)
hin|ter|schlin|gen (*umg*; mit Mühe, unwillig, rasch essen); hintergeschlungen
hin|ter|schlucken [*Tr* ...schluk|ken] (*umg*; hinunterschlucken); hintergeschluckt
Hin|ter|sinn, der, _[e]s (Hintergrundbedeutung, tieferer Sinn) · **hin|ter|sin|nen, sich** (*Akk*) (*süddt u. schweiz veraltend*; grübeln, schwermütig werden); du hattest dich hintersonnen · **hin|ter|sin|nig**
hin|ter|ste; der hinterste Zuschauer; *K 93*: die Hintersten konnten die Bühne kaum sehen; zuhinterst · **Hinterste** ↑ Hintern
Hin|ter|teil, das (*meist umg*; Gesäß)
Hin|ter|tref|fen; *nur noch in* ins _ geraten, kommen (*umg*)
hin|ter|trei|ben (vereiteln); hintertrieben
Hin|ter|trep|pe
hin|ter|trin|ken (*umg*; rasch trinken od. hinunterschlucken); hintergetrunken
Hin|ter|tür
Hin|ter|wäld|ler, der, _s, _ (*iron*) · **hin|ter|wäld|le|risch** (*iron*)
hin|ter|zie|hen (*umg*; nach hinten ziehen); hintergezogen · **hin|ter|zie|hen** (die Steuer unterschlagen); hinterzogen · **Hin|ter|zie|hung**
hin|über; hinüber sein (*umg*; verbraucht, verdorben, gestorben sein)
hin|über...[1]: *in unfest zusammengesetzten Verben*, z. B. hinübertragen *K 356*, du trägst hinüber, hinübergetragen, hinüberzutragen · **hin|über|ge|hen** *K 148 u. 363*; *aber K 146*: hinüber gehen (nicht fahren) · **hin|über|tra|gen**
hin und her ↑ *unter* hin · **Hin und Her,** das, *Gen* _ _ _; nach längerem _ _ _ (*umg*); ein ewiges _ _ _ (*umg*) · **Hin|und|her|fah|ren** *K 101*, das, _s, *vgl.* hin (hin und her fahren); *aber K 178*: das Hin- und [das] Herfahren, *vgl.* hin (hin- und herfahren) · **Hin- und Her|fahrt** *K 178* · **Hin- und Her|rei|se** *K 178* · **Hin- und Her|weg** *K 178*
hin|un|ter
hin|un|ter...[1]: *in unfest zusammengesetzten Verben*, z. B. hinunterfallen *K 356*, du fällst hinunter, hinuntergefallen, hinunterzufallen · **hin|un|ter|fal|len** · **hin|un|ter|ge|hen** *K 148 u. 363*; *aber K 146*: hinunter gehen (nicht fahren); *vgl. auch K 149*
hin|wärts (*umg*)
hin|weg
hin|weg...: *in unfest zusammengesetzten Verben*, z. B. hinweggehen *K 356*, du gehst hinweg, hinweggegangen, hinwegzugehen
Hin|weg; Hin- und Herweg *K 178*
hin|weg|ge|hen *K 148 u. 363*; über eine Sache _; *aber K 146*: über eine Brücke hinweg gehen (nicht fahren)
Hin|weis, der, _es, _e · **hin|wei|sen;** hinweisendes Fürwort (*Gramm*; Demonstrativpronomen) · **Hin|wei|sung**
hin|wie|der[|um] (*veraltet*)
hin|zie|hen (verzögern)
hin|zu
hin|zu...: *in unfest zusammengesetzten Verben*, z. B. hinzuziehen *K 356*, du ziehst hinzu, hinzugezogen, hinzuzuziehen · **hin|zu|fü|gen** · **hin|zu|kom|men;** *K 152*: hinzu kommt, daß ...
Hinz und Kunz (*umg*; jedermann)
hin|zu|zie|hen
Hi|ob (bibl. Gestalt) ⟨*hebr*⟩ · **Hi|obs|bot|schaft**
[1]**Hip|pe,** die, _, _n (*veraltet*; Messer mit sichelförmiger Klinge; Sense)
[2]**Hip|pe,** die, _, _n (*landsch*; Ziege)
[3]**Hip|pe,** die, _, _n (*landsch*; eine Art Fladenkuchen)
Hipp|hipp|hur|ra, das, _s, _s (*Rudersp*; Hochruf); hipp, hipp, hurra!; hipp, hipp, hurra rufen; ein kräftiges »Hipp, hipp, hurra!«.
Hip|po|drom, der *od*, *österr nur*, das, _s, _e ([Gebäude mit] Reitbahn) ⟨*grch*⟩ · **Hip|po|gryph,** der, *Gen* _s, *Pl* _e *od Gen* _en, *Pl* _en (Flügelroß der Dichtkunst)
Hip|po|kra|ti|ker, der, _s, _ (Anhänger des altgriech. Arztes Hippokrates) · **hip|po|kra|tisch** *K 218*; _es Gesicht (Gesichtsausdruck Sterbender) · **Hip|po|kra|tisch** *K 217*
Hip|po|po|ta|mus, der, _, *Pl* _, *auch* ..usse (*Zool*; ein Flußpferd, Nilpferd) ⟨*grch* → *lat*⟩
Hirn, das, _[e]s, _e. *Zus K 365ff.*: Hirn‿gespinst, ...schale usw. · **Hirn|holz** (quer zur Faserrichtung durchgeschnittenes Holz) · **hirn|los;** *vgl.* ...los · **hirn|ver|brannt** (*umg*); eine _e (verrückte) Idee
Hi|ro|schi|ma *od* **Hi|ro|shi|ma** [..'ʃi..] (Hafenstadt in Japan, 1945 durch die erste amerikan. Atombombe zerstört) ⟨*jap*, ‚Breitinsel'⟩
Hirsch, der, _es, _e. *Zus K 365ff.*: Hirsch‿fänger usw. · **hirsch|ge-**

[1] *Vgl. auch K 149.*

recht (*weidm*; in der Hirschjagd erfahren) · **Hirsch|horn,** das, _[e]s · **hirsch|le|dern**

Hir|se, die, _. *Zus K 365ff.*: Hirse‿art usw. · **Hir|se|korn,** das, *Pl* ..körner

Hirt, der, _en, _en, *veraltet u. dicht* **Hir|te,** der, _n, _n ⟨*zu* Herde⟩ · **hir|ten** (*schweiz*; Hirt sein, die Herde hüten) · **Hir|ten|brief** (*kath Kirche*; bischöfl. Rundschreiben) · **Hir|ten|flö|te** · **Hir|ten|tä|schel,** das, _s, _ (eine Arzneipflanze, Kreuzblütler) · **Hir|ten|volk** · **Hir|tin,** die, _, ..innen

his, das, _, _ (*Mus*; Tonbezeichnung) · **His,** das, _, _ (*Mus*; Tonbezeichnung)

his|sen ([Segel, Flagge] hochziehen); du hißt *K 354*; du hißtest; gehißt; hiß! *od* hisse!; *vgl. auch* [2]heißen

Hi|sto|gramm, das, _s, _e (*Statistik*; graph. Darstellung von Häufigkeiten in Form von Säulen) ⟨*grch*⟩

Hi|sto|lo|ge, der, _n, _n (*Med*; Fachmann auf dem Gebiet der Histologie) ⟨*grch*⟩ · **Hi|sto|lo|gie,** die, _ (*Med*; Gewebelehre) · **hi|sto|lo|gisch** (*Med*)

Hi|stör|chen ([scherzhaftes, unterhaltsames] Geschichtchen) ⟨*grch → lat*⟩ · **Hi|sto|rie** [..iə], die, _, _n (*veraltend u. fachspr*; Geschichte, Weltgeschichte; Erzählung, Bericht, Kunde) · **Hi|sto|rien|ma|le|rei** · **Hi|sto|rik,** die, _ (Geschichtsforschung) · **Hi|sto|ri|ker,** der, _s, _ (Geschichtswissenschaftler) · **Hi|sto|rio|gra|phie,** die, _ (Geschichtsschreibung) ⟨*grch*⟩ · **hi|sto|risch** (geschichtlich; überliefert) ⟨*grch → lat*⟩ · **hi|sto|ri|sie|ren** (das Geschichtliche [übermäßig] betonen) · **Hi|sto|ris|mus,** *auch* **Hi|sto|ri|zis|mus,** der, _ (Überbewertung des Geschichtlichen, der Vergangenheit) · **hi|sto|ri|stisch** (das Geschichtliche [übermäßig] betonend)

Hit, der, _s, _s (Erfolgs- u. Spitzenschlager) ⟨*engl*⟩ · **Hit|pa|ra|de**

Hit|sche, die, _, _n (*landsch*; Fußbank; Kinderschlitten)

Hit|ze, die, _ ⟨*zu* heiß⟩ · **hit|ze|be|stän|dig;** _es Glas · **Hit|ze|fe|rien** [..iən] *Pl* · **hit|ze|frei** · **Hit|ze|wel|le** · **hit|zig** · **Hitz|kopf** · **hitz|köp|fig** · **Hitz|schlag**

H-Laut ['ha:..] *K 106*

hm!, *auch* **hem!;** hm, hm!; hem, hem!

h-Moll ['ha:..] *K 106*, das, _ (*Mus*; Tonart), *Zeichen* h; in h-Moll *od* in h · **h-Moll-Ton|lei|ter** *K 188* (*Mus*)

ho! (*umg*); hoho!; ho ruck!

Hob|bock, der, _s, _s (*fachspr*; ein Versandgefäß) ⟨*Herkunft unbekannt*⟩

Hob|by ['hɔbi], das, _s, _s (Steckenpferd, Liebhaberei) ⟨*engl*⟩ · **Hob|by|raum**

Ho|bel, der, _s, _ · **Ho|bel|bank,** *Pl* ..bänke · **ho|beln** *K 363* · **Hob|ler**

hoch; höher (↑ *d.*), höchst (↑ *d.*); hoch oben; »Hoch!« rufen; die Nase hoch tragen (*umg abwert*); hoch hergehen (*umg*); zu hoch sein (*auch umg*; nicht faßbar, unbegreiflich sein); sich hoch aufbäumen; *vgl. auch* hohe

I. *Bei Verben*:

1. *Getrenntschreibung K 135*, wenn »hoch« in ursprünglichem Sinne gebraucht wird, z. B. hoch sitzen; den Ertrag hoch (nicht niedrig) schätzen; *vgl. aber* hochschätzen

2. *Zusammenschreibung:*

a) wenn »hoch« bedeutet »in die Höhe«, z. B. hochhalten, hochheben, hochziehen; **b)** wenn »hoch« in übertragenem Sinne gebraucht wird, z. B. hochhalten (ehren), hochschätzen (↑ *d.*)

II. *Beim Part II K 166*:

1. *Getrenntschreibung*: ein von mir hoch verehrter Freund; er wird von mir hoch (sehr) verehrt

2. *Zusammenschreibung*: hochgeehrter Herr!, hochverehrte Frau!

Hoch, das, _s, _s (Hochruf – *Met*; Hochdruckgebiet)

hoch|ach|ten *K 136*; du achtest hoch; hochgeachtet; hochzuachten; *vgl.* hoch, I (2, b) · **hoch|ach|tend** · **Hoch|ach|tung** · **hoch|ach|tungs|voll** · **Hoch‿al|tar, ...an|ten|ne**

Hoch|bahn · **Hoch|bau,** der, _[e]s · **hoch|be|gabt;** *K 351*: höherbegabt, höchstbegabt · **hoch|be|tagt** *K 168* · **Hoch|be|trieb,** der, _[e]s · **Hoch|blü|te,** die, _ · **hoch|brin|gen**[1] (*meist umg*); *vgl.* hoch, I (2) · **Hoch|burg** · **hoch|bu|sig**

hoch|deutsch; *Abk* hd.; *vgl. K 266f.* · **Hoch|deutsch,** das, *Gen* _[s], *Dat* _ (Sprachbezeichnung *K 268ff.*); *Abk* Hd. · **Hoch|deut|sche,** das, *Gen* _n, *Dat* _n (Sprachbezeichnung *K 271*); *Abk* Hd. · **Hoch|druck:** 1. der, _[e]s (*auch Polygr*; ein Druckverfahren) – 2. der, _[e]s, _e (*Polygr*; durch dieses Verfahren erzeugter Druck) · **Hoch|druck|ge|biet** (*Met*)

Hoch|ebe|ne · **hoch|emp|find|lich;** ein _es Gerät · **hoch|er|freut;** *vgl.* hoch, II · **hoch|er|hitzt;** *vgl.* hoch, II · **hoch|ex|plo|siv**

hoch|fah|rend (hochmütig, anmaßend); *K 351*: _er, _ste; *K 115*: am _sten · **hoch|fein** · **hoch|fest** (*Techn*) · **hoch|flie|gend** (ehrgeizig); *K 351*: _er, _ste; *K 115*: am _sten · **hoch|fre|quent** (*Phys*) · **Hoch|fre|quenz** (*Phys*); *Abk* HF

[1] *Konjugation vgl.* hochachten.

hoch|ge|bil|det · **Hoch|ge|bir|ge** · **hoch|ge|bo|ren** *K 364* (*veraltet*): a) *als Titel K 258*: Hochgeboren, b) *in der Anrede K 99 u. 258*: Eu[e]re, Euer usw. Hochgeboren; *vgl. auch* euer (1, b) · **hoch|ge|ehrt;** *vgl.* hoch, II · **hoch|ge|krem|pelt;** die _en Ärmel · **hoch|ge|lehrt** · **hoch|ge|mut** (*gehoben*) · **Hoch|ge|nuß** · **Hoch|ge|richt** (*hist*) · **hoch|ge|stellt;** *K 351*: höhergestellt, höchstgestellt; *vgl.* hoch, II · **Hoch|glanz** · **hoch|glän|zend** · **hoch|glanz|po|liert** · **hoch|gra|dig**

hoch|hal|ten[1]; *vgl.* hoch, I (2) · **Hoch|haus** · **hoch|he|ben**[1]; *vgl.* hoch, I (2, a) · **hoch|her|zig** (*gehoben*) · **Hoch|her|zig|keit,** die, _ (*gehoben*) · **hoch|ho|len**

Ho-chi-Minh-Stadt [ˌho:tji:'min..], *auch* **Ho-Chi-Minh-Stadt** *K 207 u. 247* (in Vietnam)

hoch|in|ter|es|sant · **hoch|kant;** _ stellen · **hoch|kan|tig;** *meist in* jmdn. _ rausschmeißen (*salopp*) · **hoch|ka|rä|tig** · **Hoch|kul|tur;** die antiken _en

Hoch|land, *Pl* ..länder, *seltener* ..lande · **Hoch|län|der,** der, _s, _ (*auch für* [3]Schotte) · **hoch|län|disch** (*auch für* schottisch) · **hoch|le|ben;** *nur in* jmdn. _ lassen; *vgl.* hoch, I (2, b) · **höch|lich** (*noch gehoben*); _st

hoch ma|chen (*umg*); *vgl.* hoch, I (1) · **hoch|mo|le|ku|lar** · **Hoch|moor** · **Hoch|mut** · **hoch|mü|tig** · **Hoch|mü|tig|keit,** die, _

hoch|nä|sig (*umg abwert*; eingebildet) · **hoch|neh|men**[1] (*auch umg*; übervorteilen, schelten); *vgl.* hoch, I (2, b) · **hoch|not|pein|lich** (*noch scherzh*); _es Gericht (*hist*; Gericht für todeswürdige Verbrechen)

Hoch|ofen · **Hoch|öf|ner** · **Hoch|par|terre** [..ˌtɛr] · **hoch|prei|sen**[1] (*gehoben*); *vgl.* hoch, I (2, b) · **hoch|pro|zen|tig**

hoch|rech|nen[1] (*Statistik*); *vgl.* hoch, I (2, b) · **Hoch|rech|nung** (*Statistik*) · **Hoch|re|lief** [..liɛf] (*bildende Kunst*) · **hoch|rot;** *vgl.* blau · **Hoch|ruf**

Hoch|sai|son [..zɛ,zɔŋ] · **hoch|schät|zen**[1] (sehr schätzen, verehren); *vgl.* hoch, I (2, b); *aber* (*vgl.* hoch, I [1]): hoch schätzen; die Kosten hoch schätzen · **Hoch|schät|zung,** die, _ · **Hoch‿schu|le, ...schü|ler** · **Hoch|schul|leh|rer** · **Hoch|schul|we|sen,** das, _s · **hoch|schwan|ger** · **Hoch|see|fi|sche|rei** · **hoch|sin|nig** (*gehoben*) ·

[1] *Konjugation vgl.* hochachten.

Hoch|sitz (Jagdkanzel) · **Hoch|span|nung** · **hoch|spie|len**[1]; eine Angelegenheit _ (überbewerten); *vgl.* hoch, I (2, b); *aber* (*vgl.* hoch, I [1]): hoch (mit hohem Einsatz) spielen · **Hoch|spra|che** (*Sprachw*) · **Hoch|sprung**

höchst; höchstens; am höchsten
I. *Kleinschreibung K 115:*
auf das *od* aufs höchste (im höchsten Grade)
II. *Großschreibung K 93:*
sein Sinn ist auf das *od* aufs Höchste gerichtet; nach dem Höchsten streben

Hoch|sta|pe|lei · **Hoch|stap|ler** (Gauner)

Höchst|bie|ten|de, der *u.* die, _n, _n *K 341*

hoch|ste|hend; *K 351*: höherstehend; höchststehend; *vgl. aber K 166*

höchst|ei|gen *K 364* (*noch scherzh*); in _er Person

hoch|stel|len[1]; *vgl.* hoch, I (2, a)

höch|stens · **Höchst‿ge|schwin|dig|keit, ...lei|stung, ...maß** (das) · **höchst|mög|lich;** die _e Geschwindigkeit · **höchst|per|sön|lich;** er ist höchstpersönlich (selbst) gekommen (*scherzh*), *aber*: das ist seine höchst (rein) persönliche Meinung · **Höchst‿preis, ...stand**

Hoch|stra|ße

Höchst|stu|fe (*Gramm*) · **höchst|wahr|schein|lich;** er hat es höchstwahrscheinlich getan, *aber*: es ist höchst wahrscheinlich, daß ... · **Höchst|wert** · **höchst|zu|läs|sig;** _e Geschwindigkeit

Hoch|tal · **Hoch|ton,** *Pl* ..töne (*Phon*) · **hoch|tö|nend** *K 168* (*abwert*; prahlerisch, phrasenhaft); *K 351*: _er, _ste; *K 115*: am _sten · **hoch|to|nig** (*Phon*; den Hochton habend; Hochton...) · **hoch|tou|rig** [..tu:..] · **hoch|tra|bend** (*abwert*; überheblich); *K 351*: _er, _ste; *K 115*: am _sten

hoch|ver|ehrt; höchstverehrt, *in der Anrede auch* hochverehrtest (*veraltet*); *vgl.* hoch, II · **Hoch|ver|rat** · **Hoch|ver|rä|ter** · **hoch|ver|rä|te|risch**

Hoch|wald · **Hoch|was|ser,** *Pl* ..wasser · **hoch|wer|tig** · **Hoch|wild** · **hoch|will|kom|men** *K 172 u. 364*; *Steigerung nur* höchstwillkommen; der hochwillkommene Gast, *aber K 173*: er ist ihm hoch (sehr) willkommen; *vgl.* hoch, II · **hoch|wirk|sam** · **hoch|wohl|ge|bo|ren** *K 168* (*veraltet*): a) *als Titel K 258*: Hochwohlgeboren, b) *als Anrede K 99 u. 258*: Eu[e]re, Euer usw. Hochwohlgeboren; *vgl. auch* euer (1, b) · **Hoch|wür|den** (Anrede für kath. Geistliche); *K 99*: Eu[e]re, Euer usw. Hochwürden; *vgl. auch* euer (1, b) · **hoch|würdig**

Hoch|zahl (*Math*) · **Hoch|zeit:** 1. ['hɔx..] (Feier der Eheschließung); *K 119*: silberne, goldene Hochzeit – 2. ['ho:x..] (*gehoben*; Höhepunkt) · **Hoch|zei|ter,** der, _s, _ (*landsch*) · **Hoch|zei|te|rin,** die, _, ..innen (*landsch*) · **hoch|zeit|lich** · **Hoch|zeits|aus|stat|ter,** der, _s, _ (eine Dienstleistungseinrichtung) · **Hoch|zeits‿schmaus, ...tag** · **hoch|zie|hen**[1]; *vgl.* hoch, I (2, a) · **Hoch|ziel**

Hocke[2], die, _, _n (eine Turnübung – *landsch*; Garben-, Heuhaufen) · **hocken**[2] · **Hocker**[2], der, _s, _ (Schemel – *Urgesch*; in hockender Stellung Bestatteter)

Höcker[2], der, _s, _ (Buckel)

Hocker|grab[2] (*Urgesch*)

höcke|rig[2]

Hockey[2] ['hɔke: *od* 'hɔki], das, _s (Stockballspiel) ⟨*engl*⟩

Hock|stel|lung

Ho|den, der, _s, _ (*Med*; männl. Keimdrüse) · **Ho|den|bruch,** der

Hödr ⟨*anord*⟩ *od* **Hö|dur** ⟨*isl*⟩ (*nord Mythol*; blinder Gott)

Ho|dscha, der, _[s], _s ([geistl.] Lehrer) ⟨*pers → türk*⟩

Hödur ↑ Hödr

Hoek van Hol|land ['huk fan _] (Hafen u. Seebad in den Niederlanden)

Hof, der, _[e]s, *Pl* Höfe; jmdm. den _ machen (ein Mädchen, eine Frau umwerben); *vgl.* hofhalten · **Hof|an|la|ge** · **Höf|chen** · **hö|feln** *K 363* (*schweiz*; schmeicheln)

Hof|fart ['hɔfart], die, _ (*gehoben abwert*; Hochmut) · **hof|fär|tig** (*gehoben abwert*)

hof|fen · **hof|fent|lich** · **...höf|fig** (*bergm*; reiche Ausbeute versprechend, z. B. erdölhöffig) · **...höf|fig|keit** (*bergm*; z. B. Erzhöffigkeit) · **höff|lich** (*bergm*; reiche Ausbeute verheißend)

Hoff|manns|trop|fen *K 209 Pl* (Arzneimittel) ⟨*nach* dem Arzt Friedrich Hoffmann⟩

Hoff|nung; in der _, daß ...; *vgl. auch K 450 u. K 390* · **Hoff|nungs|lauf** (*Sport*) · **hoff|nungs|los;** *vgl.* ...los · **Hoff|nungs|lo|sig|keit,** die, _ · **Hoff|nungs|strahl** · **hoff|nungs|voll**

Hof|ga|stein, Bad [..st.., _] (in Österreich)

hof|hal|ten (*hist*); *K 133*: du hältst hof; hofgehalten; hofzuhalten; *aber*: [einen] großen Hof halten · **ho|fie|ren** (*veraltend*; den Hof machen, schmeicheln) ⟨*dt* + *f. E.*⟩ · **hö|fisch** (*veraltet*) · **höf|lich** · **Höf|lich|keit** · **Höf|lich|keits|be|zei|gung** · **Höf|ling** (*hist*) · **Hof|mann,** *Pl* ..leute (*hist*) · **Hof|rat,** *Pl* ..räte (noch in Österreich verliehener Titel) · **Hof|schran|ze** (*veraltet abwert*; Höfling, höherer Hofbediener) · **Hof|staat,** der, _[e]s · **Hof|statt,** die, _, *Pl* _en, *auch* ..stätten (*schweiz*; Haus mit Umgebung)

Höft, das, _[e]s, _e (*norddt*; Haupt; Landspitze; Buhne)

HO-Ge|schäft [ha:'o:..] *K 186*; *vgl. auch* HO *im Verzeichnis der Abkürzungen*

ho|he (*Deklinationsform zu* hoch):
I. *Kleinschreibung K 119*: der hohe Berg; der hohe (erhöhte) Chor; auf hoher See; die hohe Jagd (die Jagd auf Hochwild); das hohe C
II. *Großschreibung K 258*: die Hohe Rhön, die Hohe Tatra; die Hohe Schule (↑ *d.*); *vgl. auch* Hohelied, Hohepriester

Hö|he, die, _, _n

Ho|heit [*Tr K 36*] (*Diplomatie*); *vgl.* euer (1, b), ihr *u.* [1]sein (1) · **ho|heit|lich** [*Tr K 36*] · **Ho|heits|recht** [*Tr K 36*] · **ho|heits|voll** [*Tr K 36*] (*gehoben*) · **Ho|heits|zei|chen** [*Tr K 36*] (sinnbildl. Zeichen der Staatsgewalt eines Landes)

Ho|he|lied *K 368*, das, *Gen* des Hohenlied[e]s (alttestamentl. Schrift – *gehoben*; Loblied); im Hohenlied[e]; in Salomos Hohemlied[e]; sie sang ein Hoheslied der Liebe (*gehoben*)

hö|hen (*Mal*; bestimmte Stellen hervortreten lassen); weiß gehöht

Hö|hen|krank|heit, die, _ · **Hö|hen‿la|ge, ...li|nie** [..iə] (*Geogr*) · **Hö|hen|luft,** die, _ · **Hö|hen|mar|ke** (*Vermessungsw*) · **Hö|hen|punkt** (*Vermessungsw*; Höhenmarke); *vgl. aber* Höhepunkt · **Hö|hen|son|ne**

Ho|hen|stau|fe, der, _n, _n *od* **Stau|fer,** der, _s, _ (Angehöriger der ehem. Dynastie der Hohenstaufen) · **Ho|hen|stau|fen:** 1. (Ort im SW der BRD) – 2. der, _s (Berg vor der Schwäb. Alb) · **ho|hen|stau|fisch** ⟨*zu* Hohenstaufe⟩

Ho|hen|twiel, der _s (Berg im Hegau [BRD])

Ho|hen|zol|ler, der, _n, _n (Angehöriger der ehem. Dynastie der Hohenzollern) · **ho|hen|zol|le|risch** *od* **ho|hen|zol|lersch** ⟨*zu* Hohenzoller⟩ · **Ho|hen|zol|lern,** der, _s (Burg u. Berg vor der Schwäbischen Alb)

[1] *Konjugation vgl.* hochachten.

[1] *Konjugation vgl.* hochachten.
[2] *Tr* ..k|k..

Ho|he|prie|ster *K 368*, der, *Gen* des Hohenpriesters, *Pl* die Hohenpriester; ein Hoherpriester, mehrere Hohepriester · **Ho|he|prie|ster|amt** *K 368*, das, *Gen* _[e]s, *auch* Hohenpriesteramtes, *Pl* Hohepriesterämter · **ho|he|prie|ster|lich**
Hö|he|punkt (*übertr*; Gipfel); *vgl. aber* Höhenpunkt
hö|her (*Komparativ zu* hoch); *K 119*: höhere Gewalt, höher[e]n Ort[e]s (*meist iron*); höher achten usw. *K 127*
Ho|he Schu|le *K 258*, die, *Gen* _n _ (Reitkunst – *übertr*; Kunstfertigkeit, Gewandtheit); die _ _ reiten
Ho|he Venn [_ f..] *K 258*, das, *Gen* _n _s (Teil der Eifel); *vgl. aber* Fenn
hohl · **hohl|äu|gig** · **Höh|le**, die, _, _n · **höh|len** · **Höh|len‿bär, ...for|scher** · **Hohl|heit** (*abwert*) · **Hohl|keh|le** (rinnenförmige Aushöhlung zur Flächengliederung – *Geol*; Auswaschung, Vertiefung in einer Felswand) · **Hohl‿kör|per, ...maß** (das), **...raum** · **Hohl|raum|kon|ser|vie|rung** [..v..] · **Hohl|saum** · **Höh|lung** · **hohl|wan|gig** · **Hohl|weg**
Hohn, der, _[e]s. *Schreibung bei Verben*: jmdm. etwas zum _[e] tun; *vgl. aber* hohnlächeln, hohnlachen, hohnsprechen · **höh|nen** · **Hohn|ge|läch|ter** · **höh|nisch**; _ste
hohn|lä|cheln *K 133 u. 363*; *meist nur im Inf u. Part I* (»hohnlächelnd«) *gebräuchlich* · **Hohn|lä|cheln** *K 101*, das, _s
hohn|la|chen *K 133*; jmdm. hohnlachen; du hohnlachtest *od* lachtest hohn (*K 112*); hohngelacht; hohnzulachen
hohn|spre|chen *K 133*; jmdm. hohnsprechen; das sprach jedem Empfinden hohn *K 112*; das hat jedem Empfinden hohngesprochen; hohnzusprechen
ho|ho! (*umg*)
hoi! [hɔy] (*umg*)
Hok|kai|do (nördlichste Hauptinsel Japans) ⟨*jap*⟩
Ho|kus|po|kus, der, _ (Taschenspielerei, Gaukelei; Zauberformel) ⟨*engl* → *ndrl*⟩
hold (*gehoben*)
Hol|der *od* **Hol|ler**, *österr nur so*, der, _s, _ (*landsch*; Holunder) · **Hol|der|baum** *od* **Hol|ler|baum**, *österr nur so* (*landsch*)
Hol|ding|ge|sell|schaft ['ho:l..] (*kap Wirtsch*; Gesellschaft zur monopolist. Beherrschung u. Kontrolle anderer Unternehmen) ⟨*engl*⟩
hol|drio! ['hɔl.. *od* ..dri'o:] (ein Ruf als Ausdruck der Freude) · **Hol|drio**: 1. ['hɔl.. *od* ..dri'o:], das, _s (ein Freudenruf) – 2. ['hɔl..], der, _[s], _[s] (*scherzh*; leichtsinniger, leichtlebiger Mensch)
hold|se|lig (*dicht*) · **Hold|se|lig|keit**, die, _ (*dicht*)
ho|len; _ lassen *K 141*
Holk ↑ Hulk
Hol|land (westl. Teil der Niederlande – *auch für* die Niederlande insgesamt) · **Hol|län|der**: 1. *K 231*: der, _s, _ (in Holland Geborener od. Wohnender, *auch* Bez. für Niederländer – *fachspr*; Papierzerkleinerungsmaschine – *veraltend*; Kinderfahrzeug); *K 258*: der Fliegende Holländer (Sagengestalt) – 2. *als Attribut K 232* · **Hol|län|de|rin**, die, _, ..innen · **hol|län|dern** *K 363* (*Buchw*; mit Klebrücken heften – *veraltend*; auf besondere Art Schlittschuh laufen) · **hol|län|disch**; *vgl. auch K 265ff.*; *K 238*: der _e Gulden (*Abk* hfl ⟨*nach ndrl* Hollands florijn [_ 'flo:rɛin] = holländ. Florin [↑ Florin]⟩)
¹**Hol|le**, die, _, _n (Federhaube [bei einigen Vögeln])
²**Hol|le** (Gestalt der dt. Sage); Frau _ (*Märchen*)
Höl|le, die, _, *Pl* (*selten*) _n ⟨*zu* hehlen⟩; jmdm. die _ heiß machen (*umg*)
Höl|len... (*umg verstärkend*; z. B. Höllenangst – *auch umg abwert*; z. B. Höllenbraten, Höllenbrut)
Höl|len|stein, der, _[e]s (Ätzmittel)
Holler usw. ↑ Holder usw.
Hol|le|rith|ma|schi|ne [..'rit.., *österr nur so, od* 'hɔ..] *K 209* (statist. Zähl- u. Addiermaschine) ⟨*nach* dem Erfinder⟩
höl|lisch
Hol|ly|wood ['hɔliwut *od* ..wud] (Filmstadt im W der USA) ⟨*engl*, ‚Stechpalmenwald'⟩. *Zus K 365ff.*: Hollywood‿schaukel usw.
¹**Holm**, der, _[e]s, _e (Längsstange des Barrens, der Leiter; Axtstiel)
²**Holm**, der, _[e]s, _e (*norddt*; kleine Insel)
Hol|mium, das, _s (chem. Element, Metall); *Zeichen* Ho ⟨*lat*, *nach* Holmia = Stockholm⟩
Ho|lo|caust ['hɔləkɔ:st], der, _[s], _[s] (Massenvernichtung, bes. der Juden während des Hitlerfaschismus) ⟨*grch* (‚ganz verbrannt') → *lat* → *engl*⟩
Ho|lo|gramm, das, _s, _e (*Opt*; durch Holographie erzeugtes Speicherbild) ⟨*grch*⟩ · **Ho|lo|gra|phie**, die, _ (*Opt*; Verfahren zur Bildübertragung, das die Interferenzfähigkeit kohärenten Lichtes nutzt) · **ho|lo|kri|stal|lin** (*Chem*; ganz kristallen) ⟨*grch* → *lat*⟩ · **Ho|lo|pha|ne|glas**, *Pl* ..gläser (*fachspr*; Riffelglas) ⟨*grch* → *engl*⟩ · **ho|lo|zän** (*Geol*) ⟨*grch* → *lat*⟩ · **Ho|lo|zän**, das, _s (*Geol*; jüngste Abteilung des Quartärs, erdgeschichtl. Gegenwart)
hol|pern *K 363* · **holp|rig** *K 362*
Hol|stein [..ʃt..] (Teil des Bundeslandes Schleswig-Holstein [BRD]) · **Hol|stei|ner**: 1. *K 231*: der, _s, _ *od* **Hol|ste** [..st..], der, _n, _n; 2. *als Attribut K 232* · **hol|stei|nisch** [..ʃt..]
hol|ter|die|pol|ter! [..di..]
hol|über! (Aufforderung an den Fährmann)
Ho|lun|der, der, _s, _ (ein Strauch); *K 258*: Schwarzer Holunder; *vgl. auch* Holder · **Ho|lun|der|bee|re**
Holz, das, _es, *Pl* Hölzer. *Zus K 365ff.*: Holz‿kohle usw. · **Holz|block**, *Pl* ..blöcke · **Hölz|chen** · **hol|zen** *K 354* (abholzen – *Sport umg*; roh spielen) · **Hol|zer** (*veraltet*; Holzarbeiter – *Sport umg*; roher Spieler [bes. beim Fußball]) · **Hol|ze|rei** (*umg abwert*; Prügelei – *Sport umg abwert*; regelwidriges, rohes Spiel) · **höl|zern** (aus Holz) · **hol|zig** · **Hol|zung** · **holz|ver|ar|bei|tend** *K 164*: die _e Industrie, *aber*: ein Holz verarbeitender Bastler
ho|me|risch *K 218* ⟨*nach* dem altgriech. Dichter Homer⟩; _es (schallendes) Gelächter · **Ho|me|risch** *K 217* (von dem altgriech. Dichter Homer herrührend); _e Gedichte
Home|rule ['ho:mru:l], die, _ (von den Iren geforderte, 1920 verwirklichte Selbstregierung Irlands) ⟨*engl*⟩ · **Home|ru|ler**, der, _s, _ (Verfechter des Homeruleprogramms) · **Home|spun** ['ho:mspan, *auch* ..spu:n], das, _s, _s (*Textilwirtsch*; genopptes, grobes Wollgewebe) ⟨‚Hausgesponnenes'⟩ · **Home|trai|ner** ['ho:mtre:nər], *eindeutschend* **Heim|trai|ner** (Übungsgerät für Rad- u. Freizeitsport)
Ho|mi|let, der, _en, _en (*Altertum u. Rel*; Kanzelredner) ⟨*grch*⟩ · **Ho|mi|le|tik**, die, _ (*Rel*; Predigtlehre) · **ho|mi|le|tisch** (*Rel*)
Ho|mi|ni|den *Pl* (*Biol*; die jetzt lebenden Menschen sowie ihre nächsten stammesgeschichtl. Vorfahren); *Sg* Ho|mi|ni|de, der, _n ⟨*grch* + *lat*⟩
ho|mo|gen (gleichartig; gleichmäßig zusammengesetzt) ⟨*grch*⟩ · **ho|mo|ge|ni|sie|ren** (*fachspr*; homogen machen, gut vermischen) ⟨*grch* → *lat*⟩ · **Ho|mo|ge|ni|tät**, die, _ · **ho|mo|log** (*fachspr*; gleichliegend; übereinstimmend; entsprechend)

⟨*grch*⟩ · **ho|mo|nom** (*Zool*; gleichartig, gleichwertig) · **hom|onym,** *älter* **hom|ony|misch** (*Sprachw*; gleichlautend; mehrdeutig, doppelsinnig) · **Hom|onym,** das, _s, _e (*Sprachw*; Wort, das mit einem anderen gleichlautend, aber in Bedeutung [u. Herkunft] verschieden ist; Rätselart)

Ho|möo|path, der, _en, _en (homöopathisch Behandelnder) ⟨*grch*⟩; *Ggs* Allopath · **Ho|möo|pa|thie,** die, _ (ein Heilverfahren); *Ggs* Allopathie · **ho|möo|pa|thisch;** *Ggs* allopathisch

ho|mo|phon (*Mus, Sprachw*) ⟨*grch*⟩ · **Ho|mo|pho|nie,** die, _ (*Mus*; Kompositionsart mit einer Melodie als Oberstimme)

Ho|mo sa|piens [_ ..pīɛns] *K 47*, der, *Gen* _ _ (der heute lebende Menschentypus) ⟨*lat*⟩

Ho|mo|se|xua|li|tät (geschlechtl. Hinneigung zum gleichen Geschlecht) ⟨*grch + lat*⟩; *Ggs* Heterosexualität · **ho|mo|se|xu|ell;** *Ggs* heterosexuell · **ho|mo|zy|got** (*Genetik*; reinerbig) ⟨*grch*⟩

Ho|mun|ku|lus, der, _, *Pl* ..usse *od* ..li (*mittelalterl Sage*; künstlich [alchimistisch] geschaffener kleiner Mensch) ⟨*lat*⟩

Ho|nan, *neuere Schreibung* **He|nan** [xə'nan] (Provinz im O Chinas) ⟨*chin*, ‚südlich des Flusses', d. h. des Huanghe⟩ · **Ho|nan|sei|de** *K 246* (chines. Rohseide)

Hondo ↑ Honschu

Hon|du|ra|ner, der, _s, _ · **hon|du|ra|nisch** · **Hon|du|ras,** *amtl* **Re|pu|blik Hon|du|ras** (in Mittelamerika)

ho|nen (*Techn*; ziehschleifen, [Bohrungen] sehr fein schleifen) ⟨*engl*⟩

ho|nett (anständig, ehrenhaft) ⟨*lat → frz*⟩

Hong|kong (brit. Kolonie an der Südküste Chinas) ⟨*südchin*, ‚Dufthafen'⟩ · **Hong|kon|ger,** der, _s, _ · **hong|kon|gisch**

Ho|nig, der, _s, _e. *Zus K 365ff.*: Honig‿biene usw.

Hon|neurs [(h)ɔ'nø:rs] *Pl* (*veraltet*; Ehrenerweisungen) ⟨*lat → frz*⟩; *meist in* [jmdm.] die _ machen (*gehoben od scherzh*; jmdn. willkommen heißen)

Ho|no|lu|lu (Hauptstadt des USA-Staates Hawaii)

Ho|no|rar, das, _s, _e (Bezahlung [für freiberufl. Arbeit]) ⟨*lat*, ‚Ehrensold'⟩. *Zus K 365ff.*: Honorar‿anweisung usw. · **Ho|no|ra|tio|ren** *Pl* (*noch gehoben*; Kreis einflußreicher Personen in einem [kleinen] Ort – *österr*; Personen, die eine höhere öffentl. Stellung innehaben) · **ho|no|rie|ren** (bezahlen; vergüten) · **ho|no|ris cau|sa** (ehrenhalber); *Abk.* h. c.

Hon|schu *od* **Hon|shu** [..ʃu:], *älter* **Hon|do** (Hauptinsel Japans)

Hoorn, Kap ↑ Kap Hoorn

· **Ho|peh,** *neuere Schreibung* **He|bei** [*beide* xə'bɛī] (Provinz im O Chinas) ⟨*chin*, ‚nördlich des Flusses', d. h. des Huanghe⟩

hop|fen (*fachspr*; Hopfen zusetzen) · **Hop|fen,** der, _s, _ (windende Pflanze; daraus gewonnene Bierwürze). *Zus K 365ff.*: Hopfen‿stange usw.

hopp!; hopp, hopp!; *vgl. auch* hopphopp! · **hop|peln** *K 363* · **Hop|pel|pop|pel,** das, _s, _ (*landsch*; ein Mischgericht; heißer Punsch) · **hopp|hopp!;** *vgl. auch* hopp! · **hop|la!** · **hops** ⟨*zu* hopsen⟩: 1. hops! – 2. hops sein (*umg*; verschwunden, verloren sein); *vgl. aber* hopsgehen · **Hops,** der, _es, _e (*umg*) · **hop|sa!** (*kinderspr*) · **hop|sa|sa!** *od* **hop|sas|sa!** (*kinderspr*) · **hop|sen** *K 354* (*umg*) · **Hop|ser,** der, _s, _ (*umg*; kleiner Sprung) · **hops|ge|hen** *K 140 u. 363* (*umg*; verlorengehen – *salopp*; umkommen)

hora ↑ h *im Verzeichnis der Abkürzungen*

Ho|ra, die, _, ..ren (*kath Kirche*; Stundengebet) – **Ho|ren** *Pl* (die acht kanonischen Tagzeiten mit dem kirchl. Stundengebet) ⟨*grch → lat*⟩; *vgl. auch* Horen

Hör|ap|pa|rat · **hör|bar** · **Hör|bar|keit,** die, _ · **Hör|be|richt** · **hor|chen;** horch! · **Hor|cher** (*oft abwert*) · **Horch‿ge|rät, ...po|sten**

[1]**Hor|de,** die, _, _n (*landsch*; Flechtwerk; Lattengestell; Rost, Sieb zum Dörren [von Obst usw.]; Pferch) ⟨*zu* Hürde⟩

[2]**Hor|de,** die, _, _n (*oft abwert*; Gruppe, wilde Schar) ⟨*lat → türk → slaw*⟩; *vgl. auch K 387* · **hor|den|wei|se** *K 176*

Ho|ren *Pl*: 1. ↑ Hora – 2. (*griech Mythol*; drei Göttinnen der Ordnung bzw. der Jahreszeiten)

hö|ren; er hat es erst heute früh gehört, *aber K 361*: er hat etwas läuten hören · **Hö|ren|sa|gen,** das; *nur in Wendungen wie* er weiß es vom _ · **hö|rens|wert** · **Hö|rer** · **Hö|rer|schaft,** die, _ · **Hör‿fol|ge, ...funk, ...gerät** · **hör|ge|schä|digt** · **hö|rig** (abhängig – *hist*; unfrei) · **Hö|ri|ge,** der *u.* die, _n, _n *K 341* · **Hö|rig|keit,** die, _

Ho|ri|zont, der, _[e]s, _e (Sichtgrenze; Gesichtskreis [*auch übertr*] – *Astron*; der den Himmel gegen die Erde begrenzende Kreis) ⟨*grch → lat*⟩ · **ho|ri|zon|tal** (waagerecht); *Ggs* vertikal · **Ho|ri|zon|ta|le,** die, _[n], _n; zwei _[n] *K 343*; *Ggs* Vertikale · **Ho|ri|zon|tal|pen|del**

Hor|mon, das, _s, _e (Drüsenwirkstoff) ⟨*grch*⟩. *Zus K 365ff.*: Hormon‿präparat usw. · **hor|mo|nal** *od* **hor|mo|nell** ⟨*grch → lat*⟩

Horn, das, _[e]s, *Pl* Hörner *u.* (*Hornarten*:) Horne · **Horn|blen|de,** die, _, _n (*Mineral*; ein Amphibol) · **Horn|bril|le** · **Hörn|chen** · **Hörndl|bau|er** (*österr*; Bauer, der Hornvieh züchtet) · **hör|nen** (das Gehörn abwerfen) · **hör|nern,** *älter* **hor|nen** (aus Horn; mit einer Hornhaut versehen) · **Hör|ner‿schall, ...schlit|ten** · **Horn|haut** · **hor|nig**

Hor|nis|se [..'nisə, *auch* 'hɔr..], die, _, _n (eine Wespenart) · **Hor|nis|sen|nest**

Hor|nist (Hornbläser) ⟨*dt + f. E.*⟩ · **Horn|si|gnal**

Hor|nung, der, _s, _e (*veraltet*; Februar)

Horn|vieh

Ho|ro|skop, das, _s, _e (*Astrol*; Schema der Konstellation der Gestirne zu einem bestimmten Zeitpunkt) ⟨*grch*, ‚Stundenseher'⟩

hor|rend (ungeheuer, übermäßig [hoch, viel] – *veraltet*; schrecklich) ⟨*lat*⟩

hor|ri|do! (Jagdruf) ⟨*aus* ho, Rüde, ho!⟩ · **Hor|ri|do,** das, _s, _s

Hör|rohr

Hor|ror, der, _s (Schauder; Abscheu, Entsetzen) ⟨*lat*⟩

Hör|saal

hors con|cours [ɔr kɔ̃'ku:r] (»außer Wettbewerb«) ⟨*frz*⟩ · **Hors|d'œuvre** [o:r'dø:vər *od* ɔr'dœ:vr(ə)], das, _s [..vər(s)], _s [..vər(s)] (*Kochk*; [appetitanregende] Vorspeise, Nebengericht)

Hör|sel, die, _ (Fluß im SW der DDR) · **Hör|sel|ber|ge** *Pl*

Hör|spiel

Horst: 1. (m. Vn.) ⟨‚[der im] Dikkicht [Lebende]'⟩ – 2. der, _es, _e (Greifvogelnest) · **hor|sten** (*von Greifvögeln gesagt*; nisten)

Hort, der, _[e]s, _e (*auch kurz für* Schulhort)

hört!; hört, hört!

hor|ten ([Geld usw.] aufhäufen)

Hor|ten|sie [..ĭə], die, _, _n (eine Zierpflanze) ⟨*lat*, *nach* dem Namen der Begleiterin des französ. Naturforschers Commerson [kɔmɛr'sɔ̃:]⟩

Hort|er|zie|he|rin *od* **Hort|ne|rin,** die, _, ..innen (Erzieherin im Schulhort)

Hört|hört|ruf

Hort|klas|se

Hor|to|bágy ['hortoba:tç], die, _ (Pußtalandsch. im O Ungarns)

ho ruck! ↑ hau ruck!
Hör|wei|te; in ⌣
Hös|chen · **Ho|se,** die, ⌣, *Pl* ⌣n, *auch in der Bedeutung des Sg gebraucht*; ein Paar Hosen · **Ho|senan|zug** · **Ho|sen|band,** das, *Pl* ..bänder · **Ho|sen|band|or|den** (engl. Orden) · **Ho|sen⌣matz** (*umg scherzh*), ...**naht** · **Ho|sen|trä|ger,** *meist Pl*; ein Paar Hosenträger
ho|sian|na! (*Rel*; Gebets-, Bittruf) ⟨*hebr*, ‚hilf doch!'⟩ · **Ho|sian|na,** das, ⌣s, ⌣s (*Rel*)
Ho|spi|tal[1], das, ⌣s, *Pl* ⌣e *od* ..äler (*veraltet u. schweiz*; Krankenhaus) ⟨*lat*⟩ · **Ho|spi|tant**[1] (Gast, Gasthörer einer Hochschule od. Schule) · **Ho|spi|ta|tion**[1] · **ho|spi|tie|ren**[1] (als Gast hören) · **Ho|spiz**[1], das, ⌣es, ⌣e (christl. Fremdenheim)
Ho|stess *od* **Ho|steß** [..'stɛs *od* 'hɔs..], die, ⌣, ..essen (sprachkundige Betreuerin, z. B. auf Flugplätzen, Ausstellungen u. in Hotels) ⟨*engl*⟩
Ho|stie [..ĭə], die, ⌣, ⌣n (*christl Rel*; das Abendmahlsbrot) ⟨*lat*, ‚Opfertier'⟩
Hot [hɔt], der, ⌣s, ⌣s (stark rhythmisch betonte Jazzmusik) ⟨*engl*⟩
Ho|tel, das, ⌣s, ⌣s ⟨*lat* → *frz*⟩. *Zus K 365ff.*: Hotel⌣halle usw. · **Ho|telier** [..tɛ'lie:], der, ⌣s, ⌣s (Besitzer, Leiter eines Hotels) · **Ho|tel|lei|ter,** der · **Ho|tel|le|rie,** die, ⌣ (*bes schweiz*; Gast-, Hotelgewerbe)
hott! (*Zuruf an Zugtiere* nach rechts!; vorwärts!, anziehen!); ⌣ und har!; ⌣ und hü!; ⌣ und hüst!
Hot|te, die, ⌣, ⌣n (*südwestdt*; Butte, Tragkorb)
hot|te|hü! (*Zuruf an Zugtiere* voran!) · **Hot|te|hü,** das, ⌣s, ⌣[s] (*kinderspr*; Pferd)
Hot|ten|tot|te, der, ⌣n, ⌣n (Angehöriger eines Volkes im SW Afrikas) ⟨*afrikaans*⟩ · **hot|ten|tot|tisch**
Hot|to, das, ⌣s, ⌣s (*kinderspr*; Pferd)
Hoy|ers|wer|da [hɔy..] (Stadt im Bez. Cottbus)
Hrad|schin, der, ⌣s (Burg in Prag) ⟨*tschech* Hradčany ['hratʃani] ‚Burgbezirk'⟩
hu!; huhu!
hü! (*Zuruf an Zugtiere* vorwärts!, anziehen!; nach links!); *vgl.* har!, hott!, hüst!
Huang|he *od* **Huang He,** *frühere Schreibung* **Hwang|ho** [*alle* xŭaŋ'xə], der, ⌣ (Strom in China) ⟨*chin*, ‚gelber Fluß'⟩
Hub, der, ⌣[e]s, *Pl* Hübe (*Techn*; Bewegungslänge eines Kolbens usw.). *Zus K 365ff.*: Hub⌣höhe usw. · **Hub|brücke** [*Tr* ...brük|ke] (Brücke, deren Verkehrsbahn gehoben werden kann)
Hube ↑ Hufe
Hu|bei, *frühere Schreibung* **Hu|peh** [*beide* xu:'bɛĭ] (Provinz im O Chinas) ⟨*chin*, ‚nördl. des Sees'⟩
Hü|bel, der, ⌣s, ⌣ (*landsch, bes süddt*; kleine Erhöhung, Hügel)
hü|ben; ⌣ und drüben
Huber ↑ Hufner
Hu|bert (m. Vn.) ⟨‚Verstand' + ‚glänzend'⟩ · **Hu|ber|tus|burg** (ein Schloß im Bez. Leipzig) · **Hu|bertus|man|tel** (*österr*; Lodenmantel)
Hübner ↑ Hufner
Hub|raum (*Techn*)
hübsch; ⌣[e]ste ⟨‚höfisch'⟩
Hub|schrau|ber, der, ⌣s, ⌣ · **Hubtisch** · **Hub|vo|lu|men** [..v..] (*Techn*; Hubraum)
huch!
Hu|chen, der, ⌣s, ⌣ (ein Raubfisch)
Hucke[1], die, ⌣, ⌣n (*landsch*; Rückentrage, auf dem Rücken getragene Last); jmdm. die ⌣ voll lügen (*salopp*) · **hucken**[1] (*landsch*) · **hucke|pack**[1] (*umg*); ⌣ tragen
Hu|del, der, ⌣s, ⌣[n] (*landsch*; Lappen, Lumpen – *noch landsch*; Lump) · **Hu|de|lei** (*noch landsch*) · **hu|de|lig** *K 362* (*noch landsch*) · **hu|deln** *K 363* (*noch landsch*; nachlässig sein od. handeln)
hu|dern (*landsch, von Vögeln gesagt*; die Jungen unter die Flügel nehmen); sich (*Akk*) ⌣ (*landsch, von Vögeln gesagt*; im Sand baden)
Hud|son|bai ['hads(ə)n..], die, ⌣ (Binnenmeer im NO Nordamerikas) ⟨*nach* dem engl. Seefahrer⟩
huf! (*Zuruf an Zugtiere, landsch*; zurück!)
Huf, der, ⌣[e]s, ⌣e. *Zus K 365ff.*: Huf⌣beschlag usw.
Hu|fe, *süddt, österr* **Hu|be,** die, ⌣, ⌣n (*hist*; altes dt. Landmaß verschiedener Größe – *veraltet*; Landbesitz, Acker)
Huf|ei|sen · **huf|ei|sen|för|mig**
Huf|lat|tich, der, ⌣[e]s, ⌣e (eine Arzneipflanze, Korbblütler) ⟨*grch* → *lat, an* Lattich *angelehnt*⟩
Huf|ner *od* **Hüf|ner,** *süddt, österr* **Hu|ber** *od* **Hüb|ner,** der, ⌣s, ⌣ (Besitzer einer Hufe)
Hüf|te, die, ⌣, ⌣n · **Hüft|ge|lenk**
Huf|tier
Hüft⌣kno|chen, ... lei|den
Hü|gel, der, ⌣s, ⌣ · **hü|ge|lig** *K 362* · **Hü|gel|land,** *Pl* ..länder
Hu|ge|not|te, der, ⌣n, ⌣n (französ. Reformierter) ⟨*frz*, ‚Eidgenosse'⟩ · **hu|ge|not|tisch**
Hughes|ap|pa|rat ['hju:s..] *K 209* (erster Drucktelegrafenapparat) ⟨*nach* dem engl. Physiker⟩
Hu|go (m. Vn.) ⟨‚der Kluge' u. *Kurzf der mit* Hug... (‚Verstand') *gebildeten männl Vornamen*⟩
Huhn, das, ⌣[e]s, *Pl* Hühner. *Zus K 365ff.*: Hühner⌣auge usw. · **Hühn|chen,** *Pl* ⌣ *od* Hühnerchen · **Hüh|ner|gott,** *Pl* ..götter (Lochstein als Amulett)
hu|hu! (*umg*)
hui!, *aber K 104*: im Hui, in einem Hui (*umg*)
Hu|ka, die, ⌣s, ⌣s (ind. Wasserpfeife) ⟨*arab* → *Hind*⟩
Huld, die, ⌣ (*noch gehoben*) ⟨*zu* hold⟩ · **hul|di|gen** (*gehoben*) · **Huldi|gung** (*gehoben*) · **huld|voll** (*noch gehoben*)
Hulk *od* **Holk,** der, ⌣[e]s, *Pl* ⌣e *bzw* ⌣en *od* die, ⌣, ⌣en (*Seew*; abgetakelter, für seemänn. Zwecke unbrauchbarer Schiffskörper) ⟨*grch* → *lat*⟩
Hül|le, die, ⌣, ⌣n ⟨*zu* hehlen⟩ · **hüllen** (*gehoben*); sich (*Akk*) in etw. ⌣ · **hül|len|los;** *vgl.* ...los · **Hüllwort,** *Pl* ..wörter (*Stilistik*)
Hul|ly-Gul|ly ['hali'gali], der, ⌣s (ein Modetanz) ⟨*engl*⟩
Hüls|chen · **Hül|se,** die, ⌣, ⌣n (Kapsel, Kapselfrucht) · **hül|sen** *K 354* · **Hül|sen|frucht** · **Hül|sen|früchtler** *Pl* (*Bot*); *Sg* Hül|sen|frücht|ler, der, ⌣s · **hül|sig**
hu|man (menschlich; menschenfreundlich; eines Menschen würdig) ⟨*lat*⟩ · **hu|ma|ni|sie|ren** (gesittet, menschlich machen; bilden; vermenschlichen) · **Hu|ma|nismus,** der, ⌣ (kulturelle Bewegung im Zeitalter der Renaissance – *auch für* Humanität); *K 119*: sozialistischer ⌣ · **Hu|ma|nist** (Vertreter des Humanismus – *veraltend*; Kenner der alten Sprachen) · **hu|ma|nistisch** (auf dem Humanismus fußend) · **hu|ma|ni|tär** (menschenfreundlich; wohltätig) · **Hu|ma|nität,** die, ⌣ (edle Menschlichkeit; Prinzip menschenwürdigen Denkens u. Handelns) · **Hu|man|medi|zin,** die, ⌣
Hum|boldt-Uni|ver|si|tät [..v..] *K 264*, die, ⌣ ⟨*nach* dem Gelehrten u. Staatsmann Wilhelm von Humboldt⟩
Hum|bug, der, ⌣s (*umg abwert*; Schwindel; Unsinn) ⟨*engl*⟩
hu|mid (*Geogr*; feucht, naß) ⟨*lat*⟩ · **Hu|mi|di|tät,** die, ⌣ (*Geogr*)
Hu|mi|fi|ka|tion, die, ⌣ (*Biol*; Vermoderung; Humusbildung) ⟨*lat*⟩ · **hu|mi|fi|zie|ren** (*Biol*)
Hum|mel, die, ⌣, ⌣n (eine Bienenart) ⟨*lautm*⟩
Hum|mer, der, ⌣s, ⌣ (ein Krebs)

---
[1] *Tr auch* Hos|pi.. *bzw* hos|pi..

[1] *Tr* ..k|k..

⟨anord⟩. *Zus K 365ff.*: Hummer‿salat usw.

Hu|mor, der, _s, *Pl* (*selten*) _e (heitere seelische Grundhaltung; gute Laune) ⟨*lat* → *frz* → *engl*⟩ · **Hu|mo|res|ke,** die, _, _n (kurze heitere Erzählung; Musikstück heiteren Charakters) · **hu|mo|rig** (launig, mit Humor) · **Hu|mo|rist** · **hu|mo|ri|stisch;** _ste · **hu|mor|los** *K 349*; *vgl.* ...los · **hu|mor|voll**

hu|mos (*Biol*; reich an Humus) ⟨*lat*⟩; _er Boden

Hum|pe|lei, die, _ (*umg*) · **hum|peln** *K 363* (*umg*)

Hum|pen, der, _s, _

Hu|mus, der, _ (oberste, dunkle, an organ. Substanz reiche Bodenschicht) ⟨*lat*⟩. *Zus K 365ff.*: Humus‿boden usw. · **hu|mus|reich**

Hund, der, _[e]s, _e (*auch bergm*; Förderwagen); *K 258*: der Große _, der Kleine _ (Sternbilder); *vgl. auch* Hunt · **Hünd|chen** · **Hun|de|hüt|te** · **hun|de|kalt** (*umg*; bitterkalt) · **Hun|de|käl|te** (*umg*) · **Hun|de|ku|chen** · **hun|de|mü|de,** *auch* **hunds|mü|de** (*umg*; sehr müde)

hun|dert (*als römisches Zahlzeichen* C [*für lat* Centum]; *vgl. K 291*)

1. *als bestimmtes Numerale* (= 100): hundert Menschen; an die hundert Menschen; der vierte Teil von hundert; vier [Stück] von hundert [Stück]

2. *als unbestimmtes Numerale* (= viel): hundert Grüße; einige hundert Menschen; ein paar hundert Zuschauer; viel[e] hundert Menschen; mehrere hundert Menschen; *vgl. aber* Hundert

Hun|dert: 1. die, _, _en (Zahl) – 2. das, _s, _ (Maßangabe von 100 Einheiten); ein halbes Hundert; einige Hundert Zigarren (d. h. einige Packungen von je 100 Stück); vom Hundert (*Abk* vH *od* v. H.; *Zeichen* %), z. B. vier vom Hundert – 3. das, _s, *Pl* _e, *auch* _, *meist Pl* (allgemeiner Sammelbegriff – *als Pl* eine unbestimmte Zahl von Hunderten); einige, viele Hunderte; einige, ein paar Hundert (*vgl. auch* hundert [2]; Hunderte von Menschen; Hunderte begeisterter Menschen; Hunderte und aber Hunderte, *österr* Hunderte und Aberhunderte; in die Hunderte gehen; unter Hunderten nicht einen finden; zu Hunderten

hun|dert|ein *od* **hun|dert|und|ein** *K 282*; hunderteine *od* hundertundeine Seite *bzw* hundertein *od* hundertundein Seiten; mit hunderteiner *od* hundertundeiner Seite *bzw* mit hundertein *od* hundertundein Seiten · **hun|dert|eins** *od* **hun|dert|und|eins** *K 282*

Hun|der|ter, der, _s, _ (eine der Zahlen von 100 bis 900, die durch 100 teilbar ist; die drittletzte Ziffer [vor dem Komma] in einer mehrstelligen Zahl – *umg*; Hundertmarkschein)

hun|der|ter|lei (*umg*) · **hun|dert|fach**[1] · **Hun|dert|fa|che**[1], das, _n *K 341*; *vgl.* Achtfache · **Hun|dert|jahr|fei|er** (*mit Ziffern K 285* 100-Jahr-Feier) · **hun|dert|jäh|rig**[1]; *K 258*: der Hundertjährige Kalender; *vgl.* ...jährig · **hun|dert|mal**[1]; viele hundertmal *od* vielhundertmal *K 176*, *aber K 175*: viel[e] hundert Male · **hun|dert‿ma|lig**[1], **...pro|zen|tig**[1] · **Hun|dert|satz,** *auch* **Vom|hun|dert|satz** (Prozentsatz) · **Hun|dert|schaft** · **hun|dert|ste;** das hundertste Tausend, *aber K 100*: das weiß der Hundertste nicht, vom Hundertsten ins Tausendste kommen

hun|dert|stel (*mit Ziffern* $^1/_{100}$); *K 288f.*: ein hundertstel Gramm Radium *od* ein Hundertstelgramm Radium; auf hundertstel Millimeter *od* auf [das] Hundertstelmillimeter genau einstellen · **Hun|dert|stel,** das (*schweiz meist* der), _s, _; *vgl.* Achtel · **hun|dert|stens** · **hun|dert|tau|send;** *vgl.* tausend (1) · **Hun|dert|tau|send:** 1. die, _, _en (Zahl) – 2. das, _s, *Pl* _e, *auch* _, *meist Pl* (allgemeiner Sammelbegriff – *als Pl* eine unbestimmte Zahl von Hunderttausenden); Hunderttausende von Menschen, Hunderttausende werktätiger Menschen, einige Hunderttausend[e] werktätiger Menschen · **hundertundein** ↑ hundertein · **hundertundeins** ↑ hunderteins

Hun|de|steu|er, die · **Hun|de|wa|che** (*seem*; Wache von 0 bis 4 Uhr) · **Hun|de|wet|ter,** das, _s (*umg*; sehr schlechtes Wetter) · **Hün|din,** die, _, ..innen · **hün|disch;** _ste

Hun|dred|weight ['handrədwe:t], das, _, *Pl* _s *u. bei Maßangabe* (*K 308*) Hundredweight (Einheit der Masse in Großbritannien u. in den USA); *Einheitenzeichen* cwt (= centweight ['sɛntwe:t]) ⟨*engl*⟩

Hunds|fott, der, _[e]s, *Pl* _e *od* ..fötter (*derb abwert*; gemeiner Kerl, Schurke) · **hunds|föt|tisch** (*derb abwert*) · **hundsmüde** ↑ hundemüde · **Hunds|ro|se** · **Hunds|ta|ge** *Pl* (vom 24. Juli bis zum 23. August)

[1] *Mit Ziffern vgl. K 284.*

Hü|ne, der, _n, _n (*zu* Hunne). *Zus K 365ff.*: Hünen‿grab usw. · **hü|nen|haft**

Hun|ger, der, _s; vor Hunger sterben, *gehoben* Hungers sterben · **Hun|ger|kur** · **Hun|ger|lei|der** (*umg*; armer Schlucker) · **hun|gern** *K 363*; mich hungert (*gehoben*) · **Hun|gers|not** · **Hun|ger|tuch,** *Pl* ..tücher (Fastentuch); *meist in* am _ nagen (*umg scherzh*; hungern; eingeschränkt leben [müssen]) · **hung|rig**

Hun|ne, der, _n, _n (*Altertum*; Angehöriger eines nomadisierenden Turkvolkes) · **Hun|nen|zug** (*Altertum*) · **hun|nisch**

Huns|rück, der, _s (Teil des Rhein. Schiefergebirges in der BRD) (‚hoher Rücken') · **Huns|rücker** [*Tr* ...rük|ker]: 1. *K 231*: der, _s, _; 2. *als Attribut K 232*

Hunt, der, _[e]s, _e (*bergm*; Förderwagen), *dafür besser* Hund

Hun|ter ['hantər], der, _s, _ (*Reitsp u. weidm*; Jagdpferd, -hund) ⟨*engl*⟩

Hu|pe, die, _, _n (Signalhorn)

Hu|peh, *neuere Schreibung* **Hu|bei** [*beide* xu:'bɛɪ] (Provinz im O Chinas) ⟨*chin*, ‚nördlich des Sees'⟩

hu|pen

Hupf, der, _[e]s, _e (*noch landsch*; kleiner Sprung) · **hup|fen** (*noch süddt, österr*; hüpfen); gehupft wie gesprungen (*umg*; gleich) · **hüp|fen** · **Hüp|fer,** *süddt, österr* **Hup|fer** (kleiner Sprung) · **Hüp|fer|ling** (ein kleines Krebstier) · **hup|pen** (*landsch*; hüpfen); gehuppt wie gesprungen (*umg*; gleich)

Hur|de, die, _, _n (Flechtwerk – *südwestdt, schweiz*; Obstbehälter, -ständer) · **Hür|de,** die, _, _n ([von] Flechtwerk [eingeschlossener Raum]; Hindernis); *vgl.* [1]Horde. *Zus K 365ff.*: Hürden‿lauf usw.

Hu|re, die, _, _n (*abwert*) · **hu|ren** (*salopp abwert*) · **Hu|ren|kind** (*Polygr veraltet*; freistehende Endzeile) · **Hu|re|rei** (*salopp abwert*)

Hu|ri, die, _, _s (schönes Mädchen im Paradies des Islams) ⟨*arab*⟩

Hu|ro|ne, der, _n, _n (Angehöriger eines zur irokes. Sprachfamilie gehörenden Indianerstammes in Nordamerika) · **hu|ro|nisch** · **Hu|ron|see** *K 246*, der, _s (in Nordamerika)

hur|ra! [..'ra: *od* 'hu..] (*zu mhd* hurren, ‚laufen', ‚eilen'); hurra schreien · **Hur|ra,** das, _s, *Pl* _s *od* Hurrarufe. *Zus K 365ff.*: Hurra‿ruf usw.

Hur|ri|kan [*od* 'harikən], der, _s, *Pl* _e [..'ka:nə] *od* _s ['harikəns] (Wirbelsturm im nordatlant. u. karibischen Raum) ⟨*indian* → *span* → *engl*⟩

hur|tig (*landsch*) ⟨*germ* → *frz*⟩ · **Hur|tig|keit,** die, _ (*landsch*)
Hu|sar, der, _en, _en (*hist*; Angehöriger einer leichten Reitertruppe) ⟨*lat* → *serbokr* → *ung*⟩. *Zus K 365ff.*: Husaren‿stückchen usw.
husch! (*umg*) ⟨*lautm*⟩; husch, husch! · **Husch,** der, _es, _e (*umg*); *fast nur noch in* auf einen _ besuchen; im _ (rasch) · **Hu|sche,** die, _, _n (*obersächs u. thüring*; [plötzlicher] Regenschauer) · **hu|scheln** *K 363* (*landsch*; eilfertig, *auch* ungenau arbeiten); sich (*Akk*) _ (*landsch*; sich in einen Mantel usw. wickeln) · **hu|schen** *K 354*
hus|sa!
Hus|sit, der, _en, _en (*hist*; Anhänger des tschech. Reformators Hus) · **Hus|si|ten|krieg** (*hist*)
hüst! (*Zuruf an Zugtiere* nach links!); *vgl.* har!, hott!, hü!
hü|steln *K 363* · **hu|sten** · **Hu|sten,** der, _s. *Zus K 365ff.*: Husten‿tropfen usw.
Hut: 1. der, _[e]s, *Pl* Hüte (eine Kopfbedeckung) – 2. die, _ (*gehoben*); auf der _ sein · **Hut|band,** das, *Pl* ..bänder · **Hüt|chen** · **Hü|te|jun|ge,** der · **hü|ten** · **Hü|ter** (*gehoben*)
Hut|sche, die, _, _n (*süddt u. österr umg*; Schaukel)
Hütt|chen · **Hüt|te,** die, _, _n · **Hüt|ten|kun|de,** die, _ (*Techn*) · **Hütt|ner,** der, _s, _ (*landsch*; Kleinbauer, Häusler)
Hu|tung (*Landw*; ertragsarme, extensiv genutzte Weide zum Hüten) · **Hut|wei|de** (*Landw*; Weide, auf der Vieh gehütet wird)
Hut|zel, die, _, _n (*landsch*; Schnitte, Schnitzel von gedörrtem Obst) · **Hut|zel|brot** (*landsch*; mit Hutzeln gebackenes Brot, Festgebäck) · **hut|ze|lig** *K 362* (*umg*; dürr, welk, schrumplig, runzlig; alt) · **Hut|zel|männ|chen** (*Märchen*; Heinzelmännchen) · **hut|zeln** *K 363* (*landsch*; [etw.] dörren; einschrumpfen, runzlig werden)
Hwang|ho, *neuere Schreibung* **Huang|he** *od* **Huang He** [*alle* xŭaŋ'xə], der, _ (Strom in China) ⟨*chin*, ‚gelber Fluß'⟩
Hya|den Pl (*griech Sage*; unter die Sterne versetzte Töchter des [1]Atlas [1] – *Astron*; Sternhaufen im Sternbild Stier) ⟨*grch*, ‚Regensterne'⟩
Hyä|ne, die, _, _n (ein Raubtier) ⟨*grch* → *lat*⟩
Hya|zinth, der, _[e]s, _e (*Mineral*; ein Edelstein) ⟨*grch* → *lat*⟩ · **Hya|zin|the,** die, _, _n (eine Zierpflanze, Liliengewächs) · **Hya|zin|then|zwie|bel**
hy|brid (*Biol*; von zweierlei Abkunft, zwitterhaft) ⟨*lat*⟩ · **Hy|bri|de,** die, _, _n, *auch* der, _n, _n *K 342* ⟨*Biol*; pflanzlicher od. tierischer Bastard) · **Hy|bri|di|sa|tion** (*Biol*; Bastardierung) · **hy|bri|di|sie|ren** (*Biol*; kreuzen) · **Hy|brid|züch|tung** (*Biol*)
Hy|bris, die, _ (frevelhafter Übermut) ⟨*grch*⟩
hy|da|to|gen (*Geol*; unter Mitwirkung von Wasser entstanden) ⟨*grch*⟩
Hyde|park ['hait..], der, _[e]s (in London)
Hyderabad ↑ Haidarabad
Hy|dra: 1. die, _ (*griech Sage*; neunköpfige Wasserschlange) – 2. die, _ (ein Sternbild) – 3. die, _, ..ren (ein Süßwasserpolyp) ⟨*grch*, ‚Wasserschlange'⟩ · **Hy|drant,** der, _en, _en (Wasserentnahmestelle [auf der Straße]) ⟨*grch* → *lat*⟩ · **Hy|drar|gy|rum,** das, _s (Quecksilber); *Zeichen* Hg ⟨*grch* → *lat*, ‚Wassersilber'⟩ · **Hy|drat,** das, _[e]s, _e (*Chem*; Verbindung chem. Stoffe mit Wasser) · **Hy|dra|ta|tion** (*Chem*; Bildung von Hydraten) · **hy|dra|ti|sie|ren** (*Chem*; Hydrate bilden) · **Hy|drau|lik,** die, _ (*Phys*; Lehre von der techn. Anwendung strömender Flüssigkeiten) ⟨*grch*⟩ · **hy|drau|lisch** (auf Flüssigkeitsdruck beruhend, mit Flüssigkeitsdruck betrieben); die _e Presse · **hy|drie|ren** (*Chem*; Wasserstoff anlagern) · **Hy|drier‿ver|fah|ren** (*Chem*), **...werk**
Hy|dro|dy|na|mik, die, _ (*Phys*; Lehre von den strömenden Flüssigkeiten u. Gasen) ⟨*grch*⟩ · **hy|dro|dy|na|misch** (*Phys*)
Hy|dro|ge|nium, das, _s (Wasserstoff); *Zeichen* H ⟨*grch* → *lat*⟩ · **Hy|dro|gen|kar|bo|nat** ⟨*grch* + *lat*⟩, *auch* **Bi|kar|bo|nat** ⟨*lat*⟩, das, _[e]s, _e (*Chem*; ein doppeltkohlensaures Salz)
Hy|dro|gra|phie, die, _ (Gewässerkunde der Flüsse u. der Seen) ⟨*grch*⟩ · **hy|dro|gra|phisch**
Hydrokultur ↑ Hydroponik
Hy|dro|lo|ge, der, _n, _n (Wissenschaftler auf dem Gebiet der Hydrologie) ⟨*grch*⟩ · **Hy|dro|lo|gie,** die, _ (allg. Gewässerkunde des Festlandes) · **hy|dro|lo|gisch**
Hy|dro|ly|se, die, _ (*Chem*; Spaltung chem. Verbindungen durch Wasseraufnahme) ⟨*grch*⟩ · **hy|dro|ly|tisch** (*Chem*)
Hy|dro|me|cha|nik [..ç..], die, _ (*Phys*; Zusammenfassung von Hydrodynamik u. Hydrostatik) ⟨*grch*⟩ · **hy|dro|me|cha|nisch** (*Phys*)
Hy|dro|me|ter, das, (*Phys*; Gerät zur Messung der Durchflußmenge von Flüssigkeiten in Rohren) ⟨*grch*⟩ · **hy|dro|me|trisch** (*Phys*)
Hy|dro|po|nik ⟨*grch*⟩ *od* **Hy|dro|kul|tur** ⟨*grch* + *lat*⟩, die, _ (*Gartenb*; Wasserkultur, Aufzucht von Pflanzen in Nährlösungen) · **hy|dro|po|nisch** (*Gartenb*) ⟨*grch*⟩
Hy|dro|sphä|re, die, _ (*Geol*; die Wasserhülle der Erde) ⟨*grch*⟩
Hy|dro|sta|tik, die, _ (*Phys*; Lehre von den ruhenden Flüssigkeiten) ⟨*grch*⟩ · **hy|dro|sta|tisch** (*Phys*); _e Waage (Waage zur Messung des Auftriebs)
Hy|dro|tech|nik [..ç..], die, _ (Technik des Wasserbaus) ⟨*grch*⟩
hy|dro|the|ra|peu|tisch (*Med*) ⟨*grch*⟩ · **Hy|dro|the|ra|pie,** die, _ (*Med*; Wasserheilverfahren)
Hy|dro|xid [1], das, _[e]s, _e (*Chem*; Verbindung, die eine od. mehrere Hydroxylgruppen, meist an ein Metall gebunden, enthält) ⟨*grch*⟩ · **Hy|dro|xyl|grup|pe** (*Chem*; die in Hydroxiden enthaltene Atomgruppe —OH) ⟨*grch* + *frz*⟩
Hy|dro|ze|pha|lus, der, _, ..phalen (*Med*; Wasserkopf) ⟨*grch* → *lat*⟩
Hy|dro|zo|en *Pl* (*Zool*; eine Klasse der Nesseltiere); *Sg* Hy|dro|zo|on, das, _s ⟨*grch*⟩
Hye|to|gra|phie, die, _ (*Met*; Beschreibung der Niederschlagsverteilung) ⟨*grch*⟩ · **Hye|to|me|ter,** das (*Met*; Regenmesser)
Hy|gi|eia [*od* ..'gi(:)..] (*griech Mythol*; Göttin der Gesundheit) ⟨*grch*⟩ · **Hy|gie|ne,** die, _ (Gesundheitslehre, -pflege) · **Hy|gie|ni|ker,** der, _s, _ · **hy|gie|nisch;** _ste
Hy|gro|me|ter, das (*Met*; Gerät zum Messen der Luftfeuchtigkeit) ⟨*grch*⟩ · **Hy|gro|phyt,** der, _en, _en (*Bot*; an feuchten Stellen lebende Pflanze) · **Hy|gro|skop,** das, _s, _e (*Met*; Gerät zum Anzeigen der Luftfeuchtigkeit) · **hy|gro|sko|pisch** (*fachspr*; wasseranziehend)
Hyk|sos *Pl* (*Altertum*; Nomadenvolk in Ägypten)
Hy|men: 1. [*od* ..'me:n] (*griech Mythol*; Gott der Hochzeit) – 2. der, _s, _ (*Antike*; Hochzeitslied, Hochzeitsgesang) – 3. das *od* der, *fachspr nur so*, _s, _ (*Med*; Jungfernhäutchen) ⟨*grch*⟩ · **Hy|me|no|pte|ren** *Pl* (*Zool*; Hautflügler); *Sg* Hy|me|no|pte|re, der, _n
Hym|ne ⟨*grch*⟩, die, _, _n *od* **Hym|nus** ⟨*grch* → *lat*⟩, der, _, ..nen (feierl. Gesangs- od. Instrumentalstück; Festgesang; religiöses Lied) · **hym|nisch** ⟨*grch*⟩
Hy|per|bel, die, _, _n (*Math*; ein

[1] *Vgl.* Fußnote zu »Oxid«.

Kegelschnitt – *Stilistik*; sprachliche Übertreibung) ⟨*grch*⟩ · **hy|per|bo|lisch** (*Math*; hyperbelartig – *Stilistik*; übertrieben) · **Hy|per|bo|lo|id,** das, _[e]s, _e (*Math*)
Hy|per|bo|re|er, der, _s, _ (*griech Sage*; Angehöriger eines Volkes im hohen Norden – *Anthrop*; ältere Bez. für den Angehörigen einer Gruppe der Polarvölker) ⟨*grch*⟩ · **hy|per|bo|re|isch** (*fachspr*; im hohen Norden gelegen od. wohnend; Nord...)
Hy|pe|rion [*od* ..'ri(:)ɔn] (*griech Mythol*; Vater des Helios) ⟨*grch*⟩
hy|per|ka|ta|lek|tisch (*Metrik*; mit überzähliger Silbe am Schluß) ⟨*grch*⟩; _er Vers
hy|per|kri|tisch (*oft abwert*; überstreng; tadelsüchtig) ⟨*grch* → *lat*⟩
Hy|pe|ron, das, _s, ..onen, *meist Pl* (*Kernphys*; überschweres Elementarteilchen) ⟨*grch*⟩
Hy|per|to|nie, die, _, ..ien (*Med*; erhöhter Blutdruck, Hochdruckkrankheit) ⟨*grch*⟩
Hy|per|tro|phie, die, _ (*Med*; übermäßige Vergrößerung eines Organs od. Gewebes) ⟨*grch*⟩
Hyp|no|pä|die, die, _ (*Päd, Psych*; Schlaflernmethode) ⟨*grch*⟩ · **Hypnos** (*griech Mythol*; Gott des Schlafes) ⟨,Schlaf'⟩ · **Hyp|no|se,** die, _, _n (künstlich hervorgerufener schlafähnlicher Zustand bei völliger Willenlosigkeit; Erzeugung des Zwangsschlafes) · **Hyp|no|tik,** die, _ (Lehre von der Hypnose) · **Hyp|no|ti|kum,** das, _s, ..ka (*Med*; Schlafmittel) ⟨*grch* → *lat*⟩ · **hyp|no|tisch** ⟨*grch*⟩ · **Hyp|no|ti|seur** [..'zø:r], der, _s, _e (jmd., der andere in Hypnose versetzen kann) ⟨*grch* → *lat* → *frz*⟩ · **hyp|no|ti|sie|ren** (in Hypnose versetzen; beeinflussen; widerstandslos machen) · **Hyp|no|tis|mus,** der, _ (Lehre von der Hypnose u. ihrer Anwendung; Beeinflussung) ⟨*grch* → *lat*⟩
Hy|po|chon|der [..x..], der, _s, _ (eingebildet Kranker; Schwermütiger) ⟨*grch*⟩ · **Hy|po|chon|drie,** die, _ · **hy|po|chon|drisch;** _ste
hy|po|gyn (*Bot, von Blüten gesagt*; mit einem oberständigen Fruchtknoten) ⟨*grch*⟩; eine _e Blüte
Hy|po|ko|tyl, das, _[e]s, _e (*Bot*; pflanzl. Keimteil) ⟨*grch*⟩
hy|po|tak|tisch (*Sprachw*; unterordnend) ⟨*grch*⟩ · **Hy|po|ta|xe,** die, _, _n (*Sprachw*; Unterordnung von Satzgliedern od. Sätzen)
Hy|po|te|nu|se, die, _, _n (*Math*; dem rechten Winkel eines Dreiecks gegenüberliegende Seite) ⟨*grch*⟩
Hy|po|thek, die, _, _en (*Rechtsw, Bankw*; im Grundbuch eingetragene Grundstücksbelastung) ⟨*grch* → *lat*⟩. *Zus K 365ff.*: Hypotheken‿eintragung usw. · **hy|po|the|ka|risch** (*Rechtsw, Bankw*)
Hy|po|the|se, die, _, _n (Voraussetzung; noch unbewiesene wissenschaftl. Annahme; Vermutung) ⟨*grch*⟩ · **hy|po|the|tisch**
Hy|po|to|nie, die, _, ..ien (*Med*; verminderter Blutdruck) ⟨*grch*⟩
Hy|po|tra|che|lion [..x..], das, _s, ..ien [..ĭən] (*Arch*; Säulenhals) ⟨*grch*⟩
Hyp|so|me|ter, das (*Met*; Höhenmeßgerät) ⟨*grch*⟩ · **Hyp|so|me|trie,** die, _ (*Met*) · **hyp|so|me|trisch** (*Met*)
Hyr|ka|nien [..ĭən] (*Altertum*; Küstenlandsch. im SO des Kaspischen Meeres) ⟨*grch*⟩ · **hyr|ka|nisch;** *K 258*: das Hyrkanische Meer (*Altertum*; das Kaspische Meer)
Hy|ste|re|se *od* **Hy|ste|re|sis,** die, _ (*Phys*; Fortdauer einer Wirkung nach Aufhören der Ursache) ⟨*grch*⟩
Hy|ste|rie, die, _, ..ien (aus starken Gemütsbewegungen resultierende abnorme seelische Reaktionsweise) ⟨*grch*⟩ · **hy|ste|risch;** _ste

I

I, das, *Gen* des I, *Pl* die I (Buchstabe); *K 106*: I-förmig, das I-Tüpfelchen, *aber*: der Punkt auf dem i
i!; i bewahre! (*umg*), i wo! (*umg*)
iah! · **ia|hen** [i'a:ən]; der Esel iaht, er hat iaht
iambisch usw. ↑ jambisch usw.
...iana ↑ ...ana · **...ianer** ↑ ...aner
Ibe|rer, der, _s, _ (Angehöriger einer vorindoeurop. Bevölkerung auf der Pyrenäenhalbinsel; Angehöriger der nichtindoeurop. Bevölkerung von Mittel- u. Ostgeorgien) · **Ibe|rien** [..ĭən] (*Altertum*; Pyrenäenhalbinsel; Mittel- u. Ostgeorgien) · **ibe|risch;** *K 258*: das Iberische Randgebirge (in Spanien) · **Iberische Halbinsel** ↑ Pyrenäenhalbinsel · **Iberoamerika** ↑ Lateinamerika · **ibe|ro|ame|ri|ka|nisch** *K 245* (lateinamerikanisch)
ibi|dem (ebenda) ⟨*lat*⟩
Ibis, der, ..isses, ..isse (ein Schreitvogel) ⟨*ägypt* → *grch*⟩
ich · **Ich,** das, _[s], _[s]; *K 97*: das liebe Ich, mein anderes Ich · **Ich-Er|zäh|lung** *K 187* (Erzählung in der Ichform) · **Ich|form,** die, _ · **Ich-Laut** *K 187*
Ich|neu|mon [..ç..], der *od* das, _s, *Pl* _e *od* _s (eine Schleichkatze) ⟨*grch*⟩
Ich|sucht, die, _ (*gehoben*; Egoismus) · **ich|süch|tig** (*gehoben*; egoistisch)
Ich|thy|odont [..ç..], der, _en, _en (*Geol*; versteinerter Fischzahn) ⟨*grch*⟩ · **Ich|thyo|lith,** der, *Gen* _[e]s, *Pl* _e *od Gen* _en, *Pl* _en (*Geol*; versteinerter Fisch) · **Ich|thyo|lo|ge,** der, _n, _n (Wissenschaftler auf dem Gebiet der Ichthyologie) · **Ich|thyo|lo|gie,** die, _ (Fischkunde) · **Ich|thyo|sau|rier** [..iər], der, _s, _ *od* **Ich|thyo|sau|rus,** der, _, ..rier [..iər] (*Paläont*; fischähnl. Kriechtier des Erdmittelalters) ⟨*grch* → *lat*⟩
[1]**Ida** (w. Vn.) ⟨‚[göttliche] Frau' u. *Kurzf der mit* Id[a]... (‚[göttliche] Frau') od. *mit* Id... („Arbeit') *gebildeten weibl Vornamen*⟩
[2]**Ida,** der, _[s] (Berg auf Kreta – *Altertum*; Gebirgszug im NW Kleinasiens) ⟨*grch*⟩
Ida|ho ['aidəho:] (Staat der USA)
idä|isch ⟨*zu* [2]Ida⟩
ide|al (nur gedacht, nicht wirklich, nur in der Vorstellung existierend, vorbildlich, musterhaft, vollkommen) ⟨*grch* → *lat*⟩; *vgl. auch* ideell · **Ide|al,** das, _s, _e (das der Idee Entsprechende; Musterbild des Handelns und Gestaltens, Inbegriff höchster Vollkommenheit; Wunschbild) · **Ideal‿bild, ...fall** (der) · **idea|li|sie|ren** (zum [unerreichbaren] Vorbild erheben; verschönern – *auch für* schönfärben) · **Idea|lis|mus,** der, _ (dem Materialismus entgegengesetzte philosoph. Anschauung, die die Idee, den Geist u. das Bewußtsein als das Primäre u. Bestimmende betrachtet; Begeisterung für ethische Ideale – *umg*; Selbstlosigkeit – *auch umg*; Schwärmerei) · **Idea|list** (Anhänger des Idealismus; jmd., der sein Handeln in den Dienst von Idealen stellt) · **idea|li|stisch** (im Sinne des philosoph. Idealismus – *umg*; uneigennützig, selbstlos); _ste · **Idea|li|tät,** die, _ (das Sein lediglich als Idee, Vorstellung, Gedanke) · **Idee,** die, _, *Pl* Ideen (Gedanke, Vorstellung, *auch* Einfall – *umg*; ein wenig – *Philos*; der Gedanke als Widerspiegelung der Wirklichkeit im menschl. Bewußtsein) · **ide|ell** (geistig; nur gedacht); *vgl. auch* ideal · **ide|en|arm** · **Ide|en|as|so|zia|tion** (Gedankenverbindung) · **Ide|en|ge|halt,** der · **Ide|en|kon|fe|renz** · **ide|en|reich**
idem (derselbe, dasselbe) ⟨*lat*⟩
Iden *Pl* (Monatsmitte [13. od. 15. Tag] im altröm. Kalender) ⟨*lat*⟩; die Iden des März (15. März)

iden|ti|fi|zie|ren (etw. als ein und dasselbe feststellen; einander gleichsetzen; als etw. Bestimmtes erkennen) ⟨*lat*⟩ · **Iden|ti|fi|zie|rung** *od* **Iden|ti|fi|ka|tion,** die, –, –en (Feststellung der Identität; Gleichsetzung) · **iden|tisch** (übereinstimmend; [ein und] dasselbe; völlig gleich) · **Iden|ti|tät,** die, – (Wesenseinheit; völlige Gleichheit) · **Iden|ti|täts|nach|weis**

Ideo|gramm (Begriffs-, Wortbildzeichen) ⟨*grch*⟩ · **Ideo|gra|phie,** die, –, ..ien (Begriffs-, Ideenschrift) · **ideo|gra|phisch**

Ideo|lo|ge, der, –n, –n (Vertreter od. Schöpfer einer Ideologie) ⟨*grch*⟩ · **Ideo|lo|gie,** die, –, ..ien (ein System klassenbedingter gesellschaftl. Anschauungen, Ideen u. Begriffe) · **ideo|lo|gisch**

id est (das ist, das heißt) ⟨*lat*⟩

Idiom, das, –s, –e (*Sprachw*; feste Redewendung, bes. Wortverbindung, deren Bedeutung sich nicht aus den einzelnen Bestandteilen ableiten läßt) ⟨*grch*⟩ · **Idio|ma|tik,** die, – (*Sprachw*; Lehre von Idiomen; Gesamtheit der Idiome einer Sprache) · **idio|ma|tisch** (*Sprachw*); –e Wendung

Idio|plas|ma, das, –s, ..men (*Biol*; Keimplasma) ⟨*grch*⟩

Idio|syn|kra|sie, die, –, ..ien (*Med*; Überempfindlichkeit gegenüber bestimmten Substanzen) ⟨*grch*⟩ · **idio|syn|kra|tisch** (*Med*)

Idiot, der, –en, –en (Schwachsinniger; Bildungsunfähiger – *Schimpfw*; Unwissender, Dummkopf) ⟨*grch* → *lat*⟩ · **idio|ten|si|cher** (*umg*; absolut sicher) · **Idiotie,** die, –, ..ien (Blödheit, höchster Grad des Schwachsinns – *umg*; Dummheit, Eselei, blöder Gedanke) · **Idio|ti|kon,** das, –s, *Pl* ..ken *od* ..ka (*Sprachw veraltet*; Mundartwörterbuch) ⟨*grch*⟩ · **Idio|tin,** die, –, ..innen ⟨*grch* → *lat*⟩ · **idio|tisch;** –ste · **Idio|tis|mus,** der, ..men ([Äußerung der] Idiotie – *Sprachw*; Mundarteigentümlichkeit)

Idokras ↑ Vesuvian

Idol, das, –s, –e (Götzenbild; Abgott; Gegenstand der Verehrung, überschwenglich verehrter Mensch) ⟨*grch*, ‚Bild'⟩ · **Ido|la|trie,** die, –, ..ien (*fachspr*; Verehrung von Götzenbildern; Abgötterei) ⟨‚Bilderdienst'⟩

Idria|lit, der, –[e]s, –e (*Mineral*; ein Quecksilbererz) ⟨*nach* dem Fundort Idria in Jugoslawien⟩

Idun ⟨*anord*⟩ *od* **Idu|na** ⟨*anord* → *lat*⟩ (*nord Mythol*; Göttin der Jugend)

Idyll, das, –s, –e (Bild od. Bereich eines friedl., beschaul. u. einfachen [meist ländl.] Lebenszustandes; Stimmungsbild – *oft für* Idylle) ⟨*grch* → *lat*, ‚Bildchen'⟩ · **Idyl|le,** die, –, –n (Gattung der lyrisch-epischen Dichtung – *seltener für* Idyll) · **idyl|lisch** (wie in einer Idylle); –ste

Ifer|ten, *französ* **Yver|don** [ivɛr'dɔ̃:] (Kurort in der Schweiz)

I-för|mig *K 106 u. 186* (in Form des latein. großen I)

Igel, der, –s, –. *Zus K 365ff.*: Igelfisch usw.

igitt! (*landsch*); igittigitt!

Ig|lu, der *od* das, –s, –s (runde Schneehütte der Eskimos) ⟨*eskim*⟩

Igno|rant (*abwert*; Unwissender; Dummkopf) ⟨*lat*⟩ · **Igno|ran|ten|tum,** das, –[e]s (*abwert*) · **Ignoranz,** die, – (*abwert*; Unwissenheit) · **igno|rie|ren** (absichtlich übersehen, nicht beachten)

Igor|lied *K 209*, das, –[e]s (*russ Sage*)

Igu|an|odon, das, –s, –s (*Paläont*; ein Dinosaurier der Kreidezeit) ⟨*indian + grch*⟩

Ih|le, der, –n, –n (abgelaichter Hering)

ihm (*Dat der Pron* »er« u. »[1]es[1]«) · **ihn** (*Akk des Pron* »er«) · **ih|nen**[1] (*Dat des Pron* »sie« [*Pl*])

ihr[1]:

1. *Possessivpron*: *m* ihr, *f* ihre, *n* ihr; ihr Ziel usw.; *K 115*: sie taten ihr möglichstes *od* Möglichstes

2. *Personalpron*:
a. Nom Pl von »du«; ihr lieben Leute; was wollt ihr denn?
b. Dat Sg von »sie«; er hält ihr den Mantel

ih|re[1] *od* **ih|rige**[1]; *vgl.* deine *od* deinige · **ih|rer** (*Gen des Pron* »sie« [*Sg* u. *Pl*[1]]); ich gedenke ihrer (*gehoben*) · **ih|rer|seits**[1] · **ih|res|glei|chen**[1] · **ih|res|teils**[1] · **ih|ret|hal|ben**[1] (*veraltend*) · **ih|ret|we|gen**[1] · **ih|ret|wil|len**[1]; *nur in* um – · **ihrige**[1] ↑ ihre

Ijs|sel ['ais(ə)l], die, – (Fluß in den Niederlanden) · **Ijs|sel|meer,** das, –[e]s *od* **Ijs|sel|see** *K 246*, die, – (durch Abschließung u. teilweise Trockenlegung der Zuidersee verbliebener Binnensee)

ika|risch ⟨*zu* Ikarus⟩ · **Ika|rus** ⟨*grch* → *lat*⟩ *od* **Ika|ros** ⟨*grch*⟩ (*griech Sage*; Sohn des Dädalus)

Ike|ba|na, das, –[s] (alte japan. Kunst des Blumensteckens) ⟨*jap*⟩

Iko|ne, die, –, –n, *selten* **Ikon,** das, –[e]s, –e (Heiligenbild [Tafelgemälde]) ⟨*grch*⟩ · **Iko|nen|ma|le|rei** · **Iko|no|graph,** der, –en, –en (Wissenschaftler auf dem Gebiet der Ikonographie) · **Iko|no|gra|phie,** die, – (Lehre von den Inhalten u. der Sinndeutung der alten Bildwerke) · **Iko|no|klas|mus,** der, –, ..men (*Rel*; Bildersturm, Ablehnung u. Vernichtung von Heiligenbildern) ⟨*grch* → *lat*⟩ · **Iko|no|klast,** der, –en, –en (*Rel*; Bilderstürmer) ⟨*grch*⟩ · **Iko|no|la|trie,** die, –, ..ien (*Rel*; Bilderverehrung) · **Iko|no|sta|se,** die, –, –n (Bilderwand in orthodoxen Kirchen)

ik|te|risch (*Med*; gelbsüchtig) ⟨*grch* → *lat*⟩ · **Ik|te|rus,** der, – (*Med*; Gelbsucht)

Ik|tus, der, –, *Pl* – [..tu:s] *od* ..ten (Stoß, Schlag – *Metrik*; Starkton, Hebung) ⟨*lat*⟩

Iler, der, –s, – (Schabeisen der Kammacher)

Ile|us [..e:us], der, –, *Pl* Ileen ['i:leən] (*Med*; Darmverschluß) ⟨*grch* → *lat*⟩

Ilex, die, – (Stechpalme, ein Zierstrauch) ⟨*lat*⟩

Ilias, die, – (Heldenepos vom Krieg der Griechen gegen Troja) ⟨*grch*⟩ · **Ilion** (Name der Stadt Troja bei dem altgriech. Dichter Homer)

il|le|gal (ungesetzlich; gesetzwidrig; gegen die bestehende Staatsordnung gerichtet) ⟨*lat*⟩ · **Il|le|ga|li|tät:**
1. die, –, –en (Ungesetzlichkeit, Gesetzwidrigkeit) – 2. die, – (Fortsetzung der Tätigkeit von Parteien u. Organisationen nach ihrem Verbot); in die – gehen · **il|le|gi|tim** (ungesetzmäßig; unecht – *veraltend*; außerehelich) · **Il|le|gi|ti|mi|tät,** die, –

il|lern *K 363* (*landsch umg*; [verstohlen] gucken)

Il|li|nois [..'nɔy(s)] (Staat der USA)

il|li|quid (*Wirtsch*; nicht zahlungsfähig) ⟨*lat*, ‚nicht flüssig'⟩ · **Il|li|qui|di|tät,** die, – (*Wirtsch*; Zahlungsschwierigkeit, Zahlungsmittelmangel)

il|loy|al ['ilŏaja:l] (gesetzwidrig; unehrlich; unaufrichtig, verräterisch) ⟨*lat* → *frz*⟩ · **Il|loya|li|tät**

Il|lu|mi|na|tion (Festbeleuchtung; Ausmalung) ⟨*lat*⟩ · **Il|lu|mi|na|tor,** der, –s, ..oren (*Mittelalter*; Buchmaler; Bild[aus]maler) · **il|lu|mi|nie|ren** (festlich erleuchten; bunt ausmalen)

Il|lu|sion (Selbsttäuschung; auf Einbildung beruhende Vorstellung von der Wirklichkeit; auf eigenen Wünschen u. Vorstellungen beruhende Ansicht) ⟨*lat* → *frz*⟩ · **Il|lu|sio|nis|mus,** der, – (*idealist Philos*; Anschauung, nach der die Wirklich-

---

[1] *Als Anrede K 98, 99, 121.*

keit nur Schein sei) · **Il|lu|sio|nist** (jmd., der sich falsche Vorstellungen macht; Zauberkünstler) · **il|lu|sions|los** *K 349*; *vgl.* ...los · **il|lu|so|risch** (nur in der Illusion bestehend, nichtwirklich; eingebildet; trügerisch)

il|lu|ster (*gehoben*; vortrefflich, glänzend, berühmt) ⟨*lat*⟩; *K 363*: eine illustre Gesellschaft · **Il|lu|stra|tion** (Erläuterung; Bildbeigabe, Bebilderung, Beispiel); *Abk* Ill. · **Il|lu|stra|tor,** der, _s, ..oren (Erläuterer; Künstler, der ein Buch mit Bildern schmückt) · **il|lu|strie|ren** · **il|lu|striert;** *Abk* ill. · **Il|lu|strier|te,** die, _n, _n *K 341* · **Il|lu|strie|rung**

Il|ly|rer, der, _s, _ (*Altertum*; Angehöriger eines der indoeurop. Stämme) · **Il|ly|rien** [..iən] (*Altertum*; urspr. das Gebiet des heutigen Dalmatiens u. Albaniens) · **il|ly|risch;** *vgl. auch K 265 ff.*

Il|men|au (Stadt im Bez. Suhl)

Il|me|nit, der, _[e]s, _e (*Mineral*; Titaneisen) ⟨*nach* dem Ilmengebirge im südl. Ural⟩

Ilo|na ['i(:)lona *od* i'lo:na, *ungar* 'ilonɔ, *österr nur so*] ⟨*ungar Form von* Helene⟩

Il|se (w. Vn.) ⟨*Kurzf von* Elisabeth⟩

Il|tis, der, ..isses, ..isse (ein Raubtier u. dessen Pelz)

im (= in dem *K 61*); im Auftrag (↑ *d.*) – *Kleinschreibung bei* »im« *K 114*: im allgemeinen (*Abk* i. allg.); im besond[e]ren *od* im besondern; im einzelnen; im ganzen; im großen [und] ganzen; nicht im geringsten; nicht im mindesten; im argen liegen; im klaren, im reinen sein usw.; *aber* im Grunde (schließlich, letztlich); *vgl. auch* Grund

Image ['imitʃ *od* 'imidʒ], das, _[s], _s ['imitʃ(s) *od* 'imidʒiz] (Vorstellungsbild von Personen od. Sachen; Leitbild; Ansehen) ⟨*lat* → *frz* → *engl*⟩ · **ima|gi|na|bel** [imagi..] (erdenkbar, vorstellbar) ⟨*lat*⟩; *K 363*: imagina|ble Vorgänge · **ima|gi|när** (nur in der Einbildung bestehend, scheinbar); eine _e Zahl (*Math*) · **Ima|gi|na|tion** (Einbildung; [künstler.] Einbildungskraft) · **Ima|go,** die, _, ..gines [..ne:s] (*Zool*; das vollkommen ausgebildete Insekt, Vollkerf) ⟨‚Bild'⟩

im all|ge|mei|nen [*od* _ 'al..] *K 114*; *Abk* i. allg.

Imam, der, _s, _s (Leiter des gemeinschaftl. Gebetes im Islam, Vorbeter; Titel von Kalifen u. islam. Gelehrten) ⟨*arab*⟩

im Auf|trag; *Abk* i. A. *od* I. A.[1]

im be|son|de|ren *bzw* **im be|sond|ren** *od* **im be|son|dern** *K 114 u. 363*

im|be|zill, *auch* **im|be|zil** (*Med*; mittelgradig schwachsinnig) ⟨*lat*⟩ · **Im|be|zil|li|tät,** die, _ (*Med*)

Im|biß, der, ..isses, ..isse (kleine [kalte] Mahlzeit – *kurz für* Imbißstube) ⟨*zu* beißen⟩ · **Im|biß‿stand, ...stu|be**

im Durch|schnitt

im Grun|de[2] (schließlich, letztlich); _ _ genommen

Imi|ta|tion (Nachahmung) ⟨*lat*⟩ · **imi|ta|tiv** (nachahmend) · **Imi|ta|tor,** der, _s, ..oren (Nachahmer, jmd., der Stimmen u. Geräusche nachahmt) · **imi|tie|ren** · **imi|tiert** (nachgeahmt, künstlich, unecht); _es Leder

im Jah|re *od* **im Jahr;** *Abk* i. J.

Im|ker, der, _s, _ (Bienenzüchter) · **Im|ke|rei** (Bienenzucht, Bienenzüchterei) · **im|kern;** ich ..ere

im|ma|nent (innewohnend, in etw. enthalten) ⟨*lat*⟩ · **Im|ma|nenz,** die, _ (das Innewohnen, das Enthaltensein)

im|ma|te|riell [..rĭɛl] (nichtstofflich, unkörperlich; geistig) ⟨*lat* → *frz*⟩

Im|ma|tri|ku|la|tion (Einschreibung in die Matrikel, Aufnahme in eine Hochschule) ⟨*lat*⟩ · **im|ma|tri|ku|lie|ren**

Im|me, die, _, _n (*landsch u. dicht*; Biene)

im|mens *K 349* (unermeßlich [groß]) ⟨*lat*⟩ · **Im|men|si|tät,** die, _ (*veraltend*)

Im|men|stock, der, *Pl* ..stöcke (*landsch*)

im|men|su|ra|bel (unmeßbar) ⟨*lat*⟩; *K 363*: immensura|ble Größen

im|mer; immer zu! (*umg*; immer drauflos!), *vgl. aber* immerzu · **im|mer|dar** (*noch gehoben*); auf _ · **im|mer|fort** · **im|mer|grün;** *K 128*: _e Blätter, *aber K 125*: immer grün bleiben · **Im|mer|grün,** *auch* **Sin|grün** ⟨*zu germ* sin ‚umfassend', ‚immer'⟩, das, _s, _e (ein kriechender Halbstrauch) · **im|mer|hin** · **im|mer mehr;** immer mehr in Wut geraten

Im|mer|sion (*Geol*; Höchststand einer Überflutung – *Med*; Dauerbad) ⟨*lat*⟩

im|mer|wäh|rend; *K 119*: ein _er Kalender · **im|mer wie|der** · **im|mer|zu** (*umg*; immer [weiter]); er hat immerzu gelacht; *vgl. aber* immer

Im|mi|grant (Einwanderer) ⟨*lat*⟩ · **Im|mi|gra|tion** · **im|mi|grie|ren**

im|mi|nent (*veraltend*; bevorstehend; drohend) ⟨*lat*⟩

Im|mis|sion (störende Einwirkung auf die Umwelt, z. B. durch Rauch, Gase, Geräusch – *veraltet*; Einsetzung in ein Amt) ⟨*lat*⟩

Im|mo (m. Vn.) ⟨*Kurzf der mit* Irm[en]... (‚groß') *gebildeten männl Vornamen*⟩

im|mo|bil (unbeweglich; nicht kriegsfertig) ⟨*lat*⟩ · **Im|mo|bi|liar|ver|si|che|rung** (Versicherung von Gebäuden) · **Im|mo|bi|lien** [..ĭən] *Pl* (Liegenschaften, Grundbesitz) · **im|mo|bi|li|sie|ren** (bewegliches Gut zu unbeweglichem machen, rechtlich wie unbewegliches behandeln)

immoralisch usw. ↑ amoralisch usw.

Im|mor|ta|li|tät, die, _ (Unsterblichkeit) ⟨*lat*⟩ · **Im|mor|tel|le,** die, _, _n (ein Korbblütler) ⟨*lat* → *frz*, ‚die Unsterbliche'⟩

im|mun (*Med*; [gegen Krankheitserreger] unempfindlich, geschützt, gefeit – *Rechtsw*; unantastbar) ⟨*lat*⟩ · **im|mu|ni|sie|ren** (*Med*; gegen Krankheitserreger unempfindlich machen) · **Im|mu|ni|tät,** die, _ (*Med*; Unempfindlichkeit [gegen Krankheitserreger] – *Rechtsw*; Unantastbarkeit der Abgeordneten während der Wahlperiode) · **Im|mu|no|lo|gie,** die, _ (*Med*; Wissenschaft von der Immunität u. den immunbiolog. Reaktionen) ⟨*lat* + *grch*⟩ · **im|mu|no|lo|gisch** (*Med*)

Im|pan|der, der, _s, _ (biegbarer Stab zum Muskeltraining) ⟨*lat* → *engl*⟩; *Ggs* Expander

Im|pa|sto, das, _s, *Pl* _s *od* ..ti (*Mal*; dicker Farbauftrag) ⟨*ital*⟩

Im|pe|danz, die, _, _en (*Phys*; Scheinwiderstand, besondere Form des Widerstands in verschiedenen Teilgebieten) ⟨*lat*⟩

im|pe|ra|tiv ['im.., *auch* ..'ti:f] (befehlend, bindend, zwingend) ⟨*lat*⟩ · **Im|pe|ra|tiv,** der, _s, _e [..v..] (*Gramm*; Befehlsform – *Philos*; Pflichtgebot) · **im|pe|ra|ti|visch** [*auch* ..'ti:viʃ] (*Gramm*; in der Form des Imperativs) · **Im|pe|ra|tor,** der, _s, ..oren (*hist*; Titel des Oberbefehlshabers u. des Kaisers bei den Römern) · **im|pe|ra|to|risch** · **Im|pe|ra|tor Rex** (Kaiser [und] König); *Abk* I. R.

Im|per|fekt [*auch* ..'fɛkt], das, _[e]s,

---

[1] Diese Abkürzung wird mit kleinem »i« (i. A.) geschrieben, wenn sie der Bezeichnung einer Behörde, Firma u. dgl. folgt. Sie wird mit großem »I« (I. A.) geschrieben, wenn sie nach einem abgeschlossenen Text oder allein vor einer Unterschrift steht.

[2] Die Schreibweise »imgrunde« entspricht nicht der dt. Rechtschreibung.

_e (*Gramm veraltend*; Präteritum) ⟨*lat*⟩
im|pe|ri̲al (das Imperium betreffend; kaiserlich) ⟨*lat*⟩ · **Im|pe|ri̲al,** die, _ (*Polygr*; ein Schriftgrad) · **Im|pe|ria|li̲s|mus,** der, _ (höchstes u. letztes Stadium des Kapitalismus) · **Im|pe|ria|li̲st** · **im|pe|ria|li̲|stisch;** _ste · **Im|pe̲|rium,** das, _s, ..ien [..iən] (Weltreich – *hist*; [röm.] Kaiserreich)
im|per|mea̲|bel (*fachspr*; undurchlässig) ⟨*lat*⟩; *K 363*: impermea|ble Körper
Im|per|so|na̲|le, das, _s, ..lien [..ĭən] (*Gramm*; unpersönliches Verb) ⟨*lat*⟩
im|per|ti|ne̲nt (*abwert*; ungehörig; frech; unausstehlich) ⟨*lat*⟩ · **Im|per|ti|ne̲nz,** die, _, _en (*abwert*)
im|per|zep|ti̲|bel (*Psych*, *Philos*; nicht wahrnehmbar) ⟨*lat*⟩; *K 363*: imperzepti|ble Unterschiede
im|pe|tuo̲|so (*Mus*; stürmisch, ungestüm) ⟨*lat* → *ital*⟩ · **I̲m|pe|tus,** der, _ (Ungestüm) ⟨*lat*⟩
i̲mp|fen ⟨*lat*⟩ · **I̲mpf|ling** · **I̲mpf|pflicht,** die, _ · **I̲mpf|pi|sto|le** ⟨*zu* [1]Pistole⟩ · **I̲mpf|stoff** · **I̲mp|fung** · **I̲mpf|zwang,** der, _[e]s
Im|plan|ta̲t, das, _[e]s, _e (*Med*; eingepflanztes Gewebsstück) ⟨*lat*⟩ · **Im|plan|ta|tio̲n** (*Med*; Einpflanzung [z. B. von fremdem Gewebe in den Körper]) · **im|plan|tie̲|ren** (*Med*)
im|pli|zie̲|ren (mit hineinziehen; mit einbegreifen) ⟨*lat*⟩ · **im|pli|zi̲t** (mit enthalten, mit gemeint) · **im|pli|zi̲|te** [..tə *od* ..'pli:tsite:] (einschließlich)
im|plo|die̲|ren ⟨*lat*⟩ · **Im|plo|sio̲n** (Zerstörung eines luftleeren Gefäßes durch den äußeren Luftdruck, z. B. bei Fernsehröhren)
im|pon|de|ra̲|bel (*veraltet*; unwägbar) ⟨*lat*⟩; *K 363*: impondera|ble Einflüsse · **Im|pon|de|ra|bi̲|lien** [..ĭən] *Pl* (wirksame, aber unwägbare Einflüsse) · **Im|pon|de|ra|bi|li|tä̲t,** die, _ (Unwägbarkeit)
im|po|nie̲|ren (Achtung, Bewunderung einflößen) ⟨*lat*⟩ · **Im|po|nier|ge|ha|be** (*Zool*)
Im|po̲rt, der, _[e]s, _e (Einfuhr) ⟨*lat*⟩; *Ggs* Export. *Zus K 365 ff.*: Import‿geschäft usw. · **Im|po̲r|ten** *Pl* (*veraltend*; Einfuhrwaren, bes. Zigarren); *Sg* Im|por|te, die, _; *Ggs* Exporten · **Im|por|teur** [..'tø:r], der, _s, _e (Einfuhrunternehmer, -gesellschaft) ⟨*lat* → *frz*⟩; *Ggs* Exporteur · **Im|po̲rt|ge|schäft** · **im|por|tie̲|ren** ⟨*lat*⟩; *Ggs* exportieren
im|po|sa̲nt (eindrucksvoll; großartig) ⟨*lat* → *frz*⟩
i̲m|po|tent [*auch* ..'tεnt] ([geschlechtlich] unvermögend, zeugungsunfähig) ⟨*lat*⟩ · **I̲m|po|tenz** [*auch* (*bes österr*) ..'tεnts], die, _
Im|prä|gna|tio̲n (*Geol*; das Eindringen mineral- u. erzhaltiger Lösungen aus der Schmelze ins Nebengestein) ⟨*lat*⟩ · **im|prä|gnie̲|ren** (Stoffe mit Schutzmitteln durchsetzen, z. B. gegen Nässe) · **Im|prä|gnie̲|rung** · **Im|prä|gnier|werk**
im|prak|ti|ka̲|bel [*od* 'im..] (unausführbar) ⟨*lat*⟩; *K 363*: impraktikable Vorschläge
Im|pre|sa̲|rio, der, _s, *Pl* _s *od* ..rii [..ri:i:] (*veraltend*; Theater-, Konzertunternehmer) ⟨*lat* → *ital*⟩
Impressen ↑ Impressum · **Im|pres|sio̲n** (Eindruck; Empfindung; Sinneswahrnehmung) ⟨*lat*, ‚Einprägung'⟩ · **im|pres|sio|na̲|bel** (für Eindrücke empfänglich; erregbar, reizbar); *K 363*: eine impressionable Natur · **Im|pres|sio|ni̲s|mus,** der, _ (Eindruckskunst, Kunst- u. Literaturrichtung am Ende des 19. Jh.) ⟨*lat* → *frz*⟩ · **Im|pres|sio|ni̲st** · **im|pres|sio|ni̲|stisch;** _ste · **Im|pre̲s|sum,** das, _s, ..ssen (*Polygr*; Druckvermerk mit Angaben über Satz, Druck u. a.) ⟨*lat*⟩ · **im|pri|ma̲|tur** (*Polygr*; »es werde gedruckt«, Formel für Druckerlaubnis); *Abk* impr. *od* imp. · **Im|pri|ma̲|tur,** das, _s, *österr auch* [..ma'tu:r], die, _ (*Polygr*; Druckfertigerklärung) · **im|pri|mie̲|ren** (*Polygr*; Korrekturabzüge für druckfertig erklären)
Im|promp|tu [ε̃prɔ̃'ty:], das, _s (*österr auch* _), *Pl* _s (*Lit*, *Mus*; Stegreifdichtung od. -komposition) ⟨*lat* → *frz*⟩
Im|pro|vi|sa|tio̲n [..v..] (unvorbereitetes Handeln – *Lit*, *Mus*; Stegreifdichtung, -rede, -musizieren) ⟨*lat* → *ital*⟩ · **Im|pro|vi|sa̲|tor,** der, _s, ..oren (jmd., der improvisiert – *Lit*; Stegreifdichter usw.) · **im|pro|vi|sie̲|ren** (*auch Lit*, *Mus*)
Im|pu̲ls, der, _es, _e (plötzl. Antrieb, Anregung, Anstoß – *Phys*; Größenart der Mechanik) ⟨*lat*⟩ · **im|pul|si̲v** (nach Augenblicksentschlüssen handelnd; lebhaft, rasch)
im|sta̲n|de; _ sein; *vgl. auch* Stand
im vo̲r|aus; *vgl. auch* voraus
[1]in; *Präp mit Dat u. Akk K 379*: ich gehe in dem (im) Garten auf und ab, *aber*: ich gehe in den Garten; *vgl. auch* im *u.* ins
[2]in ⟨*engl*⟩; *nur in der Wendung* in (*umg*; zeitgemäß, in Mode) sein
in ab|se̲n|tia (in Abwesenheit) ⟨*lat*⟩
in ab|stra̲c|to [..st..] (rein begrifflich; im allgemeinen) ⟨*lat*⟩
i̲n|ad|äquat (nicht passend; nicht entsprechend) ⟨*lat*⟩
i̲n|ak|tiv (untätig, unwirksam; außer Tätigkeit befindlich) ⟨*lat*⟩ · **i̲n|ak|ti|vie|ren** [..v..] (*Chem*; *Med*) · **I̲n|ak|ti|vi|tät,** die, _ (Untätigkeit, Unwirksamkeit; Ruhestand)
i̲n|ak|zep|ta|bel (unannehmbar) ⟨*lat*⟩; *K 363*: eine inakzepta|ble Bedingung
In|a̲n|griff|nah|me, die, _ (*bürospr*)
In|a̲n|spruch|nah|me, die, _ (*bürospr*)
in|ap|pel|la̲|bel (*Rechtsw*; nicht durch Berufung anfechtbar) ⟨*lat*⟩; *K 363*: ein inappella|bles Urteil
i̲n|ar|ti|ku|liert (ohne Gliederung, undeutlich [ausgesprochen]) ⟨*lat*⟩
in aete̲r|num [_ ε..] (auf ewig, für immer) ⟨*lat*⟩
In|a̲u|gen|schein|nah|me, die, _ (*bürospr*)
In|au|gu|ra̲l|dis|ser|ta|tion (*veraltend*; wissenschaftl. Abhandlung zur Erlangung der Doktorwürde) ⟨*lat*⟩ · **In|au|gu|ra|tio̲n** (feierl. Amtseinsetzung) · **in|au|gu|rie̲|ren** (einleiten, beginnen, schaffen – *österr auch für* einweihen)
I̲n|be|griff, der, _[e]s (Gesamtheit; die unter einen Begriff gefaßten Einzelheiten; Höchstes) · **i̲n|be|grif|fen** *K 364*, *österr nur so*, *od* **ei̲n|be|grif|fen;** das Frühstück ist im Preis [mit] _
In|be|si̲tz|nah|me, die, _
in betreff ↑ *unter* Betreff
In|be|trie̲b|nah|me, die, _ · **In|be|trie̲b|set|zung,** die, _
in be|zu̲g (*bürospr*); *vgl. auch* Bezug
I̲n|brunst, die, _ (*gehoben*) · **i̲n|brün|stig** (*gehoben*)
Inch [in(t)ʃ], der *od* das, _, *Pl* _es *u. bei Maßangabe* (*K 308*) Inch (Einheit der Länge in Großbritannien u. den USA = 25,4 mm); *Einheitenzeichen* in, *veraltet* ″ ⟨*lat* → *engl*⟩; 4 Inch
In|choa|tiv ['inkoati:f, *auch* ..'ti:f], das, _s, _e [..v..] (*Sprachw*; Aktionsart, die den Beginn des Geschehens od. den Eintritt in einen anderen Zustand ausdrückt) ⟨*lat*⟩
in|chro|mie̲|ren [inkro.., *auch* iŋkro..] (*Techn*; Chrom in die Oberfläche von Stahl u. Eisen durch chromhaltige Dämpfe eindringen lassen) ⟨*grch* → *lat*⟩
in con|cre̲|to (in Wirklichkeit; im Einzelfall, im besonderen) ⟨*lat*⟩
in con|tu|ma̲|ciam ⟨*lat*⟩; _ _ verurteilen (*Rechtsw*; einen Beklagten in Abwesenheit verurteilen)
in co̲r|po|re [_ ..re:] (insgesamt; alle gemeinsam) ⟨*lat*⟩
In|de|fi|ni̲t|pro|no|men (*Gramm*; unbestimmtes Fürwort) ⟨*lat*⟩
i̲n|de|kli|na|bel [*od* ..'na:..]

(*Gramm*; nicht beugbar) ⟨*lat*⟩; *K 363*: ein indeklina|bles Wort
in|dem *Konj*
In|dem|ni|tät, die, _ (*Rechtsw*; Lossprechung, Straflosigkeit) ⟨*lat*⟩
In-den-April-Schicken [*Tr* ...Schikken] *K 101*, das, _s
In-den-Tag-hin|ein-Le|ben *K 101*, das, _s, *aber K 162*: der in den Tag hinein Lebende
In-den-Wind-Schla|gen *K 101*, das, _s (*umg*)
In|de|pen|den|ten *Pl* (*hist*; Anhänger des in der engl. bürgerl. Revolution von Mittelbürgern u. Freibauern gebildeten Flügels der Puritaner unter Cromwell – *Rel*; Angehörige einer englisch-nordamerikan. Kirchengemeinschaft) ⟨*lat* → *frz* → *engl*⟩ · **In|de|pen|denz,** die, _ (Unabhängigkeit) ⟨*lat*⟩
In|der, der, _s, _ (Angehöriger der einheimischen Bevölkerung Vorderindiens; Staatsbürger von Indien) ⟨*aind* → *pers* → *grch* → *lat*⟩
in|des *od* **in|des|sen** *Adv* u. *Konj*
in|de|ter|mi|na|bel [*auch* 'in..] (unbestimmbar) ⟨*lat*⟩; *K 363*: ein indetermina|bler Begriff · **In|de|ter|mi|na|tion,** die, _ (Unbestimmtheit; Unentschlossenheit) · **in|de|ter|mi|niert** [*od* 'in..] (unbestimmt) · **In|de|ter|mi|nis|mus,** der, _ (*Philos*; idealist. unwissenschaftl. Auffassung, die die allg. Gesetzmäßigkeit u. den kausalen Zusammenhang in Natur u. Gesellschaft leugnet)
In|dex, der, *Gen* _es, *Pl* _e *od Gen* _, *Pl* ..dizes [..tse:s, *auch* ..tsɛs] (Namen-, Stichwort- bzw. Sachverzeichnis – *hist u. übertr*; Liste verbotener Schriftwerke – *Math*; zur Unterscheidung gleichartiger Größen angefügte Zahlen od. Buchstaben) ⟨*lat*⟩ · **in|de|xie|ren** (einen Index anlegen)
in|de|zent (unschicklich) ⟨*lat*⟩ · **In|de|zenz,** die, _, _en
In|dian, der, _s, ..ane (*österr*; Truthahn) ⟨*nach* Indien⟩
In|dia|na (Staat der USA) ⟨*nach* den Indianern⟩ · **In|dia|ner,** der, _s, _ (Angehöriger der Urbevölkerung Amerikas) ⟨*aind* → *pers* → *grch* → *lat* → *span*⟩ · **In|dia|ner|krap|fen** (*österr*; Mohrenkopf) · **in|dia|nisch** · **In|dia|nist** (Wissenschaftler auf dem Gebiet der Indianistik) · **In|dia|ni|stik,** die, _ (Wissenschaft von den Indianersprachen u. Indianerkulturen); *vgl. auch* Amerikanistik
In-die-Hän|de-Klat|schen *K 101*, das, _s

In|dien [..ĭən], *amtl* **Re|pu|blik In|dien** (in Vorderindien)
In|dienst|stel|lung (*bürospr*)
in|dif|fe|rent (wirkungslos; gleichgültig, teilnahmslos) ⟨*lat*⟩ · **In|dif|fe|ren|tis|mus,** der, _ (Gleichgültigkeit, Verzicht auf Stellungnahme) · **In|dif|fe|renz,** die, _, _en (Wirkungslosigkeit; Gleichgültigkeit)
In|di|ge|stion (*Med*; Verdauungsstörung) ⟨*lat*⟩
In|di|gna|tion, die, _ (Unwille, Entrüstung) ⟨*lat*⟩ · **in|di|gnie|ren** (Unwillen, Entrüstung erregen) · **in|di|gniert**
In|di|go, der *od* das, _s, *Pl* (Indigoarten:) _s (ein blauer Farbstoff) ⟨*aind* → *pers* → *grch* → *lat* → *span*⟩ · **in|di|go|blau;** *vgl.* blau · **In|di|go|blau;** *vgl.* Blau · **In|di|go|tin,** das, _s (*fachspr*; Indigo) ⟨*span* + *lat*⟩
In|dik, der, _s (*kurz für* der Indische Ozean)
In|di|ka|tion (Kennzeichen, Merkmal – *Med*; Heilanzeige) ⟨*lat*⟩ · **In|di|ka|tiv** [*auch* ..'ti:f], der, _s, _e [..v..] (*Gramm*; Wirklichkeitsform); *Abk* Ind. · **in|di|ka|ti|visch** [*auch* ..'ti:vɪʃ] (*Gramm*; die Wirklichkeitsform betreffend) · **In|di|ka|tor,** der, _s, ..oren (*Chem*, *Techn*; Anzeiger) · **In|di|ka|tor|dia|gramm** (Leistungskurve) · **In|di|ka|trix,** die, _ (*Math*; Hilfsmittel zur Feststellung einer Flächenkrümmung)
In|dio, der, _s, _s (span. Bez. für süd- u. mittelamerikan. Indianer) ⟨*aind* → *pers* → *grch* → *lat* → *span*⟩
in|di|rekt (mittelbar, auf Umwegen; abhängig) ⟨*lat*⟩; indirekte Rede (*Sprachw*; abhängige Rede [*Ggs* direkte Rede]); indirekter Fragesatz (*Sprachw*; abhängiger Fragesatz)
in|disch ⟨*aind* → *pers* → *grch* → *lat*⟩; *K 238*: der indische Tee, *aber K 258*: der Indische Ozean (*kurz* Indik); *K 254*: der Indische Elefant · **In|disch|rot** *K 278*; *vgl.* Blau
in|dis|kret (nicht verschwiegen; taktlos) ⟨*lat*⟩ · **In|dis|kre|tion** (Taktlosigkeit; Vertrauensbruch)
in|dis|ku|ta|bel (nicht der Erörterung wert, nicht in Betracht kommend) ⟨*lat*⟩; *K 363*: eine indiskutable Frage
in|dis|po|ni|bel (nicht verfügbar; festgelegt) ⟨*lat*⟩; *K 363*: ein indisponi|bler Betrag · **in|dis|po|niert** (nicht aufgelegt; verstimmt; unpäßlich) · **In|dis|po|si|tion** (Verstimmung; Unpäßlichkeit)
In|dium, das, _s (chem. Element, Metall); *Zeichen* In ⟨‚indigoblau‘⟩
In|di|vi|dua|li|sa|tion [..v..] (*bes Kunstwiss*; Einzelbetrachtung; Vereinzelung) ⟨*lat*⟩ · **in|di|vi|dua|li|sie|ren** (ins einzelne gehen; dem Einzelfall gerecht werden; das Besondere hervorheben) · **In|di|vi|dua|lis|mus,** der, _ (Vertretung der eigenen Interessen ohne Rücksicht auf die Gesellschaft, auf das Kollektiv) · **In|di|vi|dua|list** (Anhänger des Individualismus; Einzelgänger) · **in|di|vi|dua|li|stisch** · **In|di|vi|dua|li|tät:** 1. die, _ (Gesamtheit der Eigentümlichkeiten eines Einzelwesens; Eigenart des Einzelmenschen) – 2. die, _, _en (durch eigenes Gepräge gekennzeichnetes Einzelwesen) · **In|di|vi|dua|tion** (*bes Philos u. Psych*; Vereinzelung) · **in|di|vi|du|ell** (das Individuum betreffend od. zu ihm gehörig; besonders [geartet]; vereinzelt) ⟨*lat* → *frz*⟩ · **In|di|vi|du|um** [..du:um], das, _s, ..duen [..duən] (der Einzelmensch [im Verhältnis zur Gemeinschaft] – *auch abwert*; verkommener Mensch) ⟨*lat*⟩
In|diz, das, _es, ..ien [..ĭən], *meist Pl* (Merkmal, Anzeichen; Verdachtsgrund) ⟨*lat*⟩ · **Indizes** ↑ Index · **In|di|zien|be|weis** [..ĭən..] (*Rechtsw*) · **in|di|zie|ren** (anzeigen; auf etw. hinweisen – *auch hist u. übertr*; auf den Index setzen) · **in|di|ziert** (angezeigt, ratsam – *Med*; zu bestimmten Heilbehandlungen veranlassend)
In|do|arier [..iər] *K 245*, der, _s, _ (*Sprachw*; Angehöriger des indischen Zweiges der Arier) ⟨*aind*⟩ · **in|do|arisch** (*Sprachw*); die _en Sprachen · **In|do|eu|ro|pä|er,** *auch* **In|do|ger|ma|nen** *Pl* (*Sprachw*; Angehörige einer Sprachfamilie, die das Indische, einen Teil der westasiat. u. fast alle europ. Sprachen umfaßt); *Sg* In|do|eu|ro|pä|er, der, _s, *auch* In|do|ger|ma|ne, der, _n · **in|do|eu|ro|pä|isch** (*Abk* ide. *od* ideu.), *auch* **in|do|ger|ma|nisch** (*Abk* idg.) (*Sprachw*); *vgl. K 266f.* · **Indo|eu|ro|pä|isch,** *auch* **In|do|ger|ma|nisch** *K 268ff.*, das, *Gen* _[s], *Dat* _ (*Sprachw*) · **In|do|eu|ro|pä|ische,** *auch* **In|do|ger|ma|ni|sche** *K 271*, das, *Gen* _n, *Dat* _n (*Sprachw*; rekonstruiertes gemeinsames Stadium der indoeurop. Sprachen) · **In|do|eu|ro|pä|ist,** *auch* **In|do|ger|ma|nist,** der, _en, _en (*Sprachw*; Wissenschaftler auf dem Gebiet der Indoeuropäistik) · **In|do|eu|ro|päi|stik,** *auch* **In|do|ger|ma|ni|stik,** die, _ (*Sprachw*; Wissenschaft von den indoeurop. Sprachen u. Literaturen) · **Indogermanen** usw. ↑ Indoeuropäer usw. · **in|do|ira|nisch** (*Sprachw*); die _en Sprachen (indoeurop. Sprach-

gruppe, die die indischen u. iranischen Sprachen umfaßt)

in|do|lent (unempfindlich; gleichgültig; träge) ⟨*lat*⟩ · **In|do|lenz,** die, _

In|do|lo|ge, der, _n, _n (Wissenschaftler auf dem Gebiet der Indologie) ⟨*grch*⟩ · **In|do|lo|gie,** die, _ (Wissenschaft von der indischen Geschichte, Kultur u. von den indischen Sprachen) · **In|do|ne|sien** [..ĭən], *amtl* **Re|pu|blik In|do|nesien** (in Südostasien) · **In|do|ne|sier** [..ĭər], der, _s, _ · **in|do|ne|sisch;** *vgl. K 266f.* · **In|do|ne|sisch,** das, *Gen* _[s], *Dat* _ (Sprachbezeichnung *K 268ff.*) · **In|do|ne|si|sche,** das, *Gen* _n, *Dat* _n (Sprachbezeichnung *K 271*) · **in|do|pa|zi|fisch** (um den Indik u. den Pazifik gelegen) ⟨*grch* + *lat*⟩; *K 238*: der _e Raum

in|dos|sa|bel (*Bankw*; durch Indossament übertragbar) ⟨*lat* → *ital*⟩; *K 363*: ein indossa|bler Scheck · **In|dos|sa|ment,** das, _[e]s, _e (*Bankw*; Übertragungsvermerk auf der Rückseite eines Wechsels od. eines Schecks) · **In|dos|sant** *od* **In|dos|sent** (*Bankw*; Person, die durch Indossament überträgt) · **In|dos|sat,** der, _en, _en *od* **In|dos|sa|tar,** der, _s, _e (*Bankw*; Person, auf die durch Indossament übertragen wird) · **in|dos|sie|ren** (*Bankw*; durch Indossament übertragen)

In|dra (*ind Rel*; Hauptgott der alten Inder) ⟨*aind*⟩

in du|bio (im Zweifelsfalle) ⟨*lat*⟩

In|duk|tanz, die, _ (*Elektrotechn*; Induktionswiderstand im Wechselstromkreis) ⟨*lat*⟩ · **In|duk|tion** (*Elektrotechn*; Größenart der Elektrodynamik [magnet. Flußdichte] – *Logik*; Schlußfolgerung vom Besonderen od. von Einzelfällen auf das Allgemeine od. Gesetzmäßige [*Ggs* Deduktion]) · **In|duk|tions|strom** (*Elektrotechn*; durch Induktion entstandener elektr. Strom) · **in|duk|tiv** (*Elektrotechn*; durch Induktion entstehend – *Logik*; auf Induktion beruhend [*Ggs* deduktiv]) · **In|duk|ti|vi|tät** [..v..] (*Elektrotechn*) · **In|duk|tor,** der, _s, ..oren (*Elektrotechn*; Gerät zur Erzeugung von hochgespannten Induktionsströmen)

in dul|ci ju|bi|lo (*übertr*; herrlich und in Freuden) ⟨*lat*, ‚in süßem Jubel'⟩

in|dul|gent (nachsichtig) ⟨*lat*⟩ · **In|dul|genz,** die, _, _en (Nachsicht; Straferlaß; Ablaß) · **In|dult,** der *od* das, _[e]s, _e (Nachsicht; Vergünstigung; Stundung)

in du|plo (in zweifacher Ausfertigung, doppelt) ⟨*lat*⟩

In|dus, der, _ (Strom in Vorderindien) ⟨*aind* (sindhu ‚Fluß') → *pers* → *grch* → *lat*⟩

In|du|sien|kalk [..ĭən..], der, _[e]s (*Geol*) · **In|du|sium,** das, _s, ..ien [..ĭən] (*Bot*; häutchenartige Hülle an der Blattunterseite von Farnen) ⟨*lat*, ‚Schleier'⟩

in|du|stria|li|sie|ren (Industrien od. industrielle Herstellungsmethoden einführen; Industriebetriebe planmäßig aufbauen) ⟨*lat* → *frz*⟩ · **In|du|stria|li|sie|rung** · **In|du|strie,** die, _, ..ien; *Abk* Ind. · **In|du|strie-an|la|ge, ...be|trieb, ...ge|biet** · **In|du|strie|ge|werk|schaft;** *Abk* IG · **In|du|strie|la|den,** *Pl* ..läden (Spezialverkaufsstelle eines Produktionsbetriebes) · **in|du|striell** · **In|du|striel|le,** der, _n, _n *K 341* (Inhaber eines kapitalist. Industriebetriebes, Großunternehmer) · **In|du|strie|öko|nom** · **In|du|strie|ro|bo|ter** (freiprogrammierbarer, mit Greifern od. Werkzeugen ausgerüsteter Automat) · **In|du|strie-und-Han|dels-Kam|mer**[1] *K 189*, *auch* **In|du|strie- und Han|dels|kam|mer;** *Abk* IHK · **In|du|strie|zweig**

in|du|zie|ren (*Elektrotechn*; Induktionsstrom erzeugen – *Logik*; von Einzelfällen auf das Allgemeine schließen [*Ggs* deduzieren]) ⟨*lat*⟩

in|ef|fek|tiv (*veraltet*; unwirksam) ⟨*lat*⟩

in ef|fi|gie [_ ..gie:, *auch* _ ..gĭə] (bildlich) ⟨*lat*⟩

in|egal (ungleich) ⟨*lat*⟩

in|ein|an|der. *Schreibung bei Verben K 145*: ineinander aufgehen, *aber K 148*: ineinandergreifen; *vgl. auch* aneinander · **In|ein|an|der|grei|fen** *K 101*, das, _s

in|ert (untätig, träge – *Chem*; reaktionsträge, nicht reagierend) ⟨*lat*⟩

Ines (w. Vn.) ⟨*span Form von* Agnes⟩

in|es|sen|tiell [..tsĭɛl] (unwesentlich) ⟨*lat* → *frz*⟩

in|ex|akt (ungenau; nachlässig) ⟨*lat*⟩

in|exi|stent (nicht vorhanden) ⟨*lat*⟩ · **In|exi|stenz,** die, _: 1. [..'tɛnts] (das Existieren in etwas) – 2. ['in..] (das Nichtvorhandensein)

in|ex|plo|si|bel (*fachspr*; nicht explosiv) ⟨*lat*⟩; *K 363*: ein inexplosibles Gemenge

in ex|ten|so (ausführlich, vollständig) ⟨*lat*⟩

in ex|tre|mis (*Med*; im Sterben [liegend]) ⟨*lat*⟩

in|fal|li|bel (untrüglich, unfehlbar) ⟨*lat*⟩; *K 363*: ein infalli|bles Anzeichen · **In|fa|li|bi|li|tät,** die, _ (Unfehlbarkeit [des Papstes])

---

[1] So die amtliche Schreibung für die IHK der Bezirke.

in|fam (*abwert*; niederträchtig, schändlich) ⟨*lat*⟩ · **In|fa|mie,** die, _, ..ien

In|fant, der, _en, _en (*hist*; Titel der Prinzen in Spanien u. Portugal) ⟨*lat* → *span*, ‚Kind'⟩ · **In|fan|te|rie** [..t(ə)ri:, *österr* ..'ri:], die, _, ..ien (*Milit hist*; Fußtruppe [Waffengattung der Landstreitkräfte]) ⟨*lat* → *span* → *frz*⟩ · **In|fan|te|rist** [..t(ə)rist, *österr* ..'rist] (*hist*) · **in|fan|te|ri|stisch** [..t(ə)'ris..] (*hist*) · **in|fan|til** (*fachspr*; kindlich; unentwickelt – *abwert*; kindisch) ⟨*lat*⟩ · **In|fan|ti|lis|mus,** der, _ (das Stehenbleiben auf der kindl. Entwicklungsstufe) · **In|fan|tin,** die, _, ..innen (*hist*; Titel der Prinzessinnen in Spanien u. Portugal) ⟨*lat* → *span*⟩

In|farkt, der, _[e]s, _e (*Med*; durch Verschluß einer Arterie abgestorbener Gewebebezirk) ⟨*lat*⟩

In|fekt, der, _[e]s, _e (*kurz für* Infektion) ⟨*lat*⟩; grippaler _ · **In|fek|tion** (*Med*; Ansteckung; Eindringen von Krankheitserregern in den Körper) · **In|fek|tions-ge|fahr, ...krank|heit** · **in|fek|tiös** *K 349* (*Med*; ansteckend)

in|fe|rior (untergeordnet; minderwertig) ⟨*lat*⟩ · **In|fe|rio|ri|tät,** die, _

in|fer|na|lisch, *österr nur so, selten* **in|fer|nal** (höllisch, teuflisch); _ste ⟨*lat*⟩ · **In|fer|no,** das, _s (Hölle, Unterwelt) ⟨*lat* → *ital*⟩

in|fer|til (*Med*; unfruchtbar) ⟨*lat*⟩ · **In|fer|ti|li|tät** (*Med*)

In|fil|tra|tion (*fachspr*; Eindringen, z. B. von Lösungen; Einlagerung fremder Zellen) ⟨*lat*⟩ · **in|fil|trie|ren** (*fachspr*)

in|fi|ni|te|si|mal (*Math*; ins unendlich Kleine gehend) ⟨*lat*⟩ · **In|fi|ni|te|si|mal|rech|nung** (*Math*; gemeinsame Bez. für Differential- u. Integralrechnung) · **In|fi|ni|tiv** ['in.., *auch* ..'ti:f], der, _s, _e [..v..] (*Gramm*; Nennform, Grundform); *Abk* Inf. · **In|fi|ni|tiv|satz** (*Gramm*)

In|fix, das, _es, _e (*Sprachw*; in den Wortstamm eingefügtes Bildungsglied) ⟨*lat*⟩

in|fi|zie|ren (*Med*; jmdn. anstecken; Infektion bewirken) ⟨*lat*⟩; sich (*Akk*) _

in fla|gran|ti (auf frischer Tat) ⟨*lat*⟩; jmdn. _ _ ertappen; *vgl. auch* flagrant

in|flam|ma|bel (*fachspr*; entzündbar) ⟨*lat*⟩; *K 363*: ein inflamma|bler Stoff

In|fla|tion (*kap Wirtsch*; Geldentwertung durch übermäßige Ausgabe von Zahlungsmitteln, die zu starkem Ansteigen der Preise führt) ⟨*lat*, ‚Aufblähung'⟩; *Ggs* Deflation · **in|fla|tio|när** *od* **in|fla|tio|ni|stisch** *od* **in|fla|to|risch** (Inflation bewirkend)

in|fle|xi|bel [*od* ..'ksi:..] (unbiegsam; unveränderlich – *Gramm*; unbeugbar) ⟨*lat*⟩; *K 363*: ein inflexibles Wort · **In|fle|xi|bi|li|tät,** die, _ (Unbiegsamkeit – *Gramm*; Unbeugbarkeit)

In|flo|res|zenz, die, _, _en (*Bot*; Blütenstand) ⟨*lat*⟩

In|flu|enz, die, _, _en (*fachspr*; Einfluß; Einwirkung – *Phys*; Ladungstrennung) ⟨*lat*⟩ · **In|flu|en|za,** die, _ (*veraltend*; Grippe) ⟨*lat* → *ital*⟩

in|fol|ge *K 176*; *Präp mit Gen od mit »von«*: _ des Unfalls, _ von Krankheit · **in|fol|ge|des|sen** *K 176*

In|for|mand, der, _en, _en (jmd., der informiert werden soll) ⟨*lat*⟩ · **In|for|mant,** der, _en, _en (jmd., der [geheime] Informationen liefert; Gewährsmann) · **In|for|ma|tik,** die, _ (Wissenschaftszweig, der sich mit den Problemen des Informations- u. Dokumentationswesens befaßt) · **In|for|ma|ti|ker,** der, _s, _ · **In|for|ma|tion** (Auskunft; Nachricht; Belehrung; Weitergabe von wissenschaftl. Erkenntnissen, Fakten – *Datenv*; Nachrichteninhalt eines Nachrichtenelements) · **in|for|ma|tio|nell** (*Datenv*; die Information betreffend) ⟨*lat* → *frz*⟩ · **In|for|ma|tions|aus|tausch** ⟨*lat*⟩ · **In|for|ma|tions‿fluß,** ...**theo|rie,** ...**zen|trum** · **in|for|ma|tiv** (belehrend, Auskunft gebend) · **In|for|ma|tor,** der, _s, ..oren (jmd., der Informationen gibt; Fachkraft für Information u. Dokumentation) · **in|for|ma|to|risch** (der Information dienend, einen Überblick verschaffend) · **in|for|mie|ren** (Auskunft geben; benachrichtigen; belehren); sich (*Akk*) _ (sich unterrichten, Auskunft einholen)

in Fra|ge[1]; _ _ kommen, stellen

in|fra|rot, *auch* **ul|tra|rot** (*Phys*; jenseits des roten Endes des Lichtspektrums liegend) ⟨*lat*⟩; _e Strahlen (Wärmestrahlen) · **In|fra|rot,** *auch* **Ul|tra|rot,** das, _s (*Phys*) · **In|fra|rot|strah|ler** · **In|fra|struk|tur** (*fachspr*; Bez. für nicht unmittelbar produktive Anlagen eines Territoriums als Voraussetzung einer entwickelten Volkswirtschaft)

---

[1] Die Schreibweise »infrage« entspricht nicht der dt. Rechtschreibung.

in|fun|die|ren (*Med*; durch Infusion in den Körper einführen) ⟨*lat*⟩ · **In|fus,** das, _es, _e, *auch* **In|fu|sum,** das, _s, ..sa (*fachspr*; Aufguß; wäßrige Abkochung) · **In|fu|sion** (*Med*; Zufuhr größerer Flüssigkeitsmengen in den Körper [meist intravenös]) · **In|fu|so|rien** [..iən] *Pl* (*Biol*; Aufgußtierchen)

Ingäwonen usw. ↑ Ingwäonen usw.

In|ge ['iŋə] (w. Vn.) ⟨*Kurzf der mit* Ing[wio]... (german. Stammesgott) *gebildeten weibl Vornamen*⟩ · **In|ge|borg** (w. Vn.) ⟨‚Ingwio' (german. Stammesgott) + ‚Schutz'⟩

in ge|ne|re [_ ..re:] (im allgemeinen) ⟨*lat*⟩ · **in|ge|ne|riert** (*Med*; angeboren)

In|ge|nieur [inʒe'niø:r], der, _s, _e (wissenschaftlich ausgebildeter Techniker); *Abk* Ing. ⟨*lat* → *frz*⟩ · **In|ge|nieur‿be|ruf,** ...**öko|nom** (*Abk* Ing.-Ök.), ...**schu|le** · **in|ge|nieur|tech|nisch;** _es Personal · **in|ge|niös** [inge.., *auch* iŋge..] *K 349* (*gehoben*; scharfsinnig; erfinderisch; geistvoll) · **In|ge|nio|si|tät,** die, _ (*gehoben*) ⟨*lat*⟩ · **In|ge|nium** [in'ge:.., *auch* iŋ'ge:..], das, _s, ..ien [..ĭən] (*gehoben*; Geistesanlage; Talent, Genie)

in|ge|züch|tet ['in..] ⟨*zu* Inzucht⟩

In|go ['iŋgo] (m. Vn.) ⟨*Kurzf der mit* Ing[wio]... (german. Stammesgott) *gebildeten männl Vornamen*⟩

In|gol|stadt ['iŋgɔl..] (im S der BRD) · **In|gol|städ|ter:** 1. *K 231*: der, _s, _; 2. *als Attribut K 232*

In|got ['iŋgɔt], der, _s, _s (*Metallurgie*; in Kokillen gegossener Stahlblock) ⟨*engl*⟩

In|gre|dien|zien [ingre'dĭɛntsĭən] *od* **In|gre|dien|zen** *Pl* (*fachspr*; Zutaten; Bestandteile); *Sg* In|gre|diens [..'gre:dĭɛns], das, _ *od* In|gre|di|enz, die, _ ⟨*lat*⟩

In|gres|sion [in.., *auch* iŋ..], die, _ (*Geogr*; das Vordringen des Meeres landeinwärts) ⟨*lat*⟩

Ing|rid ['iŋgri(:)t] (w. Vn.) ⟨*anord*, ‚Ingwio' (german. Stammesgott) + ‚reiten'⟩

In|grimm, der, _[e]s (*noch gehoben*) · **in|grim|mig** (*noch gehoben*)

Ing|wäo|nen, *auch* **In|gä|wo|nen** *Pl* (Kultgemeinschaft westgerman. Stämme) · **ing|wäo|nisch,** *auch* **in|gä|wo|nisch;** *vgl. auch K 265 ff.*

Ing|wer: 1. der, _s (eine Gewürz- u. Arzneipflanze) – 2. der, _s, _ (ein Schnaps) ⟨*aind* → *grch* → *lat* → *frz*⟩

In|ha|ber; *Abk* Inh. · **In|ha|be|rin,** die, _, ..innen; *Abk* Inh.

in|haf|tie|ren (in Haft nehmen) ⟨*dt* + *f. E.*⟩ · **In|haf|tie|rung**

In|ha|la|tion (*Med*; Einatmung meist dampfförmiger od. zerstäubter Heilmittel) ⟨*lat*⟩ · **In|ha|la|tions|ap|pa|rat** (*Med*) · **In|ha|la|to|rium,** das, _s, ..ien [..iən] (*Med*; Raum zur Inhalation) · **in|ha|lie|ren** (*Med*)

In|halt, der, _[e]s, _e · **in|halt|lich** · **In|halts|an|ga|be** · **in|halts|los,** *auch* **in|halt|los** *K 349*; *vgl.* ...los · **in|halts|schwer,** *auch* **in|halt|schwer** · **In|halts|ver|zeich|nis** · **in|halts|voll**

in|hä|rent (anhaftend; innewohnend) ⟨*lat*⟩ · **In|hä|renz,** die, _ (die Zugehörigkeit der Eigenschaften zu ihren Trägern; das Innewohnen) · **in|hä|rie|ren**

in|ho|mo|gen [..ge:n] (ungleichartig) ⟨*grch* → *lat*⟩ · **In|ho|mo|ge|ni|tät,** die, _

in ho|no|rem (»zu Ehren«) ⟨*lat*⟩

in|hu|man (hart, unbarmherzig, menschenunwürdig, unmenschlich) ⟨*lat*⟩ · **In|hu|ma|ni|tät**

in infinitum ↑ ad infinitum

In|iti|al|buch|sta|be · **In|itia|le,** *österr nur so*, die, _, _n, *seltener* **In|iti|al,** das, _s, _e (großer [meist verzierter] Anfangsbuchstabe) ⟨*lat*⟩ · **In|iti|al|zün|dung** (*fachspr*; Zündung mit Initialsprengstoff) · **In|itiant** (jmd., der die Initiative ergreift) · **In|itia|tion** (Einweihung in ein Geheimnis – *Völkerk*; Reifefeier bei den Naturvölkern) · **In|itia|tions|ri|tus** (*Völkerk*) · **in|itia|tiv** (mit Initiative begabt; die Initiative ergreifend – *auch für* unternehmend, rührig) · **In|itia|tiv|an|trag** (von den Abgeordneten im Parlament eingebrachte Gesetzesvorlage) · **In|itia|tive** [..v..], die, _, _n: 1. (Anstoß, erster Schritt zu einer Handlung; Entschlußkraft, Unternehmungsgeist; Fähigkeit, aus eigenem Antrieb zu handeln); die _ ergreifen – 2. (*schweiz*; Antrag, Volksbegehren) ⟨*lat* → *frz*⟩ · **In|itia|tiv‿recht** [..f..], ...**schicht** · **In|itia|tor,** der, _s, ..oren (jmd., der den Anstoß zu einer Handlung gibt; Urheber; Aktivist, Neuerer) ⟨*lat*⟩ · **In|itien** [..tsĭən] *Pl* (Anfänge; Anfangsgründe) · **in|iti|ie|ren** [..tsi'i:..] (ins Werk setzen; [in ein Amt] einführen; einweihen)

In|jek|tion (*Geol*; Einschub von Magma in Teile der Erdkruste – *Med*; Einspritzung – *Bauw*; Bodenverfestigung durch Zementeinspritzung) ⟨*lat*⟩ · **In|jek|tions‿lö|sung** (*Med*), ...**sprit|ze** · **In|jek|tor,** der, _s, ..oren (*Bauw*; Dampf- od. Wasserstrahlpumpe) · **in|ji|zie|ren** (*Med*)

In|ka, der, _[s], _[s] (Angehöriger der herrschenden Klasse im alten

Peru; Herrschertitel im Inkareich) ⟨*indian*, ‚Herr'⟩ · **In|ka|bein** *od* **In|ka|kno|chen** (*Anat*; ein Schädelknochen) · **in|ka|isch** [..kaːiʃ]

in|kar|nat (*Kunstwiss*; fleischfarben, fleischrot) ⟨*lat → ital*⟩ · **In|kar|nat** ⟨*lat → ital*⟩, das, _[e]s *od* **Kar|na|tion** ⟨*lat*⟩, die, _ (*Kunstwiss*; Fleischfarbe, Fleischton) · **In|kar|na|tion** (Verkörperlichung von etw. Geistigem – *Rel*; Menschwerdung eines Gottes, z. B. Christus) ⟨*lat*, ‚Fleischwerdung'⟩ · **In|kar|nat|rot;** *vgl.* Blau · **in|kar|niert** (*Rel*; »fleischgeworden«, verkörpert) ⟨*lat*⟩

In|kas|sant (*österr*; Kassierer, der zum Schuldner kommt) ⟨*ital*⟩ · **In|kas|so,** das, _s, _s (*österr auch* ..ssi) (*Bankw*; das Einziehen von Geldforderungen)

In|kli|na|tion (Phys; Neigung einer Magnetnadel gegen die Horizontale) ⟨*lat*⟩

in|klu|si|ve [..v.., *österr auch* ..f..] (einschließlich; *Abk* inkl. [*Ggs* exklusive]): 1. *Adv* – 2. *Präp mit Gen*: inklusive [der] Versandkosten ⟨*lat*⟩

in|ko|gni|to [in'kɔgnito, *auch* iŋ'kɔŋnito] (unerkannterweise; unter fremdem Namen) ⟨*lat → ital*⟩ · **In|ko|gni|to,** das, _s (*österr auch* _), *Pl* _s

in|ko|hä|rent [*od* 'in..] (unzusammenhängend) ⟨*lat*⟩ · **In|ko|hä|renz,** die, _, _en

In|koh|lung (*Geol*; Umwandlung von abgestorbenen Pflanzen in Kohle)

in|kom|men|su|ra|bel [*od* 'in..] (nicht meßbar; nicht vergleichbar) ⟨*lat*⟩; *K 363*: inkommensura|ble Leistungen

in|kom|mo|die|ren (*veraltend*; belästigen, bemühen) ⟨*lat*⟩

in|kom|pa|ra|bel [*od* 'in..] (*Gramm*; nicht steigerungsfähig – *veraltet*; unvergleichbar, vortrefflich) ⟨*lat*⟩; *K 363*: inkompara|ble Eigenschaften

in|kom|pa|ti|bel [*od* 'in..] (unverträglich, unvereinbar) ⟨*lat*⟩; *K 363*: inkompati|ble Vorschläge

in|kom|pe|tent (nicht zuständig) ⟨*lat*⟩ · **In|kom|pe|tenz,** die, _, _en

in|kom|plett (unvollständig) ⟨*lat → frz*⟩

in|kon|gru|ent [..uːɛnt] (nicht übereinstimmend) ⟨*lat*⟩ · **In|kon|gru|enz,** die, _, _en

in|kon|se|quent (folgewidrig; widersprechend; unstet; unbeständig) ⟨*lat*⟩ · **In|kon|se|quenz,** die, _, _en

in|kon|si|stent (unzusammenhängend; unbeständig; unhaltbar) ⟨*lat*⟩

in|kon|stant (*bes Phys*; veränderlich; unbeständig) ⟨*lat*⟩ · **In|kon|stanz,** die, _ (*bes Phys*)

In|kor|po|ra|tion (Einverleibung; Aufnahme) ⟨*lat*⟩ · **in|kor|po|rie|ren**

in|kor|rekt ([sprachlich] ungenau, fehlerhaft; nicht einwandfrei [im Benehmen]; unzulässig) ⟨*lat*⟩ · **In|kor|rekt|heit**

In|kraft|set|zung (*bürospr*)

In|kraft|tre|ten, das, _s (*bürospr*); *vgl. auch* Kraft

In|kreis (*Geom*; einer Figur einbeschriebener Kreis)

In|kret, das, _[e]s, _e (*Med*; im Körper bleibende u. wirksam werdende Drüsenabsonderung) ⟨*lat*⟩; *vgl. auch* Hormon · **In|kre|tion,** die, _ (*Med*; innere Sekretion) · **in|kre|to|risch** (*Med*; ins Innere des Körpers absondernd); *K 119*: _e Drüsen

in|kri|mi|nie|ren (*Rechtsw*; beschuldigen; zur Last legen) ⟨*lat*⟩

In|kru|sta|tion (*Geol*; Überkrustung – *Kunstwiss*; Verzierung durch eingelegte Arbeit) ⟨*lat*⟩ · **in|kru|stie|ren** (*Geol, Kunstwiss*)

In|ku|ba|tion (*Med*; Einnistung eines Krankheitserregers in einen Organismus – *Zool*; Bebrütung) ⟨*lat*⟩ · **In|ku|ba|tions|zeit** (*Med*; Zeitraum zw. Infektion u. dem Ausbruch einer Krankheit) · **In|ku|ba|tor,** der, _s, ..oren (*Med*; Klimakammer zum Aufziehen frühgeborener Kinder) · **In|ku|bus,** der, _, ..kuben (*mittelalterl Abergl*; Buhlteufel der Hexen); *vgl. auch* Sukkubus

in|ku|lant (*fachspr*; [geschäftlich] ungefällig) ⟨*lat*⟩ · **In|ku|lanz,** die, _, _en (*fachspr*)

In|ku|na|bel, die, _, _n (*Buchw*; Früh-, Wiegendruck [der Buchdruckerkunst vor 1500]) ⟨*lat*, ‚Windel'⟩

in|ku|ra|bel [*od* 'in..] (*Med*; unheilbar) ⟨*lat*⟩; *K 363*: inkura|ble Fälle

In|laid [..lait, *engl* ..leːd], der, _s, *Pl* _e *u. bei englAusspr* _s (*bes schweiz*; durchgemustertes Linoleum) ⟨*engl*⟩

In|land, das, _[e]s · **In|land|eis** · **In|län|der,** der, _, _ · **In|län|de|rin,** die, _, ..innen · **in|län|disch** · **In|lands|markt**

In|laut (*Sprachw*) · **in|lau|tend** (*Sprachw*)

In|lay [..leː], das, _s, _s (aus Metall od. Porzellan gegossene Zahnfüllung) ⟨*engl*⟩

In|lett, das, _[e]s, *Pl* _e *od* _s (Baumwollstoff für Federbetten)

in|lie|gend, *österr nur so, od* **ein|lie|gend** (*bürospr*); inliegend *od* einliegend (*besser* hiermit *od* anbei) übersenden wir Ihnen ... · **In|lie|gen|de,** das, _n *K 341* (*bürospr*)

in maio|rem Dei glo|riam [_ ma'joːrɛm _ _] (*Rel*; »zu größerem Ruhme Gottes«) ⟨*lat*⟩

in me|dias res [_ _ 'reːs] ([unmittelbar] zur Sache) ⟨*lat*, ‚mitten in die Dinge hinein'⟩

in me|mo|riam (»zum Gedächtnis«) ⟨*lat*⟩; *mit nichtdekliniertem Namen*, z. B. _ _ Johann Sebastian Bach

in|mit|ten *K 110*: 1. *Adv* – 2. *Präp mit Gen*: _ der Häuser

Inn, der, _ (*österr nur so*) *od* _s (Fluß in der Schweiz, in Österreich u. der BRD)

in na|tu|ra (leibhaftig – *umg*; in Ware) ⟨*lat*⟩

in|ne; mitteninne (*noch gehoben*); *vgl.* innesein u. innewerden · **in|ne|ha|ben** *K 158* (*gehoben*); ich habe inne; innegehabt; innezuhaben · **in|ne|hal|ten;** *Konjugation vgl.* innehaben

in|nen; von innen, nach innen, nach innen zu; innen und außen · **In|nen‿ar|chi|tekt** [..ç..], ...**ar|chi|tek|tur,** ...**dienst,** ...**ein|rich|tung,** ...**hof,** ...**le|ben,** ...**mi|ni|ste|rium** · **In|nen|po|li|tik** · **in|nen|po|li|tisch,** *seltener* **in|ner|po|li|tisch** · **In|nen‿raum,** ...**stadt**

In|ner|asien [..iən] · **in|ner|be|trieb|lich;** _er Wettbewerb · **in|ne|re;** innerste; zuinnerst; innere Angelegenheiten; *K 258*: Innere Mission (*Abk* I. M.) · **In|ne|re,** das, ..r[e]n *K 341 u. 344*; im Inner[e]n; *K 258*: Ministerium des Innern · **In|ne|rei|en** *Pl* (die eßbaren Tiereingeweide) · **in|ner|halb;** *Präp mit Gen*: _ eines Jahres, _ zweier Jahre; *mit Dat, wenn der Gen nicht eindeutig kenntlich gemacht werden kann* (*K 379*): _ vier Jahren, _ vier Tagen, *dafür aber besser* binnen 4 Jahren, binnen 4 Tagen · **in|ner|lich** · **In|ner|lich|keit,** die, _ · **in|ner|par|tei|lich** · **innerpolitisch** ↑ innenpolitisch · **in|ner|städ|tisch** · **In|ner|ste,** das, _n *K 341 u. 344*; im _n; bis ins _ · **in|nert** (*schweiz*; innerhalb); _ eines Jahres *od* _ einem Jahre; _ acht Tagen · **in|ne|sein** (*gehoben*). *Die Zusammenschreibung* (*K 159*) ist nur im *Inf* sowie im *Part I u. II* üblich; *aber*: ..., so daß er es (*vgl. auch* [1]es [2]) *od* dessen bald inne war · **in|ne|wer|den** (*gehoben*). *Zusammenschreibung* (*K 159*) *vgl.* innesein · **in|ne|woh|nen** (*gehoben*)

in|nig · **In|nig|keit,** die, _ · **in|nig|lich** (*gehoben*)

in no|mi|ne [_ ..neː] (»im Namen«; im Auftrage) ⟨*lat*⟩ · **in no|mi|ne Chri|sti** [_ _ k..] (*Rel*; »im Namen

Christi«); *Abk* I. N. C. · **in no|mi|ne Dei** (*Rel*; »im Namen Gottes«); *Abk* I. N. D. · **in no|mi|ne Do|mi|ni** (*Rel*; »im Namen des Herrn«); *Abk* I. N. D.

In|no|va|tion [..v..] (Erneuerung, Überführung wissenschaftl. Erkenntnisse in die Praxis) ⟨*lat*⟩ · **in|no|va|tiv** [..f] · **in|no|vie|ren** [..v..]

Inns|bruck (Stadt in Österreich)

in nu|ce [– 'nu:tsə] (im Kern, in [aller] Kürze, zusammengedrängt) ⟨*lat*, ‚in der Nuß'⟩

In|nung

in|of|fen|siv (nicht angriffslustig; harmlos) ⟨*lat*⟩

in|of|fi|ziell [..ĭɛl] (nichtamtlich; außerdienstlich; vertraulich) ⟨*lat* → *frz*⟩ · **in|of|fi|ziös** (nicht offiziös – *von Nachrichten gesagt*; widerrechtlich)

in|ope|ra|bel (*Med*; durch Operation nicht od. nicht mehr heilbar) ⟨*lat*⟩; *K 363*: eine inopera|ble Geschwulst

in|op|por|tun (ungelegen; unangebracht) ⟨*lat*⟩ · **In|op|por|tu|ni|tät**

in per|so|na (persönlich, selbst) ⟨*lat*⟩

in pet|to ⟨*ital*⟩; etwas – – haben (*umg*; etw. in Bereitschaft haben; etw. vorhaben, im Schilde führen)

in ple|no (in der Vollversammlung; vollzählig) ⟨*lat*⟩

in pra|xi (in der Ausübung; im wirkl. Leben, tatsächlich) ⟨*lat*, ‚in der Praxis'⟩

in punc|to (betreffs, hinsichtlich) ⟨*lat*⟩; – – Kleidung · **in punc|to punc|ti** (hinsichtlich des wichtigsten Punktes)

In|put, der *od* das, –s, –s (*Datenv*; Eingabe) ⟨*engl*⟩; *Ggs* Output

in|qui|rie|ren (untersuchen, verhören) ⟨*lat*⟩ · **In|qui|si|tion** (*hist*; oft mit grausamsten Methoden durchgeführtes Gericht der kathol. Kirche gegen religiös Andersdenkende) · **In|qui|si|tor**, der, –s, ..oren (*hist*) · **in|qui|si|to|risch** (*hist*)

ins *K 61* (in das); eins ins andere gerechnet

In|sas|se, der, –n, –n · **In|sas|sin**, die, –, ..innen

ins|be|son|de|re *od* **ins|be|sond|re** *K 363*; *K 450*: insbesondere, wenn *od* ..., insbesondere wenn; *vgl. auch K 390*

In|schrift · **In|schrif|ten|samm|lung** · **in|schrift|lich**

In|sekt, das, –[e]s, –en ⟨*lat*⟩ · **in|sek|ten|fres|send**; *K 164*: –e Pflanzen, *aber K 127*: Samen und Insekten fressend, überwintern einige Singvogelarten · **In|sek|ten|pul|ver** [..f.., *auch* ..v..] · **In|sek|ti|vo|re** [..v..], der, –n, –n (*Zool*; Insektenfresser) · **In|sek|ti|zid**, das, –[e]s, –e (chem. Insektenbekämpfungsmittel)

In|sel, die, –, –n ⟨*lat*⟩ · **In|sel|berg** (Bergkegel in der Ebene); *vgl. aber* Inselsberg · **in|sel|haft** · **In|sel|land**, *Pl* ..länder

In|sels|berg, der, –[e]s (im Thüringer Wald); *vgl. aber* Inselberg

in|sen|si|bel [*od* 'in..] (*Med*; unempfindlich) ⟨*lat*⟩; *K 363*: insensible Stellen · **In|sen|si|bi|li|tät**, die, – (*bes Med*)

In|se|rat, das, –[e]s, –e (Anzeige in einer Zeitung od. Zeitschrift) ⟨*lat*⟩ · **In|se|ra|ten|teil**, der · **In|se|rent** (jmd., der ein Inserat aufgibt) · **in|se|rie|ren** · **In|ser|tion** (Veröffentlichung von Zeitungsanzeigen – *Med*; Muskelansatz)

ins|ge|heim · **ins|ge|samt**

In|si|der ['insaidər], der, –s, – (Eingeweihter; jmd., der Einblick in bestimmte Dinge hat) ⟨*engl*⟩

In|sie|gel (*weidm*; Hirschfährte) ⟨*lat*⟩

In|si|gnien [..iən] *Pl* (Abzeichen, Symbole der Macht u. Würde) ⟨*lat*⟩

in si|tu (»in der [richtigen, natürlichen] Lage«) ⟨*lat*⟩

in|skri|bie|ren (in eine Liste aufnehmen, einschreiben – *österr nur* an einer Hochschule einschreiben) ⟨*lat*⟩ · **In|skrip|tion**

ins|künf|tig (*schweiz*; künftighin, fortan)

in|so|fern: 1. [..'zo:.., *österr* 'in..] *Adv* (bis dahin; in dieser Hinsicht); – hast du dich geirrt – 2. [..'fɛrn, *österr* 'in..] *Konj*; – [als] ...; *vgl. auch K 450 u. 390*

In|so|la|tion (*Met*; Sonneneinstrahlung – *Med*; Sonnenstich) ⟨*lat*⟩

in|so|lent (anmaßend, ungebührlich) ⟨*lat*⟩ · **In|so|lenz**, die, –, –en

in|sol|vent [*od* ..'vɛnt] (*Bankw*; zahlungsunfähig) ⟨*lat*⟩ · **In|sol|venz** [*od* ..'vɛnts], die, –, –en (*Bankw*)

in|son|der|heit (*gehoben*; besonders)

in|so|weit: 1. [..'zo:..] *Adv*; – muß ich ihm recht geben – 2. [..'vait] *Konj*; – [als] ..., *vgl. auch K 450 u. 390*

in spe [– 'spe:] (zukünftig) ⟨*lat*, ‚in der Hoffnung'⟩

In|spek|teur [..'tø:r], der, –s, –e (Leiter einer Inspektion) ⟨*lat* → *frz*⟩ · **In|spek|tion** (Besichtigung, Musterung; Aufsicht; Prüfung; Aufsichts-, Prüfstelle; Verwaltung; Dienststelle, Behörde) ⟨*lat*⟩; *vgl. auch* Arbeiter-und-Bauern-Inspektion · **In|spek|tor**, der, –s, ..oren (Aufseher; Prüfer, Überwacher; Verwalter)

In|spi|ra|tion (Anregung; Eingebung; Beeinflussung – *Med*; Einatmungsphase – *Rel*; Erleuchtung) ⟨*lat*⟩ · **In|spi|ra|tor**, der, –s, ..oren (Anreger; Eingeber) · **in|spi|rie|ren**

In|spi|zient [..sp.., *auch* ..ʃp..] (*Theat*, *Filmw*, *Ferns*, *Rundf*; Verantwortlicher für den Ablauf der Aufführungen bzw. Sendungen) ⟨*lat*⟩ · **in|spi|zie|ren** (besichtigen; beaufsichtigen)

in|sta|bil [..st.., *auch* ..ʃt..] (nicht fest, nicht beständig) ⟨*lat*⟩ · **In|sta|bi|li|tät**, die, –

In|stal|la|teur [..'tø:r], der, –s, –e (Facharbeiter, der Installationen ausführt) ⟨*germ* → *lat* → *frz*⟩ · **In|stal|la|tion** (Vorbereitung, Einbau, Anlage, Anschluß u. Instandhaltung von techn. Anlagen – *Rel*; Einweisung in ein geistl. Amt) ⟨*germ* → *lat*⟩ · **in|stal|lie|ren**

in|stand (*K 176*) **hal|ten** *K 125*; *aber K 175*: in dem Stand halten, der ...; *K 101*: das Instandhalten; *vgl. auch* Stand · **In|stand|hal|tung** (*bürospr*)

in|stän|dig (eindringlich; dringend, flehentlich); – bitten · **In|stän|dig|keit**, die, –

in|stand (*K 176*) **set|zen** *K 125*; *aber K 175*: in den Stand setzen; *K 101*: das Instandsetzen; *vgl. auch* Stand · **In|stand|set|zung** (*bürospr*) · **In|stand|stel|lung** (*schweiz*; Instandsetzung)

In|stant... [..stənt] (*in Zus mit Substantiven* sofort, ohne Vorbereitung gebrauchsfähig, z. B. Instantkaffee) ⟨*engl*⟩

In|stanz [..st.., *auch* ..ʃt..], die, –, –en (zuständiges Staatsorgan, zuständige Stelle eines Gerichtes); *Abk* Inst. ⟨*lat*⟩ · **In|stan|zen|weg** (Dienstweg)

in sta|tu nas|cen|di [– ˌsta:tu: nas'tsɛndi:] (»im Zustand des Entstehens«) ⟨*lat*⟩; *vgl. auch* naszierend · **in sta|tu quo** (im gegenwärtigen Zustand); *vgl. auch* Status quo · **in sta|tu quo an|te** (im früheren Zustand); *vgl. auch* Status quo ante

in|ste|hend (*bürospr*; innen befindlich) · **In|ste|hen|de**, das, –n *K 341* (*bürospr*)

In|ster, der *od* das, –s, – (*norddt*; Innereien, Gekröse)

In|stinkt, der, –[e]s, –e (angeborener Trieb zu lebensnotwendigen Handlungen; Naturtrieb – *auch für* Ahnung, [sicheres] Gefühl) ⟨*lat*⟩ · **in|stink|tiv** (triebhaft, selbsterhaltungsgemäß; gefühlsmäßig; unwillkürlich) ⟨*lat* → *frz*⟩ · **in|stinkt|mä|ßig**

in|sti|tu|ie|ren (errichten, einrichten; veranstalten) ⟨*lat*⟩ · **In|sti|tut**

[..st.., *auch* ..ʃt..], das, _[e]s, _e (Anstalt für Erziehung, Unterricht od. wissenschaftl. Forschung) · **In|sti|tu|ti̲on** (Einrichtung; Behörde; Stiftung; Einsetzung, Errichtung) · **in|sti|tu|tio|na|li|si̲e̲|ren** (zur Institution erheben) · **in|sti|tu|tio|ne̲ll** · **In|sti|tu̲ts|bü|che|rei**

in|stra|di̲e̲|ren (*Eisenb*; den Beförderungsweg bestimmen – *österr u. schweiz*; in eine bestimmte Richtung schicken, auf die rechte Bahn bringen) ⟨*lat → ital*⟩

in|stru|i̲e̲|ren (unterweisen; anleiten) ⟨*lat*⟩ · **In|struk|teur** [..'tø:r], der, _s, _e, *österr* **In|stru̲k|tor**, der, _s, ..o̲ren (Unterweiser, Anleiter, Schulender) ⟨*lat → frz*⟩ · **In|struk|ti̲o̲n** (Anleitung; Richtschnur; Vorschrift; Dienstanweisung; Unterricht; Belehrung) ⟨*lat*⟩ · **in|struk|ti̲v** (lehrreich; aufschlußreich; unterrichtend; belehrend) ⟨*lat → frz*⟩ · **Instruktor** ↑ Instrukteur

In|stru|me̲nt, das, _[e]s, _e (Gerät, Vorrichtung, [feines] Werkzeug; Klangwerkzeug zur Musikausübung) ⟨*lat*⟩ · **in|stru|men|ta̲l** (mit Musikinstrumenten ausgeführt)

In|stru|men|ta̲l, der, _s, _e (*Gramm*; Kasus, der das Mittel od. das Werkzeug bezeichnet) · **In|stru|men|ta̲l|mu|sik** · **In|stru|men|ta̲|rium**, das, _s, ..ien [..iən] (*fachspr*; Gesamtheit der zu einer [wissenschaftl.] Tätigkeit benötigten Instrumente; Instrumentensammlung) · **In|stru|men|ta|ti̲o̲n** ⟨*lat*⟩ *od* **In|stru|men|ti̲e̲|rung** ⟨*lat*⟩: 1. (*Mus*; Verteilung der Stimmen einer Komposition auf Instrumente) – 2. *od* **Or|che|stri̲e̲|rung** [..k.., *österr auch* ..ç..] ⟨*grch → lat → ital → frz*⟩ (*Mus*; Stimmenverteilung bei Orchesterwerken, Um- u. Ausarbeitung einer Komposition zu einem Orchesterstück) · **in|stru|men|te̲ll** (mit Hilfe von Instrumenten [durchgeführt]) ⟨*lat → frz*⟩ · **In|stru|me̲n|ten|bau**, der, _[e]s · **in|stru|men|ti̲e̲|ren** ⟨*lat*⟩ *od* **or|che|stri̲e̲|ren** [..k.., *österr auch* ..ç..] ⟨*grch → lat → ital* u. *frz*⟩ (*Mus*)

In|sub|or|di|na|ti̲o̲n (*veraltend*; Unbotmäßigkeit; Ungehorsam im Dienst) ⟨*lat*⟩

i̲n|suf|fi|zient [..tsiɛnt] (unzulänglich) ⟨*lat*⟩ · **In|suf|fi|zi̲e̲nz** [*od* 'in..], die, _, _en (Unzulänglichkeit – *Med*; mangelhafte Leistungsfähigkeit eines Organs – *Rechtsw*; Überschuldung)

In|su|la̲|ner, der, _s, _ (Inselbewohner) ⟨*lat*⟩ · **in|su|la̲r** (inselartig, eine Insel betreffend, Insel...) · **In|su|li̲n**, das, _s (ein Hormon, ein Heilmittel)

In|su̲lt, der, _[e]s, _e: 1. *selten* **In|sul|ta|ti̲o̲n** (*veraltet*; Beschimpfung; [grobe] Beleidigung) – 2. (*Med*; Anfall, bes. Schlaganfall) ⟨*lat*⟩ · **in|sul|ti̲e̲|ren** (*noch österr*)

in su̲m|ma (*veraltend*; im ganzen, insgesamt; in einem Wort) ⟨*lat*⟩

In|sur|ge̲nt (*veraltend*; Aufständischer, Empörer) ⟨*lat*⟩ · **in|sur|gi̲e̲|ren** (*veraltend*; sich empören, sich erheben; aufwiegeln) · **In|sur|rek|ti̲o̲n** (*veraltend*; Volksaufstand gegen Unterdrückung)

in|sze|na|to̲|risch (die Inszenierung betreffend) ⟨*grch → lat*⟩ · **in|sze|ni̲e̲|ren** (in Szene, ins Werk setzen; eine Bühnenaufführung gestalten) · **In|sze|ni̲e̲|rung**

In|ta|glio [..'taljo], das, _s, ..ien [..'taljən] (Gemme mit vertieft geschnittenem Bild) ⟨*lat → ital*⟩

in|ta̲kt (unversehrt; unberührt) ⟨*lat*⟩ · **In|ta̲kt|heit**, die, _ · **In|ta̲kt|sein** *K 101*, das, _s

In|ta̲r|sia, *österr nur so, od* **In|ta̲r|sie** [..iə], die, _, ..ien [..iən], *meist Pl* (Einlegearbeit) ⟨*arab → ital*⟩ · **In|ta̲r|sien|ma|le|rei**

in|te|ger ['inte.. *od* in'te:..] (unversehrt; unbescholten) ⟨*lat*⟩; *K 363*: ein inte|grer Charakter · **in|te|gra̲l** (ein Ganzes ausmachend; zusammengeschlossen; verschmolzen) · **In|te|gra̲l**, das, _s, _e (*Math*); *Zeichen* ∫ · **In|te|gra̲l|helm** (im Kinnbereich geschlossener Helm für Kradfahrer) · **In|te|gra̲l|rech|nung** · **In|te|gra|ti̲o̲n** (Vervollständigung; Vereinigung; Zusammenschluß [von Teilen zu einem Ganzen] – *Math*; Berechnung des Integrals); die sozialistische ökonomische _ (*Wirtsch*) · **in|te|gri̲e̲r|bar** · **in|te|gri̲e̲|ren** (ergänzen; vervollständigen; erneuern; zusammenschließen – *Math*; das Integral berechnen); ein integrierter Schaltkreis (*Elektronik*) · **in|te|gri̲e̲|rend** (ergänzend; wesentlich; unerläßlich); ein _er Bestandteil · **In|te|gri|tä̲t**, die, _ (Ganzheit; Unversehrtheit; Unbescholtenheit)

In|te|gu|me̲nt, das, _s, _e (*Bot*; Samenhülle – *Zool*; Haut) ⟨*lat*⟩

In|tel|le̲kt, der, _[e]s (Verstand; Denkvermögen) ⟨*lat*⟩ · **In|tel|lek|tua|li̲s|mus**, der, _ (Überbetonung des theoretisch-verstandesmäßigen Denkens u. Handelns) · **in|tel|lek|tu|e̲ll** (verstandesmäßig; geistig) ⟨*lat → frz*⟩ · **In|tel|lek|tu|e̲l|le**, der *u.* die, _n, _n *K 341* (wissenschaftlich gebildeter, geistig schaffender Mensch) · **in|tel|li|ge̲nt** (einsichtsvoll; rasch auffassend, geweckt; verständig; klug; begabt; unterrichtet) ⟨*lat*⟩ · **In|tel|li|ge̲nz**, die, _ (das Vermögen, Kenntnisse u. Erkenntnisse zu erwerben; Urteilsfähigkeit, Klugheit; Begabung; Gesamtheit der geistig Schaffenden) · **In|tel|li|ge̲nz|ler**, der, _s, _ (*oft abwert*; Angehöriger der Intelligenz, Intellektueller) · **in|tel|li|gi̲|bel** (*idealist Philos*; verstandesmäßig, nur geistig, nicht sinnlich wahrnehmbar); *K 363*: die intelligi|ble Welt

In|ten|da̲nt (verantwortlicher Leiter eines Theaters od. eines Senders) ⟨*lat → frz*⟩ · **In|ten|da̲nz**, die, _, _en (Amt, Amtsräume eines Intendanten; Leitung einer Bühne od. eines Senders) · **in|ten|di̲e̲|ren** (beabsichtigen, anstreben)

In|ten|si|me̲|ter, das (*Med*; Meßgerät für Röntgenstrahlen) ⟨*lat + grch*⟩ · **In|ten|si̲o̲n** (Anspannung; Verstärkung der inneren Kraft; erhöhte innere Wirksamkeit) ⟨*lat*⟩

In|ten|si|tä̲t, *auch* **In|ten|si|vi|tä̲t** [..v..], die, _ (Stärke, Kraft, Gewalt) · **in|ten|si̲v** [..f] (eindringlich; stark, kräftig; gründlich); *Ggs* extensiv · **In|ten|si̲v|hal|tung**, die, _ (Haltungsform mit hoher Effektivität bei landwirtschaftl. Nutztieren) · **in|ten|si|vi̲e̲|ren** [..v..] (verstärken, steigern) · **In|ten|si|vi̲e̲|rung** · **In|ten|si̲v‿kurs** [..f..], **...sta|tion** (*Med*) · **In|ten|si̲|vum** [..v..], das, _s, *Pl* ..ve *od* ..va (*Gramm*; Verstärkungsverb)

In|ten|ti̲o̲n (Absicht; Plan; Vorhaben) ⟨*lat*⟩ · **in|ten|tio|na̲l** (zweckbestimmt)

in|ter|al|li|i̲e̲rt [*auch* 'in..] (von mehreren Alliierten gemeinsam beschlossen) ⟨*lat → frz*⟩

in|ter|de|pen|de̲nt (voneinander abhängend) ⟨*lat*⟩ · **In|ter|de|pen|de̲nz**, die, _ (gegenseitige Abhängigkeit)

In|ter|di̲kt, das, _[e]s, _e (*kath Kirche*; Strafmaßnahme der kath. Kirchenbehörde) ⟨*lat*⟩

in|ter|dis|zi|pli|nä̲r [*auch* 'in..] (mehrere [wissenschaftl.] Disziplinen betreffend) ⟨*lat*⟩

in|ter|es|sa̲nt (Teilnahme, Aufmerksamkeit erweckend u. fordernd, anziehend, fesselnd; merkwürdig; lehrreich, aufschlußreich; bedeutsam; anregend – *Handel*; vorteilhaft [vom Preis]) ⟨*lat → frz*⟩ · **In|ter|e̲s|se**: 1. das, _s (Anteil, Teilnahme; Aufmerksamkeit) – 2. das, _s, _n (Anziehungskraft; Bedeutung; Belang; Gewinn; Neigung; Vorteil) ⟨*lat*⟩ · **in|ter|e̲s|se|los** *K 349*; *vgl.* ...los · **In|ter|e̲s|se|lo|sig|keit**, die, _ · **In|ter|e̲s|sen|ge|mein|schaft** (*kap Wirtsch*; Zweckverband selbständiger Unternehmungen); *Abk* IG · **In|ter|e̲s|sen-**

sphä|re (Einflußgebiet) · **In|ter|es|sent** (jmd., der Interesse an etw. hat; Kauflustiger; Bewerber; Nutznießer – *oft abwert*; einseitig seine Interessen Verfolgender) · **In|ter|es|sen|ten|kreis** · **in|ter|es|se|wah|rend;** *vgl. aber K 163* · **in|ter|es|sie|ren** (Teilnahme erwecken; Interesse erregen; fesseln; aufmerksam machen); sich (*Akk*) [für etwas] interessieren (Teilnahme für etw. zeigen; Sinn für etw. haben) · **in|ter|es|siert** (beteiligt; eigennützig) · **In|ter|es|siert|heit,** die, _; die materielle _

In|ter|fe|renz, die, _, _en (*Phys*; Überlagerung von Schwingungen) ⟨*lat*⟩ · **In|ter|fe|ro|me|ter,** das (*Phys*; ein Meßgerät) ⟨*lat + grch*⟩

IN|TER|FLUG, die, _ (*kurz für* INTERFLUG GmbH: Luftverkehrsunternehmen der DDR)

in|ter|ga|lak|tisch [*auch* 'in..] (*Astron*; zw. den Galaxien gelegen) ⟨*lat + grch*⟩

in|ter|gla|zi|al [*auch* 'in..] (*Geol*; zwischeneiszeitlich) ⟨*lat*⟩ · **In|ter|gla|zi|al|zeit,** die, _ (*Geol*)

In|ter|ho|tel [..,tɛl] (Hotel mit internationalem Niveau) ⟨*lat + frz*⟩

In|te|ri|eur [ɛ̃te'ri̯ø:r], das, _s, *Pl* _e *od* _s (*österr nur* _s) (Inneres; Ausstattung eines Innenraumes) ⟨*lat → frz*⟩

In|te|rim, das, _s (*österr auch* _), *Pl* _s (Zwischenzeit; Zwischenzustand; vorläufige Regelung) ⟨*lat*⟩ · **In|te|rims◡lö|sung, ...re|gie|rung, ...zeit**

In|ter|jek|tion (*Gramm*; Ausrufe-, Empfindungswort) ⟨*lat*⟩

in|ter|kan|to|nal (*schweiz*; zw. den Kantonen bestehend) ⟨*lat → ital*⟩

In|ter|ko|lum|nie [..iə], die, _, _n *od* **In|ter|ko|lum|nium,** das, _s, ..ien [..iən] (*Arch*; Säulenabstand) ⟨*lat*⟩

in|ter|kon|fes|sio|nell [*auch* 'in..] (das Verhältnis der Glaubensbekenntnisse zueinander betreffend) ⟨*lat*⟩

in|ter|kon|ti|nen|tal [*auch* 'in..] (Erdteile verbindend) ⟨*lat*⟩ · **In|ter|kon|ti|nen|tal|ra|ke|te**

In|ter|kos|mos, die, _ (Raumfahrtorganisation der RGW-Länder) ⟨*lat + grch*⟩ · **In|ter|kos|mos◡pro|gramm, ...sa|tel|lit**

in|ter|ko|stal (*Med*; zw. den Rippen liegend) ⟨*lat*⟩

In|ter|la|ken (Kurort im W der Schweiz) ⟨*lat* inter lacus ‚zwischen den Seen'⟩

in|ter|li|ne|ar (*Sprachw*, *Literaturw*; zwischenzeilig) ⟨*lat*⟩ · **In|ter|li|ne|ar|glos|se** (*Sprachw*, *Literaturw*; zw. die Textzeilen eingefügte Erklärung) · **In|ter|li|ne|ar|über|set|zung** (*Sprachw*, *Literaturw*)

In|ter|lock|wä|sche, die, _ (feine, maschinengestrickte Wäsche mit beiderseits gleichen Maschen) ⟨*engl*⟩

In|ter|lu|dium, das, _s, ..ien [..i̯ən] (*Mus*; Zwischenspiel) ⟨*lat*⟩

In|ter|lu|nium, das, _s, ..ien [..i̯ən] (*fachspr*; Zeit des Neumonds) ⟨*lat*⟩

In|ter|ma|xil|lar|kno|chen (*Med*; Zwischenkiefer) ⟨*lat*⟩

in|ter|me|diär (*fachspr*; zw. zwei Dingen befindlich; vermittelnd) ⟨*lat*⟩

in|ter|me|tal|lisch ⟨*lat + grch*⟩; _e Verbindungen (*fachspr*; Legierungen od. Mischkristalle, die bei bestimmter Zusammensetzung die Eigenschaften von Verbindungen aufweisen)

In|ter|mez|zo, das, _s (*österr auch* _), *Pl* _s *od* ..zzi (Zwischenspiel; Zwischenfall) ⟨*lat → ital*⟩

in|ter|mit|tie|rend (zeitweilig aussetzend u. wiederkehrend) ⟨*lat*⟩; _es Fieber

in|tern (im Innern befindlich, innerlich; innerdienstlich; vertraulich – *österr auch für* im Internat wohnend) ⟨*lat*⟩; *Ggs* extern · **In|ter|nat,** das, _[e]s, _e (einer Schule od. Hochschule angeschlossenes Schüler- od. Studentenwohnheim); *Ggs* Externat. *Zus K 365ff.*: Internats◡schule usw.

in|ter|na|tio|nal [*auch* 'in..] (zwischenstaatlich, die Grenzen des einzelnen Staates überschreitend; völkerumfassend; bei allen Völkern gültig) ⟨*lat*⟩; *K 258*: der Internationale Frauentag, das Internationale Olympische Komitee · **In|ter|na|tio|na|le:** 1. die, _, _n (internationale Vereinigung der Arbeiterklasse); *K 258*: die Erste *od* I. Internationale usw. – 2. die, _ (das Kampflied der marxist. Arbeiterbewegung) · **in|ter|na|tio|na|li|sie|ren** · **In|ter|na|tio|na|lis|mus,** der, _ (die Idee des gemeinsamen Kampfes der Arbeiterklasse in allen Ländern); proletarischer *od* sozialistischer _ · **In|ter|na|tio|na|list** · **In|ter|na|tio|na|li|tät,** die, _

in|ter|nie|ren (jmdn. in seiner Freiheit beschränken, eingeschlossen halten) · **In|ter|nist** (Facharzt für innere Krankheiten)

in|ter|ozea|nisch [*auch* 'in..] (zw. Weltmeeren gelegen) ⟨*lat + grch*⟩

in|ter|par|la|men|ta|risch [*auch* 'in..] (die Parlamente der einzelnen Staaten umfassend) ⟨*lat*⟩; *K 258*: Interparlamentarische Union (*Abk* IPU)

In|ter|pel|lant (*Pol*; Fragesteller [in einem Parlament]) ⟨*lat*⟩ · **In|ter|pel|la|tion** (Einspruch; [parlamentar.] Anfrage) · **in|ter|pel|lie|ren**

in|ter|pla|ne|tar [*auch* 'in..] *od* **in|ter|pla|ne|ta|risch** (*Astron*; zw. den Planeten befindlich) ⟨*lat + grch*⟩; _e Materie

In|ter|po|la|tion (*Math*; Bestimmung von Zwischenwerten – *Sprachw*; das nachträgl. Einschieben von Wörtern in einen Text) ⟨*lat*⟩ · **in|ter|po|lie|ren** (*Math*); *Ggs* extrapolieren

In|ter|pret, der, _en, _en (Ausleger, Erklärer, Deuter) ⟨*lat*⟩ · **In|ter|pre|ta|tion** · **in|ter|pre|ta|to|risch** · **in|ter|pre|tie|ren**

in|ter|punk|tie|ren, *selten* **in|ter|pun|gie|ren** (*Sprachw*; Satzzeichen setzen) ⟨*lat*⟩ · **In|ter|punk|tion** (*Sprachw*; Zeichensetzung); *vgl. auch K 391ff.* · **In|ter|punk|tions|zei|chen** (*Sprachw*; Satzzeichen)

In|ter|re|gnum, das, _s, *Pl* ..gnen *od* ..gna (*Pol*; Zwischenreich, -herrschaft; Zeitraum ohne rechtmäßige Regierung) ⟨*lat*⟩

in|ter|ro|ga|tiv [*auch* 'in..] (*Sprachw*; fragend) ⟨*lat*⟩ · **In|ter|ro|ga|tiv|ad|verb** (*Gramm*; Fragewort) · **In|ter|ro|ga|tiv|pro|no|men** (*Gramm*; Fragefürwort) · **In|ter|ro|ga|tiv|satz** (*Sprachw*; Fragesatz); *vgl. auch K 393 u. 459ff.*

In|ter|rup|tion (*Med*; Schwangerschaftsunterbrechung) ⟨*lat*⟩

In|ter|sex, das, _es, _e (*Biol*; Einzelwesen, das Merkmale u. Keimdrüsen beider Geschlechter aufweist) ⟨*lat*⟩ · **In|ter|se|xua|li|tät,** die, _ (*Biol*; das Auftreten von Merkmalen, die dem anderen Geschlecht zukommen) · **in|ter|se|xu|ell** (*Biol*)

In|ter|shop [..ʃɔp], der, _, _s (Spezialgeschäft mit konvertierbarer Währung als Zahlungsmittel) ⟨*lat + engl*⟩

in|ter|stel|lar [*auch* 'in..] (*Astron*; zw. den Sternen befindlich) ⟨*lat*⟩; _e Materie

in|ter|ter|ri|to|ri|al [*auch* 'in..] (zwischenstaatlich) ⟨*lat*⟩

In|ter|tri|go, die, _ (*Med*; das Wundreiben, Wundsein der Haut, sog. Wolf) ⟨*lat*⟩

in|ter|ur|ban (*noch österr*; Überland...); _es Telefongespräch (Ferngespräch) ⟨*lat*⟩

In|ter|vall [..v..], das, _s, _e (Zeitabstand; Zwischenraum; Zwischenzeit; Unterbrechung – *Mus*; Abstand zweier Töne) ⟨*lat*⟩

In|ter|ve|nient [..v..] (jmd., der [in einem Zivilprozeß] vermittelt) ⟨*lat*⟩ · **in|ter|ve|nie|ren** (dazwischentreten; vermitteln; sich einmischen) · **In|ter|vent** (Staat, der eine Intervention begeht) ⟨*lat → russ*⟩ · **In|ter|ven|tion** (Vermittlung – *Pol*; [gewaltsame] Einmischung in die Angelegenheiten eines anderen Staates – *kap Wirtsch*; Ehreneintritt für nichteingelöste Wechsel) ⟨*lat*⟩

In|ter|view [..'vju: *od* 'in..], das, –s, –s (Befragung [von Persönlichkeiten durch Berichterstatter]) ⟨*lat → frz → engl*⟩ · **in|ter|view|en** [..'vju:ən] · **In|ter|view|er** [..'vju:ər]

In|ter|vi|sion [..v..], die, – *Kurzw* (Zusammenschluß von Fernsehnetzen für Austausch u. gemeinsame Übertragung von Programmen im Rahmen der OIRT) ⟨*aus inter*national + Tele*vision*⟩

in|ter|zel|lu|lär *od* **in|ter|zel|lu|lar** (*fachspr*; zw. den Zellen gelegen) ⟨*lat*⟩ · **In|ter|zel|lu|lar|raum** (*fachspr*)

in|ter|zo|nal [*auch* 'in..] (*Geogr*; zw. den Zonen bestehend) ⟨*lat + grch*⟩

In|te|stat|er|be, der (*Rechtsw*; gesetzl. Erbe) ⟨*lat*⟩

in|te|sti|nal (*Med*; zum Darm gehörend) ⟨*lat*⟩

In|thro|ni|sa|tion (Thronerhebung; feierl. Einsetzung) ⟨*grch → lat*⟩ · **in|thro|ni|sie|ren**

in|tim (vertraut; innig, eng verbunden; vertraulich) ⟨*lat*⟩ · **In|ti|mi|tät** · **In|tim|sphä|re,** die, – (ganz persönlicher Lebensbereich) ⟨*lat + grch*⟩ · **In|ti|mus,** der, –, ..mi (*noch scherzh*; vertrauter Freund) ⟨*lat*⟩

in|to|le|rant (unduldsam) ⟨*lat*⟩ · **In|to|le|ranz,** die, –, –en

In|to|na|tion, die, – (*Sprachw*; Satzmelodie einer Sprache – *Mus*; Toneinsatz; das Treffen der Tonhöhe; das Anstimmen von Gesängen) ⟨*lat*⟩ · **in|to|nie|ren** (*Med*; den Stimmapparat auf eine bestimmte Tonhöhe einstellen – *Mus*; anstimmen; die Tonhöhe treffen; [Orgelpfeifen] einstimmen) ⟨*lat → ital*⟩

In|tou|rist [..tu..], *ohne Art od* der, *Gen* – *Kurzw* (sowjet. Reisebüro) ⟨*aus russ* inostranny turist [..ni –], ‚ausländischer Tourist'⟩

In|to|xi|ka|tion (*Med*; Vergiftung) ⟨*grch → lat*⟩

In|tra|de, die, –, ..den (*Mus*; instrumentales Einleitungsstück der Barockzeit) ⟨*lat → ital*⟩

in|tra|kar|dial (*Med*; innerhalb des Herzens) ⟨*lat + grch*⟩

in|tra|ku|tan (*Med*; in der Haut; in die Haut) ⟨*lat*⟩

in|tra|mo|le|ku|lar (*Chem*; innerhalb des Moleküls erfolgend) ⟨*lat*⟩

in|tra mu|ros (nichtöffentlich) ⟨*lat*, ‚innerhalb der Mauern'⟩

in|tra|mus|ku|lär (*Med*; innerhalb des Muskels; in den Muskel) ⟨*lat*⟩

in|tran|si|tiv ['in.., *auch* ..'ti:f] (*Gramm*; nichtzielend) ⟨*lat*⟩; *Ggs* transitiv; intransitives [..v..] Verb · **In|tran|si|tiv,** das, –s, –e [..v..] (*Gramm*; nichtzielendes Verb); *Ggs* Transitiv

in|tra|oku|lar (*Med*; innerhalb des Auges) ⟨*lat*⟩

in|tra|ve|nös [..v..] (*Med*; in einer Vene; in eine Vene) ⟨*lat*⟩; –e Injektion

in|tra|zel|lu|lär *od* **in|tra|zel|lu|lar** (*fachspr*; innerhalb der Zellen gelegen) ⟨*lat*⟩

in|tri|gant (ränkevoll, ränkesüchtig, arglistig) ⟨*lat → frz*⟩ · **In|tri|gant** (Ränkeschmied) · **In|tri|ge,** die, –, –n (Verwicklung, Ränkespiel, List) · **in|tri|gie|ren**

in tri|plo (dreifach, in dreifacher Ausfertigung) ⟨*lat*⟩

In|tro|duk|tion (Einleitung; Vorspiel) ⟨*lat*⟩

In|tro|itus, der, –, – [..tu:s] (den Gottesdienst einleitender Gesang) ⟨*lat*⟩

in|trors (*Bot*; nach innen gewendet) ⟨*lat*⟩; –e Staubbeutel

In|tro|spek|tion (*Psych*; Selbstbeobachtung) ⟨*lat*⟩

In|tro|ver|sion [..v..], die, –, –en (*Psych*; Konzentration auf die eigenen seelischen Vorgänge) ⟨*lat*⟩ · **in|tro|ver|tiert** (*Psych*; nach innen gewandt; verschlossen)

In|tru|sion (*Geol*; Einschub glutflüssigen Gesteins [in die Erdkruste]) ⟨*lat*⟩ · **In|tru|siv|ge|stein** (*Geol*)

In|tu|ba|tion (*Med*; das Einführen eines Röhrchens) ⟨*lat*⟩

In|tui|tion (Mutmaßung, instinktives Erfassen – *idealist Philos*; unmittelbare Anschauung ohne Zuhilfenahme wissenschaftl. Erfahrungen u. logischer Schlüsse) ⟨*lat*⟩ · **in|tui|tiv**

in|tus (inwendig, innen) ⟨*lat*⟩; etwas – haben (*salopp*; etw. im Magen haben od. etw. begriffen haben); einen – haben (*salopp*; leicht betrunken sein)

In|un|da|tion (*Geol*; Überschwemmung, Überflutung) ⟨*lat*⟩

in|va|lid [..v..], *österr nur so*, *od* **in|va|li|de** ([durch Verwundung, Unfall od. Krankheit] dauernd arbeitsunfähig, dienstuntauglich) ⟨*lat → frz*⟩ · **In|va|li|de,** der *u.* die, –n, –n *K 341* · **In|va|li|den|ren|te** · **in|va|li|di|sie|ren** (für arbeitsunfähig erklären) · **In|va|li|di|tät,** die, – ([dauernde] Arbeitsunfähigkeit)

in|va|ria|bel [*od* 'inva..] (unveränderlich) ⟨*lat*⟩; *K 363*: invaria|ble Größe · **In|va|rian|te,** die, –n, *seltener* –, *Pl* –n *K 343* (*Math*; unveränderliche Größe) · **In|va|rian|ten|theo|rie** (*Math*) · **In|va|rianz,** die, –, –en (Unveränderlichkeit)

In|va|sion [..v..] (feindl. Einfall; [widerrechtl.] Eindringen in fremdes Gebiet) ⟨*lat → frz*⟩ · **In|va|sor,** der, –s, ..oren, *meist Pl* (Eindringling) ⟨*lat*⟩

In|ven|tar [..v..], das, –s, –e (Bestand; Bestandsverzeichnis; Aufstellung; Einrichtung) ⟨*lat*⟩ · **In|ven|tar|er|be,** der · **In|ven|ta|ri|sa|tion** (Bestandsaufnahme) · **in|ven|ta|ri|sie|ren** · **In|ven|tar|recht** · **In|ven|tion** (*Mus*; Instrumentalkomposition in freier Form, musikal. Erfindung) · **In|ven|tur,** die, –, –en (Bestands-, Lageraufnahme)

in|vers [..v..] (umgekehrt) ⟨*lat*⟩; eine –e Funktion (*Math*) · **In|ver|sion** (*fachspr*; Umkehrung, bes. der regelmäßigen Wortfolge)

Invertebraten ↑ Evertebraten

In|ver|ter [..v..], der, –s, – (*Datenv*, *Funkw*; Gerät zur Verschlüsselung von Informationen) ⟨*lat → engl*⟩ · **in|ver|tie|ren** (umkehren; versetzen) ⟨*lat*⟩ · **in|ver|tiert** (*fachspr*; umgekehrt; [geschlechtlich] verkehrt [empfindend]) · **In|ver|tin,** das, –s (*Biol*; ein Enzym)

in Ver|tre|tung; *Abk* i. V.[1] *od* I. V.[1]

In|vert|zucker [..v..; *Tr* ...zuk|ker] (Gemisch von Trauben- u. Fruchtzucker) ⟨*lat*⟩

in|ve|stie|ren [..v..] (Investitionen vornehmen) ⟨*lat*⟩ · **In|ve|stie|rung** · **In|ve|sti|tion** (*soz Wirtsch*; finanzielle u. materielle Aufwendung zur Entwicklung der Volkswirtschaft – *kap Wirtsch*; Kapitalanlage). *Zus K 365ff.*: Investitions‿kredit usw. · **In|ve|sti|tions|plan;** *Kurzw* Investplan · **In|ve|sti|tur,** die, –, –en (*noch gehoben*; Einweisung [in Besitz od. Amt]) · **In|ve|stor,** der, –s, ..oren (*kap Wirtsch*; Kapitalanleger) · **In|vest|plan** *Kurzw* (Investitionsplan)

in vi|no ve|ri|tas [– v.. v..] (»im Wein [ist] Wahrheit«) ⟨*lat*⟩

In|vo|ca|bit [..v..] (*kath Kirche*; Name des ersten Fastensonntags [des ersten Passionssonntags]) ⟨*lat*, ‚er wird [mich, d. h. Gott] anrufen'⟩; *vgl. auch* Invokavit · **In|vo|ka|tion** (Anrufung Gottes) · **In|vo|ka|vit** [..vo'ka:vit] (*ev Kirche*; Name des ersten Passionssonntags) ⟨*lat*, ‚er hat [mich, d. h. Gott] angerufen'⟩; *vgl. auch* Invocabit

in Voll|macht; *Abk* i. V.[1] *od* I. V.[1]

---

[1] *Klein- u. Großschreibung entsprechend* »i. A.« (*vgl. Anm. zum Stichwort* im Auftrag).

In|vo|lu|tion [..v..] (*Math*; besondere Art der Zuordnung – *Med*; normale Rückbildung) ⟨*lat*⟩ · **in|vol|vie|ren** [..vɔlˈviː..] (in sich schließen, enthalten; nach sich ziehen)
in|wen|dig
in|wie|fern
in|wie|weit
In|zest, der, _es, _e (Blutschande) ⟨*lat*⟩
In|zi|si|on (*Med*; Einschnitt) ⟨*lat*⟩ · **In|zi|siv,** der, _s, _e [..v..] (*Med*; Schneidezahn) · **In|zi|sur,** die, _, _en (*Anat*; Einschnitt, Spalte, Kerbe, Einkerbung)
In|zucht, die, _
in|zwi|schen
Iod ↑ Jod
Io|ka|ste [..tə *od* ..teː] (*griech Sage*; Mutter u. Frau des Ödipus) ⟨*grch*⟩
Ion, das, _s, _en (elektrisch geladenes Masseteilchen) ⟨*grch*⟩ · **Io|nen-aus|tau|scher, ...strah|len**
Io|nien [..ĭən] (*Altertum*; Küstenlandsch. im W Kleinasiens) ⟨*grch*⟩ · **Io|nier** [..ĭər], der, _s, _ (*Altertum*; Angehöriger eines griech. Hauptstammes)
Io|ni|sa|tion *od* **Io|ni|sie|rung,** die, _ (Übergang von Atomen od. Molekülen in den Ionenzustand) ⟨*grch* → *lat*⟩
io|nisch ⟨*zu* Ionien⟩; *K 238*: die ionische Säule, *aber K 258*: das Ionische Meer
io|ni|sie|ren (Atome od. Moleküle in Ionen verwandeln) ⟨*grch*⟩ · **Ioni-sierung** ↑ Ionisation · **Io|no|sphä|re,** die, _ (*Met*; ionisierte höhere Schichten der Erdatmosphäre in 60–500 km Höhe)
Io|wa [ˈaiɔwə] (Staat der USA)
Ipe|ka|kua|nha [..ˈkŭanja, *österr* ..anha], die, _ (Brechwurzel, eine südamerikan. Pflanze) ⟨*indian* → *portug*⟩
Iphi|ge|nie [..ĭə] (*griech Sage*; Tochter Agamemnons) ⟨*grch* → *lat*⟩
ip|se fe|cit (»[er, sie] selbst hat [es] gemacht«); *Abk* i. f. ⟨*lat*⟩ · **ip|sis|si-ma ver|ba** [_ v..] (die eigentlichen, eigenen Worte) · **ip|so fac|to** (*Rechtsw*) ⟨,durch die Tat selbst'⟩ · **ip|so ju|re** (*Rechtsw*) ⟨,durch das Recht selbst'⟩
I-Punkt *K 106*
Irak, *ohne Art*, *auch* der, _[s], *österr nur* _, *amtl* **Re|pu|blik Irak** (in Vorderasien) · **Ira|ker,** der, _s, _ · **ira|kisch**
Iran, *ohne Art*, *auch* der, _[s], *amtl* **Is|la|mi|sche Re|pu|blik Iran** *K 258*, die, *Gen* _n _ _ (in Vorderasien) · **Ira|ner,** der, _s, _ (Staatsbürger von Iran) · **Ira|nier** [..ĭər], der, _s, _ (Angehöriger einer indoeurop. Völkergruppe) · **ira|nisch** · **Ira|nist** (Fachmann auf dem Gebiet der Iranistik) ⟨*iran* → *lat*⟩ · **Ira|ni-stik,** die, _ (Wissenschaft von den iranischen Sprachen, Literaturen u. Kulturen)
Ir|bis, der, ..isses, ..isse (ein Raubtier) ⟨*mongol* → *russ*⟩
ir|den *K 364* (aus gebranntem Ton) ⟨*zu* Erde⟩; _e Gefäße · **ir|disch** (zur Erde gehörend)
Ire, der, _n, _n, *auch* **Ir|län|der,** der, _s, _ (Angehöriger eines kelt. Volkes) ⟨*kelt* → *engl*⟩
Ire|ne (w. Vn.) ⟨*grch*, ,Frieden'⟩
ir|gend (überhaupt, nur); wenn irgend möglich
I. *Zusammenschreibung K 126*: irgendeiner; irgendwer (*umg*), irgendwelcher, irgendwas (*umg*; irgend etwas); irgendeinmal; irgendwann; irgendwie; irgendwo, irgendwo anders, irgendwo sonst, sonst irgendwo; irgendwoher, irgendwohin; irgendworan
II. *Getrenntschreibung K 125*: irgend jemand, irgend etwas
Iri|dium, das, _s (chem. Element, Edelmetall); *Zeichen* Ir ⟨*grch* → *lat*⟩
Irin, *auch* **Ir|län|de|rin,** die, _, ..innen
Iris: 1. (*griech Mythol*; Botin der Götter in Gestalt des Regenbogens) – 2. die, _, _ (*Anat*; Regenbogenhaut im Auge – *Bot*; Schwertlilie, eine Zierpflanze) ⟨*grch*⟩ · **Iris|blen|de** (*Opt*)
irisch ⟨*zu* Ire⟩; *vgl. auch K 265ff.*; *K 238*: das irische Bad, *aber K 258*: die Irische See
Irish-Stew [ˈairiʃ ˈstjuː], das, _[s] (Weißkraut mit Hammelfleisch, Zwiebeln u. Kartoffeln) ⟨*engl*⟩
iri|sie|ren (in den Regenbogenfarben schillern) ⟨*grch*⟩ · **Iri|tis,** die, _ (*Med*; Regenbogenhautentzündung)
Ir|kutsk (Stadt der RSFSR an der Angara)
Ir|land (Staat u. Insel westl. von England) · **Irländer** ↑ Ire · **Irländerin** ↑ Irin
Ir|ma (w. Vn.) ⟨*Kurzf der mit* Irm[en]... (,groß') *gebildeten weibl Vornamen*⟩ · **Irm|gard** (w. Vn.) ⟨,groß' + ,Schutz'⟩; *Kurzf* ↑ Irma · **Irminonen** usw. ↑ Herminonen usw. · **Ir|min|säu|le** *od* **Ir|min|sul,** die, _ (ein german. Heiligtum)
Irm|traud (w. Vn.) ⟨,groß' + ,Kraft' (od. ,groß' + ,lieb')⟩; *Kurzf* ↑ Irma
Iro|ke|se, der, _n, _n (Angehöriger einer indian. Sprachfamilie in Nordamerika) · **iro|ke|sisch**
Iro|nie, die, _, ..ien (eine Redeweise, bei der man [mit feinem Spott] das Gegenteil des eigentlich Gemeinten sagt) ⟨*grch* → *lat*⟩ · **Iro-ni|ker,** der, _s, _ · **iro|nisch;** _ste · **iro|ni|sie|ren**
irr ↑ irre
Ir|ra|dia|tion (*Med*; Ausstrahlung von Schmerzen in benachbarte Nervenzweige; – *Fot*; Lichthofbildung auf fotograf. Platten u. Filmen) ⟨*lat*⟩
ir|ra|tio|nal (verstandesmäßig nicht faßbar; vernunftwidrig; unberechenbar) ⟨*lat*⟩ · **Ir|ra|tio|na|lis|mus,** der, _ (wissenschaftsfeindl. subjektiv-idealist. Philosophie, die die Wirklichkeit als für den Verstand, für das wissenschaftl. Denken nicht erfaßbar erklärt u. widervernünftige letzte Seinsgründe u. Kräfte annimmt) · **Ir|ra|tio|nal|zahl** (*Math*) · **ir|ra|tio|nell** (verstandesmäßig nicht faßbar) ⟨*lat* → *frz*⟩
ir|re, *auch* **irr;** *K 135*: irr[e] sein, irr[e] werden; *vgl. aber* irreführen, irregehen usw. · **Ir|re:** 1. der *u.* die, _n, _n *K 341* – 2. die, _; *fast nur noch in* in die Irre gehen, führen
ir|re|al (unwirklich) ⟨*lat*⟩ · **Ir|rea|lis,** der, _, ..les [..leːs] (*Gramm*; Aussageweise der Nichtwirklichkeit) · **Ir-rea|li|tät** (Unwirklichkeit)
Ir|re|den|ta, die, _ (*hist*; nationalist. Bewegung in Italien) ⟨*lat* → *ital*, ,unerlöstes' [Italien]⟩ · **Ir|re-den|tis|mus,** der, _ (polit., meist chauvinist. Bewegung im Sinne der Irredenta) · **Ir|re|den|tist** · **ir|re-den|ti|stisch**
ir|re|füh|ren *K 148*; du führst irre; irregeführt; irrezuführen; *aber*: in die Irre führen · **ir|re|ge|hen**[1] *K 148 u. 363*, *aber*: in die Irre gehen
ir|re|gu|lär (unregelmäßig; ungesetzmäßig) ⟨*lat*⟩; _e Truppen (*Milit*; Truppen, die nicht zum regelrechten Heer gehören) · **Ir|re|gu|lä-re,** der, _n, _n *K 341* (*Milit*; nicht zum eigentl. Heer Gehöriger) · **Ir-re|gu|la|ri|tät** (Unregelmäßigkeit; Ungesetzmäßigkeit)
ir|re|lei|ten[1] *K 148*, *aber*: in die Irre leiten
ir|re|le|vant [..v..] (unerheblich, belanglos) ⟨*lat*⟩ · **Ir|re|le|vanz,** die, _, _en
ir|re|li|giös (religionslos) ⟨*lat*⟩ · **Ir-re|li|gio|si|tät**
ir|re|ma|chen[1] *K 148* · **ir|ren;** sich (*Akk*) _
ir|re|pa|ra|bel (nicht wiedergutzumachen, unersetzlich) ⟨*lat*⟩; *K 363*: ein irrepara|bler Verlust
ir|re|re|den[1] *K 148* · **ir|re sein,** *auch* **irr sein** · **Ir|re|sein,** *auch* **Irr-sein** *K 101*, das, _s

---

[1] *Konjugation vgl.* irreführen.

ir|re|ver|si|bel [..v..] (nicht rückgängig zu machen, nicht umkehrbar) ⟨*lat*⟩; *K 363*: ein irreversi|bler Vorgang

Irr‿fahrt, ...gang, ...gar|ten · **Irr-glau|be,** *seltener* **Irr|glau|ben** · **irr-gläu|big** · **ir|rig** · **ir|ri|ger|wei|se** *K 176*

Ir|ri|ga|tion (*Med*; Aus- od. Abspülung) ⟨*lat*⟩ · **Ir|ri|ga|tor,** der, –s, ..oren (*Med*; Spülapparat)

ir|ri|ta|bel (reizbar) ⟨*lat*⟩; *K 363*: ein irrita|bler Mensch · **Ir|ri|ta|bi|li|tät,** die, – (Reizbarkeit) · **Ir|ri|ta|tion** (Reiz, Reizung) · **ir|ri|tie|ren** (reizen, aufreizen, erregen – [*mit falscher Anlehnung an* irre] *für* beirren, stören, unsicher machen)

Irr|läu|fer (falsch beförderte Postsache) · **Irr|leh|re** · **Irr|licht,** *Pl* ..lichter · **irr sein** usw. ↑ irre sein usw. · **Irr|sinn,** der, –[e]s · **irr|sin|nig** · **Irrtum,** der · **irr|tüm|lich** · **irr|tüm|li-cher|wei|se** *K 176* · **Irr|wisch** (Irrlicht)

Ir|tysch [*od* ..'tiʃ], der, – (Fluß in Westsibirien)

Isa|ak ['i:zaak, *auch* 'i:za(:)k, *österr* 'i:zak] (bibl. Gestalt) ⟨*hebr*⟩

Isa|bel|le, die, –, –n (falbes Pferd) ⟨*span*, *nach* der Infantin Isabella⟩ · **isa|bell|far|ben** (*K 364*) *od* **isa|bell-far|big** (bräunlichgelb bis gelbbraun); *vgl. auch* ...farben u. *K 272ff.*

Is|ane|mo|ne, die, –, –n (*Met*; Verbindungslinie zw. Orten gleicher Windstärke) ⟨*grch*⟩

Isar, die, – (Fluß im SO der BRD)

Isa|tin, das, –s (Vorstufe bei der Indigoherstellung) ⟨*grch* → *lat*⟩

Isau|rien [..iən] (*Altertum*; Landsch. im S Kleinasiens) · **Isau|rier** [..iər], der, –s, –

Is|chä|mie [isçɛ.., *auch* iʃɛ..], die, – (*Med*; örtl. Blutleere) ⟨*grch*⟩

Is|chia ['iskia] (Insel vor der Westküste Mittelitaliens)

is|chia|disch [isçi'a:.. *od* i'ʃia:..] (*Med*; die Ischias betreffend, Hüft...) ⟨*grch*⟩ · **Is|chias** ['isçias *od* 'iʃias], die (*österr* die *od* das), *umg auch* das *od* der, – *od* **Is|chi|al-gie,** die, – (*Med*; Hüftschmerz im Bereich des Ischiasnervs) · **Is|chias-nerv** (*Med*)

Isch|tar (*Mythol*; assyr.-babylon. Göttin der Fruchtbarkeit) ⟨*akkad*⟩

Is|chu|rie [isçu..], die, – (*Med*; Harnverhaltung) ⟨*grch*⟩

Ise|grim, der, –s, –e (Name des Wolfes in der Tierfabel – *übertr*, *abwert*; mürrischer Mensch)

Iser|ge|bir|ge, das, –s (in der ČSSR u. in Polen)

Isfahan ↑ Esfahan

Isis (*ägypt Mythol*; Schwester u. Frau des Osiris)

Is|ken|de|run [*od* ..'kɛn..] (Hafenstadt im S der Türkei)

Is|lam ['islam *od* is'la:m], der, *Gen* –[s] (*österr* –) (die von Mohammed gestiftete Religion) ⟨*arab*, ‚Hingebung an Gott'⟩

Is|lam|abad [..'ba:t] (Hptst. von Pakistan)

is|la|misch, *auch* **is|la|mi|tisch** ⟨*arab* → *lat*⟩ · **Is|la|mis|mus,** der, – (die Lehre des Religionsstifters Mohammed) · **Is|la|mit,** der, –en, –en

Is|land: 1. (Insel im nördl. Atlantik) – 2. *amtl* **Re|pu|blik Is|land** · **Is|län|der,** der, –s, – · **is|län-disch;** *vgl. K 266f.*; *K 238*: die isländische Sprache, *aber K 254*: das Isländische Moos (eine Arzneipflanze) · **Is|län|disch,** das, *Gen* –[s], *Dat* – (Sprachbezeichnung *K 268ff.*) · **Is|län|di|sche,** das, *Gen* –n, *Dat* –n (Sprachbezeichnung *K 271*)

Is|mae|lit [..ma:e..], der, –en, –en (Angehöriger einer mohammedan. Sekte) ⟨*hebr* → *arab* → *lat*⟩

Is|me|ne [..nə *od* ..ne:] (*griech Sage*; Tochter des Ödipus) ⟨*grch*⟩

Is|mus, der, –, ..men (*abwert*; eine bloße Theorie) ⟨*grch* → *lat*⟩

ISO, die, – *Kurzw* (Internationale Organisation für Standardisierung) ⟨*aus engl* International Organization for Standardization [intər,nɛʃ(ə)nəl ɔ:rgənai'ze:ʃ(ə)n fɔ:r stɛndərdai'ze:ʃ(ə)n]⟩

Iso|bar, das, –s, –e (*Phys*, *Chem*; Atomkernart) ⟨*grch*⟩ · **Iso|ba|re,** die, –[n], –n *K 343* (*Met*; Verbindungslinie zw. Orten gleichen Luftdrucks)

iso|chro|ma|tisch [..k..] (*Fot*; farbtonrichtig) ⟨*grch*⟩

iso|chron [..k..] (*Phys*; von gleicher Zeitdauer) ⟨*grch*⟩ · **Iso|chro-ne,** die, –, –n *K 342* (*fachspr*; Verbindungslinie zw. Orten, die von einem Punkt in der gleichen Zeit erreichbar sind; Verbindungslinie zw. Punkten mit gleichzeitigem Auftreten einer Erscheinung [z. B. eines Erdbebens])

Iso|dy|na|mie, die, –, ..ien (*fachspr*; gleicher Energiegehalt bei unterschiedlichen Mengen verschiedener Nahrungsstoffe) ⟨*grch*⟩ · **Iso|dy|ne,** die, –, –n (*Phys*; Linie gleicher Kraft)

Iso|ga|mie, die, – (*Biol*; Vereinigung gleichgroßer u. gleichgestalteter Geschlechtszellen) ⟨*grch*⟩

Iso|gon, das, –s, –e (regelmäßiges Vieleck) ⟨*grch*⟩ · **iso|go|nal** (gleichwinklig) ⟨*grch* → *lat*⟩ · **Iso|go|ne,** die, –, –n (Verbindungslinie zw. Orten gleicher magnet. Deklination od. gleicher Windrichtung) ⟨*grch*⟩

Iso|hye|te, die, –, –n (Verbindungslinie zw. Orten gleicher Niederschlagsmenge) ⟨*grch*⟩

Iso|hyp|se, die, –, –n (Verbindungslinie zw. Orten gleicher Höhenlage ü. d. M.) ⟨*grch*⟩

Iso|la|tion *od* **Iso|lie|rung** (Absonderung, Getrennthaltung, Absperrung; Vereinzelung; Abdichtung, Abdämmung) ⟨*lat* → *ital* → *frz*⟩ · **Iso|la|tio|nis|mus,** der, – (das Streben, sich [vom Ausland] abzuschließen) · **Iso|la|tio|nist** · **iso|la-tio|ni|stisch** · **Iso|la|tor,** der, –s, ..oren (Stoff, der Elektrizität sehr schlecht leitet, Nichtleiter)

Isol|de (1. *mittelalterl Sage*; Frauengestalt – 2. w. Vn.) ⟨*kelt*⟩

iso|lie|ren (absondern; abschließen; vereinzeln; elektr. Leiter umhüllen; abdichten) ⟨*lat* → *ital* → *frz*⟩ · **Iso-lie|rer** · **Iso|lier‿fla|sche, ...ma|te-rial, ...schicht, ...stoff** · **iso|liert** (*auch für* vereinsamt) · **Isolierung** ↑ Isolation

iso|mer (*Chem*; Isomerie aufweisend) ⟨*grch*⟩ · **Iso|me|re,** *auch* **Iso-me|ren** *Pl* (*Chem*; Verbindungen, die Isomerie aufweisen); *Sg* Isomer, das, –s *K 342*, *auch* Iso|me|re, das, –n *K 341* · **Iso|me|rie,** die, – (*Chem*; Unterschiedlichkeit in den Eigenschaften von Verbindungen bei mengenmäßig gleicher Zusammensetzung)

iso|me|trisch (*fachspr*) ⟨*grch*⟩ · **iso|me|tri|sche Axo|no|me|trie** *K 119*, die, *Gen* –n – *od* **Iso|me-trie,** die, – (*Geom*; axonometr. Darstellung mit gleichem Maßstab auf drei Achsen)

iso|morph (gleichgestaltig – *Chem*; von gleicher Kristallform) ⟨*grch*⟩ · **Iso|mor|phie,** die, – (*Chem*) · **Iso|mor|phis|mus,** der, – (*Chem*; Eigenschaft bestimmter chem. Stoffe, in gleicher Form zu kristallisieren) ⟨*grch* → *lat*⟩

Iso|ne|phe, die, –[n], –n *K 343* (Verbindungslinie zw. Orten gleicher Bewölkung) ⟨*grch*⟩

Ison|zo, der, –[s] (Fluß im O Oberitaliens)

iso|pe|ri|me|trisch (*Math*; von gleichem Umfang; von gleicher Oberfläche) ⟨*grch*⟩

Iso|po|den *Pl* (*Zool*; Asseln); *Sg* Iso|po|de, der, –n ⟨*grch*⟩

Iso|pren, das, –s (*Chem*; ein flüssiges Alken) ⟨*grch*⟩

Iso|sei|ste, die, –, –n (Verbindungslinie zw. Orten gleicher Erdbebenstöße) ⟨*grch*⟩

isosmotisch ↑ isotonisch

Iso|sta|sie, die, – (*Geol*; Gleichgewicht der Massen innerhalb der Erdkruste) ⟨*grch*⟩

iso|therm ⟨*grch*⟩ · **Iso|ther|me,** die, _[n], _n *K 343* (Verbindungslinie zw. Orten gleicher Lufttemperatur zum gleichen Zeitpunkt)

iso|to|nisch *od* **is|os|mo|tisch** (*Chem*; den gleichen osmot. Druck zeigend) ⟨*grch*⟩

Iso|to|pe *Pl* (*Kernphys*; Atomkerne gleicher Ordnungs-, aber verschiedener Massenzahl); *Sg* Iso|top, das, _s ⟨*grch*⟩ · **Iso|to|pen|tren|nung** (*fachspr*)

iso|trop (*Phys*, *Chem*; nach allen Richtungen des Raumes hin gleiche physikalisch-chem. Eigenschaften aufweisend) ⟨*grch*⟩

iso|zy|klisch ⟨*grch* → *lat*⟩ *od* **kar|bo|zy|klisch** ⟨*grch* + *lat*⟩ (*Chem*; im Ring nur Kohlenstoffatome enthaltend)

Is|ra|el [..ra:e:l *od* ..ra:ɛl] ⟨*hebr*⟩: 1.(das jüdische Volk im Alten Testament – *Altertum*; das nach Teilung des Salomonischen Reiches entstandene Nordreich mit der Hptst. Samaria); das Volk _ (A. T.) – 2. *amtl* **Staat Is|ra|el** (in Vorderasien) · **Is|rae|li** [..ra'e:..], der, _[s], _s (Staatsbürger von Israel [2]) · **is|rae|lisch** (Israel [2] angehörend od. betreffend) · **Is|rae|lit** [..ra:e..], der, _en, _en (Angehöriger des Volkes Israel) · **is|rae|li|tisch**

Istan|bul ['istambu:l] (am Bosporus gelegene Hafenstadt der Türkei) ⟨*grch* → *türk*⟩

Ist-Auf|kom|men *K 187*, das, _s, _ (*Wirtsch*; der tatsächliche Steuerertrag, Ertrag)

Istäwonen usw. ↑ Istwäonen usw.

Ist-Be|stand *K 187* (*Wirtsch*)

isth|misch ⟨*grch*⟩; *K 258*: die Isthmischen Spiele (*Altertum*) · **Isth|mus,** der, _, ..men (*Anat*, *Elektrotechn*; verengte Stelle, Strecke – *Geogr*; Landenge, bes. die von Korinth) ⟨*grch* → *lat*⟩

Istrien [..iən] (Halbinsel im NW Jugoslawiens)

Ist-Stär|ke *K 187*

Ist|wäo|nen, *auch* **Istä|wo|nen** *Pl* (Kultgemeinschaft westgerman. Stämme) · **ist|wäo|nisch,** *auch* **istä|wo|nisch**

Is|we|sti|ja, die, _ (Name einer sowjet. Tageszeitung) ⟨*russ*, ‚Nachrichten'⟩

Italer ↑ Italiker · **ita|lia|ni|sie|ren,** *auch* **ita|lie|ni|sie|ren** [..lĭe..] (italienisch machen) ⟨*lat*⟩ · **Ita|lien** [..ĭən], *ohne Art*, *amtl* **Ita|lie|ni|sche Re|pu|blik** *K 258*, die, *Gen* _n _ (in Südeuropa) · **Ita|lie|ner,** der, _s, _ · **ita|lie|nisch;** *vgl. K 266f.*; *K 238*: die italienische Schweiz, eine italienische Nacht; *vgl. aber* italisch · **Ita|lie|nisch,** das, *Gen* _[s], *Dat* _ (Sprachbezeichnung *K 268ff.*) · **Ita|lie|ni|sche,** das, *Gen* _n, *Dat* _n (Sprachbezeichnung *K 271*) · **italienisieren** ↑ italianisieren · **Italienne** [..'lĭɛn], die, _ (*Polygr*; eine Schriftgattung) ⟨*lat* → *frz*⟩ · **Ita|li|ker** *od* **Ita|ler,** der, _s, _ (*Altertum*; Angehöriger eines der nach Italien eingewanderten indoeurop. Volksstämme) ⟨*lat*⟩ · **ita|lisch** (das Italien des Altertums betreffend); *vgl. aber* italienisch

Ita|zis|mus *od* **Jo|ta|zis|mus,** der, _ (*Phon*; Aussprache des altgriech. Eta als langes I im Neugriechischen) ⟨*hebr* → *grch* → *lat*⟩

item (*veraltend*; ebenso, desgleichen; ferner) ⟨*lat*⟩

ite|ra|tiv ['i:.., *auch* itera'ti:f] (*fachspr*; wiederholend) ⟨*lat*⟩ · **Ite|ra|tiv,** das, _s, _e [..v..] (*Sprachw*; Verb, das eine Wiederholung des Geschehens ausdrückt, z. B. klappern = immer wieder klappen)

Itha|ka (*Altertum*; Name einer westgriech. Insel) ⟨*grch* → *lat*⟩

I-Tüp|fel|chen *K 106*; bis aufs _

It|ze|hoe [..'ho:] (Stadt im N der BRD)

Iwan (m. Vn.) ⟨*russ Form von* Johannes⟩

Iwein (*mittelalterl Sage*; Ritter der Artusrunde)

i wo! (*umg*; keineswegs!)

Iw|rith, das, _[s] (Neuhebräisch, Landes- u. Amtssprache Israels [2]) ⟨*hebr*⟩; auf _ heißt es ...

Iz|mir ['is.. *od* ..'mir, *österr* 'iz..] (Hafenstadt im W der Türkei) ⟨*grch* → *türk*⟩

J

J [jɔt, *österr* je:], das, *Gen* des J, *Pl* die J (Buchstabe); *vgl. auch* Jot

ja, *verstärkend* **ja|ja!** *od* **ja, ja!**; ach ja; ja doch; ja freilich; jawohl; zu allem ja sagen; ja und amen zu etwas sagen (*umg*; zustimmen) *Großschreibung K 104*: das Ja und [das] Nein; mit [einem] Ja antworten; mit Ja oder mit Nein stimmen; *vgl. auch* tja!. *Zeichensetzung bei* »ja« *vgl. K 450*

Ja|bot [ʒa'bo:], das, _s, _s (Spitzenkrause am Halsausschnitt von Kleidungsstücken) ⟨*frz*⟩

Jacht, *fachspr auch* **Yacht** [j..], die, _, _en (Sportsegel-, Vergnügungsfahrzeug; schnelles Segelschiff für die Küstenschiffahrt) ⟨*ndrl*, *zu* jagen⟩

Jack [dʒɛk] (m. Vn.) ⟨*engl Form von* Johannes⟩

Jäck|chen · **Jacke**[1], die, _, _n ⟨*arab* → *span* → *frz*⟩ · **Jacken|kleid**[1]

Jacket|kro|ne[1] ['dʒɛkit..] (Zahnersatz aus Porzellan od. Plast) ⟨*engl*⟩

Jackett[1] [ʒa.., *österr nur so*, *auch* ʃa..], das, _[e]s, *Pl* _s, *selten* _e (Jacke [für Männer]) ⟨*arab* → *span* → *frz*⟩

Jac|quard [ʒa'ka:r], der, _s, _s (*Textilwirtsch*; mit dem Jacquardwebstuhl hergestelltes Gewebe) ⟨*nach* dem französ. Textilfachmann⟩ · **jac|quard|ge|mu|stert** *K 215* (*Textilwirtsch*) · **Jac|quard|ma|schi|ne** *K 209* (*Textilwirtsch*)

Jac|que|rie [ʒak(ə)..], die, _ (Bauernaufstand im NO Frankreichs 1358) ⟨*frz*⟩

Jacques [ʒak] (m. Vn.) ⟨*französ Form von* Jakob⟩

Ja|de, der, *auch* die, _ (*Mineral*; ein grüner Schmuckstein) ⟨*lat* → *span* → *frz*⟩

Jaf|fa (Stadtteil von Tel Aviv) · **Jaf|fa|ap|fel|si|ne** *K 246*

Jagd, die, _, _en; *K 258*: die Wilde _ (*Mythol*). *Zus K 365ff.*: Jagd‿hund usw. · **jagd|bar** (*weidm*); _es Wild · **Jagd|bar|keit,** die, _ (*weidm*) · **Jagd|flin|te** · **Jagd|flug|zeug** · **jagd|lich;** _es Schießen · **Jagd|mes|ser,** das · **Jagd|staf|fel** (*Milit*; Verband von Jagdflugzeugen) · **ja|gen** · **Ja|gen,** das, _s, _ (*Forstw*; forstl. Wirtschaftsfläche) · **Jä|ger;** *K 258*: der Wilde _ (*Mythol*) · **Ja|ge|rei,** die, _ (*umg*; ständiges Hetzen) · **Jä|ge|rei:** 1. die, _ (Weidmannskunst) – 2. die, _, _en (Jagdbezirk) · **jä|ger|haft** · **Jä|ger‿la|tein, ...spra|che**

Ja|giel|lo|ne [..gĭɛl..], der, _n, _n (Angehöriger der litauisch-poln. Königsdynastie der Jagiellonen) ⟨*nach* Jagiełło [..'gĭɛwɔ], einem Großfürsten von Litauen⟩

Ja|gu|ar, der, _s, _e (eine Großkatze) ⟨*indian* → *span*⟩

jäh · **Jä|heit** [*Tr K 36*], die, _ · **jäh|lings**

Jahr, das, _[e]s, _e; über _ und Tag; zwei, viele _e lang, *aber K 176*: jahrelang; er ist über (mehr als) 14 _e alt; ein Kind nicht unter 14 _en; ein Kind bis zu 14 Jahren, *umg auch* ein Kind bis 14 Jahre; zum neuen _[e] (*K 119*) Glück wünschen; im _[e] (*Abk* i. J.); ohne _ (*Buchw* [*Abk* o. J.]); dieses, desselben _es (*Abk* d. J.); laufenden

[1] *Tr* ..k|k..

_es (*bürospr* [*Abk* lfd. J. *od* l. J.]); kommenden *od* künftigen _es (*bürospr* [*Abk* k. J.]); nächsten _es (*Abk* n. J.); vorigen _es (*Abk* v. J.) · **jahr|aus, jahr|ein** · **Jahr|buch,** *Pl* ..bücher; *Abk* Jb., *Pl* Jbb. · **Jährchen** · **jah|re|lang** *K 176, aber K 127*: zwei, viele Jahre lang · **jähren, sich** (*Akk*) · **Jah|res‿abschluß, ...be|ginn** · **Jah|res|endprä|mie** · **Jah|res‿tag, ...wen|de** · **Jah|res|zahl;** *vgl. auch K 291* · **Jahres|zeit** · **jah|res|zeit|lich** · **Jahrfünft,** das, _[e]s, _e · **Jahr|gang,** *Pl* ..gänge; *Abk* Jg., *Pl* Jgg. · **Jahr|hundert,** das, _s, _e; *Abk* Jh. · **jahrhun|der|te|alt** *K 176, aber K 127*: zwei Jahrhunderte alt · **jahr|hunder|te|lang** *K 176, aber K 127*: zwei Jahrhunderte lang · **Jahr|hundert|wen|de** · **...jäh|rig** (z. B. dreijährig *K 283* [drei Jahre dauernd, drei Jahre alt, drei Jahre her], *mit Ziffer K 284*: 3jährig); ein Dreijähriger (*mit Ziffer K 284*: ein 3jähriger); zwei dreijährige Pferde; *vgl. aber* ...jährlich · **jähr|lich** (jedes Jahr [wiederkehrend]) · **...jähr|lich** (z. B. alljährlich [alle Jahre wiederkehrend], vierteljährlich); *vgl. aber* ...jährig · **Jähr|ling** (*Zool, Landw*; [ein]jähriges Tier) · **Jahr|markt** · **Jahr|mil|lio|nen** *Pl* · **Jahr|tausend,** das, _s, _e, *meist Pl* · **Jahrzehnt,** das, _[e]s, _e · **jahr|zehnte|lang** *K 176, aber K 127*: zwei Jahrzehnte lang

Jah|we *od* **Jah|ve** [*beide* ˈja:ve: *od* ..və] (*Rel*; Name des israelitisch-jüdischen Gottes) ⟨*hebr*⟩; *vgl.* Jehova

Jäh|zorn · **jäh|zor|nig**

Jai|la|ge|bir|ge, das, _s (Gebirgszug auf der Krim) ⟨*türk*⟩

Jak ↑ Yak

Ja|ka|ran|da|holz (brasilian. Palisander) ⟨*indian* → *portug*⟩

Ja|kar|ta (Hptst. von Indonesien)

Ja|ko [ˈja.., *auch* ˈʒa..], der, _s, _s (Graupapagei) ⟨*hebr* → *grch* → *lat* → *frz*⟩

Ja|kob (m. Vn.) ⟨*hebr* → *grch* → *lat*⟩; *engl Nebenf* ↑ James, *französ Form* ↑ Jacques · **Ja|ko|bi** (*ohne Art*) *od* **Ja|kobs|tag** *K 209* (25. Juli) ⟨*nach* dem heiligen Jakobus d. Ä.⟩ · **Ja|ko|bi|ner** *Pl* (Mitglieder des bedeutendsten politischen Klubs in der Großen Französ. Revolution [von 1789]) ⟨*nach* der Tagungsstätte im Pariser Jakobinerkloster⟩ · **Ja|ko|bi|ner|tum,** das, _[e]s (*hist*) · **Ja|kobs|lei|ter** *K 209*: 1. die, _ (*A. T.*; Himmelsleiter) – 2. die, _, _n (*seem*; Strickleiter) · **Ja|kobs|stab** *K 209* (altes astronom. Winkelmeßinstrument) ⟨*nach* dem Kreuz des heiligen Jakobus d. Ä.⟩ · **Jakobstag** ↑ Jakobi

Ja|ku|te, der, _n, _n (Angehöriger eines Turkvolkes) · **ja|ku|tisch;** *vgl. auch K 265 ff.*; *K 258*: die Jakutische ASSR · **Ja|kutsk** (Stadt der RSFSR an der Lena)

Ja|la|pe, die, _, _n (trop. Windengewächs, dessen Wurzeln ein Abführmittel liefern) ⟨*nach* der mexikan. Stadt Jalapa [xa..]⟩ · **Ja|lape[n]|wur|zel** *K 246*

Ja|lon [ʒaˈlɔŋ *od* ..ˈlɔ̃:], der, _s, _s (*Geom*; Meßlatte [des Feldvermessers]; Absteckpfahl) ⟨*frz*⟩

Ja|lou|sie [ʒaluˈzi:], die, _, ..ien (Rolladen) ⟨*grch* → *lat* → *frz*⟩

Jal|ta (Kurort auf der Krim)

Jam [dʒɛm], das, _s, _s (Konfitüre) ⟨*engl*⟩

Ja|mai|ka (Staat auf der gleichnamigen Insel der Großen Antillen) · **Jamai|ka|ner,** der, _s, _ · **ja|mai|kanisch** · **Ja|mai|ka|rum** *K 246*, der, _s

jam|bisch, *österr nur so, auch* **iambisch** (*Metrik*; im Versmaß des Jambus) ⟨*grch*⟩ · **Jam|bus,** *österr nur so, auch* **Iam|bus,** der, _, ..ben (*Metrik*; ein Versfuß) ⟨*grch* → *lat*⟩

James [dʒɛ:ms *od* dʒe:mz] (m. Vn.) ⟨*engl Nebenf von* Jakob⟩

Jam|mer, der, _s · **Jam|mer|bild** · **jäm|mer|lich** · **Jäm|mer|lich|keit,** die, _ · **Jäm|mer|ling** (*umg abwert*) · **jam|mern** *K 363*; er jammert mich (*gehoben*); es jammert mich seiner (*gehoben*) · **jam|merscha|de** (*umg*); es ist _ · **jam|mervoll**

Jamswurzel ↑ Yamswurzel

Jang|tse|kiang, *neuere Schreibung* **Chang|jiang** *od* **Chang Jiang** [*beide* tʃaŋˈdjĭaŋ], der, _[s] (Strom in China) ⟨*chin*, ‚langer Fluß'⟩

Ja|ni|tschar, der, _en, _en (Soldat der infanterist. Kerntruppe der alten Türkei) ⟨*türk*, ‚neue Truppe'⟩

Jan|ker, der, _s, _ (*süddt, österr*; Jacke, Rock)

Jan Maat *od* **Jan|maat** (*scherzh*; Seemann) ⟨*ndrl*⟩

Jän|ner, der, _[s] *K 328*, *Pl* (*selten*) _ (*bes österr*; Januar) ⟨*lat*, *nach* dem Gott Janus⟩ · **Ja|nu|ar,** der, _[s] *K 328*, *Pl* (*selten*) _e (erster Monat im Jahr); *Abk* Jan. · **Ja|nus** (*röm Mythol*; mit Doppelgesicht dargestellter Gott der Tür, des Ein- u. Ausgangs, des Beginns u. Endes) · **Ja|nus|kopf** *K 209* (Doppelgesicht – *übertr*; zwiespältiger Mensch)

Ja|pan (Kaiserreich auf einem der Inselbögen Ostasiens) ⟨*chin*, ‚Land des Sonnenaufgangs'⟩ · **Ja|pa|ner,** der, _s, _ · **ja|pa|nisch;** *vgl. K 266 f.*; *K 258*: das Japanische Meer · **Ja|pa|nisch,** das, *Gen* _[s], *Dat* _ (Sprachbezeichnung *K 268 ff.*) · **Ja|pa|ni|sche,** das, *Gen* _n, *Dat* _n (Sprachbezeichnung *K 271*) · **Ja|pa|no|lo|ge,** der, _n, _n (Wissenschaftler auf dem Gebiet der Japanologie) ⟨*chin* + *grch*⟩ · **Ja|pa|no|lo|gie,** die, _ (Wissenschaft von Sprache, Literatur, Kultur u. Geschichte des japan. Volkes)

jap|pen (*norddt*; japsen) · **jap|sen** *K 354* (*umg*; nach Luft schnappen; stoßweise atmen) ⟨*nd*⟩

Jar|gon [ʒarˈgɔŋ *od* ..ˈgɔ̃:], der, _s, _s (Sprechweise bestimmter sozialer, berufl. u. ähnl. Gruppen innerhalb einer Nationalsprache – *auch abwert*; ungepflegte, derbe Ausdrucksweise) ⟨*frz*⟩

Ja|sa|gen, das, _s · **Ja|sa|ger,** der, _s, _ (*meist abwert*)

Jas|min, der, _s, _e (ein Zierstrauch mit stark duftenden Blüten) ⟨*pers* → *arab* → *span*⟩

Ja|son (*griech Sage*; Anführer der Argonauten)

Jas|pis, der, _, *österr nur so*, *od* ..isses, *Pl* ..isse (*Mineral*; ein roter od. brauner Chalzedon) ⟨*semit* → *grch* → *lat* → *frz*⟩

Jaß, der, *Gen* Jasses (ein schweizer. Kartenspiel) ⟨*ndrl*⟩ · **jas|sen** (Jaß spielen); du jaßt *K 354*, er jaßt; du jaßtest; gejaßt; jasse! *od* jaß! · **Jas|ser**

Ja|stim|me

jä|ten

Jau|che, die, _, _n ⟨*poln*⟩ · **jauchen** (*Landw*) · **Jau|chen|faß,** *auch* **Jau|che|faß** · **Jau|chen|grube,** *auch* **Jau|che|gru|be** · **jau|chig** (*auch umg abwert*)

jauch|zen *K 354* ⟨‚juch[he]rufen'⟩ · **Jauch|zer**

jau|len (*meist von Hunden gesagt*; heulen, winseln)

Jaunde ↑ Yaoundé

Jau|se, die, _, _n (*österr*; kleine Zwischenmahlzeit, Vesper) ⟨*slowen*⟩ · **jaus|nen** (*österr*)

Ja|va [..v..], *indones* **Ja|wa** (eine der Großen Sundainseln) · **Ja|va|ner,** der, _s, _ · **ja|va|nisch;** *vgl. K 266 f.* · **Ja|va|nisch,** das, *Gen* _[s], *Dat* _ (Sprachbezeichnung *K 268 ff.*) · **Ja|va|ni|sche,** das, *Gen* _n, *Dat* _n (Sprachbezeichnung *K 271*)

ja|wohl · **Ja|wort,** *Pl* (*selten*) ..worte

Jazz [dʒɛs, *auch* jats, *österr* dʒɛz]: 1. der, _ (aus religiösen Gesängen, Arbeits- u. Tanzliedern der Afroamerikaner in den USA hervorgegangener Musikstil) – 2. die, _ *österr Kurzw* (Jazzband) ⟨*amerik*⟩ · **Jazz|band** [ˈdʒɛsbɛnt, *auch* ˈjatsbant, *österr* 'dʒɛzbɛnd], die (Jazzkapelle); *österr Kurzw* Jazz · **jaz|zen** ['dʒɛs(ə)n *od* 'jats(ə)n, *österr* 'dʒɛz(ə)n]

je; seit je; wie (*od* seit) eh und je *K 63*; je Angestellter *od* je Angestellten; je Person; je drei, je zwei und zwei; je nachdem *K 450 u. 390*; je länger, je lieber (*vgl. aber* Jelängerjelieber); je schneller, desto besser; je klarer, um so lieber (*vgl. auch K 450 u. 390*)

Je ↑ Jot

Jean [ʒɑ̃:] (m. Vn.) ⟨*französ Form von* Johannes⟩ · **Jeanne** [ʒan] (w. Vn.) ⟨*französ Form von* Johanna⟩; *Verkleinerungsf* ↑ Jeannette · **Jean|nette** [ʒa'nɛt] (w. Vn.) ⟨*Verkleinerungsf von* Jeanne⟩

Jeans [dʒi:ns] *Pl* (Hose aus strapazierfähigem Baumwollstoff – *auch kurz für* Blue Jeans) ⟨*engl*⟩ · **Jeans‿an|zug** ['dʒi:ns..], **...rock, ...stoff**

je|den|falls *K 176*

je|der, jede, jedes. *Auch substantivisch* (außer am Satzanfang) *stets klein geschrieben K 120 Deklination* wie beim *Adj* (*vgl. K 330ff.*); jeder beliebige, jeder einzelne; jedes dritte Wort; all[es] und jedes. *Beachtenswert*: **a)** *Gen des Singulars*; *K 333* Merke: *vor stark deklinierten männl. u. sächl. Substantiven ohne vorangestellten Art. meist schwach flektiert*, z. B. jeden Mannes, jeden Jahres usw. (*vgl.* jedenfalls) – **b)** *Dat*: *ohne Art stark*: jedem, jeder, *aber mit Art schwach*: einem jeden, einer jeden · **je|der|lei** (*gehoben*); auf ‿ Art · **je|der|mann** *K 120*, *Gen* ‿s, *Dat u. Akk* ‿; es ist nicht jedermanns Sache · **je|der|zeit** *K 176* (immer), *aber K 175*: zu jeder Zeit · **je|des|mal** *K 176*, *aber K 175*: ein jedes Mal

je|doch; *vgl. auch K 401*

jed|we|der, jedwede, jedwedes (*noch gehoben*; jeder); *K 333*: jedweden (*älter* jedwedes) Inhalts

Jeep [dʒi:p], der, ‿s, ‿s *Kurzw* (geländegängiger Militärkraftwagen) ⟨*amerik*⟩

jeg|li|cher *K 120* (*noch gehoben*; jeder); ein jeglicher; jegliches; *K 333*: jeglichen (*älter* jegliches) Geschlechts

je|her ['je:he:r]; von ‿

Je|ho|va [je'ho:va] (durch Vokalveränderung entstandener anderer Name für Jahwe) ⟨*hebr*⟩

jein (*umg scherzh*; weder ja noch nein) ⟨*aus ja u. nein*⟩

Je|län|ger|je|lie|ber, das, ‿s, ‿ (eine Kletterpflanze, Echtes Geißblatt)

je|mals

je|mand, *Gen* ‿[e]s, *Dat* ‿ *od* ‿em, *Akk* ‿ *od* ‿en, *Abk* jmd.; mit jemand and[e]rem, *auch* (*aber doppelsinnig*:) mit jemand anders

I. *Kleinschreibung K 120*: irgend jemand; sonst jemand; jemand anders; jemand Fremdes; jemand Unbekanntes

II. *Großschreibung K 97*: ein gewisser Jemand (*scherzh*)

je mehr

Je|men (Landsch. in Südarabien); *vgl. auch* Jemenitische Arabische Republik *u.* Volksdemokratische Republik Jemen · **Je|me|nit,** der, ‿en, ‿en (Staatsbürger der JAR bzw. der VDRJ) · **je|me|ni|tisch** · **Je|me|ni|ti|sche Ara|bi|sche Re|pu|blik** *K 258*, die, *Gen* ‿n ‿n ‿ (in Südarabien); *Abk* JAR

je|mi|ne! [..ne:] (*umg veraltend*) ⟨*aus lat* Jesu domine [‿ ..ne:] = ‚o Herr Jesus!'⟩; herrjemine! (*umg veraltend*); ojemine! (*umg veraltend*)

Je|na (Stadt im Bez. Gera)

je nach|dem; *vgl. auch K 450 u. 390*

Je|na|er: 1. *od* **Je|nen|ser** ⟨*latinis, zu* Jena⟩ *K 231*: der, ‿s, ‿; 2. *als Attribut K 232*: das Jenaer Glas (feuerfestes Hauswirtschaftsglas) · **je|na|isch** · **Je|nen|ser**: 1. ↑ Jenaer – 2. *als Attribut K 232*: die Jenenser Studenten

je|ner, jene, jenes; jener ... dieser

je|nisch (*noch landsch*; klug, gewitzt) ⟨*Herkunft umstritten*⟩; die ‿e Sprache (Rotwelsch)

Je|nis|sej, der, ‿ (Strom in Sibirien)

Jen|ni [*österr* 'ʒɛ..] (w. Vn.) ⟨*eindeutschende Schreibung von* Jenny⟩ · **Jen|ny** ['jɛni, *österr* 'ʒɛ..] (w. Vn.) ⟨*engl Kurzf von* Johanna⟩

jen|sei|tig ['je:n.. *od* 'jɛn..] · **Jen|sei|tig|keit,** die, ‿ · **jen|seits**: 1. *Adv* – 2. *Präp mit Gen*: ‿ des Waldes · **Jen|seits,** das, ‿ (*Rel*)

Je|re|wan [*od* ..'van] (Hptst. von Armenien [2])

Jerez ↑ Sherry · **Jerez de la Frontera** [çe:rɛs ‿ ‿ ‿] ↑ *unter* Sherry · **Je|rez|wein** ['çe:rɛs..] *K 246*

Je|ri|cho [..ço] (altkanaanäische Stadt im Jordantal) · **Je|ri|cho|ro|se** *K 246* (Pflanze des Mittelmeerraums)

Je|ri|chow [..ço:] (Stadt im Bez. Magdeburg)

Jer|sey ['dʒœ:rzi]: 1. der, ‿s, ‿s (ein Wollstoff) – 2. das, ‿s, ‿s (ein Trikothemd – *schweiz*; Trikotleibchen) ⟨*nach* der engl. Kanalinsel⟩

je|rum! (*veraltend*) ⟨*Herkunft umstritten*⟩

Je|ru|sa|lem (Stadt in Palästina) ⟨*hebr*⟩

Je|su|it, der, ‿en, ‿en (*kath Kirche*; Angehöriger eines Mönchsordens) ⟨*hebr* → *grch* → *lat*⟩ · **je|sui|tisch** · **Je|sui|tis|mus,** der, ‿ (*kath Kirche*; Methoden u. Anschauungen des Jesuitenordens)

Je|sus (*Rel*; Stifter des Christentums) ⟨*hebr* (‚Gott hilf') → *grch* → *lat*⟩; ‿ Christus [↑ *d.*] · **Je|sus Chri|stus** [‿ k..], *Gen* Jesu Christi, *auch* Jesus Christus', *Dat* Jesus Christus, *älter* Jesu Christo, *Akk* Jesus Christus, *älter* Jesum Christum, *Anrede* Jesus Christus *od* Jesu Christe [..zu: ..te:] (*Rel*); *vgl. auch* Christus

Jet [dʒɛt], der, ‿[s], ‿s (Verkehrsflugzeug mit Strahltriebwerk) ⟨*engl*⟩ · **Jet|li|ner** ['dʒɛtlainər], der, ‿s, ‿

Jett [dʒɛt], der *od* das, ‿[e]s (*fachspr*; zu Schmuck verarbeiteter Gagat) ⟨*grch* → *lat* → *frz* → *engl*, *nach* dem alten Fundort Gagai [..a:i] in Kleinasien⟩ · **jett|ar|tig** (*fachspr*)

jet|zig · **jetzt**; jetzt ... jetzt; *vgl. auch K 450 u. 390* · **Jetzt,** das, ‿ (Gegenwart, Neuzeit) · **Jetzt|zeit,** die, ‿

Jeu|nesse do|rée [ʒœ,nɛs dɔ're:] *K 47*, die, *Gen* ‿ ‿ (*veraltet*; vergnügungssüchtige junge Nichtstuer aus Kreisen der Bourgeoisie u. des Adels [ursprüngl. aus der französ. Bourgeoisie]) ⟨*frz*, ‚goldene Jugend'⟩

je|wei|lig · **je|weils**, *schweiz noch* **je|wei|len**

jid|disch ⟨*hebr* → *grch* → *lat* → *dt* → *jidd*⟩; *vgl. K 266f.* · **Jid|disch,** das, *Gen* ‿[s], *Dat* ‿ (Sprachbezeichnung *K 268ff.*) · **Jid|di|sche** *K 271*, das, *Gen* ‿n, *Dat* ‿n (Sprache der jüd. Bevölkerung, bes. Osteuropas u. Amerikas) · **Jid|di|stik,** die, ‿ (Wissenschaft vom Jiddischen)

Jig|ger ['dʒigər], der, ‿s, ‿ (*Textiltechn*; Breitfärbemaschine) ⟨*engl*⟩

Jiu-Jit|su [,dʒi:u'dʒitsu(:)], *eindeutschend* **Dschiu-Dschit|su,** das, ‿[s] (alter japan. Ringsport, die »sanfte Kunst« der [waffenlosen] Selbstverteidigung) ⟨*jap*⟩

Joa|chim ['jo:axim *od* jo'axim] (m. Vn.) ⟨*hebr*⟩; *Kurzf* ↑ Achim, ↑ Jochen

Job [dʒɔp], der, ‿s, ‿s (*umg*; [vorübergehende] gute Verdienstmöglichkeit; Stelle; Beschäftigung) ⟨*engl*⟩ · **Job|ber** ['dʒɔbər], der, ‿s, ‿ (Wertpapierhändler an engl. Börsen – *umg abwert*; skrupelloser Spekulant) · **Job|ber|tum,** das, ‿[e]s (*umg*)

Job|sia|de, die, ‿ (*Lit*; eine satirische Verserzählung des 18. Jh.) ⟨*lat* → *grch*⟩

Joch, das, ‿[e]s, *Pl* ‿e *u. bei histor Maßangabe* (*K 308*) Joch, z. B. 9 Joch Acker, 3 Joch Ochsen. *Zus K 365ff.*: Joch‿bein (*Anat*) usw.

Jo|chen [..x..] (m. Vn.) ⟨*Kurzf von* Joachim⟩

Jockei *od* **Jockey** ['dʒɔke: *od* 'dʒɔki, *österr nur so*; *Tr* ..k|k..], der, _s, _s (berufsmäßiger Rennreiter) ⟨*engl*, ‚kleiner Jakob'⟩

Jod, *fachspr* **Iod,** das, _s (chem. Element, Nichtmetall); *Zeichen* J *od* I ⟨*grch*⟩ · **Jo|dat,** das, _[e]s, _e (*Chem*; Salz der Jodsäure) ⟨*grch* + *lat*⟩

jo|deln *K 363*

Jo|did, das, _[e]s, _e (*Chem*; Salz der Jodwasserstoffsäure) ⟨*grch*⟩ · **Jo|dis|mus,** der, _ (*Med*; Jodvergiftung) ⟨*grch* → *lat*⟩

Jod|ler

Jo|do|form, das, _s (ein keimtötendes Wundheilmittel) ⟨*grch* + *lat*⟩ · **Jod|tink|tur,** die, _

Jo|ga *od* **Yo|ga** ['jo:..], der, _[s] (altes ind. philosoph. System; Praxis der sog. Selbstlösung aus dem Körperlichen durch Askese, Ekstase usw.) ⟨*aind*⟩

jog|gen ['dʒɔ..] ⟨*engl*⟩; gejoggt · **Jogging,** das, _s (sportl. Laufen)

Jo|ghurt, *seltener* **Yo|ghurt** [*beide* 'jo:gurt], der *od*, *österr nur*, das, _s (dicke Milch, die infolge bakterieller Gärung gesäuert ist) ⟨*türk*⟩

Jo|gi *od* **Yo|gi** ['jo:..], der, _s, _s (Anhänger des Joga) ⟨*aind*⟩

Jog|ja|kar|ta *K 228* (Stadt auf Java)

Jo|hann [jo'han *od* 'jo:..] (m. Vn.) ⟨*Kurzf von* Johannes⟩ · **Jo|han|na** (w. Vn.) ⟨*zu* Johannes⟩; *französ Form* ↑ Jeanne, *dt Kurzf* ↑ Hanna, *engl Kurzf* ↑ Jenny (*eindeutschend* ↑ Jenni) · **Jo|han|nes** (m. Vn.) ⟨*hebr* → *grch*, ‚Gott ist gnädig'⟩; *engl Form* ↑ Jack, ↑ John (1), *französ Form* ↑ Jean, *russ Form* ↑ Iwan, *dt Kurzf* ↑ Hanno, ↑ Hans, ↑ Johann, ↑ John (2)

Jo|han|nes|burg (Stadt in Südafrika [2]) · **Jo|hann|ge|or|gen|stadt** (Stadt im Bez. Karl-Marx-Stadt)

Jo|han|ni, das, _s *od* **Jo|han|nis,** das, _ *bzw* **Jo|han|nis|tag,** der, _[e]s (24. Juni) · **Jo|han|nis|bee|re** · **Jo|han|nis|ber|ger,** der, _s (ein Wein) · **Jo|han|nis|brot** (Frucht des Johannisbrotbaums) · **Jo|han|nis|kä|fer** · **Jo|han|nis|kraut** (Hartheu, eine Arzneipflanze) · **Johannistag** ↑ Johanni · **Jo|han|ni|ter,** der, _s, _ (*kath Kirche*; Angehöriger eines geistl. Ritterordens) · **Jo|han|ni|ter|or|den,** der, _s (*kath Kirche*)

joh|len (*umg abwert*)

John (m. Vn.) ⟨1. [dʒɔn] *engl Form von* Johannes – 2. [jo:n] *dt Kurzf von* Johannes⟩ · **John Bull** [dʒɔn _] (Spottname u. Karikatur des Engländers) ⟨*engl*, ‚Hans Stier'⟩

Jo|ker [*auch* 'dʒo:.., *österr nur so*], der, _s, _ (*Kartensp*) ⟨*lat* → *engl*⟩

Jo|ko|ha|ma *od* **Yo|ko|ha|ma** [jo..] (Hafenstadt in Japan)

Jo|kus, der, _, ..usse (*umg veraltend*; Scherz, Spaß) ⟨*lat*⟩

Jol|le, die, _, _n (kleines Beiboot; Segelboot) ⟨*ndrl*⟩ · **Joll|tau,** *auch* **Jol|len|tau,** das

Jon|gleur [ʒɔŋ'lø:r], der, _s, _e (Geschicklichkeitskünstler) ⟨*lat* → *frz*⟩ · **Jon|gleu|se** [ʒɔŋ'lø:zə], die, _, _n · **jon|glie|ren** [ʒɔŋ'li:..]

Jons|dorf, Kur|ort (im Bez. Dresden)

Jop|pe, die, _, _n (Jacke) ⟨*arab* → *ital*⟩

Jor|dan, der, _[s] (Fluß in Palästina) · **Jor|da|nien** [..ĭən], *ohne Art*, *amtl* **Ha|sche|mi|ti|sche Kö|nig|reich Jor|da|nien** *K 258*, das, *Gen* _n _[e]s _ (in Vorderasien) · **Jor|da|nier** [..ĭər], der, _s, _ · **jor|da|nisch**

Jörg (m. Vn.) ⟨*Kurzf von* Georg⟩

Jo|seph, *österr nur* **Jo|sef** *K 207* (m. Vn.) ⟨*hebr* → *grch* → *lat*, ‚Gott vermehre!'⟩; *Nebenf* Josef, *Kurzf* ↑ Sepp · **Jo|se|phi|ne,** *österr nur* **Jo|se|fi|ne** *K 207* (w. Vn.) ⟨*hebr* → *grch* → *lat* → *frz*⟩; *Nebenf* Josefine · **Jo|se|phi|nisch** *K 217*; _es Zeitalter (histor. Bez. für die Zeit Kaiser Josephs II.)

Jo|sua (bibl. Gestalt) ⟨*hebr*, ‚Gott hilft!'⟩

Jot [jɔt], *österr* **Je** [je:], das, _[s], _s (ausgeschriebene Form des J) ⟨*semit* → *grch*⟩ · **Jo|ta** ['jo:..], das, _[s], *Pl* _s, *österr auch* _ (griech. Buchstabe: *I*, *ι*); kein Jota (*übertr*; nicht das geringste) · **Jotazismus** ↑ Itazismus

Joule [dʒu:l], das, _[s], _ (SI-Einheit der Energie); *Einheitenzeichen* J ⟨*nach* dem engl. Physiker⟩; *vgl. auch* Newtonmeter u. Wattsekunde

Jour|nail|le [ʒur'naljə, *österr* ..'naj], die, _ (*abwert*; eine skrupellos arbeitende Presse u. die bei ihr mitwirkenden Journalisten) ⟨*lat* → *frz*⟩ · **Jour|nal** [..'na:l], das, _s, _e (Zeitung; Zeitschrift – *veraltend*; Tagebuch) · **Jour|nal|be|am|te** (*österr*; diensthabender Beamter) · **Jour|na|lis|mus,** der, _ (Pressewesen; schriftstellerische Tätigkeit im Pressewesen) · **Jour|na|list** (Mitarbeiter bei Presse, Rundfunk, Fernsehen, Nachrichtenagenturen) · **Jour|na|li|stik,** die, _ (Mittel zur Gestaltung von Zeitungen u. ä.; Wissenschaft vom Pressewesen) · **Jour|na|li|stin,** die, _, ..innen · **jour|na|li|stisch**

jo|vial [..v.., *österr u. schweiz auch* ʒo..] (leutselig; fröhlich, heiter) ⟨*lat* → *frz*⟩ · **Jo|via|li|tät,** die, _

Juan ↑ Don Juan

Ju|bel, der, _s ⟨*lat*⟩

Ju|bel|jahr (bei den Juden jedes 50. Jahr) ⟨*hebr* → *grch* → *lat*⟩; alle _e (sehr selten)

ju|beln *K 363* ⟨*lat*⟩

Ju|bi|lar, der, _s, _e (jmd., der ein Jubiläum begeht) ⟨*hebr* → *grch* → *lat*⟩ · **Ju|bi|la|rin,** die, _, ..innen

Ju|bi|la|te (*christl Rel*; dritter Sonntag nach Ostern) ⟨*lat*, ‚jubelt!'⟩

Ju|bi|lä|um, das, _s, ..äen (Gedenktag, Jahresfeier; Jubelfest) ⟨*hebr* → *grch* → *lat*⟩ · **Ju|bi|lä|ums‿aus|ga|be, ...fei|er, ...jahr**

ju|bi|lie|ren (*noch gehoben*; jubeln) ⟨*lat*⟩

juch|he! *od* **juch|hei!** (*umg*) · **juch|hei|ras|sa!** (*dicht*) · **juch|hei|ras|sas|sa!** (*dicht*) · **juch|hei|sa!** *od* **juch|hei|ßa!** (*dicht*)

juch|ten [..x..] *K 364* (aus Juchten) ⟨*tat* → *russ*⟩ · **Juch|ten,** der *od* das, _s (feines, geschmeidiges, wasserdichtes Leder). *Zus K 365 ff.*: Juchten‿leder usw.

juch|zen *K 354* (*umg*; jauchzen) · **Juch|zer** (*umg*; Jauchzer)

jucken [*Tr* juk|ken]; es juckt mich [am Arm]; ihm (*älter* ihn, *österr nur so*) juckt das Fell (*auch umg*); mir (*älter* mich, *österr nur so*) juckt es in den Fingern (*umg*)

Jucker [*Tr* Juk|ker], der, _s, _ (leichtes [ungar.] Wagenpferd)

Ju|da: 1. (ein israelit. Stamm – *Altertum*; das nach Teilung des Salomonischen Reiches entstandene Südreich mit Jerusalem) – 2: ↑ Judas ⟨*hebr*⟩

Ju|däa (Landsch. im S Palästinas) ⟨*hebr* → *grch* → *lat*⟩

Ju|da|is|mus, der, _ (die jüd. Religion) ⟨*hebr* → *grch* → *lat*⟩

Ju|das ⟨*hebr* → *grch* → *lat*⟩ *od* **Ju|da** ⟨*hebr*⟩ (bibl. m. En.) · **Ju|das|lohn** *K 209*, der, _[e]s ⟨*nach* Judas Ischariot, dem Verräter Jesu in der Bibel⟩

Ju|de, der, _n, _n (ursprünglich Angehöriger des Stammes Juda, nach der Babylon. Gefangenschaft jeder Israelit) ⟨*hebr* → *grch* → *lat*⟩ · **Ju|den|kir|sche** (Lampionblume, ein Nachtschattengewächs) · **Ju|den|tum,** das, _[e]s

Ju|di|ka (*christl Rel*; fünfter Passionssonntag) ⟨*lat*, ‚richte!'⟩

Jü|din, die, _, ..innen · **jü|disch;** *K 119*: die jüdische Zeitrechnung

Ju|dith: 1. (altjüd. Volksheldin) – 2. (w. Vn.) ⟨*hebr*, ‚die Frau aus Jehud'⟩; *Kurzf* ↑ Jutta

Ju|do [*österr auch* 'dʒu:do *od* dʒu:'do:], das, _[s] (sportl. Form des

Jiu-Jitsus) ⟨*jap*⟩ · **Ju|do|ka**, der, _s, _s (Judosportler)

Ju|gend, die, _ ⟨*zu* jung⟩; *K 258*: Freie Deutsche Jugend (*Abk* FDJ). *Zus K 365ff.*: Jugend‿brigade usw. · **Ju|gend|her|ber|ge**; *Abk* JH · **Ju|gend|klub** · **ju|gend|lich** · **Ju|gend|li|che**, der *u.* die, _n, _n *K 341* · **Ju|gend|lich|keit**, die, _ · **Ju|gend|ob|jekt** · **Ju|gend|stil**, der, _[e]s (dt. Kunstrichtung gegen Ende des 19. Jh.) · **Ju|gend|stun|den** *Pl* (Vorbereitung auf die Jugendweihe) · **Ju|gend|wei|he** (feierl. Veranstaltung beim Übergang der Jugendlichen in das Leben der Erwachsenen) · **Ju|gend|werk|hof** (staatl. Erziehungseinrichtung für straffällig gewordene od. schwererziehbare Jugendliche)

Ju|go|sla|we, der, _n, _n ⟨*slaw* jug ‚Süd'⟩ · **Ju|go|sla|wien** [..ĭən], *ohne Art, amtl* **So|zia|li|sti|sche Fö|de|ra|ti|ve Re|pu|blik Ju|go|sla|wien** [_ ..v.. _ _] *K 258*, die, *Gen* _n _n _ _ (im SO Europas); *Abk* SFRJ · **ju|go|sla|wisch**

Jug|sib [*auch* 'juk..], die, _ *Kurzw* (Südsibirische Eisenbahn) ⟨*russ*⟩

ju|he! (*schweiz*; juchhe!)

Juice [dʒu:s], der, *österr nur so, auch* das, _, _s [..sis] (Obst-, Gemüsesaft) ⟨*lat* → *frz* → *engl*⟩

Juist [jy:st] (eine der Ostfries. Inseln der BRD)

Julei ↑ Juli

Jul|fest (Weihnachtsfest in Skandinavien – *hist*; Fest der Wintersonnenwende) ⟨*anord*⟩

Ju|li, *verdeutlichende Sprechform* **Ju|lei**, der, _[s] *K 328*, *Pl (selten)* _s (siebenter Monat im Jahr) ⟨*lat, nach* dem röm. Feldherrn u. Staatsmann Julius Cäsar⟩

Ju|lia (w. Vn.) ⟨*lat, zu* Julius⟩; *Nebenf* ↑ Julie · **Ju|lia|na** (w. Vn.) ⟨*Nebenf von* Juliane⟩ · **Ju|lia|ne** (w. Vn.) ⟨*Weiterbildung von* Julia⟩; *Nebenf* ↑ Juliana, *Kurzf* ↑ ²Liane · **ju|lia|nisch** *K 218* ⟨*lat, nach* dem altröm. Geschlecht der Julier⟩ · **Ju|lia|nisch** *K 217*; der _e Kalender · **Ju|lie** [..ĭə] (w. Vn.) ⟨*Nebenf von* Julia⟩

Ju|lienne [ʒy'lĭɛn], die, _ (*Kochk*; Suppengemüse; Gemüsesuppe) ⟨*lat* → *frz*⟩ · **Ju|lienne|sup|pe** *K 209* (*Kochk*)

Ju|lier [..ĭər]: 1. der, _s, _ (Angehöriger des röm. Kaisergeschlechts der Julier) – 2. der, _s (Alpenpaß in der Schweiz) ⟨*lat*⟩ · **ju|lisch**; *K 258*: die Julischen Alpen

Ju|lius (m. Vn.) ⟨*lat, nach* dem altröm. Geschlecht der Julier⟩

Jul|klapp, der, _[e]s (am Julfest von unerkanntem Geber mit lautem Rufen ins Haus geworfenes Geschenk) ⟨*anord*⟩

Jum|per [*engl* 'dʒampər, *österr nur* 'dʒɛmpər], der, _s, _ (lose fallende längere Bluse) ⟨*arab* → *frz* → *engl*⟩ · **Jum|per|kleid**

jung; jünger, jüngste

I. *Kleinschreibung K 114*: von jung auf; *K 118*: jung und alt (jedermann); *K 113*: er ist der jüngere, jüngste von uns Brüdern

II. *Großschreibung*: **a)** *K 93*: Junge und Alte (junge u. alte Menschen) – **b)** *K 208*: Jung Siegfried; *K 258*: das Junge Deutschland (Dichtergruppe des 19. Jh.); Junge Pioniere (*Abk* JP); ein Junger Pionier; der Jüngere (*Abk als Zusatz bei Eigennamen* d. J.; *vgl. auch* junior); das Jüngste Gericht (*Rel*); der Jüngste Tag (*Rel*) · **Jung|ak|ti|vist** [..v..] · **Jung|chen** (*landsch*) · **Jun|ge**: 1. der, _n, Pl _n, *umg auch* Jungs *od* Jungens – 2. das, _n, _n (junges Tier); ein saugendes Junge[s] *K 341* · **Jün|gel|chen** (*umg abwert*) · **jun|gen** (*von Tieren gesagt*; Junge werfen – *dicht*; jung werden) · **jun|gen|haft** · **Jun|gen|haf|tig|keit**, die, _ · **Jun|gen|streich** · **Jün|ger**, der, _s, _ (*N. T. od gehoben*) · **Jün|ger|schaft**, die, _ (*auch iron*) · **Jung|fer**, die, _, _n (*veraltet u. iron*) ⟨‚Jungfrau'⟩ · **jüng|fer|lich** (*veraltet u. iron*) · **Jung|fern|kranz** · **Jung|fern|schaft**, die, _ · **Jung|frau** (*gehoben*) · **jung|frau|en|haft** (*veraltet*) · **jung|fräu|lich** (*noch gehoben*) · **Jung|fräu|lich|keit**, die, _ (*noch gehoben*) · **Jung|ge|sel|le** · **Jung|ge|sel|len|tum**, das, _[e]s · **Jung|he|ge|lia|ner** *Pl* (*Philos*; Schüler Hegels, die die revolutionäre Seite seiner dialekt. Methode pflegten u. weiterentwickelten); *Sg* Jung|he|ge|lia|ner, der, _s · **Jüng|ling** (*meist scherzh*) · **Jüng|lings|al|ter**, das, _s · **jüng|ling[s]|haft** · **Jung|pio|nier** · **jüngst** (*veraltend*) · **jüngste** ↑ jung · **Jung|stein|zeit**, die, _ · **jung|stein|zeit|lich** · **jüngst|ver|gan|gen** (*veraltend*); *K 364*: die jüngstvergang[e]ne Zeit · **Jung|ver|hei|ra|te|te**, der *u.* die, _n, _n *K 341* · **Jung‿vieh, ...wild**

Ju|ni, *verdeutlichende Sprechform* **Ju|no** [*auch* 'ju:..], der, _[s] *K 328*, *Pl (selten)* _s (sechster Monat im Jahr) ⟨*lat, nach* der röm. Göttin Juno⟩. *Zus K 365ff.*: Juni‿käfer usw.

ju|nior (*nur hinter Personennamen für* der Jüngere; *Abk* jr. *od* jun.) ⟨*lat*, ‚jünger'⟩; *Ggs* senior; *vgl. auch K 412* · **Ju|nior**, der, _s, ..oren (der Jüngere, Jugendlicher) – **Ju|nio|ren** *Pl* (*Sport*; Wettkampfklasse); *Ggs* Senior · **Ju|nio|rat**, das, _[e]s (*hist*; Vorrecht des Jüngsten auf das Erbgut) · **Ju|nio|ren|ren|nen** (*Sport*)

Jun|ker, der, _s, _ (*hist, oft abwert*; adliger Großgrundbesitzer, bes. Angehöriger des früheren reaktionären ostelb. Landadels – *hist*; junger Angehöriger des Adels) ⟨‚Jungherr'⟩ · **jun|ker|haft** · **jun|ker|lich**

Junk|tim, das, _s (*Diplomatie*; Verkoppelung mehrerer [parlamentar.] Anträge zur gleichzeitigen Erledigung) ⟨*lat*, ‚verbunden'⟩ · **Junk|tims|vor|la|ge** (*Diplomatie*)

Ju|no: 1. (*röm Mythol*; oberste Göttin, Frau Jupiters) – 2. die, _ (ein Planetoid) – 3. ↑ Juni ⟨*lat*⟩ · **ju|no|nisch** *K 218* (Juno [1] betreffend – *übertr*; groß; stolz, erhaben); _e Gestalt, _e Schönheit

Jun|ta ['xun.., *österr nur so, auch* 'jun..], die, _, ..ten (Regierungsausschuß [z. B. in Spanien u. Portugal]; [reaktionäre] Militärregierung) ⟨*lat* → *span*⟩

Jüp|chen, das, _s, _ (*landsch*; Säuglingsjäckchen) ⟨*arab* → *frz*⟩ · **Jupe** [ʒy:p], die, _, _s, *auch* der, _s, _s (*schweiz*; Frauenrock)

Ju|pi|ter: 1. *Gen ohne Art* _s, *lat Gen* Jovis [..v..] (*röm Mythol*; oberster Gott) – 2. der, _s (ein Planet) ⟨*lat*⟩ · **Ju|pi|ter|lam|pe** (starke elektr. Bogenlampe)

¹Jura ↑ ¹Jus

²Ju|ra: 1. der, _[s] (Name mehrerer Höhenzüge); *K 232*: der Schweizer _; *K 258*: der Fränkische _, der Schwäbische Jura – 2. der, _s (*Geol*; mittleres System des Mesozoikums); *K 258*: der Weiße _, der Braune _, der Schwarze Jura – 3. *ohne Art, auch* der, _[s] (Kanton in der Schweiz) · **Ju|ras|sier** [..ĭər], der, _s, _ (Jurabewohner) · **ju|ras|sisch** (*Geol*)

Jür|gen (m. Vn.) ⟨*Kurzf von* Georg⟩

ju|ri|disch (*österr*; auf die Rechtswissenschaft bezüglich) ⟨*lat*⟩; *K 119*: _e Fakultät; *vgl. auch* juristisch · **Ju|ris|dik|tion** (*Rechtsw*; Rechtsprechung; Gerichtsbarkeit) · **Ju|ris|pru|denz**, die, _ (Rechtswissenschaft) · **Ju|rist** · **Ju|ri|sten|deutsch**, das, *Gen* _[s], *Dat* _ *K 271* · **Ju|ri|ste|rei**, die, _ (*noch scherzh od abwert*; Tätigkeit der Juristen) · **ju|ri|stisch** (rechtlich, auf das Recht bezüglich, rechtswissenschaftlich; dem Juristen eigen[tümlich] – *österr*; auf die Rechtspraxis bezüglich); *K 119*: eine _e Person

Ju|ror, der, _s, ..oren (Mitglied einer Jury) ⟨*lat* → *frz u. engl*⟩ ·

Ju|ro|ren|ko|mi|tee (*österr*; Jury)

Jur|te, die, _, _n (Filzdachzelt zentralasiat. Nomaden) ⟨*türk*⟩

Ju|ry [ʒy'ri:, *österr nur so*, *od* 'ʒy:ri, *auch* 'ju:ri], die, _, _s (Preisrichterkollegium [bei Kunstausstellungen] – *Sport*; Kampfrichterkollegium) ⟨*lat* → *frz u. engl*⟩ · **ju|ry|frei** (ohne fachmänn. Auslese zusammengestellt) · **¹Jus** [ju:s, *auch* jus], das, _, *Pl* Jura (*Sg noch österr u. schweiz*; Recht, Rechtswissenschaft) ⟨*lat*⟩; Jura (*Pl*) studieren, *österr u. schweiz* Jus (*Sg*) studieren

²Jus [ʒy:], die, *auch*, *bes süddt u. schweiz*, das, _ (*Kochk*; Fleisch-, Bratenbrühe) ⟨*lat* → *frz*⟩

just (*veraltet*; eben, gerade) ⟨*lat*⟩ · **ju|stie|ren** (*fachspr*; genau einstellen; einrichten) · **Ju|stie|rer** (*fachspr*) · **Ju|stier|waa|ge** (Münzwaage) · **Ju|sti|fi|ka|tion** (*fachspr*; Rechtfertigung; Genehmigung; Anerkennung der Richtigkeit) · **Ju|sti|fi|ka|tur,** die, _, _en (*fachspr*; Genehmigung von Rechnungen nach Prüfung) · **ju|sti|fi|zie|ren** (*fachspr*; rechtfertigen; die Richtigkeit prüfen u. feststellen)

Ju|sti|tia (*röm Mythol*; Göttin der Gerechtigkeit) ⟨*lat*⟩

Ju|sti|tiar, der, _s, _e (Bearbeiter von Rechtsangelegenheiten) ⟨*lat*⟩ · **Ju|sti|tium,** das, _s, ..ien [..ɪən] (*Rechtsw*; Stillstand der Rechtspflege) · **Ju|stiz,** die, _ (Rechtsprechung, Rechtspflege). *Zus K 365ff.*: Justiz‿irrtum usw. · **Ju|stiz|mi|ni|ste|rium** [..,ste:..] · **Ju|stiz|mord** (*Rechtsw*; Verurteilung u. Hinrichtung eines Unschuldigen)

Ju|te, die, _ (eine Bastfaser) ⟨*Hind* → *engl*⟩. *Zus K 365ff.*: Jute‿spinnerei usw.

Jü|te, der, _n, _n (Bewohner von Jütland)

Jü|ter|bog (Stadt im Bez. Potsdam)

jü|tisch · **Jüt|land,** *ohne Art* (Halbinsel zw. Nordsee u. Kattegat)

Jut|ta (w. Vn.) ⟨*Kurzf von* Judith⟩

ju|ve|nil [..v..] (*gehoben*; jugendlich – *Geol*; dem Erdinnern entstammend) ⟨*lat*⟩

ju|vi|val|le|ra! [ju(:)vi(:)'valəra *od* ..'fa..]

Ju|wel: 1. das, _s, _en (Edelstein, Schmuckstück) – 2. das, _s, _e (*übertr*; wertvoller Mensch) ⟨*lat* → *frz* → *ndrl*⟩ · **Ju|we|lier,** der, _s, _e (Goldschmied; Schmuckhändler)

Jux, der, _es, _e (*umg*; Scherz, Spaß, lustiger Streich) ⟨*lat*⟩ · **ju|xen** (*umg*)

Jux|ta *od* **Jux|te,** *österr nur so*, die, _, ..ten (Stammleiste an Losen) ⟨*lat*⟩ · **Jux|ta|po|si|tion** (*fachspr*; Nebeneinanderstellung – *Naturw*; Anlagerung)

K

Vgl. auch **C** *und* **Z**

K [ka:], das, *Gen* des K, *Pl* die K (Buchstabe)

Kaa|ba, die, _ (Hauptheiligtum des Islams in Mekka) ⟨*arab*, ‚Würfel'⟩

Ka|ba|le, die, _, _n (*veraltet*; Ränkespiel) ⟨*hebr* → *frz*⟩

Ka|ba|rett [..'rɛt, *auch* 'ka..], das, _[e]s, *Pl* _e *od* _s, *auch* [..'re:, *österr nur so*], das, _s, _s (Kleinkunstbühne; in Fächer abgeteilte [drehbare] Speiseplatte) ⟨*frz*, ‚Schenke'⟩ · **Ka|ba|ret|tist** [..rɛt..] (Künstler an einer Kleinkunstbühne) · **ka|ba|ret|ti|stisch**

Kab|ba|la, die, _ (jüdisch-myst. Geheimlehre des Mittelalters) ⟨*hebr*, ‚Überlieferung'⟩ · **kab|ba|li|stisch** ⟨*hebr* → *grch*⟩

Kab|be|lei (*landsch*; Zankerei, Streit) · **kab|be|lig** *K 362* (*seem*; unruhig; ungleichmäßig) · **kab|beln** *K 363* (*landsch*; zanken, streiten); sich (*Akk*) _; die See kabbelt (*seem*; ist ungleichmäßig) · **Kab|be|lung** (*seem*; Kräuselbewegung der See)

¹Ka|bel, die, _, _n (*norddt*; Anteil, Los)

²Ka|bel, das, _s, _ (isolierte elektr. Mehrfachleitung; starkes Drahtseil). *Zus K 365ff.*: Kabel‿kanal usw. ⟨*frz* → *ndrl*⟩ · **Ka|bel|gatt** (*Seew*; Schiffsraum für Tauwerk)

Ka|bel|jau, der, _s, *Pl* _e *od* _s (ein Fisch) ⟨*lat* → *rom* → *ndrl*, ‚Stock'⟩

ka|beln *K 363* (*veraltend*; mittels eines Überseekabels telegrafieren) ⟨*lat* → *frz* → *ndrl*⟩ · **Ka|bel|wer|ker**

Ka|bi|ne, die, _, _n (kleiner abgeschlossener Raum [auf Schiffen usw.]) ⟨*frz* → *engl*⟩ · **Ka|bi|nett,** das, _s, _e (kleines Zimmer, Nebenraum; Raum für Sammlungen; Schulungseinrichtung, Fachunterrichtsraum – *bürgerl Staat*; Gesamtministerium – *hist*; Vertrautenkreis eines Fürsten, Geheimkanzlei) ⟨*frz*⟩ · **Ka|bi|netts|fra|ge,** die, _ (*bürgerl Staat*; Vertrauensfrage, von deren Ausgang das Verbleiben einer Regierung im Amt abhängt – *umg*; Angelegenheit von folgenschwerer Bedeutung) · **Ka|bi|nett|stück** (Prachtstück)

Ka|bis, der, _, _ (*süddt*, *schweiz*; ¹Kohl) ⟨*lat* → *ital* → *frz*⟩

Ka|bo|ta|ge [..'ta:ʒə, *österr* ..'ta:ʒ] (*Rechtsw*; Beförderung von Personen u. Gütern innerhalb des Landes bzw. Hoheitsgebietes) ⟨*frz*⟩ · **ka|bo|tie|ren** (*Rechtsw*)

Ka|brio|lett [..'lɛt], das, _[e]s, *Pl* _e *od* _s, *auch* [..'le:, *österr nur so*], das, _s, _s (Personenkraftwagen mit zurückklappbarem Verdeck – *veraltet*; leichter zweirädriger Einspänner) ⟨*frz*⟩

Ka|buff, das, _s, *Pl* _s, *auch* _e (*landsch*, *oft abwert*; kleiner dunkler Raum) ⟨*Herkunft unsicher*⟩

Ka|bul [*od* 'ka:..] (Hptst. von Afghanistan)

Ka|bu|se, *auch* **Ka|bü|se,** die, _, _n (*norddt*; enge Kammer; kleine Hütte, schlechte Wohnung) ⟨*ndrl*⟩

Ka|by|le, der, _n, _n (Angehöriger der bäuerl. Berberstämme des ¹Atlas [4]) ⟨*arab*⟩

Ka|chel, die, _, _n ⟨*semit* → *grch* → *lat*⟩ · **ka|cheln** *K 363* · **Ka|chel|ofen**

Ka|che|tien [..'xe:tsɪən] (Landsch. in Georgien)

Kach|exie [..x..], die, _ (*Med*; völliger Kräfteverfall) ⟨*grch*⟩

Kacke [*Tr* Kak|ke], die, _ (*derb*; Kot) · **kacken** [*Tr* kak|ken] (*derb*; Notdurft verrichten)

Ka|da|ver [..v..], der, _s, _ (toter Körper, Tierleiche, Aas) ⟨*lat*⟩ · **Ka|da|ver|ge|hor|sam** (*abwert*; blinder, willenloser Gehorsam)

Ka|denz, die, _, _en (*Mus*; harmonische Schlußwendung; Solo in Instrumentalkonzerten – *Metrik*; Form des Versschlusses) ⟨*lat* → *ital*⟩ · **ka|den|zie|ren** (*Mus*, *Metrik*)

Ka|der, der, *schweiz* das, _s, _ (herangebildeter Stamm von Nachwuchs- bzw. Führungskräften auf allen Gebieten des gesellschaftl. Lebens; *auch* Angehöriger dieses Personenkreises – *urspr* Stamm, Rahmen einer Truppe) ⟨*lat* → *ital* → *frz*⟩. *Zus K 365ff.*: Kader‿politik usw. · **Ka|der‿ab|tei|lung,** **...ak|te,** **...ar|mee,** **...lei|ter** (der) · **Ka|der|par|tie** (eine Art des Billardspiels)

Ka|dett, der, _en, _en (*veraltend*; Schüler einer für den Offiziersdienst vorbereitenden Anstalt) ⟨*lat* → *frz*⟩

Ka|di, der, _s, _s (mohammedan. Richter – *auch umg*; Richter) ⟨*arab*⟩

kad|mie|ren *od* **ver|kad|men** (*fachspr*; Metall mit einer Kadmiumschicht überziehen) ⟨*grch* → *lat*⟩ · **Kad|mium,** das, _s (chem. Element, Metall); *Zeichen* Cd ⟨*für lat u. fachspr* Cadmium⟩

ka|du|zie|ren (*Rechtsw*; für verfallen erklären; niederschlagen)

Kä|fer, der, _s, _. *Zus K 365ff.*: Käfer‿sammlung usw.

¹Kaff, das, _[e]s (*norddt*; Spreu; wertloses Zeug, Geschwätz)
²Kaff, das, _[e]s, *Pl* _s *od* _e (*salopp abwert*; kleine, langweilige Ortschaft) ⟨*Zig*⟩
Kaf|fee [*auch* ..'fe:, *österr nur so*]: 1. der, _s (Kaffeebaum, -bohnen, Getränk; Mahlzeit); 3 Tassen *bzw* Kannen Kaffee *od als Pl* 3 Kaffee[s] – 2. der, _s, _s (Kaffeesorte; Kaffeegesellschaft [z. B. einen Kaffee geben]) – 3. ↑ Café ⟨*arab* → *türk* → *ital* → *frz*⟩. *Zus K 365ff.*: Kaffee‿filter usw. · **Kaf|fee-Er|satz** *K 184*, der, _es · **Kaf|fee|ma|schi|ne**
Kä|fig, der, _[e]s, _e ⟨*lat*⟩
Ka|fil|ler, der, _s, _ (*landsch*; Abdecker) ⟨*hebr*⟩ · **Ka|fil|le|rei** (*landsch*; Abdeckerei)
Ka|fir, der, _s, _n (*islam Rel abwert*; Nichtmoslem) ⟨*arab*, ‚Ungläubiger'⟩
Kaf|tan, der, _s, *Pl* _e, *österr auch* _s (aus dem Orient stammendes Obergewand) ⟨*pers* → *arab* → *türk* → *poln*⟩
Käf|ter|chen (*landsch*; Kämmerchen) ⟨*grch* → *lat*⟩
kahl · **Kahl|fraß,** der, _es · **kahl|fres|sen** *K 136*; die Raupen fressen den Baum kahl; kahlgefressen; kahlzufressen · **Kahl|hieb** (*Forstw*; Abholzen eines Waldstücks) · **Kahl|kopf** · **kahl|köp|fig** · **Kahl|köp|fig|keit,** die, _ · **Kahl|schlag** (*Forstw*; abgeholztes Waldstück) · **Kahl|wild** (*weidm*; geweihloses weibl. Rot-, Dam- u. Elchwild sowie dessen Kälber)
Kahm, der, _[e]s (durch hefeähnl. Pilze gebildetes Häutchen auf gärenden od. faulenden Flüssigkeiten) ⟨*lat*⟩ · **kah|men** (Kahm ansetzen) · **Kahm|haut** · **kah|mig**
Kahn, der, _[e]s, *Pl* Kähne; Kahn fahren *K 131* · **Kahn|fahrt**
Kai [*österr* ke:] ⟨*kelt* → *frz* → *ndrl*⟩, der, *schweiz auch* das, _s, *Pl* _s *od* _e *od* **Quai** [kɛ: *od* ke:, *österr nur so*] ⟨*kelt* → *frz*⟩, der, *schweiz auch* das, _s, _s (befestigtes Hafenufer, Ladestraße)
Kai|man, der, _s, *Pl* _e, *österr auch* _s (südamerikan. Krokodil) ⟨*indian* → *span*⟩
Kain (bibl. Gestalt, Brudermörder) ⟨*hebr*⟩
Kai|nit, der, _[e]s (ein Kalidüngemittel) ⟨*grch*⟩
Kains|mal, das, _[e]s, *Pl* _e *od* ..mäler *od* **Kains|zei|chen** (Brand-, Schandmal – *oft gehoben*; Sinnbild der Schuld)
Kai|phas (bibl. Gestalt)
Kai|ro [*österr* ka'i:ro] (Hptst. der ARÄ) · **Kai|ro|er:** 1. *K 231*: der, _s, _; 2. *als Attribut K 232*
Kai|ser, der, _s, _ ⟨*lat*⟩; des Kaisers Hadrian; Kaiser Hadrians Bauten · **kai|ser|lich;** *in Titeln K 258*: Kaiserlich · **kai|ser|lich-kö|nig|lich** *K 189* (*hist*), *Abk* k. k.; *in Titeln*: Kaiserlich-Königlich, *Abk* K. K.; kaiserlich und königlich (*Abk* k. u. k.) · **Kai|ser|ling** (ein Pilz) · **Kai|ser|reich**
Kai|ser|schnitt (Schnittentbindung) ⟨*lat*, *zu* caedere ['tsɛ:dərə] ‚schneiden'⟩
Ka|jak, der, *seltener* das, _s, _s: 1. (einsitziges Boot der Eskimos) – 2. (*Sport*; Boot mit Doppelpaddel); *vgl. auch* Kanu ⟨*eskim*⟩
Ka|je, die, _, _n (*norddt*; Uferbefestigung; Deich) ⟨*ndrl*⟩ · **Ka|je|deich** (*norddt*; [niedriger] Hilfsdeich)
Ka|jüt|deck · **Ka|jü|te,** die, _, _n (Wohnraum auf Schiffen) ⟨*frz* → *ndrl*⟩
Ka|ka|du ['ka.., *österr* ..'du:], der, _s, _s (ein Papagei) ⟨*mal* → *ndrl*⟩
Ka|kao [..'kau *od* ..'ka:o], der, _s, _s (trop. Frucht; Getränk daraus) ⟨*indian* → *span*⟩. *Zus K 365ff.*: Kakao‿baum usw.
Ka|ke|mo|no, das, _s, _s (zusammenrollbares japan. od. chines. Hängebild im Hochformat auf Seiden- od. Papierstreifen) ⟨*japan*⟩; *vgl. auch* Makimono
Ka|ker|lak, der, _s *od* _en, *Pl* _en (Küchenschabe; Tier, auch Mensch mit vollständigem Albinismus); *vgl. auch* Albino ⟨*span* → *ndrl*⟩
Ka|ko|pho|nie, die, _, ..ien (*Mus*, *Sprachw*; Mißklang, Mißgetön) ⟨*grch*⟩ · **ka|ko|pho|nisch** (*Mus*, *Sprachw*)
Kak|tee, die, _, _n [..'te:ən *od* ..'te:n] *od* **Kak|tus,** der, _, *auch* ..usses, *Pl* ..teen [..'te:ən *od* ..'te:n], *umg u. österr auch* ..usse (trop. u. subtrop. Pflanze) ⟨*grch* → *lat*⟩ · **Kak|tus|fei|ge** ([Frucht des] Feigenkaktus)
Kalabasse ↑ Kalebasse
Kalabrese ↑ Kalabrier · **Ka|la|bre|ser,** der, _s, _ (breitrandiger Filzhut) · **kalabresisch** ↑ kalabrisch · **Ka|la|brien** [..iən] (Landsch. in Unteritalien) · **Ka|la|brier** [..iər], der, _s, _, *auch* **Ka|la|bre|se,** der, _n, _n (Bewohner von Kalabrien) · **ka|la|brisch,** *auch* **ka|la|bre|sisch**
Ka|la|ha|ri, die, _ (trockene Beckenlandschaft im S Afrikas)
Ka|la|mai|ka, die, _ (slaw. Tanz) ⟨*slaw*⟩
Ka|la|mi|tät (arge Verlegenheit, Mißstand – *veraltet*; Unglück) ⟨*lat*⟩
Ka|la|mi|ten ⟨*grch*⟩ *od* **Ka|la|ma|rien** [..iən] ⟨*grch* → *lat*⟩ *Pl* (*Paläont*; Schachtelhalmgewächse des Erdaltertums)
Ka|lan|der, der, _s, _ (*Techn*; Glätt- u. Prägemaschine) ⟨*grch* → *lat* → *frz*⟩ · **ka|lan|dern** *K 363* (*fachspr*; im Kalander glätten od. bemustern)
Ka|lau|er, der, _s, _ (*oft abwert*; fader Wortwitz) ⟨*frz*, *aus* calembour [kalã'bu:r] = Wortspiel, *an den Ortsnamen* Calau *angelehnt*⟩; *vgl. aber* Calauer · **ka|lau|ern** *K 363* (*oft abwert*)
Kalb, das, _[e]s, *Pl* Kälber; *K 258*: das Goldene Kalb (*bibl*) · **Kälb|chen** · **¹Kalbe** ↑ Färse
²Kal|be (Milde) (Stadt im Bez. Magdeburg); *vgl. aber* Calbe
kal|ben (ein Kalb werfen) · **Käl|ber|ma|gen** · **kal|bern** *od* **käl|bern** *K 363* (*umg*; wie die Kälber spielen, umhertollen) · **Käl|ber|ne,** das, _n *K 341* (*süddt*, *österr*; Kalbfleisch) · **Kalb|fleisch** · **Kalbs|bra|ten** · **Kalb[s]|fell** · **Kalbs|hach|se** *od* **Kalbs|ha|xe,** *österr* **Kalbs|haxl** · **Kalbs‿keu|le,** ...**le|ber** · **Kalb[s]|le|der**
Kal|chas [..ç..] (*griech Sage*; Seher der Griechen vor Troja) ⟨*grch*⟩
Kal|dau|ne, die, _, _n, *meist Pl* (*landsch*; Gekröse, tier. Eingeweide) ⟨*lat* → *rom*⟩
Ka|le|bas|se *od* **Ka|la|bas|se,** die, _, _n (aus einem Flaschenkürbis hergestelltes Gefäß) ⟨*arab* → *span*⟩
Ka|le|do|nien [..iən] (*Altertum u. dicht*; das nördl. Schottland) ⟨*kelt* → *lat*⟩ · **Ka|le|do|nier** [..iər], der, _s, _ · **ka|le|do|nisch**
Ka|lei|do|skop, das, _s, _e (ein opt. Spielzeug – *übertr*; bunter Wechsel) ⟨*grch*⟩ · **ka|lei|do|sko|pisch** (von ständig wechselnder Buntheit)
Ka|len|da|rium, das, _s, ..ien [..iən] (Kalender; Verzeichnis kirchl. Fest- u. Gedenktage) ⟨*lat*⟩ · **Ka|len|den** *Pl* (*hist*; Monatsanfang [im altröm. Kalender]) · **Ka|len|der,** der, _s, _; *K 258*: der Gregorianische Kalender, der Julianische Kalender, der sog. Hundertjährige Kalender, *aber K 119*: ein ewiger, immerwährender Kalender. *Zus K 365ff.*: Kalender‿jahr usw.
Ka|le|sche, die, _, _n (*veraltet*; viersitziger Wagen) ⟨*slaw*⟩
Ka|le|va|la [..v..], *eindeutschend* **Ka|le|wa|la,** die, _ (finn. Nationalepos) ⟨*nach* dem Helden Kalewa⟩
Kal|fak|tor, der, _s, ..oren *od* **Kal|fak|ter,** der, _s, _ (*oft abwert*; Gehilfe; mit Gelegenheitsdiensten Beauftragter) ⟨*lat*, ‚Heizer'⟩
Kal|fa|te|rer (*seem*; jmd., der kalfatert) ⟨*arab* → *grch* → *rom* → *ndrl*⟩ · **kal|fa|tern** *K 363* (*seem*; Decks- u.

Schiffswandnähte [mit geteertem Werg] abdichten) · **Kal|fa|te|rung** (*seem*) · **Kal|fat|ham|mer** (*seem*)

Ka|li, das, _s *Kurzw* (Kalium[oxid]; Gehalt an Kalium, bezogen auf Kaliumoxid – *Landw*; Kalidünger) ⟨*arab*⟩

Ka|li|ban, der, _s, _e (ein Ungeheuer aus Shakespeares ['ʃe:kspi:rs] »Sturm«) ⟨*mit Lautumstellung aus* Kannibale⟩

Ka|li|ber, das, _s, _ (*Techn*; innerer Durchmesser; lichte Weite von Rohren – *umg*; Art, Schlag, Wert) ⟨*grch* → *aram* → *arab* → *ital* → *frz*⟩ · **Ka|li|ber|maß,** das (*Techn*) · **ka|li|bri|e|ren** (*Techn*; das Kaliber messen; Meßgeräte eichen; Werkstücken ein genaues Maß geben) · **..ka|li|brig** (z. B. kleinkalibrig)

Ka|lif, der, _en, _en (*hist*; Titel des als Nachfolger Mohammeds geltenden weltlich-geistl. Herrschers des islam. Reiches) ⟨*arab*, ‚Stellvertreter'⟩ · **Ka|li|fat,** das, _[e]s, _e (*hist*; Reich, Herrschaft eines Kalifen) · **Ka|li|fen|tum,** das, _[e]s (*hist*)

Ka|li|for|nien [..iən] (Landsch. im SW Nordamerikas; Staat der USA) · **Ka|li|for|nier** [..iər], der, _s, _ · **ka|li|for|nisch** · **Ka|li|for|nium,** das, _s (künstl. radioaktives chem. Element, Metall); *Zeichen* Cf ⟨*für lat u. fachspr* Californium⟩

Ka|li|ko, der, _s, _s (leimdichter Baumwollstoff) ⟨*frz* → *ndrl*, *nach* Kalikat, einer Stadt in Indien⟩

Ka|li|man|tan (eine der Großen Sundainseln) ⟨*indones*⟩

Ka|li|nin (Stadt der RSFSR an der Wolga) ⟨*nach* dem sowjet. Staatsmann⟩ · **Ka|li|nin|grad** (Stadt im W der RSFSR)

Ka|li|sal|ze *Pl* · **Ka|lium,** das, _s (chem. Element, Metall); *Kurzw* Kali, *Zeichen* K ⟨*arab* → *lat*⟩ · **Ka|lium|per|man|ga|nat** (*Chem*; Oxydationsmittel)

Kalk, der, _[e]s, _e ⟨*lat*⟩

Kalk|al|pen *Pl*; *K 258*: die Nördlichen _, die Südlichen _

kal|ken ⟨*lat*⟩ · **Kalk|gru|be** · **kalk|hal|tig** · **kal|kig** · **Kalk|ofen** (*Techn*) · **Kalk|oo|lith** [..ko:o..] (*Geol*; ein Sedimentgestein) · **Kalk|sin|ter** (*Geol*; aus Wasser usw. abgesetzter Kalk od. Kalkspat) · **Kalk|spat** (Kalzit) · **Kalk|stein**

Kal|kül, das, *österr nur so*, *od* der, _s, _e (Rechnung, Berechnung, Überschlag) ⟨*lat* → *frz*, ‚Rechensteinchen'⟩ · **Kal|ku|la|tion** (Berechnung; Kostenanschlag, Voranschlag; Erwägung) ⟨*lat*⟩ · **Kal|ku|la|tor,** der, _s, ..oren (Berechner; Sachbearbeiter für Kalkulationen; Rechnungsprüfer) · **kal|ku|la|to|risch** (rechnerisch; einen Kostenanschlag betreffend) · **kal|ku|lie|ren** (berechnen; erwägen)

Kal|kut|ta (Hafenstadt im O Indiens) ⟨*aind* Kalikata ‚Wohnung' der [ind. Göttin] Kali'⟩ · **kal|kut|tisch**

Kal|la *od* **Cal|la,** die, _, _s (eine Zierpflanze) ⟨*grch* → *lat*⟩

Kal|li|graph, der, _en, _en (Schönschreiber) ⟨*grch*⟩ · **Kal|li|gra|phie,** die, _ (Schönschreibkunst) · **kal|li|gra|phisch**

Kal|lio|pe [..pe: *od* ..'o(:)pe:] (*griech Mythol*; Muse der erzählenden Dichtung) ⟨*grch*, ‚Schönstimmige'⟩

Kal|li|py|gos [*od* ..'li(:)..] (*griech Mythol*; Beiname der Aphrodite) ⟨*grch*, ‚mit schönem Gesäß'⟩

kal|lös *K 349* (*Bot*; von Kallus überzogen – *Med*; schwielig umrandet) ⟨*lat*⟩ · **Kal|lo|si|tät** (*Med*; Schwiele; Hautverhärtung) · **Kal|lus,** der, _, ..usse (*Bot*; Wundholz – *Med*; Schwiele; Knochenschwiele)

Kal|mar (Hafenstadt in Südschweden) · **Kal|ma|rer Union** *K 232*, die, *Gen* _ _ (*hist*)

Kal|me, die, _, _n (*Met*; Stille, Windstille) ⟨*grch* → *lat* → *rom*⟩ · **Kal|men|zo|ne** (Windstillengebiet beiderseits des Äquators)

Kal|muck, der, _[e]s, _e (ein Gewebe) ⟨*nach* den Kalmyken⟩

Kal|mus, der, _, ..usse (eine Arzneipflanze) ⟨*lat*⟩ · **Kal|mus|öl,** das, _[e]s

Kal|my|ke, der, _n, _n *od* **Kalmück** *bzw* **Kal|mü|cke** [*Tr* ..mükke], der, ..cken, ..cken (Angehöriger eines mongolischen Volkes) ⟨*Turkspr*⟩ · **kal|my|kisch** *od* **kalmückisch** [*Tr* ..mük|kisch]; *vgl. auch K 265ff.*; *K 258*: die Kalmykische ASSR

Ka|lo|rie, die, _, ..ien (veraltende Einheit der Wärmemenge = 4,1868 J); *Einheitenzeichen* cal ⟨*lat* → *frz*⟩ · **Ka|lo|ri|me|ter,** das (*Phys*; Wärmemeßgerät) ⟨*lat* + *grch*⟩ · **Ka|lo|ri|me|trie,** die, _ (*Phys*; Lehre von der Wärmemengenmessung) · **ka|lo|ri|me|trisch** (*Phys*) · **ka|lo|risch** (*Phys*; auf die Wärme bezüglich, wärmemäßig, Wärme...) ⟨*lat*⟩ · **ka|lo|ri|sie|ren** (*Chem*; auf Metallen eine Aluminiumlegierung als Korrosionsschutz durch Glühen in Aluminiumpulver herstellen)

Ka|lot|te, die, _, _n (*Arch*; Kugelkappe – *Med*; Schädeldach – *kath Kirche*; Käppchen der Geistlichen) ⟨*frz*⟩

Kal|pak, *auch* **Kol|pak,** der, _s, *Pl* _e *od* _s (Schaffellmütze zentralasiat. Völker; Pelzmütze der Husaren) ⟨*türk*⟩

kalt; kälter, kälteste; *K 119*: ein kalter Schlag (nichtzündender Blitz); der kalte Krieg (Bez. für die von den Imperialisten betriebene feindselige Politik gegen die sozialist. Staaten); die kalte Mamsell (in Gaststätten u. Hotels); kalte Ente (ein Getränk). *Schreibung bei Verben vgl.* z. B. kaltbleiben, kaltlassen, kaltmachen, kaltstellen

kalt|blei|ben *K 137* (*umg*; ruhig, ungerührt bleiben); ich bleibe kalt; kaltgeblieben; kaltzubleiben; *aber*: kalt bleiben (kühl bleiben, z. B. das Wetter) · **Kaltblüter:** 1. ↑ Kaltblutpferd – 2. ↑ Wechselwarmblüter · **kalt|blü|tig** · **Kalt|blü|tig|keit,** die, _ · **Kalt|blut|pferd,** das, _[e]s, _e, *kurz* **Kalt|blut,** das, _[e]s, *Pl* ..blüter (schwere, ruhige Pferderasse) · **Käl|te,** die, _. *Zus K 365ff.*: Kältetechnik usw. · **kalt|ge|preßt** *od* **kalt|ge|schla|gen;** _es Öl · **kalt|lä|chelnd** (*umg abwert*); *vgl. aber K 166* · **kalt|las|sen**[1] *K 137* (*umg*; nicht erregen), *aber*: kalt lassen (nicht wärmen) · **Kalt|luft,** die, _ (*Met*) · **kalt|ma|chen**[1] *K 137* (*salopp*; ermorden), *aber*: kalt (kühl) machen · **Kalt|mam|sell** [..,zɛl] (*Gastron*) · **Kalt|scha|le** (kalte süße Suppe) · **kalt|schnäu|zig** (*salopp abwert*) · **Kalt|schnäu|zig|keit,** die, _ (*salopp abwert*) · **kalt|stel|len**[1] *K 137* (*salopp*; einflußlos machen), *aber*: kalt stellen ([Speisen] an einen kühlen Ort stellen) · **Kalt|verpfle|gung** · **Kalt|was|ser|be|handlung** (*Med*)

Ka|lu|ga (Stadt im W der RSFSR)

Ka|lup|pe, die, _, _n (*landsch u. österr*; schlechte, baufällige Hütte) ⟨*tschech*⟩

Kal|va|rien|berg [..'va:riən..] (Nachbildung des bibl. Golgatha [an kathol. Wallfahrtsorten]) ⟨*lat* calvaria ‚Schädel'⟩

Kal|vi|nis|mus [..v..], der, _ (*Rel*; die Lehre des Genfer Reformators Calvin [..'vi:n]) · **Kal|vi|nist** (*Rel*) · **kal|vi|ni|stisch** *K 221*

Ka|ly|do|ni|sche Eber *K 258*, der, *Gen* _n _s (*griech Sage*; von Artemis ausgesandtes Riesentier) ⟨*nach* der antiken Stadt Kalydon in Ätolien⟩

Kaly|pso [*od* ..'pso:] (*griech Sage*; Nymphe, Tochter des Atlas); *vgl. aber* Calypso

Ka|lyp|tra, die, _, ..ren (*Bot*; Wurzelhaube) ⟨*grch*⟩ · **Ka|lyp|tro|gen,** das, _s (*Bot*; Bildungsgewebe der Wurzelhaube)

---

[1] *Konjugation vgl.* kaltbleiben.

Kal|zi|na|ti̱on (*Chem*; das Austreiben von Wasser u. Kohlendioxid durch Erhitzen) ⟨*lat*⟩ · **kal|zi|ni̱e|ren** (*Chem*) · **Kal|zi|ni̱er|ofen** (*Chem*) · **Kal|zi|no̱|se**, die, _ (*Med*; Gewebsverkalkung) · **Kal|zi̱t**, der, _[e]s, _e (Kalkspat, ein Kalziummineral) · **Ka̱l|zium**, das, _s (chem. Element, Metall); *Zeichen* Ca ⟨*für lat u. fachspr* Ca̱lcium⟩

Ka|ma|ril|la [..ˈril(j)a], die, _, ..llen [..ˈril(j)ən] (*noch abwert*; Hof- od. Günstlingspartei, Gruppe von reaktionären Ratgebern eines Fürsten; geheime Clique) ⟨*grch* → *lat* → *span*, ‚Kämmerchen'⟩

Ka̱m|bium, das, _s, ..ien [..ĭən] (*Bot*; Gewebe aus teilungsfähigen Zellen) ⟨*lat*⟩

Kam|bo̱|dscha (früherer Name von Kampuchea) · **Kam|bo|dscha̱|ner**, der, _s, _ (früher für Kampucheaner) · **kam|bo|dscha̱|nisch** (früher für kampucheanisch)

Ka̱m|brik [*auch* ˈke:m..], der, _s (ein Baumwollgewebe) ⟨*nach* der Stadt Cambrai [kãˈbrɛ:] in Nordfrankreich⟩ · **Ka̱m|brik|ba|tist**

ka̱m|brisch (*Geol*) ⟨*nach* Ca̱mbria, dem keltisch-latein. Namen von Wales⟩ · **Ka̱m|brium**, das, _s (*Geol*; ältestes System des Paläozoikums); *K 258*: das Obere _ usw.

Ka|me̱e, die, _, _n [..ˈme:ən *od* ..ˈme:n] (Gemme mit erhaben geschnittenem Bild) ⟨*pers* → *arab* → *lat* → *frz*⟩ · **Ka|me̱|en|schnei|der**

Ka|me̱l, das, _[e]s, _e (ein Paarhufer) ⟨*semit* → *grch* → *lat*⟩. *Zus K 365ff.*: Kamel‿haar usw. · **Kamelgarn** ↑ Kämmelgarn

Ka|me̱|lie [..ĭə], die, _, _n (eine Zimmerpflanze) ⟨*nach* dem Jesuitenpater Came̱lli⟩

Ka|mel|len *Pl* ⟨*grch* → *lat*⟩; *meist in* olle _ (*umg*; alte Geschichten, Altbekanntes)

Ka|me|lo̱tt, der, _[e]s, _e (ein Mischgewebe) ⟨*frz*⟩

Ka̱|menz (Stadt im Bez. Dresden) · **Ka̱|men|zer**: 1. *K 231*: der, _s, _; 2. *als Attribut K 232*: die Kamenzer Pflege (Landsch. in der Oberlausitz)

Ka̱|me|ra, die, _, _s (fotograf. Aufnahmegerät – *Filmw*; Gerät zur Aufnahme der Bilder u. des Tones) ⟨*grch* → *lat*, ‚Kammer'⟩; *vgl. auch* Camera obscura. *Zus K 365ff.*: Kamera‿kran usw.

Ka|me|ra̱d, der, _en, _en ⟨*grch* → *lat* → *ital* → *frz*⟩ · **Ka|me|ra̱|din**, die, _, ..innen · **Ka|me|ra̱d|schaft** · **ka|me|ra̱d|schaft|lich** · **Ka|me|ra̱d|schaft|lich|keit**, die, _ · **Ka̱|me|ra‿ein|stel|lung**, ...**führung** · **Ka̱|me|ra|mann**, *Pl* ..männer *od* ..leute

Ka|me|run [ˈka.. *od* ..ˈru:n], *amtl* **Re|pu|bli̱k Ka̱|me|run** (im W Afrikas) · **Ka|me̱|ru|ner**: 1. *K 231*: *a.* der, _s, _ (Staatsbürger von Kamerun); *b. nur Pl* (*landsch*; Erdnüsse) – 2. *als Attribut K 232* · **ka|me|ru|nisch**

Ka|mi̱l|le, die, _, _n (eine Arzneipflanze, Korbblütler) ⟨*grch* → *lat*⟩. *Zus K 365ff.*: Kamillen‿tee usw.

Ka|mi̱n, der, *schweiz* das, _s, _e (offene Feuerstätte in einem Wohnraum – *landsch*, *bes süddt*; Schornstein – *Alpin*; enge, steile Felsspalte) ⟨*grch* → *lat* → *ital*⟩. *Zus K 365ff.*: Kamin‿feuer usw.

Kamm, der, _[e]s, *Pl* Kämme. *Zus K 365ff.*: Kamm‿eidechse usw. · **Kä̱mmaschine** [*Tr* Kämm|ma|schine *K 78*] (*Textiltechn*) · **Kä̱mmchen**

Kä̱m|mel|garn *od* **Kä̱|mel|garn** ⟨*zu* Kamel⟩

kä̱m|meln *K 363* (*Textiltechn*; [Wolle] fein kämmen) · **kä̱m|men**

Ka̱m|mer, die, _, _n ⟨*grch* → *lat*⟩; _ der Technik (*Abk* KDT). *Zus K 365ff.*: Kammer‿sänger usw. · **Kä̱m|mer|chen** *od* **Kä̱m|mer|lein** · **Käm|me|re̱i** · **Kä̱m|me|rer**, der, _s, _ (*hist*) · **Ka̱m|mer|lin|ge** *Pl* (*Biol*; meeresbewohnende Wurzelfüßer); *Sg* Kam|mer|ling, der, _s · **Ka̱m|mer|mu|sik** (von wenigen Solisten auszuführende Instrumentalmusik) · **Ka̱m|mer|ton**, der, _[e]s (*Mus*; Normalton, Einstimmton)

Ka̱mm|garn · **Ka̱mm|gras**, das, _es · **Ka̱mm|griff**, der, _[e]s (*Turnen*) · **Ka̱mm|grind**, der, _[e]s (eine Geflügelkrankheit) · **Kä̱mm|ling** (*Textilwirtsch*; Kammgarnabfall) · **Ka̱mmolch** [*Tr* Kamm|molch *K 78*] · **Ka̱mm|rad** (*Techn*) · **Ka̱mmuschel** [*Tr* Kamm|mu|schel *K 78*]

Kamp, der, _[e]s, *Pl* Kämpe (*landsch*; abgegrenztes Feld, Feldstück) ⟨*lat*⟩; *vgl. aber* Camp · **Kam|pa|gne** [..ˈpanjə, *österr* ..ˈpanj], die, _, _n [..njən] (zeitlich begrenzte polit. Aktion – *Landw*; Periode mit jahreszeitlich bedingter Stoßarbeit – *Wirtsch*; Hauptbetriebszeit – *veraltet*; Feldzug) ⟨*lat* → *ital* → *frz*⟩

Kam|pa̱|la (Hptst. von Uganda)

Kam|pa̱|nien [..ĭən] (Landsch. an der Westküste Unteritaliens) ⟨*lat* → *ital* campagna [..ˈpanja] ‚Feld, Land'⟩

Kam|pa|ni̱|le, der, _[s], _[s] (frei neben der Kirche stehender Glockenturm) ⟨*lat* → *ital*⟩

Kä̱m|pe, der, _n, _n (*dicht*; Kämpfer, Krieger, Held) ⟨*lat*⟩ · **ka̱m|peln, sich** (*Akk*) *K 363* (*landsch*; sich streiten, raufen)

Kam|pe̱|sche|holz *od* **Cam|pe|che|holz** [kamˈpɛtʃə..], das, _es (Blauholz, ein Färbeholz) ⟨*nach* dem mexikan. Bundesstaat Campe̱che [..tʃe]⟩

Kampf, der, _[e]s, *Pl* Kämpfe ⟨*lat*⟩ · **Ka̱mpf|bahn** (Arena, Wettkampfstätte) · **ka̱mpf|be|reit** · **kä̱mp|fen**

Ka̱mp|fer, der, _s (Mottenbekämpfungs-, Arznei-, Einreibemittel) ⟨*aind* → *arab* → *span* → *frz*⟩

[1]Kä̱mp|fer, der, _s, _ (Kämpfender) ⟨*lat*⟩

[2]Kä̱mp|fer, der, _s, _ (*Arch*; Teil bei Gewölben, Türen, Fenstern) ⟨*lat*⟩

kä̱mp|fe|risch ⟨*lat*⟩

Ka̱mp|fer|öl, das, _[e]s

Ka̱mp|fes|gruß (*gehoben*) · **ka̱mpf|fä|hig** · **Ka̱mpf|fä|hig|keit**, die, _ · **Ka̱mpf|ge|fähr|te** · **Ka̱mpf|grup|pe**, *meist Pl* (bewaffnete Einheit der Arbeiterklasse in Betrieben, Genossenschaften u. Institutionen der DDR) · **ka̱mpf|los**; *vgl.* ...los · **Ka̱mpf|lust**, die, _ · **ka̱mpf|un|fä|hig** · **Ka̱mpf|un|fä|hig|keit**, die, _

Kam|phe̱n, das, _s (*Chem*; ungesättigter Kohlenwasserstoff, Ausgangsstoff der techn. Kampfergewinnung) ⟨*aind* + *lat*⟩

kam|pi̱e|ren (*meist umg*; [im Freien] lagern, [behelfsmäßig] übernachten) ⟨*lat* → *ital* → *frz*⟩

Kam|pu|chea [..puˈtʃe:a], *amtl* **Vo̱lks|re|pu|blik Kam|pu|che̱a** (in Hinterindien) · **Kam|pu|chea|ner** [..tʃeˈa:..], der, _s, _ (Staatsbürger von Kampuchea) · **kam|pu|chea̱|nisch**

Kam|tscha|da̱|le, der, _n, _n (Bewohner von Kamtschatka) · **Kam|tscha̱t|ka** (sowjet. Halbinsel im NO Asiens)

Ka̱|na|an [..na:an] (*A. T.*; Phönikien) ⟨*semit*⟩ · **ka|naa|nä̱|isch** *od* **ka|naa|ni̱|tisch** · **Ka|naa|ni̱|ter**, der, _s, _ (*A. T.*)

Ka̱|na|da (Staat in Nordamerika) ⟨*indian*, ‚Dorf'⟩ · **Ka|na̱|dier** [..ĭər], der, _s, _: 1. (Staatsbürger von Kanada) – 2. (*Sport*; Boot mit Stechpaddeln); *vgl. auch* Kanu · **ka|na̱|disch**; *K 258*: die Kanadischen Seen

Ka|nail|le [kaˈnaljə, *österr* kaˈnaij(ə)]: 1. die, _, _n (*Schimpfw*; Schurke, Schuft) – 2. die, _ (*veraltet*; Gesindel) ⟨*lat* → *frz*, ‚Hundepack'⟩

Ka|na̱|ke, der, _n, _n (Angehöriger der eingesessenen Bevölkerung der Hawaii-Inseln, oft Bez. für Südseeinsulaner) ⟨*polyn*, ‚Mensch'⟩

Ka|na̱l: 1. der, _s, ..äle (künstl. Wasserlauf – *Nachrichtentechn*; Frequenzbereich für eine Signalübertragung) – 2. *od* **Är|mel|ka|nal,** der, _s (zw. Frankreich u. England) ⟨*semit → grch → lat → ital*⟩. *Zus K 365ff.*: Kanal‿inseln usw. · **Ka|na|li|sa|ti|on** (Ableitung von Abwässern; Entwässerung) · **ka|na|li|sie|ren** (Kanäle ziehen; entwässern)

Ka|na|pee ['ka.., *österr* ..'pe:], das, _s, _s (*veraltend*; Sofa) ⟨*grch → lat → frz*⟩

Ka|na|rien|vo|gel [..iən..] · **Ka|na|rier** [..iər], der, _s, _ (Bewohner der Kanarischen Inseln) · **Ka|na|ri|sche In|seln** *K 258 od* **Ka|na|ren** *Pl* (span. Inselgruppe nordwestl. von Afrika)

Kan|da|re, die, _, _n (Teil der Pferdezäumung) ⟨*ung*⟩

Kan|del, der, _s, _n *od* die, _, _n (*landsch*; Kanal, Wasserrinne, Dachrinne) ⟨*semit → grch → lat*⟩

Kan|de|la|ber, der, _s, _ (Standleuchte) ⟨*lat → frz*⟩

kan|deln *K 363* (*landsch*; auskehlen, rinnenförmig aushöhlen) ⟨*semit → grch → lat*⟩

Kan|di|dat, der, _en, _en (vor der Abschlußprüfung stehender Student [*Abk* cand. (*für lat* candidatus)]; Prüfling; sich um Aufnahme in eine Partei Bewerbender; Bewerber um ein [öffentl.] Amt od. bei einer Wahl; Anwärter) ⟨*lat*, ‚Weißgekleideter'⟩; _ der Wissenschaften (akademischer Grad, bes. in der UdSSR) · **Kan|di|da|ten|li|ste** · **Kan|di|da|tur,** die, _, _en (Bewerbung [um ein öffentl. Amt, einen Parlamentssitz usw.]; Anwartschaft [auf eine Stellung]) · **kan|di|die|ren** (sich bewerben)

kan|die|ren (Früchte durch Zuckern haltbar machen) ⟨*arab → ital*⟩ · **Kan|dis|zucker** [*Tr* ...zuk|ker], der, _s *od* **Kan|dis,** der, _ (an Fäden gebildete Zuckerkristalle) · **Kan|di|ten** *Pl* (*österr*; kandierte Früchte; Zuckerwaren)

Ka|neel, der, _s, _e (Zimt bester Qualität) ⟨*semit → grch → lat → frz*⟩

Ka|ne|pho|re, die, _, _n (*Arch*; Gebälkträgerin an griech. Tempeln) ⟨*grch*, ‚Korbträgerin'⟩

Ka|ne|vas ['kanəvas], der, *Gen* _, *Pl* _ *od Gen* ..asses, *Pl* ..asse (*Handarb*; Gittergewebe [für Stickereien]) ⟨*lat → frz*⟩ · **ka|ne|vas|sen** *K 364* (*Handarb*; aus Kanevas)

Kän|gu|ruh, das, _s, *Pl* _s, *österr nur so, seltener* _e (springendes Beuteltier) ⟨*austral*⟩

Ka|ni|den *Pl* (*Zool*; Bez. für alle hundeartigen Raubtiere); *Sg* Ka|ni|de, der, _n ⟨*lat*⟩

Ka|nin, das, _s, _e (*fachspr*; Kaninchenfell; Pelzwerk von Kaninchen) ⟨*iber → lat*⟩ · **Ka|nin|chen**

Ka|ni|ster, der, _s, _ (tragbarer Behälter für Flüssigkeiten) ⟨*semit → grch → lat → ital*⟩

Kanker ↑ Weberknecht

Kanna ↑ Canna

Kan|nä, das, _ (*veraltend*; vernichtende Niederlage) ⟨*nach* Cannae [..nɛ:], dem ehem. Ort in Mittelitalien, an dem die Römer vernichtend geschlagen wurden⟩

Kann-Be|stim|mung *K 187*

Känn|chen · **Kan|ne,** die, _, _n ⟨*lat*⟩ · **Kan|ne|gie|ßer** (*veraltend iron*; polit. Schwätzer) ⟨*nach* dem Lustspiel des norwegisch-dän. Dichters Holberg⟩ · **kan|ne|gie|ßern** *K 363* (*veraltend iron*); gekannegießert; zu kannegießern

Kän|nel, der, _s, _ (*bes schweiz*; Dachrinne) ⟨*semit → grch → lat*⟩ · **kan|ne|lie|ren** (*Arch*; auskehlen; riefeln) · **Kan|ne|lie|rung** (*Arch*; senkrechte Rillung eines Säulenschaftes)

Kän|nel|koh|le *od* **Can|nel|koh|le** ['kɛn(ə)l..] (eine Steinkohlenart) ⟨*engl*⟩

Kan|ne|lü|re, die, _, _en, *auch* **Kan|ne|lur,** die, _, _en (*Arch*; senkrechte Vertiefung, Rille, Hohlkehle an einem Säulenschaft) ⟨*semit → grch → lat → frz*⟩

Kan|nen|pflan|ze (eine fleischfressende Pflanze) · **kan|nen|wei|se** *K 176*

Kan|ni|ba|le, der, _n, _n: 1. (Menschenfresser); *vgl. auch* Anthropophage – 2. (*übertr, abwert*; roher, grausamer, wilder Mensch) ⟨*indian → span*⟩ · **kan|ni|ba|lisch** (menschenfresserisch – *übertr, abwert*; unmenschlich, roh, grausam, wild – *auch umg scherzh*; groß, sehr); _ste · **Kan|ni|ba|lis|mus,** der, _ (Menschenfresserei – *übertr, abwert*; Unmenschlichkeit, Roheit, Grausamkeit – *Zool*; das Auffressen von Artgenossen)

Kan|nit|ver|stan [..sta:n], der, _s (Schwankfigur J. P. Hebels) ⟨*ndrl*, ‚kann nicht verstehen'⟩

Ka|non, der, _s, _s (Maßstab, Richtschnur, Regel – *Mus*; Kettengesang – *Rel*; die verbindl. Schriften der Bibel) ⟨*semit → grch → lat → ital → frz*⟩ · **Ka|no|na|de,** die, _, _n (andauerndes Geschützfeuer; Beschießung) · **Ka|no|ne,** die, _, _n (Flachfeuergeschütz – *umg*; Könner, Sportgröße) ⟨*semit → grch → lat → ital*⟩ · **Ka|no|nen|fut|ter,** das, _s (*abwert*) ⟨*zu* ¹Futter⟩ · **Ka|no|nier,** der, _s, _e (Soldat einer Artillerieeinheit; Bedienungsmann am Geschütz) ⟨*semit → grch → lat → ital → frz*⟩ · **Ka|no|nik,** die, _ (*Philos*; Erkenntnislehre bei dem altgriech. Philosophen Epikur – *Mus*; mathemat. Bestimmung der Tonverhältnisse) ⟨*semit → grch*⟩ · **Ka|no|ni|kat,** das, _[e]s, _e (*kath Kirche*; Amt u. Würde eines Kanonikers) ⟨*semit → grch → lat*⟩ · **Ka|no|ni|ker,** der, _s, _ *od* **Ka|no|ni|kus,** *österr nur so*, der, _, ..ker (*kath Kirche*; Mitglied eines Dom- od. eines Stiftskapitels) · **Ka|no|ni|sa|ti|on** (*kath Kirche*; Heiligsprechung) · **ka|no|nisch** (als Richtschnur dienend – *Rel*; zum Kanon gehörig; anerkannt); _es Recht (*kath Kirche*); _e Schriften (*Rel*) · **ka|no|ni|sie|ren** (*kath Kirche*; heiligsprechen) · **Ka|no|nis|se,** die, _, _n *od* **Ka|no|nis|sin,** die, _, ..innen (*kath Kirche*; Chor-, Stiftsfrau) · **Ka|no|nist** (Kenner od. Lehrer des kanonischen Rechts)

Ka|no|pe, die, _, _n (altägypt. Urne für die Eingeweide mumifizierter Toter) ⟨*nach* der altägypt. Stadt Kanopos⟩ · **Ka|no|pus,** der, _ (ein Stern)

Ka|nos|sa, das, _s (*übertr*; Demütigung) ⟨*nach* der Felsenburg Canossa in Oberitalien, dem Ziel des Bußganges Heinrichs IV.⟩ · **Ka|nos|sa|gang** *K 246* (*übertr*)

Kä|no|zoi|kum, *auch* **Neo|zoi|kum,** das, _s (*Geol*; Erdneuzeit) ⟨*grch → lat*⟩ · **kä|no|zo|isch,** *auch* **neo|zo|isch** (*Geol*)

Kan|sas (Staat der USA)

kan|ta|bel (*Mus*; sangbar) ⟨*lat → ital*⟩; *K 363*: kanta|bles Spiel

Kan|ta|brer [*od* 'kan..], der, _s, _ (*Altertum*; Angehöriger eines iberischen Volkes) · **kan|ta|brisch;** *K 258*: das Kantabrische Gebirge (in Spanien)

Kan|tar, der *od* das, _s, *Pl* _e *u. bei Maßangabe* (*K 308*) Kantar (oriental. Masseeinheit ≈ 50 kg) ⟨*lat → arab*⟩; 10 Kantar

Kan|ta|te: 1. die, _, _n (lyrisches Chorwerk mit Sologesängen u. Instrumentalbegleitung) ⟨*lat → ital*⟩ – 2. (*christl Rel*; Name des 4. Sonntags nach Ostern) ⟨*lat*, ‚singet!'⟩

Kan|te, die, _, _n ⟨*lat → frz → ndrl*⟩ · **kan|ten** (mit Kanten versehen; rechtwinklig behauen; auf die Kante stellen) · **Kan|ten,** der, _s, _ (*norddt*; Endstück des Brotes – *auch für* Brotrinde, -kruste) · **Kan|ten|ge|schie|be** (*Geol*)

¹Kan|ter, der, _s, _ (Gestell für Fässer; Verschlag – *veraltet*; Kellerlager) ⟨*grch → lat → frz*⟩

[2]Kan|ter [*auch* 'kɛn..], der, _s, _ (*Pferdesp*; leichter, kurzer Galopp) 〈*nach* Canterbury〉; im _ gewonnen (überlegen gewonnen) · **kan|tern** *K 363* (*Pferdesp*; kurz galoppieren)

Kant|ha|ken (kurzer Eisenhaken); jmdn. beim _ nehmen (*salopp*; jmdn. gehörig zur Rede stellen)

Kan|tha|ri|den *Pl* (*Zool*; Weichkäfer, z. B. die Spanischen Fliegen); *Sg* Kan|tha|ri|de, die, _ 〈*grch*〉 · **Kan|tha|ri|din**, das, _s (*Biochem*; ein Wirkstoff aus dem Blut der Spanischen Fliege) 〈*grch* + *lat*〉

Kant|holz

Kan|tia|ner, der, _s, _ (Nachfolger, Schüler, Anhänger des Philosophen Kant)

kan|tig 〈*lat* → *frz* → *ndrl*〉

Kan|ti|le|ne, die, _, _n (*Mus*; gesangartig geführte Tonfolge) 〈*lat* → *ital*〉

Kan|til|le [*auch* ..'tiljə], die, _, _n (aus Metallfäden schraubenförmig gedrehte, zu Tressen u. Borten verarbeitete Schnur) 〈*lat* → *frz*〉

Kan|ti|ne, die, _, _n (Verkaufs-, Erfrischungsraum in Betrieben, Kasernen usw.) 〈*lat* → *ital* → *frz*〉 · **Kan|ti|nen|wirt**

[1]Kan|ton [..tɔn], *chines* **Guangzhou** [gŭaŋ'dʒɔŭ] (Stadt im SO Chinas)

[2]Kan|ton, der, _s, _e (Gliedstaat der Schweiz [*Abk* Kt.]; Teilbezirk eines Arrondissements in Frankreich u. Belgien – *hist*; militär. Werbe- u. Aushebungsbezirk) 〈*lat* → *ital* → *frz*〉 · **kan|to|nal** (einen [2]Kanton betreffend) · **Kan|to|nie|re**, die, _, _n (Straßenwärterhaus in den italien. Alpen) 〈*lat* → *ital*〉 · **kan|to|nie|ren** (*veraltet*; Truppen unterbringen) 〈*lat* → *ital* → *frz*〉 · **Kan|to|nist** (*hist*; ausgehobener Rekrut); unsicherer _ (*umg*; unzuverlässiger Mensch) · **Kan|tön|li|geist**, der, _[e]s (*schweiz abwert*; beschränkter Lokalpatriotismus, sog. Kirchturmpolitik) · **Kan|ton|ne|ment** [..'mã:], das, _s, _s *u. schweiz auch* [..'mɛnt], das, _s, _e (*veraltet u. schweiz*; Truppenunterkunft) 〈*lat* → *ital* → *frz*〉 · **Kan|tons|ge|richt** (*schweiz*) · **Kan|tons|rat**, *Pl* ..räte (Parlament in den schweizerischen Kantonen)

Kan|tor, der, _s, ..oren (Leiter des Kirchenchors u. der Kirchenmusik) 〈*lat*, ‚Sänger'〉 · **Kan|to|rat**, das, _[e]s, _e (Amt u. Amtszeit eines Kantors) · **Kan|to|rei** (freiwilliger Kirchenchor)

Kan|tschu, der, _s, _s (eine Lederpeitsche) 〈*türk* → *ukr* → *poln* → *tschech*〉

Kan|tus, der, _, ..usse (*bürgerlich-studentisch*; Gesang) 〈*lat*〉

Ka|nu [*od* ka'nu:, *österr nur so*], das, _s, _s (einbaumartiges Boot der Naturvölker mit einseitigem Paddel – *Sport*; Sammelbez. für Kajak u. Kanadier) 〈*indian* → *span* → *engl*〉

Ka|nü|le, die, _, _n (*Med*; Hohlnadel, Röhrchen) 〈*semit* → *grch* → *lat* → *frz*〉

Ka|nu|sla|lom · **Ka|nu|te**, der, _n, _n (Kanusportler) 〈*indian* → *span* → *engl*〉

Kan|zel, die, _, _n 〈*lat*〉. *Zus K 365ff.*: Kanzel‿redner usw.

kanzerogen usw. ↑ karzinogen usw.

Kanz|lei (*veraltend u. süddt, österr, schweiz*; Schreibstube) 〈*lat*〉 · **kanz|lei|en** (*schweiz*; in der Kanzlei ausfertigen lassen) · **kanz|lei|mä|ßig** · **Kanz|lei|spra|che**, die, _ (*hist*) · **Kanz|ler**, der, _s, _

Kan|zo|ne, die, _, _n (eine Gedichtform; eine Liedform) 〈*lat* → *ital*〉

Kao|lin, das, *fachspr* der, _s, _e (*Mineral*; Tonerdesilikat, Porzellanerde) 〈*chin* → *frz*, *nach* dem Berg Kao-Ling [kaŏ..] in China〉. *Zus K 365ff.*: Kaolin‿erde usw.

Kap, das, _s, _s (Vorgebirge, Landspitze) 〈*lat* → *ital* → *frz* → *ndrl*〉

Kap Ar|ko|na (Nordkap der Insel Rügen)

Ka|paun, *österr nur so*, der, _s, _e, *auch* **Kapp|hahn** (verschnittener Masthahn) 〈*lat* → *frz*〉 · **ka|pau|ni|sie|ren** *od* **ka|pau|nen** (Hähne kastrieren); *Part II* kapaunt *K 359*

Ka|pa|zi|tät (Aufnahmefähigkeit, Fassungs-, Leistungsvermögen – *übertr*; hervorragender Fachmann) 〈*lat*〉 · **ka|pa|zi|tiv** (*Phys*; auf die [elektr.] Kapazität bezüglich)

Kap Ca|na|ve|ral [_ kə'nɛvərəl], das, *Gen* _s _ (Raumfahrtstartplatz der USA an der Ostküste von Florida)

Kap der Gu|ten Hoff|nung *K 258*, das, *Gen* _s _ _ _ (die Südspitze Afrikas)

Kap Desh|njow [_ dɛʒ'nĭɔf], *frühere Schreibung* **Kap Desh|new** [_ 'dɛʒnɛf], das, *Gen* _s _ (die Ostspitze Asiens) 〈*nach* dem russ. Seefahrer〉

Ka|pe|lan, der, _s, _e (ein Fisch) 〈*lat* → *frz*〉

Ka|pel|la, die, _ (ein Stern) 〈*lat*〉

[1]Ka|pel|le, die, _, _n: 1. 〈*lat*〉 (kleine Kirche; Kirchenraum) – 2. 〈*lat* → *ital*〉 (Vereinigung von Musikern)

[2]Ka|pel|le, *älter* **Ku|pel|le**, die, _, _n (*fachspr*; Tiegel) 〈*lat* → *frz*〉

Ka|pell|mei|ster 〈*zu* [1]Kapelle (2)〉

[1]Ka|per, die, _, _n, *meist Pl* ([in Essig eingelegte] Blütenknospe des Kapernstrauchs) 〈*pers* → *grch* → *lat*〉

[2]Ka|per, der, _s, _ (*hist*; Seeräuberschiff – *auch für* Freibeuter, Seeräuber) 〈*ndrl*〉 · **Ka|per|brief** · **Ka|pe|rei** (Aufbringung, Wegnahme feindl. *od* neutraler, Konterbande führender Handelsschiffe) · **Ka|per|krieg** · **ka|pern** *K 363* (*hist*)

Ka|pern|strauch 〈*zu* [1]Kaper〉

Ka|per|schiff 〈*zu* [2]Kaper〉

Ka|pe|tin|ger, der, _s, _ (Angehöriger des französ. Königsgeschlechts der Kapetinger) 〈*nach* dem Stammvater Hugo Capet [y,go: ka'pɛ(:), *auch* ka'pe:]〉

Kap Hoorn, das, *Gen* _s _ (die Südspitze Südamerikas auf der Insel Hoorn) 〈*nach* der niederländ. Stadt Hoorn〉

ka|pie|ren (*umg*; begreifen, erfassen, verstehen) 〈*lat*〉

ka|pil|lar (*fachspr*; sehr eng, haarfein) 〈*lat*〉 · **Ka|pil|lar‿ana|ly|se** (*Chem*), ..**blu|tung** (*Med*) · **Ka|pil|la|re**, die, _, _n (*Biol*, *Med*; Haarröhrchen; feinstes Blutgefäß) · **Ka|pil|la|ri|tät**, die, _ (*Phys*; Verhalten von Flüssigkeiten in engen Röhrchen)

ka|pi|tal (hauptsächlich; groß, gewaltig) 〈*lat*〉; ein _er Fehler · **Ka|pi|tal**: 1. das, _s (*polit Ök*; Wert, der seinem Besitzer, dem Kapitalisten, durch Ausbeutung von Lohnarbeitern Mehrwert bringt; *normalspr auch* Bez. für die Gesamtheit der Kapitalisten) – 2. das, _s, *Pl* _e *od*, *österr nur*, _ien [..ĭən] (Besitzsubstanz jeder [auch geistiger] Art; Vermögen u. zinstragende Geldsumme) – 3. das, _s, _e *od* **Ka|pi|tal|band** *bzw* **Kap|tal|band**, das, *Pl* ..bänder (*Polygr*; Schutz- u. Zierband am Buchrücken) · **Kapitäl** ↑ Kapitell · **Ka|pi|täl|chen** (*Polygr*; in Antiquaschriften Großbuchstabe in der Größe eines kleinen Buchstabens) · **Ka|pi|tal|feh|ler** (besonders schwerwiegender Fehler) · **Ka|pi|ta|lis|mus**, der, _ (Gesellschaftsformation, die auf dem Privateigentum an den Produktionsmitteln u. auf der Ausbeutung der Lohnarbeiter beruht) 〈*lat* → *frz*〉 · **Ka|pi|ta|list** · **ka|pi|ta|li|stisch** · **Ka|pi|tal|markt** (*kap Wirtsch*; Markt für langfristige Kredite, Wertpapiere usw.; Wertpapierbörse) · **Ka|pi|tal|ver|bre|chen** (schweres Verbrechen)

Ka|pi|tän, der, _s, _e (Schiffsführer; Seeoffizier; Chefpilot – *in einigen Staaten* Hauptmann – *Sport*; Führer einer Mannschaft) 〈*lat* → *frz*〉; _ zur See · **Ka|pi|tän|leut|nant** (ein Marineoffizier)

Ka|pi|tel, das, _s, _ (Hauptstück, Abschnitt [eines Buches], *Abk* Kap. – *ev bzw kath Kirche*; Gesamtheit der Pfarrer u. Kuraten eines Dekanats; Versammlung von Domherren, Mönchen, *schweiz auch* von Lehrern, Pfarrern – *übertr*; Sache, Ding, Angelegenheit); ein _ für sich (eine schwierige, heikle Frage) ⟨*lat*⟩ · **ka|pi|tel|fest** (fest im Wissen; bibelfest) · **Ka|pi|tell,** *selten* **Ka|pi|täl,** das, _s, _e (*Arch*; oberer Säulenabschluß, Pfeilerabschluß) · **Ka|pi|tel|über|schrift**

Ka|pi|tol, das, _s (Tempelburg im alten Rom; Kongreßgebäude in Washington) ⟨*lat*⟩ · **ka|pi|to|li|nisch;** *K 238*: die kapitolinischen Gänse (*röm Sage*), *aber K 258*: der Kapitolinische Hügel

Ka|pi|tu|lar, der, _s, _e (*kath Kirche*; Mitglied eines Kapitels) ⟨*lat*⟩ · **Ka|pi|tu|la|re,** das, _s, ..rien [..iən] (*hist*; Satzung der karoling. Könige) · **Ka|pi|tu|la|tion** (Übergabe, Unterwerfung; das Waffenstrecken einer besiegten Truppe; Ergebungs-, Übergabevertrag; Übereinkommen) ⟨*lat → frz*⟩ · **ka|pi|tu|lie|ren** (eine Kapitulation abschließen; sich ergeben)

Ka|plan, der, _s, ..äne (*kath Kirche*; Hilfsgeistlicher) ⟨*lat*, *zu* [1]Kapelle (1)⟩

Kapland ↑ Kapprovinz

Ka|po|da|ster, der, _s, _ (*Mus*; verschiebbarer Sattel am Griffbrett von Gitarren u. Lauten zur Saitenverkürzung – *urspr* oberes Ende des Griffbrettes bei Saiteninstrumenten) ⟨*ital*⟩

Ka|pok, der, _s (pflanzl. Polstermaterial, Füllmaterial für Kissen usw.) ⟨*mal*⟩

ka|po|res *nichtdeklinierbar* (*umg*; entzwei) ⟨*hebr*⟩; _ gehen, _ sein

Ka|pot|te, die, _, _n *od* **Ka|pott|hut,** der (Frauenhut mit Bindebändern) ⟨*lat → frz*⟩

Kap|pa, das, _[s], *Pl* _s, *österr auch* _ (griech. Buchstabe: *K*, *ϰ*) ⟨*semit → grch*⟩

Kap|pa|do|kien [..iən] ⟨*grch*⟩ *od* **Kap|pa|do|zien** ⟨*grch → lat*⟩ (*Altertum*; Landsch. im O Kleinasiens) · **kap|pa|do|kisch** ⟨*grch*⟩ *od* **kap|pa|do|zisch** ⟨*grch → lat*⟩

Kapp|beil (*seem*)

Käpp|chen · **Kap|pe,** die, _, _n (*österr auch für* Mütze) ⟨*lat*⟩

kap|pen (abschneiden, beschneiden; abhauen)

Kap|pes *od* **Kap|pus,** der, _ (*landsch*; Weißkohl) ⟨*lat → frz*, ‚Kopf'⟩

Kapphahn ↑ Kapaun

Käp|pi, das, _s, _s ([kleine] Kappe, leichte militär. Kopfbedeckung) ⟨*lat*⟩

Kapp|naht (*Schneiderei*; eine doppelt genähte Naht)

Kap|pro|vinz [..v..], die, _, *auch* **Kap|land,** das, _[e]s (Provinz in Südafrika [2])

Kappus ↑ Kappes

Kapputsch *K 209* [*Tr* Kapp|putsch *K 78*] *od* **Kapp-Putsch** *K 211*, der, _es (*hist*) ⟨*nach* dem General W. Kapp⟩

Kapp|zaum (*Reitsp*) ⟨*lat → ital*⟩

Kapp|zie|gel (*Bauw*) ⟨*zu* Kappe⟩

Ka|pri|ce [..'pri:sə], *österr* **Ka|pri|ze,** die, _, _n (Laune) ⟨*lat → ital → frz*⟩

Ka|prio|le, die, _, _n, *meist Pl* (närrischer Einfall, Streich; Luftsprung – *österr nur für* Luftsprung, närrische Verrenkung – *Reitsp*; besonderer Sprung der Hohen Schule) ⟨*lat → ital*, ‚Bocksprung'⟩

Kaprize ↑ Kaprice · **ka|pri|zie|ren, sich** (*Akk*) (*veraltend*; eigensinnig auf etw. bestehen) ⟨*lat → ital → frz*⟩; du kaprizierst dich auf deinen Vorschlag · **ka|pri|ziös** *K 349* (launenhaft, eigensinnig) · **Ka|priz|pol|ster** (*österr*; ein Kissen mit Einsatz [Spitzen od. dgl.])

Ka|pron|säu|re, die, _ (*Chem*; eine Fettsäure) ⟨*lat + grch*⟩ · **Ka|pryl|säu|re,** die, _ (*Chem*; eine Fettsäure)

Kap|sel, die, _, _n ⟨*lat*⟩ · **Käp|sel|chen**

Kap|si|kum, das, _s (span. Pfeffer) ⟨*lat*⟩

Kap|stadt (Hafenstadt in Südafrika [2])

Kaptalband ↑ Kapital (3)

Kap Tschel|ju|skin, das, *Gen* _s _ (nördlichster Punkt des asiat. Festlandes) ⟨*nach* dem russ. Seefahrer⟩

Ka|put, der, _s, _e (*schweiz*; Soldatenmantel) ⟨*lat*⟩

ka|putt (entzwei, zerbrochen – *umg*; erschöpft; matt; zugrunde gerichtet) ⟨*lat → frz*⟩; kaputt sein (*umg*), *aber K 136*: kaputtgehen (*umg*)

ka|putt|ge|hen *K 136 u. 363* (*umg*) · **ka|putt|ma|chen** (*umg*)

Ka|pu|ze, die, _, _n (eine Kopfbedeckung) ⟨*lat → ital*⟩ · **Ka|pu|zi|ner,** der, _s, _ (*kath Kirche*; Angehöriger eines Mönchsordens – *österr auch für* Kaffee mit wenig Milch) · **Ka|pu|zi|ner|kres|se** · **Ka|pu|zi|ner|or|den,** der, _s (*kath Kirche*)

Kap Ver|de [_ v..], das, *Gen* _s _ (die Westspitze Afrikas) ⟨*portug*, ‚grünes Vorgebirge'⟩ · **Kap|ver|dea|ner** *od* **Kap|ver|dier** [..iər], der, _s, _ (Staatsbürger der Kapverden) · **Kap|ver|den** *od* **Kap|ver|di|sche In|seln** (*K 258*) *Pl*: 1. (vor der Westspitze Afrikas) – 2. *amtl* **Re|pu|blik der Kap|ver|den** · **kap|ver|disch**

Kap|wein (Wein aus der Kapprovinz)

Kar, das, _[e]s, _e ([im Pleistozän] durch Eis u. Schnee erodierte Nische an Hochgebirgsgipfeln)

Ka|ra|bi|ner, der, _s, _: 1. (kurzes Gewehr) – 2. *österr auch Kurzw* (Karabinerhaken) ⟨*frz*⟩ · **Ka|ra|bi|ner|ha|ken** (federnder Verschlußhaken); *österr Kurzw* Karabiner · **Ka|ra|bi|nier** [..'nie:], der, _s, _s (*hist*; ursprüngl. mit Karabiner bewaffneter Kavallerist; Jäger zu Fuß) · **Ka|ra|bi|nie|ri** *Pl od* **Ca|ra|bi|nie|ri** *Pl* (italien. Polizeitruppe); *Sg* Ka|ra|bi|nie|re *od* Ca|ra|bi|nie|re, der, _[s] (Angehöriger dieser Truppe) ⟨*frz → ital*⟩

Ka|ra|cho [..x..], das, _[s] (*salopp*; große Geschwindigkeit, Tempo) ⟨*span*⟩; mit _ (mit Schwung, mit lärmender Schnelligkeit)

Ka|raf|fe, die, _, _n (bauchige Glasflasche [mit Glasstöpsel]) ⟨*arab → span → frz*⟩

Ka|ra|gös, der, _ (Figur des türk. Schattentheaters, eine oriental. Kasperlefigur) ⟨*türk*⟩

Karaibe usw. ↑ Karibe usw.

Ka|ra|kal [*od* ..'kal], der, _s, _s (Wüstenluchs) ⟨*Turkspr*, ‚Schwarzohr'⟩

Ka|ra|kal|pa|ke, der, _n, _n (Angehöriger eines Turkvolkes in Mittelasien) ⟨*Turkspr*⟩ · **ka|ra|kal|pa|kisch;** *vgl. auch K 265ff.*; *K 258*: die Karakalpakische ASSR

Ka|ra|ko|rum [*od* ..'rum], der, _[s] (Hochgebirge in Zentralasien) ⟨*Turkspr*, ‚schwarzes Gestein'⟩

Ka|ra|kul|schaf (Fettschwanzschaf) ⟨*Turkspr*⟩

Ka|ra|kum, die, _ (Wüste in Turkmenien) ⟨*Turkspr*, ‚schwarzer Sand'⟩

Ka|ram|bo|la|ge [..'la:ʒə, *österr* ..'la:ʒ] (*umg*; Zusammenstoß – *Billard*; Treffer – *übertr*; Streit) ⟨*mal → span → frz*⟩ · **Ka|ram|bo|le:** 1. das, _s, _s (*Billard*; bestimmte Art des Zusammenstoßes der Bälle) – 2. das, _s, _s *od* die, _, _n (*Billard*; roter Ball) · **ka|ram|bo|lie|ren** (*umg*; zusammenstoßen – *Billard*; mit dem Spielball die beiden anderen Bälle treffen)

Ka|ra|mel, der, *schweiz auch* das, _s (bis zum Bräunen erhitzter Zukker) ⟨*lat → span → frz*⟩ · **ka|ra|me|li|sie|ren** (Zucker bräunen; [Bier]

verzuckern) · **Ka|ra|mel|le,** die, _, _n, *meist Pl* (Bonbon, bes. Milchbonbon) · **Ka|ra|mel|zucker** [*Tr* ...zuk|ker]

Ka|ra|see, die, _, *auch* **Ka|ri|sche Meer** *K 258*, das, *Gen* _n _[e]s (Teil des Arktiks) ⟨*nach* dem Fluß Kara⟩

Ka|rat, das, _[e]s, *Pl* _e *u. bei Maßangabe* (*K 308*) Karat: 1. *auch* **me|tri|sches Ka|rat** (veraltende Einheit der Masse bei Edelsteinen); *Einheitenzeichen* k – 2. (Qualitätsmaß für Goldlegierungen u. ä.) ⟨*grch* → *arab* → *frz*⟩

Ka|ra|te, das, _[s] (japan. Art waffenloser Selbstverteidigung) ⟨*jap*⟩

...ka|rä|tig, *österr auch* **...ka|ra|tig** (... Karat wiegend; den Goldgehalt betreffend); zehnkarätig, *österr auch* zehnkaratig (*mit Ziffern K 284*: 10karätig, *österr auch* 10karatig) ⟨*grch* → *arab* → *frz*⟩

Ka|ra|tschi [..'ra:..] (Hafenstadt in Pakistan)

Ka|rau|sche, die, _, _n (ein Karpfenfisch) ⟨*lit*⟩

Ka|ra|vel|le [..v..], die, _, _n (*Mittelalter*; ein Segelschiff) ⟨*grch* → *lat* → *portug* → *frz u. ndrl*⟩

Ka|ra|wa|ne, die, _, _n (durch unbewohnte Gebiete [Wüsten] reisende Gruppe von Kaufleuten, Forschern od. Pilgern, bes. in Asien u. Afrika) ⟨*aind* → *pers* → *ital*⟩ · **Ka|ra|wa|nen|han|del,** der, _s · **Ka|ra|wa|nen|stra|ße**

Ka|ra|wan|ken *Pl* (Gruppe der Südl. Kalkalpen)

Ka|ra|wan|se|rei (Unterkunft für Karawanen) ⟨*aind* → *pers* → *ital*⟩

Kar|bat|sche, die, _, _n (Riemenpeitsche) ⟨*türk* → *ung* → *slaw*⟩ · **kar|bat|schen** *K 354*

Kar|bid, das, _[e]s, _e (*Chem*; Verbindung zw. einem Metall bzw. Bor od. Silizium u. Kohlenstoff) ⟨*lat* + *grch*⟩

Kar|bo|li|ne|um, das, _s (*fachspr*; Öl aus Steinkohlenteer [zum Imprägnieren von Holz u. zur Bekämpfung von Obstbaumschädlingen]) ⟨*lat* + *arab* + *lat*⟩ · **Kar|bol|säu|re,** die, _ (*veraltet*; Phenol, wirksames Desinfektionsmittel) ⟨*lat* + *arab*⟩

Kar|bon, das, _s (*Geol*; zweitjüngstes System des Paläozoikums, Steinkohlenformation) ⟨*lat*⟩; *K 258*: das Obere _; das Untere _ (↑ ²Kulm) · **Kar|bo|na|de** (*Kochk landsch*; gebratenes Rippenstück) ⟨*lat* → *ital* → *frz*⟩ · **Kar|bo|nat:** 1. der, _[e]s, _e (*Mineral*; ein Diamant) – 2. das, _[e]s, _e (*Chem*; Salz der Kohlensäure) ⟨*lat*⟩ · **kar|bo|na|tisch** (*Chem*; Salz der Kohlensäure enthaltend) · **Kar|bo|ne|um** [..'bo:ne.. *od* ..bo'ne:..], das, _s (Kohlenstoff); *Zeichen* C ⟨*für lat* carbo = Kohle⟩ · **Kar|bo|ni|sa|tion,** die, _ (*Med*; Verkohlung – *Chem*; Umwandlung in Karbonat [2]) · **kar|bo|nisch** (*Geol*; zum Karbon gehörend) · **kar|bo|ni|sie|ren** (*Textiltechn*; Zellulosefasern in Wolle durch Schwefelsäure zerstören – *fachspr*; in Kohle umwandeln – *Chem*; in Karbonat [2] umwandeln; mit Kohlendioxid versetzen) · **Kar|bon|säu|ren** *Pl* (*Chem*; eine Gruppe organischer Säuren) · **Kar|bo|rund,** das, _[e]s (*fachspr*; ein Schleifmittel) ⟨*Kurzw aus* Karbon + Korund⟩ · **karbozyklisch** ↑ isozyklisch

Kar|bun|kel, der, *österr* das, _s, _ (*Med*; Verschmelzung mehrerer Furunkel zu einem Eiterherd) ⟨*lat*⟩; *vgl. auch* Karfunkel · **kar|bu|rie|ren** (*fachspr*; Anteil an Kohlenstoff erhöhen)

Kar|da|mom, der *od* das, _s, *Pl* _e *od* _en (Gewürz aus den Früchten eines Ingwergewächses) ⟨*grch*⟩

Kar|dan|an|trieb *K 209* (*Techn*; eine Antriebsart für Fahrzeuge) ⟨*nach* dem italien. Naturforscher Cardano⟩ · **Kar|dan|ge|lenk** *K 209* (*Techn*; allseitig bewegl. Gelenk zur Kraftübertragung auf eine Welle, die zur treibenden winklig steht) · **kar|da|nisch** (*Techn*); _e Aufhängung (eine Aufhängung für Kompasse u. Meßinstrumente); _e Formel (*Math*) · **Kar|dan|wel|le** *K 209* (*Techn*; Gelenkwelle)

Kar|dät|sche, die, _, _n (grobe Bürste zum Putzen von Pferden u. Rindern) ⟨*lat* → *ital*⟩; *vgl. aber* Kartätsche · **kar|dät|schen** *K 354* (striegeln); *vgl. aber* kartätschen · **Kar|de,** die, _, _n (1. distelähnl. Ruderalpflanze – 2. ↑ ¹Krempel) ⟨*lat*⟩

Kar|deel, die, _, _e (*Seew*; einzelner Strang einer Trosse) ⟨*ndrl*⟩

karden ↑ kardieren · **Kar|den|di|stel**

Kar|dia|ka *Pl* (*Med*; Herzmittel); *Sg* Kar|dia|kum, das, _s ⟨*grch* → *lat*⟩ · **kar|di|al** (*Med*; Herz od. Magenmund betreffend) · **Kar|dial|gie,** die, _, ..ien (*Med*; Magenkrampf) ⟨*grch*⟩

kar|die|ren *od* **kar|den** (Wolle aufrauhen) ⟨*lat*⟩

Kar|di|nal, der, _s, ..äle (*kath Kirche*; der nächsthöchste Würdenträger nach dem Papst) ⟨*lat*⟩ · **Kar|di|nal-feh|ler, ...fra|ge** · **Kar|di|nal|punkt** (Hauptpunkt) · **Kar|di|nal|zahl,** die, _, *Pl* _en *od* Kardinalia (Grundzahl)

Kar|dio|gramm, das, _s, _e (*Med*; aufgezeichnete Kurve der Herzbewegungen) ⟨*grch*⟩ · **Kar|dio|graph,** der, _en, _en (*Med*; Gerät zur Aufzeichnung der Herzbewegungen)

Kar|dio|ide, die, _, _n (*Math*; herzförmige Kurve) ⟨*grch*, ‚Herzlinie'⟩

Kar|dio|lo|gie, die, _ (*Med*; Lehre vom Herzen) ⟨*grch*⟩

Kar|dio|spas|mus, der, _, ..men (*Med*; Magenmundkrampf) ⟨*grch* → *lat*⟩

Ka|re|lien [..ĭən] (Landsch. im O Nordeuropas) · **Ka|re|lier** [..ĭər], der, _s, _ · **ka|re|lisch;** *vgl. auch K 265ff.*; *K 258*: die Karelische ASSR

Ka|renz, die, _, _en *od* **Ka|renz|zeit** (Wartezeit; Sperrfrist) ⟨*lat*⟩

Ka|rer, der, _s, _ (*Altertum*; Bewohner Kariens)

Ka|rett|schild|krö|te, die, _, _n (Seeschildkröte, die das Schildpatt liefert) ⟨*span* → *frz*⟩

Kar|fiol, der, _s, _e (*süddt*, *österr*; Blumenkohl) ⟨*ital*⟩

Kar|frei|tag (Freitag vor Ostern) ⟨‚Trauerfreitag'⟩

Kar|fun|kel, der, _s, _ (*volkstüml*; roter Granat – *umg*; Karbunkel) ⟨*lat*⟩ · **Kar|fun|kel|stein**

karg; karger (*auch* kärger), kargste (*auch* kärgste) · **kar|gen** (*gehoben*) · **Karg|heit,** die, _ · **kärg|lich**

Kar|go, der, _s, _s (*Seew*; Schiffsladung; Verzeichnis der Ladung) ⟨*lat* → *span u. ital*⟩

Ka|ri|be *od* **Ka|rai|be,** der, _n, _n (Angehöriger einer indian. Sprachfamilie u. Völkergruppe in Süd- u. Mittelamerika) · **Ka|ri|bik,** die, _ (*kurz für* das Karibische Meer [mit den Antillen]) · **ka|ri|bisch** *od* **ka|rai|bisch;** *K 238*: die karibischen Sprachen, *aber K 258*: das Karibische Meer (*kurz* Karibik)

Ka|rien [..iən] (*Altertum*; Landsch. im SW Kleinasiens)

ka|riert ⟨*lat* → *frz*⟩; *vgl. auch K 280*

Ka|ries [..iɛs], die, _ (*Med*; Knochenfraß, bes. Zahnfäule) ⟨*lat*⟩

Ka|ri|ka|tur, die, _, _en (Zerr- od. Spottbild, kritische od. satirische Darstellung) ⟨*lat* → *ital*⟩ · **Ka|ri|ka|tu|rist** (Karikaturenzeichner) · **ka|ri|ka|tu|ri|stisch** · **ka|ri|kie|ren**

Ka|rin (w. Vn.) ⟨*schwed Kurzf von* Katharina⟩

ka|rio|gen (*Med*; Karies hervorrufend) ⟨*lat* + *grch*⟩ · **ka|riös** *K 349* (*Med*; von Karies befallen; angefault) ⟨*lat* → *frz*⟩; _e Zähne

ka|risch ⟨*zu* Karasee⟩; *K 258*: das Karische Meer (↑ Karasee)

Ka|ri|tas, *auch* **Ca|ri|tas,** die, _ (Nächstenliebe; Wohltätigkeit) ⟨*lat*⟩ · **ka|ri|ta|tiv** (mildtätig)

Kar|kas|se, die, -, -n (Grundgefüge des Kfz-Reifens – *Kochk*; Gerippe von zerlegtem Geflügel, Fisch, Wild) ⟨*ital*⟩
Karkonosze ↑ Riesengebirge
Karl *K 208* (m. Vn.) ⟨‚Mann'⟩; *Nebenf* ↑ Carl · **Kar|la** *K 208* (w. Vn.) ⟨*zu* Karl⟩; *Nebenf* ↑ Carla, *latinisierte Form* ↑ Carola (*eindeutschend* ↑ Karola) · **Karl|heinz** *K 208* (m. Vn.) ⟨Karl + Heinz⟩
Kar|list (Angehöriger einer ehem. span. Partei)
Karl-Marx-Stadt *K 247* (Bezirksstadt in der DDR) · **Karl-Marx-Städ|ter,** *auch* **Karl|marx-städ|ter** *K 248*: 1. *K 231*: der, -s, -; 2. *als Attribut K 232*
Kar|lo|vy Va|ry [..vi 'vari] (Stadt in der ČSSR)
Karls|bad (*dt Form von* Karlovy Vary) · **Karls|ba|der;** *als Attribut K 232*: das Karlsbader Salz, die Karlsbader Beschlüsse (1819)
Karls|kro|na [..'kru:..] (Hafenstadt in Südschweden)
Karls|ru|he (Stadt im SW der BRD)
Karls|sa|ge ⟨*nach* Karl dem Großen⟩ · **Karls|sa|gen|kreis,** der, -es
Kar|ma[n], das, -s (*ind Philos*; das unausweichl. Vergeltungsschicksal, das entspr. den guten od. bösen Taten zur Wiedergeburt in einem höheren od. niedrigeren Dasein führt [Seelenwanderung]) ⟨*aind*, ‚Tat'⟩
Kar|mel, der, -s (Gebirgszug in Palästina) ⟨*hebr*, ‚Garten'⟩ · **Kar|me|li|ter,** der, -s, - *od* **Kar|me|lit,** der, -en, -en (*kath Kirche*; Angehöriger eines Ordens) · **Kar|me|li|ter|geist,** der, -es (ein Heilkräuterdestillat) · **Kar|me|li|te|rin** *od* **Kar|me|li|tin,** die, -, ..innen (*kath Kirche*)
Kar|min ⟨*aind* → *pers* → *arab* → *frz*⟩ *od* **Kar|me|sin** ⟨*aind* → *pers* → *arab* → *ital*⟩, das, -s (ein natürl. roter Farbstoff) · **kar|min|rot** *od* **kar|me|sin|rot** *K 278* (scharlachrot); *vgl.* blau · **Kar|min|säu|re,** die, - · **kar|mo|sie|ren** (*fachspr*; einen Edelstein umranden) ⟨*aind* → *pers* → *arab* → *frz*⟩
Karn, der, -[e]s, -e (*norddt*; Butterfaß, Buttermaschine)
Karnallit ↑ Carnallit
Karnation ↑ Inkarnat
Kar|ne|ol, der, -s, -e (*Mineral*; ein gelblicher od. roter Chalzedon) ⟨*lat* → *ital*⟩
Kar|ner, *österr nur so, seltener* **Ker|ner,** der, -s, - (*Arch*; [Friedhofskapelle mit] Beinhaus) ⟨*lat*⟩
Kar|ne|val [..v..], der, -s, *Pl* -e *od* -s (Fastnacht, Fasching, Faschingszeit) ⟨*ital*⟩. *Zus K 365ff.*: Karneval‿zug usw.
Kar|nickel [*Tr* ..nik|kel], das, -s, - (*landsch*; Kaninchen – *übertr, umg*; Sündenbock) ⟨*iber* → *lat*⟩
Kar|nies, das, -es, -e (*Arch*; Glokkenleiste) ⟨*lat* → *ital* u. *frz*⟩ · **Kar|nie|se,** die, -, -n (*österr*; Vorhangstange)
Kar|ni|sche Al|pen *K 258 Pl* ⟨*nach* den Karnern, einem kelt. Volksstamm des Altertums⟩
kar|ni|vor [..v..] (*Biol*; fleischfressend) ⟨*lat*⟩ · **Kar|ni|vo|re** *K 342* (*Biol*): 1. der, -n, -n (fleischfressendes Tier) – 2. die, -n, -n (fleischfressende Pflanze)
Kärn|ten (Bundesland in Österreich) · **Kärnt|ner:** 1. *K 231*: der, -s, -; 2. *als Attribut K 232* · **kärnt|ne|risch,** *seltener* **kärn|tisch**
Ka|ro: 1. das, -s, -s ([auf der Spitze stehendes] Viereck) – 2. das, -s (eine Spielkartenfarbe [Schellen]) ⟨*lat* → *frz*⟩
Ka|ro|la [ka'ro:.., *österr nur so, od* 'ka:ro..] *K 207* (w. Vn.) ⟨*eindeutschende Schreibung von* Carola⟩
Ka|ro|li|nen *Pl* (Inselgruppe im westl. Pazifik) ⟨*nach* dem span. König Karl II.⟩ · **Ka|ro|lin|ger,** der, -s, - (Angehöriger des fränk. Herrschergeschlechts der Karolinger) ⟨*nach* Karl dem Großen⟩ · **Ka|ro|lin|ger|zeit,** die, - · **ka|ro|lin|gisch** *K 218*; die -e Renaissance (*hist*), die -e Minuskel (*hist*) · **Ka|ro|lin|gisch** *K 217*; die -e Verwaltungsreform (*hist*) · **ka|ro|li|nisch** (auf einen der fränk. Herrscher mit dem Namen Karl bezüglich)
Ka|ros|se, die, -, -n (*umg*; Karosserie – *veraltend*; Prachtkutsche) ⟨*lat* → *ital* → *frz*⟩ · **Ka|ros|se|rie,** die, -, ..ien (Wagenoberbau, -aufbau [von Kraftwagen]) · **ka|ros|sie|ren** (mit Karosserie versehen)
Ka|ro|tin, das, -s (gelbroter Farbstoff in Pflanzenzellen) ⟨*grch* + *lat*⟩
Ka|ro|tis, die, -, ..tiden (*Med*; Kopfschlagader) ⟨*grch*⟩
Ka|rot|te, die, -, -n (Möhrensorte) ⟨*grch* → *lat* → *ndrl*⟩ · **Ka|rot|ten|beet**
Kar|pa|ten *Pl* (Gebirge in Mittel- u. Südosteuropa) · **kar|pa|tisch**
Kar|pell, das, -s, -e (*Bot*; Fruchtblatt) ⟨*grch* → *lat*⟩
Karp|fen, der, -s, - (*Herkunft umstritten*). *Zus K 365ff.*: Karpfen‿teich usw.
Kar|po|lo|gie, die, - (*Bot*; Lehre von den pflanzl. Früchten) ⟨*grch*⟩
Kar|ra|g[h]een [kara'ge:n] (*Bot, Pharmakol*; Irisches Moos, eine Droge) ⟨*nach* der irischen Ortschaft Carrageen ['kɛrəgi:n]⟩
kar|ra|risch ⟨*nach* Carrara⟩; *K 238*: -er Marmor
Kar|re, die, -, -n *od* **¹Kar|ren,** *österr nur so*, der, -s, - ⟨*kelt* → *lat*⟩
Kar|ree, das, -s, -s (Viereck) ⟨*lat* → *frz*⟩
kar|ren ⟨*kelt* → *lat*⟩ · **¹Karren** ↑ Karre
²Kar|ren *Pl*, *auch* **Schrat|ten** *Pl* (*Geol*; Rinnen u. Schluchten in Kalkgestein) ⟨*zu* Kar⟩
Kar|rer (*schweiz*; Kärrner, Fuhrknecht) ⟨*kelt* → *lat*⟩ · **Kar|re|te,** die, -, -n (*landsch salopp*; schlechter Wagen) ⟨*kelt* → *lat* → *ital*⟩ · **Kar|ret|te,** die, -, -n (*schweiz*; Schubkarren) · **Kar|rie|re:** 1. die, -, -n ([schnelle, erfolgreiche] Laufbahn) – 2. die, - (schnellster Galopp des Pferdes) ⟨*kelt* → *lat* → *frz*⟩ · **Kar|rie|ris|mus** [karïɛ..], der, - (*abwert*; gesinnungsloses Strebertum [im berufl. od. polit. Leben]) · **Kar|rie|rist** (*abwert*; rücksichts- u. prinzipienloser Streber, Postenjäger) · **kar|rie|ri|stisch** (*abwert*) · **kar|rio|len** (*umg*; herumfahren, drauflosfahren) · **Kärr|ner** (*hist*; Fuhrknecht, Tagelöhner – *veraltet*; schwere körperliche Arbeit verrichtender Mann)
Kar|sams|tag (Samstag vor Ostern) ⟨‚Trauersamstag'⟩
¹Karst, der, -[e]s, -e (*landsch*; zweizinkige Erdhacke)
²Karst, der, -[e]s (*Geol*; Gesamtheit der durch Wirkung von Wasser in Kalk- u. Gipsgestein entstehenden Oberflächenformen u. Höhlen) ⟨*nach* dem nordwestl. Teil des Dinarischen Gebirges⟩
Kar|sten *K 208* (m. Vn.) ⟨*niederdt Form von* Christian⟩; *Nebenf* Carsten
Karst|er|schei|nun|gen *Pl* (*Geol*) ⟨*zu* ²Karst⟩
Kar|tät|sche, die, -, -n (*hist*; Artilleriegeschoß – *Bauw*; brettartiges Werkzeug zum Glattreiben des Wandputzes) ⟨*grch* → *lat* → *ital* → *frz* → *engl*⟩; *vgl. aber* Kardätsche · **kar|tät|schen** *K 354*; *vgl. aber* kardätschen
Kar|tau|se, die, -, -n (Mönchskloster; Einsiedelei) ⟨*nach* Cart[h]usia, dem latein. Namen des französ. Klosters La Grande Chartreuse [la grã:d ʃar'trø:z]⟩ · **Kar|täu|ser,** der, -s, - (*kath Kirche*; Angehöriger eines Einsiedlerordens – *normalspr*; ein Kräuterlikör) · **Kar|täu|ser‿mönch** (*kath Kirche*), **...nel|ke**
Kärt|chen · **Kar|te,** die, -, -n ⟨*grch* → *lat* → *frz*⟩; er kann gut Karte[n] (*österr nur* Karten) spielen. *Zus K 365ff.*: Karten‿zeichner usw. ·

Kar|tei · **Kar|tei‿kar|te, ...ka|sten, ...zet|tel** · **Kar|tell,** das, ‿s, ‿e (kapitalist. Monopolverband; Zusammenschluß von Firmen eines Produktionszweiges zur Regelung ihrer Profitinteressen) · **kar|tel|lie|ren** (in Kartellen zusammenschließen) · **kar|ten** (*umg*; Karte[n] spielen) · **Kar|ten|spiel**

kartesianisch usw. ↑ cartesianisch usw.

Kar|tha|ger, *latein* **Pu|nier** [..ĭər], der, ‿s, ‿ · **kar|tha|gisch;** *vgl. auch* punisch · **Kar|tha|go** (*Altertum*; Stadt an der Nordküste Afrikas) ⟨*phön*⟩

Kar|tha|min, das, ‿s (ein roter Farbstoff) ⟨*arab* → *lat*⟩

kar|tie|ren (in eine Kartei einordnen; in ein Stückverzeichnis eintragen – *Geogr*; von einem Gelände eine Landkarte aufnehmen) ⟨*grch* → *lat* → *frz*⟩

Kar|tof|fel, die, ‿, ‿n ⟨*lat* → *ital*⟩. *Zus K 365 ff.*: Kartoffel‿brei usw. · **Kar|tof|fel|puf|fer** · **Kar|tof|fel|stock** (*schweiz*; Kartoffelbrei)

Kar|to|gramm, das, ‿s, ‿e (kartenmäßige Darstellung statist. Materials) ⟨*grch*⟩ · **Kar|to|graph,** der, ‿en, ‿en (Fachmann auf dem Gebiet der Kartographie) · **Kar|to|gra|phie,** die, ‿ (Lehre u. Technik der Landkartenherstellung; Kartenkunde) · **kar|to|gra|phisch** · **Kar|to|me|ter,** das (Kurven- od. Entfernungsmeßgerät für Landkarten) · **Kar|to|me|trie,** die, ‿ (Kartenmeßkunde)

Kar|ton [..'tɔŋ], der, ‿s, ‿s *od* [..'to:n, *österr nur so*], der, ‿s, *Pl* ‿e, *österr auch* ‿s (steifes, dickes Papier, Feinpappe; Schachtel aus diesem Werkstoff – *bildende Kunst*; Vorzeichnung zu einem Wandgemälde) ⟨*grch* → *lat* → *ital* → *frz*⟩ · **Kar|to|na|ge** [..to'na:ʒə, *österr* ..'na:ʒ] (Verpackungsmittel aus Karton od. fester Pappe) · **Kar|to|na|ge[n]|ar|beit** · **Kar|to|na|gen|ma|cher** · **kar|to|nie|ren** (ein Buch od. eine Broschüre steif heften, in leichte Pappe einbinden; pappen) · **kar|to|niert;** *Abk* kart.

Kar|to|thek, die, ‿, ‿en (Zettelkasten, Kartei) ⟨*grch*⟩

Kar|tu|sche, die, ‿, ‿n (*Kunstwiss*; ein Ornament – *Milit*; Metallhülse mit Treibladung beim Artilleriegeschoß) ⟨*grch* → *lat* → *ital* → *frz*, ‚Rolle'⟩

Ka|run|kel, die, ‿, ‿n (*Med*; Fleischwarze) ⟨*lat*⟩

Ka|rus|sell, das, ‿s, *Pl* ‿s *od* ‿e (sich drehende Rundbahn mit Reit- u. Fahrsitzen) ⟨*pers* → *arab* → *ital* → *frz*⟩

Kar|wen|del|ge|bir|ge *K 246*, das, ‿s, *kurz* **Kar|wen|del,** der *od* das, ‿s (Gruppe der Nördl. Kalkalpen)

Kar|wo|che ⟨‚Trauerwoche'⟩

Ka|rya|ti|de, die, ‿, ‿n (*Arch*; weibl. Gewandstatue als Gebälkträgerin) ⟨*grch*⟩

ka|ryo|phag (*Biol*; den Kern vernichtend) ⟨*grch*⟩ · **Ka|ry|op|se,** die, ‿, ‿n (*Biol*; Schalfrucht [Fruchtform der Gräser])

Kar|zer, der, ‿s, ‿ (*hist*; Arrestraum in Schulen u. Hochschulen) ⟨*lat*⟩

kar|zi|no|gen ⟨*grch*⟩ *od* **kan|ze|ro|gen** ⟨*lat* + *grch*⟩ (*Med*; krebserzeugend) · **Kar|zi|no|gen** ⟨*grch*⟩ *od* **Kan|ze|ro|gen** ⟨*lat* + *grch*⟩, das, ‿s, ‿e (*Med*; krebserzeugende Substanz) · **Kar|zi|nom,** das, ‿s, ‿e (*Med*; Krebsgeschwulst) ⟨*grch*⟩; *Abk* Ca ⟨*für grch* → *lat* carcinoma⟩ · **kar|zi|no|ma|tös** (*Med*; krebsig, von Krebs befallen); eine ‿e Geschwulst · **Kar|zi|no|se,** die, ‿, ‿n (*Med*; über den ganzen Organismus verbreitete Krebsbildung)

Ka|sa|che [..x..], der, ‿n, ‿n ⟨*türk* → *russ*⟩ · **ka|sa|chisch;** *vgl. K 266 f.* · **Ka|sa|chisch,** das, *Gen* ‿[s], *Dat* ‿ (Sprachbezeichnung *K 268 ff.*) · **Ka|sa|chi|sche,** das, *Gen* ‿n, *Dat* ‿n (Sprachbezeichnung *K 271*) · **Ka|sach|stan** [..'sta(:)n], *ohne Art, amtl* **Ka|sa|chi|sche So|zia|li|sti|sche So|wjet|re|pu|blik** *K 258*, die, *Gen* ‿n ‿n ‿ (im S der UdSSR)

Ka|sack ['ka(:).., *österr* ..'zak], der, ‿s, ‿s (dreiviertellanges blusenartiges Kleidungsstück für Frauen) ⟨*türk* → *russ*⟩

Ka|san (Stadt der RSFSR an der Wolga) ⟨*türk* (‚Kessel') → *russ*⟩

Ka|sa|tschok, der, ‿ (russ. Volkstanz) ⟨*türk* → *russ*⟩

Kas|bek, der, ‿[s] (Berg im Kaukasus)

Käsch, das, ‿[s], *Pl* ‿[s] *od* ‿e *u. bei Maß- od Wertangabe* (*K 308 bzw 310*) Käsch (ostasiat. Massemaß – *hist*; chines. Münze) ⟨*drawid* → *portug* → *engl*⟩

Ka|scha, die, ‿, *auch* **Kasch,** der, ‿[e]s (Brei; Grütze [aus Buchweizen]) ⟨*russ*⟩

Ka|schem|me, die, ‿, ‿n (*abwert*; Verbrecherkneipe; Schenke mit schlechtem Ruf) ⟨*Zig*⟩

ka|schen *K 354* (*salopp*; ergreifen, verhaften)

Ka|schier|ei|sen (*Buchw*; Kratzeisen) · **ka|schie|ren** (verdecken; überkleben – *Theat*; dekorieren, nachbilden) ⟨*lat* → *frz*⟩

Kasch|mir: 1. [kaʃ'mi:r *od* 'kaʃmi:r] (Gebirgslandsch. im NW Vorderindiens) ⟨*aind* → *engl*⟩ – 2. ['kaʃmi:r], der, ‿s, ‿e (ein Wollgewebe) ⟨*nach* der Landschaft⟩. *Zus K 365 ff.*: Kaschmir‿schal usw.

Ka|schu|be, der, ‿n, ‿n (Angehöriger eines westslaw. Volksstammes) · **ka|schu|bisch;** *vgl. auch K 265 ff.*

Ka|schu|nuß (Frucht eines trop. Gewächses) ⟨*indian* → *frz* → *engl*⟩

Kasch|ver|fah|ren (*Filmw*; ein auf Bildabdeckung beruhendes Breitwandprojektionsverfahren) ⟨*zu* kaschieren⟩

Kä|se, der, ‿s, ‿ ⟨*lat*⟩. *Zus K 365 ff.*: Käse‿bereitung usw. · **Ka|se|in,** das, ‿s, ‿e (Eiweißbestandteil der Milch)

Ka|sel, die, ‿, ‿n (Meßgewand der kath. Priester) ⟨*lat*⟩

Ka|se|mat|te, die, ‿, ‿n (*Milit*; bomben- u. beschußsicherer [mitunter als Gefängnis dienender] Raum in Festungen u. auf älteren Kriegsschiffen) ⟨*lat* → *ital* → *frz*⟩

kä|sen: 1. *K 354* (Käse bereiten, die Milch mit Lab zum Gerinnen bringen) – 2. (*von der Milch gesagt*; zu Käse werden) ⟨*lat*⟩ · **Kä|ser,** der, ‿s, ‿ (Käsebereiter, Senne) · **Kä|se|rei**

Ka|ser|ne, die, ‿, ‿n ⟨*lat* → *frz*⟩. *Zus K 365 ff.*: Kasernen‿hof usw. · **ka|ser|nie|ren** (*veraltend*; in Kasernen unterbringen)

kä|sig

Ka|si|no, das, ‿s, ‿s (Haus für gesellige Zusammenkünfte; Speise- u. Aufenthaltsraum) ⟨*lat* → *ital*, ‚Häuschen'⟩

Kas|ka|de (stufenförmiger [auch künstlicher] Wasserfall – *Artistik*; verwegener Sturzsprung) ⟨*lat* → *ital* → *frz*⟩ · **kas|ka|den|för|mig** · **Kas|ka|den|schal|tung** (*Elektrotechn*) · **Kas|ka|deur** [..'dø:r], der, ‿s, ‿e (Artist, der Kaskaden ausführt)

Kas|ka|rill|rin|de (ein Gewürz) ⟨*lat* → *span*⟩

Kas|ko, der, ‿s, ‿s (*bes seem*; Schiffsrumpf od. Fahrzeug im Gegensatz zur Ladung) ⟨*lat* → *span*⟩ · **kas|ko|ver|si|chert** · **Kas|ko|ver|si|che|rung** (Versicherung von Verkehrsmitteln, z. B. von Kraftwagen)

Kas|per, der, ‿s, ‿: 1. *od* **Kas|per|le,** das *od* der, ‿s, ‿, *österr* **Kas|perl,** der, ‿s, ‿[n] (lustige Figur im Puppenspiel) – 2. (*umg scherzh*; alberner Kerl) · **Kas|per|le|thea|ter,** *österr* **Kas|perl|thea|ter** · **kas|pern** *K 363* (*umg*; sich albern benehmen)

Kas|pisch; *in geograph Namen K 258*: die Kaspische Senke · **Kas|pi|sche Meer** *K 258*, das, *Gen* ‿n ‿[e]s *od* **Kas|pi|see,** der, ‿s (größter See der Erde [im S der UdSSR])

Kassa ↑ Kasse · **Kas|sa|buch** (*österr*)

Kas|san|dra (*griech Sage*; Priesterin, die warnend den Untergang Trojas voraussagte) ⟨*grch*⟩ · **Kas|san|dra|ruf** *K 209* (*übertr*; unheilvolle [unbeachtete] Warnung)

Kas|sa|ti|on (*Rechtsw*; Aufhebung einer rechtmäßigen gerichtl. Entscheidung) ⟨*lat*⟩ · **kas|sa|to|risch** (*Rechtsw*; die Kassation betreffend); _e Klausel (Verfallsklausel, Verwirrungsklausel)

Kas|se, *österr meist* **Kas|sa,** die, _, ..ssen (Geldkasten, Geldvorrat; Zahlungsraum, -schalter – *österr auch für* Geldschrank, Sparkasse, Bargeld) ⟨*lat → ital*⟩; *vgl. auch* per cassa

Kas|sel (Stadt im O der BRD) · **Kas|se|ler** *od* **Kaß|ler** (*K 38*): 1. *K 231*: der, _s, _; 2. *als Attribut K 232*: die Kasseler *od* Kaßler Leberwurst

Kas|sen|buch · **Kas|sen|sturz** (*umg*; Feststellung des Kassenbestandes)

Kas|se|rol, das, _s, *Pl* _e, *österr* ..llen *od* **Kas|se|rol|le,** die, _, _n (Schmortopf, -pfanne) ⟨*frz*⟩

Kas|set|te, die, _, _n (Zierkästchen, verschließbarer Kasten; Schutzkarton für Bücher, Schallplatten od. Briefpapier; Behälter für Bild- od. Tonaufzeichnungen – *Arch*; kastenförmig vertieftes Feld einer Zimmerdecke – *Fot*; lichtdichter Behälter für Platten u. Filme) ⟨*lat → ital → frz*⟩ · **Kas|set|ten|decke** [*Tr* ...dek|ke] (*Arch*) · **Kas|set|ten|re|cor|der;** *vgl. auch* Recorder · **kas|set|tie|ren** (*Arch*; mit Kassetten versehen)

Kassia ↑ Kassie · **Kas|sia|öl,** das, _[e]s ⟨*grch + lat*⟩

Kas|si|ber, der, _s, _ (heimliche schriftl. Mitteilung [meist in Geheimschrift] von Gefangenen u. an Gefangene) ⟨*hebr*⟩

Kas|si|de, die, _, _n (*Literaturw*; kunstvolles oriental. Zweckgedicht) ⟨*arab*⟩

Kas|sie [..ĭə] *od* **Kas|sia,** die, _, ..ien [..ĭən] (eine Gewürzpflanze) ⟨*hebr → grch → lat*⟩

Kas|sier, der, _s, _e (*süddt, österr, schweiz*; Kassierer) · **[1]kas|sie|ren** (Geld einnehmen u. verbuchen – *umg iron*; etw. wegnehmen; jmdn. verhaften) ⟨*lat → ital*⟩

[2]kas|sie|ren ([Münzen] für ungültig erklären) ⟨*lat*⟩

Kas|sie|rer ⟨*lat → ital*⟩ · **Kas|sie|re|rin,** die, _, ..innen · **Kas|sie|rin,** die, _, ..innen (*süddt, österr, schweiz*; Kassiererin)

Kas|sio|peia [*od* ..'o(:)..]: 1. (*griech Sage*; Mutter der Andromeda) – 2. die, _ (ein Sternbild)

Kas|si|te|rit, der, _[e]s, _e (*Mineral*; Zinnstein, ein Zinnerz) ⟨*grch*⟩

Kaßler ↑ Kasseler

Ka|sta|gnet|te [..ta'njɛtə], die, _, _n, *meist Pl* (Handklapper) ⟨*grch → lat → span u. ital*⟩ · **Ka|sta|nie** [..ĭə], die, _, _n (ein Baum u. dessen Frucht) ⟨*grch → lat*⟩ · **ka|sta|nien|braun;** _ färben; *vgl.* blau · **Ka|sta|nien|holz**

Käst|chen

Ka|ste, die, _, _n (*i. e. S.* in Indien offiziell abgeschaffte, aber noch bestehende hinduist. Gemeinschaft – *i. w. S.* [zur Wahrung von Vorrechten] streng abgeschlossene Gesellschaftsgruppe) ⟨*lat → portug → frz*⟩

ka|stei|en (*Rel*; Bußübungen auferlegen); kasteit; sich (*Akk*) _ (Bußübungen treiben; sich Entbehrungen auferlegen) ⟨*lat*⟩

Ka|stell, das, _s, _e (fester Platz, Burg, Schloß in Südeuropa – *hist*; römische Grenzbefestigungsanlage) ⟨*lat*⟩ · **Ka|stel|lan,** der, _s, _e (*veraltend*; Hausmeister in öffentl. Gebäuden; Schloßverwalter)

kä|steln *K 363* (mit Kästchen versehen) · **Ka|sten,** der, _s, *Pl* Kästen, *selten* _ (*österr auch für* Schrank) · **Ka|sten|deckel** [*Tr* ...dek|kel]

Ka|sten|geist, der, _es (*meist abwert*; Standesdünkel) ⟨*zu* Kaste⟩

Ka|sti|lien [..ĭən] (Landsch. in Mittelspanien) · **ka|sti|lisch;** *K 258*: das Kastilische Scheidegebirge

Ka|stor: 1. ↑ Kastor und Pollux – 2. der, _ (Stern im Sternbild der Zwillinge) ⟨*grch → lat*⟩ · **Ka|stor und Pol|lux** (*griech Sage*; Zwillingssöhne des Zeus, die Dioskuren – *übertr*; unzertrennliches Freundespaar)

Ka|strat, der, _en, _en (Verschnittener) ⟨*lat*⟩ · **Ka|stra|ti|on** (Ausschaltung der Keimdrüsen) · **ka|strie|ren** (verschneiden)

Ka|su|ar [*auch* 'ka:.., *österr nur so*], der, _s, _e (straußenähnl. Laufvogel Australiens) ⟨*mal → ndrl*⟩ · **Ka|sua|ri|ne,** die, _, ..nen (australisch-ostind. Baum)

Ka|su|ist (Vertreter der Kasuistik – *auch abwert*; Haarspalter) ⟨*lat*⟩ · **Ka|sui|stik,** die, _ ([oft spitzfindige] Anwendung von Moralsätzen auf Gewissenszweifel als Teil bes. der christl. Ethik – *auch abwert*; Haarspalterei) · **ka|sui|stisch** · **Ka|sus,** der, _, *Pl* _ [..zu:s] (Fall, Vorkommnis – *Gramm*; Fall); *vgl. auch* Casus belli, Casus obliquus, Casus rectus

Ka|ta|chre|se [..ç..] *od* **Ka|ta|chre|sis,** die, _, ..esen (*Stilistik*; fehlerhafte Bildvermischung) ⟨*grch*, ‚Mißbrauch'⟩ · **ka|ta|chre|stisch** (*Stilistik*)

Ka|ta|falk, der, _s, _e (geschmücktes Gerüst für den Sarg bei Leichenfeiern) ⟨*lat → ital → frz*⟩

Ka|ta|kla|se, die, _ (*Geol*; Zertrümmerung eines verfestigten Gesteins durch tektonischen Druck) ⟨*grch*⟩; *vgl. auch* Protoklase · **Ka|ta|klas|ge|fü|ge** (*Geol*)

Ka|ta|kom|be, die, _, _n, *meist Pl* (*Altertum*; unterird. Begräbnisstätte) ⟨*grch → lat → ital*⟩

Ka|ta|la|ne, der, _n, _n (Angehöriger eines Volkes im NO Spaniens); *vgl.* Katalonier · **ka|ta|la|nisch;** *vgl. K 266f. u.* katalonisch · **Ka|ta|la|nisch,** das, *Gen* _[s], *Dat* _ (Sprachbezeichnung *K 268ff.*) · **Ka|ta|la|ni|sche,** das, *Gen* _n, *Dat* _n (Sprachbezeichnung *K 271*)

Ka|ta|la|se, die, _ (*Biochem*; ein Enzym) ⟨*grch*⟩

Ka|ta|lau|ni|sche Fel|der *K 258 Pl* (Ebene in der Champagne)

Ka|ta|lek|ten *Pl* (Bruchstücke, Überbleibsel – *veraltet*; Reste alter Schriften) ⟨*grch*⟩ · **ka|ta|lek|tisch;** _er Vers (*Metrik*; am Ende unvollständiger od. verkürzter Vers)

Ka|ta|lep|sie, die, _, ..ien (*Med*; eine Muskelstarre) ⟨*grch*⟩ · **ka|ta|lep|tisch** (*Med*)

Ka|ta|le|xe *od* **Ka|ta|le|xis** [*od* ..'ta:..], die, _, ..lexen (*Metrik*; Unvollständigkeit des letzten Versfußes) ⟨*grch*⟩

Ka|ta|log, der, _[e]s, _e (Verzeichnis [von Büchern, Bildern, Waren usw.]) ⟨*grch*⟩ · **ka|ta|lo|gi|sie|ren**

Ka|ta|lo|nien [..ĭən] (Landsch. im NO Spaniens) · **Ka|ta|lo|nier** [..ĭər], der, s, _ (Bewohner von Katalonien); *vgl.* Katalane · **ka|ta|lo|nisch;** *K 258*: das Katalonische Gebirge; *vgl.* katalanisch

Ka|ta|ly|sa|tor, der, _s, ..oren (*Chem*; Stoff, der die Geschwindigkeit einer Stoffumsetzung verändert) ⟨*grch → lat*⟩ · **Ka|ta|ly|se,** die, _, _n (*Chem*; Auslösung, Beschleunigung od. Verlangsamung einer Stoffumsetzung durch einen hierbei nicht verbrauchten Stoff) ⟨*grch*⟩ · **ka|ta|ly|sie|ren** (*Chem*) · **ka|ta|ly|tisch** (*Chem*)

Ka|ta|ma|ran [*auch* ..'ra:n], der, _s, _e (*Sport*; doppelrümpfiges Segelboot) ⟨*drawid*⟩

Katanga ↑ Shaba

Ka|ta|pla|sie, die, _, ..ien (*Med*; Rückbildung) ⟨*grch*⟩ · **Ka|ta|plas|ma** (*Med*; Breiumschlag)

ka|ta|plek|tisch (*Med*; vor Schreck gelähmt) ⟨*grch*⟩ · **Ka|ta|ple|xie,** die, _, ..ien (*Med*; Schrecklähmung)

Ka|ta|pult, das *od* der, _[e]s, _e ([antike] Wurfmaschine, Schleuder;

Schleudereinrichtung für den Start von Flugzeugen [bes. auf Schiffen]) ⟨*grch* → *lat*⟩ · **ka|ta|pul|tie|ren** · **Ka|ta|pult|sitz**

Ka|tar ['ka..], *amtl* **Staat Ka|tar** (am Pers. Golf)

Ka|ta|rakt: 1. der, –[e]s, –e (Stromschnelle; Wasserfall) – 2. die, –, –e, *auch* der, –[e]s, –e (*Med*; grauer Star) ⟨*grch* → *lat*⟩

Ka|ta|rer, der, –s, – *od* **Ka|ta|ri,** der, –[s], –s (Staatsbürger von Katar) · **ka|ta|risch**

Ka|tarrh, der, –s, –e (*Med*; Schleimhautentzündung) ⟨*grch*⟩ · **ka|tar|rha|lisch** ⟨*grch* → *lat*⟩ · **ka|tarrh|ar|tig**

Ka|ta|ster, der, *österr nur so*, *od* das, –s, – (amtl. Grundstücksverzeichnis, Flurbuch) ⟨*lat* → *ital*⟩. *Zus K 365ff.*: Kataster‿amt usw. · **Ka|ta|stral|ge|mein|de** (*österr*; Steuergemeinde) · **ka|ta|strie|ren** (in einen Kataster eintragen)

ka|ta|stro|phal (verhängnisvoll; niederschmetternd; entsetzlich) ⟨*grch* → *lat*⟩ · **Ka|ta|stro|phe,** die, –, –n (folgenschweres [unglückl.] Ereignis, Unglücksfall großen Ausmaßes; Zusammenbruch, Untergang) ⟨*grch*⟩ · **Ka|ta|stro|phen|alarm** · **ka|ta|stro|phen|ar|tig** · **Ka|ta|stro|phen|ein|satz**

Ka|ta|to|nie, die, – (*Med*; Spannungsirresein) ⟨*grch*⟩

Kät|chen *K 207* (*Verkleinerungsf von* Käte)

Ka|te, die, –, –n, *auch* **²Ko|te,** die, –, *Pl* Koten *od* Kotten (*norddt*, *oft abwert*; ärmliches Bauernhaus ohne Hofstätte)

Kä|te *K 207* (w. Vn.) ⟨*Kurzf von* Katharina⟩; *Nebenf* Käthe

Ka|te|che|se [..ç..], die, –, –n (*christl Rel*; Unterweisung durch Unterricht) ⟨*grch*⟩ · **Ka|te|chet,** der, –en, –en (*christl Rel*; Religionsunterricht Erteilender) · **Ka|te|che|tik,** die, – (*christl Rel*; Lehre von der Katechese) · **Ka|te|che|tin,** die, –, ..innen (*christl Rel*) · **ka|te|che|tisch** (*christl Rel*) · **ka|te|chi|sie|ren** (*christl Rel*; Religionsunterricht erteilen; durch Frage u. Antwort unterweisen) ⟨*grch* → *lat*⟩ · **Ka|te|chis|mus,** der, –, ..men (*christl Rel*; in Frage u. Antwort abgefaßter Leitfaden des Glaubens – *österr übertr*; jedes in Frage u. Antwort abgefaßte Buch)

Ka|te|chu [..'çu: *od* 'ka..], das, –s, –s (*Biol*, *Pharmakol*; ein Gerbstoff, ein zusammenziehendes Arzneimittel) ⟨*aind*⟩

Ka|te|chu|me|ne [..ç..], der, –n, –n (*christl Rel*; [erwachsener] Taufbewerber) ⟨*grch*⟩

ka|te|go|rial ⟨*grch* → *lat*⟩ · **Ka|te|go|rie,** die, –, ..ien (Gruppe od. Klasse, in die etw. eingeordnet wird) ⟨*grch*⟩ · **ka|te|go|risch** (aussagend, behauptend; unbedingt geltend); –ste; kategorischer Imperativ (von Kant mit dem Anspruch auf unbedingte Gültigkeit formulierte sittliche Forderung) · **ka|te|go|ri|sie|ren** (nach Kategorien ordnen)

¹Ka|ter, der, –s, – (männl. Katze)

²Ka|ter, der, –s, – (*umg*; unangenehme Folge von starkem Alkoholgenuß) ⟨*grch*, ‚Katarrh'⟩

kat|exo|chen [..'xe:n] *nichtdeklinierbar* (schlechthin; beispielhaft) ⟨*grch*⟩

Kat|gut [*od* 'kɛtgat], das, –s (*Med*; Faden aus Tierdarm für chirurg. Wundnähte) ⟨*engl*⟩

Ka|tha|ri|na, *österr nur diese Form*, *K 207* (w. Vn.) ⟨*grch*⟩; *Nebenf* ↑ Katherine, *dt Kurzf* ↑ Käte, ↑ Käthe, *schwed Kurzf* ↑ Karin

Ka|thar|sis [*auch* ..'tar.., *österr nur so*], die, – (*gehoben*; sittl., religiöse innere Läuterung – *Literaturw*; läuternde Wirkung der Tragödie auf den Zuschauer) ⟨*grch*, ‚Reinigung'⟩ · **ka|thar|tisch** (*gehoben u. Literaturw*; reinigend, läuternd – *übertr*, *Med*; abführend); –e Behandlung (*Med*; eine Art der Psychotherapie)

Käth|chen *K 207* (*Verkleinerungsf von* Käthe) · **Kä|the,** *österr nur diese Form*, *K 207* (w. Vn.) ⟨*Kurzf von* Katharina⟩; *Nebenf* Käte

Ka|the|der, das *od* der, *österr nur so*, –s, – (Lehrerpult; Lehrstuhl) ⟨*grch* → *lat*⟩; *vgl. aber* Katheter · **Ka|the|dra|le,** die, –, –n (*kath Kirche*; Hauptkirche mit Bischofssitz)

Ka|the|ri|ne, *österr nur* **Ka|tha|ri|na** *K 207* (w. Vn.) ⟨*Nebenf von* Katharina⟩

Ka|the|te, die, –, –n (*Math*; eine dem rechten Winkel eines Dreiecks anliegende Seite) ⟨*grch*⟩ · **Ka|the|ter,** der, –s, – (*Med*; röhrenförmiges Instrument zur Entleerung od. Spülung von Hohlorganen); *vgl. aber* Katheder · **ka|the|te|ri|sie|ren,** *seltener* **ka|the|tern** *K 363* (*Med*; einen Katheter einführen)

Kathode usw. ↑ Katode usw.

Ka|tho|lik, der, –en, –en (Angehöriger der röm.-kath. Kirche) ⟨*grch*⟩ · **Ka|tho|li|kos** [*od* ..'kɔs], der, – (oberster Bischof der armenischen Kirche) · **ka|tho|lisch** (die röm.-kath. Kirche betreffend od. ihr angehörend); *Abk* kath. ⟨‚allgemein', ‚umfassend'⟩; *K 119*: die katholische Kirche, *aber K 258*: das Katholische Pfarramt in B. · **ka|tho|li|sie|ren** (katholisch machen; zum Katholizismus neigen) · **Ka|tho|li|zis|mus,** der, – (das röm.-kath. Kirchentum – *auch Sammelbez für* die röm.-kath. u. die griech.-kath. [orthodoxe] Kirche im Ggs. zum Protestantismus) ⟨*grch* → *lat*⟩ · **Ka|tho|li|zi|tät,** die, – (Rechtgläubigkeit nach der Lehre der kath. Kirche)

ka|ti|li|na|risch *K 218* ⟨*nach* dem altröm. Patrizier Catilina⟩; –e Existenz (heruntergekommener, zu verzweifelten Schritten neigender Mensch)

Kat|ion, das, –s, ..onen (*Phys*; zur Katode wanderndes positives Ion) ⟨*grch*⟩; *Ggs* Anion · **kat|io|nisch** (*Phys*)

Kat|man|du [*od* ..'du:] (Hptst. von Nepal)

Kät|ner, *auch* **Köt|ner** (*norddt*; Häusler, Besitzer einer Kate)

Ka|to|de *od* **Ka|tho|de,** *österr nur so*, die, –, –n (*Phys*; negative Elektrode) ⟨*grch*, ‚das Hinabgehen'⟩; *Ggs* Anode · **Ka|to|den|strah|len** *od*, *österr nur*, **Ka|tho|den|strah|len** *Pl* (*Phys*)

ka|to|nisch *K 218* ⟨*nach* dem altröm. Staatsmann Cato⟩; –e Strenge (*veraltend*; große Strenge)

Ka|to|wi|ce [..'vitsɛ] (Stadt im S Polens)

kat|schen *od* **kät|schen** *K 354* (*landsch*; schmatzend kauen)

Katt|an|ker (*norddt*, *seem*; zweiter Anker)

Kat|te|gat, das, –s (Meeresteil zw. Skagerrak u. Ostsee) ⟨*dän*, ‚Katzenloch'⟩

kat|ten (*norddt*, *seem*; [Anker] hochziehen)

Kat|tun, der, –s, –e (bedrucktes Baumwollgewebe) ⟨*arab* → *ndrl*⟩ · **kat|tu|nen** *K 364* (aus Kattun)

katz|bal|gen, sich (*Akk*) (*umg*); du katzbalgst dich; gekatzbalgt; zu katzbalgen · **Katz|bal|ge|rei** (*umg*) · **katz|buckeln** *K 363* [*Tr* ...buk|keln] (*umg abwert*); gekatzbuckelt; zu katzbuckeln · **Kätz|chen** · **Kat|ze,** die, –, –n · **Kat|zen|au|ge** (*Mineralogie*; ein Schmuckstein – *umg*; Rückstrahler) · **Kat|zen|gold** (Biotit) · **Kat|zen‿jam|mer** (*umg*), **...sprung** (*umg*) · **Kät|zin,** die, –, ..innen (weibl. Katze)

kau|dal (*Biol*; zum Schwanz gehörend – *Med*; fußwärts) ⟨*lat*⟩

kau|dern *K 363* (*noch landsch*; unverständlich sprechen; wucherisch handeln) ⟨*Herkunft umstritten*⟩ · **kau|der|welsch** (*abwert*; schwerverständlich, mit fremden Sprachbrocken durchsetzt); – sprechen · **Kau|der|welsch,** das, –[s] (*abwert*;

schwerverständliches Gerede; unverständliche Sprache) · **kau|der|wel|schen** *K 354* (*abwert*); gekauderwelscht *K 358*; zu ⌣

kau|di|nisch ⟨*lat*⟩; *K 119*: ein kaudinisches Joch (*übertr*; schimpfliche Demütigung), *aber K 258*: das Kaudinische Joch (Joch, durch das die bei Caudium besiegten Römer ziehen mußten)

Kaue, die, ⌣, ⌣n (*Bergb*; Wasch- u. Umkleideraum der Kumpel) ⟨*lat*⟩

kau|en

kau|ern *K 363* (hocken)

Kauf, der, ⌣[e]s, *Pl* Käufe ⟨*lat*⟩; in [den] ⌣ nehmen, *aber K 101*: das In-den-Kauf-Nehmen · **kau|fen;** du kaufst · **kau|fens|wert** · **Käu|fer** · **Kauf|hal|le** · **käuf|lich** · **Käuf|lich|keit,** die, ⌣ · **Kauf|mann,** *Pl* ..leute; *Abk* Kfm. · **kauf|män|nisch;** *Abk* kfm.

Kau|gum|mi, der

Kau|kamm (*bergm*; Axt)

Kau|ka|sien [..iən] (Gebiet der UdSSR zw. Schwarzem u. Kaspischem Meer) · **Kau|ka|sier** [..iər], der, ⌣s, ⌣ · **kau|ka|sisch** · **Kau|ka|sus,** der, ⌣ (Hochgebirge in Kaukasien)

Kaul|barsch ⟨*zu* Kugel⟩ · **Käul|chen** *od* **Keul|chen** (*landsch*; ein Gebäck)

Kau|le, die, ⌣, ⌣n (*landsch*; Grube, Loch); *vgl. auch* Kuhle

kau|li|flor (*Bot*, *von Blüten gesagt*; am Sproß, am Stengel sich bildend) ⟨*grch + lat*⟩

Kaul|quap|pe (Froschlarve)

kaum; kaum (,) daß ...; *vgl. auch K 450 u. 390*

Kau|nas (Stadt in Litauen)

Kau|pe|lei (*landsch*; [heiml.] Handel od. Tausch, bes. unter Kindern) ⟨*zu* Kauf⟩ · **kau|peln** *K 363* (*landsch*)

Kau|ri, der, ⌣s, ⌣s *od* die, ⌣, ⌣s (Porzellanschnecke; sog. Muschelgeld) ⟨*Hind*⟩

kau|sal (ursächlich [zusammenhängend] – *Sprachw*; begründend) ⟨*lat*⟩ · **Kau|sal|ge|setz** · **Kau|sa|li|tät,** die, ⌣ (*Philos*; notwendige Bedingtheit einer Erscheinung durch eine andere) · **Kau|sal|ne|xus,** der, ⌣ (ursächl. Zusammenhang) · **Kau|sal|satz** (*Gramm*; Begründungssatz) · **kau|sa|tiv** *od* **fak|ti|tiv** [*beide auch* ..'ti:f] (*Sprachw*; bewirkend; als Kausativ, Faktitiv gebraucht; ein Kausativ, Faktitiv betreffend) · **Kau|sa|tiv** *od* **Fak|ti|tiv** [*beide auch* ..'ti:f], das, ⌣s, ⌣e [..v..] (*Sprachw*; Verb, das das Bewirken eines Vorgangs ausdrückt, z. B. fällen)

Kausch *od* **Kau|sche,** die, ⌣, ..schen (*seem*; metallene Öse am Ende eines Taues) ⟨*frz*⟩

Kau|stik: 1. die, ⌣ (*Opt*; Brennlinie, Brennfläche) ⟨*grch*⟩ – 2. ↑ Kauterisation · **Kau|sti|kum,** das, ⌣s, ..ka (*Med*; Ätzmittel) ⟨*grch → lat*⟩ · **kau|stisch** (*Chem*; brennend, ätzend – *übertr*; beißend, spöttisch); ⌣ste ⟨*grch*⟩; ⌣er Witz · **Kau|sto|bio|lith,** der, *Gen* ⌣[e]s, *Pl* ⌣e *od Gen* ⌣en, *Pl* ⌣en (*Mineral*; brennbare, aus organ. Resten entstandene Substanzen, z. B. Torf, Kohle)

Kau|ta|bak

Kau|tel, die, ⌣, ⌣en (*Rechtsw*; Sicherung gegen rechtl. Nachteile) ⟨*lat*⟩

Kau|te|ri|sa|tion ⟨*grch → lat*⟩ *od* **Kau|stik** ⟨*grch*⟩, die, ⌣, ⌣en (*Med*; das Zerstören der Gewebe durch Hitze od. Ätzung) · **kau|te|ri|sie|ren** (*Med*) ⟨*grch → lat*⟩ · **Kau|te|rium,** das, ⌣s, ..ien [..iən] (*Med*; Brenneisen – *Chem*; Ätzmittel)

Kau|tion (Sicherheit, Sicherheitsleistung; Haftsumme; Bürgschaft) ⟨*lat*⟩. *Zus K 365ff.*: Kautions⌣summe usw. · **kau|tions|fä|hig** (bürgfähig)

Kau|tschuk, der, *österr nur so, od* das, ⌣s, ⌣e (Gummirohstoff) ⟨*indian → frz*⟩. *Zus K 365ff.*: Kautschuk⌣ware usw. · **kau|tschu|tie|ren** (mit einer Kautschukschicht überziehen; aus Kautschuk herstellen)

Kauz, der, ⌣es, *Pl* Käuze · **Käuz|chen** · **kau|zig** (wunderlich, sonderbar)

Ka|val [..v..], der, ⌣s, ⌣s (Ritter, Spielkarte beim Tarock) ⟨*lat → ital*⟩ · **Ka|va|lier,** der, ⌣s, ⌣e (Weltmann; Mann von zuvorkommendem Verhalten, bes. Frauen gegenüber) ⟨*lat → ital → frz*, ‚Ritter'⟩ · **ka|va|lier[s]|mä|ßig** · **Ka|val|ka|de,** die, ⌣, ⌣n ([feierl.] Reiter[auf]zug) · **Ka|val|le|rie** [*österr nur so, auch* 'ka..], die, ⌣, ..ien (*Milit hist*; Reiterei; Reitertruppe [Waffengattung der Landstreitkräfte]) · **Ka|val|le|rist** [*österr nur so, auch* 'ka..] (*hist*)

Ka|va|ti|ne [..v..], die, ⌣, ⌣n (*Mus*; liedartiger Gesangs- od. Instrumentalsatz) ⟨*lat → ital*⟩

Ka|ve|ling [..v..], die, ⌣, ⌣en (*Wirtsch*; kleine Menge zu versteigernder Waren) ⟨*ndrl*⟩

Ka|vent [..v..] (*veraltet*; Bürge) ⟨*lat*⟩ · **Ka|vents|mann** (*landsch*; großer, beleibter Mann – *seem*; Wellenberg)

Ka|ver|ne [..v..], die, ⌣, ⌣n (*Med*; geschwürige Hohlraumbildung) ⟨*lat*⟩ · **Ka|ver|nom,** das, ⌣s, ⌣e (*Med*; Geschwulst aus Blutgefäßen) ⟨*lat + grch*⟩ · **ka|ver|nös** *K 349* (*fachspr*; Höhlungen bildend) ⟨*lat → frz*⟩

Ka|viar [..v..], der, ⌣s, ⌣e (eingesalzener Rogen von Stör, Hausen usw.) ⟨*türk → grch → ital*⟩. *Zus K 365ff.*: Kaviar⌣brötchen usw.

Ka|vi|ta|tion [..v..] (*Phys*; Hohlraumbildung) ⟨*lat*⟩

Ka|wa, die, ⌣ (berauschendes Getränk der Polynesier) ⟨*polyn*⟩

Ka|wi, das, ⌣s *od* **Ka|wi|spra|che,** die, ⌣ (alte Schriftsprache auf Java) ⟨*jav*⟩

Ka|zi|ke, der, ⌣n, ⌣n (Stammes- od. Dorfhäuptling der Indianer Mittel- u. Südamerikas) ⟨*indian → span*⟩

KBC-Waf|fen [ka:be:'tse:..], *früher* **ABC-Waf|fen** [a:be:'tse:..] *Pl* (Bez. für *K*ern- (*A*tom-), *b*akterielle u. *c*hem. Waffen)

K-Bom|be ['ka:..] *Kurzw* (Kobaltbombe)

kebbeln ↑ kibbeln

Keb|se, die, ⌣, ⌣n (*abwert*; Nebenfrau). *Zus K 365ff.*: Kebs⌣weib usw.

keck

keckern [*Tr* kek|kern] (*weidm*; *vom Fuchs, Dachs, Marder u. Iltis gesagt*; Zorneslaut ausstoßen); er keckert

Keck|heit · **keck|lich** (*noch scherzh*)

Ke|der, der, ⌣s, ⌣ (Randverstärkung aus Leder, Gummi od. Kunststoff)

Keep, die, ⌣, ⌣en (*seem*; Kerbe, Rille)

Keep-smi|ling [ki:p'smailiŋ], das, ⌣ (in jeder Lebenslage zur Schau getragener Optimismus) ⟨*engl*, ‚lächle weiter'⟩

Ke|fe, die, ⌣, ⌣n (*schweiz*; eine frühe Erbse)

Ke|fir, der, ⌣s (alkohol., aus Stuten- od. Kuhmilch hergestelltes vergorenes Getränk) ⟨*lat*⟩

Ke|gel, der, ⌣s, ⌣; mit Kind und ⌣ (*umg*) · **Ke|gel|bahn** · **Ke|gel|bre|cher** (*Techn*; Zerkleinerungsmaschine) · **ke|gel|för|mig** · **ke|ge|lig** *K 362* · **Ke|gel⌣ku|gel, ...man|tel** (*Geom*) · **ke|geln** *K 363* · **ke|gel|schei|ben** (*bayr, österr*; kegelschieben) · **ke|gel|schie|ben** *K 134*; *im Inf in einem Wort geschrieben, sonst meist getrennt*: du schiebst Kegel; du hast Kegel geschoben; um Kegel zu schieben · **Ke|gel|schie|ben,** das, ⌣s · **Ke|gel|schnitt** (*Geom*) · **Ke|gel|statt,** *Pl* ..stätten (*österr*; Kegelbahn) · **Keg|ler**

Kehl|chen · **Keh|le,** die, ⌣, ⌣n · **keh|len** · **Kehl|ho|bel** · **keh|lig** · **Kehl|kopf** · **Kehl|laut** · **Kehl|lei|ste** · **Keh|lung** (Hohlkehle)

Kehr|aus, der, ⌣ · **Kehr|be|sen**

Keh|re, die, ⌣, ⌣n (Kurve, Straßenwindung – *Sport*; Turnübung) ·

[1]keh|ren (wenden); in sich gekehrt; sich (*Akk*) an etwas kehren (sich um etw. kümmern)

[2]keh|ren (fegen) · **Keh|richt,** der, *auch* das, _[e]s · **Keh|richt|hau|fen** · **Kehr|ma|schi|ne**

Kehr|reim · **Kehr|schlei|fe** (Serpentine) · **Kehr|sei|te** · **kehrt!** (*auch Milit*) · **kehrt|ma|chen** *K 129* (umkehren); du machst kehrt; kehrtgemacht; kehrtzumachen · **Kehr|um,** der, _s (*veraltet*; Sackgasse; Kehrreim); im _ (*schweiz*; im Handumdrehen) · **Kehr|wert** (reziproker Wert)

Kehr|wisch (*süddt*) ⟨*zu* [2]kehren⟩

kei|fen (*abwert*) · **Kei|fe|rei** (*abwert*)

Keil, der, _[e]s, _e. *Zus K 365 ff.*: Keil‿schrift usw. · **Kei|le,** die, _ (*landsch umg*; Hiebe, Prügel); _ kriegen · **kei|len;** sich (*Akk*) _ (*landsch umg*; sich prügeln) · **Kei|ler,** der, _s, _ (*weidm*; männl. Wildschwein) · **Kei|le|rei** (*landsch umg*) · **keil|för|mig** · **Keil|haue** (*bergm*) · **Keil|rie|men** (*Techn*)

Keim, der, _[e]s, _e · **Keim|blatt** · **kei|men** · **keim|frei** · **Keim|ling**

kein, keine, kein, *Pl* keine; *K 340*: keine nutzlosen Ausflüchte; *K 333*: kein anderer *od* kein andrer, in keinem Falle. *Unverbunden K 120* u. *341*: keiner, keine, kein[e]s; keiner, keine, kein[e]s von beiden · **kei|ner|lei** · **kei|ner|seits** *K 176* · **kei|nes|falls** *K 176*; *vgl. auch* Fall (1) · **kei|nes|wegs** *K 176* · **kein|mal** *K 176*, *aber K 127*: kein einziges Mal

Keks, der *od* (*österr nur*:) das, _es *od* _ (*österr nur so*), *Pl* _e *od* _ (*österr nur so*) (trockenes, haltbares Kleingebäck) ⟨*engl*⟩

Kelch, der, _[e]s, _e ⟨*lat*⟩ · **Kelch|glas,** *Pl* ..gläser

Ke|lim, der, _s, _s (oriental. Teppich) ⟨*türk*⟩ · **Ke|lim|sticke|rei** [*Tr* ...stik|ke..] (eine Wollgarnstickerei)

Kel|le, die, _, _n

Kel|ler, der, _s, _ ⟨*lat*⟩. *Zus K 365 ff.*: Keller‿treppe usw. · **Kel|le|rei** · **Kel|ler|hals:** 1. ↑ Seidelbast – 2. der, _es, ..hälse (*Bauw*; Überbau od. ansteigendes Gewölbe über einer Kellertreppe) · **Kell|ner,** der, _s, _ · **Kell|ne|rin,** die, _, ..innen · **kell|nern** *K 363* (*umg*)

Kellogg-Pakt ↑ Briand-Kellogg-Pakt

Kel|te, der, _n, _n (Angehöriger einer indoeurop. Völkergruppe)

Kel|ter, die, _, _n (Weinpresse) ⟨*lat*⟩ · **Kel|te|rer** · **kel|tern** *K 363*

Kelt|ibe|rer, der, _s, _ (*Altertum*; Angehöriger eines Mischvolkes auf der Pyrenäenhalbinsel) · **kelt|ibe|risch** · **kel|tisch;** *vgl. K 266 f.* · **Kel|tisch,** das, *Gen* _[s], *Dat* _ (Sprachbezeichnung *K 268 ff.*) · **Kel|ti|sche,** das, *Gen* _n, *Dat* _n (Sprachbezeichnung *K 271*) · **kel|to|ro|ma|nisch** *K 245*

Kel|vin [..v..], das, _[s], _ (Einheit der Temperatur u. Temperaturdifferenz, SI-Basiseinheit); *Einheitenzeichen* K ⟨*nach* dem engl. Physiker⟩; 273,15 K [= 0 °C]

Ke|me|na|te, die, _, _n (*hist*; Frauengemach einer Burg) ⟨*lat*⟩

Ke|naf, das, _s (als Juteersatz dienende Bastfaser) ⟨*Herkunft umstritten*⟩

Ke|nia, *amtl* **Re|pu|blik Ke|nia** (im O Afrikas) · **Ke|nia|ner,** der, _s, _, *auch* **Ke|niat,** der, _en, _en · **ke|nia|nisch,** *auch* **ke|nia|tisch**

Ken|nel, der, _s, _ (*weidm*; Hundezwinger) ⟨*lat* → *frz* → *engl*⟩

ken|nen; du kanntest; du kenntest; gekannt; kenn[e]!

ken|nen|ler|nen *K 142*; du lernst kennen; kennengelernt; kennenzulernen; kennen- und schätzenlernen; *aber*: schreiben lernen; etwas schreiben und sprechen lernen

Ken|ner · **Ken|ner|blick** · **Ken|ner|mie|ne** · **Ken|ner|schaft,** die, _ · **Kenn|far|be**

Ken|ning, die, _, _ar (*altnord u. altengl Dichtung*; die Umschreibung alltäglicher Ausdrücke durch bildhafte Wendungen) ⟨*anord*⟩

kennt|lich; _ machen · **Kennt|nis,** die, _, ..isse; etw. zur _ nehmen · **Kennt|nis|nah|me,** die, _ (*bürospr*) · **kennt|nis|reich** · **Kennum|mer** [*Tr* Kenn|num|mer *K 78*] · **Ken|nung** (*fachspr*; charakterist. Kennzeichen; eindeutiges Merkmal [zur Identifizierung]) · **Kenn|wort,** *Pl* ..wörter · **Kenn|zahl** · **Kenn|zei|chen** · **kenn|zeich|nen;** du kennzeichnest; gekennzeichnet; zu _ · **Kenn|zeich|nung** · **Kenn|zif|fer**

Ke|no|taph ⟨*grch*⟩, *österr nur so, od* **Ze|no|taph** ⟨*grch* → *lat*⟩, das, _s, _e (Grabmal für einen andernorts bestatteten Toten)

Kent (Grafschaft in England)

Ken|taur [..'tau(ə)r] ⟨*grch*⟩ *od* **Zen|taur** ⟨*grch* → *lat*⟩, der, _en, _en (*griech Sage*; Fabelwesen mit Pferdeleib u. menschl. Oberkörper)

ken|tern *K 363*; das Schiff kentert ⟨*zu* Kante⟩

Ken|tucky [..'taki; *Tr* ..tuk|ky] (Staat der USA)

Ken|tum|spra|chen *Pl* (*Sprachw*; Gruppe der indoeurop. Sprachen) ⟨*nach* dem latein. Wort centum ‚hundert'⟩

Kephalopoden ↑ Zephalopoden

Ke|pheus [*od* ..'fɔys] (*griech Sage*; Vater der Andromeda) ⟨*grch*⟩; *vgl. auch* Cepheus

Ke|ra|mik: 1. die, _ (Töpferkunst) – 2. die, _, _en (Erzeugnis der Töpferkunst) ⟨*grch*⟩ · **ke|ra|misch**

Ke|ra|tin, das, _s, _e (*Biochem*; Hornsubstanz) ⟨*grch*⟩ · **Ke|ra|ti|tis,** die, _ (*Med*; Hornhautentzündung des Auges) · **Ke|ra|tom,** das, _s, _e (*Med*; Hornhautgeschwulst der Haut)

Ker|be, die, _, _n (Einschnitt)

Ker|bel, der, _s (eine Gewürzpflanze, Doldengewächs) ⟨*grch* → *lat*⟩ · **Ker|bel|kraut,** das, _[e]s

ker|ben (Einschnitte machen)

Kerberos ↑ *unter* Zerberus

Kerb|holz; etw. auf dem _ (*umg*; etw. auf dem Gewissen) haben · **Kerb|schnitt,** der, _[e]s (eine Ornamenttechnik) · **Kerb|tier,** das *od* **Kerf,** der, _[e]s, _e (Insekt)

Ker|gue|len [..'ge:..] *Pl* (Inselgruppe im südl. Indik)

Ker|ker, der, _s, _ ⟨*lat*⟩ · **Ker|ker|haft,** die, _

Ker|ky|ra [..ky.. *od* ..ki..] (westgriech. Insel) ⟨*grch*⟩; *vgl. auch* Korfu

Kerl, der, _[e]s, *Pl* _e (*österr nur so*), *norddt* _s (*umg*) · **Kerl|chen**

Ker|mes, der, _ (der früher technisch genutzte rote Farbstoff der Kermesschildläuse) ⟨*aind* → *pers* → *arab*⟩. *Zus K 365 ff.*: Kermes‿beere usw.

Kern, der, _[e]s, _e. *Zus K 365 ff.*: Kern‿obst, ...frage usw. · **Kern|bei|ßer** (ein Singvogel) · **ker|nen** (*veraltet*; auskernen) · **Kern|ener|gie**

Kerner ↑ Karner

Kern|for|schung · **Kern|fu|sion** (*Kernphys*) · **kern|ge|sund** · **ker|nig** · **Kern|kraft|werk** (*Abk* KKW) *od* **Atom|kraft|werk** (*Abk* AKW) · **Kern|ling** (aus einem Kern gezogener Baum od. Strauch) · **Kern|phy|sik** *od* **Atom|phy|sik** (Teilgebiet der Physik) · **Kern|re|ak|tor** *od* **Atom|re|ak|tor** (Anlage zur Gewinnung von Kernenergie); *kurz* Reaktor · **Kern|satz** (*Gramm*; Formbezeichnung eines Satzes, bei dem die Personalform des Verbs an zweiter Stelle, d. h. nach einem vorangehenden Satzglied steht) · **Kern‿spal|tung, ...tech|nik** · **Kern|waf|fen** *Pl* (Massenvernichtungsmittel, z. B. Atombomben)

Ke|ro|sin, das, _s (ein Brennöl) ⟨*grch* → *lat*⟩

Kertsch (Hafenstadt auf der gleichnamigen Halbinsel im O der Krim)

Ker|ze, die, _, _n ⟨*lat*⟩ · **ker|zen|ge|ra|de**[1] · **Ker|zen|licht,** *Pl* ..lichter

[1] *Vgl.* Fußnote zu »gerade«.

Ke|scher, der, _s, _ (Handfangnetz für Fische u. andere Wassertiere sowie für Insekten) ⟨*lat → frz → engl*⟩
keß; kesser, kesseste (*umg*; dreistflott, herausfordernd-fesch) ⟨*hebr → jidd*⟩
Kes|sel, der, _s, _ ⟨*lat*⟩. *Zus K 365ff.*: Kessel‿haus usw.
Ketch|up, *seltener* **Catch|up** [*beide* 'kɛtʃəp], der, _s, _s (pikante Würztunke) ⟨*chin → mal → engl*⟩
Ke|to|ne *Pl* (*Chem*; eine sauerstoffhaltige Stoffklasse); *Sg* Ke|ton, das, _s ⟨*zu* Azeton⟩ · **Ke|ton|har|ze** *Pl*
Ketsch, die, _, _en (*Sport*; ein Segelfahrzeug) ⟨*engl*⟩
Ke|tschua *od* **Que|chua** ['kɛtʃŭa]: 1. der, _, _ (Angehöriger einer großen indian. Bevölkerungsgruppe in Südamerika) – 2. das, _ (Sprachbezeichnung, eine amtl. Sprache in Peru); auf Ketschua *od* Quechua heißt es ...
Kett|baum[1], *auch* **Ket|ten|baum** (Teil des Webstuhls)
Kett|chen ⟨*zu* [2]Kette⟩
[1]Ket|te, die, _, _n (Schar, Reihe – *Milit*; Einheit von Flugzeugen – *weidm bei jagdbaren Hühnervögeln*; das Elternpaar mit den Jungen); *vgl. auch K 387*
[2]Ket|te, die, _, _n (Gliederverbindung – *Web*; Gesamtheit der Längsfäden) ⟨*lat*⟩ · **Ket|tel,** der, _s, _ *od* die, _, _n (*landsch*; Krampe) · **ket|teln** *K 363* (*Textiltechn*; Stoffteile, Maschen miteinander verbinden) · **ket|ten** (mit Kette[n] anbinden) · **Kettenbaum** ↑ Kettbaum · **Kettenfaden** ↑ Kettfaden · **Ket|ten|fahr|zeug** · **Kettengarn** ↑ Kettgarn · **Ket|ten|han|del,** der, _s (*Wirtsch*) · **Ket|ten‿hund, ...pan|zer** · **ket|ten|rau|chen;** *nur im Inf üblich* · **Ket|ten|rau|chen** *K 101*, das, _s · **Ket|ten‿re|ak|tion, ...stich** · **Kett|fa|den**[1], *auch* **Ket|ten|fa|den,** *Pl* ..fäden (*Web*) · **Kett|garn**[1], *auch* **Ket|ten|garn** (*Web*) · **Ket|tung**
Ket|zer, der, _s, _ (Anhänger einer von der kirchl. Lehre abweichenden Meinung; Andersdenkender) ⟨*grch → lat → ital*⟩ · **Ket|ze|rei** · **Ket|zer|ge|richt** (*hist*) · **ket|ze|risch;** _ste
keu|chen · **Keuch|hu|sten**
Keulchen ↑ Käulchen · **Keu|le,** die, _, _n ⟨*zu* Kugel⟩ · **keu|len** (*Vet*; den gesamten Bestand der gleichen Tierart abschlachten, um die weitere Ausbreitung übertragbarer Krankheiten zu verhindern – *schweiz*; schlachten) · **keu|len|förmig** · **Keu|len|schlag** · **Keu|lung** (*Vet*)
Keu|per, der, _s (*Geol*; jüngste Abteilung der Trias)
keusch (*gehoben*) ⟨*lat*⟩ · **Keuschheit,** die, _ (*gehoben*)
Key|boards ['ki:bɔ:rts] *Pl* (Gesamtheit der in der Beat- u. Rockmusik eingesetzten Tasteninstrumente); *Sg* Key|board, das, _[s] ⟨*engl*⟩ · **Keyboard|spie|ler**
Kha|ki ['ka:..], der, _ (gelbbrauner Stoff [für Tropenuniformen]) ⟨*pers → Hind → engl*⟩ · **kha|ki|far|ben** (*K 364*) *od* **kha|ki|far|big;** *vgl. auch* ...farben *u. K 272ff.* · **Kha|ki|uniform**
Khan, *auch* **Chan** [*beide* ka:n *od* x..], der, _s, _e (*hist*; Titel mittelasiat. Fürsten) ⟨*mongol* od. *Turkspr*⟩ · **Kha|nat,** *auch* **Cha|nat** [*beide* ka.. *od* x..], das, _[e]s, _e (*hist*; Amt, Land eines Khans)
Khar|tum [kar'tu:m] (Hptst. von Sudan [2])
Khe|di|ve [ke'di:və], der, _s *od* _n, *Pl* _n (bis 1914 Titel des ägypt. Vizekönigs) ⟨*pers → türk*⟩
Khmer [kme:r]: 1. der, _, _ (Angehöriger eines Volkes in Kampuchea) – 2. das, _ (Sprachbezeichnung); auf Khmer heißt es ... ⟨*austroas*⟩
kib|beln, *auch* **keb|beln** *K 363* (*oberdt*; zanken, streiten)
Ki|bit|ka, die, _, _s *od* **Ki|bit|ke,** die, _, _n (Filzzelt; leichter Reisewagen) ⟨*Turkspr → russ*⟩
Ki|cher|erb|se ⟨*lat*⟩
ki|chern *K 363*
Kickel|hahn[1], der, _[e]s (Berg im Thüringer Wald)
kicken[1] (*Fußball*; treten, stoßen) ⟨*engl*⟩ · **Kicker**[1] (Fußballspieler) · **Kick-off,** der, _s, _s (*Fußball schweiz*; Anstoß) · **Kicks,** der, _es, _e (*Sport*; Fehlstoß; Fehler)
kicksen ↑ gicksen
Kick|star|ter (*Techn*; Fußhebel zum Anlassen des Motors [bei Krafträdern]) ⟨*engl*⟩
Kick|xia ['kiksĭa], die, _, ..ien [..ĭən] (ein Kautschukbaum, Braunwurzgewächs) ⟨*nach* dem belg. Botaniker Kickx⟩
Kid, das, _s (Kalb-, Ziegen-, Schafleder) ⟨*engl*⟩ – **Kids** *Pl* (Handschuhe aus Kid) · **kid|nap|pen** [..nɛpən] (einen Menschen entführen, um jmdn. zu erpressen); gekidnappt · **Kid|nap|per** (Entführer) · **Kidnap|ping,** das, _s, _s
Kie|bitz, der, _es, _e (ein Sumpfvogel) · **Kie|bitz|ei** · **kie|bit|zen** *K 354* (*umg scherzh*; beim Kartenspiel usw. zuschauen)
Kie|fen|fuß, *Pl* ..füße (ein Krebs)
[1]Kie|fer, der, _s, _ (ein Schädelknochen). *Zus K 365ff.*: Kiefer‿knochen usw.
[2]Kie|fer, die, _, _n (ein Nadelbaum) ⟨‚Kienföhre'⟩ · **kie|fern** (aus Kiefernholz) · **Kie|fern|holz** · **Kiefern|span|ner** (ein Schmetterling) · **Kie|fern|spin|ner** (ein Schmetterling)
Kie|ke, die, _, _n (*norddt*; Kohlenbecken zum Fußwärmen)
kie|ken (*norddt*; sehen) · **Kie|ker** (*norddt, bes seem*; Fernglas); jmdn. auf dem _ haben (mißtrauisch auf jmdn. aufpassen) · **Kiek|in|diewelt,** der, _s, _s (*umg scherzh*; kleines Kind, Unerfahrener)
[1]Kiel, der, _[e]s, _e (Blütenteil; Federschaft)
[2]Kiel, der, _[e]s, _e (Grundbalken der Schiffe)
[3]Kiel (Hptst. von Schleswig-Holstein [BRD])
Kiel|boot (*seem*) · **kiel|brü|chig** (*seem*)
kie|len (sprossen [von Federkielen]; Kielfedern bekommen) ⟨*zu* [1]Kiel⟩
Kie|ler ⟨*zu* [3]Kiel⟩: 1. *K 231*: der, _s, _; 2. *als Attribut K 232*: der Kieler Matrosenaufstand
Kiel|fe|der ⟨*zu* [1]Kiel⟩
kiel|ho|len (*seem*; ein Schiff zum Ausbessern umlegen – *veraltet*; jmdn. zur Strafe unter dem Schiffskiel durchs Wasser ziehen); du kielholst; gekielholt; zu kielholen
Kiel|li|nie [..ĭə] (*seem*; Gefechts-, Marschformation von Kriegsschiffen); in _ fahren · **kiel|oben** *K 176*; _ treiben (*seem*) · **Kiel|schwein** (*seem*; auf dem Hauptkiel von Schiffen liegender Verstärkungsbalken) · **Kiel|was|ser,** das, _s (Wasserspur hinter einem fahrenden Schiff)
Kie|me, die, _, _n (Atmungsorgan der Wassertiere) ⟨*zu* Kimme⟩. *Zus K 365ff.*: Kiemen‿atmer usw.
[1]Kien, der, _[e]s (harzreiches Holz). *Zus K 365ff.*: Kien‿span usw.
[2]Kien ⟨*Herkunft umstritten*⟩; *nur in* auf dem _ sein (*berlin*; auf seinen Vorteil bedacht sein)
kie|nig ⟨*zu* [1]Kien⟩
Kie|pe, die, _, _n (*norddt*; Rückentragkorb)
[1]Kies, der, _es (*salopp*; Geld) ⟨*hebr*⟩
[2]Kies, der, _es, _e (Geröll, grobkörniger Sand) · **Kie|sel,** der, _s, _. *Zus K 365ff.*: Kiesel‿erde usw. · **Kie|sel|gur,** die, _ (*Geol*; feinkörniges Sediment aus abgestorbenen Kieselalgen) ⟨*zu* gären⟩ · **Kie|selsäu|re,** die, _ · **[1]kie|sen** (*fachspr*;

[1] In der Weberei sind *fachspr* die Zusammensetzungen mit »Kett ...« üblich.

[1] *Tr* ..k|k..

mit Kies beschütten); ich kiese, du kiest *K 354*; du kiestest; du kiestest; gekiest; kiese! *od* kies!

[2]**kie|sen** (*noch dicht*; wählen); ich kiese, du kiest *K 354*; du korst; du körest; gekoren; kiese! *od* kies!; *vgl.* küren

Kie|se|rit, der, _[e]s, _e (*Mineral*) ⟨*nach* dem Naturwissenschaftler Kieser⟩

kie|sig ⟨zu [2]Kies⟩

Kiew ['ki:ɛf] (Hptst. der Ukraine) · **Kie|wer** [..vər]: 1. *K 231*: der, _s, _; 2. *als Attribut K 232*: die Kiewer Sophienkathedrale · **Kie|wer Rus** *K 232*, die, *Gen* _ _ (frühfeudaler Staat der Ostslawen im 9.–12. Jh.)

Kiez, der, _es, _e (*norddt*; ursprüngl. von Fischern bewohnter Ortsteil) ⟨*slaw*⟩

Ki|ga|li (Hptst. von Rwanda)

ki|ke|ri|ki! ⟨*lautm*⟩ · **Ki|ke|ri|ki**: 1. der, _s, _s (*kinderspr*; Hahn) – 2. das, _s, _s (Hahnenschrei)

Ki|li|ma|ndscha|ro, der, _[s] (höchster Berg Afrikas) ⟨*Swahili*, ‚Berg des bösen Geistes'⟩

kil|le|kil|le; _ machen (*kinderspr*; [unterm Kinn] streicheln, kitzeln)

[1]**kil|len** (*derb*; totschlagen, ermorden) ⟨*engl*⟩

[2]**kil|len** (*seem*, *vom Segel gesagt*; flattern)

Kil|ler (*derb*; [berufsmäßiger] Mörder) ⟨*zu* [1]killen⟩

Kiln, der, _[e]s, _e (*Hüttenw*; Brenn-, Röst-, Holzverkohlungsofen) ⟨*engl*⟩

Ki|lo, das, _s, *Pl* _s *u. bei Maßangabe* (*K 308*) Kilo *umg Kurzw* (Kilogramm) ⟨*grch* → *frz*⟩; 3 Kilo · **Ki|lo...** (Vorsatz bei Einheiten = das Tausendfache der genannten Einheit [z. B. Kilometer]); *Vorsatzzeichen* k... (z. B. km) · **Ki|lo|gramm** (Einheit der Masse = 1000 g, SI-Basiseinheit); *Einheitenzeichen* kg; *umg Kurzw* Kilo

Ki|lo|hertz (1000 Hz); *Einheitenzeichen* kHz

Ki|lo|joule [..dʒu:l] (1000 J); *Einheitenzeichen* kJ

Ki|lo|ka|lo|rie (veraltende Einheit der Wärmemenge = 4,1868 kJ); *Einheitenzeichen* kcal ⟨*grch* + *lat*⟩

Ki|lo|me|ter [*auch* ..'me:..], das *od* der, *schweiz nur so* (1000 m); *Einheitenzeichen* km ⟨*grch*⟩; ... Kilometer je Stunde (*fälschl* Stundenkilometer); *Einheitenzeichen* km/h, z. B. 60 km/h. *Zus K 365ff.*: Kilometer⌣stein usw. · **ki|lo|me|ter|lang** *K 176*, *aber K 127*: zwei Kilometer lang · **ki|lo|me|ter|weit** *K 176*, *aber K 127*: zwei Kilometer weit · **ki|lo|me|trie|ren** (Straßen, Bahnstrecken usw. mit Kilometereinteilung versehen) · **ki|lo|me|trisch**

Ki|lo|new|ton [..,nju:t(ə)n] (1000 N); *Einheitenzeichen* kN

Ki|lo|pas|cal (1000 Pa); *Einheitenzeichen* kPa

Ki|lo|pond (veraltende Einheit der Kraft ≈ 9,81 N); *Einheitenzeichen* kp ⟨*grch* + *lat*⟩ · **Ki|lo|pond|meter**, das *od* der, *schweiz nur so* (veraltende Einheit der Arbeit, Energie u. des Kraftmoments); *Einheitenzeichen* kp · m

Ki|lo|volt [..v..] (1000 V); *Einheitenzeichen* kV · **Ki|lo|volt|am|pere** [..,pɛ:r] (1000 VA); *Einheitenzeichen* kVA

Ki|lo|watt (1000 W); *Einheitenzeichen* kW · **Ki|lo|watt|stun|de** (1000 Wh); *Einheitenzeichen* kWh

[1]**Kilt**, der, _[e]s (*südwestdt*, *schweiz*; das Fensterln)

[2]**Kilt**, der, _[e]s, _s (Knierock der Bergschotten) ⟨*anord* → *engl*⟩

Kim|ber *od* **Zim|ber**, der, _s, _n (Angehöriger eines german. Stammes)

Kimm, *auch* **Kim|mung**, die, _ (*seem*; natürl. Meereshorizont; gerundeter Übergang vom Schiffsboden zu den Schiffswänden) · **Kim|me**, die, _, _n (Einschnitt; Kerbe; Teil der Visiereinrichtung der Feuerwaffen) · **Kim|mung**: 1. die, _ (*seem*; durch anomale Luftbrechungen bewirkte Hebung von Objekten über den Horizont) – 2. ↑ Kimm

Ki|mo|no [*od* 'ki:.., *österr nur so*], der, _s, _s (weitärmeliges Gewand) ⟨*jap*⟩. *Zus K 365ff.*: Kimono⌣bluse usw.

Kind, das, _[e]s, _er; an _es Statt; von _ auf; sich lieb _ machen (*umg*; sich einschmeicheln) · **Kind|bett**, das, _[e]s (*veraltend*) · **Kind|bett|fie|ber** (*veraltend*) · **Kind|chen**, *Pl* _ *od* Kinderchen · **Kin|del|bier** (*norddt*; Taufschmaus) · **Kin|de|rei** (*abwert*) · **Kin|der|fe|rien|la|ger** [..iən..], *Pl* ..lager · **Kin|der|gar|ten** (Tagesstätte für die vorschul. Erziehung) · **Kin|der⌣gärt|ne|rin, ...geld, ...heim, ...krank|heit** · **Kin|der|krip|pe**; *kurz* Krippe · **kin|der⌣leicht, ...lieb** · **kin|der|los**; *vgl.* ...los · **Kin|der|nah|rung** · **kin|der|reich** · **Kin|der|reich|tum**, der, _[e]s · **Kin|der|ta|ges|stät|te** · **kin|der|tüm|lich** · **Kin|des|bei|ne** *Pl*; *nur in* von _n an · **Kin|des|kind** · **Kin|des|lie|be** · **Kin|des|mord** · **kind|haft** · **Kind|heit**, die, _ · **kin|disch** (*abwert*); _ste · **kind|lich** · **Kind|lich|keit**, die, _ · **Kinds|kopf** (*umg abwert*) · **Kind|tau|fe** (*landsch*)

Ki|ne|ma|tik, die, _ (*Phys*; Lehre von den Bewegungen ohne Berücksichtigung der ursächl. Kräfte; Getriebelehre) ⟨*grch*⟩ · **ki|ne|ma|tisch** (*Phys*) · **Ki|ne|ma|to|graph**, der, _en, _en (*hist*; Apparat zur Aufnahme u. Wiedergabe bewegter Bilder) · **Ki|ne|ma|to|gra|phie**, die, _ (Bez. für Filmtechnik u. Filmwesen, bes. in ihrer Frühzeit) · **ki|ne|ma|to|gra|phisch** · **Ki|ne|tik**, die, _ (*Phys*; Lehre von den Bewegungen der Atome u. Moleküle) · **ki|ne|tisch**; die _e Energie (*Phys*; Bewegungsenergie) · **Ki|ne|to|se**, die, _, _n (*Med*; Bez. für Bewegungskrankheiten [z. B. Auto-, Luft-, Seekrankheit])

Kings|ton [..t(ə)n] (Hptst. von Jamaika)

Kink, die, _, _en (*seem*; knotenähnl. Verdrehung im Tau)

Kin|ker|litz|chen *Pl* (*umg abwert*; Nichtigkeiten, Albernheiten) ⟨*frz*⟩

Kinn, das, _[e]s, _e. *Zus K 365ff.*: Kinn⌣lade usw. · **Kinn|backe[n]** [*Tr* ...bak|ke(n)]

Ki|no, das, *schweiz auch* der, _s, _s *Kurzw* (Lichtspieltheater) ⟨*aus* Kinematographentheater⟩. *Zus K 365ff.*: Kino⌣programm, ...reklame usw.

Kin|sha|sa [..'ʃa:..] (Hptst. von Zaïre [2])

Kin|topp, der, *auch* das, _s, *Pl* _s *od* ..töppe (*umg scherzh*; [kleines, primitives] Kino – *abwert*; nicht ernst zu nehmender Film)

Kiosk [*österr nur so*, *od* ..'ɔsk], der, _[e]s, _e (Verkaufshäuschen; oriental. Gartenhäuschen) ⟨*pers* → *türk*⟩

Kio|to *od* **Kyo|to** ['kjo:..] (Stadt in Japan) ⟨*jap*, ‚Hauptstadt'⟩

Kipf, der, _[e]s, _e (*süddt*; kleines Weißbrot, Hörnchen [Gebäck]) ⟨*lat*⟩ · **Kip|fel**, das, _s, _ *od* **Kip|ferl**, das, _s, _n (*österr*; Hörnchen) · **Kipf|ler** *Pl* (*österr*; eine Kartoffelsorte)

Kip|pe, die, _, _n (Spitze, Ecke, Kante; Turnübung; Auskippstelle [für Asche, Schutt] – *umg*; Zigarettenstummel) ⟨*lat*⟩; auf der _ stehen (*umg*; in Gefahr sein umzuschlagen, zu mißglücken) · **kip|pe|lig** *K 362* (*umg*) · **kip|peln** *K 363* (*umg*) · **kip|pen** · **Kip|per** (Lastwagen mit kippbarem Wagenkasten) · **Kipp|fen|ster** · **Kipp|pflug** *K 17* (*Landw*) · **Kipp|re|gel** (*Techn*; Meßzeug der Landvermesser) · **Kipp|schwin|gun|gen** *Pl* (*Phys*)

Kips, das, _es, _e (getrocknete Zebuhaut) ⟨*engl*⟩

Kir|be, die, _, _n (*bayr*; Kirmes, Kirchweihfest) · **Kir|che**, die, _, _n ⟨*grch*⟩ · **Kir|chen|ge|schich|te** ·

Kir|chen|licht, *Pl* ..lichte *od* ..lichter; *meist in der Wendung* er ist kein [großes] _ (*umg scherzh*; nicht sehr klug) · **Kir|chen|mu|sik** · **Kir|chen|rat,** Pl ..räte · **Kir|chen-staat,** der, _[e]s · **Kir|chen|vä|ter** *Pl* (*Rel*; die ältesten Kirchenschriftsteller); *vgl. aber* Kirchvater · **Kirch|hof** · **Kirch|lein** · **kirch|lich**

Kirch|mö|ser (Ortsteil von Brandenburg)

Kirch|ner (*noch landsch*; Küster) · **Kirch|spiel,** das, _[e]s, _e (*veraltend*; Sprengel) ⟨*zu mhd* spel ‚Rede'⟩ · **Kirch|tag** (*österr*; Kirchweih) · **Kirch|turm** · **Kirch-turm|po|li|tik** (*abwert*; auf engen Gesichtskreis beschränkte Politik) · **Kirch|va|ter** (*landsch*; Kirchenältester); *vgl. aber* Kirchenväter · **Kirch|weih,** die, _, _en

Kir|gi|se, der, _n, _n · **Kir|gi|sien** [..iən], *ohne Art, amtl* **Kir|gi|si-sche So|zia|li|sti|sche So|wjet|re-pu|blik** *K 258*, die, *Gen* _n _n _ (in Mittelasien) · **kir|gi|sisch;** *vgl. K 266f.* · **Kir|gi|sisch,** das, *Gen* _[s], *Dat* _ (Sprachbezeichnung *K 268ff.*) · **Kir|gi|si|sche,** das, *Gen* _n, *Dat* _n (Sprachbezeichnung *K 271*)

Kirke ↑ *unter* Circe

Kir|mes, die, _, ..essen (*landsch*; Kirchweihfest). *Zus K 365ff.*: Kirmes‿kuchen usw.

kir|nen (*landsch*; buttern)

kir|re (*salopp*; zutraulich, zahm); jmdn. _ machen · **kir|ren** (*salopp veraltend*; kirre machen) · **Kir|rung** (*weidm*; Lockfutter)

Kirsch ↑ Kirschwasser · **Kirsch-baum** · **Kirsch|blü|te** · **Kir|sche,** die, _, _n ⟨*grch → lat*⟩ · **Kirsch-‿kern, ...ku|chen** · **kirsch|rot;** *vgl.* blau; _ färben · **Kirsch|was|ser,** das, _s, _, *kurz* **Kirsch,** der, _[e]s, _ (eine Schnapssorte); 3 Kirsch (3 Glas Kirschschnaps)

Ki|schi|njow [*od* ..'niɔf] (Hptst. von Moldawien)

Kis|met, das, _s (*Islam*; das dem Menschen vermeintlich zugeteilte, als unabwendbar angesehene Schicksal) ⟨*arab → türk*, ‚Zugeteiltes'⟩

Kis|sen, das, _s, _ ⟨*lat*⟩

Kis|sin|gen, Bad (im O der BRD) · **Kis|sin|ger**: 1. *K 231*: der, _s, _; 2. *als Attribut K 232*: die Kissinger Kochsalzquellen

Ki|ste, die, _, _n ⟨*grch → lat*⟩ · **Ki-sten|deckel** [*Tr* ...dek|kel]

Kitsch, der, _[e]s (*abwert*; Geschmacklosigkeit, Schund) · **kit-schig** (*abwert*)

Kitt, der, _[e]s, _e

Kitt|chen, das, _s, _ (*salopp*, Gefängnis) ⟨*Herkunft umstritten*⟩

Kit|tel, der, _s, _ ⟨*Herkunft umstritten*⟩

kit|ten

Kitt|fuchs (ein Steppenfuchs)

Kitz, das, _es, _e (Junges von Reh, Gemse, *selten* vom Damwild) ⟨*Kosef zu* Geiß⟩

Kit|zel, der, _s · **kit|zeln** *K 363* · **Kitz|ler** · **kitz|lig** *K 362*

Kiu|schu *od* **Kyu|shu** ['kjuːʃuː] (südlichste Hauptinsel Japans) ⟨*jap*, ‚neun Provinzen'⟩

Ki|wi, der, _s, _s (flugunfähiger Laufvogel Neuseelands) ⟨*Maori*⟩

Kjökkenmöddinger ↑ Kökkenmöddinger

kla|ba|stern *K 363* (*landsch*; schwerfällig gehen, aufstampfen) ⟨*lat → ital*⟩

Kla|bau|ter|mann, *Pl* ..männer (*Abergl*; ein Schiffskobold) ⟨*zu* kalfatern⟩

klack! ⟨*lautm*⟩; klack, klack! · **Klack,** der, _s, ..äcke (1. *alemann*; Riß, Hautriß – 2. *umg*; Klecks) · **klackern** [*Tr* klak|kern] *K 363* (*landsch*; gluckern; klecksen) · **klacks!** · **Klacks,** der, _es, _e (*umg*; unbedeutende Menge)

Klad|de, die, _, _n (erste Niederschrift; Geschäftsbuch)

klad|de|ra|datsch! *Interj* (krach!) ⟨*lautm*⟩ · **Klad|de|ra|datsch,** der, _[e]s, _e (Krach – *übertr*; Zusammenbruch, Mißerfolg)

klaff! ⟨*lautm*⟩; kliff, klaff! · **Klaff,** der, _[e]s; mit Kliff und Klaff. *Zus K 365ff.*: Klaff‿muschel usw. · **klaf-fen** · **kläf|fen** (*abwert*; bellen) · **Kläf|fer** (*abwert*; kläffender Hund)

Klaf|ter, der *od* das, _s, _, *auch* die, _, _n (ein altes Längen- u. Raummaß); *Einheitenzeichen* Kl.; 5 Klafter Holz *K 308* · **Klaf|ter|holz,** das, _es · **klaf|ter|lang** *K 171*; ein _er Riß, *aber K 127*: 3 Klafter lang · **klaf|tern** *K 363* (Holz aufschichten – *weidm, von den Flügeln großer Vögel gesagt*; eine große Spannweite haben) · **klaf|ter|tief;** *vgl.* klafterlang

klag|bar (*Rechtsw*); _ werden · **Klag|bar|keit,** die, _ (*Rechtsw*) · **Kla|ge,** die, _, _n · **Kla|ge|ge-schrei** · **Kla|ge|lied** · **kla|gen** (*österr auch für* verklagen); jmdn. _ (*österr*)

Kla|gen|furt (Stadt in Österreich)

Kla|ge|punkt (*Rechtsw*; Gegenstand, über den geklagt wird) · **Klä-ger** · **Klä|ge|rin,** die, _, ..innen · **klä|ge|risch** · **klä|ge|ri|scher-seits** · **Kla|ge|schrift** · **kläg|lich** · **Kläg|lich|keit**

Klai|pe|da (Hafenstadt in Litauen) ⟨*lit*⟩

Kla|mauk, der, _s (*umg abwert*; Lärm – *umg auch für* Ulk)

klamm (eng, knapp; feucht; steif [vor Kälte]) · **Klamm,** die, _, _en (Felsenschlucht [mit Wasserlauf]) ⟨*zu* Klemme⟩ · **Klam|mer,** die, _, _n; *vgl. auch K 478ff.* · **klam|mern** *K 363*

klamm|heim|lich (*umg*; ganz heimlich)

Kla|mot|ten *Pl* (*salopp*; Kleidungsstücke – *landsch*; herumliegende Steinbrocken); *Sg* Kla|mot|te, die, _ ⟨*Herkunft umstritten*⟩

Klam|pe, die, _, _n (*seem*; Holz- od. Metallstück zum Festmachen der Taue) · **Klamp|fe,** die, _, _n (Zupfgeige, Gitarre – *österr*; Bauklammer)

kla|mü|sern *K 363* (*landsch umg*; austüfteln) ⟨*lat*⟩

klang! ⟨*lautm*⟩; kling, klang! · **Klang,** der, _[e]s, ..änge · **Klang-far|be** · **Klang|kör|per** (*Mus*) · **klang|lich** · **klang|los;** *vgl.* ...los · **klang|voll**

klapp! ⟨*lautm*⟩; klapp, klapp!; klipp, klapp!; klipp und klapp · **Klapp-bett** · **Klap|pe,** die, _, _n (*auch salopp*; Mund; Bett) · **klap|pen** · **Klap|pen|horn,** *Pl* ..hörner (*Mus*) · **Klap|pen|schrank** (*Techn hist*) · **Klap|pen|text** (*Buchw*) · **Klap|per,** die, _, _n · **klap|per|dürr** (*umg*) · **klap|pern** *K 363* · **Klap|per-‿schlan|ge, ...storch** (*kinderspr*) · **Klapp|fahr|rad** · **Klapp|hut,** der · **klapp|rig** *K 362* · **Klapp|stuhl** · **klaps!** ⟨*lautm*⟩; klaps, klaps! · **Klaps,** der, _es, _e (*umg*; leichter Schlag – *salopp*; leichte Verrücktheit) · **klap|sen** *K 354* (*umg*) · **klap|sig** (*salopp*)

klar; klarer, klarste ⟨*lat → ndrl*⟩; klipp und klar; klar Schiff! (*seem*; Kommando zur Gefechtsbereitschaft); *K 116*: im klaren sein, ins klare kommen. *Schreibung bei Verben*:

I. *Getrenntschreibung K 135*, z. B. klar sein, klar werden (*auch* vom Wetter); das sollte klar sein

II. *Zusammenschreibung K 136*, z. B. klarlegen, klarmachen, klarsehen, klarstellen, klarwerden

Kla|ra *K 207* (w. Vn.) ⟨*lat*, ‚die Helle'⟩; *Nebenf* ↑ Clara

Klär|an|la|ge · **klar|blickend** [*Tr* ...blik|kend]; *vgl. aber K 166*; *K 115*: am _sten

Klär|chen *K 207* (*Verkleinerungsf von* Klara)

klar|den|kend; *vgl. aber K 166*; *K 115*: am _sten · **klä|ren** ⟨*lat → ndrl*⟩

Kla|rett, der, _s, *Pl* _s *od* _e (ein französ. Wein) ⟨*lat → frz*⟩

Klar|heit, die, _ ⟨*lat → ndrl*⟩ · **kla|rie|ren** (Zollformalitäten erledigen, Schiffsladung zur Verzollung angeben)
Kla|ri|net|te, die, _, _n (Holzblasinstrument) ⟨*lat → ital*⟩ · **Kla|ri|net|tist**
Kla|ris|sen|or|den, der, _s (*kath Kirche*) · **Kla|ris|sin,** die, _, ..innen (*kath Kirche*; Angehörige einer Ordensgemeinschaft)
klar|le|gen *K 136*; du legst klar; klargelegt; klarzulegen
klar|ma|chen[1] *K 136* (*umg*; deutlich machen; [Holz] zerspalten – *seem*; [Schiff] fahr-, gefechtsbereit machen)
Klär|mit|tel · **Klär|schlamm**
klar|se|hen[1] *K 137* (Gewißheit haben); in einer Angelegenheit _, *aber*: klar sehen (gut, ohne Trübung sehen)
Klar|sicht|fo|lie [..ĭə]
klar|stel|len[1] *K 136* (Mißverständnisse beseitigen)
Klar|text, der (nicht verschlüsselter Text)
Klä|rung
klar|wer|den[1] *K 136* (Gewißheit bekommen). *Die Zusammenschreibung ist nur im Inf* (*einschl* »klarzuwerden«) *u. im Part II* (»klargeworden«) *üblich*; *vgl. K 159*; sich (*Dat*) über etwas klarwerden; *aber immer Getrenntschreibung K 135*: klar werden (sich enttrüben); der Himmel wird klar werden
klas|se (*umg*; hervorragend, großartig, bewundernswert) ⟨*lat*⟩; das ist _! · **Klas|se,** die, _, _n; *Abk* Kl. · **Klas|se|ment** [..'mã:, *auch* ..'maŋ], das, _s, _s (Einreihung – *Sport*; Reihenfolge) ⟨*lat → frz*⟩ · **klas|sen|be|wußt** · **Klas|sen|be|wußt|sein** · **Klas|sen|buch** · **Klas|sen|kampf** · **Klas|sen|lei|ter,** der, *österr* **Klas|sen|vor|stand** · **Klas|sen|zim|mer** · **klas|sie|ren** (*Bergb*; Fördergut der Größe nach trennen) ⟨*lat*⟩ · **Klas|si|fi|ka|tion** *od* **Klas|si|fi|zie|rung** (Einteilung [in Klassen], Einordnung) · **klas|si|fi|zie|ren** · **...klas|sig** (z. B. erstklassig) · **Klas|sik,** die, _ (Kultur u. Kunst der griech.-röm. Antike; Epoche kultureller Gipfelleistungen eines Volkes) · **Klas|si|ker,** der, _s, _ (hervorragender Vertreter [bes. Dichter] der Klassik; Meister des klassischen Stils) · **klas|sisch** (die Klassik betreffend, vertretend; mustergültig, vorbildlich; vollgültig); _ste; die _en Sprachen (Griechisch u. Latein); ein _er Zeuge · **Klas|si|zis|mus,** der, _ (an die Antike angelehnte Kunstrichtung) · **klas|si|zi|stisch;** _ste · **Klas|si|zi|tät,** die, _ (Mustergültigkeit)
kla|stisch (*Geol*; durch Zerstörung älterer Gesteine entstanden) ⟨*grch*⟩; _es Gestein (Trümmergestein)
Kla|ter, der, _s (*norddt veraltend*; Schmutz) – **Kla|tern** *Pl* (*norddt veraltend*; Lumpen, zerrissene Kleider) · **kla|te|rig** *K 362* (*norddt veraltend*; schmutzig; schlimm, bedenklich; elend)
klatsch! ⟨*lautm*⟩; klitsch, klatsch! · **Klatsch,** der, _[e]s, _e (*auch umg abwert*; Rederei, Geschwätz) · **Klatsch|ba|se** (*umg abwert*) · **Klat|sche,** die, _, _n (*kurz für* Fliegenklatsche – *umg abwert*; Gerüchteverbreiter[in]) · **klat|schen** *K 354* · **klatschenaß** ↑ klatschnaß · **Klat|scher** · **Klat|sche|rei** (*umg abwert*) · **Klat|sche|rin,** die, _, ..innen · **klatsch|haft** (*umg abwert*) · **Klatsch|haf|tig|keit,** die, _ (*umg abwert*) · **Klatsch|mohn** · **klatsch|naß** *od* **klat|sche|naß** (*umg*) · **Klatsch|sucht,** die, _ (*umg abwert*) · **klatsch|süch|tig** (*umg abwert*)
Klau, die, _, _en (*seem*; gabelförmiges Ende der Gaffel)
Klaub|ar|beit (*bergm*; Sondern des haltigen vom tauben Gestein) · **klau|ben** (*bergm*; aussondern – *landsch*; mühselig zusammenlesen, heraussuchen, herausbekommen – *österr*; pflücken, sammeln) · **Klau|ber** · **Klau|be|rei**
Klau|dia *K 207* (w. Vn.) ⟨*lat*, *nach* dem altröm. Geschlecht der Claudier [..ĭər]⟩; *Nebenf* ↑ Claudia
Klaue, die, _, _n · **klau|en** (*salopp*; stehlen) · **Klau|en|seu|che,** die, _; Maul- und Klauenseuche *K 178* · **...klau|ig** (z. B. scharfklauig)
Klaus (m. Vn.) ⟨*Kurzf von* Nikolaus⟩ · **Kläus|chen** (*Verkleinerungsf von* Klaus)
Klau|se, die, _, _n (enger Raum; Klosterzelle, Zelle; Einsiedelei; Engpaß) ⟨*lat*⟩ · **Klau|sel,** die, _, _n (Nebenbestimmung; Einschränkung, Vorbehalt)
Klau|sen|paß, der, ..passes (Alpenpaß in der Schweiz)
Klaus|ner, der, _s, _ (Bewohner einer Klause; Einsiedler) ⟨*lat*⟩ · **Klau|sur,** die, _, _en: 1. (klösterl. Absperrung; für Außenstehende gesperrter Gebäudeteil [im Kloster]) – 2. *od* **Klau|sur|ar|beit** (Prüfungsarbeit in abgeschlossenem Raum unter Aufsicht)
Kla|via|tur [..v.., *schweiz* ..f..], die, _, _en (Tastenreihe der Tasteninstrumente) ⟨*lat*⟩ · **Kla|vi|chord** [..vi'kɔrt, *schweiz* ..fi'kɔrt], das, _[e]s, _e [..'kɔrdə] (ältere Form des Klaviers) ⟨*lat + grch*⟩ · **Kla|vier** [..v.., *schweiz* ..f..], das, _s, _e (ein Tasteninstrument) ⟨*lat → frz*⟩; *K 131 u. 163*: Klavier spielen · **Kla|vier|aus|zug** · **kla|vie|ri|stisch** (*Mus*; der Technik des Klavierspiels entsprechend) · **Kla|vier|kon|zert** · **Kla|vi|ku|la** [..v..], die, _, ..lä (*Med*; Schlüsselbein) ⟨*lat*⟩ · **kla|vi|ku|lar** (*Med*; zum Schlüsselbein gehörend, das Schlüsselbein betreffend) · **Kla|vi|zim|bel** [..v.., *schweiz* ..f..], das, _s, _n (Cembalo im 15.–18. Jh. – *scherzh*; Klavier)
kle|be|bin|den (*Buchw*); *nur im Inf u. im Part II* (»klebegebunden«) *üblich* · **Kle|be|bin|den,** das, _s (*Buchw*) · **kle|ben;** *vgl. auch* festkleben · **kle|ben|blei|ben** *K 139*; du bleibst kleben; klebengeblieben; klebenzubleiben · **Kle|ber** (*auch für* ein Eiweißgemisch im Mehlkörper der Getreidekörner) · **kleb|rig** · **Kleb|rig|keit,** die, _ · **Kleb|stoff**
kleckern[1] *K 363* (*umg*; beim Essen od. Trinken etw. danebenfallen lassen; sich beschmutzen) · **Klecks,** der, _es, _e (*auch umg*; kleines Häufchen) · **kleck|sen** *K 354* (Kleckse machen) · **Kleck|ser** (*umg abwert*) · **Kleck|se|rei** (*umg abwert*) · **kleck|sig** (*abwert*)
Kle|da|sche, die, _, _n (*salopp*; Kleidung) ⟨*dt + f. E.*⟩
Klee, der, _s, *Pl* Kleearten *od* Kleesorten · **Klee|blatt** · **Klee-Ein|saat** *K 184* · **Klee-Ern|te** *K 184* · **Klee|gras** (Gemengesaat von Klee u. Gras) · **Klee|salz,** das, _es (ein Fleckenbeseitigungsmittel)
Klei, der, _[e]s (*landsch*; fetter, zäher Boden) ⟨*zu kleben*⟩ · **klei|ben** (*landsch*; kleben, klebenbleiben – *Bauw*; Fachwerk mit Lehm füllen) · **Klei|ber** (ein Singvogel – *landsch*; Klebstoff) · **Klei|bo|den** (*landsch*)
Kleid, das, _[e]s, _er · **Kleid|chen** · **klei|den;** es kleidet mich gut · **Klei|der‿bü|gel, ...bür|ste** · **kleid|sam** · **Kleid|sam|keit,** die, _ · **Klei|dung**
Kleie, die, _, _n · **klei|ig** (*zu* Klei *u.* Kleie)
klein; kleiner, kleinste; kleiner als (*Zeichen* [*Math*] <)
I. *Kleinschreibung*: **a)** *K 119*: kleiner Kreuzer; *K 118*: groß und klein, klein und groß (jedermann); *K 116*: von klein auf; ein klein wenig; ein kleines (wenig) abhandeln; im kleinen verkaufen; eine Welt im kleinen

---
[1] *Konjugation vgl.* klarlegen.

[1] *Tr* ..k|k..

b) *K 114*: bei kleinem (*norddt*; allmählich); bis ins kleinste (sehr eingehend); über ein kleines (*veraltet*; bald); um ein kleines (*gehoben*; um wenig); einen kleinen sitzen haben (*umg*; leicht betrunken sein)

II. *Großschreibung*: **a)** *K 93*: Kleine und Große; die Großen und die Kleinen, *vgl. aber K 113*; im Kleinen genau; im Kleinen wie im Großen treu sein; vom Kleinen auf das Große schließen; das Verhalten einer Kurve im Kleinen (*Math*; das Verhalten einer Kurve innerhalb enger Grenzen); es ist ihm ein Kleines (es ist geringfügig für ihn, fällt ihm nicht schwer)

b) *K 95*: etwas, nichts, viel, wenig Kleines

c) *K 208*: Klein Peter, Klein Roland

d) *K 258*: Pippin der Kleine; der Kleine Belt; der Kleine St. Bernhard

e) *in Zusammensetzungen* vor geograph. Namen *K 242*: ein Klein-Paris (↑ *d.*), *aber K 239*: Kleinasien

III. *Schreibung bei Verben K 135*: ein Wort klein schreiben; klein beigeben (nachgeben); kurz und klein schlagen; *aber K 136*: kleinkriegen (↑ *d.*), kleinmachen (↑ *d.*), kleinschneiden (↑ *d.*)

IV. *Zusammensetzungen K 176*: kleiner[e]nteils

Klein, das, _s (von Gänsen, Hasen usw. – *auch für* kleine Bruchstücke von Kohle bzw. Gestein) · **kleinasia|tisch** *od* **ana|to|lisch;** *K 258*: die Kleinasiatische *od* Anatolische Halbinsel · **Klein|asien** [..ĭən] *K 239* ⟨*dt + semit → grch → lat*⟩ *od* **Ana|to|lien** [..ĭən] ⟨*grch*⟩ (Halbinsel in Vorderasien) · **klein|bürger|lich** · **Klein|bür|ger|tum,** das, _[e]s · **Klein|chen** (kleines Kind) · **klein|den|kend** (*gehoben*); *vgl. aber K 166* · **Klei|ne:** 1. der, die *u.* das, _n, _n *K 341* (kleines Kind) – 2. der *u.* die, _n, _n *K 341* (kleine Person) · **Klein|emp|fän|ger** (*Rundf*) · **klei|ne|ren|teils** *od* **kleinern|teils** *K 176* · **Klein|for|mat** · **klein|for|ma|tig** · **Klein|gar|ten** · **Klein|gärt|ner** · **Klein|han|del,** der, _s · **Klein|heit,** die, _ · **klein|herzig** · **Klein|hirn** · **Klei|nig|keit** · **Klei|nig|keits|krä|mer** (*abwert*) · **klein|ka|li|be|rig** *K 362* · **Klein|kali|ber|schie|ßen,** das, _s · **kleinka|riert:** 1. (mit kleinen Karos gemustert); *vgl. K 166* – 2. (*umg abwert*; kleinlich, engstirnig) · **Klein|kind** · **Klein|kli|ma** (*Met*) · **Klein|kraft|wa|gen** · **Klein|kram,** der, _[e]s (*meist umg abwert*) · **Klein|krieg** · **klein|krie|gen** *K 136* (*umg*; [Geld] aufbrauchen; gefügig machen) · **Klein|kunst,** die, _ · **klein|laut** · **klein|lich** (*abwert*); kleinlich denken; *K 166*: ein kleinlichdenkender *od* kleinlich denkender Mensch · **Klein|lich|keit** (*abwert*) · **klein|ma|chen** *K 136* (*umg*; zerkleinern) · **klein|maßstäb|lich,** *auch* **klein|maß|stä|big** · **Klein|mut,** der, _[e]s (*gehoben*) · **klein|mü|tig** (*gehoben*) · **Klein|mütig|keit,** die, _ (*gehoben*) · **Kleinod,** das, _[e]s, *Pl* _e *od* ..odien [..ĭən] (*gehoben*; Schmuckstück, Kostbarkeit) · **Klein-Pa|ris** *K 242* (*scherzh*; Leipzig) · **klein|schneiden** *K 136* (schnipseln); du schneidest klein; kleingeschnitten; kleinzuschneiden · **Klein|schrei|bung;** *vgl. auch K 108–123* · **Klein|staat,** *Pl* ..staaten · **Klein|staa|te|rei,** die, _ · **Klein|stadt** · **Klein|städ|ter** · **klein|städ|tisch** (*auch abwert*); _ste · **Kleinst|be|trag** · **Kleinstkind** · **Kleinst|maß,** das · **kleinstmög|lich** · **Kleinst|woh|nung** · **Klein|vieh**

Klei|ster, der, _s, _ ⟨*zu* kleben⟩ · **klei|stern** *K 363* · **Klei|ster|pa|pier** (bes. Art von Buntpapier)

klei|sto|gam [klai.., *österr* klej..] (*Bot*; selbstbestäubend, selbstbefruchtend) ⟨*grch*⟩

kleist|rig *K 362*

Kle|ma|tis [*auch* ..ˈma:..], die, _, _ (Waldrebe, ein Kletterstrauch) ⟨*grch*⟩

Kle|mens *K 207* (m. Vn.) ⟨*lat*, ‚der Milde'⟩; *Nebenf* ↑ Clemens

Klemmappe [*Tr* Klemm|map|pe *K 78*] · **Klem|me,** die, _, _n (*auch umg*; Notlage, Verlegenheit) ⟨*zu* klamm⟩ · **klem|men** · **Klem|mer** (*landsch*; Kneifer) · **klem|mig** (*bergm*; fest [vom Gestein]) · **Klemm|schrau|be**

klem|pern *K 363* (*norddt*; Blech hämmern) · **Klemp|ner** · **Klempne|rei** · **klemp|nern**

klen|gen (*Forstw*; Nadelholzsamen durch Wärme gewinnen)

Klep|per, der, _s, _ (*abwert*; abgetriebenes, dürres Pferd) ⟨*zu* klappern⟩

Klep|to|ma|ne, der *u.* die, _n, _n (*Psych*) ⟨*grch*⟩ · **Klep|to|ma|nie,** die, _ (*Psych*; krankhafter Stehltrieb) · **Klep|to|ma|nin,** die, _, ..innen (*Psych*) · **klep|to|ma|nisch** (*Psych*)

kle|ri|kal (zum Klerus gehörig, kirchlich, geistlich) ⟨*grch → lat*⟩ · **Kle|ri|ka|lis|mus,** der, _ (*auch abwert*; polit. Richtung, die einen starken Einfluß der Kirche, bes. der kathol., auf das polit. u. kulturelle Leben anstrebt) · **Kle|ri|ker,** der, _s, _ (kath. Geistlicher) · **Kle|rus,** der, _ (*kath Kirche*; Geistlichkeit, Priesterschaft)

Klet|te, die, _, _n (ein Korbblütler) · **Klet|ten|wur|zel**

Klet|te|rei · **Klet|te|rer** · **klet|tern** *K 363* · **Klet|ter|pflan|zen** *Pl*

Klet|ze, die, _, _n (*österr*; getrocknete Birne) · **Klet|zen|brot** (*österr*)

Kle|ve [..v..] (Stadt im NW der BRD) · **Kle|ver:** 1. *K 231*: der, _s, _; 2. *als Attribut K 232* · **kle|visch**

klicken[1] (einen dünnen, kurzen Ton geben) ⟨*lautm*⟩ · **Klicker**[1], der, _s, _ (*landsch*; Ton-, Steinkügelchen zum Spielen) · **klickern**[1] *K 363* (*landsch*)

klie|ben (*süddt*, *österr*; spalten); du klobst *od* kliebtest; du klöbest *od* kliebtest; gekloben *od* gekliebt; klieb[e]!

Klient (von einem Rechtsanwalt Beratener od. Vertretener) ⟨*lat*⟩ · **Klien|tel** [kliɛnˈte:l], die, _, _en (zu einer Rechtsanwaltspraxis gehörender Klientenkreis)

Kliff, das, _[e]s, _e (*norddt*; steiler Abfall einer [felsigen] Küste)

kliff, klaff! ⟨*lautm*⟩

Kli|ma, das, _s, *Pl* _s *od* ..ate (durchschnittl. Ablauf der Witterung) ⟨*grch*⟩ · **Kli|ma|an|la|ge** · **klimak|te|risch** (*Med*; durch die Wechseljahre bedingt); _e Jahre · **Kli|mak|te|rium** ⟨*grch → lat*⟩, das, _s, *auch* **Kli|max** ⟨*grch*⟩, die, _ (*Med*; Wechseljahre der Frau) · **kli|ma|tisch** (das Klima betreffend) ⟨*grch*⟩ · **kli|ma|ti|sie|ren** (durch eine Klimaanlage in einem Raum zuträgl. Luft- u. Wärmeverhältnisse schaffen) · **Kli|ma|ti|sie|rung,** die, _ · **Kli|ma|to|lo|gie,** die, _ (Klimakunde) · **kli|ma|to|lo|gisch** · **Klimax:** 1. die, _, _e (*Biol*; relativ stabiles Endstadium der Vegetationsentwicklung – *Stilistik*; stufenweise Steigerung des Ausdrucks) – 2. ↑ Klimakterium (‚Leiter')

Klim|bim, der, _s (*salopp abwert*; unwesentl., lächerliches Drum und Dran)

klim|men (*gehoben*; klettern); du klommst *od* klommest, *jünger* klimmtest; du klömmest, *jünger* klimmtest; geklommen, *jünger* geklimmt; klimm[e]! · **Klimm|zug** (*Sport*)

Klim|pe|rei (*umg abwert*) · **Klimper|ka|sten** (*scherzh od abwert*; Klavier) · **klim|pern** *K 363* (*umg abwert*)

kling! ⟨*lautm*⟩; kling, klang! · **Klinge,** die, _, _n · **Klin|gel,** die, _, _n · **Klin|gel|beu|tel** (*veraltet*; Kollektenbeutel) · **Klin|ge|lei** (*umg*)

---

[1] *Tr* ..k|k..

klin|geln *K 363* · **klin|gen;** du klangst *od* klangest; du klängest; geklungen; kling[e]!
Klin|gen|thal (Stadt der DDR im Vogtland) · **Klin|gen|tha|ler:** 1. *K 231*: der, _s, _; 2. *als Attribut K 232*: die Klingenthaler Musikinstrumente
kling, klang! · **Kling|klang,** der, _[e]s · **kling|ling!**
Kling|sor (Name eines Zauberers in Wolfram von Eschenbachs »Parzival«), *bei Novalis* [..v..] **Klings|ohr** (dichterischer Mentor Heinrichs von Ofterdingen)
Kli|nik, die, _, _en (Einrichtung zur Behandlung bettlägeriger Kranker; *nur Sg*: prakt. medizin. Unterricht am Krankenbett) ⟨*grch*⟩ · **Kli|ni|ker,** der, _s, _ (in einer Klinik tätiger Arzt od. Medizinstudent) · **Kli|ni|kum,** das, _s, ..ken (zweiter Teil der Arztausbildung; Komplex mehrerer Kliniken) ⟨*grch → lat*⟩ · **kli|nisch** ⟨*grch*⟩
Klin|ke, die, _, _n ⟨*zu* klingen⟩ · **klin|ken** · **Klin|ker,** der, _s, _ (hartgebrannter Ziegel) · **Klin|ker|bau,** *Pl* ..bauten · **Klin|ker|boot** (Boot mit dachziegelartig übereinandergreifenden Planken)
Klin|se *od* **Klin|ze,** *auch* **Klun|se,** die, _, _n (*landsch*; Ritze, Spalte)
Klio (*griech Mythol*; Muse der Geschichtsschreibung) ⟨*grch → lat*⟩
[1]klipp ⟨*nd*⟩; *nur in der Wendung* _ und klar (*umg*; ganz deutlich)
[2]klipp! ⟨*lautm*⟩; klipp, klapp!; klipp und klapp!
Klipp, *urspr* **Clip,** der, _s, _s (Einhänger am Füllfederhalter usw.; Klammer, Modeschmuckspange) ⟨*engl*⟩; *vgl. auch* Klips
Klip|pe, die, _, _n ⟨*ndrl*⟩
klip|pen (*landsch*; hell tönen) ⟨*lautm*⟩; _ und klappen
klip|pen|los; *vgl.* ...los · **Klip|pen|rand** · **klip|pen|reich**
Klip|per, der, _s, _ (*veraltend*; Schnellsegler) ⟨*engl*⟩
Klipp|fisch (gesalzener, luftgetrockneter Kabeljau od. Schellfisch)
Klipp|schlie|fer, der, _s, _ (ein afrikan. Huftier)
Klips, der, _es, _e (Ohrgehänge zum Andrücken; klammerartige Brosche; Büroklammer) ⟨*engl*⟩; *vgl. auch* Klipp
klir|ren ⟨*lautm*⟩
Kli|schee, das, _s, _s (*Polygr*; Druckstock für Hochdruck – *übertr, abwert*; Nachbildung ohne Eigenwert) ⟨*frz*⟩ · **Kli|schee-Ein|bau** *K 184* (*Polygr*) · **kli|schie|ren** (*Polygr*; ein Klischee anfertigen) · **Kli|scho|graph** *K 54*, der, _en, _en (*Polygr*; Maschine zur Herstellung von Druckplatten) ⟨*frz + grch*⟩
Kli|stier, das, _s, _e (Mastdarmeinlauf) ⟨*grch*⟩ · **kli|stie|ren** (einen Einlauf geben) · **Kli|stier|sprit|ze**
Kli|to|ris, die, _, *Pl* _ *od* ..orides [..de:s] (*Med*; Kitzler) ⟨*grch*⟩
klitsch! ⟨*lautm*⟩; klitsch, klatsch! · **Klitsch,** der, _es, _e (*landsch*; Schlag; breiige Masse) · **Klit|sche,** die, _, _n (*umg*; kleines Anwesen) · **klit|schen** *K 354* (*landsch*) · **klit|schig** (*landsch umg*) · **klitsch|naß** *od* **klit|sche|naß** (*umg*)
klit|tern *K 363* (*abwert*; schmieren) · **Klit|te|rung** (*abwert*)
klit|ze|klein (*umg*; sehr klein)
Klivie ↑ Clivia
Klo, das, _s, _s *umg Kurzw* (Klosett)
Kloa|ke, die, _, _n (unterird. Abzugskanal für häusl. Abwässer – *Zool*; Endteil des Darms, in den Ausscheidungs- u. Geschlechtsorgane einmünden [z. B. bei Kriechtieren, Vögeln u. Kloakentieren]) ⟨*lat*⟩ · **Kloa|ken|tie|re** *Pl*
Klo|ben, der, _s, _ · **Klö|ben,** der, _s, _ (*norddt*; ein Hefegebäck) · **klo|big**
klö|nen (*norddt umg*; gemütlich plaudern)
klo|nisch (*Med*; krampfhaft zuckend) ⟨*grch*⟩ · **Klo|nus,** der, _, *Pl* ..usse *od* ..nen (*Med*; mit Zuckungen od. Zittern einhergehender Krampfzustand) ⟨*grch → lat*⟩
Kloot, der, _[e]s, _en (*norddt*; Kloß, Kugel) ⟨*nd*⟩ · **Kloot|schie|ßen,** das, _s (fries. Weitwurfspiel auf Rasen od. Eis)
klop|fen · **Klop|fer** · **Klopf|fech|ter** (*urspr* bezahlter Schaufechter, Fechter – *übertr, abwert*; streitsüchtiger Schriftsteller) · **klopf|fest** (*fachspr*) · **Klopf|fe|stig|keit** (*fachspr*) · **Klöp|pel,** der, _s, _ · **Klöp|pe|lei** · **Klöp|pel|ma|schi|ne** · **klöp|peln** *K 363* · **Klöpp|le|rin,** die, _, ..innen · **Klops,** der, _es, _e (gekochter od. gebratener Fleischkloß) · **Klops|bra|ten**
Klo|sett, das, _[e]s, *Pl* _s, *auch* _e *umg Kurzw* Klo ⟨*lat → frz → engl*⟩
Kloß, der, _es, ..öße · **Kloß|brü|he** · **Klöß|chen**
Klo|ster, das, _s, ..öster ⟨*lat*⟩. *Zus K 365ff.*: Kloster‿gang usw. · **klö|ster|lich**
Klo|tho (*griech-röm Mythol*; eine der drei Schicksalsgöttinnen) ⟨*grch*, ‚die Spinnerin'⟩
Klotz, der, _es, *Pl* ..ötze, *umg* ..ötzer · **Klotz|beu|te** (*fachspr*; eine Art Bienenkorb) · **Klötz|chen** · **klot|zen** *K 354* (*Textiltechn*; [auf der Klotzmaschine] färben – *umg*; kräftig zupacken) · **klot|zig** (*umg auch für* sehr viel)
Klub[1], der, _s, _s (Vereinigung für Sport, Geselligkeit u. Weiterbildung; auch deren Räume) ⟨*altnord → engl*⟩. *Zus K 365ff.*: Klub‿raum usw. · **Klub|haus** (Kulturhaus für Versammlungen u. kulturelle Veranstaltungen eines Betriebes, einer Organisation usw.)
kluck! usw. ↑ gluck! usw.
[1]Kluft, die, _, _en (*umg*; [alte] Kleidung; Uniform) ⟨*hebr*⟩
[2]Kluft, die, _, ..üfte (*veraltend*; Spalte – *übertr*; krasser Gegensatz) · **klüf|tig** (*noch Bergb, Geol*)
klug; klüger, klügste; *K 93*: der Klügere, Klügste gibt nach, *aber K 115*: es ist das klügste (am klügsten); *K 135*: klug reden, sein, werden; *vgl. aber* klugreden · **Klü|ge|lei** (*abwert*) · **klü|geln** *K 363* · **klu|ger|wei|se** *K 176*, *aber K 175*: in kluger Weise · **Klug|heit,** die, _ · **Klüg|ler,** der, _s, _ (*meist abwert*) · **klüg|lich** (*noch gehoben*) · **klug|re|den** *K 137* (*oft abwert*; alles besser wissen wollen); du redest klug; kluggeredet; klugzureden; *aber*: klug reden (verständig reden); er hat wirklich klug geredet · **Klug|red|ner** (*oft abwert*) · **Klug|schei|ßer** (*salopp abwert*)
Klump, der, _[e]s, *Pl* _e *od* ..ümpe (*norddt*; Klumpen) · **Klum|patsch,** der, _[e]s (*salopp abwert*; [ungeordneter] Haufen) ⟨*dt + f. E.*⟩
Klümp|chen · **klum|pen;** das Mehl klumpt; sich (*Akk*) _ (sich [in Klumpen] ballen) · **Klum|pen,** der, _s, _ · **klüm|pe|rig** *K 362* (*landsch*); _es Mehl · **Klump|fuß,** *Pl* ..füße · **klump|fü|ßig** · **klum|pig**
Klün|gel, der, _s, _ (*abwert*; Sippschaft, Clique)
Klu|nia|zen|ser, der, _s, _ (*kath Kirche*; Angehöriger eines Mönchsordens) ⟨*nach* der französ. Abtei Cluny [kly'ni:]⟩
Klun|ker, die, _, _n *od* der, _s, _ (*landsch*; Quaste; Klümpchen) · **klun|ke|rig** *K 362* (*landsch*; in Klunkerform; unordentlich)
Klunse ↑ Klinse
Klup|pe, die, _, _n (Meßwerkzeug; Gewindeschneider – *bayr, österr*; Wäscheklammer)
Klus, die, _, _en (*schweiz*; Engpaß; Quertal) ⟨*lat*⟩ · **Klü|se,** die, _, _n (*seem*; Öffnung für die Ankerkette) ⟨*lat → ndrl*⟩

---

[1] Die bes. in Sportkreisen übliche Schreibung mit C, auch in allen Zusammensetzungen, entspricht nicht den Regeln der dt. Rechtschreibung. *Vgl. K 52.*

Klü|ver [..v..], der, _s, _ (*seem*; dreieckiges Vorsegel) (*ndrl*) · **Klü|ver|baum** (*seem*)
Klys|ma, das, _s, ..men (*Med*; Darmeinlauf) (*grch*)
Kly|tä|mne|stra (*griech Sage*; Frau Agamemnons) (*grch*)
knab|bern *K 363* (nagend beißen); *vgl. auch* knappern *u.* knuppern
Kna|be, der, _n, _n (*noch gehoben*) · **Kna|ben|al|ter** (*noch gehoben*) · **kna|ben|haft** · **Kna|ben|kraut** (eine Orchidee) · **Knäb|lein** (*dicht*)
knack! ↑ knack[s]! · **Knack,** der, _[e]s, _e (ein knackender Laut) (*lautm*)
Knäckebrot[1], das, _[e]s (*schwed*)
knacken[1] (einen knackenden Laut von sich geben; mit einem Knack zer-, aufbrechen) · **Knacker**[1]: 1. der, _s, _, *auch* die, _, _, *meist Pl* (*umg*; Knackwurst) – 2. der, _s, _ (*salopp*; alter, mürrischer Mann) · **knackig**[1]; _e Äpfel · **Knack|man|del** · **knack[s]!**; knicks, knacks! · **Knacks,** der, _es, _e (*umg*; Bruch; Schaden) · **knack|sen** *K 354* (*umg*; knackend brechen) · **Knack|wurst**
Knag|ge, die, _, _n, *auch* **Knag|gen,** der, _s, _ (*Bauw*; Holzstütze; Pflock, Versteifungsleiste [aus Holz od. Metall] – *Techn*; Widerlager)
Knall, der, _[e]s, _e; er ist _ und Fall abgereist · **Knall|bon|bon** [..bɔŋ,bɔŋ] · **Knall|ef|fekt** (*umg*; überraschende Wirkung) · **knal|len** · **Knall|erb|se** · **Knall|gas** (*Chem*; ein explosives Gasgemisch) · **knal|lig** (*umg*) · **knall|rot** (*umg*); *vgl.* blau
knapp. *Schreibung bei Verben K 135*: knapp sitzen; knapp sein, werden; *vgl. aber* knapphalten
Knap|pe, der, _n, _n (*veraltend*; Bergmann – *Mittelalter*; noch nicht zum Ritter geschlagener junger Adliger)
knap|pern *K 363* (*landsch*; knabbern)
knapp|hal|ten *K 136* (*umg*); du hältst knapp; knappgehalten; knappzuhalten; jmdn. _ (jmdm. wenig geben) · **Knapp|heit,** die, _
Knapp|schaft (histor. Bez. für Gesamtheit der Arbeiter eines Bergwerks od. Bergreviers)
knaps! (*lautm*); knips, knaps! · **knap|sen** *K 354* (*umg*)
Knar|re, die, _, _n (kleines, rasselndes Gerät, Kinderspielzeug – *soldatenspr*; Gewehr) · **knar|ren**
[1]**Knast,** der, _[e]s, _e (*norddt*; Knorren; Brotkanten)
[2]**Knast,** der, _s (*salopp*; Freiheitsstrafe, Gefängnis) (*jidd*)
[1]**Kna|ster** *od* **Kna|ste|rer** (*K 363*) (*landsch abwert*; grämlicher Mensch) (*Herkunft umstritten*)
[2]**Kna|ster,** der, _s, _ (*umg abwert*; [schlechter] Tabak) (*semit → grch → span → ndrl*)
Kna|ster|bart (*landsch abwert*; mürrischer [alter] Mann) (*Herkunft umstritten*)
Knasterer ↑ [1]Knaster · **kna|stern** *K 363* (*landsch abwert*; verdrießlich brummen) (*lautm*)
Knatsch, der, _[e]s (*landsch salopp abwert*; Unannehmlichkeit, Streit, Ärger) · **knat|schen** *K 354* (*landsch salopp abwert, von Kindern gesagt*; weinerlich sein, nörgeln); *vgl. aber* knautschen · **knat|schig** (*landsch salopp abwert*)
knat|tern *K 363*
Knäu|el, der *od* das, _s, _; *vgl. auch* Knaul · **Knäu|el|gras** *od* **Knaul|gras**
Knauf, der, _[e]s, ..äufe (*zu* Knopf)
Knaul, der, _s, *Pl* _e *od* ..äule (*landsch*; Knäuel) · **Knäul|chen** · **Knaulgras** ↑ Knäuelgras
Knau|pe|lei (*landsch*) · **knau|peln** *K 363* (*landsch*; benagen; mit einer schwierigen Sache zu tun haben) · **knaup|lig** *K 362* (*landsch*)
Knau|ser (*umg abwert*) · **Knau|se|rei** (*umg abwert*) · **knau|se|rig** *K 362* (*umg abwert*) · **Knau|se|rig|keit** *K 362*, die, _ (*umg abwert*) · **knau|sern** *K 363* (*umg abwert*)
Knau|tie [..iə], die, _, _n (eine Feld- u. Wiesenblume) (*nach* dem Botaniker Knaut)
knaut|schen *K 354* (*umg*; knittern, quetschen – *landsch*; quietschen, quengeln); *vgl. aber* knatschen · **knaut|schig** (*landsch*) · **Knautsch|lack,** der, _[e]s (*Textilwirtsch*)
Kne|bel, der, _s, _ · **Kne|bel|bart** · **kne|beln** *K 363* · **Kne|be|lung** *K 363*
Knecht, der, _[e]s, _e (*noch iron*) · **knech|ten** (*gehoben abwert*) · **knech|tisch;** _ste (*gehoben abwert*) · **Knecht Ru|precht,** der, *Gen* _ _[e]s, *Pl* _ _e · **Knecht|schaft,** die, _ (*gehoben abwert*) · **Knech|tung** (*gehoben abwert*)
Kneif, *auch* **Kneip,** der, _[e]s, _e (*noch landsch*; Messer, bes. für Schuhmacher) · **knei|fen;** du kniffst *od* kniffest; du kniffest; gekniffen; kneif[e]t; *vgl. auch* [2]kneipen · **Knei|fer** (bügellose Brille) · **Kneif|zan|ge** · **Kneip** ↑ Kneif
Knei|pe, die, _, _n (*umg, auch abwert*; Schenke) (*Herkunft umstritten*) · [1]**knei|pen** (*salopp*; in Kneipen verkehren; trinken); du kneiptest, gekneipt
[2]**knei|pen** (*landsch*; kneifen, zwikken); du kneiptest, *auch* knippst; gekneipt, *auch* geknippen
Knei|pe|rei (*umg abwert*) (*zu* [1]kneipen)
kneip|pen (*umg*; nach Kneipps Verfahren eine Wasserkur machen) · **Kneipp|kur** *K 209*
Kneip|wirt (*landsch*)
Kneip|zan|ge (*landsch*; Kneifzange)
Knes|seth *od* **Knes|set,** die, _ (Parlament in Israel) (*hebr*, ‚Versammlung')
knet|bar · **kne|ten** · **Knet‿ma|schi|ne,** ...**mas|se**
Knick, der, _[e]s, *Pl* _e *od* (*in der Bedeutung* »Grenzhecke« *nur*:) _s (nicht völliger [1]Bruch; scharfe Biegung – *norddt auch für* Grenzhecke) · **Knicke|bein**[1], der, _s, _ (Eierlikör) · **knicken**[1] · [1]**Knicker**[1] (*umg abwert*; Geizhals)
[2]**Knicker**[1] (*weidm*; Jagdmesser) (*zu* Genick)
Knicker|bocker[1] [*auch engl* 'ni..] *od* **Knicker|bockers**[1] *Pl* (halblange Pumphose) (*engl*)
Knicke|rei[1] (*umg abwert*) · **knicke|rig**[1] *K 362* (*umg abwert*) · **Knicke|rig|keit**[1] *K 362*, die, _ (*umg abwert*) · **knickern**[1] *K 363* (*umg abwert*; geizig sein)
knicks! (*lautm*); knicks, knacks! · **Knicks,** der, _es, _e · **knick|sen** *K 354* · **Knickung**[1]
Knie [kni:], das, _s, _ ['kni:ə, *österr auch* kni:]; auf den Knien ['kni:ən *od* kni:n] liegen; gegen die Knie ['kni:ə, *österr auch* kni:] stoßen · **Knie|beu|ge**
Knie|bre|che, die, _ (*landsch*; Name steiler Höhen- od. Bergwege) · **Knie|fall,** der · **knie|fäl|lig** (*noch scherzh*) · **Knie|gei|ge** (Gambe – *auch für* Violoncello) · **Knie|holz,** das, _es (niedrige Bergkiefern) · **knien** [kni:n *od* 'kni:ən]; daß du knieest ['kni:əst]; du knietest; kniend ['kni:ənt]; gekniet; knie! [kni: *od* 'kni:ə] · **Knie|rie|men** · **knie|tief**
kniet|schen, *auch* **knit|schen** *K 354* (*landsch*; zerquetschen, quetschen)
Kniff, der, _[e]s, _e
Knif|fe|lei (*umg*; Schwierigkeit)
knif|fen
kniff|lig *K 362* · **Kniff|lig|keit** *K 362*, die, _
Knig|ge *K 318*, der, _s, *auch* _, *Pl* _ (*umg*; Buch über gute Umgangsformen) (*nach* dem Verfasser)
Knilch *od* **Knülch,** der, _[e]s, _e (*salopp abwert*; unangenehmer Mensch)

---
[1] *Tr* ..k|k..

[1] *Tr* ..k|k..

Kniller ↑ Knüller

knips! ⟨*lautm*⟩; knips, knaps! · **Knips,** der, –es, –e (*umg*) · **knip|sen** *K 354* (*umg*)

Knirps, der, –es, –e · **knirp|sig**

knir|schen *K 354*

kni|stern *K 363* ⟨*lautm*⟩

knitschen ↑ knietschen

Knit|tel|vers, *auch* **Knüt|tel|vers** (*Metrik*)

knit|ter|arm · **knit|te|rig** *K 362* · **knit|tern** *K 363*

Kno|bel, der, –s, – (*landsch*; Fingerknöchel, Knöchel; Würfel) · **Kno|bel|be|cher** (*scherzh auch für* Militärstiefel) · **Kno|be|lei** · **kno|beln** *K 363* (auslosen; würfeln – *auch umg*; über ein Problem nachdenken)

Knob|lauch, der, –[e]s (eine Gewürz- u. Arzneipflanze) · **Knob|lauch|ze|he**

Knö|chel, der, –s, – · **Knö|chel|chen** · **Kno|chen,** der, –s, –. *Zus K 365ff.*: Knochen‿mehl usw. · **Kno|chen|bruch,** der · **Kno|chen|fraß,** der, –es · **Kno|chen|mann,** der, –[e]s (*verhüll*; der Tod) · **knö|chern** (aus Knochen bestehend) · **kno|chig** · **Kno|chig|keit,** die, – · **knöch|rig** *K 362*

knock|out [nɔk'aut] (*Boxsp*; niedergeschlagen, kampfunfähig; erledigt); *Abk* k. o. [ka:'o:] ⟨*engl*⟩; jmdn. k. o. schlagen · **Knock|out,** der, –[s], –s (*Boxsp*; Niederschlag); *Abk* K. o. [ka:'o:], der, –, – · **Knock|out|schlag;** *kurz* K.-o.-Schlag *K 188 u. 200*

Knö|del, der, –s, – (*süddt, österr*; Kloß) ⟨*zu* Knoten⟩

Knöll|chen · **Knol|le,** die, –, –n · **Knol|len,** der, –s, – (*landsch*) · **Knol|len|blät|ter|pilz** (ein Giftpilz) · **Knol|len|frucht** · **knol|lig**

Knopf, der, –[e]s, ..öpfe. *Zus K 365ff.*: Knopf‿loch usw. · **Knöpf|chen** · **knöp|fen** · **Knöpf|li** *Pl* (*schweiz*; eine Mehlspeise)

Knop|per, die, –, –n (Knorren, Knoten; Gallknoten)

knor|ke (*noch landsch*; glänzend, fein, ausgezeichnet)

Knor|pel, der, –s, – · **knorp|lig** *K 362*

Knorr-Brem|se *K 211* (*Eisenb*; eine Druckluftbremse) ⟨*nach* dem Erfinder⟩

Knor|ren, der, –s, – (knotiger Auswuchs) · **knor|rig**

Knos|pe, die, –, –n ⟨*zu* Knopf⟩ · **knos|pen** · **knos|pig** · **Knos|pung** (eine Vermehrungsart)

Knos|sos (*Altertum*; Stadt auf Kreta) ⟨*grch*⟩

Knöt|chen · **knö|teln** *K 363* (kleine Knoten sticken) · **kno|ten** · **Kno|ten,** der, –s, – (*Seew*; veraltende gesetzl. Einheit der Geschwindigkeit = 1 sm/h = 1,852 km/h); *Einheitenzeichen* kn · **Kno|ten|punkt** · **Knö|te|rich,** der, –[e]s, –e (ein Wiesenkraut) · **kno|tig**

Knot|ten|erz (Buntsandstein mit eingesprengtem Bleiglanz)

Know-how [no:'hau], das, –[s] (Wissen um die praktische Verwirklichung u. beste Handhabung einer Sache) ⟨*engl*, ‚wissen wie'⟩

Knub|be, die, –, –n *od* **Knub|ben,** der, –s, – (*norddt*; Knorren; Knospe; Geschwulst)

Knuff, der, –[e]s, ..üffe (*umg*) · **knuf|fen** (*umg*)

Knülch ↑ Knilch

knül|le (*salopp*; erschöpft; betrunken) · **knül|len** (zerknittern)

Knül|ler, *auch* **Knil|ler,** der, –s, – (*umg*; Knalleffekt, eine Sache, die einschlägt) ⟨*jidd*⟩

Knüpf|ar|beit · **knüp|fen** ⟨*zu* Knopf⟩ · **Knüpf|tep|pich**

Knüp|pel, der, –s, –. *Zus K 365ff.*: Knüppel‿damm usw. · **Knüp|pel|aus|dem|sack,** der, – · **Knüp|pel|schal|tung**

knup|pern *K 363* (*landsch*; knabbern)

knur|ren · **Knurr|hahn** (ein Fisch – *umg*; mürrischer Mensch) · **knur|rig** · **Knur|rig|keit,** die, –

knü|se|lig (*landsch*; unsauber)

Knus|per|chen (ein Gebäck) · **Knus|per|häus|chen** · **knus|pern** *K 363* · **knusp|rig** *K 362*

Knust [knu:st], der, –es, *Pl* –e *od* ..üste (*norddt*; Endstück des Brotes)

Knu|te, die, –, –n (Riemenpeitsche) ⟨*germ* → *russ*⟩

knut|schen *K 354* (*salopp*; heftig küssen, liebkosen)

Knüt|tel, der, –s, – ⟨*zu* Knoten⟩ · **Knüttelvers** ↑ Knittelvers

Ko|ad|ju|tor, der, –s, ..oren (*kath Kirche*; Weihbischof, Hilfsbischof) ⟨*lat*⟩

Ko|agu|lat, das, –[e]s, –e (*Chem, Med*; aus einer kolloiden Lösung ausgeflockter Stoff) ⟨*lat*⟩ · **Ko|agu|la|ti|on** (*Chem, Med*; Gerinnung; Ausflockung kolloid gelöster Stoffe) · **ko|agu|lie|ren** (*Chem, Med*)

Koa|la, der, –s, –s (ein austral. Beuteltier) ⟨*austral*⟩

ko|alie|ren *od* **ko|ali|sie|ren** (verbinden, vereinigen; sich verbünden) ⟨*lat* → *frz*⟩ · **Ko|ali|ti|on** (Vereinigung, Bündnis; Zusammenschluß von Staaten od. polit. Parteien) · **Ko|ali|ti|ons|krieg**

ko|axi|al (um eine gemeinsame Achse gelagert) ⟨*lat*⟩ · **Ko|axi|al|ka|bel** (*Ferns*)

Ko|balt, das, *österr auch* der, –[e]s (chem. Element, Metall); *Zeichen* Co ⟨*für dt* → *lat* Cobaltum, ‚Kobold' u. *fachspr* Cobalt⟩ · **Ko|balt‿bom|be** (*Kurzw* K-Bombe), **...ka|no|ne** (*Med*)

Ko|bel, der, –s, – (Nest des Eichhörnchens – *süddt, österr*; Koben) · **Ko|ben,** der, –s, – (Verschlag; Käfig, Stall)

København ↑ Kopenhagen

Ko|ber, der, –s, – (*landsch*; Korb)

Ko|blenz (Stadt der BRD am Mittelrhein) · **Ko|blen|zer:** 1. *K 231*: der, –s, –; 2. *als Attribut K 232* · **ko|blen|zisch**

Ko|bold, der, –[e]s, –e (*Abergl*; neckischer Hausgeist; Berggeist) ⟨*zu* Koben⟩ · **Ko|bolz,** der; *nur noch in* [einen] – schießen (*umg*; einen Purzelbaum machen)

Ko|bra, die, –, –s (eine Giftnatter) ⟨*lat* → *portug*⟩; *vgl. aber* Kopra

Koch: 1. der, –[e]s, *Pl* Köche – 2. das, –s (*bayr, österr*; Brei, Mus) ⟨*lat*⟩ · **Koch|buch**

Kö|chel|ver|zeich|nis *K 209*, das, ..isses (Verzeichnis der Werke des Komponisten Mozart); *Abk* KV ⟨*nach* dem Verfasser Ludwig v. Köchel⟩

ko|chen ⟨*lat*⟩; *K 173*: kochend heiß *od* kochendheiß · **Ko|cher**

Kö|cher, der, –s, – (Behälter für Pfeile)

koch|fest · **Koch|ge|schirr** · **Kö|chin,** die, –, ..innen · **Koch|salz,** das, –es

Koda ↑ Coda

kod|de|rig *K 362* (*landsch salopp*; schlecht, schäbig; unverschämt, frech; übel)

Kode *od* **Code** [*beide* ko:t], der, –s, –s (System zum Verschlüsseln bzw. Entschlüsseln von Wörtern od. eines Textes) ⟨*lat* → *frz* → *engl*⟩

Ko|de|in, das, –s (*Pharmakol*; ein Arzneimittel) ⟨*grch* + *lat*⟩

Kö|der, der, –s, – · **kö|dern** *K 363*

Ko|dex, der, –es *od* –, *Pl* –e *od* ..dizes [..tse:s] (Gesetzbuch; alte Bilderhandschrift; Handschriftensammlung); *Abk* cod. *od* Cod. ⟨*lat*⟩ · **ko|die|ren** *od* **co|die|ren** (einen Kode aufstellen; Wörter od. einen Text verschlüsseln) · **Ko|di|fi|ka|ti|on** (*Rechtsw*; Zusammenfassung verstreuter Rechtsbestimmungen in einem Gesetz) · **ko|di|fi|zie|ren** (reglementieren; festlegen); eine Norm – · **Ko|di|fi|zie|rung**

Ko|edu|ka|ti|on [ko:e.., *auch* 'ko:e..], die, – (Gemeinschaftserziehung von Jungen u. Mädchen) ⟨*lat*⟩

Ko|ef|fi|zi|ent [koɛ..] (*fachspr*; Vorzahl, Richtzahl, Zahlenfaktor) ⟨*lat*⟩

Ko|exi|stenz [*od* ..'tɛnts], die, – (gleichzeitiges Vorhandensein mehrerer Dinge – *Pol*; Nebeneinander von Staaten mit unterschiedlichen Gesellschaftsordnungen) ⟨*lat*⟩; *K 119*: friedliche – (*Pol*) · **ko|exi|stie|ren** [*od* ..'ti:..]

Kofel ↑ [1]Kogel

Ko|fen, der, –s, – (*norddt*; Koben)

Kof|fe|in, das, –s (ein Alkaloid in Kaffeebohnen u. Teeblättern) ⟨*arab + lat*⟩

Kof|fer, der, –s, – ⟨*grch → lat → frz*⟩ · **Köf|fer|chen** · **Kof|fer|raum**

Kog, Köge ↑ Koog

Ko|gel, *selten* **Ko|fel,** der, –s, – (*südd*t, *österr*; Bergkuppe)

Kog|ge, die, –, –n (*hist*; bauchiges Hanseschiff)

Ko|gnak ['kɔnjak], der, –s, –s (ein Weinbrand) ⟨*nach* der französ. Stadt Cognac [kɔ'njak]⟩ · **Ko|gnak|glas,** *Pl* ..gläser · **Ko|gnak|schwen|ker**

Ko|ha|bi|ta|tion (*fachspr*; Geschlechtsverkehr) ⟨*lat*⟩

ko|hä|rent (*fachspr*; zusammenhängend) ⟨*lat*⟩ · **Ko|hä|renz,** die, – (*fachspr*; Zusammenhang) · **ko|hä|rie|ren** (*fachspr*) · **Ko|hä|sion,** die, – (*Phys*; Zusammenhalt; Zusammenhangskraft zwischen Molekülen) · **ko|hä|siv** (*fachspr*; zusammenhaltend, zusammenhängend)

Ko|hi|noor [..'nu:r], der, –s (*Mineral*; Name eines großen Diamanten im brit. Kronschatz) ⟨*pers → Hind → engl*⟩

[1]**Kohl,** der, –[e]s, *Pl* (*Artunterscheidung*) -arten, (*Anzahl der Köpfe*) *selten* –e (eine Gemüsepflanze) ⟨*lat*⟩

[2]**Kohl,** der, –[e]s (*umg abwert*; Geschwätz, Unsinn) ⟨*hebr*⟩; – reden

Kohl|dampf, der, –[e]s (*salopp*; Hunger) ⟨*zu* [2]Koller⟩; – schieben

Koh|le, die, –, –n · **koh|le|füh|rend** *K 128* · **koh|le|hal|tig,** *österr* **koh|le|häl|tig** · **Kohlehydrat** ↑ Kohlenhydrat · **Koh|le|hy|drie|rung** *od* **Koh|le|ver|flüs|si|gung** (*Chem*; Umwandlung fester Kohle in flüssige Kohlenwasserstoffe) · [1]**koh|len** (nicht mit voller Flamme brennen; schwelen – *seem*; Kohlen übernehmen)

[2]**koh|len** (*umg abwert*; schwatzen, törichtes Zeug reden; schwindeln) ⟨*hebr*⟩

Koh|len‿becken [*Tr* ...bek|ken], **...bun|ker, ...dunst** · **Koh|len‿feu|er, ...flöz, ...gas, ...grus** · **Koh|len|hy|drat,** *auch* **Koh|le|hy|drat** (*Chem*; eine organ. Verbindung) · **Koh|len|mei|ler** (Vorrichtung zum Verkohlen von Holz); *kurz* Meiler · **Koh|len|säu|re,** die, – · **koh|len|sau|re Was|ser,** das, *Gen* –n –s, *Pl* –n Wässer · **Koh|len|staub,** *Pl* ..stäube · **Koh|len|stift,** der (*Techn*) · **Koh|len|stoff,** der, –[e]s (chem. Element, Nichtmetall); *Zeichen* C (*für* Carboneum, ↑ Karboneum) · **Koh|len|trim|mer** (*seem*) · **Koh|le|pa|pier** · **Köh|ler** · **Koh|le|stift,** der (ein Zeichenstift) · **Koh|le|ver|fah|ren** (*Fot*) · **Kohleverflüssigung** ↑ Kohlehydrierung · **Koh|le|zeich|nung**

Kohl|her|nie [..ĭə], die, – (eine Pflanzenkrankheit) · **Kohl|kopf**

Kohl|mei|se ⟨*zu* Kohle⟩

[1]**Kohl|ra|be** (*volkstüml*; Kolkrabe) ⟨*Herkunft umstritten*⟩

[2]**Kohl|ra|be,** die, –, –n (*landsch*; Kohlrabi) ⟨*lat → ital*⟩

kohl|ra|ben|schwarz (*umg*) ⟨*zu* [1]Kohlrabe⟩

Kohl|ra|bi, der, –[s], –[s] (eine Gemüsepflanze) ⟨*lat → ital*⟩ · **Kohl|rü|be**

kohl|schwarz ⟨*zu* Kohle⟩

Kohl|spros|sen *Pl* (*österr*; Rosenkohl) · **Kohl|sten|gel** · **Kohl|weiß|ling** (ein Schmetterling)

Ko|hor|te, die, –, –n (*hist*; der zehnte Teil einer röm. Legion – *abwert*; sich auffällig benehmende Menschengruppe) ⟨*lat*⟩

Koi|ne [kɔy'ne:], die, – (*Sprachw*; [altgriech.] übermundartl. Gemeinsprache) ⟨*grch*⟩

ko|in|zi|dent (zusammentreffend; einander deckend) ⟨*lat*⟩ · **Ko|in|zi|denz,** die, –(das Zusammentreffen zweier Ereignisse) · **ko|in|zi|die|ren**

ko|itie|ren (begatten; Geschlechtsverkehr ausüben) ⟨*lat*⟩ · **Ko|itus,** der, –, *Pl* –[..tu:s] *od* ..usse (Begattung; Geschlechtsakt)

Ko|je, die, –, –n (Ausstellungsstand – *seem*; Schlafstelle auf Schiffen – *umg scherzh*; Bett) ⟨*lat → ndrl*⟩

Ko|jo|te, *auch* **Co|yo|te** [ko'jo:tə], der, –n, –n (nordamerikan. Präriewolf) ⟨*indian → span*⟩

Ko|ka, die, –, –[s] (ein südamerikan. Strauch) ⟨*indian*⟩ · **Ko|ka|in,** das, –s (*Pharmakol*; ein Mittel zur örtlichen Betäubung, Rauschgift) ⟨*indian + lat*⟩; *vgl. auch* [2]Koks · **Ko|kai|nis|mus** [..ka:i..], der, –(*Med*; Kokainsucht)

Ko|kar|de, die, –, –n (Abzeichen an Dienstmützen) ⟨*frz*⟩

Koke ↑ [1]Koks · **ko|ken** (Koks herstellen) ⟨*engl*⟩

[1]**Ko|ker** *od* **Ru|der|ko|ker,** der, –s, –, *auch* **Hen|ne|gatt,** das, –[e]s, –s (*seem*; Öffnung im Schiffsheck für den Ruderschaft)

[2]**Ko|ker,** der, –s, – (Koksarbeiter) ⟨*engl*⟩ · **Ko|ke|rei** (Anlage zur Gewinnung von Koks)

ko|kett (eitel, gefallsüchtig) ⟨*frz*⟩ · **Ko|ket|te,** die, –, –n (eine kokette Frau); zwei Koketten *K 342*; *vgl. aber* Kokotte · **Ko|ket|te|rie,** die, – (Gefallsucht) · **ko|ket|tie|ren**

Ko|kil|le, die, –, –n (*Hüttenw*; Metallform zum Gießen von Blöcken od. Formstücken) ⟨*frz*⟩ · **Ko|kil|len|guß** (*Hüttenw*)

Kok|kels|kör|ner *Pl* (Giftsamen zum Fischfang) ⟨*grch → lat → ital*⟩ · **Kok|ken** *Pl* (*Biol*; kugelförmige Bakterien); *Sg* Kok|kus, der, – *od* Kok|ke, die, – ⟨*grch*⟩

Kök|ken|möd|din|ger, *früher* **Kjök|ken|möd|din|ger** *Pl* (*Urgesch*; Abfallhaufen aus dem Mesolithikum u. dem Neolithikum) ⟨*dän*, ‚Küchenabfälle'⟩

Kok|ko|lith, der, *Gen* –[e]s, *Pl* –e *od Gen* –en, *Pl* –en (*Mineral*; aus Kalkalgen entstandenes Tiefseegestein – *Geol*; ein scheibenförmiges Kalkkörperchen) ⟨*grch*⟩ · **Kokkus** ↑ Kokken

Ko|ko|lo|res, der, – (*umg*; Umstände; Unsinn) ⟨*Herkunft umstritten*⟩

Ko|kon [..'kɔŋ *od* ..'kɔ̃:, *österr* ..'ko:n], der, –s, –s (Insekteneier od. -larven enthaltende Gespinsthülle) ⟨*lat → frz*⟩ · **Ko|kon|fa|ser**

Ko|kos|fa|ser ⟨*span*⟩ · **Ko|kos|flocken** [*Tr* ...flok|ken] *Pl* · **Ko|kos‿läu|fer, ...milch, ...nuß, ...pal|me**

Ko|kot|te, die, –, –n (*veraltend abwert*; Dirne, Halbweltdame) ⟨*frz*, ‚Hühnchen'⟩; *vgl. aber* Kokette

[1]**Koks,** der, –es, *Pl meist* –e, *fachspr* ..ke (ein aus Kohle gewonnener Brennstoff) ⟨*engl*⟩. *Zus K 365 ff.*: Koks‿gewinnung usw.

[2]**Koks,** der, –es (*salopp*; Kokain) ⟨*indian*⟩ · **kok|sen** *K 354* (*salopp*; Kokain nehmen) · **Kok|ser** (*salopp*)

Koks|staub

Kok|zi|dien [..ĭən] *Pl* (*Vet*; krankheitserregende Sporentierchen); *Sg* Kok|zi|die, die, – ⟨*grch → lat*⟩ · **Kok|zi|dio|se,** die, –, –n (*Vet*; durch Kokzidien hervorgerufene Darmentzündung bei Tieren) ⟨*grch*⟩

[1]**Ko|la** (Halbinsel im NW der UdSSR)

[2]**Kola** ↑ Kolon

[3]**Ko|la,** die, –(*kurz für* Kolagetränk) ⟨*afrikan*⟩ · **Ko|la‿baum, ...getränk, ...nuß**

Ko|lat|sche, *auch* **Go|lat|sche,** die, –, –n (*österr*; kleiner [gefüllter] Hefekuchen) ⟨*tschech → poln*⟩

Kol|ben, der, –s, – · **Kol|ben|stan|ge** (*Techn*)

Kol|chis [..ç..], die, – (*Altertum*;

Landsch. an der Ostküste des Schwarzen Meeres) ⟨grch⟩

Kol|chos ['kɔlçɔs *od* kɔl'xɔs], der, –, ..ose [..'ço:zə] *od* **Kol|cho|se** [..'ço:..], die, –, –n *Kurzw* (große landwirtschaftl. Kollektivwirtschaft in der UdSSR) ⟨*aus russ kol*lektiwnoje *chos*jaistwo ‚Kollektivwirtschaft'⟩ · **Kol|chos|bau|er** [..çɔs..], der, –n, *selten* –s, *Pl* –n

kol|dern *K 363* (*süddt, schweiz*; zanken; poltern; schelten)

Ko|leo|pte|ren *Pl* (*Zool*; die Käfer) ⟨*grch*⟩

Ko|li|bak|te|rien [..iən] *Pl* (*Med*; Darmbakterien); *Sg* Ko|li|bak|terium, das, –s ⟨*grch*⟩

Ko|li|bri, der, –s, –s ([kleinster] Vogel, Schwirrvogel) ⟨*indian → span → ndrl*⟩

ko|lie|ren (*fachspr*; durch ein Tuch seihen) ⟨*lat*⟩ · **Ko|lier|tuch**, *Pl* ..tücher (*fachspr*)

Ko|lik [*auch* ..'li:k], die, –, –en (*Med*; heftiger Leibschmerz) ⟨*grch*⟩ · **Ko|li|tis**, die, –, ..itiden (*Med*; Dickdarmentzündung)

Kolk, der, –[e]s, –e (*Geol*; Wasserloch) ⟨*nd*⟩

Kol|ko|thar, der, –s, –e (*fachspr*; Vitriolpulver, rotes Eisenoxid) ⟨*grch → arab → span → lat*⟩

Kolk|ra|be ⟨*Herkunft umstritten*⟩

kol|la|bie|ren (*Med*; einen Kollaps erleiden) ⟨*lat*⟩

Kol|la|bo|ra|teur [..'tø:r], der, –s, –e (*abwert*; jmd., der in landesverräterischer Weise mit imperialist. Okkupanten zusammenarbeitet) ⟨*lat → frz*, ‚Mitarbeiter'⟩ · **Kol|la|bo|ra|tion** (*abwert*) · **kol|la|bo|rie|ren** (*abwert*)

Kol|la|ge|ne *Pl* (*Biochem*; zu den Proteinen gehörende Gruppe von Eiweißstoffen; Bindegewebesubstanz der Knochen); *Sg* Kol|la|gen, das, –s

Kol|laps [*od* ..'laps], der, –es, –e (*Med*; plötzlich auftretendes allg. Kreislaufversagen) ⟨*lat*⟩

kol|la|te|ral (*fachspr*; nebenständig; auf der gleichen Seite; seitlich) ⟨*lat*⟩

Kol|la|tion (Zusammentragung; Textvergleich; das Vergleichen, das Abstimmen; das Ausgleichen – *Buchw*; Bogendurchsicht) ⟨*lat*⟩ · **kol|la|tio|nie|ren** ([Abschrift mit der Urschrift] vergleichen – *Buchw*; Bogen auf Vollständigkeit u. richtige Reihenfolge überprüfen)

Kol|lau|die|rung, *schweiz auch* **Kol|lau|da|tion** (*österr, schweiz*; amtl. Prüfung eines Bauwerks, Schlußgenehmigung) ⟨*lat*⟩

Kol|leg, das, –s, *Pl* –s *od* –ien [..iən] (*veraltend*; Vorlesung an Hochschulen) ⟨*lat*⟩ · **Kol|le|ge**, der, –n, –n ([Anrede für] Mitarbeiter, Berufs-, Fach-, Amtsgenosse); *Abk* Koll., *im Pl* Kolln. · **Kol|leg|heft** (*veraltend*; Vorlesungsheft) · **kol|le|gial** (durch gemeinsame Arbeitsinteressen verbunden; einträchtig; hilfsbereit; von einem Kollegium ausgehend) · **Kol|le|gia|li|tät**, die, – (kollegiales Verhalten) · **Kol|le|gin**, die, –, ..innen; *Abk* Kolln., *im Sg auch* Koll. · **Kol|le|gium**, das, –s, ..ien [..iən] (eng zusammenarbeitende Gruppe mit gleichgerichteter Tätigkeit) · **Kol|le|giums|mit|glied** · **Kol|leg|map|pe**

Kol|lek|ta|ne|en [..neən, *auch* ..'ne:ən] *Pl* (Lesefrüchte; gesammelte wissenschaftliche Beobachtungen, Bemerkungen; Sammelhefte); *Sg* Kol|lek|ta|ne|um [..um], das, –s ⟨*lat*⟩ · **Kol|lek|te**, die, –, –n (Sammlung, bes. freiwilliger Gaben in der Kirche) · **Kol|lek|tion** (Sammlung; Mustersammlung [von Waren]; Auswahl) · **kol|lek|tiv** (zusammenfassend; gemeinschaftlich; gruppenweise) · **Kol|lek|tiv**, das, –s, *Pl* –e [..v..], *auch* –s (Arbeits-, Produktionsgemeinschaft zur Erreichung gemeinsamer Ziele); *K 262*: Kollektiv der sozialistischen Arbeit (Ehrentitel) · **Kol|lek|tiv|aus|stel|lung** · **kol|lek|ti|vie|ren** [..v..] (zum Kollektiv entwickeln, in ein Kollektiv verwandeln; Kollektivwirtschaften bilden) · **Kol|lek|ti|vis|mus**, der, –(sozialist. Denk- u. Verhaltensweise, die im Gegensatz zum bürgerl. Individualismus die Harmonie der gesellschaftl. mit den individuellen Interessen ausdrückt) · **kol|lek|ti|vi|stisch** · **Kol|lek|tiv|no|te** [..f..] (*Polit*; gemeinsame Note mehrerer Regierungen) · **Kol|lek|ti|vum** [..v..], das, –s, ..va (*Sprachw*; Sammelbezeichnung) · **Kol|lek|tiv|ver|trag** [..f..] (arbeitsrechtl. Gesamtvereinbarung; Vertrag zw. mehreren Staaten) · **Kol|lek|tiv|wirt|schaft** (sozialist. landwirtschaftl. Betrieb, der genossenschaftlich bewirtschaftet wird) · **Kol|lek|tor**: 1. *od* **Kom|mu|ta|tor**, der, –s, ..oren (*Elektrotechn*; Polwender, Stromwender an Gleichstrommaschinen; kupferner Schleifring an Elektromotoren u. Generatoren) – 2. (*kurz für* Sonnenkollektor) · **Kol|lek|tur**, die, –, –en (*österr*; Sammelstelle)

Kol|len|chym [..ç..], das, –s, –e (*Bot*; pflanzl. Festigungsgewebe) ⟨*grch*⟩

¹**Kol|ler**, das, –s, –(Schulterpasse – *hist*; ledernes Wams; Schulterkragen) ⟨*lat → frz*⟩

²**Kol|ler**, der, –s, –(Pferdekrankheit – *umg*; Wutausbruch) ⟨*grch → lat*⟩

Kol|ler|gang (Mahlwerk) ⟨*zu* ²kollern⟩

kol|le|rig *K 362* (*umg*; kollerkrank) ⟨*grch → lat*⟩ · ¹**kol|lern** *K 363* (*von Tieren gesagt*; den ²Koller haben – *umg*; knurrig sein)

²**kol|lern** *K 363* (*landsch*; kullern)

Kolli ↑ Kollo

kol|li|die|ren (zusammenstoßen; sich überschneiden; gegeneinanderwirken; widerstreiten) ⟨*lat*⟩; *vgl. aber* kolludieren

Kol|lier [kɔ'lie:], das, –s, –s ([kostbarer] Halsschmuck; schmaler Pelzkragen) ⟨*lat → frz*⟩

Kol|li|ma|tion, die, –(*bes Opt*; das Parallellaufen zweier Richtungen an einem Meßgerät) ⟨*lat*⟩. *Zus K 365ff.*: Kollimations‿fehler usw. · **Kol|li|ma|tor**, der, –s, ..oren (*Astron*; Hilfsfernrohr – *Opt*; ein Rohr beim Spektralapparat)

Kol|li|sion (Zusammenstoß; Überschneidung; Zwiespalt; Widerstreit der Pflichten) ⟨*lat*⟩; *vgl. aber* Kollusion

Kol|lo, das, –s, *Pl* –s *od* ..lli, *österr* **Kol|li**, das, –s, –[s] (Frachtstück, Warenballen) ⟨*lat → ital*⟩

Kol|lo|din, das, –s (ein Appreturmittel) ⟨*grch + lat*⟩ · **Kol|lo|dium**, das, –s (ein Wundverschlußmittel; Etikettenlack) ⟨*grch → lat*⟩ · **kol|lo|id** *od* **kol|loi|dal** (*Chem*; feinzerteilt) · **Kol|lo|id**, das, –[e]s, –e (*Chem*; feinzerteilter Stoff) · **Kol|lo|id|che|mie**

Kol|lo|quium, das, –s, ..ien [..iən] ([wissenschaftl.] Gespräch – *auch für* Prüfung an Hochschulen) ⟨*lat*⟩

kol|lu|die|ren (*Rechtsw*; im geheimen Einverständnis stehen) ⟨*lat*⟩; *vgl. aber* kollidieren · **Kol|lu|sion** (*Rechtsw*; geheimes Einverständnis; unerlaubte Täuschung durch Verabredung); *vgl. aber* Kollision

Kolm ↑ ¹Kulm

kol|ma|tie|ren (*fachspr*; den Boden durch Absetzenlassen von Schwemmerde aufhöhen) ⟨*lat → ital → frz*⟩ · **Kol|ma|tion** (*fachspr*)

Köln (Stadt der BRD am Niederrhein) · **Köl|ner**: 1. *K 231*: der, –s, –; 2. *als Attribut K 232*: der Kölner Dom, das Kölner Braun · **köl|nisch**; *K 258*: das Kölnische Wasser · **Köl|nisch|braun** *K 238* · **Köl|nisch|was|ser** *K 238*, das, –s

Ko|lom|bi|ne *od* **Ko|lum|bi|ne**, die, –, –n (weibl. Figur des italien. Stegreifspiels) ⟨*lat → ital*, ‚Täubchen'⟩

Ko|lom|bo|wur|zel *K 246* (ein Arzneimittel) ⟨*Bantu*⟩

Ko|lon, das, –s, *Pl* –s *od* ..la (*Anat*; Grimmdarm – *Gramm veraltet*;

Doppelpunkt [*vgl. K 456ff.*]) ⟨*grch*⟩

Ko|lo|nat, das, *auch* der, _[e]s, _e (*Altertum*; Erbzinsgut; Rechtsverhältnis der Kolonen im alten Rom) ⟨*lat*⟩ · **Ko|lo|ne,** der, _n, _n (*Altertum*; röm. Erbzinsbauer, [halbfreier] Kleinpächter, Ansiedler)

Ko|lo|nel, die, _(*Polygr*; ein Schriftgrad) ⟨*lat → ital → frz*⟩

ko|lo|nial (Kolonien od. eine Kolonie betreffend, dazu gehörend, daher stammend) ⟨*lat*⟩ · **Ko|lo|nia|lis|mus,** der, _ (*abwert*; imperialist. Politik der Unterdrückung, Versklavung u. Ausbeutung ökonomisch schwach entwickelter Länder) · **Ko|lo|nial|po|li|tik** · **Ko|lo|nie,** die, _, ..ien (von kapitalist. Staaten durch Unterwerfung angeeignetes u. ausgebeutetes Gebiet; Ansiedlung – *Biol*; Vergesellschaftung von Einzelwesen der gleichen Art) ⟨,Ansiedlung'⟩ · **Ko|lo|ni|sa|tion,** die, _ (meist gewaltsame Aneignung fremder Länder durch kapitalist. Staaten; Besiedlung unbebauten Landes im eigenen Staatsgebiet) · **Ko|lo|ni|sa|tor,** der, _s, ..oren · **ko|lo|ni|sa|to|risch** · **ko|lo|ni|sie|ren** (fremdes Gebiet [gewaltsam] zur Kolonie machen; unbebautes Land im eigenen Staatsgebiet besiedeln) · **Ko|lo|nist** (Ansiedler in einer Kolonie)

Ko|lon|na|de (Säulengang, -halle) ⟨*lat → ital → frz*⟩ · **Ko|lon|ne,** die, _, _n (1. [geordnete] Schar, Reihe – *Milit*; Marschformation – *Polygr*; Druckspalte – 2. ↑Kolonnenapparat) ⟨*lat + frz*⟩ · **Ko|lon|nen|ap|pa|rat** *od* **Ko|lon|ne** (*Chem*; säulenähnl. Apparat zum Stoff- u. Wärmeaustausch zw. Gasen od. Dämpfen u. Flüssigkeiten)

[1]**Ko|lo|phon,** der, _s, _e (der am Schluß mittelalterl. Handschriften u. Frühdrucke angebrachte Nachweis über Verfasser, Schreiber, Druckjahr u. -ort) ⟨*grch*, ,Gipfel', ,Abschluß'⟩

[2]**Ko|lo|phon** (*Altertum*; Stadt im W Kleinasiens) · **Ko|lo|pho|nium,** das, _s (ein Harzprodukt) ⟨*nach* [2]Kolophon⟩

Ko|lo|quin|te, die, _, _n (Frucht einer subtrop. Kürbispflanze, die eine abführend wirkende Droge liefert) ⟨*grch → lat*⟩

Ko|lo|ra|do|kä|fer *K 246* (Kartoffelkäfer) ⟨*nach* dem Staat Colorado der USA⟩

Ko|lo|ra|tur, die, _, _en (virtuose gesangl. Verzierung) ⟨*lat → ital*⟩ · **Ko|lo|ra|tur|sän|ge|rin** · **ko|lo|rie|ren** (färben; ausmalen, bemalen – *Mus*; verzieren) ⟨*lat*⟩ · **Ko|lo|ri|me|ter,** das (*Chem*; Instrument zum Bestimmen der Farbintensität einer Lösung) ⟨*lat + grch*⟩ · **Ko|lo|ri|me|trie,** die, _(*Chem*; Konzentrationsbestimmung von Lösungen durch vergleichendes Messen der Farbintensität – *Astron*; Farbmessung der Gestirne) · **ko|lo|ri|me|trisch** (*Chem, Astron*) · **Ko|lo|rist** (Farbenkünstler; Ausmaler; Maler, der den Schwerpunkt auf das Kolorit legt) ⟨*lat → ital*⟩ · **ko|lo|ri|stisch** · **Ko|lo|rit,** das, _[e]s, _e (Farbgebung, -wirkung; Färbung)

Ko|loß, der, ..osses, ..osse (Riesenstandbild; Bild eines Ungetüms – *scherzh*; riesiger Mensch) ⟨*grch → lat*⟩ · **ko|los|sal** (riesig, gewaltig, ungeheuer, übergroß, riesen...; Riesen...) · **Ko|los|sal|sta|tue** · **Ko|los|se|um,** das, _s (Amphitheater im alten Rom)

Ko|lo|strum, das, _s *od* **Ko|lo|stral|milch,** die, _ (*Med*; Sekret der Milchdrüsen bei Menschen u. Säugetieren) ⟨*lat*⟩

Ko|lo|to|mie, die, _(*Med*; das Anlegen eines künstlichen Afters)⟨*grch*⟩

Kolpak ↑Kalpak

Kol|pi|tis, die, _, ..itiden (*Med*; Scheidenentzündung) ⟨*grch*⟩

Kol|por|ta|ge [..'ta:ʒə, *österr* ..'ta:ʒ] (das Verbreiten von Billigem, Minderwertigem, Unwahrem; das Ausstreuen von Gerüchten) ⟨*lat → frz*⟩ · **Kol|por|teur** [..'tø:r], der, _s, _e (Verbreiter von Gerüchten) · **kol|por|tie|ren**

Kol|po|skop, das, _s, _e (*Med*; Gerät zur gynäkolog. Untersuchung) ⟨*grch*⟩ · **Kol|po|sko|pie,** die, _, ..ien (*Med*)

Kölsch, der, _es (*schweiz*; grober Stoff) ⟨,aus Köln'⟩

[1]**Kol|ter,** der, _s, _ *od* die, _, _n (*südwestdt*; gefütterte Decke, Steppdecke) ⟨*lat → frz*⟩

[2]**Kol|ter,** das, _s, _(*landsch*; messerartige Vorrichtung vor dem Pflugschar) ⟨*lat → frz → ndrl*⟩

Ko|lum|ba|rium, das, _s, ..ien [..iən] (Urnenhalle in Krematorien) ⟨*lat*⟩

Ko|lum|bia|ner, der, _s, _ · **ko|lum|bia|nisch** · **Ko|lum|bien** [..ĭən], *amtl* **Re|pu|blik Ko|lum|bien** (im NW Südamerikas) ⟨*nach* Kolumbus, dem Entdecker Amerikas⟩

Kolumbine ↑Kolombine

Ko|lum|ne, die, _, _n (*Polygr*; senkrechte Reihe; Druckspalte; zur Buchseite gestalteter Schriftsatz) ⟨*lat*, ,Säule'⟩ · **Ko|lum|nen|maß,** das (*Polygr*) · **Ko|lum|nen|ti|tel** (*Polygr*) · **ko|lum|nen|wei|se** *K 176* ([druck]seitenweise)

Köm, der, _[e]s, _s (*norddt*; Kümmelschnaps)

Ko|ma, das, _s, *Pl* _s *od* _ta (*Med*; tiefe Bewußtlosigkeit) ⟨*grch*⟩ · **ko|ma|tös** (*Med*; in tiefer Bewußtlosigkeit) ⟨*grch → lat*⟩; ein _er Zustand

Kom|bi, der, _s, _s (*umg kurz für* Kombiwagen) ⟨*lat*⟩ · **Kom|bi|mö|bel** (Anbaumöbel) · **Kom|bi|nat,** das, _[e]s, _e (Großbetrieb, in dem verschiedene Industriezweige od. Produktionsstufen vereinigt sind) · **Kom|bi|na|tion:** 1. ⟨*lat*⟩, die, _, _en (Verknüpfung von Gedanken, Folgerungen, Herstellung von Beziehungen; vergleichende Berechnung; Vermutung – *Sport*; planvolles Zusammenspiel bei Mannschaftsspielen; Verbindung mehrerer Sportarten zu einem Wettbewerb); *K 119*: nordische _(*Sport*) – 2. ⟨*lat → frz → engl*⟩, die, _, _en (Hemdhose; Sport- od. Arbeitsanzug; Fliegerschutzanzug) · **Kom|bi|na|to|rik,** die, _(*Math*; Lehre von den mögl. Zusammenstellungen u. Anordnungen einzelner Dinge [Elemente]) ⟨*lat*⟩ · **Kom|bi|ne** [..'bain], die, _, _s, *auch* [..'bi:nə], die, _, _n (Maschine, die verschiedene Arbeitsgänge gleichzeitig ausführt) ⟨*lat → frz → engl*⟩ · **kom|bi|nie|ren** [..bi..] (verbinden, verknüpfen, vereinigen; berechnen; einen Zusammenhang erkennen; vermuten) ⟨*lat*⟩ · **kom|bi|nier|fä|hig**; _e Kleidung · **Kom|bi|wa|gen** (Mehrzweckfahrzeug); *umg kurz* Kombi · **Kom|bi|zan|ge**

Kom|bü|se, die, _, _n (*seem*; Schiffsküche)

Kom|edo|nen *Pl* (*Med*; Mitesser in der Haut); *Sg* Kom|edo, der, _s ⟨*lat*⟩

Ko|met, der, _en, _en (Haar-, Schweifstern) ⟨*grch → lat*⟩ · **Ko|me|ten|bahn**

Kom|fort [..'fo:r], der, _s (der Bequemlichkeit dienende Einrichtungen) ⟨*lat → frz*⟩ · **kom|for|ta|bel** [..fɔr'ta:..] ⟨*lat → frz → engl*⟩; *K 363*: ein komforta|bles Hotel · **Kom|fort|woh|nung** [..'fo:r..]

Ko|mik, die, _ (Lachenerregendes; die Kunst, Komisches darzustellen) ⟨*grch → lat*⟩ · **Ko|mi|ker,** der, _s, _ · **ko|misch** (zum Lachen reizend – *umg*; sonderbar); _ste

Ko|mi|ta|dshi [..'tadʒi], der, _s, _s (Angehöriger der bulgar. Freiheitsbewegungen im 19. u. 20. Jh.) ⟨*lat → frz → türk*⟩

Ko|mi|tat, das *od* der, _[e]s, _e (Verwaltungsbezirk in Ungarn) ⟨*lat*⟩

Ko|mi|tee, das, _s, _s ([leitender] Ausschuß) ⟨*lat → frz → engl*⟩

Ko|mi|tien [..ĭən] *Pl* (Versammlungen der altröm. Bürgerschaft) ⟨*lat*⟩

Kom|ma, das, _s, *Pl* _s *od* Kommata (*Gramm* [*vgl. K 399–451*] – *Mus*; kleinster Tonabstand) ⟨*grch* → *lat*⟩

Kom|man|dant (Befehlshaber [einer Festung, eines Kriegsschiffes, einer Stadt usw.]) ⟨*lat* → *frz*⟩ · **Kom|man|dan|tur,** die, –, –en (militär. Behörde; Dienststelle, -gebäude eines Kommandanten) · **Kom|man|deur** [..'dø:r], der, –s, –e (militär. Einzelleiter) · **kom|man|die|ren** ([Truppen] befehligen; befehlen); *K 258*: der Kommandierende General (eines Armeekorps) · **Kommanditär** ↑ Kommanditist · **Kom|man|dit|ge|sell|schaft** (Handelsgesellschaft, deren Gesellschafter teils unbeschränkt, teils nur mit einer bestimmten Einlage haften); *Abk* KG · **Kom|man|di|tist,** der, –en, –en, *schweiz* **Kom|man|di|tär,** der, –s, –e (*Wirtsch*; nur mit seiner Einlage haftender Gesellschafter einer Kommanditgesellschaft)

Kom|man|do, das, –s, *Pl* –s, *österr auch* ..den (Befehl, Befehlswort; Befehlsgewalt; höhere, kommandierende Dienststelle; abkommandierte militär. Einheit) ⟨*lat* → *ital*⟩. *Zus K 365ff.*: Kommando‿brücke usw. · **Kom|man|do|strich** (Gedankenstrich zur Hervorhebung von Aufzählungsgliedern); *vgl. auch K 400*

Kom|mas|sa|tion (*fachspr*; Zusammenlegung von Grundstücken) ⟨*lat*⟩ · **kom|mas|sie|ren** (*fachspr*)

Kommata ↑ Komma

kom|men; du kommst; du kamst; du kämest; gekommen; komm[e]!; kommen lassen · **Kom|men,** das, –s

Kom|men|sa|lis|mus, der, – (*Biol*; enges Zusammenleben verschiedener Organismen) ⟨*lat*, ‚Tischgemeinschaft'⟩

kom|men|su|ra|bel (mit gleicher Maßeinheit genau meßbar; vergleichbar; gleichartig) ⟨*lat*⟩; *K 363*: kommensura|ble Größen · **Kom|men|su|ra|bi|li|tät,** die, –

Kom|ment [..'mã:], der, –s, –s (*bürgerlich-studentisch*; Umgangsformen in Studentenverbindungen – *übertr*; Brauch; Vorschrift) ⟨*lat* → *frz*, ‚wie'⟩

Kom|men|tar, der, –s, –e (ausführl. [wissenschaftl.] Erläuterung, Auslegung) ⟨*lat*⟩ · **Kom|men|ta|tor,** der, –s, ..oren (jmd., der einen Kommentar gibt, verfaßt) · **kom|men|tie|ren**

Kom|mers, der, –es, –e (*bürgerlich-studentisch*; aus besonderem Anlaß veranstaltetes student. Trinkgelage) ⟨*lat* → *frz*⟩ · **Kom|mers|buch** (student. Liederbuch)

Kom|merz, der, –es (*veraltet*; Handel, Verkehr) ⟨*lat*⟩ · **kom|mer|zia|li|sie|ren** (etw. rein geschäftlichen Interessen unterordnen – *kap Wirtsch*; öffentl. Verpflichtungen in private Schulden umwandeln) · **Kom|mer|zia|li|sie|rung** · **kom|mer|ziell** (auf den Handel bezüglich, kaufmännisch) · **Kom|mer|zien|rat** [..ĭən..], *österr* **Kom|mer|zial|rat,** *Pl* ..räte (*bürgerl Staat*; Titel für Großkaufleute u. Industrielle)

Kom|mi|li|to|ne, der, –n, –n (Studienkamerad) ⟨*lat*⟩ · **Kom|mi|li|to|nin,** die, –, ..innen

Kom|miß, der, ..isses (*veraltet abwert*; Militär) ⟨*lat*⟩ · **Kom|mis|sar,** *süddt, österr u. schweiz meist* **Kom|mis|sär,** der, –s, –e (mit besonderen staatl. Aufgaben u. Befugnissen Betrauter; einstweiliger Vertreter eines Amtsinhabers; Bevollmächtigter; Dienstbezeichnung) · **Kom|mis|sa|riat,** das, –[e]s, –e (Amt, Dienststelle, Dienstbezirk eines Kommissars – *österr nur* Polizeibüro) · **kom|mis|sa|risch** (auftragsweise, vertretungsweise; einstweilig, vorübergehend) · **Kom|mis|sion** (Ausschuß [von Beauftragten]; Auftrag zur Besorgung eines Geschäfts; Handel für fremde Rechnung; Gebühr [für eine Geschäftsbesorgung]); *Abk* Komm. ⟨*lat* → *frz*⟩ · **Kom|mis|sio|när,** der, –s, –e (jmd., der Waren im eigenen Namen für Rechnung anderer einkauft od. verkauft) · **Kom|mis|sions|ge|schäft** (gewerbsmäßiger Ein- u. Verkauf von Waren im eigenen Namen für fremde Rechnung) · **Kom|mis|sions|händ|ler** (Einzelhändler, der im Auftrage des staatl. sozialist. Handels Waren vertreibt) · **Kom|mit|tent** (*Wirtsch*; Auftraggeber [im Kommissionsgeschäft]) ⟨*lat*⟩ · **kom|mit|tie|ren** (*Wirtsch*; beauftragen, als Beauftragten entsenden)

kom|mod (*österr umg*; bequem, gemächlich; angenehm) ⟨*lat* → *frz*⟩ · **Kom|mo|de,** die, –, –n (Möbelstück mit Schubfächern)

Kom|mo|do|re, der, –s, *Pl* –n *od* –s (*Milit*; Geschwaderführer in einigen Armeen – *Seew, Luftf*; ältester od. bes. verdienter Kapitän großer Schiffahrtslinien; erfahrener Führer großer Verkehrsflugzeuge) ⟨*lat* → *rom* → *engl*⟩

kom|mun (*veraltet*; gemeinschaftlich, gemein) ⟨*lat*⟩ · **kom|mu|nal** (Gemeinden od. Landkreise betreffend) · **kom|mu|na|li|sie|ren** (in Gemeindeeigentum u. -verwaltung überführen) · **Kom|mu|na|li|sie|rung** · **Kom|mu|nal‿po|li|tik,** **..wah|len** (*Pl*), **..wirt|schaft** · **Kom|mu|nar|de,** der, –n, –n (*hist*; Anhänger, Soldat der Pariser Kommune 1871) ⟨*lat* → *frz*⟩ · **Kom|mu|ne:** 1. [kɔ'mu:nə] ⟨*lat*⟩, die, –, –n (*veraltet*; Gemeinde – *Mittelalter*; mit bestimmten Freiheiten versehenes Gemeinwesen) – 2. [kɔ'my:n(ə)] ⟨*lat* → *frz*⟩, die, –(*hist*; Pariser Gemeinderat in der Französ. Revolution); Pariser Kommune [– kɔ'my:n] (die revolutionären Pariser Gemeinderäte von 1871; die 1871 in Paris geschaffene Herrschaft des Proletariats) · **Kom|mu|ni|kant** [..mu..] (*kath Kirche*; Teilnehmer am Abendmahl – *fachspr*; Teilnehmer an einer Kommunikation) ⟨*lat*⟩ · **Kom|mu|ni|ka|tion** (Verbindung, Zusammenhang; Verkehr; Mitteilung – *Informationsth*; Aufnahme u. Verarbeitung von Signalen aller Art) · **Kom|mu|ni|ka|tions|mit|tel** · **kom|mu|ni|ka|tiv** · **Kom|mu|nion** (*kath Kirche*; Teilnahme am Abendmahl; Abendmahlsfeier) ⟨‚Gemeinschaft'⟩ · **Kom|mu|ni|qué** [..myni'ke:], das, –s, –s (offizielle Verlautbarung; Denkschrift od. amtl. Mitteilung [einer Regierung]) ⟨*lat* → *frz*⟩ · **Kom|mu|nis|mus,** der, –(klassenlose Gesellschaftsformation, höchste Organisationsform der Gesellschaft) · **Kom|mu|nist** (aktiver Vertreter des Marxismus-Leninismus; Mitglied einer kommunist. Partei) · **kom|mu|ni|stisch;** *K 258*: das Kommunistische Manifest (↑ Manifest); die Kommunistische Partei Deutschlands (*Abk* KPD); die Kommunistische Partei der Sowjetunion (*Abk* KPdSU), *aber K 119*: die kommunistischen und Arbeiterparteien · **kom|mu|ni|zie|ren** (in Verbindung stehen, zusammenhängen; mitteilen – *kath Kirche*; am Abendmahl teilnehmen) ⟨*lat*⟩ · **kom|mu|ni|zie|rend;** –e (untereinander verbundene) Röhren

Kom|mu|ta|tion (*fachspr*; Veränderung; Vertauschung) ⟨*lat*⟩ · **kom|mu|ta|tiv** (vertauschbar) · **Kommutator** ↑ Kollektor (1) · **kom|mu|tie|ren** (verändern; vertauschen)

Ko|mö|diant (*veraltend, oft abwert*; Schauspieler – *übertr*; Heuchler) ⟨*grch* → *lat* → *ital*⟩ · **Ko|mö|dian|ten|tum,** das, –[e]s (*oft abwert*) · **ko|mö|dian|tisch** · **Ko|mö|die** [..ĭə], die, –, –n (Lustspiel; lustiges Geschehnis; Schauspielerei) ⟨*grch* → *lat*⟩

Ko|mo|ren *Pl*: 1. (Inselgruppe vor der Ostküste Afrikas) – 2. *amtl* **Is|la|mi|sche Bun|des|re|pu|blik Ko|mo|ren** *K 258*, die, *Gen* –n – – ·

Ko|mo|rer, der, _s, _ · **ko|mo|risch**

Kompagnie ↑Kompanie · **Kom|pa|gnon** ['kɔmpanjɔŋ *od* ..pa'njɔ̃:], der, _s, _s (*veraltend*; Teilhaber; Mitinhaber) ⟨*lat* → *frz*⟩

kom|pakt (gedrungen; dicht, fest) ⟨*lat*⟩ · **Kom|pakt|bau,** *Pl* ..bauten (*Bauw*; nach der Kompaktbauweise errichteter Zweckbau) · **Kom|pakt|bau|wei|se,** die, _ (*Bauw*; Zusammenfassung der Haupt- u. Nebenanlagen eines Betriebes in einem Gebäudekomplex) · **Kom|pakt|heit,** die, _

Kom|pa|nie [..'ni:][1], *schweiz auch* **Kom|pa|gnie** [..pa'ni:], die, _, ..ien (*Milit*; Einheit der Landstreitkräfte [*Abk* Kp. *od* Komp.] – *veraltet*; Handelsgesellschaft [*Abk in Verbindung mit Familiennamen* Co.]) ⟨*lat* → *frz*⟩ · **Kom|pa|nie|chef** (*Milit*)

kom|pa|ra|bel (vergleichbar – *Gramm*; steigerungsfähig) ⟨*lat*⟩; *K 363*: kompara|ble Eigenschaften · **Kom|pa|ra|tion** (Vergleichung – *Gramm*; Steigerung); *vgl. K 346 ff.* · **kom|pa|ra|tiv** (*Gramm*; vergleichend) · **Kom|pa|ra|tiv** [*auch* ..'ti:f], der, _s, _e [..v..] (*Gramm*; erste Steigerungsstufe, Mehrstufe) · **Kom|pa|ra|tiv|satz** (*Gramm*; Vergleichssatz) · **Kom|pa|ra|tor,** der, _s, ..oren (*Phys*; Gerät zum Vergleichen von Maßstäben) · **kom|pa|rie|ren** (vergleichen – *Gramm*; steigern)

Kom|par|se, der, _n, _n (stumme Person bei Bühne u. Film) ⟨*lat* → *ital*⟩ · **Kom|par|se|rie,** die, _, ..ien (Gesamtheit der Komparsen, ihre Anordnung)

Kom|paß, der, ..asses, ..asse (Gerät zur Bestimmung der Himmelsrichtung) ⟨*lat* → *ital*⟩. *Zus K 365 ff.*: Kompaß‿häuschen usw.

kom|pa|ti|bel (*fachspr*; vereinbar, verträglich, zustimmend) ⟨*lat* → *frz*⟩ · **Kom|pa|ti|bi|li|tät,** die, _ (*fachspr*; Vereinbarkeit)

Kom|pen|dium, das, _s, ..ien [..iən] (Abriß, [kurzes] Lehr-, Handbuch) ⟨*lat*⟩

Kom|pen|sa|tion (*Wirtsch*; Ausgleich, Entschädigung; Aufrechnung) ⟨*lat*⟩ · **Kom|pen|sa|tions|geschäft** (*Wirtsch*) · **Kom|pen|sa|tor,** der, _s, ..oren (*Phys*; Gerät zur Messung elektr. Spannungen u. von Lichtwellen – *Techn*; Ausgleichsstück, z. B. in Leitungen) · **kom|pen|sie|ren** (ausgleichen; aufrechnen)

kom|pe|tent (zuständig, maßgebend, befugt) ⟨*lat*⟩ · **Kom|pe|tenz,** die, _, _en (Zuständigkeit, Befugnis; Rechts-, Macht-, Geschäftsbereich – *Sprachw*; Sprachfähigkeit)

Kom|pi|la|tion (*oft abwert*; Zusammentragung; durch Zusammentragen aus anderen Werken entstandene Schrift) ⟨*lat*⟩ · **Kom|pi|la|tor,** der, _s, ..oren (*oft abwert*; Verfasser einer Kompilation) · **kom|pi|lie|ren** (*meist abwert*; zusammentragen, -stoppeln)

Kom|ple|ment, das, _[e]s, _e (Ergänzung) ⟨*lat*⟩ · **kom|ple|men|tär** (ergänzend) · **Kom|ple|men|tär,** der, _s, _e (*Wirtsch*; persönlich haftender Gesellschafter) · **Kom|ple|men|tär|far|be** (*Opt*; Ergänzungsfarbe, Gegenfarbe) · **kom|ple|men|tie|ren** (ergänzen) · **Kom|ple|ment|win|kel** (*Math*; Ergänzungswinkel, Richtwinkel) · **Kom|plet** [kɔm'ple: *od* kɔ̃'ple:], das, _[s], _s (Kleid mit dazu passender Jacke od. dazu passendem Mantel) ⟨*lat* → *frz*⟩ · **kom|plett** [kɔm'plɛt] (vollständig, abgeschlossen – *österr auch für* voll besetzt, z. B. die Straßenbahn) · **kom|plet|tie|ren**

kom|plex (zusammengefaßt, umfassend – *Math*; aus wirklichen u. nichtwirklichen Größen zusammengesetzt) ⟨*lat*⟩ · **Kom|plex,** der, _es, _e (Zusammenfassung; Inbegriff, Gesamtumfang; Vereinigung, Gruppe – *Psych*; [krankhafte] Vorstellungsverknüpfung) · **Kom|ple|xion** (Zusammenfassung) · **Kom|ple|xi|tät,** die, _ · **Kom|plex|pro|gramm** (*Wirtsch*)

Komplice ↑Komplize · **Kom|pli|ka|tion** (Verwicklung, Erschwerung) ⟨*lat*⟩

Kom|pli|ment, das, _[e]s, _e (Höflichkeitsbezeigung; Schmeichelei – *veraltet*; Gruß) ⟨*lat* → *span* → *frz*⟩ · **kom|pli|men|tie|ren**

Kom|pli|ze, *auch* **Kom|pli|ce** [..'pli:(t)sə], der, _n, _n (*abwert*; Mitschuldiger, Helfershelfer) ⟨*lat* → *frz*⟩ · **kom|pli|zie|ren** (verwickeln, erschweren) ⟨*lat*⟩ · **kom|pli|ziert** · **Kom|pli|ziert|heit,** die, _

Kom|plott, das, _[e]s, _e (heimlicher Anschlag, Verschwörung) ⟨*frz*⟩ · **kom|plot|tie|ren**

Kom|po|nen|te, die, _, _n (Bestandteil, Teil eines Ganzen) ⟨*lat*⟩ · **kom|po|nie|ren** (ein Musikwerk schaffen; vertonen; [kunstvoll] zusammenstellen) · **Kom|po|nist** (Schöpfer von Werken der Tonkunst) · **Kom|po|si|te,** die, _, _n (*Bot*; Korbblütler) · **Kom|po|si|tion** (Musikwerk; [Lehre vom] Komponieren; [kunstvolle] Zusammenstellung, Gestaltung; Aufbau eines Kunstwerks) · **Kom|po|si|tum,** das, _s, ..ta (*Sprachw*; zusammengesetztes Wort); *Ggs* Simplex; *vgl. auch* Dekompositum · **Kom|post,** der, _es, _e (natürl. Mischdünger) · **Kom|post|hau|fen** · **kom|po|stie|ren** (*Landw, Gartenb*; Dünger aus pflanzl. Abfällen gewinnen) · **Kom|pott,** das, _[e]s, _e (gekochtes Obst) ⟨*lat* → *frz*⟩

kom|preß (*Polygr*; ohne Durchschuß) ⟨*lat*⟩ · **Kom|pres|se,** die, _, _n (*Med*; feuchter Umschlag) · **kom|pres|si|bel** (*Phys*; zusammendrückbar, verdichtbar); *K 363*: kompressi|ble Körper · **Kom|pres|si|bi|li|tät,** die, _ (*Phys*; Zusammendrückbarkeit, Verdichtbarkeit) · **Kom|pres|sion** (Zusammendrückung, Verdichtung) · **Kom|pres|sor,** der, _s, ..oren (Verdichter, Maschine zum Verdichten von Luft u. anderen Gasen) · **Kom|pri|mat,** das, _[e]s, _e (*fachspr*; Zusammengefaßtes, -gepreßtes) · **kom|pri|mier|bar** · **kom|pri|mie|ren** (zusammendrücken, verdichten) · **kom|pri|miert;** _e Luft

Kom|pro|miß, der, *selten* das, ..isses, ..isse (Ausgleich, Vergleich, Übereinkunft; Zugeständnis) ⟨*lat*⟩ · **Kom|pro|miß|ler,** der, _s, _ (*abwert*; jmd., der dazu neigt, Kompromisse zu schließen) · **kom|pro|miß|le|risch** (*abwert*) · **kom|pro|miß|los** · **kom|pro|mit|tie|ren** (bloßstellen)

Komp|ta|bi|li|tät, die, _ (Rechenschaftspflicht; Verantwortlichkeit) ⟨*lat* → *frz*⟩

Kom|so|mol, der, _ *Kurzw* (Leninscher Kommunistischer Jugendverband der UdSSR) ⟨*aus russ* Wsesojusny Leninski *Kom*munistitscheski *So*jus *Mol*odjoshi [..ni _ _ _ ..'diɔʒi]⟩

Kom|so|molsk (Name mehrerer Städte in der UdSSR); _ am Amur (in der RSFSR)

Kom|so|mol|ze, der, _n, _n (Mitglied des Komsomol) · **Kom|so|mol|zin,** die, _, ..innen

Kom|teß *od* **Kom|tes|se,** *auch* **Com|tes|se** [*alle* kɔm.., *auch* kɔ̃..], die, _, ..essen ([unverheiratete] Gräfin) ⟨*lat* → *frz*⟩

Kom|tur, der, _s, _e (*hist*; Ordensritter, Verwalter einer Komturei) ⟨*lat* → *frz*⟩ · **Kom|tu|rei** (*hist*; Verwaltungsbezirk eines Ritterordens)

Ko|nak, der, _s, _e (türk. Amtssitz, Herrscherpalast) ⟨*türk*⟩

Kon|cha [..ç..] *od* [1]**Kon|che,** die, _, ..chen: 1. (*Arch*; Kuppelschale einer Apsis) – 2. ↑Apsis (1) ⟨*grch* → *lat*⟩

---

[1] *In Firmennamen meist auf der ersten Silbe betont* ['kɔm..].

²**Kon|che** [..ç..], die, –, –n (*Techn*; Maschine zur Vermischung von Stoffen bei gleichmäßiger Temperatur [z. B. in der Schokoladenherstellung]) ⟨*grch → lat → frz*⟩

Kon|chi|fe|ren [..ç..] *Pl* (*Zool*; beschalte Weichtiere); *Sg* Kon|chi|fere, die, – ⟨*grch + lat*⟩ · **kon|chi|form** (*bes Kunstwiss*; muschelförmig, schneckengehäuseähnlich) · **Kon|cho|ide**, die, –, –n (*Math*; dem Querschnitt einer Muschel ähnl. Kurve) ⟨*grch*⟩

Kon|den|sat, das, –[e]s, –e (*Phys*; niedergeschlagene Flüssigkeit) ⟨*lat*⟩ · **Kon|den|sa|tion** (*Phys*; Verflüssigung von Dämpfen od. Gasen – *Chem*; Verknüpfung von Molekülen unter Abspaltung kleinerer Moleküle od. von Wasser) · **Kon|den|sa|tions|punkt** (*Phys*) · **Kon|den|sa|tor**, der, –s, ..oren (*Techn*; Gerät od. Maschinenteil zum Verflüssigen von Dämpfen – *Elektrotechn*; Bauelement zum Speichern elektrischer Ladungen) · **kon|den|sie|ren** (*Phys*; Dampf verflüssigen; verdichten; eindicken) · **Kon|dens|milch** · **Kon|den|sor**, der, –s, ..oren (*Opt*; Lichtsammler, -verstärker) · **Kon|dens|strei|fen** · **Kon|dens|was|ser**, *Pl* ..wasser *od* ..wässer

kon|di|tern (*umg*; Zucker- u. feine Backwaren herstellen; in einer Konditorei einkehren) ⟨*zu* Konditor⟩

Kon|di|tion: 1. die, –, –en (Bedingung; Zustand) – 2. die, – (körperl. u. geistige Verfassung; [sportl.] Leistungsfähigkeit) ⟨*lat*⟩; *vgl. auch* à condition · **kon|di|tio|nal** (*Gramm*; bedingend) · **Kon|di|tio|nal**, der, –s, –e, *auch* **Kon|di|tio|na|lis**, der, –, ..les [..le:s] (*Gramm*; Bedingungsform des Verbs) · **Kon|di|tio|na|lis|mus**, der, – (subjektiv-idealistische philosophische Strömung) · **Kon|di|tio|nal|satz** (*Gramm*; Bedingungssatz, Umstandssatz der Bedingung) · **kon|di|tio|nell** (die [sportl.] Kondition betreffend) ⟨*lat → frz*⟩ · **kon|di|tio|nie|ren** (*Textilwirtsch*; den Feuchtigkeitsgehalt von Textilien ermitteln) ⟨*lat*⟩ · **kon|di|tio|niert** (bedingt; beschaffen [Gütebezeichnung von Waren])

Kon|di|tor, der, –s, ..oren (Feinbäkker) ⟨*arab → ital → lat, zu* Kandis⟩ · **Kon|di|to|rei**

Kon|do|lenz, die, –, –en (Beileid, Beileidsbezeigung) ⟨*lat*⟩. *Zus K 365ff.*: Kondolenz‿brief usw. · **kon|do|lie|ren** (sein Beileid bezeigen); jmdm. –

Kon|dom, das *od* der, –s, *Pl* –e *od* –s (empfängnis- u. infektionsverhütendes Schutzmittel) ⟨*engl*⟩

Kon|do|mi|nat, das *od* der, –[e]s, –e *od* **Kon|do|mi|nium**, das, –s, ..ien [..ĭən] (Herrschaft mehrerer Staaten über dasselbe Gebiet – *auch für* dieses Gebiet selbst) ⟨*lat*⟩

Kon|dor, der, –s, –e (Geier der Anden) ⟨*indian → span*⟩

Kon|dot|tie|re, der, –s, ..ri (italien. Söldnerführer im 14. u. 15. Jh.) ⟨*lat → ital*⟩ · **Kon|dukt**, der, –[e]s, –e (*veraltend*; [feierl.] Geleit; Gefolge [bei Leichenbegängnissen]) ⟨*lat*⟩ · **Kon|duk|teur** [..'tø:r], der, –s, –e (*schweiz*; Schaffner) ⟨*lat → frz*⟩ · **Kon|duk|tor**, der, –s, ..oren (*Phys*; elektr. Leiter) ⟨*lat*⟩

Konen ↑ Konus

Kon|fekt, das, –[e]s, –e (feines Zukkerwerk) ⟨*lat*⟩ · **Kon|fek|tion** (serienmäßige Anfertigung von Kleidungs- u. Wäschestücken; Fertigkleidung; Bekleidungsindustrie) ⟨*lat → frz*⟩ · **Kon|fek|tio|när**, der, –s, –e (Facharbeiter in der Bekleidungsindustrie) · **Kon|fek|tio|neu|se** [..'nø:zə], die, –, –n (Facharbeiterin in der Bekleidungsindustrie) · **kon|fek|tio|nie|ren** · **Kon|fek|tio|nie|rung**, die, – (Fabrikation von Oberbekleidung – *Chem, Pharm*; das Abfüllen od. das Abpacken von Chemikalien od. Pharmazeutika zum Versand u. Verkauf) · **Kon|fek|tions|ge|schäft**

Kon|fe|renz, die, –, –en (Beratung; Sitzung; Besprechung; Tagung; Verhandlung) ⟨*lat*⟩ · **Kon|fe|renz‿dol|met|scher, ...saal, ...schal|tung** (*Fernmeldetechn*), **...zim|mer** · **kon|fe|rie|ren**: 1. (eine Konferenz abhalten, beraten, sich besprechen) – 2. *österr* **con|fe|rie|ren** (das Programm ansagen, z. B. im Varieté)

Kon|fes|sion (Glaubensbekenntnis; Gesamtheit von Menschen gleichen Bekenntnisses) ⟨*lat*⟩ · **Kon|fes|sio|na|lis|mus**, der, – (starres Festhalten an einer Konfession) · **kon|fes|sio|nell** · **kon|fes|sions|los**; *vgl.* ...los · **Kon|fes|sions|lo|sig|keit**, die, –

Kon|fet|ti, das, –[s] (Papierschnitzel zum Bewerfen) ⟨*lat → ital*⟩ · **Kon|fet|ti|schlacht**

Kon|fi|dent (*österr*; Polizeispitzel) ⟨*lat*⟩

Kon|fi|gu|ra|tion (*fachspr*; Bildung, Gestaltung; auffällige Gruppierung von Gestirnen) ⟨*lat*⟩

Kon|fir|mand, der, –en, –en (jmd., der konfirmiert werden soll od. worden ist) ⟨*lat*⟩ · **Kon|fir|man|den|un|ter|richt** · **Kon|fir|man|din**, die, –, ..innen · **Kon|fir|ma|tion** (*ev Kirche*; Einsegnung) ⟨‚Befestigung'⟩ · **kon|fir|mie|ren** (*ev Kirche*; einsegnen)

Kon|fi|se|rie [kɔn.. *od* kɔ̃..], die, –, ..ien (*schweiz*; Zuckerbäckerei) ⟨*lat → frz*⟩ · **Kon|fi|seur** [..'zø:r], der, –s, –e (*schweiz*)

Kon|fis|ka|tion (Vermögenseinziehung) ⟨*lat*⟩ · **kon|fis|zie|ren** (beschlagnahmen)

Kon|fi|tü|re, die, –, –n (Marmelade mit Früchten od. Fruchtstücken) ⟨*lat → frz*⟩

Kon|flikt, der, –[e]s, –e (Streit; Widerstreit; Zwiespalt; Zusammenstoß) ⟨*lat*⟩ · **Kon|flikt‿kom|mis|sion, ...stoff**

Kon|flu|enz, die, –, –en (*Geol*; Zusammenfluß zweier Gletscher) ⟨*lat*⟩

Kon|fö|de|ra|tion (Bündnis; Staatenbund) ⟨*lat*⟩ · **kon|fö|de|rie|ren, sich** (*Akk*) (sich verbünden) · **Kon|fö|de|rier|te**, der *u.* die, –n, –n *K 341*

kon|fo|kal (*Opt*; mit gleichen Brennpunkten) ⟨*lat*⟩

kon|form (gleich, gleichförmig; übereinstimmend, entsprechend) ⟨*lat*⟩; – gehen (*umg*; übereinstimmen, einer Meinung sein) · **Kon|for|mis|mus**, der, – (Hang zur Anpassung, bes. an die herrschende Meinung) · **Kon|for|mist** (Anhänger der anglikan. Kirche; jmd., der sich anpaßt) · **kon|for|mi|stisch** · **Kon|for|mi|tät**, die, –

Kon|fra|ter, der, –s, ..fratres [..tre:s] (*kath Kirche*; Mitbruder; Amtsbruder) ⟨*lat*⟩

Kon|fron|ta|tion (Gegenüberstellung [von Angeklagten u. Zeugen]) ⟨*lat*⟩ · **kon|fron|tie|ren**

kon|fus *K 349* (verwirrt, verworren; wirr [im Kopf]) ⟨*lat*⟩ · **Kon|fu|sion** (Verwirrung; Zerstreutheit – *Rechtsw*; Zusammentreffen von Recht u. Pflicht in einer Person)

kon|ge|nial [*auch* 'kɔn..] (geistesverwandt; geistig ebenbürtig) ⟨*lat*⟩ · **Kon|ge|nia|li|tät**, die, –

kon|ge|ni|tal [*auch* 'kɔn..] (*bes Med*; angeboren) ⟨*lat*⟩

Kon|ge|stion (*Med*; Blutandrang) ⟨*lat*⟩ · **kon|ge|stiv** (*Med*; mit Blutandrang verbunden)

Kon|glo|me|rat, das, –[e]s, –e (Gemenge, Gemisch – *Geol*; Trümmergestein aus gerundeten Bruchstücken) ⟨*lat*⟩

kon|glu|ti|nie|ren (*Med*; verkleben; sich zusammenballen) ⟨*lat*⟩

Kon|go ['kɔŋgo]: 1. der, –[s] (Strom im mittleren Afrika); *vgl. auch* Zaïre (1) – 2. *amtl* **Volks|re|pu|blik Kon|go** (im mittleren Afrika) – 3. das, – (eine Sprache im SW Afrikas); auf – heißt es ... · **Kon|go|becken** [*Tr* ...bek|ken], das, –s (Landsch. im mittleren

Afrika) · **Kon|go|le|se,** der, _n, _n (Staatsbürger von Kongo [2]) · **kon|go|le|sisch** · **Kon|go|rot** *K 246*; *vgl.* Blau

Kon|gre|ga|tion (Vereinigung, Versammlung – *kath Kirche*; ordensähnl. Vereinigung) ⟨*lat*⟩ · **Kon|gre|ga|tio|na|list** (Mitglied einer engl. od. nordamerikan. Freikirche) ⟨*lat* → *engl*⟩ · **Kon|gre|ga|tio|nist** (Angehöriger einer Kongregation) ⟨*lat*⟩

Kon|greß: 1. der, ..esses, ..esse (größere Tagung) – 2. der, ..esses (Parlament der USA) ⟨*lat*⟩ · **Kon|greß⌣hal|le, ...saal, ...teil|neh|mer**

kon|gru|ent (übereinstimmend, sich deckend, gleich – *Geom*; dekkungsgleich) ⟨*lat*⟩ · **Kon|gru|enz:** 1. die, _ (Übereinstimmung) – 2. die, _, _en (*Geom*; Deckungsgleichheit) · **Kon|gru|enz|satz** (*Geom*) · **kon|gru|ie|ren**

Ko|ni|fe|ren *Pl* (*Bot*; Nadelhölzer); *Sg* Ko|ni|fe|re, die, _ ⟨*lat*, ‚Zapfenträger'⟩

Kö|nig, der, _[e]s, *österr nur* _s, *Pl* _e (*auch* Spielkarte, -figur); *K 258*: die Heiligen Drei Könige · **Kö|ni|gin,** die, _, ..innen · **Kö|ni|gin|mut|ter** *K 190*, *Pl* ..mütter · **kö|nig|lich,** *Abk* kgl.; *in Titeln K 258*: Königlich, *Abk* Kgl. · **Kö|nig|reich** · **kö|nigs|blau;** *vgl.* blau · **Kö|nigs|blau;** *vgl.* Blau · **Kö|nigs|ker|ze** (eine Arzneipflanze, Braunwurzgewächs)

Kö|nigs|see, der, _s (in den Alpen [BRD])

Kö|nigs|stuhl, der, _s (Kreidefelsen auf Rügen)

Kö|nig|stein, der, _s (Tafelberg im Elbsandsteingebirge); Festung _

Kö|nigs|thron

Kö|nigs Wu|ster|hau|sen (Stadt im Bez. Potsdam) · **Kö|nigs|wu|ster|hau|se|ner:** 1. *K 231*: der, _s, _; 2. *als Attribut K 232*; *vgl. auch K 248*

Kö|nig|tum

Ko|ni|in, das, _s (*Biochem*; giftiges Alkaloid des Schierlings) ⟨*grch* + *lat*⟩

ko|nisch (kegelförmig) ⟨*grch* → *lat*⟩

Kon|jek|tur, die, _, _en (*Literaturw*; mutmaßlich richtige Lesart eines schlecht überlieferten Textes; Textverbesserung) ⟨*lat*⟩ · **kon|jek|tu|ral** (*Literaturw*; eine Konjektur betreffend) · **Kon|jek|tu|ral|kri|tik** (*Literaturw*) · **kon|ji|zie|ren** (*Literaturw*; eine Konjektur vornehmen)

Kon|ju|ga|tion (*Gramm*; Beugung des Verbs) ⟨*lat*⟩. *Zus K 365ff.*: Konjugations⌣muster usw.; *vgl. auch K 354ff.* · **kon|ju|gier|bar** (*Gramm*) · **kon|ju|gie|ren** (*Gramm*; ein Verb beugen)

kon|jun|gie|ren (verbinden, vereinigen) ⟨*lat*⟩ · **Kon|junk|tion** (*Gramm*; Bindewort – *Astron*; Stellung zweier Gestirne im gleichen Längengrad) · **Kon|junk|tio|nal|satz** (*Gramm*) · **kon|junk|tiv** ['kɔn. *auch* ..'ti:f] (verbindend; abhängig, bedingt) · **Kon|junk|tiv,** der, _s, _e [..v..] (*Gramm*; Möglichkeitsform); *Abk* Konj. · **Kon|junk|ti|va** [..v..], die, _ (*Med*; Augenbindehaut) · **kon|junk|ti|visch** [*auch* ..'ti:..] (*Gramm*; den Konjunktiv betreffend) · **Kon|junk|ti|vi|tis,** die, _ (*Med*; Augenbindehautentzündung) ⟨*lat* + *grch*⟩ · **Kon|junk|tur,** die, _, _en (*kap Wirtsch*; Periode wirtschaftl. Aufschwungs im Krisenzyklus) ⟨*lat*⟩ · **kon|junk|tu|rell** (*kap Wirtsch*; der Konjunktur gemäß) · **Kon|junk|tur|po|li|ti|ker** (*kap Wirtsch*)

kon|kav (*Opt*; hohl, nach innen gewölbt) ⟨*lat*⟩; *Ggs* konvex · **Kon|kav|glas,** *Pl* ..gläser (*Opt*) · **Kon|ka|vi|tät** [..v..], die, _ (*Opt*; das Hohlsein; Höhlung) · **Kon|kav|spie|gel** [..f..] (*Opt*)

Kon|kla|ve [..v..], das, _s, _n (*kath Kirche*; Versammlung u. Versammlungsort der Kardinäle zur Papstwahl) ⟨*lat*⟩

kon|klu|dent (*fachspr*; eine bestimmte Schlußfolgerung zulassend, schlüssig) ⟨*lat*⟩ · **kon|klu|die|ren** (*fachspr*; [logisch] folgern, schließen) · **Kon|klu|sion** (*Philos*, *Logik*; Schluß, Schlußfolgerung) · **kon|klu|siv** (*Philos*, *Logik*; schließend, folgernd)

kon|kor|dant (übereinstimmend) ⟨*lat*⟩ · **Kon|kor|danz:** 1. die, _, _en (*Biol*; Übereinstimmung – *Buchw*; alphabet. Zusammenstellung von Stellen eines od. mehrerer Bücher, die im wesentl. Wortgehalt übereinstimmen – *Geol*; ungestörte Lagerung von Sedimentgesteinen) – 2. die, _, *Pl* _en *u. bei Maßangabe* (*K 309*) Konkordanz (*Polygr*; ein typograph. Maß); 5 Konkordanz · **Kon|kor|danz|schrift** (*Polygr*) · **Kon|kor|dat,** das, _[e]s, _e (Abkommen zw. einem Staat u. der kath. Kirche – *schweiz auch für* Vertrag zw. Rechtskörperschaften, bes. Staatsvertrag zw. Kantonen)

Kon|kre|ment, das, _[e]s, _e (*Med*; körnige od. steinige, aus Körperflüssigkeiten sich ausscheidende Masse) ⟨*lat*⟩ · **Kon|kres|zenz,** die, _, _en (das Zusammenwachsen)

kon|kret (wirklich; gegenständlich; körperlich greifbar; allseitig bestimmt) ⟨*lat*⟩; *Ggs* abstrakt; *vgl.* in concreto · **Kon|kre|tion** (*Med*; Verwachsung, Steinbildung im Körper – *Geol*; Gesteinsklumpen in andersartigem Gestein) · **kon|kre|ti|sie|ren** (verwirklichen, vergegenständlichen, veranschaulichen) · **Kon|kre|ti|sie|rung** (Verwirklichung, Veranschaulichung; Übertragung auf den Einzelfall); *Ggs* Abstraktion · **Kon|kre|tum,** das, _s, ..ta (sinnlich wahrnehmbarer Gegenstand – *Sprachw*; gegenständl. Substantiv); *Ggs* Abstraktum

Kon|ku|pis|zenz, die, _ (*Theol*, *Philos*; sinnl. Begierde) ⟨*lat*⟩

Kon|kur|rent (Mit-, Wettbewerber; geschäftlicher, *auch* sportl. Gegner) ⟨*lat*⟩ · **Kon|kur|renz,** die, _, _en (Wettbewerb; kapitalistischer Wirtschaftskampf – *umg*; Gesamtheit der Konkurrenten). *Zus K 365ff.*: Konkurrenz⌣betrieb usw. · **kon|kur|renz|fä|hig** · **kon|kur|ren|zie|ren** (*südd*, *österr*, *schweiz*; Konkurrenz machen) · **kon|kur|renz|los;** *vgl.* ...los · **kon|kur|rie|ren** (wetteifern; sich mitbewerben; Konkurrenz machen, im kapitalistischen Wirtschaftskampf stehen) · **Kon|kurs,** der, _es, _e (*Rechtsw*; Zahlungseinstellung, -unfähigkeit) (‚Zusammenlauf'). *Zus K 365ff.*: Konkurs⌣eröffnung usw.

kön|nen; du kannst; du konntest; du könntest; gekonnt, *aber K 361*: ich habe das nicht glauben können

Kon|ne|ta|bel, der, _s, _s (vom 14. Jh. bis 1627 Oberbefehlshaber der französ. Armee) ⟨*lat* → *frz*⟩

Kon|nex, der, _es, _e (Zusammenhang, Verbindung) ⟨*lat*⟩ · **Kon|ne|xion,** die, _, _en, *meist Pl* (*gehoben*; einflußreiche Verbindung; fördernde, vorteilhafte Bekanntschaft)

Kon|nos|se|ment, das, _[e]s, _e (*Seew*; Frachtbrief) ⟨*lat* → *ital*⟩

Kon|no|ta|tion (*Sprachw*; Zusatzbedeutung; semantisch-stilist. Schattierung eines Wortes) ⟨*lat*⟩ · **kon|no|ta|tiv** (*Sprachw*)

Kon|nu|bium, das, _s, ..ien [..iən] (*Rechtsw veraltet*; Ehe[gemeinschaft]) ⟨*lat*⟩

Ko|no|id, das, _[e]s, _e (*Geom*) ⟨*grch*⟩

Kon|qui|sta|dor [kɔnk(v)iʒ..], der, *Gen* _en, *Pl* _en *od Gen* _s, *Pl* _e (span. Eroberer Mittel- u. Südamerikas im 16. Jh.) ⟨*lat* → *span*⟩

Kon|rad *K 208* (m. Vn.) ⟨‚kühn' + ‚Rat[geber]' (od. ‚Sippe' + ‚Rat[geber]')⟩; *Nebenf* ↑ Conrad, *Kurzf* ↑ Curt, ↑ Kuno, ↑ Kurt

Kon|rek|tor, der, _s, ..oren (Stellvertreter des Rektors einer bürgerl. Schule) ⟨*lat*⟩

Kon|se|kra|tion (*Rel*; Weihe, bes. Segnung von Brot u. Wein beim

Abendmahl) ⟨lat⟩ · kon|se|krie|ren (*Rel*; weihen, einsegnen)
kon|se|ku|tiv (*Gramm*; folgernd, die Folge bezeichnend) ⟨*lat*⟩ · Kon|se-ku|tiv|satz (*Gramm*; Adverbialsatz der Folge, Folgesatz)
Kon|sens, der, _es, _e (Meinungs-übereinstimmung) ⟨*lat*⟩ · kon|sen-tie|ren
kon|se|quent (folgerichtig; bestimmt; beharrlich) ⟨*lat*⟩ · Kon|se-quenz, die, _, _en (Folge, Folgerung; Folgerichtigkeit; Beharrlichkeit, Zielstrebigkeit); die _en (die Folgen) tragen; die _en ziehen (das Nötige tun)
kon|ser|va|tiv [..v..] (am Hergebrachten hängend, den Fortschritt hemmend) ⟨*lat*⟩ · Kon|ser|va|ti|ve [..va'ti:və], der *u.* die, _n, _n *K 341* (Anhänger[in] einer konservativen Partei) · Kon|ser|va|ti|vis|mus [..vati'vis..], *auch* Kon|ser|va|tis-mus, der, _ (das ausschließliche Festhalten am Alten, Hergebrachten, bes. an überlebten gesellschaftl. Vorstellungen) · Kon|ser-va|tor, der, _s, ..oren (Fachmann für die Pflege u. Erhaltung von Kulturgütern) · kon|ser|va|to|risch: 1. (pfleglich) – 2. *seltener* kon|ser-va|to|ri|stisch (zum Konservatorium gehörig, es betreffend) · Kon-ser|va|to|rist, der, _en, _en (*veraltend*; Schüler eines Konservatoriums) · Kon|ser|va|to|ri|stin, die, _, ..innen (*veraltend*) · Kon|ser-va|to|rium, das, _s, ..ien [..iən] (Musikschule, -fachschule, -hochschule) · Kon|ser|ve [..v..], die, _, _n, *meist Pl* (durch Sterilisieren in luftdicht verschlossenen Behältern haltbar gemachtes Nahrungs- od. Genußmittel) · Kon|ser|ven|büch-se · kon|ser|vie|ren
Kon|si|gnant (*Wirtsch*; Versender [einer Ware]) ⟨*lat*⟩ · Kon|si|gna|tar *od* Kon|si|gna|tär, der, _s, _e (*Wirtsch*; Empfänger [von Waren zum Weiterverkauf od. zum Einlagern]) · Kon|si|gna|tion (*Wirtsch*; Übersendung von Waren zum Weiterverkauf od. zum Einlagern; Anweisung zu einem bestimmten Zweck; Verkaufskommission im Überseehandel) · Kon|si|gna|tions-gut (*Wirtsch*) · kon|si|gnie|ren (*Wirtsch*)
Kon|si|lium, das, _s, ..ien [..iən] (Beratung; Rat) ⟨*lat*⟩
kon|si|stent (zusammenhängend, dicht; dauerhaft, beständig; dickflüssig) ⟨*lat*⟩ · Kon|si|stenz, die, _ · Kon|si|sto|rial|rat, *Pl* ..räte (*ev Kirche*; Amtstitel der Mitglieder eines evangel. Konsistoriums) · Kon|si|sto|rium, das, _s, ..ien [..iən] (*ev Kirche*; oberste Behörde der Kirchenleitung u. -verwaltung – *kath Kirche*; Versammlung der Kardinäle unter Vorsitz des Papstes)
Kon|sol, der, _s, _s (*Finanzw*; konsolidierte Staatsanleihe; Anteilschein an einer Staatsanleihe) ⟨*lat → engl*⟩ · Kon|so|le, die, _, _n (kleines Wandbrett – *Arch*; herausragender Mauerteil) ⟨*lat → frz*⟩ · Kon|so|li|da|tion, *auch* Kon|so|li-die|rung (Vereinigung – *Wirtsch*; Sicherung, Festigung [eines Unternehmens] – *kap Wirtsch*; Vereinigung mehrerer Staatsanleihen, Umwandlung schwebender Schulden in langfristige) ⟨*lat*⟩ · kon|so|li|die-ren
kon|so|nant (einstimmig, übereinstimmend) ⟨*lat*⟩ · Kon|so|nant (*Phon*; Mitlaut) · Kon|so|nan|ten-häu|fung (*Phon*), ...schwund (*Sprachw*) · kon|so|nan|tisch (*Phon*; Konsonanten betreffend) · Kon|so|nanz, die, _, _en (*Sprachw*; Mitlautfolge, Anhäufung von Mitlauten – *Mus*; Ruheklang, Zusammenklang)
Kon|sor|te, der, _n, _n, *meist Pl* (*abwert*; Teilnehmer, Mittäter, Mitangeklagter) ⟨*lat*, ‚Schicksalsgefährte'⟩ · Kon|sor|tium, das, _s, ..ien [..iən] (*kap Wirtsch*; Genossenschaft; [vorübergehende] Vereinigung, bes. von Banken, für größere Finanzierungsaufgaben)
Kon|spekt [..sp..], der, _[e]s, _e (Übersicht, Verzeichnis, [schriftlich ausgearbeitete] Inhaltsangabe) ⟨*lat*⟩ · kon|spek|tie|ren (einen Konspekt anfertigen)
Kon|spi|ra|tion [..sp..] ([geheime] polit. Verschwörung) ⟨*lat*⟩ · kon-spi|ra|tiv · kon|spi|rie|ren (sich mit jmdm. [heimlich] verschwören, um ein polit. Ziel zu erreichen)
kon|stant (beharrlich, feststehend, unveränderlich, stetig) ⟨*lat*⟩ · Kon-stan|te, die, _[n], _n (*Math*; unveränderl. Größe); zwei _[n] *K 343*
Kon|stan|ti|no|pel (griech. Name für Istanbul) ⟨*nach* dem röm. Kaiser Konstantin dem Großen⟩ · Kon-stan|ti|no|pe|ler *od* Kon|stan|ti-nop|ler *K 236*: 1. *K 231*: der, _s, _; 2. *als Attribut K 232*
Kon|stanz: 1. [..'stants], die, _ (Unveränderlichkeit, Stetigkeit) – 2. ['kɔn..] (Stadt der BRD am Bodensee) ⟨*lat*⟩
Kon|stan|ze (w. Vn.) ⟨*lat*, ‚die Standhafte'⟩
kon|sta|tie|ren ([als tatsächlich] feststellen) ⟨*lat → frz*⟩
Kon|stel|la|tion [..st..] (das Zusammentreffen von Umständen; Lage [der Dinge] – *Astron*; Stellung der Planeten zueinander sowie zu Sonne u. Erde) ⟨*lat*⟩
kon|ster|nie|ren [..st..] (verblüffen, verwirren) ⟨*lat*⟩ · kon|ster|niert (bestürzt, betroffen)
Kon|sti|pa|tion [..st..] (*Med*; Verstopfung, Hartleibigkeit) ⟨*lat*⟩
Kon|sti|tu|en|te [..st..], die, _, _n (*Sprachw*; sprachl. Bestandteil einer größeren Einheit) ⟨*lat*⟩ · kon|sti|tu-ie|ren (bilden, einrichten, bestimmen, festsetzen, gründen); sich (*Akk*) _ ([zur Beschlußfassung] zusammentreten) · Kon|sti|tu|tion (*Med*; allg. Körperbeschaffenheit – *Polit*; Verfassung, Staatsgrundgesetz) · Kon|sti|tu|tio|na|lis|mus, der, _ (Regierungsform mit verfassungsmäßiger Beschränkung der Rechte des Monarchen) · kon|sti-tu|tio|nell (*Med*; durch die allg. Körperbeschaffenheit bedingt – *Pol*; verfassungsmäßig, verfassungsgebunden) ⟨*lat → frz*⟩ · Kon|sti|tu-tions|typ (*Med*, *Psych*) · kon|sti-tu|tiv (grundlegend, das Wesen einer Sache bestimmend – *Rechtsw*; rechtsbegründend) ⟨*lat*⟩
Kon|strik|tion [..st..] (*Med*; das Abbinden von Blutgefäßen bei Operationen) ⟨*lat*⟩ · kon|strin|gie|ren (*von Muskeln gesagt*; zusammenziehen)
kon|stru|ie|ren (entwerfen; gestalten; zusammensetzen; aufbauen; [zu einem bestimmten Zweck] künstlich darstellen, gestalten, erfinden) ⟨*lat*⟩ · Kon|struk|teur [..'tø:r], der, _s, _e (Fachmann, der etw. konstruiert, entwirft) ⟨*lat → frz*⟩ · Kon|struk|tion (Entwurf; Gestaltung; Zusammensetzung, Aufbau; Bauart) ⟨*lat*⟩ · Kon|struk-tions|bü|ro · kon|struk|tiv (die Konstruktion betreffend; zusammensetzend; aufbauend; ordnend; folgerichtig entwickelnd) · Kon-struk|ti|vis|mus [..v..], der, _ (eine formalist. Kunstrichtung) · Kon-struk|ti|vist (*bildende Kunst*) · kon|struk|ti|vi|stisch (*bildende Kunst*)
Kon|sul, der, _s, _n (*hist*; höchster Staatsbeamter der altröm. Republik u. Frankreichs [1799–1804] – *Diplomatie*; ständiger Vertreter eines Staates im Ausland, bes. mit wirtschaftl. Aufgaben) ⟨*lat*⟩ · Kon|su-lar|agent (Bevollmächtigter eines Konsuls) · kon|su|la|risch · Kon-su|lar|ver|trag · Kon|su|lat, das, _[e]s, _e (Amt u. Amtssitz eines Konsuls) · Kon|su|lats|ge|bäu|de · Kon|sul|tant (Berater, Fachberater) · Kon|sul|ta|tion (wissenschaftl., bes. ärztl. Beratung; Form

der Studienanleitung u. -kontrolle, bes. im Fernstudium) · kon|sul|ta|tiv (beratend) · kon|sul|tie|ren (jmdn. um wissenschaftl., bes. ärztl. Rat befragen)

Kon|sum: 1. [..'zu:m], der, _s (Verbrauch) – 2. ['kɔnzum, *auch* ..zu:m, *österr* ..'zu:m], der, _s, _s *Kurzw* ([Verkaufsstelle einer] Konsumgenossenschaft) ⟨*lat* → *ital*⟩ · Kon|sumaltion (*österr, schweiz*; in der Gastwirtschaft Verzehrtes) ⟨*lat*⟩ · Kon|su|ment (Verbraucher, Käufer) · Kon|sum|ge|nos|sen|schaft ['kɔnzum.., *auch* ..zu:m.., *österr* ..'zum..] (eine Verbrauchergenossenschaft); *Kurzw* Konsum; *Abk* KG · Kon|sum|gü|ter *Pl* · Kon|sum|gü|ter|in|du|strie · Kon|sum|gü|ter|pro|duk|tion · kon|su|mie|ren (verbrauchen; verzehren) · Kon|sump|tion, die, _ (*Med*; starke Abmagerung) · Kon|sump|tions|krank|heit (*Med*) · Kon|sum|tion, die, _ (Verbrauch) · kon|sum|tiv (den Verbrauch betreffend)

Kon|ta|gion (*Med*; Übertragung einer Krankheit, Ansteckung) ⟨*lat*⟩ · kon|ta|giös (*Med*; ansteckend); _e Krankheiten · Kon|ta|gio|si|tät, die, _ (*Med*; Ansteckungsmöglichkeit)

Kon|takt, der, _[e]s, _e (Berührung, Verbindung, Fühlungnahme – *Phys*; Berührung stromführender Teile, Stromschluß; Vorrichtung zum Schließen eines Stromkreises) ⟨*lat*⟩ · kon|takt‿arm, ...freu|dig · Kon|takt|gift · Kon|takt|glas, *Pl* ..gläser (unmittelbar auf den Augapfel zu setzendes Augenglas) kon|tak|tie|ren (Kontakt haben) · Kon|takt‿in|fek|tion, ...in|sek|ti|zid · kon|takt|los; *vgl.* ...los · Kon|takt|man|gel

Kon|ta|mi|na|tion (*Sprachw*; Wortvermengung, Verschmelzung – *fachspr*; [radioaktive] Verseuchung) ⟨*lat*⟩ · kon|ta|mi|nie|ren (*Sprachw*; [Wort- od. Redeformen] verschmelzen, vermischen – *fachspr*; [radioaktiv] verseuchen)

Kon|tem|pla|tion, die, _ (in sich gekehrte, keine Tat auslösende Betrachtung, Beschaulichkeit) ⟨*lat*⟩ · kon|tem|pla|tiv

Konten ↑ Konto

Kon|ten|ten *Pl* (*Schiff*; Ladeverzeichnis der Seeschiffe) ⟨*lat* → *ital*⟩ · Kon|ten|ten|zet|tel (*Schiff*)

Kon|ter, der, _s, _ (*Sport*; schneller, wirkungsvoller Gegenangriff) ⟨*lat* → *frz* → *engl*⟩

Kon|ter|ad|mi|ral (*Milit*; höherer Seeoffizier) ⟨*frz*⟩

Kon|ter|ban|de, die, _ (Schmuggelware, Bannware) ⟨*frz*⟩

Kon|ter|fei [*od* ..'fai, *österr nur so*], das, _s, *Pl* _s, *auch* _e (*altertümelnd*; Bild, Abbild, Bildnis) ⟨*frz*, ‚nachgemacht'⟩ · kon|ter|fei|en [*österr nur so*, *od* 'kɔn..] (*altertümelnd*; abbilden); konterfeit

kon|tern *K 363* (*Buchw*; einen seitenverkehrten Druck [Spiegelbild] herstellen – *Sport*; den Gegner im Angriff durch gezielte Gegenaktion abfangen – *übertr*; jmdm. entgegentreten, ihn bekämpfen) ⟨*lat* → *frz* → *engl*⟩

Kon|ter|re|vo|lu|tion [..v..] (Gegenrevolution [reaktionärer Kräfte]) ⟨*frz*⟩ · kon|ter|re|vo|lu|tio|när

Kon|ter|tanz (alter Tanz) ⟨*frz*⟩

Kon|text [*auch* ..'tɛkst], der, _es, _e (Zusammenhang, Umgebung einer Schriftstelle; Entsprechung des Textes) ⟨*lat*⟩

Konti ↑ Konto · kon|tie|ren (*Bankw*; ein Konto einrichten, bestimmen) ⟨*lat* → *ital*⟩

Kon|ti|gui|tät, die, _ (Angrenzung – *Psych*; Berührung) ⟨*lat*⟩

Kon|ti|nent [..'nɛnt, *auch* 'kɔn..], der, _[e]s, _e (Festland, Erdteil) ⟨*lat*⟩ · kon|ti|nen|tal (festländisch, Festland[s]...) · Kon|ti|nen|tal|sper|re (*hist*) · Kon|ti|nenz, die, _ (*Med*; natürl. Fähigkeit, willkürlich Stuhl u. Urin zurückzuhalten)

Kon|tin|gent, das, _[e]s, _e (Beitrag, Anteil; Pflichtbeitrag, -anteil; Menge, Betrag; Höchstmenge, -betrag; aufzubringende Truppenzahl) ⟨*lat*⟩ · kon|tin|gen|tie|ren (das Kontingent festsetzen; [vorsorglich] einteilen, zuteilen) · Kon|tin|gent[s]|zu|wei|sung

kon|ti|nu|ier|lich (stetig, fortdauernd, unaufhörlich; durchlaufend) ⟨*lat*⟩ · Kon|ti|nui|tät, die, _ ([zeitlich u. räumlich] lückenloser Zusammenhang; Stetigkeit) · Kon|ti|nu|um [..nu:um], das, _s, ..nua (*Wissensch*; etwas lückenlos Zusammenhängendes)

Kon|to, das, _s, *Pl* Konten, *auch* _s *od* Konti (Rechnung – *Finanzw*; Gegenüberstellung von Forderungen u. Schulden); *Abk* Kto. ⟨*lat* → *ital*⟩; *vgl. auch* a conto; *K 119*: das persönliche Konto · Kon|to|aus|zug · Kon|to|kor|rent, das, _[e]s, _e (*Handel*; laufende Rechnung) · Kon|tor, das, _s, _e (Handelsniederlassung im Ausland; Handelszentrale als Mittler zw. Industrie u. Einzelhandel) ⟨*lat* → *frz* → *ndrl*⟩

Kon|tor|sion (*Med*; [gewaltsame] Verdrehung, Verrenkung) ⟨*lat*⟩ · Kon|tor|sio|nist (*Artistik*; Schlangenmensch)

kon|tra, *selten* con|tra (gegen, wider) ⟨*lat*⟩; *Ggs* pro · Kon|tra, das, _s, _s (das Gegen, das Wider [*Ggs* Pro]; Widerstand – *Kartensp*; Gegenansage)

kon|tra..., Kon|tra... (*in Zus* gegen..., Gegen...) ⟨*lat*⟩

Kon|tra|baß (Baßgeige); *kurz* Baß ⟨*lat* → *ital*⟩

Kon|tra|dik|tion (*Logik*; Widerspruch) ⟨*lat*⟩ · kon|tra|dik|to|risch (*Logik*; widersprechend, widersprüchlich); ein _es Verfahren (*Rechtsw*; Prozeßverfahren, bei dem beide Parteien gehört werden)

Kon|tra|fa|gott (tiefes Fagott) ⟨*lat* → *ital*⟩

Kon|tra|hent (Gegner [im Sport] – *Rechtsw veraltend*; Vertragspartner) ⟨*lat*⟩ · kon|tra|hie|ren (zusammenziehen – *Rechtsw veraltend*; einen Vertrag schließen)

Kon|tra|in|di|ka|tion [*od* 'kɔn.., *österr nur so*] (*Med*; Umstand, der gegen eine Behandlungsweise spricht) ⟨*lat*, ‚Gegenanzeige'⟩

Kon|trakt, der, _[e]s, _e (Vertrag, Abmachung) ⟨*lat*⟩ · Kon|trakt|bruch, der · kon|trakt|brü|chig · kon|trak|til (*Med*; zusammenziehbar) · Kon|trak|ti|li|tät, die, _ (*Med*; Fähigkeit, sich zusammenzuziehen) · Kon|trak|tion (*Med*; Zusammenziehung, -schrumpfung) · kon|trakt|lich (vertraglich, auf Vertrag beruhend) · Kon|trak|tur, die, _, _en (*Med*; dauernde Verkürzung von Weichteilen)

Kon|tra|post, der, _[e]s, _e (*bildende Kunst*; das harmonische Ausgeglichensein des stehenden menschl. Körpers) ⟨*lat* → *ital*⟩

Kon|tra|punkt, der, _[e]s (*Mus*; Kompositionstechnik, bei der mehrere Melodielinien selbständig nebeneinander geführt werden) ⟨*lat*⟩ · kon|tra|punk|tisch (*Mus*)

kon|trär (gegensätzlich, entgegengesetzt; widrig) ⟨*lat* → *frz*⟩

Kon|trast, der, _es, _e (starker Gegensatz, deutlicher, auffallender Unterschied, Abstand, das Abstechende) ⟨*lat* → *ital*⟩ · Kon|trast|far|be · kon|tra|stie|ren (einen starken Gegensatz bilden, abstechen) ⟨*lat* → *ital* → *frz*⟩ · kon|tra|stiv (*Sprachw*; gegensätzlich, vergleichend) · Kon|trast|mit|tel (*Med*) · kon|trast|reich

Kon|tra|zep|tion, die, _ (*Med*; Empfängnisverhütung) ⟨*lat*⟩

Kon|trek|ta|tions|trieb, der, _[e]s (*Med*; Trieb zur geschlechtl. Berührung) ⟨*lat*⟩

Kon|tri|bu|tion (Kriegssteuer, -entschädigung) ⟨*lat*⟩

Kon|tri|tion (*kath Kirche*; Zerknirschung, tiefe Reue) ⟨*lat*⟩

Kontrollampe [*Tr* Kon|troll|lam|pe *K 78*] · **Kon|troll|ap|pa|rat** · **Kon|trol|le,** die, _, _n (Überwachung, Aufsicht; Prüfung, Nachprüfung; Probe) ⟨*lat* → *frz*⟩ · **Kon|trol|ler,** der, _s, _ (*Techn*; Anlasser eines Elektromotors) ⟨*lat* → *frz* → *engl*⟩ · **Kon|trol|leur** [..ˈløːr], *österr* **Kon|trol|lor,** der, _s, _e (Überwacher, Prüfer) ⟨*lat* → *frz*⟩ · **kon|trol|lier|bar** · **kon|trol|lie|ren** · **Kontrolliste** [*Tr* Kon|troll|li|ste *K 78*] · **Kon|troll|uhr**

kon|tro|vers [..v..] (bestreitbar, strittig); ..rseste *K 349* ⟨*lat*⟩ · **Kon|tro|ver|se,** die, _, _n (Streitfrage; [wissenschaftl.] Auseinandersetzung)

Kon|tur, die (*österr nur so*), _, _en, *meist Pl, in der Kunst auch* der, _s, _en (Umriß, Umrißlinie; Einfassung) ⟨*grch* → *lat* → *ital* → *frz*⟩ · **kon|tu|rie|ren** (umreißen; einfassen; andeuten)

Kon|tu|si|on (*Med*; Quetschung) ⟨*lat*⟩

Ko|nus, der, _, *Pl* Konusse *od* (*Techn*:) Konen (*fachspr*; Kegel; Zapfen) ⟨*grch* → *lat*⟩

Kon|va|les|zenz [..v..], die, _ (*Med*; Genesung – *Rechtsw*; das Gültigwerden eines ungültigen Rechtsgeschäfts) ⟨*lat*⟩

Kon|vek|ti|on [..v..] (*Phys*; Transport von Wärme durch bewegte Teilchen) ⟨*lat*⟩ · **kon|vek|tiv** (*Phys*) · **Kon|vek|tor,** der, _s, ..oren (ein Heizkörper)

kon|ve|na|bel [..v..] (*veraltend*; herkömmlich, schicklich; annehmbar) ⟨*lat* → *frz*⟩; *K 363*: konvena|ble Preise · **Kon|ve|ni|enz,** die, _, _en (*veraltend*; Herkommen, Schicklichkeit; Übereinkunft) ⟨*lat*⟩ · **Kon|vent:** 1. der, _[e]s, _e (Zusammenkunft, Versammlung [bes. im Kloster]) – 2. der, _[e]s (die Französische Nationalversammlung 1792–1795) · **Kon|ven|ti|on** (Abkommen, Vereinbarung; Sitte, Brauch) ⟨*lat* → *frz*⟩ · **Kon|ven|tio|nal|stra|fe** (*Rechtsw*; Vertragsstrafe) · **kon|ven|tio|nell** (vertraglich; herkömmlich; förmlich)

kon|ver|gent [..v..] (sich gegeneinander neigend; zusammenlaufend; übereinstimmend) ⟨*lat*⟩ · **Kon|ver|genz,** die, _, _en (gegenseitige Annäherung; Übereinstimmung) · **kon|ver|gie|ren** (sich einander nähern; demselben Ziel zustreben)

Kon|ver|sa|ti|on [..v..] (gesellige Unterhaltung; Gespräch) ⟨*lat* → *frz*⟩ · **Kon|ver|sa|ti|ons|le|xi|kon** (alphabet. geordnetes Handbuch des gesamten Wissens, umfassendes Nachschlagewerk) · **kon|ver|sie|ren** (*veraltet*; sich unterhalten) · **Kon|ver|si|on** (Umwandlung; Umkehrung – *Rel*; Glaubenswechsel) ⟨*lat*⟩ · **Kon|ver|ter,** der, _s, _ (*Hüttenw*; Spezialgerät bei der Stahlerzeugung – *Phys*; Umformgerät) ⟨*lat* → *frz* → *engl*⟩ · **kon|ver|tier|bar** (*Bankw*); _e Währung (gegen eine andere austauschbare Währung) ⟨*lat*⟩ · **kon|ver|tie|ren** (umgestalten, umwandeln – *Rel*; zu einer anderen Religion od. Konfession übertreten) · **Kon|ver|tit,** der, _en, _en (*Rel*; ein zu einer anderen Konfession Übergetretener)

kon|vex [..v..] (*Opt*; erhaben, nach außen gewölbt) ⟨*lat*⟩; *Ggs* konkav · **Kon|vex|lin|se** (*Opt*; Sammel-, Wölblinse)

Kon|vikt [..v..], das, _[e]s, _e (kirchl. Internat – *österr*; Internat einer Klosterschule) ⟨*lat*⟩

Kon|voi [..ˈvɔy *od* ˈkɔn..], der, _s, _s (*meist Milit*; Geleitzug [für Schiffe u. Kraftfahrzeuge]; Fahrzeugkolonne) ⟨*lat* → *frz* → *engl*⟩

Kon|vo|lut [..v..], das, _[e]s, _e (*Buchw*; Bündel von Schriftstükken; Sammelband) ⟨*lat*⟩

Kon|vul|si|on [..v..] (*Med*; Zukkungskrampf, Schüttelkrampf) ⟨*lat*⟩ · **kon|vul|siv** [..vulˈziːf] *od* **kon|vul|si|visch** [..vulˈziːvɪʃ] (*Med*; krampfhaft zuckend)

kon|ze|die|ren (zugestehen, einräumen) ⟨*lat*⟩

Kon|zen|trat, das, _[e]s, _e (hochprozentige Lösung – *auch übertr*; Zusammenfassung) ⟨*grch* → *lat*⟩ · **Kon|zen|tra|ti|on** (Gruppierung um einen Mittelpunkt; Zusammendrängung; [geistige] Sammlung, Anspannung – *Chem*; Gehalt einer Lösung an gelöstem Stoff) ⟨*grch* → *lat* → *frz*⟩ · **Kon|zen|tra|ti|ons|la|ger** (Internierungslager; faschist. Haft-, Zwangsarbeits- u. Vernichtungslager); *Abk* KZ · **kon|zen|trie|ren** (um ein Zentrum sammeln; gruppieren; verdichten – *Chem*; anreichern); sich (*Akk*) _ (sich [geistig] sammeln, aufmerksam sein) · **kon|zen|triert** · **kon|zen|trisch** (*bes Math*; mit gemeinsamem Mittelpunkt) ⟨*grch* → *lat*⟩ · **Kon|zen|tri|zi|tät,** die, _ (*bes Math*; Mittelpunktsgemeinschaft)

Kon|zept, das, _[e]s, _e (erste Niederschrift, Entwurf, Plan) ⟨*lat*⟩ · **Kon|zep|ti|on** (gedankl. Entwurf eines geistigen Werkes; schöpfer. Gedanke – *Med*; Empfängnis) · **kon|zep|tio|nell** · **Kon|zept|pa|pier**

Kon|zern, der, _s, _e (Zusammenschluß von kapitalist. Unternehmen durch Kapitalverflechtung, Form des kapitalist. Monopols) ⟨*lat* → *frz* → *engl*⟩. *Zus K 365ff.*: Konzern‿entflechtung usw. · **Kon|zer|nie|rung** (*kap Wirtsch*; Bildung von Konzernen)

Kon|zert, das, _[e]s, _e (öffentl. Musikaufführung; Komposition für Soloinstrument[e] mit Orchester) ⟨*lat* → *ital*⟩. *Zus K 365ff.*: Konzert‿stück usw. · **kon|zer|tant** (*Mus*; konzertartig; virtuoses Können verlangend) · **kon|zer|tie|ren** (Konzerte geben) · **Kon|zer|ti|na,** die, _, _s (eine Handharmonika)

Kon|zes|si|on (Zugeständnis; [behördl.] Genehmigung) ⟨*lat*⟩ · **Kon|zes|sio|när,** der, _s, _e (*bürospr*; Inhaber einer Konzession) · **kon|zes|sio|nie|ren** (*bürospr*; eine Konzession erteilen) · **kon|zes|siv** (*Gramm*; einräumend) · **Kon|zes|siv|satz** (*Gramm*; Einräumungssatz)

Kon|zil, das, _s, *Pl* _e *od* _ien [..ǐən] (Gremium von Wissenschaftlern, Studenten u. Angestellten einer Universität – *kath Kirche*; Versammlung von geistl. Würdenträgern) ⟨*lat*⟩ · **kon|zi|li|ant** (versöhnlich; umgänglich, verbindlich) · **Kon|zi|li|anz,** die, _ (Versöhnlichkeit; Umgänglichkeit, Entgegenkommen)

kon|zi|pie|ren ([ein Konzept] verfassen – *Med*; schwanger werden) ⟨*lat*⟩

kon|zis *K 349* (kurz, gedrängt, bündig) ⟨*lat*⟩

Koog, *auch* **Kog,** der, _[e]s, *Pl* Köge (*norddt*; dem Meere abgerungenes u. durch Deiche geschütztes Land; Polder)

Ko|ope|ra|ti|on [koˑo..] (das Zusammenwirken, Zusammenarbeit; gemeinsames, genossenschaftl. Wirken – *polit Ök*; gleichzeitige, kombinierte Teilnahme vieler Menschen bzw. Betriebe an gleichen od. verschiedenen, miteinander verbundenen Arbeitsprozessen) ⟨*lat*⟩ · **Ko|ope|ra|ti|ons|be|zie|hun|gen** *Pl* (*Wirtsch*) · **ko|ope|ra|tiv** (zusammenwirkend, gemeinsam; genossenschaftlich) · **Ko|ope|ra|tor,** der, _s, ..oren (*landsch, bes österr*; kath. Hilfsgeistlicher) · **ko|ope|rie|ren** (zusammenwirken)

Ko|op|ta|ti|on [koˑɔp..] (Ergänzungs-, Zuwahl) ⟨*lat*⟩ · **ko|op|tie|ren** (zu-, hinzuwählen)

Ko|or|di|na|te [koˑɔr..], die, _, _n (*Math, Geom*; eine die Lage eines Punktes kennzeichnende Zahl) ⟨*lat*, ‚Nebengeordnete'⟩ · **Ko|or|di|na|ten‿ach|se** (*Math*), ...**sy|stem** (*Math*) · **Ko|or|di|na|ti|on** (Nebeneinanderstellung, Gleichstellung;

Abstimmung [aufeinander] – *Sprachw*; Beiordnung, Nebenordnung) · **ko|or|di|nie|ren** (als gleichwertig nebeneinanderstellen; aufeinander abstimmen) · **ko|or|di|nie|rend** (*Sprachw*); ~e Konjunktion (beiordnendes Bindewort) · **Ko|or|di|nie|rung**

Ko|pai|va|bal|sam [..v..], der, ~s ⟨*indian + hebr*⟩

Ko|pal, der, ~s, ~e (halbfossiles Harz trop. Pflanzen) ⟨*indian → span → engl*⟩

Ko|pe|ke, die, ~, ~n (Münzeinheit in der UdSSR); *Abk* Kop. ⟨*russ*⟩

Ko|pen|ha|gen, *dän* **Kø|ben|havn** [købən'haụn] (Hptst. von Dänemark) · **Ko|pen|ha|ge|ner** *od* **Ko|pen|hag|ner** *K 236*: 1. *K 231*: der, ~s, ~; 2. *als Attribut K 232*: der Kopenhag[e]ner Hafen

Kö|pe|nickia|de [*Tr* ..nik|kia..] (Hochstapelei, Gaunerstreich) ⟨*nach* dem »Hauptmann« von Köpenick (Stadtteil von Berlin)⟩

Ko|pe|po|den *Pl* (*Zool*; die Ruderfüßer); *Sg* Ko|pe|po|de, der, ~n ⟨*grch*⟩

Kö|per, der, ~s, ~ (*Textilwirtsch*; ein Gewebe) ⟨*ndrl*⟩ · **Kö|per|bin|dung** (*Textilwirtsch*)

ko|per|ni|ka|nisch *K 218* ⟨*nach* dem Astronomen u. Naturforscher Kopernikus⟩; ~es Weltsystem · **Ko|per|ni|ka|nisch** *K 217*

Koe|pe|schei|be *K 209* (*Bergb*; stählerne Treibscheibe für den Antrieb von Seilförderanlagen) ⟨*nach* dem Erfinder⟩

Kopf, der, ~[e]s, *Pl* Köpfe ⟨*lat*⟩. *Zus K 365ff.*: Kopf‿form usw. · **Köpf|chen** · **köp|fen** · **Kopf|fü|ßer** *Pl* (*Zool*; höchstentwickelte Klasse der Weichtiere); *Sg* Kopf|fü|ßer, der, ~s · **kopf|hän|ge|risch** · **Kopf|hö|rer** · **...köp|fig** (z. B. vielköpfig) · **kopf|la|stig** (vorn, oben überlastet) · **kopf|los** *K 349*; *vgl.* ...los · **Kopf|lo|sig|keit**, die, ~ · **kopf|rech|nen** *K 133*; *nur im Inf gebräuchlich* · **Kopf|rech|nen**, das, ~s · **kopf|scheu** · **Kopf|schmer|zen** *Pl* · **Kopf|schüt|teln**, das, ~s · **kopf|ste|hen** *K 133 u. 363* (*meist übertr, umg*); du stehst kopf *K 112*; du hast kopfgestanden; kopfzustehen · **Kopf|ste|hen**, das, ~s · **Kopf|stüt|ze** · **kopf|über**; kopfüber, kopfunter · **Kopf|zer|bre|chen**, das, ~s; viel ~

Koph|ta, der, ~s, ~s (*hist*; weiser ägypt. Priester) ⟨*Herkunft umstritten*⟩ · **koph|tisch** (*hist*)

Ko|pial|buch (Buch für Abschriften von Urkunden, Rechtsfällen usw.) ⟨*lat*⟩ · **Ko|pie** [..'pi:], die, ~, ..ien *u. österr* ['ko:piə], die, ~, ~n (Abschrift, Zweitschrift; Vervielfältigung; Nachbildung [eines Kunstwerkes] – *Fot*; Abzug [eines Filmstreifens]) · **ko|pie|ren** (ab-, durchschreiben; vervielfältigen; nachbilden – *Fot*; abziehen) · **Ko|pier|ma|schi|ne** · **Ko|pier|stift**, der

Ko|pi|lot (zweiter Flugzeugführer) ⟨*grch → ital → frz*⟩

ko|piös *K 349* (*noch Med*; reichlich, in Fülle) ⟨*lat → frz*⟩ · **Ko|pist** (Abschreiber; Nachbildner, -maler) ⟨*lat*⟩

Kop|pe, die, ~, ~n (*landsch*; Kuppe)

Kop|pel: 1. die, ~, ~n (durch Riemen verbundene Tiere; Verbundenes; eingezäunte Weide) – 2. das, ~s, ~, *österr* die, ~, ~n (Leibriemen) ⟨*lat → frz*⟩ · **kop|pel|gän|gig** (*weidm*); ~er Hund · **kop|peln** *K 363* (*bes Polygr u. Elektrotechn*; etw. verbinden, beweglich vereinigen – *norddt*; zur Weide einfrieden); *vgl. auch* kuppeln · **Kop|pe|lung** *K 363*; *vgl. K 188ff.* · **Kop|pel|wei|de**

kop|pen (*von Pferden gesagt*; Luft abschlucken)

kopp|hei|ster (*norddt*; kopfüber); ~ schießen (einen Purzelbaum schlagen)

Kopp|lungs|ma|nö|ver [..v..] *K 363*

Ko|pra, die, ~ (getrocknetes u. zerkleinertes Kernfleisch der Kokosnuß) ⟨*Hind*⟩; *vgl. aber* Kobra

Ko|pro|duk|tion (gemeinsame Produktion [z. B. eines Films durch Filmschaffende mehrerer Länder]) ⟨*lat*⟩

Ko|pro|lith, der, *Gen* ~[e]s, *Pl* ~e *od Gen* ~en, *Pl* ~en (*Geol*; versteinerter Kot urweltl. Tiere) ⟨*grch*⟩ · **ko|pro|phag** (*Zool*; kotfressend) · **Ko|pro|pha|ge**, der, ~n, ~n *K 342* (*Zool*; Kotfresser)

Kops, der, ~es, ~e (*Textilwirtsch*; aufgewickelter Garnkörper) ⟨*engl*⟩

Kop|te, der, ~n, ~n (Angehöriger der ägyptisch-christl. Kirche) ⟨*grch → arab → lat*⟩ · **kop|tisch**; ~e Kunst

Ko|pu|la, die, ~, *Pl* ~s *od* ..lae [..lɛ:] (*Sprachw*; Satzband) ⟨*lat*⟩ · **Ko|pu|la|tion** (*Sprachw*; Verbindung, Anreihung – *Gartenb*; Veredlung von Pflanzen – *Biol*; Begattung) · **ko|pu|la|tiv** (*Sprachw*; verbindend, anreihend, verknüpfend) · **ko|pu|lie|ren** (*Gartenb*, *Biol*)

Ko|ral|le, die, ~, ~n (Nesseltier; Schmuck aus dessen Skelett) ⟨*grch → lat*⟩ · **Ko|ral|len‿in|sel**, **...ket|te** · **Ko|ral|lin**, das, ~s (roter Farbstoff) ⟨*grch + lat*⟩

Ko|ran [*od* 'ko:ra:n], der, ~s, ~e (das heilige Buch des Islams) ⟨*arab*, ‚Lesung'⟩

Korb, der, ~[e]s, *Pl* Körbe ⟨*lat*⟩; jmdm. einen Korb geben (*übertr*; eine Werbung od. ein Angebot ablehnen). *Zus K 365ff.*: Korb‿macher usw. · **Korb|ball**, der, ~[e]s (älteres Mannschaftsballspiel) · **Korb|blüt|ler**, der, ~s, ~ (*Bot*) · **Körb|chen** · **Kor|ber**, der, ~s, ~ (*schweiz*; Korbmacher)

Kord, der, ~[e]s, ~e (längsgeripptes Gewebe) ⟨*grch → lat → frz → engl*⟩ · **Kor|del**, die, ~, ~n (Posamentenschnur – *landsch*; Bindfaden – *schweiz*; Zier-, Tragschnur für Uhren usw.) ⟨*grch → lat → frz*⟩

kor|die|ren (*fachspr*; Verzierungen schnurartig einarbeiten – *Techn*; aufrauhen) ⟨*grch → lat → frz*⟩ · **Kor|dier|werk|zeug** (*fachspr*)

Kor|dil|le|ren [..di'lje:..] *Pl* (1. Kettengebirge im W von Amerika – 2. ↑ Anden) ⟨*grch → lat → span*⟩

Kor|don [..'dɔŋ *od* ..'dɔ̃:, *österr* ..'do:n], der, ~s, *Pl* ~s, *österr auch* ~e (Band; Postenkette, Absperrung – *Gartenb*; Spalierbaum) ⟨*grch → lat → frz*⟩ · **Kor|do|nett|sei|de** [..do..] (starkes Seidengarn für Handarbeiten) · **Kor|do|nett|stich** (*Handarb*)

Kor|du|an, das, ~s, ~e (Ziegenleder) ⟨*frz, nach* der span. Stadt Córdoba⟩

Kor|du|la *K 207* (w. Vn.) ⟨*rom*⟩; *Nebenf* ↑ Cordula

Ko|re, die, ~, ~n (*Kunstwiss*; gebälktragende Frauengestalt) ⟨*grch*, ‚Mädchen'⟩

Ko|rea, *ohne Art*: 1. (Halbinsel in Ostasien) – 2. *amtl* **Ko|rea|ni|sche De|mo|kra|ti|sche Volks|re|pu|blik** *K 258*, die, *Gen* ~n ~n ~ (Staat auf Korea [1]; *Abk* KDVR) · **Ko|rea|ner**, der, ~s, ~ · **ko|rea|nisch**; *vgl. K 266f.* · **Ko|rea|nisch**, das, *Gen* ~[s], *Dat* ~ (Sprachbezeichnung *K 268ff.*) · **Ko|rea|ni|sche**, das, *Gen* ~n, *Dat* ~n (Sprachbezeichnung *K 271*)

Koreferat usw. ↑ Korreferat usw.

kö|ren (*Zool*; männl. Haustiere für Zuchtzwecke auswählen)

Kor|fiot, der, ~en, ~en (Bewohner der Insel Korfu) · **kor|fio|tisch** · **Kor|fu** (italien. Name von Kerkyra)

Kör‿ge|setz (*Zool*), **...hengst** (*Zool*)

Ko|rian|der, der, ~s, ~ (eine Gewürzpflanze, Doldengewächs) ⟨*grch → lat*⟩

Ko|rian|do|li, das, ~[s], ~ (*österr*; Konfetti) ⟨*ital*⟩

Ko|rin|na *K 207* (w. Vn.) ⟨*grch*⟩

Ko|rinth (Stadt in Mittelgriechenland) · **Ko|rin|the**, die, ~, ~n (kleine Rosine) · **Ko|rin|ther**: 1. *K 231*: der, ~s, ~; 2. *als Attribut K 232* · **Ko|rin|ther|brief** (*bibl*) ·

ko|rin|thisch; *K 238*: die _e Säule
Kork, der, _[e]s, _e (1. pflanzl. Abschlußgewebe – 2. ↑ Korken) ⟨*lat* → *span* → *ndrl*⟩ · Kork|ei|che · kor|ken · Kor|ken, der, _s, _, *auch* Kork, der, _[e]s, _e (Flaschenverschluß) · Kor|ken|zie|her · Kork|soh|le, ...we|ste
Kor|mo|phyt, der, _en, _en (*Biol*; Sproßpflanze) ⟨*grch*⟩
Kor|mo|ran [*österr* 'kɔr..], der, _s, _e (ein Schwimmvogel) ⟨*lat* → *frz*⟩
Kor|mus, der, _ (*Bot*; aus Wurzel, Sproßachse u. Blatt bestehender Pflanzenkörper) ⟨*grch* → *lat*, ‚Stamm'⟩
Korn: 1. das, _[e]s, *Pl* Körner *u.* (*Kornarten*:) Korne (Getreide, bes. Roggen) – 2. das, _[e]s, *Pl* (*selten*) _e (Teil der Visiereinrichtung) – 3. der, _[e]s, _ (*umg*; Kornbranntwein); 5 Korn; *vgl. auch K 308* · Korn|blu|me · korn|blu|men|blau *K 278*; *vgl.* blau · Körn|chen · Körndl|bau|er (*österr*; Bauer, der hauptsächlich Getreide baut)
Kor|nea, die, _ (*Med*; Hornhaut des Auges) ⟨*lat*⟩
Kor|ne|lia *K 207* (w. Vn.) ⟨*lat*, *nach* dem altröm. Geschlecht der Cornelier [..ǐər]⟩; *Nebenf* ↑ Cornelia
Kor|nel|kir|sche, die, _, _n (ein Zierstrauch) ⟨*lat*⟩
kör|nen
Kor|ner, der, _s, _ (*kap Wirtsch*; Aufkäuferring an der Börse) ⟨*engl*⟩
Kör|ner: 1. der, _s, _ (Stahlstift zum Markieren von Anrißlinien u. ä.) – 2. ↑ Korn (1)
Kor|nett: 1. das, _[e]s, *Pl* _e *od* _s (ein Blasinstrument) – 2. der, _[e]s, *Pl* _e *od* _s (*hist*; Standartenträger, Reiterfähnrich) ⟨*lat* → *frz*⟩
Korn|feld · kör|nig
kor|nisch ⟨*zu* Cornwall⟩; *vgl. auch K 265 ff.*
Korn|ra|de, *kurz* Ra|de, die, _, _n (ein Ackerunkraut) · Kör|nung (bestimmte Größe u. Form kleiner Materialteilchen; das Körnen – *weidm*; Futter zur Wildfütterung; Futterplatz)
Ko|ro|man|del|kü|ste *K 246*, die, _ (die Ostküste Vorderindiens)
Ko|ro|na, die, _, ..nen (Krone; Heiligenschein – *Astron*; Strahlenkranz um die Sonne – *umg*; Kreis, Zuhörerkreis, Tafelrunde) ⟨*grch* → *lat*, ‚Kranz'⟩ · Ko|ro|nar|in|suf|fi|zienz [..tsiɛnts] (*Med*; Herzmuskelschwäche) · Ko|ro|nis, die, _, ..ides [..de:s] (*altgriech Gramm*; Zeichen für die Krasis)
Kör|per, der, _s, _ ⟨*lat*⟩ · Kör|per|bau, der, _[e]s · kör|per|be|hin|dert · kör|per|ei|gen · Kör|per|er|zie|hung · kör|per|haft · Kör|per|kul|tur, die, _ · kör|per|lich · Kör|per|lich|keit, die, _ · Kör|per|schaft (*Rechtsw*) · kör|per|schaft|lich (*Rechtsw*) · Kör|per|schafts|steu|er *od* Kör|per|schaft|steu|er *K 373*, die (*Rechtsw*) · Korpora ↑ Korpus (3) · Kor|po|ral, der, _s, _e (*veraltet*; Unteroffizier) ⟨*lat* → *ital* → *frz*⟩ · Kor|po|ra|tion (*veraltend*; Körperschaft, jurist. Person; Innung, Berufsverband; Verbindung bürgerl. Studenten) ⟨*lat* → *frz*⟩ · kor|po|ra|tiv (*veraltend*; körperschaftlich; insgesamt, in Gesamtheit, geschlossen) · Korps [ko:r], das, _ [ko:rs], *Pl* _ [ko:rs] (durch Gesetz, Gebräuche od. Beruf verbundener Personenkreis [z. B. diplomat. Korps] – *Milit*; takt. Truppenverband – *veraltend*; Verbindung bürgerl. Studenten) · kor|pu|lent [kɔrpu..] (beleibt) ⟨*lat*⟩ · Kor|pu|lenz, die, _ (Beleibtheit) · Kor|pus: 1. der, _, ..usse (Körper, Leib) – 2. die, _ (*Polygr*; ein Schriftgrad) – 3. das, _, ..pora (Gesamtheit – *Mus*; Klangkörper) · Kor|pus|kel, das, _s, _n (*Phys*; kleinstes Teilchen, bes. Elementarteilchen) ⟨‚Körperchen'⟩ · kor|pus|ku|lar (*Phys*) · Kor|pus|ku|lar|strah|len *Pl* (*Phys*; aus Korpuskeln bestehende Strahlen)
Kor|ral, der, _s, _e (Gehege zum Fang von Wildtieren, bes. Elefanten) ⟨*lat* → *span*⟩
Kor|ra|sion (*Geol*; Abschleifung an Gesteinen durch Flugsand) ⟨*lat*⟩
Kor|re|fe|rat ['kɔr.. *od* ..'ra:t], *landsch u. österr* Ko|re|fe|rat, das, _[e]s, _e (zweiter Bericht; Nebenbericht) ⟨*lat*⟩ · Kor|re|fe|rent ['kɔr.. *od* ..'rɛnt], *landsch u. österr* Ko|re|fe|rent (zweiter Berichterstatter; Mitgutachter) · kor|re|fe|rie|ren ['kɔr.. *od* ..'ri:..], *landsch u. österr* ko|re|fe|rie|ren
kor|rekt (richtig, fehlerfrei; einwandfrei) ⟨*lat*⟩ · Kor|rekt|heit, die, _ · Kor|rek|tiv, das, _s, _e [..v..] (ausgleichendes Mittel, Besserungsmittel) · Kor|rek|tor, der, _s, ..oren (*Polygr*; jmd., der Manuskripte u. Druckvorlagen auf Fehler hin durchsieht) · Kor|rek|tur, die, _, _en (Berichtigung [des Schriftsatzes], Verbesserung). *Zus K 365 ff.*: Korrektur‿abzug usw. · Kor|rek|tur|le|sen, das, _s
kor|re|lat *od* kor|re|la|tiv (einander wechselseitig erfordernd u. bedingend) ⟨*lat*⟩ · Kor|re|lat, das, _[e]s, _e (Wechselbegriff; Ergänzung, Gegenstück – *Sprachw*; Wort, auf das sich ein untergeordneter [verkürzter] Satz bezieht; Platzhalter) · Kor|re|la|tion (Wechselbeziehung) · kor|re|lie|ren
kor|re|pe|tie|ren (*Theat*, *Mus*; mit jmdm. eine Gesangsrolle einüben; als Hilfsdirigent tätig sein) ⟨*lat*⟩ · Kor|re|pe|ti|tor, der, _s, ..oren (*Theat*, *Mus*)
kor|re|spek|tiv (*Rechtsw*; gegenseitig bedingt) ⟨*lat*⟩; ein _es [..v..] Testament · Kor|re|spek|ti|vi|tät [..v..], die, _ (*Rechtsw*)
Kor|re|spon|dent (Berichterstatter für Presse, Rundfunk od. Fernsehen; Bearbeiter für den Schriftverkehr) ⟨*lat*⟩ · Kor|re|spon|denz, die, _, _en (Briefverkehr, Briefwechsel; Berichterstattung; Nachrichtendienst im Zeitungswesen; Übereinstimmung) · Kor|re|spon|denz|kar|te (*österr*, *schweiz*; Postkarte mit eingedrucktem Wertzeichen) · kor|re|spon|die|ren (übereinstimmen; im Briefverkehr stehen); *K 119*: korrespondierendes Mitglied
Kor|ri|dor, der, _s, _e (Wohnungsflur, Gang) ⟨*lat* → *ital*⟩ · Kor|ri|dor|tür
Kor|ri|gen|da *K 20 Pl* (*Buchw*; Druckfehler[verzeichnis]) ⟨*lat*⟩ · Kor|ri|gens, das, _, *Pl* ..genzien [..ǐən] *od* ..gentia (*Pharmakol*; geschmackverbessernder Zusatz [zu Arzneien]) · kor|ri|gie|ren ([Fehler] berichtigen, verbessern)
kor|ro|die|ren (*fachspr*; zerstören; der Korrosion unterliegen) ⟨*lat*⟩ · Kor|ro|sion (*fachspr*; Zernagung; chem. Zerstörung von Metallen, Gesteinen, Mineralen u. Zellgeweben) · kor|ro|sions|be|stän|dig · Kor|ro|sions|schutz · kor|ro|sion|ver|hü|tend *K 372* · kor|ro|siv (*fachspr*; zernagend, zerfressend; [gewebe]zerstörend)
kor|rum|pie|ren (*abwert*; [charakterlich] verderben; bestechen) ⟨*lat*⟩ · kor|rupt (*abwert*; [charakterlich] verdorben; bestechlich) · Kor|rup|tion (*abwert*; Bestechlichkeit, Käuflichkeit; Sittenverfall, -verderbnis, Verwahrlosung)
Kor|sa|ge [..'za:ʒə, *österr* ..'za:ʒ] (schulterfreies, auf Futter u. Stäbchen gearbeitetes Kleidoberteil; [trägerloser] ausgearbeiteter u. gesteifter Büstenhalter) ⟨*lat* → *frz*⟩
Kor|sar, der, _en, _en (*hist*; Seeräuber, Pirat – *auch für* Seeräuberschiff, Raubschiff) ⟨*lat* → *ital*⟩
Kor|se, der, _n, _n (Bewohner von Korsika)
Kor|se|lett, das, _[e]s, *Pl* _s, *auch* _e (leichtes Korsett) ⟨*lat* → *frz*⟩ · Kor|sett, das, _[e]s, *Pl* _s, *auch* _e (enganliegendes Mieder)
Kor|si|ka (Insel im Mittelmeer) · kor|sisch

Kor|so, der, _s, *österr auch* _, *Pl* _s (Schaufahrt; Hauptstraße in italien. Städten) ⟨*lat* → *ital*⟩

Kor|tex, der, _[es], _e (*Anat*; Rinde, äußere Zellschicht eines Organs, bes. des Großhirns) ⟨*lat*⟩ · **kor|ti|kal** (*Anat*)

Koruna ↑ Krone (3)

Ko|rund, der, _[e]s, _e (*Mineral*; ein Edelstein) ⟨*aind* → *Hind*⟩

Kö|rung (*Zool*) ⟨*zu* kören⟩

Kor|vet|te [..v..], die, _, _n (kleines Kriegsschiff) ⟨*ndrl* → *frz*⟩ · **Kor|vet|ten|ka|pi|tän**

Ko|ry|bant (*Antike*; Priester der Kybele) ⟨*grch*⟩ · **ko|ry|ban|tisch** (wild [begeistert], ausgelassen, zügellos)

Ko|ry|phäe [..ˈfɛːə, *österr* ..ˈfɛː]: 1. der, _n [..ˈfɛːən], *Pl* _n [..ˈfɛːən] (Chorführer des altgriech. Dramas) – 2. die, _, _n [..ˈfɛːən] (bedeutende, hervorragende Persönlichkeit [auf einem Sachgebiet]) ⟨*grch* → *lat* → *frz*, ‚der an der Spitze Stehende'⟩

Kör|zeit (*Zool*) ⟨*zu* kören⟩

Ko|sa|ken *Pl* (*hist*; Bauernkrieger in Rußland); *Sg* Ko|sak, der, _en ⟨*türk* → *russ*⟩

Ko|sche|nil|le [..ˈniljə], *auch, österr nur,* **Co|che|nil|le** [kɔʃəˈniljə, *österr* ..ˈnilj]: 1. die, _, _n [..jən] (eine Schildlausart) – 2. die, _ (roter Farbstoff) ⟨*grch* → *lat* → *span* → *frz*⟩. *Zus K 365ff.*: Koschenille‿laus usw.

ko|scher [ˈkoː..] (*jüd Rel*; rein, im Sinne religiöser Speisevorschriften der Juden – *umg*; sauber, tauglich) ⟨*hebr*⟩; *Ggs* treife

K.-o.-Schlag [kaːˈoː..] *K 188, 200* (*kurz für* Knockoutschlag)

Ko|se|form

Ko|se|kans, der, _, _ (*Math*; eine Winkelfunktion); *Kurzzeichen* cosec ⟨*lat*⟩

ko|sen *K 354* (*meist dicht*) ⟨*ital*⟩ · **Ko|se|na|me[n]** · **Ko|se|wort,** *Pl* ..wörter

Ko|si|nus, der, _, _ [..nuːs] (*Math*; eine Winkelfunktion); *Kurzzeichen* cos ⟨*lat*⟩

Kos|me|tik, die, _ (Körper- u. Schönheitspflege) ⟨*grch* → *frz*⟩ · **Kos|me|ti|ke|rin,** die, _, ..innen · **Kos|me|tik|sa|lon** · **Kos|me|ti|kum,** das, _s, ..ka (Körperpflegemittel) · **kos|me|tisch;** _e Chirurgie

kos|misch (den Kosmos, den Weltraum betreffend; All...) ⟨*grch*⟩

Kos|mo|bio|lo|gie [*od* ..ˈgiː] (Lehre von den Einflüssen des Weltraums auf die Gesamtheit der Lebenserscheinungen) ⟨*grch*⟩ · **kos|mo|bio|lo|gisch** [*od* ..ˈloː..]

Kos|mo|che|mie [*od* ..ˈmiː] (Lehre von den chem. Vorgängen im Weltraum) ⟨*grch*⟩ · **kos|mo|che|misch** [*od* ..ˈçeː..]

Kos|mo|drom, das, _s, _e (Startplatz für Raumflugkörper) ⟨*grch* → *russ*⟩

Kos|mo|go|nie, die, _, ..ien (*fachspr*; Lehre [*urspr* Mythen] von der Entstehung u. der Entwicklung des Weltraums) ⟨*grch*⟩ · **kos|mo|go|nisch** (*fachspr*)

Kos|mo|gra|phie, die, _, ..ien (*veraltet*; Weltbeschreibung) ⟨*grch*⟩

Kos|mo|lo|gie, die, _ (Wissenschaft von der Struktur u. der Entwicklung des Weltraums als Ganzes) ⟨*grch*⟩ · **kos|mo|lo|gisch**

Kos|mo|me|di|zin [*od* ..ˈtsiːn], die, _ (Weltraummedizin) ⟨*grch* + *lat*⟩

Kos|mo|naut ⟨*grch* → *russ*⟩ *od* **Astro|naut** ⟨*grch* → *lat*⟩, der, _en, _en (Weltraumfahrer) · **Kos|mo|nau|tik** *od* **Astro|nau|tik,** die, _ (Wissenschaft von der Raumfahrt) · **Kos|mo|nau|tin** *od* **Astro|nau|tin,** die, _, ..innen · **kos|mo|nau|tisch** *od* **astro|nau|tisch**

Kos|mo|po|lit, der, _en, _en (»Weltbürger«; Anhänger des Kosmopolitismus – *Biol*; über die ganze Welt verbreitete Tier- od. Pflanzenart) ⟨*grch*⟩ · **kos|mo|po|li|tisch** · **Kos|mo|po|li|tis|mus,** der, _ (»Weltbürgertum«; einst gegen feudale Kleinstaaterei, nach dem 2. Weltkrieg proimperialist., gegen nationale Unabhängigkeit gerichtete Politik u. Ideologie) ⟨*grch* → *lat*⟩

Kos|mos, der, _ (Weltraum, -all) ⟨*grch*⟩

Kos|sat *od* **Kos|sä|te,** der, ..ten, ..ten (*norddt hist*; Kleinbauer, Tagelöhner)

Kost, die, _ ⟨*zu* kiesen⟩. *Zus K 365ff.*: Kost‿geld usw.

ko|stal (*Med*; zu den Rippen gehörend) ⟨*lat*⟩

Ko|sta|ri|ka, *amtl* **Re|pu|blik Ko|sta|ri|ka** (in Mittelamerika) ⟨*span*, ‚reiche Küste'⟩ · **Ko|sta|ri|ka|ner,** der, _s, _ · **ko|sta|ri|ka|nisch**

kost|bar ⟨*lat*⟩ · **Kost|bar|keit**

[1]ko|sten (schmeckend prüfen, probieren) ⟨*zu* kiesen⟩

[2]ko|sten (zu stehen kommen; wert sein); es kostet mich ... (*auch* mir ...) ⟨*lat*⟩ · **Ko|sten** *Pl*; auf _ des ..., auf _ von ... – *Zus K 365ff.*: Kosten‿anschlag usw. · **ko|sten‿fäl|lig, ...frei** · **ko|sten|los;** *vgl.* ...los · **ko|sten‿pflich|tig, ...spa|rend** · **köst|lich** · **Köst|lich|keit**

Kost|pro|be

kost|spie|lig · **Kost|spie|lig|keit,** die, _

Ko|stüm, das, _s, _e (aus Rock u. Jacke bestehende Damenkleidung; Maskenanzug) ⟨*lat* → *frz*⟩. *Zus K 365ff.*: Kostüm‿verleih usw. · **ko|stü|mie|ren, sich** (*Akk*) (sich [ver]kleiden)

Kot, der, _[e]s. *Zus K 365ff.*: Kot‿flügel usw.

Ko|tan|gens, der, _, _ (*Math*; eine Winkelfunktion); *Kurzzeichen* cot ⟨*lat*⟩

Ko|tau, der, _s, _s (*hist*; demütige Ehrerweisung im alten China) ⟨*chin*⟩; _ machen (*übertr*)

[1]Ko|te, die, _, _n (*Geogr*; Höhenangabe, Maßpunkt auf einer Karte) ⟨*lat* → *frz*⟩

[2]Kote ↑ Kate

Kö|te, die, _, _n (*Zool*; hintere Seite der Zehe bei Rindern u. Pferden)

Ko|te|lett [kotə.. *od* kɔt.., *österr nur* so], das, _s, _s ([gebratenes] Rippenstück) – **Ko|te|let|ten** *Pl* (kleiner Backenbart) ⟨*lat* → *frz*⟩

Koten ↑ Kate

Kö|ten|ge|lenk (*Zool*; Fesselgelenk)

Ko|ten|ta|fel (*Geogr*; Höhentafel)

Kö|ter, der, _s, _ (*abwert*; Hund)

Kö|then (Stadt im Bez. Halle) · **Kö|the|ner:** 1. *K 231*: der, _s, _; 2. *als Attribut K 232*

Ko|thurn, der, _s, _e (dicksohlige Fußbekleidung der Schauspieler im antiken Theater – *übertr, gehoben*; erhabener Stil) ⟨*grch*⟩

ko|tie|ren (*Finanzw*; Preis, Kurs festsetzen, bewerten; ein Wertpapier an der Börse zulassen) ⟨*lat* → *frz*⟩

ko|tig

Kötner ↑ Kätner

Koton ↑ Cotton · **ko|to|ni|sie|ren** (*Chem*; baumwollähnlich machen) ⟨*arab* → *frz*⟩

Kot|saß *od* **Kot|sas|se,** der, *Gen* ..sassen, *Pl* ..sassen (*norddt hist*; Besitzer einer Kate, Tagelöhner)

Ko|tschin|chi|na [..ç..] (früherer Name von Nambo) · **Ko|tschin|chi|na|huhn** *K 246*

Kotten ↑ Kate

Ko|ty|le|do|nen *Pl* (*Anat*; Lappen der Plazenta – *Bot*; Keimblätter); *Sg* Ko|ty|le|do|ne, die, _ ⟨*grch*⟩

[1]Kot|ze, die, _, _n, *auch* **Kot|zen,** der, _s, _ (*süddt, österr*; wollene Decke, Wollzeug)

[2]Kot|ze, die, _ (*derb*; Erbrochenes) · **kot|zen** *K 354* (*derb*; sich übergeben); *K 102*: es ist zum Kotzen

Kotzen ↑ [1]Kotze · **kot|zen|grob** (*süddt, österr*; sackgrob; saugrob)

Köt|zer, der, _s, _ (*Textilwirtsch*; Garnkörper)

kot|ze|rig (*derb*; [spei]übel)

Kow|no [ˈkɔvnɔ] (früherer Name von Kaunas)

Kox|al|gie, die, –, ..ien (*Med*; Hüftschmerz) ⟨*lat* + *grch*⟩ · **Ko|xi|tis**, die, – (*Med*; Hüftgelenkentzündung)

Kraal ↑ Kral

Krab|be, die, –, –n (ein Krebs – *Arch*; Steinblume an Giebeln – *umg*; kleines Kind, junges Mädchen) · **Krab|be|lei** (*umg*); *vgl. aber* Grabbelei · **krab|be|lig** *K 362* (*umg*) · **krab|beln** *K 363* (*umg*); es kribbelt und krabbelt; *vgl. aber* grabbeln

krab|ben (*Textiltechn*; [Geweben] Glätte u. Glanz verleihen)

krach! ⟨*lautm*⟩ · **Krach**, der, –[e]s, *Pl* –e *od* –s, *umg auch* ..äche; mit Ach und Krach (mit Müh und Not) · **kra|chen** · **Kra|chen**, der, –s, – (*schweiz*; Schlucht) · **Kracher**, der, –s; – (*umg*; Knallkörper) · **Kra|cherl**, das, –s, –[n] (*südd*t, *österr*; eine Art Brauselimonade) · **Krach|man|del** (*landsch*) · **kräch|zen** *K 354* · **Krächzer** (*scherzh*; Rabe – *umg*; gekrächzter Laut; Mensch, der heiser, rauh spricht)

Kracke[1], die, –, –n (*landsch*; altes, schlechtes, elendes Pferd)

kracken[1] ['kra.., *auch* 'krɛ..] (*Chem*) ⟨*engl*⟩ · **Kracken**[1] *od* **Krack|ver|fah|ren**, das, –s (*Chem*; Verfahren zur Hitzespaltung chemischer Verbindungen, bes. in der Erdölindustrie)

Krad, das, –s, *Pl* Kräder *Kurzw* (Kraftrad). *Zus K 365ff.*: Krad‿fahrer usw.

kraft *K 110 Präp mit Gen* (*oft bürospr*): – meines Einspruches · **Kraft**, die, –, ..äfte; in Kraft treten, *aber K 101*: das Inkrafttreten (*bürospr*) · **Kraft‿an|stren|gung**, ...**auf|wand**, ...**aus|druck**, ...**brühe** · **Kräf|te‿aus|gleich**, ...**bedarf** · **Kräf|te|paar** (*Phys*) · **Kräf|te|par|al|le|lo|gramm** (*Phys*) · **kraft|er|füllt** · **Kräf|te|ver|hält|nis** · **Kraft|fah|rer** · **Kraft|fahr|zeug**; *Abk* Kfz · **Kraft|fahr|zeug|steu|er**, die · **Kraft|fut|ter** · **kräf|tig** · **kräf|ti|gen** · **kraft|los** *K 349*; *vgl.* ...los · **Kraft|lo|sig|keit**, die, – · **Kraft|probe** · **Kraft|rad**; *Kurzw* Krad · **Kraftstoff** · **Kraft|ver|kehr**, der, –[e]s · **kraft|voll** · **Kraft‿wa|gen**, ...**werk** · **Kraft|wort**, *Pl* ..worte *u.* ..wörter; *vgl. auch* Wort

Kra|ge, die, –, –n (*Arch*; Konsole) · **Kräg|el|chen** (kleiner Kragen) · **Kra|gen**, der, –s, *Pl* –, *südd*t, *österr, schweiz* ..ägen · **Krag|stein** (*Arch*; vorspringender, als Träger verwendeter Stein – *auch für* Konsole)

Krä|he, die, –, –n. *Zus K 365ff.*: Krähen‿beere usw. · **krä|hen** · **Krä|hen|nest** (*auch Seew*; Ausguck am Mast)

Krähl ↑ Kräuel

Kräh|win|kel (*iron*; spießbürgerl. Kleinstadt) ⟨*in Anlehnung an* Kotzebues [..bu:s] Lustspiel »Die deutschen Kleinstädter«⟩ · **Kräh|win|ke|lei** (*abwert*) · **Kräh|winkler**, der, –s, – (*abwert*)

Kraich|gau, der, –[e]s (Landsch. im SW der BRD) · **Kraich|gau|er**: 1. *K 231*: der, –s, –; 2. *als Attribut K 232*

Krain (Landsch. im NW Jugoslawiens) ⟨*serbokr*, ‚Grenzland'⟩ · **Krai|ner**: 1. *K 231*: der, –s, –; 2. *als Attribut K 232* · **krai|nisch**

Kra|ka|tau [*od* 'kra..] (vulkan. Insel in der Sundastraße)

Kra|kau, *poln* **Kra|ków** [..kuf] (Stadt im S Polens)

Kra|ke, der, –n, –n (Riesentintenfisch) ⟨*norweg*⟩

Kra|keel, der, –s, –e (*umg abwert*; Lärm u. Streit; Unruhe) · **kra|keelen** (*umg abwert*) · **Kra|kee|ler** (*umg abwert*)

Kra|ke|lee *od* **Cra|que|lée** [krak(ə)'le:], das, –s, –s (*fachspr*; feine Haarrißmusterung in der Glasur, bes. von Keramiken) ⟨*frz*⟩

Kra|kel|fuß, *Pl* ..füße (*umg*; krakeliges Schriftzeichen) · **kra|ke|lig** *K 362* (*umg abwert*) · **kra|keln** *K 363* (*umg abwert*)

Kraków ↑ Krakau · **Kra|ko|wiak**, der, –s, –s (poln. Nationaltanz)

Kral, *selten* **Kraal**, der, *selten* das, –s, –e (Viehhof, Dorf der Südostbantuvölker u. Hottentotten) ⟨*span* → *ndrl*⟩

Kral|le, die, –, –n · **kral|len** · **Krallen|frosch** · **kral|lig**

Kram, der, –[e]s (*umg abwert*) · **kramen** (*umg*) · **Krä|mer** (*veraltend*; Kleinhändler – *abwert*; kleinlicher, engstirniger Mensch) · **Krä|merei** (*abwert*) · **krä|mer|haft** (*abwert*) · **Krä|mer|see|le** (*abwert*) · **Kram|la|den** (*abwert*)

Kram|mets|vo|gel (*landsch*; Wacholderdrossel)

Kram|pe, die, –, –n (U-förmig gebogener Haken) · **kram|pen** (anklammern) · **Kram|pen**, der, –s, – (*bayr*; Spitzhacke)

Krampf, der, –[e]s, ..ämpfe. *Zus K 365ff.*: Krampf‿ader usw. · **krampf|ar|tig** · **kramp|fen**; sich (*Akk*) – · **krampf|haft** · **kramp|fig** · **krampf|stil|lend** *K 128*

Kram|pus, der, –, ..pi (*Med*; Muskelkrampf) ⟨*dt* → *lat*⟩

Kran, der, –[e]s, *Pl* Kräne, *fachspr* –e (Hebe- u. Fördergerät zur unstetigen Bewegung von Lasten – *landsch*; Zapfen, Zapfröhre) ⟨*zu* Kranich⟩. *Zus K 365ff.*: Kran‿führer usw.

krän|gen (*seem*, *von Schiffen gesagt*; [sich] nach der Seite neigen)

kra|nial (*Med*; kopfwärts, auf den Schädel bezüglich) ⟨*grch* → *lat*⟩

Kra|nich, der, –[e]s, –e (ein Stelzvogel)

Kra|nio|lo|gie, die, – (*Med*; Schädellehre) ⟨*grch*⟩ · **kra|nio|lo|gisch** (*Med*) ·

Kra|nio|me|trie, die, –, ..ien (*Med*; Schädelmessung) ⟨*grch*⟩ · **kra|nio|me|trisch** (*Med*)

Kra|nio|ten *Pl* (*Zool*; die Wirbeltiere mit Schädel u. muskulösem Herzen); *Sg* Kra|niot, der, –en ⟨*grch*⟩

krank; kränker, kränkste. *Schreibung bei Verben*:

I. *Getrenntschreibung K 135*, z. B. – sein, werden, liegen; seine Launen haben mich fast – gemacht; sich – melden; sich – lachen; jmdn. – schreiben

II. *Zusammenschreibung K 136*: krankmachen (↑ *d.*), krankschießen (↑ *d.*)

Kran|ke, der *u.* die, –n, –n *K 341* · **krän|keln** *K 363* · **kran|ken** (krank sein); an einem Leiden –; *auch übertr, z. B.* an einem Fehler – · **krän|ken** (betrüben); sich (*Akk*) – · **krän|kend**; *K 115*: am –sten · **Kran|ken|geld** · **Krankengymnast** usw. ↑ Physiotherapeut usw. · **Kranken‿haus**, ...**pfle|ger**, ...**pfle|gerin**, ...**schwe|ster**, ...**wa|gen**, ...**zim|mer** · **krank|haft** · **Krankhaf|tig|keit**, die, – · **Krank|heit** · **krank|heits|er|re|gend** *K 165* · **Krank|heits|er|re|ger** · **krankheits|hal|ber** · **kränk|lich** · **Kränklich|keit**, die, – · **krank|ma|chen** *K 137*, *intr* (*umg*; krank sein u. Krankengeld beziehen – *auch für* eine Krankheit vortäuschen); *aber*: jmdn. [durch Aufregung] krank machen *tr*; *Konjugation vgl.* krankschießen · **krank|schie|ßen** *K 136* (*weidm*; das Wild anschießen, verwunden); du schießt krank *K 354*; krankgeschossen; krankzuschießen · **Krän|kung**

Kranz, der, –es, ..änze · **Kränzchen** · **krän|zen** *K 354* (*gehoben u. fachspr*) · **Kranz‿ge|sims** (*Arch*), ...**nie|der|le|gung**, ...**schlei|fe**

Kräp|fel, der, –s, – (*südd*t; Krapfen) · **Krap|fen**, der, –s, – (ein Gebäck)

Krapp, der, –[e]s (eine Färberpflanze) ⟨*ndrl*⟩

Kräp|pel|chen (*landsch*; Krapfen)

---

[1] *Tr* ..k|k..

krapp|rot; *vgl.* blau · **Krapp|rot;** *vgl.* Blau

Kra|sis, *auch* **Kra|se,** die, –, ..asen (*griech Gramm*; Zusammenziehung des auslautenden u. des anlautenden Vokals zweier benachbarter Wörter) ⟨*grch*, ‚Mischung'⟩

Kras|no|jarsk (Stadt der RSFSR am Jenissej) · **Kras|no|jar|sker:** 1. *K 231*: der, –s, –; 2. *als Attribut K 232*: das Krasnojarsker Wasserkraftwerk

kraß (unerhört, grob, plump); ..asser, ..asseste *K 349* ⟨*lat*⟩; ein krasser Fall · **Kraß|heit**

Kra|ter: 1. ['kra:tər], der, –s, – (trichterförmige Öffnung eines Vulkans). *Zus K 365ff.*: Krater‿see usw. – 2. [kra'te:r], der, –s, –e (altgriech. Mischkrug) ⟨*grch*⟩ · **Kra|ter|land|schaft**

kra|ti|ku|lie|ren (*Math*; durch ein Gitternetz ausmessen od. übertragen) ⟨*lat*⟩

Kratt, das, –[e]s, –e (*norddt*; Eichengestrüpp)

Krat|ten, der, –s, – (*süddt*; kleiner Korb)

Kratz|bee|re (*landsch*; Brombeere) · **Kratz|bür|ste** (*umg scherzh*) · **kratz|bür|stig** (*umg scherzh*; widerspenstig) · **Kratz|bür|stig|keit,** die, – (*umg scherzh*) · **Krat|ze,** die, –, –n (Werkzeug) · **Krät|ze,** die, –: 1. (Hautkrankheit) – 2. ↑ Gekrätz · **Kratz|ei|sen** · **krat|zen** *K 354* · **Krat|zer** (Schramme – *Biol*; Eingeweidewurm) · **Krät|zer,** der, –s, – (*abwert*; saurer Wein) · **Kratz|fuß,** *Pl* ...füße (*noch scherzh*; Art der Verbeugung) · **krat|zig** · **krät|zig** · **Krätz|mil|be** · **Kratz|putz** (*Bauw*; Abart des Sgraffitos)

krau|chen (*landsch*; kriechen)

Kräu|el, der, –s, –, *auch* **Krähl,** der, –s, –e (Hackgabel mit hakenförmigen Spitzen – *bergm*; fünfzackige Kratze) · [1]**krau|len** *od* **krau|en,** *selten* **krau|eln** (*K 363*) ([sanft] kratzen); *vgl. aber* graulen

[2]**krau|len** (nach den für das Kraulschwimmen geltenden Regeln schwimmen) ⟨*engl*⟩; *vgl. aber* graulen · **Krau|len** *od* **Kraul|schwim|men,** das, –s (Schwimmart in Brustlage mit wechselseitiger koordinierter Arm- u. Beinbewegung)

kraus *K 349* · **Krau|se,** die, –, –n · **Kräu|sel|garn** · **Kräu|sel|krank|heit** (*Bot*) · **Kräu|sel|krepp** (ein Baumwollgewebe) · **kräu|seln** *K 363* · **Kräu|se|lung** · **Krau|se|min|ze** (eine Minze, Lippenblütler) · **krau|sen** *K 354* · **Kraus|haar** · **kraus|haa|rig** · **Kraus|kopf** · **kraus|köp|fig**

[1]**Kraut,** der, –[e]s (*norddt*; Bez. für Krabben, Garnelen)

[2]**Kraut:** 1. das, –[e]s, ..äuter (grüne Pflanze mit unverholztem Stengel) – 2. das, –[e]s, *Pl* (*selten*) –e (*landsch*; Bez. für die Kohlarten – *umg*, *oft abwert*; Tabak) – **Kräu|ter** *Pl* (Sammelbez. für Würz- u. Arzneipflanzen) · **kraut|ar|tig** · **krau|ten** (*landsch*; Unkraut jäten) · **Krau|ter,** der, –s, – (*scherzh*; Sonderling) · **Kräu|ter‿kä|se, ...tee** · **Kraut|fäu|le** (Kartoffelkrankheit)

Kraut|fi|scher (*norddt*) ⟨*zu* [1]Kraut⟩

krau|tig (krautartig) · **Kraut|kopf**

Kra|wall, der, –s, –e (Aufruhr – *umg*; Lärm; Unruhe) ⟨*zu* Rebell⟩

Kra|wat|te, die, –, –n (Halsbinde, Selbstbinder) ⟨*serbokr → frz*, ‚Halsbinde auf kroat. Art'⟩ · **Kra|wat|ten|ma|cher** (*umg verhüll*; Halsabschneider, Wucherer)

kra|weel|ge|baut *K 128* (*Schiffb*) ⟨*zu* Karavelle⟩; –es Boot (mit stumpf aneinanderstoßenden Planken)

Kra|xe, die, –, –n (*bes bayr*, *österr*; Rückentraggestell) · **Kra|xe|lei** (*umg*) · **Kra|xel|fel|sen** (*umg*) · **kra|xeln** *K 363* (*umg*; mühsam steigen; klettern) · **Krax|ler** (*umg*, *bes süddt*, *österr*)

Kray|on [krɛ'jɔ̃:, *auch* kra'jo:n], *auch* **Cray|on** [krɛ'jɔ̃:], der, –s, –s (*veraltet*; Blei-, Kreidestift) ⟨*lat → frz*⟩ · **Kray|on|ma|nier,** *auch* **Cray|on|ma|nier,** die, – (*fachspr*; ein veraltetes Tiefdruckverfahren nach Art einer Kreide- od. Rötelzeichnung)

Kre|as, das, – (ungebleichtes Leinen) ⟨*kelt → frz → span*⟩

Krea|tin, das, –s (*Biochem*; organ. Verbindung in den Muskeln der Wirbeltiere) ⟨*grch* + *lat*⟩

Krea|tion (Modeschöpfung – *veraltend*; Schöpfung) ⟨*lat*⟩ · **krea|tiv** (schöpferisch, gestaltend) · **Krea|ti|vi|tät** [..v..], die, – (schöpferische Kraft) · **Krea|tur,** die, –, –en (Geschöpf – *abwert*; verachtenswerter Mensch; willenloses Werkzeug) · **krea|tür|lich** (dem Geschöpf eigen, wesenhaft)

Krebs, der, –es, –e. *Zus K 365ff.*: Krebs‿geschwür usw. · **krebs|ar|tig** · **kreb|sen** *K 354* (Krebse fangen – *umg*; sich abmühen, ohne vorwärtszukommen) · **Krebs|gang,** der, –[e]s · **krebs|rot;** *vgl.* blau

Kre|denz, die, –, –en (*veraltend*; Anrichte-, Geschirrschrank) ⟨*lat → ital*⟩ · **kre|den|zen** *K 354* (*gehoben*; darreichen, anbieten [bes. ein Getränk]); kredenzt · **Kre|dit:** 1. [kre'di:t, *auch* ..'dit] ⟨*lat → ital → frz*⟩, der, –[e]s, –e (*bes Wirtsch*; befristete Überlassung von Werten gegen Zinszahlung – *übertr*; Vertrauenswürdigkeit); auf – (auf Borg). *Zus K 365ff.*: Kredit‿brief usw. – 2. ['kre:dit] ⟨*lat*⟩, das, –s, –s (*Bankw*; Habenseite, rechte Seite eines Buchführungskontos); *Ggs* Debet · **kre|di|tie|ren** (*Wirtsch*; gutschreiben, vorschießen); einem Schuldner einen Betrag – *od* einem Schuldner für einen Betrag – · **Kre|di|tor** [*österr* ..'di:..], der, –s, ..oren (*Wirtsch*; Kreditgeber, Gläubiger) · **Kre|do** *od* **Cre|do,** das, –s, –s (Glaubensbekenntnis) ⟨‚ich glaube'⟩

Kre|feld (Stadt der BRD am Niederrhein) · **Kre|fel|der:** 1. *K 231*: der, –s, –; 2. *als Attribut K 232*

kre|gel (*landsch*; gesund, munter)

Krei|de: 1. die, –, –n (ein Gestein) – 2. die, – (*Geol*; jüngstes System des Mesozoikums) ⟨*lat*⟩; *K 258*: die Obere –, die Untere –. *Zus K 365ff.*: Kreide‿strich usw. · **krei|de|bleich** · **krei|den** · **krei|de|weiß;** *vgl.* blau · **krei|dig**

kre|ie|ren (schaffen – *Theat*; etw. erstmalig herausbringen) ⟨*lat → frz*⟩; eine Rolle – (eine Bühnenrolle zum ersten Mal darstellen)

Kreis, der, –es, –e (gesellschaftl. Gruppe – *Math*; geometr. Figur – *Pol*; Verwaltungseinheit [*Abk* Kr.]). *Zus K 365ff.*: Kreis‿tag usw.

krei|schen *K 354*; du kreischtest; gekreischt; kreisch[e]!

Krei|sel, der, –s, –. *Zus K 365ff.*: Kreisel‿kompaß usw. · **krei|seln** *K 363* · **krei|sen** *K 354*; *vgl. aber* kreißen · **Krei|ser** (*weidm*; jmd., der bei Neuschnee Wild ausmacht) · **kreis|för|mig** · **Kreis|ge|richt** · **Kreis|lauf** · **Kreis|lauf|stö|rung** · **kreis|rund** · **Kreis|sä|ge**

krei|ßen *K 354* (*veraltet*; in Geburtswehen liegen) ⟨*zu* kreischen⟩; *vgl. aber* kreisen · **Krei|ßen|de,** die, –n, –n *K 341* · **Kreiß|saal** (Entbindungsraum im Krankenhaus)

Kreis|stadt

Krem usw. ↑ Creme usw.

Kre|ma|tion (*fachspr*; Einäscherung [von Leichen]) ⟨*lat*⟩ · **Kre|ma|to|rium,** das, –s, ..ien [..iən] (Einäscherungshalle)

Kreml: 1. der, –s, *auch* –, *Pl* – (burgartiger alter Mittelpunkt russ. Städte, bes. von Moskau) – 2. der, –s, *auch* – (Sitz der Regierung der UdSSR) ⟨*russ*⟩

Krem|pe, die, –, –n (Hutrand) ⟨*zu* Krampe⟩

[1]**Krem|pel,** *auch* **Kar|de,** die, –, –n (*Textiltechn*; Maschine zum Auflockern der Faserflocken)

[2]**Krem|pel,** der, –s (*umg abwert*;

Trödelkram) · **Krem|pel|markt** (*landsch*)

krem|peln *K 363* (*Textiltechn*; Faserbüschel auflockern)

Kremp|ling (ein Pilz)

Krems an der Do|nau (Stadt in Österreich)

Krem|ser, der, _s, _ (von Pferden gezogener vielsitziger Mietwagen) ⟨*nach* dem Berliner Fuhrunternehmer⟩

Krem|ser Weiß *K 258*, das, *Gen* _ _[es] (Bleiweiß)

Kren, der, _s (*süddt*, *österr*; Meerrettich) ⟨*slaw*⟩

Krengel ↑ Kringel

Kreo|le, der, _n, _n (in Lateinamerika geborener Nachkomme von roman. Europäern) ⟨*lat* → *portug* → *span* → *frz*⟩ · **Kreo|lin**, die, _, ..innen

Kreo|pha|ge, der, _n, _n (*Biol*; Fleischfresser) ⟨*grch*⟩ · **Kreo|sot**, das, _[e]s (*Med*, *Pharmakol*; ein Desinfektions- u. Arzneimittel)

Krepe|line [krɛp'li:n], die, _, _s (kreppähnl. Gewebe) ⟨*lat* → *frz*⟩

kre|pie|ren (*von Sprenggeschossen gesagt*; zerplatzen, bersten – *von Tieren* [*derb von Menschen*] *gesagt*; verenden, sterben) ⟨*lat* → *ital*⟩ · **Kre|pi|ta|tion** (*Med*; das Knistern bei Atmungsgeräuschen od. an Knochenbruchstellen) ⟨*lat*⟩

Kre|pon [kre'pɔŋ *od* ..'pɔ̃:], der, _s, _s (welliges Kreppgewebe) ⟨*lat* → *frz*⟩ · **Krepp**, der, _s, *Pl* _s *od* _e *od* **Crêpe** [krɛ(:)p], der, _[s], _s (ein Kräuselstoff); *vgl. auch* Crêpe de Chine usw. · **Kreppapier** [*Tr* Krepp|pa|pier *K 78*] · **krepp|ar|tig** · **krep|pen** (*Textilind*; zu Krepp verarbeiten) · **Krepp|flor** · **krep|pig** (kraus) · **Krepp|soh|le** (Schuhsohle aus angerauhtem Kautschuk)

Kre|sol, das, _s, _e (*Chem*; ein Desinfektionsmittel) ⟨*grch* + *lat*⟩

kreß *nichtdeklinierbar* (orange); *vgl. auch K 272 ff.* · **Kreß**, das, _ (nach W. Ostwald deutscher Name für den Farbton Orange) ⟨*nach* der Kapuzinerkresse⟩ · **Kres|se**, die, _, _n (Name verschiedener Kreuzblütler)

Kres|zenz, die, _, _en (*fachspr*; Wachstum; Herkunft [von naturreinen Weinen]) ⟨*lat*⟩

Kre|ta (griech. Insel im Mittelmeer)

kre|ta|zisch (*Geol*; zum Kreidesystem gehörig) ⟨*lat*⟩

Kre|ter, der, _s, _ ⟨*zu* Kreta⟩

Kre|thi und Ple|thi *Pl*, *auch Sg*, *nichtdeklinierbar* (*umg abwert*; jedermann, alle möglichen Leute) ⟨*hebr*, ‚die Kreter u. Philister' [in der Leibwache König Davids]⟩

Kre|tin [kre'tɛ̃:], der, _s, _s (*Med*; Schwachsinniger – *übertr*, *salopp abwert*; Trottel) ⟨*grch* → *lat* → *frz*⟩ · **kre|tin|ar|tig** · **Kre|ti|nis|mus** [..ti..], der, _ (*Med*)

kre|tisch ⟨*zu* Kreta⟩

Kre|tonne [kre'tɔn], der, _, _ *od* die, _, _s, *österr* **Kre|ton**, der, _s, _e (ein Baumwollgewebe) ⟨*nach* dem französ. Dorf Creton [krə'tɔ̃:]⟩

Kret|scham *od* **Kret|schem**, der, _s, _e (*landsch*; Schenke) ⟨*slaw*⟩ · **Kretsch|mer**, der, _s, _ (*landsch*; Wirt)

kreuchst, kreucht ↑ *unter* kriechen

Kreut|zer|so|na|te *K 209*, die, _ (dem französ. Geiger Kreutzer gewidmete Violinsonate Beethovens)

Kreuz, das, _es, _e ⟨*lat*⟩; über[s] Kreuz; zu Kreuz[e] kriechen (*übertr*); *K 258*: das Rote Kreuz, das Eiserne Kreuz (*hist*); [in] die Kreuz und [in die] Quer[e], *aber K 109*: kreuz und quer · **kreuz...** (*umg verstärkend*; z. B. kreuzbrav) · **Kreuz|band**, das, *Pl* ..bänder (*Anat*) · **Kreuz|blüt|ler**, der, _s, _ (*Bot*) · **kreuz|brav** (*umg*) · **Kreuz|chor** (Knabenchor der Kreuzschule Dresden); *vgl. auch* Kruzianer · **kreu|zen** *K 354*: 1. ⟨*lat*⟩ (über Kreuz legen – *Biol*; paaren); sich (*Akk*) kreuzen – 2. ⟨*lat* → *ndrl*⟩ (*seem*; im Zickzack fahren) · **Kreu|zer**: 1. ⟨*lat*⟩ (*hist*; eine Münze) – 2. ⟨*lat* → *ndrl*⟩ (Kriegsschiff; größere Segel- od. Motorjacht); *K 119*: großer, kleiner, leichter, schwerer _ · **Kreu|zes|tod**, der, _[e]s · **Kreu|zes|weg**, der, _[e]s (Christi Weg zum Kreuz) · **Kreu|zes|zei|chen** *od* **Kreuz|zei|chen** · **Kreuz|fah|rer** (*hist*) · **Kreuz|fahrt** · **kreuz|fi|del** (*umg*) · **kreuz|för|mig** · **Kreuz|ge|lenk** · **kreu|zi|gen** (*hist*) · **Kreu|zi|gung** · **kreuz|lahm** (*umg*) · **Kreuz|ot|ter**, die (eine Schlange) · **kreuz|sai|tig** · **Kreuz|stich** · **kreuz und quer**; *vgl. auch* Kreuz · **Kreuz|und|quer|fahrt** *K 192* · **Kreu|zung** · **Kreuz|ver|hör** · **kreuz|ver|kehrt** (*umg*) · **Kreuz|weg** (*auch* Darstellung des Leidens Christi) · **kreuz|wei|se** *K 176* · **Kreuz|wort|rät|sel** · **Kreuzzeichen** ↑ Kreuzeszeichen · **Kreuzzug** (*hist od übertr*)

Krib|be, die, _, _n (*norddt*; Buhne)

krib|be|lig *K 362* (*umg*) · **Krib|belkrank|heit**, die, _ (*Med*; Mutterkornvergiftung) · **Kribbelmücken** ↑ Kriebelmücken · **krib|beln** *K 363*; es kribbelt und krabbelt

Kribs|krabs, der *od* das, _ (*noch landsch*; Kauderwelsch, mysteriöses Gerede)

Krick ↑ Kriek

Krickel ↑ Krucke

kricke|lig[1] *K 362* (*landsch*; unzufrieden; tadelsüchtig, nörgelnd) · **Krickel|kra|kel**[1], das, _s, _ (*umg*; unleserlich Geschriebenes; unleserliche Schrift) · **krickeln**[1] *K 363* (*landsch*; streiten, zanken; tadeln – *umg auch für* kritzeln)

Krickel|wild[1] (*weidm*; Gemswild)

Krick|en|te

Kricket[1], das, _s (ein Schlagballspiel) ⟨*frz* → *engl*⟩. *Zus K 365 ff.*: Kricket‿ball usw.

Krickl ↑ Krucke

Kri|da, die, _ (*österr*, *Rechtsw*; Zahlungsunfähigkeit, [betrügerischer] Konkurs) ⟨*lat*⟩ · **Kri|da|tar**, der, _s, _e (*österr*, *Rechtsw*; Gemeinschuldner)

Krie|bel|mücken[1] *od* **Krib|bel|mücken**[1]

Krie|che, die, _, _n (*landsch*; eine kleinfrüchtige Pflaumenart)

krie|chen; du krochst; du kröchest; gekrochen; kriech[e]!; *dicht noch die 2. u. 3. Pers Sg des Präs* du kreuchst, er kreucht *u. der Imp* kreuch!; was da kreucht und fleugt · **Krie|cher** (*übertr, abwert*) · **Krie|che|rei** (*übertr, abwert*) · **krie|che|risch** (*übertr, abwert*); _ste · **Kriech|spur** (*auch Verkehrsw*) · **Kriech|tier**

Krieg, der, _[e]s, _e · **krie|gen** (*veraltet*; Krieg führen – *umg*; erhalten, bekommen) · **Krie|ger** (*veraltend*) · **krie|ge|risch**; _ste · **Krieg|füh|rung** · **kriegs|be|schä|digt** · **Kriegs|be|schä|dig|te**, der *u.* die, _n, _n *K 341* · **Kriegs|fuß**; *nur in* mit jmdm. *od* etw. auf [dem] _ stehen · **kriegs|ge|fan|gen** *K 364* · **Kriegs|ge|fan|ge|ne**, der *u.* die, _n, _n *K 341* · **Kriegs‿ge|winn|ler** (*abwert*), **...het|zer** (*abwert*), **...schiff** · **Kriegs|ver|bre|cher** · **Kriegs|ver|bre|cher|pro|zeß** · **Kriegs|ver|sehr|te**, der *u.* die, _n, _n *K 341* · **Kriegs|wirt|schaft**

Kriek *od* **Krick**, der, _[e]s, _e (*norddt*; kleiner Wasserlauf; Schlupfhafen) ⟨*ndrl* → *engl*⟩

Kries, das, _es (*schweiz*; trockene Tannenäste)

Krie|sel|wind (Wasserhose auf der Ostsee)

Krill, der, _[e]s (tierisches Plankton) ⟨*norw*⟩

Krim, die, _ (Halbinsel an der Nordküste des Schwarzen Meeres) · **Krimer**: 1. *K 231*: der, _s, _; 2. *als Attribut K 232*; *vgl. aber* Krimmer

Kri|mi, der, _s, _s *umg Kurzw* (Kriminalfilm, -roman) · **Kri|mi|nal|film**; *umg Kurzw* Krimi ⟨*lat* + *engl*⟩ · **Kri|mi|na|list** (jmd., der Straftaten untersucht) ⟨*lat*⟩ · **Kri-**

---

[1] *Tr* ..k|k..

mi|na|li|stik, die, _ (Lehre der Verbrechensbekämpfung u. -verhütung) · kri|mi|na|li|stisch · Kri|mi-na|li|tät, die, _ (Straffälligkeit; Zahl u. Umfang von Straftaten) · Kri|mi|nal|po|li|zei · Kri|mi|nal|roman; *umg Kurzw* Krimi · kri|mi-nell ⟨*lat* → *frz*⟩ · Kri|mi|no|lo|ge, der, _n, _n ⟨*lat* + *grch*⟩ · Kri|mi-no|lo|gie, die, _ (Wissenschaft vom Erkennen, Aufklären u. Verhüten von Verbrechen) · kri|mi|no|lo-gisch

Krim|krieg, der, _[e]s (*hist*) · **Krim-mer**, der, _s, _ (Lammfell; Wollgewebe) ⟨*nach* der Halbinsel Krim⟩; *vgl. aber* Krimer

krim|pen (*norddt*; einschrumpfen; einschrumpfen lassen – *seem, vom Wind gesagt*; sich von West nach Ost drehen); gekrimpt, *auch* gekrumpen

Krims|krams, der, _ *od* _es (*umg*; Plunder, wertloses Zeug; Durcheinander, [törichtes] Gerede)

Krin|gel, *auch* **Kren|gel**, der, _s, _ · **krin|ge|lig** *K 362* (sich kringelnd) · **krin|geln** *K 363*; sich (*Akk*) _ (sich ringeln)

Kri|no|iden *Pl* (*Zool*; die Stachelhäuter); *Sg* Kri|no|ide, der, _n ⟨*grch*⟩

Kri|no|li|ne, die, _, _n (*hist*; Reifrock) ⟨*lat* → *frz*⟩

Krip|pe, die, _, _n (*auch kurz für* Kinderkrippe) · **Krip|pen|bei|ßer** *od* **Krip|pen|set|zer** (Pferd, das die Zähne auf den Krippenrand aufsetzt u. dabei Luft abschluckt) · **Krip|pen|platz** · **Krip|pen|spiel** (Weihnachtsspiel)

Kris [kri:s], der, _es, _e (Dolch der Malaien) ⟨*mal*⟩

Kri|se, die, _, _n: 1. (schwierige, gefährliche Lage, die eine Entscheidung fordert – *polit Ök*; Ausgangspunkt u. Hauptphase der zyklischen Wirtschaftskrise) – 2. *od* **Kri|sis**, die, _, *Pl* Krisen (*Med*; Höhe- u. Wendepunkt einer Krankheit) ⟨*grch*⟩ · **kri|seln** (drohend bevorstehen, sich bemerkbar machen [von einer Krise]); es kriselt · **kri|sen-fest** · **kri|sen|los**; *vgl.* ...los · **Kri-sen‿stab, ...zeit, ...zy|klus** (*polit Ök*)

kris|peln *K 363* (*Gerberei*; narben, die Narben herausarbeiten)

Kri|stall: 1. der, _s, _e (von ebenen Flächen mit bestimmten Winkelverhältnissen begrenzter Körper) – 2. das, _s (Gegenstände aus starkem, geschliffenem Glas) ⟨*grch* → *lat*, ‚Eis'⟩ · **kri|stall|ar|tig** · **Kri-ställ|chen** · **kri|stal|len** (*K 364*), *auch* **kri|stal|lisch** (aus Kristall [2] bestehend; kristallklar) · **Kri|stall-glas**, *Pl* ..gläser · **kri|stal|lin** *od* **kri-stal|li|nisch** (*Mineral*; aus Kristallen bestehend) · **Kristallinse** [*Tr* Kri|stall|lin|se *K 78*] · **Kri|stal|li|sa-tion** (Kristallbildung) · **Kri|stal|li-sa|tions|pro|dukt** · **kri|stal|li|sier-bar** · **kri|stal|li|sie|ren** (Kristalle bilden) · **Kri|stal|lit**, der, _[e]s, _e (*Mineral*; synthetischer Kristall) · **kri|stall|klar** · **Kri|stal|lo|gra|phie**, die, _ (Lehre von den Kristallen) ⟨*grch*⟩ · **kri|stal|lo|gra|phisch** · **Kri-stal|lo|id**, das, _[e]s, _e (Körper, der Kristallform annimmt) ⟨*grch* → *lat*⟩ · **Kristallüster** [*Tr* Kri|stall|lü-ster *K 78*], *österr* **Kristalluster** [*Tr* Kri|stall|lu|ster *K 78*] · **Kri|stall-zucker** [*Tr* ...zuk|ker]

Kri|stia|nia, der, _s, _s (*Skisp*; in Wettkämpfen nicht mehr gebräuchl. Querschwung) ⟨*nach* dem früheren Namen der norweg. Hptst. Oslo⟩

Kri|te|rium, das, _s, ..ien [..iən] (unterscheidendes Merkmal, Kennzeichen; Prüfstein – *Radsp*; sportliche Prüfungsfahrt, Wettlauf) ⟨*grch* → *lat*⟩ · **Kri|tik**, die, _, _en ([wissenschaftliche, künstlerische] Beurteilung; Besprechung; Urteilsfähigkeit; Beanstandung) ⟨*grch*⟩ · **Kri|ti-ka|ster**, der, _s, _ (*abwert*; kleinl. Kritiker, Krittler) · **Kri|ti|ker**, der, _s, _ · **Kri|ti|ke|rin**, die, _, ..innen · **kri|tik|los** *K 349*; *vgl.* ...los · **Kri|tik|lo|sig|keit**, die, _ · **kri|tisch**; _ste · **kri|ti|sie|ren** (Kritik ausüben, beurteilen; bemängeln) · **Kri|ti|zis|mus**, der, _ (eine subjektiv-idealist. philosoph. Richtung) ⟨*grch* → *lat*⟩

Krit|te|lei (*abwert*) · **krit|teln** *K 363* (*abwert*; kleinlich, mäkelnd urteilen; tadeln) · **Kritt|ler** *K 363* (*abwert*) · **kritt|lig** *K 362* (*abwert*)

Krit|ze|lei (*umg abwert*) · **krit|zeln** *K 363* (*umg abwert*) ⟨*zu* kratzen⟩ · **kritz|lig** *K 362* (*umg abwert*)

Kri|woi Rog [..'vɔy _] (Stadt in der Ukraine) · **Kri|woi|ro|ger** *K 248*: 1. *K 231*: der, _s, _; 2. *als Attribut K 232*

Krkonoše ↑ Riesengebirge

Kroa|te, der, _n, _n · **Kroa|tien** [..iən], *ohne Art*, *amtl* **So|zia|li|sti-sche Re|pu|blik Kroa|tien** *K 258*, die, *Gen* _n _ _ (in Jugoslawien) · **kroa|tisch**; *vgl. auch K 265ff.*

Kroatz|bee|re (*landsch*)

Krocket [..'kɛt *od* 'krɔ.., *österr nur so*; *Tr* Krok|ket], das, _s, _s (ein Rasenspiel) ⟨*engl*⟩ · **krockie|ren** [*Tr* krok|kie..] (die Kugel beim Krocketspiel wegschlagen)

Kro|kant, der, _s (Mischung aus geschmolzenem Zucker u. gehackten Mandeln od. Nüssen) ⟨*frz*⟩

Kro|ket|ten *Pl* (*Kochk*; in Fett gebackene Klößchen aus Kartoffeln, Fisch u. a.); *Sg* Kro|ket|te, die, _ ⟨*frz*⟩

Kro|ki, das, _s, _s (*Kartogr*; Gelände-, Kartenskizze) ⟨*frz*⟩ · **kro-kie|ren** (*Kartogr*) · **Kro|ki|zeich-nung** (*Kartogr*)

Kro|ko|dil, das, _s, _e (stark gepanzertes Kriechtier) ⟨*grch*⟩ · **Kro|ko-dils|trä|nen** *Pl*; _ vergießen (*umg*; heuchlerisch weinen) · **Kro|ko|dil-wäch|ter** (ein afrikan. Vogel)

Kro|kus, der, _, *Pl* _ *od* ..usse (ein Frühlingsblüher, Schwertliliengewächs) ⟨*grch* → *lat*⟩

Krol|le, die, _, _n (*landsch*; Locke)

Krom|lech ['krɔmlɛç *od* ..lɛk], der, _s, *Pl* _e *od* _s (*Urgesch*; jungsteinzeitl. Grab- od. Kultstätte) ⟨*kelt*⟩

Króna ↑ Krone (4)

Krön|chen · **Kro|ne**, die, _, _n: 1. ⟨*grch* → *lat*⟩ (Kopfzier, Zeichen der Herrscherwürde); *K 258*: die Nördliche _, die Südliche _ (Sternbilder) – 2. ⟨*grch* → *lat* → *skand*⟩ (Währungseinheit in Dänemark [*Abk* Kr, *internationale Abk* dkr], in Norwegen [*Abk* Kr, *internationale Abk* nkr] u. in Schweden [*Abk* Kr, *internationale Abk* skr]) – 3. ⟨*grch* → *lat*⟩, *tschech u. slowak* **Ko-ru|na** ['kɔ..] (Währungseinheit in der ČSSR); *Abk* Kčs – 4. ⟨*grch* → *lat*⟩, *isländ* **Kró|na** ['kroŭna] (Währungseinheit in Island); *Abk* Kr, *internationale Abk* ikr · **krö|nen** ⟨*grch* → *lat*⟩ · **Kro|nen|klee** · **Kro|ner|be**, der · **Kron|glas**, das, _es (opt. Glas)

Kro|ni|de, der, _n (*griech Mythol*; Geschlechtername des Zeus) ⟨*grch*, ‚Nachkomme des Kronos'⟩

Kron|ko|lo|nie (dem britischen Kolonialministerium unmittelbar unterstelltes, politisch rechtloses überseeisches Gebiet) ⟨*zu* Krone⟩ · **Kron|leuch|ter**

Kro|nos ['kro:nɔs *od* 'krɔ..] (*griech Mythol*; Vater des Zeus) ⟨*grch*⟩

Kron|prinz ⟨*zu* Krone⟩ · **Kron|prin-zes|sin**

Krons|bee|re (*norddt*; Preiselbeere)

Kron|stadt (Hafenstadt westl. von Leningrad)

Krö|nung · **Kron|zeu|ge** (*Rechtsw*; Hauptzeuge)

Kropf, der, _[e]s, ..öpfe · **Kröpf-chen** · **kröp|fen** (*Techn u. Arch*; krumm biegen, in gebrochenen Linien führen – *von Greifvögeln gesagt*; fressen); *vgl. auch* gekröpft · **Kröp|fer** (männl. Kropftaube) · **krop|fig**, *auch* **kröp|fig** · **Kröpf-stein** (*Arch*) · **Kropf|tau|be** ⟨*zu* [1]Taube⟩ · **Kröp|fung** (*fachspr*)

Kropp|zeug, das, _[e]s (*umg abwert*; Gesindel, minderwertige Dinge)
kroß (*landsch*; knusprig, scharf gebacken, spröde, brüchig); krosser, krosseste *K 349*
Krö|sus, der, _, ..usse (*meist scherzh*; sehr reicher [freigebiger] Mann) ⟨*nach* dem lydischen König⟩
Krö|te, die, _, _n · **Krö|ten|stein** (*volkstüml*; tier. Versteinerung)
Kro|ton, der, _s, _e (ostasiat. Holzgewächs) ⟨*grch*⟩ · **Kro|ton|öl,** das, _[e]s (ein Abführmittel)
Krucke[1], die, _, _n *od* **Krickel**[1] (*österr* **Krickel**[1] *od* **Krickl**), das, _s, _[n], *meist Pl* (*weidm*; Gehörn des Gemswildes, *österr auch* Geweih) · **Krücke**[1], die, _, _n (Stock mit Querholz) · **Krück|stock,** der, *Pl* ..stöcke
krud *od* **kru|de** (*veraltend*; roh, grob) ⟨*lat*⟩ · **Kru|di|tät,** die, _ (*veraltend*)
[1]**Krug,** der, _[e]s, ..üge (ein Gefäß)
[2]**Krug,** der, _[e]s, ..üge (*norddt*; Schenke)
Krü|gel, das, _s, _[n] (*österr*; Biergläs; ein Biermaß); 2 _ Bier
Krü|ger (*norddt veraltend*; Wirt, Pächter) ⟨*zu* [2]Krug⟩
Krüg|lein
Kru|ke, die, _, _n (*norddt*; großer Krug, Tonflasche)
Krüll|schnitt (ein Tabakschnitt)
Krüm|chen, das, _s, _ *od* **Krü|mel,** der, *auch* das, _s, _ *bzw* **Krü|mel|chen,** das, _s, _ · **Kru|me,** die, _, _n · **krü|me|lig** *K 362* · **krü|meln** *K 363* · **Krü|mel|zucker**[1]
krumm; *K 348*: krummer, *landsch* krümmer, krummste, *landsch* krümmste. *Schreibung bei Verben K 135*: etwas krumm biegen; *vgl. aber* krummnehmen · **krumm|bei|nig** · **Krum|me,** der, _n, _n *K 342* (*weidm scherzh*; Feldhase) · **Krüm|me,** die, _, _n (*bes dicht*; Wegbiegung) · **krüm|men;** sich (*Akk*) _ · **Krüm|mer** (gebogenes Rohrstück; veraltetes Bodenbearbeitungsgerät) · **Krumm|holz** · **krumm|li|nig** · **krumm|na|sig** · **krumm|neh|men** *K 136* (*umg*; übelnehmen); du nimmst krumm; krummgenommen; krummzunehmen · **Krüm|mung**
krum|pe|lig *K 362* (*landsch*; zerknittert) · **krum|peln** *K 363* (*landsch*; zerknittern) · **Krüm|per,** der, _s, _ (*hist*; kurzfristig ausgebildeter preußischer Wehrpflichtiger vor 1813) · **Krüm|per|sy|stem,** das, _s (*hist*) · **krumpf|echt** (*Textilwirtsch*) · **krump|fen** (*Textilwirtsch*; Gewebe einschrumpfen lassen, schrumpffrei machen) · **krumpf|frei** (*Textilwirtsch*) · **Krumpf|wert** (*Textilwirtsch*)
Krupp, der, _s (*Med*; Kehlkopfdiphtherie) ⟨*engl*⟩
Krup|pa|de (*Reitsp*; ein Sprung der Hohen Schule) ⟨*germ* → *ital* → *frz*⟩ · **Krup|pe,** die, _, _n (Kreuz [des Pferdes])
Krüp|pel, der, _s, _ (*zu* Kropf) · **krüp|pel|haft** · **krüp|pe|lig** *K 362*
krup|pie|ren ([Schweine] entschwarten) ⟨*germ* → *frz*⟩
krup|pös (*Med*; kruppartig) ⟨*engl*⟩; _er Husten
kru|ral (*Anat*; zum Schenkel gehörig; Schenkel...) ⟨*lat*⟩
Kru|sta|ze|en *Pl* (*Zool*; die Krebstiere); *Sg* Kru|sta|zee, die, _ ⟨*lat*⟩ · **Kru|ste,** die, _, _n · **Kru|sten|tier** (Krebs) · **kru|stig**
Kru|zia|ner, der, _s, _ (Mitglied des Dresdener Kreuzchors) ⟨*lat*⟩ · **Kru|zi|fe|ren** *Pl* (*Bot*; Kreuzblütler); *Sg* Kru|zi|fe|re, die, _ · **Kru|zi|fix** [*österr nur so, auch* 'kru:..], das, _es, _e (Darstellung des gekreuzigten Christus) · **Kru|zi|fi|xus,** der, _ (*Theol, Kunstwiss*; der Gekreuzigte)
kryo|gen (*Phys*; durch Kälte entstanden) ⟨*grch*⟩ · **Kryo|lith,** der, *Gen* _[e]s, *Pl* _e *od Gen* _en, *Pl* _en (*Mineral*) · **Kryo|tech|nik,** die, _ (*Phys*; Tiefsttemperaturtechnik) · **Kryo|tron,** das, _s, _s (*Datenv*; Schalt- u. Speicherelement für extrem tiefe Temperaturen)
Kryp|ta, die, _, ..ten (unterird. Kapellen- od. Kirchenraum mit Grabstätte, Gruft) – **Kryp|ten** *Pl* (*Anat*; verborgene Höhlen in den Rachenmandeln) ⟨*grch*⟩
Kryp|to|ga|men *Pl* (*Bot*; Bez. für Sporenpflanzen); *Sg* Kryp|to|ga|me, die, _ ⟨*grch*⟩; *Ggs* Phanerogamen
Kryp|ton [*od* ..'to:n], das, _s (chem. Element, Edelgas); *Zeichen* Kr ⟨*grch*⟩
Krypt|or|chis|mus [..ç..], der, _, ..men (*Med*; Zurückbleiben der Hoden in der Bauchhöhle) ⟨*grch* → *lat*⟩
Kua|la Lum|pur (Hptst. von Malaysia)
Ku|ba: 1. (Insel der Großen Antillen) – 2. *amtl* **Re|pu|blik Ku|ba** (Inselstaat vor der Ostküste Mittelamerikas) · **Ku|ba|ner,** der, _s, _ · **ku|ba|nisch** · **Ku|ba|ta|bak** *K 246*
Ku|ba|tur, die, _, _en (*Math*; Berechnung des Rauminhalts; Erhebung zur 3. Potenz) ⟨*grch* → *lat*⟩
Ku|be|be, die, _, _n (als Gewürz- u. Arzneidroge verwendete Frucht eines indones. Pfeffergewächses) ⟨*arab* → *span*⟩ · **Ku|be|ben|frucht**
Kü|bel, der, _s, _ · **Kü|bel|wa|gen**
Kuben ↑Kubus · **ku|bie|ren** (*Math*; zur 3. Potenz erheben; den Rauminhalt berechnen) ⟨*grch* → *lat*⟩
Ku|bik... (bei Einheiten die 3. Potenz der genannten Einheit, z. B. Kubikmeter); *Kurzzeichen* ³ (z. B. m³) ⟨*grch* → *lat*⟩ · **Ku|bik|de|zi|me|ter,** das *od* der, *schweiz nur so*; *Einheitenzeichen* dm³ · **Ku|bik|ki|lo|me|ter,** das *od* der, *schweiz nur so*; *Einheitenzeichen* km³ · **Ku|bik|maß,** das (Körper- od. Raummaß) · **Ku|bik|me|ter,** das *od* der, *schweiz nur so* (SI-Einheit des Volumens); *Einheitenzeichen* m³ · **Ku|bik|mil|li|me|ter,** das *od* der, *schweiz nur so*; *Einheitenzeichen* mm³ · **Ku|bik|wur|zel** (*Math*; die 3. Wurzel aus einer Zahl) · **Ku|bik|zahl** · **Ku|bik|zen|ti|me|ter,** das *od* der, *schweiz nur so*; *Einheitenzeichen* cm³ · **ku|bisch** (würfelförmig; zur 3. Potenz erhoben) · **Ku|bis|mus,** der, _ (eine Kunstrichtung in Malerei und Plastik) · **Ku|bist** · **ku|bi|stisch** · **Ku|bus,** der, _, *Pl* _ *od*, *österr nur*, Kuben (*fachspr*; Würfel; 3. Potenz)
Kü|che, die, _, _n ⟨*lat*⟩. *Zus K 365ff.*: Küchen‿herd usw.
kü|cheln *K 363* (*süddt, schweiz*; kleine Kuchen backen) · **Ku|chen,** der, _s, _. *Zus K 365ff.*: Kuchen‿blech usw.
kü|chen|fer|tig; _es Gemüse
Küch|lein ['ky:ç..] (*landsch*; Küken)
kucken [*Tr* kuk|ken] (*norddt*; gukken)
Kücken ↑Küken (1)
Kuckuck [*Tr* Kuk|kuck], der, _[e]s, _e · **Kuckucks|blu|me** [*Tr* Kukkucks...] (volkstüml. Name mehrerer Pflanzen)
Kud|del|mud|del, der *od* das, _s (*umg*; Durcheinander, Wirrwarr)
Ku|der, der, _s, _ (*weidm*; männl. Wildkatze; männl. Luchs)
Kuenlun ↑Kunlun
[1]**Ku|fe,** die, _, _n (Laufschiene [eines Schlittens])
[2]**Ku|fe,** die, _, _n (*landsch*; ein Gefäß, Bottich) ⟨*lat*⟩ · **Kü|fer,** der, _s, _ (*landsch*; Böttcher, Faßmacher, Gehilfe des Weinhändlers)
ku|fi|sche Schrift *K 238*, die, *Gen* _n _ (alte arab. Schrift) ⟨*nach* Kufa, einer ehem. Stadt bei Bagdad⟩
Ku|fra (Oasengruppe in der Libyschen Wüste)
Kuf|stein ['ku(:)f..] (Stadt in Österreich)
Ku|gel, die, _, _n. *Zus K 365ff.*: Kugel‿gelenk usw. · **Ku|gel|blitz** · **Kü|gel|chen** · **Ku|gel|fang** · **Ku|gel|form** · **ku|gel|för|mig** · **ku|ge-**

---
[1] *Tr* ..k|k..

lig *K 362* · **Ku|gel|la|ger** · **ku|geln** *K 363* · **ku|gel|rund** · **Ku|gel|schrei|ber;** *umg Kurzw* [2]Kuli · **Ku|gel|sto|ßen,** das, _s

Ku|gu|ar, der, _s, _e (Puma) ⟨*indian*⟩

Kuh, die, _, *Pl* Kühe. *Zus K 365ff.*: Kuh‿milch usw. · **Kü|her,** der, _s, _ (*schweiz*; Kuhhirt) · **Kuh|fuß** (*fachspr*; Brechstange) · **Kuh|han|del** (*umg abwert*; [polit.] Schachergeschäft – *auch für* gegenseitige Zugeständnisse) · **kuh|han|deln** *K 132 u. 363* (*umg abwert*); gekuhhandelt; zu _

kühl; *K 93*: im Kühlen; ins Kühle setzen · **Kühl‿an|la|ge, ...box**

Kuh|le, *auch* **Ku|le,** die, _, _n (*umg*; Grube, Loch); *vgl. auch* Kaule

Küh|le, die, _ · **küh|len** · **Küh|ler** (Kühlvorrichtung) · **Kühl|ket|te** (*Wirtsch*; ununterbrochene Folge von Kühlanlagen für Lebensmittel von der Herstellung bis zu ihrem Verbrauch) · **Kühl|raum** · **Kühl|schiff** (Schiff mit umfangreichen Kühlanlagen) · **Kühl|schlan|ge** (*Techn*; Röhrenkühlanlage) · **Kühl|schrank** · **Kühl|te,** die, _, _n (*seem*; mäßiger Wind) · **Kühl|tru|he** · **Küh|lung,** die, _ · **Küh|lungs|born, Ost|see|bad** (im Bez. Rostock)

kühn ⟨*zu* können⟩ · **Kühn|heit**

Kuh|pocke [*Tr* ...pok|ke] · **Kuh|rei|gen** *od* **Kuh|rei|hen** (Gesang der Kuhhirten in Alpenländern) · **Kuh|stall**

Kui|by|schew ['kuĭbiʃɛf] (Stadt der RSFSR an der Wolga) ⟨*nach* dem sowjet. Politiker⟩ · **Kui|by|sche|wer Stau|see** [..vər _] *K 232*, der, *Gen* _ _s

Ku|jon, der, _s, _e (*noch salopp abwert*; Taugenichts; Schuft) ⟨*lat → ital → frz*⟩ · **ku|jo|nie|ren** (*salopp abwert*; verächtlich behandeln; quälen)

Kü|ken ['ky:..]: 1. *od* **Kücken** ['ky..; *Tr* Kük|ken], *österr nur so*, das, _s, _ (das Junge des Hausgeflügels, bes. des Huhnes) – 2. das, _s, _ (*Techn*; drehbarer Teil, Kegel des Hahns)

Ku-Klux-Klan [..'kla:n], der, _[s] (faschist. terrorist. Geheimbund in den USA) ⟨*amerik, zu grch* kyklos ,Kreis'⟩

Ku|ku|mer, die, _, _n (*südwestdt*; Gurke) ⟨*lat*⟩

Ku|ku|ruz, der, _[es] (*landsch, bes österr*; Mais) ⟨*türk → slaw*⟩

Ku|lak, der, _en, _en (*hist*; russ. Großbauer) ⟨*russ*⟩

ku|lant (gewandt; entgegenkommend, verbindlich) ⟨*lat → frz*⟩ · **Kulanz,** die, _

Kule ↑ Kuhle

[1]**Ku|li,** der, _s, _s (rücksichtslos ausgebeuteter Arbeiter der kapitalist. u. kolonialen Länder Ost- u. Südostasiens – *übertr, abwert*; rücksichtslos Ausgenutzter) ⟨*Hind → engl*⟩

[2]**Ku|li,** der, _s, _s *umg Kurzw* (Kugelschreiber)

Ku|lier|wa|re (eine Wirkware) ⟨*lat → frz*⟩

ku|li|na|risch (auf die Kochkunst bezüglich; feinschmeckerisch) ⟨*lat*⟩

Ku|lis|se, die, _, _n (*Theat*; versetzbare Seitendekoration – *Techn*; Schwinge [ein Steuerungselement] – *kap Wirtsch*; freier Markt, Nebenbörse – *übertr, abwert*; Vortäuschung) ⟨*lat → frz*⟩

[1]**Kulm** *od* **Kolm,** der *od* das, _[e]s, _e (kegelförmiger Berggipfel [bei geograph. Namen]) ⟨*slaw*⟩

[2]**Kulm,** der *od* das, _s (*Geol*; tonigsandige Ausprägung der untersten Stufe des Karbons) ⟨*engl*⟩

Kul|mi|na|tion (Erreichung des Höhe-, Scheitel-, Gipfelpunktes – *Astron*; höchste u. tiefste Stellung eines Gestirns) ⟨*lat*⟩ · **Kul|mi|na|tions|punkt** (Höhepunkt) · **kul|mi|nie|ren** (den Höhepunkt erreichen, gipfeln)

Kult, der, _[e]s, _e, *auch* **Kul|tus,** der, _, ..te (»Pflege«, Verehrung; Form der [öffentlichen gemeinschaftl.] Religionsausübung – *auch für* übertriebene Verehrung) ⟨*lat*⟩ · **kul|tisch** · **Kul|ti|va|tor** [..v..], der, _s, ..oren (*Landw*; Bodenbearbeitungsgerät) · **kul|ti|vie|ren** ([Land] bebauen, urbar machen; bilden; sorgsam pflegen) · **kul|ti|viert** (gesittet; gepflegt; gebildet; veredelt) · **Kult|stät|te** · **Kul|tur,** die, _, _en (Gesamtheit der zur Höherentwicklung der Menschheit geschaffenen materiellen, geistigen, künstlerischen u. moralischen Werte; Pflege einzelner Lebensgebiete [z. B. der Wohnkultur] – *Landw, Gartenb*; Bodenbearbeitung, -nutzung; Anbau, Pflege u. Züchtung von Pflanzen – *Biol*; Züchtung von Kleinstlebewesen) · **Kul|tur|bund,** der, _[e]s (*kurz für* Kulturbund der DDR) · **Kul|tur|denk|mal** · **kul|tu|rell** (die Kultur betreffend) · **Kul|tur|er|be,** das, _s (überliefertes Kulturgut) · **Kul|tur|fonds** [..fɔŋ, *auch* ..fɔ̃:] (Fonds zur Förderung des kulturellen Lebens) · **Kul|tur|funk|tio|när** · **Kul|tur|ge|schich|te,** die, _ · **kul|tur|ge|schicht|lich** · **Kul|tur‿grup|pe, ...haus** · **kul|tur|hi|sto|risch** · **Kul|tur|land|schaft** · **kul|tur|los** *K 349*; *vgl.* ...los · **Kul|tur‿park, ...pflan|ze** · **Kul|tur|po|li|tik,** die, _ · **kul|tur|po|li|tisch** · **Kul|tur|re|vo|lu|tion** [..v..] (die sozialist. Revolution auf dem Gebiet der Ideologie u. Kultur) · **Kul|tur|schaf|fen|de,** der *u.* die, _n, _n *K 341* · **Kul|tur|ver|an|stal|tung** · **kul|tur|voll** · **Kul|tur|wis|sen|schaft** · **Kultus** ↑ Kult · **Kul|tus|mi|ni|ste|rium** (Behörde für Wissenschaft, Bildung u. Kultur in der BRD)

Ku|ma|rin, das, _s (*Biochem*; eine wohlriechende organ. Verbindung, z. B. in Waldmeister) ⟨*indian + lat*⟩ · **Ku|ma|ron,** das, _s (*Chem*; ein Bestandteil des Steinkohlenteers) ⟨*indian + grch*⟩ · **Ku|ma|ron|harz,** das, _es

Kumm, der, _[e]s, _e (*norddt*; Rohr, Hülse, Kasten, tiefe, runde Schüssel, Futtertrog) · **Kum|me,** die, _, _n (*norddt u. seem*; Schüssel)

Küm|mel, der, _s, _ (eine Gewürzpflanze, Doldengewächs; ein Branntwein) ⟨*semit → grch → lat*⟩. *Zus K 365ff.*: Kümmel‿stange usw. · **küm|meln** *K 363* (*meist umg*; Alkohol trinken)

Kum|mer, der, _s ⟨*lat → rom*⟩ · **Küm|me|rer** (*weidm*; krankes Wild – *Landw*; mangelhaft entwickeltes Haustier – *übertr*; vergrämter Mensch) · **küm|mer|lich** (*auch abwert*) · **Küm|mer|ling** (*abwert*) · **küm|mern** (*von Pflanzen u. Tieren gesagt*; in der Entwicklung zurückbleiben); sich (*Akk*) [um jmdn., etw.] _ *K 363* ([für jmdn., etw.] sorgen); es kümmert mich nicht · **Küm|mer|nis,** die, _, ..isse (*gehoben*) · **kum|mer|voll**

Kummet ↑ Kumt

Kump, das, _s, _e (*fachspr*; Form zum Wölben von Platten)

Kum|pan, der, _s, _e (*umg*; Gefährte, Teilnehmer – *umg abwert*; Helfershelfer) ⟨*lat → frz*, ,Brotgenosse'⟩ · **Kum|pa|nei** (*umg, meist abwert*) · **Kum|pel,** der, _s, *Pl* _ *od umg* _s (Bergmann – *umg auch für* Arbeitskollege, Kamerad)

küm|peln *K 363* (*fachspr*; biegen, wölben) · **Kum|pen,** der, _s, _ (*norddt*; Gefäß, Schüssel) · **Kumpf,** der, _[e]s, *Pl* _e *od* Kümpfe (*süddt, österr*; Gefäß, Schüssel; Behälter für den Wetzstein)

Kumt, das, _[e]s, _e *od*, *österr nur*, **Kum|met,** das (*schweiz* der), _s, _e (gepolsterter Bügel um den Hals der Zugtiere) ⟨*germ → slaw*⟩

Ku|mu|la|tion (*fachspr*; Anhäufung) ⟨*lat*⟩ · **ku|mu|la|tiv** (*fachspr*; anhäufend) · **ku|mu|lie|ren** (*fachspr*) · **Ku|mu|lie|rung** (*fachspr*) ·

Ku|mu|lo|nim|bus (*Met*; Gewitterwolke) · **Ku|mu|lus,** der, –, *Pl* ..li *od* Kumuluswolken (*Met*; Quell-, Haufenwolke)

Ku|mys [*od* ..'mis], der, – (gegorene Stutenmilch) ⟨*Turkspr → russ*⟩

kund *Adj, in gehobener Sprache u. nur prädikativ* (zu jmds. od. zur allgemeinen Kenntnis gekommen) ⟨*zu* kennen⟩. *Bei Verben K 135*: kund sein, *vgl. aber* kundgeben, kundmachen, kundtun, kundwerden; kund und zu wissen tun (*altertümelnd*) · **künd|bar** (zu kündigen) · **Kun|de:** 1. der, –n, –n (Käufer [*österr nur in dieser Bedeutung*] – *umg, meist abwert*; sonderbarer Mensch, Kerl) – 2. die, –, –n (*noch gehoben*; Kenntnis, Lehre; Botschaft – *österr auch für* Kundschaft) · **kün|den** (*gehoben u. dicht*; kundtun) · **Kun|den|dienst,** der, –es · **Kün|der** (*noch gehoben*) · **Kund|ga|be,** die, – (*noch gehoben*) · **kund|ge|ben;** *K 136*: ich gebe kund; kundgegeben; kundzugeben; *aber K 13*[1]: ich gebe Kunde von ... (*noch gehoben*) · **Kund|ge|bung** · **kun|dig** · **Kun|di|ge,** der *u.* die, –n, –n *K 341* · **kün|di|gen;** ich kündige ihm [das Darlehen]; ich kündige meine Wohnung; ihm wurde gekündigt · **Kün|di|gung;** *vgl.* vierteljährig *u.* vierteljährlich · **Kün|di|gungs|frist;** sechswöchige – · **Kun|din,** die, –, ..innen (Käuferin) · **kund|ma|chen**[1] (*noch österr*) · **Kund|ma|chung** (*süddt, österr, schweiz*; Bekanntmachung) · **Kund|schaft** (*österr auch für* einzelner Kunde) · **kund|schaf|ten** · **Kund|schaf|ter** · **kund|tun**[1] (*gehoben*) · **kund|wer|den** (*noch dicht*; bekannt werden). *Zur Zusammenschreibung vgl. K 159*

ku|nei|form [..ne:i..] (*fachspr*; keilförmig) ⟨*lat*⟩

Kü|net|te, die, –, –n (*fachspr*; Abflußgraben) ⟨*lat → ital → frz*⟩

künf|tig ⟨*zu* kommen⟩; –en Jahres (*bürospr* [*Abk* k. J.]); –en Monats (*bürospr* [*Abk* k. M.]) · **künf|tig|hin**

Kun|kel, die, –, –n (*landsch*; Spindel, Spinnrocken) ⟨*lat → rom*⟩

Kun|lun, *auch* **Kuen|lun** [kun'lun], der, –[s] (Hochgebirge in Zentralasien)

Ku|no (m. Vn.) ⟨*Kurzf von* Konrad⟩

Kunst, die, –, *Pl* Künste ⟨*zu* können⟩; *K 119*: die bildenden Künste; *K 258*: die Freien Künste, die Sieben Freien Künste (*Mittelalter*). *Zus K 365ff.*: Kunst⌣akademie usw. · **Kunst|denk|mal** · **Kün|ste|lei** (*abwert*) · **Kunst|er|zie|hung** · **kunst|fer|tig** · **Kunst|fer|tig|keit** · **kunst⌣ge|mäß,** **...ge|recht** · **Kunst|ge|schich|te,** die, – · **Kunst|ge|wer|be,** das, –s · **Kunst|ge|werb|ler,** der, –s, – · **Kunst|ge|werb|le|rin,** die, –, ..innen · **kunst|ge|werb|lich** · **Kunst|hand|werk** · **Kunst|hand|wer|ker** · **Kunst|horn,** *Pl* ..horne · **Kunst|le|der** · **Künst|ler,** der, –s, –; ein bildender – · **Künst|le|rin,** die, –, ..innen · **künst|le|risch;** –ste · **Künst|ler|tum,** das, –[e]s · **künst|lich;** die –e Niere · **Künst|lich|keit** · **kunst|los** *K 349*; *vgl.* ...los · **Kunst|ma|ler** · **kunst⌣mä|ßig,** **...reich** · **Kunst|sei|de** · **kunst|sin|nig** · **Kunst|stoff** · **kunst|stop|fen** *K 133*; *nur im Inf u. Part II* (»kunstgestopft«) *gebräuchlich* · **kunst⌣ver|stän|dig,** **...voll** · **Kunst|werk** · **Kunst|wort,** *Pl* ..wörter

kun|ter|bunt (durcheinander, gemischt) ⟨*aus* Kontrapunkt⟩ · **Kun|ter|bunt,** das, –s

Kun|ze-Knorr-Brem|se *K 213* (*Eisenb*; die weiterentwickelte Knorr-Bremse) ⟨*nach* den Erfindern⟩

Kuomintang ↑ Guomindang

Kü|pe, die, –, –n (*norddt*; Färbebad, -kessel) ⟨*lat*⟩

Ku|pee, das, –s, –s (*österr*; Eisenbahnabteil) ⟨*lat → frz*⟩; *vgl. aber* Coupé

Kupelle ↑ [2]Kapelle · **ku|pel|lie|ren** (*fachspr*; Edelmetalle von unedlen Metallen scheiden) ⟨*lat → frz*⟩ ·

Kü|per, der, –s, – (*norddt*; Küfer) ⟨*lat*⟩

Kup|fer, das, –s (chem. Element, Metall); *Zeichen* Cu (*für* Cuprum, ↑ *d.*) ⟨*grch → lat*⟩ · **Kup|fer|druck,** *Pl* ..drucke (*Polygr*) · **kup|fe|rig** *K 362* · **kup|fern** (aus Kupfer); *K 258*: Kupferner Sonntag · **kup|fer|rot;** *vgl.* blau · **Kup|fer|stich** ·

Kupferzeit ↑ Chalkolithikum

ku|pie|ren (*fachspr*; abschneiden, abtrennen; stutzen; durchlochen – *Med*; eine Krankheit im Entstehen od. in ihrer weiteren Entwicklung unterdrücken) ⟨*lat → frz*⟩ · **Ku|pier|zan|ge** (*fachspr*)

Ku|pol|ofen (*Techn*; Schmelz-, Schachtofen) ⟨*lat → ital → frz*⟩

Ku|pon [ku'pɔŋ *od* ..'pɔ̃:, *österr* ..'po:n] *od* **Cou|pon** [ku'pɔ̃:], der, –s, –s (Zinsschein; Abschnitt) ⟨*lat → frz*⟩

Kup|pe, die, –, –n

Kup|pel, die, –, –n ⟨*lat → ital*⟩ · **Kup|pel|bau,** *Pl* ..bauten

Kup|pe|lei, die, – (*abwert*; unmoral. gewohnheitsmäßige u. eigennützige Vermittlung von [außerehel.] geschlechtl. Umgang) · **kup|peln** *K 363* (die Kupplung betätigen – *bes Techn u. Verkehrsw*; etw. verbinden, beweglich vereinigen – *abwert*; Personen in nicht einwandfreier Weise [zur Ehe] zusammenbringen); *vgl. auch* koppeln · **Kup|pel|pelz;** *meist in der Wendung* sich den – verdienen (*abwert*; eine Heirat zustande bringen)

kup|pen (stutzen, die Kuppe abhauen)

Kupp|ler (*abwert*; jmd., der Kuppelei treibt) · **Kupp|le|rin,** die, –, ..innen (*abwert*) · **kupp|le|risch** (*abwert*); –ste · **Kupp|lung** *K 363* · **Kupp|lungs|be|lag** (*Techn*)

Kur, die, –, –en (Heilverfahren, Heilbehandlung; Pflege) ⟨*lat*⟩. *Zus K 365ff.*: Kur⌣taxe usw.

Kür, die, –, –en (*Sport*; Wahlübung) ⟨*zu* [2]kiesen⟩

ku|ra|bel (*Med*; heilbar) ⟨*lat*⟩; *K 363*: eine kura|ble Krankheit ·

Ku|rant (*schweiz*; Kurgast)

Ku|ra|re, das, –[s] (ein Pfeilgift südamerikan. Indianer) ⟨*indian*⟩

Kü|raß, der, ..asses, ..asse (*hist*; Brustharnisch) ⟨*lat → frz*⟩ · **Kü|ras|sier,** der, –s, –e (*Milit hist*; schwerer Reiter)

Ku|rat, der, –en, –en (*kath Kirche*; Hilfsgeistlicher) ⟨*lat*⟩ · **Ku|ra|tel,** die, –, –en (*veraltend*; Vormundschaft; Pflegschaft) · **Ku|ra|tor,** der, –s, ..oren (Verwalter; aufsichtführender Beauftragter des Staates – *österr auch für* Treuhänder – *veraltet*; Pfleger, Vormund) · **Ku|ra|to|rium,** das, –s, ..ien [..iən] (Behörde od. Ausschuß mit Aufsichts- od. Verwaltungsbefugnissen)

Kur|bel, die, –, –n (Drehgriff) ⟨*lat*⟩. *Zus K 365ff.*: Kurbel⌣welle usw. · **kur|beln** *K 363*

Kur|bet|te, die, –, –n (*Pferdesp*; eine Galoppübung der Hohen Schule, Bogensprung) ⟨*lat → frz*⟩ · **kur|bet|tie|ren** (*Pferdesp*)

Kür|bis, der, ..isses, ..isse (eine rankende großfrüchtige Gemüsepflanze) ⟨*lat*⟩. *Zus K 365ff.*: Kürbis⌣kern usw.

Kur|de, der, –n, –n (Angehöriger eines iran. Volkes in Vorderasien) · **kur|disch;** *vgl. auch K 265ff.* · **Kur|di|stan** [..sta(:)n] (vorwiegend von Kurden bewohnte Landsch. in Vorderasien)

kü|ren (*gehoben*; wählen) ⟨*zu* Kür⟩; du kürtest, *älter* korst; du kürtest, *älter* körest; gekürt, *älter* gekoren; kür[e]!

Kü|ret|te, die, –, –n (*Med*; ein ärztl. Instrument) ⟨*lat → frz*⟩

Kur|fürst (*hist*); *K 258*: der Große – (Bez. für den Kurfürsten Fried-

---

[1] *Konjugation vgl.* kundgeben.

rich Wilhelm von Brandenburg) ⟨*zu* küren⟩ **Kur|für|sten|tum** (*hist*) · **kur|fürst|lich** (*hist*), *als Titel K 258*: Kurfürstlich

Kur|gan, der, _s, _e (osteurop. Hügelgrab) ⟨*türk* → *slaw*⟩

Kur|gast, *Pl* ..gäste

Ku|rie [..iə], die, _, _n (*kath Kirche*; Sitz der päpstl. Regierung od. einer bischöfl. Verwaltung; päpstl. Gerichtshof) ⟨*lat*⟩

Ku|rier, der, _s, _e (Überbringer wichtiger Nachrichten; Eilbote [im diplomat. Dienst]) ⟨*lat* → *frz*⟩

ku|rie|ren (ärztlich behandeln; heilen [*österr nur so*]) ⟨*lat*⟩

Ku|ri|len *Pl* (sowjet. Inselkette zw. Japan u. Kamtschatka)

ku|rios *K 349* (seltsam, sonderbar) ⟨*lat*⟩ · **Ku|rio|si|tät** · **Ku|rio|si|tä|ten|händ|ler** · **Ku|rio|sum,** das, _s, ..sa

Kur|ku|ma, die, _, ..umen (eine Gewürzpflanze) ⟨*arab* → *lat*⟩

kür|lau|fen *K 134* (*Sport*); ich laufe Kür; ich bin kürgelaufen; kürzulaufen ⟨*zu* Kür⟩ · **Kür|lau|fen** *K 101*, das, _s (*Sport*)

Kur|ort, *Pl* ..orte · **Kur|ort ...** (Ortsnamenzusatz); *vgl.* die betreffenden Ortsnamen

kur|pfu|schen *K 132* (*abwert*); du kurpfuschst *K 354*; gekurpfuscht; zu kurpfuschen · **Kur|pfu|scher** (*abwert*) · **Kur|pfu|sche|rei** (*abwert*) · **Kur|pfu|scher|tum,** das, _[e]s (*abwert*)

Kur|prinz (*hist*) · **kur|prinz|lich** (*hist*)

Kur|re, die, _, _n (*seem*; Grundschleppnetz)

Kur|ren|de, die, _, _n (*hist*; Knabenchor, der um Almosen vor den Häusern geistl. Lieder sang – *ev Kirche*; Jugendchor) ⟨*lat*⟩ · **Kur|ren|de|sän|ger**

kur|rent (*österr*; in deutscher Schreibschrift) ⟨*lat*⟩ · **Kur|rent|schrift** (*veraltet*; laufende, schnell schreibbare Schrift, die übliche Schreibschrift mit Schräglage u. verbundenen Buchstaben – *österr*; deutsche Schreibschrift)

Kurs, der, _es, _e: 1. ⟨*lat*⟩ (*a.* Lauf, Fahrt, Richtung – *b.* ↑ Kursus) – 2. ⟨*lat* → *frz*⟩ (*a.* Börsenpreis von Wertpapieren u. Devisen – *b.* Umlauf von Münzen); *zu* 2. *a.*: im Kurse stehen (gelten; wert sein) · **Kurs|buch**

Kürsch, das, _[e]s (*Heraldik*; natürlich dargestelltes Pelzwerk auf Wappen) ⟨*slaw*⟩ · **Kürsch|ner** (Pelzverarbeiter) · **Kürsch|ne|rei**

Kurse ↑ Kursus · **kur|sie|ren** (umlaufen, im Umlauf sein) ⟨*lat*⟩ · **kur|siv** (schräglaufend, schräg) · **Kur|siv,** die, _, ..ven [..v..] (Laufschrift, schrägstehende Auszeichnungsschrift im Antiquacharakter) · **Kur|siv|schrift**

Kursk (Stadt im W der RSFSR) · **Kurs|ker**: 1. *K 231*: der, _s, _; 2. *als Attribut K 232*: die Kursker Magnetanomalie, der Kursker Bogen (Frontabschnitt vor der Schlacht bei Kursk [1943])

kur|so|risch (fortlaufend, rasch durchlaufend, fortschreitend) ⟨*lat*⟩ · **Kur|sus,** der, _, *Pl* Kurse *od* **Kurs,** *österr nur so*, der _es, _e (Lehrgang; eine Reihe zusammenhängender Vorträge; Gesamtheit der Teilnehmer) · **Kurs|wa|gen** · **Kurs|wert** (*Finanzw*; der nach dem Börsenpreis errechnete Wert von Wertpapieren)

Kurt *K 208* (m. Vn.) ⟨*Kurzf von* Konrad⟩; *Nebenf* Curt

Kur|ti|ne, die, _, _n (*fachspr*; Teil des Hauptwalles von Festungen) ⟨*lat* → *frz*⟩ · **Kur|ti|sa|ne,** die, _, _n (*urspr* Buhlerin eines Fürsten – *übertr*, *veraltet abwert*; Halbweltdame) ⟨*lat* → *ital* → *frz*⟩

Kur|tscha|to|vium [..v..], das, _s (künstl. radioaktives chem. Element, Metall); *Zeichen* Ku ⟨*nach* dem sowjet. Kernphysiker Kurtschatow [..tɔf]⟩

Kür|tur|nen, das, _s (Turnen mit freier Wahl der Übungen)

Ku|rus [..'ruʃ], der, _, *Pl* Kuruşlar *u. bei Wertangabe* (*K 310*) Kuruş (Münzeinheit in der Türkei) ⟨*dt* → *türk*⟩

Kur|ve [..v.. *od* ..f..], die, _, _n (Krümmung; gekrümmte Linie; gebogene Wegstrecke) ⟨*lat*⟩; ballistische _ (Flug-, Geschoßbahn) · **kur|ven;** gekurvt · **kur|ven|för|mig** · **Kur|ven‿li|ne|al, ...mes|ser** (der), **...tech|nik** · **Kur|vi|me|ter** [..v..], das (*Math, Geogr*; Kurvenmesser) ⟨*lat* + *grch*⟩ · **kur|visch** (gekrümmt, gebogen) ⟨*lat*⟩

Kur|wür|de, die, _ (*hist*; Würde eines Kurfürsten)

kurz ⟨*lat*⟩; kürzer, kürzeste *K 349*; kurz und gut; kurz, ich hörte alles nur undeutlich; kurzer Laut

I. *Kleinschreibung*: *K 118*: über kurz oder lang; *K 116*: kurz und klein schlagen (*umg*); den kürzer[e]n ziehen – *K 115*: am kürzesten; auf das *od* aufs kürzeste; *K 114*: binnen, in, seit, vor kurzem, des kürz[e]ren darlegen

II. *Großschreibung*: *K 93*: das Lange u. Kurze von der Sache ist ... – *K 258*: Pippin der Kurze

III. *Schreibung bei Verben K 135*: kurz dauern; kurz machen; sich kurz fassen; zu kurz springen, kommen; *vgl. aber* kurzarbeiten, kurzhalten, kurzschließen, kurztreten

IV. *Zus*: *vgl.* kurzerhand, kurzweg usw.

Kurz|ar|beit, die, _ (*kap Wirtsch*; mit Lohneinbuße verbundene Verkürzung des Arbeitstages auf einige Stunden) · **kurz|ar|bei|ten** *K 137* (*kap Wirtsch*); du arbeitest kurz; kurzgearbeitet; kurzzuarbeiten; *aber*: kurz arbeiten; du hast heute nur kurz (eine kurze Zeit) gearbeitet · **kurz|ärm|lig** *K 362* · **kurz|at|mig** · **Kurz|at|mig|keit,** die, _ · **Kurz|be|richt** · **Kur|ze,** der, _n, _n *K 341* (*umg*; Kurzschluß; kleines Glas Schnaps) · **Kür|ze,** die, _; in _ · **Kür|zel,** das, _s, _ · **kür|zen** *K 354* · **kur|zer|hand** *K 176* · **Kurz‿er|zäh|lung, ...film, ...flüg|ler** (*Zool*) · **kurz|fri|stig** · **kurz|ge|faßt** *K 128* · **Kurz|ge|schich|te** · **kurz|hal|sig** · **kurz|hal|ten**[1] *K 136* (nicht viel Freiheit gewähren) · **kurz|hin** (*veraltet*; beiläufig) · **kurz|le|big** · **Kurz|le|big|keit,** die, _ · **kürz|lich** · **Kurz|par|ker** (*Verkehrsw*) · **kurz|schlie|ßen**[1] *K 136* (*Elektrotechn*) · **Kurz|schluß** · **Kurz|schrift** (Stenografie) · **Kurz|schrift|ler** · **kurz|schrift|lich** · **kurz|sich|tig** · **Kurz|sich|tig|keit,** die, _ · **kurz|sil|big** (*auch übertr*; wenig sprechend, wortkarg) · **kurz|stäm|mig** · **Kurz|start|flug|zeug** · **Kurz|strecke**[2] · **Kurz|strecken|lauf**[2] · **Kurz|strecken|läu|fer**[2] · **kurz|tre|ten**[1] *K 136* (mit kleinen Schritten, verhalten marschieren – *auch übertr*) · **kurz|um** [*od* ..'um] · **Kür|zung** · **Kurz|wa|ren** *Pl* · **kurz|weg** [*od* ..'vɛk] · **Kurz|weil,** die, _, *aber*: eine kurze Weile bleiben · **kurz|wei|lig** · **Kurz|wel|le** (*Funkw*) · **Kurz|wel|len|sen|der** (*Funkw*) · **kurz|wel|lig** (*Phys*) · **Kurz|wort,** *Pl* ..wörter (*Sprachw*) · **Kurz|zei|chen** · **Kurz|zeit|ge|dächt|nis** · **kurz|zei|tig** · **Kurz|zeit|wecker**[2]

Kus|bass, der, *auch* das, _ *Kurzw* (Kusnezkbecken) ⟨*aus russ Kus*nezki *bass*ejn [..,niɛtski ..'siein]⟩

kusch! (Zuruf an den Hund) ⟨*lat* → *frz*⟩; *vgl. auch* kuschen

Ku|schel *od* **Kus|sel,** die, _, _n (*norddt*; niedrige, buschähnl. Kiefer)

ku|scheln, sich (*Akk*) *K 363* (*umg*; sich anschmiegen) ⟨*lat* → *frz*⟩ · **ku|schen** *K 354* (*vom Hund gesagt*; sich still niederlegen – *umg auch für* schweigen, sich fügen)

Ku|schi|ten *Pl* (hamit. Völkergruppe

---

[1] *Konjugation vgl.* kurzarbeiten.
[2] *Tr* ..k|k..

im NO Afrikas) · **ku|schi|tisch**; die _en Sprachen

Ku|sin|chen · **Kusine** ↑ Cousine

Küs|nacht (Ort in der Schweiz am Züricher See); *vgl. aber* Küßnacht am Rigi

Kus|nezk|becken [*od* ..'nʲɛtsk..; *Tr* ...bek|ken], das, _s (Industriegebiet der UdSSR im SO Westsibiriens); *russ Kurzw* Kusbass

Kuß, der, *Gen* Kusses, *Pl* Küsse · **Küß|chen**

Kussel ↑ Kuschel

küs|sen; du küßt *K 354*, er küßt; du küßtest; geküßt; küsse! *od* küß! · **Kuß|hand** · **Kuß|händ|chen**

Küß|nacht am Ri|gi (Ort in der Schweiz am Vierwaldstätter See); *vgl. aber* Küsnacht

Kü|ste, die, _, _n ⟨*lat* → *frz* → *ndrl*⟩. *Zus K 365ff.*: Küsten‿schutz usw. · **Kü|sten|be|feue|rung** (Markierung der Küste durch Leuchtfeuer u. a.) · **Kü|sten|frach|ter** (Schiff) · **Küstenschiffahrt** [*Tr* Küsten|schiff|fahrt *K 78*]

Kü|ster (Kirchendiener) ⟨*lat*⟩ · **Kü|ste|rei** · **Ku|stos**, der, _, ..oden (Sachbearbeiter u. wissenschaftl. Abteilungsleiter an Museen – *Buchw hist*; das am Ende einer Buchseite zur Kennzeichnung des Anschlusses gesetzte Anfangswort od. die Anfangssilbe der nächsten Seite) ⟨‚Wächter'⟩

Ku|ti|ku|la, die, _, *Pl* _s *od* ..lä (*Anat*; der Oberhaut aufgelagertes Häutchen) ⟨*lat*⟩ · **Ku|tis**, die, _ (*Anat*; Haut, Lederhaut)

Kutsch|bock · **Kut|sche**, die, _, _n ⟨*slowak* od. *ung*⟩ · **kut|schen** *K 354* (*noch salopp*); durch die Gegend _ · **Kut|schen|schlag** · **Kut|scher** · **kut|schie|ren** · **Kutsch|ka|sten** (*veraltend*)

Kut|te, die, _, _n ⟨*germ* → *lat*⟩

Kut|tel, die, _, _n, *meist Pl* (*süddt*, *österr*, *schweiz*; Kaldaunen, Eingeweide – *schweiz*; eßbarer Magen des Rindes) · **Kut|tel|flecke** [*Tr* ...flek|ke] *Pl* (Eßbares vom Eingeweide des Schlachttieres)

Kut|ten|trä|ger (*veraltet*; Mönch)

Kut|ter, der, _s, _ (Segelfahrzeug [mit Motor]) ⟨*engl*⟩

Ku|vert [..'vɛrt *od* ..'ve:r, *österr* ..'vɛ:r], das, _s, _s (Umhüllung – *veraltend*; Briefumschlag – *noch gehoben*; Tafelgedeck für eine Person) ⟨*lat* → *frz*⟩; *vgl. aber* Couvert · **ku|ver|tie|ren** [..vɛr'ti:..] (*süddt*, *österr*; in einen Umschlag stecken) · **Ku|ver|tü|re**, die, _, _n (*fachspr*; Schokoladenüberzugsmasse); *vgl. aber* Couvertüre

Ku|weit [..'ve:t], *amtl* **Staat Ku|welt** (am Pers. Golf) · **Ku|wei|ter**, der, _s, _ *od* **Ku|wei|ti**, der, _[s], _s · **ku|wei|tisch**

Kwang|tung, *neuere Schreibung* **Guang|dong** [gŭaŋ'duŋ] (Provinz im SO Chinas)

Kwaß, der, _ *od* ..asses (gegorenes, schwach alkohol. Getränk) ⟨*russ*⟩

Kya|ni|sa|tion, die, _ (*fachspr*; Verfahren zum Imprägnieren von Holz) ⟨*nach* dem irischen Erfinder Kyan ['kaiən]⟩ · **kya|ni|sie|ren** (*fachspr*)

Ky|be|le [..le: *od* ..'be(:)..] (*Mythol*; phrygische Göttin) ⟨*grch*⟩

Ky|ber|ne|tik, die, _ (Wissenschaft von den Gesetzmäßigkeiten biologischer u. techn. Systeme, die sich selbsttätig steuern u. regeln) ⟨*grch*⟩ · **Ky|ber|ne|ti|ker**, der, _s, _ · **ky|ber|ne|tisch**

Kyff|häu|ser ['kif..], der, _[s] (Höhenrücken u. Berg im SW der DDR)

Ky|kla|den ⟨*grch*, ‚Ringinseln'⟩ *od* **Zy|kla|den** ⟨*grch* → *lat*⟩ *Pl* (griech. Inselgruppe in der Ägäis); *Sg* Ky|kla|de *od* Zy|kla|de, die, _

Ky|ma, das, _s, _s *od* **Ky|ma|tion**, das, _s, *Pl* _s *od* ..ien [..iən] (*Arch*; eine Zierleiste aus Blattornamenten) ⟨*grch*⟩

Kym|re, der, _n, _n (Angehöriger der kelt. Bevölkerung von Wales) · **kym|risch**; *vgl. K 266f.* · **Kym|risch**, das, *Gen* _[s], *Dat* _ (Sprachbezeichnung *K 268ff.*) · **Kym|ri|sche** *K 271*, das, *Gen* _n, *Dat* _n (das in Wales gesprochene Keltisch)

Ky|ni|ker, der, _s, _ (*Philos*; Anhänger des Kynismus) ⟨*grch*⟩; *vgl. aber* Zyniker · **ky|nisch** (*Philos*; den Kynismus betreffend); *vgl. aber* zynisch · **Ky|nis|mus**, der, _ (*Philos*; altgriech. philosoph. Richtung, die als höchstes Ziel völlige Bedürfnislosigkeit erstrebte) ⟨*grch* → *lat*⟩; *vgl. aber* Zynismus · **Ky|no|lo|ge**, der, _n, _n (*fachspr*; Hundekenner, Hundezüchter) ⟨*grch*⟩ · **Ky|no|lo|gie**, die, _ (*fachspr*; Lehre vom Hund u. von der Hundezucht)

Kyoto ↑ Kioto

Ky|re|nai|ka, die, _ (Landsch. im NO Afrikas) ⟨*grch*⟩

Ky|rie elei|son! [ˌky:riə e'laizɔn] *od* **Ky|ri|eleis!** [kyrie'lais] (*im kirchl Bittruf* »Herr, erbarme dich!«) ⟨*grch*⟩; *vgl. auch* Leis · **Ky|rie|elei|son** [ˌky:rie:e'laizɔn], das, _s, _s (*kirchl Bittruf*)

ky|ril|lisch *K 218* ⟨*grch*, *nach* dem Slawenapostel Kyrill⟩; _e Schrift (slawische Schrift)

Ky|syl|kum [kizil'kum], die, _ *od* der, _[s] (Wüste in Mittelasien) ⟨*Turkspr*, ‚roter Sand'⟩

Ky|the|rea [*od* ..'te(:)..] (*griech-röm Mythol*; Beiname der Aphrodite u. der Venus) ⟨*grch*, *nach* der Kultstätte auf der griech. Insel Kythera⟩

Kyu [kju:], der, _, _ (*Judo*; Schülergrad) ⟨*jap*⟩

Kyushu ↑ Kiuschu

L

L [ɛl], das, *Gen* des L, *Pl* die L (Buchstabe)

Laa|cher See *K 232*, der, *Gen* _ _s (Eifelmaar in der BRD)

Lab, das, _[e]s, _e (*Biol*; Enzym im Kälbermagen). *Zus K 365ff.*: Lab‿magen usw.

lab|be|rig *K 362* (*umg abwert*; schwach; fade [im Geschmack]) · **lab|bern** (*seem*; schlaff werden); das Segel labbert

[1]**Labe** ↑ Elbe

[2]**La|be**, die, _ (*noch dicht*) ⟨*lat*⟩ · **La|be|fla|sche** (*Radsp*) · **la|ben** (*meist gehoben*) ⟨‚waschen'⟩

La|ber|dan, der, _s, _e (eingesalzener Kabeljau) ⟨*ndrl*⟩

la|bern *K 363* (*salopp abwert*; unaufhörlich u. einfältig reden)

la|bial (*fachspr*; die Lippen betreffend) ⟨*lat*⟩ · **La|bial**, der, _s, _e *od* **La|bial|laut**, der, _[e]s, _e (*Phon*; Lippenlaut) · **La|bia|ten** *Pl* (*Bot*; Lippenblütler); *Sg* La|bia|te, die, _

la|bil (schwankend; veränderlich, unsicher) ⟨*lat*⟩ · **La|bi|li|tät**, die, _

La|bio|den|tal, der, _s, _e *od* **La|bio|den|tal|laut**, der, _[e]s, _e (*Phon*; Lippenzahnlaut) ⟨*lat*⟩ · **La|bio|ve|lar** [..v..], der, _s, _e *od* **La|bio|ve|lar|laut**, der, _[e]s, _e (*Phon*; Lippengaumenlaut, Gaumensegellaut)

Lab|kraut, das, _[e]s · **Lab|ma|gen** (letzter Teil des Wiederkäuermagens)

La|bor [*auch* 'la:..], das, _s, *Pl* _s *od* _e *Kurzw* (Laboratorium) ⟨*lat*⟩ · **La|bo|rant** (Fachkraft in Laboratorien u. Apotheken) ⟨‚Arbeiter'⟩ · **La|bo|ran|tin**, die, _, ..innen · **La|bo|ra|to|rium**, das, _s, ..ien [..iən] (Arbeitsraum für naturwissenschaftl. u. techn. Untersuchungen u. Forschungen); *Kurzw* Labor · **la|bo|rie|ren** (*umg*; sich abmühen; an etw. leiden, kranken) · **La|bor‿ver|such**, **...wert**

La|bour Par|ty ['le:bər 'pa:rti], die, *Gen* _ _ (rechtssozialist. reformist. Arbeiterpartei in Großbritannien) ⟨*engl*⟩

La|bra|dor (Halbinsel im O Nordamerikas)
Lab|sal, das, _[e]s, _e (*süddt, österr auch* die, _, _e)
lab|sal|ben; ich labsalbe; gelabsalbt; zu labsalben (*seem*; teeren) ⟨*ndrl*⟩
Labs|kaus, das, _ (*Kochk*; seemänn. Eintopfgericht) ⟨*engl*⟩
La|bung (*gehoben*)
La|by|rinth, das, _[e]s, _e (Irrgang, Irrgarten; Durcheinander – *Med*; Innenohr) ⟨*grch*⟩ · **La|by|rinth|fi|sche** *Pl* (*Zool*; Fische mit zusätzlichem Atmungsorgan) · **la|by|rin|thisch** (verworren, unentwirrbar)
[1]**La|che,** die, _, _n (*umg*; das Lachen, Gelächter)
[2]**La|che,** *fachspr* **Lach|te,** die, _, _n (*Forstw*; Einschnitt [in Baumrinde] zur Harzgewinnung)
[3]**La|che,** die, _, _n (Pfütze)
lä|cheln *K 363* · **la|chen** · **La|chen,** das, _s · **La|cher** · **lä|cher|lich,** *aber K 93*: ins Lächerliche ziehen · **lä|cher|li|cher|wei|se** *K 176* · **Lä|cher|lich|keit**
La|che|sis ['laxezis] (*griech-röm Mythol*; eine der drei Schicksalsgöttinnen) ⟨*grch*, ‚Zuteilerin'⟩
Lach|gas · **lach|haft** (*abwert*) · **Lach|haf|tig|keit,** die, _ (*abwert*)
Lachs, der, _es, _e (ein Speisefisch). *Zus 365ff.*: Lachs‿schinken usw. · **lachs|far|ben** (*K 364*) *od* **lachs|far|big;** *vgl. auch* ...farben *u. K 272ff.*
Lachte ↑ [2]Lache
Lach|ter, die, _, _n *od* das, _s, _ (*Bergb landsch*; altes bergmänn. Längenmaß)
Lack, der, _[e]s, _e ⟨*Hind → pers → arab → ital*⟩. *Zus K 365ff.*: Lack‿farbe usw.
Lackel[1], der, _s, _ (*landsch abwert*; grober, ungeschlachter, *auch* tölpelhafter Mensch)
lackie|ren[1], *österr nur so, auch* **lacken**[1] (mit Lack überziehen) ⟨*Hind → pers → arab → ital*⟩; jmdn. lackieren (*salopp*; jmdn. hereinlegen) · **Lackie|rer**[1] · **Lackie|re|rei**[1] · **Lackier|werk|statt**[1]
Lack|mus [..mus], das, *auch* der, _ (*Chem*; Farbstoff einer Flechtenart, chem. Indikator) ⟨*ndrl*⟩
La|cri|mae Chri|sti [..mɛː k..], der, *Gen* _ _ (berühmter Wein vom Fuße des Vesuvs) ⟨*lat*, ‚Christustränen'⟩
La|crosse [..'krɔs], das, _ (kanad. Rasenspiel) ⟨*frz*⟩
La|da|num, das, _s (ein Harz zur Bereitung von Duftstoffen) ⟨*grch → lat*⟩
Läd|chen ⟨*zu* Laden⟩
La|de, die, _, _n

La|de|baum (Be- u. Entladeeinrichtung auf Schiffen) · **La|de|mast,** der · [1]**la|den** (aufladen – *Techn*; füllen); du lädst, er lädt; du ludst, er lud; du lüdest; geladen; lad[e]!
[2]**la|den** (*gehoben u. Rechtsw*; zum Kommen auffordern); du lädst (*auch* ladest), er lädt (*auch* ladet); du ludst, er lud; du lüdest; geladen; lad[e]!
La|den, der, _s, *Pl* Läden, *seltener* Laden (Verkaufsraum) ⟨*zu* Latte⟩. *Zus K 365ff.*: Laden‿tisch usw. · **La|den|hü|ter** (*umg abwert*; schwerverkäufl. Ware) · **La|den|schwen|gel** (*umg abwert*; junger, stutzerhafter Verkäufer) · **La|den|stra|ße** · **La|den|toch|ter** (*schweiz*; Verkäuferin)
La|de|platz · **La|der** (Auflader; Verdichter – *Elektrotechn*; Batterieladegerät) · **La|de|stra|ße** (*Transportw*)
lä|die|ren (verletzen; beschädigen) ⟨*lat*⟩ · **Lä|die|rung**
La|di|ner, der, _s, _ (Angehöriger einer Volksgruppe der Rätoromanen) ⟨*lat → rätorom*⟩; *vgl. aber* Latiner · **la|di|nisch;** *vgl. auch K 265ff.*
La|do|ga|see, der, _s (nordöstl. von Leningrad)
La|dung
La|dy ['leːdi], die, _, _s (Frau eines Lords; Dame, Frau [Anrede in englischsprachigen Ländern]) ⟨*engl*⟩ · **la|dy|like** ['leːdilaik] (nach Art einer Lady; damenhaft)
La|er|tes (*griech Sage*; Vater des Odysseus) ⟨*grch*⟩
La|fet|te, die, _, _n (*Milit*; Gestell der Geschützrohre) ⟨*lat → frz*⟩ · **la|fet|tie|ren** (*Milit*; auf die Lafette bringen)
Laf|fe: 1. der, _n, _n (*veraltend abwert*; Geck) – 2. die, _, _n (*landsch*; Schöpfteil des Löffels; Ausguß)
La-France-Ro|se [..'frãːs..] *K 247* ⟨*frz*⟩
La|ge, die, _, _n ⟨*zu* liegen⟩ · **La|gen|schwim|men,** das, _s (*Sport*)
La|ger, das, _s, *Pl* _ (*österr nur so*), *auch* (*bes Wirtsch in der Bedeutung von* Lagerräume, lagernde Waren:) Läger; etwas auf _ halten · **La|ger|bier** · **la|ger|fest** · **La|ge|rist** (Lagerverwalter) ⟨*dt + f. E.*⟩ · **la|gern** *K 363* · **La|ger|schild,** der (*Techn*) · **La|ger|statt,** die, _, ..stätten, *auch* **La|ger|stät|te,** die, _, _n (*gehoben*; Bett, Lager) · **La|ger|stät|te:** 1. (*Geol*; natürl. Anreicherung nutzbarer Bodenschätze) – 2. ↑ Lagerstatt
La|go Mag|gio|re [_ ma'dʒoː..], der, *Gen* _ _ (Alpenrandsee in Italien u. der Schweiz) ⟨*ital*⟩

La|gos (Hptst. von Nigeria)
La|gu|ne, die, _, _n (durch einen Strandwall von der offenen See abgeschnittener flacher Meeresteil) ⟨*lat → ital*⟩ · **La|gu|nen|stadt**
La Habana ↑ Havanna
lahm; *vgl. auch* lahmlegen · **Läh|me,** die, _ (eine Jungtierkrankheit) · **lah|men** (lahm gehen) · **läh|men** (lahm machen) · **Lahm|heit,** die, _ · **lahm|le|gen** *K 136*; du legst lahm; lahmgelegt; lahmzulegen · **Lahm|le|gung** · **Läh|mung**
[1]**Lahn,** die, _ (Fluß in der mittleren BRD)
[2]**Lahn,** der, _[e]s, _e (*fachspr*; ein Metalldraht) ⟨*lat → frz*⟩
Lah|nung (*fachspr*; ins Meer hineingebauter Damm)
Lahr (Stadt im SW der BRD) · **Lah|rer:** 1. *K 231*: der, _s, _; 2. *als Attribut K 232*; *K 258*: »Der Lahrer Hinkende Bote« (Name eines Kalenders)
Laib, der, _[e]s, _e (geformtes Brot od. geformter Käse); ein _ Brot, ein _ Käse; *vgl. aber* Leib
Laibung ↑ Leibung
Laich, der, _[e]s, _e (Eier von Wassertieren) · **lai|chen** · **Laich|zeit**
Laie, der, _n, _n (Nichtfachmann, Unkundiger – *Rel*; nicht im Amt stehendes Glied der christl. Gemeinde) ⟨*grch → lat*, ‚Volk'⟩ · **lai|en|haft** · **Lai|en|kunst** · **Lai|en|künst|ler** · **Lai|en|spiel** · **Lai|en|spiel|grup|pe** · **Lai|en|tum,** das, _[e]s (*Rel*) · **Lai|sie|rung** [laːi..] (*kath Kirche*; Rücktritt od. Versetzung eines Geistlichen in den Laienstand)
La|kai, der, _en, _en (*hist*; herrschaftl. Diener – *übertr, abwert*; unterwürfiger Mensch) ⟨*türk → grch → rom*⟩ · **la|kai|en|haft** (*abwert*)
La|ke, die, _, _n (starke Salzlösung zum Einlegen von Fleisch, Fisch u. ä.) ⟨*ndrl*⟩
Lakedaimon ↑ Sparta · **Lakedaimonier** ↑ Spartaner · **la|ke|dai|mo|nisch** ⟨*grch*⟩
La|ken, das, _s, _ (Bettuch; Tuch)
Lak|ko|lith, der, *Gen* _[e]s, *Pl* _e *od Gen* _en, *Pl* _en (*Geol*; ein Tiefengesteinskörper) ⟨*grch*⟩
La|ko|nien [..iən] (Landsch. auf dem Peloponnes) ⟨*grch*⟩ · **la|ko|nisch** (Lakonien betreffend – *übertr*; kurz und treffend) · **La|ko|nis|mus,** der, _, ..men (treffende Kürze im Ausdruck) ⟨*grch → lat*⟩
La|krit|ze, die, _, _n (eingedickter Süßholzsaft) ⟨*grch → lat*⟩ · **La|krit|zen|saft,** der, _[e]s

---
[1] *Tr* ..k|k..

Lak|tam, das, _s, _e (*Chem*; Verbindung aus Aminosäuren) ⟨*lat* + *grch*⟩ · **Lak|ta|se,** die, _, _n (*Biol*; ein Enzym) · **Lak|ta|tion** (*Biol, Med*; Milchabsonderung; das Stillen) ⟨*lat*⟩ · **lak|tie|ren** (*Biol, Med*; Milch absondern; stillen, säugen) · **Lak|to|me|ter,** das (*fachspr*; ein Milchprüfgerät) ⟨*lat* + *grch*⟩ · **Lak|to|se,** die, _ (*fachspr*; Milchzukker) · **Lak|to|skop,** das, _s, _e (*fachspr*; ein Apparat zur Milchprüfung)

La|ku|ne, die, _, _n (*Sprachw*; Lücke [in Texten] – *Biol, Anat*; Spalt, Hohlraum) ⟨*lat* → *frz*⟩ · **la|ku|strisch** (*Geol, Biol*; in Seen entstanden, See...) ⟨*lat*⟩

la|la (*umg*; mittelmäßig) ⟨*lautm*⟩; es geht mir so _

La|le[n]|buch, das, _[e]s (volkstüml. Schwankbuch)

lal|len

[1]**La|ma,** das, _s, _s (eine südamerikan. höckerlose Kamelart; ein tuchähnl. Wollgewebe) ⟨*indian* → *span*⟩

[2]**La|ma,** der, _[s], _s (buddhist. Priester) ⟨*tibet*, ‚Oberer'⟩ · **La|ma|is|mus,** der, _ (tibetan. Form des Buddhismus) ⟨*tibet* + *lat*⟩

La|mar|ckis|mus [*Tr K 91*], der, _ (*Biol*; erste wissenschaftl. Evolutionstheorie, nach der die Lebensbedingungen die treibende Kraft bei der Entwicklung der Lebewesen sind) ⟨*nach* dem französ. Naturforscher Lamarck⟩

Lam|ba|re|ne (Ort in Gabun) ⟨*nach* der Wirkungsstätte Albert Schweitzers⟩

Lamb|da, das, _[s], *Pl* _s, *österr auch* _ (griech. Buchstabe: Λ, λ) ⟨*semit* → *grch*⟩ · **Lamb|da|zis|mus,** der, _ (*Med, Phon*; fehlerhafte Aussprache des L) ⟨*semit* → *grch* → *lat*⟩

Lam|berts|nuß (große Haselnuß) ⟨*zu* Lombardei⟩

Lam|bre|quin [lãbrə'kɛ̃: *od* lambər'kɛ̃:], der, _s, _s (Querbehang über Fenstern od. Türen) ⟨*ndrl* → *frz*⟩

Lam|bris [lã'bri: *od* lam'bri:], der, *österr auch* die, _ [..'bri:(s)], *Pl* _ [..'bri:s], *österr auch* ..ien (Wandbekleidung aus Holz, Marmor od. Stuck) ⟨*lat* → *frz*⟩

la|mé [..'me:] *nichtdeklinierbar* (mit Flittergold durchwirkt) ⟨*lat* → *frz*⟩ · **La|mé,** der, _s, _s (Seidengewebe mit Metallfäden) · **la|mel|lar** (*fachspr*; tafel-, blatt- od. plattenförmig) ⟨*lat*⟩ · **La|mel|le,** die, _, _n (dünnes Blättchen, dünne Scheibe od. Platte aus Metall, Plast u. a. als Maschinenelement – *Bot*; Blättchen an der Hutunterseite bestimmter Pilze) ⟨*lat* → *frz*⟩ · **la|mel|len|för|mig**

la|men|tie|ren (*abwert*; klagen, jammern) ⟨*lat*⟩ · **La|men|to,** das, _s, _s (*abwert*; Wehklage) ⟨*lat* → *ital*⟩

La|met|ta, das, _s (Metallfäden als Weihnachtsbaumschmuck) ⟨*lat* → *ital*⟩

la|mi|nie|ren (*fachspr*; Schaumstoff mit einem Gewebe verbinden) ⟨*lat*⟩; ein laminierter Übergangsmantel

Lamm, das, _[e]s, *Pl* Lämmer · **Lamm|bra|ten** · **Lämm|chen,** *Pl* _ *od* Lämmerchen · **lam|men** (ein Lamm werfen) · **Läm|mer|gei|er** (ein Greifvogel) · **Lamm|fell** · **lamm|fromm** · **Lamms|ge|duld** (*umg*) · **Lam|mung,** die, _ (*fachspr*)

Lämp|chen (kleine [2]Lampe)

[1]**Lam|pe** (Name des Hasen in der Tierfabel); Meister _

[2]**Lam|pe,** die, _, _n ⟨*grch* → *lat* → *frz*⟩ · **Lam|pen‿docht, ...fie|ber, ...schirm** · **Lam|pion** [lam'pĩɔŋ, *österr* lam'pĩo:n], der, *österr nur so, auch* das, _s, _s (Papierlaterne)

Lam|pre|te, die, _, _n (ein Fisch) ⟨*lat*⟩

Lan|ca|ster ['lɛŋkəstər] (engl. Herzogshaus; Hafenstadt im W Englands)

Lan|cier [lã'sĩe:], der, _s, _s (ein älterer Gesellschaftstanz) ⟨*lat* → *frz*⟩ · **lan|cie|ren** [laŋ'si:.. *od* lã'si:..] (in Gang bringen; jmdn. od. etw. auf einen vorteilhaften Platz stellen)

Land, das, _[e]s, *Pl* Länder u. (*dicht*) Lande; aus aller Herren Länder[n]; außer Landes gehen, sein (*gehoben*) (*vgl.* außer); hierzulande; bei uns zulande (*gehoben*; daheim), *aber*: zu Lande und zu Wasser; Leipzig-Land · **land|ab, land|auf** · **Land|am|bu|la|to|rium** · **Land|am|mann** (*schweiz*; Regierungschef bestimmter Kantone) · **Land|ar|beit** · **Land|ar|bei|ter**

Lan|dau|er, der, _s, _ (viersitziger Pferdewagen) ⟨*aind* → *pers* → *arab* → *span*, *an* Landau *angelehnt*⟩

land|auf, land|ab · **land|aus, land|ein** · **Länd|chen,** *Pl* _ *od* Länderchen · **Län|de,** die, _, _n (*landsch*; Landungsplatz) · **Lan|de|bahn** (*Flugw*) · **land|ein, land|aus** · **land|ein|wärts** · **Lan|de|kap|sel** (*Raumf*) · **lan|den** · **län|den** (*landsch u. schweiz*; landen, landen machen) · **Län|de|rei|en** *Pl* · **Län|der|kampf** · **Län|der|kun|de,** die, _ · **län|der|kund|lich** (die Länderkunde betreffend) · **Län|der|na|me**

Lan|des|auf|nah|me · **Lan|des‿bi|schof, ...far|ben** (*Pl*) · **lan|des|flüch|tig** · **Lan|des|kenn|zei|chen** (*Post*) · **Lan|des|kir|che**

Lan|des|kro|ne, die, _ (Berg bei Görlitz)

Lan|des|kul|tur · **Lan|des|kun|de,** die, _ (Landeskenntnis) · **lan|des|kun|dig** (das Land kennend) · **lan|des|kund|lich** (die Landeskunde betreffend) · **Lan|des|pla|nung** · **Lan|des|spra|che** · **lan|des|üb|lich** · **Lan|des|ver|rat** (*Rechtsw*) · **Lan|des|ver|tei|di|gung,** die, _ · **lan|des|weit** · **Land|flucht** (Abwanderung der ländl. Bevölkerung in die Städte) · **land|flüch|tig** · **land|fremd** · **Land|frie|de[n]** (*hist*) · **Land|ge|mein|de**; *vgl. aber* Landsgemeinde · **Land|graf** (*hist*) · **Land‿kar|te, ...kli|ma, ...kreis** · **land|läu|fig** · **Länd|ler,** der, _s, _ (Rundtanz im $^{3}/_{4}$-Takt) ⟨*nach* der österr. Landsch. »Landl«⟩ · **länd|lich** · **land|lie|bend** *K 128* (*Zool*) · **Land|mann,** *Pl* ..leute (*veraltet*; Bauer); *vgl. aber* Landsmann · **Land|pla|ge** · **Land|rat|te** (*scherzh*; Nichtseemann) · **Land|recht** (*Mittelalter*; das in den deutschen Ländern allgemein geltende Recht) · **Land‿re|gen, ...rücken** [*Tr* ...rükken] · **Land|schaft** · **land|schaft|lich** · **Land|schafts|ge|stal|ter** · **Land|schafts|ge|stal|tung** · **Land|schafts|ma|ler** · **Land|schafts|schutz|ge|biet** · **Land|schrei|ber** (*schweiz*; Staats-, Amtsschreiber, Notar) · **Lands|ge|mein|de** (*schweiz*; Versammlung aller stimmfähigen Bürger bestimmter Kantone); *vgl. aber* Landgemeinde · **Lands|knecht** (*hist*) · **Lands|mann,** *Pl* ..leute (jmd., der aus dem gleichen Land stammt); *vgl. aber* Landmann · **Lands|män|nin,** die, _, ..innen · **Land|stra|ße** · **Land|strei|cher** (ziellos umherstreifender, arbeitsscheuer Mensch, Vagabund) · **Land|streit|kräf|te** *Pl* · **Land|tech|nik** · **Lan|dung** · **Land|vogt** (*hist*) · **land|wärts** · **Land|wehr,** die (*Milit hist*) · **Land|wirt** · **Land|wirt|schaft** · **land|wirt|schaft|lich**; landwirtschaftliche Produktionsgenossenschaft (*Abk* LPG), *aber mit Namenszusatz K 259*: Landwirtschaftliche Produktionsgenossenschaft Thomas Müntzer · **Land|zun|ge**

lang; länger, längste; *vgl. auch* lange **I.** *Kleinschreibung*: **a)** *K 114*: ein langes und breites (viel) reden, sich des langen und breiten, des länger[e]n und breiter[e]n über etw. äußern; seit lange[m] – **b)** *K 115*: am, zum längsten – **c)** *K 118*: über kurz oder lang

II. *Großschreibung K 93*: das Lange und Kurze von der Sache ist …
III. *Zusammenschreibung*: *K 176*: langher, langhin; meterlang, jahrelang, tagelang usw., *aber K 127*: einen Fuß lang, zehn Meter lang, zwei Jahre lang usw.; zehnmal so lang wie …; *vgl.* lange

lang|ärm|lig · **lang|at|mig** · **Lang|bein** (*umg scherzh*) · **lang|bei|nig** · **lan|ge** *od* **lang;** länger, am längsten; lang ersehnte Hilfe, lang anhaltender Beifall usw.; lang, lang ist's her; es ist lange her; allzulang[e] · **Län|ge,** die, _, _n (*Phys*; Größenart des Raumes [*Formelzeichen l*]); der Länge nach, *auch* längelang (*K 176*) hinfallen; östlicher _ (*Geogr* [*Abk* ö. L. *od* östl. L.]), westlicher _ (*Geogr* [*Abk* w. L. *od* westl. L.]) · **lan|gen** (*umg*; [nach etw.] greifen; ergreifen; ausreichen) · **län|gen** (länger machen) · **Län|gen|grad** (*Geogr*) · **Län|gen|maß,** das

Lan|ge|oog [*auch* 'laŋə..] (eine der Ostfries. Inseln der BRD)

Lan|get|te [laŋ'gɛtə], die, _, _n (*Handarb*; bogenförmige Randbefestigung u. Randverzierung an Stoffen – *Bauw*; Trennungswand zw. zwei Schornsteinen) ⟨*lat* → *frz*⟩ · **lan|get|tie|ren** (*Handarb*)

Lan|ge|wei|le *K 368*, *seltener* **Lang|wei|le,** *österr meist so*, die, *Gen* der Lang[e]weile *od* Langenweile; aus Lang[e]weile *od* Langerweile; *aber*: das hat noch lange Weile · **Lan|ge|zeit,** die, _ (*schweiz*; Heimweh) · **Lang|fin|ger** (*umg scherzh*; Dieb) · **lang|fing|rig** *K 362* · **lang|fri|stig** · **lang|ge|stielt** *K 128* · **lang|haa|rig** · **Lang|haus** · **lang|hin;** ein langhin rollendes Echo · **lang‿jäh|rig, …köp|fig** · **lang|le|big** · **Lang|le|big|keit,** die, _ · **lang|le|gen, sich** (*Akk*) (*umg*) · **läng|lich** · **läng|lich|rund** · **lang|ma|chen, sich** (*Akk*) (*umg*) · **Lang|mut,** die, _ (*gehoben*) · **lang|mü|tig** (*gehoben*) · **Lang|mü|tig|keit,** die, _ (*gehoben*) · **lang|na|sig**

Lan|go|bar|de, der, _n, _n (Angehöriger eines german. Volksstammes) · **lan|go|bar|disch;** *vgl. auch K 265ff.*

Lang|ohr (*scherzh*; Hase, Esel) · **lang|rip|pig** · **längs:** 1. *Adv* (der Länge nach); etwas _ durchschneiden – 2. *Präp mit Gen*, *seltener mit Dat*: _ des Weges, *seltener* _ dem Wege · **Längs|ach|se** · **lang|sam** · **Lang|sam|keit,** die, _ · **lang|schnä|be|lig** *K 362* · **längs|deck[s]** (*seem*; auf dem Deck entlang) · **Lang|spiel|plat|te;** *Abk* LP · **Längs|rich|tung** · **längs|schiffs** (*seem*; in Kielrichtung) · **Längs|schnitt** · **längs|seit[s]** *Präp mit Gen* (*seem*; die Seite entlang) · **längst** (seit langer Zeit) · **lang|steng|lig** *K 362* · **läng|stens** (spätestens) · **lang|stie|lig** (*auch umg*; langweilig) · **Längst|le|ben|de,** der *u.* die, _n, _n *K 341* (*Rechtsw*) · **Lang|strecke** [*Tr* …strek|ke] · **Lang|strecken|lauf** [*Tr* …strekken…] · **Lang|strecken|läu|fer** [*Tr* …strek|ken…]

Lan|gue|doc [lãg(ə)'dɔk], das *od* die, _ (Landsch. in Südfrankreich) · **Lan|gue|doc|wein** *K 246*

Lan|gu|ste, die, _, _n (ein Krebs ohne Scheren) ⟨*lat* → *frz*⟩

Langweile ↑ Langeweile · **lang|wei|len;** du langweilst; gelangweilt; zu langweilen · **lang|wei|lig** · **Lang|wei|lig|keit,** die, _ · **Lang|wel|le** (*Funkw*) · **lang|wie|rig** ⟨*zu* währen⟩ · **Lang|wie|rig|keit,** die, _ · **Lang|zei|le** (*Metrik*) · **Lang|zeit|ge|dächt|nis** · **Lang|zeit|the|ra|pie**

La|no|lin, das, _s (Emulsion aus Wollfett, Paraffinöl u. Wasser; Salbengrundlage) ⟨*lat*⟩

Lan|than, das, _s (chem. Element, Metall); *Zeichen* La ⟨*grch*, ‚das Verborgene'⟩

Lan|ze, die, _, _n ⟨*kelt* → *lat* → *frz*⟩. *Zus K 365ff.*: Lanzen‿spitze usw. · **Lan|zet|te,** die, _, _n (*Med*; lanzenförmiges Impfmesser) · **Lan|zett|fisch|chen** · **lan|zett|för|mig** · **lan|zi|nie|rend** (*Med*); _e Schmerzen (blitzartig auftretende stechende Schmerzen)

Lao, der, _[s], _[s] (Angehöriger eines Volkes in Laos u. Thailand) ⟨*sinotibet*⟩

Lao|ko|on [..koɔn *od* ..'ko(:)..] (*griech Sage*; trojan. Priester) ⟨*grch*⟩

Laon [lã:] (Stadt in Nordfrankreich)

La|os, *ohne Art*, *amtl* **Volks|de|mo|kra|ti|sche Re|pu|blik La|os** *K 258*, die, *Gen* _n _ _ (in Hinterindien) · **Lao|te,** der, _n, _n (Staatsbürger von Laos) · **lao|tisch;** *vgl. K 266f.* · **Lao|tisch,** das, *Gen* _[s], *Dat* _ (Sprachbezeichnung *K 268ff.*) · **Lao|ti|sche,** das, *Gen* _n, *Dat* _n (Sprachbezeichnung *K 271*)

La|pa|ro|to|mie, die, _, ..ien (*Med*; Bauchschnitt) ⟨*grch*⟩

La Paz [_ 'pa(:)s] (Stadt in Bolivien) ⟨*span*, ‚der Frieden'⟩

la|pi|dar (wuchtig; gedrungen; kurz und bündig) ⟨*lat*⟩ · **La|pi|da|rium,** das, _s, ..ien [..iən] (*fachspr*; Sammlung von Steindenkmälern; Steinsammlung) · **La|pi|dar|schrift** (*Polygr*; Schrift in latein. Großbuchstaben ohne Verzierung) · **La|pi|dar|stil,** der, _[e]s (kurze, gedrängte Schreibart) · **La|pil|li** *Pl* (*Geol*; kleine Vulkanauswürflinge) ⟨*lat* → *ital*, ‚Steinchen'⟩ · **Lapislazuli** ↑ Lasurit

La|place|sch [..'pla:sʃ] *K 217* ⟨*nach* dem französ. Astronomen u. Mathematiker Laplace [..'pla:s]⟩; _e Theorie

La Pla|ta: 1. ↑ Rio de la Plata – 2. (Hafenstadt in Argentinien) · **La-Pla|ta-Staa|ten** *K 247* (Argentinien, Paraguay u. Uruguay)

Lap|pa|lie [..iə], die, _, _n (Nichtigkeit) ⟨*dt* + *f. E.*⟩ · **Läpp|chen** ⟨*zu* Lappen⟩

Lap|pe, der, _n, _n *od* **Lapp|län|der,** der, _s, _ (Angehöriger eines Volkes in Nordeuropa)

Lap|pen, der, _s, _

läp|pen (*fachspr*; die Oberfläche eines Werkstücks feinstens bearbeiten) ⟨*engl*⟩

Läp|pe|rei, *auch* **Lap|pe|rei** (*umg*; Kleinigkeit; Wertloses)

läp|pern *K 363* (*landsch*; in kleinen Schlucken trinken, schlürfen); es läppert (*landsch*; gelüstet) mich nach etwas; es läppert sich zusammen (*umg*; es häuft sich an)

lap|pig (*umg*)

lap|pisch *od* **lapp|län|disch**

läp|pisch (*abwert*); _ste

Lapp|land (Landsch. in Nordeuropa) · **Lappländer** ↑ Lappe · **lappländisch** ↑ lappisch

Lap|sus, der, _, _ [..su:s] (Fehler, Versehen; Irrtum) ⟨*lat*⟩ · **Lap|sus ca|la|mi** *K 47*, der, _ _, *Pl* _ _ [..su:s _] (Schreibfehler) · **Lap|sus lin|guae** [_ 'liŋgũɛ:] *K 47*, der, _ _, *Pl* _ _ [..su:s _] (das Sichversprechen) · **Lap|sus me|mo|riae** [_ ..riɛ:] *K 47*, der, _ _, *Pl* _ _ [..su:s _] (Gedächtnisfehler)

Lär|che, die, _, _n (ein Nadelbaum) ⟨*lat*⟩; *vgl. aber* Lerche

La|ren *Pl* (*röm Mythol*; Hausgötter, Schutzgeister) ⟨*lat*⟩

large [la:rʒ] (*schweiz*; freigebig; reichlich) ⟨*lat* → *frz*⟩ · **lar|ghet|to** [..'gɛto] (*Mus*; etwas langsam) ⟨*lat* → *ital*⟩ · **Lar|ghet|to,** das, _s, *Pl* _s *od* ..tti (*Mus*) · **lar|go** (*Mus*; sehr langsam) · **Lar|go,** das, _s, *Pl* _s, *auch* ..ghi [..gi] (*Mus*)

la|ri|fa|ri! (*umg*; Geschwätz!, Unsinn!) ⟨*ital*⟩ · **La|ri|fa|ri,** das, _s (*umg*)

Lärm, der, _[e]s ⟨*lat* → *frz*, ‚Alarm'⟩. *Zus K 365ff.*: Lärm‿bekämpfung usw. · **lär|men**

lar|moy|ant [..mŏa'jant] (*oft abwert*; weinerlich) ⟨*lat* + *frz*⟩

Lärm‿pe|gel, …schutz

l'art pour l'art [la:r pur 'la:r] (Schlagwort für eine ästhetisierende, bürgerlich-dekadente Kunstauffas-

sung) ⟨*frz*, ‚die Kunst für die Kunst'⟩
lar|val [..v..] (*Zool*; zur Larve [der Tiere] gehörig) ⟨*lat*⟩ · **Lar|ve** [..f.., *auch* ..v..], die, _, _n (Maske; Entwicklungsstufe bestimmter Tiere) · **lar|ven|ähn|lich**
La|ryn|gi|tis, die, _, ..itiden (*Med*; Kehlkopfentzündung) ⟨*grch*⟩ · **La|ryn|go|skop,** das, _s, _e (*Med*; Kehlkopfspiegel) · **La|rynx,** der, _, ..yngen (*Med*; Kehlkopf)
lasch (schlaff, lässig); _[e]ste · **La|sche,** die, _, _n (ein Verbindungsstück) · **la|schen** *K 354* (*Techn*; durch Lasche[n] verbinden) · **Lasch|heit** (Schlaffheit) · **...la|schig** (*Techn*; z. B. zweilaschig [*mit Ziffer K 284* 2laschig]) · **La|schung** (*Techn*; Verbindung durch Lasche[n])
La|se, die, _, _n (*landsch*; Gefäß, Biergefäß)
La|ser ['le:zər *od* 'la:..], der, _s, _ *Kunstw* (*Phys*; Verstärker für kohärentes Licht) ⟨*engl*⟩. *Zus K 365ff.*: Laser‿strahlen (*Pl*) usw.
la|sie|ren (mit Lasur versehen) ⟨*pers* → *arab* → *lat*⟩
Las Pal|mas (Hafenstadt der Kanarischen Inseln)
laß (*gehoben*; matt, müde, schlaff) ⟨*zu* lassen⟩; lasser, lasseste *K 349*
Las|sal|lea|ner [..'la:.. *od* ..le'a:..], der, _s, _ (Anhänger des Politikers Lassalle [la'sal]) · **Las|sal|lea|nis|mus** [..sal(e)a..], der, _ (der sozialdemokrat. Reformismus des Politikers Lassalle [la'sal]) · **las|sallesch** [..'salʃ], *auch* **las|sal|lisch** [..liʃ] *K 218* (nach dem Politiker Lassalle [la'sal] benannt) · **Las|sallesch** [..'salʃ], *auch* **Las|sal|lisch** [..liʃ] *K 217* (von dem Politiker Lassalle [la'sal] herrührend)
las|sen; du läßt *K 354*, er läßt; du ließest; du ließest; gelassen; lasse! *od* laß!; du läßt mich wissen; du hast es gelassen (unterlassen); *aber K 361*: du hast mich rufen lassen; *vgl.* bleibenlassen, fahrenlassen, fallenlassen, gehenlassen, hängenlassen, liegenlassen, sitzenlassen, steckenlassen, stehenlassen; *vgl. auch K 141*
läs|sig · **Läs|sig|keit** · **läß|lich** (*veraltend*; verzeihlich); eine _e (kleinere) Sünde
Las|so, das, *österr nur so, od* der, _s, _s (Wurfschlinge) ⟨*lat* → *span*⟩
Last, die, _, _en (*seem auch für* Vorratsraum unter Deck) ⟨*zu* [1]laden⟩; zu _en des ... *od* von ...
la|sten · **la|sten|frei** · [1]**La|ster,** der, _s, _ *umg Kurzw* (Lastkraftwagen)

[2]**La|ster,** das, _s, _ · **Lä|ste|rer** (*abwert*) · **la|ster|haft** (*abwert*) · **La|ster|haf|tig|keit,** die, _ (*abwert*) · **Lä|ste|rin,** die, _, ..innen (*abwert*) · **lä|ster|lich** (*abwert*) · **Lä|ster|lich|keit** (*abwert*) · **Lä|ster|maul** (*salopp abwert*) · **lä|stern** *K 363* (*abwert*) · **Lä|ste|rung** (*abwert*)
Last|fuh|re · **lä|stig** · **La|stig|keit,** die, _ (*seem*; Schwimmlage eines Schiffes) · **Lä|stig|keit,** die, _ · **Last|kraft|wa|gen;** *Abk* LKW *od* Lkw; *umg Kurzw* [1]Laster
last not least ['la:st nɔt 'li:st] (zwar als letzter [bzw. letzte, letztes], aber nicht als Geringster [Geringste, Geringstes]; zuletzt der Stelle, aber nicht dem Werte nach; nicht zu vergessen) ⟨*engl*⟩
Last|schrift (*Bankw*; Eintrag auf der linken Seite [Soll] eines Buchhaltungskontos) · **Last|tier**
La|sur, die, _, _en (durchsichtige Farbschicht) ⟨*pers* → *arab* → *lat*⟩ · **La|sur|far|be** (durchsichtige Farbe) · **La|su|rit,** *auch* **La|sur|stein,** der, _[e]s, _e *od* **La|pis|la|zu|li** ⟨*lat* + *arab*⟩, der, _, _ (*Mineral*; blauer Schmuckstein)
las|ziv (schlüpfrig [in sittl. Beziehung]) ⟨*lat*⟩ · **Las|zi|vi|tät** [..v..]
Lä|ta|re (*christl Rel*; dritter Sonntag vor Ostern) ⟨*lat*, ‚freue dich!'⟩
La|tein, das, _s · **La|tein|ame|ri|ka,** *seltener* **Ibe|ro|ame|ri|ka** *K 245* (die Staaten Mittel- u. Südamerikas, in denen meist Spanisch od. Portugiesisch gesprochen wird) · **la|tein|ame|ri|ka|nisch** · **La|tein|ame|ri|ka|ni|stik** (Wissenschaft von den Sprachen u. Literaturen Lateinamerikas) · **La|tei|ner,** der, _s, _ (ein des Lateinischen Kundiger) · **la|tei|nisch;** *vgl. K 266f.* · **La|tei|nisch,** das, *Gen* _[s], *Dat* _ (Sprachbezeichnung *K 268ff.*) · **La|tei|ni|sche,** das, *Gen* _n, *Dat* _n (Sprachbezeichnung *K 271*)
La-Tène-Zeit [..'tɛ:n..] *K 247*, die, _ (*Urgesch*; Stufe der mitteleurop. Eisenzeit) ⟨*frz*, *nach* der Fundstelle La Tène am Neuenburger See⟩ · **la|tène|zeit|lich** (*Urgesch*)
la|tent (versteckt, verborgen; ruhend; aufgespeichert) ⟨*lat*⟩; eine _e Krankheit · **La|tenz,** die, _
la|te|ral (*fachspr*; seitlich, an der Seite gelegen, Seiten...) ⟨*lat*⟩ · **La|te|ral|plan** (*Schiffb*) ⟨*zu* [2]Plan⟩
La|te|ran, der, _s (Palast des Papstes in Rom) ⟨*nach* der röm. Familie der Laterani⟩. *Zus K 365ff.*: Lateran‿konzil usw. · **la|te|ra|nisch;** ein _es Konzil
La|te|rit, der, _[e]s (*Geol*; roter trop. Verwitterungsboden) ⟨*lat*⟩ · **La|te|rit|bo|den,** der, _s (*Geol*)

La|ter|na ma|gi|ca *K 47*: 1. die, _ _, *Pl* ..nae ..cae [..nɛ: ..tsɛ:] (einfacher Projektionsapparat) – 2. die, *Gen* _ _ (Theater u. Film kombinierendes Ausdrucksmittel der darstellenden Kunst) ⟨*lat*, ‚Zauberlaterne'⟩ · **La|ter|ne,** die, _, _n (*auch Arch*; turmartiger Aufsatz als Lichtquelle über einer Kuppel) ⟨*grch* → *lat*⟩ · **La|ter|nen|pfahl**
La|tex: 1. der, _ (Kautschukmilch) – 2. der, _, ..tizes [..tse:s] (Kunststoffdispersion, z. B. als ölfreier Anstrichstoff) ⟨*grch* → *lat*⟩ · **La|tex|far|be**
La|ti|fun|dium, das, _s, ..ien [..ĭən], *meist Pl* (*hist*; Großgrundbesitz) ⟨*lat*⟩
La|ti|ner, der, _s, _ (*Altertum*; Angehöriger eines italischen Volksstammes in Latium) ⟨*lat*⟩; *vgl. aber* Ladiner · **la|ti|nisch** · **la|ti|ni|sie|ren** (*Sprachw*; in latein. Sprachform bringen, dem Latein angleichen) · **La|ti|nis|mus,** der, _, ..men (*Sprachw*; latein. Spracheigentümlichkeit [in einer nichtlatein. Sprache]) · **La|ti|nist** (Wissenschaftler auf dem Gebiet der latein. Sprache u. Literatur) · **La|ti|ni|tät,** die, _ (klassische, mustergültige latein. Schreibweise; latein. Literatur); *K 258*: die Goldene _, die Silberne _ (*hist*) · **La|ti|num,** das, _s (Prüfung im Lateinischen); *K 119*: das große _, das kleine _
La|tium (Landsch. in Mittelitalien) ⟨*lat*⟩
La|tri|ne, die, _, _n (Abtritt; Senkgrube – *umg abwert auch für* Gerücht) ⟨*lat*⟩ · **La|tri|nen|rei|ni|gung**
Latsch [la:tʃ], der, _[e]s, _en (*umg*; Hausschuh; abgetragener Schuh); *vgl. auch* [2]Latsche
[1]**Lat|sche** ['lat..], die, _, _n (Bergkiefer)
[2]**Lat|sche** ['la:t..], die, _, _n *od* **Lat|schen,** der, _s, _ (*umg*; Hausschuh; abgetragener Schuh); *vgl. auch* Latsch · **lat|schen** *K 354* (*salopp*; nachlässig, schleppend gehen)
Lat|schen|ge|büsch ⟨*zu* [1]Latsche⟩ · **Lat|schen|kie|fer,** die · **Lat|schen|öl,** das, _[e]s
lat|schig ['la:t..] (*salopp*; nachlässig in Gang u. Wesen) ⟨*zu* [2]Latsche⟩ · **lät|schig** ['lɛt..] (*landsch*; weichlich, fade; schlaff)
Lat|te, die, _, _n. *Zus K 365ff.*: Latten‿zaun usw.
Lat|tich, der, _[e]s, _e (ein Korbblütler) ⟨*lat*⟩
Lat|wer|ge, die, _, _n (breiförmige Arznei) ⟨*grch* → *lat* → *frz*⟩
Latz, der, _es, *Pl* Lätze, *österr auch* _e ⟨*lat* → *frz*⟩ · **Lätz|chen**
lau

Laub, das, _[e]s. *Zus K 365 ff.*: Laub‿baum usw.

[1]**Lau|be,** die, _, _n

[2]**Laube** ↑ Ukelei

Lau|ben‿gang, ...ko|lo|nie

Laub|fall, der, _[e]s · **Laub|hüt|ten|fest** (*jüd Rel*) · **Laub|kä|fer** (*schweiz*; Maikäfer) · **Laub|sä|ge** · **laub|tra|gend;** *vgl. aber K 163; K 164*: laubtragende Bäume, *aber K 125*: die wenigen noch Laub tragenden Bäume · **Laub|werk** (*auch Arch*; stilisiertes Blatt u. Pflanzenornament in plastischer od. malerischer Ausführung)

Lauch, der, _[e]s, _e · **lauch|grün;** *vgl.* blau

Lauch|städt, Bad (im Bez. Halle) · **Lauch|städ|ter:** 1. *K 231*: der, _s, _; 2. *als Attribut K 232*: der Lauchstädter Brunnen

Lau|da|tio, die, _, ..iones [..ne:s] (feierl. Würdigung; Lobrede [auf einen Preisträger]) ⟨*lat*⟩ · **Lau|des** [..de:s] *Pl* (*kath Kirche*; Lobgesänge; liturgisches Morgengebet)

Laue *od* **Laue|ne,** die, _, *Pl* Lauenen (*schweiz*; Lawine) ⟨*lat*⟩

Lau|er, die, _; *nur in den Wendungen* auf der _ sein, liegen (*umg*) · **lau|ern** *K 363*

Lauf, der, _[e]s, *Pl* Läufe · **Lauf|bahn** · **Lauf|bur|sche** (*abwert*) · **Läuf|chen,** *meist Pl*

Läu|fel, die, _, _ (*südwestdt*; äußere [grüne] Schale)

lau|fen; du läufst, er läuft; du liefst *od* liefest; du liefest; gelaufen; lauf[e]! · **lau|fend,** *Abk* lfd.; _es Jahr *u.* _en Jahres (*bürospr* [*Abk* lfd. J. *od* l. J.]); _es Meter *u.* _en Meters (*Abk* lfm); _er Monat *u.* _en Monats (*bürospr* [*Abk* lfd. M. *od* l. M.]); _e Nummer *u.* _er Nummer (*bürospr* [*Abk* lfd. Nr.]); _es Band; am _en Band herstellen; *K 116*: auf dem _en bleiben, [er]halten · **lau|fen|las|sen** *K 141* (*umg*; freigeben, verzichten auf); du läßt (*K 354*) laufen; du hast laufenlassen, *auch* laufengelassen *K 361*; laufenzulassen; man hat den Dieb laufenlassen, *auch* laufengelassen, *weniger gut* der Dieb ist laufengelassen worden; *aber*: laufen lassen; er hat den Wasserhahn laufen lassen · **Läu|fer** (*auch für* eine Schachfigur) · **Lau|fe|rei** (*umg abwert*) · **Lauf‿feu|er, ...ge|wicht** · **läu|fig** (*bes von der Hündin gesagt*; brünstig) · **Läu|fig|keit,** die, _ (Brunst der Hündin) · **Lauf|kat|ze** (*Techn*) · **Lauf|paß,** der, ..passes (*umg*); *meist in* jmdm. den _ geben · **Lauf‿schrift, ...schritt, ...steg, ...zeit, ...zet|tel**

Lau|ge, die, _, _n (alkal. [wässerige] Lösung; Auszug) · **lau|gen** (*veraltend*) · **lau|gen|ar|tig** · **Lau|gen|salz**

Lau|heit, die, _

Lau|ne, die, _, _n ⟨*lat*⟩ · **lau|nen|haft** · **Lau|nen|haf|tig|keit** · **lau|nig** (witzig) · **lau|nisch** (launenhaft); _ste

Lau|ra (w. Vn.) ⟨*lat* → *ital*⟩

Lau|re|at, der, _en, _en (*hist*; preisgekrönter Dichter – *übertr*; preisgekrönter Wissenschaftler od. Künstler) ⟨*lat*⟩; *vgl. auch* Poeta laureatus

lau|ren|tisch; _e Gebirgsbildung (*Geol*; im Archaikum in Nordamerika) ⟨*lat, nach* dem Sankt-Lorenz-Strom⟩

lau|re|ta|nisch (aus Loreto stammend); *K 258*: die Lauretanische Litanei (*kath Kirche*)

Lau|rin (*mittelalterl Sage*; Zwergenkönig)

Laus, die, _, *Pl* Läuse

Lau|sanne [lo'zan] (Stadt in der Schweiz)

Laus|bub, *auch* **Laus|bu|be** (*meist scherzh*) · **Laus|bü|be|rei** (*scherzh*)

Lau|sche, die, _ (Berg südwestl. von Zittau)

lau|schen *K 354*

Läus|chen

Lau|scher (*auch weidm*; Ohr des edlen Haarwilds) · **lau|schig** (traulich; gern zuhörend)

Lau|se|ben|gel *od* **Lau|se|jun|ge** (*umg, oft Schimpfw*) · **Läu|se|kraut,** das, _[e]s · **lau|sen** *K 354* (*umg*) · **Lau|ser** (*landsch, meist scherzh*; Lausbub) · **Lau|se|rei** (*umg*; Lausbubenstreich) · **lau|sig** (*umg auch für* sehr, viel – *umg abwert*; erbärmlich, schlecht)

Lau|sitz, die, _, _en (Landsch. im SO [Oberlausitz] u. O [Niederlausitz] der DDR) ⟨*sorb*, ‚Grassumpf'⟩ · **Lau|sit|zer:** 1. *K 231*: der, _s, _; 2. *als Attribut K 232*: das Lausitzer Bergland · **lau|sit|zisch**

laut: 1. *Adj*: _er, _este; _ sprechen; _ sein; _ werden; etwas _ werden lassen ([öffentlich] davon sprechen) – 2. *Präp* (*Abk* lt. [*bürospr*]): **a)** *mit Gen*: _ dieses Gesetzes, _ unseres Schreibens; **b)** *vor einem bloßen Subst auch in nichtdeklinierter Form, bes bürospr*: _ Bericht, _ Rechnung; **c)** *mit Dat*: _ Briefen, _ unserem Schreiben · **Laut,** der, _[e]s, _e · **Laut|bil|dung**

Lau|te, die, _, _n (ein Saiteninstrument) ⟨*arab* → *rom*⟩

lau|ten; die Antwort lautet ... · **läu|ten;** die Glocken läuten

Lau|te|nist (Lautenspieler) ⟨*arab* → *rom*⟩ · **Lau|ten|spiel,** das, _[e]s

lau|ter: 1. *Adj* (*gehoben*; rein; ungetrübt); die lautere Wahrheit – 2. *erstarrte Form des Adj nur vor Substantiven* (nur, nichts als): _ Knaben, _ Wasser; *vgl. auch* eitel · **Lau|ter|keit,** die, _ (*gehoben*) · **läu|tern** *K 363* (*meist gehoben*) · **Läu|te|rung** (*meist gehoben*)

Läu|te|werk · **Laut|ge|setz** (*Sprachw*) · **laut|ge|treu** · **laut|hals** (aus voller Kehle) · **lau|tie|ren** (*Sprachw*; Worte, Text nach Lauten zergliedern; in Sprechsilben sprechen) ⟨*dt* + *f. E.*⟩ · **Laut|leh|re,** die, _ · **laut|lich** · **laut|los;** *vgl.* ...los · **Laut|lo|sig|keit,** die, _ · **laut|ma|lend** (*Sprachw*) · **Laut|ma|le|rei** (*Sprachw*; Nachahmung von Naturlauten durch Wörter) · **Laut‿schrift** (*Phon*), **...spre|cher, ...stär|ke** · **Lau|tung** (*Sprachw*; Art u. Weise, die Laute zu sprechen) · **Laut|ver|schie|bung** (*Sprachw*)

lau|warm

La|va [..v..], die, _, *Pl* Laven (*Geol*; aus Vulkanen ausfließende Gesteinsschmelze) ⟨*ital*⟩

La|va|bel [..v..], der, _s (*Textilwirtsch*; eine Waschseide) ⟨*lat* → *frz*⟩ · **La|va|bo,** das, _[s], _s (*kath Kirche*; [Gerät zur] Handwaschung des Priesters – *bes schweiz*; Waschbecken) ⟨*lat*, ‚ich werde waschen'⟩

La|va|strom [..v..] · **Laven** ↑ Lava

La|ven|del [..v..]: 1. der, _s, _ (ein Lippenblütler; aus seinen Blüten gewonnenes ätherisches Öl) – 2. das, _ (*Filmw*; Erstabzug eines Filmes) ⟨*lat* → *ital*⟩ · **La|ven|del|öl,** das, _[e]s

la|vie|ren [..v..] (Schwierigkeiten geschickt überwinden) ⟨*frz* → *ndrl*⟩

La|vi|nia [..v..] (röm. w. En.) ⟨*lat*⟩

La|voir [..'vŏa:r], das, _s, _s (*österr*; Waschbecken) ⟨*lat* → *frz*⟩ · **La|vor,** das, _s, _e (*süddt*; Waschbecken)

Lä|vu|lo|se [..v..], die, _ (*Biochem*; Fruchtzucker) ⟨*lat* + *grch*⟩

La|wi|ne, die, _, _n (herabstürzende Schnee-, Eis-, Stein-, Staubmasse im Hochgebirge) ⟨*lat*⟩. *Zus K 365 ff.*: Lawinen‿gefahr usw. · **la|wi|nen|ar|tig**

Lawn-Ten|nis ['lɔ:n..], das, _ (Tennis auf Rasenplätzen) ⟨*engl*⟩; *vgl. auch* Tennis

Law|ren|cium [lɔ'rɛntsĭum], das, _s (künstliches radioaktives chem. Element, Metall); *Zeichen* Lw ⟨*nach* dem amerikan. Physiker E. O. Lawrence ['lɔrəns]⟩

lax; _er, _este *K 349* (*oft abwert*; schlaff, lässig, locker, lau, nicht streng) ⟨*lat*⟩ · **La|xans,** das, _, *Pl* ..xanzien [..ĭən] *bzw* ..xantia, *auch* **La|xa|tiv,** das, _s, _e [..v..] (*Pharmakol*; Abführmittel) · **Lax|heit** (*oft abwert*; Schlaffheit; Lässigkeit) ·

la|xie|ren (*Med*; abführen; Stuhlgang verursachen)
Lay|out [le:'aut *od* 'le:aut], das, _s, _s (*Buchw*; Gestaltungsskizze, skizzierter Umbruchspiegel, Satzentwurf, Entwurf für Text- u. Bildgestaltung) ⟨*engl*⟩ · **Lay|ou|ter,** *seltener* **Lay|out|zeich|ner** (*Buchw*; jmd., der Layouts herstellt) · **Lay-out|ty|po|graph** *K 54*, der, _en, _en (*Buchw*)
La|za|rett, das, _[e]s, _e (Militärkrankenhaus) ⟨*ital, aus* Lazarus *u.* Nazareth⟩. *Zus K 365ff.*: Lazarett‿schiff usw.
La|za|rus: 1. (bibl. Gestalt) – 2. der, _, ..sse (*übertr*; armer Kranker) ⟨*hebr* → *grch* → *lat*⟩; *K 119*: der arme _ (*N. T.*; Gleichnisgestalt)
Leander ↑ Hero und Leander
Lear [li:r] (Titelgestalt eines Dramas von Shakespeare ['ʃe:kspi:r]) ⟨*nach* dem König der kelt. Sage⟩
Le|be|hoch, das, _s, _[s]; ein _ rufen, *aber*: »Lebe hoch!« rufen · **le-be|lang** (*veraltend*); mein _, *besser* mein Leben lang · **Le|be|mann,** *Pl* ..männer (*abwert*) · **le|be|män-nisch** (*abwert*) · **le|ben** · **Le|ben,** das, _s, _; mein Leben lang; *vgl. auch* lebelang · **lebenbejahend** ↑ lebensbejahend · **le|bend|ge|bä-rend** *K 128* · **Le|bend|ge|wicht** · **le|ben|dig** · **Le|ben|dig|keit,** die, _ · **le|ben|ge|bend;** *vgl. K 163* · **Le|bens‿abend** (*gehoben*), **...al-ter, ...baum, ...be|din|gun|gen** (*Pl*) · **le|bens|be|ja|hend** (*K 128*), *auch* **le|ben|be|ja|hend** (*K 163*); *K 115*: am _sten · **Le|bens‿be-schrei|bung, ...dau|er** · **Le|bens-en|de,** das, _s · **Le|bens|er|war-tung,** die, _ · **le|bens|fä|hig** · **Le|bens|fä|hig|keit,** die, _ · **le|bens|fremd** · **Le|bens|freu|de** · **le|bens|froh** · **Le|bens|ge|fahr** · **le|bens|ge|fähr|lich** · **Le|bens‿ge-fähr|te, ...ge|fähr|tin, ...ge|mein-schaft** · **le|bens|groß** · **Le|bens-hal|tungs|ko|sten** *Pl* · **Le|bens-kampf** · **le|bens|lang;** auf _ · **le|bens|läng|lich** · **Le|bens|lauf** · **Le|bens|licht,** das, _[e]s (*gehoben*) · **Le|bens|lust,** die, _ · **le-bens|lu|stig** · **Le|bens|mit|tel** *Pl* · **le|bens|mü|de** · **Le|bens|mut** · **le-bens|nah** · **le|ben|spen|dend** (*gehoben*); *vgl. K 163* · **le|ben|sprü-hend;** *vgl. K 164*; *K 115*: am _sten · **Le|bens|raum** (*Biol*) · **Le-bens‿ret|ter, ...stan|dard, ...stil** · **le|bens|tüch|tig** · **Le|bens|un|ter-halt** · **Le|bens‿ver|si|che|rung, ...weg** · **Le|bens|wei|se,** die · **le-bens|wich|tig** · **Le|bens|zei|chen** · **Le|bens|zeit,** die, _; auf _ · **le-ben|zer|stö|rend** *K 163*
Le|ber, die, _, _n. *Zus K 365ff.*: Leber‿fleck usw. · **Le|ber|blüm-chen** · **le|ber|krank**
Le|be|we|sen · **Le|be|wohl,** das, _[e]s, *Pl* _e *od* _s (*gehoben*); _ sagen, *aber*: jmdm. »Leb[e] wohl!« nachrufen · **leb|haft;** *K 172*: lebhaftrot usw.; *vgl.* blau · **Leb|haf|tig-keit,** die, _
Leb|ku|chen ⟨*Herkunft umstritten*⟩
leb|los; *vgl.* ...los · **Leb|lo|sig|keit,** die, _ · **Leb|tag** (*umg*); *meist in* ich denke mein (*nicht*: meinen) _ daran
Le|bus ['le:.., *auch* ..'bu:s] (Stadt im Bez. Frankfurt) · **Le|bu|ser:** 1. *K 231*: der, _s, _; 2. *als Attribut K 232*; *vgl. auch K 235*
Leb|zei|ten *Pl*; *in Wendungen wie* bei _ seines Vaters; zu seinen _
[1]Lech, das, *auch* der, _[e]s (*Hüttenw*; Schmelzstein)
[2]Lech, der, _s (Fluß im S der BRD) · **Lech|feld** *K 246*, das, _[e]s (Ebene bei Augsburg)
lech|zen *K 354* (*gehoben*)
leck (undicht); _ sein, werden · **Leck,** das, _[e]s, _e (undichte Stelle [bei Schiffen, Gefäßen, Kraftmaschinen usw.]) · **Lecka|ge**[1] [..'ka:ʒə, *österr* ..'ka:ʒ] (*fachspr*; Gewichtsverlust bei flüssigem Frachtgut; Leck im Schiffsrumpf) ⟨*dt* + *f. E.*⟩
Lecke[1], die, _, _n (Stelle od. Trog, wo das Wild od. das Vieh Salz leckt) · **[1]lecken**[1] (mit der Zunge über etw. hin u. her fahren)
[2]lecken[1] (*seem*; leck sein); es leckt
lecker[1] *K 363* (wohlschmeckend) · **Lecker**[1] (*weidm*; Zunge beim Haarwild) · **Lecker|bis|sen**[1] · **Lecke|rei**[1] (*umg*; Leckerbissen) · **Lecker|li**[1], das, _s, _ (*schweiz*; kleiner Lebkuchen); Basler _ · **Lecker|maul**[1] (*umg*)
Le|da (*griech Sage*; Königin von Sparta)
Le|der, das, _s, _. *Zus K 365ff.*: Leder‿riemen usw. · **le|der|ar|tig** · **le-der|braun;** *vgl.* blau · **Le|de|rer** (*noch süddt, österr*; Gerber) · **le-der|far|ben** (*K 364*) *od* **le|der|far-big;** *vgl. auch* ...farben *u. K 272ff.* · **le|de|rig** *K 362* (lederartig)
le|dern: 1. *Verb K 363* (gerben; putzen, abreiben – *landsch umg*; prügeln) – 2. *Adj* (aus Leder; zäh; langweilig)
le|dig; *Abk* led. · **Le|di|ge,** der *u.* die, _n, _n *K 341* · **le|dig|lich**
Lee, die, _ (*seem*; vom Wind abgekehrte Seite eines Schiffes – *Geogr*; die dem Wind abgewendete Seite eines Gebirges); *Ggs* Luv
leer. *Schreibung bei Verben K 135*: leer ausgehen, leer essen, leer kaufen, leer laufen, leer machen (*umg*), leer stehen, leer trinken, leer werden usw.; leer ausgehend usw.; *vgl. aber* leerlaufen u. leerstehend
Lee|re *od* **Leer|heit,** die, _ · **lee-ren** · **Leer|gut** · **Leer|lauf** · **leer|lau-fen** *K 137* (auslaufen, z. B. von Fässern); es läuft leer; leergelaufen; leerzulaufen; *aber*: leer laufen (ungenutzt arbeiten, z. B. von Maschinen); *vgl. auch K 126* · **leer|ste-hend** *K 128* (unbesetzt); _e Wohnung; *vgl. auch* leer · **Lee|rung** · **Leer|zim|mer**
Lee|sei|te (*seem*); *Ggs* Luvseite · **lee|wärts** (*seem*); *Ggs* luvwärts
Lef|ze, die, _, _n (Lippe bei Hund u. Haarraubwild)
le|gal (gesetzlich, dem Gesetz entsprechend) ⟨*lat*⟩ · **Le|ga|li|sa|tion** (*Rechtsw*; amtl. Beglaubigung) · **le-ga|li|sie|ren** · **Le|ga|li|tät,** die, _ (Gesetzlichkeit, Rechtsgültigkeit)
Leg|asthe|nie, die, _ (Lese-Rechtschreib-Schwäche) ⟨*lat* + *grch*⟩ · **Leg|asthe|ni|ker,** der, _s, _ · **leg-asthe|nisch**
Le|gat: 1. der, _en, _en (altröm. Gesandter, Unterfeldherr – *kath Kirche*; päpstl. Gesandter) – 2. das, _[e]s, _e (*Rechtsw*; Vermächtnis) ⟨*lat*⟩ · **Le|ga|tar,** der, _s, _e (*Rechtsw*; Vermächtnisnehmer) · **Le|ga|tion** ([päpstl.] Gesandtschaft)
le|ga|to (*Mus*; gebunden); *Abk* leg. ⟨*lat* → *ital*⟩ · **Le|ga|to,** das, _s, *Pl* _s *od* ..ti (*Mus*; gebundenes Spiel)
Le|ge|hen|ne, *auch* **Leg|hen|ne,** *auch kurz* **Le|ger**
Le|gel, der, _s, _ (*seem*; Ring zum Befestigen eines Segels) ⟨*zu* Lage⟩
le|gen; *Part II* gelegt, *vgl. aber* gelegen
le|gen|där (sagenhaft) ⟨*lat*⟩ · **Le-gen|de,** die, _, _n (Heiligenerzählung, [fromme] Sage; Umschrift [von Münzen, Siegeln]; Zeichenerklärung [auf Landkarten usw.]; Bildunterschrift u. -erklärung) ⟨‚das zu Lesende'⟩. *Zus K 365ff.*: Legenden‿bildung usw. · **le|gen|den|haft**
le|ger [le'ʒɛ:r] (ungezwungen; nachlässig) ⟨*lat* → *frz*⟩
Le|ger: 1. (Papierarbeiter, -bereiter) – 2. ↑ Legehenne
Leges ↑ Lex
Le|ge|zeit · **Leg|föh|re** (Bergkiefer) · **Leghenne** ↑ Legehenne
Leg|horn ['le:khɔrn], das, _s, _ (eine Hühnerrasse) ⟨*nach* dem engl. Namen der italien. Stadt Livorno⟩
le|gie|ren (Metalle mit Metallen od. Nichtmetallen zusammenschmelzen – *Kochk*; Suppen u. Tunken mit Eigelb abrühren) ⟨*lat* → *ital*⟩ ·

---
[1] *Tr* ..k|k..

Le|gie|rung (Mischung, Metallmischung; Mischmetall)
Le|gi|on (unbestimmte große Anzahl, sehr große Menge [*vgl. auch K 387*] – *hist*; altröm. Heereseinheit – *Milit*; Söldnerheer [Fremdenlegion]) ⟨*lat*⟩ · **Le|gio|när,** der, _s, _e (*hist*; röm. Soldat – *Milit*; Mitglied einer Legion)
le|gis|la|tiv (*Pol*; gesetzgebend) ⟨*lat*⟩ · **Le|gis|la|ti|ve** [..v..], die, _, _n (*Pol*; gesetzgebende Gewalt; gesetzgebende Versammlung) · **le|gis|la|to|risch** (*Pol*; gesetzgeberisch) · **Le|gis|la|tur,** die, _, _en (*Pol*; Gesetzgebung; gesetzgebende Körperschaft) · **Le|gis|la|tur|pe|ri|ode** (*Pol*; Zeitraum, für den die Abgeordneten des gesetzgebenden Staatsorgans gewählt werden) · **le|gi|tim** (gesetzlich anerkannt, rechtmäßig) · **Le|gi|ti|ma|ti|on** (Berechtigungsausweis, Ausweis; Berechtigung; Beglaubigung) · **Le|gi|ti|ma|ti|ons|kar|te** · **le|gi|ti|mie|ren** (berechtigen; beglaubigen; für gesetz-, rechtmäßig erklären); sich (*Akk*) legitimieren (sich ausweisen) · **Le|gi|ti|mie|rung** · **Le|gi|ti|mis|mus,** der, _ (reaktionäre Auffassung von der Unabsetzbarkeit eines regierenden Herrscherhauses) · **Le|gi|ti|mist** · **Le|gi|ti|mi|tät,** die, _ (Rechtmäßigkeit; Gesetzmäßigkeit, bes. einer Regierung od. Regierungsform)
Le|gu|an [*od* 'le:..., *österr nur so*], der, _s, _e (eine Echse) ⟨*indian* → *span*⟩
Le|gu|min, das, _s (*Biochem*; Eiweißsubstanz in den Hülsenfrüchten) ⟨*lat*⟩ · **Le|gu|mi|no|sen** *Pl* (*Bot*; Hülsenfrüchtler); *Sg* Le|gu|mi|no|se, die, _
Le Hav|re [lə'(h)a:vr(ə)] (Hafenstadt in Nordfrankreich)
Leh|de, die, _, _n (*norddt*; Brache, Heide) ⟨*ndrl, zu* liegen⟩
Le|hen, das, _s, _, *auch* **Lehn,** das, _[e]s, _e (*hist*; verliehenes erbliches Nutzungsrecht an einer Sache; auch diese selbst) ⟨*zu* leihen⟩
Lehm, der, _[e]s, _e ⟨*zu* Leim⟩. *Zus K 365ff.*: Lehm‿boden usw. · **lehmgelb;** *vgl.* blau · **leh|mig**
Lehn ↑ Lehen
Leh|ne, die, _, _n · [1]**leh|nen;** sich (*Akk*) _
[2]**leh|nen** (*hist*; zu Lehen geben – *noch landsch*; leihen) ⟨*zu* Lehen⟩ · **Lehns|eid** · **Lehns|herr** · **Lehns|mann,** *Pl* ..männer *u.* ..leute
Lehn|stuhl
Lehns|we|sen, das, _s · **Lehn|wort,** *Pl* ..wörter (*Sprachw*)
Lehr‿amt, ...auf|trag, ...aus|bil|der · **Lehr|be|helf** (*österr*; Lehrmittel) · **Lehr‿be|ruf, ...brief, ...buch** · **Lehr|dorn** (*Techn*; ein Meßzeug) · **Leh|re,** die, _, _n (Unterricht, Unterweisung; Lehrmeinung; Modell, Muster; Meßzeug, -gerät) · **leh|ren** (unterweisen); er lehrt mich; er lehrt mich lesen; er lehrt das Lesen; er lehrt mich (*auch* mir) das Lesen; ich bin (*od* mir ist) das Lesen gelehrt worden · **Leh|rer;** *K 258*: Verdienter _ des Volkes · **Leh|re|rin,** die, _, ..innen · **Lehr|film** · **Lehr|gang** · **Lehr|gangs|teil|neh|mer** · **Lehr|ge|dicht** · **lehr|haft** · **Lehr|hau|er** (*bergm*) · **Lehr|jahr** · **Lehr|ka|bi|nett** · **Lehr|kan|zel** (*österr*; Lehrstuhl) · **Lehr|kom|bi|nat** · **Lehr|ling** · **Lehr‿mei|ster, ...pfad, ...plan** · **lehr|reich** · **Lehr‿satz, ...stoff, ...stuhl** · **Lehr|toch|ter** (*schweiz*; weibl. Lehrling) · **Lehr‿ver|an|stal|tung, ...ver|hält|nis, ...ver|trag, ...werk|statt, ...zeit**
[1]**Lei** ↑ Leu (2)
[2]**Lei,** die, _, _en (*rhein*; Fels, Schiefer)
Leib, der, _[e]s, _er (Körper, Rumpf; Unterleib); *K 175*: gut bei Leibe sein (*verhüll*; dick sein), *aber K 176*: beileibe nicht; jmdm. zu Leibe gehen; es geht mir an den Leib; vom Leib[e] halten; Leib und Leben wagen; *vgl. aber* Laib · **Leib‿arzt, ...bin|de** · **Leib|chen** (*veraltend*; ein Kleidungsstück) · **leib|ei|gen** *K 364* (*hist*) · **Leib|ei|ge|ne,** der *u.* die, _n, _n *K 341* (*hist*) · **Leib|ei|gen|schaft,** die, _ (*hist*)
lei|ben; *nur noch in* wie er leibt und lebt · **Lei|bes|kraft;** aus Leibeskräften · **Lei|bes|übun|gen** *Pl* (*veraltend*) · **Lei|bes|vi|si|ta|tion** [..v..] (körperl. Untersuchung zur Feststellung von Beweismitteln) · **Leib|gar|de** · **Leib|gar|dist** · **Leib|ge|richt** (Lieblingsessen) · **leib|haf|tig,** *seltener* **leib|haft** · **Leib|haf|ti|ge,** der, _n (*verhüll*; Teufel) · **leib|lich** · **Leib|lich|keit,** die, _ · **Leib|ren|te** (lebenslängl. Rente) · **Leib|schmer|zen** *Pl.* · **Leib|schnei|den,** das, _s (*landsch*; Leibschmerzen)
Lei|bung, *auch* **Lai|bung** (*Bauw, Arch*; innere Mauerfläche bei Wandöffnungen; innere Wölbfläche bei Wölbungen)
Leib‿wa|che, ...weh
Leich, der, _[e]s, _e (*Literaturw, Mus*; Liedform des 12.–16. Jh.)
Leich|dorn, *Pl* ..dorne *od* ..dörner (*landsch*; Hühnerauge) · **Lei|che,** die, _, _n · **Lei|chen|acker** [*Tr* ...ak|ker] (*landsch*) · **Lei|chen‿be|gäng|nis, ...be|schau|er** · **Lei|chen|bit|ter** (*veraltend*; Person, die zur Beerdigung einlädt) · **Lei|chen|bit|ter|mie|ne** (*umg*; trauriger Gesichtsausdruck) · **lei|chen|blaß** · **lei|chen|fahl** · **Lei|chen‿gift, ...hal|le, ...öff|nung, ...re|de, ...wa|gen, ...zug** · **Leich|nam,** der, _[e]s, _e (*gehoben*) ⟨‚Leibeshülle'⟩
leicht; *K 119*: leichte Artillerie; *K 114*: es ist mir ein leichtes (leicht), *aber K 95*: es ist nichts Leichtes
I. *Schreibung bei Verben K 135*: leicht bauen; zu leicht befinden; es leicht haben mit ...; leicht heften; leicht sein, werden; *vgl. aber* leichtfallen, leichtnehmen
II. *Schreibung bei einem Part II od einem Adj*: der Vortrag war leicht verständlich, ein leichtverständlicher Vortrag; *vgl. aber K 173*
Leicht|ath|le|tik · **Leicht|bau|wei|se,** die, _ · **Leicht|be|schä|dig|te,** der *u.* die, _n, _n *K 341* · **leicht|be|waff|net**[1] · **Leicht|be|waff|ne|te,** der *u.* die, _n, _n *K 341* · **leicht|blü|tig** · **Leich|te,** die, _, _n (Tragriemen beim Schiebkarrenfahren) · **leicht|ent|zünd|lich**[1] · **Leich|ter,** der, _s, _ (*seem*; [kleineres] Fahrzeug zum Leichtern; schwimmfähiger Container für den Lastverkehr) · **leich|tern** (*seem*; größere Schiffe entfrachten) · **leicht|fal|len** *K 137* (keine Mühe verursachen); es fällt mir leicht; leichtgefallen; leichtzufallen; *aber*: leicht fallen (nicht schwer stürzen) · **leicht|fer|tig** · **Leicht|fer|tig|keit** · **leicht|flüs|sig** · **Leicht|fuß** (*abwert*) · **leicht|fü|ßig** · **Leicht|fü|ßig|keit,** die, _ · **Leicht|ge|wicht,** das, _[e]s (*Sport*) · **leicht|gläu|big** · **Leicht|gläu|big|keit,** die, _ · **Leicht|heit** · **leicht|her|zig** · **Leicht|her|zig|keit,** die, _ · **leicht|hin** · **Leich|tig|keit,** die, _ · **Leicht‿in|du|strie, ...ma|tro|se, ...me|tall** · **leicht|neh|men** *K 136* (auf die leichte Schulter nehmen); *Konjugation vgl.* leichtfallen · **Leicht|öl** · **Leicht|sinn,** der, _[e]s · **leicht|sin|nig** · **Leicht|sin|nig|keit,** die, _ · **leicht|ver|dau|lich**[1] · **leicht|ver|ständ|lich**[1] · **leicht|ver|wun|det**[1] · **Leicht|ver|wun|de|te,** der *u.* die, _n, _n *K 341*
leid; *in den Fügungen* leid sein, tun, werden; ich lasse es mir nicht leid sein (*veraltend*); es tut mir leid; *aber*: er tut sich ein Leid an (*gehoben*) · **Leid,** das, _[e]s; sich ein Leid (*veraltet* Leids) [an]tun (*gehoben*); Leid tragen; *K 176*: jmdm. etwas zuleide tun
Lei|de|form (*Gramm*) · **lei|den;** du littst *od* littest; du littest; gelitten;

[1] *Vgl.* leicht, II.

leid[e]! · [1]**Lei|den,** das, _s, _ (Krankheit)
[2]**Lei|den** [*niederländ* ˈlɛidə] (Stadt in den Niederlanden)
Lei|den|de, der *u.* die, _n, _n *K 341*
Lei|de|ner: 1. *K 231*: der, _s, _; 2. *als Attribut K 232*: die Leidener Flasche (*Phys*) ⟨*zu* [2]Leiden⟩
Lei|den|schaft · **lei|den|schaft|lich** · **Lei|den|schaft|lich|keit,** die, _ · **lei|den|schafts|los** *K 349*; *vgl.* ...los · **Lei|dens|ge|fähr|te**
lei|der ⟨*zu* leid⟩; ich habe es leider versäumt
lei|der Got|tes (leider, bedauerlicherweise) ⟨‚bei dem Leiden Gottes'⟩
lei|dig (unangenehm) ⟨*zu* Leid⟩ · **Leid|kar|te** (*schweiz*; Trauerkarte)
leid|lich (nicht ganz schlecht) ⟨*zu* leiden⟩
leid|tra|gend *K 164* · **Leid|tra|gen|de,** der *u.* die, _n, _n *K 341* · **leid|voll** (*gehoben*) · **Leid|we|sen,** das, _s; *nur in der Wendung* zu meinem _ (Bedauern)
Lei|er, die, _, _n (Saiteninstrument) ⟨*grch → lat*⟩ · **Leie|rei** (*umg abwert*) · **Lei|er|ka|sten** · **lei|ern** *K 363* (*auch umg abwert*; eintönig, gleichförmig sprechen)
Leih|bü|che|rei · **Lei|he,** die, _, _n (*Rechtsw*; [unentgeltl.] Überlassung einer Sache gegen Rückgabe – *umg*; Leihhaus) · **lei|hen;** du liehst *od* liehest; du liehest; geliehen; leih[e]! · **Leih‿ga|be, ...haus, ...ver|trag, ...wa|gen** · **leih|wei|se** *K 176*
Lei|kauf, *auch* **Leit|kauf** (*landsch*; Weinkauf) ⟨*zu* Leit ‚Obstwein'⟩
Leim, der, _[e]s, _e. *Zus K 365ff.*: Leim‿farbe usw. · **lei|men** · **lei|mig**
Lein, der, _[e]s, _e (Flachs) · **Lein|acker** [*Tr* ...ak|ker] · **Lei|ne,** die, _, _n (Strick) · **lei|nen:** 1. *Adj K 364* (aus Leinen) – 2. *Verb* (an die Leine nehmen) · **Lei|nen,** das, _s, _ · **Lei|nen|kit|tel** · **Lei|nen|zeug,** das, _[e]s · **Lei|ne|we|ber,** *auch* **Lein|we|ber** · **Lein|ku|chen** · **Lein|öl** · **Lein|pfad** (*hist*; Treidelweg) · **Lein‿saat, ...sa|men** · **Lein|tuch,** *Pl* ..tücher · **Lein|wand,** die, _ · **Leinweber** ↑ Leineweber
Leip|zig (Bezirksstadt in der DDR) · **Leip|zi|ger:** 1. *K 231*: der, _s, _; 2. *als Attribut K 232*: die Leipziger Messe, Leipziger Allerlei (Mischgemüse)
Leis, der, *Gen* _, *Pl* _e *bzw Gen* _es, *Pl* _en (mittelalterl. geistl. Volkslied) ⟨*grch*⟩
lei|se; *K 116*: nicht im leisesten (durchaus nicht) zweifeln · **Lei|se|tre|ter** (*umg*) · **Lei|se|tre|te|rei** (*umg abwert*)
[1]**Leist,** der, _es (eine Pferdekrankheit)
[2]**Leist,** der, _es, _e (*schweiz*; Klub) ⟨*zu* leisten⟩
Lei|ste, die, _, _n
lei|sten · **Lei|sten,** der, _s, _
Lei|sten|bruch, der (*Med*)
Lei|stung · **lei|stungs|fä|hig** · **Lei|stungs|fä|hig|keit,** die, _ · **Lei|stungs|lohn** · **lei|stungs|orien|tiert** [..rĭɛn..] · **Lei|stungs‿prä|mie** [..ĭə], **...prin|zip, ...schau, ...sport, ...sport|ler, ...stei|ge|rung**
Leit|ar|ti|kel (Hauptartikel einer Zeitung) · **Leit|ar|tik|ler,** der, _s, _ (*umg*) · **leit|bar** · **Leit|bar|keit,** die, _ · **Leit|bild**
Lei|te, die, _, _n (*süddt, österr*; Berghang) ⟨*zu* [1]lehnen⟩
Leit|ein|rich|tung · **lei|ten** · **Lei|ten|de,** der *u.* die, _n, _n *K 341* · [1]**Lei|ter,** der
[2]**Lei|ter,** die, _, _n (Steigvorrichtung) ⟨*zu* [1]lehnen⟩ · **lei|ter|ar|tig**
Lei|te|rin, die, _, ..innen · **Lei|ter|plat|te** (*Elektronik*)
Lei|ter‿spros|se, ...wa|gen
Leit|fa|den, *Pl* ..fäden · **leit|fä|hig** (*Phys, Techn*) · **Leit|fä|hig|keit** (*Phys, Techn*) · **Leit|fos|sil** (*Geol*; eine od. mehrere geolog. Schichten kennzeichnende Versteinerung)
Lei|tha, die, _ (Fluß in Österreich u. Ungarn) · **Lei|tha|ge|bir|ge** *K 246*, das, _s (im O Österreichs)
Leit|ham|mel
Leitkauf ↑ Leikauf
Leit|kenn|zei|chen (*Post*) · **Leit|mo|tiv** · **leit|mo|ti|visch** [..v..] · **Leit|strahl|ver|fah|ren** (*Funkw*) · **Lei|tung** · **Lei|tungs|ebe|ne,** die, _ · **Lei|tungs‿ka|der, ...kol|lek|tiv, ...netz**
[1]**Lek,** der, _ (Mündungsarm des Rheins)
[2]**Lek,** der, _, _ (Währungseinheit in Albanien) ⟨*alb*⟩
Lek|tion (Unterricht, Unterrichtsstunde; Abschnitt; Aufgabe; Zurechtweisung) ⟨*lat*⟩ · **Lek|tor,** der, _s, ..oren (Lehrer für [neuere] Sprachen, Musik, Zeichnen u. ä. an einer Hochschule; wissenschaftl. Mitarbeiter eines Verlages; Propagandist, der Vorlesungen hält) · **Lek|to|rat,** das, _[e]s, _e (Aufgabenbereich u. Wirkungsstätte des Lektors; Verlagsabteilung zur Beurteilung u. Bearbeitung der Manuskripte) · **lek|to|rie|ren** · **Lek|to|rin,** die, _, ..innen · **Lek|tü|re,** die, _ (das Lesen; Lesestoff) ⟨*lat → frz*⟩ · **Lek|tü|re|stun|de**
Lem|ma, das, _s, _ta (*Math, Logik*; Annahme, Hilfssatz – *Sprachw*; Stichwort – *veraltet*; Überschrift) ⟨*grch*⟩
Lem|ming, der, _s, _e (eine Wühlmaus) ⟨*norw*⟩
Lem|nis|ka|te, die, _, _n (*Math*; Schleifenlinie, eine Kurve) ⟨*grch → lat*⟩
Lem|pi|ra, die, _, *Pl* _s *u. bei Wertangabe* (*K 310*) Lempira (Währungseinheit in Honduras) ⟨*nach* dem Indianerführer⟩
Le|mur *od* **Le|mu|re,** der, ..ren, ..ren (Halbaffe – *röm Mythol*; Geist eines Verstorbenen, Gespenst) ⟨*lat*⟩
[1]**Le|na,** die, _ (Strom in Sibirien)
[2]**Le|na** (w. Vn.) ⟨*Kurzf von* Helene⟩; *Nebenf* Lene
Len|de, die, _, _n · **Len|den|bra|ten** · **len|den|lahm**
Le|ne (w. Vn.) ⟨*Kurzf von* Helene⟩; *Nebenf* [2]Lena
Le|nin|grad (Hafenstadt im NW der RSFSR) · **Le|nin|gra|der:** 1. *K 231*: der, _s, _; 2. *als Attribut K 232* · **Le|ninsch** *K 217 u. 219* (von W. I. Lenin herrührend); die _e Schrift „Was tun?"
Lenk|ach|se · **lenk|bar** · **Lenk|bar|keit,** die, _ · **len|ken** · **Len|ker** · **Lenk|rad** · **lenk|sam** · **Lenk|sam|keit,** die, _ · **Len|kung**
Le|no|re (w. Vn.) ⟨*Kurzf von* Eleonore⟩; *Nebenf* Leonore
len|to (*Mus*; langsam, gedehnt) ⟨*lat → ital*⟩ · **Len|to,** das, _s, *Pl* _s *od* ..ti (*Mus*)
Lenz, der, _es, _e (*dicht*; Frühjahr, Frühling) – **Len|ze** *Pl* (*scherzh*; Lebensjahre) ⟨*zu* lang⟩
len|zen *K 354* (*seem*; vor schwerem Sturm mit stark gerefften Segeln laufen; Wasser aus dem Schiff pumpen)
Lenz|mo|nat (*veraltet*; März)
Lenz|pum|pe (*seem*)
[1]**Leo** (m. Vn.) ⟨*grch → lat,* ‚Löwe'⟩
[2]**Leo** (m. Vn.) ⟨*Kurzf von* Leopold⟩
Leo|ben (Stadt in Österreich)
Leo|ni|den *Pl* (*Astron*; ein Sternschnuppenschwarm) ⟨*grch*⟩
leo|ni|nisch: 1. ⟨*grch → lat, nach* Äsops Fabel vom Löwen⟩ *in der Fügung* leoninischer Vertrag (Vertrag, bei dem der eine allen Nutzen [»Löwenanteil«] hat) – 2. ⟨*nach* dem Dichter Leo *od nach* Papst Leo II.⟩ *in der Fügung* leoninischer Vers (*Metrik*; mittelalterl. Versform); *vgl. K 119 u. 218*
leo|nisch ⟨*nach* der span. Stadt León [leˈɔn]⟩; *K 238*: _e Gespinste (*Textilwirtsch*; Gewebe aus metallumsponnenen Seidenfäden)
Leo|no|re (w. Vn.) ⟨*Kurzf von* Eleonore⟩; *Nebenf* Lenore
Leo|pard, der, _en, _en (eine Großkatze) ⟨*grch → lat,* ‚Löwenpanther'⟩

Leo|pold (m. Vn.) ⟨‚Volk‘ + ‚kühn‘⟩; *Kurzf* ↑ [2]Leo, ↑ Poldi

Leo|pol|di|na, die, – (*kurz für* Deutsche Akademie der Naturforscher »Leopoldina«) ⟨*germ* → *lat, nach* dem dt. Kaiser Leopold I.⟩

Le|po|rel|lo (Diener in Mozarts »Don Juan«) ⟨*ital*⟩ · **Le|po|rel|lo·buch** *K 209* (ziehharmonikaartig in Buchform zusammenfaltbare Reihe von Bild- od. Textseiten)

Le|pra, die, – (*Med*; Aussatz) ⟨*grch*⟩ · **Le|prom,** das, –s, –e (*Med*; Lepraknoten) · **le|prös** (*Med*; leprakrank, aussätzig) ⟨*grch* → *lat*⟩; –e Kranke

Lep|ton: 1. [lɛp'tɔn], das, –s, *Pl* Lepta (neugriech. Münzeinheit; altgriech. Kupfermünze; altgriech. Gewicht) – 2. ['lɛptɔn], das, –s, ..onen, *meist Pl* (*Kernphys*; leichtes Elementarteilchen) ⟨*grch*⟩ · **lep|to|som** (*Med, Anthrop*; schmal-, schlankwüchsig); ein –er Typ · **lep|to|ze|phal** (*Biol, Med*; schmalköpfig, -schädelig) ⟨*grch* → *lat*⟩ · **Lep|to|ze|pha|le,** der *u.* die, –n, –n *K 341* (*Biol, Med*) · **Lep|to|ze|pha|lie,** die, – (*Biol, Med*)

Ler|che, die, –, –n (ein Singvogel); *vgl. aber* Lärche · **Ler|chen|sporn,** *Pl* ..sporne (eine Zierpflanze, Erdrauchgewächs)

Ler|nä|i|sche Schlan|ge *K 258,* die, *Gen* –n – (*griech Sage*; von Herakles bezwungene Schlange) ⟨*grch, nach* dem Sumpfsee Lerna⟩

Lern|ak|tiv, das, –s, *Pl* –e [..v..] *od* –s · **lern|bar** · **Lern|be|gier[|de],** die, – · **lern|be|gie|rig** *K 171* · **ler|nen;** *K 142*: Deutsch –, lesen –, Klavier spielen –; *aber*: kennenlernen, schätzenlernen; du hast ihn kennengelernt; ein gelernter Handwerker · **Lern|mit|tel|frei|heit,** die, – · **Lern‿stoff, ...vor|gang**

Les|art · **les|bar** · **Les|bar|keit,** die, –

les|bisch ⟨*grch*⟩; –e Liebe (Homosexualität zw. Frauen) · **Les|bos** (griech. Insel in der Ägäis)

Le|se, die, –, –n (von Früchten usw.) · **Le|se‿buch, ...frucht** · **le|sen;** du liest *K 354,* er liest; ich las, du lasest; du läsest; gelesen; lies! (*Abk* l.) · **le|sens|wert** · **Le|ser** · **Le|se|rat|te** (*umg scherzh*) · **Le|ser|brief** · **Le|se|rin,** die, –, ..innen · **le|ser|lich** · **Le|ser|lich|keit,** die, –

Le|so|ther, der, –s, – · **le|so|thisch** · **Le|so|tho,** *amtl* **Kö|nig|reich Le|so|tho** (im S Afrikas)

Le|sung

le|tal (*Med*; tödlich) ⟨*lat*⟩

Le|thar|gie, die, – (*Med*; Schlafsucht – *übertr*; Interesselosigkeit) ⟨*grch*⟩ · **le|thar|gisch** (*Med u. übertr*); –ste · **Le|the** ['le:tə *od* ..te:], die, – (*dicht*; Vergessenheitstrank; Vergessenheit) ⟨*nach* dem Fluß der Unterwelt in der griech. Sage⟩

Let|kiss, der, – (ein Modetanz) ⟨*engl*⟩

Let|scho, das, *auch* der, –[s] (ungar. Gemüsegericht) ⟨*ung*⟩

[1]**Let|te,** der, –n, –n (Angehöriger eines balt. Volkes)

[2]**Let|te,** die, –, –n *od* **Let|ten,** der, –s, – (bunter Ton)

Let|ter, die, –, –n (Druckbuchstabe) ⟨*lat* → *frz*⟩ · **Let|tern|gieß|ma|schi|ne** · **Let|tern|gut,** das, –[e]s (*Polygr*)

let|tig (ton-, lehmhaltig) ⟨*zu* [2]Lette⟩

let|tisch; *vgl. K 266f.* · **Let|tisch,** das, *Gen* –[s], *Dat* – (Sprachbezeichnung *K 268ff.*) · **Let|ti|sche,** das, *Gen* –n, *Dat* –n (Sprachbezeichnung *K 271*) · **Lett|land,** *ohne Art, amtl* **Let|ti|sche So|zia|li|sti|sche So|wjet|re|pu|blik** *K 258,* die, *Gen* –n –n – (im NW der UdSSR)

Lett|ner, der, –s, – (*Arch*; Trennwand zw. Chor u. Mittelschiff in mittelalterl. Kirchen) ⟨*lat,* ‚Lesepult‘⟩

let|zen *K 354* (*dicht*; erquicken, laben) ⟨*zu* laß⟩; sich (*Akk*) –; *vgl. auch* Letzt

Letzt, die, – (*veraltet*; Abschiedsmahl, Erquickung) ⟨*zu* letzen⟩; *nur in* zu guter Letzt

letz|te; letztere (↑ *d.*); letztens; letzten Endes (endlich, letztlich, im Grunde)

I. *Kleinschreibung*:

a) *K 120*: der letzte (der Reihe nach); er ist der letzte, den ich wählen würde; das letzte, was ...; der erste ..., der letzte (jener ..., dieser)

b) *K 114*: am, zum letzten; bis zum letzten (hartnäckig, bis aufs äußerste) sich einsetzen; bis ins letzte (sehr eingehend) prüfen; fürs letzte (zuletzt)

II. *Großschreibung*:

a) *K 100*: der Letzte, bis zum Letzten des Monats; das Letzte aus der Flasche; das Erste und das Letzte (Anfang und Ende); im Letzten (in allen Kleinigkeiten) getreu sein; es geht ums Letzte; sein Letztes hergeben; ein Letztes habe ich zu sagen; er ist Letzter, der Letzte (der Leistung nach) in der Klasse; die Ersten werden die Letzten sein (*bibl*); *vgl. aber* Letzt

b) *K 258*: der Letzte Wille (Testament); die Letzte Ölung (*Rel*; Sakrament)

letzt|end|lich · **letz|tens** · **letz|te|re** (der letzte von zweien), *auch substantivisch* (*außer am Satzanfang*) *stets klein geschrieben K 120*: letzterer, letztere, letzteres; der, die, das letztere; der erstere ..., der letztere ..., *dafür besser* jener ..., dieser ... · **letzt|ge|nannt** *K 128* · **Letzt|ge|nann|te,** der *u.* die, –n, –n *K 341* · **letzt|hän|dig** · **letzt|hin** · **letzt|lich** · **letzt|ma|lig** · **letzt|mals** · **letzt|wil|lig**

Leu: 1. [lɔy] ⟨*grch* → *lat*⟩, der, –en, –en (*dicht*; Löwe) – 2. [leŭ] ⟨*grch* → *lat* → *rumän,* ‚Löwe‘⟩, der, –, *Pl* Lei [leĭ] (Währungseinheit in Rumänien)

Leucht|bo|je · **Leuch|te,** die, –, –n ⟨*zu* licht⟩ · **leuch|ten** · **Leuch|ter** · **Leucht‿far|be, ...feu|er, ...stoff** · **Leucht|stoff|röh|re** · **Leucht|turm**

leug|nen ⟨*zu* lügen⟩ · **Leug|ner** · **Leug|nung**

Leuk|ämie, die, –, ..ien *od* **Leu|ko|se,** die, –, –n (*Med*; Weißblütigkeit, übermäßige Vermehrung der weißen Blutkörperchen) ⟨*grch*⟩

Leu|ko|plast, der, –en, –en (*Biol*; Stärkebildner in Pflanzenzellen) ⟨*grch*⟩

Leu|kor|rhoe *od* **Leu|kor|rhöe** [*beide* ..'rø:], die, – (*Med*; weißer Ausfluß bei Gebärmutterkatarrh) ⟨*grch*⟩ · **leu|kor|rhö|isch** (*Med*)

Leukose ↑ Leukämie · **Leu|ko|zy|ten** *Pl* (*Med*; weiße Blutkörperchen); *Sg* Leu|ko|zyt, der, –en ⟨*grch*⟩

Leu|mund, der, –[e]s (Ruf, Nachrede) · **Leu|munds|zeug|nis**

Leu|na|ben|zin *K 246* · **Leu|na|wer|ke**[1] *K 246 Pl, kurz für* **VEB Leu|na-Wer|ke »Wal|ter Ul|bricht«** (Industriekombinat) ⟨*nach* der Industriestadt bei Merseburg⟩

Leu|te *Pl*

Leut|nant, der, –s, *Pl* –s, *selten* –e (ein Offiziersgrad) ⟨*frz,* ‚Stellvertreter‘⟩; *Abk* Ltn. · **Leut|nants|rang,** der, –[e]s

leut|se|lig · **Leut|se|lig|keit,** die, –

Leu|wa|gen, der, –s, – (*norddt*; Schrubber)

Le|va|de [..v..], die, –, –n (*Reitsp*; das Sichaufrichten des Pferdes auf der Hinterhand) ⟨*lat* → *frz*⟩ · **Le|van|te,** die, – (Bez. für die Länder am östl. Mittelmeer) ⟨*lat* → *ital,* ‚Sonnenaufgang‘⟩ · **Le|van|ti|ne,** die, – (ein Seidengewebe) · **Le|van|ti|ner** *K 231,* der, –s, – (Bewohner der Levante) · **le|van|ti|nisch** *od* **le|van|tisch;** *K 258*: das Levantinische *od* Levantische Meer

Le|vel|lers [..v.., *engl* 'lɛv(ə)lərz] *Pl* (*hist*; kleinbürgerlich-radikale

[1] *Im Firmennamen mit Bindestrich.*

Gruppe in der engl. bürgerl. Revolution); *Sg* Le|vel|ler, der, _s ⟨*lat* → *frz* → *engl*, ‚Gleichmacher'⟩

Le|ver|ku|sen ['le:vər..] (Stadt der BRD am Niederrhein)

Le|vi ['le:vi] (bibl. Gestalt) ⟨*hebr*⟩

Le|via|than [le'vĭa:tan *od* levĭa'ta:n], der, _s (*bibl u. dicht*; Meeresungeheuer) ⟨*hebr*⟩

Le|vit [..'vi(:)t], der, _en, _en (*hist*; Priester beim altjüdischen Gottesdienst) ⟨*nach* dem jüd. Stamm Levi⟩ – **Le|vi|ten** *Pl*; *nur in der Wendung* die _ lesen (*umg*; [ernste] Vorhaltungen machen) · **Le|vi|ti|kus** [..'vi(:)..], der, _ (*A. T.*; das 3. Buch Mose) ⟨*hebr* → *lat*⟩

Lev|ko|je [lɛf'ko:jə, *österr* ..'kɔyə], die, _, _n (eine Gartenblume, Kreuzblütler) ⟨*grch*⟩

Lew [lɛf], der, _[s], *Pl* Lewa ['lɛva] (Währungseinheit in Bulgarien) ⟨*grch* → *lat* → *germ* → *slaw*, ‚Löwe'⟩

Lex, die, _, *Pl* Leges [..ge:s] (*Rechtw*; Gesetz; gesetztes Recht) ⟨*lat*⟩

Le|xem, das, _s, _e (*Sprachw*; Wortschatzeinheit, lexikal. Einheit) ⟨*grch* → *russ*⟩ · **lexigraphisch** ↑ lexikographisch · **Le|xik,** die, _ (*Sprachw*; Wortschatz, Wortbestand) ⟨*grch*⟩ · **le|xi|ka|lisch** (zum Lexikon gehörig; lexikonartig – *Sprachw*; wortschatzmäßig) ⟨*grch* → *lat*⟩ · **Le|xi|ko|graph,** der, _en, _en (*Sprachw*) ⟨*grch*⟩ · **Le|xi|ko|gra|phie,** die, _ (*Sprachw*; Lehre von der Bearbeitung von Wörterbüchern, Lexika u. anderen Nachschlagewerken) · **le|xi|ko|gra|phisch,** *auch* **le|xi|gra|phisch** (*Sprachw*; zur Lexikographie gehörig, nach Gesichtspunkten der Lexikographie) · **Le|xi|ko|lo|ge,** der, _n, _n (*Sprachw*; Fachmann auf dem Gebiet der Lexikologie) · **Le|xi|ko|lo|gie,** die, _ (*Sprachw*; Erforschung des Wortschatzes einer Sprache; Lehre von der Zusammenstellung eines Lexikons) · **le|xi|ko|lo|gisch** (*Sprachw*; die Lexikologie betreffend) · **Le|xi|kon,** das, _s, *Pl* ..ka, *österr nur so, auch* ..ken (alphabetisch geordnetes Nachschlagewerk; Wörterbuch) · **le|xisch** (*Sprachw*; die Lexik betreffend)

Le|zi|thin, das, _s (*Biochem*; phosphorhaltiger Nährstoff) ⟨*grch*⟩

Lha|sa ['la:..] (Hptst. von Tibet) ⟨*tibet*, ‚Göttersitz'⟩

L'hombre ↑ Lomber

Li|ai|son [liɛ'zɔ̃: *od* ..'zɔŋ], die, _, _s (*veraltend*; Liebschaft, Liebesverhältnis) ⟨*lat* → *frz*⟩

[1]Lia|ne, die, _, _n (eine Schlingpflanze) ⟨*lat* → *frz*⟩

[2]Lia|ne (w. Vn.) ⟨*Kurzf von* Juliane⟩

Li|as, der *od* die, _ (*Geol*; älteste Abteilung des Juras, Schwarzer Jura) ⟨*frz* → *engl* → *frz*⟩ · **lias|sisch** (*Geol*)

Li|ba|ne|se, der, _n, _n · **li|ba|ne|sisch** (Libanon [2] betreffend) · **Li|ba|non:** 1. der, _[s] (Gebirge in Vorderasien) – 2. *ohne Art, auch* der, _[s], *amtl* **Re|pu|blik Li|ba|non** (in Vorderasien) ⟨*hebr* → *grch* → *lat*⟩

Li|bell, das, _s, _e (*Antike*; altröm. Klageschrift) ⟨*lat*⟩

Li|bel|le, die, _, _n (Glasröhrchen der Wasserwaage; Wasserjungfer, ein Raubinsekt) ⟨*lat*, ‚kleine Waage'⟩ · **Li|bel|len|waa|ge**

li|be|ral (freisinnig; den Liberalismus vertretend) ⟨*lat* → *frz*⟩ · **li|be|ral-de|mo|kra|tisch;** *K 258*: die Liberal-Demokratische Partei Deutschlands (*Abk* LDPD) · **Li|be|ra|le,** der *u.* die, _n, _n *K 341* · **li|be|ra|li|sie|ren.** (liberal machen – *kap Wirtsch*; sog. freie Konkurrenzbedingungen herstellen) · **Li|be|ra|lis|mus,** der, _ (Freisinnigkeit – *urspr* antifeudale, zugleich revolutionsfeindl. bürgerlich-individualist. Geisteshaltung – *bürgerl Staat*; eine auf Erhaltung u. Verschleierung der Ausbeutung gerichtete polit. Anschauung der Bourgeoisie; Versöhnlertum, Prinzipienlosigkeit [gegenüber Klassenfeinden]) · **li|be|ra|li|stisch** · **Li|be|ra|li|tät,** die, _ (Freisinnigkeit; Freigebigkeit; Vorurteilslosigkeit) ⟨*lat*⟩

Li|be|ria, *amtl* **Re|pu|blik Li|be|ria** (im W Afrikas) ⟨*zu lat* liber ‚frei'⟩ · **Li|be|ria|ner,** der, _s, _ · **li|be|ria|nisch**

Li|be|ro, der, _s, _s (*Fußball*; ohne direkten Gegenspieler operierender Verteidiger) ⟨*lat* → *ital*⟩

Li|ber|té, Éga|li|té, Fra|ter|ni|té [..'te:, egali'te:, ..'te:] (»Freiheit, Gleichheit, Brüderlichkeit«: Losung der Französ. Revolution von 1789; Wahlspruch der Französ. Republik) ⟨*frz*⟩

Li|bi|do [*österr nur so, od* ..'bi:..], die, _ (Begierde; Trieb; Geschlechtstrieb) ⟨*lat*⟩

Li|bra|tion (*Astron*; scheinbare Monddrehbewegung, durch die von der Erde aus Randteile der rückwärtigen Mondhälfte sichtbar werden) ⟨*lat*⟩

Li|bret|tist (Verfasser von Librettos) ⟨*lat* → *ital*⟩ · **Li|bret|to,** das, _s, *Pl* _s *od* ..tti (Text, Textbuch zu Opern, Oratorien usw.)

Li|bre|ville [librə'vi:l] (Hptst. von Gabun)

Li|bus|sa (*slaw Sage*; tschech. Königin, Gründerin Prags)

Li|by|en, *ohne Art, amtl* **So|zia|li|sti|sche Li|by|sche Ara|bi|sche Volks|ja|ma|hi|ri|ya** [_ _ _ ..ja] *K 258*, die, *Gen* _n _n _n _ (im N Afrikas) · **Li|by|er,** der, _s, _ · **li|bysch;** *K 258*: die Libysche Wüste

li|cet ['li:tsɛt] (es ist erlaubt, es steht frei) ⟨*lat*⟩

Li|che|no|lo|ge [..ç..], der, _n, _n (*Bot*; Fachmann auf dem Gebiet der Lichenologie) ⟨*grch*⟩ · **Li|che|no|lo|gie,** die, _ (*Bot*; Flechtenkunde)

licht (*meist gehoben*; [strahlend] hell) ⟨*zu* leuchten⟩; es wird licht; ein lichtes Gehölz; *K 93*: im Lichten (*auch für* im Innern gemessen); *K 119*: lichte Höhe (kürzester Abstand zw. unterer u. oberer Kante einer Öffnung), lichte Weite (kürzester Abstand zw. den seitl. Begrenzungen einer Öffnung) · **Licht:** 1. das, _[e]s (elektromagnet. Strahlung bestimmter Wellenlängen) – 2. das, _[e]s, *Pl* Lichter (*auch weidm*; Augen) · **licht|be|stän|dig** · **Licht|bild** (Paßbild – *veraltet*; Fotografie) · **Licht|bil|der|vor|trag** · **licht|blau;** *vgl.* blau · **Licht|blick** · **licht|blond** · **Licht|bo|gen** (*Techn*) · **Licht|bre|chung** · **Licht|chen,** *Pl* _ *od* Lichterchen · **Licht|druck:** 1. der, _[e]s (Druckverfahren) – 2. der, _[e]s, *Pl* ..drucke (Druckerzeugnis)

Lich|te, die, _ (lichte Weite)

licht|elek|trisch (*Phys*) · **lich|teln** *K 363* (*umg*; [bes. zur Weihnachtszeit] Kerzen brennen lassen) · **licht|emp|find|lich** · **[1]lich|ten** (licht machen); der Wald wird gelichtet; sich (*Akk*) lichten (*gehoben*; licht werden); das Dunkel lichtet sich (*gehoben*)

[2]lich|ten (*seem*; »leicht« machen, heben) ⟨*zu* leicht⟩; den Anker _

Lich|ten|stein (Burg in Württemberg); *vgl. aber* Liechtenstein

Lichter ↑ Licht (2)

Lich|ter|baum (Weihnachtsbaum) · **Lichterchen** ↑ Lichtchen · **Lich|ter|glanz,** der, _es · **lich|ter|loh** (*eigtl der Gen* lichter Lohe [Glut])

Licht|hu|pe · **Licht|jahr** (*Astron*; Einheit der Länge ≈ 9,46 Pm); *Einheitenzeichen* ly · **Licht|meß** *ohne Art* (kath. Fest); Mariä Lichtmeß; zu Lichtmeß · **Licht|pau|se** (Vervielfältigungsart); *vgl. auch* [2]Pause · **Licht|paus|ge|rät** · **Licht[|putz]|sche|re** · **Lichtquant** ↑ Photon · **Licht|quel|le** · **Licht|satz** (*Polygr*) · **licht|scheu** · **Licht|schran|ke** (*Elektrotechn*) · **Licht|si|gnal|an|la|ge** (*Verkehrsw*) · **Licht|spiel|thea|ter** · **Licht|stär|ke** (*Phys*; Größenart der Optik); *Formelzeichen* I_V · **Licht|the|ra|pie** (*Med*) · **licht|trun|ken** · **Lich|tung** · **licht|voll** (*gehoben*) · **licht|wen|dig** (*von Pflanzen gesagt*) · **Licht|wen|dig|keit,** die, _ (*Bot*)

Lid, das, _[e]s, _er (Augendeckel); *vgl. aber* Lied

Li|di|ce [..tsɛ] (von den Hitlerfaschisten zerstörter Ort in der ČSSR)

Lid|krampf (*Med*)

Li|do, der, _s, _s (Inselnehrung, bes. bei Venedig) ⟨*lat* → *ital*, ‚Ufer'⟩

Lid|schat|ten

lieb; *K 258*: Kirche zu Unsrer Lieben Frau[en]; sich lieb Kind machen (*umg*; sich bei jmdm. einschmeicheln). *Bei Verben K 135*: lieb sein, werden; *vgl. aber* liebäugeln, liebbehalten, liebgewinnen, liebhaben, liebkosen · **Lieb,** das, _s (*dicht*; Geliebte, Geliebter); mein _ · **lieb|äu|geln** *K 136*; ich liebäugele *K 363*; geliebäugelt; zu liebäugeln · **lieb|be|hal|ten** *K 136*; ich behalte lieb; liebbehalten; liebzubehalten · **Lieb|chen** (*meist abwert*) · **Lie|be,** die, _; *K 63*: Lieb und Lust; *K 176*: dir zuliebe, dem zuliebe (*vgl.* zuliebe); jmdm. etwas zuliebe tun · **lie|be|be|dürf|tig** · **Lie|be|die|ner** (*veraltend abwert*) · **Lie|be|die|ne|rei,** die, _ (*abwert*) · **lie|be|die|nern** *K 363* (*abwert*); geliebedienert; zu liebedienern · **lie|be|leer** · **Lie|be|lei** (*abwert*) · **lie|ben** · **lie|ben|ler|nen** *K 142* · **lie|bens|wert** · **lie|bens|wür|dig** · **lie|bens|wür|di|ger|wei|se** *K 176* · **Lie|bens|wür|dig|keit** · **Lie|bes‿be|zei|gung** (*veraltet*), **...brief, ...dienst, ...paar** · **lie|be|voll** · **Lieb|frau|en|kir|che** (Kirche zu Unsrer Lieben Frau[en]); *vgl.* lieb · **Lieb|frau|en|milch** (ein Rheinwein) · **lieb|ge|win|nen**[1] *K 136* · **lieb|ge|wor|den;** eine _e Gewohnheit · **lieb|ha|ben**[1] *K 136* · **Lieb|ha|ber** · **Lieb|ha|be|rei** · **Lieb|ha|be|rin,** die, _, ..innen · **lieb|ko|sen,** *österr nur so* (du liebkost *K 354*; liebkost; zu liebkosen), *auch* **lieb|ko|sen** (du liebkost *K 354*; geliebkost; zu liebkosen); *vgl. K 360* · **Lieb|ko|sung** [*auch* 'li:p..] (*gehoben*) · **lieb|lich** · **Lieb|lich|keit** · **Lieb|ling** · **Lieb|lings|kind** · **lieb|los** *K 349*; *vgl.* ...los · **Lieb|lo|sig|keit** · **lieb|reich** (*gehoben*) · **Lieb|reiz** (*gehoben*) · **lieb|rei|zend** (*gehoben*) · **Lieb|schaft** (*abwert*) · **Lieb|ste,** der *u.* die, _n, _n *K 341*

Lieb|stöckel [*Tr* ...stök|kel], das *od* der, _s, _ (eine Arznei- u. Gewürzpflanze, Doldengewächs) ⟨*lat*, *angelehnt an* lieb *u.* Stecken⟩

---

[1] *Konjugation vgl.* liebbehalten.

lieb|wert (*veraltet*); *aber*: lieb und wert sein

Liech|ten|stein ['liç..], *amtl* **Für|sten|tum Liech|ten|stein** (in den Alpen); *vgl. aber* Lichtenstein · **Liech|ten|stei|ner,** der, _s, _ · **liech|ten|stei|nisch**

Lied, das, _[e]s, _er ([vertonte,] zumeist lyrische Dichtung); *vgl. aber* Lid · **Lied|chen,** *Pl* _, *auch* Liederchen · **Lie|der|buch**

Lie|der|jan *od* **Lied|rian,** der, _[e]s, _e (*umg*; liederlicher Mensch) · **lie|der|lich** · **Lie|der|lich|keit,** die, _

Lie|der|ma|cher · **Lied|form** · **lied|haft**

Liedrian ↑ Liederjan

Lie|fe|rant ⟨*zu* liefern + *f. E.*⟩ · **lie|fer|bar** · **Lie|fer|frist,** *auch* **Lie|fe|rungs|frist** · **lie|fern** *K 363* ⟨*lat* → *frz* → *ndrl*⟩ · **Lie|fer‿schein, ...ter|min** · **Lie|fe|rung** · **lie|fe|rungs|wei|se** *K 176* · **Lie|fer‿wa|gen, ...zeit**

Lie|ge, die, _, _n · **Lie|ge|kur** · **lie|gen** ⟨*zu* legen⟩; du lagst; du lägest; gelegen; lieg[e]! · **lie|gen|blei|ben** *K 139*; du bleibst liegen; liegengeblieben; liegenzubleiben; gib acht, daß die Tasche nicht liegenbleibt; du mußt im Bett liegenbleiben · **Lie|gen|de,** das, _n (*bergm*) · **lie|gen|las|sen** *K 141*; du läßt liegen *K 354*; du hast liegenlassen *od* liegengelassen *K 361*; liegenzulassen; man hat die Tasche liegenlassen *od* liegengelassen, *weniger gut* die Tasche ist liegengelassen worden; jmdn. links liegenlassen (nicht beachten); *aber*: liegen lassen; einen Kranken weich liegen lassen · **Lie|gen|schaft,** *meist Pl* (*Rechtsw*; Bez. für Grundstück) · **Lie|ge|platz** · **Lie|ger** (*seem*; Wächter auf einem außer Dienst befindl. Schiff; Notvorrat [an Wasserfässern]) · **Lie|ge|statt,** die, _, ..stätten (Lagerstatt, Bett) · **Lie|ge|stütz** (*Sport*) · **Lie|ge|wa|gen** (*Eisenb*) · **Lie|ge|zeit** (*Seew*)

Liek, das, _[e]s, _en (*seem*; Tauwerk als Einfassung eines Segels)

Liesch|gras · **Lie|schen** ['li:ʃ(ə)n] *Pl* (*Landw*; Hüllblätter um den weibl. Blütenstand bzw. Fruchtkolben des Maises)

[1]**Lie|se,** die, _, _n (*bergm*; enge Kluft)

[2]**Lie|se** (w. Vn.) ⟨*Kurzf von* Elisabeth⟩; *Nebenf* Lise · **Lie|se|lot|te** [*österr nur so, od* 'li:..] *K 208* (w. Vn.) ⟨[2]Liese + Lotte⟩; *Nebenf* Liselotte

Lie|sen *Pl* (*norddt*; Fett von der Bauchwand des Schweins)

Lift, der, _[e]s, *Pl* _s *od*, *österr nur*, _e (Fahrstuhl, Aufzug) ⟨*engl*⟩

Li|ga, die, _, ..gen (Bund – *Sport*; Spielklasse) ⟨*lat* → *span*⟩ · **Li|ga|de** (*Fechtsp*; das Binden der gegnerischen Klinge) ⟨*lat* → *ital* → *span*⟩ · **Li|ga|ment,** das, _s, _e (*Anat*; Band) ⟨*lat*⟩ · **Li|gand,** der, _en, _en (*Chem*; in Komplexverbindungen an ein Zentralatom gebundenes Molekül od. Ion) · **Li|ga|tur,** die, _, _en (*Polygr*; Buchstabenverbindung – *Med*; Blutgefäßunterbindung – *Mus*; Zusammenziehung zweier Noten gleicher Tonhöhe) · **Li|gist** (Angehöriger einer Liga, Verbündeter – *Sport*; einer Spielklasse angehörende Mannschaft) ⟨*lat* → *span*⟩ · **li|gi|stisch** ⟨*zu* Liga⟩

Li|gnin, das, _s, _e (*Chem*; wesentl. Bestandteil des Holzes) ⟨*lat*⟩ · **Li|gnit,** der, _[e]s, _e (*Geol*; Braunkohle mit erkennbarer Holzstruktur)

Li|gny ['linji, *französ*, *auch österr* li'nji(:)] (Ort in Belgien); Schlacht bei _ (1815)

Li|gro|in, das, _s *Kunstw* (*Chem*; ein Leichtöl, Bestandteil des Erdöls)

Li|gu|rer, der, _s, _ (*Altertum*; Angehöriger eines Volkes im westl. Oberitalien) · **Li|gu|rien** [..iən] (Landsch. in Oberitalien) · **li|gu|risch;** *K 258*: das Ligurische Meer

Li|gu|ster, der, _s, _ (ein Heckenstrauch) ⟨*lat*⟩

li|ie|ren (eng verbinden) ⟨*lat* → *frz*⟩ · **Li|ier|te,** der *u.* die, _n, _n *K 341* (*veraltet*; Vertrauter bzw. Vertraute) · **Li|ie|rung**

Li|kör, der, _s, _e (gesüßter Branntwein) ⟨*lat* → *frz*⟩

Lik|tor, der, _s, ..oren (altröm. Staatsdiener) ⟨*lat*⟩ · **Lik|to|ren|bün|del** (*Antike*)

li|la *nichtdeklinierbar* (blaßviolett, fliederfarbig) ⟨*aind* → *pers* → *arab* → *span* → *frz*⟩; *vgl.* blau · **Li|la:** 1. das, _ (eine Farbe); *vgl.* Blau – 2. der, _s, _s (*schweiz*; Flieder) · **li|la|far|ben** (*K 364*) *od* **li|la|far|big;** *vgl. auch* ...farben *u. K 272ff.*

Li|lie [..ĭə], die, _, _n ⟨*ägypt* → *grch* → *lat*⟩ · **li|lien|weiß** [..ĭən..]; *vgl.* blau

Li|li|put (in dem Roman des irisch-engl. Schriftstellers Swift »Gullivers Reisen« ein Märchenland, dessen Bewohner nur daumengroß sind). *Zus K 365ff.*: Liliput‿format usw. · **Li|li|pu|ta|ner,** der, _s, _ (Mensch von zwergenhaftem Wuchs) ⟨*nach* den daumengroßen Menschen in Swifts Roman »Gullivers Reisen«⟩ · **li|li|pu|ta|nisch**

Lil|li (w. Vn.) ⟨*eindeutschende Schreibung von* Lilly⟩ · **Lil|ly** ['lili]

(w. Vn.) ⟨*engl Kurzf von* Elisabeth⟩

Li|long|we [..ve:] (Hptst. von Malawi)

Li|ma (Hptst. von Peru)

Limbi ↑ Limbus (2)

Lim|burg [*niederländ* 'limbyrx] (Landsch. in den Niederlanden u. in Belgien) · **Lim|burg an der Lahn** (Stadt in der BRD) · **Lim|bur|ger:** 1. *K 231*: der, _s, _ (in Limburg Geborener od. Wohnender; eine Käsesorte) – 2. *als Attribut K 232*: der Limburger Käse

Lim|bus: 1. der, _ (*Scholastik*; Vorhölle) – 2. der, _, ..bi (*Bot*; Teil der Blumenkrone – *Techn*; Teilkreis an Winkelmeßinstrumenten) ⟨*lat*, ‚Gürtel', ‚Saum'⟩

Li|me|rick, der *od* das, _s, _s (fünfzeiliges komisch-iron. Gedicht) ⟨*nach* der irischen Grafschaft⟩

Li|mes, der, _, _ (*Altertum*; röm. Grenzwall, bes. zw. Rhein u. Donau – *Math*; Grenzwert [*Zeichen* lim]) ⟨*lat*⟩. *Zus K 365ff.*: Limes‿kastell usw.

Li|met|te, *selten* **Li|met|ta,** die, _, ..tten (dünnschalige Zitrone) ⟨*frz*⟩

Li|mit, das, _s, *Pl* _s, *seltener* _e (nach oben od. unten festgelegte Grenze – *bes Sport*; Gewichts-, Entfernungs- od. Zeitgrenze) ⟨*lat* → *frz* → *engl*⟩ · **Li|mi|ta|tion** (*fachspr*; Begrenzung, Beschränkung; nähere Bestimmung) ⟨*lat*⟩ · **li|mi|ted** [..tit] (*Wirtsch*; Zusatz zu engl. Firmennamen: [Gesellschaft] mit beschränkter Haftung); *Abk meist* ldt., Ltd. ⟨*lat* → *frz* → *engl*⟩ · **li|mi|tie|ren** ([den Preis] begrenzen; beschränken) ⟨*lat* → *frz*⟩

Lim|mat, die, _ (Fluß in der Schweiz)

Lim|ni|me|ter, das *od* **Lim|ni|graph,** der, _en, _en *bzw* **Lim|no|graph** (Flutwasserstandsmesser) ⟨*grch*⟩ · **lim|nisch** (*Biol, Geol*; im Süßwasser lebend od. entstanden) · **Lim|no|lo|gie,** die, _ (Binnengewässerkunde) · **lim|no|lo|gisch**

Li|mo, die, _, _[s] *umg Kurzw* (Limonade) · **Li|mo|na|de** (ein Erfrischungsgetränk) ⟨*pers* → *arab* → *frz u. ital*⟩. *Zus K 365ff.*: Limonaden‿becher usw. · **Li|mo|ne,** die, _, _n (große Zitrone) ⟨*pers* → *arab* → *ital*⟩

Li|mo|nit, der, _s, _e (*Mineral*; Brauneisenerz) ⟨*grch*⟩

li|mos ⟨*lat*⟩ *od* **li|mös** *K 349* ⟨*lat* → *frz*⟩ (*Biol*; schlammig, sumpfig)

Li|mou|si|ne [..mu..], die, _, _n (geschlossener Personenkraftwagen) ⟨*nach* der französ. Landschaft Limousin [..mu'zɛ̃:]⟩

Li|na, *österr nur diese Form* (w. Vn.) ⟨*Kurzf der auf* ...lina *endenden weibl Vornamen*⟩; *Nebenf* ↑ Line

lind (*meist dicht*; lau)

Lind|au (Bo|den|see) (Stadt in der BRD)

Lin|de, die, _, _n · **Lin|den|baum** (*gehoben*) · **Lin|den|blü|te** · **Lin|den|blü|ten|tee**

lin|dern *K 363* · **Lin|de|rung** · **Lind|heit,** die, _

Lind|wurm (*german Sage*; drachenähnl. Fabeltier)

Li|ne, *österr nur* **Li|na** (w. Vn.) ⟨*Kurzf der auf* ...line *endenden weibl Vornamen*⟩; *Nebenf* ↑ Lina

Li|ne|al, das, _s, _e ⟨*lat*⟩ ↗ **li|ne|ar** (geradlinig; linienförmig) · **Li|ne|ar|mo|tor** (*Elektrotechn*) · **Li|ne|ar|zeich|nung** (*fachspr*; Umrißzeichnung, Riß) · **Lineatur** ↑ Liniatur

Linge [lɛ̃:ʒ], die, _ (*schweiz*; Wäsche im Hotelgewerbe) ⟨*lat* → *frz*⟩ · **Lin|ge|rie** [lɛ̃ʒə'ri:], die, _, ..ien (*schweiz*; Wäschekammer)

lin|gual [liŋ'gŭa:l] (*fachspr*; auf die Zunge bezüglich, Zungen...) ⟨*lat*⟩ · **Lin|gual,** der, _s, _e *od* **Lin|gual|laut** (*Phon*; Zungenlaut) · **Lin|gua|thek,** die, _, _en (Sammlung von Sprachlehrmitteln) ⟨*lat* + *grch*⟩ · **Lin|guist** [..'gŭist] (Sprachwissenschaftler) ⟨*lat*⟩ · **Lin|gui|stik,** die, _ ([vergleichende] Sprachwissenschaft) · **lin|gui|stisch**

Li|nia|tur, *auch* **Li|nea|tur,** die, _, _en (ältere Bez. für Linierung) ⟨*lat*⟩ · **Li|nie** [..ĭə], die, _, _n; _ halten (*Polygr*) · **Li|nien‿blatt** [..ĭən..], ...**schiff** · **li|nie|ren,** *österr nur so, auch* **li|ni|ie|ren** (mit Linien versehen; Linien ziehen) · **Li|nier|plat|te** · **Li|nie|rung,** *österr nur so, auch* **Li|ni|ie|rung**

Li|ni|ment, das, _[e]s, _e (*Pharmakol*; dickflüssiges Einreibemittel) ⟨*lat*⟩

link; _er Hand, _e Seite · **Lin|ke** *K 341*: 1. die, _n, _n (linke Hand); zur Linken, in meiner Linken – 2. die, _n (*Pol*; Gruppe der Linksparteien [nach der Sitzordnung im bürgerl. Parlament], nach links orientierte Gruppe einer Partei); *Ggs* Rechte (2) – 3. der *u.* die, _n, _n (*Pol*; Anhänger[in] der Linken [2]); *Ggs* Rechte (3) · **lin|ker|seits** *K 176* · **lin|kisch;** _ste (ungeschickt)

Lin|kru|sta, die, _ *Kunstw* (Tapetenart) ⟨*aus lat* linum ‚Flachs, Lein' + crusta ‚Rinde, Überzug'⟩. *Zus K 365ff.*: Linkrusta‿tapete usw.

links; *Abk* l.; links des Hauses; links von mir; links um! (*Kommandospr*); *vgl. auch* linksher usw. · **links|au|ßen** *K 176* (*Fußball*) · **Links|au|ßen,** der, _, _ (*Fußball*) · **links|dre|hend** *K 128* (*fachspr*); *aber K 125*: nach links drehend · **Links|hän|der,** der, _s, _ · **links|hän|dig** · **Links|hän|dig|keit,** die, _ · **links|her** (*veraltet*), *aber K 175*: von links her · **links|her|um;** [sich] linksherum (nicht rechtsherum) drehen, *aber K 175*: [sich] nach links herumdrehen · **links|hin,** *aber K 175*: nach links hin · **links|läu|fig** (*fachspr*) · **Links|par|tei** (*Pol*) · **links|rhei|nisch** · **links|rum** *K 56* (*umg*; linksherum) · **links|sei|tig** · **links|um** · **links um!** (*Kommandospr*) · **Links|un|ter|zeich|ne|te**

lin|nen (*dicht*; leinen) · **Lin|nen,** das, _s, _ (*dicht*; Leinen)

Lin|ole|um [..'no:le.., *österr meist* ..'le:..], das, _s ⟨*lat*⟩ · **Lin|ole|um|tep|pich** · **Lin|ol|schnitt** (ein graph. Verfahren u. dessen Produkt) · **Linon** [..'nɔŋ, *auch* 'li..], der, _[s], _s (*Textilwirtsch*; feinfädiges, leinenartiges, gebleichtes Baumwollgewebe) ⟨*lat* → *frz*⟩

Li|no|type ['lainotaip], die, _, _s (*Polygr*; Zeilensetz- u. Zeilengießmaschine) ⟨*engl*⟩

Lin|se, die, _, _n · **lin|sen** (*umg*; vorsichtig blicken) · **Lin|sen|feh|ler** (*Opt*) · **lin|sen|för|mig** · **Lin|sen|sup|pe**

Linth, die, _ (Oberlauf der Limmat)

Linz (Stadt in Österreich) · **Lin|zer:** 1. *K 231*: der, _s, _; 2. *als Attribut K 232*

Lip|ämie, die, _, ..ien (*Med*; Fettanreicherung im Blut) ⟨*grch*⟩

Li|pa|ri|sche In|seln *K 258 Pl* (nördl. von Sizilien)

Li|piz|za|ner, der, _s, _ (Vollblutpferd) ⟨*nach* dem Gestüt bei Triest⟩

li|po|id (*Biochem*; fettartig) ⟨*grch*⟩ · **Li|po|id,** das, _s, _e (*Biochem*; fettähnl. Zellbestandteil) · **Li|pom,** das, _s, _e (*Med*; Geschwulst im Fettgewebe)

[1]**Lip|pe:** 1. die, _ (Fluß im W der BRD) – 2. (ehem. Land)

[2]**Lip|pe,** die, _, _n · **Lip|pen|be|kennt|nis** (*meist abwert*) · **Lip|pen|blüt|ler,** der, _s, _ (*Bot*) · **Lip|pen|laut** · **Lip|pen|stift,** der · **lip|pen|syn|chron** [..k..] (*Filmw*) · **Lipp|fisch**

lip|pisch; *K 258*: der Lippische Wald ⟨*zu* [1]Lippe⟩

Lip|tau|er, der, _s, _ *od* **Lip|tau|er Kä|se** *K 258* ⟨*nach* dem Herstellungsgebiet in der Slowakei⟩

li|quid, *österr nur so, auch* **li|qui|de** (*meist Wirtsch*; flüssig; im Besitz von Geldmitteln; verfügbar); liquide Gelder; liquide Forderung ⟨*lat*⟩ · **Li|qui|da,** die, _, *Pl* ..dä *od* Liquiden *od* **Li|quid,** der, _s, _e *bzw* **Li|quid|laut,** der, _[e]s, _e

(*Phon*; Fließlaut [z. B. r, l]) · **Li|qui|da|tion** (Auflösung, Beseitigung – *Wirtsch*; Abwicklung der Geschäfte eines aufgelösten kapitalist. Unternehmens; Geschäftsauflösung; Kostenrechnung) · **Li|qui|da|tor,** der, _s, ..oren (jmd., der eine Liquidation durchführt) · **li|qui|die|ren** (auflösen, beseitigen – *Wirtsch*; in Liquidation treten; eine Forderung in Rechnung stellen) · **Li|qui|die|rung** · **Li|qui|di|tät,** die, _ (*Wirtsch*; Verhältnis der flüssigen [liquiden] Mittel zu den Verbindlichkeiten eines Betriebes) · **Li|quor,** der, _s, ..oren (*Med*; seröse Körperflüssigkeit – *Pharmakol*; flüssiges Arzneimittel [*Abk* liq.])

Li|ra, die, _, *Pl* Lire (Währungseinheit in Italien); *Abk Sg u. Pl*: L., *internationale Abk* Lit. ⟨*lat → ital*⟩

Lis|beth (w. Vn.) ⟨*Kurzf von* Elisabeth⟩

Lisboa ↑ Lissabon

Li|se (w. Vn.) ⟨*Kurzf von* Elisabeth⟩; *Nebenf* ²Liese · **Li|se|lot|te** [*österr nur so, od* 'li:..] *K 208* (w. Vn.) ⟨Lise + Lotte⟩; *Nebenf* Lieselotte

Li|se|ne, die, _, _n (*Arch*; hervortretender Mauerstreifen) ⟨*umgebildet aus frz* lisière [li'ziɛ:r] ,Saum, Kante'⟩

lis|peln *K 363* ⟨*lautm*⟩ · **Lis|pel|ton,** *Pl* ..töne

Lis|sa|bon ['li.., *österr nur so, auch* ..'bɔn], *portugies* **Lis|boa** [liʒ..] (Hptst. von Portugal) · **Lis|sa|bon|ner** ['li.., *österr nur so, auch* ..'bɔ..] *K 235*: 1. *K 231*: der, _s, _; 2. *als Attribut K 232* · **lis|sa|bon|nisch**

Lis|se, die, _, _n (*landsch*; Stützleiste an Leiterwagen)

List, die, _, _en ⟨*zu* lehren⟩

Li|ste, die, _, _n ⟨*germ → lat → ital, zu* ¹Leiste⟩. *Zus K 365ff.*: Listen‿führer usw. · **li|sten** (auflisten)

li|sten|reich ⟨*zu* List⟩ · **li|stig** · **li|sti|ger|wei|se** *K 176* · **Li|stig|keit,** die, _

Li|ta|nei, die, _, _en (*Rel*; Bittgebet – *abwert*; eintöniges Klagen) ⟨*grch → lat*⟩

Li|tau|en, *ohne Art, amtl* **Li|taui|sche So|zia|li|sti|sche So|wjet|re|pu|blik** *K 258*, die, *Gen* _n _n _ (im NW der UdSSR) · **Li|tau|er,** der, _s, _ · **li|tau|isch;** *vgl. K 266f.* · **Li|tau|isch,** das, *Gen* _[s], *Dat* _ (Sprachbezeichnung *K 268ff.*) · **Li|taui|sche,** das, *Gen* _n, *Dat* _n (Sprachbezeichnung *K 271*)

Li|ter, das *od* der, *schweiz nur so*, _s, _ (Einheit des Volumens = 1 dm³); *Einheitenzeichen* l ⟨*grch → lat → frz*⟩; ein halbes, ein viertel Liter; *vgl. aber* Achtelliter u. Viertelliter; *vgl. auch Vorschriften für den Schriftsatz, 2.1.*

Li|te|rar|hi|sto|ri|ker, *auch* **Li|te|ra|tur|hi|sto|ri|ker** (Fachmann auf dem Gebiet der Literaturgeschichte) ⟨*lat*⟩ · **li|te|ra|risch** (auf die Literatur bezüglich) · **Literarkritik** ↑ Literaturkritik · **Li|te|rat,** der, _en, _en (Schriftsteller) · **Lite|ra|tur,** die, _, _en (gesamte, bes. schriftl. Überlieferung eines Volkes od. der Menschheit; Gesamtheit der Werke über eine bestimmte Frage, Schriftennachweis [*Abk* Lit.]). *Zus K 365ff.*: Literatur‿geschichte usw. · **Literaturhistoriker** ↑ Literarhistoriker · **Li|te|ra|tur|kri|tik,** *auch* **Li|te|rar|kri|tik** · **Li|te|ra|tur|spra|che** (*Sprachw*) · **Li|te|ra|tur|wis|sen|schaft**

li|ter|wei|se *K 176*

Li|tew|ka [..'tɛf..], die, _, ..ken (*hist*; blusenartiger Uniformrock) ⟨*poln*⟩

Lit|faß|säu|le *K 209* (Anschlagsäule) ⟨*nach* dem Berliner Buchdrucker⟩

Li|thia|sis, die, _, ..asen (*Med*; Steinleiden, Bildung von Nieren-, Blasen-, Gallensteinen) ⟨*grch*⟩

Li|thium, das, _s (chem. Element, Metall); *Zeichen* Li ⟨*grch → lat*⟩

Li|tho|graph[1], der, _en, _en (Steinzeichner; Steindrucker) ⟨*grch*⟩ · **Li|tho|gra|phie**[1]: 1. die, _ (Steinzeichnung, -druck) – 2. die, _, ..ien (fertiges Steindruckerzeugnis) · **li|tho|gra|phie|ren**[1] · **li|tho|gra|phisch**[1]

Li|tho|lo|ge, der, _n, _n (Fachmann auf dem Gebiet der Lithologie) ⟨*grch*⟩ · **Li|tho|lo|gie,** die, _ (Gesteinskunde)

Li|tho|po|ne, die, _ (Weißpigment für Anstrichstoffe) ⟨*grch*⟩

Li|tho|sphä|re, die, _ (*Geol*; Gesteinshülle der Erde) ⟨*grch*⟩

Li|thur|gik, die, _ (*fachspr*; Lehre vom Gebrauch u. von der Verarbeitung der Minerale u. Gesteine) ⟨*grch*⟩; *vgl. aber* Liturgik

li|to|ral (*Geogr*; an der Küste vorkommend) ⟨*lat*⟩ · **Li|to|ral,** das, _s, _e (*Geogr*; Strandbereich, Uferzone) · **Li|to|ra|le,** das, _s, _s (*Geogr*; Küstenland) ⟨*lat → ital*⟩ · **Li|to|ral|fau|na** (*Geogr*) · **Li|to|ri|na|meer,** das, _[e]s (*Geol*; Entwicklungsstufe der Ostsee) ⟨*lat*⟩

Li|to|tes [..tɛs], die, _ (*Stilistik*; Redewendung, die durch einen verneinten verkleinernden Ausdruck die Bedeutung einer Sache erhöhen will [z. B. das ist nicht übel, d. h., das ist sehr gut]) ⟨*grch*⟩

Li|tur|gie, die, _, ..ien (*christl Rel*; die festgelegte Form der kirchl. Feier; die vom Geistlichen vom Altar aus im Wechsel mit der Gemeinde zu vollziehenden Teile des Gottesdienstes) ⟨*grch → lat*⟩ · **Li|tur|gik,** die, _ (*Theol*; Theorie u. Geschichte der Liturgie); *vgl. aber* Lithurgik · **li|tur|gisch** (*christl Rel*; auf die Liturgie bezüglich)

Lit|ze, die, _, _n ⟨*lat*⟩

Liudolfinger ↑ Ludolfinger

live [laif] (*Rundf, Ferns*; unmittelbar, original übertragen) ⟨*engl*⟩

Li|ve [..v..], der, _n, _n (Angehöriger eines finn. Volksstammes)

Li|ver|pool ['livərpu:l] (Hafenstadt an der Westküste Englands)

Live|sen|dung ['laif..] (*Rundf, Ferns*; Direktsendung, Originalübertragung) ⟨*engl, zu* live [laiv]⟩

li|visch [..v..] ⟨*zu* Live⟩ · **Liv|land** ['li:f..] (histor. Gebiet in Estland u. Lettland) · **Liv|län|der,** der, _s, _ · **liv|län|disch**

Li|vor|no [..v..] (Hafenstadt an der Westküste Mittelitaliens)

Li|vre ['li:vr(ə)], der *od* das, _[s], *Pl* _[s] *u. bei Wertangabe* (*K 310*) Livre (*hist*; französ. Münze) ⟨*lat → frz*⟩

Li|vree [..v..], die, _, ..een (uniformartige Bedienstetenkleidung) ⟨*lat → frz*⟩ · **li|vriert** (in Livree gekleidet)

Li|zen|tiat: 1. das, _[e]s, _e (alter, noch in der Schweiz verliehener akadem. Grad) – 2. der, _en, _en (Inhaber des Lizentiats); *Abk* Lic. [theol.], *schweiz* lic. [phil.] ⟨*lat*⟩ · **Li|zenz,** die, _, _en ([behördl.] Erlaubnis; vertraglich vereinbartes Recht zur Nutzung von fremden Erzeugnissen, Erfindungen u. ä. – *Sport*; Kampferlaubnis). *Zus K 365ff.*: Lizenz‿ausgabe (*Buchw*) usw. · **li|zen|zie|ren**

Lju|blja|na (Hptst. von Slowenien) ⟨*slowen*⟩

Lla|ne|ro [lja..], der, _s, _s (Bewohner der Llanos) ⟨*lat → span*⟩ · **Lla|no** ['lja:..], der, _s, _s (amerikan. Steppenart)

Lloyd [lɔyt], der, _[s], _s (Name von Schiffahrts- u. Seeversicherungsgesellschaften) ⟨*nach* dem Londoner Kaffeehausbesitzer⟩

Lob, das, _[e]s

Lob|by ['lɔbi], die, _, _s (Wandelhalle im bürgerl. Parlament – *übertr*; Interessengruppe, die auf Parlamentarier u. deren Entscheidungen Einfluß zu gewinnen sucht) ⟨*engl*⟩ · **Lob|by|is|mus,** der, _ · **Lob|by|ist**

Lo|be|lie [..iə], die, _, _n (eine den Glockenblumen verwandte, vorwie-

---
[1] *Vgl. K 54.*

gend trop. Pflanzengattung) ⟨*nach* dem Botaniker M. de l'Obel [də lɔ'bɛl]⟩

lo|ben · **lo|bens_wert, ...wür|dig** · **Lo|bes|er|he|bung** (*gehoben*) · **Lob|ge|sang** · **Lob|hu|de|lei** (*abwert*) · **Lob|hu|de|ler** *K 363* (*abwert*) · **lob|hu|deln** *K 363* (*abwert*); gelobhudelt; zu _ · **löb|lich** · **Lob|lied** · **lob|prei|sen** (*gehoben*); du lobpreist *K 354*; du lobpreistest *od* lobpriesest; gelobpreist *od* lobgepriesen (*K 358*); zu lobpreisen; lobpreise! *od* lobpreis! · **Lob|re|de** · **Lob|red|ner** · **lob|sin|gen**; du lobsangst; lobgesungen; zu lobsingen; lobsing[e]!

Lo|car|no (Stadt in der Schweiz)

[1]**Loch** [lɔx, *engl* lɔk], der, _[s], _[s] (*in Schottland* See, Meeresbucht) ⟨*kelt* → *engl*⟩; _ Ness

[2]**Loch**, das, _[e]s, *Pl* Löcher. *Zus K 365ff.*: Loch_stickerei usw. · **Loch|band**, das, *Pl* ..bänder *od* **Loch|strei|fen** (*Datenv*) · **Loch|band|kar|te** (*Datenv*) · **lö|chen** · **Lo|cher** · **lö|che|rig** *K 362* · **lö|chern** *K 363* (*umg*)

Lo|chien ['lɔxiən] *Pl* (*Med*; Wochenfluß nach der Geburt) ⟨*grch*⟩

Loch|kar|te (*Datenv*) · **Loch|kar|ten|ver|fah|ren** (*Datenv*) · **Loch|leh|re** (*Techn*; Gerät zur Prüfung der Lochung) · **Löch|lein** · **Loch|streifen** ↑ Lochband

Löck|chen · **Locke**[1], die, _, _n · [1]**locken**[1] (lockig machen)

[2]**locken**[1] (anziehen, zur Annäherung reizen)

löcken[1]; *nur noch in* wider den Stachel _ (*gehoben*; sich einer Sache widersetzen)

Locken|kopf[1] · **locken|köp|fig**[1]

locker[1]: *Schreibung bei Verben K 135*: locker (nicht gespannt) lassen, machen, sein, sitzen, werden; *vgl. aber* lockerlassen u. lockermachen

locker|las|sen[1] *K 137* (*umg*; nachgeben); du läßt locker; du hast lockergelassen; lockerzulassen; wir dürfen nicht lockerlassen; *aber*: lokker (nicht gespannt) lassen; man muß das Seil locker lassen

locker|ma|chen[1] *K 137* (*umg*; hergeben), *Konjugation vgl.* lockerlassen; er muß das Geld schon lockermachen; *aber*: locker machen (lokkern); den Nagel locker machen

lockern[1] *K 363* · **Lockerung**[1]

lockig[1]

Lock|ruf · **Lock|spit|zel** (*abwert*) · **Lockung**[1]

---

[1] *Tr* ..k|k..

Lock|wel|le

lo|co (*kaufm*; am Ort; hier; greifbar; vorrätig) ⟨*lat*⟩; *in Fügungen mit nichtdeklinierter Ortsbez* loco Berlin (in Berlin zu liefern) · **lo|co ci|ta|to** (am angeführten Ort); *Abk* l. c.

Lo|den, der, _s, _ (ein Wollgewebe). *Zus K 365ff.*: Loden_mantel usw.

lo|dern *K 363*

Löf|fel, der, _s, _; drei _ voll Mehl. *Zus K 365ff.*: Löffel_stiel usw. · **Löf|fel|chen** · **löf|feln** *K 363* · **löf|fel|wei|se** *K 176*

Lo|fo|ten *Pl* (Inselgruppe vor der Nordwestküste Skandinaviens) ⟨*norw*⟩

Log [lɔk], das, _s, _e ['lɔgə], *auch* **Log|ge**, die, _, _n (*Schiff*; Meßgerät für die Fahrgeschwindigkeit eines Schiffes) ⟨*engl*⟩

Log|arith|men|ta|fel (*Math*) · **log|arith|mie|ren** (*Math*; den Logarithmus berechnen) ⟨*grch*⟩ · **log|arith|misch** (*Math*) · **Log|arith|mus**, der, _, ..men (*Math*; die Zahl, mit der man eine andere Zahl potenzieren muß, um eine vorgegebene Zahl zu erhalten); *Zeichen* log (bei irgendeiner Basis), lg (bei Basis 10), ln, log nat (bei Basis e) ⟨*grch* → *lat*⟩

Log|buch ['lɔk..] (*Schiff*; Tagebuch auf Schiffen u. Funkstellen)

Lo|ge ['lo:ʒə, *österr* lo:ʒ], die, _, _n [..ʒ(ə)n] (Pförtnerraum; Theaterabteil – *hist*; Freimaurervereinigung) ⟨*germ* → *frz*⟩ · **Lo|gen|platz**

Log|gast ['lɔkgast], *Pl* ..gasten (*Schiff*; Matrose zur Bedienung des Logs) · **Logge** ↑ Log · **log|gen** (*Schiff*; mit dem Log messen)

Log|ger, der, _s, _ (Fischereifahrzeug mit Maschinenantrieb [bes. für den Heringsfang]) ⟨*ndrl*⟩

Log|gia ['lɔdʒ(i)a], die, _, ..ien ['lɔdʒ(ə)n *od* 'lɔdʒiən] (*Arch*; [von Pfeilern getragene] halboffene Halle; nach einer Seite offener Raum einer Wohnung) ⟨*germ* → *ital*, ‚Laube'⟩

Log|glas ['lɔkgla:s], *Pl* ..gläser (*Schiff*; Sanduhr zum Loggen)

Lo|gier|be|such [lo'ʒi:r..] (*veraltend*) · **lo|gie|ren** (*veraltend*; [vorübergehend] wohnen, beherbergen) ⟨*germ* → *frz*⟩

Lo|gik, die, _ (Denklehre) ⟨*grch*⟩ · **Lo|gi|ker**, der, _s, _ (Vertreter, Lehrer der Logik; scharfer, klarer Denker)

Lo|gis: 1. [lo'ʒi:], das, _ [lo'ʒi:s], *Pl* _ [lo'ʒi:s] (Wohnung, Bleibe) – 2. ['lo:gis], das, _, _ (*seem* *veraltend*; Mannschaftsraum auf Schiffen) ⟨*germ* → *frz*⟩

lo|gisch (der Logik entsprechend, folgerichtig – *umg*; selbstverständlich) ⟨*grch*⟩ · **Lo|gis|mus**, der, _, ..men (*Philos*; Vernunftschluß) ⟨*grch* → *lat*⟩ · **Lo|gi|stik**, die, _ (mathemat. Logik – *Milit*; Versorgungs- u. Ausrüstungswesen) ⟨*grch*⟩ · **lo|gi|stisch** (*Math*)

Log|lei|ne ['lɔk..] (*Schiff*)

Lo|go|griph, der, *Gen* _s, *Pl* _e *od Gen* _en, *Pl* _en (Buchstabenrätsel) ⟨*grch*⟩ · **Lo|go|pä|die**, die, _ (Sprachheilkunde) · **Lo|gos**, der, _, *Pl* (*selten*) ..goi [..gɔy] (*Philos*; Vernunft; Gedanke) ⟨‚Wort'⟩

...loh (*in On*; lichte Stelle im Wald, z. B. Gütersloh)

Loh|bei|ze (*Gerberei*) · **Loh|blü|te** (ein Schleimpilz) · [1]**Lo|he**, die, _, _n (Gerbrinde)

[2]**Lo|he**, die, _, _n (*gehoben*; Glut, Flamme) ⟨*zu* Licht⟩ · **lo|hen** (*gehoben*)

Lo|hen|grin (*mittelalterl Sage*; Gralsritter)

loh|gar (mit [1]Lohe gegerbt) · **Loh|ger|ber**

Lohn, der, _[e]s, *Pl* Löhne. *Zus K 365ff.*: Lohn_fonds usw. · **Lohn|aus|gleich**, der, _[e]s · **loh|nen**; er lohnte ihn (lohnte ihn ab); er hat mir meine Mühe gelohnt; es lohnt den Eifer; der Eifer lohnt sich · **löh|nen** (Lohn auszahlen) · **Lohn|stopp**, der, _s (*kap Wirtsch*) · **Löh|nung**

Loh|rin|de (*Gerberei*) ⟨*zu* [1]Lohe⟩

Loi|pe ['lɔypə], die, _, _n (*Skisp*; markierte Langlaufspur) ⟨*norw*⟩

Loire [lŏa:r], die, _ (Fluß in Frankreich)

Lok, die, _, _s *Kurzw* (Lokomotive) · **lo|kal** (örtlich; örtlich beschränkt) ⟨*lat*⟩ · **Lo|kal**, das, _[e]s, _e (Gastwirtschaft; Örtlichkeit) · **Lo|kal|an|äs|the|sie** (*Med*; örtl. Betäubung) · **Lo|ka|li|sa|tion** *od* **Lo|ka|li|sie|rung** (örtl. Beschränkung; Ortsbestimmung) · **lo|ka|li|sie|ren** (örtlich bestimmen; auf einen Ort beschränken) · **Lo|ka|li|tät** (Örtlichkeit; Raum) · **Lo|kal|pa|trio|tis|mus**, der, _ ([übertriebene] Liebe zur engeren Heimat) · **Lo|kal|satz** (*Gramm*; Ortssatz) · **Lo|kal|ter|min** (*Rechtsw*) · **Lo|ka|tiv** ['lo(:)..., *auch* ..'ti:f], der, _s, _e [..v..] (*Gramm*; Fall des Ortes) · **Lok|füh|rer** *Kurzw* (Lokomotivführer)

Lo|ki (*nord Mythol*; Gott des Feuers)

Lo|ko|mo|bi|le, die, _, _n (*veraltend*; stationäre od. fahrbare Dampf-, Kraftmaschine) ⟨*lat*⟩ · **Lo|ko|mo|tion** (*Med*; Ortsveränderung) · **Lo|ko|mo|ti|ve** [..v..], die, _, _n; *Kurzw* Lok ⟨*lat* → *engl*⟩ · **Lo|ko|mo|tiv|füh|rer** [..f..]; *Kurzw* Lokführer · **lo|ko|mo|to|risch** (*Med*; die Fortbewegung, den Gang betreffend) ⟨*lat*⟩ · **Lo|kus**, der, _, *Pl*

_ od ..usse (salopp; ¹Abort) ⟨lat, ‚Ort'⟩

Lo|la (w. Vn.) ⟨span Kurzf von Charlotte⟩

Lolch, der, _[e]s, _e (Bot; eine Grässergattung) ⟨lat⟩

Lom|bard [od ..'bart], der od das, _[e]s, _e (Bankw; Kreditgewährung gegen Pfand) ⟨nach den lombard. Geldwechslern⟩ · **Lom|bar|de,** der, _n, _n (Bewohner der Lombardei) · **Lom|bar|dei,** die, _ (Landsch. in Oberitalien) · **lom|bar|die|ren** (Bankw; beleihen, verpfänden) · **lom|bar|disch** (aus der Lombardei)

Lom|ber, auch **L'hom|bre** ['lɔ̃:bər od 'lɔ̃:br(ə)], das, _s (ein Kartenspiel) ⟨lat → span → frz⟩

Lo|mé [..me:] (Hptst. von Togo)

Lom|matzsch [..matʃ] (Stadt im Bez. Dresden) · **Lom|matz|scher Pfle|ge** K 232, die, Gen _ _ (Landschaft)

Lo|mo|nos|sow-Uni|ver|si|tät [..sɔf ..vɛr..] K 211, die, _ ⟨nach dem russ. Gelehrten u. Dichter⟩

Lon|don ['lɔndɔn] (Hptst. von Großbritannien) · **Lon|do|ner:** 1. K 231: der, _s, _; 2. als Attribut K 232: die Londoner Börse

Long|drink (mit Sodawasser od. ähnlichem versetztes alkohol. Getränk) ⟨engl⟩

Lon|ge ['lɔ̃:ʒə], die, _, _n (Reitsp; Führleine zum Abrichten von Pferden) ⟨lat → frz⟩ · **lon|gie|ren** [lɔ̃'ʒi:..] (Reitsp)

lon|gi|tu|di|nal (in der Längserstreckung) ⟨lat⟩ · **Lon|gi|tu|di|nal|schwin|gung** (Phys; Längsschwingung)

Look [luk], der, _s, _s (Modestil bzw. dessen charakterist. Aussehen) ⟨engl⟩

Loo|ping ['lu:piŋ], der, seltener das, _s, _s (Luftf; vertikaler Kreis) ⟨engl⟩

Lor|baß, der, ..asses, ..asse (norddt; Lümmel, Taugenichts) ⟨lit⟩

Lor|beer, der, _s, _en (immergrüner Baum; Gewürz) ⟨lat⟩. Zus K 365ff.: Lorbeer‿kranz usw. · **lor|beer|grün;** vgl. blau

Lor|chel, die, _, _n (ein Pilz)

Lord [lɔrt], der, _s, _s (hoher engl. Adelstitel) ⟨engl, ‚Brotherr'⟩ · **Lord|kanz|ler** (höchster engl. Justizbeamter) · **Lord-May|or** ['lɔrt'mɛ:ər], der, _s, _s (Titel des Oberbürgermeisters in verschiedenen engl. Großstädten)

Lor|do|se, die, _, _n (Med; Wirbelsäulenverkrümmung) ⟨grch⟩

Lord|ship ['lɔrtʃip], die, _ (Lordschaft; Titel, Anrede od. Herrschaft eines Lords) ⟨engl⟩

¹Lo|re, die, _, _n, selten **¹Lo|ri,** die, _, _s (offener Eisenbahngüterwagen; Feldbahnwagen) ⟨engl⟩

²Lo|re (w. Vn.) ⟨Kurzf von Eleonore⟩

Lo|re|lei, die, _ (Felsen am Mittelrhein – dt Sage; Rheinnixe)

Lo|re|to (Wallfahrtsort in Mittelitalien) · **Lo|ret|to|hö|he** K 246, die, _ (Anhöhe bei der nordfranzös. Stadt Arras)

Lor|gnet|te [lɔr'njɛtə, österr ..'njɛt], die, _, _n [..t(ə)n] (Stielbrille) ⟨frz⟩ · **Lor|gnon** [lɔr'njɔ̃:], das, _s, _s (Stieleinglas, -brille)

¹Lori ↑ ¹Lore

²Lo|ri, der, _s, _s (ein Halbaffe) ⟨ndrl → frz⟩

³Lo|ri, der, _s, _s (ein Papagei) ⟨mal → frz⟩

Lork, der, _[e]s, Pl Lörke (norddt; Kröte)

Lor|ke, die, _ (obersächs u. thüring abwert; dünner Kaffee)

Lo|ro|kon|to (Bankw; Konto, das eine Bank für eine andere führt) ⟨ital⟩

Lorraine ↑ Lothringen

los (vollständig gelöst von etwas; frei, ledig); als Adj nur prädikativ gebraucht (vgl. die Beispiele unter a); los und ledig; los!; vgl. lose u. ...los
Schreibung bei Verben K 135 u. 136:
a) *Begriff der Trennung:* los sein; der Knopf ist los; ein Übel los sein (umg); ob er seinen Schnupfen los ist od hat? (umg); los haben (umg) (vgl. aber los [c]); er sagte, daß er das Brett los hätte. Vgl. aber loseisen, losgehen, loskaufen, loslassen, loslösen, losmachen, lossagen, losschlagen, lossprechen, loswerden. Zur Konjugation dieser Verben: du eist los K 354, losgeeist, loszueisen
b) *Begriff des Anfangens:* vgl. losgehen, loslaufen, loslegen, losmachen, losschlagen. Zur Konjugation dieser Verben: du gehst los, losgegangen, loszugehen
c) *in anderer umgangssprachl Bedeutung,* z. B. los sein (umg); er meinte, daß dort allerhand los sei; ob bei der Veranstaltung etwas los war?; vgl. auch los (a)

los... (z. B. loseisen K 354 u. 356 [umg]; vgl. los)

...los (z. B. schlaflos); *in deklinierten Formen bei gebrochener Druckschrift u. Kurrentschrift mit langem* s (ſ), z. B. ſchlafloſe Nächte

Los, das, _es, _e (Lotterieschein – Wirtsch; bestimmte Menge gleichartiger Produkte – gehoben; Schicksal, Geschick); K 258: das Große Los (Haupttreffer)

Los An|ge|les [lɔs 'ɛndʒələs] (Stadt an der Westküste der USA)

lös|bar · **Lös|bar|keit,** die, _

Lösch|ar|beit · **¹lö|schen:** 1. tr (Feuer, Kalk usw. löschen); du löschst K 354, er löscht; du löschtest; du löschtest; gelöscht; lösch[e]! – 2. intr (dicht; er-, verlöschen); die Kerze, das Leben lischt, ist geloschen

²lö|schen (seem; ausladen); du löschst K 354, er löscht; du löschtest; gelöscht; lösch[e]! ⟨ndrl, zu los⟩

Lö|scher · **Lösch‿kalk,** ...**pa|pier,** ...**sand** · **Lö|schung** · **Lösch|wasser**

lo|se (nicht [mehr] fest; unverpackt – umg; leichtfertig, frech); ein lose geknüpftes Band; ein loses Brett; ein loser Vogel (noch scherzh); ein loses Maul (salopp) · **Lo|se,** das, _s, _ (seem; schlaffes Tau[stück]) · **Lo|se|blatt|aus|ga|be** K 193 u. 368 · **Lö|se|geld** · **los|ei|sen**[1] (umg; jmdn., etw. mit Mühe freibekommen)

lo|sen (ein Los ziehen); du lost K 354; gelost; lose! od los!

lö|sen K 354; gelöst; löse! od lös! · **los|ge|hen**[2] K 363 (sich lösen; anfangen zu gehen) · **los|kau|fen**[1] · **los|las|sen**[1]; die Hand _ · **los|lau|fen**[3]; jetzt mußt du _ (anfangen zu laufen) · **los|le|gen**[3] (umg; sich ins Zeug legen; beginnen) · **lös|lich** · **Lös|lich|keit,** die, _ · **los|lö|sen**[1]; sich (Akk) _ · **Los|lö|sung** · **los|ma|chen**[2] (umg; lösen; beginnen)

Löß [lø:s], der, Gen Lößes, Pl Löße od [lœs, österr nur so], Gen Lösses, Pl Lösse (Geol; kalkhaltige Ablagerung)

los|sa|gen[1], **sich** (Akk)

Löß|bo|den

los|schla|gen[2] (wegschlagen; anfangen zu schlagen – umg; [billig] verkaufen) · **los sein;** vgl. los (a) u. (c)

lö|ßig ['lø:.., österr 'lœ..] (Geol) · **Löß|kin|del,** das, _s, _ (Geol; Konkretion im Löß)

Löß|nitz: 1. die, _ (Landsch. nordwestl. von Dresden) – 2. (Stadt im Bez. Karl-Marx-Stadt)

los|spre|chen[1]; von einer Schuld _

Löß|schicht (Geol)

Los|ta|ge Pl (Abergl; für die Wetterprophezeiung bedeutsame Tage; Merk-, Unglückstage) ⟨zu Los⟩

¹Lo|sung (Erkennungswort, Parole; [polit.] Aufruf; Wahl-, Leitspruch) ⟨zu Los⟩

²Lo|sung, die, _ (weidm; Kot des Wildes u. des Hundes) ⟨zu los, lö-

---

[1] Konjugation vgl. los, a.
[2] Konjugation vgl. los, a, b.
[3] Konjugation vgl. los, b.

sen) · **Lö|sung** · **Lö|sungs|mit|tel**
Lo|sungs|wort, *Pl* ..worte
los|wer|den[1]; etwas _ (von etw. befreit werden – *umg*; etw. verkaufen). Die *Zusammenschreibung* ist nur im *Inf* (einschl. »loszuwerden«) u. im *Part II* (»losgeworden«) üblich
[1]**Lot** [lo:t]: 1. das, _[e]s, _e (Vorrichtung zum Bestimmen der Senkrechten od. der Wassertiefe – *Metallurgie*; Lötmetall – *Geom*; die Gerade, die auf einer gegebenen Geraden od. Ebene senkrecht steht) – 2. das, _[e]s, *Pl* _e *u. bei Maßangabe* (*K 308*) Lot (altes Massemaß ≈ 12,8 g) ⟨*Herkunft umstritten*⟩; *K 308*: 3 Lot Kaffee
[2]**Lot** [lɔt], das, _[s], _s (ein Posten Ware) ⟨*engl*⟩
[3]**Lot** [lo:t *od* lɔt] (bibl. Gestalt) ⟨*hebr*⟩
Lo|tar *K 208* (m. Vn.) ⟨*Nebenf von* Lothar⟩
lo|ten (senkrechte Richtung bestimmen, Wassertiefe messen; Flughöhe eines Flugzeuges bestimmen) ⟨*zu* [1]Lot⟩ · **lö|ten** (durch Lötmetall verbinden) · **Löt|fu|ge**
Lo|thar *K 208 u. 71* (m. Vn.) ⟨‚berühmt' + ‚Heer'⟩; *Nebenf* ↑ Lotar
Loth|rin|gen, *französ* **Lor|raine** [lɔ'rɛ:n] (Landsch. im NO Frankreichs) · **Loth|rin|ger:** 1. *K 231*: der, _s, _; 2. *als Attribut K 232* · **loth|rin|gisch**
Lo|tion [*auch* 'lo:ʃ(ə)n] (Reinigungs- u. Pflegemittel für Haut bzw. Haare) ⟨*lat → frz*⟩
Löt|kol|ben · **Löt|me|tall**
Lo|tos, der, _, _ *od* **Lo|tos|blu|me** (asiatisch-australische Wasserrose) ⟨*grch*⟩; *vgl. aber* Lotus
lot|recht · **Lot|rech|te,** die, _n, _n *K 341* · **Löt|rohr**
Lötsch|berg|tun|nel *K 246*, der, _s (in der Schweiz)
Lot|se, der, _n, _n ⟨*engl → ndrl*⟩ · **lot|sen** *K 354* · **Lot|sen‿boot,** ...**dienst**
Lot|te (w. Vn.) ⟨*Kurzf von* Charlotte⟩
Lot|ter|bu|be (*abwert*) · **Lot|te|rei** (*abwert*)
Lot|te|rie, die, _, ..ien (Los-, Glücksspiel, Verlosung) ⟨*ndrl, zu* Los⟩. *Zus K 365ff.*: Lotterie‿los usw.
lot|te|rig *K 362* (*abwert*) · **Lot|terig|keit** (*abwert*) · **Lot|ter|le|ben** (*abwert*)
löt|ter|len (*schweiz*; in der Lotterie spielen) ⟨*ndrl, zu* Los⟩ · **Löt|ter|ler** (*schweiz*; leidenschaftl. Lotteriespieler)

lot|tern *K 363* (*landsch abwert*; liederlich leben, unordentlich sein) · **Lot|ter|wirt|schaft,** die, _ (*abwert*)
Lot|to, das, _s, _s (Zahlenlotterie; ein Gesellschaftsspiel) ⟨*germ → ital, zu* Los⟩. *Zus K 365ff.*: Lotto‿spiel usw. · **Lot|to|an|nah|me|stel|le** *K 192* · **Lot|to|kol|lek|tur,** die, _, _en (*österr*; amtl. Geschäftsstelle für das Lottospiel)
Lo|tus, der, _, _ (*Bot*; eine Kleeart) ⟨*grch → lat*⟩; *vgl. aber* Lotos
lot|wei|se *K 176* ⟨*zu* [1]Lot [2]⟩
Louis: 1. ['lu:i *od* lũi:] (m. Vn.) – 2. ['lu:i], der, _ ['lu:i(:s)], *Pl* _ ['lu:i:s] (*salopp abwert*; junger, leichtsinniger Mensch; Zuhälter) ⟨*französ Form von* Ludwig⟩ · **Louis|dor** [lũi'do:r], der, _s, *Pl* _e *od* _s *u. bei Wertangabe* (*K 310*) Louisdor (*hist*; französ. Goldmünze) · **Louisia|na** [lũi..] (Staat der USA) ⟨*nach* dem französ. König Ludwig XIV.⟩
Louis-qua|torze [lũika'tɔrs], das, _ (Stil des französ. Barocks) ⟨*nach* Ludwig XIV.⟩
Lourdes [lurt *od* lurd] (Wallfahrtsort in Südfrankreich)
Lou|ren|ço Mar|ques [lo,rɛ̃:su 'markiʃ] (früherer Name von Maputo)
Lou|vre ['lu:vr(ə)], der, _[s] (Palast mit Museum in Paris) ⟨*lat → frz*⟩
Lö|we, der, _n, _n ⟨*grch → lat*⟩ · **Lö|wen|an|teil** · **Lö|wen|maul,** das, _[e]s (eine Gartenblume, Braunwurzgewächs) · **Lö|wen|mut** · **lö|wen|stark** · **Lö|wen|zahn,** der, _[e]s (*österr Pl* ..zahne) (ein Korbblütler) · **Lö|win,** die, _, ..innen
loy|al [lõa'ja:l] (den Staat u. seine Gesetze respektierend; treu [gesinnt]; anständig, redlich) ⟨*lat → frz*⟩ · **Loya|li|tät,** die, _
Lu|an|da (Hptst. von Angola)
Lu|ba: 1. der, _, _ (Angehöriger eines Bantuvolkes in Zaïre) – 2. das, _ (Sprachbezeichnung); auf _ heißt es ...
Lü|beck (Hafenstadt der BRD an der Ostsee) · **Lü|becker**[1]: 1. *K 231*: der, _s, _; 2. *als Attribut K 232* · **lü|beckisch**[1] *od* **lü|bisch**
Lu|blin (Stadt im O Polens)
Lu|bum|ba|shi [..ʃi] (Hptst. der Provinz Shaba)
Luch [lu:x], die, _, *Pl* Lüche ['ly:çə] *od* das, _[e]s, _s (*landsch*; [2]Bruch, Sumpf)
Luchs, der, _es, _e (ein Raubtier) · **Luchs|au|ge** · **luchs|äu|gig** · **luchsen** *K 354* (*umg*; scharf aufpassen)
Lucht, die, _, _en (*norddt veraltend*; oberes Stockwerk, Bodenraum) ⟨*ndrl*, ‚Luft'⟩
Lücke[1], die, _, _n · **Lücken|büßer**[1] · **lücken|haft**[1] · **Lücken|haftig|keit**[1] · **lücken|los**[1] *K 349*; *vgl.* ...los · **Lücken|lo|sig|keit**[1] · **luckig**[1] (*bergm*; großporig); _es Gestein
Lud|di|ten *Pl* (Maschinenstürmer in England zu Beginn des 19. Jh.) ⟨*nach* dem Anführer Ludd [lad]⟩
Lu|de, der, _, _n (*salopp abwert*; Zuhälter) ⟨*zu* Ludwig⟩
Lu|der, das, _s, _ (*weidm*; Kadaver zum Anlocken von Raubwild usw. – *auch Schimpfw*) · **Lu|der|le|ben,** das, _s (*abwert*) · **lu|dern** *K 363* (*veraltend salopp abwert*; liederlich leben)
Lu|dol|fin|ger, *auch* **Liu|dol|fin|ger,** der, _s, _ (Angehöriger des mittelalterl. sächs. Königs- u. Kaisergeschlechts der Ludolfinger) ⟨*nach* Herzog Liudolf⟩
Lu|dolf|sche Zahl *K 217*, die, *Gen* _n _ (*Math*; Verhältnis des Kreisumfangs zum Durchmesser = 3,14); *Zeichen* π [pi:] ⟨*nach* dem niederländ. Mathematiker Ludolf van Ceulen [_ van *od* fan 'kø:lə(n)]⟩
Lud|wig (m. Vn.) ⟨‚berühmt' + ‚Kampf'⟩; *französ Form* ↑ Louis, *dt Kurzf* ↑ [1]Lutz
Lud|wigs|burg (Stadt im SW der BRD) · **Lud|wigs|ha|fen am Rhein** (Stadt in der BRD)
Lu|es, die, _ (*Med*; Syphilis) ⟨*lat*⟩
Luf|fa, die, _, _s (trop. Kürbisgewächs, das getrocknet als Badeschwamm verwendet wird) ⟨*arab → engl*⟩ · **Luf|fa|schwamm**
Luft, die, _, *Pl* Lüfte. *Zus K 365ff.*: Luft‿post, ...spieg[e]lung, ...streitkräfte (*Pl*) usw. · **Luft|auf|nah|me** · **Lüft|chen** · **luft|dicht;** _ abschließen · **Luft|druck,** der, _[e]s · **luftdurch|läs|sig** · **Luft|du|sche** · **lüften** · **Lüf|ter** (Ventilator) · **luf|tig** · **Luf|tig|keit,** die, _ · **Luf|ti|kus,** *schweiz* **Luf|ti|bus,** der, _, ..usse (*scherzh od abwert*; leichtsinniger, oberflächl. Mensch) · **Luft|kis|senfahr|zeug** (ein Land- od. Wasserfahrzeug) · **Luft|küh|lung,** die, _ (*Techn*) · **luft|leer** · **Luft‿ma|tratze,** ...**pi|rat,** ...**post,** ...**pum|pe,** ...**schacht** · **Luftschiffahrt** [*Tr* Luft|schiff|fahrt *K 78*], die, _, *Pl* (*Fahrten mit dem Luftschiff*:) _en · **Luft|schutz,** der, _es · **Luft|strahltrieb|werk** (Antriebsmittel der Flugzeuge) · **luft|tan|ken** (*Flugw*; während des Fluges tanken) · **Luftta|xi** *od* **Luft|ta|xe** (kleines Verkehrsflugzeug, meist Hubschrauber) · **luft|tüch|tig** · **Lüf|tung** · **Luft‿ver|schmut|zung,** ...**ver|unrei|ni|gung,** ...**weg,** ...**wi|derstand,** ...**zug**

---
[1] *Konjugation vgl.* los, a.

[1] *Tr* ..k|k..

[1] *Tr* ..k|k..

Lug, der; *nur noch in* [mit] Lug und Trug (*gehoben*)

Lu|ga|ner: 1. *K 231*: der, _s, _; 2. *als Attribut K 232*: der Luganer See, *schweiz* Luganersee (*K 234*) · **lu|ga|ne|sisch** · **Lu|ga|no** (Stadt in der Schweiz)

Lug|aus, der, _, _ (*landsch*; Wartturm, Warte)

Lü|ge, die, _, _n

lu|gen (*landsch*; ausschauen, spähen)

lü|gen; du logst; du lögest; gelogen; lüg[e]! · **Lü|gen‿ge|spinst** (*gehoben*), **...ge|we|be** (*gehoben*) · **lü|gen|haft** · **Lü|gen|haf|tig|keit,** die, _

Lug|ins|land, der, _[s], _ (*veraltet*; Aussichtsturm, Wachturm)

Lüg|ner · **Lüg|ne|rin,** die, _, ..innen · **lüg|ne|risch;** _ste

Lu|is|chen (*Verkleinerungsf von* Luise) · **Lui|se** (w. Vn.) ⟨*eindeutschende Schreibung der weibl Form von* Louis⟩

Luk, das, _[e]s, _e (*seem*; Öffnung in Schiffsdeck od. -wand); *vgl.* Luke

Lu|kar|ne, die, _, _n (*landsch*; Dachfenster, -luke) ⟨*lat* → *frz*⟩

Lu|ke, die, _, _n (*zu* Lücke); *vgl.* Luk

Luk|ma|nier [..ĭər], der, _s (Alpenpaß in der Schweiz)

lu|kra|tiv (gewinnbringend) ⟨*lat*⟩

Luksor ↑ Luxor

lu|kul|lisch *K 218* (üppig, schwelgerisch) ⟨*nach* dem altröm. Feldherrn Lucullus⟩; _ste; _es Mahl · **Lu|kul|lus,** der, _, ..usse (Schlemmer; eine Süßspeise) ⟨*lat*⟩

Lu|latsch, der, _[e]s, _e (*umg*; langer, schlaksiger Bengel)

lul|len (leise singen); ein Kind in den Schlaf _ · **Lul|ler** (*süddt, österr, schweiz*; Sauger)

Lum|ba|go, die, _ (*Med*; Hexenschuß) ⟨*lat*⟩ · **lum|bal** (*Med*; auf die Lenden bezüglich) · **Lum|bal|an|äs|the|sie** (*Med*; örtl. Betäubung durch Einspritzung in den Lendenwirbelkanal)

Lum|ber|jack [ˈlambərdʒɛk], der, _s, _s (eine Art Ärmelweste) ⟨*engl*⟩

Lu|men, das, _s, *Pl* _ *od* ..mina *u. bei Maßangabe* (*K 308*) Lumen (*Phys*; SI-Einheit des Lichtstroms [*Einheitenzeichen* lm] – *Anat*; Hohlraum von Gefäßen, Organen usw.) ⟨*lat*, ‚dicht'⟩ · **Lu|mi|nes|zenz,** die, _, _en (*Phys*; kaltes Leuchten im Unterschied zur Temperaturstrahlung) · **lu|mi|nes|zie|ren** (*Phys*)

Lum|me, die, _, _n (entengroßer Meeresvogel) ⟨*skand*⟩

Lum|mel, der, _s, _ (*süddt*; Lendenbraten) ⟨*lat*⟩; *vgl. auch* Lungenbraten

Lüm|mel, der, _s, _ (*abwert*) · **Lüm|me|lei** (*abwert*) · **lüm|mel|haft** (*abwert*) · **Lüm|mel|haf|tig|keit** (*abwert*) · **lüm|meln, sich** (*Akk*) *K 363* (*umg abwert*)

Lump, der, _en, _en · **Lum|pa|zius,** der, _, ..usse (*veraltend scherzh*; Lump) ⟨*latinis Form von* Lump⟩ · **Lum|pa|zi|va|ga|bun|dus** [..v..], der, _, *Pl* ..usse *od* ..di (*scherzh*; Landstreicher) ⟨*nach* dem Titel einer Posse des österr. sozialkrit. Lustspieldichters Nestroy [..trɔy]⟩ · **lum|pen** (*umg*; liederl. Leben führen); sich (*Akk*) nicht _ lassen (*umg*; freigebig sein; Geld ausgeben) · **Lum|pen,** der, _s, _, *meist Pl* (Fetzen, altes Stück Stoff; abgetragene Kleidung) · **Lum|pen‿ge|sin|del** (*abwert*), **...samm|ler** · **Lum|pe|rei** (*abwert*) · **lum|pig** (*meist abwert*; gemein)

Lu|na (*röm Mythol*; Mondgöttin) ⟨*lat*, ‚Mond'⟩ · **lu|nar** (den Mond betreffend, Mond...) · **Lu|na|rium,** das, _s, ..ien [..iən] (Gerät zur Veranschaulichung der Mondbewegung) · **lu|na|tisch** (*Med*; mondsüchtig)

Lunch [lantʃ], der, *Gen* _, *Pl* _s *od Gen* _[e]s, *Pl* _e (engl. Gabelfrühstück; leichtes Mittagessen) ⟨*engl*⟩ · **lun|chen** [ˈlan..]

[1]**Lund,** der, _[e]s, _e (ein Alk)

[2]**Lund** [lunt, *schwed* lynd] (Stadt in Südschweden)

Lü|ne|burg (Stadt im NO der BRD) · **Lü|ne|bur|ger:** 1. *K 231*: der, _s, _; 2. *als Attribut K 232*: die Lüneburger Heide

Lü|net|te, die, _, _n (*Techn*; Stütze für lange Werkstücke auf der Drehmaschine – *Arch*; halbkreisförmige Fläche über Türen u. Fenstern – *hist*; kleines, vorspringendes Festungswerk) ⟨*lat* → *frz*, ‚Möndchen'⟩

Lun|ge, die, _, _n. *Zus K 365ff.*: Lungen‿entzündung usw.

Lun|gen|bra|ten (*österr*; Lendenbraten) ⟨*zu lat* lumbus ‚Lende'⟩; *vgl. auch* Lummel

Lun|gen|heil|stät|te · **lun|gen|krank** · **Lun|gen|krebs,** der, _es · **lun|gen|lei|dend** · **Lun|gen|tu|ber|ku|lo|se** · **Lun|ge|rer** · **lun|gern** *K 363* (*umg*)

Lu|nik, der, _s, _s (Bez. für sowjet. Raumflugkörper [Mondsonde]) ⟨*russ*⟩

Lü|ning, der, _s, _e (*norddt*; Sperling)

Lun|ker, der, _s, _ (*Metallurgie*; unerwünschter Hohlraum in Gußstükken)

Lu|no|chod [..x..], das, _s, _s (sowjet. unbemanntes Mondmobil) ⟨*russ*, ‚Mondgeher'⟩

Lün|se, die, _, _n (Achsnagel)

Lun|te, die, _, _n (Zündmittel, -schnur – *weidm*; Schwanz des Fuchses – *Textilwirtsch*; ein Vorgarn von geringer Drehung); _ riechen (*umg*; Gefahr wittern) · **Lun|ten|schnur**

Lu|pe, die, _, _n (Vergrößerungsglas) ⟨*lat* → *frz*⟩ · **lu|pen|rein** (*auch übertr*; einwandfrei)

lüp|fen *od* **lup|fen** (*landsch*; etwas Deckendes ein wenig in die Höhe heben) ⟨*zu* Luft⟩

Lu|pi|ne, die, _, _n (eine Futter- u. Zierpflanze, Schmetterlingsblütler) ⟨*lat*⟩ · **Lu|pi|nen|feld** · **Lu|pi|nen|krank|heit** ⟨*lat*⟩ *od* **Lu|pi|no|se** ⟨*lat* + *grch*⟩, die, _ (Leberentzündung bei Wiederkäuern)

Lup|pe, die, _, _n (*Metallurgie*; Eisenklumpen) · **lup|pen** (*Metallurgie*; gerinnen lassen)

Lu|pu|lin, das, _s, _e (Bitterstoff der Hopfenpflanze, Bierwürze – *Pharmakol*; ein Beruhigungsmittel) ⟨*lat*⟩

Lu|pus, der, _, *Pl* _ *od* ..usse (*Med*; tuberkulöse Hautflechte, bes. des Gesichts) ⟨*lat*, ‚Wolf'⟩ · **Lu|pus in fa|bu|la** *K 47*, der, *Gen* _ _ _ (jmd., der kommt, wenn man gerade von ihm spricht) ⟨‚der Wolf in der Fabel'⟩

Lur|che *Pl* (Amphibien); *Sg* Lurch, der, _[e]s

Lu|re, die, _, _n (Blasinstrument der nord. Bronzezeit) ⟨*anord*⟩

Lu|sa|ka (Hptst. von Sambia)

Lu|sche, die, _, _n (*umg*; geringe Spielkarte)

lu|schig (*landsch*; liederlich, flüchtig)

Lu|sia|den *Pl* (Titel eines Heldengedichts des portugies. Dichters Camões [kaˈmõiʃ])

Lu|si|ta|nien [..iən] (*Altertum*; röm. Provinz, Gebiet des heutigen Portugals) · **Lu|si|ta|n[i]er** [..(ĭ)ər], der, _s, _ (*Altertum*) · **lu|si|ta|nisch**

Lu|so|thek, die, _, _en (Sammlung u. Verleih von Spielzeug) ⟨*lat* + *grch*⟩

Lust, die, _, *Pl* Lüste; _ haben. *Zus K 365ff.*: Lust‿schloß (*hist*) usw. · **Lust|bar|keit** (*veraltend*) · **Lüst|chen;** ein _ zu etwas verspüren

Lu|ster, der, _s, _ (*österr*; Kronleuchter) ⟨*lat* → *frz*⟩ · **Lü|ster,** der, _s, _ (Kronleuchter; metallisch glänzender Überzug auf Glasuren; glänzendes Gewebe) · **Lü|ster|glas,** *Pl* ..gläser

lü|stern · **Lü|stern|heit**

lu|stig; sich (*Akk*) über jmdn. _ machen; *vgl. auch* Bruder Lustig ·

Lu|stig|keit, die, _ · **Lüst|ling** (*abwert*) · **lust|los** *K 349*; *vgl.* ...los

lü|strie|ren (*Textiltechn*; Garne u. Gewebe glänzend machen) ⟨*lat* → *frz*⟩ · **Lu|strum,** das, _s, *Pl* ..ren *od* ..ra (*Altertum*; altröm. Sühneopfer; Jahrfünft) ⟨*lat*⟩

Lust|spiel · **lust|wan|deln** *K 363* (*gehoben*); gelustwandelt *K 358*; zu _

Lu|te|in, das, _s (*Biochem*; gelber Dotterfarbstoff) ⟨*lat*⟩

Lu|te|tium, das, _s (chem. Element, Metall); *Zeichen* Lu ⟨*lat*, *nach* Lutetia = Paris⟩

Lu|the|ra|ner, der, _s, _ (*Rel*; Anhänger des Reformators Martin Luther) · **lu|ther|feind|lich** *K 215* · **lu|the|risch** [*auch noch* ..'te:..] *K 218* (nach der Art des Reformators Luther; nach Luther genannt); _e Kirche (*Rel*) · **Lu|the|risch** *od* **Lu|thersch** *K 217* (vom Reformator Luther herrührend); die _e Bibelübersetzung

Lutherstadt Eisleben ↑ Eisleben, Lutherstadt · **Lutherstadt Wittenberg** ↑ Wittenberg, Lutherstadt

Lu|ther|tum, das, _[e]s (*Rel*)

lut|schen *K 354* (*umg*) ⟨*lautm*⟩ · **Lut|scher** (Stielbonbon – *umg*; der Lutschende; Sauger)

lütt (*norddt*; klein)

Lut|te, die, _, _n (*bergm*; Röhre zum Fortleiten u. Zuführen von Luft)

¹Lut|ter, der, _s, _ (noch unreines Spiritusdestillat)

²Lut|ter (Ort im Bez. Erfurt); _ am Barenberge (Ort im NO der BRD)

¹Lutz (m. Vn.) (*Kurzf von* Ludwig)

²Lutz, der, _, _ (*Eiskunstl*; Drehsprung rückwärts) ⟨*nach* dem österreich. Eiskunstläufer⟩

Luv [lu:f], die, _ (*seem*; dem Wind zugekehrte Seite eines Schiffes – *Geogr*; die dem Wind zugewendete Seite eines Gebirges; Seite, von der der Wind herkommt); *Ggs* Lee · **luven** ↑ anluven · **Luv|sei|te** (*seem*); *Ggs* Leeseite · **luv|wärts** (*seem*; dem Winde zugekehrt); *Ggs* leewärts

Lux, das, _, _ (SI-Einheit der Beleuchtungsstärke); *Einheitenzeichen* lx ⟨*lat*, ‚Licht'⟩

Lu|xa|tion (*Med*; Verrenkung, Ausrenkung) ⟨*grch* → *lat*⟩

Lu|xem|burg (‚kleine Burg'): 1. *amtl* **Groß|her|zog|tum Lu|xem|burg** (in Westeuropa) – 2. (Hptst. von Luxemburg) · **Lu|xem|bur|ger:** 1. *K 231*: der, _s, _; 2. *als Attribut K 232* · **lu|xem|bur|gisch**

lu|xie|ren (*Med*; verrenken, ausrenken) ⟨*grch* → *lat*⟩

Lu|xor *od* **Luk|sor** (Stadt in der ARÄ)

lu|xu|riös *K 349* (kostspielig; verschwenderisch, üppig, prunkend) ⟨*lat* → *frz*⟩ · **Lu|xus,** der, _ (überdurchschnittl. Aufwand; Verschwendung, Üppigkeit, Prunksucht) ⟨*lat*⟩. *Zus K 365ff.*: Luxus‿gegenstand usw.

Lu|zern (Stadt u. Kanton in der Schweiz)

Lu|zer|ne, die, _, _n (eine Futterpflanze, Schmetterlingsblütler) ⟨*lat* → *frz*⟩ · **Lu|zer|nen|heu**

Lu|zer|ner Al|pen *K 232 Pl* · **lu|zernisch**

lu|zid (*noch gehoben*; hell; durchsichtig) ⟨*lat*⟩ · **Lu|zi|di|tät,** die, _ (*noch gehoben*; Helle; Durchsichtigkeit)

Lu|zie [..tsi, *österr nur so*, *od* ..tsǐə] (w. Vn.) ⟨*lat*, *zu* lux ‚Licht'⟩

Lu|zi|fer, der, _[s] (*Rel*; Teufel – *urspr* Bez. für den Morgenstern) ⟨*lat*, ‚Lichtträger'⟩ · **Lu|zi|fe|rin,** das, _s (*Biol*; Leuchtstoff)

Ly|der, *auch* **Ly|dier** [..ǐər], der, _s, _ (*Altertum*; Angehöriger eines Volkes im W Kleinasiens) ⟨*grch* → *lat*⟩

Ly|dia (w. Vn.) ⟨*grch* → *lat*, ‚Frau aus Lydien'⟩

Ly|dien [..ǐən] (*Altertum*; Landsch. im W Kleinasiens) ⟨*grch* → *lat*⟩ · **Lydier** ↑ Lyder · **ly|disch**; *K 258*: das Lydische Reich

Ly|kien [..ǐən] ⟨*grch*⟩ *od* **Ly|zien** ⟨*grch* → *lat*⟩ (*Altertum*; Landsch. im SW Kleinasiens) · **Ly|kier** [..ǐər] ⟨*grch*⟩ *od* **Ly|zier** ⟨*grch* → *lat*⟩, der, _s, _ · **ly|kisch** ⟨*grch*⟩ *od* **ly|zisch** ⟨*grch* → *lat*⟩

Ly|ko|po|dium, das, _s, ..ien [..ǐən] (*Bot*; Bärlapp) ⟨*grch* → *lat*⟩

lym|pha|tisch (*Med*; auf Lymphe od. Lymphknötchen bezüglich) ⟨*lat*⟩ · **Lym|phe,** die, _, _n (*Med*; Gewebsflüssigkeit; Pockenimpfstoff) · **Lymph‿ge|fä|ße** (*Pl*), **...kno|ten** (*Med*) · **lym|pho|id** (*Med*; lymphartig) ⟨*lat* + *grch*⟩ · **Lym|pho|zy|ten** *Pl* (*Med*; eine Art der weißen Blutkörperchen); *Sg* Lym|pho|zyt, der, _en *od* Lym|pho|zy|te, die, _

lyn|chen ['lynç(ə)n] (ohne Richterspruch [durch aufgehetzte Menschen] grausam mißhandeln od. töten) ⟨*nach* einem nordamerikan. Richter Lynch [lin(t)ʃ]⟩ · **Lynch|justiz**

Lyn|keus [*od* lyŋ'kɔys] (*griech Sage*; der scharfsichtige Steuermann der Argonauten – *Lit*; Turmwächter in Goethes »Faust«) ⟨*grch*, ‚Luchs'⟩

Lyon [li'ɔ̃:] (Stadt in Frankreich) · **Lyo|ner** [li'o:nər]: 1. *od* **Lyo|ne|ser** [lio..] *K 231*, der, _s, _; 2. *als Attribut K 232*: die Lyoner Seide · **lyo|ne|sisch**

Ly|ra, die, _, ..ren (altgriech. Zupfinstrument; Handglockenspiel in der Militärmusik) ⟨*grch*⟩ · **Ly|rik,** die, _ ([liedhafte] Gefühls-, Empfindungsdichtung) ⟨*grch* → *lat* → *frz*⟩ · **Ly|ri|ker,** der, _s, _ (Verfasser von Lyrik) · **ly|risch** (Stimmung u. Erleben unmittelbaren Ausdruck gebend; liedartig); _ste · **Ly|rismus,** der, _ (starke od. übertriebene Gefühlsbetonung)

Ly|si|ne *Pl* (*Biochem*; zellen- u. bakterienauflösende Antikörper) ⟨*grch* + *lat*⟩ · **Ly|sis,** die, _, *Pl* Lysen (*Med*; allmähl. Fieberabfall) ⟨*grch*⟩

Lys|sa, die, _ (*Vet*, *Med*; Tollwut) ⟨*grch*⟩

Ly|ze|um, das, _s, ..een (*veraltet*; eine Form der Oberschule für Mädchen) ⟨*grch* → *lat*⟩

Lyzien usw. ↑ Lykien usw.

M

M [ɛm], das, *Gen* des M, *Pl* die M (Buchstabe)

Mä|an|der, der, _s, _ (geschlängelter Flußlauf; rechtwinklig gebrochenes od. spiralförmig fortlaufendes Ornamentband) ⟨*nach* dem Fluß in Kleinasien⟩. *Zus K 365ff.*: Mäander‿linie usw. · **mä|an|dern** *K 363 od* **mä|an|drie|ren** (*Geogr*, *von Flußläufen gesagt*; sich in Mäanderform bewegen – *Kunstwiss*; Verzierungen in Form des Mäanders anbringen) · **mä|an|drisch**

Maar, das, _[e]s, _e (*Geogr*; kraterförmige Senke)

Maas, die, _ (Fluß in Westeuropa) · **Maas|tricht** ['ma:striçt] (Stadt in den Niederlanden)

Maat, der, _[e]s, *Pl* _e *od* _en (Unteroffiziersdienstgrad bei der Marine) (‚Tischgenosse')

Mac [mɛk, *vor dem Namen* mək] (Bestandteil schott. Namen, z. B. MacAdam[1] [mək'ɛdəm]); *Abk* M' *od* Mc ⟨*kelt*, ‚Sohn'⟩

Ma|cau, *älter* **Ma|cao** [*beide* ..'kaŭ], *chines* **Ao|men** [aŏ'mən] (portugies. Kolonie an der Südküste Chinas)

Mac|beth [mək'bɛθ, *auch* 'makbɛt] (Titelheld eines Dramas von Shakespeare ['ʃe:kspi:r])

Mac|chie ['makǐə], *auch* **Mac|chia** ['makǐa], die, _, ..chien [..ǐən] (aus mediterranen Hartlaubgewächsen

---

[1] *Ohne* Zwischenraum; bei *Trennung* mit Bindestrich.

bestehender Buschwald) ⟨*lat* → *ital*⟩

Mach, *ohne Art, od* **Mach|zahl** (*K 209*), die, _ (*Phys*; Zahl, die das Verhältnis der Geschwindigkeit eines Körpers [z. B. Flugzeuges] zur Schallgeschwindigkeit angibt, z. B. 1,5 Mach *bzw* Mach 1,5 *od* Machzahl 1,5) ⟨*nach* dem österr. Physiker Ernst Mach⟩

Ma|chan|del, der, _s, _ (*norddt*; Wacholder). *Zus K 365ff.*: Machandel‿baum usw.

mach|bar · Ma|che, die, _ (*abwert*; Schein, wichtigtuerisches Vortäuschen) · **ma|chen;** du hast mich lachen gemacht, *auch* du hast mich lachen machen *K 361* · **Ma|chenschaft,** *meist Pl* (*abwert*) · **Ma|cher** (*umg*) · **Ma|cher|lohn**

Ma|che|te [..'xe:.. *od* ma'tʃe:..], die, _, _n (Buschmesser) ⟨*lat* → *span*⟩

Ma|chia|vel|lis|mus [makiavɛ..], der, _ (polit. Lehre des italien. Staatsmannes u. Geschichtsschreibers Machiavelli; rücksichtslose Machtpolitik) · **ma|chia|vel|listisch** *K 221*

Ma|chi|na|tio|nen [..x..] *Pl* (*gehoben*; Ränke, Machenschaften) ⟨*grch* → *lat*⟩

„Mach mit!"-Wett|be|werb *K 191*

Ma|chor|ka [..x..], der, _s, _s, *österr nur so, auch* die, _, _s (russ. grober Tabak) ⟨*russ*⟩

Macht, die, _, *Pl* Mächte ⟨*zu* mögen⟩. *Zus K 365ff.*: Macht‿haber usw. · **mäch|tig · Mäch|tig|keit,** die, _ · **macht|los;** *vgl.* ...los · **Macht|lo|sig|keit,** die, _ · **machtvoll · Macht|wort,** *Pl* ..worte

Mach|werk (*abwert*; schlechte Leistung; Schund)

Machzahl ↑ Mach

Macke [*Tr* Mak|ke], die, _, _n (*salopp*; Verrücktheit, Tick) ⟨*jidd*⟩; eine _ haben

Macker [*Tr* Mak|ker], der, _s, _ (*salopp*; Freund, Kamerad; Leiter)

mack|lich (*norddt, von Schiffen gesagt*; ruhig im Wasser liegend)

Ma|da|gas|kar, *ohne Art*: 1. (Insel vor der Ostküste Afrikas) – 2. *amtl* **De|mo|kra|ti|sche Re|pu|blik Mada|gas|kar** *K 258*, die, *Gen* _n _ _ · **Ma|da|gas|se,** der, _n, _n (Staatsbürger von Madagaskar) · **ma|da|gas|sisch;** *vgl. K 266f.* · **Ma|da|gas|sisch** (*K 268ff.*), das, *Gen* _[s], *Dat* _ *od* **Ma|la|ga|si,** das, _ (Sprachbezeichnung); auf madagassisch (*K 267*) *od* auf Malagasi heißt es... · **Ma|da|gas|sische** (*K 271*), das, *Gen* _n, *Dat* _n *od* **Ma|la|ga|si,** das, _ (Sprachbezeichnung)

Ma|dam, die, _ (*veraltet*; Bez. u. Anrede für die Hausherrin in der bürgerl. Gesellschaft) ⟨*frz*⟩ · **Madame** [..'dam], die, _, *Pl* Mesdames [mɛ'dam] (Frau; meine Dame [Anrede in französisch sprechenden Ländern]); *Abk* Mme., *Pl* Mmes. (*schweiz beide Abkürzungen ohne Punkt*)

Mäd|chen (‚kleine Magd'); *vgl. auch* Mädel u. Mägdelein · **mäd|chenhaft · Mäd|chen|haf|tig|keit,** die, _

Ma|de, die, _, _n (Insektenlarve)

made in ... ['me:d in] (hergestellt in ... [Herkunftsbez. für Industriewaren]); made in GDR [..dʒi:di:'a:r] = German Democratic Republic ['dʒœ:rmən dɛmə,krɛtik ri'pablik] (in der DDR hergestellt) ⟨*engl*⟩

Ma|dei|ra [..'de:ra]: 1. (portugies. Insel westl. von Afrika) – 2. [*auch* ..'dai..], der, _s, _s (eine Weinsorte) ⟨*lat* → *portug*⟩

Mä|del, das, _s, *Pl* _, *süddt u. österr auch* _n, *norddt u. umg* _s; *vgl. auch* Mädchen

Ma|de|moi|selle [mad(ə)mŏa'zɛl, *österr nur* madmŏa..], die, _, *Pl* Mesdemoiselles [mɛd(ə)mŏa'zɛl, *österr nur* mɛdmŏa'zɛl] (Fräulein; mein Fräulein [Anrede in französisch sprechenden Ländern]); *Abk* Mlle., *Pl* Mlles. (*schweiz beide Abkürzungen ohne Punkt*) ⟨*frz*⟩

Ma|den|wurm, der

Mä|de|süß (Spierstaude, ein Rosengewächs)

ma|dig

Madjar usw. ↑ Ungar usw.

Ma|don|na: 1. die, _ (*Rel*; Maria, die Mutter Jesu) – 2. die, _, ..nnen (*bildende Kunst*; Darstellung der Maria mit dem Jesuskinde) ⟨*ital*, ‚meine Herrin'⟩. *Zus K 365ff.*: Madonnen‿bild usw. · **ma|donnen|haft**

Ma|dras (Hafenstadt an der Südostküste Indiens) · **Ma|dras|ge|we|be** *K 246*

Ma|dre|po|ren *Pl* (*Zool*; die Steinkorallen); *Sg* Ma|dre|po|re, die, _ ⟨*ital*⟩

Ma|drid (Hptst. von Spanien) · **Madri|der:** 1. *K 231*: der, _s, _; 2. *als Attribut K 232*

Ma|dri|gal, das, _s, _e (*Mus*; ein mehrstimmiges Gesangsstück – *Lit*; Schäfergedicht) ⟨*grch* → *lat* → *ital*⟩

mae|sto|so [maɛ..] (*Mus*; feierlich-großartig) ⟨*lat* → *ital*⟩ · **Mae|stoso,** das, _[s], *Pl* _s *od* ..si (*Mus*)

Mae|stro [ma'ɛ..], der, _s, *Pl* _s *od* ..ri (Meister [italien. Bez. od. Anrede eines Tonkünstlers]) ⟨*lat* → *ital*⟩

Mä|eu|tik, die, _ (*Philos*; das Lehrverfahren des altgriech. Philosophen Sokrates) ⟨*grch*, ‚Hebammenkunst'⟩ · **mä|eu|tisch** (*Philos*)

Ma|fia, *auch* **Maf|fia,** die, _ (sizilian. reaktionärer Geheimbund) ⟨*ital*⟩

Ma|ga|lhães|stra|ße [..'ljœiʃ..], *dt Form* **Ma|gel|lan|stra|ße** [*auch* ..gɛ'l(j)a:n..] *K 209*, die, _ (Meeresstraße im S Südamerikas) ⟨*nach* dem portugies. Seefahrer⟩

Ma|ga|zin, das, _s, _e: 1. ⟨*arab* → *lat*⟩ (Lager-, Vorratshaus, Laden; Ablage; Behälter [z. B. Patronenkammer in Handfeuerwaffen]) – 2. ⟨*arab* → *ital* → *frz* → *engl*⟩ (bebilderte, unterhaltende Zeitschrift) · **Ma|ga|zi|ner,** der, _s, _ (*schweiz*; Magazinarbeiter) ⟨*arab* → *ital*⟩ · **Ma|ga|zi|neur** [..'nø:r], der, _s, _e (*österr*; Lagerverwalter) ⟨*arab* → *ital* → *frz*⟩ · **ma|ga|zi|nie|ren** (speichern, lagern; zusammenstellen) ⟨*arab* → *ital*⟩

Magd, die, _, *Pl* Mägde (*veraltend*)

Mag|da (w. Vn.) ⟨*Kurzf von* Magdalena (*hebr* → *grch*, ‚Frau aus [der bibl. Ortschaft] Magdala')⟩

Mag|da|lé|nien [..le'niɛ̃:], das, _[s] (*Urgesch*; Kultur des ausgehenden Paläolithikums) ⟨*nach* dem Fundort La Madeleine [_ mad'lɛ:n] in Mittelfrankreich⟩

Mag|de|burg (Bezirksstadt in der DDR) · **Mag|de|bur|ger:** 1. *K 231*: der, _s, _; 2. *als Attribut K 232*: der Magdeburger Dom, die Magdeburger Börde · **mag|de|bur|gisch**

Mäg|de|lein *K 363 u. 84* (*dicht*; Mädchen)

Magellanstraße ↑ Magalhãesstraße

Ma|ge|lo|ne (weibl. Romangestalt des Mittelalters)

Ma|gen, der, _s, *Pl* Mägen *od* _. *Zus K 365ff.*: Magen‿saft usw. · **Ma|gen|bit|ter,** der, _s, _ (ein Branntwein) · **Ma|gen-Darm-Katarrh** *K 189* (*Med*) · **ma|gen|leidend**

ma|ger *K 363*; _er, _ste · **Ma|gerkeit,** die, _ · **Ma|ger|milch**

Magh|reb ['magrɛp] (zusammenfassende Bez. für den NW Afrikas, bes. für Marokko, Algerien u. Tunesien) ⟨*arab*, ‚Westen'⟩ · **magh|re|binisch** [..'bi:..]

Ma|gie, die, _ (Zauberkunst; Geisterbeschwörung; Taschenspielerei im Varieté) ⟨*pers* → *grch* → *lat*⟩ · **Ma|gier** [..ĭər], der, _s, _ (jmd., der über vermeintlich übernatürl. Kräfte verfügt; Zauberkünstler) · **ma|gisch** (zauberhaft; geheimnisvoll); _ste; *K 119*: das magische Auge (*Funkw*); *vgl. auch* Laterna magica

Ma|gi|ster, der, _s, _ (alter, noch in der BRD u. in Österreich verliehener akadem. Grad), *Abk* (*bei Titeln*) Mag. ⟨*lat*, ‚Lehrer', ‚Meister'⟩ · **Ma|gi|stra|le**, die, _, _n (Hauptverkehrslinie, -straße) ⟨*lat*⟩ · **Ma|gi|strat**: 1. der, _[e]s, _e (Stadtverwaltung, -behörde) – 2. der, _en, _en (*schweiz*; Regierungsmitglied) · **Ma|gi|strats|be|schluß**

Mag|ma, das, _s, ..men (*Geol*; glutflüssige Gesteinsschmelze des Erdinnern) ⟨*grch* → *lat*⟩ · **mag|ma|tisch** (*Geol*)

Ma|gna Char|ta [_ k..], die, *Gen* _ _ (*hist*; vom engl. Feudaladel gegen Übergriffe des Königs 1215 erzwungenes Freiheitsprivileg – *übertr*; Grundsatzerklärung) ⟨*lat*⟩

Ma|gnat, der, _en, _en (*hist*; hoher [poln. od. ungar.] Adliger – *übertr*; Großgrundbesitzer od. Großindustrieller in kapitalistischen Ländern) ⟨*lat*⟩

Ma|gne|sia [mag.. *od* maŋ'ne:..], die, _ (*Chem*; Magnesiumoxid) ⟨*grch*, *nach* der altgriech. Landschaft⟩ · **Ma|gne|sit**, der, _[e]s (*Mineral*) · **Ma|gne|sium**, das, _s (chem. Element, Metall); *Zeichen* Mg ⟨*grch* → *lat*⟩ · **Ma|gnet**, der, *Gen* _[e]s, *Pl* _e *od Gen* _en, *Pl* _en · **Ma|gnet|band**, das, *Pl* ..bänder · **Ma|gnet|berg** · **Magneteisenerz, Magneteisenstein** ↑ Magnetit · **ma|gne|tisch** · **ma|gne|ti|sie|ren** (*Phys, Med*) · **Ma|gne|tis|mus**, der, _ (*Phys*; Lehre vom magnet. Feld u. von dem Verhalten der Materie in ihm) · **Ma|gne|tit**, der, _[e]s, _e *od* **Ma|gnet|ei|sen|erz** *od* **Ma|gnet|ei|sen|stein** (*Mineral*) · **Ma|gnet|na|del** · **Ma|gne|to|sphä|re**, die, _ (*Met*; vorwiegend vom erdmagnet. Feld bestimmter Bereich des erdnahen Weltraums) · **Ma|gnet|ton|ge|rät** (Tonbandgerät)

Ma|gni|fi|kat, das, _s, ..ate (*kath Kirche*; Lobgesang) ⟨*lat*⟩ · **Ma|gni|fi|zenz**, die, _, _en (Titel der Rektoren von Hochschulen) ⟨‚Herrlichkeit'⟩; *als Anrede K 99*: Euer *od* Eure (*Abk* Ew.) Magnifizenz

Ma|gni|to|gorsk (Stadt der RSFSR im Ural)

Ma|gni|tu|de, die, _, _n (*Geophys*; Maß für die Stärke eines Erdbebens) ⟨*lat*⟩

Ma|gno|lie [..ĭə], die, _, _n (ein Zierbaum) ⟨*nach* dem französ. Botaniker Magnol [ma'njɔl]⟩

Magyar usw. ↑ Ungar usw.

mäh! (*lautm*); mäh, mäh!; mäh schreien

Ma|ha|go|ni, das, _s (ein sehr hartes Edelholz) ⟨*indian* → *span* → *engl*⟩. *Zus K 365 ff.*: Mahagoni‿holz usw.

Ma|ha|ra|dscha, der, _[s], _s (ind. Großfürst) ⟨*aind*⟩

Ma|hat|ma, der, _[s], _s (Ehrentitel in Indien) ⟨‚große Seele'⟩

Mäh|bin|der (eine Getreideerntemaschine) · **Mahd**: 1. die, _, _en (*landsch*; das Mähen; das Abgemähte [meist Gras]) – 2. das, _es, *Pl* Mähder (*österr u. schweiz*; Bergwiese) · **Mäh|der** (1. *landsch*; Mäher – 2. ↑ Mahd [2]) · **Mäh|dre|scher** · **Mäh|drusch** · [1]**mä|hen**, (Gras schneiden)

[2]**mä|hen** (*von Schafen gesagt*; mäh schreien)

Mä|her (*umg*; Mähmaschine – *veraltend*; jmd., der beruflich mäht) · **Mäh|häcks|ler** (*Landw*)

Mahl, das, _[e]s, *Pl* _e, *älter* Mähler (*gehoben*; Gastmahl, Essen) ⟨*zu* Mal ‚Zeitpunkt'⟩

Mäh|la|der (Erntemaschine für Grünfutter)

mah|len (fein zerkleinern); gemahlen; Korn _; *vgl. aber* malen · **Mahl‿gang** (*Techn*), **...gut**

mäh|lich (*veraltet u. dicht*; allmählich)

Mahl|statt *od* **Mahl|stät|te** (*hist*; Versammlungsplatz u. Gerichtsstätte der Germanen)

Mahl|zeit; Mahlzeit! (*umg*; Gruß zur Mittagszeit)

Mäh|ma|schi|ne

Mahn|brief

Mäh|ne, die, _, _n

mah|nen

mäh|nen|ar|tig

Mah|ner · **Mahn|mal**, *Pl* ..male, *selten* ..mäler · **Mahn|ruf** (*gehoben*) · **Mah|nung** · **Mahn|ver|fah|ren** (*Rechtsw*)

Ma|ho|nie [..ĭə], die, _, _n (ein Zierstrauch) ⟨*nach* dem amerikan. Botaniker M'Mahon [mək'ma:ən]⟩

Mahr, der, _[e]s, _e (*Abergl*; ein Nachtgespenst [[1]Alp])

[1]**Mäh|re**, die, _, _n (*abwert*; schlechtes, abgetriebenes Pferd)

[2]**Mäh|re**, der, _n, _n, *österr* **Mäh|rer**, der, _s, _ · **Mäh|ren** (dt. Name für den mittleren Landesteil der ČSSR) · **Mäh|re|rin**, *österr* **Mäh|rin**, die, _, ..innen · **mäh|risch**

Mai, der, _[e]s *od* _ *K 328* (*dicht auch* _en), *Pl* (*selten*) _e (fünfter Monat im Jahr) ⟨*lat*⟩; *K 120*: der erste Mai (Datum), *aber K 258*: der Erste Mai (Feiertag, internationaler Kampftag der Werktätigen)

Maia [..ĭa *od* 'maia] (*griech Mythol*; Mutter des Hermes) ⟨*grch*⟩

Mai|baum · **Mai|blu|me** · **Mai|bow|le** [..bo:lə]

Maid, die, _, _en (*altertümelnd u. dicht*; Mädchen) ⟨‚Magd'⟩

Mai|de|mon|stra|tion · **Mai|e**, die, _, _n (*veraltend*; junge Birke, Maienzweig; Maibaum) ⟨*lat*⟩ · **mai|en** (*dicht*); es grünt und mait · **Mai|en**, der, _s, _ (*schweiz*; Blumenstrauß) · **Mai|en|säß**, die, _, _e (*schweiz*; Frühlingsbergweide) · **Mai‿fei|er**, **...glöck|chen**, **...kä|fer**, **...ko|mi|tee**

Mai|land, *italien* **Mi|la|no** (Stadt in Oberitalien) · **Mai|län|der**: 1. *K 231*: der, _s, _; 2. *als Attribut K 232*: die Mailänder Scala (↑ Scala) · **mai|län|disch**

Main, der, _[e]s (Fluß in der BRD)

Main|au, die, _ (Insel der BRD im Bodensee)

Maine [me:n] (Staat der USA)

Mainz (Hptst. von Rheinland-Pfalz [BRD]) · **Main|zer**: 1. *K 231*: der, _s, _; 2. *als Attribut K 232*: der Mainzer Dom · **main|zisch**

Maire [mɛ:r], der, _s, _s (Bürgermeister, Gemeindevorsteher, bes. in Frankreich) ⟨*lat* → *frz*⟩ · **Mai|rie** [mɛ..], die, _, ..ien (Amtsbereich, -gebäude eines Maires)

Mais, der, _es, _e ⟨*indian* → *span*⟩. *Zus K 365 ff.*: Mais‿kolben usw.

Maisch|bot|tich · **Mai|sche**, die, _, _n (Gemisch zur Wein-, Bier- od. Spiritusgewinnung) · **mai|schen** *K 354*

Maiß, der, _es, _e *od* die, _, _en (*bair u. österr*; Holzschlag, Jungwald)

Maj|da|nek [maĭ'da(:)..] (hitlerfaschist. Konzentrationslager bei Lublin)

Ma|je|stät: 1. die, _ (*gehoben*; Herrlichkeit, Hoheit, Erhabenheit) – 2. die, _, _en (Titel u. Anrede von Kaisern u. Königen) ⟨*lat*⟩; *K 99*: Seine _ (*Abk* S[e]. M.), Ihre _ (*Abk* I. M.), Euer _ *od* Eure _ (*Abk* Ew. M.) · **ma|je|stä|tisch** (herrlich, erhaben); _ste · **Ma|je|stäts|be|lei|di|gung** (*Rechtsw hist od iron*)

Ma|jo|li|ka, die, _, *Pl* ..ken *od* _s (Tonware) ⟨*ital*, *nach* der Baleareninsel Mallorca (italien. Majorca)⟩

Majonäse ↑ Mayonnaise

Ma|jor, der, _s, _e (ein Stabsoffizier) ⟨*lat* → *span*⟩

Ma|jo|ran [*od* ..'ra:n], *seltener* **Mei|ran**, der, _s, _e (eine Gewürzpflanze, Lippenblütler) ⟨*grch* → *lat*⟩

Ma|jo|rat, das, _[e]s, _e (*Rechtsw hist*; Erb- u. Nachfolgerecht des dem Grade nach nächsten, ältesten Verwandten; Vermögen, bes. Stammgut, für das dieses Vorrecht galt) ⟨*lat*⟩

Majorca ↑ *unter* Majolika

Ma|jor|do|mus, der, _, _ *od* **Haus|mei|er** (*hist*; Vorsteher der merowing. Hofhaltung; Stellvertreter der fränk. Könige) ⟨lat⟩ · **ma|jo|renn** (*Rechtsw veraltet*; groß-, volljährig, mündig) · **Ma|jo|ren|ni|tät,** die, _ (*Rechtsw veraltet*) · **ma|jo|ri|sie|ren** (übereinstimmen, durch Stimmenmehrheit seinen Willen aufzwingen) · **Ma|jo|ri|tät** (Mehrheit, Stimmenmehrheit); *Ggs* Minorität · **Ma|jors|rang** · **Ma|jorz,** der, _es, _e *schweiz Kurzw* (Majoritätswahl) ⟨*lat*⟩ · **Ma|jus|kel,** die, _, _n (*Polygr*; Großbuchstabe) ⟨*lat*⟩

ma|ka|ber (totenähnlich, an den Tod erinnernd; düster) ⟨*frz*⟩; *K 363*: ein maka|bres Aussehen

Ma|ka|dam, der *od* das, _s, _e (*Straßenbau*; ein Straßenbelag) ⟨*nach* dem schott. Ingenieur McAdam [mək'ɛdəm]⟩ · **ma|ka|da|mi|sie|ren** (*Straßenbau*)

Ma|kak, der, _s *od* ..aken, *Pl* ..aken (meerkatzenartiger Affe) ⟨*indian → portug*⟩

Ma|ka|me, die, _, _n (*Literaturw*; arab. Dichtungsform) ⟨*arab*⟩

Ma|ke|do|nien [..iən] ⟨*grch*⟩ *od* **Ma|ze|do|nien** ⟨*grch → lat*⟩, *ohne Art*: 1. (Landsch. auf der Balkanhalbinsel) – 2. (*Altertum*; Königreich u. Kerngebiet eines Weltreiches) – 3. *amtl* **So|zia|li|sti|sche Re|pu|blik Ma|ke|do|nien** *K 258*, die, *Gen* _n _ _ (in Jugoslawien) · **Ma|ke|do|nier** [..iər] ⟨*grch*⟩ *od* **Ma|ze|do|nier** ⟨*grch → lat*⟩, der, _s, _ · **ma|ke|do|nisch** ⟨*grch*⟩ *od* **ma|ze|do|nisch** ⟨*grch → lat*⟩; *vgl. K 266f.* · **Ma|ke|do|nisch,** *auch* **Ma|ze|do|nisch,** das, *Gen* _[s], *Dat* _ (Sprachbezeichnung *K 268ff.*) · **Ma|ke|do|ni|sche,** *auch* **Ma|ze|do|ni|sche,** das, *Gen* _n, *Dat* _n (Sprachbezeichnung *K 271*)

Ma|kel, der, _s, _ (*gehoben*; Schandfleck, Fleck; Fehler) ⟨*lat*⟩

Mä|ke|lei (*abwert*; Nörgelei)

ma|kel|los; *vgl.* ...los ⟨*lat*⟩ · **Ma|kel|lo|sig|keit,** die, _

ma|keln *K 363* (Vermittlergeschäfte machen) · **mä|keln** *K 363* (*abwert*; nörgeln)

Make-up [me:k'ap], das, _ (das Verschönern mit Hilfe kosmet. Mittel; kosmet. Präparat zur Verschönerung) ⟨*engl*, das ‚Zurechtmachen'⟩

Ma|ki, der, _s, _s (ein Halbaffe) ⟨*austrones*⟩

Ma|ki|mo|no, das, _s, _s (japan. od. chines. Rollbild im Querformat auf Seide od. Papier) ⟨*jap*⟩; *vgl. auch* Kakemono

Mak|ka|bä|er, der, _s, _ (*Altertum*; Angehöriger eines jüd. Priestergeschlechts) ⟨*hebr*, *nach* dem jüd. Volkshelden Judas Makkabäus⟩ · **mak|ka|bä|isch**

Mak|ka|ro|ni *Pl* (Röhrennudeln) ⟨*grch → ital*⟩ · **mak|ka|ro|nisch;** *meist in* _e Dichtung (Scherzdichtung mit sprachl., bes. latein. Mischformen)

Mak|ler (Geschäftsvermittler) · **Mäk|ler** (*abwert*; Nörgler) · **Mak|ler|ge|bühr** · **mäk|lig** *K 362* (*abwert*; gern nörgelnd)

Ma|ko, die, _, _s *od* der *bzw* das, _s, _s (ägypt. Baumwolle) ⟨*nach* einem hohen ägypt. Beamten⟩

Ma|ko|ré [..re:], das, _[s] (ein Edelholz) ⟨*frz*⟩

Ma|kra|mee, das, _[s], _s (eine Knüpfarbeit) ⟨*arab → türk → ital*⟩

Ma|kre|le, die, _, _n (ein Seefisch) ⟨*ndrl*⟩

ma|kro..., **Ma|kro...** (*in Zus*; groß, lang, vergrößert) ⟨*grch*⟩

Ma|kro|kli|ma [*od* ..'kli:..], das, _s, *Pl* _s *od* ..ate (*Met*; Klima größerer Gebiete, Großklima) ⟨*grch*⟩

Ma|kro|kos|mos [*österr nur so, od* ..'kɔs..], der, _ (das Weltganze; die Welt des Großen) ⟨*grch*⟩

Ma|kro|mo|le|kül [*österr nur so, od* ..'ky:l], das, _s, _e (*Chem*; Groß- od. Riesenmolekül) ⟨*grch + lat*⟩ · **ma|kro|mo|le|ku|lar** [*od* ..'la:r] (*Chem*)

Ma|kro|ne, die, _, _n (ein Kleingebäck) ⟨*grch → ital → frz*, *zu* Makkaroni⟩

ma|kro|seis|misch [*österr nur so, od* ..'zais..] (*Geol*; ohne Seismographen für den Menschen fühlbar) ⟨*grch*⟩; *Ggs* mikroseismisch

ma|kro|sko|pisch (mit bloßem Auge wahrnehmbar) ⟨*grch*⟩

ma|kro|ze|phal (*Biol*, *Med*; großköpfig, -schädelig) ⟨*grch → lat*⟩ · **Ma|kro|ze|pha|le,** der *u.* die, _n, _n *K 341* (*Biol*, *Med*) · **Ma|kro|ze|pha|lie,** die, _ (*Biol*, *Med*)

Ma|ku|la|tur, die, _, _en (*Polygr*; Fehldruck; Altpapier) ⟨*grch*⟩ · **ma|ku|lie|ren** (*Polygr*; zu Makulatur machen, einstampfen)

mal (*umg*; einmal); komm mal her!; noch mal · **Mal:** 1. das, _[e]s, *Pl* _e *od* Mäler (Zeichen, Fleck; Merk-, Denkmal; Markierung) – 2. das, _[e]s, _e (Zeitpunkt; Wiederholung der gleichen Situation zu verschiedenen Zeitpunkten)

Zur Schreibung von Mal (2):

I. *Groß- u. Getrenntschreibung als Substantiv*:

a) *im Singular*: das erste, zweite usw. Mal; das andere *od* andre, einzige, letzte, nächste, vorige usw. Mal; das eine Mal; das erste und [das] letzte Mal; ein erstes usw. Mal; ein and[e]res, einziges, letztes Mal; dieses, jedes, manches, nächstes, letztes, voriges Mal; ein um das and[e]re Mal; von Mal zu Mal

b) *im Plural*: die letzten, nächsten Male; alle, beide, einige, etliche, mehrere, unzählige, viele tausend, so viele, wie viele Male; ein paar Dutzend Male; Dutzende von Malen

c) *in Verbindung mit einem anderen Adjektiv*: manches liebe *od* manch liebes Mal

d) *in Verbindung mit Präpositionen*: mit einem Mal[e]; beim, zum ersten, letzten, ander[e]n, soundsovielten, x-ten Mal[e]; zu fünf Dutzend Malen; zu verschiedenen, wiederholten Malen; ein Mal über das and[e]re; ein ums and[e]re Mal

II. *Kleinschreibung als rechnerische Formel beim Multiplizieren*: acht mal zwei gleich sechzehn (*mit Ziffern* 8 mal 2, *gewöhnlich geschrieben* 8 · 2; *bei Flächen- u. Raummaßen* ×, z. B. 3 m × 4 m bzw. 3 m × 4 m × 8 m)

III. *Zusammenschreibung in enger (adverbialer) Verbindung K 176*:

a) einmal (*vgl.* mal); noch einmal, noch einmal soviel; zweimal (*mit Ziffer K 284*: 2mal); drei- bis viermal (*mit Ziffern* 3- bis 4mal *od* 3–4mal); einhundertmal; hundertmal; dutzendmal; keinmal; manchmal; vielmal (*veraltet*; vielmals); sovielmal, wievielmal, vieltausendmal, x-mal (*K 186*); allemal, beidemal, jedesmal, dutzendemal, hundertemal, einigemal, etlichemal, mehreremal, unendlich[e]mal, unzähligemal, verschiedenemal, vielemal; diesmal; das erstemal, das letztemal, das x-temal; ein andermal, ein dutzendmal, ein paarmal; ein halbes hundertmal, ein paar dutzendmal

b) *bei Präpositionen*: auf einmal, mit einemmal *od* mit einmal; ein für allemal; beim, zum erstenmal, letztenmal, x-tenmal (*K 186*); zum andernmal; dazumal (*veraltend*); zumal

c) *Zus mit* ...mals: abermals, damals, einstmals, jemals, letztmals, mehrmals, niemals, vielmals

Ma|la|bar|kü|ste, die, _ (die Südwestküste Vorderindiens)

Ma|la|bo (Hptst. von Äquatorial-Guinea)

Ma|la|chit [..x..], der, _[e]s, _e (*Mineral*; ein Schmuckstein) ⟨*grch*⟩ · **ma|la|chit|grün;** *vgl.* blau

ma|la|de (*umg*; krank, unpäßlich) ⟨*lat → frz*⟩

Ma|la|ga, der, _s, _s (eine Weinsorte) ⟨*nach* der Provinz in Südspanien⟩

Malagasi ↑ Madagassisch usw.

Ma|laie, der, _n, _n (Angehöriger einer Völkergruppe in Südostasien) · **Ma|lai|in,** die, _, ..innen · **ma|lai|isch;** *vgl. K 266f.*; *K 258*: der Malaiische Archipel, die Malaiische Halbinsel (↑ Malakka) · **Ma|lai|isch,** das, *Gen* _[s], *Dat* _ (Sprachbezeichnung *K 268ff.*) · **Ma|lai|ische,** das, *Gen* _n, *Dat* _n (Sprachbezeichnung *K 271*)

Ma|lak|ka, *ohne Art, od* **Ma|lai|ische Halb|in|sel** *K 258*, die, *Gen* _n _ (im S Hinterindiens)

Ma|la|ria, die, _ (Sumpf- od. Wechselfieber) (*ital*, ‚böse Luft') · **ma|la|ria|krank**

Ma|la|wi, *amtl* **Re|pu|blik Ma|la|wi** (im SO Afrikas) · **Ma|la|wier** [..ĭər], der, _s, _ · **ma|la|wisch** · **Malawisee** ↑ Njassasee

Ma|lay|sia [..'lai..] (Staat in Südostasien) · **Ma|lay|sier** [..ĭər], der, _s, _ · **ma|lay|sisch**

Ma|le|di|ven [..v..] *Pl*: 1. (Inselgruppe südl. von Vorderindien) – 2. *amtl* **Re|pu|blik der Ma|le|di|ven** · **Ma|le|di|ver,** der, _s, _ · **ma|le|di|visch;** *vgl. auch K 265ff.*

Ma|le|fiz|kerl (*landsch umg*; Draufgänger) (*lat*)

ma|len; gemalt (*zu* Mal); ein Bild _; *vgl. aber* mahlen

Ma|le|par|tus, der, _ (Wohnung des Fuchses in der Tierfabel) (*lat*)

Ma|ler

Mäler ↑ Mal (1)

Ma|ler|ar|beit · **Ma|le|rei** · **Ma|le|rin,** die, _, ..innen · **ma|le|risch;** _ste · **ma|lern** *K 363* (*umg*; Malerarbeiten ausführen)

Mal|heur [..'lø:r], das, _s, *Pl* _e, *österr nur so, od* _s (*umg*; Unglück, Unfall; Unangenehmes) (*lat → frz*)

Ma|li, *amtl* **Re|pu|blik Ma|li** (im W Afrikas)

Ma|li|ce [..'li:sə], die, _, _n (*veraltet*; Bosheit) (*lat → frz*)

Ma|lier [..ĭər], der, _s, _, *auch* **Ma|li|ne|se,** der, _n, _n (Staatsbürger von Mali)

...ma|lig (z. B. dreimalig [*mit Ziffer K 284*: 3malig])

ma|li|gne (*Med*; bösartig) (*lat*) · **Ma|li|gni|tät,** die, _ (*Med*; Bösartigkeit)

Ma|li|mo *Kunstw*: 1. die, _, _s (*Textiltechn*; Fadenlagen-Nähwirkmaschine) – 2. das, _s, _s (Textilerzeugnis) (*nach* dem Erfinder *Ma*uersberger u. seinem Wohnort *Li*mbach-*O*berfrohna) · **Ma|li|mo|tech|nik,** die, _, _en

Malinese ↑ Malier · **malinesisch** ↑ malisch

Ma|li|pol [..'po:l, *auch* 'ma:..] *Kunstw*: 1. die, _, _s (*Textiltechn*; eine Nähwirkmaschine) – 2. das, _s, _s (Textilerzeugnis [mit eingenähten Polfäden]) (*aus Mali*mo + *Pol*fäden)

ma|lisch, *auch* **ma|li|ne|sisch** (*zu* Mali)

Ma|li|watt [*auch* 'ma:..] *Kunstw*: 1. die, _, _s (*Textiltechn*; eine Faservlies-Nähwirkmaschine) – 2. das, _s, _s (Textilerzeugnis) (*aus Mali*mo + *Watte*)

ma|li|ziös *K 349* (boshaft, hämisch) (*lat → frz*)

Mal|ka|sten

mall (*norddt umg*; albern, ausgelassen – *seem, vom Wind gesagt*; umspringend)

Mall, das, _[e]s, _s (*seem*; Modell, Holzschablone zum Spantenbiegen) (*ndrl*) · **¹mal|len** (*seem*; nach dem Mall behauen; messen)

²mal|len (*seem, vom Wind gesagt*; unstet umspringen)

Mal|lor|ca [*od* ma'(l)jɔrka] (eine der Balearen) (*span*)

Mal|lung (*seem*) (*zu* ²mallen)

Malm, der, _[e]s (*Geol*; jüngste Abteilung des Juras, Weißer Jura) (*engl*) · **mal|men** (zermalmen)

Mal|mö (Hafenstadt in Südschweden)

mal|neh|men (*Math*; vervielfältigen); du nimmst mal; malgenommen; malzunehmen

ma|lo|chen [..x..] (*salopp*; schwer arbeiten) (*jidd*) · **Ma|lo|cher** (*salopp*) · **Ma|lo|che|rei** (*salopp*)

Ma|lo|ja, *italien* **Ma|log|gia** [ma'lɔdʒa]: 1. der, _[s] (Paß in der Schweiz) – 2. (Kurort in der Schweiz)

mal|pro|per (*noch landsch*; unsauber) (*lat → frz*); *K 363*: eine malpro|pre Angelegenheit

Mal|ta: 1. (Insel südl. von Sizilien) – 2. *amtl* **Re|pu|blik Mal|ta**

Mal|ter, das *od* der, _s, _ (ein altes Getreide- u. Kartoffelmaß) (*zu* mahlen)

Mal|te|se, der, _n, _n *od* **Mal|te|ser,** der, _s, _ (Staatsbürger von Malta) · **Mal|te|ser** *K 231*: 1. ↑ Maltese – 2. der, _s, _ (ein Luxushund – *kath Kirche*; Angehöriger eines geistl. Ordens) – 3. *als Attribut K 232* · **Mal|te|ser|or|den** (*kath Kirche*) · **mal|te|sisch;** *vgl. auch K 265ff.*

Mal|thu|sia|ner, der, _s, _ (Vertreter des Malthusianismus) (*lat, nach* dem engl. Vulgärökonomen Malthus ['maltus, *engl* 'mɛlθəs]) · **mal|thu|sia|nisch** *K 218* · **Mal|thu|sia|nis|mus,** der, _ (menschenfeindl. Bevölkerungstheorie) · **Mal|thu|sisch** *K 217*; _es Bevölkerungsgesetz

Mal|to|se, die, _ (*Chem*; Malzzukker) (*lat + grch*)

mal|trä|tie|ren (mißhandeln, quälen) (*lat → frz*)

Maluku ↑ Molukken

Mal|ve [..v..], die, _, _n (eine Arzneipflanze) (*lat → ital*)

Mal|wei|se (*zu* ²Weise)

Malz, das, _es. *Zus K 365ff.*: Malz_kaffee usw.

Mal|zei|chen (Rechenanweisung für die Multiplikation [*Zeichen* ·])

mäl|zen, *älter* **mal|zen** *K 354* (Malz bereiten) · **Mäl|zer** · **Mäl|ze|rei**

Ma|ma [*auch* ..'ma:], die, _, _s (*frz*) · **Ma|ma|chen** [..ç..] (*Kosef od scherzh*)

Mam|bo, der, _[s], _s, *seltener* die, _, _s (Modetanz aus Kuba) (*afrik → span*)

Ma|me|luck *od* **Ma|me|luk,** der, _en, _en (Sklave; Leibwächter oriental. Herrscher) (*arab → ital*)

Mam|mo|gra|phie, die, _, ..ien (*Med*; spezielle Röntgenuntersuchung der weibl. Brust) (*lat + grch*)

Mam|mon, der, _s (*abwert*; Reichtum; Geld) (*aram → grch*)

Mam|mut, das, _s, *Pl* _e, *österr nur so, od* _s (ausgestorbenes elefantenähnl. Rüsseltier) (*jak → russ*). *Zus K 365ff.*: Mammut_knochen usw. · **Mam|mut|baum** (ein kaliforn. Nadelbaum) · **Mam|mut|un|ter|neh|men** (Riesenunternehmen)

mamp|fen (*salopp*; mit vollen Bakken essen)

Mam|sell, die, _, *Pl* _en *od* _s (Wirtschafterin, Angestellte in Speisewirtschaften – *veraltet*; Fräulein) (*lat → frz*); *K 119*: die kalte _

¹man: *Gen* eines, *Dat* einem, *Akk* einen (*zu* Mann); man kann nicht wissen, was einem zustoßen wird; du siehst einen an, als ob man ...

²man (*landsch umg*; doch, nur); na denn man los!

Man [mɛn] (brit. Insel zw. England u. Irland)

Ma|nage|ment ['mɛnɛdʒmənt], das, _s, _s (Verwaltung, Leitung, Geschäftsführung kapitalist. Großbetriebe) (*lat → ital → engl*) · **ma|na|gen** ['mɛnɛdʒ(ə)n] (*umg*; leiten; unternehmen, ins Werk setzen; zustande bringen); gemanagt · **Ma|na|ger,** der, _s, _ (Veranstalter, Betreuer; Leitungskraft kapitalist. Großbetriebe) · **Ma|na|ger|krank|heit,** die, _ (*umg*; durch berufl. Überlastung auftretende Störungen des Kreislaufs u. der Herztätigkeit)

Ma|na|gua (Hptst. von Nikaragua)

manch (*vgl.* II): *m* mancher, *f* manche, *n* manches

I. *Substantivischer Gebrauch*: *stets klein zu schreiben K 120*: in manchem; manches, was; gar, schon, so, wie mancher, so manches; mancher sagt so; manche sagen

II. *Adjektivischer Gebrauch*:

a) *unmittelbar vor dem Substantiv dekliniert, vor dem Neutrum im Nom u. Akk des Singulars auch nichtdekliniert*: mancher Mann; manche Frau, manches, *auch* manch Kind; manches Mal, an manchem Ort (*vgl. aber* III); *K 333, Merke*: *vor stark deklinierten männl. u. sächl. Substantiven im Gen des Singulars ohne vorangehenden Art. meist schwach flektiert*, z. B. manchen Gebrauchs, manchen Alters

b) *mit folgendem Adjektiv + Substantiv dekliniert od nichtdekliniert*; *K 330*: manches liebe Mal *od* manch liebes Mal; *K 340*: manche guten (*od* gute) Vorschläge *od* manch gute Vorschläge

c) *unmittelbar vor einem substantivisch gebrauchten Adjektiv od Partizip dekliniert, im Sg auch nichtdekliniert K 341*: manches Schöne *od* manch Schönes, mit manchem Schönen *od* mit manch Schönem; mancher Abgeordnete *od* manch Abgeordneter; manche Schönen *od* manche Schöne; manch *od* manche Schöne (*Sg*)

d) *in Verbindung mit dem Indefinitpron* einer, eine, eines *u. bei folgendem unbestimmtem Artikel + Substantiv nichtdekliniert K 333*: manch einer, manch ein, manch eines; manch ein Mann, manch eine Frau, manch ein Kind

III. *Zusammenschreibung K 176*: mancherorts, *auch* manchenorts; manchmal (*vgl. aber* II, a)

man|cher|lei

Man|che|ster: 1. ['mɛntʃɛstər] (Stadt in England) – 2. [man'ʃɛstər], der, _s (ein Gewebe) · **Man|che|ster|ho|se** *K 246* · **Man|che|ster|tum** ['mɛntʃɛstər..], das, _[e]s (extremste Richtung des Freihandels im Kapitalismus)

manch|mal; *vgl.* manch, III

Man|dant (*Rechtsw*; Auftrag-, Vollmachtgeber) ⟨*lat*⟩ · **Man|dan|tin**, die, _, ..innen (*Rechtsw*)

Man|da|rin, der, *Gen* _s, *Pl* _e *od Gen* _en, *Pl* _en (*hist*; hoher chines. Würdenträger) ⟨*aind → Hind → portug*, ‚Ratgeber'⟩

Man|da|ri|ne, die, _, _n (apfelsinenähnl. Frucht) ⟨*nach* der Insel Mandara = Mauritius⟩

Man|dat, das, _[e]s, _e (Auftrag [z. B. zur Vertretung], Verwaltung; Wählerauftrag; Abgeordnetensitz) ⟨*lat*⟩ · **Man|da|tar**, der, _s, _e (*Rechtsw*; Beauftragter, Bevollmächtigter; *österr auch für* politisch Beauftragter, Abgeordneter) · **Man|da|tar|staat**, *Pl* ..staaten · **Man|dats|ge|biet**

¹Man|del, die, _, _n (eine Frucht; mandelförmiges Organ) ⟨*grch → lat*⟩

²Man|del, die, _, *Pl* _n *u. bei Maßangabe* (*K 309*) Mandel[n], *österr nur* Mandeln (alte Zähleinheit = 15, *auch* 16 Stück) ⟨*lat*⟩; 3 Mandel[n] Eier; Getreide in Mandeln (Gruppen zu etwa 15 Garben) aufstellen; *vgl. auch K 387*

Man|del|blü|te · **Man|del|ent|zün|dung**

Man|del|krä|he (eine Racke) ⟨*zu* ²Mandel⟩

Man|di|bel, die, _, _n: 1. *od* **Man|di|bu|la**, die, _, ..lae [..lɛ:] (*Biol*; Unterkiefer der Wirbeltiere) – 2. *meist Pl* (*Biol*; Oberkiefer der Gliederfüßer) ⟨*lat*⟩ · **Man|di|bu|la**: 1. die, _, ..lae [..lɛ:] (*Med*; Unterkiefer, Unterkieferknochen) – 2. ↑ Mandibel [1] · **man|di|bu|lar** (den Unterkiefer betreffend)

Man|din|go: 1. der, _, _ (Angehöriger eines Volkes im W Afrikas) – 2. das, _ (Sprachbezeichnung); auf _ heißt es ...

Man|do|li|ne, die, _, _n (ein Zupfinstrument) ⟨*pers → arab → grch → lat → ital → frz*⟩

Man|dor|la [*auch* ..'dɔr..], die, _, ..orlen (*bildende Kunst*; mandelförmiger Heiligenschein) ⟨*grch → lat → ital*⟩

Man|drill, der, _s, _e (ein Affe) ⟨*engl*⟩

Man|dschu: 1. der, _[s], _ *od* **Man|dschu|re**, der, _n, _n (Angehöriger eines Volkes in Ostasien) – 2. das, _[s] (eine Sprache); auf _ heißt es ... · **Man|dschu|rei**, die, _ (Gebiet im NO Chinas) · **man|dschu|risch**

Ma|ne|ge [..'ne:ʒə, *österr* ..'nɛ:ʒ], die, _, _n [..ʒ(ə)n] (Reitbahn, -schule; Platz der Darbietungen im Zirkus) ⟨*lat → ital → frz*⟩

Ma|nen *Pl* (*röm Mythol*; die Seelen der Verstorbenen) ⟨*lat*, ‚die Guten'⟩

Ma|nes|sisch *K 217* ⟨*nach* dem Züricher Ratsherrn Manesse⟩; _e Handschrift (Minnesängerhandschrift)

Man|fred (m. Vn.) ⟨‚Mann' + ‚Schutz'⟩

mang (*landsch*; unter, dazwischen) ⟨*zu* mengen⟩; *vgl. auch* mittenmang

Man|ga|be, die, _, _n (ein Affe) ⟨*afrik*⟩

Man|ga|lia (Schwarzmeerkurort in Rumänien)

Man|gan, das, _s (chem. Element, Metall); *Zeichen* Mn ⟨*grch → lat, nach* der altgriech. Landschaft Magnesia⟩ · **Man|gan|ei|sen** · **Man|ga|nit**, der, _[e]s (*Mineral*; ein Manganerz)

¹Man|gel, die, _, _n (Rolle, Wäscherolle) ⟨*grch → lat → ital*⟩. *Zus K 365ff.*: Mangel‿holz usw.

²Man|gel, der, _s, *Pl* Mängel (das Fehlen; Fehler) · **man|gel|frei** · **man|gel|haft** · **Man|gel|krank|heit** · **¹man|geln** (ermangeln) *unpersönl*; mir mangelt das Geld; es mangelt [mir] an Geld

²man|geln *K 363* ([Wäsche] rollen) ⟨*grch → lat → ital*⟩

Män|gel|rü|ge (Klage über mangelhaft gelieferte Ware od. Arbeit) · **man|gels** *K 110* (*bürospr*) *Präp mit Gen*: _ besseren Verständnisses; *mit Dat, wenn der Gen nicht eindeutig kenntlich gemacht werden kann* (*K 379*): _ Plänen

man|gen (*süddt*; ²mangeln)

Man|go, die, _, ..onen (Frucht eines trop. Baumes) ⟨*mal*⟩ · **Man|go|baum**

Man|gold, der, _[e]s, _e (eine Gemüsepflanze) ⟨*Herkunft umstritten*⟩

Man|gro|ve [..v..], die, _, _n (eine Pflanzenformation der trop. Küsten) ⟨*mal* od. *indian → span → engl*⟩ · **Man|gro|ve[n]‿baum**, **...pflan|ze**

Man|hat|tan [mɛn'hɛt(ə)n] (Stadtteil von New York)

Ma|ni|chä|er [..ç..], der, _s, _ (Anhänger des Manichäismus) · **Ma|ni|chä|is|mus**, der, _ (vom Perser Mani [3. Jh.] gestiftete Mischreligion)

Ma|nie, die, _, ..ien (*Psych, Med*; Sucht, Trieb; krankhaft heitere Erregung) ⟨*grch*, ‚Wahn'⟩

Ma|nier, die, _, _en (Eigenart; Art [u. Weise]; Gewohnheit, Sitte; künstler. Eigentümlichkeit, die zur Gewohnheit geworden u. nicht mehr Ausdruck schöpferischer Antriebe ist; Künstelei) – **Ma|nie|ren** *Pl* ([gute] Umgangsformen, [gutes] Benehmen) ⟨*lat → frz*⟩ · **ma|nie|riert** (*abwert*; gekünstelt; unnatürlich; übertrieben, gespreizt, gesucht) · **Ma|nie|riert|heit** (*abwert*) · **Ma|nie|ris|mus**, der, _ (gewollt übertreibender, gespreizter Kunststil; Bez. für eine Stilrichtung der bildenden Kunst, bes. zw. Renaissance u. Barock) · **ma|nier|lich** (gesittet; fein; wohlerzogen)

ma|ni|fest (deutlich, offenbar, handgreiflich) ⟨*lat*⟩ · **Ma|ni|fest**, das, _es, _e (öffentl. Erklärung; Darlegung von Grundsätzen, Programm; Kundgebung – *Seew*; Verzeichnis des Ladegutes eines Schiffes); *K 258*: das Kommunistische _ (*kurz für* Manifest der Kommunistischen Partei) · **Ma|ni|fe|sta|ti̱on** ([öffentl.] Erklärung; Kundgebung; Darlegung; Offenbarung – *Med*; das Erkennbarwerden einer Krankheit od. Anlage) · **ma|ni|fe|sti̱e|ren** (kundgeben, bekunden; darlegen; [Vermögensverhältnisse] offenbaren – *Rechtsw veraltet*; den Offenbarungseid leisten)

Ma|ni|kü̱|re [*österr* ..'ky:r]: 1. die, _ (Hand-, bes. Nagelpflege) – 2. die, _, _n [..rən] (Behälter mit den Geräten für die Handpflege) ⟨*lat* → *frz*⟩ · **ma|ni|kü̱|ren;** manikürt

Ma|ni̱|la (Hptst. der Philippinen) ⟨*tagal* Mayni̱la [ma:i..] ‚Buschstadt'⟩ · **Ma|ni̱|la|hanf** *K 246*

Ma|nio̱k, der, _s (trop. Wolfsmilchgewächs) ⟨*indian* → *frz*⟩ · **Ma|nio̱k|mehl,** das, _[e]s

Ma|ni̱|pel: 1. der, _s, _ (*hist*; der dritte Teil einer röm. Kohorte) – 2. die, _, _n (ehemals zum Meßgewand des kath. Priesters gehörendes Band) ⟨*lat*⟩ · **Ma|ni|pu|la|ti̱on** (Hand-, Kunstgriff; [richtige] Handhabung, Behandlung – *abwert*; Kniff; Lenkung der öffentl. Meinung, bes. durch imperialist. Massenmedien) – **Ma|ni|pu|la|ti̱o|nen** *Pl* (Machenschaften) · **Ma|ni|pu|la̱|tor,** der, _s, ..o̱ren (*Techn*; Gerät zur mechan. Ausführung von physisch schweren bzw. gefährlichen Arbeiten, z. B. zur strahlungsgeschützten Handhabung radioaktiver Substanzen) · **ma|ni|pu|li̱e|ren;** manipulierte (gesteuerte) Preise · **Ma|ni|pu|li̱e|rung**

ma̱|nisch (*Psych, Med*; an einer Manie erkrankt; abnorm heiter erregt) ⟨*grch*⟩ · **ma̱|nisch-de|pres|si̱v** *K 189* (*Psych*; abwechselnd abnorm heiter u. schwermütig)

Ma|ni|to̱|ba (Provinz im mittleren Kanada)

Ma̱|ni|tu, der, _s (*Rel*; eine indian. Gottheit, oft als eine unpersönlich gedachte Zauberkraft der nordamerikan. Indianer gedeutet, Schutzgeist) ⟨*indian*⟩

Ma̱n|ko, das, _s, _s (Fehlbetrag; Ausfall; Mangel) ⟨*lat* → *ital*⟩

Mann, der, _[e]s, *Pl* Männer *u.* (*hist für Lehnsleute, ritterl. Dienstleute*:) Mannen; vier _ hoch; alle _ an Bord, an Deck!; tausend _; er ist _s genug

Ma̱n|na, das, *Gen* _[s], *österr nur* _s, *od* die, _ (zuckerhaltige Ausschwitzung verschiedener Pflanzen u. Insekten; Genuß-, auch Arzneimittel – *bibl*; Wundernahrung der Israeliten) ⟨*hebr* → *grch* → *lat*, ‚Gabe'⟩

ma̱nn|bar (*gehoben*) · **Ma̱nn|bar|keit,** die, _ (*gehoben*) · **Mä̱nn|chen** · **ma̱n|nen** (*seem*; [Stückgut] von Mann zu Mann reichen) · **Man|ne|quin** ['manəkɛ̃(:) *od* ..'kɛ̃:, *österr nur so*], das, _s, _s (Vorführdame für Modeschöpfungen) ⟨*ndrl* → *frz*, ‚Männchen'⟩ · **Mä̱n|ner|‿chor** [..k..], (der), ...**stim|me** · **Mä̱n|ner|treu,** die, _, _ (volkstüml. Name mehrerer Pflanzen) · **Ma̱n|nes|kraft** · **Ma̱n|nes|wort,** *Pl* ..worte (*gehoben*) · **ma̱nn|haft** · **Ma̱nn|haf|tig|keit,** die, _

Ma̱nn|heim (Stadt der BRD am Oberrhein) · **Ma̱nn|hei|mer:** 1. *K 231*: der, _s, _; 2. *als Attribut K 232* · **ma̱nn|hei|misch**

ma̱n|nig|fach ⟨*zu* manch⟩ · **ma̱n|nig|fal|tig** · **Ma̱n|nig|fal|tig|keit,** die, _

Mä̱nn|lein; *meist in* _ und Weiblein (*Pl*) · **mä̱nn|lich;** _es Dingwort (*Gramm*); _es Geschlecht · **Mä̱nn|lich|keit,** die, _ · **Ma̱nn|loch** (Einsteigeöffnung in Dampfkesseln usw.) · **Ma̱nns|bild** (*umg, meist abwert*) · **Ma̱nn|schaft** · **ma̱nns|dick** · **ma̱nns|hoch;** ein mannshoher Zaun · **Ma̱nns|hö|he;** in _ · **Ma̱nns|leu|te** *Pl* (*umg veraltend*) · **ma̱nns|toll** (*abwert*) · **Ma̱nn|weib** (Zwitter – *abwert*; männlich auftretende Frau)

Ma|no|me̱|ter, das (*Phys*; Druckmeßgerät) ⟨*grch*⟩ · **ma|no|me̱|trisch** (*Phys*)

Ma|nö̱|ver [..v..], das, _s, _ (kriegsmäßige Übung; mit dem Schiff, Flugzeug usw. ausgeführte Bewegung, Schwenkung; Kunstgriff – *oft abwert*; Scheinmaßnahme) ⟨*lat* → *frz*⟩ · **ma|nö|vri̱e|ren** (Manöver vornehmen; geschickt zu Werke gehen) · **ma|nö|vri̱er|fä|hig**

Man|sa̱r|de, die, _, _n ([Zimmer im] Dachgeschoß) ⟨*nach* dem französ. Baumeister Mansart [mã'sa:r]⟩. *Zus K 365ff.*: Mansarden‿wohnung usw.

Mansch, *auch* **Mantsch,** der, _es (*umg*; schlechtes Wetter, Schneewasser; Suppe, wässeriges Essen usw.) ⟨*zu* matschen⟩ · **ma̱n|schen,** *auch* **ma̱nt|schen** *K 354* (*umg*; mischen; im Wasser planschen) · **Man|sche|rei̱,** *auch* **Mant|sche|rei̱** (*umg*)

Man|sche̱t|te, die, _, _n (Ärmelabschluß; Umhüllung) ⟨*lat* → *frz*⟩ · **Man|sche̱t|ten|knopf**

Ma̱ns|feld (Stadt der DDR am Harz) · **Ma̱ns|fel|der:** 1. *K 231*: der, _s, _; 2. *als Attribut K 232*

Ma̱n|tel, der, _s, *Pl* Mäntel ⟨*lat*⟩. *Zus K 365ff.*: Mantel‿stoff usw. · **Mä̱n|tel|chen** · **Ma̱n|tel|ge|setz** (*Rechtsw*; Rahmengesetz)

Man|ti̱l|le [..'tiljə, *auch* ..'tilə], die, _, _n (früher in Spanien von Frauen getragenes Schleiertuch) ⟨*lat* → *span*⟩

Man|ti̱s|se, die, _, _n (*Math*; Ziffernfolge hinter dem Komma beim Logarithmus) ⟨*lat*⟩

Mantsch usw. ↑ Mansch usw.

Ma̱n|tua, *italien* **Ma̱n|to|va** [..v..] (Stadt in Oberitalien)

Ma|nu|a̱l, das, _s, _e (*Mus*; Handklaviatur auf Orgel, Harmonium, Cembalo) ⟨*lat*⟩ · **ma|nu|e̱ll** (mit [Hilfe] der Hand, Hand...) ⟨*lat* → *frz*⟩; _e Fertigkeit · **Ma|nu|fak|tu̱r,** die, _, _en (*hist*; dem Fabrikbetrieb vorangehender, auf Handarbeit beruhender gewerbl. Großbetrieb des Frühkapitalismus – *veraltet*; Web- u. Wirkware) ⟨*lat*⟩ · **ma|nu|fak|tu|ri̱e|ren** (*veraltet*; mit der Hand herstellen) · **Ma|nu|fak|tu|ri̱st** (*hist*; Inhaber einer Manufaktur – *veraltet*; Textilwarenhändler)

Ma|nu̱l|druck, *Pl* ..drucke (*Polygr*; besonderes Druckverfahren) ⟨*nach* dem Erfinder F. U̱llmann⟩

ma̱|nu pro̱|pria (mit eigener Hand, eigenhändig); *Abk* m. p. ⟨*lat*⟩ · **Ma̱|nus,** das, _, _ *Kurzw* (*österr, schweiz*; Manuskript) · **Ma|nu|skri̱pt,** das, _[e]s, _e (Handschrift; Urschrift; Satzvorlage); *Abk für Sg* Ms., *für Pl* Mss. *od für Sg u. Pl* Mskr.; *Kurzw* (*österr u. schweiz*) Manus

Manx [maŋks, *engl* mɛŋks], das, _ (kelt. Sprache auf der Insel Man)

Mao|is|mus [maŏ..], der, _ (kleinbürgerlich-nationalist. Strömung mit antisowjet. u. antisozialist. Zielsetzung) ⟨*nach* dem chines. Politiker Mao Zedong [maŏ dzə'duŋ]⟩ · **maoi̱|stisch**

Mao|ri [ma'o:.., *österr nur so, od* 'ma:o..]: 1. der, _[s], _[s] (polynes. Bewohner Neuseelands) – 2. das, _[s] (Sprachbezeichnung); auf _ heißt es ... · **mao|risch**

Map|pe, die, _, _n ⟨*lat*⟩

Ma|pu̱|to (Hptst. von Moçambique)

Ma|quis [ma'ki:], der, _ [..'ki:(s)] (antifaschist. Widerstandsbewegung in Frankreich im 2. Weltkrieg) ⟨*lat* → *ital* → *frz*, ‚Buschwald'⟩

Mär *od* **Mä̱|re,** die, _, ..ren (*noch scherzh*; Kunde, Nachricht; Sage)

Ma̱|ra|bu, der, _s, _s (ein Storch) ⟨*arab* → *portug* → *frz*⟩

Ma|rä̱|ne, die, _, _n (ein Lachsfisch) ⟨*lat*⟩

Ma|ra̱n|te, *auch* **Ma|ra̱n|ta,** die, _, ..ten (Pfeilwurz, eine Zimmerpflanze) ⟨*nach* dem venezian. Arzt Mara̱nta⟩

Ma|ras|chi|no [maras'ki:no], der, _s, _s (Kirschlikör) ⟨*lat → ital*⟩

Ma|ras|mus, der, _ (*Med*; körperlich-geistiger Kräfteverfall) ⟨*grch → lat*⟩

Ma|ra|thon (Ort nordöstl. von Athen) ⟨*grch*⟩ · **Ma|ra|thon|lauf** *K 246* (Langstreckenlauf über 42,195 km)

Märbel ↑ Murmel

Mar|burg an der Lahn (Stadt in der BRD) · **Mar|bur|ger:** 1. *K 231*: der, _s, _; 2. *als Attribut K 232* · **marbur|gisch**

mar|ca|to (*Mus*; scharf betont, markiert) ⟨*germ → ital*⟩

Mär|chen (kurze Erzählung phantastischer, meist wunderbarer Begebenheiten). *Zus K 365ff.*: Märchen‿buch usw. · **mär|chen|haft**

Mar|che|sa [..'ke:za], die, _, *Pl* _s *od* ..sen (Markgräfin [italien. Adelstitel]) ⟨*germ → lat → ital*⟩ · **Mar|che|se** [..'ke:zə], der, _[n], _n (Markgraf [italien. Adelstitel])

March|feld, das, _[e]s (Ebene östl. von Wien)

Mar|der, der, _s, _

Ma|re, das, _, *Pl* _ *od* ..ria (Bez. für die dunkel erscheinenden Teile auf der Oberfläche des Mondes u. des Mars) ⟨*lat*, ‚Meer'⟩

Märe ↑ Mär

Ma|rem|men *Pl* (sumpfiges Küstenland im W Mittelitaliens) ⟨*lat → ital*⟩

mä|ren (*landsch umg*; in etw. herumwühlen; langsam sein; faseln) ⟨*lat*⟩

Ma|ren|go, der, _s, _s (graumeliertes Wollgewebe) ⟨*nach* der norditalien. Ortschaft⟩

Mar|ga|re|te (w. Vn.) ⟨*aind → grch → lat*, ‚Perle'⟩; *Nebenf* Margareta, *französ Form* ↑ Marguerite, *italien Form* ↑ Margherita, *schwed u. ungar Form* ↑ Margit, *dt Kurzf* ↑ Grete, ↑ Margrit, ↑ Meta, *französ Kurzf* ↑ Margot, *italien Kurzf* ↑ Rita, *dt Verkleinerungsf* ↑ Gretel

Mar|ga|ri|ne, die, _ ⟨*aind → grch → lat → frz*⟩

Mar|ge [..ʒə], die, _, _n (Unterschied, Spielraum – *Wirtsch*; Verdienst-, Preisspanne) ⟨*lat → frz*⟩

Mar|ge|ri|te, die, _, _n (Talerblume, Korbblütler) ⟨*aind → grch → lat → frz*⟩

Mar|ghe|ri|ta [..ge..] (w. Vn.) ⟨*italien Form von* Margarete⟩

Mar|gi|na|lien [..iən] *Pl* (Randbemerkungen); *Sg* Mar|gi|na|lie [..iə], die, _ *od* Mar|gi|na|le, das, _[s] ⟨*lat*⟩

Mar|git (w. Vn.) ⟨*schwed u. ungar Form von* Margarete⟩ · **Mar|got** [*französ* mar'go:] (w. Vn.) ⟨*französ Kurzf von* Margarete⟩ · **Mar|grit** (w. Vn.) ⟨*Kurzf von* Margarete⟩ · **Mar|gue|rite** [..gə'rit] (w. Vn.) ⟨*französ Form von* Margarete⟩

Ma|ria (w. Vn., *bei Katholiken auch in Verbindung mit männlichen Vn*) ⟨*hebr → grch → lat*⟩; *Nebenf* ↑ Marie, *engl Form* ↑ Mary, *dt Kurzf* ↑ ²Mia, ↑ Ria, *österr Kurzf* ↑ Mitzi, ↑ Mizzi, *französ Verkleinerungsf* ↑ Marion

Ma|ria|ge [..'ria:ʒə, *österr* ..'ria:ʒ], die, _, _n [..ʒ(ə)n] (*Kartensp*; König u. Dame gleicher Farbe in einer Hand) ⟨*lat → frz*⟩

Ma|ria Laach *K 227* (Benediktinerabtei in der Eifel)

Ma|ria|nen *Pl* (Inselgruppe im westl. Pazifik) ⟨*nach* der span. Königin Maria Anna⟩

ma|ria|nisch (*kath Kirche*; der Marienverehrung dienend); _e Symbole, *aber K 258*: Marianische Kongregation

Ma|rian|ne: 1. *K 208* (w. Vn.) – 2. (symbol. Verkörperung der Französischen Republik) ⟨Maria + Anne⟩

ma|ria-the|re|sia|nisch *K 216* ⟨*nach* der österreich. Kaiserin⟩ · **Ma|ria|the|re|sien|ta|ler** [..iən..] *K 209* (*hist*; eine Münze)

Ma|rie [ma'ri:, *österr nur so, od* ma'ri:ə] (w. Vn.) ⟨*Nebenf von* Maria⟩

Ma|rien|bild · **Ma|rien|kä|fer** · **Ma|rien|kir|che,** *aber K 213*: St.-Marien-Kirche · **Ma|rien|tag** (*kath Kirche*); der große _ (Mariä Himmelfahrt)

Ma|ri|hua|na, das, _s (ein Rauschgift) ⟨*span*⟩

Ma|ril|le, die, _, _n (*süddt, österr*; Aprikose) ⟨*lat → ital*⟩

ma|rin (zum Meer gehörig; Meeres…) ⟨*lat*⟩ · **Ma|ri|na|de** (saure Würztunke; Fisch in Würztunke) ⟨*lat → frz*⟩ · **Ma|ri|ne,** die, _, _n (Bez. für die Seestreitkräfte u. die Handelsflotte eines Staates) · **mari|ne|blau** (dunkelblau); *vgl.* blau · **Ma|ri|ner,** der, _s, _ (*umg scherzh*; Matrose, Seesoldat) · **mari|nie|ren** (in Marinade einlegen)

Ma|rion (w. Vn.) ⟨*französ Verkleinerungsf von* Maria⟩

Ma|rio|net|te, die, _, _n (Gliederpuppe des Puppentheaters – *übertr*; willenloser Mensch als Werkzeug anderer) ⟨*frz*, ‚Mariechen'⟩ · **Mario|net|ten|thea|ter**

Mariotte ↑ *unter* Boyle-Mariottesche Gesetz

ma|ri|tim (Schiffahrt, Meer od. Seewesen betreffend; Meeres…) ⟨*lat*⟩

¹Mark, die, _, *Pl* _ *u. für einzelne Stücke* Markstücke (Währungseinheit); *in der DDR* Mark der Deutschen Demokratischen Republik (*Kurzbez* Mark, *Abk* M); Schreibweise 237 M *od* 237,00 M *od* 237,– M; 9,75 M [Komma, nicht Punkt vor der Dezimalstelle], *in der BRD* Deutsche Mark (*Abk* DM)

²Mark, die, _, _en (*veraltet*; Grenze; Grenzland); _ Brandenburg (*hist*)

³Mark, das, _[e]s (*Anat, Bot – auch übertr*; Inneres, das Beste von od. in etwas)

mar|kant (bezeichnend; auffallend; ausgeprägt; scharf geschnitten [von Gesichtszügen]) ⟨*germ → frz*⟩

Mar|ka|sit, der, _[e]s, _e (*Mineral*; ein pyritähnl. Eisensulfid) ⟨*arab → lat*, ‚Kieselstein'⟩

Mar|ke, die, _, _n (Zeichen; Erkennungsmittel; Ausweis; Warenzeichen; Postwertzeichen; Anrechtsschein, -münze). *Zus K 365ff.*: Marken‿artikel usw. · **Mär|ke,** die, _, _n (*österr*; Namenszeichen, Zeichen) · **mär|ken** (*österr*; mit einer Märke versehen)

Mar|ker, der, _s, _ (*fachspr*; Kennzeichen, Merkmal) ⟨*engl*⟩

Mar|ke|ten|der, der, _s, _ (*hist*; Händler, der die Truppe ins Manöver u. ins Feld begleitete) ⟨*lat → ital*⟩ · **Mar|ke|ten|de|rin,** die, _, ..innen (*hist*)

Mar|ke|te|rie, die, _, ..ien (*Kunstwiss*; Einlegearbeit von [farbigem] Holz) ⟨*germ → frz*⟩

Mar|ke|ting, das, _s (*kap Wirtsch*; Gesamtheit der Maßnahmen zur Sicherung u. Erweiterung der Absatzmärkte) ⟨*lat → engl*⟩

Mark|graf (*hist*; Grenzgraf) · **Markgrä|fin** (*hist*) · **Mark|gräf|ler,** der, _s (oberbad. Wein) · **mark|gräflich** (*hist*) · **Mark|graf|schaft** (*hist*)

mar|kie|ren (bezeichnen, kennzeichnen – *auch umg*; so tun, als ob … – *österr auch für* Fahrkarten lochen) ⟨*germ → frz*⟩ · **Mar|kierstein** · **Mar|kie|rung**

mar|kig ⟨*zu* ³Mark⟩

mär|kisch (aus der ehem. Mark Brandenburg stammend, sie betreffend); *K 238*: die märkische Landschaft, *aber K 258*: die Märkische Schweiz (Hügelland bei Berlin)

Mar|ki|se, die, _, _n (Sonnenschutz, leinenes Sonnendach) ⟨*germ → lat → frz*⟩; *vgl. aber* Marquise · **Mar|ki|sette,** *auch* **Marqui|sette** [*beide* ..ki'zɛt(ə)], die, _, _s *od* der, _s, _s (gazeartiges, kunstseidenes Gewebe)

Mark|kno|chen · **mark|los;** *vgl.* …los

Mar|ko|man|ne, der, _n, _n (Angehöriger eines german. Volksstammes)

Mark|ran|städt (Stadt im Bez. Leipzig)
Mark|schei|de (*Bergb*; Grubenfeldgrenze) · **Mark|schei|de|kun|de**, die, _ (*bergm*; Vermessung, Darstellung der Lagerungs- u. Abbauverhältnisse) · **Mark|schei|der** (*Bergb*; Vermessungsingenieur)
Mark|stamm|kohl (als Grün- od. Gärfutter verwendete Form des Kohls)
Mark|stein (Wendepunkt, wichtiges Ereignis) ⟨*zu* [2]Mark⟩; ein _ in der Geschichte
Mark|stück ⟨*zu* [1]Mark⟩
Markt, der, _[e]s, *Pl* Märkte ⟨*lat*⟩; seine Haut zu Markte tragen (*umg*; sich in Gefahr begeben) · **mark|ten** (abhandeln, feilschen) · **Markt|fah|rer** (*österr*; Wanderhändler) · **Markt|flecken** [*Tr* ...flek|ken] (*hist*) · **Markt|for|schung** · **markt|gän|gig** · **Markt|hal|le** · **Markt|lei|ter**, der · **Markt|lücke** [*Tr* ...lük|ke] · **markt|schreie|risch** (*abwert*); _ste · **Markt|tag**
Mar|le|ne (w. Vn.) ⟨Maria + Lene⟩
Mar|ma|ra|meer *K 246* ⟨*nach* der Insel Marmara⟩, das, _[e]s, *im Altertum* **Pro|pon|tis** ⟨*grch*⟩, die, _ (Binnenmeer zw. Bosporus u. Dardanellen)
Mar|mel: 1. der, _s, _ (*veraltet*; Marmor) – 2. ↑ Murmel ⟨*grch* → *lat*⟩
Mar|me|la|de, die, _, _n (Obstmus) ⟨*grch* → *lat* → *portug* → *span* → *frz*, ‚Quittenmus'⟩ · **Mar|me|la|de[n]|glas**, *Pl* ..gläser
mar|meln *K 363* (*landsch*; mit Murmeln spielen) ⟨*grch* → *lat*⟩ · **Mar|mor**, der, _s, _e. *Zus K 365 ff.*: Marmor‿säule usw. · **mar|mor|ar|tig** · **mar|mo|rie|ren** (marmorartig bemalen) · **mar|morn**
Mar|ne, die, _ (Fluß im NO Frankreichs)
Ma|ro|cain [..'kɛ̃:], der, _s, _s (kreppartiges Gewebe) ⟨*frz*⟩
ma|ro|de (*noch umg*; erschöpft, marschunfähig) ⟨*frz*⟩ · **Ma|ro|deur** [..'dø:r], der, _s, _e (*Milit veraltet*; plündernder Nachzügler) · **ma|ro|die|ren** (*Milit veraltet*)
Ma|rok|ka|ner, der, _s, _ · **ma|rok|ka|nisch** · **Ma|rok|ko**, *amtl* **Kö|nig|reich Ma|rok|ko** (im NW Afrikas)
Ma|ro|ne: 1. die, _, *Pl* _n (*österr* ..ni, *schweiz* _n *od* ..ni), *österr meist* **Ma|ro|ni**, die, _, _ (eßbare Kastanie) – 2. die, _, _n (ein Speisepilz) ⟨*grch* → *ital* → *frz*⟩ · **Ma|ro|nen|pilz**
Ma|ro|quin [..'kɛ̃:], der, _s, _s (feines, weiches [marokkan.] Ziegenleder) ⟨*frz*⟩
Ma|rot|te, die, _, _n (wunderl. Neigung, Schrulle) ⟨*frz*⟩
Mar|quis [..'ki:], der, _ [..'ki:(s)], _ [..'ki:s] (französ. Adelstitel) ⟨*germ* → *lat* → *frz*, ‚Markgraf'⟩ · **Mar|qui|sat** [..ki..], das, _[e]s, _e (Würde, Gebiet eines Marquis) · **Mar|qui|se** [..'ki:zə], die, _, _n (Frau od. Tochter eines Marquis); *vgl. aber* Markise · **Marquisette** ↑ Markisette
[1]**Mars**: 1. (*röm Mythol*; Gott des Krieges) – 2. der, _ (ein Planet) ⟨*lat*⟩
[2]**Mars**, der, _, _e, *auch* die, _, _en (*seem*; Plattform als Abschluß des Untermastes) ⟨*germ* → *finn*⟩
marsch! ⟨*lat* → *frz*⟩; marsch, marsch!; vorwärts marsch! · [1]**Marsch**, der, _es, *Pl* Märsche. *Zus K 365 ff.*: Marsch‿kolonne usw.
[2]**Marsch**, die, _, _en (fruchtbares Schwemmland) ⟨*zu* Meer⟩
Mar|schall, der, _s, ..älle (hoher militär. Dienstgrad in den Armeen verschiedener Länder – *hist*; Hofmeister) ⟨*zu* [1]Mähre u. Schalk⟩ · **Mar|schall-Niel-Ro|se** [..'niɛl.. *od* ..'ni:l..] *K 213*
marsch|be|reit · **Marsch|be|reit|schaft**, die, _
Marsch|bo|den · **Mar|schen|dorf**
marsch|fer|tig · **mar|schie|ren** ⟨*lat* → *frz*⟩
Marsch|land, *Pl* ..länder
marsch|mä|ßig
Mar|seil|lai|se [marsɛ'jɛ:zə *od* ..'jɛ:z, *österr nur so*], die, _ (frz. Nationalhymne – *urspr*; Kampflied der Französ. Revolution)
Mar|seille [..'sɛ:j] (Hafenstadt in Südfrankreich) · **Mar|seil|ler** [..'sɛ:jər]: 1. *K 231*: der, _s, _; 2. *als Attribut K 232*
Mars|feld, das, _[e]s (Platz in Paris – *Altertum*; Versammlungs- u. Übungsplatz in Rom)
Mar|shall|in|seln ['marʃal.., *engl* 'ma:rʃ(ə)l..] *K 209 Pl* (Inselgruppe im westl. Pazifik) ⟨*nach* dem engl. Kapitän⟩
Mar|shall|plan ['marʃal.., *engl* 'ma:rʃ(ə)l..] *K 209*, der, _[e]s (*hist*; finanzpolit. Plan, der die kapitalist. Staaten Europas in noch stärkere wirtschaftl. u. polit. Abhängigkeit vom USA-Imperialismus gebracht hat) ⟨*nach* dem General der USA⟩
Mars|sten|ge (*seem*) ⟨*zu* [2]Mars⟩
Mar|stall (*hist*; fürstl. Stallungen; Gesamtheit der Pferde einer Hofhaltung) ⟨*zu* [1]Mähre⟩
Mar|ta *K 207* (w. Vn.) ⟨*Nebenf von* Martha⟩
Mär|te, die, _, _n (*landsch*; Mischmasch; Kaltschale)
Mar|ter, die, _, _n ⟨*grch* → *lat*⟩ · **Mar|terl**, das, _s, _[n] (*bayr*, *österr*; Tafel zur Erinnerung an Verunglückte; Pfeiler mit Nische für Kruzifix od. Heiligenbild) · **mar|tern** *K 363* · **Mar|ter|pfahl** (*hist*)
Mar|tha *K 207* (w. Vn.) ⟨*hebr*, ‚Herrin'⟩; *Nebenf* ↑ Marta
mar|tia|lisch (kriegerisch, wild, streitbar) ⟨*lat*, *zu* [1]Mars⟩
Mar|tin (m. Vn.) ⟨*lat*, *zu* [1]Mars⟩; *niederdt Form* ↑ Merten · **Mar|ti|ni**, das, _ (*christl Rel*; Martinstag)
Mar|ti|nique [..'nik] (Insel der Kleinen Antillen) ⟨*lat* → *frz*⟩
Mar|tins|horn (akust. Warneinrichtung [an Polizeifahrzeugen])
Mar|tin|ver|fah|ren *K 209*, das, _s (Verfahren zur Erzeugung von Stahl) ⟨*nach* dem französ. Erfinder Martin [..'tɛ̃:]⟩; *vgl. auch* Siemens-Martin-Verfahren
Mär|ty|rer[1], der, _s, _ (*Rel*; jmd., der für sein Glaubensbekenntnis, wegen seiner Überzeugung Verfolgung od. den Tod erleidet – *übertr*; Opfer einer Idee) ⟨*grch*, *zu* Marter⟩ · **Mär|ty|re|rin**[1], die, _, ..innen (*Rel u. übertr*) · **Mär|ty|rer|tum**[1], das, _[e]s (*Rel u. übertr*) · **Mar|ty|rium**, das, _s, ..ien [..iən] (*Rel*; Opfertod – *übertr*; schweres Leiden um einer Überzeugung willen; Qual) ⟨*grch* → *lat*⟩
Marx-En|gels-Ge|samt|aus|ga|be; *Kurzw* MEGA ⟨*nach* den Begründern des wissenschaftl. Sozialismus/Kommunismus Karl Marx u. Friedrich Engels⟩ · **Mar|xis|mus**, der, _ · **Mar|xis|mus-Le|ni|nis|mus**, der, _ · **Mar|xist** · **mar|xi|stisch** *K 221* · **mar|xi|stisch-le|ni|ni|stisch** *K 221* · **Mar|xist-Le|ni|nist** · **Marxsch** *K 217 u. 219* (von Karl Marx herrührend); das _e »Kapital«
Ma|ry ['mɛ:ri] (w. Vn.) ⟨*engl Form von* Maria⟩
Ma|ry|land ['mɛrilɛnt *od* ..lɛnd] *K 209* (Staat der USA) ⟨*nach* der engl. Königin Mary Henrietta [_ ..i'ɛtə]⟩
März, der, _[es] *K 328*, *dicht auch* _en, *Pl* (*selten*) _e (dritter Monat im Jahr) ⟨*lat* Martius, *nach* [1]Mars (1)⟩ · **März|be|cher**, *auch* **Mär|zen|be|cher** (ein Frühlingsblüher)
Mar|zi|pan [*auch* 'mar.., *österr nur so*], das *od* der, *österr nur so*, _[e]s, _e (Mandelkonfekt) ⟨*arab* → *ital*⟩
märz|lich · **März|veil|chen**
Masai ↑ Massai
[1]**Ma|sche**, die, _, _n (kleine Fadenschlinge – *österr auch für* Schleife, z. B. im Haar, am Kleid)

---
[1] *Kath Kirche in rein kirchl Bedeutung auch* Martyrer usw.

(‚Knoten‘). *Zus K 365ff.*: Maschen‿draht usw.

[2]**Ma|sche,** die, –, –n (*umg*; günstige Gelegenheit, erfolgversprechende Idee, Lösung) (*Herkunft umstritten*)

...ma|schig (z. B. engmaschig) (*zu* [1]Masche)

Ma|schi|ne, die, –, –n (*grch → lat → frz*) · **ma|schi|ne|ge|schrie|ben**[1] *od* **ma|schi|nen|ge|schrie|ben**[1]; *K 364*: ein maschine[n]geschriebener Brief, *österr* ein maschingeschriebener Brief · **ma|schi|nell** (maschinenmäßig [hergestellt]) · **Ma|schi|nen|ge|wehr;** *Abk* MG · **Ma|schi|nen|ka|no|ne** (*Milit*); *Abk* MK · **ma|schi|nen|les|bar** (*Datenv*); ein –es Manuskript · **ma|schi|nen|mä|ßig** · **Ma|schi|nen|nä|he|rin** · **Ma|schi|nen|pi|sto|le;** *Abk* MPi · **Ma|schi|nen|satz:** 1. der, –es, ..sätze (zusammengehörige Gruppe von Maschinen) – 2. der, –es (maschinelles Setzen; der entsprechende Schriftsatz) · **Ma|schi|ne[n]|schrei|ben**[1], das, –s · **Ma|schi|ne[n]|schrei|ber**[1] · **Ma|schi|ne[n]|schrei|be|rin**[1] · **Ma|schi|nen|schrift**[1] · **Ma|schi|ne|rie,** die, –, ..ien (Einrichtung; Getriebe) · **ma|schi|ne|schrei|ben**[1], *auch* **ma|schi|nen|schrei|ben**[1] *K 134*; du schreibst Maschine; du hast maschinegeschrieben (↑ *aber d.*), *auch* maschinengeschrieben, *österr* maschingeschrieben; maschinezuschreiben, *österr* maschinzuschreiben · **Ma|schi|nist** (Facharbeiter, der Maschinen bedient u. überwacht)

[1]**Ma|ser** ['me:zər *od* 'ma:..], der, –s, – *Kunstw* (*Phys*; Verstärker für Mikrowellen) (*engl*). *Zus K 365ff.*: Maser‿technik usw.

[2]**Ma|ser** ['ma:..], die, –, –n (Fleck, Zeichnung [im Holz]; Narbe) · **Ma|ser|holz** · **ma|se|rig** · **ma|sern** *K 363* · **Ma|sern** *Pl* (eine Kinderkrankheit)

Ma|se|ru (Hptst. von Lesotho)

Ma|se|rung (Zeichnung des Holzes) (*zu* [2]Maser)

Mas|kat (Hptst. von Oman)

Mas|ke, die, –, –n (künstliche Hohlgesichtsform, Larve; Person im Maskenkostüm – *Fot*; Film zur Farb- u. Tonwertkorrektur) (*arab → ital → frz*) · **Mas|ken|ball** · **Mas|ken|bild|ner** · **Mas|ke|ra|de** (Verkleidung; Maskenfest; Mummenschanz) (*arab → ital → span*) · **mas|kie|ren** ([mit einer Maske] verhüllen, verkleiden; verbergen – *Fot*; mit Masken fotomechanisch korrigieren); sich (*Akk*) – (sich verkleiden) (*arab → ital → frz*) · **Mas|kie|rung**

Mas|kott|chen, das, –s, –, *selten* **Mas|kot|te,** die, –, *Pl* –s [..'kɔts] *bzw* –n (*Abergl*; glückbringendes Anhängsel, Puppe u. ä.) (*prov → frz*, ‚kleine Hexe‘)

mas|ku|lin [*auch* ..'li:n] (männlich – *Gramm*; männl. Geschlechts) (*lat*) · **Mas|ku|li|num** [*auch* ..'li:..], das, –s, ..na (*Gramm*; männl. Geschlecht, männl. Substantiv); *Abk* m. *od* M.

Ma|so|chis|mus [..x..], der, – (sexuelle Erregung durch Erdulden von Mißhandlungen) (*nach* dem österr. Schriftsteller v. Sacher-Masoch) · **Ma|so|chist** · **ma|so|chi|stisch**

Maß:

1. das, –es, –e (*a.* das richtig Gemessene, *auch in zeitl u. übertr Bedeutung*; *K 125*: Maß nehmen, *aber K 133*: maßhalten [↑ *d.*] – *b.* Maßband, -leiste – *c.* das Angemessene, die [sittl.] Mäßigung; Bescheidenheit; die Art und Weise)

2. das, –es (*südd*t, *österr* die, –), *Pl* –e, *bei Maßangaben* (*K 308*) Maß (ein Hohlmaß); ein Maß (*süddt, österr* eine Maß) Bier; 3 Maß Bier; ein gerüttelt und geschüttelt Maß

3. *in Zus K 176*: bekanntermaßen, dermaßen, folgendermaßen usw.

Mas|sa|chu|setts [mɛsə'tʃu:sɛts] (Staat der USA)

Mas|sa|ge [..'sa:ʒə, *österr* ..'sa:ʒ] (Heilbehandlung durch Streichen, Kneten usw.) (*arab → frz*)

Mas|sai *od* **Ma|sai,** der, –, – (Angehöriger eines nilot. Volkes im O Afrikas)

Mas|sa|ker, das, –s, – (Gemetzel) (*frz*) · **mas|sa|krie|ren** (niedermetzeln)

Maß|ana|ly|se, die, –, –n (*Chem*) · **maß|ana|ly|tisch** (*Chem*) · **Maß|an|ga|be;** *vgl. K 308–312* · **Maß|ar|beit**

Mas|saua (Hafenstadt im N Äthiopiens [2])

Ma|ße, die, –, –n (*veraltet*; rechtes Maß); *nur noch in* mit, ohne Maßen; über die Maßen; über alle Maßen; etwas in Maßen (mäßig) genießen

Mas|se, die, –, –n (*Phys*; Größenart der Mechanik); *Formelzeichen m* (*grch → lat*); *vgl. auch K 387*

Maß|ein|heit

[1]**Mas|sel,** die, –, –n (*Hüttenw*; Form für Roheisen; Vorratsbehälter für flüssiges Metall; Roheisenbarren)

[2]**Mas|sel** ['ma.., *österr oft* 'ma:..], der, *österr* das, –s (*salopp*; Glück) (*rotwelsch*)

Mas|sen|auf|ge|bot · **mas|sen|haft** · **Mas|sen|ini|tia|ti|ve** [..v..], die, –; *K 119*: volkswirtschaftliche – (*Abk* VMI) · **Mas|sen|me|dien** [..ĭən] *Pl* (massenwirksames Informationsmittel wie Presse, Rundfunk u. Fernsehen) · **Mas|sen|or|ga|ni|sa|tion** · **mas|sen|po|li|tisch;** –e Arbeit · **Mas|sen|ver|an|stal|tung** · **Mas|sen|ver|nich|tungs|mit|tel,** *meist Pl* · **mas|sen|wei|se** *K 176*

Mas|seur [..'sø:r], der, –s, –e (die Massage Ausübender) (*arab → frz*) · **Mas|seu|se** [..'sø:zə], die, –, –n

Maß|ga|be, die, –; nach – (*bürospr*); *vgl. auch K 308ff.* · **maß|ge|bend;** *K 115*: am –sten · **maß|geb|lich** · **maß|hal|ten** *K 133*; du hältst maß *K 112*; maßgehalten; maßzuhalten, *aber*: das rechte Maß halten · **maß|hal|tend**

Maß|hol|der, der, –s, – (Feldahorn)

[1]**mas|sie|ren** ([Truppen] zusammenziehen; anhäufen) (*grch → lat → frz, zu* Masse)

[2]**mas|sie|ren** (Massage ausüben, kneten) (*arab → frz*)

mas|siert (gehäuft [auftretend]) (*zu* [1]massieren) · **mas|sig**

mä|ßig (*zu* Maß) · **...mä|ßig** (z. B. verfassungsmäßig) · **mä|ßi|gen;** sich (*Akk*) – · **Mä|ßig|keit,** die, – · **Mä|ßi|gung,** die, –

mas|siv (schwer; voll [nicht hohl] – *übertr*; rücksichtslos, grob) (*grch → lat → frz, zu* Masse) · **Mas|siv,** das, –s, –e [..v..] (Gebirgsstock) · **Mas|siv|bau,** *Pl* ..bauten

Maß|krug (*bes süddt, österr*) · **maß|lei|dig** (*südwestdt, schweiz*; verdrossen)

Maß|lieb|chen (Gänseblümchen) (*ndrl*)

maß|los *K 349*; *vgl.* ...los · **Maß|lo|sig|keit** · **Maß|nah|me,** die, –, –n · **Maß|neh|men,** das, –s; *aber*: Maß nehmen; *vgl.* Maß · **Maß|re|gel** · **maß|re|geln** *K 132 u. 363*; gemaßregelt; zu – · **Maß|re|ge|lung** *K 363* · **Maß|stab** · **maß|stäb|lich** · **...maß|stäb|lich,** *auch* **...maß|stä|big** (z. B. großmaßstäblich, *auch* großmaßstäbig, kleinmaßstäblich, *auch* kleinmaßstäbig) · **maß|stab[s]|ge|recht** · **Maß|sy|stem** · **maß|voll;** am –sten · **Maß|werk,**

[1] Bei den Zusammensetzungen aus »Maschine« + »schreiben« ist fachsprachlich überwiegend die Form mit -n-, z. B. maschinengeschrieben, Maschinenschreiberin, österreichisch dagegen nur die Form ohne -en- üblich, z. B. maschingeschrieben, Maschinschreiberin.

das, _[e]s (*Arch*; Verzierung in got. Fensterbogen)
[1]Mast, der, _es, *Pl* _en, *seltener* _e (Mastbaum)
[2]Mast, die, _, _en (Mästung)
Ma|sta|ba, die, _, _s (altägypt. Grabkammer) ⟨*arab*, ‚Bank'⟩
Mast|darm · mä|sten
Ma|sten|wald
Ma|ster ['ma:stər], der, _s, _ (engl. Anrede an junge Leute; akadem. Titel in England u. den USA; Leiter bei Parforcejagden) ⟨*lat* → *engl*, ‚Meister'⟩
ma|stig (*landsch*; fett, feist – *landsch*, *von Wiesen gesagt*; feucht)
Ma|sti|ka|tor, der, _s, ..oren (*fachspr*; Knetmaschine) ⟨*grch* → *lat*⟩ · **Ma|stix,** der, _[es] (ein Harz) ⟨*grch*⟩
Mast|korb
Mast|odon, das, _s, *Pl* _s *od* ..donten (*Paläont*; ausgestorbene Gattung der Rüsseltiere) ⟨*grch*⟩
Mast|spit|ze
Mä|stung
Ma|stur|ba|tion (*fachspr*; geschlechtl. Selbstbefriedigung) ⟨*lat*⟩ · **ma|stur|bie|ren** (*fachspr*)
Ma|su|re, der, _n, _n (Angehöriger eines ostslaw. Volksstammes) · **ma|su|risch;** *K 258*: die Masurische Seenplatte
Ma|sut, das, _[e]s (*fachspr*; ein Kesselheizmittel aus dem Rückstand der Erdöldestillation) ⟨*Turkspr* → *russ*⟩
Ma|ta|di (Hafenstadt in Zaïre)
Ma|ta|dor, der, *Gen* _s, *Pl* _e *od Gen* _en, *Pl* _en (Hauptkämpfer im Stierkampf – *übertr*; hervorragender Mann) ⟨*arab* → *span*⟩
Match [mɛtʃ], das, *österr nur so*, *auch* der, _[e]s, *Pl* _s, *auch* _e, *österr meist* _es [..iz] (Wettkampf, -spiel) ⟨*engl*⟩ · **Match|ball** ['mɛtʃbal *od* ..bɔ:l] (spielentscheidender Ball [Aufschlag], z. B. beim Tennis)
Ma|te, der, _ (Tee aus den Blättern einer Stechpalmenart) ⟨*indian* → *span*⟩. *Zus K 365ff.*: Mate‿baum, ...tee usw.
Ma|ter, die, _, _n (*Polygr*; Mutterform für den Abguß von Stereotypplatten) ⟨*lat*⟩ · **Ma|ter do|lo|ro|sa** *K 47*, die, *Gen* _ _ (*Rel*; Beiname Marias, der Mutter Jesu) ⟨‚Schmerzensmutter'⟩
ma|te|rial (*meist fachspr*; stofflich, sachlich) ⟨*lat*⟩; _e Ethik · **Ma|te|rial,** das, _s, _ien [..ĭən], *meist Sg* (Roh-, Arbeitsstoff, Hilfsmittel; Beweismittel, Belege; Sammlungsstücke) · **Ma|te|rial|ein|spa|rung** · **Materialiensammlung** ↑ Materialsammlung · **Ma|te|ria|li|sa|tion** (*fachspr*; Verkörperung; Verstofflichung) · **ma|te|ria|li|sie|ren** (*fachspr*) · **Ma|te|ria|lis|mus,** der, _ (Grundrichtung in der Philosophie, die davon ausgeht, daß das Sein [die Materie] das Primäre u. das Bewußtsein das Sekundäre ist); *K 119*: der dialektische _, der historische _ · **Ma|te|ria|list** (Vertreter des [philosoph.] Materialismus – *abwert*; ein Mensch, der nur niederen Genüssen nachjagt) · **ma|te|ria|li|stisch;** _ste · **Ma|te|rial‿ko|sten** (*Pl*), **...öko|no|mie** (die, _) · **Ma|te|rial|samm|lung,** *auch* **Ma|te|ria|lien|samm|lung** [..ĭən..]
Ma|te|rie [..iə]: 1. die, _ (*Philos*; die außerhalb u. unabhängig vom Bewußtsein bestehende objektive Realität) – 2. die, _, _n (Stoff, Gegenstand, Inhalt einer Darlegung) ⟨*lat*⟩ · **ma|te|riell** (die Materie betreffend; stofflich, körperlich; sachlich; auf Gewinn od. Genuß eingestellt) ⟨*lat* → *frz*⟩; die _e Interessiertheit
ma|tern *K 363* (*Polygr*; eine Matrize herstellen) ⟨*lat*⟩
Ma|the ['matə], die, _ (*schülerspr kurz für* Mathematik) · **Ma|the|ma|tik** [..'ti(:)k, *süddt häufig, österr nur* ..'ma:..], die, _ (Wissenschaft von den Zahlen- u. Raumgrößen) ⟨*grch* → *lat*⟩; *K 119*: die reine _, die angewandte _ · **Ma|the|ma|ti|ker,** der, _s, _ · **Ma|the|ma|tik-olym|pia|de** · **ma|the|ma|tisch**
Ma|thil|de *K 208* (w. Vn.) ⟨*Nebenf von* Mechthild⟩; *engl Kurzf* ↑ Maud
Ma|ti|nee [*auch* 'ma..], die, _, ..een (künstlerische Morgenveranstaltung; Frühvorstellung) ⟨*lat* → *frz*⟩
Mat|jes|he|ring (leichtgesalzener Junghering) ⟨*ndrl*, ‚Mädchenhering'⟩
Ma|trat|ze, die, _, _n (Unterbettpolster) ⟨*arab* → *ital* → *frz*⟩
Mä|tres|se, die, _, _n (*veraltend abwert*; Geliebte [eines Fürsten]) ⟨*lat* → *frz*⟩
ma|tri|ar|cha|lisch [..ç..] (mutterrechtlich) ⟨*lat*⟩ · **Ma|tri|ar|chat,** das, _[e]s, _e (Mutterherrschaft; Mutterrecht); *Ggs* Patriarchat (1) · **Ma|tri|kel,** die, _, _n (Namen-, Aufnahmeverzeichnis, bes. von Studenten – *österr*; Personenstandsbuch) · **Ma|trix,** die, _, *Pl* Matrizen (*Math*; System von Größen, die in einem rechteckigen Schema angeordnet sind) · **Ma|tri|ze,** die, _, *Pl* Matrizen (*Polygr*; Guß-, Präge- u. Preßform für den Schriftguß, die Stereotypie usw.; wachsüberzogenes Blatt zum Hektographieren) · **Matrizen:** 1. ↑ Matrix – 2. ↑ Matrize · **Ma|tri|zen|rand** (*Polygr*)
Ma|trjosch|ka, die, _, _s (Holzpuppe mit ineinandergesetzten kleineren Puppen) ⟨*russ*⟩
Ma|tro|ne, die, _, _n (ältere, ehrwürdige Frau) · **ma|tro|nen|haft** (*meist iron*)
Ma|tro|se, der, _n, _n (ausgebildeter Seemann) ⟨*germ* → *frz* → *ndrl*⟩ · **Ma|tro|sen|an|zug**
matsch (*umg*; verdorben, faul [bes. vom Obst]; erschöpft; besiegt) ⟨*lat* → *ital*⟩ · **[1]Matsch,** der, _[e]s, _e (*Kartensp*; [vollkommen] verlorenes Spiel)
[2]Matsch, der, _[e]s (*umg*; weiche Masse; nasser Straßenschmutz) · **mat|schen** *K 354* (*umg*) · **mat|schig** (*umg*)
matt (schwach; kraftlos; glanzlos); matter, matteste ⟨*arab* → *span* → *frz*⟩; jmdn. _ setzen (jmdn. kampf-, handlungsunfähig machen) · **Matt,** das, _s, *Pl* (*selten*) _s (*Schach*)
[1]Mat|te, die, _, _n (Unterlage; Bodenbelag) ⟨*phön* → *lat*⟩
[2]Mat|te, die, _, _n (*schweiz u. dicht*; Wiese) ⟨*zu* [1]mähen⟩
Mat|ter|horn, das, _[e]s (Berg in den Westalpen)
Matt|gold · **matt|gol|den** *K 364* · **Matt|heit,** die, _ ⟨*arab* → *span* → *frz*⟩
Mat|thias *K 207* (m. Vn.) ⟨*hebr*, ‚Gottesgabe'⟩
mat|tie|ren (matt, glanzlos machen) ⟨*arab* → *span* → *frz*⟩ · **Mat|tig|keit,** die, _ · **Matt|schei|be**
Ma|tu|ra, *schweiz auch* **Ma|tur,** die, _ (*österr*, *schweiz*; Reifeprüfung) ⟨*lat*⟩; *vgl. auch* Abitur · **Ma|tu|rand** *K 20*, der, _en, _en (*schweiz*; Abiturient) · **Ma|tu|rant** *K 21*, der, _en, _en (*österr*; Abiturient) · **Ma|tu|ri|tät,** die, _ (*noch schweiz*; Reife, Reifeprüfung)
Matz, der, _es, *Pl* _e *od* Mätze (*scherzh*; kleiner Kerl; *in Zus* z. B. Piepmatz) · **Mätz|chen** (*umg*); _ machen (Ausflüchte machen, Unfug treiben)
Mat|ze, die, _, _n *od* **Mat|zen,** der, _s, _ (ungesäuertes Passabrot der Juden) ⟨*hebr*⟩
mau (*umg*; unwohl; dürftig) ⟨*scherzh aus* ‚mauen' = miauen⟩; *nur in Wendungen wie* das ist _, mir ist _
Maud [mɔ:t *od* mɔ:d] ⟨*engl Kurzf von* Mathilde⟩
Mau|er, die, _, _n ⟨*lat*⟩ · **Mauerei** ↑ Maurerei · **Mauermeister** ↑ Maurermeister · **mau|ern** *K 363* · **Mauerpolier** ↑ Maurerpolier · **Mauer‿rit|ze, ...seg|ler, ...werk**
Mau|ke, die, _ (eine Pferdekrankheit)
Maul, das, _[e]s, *Pl* Mäuler; halt's Maul! (*derb*) · **Maul|af|fen** *Pl*; *nur in* _ feilhalten (*umg abwert*; mit of-

fenem Munde dastehen u. nichts tun; gaffen)

Maul|beer|baum · **Maul|bee|re** ⟨*grch → lat*⟩

Mäul|chen, *Pl* _ *od* Mäulerchen (kleiner Mund) · **mau|len** (*salopp abwert*; unzufrieden sein)

Maul|esel (Kreuzung zw. Pferd u. Eselstute) ⟨*lat*⟩

maul|faul (*umg abwert*) · **Maul|korb**

Maul|tier (Kreuzung zw. Esel u. Pferdestute) ⟨*lat*⟩

Maul- und Klau|en|seu|che *K 178*

Maul|wurf, der, _[e]s, ...würfe (ein Insektenfresser) ⟨‚Haufenwerfer'⟩ · **Maul|wurfs|hau|fen**

maun|zen *K 354* (*landsch umg*; winseln, weinerlich sein, klagen)

Mau|re, der, _n, _n (Angehöriger der aus Arabern u. Berbern entstandenen Mischbevölkerung im N Afrikas)

Mau|rer ⟨*lat*⟩ · **Mau|rer|ar|beit** · **Mau|re|rei**, *auch* **Maue|rei**, die, _ (das Mauern) · **Mau|rer|ge|sel|le** · **Mau|rer|hand|werk**, das, _[e]s · **mau|re|risch** (freimaurerisch); *K 258*: die Maurerische Trauermusik (von Mozart); *vgl. aber* maurisch · **Mau|rer|kel|le** · **Mau|rer-mei|ster**, *auch* **Mau|er|mei|ster** · **Mau|rer|po|lier**, *auch* **Mau|er|po|lier**

Mau|res|ke *od* **Mo|res|ke**, die, _, _n (*bildende Kunst*; eine Ornamentform) ⟨*lat → span → ital → frz, zu* Maure⟩

Mau|re|ta|nien [..ĭən], *ohne Art*: 1. (*Altertum*; Bez. für das Gebiet von Marokko u. Algerien) – 2. *amtl* **Is|la|mi|sche Re|pu|blik Mau|re-ta|nien** *K 258*, die, *Gen* _n _ _ (im NW Afrikas) ⟨*nach* den Mauren⟩ · **Mau|re|ta|nier** [..ĭər], der, _s, _ · **mau|re|ta|nisch**

Mau|rice [moˈriːs *od* mɔˈris] (m. Vn.) ⟨*französ Form von* Moritz⟩

mau|risch ⟨*zu* Maure⟩; *K 119*: ein _er Bau, der _e Stil; *vgl aber* maurerisch

Mau|ri|tier [..tsĭər], der, _s, _ (Staatsbürger von Mauritius) · **mau|ri|tisch** · **Mau|ri|tius** (Insel u. Inselstaat im westl. Indik) ⟨*lat, nach* Prinz Moritz von Oranien⟩; die blaue _ (eine wertvolle Briefmarkenerstausgabe von 1847)

Maus, die, _, *Pl* Mäuse

mau|scheln *K 363* (*umg abwert*; betrügen, bes. beim Kartenspiel) ⟨*hebr*⟩

Mäus|chen *od* **Mäus|lein** · **mäus-chen|still** · **Mau|se|fal|le**, *auch* **Mäu|se|fal|le** · **Mäu|se‿fraß, ...gift** · **mäu|seln** *K 363* (*weidm*; den Mäuseruf nachahmen) · **Mau-se|loch**, *auch* **Mäu|se|loch** *od* **Maus|loch** · **mau|sen** *K 354* (*salopp*; stehlen – *noch landsch, von Tieren gesagt*; Mäuse fangen)

Mau|ser, die, _ (jährl. Ausfall u. Ersatz der Federn bei Vögeln) ⟨*lat*⟩

Mau|se|rei (*salopp*; Stehlerei) ⟨*zu* Maus⟩

Mäu|se|rich, der, _s, _e (männl. Maus)

mau|se|rig (*schweiz*; verdrießlich) · **mau|sern, sich** (*Akk*); der Vogel mausert sich

Mau|ser|pi|sto|le *K 209* ⟨*nach* den Erfindern, den Brüdern Mauser⟩

mau|se|tot, *österr auch* **maus|tot** (*umg*); _ sein, schlagen

maus|far|ben (*K 364*) *od* **maus|farbig**; *vgl. auch* ...farben *u. K 272ff.* · **maus|grau**; *vgl.* blau

mau|sig ⟨*zu* Mauser⟩; *nur in* sich (*Akk*) _ machen (*salopp*; sich aufspielen; frech, übermütig sein)

Mausloch ↑ Mauseloch

Mau|so|le|um, das, _s, ..een (prächtige Grabstätte) ⟨*nach* dem Grabmal des Fürsten Mausolos *od* Mausolus⟩

maustot ↑ mausetot

Maut, die, _, _en (*bes österr*; Zoll, Gebühr) ⟨*zu* messen⟩

Maut|hau|sen (hitlerfaschist. Konzentrationslager in Österreich)

mau|zen *K 354* (*landsch*; miauen)

Max (m. Vn.) ⟨*lat*⟩ · **Mäx|chen** (*Verkleinerungsf von* Max)

Max|hüt|te (metallurg. Kombinat in Unterwellenborn)

ma|xi (*von Röcken, Kleidern, Mänteln gesagt*; knöchellang) ⟨*lat*⟩ · **Ma|xi**, das, _s, *meist ohne Art* (knöchellange Rock-, Kleider- u. Mantelmode) · **Ma|xi...** (*in Zus* bis zu den Knöcheln reichend, z. B. Maximantel; Groß..., sehr groß, z. B. Maxibuch)

Ma|xil|la: 1. die, _, ..llae [..lɛː] (*Med*; Oberkiefer, Oberkieferknochen) – 2. ↑ Maxille ⟨*lat*⟩ · **ma|xil-lar** (*Med*; den Oberkiefer betreffend) · **Ma|xil|le**, die, _, _n: 1. *od* **Ma|xil|la**, die, _, ..llae [..lɛː] (*Biol*; Oberkiefer der Wirbeltiere) – 2. *meist Pl* (*Biol*; Unterkiefer der Gliederfüßer)

Maxima ↑ Maximum · **ma|xi|mal** (sehr groß; größt..., höchst...) ⟨*lat*⟩ · **Ma|xi|mal|be|trag** (Höchstbetrag) · **Ma|xi|me**, die, _, _n (Grundsatz, allgemeine Lebensregel) · **ma|xi|mie|ren** (auf den höchsten Stand bzw. Wert bringen) · **Ma|xi|mie|rung** · **Ma|xi|mum**, das, _s, *Pl* Maxima (größter Wert, Höchstwert); barometrisches _ (*Met*; Hoch) · **Ma|xi|mum-Mi|ni-mum-Ther|mo|me|ter** *K 189*

Max-Planck-Ge|sell|schaft *K 213*, die, _ (*kurz für* die in der BRD bestehende Max-Planck-Gesellschaft zur Förderung der Wissenschaften) ⟨*nach* dem Physiker⟩ · **Max-Planck-In|sti|tu|te** *K 213 Pl* (die Forschungseinrichtungen der Max-Planck-Gesellschaft)

Max|well [*engl* ˈmɛkswəl], das, _, _ (veraltete Einheit des magnet. Flusses = 10 nWb); *Einheitenzeichen* M *od* Mx ⟨*nach* dem engl. Physiker⟩

Ma|ya [ˈmaːja]: 1. der, _[s], _[s] (Angehöriger einer indian. Sprachfamilie in Mittelamerika; Angehöriger eines ehemals hochstehenden Kulturvolkes auf Yucatán u. in Nordguatemala)

Ma|yon|nai|se [majɔˈnɛːzə, *österr* ..ˈnɛːz], *eindeutschend* **Ma|jo|nä-se**, die, _, _n [..z(ə)n] (eine gewürzte kalte Tunke aus Speiseöl, Eigelb u. a.) ⟨*frz, nach* der Stadt Mahón [maˈɔn] auf Menorca⟩

May|or [ˈmɛːər], der, _s, _s (Bürgermeister in England u. den USA) ⟨*lat → frz → engl*⟩; *vgl.* Lord-Mayor

Mazedonien usw. ↑ Makedonien usw.

Mä|zen, der, _s, _e (Kunstfreund, -gönner) ⟨*nach* dem Römer Maecenas [mɛ..]⟩ · **Mä|ze|na|ten|tum**, das, _[e]s

Ma|zis, der, _ (Muskatblüte, getrocknete Hülle der Muskatnuß) ⟨*lat → frz*⟩

Ma|zur|ka [..ˈzur..], die, _, _s (poln. Volkstanz) ⟨*nach* dem Volksstamm der Masuren⟩

Mba|ba|ne (Hptst. von Swasiland)

Mc|Car|ran-Ge|setz [məˈkɛrən..] (Gesetz der USA zur Bekämpfung der KP u. der fortschrittl. Organisationen) ⟨*nach* dem Senator⟩

Mc|Car|thy|is|mus [məkaːrθiˈis..], der, _ (faschist. Gesinnungsterror in den USA) ⟨*nach* dem Senator McCarthy [məˈkaːrθi]⟩

Me|cha|nik [..ç..]: 1. die, _ (Lehre von der Bewegung u. dem Gleichgewicht der Körper; Maschinenkunde) – 2. die, _, _en (Getriebe, Triebwerk) ⟨*grch*, ‚Maschinenkunst'⟩ · **Me|cha|ni|ker**, der, _s, _ · **Me|cha|ni|sa|tor**, der, _s, ..oren (techn. Fachkraft in der sozialist. Land- u. Forstwirtschaft) ⟨*grch → lat → russ*⟩ · **me|cha-nisch** (den Gesetzen der Mechanik entsprechend; maschinenmäßig; gewohnheitsmäßig, gedankenlos); _ste ⟨*grch*⟩ · **me|cha|ni|sie|ren** (auf mechan. Ablauf umstellen; Handarbeit durch Maschinenarbeit ersetzen) · **Me|cha|ni|sie|rung** · **Me|cha|nis|mus**, der, _, ..men

(Getriebe, sich bewegende techn. Einrichtung – *übertr*; [selbsttätiger] Ablauf, Zusammenhang) ⟨*grch* → *lat*⟩ · **me|cha|ni|stisch** (nur mechanische Ursachen anerkennend)

Mecht|hild (w. Vn.) (‚Kraft' + ‚Kampf'); *Nebenf* ↑ Mathilde, *Kurzf* ↑ Meta

Mecke|rer [*Tr* Mek|ke..] (*umg abwert*; Nörgler u. Besserwisser) · **meckern** [*Tr* mek|kern] *K 363* (*umg abwert*) ⟨*lautm*⟩

Meck|len|burg ['me:k.. *od* 'mɛk..] (ehem. Land) · **Meck|len|bur|ger**: 1. *K 231*: der, _s, _; 2. *als Attribut K 232*: die Mecklenburger Seen · **meck|len|bur|gisch**; *K 258*: die Mecklenburgische Seenplatte

Me|dail|le [me'daljə, *österr* ..'dailjə], die, _, _n (Denk-, Schaumünze) ⟨*lat* → *ital* → *frz*⟩ · **Me|dail|len|kunst**, die, _ · **Me|dail|leur** [..dal'jø:r, *österr* ..dail'jø:r], der, _s, _e (Künstler, der Prägestempel für Medaillen od. Münzen schneidet) · **Me|dail|lon** [..dal'jɔŋ, *auch* ..dal'jɔ̃:, *österr* medail'jo:n *od* ..'jɔ̃:], das, _s, _s (große Schaumünze; Bildkapsel; Rundbildchen)

Me|dea (*griech Sage*; kolchische Königstochter mit Zauberkräften) ⟨*grch* → *lat*⟩

Me|der, der, _s, _ (*Altertum*; Angehöriger eines indoeurop. Volkes in Vorderasien)

Me|dia, die, _, *Pl* ..diä *od* ..dien [..ĭən] (*Phon*; stimmhafter Verschlußlaut) ⟨*lat*⟩ · **me|dial** (*fachspr*; inmitten) · **me|dian** (*Anat*; die Mitte betreffend; in der Körpermitte gelegen) · **Me|dian|ebe|ne** (*Anat*; Symmetrieebene des menschl. Körpers) · **Me|dian|li|nie** [..ĭə], die, _ (*Anat*; Symmetrielinie des menschl. Körpers)

me|di|äval [..v..] (*fachspr*; mittelalterlich) ⟨*lat*⟩ · **Me|di|äval** [*fachspr meist* ..'dĭɛvəl], die, _ (*Polygr*; eine Schriftgattung)

Me|di|ce|er [..'tse:ər, *auch* ..'tʃe:ər, *österr nur so*] *od* **Me|di|ci** [..tʃi], der, _s, _ (Angehöriger des florentin. Geschlechts der Medici) · **me|di|ce|isch** [..'tse:.., *auch* ..'tʃe:..] *K 218* · **Me|di|ce|isch** *K 217*; _e Venus

[1]**Medien**: 1. ↑ Media – 2. ↑ Medium

[2]**Me|dien** [..ĭən] (*Altertum*; Reich der Meder zw. Kaspischem Meer u. Mesopotamien)

Me|di|ka|ment, das, _[e]s, _e (Arznei[mittel]) ⟨*lat*⟩ · **me|di|ka|men|tös** (*Med*); eine _e Behandlung · **Me|di|kus**, der, _, *Pl* ..dizi *od* ..dikusse (*scherzh*; Arzt)

Me|di|na (Pilgerstadt des Islam in Saudi-Arabien)

me|dio (*kaufm*; in der Mitte) ⟨*lat* → *ital*⟩; _ (Mitte) Mai · **Me|dio**, der, _s, _s (*kaufm*; die Mitte des Monats, der Fünfzehnte)

Me|di|ta|tion (das Nachdenken, sinnendes Betrachten; das religiöse Versunkensein) ⟨*lat*⟩

me|di|ter|ran (das Mittelmeer u. die angrenzenden Länder betreffend, mittelmeerisch) ⟨*lat*, ‚mittelländisch'⟩ · **Me|di|ter|ran|flo|ra**

me|di|tie|ren (nachdenken, betrachten) ⟨*lat*⟩

Me|dium, das, _s, ..ien [..ĭən] (Mittel, Mittelglied; Kommunikationsmittel; Mittelsperson [beim Spiritismus] – *Gramm*; Aktionsform des Verbs in einigen indoeurop. Sprachen) ⟨*lat*, ‚Mitte'⟩

Medizi ↑ Medikus · **Me|di|zin**: 1. die, _ (Heilkunde, -wissenschaft) – 2. die, _, _en (Arzneimittel, Medikament) ⟨*lat*⟩ · **Me|di|zi|nal|rat**, *Pl* ..räte; *Abk* MR · **Me|di|zin|ball** (ein Gymnastikball) · **Me|di|zi|ner**, der, _s, _ (Arzt; Medizinstudent) · **me|di|zi|nisch** · **Me|di|zin|tech|nik**, die, _ · **me|di|zin|tech|nisch**

Med|ley ['mɛdli], das, _s, _s (Melodienfolge, Potpourri) ⟨*engl*⟩

Me|doc [me'dɔk], der, _s, _s (eine Weinsorte) ⟨*nach* der Landsch. Médoc [me'dɔk] im SW Frankreichs⟩

Me|du|se, die, _, _n (Qualle) ⟨*grch* → *lat*, *nach* Medusa, einer der drei Gorgonen⟩ · **Me|du|sen|haupt**, das, _[e]s (*Kunstwiss*)

Meer, das, _[e]s, _e

Mee|ra|ne (Stadt im Bez. Karl-Marx-Stadt); *vgl. aber* Meran

Meer‿bu|sen, ...**en|ge** · **Mee|res‿al|ge**, ...**grund** · **Mee|res|kun|de**, die, _ · **Mee|res|spie|gel**; über dem _ (*Abk* ü. d. M. *od* ü. M.); unter dem _ (*Abk* u. d. M. *od* u. M.) · **Mee|res|strö|mung** · **meer|grün**; *vgl.* blau · **Meer|kat|ze** (ein Affe)

Meer|ret|tich ⟨*Herkunft des ersten Wortteils umstritten*⟩

Meers|burg (Stadt der BRD am Bodensee); *vgl. aber* Merseburg · **Meers|bur|ger**: 1. *K 231*: der, _s, _ (in Meersburg Geborener od. Wohnender; eine Weinsorte) – 2. *als Attribut K 232* · **meers|bur|gisch**

Meer|schaum, der, _[e]s (*Mineral*) · **Meer|schaum|spit|ze** · **Meer|schwein|chen** · **meer|um|schlun|gen** *K 364* (*dicht*) · **meer|wärts** · **Meer|was|ser**, das, _s

Mee|ting ['mi:..], das, _s, _s (Zusammenkunft, Treffen; Kundgebung; Sporttreffen mit mehreren aufeinanderfolgenden Veranstaltungen) ⟨*engl*⟩

me|ga... (*in Zus* groß, riesig) ⟨*grch*⟩ · **Me|ga...**: 1. (*in Zus* Riesen...) – 2. (Vorsatz bei Einheiten = das Millionenfache der genannten Einheit [z. B. Megaohm, Megawatt]); *Vorsatzzeichen* M... (z. B. MΩ, MW) ⟨*grch*⟩

ME|GA, die, _ *Kurzw* (*M*arx-*E*ngels-*G*esamt*a*usgabe)

Me|ga|hertz (1 Million Hz); *Einheitenzeichen* MHz

Me|ga|joule [..dʒu:l] (1 Million J); *Einheitenzeichen* MJ

Me|ga|lith, der, *Gen* _[e]s, *Pl* _e *od Gen* _en, *Pl* _en (*Urgesch*; bei Grabbauten verwendeter »großer Stein«) ⟨*grch*⟩ · **Me|ga|lith|grab** (*Urgesch*; Großsteingrab) · **Me|ga|li|thi|ker**, der, _s, _ (*Urgesch*; Angehöriger der Großsteingräberkultur) · **me|ga|li|thisch** (*Urgesch*) · **Me|ga|lith|kul|tur**, die, _ (*Urgesch*; Kultur des ausgehenden Neolithikums)

Me|ga|lo|ma|nie, die, _ (*Psych*; Größenwahn) ⟨*grch*⟩

Me|ga|ohm (1 Million Ω); *Einheitenzeichen* MΩ

Me|ga|pas|cal (1 Million Pa); *Einheitenzeichen* MPa

Me|ga|phon, das, _s, _e ([elektroakust.] Sprachrohr) ⟨*grch*⟩

Me|ga|pond (veraltende Einheit der Kraft ≈ 9,81 kN); *Einheitenzeichen* Mp ⟨*grch* + *lat*⟩

Me|gä|re, die, _, _n (böses Weib) ⟨*grch* → *lat*, *nach* Megaira, einer der Erinnyen⟩

Me|ga|the|rium, das, _s, ..ien [..ĭən] (*Paläont*; Riesenfaultier) ⟨*grch* → *lat*⟩

Me|ga|watt (1 Million W); *Einheitenzeichen* MW

Mehl, das, _[e]s, _e ⟨*zu* mahlen⟩. *Zus K 365ff.*: Mehl‿brei usw. · **mehl|ar|tig** · **meh|lig** · **Mehl|schwit|ze** (in Fett erhitztes Mehl); *kurz* Schwitze · **Mehl|spei|se** (*österr*; Süßspeise, süßes Gebäck als Nachtisch) · **Mehl|tau**, der, _[e]s (durch einen Pilz hervorgerufene Pflanzenkrankheit); *vgl. aber* Meltau

mehr; _ Freunde als Feinde; _ Geld; mit _ Hoffnung; _ oder weniger; nicht[s] _ und nicht[s] weniger als ...; um so mehr (*österr* umsomehr *od* umso mehr); nur _ (*landsch*, *bes österr*; nur noch) · **Mehr**, das, _ (*auch für* Mehrheit); ein _ an Kosten; das _ oder Weniger

Mehr‿aus|ga|be, ...**be|darf** · **mehr|deu|tig** · **mehr|di|men|sio|nal** · **Mehr|di|men|sio|na|li|tät**, die, _ · **meh|ren** (*gehoben*) · **Meh|rer** · **meh|re|re** *K 120* (einige; eine Anzahl); _ sagten, daß ...; _ Mark;

K 340: _ tüchtige Gelehrte · **meh|re|res**; *K 120*: ich habe noch _ zu tun · **meh|rer|lei** (*umg*) · **mehr|fach** · **Mehr|fa|che,** das, _n *K 341*; ein _s; um das _ (z. B. Dreifache) vergrößern; *aber K 114*: um ein mehrfaches (bedeutend) vergrößern · **Mehr|fach|nut|zung** · **Mehr|far|ben|druck**: 1. der, _[e]s (ein Druckverfahren) – 2. der, _[e]s, _e (durch dieses Verfahren erzeugter Druck) · **mehr|far|big,** *österr* **mehr|fär|big**; *vgl. auch* ...farbig · **mehr|glied|rig** *K 362* · **Mehr|heit** · **mehr|heit|lich** · **Mehr|heits|be|schluß** · **mehr|jäh|rig**; *vgl.* ...jährig · **Mehr|la|der** (eine Feuerwaffe) · **Mehr|lei|stung** · **Mehr|lings|ge|burt** · **mehr|ma|lig** · **mehr|mals** · **Mehr|pha|sen|strom** (*Elektrotechn*; mehrfach verketteter Wechselstrom) · **Mehr|pro|dukt** · **Mehr|schicht|sy|stem** · **mehr‿sil|big,** **...spra|chig,** **...stim|mig** · **Mehr|stu|fe** (*Gramm*); *vgl. auch K 348* · **Meh|rung,** die, _ (*gehoben*) · **Mehr|wert,** der, _[e]s (*polit Ök*; vom Kapitalisten angeeigneter Wert, den der Arbeiter über seinen Lohn hinaus erzeugt); *Zeichen* m · **Mehr|zahl,** die, _ (*auch Gramm*) · **Mehr|zahl-s** *K 106*, das, _, _ (*Gramm*); *vgl. auch K 302 u. 303* · **mehr|zel|lig** · **Mehr|zweck‿fahr|zeug,** **...ge|bäu|de,** **...mö|bel**

mei|den; du miedst *od* miedest; du miedest; gemieden; meid[e]!

Mei|er (*veraltet*; Gutspächter, -verwalter) ⟨*lat*⟩. *Zus K 365ff.*: Meier‿hof usw. · **Meie|rei** (*noch landsch*; Molkerei)

Mei|le, die, _, _n (alte Einheit der Länge) ⟨*lat*, ‚tausend' [Schritte]⟩. *Zus K 365ff.*: Meilen‿stein usw. · **mei|len|lang** *K 176, aber K 127*: drei Meilen lang · **Mei|len|lauf** · **mei|len|wei|se** *K 176* · **mei|len|weit** *K 176, aber K 127*: zwei Meilen weit · **Mei|ler,** der, _s, _ (*kurz für* Kohlenmeiler). *Zus K 365ff.*: Meiler‿kohle usw.

mein:

1. *Possessivpron*: *m* mein, *f* meine, *n* mein (*vgl. auch das Stichwort* meine *od* meinige); mein Stuhl usw.; *K 120*: mein ein und [mein] alles; ein Streit über mein und dein; mein und dein verwechseln, nicht unterscheiden können; *aber K 97*: das Mein und [das] Dein

2. mein (*dicht*) *od* meiner (*gehoben*) *Gen des Personalpron* »ich«; gedenke mein[er]!

mei|ne *od* **mei|ni|ge**; der, die, das mein[ig]e (*gehoben*). *Kleinschreibung K 122*: Wessen Buch ist das? Ist es das mein[ig]e? (*gehoben*) – *Großschreibung K 97*: die Mein[ig]en (meine Angehörigen); das Mein[ig]e (meine Habe, das mir Zukommende); ich will das Mein[ig]e tun

Mein|eid (Falscheid) ⟨*zu ahd* mein ‚falsch'⟩ · **mein|ei|dig** · **Mein|ei|dig|keit,** die, _

mei|nen

meiner ↑ mein (2) · **mei|ner An|sicht nach**; *Abk* m. A. n. · **mei|ner|seits** · **mei|nes Er|ach|tens** (*nicht*: meines Erachtens nach); *Abk* m. E. · **mei|nes|glei|chen** · **mei|nes|teils** *K 176* · **mei|nes Wis|sens**; *Abk* m. W. · **mei|net|hal|ben** (*veraltend*) · **mei|net|we|gen** · **mei|net|wil|len**; *nur in* um _ · **meinige** ↑ meine

Mei|nin|gen (Stadt im Bez. Suhl) · **Mei|nin|ger**: 1. *K 231*: der, _s, _; 2. *als Attribut K 232*: das Meininger Theater · **mei|nin|gisch**

Mei|nung · **Mei|nungs‿aus|tausch,** **...streit**

Meio|se, die, _n (*Biol*; Reifeteilung, in deren Verlauf die Chromosomenzahl halbiert wird, Reduktionsteilung) ⟨*grch*⟩

Meiran ↑ Majoran

Mei|se, die, _, _n (ein Singvogel) · **Mei|sen|nest**

Mei|ßel, der, _s, _ · **mei|ßeln** *K 363*

Mei|ßen (Stadt der DDR an der Elbe) · **Mei|ße|ner** *od* **[1]Meiß|ner** *K 236*: 1. *K 231*: der, _s, _; 2. *als Attribut K 232*: das Meiß[e]ner Porzellan · **mei|ße|nisch** *od* **meiß|nisch**

[2]Meiß|ner, der, _s (Berg im Hess. Bergland in der BRD); *K 258*: der Hohe _

meist; *K 115*: am meisten; *K 120*: die meisten glauben, daß ...; das meiste davon ist bekannt · **meist|be|gün|stigt** · **Meist|be|gün|sti|gungs|klau|sel** (*Wirtsch*) · **meist|be|tei|ligt** · **meist|bie|tend**; _ verkaufen, *aber*: Meistbietender bleiben · **Meist|bie|ten|de,** der *u.* die, _n, _n *K 341* · **mei|stens** · **mei|sten|teils** *K 176*

Mei|ster, der, _s, _ ⟨*lat*⟩; _ des Sports · **Mei|ster|brief** · **Mei|ster|ge|sang,** der, _[e]s (Kunstdichtung des 15. u. 16. Jh.) · **mei|ster|haft** · **Mei|ster|hand**; von _ [gefertigt] · **Mei|ste|rin,** die, _, ..innen · **Mei|ster|klas|se** · **mei|ster|lich** (*gehoben*) · **mei|stern** *K 363* · **Mei|ster|prü|fung** · **Mei|ster|schaft** · **Mei|ster|schafts|ti|tel** · **Mei|ster|sin|ger,** *auch* **Mei|ster|sän|ger** (*Mittelalter*) · **Mei|ster|stück** · **Mei|ste|rung,** die, _ · **Mei|ster|werk**

Meist|ge|bot · **meist‿ge|bräuch|lich,** **...ge|nannt** · **Meist|stu|fe** (*Gramm*)

Mek|ka (Hauptpilgerstadt des Islam in Saudi-Arabien) ·

Me|kong [me'kɔŋ, *auch* 'me:kɔŋ], der, _[s] (Strom in Hinterindien)

Me|la|min, das, _s (*Chem*; eine Stickstoffverbindung; Ausgangsstoff für Harze) ⟨*grch* + *lat*⟩. *Zus K 365ff.*: Melamin‿harz usw.

Me|lan|cho|lie [..laŋko..], die, _, ..ien (Schwermütigkeit, Trübsinn) ⟨*grch*, ‚Schwarzgalligkeit'⟩ · **Me|lan|cho|li|ker,** der, _s, _ · **me|lan|cho|lisch**; _ste

Me|la|ne|sien [..iən] (Inselkette im westl. Pazifik) ⟨*grch*, ‚Schwarzinselland'⟩ · **Me|la|ne|sier** [..iər], der, _s, _ · **me|la|ne|sisch**

Me|lan|ge [..'lã:ʒ(ə), *auch* ..'laŋʃ, *österr* ..'lã:ʒ], die, _, _n [..(ə)n] (Mischung; Mischmasch – *österr*; Milchkaffee) ⟨*lat* → *frz*⟩

Me|la|nie [me'la:ni: *od* 'me:la.. *od* mela'ni:, *österr nur so*] (w. Vn.) ⟨*grch*, ‚die Schwarze'⟩

Me|la|ni|ne *Pl* (*Biochem*; braune od. schwarze Pigmente); *Sg* Me|la|nin, das, _s ⟨*grch* + *lat*⟩ · **Me|la|nis|mus,** der, _ (*Biol, Med*; krankhafte Dunkelfärbung der Haut) ⟨*grch* → *lat*⟩ · **Me|la|phyr** [*od* ..'fy:r], der, _s, ..yre (*Geol*; ein Ergußgestein) ⟨*grch*⟩

Me|las|se, die, _, _n (Nebenprodukt der Zuckergewinnung) ⟨*lat* → *span* → *frz*⟩

Mel|bourne ['mɛlbərn] (Hafenstadt im SO Australiens)

Melch|ter, die, _, _n (*schweiz*; hölzernes Milchgeschirr)

Mel|de, die, _, _n (ein Ackerunkraut)

mel|den · **Mel|der** · **Mel|de|stel|le** · **Mel|dung**

me|lie|ren (mischen; sprenkeln) ⟨*lat* → *frz*⟩ · **me|liert** (gesprenkelt); graumeliertes Haar, sein Haar war grau meliert; *vgl. aber K 166*

Me|lio|ra|tion (*Landw*; Bodenverbesserung) ⟨*lat*⟩ · **me|lio|rie|ren**

Me|lis|se, die, _, _n (eine Arznei- u. Gewürzpflanze, Lippenblütler) ⟨*grch* → *lat*, ‚Bienenkraut'⟩ · **Me|lis|sen|geist,** der, _es (Melissendestillat)

Melk (Stadt in Österreich)

Melk|ei|mer · **mel|ken**: 1. *tr* (der Kuh die Milch entziehen); du melkst (*veraltet* milkst); du melktest (*veraltet* molkst); du melktest (*veraltet* mölkest); gemolken (*auch schon* gemelkt); melk[e]! (*veraltet* milk!); frisch gemolkene Milch – 2. *selten intr* (Milch geben); *noch in* eine melkende Kuh (*auch übertr*; gute Einnahmequelle); frischmelkende Kuh (Kuh, die gerade gekalbt hat) · Mel|ker · Mel|ke|rei (das Melken; Milchwirtschaft) · Mel|ke|rin, die, –, ..innen · Melk|ka|rus|sell (eine Melkvorrichtung) · Melk|ma|schi|ne

Me|lo|die, die, –, ..ien (sangbare, in sich geschlossene Folge von Tönen) ⟨grch → lat⟩ · Me|lo|dik, die, – ([Lehre von der] Melodiebildung) · me|lo|diös K 349 (melodienreich) ⟨grch → lat → frz⟩ · me|lo|disch (wohltönend, melodienhaft, sangbar); –ste ⟨grch → lat⟩ · Me|lo|dra|ma od Me|lo|dram, das, –s, ..men (musikdramat. Komposition mit Sprechgesang) · me|lo|dra|ma|tisch

Me|lo|ne, die, –, –n (ein Kürbisgewächs u. dessen Frucht) ⟨grch → lat → ital → frz⟩ · me|lo|nen|ar|tig

Me|los, das, – (Mus; Melodie, melodische Linie) ⟨grch⟩

Mel|po|me|ne [..ne: od ..'me(:)..] (griech Mythol; Muse des Trauerspiels) ⟨grch → lat⟩

Mel|tau, der, –[e]s (Blattlaushonig) ⟨‚Honigtau'⟩; vgl. aber Mehltau

Me|lu|si|ne (französ Sage; eine Meernixe)

Mem|bran, die, –, –en, seltener Mem|bra|ne, die, –, –n (Zellwandhäutchen; Schwingblatt) ⟨lat⟩

Me|men|to, das, –s, –s (Erinnerung, Mahnruf) ⟨lat⟩ · me|men|to mo|ri! (»gedenke des Todes!«)

Mem|me, die, –, –n (umg abwert; Feigling) ⟨‚Mutterbrust'⟩ · mem|men|haft (umg abwert)

Mem|non (griech Sage; König von Äthiopien) ⟨grch → lat⟩ · Mem|nons|säu|len K 209 Pl (in Oberägypten)

Me|moire [..'mŏa:r], das, –s, –s (Denkschrift; [schriftl.] Eingabe) ⟨lat → frz, ‚Gedächtnis'⟩ – Me|moi|ren [..'mŏa:rən] Pl (Denkwürdigkeiten; Lebenserinnerungen) · Me|mo|ra|bi|lien [..ĭən] Pl (veraltend; Denkwürdigkeiten) ⟨lat⟩ · Me|mo|ran|dum, das, –s, Pl ..den od ..da (Denkschrift; Merkbuch) ⟨‚das Erwähnenswerte'⟩ · Me|mo|ri|al, das, –s, –e od [mi'mɔ:riəl], das, –s, –s (Sport; Gedenkveranstaltung) ⟨lat → engl⟩ · me|mo|rie|ren (auswendig lernen) ⟨lat⟩

Mem|phis (Altertum; Hptst. des ägyptischen Reiches)

Me|na|ge [..'na:ʒə, österr ..'na:ʒ] (Gewürzständer; Speisenträger – österr; [militär.] Verpflegung) ⟨lat → frz⟩ · Me|na|ge|rie [..naʒə..], die, –, ..ien (veraltend; Tierschau)

Men|ar|che [..ç..], die, – (Med; Zeitpunkt der ersten Regelblutung) ⟨grch⟩

Men|de|le|vium [..v..], das, –s (künstl. radioaktives chem. Element, Metall); Zeichen Md ⟨nach dem russ. Chemiker Mendelejew [..jɛf]⟩

Men|de|lis|mus, der, – (eine Richtung der Genetik) ⟨nach dem Biologen Mendel⟩ · men|deln (Biol; nach den Vererbungsregeln des Biologen Mendel in Erscheinung treten) · Men|delsch K 217 (von dem Biologen Mendel herrührend); Mendelsche Regeln

Me|ne|la|os [od ..'ne(:)..] (griech Sage; König von Sparta) ⟨grch⟩

Me|ne|te|kel, das, –s, – (Warnungszeichen) ⟨aram⟩

Men|ge, die, –, –n ⟨zu manch⟩

men|gen (mischen)

Men|gen|an|ga|be; vgl. K 308 bis 312 · Men|gen|be|griff; vgl. K 387 · Men|gen|leh|re, die, – (Math, Logik) · men|gen|mä|ßig

Meng|ge|trei|de (Landw; gleichzeitiger Anbau verschiedener Getreidearten auf einem Feld) · Meng|sel, das, –s, – (landsch)

Men|hir, der, –s, –e (Urgesch; hochragender Steinblock) ⟨kelt, ‚langer Stein'⟩

Me|nin|gi|tis, die, –, ..itiden (Med; Hirnhautentzündung) ⟨grch⟩

Me|nis|kus, der, –, ..ken (Anat; Zwischenknorpel im Kniegelenk – Phys; gewölbte Flüssigkeitsoberfläche) ⟨grch → lat, ‚Möndchen'⟩ · Me|nis|kus|riß (Med)

Men|ken|ke, die, – (landsch umg; [unangenehmes] Durcheinander) ⟨zu mengen⟩

Men|ni|ge, die, – (Bleiverbindung; rote Farbe) ⟨iber → lat⟩ · men|nig|rot; vgl. blau

Men|no|nit, der, –en, –en (Angehöriger einer Sekte, die für die Erwachsenentaufe eintritt) ⟨nach dem Gründer Menno Simons⟩

Me|no|pau|se, die, –, –n (Med; das Aufhören der Regelblutungen im Klimakterium) ⟨grch⟩

Me|no|ra, die, –, – (siebenarmiger Leuchter der jüd. Liturgie) ⟨hebr⟩

Me|nor|ca (eine der Balearen)

Men|sa, die, –, ..sen (Studentenspeiseraum – kath Kirche, Kunstwiss; Altarplatte) ⟨lat⟩

Mensch: 1. der, –en, –en – 2. das, –es, –er (umg abwert; weibl. Person); von – zu – · Men|schen‿af|fe, ...al|ter · men|schen|freund|lich · Men|schen|füh|rung, die, – · Men|schen|ge|den|ken; nur in seit – · Men|schen|ken|ner · Men|schen|kind; vgl. aber Menschenskind! · Men|schen‿le|ben, ...lie|be · men|schen|mög|lich; K 114: er hat das –e (alles) getan, aber K 175: etwas, was Menschen möglich ist · Men|schen|recht · men|schen|scheu · Men|schen|scheu · Men|schens|kind! (salopp); vgl. aber Menschenkind · Men|schen|werk (gehoben) · men|schen|wür|dig; –e Verhältnisse

Men|sche|wi|ki [od ..'ki:] Pl (hist; opportunist., seit 1917 konterrevolutionäre Minderheit der Sozialdemokrat. Arbeiterpartei Rußlands); Sg Men|sche|wik, der, –en ⟨russ⟩ · Men|sche|wis|mus, der, – (hist) · men|sche|wi|stisch

Mensch|heit, die, – · mensch|heit|lich · mensch|lich · Mensch|lich|keit, die, – · Mensch|wer|dung, die, –

men|stru|al (meist Med; monatlich [wiederkehrend]) ⟨lat⟩ · Men|stru|al|blu|tung (Med) · Men|strua|tion, die, –, –en (Med; monatl. Blutung, Regel) · men|stru|ie|ren (Med)

Men|sur, die, –, –en (Fechtsp; Abstand der Fechtenden – bürgerlich-studentisch; Zweikampf – Chem; Meßzylinder mit Stricheinteilung – Mus; Notenzeitwert; Maßverhältnis bei Musikinstrumenten) ⟨lat⟩ · men|su|ra|bel (fachspr; meßbar); K 363: eine mensura|ble Größe · Men|su|ra|bi|li|tät, die, – (fachspr) · Men|su|ral|mu|sik (mehrstimmige Musik des 12.–16. Jh.)

men|tal (fachspr; in Gedanken bestehend; geistig; heimlich) ⟨lat⟩ · Men|ta|li|tät (Denk-, Anschauungs-, Auffassungsweise; Sinnes- u. Geistesart) · Men|tal|re|ser|va|tion [..v..] (Rechtsw; stiller Vorbehalt)

Men|thol, das, –s (Bestandteil des Pfefferminzöles) ⟨lat⟩

Men|tor, der, –s, ..oren (Erzieher; Ratgeber) ⟨grch, nach dem Erzieher des Telemach⟩

Me|nü, das, –s, –s (Speisenfolge) ⟨lat → frz⟩ · Me|nu|ett, das, –[e]s, –e (französ. Tanz)

Me|phi|sto, der, –[s] od Me|phi|sto|phe|les, der, – (in der Volkssage u. in Goethes »Faust« der Teufel) ⟨Herkunft umstritten⟩ · me|phi|sto|phe|lisch (teuflisch)

Me|ran, italien Me|ra|no (Stadt in Oberitalien); vgl. aber Meerane · Me|ra|ner: 1. K 231: der, –s, –; 2. als Attribut K 232

Mer|ca|tor|pro|jek|tion K 209 (Geogr; ein Netzentwurf von Landkarten) ⟨nach dem Kartographen Mercator⟩

Mer|ce|rie [mɛrsə..], die, –, ..ien (schweiz; Kurzwarenhandlung) ⟨lat → frz⟩

mer|ci! [mɛr'si:] (Dank!, danke!) ⟨*lat → frz*⟩

Mer|gel, der, _s, _ (Gemenge von Kalkstein u. Ton) ⟨*kelt → lat*⟩ · **Mer|gel|bo|den** · **mer|ge|lig** *K 362*

Me|ri|dian, der, _s, _e (*Geogr, Astron*; Mittags-, Längenkreis) ⟨*lat*⟩ · **Me|ri|dian|kreis** (*Astron*; Winkelmeßinstrument) · **me|ri|dio|nal** (*Geogr*; mittägig, südlich; nordsüdlich gerichtet; den Meridian betreffend)

Me|ri|no, der, _s, _s *od* **Me|ri|no|schaf,** das, _[e]s, _e (Schaf einer span. Rasse) ⟨*span, nach* einem Berberstamm⟩. *Zus K 365ff.*: Merino‿wolle usw.

Me|ri|ten *Pl* (Verdienste); *Sg* Me|ritum, das, _s ⟨*lat*⟩

Merk, der, _s, _e (ein Doldengewächs) ⟨*zu* Möhre⟩

mer|kan|til (kaufmännisch; Handels...) ⟨*lat → ital → frz*⟩ · **Mer|kan|ti|lis|mus,** der, _ (*hist*; ökonom. Lehre u. Wirtschaftspolitik in der Periode des Absolutismus, die auf eine möglichst hohe Ausfuhr u. staatl. Förderung der Industrie gerichtet war) · **Mer|kan|ti|list** (*hist*) · **mer|kan|ti|li|stisch**

merk|bar ⟨*zu* Marke⟩ · **Merk|buch** · **mer|ken** · **Mer|ker** (*noch umg*; jmd., der einen Spürsinn hat) · **merk|lich;** *K 93*: ein Merkliches · **Merk|mal,** *Pl* ..male

Mer|kur [..'ku:r, *österr auch* 'mɛr..]: 1. (*röm Mythol*; Gott des Handels; Götterbote) – 2. der, _s (ein Planet) – 3. der *od* das, _s (alchimist. Bez. für Quecksilber) ⟨*lat*⟩

Merk|wort, *Pl* ..wörter · **merk|wür|dig** · **merk|wür|di|ger|wei|se** *K 176* · **Merk|wür|dig|keit** · **Merk|zei|chen**

Mer|le, die, _, _n (*landsch*; Amsel) ⟨*lat → frz*⟩

¹Mer|lin [*od* ..'li:n] (*kelt Sage*; Zauberer im Artuskreis) ⟨*kelt*, ‚Seeburg'⟩

²Mer|lin [*od* ..'li:n], der, _s, _e (ein Greifvogel) ⟨*germ → frz → engl*⟩

Me|ro|win|ger, der, _s, _ (Angehöriger des fränk. Königsgeschlechts der Merowinger) · **me|ro|win|gisch** *K 218* · **Me|ro|win|gisch** *K 217*

Mer|se|burg (Stadt im Bez. Halle); *vgl. aber* Meersburg · **Mer|se|bur|ger:** 1. *K 231*: der, _s, _; 2. *als Attribut K 232*: die Merseburger Zaubersprüche (eines der ältesten dt. Sprachdenkmäler) · **mer|se|bur|gisch**

Mer|ten (m. Vn.) ⟨*niederdt Form von* Martin⟩

Mer|ze|ri|sa|tion (*Textilwirtsch*; Veredlung von Baumwollstoffen) ⟨*engl, nach* dem Erfinder Mercer ['mœ:rsər]⟩ · **mer|ze|ri|sie|ren** (*Textilwirtsch*) · **Mer|ze|ri|sie|rung** (*Textilwirtsch*)

Merz|vieh (auszusonderndes, zur Zucht untaugl. Vieh) ⟨*Herkunft umstritten*⟩

Mes|al|liance [meza'liã:s], die, _, _n [..s(ə)n] (*veraltend*; ehel. Verbindung zw. Personen wesentlich verschiedener sozialer Herkunft) ⟨*frz*, ‚Mißverbindung'⟩

me|schant (*landsch*; boshaft, niederträchtig; ungezogen) ⟨*lat → frz*⟩

me|schug|ge (*salopp*; verrückt) ⟨*hebr → jidd*⟩

Mesdames ↑ Madame · **Mesdemoiselles** ↑ Mademoiselle

Mes|en|chym [..'çy:m], das, _s (*Biol, Med*; embryonales Bindegewebe) ⟨*grch*⟩

Me|se|ta, die, _, *Pl* (*selten*) ..tas *od* ..ten (*Geogr*; Bez. für Hochebene in spanischsprachigen Ländern) ⟨*span, nach* der Hochebene in Zentralspanien⟩

Mes|mer, der, _s, _ (*schweiz*; Mesner) ⟨*lat*⟩ · **Mes|ner** (*landsch*; Kirchen-, Meßdiener) ⟨*lat*, ‚Haushüter'⟩ · **Mes|ne|rei** (*landsch*; Amt u. Wohnung des Mesners)

Me|so|karp, das, _s, _e (*Bot*; mittlere Schicht der Fruchtwand) ⟨*grch*⟩ · **Me|so|li|thi|kum,** das, _s (*Urgesch*; Mittelsteinzeit) ⟨*grch → lat*⟩ · **me|so|li|thisch** (*Urgesch*; mittelsteinzeitlich)

Me|son, das, _s, ..onen, *meist Pl* (*Kernphys*; instabiles Elementarteilchen mittlerer Masse) ⟨*grch*, ‚das Mittlere'⟩

Me|so|po|ta|mien [..ĭən] (Landsch. zw. Euphrat u. Tigris) ⟨*grch*, ‚Zwischenstromland'⟩ · **Me|so|po|ta|mier** [..ĭər], der, _s, _ · **me|so|po|ta|misch**

Me|so|sphä|re, die, _ (*Met*; Schicht der Erdatmosphäre in etwa 50–85 km Höhe) ⟨*grch*⟩

Me|so|tho|rium, das, _s (*Chem*; radioaktives Zwischenprodukt der Thoriumzerfallsreihe) ⟨*grch + germ + lat*⟩

me|so|ze|phal (*Biol, Med*; mittelköpfig, -schädelig) ⟨*grch → lat*⟩ · **Me|so|ze|pha|le,** der *u.* die, _n, _n *K 341* (*Biol, Med*; Mensch mit mittellangem Schädel) · **Me|so|ze|pha|lie,** die, _ (*Biol, Med*; Mittelköpfigkeit, mittellange Kopfform)

Me|so|zoi|kum, das, _s (*Geol*; Erdmittelalter) · **me|so|zo|isch** (*Geol*)

Mes|sa|li|na (*veraltet*; sittenlose Frau) ⟨*nach* der Frau des röm. Kaisers Claudius⟩

Meß|band, das, *Pl* ..bänder ⟨*zu* Maß⟩ · **meß|bar** · **Meß|bar|keit,** die, _ · **Meß|brief** (*Seew*)

Meß|buch · **Meß|die|ner** · **Mes|se,** die, _, _n: 1. ⟨*lat*⟩ (zentraler Handelsmarkt, Musterschau – *kath Kirche*; tägl. Gottesdienst – *Mus*; ein Chorwerk); *K 119*: die heilige _ (*kath Kirche*); Messe der Meister von morgen (techn. Lehr- u. Leistungsschau der Jugend der DDR [*Abk* MMM]) – 2. ⟨*lat → frz → engl*⟩ (Speise- u. Aufenthaltsraum der Schiffsbesatzung) · **Mes|se‿be|su|cher, ...ex|po|nat, ...hal|le** · **Mes|se|le|sen** *K 101*, das, _s (*kath Kirche*)

mes|sen; du mißt *K 354*, er mißt; ich maß, du maßest; du mäßest; gemessen; miß!

Mes|se|nien [..ĭən] (Landsch. auf dem Peloponnes) · **mes|se|nisch;** *K 258*: die Messenischen Kriege

¹Mes|ser, der, _s, _ ⟨*zu* messen⟩

²Mes|ser, das, _s, _ (Schneidewerkzeug). *Zus K 365ff.*: Messer‿spitze usw. · **mes|ser|scharf**

Mes|se|stand

Meß|ge|rät

Meß|ge|wand

Mes|sia|de, die, _, _n (*Lit*; eine Dichtung, deren Held der Messias ist) ⟨*zu* Messias⟩ · **mes|sia|nisch** *K 218* (*Rel*; auf den Messias bezüglich); _e Weissagungen · **Mes|sia|nis|mus,** der, _ (*Rel*; Erlöserglaube, der Glaube an den Messias) · **Mes|si|as,** der, _ (*A. T.*; der verheißene Erlöser – *christl Rel*; Jesus Christus) ⟨*hebr → grch → lat*, ‚der Gesalbte'⟩

Mes|si|dor, der, _[s], _s (10. Monat [19. Juni bis 18. Juli] des Kalenders der Französ. Revolution) ⟨*lat + grch*, ‚Erntemonat'⟩

Messieurs ↑ Monsieur

Mes|si|na (Hafenstadt an der Nordostküste Siziliens)

Mes|sing, das, _s, _e (Kupfer-Zink-Legierung) ⟨*grch → slaw, nach* dem antiken Volk der Mossynoiken [..'nɔy..] am Schwarzen Meer⟩ · **Mes|sing|draht** · **mes|sin|gen** *K 364* (aus Messing)

Meß|op|fer (kathol. gottesdienstl. Handlung)

Meß|schie|ber (ein Längenmeßgerät) · **Meß|schrau|be** (ein Feinmeßgerät) · **Meß|tech|nik** [..ç..] · **Meß|tisch** · **Meß|tisch|blatt** · **Mes|sung** · **Meß|ver|fah|ren** · **Meß|zy|lin|der** (Maßglas)

Me|ste, die, _, _n (*landsch*; Maß, Gefäß, Holzgefäß)

Me|sti|ze, der, _n, _n (Nachkomme aus der Verbindung von Europäern u. Indianern) ⟨*lat → span*⟩

Met, der, _[e]s (gegorener Honigsaft, Getränk)

Me|ta (w. Vn.) ⟨*Kurzf von* Margarete *u. von* Mechthild⟩

Me|tall, das, –s, –e ⟨*grch → lat*⟩ · **Me|tall|ar|bei|ter;** *umg kurz* Metaller · **Metallegierung** [*Tr* Me|tall|le|gie|rung *K 78*] · **Metalleichtbau** [*Tr* Me|tall|leicht|bau *K 78*], *Pl* ..bauten · **me|tal|len** *K 364* (aus Metall) · **Me|tal|ler,** der, –s, – (*umg kurz für* Metallarbeiter) · **Me|tall|guß** · **me|tall|hal|tig** · **Me|tall|hal|tig|keit,** die, – · **Me|tal|li|sa|tion** *od* **Me|tal|li|sie|rung,** die, – (das Überziehen eines Gegenstandes mit Metall) · **me|tal|lisch** · **me|tal|li|sie|ren** (mit Metall überziehen) · **Me|tall|kun|de,** die, – · **Me|tal|lo|chro|mie** [..k..], die, – (*Techn*; das Färben von Metalloberflächen durch Elektrolyse) ⟨*grch*⟩ · **Me|tal|lo|gie,** die, – (Metallkunde) · **Me|tal|lo|gra|phie,** die, – (Teilgebiet der Metallkunde) · **me|tal|lo|gra|phisch** · **Me|tall|schild,** das · **Me|tall|teil,** das · **Me|tall|urg** *od* **Me|tall|ur|ge,** der, ..gen, ..gen ⟨*grch → lat*⟩ · **Me|tall|ur|gie,** die, – (Hüttenkunde) · **me|tall|ur|gisch** · **me|tall|ver|ar|bei|tend** *K 164*; die metallverarbeitende Industrie, *aber*: ein Metall verarbeitender Bastler

me|ta|morph (*fachspr*; die Gestalt, den Zustand wandelnd) ⟨*grch*⟩ · **Me|ta|mor|pho|se,** die, –, –n (*fachspr*; Verwandlung, Gestaltveränderung, Umgestaltung) · **me|ta|mor|pho|sie|ren** (*fachspr*)

Me|ta|pher, die, –, –n (*Stilistik*; bildl. Ausdruck; abgekürzter Vergleich) ⟨*grch*⟩ · **me|ta|pho|risch** (*Stilistik*; bildlich; im übertragenen Sinne gebraucht)

Me|ta|phra|se, die, –, –n (*Stilistik*; Umschreibung) ⟨*grch*⟩ · **me|ta|phra|stisch** (*Stilistik*)

Me|ta|phy|sik, die, – (*Philos*; antidialekt. Denkmethode, die die Welt als zusammenhanglos, unveränderlich u. widerspruchsfrei betrachtet; idealist. Begriff zur Bezeichnung einer jenseits aller Erfahrung angenommenen, transzendentalen Sphäre) ⟨*grch*⟩ · **Me|ta|phy|si|ker** (*Philos*) · **me|ta|phy|sisch** (*Philos*)

Metapsychik ↑ Parapsychologie

Me|ta|spra|che (Sprache, mit deren Hilfe Aussagen über ein anderes sprachl. System gemacht werden) ⟨*grch*⟩

Me|ta|sta|se, die, –, –n (*Med*; Tochtergeschwulst) ⟨*grch*⟩ · **me|ta|sta|sie|ren** (*Med*; Tochtergeschwülste bilden) ⟨*grch → lat*⟩

Me|ta|the|se, die, –, ..thesen (*Sprachw*; Buchstaben-, Lautumstellung) ⟨*grch*⟩

Me|te|or, der, *österr nur so, seltener* das, –s, –e (Sternschnuppe, Feuerkugel) ⟨*grch*⟩ · **me|teo|risch** (*Met*; auf Lufterscheinungen, Luftverhältnisse bezüglich) · **Me|teo|rit,** der, *Gen* –[e]s, *Pl* –e *od Gen* –en, *Pl* –en (Bruchstück eines Meteors) · **me|teo|ri|tisch** (meteorartig, von Meteoriten stammend) · **Me|teo|ro|lo|ge,** der, –n, –n · **Me|teo|ro|lo|gie,** die, – (wissenschaftl. Wetterkunde) · **me|teo|ro|lo|gisch;** –e Station (Wetterwarte) · **Me|te|or|stein**

...me|ter, *in Zusammensetzungen*:
1. (Maßbezeichnungen, z. B. Kilometer [*od* ..'me:..], das *od* der, *schweiz nur so*) ⟨*grch → frz*⟩
2. (Meßgeräte, ...messer, z. B. Chronometer, das) ⟨*grch*⟩
3. (Versarten, z. B. Hexameter, der, –s, –) ⟨*grch*⟩
4. (...messer, z. B. Geometer, der, –s, –) ⟨*grch*⟩

Me|ter, das *od* der, *schweiz nur so*, –s, – (Einheit der Länge, SI-Basiseinheit); *Einheitenzeichen* m ⟨*grch → frz*⟩; laufendes Meter *u.* laufenden Meters; meterlang *K 176, aber K 127*: zwei Meter lang; von zehn Metern (*älter* Meter) an, in einer Länge von zehn Metern (*älter* Meter), eine Mauer von drei Meter Höhe, *aber*: eine Mauer von drei Metern (*älter* Meter) *K 308*; ... Meter je Sekunde; *Einheitenzeichen* m/s, z. B. 6 m/s; *vgl. auch Vorschriften für den Schriftsatz, 2.1.*

me|ter|lang *K 176, aber K 127*: ein Meter lang · **Me|ter|maß,** das (Maßband) · **Me|ter|wa|re** · **me|ter|wei|se** *K 176* · **me|ter|weit** *K 176, aber K 127*: drei Meter weit

Me|than, das, –s (*Chem*; einfachstes Alkan; Gruben-, Sumpfgas) ⟨*grch*⟩ · **Me|tha|nal,** das, –s (*Chem*; Formaldehyd) ⟨*grch + arab*⟩ · **Me|than|gas** · **Me|tha|nol,** das, –s (*Chem*; einfachster Alkohol [2]) ⟨*grch + arab*⟩ · **Methansäure** ↑ Ameisensäure

Me|tho|de, die, –, –n (wissenschaftlich planmäßiges u. folgerichtiges Verfahren; Lehr-, Herstellungsweise; Absicht) ⟨*grch → lat*⟩ · **Me|tho|den|leh|re** · **Me|tho|dik,** die, –, –en (Lehrkunde, Lehre von den Gesetzmäßigkeiten des Unterrichtens; Forschungsweise) · **Me|tho|di|ker,** der, –s, – (planmäßig Verfahrender; Wissenschaftler, der Methodik lehrt) · **me|tho|disch** (planmäßig; überlegt; sinnvoll); –ste · **Me|tho|dist** (Angehöriger der Methodistenkirche) · **Me|tho|di|sten|kir|che,** die, – (evangelische Freikirche) · **me|tho|di|stisch** · **Me|tho|do|lo|gie,** die, –, ..ien (wissenschaftl. Lehre von den Methoden) ⟨*grch*⟩

Me|thu|sa|lem *K 318*, der, –[s], –s (Bez. für einen sehr alten Mann) ⟨*nach* dem bibl. Urvater⟩

Me|thyl, das, –s (*Chem*; ein Alkyl) ⟨*grch*⟩ · **Me|thyl|amin,** das, –s, –e (*Chem*; einfachste organ. Base) · **Me|thy|len|blau** (synthet. Farbstoff); *vgl.* Blau

Me|tier [me'tie:], das, –s, –s (Handwerk; Beruf) ⟨*lat → frz*⟩

Met|öke, der, –n, –n (*Altertum*; Zugewanderter ohne polit. Rechte im alten Athen) ⟨*grch → lat*⟩

Met|ony|mie, die, –, ..ien (*Stilistik*; übertragener Gebrauch eines Wortes für einen verwandten Begriff) ⟨*grch*⟩ · **met|ony|misch** (*Stilistik*)

Met|ope, die, –, –n (*Arch*; Relief von etwa quadratischer Form zw. den Triglyphen des Frieses dorischer Tempel) ⟨*grch*⟩

Metra, Metren ↑ Metrum · **Me|trik,** die, –, –en (Verslehre; Verskunst – *Mus*; Lehre vom Takt) ⟨*grch*⟩ · **Me|tri|ker,** der, –s, – · **me|trisch** (auf das Meter bezüglich; nach dem Meter meßbar – *Metrik*; das Versmaß betreffend; nach den Regeln der Verskunst, versmäßig – *Mus*; auf den Takt bezüglich); metrisches Karat (↑ Karat)

Me|tro, die, –, –s (Untergrundbahn) ⟨*grch → lat → frz*⟩

Me|tro|lo|gie, die, – (Lehre vom Meßwesen) ⟨*grch*⟩ · **Me|tro|nom,** das, –s, –e (*Mus*; Tempoanzeiger); Mälzels – (*Abk* M. M.)

Me|tro|po|le, die, –, –n (Hauptstadt, -sitz) ⟨*grch*, ‚Mutterstadt'⟩ · **Me|tro|po|lit,** der, –en, –en (*orth Kirche*; Vorsteher einer Kirchenprovinz) · **Me|tro|po|li|tan|kir|che**

Me|trum, das, –s, *Pl* Metren, *älter* Metra (Versmaß) ⟨*grch → lat*⟩

Mett, das, –[e]s (*norddt*; gehacktes Schweinefleisch ohne Fett)

Met|te, die, –, –n (*christl Rel*; Früh- od. Nachtgottesdienst) ⟨*lat*⟩

Met|teur [..'tø:r], der, –s, –e (*Polygr*; qualifizierter Schriftsetzer, Umbruchgestalter) ⟨*lat → frz*⟩

Mett|wurst

[1]Met|ze, die, –, –n (altes dt. Hohlmaß) ⟨*zu* messen⟩

[2]Met|ze, die, –, –n (*veraltet*; Dirne) ⟨*zu* Mechthild⟩

Met|ze|lei (*abwert*) · **met|zeln** *K 363* (*abwert*; morden – *noch landsch*; schlachten) ⟨*hebr → grch → lat*⟩ · **Met|zel|sup|pe** (*landsch, bes süddt*; Wurstsuppe)

Met|zen, der, –s, – (*süddt, österr*; [1]Metze)

Metz|ge, die, –, –n, *auch* **Met|zig,**

die, _, _en (*süddt, schweiz*; Schlachtbank, Metzgerei) ⟨*grch* → *lat*⟩ · **metz|gen** (*landsch, bes schweiz*) · **Metz|ger** (*landsch u. schweiz*) · **Metz|ge|rei** (*landsch u. schweiz*) · **Metz|ger[s]|gang** (*landsch*; Erfolgloses) · **Metz|ge|te,** die, _, _n (*schweiz*; Schlachtfest)

Metz|ler, der, _s, _ (*landsch*; Fleischwarenhändler) ⟨*hebr* → *grch* → *lat*⟩

Meu|chel|mord (*abwert*) ⟨*zu mhd* miuchel ‚heimlich'⟩ · **Meu|chel|mör|der** (*abwert*) · **meu|cheln** *K 363* · (*abwert*) · **meuch|le|risch** (*abwert*) · **meuch|lings** (*abwert*)

Meu|te, die, _, _n (*auch abwert*; Rotte) ⟨*lat* → *frz*⟩; *vgl. auch K 387* · **Meu|te|rei** · **Meu|te|rer** · **meu|tern** *K 363*

Me|xi|ka|ner, der, _s, _ · **me|xi|ka|nisch** · **Me|xi|ko**: 1. *ohne Art, amtl* **Ver|ei|nig|te Me|xi|ka|ni|sche Staa|ten** *K 258 Pl* (in Mittelamerika) – 2. (Hptst. von Mexiko)

Mez|za|nin, das, _s, _e (*Arch*; Zwischengeschoß, meist zw. Erdgeschoß u. erstem Stock) ⟨*lat* → *ital*⟩ · **mez|za vo|ce** [_ 'vo:tʃə] (*Mus*; mit halber Stimme); *Abk* m. v. · **mez|zo|for|te** (*Mus*; mittelstark); *Abk* mf · **mez|zo|pia|no** (*Mus*; halbleise); *Abk* mp · **Mez|zo|so|pran** (mittlere Frauenstimme; Sängerin mit dieser Stimme) · **Mez|zo|tin|to** (*Kunstwiss*): 1. das, _[s] (Schabkunst; künstlerisches Kupfertiefdruckverfahren) – 2. das _[s], *Pl* _s *od* ..tinti (Schabkunstblatt)

[1]**Mia** *Kurzw* (Milliarde)

[2]**Mia** (w. Vn.) ⟨*Kurzf von* Maria⟩

Mia|mi [mai'ɛmi] (Hafenstadt in Florida); _ Beach [_ 'bi:tʃ] (Seebad)

Mias|ma, das, _s, ..men (*fachspr*; verseuchte Ausdünstung des Bodens) ⟨*grch*⟩ · **mias|ma|tisch** (*fachspr*; verseucht, giftig)

mi|au|en; *Part II* miaut

mich (*Akk des Pron* »ich«)

Mi|cha|el [..ça:e:l *od* ..ça:ɛl] (m. Vn.) ⟨*hebr*, ‚Wer ist wie Gott?'⟩; *engl Kurzf* ↑ Mike · **Mi|chae|li[s],** das, _ (Fest des Erzengels Michael) · **Mi|cha|els|tag** (29. September) · **Mi|chel,** der, _s, _ (*iron, auch abwert*; dummer, gutmütiger, tölpelhafter Mensch) · **Mi|chels|tag** (*landsch*)

Mi|chi|gan ['miʃigən] (Staat der USA) · **Mi|chi|gan|see** *K 246*, der, _s

mick|rig *K 362* (*umg*; schwach, kümmerlich)

Micky|maus ['miki..; *Tr* Mik|ky...], die, _ (Trickfilmgestalt) ⟨*engl*⟩

Microfiche ↑ Mikrofiche

Mi|das (*griech Sage*; reicher König von Phrygien) ⟨*grch*⟩

Mid|der, das, _s (*landsch, bes norddt*; Kalbsmilch)

Mid|gard, der, _s (*nord Mythol*; die Welt der Menschen) ⟨*anord*⟩ · **Mid|gard|schlan|ge,** die, _ (*nord Mythol*; Sinnbild des Meeres)

mi|di (*von Röcken, Kleidern, Mänteln gesagt*; wadenlang) ⟨*engl, an* mini *angelehnt*⟩ · **Mi|di,** das, _s, *meist ohne Art* (wadenlange Rock-, Kleider- u. Mantelmode) · **Mi|di...** (*in Zus* bis zur Mitte der Waden reichend, z. B. Midikleid)

Mi|di|nette [..'nɛt], die, _, _n [..t(ə)n] (Pariser Modistin) ⟨*frz*⟩

Mie|der, das, _s, _ · **Mie|der|wa|ren** *Pl*

Mief, der, _[e]s (*salopp abwert*; schlechte Luft, Gestank) ⟨*zu* [1]Muff⟩ · **mie|fen** (*umg abwert*)

Mie|ne, die, _, _n (Gesichtsausdruck) ⟨*frz*⟩; *vgl. aber* Mine · **Mie|nen|spiel**

Mie|re, die, _, _n (Name einiger Nelkengewächse)

mies (*umg abwert*; häßlich, übel, schlecht); mieser, mieseste ⟨*hebr*⟩; _e Laune. *Schreibung bei Verben vgl.* miesmachen

[1]**Mies,** das, _es, _e (*süddt*; Sumpf, Moos)

[2]**Mies** usw. ↑ Miezchen usw.

Mie|se|pe|ter, der, _s, _ (*umg*; stets unzufriedener Mensch) ⟨*hebr* + *grch*⟩ · **mie|se|pet|rig** *K 362* (*umg*) · **mies|ma|chen** *K 137 intr* (*umg abwert*; schlechtmachen, herumnörgeln); du machst mies; miesgemacht; mieszumachen; *aber*: mies (*umg*; schlecht) machen; das hat er mies gemacht ⟨*hebr*⟩ · **Mies|ma|cher** (*umg abwert*; Herumnörgler) · **Mies|ma|che|rei** (*umg abwert*)

Mies|mu|schel (eßbare Muschel) ⟨*zu* [1]Mies⟩

Miet|be|trag · [1]**Mie|te,** die, _, _n (Mietverhältnis; Geldbetrag für Wohnung usw.)

[2]**Mie|te,** die, _, _n (mit Stroh u. Erde abgedeckter Stapel von Feldfrüchten) ⟨*lat*⟩

[1]**mie|ten** ⟨*zu* [1]Miete⟩

[2]**mie|ten** (*landsch*; einmieten, Feldfrüchte in Mieten setzen) ⟨*zu* [2]Miete⟩

Mie|ter · **Mie|ter|schutz** · **Miet|ling** (*veraltet*; gedungener Knecht, käufl. Söldling) · **Miets|haus** · **Miet[s]|strei|tig|kei|ten** (*Pl*) · **Miet|ver|trag** · **miet|wei|se** *K 176* · **Miet|woh|nung** · **Miet|zins,** *Pl* _e (*süddt, österr, schweiz*; Miete)

Miez *od* **Mie|ze,** *österr nur diese beiden Formen*, die, _, ..zen, *auch* [2]**Mies,** die, _, _en (*Kosef für* [weibl.] Katze) · **Miez|chen,** *österr nur so, auch* **Mies|chen** · **Mie|ze|kätz|chen,** *österr nur so, auch* **Mie|se|kätz|chen** · **Mie|ze|kat|ze,** *österr nur so, auch* **Mie|se|kat|ze**

Mi|gnon ['minjõ:, *auch* 'minjɔŋ *od* mi'njõ:, *österr nur so*] (Mädchengestalt bei Goethe) ⟨frz, ‚Liebling'⟩

Mi|grä|ne, die, _ (anfallsweise auftretender, meist einseitiger Kopfschmerz) ⟨*grch* → *lat* → *frz*⟩

Mi|gra|tion (*fachspr*; Wanderung [der Zugvögel]) ⟨*lat*⟩

Mijn|heer [mə'ne:r]: 1. (mein Herr [niederländ. Anrede]) – 2. der, _s, _s (*scherzh*; Holländer) ⟨*ndrl*⟩

Mi|ka|do, das, _s, _s (ein Geschicklichkeitsspiel) ⟨*jap, nach* der früheren Bezeichnung des japan. Kaisers⟩

Mike [maik] (m. Vn.) ⟨*engl Kurzf von* Michael⟩

mi|kro... (*in Zus* klein, kleinst) ⟨*grch*⟩

Mi|kro...: 1. (*in Zus* Klein..., Kleinst...) – 2. (Vorsatz bei Einheiten = der millionste Teil der genannten Einheit [z. B. Mikrogramm]); *Vorsatzzeichen* µ... (z. B. µg) ⟨*grch*⟩

Mikroben ↑ Mikroorganismen · **mi|kro|biell** (*Biol, Med*; durch Mikroorganismen verursacht) ⟨*grch* → *frz*⟩

Mi|kro|bio|lo|gie [*österr nur so, od* ..'gi:], die, _ (Wissenschaft von den Mikroorganismen u. Viren) ⟨*grch*⟩

Mi|kro|che|mie [*od* ..çe'mi:, *österr* 'mikroke..], die, _ (die Chemie kleinster Mengen) ⟨*grch*⟩

Mi|kro|elek|tro|nik ['mi:.. *od* ..'tro:..], die, _ (Teilgebiet der Elektronik, das sich mit der Anwendung außerordentlich kleiner u. meist sehr komplexer elektron. Schaltungen u. Funktionseinheiten befaßt) ⟨*grch*⟩ · **mi|kro|elek|tro|nisch;** _e Bauelemente

Mi|kro|fa|rad (ein millionstel F); *Einheitenzeichen* µF

Mi|kro|fiche [..'fiʃ] ⟨*grch* + *frz*⟩ *od* **Mi|cro|fiche** ⟨*frz*⟩, der *od* das, _s, _s (*Datenv, Informationsth*; Planfilm mit reihenweise angeordneten Mikrokopien)

Mi|kro|film (auf fotomechan. Wege in verkleinertem Maßstab hergestellte Reproduktion von Druckschriften u. a.) ⟨*grch* + *engl*⟩

Mikrofon usw. ↑ Mikrophon usw.

Mi|kro|gramm (ein millionstel g); *Einheitenzeichen* µg ⟨*grch*⟩

Mi|kro|kli|ma [*od* ..'kli:..], das, _s, *Pl* _s *od* ..ate (*Met*; Kleinklima, Klima der bodennahen Luftschicht u. kleinster räumlicher Bereiche) ⟨*grch*⟩

Mi|kro|kok|ken [*österr nur so, od* ..'kɔ..] *Pl* (*Biol*; Bakterien); *Sg* Mikro|kok|kus, der, _ ⟨*grch → lat*⟩
Mi|kro|ko|pie [*österr nur so, od* ..'pi:], die, _, ..ien (fotograf. Kleinaufnahme von Schrift auf Planfilm) ⟨*grch + lat*⟩
Mi|kro|kos|mos [*österr nur so, od* ..'kɔs..], der, _ (verkleinertes Abbild des großen Weltganzen – *Biol*; Welt der Kleinlebewesen) ⟨*grch*⟩
Mi|kro|me|ter: 1. ['mi:.., *österr* 'mi..], das *od* der, *schweiz nur so* (ein millionstel Meter = $^1/_{1000}$ mm); *Einheitenzeichen* µm – 2. [..'me:.., *österr* 'mi..], das *od* **Mi|kro|me|ter|schrau|be** (ältere Bez. für Meßschraube) ⟨*grch*⟩
Mi|kron, das, _s, _ (*veraltet*; Mikrometer); *Einheitenzeichen* µ ⟨*grch*⟩
Mi|kro|ne|sien [..iən] (Inselwelt im westl. Pazifik) ⟨*grch*, ‚Kleininselland'⟩ · **Mi|kro|ne|sier** [..ĭər], der, _s, _ · **mi|kro|ne|sisch**
Mi|kro|or|ga|nis|men [*od* ..'nis..] *od* **Mi|kro|ben** *Pl* (*Biol*; kleine, meist einzellige Lebewesen); *Sg* Mi|kro|or|ga|nis|mus, der, _ *od* Mi|kro|be, die, _ ⟨*grch*⟩
Mi|kro|phon, *eindeutschend* **Mi|kro|fon** *K 54*, das, _s, _e (Schallumwandler) ⟨*grch*⟩ · **mi|kro|pho|nisch**, *eindeutschend* **mi|kro|fo|nisch** *K 54* (fein-, schwachstimmig)
Mi|kro|pro|zes|sor [*od* ..'tsɛs..], der, _s, ..oren (*Elektronik*; programmierbarer Schaltkreis in sehr kleiner Ausführung) ⟨*grch + lat*⟩
Mi|kro|re|chen|tech|nik ['mi:.. *od* ..'rɛç..] ⟨*grch*⟩ · **Mi|kro|rech|ner**
mi|kro|seis|misch [*österr nur so, od* ..'zais..] (*Geol*; unmerklich bebend) ⟨*grch*⟩. *Ggs* makroseismisch
Mi|kro|skop, das, _s, _e (opt. Vergrößerungsgerät) ⟨*grch*⟩ · **mi|kro|sko|pie|ren** (etw. mit Hilfe des Mikroskops untersuchen) · **mi|kro|sko|pisch** (nur mit dem Mikroskop erkennbar)
Mi|kro|thek, die, _, _en (karteimäßige Sammlung von Mikrokopien) ⟨*grch*⟩
Mi|kro|tom, das, _s, _e (*Biol*, *Med*; Gerät zur Herstellung feinster Schnitte für mikroskop. Untersuchungen) ⟨*grch*⟩
Mi|kro|wel|len *Pl* (*Phys*; elektromagnet. Wellen, deren Länge kleiner als 10 cm ist)
mi|kro|ze|phal (*Biol*, *Med*; kleinköpfig, -schädelig) ⟨*grch → lat*⟩ · **Mi|kro|ze|pha|le**, der *u.* die, _n, _n *K 341* (*Biol*, *Med*) · **Mi|kro|ze|pha|lie**, die, _ (*Biol*, *Med*; Kleinköpfigkeit)
Mi|la|ne *Pl* (Bez. für eine Gattung der Greifvögel); *Sg* Mi|lan, der, _s ⟨*lat → frz*⟩; *K 254*: Roter Milan (Gabelweihe)
Milano ↑ Mailand
Mil|be, die, _, _n (ein Spinnentier) ⟨*zu* mahlen⟩ · **mil|big**
Milch, die, _ ⟨*zu* melken⟩. *Zus K 365ff.*: Milch‿bar usw. · **milchen**: 1. *Adj K 364* (aus Milch) – 2. *Verb* (*landsch*; Milch geben) · **Mil|cher**, der, _s, _ (1. ↑ Milchner – 2. *landsch*; Melker) · **Mil|che|rin**, die, _, ..innen (*landsch*) · **milchig** · **Milch|ling** (ein Pilz) · **Milchner**, *auch* **Mil|cher**, der, _s, _ (männl. Fisch). *Ggs* Rogener · **Milch|stra|ße**, die, _ · **milch|weiß**; *vgl.* blau
mild · **Mil|de**, die, _ · **mil|dern** *K 363* · **Mil|de|rung** · **mild|her|zig** · **Mild|her|zig|keit**, die, _ · **mild|tä|tig** · **Mild|tä|tig|keit**, die, _
Mi|le|sier [..ĭər], der, _s, _ (Bewohner von Milet) · **Mi|let** (*Altertum*; Stadt an der Südwestküste Kleinasiens)
Mi|liar|tu|ber|ku|lo|se (*Med*; häufig tödlich verlaufende akute Lungen- od. Allgemeintuberkulose) ⟨*lat*⟩
Mi|lieu [..'lĭø:], das, _s, _s ([gesellschaftl.] Umwelt, Umgebung; Wirkungskreis) ⟨*frz*, ‚Mitte'⟩ · **mi|lieu|ge|schä|digt**
mi|li|tant (kämpferisch) ⟨*lat*⟩ · **Mi|li|tär**: 1. das, _s (Gesamtheit der Streitkräfte eines Staates; Heer) – 2. der, _s, _s, *meist Pl* (höherer Offizier) ⟨*lat → frz*⟩. *Zus K 365ff.*: Militär‿arzt usw. · **Mi|li|tär|aka|de|mie** · **mi|li|tä|risch** (das Kriegs- od. Soldatenwesen betreffend) · **mi|li|ta|ri|sie|ren** (aufrüsten; mit militarist. Geist versehen) ⟨*lat*⟩ · **Mi|li|ta|ris|mus**, der, _ (*abwert*; mit aggressiver Außenpolitik verbundene Unterordnung aller Bereiche des staatlich-gesellschaftl. Lebens unter das Militär) · **Mi|li|ta|rist** (*abwert*) · **mi|li|ta|ri|stisch** (*abwert*) · **Mi|li|tär|wis|sen|schaft** (Wissenschaft von Verlauf, Formen u. Methoden des Krieges) · **Mi|li|ta|ry** ['militəri], die, _, _s (*Reitsp*; Vielseitigkeitsprüfung) ⟨*lat → frz → engl*⟩ · **Mi|liz**: 1. ⟨*lat*⟩, die, _, _en (Bez. für kurzfristig ausgebildete Streitkräfte [im Gegensatz zum ständigen Militär]) – 2. ⟨*lat → poln → russ*⟩, die, _, _en (Polizeiorganisation in der UdSSR u. in einigen sozialist. Ländern) · **Mi|liz|heer** · **Mi|li|zio|när**, der, _s, _e (Angehöriger der Miliz [2]) ⟨*lat → poln → russ*⟩
Mil|le, das, _, _ (Tausend), *als römisches Zahlzeichen* M ⟨*lat*⟩; 5 Mille
Mil|le|fio|ri|glas, *Pl* ..gläser (Mosaikglas) ⟨*ital*, ‚tausend Blumen'⟩
Mill|en|nium, das, _s, ..ien [..ĭən] (Jahrtausend) ⟨*lat*⟩
Mil|li... (Vorsatz bei Einheiten = der tausendste Teil der genannten Einheit [z. B. Millimeter]); *Vorsatzzeichen* m... (z. B. mm) ⟨*lat*⟩
Mil|li|am|pere [*od* ..am'pɛ:r] ($^1/_{1000}$ A); *Einheitenzeichen* mA
Mil|liar|där, der, _s, _e (Besitzer von Milliarden [Werten]; steinreicher Mann) ⟨*lat → frz*⟩ · **Mil|liar|de**, die, _, _n (1000 Millionen), *Abk* Md., Mrd., *Kurzw* Mia; *vgl.* Million · **mil|liard|stel**[1] · **Mil|liard|stel**[2], das, *schweiz* der, _s, _ · **Mil|liard|stel...**[1]
Mil|li|bar [*od* ..'ba:r] (veraltende Einheit des Luftdrucks = 1 hPa); *Einheitenzeichen* mbar ⟨*lat + grch*⟩
Mil|lième [mi'lĭɛ:m], der, _, *Pl* _s [..'lĭɛ:m] *u. bei Wertangabe* (*K 310*) Millième (Münzeinheit in der ARÄ u. in anderen Ländern) ⟨*lat → frz*, ‚Tausendstel'⟩
Mil|li|gramm [*od* ..'gram] ($^1/_{1000}$ g); *Einheitenzeichen* mg ⟨*lat + grch*⟩ · **Mil|li|li|ter** [*od* ..'li(:)..], das *od* der, *schweiz nur so* ($^1/_{1000}$ l); *Einheitenzeichen* ml · **Mil|li|me|ter** [*od* ..'me:..], das *od* der, *schweiz nur so* ($^1/_{1000}$ m); *Einheitenzeichen* mm · **Mil|li|mol** ($^1/_{1000}$ mol); *Einheitenzeichen* mmol ⟨*lat*⟩
Mil|lion, die, _, _en (1000 mal 1000), *Abk* Mill., *Kurzw* Mio ⟨*lat → ital*⟩; eine _; Millionen kleiner Lebewesen (*besser als* Millionen kleine Lebewesen); 1,4 Millionen Versicherte; eine viertel Million; drei viertel Millionen, *aber*: eine dreiviertel Million; eine und drei viertel Millionen, *aber*: ein[und]dreiviertel Million; ein[und]dreiviertel Million[en] Versicherte (*vgl. auch* viertel); 1 Million Mal *od* [ein]million[en]mal vergrößert · **Mil|lio|när**, der, _s, _e (Besitzer von Millionen [Werten]; sehr reicher Mann) ⟨*lat → ital → frz*⟩ · **Mil|lion|chen** (*scherzh*) ⟨*lat → ital*⟩ · **mil|lio|nen|fach** · **mil|lio|nen|mal** · **mil|lion|stel**[1] · **Mil|lion|stel**[2], das, *schweiz* der, _s, _ · **Mil|lion|stel...**[1]
Mil|reis, das, _, _ (ehem. Währungseinheit in Portugal u. Brasilien) ⟨*portug*⟩
Milz, die, _, _en · **Milz|brand**, der, _[e]s (eine auf den Menschen übertragbare Infektionskrankheit bei Haustieren)

---
[1] *Vgl.* achtel.
[2] *Vgl.* Achtel.

[1]Mi|me od Mi|mir (*nord Mythol*; zukunftskundiger Quelldämon – *dt Sage*; zauberkundiger Waldschmied)

[2]**Mi|me,** der, _n, _n (*noch scherzh*; Schauspieler) ⟨*grch* → *lat*⟩ · **mi|men** (*umg abwert*; so tun, als ob – *noch scherzh*; als Mime wirken) · **Mi|me|se,** die, _, _n *od* **Mi|me|sie,** die, _, ..ien (*Zool*; Schutzanpassung von Tieren an ihre Umgebung) · **Mi|mik,** die, _ ([schauspielerisches] Mienen-, Gebärdenspiel) ⟨*grch*⟩ · **Mi|mi|kry** [..kri], die, _ (*Zool*; Warntracht, [unbewußte] Nachahmung wehrhafter Tiere durch wehrlose – *übertr*; Schutzfarbe, -färbung) ⟨*grch* → *lat* → *engl*⟩

Mimir ↑ [1]Mime

mi|misch (das [schauspielerische] Mienen- u. Gebärdenspiel betreffend) ⟨*grch* → *lat*⟩

Mi|mo|se, die, _, _n (eine empfindlich reagierende trop. Pflanze) ⟨*lat*⟩ · **mi|mo|sen|haft** (zart, fein; überempfindlich)

Mi|na|rett, das, _[e]s, _e (Gebetsturm einer Moschee) ⟨*arab* → *türk*⟩

Mi|nas Ge|rais [_ ʒɛ'raïs] (Staat im O Brasiliens) ⟨*portug*⟩

Min|da|nao (eine der Philippinen)

Min|den (Stadt im N der BRD); *vgl. aber* Münden

min|der (*meist gehoben*; weniger, geringer); *vgl. auch* mindeste; mehr oder _; _ gut, _ wichtig [als]...; *aber K 128*: minderbedeutend usw. · **min|der|be|deu|tend** · **min|der|be|gabt** · **Min|der|be|gab|te,** der *u.* die, _n, _n *K 341* · **Min|der|heit** · **min|der|jäh|rig** · **Min|der|jäh|ri|ge,** der *u.* die, _n, _n *K 341* · **Min|der|jäh|rig|keit,** die, _ · **min|dern** *K 363* · **Min|de|rung** · **min|der|wer|tig** · **Min|der|wer|tig|keit,** die, _ · **Min|der|wer|tig|keits|kom|plex** · **Min|dest|ab|stand** · **min|de|ste;** mindestens; *K 114*: zum _n, nicht im _n; nicht das _; das _, was er tun sollte – *In Zus K 176*: zumindest · **Min|dest‿for|de|rung,** **...maß** (das), **...preis,** **...stra|fe**

Mi|ne, die, _, _n (Sprengkörper; Bergwerk; Bleistift- bzw. Kugelschreibereinlage) ⟨*kelt* → *lat* → *frz*⟩. *Zus K 365ff.*: Minen‿sperre usw.; *vgl. aber* Miene

Mi|ne|ral, das, _s, *Pl* _e *od* _ien [..ĭən] (anorganischer, chemisch u. physikalisch einheitl. Bestandteil der festen Erdkruste) ⟨*kelt* → *lat*⟩ · **Mi|ne|ral|dün|ger** · **Mi|ne|ra|lien|samm|lung** [..ĭən..] · **Mi|ne|ra|li|sa|tion** (Mineralbildung) ⟨*kelt* → *lat* → *frz*⟩ · **mi|ne|ra|lisch** ⟨*kelt* → *lat*⟩ · **Mi|ne|ra|lo|ge,** der, _n, _n ⟨*lat* + *grch*⟩ · **Mi|ne|ra|lo|gie,** die, _ (Lehre von den Mineralen) · **mi|ne|ra|lo|gisch** · **Mi|ne|ral|quel|le** · **Mi|ne|ral|was|ser,** *Pl* ..wässer

Mi|ner|va [..v..] (*röm Mythol*; Göttin der Künste u. des Handwerks) ⟨*lat*⟩

Mi|ne|stra, die, _, ..ren (*Kochk*; Suppe mit Reis u. Kohl) ⟨*lat* → *ital*⟩ · **Mi|ne|stra|sup|pe** (*österr*)

mi|ni (*Mode, von Röcken, Kleidern, Mänteln gesagt*; sehr kurz) ⟨*lat*⟩ · **Mi|ni,** das, _s, *meist ohne Art* (sehr kurze Rock-, Kleider- u. Mantelmode) · **Mi|ni...** (*in Zus* äußerst kurz, z. B. Minirock; Klein..., Kleinst...; sehr klein, z. B. Miniknirps) · **Mi|nia|tur,** die, _, _en ([mennigroter] Anfangsbuchstabe; zierliches Bildchen; Kleinmalerei) ⟨*lat* → *ital*⟩ · **Mi|nia|tur|aus|ga|be** (Kleinausgabe) · **Mi|nia|tur|bild** · **mi|nia|tu|ri|sie|ren** (*bes Elektronik*; verkleinern)

mi|nie|ren (*fachspr*; unterhöhlen; einen Stollen anlegen; verminen) ⟨*kelt* → *lat* → *frz*⟩

Mi|ni|golf, das (golfähnl. Geschicklichkeitsspiel) ⟨*lat* + *engl*⟩ · **mi|ni|mal** (geringfügig; sehr klein; niedrigst; kleinst...) ⟨*lat*⟩ · **Mi|ni|mal|be|trag** (Mindestbetrag) · **mi|ni|mie|ren** (auf den niedrigsten Wert bringen) · **Mi|ni|mie|rung** · **Mi|ni|mum,** das, _s, ..ma (»das Geringste, Mindeste«; Mindestwert, -preis, -maß, Kleinstmaß); barometrisches _ (*Met*; Tief) · **Mi|ni|mum|ther|mo|me|ter**

Mi|ni|ster, der, _s, _ (Leiter eines Ministeriums od. eines anderen zentralen staatl. Organs) ⟨*lat* → *frz*, ‚Diener'⟩ · **Mi|ni|ste|ria|le,** der, _n, _n (*hist*; Angehöriger des mittelalterl. Dienstadels) ⟨*lat*⟩ · **mi|ni|ste|riell** (von einem Minister od. Ministerium ausgehend) ⟨*lat* → *frz*⟩ · **Mi|ni|ste|rium,** das, _s, ..ien [..ĭən] (oberste staatl. Verwaltungsbehörde eines Geschäftsbereichs) ⟨*lat* → *frz* → *lat*⟩ · **Mi|ni|ster|prä|si|dent** · **Mi|ni|ster|rat,** *Pl* ..räte · **Mi|ni|strant** (*kath Kirche*; Meßdiener) ⟨*lat*⟩ · **mi|ni|strie|ren** (*kath Kirche*; dem Geistlichen bei der Messe dienend zur Hand gehen)

Mink, der, _[e]s, _e (amerikan. Nerz) ⟨*skand* → *engl*⟩

Min|na (w. Vn.) ⟨*Kurzf der auf ...mine endenden weibl Vornamen*⟩

Min|ne, die, _ (*noch scherzh*; Liebe) ⟨*zu mahnen*⟩. *Zus K 365ff.*: Minne‿lied usw. · **min|nen** (*noch scherzh*; lieben) · **Min|ne|sang** (*Lit, Mus*) · **Min|ne|sän|ger,** *auch* **Min|ne|sin|ger** (*Mittelalter*)

Min|ne|so|ta (Staat der USA)

min|nig|lich (*dicht*)

mi|no|isch; *K 218*: _e Kultur ⟨*zu* Minos⟩

Mi|no|rat, das, _[e]s, _e (*Rechtsw hist*; Erb- u. Nachfolgerecht des dem Grade nach nächsten, jüngsten Verwandten; Vermögen, bes. Stammgut, für das dieses Vorrecht galt) ⟨*lat*⟩ · **mi|no|renn** (*Rechtsw veraltet*; minderjährig) · **Mi|no|ren|ne,** der *u.* die, _n, _n *K 341* (*Rechtsw veraltet*; Minderjährige[r]) · **Mi|no|ren|ni|tät,** die, _ (*Rechtsw veraltet*) · **Mi|no|rist** (*kath Kirche*; Kleriker, der eine niedere Weihe erhalten hat) · **Mi|no|rit,** der, _en, _en (*kath Kirche*; Minderbruder, Angehöriger eines Zweiges der Franziskaner) · **Mi|no|ri|tät** (Minderzahl, Minderheit); *Ggs* Majorität

Mi|nos (*griech Sage*; König auf Kreta) ⟨*grch*⟩ · **Mi|no|tau|rus** *od* **Mi|no|taur** [..'tau(ə)r] (*griech Sage*; menschenfressendes Ungeheuer auf Kreta) ⟨*grch* → *lat*⟩

Minsk (Hptst. von Belorußland)

Min|strel, der, _s, _s (*hist*; Spielmann, Minnesänger in England) ⟨*lat* → *frz* → *engl*⟩

Mi|nu|end [*österr nur so, auch* 'mi(:)..], der, _en, _en (*Math*; die beim Abziehen zu vermindernde Zahl) ⟨*lat*⟩ · **mi|nus** (weniger, abzüglich – *Elektrotechn*; negativ), *Zeichen* – ; *Ggs* plus; minus 15 Grad *od* 15 Grad minus; *vgl. auch* acht, I · **Mi|nus,** das, _, _ (Minder-, Fehlbetrag; Mangel); *Ggs* Plus · **Mi|nus|be|trag** · **Mi|nus|kel,** die, _, _n (*Polygr*; Kleinbuchstabe) · **Mi|nus|pol** · **Mi|nus|zei|chen;** *Zeichen* – · **Mi|nu|te,** die, _, _n (*Phys*; Einheit der Zeit = 60 s [*Einheitenzeichen* min, *im allg Sprachgebrauch Abk* Min.] – *Math*; Einheit des ebenen Winkels = der sechzigste Teil eines Grades [*Einheitenzeichen* ′]); *vgl. auch Vorschriften für den Schriftsatz*, 3.9. · **mi|nu|ten|lang** *K 176*, *aber K 127*: drei Minuten lang · **Mi|nu|ten|zei|ger** · **...mi|nu|tig** (z. B. fünfminutig *K 283* [fünf Minuten dauernd], *mit Ziffer K 284* 5minutig) · **mi|nüt|lich,** *auch* **mi|nut|lich** (jede Minute) · **...mi|nüt|lich,** *auch* **...mi|nut|lich** (z. B. fünfminütlich *K 283* [alle fünf Minuten wiederkehrend], *mit Ziffer K 284* 5minütlich) · **mi|nu|ziös,** *auch* **mi|nu|tiös** *K 349* (peinlich genau; kleinlich)

Min|ze, die, _, _n (ein Lippenblütler) ⟨*grch* → *lat*⟩

Mio *Kurzw* (Million); 5 Mio M

mio|zän (*Geol*) ⟨*grch* → *lat*⟩ · **Mio-zän**, das, _s (*Geol*; ältere Abteilung des Neogens)
mir (*Dat des Pron* »ich«); _ nichts, dir nichts
Mi|ra, die, _ (ein Stern) ⟨*lat*⟩
Mi|ra|bel|le, die, _, _n (pflaumenähnl. Steinobstart) ⟨*grch* → *lat* → *ital* → *frz*⟩ · **Mi|ra|bel|len|kom-pott**
Mi|ra|kel, das, _s, _ (*veraltend*; Wunder[werk]) ⟨*lat*⟩
Mi|re, die, _, _n (*Astron*; Beobachtungsmarke zur Kontrolle der richtigen Achslage eines Fernrohrs) ⟨*lat* → *frz*⟩
Mir|ny [..ni] (Basisstation der sowjet. Antarktisforschung)
Mir|za [..tsa *od* ..za] (*hinter dem Namen pers Prinzen* »Fürstensohn«; *vor dem Namen anderer Personen* »Herr«) ⟨*pers*⟩
Mis|an|throp, der, _en, _en (Menschenhasser, -feind) ⟨*grch*⟩ · **Mis-an|thro|pie**, die, _ · **mis|an|thro-pisch**; _ste
Misch|bat|te|rie · **mi|schen** *K 354* · **Mi|scher** · **Mi|sche|rei** (*umg, auch abwert*) · **misch|far|ben** (*K 364*) *od* **misch|far|big**; *vgl. auch* ...farben *u. K 272 ff.* · **Misch|fut|ter** (*Landw*) · **Misch|ge|we|be** · **Misch|ling** · **Misch|masch**, der, _es, _e (*umg abwert*)
Misch|na, die, _ (grundlegender Teil des Talmuds) ⟨*hebr*⟩
Misch|po|ke *od* **Misch|po|che** [..'po:xə], die, _ (*salopp abwert*; Familie; Verwandtschaft) ⟨*hebr*⟩
Misch|sen|dung (*Post*) · **Mi|schung**
Mi|se [mi:s *od* 'mi:zə], die, _, _n ['mi:z(ə)n] (Spieleinsatz – *Versicherungsw*; Einmalprämie bei der Lebensversicherung) ⟨*lat* → *frz*⟩
mi|se|ra|bel (erbärmlich; nichtswürdig) ⟨*lat* → *frz*⟩; *K 363*: ein miserabler Kerl · **Mi|se|re**, die, _, _n (Jammer, Not, Armseligkeit) · **Mi-se|re|re**: 1. das, _[s] (*christl Rel*; Anfang u. Name eines Bußpsalms) – 2. das, _s (*Med*; Koterbrechen bei Darmverschluß) ⟨*lat*, ‚erbarme dich!'⟩ · **Mi|se|ri|cor|dias Do|mi|ni** [..dia:s _] (*christl Rel*; Name des zweiten Sonntags nach Ostern) (‚Barmherzigkeit des Herrn')
Mi|so|gyn, der, _s, _e (Frauenfeind) ⟨*grch*⟩
Mis|pel, die, _, _n (Obstbaum u. dessen Frucht) ⟨*grch* → *lat*⟩
Miß, *engl Schreibung* **Miss**, die, _, *Pl* Misses ['misis *od* ..siz] (Fräulein [engl. Anrede nur in Verbindung mit dem Familiennamen]) ⟨*engl*⟩
miß...: *Schreibung bei Verben, vgl.* z. B. mißachten. *Bildung des Partizips II vgl. K 380*
miß|ach|ten; du mißachtest; mißachtet; zu mißachten · **Miß|ach-tung**
Mis|sa|le, das, _[s], ..lien [..ĭən] (kath. Meßbuch) ⟨*lat*⟩
miß|ar|tet · **Miß|ar|tung**
Mis|sa so|lem|nis *K 47*: 1. die, _ _, *Pl* ..ssae [..sɛ:] ..nes [..ne:s] (*kath Kirche*; feierl. Messe) – 2. die, *Gen* _ _ (*Mus*; Messenkomposition Beethovens) ⟨*lat*⟩
miß|be|ha|gen; es mißbehagt mir; mißbehagt; mißzubehagen · **Miß-be|ha|gen**, das, _s
miß|be|schaf|fen *K 364* · **Miß-be|schaf|fen|heit**
miß|bil|den; du mißbildest; mißgebildet; mißzubilden · **Miß|bil|dung**
miß|bil|li|gen[1] · **Miß|bil|li|gung**
Miß|brauch · **miß|brau|chen**[1] · **miß-bräuch|lich**
miß|deu|ten[1] · **Miß|deu|tung**
mis|sen; du mißt *K 354*; gemißt; misse! *od* miß!
Miß|er|folg
Miß|ern|te
Misses ↑ Miß
Mis|se|tat (*veraltet*) · **Mis|se|tä|ter** (*veraltet*)
miß|fal|len; du mißfällst, es mißfällt dir; mißfallen; zu mißfallen · **Miß-fal|len**, das, _s · **miß|fäl|lig**
miß|far|ben (*K 364*) *od* **miß|far-big**; *vgl. auch* ...farben *u. K 272 ff.*
Miß|form ⟨*lat*⟩ · **miß|för|mig**
Miß|ge|burt
miß|ge|launt
Miß|ge|schick
miß|ge|stalt (von Natur aus mißgebildet); ein _er Mensch · **Miß|ge-stalt** · **miß|ge|stal|tet** (von Menschenhand schlecht geformt); eine _e Form
miß|ge|stimmt
miß|ge|wach|sen *od* **miß|wach-sen** *K 364* (verkrüppelt)
miß|glücken [*Tr* ..glük|ken]; es mißglückt dir; mißglückt; zu mißglükken
miß|gön|nen; du mißgönnst; mißgönnt; zu mißgönnen
Miß|griff
Miß|gunst · **miß|gün|stig**
miß|han|deln *K 363*; *im Infinitiv u. den einfachen Zeiten auch* mißhandeln (übel behandeln); mißhandelt; zu mißhandeln · **Miß|hand-lung** [*auch* 'mis..]
miß|hel|lig · **Miß|hel|lig|kei|ten** *Pl*
mis|singsch; *vgl. K 266 f.* · **Mis-singsch**, das, *Gen* _[s], *Dat* _ (mit Niederdeutsch vermischtes Hochdeutsch) (‚Meißnisch', *an* Messing *angelehnt*); *vgl. K 268 ff.*

[1] *Konjugation vgl.* mißachten.

Mis|sion (Bestimmung, Auftrag, Botschaft, [innere] Aufgabe; Aussendung von Missionaren; Gruppe von Beauftragten) ⟨*lat*, ‚Sendung'⟩; *K 258*: die Innere Mission (protestant. kirchl. Organisation) · **Mis-sio|nar**, *österr* **Mis|sio|när**, der, _s, _e (Sendbote; zur Verbreitung einer religiösen Lehre [bes. des Christentums] Ausgesandter) · **mis-sio|na|risch** · **mis|sio|nie|ren** (eine religiöse Lehre [bes. das Christentum] verbreiten)
Mis|sis|sip|pi: 1. der, _[s] (Strom in den USA) ⟨*indian* (‚großer Fluß') → *engl*⟩ – 2. (Staat der USA)
Miß|klang
Miß|kre|dit, der, _[e]s (schlechter Ruf; mangelndes Vertrauen) ⟨*lat* → *ital* → *frz*⟩; *meist in Wendungen wie* jmdn. in _ bringen
miß|lei|ten (*gehoben*); du mißleitest; mißleitet (*auch* mißgeleitet) *K 360*; zu mißleiten (*auch* mißzuleiten) · **Miß|lei|tung** (*gehoben*)
miß|lich (unangenehm) · **Miß|lich-keit**
miß|lie|big (unbeliebt) · **Miß|lie-big|keit**
miß|lin|gen; es mißlingt dir; es mißlang; es mißlänge; mißlungen; zu mißlingen
Miß|mut · **miß|mu|tig**
Mis|sou|ri [mi'su:ri]: 1. der, _[s] (Fluß in den USA) ⟨*indian* (‚Schlammfluß') → *engl*⟩ – 2. (Staat der USA)
miß|ra|ten (schlecht geraten); es mißrät; der Versuch ist mißraten; zu mißraten
Miß|stand
Miß|stim|mung
Miß|ton, *Pl* ..töne ⟨*grch* → *lat*⟩ · **miß|tö|nend**; *K 115*: am _sten · **miß|tö|nig**
miß|trau|en; *im Infinitiv u. den einfachen Zeiten auch* mißtrauen; du mißtraust; mißtraut; zu mißtrauen · **Miß|trau|en**, das, _s · **Miß|trau-ens|vo|tum** [..v..] · **miß|trau|isch**; _ste
Miß|ver|gnü|gen, das, _s · **miß-ver|gnügt**
Miß|ver|hält|nis
miß|ver|ständ|lich · **Miß|ver|ständ-nis** · **miß|ver|ste|hen** *K 363*; du mißverstehst; mißverstanden; mißzuverstehen
mißwachsen ↑ mißgewachsen
Miß|wei|sung (*Geophys*)
Miß|wirt|schaft
Miß|wuchs, der, _es (abnorm Gewachsenes, Mißbildung)
Mist, der, _es, _e (*auch salopp abwert*; wertloses Zeug; Unsinn; unangenehme Angelegenheit). *Zus K 365 ff.*: Mist‿haufen usw.
Mi|stel, die, _, _n (immergrüne

Schmarotzerpflanze) · **Mi|stelzweig**
mi|sten
Mi|ster, der, _s, _ (Herr [engl. Anrede, nur in Verbindung mit dem Familiennamen]); *Abk* Mr. ⟨*lat* → *frz* → *engl*⟩
mi|stig (*auch salopp abwert*; sehr schlecht) · **Mist|kü|bel** (*österr*; Mülleimer)
Mi|stral [*auch* 'mis..], der, _s (Fallwind, kalter Nordwind des Rhonetales) ⟨*lat* → *prov*⟩
Mi|streß ['mistris] (Frau [engl. Anrede für verheiratete Frauen in Verbindung mit dem Familiennamen]); *Abk* Mrs. ['misis *od* ..siz] ⟨*lat* → *frz* → *engl*⟩
Mist|stock, der, *Pl* ..stöcke (*schweiz*; Misthaufen)
Mis|zel|len *od* **Mis|zel|la|ne|en** [..'la:neən, *auch* ..la'ne:ən] *Pl* (Vermischtes; kleine Aufsätze) ⟨*lat*⟩
mit:
I. *Präp mit Dat*: mit ander[e]n Worten (*Abk* m. a. W.); *K 379*: mit und ohne ...
II. *Schreibung bei einfachen Verben*:
1. *Getrenntschreibung K 145*: wenn »mit« die vorübergehende Beteiligung od. den Gedanken des Anschlusses (svw. »auch«) ausdrückt, z. B. mit arbeiten; das ist mit zu berücksichtigen; die Kosten sind mit berechnet
2. *Zusammenschreibung K 148 u. 356*:
a) wenn »mit« eine dauernde Vereinigung od. Teilnahme ausdrückt, z. B. mitarbeiten, du arbeitest mit, mitgearbeitet, mitzuarbeiten
b) wenn durch die Verbindung ein neuer Begriff entsteht, z. B. mitteilen (melden), du teilst mit, mitgeteilt, mitzuteilen
III. *Bei zusammengesetzten Verben meist Getrenntschreibung K 145*, z. B. du darfst es mit ansehen
mit|ar|bei|ten *K 148* (dauernd Mitarbeiter sein), *aber K 145*: mit arbeiten (vereinzelt an der Arbeit teilnehmen); *vgl.* mit, II (1 u. 2, a) · **Mit|ar|bei|ter**
Mit|be|stim|mungs|recht
mit|brin|gen; *vgl.* mit, II (2, b) · **Mit|bring|sel,** das, _s, _ (*umg*)
mit|ein|an|der. *Schreibung bei Verben vgl.* aneinander; *K 145 u. 129*: miteinander sprechen, etwas miteinander haben, miteinander gehen, *aber K 148 u. 129*: miteinanderlaufen (gleichzeitig laufen)
Mit|es|ser
mit|fah|ren *K 148*; er will _
mit|füh|len; *vgl.* mit, II (2, a) · **mitfüh|lend;** *K 115*: am _sten · **Mitge|fühl**

Mit|gift, die, _, _en (*veraltend*; Aussteuer) ⟨*zu* geben⟩
Mit|glied; _ der Volkskammer (*Abk* M. d. V. *od* MdV) · **Mit|glie|derver|samm|lung** · **Mit|glieds|beitrag** · **Mit|glied|schaft,** die, _ · **Mit|glieds|kar|te** · **Mit|glied[s]staat**
mit Hil|fe *präpositionale Fügung*: 1. *Präp mit Gen*: _ _ des Buches – 2. *in Verbindung mit* von: _ _ von Büchern; *vgl. auch* Hilfe
Mit|hil|fe, die, _
mit|hin (somit), *aber*: du mußt mit hingehen
Mi|thra[s] (*Mythol*; altiran. Gott der Treue u. des Lichtes) ⟨*apers* → *grch* → *lat*⟩
Mit|laut. *Zus K 365ff.*: Mitlautfolge usw.
Mit|leid, das, _[e]s · **Mit|lei|den,** das, _s (*gehoben*) · **Mit|lei|denschaft,** die, _; *nur in der Wendung* jmdn. *od* etw. in _ ziehen · **mit|leidig** · **mit|leid[s]|los** *K 349*; *vgl.* ...los · **mit|leid[s]|voll**
Mit|mensch, der
Mit|nah|me, die, _ (*bürospr*; das Mitnehmen) · **mit|neh|men;** *vgl.* mit, II (2, a) · **Mit|neh|mer** (*Buchw, Techn*)
mit|nich|ten *K 176* (*altertümelnd*; keineswegs, durchaus nicht)
Mi|to|se, die, _, _n (*Biol*; indirekte Zellkernteilung) ⟨*grch*⟩ · **mi|totisch** (*Biol*)
Mi|tra, die, _, ..ren (*kath Kirche*; Kopfbedeckung hoher geistl. Würdenträger) ⟨*grch* → *lat*⟩
mit|rei|sen (mitfahren); mitgereist; *vgl.* mit, II (2, a)
mit|rei|ßen (begeistern); mitgerissen; *vgl.* mit, II (2, b)
Mit|ro|pa, die, _ *Kurzw* (Mitteleuropäische Schlafwagen- und Speisewagen-AG)
mit|sam|men (*landsch, bes österr*; zusammen, gemeinsam) · **mit|samt** *Präp mit Dat* (gemeinsam mit)
mit|schnei|den (*Rundf, Ferns*; auf Tonband aufnehmen); eine Sendung _; *vgl.* mit, II (2, b) · **Mitschnitt** (*Rundf, Ferns*)
Mit|schü|ler
Mit|spra|che|recht (Mitbestimmungsrecht)
mit|tag[1]; *K 109*: heute, gestern, morgen _; Dienstag mittag *od* Dienstagmittag · **Mit|tag**[1]: 1. der, _[e]s, _e (Tageszeit; *nur Sg*: *noch übertr*; Süd[en]); des Mittags, eines Mittags, *aber K 109*: mittags – 2. das, _[e]s (*umg*; das Mittagessen); Mittag essen · **Mit|tag|brot**[1], das, _[e]s · **Mit|tag|es|sen**[1] · **mit|tägig**[1] · **mit|täg|lich**[1] · **Mittagmahl**

[1] *Tr* ↑ *K 78*.

↑ Mittagsmahl · **mit|tags**[1] *K 109*, *aber*: des Mittags; Dienstag mittags; dienstags mittags · **Mit|tags**[1]**_hit|ze, ...kreis** (*Astron*) · **Mittags|mahl**[1], *österr* **Mit|tag|mahl**[1] · **Mit|tags|pau|se**[1] · **Mit|tagsschlaf**[1], der, _[e]s · **Mit|tags|sonne**[1], die, _ · **Mit|tags|stun|de**[1] · **Mit|tags**[1]**_tisch, ...zeit**
Mit|tä|ter (*Rechtsw*) · **Mit|tä|terschaft,** die, _ (*Rechtsw*)
Mit|te, die, _, _n; in der _; _ Januar *K 328*; _ [der] Dreißig *od* _ der Dreißiger; *als Wohnungsangabe K 410*: 2. Stock Mitte *od* 2. Stock, Mitte
mit|tei|len *K 148* (eine Information weitergeben; melden), *aber K 145*: mit teilen (an einer Teilung teilnehmen); er hat mit geteilt; *vgl.* mit, II (1 u. 2, b) · **mit|teil|sam** · **Mit|teilsam|keit,** die, _ · **Mit|tei|lung** · **Mit|tei|lungs|drang,** der, _[e]s
mit|tel; mittlere, mittelste · **Mit|tel,** das, _s, _; sich ins _ legen
Mit|tel|al|ter, das, _s; *Abk* MA · **mit|tel|al|ter|lich** (dem Mittelalter angehörend); *Abk* ma.
Mit|tel|ame|ri|ka (Landbrücke zw. Nord- u. Südamerika) · **Mit|telasien** [..iən]
mit|tel|bar · **Mit|tel|chen** (kleines Mittel)
mit|tel|deutsch; *Abk* md.; *vgl. K 265ff.*
Mit|tel|eu|ro|pa · **mit|tel|eu|ropä|isch;** *K 238*: die mitteleuropäische Zeit (*Abk* MEZ), die mitteleuropäische Sommerzeit (*Abk* MESZ), *aber K 258*: die Mitteleuropäische Schlafwagen- und Speisewagen-AG (*Kurzw* Mitropa)
mit|tel|fri|stig; _e Finanzplanung (*Wirtsch*) · **Mit|tel|ge|bir|ge** · **Mittel|ge|wicht,** das, _[e]s (*Sport*) · **Mit|tel|glied** · **mit|tel_groß, ...gut** (*umg*) · **Mit|tel|hand:** 1. die, _ (Teil der Hand) – 2. *ohne Art* (*Kartensp*)
mit|tel|hoch|deutsch; *Abk* mhd.; *vgl. K 266f.* · **Mit|tel|hochdeutsch,** das, *Gen* _[s], *Dat* _ (Sprachbezeichnung *K 268ff.*); *Abk* Mhd. · **Mit|tel|hoch|deut|sche** *K 271*, das, *Gen* _n, *Dat* _n (Entwicklungsstufe des Deutschen etwa vom 11. bis zum 14. Jh.); *Abk* Mhd.
mit|tel|län|disch; *K 238*: das mittelländische Klima, *aber K 258*: das Mittelländische Meer (↑ Mittelmeer) · **Mit|tel|land|ka|nal,** der, _s (in der DDR u. der BRD)

[1] *Tr* ↑ *K 78*.

Mi̱t|tel|la|tein, das, _s (die latein. Sprache etwa vom 6. bis zum 14. Jh.); *Abk* Mlat. · **mi̱t|tel|la|tei|nisch**; *Abk* mlat.; *vgl. auch K 265 ff.*
Mi̱t|tel|li|nie [..ĭə] · **mi̱t|tel|los**; *vgl.* ...los · **Mi̱t|tel|lo|sig|keit**, die, _ · **Mi̱t|tel|maß**, das · **mi̱t|tel|mä|ßig** · **Mi̱t|tel|mä|ßig|keit**
Mi̱t|tel|meer: 1. das, _[e]s, _e (*Geogr*; Form des Nebenmeeres zw. Kontinenten) – 2. das, _[e]s, *auch noch* **Mi̱t|tel|län|di|sche Me̱er**, das, *Gen* _n _[e]s (zw. Europa, Asien u. Afrika) · **mi̱t|tel|mee|risch**
Mi̱t|tel|ohr, das, _[e]s. *Zus K 365 ff.*: Mittelohr‿entzündung usw. · **Mi̱t|tel|punkt**
mi̱t|tels *K 110, österr auch* **mi̱t|telst**, *Präp mit Gen*: _ Wassers, _ des Kran[e]s, _ eines Tropfens Öl (*vgl. K 312*); *K 379*: *mit Dat*, wenn der *Gen* durch die Endung nicht kenntlich gemacht werden kann, z. B. _ Flugzeugen
mi̱t|tel|schläch|tig (*fachspr*; durch Wasser von der Mitte aus angetrieben) ⟨*zu* schlagen⟩; _es Wasserrad · **Mi̱t|tels|mann**, *Pl* ..männer *od* ..leute (Vermittler) · **Mi̱t|tels|per|son**
mittelst ↑ mittels
Mi̱t|tel|stand, der, _[e]s · **mi̱t|tel|stän|dig** (*Bot*); _e Blüte · **mi̱t|tel|stän|disch**
mi̱t|tel|ste (*Sup von* mittel)
Mi̱t|tel|stein|zeit, die, _ · **mi̱t|tel|stein|zeit|lich**
Mi̱t|tel|strecke[1] · **Mi̱t|tel|strecken|lauf**[1] · **Mi̱t|tel|strecken|läu|fer**[1] · **Mi̱t|tel|strecken|ra|ke|te**[1]
Mi̱t|tel|strei|fen
Mi̱t|tel|wel|le (*Funkw*)
Mi̱t|tel|wort, *Pl* ..wörter (*Gramm*) · **Mi̱t|tel|wort|satz** (*Gramm*); *vgl. auch K 436–438*
mi̱t|ten *Adv* (in der Mitte):
a) *Getrenntschreibung bei Präposition + abhängigem Fall*: mitten unter der Menge, mitten durch den Wald, mitten in der Gruppe; *vgl. aber* inmitten
b) *Getrennt- od. Zusammenschreibung bei einem Adverb*: mitten entzwei, mitten darein, mitten darin, mitten darunter, mitten hindurch, mitten hinein; *aber in umg Fügungen*: mittendrein, mittendrin, mittendrunter, *auch* mittendurch, mittenmang (*landsch*)
c) *Getrenntschreibung bei einem Verb K 150*: mi̱tten dari̱n si̱tzen, *umg* mi̱ttendrin si̱tzen, *aber*: mi̱tten dari̱nsitzen, *umg* mi̱tten dri̱nsitzen
mit|ten|dre̱in (*umg*; mitten dare̱in = in die Mitte hinein, mitten hinein); *vgl.* mitten
mit|ten|dri̱n (*umg*; mitten dari̱n); *vgl.* mitten
mit|ten|dru̱n|ter (*umg*; mitten daru̱nter); *vgl.* mitten
mit|ten|du̱rch (mitten hindu̱rch); *vgl.* mitten; *aber*: mitten durch den Wald gehen
mit|ten|i̱n|ne (*noch gehoben*); _ sitzen; *aber*: mitten in dem Becken sitzen
mit|ten|ma̱ng *Adv* (*landsch*; mitten darunter, dazwischen); er befand sich mittenmang; *vgl.* mang
Mi̱t|ter|nacht (*nur Sg*: *selten auch übertr*; Nord[en]); um _ · **mi̱t|ter|nächt|lich**, *selten* **mi̱t|ter|näch|tig** · **mi̱t|ter|nachts** *K 109*, *aber*: des Mitternachts · **Mi̱t|ter|nachts|son|ne**, die, _ · **Mi̱t|ter|nachts|stun|de**
mi̱t|tig (*bes Techn*; im Mittelpunkt liegend, zentrisch)
Mi̱tt|ler, der, _s, _ (Vermittler) · **mi̱tt|le|re** (*Komp von* mittel); *K 119*: die mittlere Reife, *aber K 258*: der Mittlere Osten (die Länder der Arab. Halbinsel sowie Irak, Iran u. Afghanistan) · **mitt|ler|we̱i|le**
mi̱tt|schiffs (*seem*; in der Mitte der Längen- od. der Breitenausdehnung eines Schiffes) · **Mi̱tt|som|mer** · **Mi̱tt|som|mer|nacht** · **mi̱tt|som|mers**
mit|tun (*umg*); *vgl.* mit, II (1 u. 2, a)
Mitt|we̱i|da (Stadt im Bez. Karl-Marx-Stadt)
Mi̱tt|win|ter · **Mi̱tt|win|ter|käl|te** · **mi̱tt|win|ters**
Mi̱tt|woch, der, _[e]s, _e; *Abk* Mi. (‚Mitte der Woche'); des Mittwochs, *aber K 109*: mittwochs; *vgl.* Dienstag · **Mitt|woch|a̱bend**; *vgl.* Dienstagabend · **mitt|woch|a̱bends** *K 109*; *vgl. auch* dienstags · **mi̱tt|wochs** *K 109*, *aber*: des Mittwochs; *vgl.* dienstags
mit|u̱n|ter (zuweilen) · **mi̱t|ver|ant|wort|lich** *K 128* · **Mi̱t|ver|ant|wort|lich|keit** · **Mi̱t|welt**, die, _ · **mi̱t|wir|ken**; *vgl.* mit, II (2,a) · **Mi̱t|wir|ken|de**, der *u.* die, _n, _n *K 341* · **Mi̱t|wis|ser** · **Mi̱t|wis|ser|schaft**, die, _ · **mi̱t|wol|len** (*umg*); einer, der noch mitwill; *vgl.* mit, II (2, a)
Mi̱t|zi (w. Vn.) ⟨*österr Kurzf von* Maria⟩; *Nebenf* Mizzi
Mixed Pick|les ['mikst 'pik(ə)ls] *od* **Mix|pick|les** ['miks..] *Pl* (*Kochk*; in Essig roh eingelegtes Gemüse) ⟨*engl*⟩ · **mi̱|xen** (mischen [bes. alkohol. Getränke] – *Filmw, Rundf*; Dialog, Geräusche u. Musik zu einem Tonband vereinigen) ⟨*lat* → *frz* → *engl*⟩ · **Mi̱|xer** (Barmeister, Getränkemischer; Zerkleinerungs- u. Mischgerät – *Rundf, Ferns*; Ton- bzw. Bildmischer) · **Mi̱x|ge|tränk** · **Mix|tu̱r**, die, _, _en (Mischung; Mischtrank; Arznei – *Mus*; ein zusätzliches Orgelregister) ⟨*lat*⟩
Mi̱z|zi (w. Vn.) ⟨*österr Kurzf von* Maria⟩; *Nebenf* Mitzi
Mnemonik usw. ↑ Mnemotechnik usw.
Mne|mo|sy̱|ne [..ṇə *od* ..ne:] (*griech Mythol*; Mutter der Musen) ⟨*grch*, ‚Erinnerung'⟩
Mne|mo|te̱ch|nik, *auch* **Mne|mo̱|nik**, die, _ (die Kunst, das Gedächtnis durch Hilfsmittel zu unterstützen) ⟨*grch*⟩ · **Mne|mo|te̱ch|ni|ker**, *auch* **Mne|mo̱|ni|ker**, der, _s, _ · **mne|mo|te̱ch|nisch**, *auch* **mne|mo̱|nisch**
Moa|bi̱t (Stadtteil von Westberlin) · **Moa|bi̱|ter**: 1. *K 231*: der, _s, _ (Bewohner von Moabit – *Altertum*; Angehöriger eines semit. Volkes in der am Toten Meer gelegenen Landsch. Mo̱ab) – 2. *als Attribut K 232*
Mob [mɔp], der, _s (*abwert*; undisziplinierter, randalierender Haufen von Menschen); *vgl. aber* Mop ⟨*lat* → *engl*⟩ · **Mö̱|bel**, das, _s, _, *meist Pl* (Einrichtungsgegenstand) ⟨*lat* → *frz*⟩. *Zus K 365 ff.*: Möbel‿stoff usw. · **mo|bi̱l** (beweglich; rege, wohlauf – *Milit*; kriegsbereit) · **Mo|bi|lia̱r**, das, _s, _e (bewegl. Habe, Hausrat, Möbel) ⟨*lat*⟩ · **Mo|bi̱|lien** [..ĭən] *Pl* (*Rechtsw, Wirtsch*; bewegl. Habe, z. B. Möbel) · **Mo|bi|li|sa|tio̱n** (Mobilisierung) ⟨*lat* → *frz*⟩ · **mo|bi|li|sie̱|ren** (in Bewegung setzen; aktivieren) · **Mo|bi|li|tä̱t**, die, _ (Beweglichkeit) ⟨*lat*⟩ · **mo|bi̱l|ma|chen** ([die Streitkräfte] in Kriegsbereitschaft setzen; einberufen) ⟨*lat* → *frz*⟩ · **Mo|bi̱l|ma|chung** (Versetzung [der Streitkräfte] in Kriegsbereitschaft) · **mö|blie̱|ren** (mit Möbeln ausstatten) · **mö|blie̱rt**; _es Zimmer
Mo|çam|bique [mosam'bi(:)k], *amtl* **Vo̱lks|re|pu|blik Mo|çam|bique** (im SO Afrikas) · **Mo|çam|bi|quer** [..'bi:kər], der, _s, _ · **mo|çam|bi|quisch** [..kiʃ]
Mocca ↑ Mokka
Mö̱ch|te|gern, der, _[s], _e (*umg iron*)
Mo̱cken [*Tr* Mok|ken], der, _s, _ (*süddt*; Brocken, dickes Stück)
Mock|tur|tle|sup|pe ['mɔktœrt(ə)l..] (*Kochk*; unechte Schildkrötensuppe) ⟨*engl*⟩

---
[1] *Tr* ..k|k..

mo|dal (die Art u. Weise bezeichnend; durch die Verhältnisse bedingt) ⟨*lat*⟩ · Mo|da|li|tät (Art u. Weise; Ausführungsart; Bedingung) · Mo|dal|satz (*Gramm*; Adverbialsatz der Art u. Weise) · Mo|dal|verb (*Gramm*)

Mo|der, der, _s (*norddt*; Morast, Schlamm) · mod|de|rig *K 362* (*norddt*)

mode [mo:t] *nichtdeklinierbar* (bräunlich, sandfarben) ⟨*engl*⟩

Mo|de, die, _, _n (Brauch, Sitte, Gepflogenheit; Tages-, Zeitgeschmack; das in Kleidung, Haartracht usw. gerade Übliche) ⟨*lat → frz*, ‚Art', ‚Weise'⟩; in [die] _ kommen; [in der] _ sein · Mo|de|aus|druck, *Pl* ..ausdrücke · mo|de|be|wußt · Mo|de|ge|stal|te|rin, die, _, ..innen · Mo|de|haus, *auch* Mo|den|haus · Mo|del, der, _s, _: 1. *od* Mo|dul, der, _s, _n (*Arch*; [in der Antike] Maßeinheit für den Säulenbau) – 2. (*Techn*; in Holz gestochene od. geschnitzte Druckplatte; Hohlform) ⟨*lat*⟩ · Mo|dell, das, _s, _e (Muster, Typ; Vorbild, Studienobjekt; Entwurf; Nachbildung; Gießform) ⟨*lat → ital*⟩; _ stehen. *Zus K 365ff.*: Modell‿kleid usw. · Mo|dell|ei|sen|bahn · Mo|del|leur [..'lø:r] ⟨*lat → ital → frz*⟩, der, _s, _e, *auch* Mo|del|lie|rer ⟨*lat → ital*⟩ · Mo|del|lier|bo|gen · mo|del|lie|ren (modeln; formen; ein Modell herstellen; körperhaft herausarbeiten) ⟨*lat → ital*⟩ · mo|deln *K 363* (*bes Techn*; gestalten, in eine Form bringen; modellieren; [um]wandeln) ⟨*lat*⟩ · Mo|del|tuch, *Pl* ..tücher (*veraltet*; Mustertuch zum Sticken) · Mo|de|lung (Umformung)

Mo|de|na (Stadt in Oberitalien) · Mo|de|na|er: 1. *K 231*: der, _s, _; 2. *als Attribut K 232* · mo|de|na|isch

Modenhaus ↑Modehaus · Mo|den|schau · Mo|den|zei|tung, *auch* Mo|de|zei|tung

Mo|der, der, _s (Faulendes, Fäulnisstoff)

Mo|de|ra|tion (*Rundf, Ferns*; Tätigkeit des Moderators) ⟨*lat*⟩ · mo|de|ra|to (*Mus*; mäßig bewegt); *Abk* mod. ⟨*lat → ital*⟩ · Mo|de|ra|to, das, _s, *Pl* _s *od* ..ti · Mo|de|ra|tor, der, _s, ..oren (*Rundf, Ferns*; jmd., der eine Sendung moderiert – *Kernphys*; Bremsstoff für schnelle Neutronen) ⟨*lat*⟩

Mo|der|ge|ruch

mo|de|rie|ren (*Rundf, Ferns*; bei einer aus mehreren Beiträgen bestehenden Sendung die einleitenden u. verbindenden Worte sprechen) ⟨*lat*⟩

mo|de|rig *K 362* · ¹mo|dern (faulen); es modert

²mo|dern (zeitgemäß; neuzeitlich, neu, modisch; Gegenwarts..., Tages..., Augenblicks...) ⟨*lat → frz*⟩; *K 119*: moderner Fünfkampf · Mo|der|ne, die, _ (Kunstrichtung um die Jahrhundertwende) · mo|der|ni|sie|ren (erneuern; umarbeiten, umbauen; der herrschenden Mode anpassen) · Mo|der|nis|mus, der, _ (das Streben nach Neuartigem [um jeden Preis], bes. auf dem Gebiet der Kunst) ⟨*lat*⟩ · Mo|der|nist · mo|der|ni|stisch · Mo|der|ni|tät (Neuheit)

Mo|de|schaf|fen, das, _s · Mo|de|wa|re · Mo|de|wort, *Pl* ..wörter · Modezeitung ↑Modenzeitung

Modi ↑Modus · Mo|di|fi|ka|tion ⟨*lat*⟩ · mo|di|fi|zie|ren (verändern, abwandeln; einschränken, auf das rechte Maß bringen)

mo|disch (nach der Mode); _ste ⟨*lat → frz*⟩ · Mo|di|stin, die, _, ..innen (Putzmacherin)

Modi vivendi ↑Modus vivendi

Mo|dul: 1. der, _s, _n (*Math*; Verhältniszahl – *Phys, Techn*; Maßzahl) – 2. der, _s, *Pl* _e, *auch* _n (*Elektronik*; Baugruppe) – 3. ↑Model (1) ⟨*lat*, ‚Maß, Maßstab'⟩ · Mo|du|la|tion (Abwandlung; Abwechslung; Abmessung – *Funkw*; Beeinflussung der Trägerwelle – *Mus*; Überleitung von einer Tonart in die andere) · Mo|du|la|tions|fä|hig|keit, die, _ (*fachspr*; Anpassungsvermögen, Biegsamkeit [der Stimme]) · mo|du|lie|ren (*fachspr*; abwandeln, wechseln) · Mo|dul|tech|nik, die, _ (*Elektronik*)

Mo|dus, der, _, ..di (Art u. Weise – *Gramm*; Aussageweise) ⟨*lat*, ‚Maß'⟩ · Mo|dus vi|ven|di [_ vi'vɛn..] *K 47*, der, _ _, *Pl* Modi _ (erträgl. Zusammen-, Nebeneinanderleben)

Mo|fa, das, _s, _s (Kleinkraftrad) ⟨*Kurzw aus Motor + Fahrrad*⟩

Mo|fet|te, die, _, _n (*Geol*; Gasquelle vulkan. Ursprungs, die Kohlendioxid ausströmt) ⟨*dt → frz*⟩

Mo|ga|di|schu (Hptst. von Somalia)

Mo|ge|lei (*umg*; kleine Betrügerei) ⟨*Herkunft umstritten*⟩ · mo|geln *K 363* (*umg*)

mö|gen; ich mag, du magst; du mochtest; du möchtest; gemocht; das hätte ich hören mögen *K 361*

Mog|ler (*umg*) ⟨*zu* mogeln⟩

mög|lich; *K 381*: so bald wie, *älter* als möglich, soviel wie, *älter* als möglich, so gut wie, *älter* als möglich; wo möglich *K 175* (*Ellipse für* wenn es möglich ist); *vgl. aber* womöglich

I. *Kleinschreibung K 114*: das mögliche (alles) tun; alles mögliche (viel, allerlei) tun, versuchen; *K 115*: sein möglichstes *od* sein Möglichstes tun

II. *Großschreibung*: a) *K 93*: im Rahmen des Möglichen; Mögliches und Unmögliches verlangen; b) *K 95*: alles Mögliche (alle Möglichkeiten) bedenken; etwas, nichts Mögliches; c) *K 115*: sein Möglichstes *od* sein möglichstes tun · mög|li|chen|falls *K 176* · mög|li|cher|wei|se *K 176* · Mög|lich|keit; nach _ · Mög|lich|keits|form (*Gramm*) · mög|lichst; _ groß

Mo|gul ['mo:gul, *österr* mo'gu:l], der, _s, _n (*hist*; Beherrscher eines oriental. Reiches) ⟨*mongol → pers*⟩

Mo|hair [mo'hɛ:r], *eindeutschend* Mo|här, der, _s, *Pl* _s *od* _e (Wolle der Angoraziege; stark glänzendes Wollgewebe) ⟨*arab → ital → engl*⟩

Mo|ham|me|da|ner (europ. Bez. für den Anhänger des Islams) ⟨*nach dem Religionsstifter* Mohammed⟩ · mo|ham|me|da|nisch *K 218*; _er Glaube; _e Zeitrechnung · Mo|ham|me|da|nisch *K 217*

Mohär ↑Mohair

Mo|hi|ka|ner, der, _s, _ (Angehöriger eines ausgestorbenen nordamerikan. Indianerstammes); der letzte _ *od* der Letzte der _ (*übertr, umg scherzh*; das letzte [Stück ...], der Letzte) ⟨*nach dem Roman von* Cooper ['ku:pər]⟩

Mohn, der, _[e]s, _e. *Zus K 365ff.*: Mohn‿öl usw.

Mohr, der, _en, _en (*umg veraltet*; dunkelhäutiger Bewohner Afrikas) ⟨*lat*⟩

Möh|re, die, _, _n *od* Mohr|rü|be

Moh|ren|kopf (ein Gebäck)

Mohrrübe ↑Möhre

Moi|ré [mŏa're:], der *od* das, _s, _s (ein Gewebe; die geflammte Musterung von Fellarten – *Polygr*; fehlerhaftes Fleckenmuster in der Bildreproduktion) ⟨*arab → ital → engl → frz*⟩

Moi|ren ['mɔy..] *Pl* (*griech Mythol*; Schicksalsgöttinnen); *Sg* Moi|ra, die, _; *vgl. auch* Parzen

moi|riert [mŏa..] (*fachspr*; geflammt) ⟨*arab → ital → engl → frz*⟩

mo|kant (spöttisch, spottlustig) ⟨*frz*⟩

Mo|kas|sin [..'si:n, *auch* 'mɔ..], der, _s, *Pl* _s *od* ..ine (wildlederner Halbschuh nordamerikan. Indianer; nach diesem Schnitt gearbeiteter Haus- u. Straßenschuh) ⟨*indian*⟩

Mo|kick, das, _s, _s (Kleinkraftrad) ⟨*Kurzw aus Motor + Kickstarter*⟩

mo|kie|ren, sich (*Akk*) (sich über

jmdn. od. etw. lustig machen; sich tadelnd od. spöttisch äußern) ⟨*frz*⟩

Mok|ka, *österr meist* **Moc|ca,** der, _s, _s (Kaffeesorte; bes. starkes Kaffeegetränk) ⟨*nach* der Hafenstadt in Südarabien⟩. *Zus K 365ff.*: Mokka‿kaffee, ...tasse usw.

Mol, das, _s, _e *u. bei Maßangaben* (*K 308*) Mol (Einheit der Stoffmenge, SI-Basiseinheit); *Einheitenzeichen* mol ⟨*lat*⟩ · **mo|lar** (*Chem*; bezogen auf 1 Mol) ⟨*lat*⟩

Mo|lar, der, _s, _en (Mahlzahn) ⟨*lat*⟩

Mo|las|se, die, _ (*Geol*; tertiäre Ablagerung am Alpenrand) ⟨*frz*⟩

Molch, der, _[e]s, _e (ein Lurch)

Mol|dau: 1. *tschech* **Vlta|va** ['v(ə)ltava], die, _ (Fluß im W der ČSSR) – 2. ↑Moldova · **mol|dau|isch;** *vgl. auch K 265ff.* · **Mol|da|wien** [..ĭən], *ohne Art, amtl* **Mol|daui|sche So|zia|li|sti|sche So|wjet|re|pu|blik** *K 258*, die, *Gen* _n _n _ (im SW der UdSSR) · **Mol|do|va** [..v..], die, _, *dt Form* **Mol|dau** (2), die, _ (Landsch. im NO Rumäniens) ⟨*rumän*⟩

[1]**Mo|le,** die, _, _n, *österr meist* **Mo|lo,** der, _s, *Pl* Moli (Hafenmauer, Uferdamm, Landestelle) ⟨*lat* → *ital*⟩

[2]**Mo|le,** die, _, _n (*Med*; entartete Leibesfrucht) ⟨*lat*⟩

Mo|le|kül, das, _s, _e (kleinstes Teilchen einer chem. Verbindung) ⟨*lat* → *frz*⟩ · **mo|le|ku|lar** (*Chem*) ⟨*lat*⟩ · **Mo|le|ku|lar|bio|lo|gie** (Teilgebiet der Biologie, das die Lebensvorgänge im molekularen Bereich erforscht) · **Mo|le|ku|lar|kraft** (*fachspr*)

Mo|len|kopf ⟨*zu* [1]Mole⟩

Mo|let|te, die, _, _n (*fachspr*; Prägewalze für den Tiefdruck) ⟨*lat* → *frz*⟩

Moli ↑[1]Mole

Mol|ke, die, _, _n (Käsewasser [als Milchrückstand]) ⟨*zu* melken⟩ · **Mol|ken,** der, _s, _ (*landsch*; Molke) · **Mol|ken|kur** · **Mol|ke|rei** · **mol|kig**

Moll, das, _ (*Mus*; das eine [die kleine Terz verwendende] der beiden Tongeschlechter) ⟨*lat*⟩; *Ggs* Dur; a-Moll *K 106*, a-Moll-Tonleiter *K 188*. *Zus K 365ff.*: Moll‿akkord usw.

Mol|le, die, _, _n (*norddt*; Mulde, Backtrog – *berlin*; Bierglas, Glas Bier – *obersächs*; Bett)

Möl|ler, der, _s, _ (*Hüttenw*; Gemenge von Erz u. Zuschlag) · **möl|lern** *K 363* (*Hüttenw*; Erze mischen; den Hochofen beschicken)

mol|lig (*umg*; behaglich, warm; rundlich, vollschlank)

Mol|ton|lei|ter (*Mus*)

Mol|lus|ken *Pl* (*Biol*; die Weichtiere); *Sg* Mol|lus|ke, die, _ ⟨*lat*⟩ · **mol|lus|ken|ar|tig** (*Biol*)

Molo ↑[1]Mole

Mo|loch [..x], der, _s, _e (Sinnbild für das Unersättliche) ⟨*hebr* → *grch* → *lat*, *nach* der semit. Gottheit⟩

mol|to (*Mus*; viel, sehr) ⟨*lat* → *ital*⟩; _ vivace [_ vi'va:tʃə] (sehr lebhaft)

Mol|ton ['mɔltɔn], der, _s, _s (beidseitig gerauhtes Textilgewebe) ⟨*frz*⟩

Mo|luk|ken ⟨*mal*⟩ *od* **Ma|lu|ku** ⟨*indones*⟩ *Pl* (indones. Inselgruppe in Südostasien)

Mo|lyb|dän, das, _s (chem. Element, Metall); *Zeichen* Mo ⟨*grch* → *lat*⟩

Mom|ba|sa (Hafenstadt in Kenia)

Mo|ment: 1. der, _[e]s, _e (Augenblick, kurzer Zeitabschnitt; Zeitpunkt) – 2. das, _[e]s, _e ([ausschlaggebender] Umstand; Beweggrund) ⟨*lat*⟩ · **mo|men|tan** (augenblicklich; vorübergehend) · **Mo|ment|auf|nah|me** (*Fot*)

Mo|na|co [*od* 'mo:..]: 1. *amtl* **Für|sten|tum Mo|na|co** (an der Riviera) – 2. (Hptst. von Monaco); *vgl. auch* Monegasse

Mo|na|de, die, _, _n (*Philos*; [unteilbare] Einheit – *bei Leibniz* Urbestandteil der Weltsubstanz) ⟨*grch*⟩ · **Mo|na|den|leh|re,** die, _

Mon|arch [..ç], der, _en, _en (gekröntes Staatsoberhaupt) ⟨*grch*, ‚Alleinherrscher'⟩ · **Mon|ar|chen|ge|schlecht** · **Mon|ar|chie,** die, _, ..ien (Staatsform mit einem Monarchen an der Spitze); *Ggs* Republik · **mon|ar|chisch** · **Mon|ar|chist** (Anhänger der Monarchie); *Ggs* Republikaner · **mon|ar|chi|stisch;** *Ggs* republikanisch

Mo|na|ste|rium, das, _s, ..ien [..iən] (Kloster, Klosterkirche) ⟨*grch* → *lat*⟩

Mo|nat, der, _[e]s, _e ⟨*zu* Mond⟩; alle zwei _e; dieses, desselben Monats (*Abk* d. M.); kommenden *od* künftigen Monats (*bürospr* [*Abk* k. M.]); laufenden Monats (*bürospr* [*Abk* lfd. M. *od* l. M.]); nächsten Monats (*Abk* n. M.); vorigen Monats (*Abk* v. M.) · **mo|na|te|lang** *K 176*, *aber K 127*: drei, viele Monate lang · **...mo|na|tig** (z. B. dreimonatig *K 283* [drei Monate dauernd, 3 Monate alt], *mit Ziffer K 284* 3monatig) · **mo|nat|lich** (jeden Monat); in _en Raten · **...mo|nat|lich** (z. B. dreimonatlich *K 283* [alle drei Monate wiederkehrend], *mit Ziffer K 284* 3monatlich) · **Mo|nats‿ge|halt** (das), **...na|me** (*K 328*), **...schrift**

Mönch, der, _[e]s, _e ⟨*grch* → *lat*⟩

Mön|chen|glad|bach, *frühere Schreibung* **Mün|chen-Glad|bach** *K 244* (Stadt im W der BRD)

mön|chisch ⟨*grch* → *lat*⟩ · **Mönchs|klo|ster** · **Mönchs|la|tein** (mittelalterl. [verderbtes] Latein) · **Mönchs|or|den** · **Mönch[s]|tum,** das, _[e]s

Mond: 1. der, _[e]s, _e (ein Himmelskörper) – 2. der, _[e]s, _e (*dicht*; Monat)

mon|dän (im Stile der sog. großen Welt, nach ihrer Art lebend) ⟨*lat* → *frz*⟩

Mond|bahn · **Mon|den|schein,** der, _[e]s (*dicht*; Mondschein) · **Mond|fin|ster|nis,** *österr meist* **Mon|des|fin|ster|nis** · **mond‿för|mig, ...hell** · **Mond|kalb** (*salopp*; Dummerjan) · **Mond‿land|schaft, ...lan|dung** · **Mond|mo|bil,** das, _s, _e · **Mond|schein,** der, _[e]s · **Mond|si|chel** · **Mond|son|de** (zur Erkundung des Erdmondes gestarteter unbemannter Raumflugkörper) · **mond|süch|tig**

Mo|ne|gas|se, der, _n, _n (Staatsbürger von Monaco) · **Mo|ne|gas|sin,** die, _, ..innen · **mo|ne|gas|sisch**

mo|ne|tär (*fachspr*; das Geld od. die Währung betreffend) ⟨*lat*⟩ · **Mo|ne|ten** *Pl* (*umg*; Geld) ⟨‚Münzen'⟩

Mon|go, der, _[s], *Pl* _[s] *u. bei Wertangabe* (*K 310*) Mongo (Münzeinheit in der MVR) ⟨*mongol*⟩ · **Mon|go|le,** der, _n, _n (Angehöriger einer asiat. Völkergruppe; Staatsbürger der MVR) ⟨‚der Tapfere'⟩ · **Mon|go|lei,** die, _: 1. (Landsch. in Zentralasien) – 2. *amtl* **Mon|go|li|sche Volks|re|pu|blik** *K 258*, die, *Gen* _n _ (in Zentralasien); *Abk* MVR; *K 258*: die Innere Mongolei (autonomes Gebiet im N Chinas) · **mon|go|lid** ⟨*mongol* + *grch*⟩; _er Rassenkreis (*Anthrop*; Gruppe vorwiegend in Asien, Grönland u. im arkt. Nordamerika lebender Menschen) · **Mon|go|li|de,** der *u.* die, _n, _n *K 341* · **mon|go|lisch** ⟨*mongol*⟩; *vgl. K 266f.* · **Mon|go|lisch,** das, *Gen* _[s], *Dat* _ (Sprachbezeichnung *K 268ff.*) · **Mon|go|li|sche** *K 271*, das, *Gen* _n, *Dat* _n (Bez. für die zur mongol. Gruppe gehörigen Sprachen der altaischen Sprachfamilie; die den mongol. Stämmen gemeinsame Schriftsprache) · **mon|go|lo|id** (*Anthrop*; ähnlich wie der Mongolide aussehend) ⟨*mongol* + *grch*⟩ · **Mon|go|lo|ide,** der *u.* die, _n, _n *K 341*

mo|nie|ren (mahnen; rügen; beanstanden) ⟨*lat*⟩

Mo|ni|ka (w. Vn.) ⟨*grch*, ‚die Einsame' (*od lat*, ‚die Mahnende')⟩

Mo|ni|lia|krank|heit, die, _ (durch einen Pilz an Kern- u. Steinobst hervorgerufene Krankheit) ⟨*lat*⟩
Mo|nis|mus, der, _ (philosoph. Lehre von einem einheitl. Prinzip in allem Sein u. Werden) ⟨*grch → lat*⟩ · **Mo|nist,** der, _en, _en
Mo|ni|tor, der, _s, ..oren (*Techn*; Kontroll- od. Prüfeinrichtung, bes. Fernsehkontrollempfänger) ⟨*lat*⟩
mo|no (*kurz für* monophon) ⟨*grch*⟩ · **monofon** ↑ monophon
mo|no|gam (einehig) ⟨*grch*⟩ · **Mo|no|ga|mie,** die, _ (Einehe); *Ggs* Polygamie
Mo|no|gramm, das, _s, _e (Namenszeichen; Verschlingung mehrerer Anfangsbuchstaben) ⟨*grch*⟩ · **Mo|no|gra|phie** *K 54*, die, _, ..ien (Einzeldarstellung, wissenschaftl. Abhandlung über einen einzelnen Gegenstand) · **mo|no|gra|phisch** *K 54*
Mon|okel [..'nɔ..], das, _s, _ (Einglas, Augenglas für nur ein Auge) ⟨*grch → lat → frz*⟩
mo|no|klin (*Mineral*; ein Kristallsystem betreffend – *Bot*; gemischtgeschlechtig) ⟨*grch*⟩
Mo|no|ko|ty|le|do|ne, die, _, _n (*Bot*; einkeimblättrige Pflanze) ⟨*grch*⟩
mon|oku|lar (*fachspr*; mit nur einem Auge, für nur ein Auge) ⟨*grch + lat*⟩
Mo|no|kul|tur (*Landw*; dauernder Anbau derselben Fruchtart auf derselben Fläche) ⟨*grch + lat*⟩
Mo|no|lith, der, *Gen* _[e]s, *Pl* _e *od Gen* _en, *Pl* _en (aus nur einem Stein gemeißeltes Kunstwerk) ⟨*grch*⟩ · **mo|no|li|thisch;** _e Bauweise
Mo|no|log, der, _s, _e (Selbstgespräch) ⟨*grch*⟩
Mo|nom, das, _s, _e (*Math*; eingliedriger Ausdruck) ⟨*grch*⟩
mo|no|man, *auch* **mo|no|ma|nisch** (*Psych, Med*; an Monomanie leidend) ⟨*grch*⟩ · **Mo|no|ma|ne,** der, _n, _n *K 341* (*Psych, Med*; jmd., der an Monomanie leidet) · **Mo|no|ma|nie,** die, _, ..ien (*Psych, Med*; Beherrschtsein von einer einzigen Idee od. zwanghaften Neigung)
mo|no|mer (*Chem*) ⟨*grch*⟩ · **Mo|no|mer,** das, _s, _e *od* **Mo|no|me|re,** das, _n, _n *K 341* (*Chem*; polymerisierbare Verbindung)
mo|no|misch (*Math*; eingliedrig) ⟨*grch*⟩
Mo|no|pha|ge, der, _n, _n (*Zool*; Tier, das auf nur eine Futterpflanze od. nur ein Beutetier eingestellt ist) ⟨*grch*⟩ · **Mo|no|pha|gie,** die, _ (*Zool*)
mo|no|phon *od* **mo|no|fon** *K 54* (nur über einen Tonkanal übertragen); *kurz* mono ⟨*grch*⟩
Mo|no|phthong [..nɔf'tɔŋ], der, _[e]s, _e (*Sprachw*; einfacher Vokal) ⟨*grch*⟩ · **Mo|no|phthon|gie|rung** [..tɔŋ'gi:..] (*Sprachw*; der Wandel eines Diphthongs zum einfachen Vokal)
Mo|no|pol, das, _s, _e (*kap Wirtsch*; Vereinigung u. Verflechtung von Unternehmen in Form von Kartellen, Syndikaten, Konzernen u. Trusts zur Beherrschung der Produktion u. des Marktes – *übertr*; ausschließliches Recht) ⟨*grch → lat → frz*⟩ · **mo|no|po|li|sie|ren** (*kap Wirtsch*) · **Monopolist** ↑ Monopolkapitalist · **mo|no|po|li|stisch** · **Mo|no|pol|ka|pi|tal,** das, _s (*kap Wirtsch*; das in Monopolen wirkende Kapital; Gesamtheit der Monopolisten) · **Mo|no|pol|ka|pi|ta|lis|mus,** der, _ · **Mo|no|pol|ka|pi|ta|list** *od* **Mo|no|po|list** (Angehöriger der Gruppe der Großkapitalisten, die mit Hilfe von Monopolen Staat u. Wirtschaft beherrschen) · **mo|no|pol|ka|pi|ta|li|stisch**
mo|no|sem (*Sprachw*; nur eine Bedeutung habend) ⟨*grch*⟩ · **Mo|no|se|mie,** die, _ (*Sprachw*; Eindeutigkeit sprachlicher Einheiten)
mo|no|syl|la|bisch (*Sprachw*; einsilbig) ⟨*grch*⟩
Mo|no|the|is|mus, der, _ (Glaube an einen einzigen Gott) ⟨*grch → lat*⟩; *Ggs* Polytheismus · **Mo|no|the|ist** · **mo|no|thei|stisch**
mo|no|ton (eintönig; einförmig) ⟨*grch → frz*⟩ · **Mo|no|to|nie,** die, _, ..ien
Mo|no|tre|men *Pl* (*Zool*; die Kloakentiere) ⟨*grch*⟩
Mo|no|type [..taip], die, _, _s (*Polygr*; Setz- u. Gießmaschine für Einzelbuchstaben) ⟨*grch + engl*⟩
Mon|özie, die, _ (*Bot*; Einhäusigkeit) ⟨*grch → lat*⟩ · **mon|özisch** (*Bot*)
mo|no|zy|klisch (*Chem*; in dieselbe Kreisbewegung zurücklaufend) ⟨*grch → lat*⟩
Mon|roe|dok|trin ['mɔnro:..] *K 209*, die, _ (1823 verkündeter Grundsatz der USA, fremde Einmischung in amerikan. Angelegenheiten nicht zu dulden u. sich selbst in Fragen außerhalb Amerikas nicht einzumischen) ⟨*nach* dem USA-Präsidenten Monroe [mən'ro:]⟩ · **Mon|ro|via** [..v..] (Hptst. von Liberia)
Mon|sei|gneur [mõsɛ'njø:r], der, _s, *Pl* _e *od* _s (Titel u. Anrede hoher Würdenträger der kath. Kirche in Frankreich); *Abk* Mgr. ⟨*frz*, ‚mein [gnädiger] Herr'⟩ · **Mon|sieur** [mə'siø:], der, _s, *Pl* Messieurs [mɛ'siø:] (Herr [französ. Anrede]); *Abk* M., *Pl* MM. ⟨‚mein Herr'⟩ · **Mon|si|gno|re** [mɔnsi'njo:rə], der, _s, ..ri (Titel u. Anrede hoher Würdenträger der kath. Kirche, bes. in Italien); *Abk* Mgr., Msgr. ⟨*ital*, ‚mein [gnädiger] Herr'⟩
Mon|ster, das, _s, _ ([riesenhafte] Schreckgestalt) ⟨*engl*⟩
Mon|ste|ra, die, _, ..rae [..rɛ:] (Fensterblatt, eine Zimmerpflanze) ⟨*Herkunft umstritten*⟩
Mon|stranz, die, _, _en (*kath Kirche*; Schaugefäß für die Hostie) ⟨*lat*⟩
mon|strös *K 349* (ungeheuerlich; mißgestaltet) ⟨*lat*⟩ · **Mon|stro|si|tät** (Mißbildung, Ungeheuerlichkeit) · **Mon|strum,** das, _s, *Pl* ..ren, *seltener* ..ra (Mißbildung; Ungeheuer)
Mon|sun, der, _s, _e (ein Wind der äußeren Tropenzone) ⟨*arab → portug → ndrl*⟩
Mon|tag; *Abk* Mo. ⟨‚Tag des Mondes'⟩; des Montags, *aber K 109*: montags; *vgl.* Dienstag · **Mon|tag|abend;** *vgl.* Dienstagabend · **mon|tag|abends** *K 109*; *vgl. auch* dienstags
Mon|ta|ge [mɔŋ'ta:ʒə *od* mɔn.., *österr nur* mɔn'ta:ʒ] (Zusammensetzung, Aufbau einer Maschine od. einer techn. Anlage) ⟨*lat → frz*⟩ · **Mon|ta|ge|hal|le**
Mon|ta|gnard [mõta'nja:r], der, _s, _s (*hist*; Mitglied der äußersten Linken, der »Bergpartei« in der Französ. Revolution) ⟨*lat → frz*⟩
mon|tags *K 109*, *aber*: des Montags; *vgl.* dienstags
mon|tan, *auch* **mon|ta|ni|stisch** (*fachspr*; Bergbau u. Hüttenwesen betreffend) ⟨*lat*⟩; *K 258*: die Montanistische Hochschule (österreich. Hochschule für Bergbau in Leoben)
Mon|ta|na (Staat der USA) ⟨*lat → span*⟩
Mon|tan|in|du|strie, die, _ (die auf dem Bergbau aufbauende Schwerindustrie) ⟨*lat*⟩ · **Mon|ta|nist:** 1. (*fachspr*; Sachverständiger in Bergbau u. Hüttenwesen) – 2. ⟨*nach* dem christl. Eiferer Montanus⟩ (*Rel*; Mitglied einer christl. Sekte des 2. u. 3. Jh.) · **monta|nistisch** ↑ montan · **Mon|tan|union,** die, _ (amtlich als Europäische Gemeinschaft für Kohle u. Stahl bezeichnetes, 1951 gegründetes internationales Monopol des gesamten westeurop. Bergbaues u. Hüttenwesens)
Mont|blanc [mõ'blã:], der, _[s] (höchster Berg der Alpen) ⟨*frz*, ‚weißer Berg'⟩

Mont|bre|tie [mɔ̃'bre:tsǐə], die, _, _n (eine Zierpflanze, Schwertliliengewächs) ⟨*nach* dem Orientreisenden de Montbret [də mɔ̃'brɛ:]⟩

Mont Ce|nis [mɔ̃se'ni:], der, *Gen* _ _ (Alpenpaß im SO Frankreichs) · **Mont-Ce|nis-Tun|nel** *K 247*, der, _s

Mon|te Car|lo (Kurort in Monaco)

Mon|tec|chi und Ca|pu|let|ti [..'tɛki _ _] (feindl. italien. Geschlechter in Shakespeares ['ʃe:k-spi:rs] »Romeo und Julia«)

Mon|te|cri|sto[1], *französ* **Mon-te-Cri|sto** [mɔ̃təkris'to:] (Insel vor der Westküste Italiens)

Mon|te|ne|gri|ner, der, _s, _ · **mon|te|ne|gri|nisch** · **Mon|te|ne-gro** ⟨*ital*, ,schwarzer Berg'⟩, *ohne Art, amtl* **So|zia|li|sti|sche Re|pu-blik Mon|te|ne|gro** *K 258*, die, *Gen* _n _ _ (in Jugoslawien)

Mon|te Ro|sa, der, *Gen* _ _ (Berg in den Westalpen)

Mon|teur [mɔŋ'tø:r *od* mɔn.., *österr nur so*], der, _s, _e (Facharbeiter für die Zusammensetzung, den Aufbau von Maschinen od. techn. Anlagen) ⟨*lat* → *frz*⟩

Mon|te|vi|deo [..v..] (Hptst. von Uruguay)

mon|tie|ren [mɔŋ.. *od* mɔn.., *österr nur so*] (eine Maschine od. eine techn. Anlage zusammensetzen, aufbauen) ⟨*lat* → *frz*⟩

Mont|mar|tre [mɔ̃'martr(ə)] (Stadtteil von Paris)

Mont|re|al (Hafenstadt im SO Kanadas)

Mon|treux [mɔ̃'trø:] (Kurort in der Schweiz)

Mont|sal|watsch, der, _[es] (*mittelalterl Sage u. Dichtung*; Berg mit Gralsburg) ⟨*frz*⟩

Mont|ser|rat, der, _[s] (Berg mit gleichnamiger Abtei im NO Spaniens) ⟨*span*, ,zersägter Berg'⟩

Mon|tur, die, _, _en (*veraltet*; Uniform – *umg*; Arbeitskleidung) ⟨*lat* → *frz*⟩

Mo|nu|ment, das, _[e]s, _e (Denkmal) ⟨*lat*⟩ · **mo|nu|men|tal** (gewaltig; großartig) · **Mo|nu|men|tal-bau**, *Pl* ..bauten · **Mo|nu|men|ta-li|tät**, die, _ (Großartigkeit, Bedeutsamkeit; Unvergänglichkeit)

Moor, das, _[e]s, _e. *Zus K 365 ff.*: Moor‿bad usw. · **moor|ba|den**; *nur im Infinitiv gebräuchlich*; moorzubaden · **Moor|bo|den** · **moo|rig** · **Moor|pflan|ze**

---

[1] Nach dem Roman von Dumas [dy'ma] *oft fälschlich* Monte Christo [_ k..].

[1]**Moos**: 1. das, _es, _e (eine Sporenpflanze); *K 254*: Isländisches _ (eine Arzneipflanze) – 2. das, _es, *Pl* _e, *auch* Möser (*süddt, österr, schweiz*; Sumpf, Bruch)

[2]**Moos**, das, _es (*salopp*; Geld) ⟨*hebr* → *jidd*⟩

moos|ar|tig · **moos|grün**; *vgl.* blau · **moo|sig** · **Moos|pol|ster**

Mop [mɔp], der, _s, _s (ein Fransenbesen) ⟨*semit* → *lat* → *engl*⟩; *vgl. aber* Mob

Mo|ped, das, _s, _s *Kurzw* (Kleinkraftrad) ⟨*aus Mo*tor + *Ped*al⟩

Mop|pel, der, _s, _ (*umg scherzh*; kleiner rundlicher Mensch)

mop|pen ⟨*zu* Mop⟩

Mops, der, _es, *Pl* Möpse (eine Hunderasse) · **mop|sen** *K 354* (*umg*; stehlen); sich (*Akk*) mopsen (*umg*; sich langweilen) · **mop|sig** (*umg*; dick; langweilig)

Mo|ral, die, _ (sittl. Nutzanwendung; Sittenlehre; Sittlichkeit; Gesamtheit von Normen u. Werten des sittl. Verhaltens in einer bestimmten Gesellschaft, Klasse od. Schicht) ⟨*lat*⟩ · **mo|ra|lisch** (auf die Moral bezüglich; sittlich); _ste; *K 119*: moralischer Verschleiß (*polit Ök*) · **mo|ra|li|sie|ren** (sittl. Betrachtungen anstellen; den lehrhaften Sittenrichter spielen) · **Mo|ra-lis|mus**, der, _ (Anerkennung eines bindenden Sittengesetzes für das eigene Handeln wie für alles gesellschaftl. Leben); *Ggs* Amoralismus · **Mo|ra|list** (Vertreter des Moralismus – *auch abwert*; Sittenrichter, Sittenprediger) · **Mo|ra|li|sten** *Pl* (Gruppe französ. bürgerl. moral- u. gesellschaftskritischer Schriftsteller des 16. bis 18. Jh.) · **Mo|ra|li|tät**: 1. die, _ (Sittlichkeit, sittl. Gesinnung, moral. Bewußtsein) – 2. die, _, _en, *meist Pl* (*Literaturw*; mittelalterl. geistl. Schauspiel) · **Mo-ral|pre|digt** (*umg*)

Mo|rä|ne, die, _, _n (*Geol*; von Gletschereis abgelagertes Geröll) ⟨*frz*⟩ · **Mo|rä|nen|bil|dung** (*Geol*)

Mo|rast, der, _es, *Pl* _e *od* ..äste (schlammiger Boden) ⟨*germ* → *frz* → *ndrl*⟩ · **mo|ra|stig**

Mo|ra|to|rium, das, _s, ..ien [..iən] (befristeter Aufschub [z. B. von Zahlungen], Stundung) ⟨*lat*⟩

mor|bid (krankhaft; kränklich; morsch; zart) ⟨*lat* → *frz*⟩ · **Mor|bi-di|tät**, die, _ (*Med*; Krankheitsstand; Erkrankungsziffer) ⟨*lat*⟩ · **Mor|bus**, der, _, ..bi (*Med*; Krankheit)

Mor|chel, die, _, _n (ein Speisepilz)

Mord, der, _[e]s, _e · **Mord|an-schlag** · **mord|be|gie|rig** ↑ mordgierig · **mor|den**

Mor|dent, der, _[e]s, _e (*Mus*; eine Verzierung) ⟨*lat* → *ital*⟩

Mör|der · **Mör|der|gru|be**; *nur noch in* aus seinem Herzen keine _ machen (*umg*; die Wahrheit sagen) · **Mör|de|rin**, die, _, ..innen · **mör|de|risch** (*meist übertr, umg*; schrecklich, furchtbar); _ste; ein _es Tempo; er schimpfte _ · **mör-der|lich** (*noch umg*; mörderisch) · **mord|gie|rig**, *österr nur so, od* **mord|be|gie|rig**

mords..., **Mords...** (*umg verstärkend*; z. B. mordshungrig, Mordskerl) · **Mords|kerl** (*umg*; verwegener Bursche, tüchtiger Mensch) · **Mords|lärm** (*umg*; heftiger Lärm) · **mords|mä|ßig** (*umg*; sehr, ganz gewaltig)

Mord|tat

Mord|wi|ne, der, _n, _n (Angehöriger eines Volkes im W der RSFSR) · **mord|wi|nisch**; *vgl. auch K 265 ff.*; *K 258*: die Mordwinische ASSR

Mo|rel|le, die, _, _n (eine Sauerkirschsorte) ⟨*lat* → *ital*⟩

mo|ren|do (*Mus*; immer leiser werdend) ⟨*lat* → *ital*, ,ersterbend'⟩

Mo|res *Pl* ⟨*lat*, ,[gute] Sitten'⟩; *nur in der Wendung* jmdn. _ lehren (*umg*; jmdn. zurechtweisen)

Moreske ↑ Maureske

mor|gen (am folgenden Tag); _ früh; _ abend; _ mittag; bis _, für _, der Stil von _ (der nächsten Zukunft); Dienstag _ *od* dienstags _; *vgl.* Abend u. Dienstag · **Mor|gen**: 1. der, _s, _ (Tagesanfang, Vormittag; *nur Sg*: *noch übertr*; Ost[en]); des Morgens, eines Morgens, *aber K 109*: morgens; gen _ (*veraltend*; nach Osten); *zur Groß- u. Kleinschreibung vgl.* Abend, Dienstag, morgens, frühmorgens – 2. das, _ (*gehoben*; die Zukunft); das Heute und das Morgen – 3. der, _s, _ (altes Feldmaß) ⟨,Land, das ein Gespann an einem Morgen pflügt'⟩; 5 _ Ackerland (*K 308*) *od* Ackerlandes (*K 312*) · **Mor|gen|däm|me-rung** · **mor|gend|lich** (am Morgen [geschehend]) · **mor|gen|frisch** (*gehoben*) · **Mor|gen|grau|en**, das, _s · **Mor|gen|land**, das, _[e]s (*veraltet*; Orient) · **mor|gen|län|disch** (*veraltet*) · **Mor|gen|rock** · **Mor-gen|rot** · **Mor|gen|rö|te** (*gehoben*) · **mor|gens** *K 109*, *aber*: des Morgens; morgens früh, *aber K 109*: frühmorgens; Dienstag morgens; dienstags morgens · **Mor|gen-**‿**stern**, **...stun|de** · **mor|gig**; der _e Tag

Mo|ris|ke, der, _n, _n (*hist*; in Spanien verbliebener Maure) ⟨*lat* → *span*⟩

Mo|ri|tat, die, _, _en (Bänkelsängerlied; übertreibende Wiedergabe eines [schreckl.] Ereignisses in Lied u. Bild) (‚Mordtat') · **Mo|ri|ta|ten-sän|ger**

Mo|ritz (m. Vn.) ⟨*lat*, ‚Maure'⟩; *österr Nebenf* Moriz, *französ Form* ↑ Maurice

Mor|mo|ne, der, _n, _n (Mitglied der 1830 in den USA gegründeten Religionsgemeinschaft ‚Kirche Jesu Christi der Heiligen der letzten Tage') ⟨*nach* dem Buch ‚Mormon' ['mɔ:rmən] des Stifters Joseph Smith [‚dʒo:zif 'smiθ]⟩ · **Mor|mo-nen|tum,** das, _[e]s ·

Mor|ning Star ['mɔ:rniŋ sta:r], *früher* **Dai|ly Wor|ker** ['de:li 'wœ:rkər], der, *Gen* _ _[s] (Tageszeitung der Kommunistischen Partei Großbritanniens) ⟨*engl*⟩

Mor|phem, das, _s, _e (*Sprachw*; kleinste bedeutungstragende Einheit der Sprache) ⟨*grch*⟩ · **Morpheus** [*od* ..'fɔys] (*griech Mythol*; Gott des Traumes) (‚Gestalter'); in Morpheus' Armen ruhen · **Morphin** *od* **Mor|phium,** das, _s (*Biochem*; Alkaloid aus Opium, ein Schmerzlinderungsmittel, ein Rauschgift) · **Mor|phi|nis|mus,** der, _ (Morphinsucht) ⟨*grch* → *lat*⟩ · **Mor|phi|nist** · **Mor|phin-sucht** *od* **Mor|phium|sucht,** die, _ · **mor|phin|süch|tig** *od* **mor-phium|süch|tig** · **Morphium** ↑ Morphin · **Mor|pho|lo|gie,** die, _, ..ien (Gestalt- u. Formenlehre – *Gramm*; Lehre von der Stammbildung u. der Flexion der Wörter) ⟨*grch*⟩ · **mor|pho|lo|gisch**

Moers [mø:rs] (Stadt im W der BRD)

morsch; _[e]ste · **Morsch|heit,** die, _

Mor|se|al|pha|bet *K 209*, das, _[e]s (ein Alphabet zur Nachrichtenübermittlung) ⟨*nach* dem nordamerikan. Erfinder Morse [mɔ:rs]⟩ · **Mor-se|ap|pa|rat** *K 209* (elektr. Telegraf) · **mor|sen** *K 354* (den Morseapparat bedienen)

Mör|ser (widerstandsfähiges Gefäß zum Zerstoßen od. Zerreiben fester Stoffe – *Milit*; ein schweres Geschütz) ⟨*lat*⟩. *Zus K 365 ff.*: Mörser‿stößel usw. · **mör|sern** *K 363*

Mor|ta|del|la, die, _, _s (eine Wurstsorte) ⟨*lat* → *ital*⟩

Mor|ta|li|tät, die, _ (*fachspr*; Sterblichkeit; Sterblichkeitsziffer) ⟨*lat*⟩

Mör|tel, der, _s, _ ⟨*lat*⟩. *Zus K 365 ff.*: Mörtel‿kelle usw. · **mör-teln** *K 363* (mit Mörtel versehen, verbinden)

Mor|ti|fi|ka|tion (*Rechtsw*; Tilgung – *nur Sg*: *Rel*; Abtötung von Begierden in der Askese) ⟨*lat*⟩ · **mor-ti|fi|zie|ren** (*fachspr*)

Mo|ru|la, die, _ (*Med*, *Zool*; frühes Entwicklungsstadium des Embryos) ⟨*lat*⟩

Mo|sa|ik, das, _s, *Pl* _e, *österr auch* _s, *seltener* **Mu|siv|ar|beit,** die, _, _en (aus farbigen Steinchen u. ä. zusammengesetztes Bildwerk – *auch übertr*; etw. bunt Zusammengesetztes) ⟨*grch* → *lat* → *ital* → *frz*⟩. *Zus K 365 ff.*: Mosaik‿arbeit usw. · **mo|sa|ik|ar|tig**

mo|sa|isch *K 218* (*Rel*; jüdisch) ⟨*nach* der bibl. Gestalt Mose⟩; _es Bekenntnis · **Mo|sa|is|mus,** der, _ (die Gesamtheit jüd. Glaubens u. Lebens)

Mosch [mo:ʃ], der, _es (*landsch umg*; Abfälle, Überbleibsel). *Zus K 365 ff.*: Mosch‿papier usw.

Mo|schee, die, _, ..een (islam. Bethaus) ⟨*arab* → *ital* → *frz*⟩

mo|schen ['mo:..] *K 354* (*landsch umg*; verschwenden, vergeuden)

Mo|schus, der, _ (Drüsensekret mancher Säugetiere; ein damit [od. künstlich] hergestellter Riechstoff) ⟨*aind* → *pers* → *arab* → *grch* → *lat*⟩. *Zus K 365 ff.*: Moschus‿tier usw. · **mo|schus|ar|tig**

Mo|se ⟨*hebr*⟩, *Gen* _ *od* **Mo|ses** ⟨*hebr* → *lat*⟩, *Gen* Mosis (*A. T.*; jüd. Gesetzgeber)

Mo|sel, die, _ (Fluß in Frankreich u. in der BRD) · **Mo|sel|wein** *K 246*

Möser ↑ [1]Moos (2)

Mo|ses: 1. der, _, _ (*scherzh*; Schiffsjunge) – 2. ↑ Mose

Mos|kau, *russ* **Mo|skwa** (Hptst. der UdSSR u. der RSFSR) ⟨*nach* dem Fluß Moskwa⟩ · **Mos|kau|er:** 1. *K 231*: der, _s, _; 2. *als Attribut K 232*: die Moskauer Metro · **mos-kau|isch**

Mos|ki|to, der, _s, _s (trop. Stechmücke) ⟨*lat* → *span*⟩. *Zus K 365 ff.*: Moskito‿netz usw.

Moskwa ↑ Moskau

Mos|lem ⟨*arab* → *engl*⟩, der, _s, _s, *auch* **Mus|lim** ⟨*arab*⟩, der, _, *Pl* _e *od* _s, *auch* _un, *veraltend* **Mu|sel-man** ⟨*arab* → *pers* → *türk*⟩, der, _en, _en (Anhänger des Islams); *vgl. auch* Mohammedaner · **mos-le|misch,** *auch* **mus|li|misch** (dem Islam anhängend)

Mossul ↑ Mosul

Most, der, _es, _e (unvergorener Frucht-, bes. Traubensaft – *süddt, österr, schweiz*; Obstwein) ⟨*lat*⟩. *Zus K 365 ff.*: Most‿birne usw. · **mosten** · **Most|rich,** der, _[e]s (*landsch*; Senf)

Mo|sul *od* **Mos|sul** [*beide* 'mɔsul] (Stadt im N Iraks)

Mo|tel [*auch* ..'tɛl], das, _s, _s *Kurzw* (Hotel, bes. für Autoreisende) ⟨*aus Motor* + *Hotel*⟩

Mo|tet|te, die, _, _n (Chorwerk geistlichen Charakters) ⟨*lat* → *ital*⟩

Mo|tion (*schweiz*; Antrag [in einer Versammlung] – *Sprachw*; Bildung der weibl. Bezeichnung durch Ableitung von der männlichen) ⟨*lat*⟩ · **Mo|tio|när,** der, _s, _e (*schweiz*; Antragsteller [im Parlament]) ⟨*lat* → *frz*⟩ · **Mo|tiv,** das, _s, _e [..v..] (Beweggrund, Ursache; Zweck; Leitgedanke; Gegenstand; künstlerischer Vorwurf – *Mus*; kleinste charakterist. Tonfigur) ⟨*lat*⟩ · **Mo|ti-va|tion** [..v..] (Gesamtheit der einer Handlung zugrunde liegenden Motive) · **mo|ti|vie|ren** (begründen); jmdn. _ (jmdn. zu einer bestimmten Handlung veranlassen) · **Mo|tiv|samm|ler** [..f..] · **Mo-to-Cross,** *auch* **Mo|to-Croß,** das, *auch* der, _ (motorsportl. Geschwindigkeitsprüfung im Gelände) ⟨*frz* + *engl*⟩ · **Mo|to|drom,** das, _s, _e ([ovale] Rennstrecke für Kraftfahrzeuge) ⟨*frz* + *grch*⟩ · **Mo|tor** ['mo:to:r, *auch* mo'to:r], der, _s, ..oren (Maschine zur Erzeugung mechan. Arbeitskraft – *übertr*; Triebkraft, Antrieb) ⟨*lat*, ‚Beweger'⟩ · **Mo|tor|boot** · **Mo|to|ren-bau,** der, _[e]s · **Mo|to|ren|öl** · **...mo|to|rig** (mit ... Kraftmaschinen ausgestattet, z. B. viermotorig [*mit Ziffer K 284* 4motorig]) · **Mo-to|rik,** die, _ (*fachspr*; Bewegungslehre, Bewegungsart) · **mo|to|risch** (bewegend) · **mo|to|ri|sie|ren** (mit Kraftmaschinen, -fahrzeugen ausrüsten) · **mo|to|ri|siert;** *Abk* mot. (*Milit*); mot. Schütze · **Mo|to|ri-sie|rung** · **Mo|tor|rad** ['mo:.., *auch* ..'to:r..] (Kraftrad) · **Mo|tor|rol|ler** (Kleinkraftrad) · **Mo|tor|sport**

Mot|sche|kieb|chen, das, _s, _ (*landsch*; Marienkäfer) ⟨*zu* Motsche = Kuh; Muhen u. Kiebchen = Kühchen⟩

Mot|te, die, _, _n

mot|ten (*süddt, schweiz*; schwelen, glühen)

mot|ten|fest · **Mot|ten|pul|ver**

Mot|to, das, _s, _s (Denk-, Wahl-, Leitspruch; Kennwort) ⟨*lat* → *ital*⟩

mouillieren usw. ↑ palatalisieren usw.

Mou|la|ge [mu'la:ʒə, *österr* ..'la:ʒ] (*bes Med*; Abdruck, Abguß; Wachspräparat, bes. für Lehrzwecke) ⟨*lat* → *frz*⟩

mou|li|nie|ren [muli..], *eindeutschend* **mu|li|nie|ren** (*Textilwirtschaft*; Seide zwirnen) ⟨*lat* → *frz*⟩

Mount Everest ↑ Tschomolungma

mous|sie|ren [mu..] (schäumen) ⟨*lat* → *frz*⟩

Mou|sté|rien [mustеˈri̯ɛ̃:], das, _[s] (*Urgesch*; Kulturgruppe des Altpaläolithikums) ⟨*nach* dem Fundort Le Moustier [lə musˈti̯e:] in Frankreich⟩

Mö|we, die, _, _n · **Mö|wen|ei**

Mo|zar|te|um, das, _s (Musikinstitut in Salzburg) ⟨*nach* dem österr. Komponisten Mozart⟩ · **mo|zar|tisch** *K 218* · **Mo|zar|tisch** *K 217*

Mucke[1], die, _, _n (*umg*; Laune, Grille [in dieser Bedeutung *meist Pl*] – *süddt*; Mücke) · **Mücke**[1], die, _, _n

Mucke|fuck[1], der, _s (*umg*; Malzkaffee) ⟨*Herkunft umstritten*⟩

mucken[1] (*umg*; halblaut aufbegehren)

Mücken|stich[1]

Mucker[1] (*umg abwert*; Scheinheiliger; tückischer Mensch) · **mucke|risch**[1] (*umg abwert*); _ste · **Mucker|tum**[1], das, _[e]s (*umg abwert*) · **muckisch**[1] (*noch landsch*; launisch); _ste · **Mucks,** der, _es, _e (leiser, halb unterdrückter Laut); *vgl. auch* Muckser; keinen _ tun · **muck|sen** *K 354*; *meist verneint* nicht _ *od* sich (*Akk*) nicht _ (*umg*; keinen Laut von sich geben; sich nicht bewegen) · **Muck|ser,** der, _s, _ (halb unterdrückter Laut, halb unterdrückte Bewegung); *vgl. auch* Mucks · **mucks|mäus|chen|still** (*umg*)

Mud, der, _s (*norddt*; Schlamm) · **mud|dig** (*norddt*; schlammig)

mü|de ⟨*zu* mühen⟩; es (*vgl.* 1es [2]) _ sein, werden; des Wartens _ sein, werden; sich (*Akk*) _ arbeiten, laufen · **Mü|dig|keit,** die, _

Mu|ez|zin, der, _s, _[s] (mohammedan. Gebetsrufer) ⟨*arab* → *türk*⟩

1**Muff,** der, _[e]s (*norddt*; Schimmel [1], Moder; fauliger, dumpfer Geruch); *vgl. auch* Mief

2**Muff,** der, _[e]s, _e (Händewärmer) ⟨*lat* → *frz* → *ndrl*⟩ · **Müff|chen** · **Muf|fe,** die, _, _n (Rohr-, Ansatzstück)

1**Muf|fel,** der, _s, _ (*umg abwert*; mürrischer Mensch – *weidm*; Nase des Schalenwildes [außer Schwarzwild])

2**Muf|fel,** die, _, _n (*Techn*; ein Schmelztiegel)

3**Muffel** ↑ Mufflon

muf|feln *K 363* (*umg*; dauernd kauen – *umg abwert*; mürrisch sein – *österr nur für* muffig riechen)

müf|feln *od* **muf|fen** (*landsch*; nach 1Muff riechen)

Muffelwild ↑ Mufflon

---

[1] *Tr* ..k|k..

muf|fig (*landsch*; nach 1Muff riechend; mürrisch)

muff|lig *K 362* (*umg abwert*; mürrisch)

Muff|lon, der, _s, _s *od* **Muf|fel|wild,** das, _[e]s, *auch kurz* 3**Muf|fel,** das, _s, _ (ein Wildschaf) ⟨*ital* → *frz*⟩

Muf|ti, der, _s, _s (mohammedan. Rechtsgelehrter) ⟨*arab*, ‚der Entscheider'⟩

mu|ge|lig *K 362* (mit gewölbter Fläche)

Mug|ge, die, _, _n *umg Kurzw* ⟨*aus mu*sikalisches *G*elegenheits*ge*schäft⟩

Müg|gel|ber|ge *Pl* (südl. des Müggelsees) · **Müg|gel|see,** der, _s (südöstl. von Berlin)

muh! ⟨*lautm*⟩; muh, muh!; muh machen (*umg*)

Mü|he, die, _, _n; mit Müh und Not *K 63*; es kostet mich (*auch* mir) keine _ · **mü|he|los** *K 349*; *vgl.* ...los · **Mü|he|lo|sig|keit,** die, _

mu|hen (*vom Rind gesagt*; brüllen)

mü|hen, sich (*Akk*) · **Mü|he|wal|tung** (*veraltet*)

Mühl|bach · **Müh|le,** die, _, _n ⟨*lat*⟩ · **Müh|le|spiel** · **Mühl|gra|ben**

Mühl|hau|sen, Tho|mas-Münt|zer-Stadt (im Bez. Erfurt) · **Mühl|häu|ser** *od* **Mühl|hau|se|ner:** 1. *K 231*: der, _s, _; 2. *als Attribut K 232*

Mühl|heim am Main (Stadt in der BRD)

Mühl|rad · **Mühl|stein**

Muh|me, die, _, _n (*veraltet*; Tante, ältere Verwandte)

Müh|sal, die, _, _e (*gehoben*) · **müh|sam** · **müh|se|lig** · **Müh|se|lig|keit**

Muk|den (früherer Name von Shenyang)

Mu|lat|te, der, _n, _n (Nachkomme aus der Verbindung von Europäern u. Negriden) ⟨*lat* → *span*⟩

Mulch, der, _[e]s, _e (*Landw*, *Gartenb*; Bodenbedeckung aus organ. Material bzw. aus Folie) · **mul|chen** (*Landw*, *Gartenb*)

Mul|chen, das, _s, _ (*schweiz*; Ertrag an Milch[erzeugnissen])

1**Mul|de,** die, _ (Fluß in der DDR); *K 232*: die Freiberger _, die Zwikkauer _

2**Mul|de,** die, _, _n ⟨*lat*⟩ · **mul|den|för|mig**

Mül|hau|sen, *französ* **Mul|house** [myˈlu:s *od* ..ˈlu:z] (Stadt im O Frankreichs)

Mül|heim an der Ruhr (Stadt in der BRD)

Mu|li: 1. ↑ Mulus – 2. ⟨*lat* → *ital*⟩, das, _s, _s (*süddt*, *österr*; Maultier)

mulinieren ↑ moulinieren

1**Mull,** der, _[e]s, _e (ein Baumwollgewebe) ⟨*Hind* → *engl*⟩. *Zus K 365ff.*: Mull‿binde usw.

2**Mull,** der, _[e]s, _e (*norddt*; eine Humusform)

Müll, der, _[e]s (Schutt, Kehricht, Asche). *Zus K 365ff.*: Müll‿deponie, ...kippe, ...schlucker usw.

Mulläppchen [*Tr* Mull|läpp|chen *K 78*]

Mül|ler · **Mül|le|rei** · **Mül|le|rin,** die, _, ..innen

Müll|heim (Stadt im SW der BRD)

Mulm, der, _[e]s (*fachspr*; Stauberde, zerbröckelndes Holz) ⟨*zu* mahlen *u.* Malm⟩ · **mul|men** (*fachspr*; zu Mulm machen; in Mulm zerfallen) · **mul|mig** (*auch umg*; gefährlich, ängstlich)

Mul|ti, der, _s, _s (*meist Pl*) *umg Kurzw* (multinationaler Konzern) ⟨*lat*⟩ · **mul|ti|la|te|ral** [*od* ˈmul..] (mehrseitig); _e Verhandlungen (Verhandlungen zw. mehreren Staaten) · **mul|ti|na|tio|nal** [*od* ˈmul..] (aus vielen Nationen bestehend; viele Nationen betreffend); _e Konzerne · **mul|ti|pel** (*fachspr*; vielfältig); *K 363*: multi|ple Sklerose (*Med*; Krankheit des Zentralnervensystems) · **Mul|ti|pli|kand,** der, _en, _en (*Math*; die zu multiplizierende Zahl) · **Mul|ti|pli|ka|tion** (*Math*; das Malnehmen von Zahlen od. Größen) · **Mul|ti|pli|ka|tor,** der, _s, ..oren (*Math*; die multiplizierende Zahl) · **mul|ti|pli|zie|ren** (*Math*; malnehmen, vervielfachen) · **Mul|ti|spek|tral|ka|me|ra** (*Opt*) · **mul|ti|va|lent** [*od* ˈmultiva..] (vielwertig; vielseitig)

Mu|lus, der, _, *Pl* Muli (*noch scherzh*; Abiturient nach der Reifeprüfung vor Beginn des Studiums) ⟨*lat*, ‚Maultier, -esel'⟩

Mu|mie [..i̯ə], die, _, _n (vor Verwesung geschützter Leichnam) ⟨*pers* → *arab* → *ital*⟩ · **mu|mien|haft** [..i̯ən..] · **Mu|mien|sarg** · **Mu|mi|fi|ka|tion** (Einbalsamierung – *Med*; Eintrocknung der Gewebe) · **mu|mi|fi|zie|ren**

Mumm, der, _s (*umg*; Mut, Kraft)

Mum|me, die, _, _n (*veraltet*; Larve; Vermummter) ⟨*Herkunft umstritten*⟩

Mum|mel, die, _, _n (Teichrose) · **Mum|mel|greis** (*umg*) · **Müm|mel|mann** (*scherzh*; Hase) · **mum|meln** *K 363* (*landsch*; undeutlich reden; behaglich kauen, wie ein Zahnloser kauen); sich (*Akk*) in etw. _ (sich in etw. einhüllen) ⟨*lautm*⟩ · **müm|meln** (*bes von Hasen u. Kaninchen gesagt*; kauen)

mum|men; sich (*Akk*) _ (*veraltet*; einhüllen) ⟨*frz* → *ndrl*⟩ · **Mum|men|schanz,** der, _es (*veraltend*) ·

Mum|pitz, der, _es (*umg*; Unsinn)
Mumps ⟨*engl*⟩, der, _, *österr nur so*, *od* **Zie|gen|pe|ter**, der, _s (epidem. Ohrspeicheldrüsenentzündung)
Mün|chen (Hptst. von Bayern [BRD]) ⟨‚zu den Mönchen'⟩ · **Mün|che|ner** *od* **Münch|ner** *K 236*: 1. *K 231*: der, _s, _; 2. *als Attribut K 232*: die Münch[e]ner Räterepublik · **München-Gladbach** ↑ Mönchengladbach
Münch|hau|sen *K 318*, der, _, _ (Aufschneider, Erzähler phantast. Geschichten) ⟨*nach* dem ‚Lügenbaron', dem Freiherrn von Münchhausen⟩ · **Münch|hau|s[e|n]ia|de**, die, _, _n (aufschneiderische Lügenerzählung)
Münchner ↑ Münchener
[1]**Mund**, der, _[e]s, *Pl* Münder. *Zus K 365ff.*: Mund‿pflege usw.; *vgl. auch* Mundvoll
[2]**Mund** ↑ Munt
Mund|art · **Mund|art|for|schung**, *auch* **Mund|ar|ten|for|schung** · **mund|art|lich** · **Mund|art|spre|cher** · **Münd|chen**
Mün|del, das, *österr nur so, auch* der, _s, _ (*bes Rechtsw*; unter Vormundschaft stehende Person) ⟨*zu* Munt⟩ · **mün|del|si|cher** (*Bankw*) · **Mün|del|si|cher|heit**, die, _ (*Bankw*)
mun|den (*gehoben*; schmecken) · **mün|den** (einmünden)
Mün|den *od* **Hann.** [*sprich* Hannoversch] **Mün|den** *K 227* (Stadt im O der BRD); *vgl. aber* Minden
mund|faul (*umg*) · **Mund|fäu|le** (*Med*; eitrige Entzündung der Mundschleimhaut u. des Zahnfleisches) · **mund|ge|recht**
mün|dig ⟨*zu* Munt⟩; _ sein, werden · **Mün|dig|keit**, die, _ · **Mün|dig|keits|er|klä|rung** · **mün|dig|spre|chen** *K 136*; ich spreche mündig; mündiggesprochen; mündigzusprechen
Mundium ↑ Munt
münd|lich · **Mund|raub**, der, _[e]s · **Mund|schenk** (*hist*) · **mund|tot**; jmdn. _ machen ([rücksichtslos] zum Schweigen bringen) · **Mund|tuch**, *Pl* ..tücher (*gehoben*) · **Mün|dung** · **Mund|voll**, der, _, _; einen, zwei, einige, ein paar Mundvoll [Fleisch usw.] nehmen, *aber K 175*: den Mund voll [Brot usw.] haben; den Mund voll nehmen (großsprecherisch sein) · **Mund|was|ser**, *Pl* ..wässer · **Mund-zu-Mund-Be|at|mung** *K 188*, die, _
[1]**Mun|go**, der, _s, _s (eine Schleichkatze) ⟨*ind*⟩
[2]**Mun|go**, der, _[s], _s (*Textilwirtsch*; geringwertige Reißwolle) ⟨*engl*⟩
Mu|ni, der, _s, _ (*schweiz*; Zuchtstier)
Mu|ni|ti|on, die, _ (Schießbedarf für Feuerwaffen) ⟨*lat → frz*⟩
Mun|ke|lei (*umg*) · **mun|keln** *K 363* (*umg*) ⟨*lautm*⟩
Mün|ster: 1. (Stadt im NW der BRD) – 2. das, *landsch* der, _s, _ (Stiftskirche, Dom) ⟨*grch → lat*⟩ · **Mün|ste|ra|ner**: 1. *K 231*: der, _s, _; 2. *als Attribut K 232* · **Mün|ster|bau**, *Pl* ..bauten
Munt *od* [2]**Mund** ⟨‚Schutz'⟩, die, *Gen* _ *bzw* **Mun|dium** ⟨*germ → lat*⟩, das, _s, ..ien [..iən] (*Rechtsw hist*; Schutzverhältnis, bes. bei den Germanen)
mun|ter; munt[e]rer *K 363*, munterste · **Mun|ter|keit**, die, _
Münz|au|to|mat · **Mün|ze**, die, _, _n (Zahlungsmittel, Hartgeld; Geldprägestätte) ⟨*lat*⟩ · **mün|zen** *K 354*; das ist auf mich gemünzt · **Münz|fern|spre|cher** · **Münz|recht** · **Münz|samm|lung**, *auch* **Mün|zen|samm|lung** · **Münz|ver|bre|chen**
Mur ↑ Mure
Mu|rä|ne, die, _, _n (ein Fisch) ⟨*grch → lat*⟩
mür|be; _ bekommen, machen (*auch umg*; Widerstand brechen); _ sein, werden · **Mür|be|bra|ten** (*norddt*; Lendenbraten) · **Mür|be|teig**, *österr u. landsch* **Mürb|teig** · **Mürb|heit** *od* **Mür|be**, die, _
Mu|re, die, _, _n *od* **Mur|bruch**, der, _[e]s, *Pl* ..brüche, *österr auch* **Mur**, die, _, _en (*Geol*; Schutt- od. Schlammstrom im Hochgebirge)
muren ↑ [2]vermuren
mu|ria|tisch (*fachspr*; kochsalzführend, -haltig) ⟨*lat*⟩
Mu|ring, die, _, _e (*Schiff*; Vorrichtung zum Auswerfen zweier Anker) ⟨*engl*⟩ · **Mu|rings|schä|kel** (*Schiff*)
Mü|ritz, die, _ (See im N der DDR)
Murks, der, _es (*umg abwert*; unordentliche Arbeit; Unangenehmes) · **murk|sen** *K 354* (*umg abwert*)
Mur|mansk [*od* 'mur..] (Hafenstadt der RSFSR auf der Halbinsel Kola)
Mur|mel *od* **Mär|bel**, *auch* **Mar|mel**, die, _, _n (*landsch*; kleine Steinkugel zum Spielen) ⟨*grch → lat*⟩
mur|meln *K 363* (leise u. undeutlich sprechen) ⟨*lautm*⟩
Mur|mel|tier (ein Nagetier des Hochgebirges) ⟨*lat*⟩
Mur|ner, der, _s (Name des [1]Katers in der Tierfabel) ⟨*zu* murren⟩
mur|ren ⟨*lautm*⟩ · **mür|risch**; _ste · **Mür|risch|keit**, die, _ · **Murr|kopf** (*veraltet*; mürrischer Mensch)
Mur|ten (Stadt in der Schweiz)
Mus, das, _es, _e
Mus|aget, der, _en (*griech Mythol*; Beiname Apolls) ⟨*grch*, ‚Musenfreund'⟩
Mu|schel, die, _, _n ⟨*lat*⟩. *Zus K 365ff.*: Muschel‿schale usw. · **mu|schel|för|mig** · **mu|sche|lig** *K 362* · **Mu|schel|kalk**: 1. der, _[e]s, _e (ein Sedimentgestein) – 2. der, _[e]s (*Geol*; mittlere Abteilung der Trias)
Muschik ↑ Mushik
Musch|ko|te, der, _n, _n (*veraltend abwert*; Fußsoldat) ⟨*zu* Musketier⟩
Muse ↑ Musen · **mu|se|al** (zum Museum gehörig) ⟨*grch → lat*⟩ · **Museen** ↑ Museum
Muselman ↑ Moslem
Mu|sen *Pl* (*griech Mythol*; Göttinnen der Künste u. der Wissenschaften); *Sg* Mu|se, die, _ ⟨*grch → lat*⟩ · **Mu|sen|al|ma|nach** [..x] (*Lit*) · **Mu|sen|sohn** (*noch scherzh*; Dichter) · **Mu|seo|lo|ge**, der, _n, _n (Fachmann auf dem Gebiet der Museumswissenschaft) ⟨*grch*⟩
Mu|sette [my'zɛt], die, _, *Pl* _s *od* _n [..t(ə)n] (französ. Dudelsack; langsamer dreitaktiger Tanz) ⟨*frz*⟩ · **Mu|sette|grup|pe** (kleinste Instrumentalistengruppe [ohne Streicher] für Unterhaltungs- u. Tanzmusik)
Mu|se|um, das, _s, ..een ([Gebäude für] Sammlungen aus Kunst u. Wissenschaft) ⟨*grch → lat*, ‚Musentempel'⟩ · **Mu|se|ums‿bau** (*Pl* ..bauten), ...**füh|rer**
Mu|shik [..'ʒi(:)k] *od* **Mu|schik** [..'ʃik *od* 'mu..], der, _s, _s (meist abwertende Bez. für den Bauern im zarist. Rußland) ⟨*russ*⟩
Mu|si|cal ['mju:zik(ə)l], das, _s, _s (Musikkomödie, moderne Mischform von Operette, Kabarett, Revue u. Singspiel) ⟨*grch → lat → engl*⟩
Mu|sik: 1. die, _ (Tonkunst) – 2. die, _, _en (musikal. Werk; Aufführung von musikal. Werken) ⟨*grch → lat*⟩. *Zus K 365ff.*: Musik‿kapelle usw. · **Mu|si|ka|lien** [..iən] *Pl* (Notendrucke u. -schriften) · **mu|si|ka|lisch** (die Musik betreffend; musikliebend; musikbegabt); _ste · **Mu|si|ka|li|tät**, die, _ (musikal. Empfindungs- u. Wiedergabevermögen; musikal. Wirkung) · **Mu|si|kant** ([berufsmäßiger] Musiker; Spielmann) · **mu|si|kan|tisch** (von ursprüngl. Musizierfreudigkeit) · **Mu|sik|box** (Plattenspielautomat) · **Mu|si|ker**, der, _s, _ · **Mu|sik|er|zie|hung** · **Mu|sik|in|stru|ment** · **Mu|sik|in|stru|men|ten|in|du|strie** · **mu|sik|lie|bend**; *vgl. K 163* · **Mu|sik|the|ra|pie**

(*Psych, Med*) · **Mu|si|kus,** der, _, *Pl* Musizi *od scherzh* Musikusse (*altertümelnd*; Musiker) · **mu|sik-ver|stän|dig** · **Mu|sik|wis|sen-schaft|ler**
mu|sisch (künstlerisch; die Kunst betreffend; den Musen geweiht) ⟨*grch*⟩
Musivarbeit ↑ Mosaik · **mu|si-visch** [..v..] (mosaikartig) ⟨*grch* → *lat*⟩
Musizi ↑ Musikus · **mu|si|zie|ren** ⟨*grch* → *lat*⟩
Mus|kat [*österr* 'mus..], der, _[e]s, _e (ein Gewürz) ⟨*aind* → *pers* → *arab* → *grch* → *lat* → *frz*⟩. *Zus K 365ff.*: Muskat‿nuß usw. · **Mus-ka|tel|ler,** der, _s (ein würziger Wein) ⟨*aind* → *pers* → *arab* → *grch* → *lat* → *ital*⟩. *Zus K 365ff.*: Muskateller‿wein usw.
Mus|kel, der, _s, _n ⟨*lat*⟩. *Zus K 365ff.*: Muskel‿kraft usw. · **Mus-kel|ka|ter** (*umg*) ⟨*zu* ²Kater⟩
Mus|ke|te, die, _, _n (alte Handfeuerwaffe, Gewehr) ⟨*lat* → *frz*, ‚Handrohr'⟩ · **Mus|ke|tier,** der, _s, _e (*hist*; Infanterist)
Mus|ku|la|tur, die, _, _en (Gesamtheit der Muskeln, z. B. des Körpers) ⟨*lat*⟩ · **mus|ku|lös** *K 349* (muskelkräftig) ⟨*lat* → *frz*⟩
Müs|li, das, _s, _[s] (ein Rohkostgericht)
Muslim ↑ Moslem
Muß, das, _ (Zwang); es ist ein hartes _ · **Mu|ße,** die, _ (freie Zeit); in aller _; mit _. *Zus K 365ff.*: Muße-‿stunde usw.
Mus|se|lin, der, _s, _e (ein Gewebe) ⟨*nach* der irak. Stadt Mosul⟩ · **mus|se|li|nen** *K 364* (aus Musselin)
müs|sen; du mußt; du mußtest; du müßtest; gemußt; müsse!; ich habe gemußt, *aber K 361*: was habe ich hören müssen!; fortmüssen; wegmüssen
mü|ßig; _ sein, gehen; es ist _, darüber zu streiten · **Mü|ßig|gang,** der, _[e]s · **Mü|ßig|gän|ger** · **mü-ßig|gän|ge|risch;** _ste · **mü|ßig-ge|hen** *K 136 u. 363*; du gehst müßig; müßiggegangen; müßigzugehen; *aber K 135*: müßig (hin und her) gehen
Mu|stang, der, _s, _s (wildlebendes Präriepferd) ⟨*lat* → *span* → *engl*⟩
Mu|ster, das, _s, _ ⟨*lat* → *ital*⟩; nach _. *Zus K 365ff.*: Muster-‿messe usw. · **mu|ster|gül|tig** · **Mu-ster|gül|tig|keit,** die, _ · **mu|ster-haft** · **Mu|ster|haf|tig|keit,** die, _ · **mu|stern** *K 363* · **Mu|ste|rung**
Mut, der, _[e]s; guten Mutes sein (*gehoben*); *aber K 176*: mir ist schlecht zumute
mu|ta|bel (*fachspr*; veränderlich) ⟨*lat*⟩; *K 363*: muta|ble Größen · **Mu|ta|bi|li|tät,** die, _ (*fachspr*; Veränderlichkeit) · **Mu|tan|te,** die, _, _n (*Genetik*; durch Mutation entstandenes Lebewesen) · **Mu|ta-tion:** 1. die, _, _en (*Genetik*; sprunghaft auftretende Veränderung erbl. Eigenschaften bei Tieren u. Pflanzen) – 2. die, _ (*Med*; Stimmwechsel)
Müt|chen; *nur in* sein _ [an jmdm.] kühlen (*umg*; seine schlechte Laune, seinen Zorn [an jmdm.] auslassen)
mu|ten (*Bergb*; das Abbaurecht beantragen) · **Mu|ter** (*Bergb*; jmd., der Mutung einlegt)
mut|er|füllt
mu|tie|ren (*Genetik*; sich plötzlich erblich verändern – *Med*; Stimmwechsel haben) ⟨*lat*⟩
mu|tig · **...mü|tig** (z. B. wehmütig) · **mut|los** *K 349*; *vgl.* ...los · **Mut|lo-sig|keit,** die, _ · **mut|ma|ßen** (*gehoben*; vermuten); du mutmaßt *K 354*; du mutmaßtest; gemutmaßt; zu _ · **mut|maß|lich** · **Mut|ma-ßung**
Mut|schein (*Bergb*; Mutungsurkunde)
Mut|ter: 1. die, _, *Pl* Mütter. *Ohne Art od Pron lautet der Gen des Sg* Mutters (z. B. Mutters Geburtstag), *der Dat u. der Akk umg* Muttern (z. B. bei Muttern). Mutter Gottes, *auch* Muttergottes; Mutter Erde (*gehoben*; *vgl. aber* Muttererde); Mutter Natur; bei Mutter Grün schlafen (*umg*; im Freien übernachten) – 2. die, _, _n (*Techn*) · **Mut|ter|bo|den,** der, _s (humusreiche oberste Bodenschicht) · **Müt-ter|chen** · **Mut|ter|er|de,** die, _ (humusreiche Erde, Mutterboden); *vgl. auch* Mutter · **Mut|ter|got|tes,** die, _ (*Rel*); *vgl. auch* Mutter · **Mut|ter|got|tes|bild** · **Mut|ter-korn,** *Pl* ..korne · **müt|ter|lich** · **müt|ter|li|cher|seits** · **Müt|ter-lich|keit,** die, _ · **mut|ter|los;** *vgl.* ...los · **Mut|ter|lo|sig|keit,** die, _ · **Mut|ter|mal,** *Pl* ..male · **Mut|tern-schlüs|sel** (*Techn*) · **Mut|ter-recht,** das, _[e]s · **Mut|ter|schiff** · **mut|ter|see|len|al|lein** · **Mut|ter-söhn|chen** (*umg iron*) · **Mut|ter-spra|che** · **Mut|ter|sprach|ler** · **mut|ter|sprach|lich** · **Mut|ter|tier** · **Mut|ter|witz,** der, _es · **Mut|ti,** die, _, _s (*Kosef*)
mu|tu|al, *auch* **mu|tu|ell** (wechselseitig, gegenseitig) ⟨*lat*⟩ · **Mu|tua-lis|mus,** der, _ (einräumende Gegenseitigkeit; gegenseitige Duldung, Anerkennung, Hilfsbereitschaft – *Biol*; Beziehung zwischen unterschiedl. Lebewesen zum gegenseitigen Nutzen – *Philos*; ein System des utop. Sozialismus)
Mu|tung (*Bergb*; Antrag od. Anspruch auf Genehmigung zum Abbau); _ einlegen (das Abbaurecht beantragen)
mut|voll · **Mut|wil|le,** der, _ns · **mut|wil|lig** · **Mut|wil|lig|keit**
Mutz, der, _es, _e (*landsch*; Tier mit abgehauenem Schwanz)
Mütz|chen · **Müt|ze,** die, _, _n ⟨*pers* → *arab* → *lat*⟩ · **Müt|zen-schild,** das
My [my:], das, _[s], *Pl* _s, *österr auch* _ (griech. Buchstabe: *M*, μ) ⟨*semit* → *grch*⟩
My|ke|ne [..nə *od* ..ne:] (*Altertum*; Stadt auf dem Peloponnes) ⟨*grch*⟩ · **my|ke|nisch**
My|ko|lo|ge, der, _n, _n (Fachmann auf dem Gebiet der Mykologie) ⟨*grch*⟩ · **My|ko|lo|gie,** die, _ (Pilzkunde) · **my|ko|lo|gisch**
My|la|dy [mi'le:di] (*veraltet*; gnädige Frau [engl. Anrede]) ⟨*engl*⟩
My|lord [mi'lɔrt *od* ..'lɔ:rd] (*veraltet*; gnädiger Herr [engl. Anrede]) ⟨*engl*⟩
Myo|kard, das, _s (*Med*; Herzmuskel, Herzmuskulatur) ⟨*grch*⟩. *Zus K 365ff.*: Myokard‿infarkt usw. · **Myo|kar|di|tis,** die, _ (*Med*; Herzmuskelentzündung) · **Myo|lo|gie,** die, _ (*Med*; Muskellehre) · **My-om,** das, _s, _e (*Med*; Muskelgewebegeschwulst)
My|on, das, _s, ..onen, *meist Pl* (*Kernphys*; instabiles Elementarteilchen sehr hoher Masse) ⟨*grch*⟩
my|op (*Med*; kurzsichtig) ⟨*grch*⟩ · **My|opie,** die, _ (*Med*; Kurzsichtigkeit)
My|ria|de, die, _, _n (Zahl von Zehntausend) – **My|ria|den** *Pl* (unzählbare Menge, Unzahl) ⟨*grch*⟩
Myr|rhe, die, _, _n (ein aromatisch riechendes Harz) ⟨*semit* → *grch* → *lat*⟩ · **Myr|rhen|öl,** das, _[e]s · **Myr|te,** die, _, _n (ein Strauch mit immergrünen Blättern) ⟨*semit* → *grch*⟩ · **Myr|ten|kranz**
My|ste|rien|spiel [..iən..] (geistl. dramat. Spiel des Mittelalters) · **my|ste|riös** *K 349* (geheimnisvoll; rätselhaft) ⟨*grch* → *lat* → *frz*⟩ · **My-ste|rium,** das, _s, ..ien [..iən] (Geheimnis; Geheimlehre, -kult) ⟨*grch* → *lat*⟩ · **My|sti|fi|ka|tion** (Täuschung, Irreführung; irrationales Interpretieren einer Erscheinung) · **my|sti|fi|zie|ren** · **My|stik,** die, _ (*idealist Philos, Rel*; das gefühlsbetonte Streben nach unmittelbarer Verbindung mit übersinnl. Mächten – *urspr* Geheimlehre) ⟨*grch*⟩ · **My|sti|ker,** der, _s, _ (Anhänger

der Mystik) · **my|stisch** (geheimnisvoll, dunkel); _ste · **My|sti|zis|mus,** der, _ (Wunderglaube; Glaubensschwärmerei) ⟨*grch* → *lat*⟩
My|the, die, _, _n (1. Dichtung, Erdichtetes – 2. ↑ Mythos) ⟨*grch* → *lat*⟩
My|then, der, _s, _ (Name zweier Berge in der Schweiz); *K 258*: der Große _, der Kleine _; *vgl. aber* Mythe
My|then|for|schung · **my|then|haft** · **my|thisch** (sagenhaft, erdichtet) ⟨*grch*⟩ · **My|tho|lo|gie,** die, _, ..ien (Gesamtheit der Mythen eines Volkes; Mythos-, Götterlehre) · **my|tho|lo|gisch** · **My|thos** ⟨*grch*⟩, *auch* **My|thus** ⟨*grch* → *lat*⟩, der, _, *Pl* Mythen *od* **My|the** ⟨*grch* → *lat*⟩, die, _, _n (Sage von Göttern, Helden, Dämonen – *auch für* Überlieferung aus urgeschichtl. Zeit)
My|ti|le|ne [..nə *od* ..ne:] (Stadt auf Lesbos)
My|zel, das, _s, _ien [..iən] (*Biol*; Pilzgeflecht) ⟨*grch* → *lat*⟩

N

N [ɛn], das, *Gen* des N, *Pl* die N (Buchstabe)
na!; na ja!; na also!; na, na!
Naab, die, _ (Fluß im SO der BRD)
Na|be, die, _, _n (Mittelhülse von Rädern) · **Na|bel,** der, _s, _ (*auch übertr*; Mittelpunkt). *Zus K 365 ff.*: Nabel‿schnur usw.
Na|bob, der, _s, _s (*hist*; Titel moslemischer ind. Fürsten – *übertr*; steinreicher Mann) ⟨*arab*⟩
nach: 1. *Adv*: _ und _; _ wie vor; nacheinander; nachher; hernach (*noch landsch*) – 2. *Präp mit Dat*: _ dem Ball laufen; _ Hause *od* Haus; _ ihm; meiner Ansicht _ (*Abk* m. A. n.); *vgl. auch* Christus
nach...: *in trennbar zusammengesetzten Verben*, z. B. nachtragen *K 356*, du trägst nach, nachgetragen, nachzutragen
nach|äf|fen (*abwert*) · **Nach|äf|fe|rei** (*abwert*)
nach|ah|men; ich ahme dich nach; ich ahme dir etwas nach · **nach|ah|mens|wert** · **Nach|ah|mer** · **Nach|ah|mung**
Nach|bar, der, _n, *auch* _s, *Pl* _n (‚Nahewohnender') · **Nach|bar‿dorf, ...haus** · **Nach|ba|rin,** die, _, ..innen · **Nach|bar|land,** *Pl* ..länder · **nach|bar|lich** · **Nach|bar|schaft** · **nach|bar|schaft|lich** · **Nach|bar|schafts|hil|fe,** die, _ · **Nach|bars‿kind, ...leu|te** (*Pl*)
Nach|be|rei|tung
Nach|bes|se|rung
nach|be|ten (*abwert*; kritiklos wiederholen) · **Nach|be|ter** (*abwert*)
nach|be|zeich|net (*bürospr*); _e Waren
nach|bil|den · **Nach|bil|dung**
nach|dem (*landsch auch für* da, weil); je _, *auch* je _(,) ob, je _(,) wie; *vgl. K 390 u. 450*
nach|den|ken · **nach|denk|lich** · **Nach|denk|lich|keit,** die, _
Nach|druck: 1. der, _[e]s (Hervorhebung, Betonung) – 2. der, _[e]s, _e (*Buchw*) · **Nach|druck|er|laub|nis** (*Buchw*) · **nach|drück|lich** · **Nach|drück|lich|keit,** die, _ · **nach|drucks|voll**
nach|ei|fern *K 363* · **nach|ei|ferns|wert**
nach|ein|an|der. *Bei Verben Getrenntschreibung vgl. K 145 u. 129*: nacheinander gehen, nacheinander ausschauen; *vgl. auch* aneinander
nach|emp|finden
Na|chen, der, _s, _ (*dicht*; Kahn)
nach|er|zäh|len · **Nach|er|zäh|lung**
Nach|fahr, der, _en, *seltener* _s, *Pl* _en (*veraltend*; Nachkomme)
Nach|fol|ge · **Nach|fol|ge|ein|rich|tung** · **Nach|fol|ge|kan|di|dat** · **nach|fol|gen** · **nach|fol|gend;** *K 114*: nachfolgendes; *aber K 93*: das Nachfolgende; *vgl. auch* folgend · **Nach|fol|gen|de,** der *u.* die, _n, _n *K 341* · **Nach|fol|ger;** *Abk* Nachf. *od* Nchf. · **Nach|fol|ge|rin,** die, _, ..innen; *Abk* Nachf. *od* Nchf.
nach|for|dern *K 363* · **Nach|for|de|rung**
nach|for|schen · **Nach|for|schung**
Nach|fra|ge · **nach|fra|gen**
nach|gä|ren · **Nach|gä|rung**
nach|ge|ben
Nach|ge|bühr
Nach|ge|burt
nach|ge|ord|net (*bürospr*; der Rangordnung nach folgend); die _en Dienststellen
nach|ge|ra|de
Nach|ge|schmack, der, _[e]s
nach|ge|wie|se|ner|ma|ßen *K 176*
nach|gie|big · **Nach|gie|big|keit,** die, _
Nach|hall, der · **nach|hal|len**
nach|hal|tig · **Nach|hal|tig|keit,** die, _
nach|hän|gen; du hängst nach; du hingst nach; nachgehangen; nachzuhängen; einem Gedanken nachhängen
nach Hau|se *od* **nach Haus** · **Nach|hau|se|weg**
nach|hel|fen
nach|her [*od* 'na:xhe:r, *österr nur so*]
Nach|hil|fe
nach|hin|ein; *nur in* im _ (*bes österr*; nachträglich, hinterher)
Nach|hol|be|darf · **nach|ho|len**
Nach|hut, die, _, _en (*Milit*)
Nach|kom|me, der, _n, _n · **nach|kom|men** · **Nach|kom|men|schaft** · **Nach|kömm|ling**
Nach|kriegs|zeit
Nach|laß, der, ..asses, *Pl* ..asse *od* ..ässe · **nach|las|sen** · **nach|läs|sig** · **nach|läs|si|ger|wei|se** *K 176* · **Nach|läs|sig|keit**
nach|lau|fen · **Nach|läu|fer**
Nach|le|se · **nach|le|sen**
nach|ma|chen (*umg*); jmdm. etw. _
Nach|mahd (*landsch*; Grummet)
nach|ma|lig (*veraltend*) · **nach|mals** (*veraltet*)
nach|mes|sen
nach|mit|tag[1]; *K 109*: heute, gestern, morgen _; Dienstag nachmittag *od* Dienstagnachmittag · **Nach|mit|tag**[1], der; des Nachmittags, eines Nachmittags, *aber K 109*: nachmittags · **nach|mit|tä|gig**[1] · **nach|mit|täg|lich**[1] · **nach|mit|tags**[1] *K 109* (*Abk* nachm.), *aber*: des Nachmittags; Dienstag nachmittags; dienstags nachmittags · **Nach|mit|tags|schlaf**[1], der, _[e]s
Nach|nah|me, die, _, _n · **Nach|nah|me|sen|dung**
Nach|na|me (Familienname)
nach|nut|zen (rationelle Produktionsmethoden in anderen Bereichen anwenden) · **Nach|nut|zung,** die, _
Na|chod|ka [..'xɔt..] (Hafenstadt an der Südostküste der RSFSR)
nach|prü|fen ⟨*lat* → *frz*⟩
Nach|raum, der, _[e]s (*Forstw*; Ausschuß)
nach|rech|nen
Nach|re|de · **nach|re|den**
Nach|rei|fe · **nach|rei|fen**
Nach|richt, die, _, _en · **Nach|rich|ten|bü|ro** · **Nach|rich|ten|dienst;** Allgemeiner Deutscher Nachrichtendienst (*Abk* ADN) · **Nach|rich|ten‿sa|tel|lit, ...tech|nik** (die, _) · **nach|richt|lich**
Nach|ruf · **nach|ru|fen**
nach|sa|gen; jmdm. etwas _
Nach|sai|son [..zɛ,zɔŋ]
Nach|satz (*meist Gramm*)
nach|schicken [*Tr* ...schik|ken]
Nach|schlag (zusätzl. Portion Essen – *Mus*; Verzierung, Trillerabschluß) · **nach|schla|gen;** er ist seinem Vater nachgeschlagen (nachgeartet); er hat in einem Buch nachgeschlagen · **Nach|schla|ge|werk**

---
[1] *Tr* ↑ *K 78*.

Nach|schlüs|sel
Nach|schrift ⟨lat⟩
Nach|schub
nach|se|hen *K 363* · Nach|se|hen, das, _s; *nur in Wendungen wie* das _ haben
nach|set|zen; jmdm. _ (jmdn. verfolgen)
Nach|sicht, die, _ · nach|sich|tig · Nach|sich|tig|keit, die, _ · nach|sichts|voll
Nach|sil|be ⟨*grch → lat*⟩
Nach|som|mer
Nach|sor|ge, die, _ (*Med*; Betreuung eines Patienten nach einer Krankheit bzw. Operation über längere Zeit)
Nach|spei|se ⟨*lat*⟩
Nach|spiel
nach|spre|chen
nach|spü|ren
nächst:
1. *Adj*: nächsten Jahres (*Abk* n. J.); nächsten Monats (*Abk* n. M.); das nächste Mal *od* nächstes Mal
A. *Kleinschreibung K 114*: der nächste, bitte; der, die, das nächste (erste) beste; das nächste, das nächstbeste [zu tun] wäre ...; *K 115*: am nächsten, fürs nächste; als nächstes (daraufhin)
B. *Großschreibung K 94*: der Nächste; das Nächstbeste *od* das Nächste und Beste, was sich ihm bietet; als Nächstes (als nächste Sendung) erhalten Sie ...; das Nächstfolgende
2. *Präp mit Dat* (*gehoben*): nächst dem Hause; nächst dir [war er der Beste]
Nächst|be|ste, der *u.* die, _n, _n *K 341*
Näch|ste, der, _n, _n *K 341* (Mitmensch); *vgl. aber* nächst (1, A u. B)
nach|ste|hen *K 363* · nach|ste|hend (*bürospr*); *K 114*: nachstehendes (folgendes); im nachstehenden (weiter unten); *K 93*: das Nachstehende; *vgl. auch* folgend
nach|stel|len · Nach|stel|lung (*meist Sprachw*)
Näch|sten|lie|be
näch|stens
näch|stes Mal; das nächste Mal; *vgl. auch* Mal
nächst|fol|gend · Nächst|fol|gen|de, der *u.* die, _n, _n *K 341*
nächst|hö|her · Nächst|hö|he|re, der *u.* die, _n, _n *K 341*
nächst|jäh|rig
Nächst|lie|gen|de, das, _n *K 341*
nach|su|chen (*auch gehoben*; um etw. bitten)
nacht; *K 109*: [bis] gestern, heute, morgen _; Dienstag _; *vgl.* Abend u. Dienstag · Nacht, die, _, *Pl* Nächte; des Nachts, eines Nachts, *aber K 109*: nachts; über Nacht; die Nacht über, *aber K 176*: nachtsüber; gute Nacht sagen; zur Nacht essen, *süddt* zu Nacht essen; Nacht sein, Nacht werden. *Zus K 365 ff.*: Nacht‿schicht usw. · nacht|blind · Nacht|blind|heit · Nacht|dienst; *Ggs* Tagdienst
Nach|teil, der · nach|tei|lig
näch|te|lang *K 176, aber K 127*: drei Nächte lang · nach|ten (*schweiz, sonst dicht*; Nacht werden); es nachtet · näch|tens (*dicht*; nachts) · nacht|far|ben (*K 364*) *od* nacht|far|big; *vgl. auch* ...farben *u. K 272 ff.* · näch|tig (*gehoben*) · Nach|ti|gall, die, _, _en (ein Singvogel) ⟨‚Nachtsängerin'⟩ · näch|ti|gen (übernachten)
Nach|tisch ⟨*grch → lat*⟩
Nacht|ker|ze (eine Zierpflanze) · Nacht|klub · nächt|lich · nächt|li|cher|wei|le *K 176* (*gehoben*) · Nacht|mahl (*süddt, österr*; Abendessen) · nacht|mah|len *K 132* (*süddt, österr*; zu Abend essen); du nachtmahlst; genachtmahlt; zu nachtmahlen · Nacht|mahr (*Abergl*; ein Nachtgespenst [Alp])
Nach|trag, der, _[e]s, ..äge · nach|tra|gen · nach|trä|ge|risch (*veraltend*; nachtragend, nicht vergebend); _ste · nach|träg|lich (später, nachfolgend, hinterdrein; unvorteilhaft) · Nach|träg|lich|keit, die, _
Nacht|ruhe
Nach|trupp (*Milit*) ⟨*germ → frz*⟩
nachts *K 109, aber*: des Nachts, eines Nachts; Dienstag nachts; dienstags nachts · Nacht|schat|ten|ge|wächs · Nacht|schicht · nacht|schla|fend *K 164*; bei, zu _er Zeit · Nacht|spei|cher|ofen · Nacht|strom, der, _[e]s · Nacht|stun|de · nachts|über *K 176, aber K 175*: die Nacht über · Nacht|tisch · Nacht|vio|le [..v..] (eine Zierpflanze, Kreuzblütler) · Nacht|wa|che · Nacht|wäch|ter (*auch übertr, salopp*; schläfriger, träger Mensch) · nacht|wan|deln *K 363*; ich bin (*auch* habe) genachtwandelt; zu nachtwandeln · Nacht|wand|ler · Nacht|wand|le|rin, die, _, ..innen · nacht|wand|le|risch · Nacht|zeit; zur _
nach|voll|zieh|bar (geistig erfaßbar) · nach|voll|zie|hen
Nach|we|hen *Pl*
Nach|weis, der, _es, _e · nach|weis|bar · nach|wei|sen (beweisen) · nach|weis|lich
nach|wei|ßen (noch einmal weißen)
Nach|welt, die, _
Nach|win|ter · nach|win|ter|lich
nach|wir|ken · Nach|wir|kung
nach|wol|len (*umg*; folgen wollen); jmdm. _
Nach|wort, *Pl* ..worte
Nach|wuchs, der, _es · Nach|wuchs|ka|der
nach|zah|len · nach|zäh|len · Nach|zah|lung · Nach|zäh|lung
nach|zot|teln *K 363* (*landsch umg*; langsam hinterherkommen)
Nach|zug (*Eisenb*) · Nach|züg|ler, der, _s, _ · nach|züg|le|risch
Nacke|dei[1], der, _[e]s, _s (*umg scherzh*; nacktes Kind)
Nacken[1], der, _s, _. *Zus K 365 ff.*: Nacken‿schutz usw.
nackend[1] (*landsch*) · Nackfrosch ↑ Nack[t]frosch · nackig[1] (*umg*; nackt)
...nackig[1] (z. B. kurznackig) · ...näckig[1] (z. B. hartnäckig)
nackt · Nack[t]|frosch (*umg scherzh*; nacktes Kind) · Nackt|heit, die, _ · Nackt|sa|mer *Pl* (*Bot*); *Sg* Nackt|sa|mer, der, _s · nackt|sa|mig (*Bot*); _e Pflanzen · Nackt|schnecke[1]
Na|del, die, _, _n (*zu* nähen). *Zus K 365 ff.*: Nadel‿wald usw. · na|del|för|mig ⟨*lat*⟩ · Na|del|höl|zer *Pl* · na|deln (die Nadeln verlieren); der Tannenbaum nadelt · Na|del|öhr
Na|dir [na'di:r, *österr nur so, auch* 'na:dir], der, _s (*Astron*; Fußpunkt [dem Zenit gegenüberliegender Punkt der Himmelskugel]) ⟨*arab*⟩
Nad|ler, der, _s, _ (*hist*; Nadelmacher)
Na|ga|sa|ki (Hafenstadt in Japan)
Na|gel, der, _s, *Pl* Nägel. *Zus K 365 ff.*: Nagel‿bohrer usw. · Nä|gel|chen · na|gel|fest; *nur noch in* niet- und nagelfest *K 178* (*umg*) · Na|gel|fluh (*Geol*; ein aus Geröllen bestehendes Konglomerat) · na|geln *K 363* · na|gel|neu (*umg*)
na|gen · Na|ger · Na|ge|tier
Näh|ar|beit
na|he, *auch* nah: 1. *Adj*: die nahe Umgebung, *aber K 258*: der Nahe Osten (die an der Küste des östl. Mittelmeeres gelegenen Staaten Asiens sowie Zypern u. die ARÄ) – 2. *Adv*: nah[e] daran sein; zu nah[e] treten; *vgl. aber* nahetreten; nahe verwandt usw.; *K 117*: von nahem; *K 118*: von *od* aus nah und fern; *vgl.* näher, nächst, nahe
Schreibung bei Verben:
I. *Getrenntschreibung K 135*, z. B. nahe liegen (in der Nähe liegen)
II. *Zusammenschreibung K 136*, z. B. nahegehen (seelisch ergreifen); *K 356*: es geht nahe, nahegegangen, nahezugehen, obgleich es ihm sehr naheging
na|he *Präp mit Dat*: _ dem Hause;

---
1 *Tr* ..k|k..

vgl. nahe (*Adj u. Adv*) · **Nä|he,** die, –; in der – · **na|he|bei** *K 176*; er wohnt nahebei, *aber K 175*: er wohnt nahe bei der Post · **na|he|brin|gen**[1] *K 137* (beibringen) · **na|he|ge|hen**[1] *K 137 u. 363* (seelisch ergreifen) · **na|he|kom|men**[1] *K 137* (fast gleichen) · **na|he|le|gen**[1] *K 137* (empfehlen) · **na|he|lie|gen**[1] *K 137* (leicht faßbar, leicht verständlich sein), *aber*: nahe liegen (in der Nähe, vor Augen liegen) · **na|he|lie|gend** *K 160* (leicht faßbar, leicht verständlich); näherliegend, nächstliegend; *aber K 161*: nahe liegend (in der Nähe liegend); *Steigerung vgl. K 351* · **na|hen** (*gehoben*); sich (*Akk*) –

nä|hen

nä|her:

I. *Kleinschreibung K 114*: des näher[e]n (*gehoben*; genauer) auseinandersetzen

II. *Großschreibung*: **a)** *K 93*: Näheres folgt; das Nähere findet sich bei...; ich kann mich des Näher[e]n (*gehoben*; der näheren Umstände) nicht entsinnen – **b)** *K 95*: alles Nähere

III. *Schreibung bei Verben* entsprechend »nahe« (*Adj* u. *Adv*); *vgl. auch* die folgenden Beispiele

nä|her|brin|gen[2] *K 137* (erklären, leichter verständlich machen), *aber*: näher bringen (in größere Nähe bringen)

Nä|he|rei

Nah|er|ho|lung, die, – · **Nah|er|ho|lungs|ge|biet**

Nä|he|rin, die, –, ..innen

nä|her|kom|men[2] *K 137* (Fühlung bekommen, verstehen lernen), *aber*: näher kommen (in größere Nähe kommen) · **nä|hern** *K 363*; sich (*Akk*) – · **nä|her|ste|hen**[2] *K 137 u. 363* (vertrauter sein), *aber*: näher (in größerer Nähe) stehen · **nä|her|tre|ten**[2] *K 137* (vertrauter werden), *aber*: näher (in größere Nähe) treten · **Nä|he|rung** (*Math*; Annäherung) · **na|he|ste|hen**[1] *K 137 u. 363* (befreundet sein, vertraut sein), *aber*: nahe (in der Nähe) stehen · **na|he|ste|hend** *K 160* (befreundet, vertraut); näherstehend, nächststehend, *aber*: *K 161*: nahe (in der Nähe) stehend; *Steigerung vgl. K 351* · **na|he|tre|ten**[1] *K 137* (befreundet, vertraut werden); *österr nur* jmdm. nahetreten (jmdn. beleidigen); *K 127*: jmdm. zu nahe treten (jmdn. verletzen, beleidigen) · **na|he|zu** · **Nah|kampf** · **Nah|kampf|mit|tel** *Pl*

Näh_ma|schi|ne, ...**na|del**

Nähr|bo|den · **näh|ren** · **nahr|haft** · **Nähr_he|fe,** ...**lö|sung,** ...**mit|tel** (*Pl*), ...**sal|ze** (*Pl*), ...**stof|fe** (*Pl*) · **Nah|rung,** die, – · **Nah|rungs|gü|ter|wirt|schaft,** die, – · **Nah|rungs|mit|tel** · **Nähr|wert**

Näh|sei|de · **Naht,** die, –, *Pl* Nähte · **Näh|tisch** · **naht|los;** *vgl.* ...los

Nah|ver|kehr

Näh|wir|ken, das, –s (*Textiltechn*; Verbindung des Nähens mit dem Kettenwirken) · **Näh|wirk|tech|no|lo|gie** (*Textiltechn*)

Nai|ro|bi (Hptst. von Kenia)

na|iv (natürlich; unbefangen; kindlich; einfältig) ⟨*lat* → *frz*⟩ · **Nai|ve** [..v..], die, –n, –n (*Theat*; Darstellerin unbefangener Mädchen) · **Nai|vi|tät** [na:i..]

na ja!

Na|ja|de, die, –, –n (*griech Sage*; eine Quellnymphe – *Zool*; Fluß- bzw. Teichmuschel) ⟨*grch*⟩

Na|ma, der, –[s], –[s] (Angehöriger eines Hottentottenstammes im SW Afrikas) · **Na|ma|land,** das, –[e]s

Nam|bo [*auch* 'nam..] (Landsch. im S Vietnams)

Na|me, der, –ns, –n, *selten* **Na|men,** der, –s, –; im Namen; mit Namen · **Na|men|buch** · **Na|men|for|schung,** *auch* **Na|mens|for|schung** · **Na|men|ge|bung,** *auch* **Na|mens|ge|bung** · **Na|men|kun|de,** die, – · **na|men|kund|lich** · **na|men|los;** *vgl.* ...los · **Na|men|lo|se,** der *u.* die, –n, –n *K 341* · **Na|men|nen|nung** · **na|men|reich** · **na|mens** *K 109* (*meist bürospr*; im Namen, im Auftrag [von]; mit Namen) · **Na|mens|form** · **Na|mens|pa|pier** (*Wirtsch*) · **Na|mens_tag,** ...**vet|ter** · **Na|mens|wei|he;** sozialistische – · **Na|mens_zei|chen,** ...**zug** · **na|ment|lich;** –[,] wenn (*vgl. K 450*) · **Na|men|ver|zeich|nis** · **nam|haft;** – machen

Na|mi|bia (Treuhandgebiet der UNO im SW Afrikas, widerrechtlich von Südafrika [2] besetzt) · **Na|mi|bier** [..iər], der, –s, – · **na|mi|bisch**

näm|lich *Adv*, *Konj*; *vgl. K 450* · **näm|li|che** (*gehoben*); der, die, das –. *Stets klein geschrieben K 114*: er ist noch der nämliche (derselbe); er sagt immer das nämliche (dasselbe)

Na|mur [..'my:r] (Stadt in Belgien)

na, na!

Nan|cy ['nã:si *od* nã'si:, *österr nur so*] (Stadt im O Frankreichs)

Nan|du, der, –s, –s (ein südamerikan. straußenähnlicher Laufvogel) ⟨*indian* → *span*⟩

Nan|ga Par|bat, der, *Gen* – – (Berg im Himalaja)

Na|nis|mus, der, –, ..men (*Med*; Zwergbildung) ⟨*grch* → *lat*⟩

Nan|king, der, –s, *Pl* –e *od* –s (*Textilwirtsch*; gelbes Baumwollgewebe) ⟨*nach* der Stadt im O Chinas⟩

Nan|net|te (w. Vn.) ⟨*französ Verkleinerungsf von* Anna⟩ · **Nan|ni** (w. Vn.) ⟨*eindeutschende Schreibung von* Nanny⟩ · **Nan|ny** ['nani] (w. Vn.) ⟨*engl Verkleinerungsf von* Anna⟩

Na|no... (Vorsatz bei Einheiten = der milliardste Teil der genannten Einheit [z. B. Nanofarad]); *Vorsatzzeichen* n... (z. B. nF) ⟨*grch*⟩

Na|no|fa|rad (ein milliardstel F); *Einheitenzeichen* nF · **Na|no|me|ter** [*auch* ..'me:..], das *od* der, *schweiz nur so* (ein milliardstel m); *Einheitenzeichen* nm ⟨*grch*⟩

na|nu!

Na|palm, das, –s *Kurzw* (geliertes Benzin als Füllung für Brandbomben) ⟨*aus Na*phtensäure + *Palm*itinsäure⟩ · **Na|palm|bom|be**

Napf, der, –[e]s, *Pl* Näpfe · **Näpf|chen** · **Napf|ku|chen**

Naph|tha, das, –s, *österr nur so*, *od* die, – (*veraltet*; Erdöl) ⟨*assyr* → *pers* → *grch*⟩ · **Naph|tha|lin,** das, –s (*Chem*; aus Steinkohlenteer gewonnener Kohlenwasserstoff) ⟨*assyr* → *pers* → *grch* → *lat*⟩ · **Naph|then,** das, –s, –e (*Chem*; ein gesättigter Kohlenwasserstoff) ⟨*assyr* → *pers* → *grch*⟩ · **Naph|thol,** das, –s, –e (*Chem*; Derivat des Naphthalins)

Na|po|le|on, der, –s, *Pl* –s *u. als Wertangabe* (*K 310*) Napoleon *Kurzw* (Napoleondor) ⟨*nach* dem Kaiser Napoleon⟩ · **Na|po|le|on|dor,** der, –s, *Pl* –e *u. als Wertangabe* (*K 310*) Napoleondor (*hist*; französ. Goldmünze); *Kurzw* Napoleon · **na|po|leo|nisch** *K 218*; –er Unternehmungsgeist · **Na|po|leo|nisch** *K 217*; die –en Schriften

Napoli ↑ Neapel · **Na|po|li|tain** [..'tɛ̃:], das, –s, –s (Schokoladentäfelchen) ⟨*frz, nach* Napoli⟩ · **Na|po|li|taine** [..'tɛ:n], die, – (*Textilwirtsch*; ein wollflanellartiges Gewebe)

Nap|pa, das, –s *od* **Nap|pa|le|der** (ein Glacéleder) ⟨*nach* der Stadt Napa in Kalifornien⟩

Nar|be, die, –, –n · **nar|ben** (*Gerberei*; [Leder] mit Narben versehen) · **Nar|ben,** der, –s, – (*Gerberei*; Vertiefung der Lederaußenhaut) · **nar|ben|voll** · **nar|big**

---

[1] *Konjugation vgl.* nahe, II.

[2] *Konjugation* (entspr. den mit »nahe« zusammengesetzten Verben) *vgl.* nahe, II.

Nar|bonne [..'bɔn] (Stadt in Südfrankreich)

Nar|gi|leh [..gi'le:, *auch* ..'gi:le(:)], die, _, _s *od* das, _s, _s (oriental. Wasserpfeife) ⟨*aind* → *pers* → *türk*⟩

Nar|ko|se, die, _, _n (Betäubung) ⟨*grch*⟩ · **Nar|ko|ti|kum,** das, _s, ..ka (*Pharmakol*; [schmerz]betäubendes Mittel) ⟨*grch* → *lat*⟩ · **nar|ko|tisch** (*Med*; betäubend) ⟨*grch*⟩ · **nar|ko|ti|sie|ren** (*Med*; betäuben)

Narr, der, _en, _en · **Närr|chen** · **nar|ren** (*gehoben*) · **nar|ren|haft** · **Nar|ren‿haus** (*veraltet*), **...kap|pe** · **Nar|ren[s]|pos|se;** _n treiben · **Nar|ren|tum,** das, _[e]s · **Nar|re|tei** ⟨*gekürzt aus veraltet* Narrenteiding ,Narrenposse'⟩ · **Narr|heit** · **När|rin,** die, _, ..innen · **när|risch;** _ste

Nar|vik [..v..] (Hafenstadt in Norwegen)

Nar|ziß (*griech Sage*; in sein Bild verliebter schöner Jüngling) ⟨*grch* → *lat*⟩ · **Nar|zis|se,** die, _, _n (eine Frühjahrsblume) ⟨*pers* → *grch* → *lat*⟩. *Zus K 365 ff.*: Narzissen‿lilie usw. · **Nar|ziß|mus,** der, _ (krankhafte Verliebtheit in den eigenen Körper, ins eigene Wesen)

NA|SA, die, _ *Kurzw* (Luft- u. Raumfahrtbehörde der USA) ⟨*aus engl* *N*ational *A*eronautics and *S*pace *A*dministration [ˌnɛʃ(ə)nəl ɛ:rə'nɔ:tiks ənd 'spe:s ədminis'tre:ʃ(ə)n]⟩

na|sal (*Med*; zur Nase gehörig – *Phon*; durch die Nase gesprochen, genäselt) ⟨*lat*⟩ · **Na|sal,** der, _s, _e *od* **Na|sal|laut** (*Phon*) · **na|sa|lie|ren** (*Phon*; einen Laut durch die Nase aussprechen, näseln) · **Na|sa|lie|rung** (*Phon*)

na|schen *K 354*

Näs|chen

Na|scher, *seltener* **Nä|scher** · **Na|sche|rei:** 1. *nur Sg* (häufiges Naschen) – 2. ↑Näscherei · **Nä|sche|rei,** *seltener* **Na|sche|rei,** *oft Pl* (Süßigkeit) · **Na|sche|rin,** *seltener* **Nä|sche|rin,** die, _, ..innen · **nasch|haft** · **Nasch|haf|tig|keit,** die, _ · **Nasch|sucht,** die, _ · **nasch|süch|tig** · **Nasch|werk,** das, _[e]s (*veraltet*; Leckerei, Näscherei)

Na|se, die, _, _n; alle (*landsch* aller) Nasen lang *od* nase[n]lang *bzw* naslang (*umg*; häufig, sehr oft) · **nä|seln** *K 363* · **Na|sen|blu|ten,** das, _s · **Na|sen|höh|le** · **Na|sen|län|ge** (*meist übertr*; Vorsprung) · **Na|sen|stü|ber** (leichter Schlag gegen die Nase) · **na|se|weis** *K 349* · **Na|se|weis,** der, _es, _e · **nas|füh|ren;** du nasführst; genasführt; zu nasführen · **Nas|horn,** *Pl* ..hörner · **...na|sig** (z. B. platt-, spitznasig)

naß; nasser, *auch* nässer, nasseste, *auch* nässeste *K 348 u. 349*; der nasse Tod *K 119* · **Naß,** das, *Gen* _ *od* Nasses (*dicht*; Wasser, Wein usw.)

Nas|sau (Stadt in der mittleren BRD; ehem. Herzogtum; Hptst. der Bahamas) · **¹Nas|sau|er:** 1. *K 231*: der, _s, _; 2. *als Attribut K 232*

²Nas|sau|er, der, _s, _ (*umg, oft abwert*; auf anderer Leute Kosten Lebender) ⟨*zu jidd* nossen ,geben', ,schenken'⟩ · **nas|sau|ern** *K 363* (*umg, oft abwert*)

nas|sau|isch ⟨*zu* Nassau⟩

Näs|se, die, _ · **näs|sen** *K 354* (*auch gehoben*; naß machen) · **naß|fest;** _es Papier · **naß|kalt** · **näß|lich** (ein wenig naß) · **Naß|spinn|ver|fah|ren** (*Textiltechn*)

Nas|tuch, *Pl* ..tücher (*süddt, schweiz*; Taschentuch)

nas|zie|rend (soeben erst entstehend) ⟨*lat*⟩; *vgl. auch* in statu nascendi

Na|tal: 1. ['na:..] ⟨*lat* → *portug* → *engl*⟩ (Provinz in Südafrika [2]) – 2. [..'tal] ⟨*lat* → *portug*, ,Weihnachten'⟩ (Hafenstadt im O Brasiliens)

Na|ta|scha (w. Vn.) ⟨*russ Kurzf von* Natalia (*lat*, ,die am Weihnachtstag Geborene')⟩

Na|than (Titelgestalt bei Lessing) ⟨*hebr*⟩

Na|tion (eine durch soziale, wirtschaftl., territoriale, kulturelle, sprachl. u. psych. Elemente gekennzeichnete Struktur- u. Entwicklungsform der menschl. Gesellschaft) ⟨*lat*⟩ · **na|tio|nal** (die Nation betreffend; vaterländisch); *K 119*: die nationale Befreiungsbewegung, *aber K 258*: die Nationale Front der DDR (*Abk* NF); die National-Demokratische Partei Deutschlands (*Abk* NDPD); das Nationale Olympische Komitee (*Abk* NOK); der Nationale Verteidigungsrat der Deutschen Demokratischen Republik; die Nationale Volksarmee (*Abk* NVA) · **na|tio|nal|de|mo|kra|tisch;** *vgl. auch* national · **Na|tio|na|le,** das, _s, _ (*österr*; Angabe der Personalien, Personalbeschreibung) · **Na|tio|nal‿ein|kom|men, ...far|ben** (*Pl*), **...fei|er|tag, ...hym|ne** · **na|tio|na|li|sie|ren** (verstaatlichen; einbürgern) · **Na|tio|na|li|sie|rung** · **Na|tio|na|lis|mus,** der, _ (*abwert*; Überschätzung der eigenen Nation u. Mißachtung anderer Nationen) · **Na|tio|na|list** (*abwert*) · **na|tio|na|li|stisch** (*abwert*); _ste · **Na|tio|na|li|tät** (Zugehörigkeit zu einer Nation; Volksgruppe, die in einem Staat eine nationale Minderheit darstellt) · **Na|tio|na|li|tä|ten|po|li|tik** · **Na|tio|na|li|täts|prin|zip,** das, _s · **Na|tio|nal|li|te|ra|tur** · **Na|tio|nal|mann|schaft** (*Sport*) · **Na|tio|nal|park** (großer Naturschutzpark) · **Na|tio|nal|preis** (höchste staatl. Auszeichnung in der DDR für hervorragende techn., wissenschaftl. od. künstler. Leistungen) · **Na|tio|nal|preis|trä|ger;** *Abk* NPT · **Na|tio|nal|rat:** 1. der, _[e]s (oberste Volksvertretung in Österreich u. in der Schweiz; Leitung der Nationalen Front der DDR) – 2. der, _[e]s, ..räte (Mitglied der obersten Volksvertretung in Österreich u. in der Schweiz) · **Na|tio|nal|so|zia|lis|mus** (Selbstbezeichnung des dt. Faschismus); *Kurzw* Nazismus (*abwert*) · **Na|tio|nal|so|zia|list;** *Kurzw* Nazi (*abwert*) · **na|tio|nal|so|zia|li|stisch;** *Kurzw* nazistisch (*abwert*) · **Na|tio|nal|staat,** *Pl* ..staaten · **Na|tio|nal‿tanz, ...thea|ter, ...tracht**

Na|ti|vi|tät [..v..] (*Astrol*; Stand der Gestirne bei der Geburt) ⟨*lat*⟩

NA|TO, die, _ *Kurzw* (aggressiver imperialist. Militärpakt unter Führung der USA) ⟨*aus engl* *N*orth *A*tlantic *T*reaty *O*rganization [nɔ:rθ ət'lɛntik 'tri:ti ɔ:rgənai'ze:ʃ(ə)n] ,Nordatlantikpakt'⟩

Na|trium, das, _s (chem. Element, Metall); *Zeichen* Na ⟨*ägypt* → *grch* → *arab* → *lat*⟩ · **Na|tron,** das, _s (*kurz für* doppeltkohlensaures Natrium) ⟨*ägypt* → *grch* → *arab* → *span*⟩

Nat|ter, die, _, _n · **Nat|tern|brut** (*abwert*) · **Nat|tern|zun|ge** (eine Farnart)

Na|tur: 1. die, _ (die organ. u. die anorgan. Welt im Unterschied zur Kultur) – 2. die, _, _en (Wesensart) ⟨*lat*⟩; *vgl.* in natura. *Zus K 365 ff.*: Natur‿trieb usw. · **Na|tu|ral|be|zü|ge** *Pl* (Sachbezüge) · **Na|tu|ra|lien** [..iən] *Pl* (Naturerzeugnisse, Bodenerzeugnisse) · **Na|tu|ra|lien|ka|bi|nett** (naturwissenschaftl. Sammlung) · **Na|tu|ra|li|sa|tion** · **na|tu|ra|li|sie|ren** (einbürgern, die Staatsbürgerrechte an einen Ausländer od. Staatenlosen verleihen) · **Na|tu|ra|lis|mus:** 1. der, _ (Kunstrichtung, die die Wirklichkeit bis in alle Details, aber ohne Erfassung des Typischen darstellt) – 2. der, _, ..men (naturalist. Zug an Kunstwerken) · **Na|tu|ra|list** · **na|tu|ra|li|stisch;** _ste · **Na|tu|ral|lohn** · **na|tur|be|las|sen** (*bes österr*; naturrein); _er Obstsaft · **Na|tur|denk|mal** (einzelnes, vor Vernichtung od. Beschädigung unter Schutz gestelltes Naturobjekt, z. B. Baum, Felsen) · **na|tu|rell** (natürlich; ungefärbt; ohne besondere Zutaten bereitet) ⟨*lat* → *frz*⟩ · **Na|tu|rell**, das, _s, _e (Anlage, Gemütsart) · **Na|tur|far|ben|druck**, *Pl* ..drucke (Farbendruck nach fotograf. Farbaufnahmen; Dreifarbendruck) · **na|tur‿ge|ge|ben, ...gemäß, ...ge|treu** · **na|tur|haft** · **Na|tur|heil|kun|de**, die, _ · **Na|tur|kun|de**, die, _ · **Na|tur|lehr|pfad** · **na|tür|lich** ⟨*lat*⟩ · **na|tür|li|cher|wei|se** *K 176* · **Na|tür|lich|keit**, die, _ · **Na|tur|schutz|ge|biet** · **Na|tur|spiel** (*Naturw*; Abweichen von der Regel) · **Na|tur|thea|ter** (Freilichtbühne) · **na|tur‿trüb, ...wid|rig** · **Na|tur|wis|sen|schaft**, *meist Pl* · **Na|tur|wis|sen|schaft|ler** · **na|tur|wis|sen|schaft|lich** · **na|tur|wüch|sig** · **Na|tur|wüch|sig|keit**, die, _

Naue, die, _, _n *od* [1]**Nau|en**, der, _s, _ (*süddt, schweiz*; Schiff, Nachen) ⟨*lat*⟩

[2]**Nau|en** (Stadt im Bez. Potsdam) · **Naue|ner**: 1. *K 231*: der, _s, _; 2. *als Attribut K 232*

'nauf *K 56* (*umg*; hinauf)

Naum|burg (Stadt im Bez. Halle) · **Naum|bur|ger**: 1. *K 231*: der, _s, _; 2. *als Attribut K 232*: der Naumburger Dom

Nau|plius, der, _, ..ien [..iən] (*Zool*; Larve niederer Krebstiere) ⟨*grch* → *lat*⟩

'naus *K 56* (*umg*; hinaus)

Nau|si|kaa [..ka:a *od* ..'ka(:)a] (*griech Sage*; phäakische Königstochter) ⟨*grch*⟩

Nau|tik, die, _ (Schiffahrtskunde) ⟨*grch* → *lat*⟩ · **Nau|ti|ker**, der, _s, _ · **Nau|ti|lus**, der, _, *Pl* _ *od* ..usse (ein Kopffüßer) · **nau|tisch**

Na|var|ra [..v..] (Landsch. in Nordspanien u. im SW Frankreichs) · **Na|var|re|se**, der, _n, _n · **na|var|re|sisch**

Na|vi|ga|tion [..v..], die, _ (*Seew*, *Flugw*; Schiffs-, Flugzeugführung; Ortsbestimmung) ⟨*lat*⟩ · **Na|vi|ga|tions|schu|le** (Seefahrtsschule) · **Na|vi|ga|tor**, der, _s, ..oren (*Seew*, *Flugw*; für die Navigation verantwortl. Besatzungsmitglied) · **na|vi|gie|ren** (*Seew*; ein Schiff führen)

Na|xier [..ĭər], der, _s, _ · **na|xisch** · **Na|xos** (eine der Kykladen)

Na|za|re|ner: 1. *österr nur so, od* **Na|za|rä|er**, der, _s, _ (Anhänger des frühen Christentums) – 2. der, _s, _ (Vertreter einer dt. christlich-romant. Malerschule im 19. Jh.) ⟨*nach* dem Beinamen Jesu⟩ · **Na|za|reth** (*N. T.*; Wirkungsstätte Jesu Christi)

Na|zi, der, _s, _s *Kurzw* (*abwert*; Nationalsozialist) · **Na|zi|re|gime** [..reʒi:m], das, _s (*abwert*); Verfolgte[r] des _s (*Abk* VdN) · **Na|zis|mus**, der, _ *Kurzw* (*abwert*; Nationalsozialismus) · **na|zi|stisch** *Kurzw* (*abwert*; nationalsozialistisch)

N'Dja|me|na [ndʒa'me:na] (Hptst. von Tschad)

ne! *od* **nee!** (*umg*; nein!)

'ne *K 56* (*umg*; eine, z. B. das ist 'ne saubere Geschichte)

Ne|an|der|ta|ler (*Anthrop*; altsteinzeitlicher Mensch) ⟨*nach* dem Fundort, dem Neandertal bei Düsseldorf⟩

Nea|pel, *italien* **Na|po|li** (Hafenstadt an der Westküste Unteritaliens) ⟨*grch* → *lat* → *ital*, ‚Neustadt'⟩ · **Nea|pe|ler** *bzw* **Ne|ap|ler** (*K 363*) *od* **Nea|po|li|ta|ner** *K 236*: 1. *K 231*: der, _s, _; 2. *als Attribut K 232*: die Neap[e]ler Universität · **nea|pel|gelb**; *vgl.* blau · **nea|po|li|ta|nisch**

neb|bich! (*salopp*; nun, wenn schon!; was macht das!; leider!, schade!, bedauernswert!) ⟨*jidd*⟩ · **Neb|bich**, der, _s, _s (*österr*; unbedeutender Mensch)

Ne|bel, der, _s, _. *Zus K 365ff.*: Nebel‿krähe usw. · **ne|bel|grau** · **ne|bel|haft** · **Ne|bel|horn**, *Pl* ..hörner · **ne|be|lig** *K 362* · **Ne|bel|kap|pe** (*Sage*; Tarnkappe) · **ne|beln**; es nebelt

ne|ben *Präp mit Dat u. Akk* ⟨*zu* eben (gleichmäßig hoch)⟩; *K 379*: _ dem Hause stehen, *aber*: _ das Haus stellen · **Ne|ben‿ab|sicht, ...amt** · **ne|ben|an** · **ne|ben|bei**, *österr auch* **nebst|bei** · **ne|ben|be|ruf|lich** · **Ne|ben|be|schäf|ti|gung** · **Ne|ben|buh|ler** (*meist abwert*; Gegner im Kampf um Vorrang) · **ne|ben|ein|an|der**. *Schreibung bei Verben vgl.* aneinander; *K 145 u. 129*: nebeneinander sitzen, nebeneinander wohnen, nebeneinander stehen, *aber K 148 u. 129*: nebeneinandersetzen, nebeneinanderlegen, nebeneinanderstellen, nebeneinanderschalten · **ne|ben|ein|an|der|her**; *K 147*: _ gehen · **Ne|ben|haus** · **ne|ben|her** · **ne|ben|her|ge|hen** *K 148 u. 363* (nebeneinanderher gehen), *aber K 145*: nebenher (außerdem) gehen · **ne|ben|hin** · **Ne|ben|pro|dukt** · **Ne|ben|sa|che** · **ne|ben|säch|lich** · **Ne|ben|säch|lich|keit** · **Ne|ben|satz** (*Gramm*) · **Ne|ben|schluß**; elektrischer _ · **ne|ben|ste|hend**; *K 114*: nebenstehendes; im nebenstehenden (*meist bürospr*; hierneben), *aber K 93*: das Nebenstehende; *vgl.* folgend · **ne|ben|to|nig** (*Phon*) · **Ne|ben|wir|kung**; eine unerwünschte _

Ne|bras|ka (Staat der USA)

nebst *Präp mit Dat*: _ [den] Angehörigen, Kindern · **nebstbei** ↑ nebenbei

ne|bu|los *od* **ne|bu|lös** *K 349* (neblig; bewölkt; unklar) ⟨*lat*⟩

Ne|ces|saire [nesɛ'sɛ:r], das, _s, _s (Behälter für Toilettensachen, Nähutensilien) ⟨*lat* → *frz*, ‚Notwendiges'⟩

Neck ↑ Nix

Neckar[1], der, _s (Fluß im SW der BRD)

necken[1] ⟨*zu* nagen⟩ · **Necke|rei**[1] · **neckisch**[1]; _ste

Nedschd (Landesteil von Saudi-Arabien) ⟨*arab*, ‚Hochland'⟩

nee! ↑ ne!

Neer, die, _, _en (*norddt*; Wasserstrudel mit starker Gegenströmung; Untiefe) · **Neer|strom** (*norddt*)

Nef|fe, der, _n, _n

Ne|ga|tion (Verneinung, Verneinungswort, Ablehnung, Verwerfung) ⟨*lat*⟩ · **ne|ga|tiv** ['ne(:).., *auch* ..'ti:f, *österr* 'ne..] (verneinend, ergebnislos – *Math*; kleiner als Null [*Zeichen* −] – *Fot*; seiten- u. helligkeitsverkehrt – *Phys*; einen Überschuß an Elektronen aufweisend [*Zeichen* −]); *Ggs* positiv · **Ne|ga|tiv** [*meist* 'ne(:).., *österr* 'ne..], das, _s, _e [..v..] (*Fot*; Gegenbild, Kehrbild); *Ggs* Positiv · **Ne|ga|tiv|bild** (*Fot*) · **Ne|ga|ti|ve** [*meist* ..'ti:və], die, _ (Verneinung); sich in der _ halten

Ne|ger, der, _s, _ ([oft als diskriminierend empfundene] Bez. für einen Angehörigen des negriden Rassenkreises) ⟨*lat* → *span* → *frz*⟩

ne|gie|ren (verneinen, ablehnen; bestreiten) ⟨*lat*⟩

Ne|gli|gé, *schweiz* **Né|gli|gé** [*beide* negli'ʒe:], das, _s, _s (bequeme Morgenkleidung) ⟨*lat* → *frz*⟩

ne|grid ⟨*span* + *grch*⟩; _er Rassenkreis (*Anthrop*; Gruppe vorwiegend in Afrika u. in Amerika lebender Menschen) · **Ne|gri|de**, der *u.* die, _n, _n *K 341* · **Ne|gri|to**, der, _[s], _[s] (Angehöriger eines kleinwüchsigen Volkes in Südostasien) ⟨*lat* → *span*, ‚Negerlein'⟩ · **ne|gro|id** (*Anthrop*; ähnlich wie der Negride aussehend) ⟨*span* + *grch*⟩ · **Ne|gro|ide**, der *u.* die, _n, _n *K 341* · **Negro Spi|ri|tu|al** ['ni:gro: 'spiritjuəl] ⟨*lat* → *amerik*⟩, das, *auch* der, *Gen* _ _s, *Pl* _ _s, *auch* **Spi|ri|tu|al** ['spiritjuəl] ⟨*lat* → *engl*⟩, das,

---

[1] *Tr* ..k|k..

auch der, _s, _s (geistl. Lied der Afroamerikaner in den USA)

Ne|gus, der, _, *Pl* _ *od* ..usse (Titel des ehem. Kaisers von Äthiopien) ⟨*amhar*, ‚König'⟩

neh|men; du nimmst, er nimmt; du nahmst; du nähmest; genommen; nimm!; ich nehme es an mich

Neh|rung (Landzunge)

Neid, der, _[e]s · **nei|den** (*gehoben*); ich neide ihm sein Glück nicht · **Nei|der** · **Neid|ham|mel** (*Schimpfw*) · **nei|dig** (*noch landsch u. österr*; neidisch); jmdm. _ sein · **nei|disch;** _ste · **neid|los;** *vgl.* ...los · **Neid|lo|sig|keit,** die, _ ·

Neidnagel ↑ Niednagel

Nei|ge, die, _, _n; auf die _, zur _ gehen · **nei|gen;** sich (*Akk*) _ · **Nei|gung**

nein (‚nicht ein'); zu allem nein sagen; ja und nein sagen. *Großschreibung K 104 vgl.* ja

'nein *K 56* (*umg*; hinein)

Nein|sa|gen, das, _s · **Nein|sa|ger** (*abwert*) · **Nein|stim|me**

Nei|ße, die, _ (Fluß in der ČSSR u. Grenzfluß zw. Polen u. der DDR); die Oder-Neiße-Friedensgrenze *K 247*

Ne|kro|log, der, _s, _e (Nachruf; Lebensbild eines Verstorbenen) ⟨*grch*⟩ · **Ne|kro|po|le,** die, _, _n (großes urgeschichtl. od. antikes Gräberfeld) ⟨‚Totenstadt'⟩ · **Ne|kro|se,** die, _, _n (*Med*; Gewebstod, Absterben [von Geweben usw.], Brand) · **ne|kro|tisch** (*Med*; gewebstot, abgestorben, brandig)

Nek|tar, der, _s (*griech Mythol*; Göttertrank – *Bot*; eine zuckerhaltige Pflanzenabsonderung) ⟨*grch* → *lat*⟩ · **nek|ta|risch** *od* **nek|tarn** (süß wie Nektar; göttlich) · **Nek|ta|rium,** das, _s, ..ien [..iən] (*Bot*; Nektardrüse der Blüten)

Nek|ton, das, _s (*Zool*; Gesamtheit der aktiv im Wasser schwimmenden Organismen) ⟨*grch*⟩ · **nek|to|nisch** (*Zool*; auf das Nekton bezüglich; aktiv im Wasser schwimmend)

Nel|ke, die, _, _n (eine Blume; ein Gewürz) ⟨‚Nägelchen'⟩ · **Nel|ken|strauß**

Nel|li (w. Vn.) ⟨*eindeutschende Schreibung von* Nelly⟩ · **Nel|ly** ['nɛli] (w. Vn.) ⟨*engl Kurzf von* Helene⟩

Nel|son, der, _[s], _s (*Sport*; ein Griff beim Ringen u. beim Rettungsschwimmen) ⟨*Herkunft umstritten*⟩

Ne|man ['nĭɛ..], der, _[s] (Fluß im W der UdSSR) ⟨*russ*⟩

Ne|ma|to|den *Pl* (*Zool*; die Fadenbzw. Rundwürmer); *Sg* Ne|ma|tode, der, _n ⟨*grch*⟩

ne|me|isch (*Altertum*; aus Nemea [Tal auf dem Peloponnes]); *K 258*: der Nemeische Löwe (*griech Sage*); die Nemeischen Spiele

Ne|me|sis: 1. (*griech Mythol*; Göttin der Rache u. der gerechten Vergeltung) – 2. die, _ (*übertr*; die strafende u. ausgleichende Gerechtigkeit) ⟨*grch*, ‚Vergeltung'⟩

NE-Me|tall [ɛn'e:..] *K 186* (*kurz für* Nichteisenmetall)

'nen *K 56* (*umg*; einen)

nen|nen; du nanntest; du nenntest; genannt; nenn[e]! ⟨*zu* Name⟩ · **nennens|wert** · **Nen|ner** (*Math*) · **Nenn|form** (*Gramm*); *vgl. auch K 101 ff.* · **Nenn|form|satz** (*Gramm*); *vgl. auch K 439 ff.* · **Nennung** · **Nenn|wert** · **Nenn|wort,** *Pl* ..wörter (*Gramm*)

Nen|ze, *früher* **Sa|mo|je|de,** der, _n, _n (Angehöriger eines Volkes im NW Sibiriens)

Neo|dym, *fachspr* **Neo|dy|mium,** das, _s (chem. Element, Metall); *Zeichen* Nd ⟨*grch*⟩

Neo|fa|schis|mus (das Wiederaufleben faschistischer Bestrebungen nach 1945) ⟨*grch + ital*⟩

neo|gen (*Geol*) ⟨*grch*⟩ · **Neo|gen,** das, _s (*Geol*; jüngere Abteilung des Tertiärs)

Neo|ko|lo|nia|lis|mus (Bestreben imperialist. Staaten, auch nach dem Ende der Kolonialherrschaft schwach entwickelte Länder in ökonom. u. polit. Abhängigkeit zu halten) ⟨*grch + lat*⟩

Neo|li|thi|kum, das, _s (*Urgesch*; Jungsteinzeit) ⟨*grch* → *lat*⟩ · **neo|li|thisch** (*Urgesch*; jungsteinzeitlich)

Neo|lo|gis|mus, der, _, ..men (*Sprachw*; Neuwort, Neubildung) ⟨*grch* → *lat*⟩

Ne|on, das, _s (chem. Element, Edelgas); *Zeichen* Ne ⟨*grch*, ‚Neues'⟩

Neo|na|zis|mus, der, _ (reaktionäre polit. Strömung zur Wiederbelebung des Faschismus) ⟨*grch* → *lat*⟩ · **neo|na|zi|stisch**

Neo|phyt, der, _en, _en (*Rel*; erwachsener Neugetaufter im Urchristentum) ⟨*grch*⟩

Neozoikum usw. ↑ Känozoikum usw.

Ne|pal ['ne:pal, *österr nur so, od* ne'pa:l], *amtl* **Kö|nig|reich Ne|pal** (im Himalaja) · **Ne|pa|le|se,** der, _n, _n, *auch* **Ne|pa|ler,** der, _s, _ · **ne|pa|le|sisch,** *auch* **ne|pa|lisch** · **Ne|pa|li,** das, _[s] (amtl. Sprache in Nepal); auf _ heißt es...

Ne|per, das, _s, _ (*Elektrotechn*; Dämpfungsmaß); *Einheitenzeichen* Np ⟨*nach* dem schott. Mathematiker John Napier ['ne:pĭər]⟩

Ne|phrit, der, _[e]s, _e (*Mineral*; grüner Schmuckstein der Amphibolgruppe) ⟨*grch*⟩

Ne|po|tis|mus, der, _ (Vetternwirtschaft) ⟨*lat*⟩

Nepp, der, _[e]s (*umg abwert*; Übervorteilung durch ungerechtfertigt hohen Preis; Betrug) ⟨*Herkunft umstritten*⟩ · **nep|pen** (*umg abwert*; betrügen, übervorteilen)

Nep|tun: 1. (*röm Mythol*; Gott des Meeres) – 2. der, _s (ein Planet) ⟨*lat*⟩ · **Nep|tu|nis|mus,** der, _ (veraltete Auffassung, nach der alle Gesteine aus dem Wasser entstanden seien) · **Nep|tu|nium,** das, _s (radioaktives chem. Element, Metall); *Zeichen* Np ⟨*nach* dem Planeten Neptun⟩

Ne|re|i|den *Pl* (*griech Sage*; Meernymphen); *Sg* Ne|re|ide, die, _ ⟨*grch*, ‚Töchter des Nereus'⟩ · **Nereus** [*od* ..'rɔys] (*griech Mythol*; Meergott)

Nerf|ling (*landsch*; Aland)

Nernst|lam|pe *K 209* (eine elektr. Glühlampe) ⟨*nach* dem Erfinder⟩

Ne|ro|li|öl, das, _[e]s (Orangenblütenöl) ⟨*ital + grch*⟩

ne|ro|nisch *K 218* ⟨*nach* dem röm. Kaiser Nero⟩; _er Cäsarenwahn · **Ne|ro|nisch** *K 217*; _e Christenverfolgung

Ner|thus (*german Mythol*; Göttin der fruchtbaren Erde)

Nerv [nɛrf], der, _s, *Pl* _en [..f.., *österr nur so, auch* ..v..] ⟨*grch* → *lat*⟩ · **Ner|va|tur** [..v..], die, _, _en (*Bot*; Blattaderung) · **ner|ven** [..f..] (*umg*; belästigen, nervös machen) · **Ner|ven|ent|zün|dung** [..f.., *österr nur so, auch* ..v..], die, _ · **Nerven|schock,** der · **ner|ven|schwach** · **ner|vig** (sehnig, kraftvoll) · **nerv|lich** [..f..] (das Nervensystem betreffend) · **ner|vös** [..v..] *K 349* (auf Nerven bezüglich; nervenschwach, reizbar) ⟨*grch* → *lat* → *frz*⟩ · **Ner|vo|si|tät,** die, _ (Nervenempfindlichkeit) ⟨*grch* → *lat*⟩ · **Ner|vus re|rum** *K 47*, der, *Gen* _ _ (Hauptsache, Triebfeder – *übertr*; Geld) ⟨*lat*⟩

Nerz, der, _es, _e (ein Pelztier; dessen Fell) ⟨*slaw*⟩

Nes|chi ['nɛsçi, *auch* 'nɛski], das *od* die, _ (arab. Kurrentschrift) ⟨*arab*⟩

Nes|se|bar [*bulg* nɛ'sɛbər] (Schwarzmeerkurort Bulgariens)

Nes|sel: 1. die, _, _n (*kurz für* Brennessel) – 2. der, _s, _ (*urspr* ein Gewebe aus Nesselfasern – *heute* ein Baumwollgewebe) · **Nessel|tuch,** *Pl* ..tuche

Nes|sus|ge|wand, das, _[e]s (verderbenbringendes Geschenk) ⟨*nach*

dem Kentauren Nessos in der griech. Sage)

Nest, das, _es, _er. *Zus K 365ff.*: Nest‿häkchen usw. · **Nest|bau,** *Pl* ..bauten · **Nest|chen,** *Pl* _ *od* Nesterchen

ne|steln *K 363* (sich mit den Fingern an etw. zu schaffen machen)

Nest|flüch|ter (Vogeljunges, das sehr bald das Nest verläßt) · **Nest-hocker** [*Tr* ...hok|ker] (Vogeljunges, das lange im Nest gefüttert wird) · **Nest|jun|ge,** das, _n, _n *K 341* · **Nest|ling** (Nestvogel, der noch nicht flügge ist)

Ne|stor, der, _s, ..oren (weiser Berater, Ältester einer Gemeinschaft, ältester Gelehrter eines Faches) 〈*grch, nach* einem hochbetagten weisen König der griech. Sage〉

nett (gefällig, freundlich; niedlich, zierlich) 〈*lat* → *frz* → *ndrl*〉 · **Net-tig|keit**

net|to (rein [nach Abzug der Unkosten od. der Verpackung]) 〈*lat* → *ital*〉 · **Net|to|er|trag** (Reinertrag) · **Net|to|ge|wicht** (Nettomasse) · **Net|to|mas|se** · **Net|to|re|gi|ster-ton|ne** (Einheit zur Bezeichnung des Nettovolumens eines Schiffes); *Einheitenzeichen* NRT

Netz, das, _es, _e. *Zus K 365ff.*: Netz‿hemd usw. · **netz|ar|tig**

net|zen *K 354* (*gehoben u. fachspr*; benetzen) 〈*zu* naß〉

Netz|flüg|ler *Pl* (*Zool*) · **netz|förmig** · **Netz|haut** · **Netz|haut|ab|lösung** · **Netz|plan** (*Wirtsch*) · **Netz-plan|tech|nik,** die, _ (*Wirtsch*) · **Netz|werk**

neu; neuer, neu[e]ste; neu[e]stens; neuen Stils (*Zeitrechnung nach dem Gregorianischen Kalender* [*Abk* n. St.])

I. *Kleinschreibung*:

a) *K 119*: das neue Jahr; zum neuen Jahr Glück wünschen

b) *K 117*: auf neu polieren; aus alt wird neu

c) *K 114*: aufs neue, auf ein neues; von neuem

II. *Großschreibung*:

a) *K 93*: das Alte und das Neue; er ist auf Neues (auf Neuigkeiten) erpicht

b) *K 95*: etwas Neues, nichts Neues, viel Neues

c) *K 258*: die Neue Welt (Bez. für Amerika), *aber*: eine neue Welt erschließt sich mir; das Neue Testament (*Abk* N. T.); Neue Ökonomische Politik (die Wirtschaftspolitik des Sowjetstaates nach 1921 [*Kurzw* NÖP])

III. *Schreibung bei Verben*:

1. a) *In Verbindung mit dem Inf u. dem Part I wird im allgemeinen getrennt geschrieben*; *K 135*: neu bauen, neu hinzukommen; *K 161*: neu entstehende Siedlungen

b) *bei Betonung des Erstmaligen* (*K 126*) *schreibt man manchmal zusammen,* z. B. neugestalten, neueröffnen; da er es gleichsam neugestaltet; neugestaltende Kräfte, *aber K 135*: neu (erneut, wieder) gestalten, eröffnen

2. *In Verbindung mit dem Part II sind beide Schreibungen möglich K 166*:

a) *Getrenntschreibung, wenn das Part II verbalen,* »neu« *selbständigen Charakter hat* (*K 135*), z. B. das Werk, neu bearbeitet von ...; das neu (erneut) eröffnete Geschäft; das Geschäft wurde neu eröffnet

b) *Zusammenschreibung, wenn das Part II zusammen mit* »neu« *adjektivischen Charakter hat, besonders, aber nicht nur im Attribut* (*K 128*), z. B. die neugeborenen Kinder; diese Kinder sind neugeboren; sich wie neugeboren fühlen; das neuvermählte Paar; das Paar ist neuvermählt, *aber*: das neu (= erneut) vermählte Paar; ein neueröffnetes Geschäft; das Geschäft wurde neueröffnet (*vgl. aber* III, 2, a); der neuernannte *od* neu ernannte Bürgermeister; er fühlte sich neugestärkt *od* neu gestärkt

IV. *Schreibung in Verbindung mit geograph Namen K 242*: Neu-Wien, *aber*: neuwienerisch; *K 239*: Neudietendorf, Neukaledonien

Neu|an|schaf|fung

neu|ar|tig · **Neu|ar|tig|keit**

neu|backen [*Tr* ...bak|ken]; *K 363*: neuback[e]nes Brot · **Neu|bau,** *Pl* ..bauten · **Neu|bau|ge|biet** · **Neu-bau|woh|nung** · **Neu|bil|dung**

Neu|bran|den|burg *K 239* (Bezirksstadt in der DDR)

Neu|braun|schweig *K 239* (Provinz im SO Kanadas)

Neuchâtel ↑ Neuenburg

Neu-De|lhi [..'de:li] *K 242* (Stadtteil von Delhi; Regierungssitz)

Neu|druck, *Pl* ..drucke

Neue, die, _ (*weidm*; frisch gefallener Schnee)

Neu|en|burg, *französ* **Neu|châ|tel** [nø.., *oft* nɔyʃa'tɛl] (Stadt u. Kanton in der Schweiz) · **Neu|en|bur-ger:** 1. *K 231*: der, _s, _; 2. *als Attribut K 232*: der Neuenburger See, *schweiz* Neuenburgersee (*K 234*)

neu|eng|lisch; *vgl. auch K 265ff.*

neu|er|dings (seit kurzem – *südd*t, *österr, schweiz*; von neuem) · **Neue|rer** · **Neue|rer‿be|we|gung** (die, _), ...**vor|schlag** · **neu|er|lich** (von neuem) · **Neue|rung**

neu|fran|zö|sisch; *vgl. auch K 265ff.*

Neu|fund|land *K 239* (Insel vor der Ostküste Kanadas; kanad. Provinz) · **Neu|fund|län|der,** der, _s, _ (Bewohner von Neufundland; eine Hunderasse)

neu|ge|bo|ren; *vgl.* neu, III (2, b) · **Neu|ge|bo|re|ne,** das, _n, _n *K 341* · **Neu|ge|burt** (*gehoben*) · **neu|ge|schaf|fen;** *vgl.* neu, III (2) · **Neu|ge|stal|tung** · **Neu|gier** *od* **Neu|gier|de,** die, _ · **neu|gie|rig** · **Neu|grad** (*veraltend*; Gon); *Einheitenzeichen* g · **neu|grie|chisch;** *vgl. K 266f.* · **Neu|grie|chisch,** das, *Gen* _[s], *Dat* _ (Sprachbezeichnung *K 268ff.*) · **Neu|grie|chi-sche,** das, *Gen* _n, *Dat* _n (Sprachbezeichnung *K 271*)

Neu|gui|nea [..gi..] *K 239* (Insel nördl. von Australien)

Neu|heit · **neu|hoch|deutsch;** *Abk* nhd.; *vgl. K 266f.* · **Neu|hoch-deutsch,** das, *Gen* _[s], *Dat* _ (Sprachbezeichnung *K 268ff.*); *Abk* Nhd. · **Neu|hoch|deut|sche** *K 271*, das, *Gen* _n, *Dat* _n (die dt. Sprache etwa ab der Mitte des 17. Jh.); *Abk* Nhd. · **Neu|ig|keit** · **Neu|jahr** ['nɔy.., *auch* ..'ja:r] (der erste Tag eines Jahres) · **Neu|jahrs|wunsch**

Neu|ka|le|do|nien [..iən] *K 239* (Insel im westl. Pazifik) · **Neu|ka-le|do|nier** [..iər], der, _s, _ · **neu-ka|le|do|nisch**

Neu|kan|tia|ner, der, _s, _ · **Neu-kan|tia|nis|mus,** der, _ (an Kant anknüpfende reaktionäre bürgerlich-philosoph. Strömung des 19. Jh.)

Neu|land, das, _[e]s · **Neu|la|tein,** das, _s (klass. orientiertes Latein der Humanisten); *Abk* Nlat. · **neu-la|tei|nisch;** *Abk* nlat.; *vgl. auch K 265ff.* · **neu|lich** · **Neu|ling**

Neu|men *Pl* (*Mus*; mittelalterl. Vorform der Notenschrift); *Sg* Neu|me, die, _ 〈*grch* → *lat*〉

Neu|me|xi|ko *K 239* (Staat der USA)

Neu|mi|nu|te (*Math*; veraltende Einheit des ebenen Winkels = der 100. Teil eines Neugrads); *Einheitenzeichen* ᶜ · **neu|mo|disch** (*oft abwert*); _ste · **Neu|mond,** der, _[e]s

neun; *K 120*: alle neun[e] werfen (beim Kegeln); wir gehen zu neunen *od* zu neunt; *vgl.* acht · **Neun,** die, _, _en; *vgl.* [1]Acht · **Neun|auge** (ein Fisch) · **Neun|eck**[1] · **neun-eckig**[1] [*Tr* ...ek|kig] · **neun|ein-halb** *od* **neun|und|ein|halb** *K 282* (*mit Ziffern* 9½ *od* 9,5); *vgl.* achteinhalb · **Neu|ner,** der, _s, _

[1] *Mit Ziffer vgl. K 284.*

(*umg*); einen _ schieben · **neu|ner|lei** · **neun|fach**[1] · **Neun|fa|che**[1], das, _n *K 341*; *vgl.* Achtfache · **neun|hun|dert**; *vgl.* hundert (1) · **neun|mal**[1]; *vgl.* achtmal · **neun|ma|lig**[1] · **neun|mal|klug** (*iron*; überklug) · **neun|mal|wei|se** (*iron*; überweise) · **neunt**; *nur in der Wendung* zu neunt · **neun|tau|send**; *vgl.* tausend (1) · **neun|te**; *K 100 u. 258*: Beethovens Neunte (die Sinfonie Nr. 9 von Beethoven); *vgl.* achte · **neun|tel**; *vgl.* achtel · **Neun|tel**, das, *schweiz meist* der, _s, _ (‚neunter Teil'); *vgl.* Achtel · **neun|tens** · **Neun|tö|ter**, der, _s, _ (ein Singvogel) · **neunundeinhalb** ↑ neuneinhalb · **neun|und|zwan|zig** *K 282* · **neun|zehn**; *vgl.* achtzehn · **neun|zig**; *vgl.* achtzig

Neu|ord|nung, die, _ · **Neu|orien|tie|rung** [..oriɛn..], die, _

Neu|phi|lo|lo|ge (Fachmann auf dem Gebiet der neueren Sprachen u. ihrer Literaturen) · **Neu|pla|to|ni|ker**, der, _s, _ · **Neu|pla|to|nis|mus**, der, _ (mystisch-idealist. Richtung der spätantiken Philosophie) (*nach* dem griech. Philosophen Platon)

Neur|al|gie, die, _, ..ien (*Med*; Nervenschmerz) ⟨*grch*⟩ · **neur|al|gisch** (*Med*; Nervenschmerzen verursachend – *übertr*; empfindlich, reizbar)

Neur|asthe|nie, die, _, ..ien (*Med*; Nervenschwäche) ⟨*grch*⟩ · **Neur|asthe|ni|ker**, der, _s, _ (*Med*; an Nervenschwäche Leidender) · **neur|asthe|nisch** (*Med*)

Neu|re|ge|lung *K 363* · **neu|reich** (*abwert*) · **Neu|ries** (*Polygr*; Zähleinheit für Papier = 1000 Bogen) ⟨*zu* [2]Ries⟩

Neu|ri|tis, die, _, ..itiden (*Med*; Nervenentzündung) ⟨*grch*⟩

Neu|ro|lo|ge, der, _n, _n (Nervenarzt; Facharzt für Neurologie) ⟨*grch*⟩ · **Neu|ro|lo|gie**, die, _ (Lehre von den Nervenkrankheiten) · **neu|ro|lo|gisch**

Neu|ro|pa|thie, die, _, ..ien (*Med*; Nervenleiden) ⟨*grch*⟩ · **neu|ro|pa|thisch** (*Med*) · **Neu|ro|pa|tho|lo|gie**, die, _ (*Med*; Lehre von den Krankheiten des Nervensystems)

Neu|ro|pte|ren *Pl* (*Zool*; Bez. für alle Netzflügler); *Sg* Neu|ro|pte|re, die, _ *od* der, _n ⟨*grch*⟩

Neu|ro|se, die, _, _n (*Med, Psych*; nicht organisch bedingtes Nervenleiden) ⟨*grch*⟩ · **Neu|ro|ti|ker**, der, _s, _ (*Med, Psych*; an einer Neurose Leidender) · **neu|ro|tisch** (*Med, Psych*)

Neu|rup|pin *K 239* (Stadt im Bez. Potsdam) · **Neu|rup|pi|ner**: 1. *K 231*: der, _s, _; 2. *als Attribut K 232*: die Neuruppiner Bilderbogen · **neu|rup|pi|nisch**

Neu|schnee

Neu|schott|land *K 239* (Provinz im SO Kanadas)

Neu|see|land *K 239* (Doppelinsel u. Inselstaat im südwestl. Pazifik) · **Neu|see|län|der**, der, _s, _ · **neu|see|län|disch**

Neu|se|kun|de (*Math*; veraltende Einheit des ebenen Winkels = der 100. Teil einer Neuminute); *Einheitenzeichen* cc

Neu|sied|ler See *K 232*, der, *Gen* _ _s (in Österreich u. Ungarn)

Neu|sil|ber (eine Legierung) · **neu|sil|bern** · **Neu|sprach|ler**, der, _s, _

Neu|strien [..striən] (*Mittelalter*; das westl. Frankenreich) ⟨*Herkunft umstritten*⟩

Neu|süd|wales [..'ve:ls] *K 239* (Bundesstaat von Australien [2])

Neu|te|sta|ment|ler, der, _s, _ (Erforscher, Kenner des Neuen Testaments) ⟨*lat*⟩ · **neu|te|sta|ment|lich**

neu|tral [*österr auch* ne:u..] (unbeteiligt; unparteiisch, parteilos; gleichgültig; unwirksam – *Gramm*; sächl. Geschlechts) ⟨*lat*⟩ · **Neu|tra|li|sa|tion** · **neu|tra|li|sie|ren** (unwirksam machen; entkräften; gegenseitig aufheben; der Beeinflussungsmöglichkeit entziehen – *Sport*; die Wertung zeitweilig unterbrechen) · **Neu|tra|lis|mus**, der, _ (Streben nach Neutralität; Unentschiedenheit) · **Neu|tra|li|tät**, die, _ (Nichtbeteiligung [an Kriegen, Bündnissen u. a.]; Nichteinmischung; Unparteilichkeit; Gleichgültigkeit) · **Neu|tri|no**, das, _s, _s (*Kernphys*; ungeladenes Elementarteilchen) ⟨*lat + ital*⟩ · **Neu|tron**, das, _s, ..onen *Kunstw* (*Kernphys*; ungeladener Atomkernbaustein); *Zeichen* n ⟨*lat + grch*⟩ · **Neu|tro|nen|bom|be** · **Neu|tro|nen|strah|len** *Pl* (*Kernphys*) · **Neu|trum** ['nɔy.., *österr nur* 'ne:u..], das, _s, *Pl* ..ra (*österr nur so*), *auch* ..ren (*Gramm*; sächl. Geschlechts; sächl. Substantiv); *Abk* n. *od* N. ⟨*lat*, ‚keines von beiden'⟩

Neu-Ulm *K 227* (Stadt im S der BRD)

neu|ver|mählt; *vgl.* neu, III (2) · **Neu|ver|mähl|te**, der *u.* die, _n, _n *K 341* · **Neu|wahl** · **neu|wa|schen** (*landsch*; frisch gewaschen); *K 363*: ein neuwasch[e]nes Hemd · **Neu|wert** · **neu|wer|tig**

Neu-Wien *K 242* · **neu|wie|ne|risch** *K 242*

Neu|wort, *Pl* ..wörter (*Sprachw*) · **Neu|zeit**, die, _ · **neu|zeit|lich**

Ne|va|da [..v..] (Staat der USA)

Ne|wa [*od* ..'va], die, _ (Abfluß des Ladogasees)

New Hamp|shire [nju: 'hɛmpʃər] (Staat der USA)

New Jer|sey [nju: 'dʒœ:rzi] (Staat der USA)

New Look [nju: 'luk], der *od* das, *Gen* _ _[s] (neue Mode, neue Richtung) ⟨*engl*, ‚neues Aussehen'⟩

New Or|leans [nju: ɔ:r'li:ns *od* ..'li:nz] (Hafenstadt im S der USA)

New|ski-Pro|spekt ['nɛfskiprɔ,spɛkt] *K 211*, der, _[e]s (Hauptstraße in Leningrad)

New|ton ['nju:t(ə)n], das, _[s], _ (SI-Einheit der Kraft); *Einheitenzeichen* N ⟨*nach* dem engl. Physiker⟩ · **New|ton|me|ter** *K 209*, das (SI-Einheit des Kraftmoments u. der Energie); *Einheitenzeichen* N · m; *vgl. auch* Joule

New York [nju: 'jɔ:rk] (Hafenstadt u. Staat im NO der USA) · **New-Yor|ker** *K 248*: 1. *K 231*: der, _s, _; 2. *als Attribut K 232*: die New-Yorker Bevölkerung

Nia|ga|ra|fäl|le [nia'ga:.., *österr auch* ni'aga..] *K 246 Pl* (im O Nordamerikas)

Nia|mey [nïa'mɛ:] (Hptst. von Niger)

ni|beln (*landsch*; nebeln, fein regnen); es nibelt

Ni|be|lung (*german Sage*): 1. (Zwergkönig, der einen großen Schatz besaß) – 2. der, _en (Siegfried als Eroberer dieses Schatzes) ⟨*zu* Nebel⟩ – **Ni|be|lun|gen** ['ni:.., *auch* ..'luŋən] *Pl* (*german Sage*; Zwergengeschlecht, das einen großen Schatz besaß; die Mannen Siegfrieds; die Burgundenkönige u. ihre Mannen) · **Ni|be|lun|gen|hort**, der, _[e]s (*german Sage*) · **Ni|be|lun|gen|lied**, das, _[e]s (*Lit*) · **Ni|be|lun|gen|sa|ge**

Nice ↑ Nizza

nicht; nicht doch!, nicht einmal, *umg* nicht mal; nicht wahr?; gar nicht; warum nicht gar!; nicht heute noch morgen; nicht mehr und nicht weniger als ...; nicht ..., sondern ...; nicht nur ..., sondern auch ...

Zus ↑ *K 170*; *vgl. auch* die folgenden Stichwörter

nicht|amt|lich *K 170* · **Nicht|an|ders|kön|nen** *K 101*, das, _s · **Nicht|an|griffs|pakt** · **nicht|ant|ago|ni|stisch** *K 170*; _er Widerspruch · **nicht|be|rufs|tä|tig** *K 170* · **Nicht|be|rufs|tä|ti|ge**, der *u.* die, _n, _n *K 341*

Nich|te, die, _, _n (*zu* Neffe)

[1] *Mit Ziffer vgl. K 284.*

Nicht|ein|mi|schung · **Nicht|ei|sen|me|tall;** *kurz* NE-Metall · **nicht|eu|kli|disch** *K 128* (*Math*); die _e Geometrie; *vgl. auch* euklidisch · **nicht|flek|tier|bar** *K 170* (*Gramm*; unbeugbar); ein _es Wort · **Nicht|ge|wünsch|te,** das, _n *K 341* · **Nicht-Ich** *K 187*, das, _[s], _[s] (philosoph. Grundbegriff bei Fichte) · **nich|tig;** null und _ · **Nich|tig|keit** · **nicht|ka|pi|ta|li|stisch** *K 170* (*Pol*); der _e Entwicklungsweg [ehemals kolonialer Länder] · **nicht|krieg|füh|rend** *K 170* (nicht am Krieg beteiligt, neutral) · **Nicht|lei|ter,** der (*Phys*) · **Nicht|me|tall** · **nicht|öf|fent|lich** *K 170* · **nicht|pakt|ge|bun|den** *K 170*; *K 119*: _e Staaten · **Nicht|rau|cher** · **Nicht|rau|cher|ab|teil** *K 192* · **Nicht|rau|cher|gast|stät|te** *K 192* · **Nicht|rau|cher|zo|ne** *K 192* · **nicht|ro|stend** *K 170*

nichts; für _, zu _, sich in _ unterscheiden; um, für _ und wieder _; _ tun; mir _, dir _ (ohne weiteres); [rein] gar _; *K 95*: _ Genaues, _ Gutes, *aber K 120*: _ and[e]res; _ als (*nicht*: wie) Ärger; so gut wie _; _ weniger als (durchaus nicht); _ mehr und _ weniger als ...; *K 162*: ein nichts Ahnender, *K 163*: nichtsahnend *od* nichts ahnend; *K 128*: ein nichtssagender Ausdruck · **Nichts,** das, _

nichts|de|sto|min|der *K 176* (*altertümelnd*) · **nichts|de|sto|trotz** (*umg*) · **nichts|de|sto|we|ni|ger** *K 176* · **Nichts|kön|ner** (*abwert*) · **Nichts|nutz,** der, _es, _e (*abwert*) · **nichts|nut|zig** (*meist abwert*) · **Nichts|nut|zig|keit** (*meist abwert*) · **nichts|sa|gend** *K 128* · **Nichts|tu|er** (*abwert*) · **nichts|tue|risch** (*abwert*) · **nichts|wür|dig** · **Nichts|wür|dig|keit**

nicht|zie|lend *K 128* (*Gramm*; intransitiv) · **Nicht|zu|tref|fen|de,** das, _n *K 341* (*bürospr*); *K 170*: Nichtzutreffendes streichen

Nickel[1]: 1. der, _s, _ (*landsch umg*; boshaftes Kind) – 2. das, _s (chem. Element, Metall); *Zeichen* Ni ⟨*nach* dem Namen Nikolaus⟩

nicken[1] ⟨*zu* neigen⟩ · **Nicker** ↑Genickfänger · **Nicker|chen**[1] (*umg*; kurzer Schlaf) · **Nickfänger** ↑Genickfänger · **Nick|haut** (*Zool*; drittes Augenlid bei vielen Wirbeltieren)

Nicki[1], der, _s, _s (eine Art Pullover) ⟨*nach* dem Namen Nikolaus⟩ · **Nicki|hemd** [*Tr.* Nik|ki...] (leichtes Sommerhemd)

Ni|del, der, _s *od* die, _ (*schweiz*; Rahm)

[1] *Tr* ..k|k..

Nid|wal|den (Halbkanton von Unterwalden)

nie; _ mehr; _ und nimmer

nie|der; nieder!; nieder mit ihm!; auf und nieder, *aber K 104*: das Auf und Nieder; *vgl. auch* niedere

nie|der...: *in trennbar zusammengesetzten Verben*, z. B. niedergehen *K 356*, es geht nieder, niedergegangen, niederzugehen

niederbringen ↑abteufen

nie|der|deutsch; *Abk* nd.; *vgl. K 266f.* · **Nie|der|deutsch,** das, *Gen* _[s], *Dat* _ (Sprachbezeichnung *K 268ff.*); *Abk* Nd. · **Nie|der|deut|sche,** das, *Gen* _n, *Dat* _n (Sprachbezeichnung *K 271*); *Abk* Nd.

Nie|der|druck, *Pl* ..drücke (*Techn*) · **nie|der|drückend** [*Tr* ...drük|kend]; *K 115*: am _sten · **Nie|der|druck|hei|zung**

nie|de|re; niederer, niederste; *K 119*: die _ Geistlichkeit, die _ Jagd (Jagd auf Niederwild); *K 258*: die Niederen Tauern

nie|der|fal|len[1]

Nie|der|flur|wa|gen · **Nie|der|gang** · **nie|der|ge|hen**[1] *K 363* · **Nie|der|ge|las|se|ne,** der *u.* die, _n, _n *K 341* (*schweiz*; Einwohner mit dauerndem Wohnsitz) · **nie|der|ge|schla|gen** · **Nie|der|ge|schla|gen|heit,** die, _ · **Nie|der|hal|tung,** die, _ · **nie|der|hau|en**[1]; *vgl.* hauen (1) · **Nie|der|holz,** das, _es (Unterholz) · **Nie|der|jagd,** die, _ (Jagd auf Niederwild) · **nie|der|kom|men**[1] (*veraltend*) · **Nie|der|kunft,** die, _, ..künfte (*veraltend*) · **Nie|der|la|ge**

Nie|der|lan|de *Pl*, *amtl* **Kö|nig|reich der Nie|der|lan|de** (in Westeuropa) · **Nie|der|län|der,** der, _s, _ · **nie|der|län|disch;** *Abk* ndl.; *vgl. K 266f.* · **Nie|der|län|disch,** das, *Gen* _[s], *Dat* _ (Sprachbezeichnung *K 268ff.*) · **Nie|der|län|di|sche,** das, *Gen* _n, *Dat* _n (Sprachbezeichnung *K 271*)

nie|der|las|sen[1] (*gehoben*; setzen); sich (*Akk*) auf dem *od* auf den Stuhl _ *K 379* · **Nie|der|las|sung**

Nie|der|lau|sitz [*auch* ..'lau..] *K 239*, die, _ (Landschaft); *Abk* N. L.; *vgl. auch* Lausitz *u. K 229*

nie|der|le|gen[1]; sich (*Akk*) auf dem *od* auf das Sofa _ *K 379*; etwas in dem Fach _ · **Nie|der|le|gung**

Nie|der|öster|reich *K 239* (Bundesland in Österreich) · **nie|der|öster|rei|chisch**

Nie|der|rhein *K 239* · **nie|der|rhei|nisch**

[1] *Konjugation vgl.* nieder...

Nie|der|sach|se · **Nie|der|sach|sen** *K 239* (Bundesland der BRD) · **nie|der|säch|sisch**

Nie|der|schlag · **nie|der|schla|gen**[1] · **nie|der|schla|gend** · **nie|der|schlags|arm** · **Nie|der|schlags|men|ge** · **nie|der|schlags|reich** · **Nie|der|schla|gung** (*Rechtsw*) · **nie|der|schmet|ternd;** eine _e Nachricht · **nie|der|schrei|en**[1]; jmdn. _ · **Nie|der|schrift** · **nie|der|ste;** *vgl.* niedere · **Nie|der|sturz** · **nie|der|tou|rig** [..tu:..] (*Techn*) ⟨*grch* → *lat* → *frz*⟩; eine _e Maschine · **Nie|der|tracht,** die, _ ⟨*zu* tragen⟩ · **nie|der|träch|tig** · **Nie|der|träch|tig|keit** · **Nie|de|rung** · **nie|der|wärts** (*gehoben*) · **nie|der|wer|fen**[1] · **Nie|der|wer|fung** · **Nie|der|wild**

nied|lich · **Nied|lich|keit**

Nied|na|gel, *auch* **Neid|na|gel** (eingerissene Haut am Nagelrand) ⟨*ndrl*, *zu* Neid⟩

nied|rig; *K 166*: niedrig gesinnt *od* niedriggesinnt · **Nied|rig|hal|tung,** die, _ · **Nied|rig|keit** · **nied|rig|ste|hend** *K 128* (unentwickelt; untergeordnet) · **Nied|rig|was|ser,** *Pl* ..wasser

Niel|lo, das, _s, *Pl* ..llen *od* ..lli (*Kunstwiss*; »schwarze« Verzierung auf Metallarbeiten) ⟨*lat* → *ital*⟩. *Zus K 365ff.*: Niello‿arbeit usw.

Niels|boh|rium, das, _s (künstl. radioaktives chem. Element; Metall); *Zeichen* Ns ⟨*nach* dem dän. Kernphysiker Niels Bohr⟩

nie|mals

nie|mand *K 120*; *Gen* _[e]s, *Dat* _ *od* _em, *Akk* _ *od* _en; *K 95*: _ Fremdes, _ Bekanntes; _ Bekanntem begegnen, *aber K 120*: _ anders; mit _ and[e]rem (*vgl. auch* jemand); *K 381*: _ als (*nicht*: wie) du · **Nie|mand,** der, _[e]s · **Nie|mands|land,** das, _[e]s (im Krieg Bez. für das Gelände zw. den Fronten; ein von Siedlungen entblößter Grenzstreifen; Bez. für unerforschtes Land)

Nie|re, die, _, _n; die künstliche _. *Zus K 365ff.*: Nieren‿braten usw. · **Nie|ren|becken|ent|zün|dung** [*Tr* ...bek|ken...] · **nie|ren|krank** · **nie|rig** (nierenförmig [von Mineralien])

Nier|stei|ner, der, _s, _ (ein Rheinwein)

nie|seln (leise regnen); es nieselt

nie|sen *K 354*; geniest (*nicht*: genossen) · **Nies|pul|ver**

Nieß|brauch, der, _[e]s (*Rechtsw*; ein Nutzungsrecht) ⟨*zu* genießen⟩

[1] *Konjugation vgl.* nieder...

Nies|wurz, die, –, –en (ein giftiges Hahnenfußgewächs) ⟨*zu* niesen⟩
Niet, der, –[e]s, –e, *veraltend u. österr* **²Nie|te,** die, –, –n (ein Metallbolzen)
¹Nie|te, die, –, –n (Los, das nichts gewonnen hat – *übertr, umg abwert*; Versager, unfähiger Mensch) ⟨*ndrl, zu* nicht⟩
²Niete ↑ Niet · **nie|ten** ([Metalle] verbinden) · **Niet|ham|mer** (*Techn*) · **Niet|ho|se** · **niet- und na|gel|fest** *K 178* (*umg*); *meist in* alles, was nicht – – – ist
Ni|fe [..fe(:)], das, – *Kurzw* (*Geol*; der Schwermetallkern der Erde) ⟨*aus Ni*ckel + *Fe*rrum⟩
Nifl|heim, das, –[e]s, *oft ohne Art* (*nord Mythol*; Reich der Kälte, der Toten) ⟨*anord*, ‚Nebelheim'⟩
Ni|ger: 1. der, –[s] (Strom im W Afrikas) – 2. *amtl* **Re|pu|blik Ni|ger** (im NW Afrikas) · **Ni|ge|ria,** *amtl* **Bun|des|re|pu|blik Ni|ge|ria** (im W Afrikas) · **Ni|ge|ria|ner,** der, –s, – · **ni|ge|ria|nisch**
Nig|ger, der, –s, – (bürgerl. diffamierende Bez. für einen Angehörigen des negriden Rassenkreises) ⟨*lat* → *span* → *frz* → *engl*⟩
Ni|grer, der, –s, – (Staatsbürger von Niger) · **ni|grisch**
Ni|hi|lis|mus, der, – (Standpunkt der völligen Verneinung aller Werte; Theorie von der angebl. Sinnlosigkeit des Daseins) ⟨*lat*⟩ · **Ni|hi|list** · **ni|hi|li|stisch;** –ste
Ni|ka|ra|gua, *amtl* **Re|pu|blik Ni|ka|ra|gua** (in Mittelamerika) · **Ni|ka|ra|gua|ner,** der, –s, – · **ni|ka|ra|gua|nisch**
Ni|ke [..kə *od* ..ke:] (*griech Mythol*; Siegesgöttin) ⟨*grch*⟩
Ni|ko|ba|ren *Pl* (Inselkette im nordöstl. Indik)
Ni|ko|laus|tag (6. Dezember) ⟨*nach* dem kath. Heiligen⟩
Ni|ko|sia [niko'zi:a, *auch* ni'ko:zia] (Hptst. von Zypern) ⟨*grch*⟩
Ni|ko|tin, das, –s (Giftstoff im Tabak) ⟨*nach* dem französ. Gelehrten Nicot [ni'ko:]⟩. *Zus K 365ff.*: Nikotin‿vergiftung usw. · **ni|ko|tin‿arm,** **...frei** · **Ni|ko|tin|ge|halt,** der · **ni|ko|tin|hal|tig**
Nil, der, –[s] (Strom in Afrika)
Nil|del|ta *K 246*, das, –[s]
Ni|lo|te, der, –n, –n (Angehöriger einer Sprach- u. Völkergruppe im Gebiet des oberen Nils u. im NO Afrikas) ⟨*zu* Nil⟩ · **ni|lo|tisch;** die –en Sprachen · **Nil|pferd** *K 246*
Nim|bus, der, –, ..usse (Ruf, Ansehen; Heiligenschein, Strahlenkranz; Ruhmesglanz) ⟨*lat*⟩
nim|mer (*veraltend*; niemals – *süddt, österr*; nicht länger) ⟨‚nie mehr'⟩; nie und –, nun und – · **nim|mer|mehr** (*veraltend*) · **Nimmer|mü|de** · **Nim|mer|satt,** der, – *od* –[e]s, *Pl* –e (*umg*) · **Nim|merwie|der|se|hen** (*umg*); *nur in* auf Nimmerwiedersehen!
Nim|rod, der, –s, –e (leidenschaftl. Jäger) ⟨*nach* einem babylon. Gott⟩
nin|geln *K 363* (*obersächs, von Kindern gesagt*; wimmern, unleidlich sein)
Ni|ni|ve [..ve:] (*Altertum*; Hptst. von Assyrien) · **Ni|ni|vit,** der, –en, –en (Bewohner von Ninive) · **ni|ni|vitisch**
Niob, *fachspr* **Nio|bium,** das, –s (chem. Element, Metall); *Zeichen* Nb ⟨*nach* Niobe⟩ · **Nio|be** [..be: *od* ..'o(:)be:] ⟨*griech Sage*; kinderreiche Mutter, die die Götter herausforderte⟩ ⟨*grch*⟩ · **Nio|bi|de,** der *u.* die, –n, –n (*griech Sage*; Abkömmling der Niobe) · **Nio|bi|den|grup|pe** (*griech Sage*) · **Niobium** ↑ Niob
Nip|pel, der, –s, – (Rohrverbindungsstück)
nip|pen
Nippes ['nip(əs)] *od* **Nipp|sa|chen** *Pl* (kleine Ziergegenstände [meist aus Porzellan]) ⟨*frz*⟩
Nipp|flut *od* **Nipp|zeit** (*norddt*; geringe Flut) ⟨*an* nippen *angelehnt*⟩
Nip|pon (japan. Name von Japan)
nir|gend (*veraltend*; nirgends) · **nirgend|her,** *seltener* **nir|gends|her** · **Nir|gend|land,** das, –[e]s · **nirgends;** überall und – · **nir|gendwo,** *seltener* **nir|gends|wo**
Nir|wa|na, das, –[s] (das Aufhören des Daseins als Endziel des Buddhisten) ⟨*aind*, ‚das Verlöschen'⟩
Ni|sche, die, –, –n ⟨*lat* → *frz*⟩
Nishni Nowgorod ↑ Gorki
Nis|se, die, –, –n (Ei der Laus) · **nis|sig** (voller Nissen, filzig)
ni|sten ⟨*zu* Nest⟩ · **Nist|ka|sten**
Ni|trat, das, –[e]s, –e (*Chem*; Salz der Salpetersäure) ⟨*grch* + *lat*⟩ · **Nitrat|zel|lu|lo|se** *od* **Zel|lu|lo|se|nitrat** (*Chem*; nitrierte Zellulose, Schießbaumwolle) · **Ni|trid,** das, –[e]s, –e (*Chem*; Metall-Stickstoff-Verbindung) ⟨*grch*⟩ · **ni|trie|ren** (*Chem*; Nitrogruppen in Moleküle einführen) ⟨*grch* → *lat*⟩ · **Ni|trier|säu|re** (*Chem, Techn*) · **Ni|tri|fi|ka|tion** (*fachspr*; Salpeterbildung durch Bodenbakterien) ⟨*grch* + *lat*⟩ · **ni|tri|fi|zie|ren** (*fachspr*; durch Bodenbakterien Salpeter bilden); –de Bakterien (Salpeterbakterien) · **Ni|trit,** das, –s, –e (*Chem*; Salz der salpetrigen Säure) ⟨*grch*⟩ · **Ni|tro|gen** ⟨*grch*⟩ *od* **Ni|tro|ge|nium** ⟨*grch* → *lat*⟩, das, –s (Stickstoff); *Zeichen* N · **Ni|tro|gly|ze|rin** (früher verwendeter Sprengstoff) ⟨*grch* + *lat*⟩ · **Ni|tro|grup|pe,** die (*Chem*; funktionelle Gruppe der Nitroverbindungen) ⟨*grch* + *frz*⟩ · **Ni|tro|lack** · **ni|tros** (*Chem*; Stickstoffoxid enthaltend) ⟨*grch* → *lat*⟩; –e Gase
Ni|veau [..'vo:], das, –s, –s (waagerechte Ebene; Höhenlage; Ebene des Wasserspiegels – *übertr*; Rang, Stufe, Grad; Bildungsstand, Gesichtskreis) ⟨*lat* → *frz*⟩. *Zus K 365ff.*: Niveau‿differenz usw. · **ni|veau|los** *K 349*; *vgl.* ...los · **ni|veau|voll** · **Ni|vel|le|ment** [..vɛl(ə)'mã:], das, –s, –s *u. schweiz auch* [..'mɛnt], das, –s, –e (Ebnung, Gleichmachung – *Vermessungsw*; Höhenmessung, -bestimmung u. deren Ergebnis) · **ni|vel|lie|ren** (gleichmachen; ebnen – *Vermessungsw*; Höhenunterschiede [im Gelände] bestimmen) · **Ni|vel|lier|in|stru|ment** (*Vermessungsw*)
Ni|vôse [..'vo:s *od* ..'vo:z], der, – *od* –s [..zəs], *Pl* –s [..zəs] (4. Monat [21. Dez. bis 19. Jan.] des Kalenders der Französ. Revolution) ⟨*lat* → *frz*, ‚Schneemonat'⟩
Nix, der, –es, –e, *auch* **Neck,** der, –en, –en *od* **Nöck,** der, –s, –e (*german Sage*; ein männl. Wassergeist) · **Ni|xe,** die, –, –n (*german Sage*; ein weibl. Wassergeist) · **ni|xen|haft**
ni|zä|isch; *K 258*: das Nizäische Glaubensbekenntnis ⟨*nach* der antiken Stadt Nizäa im NW Kleinasiens⟩
Niz|za, *französ* **Nice** [nis] (Stadt an der Südostküste Frankreichs) · **Nizza|er:** 1. *K 231*: der, –s, –; 2. *als Attribut K 232*: der Nizzaer Karneval · **niz|za|isch**
Njas|sa|see, *auch* **Ma|la|wi|see,** der, –s (im SO Afrikas)
No|ah, *Gen* des – *od ohne Art Gen* –[s] (bibl. Gestalt) ⟨*hebr*⟩; die Arche –
no|bel (*gehoben*; edel – *oft iron*; vornehm – *umg*; freigebig) ⟨*lat* → *frz*⟩; *K 363*: ein no|bler Mensch · **No|bel,** der, –s (Name des Löwen in der Tierfabel)
No|be|lium, das, –s (künstliches radioaktives chem. Element, Metall); *Zeichen* No ⟨*nach* dem schwed. Chemiker Nobel⟩ · **No|bel|preis** *K 209* · **No|bel|preis|trä|ger** *K 209*
No|bi|li|ty [..ti], die, – (der engl. Hochadel) ⟨*lat* → *frz* → *engl*⟩
No|bles|se, die, – (*veraltet*; Adel; Vornehmheit) ⟨*lat* → *frz*⟩
noch: 1. *Adv*; noch einmal, *umg* noch mal; noch einmal soviel; auch noch – 2. *Konj*; weder ... noch (*vgl. K 404 u. 405*) · **noch mal** (*umg*;

noch einmal) · **noch|ma|lig** · **noch-mals**

Nock: 1. der, _s, _e (*bayr, österr;* Felskopf, Hügel) – 2. das, _[e]s, _e, *auch* die, _, _en (*seem;* Ende eines Rundholzes od. der Kommandobrücke)

Nöck ↑ Nix

Nocke[1], die, _, _n (*bayr, österr abwert;* eingebildete Frau) · **Nocken**[1], der, _s, _ (*Techn;* Vorsprung an einer Scheibe) · **Nockerl**[1], das, _s, _[n] (*bayr, österr;* Teigware [Suppeneinlage]) · **Nockerl|sup|pe**[1] (*bayr, österr*)

Noc|turne [..'tyrn] ⟨*lat* → *frz,* ‚Nachtstück'⟩, das, _s, _s *od* die, _, _s, *eindeutschend* **Nok|tur|ne** [..'tur..], die, _, _n *od* **Not|tur|no** ⟨*lat* → *ital*⟩, das, _s, *Pl* _s *od* ..ni (*Mus;* lyrisches Charakterstück für Klavier; Nachtständchen)

nö|len (*norddt salopp;* [im Reden] langsam sein)

no|lens vo|lens [_ v..] (man mag wollen oder nicht, wohl oder übel) ⟨*lat*⟩ · **No|li|me|tan|ge|re** [..'taŋgerə], das, _, _ (Springkraut) (‚Rührmichnichtan')

Nöl|pe|ter, der, _s, _ (*norddt;* langsamer, langweiliger Mensch) · **Nöl-su|se,** die, _, _n (*norddt*)

No|ma|de, der, _n, _n (Angehöriger eines Hirten-, Wanderstammes) ⟨*grch* → *lat*⟩ · **no|ma|den|haft** · **No|ma|den|le|ben,** das, _s · **no-ma|disch** (umherziehend, unstet) · **no|ma|di|sie|ren**

No|men, das, _s, ..mina (*Sprachw;* Nennwort, Bez. für jede deklinierbare Wortart) ⟨*lat,* ‚Name'⟩ · **No|men|kla|tur,** die, _, _en (Namen-, Wörterverzeichnis; Gesamtheit der wissenschaftl. Bezeichnungen eines Fachgebietes) · **No|men pro|prium** *K 47,* das, _ _, *Pl* ..mina ..pria (*Sprachw;* Eigenname) · **no|mi|nal:** 1. (*Sprachw;* das Nomen betreffend) – 2. *auch* **no|mi|nell** (*Wirtsch;* zum Nennwert) – 3. ↑ nominell (1) · **No|mi-nal|lohn** (*Wirtsch;* Lohn ohne Rücksicht auf die Kaufkraft); *Ggs* Reallohn · **No|mi|nal|wert** (*Wirtsch;* Nennwert) · **No|mi|na|tiv** [*auch* ..'ti:f], der, _s, _e [..v..] (*Gramm;* Werfall, 1. Fall); *Abk* Nom. · **no|mi|nell:** 1. *auch* **no|mi-nal** (zum Namen gehörend; [nur] dem Namen nach, angeblich) – 2. ↑ nominal [2] · **no|mi|nie|ren** (bezeichnen; ernennen)

No|mo|gramm, das, _s, _e (*Math;* Kurvenschaubild, Netztafel zum graph. Rechnen) ⟨*grch*⟩ · **No|mo-gra|phie,** die, _ (*Math;* graph. Rechnen, Theorie u. Entwurf graph. Darstellungen)

No|na|gon, das, _s, _e (*Geom;* Neuneck) ⟨*lat* + *grch*⟩ · **No|nan,** das, _s, _e (*Chem;* ein Alkan) ⟨*lat*⟩

Non|cha|lance [nɔ̃ʃa'lã:s], die, _ (Ungezwungenheit; Formlosigkeit) ⟨*frz*⟩ · **non|cha|lant** [..'lã:, *auch* nɔŋʃa'lant]

No|ne, die, _, _n (*Mus;* neunter Ton der diaton. Tonleiter; Intervall im Neunstufenabstand – *kath Kirche;* eine Gebetsstunde) – **No|nen** *Pl* (im altröm. Kalender der 9. Tag vor den Iden) ⟨*lat*⟩

No|nius, der, _, *Pl* ..ien [..iən] *od* ..iusse (*Techn;* ein Hilfsmaßstab auf Längenmeßgeräten) ⟨*nach* dem portugies. Mathematiker Nuñez ['nunjɛʃ], *latinisiert* Nonius⟩

Non|ne, die, _, _n (*auch Zool;* ein Schmetterling) ⟨*lat*⟩. *Zus K 365ff.:* Nonnen‿kloster usw.

Non|pa|reil|le [nɔ̃pa'rɛ:i(ə), *fachspr meist* nɔ̃'prɛl], die, _ (*Polygr;* ein Schriftgrad) ⟨*frz*⟩

Non|plus|ul|tra, das, _ (das Unübertreffbare) ⟨*lat,* ‚nicht darüber hinaus'⟩

Non|sens, der, *Gen* _, *auch* _es (Unsinn; törichtes Gerede) ⟨*engl*⟩

Non|stop|flug (Flug ohne Zwischenlandung) ⟨*engl*⟩ · **Non|stop-ki|no** (Kino mit pausenlosen Vorführungen u. laufendem Einlaß)

No|nyl, das, _s, _e (*Chem;* ein Alkyl) ⟨*lat* + *grch*⟩

Noor, das, _[e]s, _e (*norddt;* Haff) ⟨*dän*⟩

NÖP *Kurzw* (Neue Ökonomische Politik); *vgl. auch* neu II (c)

Nop|pe, die, _, _n (Knoten od. Zierschlinge in Geweben od. Garnen) · **Nopp|ei|sen** (*Textiltechn*) · **nop|pen** (*Textilwirtsch;* Knoten aus dem Stoff entfernen; [Garn] mit Noppen versehen) · **Nop|pen|ge-we|be** · **Nopp|zan|ge** (*Textiltechn*)

No|ra (w. Vn.) ⟨*Kurzf von* Eleonore⟩

Nor|bert (m. Vn.) (‚Norden' + ‚glänzend')

Nord: 1. *ohne Art* (*fachspr;* Norden [1]), *Abk* N; aus _, nach _ u. a.; Nord und Süd – 2. der, _[e]s, _e (*seem u. dicht;* Nordwind); *vgl. auch K 297*

Nord|ame|ri|ka *K 243* · **nord|ame-ri|ka|nisch;** *K 258:* der Nordamerikanische Bürgerkrieg

Nordatlantikpakt ↑ *unter* NATO

Nord|bra|bant *K 243* (Provinz in den Niederlanden)

Nord|da|ko|ta *K 243* (Staat der USA)

nord|deutsch; *vgl. K 265ff.*

nor|den (nach Norden [aus]richten) · **Nor|den:** 1. *ohne Art* (Himmelsrichtung), *Abk* N; aus _, nach _ u. a.; *vgl. auch* Nord (1) – 2. der, _s (das nordwärts gelegene Gebiet)

Nor|der|ney [..'nai *od* 'nɔr..] (eine der Ostfries. Inseln der BRD) (‚Nordinsel')

nord|frie|sisch; *K 258:* die Nordfriesischen Inseln · **Nord|fries|land** *K 243* (Küstenlandsch. im N der BRD)

Nord|hau|sen (Stadt der DDR am Harz) · **Nord|häu|ser:** 1. *K 231:* der, _s, _: *a. auch* **Nord|hau|ser** *od* **Nord|hau|se|ner** *K 236* (in Nordhausen Geborener od. Wohnender); *b.* (eine Branntweinsorte) – 2. *als Attribut K 232:* der Nordhäuser, *auch* Nordhaus[en]er Schwermaschinenbau

Nord|ir|land *K 243* (zu Großbritannien gehörender Teil der Insel Irland)

nor|disch (den Norden betreffend); nordische Kälte; die nordische Fauna, die nordische Kombination (Skiwettbewerb), *aber K 258:* der Nordische Rat (beratendes Organ der Länder Nordeuropas) · **Nor|dist** (Wissenschaftler auf dem Gebiet der Nordistik) · **Nor|di|stik,** die, _ (Wissenschaft von den nordischen Sprachen u. Literaturen)

Nord|kap, das, _s (nördlichster Punkt Europas)

Nord|ka|ro|li|na *K 243* (Staat der USA)

Nord|kü|ste · **Nord|län|der,** der, _s, _ · **nord|län|disch** · **Nord-land|rei|se** · **nörd|lich;** _ des Meeres, _ vom Meere; _ von Berlin; _er Breite (*Geogr* [*Abk* n. Br. *od* nördl. Br.]); *K 119:* der nördliche Sternhimmel; *aber K 258:* die Nördlichen Kalkalpen; die Nördliche Dwina; der Nördliche Landrükken (der Mecklenburgische Landrücken); der Nördliche Seeweg (die Nordöstliche Durchfahrt) · **Nord-licht,** *Pl* ..lichter

Nörd|lin|gen (Stadt im S der BRD) · **Nörd|lin|ger:** 1. *K 231:* der, _s, _; 2. *als Attribut K 232:* das Nördlinger Ries (↑ [1]Ries)

Nord|nord|ost [..'ɔst, *in der Meteorologie* ..'o:st], *ohne Art* (*fachspr meist für* Nordnordosten [1]), *Abk* NNO; aus _, nach _ u. a. · **Nord-nord|osten:** 1. *ohne Art* (Himmelsrichtung), *Abk* NNO; aus _, nach _ u. a.; *vgl. auch* Nordnordost – 2. der, _s (das nordnordostwärts gelegene Gebiet) · **Nord|nord|ost-wind** · **Nord|nord|west,** *ohne Art* (*fachspr meist für* Nordnordwesten [1]), *Abk* NNW; aus _, nach _

---
[1] *Tr* ..k|k..

u. a. · **Nord|nord|we|sten:** 1. *ohne Art* (Himmelsrichtung), *Abk* NNW; aus –, nach – u. a.; *vgl. auch* Nordnordwest – 2. der, –s (das nordnordwestwärts gelegene Gebiet) · **Nord|nord|west|wind** · **Nord|ost** [..'ɔst, *in der Meteorologie* ..'o:st]: 1. *ohne Art* (*fachspr meist für* Nordosten [1]), *Abk* NO; aus –, nach – u. a. – 2. der, –s (*seem u. dicht*; Nordostwind); *vgl. auch K 297* · **Nord|osten:** 1. *ohne Art* (Himmelsrichtung), *Abk* NO; aus –, nach – u. a.; *vgl. auch* Nordost (1) – 2. der, –s (das nordostwärts gelegene Gebiet) · **nord|öst|lich** [..'œst.., *in der Meteorologie* ..'ø:st..]; *K 258*: die Nordöstliche Durchfahrt

Nord-Ost|see-Ka|nal *K 247*, der, –s (im N der BRD)

Nord|ost|wind [..'ɔst.., *in der Meteorologie* ..'o:st..]

Nord|pol, der, –s · **Nord|po|lar|ge|biet,** das, –[e]s · **Nord|pol|ex|pe|di|tion**

Nord|punkt, der, –[e]s (*Astron*; der nördliche Schnittpunkt des Meridians mit dem Horizont; sog. Mitternachtspunkt)

Nord|rhein-West|fa|len *K 244* (Bundesland der BRD) · **nord|rhein-west|fä|lisch** *od* **rhei|nisch-west|fä|lisch;** *K 244*: das nordrhein-westfälische *od* rheinisch-westfälische Industriegebiet

Nord|see, die, – · **Nord|see|ka|nal** *K 246*, der, –s (Großschiffahrtsweg von Amsterdam zur Nordsee)

Nord|teil, der

Nord|ter|ri|to|rium (Bundesstaat von Australien [2])

nord|wärts · **Nord|west:** 1. *ohne Art* (*fachspr meist für* Nordwesten [1]), *Abk* NW; aus –, nach – u. a. – 2. der, –s (*seem u. dicht*; Nordwestwind); *vgl. auch K 297* · **Nord|we|sten:** 1. *ohne Art* (Himmelsrichtung), *Abk* NW; aus –, nach – u. a.; *vgl. auch* Nordwest (1) – 2. der, –s (das nordwestwärts gelegene Gebiet) · **nord|west|lich;** *K 258*: die Nordwestliche Durchfahrt

Nord|west|ter|ri|to|rien [..iən] *Pl* (in Kanada)

Nord|west|wind · **Nord|wind**

nö|ren (*landsch*; schlummern)

Nör|ge|lei (*abwert*) · **Nör|gel|frit|ze,** der, –n, –n (*umg abwert*) · **nör|geln** *K 363* (*abwert*) · **Nörg|ler** (*abwert*) · **nörg|lig** *K 362* (*abwert*)

No|rilsk (Stadt der RSFSR in Mittelsibirien) · **No|rils|ker:** 1. *K 231*: der, –s, –; 2. *als Attribut K 232*

No|ri|sche Al|pen *K 258 Pl* (Teil der Ostalpen) ⟨*nach* dem illyrischkelt. Stamm der Noriker⟩

Norm, die, –, –en (Regel, Richtschnur, Musterbeispiel, Einheitsmuster; Vorschrift, Standard – *Techn, Wirtsch*; Größenvorschrift, Leistungssoll – *Buchw*; Bogensignatur) ⟨*lat*⟩. *Zus K 365ff.*: Norm‿erfüllung, ...zeit usw. · **nor|mal** (regelrecht, regelmäßig, gewöhnlich); *Ggs* abnorm; das Barometer steht auf »normal«; *vgl. auch* anomal u. anormal · **Nor|mal,** das, –s, –e (*fachspr*; genormtes Grundmeßmittel) · **Nor|ma|le,** die, –[n], –n (*Math*; Senkrechte zur Tangente); zwei –[n] *K 343* · **nor|ma|ler|wei|se** *K 176* · **Nor|mal|ge|wicht,** das, –[e]s · **Nor|mal|hö|he,** die, –; *Zeichen* NH · **Nor|ma|lien** [..iən] *Pl* (Grundformen; Regeln, Vorschriften) · **nor|ma|li|sie|ren** (vereinheitlichen; normal gestalten) · **Nor|mal|maß,** das · **Nor|mal|null,** das, –s, *meist ohne Art* (*Vermessungsw*); *Zeichen* NN · **Nor|mal|spur** (*Eisenb*) · **nor|mal|spu|rig** (*Eisenb*; vollspurig) · **Nor|mal|zeit**

Nor|man|die [*od* ..mã'di:], die, – (Landsch. im NW Frankreichs) ⟨*anord* → *frz*⟩ · **Nor|man|nen** *Pl*: 1. (Bewohner der Normandie); *Sg* Nor|man|ne, der, –n – 2. *auch* **Wi|kin|ger** ⟨*anord*⟩, *in Osteuropa* **Wa|rä|ger** ⟨*anord* → *russ*⟩ (nordgerman. Seefahrer u. Eroberer des 8.–11. Jh.); *Sg* Wi|king *bzw* Wikin|ger *od* Wa|rä|ger, der, –s · **nor|man|nisch** ⟨*anord* → *frz*⟩; *K 119*: ein normannischer Eroberungszug (*hist*), *aber K 258*: die Normannischen Inseln

nor|ma|tiv (maßgebend, zur Richtschnur dienend, als Norm geltend) ⟨*lat*⟩ · **Nor|ma|tiv,** das, –s, –e [..v..] (Regel, Richtschnur, [ökonom.] Kennziffer, Grundlage, Richtwert, Richtsatz) · **Nor|ma|ti|ve** [..v..], die, –, –n (das Maßgebende, Grundbestimmung) · **nor|men,** *älter* **nor|mie|ren** (einheitlich festsetzen od. gestalten; [Größen] regeln; als Norm od. nach einer Norm festlegen) · **Nor|mung**

Nor|nen *Pl* (*nord Mythol*; Schicksalsgöttinnen); *Sg* Nor|ne, die, – ⟨*anord*⟩

North|um|ber|land [nɔ:r'θambərlənt *od* ..lənd] (engl. Grafschaft) ⟨*engl*⟩

Nor|we|gen, *amtl* **Kö|nig|reich Nor|we|gen** (in Nordeuropa) ⟨*anord*⟩ · **Nor|we|ger,** der, –s, – · **nor|we|gisch;** *vgl. K 266f.* · **Nor|we|gisch,** das, *Gen* –[s], *Dat* – (Sprachbezeichnung *K 268ff.*) · **Nor|we|gi|sche,** das, *Gen* –n, *Dat* –n (Sprachbezeichnung *K 271*)

No|se|ma|seu|che, die, – (eine Bienenkrankheit) ⟨*grch*⟩

Nost|al|gie, die, – (Hinwendung zur Vergangenheit [in Mode u. Kunst] – *Med*; Heimweh) ⟨*grch*⟩ · **nost|al|gisch**

No|stri|fi|ka|tion (*Rechtsw*; Einbürgerung; Anerkennung ausländ. Diplome) ⟨*lat*⟩ · **no|stri|fi|zie|ren** (*Rechtsw*)

No|stro|gut|ha|ben (*Bankw*; Eigenguthaben, Guthaben einer Bank bei einer anderen) ⟨*lat* → *ital*⟩ · **No|stro|kon|to** (*Bankw*)

Not, die, –, *Pl* Nöte; in Not *od* in Nöten sein; in Ängsten und [in] Nöten; zur Not; seine [liebe] Not haben; wenn Not am Mann ist; Not leiden, *aber K 108*: not sein, tun, werden; vonnöten sein. *Zus K 365ff.*: Not‿ausgang usw.

No|ta|beln *Pl* (*hist*; zur Oberschicht in Frankreich gehörende Persönlichkeiten bis zur Französ. Revolution – *übertr*; führende Persönlichkeiten der bürgerl. Gesellschaft) ⟨*lat* → *frz*⟩ · **no|ta|be|ne** (*veraltend*; merke wohl!, wohlgemerkt!; übrigens) ⟨*lat*⟩ · **No|ta|be|ne,** das, –[s], –[s] (*veraltend*; Merkzeichen, Vermerk; Denkzettel) · **No|tar,** der, –s, –e (Jurist mit der Befugnis zu Beurkundungen, Beglaubigungen usw.); *Abk* Not. · **No|ta|riat,** das, –[e]s, –e (Amt od. Amtsstelle eines Notars); *K 258*: Staatliches – · **no|ta|riell,** *seltener* **no|ta|risch** (von einem Notar ausgefertigt u. beglaubigt)

No|ta|tion (*Mus*; [Aufzeichnung in] Notenschrift – *Schach*; das Aufzeichnen einer Partie) ⟨*lat*⟩

Not|durft, die, – (Entleerung) · **not|dürf|tig**

No|te, die, –, –n (Kennzeichen; Anmerkung; Urteil; [persönl.] Eigenart; förmliche schriftl. Mitteilung [im zwischenstaatl. Verkehr]; Schriftzeichen für einen Ton; Zensur; Banknote); mit der Note Eins bestehen, die Note »sehr gut« erhalten; halbe Note (*Mus*) – **No|ten** *Pl* (*umg*; Musikalien) ⟨*lat*⟩. *Zus K 365ff.*: Noten‿schrift, ...wechsel usw. · **No|ten‿blatt, ...buch**

Not|fall, der · **not|falls** *K 176* · **not|ge|drun|gen** · **Not|hel|fer;** *K 258*: die Vierzehn – (kath. Heilige)

no|tie|ren (aufzeichnen; vormerken; den Preis einer Ware festsetzen; Kurse an der Börse bekanntgeben) ⟨*lat*⟩

nö|tig; *K 94*: das Nötigste · **nö|ti|gen** · **nö|ti|gen|falls** *K 176* · **Nö|ti|gung** (*meist Rechtsw*)

No|tiz, die, –, –en (Aufzeichnung, Vermerk; Bemerkung; Kenntnis; Nachricht) ⟨*lat*⟩; von etw. – neh-

men · **No|tiz|block,** *Pl* ..blocks, *auch* ..blöcke, *österr nur so* · **No|tiz|buch** · **No|tiz|zet|tel**
not|lan|den; du notlandest; notgelandet; notzulanden · **Not|lan|dung** · **not|lei|dend;** *K 115*: am _sten · **Not|lei|den|de,** der *u.* die, _n, _n *K 341*
no|to|risch (offenkundig, allbekannt; anerkannt – *abwert*; berüchtigt) ⟨*lat*⟩
No|tre-Dame [nɔtr(ə)'dam], die, _ (*Rel*; französ. Beiname Marias, der Mutter Jesu; Name ihr gewidmeter Kirchen) ⟨*frz*⟩
not|reif · **Not|rei|fe** · **Not|ruf** · **not|schlach|ten**[1] · **Not|schlach|tung** · **Not|sitz** · **Not|stand** · **Not|stands|ge|biet** · **Not|strom|ag|gre|gat** · **Not|tau|fe** · **not|tau|fen**[1]
Notturni, Notturno ↑ Nocturne
Not|ver|band · **not|was|sern**[1] (*Luftf*); *vgl. auch* wassern · **Not|wehr,** die, _ · **not|wen|dig;** *K 94*: [sich] auf das *od* aufs Notwendigste beschränken · **not|wen|di|ger|wei|se** *K 176* · **Not|wen|dig|keit** · **Not|zucht,** die, _ (*Rechtsw*) · **not|züch|ti|gen** (*Rechtsw*); genotzüchtigt *K 358*; zu _
Nou|ak|chott [nuak'ʃɔt], *eindeutschend* **Nu|ak|schott** (Hptst. von Mauretanien [2])
Nou|gat ['nu:gat], *eindeutschend* **Nu|gat,** das *od* der, _s, _s (Mandel- od. Nußkonfekt) ⟨*lat → frz*⟩
No|va [..v..]: 1. die, _, ..vae [..vɛ:] (*Astron*; Stern mit stark ansteigender Leuchtkraft) – 2. ↑ Novum ⟨*lat*⟩
No|va|tion [..v..] (*Rechtsw*; Schuldumwandlung) ⟨*lat*⟩ · **No|vel|le,** die, _, _n (kleine Prosaerzählung, Kurzgeschichte – *Rechtsw*; Nachtragsgesetz) ⟨*lat → ital*⟩. *Zus K 365ff.*: Novellen‿dichter usw. · **no|vel|len|ar|tig** · **no|vel|lie|ren** (*Rechtsw*; ein Gesetz neu formulieren od. ergänzen) · **No|vel|list** (Verfasser von kleinen Prosaerzählungen) · **no|vel|li|stisch**
No|vem|ber [..v..], der, _[s] *K 328*, *Pl* (*selten*) _ (elfter Monat im Jahr); *Abk* Nov. ⟨*lat*⟩ · **no|vem|ber|haft** · **no|vem|ber|lich** · **No|vem|ber|re|vo|lu|tion,** die, _ (bürgerlich-demokrat. Revolution in Deutschland [November 1918 bis Januar 1919])
No|vi|tät [..v..] (Neuerscheinung, Neuheit, Neuigkeit [in der Mode usw.]) ⟨*lat*⟩ · **No|vi|ze,** der, _n, _n *u.* die, _, _n (*kath Kirche*; Neuling, der vor dem endgültigen Eintritt in ein Kloster dort eine Probezeit verbringt) · **No|vi|ziat,** das, _[e]s, _e (*kath Kirche*; Probezeit vor dem endgültigen Eintritt in ein Kloster) · **No|vi|zin,** die, _, ..innen (*kath Kirche*) · **No|vum** [..v..], das, _s, ..va (Neuheit, Neuerung; neue Tatsache)
No|wa|ja Sem|lja [ˌnɔ.. ..'lia] (sowjet. Inselgruppe im Arktik) ⟨*russ,* ‚Neues Land'⟩
Now|go|rod ['nɔv..] (Stadt im NW der RSFSR) ⟨*russ*⟩
No|wo|si|birsk (Stadt der RSFSR am Ob) ⟨*russ*⟩
No|xe, die, _, _n (*Med*; krankheitserregende Ursache, Schädlichkeit) ⟨*lat*⟩ · **No|xi|ne** *Pl* (*Biochem*; zugrunde gegangenes Körpereiweiß u. daraus stammende Giftstoffe); *Sg* No|xin, das, _s
nu (*umg*; nun) · **Nu,** der, _ (flüchtiger Augenblick, sehr kurzer Zeitraum) ⟨*zu* nun⟩; *nur noch in Wendungen wie* im _, in einem _ (sehr schnell)
Nuakschott ↑ Nouakchott
Nu|an|ce [ny'aŋsə *od* ..'ã:sə, *österr* ny'ã:s], die, _, _n [..s(ə)n] (Abstufung; Abschattierung; feiner Unterschied od. Übergang; Schimmer, Spur) ⟨*lat → frz*⟩ · **nu|an|cen|reich** · **nu|an|cie|ren**
'nü|ber *K 56* (*umg*; hinüber)
Nu|bien [..iən] (Landsch. im NO Afrikas) · **Nu|bier** [..iər], der, _s, _ · **nu|bisch;** *K 258*: die Nubische Wüste
Nu|buk, das, _ (wildlederartiges Rinds- od. Kalbsleder) ⟨*engl*⟩
nüch|tern · **Nüch|tern|heit,** die, _
Nucke[1], die, _, _n, *meist Pl* (*norddt*; Laune, Schrulle)
Nuckel[1], der, _s, _ (*umg*) · **nuckeln**[1] *K 363* (*umg*; saugen)
Nu|del, die, _, _n. *Zus K 365ff.*: Nudel‿suppe usw. · **nu|del|dick** (rund und dick) · **nu|deln** *K 363* · **Nu|del|wal|ker** (*bayr, österr*; Nudelholz)
Nu|di|tät ([anzügliche] Nacktheit) ⟨*lat*⟩
Nugat ↑ Nougat
Nug|get ['nagit], das, _[s], _s (Klumpen gediegenen Goldes) ⟨*engl*⟩
nu|kle|ar (auf Kernreaktionen beruhend) ⟨*lat*⟩; die _en Waffen (Kernwaffen) · **Nu|kle|ine** *Pl* (*Biochem*; organ. Verbindungen im Zellkern); *Sg* Nu|kle|in, das, _s · **Nu|kle|in|säu|re** (*Biochem*) · **Nu|kle|on,** das, _s, ..onen, *meist Pl* (*Kernphys*; schweres Elementarteilchen) ⟨*lat + grch*⟩ · **Nu|kleo|pro|te|ide** *Pl* (*Biochem*; Verbindungen von Nukleinsäuren u. Eiweißstoffen im Zellkern); *Sg* Nu|kleo|pro|te|id, das, _s · **Nu|kle|us** [..e:us], der, _, ..lei [..le:i:] (*Biol*; Zellkern) ⟨*lat*⟩ · **Nu|kli|de** *Pl* (*Atomphys*; Atomkerne gleicher Zusammensetzung); *Sg* Nu|klid, das, _s ⟨*lat + grch*⟩
null *Numerale* ⟨*lat → ital*⟩; _ und nichtig; die Zahlen von _ bis sechs; durch _ teilen; _ Fehler haben; _ Grad; eins zu _ (*mit Ziffern* 1:0); _ Uhr (*meist mit Ziffern* 0.00 Uhr); *bei Zeitangabe nach Mitternacht*: _ Uhr zwölf (*mit Ziffern* 0.12 Uhr *od* 0^{12} Uhr)
Null: 1. die, _, _en (Ziffer; Nullpunkt – *umg abwert*; bedeutungsloser Mensch) ⟨*lat → ital*⟩; Nummer _; das Thermometer steht auf _; unter _ sinken; gleich _ sein, werden; zu _ werden; die Ziffern _ bis Sechs; er ist eine reine _ (*umg abwert*) – 2. der, *auch* das, _[s], _s (ein Spiel [beim Skat])
Nullage [*Tr* Null|la|ge *K 78*] (Nullstellung des Zeigers bei Meßapparaten) · **Nulleiter** [*Tr* Null|lei|ter *K 78*], der (*Elektrotechn*) · **Nullinie** [..iə; *Tr* Null|li|nie *K 78*] · **Null|me|ri|dian,** der, _s (*Geogr*) · **Null ou|vert** [nul u'vɛ:r] *K 47*, der, *auch* das, _ _, *Pl* _ _s (*Skat*; offenes Nullspiel) ⟨*frz*⟩ · **Null|punkt** · **Null|se|rie** [..iə] (*Techn*; Versuchsreihe vor der Serienproduktion)
Nu|me|ra|le, das, _[s], *Pl* ..lien [..iən] *od* ..lia (*Gramm*; Zahlwort) ⟨*lat*⟩ · **Nu|me|ri** *Pl*: 1. ↑ Numerus – 2. (*A. T.*; das 4. Buch Mose) · **nu|me|rie|ren,** *österr nur so, selten* **num|mern** (*K 363*) (mit [fortlaufenden] Zahlen versehen) · **Nu|me|rie|rung** · **Nu|me|rik,** die, _ (zahlenmäßiges Rechnen u. die dabei auftretenden mathemat. Probleme) · **nu|me|risch,** *österr nur so, selten* **num|me|risch** (zahlenmäßig, der Zahl nach); numerische Steuerung (*Datenv*) · **Nu|me|ro,** das, _s, _s (*veraltet*; Zahl); *Abk* No., *Zeichen* № ⟨*lat → ital*⟩; *vgl. auch* Nummer · **Nu|me|rus,** der, _, ..ri (*Gramm*; Kategorie der Zahl – *Math*; die zu logarithmierende Zahl) ⟨*lat*⟩ · **Nu|me|rus clau|sus** *K 47*, der, *Gen* _ _ (zahlenmäßig begrenzte Zulassung zu einem Studium od. zu einem Beruf) ⟨‚geschlossene Zahl'⟩
Nu|mi|der [..'mi:.. *od* 'nu:mi..] *od* **Nu|mi|dier** [..iər], der, _s, _ · **Nu|mi|dien** [..iən] (*Altertum*; Land im N Afrikas) · **nu|mi|disch;** *K 258*: das Numidische Reich (*Altertum*)
Nu|mis|ma|tik, die, _ (Münzkunde) ⟨*grch → lat*⟩ · **Nu|mis|ma|ti|ker,** der, _s, _ · **nu|mis|ma|tisch**
Num|mer, die, _, _n (Zahl); *Abk* Nr., *Pl* Nrn. ⟨*lat → ital*⟩; _ fünf; _

[1] *Konjugation vgl.* notlanden.

[1] *Tr* ..k|k..

Null; _ Sicher (*umg verhüll*; Gefängnis); auf _ Sicher gehen (*umg*; kein Risiko eingehen); laufende _ (*bürospr*; *Abk* lfd. Nr.); *vgl. auch* Numero · **nummerisch** ↑numerisch · **nummern** ↑numerieren · **Num|mern‿schild** (das), **...stem|pel**

Num|mu|li|ten *Pl* (*Paläont*; Urtierchen des Tertiärs); *Sg* Num|mu|lit, der, _en ⟨*lat*⟩

nun; nun wohlan! (*gehoben*); nun und nimmer (*veraltend*); von nun an; nun (da) du gekommen bist (*gehoben*)

nun|mehr (*gehoben*) · **nun|meh|rig** (*gehoben*)

'nun|ter *K 56* (*umg*; hinunter)

Nun|tia|tur, die, _, _en (Amt u. Sitz eines Nuntius) ⟨*lat*⟩ · **Nun|tius**, der, _, ..ien [..ĭən] (päpstl. Botschafter)

nur; _ Gutes; _ mehr (*landsch u. österr*; nur noch)

Nür|burg|ring, der, _[e]s (Autorennstrecke in der BRD)

Nu|rek (Stadt in Tadshikistan)

Nürn|berg (Stadt im SO der BRD) · **Nürn|ber|ger**: 1. *K 231*: der, _s, _; 2. *als Attribut K 232*: die Nürnberger Eier (Bez. für die ältesten Taschenuhren)

nu|scheln *K 363* (*umg*; undeutlich reden)

Nuß, die, _, *Pl* Nüsse. *Zus K 365ff.*: Nuß‿knacker usw. · **nuß|braun**; *vgl.* blau · **Nüß|chen**

Nü|ster, die, _, _n, *meist Pl* ⟨*zu* Nase⟩

Nut, *in der Technik nur so*, die, _, _en *od* **Nu|te**, die, _, _n (Furche, Fuge, Rinne)

Nu|ta|tion (*Bot*; Wachstumsbewegung von Pflanzen – *Astron*; period. Schwankung der Erdachse) ⟨*lat*⟩

Nut|ei|sen · **nu|ten** · **Nu|ten|frä|ser** · **Nut|ho|bel**

Nu|tria: 1. die, _, _s (Biberratte, Sumpfbiber) – 2. der, _s, _s (Fell der Nutria) ⟨*lat* → *span*⟩

Nu|tri|ment, das, _[e]s, _e (*Med*; Nahrung) ⟨*lat*⟩ · **Nu|tri|tion**, die, _ (*Med*; Ernährung)

Nut|sche, die, _, _n (*fachspr*; eine Filtriereinrichtung) · **nut|schen** *K 354*: 1. (*landsch*; lutschen) – 2. *od* **ab|nut|schen** (*fachspr*; mit der Nutsche filtrieren)

Nut|te, die, _, _n (*derb abwert*; Prostituierte)

nutz (*süddt, österr*; nütze); nichts _ sein ⟨*zu* genießen⟩

Nutz, der (*veraltet*; Nutzen); *noch in* Eigennutz; zu Nutz und Frommen (*veraltet*); sich etwas zunutze (*K 176*) machen usw.

Nutz|an|wen|dung · **nutz|bar**; _ machen · **Nutz|bar|keit**, die, _ · **Nutz|bar|ma|chung** · **nutz|brin|gend**; *K 115*: am _sten · **nüt|ze**; nichts _; zu nichts _; *vgl. auch* nutz · **Nutz|ef|fekt** (Wirkungsgrad) · **nut|zen** *od* **nüt|zen**, *österr meist so*, *K 354*; es nutzt *od* nützt dir nichts · **Nut|zen**, der, _s, _; es ist von _ · **Nut|zer** · **Nutz‿flä|che**, **...holz**, **...last** · **Nutz|lei|stung** (*Techn*; effektive Leistung) · **nütz|lich** · **Nütz|lich|keit** · **nutz|los** *K 349*; *vgl.* ...los · **Nutz|lo|sig|keit**, die, _ · **Nutz|nie|ßer** · **nutz|nie|ße|risch** · **Nutz|nie|ßung** · **Nutz|pflan|ze** · **Nut|zung**. *Zus K 365ff.*: Nutzungs‿recht usw.

Ny [ny:], das, _[s], _s (*österr auch* _) (griech. Buchstabe: *N*, *ν*) ⟨*semit* → *grch*⟩

Ny|lon ['nailɔn], das, _s *Kunstw* (eine synthet. Faser) ⟨*amerik*⟩

Nym|phe, die, _, _n (*griech Sage*; eine weibl. Naturgottheit – *Zool*; Entwicklungsstufe bestimmter Insekten) ⟨*grch*, ‚Mädchen'⟩ · **nym|phen|haft** · **Nym|pho|ma|nie**, die, _ (*Med, Psych*; krankhaft gesteigerter Geschlechtstrieb bei der Frau, Mannstollheit) · **Nym|pho|ma|nin**, die, _, ..innen (*Med, Psych*; mannstolle Frau)

Nyx (*griech Mythol*; Göttin der Nacht) ⟨*grch*⟩

O

O, das, *Gen* des O, *Pl* die O (Buchstabe)

o; o ja!; o nein!; o weh!; o daß ...!; o wie das wäre!; *aber alleinstehend*: oh!; *K 414*: oh, wäre das schön!; *vgl. auch* oh!

Oak|land ['o:klənt *od* ..lənd] (Hafenstadt an der Westküste der USA)

Oa|se, die, _, _n (Vegetationsinsel in der Wüste) ⟨*ägypt* → *grch* → *lat*⟩ · **Oa|sen|land|schaft**

ob: 1. *Konj*; wir wissen nicht, ob er kommt; *vgl. K 390*; *K 104*: das Ob und Wenn; ..., als ob ...; *K 105*: das Als-ob; *K 450*: ob ... ob; ob ... oder; ob auch (*veraltend*; wenn auch, obgleich)

2. *Präp*: **a)** *mit Dat* (*veraltet u. schweiz*; oberhalb); ob dem Walde; Rothenburg ob der Tauber – **b)** *mit Gen, zuweilen auch mit Dat* (*veraltet*; über, wegen); ob des Glückes hoch erfreut; ob gutem Fang

Ob, der, _ (Strom in Westsibirien)

Ob|acht, die, _ (*landsch*; Achtung, Vorsicht); Obacht!; _ geben; in _ nehmen

Ob|dach, das, _[e]s · **ob|dach|los**; *vgl.* ...los · **Ob|dach|lo|se**, der *u.* die, _n, _n *K 341* · **Ob|dach|lo|sig|keit**, die, _

Ob|duk|tion (Leichenöffnung) ⟨*lat*⟩ · **Ob|duk|tions|be|fund** · **Ob|du|zent** (Arzt, der eine Obduktion vornimmt) · **ob|du|zie|ren**

O-Bei|ne *K 186 Pl* · **O-bei|nig** *K 186*

Obe|lisk, der, _en, _en (vierkantiger, sich nach oben verjüngender Pfeiler) ⟨*grch* → *lat*⟩ · **Obe|lis|ken|form** · **obe|lis|ken|för|mig**

oben; nach, bis _; von _ (*Buchw* [*Abk* v. o.]); nach _ hin; nach _ zu; von _ her; wie _ (*Abk* w. o.); man wußte kaum noch, was _ und was unten war

I. *Schreibung bei Verben K 145*: oben sein, oben bleiben, oben stehen

II. *Schreibung beim Part II K 169*: der oben erwähnte Autor; es ist oben erwähnt, *aber*: der obenerwähnte Umstand; das [weiter] oben Erwähnte, *aber*: das Obenerwähnte. *Die gleichen Schreibweisen gelten für* obengenannt. *Vgl. auch* obenstehend

oben|an · **oben|auf** · **oben|drauf** (*umg*); _ stehen · **oben|drein** · **oben|er|wähnt** *K 169*; *vgl. auch* oben, II · **oben|ge|nannt** *K 169*; *Abk* o. g.; *vgl. auch* oben, II · **oben|hin** (flüchtig), *aber*: nach oben hin · **oben|hin|aus**; _ wollen (*übertr*), *aber*: bis nach oben hinaus · **oben|ste|hend**; *K 114*: obenstehendes; im obenstehenden (*bürospr*; weiter oben); *K 93*: das Obenstehende; *vgl. auch* folgend

ober: 1. ↑obere; *vgl. auch K 239* – 2. *Präp mit Dat* (*österr*; über); das Schild hängt ober der Tür

Ober, der, _s, _: 1. (eine Spielkarte) – 2. *Kurzw* (Oberkellner, Kellner)

Ober|am|mer|gau *K 239* (Kurort in den Alpen [BRD])

Ober|bau, *Pl* ..bauten

ober|bay[e]|risch [..bai..] · **Ober|bay|ern** *K 239* (Teil des Bundeslandes Bayern [BRD])

Ober|be|fehl, der, _[e]s · **Ober‿be|fehls|ha|ber**, **...bür|ger|mei|ster** (*Abk* OB *od* OBM)

ober|deutsch; *Abk* obd.; *vgl. K 266f.* · **Ober|deutsch**, das, *Gen* _[s], *Dat* _ (Sprachbezeichnung *K 268ff.*); *Abk* Obd. · **Ober|deut|sche**, das, *Gen* _n, *Dat* _n (Sprachbezeichnung *K 271*); *Abk* Obd.

Ober|dorf (der obere Teil eines Dorfes)

obe|re; *K 363*, z. B. die ober[e]n Schulklassen; *K 258*: der Obere See (in Nordamerika) · **Obe|re:** 1. der, _n, _n *K 341* (Vorgesetzter) – 2. das, _n *K 341* (Höheres)
ober|faul (*umg*; sehr faul; höchst bedenklich) · **Ober|feld|we|bel** (*Milit*); *Abk* Ofw. · **Ober|flä|che.** *Zus K 365ff.*: Oberflächen‿härtung (*Techn*) usw. · **ober|flä|chen|ak|tiv** (*Chem*) · **ober|fläch|lich** (*auch übertr*; flüchtig) · **Ober|fläch|lich|keit**
ober|gä|rig; ein _es Bier · **Ober|ge|richt** (*schweiz*; Kantonsgericht)
ober|halb: 1. *Adv* – 2. *Präp mit Gen*: oberhalb des Sees · **Ober|hand,** die, _; *nur in Wendungen wie* die _ behalten · **Ober|haus,** das, _es (erste Kammer bürgerlicher Parlamente, bes. in Großbritannien) · **Ober|ho|heit** [*Tr K 36*]
Obe|rin, die, _, ..innen · **ober|ir|disch** (*fachspr*)
Ober|ita|lien [..ĭən] *K 239*
Ober|kell|ner; *Kurzw* Ober
ober|la|stig (*seem*; mit zu hoch liegendem Schwerpunkt); ein _es Schiff · **Ober|lauf,** der, _[e]s
Ober|lau|sitz [*auch* ..ˈlau..] *K 239*, die, _ (Landschaft); *Abk* O. L.; *vgl. auch* Lausitz *u. K 229*
Ober|leh|rer (Titel für bewährte Lehrer in der DDR) · **Ober|lei|tungs|om|ni|bus;** *Kurzw* Obus · **Ober|leut|nant** (*Milit*); *Abk* Oltn.; Oberleutnant zur See · **Ober|licht,** *Pl* ..lichter, *selten* ..lichte · **Ober|li|ga** (*Sport*; höchste Spielklasse) · **Ober|li|gist** (*Sport*; der höchsten Spielklasse angehörende Mannschaft)
Ober|maat (*Milit*) · **Ober|ma|tro|se** (*Milit*) · **Ober|me|di|zi|nal|rat,** *Pl* ..räte; *Abk* OMR · **Ober|mei|ster** (Unteroffiziersdienstgrad der Volksmarine u. der Volkspolizei)
Obe|ron (*Sage*; König der Elfen) ⟨*germ* → *frz*⟩
Ober|öster|reich *K 239* (Bundesland in Österreich) · **ober|öster|rei|chisch**
Ober|pfalz *K 239*, die, _ (Teil des Landes Bayern [BRD])
Ober|phar|ma|zie|rat, *Pl* ..räte
Ober|rhein *K 239* · **ober|rhei|nisch;** *K 258*: die Oberrheinische Tiefebene (in Frankreich u. in der BRD)
Obers, das, _ (*bayr*, *österr*; Sahne) · **ober|schläch|tig** (*fachspr*; durch Wasser von oben angetrieben) ⟨*zu* schlagen⟩; _es Wasserrad · **Ober|schu|le;** *K 119*: die allgemeinbildende polytechnische _; die erweiterte _; *aber K 259*: die Allgemeinbildende Polytechnische Oberschule ... (*Abk* OS ..., *auch* POS ...); die Erweiterte Oberschule ... (*Abk* EOS ...); z. B. die Erweiterte Oberschule Frankenberg (*Abk* EOS Frankenberg) · **Ober|schwe|ster**
Oberst, der, _s *od* _en, *Pl* _en, *auch* _e *K 343* (ein Stabsoffizier) · **ober|stän|dig** (*Bot*, *vom Fruchtknoten gesagt*)
Oberst|dorf (Kurort in den Alpen [BRD])
ober|ste; oberstes Stockwerk; *K 94*: das Oberste zuunterst, das Unterste zuoberst kehren; *K 258*: der Oberste Sowjet der UdSSR; das Oberste Gericht der Deutschen Demokratischen Republik (*Abk* OG) · **Ober|ste,** der *u.* die, _n, _n *K 341* (Vorgesetzter *bzw* Vorgesetzte) · **Ober|stei|ger** (*Bergb*) · **Oberst|leut|nant** (*Milit*); *Abk* OSL · **Ober|stock** (Stockwerk) ⟨*zu* [1]Stock (2)⟩ · **Ober|stu|dien|rat** (Titel für bewährte Lehrer in der DDR) · **Ober|stu|fe** · **Ober|teil,** das, *auch* der · **Ober|tö|ne** *Pl* (*Mus*) · **Ober|tri|ko|ta|gen** [..,ta:ʒ(ə)n]
Ober|vol|ta ↑ Burkina Faso · **Ober|vol|ta|er,** der, _s, _ · **ober|vol|ta|isch**
Ober|was|ser, das, _s; _ haben (*umg*; im Vorteil sein) · **Ober|wei|te**
Ober|wie|sen|thal, Kur|ort (im Bez. Karl-Marx-Stadt)
ob|gleich
Ob|hut, die, _ (*gehoben*)
obig; *K 114*: obiges (vorstehendes); im obigen (*bürospr*; weiter oben); *aber K 93*: der Obige (*Abk* d. O.), das Obige; *vgl. auch* folgend
Oebis|fel|de [ø:..] (Stadt im Bez. Magdeburg)
Ob|jekt, das, _[e]s, _e (*allg*; Gegenstand, Sache, Angelegenheit – *Gramm*; Ergänzung – *Philos*; außerhalb u. unabhängig vom menschl. Bewußtsein existierender Gegenstand; *Ggs* Subjekt – *Wirtsch*; betriebswirtschaftl. Einheit, z. B. Verkaufsstelle, Schachtanlage, auch Gebäude) ⟨*lat*⟩ · **ob|jek|tiv** (wirklich vorhanden; tatsächlich; von der Sache bestimmt; vorurteilsfrei, unvoreingenommen); *Ggs* subjektiv · **Ob|jek|tiv,** das, _s, _e [..v..] (dem Gegenstand zugewandte Linse opt. Geräte) · **Ob|jek|ti|vis|mus** [..v..], der, _ (methodologische u. ideologische Denkhaltung, wonach jede Parteilichkeit der Wissenschaftlichkeit widerspricht) · **ob|jek|ti|vi|stisch** (dem Objektivismus ergeben); _ste · **Ob|jek|ti|vi|tät,** die, _ (Sachlichkeit des Urteils; Gegenständlichkeit); *Ggs* Subjektivität · **Ob|jekt|lei|ter,** der (*Wirtsch*) · **Ob|jekt|lohn** (Lohnform [im Bauwesen]) · **Ob|jekt|satz** (*Gramm*; Ergänzungssatz)
Oblast, die, _, _e (Verwaltungseinheit in der UdSSR) ⟨*russ*⟩
Ob|la|te [*österr* ˈɔ..], die, _, _n (Unterlage für Lebkuchen u. ä. – *christl Rel*; Abendmahlsbrot) ⟨*lat*, ‚das Dargebrachte'⟩
ob|lie|gen [ˈɔp.. *od* ..ˈli:..] (*gehoben*); es liegt mir ob *od* es obliegt mir (*österr nur so*); es lag mir ob *od* es oblag mir (*österr nur so*); es läge mir ob *od* es obläge mir (*österr nur so*); obgelegen; obzuliegen · **Ob|lie|gen|heit** (*gehoben*)
ob|li|gat (unerläßlich, unentbehrlich) ⟨*lat*⟩; mit _er Flöte (*Mus*) · **Ob|li|ga|tion** (*Wirtsch*; Wertpapier mit fester Verzinsung) · **Ob|li|ga|tio|när,** der, _s, _e (*schweiz*; Inhaber von Obligationen) ⟨*lat* → *frz*⟩ · **ob|li|ga|to|risch** (verpflichtend, bindend, verbindlich, Pflicht...) ⟨*lat*⟩; *Ggs* fakultativ · **Ob|li|ga|to|rium,** das, _s, ..ien [..iən] (*schweiz*; Verpflichtung) · **Ob|li|go,** das, _s, _s (*Wirtsch*; Verbindlichkeit; Haftung) ⟨*lat* → *ital*⟩; ohne _ (unter Ausschluß der Haftung)
ob|li|que [oˈbli:k(və)] (*Gramm*; abhängig) ⟨*lat* → *frz*⟩; _r Kasus (abhängiger Fall); *vgl. auch* Casus obliquus
Ob|li|te|ra|tion (*Wirtsch*; Tilgung, Löschung) ⟨*lat*⟩
Ob|mann, *Pl* ..männer *od* ..leute
Obo|dri|ten *od* **Abo|dri|ten,** *auch* **Obo|tri|ten** *Pl* (*Mittelalter*; Sammelbez. für slaw. Stämme an der Unterelbe); *Sg* Obo|drit *od* Abodrit, *auch* Obo|trit, der, _en
Oboe [oˈbo:ə, *österr* ˈo:..], die, _, _n (Holzblasinstrument) ⟨*frz* → *ital*, ‚lautes Holz'⟩ · **Obo|ist** (Oboespieler)
Obo|lus, der, _, *Pl* _ *od* ..usse (altgriech. kleine Münze – *übertr*; kleiner Geldbetrag, Spende) ⟨*grch* → *lat*⟩
Obotriten ↑ Obodriten
Ob|rig|keit (*veraltend*) · **ob|rig|keit|lich** (*veraltend*)
Obrist (*veraltet*; Oberst – *auch abwert*; Mitglied einer Militärjunta)
ob|schon
Ob|ser|va|tion [..v..] ([wissenschaftl.] Beobachtung; Wahrnehmung) ⟨*lat*⟩ · **Ob|ser|va|tor,** der, _s, ..oren (Beobachter an einem Observatorium) · **Ob|ser|va|to|rium,** das, _s, ..ien [..iən] (Beobachtungsstelle, bes. Stern-, Wetterwarte) · **ob|ser|vie|ren** (*fachspr*; beobachten)

Ob|si|dian, der, _s, _e (*Geol*; vulkan. glasiges Gestein) ⟨*lat*⟩

ob|sie|gen [*auch* ..'zi:..] (*veraltend*); du obsiegst, *auch* du siegst ob; obgesiegt; obzusiegen

ob|skur (dunkel; unbekannter Herkunft; verdächtig) ⟨*lat*⟩; *vgl. auch* Clair-obscur · **Ob|sku|ran|tis|mus,** der, _ (Wissenschafts- u. Fortschrittsfeindlichkeit) · **Ob|sku|ri|tät** (Unklarheit, Dunkelheit)

Ob|sor|ge, die, _ (*österr*; sorgende Aufsicht)

Obst [o:pst, *österr* ɔpst], das, _es, *Pl* Obstsorten. *Zus K 365ff.*: Obst‿baum usw. · **Obst|bau,** der, _[e]s

Ob|ste|trik, die, _ (*Med*; Lehre von der Geburtshilfe) ⟨*lat*⟩

Ob|sti|pa|tion (*Med*; Stuhlverstopfung) ⟨*lat*⟩

obst|reich

ob|stru|ie|ren (hemmen; entgegenarbeiten; Parlamentsdebatten u. -beschlüsse durch Reden u. Anträge verhindern) ⟨*lat*⟩ · **Ob|struk|tion** (Störung; Verschleppung, Verhinderung der [parlamentar.] Beschlußfassung) · **ob|struk|tiv** (hemmend)

ob|szön (unanständig, schamlos, schlüpfrig; zotenhaft) ⟨*lat*⟩ · **Ob|szö|ni|tät**

Obus, der, _ *od* ..usses, *Pl* ..usse *Kurzw* (Oberleitungsomnibus)

Ob|wal|den (Halbkanton von Unterwalden)

ob|wal|ten [*auch* ..'val..] (*veraltend*; wirksam, vorhanden sein); es waltet ob, *seltener* obwaltet; obgewaltet; obzuwalten; unter obwaltenden Umständen (*bürospr*)

ob|wohl; *vgl. K 390* · **ob|zwar** (*veraltend*); *vgl. K 390*

Och|lo|kra|tie [..x..], die, _, ..ien (*abwert*; von Vertretern der altgriech. Aristokratie geprägte Bez. für die Herrschaft des Volkes) ⟨*grch*, ‚Pöbelherrschaft'⟩ · **och|lo|kra|tisch** (*abwert*)

ochot|skisch [..x..] ⟨*nach* der sowjet. Hafenstadt Ochotsk⟩; *K 258*: das Ochotskische *od* (*K 232*:) Ochotsker Meer (nördl. Randmeer des Pazifiks)

Och|se, *österr u. landsch* **Ochs,** der, *Gen* Ochsen, *Pl* Ochsen. *Zus K 365ff.*: Ochsen‿gespann usw. · **och|sen** *K 354* (*salopp*; angestrengt arbeiten) · **Och|sen|au|ge** (*bes Arch*; ovales od. rundes Dachfenster) · **Och|sen|schlepp,** der, _[e]s, _e (*österr*; Schwanz des Ochsen) · **Och|sen|zie|mer** · **och|sig** (*salopp*)

Öchs|le, das, _s, _ (Maßeinheit für die Dichte des Mostes); *Einheitenzeichen* °Ö ⟨*nach* dem Mechaniker⟩; 90° Öchsle

Ocker [*Tr* Ok|ker], der *od* das, *österr nur so*, _s, _ (ein Mineralgemenge; gelbbraune Malerfarbe) ⟨*grch* → *lat*⟩; *vgl.* Blau. *Zus K 365ff.*: Ocker‿farbe usw. · **ocker|gelb** [*Tr* okker ...]; *vgl.* blau · **ocker|hal|tig** [*Tr* ok|ker..]

öd ↑ öde

Odal, das, _s, _e (*hist*; Sippeneigentum an Grund u. Boden im german. Recht) ⟨‚Besitz'⟩

Odds *Pl* (*Rennsp*; Wette mit ungleichen Einsätzen) ⟨*engl*⟩

öde, *auch* **öd** *K 64*

Ode, die, _, _n (feierliches Gedicht) ⟨*grch* → *lat*⟩

Öde, die, _, _n

Odem, der, _s (*dicht*; Atem)

Ödem, das, _s, _e (*Med*; Gewebewassersucht) ⟨*grch* → *lat*, ‚Geschwulst'⟩ · **öde|ma|tös** (*Med*); _e Schwellungen

Oden|wald, der, _[e]s (Bergland in der mittleren BRD) · **Oden|wäl|der,** der, _s, _

oder; *Abk* od., *teils* o., z. B. o. ä. (oder ähnliche[s]), o. d. ä. (oder dem ähnliche[s]); entweder ... oder (*Zeichensetzung vgl. K 404* u. 405); *K 105*: das Entweder-Oder. *Vgl. auch K 390*

Oder, die, _, *tschech u. poln* **Odra** (Fluß in der ČSSR, in Polen u. in der DDR) · **Oder|bruch** [..brux *od* ..bru:x] *K 246*, das, _[e]s (Landsch. im O der DDR)

Oder|men|nig, der, _[e]s, _e (eine Pflanze)

Oder|mün|dung · **Oder-Nei|ße-Frie|dens|gren|ze** *K 247*, die, _ · **Oder-Spree-Ka|nal** *K 247*, der, _s

Odes|sa (Hafenstadt der Ukraine am Schwarzen Meer)

Odeur [o'dø:r], das, _s, _s (Wohlgeruch, Duft) ⟨*lat* → *frz*⟩

Odi|lia (w. Vn.) ⟨*Nebenf von* Ottilie⟩ · **Odi|lie** [..ĭə] (w. Vn.) ⟨*Nebenf von* Ottilie⟩ · **Odin** ↑ Wodan

odiös ⟨*lat* → *frz*⟩, *seltener* **odios** *K 349* ⟨*lat*⟩, *österr nur so* (*veraltend*; gehässig; unausstehlich, widerwärtig)

Ödi|pus [*od* ..'di(:)..] (*griech Sage*; Sohn u. Mann der Iokaste) ⟨*grch* → *lat*⟩

Odium, das, _s (*veraltend*; Makel, übler Beigeschmack) ⟨*lat*, ‚Haß'⟩

Öd|land, *Pl* ..ländereien (land- od. forstwirtschaftlich nicht nutzbare Fläche)

Odon|to|lo|gie, die, _ (Lehre von den Zähnen) ⟨*grch*⟩ · **odon|to|lo|gisch**

Odra ↑ Oder

Odys|see: 1. die, _ (Heldengedicht Homers über die Irrfahrten des Odysseus) – 2. die, _, ..sseen (lange Irrfahrt) ⟨*grch* → *lat*⟩ · **odys|se|isch** · **Odys|seus** [*od* ..'sɔys] ⟨*grch*⟩, *latein Name* **Uli|xes** *od* **Ulys|ses** (*griech Sage*; König von Ithaka, Held vor Troja)

Œu|vre ['œ:vr(ə) *od* 'ø:vər], das, _[s], *Pl* (*selten*) _s [..vr(ə) *od* ..vər(s)] (Gesamtwerk eines Künstlers) ⟨*lat* → *frz*⟩

Öf|chen · **Ofen,** der, _s, *Pl* Öfen. *Zus K 365ff.*: Ofen‿tür usw.

of|fen *K 363* ⟨*zu* auf⟩; offener, 'offenste; *K 119*: offener Brief; offener [vom Faß gezapfter] Wein; offene Handelsgesellschaft (*kap Wirtsch* [*Abk* OHG])

Schreibung bei Verben u. Partizipien:

I. *Getrenntschreibung K 135*: offen (geöffnet) sein; offen (freimütig) reden; offen (ehrlich) gestanden; offen (frei, allen sichtbar) halten

II. *Zusammenschreibung vgl.* offenbleiben, offenhalten, offenlassen, offenstehen

Of|fen|bach am Main (Stadt in der BRD) · **Of|fen|ba|cher:** 1. *K 231*: der, _s, _; 2. *als Attribut K 232*

of|fen|bar[1] ['ɔf(ə)n.. *od* ..'ba:r] · **of|fen|ba|ren**[1]; du offenbarst[1]; offenbart[1], *auch noch* geoffenbart; zu offenbaren[1]; sich (*Akk*) _ · **Of|fen|ba|rung**[1] (*Rel*) · **Of|fen|ba|rungs|eid** (*Rechtsw*)

of|fen|blei|ben *K 137*; es bleibt offen; offengeblieben; offenzubleiben; diese Frage muß offenbleiben; *aber*: offen bleiben (ehrlich bleiben); er soll so offen (ehrlich) bleiben, wie er war

of|fen|hal|ten[2] *K 137*; jmdm. eine Stelle _; die Fenster _; die Augen _ (aufpassen); *aber*: offen halten (allen sichtbar halten)

Of|fen|heit, die, _ · **of|fen|her|zig** · **Of|fen|her|zig|keit,** die, _ · **of|fen|kun|dig** ['ɔ.. *od* ..'kun..] · **Of|fen|kun|dig|keit,** die, _ · **of|fen|las|sen**[2] *K 137*; eine Frage _; die Fenster _ · **of|fen|sicht|lich** [*od* ..'ziç..]

of|fen|siv (angreifend, angriffslustig) ⟨*lat*⟩; *Ggs* defensiv · **Of|fen|si|ve** [..v..], die, _, _n (Angriff) ⟨*lat* → *frz*⟩; *Ggs* Defensive

of|fen|ste|hen[2] *K 137 u. 363*; ein offenstehendes Konto; die Fenster haben offengestanden; er meinte, daß es mir offenstünde, zu gehen; *aber*: offen stehen (frei, allen sichtbar stehen); zu etwas offen (ehrlich) stehen

---

[1] *Österr u. schweiz* stets auf dem O/o betont.

[2] *Konjugation vgl.* offenbleiben.

öf|fent|lich; die _e Meinung; öffentlich-rechtlich *K 189* · **Öf|fent|lich|keit,** die, _ · **Öf|fent|lich|keits|ar|beit,** die, _
of|fe|rie|ren (anbieten, anpreisen) ⟨*lat*⟩ · **Of|fer|te,** die, _, _n, *österr* **Of|fert,** das, _[e]s, _e (Angebot) ⟨*lat → frz*⟩
Of|fice ['ɔfis], das, _, _ (*bes schweiz*; Anrichteraum in Gaststätten u. Hotels) ⟨*lat → frz → engl*⟩ · **Of|fi|zial,** der, _s, _e (*kath Kirche*; Vertreter des Bischofs bei Ausübung der Gerichtsbarkeit – *österr*; Rangbezeichnung für Beamte) ⟨*lat*⟩ · **Of|fi|zial|ver|tei|di|ger** (*Rechtsw*; vom Gericht amtlich bestellter Verteidiger) · **of|fi|ziell** (amtlich; verbürgt; förmlich) ⟨*lat → frz*⟩
Of|fi|zier [*österr* ..'si:r], der, _s, _e ⟨*lat → frz*⟩. *Zus K 365ff.*: Offiziers‿schule usw.
Of|fi|zin, die, _, _en (*veraltet*; Buchdruckerei; Apotheke) ⟨*lat*⟩ · **of|fi|zi|nell** (arzneilich, als Arzneimittel anerkannt); _e Pflanzen
of|fi|ziös (halbamtlich, nicht verbürgt) ⟨*lat → frz*⟩
öff|nen · **Öff|ner** · **Öff|nung**
Off|set|druck (*Polygr*): 1. der, _[e]s (ein Flachdruckverfahren) – 2. der, _[e]s, _e (Erzeugnis dieses Verfahrens) ⟨*engl*⟩
O-för|mig *K 186*
oft; wie oft habe ich es dir [nicht] gesagt; ich habe es dir so oft gesagt, daß ...; *aber*: sooft du zu mir kommst ... (*vgl.* sooft); öfter *od* öfters; öfter als ...; *K 114*: des öfter[e]n, *K 115*: am öftesten; *K 176*: allzuoft
oft|ma|lig · **oft|mals**
ogi|val [ogi'va:l, *auch* ɔʒi'val] (*Kunstwiss*; spitzbogig) ⟨*frz*⟩
oh!; oh, oh!; *K 414*: oh, wäre das schön!; oh, ist das schade!; *aber in Verbindung mit anderen Wörtern nur* o: o weh!; o wie schade; *vgl. auch* o · **oha!** (*umg*); oha, das war knapp!
Oheim, der, _[e]s, _e (*veraltet*; Onkel)
Ohio [o'haio]: 1. der, _[s] (Nebenfluß des Mississippi) – 2. (Staat der USA)
Ohm, das, _s, _ (SI-Einheit des elektr. Widerstands); *Einheitenzeichen* Ω ⟨*nach* dem Physiker⟩
Öhmd, das, _[e]s (*südwestdt*; das zweite Mähen, Grummet) · **öh|men** (*südwestdt*; nachmähen)
...oh|mig (*Elektrotechn* [z. B. hochohmig]) · **ohmsch** *K 218 u. 219* (im Sinne der von dem Physiker Ohm gefundenen Gesetzmäßigkeit); _er Widerstand (*Phys*) · **Ohmsch** *K 217 u. 219* (von dem Physiker Ohm herrührend); _es Gesetz (*Phys*)
oh|ne: 1. *Präp mit Akk*; *K 114*: ohne weiteres (*österr auch K 176*: ohneweiters); ohne und mit ... (*vgl. K 379*); ohne Jahr (*Buchw* [*Abk* o. J.]), ohne Ort (*Abk* o. O.), ohne Ort und Jahr (*Abk* o. O. u. J.); ohne Befund (*Med* [*Abk* o. B.]); *erstarrte Formen mit Gen u. Dat*: zweifelsohne, ohnedem – 2. *Konj*: ohne daß (*vgl. auch K 450*)
oh|ne|dies [*od* 'o:..] · **oh|ne|ein|an|der;** _ nicht auskommen · **oh|ne|glei|chen** · **oh|ne|hin** [*od* 'o:..] · **oh|ne|wei|ters** ↑ *unter* ohne (1)
Ohn|macht, die, _, _en (*zu mhd* amaht ‚Kraftlosigkeit', *an* ohne *angelehnt*) · **ohn|mäch|tig** · **Ohn|machts|an|fall**
oho! · **oh, oh!**
Ohr, das, _[e]s, _en · **Öhr,** das, _[e]s, _e (Loch [in Nadeln]) · **Öhr|chen** (kleines Ohr) · **Ohrclip** ↑ Ohrklipp
Ohr|druf (Stadt im Bez. Erfurt)
Oh|ren|beich|te (*kath Kirche*) · **oh|ren|fäl|lig** · **Ohrenklips** ↑ Ohrklipp · **oh|ren|krank** · **Oh|ren|sau|sen,** das, _s · **Oh|ren‿schmalz, ...schmaus** · **Ohr|fei|ge** · **ohr|fei|gen;** geohrfeigt · **Ohr|klipp,** *auch* **Ohr|clip,** *österr* **Oh|ren|klips** · **Ohr‿läpp|chen, ...ring, ...spü|lung, ...trom|pe|te** (*Anat*) · **Ohr|wurm** (*auch umg*; leicht eingängige Melodie)
Oie ['ɔyə], die, _, _n (kleine Insel) ⟨*dän*⟩; *K 232*: die Greifswalder _
Oi|mja|kon [ɔym..] (ein Kältepol der Erde in Ostsibirien); *vgl. auch* Werchojansk
oje! (*gekürzt aus* o Jesu!) · **ojemine!** ↑ jemine!
Oka [*od* 'ɔ..], die, _ (Nebenfluß der Wolga)
Oka|pi, das, _s, _s (kurzhalsige Giraffe) ⟨*afrik*⟩
Oka|ri|na, die, _, *Pl* _s *od* ..nen (tönerne Schnabelflöte) ⟨*lat → ital*⟩
okay [o'ke:] (*umg*; [alles] in Ordnung); *Abk* o. k. [o:'ke:] *od* O. K. ⟨*amerik*⟩
Okea|ni|den *Pl* (*griech Sage*; Meernymphen); *Sg* Okea|ni|de, die, _ ⟨*grch*, ‚Töchter des Okeanos'⟩ · **Okea|nos** [*od* ..'nɔs] (*griech Mythol*; Gott des die Erde umfließenden Weltstroms)
Ok|ka|sion (*veraltet*; [günstige] Gelegenheit; Anlaß; Gelegenheitskauf, -angebot) ⟨*lat*⟩ · **ok|ka|sio|nell** (*Wissensch*; gelegentlich, Gelegenheits...) ⟨*lat → frz*⟩; *Ggs* usuell; _e Wortbildung
Ok|klu|sion (*fachspr*; Verschluß, Einschließung) ⟨*lat*⟩ · **ok|klu|siv** (*fachspr*; ab-, einschließend)
ok|kult (verborgen; geheim; geheimnisvoll) ⟨*lat*⟩ · **Ok|kul|tis|mus,** der, _ (pseudowissenschaftl. Beschäftigung mit angeblich übersinnl. Kräften) · **Ok|kul|tist** (Anhänger des Okkultismus) · **ok|kul|ti|stisch**
Ok|ku|pant (*abwert*; jmd., der fremdes Staatsgebiet besetzt) ⟨*lat*⟩ · **Ok|ku|pa|tion** (*abwert*; Besetzung fremden Staatsgebiets [zur Ausübung der Staatsgewalt]) · **ok|ku|pie|ren** (*abwert*)
Okla|ho|ma (Staat der USA)
Öko|lo|ge, der, _n, _n (Fachmann auf dem Gebiet der Ökologie) ⟨*grch → lat*⟩ · **Öko|lo|gie,** die, _ (Lehre von den Beziehungen zw. den Lebewesen u. ihrer Umwelt) · **öko|lo|gisch;** _es System (*Kurzw* Ökosystem)
Öko|nom, der, _en, _en (Wirtschaftswissenschaftler) ⟨*grch → lat*⟩ · **Öko|no|mie,** die, _ (Wirtschaftswissenschaft, Wirtschaftslehre; Wirtschaft; Wirtschaftlichkeit); die politische _ (↑ *d.*) · **Öko|no|mik**: 1. die, _ (Gesamtheit der Produktionsverhältnisse einer gesellschaftl. Entwicklungsstufe) – 2. die, _, _en (Teildisziplin der Wirtschaftswissenschaften) · **öko|no|misch;** _ste; *K 119*: die sozialistische ökonomische Integration (*Wirtsch*), eine ökonomische Konferenz, *aber K 258*: die Neue Ökonomische Politik (die Wirtschaftspolitik des Sowjetstaates nach 1921; *Kurzw* NÖP)
Öko|sy|stem *Kurzw* (ökologisches System, funktionelle Einheit von Lebewesen u. ihrer Umwelt) ⟨*grch → lat*⟩
Ok|ta|eder, das, _s, _ (*Geom*; Achtflächner) ⟨*grch*⟩ · **ok|ta|edrisch** (*Geom*)
Ok|tan, das, _s, _e (*Chem*; ein Alkan) ⟨*lat*⟩ · **Ok|tant,** der, _en, _en (*Geom*; der achte Teil der Kreisfläche od. des Kugelkörpers – *Schiff*; Winkelmeßgerät) · **Ok|tan|zahl** (Maßzahl für die Klopffestigkeit von Vergaserkraftstoffen); *Abk* OZ
Ok|ta|ve [..v..], *österr* **Ok|tav** [..f], die, _, ..ven [..v..] (*Mus*; achter Ton der diaton. Tonleiter; Intervall im Achtstufenabstand – *kath Kirche*; eine religiöse Feier) ⟨*lat*⟩ · **ok|ta|vie|ren** [..v..] (*Mus*; eine Oktave höher spielen als angegeben)
Ok|tett, das, _[e]s, _e (Musikstück für acht Instrumente od. Gesangsstimmen; Gruppe der acht Ausführenden) ⟨*lat → ital*⟩
Ok|to|ber, der, _[s] *K 328*, *Pl* (*selten*) _ (zehnter Monat im Jahr); *Abk* Okt. ⟨*lat*, *nach* der Bez. für den achten Monat des röm. Kalen-

ders⟩ · **Ok|to|ber|fest** (in München) · **Ok|to|ber|re|vo|lu|tion** [..v..], die, _, *kurz für* **Gro|ße Sozia|li|sti|sche Ok|to|ber|re|vo|lu|tion** (*K 258*), die, *Gen* _n _n _ (die erste siegreiche proletarische Revolution [in Rußland] i. J. 1917)

Ok|to|de, die, _, _n (*Phys*; Achtpolröhre) ⟨*grch*⟩

Ok|to|gon, das, _s, _e (*Geom*; Achteck – *Arch*; achteckiger Bau) ⟨*grch*⟩ · **ok|to|go|nal** (*Geom*; achteckig) ⟨*grch* → *lat*⟩

Ok|to|po|den *Pl* (*Zool*; Achtfüßer); *Sg* Ok|to|po|de, der, _n ⟨*grch*⟩

ok|troy|ie|ren [..trŏa'ji:..] ([rechtswidrig] aufzwingen) ⟨*lat* → *frz*⟩

oku|lar (*fachspr*; das Auge betreffend; mit dem Auge, durch das Auge) ⟨*lat*⟩ · **Oku|lar,** das, _s, _e (dem Betrachter zugewandte Linse opt. Geräte) · **Oku|la|tion** (*Gartenb*; ein Veredlungsverfahren) · **Oku|li** (*christl Rel*; Name des 3. Passionssonntages) ⟨‚Augen'⟩ · **oku|lie|ren** (*Gartenb*; veredeln) · **Oku|lier|mes|ser,** das (*Gartenb*)

Öku|me|ne, die, _ (*Geogr*; der bewohnte Erdkreis – *christl Kirche*; Gesamtheit der Christen der Erde) ⟨*grch* → *lat*⟩ · **öku|me|nisch** (*Geogr*; den ganzen bewohnten Erdkreis betreffend; Welt... – *christl Kirche*; die Christenheit insgesamt betreffend); *K 119*: das _e Konzil (*kath Kirche*)

Ok|zi|dent [*auch* ..'dɛnt], der _[e]s (*veraltend*; Europa – *veraltet*; Westen) ⟨*lat*⟩; *Ggs* Orient · **ok|zi|den|tal,** *auch* **ok|zi|den|ta|lisch**

Öl, das, _[e]s, _e ⟨*grch* → *lat*⟩. *Zus K 365ff.*: Öl‿farbe usw.

Olaf (m. Vn.) ⟨*anord*, ‚Ahne' + ‚Nachkomme' (od. ‚Götter' + ‚Nachkomme')⟩

Öl|berg, der, _[e]s (*bibl*; Berg bei Jerusalem)

Ol|den|burg (Name zweier Städte im N der BRD) · **Ol|den|bur|ger:** 1. *K 231*: der, _s, _; 2. *als Attribut K 232* · **ol|den|bur|gisch**

Ol|des|loe [..lo:], **Bad** (im NO der BRD)

Ol|die ['o:ldi:], der, _s, _s, *meist Pl* (wieder aktueller Schlager vergangener Jahre) ⟨*amerik*⟩

Öl|druck, *Pl* ..drucke

Old|ti|mer ['o:ldtaimər], der, _s, _ (Original aus der Frühzeit des Fahrzeugbaus bzw. dessen Nachbildung) ⟨*engl*⟩

Olea ↑ Oleum

Ole|an|der, der, _s, _ (immergrüner, giftiger subtrop. Baum od. Strauch) ⟨*grch* → *lat* → *ital*⟩

Ole|at, das, _[e]s, _e (*Chem*; Salz der Ölsäure) ⟨*grch* → *lat*⟩ · **Olefine** ↑ Alkene · **ole|fin|reich** (*Chem*) ⟨*zu* Olefine⟩ · **Ole|in,** das, _s, _e (*Chem*; ölsäurehaltiges Fett; techn. Ölsäure) ⟨*grch* → *lat*⟩. · **ölen** · **Oleum** [..e:um], das, _[s], *Pl* Olea (Öl – *Chem*; rauchende Schwefelsäure) · **Öl|far|ben|druck,** der, _[e]s, _e

Ol|ga (w. Vn.) ⟨*russ Form von* Helga⟩

Öl|göt|ze; *meist in* wie ein _ (teilnahmslos) dastehen (*umg abwert*) · **öl|hal|tig** · **öl|höf|fig** (*bergm*; reiche Ausbeute an Erdöl versprechend)

Oli|fant, der, _[e]s, _e (mittelalterl. Jagd- u. Trinkhorn aus Elfenbein) ⟨*grch* → *frz*, *nach* dem Hifthorn Rolands⟩

ölig ⟨*grch* → *lat*⟩

Olig|arch [..ç], der, _en, _en ⟨*grch*⟩ · **Olig|ar|chie,** die, _, ..ien (Herrschaft einer privilegierten Minderheit) · **olig|ar|chisch**

Oli|go|chä|ten [..ç..] *Pl* (*Zool*; die Wenigborster) ⟨*grch*⟩

oli|go|zän (*Geol*) ⟨*grch* → *lat*⟩ · **Oli|go|zän,** das, _s (*Geol*; jüngste Abteilung des Paläogens)

Olim (*lat*, ‚ehemals'); *nur scherzh in* seit *od* zu Olims Zeiten.

oliv *nichtdeklinierbar* (olivfarben) ⟨*grch* → *lat*⟩; *vgl. auch K 277* · **Olive** [..v..], die, _, _n (Frucht des Ölbaums; Ölbaum) · **Oli|ven|öl**

Oli|ver [..v..] (m. Vn.) ⟨*Herkunft umstritten*⟩

oliv|far|ben [..f..], *auch* **oli|ven|farben** [..v..] *K 364 od* **oliv|far|big** [..f..], *auch* **oli|ven|far|big** [..v..]; *vgl. auch* ...farben *u. K 272ff.* · **oliv|grau** [..f..]; *vgl.* blau · **olivgrün;** *vgl.* blau

Oli|vin [..v..], der, _s, _e (ein Silikatmineral) ⟨*grch* → *lat*⟩

olle Kamellen ↑ *unter* Kamellen

Olm, der, _[e]s, _e (ein Lurch)

Olo|mouc ['ɔlɔmoŭts] (Stadt in der ČSSR)

Öl|pest (Verschmutzung von Meer u. Küste durch Rohöl) · **Öl|schiefer** (Gestein, aus dem Öl u. Gas gewonnen wird)

Oels|nitz (Name zweier Städte in der DDR); _ (Vogtland); _ (Erzgebirge)

Ol|ten (Stadt in der Schweiz)

Ölung; *K 258*: die Letzte Ölung (*kath Kirche*)

Olymp, der, _s (Berg in Griechenland – *griech Mythol*; der Wohnsitz der Götter) ⟨*grch*⟩ · **Olym|pia** (*Altertum*; Zeuskultstätte auf dem Peloponnes) · **Olym|pia|de,** die, _, _n (die Olympischen Spiele – *Altertum*; die vierjährige Zeitspanne zw. zwei olymp. Festen) · **Olym|pia‿mann|schaft,** ...**norm,** ...**sieg,** ...**sie|ger,** ...**sta|dion** · **Olym|pier** [..ĭər], der, _s, _ (*griech Mythol*; Beiname der griech. Götter, bes. des Zeus, als Bewohner des Olymps – *übertr*; überragende Persönlichkeit) · **Olym|pio|ni|ke,** der, _n, _n (Sieger bei den Olympischen Spielen; Teilnehmer an den Olympischen Spielen) · **olym|pisch** (göttlich, himmlisch; Olympia, die Olympischen Spiele betreffend); *K 119*: olympischer Rekord, olympisches Dorf, olympisches Feuer, *aber K 258*: die Olympischen Spiele, das Internationale Olympische Komitee (*Abk* IOC)

Oma, *auch* **Oma|ma,** die, _, _s (kindersprachl. Koseform von Großmutter)

Omai|ja|de, der, _n, _n (Angehöriger des arab. Herrschergeschlechts der Omaijaden) ⟨*nach* dem Ahnherrn Omaija⟩

Omama ↑ Oma

Oman, *amtl* **Sul|ta|nat Oman** (in Südarabien) · **Oma|ner,** der, _s, _ · **oma|nisch**

Ombrograph ↑ Pluviograph

Ome|ga, das, _[s], _s (*österr auch* _) (letzter Buchstabe des griech. Alphabets, langer, offener O-Laut: Ω, ω); *vgl. auch* Alpha

Ome|lett, das, _[e]s, *Pl* _e *od* _s *od*, *österr u. schweiz nur*, **Ome|lette** [*beide* ɔmə'lɛt *od* ɔm'lɛt, *österr u. schweiz nur so*], die, _, _n [..t(ə)n] (eine Art Eierkuchen) ⟨*lat* → *frz*⟩

Omen, das, _s, *Pl* _ *od* Omina (Vorzeichen guter od. böser Bedeutung) ⟨*lat*⟩

Omi|kron, das, _[s], _s (*österr auch* _) (griech. Buchstabe, kurzer, geschlossener O-Laut: *O*, *o*)

Omina ↑ Omen · **omi|nös** *K 349* (von [böser] Vorbedeutung, unheilvoll, bedenklich) ⟨*lat* → *frz*⟩

Om|ni|bus, der, ..busses, ..busse (vielsitziges Fahrzeug, bes. Kraftfahrzeug, für Personenverkehr) ⟨*lat* → *frz*, ‚für alle'⟩; *Kurzw* Bus. *Zus K 365ff.*: Omnibus‿linie usw. · **Om|nium,** das, _s, *Pl* Omnien [..iən] (*Rad-, Pferdesp*; bes. Art des Bahnrennens) ⟨*lat*⟩ · **Om|ni|vo|ren** [..v..] *Pl* (*Zool*; Allesfresser); *Sg* Om|ni|vo|re, der, _n

Omsk (Stadt der RSFSR am Irtysch) · **Oms|ker:** 1. *K 231*: der, _s, _; 2. *als Attribut K 232*

Ona|nie, die, _ (geschlechtl. Selbstbefriedigung) ⟨*fälschl nach* der bibl. Gestalt Onan⟩ · **ona|nie|ren** · **Ona|nist**

On|dit [ɔ̃'di:], das, _, _s (Gerücht, das Hörensagen) ⟨*frz*, ‚man sagt'⟩; einem _ zufolge

On|du|la|tion ⟨*lat* → *frz*⟩ · **on|du|lie|ren** (die Haare künstlich wellen) · **On|du|lier|stab**

One|ga|see [ɔ'nïɛ..] *K 246*, der, _s (im NW der UdSSR)

One|step ['wan.. *od* 'wɔnstɛp], der, _s, _s (ein ursprünglich amerikan. Modetanz im $^2/_4$-Takt) ⟨*engl*⟩

On|kel, der, _s, *Pl* _, *umg auch* _s ⟨*lat* → *frz*⟩ · **on|kel|haft** (*meist iron*)

On|ko|lo|ge, der, _n, _n (Facharzt für Onkologie) ⟨*grch*⟩ · **On|ko|lo|gie,** die, _ (Lehre von den Geschwülsten) · **on|ko|lo|gisch**

Öno|lo|gie, die, _ (Wein[bau]kunde) ⟨*grch* → *lat*⟩ · **öno|lo|gisch**

Ono|ma|sio|lo|gie, die, _ (*Sprachw*; Bezeichnungslehre) ⟨*grch*⟩ · **Ono|ma|stik,** die, _ (*Sprachw*; Namenkunde, Namenforschung) · **Ono|ma|sti|kon,** das, _s, *Pl* ..ken *od* ..ka (Namenverzeichnis) · **ono|ma|to|poe|tisch** (*Sprachw*; schall-, lautnachahmend) · **Ono|ma|to|pö|ie,** die, _, ..ien (*Sprachw*)

Öno|me|ter, das (Gerät zur Bestimmung des Alkoholgehaltes der Weine) ⟨*grch* → *lat*⟩

Önorm *Kurzw* ([amtlich festgelegte] Österreichische Norm)

On|ta|rio (Provinz im SO Kanadas) · **On|ta|rio|see** *K 246*, der, _s

On|to|ge|ne|se *od* **On|to|ge|nie,** die, _ (*Biol*; Entwicklung des Einzelwesens) ⟨*grch*⟩ · **on|to|ge|ne|tisch** (*Biol*) · **On|to|lo|gie,** die, _ (*idealist Philos*; Lehre vom Sein u. den allg. Seinsprinzipien) · **on|to|lo|gisch** (*idealist Philos*); _er Gottesbeweis

Onyx, der, _[e]s, _e (*Mineral*; schwarzweißer Chalzedon) ⟨*grch*⟩

Oo|ge|ne|se [o:o..], die, _ (*Med, Biol*; Eibildung) ⟨*grch*⟩ · **Oo|lith,** der, *Gen* _[e]s, *Pl* _e *od Gen* _en, *Pl* _en (*Geol*; ein Sedimentgestein) · **Oo|lo|gie,** die, _ (*Zool*; Lehre vom Vogelei)

Opa, *auch* **Opa|pa,** der, _s, _s (kindersprachl. Koseform von Großvater)

opak (*fachspr*; wenig lichtdurchlässig; undurchsichtig) ⟨*lat*⟩

Opal, der, _s, _e (*Mineral*; ein wasserhaltiger amorpher Quarz) ⟨*aind* → *grch* → *lat*⟩ · **opa|len** *K 364* (aus Opal, opalartig durchscheinend) · **Opa|les|zenz,** die, _ (*Opt*; Opalschiller) · **opa|les|zie|ren** *od* **opa|li|sie|ren** (wie ein Opal schillern)

Opan|ke, die, _, _n (leichter Damenschuh) ⟨*serbokr*⟩

Opapa ↑ Opa

Opa|zi|tät, die, _ (*fachspr*; geringe Lichtdurchlässigkeit; Undurchsichtigkeit) ⟨*lat*⟩

Oper, die, _, _n (musikal. Bühnenwerk; Opernhaus) ⟨*lat* → *ital*⟩. *Zus K 365ff.*: Opern‿haus usw. · **Opera** ↑ Opus · **Ope|ra buf|fa** *K 47*, die, _ _, *Pl* ..re ..ffe [..re ..fe] (komische italien. Oper) ⟨*ital*⟩ · **Ope|ra se|ria** *K 47*, die, _ _, *Pl* ..re ..rie [..re ..rie] (ernste italien. Barockoper)

Ope|ra|teur [..'tø:r], der, _s, _e (*Med*; operierender Arzt – *Nachrichtenw*; Funker; Toningenieur – *Filmw*; Kameramann; Vorführer) ⟨*lat* → *frz*⟩ · **Ope|ra|tion** (chirurg. Eingriff; Truppenbewegung; Arbeitsgang, Verfahren) ⟨*lat*⟩ · **Ope|ra|tions|for|schung,** die, _ (Wissenschaftsdisziplin, die durch die Kombination von Methoden verschiedener Wissenschaften optimale Entscheidungen vorbereitet); *Abk* OF · **ope|ra|tiv** (planvoll tätig, eingreifend; unbürokratisch – *Med*; auf chirurg. Wege) · **Ope|ra|tiv|plan** (konkretisierter Plan für einen kürzeren Zeitraum) · **Ope|ra|tor:** 1. [opə'ra:to:r] ⟨*lat*⟩, der, _s, ..oren (*Math*; Symbol für eine jeweils bestimmte Operation) – 2. ['ɔpəre:tər] ⟨*lat* → *engl*⟩, der, _s, _ (*Datenv*; Fachkraft für die Bedienung von EDV-Anlagen)

Ope|ret|te, die, _, _n (heiteres musikal. Bühnenwerk) ⟨*lat* → *ital*⟩. *Zus K 365ff.*: Operetten‿sänger usw.

ope|rie|ren (eine Operation durchführen; eingreifen) ⟨*lat*⟩

Opern|glas, *Pl* ..gläser

Op|fer, das, _s, _ ⟨*lat*⟩. *Zus K 365ff.*: Opfer‿stätte usw. · **op|fer|be|reit** · **op|fern** *K 363*

Ophe|lia (Frauengestalt in Shakespeares ['ʃe:kspi:rs] »Hamlet«) ⟨*grch*⟩

Ophir (*A. T.*; Goldland) ⟨*hebr*⟩

Ophi|uchus [..x..], der, _ (*Astron*; ein Sternbild) ⟨*grch* → *lat*⟩

Oph|thal|mo|lo|ge, der, _n, _n (*Med*; Augenarzt) ⟨*grch*⟩ · **Oph|thal|mo|lo|gie,** die, _ (*Med*; Lehre von den Augenkrankheiten)

Opiat, das, _[e]s, _e (*Pharmakol*; opiumhaltiges Betäubungsmittel) ⟨*grch* → *lat*⟩ · **Opium,** das, _s (ein Betäubungsmittel, Rauschgift). *Zus K 365ff.*: Opium‿vergiftung usw. · **opium|hal|tig**

Opo|le (Stadt im SW Polens)

Opos|sum [*österr auch* 'o..], das, _s, _s (eine Beutelratte) ⟨*indian* → *engl*⟩

Op|po|nent (Gegner [im Redestreit]) ⟨*lat*⟩ · **op|po|nie|ren** (widersprechen; sich widersetzen)

op|por|tun (passend; angebracht) ⟨*lat*⟩ · **Op|por|tu|nis|mus,** der, _ (Prinzipienlosigkeit; Anpassung an die jeweilige [polit.] Lage; Erscheinungsform kleinbürgerl. antimarxistischer Ideologie in der Arbeiterklasse) · **Op|por|tu|nist** · **op|por|tu|ni|stisch** · **Op|por|tu|ni|tät** (passende Gelegenheit; das Angemessensein; Vorteil)

Op|po|si|tion (Gegensatz; Gegnerschaft; Widerspruch; Widerstand – *Pol*; Bez. für Parteien im bürgerl. Parlament, die zur Regierung im Gegensatz stehen – *Astron*; eine Gestirnstellung) ⟨*lat*⟩ · **op|po|si|tio|nell** (zur Opposition gehörig; regierungsfeindlich; gegensätzlich) ⟨*lat* → *frz* → *engl*⟩ · **Op|po|si|tions|geist,** *Pl* ..geister

Op|tant (jmd., der optiert) ⟨*lat*⟩ · **Op|ta|tiv** [*auch* ..'ti:f], der, _s, _e [..v..] (*Gramm*; Wunschform beim Verb) · **op|tie|ren** (sich für eine bestimmte Staatsangehörigkeit entscheiden; sich erklären)

Op|tik, die, _ (Lehre vom Licht; Linsensystem) ⟨*grch* → *lat*⟩ · **Op|ti|ker,** der, _s, _ (Fachmann für Herstellung u. Verkauf optischer Geräte)

Optima ↑ Optimum · **op|ti|mal** (sehr gut, beste, Best...) ⟨*lat*⟩ · **Op|ti|mat,** der, _en, _en (Angehöriger der herrschenden Geschlechter im alten Rom) · **op|ti|mie|ren** ([mit mathemat. Methoden] die günstigste Lösung ermitteln) · **Op|ti|mie|rung** (mathemat. Verfahren zur bestmöglichen Gestaltung industrieller u. wirtschaftl. Prozesse) · **Op|ti|mis|mus,** der, _ (zuversichtl. bejahende Lebenseinstellung u. -auffassung); *Ggs* Pessimismus · **Op|ti|mist;** *Ggs* Pessimist · **op|ti|mi|stisch;** _ste; *Ggs* pessimistisch · **Op|ti|mum,** das, _s, *Pl* Optima (»das Beste«; Bestwert, -leistung; beste Bedingung)

Op|tion (Entscheidung für eine bestimmte Staatsangehörigkeit – *Rechtsw*; Voranwartschaft) ⟨*lat*⟩

op|tisch (auf das Licht, auf die Optik bezüglich, Licht..., Seh...) ⟨*grch* → *lat*⟩; _e Täuschung (Augentäuschung) · **Op|to|elek|tro|nik** (Teilgebiet der Elektronik) · **Op|to|me|ter,** das (*Med*; Sehkraftmesser) ⟨*grch*⟩ · **Op|to|me|trie,** die, _ (*Med*; Sehkraftbestimmung)

opu|lent (reich[lich]; üppig) ⟨*lat*⟩ · **Opu|lenz,** die, _

Opun|tie [..iə], die, _, _n (Feigenkaktus) ⟨*lat*, *nach* der altgriech. Stadt Opus [..'pu:s]⟩

Opus, das, _, *Pl* Opera ([musikal.] Kunstwerk [*Abk* op., *Pl* opp.]; Gesamtwerk eines Künstlers) ⟨*lat*⟩

Ora|kel, das, _s, _ (*griech Mythol*; Ort mehrdeutiger göttl. Weissagungen, *auch* der Orakelspruch selbst – *übertr*; rätselhafter Ausspruch) ⟨*lat*⟩; *vgl. auch* delphisch · **ora|kel|haft** · **ora|keln** *K 363* (*umg*; rätselhaft reden) · **Ora|kel|spruch**

oral (*fachspr*; den Mund betreffend; durch den Mund) ⟨*lat*⟩

Oran (Hafenstadt in Algerien)

oran|ge [o'raŋʃ- *od* o'rã:ʒ(ə), *österr* o'rã:ʒ] *nichtdeklinierbar* (rötlichgelb, orangefarben) ⟨*pers → arab → span → frz*⟩; *vgl.* blau, *vgl. auch K 277* · **Oran|ge** [o'raŋʒə]: 1. die, _, _n (Apfelsine) – 2. das, _ (Farbe der Apfelsine); *vgl.* Blau · **Oran|gea|de** [oraŋ.. *od* orã'ʒa:də], die, _, _n (ein Getränk) · **Oran|geat** [oraŋ.. *od* orã'ʒa:t], das, _[e]s, _e (kandierte Orangenschale) · **oran|ge|far|ben,** *auch* **oran|gen|far|ben** *K 364 od* **oran|ge|far|big,** *auch* **oran|gen|far|big;** *vgl. auch* ...farben *u. K 272ff.* · **Oran|gen|blü|te** [o'raŋʒ(ə)n..] · **Oran|ge|rie** [oraŋʒə'ri:, *auch* orãʒə'ri:], die, _, ..ien (Gewächshausanlage)

Orang-Utan, *österr auch* **Orang|utan,** der, _s, _s (ein Menschenaffe) ⟨*mal*⟩

Ora|nien [..ĭən] (niederländ. Fürstengeschlecht) ⟨*nach* der Stadt Orange [ɔ'rã:ʒ] in Südfrankreich⟩ · **Ora|nier** [..ĭər], der, _s, _ · **Oran|je,** der, _[s] (Fluß im S Afrikas) · **Oran|je|frei|staat** *K 246*, der, _[e]s (Provinz in Südafrika [2])

Ora|tio ob|li|qua *K 47*, die, *Gen* _ _ (*Sprachw*; indirekte Rede) ⟨*lat*⟩ · **Ora|tio rec|ta** *K 47*, die, *Gen* _ _ (*Sprachw*; direkte Rede) · **ora|to|risch** (rednerisch; in der Form des Oratoriums) · **Ora|to|rium,** das, _s, ..ien [..iən] (episch-dramat. Komposition für Solostimmen, Chor u. Orchester – *kath Kirche*; Andachtsraum)

Or|bit, der, _s, _s (*Raumf*; Umlaufbahn) ⟨*lat → engl*⟩ · **or|bi|tal:** 1. ⟨*lat*⟩ (*Med*; zur Augenhöhle gehörend – 2. ⟨*lat → engl*⟩ (*Raumf*; den Orbit betreffend) · **Or|bi|tal|ra|ke|te** (*Raumf*) · **Or|bi|tal|sta|tion** (dauerhafte, bemannte Raumstation) · **Or|bi|ter,** der, _s, _ (Teil eines Raumflugkörpers, der im Orbit verbleibt) ⟨*lat → engl*⟩

Or|che|ster [..'kɛs.., *österr auch* ..'çɛs..], das, _s, _ (Gesamtheit der Instrumente u. der Instrumentalisten einer Musikkapelle; Raum, in dem diese Instrumentalisten spielen) ⟨*grch → lat → ital → frz*⟩ · **Or|che|stra** [..'çɛs..], die, _, ..ren (Tanzraum des Chors im altgriech. Theater) ⟨*grch*⟩ · **or|che|stral** [..kɛs.., *österr auch* ..çɛs..] (zum Orchester gehörig) ⟨*grch → lat → ital → frz*⟩ · **Orchestrierung** usw. ↑ Instrumentation usw.

Or|chi|dee [..ç..], die, _, _n (eine Pflanze) ⟨*grch*⟩ · **Or|chi|de|en|art** · **Or|chis:** 1. der, _, _ (*Med*; Hoden) – 2. die, _, _ (*Bot*; Knabenkraut) · **Or|chi|tis,** die, _ (*Med*; Hodenentzündung)

Or|dal, das, _s, _ien [..ĭən] (*Mittelalter*; Gottesurteil) ⟨*germ → lat*⟩

Or|den, der, _s, _ (Ehrenzeichen, Auszeichnung – *kath Kirche*; religiöse Gemeinschaft mit lebenslängl. Gelübden) ⟨*lat*⟩ · **Or|dens|band,** das, *Pl* ..bänder · **Or|dens‿bru|der** (*kath Kirche*), **...rit|ter** (*hist*) · **or|dent|lich;** _es (zuständiges) Gericht; _e Versammlung · **Or|der,** die, _, _n (Anordnung, Befehl, Weisung) ⟨*lat → frz*⟩. *Zus K 365ff.*: Order‿papier (*Bankw*) usw. · **Or|di|nal|zahl,** *Pl* _en *od* Ordinalia (Ordnungszahl) ⟨*lat*⟩. *Vgl. auch K 258 u. 394* · **or|di|när** (niedrig, gemein; gewöhnlich; alltäglich) ⟨*lat → frz*⟩ · **Or|di|na|riat,** das, _[e]s, _e (geistl. Behörde; Amt eines Ordinarius) ⟨*lat*⟩ · **Or|di|na|rium,** das, _s, ..ien [..iən] (ordentl. Staatshaushalt in bürgerl. Staaten – *kath Kirche*; Gottesdienstordnung) · **Or|di|na|rius,** der, _, ..ien [..iən] (Professor mit Lehrstuhl) · **Or|di|na|te,** die, _, _n (*Math*; Abstand von der Abszissenachse im rechtwinkligen Koordinatensystem) · **Or|di|na|ten|ach|se** (*Math*) · **Or|di|na|tion** (*christl Kirche*; Weihe zum geistl. Amt – *Med*; ärztl. Verordnung – *veraltet*; Sprechstunde – *österr auch* für ärztl. Behandlungsraum) · **or|di|nie|ren** (*christl Kirche*; weihen; in ein geistl. Amt einsetzen – *Med*; verordnen; Sprechstunde halten) · **ord|nen** · **Ord|ner** · **Ord|nung** · **ord|nungs|ge|mäß** *K 176* · **ord|nungs|hal|ber** *K 176* · **Ord|nungs‿stra|fe, ...wid|rig|keit** · **Or|don|nanz,** die, _, _en (*Milit veraltend*; Befehlsüberbringer, Meldegänger) ⟨*lat → frz*⟩

Or|do|vi|zium [..v..], das, _s (*Geol*; zweitältestes System des Paläozoikums) ⟨*lat*, *nach* dem kelt. Volksstamm der Ordovices [..tse:s] in Britannien⟩

Öre, das, _s, _ *od* die, _, _ (Münzeinheit in Dänemark, Norwegen u. Schweden) ⟨*skand*⟩

Orea|de, die, _, _n (*griech Sage*; Bergnymphe) ⟨*grch*⟩

Ore|gon ['ɔrigən] (Staat der USA)

Orest *od* **Ore|stes** (*griech Sage*; Sohn des Agamemnon) ⟨*grch*⟩ · **Ore|stie,** die, _ (eine Trilogie des altgriech. Tragödiendichters Aischylos [..sç..])

Or|fe, die, _, _n (*landsch*; Aland) ⟨*grch → lat*⟩

Or|gan, das, _s, _e ⟨*grch → lat*⟩

Or|gan|dy [..di], der, _s (ein Baumwollgewebe) ⟨*frz → engl*⟩

Or|ga|nell, das, _s, _en *od* **Or|ga|nel|le,** die, _, _n (*Biol*; Plasmabildung einzelliger Lebewesen mit organähnl. Funktion) ⟨*grch → lat*⟩ · **Or|ga|ni|sa|tion** ([planmäßige] Ordnung; Aufbau, Gliederung; zweckbestimmter Zusammenschluß [Partei usw.]) ⟨*grch → lat → frz*⟩ · **Or|ga|ni|sa|tions‿bü|ro, ...form, ...ta|lent** · **Or|ga|ni|sa|tor,** der, _s, ..oren (Persönlichkeit mit organisatorischen Fähigkeiten) ⟨*grch → lat*⟩ · **or|ga|ni|sa|to|risch** · **or|ga|nisch** (belebt; gegliedert; gesetzmäßig geordnet – *Chem*; die Kohlenstoffverbindungen betreffend); _ste; *Ggs* anorganisch; *K 119*: die _e Chemie · **or|ga|ni|sie|ren** ([planmäßig] ordnen, einrichten, aufbauen, gestalten – *umg verhüll*; sich etw. [auf nicht ganz einwandfreie Art] verschaffen) ⟨*grch → lat → frz*⟩; sich (*Akk*) _ (sich zu einer Organisation zusammenschließen) · **or|ga|nis|misch** (wie ein Organismus geartet, zu ihm gehörig) ⟨*grch → lat*⟩ · **Or|ga|nis|mus,** der, _, ..men (einheitliches, gegliedertes Ganzes; selbständiges Lebewesen) ⟨*grch → lat → frz*⟩ · **Or|ga|nist** (Orgelspieler) ⟨*grch → lat*⟩ · **Or|ga|ni|stin,** die, _, ..innen · **or|ga|no|gen** (*Biol*; organbildend; von Organen gebildet – *Chem*; aus organ. Stoffen gebildet) ⟨*grch*⟩ · **Or|ga|no|gra|phie,** die, _, ..ien (*Med, Biol*; Beschreibung von Bau u. Lage der Organe) · **or|ga|no|gra|phisch** (*Med, Biol*) · **Or|ga|no|lo|gie,** die, _ (*Med, Biol*; Organlehre) · **or|ga|no|lo|gisch** (*Med, Biol*)

Or|gan|sin, das, _s (*Textilwirtsch*; eine Seidenart) ⟨*frz*⟩

Or|gan|ver|pflan|zung

Or|gan|za, der, _ (ein Seidengewebe) ⟨*frz*⟩

Or|gas|mus, der, _, ..men (Höhepunkt der geschlechtl. Erregung) ⟨*grch → lat*⟩ · **or|ga|stisch;** *vgl. aber* orgiastisch

Or|gel, die, _, _n (größtes Musikinstrument) ⟨*grch → lat*⟩. *Zus K 365ff.*: Orgel‿spiel usw. · **Or|gel|bau|er,** der, _s, _ · **or|geln** (*weidmänn*; schreien)

or|gia|stisch (schwärmerisch; zügellos); _ste ⟨*grch → lat*⟩; *vgl. aber* orgastisch · **Or|gie** [..ĭə], die, _, _n (wüstes Gelage; Ausschweifung)

Orient ['o:riɛnt *od* o'rĭɛnt], der, _[e]s (Vorder- u. Mittelasien – *veraltet*;

Osten) ⟨*lat*⟩; *Ggs* Okzident; *K 258*: der Vordere Orient · **Orien|ta|le,** der, _n, _n (Bewohner des Orients) · **Orien|ta|lin,** die, _, ..innen · **orien|ta|lisch;** die _en Sprachen · **Orien|ta|list** (Fachmann auf dem Gebiet der Orientalistik) · **Orien|ta|li|stik,** die, _ (Wissenschaft von den Sprachen, Literaturen u. Kulturen des Orients) · **orien|ta|li|stisch** · **orien|tie|ren** ([nach den Himmelsrichtungen] einrichten; orten; jmdn. unterweisen) ⟨*lat* → *frz*, ‚den Osten suchen'⟩; sich (*Akk*) _ (sich zurechtzufinden suchen; sich unterrichten) · **Orien|tie|rung**

ori|gi|nal (ursprünglich; echt) ⟨*lat*⟩ · **Ori|gi|nal,** das, _s, _e (Urbild; Urtext, Erstschrift; Vorlage – *übertr*; Sonderling) · **Ori|gi|nal|aus|ga|be** · **ori|gi|nal|ge|treu** *K 172* · **Ori|gi|na|li|tät,** die, _ (Ursprünglichkeit; Eigenart) ⟨*lat* → *frz*⟩ · **Ori|gi|nal‿spra|che, ...text** (der) · **ori|gi|när** (ursprünglich) · **ori|gi|nell** (urwüchsig; eigenartig; komisch)

Ori|no|ko *od* **Ori|no|co** (*K 228*), der, _[s] (Fluß im N Südamerikas) ⟨*indian*, ‚Fluß'⟩

Ori|on, der, _s (ein Sternbild) ⟨*grch* → *lat*, *nach* einer griech. Sagengestalt⟩ · **Ori|on|ne|bel** *K 209*, der, _s

Or|kan, der, _s, _e (stärkster Sturm) ⟨*indian* → *span* → *ndrl*⟩ · **or|kan|ar|tig**

Ork|ney|in|seln [..ni..] *K 246 Pl* (nördl. von Schottland)

Or|kus, der, _ (*röm Mythol*; Unterwelt, Totenreich) ⟨*lat*, *nach* dem röm. Gott des Todes⟩

Or|lea|ner: 1. *K 231*: der, _s, _; 2. *als Attribut K 232* · **Or|le|ans** ['ɔrleã, *auch* ɔrle'ã:], *französ* **Or|lé|ans** [ɔrle'ã:]: 1. (Stadt in Frankreich) – 2. der, _, _ (Angehöriger eines Zweiges des ehem. französ. Königshauses)

Or|na|ment, das, _[e]s, _e (Verzierung, Schmuck) ⟨*lat*⟩ · **or|na|men|tal** (schmückend, zierend) · **or|na|ment|ar|tig** · **Or|na|men|ten|stil,** der, _[e]s · **Or|na|ment|form** · **or|na|men|tie|ren** ([mit Ornamenten] verzieren) · **Or|na|men|tik,** die, _ (*Kunstwiss*; Verzierungskunst) · **Or|nat,** der, _[e]s, _e ([feierl.] Amtstracht)

Or|nis, die, _ (*Zool*; Vogelwelt [einer Landschaft]) ⟨*grch*⟩ · **Or|ni|tho|lo|ge,** der, _n, _n (Fachmann auf dem Gebiet der Ornithologie) · **Or|ni|tho|lo|gie,** die, _ (Vogelkunde) · **or|ni|tho|lo|gisch** · **Or|ni|tho|se,** die, _, _n (*Vet*; auf den Menschen übertragbare Viruserkrankung verschiedener Vogelarten, bes. des Hausgeflügels)

oro|gen (*Geol*; durch Gebirgsbildungen veränderlich) ⟨*grch*⟩ · **Oro|ge|ne|se,** die, _, _n (*Geol*; Gebirgsbildung) · **Oro|ge|nie,** die, _ (*Geol*; Lehre von der Entstehung der Gebirge)

Oro|gra|phie, die, _ (*Geogr*; Beschreibung der Geländeformen) ⟨*grch*⟩ · **oro|gra|phisch** (*Geogr*)

Oro|hy|dro|gra|phie, die, _ (*Geogr*; Gebirgs- u. Wasserlaufbeschreibung) ⟨*grch*⟩ · **oro|hy|dro|gra|phisch** (*Geogr*)

Or|pheus [*od* ..'fɔys] (*griech Sage*; berühmter Sänger u. Saitenspieler) ⟨*grch*⟩ · **or|phisch** (geheimnisvoll, dunkel)

Or|ping|ton [..tən], das, _s, _s (eine Hühnerrasse) ⟨*nach* der ehem. engl. Stadt⟩

Or|plid ['ɔr.. *od* ..'pli:t], das, _s (von dem Lyriker Mörike stammender Name einer Wunsch- u. Trauminsel)

Oer|sted ['ø:rstɛt], das, _s, _ (veraltete Einheit der magnet. Feldstärke); *Einheitenzeichen* Oe ⟨*nach* dem dän. Physiker⟩

Ort: 1. der, _[e]s, *Pl* _e *u. in bestimmten Bedeutungen* [z. B. in der Astronomie] Örter (Örtlichkeit; Ortschaft) – 2. das, _[e]s, *Pl* Örter (*bergm*; Ende der Strecke, Arbeitsort); am angegebenen *od* angeführten Ort[e] (*Buchw Abk* a. a. O.); *vgl. auch Abkürzungsverzeichnis*; an Ort und Stelle; höher[e]n Ort[e]s; ohne Ort (*Buchw Abk* o. O.); vor Ort arbeiten (*bergm*); geometrische Örter; allerorten *od* allerorts (*veraltend*), vielerorts *K 176* · **Ört|chen** · **or|ten** (*Luftf, Seew*; die augenblickl. Position ermitteln) · **Or|ter** (*Luftf, Schiff*; mit dem Orten Beauftragter) · **ör|tern** *K 363* (*bergm*; an der Schichtstrecke Örter anschlagen)

or|tho|chro|ma|tisch [..k..] (*Fot*; empfindlich für alle Farben außer Rot) ⟨*grch*⟩

or|tho|dox (*Rel*; recht-, strenggläubig); _este ⟨*grch*⟩; *K 119*: die orthodoxe Kirche · **Or|tho|do|xie,** die, _ (*Rel*; Rechtgläubigkeit – *übertr*; starres Festhalten am Buchstaben einer Lehre)

Or|tho|epie [..to:e..], die, _ (*Phon*; Rechtlautung, Lehre von der richtigen Aussprache) ⟨*grch*⟩ · **or|tho|episch** (*Phon*)

Or|tho|ge|ne|se, die, _ (gerichtete [stammesgeschichtl.] Entwicklung) ⟨*grch*⟩

Or|tho|gon, das, _s, _e (*Geom*; Rechteck) ⟨*grch*⟩ · **or|tho|go|nal** (*Geom*; rechtwinklig; senkrecht) ⟨*grch* → *lat*⟩

Or|tho|gra|phie, die, _, ..ien (Rechtschreibung) ⟨*grch*⟩ · **or|tho|gra|phisch** (rechtschreiblich); der _e Fehler

Or|tho|klas, der, _es, _e (*Mineral*; ein Feldspat) ⟨*grch*⟩

Or|tho|pä|de, der, _n, _n (Facharzt für Orthopädie) ⟨*grch*⟩ · **Or|tho|pä|die,** die, _ (Lehre u. Behandlung von körperl. Fehlern, bes. des Bewegungsapparates) · **or|tho|pä|disch** · **Or|tho|pä|dist** (Hersteller orthopäd. Geräte)

Orth|op|tik, die, _ (*Med*; Übungsbehandlung des Schielens durch Muskeltraining) ⟨*grch*⟩ · **Orth|op|tist** (*Med*) · **Orth|op|ti|stin,** die, _, ..innen (*Med*)

Or|tho|sko|pie, die, _ (*Opt*; unverzerrte Wiedergabe durch Linsen) ⟨*grch*⟩ · **or|tho|sko|pisch** (*Opt*)

Or|tho|ver|bin|dung (*Chem*) ⟨*grch*⟩

or|tho|ze|phal (*Biol, Med*; mittelhohe Kopfform habend) ⟨*grch* → *lat*⟩ · **Or|tho|ze|pha|le,** der *u.* die, _n, _n *K 341* (*Biol, Med*; Mensch mit mittelhoher Kopfform)

Ort|ler, der, _s (Berg in den Ostalpen)

ört|lich; die _e Volksvertretung · **Ört|lich|keit**

Or|to|lan, der, _s, _e (ein Finkenvogel) ⟨*lat* → *ital* → *frz*⟩

Or|trud (w. Vn.) ⟨‚Schwert[spitze]' + ‚Kraft' (od. ‚Schwert[spitze]' + ‚lieb')⟩

Orts|an|ga|be · **Ort|schaft** · **Ort|scheit,** *Pl* ..scheite (Querholz zur Befestigung der Geschirrstränge) · **orts|fest** (nicht bewegbar) · **orts|fremd** · **orts|ge|bun|den** · **Orts|ge|spräch** (*Fernsprechw*) · **orts|kun|dig** · **Orts|na|me;** *vgl. K 222 ff.* · **Orts|na|men|for|schung** · **Orts|sinn,** der, _[e]s · **Orts|teil,** der · **Ort|stein** (*Geol*; verfestigte Bodenschicht) · **orts|üb|lich** · **Orts‿wech|sel, ...zeit, ...zu|schlag** · **Or|tung** (*Luftf, Seew*) ⟨*zu* orten⟩

Ort|win (m. Vn.) ⟨‚Schwert[spitze]' + ‚Freund'⟩

OR|WO (Warenzeichen für die Erzeugnisse des VEB Filmfabrik Wolfen) ⟨*Kurzw aus Or*iginal *Wo*lfen⟩ · **OR|WO|CO|LOR** (Dreischichtenfarbfilm des VEB Filmfabrik Wolfen)

Os, der, *auch* das, _, _er (*Geol*; Wallberg, Sand- u. Kieswall mit Geröllbänken) ⟨*schwed*⟩

Osa|ka (Hafenstadt in Japan)

Os|car, der, _s, _s (Filmpreis in den USA); *vgl. aber* Oskar

Öse, die, _, _n (*zu* Öhr)

Oser ↑ Os

Osi|ris (*ägypt Mythol*; Gott des Totenreiches) (*ägypt → grch → lat*)
Os|kar *K 208* (m. Vn.) (*aengl*, ‚Götter' + ‚Speer'); *vgl. aber* Oscar
Os|lo (Hptst. von Norwegen)
Os|ma|ne (*türk, nach* Osman I.), *auch* **Ot|to|ma|ne** (2) (*arab*), der, _n, _n (Türke im Osmanischen Reich); *vgl. auch* Türke · **os|ma|nisch,** *auch* **ot|to|ma|nisch;** *K 258*: das Osmanische Reich (*hist*); *vgl. auch* türkisch
Os|mium, das, _s (chem. Element, Edelmetall); *Zeichen* Os (*grch → lat*) · **Os|mo|lo|gie,** die, _ (Lehre von den Riechstoffen) (*grch*) · **Os|mo|se,** die, _, _n (*Chem, Biol*; das Eindringen einer Flüssigkeit in eine andere durch eine halbdurchlässige Membran) · **os|mo|tisch** (*Chem, Biol*)
Os|na|brück (Stadt im NW der BRD)
Os|se|te, *auch* **Os|se,** der, _n, _n (Angehöriger eines iran. Volkes in Kaukasien) · **os|se|tisch;** *vgl. auch K 265ff.*
Os|sian (*kelt Sage*; Volksheld) (*kelt*)
Ost [ɔst, *in der Meteorologie* o:st]: 1. *ohne Art* (*fachspr*; Osten [1]), *Abk* O; aus _, nach _ u. a.; Ost und West – 2. der, _[e]s, _e (*seem u. dicht*; Ostwind); *vgl. auch K 297*
Ost|afri|ka *K 243* · **ost|afri|ka|nisch;** *K 258*: der Ostafrikanische Graben (*Geol*)
Ost|al|pen *K 243 Pl*
ost|asia|tisch · **Ost|asien** [..ĭən] *K 243*
Ost|el|bier [..ĭər] (*hist*; Großgrundbesitzer, Junker [aus dem Gebiet östlich der Elbe]) · **osten** (*Bauw*; nach Osten [aus]richten) · **Osten** ['ɔst(ə)n, *in der Meteorologie* 'o:stən]: 1. *ohne Art* (Himmelsrichtung), *Abk* O; aus _, nach _ u. a.; *vgl. auch* Ost (1) – 2. der, _s (das ostwärts gelegene Gebiet); *K 258*: der Nahe Osten (↑ nahe), der Ferne Osten (↑ fern), der Mittlere Osten (↑ mittlere)
Ost|en|de (Hafenstadt u. Seebad in Belgien)
osten|ta|tiv (anschaulich darstellend; betont; prahlerisch)
Osteo|lo|gie, die, _ (*Anat*; Knochenlehre) (*grch*) · **Osteo|pla|stik,** die, _, _en (*Med*; Knochenersatz) · **osteo|pla|stisch** (*Med*)
Oster‿ei, ...fest, ...ha|se
Oste|ria, die, _, *Pl* _s *od* ..ien (Wirtshaus) (*lat → ital*)
Oster|in|sel, die, _ (im südöstl. Pazifik)
öster|lich
Oster|lu|zei, die, _, _en (eine Kletterpflanze) (*grch → lat*)
Oster|mo|nat (*veraltet*; April) · **Oster|mon|tag** · **Ostern,** das, _; *oft ohne Art, in Wunschformeln u. bes süddt, österr, schweiz im Pl* (*nach* dem Namen einer german. Frühlingsgöttin); _ fällt früh, *bes süddt, österr, schweiz* die _ fallen früh; fröhliche _!; an, zu _
Öster|reich, *amtl* **Re|pu|blik Öster|reich** (in Mitteleuropa) · **Öster|rei|cher,** der, _s, _ · **öster|rei|chisch;** *K 258*: die Österreichischen Bundesbahnen (*Abk* ÖBB) · **öster|rei|chisch-un|ga|risch** *K 244*; die ehem. österreichisch-ungarische Monarchie (*hist*) · **Öster|reich-Un|garn** *K 244* (*hist*)
Ost|eu|ro|pa *K 243* · **ost|eu|ro|pä|isch;** *K 238*: die _e Zeit (*Abk* OEZ)
ost|frie|sisch; *K 258*: die Ostfriesischen Inseln · **Ost|fries|land** *K 243* (Küstenlandsch. im NW der BRD)
osti|na|to, *selten* **osti|nat** (*Mus*; hartnäckig wiederholt) (*lat → ital*)
Ost|in|dien [..ĭən] *K 243* · **ost|in|disch;** *K 258*: die Ostindische Kompanie (*hist*)
Osti|tis, die, _ (*Med*; Knochenentzündung) (*grch*)
Ostjake ↑ Chante
öst|lich ['œst.., *in der Meteorologie* 'ø:st..]; _ des Gebirges, _ vom Gebirge, _ von Berlin; _er Länge (*Geogr*; *Abk* ö. L. *od* östl. L.) · **Ost|nord|ost** [ɔst..'ɔst, *in der Meteorologie* o:st..'o:st], *ohne Art* (*fachspr meist für* Ostnordosten [1]), *Abk* ONO; aus _, nach _ u. a. · **Ost|nord|osten:** 1. *ohne Art* (Himmelsrichtung), *Abk* ONO; aus _, nach _ u. a.; *vgl. auch* Ostnordost – 2. der, _s (das ostnordostwärts gelegene Gebiet) · **Ost|nord|ost|wind**
Ostra|kis|mos, der, _ (Scherbengericht, altathen. Volksabstimmung) (*grch*) · **Ostra|ko|de,** der, _n, _n (ein Muschelkrebs)
Ostra|va [..v..] (Stadt in der ČSSR)
Östro|gen, das, _s, _e (*Biochem*; weibl. Sexualhormon) (*grch*)
ost|rö|misch; *K 258*: das Oströmische Reich (*hist*) · **Ost|see,** die, _ · **Ost|see|bad** ... (Ortsnamenzusatz); *vgl.* die betreffenden Ortsnamen
Ost|sla|wen *Pl* (Gruppe der Slawen) · **ost|sla|wisch;** *vgl. auch K 265ff.*
Ost|süd|ost [ɔst..'ɔst, *in der Meteorologie* o:st..'o:st], *ohne Art* (*fachspr meist für* Ostsüdosten [1]), *Abk* OSO; aus _, nach _ u. a. · **Ost|süd|osten:** 1. *ohne Art* (Himmelsrichtung), *Abk* OSO; aus _, nach _ u. a.; *vgl. auch* Ostsüdost – 2. der, _s (das ostsüdostwärts gelegene Gebiet) · **Ost|süd|ost|wind** · **ost|wärts**
Os|wald (m. Vn.) (*aengl*, ‚Götter' + ‚walten')
Os|win (m. Vn.) (*aengl*, ‚Götter' + ‚Freund')
Os|zil|la|tion (*fachspr*; Schwingung) (*lat*) · **Os|zil|la|tor,** der, _s, ..oren (*Phys*; Gerät zur Erzeugung von Schwingungen) · **os|zil|lie|ren** (*fachspr*; schwingen, pendeln) · **Os|zil|lo|gramm** (*Phys*; aufgezeichneter Schwingungsvorgang) (*lat + grch*) · **Os|zil|lo|graph,** der, _en, _en (*Phys*; Schwingungsschreiber)
Öta, der, _[s] (Gebirge in Mittelgriechenland)
Ot|al|gie, die, _, ..ien (*Med*; Ohrenschmerz) (*grch*)
Ot|fried (m. Vn.) (‚Besitz' + ‚Schutz')
Othel|lo (Titelheld eines Dramas von Shakespeare ['ʃe:kspi:r]) (*germ → ital → engl*)
Oth|mar *K 208* (m. Vn.) (*Nebenf von* Otmar)
Ot|ia|trie, die, _ (*Med*; Ohrenheilkunde) (*grch*) · **Oti|tis,** die, _, ..itiden (*Med*; Ohrenentzündung)
Ot|mar *K 208* (m. Vn.) (‚Besitz' + ‚berühmt'); *Nebenf* ↑ Othmar, ↑ Ottmar, ↑ Ottomar
Oto|lo|ge, der, _n, _n (*Med*; Ohrenarzt) (*grch*) · **Oto|lo|gie,** die, _ (*Med*; Ohrenheilkunde)
Ottaverime ↑ [1]Stanze
Ot|ta|wa: 1. (Hptst. von Kanada) – 2. der, _[s] (Fluß im SO Kanadas)
[1]**Ot|ter,** der, _s, _ (eine Marderart) (‚Wassertier')
[2]**Ot|ter,** die, _, _n (Giftschlange) (‚Natter') · **Ot|tern|ge|zücht** (*bibl, abwert*)
Ot|ti|lie [..ĭə] (w. Vn.) (*latinisierte Kurzf der mit* Od.../Ot... (‚Besitz') *gebildeten weibl Vornamen*); *Nebenf* ↑ Odilia, ↑ Odilie
Ott|mar (m. Vn.) (*Nebenf von* Otmar) · **Ot|to** (m. Vn.) (*Kurzf der mit* Od.../Ot... (‚Besitz') *gebildeten männl Vornamen*)
Ot|to|man, der, _s, _e (ein Gewebe) (*türk → frz*) · **Ot|to|ma|ne:** 1. die, _, _n (*veraltet*; Liegesofa) – 2. ↑ Osmane · **ottomanisch** ↑ osmanisch
Ot|to|mar (m. Vn.) (*Nebenf von* Otmar)
Ot|to|mo|tor *K 209* (Vergasermotor) (*nach* dem Erfinder)
Ot|to|ne, der, _n, _n, *meist Pl* (Bez. für drei Könige des sächs. Herrscherhauses im 10. Jh.) · **ot|to|nisch** *K 218*; die _e Renaissance
Ötz|ta|ler Al|pen *K 232 Pl* (Teil der Ostalpen)
Oua|ga|dou|gou [ŭagadu'gu(:)], *ein-*

deutschend **Wa|ga|du|gu** (Hptst. von Burkina Faso)

out [aut] (*österr*; aus, außerhalb des Spielfeldes [bei Ballspielen]) ⟨*engl*⟩ · **Out,** das, _[s], _[s] (*österr*; Raum beiderseits des Spielfeldes; Fehlschuß)

Out|put ['autput], der *od* das, _s, _s (*Datenv*; Ausgabe) ⟨*engl*⟩; *Ggs* Input · **Out|si|der** ['autsaidər], der, _s, _ (»Außenseiter«)

Ou|ver|tü|re [uvɛr..], die, _, _n (instrumentales Eröffnungsstück) ⟨*lat* → *frz*⟩

oval [..v..] (eiförmig, länglichrund) ⟨*lat*⟩ · **Oval,** das, _s, _e (Ei-, Langrund)

Ovambo usw. ↑ Owambo usw.

Ova|rio|to|mie [..v..], die, _, ..ien (*Med*; Eierstockschnitt) ⟨*lat* + *grch*⟩ · **Ova|rium,** das, _s, ..ien [..iən] (*Anat*; Eierstock – *Bot*; Teil des Fruchtknotens) ⟨*lat*⟩

Ova|tion [..v..] (Huldigung; Beifallssturm) ⟨*lat*⟩

Over|all ['o:vərɔ:l *od* ..al, *österr* 'ovəral], der, _s, _s (Schutz-, Überanzug – *auch für* einteiliger Hosenanzug) ⟨*engl*⟩

ovi|par [..v..] (*Biol*; [unbefruchtete] Eier legend) ⟨*lat*⟩ · **ovo|id** (*Biol*; eiförmig) ⟨*lat* + *grch*⟩ · **ovo|vi|vi|par** [ovovivi..] (*Biol*; Eier mit entwikkelten Embryonen legend) ⟨*lat*⟩ · **Ovu|la|tion** (*Zool, Med*; Eisprung; Ausstoßung eines reifen, befruchtungsfähigen Eies)

...ow [..o:, *österr* ..of] ⟨*slaw*⟩ (z. B. Teltow); *Trennung der Ableitung auf* _er *vgl. K 91*

Owam|bo *od* **Ovam|bo** [..v..], der, _, _ (Angehöriger eines bantusprachigen Volkes in Namibia) ⟨*Bantu*⟩ · **Owam|bo|land** *od* **Ovam|bo|land** (Landsch. in Namibia)

Oxal|säu|re, die, _ (*Chem*; Kleesäure) ⟨*grch*⟩

Oxer, der, _s, _ (*Reitsp*; Hindernis mit Stangen u. Hecke) ⟨*engl*⟩

Ox|ford (Stadt in England)

Oxid[1], das, _[e]s, _e (Verbindung eines chem. Elements mit Sauerstoff) ⟨*grch*⟩ · **oxi|disch**[1]

Oxybiose ↑ Aerobiose

Oxy|da|se[1], die, _, _n (*Biochem*; ein sauerstoffübertragendes Enzym) ⟨*grch*⟩

Oxy|dat[1], das, _[e]s, _e (*Chem*; durch Oxydation entstandener Stoff) ⟨*grch* → *lat*⟩ · **Oxy|da|tion**[1] (*Chem*; Vereinigung eines Stoffes mit Sauerstoff) · **oxy|die|ren**[1] (*Chem*; Sauerstoff aufnehmen, sich mit Sauerstoff verbinden)

Oxy|ge|nium[1], das, _s (Sauerstoff); *Zeichen* O ⟨*grch* → *lat*⟩

Oxy|hä|mo|glo|bin[1], das, _s (*Med*; sauerstofftragender Blutfarbstoff) ⟨*grch* + *lat*⟩

Oxy|mo|ron, das, _s, *Pl* ..ren *od* ..ra (*Stilistik*; witzige Verbindung zweier sich scheinbar widersprechender Begriffe) ⟨*grch*⟩

Oxy|to|non, das, _s, ..tona (*Sprachw*; auf der letzten Silbe betontes Wort) ⟨*grch*⟩

Oy|bin [ɔy'bi:n], **Kur|ort** (im Bez. Dresden)

Oze|an [*auch* ..'a:n], der, _s, _e (Weltmeer) ⟨*grch* → *lat*⟩; *K 258*: der Stille _ (↑ Pazifik) · **Ozea|nien** [..iən] (die Gesamtheit der Inseln im westl. u. mittleren Pazifik) · **ozea|nisch** (Meeres...; Ozeanien betreffend) · **Ozea|no|gra|phie,** die, _ (Meereskunde) · **ozea|no|gra|phisch**

Oze|lot, der, _s, _e (ein Raubtier) ⟨*indian*⟩

Ozon, der *od* das, _s (dreiatomiger Sauerstoff) ⟨*grch*⟩ · **Ozon|ge|halt,** der, _[e]s · **ozon|hal|tig** · **ozo|ni|sie|ren** (*fachspr*; Sauerstoff zur Ozonbildung bringen; Wasser mit Ozon keimfrei machen) ⟨*grch* → *lat*⟩ · **ozon|reich**

P

P [pe:], das, *Gen* des P, *Pl* die P (Buchstabe)

paar ⟨*lat*⟩: 1. *Num* (einige); *K 120*: ein _ Leute, mit ein _ Worten; ein _ Dutzend Male, *aber K 176*: ein _ dutzendmal, ein paarmal – 2. *Adj* (*Math*; paarig); paare Zahlen, paar oder unpaar · **[1]Paar,** das, _[e]s, _e (zwei zusammengehörige Personen od. Dinge); *K 100*: ein _ Schuhe; *vgl. auch K 387*; *Verkl K 8*: Pärchen

[2]Paar; *nur in* zu Paaren treiben (*veraltend*; bändigen, bewältigen) ⟨*zu mhd* bēr ‚Fischnetz'⟩

paa|ren, sich (*Akk*) ⟨*lat*⟩ · **Paar|hu|fer,** der, _s, _ (*Zool*) · **paa|rig** (paarweise vorhanden) · **Paa|rig|keit,** die, _ · **Paar|lauf** (*Sport*) · **paar|lau|fen** *K 133*; *nur im Inf u. Part II* (»paargelaufen«) *gebräuchlich* · **paar|mal;** ein _ · **Paa|rung** · **paar|wei|se** *K 176* · **Paar|ze|her,** der, _s, _ (*Zool*)

Pace [pe:s], die, _ (*Pferdesp*; Schritt, Gangart; Renntempo) ⟨*lat* → *frz* → *engl*⟩; *vgl. auch* pesen · **Pace|ma|ker** ['pe:sme:kər], der, _[s], _ (*Med*; Herzschrittmacher) ⟨*engl*⟩

Pacht, die, _, _en ⟨*lat*⟩. *Zus K 365ff.*: Pacht‿vertrag usw. · **pach|ten** · **Päch|ter** · **Päch|te|rin,** die, _, ..innen · **pacht|wei|se** *K 176* · **Pacht|zins,** *Pl* _en

Pack: 1. das, _[e]s (*umg abwert*; Gesindel) – 2. ↑ Packen · **Päck|chen** · **Pack|eis** ([übereinandergeschobenes] Scholleneis) · **packen**[1]; sich (*Akk*) _ (*salopp*) · **Packen**[1], der, _s, _ *od* **Pack** (2), der, _[e]s, *Pl* (*selten*) _e *od* Päcke (Gepacktes, Bündel) · **Packer**[1] · **Packerei**[1] · **Packerin**[1], die, _, ..innen · **Pack‿esel** (*umg*), **...lein|wand** · **Pack|pa|pier** · **Packung**[1] · **Pack|wa|gen**

Päd|ago|ge, der, _n, _n (Erzieher, Lehrer [der Pädagogik]) ⟨*grch* → *lat*⟩ · **Päd|ago|gik,** die, _ (Erziehungslehre, -wissenschaft) · **päd|ago|gisch** (erzieherisch); *K 119*: der pädagogische Rat (beratendes Organ beim Direktor od. Leiter einer Schule), *aber K 259*: der Pädagogische Rat der Thomasschule

Pad|del, das, _s, _ (frei zu handhabendes leichtes Ruder) ⟨*engl*⟩ · **Pad|del|boot** · **Pad|del|boot|fahrt** · **[1]pad|deln** *K 363* (mit Paddeln ein Boot bewegen)

[2]pad|deln *K 363* (im Wasser plätschern; mit kurzen Stößen schwimmen) ⟨*zu niederdt* Padde ‚Kröte'⟩

Pad|dock ['pɛdɔk], der, _s, _s (Laufgarten, bes. für Pferde) ⟨*engl*⟩

Päd|erast, der, _en, _en (der Päderastie zugeneigter Mann) ⟨*grch*⟩ · **Päd|era|stie,** die, _ (Knabenliebe, geschlechtl. Hinneigung von Männern zu männl. Jugendlichen) · **Päd|ia|ter,** der, _s, _ (Facharzt für Kinderheilkunde) · **Päd|ia|trie,** die, _ (*Med*; Kinderheilkunde) · **päd|ia|trisch** (*Med*)

Pa|dua, *italien* **Pa|do|va** [..v..] (Stadt in Oberitalien) · **Pa|dua|ner:** 1. *K 231*: der, _s, _; 2. *als Attribut K 232* · **pa|dua|nisch**

Pafel ↑ Bafel

Pa|fe|se, die, _, _n (*bayr, österr*; ein Schmalzgebäck) ⟨*ital*⟩

paff ↑ baff · **paff!** ↑ piff, paff! · **paf|fen** (*umg, auch abwert*)

Pa|gat, der, _[e]s, _e (Trumpfkarte im Tarock) ⟨*lat* → *ital*⟩

Pa|ge ['pa:ʒə], der, _n, _n (*veral-*

---

[1] Die Schreibung mit *i* ist verbindlich für *Oxid, Oxid.../...oxid* u. die unmittelbare Ableitung *oxidisch*; *Oxydation, oxydieren* usw. werden weiterhin vorrangig mit *y* geschrieben, aber auch schon mit *i*: *Oxidation, oxidieren* usw.

[1] *Vgl.* Fußnote zu »Oxid«.

[1] *Tr* ..k|k..

tend; junger Hoteldiener) ⟨*grch* → *lat* → *ital* → *frz*⟩. *Zus K 365ff.*: Pagen‿kopf usw.

Pa|gi|na, die, _, _s (*veraltet*; Seite, Buchseite; Seitenzahl) ⟨*lat*⟩ · **pa|gi|nie|ren** (*Buchw*; mit Seitenzahlen versehen) · **Pa|gi|nier|stem|pel** (*Buchw*)

Pa|go|de: 1. die, _, _n (Tempel in Indien, China u. Japan) – 2. die, _, _n, *auch* der, _n, _n (*österr*, *sonst veraltet*; volkstüml. Bez. für eine kleine chines. Porzellanfigur mit nickendem Kopf) ⟨*aind* → *mal*, ‚heiliges Haus'⟩

pah! *od* **bah!**

Pail|let|te [pa'jɛtə], die, _, _n, *meist Pl* (Flitter, glänzendes Metallplättchen zum Aufnähen) ⟨*lat* → *frz*⟩

Pair [pɛ:r], der, _s, _s (*hist*; Angehöriger des Hochadels in Frankreich) ⟨*lat* → *frz*⟩; *vgl. aber* Peer · **Pairs|kam|mer** ['pɛ:rs..] (*hist*)

Pai|sa, der, _[s], *Pl* Paise (Münzeinheit in Indien u. in anderen Ländern) ⟨*Hind*⟩

Pak, die, _, _[s] *Kurzw* (*Milit*; Panzerabwehrkanone)

Pa|ket, das, _[e]s, _e ⟨*ndrl* → *frz*⟩. *Zus K 365ff.*: Paket‿karte usw. · **pa|ke|tie|ren** (*fachspr*; zu einem Paket verpacken)

Pa|ki|stan [..sta(:)n], *ohne Art*, *amtl* **Is|la|mi|sche Re|pu|blik Pa|ki|stan** *K 258*, die, *Gen* _n _ _ (in Vorderindien) ⟨*pers*, ‚Land der Reinen'⟩ · **Pa|ki|sta|ner,** der, _s, _ · **pa|ki|sta|nisch**

Pakt, der, _[e]s, _e (Vertrag) ⟨*lat*⟩ · **pak|tie|ren** (einen Vertrag schließen – *abwert*; gemeinsame Sache machen)

Pa|la|din [*auch* 'pa..], der, _s, _e (*hist*; einer der zwölf Begleiter des Kaisers Karl des Großen – *übertr*; Berater, Gefolgsmann) ⟨*lat* → *ital* → *frz*, ‚Pfalzgraf'⟩ · **Pa|lais** [..'lɛ:], das, _ [..'lɛ:(s)], *Pl* _ [..'lɛ:s] (Palast, Schloß) ⟨*lat* → *frz*⟩

pa|läo|gen (*Geol*) ⟨*grch*⟩ · **Pa|läo|gen,** das, _s (*Geol*; älterer Abschnitt des Tertiärs)

Pa|läo|graph, der, _en, _en ⟨*grch*⟩ · **Pa|läo|gra|phie,** die, _ (Lehre von den Schriftarten des Altertums u. des Mittelalters) · **pa|läo|gra|phisch**

Pa|läo|li|thi|kum, das, _s (*Urgesch*; Altsteinzeit) ⟨*grch* → *lat*⟩ · **pa|läo|li|thisch** (*Urgesch*)

Pa|lä|on|to|lo|ge, der, _n, _n ⟨*grch*⟩ · **Pa|lä|on|to|lo|gie,** die, _ (Lehre von den ausgestorbenen Tieren u. Pflanzen) · **pa|lä|on|to|lo|gisch**

pa|läo|zän (*Geol*) ⟨*grch* → *lat*⟩ · **Pa|läo|zän,** das, _s (*Geol*; älteste Abteilung des Paläogens)

Pa|läo|zoi|kum, das, _s (*Geol*; Erdaltertum) ⟨*grch* → *lat*⟩ · **pa|läo|zo|isch** (*Geol*)

Pa|las, der, _, ..asse (*Arch*; Hauptgebäude der mittelalterl. Burg) ⟨*lat* → *frz*⟩ · **Pa|last,** der, _es, ..äste (Schloß, Prachtbau)

Pa|lä|sti|na (Gebiet in Vorderasien) ⟨*hebr* → *grch* → *lat*, ‚Land der Philister'⟩ · **Pa|lä|sti|nen|ser,** der, _s, _ (aus Palästina stammender Araber) · **pa|lä|sti|nen|sisch,** *seltener* **pa|lä|sti|nisch**; *K 258*: die Palästinensische Befreiungsorganisation; *vgl. auch* PLO *im Abkürzungsverzeichnis*

pa|la|tal (*Phon*; den Gaumen betreffend, Gaumen...) ⟨*lat*⟩ · **Pa|la|tal,** der, _s, _e *od* **Pa|la|tal|laut** (*Phon*; Vordergaumenlaut) · **pa|la|ta|li|sie|ren** ⟨*lat*⟩ *od* **mouil|lie|ren** [mu'ji:..] ⟨*lat* → *frz*⟩ (*Phon*) · **Pa|la|ta|li|sie|rung** ⟨*lat*⟩ *od* **Mouil|lie|rung** [mu'ji:..] ⟨*lat* → *frz*⟩, die, _ (*Phon*; Erweichung von Konsonanten durch Anhebung des mittleren Zungenrückens an den Vordergaumen [z. B. im Russischen])

Pa|la|tin: 1. [..'ti:n], der, _s *od* **Pa|la|ti|ni|sche Hü|gel** *K 258*, der, *Gen* _n _s (einer der sieben Hügel Roms) – 2. [..'ti:n, *auch* 'pa..], der, _s, _e (*Mittelalter*; Pfalzgraf) ⟨*lat*⟩ · **pa|la|ti|nisch** (*Mittelalter*; pfälzisch)

Pa|la|tschin|ke, die, _, _n, *meist Pl* (*österr*; gefüllter Eierkuchen) ⟨*grch* → *lat* → *rumän* → *ung*⟩

Pa|lau|in|seln *K 246 Pl* (im westl. Pazifik)

Pa|la|ver [..v..], das, _s, _ (*umg*; endloses Gerede u. Verhandeln) ⟨*grch* → *lat* → *portug* → *engl*⟩ · **pa|la|vern** *K 363* (*umg*)

Pa|le, die, _, _n (*norddt*; Hülse, Schote) · **pa|len** (*norddt*; [Erbsen] aus den Hülsen lösen)

Pa|ler|mer: 1. *K 231*: der, _s, _; 2. *als Attribut K 232* · **pa|ler|misch** · **Pa|ler|mo** (Hafenstadt an der Nordküste Siziliens)

Pa|le|tot ['palǝto:, *auch* palǝ'to:, *österr nur so*], der, _s, _s (*veraltet*; ein Herrenmantel) ⟨*lat* → *span* → *frz*⟩

Pa|let|te, die, _, _n (Kunstmalergerät – *Transportw*; Stapelplatte – *übertr*; Angebot, Auswahl) ⟨*lat* → *frz*⟩ · **pa|let|tie|ren** (*Transportw*; auf Paletten stapeln)

Pa|li, das, _[s] (Sprache der Buddhisten in Sri Lanka, Burma u. Thailand) ⟨*aind*⟩; auf Pali heißt es ...

Pa|lin|drom, das, _s, _e (*Sprachw*; Wort od. Wortreihe, die, vorwärts u. rückwärts gelesen, denselben od. einen anderen Sinn ergibt, z. B. Lagerregal) ⟨*grch*⟩

Pa|lin|ge|ne|se, die, _ (*Biol*; Wiederholung von stammesgeschichtl. Entwicklungsstufen während der Keimesentwicklung – *Geol*; Gesteinsumbildung durch Wiederaufschmelzung – *Rel*; Wiedergeburt) ⟨*grch*⟩

Pa|li|sa|de (aus Pfählen bestehendes Hindernis) ⟨*lat* → *prov* → *frz*⟩. *Zus K 365ff.*: Palisaden‿pfahl usw.

Pa|li|san|der, der, _s, _ (Edelholz tropischer Bäume) ⟨*indian*⟩ · **pa|li|san|dern** (aus Palisander)

Pal|la|dium: 1. das, _s, ..ien [..ǐǝn] (*griech Mythol*; Schutzbild, schützendes Heiligtum – *urspr* Kultbild der Pallas Athene) – 2. das, _s (chem. Element, Edelmetall); *Zeichen* Pd ⟨*grch* → *lat*⟩

Pallas Athene ↑ Athene

Pal|la|watsch *od* **Bal|la|watsch,** der, _ (*österr umg*; Durcheinander, Wirrwarr, Unsinn) ⟨*ital*⟩

Pal|lia|tiv, das, _s, _e [..v..] *od* **Pal|lia|ti|vum** [..v..], das, _s, ..va (*Med*; Linderungsmittel; Vorbeugungsmittel) ⟨*lat*⟩ · **Pal|lium,** das, _s, ..ien [..ǐǝn] (*Altertum*; mantelähnl. Umhang der Römer – *kath Kirche*; Schulterbinde des päpstl. u. des erzbischöfl. Ornats)

Pal|ma|rum (*christl Rel*; Palmsonntag, Sonntag vor Ostern) ⟨*lat*⟩ · **Pal|me,** die, _, _n · **pal|men|ar|tig** · **Pal|men|hain** · **Palmenzweig** ↑ Palmzweig · **Pal|met|te,** die, _, _n (*Kunstwiss*; palmblattartige Verzierung) ⟨*lat* → *frz*⟩ · **Palm|farn** · **Pal|mi|tin,** das, _s (Hauptbestandteil der meisten Fette) ⟨*lat*⟩ · **Palm|kätz|chen** · **Palm|öl,** das, _[e]s · **Palm|sonn|tag** (*christl Rel*) · **Palm|wei|de**

Pal|my|ra (*Altertum*; Handelsstadt in der Syrischen Wüste) ⟨*grch* → *lat*⟩

Palm|zweig *od* **Pal|men|zweig**

Pal|pa|tion, die, _ (*Med*; Untersuchung durch Betasten, Klopfen) ⟨*lat*⟩ · **Pal|pe,** die, _, _n (*Zool*; Taster, z. B. bei Gliedertieren) · **pal|pie|ren** (*Med*; betasten) · **Pal|pi|ta|tion,** die, _ (*Med*; das Herzklopfen) · **pal|pi|tie|ren** (*Med*; [wie das Herz] schlagen, klopfen; zucken, pulsieren)

Pa|mir [*od* ..'mi:r], der, _[s] (Hochgebirge in Zentralasien) ⟨*lat*⟩

Pam|pa, die, _, _s (Grassteppe Argentiniens u. Uruguays) ⟨*indian* → *span*, ‚Ebene'⟩

Pam|pe, die, _ (*landsch*; Schlamm, Brei)

Pam|pel|mu|se [*od* 'pam..], die, _, _n ⟨*drawid* → *ndrl*⟩

Pam|phlet, das, _[e]s, _e (*oft abwert*; Flug-, Streit-, Schmähschrift) ⟨*nach* der mittellat. Liebesdichtung ‚Pamphilus'⟩ · Pam|phle|tist (*oft abwert*)

pam|pig (*landsch*; breiig – *umg abwert*; frech)

Pam|pu|schen *Pl* (*landsch umg*; Stoffpantoffeln); *Sg* Pam|pu|sche, die, _ ⟨*pers → türk → slaw*⟩

Pan (*griech Mythol*; Hirtengott u. Walddämon) ⟨*grch*⟩

Pa|na|de *od* Pa|na|del, die, _, _n (*süddt, österr*; Semmelbrei für Farcen – *österr*; Suppeneinlage aus Weißbrot u. Ei) ⟨*lat → ital → frz*⟩

Pa|na|ma: 1. *amtl* Re|pu|blik Pa|na|ma (in Mittelamerika) – 2. *span* Pa|na|má [..'ma] (Hptst. von Panama) · Pa|na|ma|er ['panamaər *od* pana'ma:ər], der, _s, _ · Pa|na|ma|hut *K 246*, der · pa|na|ma|isch · Pa|na|ma|ka|nal *K 246*, der, _s · Panamarinde ↑ Quillajarinde

pan|ara|bisch (die Gesamtheit der arab. Staaten u. Völker betreffend)

Pa|na|ri|tium, das, _s, ..ien [..ĭən] (*Med*; Fingerentzündung, Nagelgeschwür) ⟨*grch → lat*⟩

Pa|na|schee, das, _s, _s (*veraltet*; Speise aus mehrfarbigen Kompotten usw.) ⟨*lat → ital → frz*⟩ · pa|na|schie|ren (buntstreifig machen) · pa|na|schiert (buntgestreift) · Pa|na|schie|rung, die, _ (*Bot*; Weiß- od. Buntfleckigkeit der grünen Blätter)

Pan|athe|nä|en *Pl* (*Altertum*; Hauptfest der Athener) ⟨*grch*⟩

Pan|azee, die, _, _n (Allheil-, Wundermittel) ⟨*grch → lat*⟩

pan|chro|ma|tisch [..k..] (*Fot*; empfindlich für alle Farben) ⟨*grch*⟩

Pan|dek|ten *Pl* (Sammlung von Sprüchen aus dem röm. Recht) ⟨*grch → lat*⟩

Pan|de|mie, die, _, ..ien (*Med*; Länder u. Erdteile befallende Seuche) ⟨*grch*⟩ · pan|de|misch

Pan|dit, der, _, _s (ind. [brahman.] Gelehrter) ⟨*aind → Hind*⟩

Pan|do|ra (*griech Sage*; das [in einer Büchse] alles Unheil bringende erste Weib) ⟨*grch*, ‚die Allesschenkende'⟩

Pandsch|ab [pan'dʒa:p, *auch* 'pan..], das, _s (Landsch. im NW Vorderindiens) ⟨*aind*, ‚Fünfstromland'⟩ · Pandsch|abi, das, _[s] (neuindische, im Pandschab gesprochene Sprache); auf _ heißt es ...

Pan|dur, der, _en, _en (ungar. leichter. Fußsoldat im 18. Jh.) ⟨*ung*⟩

Pa|neel, das, _s, _e (vertiefte Fläche in holzgetäfelter Wand) ⟨*lat → frz → ndrl*⟩ · pa|nee|lie|ren

Pan|egy|ri|ker, der, _s, _ (Lobredner, Verfasser von Lobreden) ⟨*grch*⟩ · Pan|egy|ri|kus, der, _, ..ken (Lobrede, Festrede) ⟨*grch → lat*⟩ · pan|egy|risch ⟨*grch*⟩

pa|nem et cir|cen|ses [_ _ ..ze:s] (»Brot und Zirkusspiele«, Forderung der Armen im alten Rom) ⟨*lat*⟩

Pan|flö|te ([antikes] Holzblasinstrument) ⟨*zu* Pan⟩

Pan|has, der, _es, _e (niederdt. Gericht aus Wurstbrühe u. Buchweizenmehl)

Pan|hel|le|nis|mus, der, _ (Allgriechentum) ⟨*grch → lat*⟩

[1]Pa|nier, das, _s, _e (*veraltet*; Banner) ⟨*germ → frz*⟩

[2]Pa|nier, die, _ (*österr*; die durch das Panieren erzeugte Hülle) ⟨*lat → frz*⟩ · pa|nie|ren (Fleisch od. Fisch in Ei u. geriebener Semmel od. in Mehl wenden) · Pa|nier|mehl

Pa|nik, die, _ (plötzlicher Schrekken; Verwirrung einer Menschenmasse) ⟨*grch → lat, zu* Pan⟩ · pa|nik|ar|tig · pa|nisch (lähmend); _er Schrecken

Pan|kre|as, das, _ (*Anat*; Bauchspeicheldrüse) ⟨*grch*⟩

Pan|ne, die, _, _n (Schaden, Störung, bes. bei Fahrzeugen) ⟨*lat → ital → frz*⟩

Pan|no|nien [..ĭən] (*Altertum*; röm. Provinz zw. Ostalpen, Donau u. Save) ⟨*lat*⟩ · pan|no|nisch

Pan|op|ti|kum, das, _s, ..ken (Wachsfiguren- od. Kuriositätenkabinett) ⟨*grch → lat*, ‚Gesamtschau'⟩ · Pan|ora|ma, das, _s, ..men (Rundblick, -gemälde) ⟨*grch*⟩ · Pa|no|ra|ma|bus

pan|schen, *auch* pant|schen *K 354* (*umg*; Wein usw. durch Mischen verfälschen) · Pan|scher, *auch* Pant|scher (*umg*)

Pan|sen, der, _s, _ (*Zool*; Teil des Wiederkäuermagens) ⟨*lat → frz*⟩

Pan|sla|wis|mus, der, _ ([von den russ. Zaren ausgenutzte] allslaw. Bewegung im 19. u. 20. Jh.) ⟨*grch + slaw + lat*⟩ · Pan|sla|wist (*hist*) · pan|sla|wi|stisch (*hist*)

Pan|ta|lo|ne, der, _s, *Pl* _s, *auch* ..ni (eine Charaktertype der italien. Stegreifkomödie) ⟨*ital, nach* dem heiligen Pantaleon⟩ · Pan|ta|lons [..lɔŋs *od* pãta'lɔ̃:s] *Pl* (lange Hosen) ⟨*ital → frz*⟩

Pan|the|is|mus, der, _ (*idealist Philos*; Lehre vom Einssein Gottes u. der Natur) ⟨*grch → lat*⟩ · Pan|the|ist (*idealist Philos*) · pan|thei|stisch (*idealist Philos*) · Pan|the|on, das, _s, _s (*Antike*; Tempel für alle Götter; Ehrentempel) ⟨*grch*⟩

Pan|ther, der, _s, _ (Leopard) ⟨*aind → grch → lat*⟩ · Pan|ther|fell

Pan|ti|ne, die, _, _n, *meist Pl* (*landsch, bes norddt*; Holzschuh, Holzpantoffel) ⟨*germ → frz*⟩

Pan|tof|fel, der, _s, *Pl* _n, *seltener* _, *meist Pl* (Hausschuh ohne Fersenteil) ⟨*ital → frz*⟩ · Pan|tof|fel|blu|me (eine Topfpflanze, Braunwurzgewächs) · Pan|töf|fel|chen · Pan|tof|fel|held (*umg abwert*) · Pan|tof|fel|tier|chen (*Zool*)

Pan|to|graph, der, _en, _en (*fachspr*; ein Zeichengerät zum Übertragen, Vergrößern od. Verkleinern einer Vorlage, sog. Storchschnabel) ⟨*grch*, ‚Allzeichner'⟩ · Pan|to|gra|phie, die, _, ..ien (*fachspr*; mit dem Pantographen verfertigte Umrißzeichnung)

Pan|to|let|te, die, _, _n, *meist Pl Kunstw* (pantoffelartiger Straßenschuh) ⟨*aus Pantoffel + Sandalette*⟩

Pan|to|mi|me: 1. die, _, _n (Darstellung einer Handlung durch Gebärde, Mienenspiel u. Tanz) – 2. der, _n, _n (Darsteller dieser Kunstform) ⟨*grch*⟩ · Pan|to|mi|mik, die, _ (Gebärdenspiel, Kunst des Gebärdenspiels) · pan|to|mi|misch

Pan|try ['pɛntri], die, _, _s (Anrichteraum auf Schiffen) ⟨*lat → engl*⟩

pantschen usw. ↑ panschen usw.

Pän|ul|ti|ma, die, _, *Pl* ..mä *od* ..men (*Sprachw*; vorletzte Silbe) ⟨*lat*⟩

Pan|zen, der, _s, _ (*landsch*; Wanst, Schmerbauch) ⟨*lat → frz*⟩ · Pan|zer, der, _s, _ (Kampfwagen – *Mittelalter*; Rüstung). *Zus K 365ff.*: Panzer‿turm usw. · Pan|zer|ab|wehr|ka|no|ne (*Milit*); *Kurzw* Pak · pan|zern *K 363* · Pan|ze|rung

Päo|nie [..ĭə], die, _, _n (Pfingstrose) ⟨*grch → lat*⟩

[1]Pa|pa ['papa, *österr nur so, auch* pa'pa:], der, _s, _s ⟨*frz*⟩

[2]Pa|pa ['pa:pa], der, _s (kirchl. Bez. für den Papst); *Abk* P. ⟨*grch → lat*, ‚Vater'⟩

Pa|pa|chen [..ç..]

Pa|pa|gei [..'gai, *österr auch* 'pa..], der, *Gen* _en, *Pl* _en *od Gen* _[e]s, *Pl* _e (*österr meist Gen* _s, *Pl* _en) (ein Tropenvogel) ⟨*arab → frz*⟩ · pa|pa|gei|en|grün; *vgl.* blau · Pa|pa|gei|en|grün; *vgl.* Blau · pa|pa|gei|en|haft · Pa|pa|gei|en|krank|heit, die, _ *od* Psit|ta|ko|se ⟨*grch*⟩, die, _ (auf den Menschen übertragbare Viruserkrankung der Papageien, eine besondere Art der Ornithose)

Pa|pa|ge|no (Vogelhändler in Mozarts Oper »Zauberflöte«)

pa|pal (päpstlich) ⟨*grch → lat*⟩ ·

Pa|pat, der *od* das, _[e]s (*kath Kirche*; Papsttum, -würde)

Pa|pa|ve|rin [..v..], das, _s (*Biochem*; Alkaloid des Opiums) ⟨*lat*⟩

Pa|per|back ['pe:pərbɛk], das, _[s], _s (kartoniertes Buch, Taschenbuch) ⟨*engl*, ‚Papierrücken'⟩

Pa|pe|te|rie, die, _, ..ien (*schweiz*; Schreibwaren, Schreibwarenhandlung) ⟨*grch* → *lat* → *frz*⟩

Pa|phla|go|nien [..iən] (*Altertum*; Landsch. an der Nordküste Kleinasiens)

Pa|pier, das, _s, _e ⟨*grch* → *lat*⟩. *Zus K 365ff.*: Papier‿fabrik usw. · **pa|pie|ren** (aus Papier); *K 363*: ein papier[e]ner (trockener) Stil · **Pa|pier|geld**, das, _[e]s · **Pa|pier|ma|ché** [papie:ma'ʃe:, *österr* pa|pi:rma'ʃe:] *od* **Papp|ma|ché** [..'ʃe:, *auch* 'pap..], das, _s, _s (geformter, hart gewordener Papierbrei) ⟨*frz*⟩

pa|pil|lar (*Med*; warzenförmig) ⟨*lat*⟩ · **Pa|pil|lar‿ge|schwulst** (*Med*), **..kör|per** (*Med*) · **Pa|pil|le**, die, _, _n (*Anat*; Warze) · **Pa|pil|lom**, das, _s, _e (*Med*; warzenartige Geschwulst) ⟨*lat* + *grch*⟩

Pa|pil|lo|te [..pi'jo:tə *od* ..pi(l)'jɔtə], die, _, _n (Haar-, Lockenwickel) ⟨*lat* → *frz*⟩

Pa|pin|sche Topf [..'pi:nʃə *od* ..'pɛ̃:ʃə _] *K 217*, der, *Gen* _n _[e]s (fest geschlossener Topf zur Erhöhung des Siedepunktes durch Dampfdruck) ⟨*nach* dem französ. Physiker Papin [pa'pɛ̃:]⟩

Pa|pi|ros|sa, die, _, ..ssy [..si] (russ. Zigarette) ⟨*grch* → *lat* → *dt* → *poln* → *russ*⟩

Pa|pis|mus, der, _ (*abwert*; Papsttum, Katholizismus) ⟨*grch* → *lat*⟩ · **Pa|pist** (*abwert*) · **pa|pi|stisch** (*abwert*)

Papp, der, _[e]s (*landsch*; Brei; Kleister) · **Papp|band**, der (ein Bucheinband); *Abk* Pp. *od* Ppbd. · **Papp|deckel**[1], *auch* **Pap|pen|deckel**[1], *österr u. schweiz nur so* · **Pap|pe**, die, _, _n (starker Bogen aus Papiermasse)

Pap|pel, die, _, _n (ein Laubbaum) ⟨*lat*⟩. *Zus K 365ff.*: Pappel‿allee usw. · **pap|peln** (aus Pappelholz)

päp|peln *K 363* (*umg*; [ein kleines Kind] füttern; verwöhnen) · **pap|pen**: 1. *Verb* (*landsch*; kleben) – 2. *Adj K 364* (aus Pappe) · **Pappendeckel** ↑ Pappdeckel

Pap|pen|hei|mer *Pl*; *nur in* seine _ kennen (*umg*; wissen, mit wem man es zu tun hat) ⟨*nach* den Angehörigen eines Reiterregiments im Dreißigjährigen Krieg⟩

Pap|pen|stiel (*umg*; Wertloses) ⟨*lat*, *nach* dem Stiel der Pappenblume [Löwenzahn]⟩; *nur in Wendungen wie* für einen _ bekommen, verkaufen

pap|per|la|papp! ⟨*lautm*⟩

pap|pig (*umg*) · **Pappmaché** ↑ Papiermaché · **Papp|pla|kat** *K 17* · **Papp|schach|tel** · **Papp|schnee**

Pap|pus, der, _, *Pl* _ *od* ..usse (*Bot*; Haarkrone mancher Früchte) ⟨*lat*⟩

Pa|pri|ka, der, _s, *Pl* _s, *österr auch* _ (ein Gewürz; ein Gemüse) ⟨*aind* → *pers* → *grch* → *lat* → *serbokr* → *ung*⟩. *Zus K 365ff.*: Paprika‿salat usw. · **Pa|pri|ka|scho|ten** *Pl* · **pa|pri|zie|ren** (*österr*; mit Paprika würzen)

Papst, der, _[e]s, *Pl* Päpste (Oberhaupt der röm.-kath. Kirche) ⟨*grch* → *lat*⟩. *Zus K 365ff.*: Papst‿wahl usw. · **päpst|lich**, *als Titel K 259*: Päpstlich · **Papst|tum**, das, _[e]s

Pa|pua ['pa:.., *österr nur so*, *auch* pa'pu:a], der, _[s], _[s] (Angehöriger der Urbevölkerung auf Neuguinea) ⟨*mal*⟩ · **Pa|pua-Neu|gui|nea** [..gi..] (Inselstaat nördl. von Australien) · **pa|pua|nisch** · **Pa|pua|spra|chen** *K 246 Pl*

Pa|py|rus, der, _, ..ri (ein Schilfgewächs; Schreibmaterial im alten Ägypten; eine beschriebene Rolle aus solchem Material) ⟨*grch* → *lat*⟩ · **Pa|py|rus|kun|de**, die, _ · **Pa|py|rus|rol|le**

Pa|ra, der, _[s], *Pl* _[s] *u. bei Wertangabe* (*K 310*) Para (Münzeinheit in Jugoslawien) ⟨*türk*⟩

Pa|ra|bel, die, _, _n (Gleichnis, Gleichnisrede – *Math*; ein Kegelschnitt) ⟨*grch* → *lat*⟩ · **pa|ra|bo|lisch** (gleichnisweise – *Math*; gekrümmt) · **Pa|ra|bo|lo|id**, das, _[e]s, _e (*Math*; Fläche, die durch Rotation einer Parabel um ihre Achse entsteht; der von dieser Fläche begrenzte Körper) ⟨*grch*⟩ · **Pa|ra|bol|spie|gel** (*Techn*)

Pa|ra|de: 1. ⟨*lat* → *span* → *frz*⟩ (Auf-, Vorbeimarsch [von Truppenverbänden] – *Reitsp*; das Anhalten des Pferdes) – 2. ⟨*lat* → *ital* → *frz*⟩ (*Sport*; Abwehrbewegung)

Pa|ra|dei|ser, der, _s, _ (*österr*; Tomate) ⟨*pers* → *grch* → *lat*⟩

Paradentose ↑ Parodontose

pa|ra|die|ren (parademäßig vorüberziehen; mit etw. prunken) ⟨*lat* → *span* → *frz*⟩

Pa|ra|dies: 1. das, _es (*A. T.*; Garten Gottes – *übertr*; Zustand ungetrübten Glücks) – 2. das, _es, _e (*Arch*; Vorhof mittelalterl. Kirchen) ⟨*pers* → *grch* → *lat*, ‚Garten'⟩ · **Pa|ra|dies|ap|fel** (*landsch*; Tomate) · **pa|ra|die|sisch** (*meist übertr*; wonnig, himmlisch); _ste · **Pa|ra|dies|vo|gel**

Pa|ra|dig|ma, das, _s, *Pl* ..men *od* _ta (Beispiel, Muster – *Sprachw*; Deklinations- od. Konjugationsmuster) ⟨*grch*⟩

pa|ra|dox (wirklich od. scheinbar widersinnig; sonderbar); _este ⟨*grch*⟩ · **Pa|ra|do|xie**, die, _, ..ien (wirkliche od. scheinbare Widersinnigkeit) · **Pa|ra|do|xon**, das, _s, ..xa (wirklich od. scheinbar widersinnige Behauptung)

Pa|raf|fin, das, _s, _e (wachsähnl. Gemisch) ⟨*lat*⟩ – **Paraffine** ↑ Alkane · **pa|raf|fi|nisch** · **Pa|raf|fin|ker|ze** · **Pa|raf|fin|öl**, das, _[e]s

Pa|ra|graph, der, _en, _en (Zeichen vor fortlaufend numerierten kleineren Textabschnitten in Gesetzen, Verträgen u. a.), *Zeichen für Sg* §, *für Pl* §§ ⟨*grch*⟩; Paragraph soundso[viel] · **Pa|ra|gra|phen|rei|ter** (*abwert*; sich ganz streng an Vorschriften haltender Mensch) · **pa|ra|gra|phie|ren** (in Abschnitte einteilen) · **Pa|ra|graph|zei|chen**; *vgl. auch* Paragraph

Pa|ra|guay [..'gŭai *od* 'pa..]: 1. der, _[s] (Nebenfluß des Paraná) – 2. *amtl* **Re|pu|blik Pa|ra|guay** (in Südamerika) · **Pa|ra|gua|yer**: 1. *K 231*: der, _s, _; 2. *als Attribut K 232* · **pa|ra|gua|yisch**

Pa|ra|kau|tschuk *K 246*, der, _s ⟨*nach* dem brasilian. Staat Pará [pa'ra]⟩

Pa|ra|li|po|me|non, das, _s, ..ena, *meist Pl* (*Literaturw*; Ergänzung, Nachtrag) ⟨*grch*, ‚Ausgelassenes'⟩

par|al|lak|tisch (*Phys*, *Astron*; die Parallaxe betreffend) ⟨*grch*⟩ · **Par|al|la|xe**, die, _, _n (*Phys*; Winkel zw. zwei Sehstrahlen von zwei verschiedenen Standorten aus – *Astron*; eine Entfernungsbestimmung u. -angabe von Sternen) ⟨‚Abweichung'⟩

par|al|lel [..'le:l, *österr* ..'lɛl] (gleichlaufend; gleichzeitig); parallel laufen, *aber K 128*: parallellaufend ⟨*grch* → *lat*⟩ · **Par|al|le|le**, die, _[n], _n *K 343* (zu einer anderen Geraden in gleichbleibendem Abstand verlaufende Gerade; Vergleich, vergleichende Gegenüberstellung) · **Par|al|lel|epi|ped** [..,pe:t], das, _[e]s, _e *bzw* **Par|al|lel|epi|pe|don** [..,pi:..], das, _s, *Pl* ..da *od* ..peden [..,pe:..] *od* **Par|al|lel|flach**, das, _[e]s, _e (*Geom*; von drei Paaren paralleler Ebenen begrenzter Körper) · **par|al|le|li|sie|ren** (vergleichen, gleichstellen) · **Par|al|le|lis|mus**, der, _, ..men (Gleichförmigkeit, Übereinstimmung, Entsprechung zw. Verschiedenem) · **Par|al|le|li|tät**, die, _ (das

[1] Tr..k|k..

Parallelsein) · **Par|al|lel|kreis** (*Geogr*; Breitenkreis) · **par|al|lel|lau|fend** *K 128* (gleichlaufend); *vgl. aber* parallel · **Par|al|le|lo|gramm,** das, _s, _e (*Geom*; von zwei Paaren paralleler Seiten begrenztes Viereck) · **par|al|lel|schal|ten** *K 136* (*Elektrotechn*; nebeneinanderschalten) · **Par|al|lel|schal|tung** (*Elektrotechn*; Nebenschlußschaltung)

Pa|ra|lo|gis|mus, der, _, ..men (*Logik*; Fehlschluß) ⟨*grch → lat*⟩

Pa|ra|ly|se, die, _, _n (*Med*; Lähmung) ⟨*grch*⟩; progressive _ · **pa|ra|ly|sie|ren** (*Med*) ⟨*grch → lat*⟩ · **Pa|ra|ly|ti|ker,** der, _s, _ (*Med*; Gelähmter; an progressiver Paralyse Leidender) ⟨*grch*⟩ · **pa|ra|ly|tisch** (*Med*)

Pa|ra|ma|ri|bo (Hptst. von Suriname)

Pa|ra|ment, das, _[e]s, _e (künstlerisch verarbeiteter Stoff zur Umkleidung kirchl. Einrichtungsgegenstände) ⟨*lat*⟩

Pa|ra|me|ter, der, _s, _ (*Math*; Zahlengröße in einer Funktion – *meist Pl*: *Techn*; eine der Kennziffern, durch die die Leistungsfähigkeit einer Maschine charakterisiert wird) ⟨*grch*⟩

Pa|ra|ná [..'na], der, _[s] (Fluß in Südamerika)

Pa|ra|noia [..'nɔya], die, _ (*Med*; Geistesstörung mit Wahnvorstellungen) ⟨*grch*⟩ · **pa|ra|no|id** (*Med*; der Paranoia ähnlich) · **Pa|ra|noi|ker** (*Med*; jmd., der an Paranoia leidet) · **pa|ra|no|isch** (*Med*; die Paranoia betreffend, geistesgestört)

Pa|ra|nuß *K 246* ⟨*nach* dem brasilian. Staat Pará [pa'ra]⟩

Pa|ra|phe, die, _, _n, *österr nur so, od* der, _s, _s (Namens-, Handzug; Namenszeichen; Stempel mit Namenszug) ⟨*grch → lat → frz*⟩ · **pa|ra|phie|ren** (mit dem Namenszug versehen, unterzeichnen – *Diplomatie*; das Ergebnis diplomat. Verhandlungen od. Verträge vorläufig unterzeichnen)

Pa|ra|phra|se, die, _, _n (*Sprachw*; [verdeutlichende] Umschreibung, Erklärung – *Mus*; freie Fantasie, z. B. über ein Lied) ⟨*grch*⟩ · **pa|ra|phra|sie|ren** (*Sprachw*, *Mus*)

Pa|ra|psy|cho|lo|gie [..ç..], *auch* **Me|ta|psy|chik,** die, _ (Sammelbez. für die Versuche, angeblich wahrgenommene okkulte Erscheinungen zu erforschen u. zu erklären) ⟨*grch*⟩

Pa|ra|sit, der, _en, _en (*Biol*; Schmarotzertier, -pflanze – *übertr*, *abwert*; auf Kosten anderer Lebender) ⟨*grch*⟩ · **pa|ra|si|tär,** *auch* **pa|ra|si|tisch** (schmarotzerhaft; durch Schmarotzer hervorgebracht) ⟨*grch → lat*⟩ · **Pa|ra|si|tis|mus,** der, _ (Wesen u. Lebensform der Schmarotzer)

Pa|ra|sol, der, _s, _e *od* **Pa|ra|sol|pilz,** der, _es, _e (ein Speisepilz) ⟨*frz u. ital*⟩

pa|rat (bereit; fertig, gebrauchsfertig) ⟨*lat*⟩

pa|ra|tak|tisch (*Sprachw*; beiordnend; beigeordnet) ⟨*grch*⟩ · **Pa|ra|ta|xe,** die, _, _n (*Sprachw*; Beiordnung)

Pa|ra|ty|phus, der, _ (*Med*; typhusähnl. ansteckende Darmkrankheit) ⟨*grch → lat*⟩

Pa|ra|vent [..'vã:], der *od* das, _s, _s (*österr*; Wind-, Ofen-, Wandschirm, spanische Wand) ⟨*lat → ital → frz*⟩

par avion [_ a'viɔ̃:] (mit Luftpost) ⟨*frz*⟩

pa|ra|zen|trisch (*Math*; um den Mittelpunkt liegend od. beweglich) ⟨*grch → lat*⟩

Pär|chen *K 8* ⟨*zu* [1]Paar⟩

Par|cours [..'ku:r], der, _ [..'ku:r(s)], _ [..'ku:rs] (*Reitsp*; Hindernisbahn bei Springwettbewerben) ⟨*frz*⟩

Pard, der, _en, _en *od* **Par|der** *od* **Par|del,** der, _s, _ (*veraltend*; Leopard) ⟨*grch → lat*⟩

par|dauz!, *österr nur so, od* **bar|dauz!** (*kinderspr*; Ausruf, wenn jmd. hinfällt)

par di|stance [_ ..'tã:s] (aus der Ferne) ⟨*frz*⟩

Par|don [..'dɔ̃:, *auch* ..'dɔŋ, *österr auch* ..'do:n], der, *auch* das, _s (*veraltend*; Verzeihung; Gnade; Nachsicht) ⟨*lat → frz*⟩; _ geben; um _ bitten; Pardon! (Verzeihung!)

Par|dun, das, _[e]s, *Pl* _e *od* _s *od* **Par|du|ne,** die, _, _n (*seem*; Tau, das die Masten od. die Stengen nach hinten stützt) ⟨*ndrl*⟩

Par|en|chym [..ç..], das, _s, _e (*Anat*, *Biol*; ein Zellgewebe) ⟨*grch*⟩

Par|en|the|se, die, _, _n (*Sprachw*; Einschaltung; die einschließenden Klammern) ⟨*grch*⟩; in _ setzen; *vgl. auch K 478ff.* · **par|en|the|tisch** (*Sprachw*; eingeschaltet; nebenbei [gesagt])

par ex|cel|lence [_ ɛksɛ'lã:s] (vorzugsweise; schlechthin; in ganz besonderem Grade) ⟨*frz*⟩

Par|force|jagd [par'fɔrs..] (Hetzjagd) ⟨*frz*, ‚mit Gewalt' + *dt*⟩

Par|füm [*österr* ..'fœ:], das, _s, *Pl* _e, *auch* _s (*österr nur so*), *österr meist* **Par|fum** [..'fœ:], das, _s, _s (in Alkohol gelöster Duftstoff) ⟨*lat → ital → frz*⟩. *Zus K 365ff.*: Parfüm‿flasche usw. · **Par|fü|me|rie,** die, _, ..ien (Industriezweig zur Herstellung von Duftstoffen; Verkaufsstelle für dessen Erzeugnisse) · **Par|fü|meur** [..'mø:r], der, _s, _e · **par|fü|mie|ren;** sich (*Akk*) _

pari ↑ al pari

Pa|ria, der, _s, _s (Bez. für einen Angehörigen der außerhalb der Kastenordnung stehenden hinduist. Bevölkerungsschichten Indiens – *übertr*; Ausgestoßener) ⟨*drawid → engl*⟩

[1]**pa|rie|ren** ([einen Hieb] abwehren – *Reitsp*; das Pferd anhalten) ⟨*lat → frz*, *zu* Parade⟩

[2]**pa|rie|ren** (*umg*; [unbedingt] gehorchen) ⟨*lat*⟩

Pa|rie|tal|au|ge [..i:e..] (*Zool*; Scheitelauge, unpaares Auge bei bestimmten Kriechtieren) ⟨*lat*⟩ · **Pa|rie|tal|or|gan** (*Zool*; lichtempfindl. Sinnesorgan bei Lurchen u. Kriechtieren) ⟨*lat + grch*⟩

Pa|ri|kurs (*Bankw*; Nennwertkurs)

[1]**Pa|ris** (Hptst. von Frankreich)

[2]**Pa|ris** (*griech Sage*; Sohn des Priamos) ⟨*grch*⟩

pa|risch ⟨*zu* Paros, einer Kykladeninsel⟩; *K 238*: _er Marmor

Pa|ri|ser: 1. *K 231*: der, _s, _; 2. *als Attribut K 232*: die Pariser Kommune, das Pariser Blau (*vgl. auch K 274*) · **pa|ri|se|risch**

pa|ri|syl|la|bisch (*Sprachw*; gleichsilbig) ⟨*lat + grch*⟩ · **Pa|ri|syl|la|bum,** das, _s, ..ba (*Sprachw*; in Singular u. Plural gleichsilbiges Wort) ⟨*lat + grch + lat*⟩

Pa|ri|tät, die, _ (Gleichstellung, -berechtigung – *Wirtsch*; Austauschverhältnis zw. den Währungseinheiten zweier Staaten) ⟨*lat*⟩ · **pa|ri|tä|tisch** · **Pa|ri|wert** (*Bankw*; dem Nennwert entsprechender Wert)

Park, der, _[e]s, *Pl* _s *od* _e (großer Landschaftsgarten; Depot, Sammellager) ⟨*lat → frz*⟩

Par|ka, der, _s, _s, *auch* die, _, _s (knielanger Anorak) ⟨*eskim*⟩

Park|an|la|ge · **park|ar|tig** · **par|ken** (ein Kraftfahrzeug vorübergehend abstellen) ⟨*lat → frz → engl*⟩ · **Par|kett,** das, _[e]s, _e (getäfelter Fußboden aus Hartholz; die [vorderen] Saalplätze) ⟨*lat → frz*⟩. *Zus K 365ff.*: Parkett‿boden, ...sitz usw. · **Par|ket|te,** die, _, _n (*österr*; einzelnes Brettchen des Parkettfußbodens) · **par|ket|tie|ren** (mit Parkett versehen) · **par|kie|ren** (*schweiz*; parken) ⟨*lat → frz → engl*⟩ · **Park|lücke** [*Tr* ...lük|ke] · **Park‿platz, ...schei|be, ...uhr, ...ver|bot**

Par|la|ment, das, _[e]s, _e (gesetzgebende Körperschaft [in bürgerl. Staaten]) ⟨*grch → lat → frz*, ‚Besprechung'⟩. *Zus K 365ff.*:

Parlaments‿mitglied usw. · **Par|la|men|tär,** der, _s, _e (Unterhändler zw. Kriegführenden) · **Par|la|men|tär|flag|ge** · **Par|la|men|ta|rier** [..iər], der, _s, _ (Abgeordneter, Mitglied eines Parlaments) · **par|la|men|ta|risch;** *K 119*: das _e System · **Par|la|men|ta|ris|mus,** der, _ (bürgerl. Regierungsform, in der formal das Parlament die Politik bestimmt) · **par|la|men|tie|ren** (*veraltet*; unterhandeln, verhandeln – *landsch*; hin und her reden)

par|lan|do (*Mus*; im Sprechton singend) ⟨*grch → lat → ital*⟩

par|lie|ren (*veraltend*; in einer fremden [bes. der französ.] Sprache reden; plaudern) ⟨*grch → lat → frz*⟩

Par|ma (Stadt in Oberitalien) · **Par|ma|er:** 1. *K 231*: der, _s, _; 2. *auch* **Par|me|sa|ner,** *als Attribut K 232*: die Parmaer Universität · **par|ma|isch,** *auch* **par|me|sa|nisch**

Par|mä|ne, die, _, _n (ein Edelapfel) ⟨*engl*⟩

Parmesaner ↑ Parmaer (2) · **parmesanisch** ↑ parmaisch · **Par|me|san|kä|se** ⟨*nach* Parma⟩

Par|naß, der, *Gen* _ *od* ..asses *od* **Par|nas|sos** [*od* ..'sɔs], der, _ (Gebirge in Mittelgriechenland – *griech Mythol*; Sitz des Apolls u. der Musen – *übertr*; Reich der Dichtkunst) ⟨*grch*⟩ · **par|nas|sisch**

par|ochi|al [..x..] (*christl Rel*; zum Kirchspiel gehörig) ⟨*grch → lat*⟩ · **Par|ochi|al|kir|che** (*christl Rel*; Hauptkirche einer Parochie) · **Par|ochie,** die, _, ..ien (*christl Rel*; Kirchspiel, Amtsbezirk eines Geistlichen)

Par|odie, die, _, ..ien (satirische Nachahmung [ernster Dichtung]) ⟨*grch*⟩ · **par|odie|ren** · **Par|odist** · **par|odi|stisch**

Par|odon|to|se ⟨*grch*⟩, *älter* **Pa|ra|den|to|se** ⟨*grch + lat + grch*⟩, die, _, _n (*Med*; Zahnbetterkrankung)

Pa|ro|le, die, _, _n (¹Losung; [militär.] Kennwort) ⟨*grch → lat → frz*⟩

Pa|ro|li, das, _s, *österr* _, *Pl* _s; *nur noch in* _ bieten (mit gleicher od. überlegener Kraft entgegnen) ⟨*lat → ital → frz*⟩

Par|ono|ma|sie, die, _, ..ien (*Stilistik*; Zusammenstellung gleichlautender od. ähnlichklingender Wörter zu einer Redefigur) ⟨*grch*⟩

Par|otis, die, _, ..iden (*Anat*; Ohrspeicheldrüse) ⟨*grch*⟩ · **Par|oti|tis,** die, _, ..itiden (*Med*; Mumps)

Par|oxys|mus, der, _, ..men (*Med*; anfallartige, hochgradige Steigerung von Krankheitserscheinungen) ⟨*grch → lat*⟩

Par|oxy|to|non, das, _s, ..tona (*Sprachw*; ein auf der vorletzten Silbe betontes Wort) ⟨*grch*⟩

Par|se, der, _n, _n (Anhänger des Parsismus) ⟨*pers → ind*⟩

Par|sec, das, _, _ *Kurzw* (*Astron*; Einheit der Länge = 30,857 Pm); *Einheitenzeichen* pc ⟨*aus engl parallax second* ['pɛrəlɛks 'sɛkənd]⟩

Parsifal ↑ Parzival

par|sisch (die Parsen betreffend) ⟨*pers → ind*⟩ · **Par|sis|mus,** der, _ (altpers., von Zarathustra begründete Religion der Parsen) ⟨*pers → ind → lat*⟩

Pars pro to|to *K 47*, das, _ _ _, *Pl* _ _ _ (*Stilistik*; Nennung eines Teils für das Ganze) ⟨*lat*⟩

Part, der, _s, *Pl* _s, *auch* _e (Teil, Anteil; Stimme [eines Musikstükkes]) ⟨*lat*⟩ · **Par|te:** 1. die, _, _n (Gesamtheit der Bewohner einer Mietwohnung) – 2. ↑ Partezettel ⟨*lat → ital*⟩ · **Par|tei,** die, _, _en ⟨*lat → frz*⟩ · **Par|tei|ak|tiv,** das, _s, *Pl* _e [..v..] *od* _s (Gruppe besonders aktiver Parteimitglieder, die kollektiv an der Erfüllung politisch-gesellschaftl. Aufgaben arbeiten) · **Par|tei|grup|pe** · **par|tei|isch** (voreingenommen, befangen; rechthaberisch); _ste · **Par|tei|lehr|jahr** · **par|tei|lich** (eine Partei betreffend; Partei ergreifend; die Parteigrundsätze entschieden vertretend u. anwendend) · **Par|tei|lich|keit,** die, _ · **par|tei|los;** *vgl.* ...los · **Par|tei|lo|se,** der *u.* die, _n, _n *K 341* · **Par|tei|lo|sig|keit,** die, _ · **par|tei|mä|ßig** · **Par|tei‿mit|glied, ...or|gan** · **Par|tei|or|ga|ni|sa|tion** (Aufbau u. Gliederung einer Partei) · **Par|tei|pro|gramm** (die polit. Grundsätze einer Partei) · **Par|tei‿tag, ...ve|te|ran** [..v..]

par|terre [..'tɛr] (zu ebener Erde gelegen); *Abk* part. ⟨*lat → frz*⟩; _ wohnen · **Par|terre:** 1. das, _s [..'tɛrs], *Pl* _s [..'tɛrs], *österr auch* _ [..'tɛrə] (Erdgeschoß); *Abk* Part. – 2. das, _s (*Theat*; Saalplätze hinter dem Parkett)

Par|te|zet|tel, der, _s, _, *kurz* **Par|te** ⟨*lat → ital*⟩, die, _, _n (*österr*; Todesanzeige)

Par|the|no|ge|ne|se, die, _ (*Biol*; Jungfernzeugung, Entwicklung aus unbefruchteten Eizellen) ⟨*grch*⟩ · **par|the|no|ge|ne|tisch** (*Biol*) · **Par|the|non,** der, _s (Tempel der Jungfrau Athene)

Par|ther, der, _s, _ (*Altertum*; Angehöriger eines iran. Reitervolkes) · **Par|thien** [..tiən] (*Altertum*; Land der Parther) · **par|thisch**

Par|tie, die, _, ..ien (Abschnitt, Teil; Spiel; Gesangsrolle – *Handel*; Anzahl [von Waren] – *veraltend*; Ausflug; Heirat – *österr auch für* Gruppe von Arbeitern) ⟨*lat → frz*⟩ · **Par|tie|be|zug,** der, _[e]s (*Handel*) · **par|tiell** (teilweise; nur einen Teil betreffend, auf ein Teilgebiet bezüglich) ⟨*lat*⟩ · **par|tien|wei|se** *K 176* · **Par|tie|wa|re** (Ware, die bestimmten Qualitätsmerkmalen nicht entspricht) · **Par|ti|kel:** 1. die, _, _n (*Gramm*; unflektierbares Wort; Füllwort) – 2. das, _s, _, *auch* die, _, _n, *meist Pl* (*Phys*; Teilchen, Elementarteilchen) ⟨*lat*⟩ · **par|ti|ku|lar,** *auch* **par|ti|ku|lär** (einzeln; auf einen Teil bezüglich) · **Par|ti|ku|la|ris|mus,** der, _ (Kleinstaaterei, Streben einzelner Gebiete eines Staates nach größerer Selbständigkeit) · **Par|ti|ku|la|rist** · **par|ti|ku|la|ri|stisch;** _ste · **Par|ti|san,** der, _s *od* _en, *Pl* _en (bewaffneter Widerstandskämpfer in einem von feindl. Truppen besetzten Gebiet) ⟨*lat → ital → frz*⟩

Par|ti|sa|ne, die, _, _n (*hist*; [hellebardenähnl.] Spieß) ⟨*lat → ital → frz*⟩

Partita ↑ Suite (2) · **Par|ti|tion,** die, _, _en (*fachspr*; Teilung, Einteilung) ⟨*lat*⟩ · **par|ti|tiv** (*fachspr*; teilend, die Teilung bezeichnend; Teil...) · **Par|ti|tur,** die, _, _en (*Mus*; Aufzeichnung sämtl. Stimmen einer Komposition Takt für Takt übereinander) ⟨*lat → ital*⟩ · **Par|ti|zip,** das, _s, _ien [..iən] (*Gramm*; Mittelwort) ⟨*lat*⟩; *vgl. auch K 20 u. 358ff.* · **Par|ti|zi|pa|tion** (Teilnahme, Beteiligung) · **par|ti|zi|pial** (*Gramm*; mittelwörtlich, Mittelwort...) · **Par|ti|zi|pial|bil|dung** (*Gramm*) · **Par|ti|zi|pial|satz** (*Gramm*; Mittelwortsatz); *vgl. auch K 436ff.* · **par|ti|zi|pie|ren** (Anteil haben, teilnehmen) · **Part|ner,** der, _s, _ (Teilhaber, Teilnehmer; Mitspieler, Gefährte; Gegenspieler) ⟨*lat → frz → engl*⟩ · **Part|ne|rin,** die, _, ..innen · **Part|ner|schaft**

par|tout [..'tu:] (*umg*; durchaus; unbedingt; um jeden Preis) ⟨*lat → frz*⟩

Par|ty ['pa:rti], die, _, *Pl* _s [..ti:s] *od engl* ..ties [..tiz] (kleinere gesellige Veranstaltung) ⟨*lat → frz → engl*⟩

Par|ve|nü [..v..], *österr* **Par|ve|nu** [..və'ny:], der, _s, _s (Emporkömmling) ⟨*lat → frz*⟩

Par|zel|le, die, _, _n (Nutzflächeneinheit; Grund-, Flurstück) ⟨*lat → frz*, ‚Teilchen'⟩ · **par|zel|lie|ren**

Par|zen *Pl* (*röm Mythol*; Schicksalsgöttinnen); *Sg* Par|ze, die, _ ⟨*lat*⟩; *vgl. auch* Moiren

Par|zi|val [..fal], *bei Richard Wagner* **Par|si|fal** (*mittelalterl Sage*; Ritter der Artusrunde u. Gralshüter)

Pas [pa], der, -, - [pas] (Tanzschritt) ⟨*lat* → *frz*⟩
Pas|cal, das, -[s], - (SI-Einheit des Drucks u. der [mechan.] Spannung); *Einheitenzeichen* Pa ⟨*nach* dem französ. Mathematiker⟩
Pasch, der, -[e]s, *Pl* -e *od* Päsche (Wurf mit gleicher Augenzahl auf mehreren Würfeln; Dominostein mit Doppelzahl) ⟨*frz*⟩
Pa|scha, der, -s, -s (*hist*; Titel hoher türk. Beamter u. Offiziere [*auch* dem Namen angehängt, z. B. Brugsch-Pascha *od* Brugsch Pascha] – *übertr*, *abwert*; [von Frauen umworbener u. verwöhnter] herrischer Mann) ⟨*türk*⟩
[1]**pa|schen** *K 354* (würfeln)
[2]**pa|schen** *K 354* (*umg*; schmuggeln) ⟨*Zig*⟩ · **Pa|scher** (*umg*) · **Pa|sche|rei** (*umg*)
Paschtu ↑ Afghanisch usw.
Pas de deux [pa də 'dø:] *K 47*, der, - - -, Pl - - - [pa də 'dø:(s)] (Tanz zu zweit) ⟨*frz*⟩
Pa|so do|ble *K 47*, der, - -, *Pl* - - *od* -s -s (ein Gesellschaftstanz) ⟨*span*⟩
Pas|pel, die, -, -n, *selten* der, -s, -, *österr meist* **Passe|poil** [pas'põal], der, -s, -s (schmaler Zierstreifen an Kleidungsstücken) ⟨*lat* → *frz*⟩ · **pas|pe|lie|ren** *od* **pas|peln**, *österr meist* **passe|poi|lie|ren** [paspõa'li:..] (mit Paspel versehen)
Pas|quill, das, -s, -e (*veraltend*; Schmäh-, Spottschrift) ⟨*ital*, *nach* dem italien. Satiriker Pasquino⟩ · **Pas|quil|lant** (*veraltend*; Verfasser einer Schmähschrift)
Paß, der, *Gen* Passes, *Pl* Pässe: 1. ⟨*lat* → *frz*⟩ (enger Durchlaß, Gebirgsübergang; behördl. Personal- u. Berechtigungsausweis zum Aufenthalt im Ausland) – 2. ⟨*lat* → *frz* → *engl*⟩ (genaues Ballzuspiel); *vgl. aber K 176*: zupaß, zupasse kommen
Pas|sa, *auch* **Pas|sah**, das, -s (jüd. Fest zur Erinnerung an den Auszug aus Ägypten) ⟨*hebr* → *grch* → *lat*⟩. *Zus K 365ff.*: Passa[h]‿fest usw.
pas|sa|bel (gangbar; leidlich, erträglich) ⟨*lat* → *frz*⟩; *K 363*: ein passabler Gesundheitszustand · **Pas|sa|ca|glia** [..'kalja], die, -, ..glien [..'kaljən] (*Mus*; Instrumentalstück mit Variationen über einer ständig wiederkehrenden Baßfigur) ⟨*span* → *ital*⟩ · **Pas|sa|ge** [..'sa:ʒə, *österr* ..'sa:ʒ] (Durchgang; Überfahrt – *Reitsp*; Gangart der Hohen Schule – *Mus*; schneller Lauf) ⟨*lat* → *frz*⟩ · **Pas|sa|gier** [..'ʒi:r], der, -s, -e (Reisender, Fahr-, Fluggast) ⟨*lat* → *ital*⟩. *Zus K 365ff.*: Passagier‿flugzeug usw.
Passah ↑ Passa
Pas|sant (Fußgänger; Vorübergehender) ⟨*lat* → *frz u. ital*⟩ · **Pas|sat**, der, -[e]s, -e, *auch* **Pas|sat|wind** (gleichmäßig wehender Tropenwind) ⟨*lat* → *span* → *ndrl*⟩
Pas|sau (Stadt der BRD an der Donau) · **Pas|sau|er**: 1. *K 231*: der, -s, -; 2. *als Attribut K 232*
pas|sé [..'se:] (*umg*; vorbei; vergangen, überlebt) ⟨*lat* → *frz*⟩; das ist -
Pas|se, die, -, -n (glatter Hals- u. Schulterteil an Kleidungs- u. Wäschestücken) ⟨*lat* → *frz*⟩ · **pas|sen**: 1. ⟨*lat* → *frz*⟩ (*auch Kartensp*; verzichten, kein Spiel machen) – 2. ⟨*lat* → *frz* → *engl*⟩ (den Ball genau zuspielen); du paßt *K 354*; gepaßt; passe! *od* paß! · **Passe|par|tout** [paspar'tu:]: 1. das, *schweiz* der, -s, -s ([breiter] Wechselrahmen aus Karton) – 2. der, -s, -s (*schweiz*; Dauerkarte; Hauptschlüssel) ⟨*frz*⟩
Passepoil usw. ↑ Paspel usw.
Pas|ser (*Polygr*; Linie od. Paßkreuz für den Druck) ⟨*lat* → *frz*⟩ · **Paß|form** · **Paß|gang**, der, -[e]s (*von Reittieren gesagt*; gleichzeitiges Heben der Füße derselben Seite) · **Paß|gän|ger** · **paß|ge|recht** · **Paß|hö|he** · **pas|sier|bar** (über-, durchschreitbar) · **pas|sie|ren** (vorübergehen; durch-, überqueren; geschehen – *Kochk*; durchseihen) · **Pas|sier|ge|wicht** (*Münzw*; Metallmindestmasse) · **Pas|sier|schein**
Pas|sion: 1. die, -, -en (Leidenschaft; Vorliebe, Liebhaberei) – 2. die, - (*christl Rel*; Leiden und Sterben Christi) ⟨*lat*⟩ · **passionato** ↑ appassionato · **pas|sio|niert** (leidenschaftlich [für etw. eingenommen]; begeistert) · **Pas|sions|blu|me** (eine Zimmerpflanze) · **Pas|sions|spiel** (Darstellung der Leidensgeschichte Christi)
pas|siv [*österr meist so, auch* ..'si:f]: 1. (untätig; teilnahmslos; duldend); *Ggs* aktiv (1); -es [..v..] Wahlrecht (das Recht, gewählt zu werden) – 2. ↑ passivisch ⟨*lat*⟩ · **Pas|siv**, das, -s, *Pl* -e [..v..], *österr* -a (*Gramm*; Leideform des Verbs); *Ggs* Aktiv – **Pas|si|va** [..v..], *auch*, *österr nur*, **Pas|si|ven** *Pl* (Schulden, kaufmänn. Verbindlichkeiten); *Ggs* Aktiva, *auch*, *österr nur*, Aktiven · **Pas|siv|bil|dung** [..f..] (*Gramm*) · **Pas|siv|han|del**, der, -s · **pas|si|visch** [*auch* ..'si:viʃ] *od* **pas|siv** [*auch* ..'si:f] (*Gramm*; das Passiv betreffend); *Ggs* aktivisch *od* aktiv · **Pas|si|vi|tät** [..v..], die, - (Untätigkeit; Teilnahmslosigkeit)
paß|lich (*veraltet*; angemessen; bequem) ⟨*lat* → *frz*⟩ · **Paß|stel|le** · **Pas|sung** (*Techn*; Beziehung zw. zusammengefügten Maschinenteilen) · **Pas|sus**, der, -, - [..su:s] (Schriftstelle, Abschnitt) ⟨*lat*⟩
Pa|ste *od* **Pa|sta**, *österr nur so*, die, -, ..ten (teig- od. breiartige Masse; Abdruck [von Münzen]) ⟨*grch* → *lat* → *ital*⟩ · **Pa|stell**: 1. das, -[e]s (Farbstiftmalerei) – 2. das, -[e]s, -e (Farbstiftbild) · **pa|stel|len** *K 364* (mit Pastellfarben gemalt); ein -es Bild · **Pa|stell|far|be**
Pa|ster|ze, die, - (Gletscher der Ostalpen)
Pa|stet|chen · **Pa|ste|te**, die, -, -n (Teighülle mit Fleischfüllung usw.) ⟨*grch* → *lat*⟩
Pa|steu|ri|sa|tion [..tøri..] *od* **Pa|steu|ri|sie|rung** ⟨*nach* dem französ. Naturforscher Pasteur [..'tœ:r]⟩ · **pa|steu|ri|sie|ren** (Nahrungsmittel durch Erhitzen keimarm machen)
Pa|stil|le, die, -, -n (Pille, Plätzchen) ⟨*grch* → *lat*⟩
Pa|sti|na|ke, die, -, -n *od* **Pa|sti|nak**, der, -[e]s, -e (eine Gemüse- u. Futterpflanze, Doldengewächs) ⟨*lat*⟩
Pa|stor [*österr nur so*, *auch* ..'to:r], der, -s, *Pl* ..oren, *landsch* ..ore, *auch* ..öre (Geistlicher [bes. in den evangel. Kirchen]); *Abk* P. ⟨*lat*, ‚Hirt'⟩ · **pa|sto|ral** (seelsorgerisch; feierlich, würdig) · **Pa|sto|ral|brief** (*christl Rel*) · **Pa|sto|ra|le**, das, -s, -s *od* die, -, -n (Schäferspiel; Hirtenmusik) ⟨*lat* → *ital*⟩ · **Pa|sto|rat**, das, -[e]s, -e (*landsch*; Pfarramt; Wohnung des Pastors) ⟨*lat*⟩ · **Pa|sto|rel|le**, die, -, -n (Hirtenliedchen) ⟨*lat* → *ital*⟩ · **Pa|sto|rin**, die, -, ..innen ⟨*lat*⟩
pa|stos *K 349* (*Mal*; mit dick aufgetragenen Ölfarben) ⟨*grch* → *lat* → *ital*⟩ · **pa|stös** *K 349* (teigig – *Med*; gedunsen, aufgeschwemmt)
Pa|ta|go|nien [..iən] (Landsch. im S Südamerikas) · **Pa|ta|go|nier** [..iər], der, -s, - · **pa|ta|go|nisch**
Pat|chen (Patenkind) · **Pa|te**: 1. der, -n, -n (Taufzeuge – *auch für* Patenkind) – 2. die, -, -n *od* **Pa|tin**, *österr nur so*, die, -, ..innen (Taufzeugin) ⟨*lat*⟩
Pa|tel|la, die, -, ..llen (*Anat*; Kniescheibe) ⟨*grch* → *lat*⟩ · **Pa|tel|lar|re|flex** (*Med*)
Pa|ten‿be|trieb, **...brief**, **...bri|ga|de**, **...kind**, **...klas|se** · **Pa|ten|schaft**, die · **Pa|ten|schafts|ver|trag**
pa|tent (*umg*; tüchtig, geschickt; nett, großartig) ⟨*lat*⟩ · **Pa|tent**, das, -[e]s, -e (Schutzrecht für Erfindungen – Ernennungsurkunde)

(‚offener' [Brief]). *Zus K 365ff.*: Patent‿amt usw. · **pa|ten|tie|ren** (durch Erteilung eines Patents schützen; verbriefen – *Techn*; Stahldraht od. -band durch Wärmebehandlung vergüten)
Pa|ter, der, _s, *Pl* _ *od* Pa|tres [..tre:s] (Ordenspriester); *Abk* P., *Pl* PP. ⟨*lat*, ‚Vater'⟩ · **Pa|ter|no|ster:** 1. das, _s, _ (das Vaterunser [Gebet] in latein. Sprache) – 2. der, _s, _ (ständig umlaufender Aufzug; Wasserhebewerk, Bagger)
pa|the|tisch (ausdrucksvoll; feierlich-erhaben); _ste ⟨*grch*⟩ · **pa|tho|gen** (*Med*; krankheitserregend); _e Bakterien · **Pa|tho|ge|ne|se,** die, _, _n (*Med*; [Lehre von der] Krankheitsentstehung) · **Pa|tho|lo|ge,** der, _n, _n (*Med*) · **Pa|tho|lo|gie,** die, _ (*Med*; Lehre vom [krankhaft] veränderten Leben, Krankheitslehre) · **pa|tho|lo|gisch** (*Med*; krankhaft) · **Pa|thos,** das, _ (starke Gefühlserregung; Gefühlsüberschwang) ⟨‚Leidenschaft'⟩
Pa|tience [pa'sĩã:s, *auch* ..'sĩaŋs], die, _, _n [..s(ə)n] (Geduldsspiel mit Karten) ⟨*lat* → *frz*⟩ · **Pa|tiencespiel** · **Pa|tient** [..'tsĩɛnt] (Kranker in ärztl. Behandlung) ⟨*lat*⟩ · **Patien|tin,** die, _, ..innen
Patin ↑ Pate (2)
Pa|ti|na, die, _ (Überzug auf Kupfer, Edelrost) ⟨*ital*⟩ · **pa|ti|nie|ren** (*fachspr*; mit Patina überziehen)
Pa|tis|se|rie, die, _, ..ien ([hoteleigene] Konditorei – *schweiz*; Feinbäckerei; Feingebäck) ⟨*grch* → *lat* → *frz*⟩ · **Pa|tis|sier** [..ti'sĭe:], der, _s, _s (Konditor [in Gaststätten u. Hotels])
Pa|tois [..'tõa], das, _ (französ. Bauernsprache; Mundart) ⟨*frz*⟩
Patres ↑ Pater
Pa|tri|arch [..ç], der, _en, _en (Stammvater im Alten Testament; Ehren-, Amtstitel orthodoxer Geistlicher) ⟨*grch* → *lat*⟩ · **pa|tri|ar|cha|lisch** (erz-, altväterlich, [alt]ehrwürdig; vaterrechtlich); _ste · **Pa|tri|archal|kir|che** (Hauptkirche) · **Pa|triar|chat:** 1. das, _[e]s (Vaterherrschaft, Vaterrecht); *Ggs* Matriarchat – 2. *a*. das, _[e]s (Würde eines Patriarchen); *b*. das, _[e]s, _e (Sitz, Amtsbereich eines Patriarchen) · **Pa|tri|ar|chen|tum,** das, _[e]s
Pa|tri|mo|nial|ge|richts|bar|keit (*hist*; Gerichtsbarkeit eines Großgrundbesitzers) ⟨*lat*⟩ · **Pa|tri|monium,** das, _s, ..ien [..iən] (*hist*; Großgrundbesitz mit eigener Gerichtsbarkeit)
Pa|triot, der, _en, _en (Vaterlandsfreund) ⟨*grch* → *lat* → *frz*⟩ · **patrio|tisch;** _ste · **Pa|trio|tis|mus,** der, _ · **Pa|tri|stik,** die, _ (Zweig der Theologie, der sich mit den Kirchenvätern u. ihren Lehren beschäftigt) ⟨*grch* → *lat*⟩ · **Pa|tri|stiker,** der, _s, _ (*Theol*)
Pa|tri|ze, die, _, _n (*Polygr*; Stempel, Prägestock) ⟨*lat*⟩ · **Pa|tri|ziat,** das, _[e]s, _e (der altröm. Geschlechtsadel [Großgrundbesitzer u. Sklavenhalter]; ratsfähige Bürgerfamilien der dt. Städte im Mittelalter) · **Pa|tri|zier** [..ĭər], der, _s, _ (*hist*; Angehöriger des Patriziats) · **Pa|tri|zier|ge|schlecht** (*hist*) · **pa|tri|zisch** (*hist*)
Pa|tro|klos (*griech Sage*; Held vor Troja, Freund des Achill) ⟨*grch* → *lat*⟩
Pa|tron, der, _s, _e (Schutzherr, -heiliger – *hist*; Förderer – *umg abwert*; unliebsamer Mensch) ⟨*lat*⟩ · **Pa|tro|na,** die, _, ..nä (Beschützerin) · **Pa|tro|nat,** das, _[e]s, _e (Würde, Recht, Pflicht eines Schutzherrn; die Schutz-, Schirmherrschaft) · **Pa|tro|ne,** die, _, _n (Behälter [z. B. für Tinte]; Geschoß mit Treibladung für Feuerwaffen) ⟨*lat* → *frz*⟩ · **Pa|tro|nen|hül|se** · **Pa|tro|nin,** die, _, ..innen (Schutzherrin; Gönnerin) ⟨*lat*⟩
Pa|trouil|le [..'truljə, *österr* pa'tru:jə], die, _, _n (Streife; Spähtrupp, Erkundung) ⟨*frz*⟩ · **Pa|trouillen|füh|rer** · **pa|trouil|lie|ren** [..tru'l(j)i:.., *österr* ..tru'ji:..] (eine Patrouille machen, auf und ab gehen)
Pa|tro|zi|nium, das, _s, ..nien [..iən] (*hist*; Schutz, Rechtsbeistand – *kath Kirche*; Fest eines Kirchenpatrons) ⟨*lat*⟩
patsch! ⟨*lautm*⟩; pitsch, patsch! · **Patsch,** der, _[e]s, _e (klatschender Schlag, Fall – *umg*; Ohrfeige) · **Patsche,** die, _, _n (Gerät zum Schlagen – *umg*; Hand – *nur Sg*: *umg*; Straßennässe, Schneeschlick); in der Patsche stecken (*umg*; in unangenehmer Lage sein) · **pat|schen** *K 354* (*umg*; leicht schlagen; ins flache Wasser treten) · **Patschhänd|chen** (*kinderspr*) · **patschnaß** *od* **pat|sche|naß** (*umg*)
Pat|schu|li ['pa.., *österr* ..'li:], das, _s, _s (ein vorderind. Lippenblütler; Riechstoff) ⟨*Hind* → *engl* → *frz*, ‚grüne Blätter'⟩
patt; *in der Wendung* patt sein (*Schach*; nicht mehr ziehen können, ohne im Schach zu stehen) ⟨*lat* → *rom*⟩ · **Patt,** das, _s, _s (*Schach*)
Pat|te, die, _, _n (Taschenklappe[nbesatz]) ⟨*germ* → *frz*⟩
pat|zen *K 354* (*umg*; Fehler machen) ⟨*zu* Batzen⟩ · **Pat|zer** (*umg*) · **Pat|ze|rei** (*umg*) · **pat|zig** (*umg abwert*; aufgeblasen; grob) · **Pat|zigkeit,** die, _ (*umg abwert*)
Pau|ke, die, _, _n · **pau|ken** (die Pauke schlagen – *schülerspr*; angestrengt lernen) · **Pau|ken‿schlag, ...schle|gel** · **Pau|ker** (*auch schülerspr*; Lehrer) · **Pau|ke|rei** (*schülerspr abwert*) · **Pau|kist** (Paukenspieler)
Paul (m. Vn.) ⟨*lat*, ‚der Kleine'⟩ · **Pau|la** (w. Vn.) · **pau|li|nisch** *K 218* (*christl Rel*) ⟨*nach* dem Apostel Paulus⟩; ein _er Lehrbegriff · **Pauli|nisch** *K 217* (*christl Rel*); die _en Briefe, _en Schriften · **Paulow|nia** [..'lɔ̆v..], die, _, ..ien [..iən] (ein Zierbaum) ⟨*nach* der russ. Großfürstin Anna Pawlowna⟩
Pau|pe|ris|mus, der, _ (*veraltend*; Massenarmut, Zustand größter Massenverelendung) ⟨*lat*⟩
Paus|back, der, _[e]s, _e (pausbakkiger Mensch) · **Paus|backen** [*Tr* ...bak|ken] *Pl* (dicke od. aufgeblähte Wangen) · **paus|bäckig** *od* **paus|backig** [*beide Tr* ..k|k..]
pau|schal (in Bausch und Bogen) ⟨*dt* + *f. E.*, *zu* Bausch⟩ · **Pau|schale,** die, _, _n, *älter* das, _s, ..lien [..iən] (*Wirtsch*; Gesamtbetrag; geschätzte Summe) · **pau|scha|lieren** (*Wirtsch*; abrunden) · **Pauschal|sum|me** · **Pau|sche,** die, _, _n (Wulst am Sattel; Bügel am Turnpferd) · **Pau|schen|pferd** (*Turnen*; Seitpferd)
[1]**Pau|se,** die, _, _n (Ruhe[punkt], eingeschobene Ruhezeit, Zwischenzeit; vorübergehendes Aufhören) ⟨*grch* → *lat* → *frz*⟩
[2]**Pau|se,** die, _, _n (Durchzeichnung, Kopie) ⟨*lat* → *frz*⟩ · **pau|sen** *K 354* (durchzeichnen, kopieren)
Pau|sen|gym|na|stik · **pau|sen|los;** *vgl.* ...los · **pau|sie|ren** (innehalten; ruhen; zeitweilig aufhören) ⟨*grch* → *lat* → *frz*⟩
Paus|pa|pier ⟨*zu* pausen⟩
Pa|via [..v..] (Stadt in Oberitalien)
Pa|vian [..v..], der, _s, _e (ein Affe) ⟨*lat* → *frz* → *ndrl*⟩
Pa|vil|lon ['paviljɔŋ *od* ..jɔ̃:, *österr* ..vi'jɔ̃: *od* ..vi'ljo:n], der, _s, _s (kleines Gartenhaus; Festzelt; leichter Bau) ⟨*lat* → *frz*⟩
Pax, die, _ (*kath Kirche*; Friede; Friedensgruß; Friedenskuß) ⟨*lat*⟩ · **Pax vo|bis|cum!** [_ v..] (»Friede [sei] mit euch!«)
Pa|zi|fik [*od* 'pa(:)..], der, _s (*kurz für* der Pazifische Ozean) · **pa|zifisch** ⟨*lat* → *frz* → *engl*⟩; *K 238*: die pazifischen Inseln, *aber K 258*: der Pazifische Ozean (*kurz* Pazifik)
Pa|zi|fis|mus, der, _ (polit. Strömung, die sich unter der Losung

»Frieden um jeden Preis« gegen jeden Krieg wendet) ⟨*lat* → *frz*⟩ · **Pa|zi|fist** · **pa|zi|fi|stisch**

PC-Faser ↑ PIVIACID

Peak ↑ Pik (3)

Pearl Har|bor [ˈpœːrl ˈhaːrbər] (Flottenstützpunkt der USA auf einer der Hawaii-Inseln) ⟨*engl*, ‚Perlenhafen'⟩

Pech, das, _[e]s, _e ⟨*grch* → *lat*⟩ · **Pech|fackel** [*Tr* ...fak|kel] · **pe|chig** · **pech|schwarz** (*umg*) · **Pech|vo|gel** (*umg*; jmd., dem häufig Unglück widerfährt) ⟨‚Vogel, der an der Pechrute hängenbleibt'⟩

Pécs [peːtʃ] (Stadt im S Ungarns)

Pe|dal, das, _s, _e (Tretkurbel; Fußhebel) ⟨*grch* → *lat*⟩; *vgl. aber* Petal

pedant ↑ pedantisch · **Pe|dant** (umständl., kleinl., übertrieben genauer Mensch) ⟨*grch* → *lat* → *ital*⟩ · **Pe|dan|te|rie**, die, _, ..ien · **pe|dan|tisch** (_ste), *österr auch* **pe|dant**

Ped|dig|rohr (Markrohr der Rotangpalme zur Herstellung von Korbwaren) ⟨*zu niederdt* Peddig, ‚[3]Mark'⟩

Pe|dell, der, _s, *österr auch* _en, *Pl* _e (*veraltend*; Schul-, Hochschuldiener) ⟨*germ* → *lat*⟩

Pe|di|gree [ˈpɛdigri], der, _s, _s (Stammbaum [bei Tieren]) ⟨*engl*⟩

Pe|di|kü|re [..ˈkyːrə, *österr meist* ..ˈkyːr], die, _, _n [..rən] (Fußpflege) ⟨*lat* → *frz*⟩ · **pe|di|kü|ren**; pedikürt

Pe|do|lo|gie, die, _ (Bodenkunde) ⟨*grch*⟩ · **pe|do|lo|gisch**

Pee|ne, die, _ (Fluß im NO der DDR)

Peer [piːr], der, _s, _s (Mitglied des engl. Hochadels; Mitglied des Oberhauses) ⟨*lat* → *frz* → *engl*⟩; *vgl. aber* Pair

Pe|ga|sus, der, _ (*griech Sage*; geflügeltes Pferd – *scherzh*; Sinnbild dichterischer Phantasie – *Astron*; ein Sternbild) ⟨*grch* → *lat*⟩; den _ besteigen (*scherzh*; dichten)

Pe|gel, der, _s, _ (Wasserstandsmesser – *Fernmeldetechn*; Maß zur Kennzeichnung von Spannung, Stromstärke u. Leistung in verschiedenen Punkten einer Übertragungsanlage) ⟨*lat* → *ndrl*⟩ · **Pe|gel|stand**

Peg|ma|tit, der, _[e]s, _e (*Geol*; ein grobkörniges Gestein) ⟨*grch*⟩

Peh|le|wi [ˈpeː.. *od* ˈpɛç..], das, _[s] (die mittelpersische Sprache) ⟨*pers*⟩

pei|len (Richtung bestimmen; Wassertiefe messen) ⟨*zu* Pegel⟩ · **Pei|ler** (Einrichtung zum Peilen; jmd., der peilt) · **Peil|rah|men** (*Funkw*) · **Pei|lung**

Pein, die, _ (*gehoben*) ⟨*grch* → *lat*⟩ · **pei|ni|gen** (*gehoben*) · **Pei|ni|ger** (*gehoben*) · **Pei|ni|gung** (*gehoben*) · **pein|lich** · **Pein|lich|keit**, die, _

Pei|pus|see, der, _s (im NW der UdSSR)

Peit|sche, die, _, _n ⟨*slaw*⟩ · **peit|schen** *K 354* · **Peit|schen‿hieb, ...leuch|te**

pe|jo|ra|tiv (*Sprachw*; abwertend) · **Pe|jo|ra|ti|vum** [..v..], das, _s, ..va (*Sprachw*; Wort mit abwertender Bedeutung od. einem abwertenden Wortbildungselement [z. B. Schreiberling])

Pe|ke|sche, die, _, _n (Schnürenrock) ⟨*ung* → *poln*⟩

Pe|ki|ne|se, der, _n, _n (eine Zwerghundrasse) ⟨*nach* Peking⟩

Pe|king, *chines* **Bei|jing** [bɛĭˈdjiŋ] (Hptst. von China) · **Pe|kin|ger**: 1. *K 231*: der, _s, _; 2. *als Attribut K 232*

Pek|ten|mu|schel (Kammuschel) ⟨*lat*⟩

Pek|tin, das, _s, _e (*Biol*; ein gelierender Pflanzenstoff) ⟨*grch* + *lat*⟩

pek|to|ral (*Anat*; die Brust betreffend, Brust...) ⟨*lat*⟩ · **Pek|to|ra|le**, das, _, *Pl* _s *od* ..lien [..ĭən] (antiker u. mittelalterl. Brustschmuck – *christl Rel*; Brustkreuz od. -schild für Bischöfe u. Äbte)

pe|ku|ni|är (geldlich, Geld...) ⟨*lat* → *frz*⟩

Pe|la|gi|al, das, _s (*Biol*, *Geol*; Lebensraum des offenen Meeres u. des freien Wassers der Binnenseen) ⟨*grch* → *lat*⟩ · **pe|la|gisch** (*Biol*; auf Fauna u. Flora des Pelagials bezogen – *Geol*; Ablagerungen aus dem Pelagial betreffend) ⟨*grch*⟩

Pe|lar|go|nie [..ĭə], *oft auch* **Ge|ra|nie** [..ĭə], die, _, _n (eine Garten- u. Zimmerpflanze, Storchschnabelgewächs) ⟨*grch*⟩ · **Pe|lar|go|nien|beet**

Pe|las|ger *Pl* (vermutliche Urbevölkerung Griechenlands); *Sg* Pe|lasger, der, _s ⟨*grch*⟩ · **pe|las|gisch**

pêle-mêle [ˈpɛːlˈmɛːl] ([bunt] durcheinander; gemischt) ⟨*frz*⟩ · **Pelemele** [pɛlˈmɛl], das, _ (Mischmasch)

Pe|le|ri|ne, die, _, _n (*veraltend*; [ärmelloser] Umhang) ⟨*lat* → *frz*⟩

Pe|leus [*od* ..ˈlɔys] (*griech Sage*; Vater des Achill) ⟨*grch*⟩ · **Pe|li|de**, der, _n (*griech Sage*; Beiname des Achill) ⟨‚Nachkomme des Peleus'⟩

Pe|li|kan [*auch* ..ˈkaːn], der, _s, _e (ein Ruderfußvogel) ⟨*grch* → *lat*⟩

Pell|agra, die, _ (*Med*; eine Vitaminmangelkrankheit) ⟨*lat* → *ital*⟩ · **Pel|le**, die, _, _n (*landsch*; dünne Haut; Schale) ⟨*lat* → *ndrl*⟩ · **pel|len** (*landsch*; schälen)

Pel|let, das, _s, _s, *meist Pl* (*Landw*; zylindrischer Futtermittelpreßling) ⟨*lat* → *frz* → *engl*⟩ · **pel|le|tie|ren** (*Landw*)

Pell|kar|tof|fel (*landsch*)

Pe|lo|pon|nes, der, _ *od* ..eses (Halbinsel im S Griechenlands) ⟨*grch*⟩ · **pe|lo|pon|ne|sisch**; *K 258*: der Peloponnesische Krieg · **Pe|lops** ⟨*griech Sage*; Sohn des Tantalus⟩

Pe|lo|rie [..ĭə], die, _, _n (*Bot*; Blüte mit abweichendem Bau) ⟨*grch* → *lat*⟩

Pe|lo|se, die, _, _n (Faul-, Naturheilschlamm) ⟨*grch*⟩

Pe|lo|ton, das, _s, _s: 1. [..ˈtɔn] (*Radsp*; geschlossenes Fahrerfeld bei Straßenrennen) – 2. [..ˈtõː] (*veraltet*; kleine militär. Einheit) ⟨*lat* → *frz*⟩ · **Pe|lot|te**, die, _, _n (*Med*; Druckpolster)

Pel|sei|de, die, _ (ein Rohseidengarn) ⟨*rom*⟩

Pelz, der, _es, _e ⟨*lat*⟩. *Zus K 365ff.*: Pelz‿kragen usw. · **pel|zen** *K 354* (*fachspr*; den Pelz abziehen) · **pel|zig** · **Pelz|tier** · **Pelz|tier|farm**

Pem|mi|kan, der, _s, _s (von nordamerikan. Indianern [aus Dörrfleisch u. Fett] hergestellte Trockenkonserve) ⟨*indian*⟩

Pem|phi|gus, der, _ (*Med*; eine Hautkrankheit) ⟨*grch* → *lat*⟩

Pe|nal|ty [ˈpɛn(ə)lti], der, _[s], _s (*Sport*; Strafstoß [beim Eishockey]) ⟨*engl*⟩

Pe|na|ten *Pl* (*röm Mythol*; Hausgötter – *dicht*; häusl. Herd, Heim) ⟨*lat*⟩

Pence ↑ Penny

PEN-Club *K 186* [ˈpɛnklup *od* ..klab], der, _s *Kurzw* (internationale Schriftstellervereinigung) ⟨*aus engl* poets [ˈpoːits], playwrights [ˈpleːraits], editors [ˈɛditərz], essayists [ˈɛseːists], novelists [ˈnɔvəlists] = Dichter, Bühnenschriftsteller, Herausgeber, Essayisten, Romanschriftsteller⟩

Pen|dant [pãˈdãː, *auch* paŋˈdaŋ], das, _s, _s (Gegen-, Seitenstück, Ergänzung) ⟨*lat* → *frz*⟩ · **Pen|del** [ˈpɛn..], das, _s, _ (schwingender Körper) ⟨*lat*⟩. *Zus K 365ff.*: Pendel‿uhr usw. · **pen|deln** *K 363* (schwingen; hin- u. herlaufen od. -fahren) · **Pen|del|ver|kehr** · **Pen|den|tif** [pãdãˈtiːf], das, _s, _s (*Arch*; Hängezwickel) ⟨*lat* → *frz*⟩ · **Pend|ler** [ˈpɛnd..] (jmd., der tägl. zu einem entfernten Arbeitsort fährt) ⟨*lat*⟩

Pe|ne|lo|pe [..peː *od* ..ˈlo(ː)peː] (*griech Sage*; Frau des Odysseus) ⟨*grch*⟩

pe|ne|trant (durchdringend; aufdringlich) ⟨*lat*⟩ · **Pe|ne|tranz**, die, _, _en (Aufdringlichkeit) · **Pe|ne|tra|tion**, die, _, _en (*fachspr*;

Durchdringung; Eindringtiefe) · **pe|ne|trie|ren** (*fachspr*; durchdringen; eindringen)

pe|ni|bel (übertrieben genau – *landsch*; peinlich) ⟨*lat* → *frz*⟩; *K 363*: ein peni|bler Mensch

Penicillin ↑ Penizillin

Pe|nis, der, _, *Pl* ..isse *od* ..nes [..ne:s] (männl. Glied) ⟨*lat*⟩

Pe|ni|zil|lin *od* **Pe|ni|cil|lin,** *österr nur so*, das, _s, _e (ein Arzneimittel, Antibiotikum) ⟨*lat*⟩

Pen|nä|ler, der, _s, _ (*schülerspr veraltend*; Schüler [eines Gymnasiums]) ⟨*lat*⟩ · **Pen|ne,** die, _, _n (*schülerspr veraltend*; Schule, Gymnasium)

pen|nen (schlafen) ⟨*rotwelsch*⟩

Pen|ni, der, _[s], _ä (Münzeinheit in Finnland) ⟨*dt* → *finn*⟩

Penn|syl|va|nia [..zil'va:.. *od* ..sil-'ve:nīə] (Staat der USA) ⟨*engl* + *lat*, ‚Penns Waldland', *nach* dem engl. Admiral William [..Iəm] Penn⟩ · **penn|syl|va|nisch**

Pen|ny ['pɛni], der, _s, *Pl* _s, *in engl Schreibung* Pennies [..ni:s, *engl* ..niz] (einzelne Stücke) *u.* Pence [pɛns] (als Wertangabe) (Münzeinheit in Großbritannien u. Irland); *Abk* [*Sg u. Pl*] p ⟨*engl*⟩

Pensa ↑ Pensum

pen|see, *schweiz* **pen|sée** [*beide* pã'se:], *nichtdeklinierbar* (dunkellila) ⟨*lat* → *frz*⟩; *vgl.* blau

Pensen ↑ Pensum

Pen|sion [paŋ'zīo:n, *süddt, österr, schweiz* pɛn'zīo:n], die, _, _en (Beherbergung mit Verpflegung; Fremdenheim – *bürgerl Staat*; Ruhegehalt; Ruhestand) ⟨*lat* → *frz*⟩ · **Pen|sio|när,** der, _s, _e (*bürgerl Staat*; Ruhegehaltsempfänger; Rentner – *schweiz*; Bewohner eines Fremdenheims) · **Pen|sio|nat,** das, _[e]s, _e (*veraltend*; Erziehungsheim) · **pen|sio|nie|ren** (*bürgerl Staat*; in den Ruhestand versetzen) · **Pen|sio|nist** [pɛn..] (*österr*; Ruheständler) · **Pen|sum,** das, _s, *Pl* ..sen *od* ..sa ([bestimmte] Aufgabe; Abschnitt) ⟨*lat*⟩

Pen|ta|de, die, _, _n (Zeitraum von fünf Tagen) ⟨*grch*⟩

Pen|ta|eder, das, _s, _ (*Geom*; Fünfflächner) ⟨*grch*⟩

Pen|ta|gon: 1. [..'go:n], das, _s, _e (*Geom*; Fünfeck) – 2. ['pɛntagɔn], das, _s (Bez. für das USA-Kriegsministerium) ⟨*grch*⟩ · **Pen|ta|gon|do|de|ka|eder** [..ka,e:..] (*Geom*; von zwölf Fünfecken begrenzter Körper)

Pen|ta|gramm, das, _s, _e (Fünfstern, Drudenfuß) ⟨*grch*⟩

Pent|ame|ron, das, _s (*Lit*; eine Sammlung neapolitan. Märchen, deren Vortrag fünf Tage dauerte) ⟨*grch* → *ital*⟩

Pen|ta|me|ter, der, _s, _ (*Metrik*; ein antiker fünffüßiger Vers) ⟨*grch*⟩

Pen|tan, das, _s, _e (*Chem*; ein Alkan) ⟨*grch*⟩

Pent|ar|chie [..ç..], die, _, ..ien (Fünfherrschaft) ⟨*grch*⟩

Pen|ta|teuch [..ç], der, _s (griech. Bez. für die fünf Bücher Mose des Alten Testaments) ⟨*grch*⟩

Pent|ath|lon ['pɛntatlɔn *od* pɛnt'a:tlɔn], das, _s (altgriech. Fünfkampf) ⟨*grch*⟩

Pen|ta|to|nik, die, _ (*Mus*; [halbtonloses] Fünftonsystem) ⟨*grch*⟩

Pen|te|li|kon, der, _s (Gebirge nordöstl. von Athen) · **pen|te|lisch;** *K 238*: _er Marmor

Pen|te|re, die, _, _n (ein antikes Kriegsschiff) ⟨*grch*, ‚Fünfruderer'⟩

Pen|the|si|lea ⟨*grch* → *lat*⟩ *od* **Pen|the|si|leia** ⟨*grch*⟩ (*griech Sage*; eine Amazonenkönigin)

Pen|to|de, die, _, _n (*Phys*; Fünfpolröhre) ⟨*grch*⟩

Pentyl ↑ Amyl

Pe|pe|ro|ni *Pl* (kleine, scharfe [in Essig eingelegte] Paprikaschoten) ⟨*aind* → *pers* → *grch* → *lat* → *ital*⟩

Pe|pi|ta, der, _, _s (kleinkarierte Stoffart) ⟨*span*⟩

Pe|plos, der, _, *Pl* ..len *bzw* _ *od* **Pe|plon,** das, _s, *Pl* ..len *bzw* _s (*Antike*; Umschlagtuch der griechischen Frauen) ⟨*grch*⟩

Pep|sin, das, _s, _e (*Biochem*; ein Enzym des Magensaftes) ⟨*grch*⟩ · **Pep|ti|sa|tion,** die, _ (*Chem*; Wiederauflösung eines Gels zu einem Sol) ⟨*grch* → *lat*⟩ · **pep|tisch** (*Biochem*; auf Pepsin bezüglich; verdauungsfördernd) ⟨*grch*⟩ · **pep|ti|sie|ren** (*Chem*; ein Gel in ein Sol zurückverwandeln) ⟨*grch* → *lat*⟩ · **Pep|to|ne** *Pl* (*Biochem*; bei der Verdauung entstehende Abbaustoffe des Eiweißes); *Sg* Pep|ton, das, _s ⟨*grch*⟩

per: 1. (für; mit, durch, gegen) ⟨*lat*⟩ – 2. (gegen, am, bis [zum] [mit Datumsangabe]) ⟨*lat* → *ital*⟩; per Adresse Schulze, *besser* bei Schulze; per Bahn, *besser* mit der Bahn; per Stück, *besser* das, ein, im *od* je Stück; per 1. (ersten) Januar, *besser* für den *od* zum 1. (ersten) Januar

per aspe|ra ad astra (durch Nacht zum Licht) ⟨*lat*, ‚auf rauhen [Pfaden] zu den Sternen'⟩

Per|bo|rat, das, _[e]s, _e (*Chem*; Verbindung aus einem Borat u. Wasserstoffperoxid) ⟨*lat* + *pers* + *lat*⟩ · **Per|bor|säu|re,** die, _ (*Chem*) ⟨*lat* + *pers*⟩

per cas|sa (*kaufm*; gegen Barzahlung) ⟨*ital*⟩; *vgl. auch* Kasse

Père-La|chaise [pɛ:rla'ʃɛ:s *od* ..'ʃɛ:z], der, _ (Friedhof in Paris)

per|emp|to|risch, *österr nur so, od* **per|em|to|risch** (*Rechtsw*; vernichtend; endgültig) ⟨*lat*⟩

per|en|nie|rend (*Bot*; ausdauernd; überwinternd) ⟨*lat*⟩

per|fekt (vollendet; vollkommen [ausgebildet], gültig; abgemacht); _[e]ste ⟨*lat*⟩ · **Per|fekt** [*auch* ..'fɛkt], das, _[e]s, _e (*Gramm*; vollendete Gegenwart) · **per|fek|ti|bel** (*veraltet*; vervollkommnungsfähig) ⟨*lat* → *frz*⟩; *K 363*: perfekti|ble Dinge · **Per|fek|ti|bi|li|tät,** die, _ (*bes Philos*; Vervollkommnungsfähigkeit) · **Per|fek|tion** (Vollendung; Vollkommenheit) ⟨*lat*⟩ · **per|fek|tio|nie|ren** (vervollkommnen; vollenden) · **per|fek|tisch** *od* **per|fek|ti|visch** [..v..] (*Sprachw*; das Perfekt betreffend) · **per|fek|tiv** [*auch* ..'ti:f] (*Sprachw*; einen Vorgang als zeitlich begrenzt darstellend) · **Per|fekt|par|ti|zip** (*Gramm*; Partizip der Vergangenheit, Partizip II)

per|fid, *österr nur so, od* **per|fi|de** (treulos; hinterlistig, tückisch) ⟨*lat* → *frz*⟩ · **Per|fi|die,** die, _, ..ien, *auch* **Per|fi|di|tät,** die, _, _en (Gemeinheit; Tücke, Hinterlist)

Per|fo|ra|tion, die, _, _en (Lochung; gelochte Reißlinie; Zähnung [bei Briefmarken]) ⟨*lat*⟩ · **per|fo|rie|ren** · **Per|fo|rier|ma|schi|ne**

Per|for|manz, die, _, _en (*Sprachw*; Anwendung der Sprachfähigkeit) ⟨*lat* → *engl*⟩

per|ga|me|nisch (aus Pergamon) ⟨*grch* → *lat*⟩; *K 258*: die Pergamenischen Altertümer (in Berlin) · **Per|ga|ment,** das, _[e]s, _e (bearbeitete Tierhaut; alte Handschrift) (‚aus Pergamon stammend'). *Zus K 365ff.*: Pergament‿papier usw. · **per|ga|men|ten** *K 363* (aus Pergament) · **Per|ga|min,** das, _s (Pergamentersatz, durchsichtiges Papier) · **Per|ga|mon** (*Altertum*; Stadt im W Kleinasiens) ⟨*grch*⟩ · **Per|ga|mon|al|tar** *K 246*, der, _s · **Per|ga|mon|mu|se|um** *K 246*, das, _s

Per|go|la, die, _, ..len (Weinlaube; Bogengang in Gärten; laubenähnl. Anbau) ⟨*lat* → *ital*⟩

Peridot ↑ Chrysolith

Pe|ri|gä|um, das, _s, ..äen (*Astron*; der erdnächste Punkt der Mondbahn od. der Bahn eines künstl. Erdsatelliten) ⟨*grch* → *lat*⟩; *Ggs* Apogäum

Pe|ri|gon, das, _s, _e (*Bot*; einfache Blütenhülle) ⟨*grch*⟩ · **pe|ri|gyn** (*Bot*; mittelständig, um den Fruchtknoten herum); eine _e Blüte

Pe|ri|hel, das, _s, _e (*Astron*; der sonnennächste Punkt der ellipt. Bahn eines Planeten, Kometen od. eines künstl. Planetoiden) ⟨*grch*⟩; *Ggs* Aphel

Pe|ri|kard, das, _[e]s, _e (*Anat*; Herzbeutel) ⟨*grch*⟩ · **Pe|ri|kar|di|tis**, die, _, ..itiden (*Med*; Herzbeutelentzündung)

Pe|ri|karp, das, _[e]s, _e (*Bot*; Fruchtwand) ⟨*grch*⟩

Pe|ri|klin, der, _s, _e (*Mineral*; ein Feldspat) ⟨*grch*⟩

Pe|ri|ko|pe, die, _, _n (*Theol*; Bibelabschnitt) ⟨*grch*⟩

Pe|ri|me|ter, das (*Med*; Apparat zur Bestimmung der Grenzen des Gesichtsfeldes) ⟨*grch*⟩

pe|ri|na|tal (*Med*; kurz vor, während u. kurz nach der Geburt) ⟨*grch* + *lat*⟩

Pe|ri|ode, die, _, _n (Um-, Kreislauf; Zeitabschnitt, -raum, -alter – *Sprachw*; mehrfach zusammengesetzter Satz – *Med*; Monatsblutung) ⟨*grch*⟩ · **Pe|ri|oden|sy|stem**, das, _s (*kurz für* Periodensystem der chem. Elemente) · **...pe|ri|odig** (z. B. vierperiodig [*mit Ziffer K 284* 4periodig]) · **Pe|ri|odi|kum**, das, _s, ..ka, *meist Pl* (periodisch erscheinende Druckschrift) · **pe|ri|odisch** (regelmäßig sich wiederholend) · **pe|ri|odi|sie|ren** (in Zeitabschnitte einteilen) ⟨*grch* → *lat*⟩ · **Pe|ri|odi|zi|tät**, die, _ (regelmäßige Wiederkehr)

Pe|ri|odon|ti|tis, die, _, ..itiden (*Med*; eine Zahnerkrankung) ⟨*grch*⟩

Pe|ri|öke, der, _n, _n (freier, polit. rechtloser Bewohner im alten Sparta) ⟨*grch*, ‚Umwohner'⟩

Pe|ri|ost, das, _[e]s, _e (*Anat*; Knochenhaut) ⟨*grch*⟩ · **Pe|ri|osti|tis**, die, _, ..itiden (*Med*; Knochenhautentzündung)

Pe|ri|pa|te|ti|ker, der, _s, _ (Mitglied der Philosophenschule des altgriech. Philosophen Aristoteles) ⟨*grch*⟩ · **pe|ri|pa|te|tisch**

Pe|ri|pe|tie, die, _, ..ien (*Literaturw*; entscheidende Wendung im Drama) ⟨*grch*⟩

pe|ri|pher (am Rande liegend, Rand...) ⟨*grch*⟩ · **Pe|ri|phe|rie**, die, _, ..ien (Umfangslinie; Umkreis; Stadtrand)

Pe|ri|phra|se, die, _, _n (*Stilistik*; Umschreibung eines Begriffs) ⟨*grch*⟩ · **pe|ri|phra|sie|ren** (*Stilistik*) · **pe|ri|phra|stisch** (*Stilistik*)

Pe|ri|pte|ros, der, _, *Pl* _ *od* ..eren (*Arch*; allseitig von Säulen umgebener griech. Tempel) ⟨*grch*⟩

Pe|ri|skop, das, _s, _e (opt. Gerät, Fernrohr) ⟨*grch*⟩ · **pe|ri|sko|pisch**; _e Gläser (*Opt*)

Pe|ri|stal|tik, die, _ (*Med*; wellenförmig fortschreitende Bewegung der Hohlorgane, z. B. des Darms) ⟨*grch*⟩ · **pe|ri|stal|tisch** (*Med*)

Pe|ri|styl, das, _s, _e (*Arch*; von einem Säulengang umgebener Hof griech. Bauanlagen) ⟨*grch*⟩

Pe|ri|to|ni|tis, die, _, ..itiden (*Med*; Bauchfellentzündung) ⟨*grch*⟩

Per|kal, der, _s, _e (ein Baumwollgewebe) ⟨*pers* → *türk* → *frz*⟩

Per|kus|sion: 1. [..'sio:n] ⟨*lat*⟩, die, _, _en (*Med*; Untersuchung innerer Organe durch Beklopfen der Körperoberfläche) – 2. [pœ:r'kaʃ(ə)n] ⟨*lat* → *engl*⟩, die, _, _s (*Jazz*; Gruppe von Schlaginstrumenten) · **Per|kus|sions|ham|mer** (*Med*)

per|ku|tan (*Med*; durch die Haut hindurch) ⟨*lat*⟩

per|ku|tie|ren (*Med*; beklopfend untersuchen) ⟨*lat*⟩ · **per|ku|to|risch** (*Med*; durch Beklopfen festgestellt)

Perl, die, _ (*Polygr*; ein Schriftgrad) ⟨*lat*⟩ · **Per|le**, die, _, _n · **per|len**: 1. *Verb* – 2. *Adj* (aus Perlen) · **Per|len|fi|scher** · **Per|len|ket|te** · **Per|len|schnur** · **perl|grau**; *vgl.* blau · **Perl|huhn** · **per|lig** · **Per|lit**, der, _[e]s, _e (*Metallurgie*; ein Stahlgefüge – *Geol*; ein vulkan. Gestein) · **Perl|mu|schel** · **Perl|mut|ter**, die, _, *verkürzt* **Perl|mutt**, das, _s (glänzende Innenschicht mancher Muschel- u. Schneckenschalen) · **Perl|mut|ter|knopf** *od* **Perl|mutt|knopf** · **perl|mut|tern** (aus Perlmutter)

Per|lon, das, _s (eine Chemiefaser) ⟨*zu* Perle⟩

Perl|schrift, die, _ (eine Schreibmaschinenschrift) ⟨*zu* Perl⟩

Per|lu|stra|tion *od* **Per|lu|strie|rung** (*österr*; Durchsuchen verdächtiger Personen) ⟨*lat*⟩ · **per|lu|strie|ren** (*österr*)

Perl|zwie|bel

Perm: 1. (Stadt der RSFSR am Ural) – 2. das, _s (*Geol*; jüngstes System des Paläozoikums)

per|ma|nent (dauernd, ständig) ⟨*lat*⟩ · **Per|ma|nent|gelb**; *vgl.* Blau · **Per|ma|nenz**, die, _ (Dauer, Ständigkeit); in _ (ohne Unterbrechung) tagen

Per|man|ga|nat, das, _[e]s, _e (*Chem*; ein Salz der Permangansäure) ⟨*lat* + *grch* + *lat*⟩ · **Per|man|gan|säu|re**, die, _ (*Chem*)

per|mea|bel (*fachspr*; durchdringbar, durchlässig für Gase od. Flüssigkeiten) ⟨*lat*⟩; *K 363*: permea|ble Körper · **Per|mea|bi|li|tät**, die, _ (*fachspr*); *Formelzeichen* μ

per|misch (*Geol*; zum Perm [2] gehörend)

per|mu|ta|bel (*fachspr*; vertauschbar, auswechselbar) ⟨*lat*⟩; *K 363*: permuta|ble Einsätze · **Per|mu|ta|tion** (*fachspr*) · **per|mu|tie|ren** (*fachspr*)

Per|nam|bu|co (Staat im O Brasiliens; früherer Name von Recife) ⟨*indian* → *portug*⟩ · **Per|nam|buk|holz** *bzw* **Fer|nam|buk|holz** *K 246* ⟨*nach* dem Staat Pernambuco⟩ *od* **Bra|sil|holz** ⟨*portug*, ‚Glut'holz⟩ (Rotholz)

per|ni|ziös *K 349* (bösartig, unheilvoll) ⟨*lat* → *frz*⟩

Pe|ro|no|spo|ra, die, _ (*Bot*; Gattung pflanzenschädigender Algenpilze) ⟨*grch*⟩

per|oral (*Med*; durch den Mund) ⟨*lat*⟩

Per|oxid[1], *älter* **Su|per|oxid**[1], das, _[e]s, _e (sauerstoffreiche chem. Verbindung) ⟨*lat* + *grch*⟩

per pe|des (zu Fuß) ⟨*lat*⟩

Per|pen|di|kel, der *od* das, _s, _ (*veraltend*; Uhrpendel) ⟨*lat*⟩ · **per|pen|di|ku|lar** ⟨*lat*⟩ *od* **per|pen|di|ku|lär** ⟨*lat* → *frz*⟩ (*fachspr*; senk-, lotrecht)

Per|pe|tu|um mo|bi|le [..tu:um ..le:] *K 47*, das, _ _, *Pl* _ _[s] *od* ..tua ..ilia (utopische Maschine, die ohne Energiezufuhr ständig Arbeit verrichtet) ⟨*lat*, ‚das beständig Bewegliche'⟩

per|plex (bestürzt, verblüfft, verwirrt); _este ⟨*lat*⟩

per pro|cu|ra (*kaufm*; in Vollmacht) ⟨*ital*⟩; *vgl. auch* Prokura

Per|ron [..'rɔŋ, *auch* ..'rɔ̃:, *österr* ..'ro:n], der, _s, _s (*veraltet*, *österr veraltend*, *noch schweiz*; Bahnsteig) ⟨*lat* → *frz*⟩

per se (von selbst) ⟨*lat*, ‚durch sich'⟩; das versteht sich _ _

Per|sen|ning, die, _, *Pl* _e *od* _en *od* _s ([geteerte] Segeltuchhülle) ⟨*lat* → *frz* → *ndrl*⟩

Per|se|pho|ne [..ne: *od* ..'fo(:)ne:] (*griech Mythol*; Göttin der Unterwelt) ⟨*grch*⟩

Per|se|po|lis (*Altertum*; eine der Hauptstädte des Perserreiches) ⟨*grch*, ‚Perserstadt'⟩ · **Per|ser**, der, _s, _ (Angehöriger eines iran. Volkes; eine Teppichart) · **Per|ser|tep|pich**

Per|seus [*od* ..'zɔys]: 1. (*griech Sage*; Sohn des Zeus u. der Danae) – 2. der, _ (ein Sternbild) ⟨*grch*⟩

Per|sia|ner, der, _s, _ (kleingelocktes Lammfell) · **Per|sien** [..iən] (früherer Name von Iran)

Per|si|fla|ge [..'fla:ʒə, *österr* ..'fla:ʒ] (Verspottung) ⟨*lat* → *frz*⟩ · **per|si|flie|ren**

[1] *Vgl.* Fußnote zu »Oxid«.

per|sisch; *vgl. K 266f.*; *K 238*: ein persischer Teppich, *aber K 258*: der Persische Golf · **Per|sisch**, das, *Gen* _[s], *Dat* _ (Sprachbezeichnung *K 268ff.*) · **Per|si|sche**, das, *Gen* _n, *Dat* _n (Sprachbezeichnung *K 271*)

per|si|stent (*fachspr*; beharrend) ⟨*lat*⟩ · **Per|si|stenz**, die, _, _en (*fachspr*)

Per|son, die, _, _en (Mensch, Wesen) ⟨*lat*⟩; *vgl.* in persona · **Per|so|na gra|ta** *K 47*, die, *Gen* _ _ (*Diplomatie*; Mitglied einer ausländ. diplomat. Vertretung, dessen Amtsausübung von der Regierung des Aufenthaltsstaates gebilligt wird – *übertr*; gern gesehene Person) · **Per|so|nal**, das, _s (Gesamtheit der Beschäftigten; Belegschaft) · **Per|so|nal|ak|te**, *auch*, *österr nur*, **Per|so|nal|akt**, *meist Pl* · **Per|so|nal|aus|weis** · **Per|so|nal|com|pu|ter** [..pju:..] · **Per|so|nal|form** (*Gramm*; durch eine Person bestimmte Form des Verbs) · **Per|so|na|lien** [..ĭən] *Pl* ([schriftl. Angaben über] persönl. Verhältnisse) · **Per|so|na|li|tät** (Persönlichkeit) · **Per|so|nal|pro|no|men** (*Gramm*; persönl. Fürwort) · **Per|so|nal|union**, die, _ (Vereinigung mehrerer Ämter od. Funktionen in einer Person – *hist*; Vereinigung mehrerer Länder unter einem Staatsoberhaupt) · **Per|so|na non gra|ta** *K 47*, die, *Gen* _ _ _ (*Diplomatie*; Mitglied einer ausländ. diplomat. Vertretung, dessen weitere Anwesenheit von der Regierung des Aufenthaltsstaates unerwünscht ist – *übertr*; nicht gern gesehene Person) · **Per|sön|chen** · **per|so|nell** (persönlich; den Personenstand betreffend) ⟨*lat* → *frz*⟩ · **per|so|nen|ge|bun|den** *K 364*; _es Gehalt · **Per|so|nen|kenn|zahl** · **Per|so|nen|kraft|wa|gen**; *Abk* PKW *od* Pkw · **Per|so|nen|na|me**; *vgl. auch K 204ff.* · **Per|so|nen|zug**; *Zeichen* P · **Per|so|ni|fi|ka|tion** (Verkörperung, Vermenschlichung) · **per|so|ni|fi|zie|ren** · **per|sön|lich** (in eigener Person, selbst; eigen) ⟨*lat*⟩; persönliches Fürwort (*Gramm*) · **Per|sön|lich|keit**

Per|spek|ti|ve [..v..], die, _, _n (Raumsicht; gesetzmäßige Darstellung räuml. Gegenstände auf ebener Fläche; Aussicht [für die Zukunft]) ⟨*lat*⟩ · **per|spek|ti|visch** (auf Perspektive beruhend, fluchtig) · **Per|spek|tiv|plan** [..f..] (Programm der Entwicklungsaufgaben [eines Betriebes] für einen größeren Zeitraum)

Per|spi|ra|tion [..sp..], die, _ (*Med*; Hautatmung) ⟨*lat*⟩

Perth [*od* pœ:rθ] (Hafenstadt im W Australiens)

Pe|ru, *amtl* **Re|pu|blik Pe|ru** (in Südamerika) · **Pe|rua|ner**, der, _s, _ · **pe|rua|nisch** · **Pe|ru|bal|sam** *K 246*, der, _s

Pe|rücke [*Tr* ..rük|ke], die, _, _n (Haarersatz, -aufsatz) ⟨*lat* → *ital* → *frz*⟩ · **Pe|rücken|ma|cher** [*Tr* ..rük|ken...]

per|vers [..v..] *K 349* (widernatürlich; verderbt; [geschlechtlich] verkehrt [empfindend]) ⟨*lat*⟩ · **Per|ver|sion** (Verkehrung; abwegige Triebrichtung) · **Per|ver|si|tät** (Naturwidrigkeit; abwegige Triebhandlung) · **per|ver|tie|ren** ([etw.] ins Widernatürliche verkehren; verführen, verderben)

perzentuell ↑ prozentual

per|zep|ti|bel (*Psych*, *Philos*; wahrnehmbar) ⟨*lat*⟩; *K 363*: ein perzepti|bles Geräusch · **Per|zep|ti|bi|li|tät**, die, _ (*Psych*, *Philos*; Wahrnehmbarkeit) · **Per|zep|tion** (*Psych*, *Philos*; Wahrnehmung) · **per|zep|to|risch** (*Psych*, *Philos*; wahrnehmend) · **per|zi|pie|ren** (*Psych*, *Philos*; wahrnehmen)

Pe|sa|de (*Reitsp*; das Aufbäumen des Pferdes) ⟨*lat* → *ital* → *frz*⟩

pe|san|te (*Mus*; wuchtig, schwer) ⟨*lat* → *ital*⟩

Pe|sel, der, _s, _ (*norddt*; bäuerl. Wohnraum) ⟨*lat*⟩

pe|sen *K 354* (*umg*; eilen, rennen) ⟨*lat* → *frz* → *engl*⟩; *vgl. auch* Pace

Pe|se|ta, die, _, *Pl*, *auch bei Wertangabe* (*K 310*), ..ten, *auch* _s (Währungseinheit in Spanien) ⟨*lat* → *span*⟩

Pe|se|wa, der, _s, _s (Münzeinheit in Ghana)

Pe|so, der, _[s], _[s] (Währungseinheit, bes. in lateinamerikan. Ländern); *Zeichen in lateinamerikan Ländern* $ ⟨*lat* → *span*⟩

Pes|sar, das, _s, _e (*Med*; Stützapparat für Gebärmutter od. Scheide; Mittel zur Empfängnisverhütung) ⟨*grch* → *lat*⟩

Pes|si|mis|mus, der, _ (Hoffnungslosigkeit; Schwarzseherei; verneinende, negative Grundhaltung) ⟨*lat*⟩; *Ggs* Optimismus · **Pes|si|mist** (Schwarzseher); *Ggs* Optimist · **pes|si|mi|stisch** (schwarzseherisch); _ste; *Ggs* optimistisch · **Pes|si|mum**, das, _s, ..ima (*Biol*; »schlechteste« Umweltbedingung)

¹Pest, die, _ (eine Infektionskrankheit) ⟨*lat*⟩

²Pest (Stadtteil von Budapest)

pest|ar|tig · **Pest|beu|le** · **Pe|sti|lenz**, die, _, _en (*veraltet*; Pest; bösartige Seuche) ⟨*lat*⟩ · **pe|sti|len|zia|lisch**; _ste · **Pe|sti|zid**, das, _[e]s (chem. Schädlingsbekämpfungsmittel)

Pe|ta... (Vorsatz bei Einheiten = das 10^{15}fache der genannten Einheit [z. B. Petameter]); *Vorsatzzeichen* P... (z. B. Pm) ⟨*grch*⟩

Pe|tal *od* **Pe|ta|lum**, das, _s, ..alen (*Bot*; Blütenblatt) ⟨*grch* → *lat*⟩; *vgl. aber* Pedal

Pe|ta|me|ter, das *od* der, *schweiz nur so* (10^{15} m) ⟨*grch*⟩

Pe|ter (m. Vn.) ⟨*grch* → *lat*, ‚Fels'⟩

Pe|ter-I.-In|sel [..dɛs'e:rst(ə)n..] *K 247*, die, _ (in der Antarktis)

Peter-Paul-Kirche ↑ Peter-und-Paul-Kirche

Petersburg ↑ Sankt Petersburg

Pe|ter|si|lie [..ĭə], die, _, _n (Gewürzkraut) ⟨*grch* → *lat*⟩

Pe|ters|kir|che · **Pe|ters|pfen|nig** (*kath Kirche*) · **Pe|ter-und-Paul-Kir|che** *od* **Pe|ter-Paul-Kir|che** *K 213* · **Pe|ter-und-Pauls-Tag** *K 213*, der, _[e]s (kath. Fest)

Pe|tit [pə'ti:, *auch* pə'tit], die, _ (*Polygr*; ein Schriftgrad) ⟨*lat* → *frz*⟩

Pe|ti|tion (*veraltend*; Bittschrift, Eingabe) ⟨*lat*⟩ · **pe|ti|tio|nie|ren** (*veraltet*)

Pe|tits fours [pə,ti 'fu:r] *K 47 Pl* (kleine Sandgebäckstücke) ⟨*frz*⟩

Pe|tra (w. Vn.) ⟨*zu* Peter⟩

Pe|tre|fakt, das, _[e]s, *Pl* _e *od* _en (*Geol*; Versteinerung) ⟨*grch*⟩ · **Pe|tri|fi|ka|tion** (*Geol*; Versteinerungsprozeß) ⟨*grch* → *lat*⟩ · **pe|tri|fi|zie|ren** (*Geol*)

Pe|tri|kir|che · **pe|tri|nisch** *K 218* (*nach* dem Apostel Petrus); _er Lehrbegriff · **Pe|tri|nisch** *K 217*; _e Briefe

Pe|tro|che|mie [..ç.., *österr* ..k..], die, _ (geochem. Gebiet, das sich mit der Zusammensetzung der Gesteine befaßt) ⟨*grch*⟩

Pe|tro|grad (früherer Name von Leningrad)

Pe|tro|gra|phie, die, _ (*Geol*; Gesteinskunde) ⟨*grch*⟩

Pe|trol|che|mie [..ç.., *österr* ..k..], die, _ (Herstellung von Kunststoffen u. a. auf der Basis von Erdöl u. Erdgas) · **pe|trol|che|misch** · **Pe|tro|le|um** [..e:um], *schweiz auch* **Pe|trol**, das, _s (Erdöl) ⟨*grch* → *lat*⟩ · **Pe|tro|le|um|lam|pe**

Pet|schaft, das, _[e]s, _e (Handstempel zum Siegeln; Siegel) ⟨*tschech*, *an* Schaft *angelehnt*⟩ · **pet|schie|ren** (mit einem Petschaft schließen)

Pet|ti|coat [..ko:t], der, _s, _s (gesteifter Halbunterrock) ⟨*engl*⟩

Pet|ting, das, _s, _s (sexuelles Reizspiel) ⟨*engl* → *amerik*⟩

Pe|tu|nie [..iə], die, _, _n (eine Zierpflanze, Nachtschattengewächs) ⟨*indian* → *frz* → *lat*⟩

Petz, der, _es, _e (Name des Bären in Tierfabel u. -dichtung) ⟨*zu* Bernhard⟩ · **¹Pet|ze,** die, _, _n (Hündin)

²Pet|ze, die, _, _n (*schülerspr*; Angeber[in], Verräter[in]) ⟨*hebr*⟩ · **pet-zen** *K 354* (*schülerspr*; angeben, verraten)

peu à peu [pø: a 'pø:] (allmählich) ⟨*frz*⟩

Pfad, der, _[e]s, _e · **Pfad|fin|der,** *schweiz auch* **Pfa|der,** der, _s, _ · **pfad|los;** *vgl.* ...los

Pfaf|fe, der, _n, _n (*abwert*; Geistlicher) ⟨*grch*⟩ · **Pfaf|fen|tum,** das, _[e]s (*abwert*) · **pfäf|fisch** (*abwert*)

Pfahl, der, _[e]s, *Pl* Pfähle ⟨*lat*⟩ · **Pfahl|bau,** *Pl* ..bauten · **Pfahl|bau-er,** der, _s, _ · **Pfahl|bür|ger** (*Mittelalter*) · **pfäh|len** · **Pfahl‿mu-schel, ...werk, ...wur|zel**

Pfalz: 1. die, _, _en (*hist*; Hofburg u. zeitweiliger Regierungssitz der dt. Könige u. Kaiser des Mittelalters; Gebiet, auch Burg des Pfalzgrafen) – 2. die, _ (Teil des Bundeslandes Rheinland-Pfalz [BRD]) ⟨*lat*⟩ · **Pfäl|zer:** 1. *K 231*: der, _s, _; 2. *als Attribut K 232*: der Pfälzer Wald · **Pfalz|ge|richt** (*hist*) · **Pfalz-graf** (*hist*) · **pfalz|gräf|lich** (*hist*) · **pfäl|zisch**

Pfand, das, _[e]s, *Pl* Pfänder ⟨*lat* → *frz*⟩ · **pfänd|bar** · **Pfänd|bar|keit,** die, _ · **Pfand|brief** (*Bankw*) · **Pfand|bruch,** der (*Rechtsw*; Beseitigung gepfändeter Sachen) · **pfän-den** · **¹Pfän|der:** 1. (*süddt*; Gerichtsvollzieher) – 2. ↑ Pfand

²Pfän|der, der, _s (Berg bei Bregenz)

Pfän|der|spiel · **Pfand|leih|an|stalt** · **Pfand|recht** · **Pfän|dung**

Pfänn|chen · **Pfan|ne,** die, _, _n ⟨*grch* → *lat*⟩ · **Pfan|nen|stiel** · **Pfän|ner,** der, _s, _ (*hist*; Besitzer eines Anteils an einem Salzbergwerk) · **Pfän|ner|schaft** (*hist*; Genossenschaft der Pfänner) · **Pfann-ku|chen**

Pfarr|amt · **Pfar|re,** die, _, _n (*noch landsch*) ⟨*grch* → *lat*⟩ · **Pfar|rei** · **Pfar|rer,** der, _s, _ · **Pfar|re|rin,** die, _, ..innen · **Pfarr|haus**

Pfau, der, _[e]s, _en, *österr* der, _[e]s *od* _en, *Pl* _e *od* _en (ein Hühnervogel) ⟨*aind* → *grch* → *lat*⟩

pfauchen ↑ fauchen

Pfau|en|au|ge (ein Schmetterling) · **Pfau|en‿rad, ...we|del** · **Pfau-‿hahn, ...hen|ne**

Pfef|fer, der, _s, _ ⟨*aind* → *pers* → *grch* → *lat*⟩; *K 119*: schwarzer, weißer Pfeffer · **Pfef|fer|ku|chen** · **Pfef|fer|minz** ['pfɛ.. *od* ..'mints]: 1. der, _es, _e (ein Likör) – 2. das, _es, _e (Plätzchen) · **Pfef|fer|min-ze,** die, _ (eine Arzneipflanze, Lippenblütler) · **Pfef|fer|minz|tee** · **pfef|fern** *K 363*

Pfei|fe, die, _, _n ⟨*lat*⟩ · **pfei|fen;** du pfiffst; du pfiffest; gepfiffen; pfeif[e]! · **Pfei|fen|kopf** · **Pfei|fer** · **Pfei|fe|rei** (*abwert*) · **Pfeif|kes|sel** · **Pfeif|si|gnal**

Pfeil, der, _[e]s, _e ⟨*lat*⟩

Pfei|ler, der, _s, _ ⟨*lat*⟩

Pfeil|gift · **pfeil|schnell** · **Pfeil-schuß** · **Pfeil|wurz,** die, _, _en (eine Zimmerpflanze)

Pfen|nig, der, _s, *Pl* _e *u. bei Wertangabe* (*K 310*) Pfennig (Münzeinheit in der DDR u. der BRD); *Abk* Pf ⟨*Herkunft umstritten*⟩; 25 Pfennig. *Zus K 365ff.*: Pfennig‿stück usw. · **Pfen|nig|fuch|ser,** der, _s, _ (*umg abwert*; Geizhals) · **pfen-nig|wei|se** *K 176*; zehnpfennigweise (*mit Ziffern K 284*: 10pfennigweise)

Pferch, der, _[e]s, _e (eng umzäunte Fläche im Freien als Übernachtungsort für Schafe) · **pfer|chen**

Pferd, das, _[e]s, _e ⟨*grch* + *kelt*⟩; zu _e · **Pfer|de|fleisch** · **Pfer|de-kur** (*umg*) · **Pfer|de|sport,** der, _[e]s · **Pfer|de|stär|ke** (veraltende Einheit der Leistung ≈ 735,5 W); *Einheitenzeichen* PS

Pfet|te, die, _, _n (*Arch*; waagerechter Dachbalken) ⟨*lat*⟩

Pfiff, der, _[e]s, _e

Pfif|fer|ling (ein Speisepilz) ⟨*zu* Pfeffer⟩; keinen _ (*umg*; nichts) wert sein

pfif|fig · **Pfif|fig|keit,** die, _ · **Pfif|fi-kus,** der, _, ..usse (*umg scherzh*; pfiffiger Mensch) ⟨*dt* + *f. E.*⟩

Pfing|sten, das, _, *oft ohne Art, in Wunschformeln u. bes süddt, österr, schweiz im Pl* ⟨*grch*, ‚50. Tag' [nach Ostern]⟩; _ ist da, _ fällt früh, *bes süddt, österr, schweiz* die _ fallen früh; fröhliche _!; zu _ · **Pfingst|fest** · **pfingst-lich** · **Pfingst|ro|se**

Pfir|sich, der, _[e]s, _e ⟨*lat*, ‚persischer Apfel'⟩. *Zus K 365ff.*: Pfirsich‿baum usw.

Pflänz|chen · **Pflan|ze,** die, _, _n ⟨*lat*⟩ · **pflan|zen** *K 354* · **Pflan|zen-kost** · **Pflan|zen|pro|duk|tion,** die, _ (industriemäßige Erzeugung landwirtschaftl. Nutzpflanzen) · **Pflan|zen|reich,** das, _[e]s · **Pflan-zen|schutz|mit|tel** · **Pflan|zer** · **Pflanz|holz** · **pflanz|lich** · **Pflänz-ling** · **Pflan|zung**

Pfla|ster, das, _s, _ (Heilmittel [für Wunden]; Straßenbelag) ⟨*grch* → *lat*⟩. *Zus K 365ff.*: Pflaster‿stein usw. · **Pflä|ster|chen** · **Pfla|ste|rer** · **pfla|stern,** *schweiz auch* **pflä|stern** *K 363* · **Pfla|ste|rung,** *schweiz auch* **Pflä|ste|rung**

Pflatsch, Pflatschen ↑ Flatsch · **pflat|schen** *K 354* (*landsch umg*; schallend aufschlagen)

Pfläum|chen · **Pflau|me,** die, _, _n ⟨*lat*⟩ · **Pflau|men|mus**

Pfle|ge, die, _, _n · **pfle|ge|arm** · **Pfle|ge|be|foh|le|ne,** der *u.* die, _n, _n *K 341* · **Pfle|ge‿el|tern, ...heim, ...kind** · **pfle|ge|leicht;** _e Kleidung · **pfle|gen:** 1. *tr* du pflegtest; gepflegt; pfleg[e]!: *a.* (umsorgen); *b. mit folgendem Inf, aber nur in Zeiten ohne Part II* (gewohnt sein); etwas zu tun pflegen (*Zeichensetzung vgl. K 444*) – 2. *intr*; *auch* du pflogst *od* pflogest; du pflögest; gepflogen (*veraltet*; sich etw. angelegen sein lassen); Rat[e]s pflegen, der Ruhe pflegen · **Pfle-ger** · **Pfle|ge|rin,** die, _, ..innen · **pfle|ge|risch** · **Pfle|ge‿stät|te** (*gehoben*), **...va|ter** · **pfleg|lich** · **Pfleg|ling** · **Pfleg|schaft** (*Rechtsw*)

Pflicht, die, _, _en ⟨*zu* pflegen⟩ · **Pflicht|ar|beit** · **Pflicht|ge|fühl** · **pflicht|ge|mäß** · **...pflich|tig** (z. B. unterhaltspflichtig) · **Pflicht|lau|fen** *K 101*, das, _s (*Sport*) · **pflicht|mä-ßig** · **Pflicht|teil,** der, *österr nur so, auch* das · **Pflicht|treue** · **pflicht-ver|ges|sen** · **Pflicht|ver|ges|sen-heit,** die, _ · **pflicht|wid|rig**

Pflock, der, _[e]s, ..öcke · **pflöcken[1]** *od* **pflocken[1]**

Pflücke[1], die, _, _n (*landsch*; das Pflücken des Hopfens) ⟨*lat* → *rom*⟩ · **pflücken[1]** · **Pflücker[1]** · **Pflückerin[1],** die, _, ..innen · **Pflück|sa|lat**

Pflug, der, _[e]s, *Pl* Pflüge · **pflü-gen** · **Pflug|schar,** das, _[e]s, _e *od* die, _, _en · **Pflug|sterz**

Pfort|ader (*Med*) · **Pfört|chen** · **Pfor|te,** die, _, _n ⟨*lat*⟩; *K 258*: die Burgundische Pforte · **Pfört|ner,** der, _s, _ (*auch Med*; Magenausgang) · **Pfört|ne|rin,** die, _, ..innen

Pforz|heim (Stadt im SW der BRD) ⟨*lat*⟩

Pfo|sten, der, _s, _ ⟨*lat*⟩

Pföt|chen · **Pfo|te,** die, _, _n

Pfriem, der, _[e]s, _e (Ahle) · **Pfrie-men|gras**

Pfrille ↑ Elritze

Pfropf, der, _[e]s, _e (kleine geballte Masse) · **¹pfrop|fen** ([eine Flasche] mit einem Pfropfen verschließen)

²pfrop|fen (eine Pflanze durch ein Reis veredeln) ⟨*lat*⟩

Pfrop|fen, der, _s, _ (Kork, Stöpsel) ⟨*zu* ¹pfropfen⟩; *vgl. auch* Pfropf

---

[1] *Tr* ..k|k..

Pfröpf|ling ⟨*zu* ²pfropfen⟩ · **Pfropfreis,** das; *kurz* ¹Reis

Pfrün|de, die, _, _n (*kath Kirche*; meist mit Einkünften verbundenes kirchl. Amt – *übertr*; [fast] müheloses Einkommen) ⟨*lat*⟩ · **Pfrün|der,** der, _s, _ (*schweiz*; Pfründner) · **Pfründ|ner,** der, _s, _ (*veraltet*; Inhaber einer Pfründe)

Pfuhl, der, _[e]s, _e (größere Pfütze; Sumpf)

Pfühl, der, *auch* das, _[e]s, _e (*dicht*; Kissen) ⟨*lat*⟩; *vgl. auch* Pfulmen

pfui!; pfui, pfui!; pfui äks! (*salopp*); pfui Teufel!; pfui, schäme dich!; pfui rufen · **Pfui,** das, _s, _s · **Pfuiruf**

Pful|men, der, _s, _ (*schweiz*; Kopfkissen) ⟨*lat*⟩; *vgl. auch* Pfühl

Pfund[1]: 1. das, _[e]s, *Pl* _e *u. bei Maßangabe* (*K 308*) Pfund (alte Einheit der Masse = 0,5 kg); *Zeichen* ℔, *Abk* Pfd.; 2 Pfund Quark – 2. das, _[e]s, *Pl* _e *u. bei Wertangabe* (*K 310*) Pfund (Währungseinheit in der ARÄ u. in anderen Ländern [*vgl. auch* Pfund Sterling]) ⟨*lat*⟩ · **Pfünd|chen** · **...pfün|der** (z. B. Vierpfünder [*mit Ziffer K 284*: 4pfünder]) · **pfun|dig** (*umg*; großartig); das ist _ · **...pfün|dig** (z. B. zehnpfündig [*mit Ziffern K 284*: 10pfündig]) · **Pfunds|kerl** (*umg*; ordentl., ganzer Kerl) · **Pfund Ster|ling** [*auch* _ 'stœ:r..], das, *Gen* _[e]s _, *Pl* _ _ (Währungseinheit in Großbritannien); *Zeichen* £; £ 29 · 27 [29 Pfund (Sterling) 27 Pence] · **pfund|wei|se** *K 176*; zehnpfundweise (*mit Ziffern K 284*: 10pfundweise)

Pfusch, der, _[e]s (*umg abwert*; liederl. Arbeit) · **pfu|schen** *K 354* (*umg abwert*); *vgl. auch* fuscheln · **Pfu|scher** (*umg abwert*) · **Pfu|scherei** (*umg abwert*) · **pfu|scher|haft** (*umg abwert*)

pfutsch ↑ futsch

Pfütz|chen · **Pfüt|ze,** die, _, _n ⟨*lat*⟩ · **Pfütz|ei|mer** (*bergm*; Schöpfeimer) · **Pfüt|zen|was|ser,** das, _s

Phäa|ken *Pl* (*griech Sage*; glückl., genußliebendes Volk); *Sg* Phäa|ke, der, _n

Phä|dra (*griech Sage*; Frau des Theseus) ⟨*grch* → *lat*⟩*

Phae|thon [*od* ..'e(:)..] (*griech Mythol*; Sohn des Helios) ⟨*grch*, ‚der Strahlende'⟩

---

[1] In der DDR, der BRD u. in der Schweiz als amtl. Masseeinheit abgeschafft.

Pha|go|zy|ten *Pl* (*Biol, Med*; »Freßzellen«, die in Blut u. Gewebe eingedrungene Fremdstoffe unschädlich machen); *Sg* Pha|go|zyt, der, _en *od* Pha|go|zy|te, die, _ ⟨*grch* → *lat*⟩

Pha|lanx, die, _, ..angen (*Antike*; geschlossene Schlachtreihe – *übertr*; Kerntruppe – *Anat*; Finger- od. Zehenglied) ⟨*grch*⟩

Pha|le|ri|stik *K 54*, die, _ (Orden- u. Ehrenzeichenkunde) ⟨*grch* → *lat*⟩

Pha|le|ron (*Altertum*; Hafen Athens)

phal|lisch (den Phallus betreffend) ⟨*grch*⟩ · **Phal|lus,** der, _, *Pl* _ *od* ..llen ([erigiertes] männl. Glied) ⟨*grch* → *lat*⟩

Pha|ne|ro|ga|men *Pl* (*Bot*; Bez. für Samenpflanzen, Blütenpflanzen); *Sg* Pha|ne|ro|ga|me, die, _ ⟨*grch*⟩; *Ggs* Kryptogamen

Pha|ne|ro|zoi|kum, das, _s (*Geol*; letzter großer Abschnitt der Erdgeschichte [vom Kambrium bis in die Gegenwart reichend]) ⟨*grch* → *lat*⟩

Phä|no|lo|gie, die, _ (*Biol*; Lehre von den Erscheinungen des jahreszeitl. Ablaufs in der Pflanzen- u. Tierwelt) ⟨*grch*⟩

Phä|no|men, das, _s, _e (mit den Sinnen wahrnehmbare Erscheinung; [außergewöhnl.] Naturerscheinung; seltenes, auffallendes Ereignis – *übertr*; Genie, überragender Geist) ⟨*grch*⟩ · **phä|no|menal** (auf ein Phänomen bezüglich; außergewöhnlich, erstaunlich) ⟨*grch* → *lat*⟩ · **Phä|no|me|na|lis|mus,** der, _ (*idealist Philos*; Lehre, nach der das Erkenntnisvermögen nur Erscheinungen, nicht das Wesen erfaßt)

Phä|no|me|no|lo|gie, die, _ (subjektiv-idealist. Philosophie der Bewußtseinserscheinungen; die idealistisch verstandene histor. Entwicklung des menschl. Bewußtseins) ⟨*grch*⟩ · **phä|no|me|no|lo|gisch** (*idealist Philos*)

Phä|no|typ ⟨*grch*⟩, der, _s *od* **Phäno|ty|pus** ⟨*grch* → *lat*⟩, der, _ (*Genetik*; durch Umwelt u. Erbfaktoren bestimmtes Erscheinungsbild der Lebewesen) · **phä|no|ty|pisch** (*Genetik*) ⟨*grch*⟩

Phan|ta|sie: 1. die, _ (Einbildungs-, Vorstellungsvermögen) – 2. die, _, ..ien, *meist Pl* (Trugbild, Wahnvorstellung) ⟨*grch* → *lat*⟩; *vgl. aber* Fantasie. *Zus K 365ff.*: Phantasiegebilde usw. · **phan|ta|sie|ren** (sich dem Spiel der Phantasie hingeben – *Med*; irrereden – *Mus*; aus dem Stegreif spielen) · **Phantas|ma,** das, _s, ..men (Trug-, Schein-, Phantasiebild) · **Phan|tasma|go|rie,** die, _, ..ien (Zauber, Truggebilde, opt. Vorspiegelung von Scheinbildern) · **Phan|tast,** der, _en, _en (wirklichkeitsfremder Schwärmer, Träumer) · **Phan|taste|rei** (*abwert*) · **phan|ta|stisch** (auf Phantasie beruhend; ungewöhnlich; unwirklich – *umg*; seltsam; großartig); _ste · **Phan|tom,** das, _s, _e (Schein-, Trugbild, Hirngespinst – *Med*; Nachbildung eines Körperteils für den Unterricht) ⟨*grch* → *lat* → *frz*⟩ · **Phantom|bild** (*Kriminalistik*; nach Zeugenaussagen gestaltetes Täterbild)

Pha|rao: 1. der, _[s], ..onen (altägypt. Königstitel) – 2. ↑ Pharo ⟨*ägypt* → *hebr* → *grch*⟩ · **Pha|raonen‿grab, ...reich** · **pha|rao|nisch**

Pha|ri|sä|er, der, _s, _ (*bibl*; Angehöriger einer jüd. Partei – *übertr, gehoben*; hochmütiger, selbstgerechter Heuchler) ⟨*hebr* → *grch* → *lat*⟩ · **Pha|ri|sä|er|tum,** das, _[e]s (*gehoben*) · **pha|ri|sä|isch** (*gehoben*)

Phar|ma|ko|lo|ge, der, _n, _n (Wissenschaftler auf dem Gebiet der Pharmakologie) ⟨*grch*⟩ · **Pharma|ko|lo|gie,** die, _ (Lehre von den Arzneimitteln u. ihrer Anwendung) · **phar|ma|ko|lo|gisch** · **Phar|ma|ko|pöe** [..'pø:], die, _, _n [..'pø:ən] (*fachspr*; amtl. Arzneibuch) · **Phar|ma|zeut,** der, _en, _en (Fachmann auf dem Gebiet der Pharmazie) ⟨*grch* → *lat*⟩ · **Pharma|zeu|ti|kum,** das, _s, ..ka (Arzneimittel, -stoff) · **phar|ma|zeutisch**; *Abk* pharm. · **Phar|ma|zie,** die, _ (Apotheker-, Arzneimittelkunde) · **Phar|ma|zie|rat,** *Pl* ..räte

Pha|ro *od* **Pha|rao,** das, _s (ein Kartenglücksspiel) ⟨*ägypt* → *hebr* → *grch*⟩

Pha|ryn|gi|tis, die, _, ..itiden (*Med*; Rachenentzündung) ⟨*grch*⟩

Pha|se, die, _, _n (Abschnitt [einer Entwicklung], Zeitpunkt; Zustand; Erscheinungsform – *Phys*; augenblickl. Schwingungszustand einer Welle) ⟨*grch*⟩ · **Pha|sen|mes|ser,** der (elektr. Meßgerät) · **...pha|sig** (z. B. einphasig, mehrphasig) · **phasisch** (regelmäßig wechselnd)

Phe|nol, das, _s, _e (*Chem*; organ. Verbindung) ⟨*grch* + *arab*⟩ · **Phe|nol|phtha|le|in** [..,i:n], das, _s (*Chem*; ein Indikator) ⟨*grch* + *arab* + *grch* + *lat*⟩ · **Phe|no|plast** (ein Kunstharz) ⟨*grch*⟩

Phi, das, _[s], *Pl* _s, *österr auch* _ (griech. Buchstabe: Φ, φ) ⟨*grch*⟩

Phia|le, die, _, _n (altgriech. flache Schale) ⟨*grch*⟩

Phil|adel|phia (Hafenstadt im O der USA) ⟨*grch* → *engl*⟩ · **Phil|adelphier** [..ɪər], der, _s, _ · **phil|adelphisch**

Phil|an|throp, der, _en, _en (Menschenfreund) ⟨*grch*⟩ · **Phil|an|thro|pie,** die, _ (Menschenliebe, bürgerl. individuelle Wohltätigkeit) · **phil|an|thro|pisch** (menschenfreundlich; menschlich [gesinnt]); _ste · **Phil|an|thro|pis|mus** *od* **Phil|an|thro|pi|nis|mus,** der, _ (pädagog. Bewegung des 18. Jh.) ⟨*grch → lat*⟩

Phil|ate|lie, die, _ (Briefmarkenkunde) ⟨*grch*⟩ · **Phil|ate|list** (Briefmarkensammler, -freund) · **phil|ate|li|stisch**

Phi|le|mon und Bau|cis [_ _ ..tsis] (*griech Sage*; älteres gastfreundl. Ehepaar) ⟨*grch → lat*⟩

Phil|har|mo|nie, die, _, ..ien (Name mancher Orchester u. Konzertgesellschaften; Konzertsaal) ⟨*grch*, ‚Liebe zur Harmonie'⟩ · **Phil|har|mo|ni|ker** [..'mo:.., *österr meist* 'fil..]: 1. der, _s, _ (Mitglied eines philharmon. Orchesters) – 2. *nur Pl* (Name mancher Orchester) · **phil|har|mo|nisch**

Phil|hel|le|ne, der, _n, _n (*hist*; jmd., der den Freiheitskampf Griechenlands gegen die Türkei [1821 bis 1829] unterstützte) ⟨*grch*, ‚Griechenfreund'⟩ · **Phil|hel|le|nis|mus,** der, _ (*hist*) ⟨*grch → lat*⟩

Phi|lipp (m. Vn.) ⟨*grch*, ‚Pferdefreund'⟩

Phi|lip|pi (*Altertum*; Stadt im O Makedoniens [2]) ⟨*nach* dem makedon. König Philipp II.⟩

Phi|lip|pi|ka, die, _, ..ken (*veraltend*; [heftige] Strafrede, leidenschaftlich angreifende Rede) ⟨*nach* den Kampfreden des altgriech. Redners Demosthenes gegen Philipp von Makedonien⟩

Phi|lip|pi|nen *Pl* ⟨*nach* Philipp II. von Spanien⟩: 1. (Inselgruppe in Südostasien) – 2. *amtl* **Re|pu|blik der Phi|lip|pi|nen** · **Phi|lip|pi|ner,** der, _s, _, *auch* **Fi|li|pi|no,** der, _s, _s (Staatsbürger der Philippinen) · **phi|lip|pi|nisch**

phi|lip|pisch; *K 217*: die Philippischen Reden (Philippiken des altgriech. Redners Demosthenes)

Phi|lip|po|pel (früherer Name von Plowdiw)

Phi|li|ster, der, _s, _ (*abwert*; Spießbürger, kleinl. Mensch) ⟨*hebr → grch → lat*, *nach* dem Nachbarvolk der Israeliten im A. T.⟩ · **phi|li|sterhaft** (*abwert*) · **phi|li|strös** *K 349* (spießbürgerlich; beschränkt)

Phil|lu|me|nie, die, _ (das Sammeln von Zündholzschachteletiketten) ⟨*grch + lat*⟩ · **Phil|lu|me|nist**

Phi|lo|den|dron, der, *österr nur so*, *od* das, _s, ..ren (eine Zimmerpflanze) ⟨*grch*, ‚Baumfreund'⟩

Phi|lo|kar|tie, die, _ (das Sammeln von illustrierten Karten, bes. von Ansichtskarten) ⟨*grch + frz*⟩ · **Phi|lo|kar|tist**

Phi|lo|lo|ge, der, _n, _n (Wissenschaftler auf dem Gebiet der Philologie) ⟨*grch*⟩ · **Phi|lo|lo|gie,** die, _, ..ien (Wissenschaft von der Interpretation sprachl. Texte) · **phi|lo|lo|gisch**

Phi|lo|me|la, die, _, ..len (*dicht*; Nachtigall) ⟨*grch*, ‚Freundin des Gesanges', *nach* einer Sagengestalt⟩

Phi|lo|soph, der, _en, _en ⟨*grch → lat*, ‚Weisheitsfreund'⟩ · **Phi|lo|so|phem,** das, _s, _e (philosoph. Denkergebnis; philosoph. Lehrmeinung) ⟨*grch*⟩ · **Phi|lo|so|phie,** die, _, ..ien (Wissenschaft von den allgemeinsten Entwicklungsgesetzen der Natur, der Gesellschaft u. des Denkens) ⟨‚Weisheitsliebe'⟩ · **phi|lo|so|phie|ren** ⟨*grch → lat*⟩ · **phi|lo|so|phisch;** _ste ⟨*grch*⟩

Phi|mo|se, die, _, _n (*Med*; Vorhautverengung) ⟨*grch → lat*⟩

Phio|le, die, _, _n (bauchige Glasflasche mit langem, engem Hals) ⟨*grch → lat*⟩

Phjòng|jang [pjɔŋ'jaŋ] *od* **Pjöng|jang** (Hauptstadt der KDVR)

Phle|bi|tis, die, _ (*Med*; Venenentzündung) ⟨*grch*⟩

Phleg|ma, das, _s, *österr auch* _ (Trägheit, Gleichgültigkeit) ⟨*grch*⟩ · **Phleg|ma|ti|ker,** der, _s, _ (träger, schwer erregbarer Mensch) · **Phleg|ma|ti|kus,** der, _, ..ker (*umg scherzh*) ⟨*grch → lat*⟩ · **phleg|ma|tisch** ⟨*grch*⟩; _ste · **Phleg|mo|ne,** die, _, _n (*Med*; eitrige Zellgewebsentzündung)

Phlox, der, _es, _e, *österr nur so*, *auch* die, _, _e (eine Gartenblume) ⟨*grch*⟩ · **Phlo|xin,** das, _s (ein roter Farbstoff) ⟨*grch + lat*⟩

Phnom Penh *od* **Pnom Penh** [*beide* pnɔm 'pɛn] (Hptst. von Kampuchea)

Phö|be [..bə *od* ..be:] (*griech Mythol*; Beiname der Artemis) ⟨*grch*⟩

Pho|bie, die, _, ..ien (*Med*; krankhafte Furcht) ⟨*grch*⟩

Phö|bus (*griech Mythol*; Beiname Apolls) ⟨*grch → lat*⟩

Pho|kis (Landsch. in Mittelgriechenland)

Phon, das, _s, *Pl* _s *u. bei Maßangabe* (*K 308*) Phon (Einheit des Lautstärkepegels); *Einheitenzeichen* phon ⟨*grch*⟩; 50 phon · **Phonem,** das, _s, _e (*Sprachw*; kleinste bedeutungsdifferenzierende sprachl. Einheit) · **Pho|ne|tik,** die, _ (Lautlehre, Lehre von der Art, Erzeugung u. Verwendung der Laute) · **Pho|ne|ti|ker,** der, _s, _ · **pho|ne|tisch** · **Phon|ia|trie,** die, _ (*Med*; Lehre von den Erkrankungen des Stimmapparats)

Phö|ni|ker ⟨*grch*⟩ *od* **Phö|ni|zier** [..ĭər] ⟨*grch → lat*⟩, der, _s, _ (*Altertum*; Angehöriger eines semit. Handels- u. Seefahrervolkes) · **Phö|ni|kien** [..ĭən] ⟨*grch*⟩ *od* **Phö|ni|zien** ⟨*grch → lat*⟩ (*Altertum*; Küstenland an der Ostküste des Mittelmeeres) · **phö|ni|kisch** ⟨*grch*⟩ *od* **phö|ni|zisch** ⟨*grch → lat*⟩

pho|nisch (auf die Stimme, den Laut bezüglich; Laut...) ⟨*grch*⟩

Phö|nix, der, _[es], _e (*ägypt Sage*; aus seiner Asche auferstehender Vogel) ⟨*grch → lat*⟩

Phönizien usw. ↑ Phöniker usw.

Pho|no|ge|rät *K 54* (Tonaufnahme- u. *bzw* od. -wiedergabegerät) ⟨*grch*⟩

Pho|no|gramm *K 54*, das, _s, _e (Aufzeichnung von Schallwellen auf Platten, Tonbändern usw.) ⟨*grch*⟩ · **Pho|no|gra|phie** *K 54*, die, _, ..ien (klangl. Wiedergabe der [menschl.] Stimme; Kurzschrift auf phonet. Grundlage) · **pho|no|graphisch** *K 54* (lautschreibend, lautgetreu)

Pho|no|lith, der, *Gen* _[e]s, *Pl* _e *od Gen* _en, *Pl* _en (*Geol*; ein Ergußgestein) ⟨*grch*⟩

Pho|no|lo|gie, die, _ (Wissenschaft, die die Funktion der lautl. Erscheinungen in einer Sprache untersucht) ⟨*grch*⟩ · **pho|no|lo|gisch**

Pho|no|me|ter, das (*Phys*; Ton-, Klangmeßgerät, Gerät zur Prüfung der Hörschärfe) ⟨*grch*⟩ · **Pho|no|thek** *K 54*, die, _, _en (Sammlung von Schallplatten u. Tonbändern)

Pho|no|ty|pi|stin *K 54*, die, _, ..innen (Maschinenschreiberin, die nach einem Diktiergerät schreibt) ⟨*grch*⟩

Phos|gen, das, _s (*Chem*; ein Giftgas) ⟨*grch*⟩ · **Phos|phat,** das, _[e]s, _e (*Chem*; Phosphorsäuresalz) ⟨*grch + lat*⟩ · **Phos|phor:** 1. ['fɔs..], der, _s (chem. Element, Nichtmetall); *Zeichen* P – 2. [..'fo:r], der, _s, _e (Leuchtstoff) ⟨*grch*⟩ · **Phos|pho|res|zenz,** die, _ (das Nachleuchten von Stoffen unter dem Einfluß vorangehender Bestrahlung) ⟨*grch → lat*⟩ · **phos|pho|res|zie|ren** · **phos|pho|rig** ⟨*grch*⟩ · **Phos|pho|rit,** der, _[e]s (*Geol*; ein Sedimentgestein) ⟨*grch + lat*⟩ · **Phos|phor|säu|re,** die, _ ⟨*grch*⟩

Phos|phor|ver|gif|tung

Phot, das, _s, _ (veraltete Einheit der Beleuchtungsstärke = 10 klx); *Einheitenzeichen* ph ⟨*grch*⟩

Photo ↑ Foto

Pho|to|che|mie [..ç.., *österr* ..k..], *auch* **Fo|to|che|mie** *K 54*, die, _

(Lehre von den durch Licht ausgelösten Stoffumwandlungen) ⟨*grch*⟩
Photochemigraphie ↑ Fotochemigrafie
pho|to|chrom [..k..] *K 54* (*Phys*; bei Lichteinwirkung die Farbe ändernd) ⟨*grch*⟩; _e Gläser · **Pho|to-chro|mie** *K 54*, die, _ (*Phys*)
Pho|to|ele|ment, *auch* **Fo|to|ele-ment** *K 54* (*Phys, Elektrotechn*; Photozelle od. Halbleiterphotozelle zur Umwandlung von Licht in elektr. Energie) ⟨*grch + lat*⟩
pho|to|gen: 1. *auch* **fo|to|gen** *K 54* (durch Lichteinwirkung entstanden) – 2. ↑ fotogen (1)
Photogramm usw. ↑ Fotogramm usw.
Photograph usw. ↑ Fotograf usw.
Photogravüre ↑ Heliogravüre
Photokopie ↑ Fotokopie
Photolithographie ↑ Fotolithografie
photomechanisch ↑ fotomechanisch
Pho|to|me|ter, *auch* **Fo|to|me-ter** *K 54*, das (*Phys*; Lichtstärkemesser) ⟨*grch*⟩ · **Pho|to|me|trie,** *auch* **Fo|to|me|trie** *K 54*, die, _ (*Phys*; Lichtmessung) · **pho|to-me|trisch,** *auch* **fo|to|me|trisch** *K 54* (*Phys*)
Photomontage ↑ Fotomontage
Pho|ton [*od* ..'to:n] ⟨*grch*⟩, das, _s, ..onen *od* **Licht|quant** (*Phys*; kleinstes Energieteilchen einer elektromagnet. Strahlung)
Pho|to|sphä|re [*auch* 'fo:..], die, _ (*Astron*; leuchtende Schicht der Sonnenoberfläche) ⟨*grch*⟩
Pho|to|syn|the|se [*auch* 'fo:..], die, _ (*Bot*; Aufbau chemischer Verbindungen durch Lichteinwirkung) ⟨*grch*⟩
pho|to|tak|tisch (*Biol*; sich unter dem Einfluß des Lichtes bewegend) ⟨*grch*⟩
Photothek ↑ Fotothek
Pho|to|the|ra|pie [*auch* 'fo:..], die, _ (*Med*; Lichtheilverfahren) ⟨*grch*⟩
pho|to|trop *od* **pho|to|tro|pisch,** *älter* **he|lio|trop** (*Bot*; lichtwendig) ⟨*grch*⟩ · **Pho|to|tro|pis|mus,** *älter* **He|lio|tro|pis|mus,** der, _ (*Bot*; durch Licht bewirkte Stellungsbewegungen von Pflanzenteilen, Lichtwendigkeit) ⟨*grch → lat*⟩
Pho|to|zel|le, *auch* **Fo|to|zel|le** *K 54* (*Phys, Elektrotechn*; lichtelektr. Zelle) ⟨*grch + lat*⟩
Phra|se, die, _, _n (Redewendung – *abwert*; leere Redensart) ⟨*grch*⟩ · **Phra|sen|dre|scher** (*abwert*) · **Phra|sen|dre|sche|rei** (*abwert*) · **phra|sen|haft** · **Phra|sen-haf|tig|keit,** die, _ · **Phra|seo|lo-gie,** die, _, ..ien (*Sprachw*; Lehre od. Sammlung der einer Sprache eigentümlichen Redewendungen) · **phra|seo|lo|gisch** (*Sprachw*) · **phra|sie|ren** (*Mus*; ein Musikstück sinngemäß gliedern) ⟨*grch → lat*⟩
Phre|ne|sie, die, _ (*Med*; Wahnsinn) ⟨*grch*⟩ · **phre|ne|tisch** (*Med*; wahnsinnig); *vgl. aber* frenetisch
Phry|ger *od* **Phry|gier** [..ĭər], der, _s, _ (*Altertum*) · **Phry|gien** [..ĭən] (*Altertum*; Landsch. im W Kleinasiens) · **phry|gisch;** *K 238*: die _e Mütze (Sinnbild der Freiheit bei den Jakobinern)
Phry|ne [..nə *od* ..ne:], die, _, _n (verführerische Buhlerin) ⟨*grch, nach* einer altathenischen Hetäre⟩
***p*H-Wert** [pe:'ha:..] *K 186* (*Chem*; Zahl, die die Konzentration der Wasserstoffionen einer Flüssigkeit angibt); *Formelzeichen p*H, *in Maschinenschrift* pH
Phykologie ↑ Algologie
phyletisch ↑ phylogenetisch
Phyl|lis (*griech Sage*; sehnsüchtig Liebende, die sich den Tod gibt) ⟨*grch*⟩
Phyl|lit, der, _[e]s, _e (*Geol*; ein kristalliner Schiefer) ⟨*grch*⟩ · **Phyl-lo|pha|ge,** der, _n, _n (*Zool*; Blattfresser) · **Phyl|lo|ta|xis,** die, _, ..xen (*Bot*; Stellung, Anordnung der Blätter)
Phy|lo|ge|ne|se, die, _, _n, *auch* **Phy|lo|ge|nie,** die, _, ..ien (*Biol*; Stammesentwicklung) ⟨*grch*⟩ · **phy-lo|ge|ne|tisch,** *auch* **phy|le|tisch** (*Biol*)
Phys|ia|trie, die, _, ..ien (Naturheilkunde) ⟨*grch*⟩ · **Phy|sik,** die, _ (Wissenschaft von der Struktur u. der Bewegung der unbelebten Materie) ⟨*grch → lat*⟩ · **phy|si|ka-lisch;** *K 119*: ein physikalisches Institut, *aber K 259*: das Physikalische Institut der Universität ... · **Phy|si|ker,** der, _s, _ (Wissenschaftler auf dem Gebiet der Physik) · **Phy|si|ko|che|mie** [..ç.., *österr* ..k..] (physikal. Chemie) · **Phy|si|ko|che|mi|ker** (Wissenschaftler auf dem Gebiet der physikal. Chemie) · **phy|si|ko|che-misch** · **Phy|si|kum,** das, _s, ..ka (Grundlagenprüfung während des Medizinstudiums) · **Phy|si|kus,** der, _, ..usse (*veraltet*; Stadt- od. Kreisarzt)
Phy|sio|gnom, der, _en, _en (Deuter des Gesichtsausdrucks) ⟨*grch*⟩ · **Phy|sio|gno|mie,** die, _, ..ien (äußere Erscheinung eines Lebewesens, bes. der Gesichtsausdruck) · **Phy|sio|gno|mik,** die, _ (Deutung der Physiognomie) · **phy|sio|gno|misch**
Phy|sio|kra|tis|mus, der, _ (ein politisch-ökonom. System des 18. Jh.) ⟨*grch → lat*, ‚Naturherrschaft'⟩
Phy|sio|lo|ge, der, _n, _n (*Med, Biol*) ⟨*grch*⟩ · **Phy|sio|lo|gie,** die, _ (*Med, Biol*; die Lehre von den Lebensvorgängen in den Organismen) · **phy|sio|lo|gisch** (*Med, Biol*)
Phy|sio|the|ra|peut ⟨*grch*⟩, *älter* **Kran|ken|gym|nast** *od* **Heil|gym-nast,** *kurz* **Gym|nast** (Angehöriger des mittleren medizin. Personals, der nach ärztl. Verordnung eine physikal. Behandlung durchführt) · **Phy|sio|the|ra|peu|tin,** *älter* **Kran-ken|gym|na|stin** *od* **Heil|gym|na-stin,** *kurz* **Gym|na|stin** · **phy|sio-the|ra|peu|tisch,** *älter* **kran|ken-gym|na|stisch** *od* **heil|gym|na-stisch** · **Phy|sio|the|ra|pie,** *älter* **Kran|ken|gym|na|stik** *od* **Heil-gym|na|stik** (Anwendung physikal. Verfahren zur Behandlung von Krankheitszuständen)
phy|sisch (die Natur betreffend; natürlich; körperlich) ⟨*grch*⟩; *K 119*: _er Verschleiß (*polit Ök*)
Phy|to|geo|gra|phie, die, _ (Pflanzenverbreitungskunde) ⟨*grch*⟩ · **Phy|to|pa|tho|lo|gie,** die, _ (*Bot*; Lehre von den Pflanzenkrankheiten) · **phy|to|pa|tho|lo|gisch** (*Bot*) · **Phy|to|pha|gen** *Pl* (*Zool*; Pflanzenfresser); *Sg* Phy|to|pha|ge, der, _n
Pi, das, _[s], *Pl* _s, *österr auch* _ (griech. Buchstabe: *Π*, *π* – *Math*; Verhältnis des Kreisumfangs zum Durchmesser [Ludolfsche Zahl: 3,14159...]); *Zeichen π* ⟨*grch*⟩
Pi|acryl, das, _s *Kunstw* (glasartiges Kunstharz, organ., nichtsplitterndes Glas) ⟨*aus* dem Namen des Herstellungsortes *Pie*steritz + *Acryl*[harz]⟩
Pia|ni|no, das, _s, _s ⟨*lat → ital*, ‚kleines Piano'⟩ · **pia|nis|si|mo** (*Mus*; sehr leise); *Abk* pp · **Pia|nis-si|mo,** das, _s, *Pl* _s *od* ..mi (*Mus*; sehr geringe Tonstärke) · **Pia|nist** (Klavierspieler, -künstler) · **Pia|ni-stin,** die, _, ..innen · **pia|no** (*Mus*; leise); *Abk* p · **Pia|no,** das, _s, _s (das leise Singen u. Spielen – *veraltet*; Klavier) · **Pia|no|for|te,** das, _s, _s (*veraltet*; Klavier) ⟨*ital*, ‚leise – laut'⟩ · **Pia|no|la,** das, _s, _s (mechan. Selbstspielklavier) ⟨*lat → ital*⟩ · **pia|no|pia|nis|si|mo** (*Mus*; ganz leise); *Abk* ppp
Piast, der, _en, _en (*hist*; Angehöriger der poln. Dynastie der Piasten)
Pia|ster, der, _s, _ (Münzeinheit in der ARÄ u. in anderen Ländern) ⟨*grch → lat → rom*⟩

Pia|ve [..v..], der *od* die, _ (Fluß im O Oberitaliens)

Piaz|za, die, _, ..zze (Marktplatz, Platz) ⟨*grch* → *lat* → *ital*⟩

Pic ↑ Pik (3)

Pi|ca [*auch* 'paikə], die, _ (ein Schriftgrad für die Schreibmaschine) ⟨*lat* → *engl*, *nach* einer engl. u. amerikan. typograph. Recheneinheit⟩

Pi|car|de, der, _n, _n · **Pi|car|die,** die, _ (Landsch. in Nordfrankreich) · **pi|car|disch**

Pi|ca|schrift, die, _ (eine Schreibmaschinenschrift)

Pic|ca|dil|ly [pikə'dili] (Hauptstraße in London)

Pic|co|lo|mi|ni, der, _[s], _ (Gestalt aus Schillers Drama »Wallenstein«)

pi|cheln *K 363* (*umg*; trinken) ⟨*zu* Pegel⟩

pi|chen (mit Pech streichen, verschmieren) ⟨*lat*⟩

Pich|ler *K 363* (*umg*; Trinker) ⟨*zu* Pegel⟩

Pick, der, _s, _e (*umg*; Stich) ⟨*lat* → *frz* → *ndrl*⟩

Picke[1], die, _, _n (große Spitzhacke) · [1]**Pickel**[1], der, *österr umg* das, _s, _ (leichte Spitzhacke)

[2]**Pickel**[1], der, _s, _ (kleine Hautpustel)

Pickel|hau|be[1] (*hist*; preuß. Infanterie- u. Polizeihelm) ⟨*zu* Becken, *an* [1]Pickel *angelehnt*⟩

Pickel|he|ring[1] (eingepökelter Hering; Spaßmacher des älteren Lustspiels) ⟨*ndrl*⟩

picke|lig[1] *K 362* ⟨*zu* [2]Pickel⟩

pickeln[1] *K 363* (mit der Spitzhacke arbeiten) · [1]**picken**[1] (mit dem Schnabel hacken; fressen)

[2]**picken**[1] (*österr umg*; kleben, haften[bleiben]) ⟨*zu* Pech⟩

pickern[1] *K 363* (*obersächs*; essen)

Pick|nick [*österr* ..'nik], das, _s, *Pl* _s, *österr nur so*, *od* _e (Mahl im Freien) ⟨*frz*⟩ · **pick|nicken**[1]; gepicknickt

Pick-up [pik'ap], der, _s, _s (*fachspr*; elektr. Tonabnehmer) ⟨*engl*⟩

pi|co|bel|lo (*umg*; sehr fein) ⟨*ital*⟩

Pi|cot [pi'ko:], der, _s, _s (*Handarb*; Fadenöse [an Spitzen]) ⟨*lat* → *frz*⟩

Pid|gin-Eng|lisch ['pidʒin..] *K 187*, das, _[s] (Mischsprache mit Englisch als Grundlage) ⟨*nach* der chines. Ausspr. von engl. business ['biznis] = Geschäft⟩; *vgl. auch K 271*

Pie|ce ['pĭɛ:s(ə)], die, _, _n [..s(ə)n] (*veraltet*; Stück; Musikstück) ⟨*kelt* → *lat* → *frz*⟩

Pie|de|stal [pi:e..], das, _s, _e (Sokkel, Untersatz) ⟨*lat* → *germ* → *ital* → *frz*⟩

---
[1] *Tr* ..k|k..

Piek, die, _, _en (*seem*; äußerster, spitzer Raum am Vorder- u. Hintersteven des Schiffes) ⟨*engl*⟩

pie|ken *od* **pi|ken** *bzw* **piek|sen** (*K 354*) *od* **pik|sen** (*K 354*) (*umg*; stechen)

piek|fein (*umg*; ganz besonders fein) ⟨*ndrl* + *frz*⟩

Pieks *od* **Piks,** der, _es, _e (*umg*; Stich, z. B. beim Impfen)

Pie|mont [pi:e..] (Landsch. im W Oberitaliens) ⟨*lat* → *ital*⟩ · **Pie|mon|te|se,** der, _n, _n · **pie|mon|te|sisch,** *auch* **pie|mon|tisch**

piep! (*lautm*); piep, piep! · **Piep,** der, _s, _e (hoher, kurzer Ton, bes. von Vögeln) · **pie|pen** · **Piep|matz** (*kinderspr*) · **piep|sen** *K 354* · **piep|sig** (*umg*) · **Piep|vo|gel** (*kinderspr*)

[1]**Pier,** der, _s, *Pl* _e *bzw* _s *od* (*bes seem*) die, _, _[e]n (Hafendamm, Landungsbrücke) ⟨*engl*⟩

[2]**Pier,** der, _[e]s, _e (Sandwurm) ⟨*ndrl*⟩

Pier|rot [pie'ro:], der, _s, _s (französ. männl. Lustspielfigur) ⟨*frz*⟩

pie|sacken [*Tr* ..sak|ken] (*umg*; quälen, plagen)

Pie|tà *od* **Pie|ta** [*beide* pi:e'ta(:)], die, _, _s (*bildende Kunst*; Darstellung Marias mit dem Leichnam Christi) ⟨*lat* → *ital*⟩ · **Pie|tät,** die, _ (Achtung, Ehrfurcht) ⟨*lat*⟩ · **pie|tät|los** *K 349*; *vgl.* ...los · **Pie|tät|lo|sig|keit** · **pie|tät|voll** · **Pie|tis|mus,** der, _ (protestant. Bewegung [bes. im 17.–18. Jh.]) · **Pie|tist** · **pie|ti|stisch**

piet|schen *K 354* (*landsch*; tüchtig trinken) ⟨*slaw*⟩

pie|zo|elek|trisch [pi:e..] (*Phys*; auf Piezoelektrizität beruhend) ⟨*grch* → *lat*⟩ · **Pie|zo|elek|tri|zi|tät** (*Phys*; Druckelektrizität mancher Kristalle) · **Pie|zo|me|ter,** das (*Phys*; Gerät zur Messung der Zusammendrückbarkeit von Flüssigkeiten) ⟨*grch*⟩ · **Pie|zo|quarz** (*Phys*, *Techn*) ⟨*grch* + *tschech*⟩

piff, paff! (*lautm*) · **piff, paff, puff!**

Pig|ment, das, _[e]s, _e (Farbstoff; Farbkörper) ⟨*lat*⟩. *Zus K 365ff.*: Pigment‿farbe usw. · **Pig|men|ta|tion** (*Biol*, *Med*; Ablagerung von Pigment; Färbung) · **Pig|ment|druck** (*Polygr*): 1. der, _[e]s (fotograf. Edeldruckverfahren) – 2. der, _[e]s, _e (Erzeugnis dieses Verfahrens) · **pig|men|tie|ren** (*Biol*, *Med*; Farbstoffe in kleinste Teilchen zerteilen; einem Stoff Pigmente zufügen)

Pik [pi:k]: 1. der, _s (*umg*; heimlicher Groll) ⟨*lat* → *frz* → *ndrl*⟩; einen _ auf jmdn. haben – 2. das, _s, *auch* **Pique** [pi:k], das, _ (eine Spielkartenfarbe [Grün]) ⟨*lat* → *frz*⟩ – 3. der, _s, *Pl* _e *od* _s, *auch* **Pic** [pik] ⟨*lat* → *frz*⟩, der, _s, _s, *auch* **Piz** [pits] ⟨*rätorom*⟩, der, _, _, *auch* **Peak** [pi:k] ⟨*engl*⟩, der, _[s], _s (Berg, Bergspitze) · **pi|kant** (scharf [gewürzt]; reizvoll; schlüpfrig) ⟨*lat* → *frz*⟩ · **Pi|kan|te|rie,** die, _, ..ien

Pi|ke, die, _, _n (*Mittelalter*; Spieß) ⟨*lat* → *frz*⟩; von der _ auf dienen (*umg*; klein anfangen) · **Pi|kee,** der, *österr auch* das, _s, _s (ein Baumwollgewebe mit Reliefmuster) · **pi|kee|ar|tig** · **Pi|kee|we|ste** · **piken** ↑ pieken

Pi|kett: 1. das, _[e]s, _s (ein Kartenspiel) – 2. das, _[e]s, _e (*schweiz*; einsatzbereite Mannschaft bei Militär u. Feuerwehr) ⟨*lat* → *frz*⟩ · **Pi|kett|stel|lung** (*schweiz*; Bereitstellung) · **pi|kie|ren** (*Gartenb*; Sämlinge [öfters] verpflanzen) ⟨‚stechen'⟩ · **pi|kiert** ([leicht] beleidigt, gereizt)

Pik|ko|lo: 1. der, _s, _s (*veraltend*; Kellnerlehrling) – 2. das, _s, _s *Kurzw* (*Mus*; Pikkoloflöte) ⟨*ital*, ‚klein'⟩ · **Pik|ko|lo|flö|te** (kleine Querflöte); *Kurzw* Pikkolo (2)

Pi|ko... (Vorsatz bei Einheiten = der 10^{12}te Teil der genannten Einheit [z. B. Pikofarad]); *Vorsatzzeichen* p... (z. B. pF) ⟨*grch*⟩

Pi|ko|fa|rad (ein 10^{12}tel F); *Einheitenzeichen* pF

Pi|kör, der, _s, _e (Vorreiter bei der Parforcejagd) ⟨*lat* → *frz*⟩

Pi|krat, das, _[e]s, _e (*Chem*; Salz der Pikrinsäure) ⟨*grch* + *lat*⟩ · **Pi|krin|säu|re** (*Chem*) · **Pi|kro|to|xin,** das, _s (*Biochem*; ein pflanzl. Bitterstoff) ⟨*grch*⟩

Piks ↑ Pieks · **piksen** ↑ pieken

Pik|te, der, _n, _n (Angehöriger der frühesten Bevölkerung Schottlands) ⟨*lat*⟩

Pik|to|gramm, das, _s, _e (graph. Darstellung mit [international] festgelegter Bedeutung) ⟨*lat* + *grch*⟩

Pi|lar, der, _en, _en (*Reitsp*; Pfosten für den Zügel bei der Pferdedressur) ⟨*lat* → *span*, ‚Pfeiler'⟩ · **Pi|la|ster,** der, _s, _ (*Arch*; Wandpfeiler) ⟨*lat* → *ital* → *frz*⟩

Pi|la|tus: 1. (röm. m. En.) ⟨*lat*⟩; von Pontius zu _ (*umg*; unnütz von einem zum andern) laufen ⟨*nach* dem röm. Statthalter Pontius Pilatus⟩ – 2. der, _ (Bergstock am Vierwaldstätter See)

Pil|ger (Fußwanderer, Wallfahrer) ⟨*lat*⟩ · **Pil|ger|fahrt** · **Pil|ge|rin,** die, _, ..innen · **pil|gern** *K 363* · **Pil|grim,** der, _s, _e (*veraltet*; Pilger)

pi|lie|ren (*fachspr*; Geruchs- u. Farbstoffe in der Rohseife gleichmäßig verteilen) ⟨*lat* → *frz*⟩; *vgl. aber* pillieren · **Pi|lier|ma|schi|ne** (*fachspr*)

Pil|le, die, _, _n (Arzneimittel – *umg kurz für* Antibabypille) ⟨*lat*⟩ · **Pil|len|dre|her** (ein Mistkäfer – *umg scherzh*; Apotheker) · **pil|lie|ren** (*Landw*; Saatgut maschinell zu kleinen Kügelchen rollen); *vgl. aber* pilieren

Pi|lot, der, _en, _en (Flugzeugführer) ⟨*grch* → *ital* → *frz*⟩ · **Pi|lot|an|la|ge** (*Chemietechn*) · **Pi|lot|bal|lon** [..,lɔŋ *od* ..,lo:n] (*Met*; unbemannter Ballon zur Ermittlung der Windverhältnisse)

Pi|lo|te, die, _, _n (*Bauw*; Grundpfahl, Rammpfahl) ⟨*lat* → *frz*⟩ · **¹pi|lo|tie|ren** (*Bauw*; Grund-, Rammpfähle einlassen)

²pi|lo|tie|ren (steuern, lotsen) ⟨*grch* → *ital* → *frz*⟩

Pil|sen, *tschech* **Plzeň** ['p(ə)lzɛn] (Stadt in der ČSSR) · **Pil|se|ner** *od* **Pils|ner** *K 236*: 1. *K 231*: *a.* der, _s, _ (in Pilsen Geborener od. Wohnender); *b.* das, _s, _ (eine Biersorte) – 2. *als Attribut K 232*: das Pils[e]ner Bier

Pilz, der, _es, _e ⟨*grch* → *lat*⟩. *Zus K 365ff.*: Pilz‿vergiftung usw. · **Pilz|be|ra|tung** · **Pilz|kun|de,** die, _ · **Pilz|samm|ler**

Pi|ment, der *od* das, _[e]s, *österr* _s, *Pl* _e (ein Gewürz) ⟨*lat* → *span*⟩

Pim|mel, der, _s, _ (*derb*; männl. Glied)

Pim|pe|lei (*umg abwert*) · **pim|pe|lig** *K 362* (*umg*; wehleidig, weinerlich, verzärtelt) · **pim|peln** *K 363* (*umg abwert*; weinerlich tun, kränkeln) · **pim|pern** *K 363* (*bayr*; klimpern, klingeln)

Pim|per|nuß (ein Zierstrauch) ⟨*zu* pimpern⟩

Pi|na|ko|id, das, _[e]s, _e (*Kristallographie*; Flächenpaar mit Symmetriezentrum) ⟨*grch*⟩ · **Pi|na|ko|thek,** die, _, _en (Bilder-, Gemäldesammlung)

Pi|nas|se, *auch* **Pi|naß,** die, _, ..assen (Beiboot größerer Schiffe) ⟨*lat* → *frz* → *ndrl*⟩

Pinge ↑ Binge

pin|ge|lig *K 362* (*umg*; pedantisch, kleinlich)

Ping|pong ['piŋ.., *österr* ..'pɔŋ], das, _s, _s (*umg*; Tischtennis) ⟨*engl*⟩

Pin|gu|in, der, _s, _e (antarkt. Tauchvogel) ⟨*engl*⟩

Pi|nie [..ĭə], die, _, _n (eine Kiefer) ⟨*lat*⟩ · **Pi|nien‿wald, ...zap|fen**

Pin|ke *od* **Pin|ke|pin|ke,** die, _ (*umg*; Geld) ⟨*grch* → *aram* → *hebr*⟩

pin|keln *K 363* (*salopp*; harnen)

pin|ken (*landsch*; schmieden, hämmern) ⟨*lautm*⟩

Pinkepinke ↑ Pinke

pink, pink! ⟨*zu* pinken⟩

Pin|ne, die, _, _n (Teil des Hammers; kleiner Nagel, Stift, Reißzwecke – *seem*; Hebelarm des Steuerruders) ⟨*lat* → *ndrl*⟩ · **pin|nen** (mit Nägeln, Stiften, Reißzwecken befestigen)

Pi|noc|chio [..'nɔkĭo], der, _[s] (eine Märchengestalt) ⟨*nach* der Titelfigur des italien. Schriftstellers Collodi⟩

Pi|no|le, die, _, _n (*Techn*; Teil der Spitzendrehmaschine) ⟨*lat* → *rom*⟩

Pin|scher, der, _s, _ (eine Hunderasse) ⟨*frz* → *engl*⟩

¹Pin|sel, der, _s, _ (*umg abwert*; törichter Mensch, Dummkopf) ⟨*zu* Pinne⟩

²Pin|sel, der, _s, _ ⟨*lat* → *frz*⟩. *Zus K 365ff.*: Pinsel‿strich usw. · **Pin|se|lei** (*umg*; schlechte Malerei) · **pin|seln** *K 363* · **Pins|ler** *K 363* (*umg abwert*)

Pin|te, die, _, _n (altes Hohlmaß – *landsch u. schweiz*; Schenke) ⟨*frz*⟩

Pin-up-girl [pin'apgœ:rl], das, _s, _s (leichtbekleidetes Mädchen auf Anheftbildern) ⟨*amerik*⟩

pin|xit (Zusatz zum Namenszug des Künstlers auf Gemälden); *Abk* p., pinx., pxt. ⟨*lat*, ‚hat [es] gemalt'⟩

Pin|zet|te, die, _, _n (Greif-, Federzange) ⟨*lat* → *frz*⟩

Pio|nier, der, _s, _e (Mitglied einer Organisation für Kinder – *Milit*; Angehöriger der Pioniertruppe – *übertr*; Wegbereiter, Bahnbrecher) ⟨*lat* → *frz*⟩; *K 259*: ein Junger Pionier. *Zus K 365ff.*: Pionier‿gruppe usw. · **Pio|nier|lei|ter,** der · **Pio|nier|trup|pe** (*Milit*; Spezialwaffengattung)

Pi|pa|po, das, _s (*salopp*; alles, was dazugehört, das ganze [überflüssige] Drum u. Dran)

Pi|pe, die, _, _n (*österr*; Faßhahn, Wasserhahn)

Pipe|line ['paiplain], die, _, _s (Fernrohrleitung für Erdöl u. petrolchem. Erzeugnisse) ⟨*engl*⟩

Pi|pet|te, die, _, _n (Saugröhre, Stechheber) ⟨*lat* → *frz*⟩

Pips, der, _es (volkstüml. Bez. für Zungenbelag beim Geflügel) ⟨*lat*⟩ · **pip|sig**

Pique ↑ Pik (2)

Pi|ra|nha [..'ranja] *od* **Pi|ra|ya** [..ja], der, _[s], _s (ein Raubfisch) ⟨*indian* → *portug*⟩

Pi|rat, der, _en, _en ⟨*grch* → *lat*⟩ · **Pi|ra|ten|schiff** · **Pi|ra|te|rie,** die, _, ..ien

Pi|rä|us (Hafen Athens) ⟨*grch* → *lat*⟩

Piraya ↑ Piranha

Pi|rin|ge|bir|ge *K 246*, das, _s, *kurz* **Pi|rin,** der, _[s] (im SW Bulgariens)

Pir|ma|sens (Stadt im SW der BRD)

Pi|ro|ge, die, _, _n (großer Einbaum) ⟨*indian* → *span*⟩

Pi|rog|ge, die, _, _n (russ. Pastetenart) ⟨*russ*⟩

Pi|rol, der, _s, _e (ein Singvogel) ⟨*lautm*⟩

Pi|rou|et|te [piru..], die, _, _n ([wirbelnder] Kreisschwung) ⟨*frz*⟩ · **pi|rou|et|tie|ren**

Pirsch, die, _ (Einzeljagd, Schleichjagd) · **pir|schen** *K 354* ⟨*lat* → *frz*⟩

Pi|sa (Stadt in Mittelitalien); *K 258*: der Schiefe Turm von Pisa · **Pi|sa|ner:** 1. *K 231*: der, _s, _; 2. *als Attribut K 232* · **pi|sa|nisch**

pis|pern *K 363* (*landsch*; wispern) ⟨*lautm*⟩

Pis|se, die, _, _n, *selten* **Piß,** der, *Gen* Pisses, *Pl* Pisse (*derb*; Harn) · **pis|sen** *K 354* (*derb*; harnen) ⟨*lat* → *rom* → *ndrl*⟩ · **Pis|soir** [..'sŏa:r], das, _s, *Pl* _e *od* _s (*veraltend*; Bedürfnisanstalt für Männer) ⟨*lat* → *frz*⟩

Pi|sta|zie [..ĭə], die, _, _n (ein immergrüner Strauch; Gewürz) ⟨*pers* → *grch* → *lat*⟩ · **Pi|sta|zien|frucht**

Pi|ste, die, _, _n (*Sport*; Spur; Ski-, Rennstrecke – *Flugw*; Start-, Landeplatz – *auch für* Manegenrand) ⟨*lat* → *ital* → *frz*⟩

Pi|still, das, _s, _e (*Pharm*; Stampfer, Mörserkeule – *Bot*; Stempel) ⟨*lat*⟩

¹Pi|sto|le, die, _, _n (kurze Handfeuerwaffe) ⟨*tschech*⟩

²Pi|sto|le, die, _, _n (*hist*; ursprüngl. span. Goldmünze) ⟨*frz u. span*⟩

Pi|sto|len|schuß ⟨*zu* ¹Pistole⟩ · **Pi|sto|len|ta|sche**

Pi|ston [..'tɔ̃: *od* ..'tɔŋ], das, _s, _s (*Techn*; Pumpkolben – *Mus*; Ventil an Blechblasinstrumenten; Ventilkornett) ⟨*lat* → *ital* → *frz*, ‚Kolben'⟩

Pi|ta|val [..v..] *K 318*, der, _s, *auch* _, *Pl* _s (Sammlung merkwürdiger Kriminalfälle) ⟨*nach* dem französ. Herausgeber⟩

Pitch|pine ['pitʃpain], die, _, _s (Holz einer amerikan. Kiefer) ⟨*engl*, ‚Pechkiefer'⟩ · **Pitch|pine|holz**

Pi|thek|an|thro|pus, der, _ (*Anthrop*; eine Urmenschenform) ⟨*grch* → *lat*, ‚Affenmensch'⟩ · **pi|the|ko|id** (*Anthrop*; dem Pithekanthropus ähnlich) ⟨*grch*⟩

pit|sche|pat|sche|naß *od* **pitsch|patsch|naß** ⟨*lautm*⟩ · **pitsch, patsch!**

pit|to|resk (malerisch) ⟨*lat* → *ital* → *frz*⟩

PI|VIA|CID [..v..], *auch* **Pi|via|cid,**

das, _s *Kunstw* (vollsynthet. Faser)
Pi|vot [..'vo:], der *od* das, _s, _s (*Techn*; Drehzapfen [einer Lafette]) ⟨*lat → frz*⟩
Piz ↑ Pik (3)
Pi|zun|da (Schwarzmeerkurort in Georgien)
Piz|za, die, _, *Pl* _s *od* Pizzen (italien. Gericht mit Hefeteig) ⟨*ital*⟩ · **Piz|ze|ria,** die, _, *Pl* _s *od* ..ien (auf Pizzas spezialisiertes kleines Lokal)
piz|zi|ca|to (*Mus*; gezupft [bei Streichinstrumenten]); *Abk* pizz. ⟨*ital*⟩ · **Piz|zi|ka|to,** das, _s, *Pl* _s *od* ..ti (*Mus*)
Pjöngjang ↑ Phjòngjang
Pla|ce|bo, *eindeutschend* **Pla|zebo,** das, _s, _s (*Pharmakol*; Scheinmedikament) ⟨*lat*⟩
Pla|ce|ment [plas(ə)'mã:], das, _s, _s (*kap Wirtsch*; Warenabsatz; Geldanlage) ⟨*grch → lat → frz*⟩
Plache ↑ Blahe
placieren usw. ↑ plazieren usw.
placken [*Tr* plak|ken] (*umg*) ⟨*zu* plagen⟩; sich (*Akk*) _ · **Placke|rei** [*Tr* Plak|ke..] (*umg*)
plad|dern (*norddt*; niederströmen, mit großen Tropfen regnen); es pladdert
plä|die|ren (eine Sache [vor Gericht] mündlich vertreten, verteidigen; zustimmen) ⟨*lat → frz*⟩; für etwas _ (für etw. eintreten) · **Plä|doy|er** [..döa'je:], das, _s, _s (*Rechtsw*; Schlußvortrag des Staatsanwaltes od. des Verteidigers in der Hauptverhandlung); *vgl. auch K 88*
Pla|fond [..'fõ:, *österr meist* ..'fo:n], der, _s, _s (*veraltet u. österr*; Zimmerdecke) ⟨*frz*⟩
Pla|ge, die, _, _n ⟨*lat*⟩ · **Pla|gegeist,** *Pl* ..geister (*umg*) · **pla|gen** · **Pla|ge|rei**
Plag|ge, die, _, _n (*norddt*; Rasenstück [zur Düngung])
Pla|giat, das, _[e]s, _e (Diebstahl geistigen Eigentums) ⟨*grch → lat*⟩ · **Pla|gia|tor,** der, _s, ..oren (jmd., der fremdes geistiges Eigentum als eigenes veröffentlicht) · **pla|gi|ieren** (ein Plagiat begehen)
Pla|gio|klas, der, _es, _e (*Mineral*; ein Feldspat) ⟨*grch*⟩
Plaid [ple:t], das *od* der, _s, _s ([karierte] Reisedecke) ⟨*kelt → engl*⟩
Pla|kat, das, _[e]s, _e ⟨*ndrl → frz → ndrl*⟩. *Zus K 365ff.*: Plakat‿malerei usw. · **pla|ka|tie|ren** · **pla|ka|tiv** (wie ein Plakat wirkend; auffallend) · **Pla|ket|te,** die, _, _n (Gedenktafel, -münze; Abzeichen) ⟨*ndrl → frz*⟩
plan (eben, flach) ⟨*lat*⟩; plangeschliffene Fläche · **¹Plan,** der, _[e]s, *Pl* Pläne (*veraltet*; ebene Fläche; Kampfplatz); *noch in Wendungen wie* auf den _ rufen (zum Erscheinen veranlassen)
²Plan, der, _[e]s, *Pl* Pläne (Grundriß, Entwurf, Karte; Absicht; Vorschlag; bindende Richtlinie) ⟨*lat → ital → frz*⟩
Pla|na|rie [..iə], die, _, _n (*Zool*; ein Strudelwurm) ⟨*lat*⟩
Plan|auf|ga|be
Plancksch *K 217 u. 219*; _es Strahlungsgesetz ⟨*nach* dem Physiker Max Planck⟩
Pla|ne, die, _, _n (Decke, Wagendecke)
Pläne ↑ ¹Plan, ²Plan · **pla|nen** (beabsichtigen; planmäßig entwerfen; Pläne aufstellen)
Plä|ner, der, _s, _ (*Geol*; ein Sedimentgestein) ⟨‚Plauener' [Kalk], *nach* dem Stadtteil Dresden-Plauen⟩
Plan|er|fül|lung · **Plä|ne|schmieden,** das, _s
Pla|net, der, _en, _en (Wandelstern) ⟨*grch → lat*⟩ · **pla|ne|ta|risch** (zu den Planeten gehörig, planetenartig) · **Pla|ne|ta|rium,** das, _s, ..ien [..iən] (Gerät zur anschaul. Darstellung von Lage, Größe u. Bewegung der Gestirne; Halle für dieses Gerät) · **Pla|ne|ten|sy|stem** · **Pla|ne|to|id** *od* **Aste|ro|id,** der, _en, _en (kleiner Planet) ⟨*grch*⟩
Plan|film (*Fot*) ⟨*zu* plan⟩; *Ggs* Rollfilm · **pla|nie|ren** ([ein]ebnen) · **Pla|nier|rau|pe** · **Pla|ni|glob,** der, _en, _en, *auch* **Pla|ni|glo|bium,** das, _s, ..ien [..iən] (*Geogr*; Darstellung der Erd- od. Himmelshalbkugeln auf ebener Fläche) ⟨*lat*⟩ · **Pla|ni|me|ter,** das (*Geom*; Gerät zum Messen des Flächeninhalts) ⟨*lat + grch*⟩ · **Pla|ni|me|trie,** die, _ (*Geom*; Flächenlehre) · **pla|nime|trisch** (*Geom*)
Plan|jahr|fünft
Plan|ke, die, _, _n (starkes Brett, Bohle; Bretterwand) ⟨*grch → lat → frz*⟩
Plän|ke|lei · **plän|keln** *K 363* ⟨*zu* blank⟩
Plan|ken|zaun
Plan|kom|mis|sion; *K 258*: Staatliche _ · **Plan|kon|trol|le**
Plankter ↑ Planktont · **Plank|ton,** das, _s (*Biol*; Gesamtheit der im Wasser schwebenden niederen Lebewesen) ⟨*grch*, ‚Treibendes'⟩. *Zus K 365ff.*: Plankton‿netz usw. · **plank|to|nisch** (*Biol*; im Wasser schwebend) · **Plank|tont,** der, _en, _en, *auch* **Plank|ter,** der, _s, _ (*Biol*; im Wasser schwebendes Lebewesen)
plan|los; *vgl.* ...los · **Plan|lo|sigkeit,** die, _ · **plan|mä|ßig**
pla|no (*fachspr, bes von Landkarten gesagt*; glatt, ungefalzt) ⟨*lat*⟩
Plansch|becken [*Tr* ...bek|ken] · **plan|schen,** *auch* **plant|schen** *K 354* ⟨*lautm*⟩
Plan|soll ⟨*zu* ²Plan⟩ · **Plan|spra|che** (künstliche Sprache, z. B. Esperanto)
Plan|ta|ge [..'ta:ʒə, *österr* ..'ta:ʒ] (größere Pflanzung, bes. in den Tropen) ⟨*lat → frz*⟩ · **Plan|ta|gen|wirtschaft** [..'ta:ʒ(ə)n..]
plan|tar (*Med*; die Fußsohle betreffend) ⟨*lat*⟩
plantschen ↑ planschen
Pla|num, das, _s, *Pl* (*selten* ..nen) (*Eisenbahn-, Straßenbau*; eingeebnete Fläche) ⟨*lat*⟩
Pla|nung ⟨*zu* ²Plan⟩ · **plan|voll** · **Plan|vor|lauf**
Plan|wa|gen ⟨*zu* Plane⟩
Plan|wirt|schaft, die, _ ⟨*zu* ²Plan⟩ · **plan|zeich|nen;** *nur im Inf gebräuchlich* · **Plan|zeich|nen,** das, _s · **Plan|zeich|nung** (Situations- od. Grundrißzeichnung)
Plap|pe|rei (*umg*) · **Plap|pe|rer** *K 363* · **plap|per|haft** (*umg*) · **Plapper|haf|tig|keit,** die, _ (*umg*) · **plap|pe|rig** *K 362* · **Plap|per|maul** (*umg*) · **plap|pern** *K 363* ⟨*lautm*⟩ · **Plap|per|ta|sche** (*umg scherzh*)
plär|ren (*abwert*) ⟨*lautm*⟩ · **Plär|rer** (*abwert*)
Plä|sier, das, _s, *Pl* _e, *österr* _s (*veraltet*; Vergnügen, Spaß, Unterhaltung) ⟨*lat → frz*⟩
Plas|ma: 1. das, _s, ..men (*Biol*; lebende Substanz, z. B. Zellsubstanz, Blutwasser – *Phys*; ionisiertes Gas) – 2. der, _s, ..men (*Mineral*; ein grüner Chalzedon, Schmuckstein) ⟨*grch*⟩ · **Plas|ma|bren|ner** (*Techn*; Lichtbogenschneidbrenner) · **Plas|mo|dium,** das, _s, ..ien [..iən] (*Bot*; Schleimpilzplasma – *Med*; Krankheitserreger) ⟨*grch → lat*⟩ · **Plas|mon:** 1. das, _s (*Genetik*; die Gesamtheit der im Protoplasma vorhandenen Erbfaktoren) – 2. das, _s, _en (*Atomphys*; Anregungszustand von Elektronen in Festkörpern) ⟨*grch*⟩
Plast, der, _[e]s, _e (Sammelbez. für synthet. makromolekulare Werkstoffe) ⟨*grch*⟩ · **plast|beschich|tet** · **Plast|che|mie** · **Plaste,** die, _, _n (*umg*; Plast) · **Plaster|zeu|gnis** · **Pla|sti|den** *Pl* (*Bot*; farbige u. farblose Plasmakörperchen der Pflanzenzelle); *Sg* Plastid, der, _en *od* Pla|sti|de, die, _ · **Pla|stik:** 1. die, _ (Bildhauerkunst; Körperlichkeit) – 2. die, _, _en (Bildhauerwerk – *Med*; operative Wiederherstellung normaler Körperformen durch Gewebeverpflan-

zung) · **Pla|sti|ker,** der, _s, _ (Bildhauer) · **Pla|sti|li|na,** die, _ *od* **Pla|sti|lin,** *österr nur so,* das, _s (Knetmasse) ⟨*grch* + *lat*⟩ · **Plast|in|du|strie** · **pla|stisch** (körperlich; anschaulich; form-, knetbar); _ste ⟨*grch* → *lat*⟩ · **Pla|sti|zi|tät,** die, _ (Formbarkeit; Körperlichkeit; Anschaulichkeit)

Pla|stron [..'trɔ̃:, *österr* ..'tro:n], der *od* das, _s, _s (breiter Schlips – *Fechtsp*; Schutzpolster) ⟨*lat* → *ital* → *frz*⟩

Plast|tech|nik · **plast|ver|ar|bei|tend;** _e Betriebe

Pla|ta|ne, die, _, _n (ein Laubbaum) ⟨*grch* → *lat*⟩ · **Pla|ta|nen|blatt**

Pla|teau [..'to:], das, _s, _s (Hochfläche, Hochebene; Tafelland) ⟨*grch* → *lat* → *frz*⟩ · **pla|teau|för|mig**

Pla|te|res|ken|stil, der, _[e]s (*Arch*; goldschmiedeartiger Stil, bes. des Fassadenschmucks im Spanien des 16. Jh.) ⟨*grch* → *lat* → *span*⟩

Pla|tin [*österr* ..'ti:n], das, _s (chem. Element, Edelmetall); *Zeichen* Pt ⟨*grch* → *lat* → *span*, ‚Blättchen'⟩ · **pla|ti|nie|ren** (mit Platin überziehen)

Pla|ti|tü|de, die, _, _n (*gehoben*; Plattheit, Seichtheit) ⟨*grch* → *lat* → *frz*⟩

Pla|to|ni|ker, der, _s, _ (Anhänger der Lehre des altgriech. Philosophen Plato) ⟨*grch* → *lat*⟩ · **pla|to|nisch** *K 218* (nach Art des altgriech. Philosophen Plato; geistig, unsinnlich); _e Liebe (*auch für* geistig-unsinnliche Liebesbeziehung zw. Mann u. Frau) · **Pla|to|nisch** *K 217* (von dem altgriech. Philosophen Plato herrührend); _e Schriften

platsch! ⟨*lautm*⟩ · **plat|schen** *K 354* · **plät|schern** *K 363*

platt: 1. (flach); _este; _ machen, werden; _ sein (*umg*; ganz erstaunt, verblüfft sein) – 2. (*kurz für* plattdeutsch) ⟨*grch* → *lat* → *frz* → *ndrl*⟩; *K 269*: platt sprechen *od* Platt sprechen · **Platt,** das, _[s] (das Niederdeutsche) · **platt|deutsch,** *kurz* **platt;** *vgl. K 266 f.* · **Platt|deutsch,** das, *Gen* _[s], *Dat* _ (Sprachbezeichnung *K 268 ff.*) · **Platt|deut|sche** *K 271,* das, *Gen* _n, *Dat* _n (das Niederdeutsche) · **Plat|te,** die, _, _n ⟨*grch* → *lat*⟩ · **Plät|te,** die, _, _n (*landsch*; Bügeleisen – *bayr, österr*; flaches Schiff) · **plät|ten** (*landsch*; bügeln) ⟨*grch* → *lat* → *frz*⟩ · **Plat|ten|bau|wei|se,** die, _ · **Plat|ten|gie|ßer**

Plattensee ↑ Balaton

Plat|ten|spie|ler · **Plat|ten|werk** (*Bauw*) · **Platt|erb|se** · **plat|ter|dings** *K 176* (*umg*; gänzlich, geradezu, schlechthin) · **Plät|te|rei** (*landsch*) ⟨*grch* → *lat*⟩ · **Plät|te|rin,** die, _, ..innen (*landsch*) · **Platt_fisch,** ...**form** · **Platt|fuß** · **platt|fü|ßig** · **Platt|heit** (*abwert*) · **plat|tie|ren** (*Techn*; eine Metallschicht auftragen – *Textiltechn*; Garn mit einer anderen Garnart umspinnen) ⟨*grch* → *lat* → *frz*⟩ · **Plat|tier|ver|fah|ren** (*Techn*) · **plat|tig** (*von Felsen gesagt*; glatt) ⟨*zu* Platte⟩ · **Platt|ler** ↑ Schuhplattler · **platt|na|sig** · **Plätt|stahl** (*veraltet*; erhitztes Stahlstück im Bügeleisen) · **Platt|stich;** Platt- u. Stielstich · **Platt|sticke|rei** [*Tr* ...stik|ke..]

Platz, der, _es, *Pl* Plätze ⟨*grch* → *lat* → *rom*⟩; *in Straßennamen* ↑ *K 249 ff.*; _ finden, haben; _ machen, nehmen; am _[e] sein · **Platz|angst,** die, _ · **Plätz|chen**

plat|zen *K 354* ⟨*lautm*⟩ · **plät|zen** *K 354* (*landsch*; mit lautem Knall schießen – *weidm, vom Schalenwild gesagt*; den Boden mit den Vorderläufen aufscharren)

...**plät|zer** (*schweiz*; ...sitzer) · **Platz|hal|ter** (*bes Sprachw*) · **Platz|hirsch** (*weidm*; stärkster Hirsch eines Brunftplatzes) · ...**plät|zig** (*schweiz*; ...sitzig) · **Platz|kar|te**

Platz_pa|tro|ne, ...**re|gen** · **platz|spa|rend** · **Platz_ver|weis** (*Sport*), ...**wech|sel** · **Platz|wun|de**

Plau|de|rei · **Plau|de|rer** *K 363* · **plau|dern** *K 363* ⟨*lautm*⟩ · **Plau|der_stünd|chen,** ...**ta|sche** (*umg scherzh*) · **Plau|der|ton,** der, _[e]s

Plau|en (Stadt im Bez. Karl-Marx-Stadt) · **Plaue|ner:** 1. *K 231*: der, _s, _; 2. *als Attribut K 232*: die Plauener Spitzen · **plau|ensch** *od* **plau|isch**

Plau|en|sche Grund *K 258*, der, *Gen* _n _[e]s (Tal bei Dresden)

plauisch ↑ plauensch

Plausch, der, _[e]s, _e (*landsch, bes süddt, österr*) · **plau|schen** *K 354* (*landsch, bes süddt, österr*; plaudern)

plau|si|bel (einleuchtend; annehmbar; triftig) ⟨*lat* → *frz*⟩; *K 363*: ein plausi|bler Grund

plauz! (*umg*) ⟨*lautm*⟩ · **Plauz,** der, _es, _e (*umg*; Fall; Schall); einen _ tun

Plau|ze, die, _, _n (*landsch salopp*; Lunge) ⟨*poln*⟩; *in Wendungen wie* es auf der _ haben (stark erkältet sein)

Play|back|ver|fah|ren [ple:'bɛk..], das, _s (*fachspr*; zusätzl. synchrone Bild- od. Tonaufnahme zu einer bereits vorliegenden Tonaufzeichnung) ⟨*engl*⟩

Play|boy ['ple:bɔy], der, _s, _s (reicher junger Mann in bürgerl. Staaten, der nur dem Vergnügen lebt) ⟨*engl*⟩

Plazebo ↑ Placebo

Pla|zen|ta, die, _, _s (*Med*; Mutterkuchen; Nachgeburt) ⟨*grch* → *lat*⟩ · **pla|zen|tar** (*Med*) ⟨*lat*⟩

pla|zie|ren *od* **pla|cie|ren** [..'tsi:.., *auch* ..'si:..] (einen Platz anweisen – *schweiz*; unterbringen – *Sport*; einen Ball gut gezielt abspielen od. aufs gegnerische Tor spielen) ⟨*grch* → *lat* → *frz*⟩; sich (*Akk*) _ (einen vorderen Platz, einen Preis erringen) · **Pla|zie|rung** *od* **Pla|cie|rung**

Ple|be|jer, der, _s, _ (*Altertum*; politisch freier, aber nicht vollberechtigter Bürger im alten Rom – *Mittelalter*; Städter ohne Bürgerrecht) ⟨*lat*⟩ · **ple|be|jisch** (zu den Plebejern gehörig – *abwert*; pöbelhaft, ordinär); _ste · **Ple|bis|zit,** das, _[e]s, _e (Entscheidung durch Volksabstimmung) · **Plebs:** 1. die, _ (*Altertum*; die römischen Plebejer in ihrer Gesamtheit) – 2. der, _es, *österr* die, _ (*noch abwert*; Bez. für Menschen mit schlechten Manieren)

Plein|air [plɛ'nɛ:r], das, _[s], *österr* _ (Freilicht; Freilichtmalerei) ⟨*frz*, ‚Freiluft'⟩ · **Plein|air|ma|le|rei**

Plei|ße, die, _ (Fluß im S der DDR)

plei|sto|zän (*Geol*) ⟨*grch* → *lat*⟩ · **Plei|sto|zän,** das, _s (*Geol*; ältere Abteilung des Quartärs, Eiszeitalter)

plei|te *Adj* (*salopp*; zahlungsunfähig); *nur im Prädikat gebräuchlich* ⟨*hebr*⟩; pleite gehen, sein, werden · **Plei|te,** die, _, _n (*salopp*); Pleite machen · **Plei|te|gei|er** (*umg*; Geier als Symbol für einen Bankrott)

Ple|ja|den *Pl* (*Astron*; Siebengestirn) ⟨*grch*⟩

Plek|tron *od* **Plek|trum,** das, _s, *Pl* ..ren *od* ..ra (*Mus*; Stäbchen od. Plättchen zum Anreißen der Saiten mancher Zupfinstrumente) ⟨*grch*⟩

Plem|pe, die, _, _n (*landsch salopp*; dünnes, minderwertiges Getränk; dünne Suppe) · **plem|pern** *K 363* (*landsch umg*; seine Zeit unnütz hinbringen, herumlungern)

plem|plem (*salopp*; verrückt) ⟨*Herkunft umstritten*⟩

Ple|nar|sit|zung (Vollsitzung) ⟨*lat*⟩ · **Ple|nar|ta|gung**

Plen|ter|be|trieb (*Forstw*; eine Form der Waldbewirtschaftung) · **plen|tern** *K 363* (*Forstw*)

Ple|num, das, _s, ..nen (Gesamtheit der Mitglieder einer Körperschaft;

Vollsitzung, -versammlung) ⟨*lat*⟩; *vgl.* in pleno

Pleo|nas|mus, der, –, ..men (*Stilistik*; Häufung sinngleicher, nach der Wortart verschiedener Wörter, z. B. alter Greis) ⟨*grch* → *lat*⟩ · **pleo|na|stisch** (*Stilistik*; überladen, überflüssig)

Ple|sio|sau|rier [..iər], der, –s, – *od* **Ple|sio|sau|rus,** der, –, ..rier [..iər] (*Paläont*; Kriechtier des Erdmittelalters) ⟨*grch* → *lat*⟩

Pleu|el, der, –s, – (*Techn*; Schubstange an Kolbenmaschinen) ⟨*zu* bleuen ‚schlagen'⟩ · **Pleu|el|stan|ge** (*Techn*)

Pleu|ra, die, –, ..ren (*Anat*; Brustfell) ⟨*grch*⟩ · **Pleu|ri|tis,** die, –, ..itiden (*Med*; Brustfell-, Rippenfellentzündung) · **pleu|ro|karp** (*Bot*; seitenfrüchtig)

ple|xi|form (*Anat*; geflechtartig) ⟨*lat*⟩ · **Ple|xus,** der, – (*Anat*; Gefäß- od. Nervengeflecht)

Plicht ↑ Cockpit (1)

plie|rig (*norddt*; triefäugig)

Plin|se, *auch* **Plin|ze,** die, –, –n (*landsch*; Hefeeierkuchen) ⟨*sorb*⟩

plin|sen *K 354* (*norddt*; weinen)

Plin|sen|teig, *auch* **Plin|zen|teig**

Plin|the, die, –, –n (*Arch*; Fußplatte, z. B. einer Säule; Sockelmauer) ⟨*grch*⟩

Plinze usw. ↑ Plinse usw.

plio|zän (*Geol*) ⟨*grch* → *lat*⟩ · **Plio|zän,** das, –s (*Geol*; jüngere Abteilung des Neogens)

Plis|see, das, –s, –s (enge, gleichmäßige Faltung von Stoff) ⟨*lat* → *frz*⟩ · **Plis|see|strei|fen** · **plis|sie|ren**

plitz, platz! (*umg*)

Plo|ieşti [plo'iɛʃt] (Stadt in Rumänien)

Plom|be, die, –, –n (Bleiverschluß an Waren usw.; Zahnfüllung) ⟨*lat* → *frz*⟩ · **plom|bie|ren**

Plöt|ze, die, –, –n (ein Karpfenfisch) ⟨*slaw*⟩

plötz|lich ⟨*lautm*⟩ · **Plötz|lich|keit,** die, –

Plow|diw ['plɔvdif] (Stadt in Bulgarien)

Plu|der|ho|se · **plu|dern** (sich bauschen); sie pludert

Plum|bum, das, –s (Blei); *Zeichen* Pb ⟨*lat*⟩

Plu|meau [ply'mo:], das, –s, –s (kleines Federdeckbett) ⟨*lat* → *frz*⟩

plump (unförmig, ungeschickt)

Plum|pe, die, –, –n (*landsch*; Pumpe) · **plum|pen** (*landsch*; pumpen)

Plump|heit ⟨*zu* plump⟩ · **plumps!** ⟨*lautm*⟩ · **Plumps,** der, –es, –e

Plump|sack (*umg*) ⟨*zu lat* plumbum ‚Blei'⟩

plump|sen *K 354* (dumpf fallen)

Plum|pud|ding [*auch* 'plam..] (schwerer Rosinenpudding) ⟨*engl*⟩

Plun|der, der, –s (*umg abwert*) (‚Hausrat') · **Plün|de|rer** *K 363* · **plün|dern** *K 363* · **Plün|de|rung** *K 363*

Plun|ger ['plandʒər] *od* **Plun|scher,** der, –s, – (*Techn*; langer Tauchkolben, bes. bei Pumpen) ⟨*lat* → *frz* → *engl*⟩

Plun|ze, die, –, –n (*landsch*; Blutwurst – *umg scherzh*; dicke, schwerfällige Person)

Plu|ral [*auch* ..'ra:l], der, –s, –e (*Gramm*; Mehrzahl); *Abk* Plur. ⟨*lat*⟩; *Ggs* Singular. *Zus K 365 ff.*: Plural‿form usw. · **Plu|ra|le|tan|tum,** das, –s, *Pl* –s *od* ..liatantum (*Gramm*; Substantiv, das nur im Plural vorkommt, z. B. Leute); *Ggs* Singularetantum · **plu|ra|lisch** (*Gramm*; im Plural gebraucht) · **Plu|ra|lis ma|je|sta|tis** *K 47*, der, – –, *Pl* ..ia – (Plural der Erhabenheit; Bez. der eigenen Person durch den Plural des betreffenden Pronomens) · **Plu|ra|lis|mus,** der, – (idealist. Auffassung, nach der die Welt aus einer Vielzahl zusammenhangloser Wesenheiten besteht – *Pol*; revisionist. Theorie, die die Notwendigkeit mehrerer Weltanschauungen, politischer Parteien usw. in der Gesellschaft behauptet) · **plu|ra|li|stisch** · **Plu|ra|li|tät** (Mehrheit) · **Plu|ral|wahl|recht** (*bürgerl Staat*; Mehrstimmenwahlrecht)

plus (mehr, und, zuzüglich – *Elektrotechn*; positiv) ⟨*lat*⟩, *Zeichen* +; *Ggs* minus; plus 15 Grad, 15 Grad plus; *vgl. auch* acht, I · **Plus,** das, –, – (Mehr, Überschuß); *Ggs* Minus; ein Plus machen (Überschuß haben). *Zus K 365 ff.*: Plus‿pol usw.

Plüsch, der, –es, –e (ein samtartiges Gewebe) ⟨*lat* → *ital* → *frz*⟩. *Zus K 365 ff.*: Plüsch‿sofa usw.

Plus|quam|per|fekt, das, –[e]s, –e (*Gramm*; vollendete Vergangenheit)

plu|stern (die Federn aufbauschen); sich (*Akk*) –

Plus|zei|chen (Zusammenzähl-, Mehrzeichen); *Zeichen* +

Plu|to ⟨*grch* → *lat*⟩: 1. *od* **Plu|ton** ⟨*grch*, ‚der Reiche'⟩ (*griech Mythol*; Beiname für Hades [Gott der Unterwelt]) – 2. der, – (ein Planet)

Plu|to|krat, der, –en, –en ⟨*grch*⟩ · **Plu|to|kra|tie,** die, –, ..ien (Geldherrschaft, -macht) (‚Herrschaft der Reichen')

Pluton ↑ Pluto (1) · **plu|to|nisch** ⟨*zu* Pluto (1)⟩; –e Gesteine (*Geol*; in der Erdrinde steckengebliebene Gesteine vulkan. Ursprungs) · **Plu|to|nis|mus,** der, – (*Geol*; Tiefenvulkanismus; veraltete Auffassung, nach der die meisten Gesteine Erstarrungsprodukte glutflüssiger Massen seien) · **Plu|to|nium,** das, –s (künstl. radioaktives chem. Element, Metall); *Zeichen* Pu ⟨*zu* Pluto (2)⟩

Plu|via|le [..v..], das, –s, –[s] (*kath Kirche*; liturg. Gewand des Geistlichen) ⟨*lat*⟩ · **Plu|vial|zeit** (*Geol*; der Eiszeit vergleichbare Regenzeit in den Tropen u. Subtropen) · **Plu|vio|graph,** *seltener* **Om|bro|graph,** der, –en, –en (*Met*; selbstregistrierender Niederschlagsmesser) ⟨*lat* + *grch*⟩ · **Plu|vio|me|ter,** das (*Met*; Regenmesser) · **Plu|vio|se** [ply'vio:s *od* ..'vio:z], der, – *od* –s [..zəs], *Pl* –s [..zəs] (5. Monat [20. Jan. bis 18. Febr.] des Kalenders der Französ. Revolution) ⟨*lat* → *frz*, ‚Regenmonat'⟩

Ply|mouth ['pliməθ] (Hafenstadt an der Südwestküste Englands)

Ply|mouth-Rocks ['pliməθ..] *Pl* (eine Hühnerrasse)

Plzeň ↑ Pilsen

Pneu, der, –s, –s (*kurz für* Pneumatik [1] u. Pneumothorax) ⟨*grch*⟩

Pneu|ma|tik: 1. der, –s, –s, *österr* die, –, –en (*veraltet u. österr*; Luftreifen, Bereifung an Fahrzeugen); *kurz* Pneu – 2. die, – (*Phys*; Lehre von der Luftbewegung, von den Luftvorgängen) ⟨*grch*⟩ · **pneu|ma|tisch** (die Luft, das Atmen betreffend; durch Luft, Luftdruck bewirkt; Luft...); –e Förderung (*Techn*)

Pneu|mo|graph, der, –en, –en (*Med*; Apparat zur Aufzeichnung der Atembewegungen) ⟨*grch*⟩

Pneu|mo|kok|ken *Pl* (*Med, Vet*; Krankheitserreger, bes. der Lungenentzündung); *Sg* Pneu|mo|kok|kus, der, – ⟨*grch* → *lat*⟩

Pneu|mo|nie, die, –, ..ien (*Med*; Lungenentzündung) ⟨*grch*⟩

Pneu|mo|tho|rax, der, –[es], –e ([künstliche] Luftansammlung im Brustkorb, bes. in der Brustfellhöhle); *kurz* Pneu ⟨*grch*⟩

Pnom Penh ↑ Phnom Penh

[1]**Po,** der, –[s] (Fluß in Oberitalien)

[2]**Po,** der, –s, –s *umg Kurzw* (Podex)

Pö|bel, der, –s (*abwert*; randalierender Haufen – *in der bürgerl Gesellsch abwert*; Proletariat) ⟨*lat* → *frz*⟩ · **pö|bel|haft** (*abwert*) · **Pö|bel|haf|tig|keit** (*abwert*)

Poch, das, *auch* der, –[e]s (ein Kartenglücksspiel) ⟨*lautm*⟩ · **Po|che,** die, –, –n (*landsch*; Schläge) · **po|chen**

po|chie|ren [pɔ'ʃi:rən] (*Kochk*; Spei-

sen in kochendem Wasser gar ziehen lassen) ⟨*frz*⟩
Poch|werk (*Bergb*) ⟨*zu* pochen⟩
Pocke[1], die, _, _n (Impfpustel; Symptom der Pockenkrankheit) – **Pocken**[1] *Pl* (eine Infektionskrankheit) · **Pocken|imp|fung**[1] · **Pocken|nar|be**[1] · **pocken|nar|big**[1] · **Pock|holz** ⟨*ndrl*⟩ *od* **Gua|jak|holz** ⟨*indian* → *span*⟩ (sehr hartes, tropisch-amerikan. Nutzholz) · **pockig**[1]
po|co (*Mus*; [ein] wenig) ⟨*lat* → *ital*⟩; poco a poco (nach und nach, allmählich; *Abk* p. a. p.)
Pod|agra, das, _s (*Med*; Zehen-, Fußgicht) ⟨*grch* → *lat*⟩ · **pod|agrisch** (*Med*)
Po|dest, das, *österr nur so, auch* der, _[e]s, _e (Treppenabsatz, erhöhter Tritt) ⟨*grch*⟩
Po|dex, der, _[es], _e (*umg*; Steiß, Gesäß); *umg Kurzw* Po ⟨*lat*⟩
Po|dium, das, _s, ..ien [..ĭən] (trittartige Erhöhung [für Schauspieler, Musiker, Redner]) ⟨*grch* → *lat*⟩ · **Po|diums|ge|spräch**
Pod|sol, der, _s (Grau- u. Bleicherde) ⟨*russ*, ‚Asche'⟩
Po|ebe|ne *K 246*, die, _ ⟨*zu* [1]Po⟩
Po|em, das, _s, _e (*Lit*; größere lyrisch-epische Dichtung) ⟨*grch* → *lat*⟩ · **Poe|sie** [poːe..], die, _, *Pl* (*selten*) ..ien (Dichtkunst, Dichtung) ⟨*grch* → *lat* → *frz*⟩ · **Po|et,** der, *Gen* Poe|ten, *Pl* Poe|ten (*gehoben*; [lyrischer] Dichter) ⟨*grch* → *lat*⟩ · **Poe|ta lau|rea|tus** *K 47*, der, _ _, *Pl* ..tae [..tɛː] ..ti (*hist*; mit Ehrentitel ausgezeichneter Dichter) ⟨*lat*, ‚mit dem Lorbeerkranz geschmückter Dichter'⟩; *vgl.* Laureat · **Poe|tik,** die, _, *Pl* (*selten*) _en (Lehre von der Dichtkunst) ⟨*grch* → *lat*⟩ · **poe|tisch** (dichterisch; in gehobener Sprache); _ste
Pofel ↑ Bafel
Po|grom, der, _s, _e (durch Rassenhetze hervorgerufene gewalttätige Ausschreitungen gegen einen Bevölkerungsteil, z. B. gegen Juden) ⟨*russ*, ‚Zerstörung'⟩
Poin|te ['pŏɛ̃ːtə], die, _n, _n (Überraschungseffekt, Höhepunkt eines Witzes usw.) ⟨*lat* → *frz*, ‚Spitze'⟩ · **Poin|ter** ['pɔyntər], der, _s, _ (eine Hunderasse) ⟨*lat* → *frz* → *engl*⟩ · **poin|tie|ren** [pŏɛ̃'tiː..] (zuspitzen; betonen) ⟨*lat* → *frz*⟩ · **poin|tiert** (scharf zugespitzt; geistreich) · **Poin|til|lis|mus** [pŏɛ̃ti'jis.., *auch* ..'lis..], der, _ (Malweise des Spätimpressionismus) ⟨*lat* → *ital* → *frz*⟩

[1] *Tr* ..k|k..

Poi|se ['pŏaːzə], das, _, _ (veraltende Einheit der dynam. Viskosität); *Einheitenzeichen* P ⟨*nach* dem französ. Arzt Poiseuille [pŏa'zœːĭ]⟩
Po|kal, der, _s, _e (Trinkbecher mit Fuß; Sportpreis) ⟨*grch* → *lat* → *ital*⟩ · **Po|kal|end|spiel** · **Po|kal|sy|stem**
Pö|kel, der, _s, _ (Lake, Salzlake). *Zus K 365ff.*: Pökel‿fleisch usw. · **pö|keln** *K 363* (in Salzlake einlegen)
Po|ker, das, _s (ein Kartenglücksspiel) ⟨*engl*⟩ · **po|kern** *K 363*
[1]**Pol,** der, _s, _e (Drehpunkt; Endpunkt der Achse einer Kugel; Endklemme einer elektr. Stromquelle; einer der Punkte, von denen die Kraftwirkungen eines Magneten ausgehen) ⟨*grch* → *lat*⟩
[2]**Pol,** der, _s, _e (Flordecke von Samt u. Plüsch) ⟨*lat* → *frz*⟩
Poel [pøːl] (Ostseeinsel der DDR)
po|lar (die Pole betreffend; an den Polen befindlich; entgegengesetzt wirkend) ⟨*zu* [1]Pol⟩ · **Po|la|re,** die, _[n], _n (eine mathematische Linie); 2 Polare[n] *K 343* · **Po|lar‿eis, ...fuchs** · **Po|la|ri|sa|tion,** die, _ (*Phys*; Ausrichtung der elektr. Ladung auf Körper durch elektr. Felder; gesetzmäßige Ausrichtung der Schwingungsebenen des Lichtes – *übertr*; Herausbildung, deutliches Hervortreten von Gegensätzen) · **po|la|ri|sie|ren** (*Phys*; elektr. od. magnet. Pole hervorrufen; Licht in eine Schwingungsebene bringen); sich (*Akk*) _ (sich zu Gegensätzen entwickeln) · **Po|la|ri|tät** (das Vorhandensein zweier Pole; Gegensätzlichkeit) · **Po|lar|kreis** · **Po|lar|licht,** *Pl* ..lichter · **Po|lar|meer** (Eismeer) · **Po|lar|stern**
Pol|der, der, _s, _ (eingedeichtes Land) ⟨*ndrl*⟩ · **Pol|der|deich**
Pol|di (w. u. m. Vn.) ⟨*Kurzf der mit* ...pold... (‚kühn') *gebildeten weibl u. männl Vornamen*⟩
Po|le, der, _n, _n ⟨*zu* Polen⟩
Po|le|mik, die, _, _en ([publizist.] Meinungsstreit, literarische Fehde) ⟨*grch* → *frz*⟩ · **Po|le|mi|ker,** der, _s, _ · **po|le|misch;** _ste · **po|le|mi|sie|ren**
Po|len, *amtl* **Volks|re|pu|blik Po|len** (im O Mitteleuropas); *Abk* VRP
Po|len|ta, die, _, *Pl* ..ten *od* _s (ein italien. Maisgericht) ⟨*lat* → *ital*⟩
Po|len|te, die, _ (*salopp abwert*; Polizei) ⟨*rotwelsch*⟩
Po|leß|je ⟨*russ*, ‚Waldgegend'⟩, die, *auch* das, _, *früher* **Ro|kit|no|sümp|fe** *K 246 Pl* (Wald- u. Sumpflandsch. im W der UdSSR)
Pol|hö|he (*Geogr*)

Po|li|ce [..sə] ⟨*grch* → *lat* → *ital* → *frz*⟩, *österr* **Po|liz|ze** ⟨*grch* → *lat* → *ital*⟩, die, _, _n (Versicherungsschein)
Po|lier, der, _s, _e (Bauführer bei Maurern u. Zimmerleuten) ⟨*grch* → *lat* → *frz*, ‚Sprecher'⟩
po|lie|ren (glätten; Glanz geben; verfeinern) ⟨*lat* → *frz*⟩ · **Po|lie|rer** · **Po|lie|re|rin,** die, _, ..innen · **Po|lier|mit|tel**
Po|li|kli|nik (medizin. Einrichtung zur ambulanten Krankenbehandlung, meist in Verbindung mit einem Krankenhaus) ⟨*grch*⟩ · **po|li|kli|nisch**
Po|lin, die, _, ..innen ⟨*zu* Pole⟩
Po|lio, die, _ (*kurz für* Poliomyelitis) ⟨*grch*⟩ · **Po|lio|mye|li|tis,** die, _, ..itiden (*Med*; spinale Kinderlähmung)
Po|lit|bü|ro *Kurzw* (Politisches Büro, kollektives Führungsorgan in kommunist. u. Arbeiterparteien)
po|li|tie|ren (*österr*; Möbel mit einer Politur glänzend machen) ⟨*lat*⟩
Po|li|tik, die, _, *Pl* (*selten*) _en ⟨*grch* → *lat*⟩ · **Po|li|ti|ka|ster,** der, _s, _ (*abwert*; wirrer polit. Schwätzer) · **Po|li|ti|ker,** der, _s, _ (im Staats- u. Parteileben tätiger Mensch; Staatsmann) · **Po|li|ti|kum,** das, _s, ..ka (Vorgang, Ereignis od. Gegenstand von polit. Bedeutung) · **Po|li|ti|kus,** der, _, ..usse (*umg scherzh*; Schlaukopf) · **po|li|tisch** (die Politik betreffend); _ste; *K 258*: Politisches Büro ↑ *unter* Politbüro; *K 119*: politische Landkarte (Staatenkarte) · **po|li|ti|sche Öko|no|mie** *K 119*, die, *Gen* _n _ (Wissenschaft von den Gesetzen der gesellschaftl. Produktion u. der Verteilung der materiellen Güter); *kurz* Politökonomie · **po|li|ti|sie|ren** (von polit. Dingen reden) · **Po|lit|öko|no|mie,** die, _ (*kurz für* politische Ökonomie)
Po|li|tur, die, _, _en (Glätte, Glanz, Schliff, Feinheit; äußerer Anstrich; Poliermittel) ⟨*lat*⟩
Po|li|zei, die, _ (Macht- u. Vollstreckungsorgan des Staates) ⟨*grch* → *lat*⟩. *Zus K 365ff.*: Polizei‿aufgebot usw. · **Po|li|zei|kom|mis|sär** (*süddt*, *österr*, *schweiz*) · **po|li|zei|lich** · **Po|li|zei|stun|de,** die, _ · **po|li|zei|wid|rig** · **Po|li|zist** (Angehöriger der Polizei) · **Po|li|zi|stin,** die, _, ..innen
Polizze ↑ Police
Pol|je, die, _, _n *od* das, _[s], _n (*Geogr*; ausgedehntes wannen- od. kesselartiges Becken mit ebenem Boden in Karstgebieten) ⟨*serbokr*, ‚Feld, Ebene'⟩
Pölk, der *od* das, _[e]s, _e (*norddt*;

männl. kastriertes Schwein im Läuferstadium)

Pol|ka, die, –, –s (ein Rundtanz) ⟨*tschech*⟩

Pol|len, der, –s, – (Blütenstaub) ⟨*lat*⟩ · **Pol|len|korn,** das, *Pl* ..körner

Pol|ler, der, –s, – (*seem*; Holz- od. Metallpfosten zum Befestigen der Taue)

Pol|lu|tion (*Med*; unwillkürlicher Samenabgang) ⟨*lat*⟩

Pol|lux: 1. ↑Kastor und Pollux – 2. der, – (Stern im Sternbild der Zwillinge) ⟨*grch* → *lat*⟩

pol|nisch; *vgl. K 266f.* · **Pol|nisch,** das, *Gen* –[s], *Dat* – (Sprachbezeichnung *K 268ff.*) · **Pol|ni|sche,** das, *Gen* –n, *Dat* –n (Sprachbezeichnung *K 271*)

Po|lo, das, –s, –s (Treibballspiel zu Pferd, zu Rad od. von Kanus aus) ⟨*tibet* → *engl*⟩ · **Po|lo|hemd** (kurzärmeliges Männerhemd)

Po|lo|nai|se [..ˈnɛ:zə, *österr* ..ˈnɛ:z], *eindeutschend* **Po|lo|nä|se,** die, –, –n [..z(ə)n] (poln. festl. Schreittanz) ⟨*frz*⟩

Po|lo|nia (latinisierte Form von Polen)

Po|lo|ni|stik, die, – (Zweig der Slawistik, der sich mit der poln. Sprache, Literatur u. Volkskunde beschäftigt) ⟨*lat*⟩ · **Po|lo|nium,** das, –s (radioaktives chem. Element, Halbmetall); *Zeichen* Po ⟨*lat, nach* Polonia = Polen, dem Heimatland der Mitentdeckerin Marie Curie [ky..]⟩

Pol|ster, das, *österr* der, –s, *Pl* –, *österr auch* Pölster (*österr nur für* Kissen). *Zus K 365ff.*: Polster-möbel usw. · **Pol|ste|rer** *K 363* · **pol|stern** *K 363* · **Pol|ste|rung**

Pol|ta|wa [*österr auch* ˈpɔltava] (Stadt in der Ukraine)

Pol|ter|abend · **Pol|te|rer** (*umg*) · **Pol|ter|geist,** *Pl* ..geister · **pol|tern** *K 363* · **polt|rig** *K 362*

Po|ly|ad|di|tion, die, – (*Chem*; Entstehungsart hochmolekularer Verbindungen) ⟨*grch* + *lat*⟩

Po|ly|amid, das, –[e]s, –e (*Chem*; Stoff, dessen Moleküle aus vielen Amiden aufgebaut sind [z. B. Kunststoff]) ⟨*grch*⟩

Po|ly|an|drie, die, –, ..ien (*Völkerk*; Vielmännerei) ⟨*grch*⟩

Po|ly|ar|thri|tis, die, –, ..itiden (*Med*; Entzündung mehrerer Gelenke) ⟨*grch*⟩

Po|ly|äthy|len[1], das, –s, –e (*Chem*; durch Polymerisation von Äthylen gewonnener Rohstoff) ⟨*grch* + *lat*⟩

po|ly|chrom [..k..] (*fachspr*; vielfarbig, bunt) ⟨*grch*⟩ · **Po|ly|chro|mie,** die, –, ..ien (*fachspr*; Vielfarbigkeit; bunte Bemalung von Bau- u. Bildwerken) · **po|ly|chro|mie|ren** (*fachspr*)

Po|ly|eder, das, –s, – (*Geom*; Vielflächner) ⟨*grch*⟩ · **po|ly|edrisch** (*Geom*; vielflächig)

Po|ly|ester, der, –s, – (*Chem*; ein Plast, ein Chemiefaserstoff) ⟨*grch* + *lat* + *grch*⟩

po|ly|gam (vielehig) ⟨*grch*⟩ · **Po|ly|ga|mie,** die, – (Vielehe, meist eines Mannes mit mehreren Frauen); *Ggs* Monogamie · **Po|ly|ga|mist**

po|ly|gen (*fachspr*; vielfachen Ursprungs) ⟨*grch*⟩

po|ly|glott (vielsprachig) ⟨*grch*⟩ · **Po|ly|glot|te:** 1. die, –, –n (*fachspr*; Werk in vielen Sprachen) – 2. der *u.* die, –n, –n (jmd., der viele Sprachen spricht)

Po|ly|gon, das, –s, –e (*Geom*; Vieleck) ⟨*grch*⟩ · **po|ly|go|nal** (*Geom*; vieleckig) ⟨*grch* → *lat*⟩ · **Po|ly|go|nal|bau,** *Pl* ..bauten

Po|ly|graph *od* **Po|ly|graf** *K 54*, der, –en, –en (Angehöriger des graph. Gewerbes) ⟨*grch*⟩ · **Po|ly|gra|phie** *od* **Po|ly|gra|fie** *K 54*, die, – (Bez. für alle Zweige u. Verfahren der graph. Industrie) · **po|ly|gra|phisch** *od* **po|ly|gra|fisch** *K 54*

Po|ly|gy|nie, die, –, ..ien (*Völkerk*; Vielweiberei) ⟨*grch*⟩

Po|ly|hi|stor, der, –s, ..oren (*hist*; auf vielen Gebieten bewanderter Gelehrter) ⟨*grch*, ‚Vielwisser'⟩

po|ly|hy|brid [*od* ..ˈbri:t] (*Biol*; in vielen Merkmalen voneinander unterschieden) ⟨*grch* + *lat*⟩ · **Po|ly|hy|bri|de,** die, –, –n, *auch* der, –n, –n *K 342* (*Biol*)

Po|ly|hym|nia (*griech Mythol*; Muse des ernsten Gesanges) ⟨*grch*, ‚die Gesangreiche'⟩

Po|ly|kon|den|sa|tion (*Chem*; Entstehungsart hochmolekularer Verbindungen) ⟨*grch* + *lat*⟩

po|ly|mer (*Chem*) ⟨*grch*⟩ · **Po|ly|mer,** das, –s, –e *od* **Po|ly|me|re,** das, –n, –n *K 341* (*Chem*; eine aus Monomeren durch Polymerisation entstandene Verbindung) · **Po|ly|me|rie,** die, –, ..ien (*Biol*; Zusammenwirken mehrerer Erbfaktoren für eine Eigenschaft – *Chem*; Sonderfall der Isomerie) · **Po|ly|me|ri|sat,** das, –[e]s, –e (*Chem*; Endprodukt einer Polymerisation) ⟨*grch* → *lat*⟩ · **Po|ly|me|ri|sa|tion,** die, – (*Chem*; Entstehungsart hochmolekularer Verbindungen) · **po|ly|me|ri|sier|bar** (*Chem*) · **po|ly|me|ri|sie|ren** (*Chem*) · **Po|ly|me|ri|sie|rung** (*Chem*)

Po|ly|me|trie, die, –, ..ien (*Metrik, Mus*; Vielfalt in Metrik u. Takt)

po|ly|morph (*fachspr*; viel-, verschiedengestaltig) ⟨*grch*⟩ · **Po|ly|mor|phie,** die, – (*fachspr*) · **Po|ly|mor|phis|mus,** der, – (*fachspr*) ⟨*grch* → *lat*⟩

Po|ly|ne|sien [..iən] (pazifische Inselwelt, bes. im mittleren Pazifik) ⟨*grch*, ‚Vielinselland'⟩ · **Po|ly|ne|sier** [..iər], der, –s, – · **po|ly|ne|sisch**

Po|ly|nom, das, –s, –e (vielgliedriger mathemat. Ausdruck) ⟨*grch*⟩ · **po|ly|no|misch** (*Math*)

Po|lyp, der, –en, –en (ein Nesseltier mit Fangarmen – *Med*; meist gestielte, geschwulstähnl. Schleimhautwucherung) ⟨*grch* → *lat*, ‚Vielfuß'⟩ · **po|ly|pen|ar|tig**

Po|ly|pha|ge, der, –n, –n (*Zool*; Tier, das hinsichtlich der Ernährungsweise auf verschiedenartige Futterpflanzen od. Beutetiere eingestellt ist) ⟨*grch*⟩ · **Po|ly|pha|gie,** die, – (*Zool*)

Po|ly|phem (*griech Sage*; einäugiger Riese) ⟨*grch* → *lat*, ‚der Vielberühmte'⟩

po|ly|phon (*Mus*; vielstimmig) ⟨*grch*⟩ · **Po|ly|pho|nie,** die, – (*Mus*; Vielstimmigkeit; Kompositionsstil)

po|ly|sem (*Sprachw*; mehrdeutig) ⟨*grch*⟩ · **Po|ly|se|mie,** die, –, ..ien (*Sprachw*; Mehrdeutigkeit sprachlicher Einheiten)

Po|ly|sty|rol, *fachspr* **Po|ly|sty|ren,** das, –s, –e (*Chem*; ein Kunststoff) ⟨*grch* + *lat*⟩

po|ly|syn|de|tisch (*Sprachw*; vielfach verbunden, bindewortreich) ⟨*grch*⟩; *vgl. aber* polysynthetisch · **Po|ly|syn|de|ton,** das, –s, ..ta (*Sprachw*; durch Konjunktionen verbundene Wort- od. Satzreihe)

po|ly|syn|the|tisch (*Sprachw*; mehrere Satzteile in einem Wort zusammenfassend) ⟨*grch* → *lat*⟩; *vgl. aber* polysyndetisch · **Po|ly|syn|the|tis|mus,** der, –, ..men (*Sprachw*)

Po|ly|tech|ni|kum, das, –s, *Pl* ..ken *od* ..ka (gehobene Fachschule für techn. Berufe) ⟨*grch* → *lat*⟩ · **po|ly|tech|nisch** [*auch* ˈpo(:)..] (viele Künste u. Gewerbe od. mehrere Zweige der Technik umfassend) ⟨*grch*⟩; *K 119*: die allgemeinbildende polytechnische Oberschule, *aber K 259*: die Allgemeinbildende Polytechnische Oberschule Neustadt (*Abk* OS, *auch* POS Neustadt)

Po|ly|the|is|mus, der, – (der Glaube an viele Götter) ⟨*grch* →

[1] *Vgl.* Fußnote zu »Äthan«.

lat); *Ggs* Monotheismus · **Po|ly|the|ist** (*grch*) · **po|ly|the|i|stisch**

Po|ly|to|na|li|tät, die, _ (*Mus*; gleichzeitiges Erklingen verschiedener Tonarten) (*grch → lat*)

Po|ly|vi|nyl|chlo|rid [..viˈny:lklo..] (*Chem*; durch Polymerisation von Vinylchlorid gewonnener Thermoplast); *Abk* PVC (*grch + lat + grch + lat*)

Po|ma|de (Haarsalbe, Salbe) (*lat → frz*) · **¹po|ma|dig** (pomadenhaltig)

²po|ma|dig (*umg*; langsam, träge, nicht aus der Ruhe zu bringen) (*poln u. tschech*)

po|ma|di|sie|ren (mit Pomade bestreichen) (*lat → frz*)

Pom|be, die, _ (bierartiges Getränk aus Hirse in Ostafrika) (*afrik*)

Po|me|ran|ze, die, _, _n (eine apfelsinenähnl. Zitrusfrucht) (*pers → ital → lat*) · **Po|me|ran|zen|scha|le**

Pommes frites [pɔm ˈfrit] *K 47 Pl* (in Fett ausgebackene, rohe Kartoffelstreifchen) (*frz*)

Po|mo|lo|ge, der, _n, _n (*Bot*; Fachmann für Pomologie) (*lat + grch*) · **Po|mo|lo|gie,** die, _ (*Bot*; Obstkunde, Obstbaukunde) · **po|mo|lo|gisch** (*Bot*)

Pomp, der, _[e]s (*oft abwert*; Prunk; Prachtentfaltung; Schaugepränge) (*grch → lat → frz*)

Pom|pa|dour [ˈpɔmpadu:r], der, _s, *Pl* _e *od* _s (*veraltend*; beutelförmige Damentasche) (*frz, nach* der Marquise de Pompadour [mar,ki:z də pɔ̃paˈdu:r])

Pom|pe|ja|ner *od* **Pom|pe|jer,** der, _s, _ (Einwohner von Pompeji) (*lat*) · **pom|pe|ja|nisch** *od* **pom|pe|jisch** · **Pom|pe|ja|nisch|rot** *K 278*; *vgl.* Blau · **Pom|pe|ji** (*Altertum*; Stadt am Vesuv)

pomp|haft (*oft abwert*) (*grch → lat → frz*) · **Pomp|haf|tig|keit,** die, _ (*oft abwert*)

Pom|pon [pɔ̃ˈpɔ̃: *od* pɔmˈpɔ̃:], der, _s, _s (Quaste aus Wolle u. ä.) (*frz*). *Zus K 365ff.*: Pompon‿dahlie usw.

pom|pös *K 349* (prunkhaft; prächtig) (*grch → lat → frz*)

pon|ceau [pɔ̃ˈso:] *nichtdeklinierbar* (hochrot) (*lat → frz*); *vgl.* blau

Pon|cho [ˈpɔntʃo], der, _s, _s (mantelartiger Überwurf [der Indianer]) (*indian → span*)

Pond, das, _s, _ (veraltende Einheit der Kraft ≈ 9,81 mN); *Einheitenzeichen* p (*lat*) · **Pon|de|ra|bi|lien** [..iən] *Pl* (faßbare, wägbare Dinge)

Pon|te, die, _, _n (*rhein*; Fähre) (*lat → ital*) · **Pon|ti|cel|lo** [..ˈtʃɛlo], der, _s, *Pl* _s *od* ..lli (*Mus*; Steg mancher Saiteninstrumente)

Pon|ti|fex, der, _[es], *Pl* _e *od* ..tifizes [..tse:s *od* ..tsɛs], *österr nur Gen* _, *Pl* ..tifizes (Oberpriester im alten Rom) (*lat*) · **Pon|ti|fex ma|xi|mus** *K 47*, der, _ _, *Pl* ..tifices [..tse:s] ..mi (oberster Priester im alten Rom; Titel des röm. Kaisers u. danach des Papstes) · **pon|ti|fi|kal** (*kath Kirche*; priesterlich; bischöflich) · **Pon|ti|fi|kal|amt** (*kath Kirche*; von einem Bischof od. einem Prälaten zelebrierte Messe) · **Pon|ti|fi|ka|lien** [..iən] *Pl* (*kath Kirche*; Amtszeichen der Bischöfe usw.; Amtshandlungen mit Gebrauch dieser Amtszeichen) · **Pon|ti|fi|kat,** das *od* der, _[e]s, _e (*kath Kirche*; Amtsdauer u. -tätigkeit des Papstes od. eines Bischofs) · **Pontifizes** ↑ Pontifex

Pon|ti|ni|sche Sümp|fe *K 258 Pl* (ehem. Sumpfgebiet südöstl. von Rom)

pon|tisch (*Geogr*; steppenhaft, aus der Steppe [in der Nähe des Schwarzen Meeres] stammend) (*grch*)

Pontius ↑ *unter* Pilatus (1)

Pon|ton [pɔnˈtɔŋ *od* pɔ̃ˈtɔ̃:, *österr* ponˈto:n], der, _s, _s (Bootskörper für schwimmende Brücken; Fährschiff; Schwimmkörper des Docks) (*lat → frz*) · **Pon|ton|brücke** [*Tr* ...brük-ke] · **Pon|to|nier** [pɔ̃to.. *od* pɔnto..], der, _s, _e (*Milit schweiz*; Brückenbaupionier)

Pon|tos (*Altertum*; Küstenlandsch. im NO Kleinasiens) (*grch*) · **Pon|tos Eu|xei|nos** [*auch* _ ..ˈksai..], der, *Gen* _ _ (*Altertum*; das Schwarze Meer)

Pon|tre|si|na (Kurort in der Schweiz)

Po|ny [..ni]: 1. das, _s, _s (eine Kleinpferderasse) – 2. der, _s, _s (kurzgeschnittenes Stirnhaar) (*lat → frz → engl*)

Pool [pu:l], der, _s, _s (*Wirtsch*; Kartell zur Verteilung von Gewinnen; Preis- u. Verkehrsvereinbarungen zw. Schiffahrtsgesellschaften) (*lat → frz → engl*)

Pop [pɔp], der, *Gen* _ (eine Richtung in Kunst u. Musik) (*engl*)

Po|panz, der, _es, _e (*noch landsch*; Schreckgestalt – *übertr, abwert*; willenloser Mensch) (*slaw*)

Po|pe, der, _n, _n (Geistlicher der russisch-orthodoxen Kirche) (*grch → russ*)

Po|pel, der, _s, _ (*umg*; verhärteter Nasenschleim; schmutziger kleiner Junge)

po|pe|lig *K 362* (*umg*; gewöhnlich, armselig; knauserig) (*lat*)

Po|pe|li|ne [popəˈli:n(ə), *österr* poˈpli:n], die, _ *od* **Po|pe|lin** [*österr* poˈpli:n], der, _s (ein feingeripptes Gewebe) (*frz*)

po|peln *K 363* (*umg*; in der Nase bohren)

Pop‿gym|na|stik, ...mu|sik

Po|po, der, _s, _s (*kindersp*r; Gesäß) (*zu* Podex)

Po|po|ca|te|petl, der, _[s] (Vulkan im S Mexikos) (*indian*, ‚rauchender Berg')

pop|pig (auffallend [modern]) (*engl*)

po|pu|lär (volkstümlich, beliebt; gemeinverständlich) (*lat → frz*) · **po|pu|la|ri|sie|ren** (volkstümlich, gemeinverständlich darstellen; allgemein verbreiten) · **Po|pu|la|ri|tät,** die, _ (Volkstümlichkeit, Beliebtheit; Gemeinverständlichkeit) (*lat*) · **po|pu|lär|wis|sen|schaft|lich** · **Po|pu|la|ti|on** (*Biol*; Gesamtheit der artgleichen Tiere od. Pflanzen eines engbegrenzten Lebensgebietes)

Po|re, die, _, _n (kleine Hautöffnung) (*grch → lat*) · **po|rig**

Pör|költ *od* **Pör|kelt,** das, _ (gulaschähnl. ungar. Nationalgericht) (*ung*)

Por|ling (ein Baumpilz)

Por|no, der, _s, _s (*kurz für* pornograph. Erzeugnis) · **Por|no|gra|phie,** die, _, ..ien (Literatur od. Bilder obszönen Inhalts) (*grch*) · **por|no|gra|phisch**

po|rös *K 349* (durchlässig; porig) (*grch → lat*) · **Po|ro|si|tät,** die, _

Por|phyr [*österr* ..ˈfy:r], der, _s, _e (*Geol*; ein Ergußgestein) (*grch → lat → ital*) · **Por|phy|rit,** der, _[e]s, _e (*Geol*; ein Ergußgestein) (*grch*)

Por|ree, der, _s, _s (eine Gemüsepflanze) (*lat → frz*)

Por|ridge [ˈpɔritʃ *od* ..ridʒ], der, *auch* das, _s (Haferbrei) (*lat → frz → engl*)

Porst, der, _es, _e (ein immergrüner Strauch, Heidekrautgewächs)

Port, der, _[e]s, _e (*dicht*; Hafen, Zufluchts-, Ruheort) (*lat → frz*) · **Por|tal,** das, _s, _e (Haupteingang, Tor) (*lat*) · **Por|tal|ver|zie|rung**

Por|ta|men|to, das, _s, *Pl* _s *od* ..ti (*Mus*; das Verschleifen der Töne, bes. beim Gesang) (*lat → ital*)

Por|ta|tiv, das, _s, _e [..v..] (kleine, tragbare Zimmerorgel) (*lat*)

Port-au-Prince [pɔrtoˈprɛ̃:s] (Hptst. von Haïti [2])

Por|ta West|fa|li|ca (*lat*), die, *Gen* _ _, *dt* **West|fä|li|sche Pfor|te** *K 258*, die, *Gen* _n _ (Weserdurchbruch im Weserbergland [BRD])

Por|te|feuil|le [pɔrt(ə)ˈfø:i(ə)], das, _s, _s (*veraltet*; Brieftasche; Aktenmappe; Ministerressort) (*frz*) · **Porte|mon|naie** [pɔrtmɔˈne: *od* ..ˈnɛ:], das, _s, _s (Geldtäschchen,

-börse) · **Port|epee,** das, _s, _s (Troddel am Degen- od. Säbelgriff)
Por|ter, der, *auch* das, *österr nur so,* _s, _ (dunkles, bitteres Starkbier) ⟨*lat → frz → engl*⟩
Porti ↑ ¹Porto
Por|ti|ci ['pɔrtitʃi] (Hafenstadt an der Westküste Unteritaliens)
Por|tier [..'tie:], der, _s, _s, *österr auch*[..'ti:r], der, _s, _e (Pförtner) ⟨*lat → frz*⟩ · **Por|tie|re,** die, _, _n (Türvorhang)
por|tie|ren (*schweiz*; zur Wahl vorschlagen) ⟨*lat → frz*⟩
Por|ti|kus, der, _, *Pl* _ [..ku:s] *od* ..ken (*Arch*; Säulenhalle, -gang) ⟨*lat*⟩
Por|tion (Teil, Anteil; Speisemenge) ⟨*lat*⟩ · **por|tio|nie|ren** (in Portionen teilen) · **Por|tio|nie|rer,** der, _s, _ (Gerät zum Einteilen von Portionen) · **Por|tions|wei|de** *od* **Ra|tions|wei|de,** die, _ (*Landw*; Weideform, bei der die Koppeln nur kurzzeitig beweidet werden) · **por|tions|wei|se,** *auch* **por|tio|nen|wei|se** *K 176*
Port|land|ze|ment *K 246*, der, _[e]s ⟨*nach* der Halbinsel im S Englands⟩
Port Louis [pɔrt 'lu:is] (Hptst. von Mauritius)
Port Mores|by [pɔ:rt 'mɔ:rzbi] (Hptst. von Papua-Neuguinea)
¹**Por|to,** das, _s, *Pl* _s *od* ..ti (Post-, Freigebühr) ⟨*lat → ital*⟩. *Zus K 365 ff.*: Porto‿kasse usw.
²**Por|to** [*od* ..tu] (Stadt in Portugal)
por|to|frei
Port of Spain ['pɔ:rt ɔv 'spe:n] (Hptst. von Trinidad und Tobago)
Por|to No|vo [_ ..v..] (Hptst. von Benin)
por|to|pflich|tig
Por|trät [..'trɛ:, *österr nur so*], das, _s, _s, *auch* [..'trɛ:t], das, _[e]s, _e (Bildnis) ⟨*lat → frz*⟩ · **por|trä|tie|ren** [..trɛ'ti:..] · **Por|trä|tist** (Bildnismaler) · **Por|trät|ma|ler** [..'trɛ:.., *auch* ..'trɛ:t..]
Port Said (Hafenstadt in der ARÄ)
Ports|mouth ['pɔ:rtsməθ] (Hafenstadt an der Südküste Englands)
Port Su|dan (Hafenstadt in Sudan [2])
Por|tu|gal, *ohne Art, amtl* **Por|tu|gie|si|sche Re|pu|blik** *K 258*, die, *Gen* _n _ (im SW Europas) · **Por|tu|gie|se,** der, _n, _n · **por|tu|gie|sisch;** *vgl. K 266 f.* · **Por|tu|gie|sisch,** das, *Gen* _[s], *Dat* _ (Sprachbezeichnung *K 268 ff.*) · **Por|tu|gie|si|sche,** das, *Gen* _n, *Dat* _n (Sprachbezeichnung *K 271*)
Por|tu|lak, der, _s, *Pl* _e *od* _s (eine Gemüse- u. Gewürzpflanze) ⟨*lat*⟩
Port|wein ⟨*engl, nach* ²Porto⟩

Por|zel|lan, das, _s, _e ⟨*lat → ital*⟩. *Zus K 365 ff.*: Porzellan‿geschirr, ...manufaktur usw. · **por|zel|la|nen** · **por|zel|lan|haft**
Po|sa|men|ten *Pl* (Besatzwaren für Kleider u. andere Textilwaren); *Sg* Po|sa|ment, das, _[e]s ⟨*lat → frz*⟩ · **Po|sa|men|te|rie,** die, _, ..ien (Besatzartikelhandlung) · **Po|sa|men|tier|ar|beit** · **po|sa|men|tie|ren** · **Po|sa|men|tie|rer,** der, _s, _ (Posamentenmacher, -händler)
Po|sau|ne, die, _, _n (ein Blechblasinstrument) ⟨*lat → frz*⟩. *Zus K 365 ff.*: Posaunen‿bläser usw. · **po|sau|nen;** *Part II* posaunt · **Po|sau|nen|ton,** *Pl* ..töne · **Po|sau|nist**
¹**Po|se,** die, _, _n (*norddt*; Federspule, -kiel; Feder – *fachspr*; Schwimmer an der Angelschnur)
²**Po|se,** die, _, _n ([gekünstelte] Stellung; [gesuchte] Haltung; geziertes Gebaren) ⟨*lat → frz*⟩
Po|sei|don [*od* ..'do:n] (*griech Mythol*; Gott des Meeres)
Po|se|muckel [*Tr* ..muk|kel] *od* **Po|se|mu|kel** (*umg*; unbedeutende Stadt, kleines Nest) ⟨*Herkunft umstritten*⟩
Po|seur [po'zø:r], der, _s, _e (*veraltend abwert*; Wichtigtuer; Effekthascher) ⟨*lat → frz*⟩ · **po|sie|ren** (eine ²Pose annehmen; schauspielern) · **Po|si|tion** (Stellung, Lage, Ort, Standort; Anstellung; Würde; Einzelposten, Teil [*Abk* Pos.]; [philosoph.] Standpunkt; Behauptung, Bejahung) ⟨*lat*⟩ · **Po|si|tions|licht,** *Pl* ..lichter (*Schiff, Luftf*) · **po|si|tiv** ['po:.., *auch* pozi'ti:f, *österr* 'po..] (bejahend, zutreffend; bestimmt, gewiß – *Math*; größer als Null [*Zeichen* +] – *Phys*; einen Mangel an Elektronen aufweisend [*Zeichen* +]); *Ggs* negativ · **Po|si|tiv** [*meist* 'po:.., *österr* 'po..]: 1. der, _s, _e [..v..] (*Gramm*; Grundstufe) – 2. das, _s, _e [..v..] (*Fot*; vom Negativ gewonnenes Bild); *Ggs* Negativ – 3. *auch* **Po|si|tiv** [..'ti:f, *österr* 'po..], das, _s, _e [..v..] (*Mus*; kleine Standorgel) · **Po|si|ti|vis|mus** [..v..], der, _ (eine subjektiv-idealist. Strömung der bürgerl. Philosophie) · **Po|si|tron,** das, _s, ..onen *Kurzw* (*Kernphys*; positiv geladenes Teilchen von Elektronenmasse) ⟨*aus positiv + Elektron*⟩ · **Po|si|tur,** die, _, _en ([herausfordernde] Haltung) ⟨*lat*⟩
Pos|se, die, _, _n: 1. *älter* **Pos|sen,** der, _s, _ (derber, lustiger Streich); jmdm. einen Possen spielen – 2. (derbkomisches Bühnenstück) ⟨*germ → frz*⟩
Pos|se|kel, der, _s, _ (*landsch*; schwerer Schmiedehammer)

pos|sen|haft ⟨*germ → frz*⟩ · **Pos|sen|haf|tig|keit** · **Pos|sen|rei|ßer**
pos|ses|siv [*auch* ..'si:f] (*Sprachw*; besitzanzeigend) ⟨*lat*⟩ · **Pos|ses|siv|pro|no|men** (*Gramm*; besitzanzeigendes Fürwort) · **pos|ses|so|risch** (*Rechtsw*; den Besitz betreffend)
pos|sier|lich (spaßhaft, drollig) ⟨*zu* Posse⟩ · **Pos|sier|lich|keit,** die, _
Pöß|neck (Stadt im Bez. Gera)
Post, die, _ ⟨*lat → ital*⟩; *K 258*: die Deutsche _ (*Abk* DP). *Zus K 365 ff.*: Post‿wertzeichen usw. · **po|sta|lisch** (die Post betreffend, Post...)
Po|sta|ment, das, _[e]s, _e (Unterbau [eines Denkmals]) ⟨*lat*⟩
Post|amt · **post|amt|lich** · **post|bar**
Pöst|chen (kleiner Posten, Nebenberuf)
post|em|bryo|nal (*Med*; nach der Geburt) ⟨*lat + grch + lat*⟩
po|sten (*schweiz*; Botengänge machen, Aufträge ausrichten) ⟨*lat → ital*⟩ · **Po|sten,** der, _s, _ (Stelle, Amt – *Wirtsch*; Warenmenge; Rechnungsbetrag – *bes Milit*; [Standort einer] Wache – *weidm*; eine Sorte Schrot); [auf] _ stehen; ein _ Kleider (*vgl. auch K 387*). *Zus K 365 ff.*: Posten‿kette (*Milit*) usw.
Po|ster, das *od* der, _s, _ (künstler. gestaltetes Plakat) ⟨*engl*⟩
post fe|stum (hinterher, im nachhinein; zu spät) ⟨*lat*, ‚nach dem Fest'⟩
post|frisch (*Philat*)
post|gla|zi|al (*Geol*; nacheiszeitlich) ⟨*lat*⟩
post|gra|du|al; _es Studium (Zusatzstudium nach Abschluß einer Hoch- od. Fachschulausbildung) ⟨*lat*⟩
Post|hal|ter (*hist*; derjenige, der die Pferde für den Postverkehr hält) · **Post|hal|te|rei** (*hist*; Stelle für den Wechsel der Postpferde)
po|stie|ren (aufstellen) ⟨*lat → ital*⟩
Po|stil|le, die, _, _n (Erbauungs-, Predigtbuch) ⟨*lat*⟩
Po|stil|lion [*österr nur so, auch* ..'jo:n], der, _s, _e (*hist*; Postkutscher) ⟨*lat → ital u. frz*⟩ · **Po|stil|lon d'amour** [pɔsti,jɔ̃: da'mu:r] *K 47*, der, _ _, *Pl* _s _ [..,jɔ̃: _] (*scherzh*; Liebesbote) ⟨*frz*⟩
post|kar|bo|nisch (*Geol*; nach dem Karbon [liegend]) ⟨*lat*⟩
Post|kar|te · **Post|kar|ten|grö|ße,** die, _
post|kul|misch (*Geol*; nach dem ²Kulm [liegend]) ⟨*lat + engl*⟩

post|la|gernd · **Post|leit|zahl** · **Post|ler,** der, _s, _ (*bes süddt, österr umg*; an der Post Beschäftigter) · **Post|miet|be|häl|ter**
post|mor|tal (*Med*; nach dem Tode [auftretend]) ⟨*lat*⟩ · **post mor|tem** (nach dem Tode); *Abk* p. m.
post|na|tal (*Med*; nach der Geburt)
post|nu|me|ran|do *Adv* (*Wirtsch*; nachträglich zahlbar; nach der Leistung zahlbar) ⟨*lat*⟩; *Ggs* pränumerando · **Post|nu|me|ra|tion** (*Wirtsch*; Nachzahlung)
Post|scheck · **Post|scheck|kon|to** *K 18* · **Post|schließ|fach;** *Abk* PSF
Post|skript, das, _[e]s, _e *od* **Post|skrip|tum,** *österr nur so*, das, _s, *Pl* ..te *od* ..ta (Nachschrift [zu einem Brief]); *Abk* PS *od* P. S. ⟨*lat*⟩
Post|stem|pel
post|ter|tiär (*Geol*; dem Tertiär folgend) ⟨*lat*⟩
Po|stu|lat, das, _[e]s, _e (Forderung) ⟨*lat*⟩ · **po|stu|lie|ren**
po|stum (nachgeboren, nachgelassen) ⟨*lat*⟩
Po|stur, die, _, _en (*schweiz*; Statur) ⟨*lat* → *ital* → *frz*⟩
post|wen|dend · **Post|wurf|sen|dung**
Potemkinsche Dörfer ↑ Potjomkinsche Dörfer
po|tent (mächtig; vermögend; leistungsfähig; zeugungsfähig) ⟨*lat*⟩ · **Po|ten|tat,** der, _en, _en (*veraltend*; Machthaber, regierender Fürst) · **po|ten|tial** (möglich; die [bloße] Möglichkeit bezeichnend) · **Po|ten|tial,** das, _s, _e (Leistungsfähigkeit – *Phys*; ortsabhängige Größe zur Beschreibung eines Feldes) · **Po|ten|tia|lis,** der, _, ..les [..le:s] (*Sprachw*; Aussageweise der Möglichkeit od. der Wahrscheinlichkeit) · **Po|ten|tia|li|tät,** die, _, _en (*bes Philos*; Möglichkeit, Wirkungskraft) · **po|ten|tiell** (möglich, der Anlage nach wirkungsfähig) ⟨*lat* → *frz*⟩; _e Energie (*Phys*; Energie der Lage)
Po|ten|til|la, die, _, ..llen (*Bot*; Fingerkraut) ⟨*lat*⟩
Po|ten|tio|me|ter, das (*Elektrotechn*; regelbarer Widerstand, Spannungsteiler) ⟨*lat* + *grch*⟩ · **po|ten|tio|me|trisch** (*Elektrotechn*) · **Po|tenz,** die, _, _en (Macht, Leistungsfähigkeit; innewohnende Kraft – *Biol*; Zeugungsfähigkeit – *Math*; Produkt aus mehreren gleichen Zahlen in verkürzter Schreibweise [z. B. 3^2]) ⟨*lat*⟩ · **Po|tenz|ex|po|nent** (*Math*; Hochzahl einer Potenz) · **po|ten|zie|ren** (erhöhen, steigern – *Math*; mit sich selbst multiplizieren, zur Potenz erheben)
Po|ti|phar (bibl. m. En.) ⟨*ägypt*⟩
Po|tjom|kin|sche Dör|fer, *frühere Schreibung* **Po|tem|kin|sche Dör|fer** *K 217 u. 219 Pl* (Blendwerk, Vorspiegelungen) ⟨*nach* dem russ. Staatsmann Potjomkin, *frühere Schreibung* Potemkin⟩; *aber nur*: Panzerkreuzer Potemkin
Pot|pour|ri ['pɔtpuri, *österr* pɔtpu'ri:], das, _s, _s (Allerlei; aus verschiedenen Melodien zusammengestelltes Musikstück) ⟨*frz*⟩
Pots|dam (Bezirksstadt in der DDR) · **Pots|da|mer:** 1. *K 231*: der, _s, _; 2. *als Attribut K 232*: das Potsdamer Abkommen
Pott, der, _[e]s, *Pl* Pötte (*bes norddt umg*; Topf; [altes] Schiff) ⟨*lat* → *frz*⟩ · **Pott|asche,** die, _ (eine Kaliumverbindung) ⟨*ndrl*⟩ · **Pott|bäcker** [*Tr* ...bäk|ker] (*landsch*; Töpfer) · **Pott|wal**
potz! (*in Flüchen u. Ausrufen*) ⟨*umgebildet aus* ‚Gottes...!'⟩ · **potz Blitz!** · **potz|tau|send!**
Po|ufer *K 246* ⟨*zu* [1]Po⟩
Pou|lar|de [pu'lardə, *österr* pu'lard], die, _, _n [..d(ə)n], *österr meist* **Pou|lard** [pu'la:r], das, _s, _s ([kastriertes] Masthuhn) ⟨*lat* → *frz*⟩ · **Poule** [pu:l], die, _, _n [..lən] (Einsatz, Spieleinsatz) · **Pou|let** [pu'le:], das, _s, _s (junges Masthuhn)
pous|sie|ren [pu..] (*noch umg*; den Hof machen, flirten) ⟨*lat* → *frz*⟩; jmdn. _ (jmdm. schmeicheln); mit jmdm. _ (eine Liebelei haben)
po|wer *K 363* (*landsch*; armselig) ⟨*lat* → *frz*⟩
Po|widl, der, _s (*österr*; Pflaumenmus) ⟨*tschech*⟩
Poz|nań ['pɔsnan *od* 'pɔz..] (Stadt im W Polens)
Pozzuolanerde ↑ Puzzolanerde
Prä, das, _s; *meist in* das _ (*umg*; den Vorrang) haben ⟨*lat*⟩
Prä|am|bel, die, _, _n (Einleitung [in Form einer feierl. Erklärung]) ⟨*lat*⟩
Pracht, die, _ ⟨*zu* prangen⟩. *Zus K 365ff.*: Pracht‿ausgabe usw. · **Pracht|bau,** *Pl* ..bauten · **präch|tig** · **Präch|tig|keit** · **pracht|lie|bend** *K 165*; *K 115*: am _sten · **pracht|voll**
Prä|de|sti|na|tion: 1. die, _, _en (Vorherbestimmung) – 2. die, _ (*Theol*; Lehre, nach der der Mensch durch Gott zum Guten od. zum Bösen vorbestimmt sei) ⟨*lat*⟩ · **prä|de|sti|nie|ren** (vorherbestimmen)
Prä|di|kat, das, _[e]s, _e (Zensur; Rangbezeichnung – *Gramm*; Satzaussage) ⟨*lat*⟩ · **prä|di|ka|tiv** (*Gramm*; aussagend) · **Prä|di|ka|tiv|satz** (*Gramm*) · **Prä|di|ka|ti|vum** [..v..], das, _s, ..va *bzw* **Prä|di|ka|tiv,** das, _s, _e [..v..] *od* **Prä|di|kats|no|men,** das, _s, _ (*Gramm*; nominaler Prädikatsteil bei kopulativen Verben) · **Prä|di|kats|satz** (*Gramm*; eine Nebensatzart)
prä|dis|po|nie|ren (vorher bestimmen; vorbereiten – *Med*; empfänglich machen, bes. für Krankheiten) ⟨*lat*⟩ · **Prä|dis|po|si|tion** (*Med*; Anlage, Empfänglichkeit)
prä|do|mi|nie|ren (vorherrschen, überwiegen) ⟨*lat*⟩
Prä|fekt, der, _en, _en (*urspr* hoher röm. Beamter, *in Frankreich* oberster Verwaltungsbeamter eines Departements; stellvertretender Leiter eines Schülerchors) ⟨*lat*⟩ · **Prä|fek|tur,** die, _, _en (Amt, Bezirk, Wohnung eines Präfekten)
Prä|fe|renz, die, _, _en (*Wirtsch*; Bevorzugung im Handelsverkehr) ⟨*lat* → *frz*⟩; *vgl. auch* Preference
Prä|fix [*od* 'prɛ:..], das, _es, _e (*Sprachw*; Vorsilbe) ⟨*lat*⟩; *Ggs* Suffix
Prä|for|ma|tion (*Biol*; veraltete Theorie der Vorbildung im Embryo) ⟨*lat*⟩ · **prä|for|mie|ren** (*Biol*; im Keim vorbilden)
Prag, *tschech* **Pra|ha** (Hptst. der ČSSR u. der ČSR) ⟨*tschech*⟩
Prä|ge|bild (*Münzw*) · **Prä|ge|druck,** *Pl* ..drucke · **Prä|ge|form** · **prä|gen**
Pra|ger: 1. *K 231*: der, _s, _; 2. *als Attribut K 232* ⟨*zu* Prag⟩
Prä|ger · **Prä|ge|stem|pel,** der · **Prä|ge|stock,** *auch* **Präg|stock,** der, *Pl* ..stöcke
prä|gla|zial (*Geol*; voreiszeitlich) ⟨*lat*⟩
Prag|ma|tik, die, _ (Sachbezogenheit – *Sprachw*; Disziplin, die die Beziehungen zw. sprachl. Zeichen u. Sprachbenutzern untersucht) ⟨*grch*⟩ · **Prag|ma|ti|ker,** der, _s, _ (pragmatisch eingestellter Mensch) · **prag|ma|tisch** (dem Handeln dienend; praktisch; sachlich) · **prag|ma|ti|sie|ren** (*österr bürospr*; fest anstellen) ⟨*grch* → *lat*⟩ · **Prag|ma|tis|mus,** der, _ (subjektiv-idealist. Richtung der Philosophie, die alles Denken u. Handeln nur vom Standpunkt des prakt. Nutzens aus beurteilt)
prä|gnant (kurz, treffend, gedrängt [im Ausdruck]) ⟨*lat* → *frz*⟩ · **Prä|gnanz,** die, _
Prägstock ↑ Prägestock · **Prä|gung**
Praha ↑ Prag
Prä|hi|sto|rie [..iə, *auch* 'prɛ:.., *österr nur* 'pre:..], die, _ (Urgeschichte) ⟨*lat*⟩ · **prä|hi|sto|risch** [*auch* 'prɛ:.., *österr nur* 'pre:..]
prah|len · **Prah|ler** · **Prah|le|rei** (*ab-*

wert) · prah|le|risch; _ste · **Prahl|hans,** der, _es, ..hänse *(umg)* · **Prahl|sucht,** die, _

Prahm, der, _[e]s, *Pl* ..e *od* Prähme (Schleppkahn für Arbeitszwecke) ⟨*tschech*⟩

Prai|rial [prɛ'rial], der, _[s], _s (9. Monat [20. Mai bis 18. Juni] des Kalenders der Französ. Revolution) ⟨*lat* → *frz*, ‚Wiesenmonat'⟩

Prä|ju|diz, das, _es, *Pl* _e *od* _ien [..ĭən] (*Rechtsw*; Vorentscheidung, bes. gerichtl. Entscheidung, die für spätere Entscheidungen maßgebend od. beachtenswert ist) ⟨*lat*⟩ · **Prä|ju|di|zi|al|kla|ge** (*Rechtsw*) · **prä|ju|di|ziell** ⟨*lat* → *frz*⟩ *od* **prä|ju|di|zial** ⟨*lat*⟩ (*Rechtsw*; für eine spätere Entscheidung maßgebend od. beachtenswert) · **prä|ju|di|zie|ren** (*Rechtsw*; die Bedeutung eines Präjudizes haben)

prä|kam|brisch [..'kam.., *auch* 'prɛ:.., *österr* 'pre:..] (*Geol*) ⟨*lat*⟩ · **Prä|kam|brium,** das, _s (*Geol*; großer Abschnitt der Erdgeschichte »vor dem Kambrium«)

prä|klu|die|ren (*Rechtsw*; ausschließen) ⟨*lat*⟩ · **Prä|klu|sion** (*Rechtsw*; Ausschließung, Ausschluß; Rechtsverwirkung) · **prä|klu|siv,** *auch* **prä|klu|si|visch** [..v..] (*Rechtsw*) · **Prä|klu|siv|frist** [..f..] (*Rechtsw*)

Pra|krit, das, _s (Sammelbez. für die neben dem Sanskrit verwendeten mittelind. Volkssprachen) ⟨*aind*, ‚gewöhnlich', ‚natürlich'⟩

Prak|tik, die, _, _en (Ausübung, Anwendung, Handhabung) – **Prak|ti|ken** *Pl* (bedenkl. Vorgehen u. Handeln; Kunstgriffe) ⟨*grch* → *lat*⟩; *vgl. auch* Praxis · **Praktika** ↑ Praktikum · **prak|ti|ka|bel** (brauchbar, tunlich, ausführbar; benutzbar; zweckdienlich) ⟨*grch* → *lat* → *frz*⟩; *K 363*: eine praktika|ble Tür (*Theat*) · **Prak|ti|ka|bi|li|tät,** die, _ ([praktische] Durchführbarkeit; Zweckmäßigkeit) · **Prak|ti|kant** (Anwärter; Teilnehmer an einem Praktikum) ⟨*grch* → *lat*⟩ · **Prak|ti|kan|tin,** die, _, ..innen · **Praktiken** ↑ Praktik · **Prak|ti|ker,** der, _s, _ (Mensch mit prakt. Erfahrung); *Ggs* Theoretiker · **Prak|ti|kum,** das, _s, ..ka (Lehrgang mit prakt. Übungen; vorübergehende Tätigkeit von Studierenden in einem ihrer Ausbildung dienenden prakt. Beruf) · **Prak|ti|kus,** der, _, ..usse (*umg scherzh*; jmd., der immer u. überall Rat weiß) · **prak|tisch** (zweckdienlich; geschickt; ausübend); _ste. *Ggs* theoretisch · **prak|ti|zie|ren** (eine Sache betreiben, schnell ins Werk setzen; als Arzt tätig sein – *österr auch* sich im Beruf praktisch ausbilden) · **Prak|ti|zis|mus,** der, _ (Verabsolutierung der Praxis bei Vernachlässigung der ideolog. Grundlage) · **prak|ti|zi|stisch** (vom Praktizismus beherrscht)

Prä|lat, der, _en, _en (*bes kath Kirche*; höherer Geistlicher) ⟨*lat*⟩ · **Prä|la|tur,** die, _, _en (*bes kath Kirche*; Amtssitz, Amtsbezirk eines Prälaten)

Prä|li|mi|nar|frie|den (*Diplomatie*; vorläufiger, nicht endgültig abgeschlossener Frieden) · **Prä|li|mi|na|rien** [..iən] *Pl* (Einleitung – *Diplomatie*; Vorverhandlungen); *Sg* Prä|li|mi|na|re, das, _s ⟨*lat*⟩

Pra|li|ne, die, _, _n, *veraltend u. österr, schweiz* **Pra|li|né** ['praline:, *österr nur* ..'ne:] *bzw* **Pra|li|nee,** das, _s, _s (mit Schokolade überzogene, gefüllte Süßigkeit) ⟨*nach* dem französ. Marschall du Plessis-Praslin [dy plɛ,si:pra'lɛ̃:]⟩

prall (voll; stramm; straff; derb, kräftig) · **Prall,** der, _[e]s, _e (kräftiger Stoß; Anprall) · **pral|len** · **Prall|tril|ler** (*Mus*) · **prall|voll** (*umg*)

prä|lu|die|ren (*Mus*; einleitend phantasieren) ⟨*lat*⟩ · **Prä|lu|dium,** das, _s, ..ien [..ĭən] (*Mus*; Vorspiel)

Prä|mie [..ĭə], die, _, _n (Belohnung, Preis für gute Leistung; Zusatzgewinn; Vergütung; Versicherungsgebühr) ⟨*lat*⟩. *Zus K 365ff.*: Prämien‿fonds, ...los usw. · **Prä|mien|sy|stem,** das, _s · **prä|mie|ren** *od* **prä|mi|ie|ren** · **Prä|mie|rung** *od* **Prä|mi|ie|rung**

Prä|mis|se, die, _, _n (Voraussetzung – *Philos*; Vordersatz eines logischen Schlusses) ⟨*lat*, ‚Vorausgeschicktes'⟩

Prä|mon|stra|ten|ser, der, _s, _ (*kath Kirche*; Angehöriger eines Mönchsordens) ⟨*lat*, *nach* dem französ. Ort Prémontré [premɔ̃'tre:]⟩

prä|na|tal (*Med*; vor der Geburt) ⟨*lat*⟩

Prandtl|rohr *K 209* (*Phys*; Meßelement für flüssige u. gasförmige Medien) ⟨*nach* dem Physiker⟩

pran|gen (*gehoben*)

Pran|ger, der, _s, _ (*Mittelalter*; Schandpfahl); an den _ stellen (*übertr*; öffentlich tadeln); *vgl. auch* anprangern

Pran|ke, die, _, _n (Vordertatze) ⟨*lat*⟩

Prä|no|men, das, _s, ..mina (Vorname) ⟨*lat*⟩

prä|nu|me|ran|do *Adv* (*Wirtsch*; im voraus zahlbar) ⟨*lat*⟩; *Ggs* postnumerando · **Prä|nu|me|ra|tion** (*Wirtsch*; Vorauszahlung) · **prä|nu|me|rie|ren** (*Wirtsch*; im voraus [vor der Leistung] zahlen)

Prä|pa|rat, das, _[e]s, _e (etw. »Vorbereitetes«, Zubereitetes) ⟨*lat*⟩ · **Prä|pa|ra|ten|samm|lung** · **Prä|pa|ra|tion** (*bes Biol*, *Med*; Herstellung eines Präparates) · **Prä|pa|ra|tor,** der, _s, ..oren (Hersteller von naturwissenschaftl. Präparaten) · **prä|pa|rie|ren** (vor-, zubereiten, herrichten; haltbar machen)

Prä|po|si|tion (*Gramm*; Verhältniswort) ⟨*lat*⟩; *vgl. K 379* · **prä|po|si|tio|nal** (*Gramm*; verhältniswörtlich); präpositionales Objekt (Verhältnisergänzung) · **Prä|po|si|tio|nal|ob|jekt** (*Gramm*)

prä|po|tent (*österr*; überheblich) ⟨*lat*⟩

Prä|pu|tium, das, _s, ..ien [..ĭən] (*Med*; Vorhaut) ⟨*lat*⟩

Prä|raf|fa|elit [..fa:e..], der, _en, _en (*Kunstwiss*; Nachahmer der Vorgänger des italien. Malers Raffael [..faɛl])

Prä|rie, die, _, ..ien (Grassteppe in Nordamerika) ⟨*lat* → *frz*⟩. *Zus K 365ff.*: Prärie‿gras usw.

Prä|sens, das, _, *Pl* ..entia *od* ..enzien [..ĭən] (*Gramm*; Gegenwart) ⟨*lat*⟩ · **Prä|sens|par|ti|zip** (*Gramm*; Partizip der Gegenwart, Partizip I) · **prä|sent** (gegenwärtig, anwesend); _ sein; etwas _ haben · **Prä|sent,** das, _[e]s, _e (Geschenk) ⟨*lat* → *frz*⟩ · **Prä|sen|ta|tions|recht** (*kath Kirche*; Vorschlagsrecht) ⟨*lat*⟩ · **prä|sen|tie|ren** (vorstellen, -zeigen; anbieten; vorlegen, bes. einen Wechsel; den militär. Gruß mit Waffen od. Fahnen entbieten) · **Prä|sen|tier|tel|ler;** *nur in* auf dem _ sitzen (*umg*; den Blicken aller ausgesetzt sein) · **Prä|senz,** die, _ (Gegenwart, Anwesenheit) · **Prä|senz|li|ste** (Anwesenheitsliste)

Pra|seo|dym, das, _s (chem. Element, Metall); *Zeichen* Pr ⟨*grch*⟩

Prä|ser|va|tiv [..va'ti:f], das, _s, _e [..'ti:və] (*Med*; Schutz-, Vorbeugungsmittel) ⟨*lat*⟩ · **Prä|ser|ve** [..v..], die, _, _n, *meist Pl* (*fachspr*; Halbkonserve)

Prä|ses, der, _, *Pl* ..sides [..de:s] *od* ..siden (*Rel*; Vorsitzender) ⟨*lat*⟩ · **Prä|si|dent** (Staatsoberhaupt einer Republik; Vorsitzender, Leiter) · **Prä|si|dial|ge|walt** · **prä|si|die|ren** (den Vorsitz führen, leiten); einem (*schweiz* einen) Kongreß _ · **Prä|si|dium,** das, _s, ..ien [..ĭən] (Vorsitz; Vorsteheramt; leitendes Gremium)

pras|seln; es prasselt ⟨*zu* bersten⟩

pras|sen *K 354* (schlemmen); du praßt; du praßtest; gepraßt; praß! *od* prasse!; *vgl. aber* brassen · **Pras|ser**

prä|su|mie|ren (*Philos*, *Rechtsw*; annehmen, voraussetzen) ⟨*lat*⟩ · **Prä|sum|tion** (Annahme –

. *Rechtsw*; Vermutung – *Philos*; Voraussetzung) · **prä|sum|tiv** (*Rechtsw*; mutmaßlich; wahrscheinlich)

Prä|ten|dent (jmd., der Anspruch auf eine Stellung, ein Amt erhebt; Bewerber um einen Thron) ⟨*lat*⟩ · **prä|ten|die|ren** · **Prä|ten|tion** (Anspruch, Anmaßung) · **prä|ten|tiös** *K 349* ⟨*lat → frz*⟩

Pra|ter, der, _s (Park u. Vergnügungsplatz in Wien)

Prä|ter|ito|prä|sens, das, _, *Pl* ..präsentien [..ǐən] *od* ..tia (*Sprachw*; Verb, dessen heutiges Präsens eigtl. ein Präteritum ist, z. B. ich kann, ich darf) ⟨*lat*⟩ · **Prä|ter|itum**, das, _s, ..ta (*Gramm*; Vergangenheit)

prä|ter|prop|ter (*veraltend*; etwa, ungefähr) ⟨*lat*⟩

Prä|tor, der, _s, ..oren (hoher altröm. Beamter) ⟨*lat*⟩ · **Prä|to|ria|ner**, der, _s, _ (Angehöriger der kaiserl. Leibwache im alten Rom) · **Prä|tur**, die, _, _en (*Antike*; Amt eines Prätors)

Prat|ze, die, _, _n (*landsch umg*; Tatze, Pfote) ⟨*lat → ital*⟩

Prau, die, _, _e (malaiisches Auslegerboot) ⟨*mal*⟩

Prä|ven|tion [..v..] (*fachspr*; Vorbeugung) ⟨*lat*⟩ · **prä|ven|tiv** (*fachspr*) · **Prä|ven|tiv|krieg** (dem [geplanten od. vermuteten] Angriff des Gegners zuvorkommender Angriffskrieg)

Pra|wda ['pravda], die, _ (sowjet. Tageszeitung, Organ des ZK der KPdSU, 1912 gegründet) ⟨*russ*, ‚Wahrheit'⟩

Pra|xis: 1. die, _ (Ausübung; Tätigkeit, bes. des Arztes u. des Rechtsanwaltes; Erfahrung); *Ggs* Theorie – 2. die, _, ..xen (Gesamtheit der Räume für die Berufsausübung, bes. des Arztes) ⟨*grch → lat*⟩; *vgl. auch* in praxi u. Praktik · **pra|xis‿be|zo|gen**, **...nah**, **...wirksam**

Prä|ze|dens, das, _, ..denzien [..ǐən] *K 53* (früherer Fall, früheres Beispiel) ⟨*lat*⟩ · **Prä|ze|denz|fall**, der (Beispielsfall) · **Prä|ze|denz|strei|tig|keit** (Rangstreitigkeit)

Prä|zes|sion (*Astron*; das Fortschreiten des Frühlingspunktes) ⟨*lat*⟩

Prä|zi|pi|tat, das, _[e]s, _e (*Chem*; Bodensatz, Niederschlag) ⟨*lat*⟩ · **Prä|zi|pi|ta|tion**, die, _ (*Chem*; das Niederschlagen schwebender od. gelöster Stoffe)

prä|zis, *österr nur so*, *od* **prä|zi|se** *K 349* (genau, pünktlich) ⟨*lat → frz*⟩ · **prä|zi|sie|ren** (genau angeben; knapp umreißen) · **Prä|zi|sion** (Genauigkeit; Bündigkeit) · **Prä|zisions‿ar|beit**, **...in|stru|ment**

Pre|del|la, die, _, *Pl* _s *od* ..llen (*Kunstwiss*; Sockel eines Altaraufbaues) ⟨*germ → ital*⟩

pre|di|gen ⟨*lat*⟩ · **Pre|di|ger** · **Pre|di|ger|se|mi|nar** · **Pre|digt**, die, _, _en · **Pre|digt|amt**

Pre|fe|rence [prefe'rã:s], die, _, _n [..s(ə)n] (ein Kartenspiel) ⟨*lat → frz*⟩; *vgl. auch* Präferenz

prei|en, *auch* **an|prei|en** (*seem*; [ein Schiff] anrufen) ⟨*lat → ndrl*⟩

Preis, der, _es, _e (Wert, Geldwert; Belohnung; Lob) ⟨*lat → frz*⟩ · **Preis|ab|bau**, der, _[e]s · **Preis|an|ord|nung**; *Abk* PAO · **Preis|aus|schrei|ben**

Prei|sel|bee|re ⟨*tschech*⟩

prei|sen; du preist *K 354*; ich pries, du priesest; du priesest; gepriesen; preise! *od* preis! ⟨*lat → frz*⟩

Preis|fah|ren, das, _s, _ (*Sport*)

Preis|ga|be, die, _ (*zu* Prise) · **preis|ge|ben**; du gibst preis; preisgegeben; preiszugeben

preis|ge|krönt · **preis|ge|senkt**; _e Ware · **preis|gün|stig** · **preis|ke|geln**; *nur im Inf u. im Part II* (»preisgekegelt«) *gebräuchlich* · **preis|lich** *Adv* (*Wirtsch*; auf den Preis bezüglich) · **Preis|li|ste** · **Preis|nach|laß** · **Preis‿rich|ter**, **...schild** (das) · **Preis|sen|kung** · **preis‿wert**, **...wür|dig** (*gehoben*)

pre|kär (unsicher; ungewiß; mißlich, gefährdet; schwierig) ⟨*lat → frz*⟩

Prell|ball, der, _[e]s (dem Handball ähnliches Sportspiel) · **Prell|bock** · **prel|len** ⟨*zu* prall⟩ · **Prel|ler** · **Prel|le|rei** · **Prell‿schuß**, **...stein**

Pre|mie|re [prə'mǐɛ:rə, *österr* prə'mjɛ:r *od* pre'mjɛ:r], die, _, _n [..rən] (Ur-, Erstaufführung) ⟨*lat → frz*⟩ · **Pre|mier|mi|ni|ster** [prə'mǐe:..], der, _s, _, *kurz* **Premier** [prə'mǐe:], der, _s, _s (Erster Minister, Ministerpräsident, bes. in Großbritannien)

Pres|by|ter, der, _s, _ (*kath Kirche*; Priester – *ev-reform Kirche*; Gemeindevertreter) ⟨*grch → lat*, ‚der Ältere'⟩ · **Pres|by|te|ria|ner**, der, _s, _ (Anhänger der kalvinist. Kirchen in Großbritannien u. Nordamerika) · **pres|by|te|ria|nisch** · **Pres|by|te|rium**, das, _s, ..ien [..ǐən] (*ev-reform Kirche*; Gemeindekirchenrat – *Arch*; Chorraum)

pre|schen *K 354* (*umg*; rennen, eilen)

pres|sant (*noch landsch*; dringlich, eilig) ⟨*lat → frz*⟩ · **Pres|se**: 1. die, _, _n (*kurz für* Druck-, Obst-, Ölpresse usw.) – 2. die, _ (Gesamtheit des Zeitungs- u. Zeitschriftenwesens) · **Pres|se|fest** · **Pres|se|frei|heit**, die, _ · **Pres|se|kon|fe|renz** · **pres|sen**; du preßt *K 354*; du preßtest; gepreßt; presse! *od* preß! · **Pres|se|we|sen**, das, _s · **Preß|form** · **Preß|glas**, das, _es · **pres|sie|ren** (*bes süddt, österr u. schweiz umg*; drängen, treiben; eilig sein); *meist unpersönl* es pressiert · **Pres|sion** (*veraltend*; Druck; Nötigung, Zwang) · **Preß|koh|le** · **Preß|ling** (gepreßtes Stück, bes. Brikett) · **Preß|luft**, die, _ · **Preß‿span**, **...stroh** · **Pres|sung** · **Preß|wurst**

Presti ↑ Presto

Pre|sti|ge [prɛs'ti:ʃ *od* ..'ti:ʒ(ə), *österr* ..'ti:ʒ], das, _s, *österr auch* _ (Ansehen, Geltung) ⟨*lat → frz*⟩

pre|stis|si|mo (*Mus*; äußerst schnell) ⟨*lat → ital*⟩ · **Pre|stis|si|mo**, das, _s, *Pl* _s *od* ..mi (*Mus*) · **pre|sto** (*Mus*; schnell) · **Pre|sto**, das, _s, *Pl* _s *od* ..ti (*Mus*)

Pre|tio|sen, *eindeutschend* **Pre|zio|sen** *Pl* (kostbarer Schmuck, Geschmeide) ⟨*lat*⟩

Pre|to|ria (Regierungssitz von Südafrika [2]) ⟨*nach* dem Burenführer Pretorius⟩

Preu|ße, der, _n, _n · **Preu|ßen** (ehem. Land) · **Preu|ßin**, die, _, ..innen · **preu|ßisch** · **Preu|ßisch|blau** *K 278*; *vgl.* Blau

pre|ziös *K 349* (*noch gehoben*; geziert, geschraubt; kostbar) ⟨*lat → frz*⟩ · **Preziosen** ↑ Pretiosen

Pria|mel, die, _, _n *od* das, _s, _ (*Literaturw*; kurzes, urspr. improvisiertes Spruchgedicht) ⟨*lat*⟩

Pria|mos (*griech Sage*; König von Troja) ⟨*grch*⟩

Pria|pos ⟨*grch*⟩ *od* **Pria|pus** ⟨*grch → lat*⟩ (*griech-röm Mythol*; Gott der Fruchtbarkeit)

Pricke[1], die, _, _n (ein Seezeichen) · **prickeln**[1]; es prickelt · **prickelnd**[1]; *K 115*: am _sten · **pricken**[1] (*landsch*; stechen, durchbohren – *seem*; ein Fahrwasser mit Pricken versehen) · **prick|lig** *K 362*

Priel, der, _[e]s, _e (schmaler Wasserlauf im Watt)

Priem, der, _[e]s, _e (ein Stück Kautabak) ⟨*ndrl*, ‚Pfläumchen'⟩ · **prie|men** (Tabak kauen) · **Priem|ta|bak**

Prieß|nitz|um|schlag *K 209* (*Med*) ⟨*nach* dem Naturheilkundigen⟩

Prie|ster, der, _s, _ ⟨*grch → lat*⟩. *Zus K 365 ff.*: Priester‿weihe usw. · **Prie|ste|rin**, die, _, ..innen · **prie|ster|lich** · **Prie|ster|tum**, das, _[e]s

Prig|nitz, die, _ (Landsch. im NW der DDR)

Prim: 1. die, _, _en (ein Fechthieb – *kath Kirche*; Morgen-

---

[1] *Tr* ..k|k..

gebet) – 2. ↑ Prime (2) ⟨*lat*⟩ · **pri|ma** *nichtdeklinierbar* (*umg*; hervorragend, ausgezeichnet) ⟨*lat* → *ital*⟩; ein prima Tee · **Pri|ma,** die, –, ..men (*bürgerl Staat*; Bez. für eine Klasse der höheren Schule) ⟨*lat*, ‚die Erste'⟩ · **Pri|ma|bal|le|ri|na,** die, –, ..nen (erste Tänzerin eines Balletts) ⟨*ital*, ‚erste Tänzerin'⟩ · **Pri|ma|don|na,** die, –, ..nnen (*Theat*; Hauptdarstellerin, erste Sängerin) ⟨‚erste Dame'⟩ · **Pri|ma|ner,** der, –s, – (*bürgerl Staat*; Schüler der Prima) ⟨*lat*⟩

pri|mär (die Grundlage bildend; ursprünglich, anfänglich; erst...) ⟨*lat* → *frz*⟩ · **Pri|mar|arzt,** der, –es, ..ärzte, *kurz* **Pri|mar,** der, –s, –e *od* **Pri|ma|rius,** der, –, *Pl* ..rien [..iən] *od* ..rii [..ri:i:] (*österr*; Chefarzt in einem Krankenhaus); *Abk* Prim. ⟨*lat*⟩ · **Pri|mar|ärz|tin,** die, –, ..innen, *kurz* **Pri|ma|ria,** die, –, ..riae [..riɛ:] (*österr*; Chefärztin in einem Krankenhaus); *Abk* Prim. · **Primarius:** 1. ↑ Primgeiger – 2. ↑ Primararzt · **Pri|mär|roh|stoff** · **Pri|mar|schu|le** (*schweiz*; Grundschule) · **Pri|mär|strom** (*Elektrotechn*)

Pri|mas ⟨*lat*⟩: 1. der, –, *Pl* ..asse *od* ..aten (*kath Kirche*; oberster Bischof eines Landes) – 2. *od* **Pri|más** [..ma:ʃ] ⟨*lat* → *ung*⟩, der, – (Vorgeiger einer Zigeunerkapelle)

Pri|mat: 1. das *od* der, –[e]s, –e (Vorrang, bevorzugte Stellung, Vorrecht) – 2. der *od* das, –[e]s, –e (Vorrang des Papstes als Oberhaupt der röm.-kath. Kirche) ⟨*lat*⟩ · **Pri|ma|ten** *Pl*: 1. (*Zool*; Herrentiere, eine Ordnung der Säugetiere); *Sg* Pri|mat, der, –en – 2. ↑ Primas (1) · **Pri|ma|wech|sel** (*Bankw*; erste Ausfertigung eines Wechsels) ⟨*lat* → *ital*⟩

Pri|me, die, –, –n: 1. (*Polygr*; Signatur auf der ersten Seite des Druckbogens) – 2. *österr* **Prim,** die, –, –en (*Mus*; erster Ton der diaton. Tonleiter; Intervall im Einklang) ⟨*lat*⟩ · **Pri|mel,** die, –, –n (eine Frühjahrsblume) · **Primen** ↑ Prim, Prima, Prime · **Prim|gei|ger** ⟨*lat* → *ital*⟩ *od* **Pri|ma|rius** ⟨*lat*⟩, der, –, *Pl* ..rien [..iən] *od* ..rii [..ri:i:] (erster Geiger im Streichquartett)

Primi ↑ Primus · **Primi inter pares** ↑ Primus inter pares · **pri|mi|tiv** (urzuständlich, ursprünglich; einfach, dürftig) ⟨*lat*⟩ · **Pri|mi|ti|ve** [..v..], der *u.* die, –n, –n *K 341* (Angehörige[r] der auf niederer Stufe der gesellschaftlich-kulturellen Entwicklung stehenden Stämme, Völker u. ä.) · **Pri|mi|ti|vi|tät,** die, – **Pri|mo|ge|ni|tur,** die, –, –en (*Rechtsw hist*; Erb- u. Nachfolgerecht des erstgeborenen Sohnes)

Pri|mus, der, –, *Pl* ..mi *od*, *österr meist*, ..usse (*veraltend*; Klassenerster) ⟨*lat*⟩ · **Pri|mus in|ter pa|res** [– – ..re:s] *K 47*, der, – – –, *Pl* ..mi – – (der Erste unter [den im Rang] Gleichen) · **Prim|zahl** (*Math*; nur durch 1 u. durch sich selbst teilbare Zahl)

Principe ↑ São Tomé und Príncipe

Prin|te, die, –, –n, *meist Pl* (stark gewürzter Lebkuchen) ⟨*lat* → *ndrl*, *zu* prenten ‚drucken', ‚prägen'⟩; Aachener Printen

Prin|ted in ... ['printid –] (*Buchw*; gedruckt in ... [Herkunftsbez. für Druckerzeugnisse]); Printed in the German Democratic Republic ['printid in ðə 'dʒœ:rmən dɛmə,krɛtik ri'pablik] (in der Deutschen Demokratischen Republik gedruckt) ⟨*engl*⟩

Prinz, der, –en, –en ⟨*lat* → *frz*⟩

Prinz-Edu|ard-In|sel *K 213*, die, – (vor der Ostküste Nordamerikas)

Prin|zeß, die, –, ..essen (*veraltet*; Prinzessin) · **Prin|zes|sin,** die, –, ..innen · **Prin|zeß|kleid** · **Prinz|ge|mahl** *K 190* (Ehemann einer regierenden Herrscherin) · **Prin|zip,** das, –s, *Pl* ..ien [..iən], *auch* –e (Ursprung; Grundlage; Grundsatz, Regel) ⟨*lat*, ‚Anfang'⟩. *Zus K 365ff.*: Prinzipien‿frage usw. · **Prin|zi|pal:** 1. der, –s, –e (*veraltet*; Lehrherr; Geschäftsinhaber) – 2. das, –s, –s (*Mus*; ein Orgelregister) · **Prin|zi|pal|gläu|bi|ger** (Hauptgläubiger) · **Prin|zi|pat,** das, *auch* der, –[e]s, –e (*veraltet*; Vorrang) · **prin|zi|piell** (grundsätzlich) ⟨*lat* → *frz*⟩ · **prin|zi|pien|fest** [..iən..] ⟨*lat*⟩ · **Prin|zi|pien|fe|stig|keit** · **prinz|lich** ⟨*lat* → *frz*⟩ · **Prinz|re|gent** *K 190* (die Regentschaft [stellvertretend] führendes Mitglied eines Herrscherhauses)

Pri|or, der, –s, ..oren (*kath Kirche*; Vorsteher eines [kleineren] Klosters) ⟨*lat*⟩ · **Prio|rat,** das, –[e]s, –e (*kath Kirche*; Amt, Würde eines Priors) · **Prio|rin** [pri'o:rin *od* 'pri:o:rin], die, –, ..innen (*kath Kirche*) · **Prio|ri|tät** (Vorrang, Vor[zugs]recht, Erstrecht; zeitl. Vorhergehen)

Pris|chen (kleine Prise [Tabak u. a.]) · **Pri|se,** die, –, –n (kleine Menge, die man mit zwei Fingern greifen kann – *Seew*; [im Krieg] erbeutetes Handelsschiff od. Handelsgut) ⟨*lat* → *frz*⟩ · **Pri|sen|ge|richt** (*Seew*)

Pris|ma, das, –s, ..men (*Geom*; Polyeder – *Opt*; Licht-, Strahlenbrecher) ⟨*grch*⟩ · **pris|ma|tisch** (prismenförmig) · **Pris|ma|to|id,** das, –[e]s, –e (*Geom*; prismaähnl. Körper) · **pris|ma|to|i|disch** (*Geom*) · **Pris|men|glas,** *Pl* ..gläser (*Opt*)

Prit|sche, die, –, –n (hölzerne Lagerstätte; leichtes Schlaggerät) ⟨*zu* Brett⟩ · **prit|schen** *K 354* (*Sport*) · **Prit|schen|wa|gen**

pri|vat [..v..] (persönlich; nicht öffentlich; außeramtlich; vertraulich) ⟨*lat*⟩ · **Pri|vat|ei|gen|tum** · **pri|va|tim** *Adv* (*veraltend*; nichtamtlich; vertraulich; für sich allein) · **Pri|vat|in|ter|es|se** · **pri|va|tis|si|me** [..me:] (*veraltend*; im engsten Kreise; streng vertraulich) · **Pri|va|tis|si|mum,** das, –s, ..ma (*veraltend*; Vorlesung für einen kleinen Hörerkreis) · **Pri|vat|mann,** *Pl* ..männer *od* ..leute · **pri|vat|recht|lich** · **Pri|vat|un|ter|richt** · **Pri|vi|leg,** das, –[e]s, –ien [..iən] (Vorrecht, Sonderrecht) · **pri|vi|le|gie|ren**

pro (1. für [*Ggs* kontra] – 2. je) ⟨*lat*⟩; – Stück · **Pro,** das, – (das Für); *Ggs* Kontra; das Pro und [das] Kontra (das Für und [das] Wider)

pro|ba|bel (*veraltet*; wahrscheinlich; annehmbar) ⟨*lat*⟩; *K 363*: proba|ble Gründe · **Pro|ba|bi|lis|mus,** der, – (unwissenschaftl. philosoph. Lehre, daß Erkenntnis nur bis zur Wahrscheinlichkeit möglich sei; eine Richtung der kathol. Moraltheologie) · **Pro|ba|bi|li|tät** (*Philos*; Wahrscheinlichkeit) · **Pro|band,** der, –en, –en (Prüfling, Versuchsperson) · **pro|bat** (erprobt; bewährt) · **Pröb|chen** · **Pro|be,** die, –, –n · **Pro|be‿be|trieb, ...druck** (*Pl* ..drucke) · **pro|be|lau|fen;** *nur im Inf u. im Part II* (»probegelaufen«) *gebräuchlich* · **prö|beln** *K 363* (*schweiz*; herumprobieren) · **pro|ben** · **pro|be|schrei|ben;** *Konjugation vgl.* probelaufen · **pro|be|sin|gen;** *Konjugation vgl.* probelaufen · **pro|be|wei|se** *K 176* · **pro|bie|ren** (prüfen, kosten; versuchen) · **Pro|bier|stu|be**

Pro|blem, das, –s, –e ⟨*grch* → *lat*⟩ · **Pro|ble|ma|tik,** die, – (Schwierigkeit; Fraglichkeit) · **pro|ble|ma|tisch** · **pro|ble|ma|ti|sie|ren**

Probst|zel|la (Ort im Bez. Gera)

Pro|de|kan (Vertreter des [1]Dekans [1]) ⟨*lat*⟩

pro do|mo (in eigener Sache; für sich) ⟨*lat*, ‚für das [eigene] Haus'⟩; pro domo reden

Pro|dukt, das, –[e]s, –e (Erzeugnis; Ertrag; Ergebnis [einer Multiplikation]) ⟨*lat*⟩ · **Pro|duk|tion** · **Pro|duk|tions|ge|nos|sen|schaft;** – des Handwerks (*Abk* PGH); *K 119*: gärtnerische Produktionsgenossenschaft (*Abk* GPG), landwirtschaftliche Produktionsgenossenschaft (*Abk* LPG), *aber mit Namenszusatz K 259*: Gärtnerische Produktionsgenossenschaft ..., Landwirtschaftliche Produktionsgenossenschaft ... · **Pro|duk|tions|in|stru|men|te** *Pl* (*polit Ök*) · **Pro|duk|tions|mit|tel** *Pl* (*polit Ök*) · **Pro|duk|tions|pro|fil** · **Pro|duk|tions|ver|hält|nis|se** *Pl* (*polit Ök*; die Beziehungen der Menschen im gesellschaftl. Produktionsprozeß) · **pro|duk|tiv** (schöpferisch; ergiebig) · **Pro|duk|ti|vi|tät** [..v..], die, _ · **Pro|duk|tiv|kräf|te** [..f..] *Pl* (*polit Ök*) · **Pro|du|zent** (Hersteller, Erzeuger) · **pro|du|zie|ren;** sich (*Akk*) _ (*umg*; sich vorführen, sich sehen lassen)

pro|fan (weltlich; alltäglich) ⟨*lat*⟩ · **Pro|fan|bau,** *Pl* ..bauten (*Arch*; nichtkirchl. Bauwerk) · **pro|fa|nie|ren** (entweihen) · **Pro|fa|nie|rung,** *auch* **Pro|fa|na|tion** (Entweihung)

Pro|feß (*kath Kirche*): 1. der, ..essen, ..essen (Ordensmitglied, das das Gelübde abgelegt hat) – 2. die, _, ..esse (Ablegung der Ordensgelübde) ⟨*lat*⟩ · **Pro|fes|sion** (Beruf; Gewerbe; Handwerk) · **pro|fes|sio|nell** (beruflich) ⟨*lat* → *frz*⟩ · **Pro|fes|sio|nist** (*österr*; Handwerker) · **Pro|fes|sor,** der, _s, ..oren (Hochschullehrer; Ehrentitel für verdiente Wissenschaftler, Künstler, Lehrer – *österr auch für* Mittelschullehrer); *Abk* Prof. ⟨*lat*⟩ · **Pro|fes|so|ren|aus|tausch** · **pro|fes|so|ren|mä|ßig** · **Pro|fes|so|rin,** die, _, ..innen · **Pro|fes|sur,** die, _, _en (Lehrstuhl, -amt eines Professors) · **Pro|fi,** der, _s, _s (Berufssportler) ⟨*aus engl* professional [prəˈfɛʃ(ə)nəl], ‚berufsmäßig'⟩

Pro|fil, das, _s, _e (Seitenansicht; Längs- od. Querschnitt; Umriß; Aufriß; Aufgabenstellung, Arbeitsgebiet) ⟨*lat* → *ital u. frz*⟩. *Zus K 365ff.*: Profil‿stahl usw. · **pro|fi|lie|ren** (der Oberfläche eines Gegenstandes eine bestimmte Form geben – *übertr*; [die Aufgaben, das Arbeitsgebiet] genau umreißen) · **pro|fi|liert** (gerillt, geformt – *übertr*; hervorstechend, markant) · **Pro|fi|lie|rung** · **pro|fil|los;** *vgl.* ..los

Pro|fit, der, _[e]s, _e (Vorteil, Nutzen; Kapitalgewinn) ⟨*lat* → *frz*⟩ · **pro|fi|ta|bel** (*veraltend*; vorteilhaft, gewinnbringend, einträglich); *K 363*: ein profita|bles Geschäft · **pro|fi|tie|ren** · **Pro|fit|jä|ger** (*abwert*)

pro for|ma (der Form wegen, zum Schein) ⟨*lat*⟩

Pro|fos, der, *Gen* _es, *Pl* _e *od Gen* _en, *Pl* _en (*hist*; Verwalter der militär. Gerichtsbarkeit) ⟨*lat* → *frz* → *ndrl*⟩

pro|fund (tief[gründig]; gründlich) ⟨*lat*⟩; _es Wissen

pro|fus *K 349* (*bes Med*; übermäßig; stark) ⟨*lat*⟩

Pro|gno|se, die, _, _n ([wissenschaftl.] Voraus-, Vorhersage) ⟨*grch*⟩ · **Pro|gno|stik,** die, _ (die Erforschung künftiger Entwicklungen in Wirtschaft, Wissenschaft, Technik usw.) · **pro|gno|stisch** · **pro|gno|sti|zie|ren** (voraussagen) ⟨*grch* → *lat*⟩

Pro|gramm, das, _s, _e (Arbeits-, Ablaufplan [für die Datenverarbeitung]; Darlegung von [parteipolit.] Grundsätzen; Ankündigung; Reihenfolge) ⟨*grch* → *lat*⟩ · **pro|gramm|mä|ßig** [*Tr* pro|gramm|mä|ßig *K 78*] · **pro|gram|ma|tisch** (dem Programm gemäß; richtungweisend) · **pro|gramm|ge|mäß** · **pro|gramm|ge|steu|ert** (*Datenv*; automat. gesteuert); _e Maschinen · **pro|gram|mie|ren** (*Datenv*) · **Pro|gram|mie|rer** (*Datenv*; Fachmann, der Programme für Datenverarbeitungsanlagen erarbeitet) · **Pro|gram|mier|spra|che** (*Datenv*) · **Pro|gram|mie|rung** (*Datenv*) · **Programmusik** [*Tr* Pro|gramm|mu|sik *K 78*], die, _

Pro|greß, der, ..esses, ..esse (Fortschritt; Fortgang) ⟨*lat*⟩ · **Pro|gres|sion** (das Fortschreiten, Stufenfolge – *Math*; Aufeinanderfolge von Zahlen); arithmetische _, geometrische _ (*Math*) · **pro|gres|siv** (fortschreitend, sich entwickelnd; fortschrittlich); _e [..v..] Paralyse (*Med*; syphilit. Entartung des Hirns) · **Pro|gres|siv|steu|er,** die (*kap Wirtsch*)

Pro|hi|bi|tion (Alkoholverbot) ⟨*lat*⟩ · **Pro|hi|bi|tio|nist** · **pro|hi|bi|tiv** (verhindernd, verbietend; vorbeugend) · **Pro|hi|bi|tiv|zoll,** *Pl* ..zölle (Schutzzoll)

Pro|jekt, das, _[e]s, _e (Plan; Vorhaben, Absicht) ⟨*lat*⟩ · **Pro|jek|tant** (Auftragnehmer [z. B. Betrieb], der bautechn., technolog. od. organisator. Projekte erarbeitet) · **pro|jek|tie|ren** · **Pro|jek|tie|rung** · **Pro|jek|til,** das, _s, _e (Geschoß, Flugkörper) ⟨*lat* → *frz*⟩ · **Pro|jek|tion** (Entwurf; Darstellung auf einer Fläche) ⟨*lat*⟩ · **Pro|jek|tor,** der, _s, ..oren *od* **Pro|jek|tions|ap|pa|rat** (Lichtbildwerfer) · **pro|ji|zie|ren** (auf einer Fläche darstellen; mit dem Bildwerfer vorführen)

Pro|kla|ma|tion (öffentl. Bekanntmachung; feierl. Verkündigung; Aufruf) ⟨*lat* → *frz*⟩ · **pro|kla|mie|ren**

Pro|kli|se, die, _, _n (*Sprachw*; Anlehnung eines Wortes an das folgende Wort unter Verlust des Eigentones) ⟨*grch*⟩ · **Pro|kli|ti|kon,** das, _s, *Pl* ..ken *od* ..ka (*Sprachw*; das sich anlehnende Wort bei der Proklise) · **pro|kli|tisch** (*Sprachw*)

Pro|kon|sul, der, _s, _n (ehem. Konsul, Provinzstatthalter im alten Rom) ⟨*lat*⟩

Pro|kopf|ver|brauch (*K 192*), *auch* **Pro-Kopf-Ver|brauch** (*K 188*)

Pro|kru|stes|bett, das, _[e]s (Schema, in das etw. mit Gewalt hineingezwängt werden soll) ⟨*nach* dem Folterbett des Prokrustes der griech. Sage⟩

Prokt|al|gie, die, _, ..ien (*Med*; Mastdarm-, Afterschmerz) ⟨*grch*⟩ · **Prok|ti|tis,** die, _ (*Med*; Mastdarmentzündung)

Pro|ku|ra, die, _, ..ren (*kaufm*; einem Angestellten erteilte handelsrechtl. Vollmacht) ⟨*lat* → *ital*⟩; *vgl. auch* per procura · **Pro|ku|ra|tion** (*kaufm*; Auftragsbesorgung) ⟨*lat*⟩ · **Pro|ku|ra|tor,** der, _s, ..oren (*hist*; Statthalter im röm. Reich; einer der höchsten Staatsbeamten der Republik Venedig) · **Pro|ku|rist** (*kap Wirtsch*; Inhaber einer Prokura) ⟨*lat* → *ital*⟩. *Zus K 365ff.*: Prokuristen‿stelle usw.

Pro|ky|on, der, _[s] (ein Stern) ⟨*grch*⟩

Pro|laps [*od* ˈpro:..], der, _es, _e (*Med*; Vorfall eines Organs) ⟨*lat*⟩

Pro|le|go|me|na *Pl* (*Wissensch*; einleitende Vorbemerkungen; Vorwort; Einführung); *Sg* Pro|le|go|menon, das, _s ⟨*grch*⟩

Pro|lep|se, die, _, _n (*Stilistik*; Vorwegnahme eines Satzgliedes) ⟨*grch*⟩ · **pro|lep|tisch** (*Stilistik*; vorgreifend, vorwegnehmend)

Pro|let, der, _en, _en (*veraltend*; Proletarier) ⟨*lat*⟩ · **Pro|le|ta|riat,** das, _[e]s (Klasse der Lohnarbeiter, Arbeiterklasse) · **Pro|le|ta|rier** [..iər], der, _s, _ (Angehöriger des Proletariats – *Antike*; besitzlos gewordene, ursprünglich plebejische Bauern u. Bürger im alten Rom) · **pro|le|ta|risch;** _e Revolution; _er Internationalismus · **pro|le|ta|ri|sie|ren** (*veraltend*; zu Proletariern machen)

Pro|log, der, _[e]s, _e (Einleitung, Vorrede, Vorspruch; Vorspiel) ⟨*grch* → *lat*⟩

Pro|lon|ga|tion (*Wirtsch*; Verlängerung, Aufschub, Stundung) ⟨*lat*⟩. *Zus K 365ff.*: Prolongations‿wechsel usw. · **pro|lon|gie|ren** (*Wirtsch*)

pro me|mo|ria (zum Gedächtnis, zur Erinnerung); *Abk* p. m. ⟨*lat*⟩

Pro|me|na|de (Spazierweg – *veraltet*; Spaziergang) ⟨*lat* → *frz*⟩; *in Straßennamen* ↑ *K 249ff. Zus K 365ff.*: Promenaden‿anlage usw. · **pro|me|nie|ren** (*gehoben*; spazierengehen)

pro|me|the|isch *K 218* (himmelstürmend, titanenhaft); ‿es Ringen · **Pro|me|theus** [*od* ..ˈtɔys] (*griech Sage*; Sohn eines Titanen, der den Menschen das Feuer brachte) · **Pro|me|thium,** das, ‿s (künstl. radioaktives chem. Element, Metall); *Zeichen* Pm ⟨*nach* Prometheus⟩

Pro|mil|le [*österr* ..ˈmil], das, ‿[s], ‿ (ein Teil von Tausend, ein Tausendstel); *Zeichen* ‰ ⟨*lat*, *aus* pro mille ‚für tausend'⟩; 5 Promille (*K 308*) *od* 5 ‰ · **Pro|mil|le|satz** (Vomtausendsatz)

pro|mi|nent (hervorragend, bedeutend) ⟨*lat*⟩ · **Pro|mi|nen|te,** der *u.* die, ‿n, ‿n *K 341* (hervorragende, bedeutende Persönlichkeit) · **Pro|mi|nenz,** die, ‿ (hervorragende Bedeutung; Gesamtheit der Prominenten)

Pro|mis|kui|tät, die, ‿ (Geschlechtsverkehr mit häufig wechselnden Partnern) ⟨*lat*, ‚Vermischung'⟩

Pro|mo|tion (Verleihung der Doktorwürde) ⟨*lat*⟩; Promotion A (Verleihung des akadem. Grades »Doktor eines Wissenschaftszweiges«); Promotion B (Verleihung des akadem. Grades »Doktor der Wissenschaften«); *vgl.* Dr. *u.* Dr. sc. ... *im Abkürzungsverzeichnis* · **Promo|vend** [..v..], der, ‿en, ‿en (jmd., der sich um die Doktorwürde bewirbt, dem die Doktorwürde verliehen wird) · **pro|mo|vie|ren** (die Doktorwürde verleihen, erlangen); ich habe promoviert; ich bin [von, an der (philosoph.) Fakultät] promoviert [worden]

prompt (bereit; schlagfertig; pünktlich; sofort; rasch) ⟨*lat*⟩ · **Prompt|heit,** die, ‿

Pro|no|men, das, ‿s, *Pl* ‿ *od* ..mina (*Gramm*; Fürwort); *Abk* Pron. ⟨*lat*⟩ · **Pro|no|mi|nal|ad|verb** (*Gramm*; Umstandsfürwort)

pro|non|cie|ren [..nɔ̃ˈsiː..] (deutlich aussprechen; stark betonen) ⟨*lat* → *frz*⟩

Pro|ömium, das, ‿s, ..ien [..ǐən] (*Literaturw*; Vorrede; Einleitung) ⟨*grch* → *lat*⟩

Pro|pä|deu|tik, die, ‿ (*Wissensch*; Vorunterweisung, vorbereitende Einführung; Vorübung, Einleitung) ⟨*grch*⟩ · **Pro|pä|deu|ti|kum,** das, ‿s, ..ka (*schweiz*; medizin. Vorprüfung) ⟨*grch* → *lat*⟩ · **pro|pä|deu|tisch** (*Wissensch*; vorbereitend, einführend) ⟨*grch*⟩

Pro|pa|gan|da, die, ‿ (systematische Verbreitung u. Erklärung von Ideen, Lehren, Anschauungen, polit. Theorien; Werbetätigkeit) ⟨*lat*⟩ · **Pro|pa|gan|dist** · **pro|pa|gan|distisch** · **pro|pa|gie|ren** ([polit. Ideen] verbreiten; für etw. werben) · **Pro|pa|gie|rung**

Pro|pan, das, ‿s (*Chem*; ein Alkan; Brenn- u. Treibstoff) ⟨*grch*⟩. *Zus K 365ff.*: Propan‿gas usw. · **Propanon** ↑ Azeton

Pro|par|oxy|to|non, das, ‿s, ..tona (*Sprachw*; ein auf der drittletzten Silbe betontes Wort) ⟨*grch*⟩

Pro|pel|ler, der, ‿s, ‿ (Luft-, Schiffsschraube) ⟨*lat* → *engl*⟩. *Zus K 365ff.*: Propeller‿flügel usw.

Pro|pen *od* **Pro|py|len,** das, ‿s (*Chem*; ein gasförmiges Alken) ⟨*grch* + *lat*⟩

pro|per (sauber, nett, ordentlich) ⟨*lat* → *frz*⟩ · **Pro|per|ge|schäft** (*Wirtsch*; Geschäft auf eigene Rechnung)

Pro|phet, der, ‿en, ‿en (Seher, Mahner; Verkünder [einer Religion]) ⟨*grch* → *lat*⟩ · **Pro|phe|tie,** die, ‿, ..ien (*gehoben*; Weissagung) · **Pro|phe|tin,** die, ‿, ..innen · **pro|phe|tisch;** ‿ste · **pro|phe|zei|en** (weis-, voraussagen); du hast prophezeit · **Pro|phe|zei|ung**

Pro|phy|lak|ti|kum, das, ‿s, ..ika (*Pharmakol*; vorbeugendes Mittel) ⟨*grch* → *lat*⟩ · **pro|phy|lak|tisch** (*Med*; vorbeugend, verhütend) · **Pro|phy|la|xe,** die, ‿, ‿n (*Med*; Vorbeugung; Krankheitsverhütung) ⟨*grch*⟩

Propontis ↑ Marmarameer

Pro|por|tion (Größen-, Maßverhältnis; Eben-, Gleichmaß – *Math*; Verhältnisgleichung) ⟨*lat*⟩. *Zus K 365ff.*: Proportions‿gleichung (*Math*) usw. · **pro|por|tio|nal** (verhältnismäßig; in gleichem Verhältnis stehend); *Zeichen* (*Geom*) ~ · **Pro|por|tio|na|le,** die, ‿[n], ‿n (*Math*; Glied einer Verhältnisgleichung); mehrere ‿[n] *K 343* · **Propor|tio|na|li|tät** (Verhältnismäßigkeit, richtiges Verhältnis) · **Pro|portio|nal|wahl** (*bürgerl Staat*; Verhältniswahlsystem); *vgl. auch* Proporz *u.* Proporzwahl · **pro|por|tionell** (*österr*; dem Proporz entsprechend) ⟨*lat* → *frz*⟩ · **pro|por|tioniert** (in richtigem Verhältnis stehend; wohlgestaltet) ⟨*lat*⟩ · **Proporz,** der, ‿es, ‿e: 1. (*österr*; Verteilung der Mandate, Ämter usw. nach dem Stimmenverhältnis bei der Proportionalwahl) – 2. *österr u. schweiz Kurzw* (Proportionalwahl) · **Pro|porz|wahl** *österr u. schweiz Kurzw* (Proportionalwahl)

Pro|prä|tor, der, ‿s, ..oren (ehem. Prätor im alten Rom, der Provinzstatthalter wurde) ⟨*lat*⟩

Propst, der, ‿es, ..öpste (*kath Kirche*; Vorsteher eines Domkapitels – *ev Kirche*; Superintendent) ⟨*lat*, ‚Vorgesetzter'⟩ · **Prop|stei** (Amt eines Propstes) · **Pröp|stin,** die, ‿, ..innen (*ev Kirche*)

Pro|pyl, das, ‿s, ‿e (*Chem*; ein Alkyl) ⟨*grch*⟩

Pro|py|lä|en *Pl* (*Arch*; Tempelvorhalle – *übertr*; Zugang) ⟨*grch* → *lat*⟩

Propylen ↑ Propen

Pro|rek|tor, der, ‿s, ‿en (Stellvertreter eines Rektors; Leiter eines Prorektorats) ⟨*lat*⟩ · **Pro|rek|to|rat,** das, ‿[e]s, ‿e (Amt eines Prorektors)

Pro|sa, die, ‿ (Sprache in ungebundener Form – *übertr*; Alltägliches, Nüchternes) ⟨*lat*⟩. *Zus K 365ff.*: Prosa‿werk usw. · **Pro|sai|ker,** der, ‿s, ‿ (*oft abwert*; nüchterner Mensch) · **pro|sa|isch** (in Prosa abgefaßt – *übertr*; nüchtern, alltäglich); ‿ste · **Pro|sa|ist,** der, ‿en, ‿en (Prosaschriftsteller)

Pro|sek|tor [*od* ..ˈzɛk..], der, ‿s, ..oren (*Med*; leitender Arzt einer Prosektur od. Arzt, der Leichenöffnungen vornimmt) ⟨*lat*, ‚Vorschneider'⟩ · **Pro|sek|tur,** die, ‿, ‿en (*Med*; anatom. u. patholog. Abteilung eines Krankenhauses)

Pro|se|lyt, der, ‿en, ‿en (Neubekehrter, Übergetretener) ⟨*grch*⟩ · **Pro|se|ly|ten|ma|cher** (*abwert*; jmd., der einen Andersgläubigen in aufdringl. Weise für seine Anschauung gewinnen will)

Pro|se|mi|nar, das, ‿s, ‿e (Vorseminar, einführendes Seminar) ⟨*lat*⟩

Pro|ser|pi|na (*röm Mythol*; Göttin der Unterwelt) ⟨*grch* → *etrusk* → *lat*⟩

pro|sit! *od* **prost!** (wohl bekomm's!) ⟨*lat*, ‚es möge nützen'⟩ · **Pro|sit,** das, ‿s, ‿s *od* **Prost,** das, ‿es, ‿e

pro|skri|bie|ren (ächten, bannen) ⟨*lat*⟩ · **Pro|skrip|tion**

Pro|so|die, die, ‿, ..ien, *österr nur so, auch* **Pro|so|dik,** die, ‿, ‿en (Lehre von der Behandlung u. Messung der Sprache im Vers; Sammelbez. für alle sprachl.-artikulatorischen Erscheinungen neben dem Laut, z. B. Tonhöhe, Sprechtempo, -pausen) ⟨*grch* → *lat*⟩ · **pro|sodisch** (*Metrik*, *Sprachw*, *Mus*)

Pro|spekt, der, *österr auch* das, ‿[e]s, ‿e (Ansicht [von Gebäuden, Straßen u. a.]; Bühnenhintergrund;

Ankündigung, Werbeschrift; Preisliste) ⟨*lat*⟩ · **pro|spek|tiv** (der Aussicht nach)

pro|spe|rie|ren [..sp..] (*bes Wirtsch*; gedeihen, vorankommen) ⟨*lat*⟩ · **Pro|spe|ri|tät,** die, _ (das Gedeihen; Wohlstand – *kap Wirtsch*; Aufschwungsphase im Krisenzyklus; Wirtschaftsblüte)

prost! usw. ↑ prosit! usw.

Pro|sta|ta, die, _ (*Med*; Vorsteherdrüse) ⟨*grch* → *lat*⟩

pro|sti|tu|ie|ren (bloßstellen, preisgeben) ⟨*lat* → *frz*⟩; sich (*Akk*) _ · **Pro|sti|tu|ier|te,** die, _n, _n *K 341* (Frau, die Prostitution betreibt) · **Pro|sti|tu|tion,** die, _ (Geschlechtsverkehr gegen Entgelt – *übertr*; bedenkenloser Verkauf von Körper u. Gesinnung)

Pro|stra|tion (*Med*; hochgradige Erschöpfung) ⟨*lat*, ‚Niederwerfung'⟩

Pro|sze|nium, das, _s, ..ien [..ĭən] (*Theat*; vorderster Teil der Bühne) ⟨*grch* → *lat*⟩ · **Pro|sze|niums|lo|ge** [..lo:ʒə] (*Theat*; Bühnenloge)

Prot|ago|nist (*altgriech Theat*; erster Schauspieler – *übertr*; Vorkämpfer) ⟨*grch*⟩

Prot|ak|ti|nium, das, _s (radioaktives chem. Element, Metall); *Zeichen* Pa ⟨*grch* → *lat*⟩

Pro|te|gé [..'ʒe:], der, _s, _s (*veraltend, oft abwert*; Schützling; Günstling) ⟨*lat* → *frz*⟩ · **pro|te|gie|ren** [..'ʒi:..] (*veraltend, oft abwert*)

Pro|te|ide *Pl* (*Biochem*; zusammengesetzte Eiweißstoffe); *Sg* Pro|te|id, das, _s ⟨*grch*⟩ · **Pro|te|ine** *Pl* (*Biochem*; einfache Eiweißstoffe); *Sg* Pro|te|in, das, _s ⟨*grch* + *lat*⟩

pro|te|isch (wandelbar, wetterwendisch, unzuverlässig) ⟨*nach* der griech. Sagengestalt Proteus⟩

Pro|tek|tion (*oft abwert*; Gönnerschaft; Förderung – *veraltend*; Schutz) ⟨*lat*⟩ · **Pro|tek|tio|nis|mus,** der, _ (schutzzöllnerische Wirtschaftspolitik) · **Pro|tek|tio|nist** (*Wirtsch*) · **Pro|tek|tor,** der, _s, ..oren (Beschützer, Förderer; Ehrenvorsitzender – *bürgerl Staat*; Vertreter einer Protektoratsmacht in dem von ihr abhängigen Land – *Techn*; Lauffläche eines Luftreifens) · **Pro|tek|to|rat,** das, _[e]s, _e (Beschützeramt; Schutzherrschaft; Ehrenvorsitz; imperialist. Willkürherrschaft über abhängige Staaten; Gebiet eines derart abhängigen Staates)

Pro|te|ro|zoi|kum ⟨*grch* → *lat*⟩, das, _s, *auch* **Al|gon|kium** ⟨*nach* den Algonkinindianern⟩, das, _s (*Geol*; jüngerer Abschnitt des Präkambriums) · **pro|te|ro|zo|isch,** *auch* **al|gon|kisch** (*Geol*)

Pro|test, der, _es, _e (Einspruch, Widerspruch) ⟨*lat* → *ital*⟩; zu _ gehen (*von Wechseln gesagt*) · **Pro|te|stant** (Anhänger der lutherischen od. der reformierten Kirche) ⟨*lat*⟩ · **pro|te|stan|tisch;** *Abk* prot. · **Pro|te|stan|tis|mus,** der, _ · **pro|te|stie|ren** (Einspruch erheben) ⟨*lat* → *frz*⟩; Wechsel _ (*Wirtsch*; Nichtzahlung od. -annahme rechtzeitig vorgelegter Wechsel beurkunden)

Pro|teus [*od* ..'tɔys] (*griech Sage*; Meergreis, Diener Poseidons) ⟨*grch*⟩

Pro|the|se, die, _, _n (künstliches Glied; Zahnersatz) ⟨*grch*⟩ · **pro|the|tisch** (ersetzend)

Pro|ti|sten *Pl* (*Biol*; Urtierchen) ⟨*grch*⟩

pro|to|gen (*Geol*; am Fundort entstanden, urzeitlich) ⟨*grch*⟩

Pro|to|kla|se, die, _ (*Geol*; Zertrümmerung von Magmagestein durch tekton. Druck) ⟨*grch*⟩; *vgl. auch* Kataklase

Pro|to|koll, das, _s, _e (Niederschrift; Vernehmungs-, Verhandlungsbericht; Gesamtheit der Bestimmungen über diplomat. Zeremoniell) ⟨*grch* → *lat*⟩; zu _ geben · **Pro|to|kol|lant** (Schriftführer bei Sitzungen) · **pro|to|kol|la|risch** (durch Protokoll festgelegt) · **Pro|to|koll|füh|rer** · **pro|to|kol|lie|ren**

Pro|ton, das, _s, ..onen (*Kernphys*; Wasserstoffkern) ⟨*grch*⟩

Pro|to|phy|ten *Pl* (*Bot*; einzellige Pflanzen); *Sg* Pro|to|phy|te, die, _ ⟨*grch*⟩

Pro|to|plas|ma, das, _s (*Biol*; die lebende Substanz aller Zellen) ⟨*grch*, ‚Urgebilde'⟩

Pro|to|typ [*od* ..'ty:p] (Urbild; Vorbild, Muster) ⟨*grch*⟩ · **pro|to|ty|pisch** (den Prototyp betreffend)

Pro|to|zo|en *Pl* (*Biol*; Urtierchen); *Sg* Pro|to|zo|on, das, _s ⟨*grch*⟩

Pro|tu|be|ranz, die, _, _en (*Anat*; Knochenvorsprung – *Astron*; aus der Sonne austretende Gasmasse mit Strahlung) ⟨*lat*⟩

Protz, der, _es, _e, *älter* _en, _en (Großtuer, Angeber)

Prot|ze, die, _, _n (*Milit hist*; Vorderwagen von Geschützen usw.) ⟨*lat* → *ital*⟩

prot|zen *K 354* (*umg*) · **prot|zen|haft** (*umg*) · **Prot|ze|rei** (*umg abwert*) · **prot|zig** (*umg*)

Pro|vence [..'vã:s], die, _ (Landsch. im SO Frankreichs) ⟨*lat* → *frz*⟩ · **Pro|ven|cer|öl** [..'vã:sər..] *K 234*

Pro|ve|nienz [..v..], die, _, _en (*gehoben*; Herkunft, Ursprung) ⟨*lat*⟩

Pro|ven|za|le [..vɛn..], der, _n, _n (Bewohner der Provence) · **pro|ven|za|lisch;** *vgl. auch K 265ff.*

Pro|viant [..v..], der, _[e]s, _e (Mundvorrat; Lebensmittel) ⟨*lat* → *ital*⟩. *Zus K 365ff.*: Proviant‿wagen usw.

Pro|vinz [..v..]: 1. die, _, _en (Landesteil [*Abk* Prov.] – *übertr*; Gebiet, Wirkungskreis) – 2. die, _ (*oft abwert*; das Land im Gegensatz zur Hauptstadt) ⟨*lat*⟩ · **Pro|vin|zia|lis|mus:** 1. der, _ (*abwert*; Engstirnigkeit, Beschränktheit) – 2. der, _, ..men (*Sprachw*; einem bestimmten Sprachgebiet eigentüml. Ausdruck) · **pro|vin|ziell** (*abwert*; die Provinz betreffend; beschränkt, rückständig – *Sprachw*; landschaftlich; mundartlich) · **Pro|vinz|ler,** der, _s, _ (*abwert*; Bewohner der Provinz [2])

Pro|vi|sion [..v..] (Vermittlungsgebühr; Vergütung für geleistete Dienste) ⟨*lat*⟩ · **Pro|vi|sor,** der, _s, ..oren (*österr*; vertretender Geistlicher) · **pro|vi|so|risch** (vorläufig) · **Pro|vi|so|rium,** das, _s, ..ien [..iən] (vorläufige Einrichtung; Behelfs...)

Pro|vit|amin [..v..], das, _s, _e (*Chem*; Vorstufe eines Vitamins) ⟨*lat* + *grch* + *lat*⟩

pro|vo|kant [..v..] (herausfordernd) ⟨*lat*⟩ · **Pro|vo|ka|teur** [..'tø:r], der, _s, _e (Aufwiegler; Agent, der zu unbedachten Handlungen herausfordert) ⟨*lat* → *frz*⟩ · **Pro|vo|ka|tion** ⟨*lat*⟩ · **pro|vo|ka|tiv** · **pro|vo|ka|to|risch** · **pro|vo|zie|ren**

pro|xi|mal (*Anat*; rumpfwärts gelegen) ⟨*lat*⟩

Pro|ze|dur, die, _, _en (langwieriges [unangenehmes] Verfahren) ⟨*lat*⟩

Pro|zent, das, _[e]s, _e (ein Teil vom Hundert, ein Hundertstel); *Zeichen* % ⟨*lat*, *aus* pro centum ‚für hundert'⟩; 5 Prozent (*K 308*) *od* 5 %; *vgl. auch* Volumenprozent · **...pro|zen|tig** (z. B. fünfprozentig [*mit Ziffer K 284*: 5prozentig *od* 5%ig]) · **Pro|zent|satz** (Hundertsatz, zahlenmäßige Angabe von Prozenten) · **pro|zen|tu|al,** *österr* **pro|zen|tu|ell** *u.* **per|zen|tu|ell** (in Prozenten ausgedrückt, gerechnet)

Pro|zeß, der, ..esses, ..esse (Verlauf; Vorgang, Geschehen; Entwicklung; Rechtsverfahren) ⟨*lat*⟩ · **Pro|zeß|be|voll|mäch|tig|te** (*Rechtsw*) · **pro|zeß|fä|hig** (*Rechtsw*) · **Pro|zeß|fä|hig|keit,** die, _ (*Rechtsw*) · **pro|zeß|ge|steu|ert** (*Techn*) · **pro|zes|sie|ren** (*Rechtsw*) · **Pro|zes|sion** (*kath u. orth Kirche*; feierl. Umzug; Bitt- od. Dankgang) · **Pro|zeß|rech|ner** (Automat zur Prozeßoptimierung) · **pro|zes|su|al** (auf einen Prozeß bezüglich)

prü|de (zimperlich; übertrieben schamhaft) ⟨frz⟩
Pru|de|lei (landsch; Pfuscherei) · pru|deln K 363 (landsch)
Prü|de|rie, die, _, ..ien (Zimperlichkeit, Ziererei) ⟨frz⟩
prü|fen ⟨lat → frz⟩ · Prü|fer · Prüf|feld (Techn) · Prüf|ling · Prü|fung · Prü|fungs|ver|fah|ren · Prüf|ver|fah|ren (meist Techn)
Prü|gel: 1. der, _s, _ (Stock) – 2. Pl (Schläge) · Prü|ge|lei · prü|geln K 363 · Prü|gel|stra|fe
Prü|nel|len Pl (getrocknete Pflaumen); Sg Prü|nel|le, die, _ ⟨lat → frz⟩
Prunk, der, _[e]s ⟨zu prangen⟩ · prun|ken · Prunk|ge|mach (gehoben) · prunk|lie|bend K 165 · prunk|los; vgl. ...los · Prunk|saal · Prunk|sucht, die, _ (abwert) · prunk|süch|tig (abwert) · prunk|voll
Pru|ri|go, der, _s od die, _ (Med; juckende Hautflechte) ⟨lat⟩ · Pru|ri|tus, der, _ (Med; Hautjucken)
pru|sten (heftig schnauben)
Prut [pru:t] od Pruth, der, _[e]s (Fluß im SO Europas)
Prze|myśl ['pʃɛmiʃl] (Stadt im SO Polens)
Psalm, der, _s, _en (geistl. Lied) ⟨grch → lat⟩ · Psal|men|dich|ter · Psal|mist (Rel; Psalmendichter, -sänger) · Psalm|odie, die, _, ..ien (Rel; liturg. Sprechgesang) · Psal|ter, der, _s, _ (mittelalterl. Zither – Rel; Buch der Psalmen – Zool; Blättermagen der Wiederkäuer)
pseu|do|morph (Mineral) ⟨grch⟩ · Pseu|do|mor|pho|se, die, _, _n (Mineral; Auftreten einer Mineralsubstanz in einer ihr fremden Kristallform)
pseud|onym (unter Decknamen [verfaßt]) ⟨grch⟩ · Pseud|onym, das, _s, _e (angenommener Name, Deckname)
Psi, das, _[s], Pl _s, österr auch _ (griech. Buchstabe: Ψ, ψ)
Psittakose ↑ Papageienkrankheit
Pso|ria|sis, die, _, ..asen (Med; Schuppenflechte) ⟨grch⟩
pst! od bst!
Psy|che: 1. ['psy:çe: od ..'çe:] (griech Sage; Frau des Eros) – 2. ['psy:çə], die, _ (»Seele«; Gesamtheit der Prozesse der höheren Nerventätigkeit des Menschen) – 3. ['psy:çə], die, _, _n (österr; Frisiertoilette) ⟨grch⟩
Psych|ia|ter [..ç..], der, _s, _ (Facharzt für Hirnkrankheiten u. Hirnfunktionsstörungen) ⟨grch⟩ · Psych|ia|trie: 1. die, _ (Lehre von den Hirnkrankheiten u. Hirnfunktionsstörungen mit hauptsächlich psych. Symptomen) – 2. die, _, ..ien (umg; psychiatrische Klinik) · psych|ia|trie|ren (österr; jmdn. auf den Geisteszustand untersuchen) ⟨grch → lat⟩ · psych|ia|trisch ⟨grch⟩
psy|chisch [..ç..] (die Psyche betreffend, seelisch-funktionell) ⟨grch⟩
Psy|cho|ana|ly|se [..ç..], die, _ (Med, Psych; Theorie der Heilung meist neurot. Störungen durch Aufdeckung der in das Unbewußte verdrängten Ursachen) ⟨grch, ‚Seelenzergliederung'⟩ · Psy|cho|ana|ly|ti|ker (Med, Psych) · psy|cho|ana|ly|tisch (Med, Psych)
psy|cho|gen [..ç..] (Med, Psych) ⟨grch⟩ · Psy|cho|ge|nie, die, _ (Med, Psych; durch Vorstellungen od. starke Gemütsbewegungen verursachte Krankheit)
Psy|cho|gif|te [..ç..] Pl (psychotoxische Kampfstoffe) ⟨grch⟩
Psy|cho|lin|gui|stik [..çoliŋ'gŭis..], die, _ (Lehre von den psych. Vorgängen beim Erlernen u. Gebrauch der Sprache) ⟨grch + lat⟩
Psy|cho|lo|ge [..ç..], der, _n, _n (Wissenschaftler auf dem Gebiet der Psychologie) ⟨grch⟩ · Psy|cho|lo|gie, die, _ (Wissenschaft von den psych. Vorgängen) · psy|cho|lo|gisch
Psy|cho|me|trie [..ç..], die, _ (Messung der Zeitdauer psych. Vorgänge) ⟨grch⟩
Psy|cho|neu|ro|se [..ç..], die, _, _n (veraltet; Bez. für psychogene Zustände) ⟨grch⟩
Psy|cho|path [..ç..], der, _en, _en (Med, Psych; Mensch mit abnormer Reaktionsweise gegenüber seiner Umwelt) ⟨grch⟩ · Psy|cho|pa|thie, die, _ (Med, Psych; psych. Abartigkeit) · Psy|cho|pa|thin, die, _, ..innen (Med, Psych) · Psy|cho|pa|tho|lo|gie, die, _ (Med, Psych; Lehre von den geistigen u. psych. Störungen)
Psy|cho|phar|ma|kum [..ç..], das, _s, ..ka, meist Pl (auf die Psyche wirkendes Arzneimittel) ⟨grch → lat⟩
Psy|cho|se [..ç..], die, _, _n (Med, Psych; Seelenstörung, krankhafter Geisteszustand) ⟨grch⟩
Psy|cho|so|ma|tik [..ç..], die, _ (Med; Lehre von den Wechselbeziehungen zw. seelischen u. körperl. Vorgängen) ⟨grch⟩ · psy|cho|so|ma|tisch (Med); _e Störung
Psy|cho|tech|nik [..ç..], die, _ (Anwendung der Psychologie auf den Arbeitsprozeß) ⟨grch⟩
Psy|cho|the|ra|peut [..ç..], der, _en, _en (Med; Facharzt für Psychotherapie) ⟨grch⟩ · psy|cho|the|ra|peu|tisch (Med) · Psy|cho|the|ra|pie, die, _ (Med; Behandlung psychischer Leiden)
Psy|chro|me|ter [..k..], das (Met; Feuchtigkeitsmesser) ⟨grch⟩
Pter|an|odon, der, _s, ..da (Paläont; ein Flugsaurier) ⟨grch⟩ · Pte|ro|dak|ty|lus, der, _, ..ylen (Paläont; ein Flugsaurier) ⟨grch → lat⟩ · Pte|ro|sau|rier [..iər], der, _s, _ od Pte|ro|sau|rus, der, _, ..rier [..iər] (Paläont; Flugsaurier)
Pto|le|mä|er, der, _s, _ (Altertum; Angehöriger einer Dynastie in Ägypten) ⟨grch⟩ · pto|le|mä|isch K 218; das _e Weltsystem ⟨nach dem altgriech. Astronomen Ptolemäus⟩
Pto|ma|in, das, _s, _e (Med; Leichengift) ⟨grch + lat⟩
Ptya|lin, das, _s (Biochem; Speichelenzym) ⟨grch + lat⟩
Pu|ber|tät, die, _ (Zeit der eintretenden Geschlechtsreife) ⟨lat⟩ · Pu|bes|zenz, die, _ (Med; Geschlechtsreifung)
Pu|bli|ci|ty [pa'blisiti], die, _ (Bekanntsein in der Öffentlichkeit, [Bemühungen um] öffentl. Aufsehen) ⟨lat → frz → engl⟩ · Pu|blic Re|la|tions ['pablik ri'le:ʃ(ə)ns] Pl (kap Wirtsch; Öffentlichkeitsarbeit) ⟨engl⟩ · pu|blik [pu..] nur prädikativ (öffentlich; allgemein bekannt) ⟨lat⟩; meist in etwas _ machen (etw. bekanntmachen) · Pu|bli|ka|tion (Veröffentlichung; [im Druck erschienene] Schrift) · Pu|bli|kum, das, _s (Allgemeinheit, Menschenmenge; Öffentlichkeit; Leser-, Zuhörerschaft; Zuschauer, Besucher). Zus K 365ff.: Publikums‿liebling, ...verkehr usw. · pu|bli|zie|ren (veröffentlichen, öffentlich bekanntmachen; herausgeben) · Pu|bli|zist (Schriftsteller, der vorwiegend über aktuelle Fragen schreibt; Mitarbeiter bei den Massenmedien) · Pu|bli|zi|stik, die, _ (Gesamtheit der Literatur zu zeitgenöss. aktuellen Themen; jede Tätigkeit auf dem Gebiet der öffentl. Meinungsbildung; Zeitungskunde als Lehrfach) · pu|bli|zi|stisch · Pu|bli|zi|tät, die, _ (Bekanntsein in der Öffentlichkeit)
[1]Puck, der, _, _s (Abergl; kleiner Kobold) ⟨engl⟩
[2]Puck [auch pak], der, _, _s (Eishokkeyscheibe) ⟨engl⟩
Pud, das, _[e]s, Pl _e u. bei Maßangabe (K 308) Pud (alte russ. Masseeinheit = 16,38 kg) ⟨russ⟩
pud|deln K 363 (Hüttenw; nach älterem Verfahren flüssigem kohlenstoffreichem Roheisen durch Verrühren Kohlenstoff entziehen)

⟨*engl*⟩; *vgl. aber* buddeln · **Pud|delofen** (*Hüttenw*)

Pud|ding, der, _s, *Pl* _e *od* _s (eine Mehl-, Gemüse- od. Fleischspeise – *oft für* Flammeri) ⟨*engl*⟩ · **Pudding|pul|ver**

Pu|del: 1. der, _s, _ (eine Hunderasse) – 2. ↑ Budel · **Pu|del|mütze** · **pu|deln** *K 363* (*umg*; einen Fehler machen) · **pu|del|naß** (*umg*) · **pu|del|wohl** (*umg*; sehr wohl); sich (*Akk*) ‿ fühlen

Pu|der, der, *landsch u. österr auch* das, _s, _ (feines Pulver) ⟨*lat* → *frz*⟩ · **Pu|der|do|se** · **pu|de|rig** *K 362* · **pu|dern** *K 363*; sich (*Akk*) _

pue|ril [pu:e..] (knabenhaft; kindisch) ⟨*lat*⟩ · **Pu|er|pe|ral|fie|ber**, das, _s (*Med*; Kindbettfieber)

Pu|er|to|ri|ca|ner [puɛr..], der, _s, _ · **pu|er|to|ri|ca|nisch** · **Pu|er|to Ri|co** (Insel der Großen Antillen) ⟨*span*, ‚reicher Hafen'⟩

puff! ↑ piff, paff, puff! · **Puff**: 1. der, _[e]s, *Pl* _e *od* Püffe, *österr nur so* (*umg*; Stoß) – 2. das, _[e]s (ein Würfelspiel) – 3. der, *auch* das, _s, _s (*salopp abwert*; Bordell) ⟨*lautm*⟩ · **Puff‿är|mel, ...boh|ne** · **puf|fen** (*umg*; stoßen) · **Puf|fer** · **Puf|fer|staat**, *Pl* ..staaten · **Puf|ferung** (*Eisenb*) · **Puff|reis**

Pug|wash|kon|fe|ren|zen ['pagwɔʃ..] *Pl* (internationale Konferenzen von Wissenschaftlern, die sich gegen die atomare Rüstung wenden) ⟨*nach* dem Geburtsort Pugwash (Kanada) des amerikan. Industriellen Eaton ['i:t(ə)n], des Mitinitiators der ersten Konferenz⟩

puh!

Pul, der, _, *Pl* _s *u. bei Wertangabe* (*K 310*) Pul (Münzeinheit in Afghanistan) ⟨*iran*⟩

Pül|cher, der, _s, _ (*österr umg*; Strolch)

Pul|ci|nel|la [..tʃi..], der, _[s], ..elle (Hanswurst der neapolitan. Volksposse) ⟨*ital*⟩

pu|len (*norddt*; bohren, herausklauben)

Pulk, der, _s, *Pl* _s, *auch* _e (Anhäufung – *Milit*; Verband von Flugzeugen – *Sport*; Hauptfeld) ⟨*slaw*⟩

Pul|le, die, _, _n (*salopp*; Flasche)

[1]**pul|len** (*seem*; rudern – *Reitsp*; [ein Pferd] zurückhalten) ⟨*engl*⟩

[2]**pul|len** (*derb*; harnen) · **pul|lern** *K 363* (*kindersp*r)

Pul|li, der, _s, _s ([kurzärmliger] Sommerpullover)

Pull|man|kap|pe [..mən..] *K 209* (*österr*; Baskenmütze) ⟨*nach* dem nordamerikan. Eisenbahnunternehmer⟩ · **Pull|man|wa|gen** *K 209* (*Eisenb*)

Pull|over [..v..], der, _s, _ (über den Kopf zu ziehendes blusenartiges gestricktes od. gewirktes Kleidungsstück) ⟨*engl*⟩

pul|mo|nal (*Med*; die Lunge betreffend, Lungen...) ⟨*lat*⟩

Pulp ⟨*lat* → *frz* → *engl*⟩, der, _s, _en, *auch* **Pul|pe** ⟨*lat*⟩ *od* **Pül|pe** ⟨*lat* → *frz*⟩, die, _, _n (ungezuckerter Fruchtbrei zur Marmeladeherstellung) · **Pul|pa**, die, _, *Pl* ..pae [..pɛ:] *bzw* ..pen (*Med*; Gewebemasse, z. B. im Zahn – *Pharm*; Fruchtmus) ⟨*lat*⟩ · **Pul|pa|höh|le** (*Med*; Zahnhöhle) · **Pul|pi|tis**, die, _ (*Med*; Zahnmarkentzündung) ⟨*lat* + *grch*⟩ · **pul|pös** *K 349* (*bes Med*; fleischig; markig; aus weicher Masse bestehend) ⟨*lat* → *frz*⟩

Pul|que [..kə], der, _[s] (alkohol. Getränk aus Agavensaft) ⟨*span*⟩

Puls: 1. der, _es, _e (Aderschlag) – 2. der, _es (*umg*; Ader am Handgelenk) ⟨*lat*, ‚Stoß', ‚Schlag'⟩ · **Pulsader** · **Pul|sar**, der, _s, _e (*Astron*; Radioquelle mit periodisch schwankender Strahlungsintensität) · **Pulsa|tion** (*Med*; Pulsung) · **Pul|sator|ma|schi|ne** (*Techn*; Werkstoffprüfmaschine; Lüftungsapparat) · **Puls|be|schleu|ni|gung** · **pul|sieren**, *österr nur so*, *od* **pul|sen** (*K 354*) (in rhythm. Stößen durchströmen [*bes vom Blut gesagt*]; schlagen, klopfen; sich lebhaft bewegen) · **Pul|sion** (*fachspr*; Stoß, Schlag; Schwungbewegung) · **Pulso|me|ter**, das (*Techn*; eine kolbenlose Dampfpumpe) ⟨*lat* + *grch*⟩ · **Puls|schlag** · **Puls|wär|mer**

Pult, das, _[e]s, _e ⟨*lat*⟩ · **Pult|dach** (*Bauw*)

Pul|ver [..f.., *auch* ..v..], das, _s, _ ⟨*lat*⟩. *Zus K 365ff.*: Pulver‿dampf usw. · **Pül|ver|chen** · **pul|ve|rig** *K 362* · **Pul|ve|ri|sa|tor** [*nur* ..v..], der, _s, ..oren (Maschine zur Pulverherstellung) · **pul|ve|ri|sie|ren** (zu Pulver zerstäuben) · **pul|vern** [..f.., *auch* ..v..] *K 363* (*umg*) · **Pul|ver|schnee**

Pu|ma, der, _s, _s (ein Raubtier) ⟨*indian* → *span*⟩

Pum|mel, der, _s, _ (*umg*; rundliches Mädchen) · **Pum|mel|chen** · **pum|me|lig** *K 362* (*umg*; dicklich)

Pump, der, _[e]s, _e (*salopp*; Borg) ⟨*Herkunft umstritten*⟩

Pump|brun|nen · **Pum|pe**, die, _, _n ⟨*span u. portug* → *ndrl*⟩

pum|pe|lig *K 362* (*landsch*; schwerfällig) ⟨*lautm*⟩

[1]**pum|pen** ⟨*span u. portug* → *ndrl*⟩

[2]**pum|pen** (*salopp*; borgen) ⟨*Herkunft umstritten*⟩

Pum|pen|haus ⟨*zu* Pumpe⟩

pum|pern *K 363* (*landsch umg u. österr*; heftig, laut klopfen; dröhnen, tönen) ⟨*lautm*⟩ · **Pum|pernickel** [*Tr* ...nik|kel], der, _s, _ (ein Roggenschrotbrot) ⟨‚Stinknickel'⟩

Pump|ho|se ⟨*zu* Pomp⟩

Pumps [pœmps], der, _, _, *meist Pl* (Halbschuhe ohne Schnürung od. Spangen) ⟨*engl*⟩

Pump|spei|cher|werk (*Elektrotechn*) ⟨*zu* [1]pumpen⟩

Pun|ching|ball ['pantʃiŋ..] (*Sport*; Übungsball für Boxer) ⟨*engl*⟩

Punier ↑ Karthager · **pu|nisch** ⟨*lat*⟩; *K 238*: die punische Treue (Untreue), *aber K 258*: die Punischen Kriege, der Erste Punische Krieg

Punkt, der, _[e]s, _e, *Abk* Pkt. ⟨*lat*⟩; *Zeichensetzung vgl. K 391ff.*; Punkt (*österr u. schweiz* punkt) 8 Uhr; *K 119*: typographischer Punkt (*Polygr*; Rastermaß für Schriftgrade; *Kurzzeichen* p), *als Maßangabe nicht dekliniert* (*K 308*), z. B. 7 Punkt. *Vgl. auch* in puncto · **Punk|tal|glas**, *Pl* ..gläser (*Opt*; ein Brillenglas) · **Punk|tation** (*Rechtsw*; Vorvertrag) · **Punktball** (*Boxsp*) · **Pünkt|chen** · **punkten** (*Sport*) · **punkt|gleich** (*Sport*) · **Punkt|hoch|haus** · **punk|tie|ren** (mit Punkten versehen, tüpfeln – *Med*; eine Punktion vornehmen) · **Punk|tion**, *seltener* **Punk|tur**, die, _, _en (*Med*; Einstich in Blutgefäße, Organe od. Hohlräume u. Entnahme von Flüssigkeiten) · **pünktlich** · **Pünkt|lich|keit**, die, _ · **punkt|schwei|ßen** (*Techn*); punktgeschweißt · **punkt|si|cher** (*Opt*) · **Punkt|spiel** (*Sport*) · **punk|tuell** (punktweise) · **Punk|tum**; *nur in* [und damit] Punktum! (*veraltend*; Schluß!) · **Punk|tur**: 1. ↑ Punktion – 2. **Punk|tu|ren** *Pl* (*Polygr*)

Punsch, der, _es, *Pl* _e, *österr nur so*, *seltener* Pünsche (alkohol. Mischgetränk) ⟨*Hind*, ‚fünf' → *engl*⟩. *Zus K 365ff.*: Punsch‿glas usw.

Punz|ar|beit (*fachspr*) · **Pun|ze**, die, _, _n (*fachspr*; Stahlstempel für Treibarbeiten – *österr*; eingestanztes Zeichen zur Angabe des Goldgehaltes) ⟨*lat* → *ital*⟩ · **pun|zen** (*K 354*) *od* **pun|zie|ren** (*fachspr*; mit der Punze Verzierungen in Metall einarbeiten; Edelmetall mit dem Feingehaltsstempel versehen) · **Punz|ham|mer** (*fachspr*)

Pup, der, _[e]s, _e *od* **Pups**, der, _es, _e (*salopp*; [laut] abgehende Blähung) · **pu|pen** *od* **pup|sen** (*K 354*) (*salopp*)

pu|pil|lar (*Med*; die Pupille betreffend) ⟨*lat*⟩ · **Pu|pil|le**, die, _, _n (Sehöffnung)

pu|pi|ni|sie|ren (*Fernmeldetechn*) ⟨*nach* dem jugoslaw. Erfinder Pupin⟩ · **Pu|pin|spu|le** *K 209* (*Fernmeldetechn*)

pu|pi|par (*Zool*; puppengebärend) ⟨*lat*⟩ · **Püpp|chen** · **Pup|pe,** die, ₋, ₋n · **Pup|pen₋spiel, ...thea|ter, ...wa|gen**

pup|pern *K 363* (*umg*; zittern, stark klopfen)

Pups usw. ↑ Pup usw.

pur (rein, unverfälscht; lauter) ⟨*lat*⟩ · **Pü|ree,** das, ₋s, ₋s (Brei) ⟨*lat → frz*⟩

Pur|ga|to|rium, das, ₋s (*kath Kirche*; Fegefeuer) ⟨*lat*⟩ · **pur|gie|ren** (*Med*; den Darm reinigen; abführen) · **Pu|ri|fi|ka|tion** (*kath Kirche*; Reinigung)

Pu|rim [pu'ri:m *od* 'pu:rim], das, ₋s (ein jüd. Fest) ⟨*hebr*⟩

Pu|ris|mus, der, ₋ ([übertriebenes] Streben nach Sprachreinheit) ⟨*lat*⟩ · **Pu|rist** · **pu|ri|stisch** · **Pu|ri|ta|ner,** der, ₋s, ₋ (Anhänger des Puritanismus) · **pu|ri|ta|nisch** (*übertr*; sittenstreng) · **Pu|ri|ta|nis|mus,** der, ₋ (kirchlich-polit. Reformbewegung in England im 16. u. 17. Jh.)

Pur|pur, der, ₋s (roter Farbstoff; prächtiges purpurfarbenes Gewand) ⟨*grch → lat*⟩ · **pur|pur|far|ben** (*K 364*) *od* **pur|pur|far|big**; *vgl. auch* ...farben *u. K 272 ff.* · **Pur|pur|man|tel** · **pur|purn** (aus Purpur) · **pur|pur|rot;** *vgl.* blau · **Pur|pur|rö|te** (*gehoben*)

pur|ren (*norddt*; stochern; necken, stören – *seem*; [zur Wache] wekken)

Pürzel ↑ Bürzel (2) · **Pur|zel|baum** (*umg*) · **pur|zeln** *K 363*

Pü|schel, der, ₋s, ₋ (*landsch*; Quaste)

Pus|sel|chen (*Kosew*; kleines Kind) · **pus|se|lig** *K 363 f.* (*umg*) · **pus|seln** *K 363 f.* (*umg*; sich mit Kleinigkeiten beschäftigen)

Puß|ta, die, ₋, ..ten (ungar. Steppenlandsch., bes. die weitgehend in Ackerland umgewandelte Grassteppe im O Ungarns) ⟨*slaw → ung*⟩; *vgl. auch* Hortobágy

Pu|ste, die, ₋ (*umg*; Atem)

Pu|stel, die, ₋, ₋n (Hitze-, Eiterbläschen, Pickel) ⟨*lat*⟩

pu|sten (blasen; schnaufen) ⟨*zu* Puste⟩

Pu|ster|tal, das, ₋[e]s (österreichisch-italien. Alpental)

pu|stu|lös *K 349* (*Med*; voll Pusteln) ⟨*lat*⟩; ₋e Haut

pu|ta|tiv (*Rechtsw*; vermeintlich; irrtümlicherweise für gültig gehalten) ⟨*lat*⟩ · **Pu|ta|tiv₋ehe** (*Rechtsw*), **...not|wehr** (*Rechtsw*)

Put|bus (Stadt auf der Insel Rügen) · **Put|bus|ser** (*K 235*) *od* **Put|buser:** 1. *K 231*: der, ₋s, ₋; 2. *als Attribut K 232*

Pu|te, die, ₋, ₋n (Truthenne) · **Pu|ter,** der, ₋s, ₋ (Truthahn) · **pu|ter|rot;** ₋ werden

put, put! · **Put|put,** das, ₋s, ₋[s] (Geflügellockruf – *kinderspr*; Huhn)

Pu|tre|fak|tion *od* **Pu|tres|zenz,** die, ₋, ₋en (*Med*; Verwesung, Fäulnis) ⟨*lat*⟩ · **pu|tres|zie|ren** (*Med*)

Putsch, der, ₋es, ₋e (polit. Handstreich – *schweiz*; Stoß) ⟨*lautm*⟩ · **put|schen** *K 354* · **Put|schist** ⟨*dt + f. E.*⟩

Put|te, die, ₋, ₋n: 1. (*Schneiderei*; junges Mädchen, Backfisch) – 2. *od* **Put|to,** der, ₋s, *Pl* ..tti *od* ..tten (*bildende Kunst*; nackte Kinder-, kleine Engelsfigur) ⟨*lat → ital*⟩ · **Put|ten|kleid**

Putz, der, ₋es

Pütz *od* **Püt|ze,** die, ₋, ..tzen (*seem*; Eimer) ⟨*ndrl*⟩

put|zen *K 354* · **Put|zen,** der, ₋s, ₋ (*Polygr*) · **Put|zer** · **Put|ze|rei** (*österr auch für* Annahmestelle für chem. Reinigung) · **Putz|frau**

put|zig (*umg*; drollig; sonderbar) ⟨*zu* [1]Butz⟩

Putz|ma|che|rin, die, ₋, ..innen (Hutmacherin)

putz|mun|ter (*umg*)

Putz|sucht, die, ₋ (*abwert*) · **putz|süch|tig** (*abwert*)

puz|zeln ['puz(ə)ln] (ein Puzzle zusammensetzen); *vgl. aber* pusseln · **Puz|zle** ['puz(ə)l], das, ₋s, ₋s (ein Geduldsspiel, aus kleinen Teilen zusammensetzbares Bild) ⟨*lat → frz → engl*⟩ · **Puz|zle|spiel**

Puz|zo|lan|er|de *od* **Poz|zuo|lan|erde,** die, ₋ (*Geol*; ein Sedimentgestein, Aschentuff) ⟨*nach* Pozzuoli bei Neapel⟩

Py|ämie, die, ₋, ..ien (*Med*; Blutvergiftung) ⟨*grch*⟩

Pyg|mäe, der, ₋n, ₋n (Angehöriger eines kleinwüchsigen Volkes im mittleren Afrika u. in Südostasien) ⟨*grch*, ‚Zwerg, Faustgroßer'⟩ · **pyg|mä|en|haft** · **pyg|mä|isch** (zwerghaft; auf die Pygmäen bezüglich)

Pyg|ma|lion [*od* ..'li(:)..] (*griech Sage*; berühmter Bildhauer) ⟨*grch*⟩

Py|ja|ma [py'dʒa:ma *od* pi.., *österr nur so, auch* py'ja:ma], der, *österr u. schweiz auch* das, ₋s, ₋s (Schlafanzug) ⟨*Hind → engl*⟩

Py|kni|ker, der, ₋s, ₋ (*Med, Anthrop*; gedrungener, untersetzter Mensch) ⟨*grch*⟩ · **py|knisch** (*Med, Anthrop*) · **Py|kno|me|ter,** das (*Phys*; Dichtemesser)

Py|la|des ['py:ladɛs *od* py'la(:)de:s] (*griech Sage*; Freund des Orest) ⟨*grch*⟩

Py|lon, der, ₋en, ₋en *od* **Py|lo|ne,** die, ₋, ₋n (*Arch*; Säule; altägypt. Torbau mit zwei Ecktürmen; Gerüst) ⟨*grch*⟩

Pyor|rhoe *od* **Pyor|rhöe** [*beide* ..'rø:], die, ₋, ₋n [..'rø:ən] (*Med*; Eiterfluß) ⟨*grch*⟩ · **pyor|rho|isch** (*Med*)

py|ra|mi|dal (pyramidenförmig) ⟨*ägypt → grch → lat*⟩ · **Py|ra|mide,** die, ₋, ₋n (altägypt. Grabbau – *Geom*; ein Körper) · **py|ra|mi|den|för|mig**

Py|re|nä|en *Pl* (Gebirge in Frankreich u. in Spanien) · **Py|re|nä|en|halb|in|sel** *K 246*, die, ₋, *seltener* **Ibe|ri|sche Halb|in|sel** *K 258*, die, *Gen* ₋n ₋ · **py|re|nä|isch**

Py|re|thrum, das, ₋s, ..ra (aus einer Chrysantheme gewonnenes Insektizid) ⟨*grch → lat*⟩ · **Py|rit,** der, ₋[e]s, ₋e (*Mineral*; Eisenkies, Schwefelkies) ⟨*grch*⟩

Pyr|mont, Bad [*od* pir..] (im N der BRD)

py|ro|gen (*Med*; fiebererzeugend) ⟨*grch*⟩ · **Py|ro|ly|se,** die, ₋, ₋n (*Chem*; Hitzezersetzung) · **Py|ro|me|ter,** das (*Phys*; Gerät zur Messung hoher Temperaturen) · **py|ro|phor** (*Chem*; selbstentzündlich, in feinster Verteilung an der Luft aufglühend) · **Py|ro|phor,** der, ₋s, ₋e (*Chem*; selbstentzündlicher Stoff) · **Py|ro|tech|nik,** die, ₋ (Feuerwerkskunst) · **Py|ro|tech|ni|ker** · **py|ro|tech|nisch** · **Py|ro|xen,** der, ₋s, ₋e, *meist Pl* (*Mineral*; Sammelbez. für eine Gruppe gesteinsbildender Minerale)

Pyr|rhus|sieg *K 209* (ein zu teuer erkaufter Sieg, Scheinsieg) ⟨*grch → lat, nach* dem König von Epirus⟩

Pyr|rol, das, ₋s (*Chem*; eine organ. Verbindung) ⟨*grch + lat*⟩

Py|tha|go|ras, der, ₋ (*Math umg*; pythagoreischer Lehrsatz) ⟨*nach* dem altgriech. Philosophen u. Mathematiker⟩ · **Py|tha|go|re|er,** *österr* **Py|tha|go|rä|er,** der, ₋s, ₋ (Anhänger der Lehre des altgriech. Philosophen Pythagoras) · **py|tha|go|re|isch,** *österr* **py|tha|go|rä|isch** *K 218*; pythagoreischer Lehrsatz · **Py|tha|go|re|isch,** *österr* **Py|tha|go|rä|isch** *K 217*; Pythagoreische Philosophie

Py|thon, der, ₋s, *Pl* ₋s *od* ..onen (eine Riesenschlange) ⟨*nach* dem griech. Fabelwesen⟩

Q

Q [ku:, *österr* kve:], das, *Gen* des Q, *Pl* die Q (Buchstabe)

Qin|dark [tçin..], der, _[s], _a (Münzeinheit in Albanien) ⟨*alb*⟩

Quab|be, die, _, _n (*norddt*; Fettwulst) · **quab|be|lig** (*K 362*) *od* **quab|big** (*norddt*; gallertartig, weich) · **quab|beln** *K 363* (*norddt*)

Quacke|lei[1] (*landsch*; Geschwätz) ⟨*ndrl*⟩ · **Quacke|ler**[1] *K 363* (*landsch*; Schwätzer; äußerst genauer Mensch) · **quackeln**[1] *K 363* (*landsch*) · **Quack|sal|ber** (*abwert*; Kurpfuscher) · **Quack|sal|be|rei** (*abwert*) · **quack|sal|bern** *K 363* (*abwert*); gequacksalbert; zu _

Quad|del, die, _, _n (juckende Anschwellung)

Qua|de, der, _n, _n (Angehöriger eines german. Volksstammes)

Qua|der, der, _s, *Pl* _, *österr* _n (rechteckig behauener Steinblock; ein mathemat. Körper) ⟨*lat*⟩ · **Quader|bau,** *Pl* ..bauten

Qua|dra|ge|si|ma (*christl Rel*; der 40. Tag vor Karfreitag, Beginn der Fastenzeit) ⟨*lat*⟩

Qua|drant, der, _en, _en (*Math*; Viertelkreis) ⟨*lat*⟩

Qua|drat: 1. das, _[e]s, _e (*Math*; gleichseitiges Rechteck; zweite Potenz einer Zahl, z. B. 5^2) – 2. das *od* der, _[e]s, _en (*Polygr*; Geviertstück, Blindmaterial zum Ausfüllen nichtdruckender Stellen) ⟨*lat*⟩

Qua|drat... (bei Einheiten die zweite Potenz der genannten Einheit, z. B. Quadratmeter); *Kurzzeichen* ² (z. B. m^2) ⟨*lat*⟩

Qua|drat|de|zi|me|ter, das *od* der, *schweiz nur so*; *Einheitenzeichen* dm^2 · **qua|drä|teln** *K 363* (mit Geviertstücken würfeln) · **Qua|dra|ten|ka|sten** (*Polygr*) · **qua|dra|tisch** (in Form eines Quadrats – *Math*; in der zweiten Potenz); _e Gleichung (*Math*; Gleichung zweiten Grades) · **Qua|drat|ki|lo|me|ter,** das *od* der, *schweiz nur so*; *Einheitenzeichen* km^2 · **Qua|drat|me|ter,** das *od* der, *schweiz nur so* (SI-Einheit der Fläche); *Einheitenzeichen* m^2 · **Qua|drat|mil|li|me|ter,** das *od* der, *schweiz nur so*; *Einheitenzeichen* mm^2 · **Qua|dra|tur,** die, _, _en (*Math*; Umwandlung einer krummlinig begrenzten ebenen Fläche in ein flächengleiches Quadrat) · **Qua|drat|zen|ti|me|ter,** das *od* der, *schweiz nur so*; *Einheitenzeichen* cm^2

Qua|dri|en|na|le [..driɛ..], die, _, _n (alle vier Jahre stattfindende Ausstellung od. Veranstaltung) ⟨*lat* → *ital*⟩

qua|drie|ren (*Math*; eine Zahl in die zweite Potenz erheben, mit sich selbst multiplizieren; den Flächeninhalt bestimmen) ⟨*lat*⟩

Qua|dri|ga, die, _, ..gen (altröm. Viergespann) ⟨*lat*⟩

Qua|dril|le [ka'driljə, *österr* ka'dril], die, _, _n [..'driljən, *österr* ..'drilən] (ein Tanz) ⟨*lat* → *span* → *frz*⟩

Qua|dri|nom, das, _s, _e (*Math*; eine viergliedrige Summe) ⟨*lat* + *grch*⟩

qua|dro|phon *od* **qua|dro|fon** *K 54* ⟨*lat* + *grch*⟩ · **Qua|dro|pho|nie** *od* **Qua|dro|fo|nie** *K 54*, die, _ (Stereophonie mittels vier Kanälen)

Qua|dru|pel, das, _s, _ (*fachspr*; vier zusammengehörige Zahlen od. Größen) ⟨*lat*⟩

Quai ↑ Kai

quak! (*lautm*) · **Quä|ke,** die, _, _n (*weidm*; Instrument zum Nachahmen des Angstschreies der Hasen) · **qua|ken;** der Frosch quakt · **quä|ken** (*meist abwert*); eine quäkende Stimme

Quä|ker *Pl* (Angehörige einer protestant. Sekte, die in England gegründet wurde u. sich später in Nordamerika ausbreitete); *Sg* Quä|ker, der, _s ⟨*engl*⟩

Qual, die, _, _en · **quä|len** · **Quä|ler** · **Quä|le|rei** · **quä|le|risch;** _ste · **Quäl|geist,** *Pl* ..geister (*umg*)

Qua|li|fi|ka|tion (Befähigung, Eignung; Befähigungsnachweis; Beurteilung; Ausbildung) ⟨*lat*⟩. *Zus K 365ff.*: Qualifikations‿spiel usw. · **qua|li|fi|zie|ren;** sich (*Akk*) _ · **qua|li|fi|ziert** (geeignet; gut ausgebildet; in der Leistung gesteigert) · **Qua|li|fi|zie|rung** (Erweiterung u. Vervollkommnung der berufl. Kenntnisse, Fähigkeiten u. Fertigkeiten) · **Qua|li|tät** (Beschaffenheit; Gütezustand einer Sache) · **qua|li|ta|tiv** (der Beschaffenheit, der Güte, dem Werte nach; gütemäßig) · **qua|li|täts|ge|recht** · **Qua|li|täts|stei|ge|rung**

Qual|le, die, _, _n (ein Nesseltier) ⟨*zu* quellen⟩ · **qual|lig** ⟨*zu* Qualle⟩

Qualm, der, _[e]s ⟨*zu* quellen⟩ · **qual|men** · **qual|mig**

Qual|ster, der, _s, _ (*norddt*; Schleim, Auswurf) ⟨*zu* quellen⟩ · **qual|ste|rig** *K 362* (*norddt*) · **qual|stern** *K 363* (*norddt*)

qual|voll

Quant, das, _s, _en (*Phys*; kleinste Einheit physikal. Größen; Teilchen, Korpuskel bei Wellenstrahlung) ⟨*lat*⟩ · **Quanten** ↑ Quantum · **Quan|ten‿bio|lo|gie, ...elek|tro|nik** · **quan|ten|theo|re|tisch** (*Phys*) · **Quan|ten|theo|rie,** die, _ (*Phys*; Theorie, nach der die strahlende Energie in kleinen Mengen [Quanten] von der Materie aufgenommen bzw. abgegeben wird) · **quan|ti|fi|zie|ren** (*fachspr*; in meßbaren Größen darstellen) · **Quan|ti|tät** (Menge, Größe, Anzahl – *Phon*; Länge od. Kürze eines Lautes od. einer Silbe) · **quan|ti|ta|tiv** (der Menge, der Größe nach; mengenmäßig) · **Quan|ti|té né|gli|gea|ble** [kãti,te: negli'ʒa:b(ə)l] *K 47*, die, *Gen* _ _, *Pl* _s _s [..,te: ..'ʒa:b(ə)l] (Belanglosigkeit) ⟨*frz*⟩ · **Quan|tum,** das, _s, ..ten (Menge, Anzahl; Maß; Summe, Betrag) ⟨*lat*⟩

Quap|pe, die, _, _n (ein Fisch)

Qua|ran|tä|ne [karan.. *od* karã..], die, _, _n (zeitweilige Absonderung u. Beobachtung von Personen, die Infektionskrankheiten verschleppen könnten) ⟨*lat* → *frz*, ‚vierzigtägig'⟩

Quar|gel, der *od* das, _s, _n (*österr*; kleiner Weichkäse)

[1]**Quark** [kwɔ:rk], das, _s, _s *Kunstw* (*Kernphys*; hypothet. Elementarteilchen) ⟨*engl*⟩

[2]**Quark,** der, _[e]s (Nahrungsmittel aus saurer Milch – *umg*; Belangloses, Unsinn) ⟨*lat* → *russ* → *poln*⟩ · **quar|kig** · **Quark|kä|se** · **Quark|keul|chen** (*landsch*; ein Quarkgebäck) · **Quark|ku|chen**

Quar|re, die, _, _n (*norddt*; weinerliches Kind, zänkische Frau) · **quar|ren** (*norddt*) · **quar|rig** (*norddt*)

Quart: 1. ⟨*lat*⟩, die, _, _en (ein Fechthieb) – 2. ↑ Quarte – 3. ⟨*lat* → *frz* → *engl*⟩, das, _[e]s, *Pl* _e *u. bei Maßangabe* (*K 308*) Quart (altes Flüssigkeitsmaß; Volumeneinheit in Großbritannien = 1,137 l) · **Quar|tal,** das, _s, _e (Vierteljahr) ⟨*lat*⟩ · **Quar|tal[s]|ab|schluß** · **Quar|tal[s]|kün|di|gung** · **quar|tal[s]|wei|se** *K 176* (vierteljährlich) · **Quar|ta|na,** die, _ (*Med*; eine Form der Malaria mit Fieberanfällen an jedem vierten Tag) · **quar|tär** (*Geol*; zum Quartär gehörend) · **Quar|tär,** das, _s (*Geol*; jüngstes System des Känozoikums) · **Quar|te,** *auch* **Quart,** *österr nur so*, die, _, ..ten (*Mus*; vierter Ton der diaton. Tonleiter; Intervall im Vierstufenabstand) · **Quar|tel,** das, _s, _ (*bayr*; ein kleines Maß [Bier]) · **Quar|ter** ['kwɔ:rtər], der, _s, _ (veraltende Einheit der Masse u. des

---

[1] *Tr* ..k|k..

Volumens in Großbritannien) ⟨*lat* → *engl*⟩ · **Quar|ter|deck** [ˈkvar..] (*Schiff*; hinteres Deck des Schiffes) · **Quar|tett,** das, _[e]s, _e (Musikstück für vier Stimmen od. vier Instrumente; Gruppe der vier Ausführenden; Unterhaltungsspiel mit Karten) ⟨*lat* → *ital*⟩ · **Quar|tier,** das, _s, _e (Unterkunft, Nachtlager, Wohnung – *schweiz*; Stadtviertel) ⟨*lat* → *frz*⟩

Quarz [kva:rts, *österr* kvarts], der, _es, _e (Bez. für eine Mineralgruppe)

quar|zen *K 354* (*umg*; stark rauchen) ⟨*Herkunft unbekannt*⟩

Quarz|gang · **quarz|hal|tig,** *österr* **quarz|häl|tig** · **quar|zig** · **Quar|zit,** der, _[e]s, _e (*Geol*; ein metamorphes Gestein) ⟨*slaw* + *grch*⟩ · **Quarz|uhr**

Quas, der, _es, _e (*landsch*; Gelage, Schmaus, bes. Pfingstbier mit Tanz) ⟨*slaw*⟩; *vgl. aber* Kwaß

Qua|sar, der, _s, _e (*Astron*; Himmelskörper mit starker Radiostrahlung) ⟨*lat*⟩

qua|sen *K 354* (*landsch veraltend*; schmausen; prassen; vergeuden) ⟨*slaw*⟩

qua|si (gewissermaßen, gleichsam, scheinbar) ⟨*lat*⟩ · **Qua|si|mo|do|ge|ni|ti** *Pl* (*christl Rel*; Name des ersten Sonntags nach Ostern) ⟨‚wie die Neugeborenen'⟩; Sonntag _

Quas|se|lei (*umg abwert*; törichtes Gerede) · **quas|seln** *K 363f.* (*umg abwert*; langweiliges, törichtes Zeug reden) ⟨*zu niederdt* dwas ‚töricht'⟩ · **Quas|sel|strip|pe** (*umg scherzh*; Fernsprecher – *auch umg abwert*; jmd., der quasselt)

Quast: 1. der, _[e]s, _e (*norddt*; breiter Pinsel, Büschel) – 2. ↑ Quaste · **Qua|ste,** die, _, _n, *seltener* **Quast,** der, _[e]s, _e (Troddel) · **qua|sten|för|mig**

Quä|stor, der, _s, ..oren (*Antike*; altröm. hoher Finanzbeamter) ⟨*lat*⟩ · **Quä|stur,** die, _, _en (*Antike*; Amt eines Quästors)

qua|ter|när (*fachspr*; aus vier Teilen bestehend; vierfach) ⟨*lat*⟩

quatsch ⟨*lautm*⟩ · **[1]Quatsch,** der, _[e]s (*landsch u. österr*; Matsch)

[2]Quatsch, der, _[e]s (*umg abwert*; dummes Gerede, Unsinn) ⟨*zu niederdt* quat ‚schlecht', ‚böse'⟩; [ach] Quatsch!

[1]quat|schen (*landsch*) ⟨*lautm*⟩

[2]quat|schen *K 354* (*umg abwert*) · **Quat|sche|rei** (*umg abwert*) · **Quatsch|kopf** (*Schimpfw*)

Quat|tro|cen|tist [..tʃɛn..] (*Kunstwiss*; Künstler des Quattrocentos) ⟨*lat* → *ital*⟩ · **Quat|tro|cen|to** [..ˈtʃɛn..], das, _s, *österr* _ (*Kunstwiss*; das 15. Jh. in Italien [als Stilbegriff], Frührenaissance)

Que|bec [kve.. *od* kwiˈbɛk] (Provinz u. Hafenstadt im SO Kanadas)

Quechua ↑ Ketschua

Quecke [*Tr* Queck|ke], die, _, _n (ein Süßgras, Unkraut) · **queckig** [*Tr* queck|kig] (voller Quecken) · **Queck|sil|ber,** das, _s (chem. Element, Metall); *Zeichen* Hg (*für* Hydrargyrum, ↑ *d.*) ⟨*ahd* quec ‚lebendig'⟩ · **queck|sil|bern** (aus Quecksilber) · **Queck|sil|ber|säu|le** · **queck|silb|rig** *K 362* (unruhig wie Quecksilber)

Qued|lin|burg (Stadt der DDR am Harz)

Queens|land [ˈkwi:nslənt *od* ˈkwi:nzlənd] (Bundesstaat von Australien [2])

Quell, der, _[e]s, _e (*dicht*; Quelle) · **Quel|le,** die, _, _n · **quel|len:** 1. *tr* (in Wasser usw. weichen lassen); du quellst; du quelltest; du quelltest; gequellt; quell[e]!; sie hat die Erbsen gequellt – 2. *intr* (sich [durch Aufnahme von Wasser] vergrößern; sprudeln); du quillst, er quillt; du quollst; du quöllest; gequollen; quill!; Wasser quillt aus der Erde · **Quel|len|for|schung** · **quel|len⌣mä|ßig, ...reich** · **Quel|ler** (eine Pflanze auf stark salzigem Boden) · **Quell|nym|phe** · **Quell|was|ser**

Quen|del, der, _s, _ (Name verschiedener Pflanzen, bes. des wilden Thymians) ⟨*grch* → *lat*⟩

Quen|ge|lei (*abwert*; Nörgelei) ⟨*zu* zwängen⟩ · **quen|ge|lig** *K 362* (*abwert*) · **quen|geln** *K 363* (*umg*; weinerlich sein; nörgeln) · **Queng|ler** (*abwert*)

Quent, das, _[e]s, *Pl* _e *u. bei Gewichtsangabe* (*K 308*) Quent (ein früheres Gewicht) ⟨*lat*⟩; 5 Quent · **Quent|chen** (*veraltend*; ein weniges) · **quent|chen|wei|se** *K 176* (*veraltend*)

quer: kreuz und quer. *Schreibung bei Verben od beim Partizip II K 145*: quer gehen, quer legen, quer liegen, quer gespannte Fäden; *K 169*: quer gestreifter *od* quergestreifter Stoff · **Quer|bal|ken** · **quer|durch;** *K 176*: er ist _ gelaufen, *aber K 175*: er läuft quer durch die Felder · **Que|re,** die, _ (*umg*); *meist in Wendungen wie* in die _ kommen; in die Kreuz und [in die] Quer[e]

Que|re|le, die, _, _n, *meist Pl* (*veraltend*; Klage; Streit) ⟨*lat*⟩

que|ren (*veraltend*; überschreiten; überschneiden, kreuzen) · **quer|feld|ein** · **Quer|feld|ein⌣lauf, ...ritt** · **Quer|for|mat** · **quer|gestreift;** *vgl. auch* quer · **Quer⌣kopf** (*umg abwert*), **...pfei|fe** · **Quer|schiff** (Teil einer Kirche) · **quer|schiffs** (*seem*) · **Quer|schlä|ger** (quer od. seitlich aufschlagendes Geschoß) · **Quer|schnitt** · **quer|schnitts|ge|lähmt** · **Quer|schnitts|ge|lähm|te,** der *u.* die, _n, _n *K 341* · **Quer|trei|ber** (*umg abwert*) · **Quer|trei|be|rei** (*umg abwert*) · **quer|über;** *K 176*: _ liegt ein Haus, *aber K 175*: er geht quer über den Hof

Que|ru|lant (*abwert*; Nörgler, Quengler) ⟨*lat*⟩ · **que|ru|lie|ren**

Quet|sche, die, _, _n (*landsch*; Presse – *umg*; kleines Geschäft u. ä.) · **quet|schen** *K 354* · **Quetschung** · **Quetsch|wun|de**

Quet|zal [kɛ..], der, _[s], *Pl* _[s] *u. bei Wertangabe* (*K 310*) Quetzal (Währungseinheit in Guatemala) ⟨*indian* → *span*⟩

Queue [kø:], das, *österr auch* der, _s, _s (Billardstock) ⟨*lat* → *frz*⟩

quick (*landsch*; munter, lebendig, schnell) ⟨*zu* keck⟩ · **quick|le|ben|dig**

quiek! ⟨*lautm*⟩; quiek, quiek! · **quieken,** *auch* **quiek|sen** (*K 354*)

Quie|tis|mus [kvi:e..], der, _ (Verzicht auf aktiv-tätiges Handeln, mystisch-kontemplative religiöse Richtung) ⟨*lat*⟩ · **Quie|tist** · **quie|tistisch**

quiet|schen *K 354*

Quil|la|ja|rin|de ⟨*indian* → *span*⟩ *od* **Pa|na|ma|rin|de** (leicht schäumende pflanzl. Stoffe enthaltende Rindenstücke des südamerikan. Seifenbaumes)

Qui|nar, der, _s, _e (altröm. Silbermünze) ⟨*lat*, ‚Fünfer'⟩

quin|ke|lie|ren (*bes norddt*; leise singen, trällern) ⟨*lat*, ‚in Quinten singen'⟩ · **Quin|qua|ge|si|ma** (*christl Rel*; der 50. Tag vor Ostern [Sonntag Estomihi]) ⟨*lat*⟩ · **Quint** ↑ Quinte

Quin|tal [*span u. portugies* kin.., *französ* kɛ̃..], der, _s, *Pl* _[e] *u. bei Maßangabe* (*K 308*) Quintal (Einheit der Masse in roman. Ländern u. in Südamerika); *Einheitenzeichen* q ⟨*lat* → *arab* → *lat* → *rom*, ‚Zentner'⟩

Quin|te, *auch* **Quint,** *österr nur so*, die, _, ..ten (*Mus*; fünfter Ton der diaton. Tonleiter; fünfstufiges Intervall – *Sport*; ein Fechthieb) ⟨*lat*⟩ · **Quin|ten|zir|kel,** der, _s (*Mus*) · **Quint|es|senz,** die, _, _en (Auszug; Kern; inneres Wesen [einer Sache]; Endergebnis) ⟨‚fünftes Wesen'⟩ · **Quin|tett,** das, _[e]s, _e (Musikstück für fünf Gesangsstimmen od. fünf Instrumente; Gruppe der fünf Ausführenden) ⟨*lat* →

ital⟩ · **Quin|to|le,** die, _, _n (*Mus*; Figur von 5 gleichwertigen Noten mit dem Taktwert von sonst 3, 4 od. 6 derselben Gattung) ⟨*lat*⟩

Qui|pro|quo, das, _s, _s (Personenverwechslung [im Lustspiel]) ⟨*lat*⟩

Qui|pu ['kipu], das, _[s], _[s] (Knotenschrift der Inkas) ⟨*indian*⟩

Qui|ri|nal, der, _s (einer der sieben Hügel Roms mit dem Amtssitz des Staatspräsidenten) ⟨*lat*⟩ · **Qui|ri|nus** (*röm Mythol*; kriegerischer Gott) · **Qui|ri|te,** der, _n, _n (Ehrentitel eines altröm. Vollbürgers)

Quirl, der, _[e]s, _e · **quir|len** · **quir|lig** (*meist umg*; unruhig, lebhaft)

Quis|ling *K 318*, der, _s, _e (*abwert*; Kollaborateur, Landesverräter) ⟨*nach* dem norweg. Faschistenführer⟩

Quis|qui|lien [..ĭən] *Pl* (Kleinigkeiten, Abfall, wertloses Zeug) ⟨*lat*⟩

Qui|to ['ki:to] (Hptst. von Ekuador)

quitt *nichtdeklinierbar u. nur im Prädikat* (ohne weitere Verbindlichkeiten, ausgeglichen – *veraltend*; los und ledig) ⟨*lat* → *frz*⟩

Quit|te [*österr auch* 'ki..], die, _, _n (ein Kernobstgewächs; dessen Frucht) ⟨*grch* → *lat*⟩ · **quit|te|gelb,** *seltener* **quit|ten|gelb,** *österr nur so*; *vgl.* blau · **Quit|ten|kä|se,** der, _s (*österr*; Quittenmarmelade)

quit|tie|ren ([den Empfang] bescheinigen, bestätigen) ⟨*lat* → *frz*⟩; den Dienst _ (*veraltend*; sein Amt niederlegen) · **Quit|tung** (Empfangsbescheinigung, -bestätigung)

Qui|vive [ki'vi:f] ⟨*frz*, ‚wer soll leben?'⟩; *nur in* auf dem _ sein (*umg*; auf der Hut sein)

Quiz [kvis], das, _, _ (Denksportaufgabe, Frage-und-Antwort-Spiel) ⟨*lat* → *engl*⟩

quod erat de|mon|stran|dum (»was zu beweisen war«); *Abk* q. e. d. ⟨*lat*⟩ · **Quod|li|bet,** das, _s, _s (*Mus*; scherzhaftes Gesangsstück aus verschiedenen Texten u. Melodien – *nur Sg*: *veraltet*; Durcheinander) ⟨*lat*, ‚was beliebt'⟩

Quo|rum, das, _s (*bes schweiz*; die zur Gültigkeit eines Beschlusses od. einer Abstimmung erforderl. Mindestteilnehmerzahl) ⟨*lat*⟩

Quo|te, die, _, _n (verhältnismäßiger Teil, Anteil; Teilbetrag; Beteiligungszahl) ⟨*lat*⟩ · **Quo|tient** (*Math*; Aufgabe od. Ergebnis einer Division [1]) · **quo|tie|ren** (*Wirtsch*; den Preis angeben od. mitteilen) · **quo|ti|sie|ren** (*Wirtsch*; anteilmäßig verteilen)

quo va|dis? [_ v..] (»wohin gehst du?«) ⟨*lat*⟩

R

R [ɛr], das, *Gen* des R, *Pl* die R (Buchstabe); *K 106*: Zäpfchen-R, Zungen-R

Ra *od* [2]**Re** (*ägypt Mythol*; Sonnengott) ⟨*ägypt*⟩

Ra|bat ['rabat] (Hptst. von Marokko)

Ra|batt, der, _[e]s, _e (Preisnachlaß) ⟨*lat* → *ital*⟩. *Zus K 365ff.*: Rabatt‿marke usw. · **Ra|bat|te,** die, _, _n (Einfassungsbeet) ⟨*lat* → *frz* → *ndrl*⟩ · **ra|bat|tie|ren** (*Wirtsch*; Rabatt gewähren) ⟨*lat* → *ital*⟩

Ra|batz, der, _es (*umg*; Lärm, Krach) ⟨*Herkunft unsicher*⟩

Ra|bau|ke, der, _n, _n (*umg*; Rüpel) ⟨*dt* → *frz* → *ndrl*⟩

Rab|bi, der, _[s], _s (Ehrentitel jüd. Gesetzeslehrer) ⟨*hebr*, ‚mein Meister'⟩ · **Rab|bi|nat,** das, _[e]s, _e (Amt, Würde eines Rabbiners) ⟨*hebr* → *lat*⟩ · **Rab|bi|ner,** der, _s, _ (jüd. Gesetzes-, Religionslehrer, Prediger) · **rab|bi|nisch**

Räb|chen (*auch umg*; Frechdachs) ·

Ra|be, der, _n, _n; *vgl. auch* Rappe. *Zus K 365ff.*: Raben‿vogel usw. · **Ra|ben|aas** (*Schimpfw*) · **Raben|el|tern** *Pl* (*abwert*) · **ra|benschwarz;** *vgl.* blau

ra|bi|at (wütend, roh) ⟨*lat*⟩

Ra|bitz|wand *K 209* (*Bauw*; Drahtputzwand, Drahtnetz mit aufgetragenem Zement-, Kalk- od. Gipsmörtel) ⟨*nach* dem Erfinder⟩

Ra|bu|list (*abwert*; Rechtsverdreher; Haarspalter) ⟨*lat*⟩ · **Ra|bu|li|stik,** die, _ (*abwert*) · **ra|bu|li|stisch** (*abwert*)

Ra|che, die, _ · **Ra|che|durst** (*gehoben*)

Rachel ↑ Rahel

rä|chen; gerächt

Ra|chen, der, _s, _ · **Ra|chen|blütler** *Pl* (ältere Bez. für Braunwurzgewächse); *Sg* Ra|chen|blüt|ler, der, _s · **Ra|chen|leh|re** (ein Meßzeug); *vgl. auch* Lehre · **Ra|chen|putzer** (*umg scherzh*; scharfes alkohol. Getränk)

Rä|cher (*gehoben*) · **Rä|che|rin,** die, _, ..innen (*gehoben*) · **Rach|gier** · **rach|gie|rig**

Ra|chi|tis [..x..], die, _, ..itiden (*Med*; Vitamin-D-Mangelkrankheit) ⟨*grch*⟩ · **ra|chi|tisch** (*Med*)

Rach|sucht, die, _ · **rach|süch|tig**

Rackel|huhn[1] · **Rackel|wild**[1] (Kreuzung zw. Auer- u. Birkwild) · **Racken**[1] *Pl* (eine Familie der Vögel); *Sg* Racke[1], die, _ ⟨*lautm*⟩

Racker[1], der, _s, _ (*scherzh*; Schelm, Schlingel) · **Racke|rei**[1] (*umg*) · **rackern**[1] *K 363* (*umg*; schwer arbeiten)

[1] *Tr* ..k|k..

Racket[1] ['rɛkət], *österr nur so*, das, _s, _s, *auch* **Ra|kett** [ra'kɛt], das, _[e]s, *Pl* _e *od* _s (Tennisschläger) ⟨*arab* → *frz* → *engl*⟩

Rad, das, _[e]s, *Pl* Räder; zu Rad; radfahren (↑ *d.*); radschlagen (↑ *d.*)

Ra|dar [..'da:r, *auch* 'ra(:)..., *österr nur so*], der *od* das, _s, _s *Kurzw* (*Techn*; Verfahren zur Ermittlung u. Bestimmung des Standortes von Flugzeugen, Schiffen usw.) ⟨*aus engl r*adio *d*etection *a*nd *r*anging ['re:dio: di'tɛkʃ(ə)n ənd 're:ndʒiŋ] = Funkermittlung u. Funkmessung⟩ · **Ra|dar|ge|rät**

Ra|dau, der, _s (*umg*; Lärm) ⟨*lautm*⟩; _ machen

Rad|ball · **Rad|bal|ler** · **Rad|ballspiel** · **Räd|chen,** *Pl* _, *auch* Räderchen · **Rad|damp|fer**

Rade ↑ Kornrade

ra|de|bre|chen (eine Sprache schlecht od. verstümmelt sprechen); du radebrechst; du radebrechtest; geradebrecht; zu _ (‚auf dem Rade brechen' (= rädern, mißhandeln))

Ra|de|hacke[1] (*obersächs*; Rodehacke); *vgl. aber* Radhacke

ra|deln *K 363* (*umg*; radfahren) · **rädeln** *K 363* (mit einem Rädchen Einschnitte machen)

Rä|dels|füh|rer (*abwert*)

Räderchen ↑ **Rädchen** · **rä|dern** *K 363* (*Mittelalter*; mit dem Rad hinrichten); er fühlt sich wie gerädert (*umg*) · **Rä|der|werk**

Ra|detz|ky|marsch [..ki..] *K 209*, der, _es ⟨*nach* dem österr. Feldherrn⟩

rad|fah|ren *K 134*; ich fahre Rad; ich bin radgefahren; radzufahren · **Rad|fah|ren,** das, _s · **Rad|fahrer** · **Rad|fah|re|rin,** die, _, ..innen · **Radfahrweg** ↑ Radweg · **Rad|hacke**[1] (fahrbares, von einer Person geschobenes zweirädriges Bodenbearbeitungsgerät); *vgl. aber* Radehacke

Ra|di, der, _s, _ (*bayr, österr umg*; Rettich) ⟨*lat*⟩

ra|dial (strahlenförmig; den Radius betreffend) ⟨*lat*⟩ · **Ra|dial|li|nie** [..ĭə] (*österr*; von der Stadtmitte zum Stadtrand führende Straßenbahnlinie usw.) · **Ra|dial|rei|fen** · **Ra|dial|sym|me|trie,** die, _ (*fachspr*; Strahlenform) · **Ra|diant** (SI-Einheit des ebenen Winkels ≈ 57,3°); *Einheitenzeichen* rad · **ra|di|är** (*fachspr*; strahlenförmig angeordnet) · **Ra|dia|tion** (*fachspr*; Strahlung; Ausstrahlung) · **Ra|diator,** der, _s, ..oren (Gliederheizkörper) · **Radien** ↑ Radius

[1] *Tr* ..k|k..

ra|die|ren ⟨*lat*⟩ · **Ra|die|rer** (Künstler, der Radierungen anfertigt – *umg*; Radiergummi) · **Ra|dier|gum|mi,** der · **Ra|dier|kunst** (Ätzkunst) · **Ra|die|rung**

Ra|dies|chen ⟨*lat* → *frz* → *ndrl*⟩ · **ra|di|kal** (bis zum Äußersten gehend; gründlich; rücksichtslos) ⟨*lat*⟩; *vgl. auch* ratzekahl · **Ra|di|kal,** das, –s, –e (*Chem*; Atomgruppe in chem. Verbindungen) · **ra|di|ka|li|sie|ren** (radikal machen; den Radikalismus verstärken) · **Ra|di|ka|lis|mus,** der, –, ..men (rücksichtslose, bis zum Äußersten gehende, sektierer. [polit., religiöse usw.] Richtung) · **Ra|di|kal|kur** · **Ra|di|kand** *K 20,* der, –en, –en (*Math*; Zahl, aus der eine Wurzel gezogen werden soll)

ra|dio..., Ra|dio... (*in Zus*; bezogen auf od. hervorgerufen durch unterschiedl. Strahlen) ⟨*lat*⟩

Ra|dio: 1. das, *süddt u. schweiz* der, –s, –s (Rundfunkgerät) – 2. das, –s (Rundfunk [*schweiz* Rundspruch]) ⟨*lat*⟩. *Zus K 365ff.*: Radio‿apparat usw.

ra|dio|ak|tiv ⟨*lat*⟩; –e [..v..] Asche (*Kernphys*; Spaltprodukte im Kernbrennstoff eines Kernreaktors) · **Ra|dio|ak|ti|vi|tät** [..v..], die, – (Aussendung bestimmter Strahlen beim Zerfall od. bei Umwandlung von Atomkernen)

Ra|dio|astro|no|mie ⟨*lat + grch*⟩

Ra|dio|che|mie ⟨*lat + grch*⟩ · **ra|dio|che|misch;** –e Laboratorien

Ra|dio|gramm, das, –s, –e (Röntgenbild – *veraltet*; Funktelegramm) ⟨*lat + grch*⟩ · **Ra|dio|gra|phie,** die, – (Untersuchung mit Röntgenstrahlen) · **ra|dio|gra|phisch**

Ra|dio|la|rien [..iən] *Pl* (*Zool*; Strahlentierchen); *Sg* Ra|dio|la|rie [..iə], die, – ⟨*lat*⟩

Ra|dio|lo|gie, die, – (Lehre von den Strahlen) ⟨*lat + grch*⟩ · **ra|dio|lo|gisch**

Ra|dio|me|ter, das (*Phys*; Gerät zur Messung von Strahlen) ⟨*lat + grch*⟩

Ra|dio|son|de (*Met*; Meßgerät mit Sendeeinrichtung zur Erforschung der Atmosphäre) ⟨*lat + frz*⟩; *vgl. auch* Sonde

Ra|dio|te|le|skop (*Astron*; Empfangs- u. Meßgerät für Radiostrahlung aus dem Weltraum) ⟨*lat + grch*⟩

Ra|dium, das, –s (radioaktives chem. Element, Metall); *Zeichen* Ra ⟨*lat*⟩ · **Ra|dium|be|hand|lung** (Anwendung von Radium od. radioaktiven Substanzen) · **ra|dium|hal|tig**

Ra|dius, der, –, ..ien [..iən] ⟨*lat*⟩, *selten* **Halb|mes|ser,** der (*Math*; halber Durchmesser eines Kreises); *Formelzeichen r* od. *R* · **Ra|dius|vek|tor** [..v..] (*Math, Phys*; Leitstrahl)

Ra|dix, die, –, ..izes [..tse:s] (*fachspr*; Wurzel) ⟨*lat*⟩ · **ra|di|zie|ren** (*Math*; aus einer Zahl eine Wurzel ziehen)

Rad|ler (*umg*; Radfahrer) · **Rad|le|rin,** die, –, ..innen (*umg*; Radfahrerin) · **Rad|man|tel**

Rad|on ['ra:dɔn, *auch* ra'do:n], das, –s (radioaktives chem. Element, Edelgas); *Zeichen* Rn ⟨*lat + grch*⟩

Rad|renn|bahn

...räd|rig *K 362* (z. B. dreirädrig, *mit Ziffer K 284* 3rädrig)

Ra|dscha, der, –s, –s (Titel ind. u. malaiischer Fürsten) ⟨*aind* → *Hind*⟩

rad|schla|gen *K 134*; du schlägst Rad; du hast radgeschlagen; radzuschlagen; er kann radschlagen, *aber*: er kann ein Rad schlagen; *vgl. aber* ratschlagen · **Rad|schla|gen,** das, –s · **Rad|sport,** der, –[e]s · **Rad|sport|ler** · **Rad‿tour** [..tu:r], **...wan|de|rung** · **Rad|weg,** *auch* **Rad|fahr|weg**

Räf, das, –s, –e (*schweiz*; ¹Reff)

raf|fae|lisch *K 218*; –e Farbgebung (*nach* dem italien. Maler Raffael [..faɛl]) · **Raf|fae|lisch** *K 217*; –e Madonna

Raf|fel, die, –, –n (*landsch*; Reibeisen; Klapper – *abwert*; loses Mundwerk) · **raf|feln** *K 363* (*landsch*; klappern; raspeln – *abwert*; ausplaudern, plappern)

raf|fen (*auch abwert*) · **Raff|gier** (*abwert*) · **raff|gie|rig** (*abwert*) · **raf|fig** (*landsch abwert*; raff-, habgierig)

Raf|fi|na|de, die, – (wiederholt gereinigter, feinkörniger Zucker) ⟨*lat* → *frz*⟩ · **Raf|fi|na|tion** (*fachspr*; Reinigung von Naturstoffen u. von technischen Produkten [z. B. von Metallen durch Elektrolyse]) · **Raf|fi|ne|ment** [..'mã:, *auch* ..'maŋ], das, –s, –s *od* **Raf|fi|nes|se,** die, –, –n (Überfeinerung – *übertr*; Durchtriebenheit, Schlauheit) · **Raf|fi|ne|rie,** die, –, ..ien (industrielle Anlage zur Reinigung von Zucker, Erdöl u. dgl.) · **Raf|fi|neur** [..'nø:r], der, –s, –e (*Techn*; Maschine zum Feinmahlen von Papierhalbstoff) · **raf|fi|nie|ren** (reinigen, verfeinern) · **raf|fi|niert** (gereinigt, verfeinert – *übertr*; durchtrieben, schlau) · **Raf|fi|no|se,** die, –, –n (*Chem*; in Zuckerrübenmelasse vorkommender Dreifachzucker) ⟨*lat + grch*⟩

Raf|fung · **Raff|zahn** (*umg*)

Raft [ra:ft], das, –s, –s (schwimmende Insel) ⟨*engl*⟩

Rag [rɛk], der, –[s] *Kurzw* (Ragtime) ⟨*amerik*⟩

Ra|gaz, Bad (in der Schweiz)

Ra|ge ['ra:ʒə, *österr* ra:ʒ], die, – (*umg*; Wut, Raserei) ⟨*lat* → *frz*⟩; in der –, in – bringen

ra|gen

Ra|gio|ne [ra'dʒo:nə], die, –, –n (*schweiz*; im Handelsregister eingetragene Firma) ⟨*lat* → *ital*⟩ · **Ra|gio|nen|buch** (*schweiz*)

Ra|glan [*österr umg auch* ..'gla:n], der, –s, –s (Schnittform; Sportmantel) ⟨*engl, nach* Feldmarschall Lord Raglan ['rɛglən]⟩. *Zus K 365ff.*: Raglan‿schnitt usw.

Ra|gout [ra'gu:], das, –s, –s (Würzfleisch; Mischgericht) ⟨*lat* → *frz*⟩ · **Ra|gout fin** [ra,gu 'fɛŋ, *auch* – 'fɛ̃:] *K 47*, das, – –, *Pl* –s –s [– 'fɛŋs, *auch* – 'fɛ̃:] (feines Ragout)

Rag|time ['rɛktaim], der, –[s] (rhythm., stark synkopierter Musizierstil der Afroamerikaner in den USA); *Kurzw* Rag ⟨*amerik*⟩

Ra|gu|sa (italien. Name von Dubrovnik)

Rah *od* **Ra|he,** die, –, *Pl* Rahen (*seem*; Querstange für das Rahsegel)

Ra|hel [..he:l], *hebr* **Ra|chel** [..'xe:l] (*A. T.*; Frau des Stammvaters Jakob) ⟨*hebr*⟩

Rahm, der, –[e]s. *Zus K 365ff.*: Rahm‿käse usw.

Rähm|chen · **rah|men** · **Rah|men,** der, –s, –. *Zus K 365ff.*: Rahmen‿antenne usw. · **Rah|men|er|zäh|lung** (Erzählung, die andere Erzählungen in sich schließt) · **Rah|men|kol|lek|tiv|ver|trag** [*od* 'ra:..]; *Abk* RKV

rah|mig (*landsch*)

Rah|ne, die, –, –n (*süddt*; rote Rübe)

Rah|se|gel (*seem*) ⟨*zu* Rah⟩

Raid [re:t], der, –s, –s (Überraschungsangriff, Streifzug) ⟨*engl*⟩

Rai|gras *od* **Ray|gras** ['rai..] ⟨*engl*⟩

Rai|mund, *österr nur diese Form* (m. Vn.) ⟨‚Rat' + ‚Schutz'⟩; *Nebenf* ↑ Reimund

Rain, der, –[e]s, –e (Ackergrenze). *Zus K 365ff.*: Rain‿farn usw.

Rai|ner, *österr nur diese Form* (m. Vn.) ⟨‚Rat' + ‚Heer'⟩; *Nebenf* ↑ Reiner

Ra|kel, die, –, –n (*Polygr*; ein Abstreicher) ⟨*ndrl*⟩

räkeln ↑ rekeln

Ra|ke|te, die, –, –n (Feuerwerkskörper, Flugkörper, Geschoß) ⟨*germ* → *ital*⟩. *Zus K 365ff.*: Raketen‿treibstoff usw. · **Ra|ke|ten‿an|trieb, ...trieb|werk**

Rakett ↑ Racket

Ralf *K 208* (m. Vn.) ⟨*Kurzf von* Radolf (‚Rat' + ‚Wolf')⟩; *engl Form* ↑ Ralph

Ral|le, die, –, –n (ein Sumpfvogel) ⟨*frz → lat*⟩

Ral|lye ['rali *od* 'rɛli], die, –, –s, *auch* das, –s, –s (Zuverlässigkeitsfahrt für Serienautomobile) ⟨*engl → frz*⟩

Ralph (m. Vn.) ⟨*engl Form von* Ralf⟩

Ra|ma|dan, der, –[s] (Fastenmonat der Mohammedaner) ⟨*arab*⟩

Ra|man|ef|fekt, *K 209,* der, –[e]s (*Kernphys*) ⟨*nach* dem ind. Physiker⟩

Ram|bouil|let|schaf [răbu'je:..] *K 246* (feinwolliges Schaf) ⟨*nach* der Stadt in Nordfrankreich⟩

Ra|mie, die, –, ..ien (Chinagras, ostasiat. Faserpflanze) ⟨*mal*⟩ · **Ramie|fa|ser**

Rammaschine [*Tr* Ramm|ma|schi|ne *K 78*] · **Ramm|bär,** der, –s, *Pl* –en, *fachspr* –e (*Techn*) · **Ramm|bug** (*hist*) · **ramm|dö|sig** (*salopp;* benommen; überreizt) · **Ram|me,** die, –, –n (Fallklotz) · **Ram|mel,** der, –s, – (*landsch abwert;* Dummkopf, gemeiner Mensch) · **Ram|me|lei** (*umg*) · **ram|meln** *K 363* (rammen; zusammendrängen – *weidm, von Hasen u. Kaninchen gesagt;* belegen, decken) · **ram|men** · **Rammklotz** · **Ramm|ler** (*weidm;* Männchen von Hasen u. Kaninchen) · **Ramms|kopf** (Pferdekopf mit gewölbtem Vorderteil) · **Ramms|nase** (stark gewölbte Nase)

Ram|pe, die, –, –n (schiefe Ebene, Auffahrt; Verladebühne; vordere Bühnenkante) ⟨*germ → frz*⟩ · **Rampen|licht,** das, –[e]s · **ram|po|nieren** (*umg;* stark beschädigen) ⟨*germ → ital*⟩

[1]**Ramsch,** der, –es, –e (*Kartensp*) ⟨*lat → frz*⟩

[2]**Ramsch,** der, –es, –e (*umg abwert;* Warenreste, Altware, Minderwertiges) ⟨*hebr*⟩. *Zus K 365ff.:* Ramsch‿ware usw.

[1]**ram|schen** *K 354* ([1]Ramsch spielen) ⟨*lat → frz*⟩

[2]**ram|schen** *K 354* (*umg abwert;* Warenreste billig aufkaufen) ⟨*hebr*⟩

ran ↑ heran

Ranch [rɛntʃ], die, –, –[e]s (amerikan. Viehwirtschaft, Farm) ⟨*span → engl*⟩ · **Ran|cher** ['rɛntʃər] (amerikan. Viehzüchter, Farmer)

[1]**Rand,** der, –[e]s, *Pl* Ränder; zu Rande kommen; außer Rand und Band sein. *Zus K 365ff.:* Rand‿bemerkung usw.

[2]**Rand** [rant, *engl* rɛnd], der, –[s], *Pl* –[s] *u. bei Wertangabe* (*K 310*) Rand (Währungseinheit in Südafrika [2]) ⟨*engl*⟩

ran|da|lie|ren · **Ran|da|lie|rer**

Ränd|chen

Ran|de, die, –, –n (*schweiz;* rote Rübe)

Rän|del|mut|ter, *Pl* ..muttern (*Techn*) · **rän|deln** *K 363* (*Techn;* mit Hilfe von Rädchen aufrauhen) · **Rän|del‿rad** (*Techn*), ...**schrau|be** (*Techn*) · **Ränder** ↑ [1]Rand · **rän|dern** *K 363* · **Rand|ge|biet** · ...**ran|dig,** *auch* ...**rän|drig** (*K 362*) (z. B. breitrandig, *auch* breiträndrig)

Ranft, der, –[e]s, *Pl* Ränfte (*landsch;* Endstück des Brotes; Brotrinde, -kruste) ⟨*zu* [1]Rand⟩ · **Ränft|chen**

Rang, der, –[e]s, *Pl* Ränge ⟨*germ → frz, zu* Ring⟩; jmdm. den – (*urspr* Rank, ↑ *d.*) ablaufen (jmdm. zuvorkommen). *Zus K 365ff.:* Rang‿ordnung usw.

Ran|ge, die, –, –n, *österr* der, –n, –n (*landsch;* unartiges Kind) ⟨*zu* Rank⟩

Ran|ge|lei (*umg*) · **ran|geln** *K 363* (*umg;* ringen; sich ungebärdig bewegen)

Ran|ger ['re:ndʒər], der, –s, –s (Angehöriger einer NATO-Spezialeinheit) ⟨*germ → frz → engl → amerik,* ‚Spürhund'⟩

Ran|gier|bahn|hof [raŋ'ʒi:r.., *österr* ran'ʒi:r, *auch* rã'ʒi:r..] (Verschiebebahnhof) · **ran|gie|ren** (*Eisenb;* Wagen umsetzen – *normalspr;* gelten; einen Rang einnehmen) ⟨*germ → frz*⟩ · **rang|mä|ßig** ['raŋ..]

Ran|gun [raŋ'gu:n] (Hptst. von Burma) · **Ran|gun|reis** *K 246,* der

rank (*gehoben;* schlank; geschmeidig) ⟨*zu* recken⟩; – und schlank

Rank, der, –[e]s, *Pl* Ränke (*süddt, schweiz;* Wegkrümmung; List); den – (Ausweg) finden; *vgl. auch* Rang – **Rän|ke** *Pl* (*gehoben;* Listen, Intrigen); – schmieden

Ran|ke, die, –, –n (Gewächsteil, Sproß [1]) · **ran|ken**

Ran|ken, der, –s, – (*landsch;* derbes Stück Brot) ⟨*zu* Ring⟩

ran|ken|ar|tig ⟨*zu* Ranke⟩ · **Ranken|werk**

Rän|ke‿schmied (*gehoben*), ...**spiel** (*gehoben*)

ran|kig ⟨*zu* Ranke⟩

Ra|nun|kel, die, –, –n (ein Hahnenfußgewächs) ⟨*lat*⟩

ran|zen (*weidm, vom Raubwild gesagt;* begatten) ⟨*zu* Rank⟩

Ran|zen, der, –s, – (Schultasche – *salopp;* dicker Bauch)

ran|zig (*von verdorbenen Fetten gesagt;* unangenehm schmeckend u. riechend) ⟨*lat → frz → ndrl*⟩

Ranz|zeit (*weidm;* Begattungszeit des Raubwildes) ⟨*zu* ranzen⟩

Ra|pal|lo (Kurort an der Westküste Oberitaliens) · **Ra|pal|lo|ver|trag** *K 246,* der, –[e]s

Rap|fen, der, –s, – (ein Karpfenfisch) ⟨*lat*⟩

ra|pid, *österr nur so, od* **ra|pi|de** (reißend, schnell, blitzartig); ..deste ⟨*lat → frz*⟩ · **Ra|pi|di|tät,** die, –

Ra|pier, das, –s, –e (Fechtwaffe, Degen) ⟨*frz*⟩

Rapp, der, –s, –e (*landsch;* entbeerte Traube) ⟨*germ → frz*⟩

Rapp|bo|de|tal|sper|re *K 246,* die, – (im Harz [DDR])

Rap|pe, der, –n, –n (schwarzes Pferd) ⟨*Nebenf zu* Rabe⟩

Rap|pel, der, –s, – (*umg;* Zorn, Verrücktheit); einen – haben, bekommen · **rap|pe|lig** *K 362* (*umg*) · **Rap|pel|kopf** (*umg*) · **rap|peln** *K 363* (*umg;* klappern – *österr;* verrückt sein); bei jmdm. rappelt es (*umg;* jmd. ist od. spielt verrückt)

Rap|pen ⟨*zu* Rabe⟩, der, –s, – (*Abk* Rp.), *auch* **Cen|time** [sã'ti:m] ⟨*lat → frz*⟩, der, –s [..'ti:ms], *Pl* –s [..'ti:m] *u. bei Wertangabe* (*K 310*) Centime; *Abk* ct, *Pl* cts (Münzeinheit in der Schweiz)

Rap|port, der, –[e]s, –e (Bericht, Berichterstattung) ⟨*lat → frz*⟩ · **rappor|tie|ren** (*veraltend;* berichten, melden)

raps! ⟨*lautm*⟩; rips, raps!

Raps, der, –es, –e (eine Ölpflanze, Kreuzblütler) ⟨*lat*⟩. *Zus K 365ff.:* Raps‿feld usw.

rap|schen *od* **rap|sen** *K 354* (*landsch;* hastig wegnehmen) ⟨*zu* raffen⟩

Raps|ku|chen (*Landw;* ein Futtermittel) · **Raps|öl,** das, –[e]s

Rap|tus, der, –, ..usse (*bes Med;* Anfall von Raserei) ⟨*lat,* ‚Raub'⟩; einen – haben, bekommen

Ra|pünz|chen (Feldsalat, ein Baldriangewächs) ⟨*lat*⟩. *Zus K 365ff.:* Rapünzchen‿salat usw. · **Ra|pun|zel,** der, –s, – *od* die, –, –n (ein Glockenblumengewächs – *umg auch für* Rapünzchen)

Ra|pu|sche *od* **Ra|pu|se,** die, – ⟨*tschech*⟩; *nur in Wendungen wie* in die – gehen *od* kommen (*landsch;* [im Durcheinander] verlorengehen); in die – geben (*landsch;* preisgeben)

rar (selten, knapp; begehrt; kostbar) ⟨*lat → frz*⟩; sich (*Akk*) – machen · **Ra|ri|tät** (Seltenheit, Sehenswürdigkeit) ⟨*lat*⟩ · **Ra|ri|tä|ten|ka|bi|nett**

ra|sant (*umg;* rasch, blitzartig – *von der Flugbahn von Geschossen gesagt;* sehr flach, gestreckt) ⟨*lat → frz*⟩ · **Ra|sanz,** die, – (*oft umg*)

ra|sau|nen (*landsch umg;* lärmen,

poltern) · **Ra|sau|ner** (*landsch umg*)
rasch; _este
ra|scheln *K 363*
Rasch|heit, die, _
ra|sen *K 354*
Ra|sen, der, _s, _. *Zus K 365ff.*: Rasen‿fläche, ...mäher usw. · **ra|sen‿be|deckt, ...be|wach|sen** (*K 364*)
ra|send; *K 115*: am _sten; rasend werden; *K 102*: es ist zum Rasendwerden · **Ra|ser** (*umg*) · **Ra|se|rei** (*umg*)
Ra|sier|ap|pa|rat · **ra|sie|ren** ⟨*lat → frz → ndrl*⟩
ra|sig (mit Rasen bewachsen)
Rä|son [..ˈzɔŋ *od* ..ˈzɔ̃:], die, _ ⟨*lat → frz*⟩; *nur in Wendungen wie* jmdn. zur _ (Vernunft, Einsicht) bringen · **Rä|so|neur** [..zoˈnø:r], der, _s, _e (*veraltend abwert*; Schwätzer, Klugredner; Nörgler) · **rä|so|nie|ren** (laut reden; nörgeln, schimpfen)
Ras|pel, die, _, _n · **ras|peln** *K 363*
raß *od* **räß** (*süddt, österr, schweiz, von Speisen gesagt*; scharf gewürzt, beißend)
Ras|se, die, _, _n ⟨*arab → ital → frz*⟩ · **Ras|se|hund**
Ras|sel, die, _, _n (Knarre, Klapper) · **Ras|sel|ban|de** (*umg scherzh*) ⟨*zu* ²Bande⟩ · **Ras|se|lei** (*abwert*) · **ras|seln** *K 363f.*
Ras|sen|dis|kri|mi|nie|rung · **Rassen‿haß, ...kreu|zung** · **Ras|se‿pferd** · **ras|se|rein** · **Ras|se|reinheit** · **ras|sig** (von ausgeprägt edler Art) ⟨*arab → ital → frz*⟩ · **ras|sisch** (der Rasse entsprechend, auf sie bezüglich) · **Ras|sis|mus,** der, _ (Bez. für die reaktionären Rassentheorien) ⟨*arab → frz*⟩ · **Ras|sist** · **rassi|stisch**
Rast, die, _, _en; ohne _ und Ruh *K 63* (*gehoben*). *Zus K 365ff.*: Rast‿stätte usw.
Ra|statt [..ʃt.. *od* ..st..] (Stadt im SW der BRD) · **Ra|stat|ter:** 1. *K 231*: der, _s, _; 2. *als Attribut K 232*
Ra|ste, die, _, _n (Sicherungs-, Abstellvorrichtung)
Ra|stel, das, _s, _ (*österr*; Drahtgitter) ⟨*lat*⟩
ra|sten
Ra|ster: 1. der, _s, _ (*Polygr*; Glasplatte od. Folie zur gleichmäßigen Zerlegung eines Bildes in einzelne Elemente) – 2. der, *fachspr* das, _s, _ (*Ferns*; gleichmäßiges Zeilenmuster eines Fernsehbildes) ⟨*lat*⟩ · **Raster|ät|zung** (*Polygr*) · **ra|stern** *K 363* (*Polygr, Ferns*; durch Raster zerlegen)
rast|los *K 349*; *vgl.* ...los · **Rast|losig|keit,** die, _
Ra|stral, das, _s, _e (Werkzeug zum Ziehen der Notenlinien) ⟨*lat*⟩ · **rastrie|ren** (mit Notenlinien versehen – *österr*; mit einem Liniennetz versehen) · **Ra|strier|ma|schi|ne**
Ra|sur, die, _, _en (das Rasieren; das Radieren; die ausradierte Stelle) ⟨*lat*⟩
Rat, der, _[e]s, *Pl*: *a. für Personen u. Institutionen*: Räte, *b. für Belehrung*: Ratschläge; mit sich (*Dat*) zu _e gehen; jmdn. zu _e ziehen; um _ fragen; sich (*Dat*) _ holen; mit _ und Tat; er hat _ geschafft; Rat des Kreises; *K 258*: Rat für Gegenseitige Wirtschaftshilfe (*Abk* RGW); der Große _ (*schweiz*; Kantonsparlament)
Rät, *auch* **Rhät,** das, _[e]s *Kurzw* (*Geol*; jüngste Stufe des Keupers) ⟨*aus* R(h)ätikon⟩
Ra|te, die, _, _n (Teilbetrag, -zahlung) ⟨*lat*⟩. *Zus K 365ff.*: Raten‿zahlung usw.
ra|ten; du rätst, er rät; du rietst *od* rietest; du rietest; geraten; rat[e]!
ra|ten|wei|se *K 176*
Ra|ter · **Rä|te‿re|gie|rung, ...re|publik** (*hist*) · **Ra|te|rin,** die, _, ..innen · **Rat|ge|ber** · **Rat|ge|be|rin,** die, _, ..innen · **Rat|haus** · **Rathaus|saal**
Ra|the|now [..no:] (Stadt im Bez. Potsdam) · **Ra|the|now|er** [..no:ər] *K 91*: 1. *K 231*: der, _s, _; 2. *als Attribut K 232*
Rä|tien [..ĭən], *auch* **Rhä|tien** (*Altertum*; röm. Provinz in den nördl. Alpen u. deren Vorland)
Ra|ti|fi|ka|tion (Bestätigung u. Genehmigung eines Staatsvertrages) ⟨*lat*⟩ · **Ra|ti|fi|ka|tions|ur|kun|de** · **ra|ti|fi|zie|ren**
Rä|ti|kon, *auch* **Rhä|ti|kon,** das, _[s] *od* der, _s (Gruppe der Nördl. Kalkalpen)
Ra|ti|né [..ˈne:], der, _s, _s (*Textilwirtsch*; flauschiger Wollstoff) · **rati|nie|ren** (*Textiltechn*; Wollstoffe an der Oberfläche zu kleinen Lokken u. Knoten zusammendrehen) ⟨*frz*⟩
Ra|tio, die, _ (Vernunft, Verstand, logisches Denkvermögen) ⟨*lat*⟩; *vgl. auch* Ultima ratio · **Ra|tion** (zugeteiltes Maß, Anteil, Teil, Menge; tägl. Verpflegungssatz) · **ra|tio|nal** (vernünftig, vernunftgemäß, von der Vernunft ausgehend; planvoll; begrifflich faßbar) · **Ra|tio|na|li|sator,** der, _s, ..oren (Begründer einer neuen, den Produktionsprozeß zweckmäßiger gestaltenden u. verbilligenden Arbeitsmethode) · **ra|tio|na|li|sie|ren** (Arbeitsvorgänge zum Erzielen größerer Wirtschaftlichkeit zweckmäßiger gestalten) · **Ra|tio|na|li|sie|rung** · **Ra|tiona|lis|mus,** der, _ (*Philos*; Richtung, die Vernunft u. begriffl. Denken als einzige Erkenntnisquelle sieht) · **Ra|tio|na|list** (Anhänger des Rationalismus; Verstandesmensch) · **ra|tio|na|li|stisch;** _ste · **ra|tio|nell** (zweckmäßig, sparsam, haushälterisch) ⟨*lat → frz*⟩ · **ra|tio|nie|ren** (einteilen, abgeteilt zumessen) · **Ra|tio|nierung** · **Rationsweide** ↑ Portionsweide
Rä|ti|sche Al|pen, *auch* **Rhä|ti|sche Al|pen** *K 258 Pl* (Teil der Ostalpen)
rät|lich (*veraltend*) · **rat|los** *K 349*; *vgl.* ...los · **Rat|lo|sig|keit,** die, _
Rä|to|ro|ma|ne *K 245*, der, _n, _n (Angehöriger eines Alpenvolkes) · **rä|to|ro|ma|nisch;** *vgl. K 266f.* · **Rä|to|ro|ma|nisch,** das, *Gen* _[s], *Dat* _ (Sprachbez. *K 268ff.*) · **Rä|toro|ma|ni|sche,** das, *Gen* _n, *Dat* _n (Sprachbezeichnung *K 271*)
rat|sam · **Rats|be|schluß**
ratsch! ⟨*lautm*⟩; ritsch, ratsch! · **Ratsche,** *österr nur so, auch* **Rät|sche,** die, _, _n (*süddt*; Rassel, Klapper) · **rat|schen,** *österr nur so, auch* **rät|schen** *K 354* (*süddt*)
Rat|schlag · **rat|schla|gen** (*veraltend*); du ratschlagst; du ratschlagtest; geratschlagt; zu _; *vgl. aber* radschlagen · **Rat|schluß**
Rät|sel, das, _s, _; Rätsel raten, *aber K 101*: das Rätselraten · **rätsel|haft** · **Rät|sel|lö|ser** · **rät|seln** *K 363* · **Rät|sel|ra|ten** *K 101*, das, _s
Rats|kel|ler · **rat|su|chend**
Rat|te, die, _, _n · **Rat|ten|fän|ger** (eine Märchengestalt) · **Rat|ten|könig** (*übertr, umg*; unentwirrbare Schwierigkeit) · **Rat|ten|schwanz** (*auch übertr, umg*; endlose Folge)
Rät|ter, der, _s, _, *auch* die, _, _n (*bergm*; eine Siebmaschine)
rat|tern *K 363*
rät|tern *K 363* (*bergm*; sieben) · **Rätter|wä|sche** (*bergm*)
Ratt|ler, der, _s, _ (*veraltet*; für den Rattenfang geeigneter Hund)
Ratz, der, _es, _e (*landsch u. österr*; Ratte, Hamster; Siebenschläfer – *weidm*; Iltis) · **Rat|ze,** die, _, _n (*umg*; Ratte)
rat|ze|kahl (*umg*) ⟨*umgedeutet aus* radikal⟩
Rät|zel, das, _s, _ (*landsch*; zusammenstoßende Augenbrauen; Mensch mit solchen Augenbrauen) ⟨*zu* Ratz⟩
rat|zen [ˈra:..] (*landsch*; ritzen, kratzen) ⟨*zu* ritzen⟩ · **Rat|zer,** der, _s, _ (*landsch*; Riß, Kratzer)
Raub, der, _[e]s · **Raub|bau,** der, _[e]s · **rau|ben** · **Räu|ber** ·

Räu|ber|ban|de (*zu* ²Bande) · Räu|be|rei (*abwert*) · räu|be|risch; _ste · räu|bern *K 363* · Raub⌣fisch, ...gier, ...mord, ...rit|ter (*hist*), ...tier · Raub|vo|gel (ältere Bez. für Greifvogel) · Raub|wild · Raub|zeug, das, _[e]s (*weidm*)

Rauch, der, _[e]s (*zu* riechen) · rau|chen; rauchende Schwefelsäure · Rau|cher · Rau|cher|ab|teil · räu|che|rig · Räu|cher|ker|ze · räu|chern *K 363* · Räu|cher|wa|re · Rauch|fang · Rauch|fang|keh|rer (*österr*; Schornsteinfeger) · Rauch|fleisch · rau|chig · rauch|los; *vgl.* ...los

Rauchnächte ↑ Rauhnächte

Rauch⌣säu|le, ...ta|bak, ...ver|zeh|rer · ¹Rauch|wa|ren *Pl* (*umg*; Tabakwaren) (*zu* riechen)

²Rauch|wa|ren *Pl*, *österr auch* Rauh|wa|ren *Pl* (Pelzwaren) (*zu* rauh) · Rauch|werk, das, _[e]s (Pelzwerk)

Räu|de, die, _, _n (Krätze, Grind bei Haustieren) · räu|dig

rauf ↑ herauf

Rauf|bold, der, _[e]s, _e (*abwert*) · Rau|fe, die, _, _n · rau|fen (*zu* rauben); sich (*Akk*) _ · Rau|fer · Rau|fe|rei · rauf|lu|stig

Rau|graf (*hist*; oberrhein. Grafentitel)

rauh; _[e]ste *K 363* · Rauh|bein (*umg*; nur nach außen grober Mensch) · rauh|bei|nig (*umg*) · rauh|bor|stig (*umg*) · Rau|heit [*Tr K 36*] · rau|hen (rauh machen) · Rauh|fa|ser|ta|pe|te · Rauh|fut|ter (*zu* ¹Futter) · Rauh|haar|dackel [*Tr* ...dak|kel] · rauh|haa|rig · Rauh|näch|te, *auch* Rauch|näch|te *Pl* (die »Zwölf Nächte« zw. 24. Dez. u. 6. Jan.) · Rauh|reif (*zu* ¹Reif) · Rauh|wacke [*Tr* ...wak|ke] (*Geol*; eine Kalksteinart) · Rauhwaren ↑ ²Rauchwaren

Rau|ke, die, _, _n (ein Kreuzblütler) (*lat* → *ital*)

raum (*seem*, *vom Wind gesagt*; schräg von hinten einfallend – *Forstw*; offen, licht) · Raum, der, _[e]s, *Pl* Räume · Raum|an|zug · Raum|bild · raum|bild|lich · Räum|boot (Boot zum Beseitigen von Minen) · Räum|chen · räu|men · Räu|mer · Raum|er|spar|nis · Raum|fäh|re · Raum|fah|rer · Raum|fahrt · Raum|flug · Raum|ge|fühl, das, _[e]s · Raum|kunst, die, _ · räum|lich · Räum|lich|keit · Raum|me|ter, das *od* der, *schweiz nur so* (*veraltend*; Schichtfestmeter); *Einheitenzeichen* Rm · Raum|pfle|ge|rin · Raum|schiff · Raum|son|de (unbemannter interplanetarer Flugkörper zur Erforschung des Weltraums) · raum|spa|rend · Raum|sta|tion · Räum|te, die, _, _n (*seem*; verfügbarer Schiffsladeraum) · Raum⌣tei|ler, ...trans|por|ter (*Raumf*) · Räu|mung

rau|nen (*gehoben*; dumpf, leise sprechen; flüstern) (*zu* Rune)

raun|zen *K 354* (*landsch*; nörgeln) · Raun|zer (*landsch*) · Raun|ze|rei (*landsch abwert*)

Räup|chen · Rau|pe, die, _, _n · Rau|pen|an|trieb (*Techn*) · rau|pen|ar|tig · Rau|pen⌣fraß, ...ket|te (*Techn*), ...leim, ...schlep|per (*Techn*)

raus! ↑ heraus

Rausch, der, _es, *Pl* Räusche (das Betrunkensein; Erregung, Begeisterung)

Rausch|bee|re (ein Heidekrautgewächs) (*zu* Rusch)

Rausch|brand, der, _[e]s (eine Rinder- u. Schafkrankheit)

rau|schen *K 354* (*auch weidm*; brünstig sein) (*lautm*) · Rau|scher, der, _s (*rhein*; schäumender Most)

Rausch|gelb (*Mineral veraltet*; Auripigment) (*lat*)

Rausch|gift · rausch|gift|süch|tig · Rausch|gift|süch|ti|ge, der *u.* die, _n, _n *K 341* · Rausch|gold (dünnes Messingblech) · rausch|haft · Rausch|sil|ber (dünnes Neusilberblech) · Rausch|zeit (*weidm*; Brunstzeit des Schwarzwildes)

Räus|pe|rer (*umg*) · räus|pern, sich (*Akk*) *K 363*

Raus|schmei|ßer (*umg* – *auch für* Kehraustanz) (*zu* raus) · raus|wer|fen (*umg*)

Rau|te, die, _, _n (eine Arzneipflanze – *Geom*; gleichseitiges schiefwinkliges Viereck) (*grch* → *lat*)

Rau|ten|de|lein, das, _s, _ (Elfe, Märchengestalt)

rau|ten|för|mig · Rau|ten⌣ge|wäch|se (*Pl*), ...kranz

Ra|ven|na [..v..] (Stadt in Oberitalien)

Ra|vens|brück [..v..] (hitlerfaschist. Frauenkonzentrationslager)

Ra|vens|burg [..v.. *od* ..f..] (Stadt im SW der BRD)

Ra|vio|li [..v..] *Pl* (gefüllte Nudelteigstücke) (*ital*)

Ra|wal|pin|di (Stadt in Pakistan)

Raygras ↑ Raigras

Ray|on [rɛ'jɔŋ, *auch* rɛ'jõ:], der, _s, _s, *österr auch* [rai'jo:n], der, _s, _e (*österr*, *schweiz*; Bezirk, Bereich) (*germ* → *lat* → *frz*) · Ray|on|chef (*veraltend*; Abteilungsleiter) · rayo|nie|ren [rɛjɔ.., *auch* raijo..] (*österr*; [nach Bezirken] einteilen; einem Rayon zuweisen)

ra|ze|misch (*Chem*) (*lat*) · ra|ze|mos (*Bot*; traubenförmig); eine _e Blüte

Raz|zia, die, _, *Pl* ..ien [..ĭən], *österr nur so*, *seltener* _s (Polizeistreife mit bestimmter Aufgabe; Fahndungsaktion) (*arab* → *frz*)

¹Re, das, _s, _s (*Kartensp*; Erwiderung der Gegenansage) (*lat*)

²Re ↑ Ra

Re|agens [*od* rea'gɛns], das, _, *Pl* ..gen|zi|en [..ĭən] *od* ..gen|tia *K 53* (*Chem*; Stoff, der eine Reaktion bewirkt) (*lat*) · Re|agenz, die, _ (das Reagieren, die Reaktion) · Re|agenz|glas, *Pl* ..gläser (*fachspr*; Probierröhrchen) · Re|agenz|pa|pier (*fachspr*) · re|agie|ren (rückwirken; sich umsetzen; [chemisch] aufeinander einwirken); auf etw. _ (für etw. empfindlich sein; auf etw. eingehen) · Re|ak|tanz, die, _, _en (*Elektrotechn*; Blindwiderstand) · Re|ak|tion: 1. die, _, _en (Rück-, Gegenwirkung; Gegenströmung, -druck, Rückschlag; Ablauf einer [chem.] Stoffumsetzung) – 2. die, _ (*abwert*; Gesamtheit der rückschrittlichen Kräfte) · re|ak|tio|när (Gegenwirkung erstrebend od. ausführend – *abwert*; rückschrittlich) · Re|ak|tio|när, der, _s, _e (*abwert*; jmd., der den Fortschritt der menschl. Gesellschaft aufhalten möchte) · re|ak|tions|schnell · Re|ak|tions|zeit (Wirkzeit) · re|ak|tiv (*fachspr*; rückwirkend) · re|ak|ti|vie|ren [..v..] (wieder in Tätigkeit setzen – *fachspr*; wieder [chemisch] umsetzungsfähig machen) · Re|ak|ti|vie|rung · Re|ak|ti|vi|tät, die, _ (*fachspr*; Rückwirkung) · Re|ak|tor, der, _s, ..oren (*meist kurz für* Kern- u. Atomreaktor)

re|al (wirklich, tatsächlich, wahr; dinglich, sachlich, wirklichkeitsnah) (*lat*)

Re|al: 1. (*lat* → *span*), der, _s, _es (*hist*; span. u. mexikan. Münze) – 2. (*lat* → *portug*), der, _s, *Pl* Reis (*hist*; portugies. u. brasilian. Münze)

Re|al|akt (*Rechtsw*; tatsächl. Handlung – *österr*; gerichtl. Handlung, die ein Grundstück betrifft) · Re|al|ein|kom|men · Re|al|en|zy|klo|pä|die (Sachwörterbuch)

Re|al|gar, der, _[e]s, _e (ein Arsenmineral) (*arab*)

Rea|lien [..ĭən] *Pl* (wirkl. Dinge, Sachkenntnisse) (*lat*) · Re|al|in|ju|rie [..iə] (*Rechtsw*; tätl. Beleidigung) · Rea|li|sier|bar|keit, die, _ · rea|li|sie|ren (*lat* → *frz*) · Rea|li|sie|rung *od* Rea|li|sa|tion (Verwirklichung – *Wirtsch*; Verkauf) ·

Rea|lis|mus, der, _ (Wirklichkeitssinn, Sachlichkeit – *Philos*; Richtung, die die Außenwelt als objektiv u. unabhängig vom menschl. Bewußtsein existierend anerkennt – *Kunstwiss, Literaturw*; Abbildung des Charakteristischen der Wirklichkeit mit künstlerischen Mitteln) ⟨*lat*⟩; *K 119*: der sozialistische _ · **Rea|list** · **rea|li|stisch;** _ste · **Rea|li|tät** (Wirklichkeit; Tatsache) – **Rea|li|tä|ten** *Pl* (*österr*; Grundstücke) · **Rea|li|tä|ten|ver|mitt|ler** (*österr*; Grundstücksmakler) · **rea|li|ter** (in Wirklichkeit) · **Re|al|kre|dit,** der (*Wirtsch*) · **Re|al|last** (*Wirtsch*) · **Re|al|le|xi|kon** (Sachwörterbuch) · **Re|al|lohn** (*Wirtsch*; der an der Kaufkraft gemessene Geldlohn); *Ggs* Nominallohn · **Re|al|po|li|tik,** die, _ (polit. Handlungsweise, die von den tatsächl. Gegebenheiten ausgeht) · **Re|al|steu|er,** die, *meist Pl* (*Wirtsch*) · **Re|al|wert**

Re|ani|ma|tion (*Med*; Wiederbelebung) ⟨*lat*⟩ · **re|ani|mie|ren** (*Med*)

Re|be, die, _, _n

Re|bek|ka (bibl. w. En.) ⟨*hebr*⟩

Re|bell, der, _en, _en (Empörer, Aufständischer, Aufrührer) ⟨*lat*⟩ · **re|bel|lie|ren** · **Re|bel|lion** · **re|bel|lisch;** _ste

re|beln *K 363* (*süddt, österr*; [Trauben u. a.] abbeeren) · **Re|ben|hü|gel** (*landsch*; Weinberg) · **Re|ben|saft,** der, _[e]s (*dicht*)

Reb|huhn

Reb|laus (ein Insekt) · **Reb|ling** (Rebenschößling)

Reb|schnur, *Pl* ..schnüre (*österr*; starke Schnur)

Reb|stock, der, *Pl* ..stöcke (*landsch*)

Re|bus, der *od* das, _, ..usse (Bilderrätsel) ⟨*lat* → *frz*⟩

Re|chaud [reˈʃo:], der *od* das, _s, _s (Wärmeplatte) ⟨*lat* → *frz*⟩

re|chen (*landsch*; harken); gerecht · **Re|chen,** der, _s, _ (*landsch*)

Re|chen|auf|ga|be ⟨*zu* rechnen⟩ · **Re|chen|buch** · **Re|chen‿feh|ler,** **...heft,** **...ma|schi|ne** · **Re|chen|schaft,** die, _ · **Re|chen|schafts|le|gung** · **re|chen|schafts|pflich|tig** · **Re|chen‿schie|ber** (*veraltend*), **...stab**

Re|chen|stiel ⟨*zu* Rechen⟩

Re|chen|stun|de ⟨*zu* rechnen⟩ · **Re|chen‿tech|nik,** **...zen|trum** (*Datenv*)

Re|cher|che [reˈʃɛrʃə, *österr* reˈʃɛrʃ], die, _, _n [..ʃ(ə)n], *meist Pl* (Nachforschung, Ermittlung) ⟨*lat* → *frz*⟩ · **re|cher|chie|ren**

rech|nen; gerechnet · **Rech|ner** · **Rech|ne|rei** (*umg, meist abwert*) · **rech|ne|risch** · **Rech|nung;** _ tragen (Rücksicht nehmen) · **Rech|nungs|füh|rung,** die, _; *K 119*: die wirtschaftliche _

recht (richtig; passend; den Gesetzen entsprechend; auf der rechten Seite befindlich – *Pol*; auf der rechten Seite in den bürgerl. Parlamenten sitzend, konservativ, reaktionär)

1. *Adj*: rechter Winkel *K 119* (*Zeichen* ∟); rechter Weg; zur rechten Zeit; keinen rechten Erfolg haben; das ist nicht recht; das ist nur recht und billig; zwischen recht (richtig) und unrecht (unrichtig) nicht unterscheiden können (*vgl. aber* Recht); das ist durchaus, ganz, völlig recht; rechter Fuß; er ist seine rechte Hand; rechter Hand; *vgl. auch* Recht II

2. *Adv*: erst recht; recht so!; habe ich recht gehört?; das geschieht ihm recht; recht gut; nicht recht zufrieden sein; *K 135*: es jmdm. recht machen, nichts recht machen, recht handeln, *vgl. aber* rechtschreiben; recht und schlecht (*vgl.* schlecht); *K 108*: recht behalten, recht tun, recht haben, *vgl. aber* Recht

3. *Großschreibung K 93*: du bist mir der Rechte; an den Rechten kommen; das Rechte treffen; zum, nach dem Rechten sehen; *K 95*: etwas, nichts Rechtes können, wissen; *vgl. auch* Rechte

4. *Zusammenschreibung bei Verben vgl.* rechtschreiben

5. *Zusammensetzungen*: rechterseits *K 176*; rechtsseitig

Recht, das, _[e]s, _e; mit, ohne Recht; nach Recht und Gewissen; von Rechts wegen (*meist übertr*; eigentlich); zu Recht bestehen, erkennen, entnehmen (*vgl. aber* zurecht); im Recht sein; zwischen Recht und Unrecht nicht unterscheiden können (*vgl. aber* recht [1])

I. *Großschreibung* (als wirkliches Substantiv): Recht finden, sprechen, suchen; ein Recht besitzen, haben

II. *Kleinschreibung K 108*: recht behalten, bekommen, erhalten, geben, geschehen, haben; jmdm. [nicht] recht sein; recht tun

Rech|te *K 341*: 1. die, _n, _n (rechte Hand); zur Rechten; in meiner Rechten; ein kräftiger Druck seiner Rechten – 2. die, _n (*Pol*; Gruppe der Rechtsparteien [nach der Sitzordnung im bürgerl. Parlament], nach rechts orientierte Gruppe einer Partei); *Ggs* Linke (2) – 3. der *u.* die, _n, _n (*Pol*; Anhänger[in] der Rechten [2]); *Ggs* Linke (3)

Recht|eck · **recht|eckig** [*Tr* ...ek-kig] · **rech|ten** (*gehoben*); gerechtet · **rech|ter|seits** *K 176*

recht|fer|ti|gen; du rechtfertigst; gerechtfertigt; zu _ · **Recht|fer|ti|gung** · **Recht|fer|ti|gungs|ver|such**

Recht|ha|be|rei, die, _ (*abwert*) · **recht|ha|be|risch** (*abwert*); _ste · **recht|läu|fig** (*Astron*; im umgekehrten Sinn des Uhrzeigers laufend) · **Recht|lau|tung,** die, _ (*Phon*) · **recht|lich** · **Recht|lich|keit,** die, _ · **recht|los** *K 349*; *vgl.* ...los · **Recht|lo|sig|keit,** die, _ · **recht|mä|ßig** · **Recht|mä|ßig|keit,** die, _

rechts; *Abk* r.; rechts der Straße; rechts von mir; *vgl. auch* rechtsher usw.

Rechts|an|walt

rechts|au|ßen *K 176* (*Fußball*) · **Rechts|au|ßen,** der, _, _ (*Fußball*)

Rechts|bei|stand

recht|schaf|fen · **Recht|schaf|fen|heit,** die, _

recht|schrei|ben *K 137, nur im Inf gebräuchlich* · **Recht|schreib|fra|ge** · **recht|schreib|lich** · **Recht|schreib|re|form,** *auch* **Recht|schrei|bungs|re|form** · **Recht|schrei|bung**

rechts|dre|hend *K 128* (*fachspr*), *aber K 127*: nach rechts drehend

rechts|er|fah|ren · **Recht|set|zung** · **Rechts|fä|hig|keit,** die, _ (*Rechtsw*) · **Rechts|fall,** der · **Rechts|gang** (*Rechtsw*) · **rechts|ge|lehrt** (*veraltet*) · **Rechts|ge|lehr|te,** der *u.* die, _n, _n *K 341* (*veraltet*) · **Rechts|ge|schäft** (*Rechtsw*) · **rechts|ge|schäft|lich** (*Rechtsw*) · **Rechts‿ge|schich|te** (die, _), **...grund|satz** · **rechts|gül|tig** · **Rechts|gül|tig|keit**

Rechts|hän|der, der, _s, _ · **rechts|hän|dig** · **Rechts|hän|dig|keit,** die, _

Rechts|hän|gig|keit (*Rechtsw*)

rechts|her (*veraltet*), *aber K 175*: von rechts her · **rechts|her|um;** [sich] rechtsherum drehen (nicht linksherum), *aber K 175*: [sich] nach rechts herumdrehen · **rechts|hin,** *aber K 175*: nach rechts hin

Rechts|kraft, die, _ · **rechts|kräf|tig** · **rechts|kun|dig**

Rechts‿mit|tel (das), **...nach|fol|ge,** **...pfle|ge** (die, _) · **Recht|spre|chung**

rechts|rhei|nisch

rechts|rum *K 56* (*umg*; rechtsherum)

rechts|sei|tig

Rechts|streit · **Rechts|ti|tel** ·

recht|su|chend; *vgl. aber K 163*
rechts|um · **rechts um!** (*Kommandospr*) · **Rechts|un|ter|zeich|ne|te**
rechts|ver|bind|lich · **Rechts|ver|bind|lich|keit** · **Rechts|ver|dre|her** (*abwert*) · **Rechts|ver|kehr**, der, _[e]s · **Rechts|ver|let|zung** · **Rechts|vor|schrift** · **Rechts|weg** · **rechts|wid|rig** · **Rechts|wis|sen|schaft**
recht|wink|lig *K 362* · **recht|zei|tig** · **Recht|zei|tig|keit**, die, _
Re|ci|fe [re'si(:)fi] (Hafenstadt in Brasilien) ⟨*portug*⟩
re|ci|pe! ['re:tsipe:] (»nimm«! [auf ärztl. Rezepten]); *Abk* Rp. *od* Rc. ⟨*lat*⟩
re|ci|tan|do [retʃi..] (*Mus*; rezitierend, sprechend) ⟨*lat → ital*⟩
Reck, das, _[e]s, _e (ein Turngerät) ⟨*zu* recken⟩
Recke[1], der, _n, _n (*altertümelnd*; Held) ⟨*zu* rächen⟩
recken[1]; Wäsche _ (*landsch*; geradelegen); sich (*Akk*) _
recken|haft[1] (*altertümelnd*)
Reck|ling|hau|sen (Stadt im W der BRD) · **Reck|ling|häu|ser**, *auch* **Reck|ling|hau|ser** *od* **Reck|ling|hau|se|ner** *K 236*: 1. *K 231*: der, _s, _; 2. *als Attribut K 232*
Reck|stan|ge (*Sport*)
Re|clam|bänd|chen *K 209* (*nach* dem Verleger)
Re|cor|der, der, _s, _ (Gerät zur elektromagnet. Speicherung u. Wiedergabe von Bild- u. Tonsignalen) ⟨*lat → frz → engl*⟩
Re|cy|cling [ri'saikliŋ], das, _s (*fachspr*; Rückgewinnung von Rohstoffen zur Wiederverwendung) ⟨*engl*⟩
Re|dak|teur [..'tø:r] ⟨*lat → frz*⟩, der, _s, _e, *schweiz auch* **Re|dak|tor** ⟨*lat*⟩, der, _s, ..oren (jmd., der in Presse, Buchverlagen, im Rundfunk od. Fernsehen Manuskripte bearbeitet u. ausarbeitet, Autoren gewinnt usw.) · **Re|dak|teu|rin** [..'tø:..], die, _, ..innen ⟨*lat → frz*⟩ · **Re|dak|tion** (Gesamtheit der redaktionellen Kräfte; die Arbeitsstätte dieser Mitarbeiter; Bearbeitung eines Textes); *Abk* Red. · **re|dak|tio|nell** · **Re|dak|tor**: 1. der, _s, ..oren (Herausgeber, wissenschaftl. Leiter) – 2. ↑ Redakteur ⟨*lat*⟩
Re|de, die, _, _n; _ und Antwort stehen; zur _ stellen; *vgl. aber* Reede · **Re|de‿fluß**, **...frei|heit**, **...kunst**

[1] *Tr* ..k|k..

Red|emp|to|rist (*kath Kirche*; Angehöriger eines Ordens) ⟨*lat*⟩
re|den; gut _ haben; von sich (*Dat*) _ machen; *K 101*: nicht viel Redens von einer Sache machen · **Re|dens|art** · **re|dens|art|lich** · **Re|de|rei** (*umg*); *vgl. aber* Reederei · **Re|de‿schwall**, **...wen|dung**
re|di|gie|ren (*fachspr*; ein Manuskript druckfertig bzw. sendefertig machen) ⟨*lat → frz*⟩
re|dis|kon|tie|ren (*Finanzw*; einen diskontierten Wechsel weiterverkaufen) ⟨*lat → ital*⟩
re|di|vi|vus [..'vi:vus] (wiedererstanden; erneuert) ⟨*lat*⟩
red|lich · **Red|lich|keit**, die, _ · **Red|ner** · **red|ne|risch** · **Red|ner|tri|bü|ne**
Re|dou|te [re'du:tə, *österr* ..'du:t], die, _, _n (*noch österr*; Maskenball – *hist*; geschlossene Schanze) ⟨*lat → ital → frz*⟩
Red|ox|sy|stem *Kurzw* (*Chem*; Reduktions-Oxydations-System)
red|se|lig · **Red|se|lig|keit**, die, _
Re|duk|tion (*fachspr*; Zurückführung; Herabsetzung, Einschränkung; Minderung; Umwandlung) ⟨*lat*⟩ · **Re|duk|tions|kost** · **Re|duk|tions|mit|tel** (*Chem*)
red|un|dant (mit Redundanz behaftet, weitschweifig) ⟨*lat*⟩ · **Red|un|danz**, die, _, _en (Weitschweifigkeit, Überfluß – *Datenv*; Maß für den entbehrl. Teil einer Information)
Re|du|pli|ka|tion (*Sprachw*; Verdoppelung von Wörtern od. Silben) ⟨*lat*⟩ · **re|du|pli|zie|ren** (*Sprachw*)
re|du|zie|ren (zurückführen; herabsetzen, einschränken; verkleinern, mindern – *fachspr*; umrechnen; umwandeln) ⟨*lat*⟩ · **Re|du|zier|ven|til** (*Techn*; Ventil zur Druckminderung)
Ree|de, die, _, _n ([geschützter] Ankerplatz vor dem Hafen) ⟨*zu* bereit⟩; *vgl. aber* Rede · **Ree|der**, der, _s, _ (Eigentümer eines zu gewerbsmäßiger Güter- od. Personenbeförderung auf See verwendeten Schiffes) · **Ree|de|rei** (Schiffahrtsunternehmen); *vgl. aber* Rederei
re|ell (wirklich; zuverlässig; ehrlich, redlich) ⟨*lat → frz*⟩ · **Re|el|li|tät** [reɛli..], die, _
Reep, das, _[e]s, _e (*seem*; Seil, Tau) · **Ree|per|bahn**, die, _ (Straße in Hamburg) ⟨‚Seilerbahn'⟩
Reet, das, _[e]s, *Pl* (*selten*) _e (*norddt*; Ried, Schilf)
Re|fa|schi|sie|rung, die, _ (von reaktionärsten monopolkapitalist. Kräften gefördertes Wiederaufleben des Faschismus) ⟨*lat + ital*⟩
Re|fek|to|rium, das, _s, ..ien [..iən] (Speisesaal in Klöstern) ⟨*lat*⟩
Re|fe|rat, das, _[e]s, _e (Bericht; Vortrag; Besprechung [eines Buches usw.]; Arbeitsgebiet) ⟨*lat*, ‚er möge berichten'⟩ · **Re|fe|ree** [refə'ri:], der, _s, _s (*Sport*; Schieds-, Ringrichter) ⟨*lat → frz → engl*⟩ · **Re|fe|ren|dum**, das, _s, *Pl* ..den *od* ..da (zu Berichtendes; Volksentscheid) ⟨*lat*⟩ · **Re|fe|rent** (Berichterstatter; Vortragender; Gutachter; Sachbearbeiter); *Abk* Ref. · **Re|fe|ren|tin**, die, _, ..innen · **Re|fe|renz**, die, _, _en (Beziehung; Empfehlung; Auskunft – *veraltend*; Person, auf die man sich zwecks Auskunftserteilung beruft); *vgl. aber* Reverenz · **re|fe|rie|ren** (berichten; vortragen; begutachten; [ein Buch usw.] besprechen)
[1]Reff, das, _[e]s, _e (*landsch*; Rückentrage)
[2]Reff, das, _[e]s, _e (*seem*; Vorrichtung zum Verkürzen eines Segels) · **ref|fen** (*seem*; [Segel] verkürzen)
Re|flek|tant (*veraltend*; Bewerber; Kauflustiger) ⟨*lat*⟩ · **re|flek|tie|ren** (zurückstrahlen, spiegeln; nachdenken, erwägen); auf etw. _ (etw. erwerben, erreichen wollen) · **Re|flek|tor**, der, _s, ..oren (*fachspr*; Rückstrahler; Hohlspiegel; Spiegelfernrohr; Teil der Richtantenne) · **re|flek|to|risch** (*fachspr*; durch einen Reflex bedingt, Reflex...) · **Re|flex**, der, _es, _e (Widerschein; Rückstrahlung; unwillkürl. Ansprechen auf einen Reiz) · **Re|flex|be|we|gung** · **Re|fle|xion** (Rückstrahlung; Vertiefung in einen Gedankengang; Selbstbeobachtung) · **re|fle|xiv** (*Gramm*; rückbezüglich); _es [..v..] Verb · **Re|fle|xiv|pro|no|men** (*Gramm*; rückbezügl. Fürwort) · **Re|flex|schal|tung** (*Elektrotechn*)
Re|form, die, _, _en (Wiederherstellung od. erneuernde Umgestaltung eines Zustandes, einer Lehre usw.) ⟨*lat → frz*⟩ · **Re|for|ma|tion**, die, _ (*hist*; kirchl. Reformbewegung im 16. Jh.) ⟨*lat*, ‚Umgestaltung'⟩ · **Re|for|ma|tor**, der, _s, ..oren · **re|for|ma|to|risch** · **re|form|be|dürf|tig** · **Re|for|mer**, der, _s, _ (Verbesserer, Erneuerer) ⟨*lat → frz → engl*⟩ · **re|for|mie|ren** ⟨*lat*⟩ · **re|for|miert**, *Abk* ref.; *K 119*: die reformierte Kirche · **Re|for|mier|te**, der *u.* die, _n, _n *K 341* · **Re|for|mis|mus**, der, _ (opportunist. Richtung in der Arbeiterbewegung, die soziale Veränderungen lediglich durch Reformen unter Verzicht auf revolutionären Kampf anstrebt) ⟨*lat → frz*⟩ · **Re|for|mist** · **re|for|mi|stisch**
Re|frain [rə'frɛŋ *od* rə'frɛ̃:], der, _s, _s (Kehrreim) ⟨*lat → frz*⟩
re|frak|tär (*Med*; unempfindlich; schwer od. nicht beeinflußbar)

⟨*lat*⟩ · **Re|frak|ti|on** (*Opt*; Brechung von Lichtstrahlen) · **Re|frak|to|me|ter,** das (*Opt*; Gerät zur Bestimmung der opt. Brechungszahl) ⟨*lat + grch*⟩ · **Re|frak|tor,** der, _s, ..oren (*Astron*; Linsenfernrohr) ⟨*lat*⟩

Re|fri|ge|ra|tor, der, _s, ..oren (*fachspr*; Gefrieranlage; Gefriergerät [einer Kälteanlage]) ⟨*lat*⟩

Re|fu|gié [refy'ʒie:], der, _s, _s (Flüchtling, z. B. ein aus dem absolutist. Frankreich geflohener Hugenotte) ⟨*lat → frz*⟩ · **Re|fu|gi|um** [re-'fu:gĭum], das, _s, ..ien [..ĭən] (Zufluchtsort) ⟨*lat*⟩

re|fun|die|ren (*österr*; zurückzahlen, ersetzen) ⟨*lat*⟩

[1]Re|gal, das, _s, _e (Bücher-, Warengestell mit Fächern) ⟨*germ → ital*⟩

[2]Re|gal, das, _s, ..lien [..ĭən], *meist Pl* (*hist*; wirtschaftlich nutzbares Hoheitsrecht) ⟨*lat*⟩

[3]Re|gal, das, _s, _e (*Mus*; tragbare Kleinorgel) ⟨*lat → frz*⟩

Re|gat|ta, die, _, *Pl* ..tten (*Sport*; Bootswettfahrt) ⟨*germ → ital*⟩ · **Regat|ta|ver|band** (*Sport*)

re|ge ⟨*zu* regen⟩; _ sein, werden

Re|gel, die, _, _n ⟨*lat*⟩ · **re|gel|los** *K 349*; *vgl.* ...los · **Re|gel|lo|sig|keit** · **re|gel|mä|ßig** · **Re|gel|mä|ßig|keit** · **re|geln** *K 363* · **re|gel|recht** · **Re|ge|lung** *K 363* · **Re|ge|lungs|tech|nik** · **re|gel|wid|rig** · **Re|gel|wid|rig|keit**

re|gen ⟨*zu* ragen⟩; sich (*Akk*) _

Re|gen, der, _s, _. *Zus K 365ff.*: Regen‿zeit usw. · **re|gen|arm** · **Re|gen|bo|gen,** *Pl* ..bogen · **re|gen|bo|gen|far|ben** (*K 364*) *od* **re|gen|bo|gen|far|big;** *vgl. auch* ...farben *u. K 272ff.* · **Re|gen|bo|gen|haut** (*Anat*) · **re|gen|dicht**

Re|ge|ne|rat, das, _[e]s, _e (*Techn*; durch chem. Einwirkung gereinigtes Material) ⟨*lat*⟩ · **Re|ge|ne|ra|ti|on** (Wiedererzeugung, Erneuerung – *Biol*; Neubildung verlorener Körperteile) · **Re|ge|ne|ra|tor,** der, _s, ..oren (*Techn*; Wärmespeicher) · **re|ge|ne|rie|ren** (wiedererzeugen, erneuern, auffrischen – *Biol*; [Körperteile] neu bilden, ersetzen)

Re|gen|fall, *meist Pl* · **Re|gen|man|tel** · **Re|gen|pfei|fer** (ein Watvogel) · **re|gen|reich**

Re|gens|burg (Stadt der BRD an der Donau) · **Re|gens|bur|ger:** 1. *K 231*: der, _s, _; 2. *als Attribut K 232*: der Regensburger Dom

Re|gen|schat|ten (die regenarme Seite eines Gebirges)

Re|gent (regierender Monarch; stellvertretender Herrscher in einem monarchischen Staat) ⟨*lat*⟩ · **Re|gen|tin,** die, _, ..innen · **Re|gent|schaft**

Re|gen|wet|ter, das, _s

Re|ge|sten *Pl* (*Wissensch*; zeitlich geordnete Urkundenverzeichnisse); *Sg* Re|ge|ste, die, _ ⟨*lat*⟩

Re|gie [re'ʒi:], die, _ (Spielleitung; [öffentl.] Selbstverwaltung) – **Re|gien** [re'ʒi:ən] *Pl* (*österr auch für* Verwaltungskosten, Spesen). *Zus K 365ff.*: Regie‿arbeit usw. ⟨*lat → frz*⟩ · **Re|gie|be|trieb** (*kap Wirtsch*; Staatsbetrieb)

re|gie|ren [re'gi:..] (lenken; herrschen, beherrschen; verwalten – *Gramm*; einen bestimmten Kasus fordern) ⟨*lat*⟩ · **Re|gie|rung** · **Re|gie|rungs|ab|kom|men** · **re|gie|rungs|freund|lich** · **Re|gie|rungs|rat,** *Pl* ..räte (*schweiz*; Kantonsregierung; deren Mitglied)

Re|gime [re'ʒi:m], das, _s, *Pl* _ [..'ʒi:mə], *auch noch* _s [..'ʒi:ms] (*meist abwert*; eine Regierungsform) ⟨*lat → frz*⟩

Re|gi|ment: 1. das, _[e]s, *Pl* (*selten*) _e (Regierung, Herrschaft) – 2. das, _[e]s, _er (*Milit*; größerer Truppenteil); *Abk* Rgt. ⟨*lat*⟩. *Zus K 365ff.*: Regiments‿kommandeur (*Milit*) usw.

Re|gi|na (w. Vn.) ⟨*lat*, ‚Königin'⟩; *Nebenf* Regine

Re|gi|on (Gegend, Bereich) ⟨*lat*⟩ · **re|gio|nal** (räumlich, gebietsmäßig) · **Re|gio|nal|pro|gramm** (*Rundf, Ferns*) · **Re|gio|nal|wis|sen|schaf|ten** *Pl* (Wissenschaften, die sich von verschiedenen Fachgebieten aus [z. B. Sprache, Ökonomie] mit bestimmten Territorien befassen)

Re|gis|seur [reʒi'sø:r], der, _s, _e (Spielleiter) ⟨*lat → frz*⟩

Re|gi|ster, das, _s, _ ([alphabet.] Verzeichnis; Liste – *Mus*; Stimmenzug an Orgel u. Harmonium; Stimmlage) ⟨*lat*⟩ · **Re|gi|ster|hal|ten,** das, _s (*Polygr*) · **Re|gi|ster|ton|ne** (Einheit des Volumens für die Schiffsvermessung = 2,832 m^3); *Einheitenzeichen* RT · **Re|gi|stra|tur,** die, _, _en (Aktensammlung, -schrank; Briefablage – *Mus*; Schaltvorrichtung an Orgel u. Harmonium) · **Re|gi|strier|bal|lon** (*Met*; [unbemannter] Ballon mit selbstschreibenden meteorolog. Instrumenten) · **re|gi|strie|ren** ([in ein Register] eintragen; [selbsttätig] aufzeichnen; einordnen – *Mus*; bei Orgel u. Harmonium Stimmenkombinationen einschalten)

Re|gle|ment [reglə'maŋ *od* ..'mã:], das, _s, _s, *schweiz* [*auch* ..'mɛnt], das, _s, _e (Vorschrift, Regelsystem) ⟨*lat → frz*⟩ · **re|gle|men|ta|risch** [..mɛn'ta:..] (regel-, bestimmungsgemäß) · **re|gle|men|tie|ren** · **Re|gle|men|tie|rung** · **re|gle|ment|mä|ßig** [..'maŋ.. *od* ..'mã:.., *schweiz auch* ..'mɛnt..] · **re|gle|ment|wid|rig**

Reg|ler ⟨*lat*⟩ · **Re|glet|te,** die, _, _n (*Polygr*) ⟨*lat → frz*⟩ · **Re|gleur** [re'glø:r], der, _s, _e (*fachspr*; Uhrenspiralregler) · **reglieren** ↑ regulieren

reg|los; *vgl.* ...los

reg|nen · **reg|ne|risch;** _ste

Re|gra|nu|lat, das, _[e]s, _e (*Techn*; durch Aufbereiten von Kunststoffabfällen wiedergewonnenes Granulat) ⟨*lat*⟩ · **re|gra|nu|lie|ren** (*Techn*)

Re|greß, der, ..esses, ..esse (*Rechtsw*; Rückgriff, Ersatz, Ersatzanspruch – *Logik*; das Rückschreiten) ⟨*lat*⟩ · **Re|greß|an|spruch** (*Rechtsw*; Ersatzanspruch) · **Re|gres|si|on** (*fachspr*; Rückbildung, Rückbewegung) · **re|gres|siv** (*fachspr*; von der Wirkung auf die Ursache zurückgehend; im Sinne eines Regresses) · **Re|greß|pflicht** (*Rechtsw*; Ersatzpflicht) · **re|greß|pflich|tig** (*Rechtsw*)

reg|sam · **Reg|sam|keit,** die, _

re|gu|lär (regelmäßig; regelrecht; ordentlich; gewöhnlich) ⟨*lat*⟩ · **Re|gu|lar,** der, _s, _e (*kath Kirche*; Ordensgeistlicher) · **Re|gu|lar|geist|li|che** (*kath Kirche*) · **Re|gu|la|ri|tät** (Regelmäßigkeit; Angemessenheit) · **Re|gu|la|ti|on** (Ausgleich; Regelung) · **re|gu|la|tiv** (zur Regel dienend, regelnd) · **Re|gu|la|tiv,** das, _s, _e [..v..] (allg. Anweisung, Ordnung od. Verfügung) · **Re|gu|la|tor,** der, _s, ..oren (Regler – *veraltend*; eine Pendeluhr) · **re|gu|lie|ren,** *schweiz* **re|glie|ren** (regeln, ordnen, richten) · **Re|gu|lier|he|bel**

re|gu|li|nisch (aus reinem Metall bestehend, gediegen) ⟨*lat*⟩ · **Re|gu|lus:** 1. der, _ (Stern im Sternbild des Löwen) – 2. der, _, *Pl* ..li *od* ..usse (reiner Metallklumpen)

Re|gung · **re|gungs|los;** *vgl.* ...los · **Re|gungs|lo|sig|keit,** die, _

Reh, das, _[e]s, _e. *Zus K 365ff.*: Reh‿bock usw.

Re|ha|bi|li|tand, der, _en, _en (Körperbeschädigter od. Leistungsgeminderter, der in den Arbeitsprozeß wieder eingegliedert werden soll ⟨*lat*⟩ · **Re|ha|bi|li|ta|ti|on:** 1. die, _ (*Med*; Wiederherstellung der Erwerbsfähigkeit von Kranken u. Körperbeschädigten sowie deren Wiedereingliederung in das gesellschaftliche Leben) – 2. *od* **Re|ha-**

bi|li|tie|rung, die, _, _en (Ehrenrettung; Wiedereinsetzung [in die früheren Rechte]) · Re|ha|bi|li|ta-tions|trai|ning, das, _s (*Med*) · Re-ha|bi|li|ta|tions|zen|trum, das, _s, ..tren (*Med*) · re|ha|bi|li|tie|ren; sich (*Akk*) _ (den eigenen Ruf wiederherstellen, sich rechtfertigen)
Reh|bein (Überbein beim Pferd) · **reh|braun**; *vgl.* blau
Re|he, die, _ (*Vet*; Hufkrankheit)
reh|far|ben (*K 364*) *od* **reh|far|big**; *vgl. auch* ...farben *u. K 272ff.* · **Reh|geiß** (weibl. Reh, Ricke) · **reh-le|dern** · **Reh|ling** (*landsch*; Pfifferling); *vgl. aber* Reling · **Reh|rücken** [*Tr* ...rük|ken]
Reib|ah|le · **Rei|be**, die, _, _n · **Reib|ei|sen** · **Rei|be|laut** (*Phon*) · **rei|ben**; du riebst; du riebest; gerieben; reib[e]! · **Rei|ber** (*bildende Kunst, Polygr*) · **Rei|be|rei** · **Reib-flä|che** · **Rei|bung** · **rei|bungs|los** *K 349*; *vgl.* ...los · **Rei|bungs|lo-sig|keit**, die, _
reich; *K 118*: arm und reich (jedermann); *K 93*: Arme und Reiche; der reichverzierte Einband, der Einband war reich verziert; *vgl. aber K 166* · **Reich**, das, _[e]s, _e; *K 258*: das Römische Reich · **Rei-che**, der *u.* die, _n, _n *K 341*
rei|chen (sich erstrecken; ausreichen – *gehoben*; darbieten)
reich|hal|tig · **Reich|hal|tig|keit**, die, _ · **reich|lich**; *K 115*: auf das *od* aufs reichlichste · **Reich|lich-keit**, die, _
Reichs|bahn, die, _; *K 258*: Deutsche _ (*Abk* DR) · **Reichs|ge|richt**, das, _[e]s (*hist*) · **Reichs|in|si-gnien** [..iən] *Pl* (*hist*) · **Reichs-klein|odien** [..īən] *Pl* (*hist*) · **Reichs|stadt** (*hist*; Bez. für reichsunmittelbare Stadt) · **Reichs|tag** (*hist*) · **Reichs|wehr**, die, _ (*hist*)
Reich|tum, der · **reich|ver|ziert**; *vgl. aber K 166*
Reich|wei|te, die, _, _n
reif (vollentwickelt; geeignet)
[1]**Reif**, der, _[e]s (gefrorener Tau)
[2]**Reif**, der, _[e]s, _e (*gehoben*; Reifen – *dicht*; Diadem, Fingerring)
Rei|fe, die, _ (das Reifsein). *Zus K 365ff.*: Reife‿zeit usw. · [1]**rei|fen** (reif werden); die Frucht ist gereift
[2]**rei|fen** (Reif ansetzen); es hat gereift
[3]**rei|fen** (*fachspr*; [ein Faß] mit Reifen versehen) · **Rei|fen**, der, _s, _ (Faß-, Radumfassung; Spielzeug) · **Rei|fen|spiel**
reif|lich
Reif|rock (*Mode*)
Rei|fung, die, _ (das Reifwerden)
Rei|gen, *veraltend* [1]**Rei|hen**, der, _s, _ (ein Tanz) ⟨*frz*⟩
Rei|he, die, _, _n; in, außer der _; der _ nach; an der _ sein; an die _ kommen; in Reih und Glied *K 63*; *vgl. auch K 387* · **rei|hen**; du reihtest; gereiht, *landsch u. fachspr* geriehen
[1]**Reihen** ↑ Reigen
[2]**Rei|hen**, der, _s, _ (*süddt*; Rükken, Rist des menschl. Fußes)
Rei|hen‿dorf, **...fol|ge** · **Rei|hen-schal|tung** (*Elektrotechn*) · **Rei-hen|un|ter|su|chung** · **rei|hen-wei|se** *K 176* · **Rei|hen|zahl**
Rei|her, der, _s, _ (ein Schreitvogel) · **Rei|her|bei|ze** (*weidm*; Reiherjagd) · **Rei|her|schna|bel** (ein Storchschnabelgewächs)
...rei|hig (z. B. zweireihig [*mit Ziffer K 284* 2reihig]) · **reih|um**; es geht _
Reim, der, _[e]s, _e ⟨*frz*⟩ · **Reim-‿art**, **...chro|nik** · **rei|men** · **Rei-mer** (*veraltet u. abwert*) · **Rei|me-rei** (*abwert*) · **reim|haft** · **reim|los**; *vgl.* ...los.
Re|im|plan|ta|tion [re(:)im..] (*Med*; Wiedereinpflanzung [z. B. eines Zahnes]) ⟨*lat*⟩ · **re|im|plan|tie|ren** (*Med*)
Reims [*französ* rɛ̃:s] (Stadt in Nordfrankreich) · **Reim|ser**: 1. *K 231*: der, _s, _; 2. *als Attribut K 232*: die Reimser Kathedrale
Rei|mund, *österr* **Rai|mund** (m. Vn.) ⟨*Nebenf von* Raimund⟩
Reim|wort, *Pl* ..wörter
[1]**rein**:
1. *Adj*; *mit Subst oft nichtdekliniert*: [aus] rein Leder, rein Leinen; rein Schiff! (*seem*; Kommando zum Reinigen des Schiffs), *aber in Zus mit Adj*: reinblau, reinleinen, reinseiden usw.; *mit Verben K 135*: rein halten, rein machen; *vgl. aber* reinemachen *K 116*: ins reine bringen, kommen, schreiben; mit etw., mit jmdm. im reinen sein; *K 119*: reine Mathematik
2. *Adv* (*umg*; durchaus, ganz, gänzlich); er ist rein toll; er war rein weg (ganz hingerissen); *vgl. auch* rein[e]weg
[2]**rein** ↑ herein
Rein, die, _, _en (*süddt, österr umg*; flacher Kochtopf)
rein|blau; *vgl.* blau
Rei|ne, die, _ (*dicht*; das Reinsein, die Reinheit)
Reineclaude ↑ Reneklode
Rein|ein|nah|me
Rei|ne|ke Fuchs, der, *Gen* _ _ (Name des Fuchses in der Tierfabel) ⟨Reineke = *niederdt* Reinhard⟩
rei|ne|ma|chen *K 126* (*landsch*); du machst reine; reinegemacht; reinezumachen; *vgl. auch* [1]rein (1) · **Rei-ne|ma|chen**, das, _s (*landsch*)
Rei|ner, *österr* **Rai|ner** (m. Vn.) ⟨*Nebenf von* Rainer⟩
Rein|er|lös · **Rein|er|trag**
Reinette ↑ Renette
rei|ne|weg *od* **rein|weg** *K 176* (*umg*; ganz und gar); er ist _ toll; es ist _ zum Tollwerden; *aber K 175*: er war rein weg (*umg*; ganz hingerissen)
Rein|fall (*umg*) ⟨*zu* [2]rein⟩ · **rein|fal-len** (*umg*)
Re|in|fek|tion [re(:)in..] (*Med*; Wiederansteckung) ⟨*lat*⟩
Rein‿ge|wicht, **...ge|winn**
Rein|hard (m. Vn.) ⟨‚Rat' + ‚stark'⟩
Rein|heit, die, _
Rein|hold (m. Vn.) ⟨‚Rat' + ‚walten'⟩
rei|ni|gen · **Rei|ni|gung**
Re|in|kar|na|tion [re(:)in..] (*bes ind Rel*; Vorstellung der Wiederverkörperung der Seele nach dem Tode) ⟨*lat*⟩
Rein|kul|tur (*Biol*; künstliche Zucht einer einzigen Bakterienart); in _ (*umg*; unverfälscht) · **rein|lei|nen** *K 172*; *vgl. auch* [1]rein (1) · **rein-lich** · **Rein|lich|keit**, die, _ · **Rein-nickel** [*Tr* ...nik|kel], das · **Rein-schrift** · **rein|sei|den** *K 172 u. 364*; *vgl. auch* [1]rein (1) · **Rein|ver|mö-gen** · **reinweg** ↑ reineweg · **rein-wol|len** *K 172 u. 364*; *vgl. auch* [1]rein (1) · **Rein|zucht** (*Biol*)
[1]**Reis**, das, _es, _er (*kurz für* Pfropfreis – *gehoben*; Zweiglein)
[2]**Reis**, der, _es, _e (ein Getreide) ⟨*aind → pers → grch → lat → frz*⟩
[3]**Reis** ↑ Real
Reis|bau, der, _[e]s · **Reis‿brannt-wein**, **...brei**
Rei|se, die, _, _n · **Rei|se‿be-schrei|bung**, **...bü|ro** · **rei|se|fer-tig** · **Rei|se‿füh|rer**, **...ge|päck** · **Rei|se|lust**, die, _ · **rei|se|lu|stig** · **rei|sen**; du reist *K 354*; du reistest; gereist; reise! *od* reis!; *vgl. aber* reißen · **Rei|sen|de**, der *u.* die, _n, _n *K 341* · **Rei|se|on|kel** (*umg scherzh*; jmd., der viel reist) · **Rei-se‿paß**, **...plan** · **Rei|se|rei** (*umg abwert*)
rei|sern (*weidm, vom Leit- od Schweißhund gesagt*; die Witterung von Ästen u. Zweigen nehmen) · **Rei|sig**, das, _s ⟨*zu* [1]Reis⟩ · **Rei-sig|be|sen**
Rei|si|ge, der, _n, _n *K 341* (*Mittelalter*; berittener Krieger) ⟨*zu* Reise⟩
Rei|sig|holz, das, _es ⟨*zu* [1]Reis⟩
Reis|korn, das, *Pl* ..körner ⟨*zu* [2]Reis⟩ · **Reis|pa|pier**
Reiß|ah|le · **Reiß|aus** (*umg*); *nur in* _ nehmen · **Reiß|blei**, das (Graphit) · **Reiß|brett** (Zeichenbrett) · **rei|ßen**; du reißt *K 354*; du rissest; gerissen; reiß[e]!; *vgl. aber* reisen · **Rei|ßen**, das, _s (*auch umg*; zie-

hender Gliederschmerz) · **rei|ßend;** am _sten *K 115* · **Rei|ßer** (*umg, oft abwert*) · **rei|ße|risch** (*umg abwert*) · **Reiß‿fe|der, ...li|nie, ...na|gel, ...schie|ne**

Reis|sup|pe

Reiß|ver|schluß · **Reiß|wol|le** (Abfallwolle) · **Reiß‿zeug, ...zwecke** [*Tr* ...zwek|ke]

Rei|ste, die, _, _n (*schweiz*; Holzrutsche)

Reit|bahn

Rei|tel, der, _s, _ (*landsch*; junger Baumstamm, Drehstange, Knebel). *Zus K 365ff.*: Reitel‿holz usw. · **rei|teln** *K 363* (*landsch*; [einen Strick beim Ballenbinden] mit dem Reitel zusammenziehen)

rei|ten; du reitest; du rittest *od* rittst; du rittest; geritten; reit[e]! ·

[1]Rei|ter

[2]Rei|ter, die, _, _n (*landsch u. österr*; Sieb, Getreidesieb)

Rei|te|rei (*hist*; berittene Truppe) · **Rei|te|rin,** die, _, ..innen · **rei|ter|lich**

rei|tern *K 363* (*landsch u. österr*; sieben)

Rei|ter|re|gi|ment (*hist*) · **Reit‿ger|te, ...peit|sche** · **Reit|schu|le** (*landsch auch für* Karussell) · **Reit‿sitz, ...stie|fel** · **Reit- und Fahr|tur|nier** · **Reit|weg**

Reiz, der, _es, _e · **reiz|bar** · **Reiz|bar|keit,** die, _ · **rei|zen** *K 354* ⟨*zu* reißen⟩ · **rei|zend;** *K 115*: am _sten

Reiz|ker, der, _s, _ (ein Pilz) ⟨*slaw*, ‚der Rötliche'⟩

Reiz|kli|ma · **reiz|los** *K 349*; *vgl.* ...los · **Reiz|lo|sig|keit,** die, _ · **Reiz|mit|tel** · **Reiz|schwel|le** (*Psych*) · **Reiz|the|ra|pie** · **Rei|zung** · **reiz|voll**

Re|ka|pi|tu|la|ti|on ([zusammenfassende] Wiederholung) ⟨*lat*⟩ · **re|ka|pi|tu|lie|ren**

re|keln, sich (*Akk*), *auch* **rä|keln, sich** (*Akk*) *K 363* (sich behaglich dehnen, hinflegeln) ⟨*zu* recken⟩

Re|kla|ma|ti|on (Beanstandung, Beschwerde) ⟨*lat*⟩ · **Re|kla|me** [*österr auch* ..'kla:m], die, _, _n [..mən] (Werbung; Anpreisung von Waren) ⟨*lat* → *frz*⟩ · **re|kla|me|haft** · **re|kla|mie|ren** (beanstanden; Einspruch erheben) ⟨*lat*⟩

re|ko|gnos|zie|ren (*veraltet*; für echt erklären; erkunden) ⟨*lat*⟩

re|kom|man|die|ren (*noch österr*; [eine Postsendung] einschreiben lassen) ⟨*lat* → *frz*⟩

Re|kom|pens, die, _, _en *od* **Re|kom|pen|sa|ti|on,** die, _, _en (*Wirtsch*; Entschädigung) ⟨*lat*⟩ · **re|kom|pen|sie|ren**

re|kon|stru|ie|ren (wiederherstellen, nachbilden) ⟨*lat*⟩ · **Re|kon|struk|ti|on**

re|kon|va|les|zent [..v..] (*Med*; genesend) ⟨*lat*⟩ · **Re|kon|va|les|zent** (*Med*) · **Re|kon|va|les|zen|tin,** die, _, ..innen (*Med*) · **Re|kon|va|les|zenz,** die, _ (*Med*; Genesung) · **re|kon|va|les|zie|ren** (*Med*)

Re|kord, der, _[e]s, _e ([anerkannte] sportl. Best-, Spitzen-, Höchstleistung) ⟨*lat* → *frz* → *engl*⟩ · **Re|kord|flug**

Re|krut, der, _en, _en (Soldat in der ersten Ausbildungszeit) ⟨*lat* → *frz*⟩ · **re|kru|tie|ren** (*Milit veraltet*; einberufen); sich (*Akk*) _ (sich zusammensetzen aus ...)

rek|tal (*Med*; auf den Mastdarm bezüglich) ⟨*lat*⟩ · **Rek|ta|pa|pier** (*Bankw*; auf den Namen der berechtigten Person lautendes Wertpapier) ⟨*lat* + *grch*⟩ · **Rekt|aszen|si|on** (*Astron*) ⟨*lat*⟩ · **Rek|ta|wech|sel** (*Bankw*; ein nicht durch Indossament übertragbarer Wechsel) · **Rek|ti|fi|zier|an|la|ge** (*Chem*) · **Rek|ti|on** (*Gramm*; das Fordern eines bestimmten Kasus) · **Rek|tor,** der, _s, ..oren (Leiter einer Hochschule) ⟨‚Lenker'⟩ · **Rek|to|rat,** das, _[e]s, _e (Amt, Amtsbereich, Amtszeit eines Rektors) · **Rek|to|rats|re|de** · **Rek|to|rin** [*auch* 'rɛk..], die, _, ..innen · **Rek|to|skop,** das, _s, _e (*Med*; Mastdarmspiegel) ⟨*lat* + *grch*⟩ · **Rek|to|sko|pie,** die, _, ..ien (*Med*) · **Rek|tum,** das, _s, ..ta (*Med*; Mastdarm) ⟨*lat*⟩

re|kul|ti|vie|ren [..v..] (Bodenflächen wieder nutzbar machen) ⟨*lat*⟩ · **Re|kul|ti|vie|rung**

Re|kurs, der, _es, _e (*Rechtsw*; Beschwerde [in Verwaltungssachen]; Einspruch; Berufung) ⟨*lat*⟩ · **re|kur|siv** (*Math*; [bis zu bekannten Anfangswerten] zurückgehend); _e [..v..] Funktionen

Re|lais [rə'lɛ:], das, _ [rə'lɛ:s], _ [rə'lɛ:s] (*Elektrotechn*; elektromagnet. Schalteinrichtung) ⟨*lat* → *frz*⟩

Re|la|ti|on (Beziehung, Verhältnis) ⟨*lat*⟩ · **re|la|tiv** (bezüglich; verhältnismäßig; vergleichsweise; bedingt); _e [..v..] (einfache) Mehrheit · **re|la|ti|vie|ren** [..v..] (in Beziehung zu etw. setzen u. dadurch einschränken) · **Re|la|ti|vis|mus,** der, _ (*Philos*; unwissenschaftlicher erkenntnistheoret. Standpunkt) · **re|la|ti|vi|stisch** (*Philos*) · **Re|la|ti|vi|tät** (Bezüglichkeit, Bedingtheit) · **Re|la|ti|vi|täts|theo|rie,** die, _ (eine physikal. Theorie) · **Re|la|tiv|pro|no|men** [..f..] (*Gramm*; bezügl. Fürwort) · **Re|la|tiv|satz** (*Gramm*)

Re|le|ga|ti|on (Verweisung von der Bildungseinrichtung) ⟨*lat*⟩ · **re|le|gie|ren**

re|le|vant [..v..] (erheblich, wichtig) ⟨*lat*⟩ · **Re|le|vanz,** die, _, _en (Erheblichkeit)

Re|lief, das, _s, *Pl* _s *od* _e (erhaben hervorstehendes od. vertieftes plast. Bildwerk – *Geogr*; Oberflächenform der Erde u. ihre Darstellung) ⟨*lat* → *ital* → *frz*⟩. *Zus K 365ff.*: Relief‿karte usw. · **Re|lief|druck,** *Pl* ..drucke (*Polygr*)

Re|li|gi|on (der Glaube an die Abhängigkeit des natürl. u. gesellschaftl. Geschehens von übernatürl. Mächten u. die Verehrung dieser Mächte) ⟨*lat*⟩ · **Re|li|gi|ons|ge|mein|schaft** · **re|li|gi|ös** *K 349* (einer Religion angehörend; gläubig) · **Re|li|gio|si|tät,** die, _

Re|likt, das, _[e]s, _e (Überbleibsel, Restvorkommen) ⟨*lat*⟩ · **Re|lik|ten|fau|na,** die, _ (*Biol*) · **Re|lik|ten|flo|ra,** die, _ (*Biol*)

Re|ling, die, _, *Pl* (*selten*) _s, *auch* _e (Schiffsgeländer, Brüstung) ⟨*zu* Riegel⟩; *vgl. aber* Rehling

Re|li|qui|ar, das, _s, *Pl* _e *od* _ien [..iən] (*Rel*; Reliquienbehälter) ⟨*lat*⟩ · **Re|li|quie** [..iə], die, _, _n (*Rel*; Überrest od. Gegenstand von Heiligen; [wertvolles] Andenken). *Zus K 365ff.*: Reliquien‿schrein usw.

Re|ma|gen (Stadt der BRD am Mittelrhein)

Re|ma|nenz, die, _ (*Phys*; Restmagnetismus) ⟨*lat*⟩

Rem|bours [rã'bu:r], der, _ [..'bu:rs], _ [..'bu:rs] (*Wirtsch*; Wiedererstattung, Deckung [einer Forderung], Ausgleich) ⟨*grch* → *lat* → *frz*⟩. *Zus K 365ff.*: Rembours‿geschäft usw.

re|me|die|ren (*Med*; heilen) ⟨*lat*⟩ · **Re|me|dium,** das, _s, *Pl* ..ien [..ĭən] *od* ..ia (*Med*; Arzneimittel – *Münzw*; zulässiger Mindergehalt [der Münzen an edlem Metall])

Re|mi|li|ta|ri|sie|rung (Wiederherstellung des Militarismus u. der militarist. Gesinnung) ⟨*lat* → *frz*⟩

Re|mi|nis|zenz, die, _, _en (Erinnerung; Anklang) ⟨*lat*⟩ · **Re|mi|nis|ze|re** (*christl Rel*; 5. Sonntag vor Ostern) ⟨‚gedenke!'⟩

re|mis [rə'mi:] (*Schach*; unentschieden) ⟨*lat* → *frz*⟩ · **Re|mis,** das, _, *Pl* _ *od* ..isen [..'mi:z(ə)n] (*Schach*; unentschiedenes Spiel) · **Re|mi|se,** die, _, _n (*veraltend*; Geräte-, Wagenschuppen – *Forstw*; Schutzgehölz für Wild) · **Re|mis|si|on** (*Buchw*; Rücksendung – *Med*; vorübergehendes Nachlassen von Krankheitserscheinungen) ⟨*lat*⟩ · **Re|mit|ten|de** *K 20*, die, _, _n (*Buchw*; vom Sortimenter dem Verlag zurückgeschicktes Buch) ·

Re|mit|tent *K 21* (*Finanzw*; der im Wechsel bezeichnete Wechselnehmer) · **re|mit|tie|ren** (*Buchw*; zurücksenden – *Finanzw*; Zahlung für Empfangenes einsenden – *Med*; nachlassen [vom Fieber])
re|mon|tant [remɔn'tant *od* ..mɔ̃..] (*Bot*; zum zweitenmal blühend) ⟨*lat* → *frz*⟩ · **Re|mon|tant|ro|se** (*Bot*) · **re|mon|tie|ren** (*Bot*; zum zweiten Male blühen od. fruchten) · **Re|mon|toir|uhr** [rəmɔ̃'tŏa:r..] (Taschenuhr mit Kronenaufzug)
Re|mor|queur [..'kø:r], der, _s, _e (*österr*; kleiner Schleppdampfer) ⟨*lat* → *ital* → *frz*⟩ · **re|mor|quie|ren** (*österr*; schleppen)
Re|mou|la|de [remu..] (mit Kräutern gewürzte Mayonnaise) ⟨*lat* → *frz*⟩
Rem|pe|lei (*umg*) · **rem|peln** *K 363* (*umg*; [absichtlich] stoßen) · **Remp|ler** (*umg*; Stoß)
Rempter ↑ Remter
Rem|scheid (Stadt im W der BRD)
Rem|ter, *auch* **Remp|ter**, der, _s, _ (Speise-, Versammlungssaal [in Burgen u. Klöstern]) ⟨*lat*⟩
Re|mu|ne|ra|tion (*noch österr*; Entschädigung, Vergütung) ⟨*lat*⟩ · **re|mu|ne|rie|ren** (*noch österr*)
Re|mus (*röm Sage*; Zwillingsbruder des Romulus, Mitgründer Roms) ⟨*lat*⟩
Ren [re:n], das, _s, _e *od* [rɛn], das, _s, _s, *auch* **[1]Ren|tier**, das, _s, _e (nordländ. Hirsch) ⟨*anord*⟩
Re|nais|sance [rənɛ'sã:s], die, _ (vom italien. frühkapitalist. Bürgertum ausgehende, auf der Antike aufbauende kulturelle Bewegung vom 14.–16. Jh. – *übertr*; Wiederaufleben, Wiederaufblühen) ⟨*lat* → *frz*, ‚Wiedergeburt'⟩ · **Re|nais|sance|stil**, der, _[e]s
Re|na|te (w. Vn.) ⟨*lat*, ‚die Wiedergeborene'⟩
Ren|dant (*kap Wirtsch*; Kassenverwalter) ⟨*lat* → *frz*⟩ · **Ren|dez|vous** [rãde'vu:], das, _ [..'vu:s], _ [..'vu:s] (Stelldichein; Verabredung – *Raumf*; Begegnung bzw. Kopplung von Raumflugkörpern in einer Freiflugbahn) ⟨*frz*⟩. *Zus K 365ff.*: Rendezvous‿technik (*Raumf*) usw. · **Ren|di|te** [rɛn..], die, _, _n (*kap Wirtsch*; Verzinsung; Ertrag) ⟨*lat* → *ital*⟩ · **Ren|di|ten|haus** (*schweiz*; Mietshaus)
Re|ne|gat, der, _en, _en (Verleugner seines bisherigen Glaubens od. seiner bisherigen polit. Überzeugung) ⟨*lat* → *ital* → *frz*⟩ · **Re|ne|ga|ten|tum**, das, _[e]s
Re|ne|klo|de, *auch* **Rei|ne|clau|de** [rɛnə'klo:də], *österr* **Rin|glo|te**, die, _, _n (eine Edelpflaume) ⟨*frz*, ‚Königin Claudia'⟩
Re|net|te, *auch* **Rei|net|te** [rɛ'nɛtə], die, _, _n (ein Edelapfel) ⟨*lat* → *frz*⟩
re|ni|tent (widerspenstig) ⟨*lat*⟩ · **Re|ni|tenz**, die, _
Ren|ke, die, _, _n (ein Lachsfisch)
Renn|bahn · **ren|nen** (‚rinnen machen'); du ranntest; du renntest; gerannt; renn[e]! · **Ren|nen**, das, _s, _ · **Ren|ner** · **Ren|ne|rei** (*umg abwert*) · **Renn‿jacht**, **...pferd**, **...rad** · **Renn|ro|deln**, das, _s (*Sport*)
Renn|steig, *auch* **Renn|weg**, der, _[e]s (Kammweg im Thüringer Wald) ⟨*Herkunft umstritten*⟩
Re|nom|mee, das, _s, _s ([guter] Ruf, Leumund; Ansehen) ⟨*lat* → *frz*⟩ · **re|nom|mie|ren** (prahlen) · **re|nom|miert** (angesehen; gelobt; berühmt) · **Re|nom|mist** (*abwert*; Prahlhans, Aufschneider) · **Re|nom|mi|ste|rei** (*abwert*; Aufschneiderei)
Re|non|ce [re'nɔ̃:s(ə)], die, _, _n [..s(ə)n] (*Kartensp*; Fehlfarbe) ⟨*lat* → *frz*⟩
re|no|vie|ren [..v..] (erneuern, instand setzen) ⟨*lat*⟩ · **Re|no|vie|rung**
ren|ta|bel (einträglich; gewinnbringend) ⟨*lat* → *frz*⟩; *K 363*: ein renta|bles Geschäft · **Ren|ta|bi|li|tät**, die, _ (Einträglichkeit; Verzinsungshöhe) · **Ren|te**, die, _, _n (regelmäßiges Einkommen aus Versicherung, Vermögen usw.) · **Ren|ten|emp|fän|ger**
[1]Rentier ↑ Ren
[2]Ren|tier [..'tĭe:], der, _s, _s (*bürgerl Staat*; Bezieher eines Einkommens ohne eigene Arbeit) ⟨*lat* → *frz*⟩ · **ren|tie|ren** [..'ti:rən] (Gewinn, Rente bringen; Zins tragen); sich (*Akk*) _ (sich lohnen) · **Rent|ner** · **Rent|ne|rin**, die, _, ..innen · **Rent|ner|treff** (*zu* [2]Treff)
Re|nu|me|ra|tion (*Wirtsch*; Rückzahlung) ⟨*lat*⟩ · **re|nu|me|rie|ren** (*Wirtsch*)
Re|ok|ku|pa|tion (Wiederbesetzung) ⟨*lat*⟩ · **re|ok|ku|pie|ren**
Re|or|ga|ni|sa|tion (Neugestaltung, Neuordnung) ⟨*grch* → *lat* → *frz*⟩ · **Re|or|ga|ni|sa|tor** ⟨*grch* → *lat*⟩ · **re|or|ga|ni|sie|ren** ⟨*grch* → *lat* → *frz*⟩
re|pa|ra|bel (ersetzbar, wiederherstellbar) ⟨*lat*⟩; *K 363*: ein repara|bler Schaden · **Re|pa|ra|tion** (Wiederherstellung, -gutmachung, Kriegsentschädigung) · **Re|pa|ra|tions|zah|lung** · **Re|pa|ra|tur**, die, _, _en (Ausbesserung, Instandsetzung) · **re|pa|ra|tur|be|dürf|tig** · **Re|pa|ra|tur‿bri|ga|de**, **...stütz|punkt**, **...werk|statt** · **re|pa|rie|ren**
re|par|tie|ren (*Finanzw*; aufteilen; nach Verhältnis der Beteiligten umlegen) ⟨*lat* → *frz*⟩ · **Re|par|ti|tion** (*Finanzw*)
re|pas|sie|ren (Laufmaschen aufnehmen) ⟨*lat* → *frz*⟩ · **Re|pas|sie|re|rin**, die, _, ..innen
re|pa|tri|ie|ren (*Pol*; die frühere Staatsangehörigkeit wieder verleihen; in den Heimatstaat wieder aufnehmen; Kriegs-, Zivilgefangene in den Heimatstaat entlassen) ⟨*lat*, *zu* patria ‚Vaterland'⟩
Re|per|toire [..'tŏa:r], das, _s, _s (Spielplan; Gesamtheit der von einem Künstler beherrschten Vortragsstücke usw.) ⟨*lat* → *frz*⟩ · **Re|per|toire|stück**
Re|pe|tent (*österr*; sitzengebliebener Schüler) ⟨*lat*⟩ · **re|pe|tie|ren** (*veraltend*; wiederholen) · **Re|pe|ti|tion** (*veraltend*; Wiederholung) · **Re|pe|ti|tor**, der, _s, ..oren (jmd., der Studenten im bürgerl. Hochschulsystem durch Wiederholung auf das Examen vorbereitet – *auch für* Korrepetitor) · **Re|pe|ti|to|rium**, das, _s, ..ien [..iən] (*veraltend*; Wiederholungsunterricht, -buch)
Re|plik, die, _, _en (Gegenrede, Erwiderung – *Kunstwiss*; vom Künstler wiederholtes Kunstwerk) ⟨*lat*⟩ · **re|pli|zie|ren** (*auch Kunstwiss*)
Re|port, der, _[e]s, _e (Bericht, Mitteilung) ⟨*lat* → *frz*⟩ · **Re|por|ta|ge** [..'ta:ʒə, *österr* ..'ta:ʒ] (Tatsachen-, Augenzeugenbericht) ⟨*lat* → *frz* → *engl* → *frz*⟩ · **Re|por|ter**, der, _s, _ (Zeitungs-, Rundfunk-, Fernseh- od. Filmberichterstatter) ⟨*lat* → *frz* → *engl*⟩
Re|po|si|tion (*Med*; das Wiedereinrichten bei Verrenkungen u. Brüchen) ⟨*lat*⟩
re|prä|sen|ta|bel (würdig vertretend; stattlich; wirkungsvoll) ⟨*lat*⟩; *K 363*: eine repräsenta|ble Erscheinung · **Re|prä|sen|tant** (Vertreter, Abgeordneter) · **Re|prä|sen|tan|tin**, die, _, ..innen · **Re|prä|sen|tanz**, die, _, _en (Vertretung) · **Re|prä|sen|ta|tion** (Vertretung, Stellvertretung; würdiges Auftreten; [gesellschaftl.] Aufwand) · **re|prä|sen|ta|tiv** (vertretend; würdig, ansehnlich) · **re|prä|sen|tie|ren** (vertreten; etw. darstellen; würdevoll auftreten)
Re|pres|sa|lie [..ĭə], die, _, _n (Vergeltungsmaßnahme, Druckmittel) ⟨*lat*⟩ · **Re|pres|sion** (Abwehr, Hemmung; Unterdrückung) · **re|pres|siv** (hemmend, unterdrückend; entgegenwirkend)
Re|print [*od* ri:'print], der, _s, _s (*Polygr*; [fotomechan.] Nachdruck, Neudruck) ⟨*engl*⟩

Re|pri|se, die, _, _n (*Mus*; Wiederholung – *Theat, Filmw*; Wiederaufführung) ⟨*lat* → *frz*⟩
Re|pro|duk|tion (Nachbildung; Wiedergabe [durch Fotografie od. Druck]; Vervielfältigung – *polit Ök*; ständige Erneuerung u. kontinuierl. Wiederholung des Produktionsprozesses) ⟨*lat*⟩ · **re|pro|duk|tiv** · **re|pro|du|zie|ren** (nachbilden; wiederherstellen; wiedergeben)
Re|pro|gra|phie *K 54* (*Polygr*; Technik der Wiedergabe von Schriftstükken, Zeichnungen u. a. auf fotograf. Wege) ⟨*lat* + *grch*⟩ · **re|pro|gra|phisch** *K 54* (*Polygr*)
Reps, der, _es, _e (*süddt*; Raps)
Rep|til, das, _s, *Pl* _e *od* _ien [..ĭən] (Kriechtier) ⟨*lat*⟩
Re|pu|blik, die, _, _en (Staatsform, bei der das oberste Staatsorgan eine aus Wahlen hervorgegangene Körperschaft ist) ⟨*lat*⟩; *Ggs* Monarchie; *K 258*: die Deutsche Demokratische Republik (*Abk* DDR) · **Re|pu|bli|ka|ner,** der, _s, _ (Anhänger, Verfechter der republikanischen Staatsform); *Ggs* Monarchist · **re|pu|bli|ka|nisch;** *Ggs* monarchistisch
Re|pul|sion (*Techn*; Zurückstoßung, Abstoßung) ⟨*lat*⟩ · **re|pul|siv** (*Techn*; zurückstoßend)
Re|pun|ze, die, _, _n (Stempel zur Angabe des Feingehalts an Edelmetall) ⟨*lat*⟩ · **re|pun|zie|ren**
Re|pu|ta|tion, die, _ (*veraltend*; [guter] Ruf, Ansehen) ⟨*lat*⟩
Re|quiem ['re:kviεm], das, _s, *Pl* _s, *österr* ..ien [..iən] (*kath Kirche, Mus*; Toten-, Seelenmesse) ⟨*lat*⟩ · **re|quies|cat in pa|ce!** *K 47* (»er [sie, es] ruhe in Frieden!«); *Abk* R. I. P.
re|qui|rie|ren (*veraltend*; [für militär. Zwecke] beschlagnahmen) ⟨*lat*⟩ · **Re|qui|sit,** das, _[e]s, _en, *meist Pl* (Theatergerät; Rüstzeug, Handwerkszeug; Zubehör) · **Re|qui|si|teur** [..'tø:r], der, _s, _e (*Theat, Filmw*; Verwalter der Requisiten) ⟨*lat* → *frz*⟩ · **Re|qui|si|tion** (*veraltend*; Beschlagnahme [für militär. Zwecke]) ⟨*lat*⟩
resch (*bayr, österr*; knusprig; lebhaft, munter)
Re|se|da, die, _, ..den (eine wohlriechende Zierpflanze) ⟨*lat*⟩
Re|sek|tion (*Med*; teilweises Entfernen von Knochen od. Organen) ⟨*lat*⟩
Re|ser|va|ge [..'va:ʒə, *österr* ..'va:ʒ], die, _ (*Textilwirtsch*; Schutzbeize beim Zeugdruck) ⟨*lat* → *frz*⟩ · **re|ser|vat** [..v..] (*österr bürospr*; unter das Amtsgeheimnis fallend) ⟨*lat*⟩ · **Re|ser|vat,** das, _[e]s, _e: 1. *od* **Re|ser|va|tion** (den Ureinwohnern nach der Vertreibung aus ihrem angestammten Land als Siedlungsbereich zugewiesenes Gebiet [bes. in Nordamerika]) – 2. ([umfriedetes] Naturschutzgebiet mit seltenen Pflanzen od. Tieren; Sonderrecht; Vorbehalt) · **Reservation** ↑ Reservat (1) · **Re|ser|vat|recht** (Sonderrecht) · **Re|ser|ve:** 1. die, _ (Zurückhaltung) – 2. die, _, _n (Rücklage, Vorrat); in _ halten – 3. die, _, *Pl* (*selten*) _n (*Milit*; nicht aktive Wehrpflichtige); *Abk* d. R. (der Reserve) – 4. die, _, _n, *meist Pl* (*Wirtsch*; Rücklagen in Handel u. Industrie) ⟨*lat* → *frz*⟩ · **Re|ser|ve|fonds** [..fɔŋ, *auch* ..fɔ̃:] (*Wirtsch*) · **Re|ser|ve|of|fi|zier** · **re|ser|vie|ren** (aufbewahren; vormerken, vorbestellen, [Platz] belegen) ⟨*lat*⟩ · **re|ser|viert** (*auch für* zurückhaltend, verschlossen) · **Re|ser|vist** (*Milit*; der zur Reserve [3] gehörende Wehrpflichtige) ⟨*lat* → *frz*⟩. *Zus K 365ff.*: Reservisten‿wehrdienst usw. · **Re|ser|voir** [..'vŏa:r], das, _s, _e (Sammelbecken, Behälter; Speicher; Vorrat)
re|se|zie|ren (*Med*; Organe od. Knochen teilweise entfernen) ⟨*lat*⟩
Re|si (w. Vn.) ⟨*Verkleinerungsf von* Therese⟩
Re|si|dent (*veraltend*; Regierungsbevollmächtigter, Statthalter) ⟨*lat*⟩ · **Re|si|denz,** die, _, _en (Wohnort, Wohnsitz eines weltl. od. eines geistl. Oberhauptes, Fürstensitz, Sitz der Regierung; Hauptstadt) · **Re|si|denz|stadt** · **re|si|die|ren** (den Wohnsitz haben [von regierenden od. sonst hervorragenden Personen gesagt]) · **re|si|du|al** (*Med*; zurückbleibend) · **Re|si|du|um** [..du:um], das, _s, ..duen [..duən] (*Med*; Rückstand [als Folge einer Krankheit])
Re|si|gna|tion [..zigna.., *auch* ..ziŋna..] (Verzicht; Entsagung; Ergebung in das Schicksal) ⟨*lat*⟩ · **re|si|gnie|ren** · **re|si|gniert** (ergeben, mutlos)
Ré|si|stance [rezis'tã:s], die, _ (französ. Widerstandsbewegung im zweiten Weltkrieg gegen die faschist. dt. Besatzungsmacht) ⟨*lat* → *frz*⟩ · **re|si|stent** (*bes Biol, Med*; widerstandsfähig, z. B. gegenüber Krankheitserregern) ⟨*lat*⟩ · **Re|si|stenz,** die, _, _en (Widerstand; Härtegrad – *Biol, Med*; Widerstandsfähigkeit; Ausdauer); passive _ · **re|si|stie|ren** (*bes Biol, Med*; widerstehen; ausdauern)
re|so|lut (entschlossen, beherzt, tatkräftig) ⟨*lat*⟩ · **Re|so|lu|tion** (Entschließung; Beschluß; abschließende Meinungsäußerung der Versammlungsmehrheit; Verfügung)
Re|so|nanz, die, _, _en (Widerhall; das Mittönen, Mitschwingen; Anklang, Verständnis) ⟨*lat*⟩ · **Re|so|nanz|bo|den** (*Mus*; Schallboden [bei Saiteninstrumenten]) · **Re|so|na|tor,** der, _s, ..oren (*Phys, Mus*; Körper, der bei der Resonanz mitschwingt; Gerät zur Klanguntersuchung)
re|sor|bier|bar (*fachspr*) · **re|sor|bie|ren** (*fachspr*; aufnehmen, einsaugen, [Stoffe] aufsaugen) ⟨*lat*⟩ · **Re|sorp|tion** (*Biol, Med*; Aufnahme von Stoffen in die Blut- u. Lymphbahnen)
re|so|zia|li|sie|ren (*Rechtsw*; schrittweise wieder in die Gesellschaft eingliedern) ⟨*lat*⟩ · **Re|so|zia|li|sie|rung** (*Rechtsw*)
Re|spekt [..sp..], der, _[e]s (Rücksicht, Achtung; Ehrerbietung – *Buchw, Kunstwiss*; leerer Rand [bei Drucksachen, Kupferstichen]) ⟨*lat*⟩ · **re|spek|ta|bel** (angesehen; ansehnlich); *K 363*: eine respektable Größe · **Re|spek|ta|bi|li|tät,** die, _ (Achtbarkeit, Ansehen) ⟨*lat* → *frz* → *engl*⟩ · **re|spek|tie|ren** (achten, in Ehren halten – *Finanzw*; Wechsel anerkennen, bezahlen) ⟨*lat*⟩ · **re|spek|ti|ve** [..v..] *Adv* (beziehungsweise; oder); *Abk* resp. · **re|spekt|los** *K 349*; *vgl.* ..los · **Re|spekt|lo|sig|keit** · **Re|spekts|per|son**
Re|spi|ra|tion [..sp..], die, _ (*Med*; Atmung) ⟨*lat*⟩ · **Re|spi|ra|tor,** der, _s, ..oren (*Med*; Atmungsgerät) · **re|spi|rie|ren** (*Med*)
Re|spon|so|rium [..sp..], das, _s, ..ien [..iən] (*Rel*; kirchl. Wechselgesang) ⟨*lat*⟩
Res|sen|ti|ment [rεsãti'mã: *od* rεsanti'maŋ], das, _s, _s ([unbewußte] Gegenstimmung, heimlicher Groll, Neid) ⟨*lat* → *frz*⟩
Res|sort [rε'so:r], das, _s, _s (Amts-, Geschäftsbereich; Aufgabenkreis) ⟨*lat* → *frz*⟩
Res|sour|ce [rε'sursə], die, _, _n (Hilfsmittel; Zuflucht; Erholung) – **Res|sour|cen** *Pl* (Reserven, Hilfsquellen; Rohstoff-, Erwerbsquellen; Geldmittel) ⟨*lat* → *frz*⟩
Rest, der, _es, *Pl* _e *bzw* (*Handel, bes bei Schnittwaren*:) Rester, *schweiz auch* Resten ⟨*lat* → *frz u. ital*⟩ · **Rest|ab|schnitt** · **Re|stant** (*Bankw*; rückständiger Schuldner – *Wirtsch*; liegengebliebene Ware, Ladenhüter – *übertr*; Nachzügler) ⟨*lat*⟩ · **Re|stan|ten|li|ste** (*Bankw*) · **Re|stanz,** die, _, _en (*schweiz*; Restbetrag)
Re|stau|rant [rεsto'raŋ, *auch*

..to'rä:], das, _s, _s (Gaststätte) ⟨*lat* → *frz*⟩ · **Re|stau|ra|tion:** 1. [rɛstau..] ⟨*lat*⟩ (Wiederherstellung [bes. von Kunstwerken]) – 2. [rɛsto..] ⟨*lat* → *frz*⟩ (*noch österr*; Gaststätte) · **Re|stau|ra|tions|ar|beit** [rɛstau..]; *vgl.* Restauration (1) · **Re|stau|ra|tor,** der, _s, ..oren (Wiederhersteller [bes. von Kunstwerken]) ⟨*lat*⟩ · **re|stau|rie|ren** (wiederherstellen, ausbessern [bes. von Kunstwerken]); sich (*Akk*) _ (*veraltend*; sich erholen, erfrischen)

Resten, Rester ↑ Rest

re|sti|tu|ie|ren [..st..] (*Rechtsw*; wiederherstellen; zurückerstatten; ergänzen) ⟨*lat*⟩ · **Re|sti|tu|tion** (*Rechtsw*) · **Re|sti|tu|tions|kla|ge** (*Rechtsw*; Klage auf Wiederaufnahme eines Verfahrens)

rest|lich · **rest|los**; *vgl.* ...los

Re|strik|tion [..st..] (Beschränkung, Einschränkung; Vorbehalt) ⟨*lat*⟩ · **re|strik|tiv** (einengend, einschränkend)

Re|sul|tan|te *K 342*, die, _, _n (*Math*; aus zwei od. mehr Vektoren sich ergebender Gesamtvektor) ⟨*lat* → *frz*⟩ · **Re|sul|tat,** das, _[e]s, _e (Ergebnis [bes. einer Rechnung]; Erfolg) · **re|sul|ta|tiv** [*od* 're(:)..] (*fachspr*; ein Resultat bewirkend, betreffend) ⟨*lat*⟩ · **Re|sul|ta|tiv** [*auch* ..'ti:f], das, _s, _e [..v..] (*Sprachw*; Verb, das die Vollendung eines Vorgangs ausdrückt, z.B. finden) · **re|sul|tat|los**; *vgl.* ...los · **re|sul|tie|ren** (sich [als Schlußfolgerung] ergeben; folgen)

Re|sü|mee, *österr auch* **Re|su|mé** [rezy'me:], das, _s, _s (Zusammenfassung, Übersicht) ⟨*lat* → *frz*⟩ · **re|sü|mie|ren**

Re|ta|bel, das, _s, _ (*Kunstwiss*; Altaraufsatz) ⟨*lat*, ‚Rückwand'⟩

Re|tar|da|tion (Verzögerung) ⟨*lat*⟩ · **re|tar|die|ren** (verzögern; zurückbleiben); ein retardierendes Moment (*Literaturw*; Umstand, der eine Verzögerung bewirkt)

Re|ten|tion (*fachspr*; Zurückhaltung) ⟨*lat*⟩

re|ti|ku|lar *od* **re|ti|ku|lär** (netzförmig, netzartig [gemustert]) ⟨*lat* → *frz*⟩ · **re|ti|ku|liert**; _e Gläser · **Re|ti|na,** die, _, ..nae [..nɛ:] (*Med*; Netzhaut des Auges) ⟨*lat*⟩ · **Re|ti|ni|tis,** die, _, ..itiden (*Med*; Netzhautentzündung) ⟨*lat* + *grch*⟩

re|ti|rie|ren (*veraltet*; sich zurückziehen) ⟨*lat* → *ital* → *frz*⟩

Re|tor|sion (*Rechtsw*; Gegenmaßnahme; Vergeltung) ⟨*lat*⟩ · **Re|tor|te,** die, _, _n (*meist Chem*; Gefäß zur Destillation). *Zus K 365ff.*: Retorten◡kolben usw. · **Re|tor|ten|koh|le** (*Chem*; Gaskohle)

Retouche usw. ↑ Retusche usw.

re|tour [re'tu:r] (*veraltend u. österr*; zurück) ⟨*grch* → *lat* → *frz*⟩ · **Re|tour|bil|lett** [..bi,ljɛt] (*noch schweiz*; Rückfahrkarte) · **Re|tour|kar|te** (*österr*; Rückfahrkarte) · **Re|tour|kut|sche** (*umg*; das Zurückgeben eines Vorwurfs, einer Beleidigung) · **re|tour|nie|ren** [retur..] (*Wirtsch*; zurücksenden, -geben)

Re|trak|tion (*Med*; Schrumpfung) ⟨*lat*⟩

re|tro|spek|tiv [..sp..] (rückschauend; zurückblickend) ⟨*lat*⟩ · **Re|tro|spek|ti|ve** [..v..], die, _, _n (Rückschau [bes. im Filmwesen])

rett|bar · **ret|ten** · **Ret|ter** · **Ret|te|rin,** die, _, ..innen

Ret|tich, der, _[e]s, _e ⟨*lat*⟩. *Zus K 365ff.*: Rettich◡birne usw.

rett|los (*seem*; unrettbar); *vgl.* ...los · **Ret|tung** (*österr auch für* Rettungsdienst, -wagen). *Zus K 365ff.*: Rettungs◡boot usw. · **ret|tungs|los**; *vgl.* ...los · **Ret|tungs|schwim|men,** das, _s

Re|tu|sche, *österr meist* **Re|tou|che** [re'tuʃə], die, _, _n (Nachbesserung, Ausbesserung [bes. von Lichtbildern]) ⟨*lat* → *frz*⟩ · **Re|tu|scheur** [..'ʃø:r], *österr meist* **Re|tou|cheur** [retu'ʃø:r], der, _s, _e · **re|tu|schie|ren,** *österr meist* **re|tou|chie|ren**

Reue, die, _ · **reu|en**; es reut mich · **reue|voll** · **Reu|geld** (*Rechtsw*; Entschädigungszahlung, Abstandssumme) · **reu|ig** · **Reu|kauf** (*Wirtsch*; Abstandssumme) · **reu|mü|tig**

Re|union [rey'niɔ̃:], die, _, _s (*veraltet*; Gesellschaft, Ball) ⟨*lat* → *frz*⟩

Ré|union [rey'niɔ̃:] (Insel im westl. Indik)

Reu|se, die, _, _n (Korb zum Fischfang) ⟨*zu* Rohr⟩

Reuß, die, _ (Fluß in der Schweiz)

reu|ten (*süddt, österr, schweiz*; roden)

Reu|ter-Agen|tur *K 211*, die, _ (engl. Nachrichtenagentur) ⟨*nach* Paul Julius von Reuter⟩

Reuterstadt Stavenhagen ↑ Stavenhagen, Reuterstadt

Re|vak|zi|na|tion [..v..] (*Med*; Wiederimpfung) ⟨*lat*⟩ · **re|vak|zi|nie|ren** (*Med*)

Re|val [..v..] (früherer Name von Tallinn) ⟨*dän*⟩

Re|va|lo|ri|sie|rung [..v..] (*Finanzw*; Erhöhung einer Währung auf den ursprüngl. Wert) ⟨*lat* → *frz*⟩

Re|van|che [re'vã:ʃ(ə) *od* re'vaŋʃə, *österr* re'vã:ʃ], die, _, _n [..ʃ(ə)n] (Vergeltung; Rache – *Sport*; Gelegenheit, eine Niederlage wettzumachen) ⟨*lat* → *frz*⟩. *Zus K 365ff.*: Revanche◡politik usw. · **re|van|chie|ren, sich** (*Akk*) (vergelten; sich rächen; sich erkenntlich zeigen, sich [mit einer Gegenleistung] abfinden) · **Re|van|chis|mus,** der, _ (nationalist. Rachepolitik) · **Re|van|chist** · **re|van|chi|stisch**

Re|ve|nue [rəvə'ny:], die, _, _n [..'ny:ən] (*polit Ök*; Kapitalrente, bes. der vom Kapitalisten für persönl. Zwecke verwendete Teil des Mehrwerts) ⟨*lat* → *frz*⟩

Re|ve|renz [..v..], die, _, _en (*veraltend*; Ehrerbietung; Verbeugung) ⟨*lat* → *frz*⟩; *vgl. aber* Referenz

Re|ve|rie [rɛvə..], die, _, ..ien (*Mus*; Phantasiestück) ⟨*frz*, ‚Träumerei'⟩

Re|vers: 1. [rə'vɛ:r], das, *auch* der, *österr nur so*, _ [..'vɛ:rs], *Pl* _ [..'vɛ:rs] (Rock-, Jacken-, Mantelaufschlag) – 2. [re'vɛrs], der, _es, _e *u. österr* [rə'vɛ:r], der, _ [..'vɛ:rs], *Pl* _ [..'vɛ:rs] (Rückseite einer Münze od. Medaille) – 3. [re'vɛrs], der, _es, _e (*Rechtsw*; schriftl. Erklärung rechtlich bedeutsamen Inhalts) ⟨*lat* → *frz*⟩ · **re|ver|si|bel** (*fachspr*; umkehrbar) ⟨*lat* → *frz*⟩; *K 363*: reversi|ble Prozesse · **Re|ver|si|ble** [..'zi:b(ə)l], der, _s, _s (*Textilwirtsch*; Gewebe mit glänzender Abseite) · **Re|ver|sion** (*fachspr*; Umkehrung; Umdrehung) ⟨*lat*⟩

Re|vi|dent [..v..] (*Rechtsw*; jmd., der Revision eingelegt hat – *österr*; Rangbez. für Beamte) ⟨*lat*⟩ · **re|vi|die|ren** (nachsehen, prüfen)

Re|vier [..v..], das, _s, _e (Bezirk, Gebiet) ⟨*lat* → *frz* → *ndrl*⟩ · **re|vie|ren** (*von Hunden gesagt*; in einem Jagdbezirk hin und her suchen) · **Re|vier|för|ster**

Re|vi|re|ment [revir(ə)'mã:, *österr* revir'mã:], das, _s, _s (*bes Diplomatie*; Umbesetzung in Staatsämtern) ⟨*grch* → *lat* → *frz*⟩

Re|vi|sion [..v..] (Durchsicht; Überprüfung – *bürgerl Rechtsw*; Rechtsmittel zur Urteilsnachprüfung) ⟨*lat*⟩ · **Re|vi|sio|nis|mus,** der, _ (eine opportunist. Strömung in der Arbeiterbewegung) · **Re|vi|sio|nist** · **re|vi|sio|ni|stisch** · **Re|vi|sor,** der, _s, ..oren (Prüfer)

Re|vol|te [..v..], die, _, _n (spontane Empörung, Auflehnung; Aufruhr) ⟨*lat* → *ital* → *frz*⟩ · **re|vol|tie|ren** · **Re|vo|lu|tion** (grundlegende qualitative Veränderung in der menschlichen Gesellschaft; Umwälzung, grundlegende [plötzl.] Wende) ⟨*lat*⟩; *K 258*: die Französische Revolution (die französische bürgerliche Revolution von 1789), die Große Sozialistische Oktoberrevolution · **re|vo|lu|tio|när** (umwälzend, umstürzend; für die qualitative gesellschaftl. Veränderung eintretend) ⟨*lat* → *frz*⟩ · **Re|vo|lu|tio|när,** der, –s, –e · **re|vo|lu|tio|nie|ren** · **Re|vo|luz|zer,** der, –s, – (*abwert*; falscher Revolutionär) ⟨*italianisierende Neubildung*⟩ · **Re|vol|ver** [..'vɔlvər], der, –s, – (kurze Handfeuerwaffe; drehbarer Ansatz an Werkzeugmaschinen) ⟨*lat* → *frz* → *engl*⟩

Re|vue [rə'vy:], die, –, –n [rə'vy:ən] (bebilderte Zeitschrift, Magazin [2]; Ausstattungsstück mit Musik, Gesang u. Tanz) ⟨*lat* → *frz*⟩; – passieren (vorbeiziehen) lassen

Reyk|ja|vik ['raikjavi:k *od* 'rεikjavi:k] (Hptst. von Island) ⟨*isländ*, ‚Rauchbucht'⟩

Re|zen|sent (Beurteiler [einer literarischen od. künstlerischen Leistung], Besprecher) ⟨*lat*⟩ · **re|zen|sie|ren** · **Re|zen|sion** (Beurteilung, [krit.] Besprechung) · **Re|zen|sions|ex|em|plar**

re|zent (*fachspr*; gegenwärtig lebend, entstehend) ⟨*lat*⟩

Re|zept, das, –[e]s, –e (Kochvorschrift; Arzneivorschrift, [ärztl.] Verordnung) ⟨*lat*⟩ · **re|zep|tie|ren** (ein Rezept ausschreiben) · **Re|zep|tion** (An-, Auf-, Übernahme; Empfangsbüro eines Hotels) · **re|zep|tiv** (*fachspr*; aufnehmend, empfangend; empfänglich) · **Re|zep|ti|vi|tät** [..v..], die, – (*fachspr*; Aufnahmebereitschaft, -fähigkeit; Empfänglichkeit) · **Re|zep|tor,** der, –s, ..oren (*Biol*; reizaufnehmendes Organ, reizaufnehmende Nervenfaser) · **Re|zep|tur,** die, –, –en (*Pharmakol*; Zubereitung der Arzneimittel nach dem Rezept)

Re|zeß, der, ..esses, ..esse (*Rechtsw*; Auseinandersetzung; Vergleich) ⟨*lat*⟩ · **Re|zes|sion,** die, –, –en (*kap Wirtsch*; Konjunkturrückgang) · **re|zes|siv** (*Biol*, *von Erbanlagen gesagt*; überdeckt)

re|zi|div (*Med*; rückfällig) ⟨*lat*⟩ · **Re|zi|div,** das, –s, –e [..v..] (*Med*; Rückfall)

Re|zi|pient (Empfänger u. Aufnehmer von Informationen – *Phys*; Behältnis, das zu Versuchszwecken luftleer gemacht werden kann) ⟨*lat*⟩ · **re|zi|pie|ren** (aufnehmen)

re|zi|prok (wechsel-, gegenseitig, aufeinander bezüglich) ⟨*lat*⟩; –er Wert (*Math*; Kehrwert) · **Re|zi|pro|zi|tät** (*fachspr*; Wechsel-, Gegenseitigkeit; Wechselbeziehung)

Re|zi|ta|tion (künstlerischer Vortrag von Dichtungen) ⟨*lat*⟩ · **Re|zi|ta|tiv,** das, –s, –e [..v..] (*Mus*; dramat. Sprechgesang) ⟨*lat* → *ital*⟩ · **Re|zi|ta|tor,** der, –s, ..oren (Vortrags-, Sprechkünstler) ⟨*lat*⟩ · **re|zi|tie|ren**

R-Ge|spräch ['εr..] *K 186* (Ferngespräch, bei dem der Angerufene die Gebühren übernimmt)

Rha|bar|ber, der, –s ⟨*pers* → *grch* → *lat* → *ital*⟩ · **Rha|bar|ber|kom|pott**

Rhap|so|de, der, –n, –n (*Antike*; wandernder Sänger, Dichter von Rhapsodien) ⟨*grch*⟩ · **Rhap|so|die,** die, –, ..ien (*Lit*; episches Gedicht; Heldenlied – *Mus*; freies [aus Volksmelodien bestehendes] Instrumentalstück) · **rhap|so|disch** (*Lit*, *Mus*; zum Rhapsoden, zur Rhapsodie gehörig; in Rhapsodieform; bruchstückartig)

Rhät ↑ Rät · **Rhätien** ↑ Rätien · **Rhätikon** ↑ Rätikon · **Rhätische Alpen** ↑ Rätische Alpen

Rhein, der, –[e]s (Fluß in Westeuropa) ⟨*kelt*⟩ · **Rhein|bund,** der, –[e]s (*hist*; dt. Fürstenbund unter dem Protektorat Napoleons I.) · **Rhein|gau,** der, –[e]s (Landsch. in der mittleren BRD) · **rhei|nisch;** *K 258*: das Rheinische Schiefergebirge (in der BRD) · **rheinisch-westfälisch** ↑ nordrhein-westfälisch · **Rhein|land** (*Abk* Rhld.), *Pl* ..lande (Gebiet der BRD entlang des Rheins) · **Rhein|län|der:** 1. *K 231*: der, –s, – (im Rheinland Geborener od. Wohnender; ein Tanz im $\frac{2}{4}$-Takt) – 2. *als Attribut K 232* · **rhein|län|disch** · **Rhein|land-Pfalz** *K 244* (Bundesland der BRD) · **Rhein-Main-Do|nau-Groß|schiffahrtsstraße** *K 247* [*Tr* ...-Groß|schiff|fahrts|stra|ße *K 78*], die, – (in der BRD) · **Rhein|wein**

Rhe|nium, das, –s (chem. Element, Metall); *Zeichen* Re ⟨*kelt* → *lat*⟩

Rheo|lo|gie, die, – (*Phys*; Fließkunde) ⟨*grch*⟩ · **Rheo|stat,** der, *Gen* –[e]s, *Pl* –e *od*, *österr nur*, *Gen* –en, *Pl* –en (*Phys*; veränderlicher elektr. Widerstand)

Rhe|sus|af|fe (mittelgroßer ind. Affe) ⟨*grch* → *lat*⟩ · **Rhe|sus|fak|tor,** der, –s (*Med*; vererbbare Bluteigenschaft, die bes. bei Bluttübertragungen zu berücksichtigen ist); *kurz* Rh-Faktor [εr'ha:..]; *vgl. auch* rh, Rh *im Abkürzungsverzeichnis*

Rhe|tor, der, –s, ..oren (Redner; Lehrer der Beredsamkeit [im alten Griechenland]) ⟨*grch*⟩ · **Rhe|to|rik,** die, – (Redekunst; Redelehre) · **Rhe|to|ri|ker,** der, –s, – (kunstgemäßer Redner) · **rhe|to|risch** (redekünstlerisch – *abwert*; phrasenhaft, schönrednerisch)

Rheu|ma, das, –s (*kurz für* Rheumatismus) · **rheu|ma|tisch** ⟨*grch*⟩ · **Rheu|ma|tis|mus,** der, –, ..men (Nerven-, Muskel-, Sehnen- od. Gelenkreißen); *kurz* Rheuma ⟨*grch* → *lat*⟩ · **Rheu|ma|to|lo|ge,** der, –n, –n (Facharzt für Rheumatologie) ⟨*grch*⟩ · **Rheu|ma|to|lo|gie,** die, – (Lehre vom Rheumatismus) · **rheu|ma|to|lo|gisch**

Rh-Fak|tor [εr'ha:..] *K 186*, der, –s (*kurz für* Rhesusfaktor)

Rhi|no|lo|gie, die, – (*Med*; Lehre von den Nasenkrankheiten) ⟨*grch*⟩ · **Rhi|no|ze|ros,** das, – *od* ..osses, *Pl* ..osse (Nashorn)

Rhi|zom, das, –s, –e (*Bot*; bewurzelter unterird. Sproß) ⟨*grch*⟩ · **Rhi|zo|pho|re,** die, –, –n (*Bot*; Baum mit Luft- od. Stelzwurzeln) · **Rhi|zo|po|den** *Pl* (*Zool*; Wurzelfüßer); *Sg* Rhi|zo|po|de, der, –n

Rho, das, –[s], *Pl* –s, *österr auch* – (griech. Buchstabe: *P*, *ρ*)

Rhode Is|land [ro:t 'ailənt *od* ro:d 'ailənd] (Staat der USA) · **Rho|de|län|der** [..də..], das, –s, – (eine Hühnerrasse) ⟨*nach* Rhode Island⟩

Rho|de|sien [..ĭən] (ehem. brit. Kolonialgebiet im S Afrikas) ⟨*nach* dem brit. Kolonialpolitiker Cecil Rhodes [ˌsεsil 'ro:dz]⟩

rho|di|nie|ren (*fachspr*; mit Rhodium überziehen) ⟨*grch* → *lat*⟩ · **Rho|dium,** das, –s (chem. Element, Edelmetall); *Zeichen* Rh

Rho|do|den|dron, der *od* das, –s, ..ren (eine Zierpflanze, Heidekrautgewächs) ⟨*grch*⟩

Rho|do|pen *Pl* (Hochgebirge auf der Balkanhalbinsel) ⟨*grch* → *bulg*⟩

Rho|dos (griech. Insel vor der Südwestküste Kleinasiens) ⟨*grch*⟩

rhom|bisch (rautenförmig) ⟨*grch*⟩ · **Rhom|bo|eder,** das, –s, – (*Geom*; von sechs Rhomben begrenzter Körper) · **Rhom|bo|id,** das, –[e]s, –e (*Geom*; schiefwinkliges Parallelogramm mit ungleichen Seitenpaaren) · **Rhom|bus,** der, –, ..ben (*Geom*; schiefwinkliges Parallelogramm mit gleichen Seitenpaaren, Raute) ⟨*grch* → *lat*⟩

Rhön, die, – (Gebirge in der DDR u. der BRD); *K 258*: die Hohe Rhön (in der BRD)

Rho|ne, *französ* **Rhône** [ro:n], die, – (Fluß in der Schweiz u. im SO Frankreichs)

Rhön|rad *K 246* (ein Sportgerät) ⟨*nach* der Rhön⟩

Rho|ta|zis|mus, der, –, ..men (*Gramm*; Wandel von stimmhaftem s zu r [z. B. erkiesen – erkoren]) ⟨*grch* → *lat*⟩

Rhyth|mik, die, – (Lehre vom Rhythmus) ⟨*grch*⟩ · **Rhyth|mi|ker,** der, –s, – · **rhyth|misch** (den Rhythmus betreffend; gleichmäßig, taktmäßig); –ste · **rhyth|mi|sie|ren** (in einen Rhythmus bringen) ⟨*grch*

→ *lat*⟩ · **Rhyth|mus,** der, –, ..men (gleichtaktmäßige Bewegung; fließender Bewegungsablauf in Musik u. Tanz; Zeit-, Gleichmaß; regelmäßige Wiederkehr)

Ria (w. Vn.) ⟨*Kurzf von* Maria⟩

Ri|ad [..'a:t] (Hptst. von Saudi-Arabien) ⟨*arab*, ‚Garten'⟩

Rial [..'a:l], der, –s, *Pl* –s *u. bei Wertangabe* (*K 310*) Rial (Währungseinheit in Iran u. in anderen Ländern) ⟨*lat* → *frz* → *pers u. arab*⟩; *vgl. aber* Riyal

rib|beln *K 363* ([Flachs] reibend schaben)

Ri|bi|sel *od* **Ri|bisl,** die, –, –n (*österr*; Johannisbeere) ⟨*arab* → *lat*⟩

Ri|bo|nu|kle|in|säu|re (*Biochem*; Nukleinsäure, die an der Eiweißsynthese u. an den Vererbungsvorgängen beteiligt ist) ⟨*lat*⟩; *Abk* RNS

Ri|car|da (w. Vn.) ⟨*span Form von* Richarda (*zu* Richard)⟩ · **Ric|carda** (w. Vn.) ⟨*italien Form von* Richarda⟩ · **Ri|chard** (m. Vn.) ⟨‚mächtig' + ‚stark'⟩

Richt|beil (Stellmacherwerkzeug; Henkerbeil) · **Richt‿blei** (das), **...bo|gen** (*Milit*) · **Rich|te,** die, – (*landsch*; Richtung); in die – bringen · **rich|ten** ⟨‚recht machen'⟩; richtet (*umg*; richt') euch danach; richt euch! (*Kommandospr, aus älterem Sprachgebrauch stets ohne Auslassungszeichen*) · **Rich|ter** · **rich|ter|lich**

Rich|ter|ska|la *K 209* (Gerät zur Messung der Erdbebenstärke) ⟨*nach* dem amerikan. Seismologen⟩

Rich|ter|spruch · **Richt|fest** · **Richt|funk** · **rich|tig;** *K 114*: es ist das richtige (richtig), zu gehen, ich halte es für das richtigste, *aber K 93*: tue das Richtige, er hat das Richtige getroffen; *vgl.* richtigmachen, richtigstellen · **rich|tig|gehend;** *K 128*: eine –e Uhr · **Richtig|keit,** die, – · **rich|tig|ma|chen** *K 137* (*umg*; begleichen, z. B. eine Rechnung); du machst richtig; richtiggemacht; richtigzumachen; *aber*: richtig (auf richtige Weise) machen · **rich|tig|stel|len** *K 137* (berichtigen), *aber*: richtig (an den rechten Platz) stellen; *Konjugation vgl.* richtigmachen · **Rich|tig|stel|lung** (Berichtigung) · **Richt|li|nie** [..ĭə], *meist Pl* · **Richt|schnur:** 1. die, –, –en (Schnur zur Bestimmung der geraden Richtung) – 2. die, – (*übertr*; Grundsatz) · **Richtstrah|ler** (*Funkw*; Antennenanlage für Kurzwellensender) · **Rich|tung** · **rich|tung|ge|bend** *K 165* · **richtungs|los;** *vgl.* ...los · **rich|tungwei|send** *K 165*

Rick, *auch* **Rück,** das, –[e]s, –e (*landsch*; Gestell, Bord)

Ricke [*Tr* Rik|ke], die, –, –n (weibl. Reh)

Ri|deau [ri'do:], der, –s, –s (*schweiz*; Vorhang) ⟨*germ* → *frz*⟩

riech|bar · **rie|chen;** du rochst; du röchest; gerochen; riech[e]! ⟨*verwandt mit* Rauch⟩ · **Rie|cher** (*salopp*; Nase – *übertr, salopp*; Ahnung, Witterung) · **Riech‿salz, ...stoff**

Ried, das, –[e]s, –e (Schilf; Röhricht; moorige Gegend – *österr auch für* Flurteil); *vgl. aber* Riet · **Ried|gras**

Rie|fe, die, –, –n (Längsrinne; Streifen [Schokolade]) · **rie|feln** (*K 363*) *od* **rie|fen** (mit Rinnen versehen) · **Rie|fe|lung** · **rie|fig**

Rie|ge, die, –, –n (Turnerabteilung) ⟨*zu* Reihe⟩

Rie|gel, der, –s, – · **rie|geln** *K 363* (*landsch u. schweiz*) · **Rie|gel|stellung** (*Milit*)

rie|gen|wei|se *K 176* (*Sport*)

Riem|chen (*auch Bauw*; schmaler Strukturziegel) · [1]**Rie|men,** der, –s, – (Lederstreifen)

[2]**Rie|men,** der, –s, – (Ruder) ⟨*lat*⟩

Rie|men|schei|be (*Techn*; Radscheibe am Riemenwerk) · **Riemer,** der, –s, – (*landsch u. österr*; Riemenmacher)

[1]**Ries,** das, –es, *früher auch* **Nördlin|ger Ries,** das, *Gen* – –es (Landsch. im S der BRD)

[2]**Ries,** das, –es, *Pl* –e *u. bei Maßangabe* (*K 308*) Ries (*Polygr*; Zähleinheit für Papier) ⟨*arab* → *rom*⟩; 4 Ries Papier

[1]**Rie|se,** der, –n, –n (außergewöhnlich großer Mensch – *auch für* dämon. Wesen, Märchengestalt)

[2]**Rie|se,** die, –, –n (*südd*t, *österr*; Holz-, Erdrutsche im Gebirge)

Rie|sel|fel|der *Pl* · **rie|seln** ⟨*zu* reisen⟩; es rieselt mir kalt über den Rücken

Rie|sen|ge|bir|ge, das, –s, *poln* **Kar|ko|no|sze** [..'nɔʃɛ] *Pl, tschech* **Krko|no|še** ['kr(ə)kɔnɔʃɛ] *Pl* (in Polen u. der ČSSR)

rie|sen|groß · **rie|sen|haft** · **Riesen‿rad, ...schlan|ge, ...sla|lom** (*Sport*) · **rie|sen|stark** · **rie|sig** (gewaltig groß) · **Rie|sin,** die, –, ..innen

Ries|ling (Rebsorte für Weißweine) ⟨*Herkunft umstritten*⟩

Rie|ster, der, –s, – (Lederflicken auf dem Schuh)

ries|wei|se *K 176* ⟨*zu* [2]Ries⟩

Riet, das, –[e]s, –e (*Web*; Weberkamm); *vgl. aber* Ried · **Riet|blatt** (*Web*)

Rif, das, –s (Gebirge in Marokko) ⟨*Berberspr*⟩

Riff, das, –[e]s, –e (Felsenklippe; Sandbank)

Rif|fel, die, –, –n (Flachs-, Reffkamm; erhabener, rippenähnl. Streifen – *bayr, österr*; gezackter Berggrat, bes. in Bergnamen) · **Riffel|blech** · **rif|feln** *K 363* ([Flachs] kämmen – *Techn*; aufrauhen, riefeln)

Riff|ko|ral|le

Rif|ka|by|le, der, –n, –n (Angehöriger der zu den Berbern gehörigen Bewohner des Rifs) ⟨*zu* Rif⟩

Ri|ga (Hptst. von Lettland) · **Ri|gaer:** 1. *K 231*: der, –s, –; 2. *als Attribut K 232* · **ri|ga|isch**

Ri|gel, der, – (ein Stern) ⟨*arab*⟩

Rig|gung (*seem*; Takelung) ⟨*engl*⟩

Ri|gi, der, –[s] (Gebirgsmassiv in der Schweiz)

ri|gid *od* **ri|gi|de** (*Med*; steif, starr – *übertr*; unnachgiebig) ⟨*lat*⟩

Ri|go|le, die, –, –n (*Landw*; Furche, Erdrinne, kleiner Graben zur Oberflächenentwässerung) ⟨*ndrl* → *frz*⟩ · **ri|go|len** (*Landw*; tief pflügen od. umgraben); ich habe rigolt

Ri|go|let|to (Titelgestalt einer Oper des Komponisten Verdi [v..]) ⟨*ital*⟩

Ri|gol|pflug (*Landw*)

Ri|go|ris|mus, der, – (übertriebene Strenge; an Grundsätzen starr festhaltende Denk- u. Handlungsweise; Unerbittlichkeit) ⟨*lat*⟩ · **ri|go|ristisch** (unnachsichtig streng) · **rigo|ros** *K 349* ([sehr] streng, hart, scharf, unerbittlich) · **Ri|go|ro|sität,** die, – · **Ri|go|ro|sum,** das, –s, *Pl* ..sa, *österr* ..sen (strenge [mündl.] Prüfung – *österr*; mündl. Doktorprüfung)

Rig|we|da, der, –[s] (altind. Sammlung religiöser Hymnen u. Gebete) ⟨*aind*⟩

Ri|je|ka [..'jɛ..] (Hafenstadt in Jugoslawien) ⟨*serbokr*, ‚Fluß'⟩

Rijs|wijk ['raisvaik *od* 'rɛisvɛik] (Stadt südöstl. von Den Haag); der Friede von –

Rik|scha, die, –, –s (von einem Mann gezogenes zweirädriges Gefährt zur Personenbeförderung in Ost- u. Südasien) ⟨*jap*⟩

Ri|la|ge|bir|ge *K 246*, das, –s (im W Bulgariens)

Ril|le, die, –, –n ⟨*zu* Rinne⟩ · **rillen** · **ril|lig**

Ri|mes|se, die, –, –n (*Wirtsch*; in Zahlung gegebener Wechsel) ⟨*lat* → *ital*⟩

Ri|mi|ni (Hafenstadt im NO Italiens)

Rind, das, –[e]s, –er

Rin|de, die, –, –n · **rin|den|los;** *vgl.* ...los

Rin|der|bra|ten, *südd*t *u. österr meist* **Rinds|bra|ten** · **Rin|der|her-**

de · rin|de|rig (*von der Kuh gesagt*; brünstig) · **rin|dern** (*von der Kuh gesagt*; brünstig sein) · **Rin|der‿pest, ...ras|se** · **Rin|der|talg,** *süddt u. österr meist* **Rinds|talg** · **Rin|der|zun|ge,** *süddt u. österr meist* **Rinds|zun|ge** · **Rind|fleisch**

rin|dig (mit Rinde versehen)

Rindsbraten ↑ **Rinderbraten** · **Rind[s]|le|der** · **rind[s]|le|dern** · **Rindstalg** ↑ Rindertalg · **Rind|sup|pe** (*österr*; Fleischbrühe) · **Rinds|zunge** ↑ Rinderzunge · **Rind|vieh,** *Pl umg abwert* Rindviecher

rin|for|za|to *od* **rin|for|zan|do** (*Mus*; [plötzlich] stärker werdend); *Abk* rf., rfz. *od* rinf. ⟨*lat* → *ital*⟩

ring (*süddt, schweiz landsch*; leicht, mühelos) ⟨*zu* gering⟩

Ring, der, _[e]s, _e · **ring|ar|tig** · **Ring|bahn** · **Rin|gel,** der, _s, _ (kreisförmig Gewundenes) · **Rin|gel|blu|me** · **rin|ge|lig** *K 362* · **rin|geln** *K 363* · **Rin|gel|nat|ter** · **Rin|gel|rei|hen,** *österr nur so, od* **Rin|gel|rei|gen** · **Rin|gel|spiel** (*österr*; Karussell)

rin|gen; du rangst; du rängest; gerungen; ring[e]! · **Rin|ger** · **Rin|ger|griff** · **rin|ge|risch**

Ring|fin|ger · **ring|för|mig**

ring|hö|rig (*schweiz*; den Schall leicht fortpflanzend) ⟨*zu* ring⟩

Ring‿kampf, ...kämp|fer

Ring|knor|pel (*Anat*; Kehlkopfknorpel) · **Ring|lein**

Ringlotte ↑ Reneklode

Ring|rich|ter (*Boxsp*; Kampfrichter) · **rings;** *vgl. auch* ringsum · **rings|her|um** [*od* ..ˈrum] · **rings|um** [*od* ..ˈum] *K 176*; _ läuft ein Geländer, *aber K 175*: er läuft rings um das Geländer · **rings|um|her** [*od* ..ˈhe:r]

Rin|ne, die, _, _n · **rin|nen;** es rann; es ränne, *älter* rönne; geronnen; rinn[e]! · **Rinn|sal,** das, _[e]s, _e · **Rinn|stein**

Rio de Ja|nei|ro [ˌri:o de ʒaˈne:ro] (Staat u. Hafenstadt im SO Brasiliens) ⟨*portug*, ‚Januarfluß'⟩

Rio de la Pla|ta, der, *Gen* _ _ _ _, *kurz* **La Pla|ta,** der, *Gen* _ _ (gemeinsamer Mündungstrichter der Flüsse Paraná u. Uruguay) ⟨*portug*, ‚Silberfluß'⟩; *vgl. auch* La-Plata-Staaten

Rio Gran|de do Sul (Staat im SO Brasiliens) ⟨*portug*, ‚großer Fluß des Südens'⟩

Ripp|chen · **Rip|pe,** die, _, _n

rip|peln, sich (*Akk*) *K 363* (*landsch*; sich von der Stelle rühren, sich regen, sich beeilen)

rip|pen (mit Rippen versehen) · **Rip|pen|fell** · **Rip|pen|fell|ent|zün|dung** · **Rip|pe[n]|speer,** der *od* das, _[e]s (gepökeltes Schweinebruststück mit Rippen); Kaßler *od* Kasseler Rippe[n]speer · **Rip|pen|stück,** *Pl* _e

rips! ⟨*lautm*⟩; rips, raps!

Rips, der, _es, _e (geripptes Gewebe) ⟨*engl*⟩

ri|pua|risch (am Ufer, Rheinufer [wohnend]) ⟨*lat*⟩; *K 238*: die _en Franken (Rheinfranken)

ri|ra|rutsch! (*kinderspr*)

Ri|sa|lit, der, _[e]s, _e (*Arch*; vorspringender Gebäudeteil) ⟨*lat* → *ital*⟩

Ri|si|bi|si *od* **Ri|si|pi|si,** das, _[s], _ (*österr*; Gericht aus Reis u. Erbsen) ⟨*ital*⟩

Ri|si|ko, das, _s, *Pl* _s *od* ..ken (*österr* _s *od* Risken) (Gefahr; Wagnis; Verlustgefahr) ⟨*grch* → *lat* → *ital*⟩ · **Ri|si|ko|fak|tor** · **ri|si|ko|frei**

Risipisi ↑ Risibisi

ris|kant (gefährlich, gewagt) ⟨*grch* → *lat* → *ital* → *frz*⟩ · **ris|kie|ren** (wagen, aufs Spiel setzen)

Ri|sor|gi|men|to [..sɔrdʒi..], das, _[s] (Bez. für italien. Einigungsbestrebungen im 19. Jh.) ⟨*lat* → *ital*, ‚Wiedererhebung'⟩

Ri|sot|to, der, *österr meist* das, _[s], _s (Reisspeise) ⟨*ind* → *pers* → *grch* → *lat* → *ital*⟩

Ris|pe, die, _, _n (Blütenstand) · **Ris|pen|gras** · **ris|pig** (*Bot*); _er Blütenstand

Riß, der, *Gen* Risses, *Pl* Risse · **rissig** · **Riß|wun|de**

Rist, der, _es, _e (Fußrücken; Handgelenk; Übergang vom Hals zum Rücken bei Vierfüßern)

Ri|ste, die, _, _n (*landsch*; Flachsbündel)

Rist|griff (*Turnen*)

Ri|ta (w. Vn.) ⟨*italien Kurzf von* Margarete⟩

ri|tar|dan|do (*Mus*; [das Tempo] verzögernd, langsamer werdend); *Abk* rit. *od* ritard. ⟨*lat* → *ital*⟩ · **Ri|tar|dan|do,** das, _s, *Pl* _s *od* ..dandi (*Mus*)

ri|te (in herkömml., gehöriger Weise; genügend [Zeugnisgrad der Doktorprüfung]) ⟨*lat*⟩ · **Riten** ↑ Ritus

ri|te|nu|to (*Mus*; [im Tempo] zurückgehalten, verlangsamt); *Abk* rit. *od* riten. ⟨*lat* → *ital*⟩ · **Ri|te|nu|to,** das, _s, *Pl* _s *od* ..ti (*Mus*)

Ri|tor|nell, das, _s, _e (*Mus*; immer wiederkehrendes instrumentales Vor-, Zwischen- u. Nachspiel bei Liedern u. Arien – *Metrik*; dreizeilige Strophe) ⟨*lat* → *ital*⟩

ritsch! ⟨*lautm*⟩; ritsch, ratsch!

Rit|scher[t], der, _s, _ (*österr*; Speise aus Graupen u. Hülsenfrüchten)

Ritt, der, _[e]s, _e

Ritt|ber|ger, der, _s, _ (ein Drehsprung im Eiskunstlauf) ⟨*nach* dem Eiskunstläufer⟩

Rit|ter, der, _s, _ (*hist*) ⟨*ndrl*⟩; *K 119*: arme _ *Pl* (eine Speise) · **Rit|ter|burg** (*hist*) · **rit|ter|lich** · **Rit|ter|lich|keit** · **Rit|ter|schaft,** die, _ (*hist*) · **Rit|ters|mann,** *Pl* ..leute (*veraltet*) · **Rit|ter|sporn,** *Pl* ..sporne (eine Zierpflanze, Hahnenfußgewächs) · **Rit|ter|tum,** das, _[e]s (*hist*) · **rit|tig** (zum Reiten geschult, zugeritten) · **ritt|lings** · **Ritt|mei|ster** (früherer Offiziersdienstgrad)

Ri|tu|al, das, _s, *Pl* _e *od* _ien [..iən] (Vorschrift für Gebete u. Bräuche bei geistl. Amtshandlungen) ⟨*lat*⟩ · **Ri|tu|al|ge|setz** · **ri|tu|ell** (den kult. Bräuchen, dem Ritus entsprechend) ⟨*lat* → *frz*⟩ · **Ri|tus,** der, _, ..ten (die Gesamtheit der bei gottesdienstl. Handlungen vorgeschriebenen Bräuche einer Religion; feierlicher Brauch) ⟨*lat*⟩

Ritz, der, _es, _e (1. Schramme – 2. ↑ Ritze) · **Rit|ze,** die, _, _n, *auch* **Ritz,** der, _es, _e (Spalt)

Rit|zel, das, _s, _ (kleines Zahnrad)

rit|zen *K 354* ⟨*zu* reißen⟩

Riu|kiu|in|seln *Pl* (Inselkette zw. Japan u. Taiwan)

Ri|va|le [..v..], der, _n, _n (Mitbewerber; Nebenbuhler) ⟨*lat* → *frz*⟩ · **Ri|va|lin,** die, _, ..innen · **ri|va|li|sie|ren** (wetteifern; um den Vorrang kämpfen) · **Ri|va|li|tät**

Ri|vie|ra [..v..], die, _, ..ren, *meist Sg* (Küstengebiet am Ligurischen Meer) ⟨*lat* → *ital*, ‚Ufer'⟩

Ri|yal [riˈja:l], der, _s, *Pl* _s *u. bei Wertangabe* (*K 310*) Riyal (Währungseinheit in Saudi-Arabien) ⟨*lat* → *frz* → *arab*⟩; *vgl. aber* Rial

Ri|zi|nus [ˈri:.., *österr* ..ˈtsi:..], der, _, *Pl* _ *od* ..usse (eine Öl- u. Arzneipflanze) ⟨*lat*⟩ · **Ri|zi|nus|öl,** das, _[e]s

Road|ster [ˈro:tstər], der, _s, _ (*veraltend*; Auto mit rückklappbarem Verdeck) ⟨*engl*⟩

Roast|beef [ˈro:stbi:f, *auch* ˈrɔst..], das, _s, _s (nicht ganz durchgebratenes Rindfleisch) ⟨*engl*⟩

Rob|be, die, _, _n (Meeressäugetier) ⟨*zu* Raupe⟩ · **rob|ben** (robbenartig kriechen) · **Rob|ben‿fang, ...schlag**

Rob|ber, *auch* **Rub|ber** [ˈrabər], der, _s, _ (*Kartensp*; Doppelpartie bei Bridge u. Whist) ⟨*engl*⟩

Ro|be, die, _, _n (Gesellschafts-, Abendkleid; Amtstracht) ⟨*germ* → *frz*, *zu* Raub⟩

Ro|bert (m. Vn.) ⟨*germ* → *frz u. engl*, ‚Ruhm' + ‚glänzend'⟩

Ro|bi|nie [..ĭə], die, –, –n (ein Laubbaum) ⟨*nach* dem französ. Gärtner Robin [rɔ'bɛ̃:]⟩

Ro|bin|so|na|de (Abenteuer eines Schiffbrüchigen od. Erzählung davon) ⟨*nach* Robinson Crusoe⟩ · **Robin|son Cru|soe** [ˌro:binzɔn *od* ˌrɔbins(ə)n 'kru:so:] (Titelgestalt des Schiffbrüchigenromans des engl. Schriftstellers Defoe [də'fo:])

ro|bo|ten ['rɔbɔ..] (*umg*; schwer arbeiten) ⟨*aus slaw* robot, ‚Fronarbeit'⟩; er hat gerobotet · **Ro|bo|ter** (elektron. gesteuerter Automat). *Zus K 365ff.*: Roboter‿technik usw.

ro|bust (kräftig, stark; derb; stämmig, vierschrötig; unempfindlich) ⟨*lat*⟩ · **Ro|bust|heit**, die, –

Ro|caille [rɔ'ka:ĭ], das, – (*Kunstwiss*; Grotten- od. Muschelwerk) ⟨*lat* → *frz*⟩

Ro|cha|de [..x.., *auch* ..ʃ..] (*Schach*; Doppelzug von König u. Turm) ⟨*pers* → *arab* → *span* → *frz* → *ndrl*⟩; die kleine –; die große –

Roche|fort [rɔʃ'fɔ:r] (Hafenstadt im W Frankreichs)

rö|cheln *K 363*

Ro|chen, der, –s, – (ein Seefisch)

ro|chie|ren [..x.., *auch* ..ʃ..] (*Schach*; die Rochade ausführen – *Sportspiele*; die Positionen wechseln [z. B. beim Fußball]) ⟨*pers* → *arab* → *span* → *frz* → *ndrl*⟩

[1]**Rock**, der, –[e]s, *Pl* Röcke

[2]**Rock**, der, –[s], –[s] *Kurzw* (Rockmusik) ⟨*amerik*⟩ · **Rock and Roll** ['rɔk (ɛ)n(d) 'ro:l] *od* **Rock 'n' Roll** ['rɔk n 'ro:l], der, *Gen* – – –s, *Pl* – – –s (aus den USA stammender Tanz)

Röck|chen ⟨*zu* [1]Rock⟩

rocken[1] ⟨*zu* [2]Rock⟩

Rocken[1], der, –s, – (Spinngerät)

Rocken|bol|le[1], die, –, –n (*norddt*; Perlzwiebel) ⟨*dt* → *frz*⟩

Rock|kra|gen *K 18*

Rock|mu|sik, die, – (zusammenfassende Bez. für verschiedene Tanzmusikstile); *Kurzw* [2]Rock ⟨*amerik*⟩ · **Rock 'n' Roll** ↑ Rock and Roll

Rocks, der *od* das, –, –, *meist Pl* (ein Fruchtbonbon) ⟨*engl*⟩

Rocky Moun|tains [ˌrɔki 'mauntins *od* – ..tinz] *Pl* (Hochgebirge im W Nordamerikas) ⟨*engl*, ‚Felsengebirge'⟩

Ro|de|hacke[1] (Werkzeug zum Roden); *vgl. auch* Radehacke

[1]**Ro|del**, der, –s, *Pl* Rödel (*südwestdt, schweiz*; Akten-, Schriftrolle, Liste, Urkunde) ⟨*lat*⟩

[2]**Ro|del**, der, –s, –, *österr* die, –, –n (Rodelschlitten) · **ro|deln** *K 363* · **Ro|del|schlit|ten**

ro|den (urbar machen) ⟨*zu* rütteln⟩; *vgl. auch* reuten

Rod|ler

Ro|dung

Ro|ga|te (*christl Rel*; Name des 5. Sonntags nach Ostern) ⟨*lat*, ‚bittet!'⟩

Ro|gen ['ro:..], der, –s, – (Fischeier) · **Ro|ge|ner** *K 363*, der, –s, – (weibl. Fisch); *Ggs* Milchner · **Rogen|stein** (*Mineral*; ein Kalkoolith)

Ro|ger ['ro:gər, *französ* rɔ'ʒe:, *engl* 'rɔdʒər] (m. Vn.) ⟨*französ u. engl Form von* Rüdiger⟩

Rog|gen ['rɔ..], der, –s · **Rog|gen|brot**

roh; *K 125*: ein – behauener, bearbeiteter Stein; *K 117*: aus dem rohen arbeiten, im rohen fertig · **Roh|bau**, *Pl* ..bauten · **Roh|braun|kohle** · **Roh|ei|sen** · **Ro|heit** [*Tr K 36*] · **ro|her|wei|se** *K 176* · **Roh|gewicht** · **Roh|holz** · **Roh|kost** · **Rohköst|ler**, der, –s, – · **Roh|ling** (*abwert*; roher Mensch – *fachspr*; unbearbeitetes Werkstück) · **Roh|öl**

Rohr, das, –[e]s, –e · **Rohr|bruch** ⟨*zu* [1]Bruch⟩ · **Röhr|chen** (kleines Rohr; kleine Röhre) · **Rohr|dommel**, die, –, –n (ein Schreitvogel) · **Rohr|draht** (*Elektrotechn*) · **Röhre**, die, –, –n

röh|ren (*vom Hirsch zur Brunftzeit gesagt*; brüllen)

Röh|ren|brun|nen · **rohr|far|ben** (*K 364*) *od* **rohr|far|big** (beige); *vgl. auch* ...farben *u. K 272ff.* · **Röh|richt**, das, –s, –e (Rohrdikkicht) · **röh|rig** · **Rohr|lei|tung** · **Röhr|lin|ge** *Pl* (eine Pilzfamilie) · **Rohr|post** · **Rohr|rück|lauf**, der, –[e]s (*Milit*) · **Rohr|spatz**; *nur in der Wendung* schimpfen wie ein – (*umg*)

Roh|sei|de · **roh|sei|den** *K 364 u. 172*; ein rohseidenes Kleid · **Rohstoff** · **Roh|stoff‿fra|ge** (*K 17*), ...**quel|le**

ro|jen (*seem*; rudern)

Rokitnosümpfe ↑ Poleßje

Ro|ko|ko ['rɔkoko, *auch* ro'kɔko, *österr* roko'ko:], das, –s (ein Kunststil im 18. Jh.) ⟨*frz*⟩

Ro|land: 1. (*karoling Sage*; Held aus dem Heer Karls des Großen) – 2. (m. Vn.) ⟨‚Ruhm' + ‚kühn'⟩; Klein Roland *K 208* · **Ro|lands|lied** *K 209*, das, –[e]s (*Lit*) · **Ro|land[s]-säu|le**

Rolf *K 208* (m. Vn.) ⟨*Kurzf von* Rudolf⟩

Rolladen [*Tr* Roll|la|den *K 78*], der, –s, *Pl* – *od* Rolläden

Roll|bahn · **Röll|chen** · **Rol|le**, die, –, –n ⟨*lat* → *frz*⟩ · **rol|len** · **Rol|len-be|set|zung** (*Theat*) · **Rol|ler** · **rollern** *K 363* · **Roll|film** (*Fot*); *Ggs* Planfilm · **Roll‿kra|gen**, ...**kur** (*Med*), ...**mops**

Rol|lo ['rɔ.., *auch* ..'lo:, *österr nur so*], *älter* **Rou|leau** [ru'lo:], das, –s, –s (aufrollbarer Vorhang) ⟨*lat* → *frz*⟩

Roll‿schrank, ...**schuh**, ...**stuhl**, ...**trep|pe**

Rom, *italien* **Ro|ma** (Hptst. von Italien)

Ro|ma|dur [*auch* ..'du:r, *österr nur so*], der, –[s], –s (ein Weichkäse) ⟨*frz*⟩

Ro|ma|gna [ro'manja], die, – (Landsch. im O Oberitaliens)

Ro|man, der, –s, –e (umfangreiche Prosaerzählung) ⟨*lat* → *frz*, ‚romanische' [Erzählung]⟩ · **ro|man|artig** · **Ro|man|cier** [romɑ̃'sĭe:], der, –s, –s (Romanschriftsteller)

Ro|ma|ne, der, –n, –n (Angehöriger einer indoeurop. Völkergruppe) ⟨*lat*⟩ · **Ro|ma|nen|tum**, das, –[e]s

ro|man|haft ⟨*lat* → *frz*⟩

Ro|ma|nik, die, – (ein Kunststil vom 11. Jh. bis zum Anfang des 13. Jh.) ⟨*lat*⟩ · **Ro|ma|nin**, die, –, ..innen · **ro|ma|nisch** (die Romanen betreffend; die Romanik betreffend); die –en Sprachen · **ro|ma|ni|sie|ren** (romanisch machen; im Stil der Romanik gestalten) · **Ro|ma|nist** (Wissenschaftler auf dem Gebiet der Romanistik) · **Ro|ma|ni|stik**, die, – (Wissenschaft von den roman. Sprachen u. Literaturen – *auch für* Wissenschaft vom röm. Recht)

Ro|man|schrift|stel|ler

Ro|man|tik, die, – (künstler., literar. u. philosoph. Bewegung zw. 1795 u. 1830 – *übertr*; [Hang zur] Träumerei) ⟨*lat* → *frz* → *engl*⟩ · **Roman|ti|ker**, der, –s, – · **ro|mantisch** (zur Romantik gehörig – *übertr*; wunderbar, abenteuerlich, gefühlsbetont); –ste ⟨‚romanhaft'⟩ · **ro|man|ti|sie|ren** (im Sinne des Romantischen gestalten)

Ro|man|ze, die, –, –n (balladenähnl. Gedichtform; liedartiges Gesangs- od. Instrumentalstück – *übertr*; romant. Liebeserlebnis) ⟨*lat* → *span* → *frz*⟩ · **Ro|man|zen|dichter** · **Ro|man|ze|ro**, der, –s, –s (*Lit*; span. Romanzensammlung) ⟨*lat* → *span*⟩

Ro|meo und Ju|lia (Titelgestalten einer Tragödie des engl. Dramatikers Shakespeare ['ʃe:kspi:r])

[1]**Rö|mer**, der, –s, – (bauchiges Kelchglas für Wein) ⟨*ndrl*, *zu* rühmen⟩

[2]**Rö|mer**: 1. der, –s, –; 2. der, –s (das alte Rathaus in Frankfurt am Main) ⟨*zu* Rom⟩ · **Rö|mer|brief**,

[1] *Tr* ..k|k..

der, _[e]s (*bibl*) · **Rö|me|rin,** die, _, ..innen · **rö|misch;** *K 238*: ein _es Bad, die _en Ziffern, das _e Recht, *aber K 258*: das Römische Reich (*hist*), das Heilige Römische Reich Deutscher Nation (*hist*) · **rö|misch-irisch** *K 244*; ein römisch-irisches Bad · **rö|misch-ka|tho|lisch** *K 189*; *Abk* röm.-kath., *österr auch* r.-k.

Rom|mé ['rɔme:, *auch* ..'me:] ⟨*engl* → *frz*⟩, *österr* **Rum|my** ['rœmi, *auch* 'rami] ⟨*engl*⟩, das, _s, _s (ein Kartenspiel)

Ro|mu|lus (*röm Sage*; Zwillingsbruder des Remus, Gründer Roms)

Ron|ces|valles ['rɔ̃:səval, *span* rɔnθɛs'valjɛs] (Ort in den Westpyrenäen) ⟨‚Dornental'⟩

Ron|de ['rɔn.., *auch* 'rɔ̃:də], die, _, _n (*Techn*; rundes Blech, Ausgangsform für Tiefziehkörper – *Milit veraltet*; Bez. für Offiziersstreife zur Postenkontrolle) ⟨*lat* → *frz*⟩ · **Ron|deau** [rɔ̃'do: *od* rɔn'do:], das, _s, _s (*österr*; rundes Beet, runder Platz) · **Ron|dell** [rɔn..], *österr nur diese Form, od* **Run|dell,** das, _s, _e (Rundteil; Rundbeet, Rundturm [einer Befestigung] – *österr nur für* kreisförmig angelegter Gartenweg) · **Ron|do,** das, _s, _s (*Mus*; Instrumentalsatz mit mehrfach wiederkehrendem Thema) ⟨*lat* → *ital*⟩

rönt|gen (mit Röntgenstrahlen durchleuchten)

Rönt|gen *K 318*, das, _[s], _ (frühere radiologische Dosiseinheit = 258 µC/kg); *Einheitenzeichen* R ⟨*nach* dem Physiker Röntgen⟩

Rönt|gen|bild[1] · **Rönt|gen|dia|gno|stik**[1] (*Med*) · **Rönt|gen|durch|leuch|tung**[1] · **rönt|ge|ni|sie|ren** (*österr*; röntgen) · **Rönt|ge|no|gramm,** das, _s, _e (*Med, Phys*; Röntgenbild) · **Rönt|ge|no|gra|phie,** die, _ (*Med, Phys*; fotograf. Aufnahme mit Röntgenstrahlen) · **rönt|ge|no|gra|phisch** (*Med, Phys*) · **Rönt|ge|no|lo|ge,** der, _n, _n (*Med*; Facharzt für Röntgenologie) · **Rönt|ge|no|lo|gie,** die, _ (*Med, Phys*; Röntgenstrahlenkunde) · **rönt|ge|no|lo|gisch** (*Med, Phys*) · **Rönt|ge|no|sko|pie,** die, _, ..ien (*Med*; Durchleuchtung mit Röntgenstrahlen) · **rönt|ge|no|sko|pisch** (*Med*) · **Rönt|gen|rei|hen|un|ter|su|chung**[1] · **Rönt|gen|strah|len**[1] *Pl*

Roque|fort ['rɔkfo:r *od* rɔk'fo:r], der, _s, _s (fetter Schafskäse) ⟨*nach* dem Ort in Südfrankreich⟩

ro|sa *nichtdeklinierbar* (rosenfarbig, blaßrot) ⟨*pers* → *grch* → *lat*⟩; *vgl. auch K 272 ff.* · [1]**Ro|sa:** 1. das, _[s] (Rosenfarbe, Blaßrot); *vgl.* Blau – 2. (w. Vn.) ⟨‚Rose'⟩; *Verkleinerungsf* ↑ [1]Rosel, ↑ [1]Rosl

[2]**Ro|sa** (w. Vn.) ⟨*Kurzf der mit* Ros[e]... (‚Ruhm') *gebildeten weibl Vornamen; Verkleinerungsf* ↑ [2]Rosel, ↑ [2]Rosl

ro|sa|far|ben (*K 364*) *od* **ro|sa|far|big;** *vgl. auch* ...farben *u. K 272 ff.* · **Ro|sa|rium,** das, _s, ..ien [..iən] (Rosenpflanzung) ⟨*pers* → *grch* → *lat*⟩ · **ro|sa|rot;** *vgl.* blau

rösch (*landsch*; knusprig – *bergm*; grob [gepocht])

Rö|sche, die, _, _n (*bergm*; Graben) ⟨*zu* [2]Riese⟩

[1]**Rös|chen** (1. kleine Rose – 2. *Verkleinerungsf von* [1]Rosa [2])

[2]**Rös|chen** (*Verkleinerungsf von* [2]Rosa)

ro|sé [..'ze:] *nichtdeklinierbar* (zartrosa) ⟨*pers* → *grch* → *lat* → *frz*⟩; *vgl.* blau · **Ro|se,** die, _, _n ⟨*pers* → *grch* → *lat*⟩ · **Ro|sé** [..'ze:]: 1. das, _[s], _[s] (zartrosa Farbe); eine Bluse in _; *vgl.* Blau – 2. der, _s, _s (ein Wein von hellroter Farbe) ⟨*pers* → *grch* → *lat* → *frz*⟩

[1]**Ro|sel** (w. Vn.) ⟨*Verkleinerungsf von* [1]Rosa (2)⟩

[2]**Ro|sel** (w. Vn.) ⟨*Verkleinerungsf von* [2]Rosa⟩

[1]**Ro|se|ma|rie** [*od* ..'ri:] *K 208* (w. Vn.) ⟨[1]Rosa (2) + Maria⟩

[2]**Ro|se|ma|rie** [*od* ..'ri:] *K 208* (w. Vn.) ⟨[2]Rosa + Maria⟩

ro|sen|far|ben (*K 364*) *od* **ro|sen|far|big;** *vgl. auch* ...farben *u. K 272 ff.* · **Ro|sen|knos|pe** · **Ro|sen|kohl,** der, _[e]s · **Ro|sen|kranz** (*kath Kirche*)

Ro|sen|mon|tag (Fastnachtsmontag) ⟨*zu* rasen⟩

Ro|sen|öl · **ro|sen|rot;** *vgl.* blau · **Ro|sen|stock,** *Pl* ..stöcke · **Ro|sen|strauß,** *Pl* ..sträuße

Ro|seo|le, die, _, _n (*Med*; rotfleckiger Hautausschlag bei Typhus u. anderen Krankheiten) ⟨*pers* → *grch* → *lat*⟩ · [1]**Ro|set|te,** die, _, _n (Verzierung in Rosenform; Bandschleife; Edelsteinschliff) ⟨*pers* → *grch* → *lat* → *frz*⟩

[2]**Ro|sette** [ro'zɛt(ə)] (Stadt in der ARÄ) ⟨*arab* → *frz*⟩

ro|sig · **ro|sig|weiß;** *vgl.* blau

Ro|si|nan|te, die, _, _n (*scherzh*; abgetriebenes Pferd, Klepper) ⟨*span, nach* dem Klepper des Don Quichotte bei Cervantes [sɛr'vantɛs]⟩

Ro|si|ne, die, _, _n (getrocknete Weinbeere) ⟨*lat* → *frz* → *ndrl*⟩ · **Ro|si|nen|ku|chen** · **ro|sin|far|ben** (*K 364*) *od* **ro|sin|far|big;** *vgl. auch* ...farben *u. K 272 ff.*

[1]**Rosl** (w. Vn.) ⟨*Verkleinerungsf von* [1]Rosa (2)⟩

[2]**Rosl** (w. Vn.) ⟨*Verkleinerungsf von* [2]Rosa⟩

Ros|ma|rin ['ro:smari:n, *auch* rɔsma'ri:n], der, _s (eine Gewürz- u. Arzneipflanze, Lippenblütler) ⟨*lat*, ‚Meertau'⟩. *Zus K 365 ff.*: Rosmarin‿öl usw.

[1]**Roß** [rɔs], das, *Gen* Rosses, *Pl* Rosse *od* Rösser (*gehoben*; Pferd)

[2]**Roß** [ro:s], das, _es, _e *od* **Ro|ße,** die, _, _n (*landsch*; Wabe) ⟨‚Geflecht'⟩

Roß|brei|ten *Pl* (*Geogr*; die windstillen Gebiete der subtrop. Hochdruckgürtel)

Röß|chen, Röß|lein *od oberdt* **Rös|sel, Rößl** (*K 38*) · **Ros|se|len|ker** (*dicht*) · **Rös|sel|sprung** (Rätselart – *Schach*; Springerzug) · **ros|sen** (*von der Stute gesagt*; nach Begattung verlangen); die Stute roßt

Ro|ßen|ho|nig (*landsch*) ⟨*zu* [2]Roß⟩

Rösser ↑ [1]Roß · **Roß|haar** · **Roß|haar|ma|trat|ze** · **ros|sig** ⟨*zu* rossen⟩ · **Roß|kamm** (Pferdestriegel – *veraltet abwert*; Pferdehändler) · **Roß|ka|sta|nie** · **Rößl** ↑ Rößchen · **Röß|li|spiel** (*schweiz*; Karussell) · **Roß|täu|scher** (*veraltet abwert*; Pferdehändler) ⟨*zu* tauschen⟩

Roß|trap|pe, die, _ (Felsen bei Thale)

[1]**Rost,** der, _es, _e (gitterartige Unterlage [zum Heizen od. Braten usw.] – *auch Bauw*). *Zus K 365 ff.*: Rost‿braten usw.

[2]**Rost,** der, _es (Oxidschicht an Eisen; Pflanzenkrankheit) ⟨*zu* rot⟩. *Zus K 365 ff.*: Rost‿ansatz usw.

Rost|brat|wurst

rost|braun; *vgl.* blau

Rö|ste, die, _, _n (*bergm*; Röstvorrichtung; Erhitzung von Erzen u. Hüttenprodukten – *Landw*; das Rotten [von Flachs])

ro|sten ([2]Rost ansetzen)

rö|sten (braten; Brot u. a. dörren – *bergm*; Erze u. Hüttenprodukte erhitzen – *Landw*; [Flachs] [2]rotten) ⟨*zu* [1]Rost⟩ · **Rö|ster** · **Rö|ste|rei**

rost|far|ben (*K 364*) *od* **rost|far|big;** *vgl. auch* ...farben *u. K 272 ff.* · **rost|frei** · **ro|stig**

Ro|stock (Bezirks- u. Hafenstadt in der DDR) · **Ro|stocker** [*Tr* ..stok|ker]: 1. *K 231*: der, _s, _; 2. *als Attribut K 232*: der Rostocker Überseehafen

Ro|stow [*od* ..'tɔf] (Name zweier Städte in der RSFSR); _ am Don

rost|rot; *vgl.* blau · **Rost|schutz|mit|tel**

Ro|swi|tha *K 208* (w. Vn.) ⟨‚Ruhm' + ‚stark'⟩; *Kurzf* ↑ [2]Rosa

rot; röter (*auch* roter), röteste (*auch*

---
[1] *Vgl. K 209.*

roteste), *K 348*; *vgl.* blau; *K 119*: der rote Faden (das, was durch die Teile eines Ganzen als gemeinsames auffälliges Merkmal hindurchgeht), die rote Karte (*Fußball*), rote Rübe, *aber K 254*: Roter Milan ↑ *unter* Milane; *K 258*: das Rote Kreuz, das Rote Meer, der Rote Platz (in Moskau); mit rotgeweinten Augen, *aber*: sie hat sich die Augen rot geweint, *vgl. K 166* · **Rot,** das, _s; *vgl.* Blau

Röt, das, _ *od* _[e]s (*Geol*; obere Stufe des Buntsandsteins)

Ro|ta, die, _ *od* **Ro|ta Ro|ma|na,** die, *Gen* _ _ (*kath Kirche*; höchster Gerichtshof) ⟨*lat*⟩

Ro|tang, der, _s, _e (eine Palmenart) ⟨*mal*⟩ · **Ro|tang|pal|me**

Rota Romana ↑ Rota

Ro|ta|ti|on (Drehung, Umdrehung, Umlauf) ⟨*lat*⟩ · **Ro|ta|ti|ons|druck,** *Pl* ..drucke (*Polygr*) · **Ro|ta|ti|ons|ma|schi|ne** (*Polygr*) · **ro|ta|tiv** (*Polygr*); ein _es [..v..] Druckverfahren · **Ro|ta|to|ri|en** [..iən] *Pl* (*Zool*; Rädertierchen)

Rot|au|ge (ein Karpfenfisch) · **rot|backig**[1] *od* **rot|bäckig**[1] · **Rot|bart** (*umg*; Mann mit rotem Bart) · **rot|braun;** *vgl.* blau · **Rot|bu|che** · **Rot|dorn,** *Pl* ..dorne · **Rö|te,** die, _ · **Rote-Kreuz-Schwester** ↑ Rotkreuzschwester

Rö|tel, der, _s, _ (roter Farbstoff, -stift). *Zus K 365ff.*: Rötel‿zeichnung usw. · **Rö|teln** *Pl* (eine Kinderkrankheit) · **rö|ten**

Ro|ten|burg (Name zweier Städte in der BRD); *vgl. aber* Rothenburg

Ro|te|turm|paß *K 193 u. 368,* der, *Gen* des Rote[n]turmpasses (in den rumän. Karpaten)

Rot|gar|dist (*hist*)

rot|glü|hend; *vgl. aber K 166* · **Rot|glut,** die, _ · **Rot|grün|blind|heit,** die, _ (*Med*)

Rot|gül|dig|erz, *fachspr* **Rot|gül|tig|erz** *K 368* (*Mineral*; ein Silbererz) · **Rot|guß** (eine Legierung)

Rot|haar|ge|bir|ge, das, _s (Teil des Rhein. Schiefergebirges in der BRD) ⟨*zu* Hardt = ‚Wald‘⟩

rot|haa|rig · **Rot|haut** (*scherzh od abwert*; Indianer)

Ro|then|burg (Name mehrerer Orte in der DDR u. der BRD); _ ob der Tauber (Stadt in der BRD); *vgl. aber* Rotenburg

Rot|hirsch

ro|tie|ren (umlaufen; sich um seine Achse drehen) ⟨*lat*⟩

Rot|ka|bis (*schweiz*; Rotkohl) ⟨*zu* Kappes⟩ · **Rot|käpp|chen** (eine Märchengestalt) · **Rot|kehl|chen** (ein Singvogel) · **Rot|kohl** *od* **Rot|kraut,** *österr nur so* · **Rot|kreuz|schwe|ster** *K 368,* die, _, _n *od* **Ro|te-Kreuz-Schwe|ster** *K 193 u. 368,* die, *Gen* der Roten-Kreuz-Schwester, *Pl* die Roten-Kreuz-Schwestern, *ohne Art* Rote-Kreuz-Schwestern · **Rot|lauf,** der, _[e]s (eine Infektionskrankheit, bes. bei Schweinen) · **röt|lich;** rötlichbraun; *vgl.* blau · **Rot|licht,** das, _[e]s · **Rot|lie|gen|de,** das, _n *K 341* (*Geol*; ältere Abteilung des Perms) · **Röt|lin|ge** *Pl* (eine Pilzgattung) · **rot|na|sig**

Ro|tor, der, _s, ..oren (*Techn*; sich drehender Teil einer [elektr.] Maschine) ⟨*lat*⟩. *Zus K 365ff.*: Rotor‿schiff usw.

Rot|schwänz|chen *od* **Rot|schwanz** (ein Singvogel) · **Rot|spon,** der, _[e]s, _e (*landsch*; Rotwein) · **Rot|tan|ne**

Rot|te, die, _, _n (*abwert*; Schar; Haufe [von Menschen] – *österr auch für* ländl. Häusergruppe) ⟨*lat → frz*⟩; *vgl. auch K 387* · [1]**rot|ten** (*veraltet*; eine Rotte bilden)

[2]**rot|ten** (*Landw*; [Flachs] zum Mürbewerden [zum Rösten] bringen)

rot|ten|wei|se *K 176*

Rot|ter|dam (Hafenstadt in den Niederlanden) · **Rot|ter|da|mer:** 1. *K 231*: der, _s, _; 2. *als Attribut K 232*: der Rotterdamer Hafen

Rot|tier (*weidm*; weibl. Stück Rot- od. Damwild)

Rott|wei|ler, der, _s, _ (eine Hunderasse) ⟨*nach* der Stadt Rottweil im SW der BRD⟩

Ro|tun|de, die, _, _n (*Arch*; Rundbau; runder Saal) ⟨*lat*⟩

Rö|tung · **rot|wan|gig** · **Rot|wein**

rot|welsch (gaunersprachlich) ⟨*rotwelsch* rot ‚Bettler‘ + welsch ‚unverständlich‘⟩; *vgl. K 266f.* · **Rot|welsch,** das, *Gen* _[s], *Dat* _ (Sprachbezeichnung *K 268ff.*) · **Rot|wel|sche** *K 271,* das, *Gen* _n, *Dat* _n (Gaunersprache)

Rot|wild · **Rot|wurst**

Rotz, der, _es, _e (*derb*; Nasenschleim – *Vet*; ansteckende Tierkrankheit) · **rot|zen** *K 354* (*derb*; sich schneuzen) · **rot|zig** (*derb*) · **Rotz|jun|ge,** der (*derb abwert*) · **Rotz|na|se** (*derb*; frecher Bengel – *auch Schimpfw*) · **rotz|nä|sig** (*derb abwert*; frech, unverschämt)

Rot|zun|ge (ein Fisch)

Rou|en [ru'ã:] (Stadt in Nordfrankreich)

Rouge [ru:ʒ, *auch* ru:ʃ], das, _ (rote Schminke) ⟨*lat → frz*⟩

Rou|la|de [ru..] (gefüllte Fleischrolle – *Mus*; Lauf; Koloratur) ⟨*lat → frz*⟩ · **Rouleau** ↑ Rollo · **Rou|lett,** das, _[e]s, _e *od* **Rou|let|te** [*beide* ru'lɛt], das, _s, _s (ein Glücksspiel) · **Rou|let|te:** 1. [..'lɛt(ə)], die, _, _n [..t(ə)n] (Zahnrädchen zum Punktieren der Platte [Kupferstecherwerkzeug]) – 2. ↑ Roulett

Round-ta|ble-Kon|fe|renz [raunt'te:b(ə)l..] *K 188* (Beratung am runden Tisch unter Gleichberechtigten) ⟨*engl*⟩

Rou|te ['ru:tə], die, _, _n ([vorgeschriebener] Weg, Reiseweg, Wegstrecke) ⟨*lat → frz*⟩ · **Rou|ten|auf|nah|me** (*Geogr*) · **Rou|ti|ne** [ru..], die, _ ([handwerksmäßige] Gewandtheit; Fertigkeit, [lange] Übung – *meist abwert*; gewohnheitsmäßige Ausübung einer Tätigkeit) · **Rou|ti|nier** [ruti'nie:], der, _s, _s (jmd., der Routine hat) · **rou|ti|niert**

Row|dy ['raudi], der, _s, _s (*abwert*; Lümmel, Rohling, Raufbold) ⟨*engl*⟩ · **Row|dy|tum,** das, _[e]s · **row|dy|haft**

roy|al [rŏa'ja:l] (königlich; königstreu) ⟨*lat → frz*⟩ · **Roy|al Air Force** [ˌrɔy(ə)l 'ɛ:r fɔ:rs], die, *Gen* _ _ _ (Bez. der brit. Luftwaffe); *Abk* R. A. F. ⟨*engl*⟩ · **Roya|lis|mus** [rŏaja..], der, _ (Eintreten für das Königtum, für ein Herrscherhaus) ⟨*lat → frz*⟩ · **Roya|list** · **roya|li|stisch;** _ste

ru|ba|to (*Mus*; frei im Tempo) ⟨*germ → ital*⟩ · **Ru|ba|to,** das, _s, ..ti (*Mus*)

rub|be|lig (*landsch*; rauh, polterig) ⟨*zu* reiben⟩ · **rub|beln** (*landsch*; kräftig reiben)

Rubber ↑ Robber

Rüb|chen · **Rü|be,** die, _, _n; rote Rübe. *Zus K 365ff.*: Rüben‿schnitzel usw.

Ru|bel, der, _s, _ (Währungseinheit in der UdSSR); *Abk* Rbl. ⟨*russ*⟩

rü|ben|ar|tig

rüber ↑ herüber

Rü|be|zahl (*Sage*; Berggeist des Riesengebirges)

Ru|bi|dium, das, _s (chem. Element, Metall); *Zeichen* Rb ⟨*lat,* ‚dunkelrot‘⟩

Ru|bi|kon, der, _[s]; den _ überschreiten (*übertr*; eine Entscheidung herbeiführen) ⟨*nach* dem Rubico, dem alten Grenzfluß zw. Italien u. Gallien⟩

Ru|bin: 1. der, _s, _e (*Mineral*; ein roter Korund) – 2. das, _s (eine Farbe) ⟨*lat → frz*⟩ · **Ru|bin|glas,** *Pl* ..gläser · **ru|bin|rot;** *vgl.* blau · **Ru|bis** [ry'bi:] *Pl* (*schweiz*; Rubine in Taschenuhren); 15 _

Rüb|kohl (*schweiz*; Kohlrabi) · **Rüb|öl**

Ru|brik, die, _, _en (Abteilung,

---
[1] *Tr* ..k|k..

Klasse, Fach – *Buchw*; Satzspalte, Abteilungslinie) ⟨*lat*⟩ · **ru|bri|zie|ren** (einordnen, einstufen)

Rüb|sen, der, –s, *auch* **Rüb|sa|men,** der, –s (eine Ölpflanze, Kreuzblütler)

Ruch, der, –[e]s, *Pl* Rüche (*dicht*; Geruch)

ruch|bar (*gehoben*; durch das Gerücht bekannt) ⟨*zu* rufen⟩; *meist in* – werden

Rüche ↑ Ruch · **Ruch|gras**

ruch|los *K 349* (niedrig, gemein, böse, verrucht); *vgl.* ...los ⟨*zu* geruhen⟩ · **Ruch|lo|sig|keit** (*gehoben*)

ruck!; hau ruck!; ho ruck!; ruck, zuck! · **Ruck,** der, –[e]s, –e; in einem –; mit – und Zuck

Rück ↑ Rick

Rück|ant|wort (*Post*)

ruck|ar|tig

rück|be|züg|lich (*Gramm*); –es Fürwort · **Rück|bil|dung** · **Rück|bleib|sel,** das, –s, – (Rückstand) · **Rück|blick** · **rück|blickend**[1]

[1]**rucken**[1] *od* **ruck|sen** (*K 354*) (gurren) ⟨*lautm*⟩

[2]**rucken**[1] (sich ruckweise bewegen) ⟨*zu* Ruck⟩ · **rücken**[1]; jmdm. zu Leibe –

Rücken[1], der, –s, – · **Rücken**[1]**|mark,** das · **Rücken|schwim|men**[1], das, –s · **Rück|er|stat|tung** · **Rück|fahr|kar|te** · **Rück|fahrt** · **Rück|fall,** der · **rück|fäl|lig** · **Rück|fra|ge** · **rück|fra|gen;** *nur im Inf u. im Part II* (»rückgefragt«) *gebräuchlich* · **Rück⌣füh|rung, ...ga|be** · **Rück|gang** · **rück|gän|gig;** – machen · **rück|ge|bil|det** · **Rück|grat,** das, *schweiz auch* der, –[e]s, –e · **Rück|grats|ver|krüm|mung** · **Rück|griff** (*auch Rechtsw*; Regreß) · **Rück|halt** · **Rück|hal|te|becken**[1] (Entlastungsanlage an Flüssen zur Aufnahme von Hochwasser) · **rück|halt|los;** *vgl.* ...los · **Rück|kauf**[2] · **Rück|kehr**[2], die, – · **Rück|kop|pe|lung**[2] *K 363* (*Elektrotechn*) · **Rück|kopp|ler**[2] (*Elektrotechn*) · **Rück|kunft**[2], die, – (*gehoben*) · **Rück|la|ge** (zurückgelegter Betrag) · **Rück|lauf** · **rück|läu|fig;** –e Bewegung · **Rück|licht,** *Pl* –er · **rück|lings** · **Rück|rei|se** · **Ruck|sack** · **Rück⌣schau, ...schlag** · **Rück|schritt** · **Rück|schritt|ler** · **rück|schritt|lich** · **Rück|sei|te** · **rück|sei|tig**

rucksen ↑ [1]rucken

Rück|sicht, die, –, –en; in – auf; mit – auf · **Rück|sicht|nah|me,** die, – · **rück|sichts|los** *K 349*; *vgl.* ...los · **Rück|sichts|lo|sig|keit** · **rück|sichts|voll** · **Rück⌣sitz, ...spie|gel** · **Rück|spiel** (*Sport*); Hin- und Rückspiel *K 178* · **Rück⌣spra|che, ...stand** · **rück|stän|dig** · **Rück|stän|dig|keit,** die, – · **Rück|stau** · **Rück|stoß** · **Rück|stoß|an|trieb** · **Rück|strah|ler** (Katzenauge, roter Glaskörper als Schlußsignal bei Fahrzeugen) · **Rück|tritt** · **Rück|tritt|brem|se** · **rück|über|set|zen;** *nur im Inf u. im Part II* (»rückübersetzt«) *gebräuchlich* · **rück|ver|gü|ten** (*Wirtsch*); *nur im Inf u. im Part II* (»rückvergütet«) *gebräuchlich* · **Rück|ver|gü|tung** (*Wirtsch*) · **rück|ver|si|chern, sich** (*Akk*) *K 363*; rückversichert; rückzuversichern · **Rück|ver|si|che|rung** · **Rück|wan|de|rung** · **rück|wär|tig;** –e Verbindungen · **rück|wärts.** *Schreibung bei Verben*: **I.** *Getrenntschreibung K 145*, z. B. rückwärts gehen (nach hinten, mit dem Rücken voran) – **II.** *Zusammenschreibung K 148*, z. B. rückwärtsgehen (sich verschlechtern), es ging rückwärts, rückwärtsgegangen, rückwärtszugehen

Rück|weg

ruck|wei|se *K 176*

rück|wir|kend · **Rück⌣wir|kung, ...zah|lung**

ruck, zuck!

Rück|zug

Rud|beckie [ruːtˈbɛkĭə], *auch* **Rud|beckia** [*Tr* ..k|k..], die, –, ..ien [..ĭən] (*Bot*; Sonnenhut, eine Zierpflanze) ⟨*nach* dem schwed. Botaniker Rudbeck [ˈryːdbɛk]⟩

rü|de, *österr meist* **rüd** (roh; grob, ungesittet) ⟨*lat* → *frz*⟩

Rü|de, der, –n, –n (männl. Hund, Hetzhund)

Ru|del, das, –s, –; *vgl. auch K 387* · **ru|del|wei|se** *K 176*

Ru|der, das, –s, –

Ru|de|ral|pflan|ze (*Bot*; Schutt- u. Wegrandpflanze) ⟨*lat*⟩

Ru|der|bank, *Pl* ..bänke · **Ru|der|boot** · **Ru|de|rer** *K 363* · **Ru|der|fü|ßer** *Pl* (*Zool*; Ruderfußkrebse; fischfressende Schwimmvögel mit Ruderfuß); *Sg* Ru|der|fü|ßer, der, –, – · **Ru|de|rin,** *auch* **Rud|re|rin** *K 363*, die, –, ..innen · **Ruderkoker** ↑ [1]Koker · **ru|dern** *K 363* · **Ru|der|re|gat|ta**

Rü|des|heim am Rhein (Stadt in der BRD)

Ru|di (m. Vn.) ⟨*Kurzf von* Rudolf⟩ · **Rü|di|ger** (m. Vn.) ⟨‚Ruhm' + ‚Speer'⟩; *französ u. engl Form* ↑ Roger

Ru|di|ment, das, –[e]s, –e (Überbleibsel, Rest – *Biol*; Verkümmerung) ⟨*lat*⟩ · **ru|di|men|tär** (nicht ausgebildet, zurückgeblieben, verkümmert)

Ru|dolf *K 208* (m. Vn.) ⟨‚Ruhm' + ‚Wolf'⟩; *Kurzf* ↑ Rolf, ↑ Rudi

Ru|dol|stadt (Stadt im Bez. Gera) · **Ru|dol|städ|ter:** 1. *K 231*: der, –s, –; 2. *als Attribut K 232*

Rudrerin ↑ Ruderin

Ruf, der, –[e]s, –e

Ru|fe *od* **Rü|fe,** die, –, –n (*schweiz*; Bergrutsch)

ru|fen; du riefst *od* riefest; du riefest; gerufen; ruf[e]! · **Ru|fer** · **Ruf|fall,** der (*Gramm*)

Rüf|fel, der, –s, – (*umg*; Verweis) · **rüf|feln** *K 363* (*umg*) · **Rüff|ler** (*umg*)

Ruf|mord (schwere Verleumdung) · **Ruf⌣na|me, ...num|mer, ...zei|chen**

Rug|by [ˈrakbi *od* ˈragbi], das, –s (ein Ballspiel) ⟨*nach* der engl. Stadt⟩

Rü|ge, die, –, –n · **rü|gen**

Rü|gen (Ostseeinsel der DDR) · **Rü|ge|ner:** 1. *K 231*: der, –s, –; 2. *als Attribut K 232*: die Rügener Kreide · **rü|gensch,** *auch* **rü|gisch**

rü|gens|wert

Ru|gier [..ĭər], der, –s, – (Angehöriger eines german. Volksstammes)

rügisch ↑ rügensch

Ruh|bett (*schweiz*; Sofa) · **Ru|he,** die, – · **Ru|he|ge|halt,** das (*bürgerl Staat*) · **ru|he|lie|bend;** *K 128*: ein –er Mensch, *aber K 127*: die Ruhe liebend · **ru|he|los** *K 349*; *vgl.* ...los · **Ru|he|lo|sig|keit,** die, – · **ru|hen** · **ru|hen|las|sen** *K 141* (etw. vorläufig beiseite legen, nicht bearbeiten); du läßt ruhen *K 354*; du hast ruhenlassen *K 361*; ruhenzulassen; man hat die Sache ruhenlassen; *aber*: ruhen (ausruhen) lassen · **Ru|he|pau|se** · **Ru|he|stand,** der, –[e]s; im – (*Abk* i. R.) · **Ru|he|ständ|ler,** der, –s, – · **Ru|he|stät|te** *od* **Ru|he|statt** (*gehoben*) · **Ru|he⌣stö|rung, ...tag** · **ru|hig.** *Schreibung bei Verben K 135*: ruhig bleiben; *vgl. aber* ruhigstellen · **ru|hig|stel|len** *K 137* (*Med*); du stellst ruhig; ruhiggestellt; ruhigzustellen; der gebrochene Arm wurde ruhiggestellt; *aber*: auf den Schrank kannst du die Uhr ruhig stellen · **Ru|hig|stel|lung,** die, – (*Med*)

Ruh|la (Stadt im Bez. Erfurt) · **Ruh|la|er:** 1. *K 231*: der, –s, –; 2. *als Attribut K 232*: die Ruhlaer Uhren

Ruhm, der, –[e]s · **rüh|men;** sich (*Akk*) [seines Wissens] –; *K 101*: nicht viel Rühmens von einer Sache machen · **Ruh|mes⌣blatt, ...tag** · **rühm|lich** · **ruhm|los** *K 349*; *vgl.* ...los · **Ruhm|lo|sig|keit,** die, – · **ruhm|re|dig** (*geho-*

[1] *Tr* ..k|k..
[2] *Vgl. K 18.*

ben) · **Ruhm|sucht,** die, ⸗ · **ruhmsüch|tig**

[1]**Ruhr,** die, ⸗ (Infektionskrankheit des Darmes)

[2]**Ruhr,** die, ⸗ (Fluß im W der BRD); *vgl. aber* Rur

Rühr|ei · **rüh|ren** · **rüh|rend;** *K 115:* am ⸗sten

Ruhr|ge|biet, das, ⸗[e]s ⟨*zu* [2]Ruhr⟩

rüh|rig · **Rüh|rig|keit,** die, ⸗

ruhr|krank ⟨*zu* [1]Ruhr⟩

Rühr|mich|nicht|an, das, ⸗, ⸗ (Springkraut); das Kräutlein ⸗ (*dicht*) · **rühr|se|lig** · **Rühr|stück** (*Lit*) · **Rüh|rung,** die, ⸗

Ru|in, der, ⸗s (Einsturz, Zusammenbruch, Untergang, Verfall; Verderb, Verlust [des Vermögens]) ⟨*lat* → *frz*⟩ · **Rui|ne,** die, ⸗, ⸗n (verfallen[d]es Bauwerk; Trümmer) · **ruinen|ar|tig** · **rui|nen|haft** · **rui|nieren** (zerstören, verwüsten) · **rui|nös** *K 349* (zum Ruin führend – *veraltend*; baufällig, schadhaft)

Rülps, der, ⸗es, ⸗e (*salopp*; hörbares Aufstoßen; Flegel, roher Kerl) · **rülp|sen** *K 354* (*salopp*) · **Rülp|ser** (*salopp*)

rum ↑ herum

Rum, der, ⸗s, *Pl* ⸗s, *österr* ⸗e (Branntwein aus Zuckerrohr) ⟨*engl*⟩. *Zus K 365ff.:* Rum⌣topf usw.

Ru|mä|ne, der, ⸗n, ⸗n · **Ru|mä|nien** [..ĭən], *ohne Art, amtl* **So|zia|li|stische Re|pu|blik Ru|mä|nien** *K 258,* die, *Gen* ⸗n ⸗ ⸗ (im SO Europas); *Abk* SRR · **ru|mä|nisch;** *vgl. K 266f.* · **Ru|mä|nisch,** das, *Gen* ⸗[s], *Dat* ⸗ (Sprachbezeichnung *K 268ff.*) · **Ru|mä|ni|sche,** das, *Gen* ⸗n, *Dat* ⸗n (Sprachbezeichnung *K 271*)

Rum|ba, die, ⸗, ⸗s, *auch* der (*österr nur so*), ⸗s, ⸗s (Modetanz aus Kuba) ⟨*span*⟩

rum|lau|fen (*umg*) ⟨*zu* rum⟩

Rum|mel, der, ⸗s (*umg*) ⟨*zu* rumpeln⟩ · **rum|meln** *K 363* (*landsch*; lärmen, poltern) · **Rum|mel|platz** (*umg*)

Rummy ↑ Rommé

Ru|mor, der, ⸗s (*noch landsch*; Lärm, Unruhe) ⟨*lat*⟩ · **ru|mo|ren** (*umg*); er hat rumort

Rum|pel: 1. der, ⸗s, ⸗ (*landsch*; Gerumpel; Gerümpel) – 2. die, ⸗, ⸗n (*landsch u. österr*; Waschbrett) · **rum|pe|lig** *K 362* (holprig) · **Rumpel|kam|mer** (*umg*) · **rum|peln** *K 363* (*umg*) · **Rum|pel|stilz|chen,** das, ⸗s (eine Märchengestalt)

Rumpf, der, ⸗[e]s, *Pl* Rümpfe · **Rumpf|beu|ge** · **Rumpf|beu|gen,** das, ⸗s · **rümp|fen**

Rump|steak [..ste:k], das, ⸗s, ⸗s (kurzgebratene Rindfleischscheibe) ⟨*engl*⟩

rums! ⟨*lautm*⟩

Run [ran], der, ⸗s, ⸗s (*bes Wirtsch u. Sport*; Ansturm; Lauf) ⟨*engl*⟩

rund; ⸗er, ⸗este ⟨*lat* → *frz*⟩ · **Rund,** das, ⸗[e]s · **Run|da,** das, ⸗s, ⸗s (Zechgesang; Volkslied im Vogtland) · **Rund⌣bau** (*Pl* ..bauten), **...blick, ...bo|gen** (*Arch*) · **Run|de,** die, ⸗, ⸗n; die ⸗ machen · **Rün|de,** die, ⸗ (*dicht*; das Rundsein) · **Rundell** ↑ Rondell · **runden;** sich (*Akk*) ⸗ · **rund|er|neuern** *K 133*; *nur im Inf u. Part II* (»runderneuert«) *gebräuchlich*; runderneuerte Reifen · **Rund|funk,** der, ⸗s. *Zus K 365ff.:* Rundfunk⌣sprecher usw. · **Rund|gang** · **rundher|aus** [*od* ..ˈraus]; etwas ⸗ sagen · **rund|her|um** [*od* ..ˈrum]; ⸗ tanzen · **Rund|lauf** (*Sport*) · **rundlich** · **Rund|ling** (Runddorf) · **Rundrei|se** · **Rund⌣schau, ...schreiben** · **Rund|spruch,** der, ⸗[e]s (*schweiz*; Rundfunk) · **Rund|stück** (*norddt*; Brötchen) · **Rund|tischge|spräch** · **rund|um** [*od* ..ˈum] · **rund|um|her** [*od* ..ˈhe:r]; ⸗ blikken · **Run|dung** · **rund|weg** [*od* ..ˈvɛk] (von vornherein, unumwunden); jmdm. etwas ⸗ abschlagen

Ru|ne, die, ⸗, ⸗n (german. Schriftzeichen) ⟨*anord*⟩. *Zus K 365ff.:* Runen⌣alphabet usw.

Run|ge, die, ⸗, ⸗n ([senkrechte] Stütze an der Wagenseite)

Run|kel|rü|be

Runks, der, ⸗es, ⸗e (*umg*; ungeschliffener Mensch) · **runk|sen** *K 354* (*umg*; sich wie ein Runks benehmen – *Sport*; rücksichtslos spielen)

Ru|no|lo|ge, der, ⸗n, ⸗n (Runenforscher) ⟨*anord* + *grch*⟩

Runs, der, ⸗es, ⸗e *od* **Run|se,** die, ⸗, ⸗n (*süddt, österr, schweiz*; Bett eines Wildbaches an Berghängen)

runter ↑ herunter

Run|zel, die, ⸗, ⸗n · **run|ze|lig** *K 362* · **run|zeln** *K 363*

Ru|od|lieb (Gestalt des ältesten [lateinisch geschriebenen] Romans der dt. Literatur)

Rü|pel, der, ⸗s, ⸗ (*abwert*) ⟨*eigtl bair Kurzf zu* Ruprecht⟩ · **Rü|pe|lei** (*abwert*) · **rü|pel|haft** (*abwert*) · **Rüpel|haf|tig|keit,** die, ⸗ (*abwert*)

rup|fen: 1. *Verb*; ein Hühnchen mit jmdm. ⸗ (*umg*) – 2. *Adj* (aus Rupfen) ⟨*zu* raufen⟩ · **Rup|fen,** der, ⸗s, ⸗ (grobes Gewebe) · **Rup|fen|leinwand**

Ru|piah, die, ⸗, ⸗ (Währungseinheit in Indonesien) ⟨*aind* → *Hind* → *mal*⟩ · **Ru|pie** [..ĭə], die, ⸗, ⸗n (Währungseinheit in Indien, Pakistan u. in anderen Ländern) ⟨*aind* → *Hind*⟩

rup|pig (*meist abwert*) ⟨*zu* rupfen⟩ · **Rup|pig|keit** (*abwert*) · **Rupp|sack** (*umg abwert*; ruppiger Mensch)

Ru|precht *K 90* (m. Vn.) ⟨‚Ruhm' + ‚glänzend'⟩; *Nebenf* Rupert; Knecht ⸗

Rup|tur, die, ⸗, ⸗en (*Med*; Zerreißung) ⟨*lat*⟩

Rur, die, ⸗ (Fluß in der BRD u. in den Niederlanden); *vgl. aber* [2]Ruhr

Rusch, der, ⸗es, ⸗e (*norddt umg*; Binse); in ⸗ und Busch

Rü|sche, die, ⸗, ⸗n (gefältelter Besatz) ⟨*kelt* → *frz*⟩

Ru|schel, die, ⸗, ⸗n, *auch* der, ⸗s, ⸗ (*landsch abwert*; unordentl., schlampige Person) · **ru|sche|lig** *K 362* (*landsch*; unordentlich, schlampig) · **ru|scheln** *K 363* (*landsch*; unordentlich, schlampig sein)

Ruß, der, ⸗es · **ruß|braun;** *vgl.* blau

Rus|se, der, ⸗n, ⸗n (Angehöriger eines ostslaw. Volkes)

Rüs|sel, der, ⸗s, ⸗. *Zus K 365ff.:* Rüssel⌣tier usw. · **rüs|sel|för|mig** · **Rüs|sel|kä|fer,** *auch* **Rüß|ler,** der, ⸗s, ⸗

ru|ßen; es rußt · **ruß|far|ben** (*K 364*) *od* **ruß|far|big;** *vgl. auch* ...farben *u. K 272ff.* · **ru|ßig**

Rus|sin, die, ⸗, ..innen · **russisch**[1]; *vgl. K 266f.*; *K 238*: der russische Tee, *aber K 258*: das Russisch Brot · **Rus|sisch,** das, *Gen* ⸗[s], *Dat* ⸗ (Sprachbezeichnung *K 268ff.*) · **Rus|si|sche,** das, *Gen* ⸗n, *Dat* ⸗n (Sprachbezeichnung *K 271*) · **Rus|si|sche Fö|de|ra|tion** *K 258,* die, *Gen* ⸗n ⸗, *amtl* **Rus|sische So|zia|li|sti|sche Fö|de|ra|tive** [..v..] **So|wjet|re|pu|blik** *K 258,* die, *Gen* ⸗n ⸗n ⸗n ⸗ (in Osteuropa, Nord- u. Ostasien); *Abk* RSFSR · **Rus|sist** (Wissenschaftler auf dem Gebiet der Russistik) · **Rus|si|stik,** die, ⸗ (ein Zweig der Slawistik) · **Ruß|land** (*hist*; Reich der russ. Zaren)

Rüßler ↑ Rüsselkäfer

ruß|schwarz; *vgl.* blau

[1]**Rü|ste,** die, ⸗ (Rast, Ruhe) ⟨*zu* Rast⟩; *nur noch in* zur ⸗ gehen (*dicht*; untergehen [von der Sonne], zu Ende gehen [vom Tag])

[2]**Rü|ste,** die, ⸗, ⸗n (*seem*; Planke an der Schiffsaußenseite zum Befestigen von Ketten od. Stangen)

rü|sten

Rü|ster, die, ⸗, ⸗n (Ulme) · **rü|stern** (aus Rüsterholz) · **Rü|ster[n]|holz**

rü|stig · **Rü|stig|keit,** die, ⸗

Ru|sti|ka, die, ⸗ (*Arch*; Mauerwerk aus Quadern mit roh bearbeiteter,

[1] Russ. Alphabet ↑ *S. 575f.*

rauher Oberfläche) ⟨lat⟩ · ru|sti|kal (ländlich; bäuerlich)
Rü|stung · **Rü|stungs‿be|gren|zung, ...in|du|strie, ...kon|trol|le, ...stopp** · **Rüst|zeug**
Ru|te, die, _, _n (langer, dünner Zweig od. Stab; Bündel von Zweigen; alte Einheit der Länge – *weidm*; Schwanz – *Anat*; männl. Glied bei Tieren). *Zus K 365ff.*: Ruten‿bündel usw.
Ruth [ru:t, *auch* rut]: 1. (bibl. w. En.) – 2. *K 207* (w. Vn.) ⟨*hebr*⟩; das Buch _
Ru|the|nen *Pl* (*hist*; die in der österreichisch-ungar. Monarchie lebenden Ukrainer); *Sg* Ru|the|ne, der, _n · **ru|the|nisch**
Ru|the|nium, das, _s (chem. Element, Edelmetall); *Zeichen* Ru ⟨*lat*, *nach* Ruthenia = Rußland⟩
Ru|til, der, _s, _e (*Mineral*) ⟨*lat*⟩
Rüt|li, das, _s (Bergwiese am Vierwaldstätter See) · **Rüt|li|schwur** *K 246*, der, _[e]s (sagenhafter Schwur bei Gründung der Schweizerischen Eidgenossenschaft; Treueschwur)
rutsch!; rirarutsch! · **Rutsch,** der, _es, _e · **Rutsch|bahn** · **Rut|sche,** die, _, _n (Gleitbahn) · **rut|schen** *K 354* · **Rut|scher** (altdeutscher Volkstanz) · **rutsch|fest** · **rut|schig**
Rut|te, die, _, _n (ein Fisch) ⟨*lat*⟩
rüt|teln *K 363* ⟨*zu* roden⟩
Rwan|da, *amtl* **Re|pu|blik Rwan|da** (im O Afrikas) · **Rwan|da|er,** der, _s, _ · **rwan|da|isch**

S

S [ɛs], das, *Gen* des S, *Pl* die S (Buchstabe); *K 106*: S-Laut, Schluß-s; *vgl. auch K 37–45*
Saal *K 8*, der, _[e]s, *Pl* Säle; *Verkl* Sälchen. *Zus K 365ff.*: Saal‿tür usw. · **Saal|bau,** *Pl* ..bauten
Saal|burg, die, _ (*Altertum*; röm. Grenzbefestigung im Taunus)
Saa|le, die, _ (Fluß in der DDR)
Saal|feld (Stadt im Bez. Gera)
Saal|toch|ter (*schweiz*; Kellnerin [im Speisesaal])
Saar, die, _ (Fluß in Frankreich u. in der BRD) · **Saar|brücken**[1] (Hptst. des Saarlandes [BRD]) · **Saar|brücker**[1] *K 236*: 1. *K 231*: der, _s, _; 2. *als Attribut K 232* · **Saar|land,** das, _[e]s (Bundesland der BRD) · **Saar|län|der,** der, _s, _ · **saar|län|disch**
Saa|row-Pies|kow, Bad [‚za:ro:'pi:sko:] (im Bez. Frankfurt)

[1] *Tr* ..k|k..

Saat, die, _, _en ⟨*zu* säen⟩ · **Saa|ten|pfle|ge,** die, _ · **Saa|ten|stand,** der, _[e]s · **Saat|ge|trei|de** · **Saat|gut,** das, _[e]s · **Saat|korn,** das, *Pl* ..körner
Sa|ba (*Altertum*; Land in Südarabien) · **Sa|bä|er,** der, _s, _ (*Altertum*)
Sab|bat, der, _[e]s, _e (israelit. Ruhetag) ⟨*hebr* → *grch* → *lat*⟩. *Zus K 365ff.*: Sabbat‿stille usw.
Sab|bel, der, _s: 1. (*umg abwert*; Mund) – 2. ↑ Sabber · **sab|beln** *K 363*: 1. (*umg abwert*; schwatzen) – 2. ↑ sabbern · **Sab|ber,** *auch* **Sab|bel,** der, _s (*landsch umg*; ausfließender Speichel) · **Sab|ber|lätz|chen** · **sab|bern,** *auch* **sab|beln** *K 363* (*landsch umg*; Speichel ausfließen lassen); *vgl. auch* seibern
Sä|bel, der, _s, _ ⟨*poln u. ung*⟩. *Zus K 365ff.*: Säbel‿hieb usw. · **sä|bel|för|mig** · **sä|beln** *K 363* (*umg*)
Sa|bi|ne (w. Vn.) ⟨*lat*, *nach* dem Stamm der Sabiner⟩
Sa|bi|ner, der, _s, _ (*Altertum*; Angehöriger eines Volksstammes in Mittelitalien) · **Sa|bi|ner|ber|ge** *K 233 Pl* · **Sa|bi|ne|rin,** die, _, ..innen · **sa|bi|nisch**
Sa|bo|ta|ge [..'ta:ʒə, *österr* ..'ta:ʒ] (vorsätzl. Schädigung od. Zerstörung von wirtschaftl., politischen od. militärischen Einrichtungen) ⟨*türk* → *frz*⟩ · **Sa|bo|teur** [..'tø:r], der, _s, _e · **sa|bo|tie|ren**
Saccharide usw. ↑ Sacharide usw.
Sa|cha|lin [..x..] (sowjet. Insel vor der Küste Ostasiens)
Sa|cha|ri|de *od* **Sac|cha|ri|de** [*beide* zaxa..] *Pl* (Zucker u. andere Kohlehydrate); *Sg* Sa|cha|rid *od* Sac|cha|rid, das, _s ⟨*aind* → *pers* → *grch* → *lat*⟩ · **Sa|cha|rin** *od* **Sac|cha|rin,** das, _s (Süßstoff)
Sach|be|ar|bei|ter · **Sach|buch** · **sach|dien|lich** · **Sa|che,** die, _, _n · **Sä|chel|chen,** *meist Pl* · **Sa|chen|recht** (*Rechtsw*) · **Sach|ge|biet** · **sach|ge|mäß** · **Sach‿ka|ta|log, ...kennt|nis** · **sach|kun|dig** · **Sach|la|ge** · **Sach|lei|stun|gen** *Pl* (*Versicherungsw*) · **sach|lich** (zur Sache gehörig – *auch für* objektiv); _e Angaben · **säch|lich;** _es Geschlecht (*Gramm*) · **Sach|lich|keit,** die, _; *K 258*: die Neue Sachlichkeit (*Kunstwiss*)
Sachs, der, _es, _e (germanisches Kurzschwert)
Sach|scha|den
Sach|se, der, _n, _n: 1. *auch* **Sa|xo|ne** ⟨*lat*⟩, der, _n, _n (Angehöriger eines german. Volksstammes) – 2. (aus Sachsen Gebürtiger) · **säch|seln** *K 363* (sächsisch sprechen) · **Sach|sen** (ehem. Land) · **Sach|sen-An|halt** *K 244* (ehem. Land) · **Sach|sen|hau|sen** (hitlerfaschist. Konzentrationslager) · **Sach|sen|ring,** der, _[e]s (Auto-, Motorrad- u. Radrennstrecke im S der DDR) · **Sach|sen|spie|gel,** der, _s (alte dt. Rechtssammlung) · **Säch|sin,** die, _, ..innen · **säch|sisch;** *K 258*: die Sächsische Schweiz (im SO der DDR)
sacht *od* **sach|te** (sanft, leise) ⟨*zu* sanft⟩; sacht[e]!; sacht[e] voran!
Sach|ver|halt, der, _[e]s, _e · **sach|ver|stän|dig** · **Sach|ver|stän|di|ge,** der *u.* die, _n, _n *K 341* · **Sach|ver|zeich|nis** · **Sach|wal|ter** · **Sach|wert** · **Sach|wör|ter|buch**
Sack, der, _[e]s, *Pl* Säcke *u. bei Maßangabe* (*K 308*) Sack (*bes österr auch für* Beutel, Tasche im Anzug usw.); 5 Sack Mehl ⟨*akkad* → *hebr* → *grch* → *lat*⟩; ein Sack voll[er] Briketts; mit Sack und Pack · **Sack|band,** das, *Pl* ..bänder · **Säck|chen** · **Säckel**[1], das *od* der, _s, _ (*landsch*; Beutel, Geldbeutel) · **Säckel|mei|ster**[1] (*süddt, österr*) · **säckeln**[1] *K 363* (*landsch*) · **Säckel|wart**[1] (*süddt, österr*) · [1]**sacken**[1] (in einen Sack füllen)
[2]**sacken**[1] (sinken; sich senken, sich zu Boden setzen) ⟨*zu* sinken⟩
säcken[1] (*hist*; in einem Sack ertränken)
sackerlot! usw. ↑ sapperlot! usw.
Sack|gas|se · **sack|grob** (*umg abwert*) · **sack|hüp|fen;** *nur im Inf gebräuchlich* · **Sack|hüp|fen,** das, _s · **Säck|ler** (*landsch*; Lederarbeiter) ⟨*akkad* → *hebr* → *grch* → *lat*⟩ · **Sack|tuch,** *Pl* ..tücher (*süddt, österr, schweiz*; Taschentuch) · **sack|wei|se** *K 176*; dreisackweise (*mit Ziffer K 284* 3sackweise)
Sad|du|zä|er, der, _s, _ (*bibl*; Angehöriger einer jüd. Partei) ⟨*hebr* → *grch* → *lat*⟩
Sa|dis|mus, der, _, *Pl* (*Handlungen*:) ..men (Lust am Quälen, an Grausamkeiten, bes. als abnorme sexuelle Befriedigung) ⟨*nach* dem französ. Schriftsteller de Sade [də 'sa:d]⟩ · **Sa|dist** · **sa|di|stisch;** _ste
sä|en; du säst; er sät; du sätest; gesät; säe! · **Sä|er**
Sa|fa|ri, die, _, _s (Reise durch Afrika zum Jagen od. Fotografieren von Großwild) ⟨*arab* → *Suaheli*⟩
Safe [se:f], der, _s, _s (Geldschrank, Stahlkammer, Bank-, Schließfach) ⟨*lat* → *frz* → *engl*, ‚sicher'⟩

[1] *Tr* ..k|k..

Saf|fian, der, _s (feines Ziegenleder) ⟨*pers* → *türk* → *slaw*⟩. *Zus K 365ff.*: Saffian‿leder usw.
Sa|fran, der, _s (ein Krokus; daraus gewonnenes Gewürz bzw. Färbemittel) ⟨*arab* → *span* → *frz*⟩ · **sa|fran|gelb**; *vgl.* blau
Saft, der, _[e]s, *Pl* Säfte · **Säft|chen** · **saft|grün**; *vgl.* blau · **saf|tig** (*auch umg*; derb) · **Saf|tig|keit** (*auch umg*; Derbheit) · **saft|los** *K 349*; *vgl.* ...los; saft- und kraftlos *K 178* (*abwert*)
Sa|ga, die, _, _s (altnord. Prosaerzählung) ⟨*anord*⟩
sag|bar · **Sa|ge**, die, _, _n
Sä|ge, die, _, _n · **Sä|ge‿bock, ...mehl**
sa|gen; er hat[,] sage und schreibe[,] 10 Äpfel gegessen (*K 426*)
sä|gen
sa|gen|haft · **Sa|gen|kreis** · **sa|gen|um|wo|ben**
Sä|ger · **Sä|ge|rei** · **Sä|ge|spä|ne** *Pl* · **Sä|ge|werk**
Sa|git|tal|ebe|ne (*Anat, Bot*) ⟨*lat*⟩
Sa|go, der, *österr meist* das, _s (gekörntes Stärkemehl aus Palmenmark od. aus Kartoffelstärke) ⟨*mal* → *engl* → *ndrl*⟩. *Zus K 365ff.*: Sago‿palme usw.
Sa|ha|ra [za'ha:.., *auch* 'sa:ha..], die, _ (Wüste im N Afrikas) ⟨*arab*, ,Wüste'⟩
Sa|hel ['za:hɛl], der, _[s] *od* die, _ (steppenartiges Übergangsgebiet des Sudans [1] zur Sahara) ⟨*arab*⟩ · **Sa|hel|zo|ne**, die, _
Sa|hib, der, _[s], _s (frühere Anrede für Europäer im Vorderen Orient u. in Vorderindien) ⟨*arab*, ,Herr'⟩
Sah|ne, die, _ · **Sah|ne‿bon|bon** [..bɔŋ,bɔŋ], **...eis** · **Sah|ne|tor|te** · **sah|nig**
Saib|ling (ein Speisefisch)
Sai|da (Hafenstadt in Libanon) ⟨*arab*⟩; *vgl. auch* Sidon
saiger ↑ seiger
Sai|gon [..'gɔn] (früherer Name von Ho-chi-Minh-Stadt)
Saint *K 240*: 1. Saint [s(ə)nt] ⟨*lat* → *frz* → *engl*⟩ (*vor engl Namen* der *u.* die heilige ..., z. B. Saint Paul [s(ə)nt 'pɔ:l], Saint Agnes [s(ə)nt 'ɛgnis]); *Abk* St. (z. B. St. Paul) – 2. Saint [sɛ̃] ⟨*lat* → *frz*⟩ (*vor französ Namen* der heilige ..., z. B. Saint-Bernard [sɛ̃bɛr'na:r]); *Abk* St (z. B. St-Bernard); *vgl. auch* Sainte · **Sainte** [sɛ̃:t] *K 240* (*vor französ Namen* die heilige ..., z. B. Sainte-Anne [sɛ̃(:)'tan]); *Abk* Ste (z. B. Ste-Anne) ⟨*lat* → *frz*⟩; *vgl. auch* Saint (2)
Saint-Ger|main-en-Laye [sɛ̃ʒɛr,mɛ̃:ã'lɛ:] *K 240 u. 247* (Stadt westl. von Paris)
Saint John's [s(ə)nt 'dʒɔns *od* _ 'dʒɔnz] (kanad. Hafenstadt auf Neufundland)
Saint-Si|mo|nis|mus [sɛ̃simo'..] *K 213*, der, _ (utopische sozialist. Lehre u. Schule) ⟨*nach* dem französ. Sozialphilosophen Saint-Simon [sɛ̃si'mɔ̃:]⟩
Sa|is (*Altertum*; Stadt in Unterägypten)
Sai|son [sɛ'zɔ̃: *od* zɛ'zɔŋ], die, _, _s, *österr meist* [sɛ'zo:n], die, _, _en (Hauptgeschäfts-, Hauptreisezeit; Spielzeit; Kurzeit) ⟨*lat* → *frz*⟩. *Zus K 365ff.*: Saison‿schlußverkauf usw. · **sai|so|nal** [zɛzo'na:l] (saisonbedingt)
Sai|te, die, _, _n (gedrehter Darm, gezogener Metallfaden zum Bespannen von Musikinstrumenten); *vgl. aber* Seite. *Zus K 365ff.*: Saiten‿instrument usw. · **Sait|ling** (Schafdarm für Saiten)
Sa|ke, der, _ (aus Reis gewonnenes alkohol. Nationalgetränk der Japaner) ⟨*jap*⟩
Sak|ko [*österr* ..'ko:], der *od* das, *österr nur so*, _s, _s (Straßenjackett für Männer) ⟨*lat* → *ital*⟩
sa|kra! (*südd salopp*; verdammt!) ⟨*lat* → *ital*⟩ · **sa|kral** (heilig; den Gottesdienst betreffend – *Med*; auf das Kreuzbein bezüglich) ⟨*lat*⟩ · **Sa|kra|ment**, das, _[e]s, _e (*christl Rel*; eine gottesdienstl. Handlung); *K 119*: das heilige _ · **sa|kra|men|tal**, *seltener* **sa|kra|ment|lich** (*christl Rel*) · **Sa|kri|fi|zium**, das, _s, ..ien [..ǐən] (*Rel*; Opfer) · **Sa|kri|leg**, das, _s, _e (Religionsfrevel, Gotteslästerung, Entweihung) · **sa|kri|le|gisch** · **sa|krisch** (*südd salopp*; verdammt) · **Sa|kri|stan**, der, _s, _e (Küster, Kirchendiener) · **Sa|kri|stei** (Kirchenraum für den Geistlichen u. die gottesdienstl. Geräte) · **sa|kro|sankt** (hochheilig; unverletzlich)
sä|ku|lar (alle hundert Jahre wiederkehrend; weltlich) ⟨*lat*⟩ · **Sä|ku|lar|fei|er** (Hundertjahrfeier) · **Sä|ku|la|ri|sa|tion** (Überführung geistl. Besitzes in weltlichen; Verweltlichung) · **sä|ku|la|ri|sie|ren** · **Sä|ku|lum**, das, _s, ..la (Jahrhundert)
Sakuntala ↑ Schakuntala
Sa|lam! ['za:lam *od* za'la:m], *älter* **Sa|lem!** ['za:lɛm] (Wohlfahrt!, Heil! [mohammedan. Begrüßungsformel]) ⟨*arab*⟩; Salam alaikum!, *älter* Salem alaikum! (Heil über euch!)
Sa|la|man|ca (Stadt im W Spaniens)
Sa|la|man|der, der, _s, _ (ein Schwanzlurch) ⟨*grch* → *lat*⟩
Sa|la|mi, die, _, _[s] (eine Dauerwurst) ⟨*lat* → *ital*⟩
Sa|la|mi|nier [..ǐər], der, _s, _ · **Sa|la|mis** (Insel zw. Attika u. dem Peloponnes)
Sa|la|mi|wurst
Sa|lär, das, _s, _e (*schweiz*; Gehalt, Lohn) ⟨*lat* → *frz*⟩ · **sa|la|rie|ren** (*schweiz*; entlohnen, besolden, bezahlen)
Sa|lat, der, _[e]s, _e ⟨*lat* → *ital*⟩. *Zus K 365ff.*: Salat‿öl usw.
Sa|la y Gó|mez [_ i 'go(:)mɛs] (Insel im südöstl. Pazifik) ⟨*nach* dem span. Seefahrer Salas y Gómez [_ i 'gomɛθ]⟩
Sal|ba|der (*abwert*; langweiliger [frömmelnder] Schwätzer) · **Sal|ba|de|rei** (*abwert*) · **sal|ba|dern** *K 363* (*abwert*)
Sal|band, das, _[e]s, ..bänder: 1. ↑ Salkante – 2. (*Geol*; Berührungsfläche eines Ganges mit dem Nebengestein) ⟨*umgedeutet aus mundartl* ,Selbende', d. h. ,eigenes Ende' [eines Stoffes]⟩
Sal|be, die, _, _n
Sal|bei [*österr nur so, auch* ..'bai], der, _s, *österr nur so, od* die, _ (eine Arzneipflanze, Lippenblütler) ⟨*lat*⟩
sal|ben · **Salb|öl** (*Rel*) · **Sal|bung** · **sal|bungs|voll** (*iron*)
Säl|chen *K 8* ⟨*zu* Saal⟩
Sal|chow [..ço:], der, _[s], _s (*Eiskunstl*; ein Drehsprung) ⟨*nach* dem schwed. Eiskunstläufer⟩
sal|die|ren (*Wirtsch*; [Rechnung durch Zahlung des Saldobetrages] ausgleichen, abschließen – *österr*; die Bezahlung einer Rechnung bestätigen) ⟨*lat* → *ital*⟩ · **Sal|do**, der, _s, *Pl* ..den *bzw* _s *od* ..di (*Wirtsch*; Restbetrag auf der Soll- od. der Habenseite bei Abschluß eines Kontos; Rechnungsabschluß). *Zus K 365ff.*: Saldo‿vortrag usw.
Säle ↑ Saal
Salem! ↑ Salam!
Sa|let|tel *od* **Sa|lettl**, das, _s, _[n] (*bayr, österr*; Laube, Gartenhaus, Pavillon) ⟨*germ* → *ital*⟩
Sa|lier [..ǐər], der, _s, _ (Angehöriger eines Frankenstammes; Angehöriger eines dt. Kaisergeschlechts)
Sa|li|ne, die, _, _n (Salzwerk) ⟨*lat*⟩ · **Sa|li|nen|salz**
Salis|bu|ry ['sɔ:lzbəri] (früherer Name von Harare)
sa|lisch ⟨*zu* Salier⟩; *K 119*: die salischen Franken, die salischen Gesetze (*hist*), *aber K 258*: das Salische Gesetz (*hist*; Thronfolgerecht)
Sa|li|zyl|säu|re, die, _ (*Chem, Pharmakol*; Fäulnis u. Gärung verhinderndes Mittel; Arzneimittel) ⟨*lat* + *grch*⟩
Sal|kan|te, *auch* **Sal|band** *od* **Sal|lei|ste** (Gewebekante, -leiste)

[1]**Salm,** der, _[e]s, _e (*landsch*; Lachs) ⟨*lat*⟩

[2]**Salm,** der, _s, _e (*umg abwert*; Gerede, [breites] Geschwätz) ⟨*zu* Psalm⟩

Sal|miak ['zal.., *österr nur so, od* ..'mïak], der, _s (eine Ammoniumverbindung) ⟨*lat*⟩. *Zus K 365ff.*: Salmiak‿pastille usw. · **Sal|miakgeist,** der, _es (wäßrige Ammoniaklösung)

Salm|ler, der, _s, _ (ein Fisch)

Sal|mo|nel|len *Pl* (*Med*; Darmkrankheiten hervorrufende Bakterien); *Sg* Sal|mo|nel|le, die, _ ⟨*nach* dem amerikan. Bakteriologen Salmon ['sɛmən]⟩

Sal|mo|ni|den *Pl* (*Zool*; Familie der Lachsartigen); *Sg* Sal|mo|ni|de, der, _n ⟨*lat + grch*⟩

Sa|lo|mo|ne, der, _n, _n · **Sa|lomo|nen** *od* **Sa|lo|mon|in|seln** (*K 209*) *Pl* (im westl. Pazifik) · **salo|mo|nisch** (die Salomonen betreffend; in der Art des jüd. Königs Salomo); *K 218*: ein _es (weises) Urteil · **Sa|lo|mo|nisch** *K 217*; _e Schriften; das _e Reich (*hist*)

Sa|lon [za'lɔŋ *od* sa'lɔ̃:, *österr* ..'lo:n], der, _s, _s (repräsentativer Raum, bes. als Gesellschaftszimmer; elegantes, gut ausgestattetes Geschäft) ⟨*germ → ital → frz*⟩ · **salon|fä|hig**

Sa|lo|ni|ki, *griech* **Thes|sa|lo|ni|ki** (Hafenstadt im N Griechenlands)

sa|lopp (ungezwungen; nachlässig; von lässiger Eleganz) ⟨*frz*⟩

Sal|pen *Pl* (*Zool*; eine Gruppe der Manteltiere); *Sg* Sal|pe, die, _ ⟨*grch*⟩

Sal|pe|ter, der, _s, _ (Salz der Salpetersäure) ⟨*lat*⟩ · **sal|pe|ter|haltig** · **Sal|pe|ter|säu|re,** die, _ · **salpe|trig;** _e Säure

Sal|se, die, _, _n (*Geol*; ein Schlammsprudel – *veraltet*; salzige Tunke) ⟨*lat → frz*⟩

Sal|ta, das, _s (ein Brettspiel) ⟨*lat → ital*, ‚spring!'⟩ · **sal|ta|to** (*Mus*; mit springendem Bogen [gespielt]) · **Salto,** der, _s, *Pl* _s *od* ..ti (Sprung; Überschlagsprung) · **Sal|to mor|tale** *K 47*, der, *Gen* _ _, *Pl* _ _ *od* ..ti ..li (Luftrolle, freier Überschlag) ⟨*ital*, ‚Todessprung'⟩

Sa|lu|bri|tät, die, _ (gesunder Zustand des Körpers) ⟨*lat*⟩

Sa|lut, der, _[e]s, _e (das Begrüßungs- od. Ehrensalvenschießen) ⟨*lat*⟩ · **sa|lu|tie|ren** (militärisch grüßen) · **Sa|lut|schuß**

Sal|va|do|ria|ner [..v..], der, _s, _ (Staatsbürger von El Salvador) · **salva|do|ria|nisch**

sal|ve! [..ve:] (sei gegrüßt!) · **Sal|ve** [..və], die, _, _n (das gleichzeitige Abfeuern mehrerer Schußwaffen) ⟨*lat → frz*⟩. *Zus K 365ff.*: Salven‿feuer usw. · **sal|vie|ren** (*veraltet*; retten, in Sicherheit bringen) ⟨*lat*⟩; sich (*Akk*) _ (sich entlasten)

Sal|wei|de, die, _, _n (ein Laubbaum)

Salz, das, _es, _e. *Zus K 365ff.*: Salz‿gehalt (der) usw.

Salz|ach, die, _ (Fluß in Österreich u. in der BRD)

salz|ar|tig

Salz|burg (Stadt u. Bundesland in Österreich)

sal|zen *K 354*; gesalzt *od* gesalzen (*in übertr Bedeutung nur* gesalzen, z. B. der Witz ist gesalzen)

Salz|git|ter (Stadt im NO der BRD)

sal|zig

Salz|kam|mer|gut, das, _s (Alpenlandsch. in Österreich)

Salz|ko|te (*hist*; Salzsiedehaus) · **salz|sau|er** · **Salz|säu|re,** die, _

Sal|zun|gen, Bad (im Bez. Suhl) · **Sal|zun|ger,** der, _s, _

Salz|was|ser, das, _s, ..wässer

Sa|ma|ra (früherer Name von Kuibyschew)

Sa|ma|ria [*auch* ..'ri:a] (Landsch. in Mittelpalästina) ⟨*nach* der Hptst. des alten Reiches Israel⟩ · **Sa|mari|ta|ner,** *auch* **Sa|ma|ri|ter,** der, _s, _ (Bewohner von Samaria) · **sama|ri|ta|nisch;** der _e Pentateuch (*Theol*) · **Sa|ma|ri|ter,** der, _s, _: 1. ↑ Samaritaner – 2. (freiwilliger Krankenpfleger); *K 119*: ein barmherziger _, *aber K 258*: der Barmherzige _ [der Bibel] · **Sa|ma|ri|terdienst**

Sa|ma|rium, das, _s (chem. Element, Metall); *Zeichen* Sm ⟨*nach* dem russ. Mineralogen Samarski⟩

Sa|mar|kand (Stadt in Usbekistan)

Sä|ma|schi|ne

[1]**Sam|ba,** die, _, _s, *auch* der (*österr nur so*), _s, _s (aus einem afrobrasilian. Volkstanz hervorgegangener Gesellschaftstanz) ⟨*afrik → portug*⟩

[2]**Samba** ↑ Zamba

Sam|be|si, der, _[s] (Fluß im SO Afrikas)

Sam|bia, *amtl* **Re|pu|blik Sam|bia** (im S Afrikas) · **Sam|bier** [..ïər], der, _s, _ · **sam|bisch**

[1]**Sam|bo,** das, _[s] (judoähnl. Zweikampfsport) ⟨*russ*⟩

[2]**Sambo** ↑ Zambo

Sa|men, *österr nur so*, der, _s, _, *dicht* **Sa|me,** der, _ns, _n. *Zus K 365ff.*: Samen‿pflanzen (*Pl*) usw. · **Sa|men|korn,** das, *Pl* ..körner · **Sä|me|rei,** die, _, _en, *meist Pl*

Sa|miel [..ïɛl *od* ..ïe:l] (*dt Sage*; böser Geist) ⟨*hebr*⟩

Sa|mier [..ïər], der, _s, _ (Bewohner der Insel Samos)

...**sa|mig** (z. B. vielsamig)

sä|mig (*Kochk*; dickflüssig); *vgl. aber* sämisch · **Sä|mig|keit,** die, _ (*Kochk*)

sa|misch ⟨*zu* Samos⟩

sä|misch (*fachspr*; fettgegerbt) ⟨*Herkunft umstritten*⟩; *vgl. aber* sämig · **sä|misch|ge|gerbt** *K 128* (*fachspr*) · **Sä|misch|ger|ber** (*fachspr*) · **Sämisch|le|der** (*fachspr*; weiches Leder)

Säm|ling (aus Samen gezogene Pflanze)

Sam|mel‿band (der), ...**lin|se** · **sam|meln** *K 363* · **Sam|mel|surium,** das, _s, ..ien [..iən] (*umg abwert*; Mischmasch) ⟨*dt + lat*⟩

Sammet ↑ Samt

Samm|ler · **Samm|lung**

Sam|ni|te, der, _n, _n *od* **Sam|niter,** der, _s, _ (*Altertum*; Angehöriger eines Volkes in Mittelitalien)

Sa|moa|in|seln *K 246 Pl* (im westl. Pazifik); *vgl. auch* Westsamoa u. Amerikanisch-Samoa · **Sa|moaner,** der, _s, _ · **sa|moa|nisch**

Samojede ↑ Nenze · **sa|mo|je|disch**

Sa|mos: 1. (eine der Sporaden) – 2. der, _, _ (eine Weinsorte) ⟨*grch*⟩

Sa|mo|war, der, _s, _e ([russ.] Teemaschine) ⟨*russ*, ‚Selbstkocher'⟩

Sam|pan, der, _s, _s (chines. Wohnboot) ⟨*chin*⟩

Samson ↑ Simson

Sams|tag (*landsch, bes süddt, österr, schweiz*; Sonnabend); *Abk* Sa. ⟨*hebr → grch*, ‚Sabbattag'⟩; des Samstags, *aber K 109*: samstags; *vgl.* Dienstag · **Sams|tag|abend** (*landsch, bes süddt, österr, schweiz*); *vgl.* Dienstagabend · **sams|tag|abends** *K 109* (*landsch, bes süddt, österr, schweiz*); *vgl. auch* dienstags · **sams|tags** *K 109* (*landsch, bes süddt, österr, schweiz*), *aber*: des Samstags; *vgl.* dienstags

samt: 1. *Präp mit Dat*: _ dem Ertrag[e] – 2. *Adv*; *nur in* _ und sonders

Samt, der, _[e]s, _e, *schweiz auch noch* **Sam|met,** der, _s, _e (ein Gewebe) ⟨*grch → lat → frz*⟩ · **samten** *K 364* (aus Samt) · **sam|tig** (samtartig); eine _e Haut · **Samtkleid**

sämt|lich; sämtliche guten (*auch* gute [*K 340*]) Vorsätze

Sa|mum [*österr nur so, od* za'mu:m], der, _s, *Pl* _s *od* _e (*Geogr*; ein heißer Wüstenwind, Sandsturm) ⟨*arab*⟩

Sa|mu|rai, der, _[s], _ (Angehöriger des japan. Kleinadels) ⟨*jap*⟩

San *K 240*: 1. ⟨*lat → ital*⟩ (*vor ita-*

lien männl Namen, die mit Konsonant beginnen [*außer vor Sp...* u. *St...*], der heilige ..., z. B. San Giuseppe [_ dʒu..]); *Abk* S. – 2. ⟨*lat → span*⟩ (*vor span männl Namen, die mit Konsonant beginnen* [*außer vor Do... u. To...*], der heilige ..., z. B. San Bernardo; *Abk* S. – *Vgl.* Sant', Santa, Sante, Santi, Santo u. São

Sa|na (Hptst. der JAR)

Sa|na|to|rium, das, _s, ..ien [..iən] (Genesungsheim; Heilstätte) ⟨*lat*⟩

San Bernardino ↑ Sankt Bernhardin

San|cho Pan|sa [ˌsantʃo _], der, *Gen* _ _, *Pl* _ _s (Typus des pfiffigen Wirklichkeitsmenschen) ⟨*nach* dem Knappen Don Quichottes bei Cervantes [sɛrˈvantɛs]⟩

Sanc|ta Se|des, die, *Gen* _ _ (*Rel*; der Heilige Stuhl, d. h. Papst u. päpstliche Gewalt) ⟨*lat*⟩ · **sanc|ta sim|pli|ci|tas!** *K 47* (»heilige Einfalt!«)

Sand, der, _[e]s, _e

San|da|le, die, _, _n, *meist Pl* (eine leichte Fußbekleidung) ⟨*pers → grch → lat*⟩ · **San|da|let|te**, die, _, _n, *meist Pl* (ein sandalenartiger Schuh) ⟨*pers → grch → lat → frz*⟩

Sand|bad · **Sand|bahn** · **Sand|bahn|ren|nen** (*Motorsp*) · **Sand|bank**, *Pl* ..bänke · **Sand|bo|den**

San|del|holz, das, _es (ein trop. Farbholz) ⟨*aind → arab → grch → lat → ital*⟩ · **San|del|[holz|]öl**

sand|far|ben (*K 364*) *od* **sand|far|big** (beige); *vgl. auch* ...farben *u. K 272ff.* · **Sand|ha|se** (*umg*; Fehlwurf beim Kegeln) · **Sand|ho|se** (sandführender Wirbelsturm) · **san|dig** · **Sand|korn**, das, *Pl* ..körner · **Sand|mann**, der, _s (Märchenfigur) · **Sand|männ|chen**, das, _s · **Sand|stein** · **sand|strah|len** *K 133 nur im Inf u. im Part II* (»sandgestrahlt«) *gebräuchlich* (Sand u. Stahlkies durch Druckluft auf ein Arbeitsstück schleudern) · **Sand|strahl|ge|blä|se** · **Sand|uhr**

Sand|wich [ˈzɛntvitʃ], das, _es, _es (belegte Weißbrot[doppel]schnitte) ⟨*nach* einem engl. Grafen⟩

San Fran|cis|co [zan franˈtsisko, *engl* sɛn frənˈsisko:] *K 240* ⟨*span → engl*⟩, *kurz* **Fris|co**, *eindeutschend* **San Fran|zis|ko** *K 240*, *kurz* **Fris|ko** (Hafenstadt an der Westküste der USA)

sanft; _[e]ste · **Sänf|te**, die, _, _n (Tragestuhl) · **Sänf|ten|trä|ger** · **sänf|ti|gen** (*dicht*) · **sänf|tig|lich** (*veraltet*) · **Sanft|mut**, die, _ · **sanft|mü|tig**

Sang, der, _[e]s, *Pl* Sänge (*veraltet*) (*zu* singen); *meist in* mit _ und Klang (*veraltend*) · **sang|bar** · **Sän|ger**

San|ger|hau|sen (Stadt der DDR am Harz) · **San|ger|häu|ser** *od* **San|ger|hau|se|ner** *K 236*: 1. *K 231*: der, _s, _; 2. *als Attribut K 232*: das Sangerhäuser Rosarium

Sän|ge|rin, die, _, ..innen · **Sän|ger|schaft** (*veraltend*) · **San|ges|bru|der** (*veraltend*) · **san|ges|kun|dig** · **San|ges|lust**, die, _ (*gehoben*) · **san|ges|lu|stig** (*gehoben*)

San|gui|ni|ker [zaŋˈgŭi:..], der, _s, _ (leichtblütiger, lebhafter Mensch) ⟨*lat*⟩ · **san|gui|nisch**; _ste

sa|nie|ren (gesund machen, retten, heilen; aufbessern; leistungsfähig machen; gesunde Lebensverhältnisse schaffen) ⟨*lat*⟩ · **Sa|nie|rung** · **sa|ni|tär**, *schweiz* **sa|ni|ta|risch** (gesundheitlich; das Gesundheitswesen betreffend) · **Sa|ni|tär‿ke|ra|mik, ...zel|le** (*Bauw*) · **Sa|ni|tä|ter**, der, _s, _ (Gesundheitshelfer, Krankenpfleger, Sanitätssoldat) · **Sa|ni|täts|rat**, *Abk* SR · **Sa|ni|täts‿stel|le, ...ta|sche, ...zelt**

San Jo|sé [san xoˈse:] *K 240* (Hptst. von Kostarika)

San|ka *od* **San|kra**, der, _s, _s *Kurzw* (*bes Milit*; Sanitätskraftwagen)

Sankt (*vor Namen* heilig) ⟨*lat*⟩. *Zur Schreibung*: In Namen von Personen u. Örtlichkeiten ohne Bindestrich *K 240*: Sankt Paulus, Sankt Gallen, *aber K 248*: die Sankt-Gall[en]er Handschrift, *K 247*: der Sankt-Gotthard-Paß; *Abk* St., z. B. St. Paulus, St. Gallen, *aber K 248*: die St.-Gall[en]er Handschrift; *K 213*: das St.-Elms-Feuer, die St.-Marien-Kirche

Sankt Bern|hard[1], der, *Gen* _ _[s] (Name zweier Westalpenpässe); *K 258*: der Große _ _, der Kleine _ _ · **Sankt Bern|har|din**[1], der, *Gen* _ _s, *italien* **San Ber|nar|di|no**[1], der, *Gen* _ _ (Alpenpaß in der Schweiz)

Sankt Gal|len[1] (Stadt u. Kanton in der Schweiz) · **Sankt-Gal|ler** *od* **Sankt-Gal|le|ner** *K 236 u. 248*: 1. *K 231*: der, _s, _; 2. *als Attribut K 232*: die Sankt-Galler *od* Sankt-Gallener Stiftskirche · **sankt|gal|lisch** *K 238*

Sankt Go|ar[1] (Stadt der BRD am Mittelrhein)

Sankt Gott|hard[1], der, *Gen* _ _[s] (Gebirgsstock der Alpen in der Schweiz) · **Sankt-Gott|hard-Paß** *K 247*, der, *Gen* ..-Passes

Sankt He|le|na[1] (Insel im südl. Atlantik)

[1] *Vgl.* Sankt *u. K 240.*

Sank|tion (*gehoben*; Billigung – *Rechtsw*; Bestätigung; Erteilung der Gesetzeskraft) – **Sank|tio|nen** *Pl* (Zwangsmaßnahmen – *Pol*; gemeinsame Maßnahmen mehrerer Staaten gegen das völkerrechtswidrige Verhalten eines anderen Staates) ⟨*lat*⟩ · **sank|tio|nie|ren** (bestätigen, gutheißen – *gehoben*; feierlich anerkennen – *Rechtsw*; Gesetzeskraft verleihen)

Sankt-Lo|renz-Strom *K 247*, der, _[e]s (im O Nordamerikas)

Sankt Mo|ritz[1] [*schweiz* _ ..ˈrits] (Kurort in der Schweiz)

Sankt-Nim|mer|leins-Tag *K 213*, der, _[e]s (*scherzh*)

Sankt Pau|li[1] (Stadtteil von Hamburg)

Sankt Pe|ters|burg[1], *kurz* **Pe|ters|burg** (*hist*; Leningrad)

Sank|tua|rium, das, _s, ..ien [..iən] (*Arch*; Raum um den Hauptaltar) ⟨*lat*⟩

Sankt-Wolf|gang-See *K 247* *od* **Wolf|gang|see**, *österr nur so*, der, _s (in Österreich)

San|ma|ri|ne|se *K 248*, der, _n, _n (Staatsbürger von San Marino) · **san|ma|ri|ne|sisch** *K 238* · **San Ma|ri|no** *K 240*: 1. *amtl* **Re|pu|blik San Ma|ri|no** (auf der Apenninenhalbinsel) – 2. (Hptst. von San Marino)

San Sal|va|dor [_ ..v..] *K 240* (Hptst. von El Salvador)

Sans|cu|lot|te [säsky..], der, _n, _n (*hist*; Proletarier od. Kleinbürger in der Französ. Revolution) ⟨*frz*, ,ohne Kniehose' [d. h. mit langer Hose]⟩

San|se|vie|rie [..ˈvie:riə] *od* **San|se|vie|ria**, die, _, ..ien [..iən] (Bogenhanf, eine Zimmerpflanze, Liliengewächs) ⟨*nach* dem ital. Fürsten von San Severo [_ ..ˈve:..]⟩

San|si|bar [ˈzan.., *auch* ..ˈba:r] (Insel vor der Ostküste Afrikas) · **San|si|ba|rer**: 1. *K 231*: der, _s, _; 2. *als Attribut K 232* · **san|si|ba|risch**

Sans|krit [*österr* ..ˈkrit], das, _s (Sprache der altind. Literatur, sakrale Sprache der Inder) ⟨*aind*⟩ · **Sans|kri|tist** (Wissenschaftler auf dem Gebiet des Sanskrits) ⟨*aind + grch*⟩ · **Sans|kri|ti|stik**, die, _ (Wissenschaft vom Sanskrit)

Sans|sou|ci [ˈsä:susi] (Schloß in Potsdam) ⟨*frz*, ,ohne Sorge'⟩

Sant' (*vor italien Namen, die mit Vokal beginnen*, der heilige ..., die heilige ..., z. B. Sant' Antonio, Sant' Agata); *Abk* S. ⟨*lat → ital*⟩; *vgl.* San, Santa, Sante, Santi u. Santo · **San|ta** (*vor italien weibl Namen, die mit Konsonant beginnen, u. vor span u. portugies weibl*

[1] *Vgl.* Sankt *u. K 240.*

Namen, z. B. Santa Maria); *italien Abk* S., *span u. portugies Abk* Sta. ⟨*lat* → *ital, span* u. *portug*⟩; *vgl.* San, Sant', Sante, Santi, Santo u. São; *vgl. auch K 240*

Sant|an|der (Hafenstadt in Nordspanien)

San|te *Pl* (*vor italien weibl Namen* die heiligen ..., z. B. Sante Maria e Maddalena); *Abk* SS. ⟨*lat* → *ital*⟩; *vgl.* San, Sant', Santa, Santi u. Santo

San|ti *Pl* (*vor italien männl Namen* die heiligen ..., z. B. Santi Pietro e Paolo); *Abk* SS. ⟨*lat* → *ital*⟩; *vgl.* San, Sant', Santa, Sante u. Santo

Sant|ia|go [de Chi|le] [_ (de 'tʃi:le[:])] (Hptst. von Chile)

Sant|ia|go de Cu|ba (Hafenstadt in Kuba)

Sän|tis, der, _ (Alpengipfel in der Schweiz)

San|to (*vor Sp... u. St... bei italien männl Namen sowie vor Do... u. To... bei span männl Namen u. bei portugies männl Namen, die mit Vokal beginnen* [*portugies* 'sœntu] der heilige ..., z. B. Santo Spirito, Santo Stefano) ⟨*lat* → *ital, span* u. *portug*⟩; *vgl.* San, Sant', Santa, Sante, Santi u. São

San|to Do|min|go *K 240* (Hptst. der Dominikanischen Republik)

San|tos (Hafenstadt im SO Brasiliens)

São [sœ̃ũ] (*vor portugies männl Namen, die mit Konsonant beginnen,* der heilige ..., z. B. São Paulo [sœ̃ũ 'paŭlu]); *Abk* S. ⟨*lat* → *portug*⟩; *vgl.* Santa, Santo u. *K 240*

Saô|ne ['so:n(ə)], die, _ (Fluß in Frankreich)

São To|mé und Prin|ci|pe [sao to'me: _ 'prinsipə, *portugies* sœ̃ũ tu'mɛ _ 'prẽsipə], *ohne Art, amtl* **De|mo|kra|ti|sche Re|pu|blik von São To|mé und Prín|ci|pe** *K 258,* die, *Gen* _n _ _ _ _ _ _ (vor der Westküste Afrikas)

Sa|phir [*auch* za'fi:r, *österr nur so*], der, _s, _e (*Mineral;* ein blauer Korund) ⟨*aind* → *hebr* → *grch* → *lat*⟩

Sa|pi|ne, die, _, _n, *österr meist* **Sap|pel,** der, _s, _ (*Forstw;* Werkzeug zum Wegziehen gefällter Bäume usw.) ⟨*ital*⟩

Sa|po|ro|shje [zapɔ'rɔʒjə] (Stadt der Ukraine am Dnepr)

sap|per|lot! *od* **sacker|lot!** [*Tr* ..k-k..] ⟨*frz*⟩, *auch* **sap|per|ment!** *od* **sacker|ment!** [*Tr* ..k|k..] ⟨*lat*⟩ (Ausruf der Verwunderung od. des Ärgers; Fluch)

sap|phisch ['zafiʃ, *auch* 'zapfiʃ]; *K 218:* _e Strophe (*Metrik*) ⟨*nach* der altgriech. Lyrikerin Sappho ['zafo, *auch* 'zapfo:]⟩

Sa|pro|bien [..iən], *auch* **Sa|pro|bion|ten** *Pl* (*Biol;* Bewohner faulender Stoffe); *Sg* Sa|pro|bie [..iə], die, _ *od* Sa|pro|biont, der, _en ⟨*grch*⟩

Sa|ra|ban|de, die, _, _n (älterer französ. Gesellschaftstanz) ⟨*pers* → *arab* → *span* → *frz*⟩

Sa|ra|fan, der, _[e]s, _e (Trachtenrock der russ. Bäuerin) ⟨*pers* → *Turkspr* → *russ*⟩

Sa|ra|gos|sa, *span* **Za|ra|go|za** [sara'gɔsa] (Stadt in Nordspanien)

Sa|ra|je|vo [..v..] (Hptst. von Bosnien u. Herzegowina)

Sarapis ↑ Serapis

Sa|ra|tow [..tɔf *od* ..'ra:..] (Stadt der RSFSR an der Wolga)

Sa|ra|ze|ne, der, _n, _n (*Mittelalter;* ursprünglich Bez. für die Araber, später für die Moslems) ⟨*nach* einem arab. Stamm⟩ · **sa|ra|ze|nisch**

Sar|de, der, _n, _n *od* **Sar|di|nier** [..iər], der, _s, _ (Bewohner von Sardinien) ⟨*grch* → *lat*⟩

Sar|del|le, die, _, _n (eingesalzener Heringsfisch) ⟨*grch* → *lat* → *ital*⟩ · **Sar|del|len‿but|ter, ...pa|ste**

Sar|des (*Altertum;* Hptst. des Lydischen Reiches) ⟨*grch* → *lat*⟩

Sar|di|ne, die, _, _n (kleiner Heringsfisch) ⟨*grch* → *lat* → *ital* → *frz*⟩. *Zus K 365 ff.:* Sardinen‿büchse usw.

Sar|di|nien [..iən] (Insel im Mittelmeer) ⟨*grch* → *lat*⟩ · **Sardinier** ↑ Sarde · **sar|di|nisch** *od* **sar|disch**

sar|do|nisch ⟨*grch* → *lat*⟩; *nur in* _es (krampfhaftes, hämisches) Lachen, Gelächter

Sard|onyx (*Mineral;* ein Chalzedon) ⟨*grch* → *lat*⟩

Sarg, der, _[e]s, *Pl* Särge ⟨*grch* → *lat*⟩. *Zus K 365 ff.:* Sarg‿deckel usw.

Sa|ri, der, _[s], _s, *auch* die, _, _s (kunstvoll gewickeltes Gewand der ind. Frau) ⟨*aind*⟩

Sar|kas|mus, der, _, ..men ([beißender] Hohn, [bitterer] Spott) ⟨*grch* → *lat*⟩ · **sar|ka|stisch** (spöttisch, höhnisch); _ste · **Sar|kom,** das, _s, _e (*Med;* bösartige Bindegewebsgeschwulst) ⟨*grch*⟩ · **Sar|ko|phag,** der, _s, _e (Steinsarg; Prunksarg) ⟨‚Fleischfresser'⟩

Sar|ma|te, der, _n, _n (*Altertum;* Angehöriger eines Nomadenvolkes nördl. vom Schwarzen Meer) · **Sar|ma|tien** [..iən] (*Altertum;* Gebiet zw. Weichsel u. Wolga) · **sar|ma|tisch**

Sar|nen (Kurort in der Schweiz)

Sa|scha (m. *u.* w. Vn.) ⟨*russ Kurzf von* Alexander *u. von* Alexandra⟩

Sas|sa|ni|de, der, _n, _n (Angehöriger des altpers. Herrschergeschlechts der Sassaniden) ⟨*nach* dem Ahnherrn, dem Priester Sassan⟩ · **sas|sa|ni|disch;** *K 218:* _e Kunst

Sas|se, die, _, _n (*weidm;* Hasenlager)

Saß|nitz (Hafenstadt auf Rügen)

Sa|tan: 1. der, _s *od* **Sa|ta|nas,** der, _ (*christl Rel;* Teufel) – 2. der, _s, _e (*übertr;* boshafter, teufl. Mensch) ⟨*hebr* → *grch* → *lat*⟩ · **sa|ta|nisch** (teuflisch)

Sa|tel|lit, der, _en, _en (*Astron;* Nebenplanet, Mond – *Raumf;* künstl. Erdbegleiter) ⟨*lat,* ‚Leibwächter'⟩ · **Sa|tel|li|ten‿bild, ...fern|se|hen** · **Sa|tel|li|ten|stadt,** *seltener* **Tra|ban|ten|stadt** (mit einer Großstadt eng verbundene Stadt mittlerer Größe)

Sa|tem|spra|chen *Pl* (*Sprachw;* Gruppe der indoeurop. Sprachen) ⟨*nach* dem iran. Wort satem ‚hundert'⟩

Sa|ter|tag, der, _[e]s, _e (*westf, ostfries;* Sonnabend) ⟨*lat*⟩

Sa|tin [za'tɛŋ *od* sa'tɛ̃:], der, _s, _s (atlasartiger, glänzender Stoff) ⟨*chin* → *arab* → *span* → *frz*⟩. *Zus K 365 ff.:* Satin‿bluse usw. · **Sa|ti|na|ge** [sati'na:ʒə, *österr* ..'na:ʒ] (*fachspr;* Glättung [von Papier usw.]) · **sa|ti|nie|ren** (*fachspr;* glätten; Hochglanz geben [Papier, Leder]) · **Sa|ti|nier|ma|schi|ne** (*fachspr*)

Sa|ti|re, die, _, _n (Spottschrift, -gedicht; witziger Spott) ⟨*lat*⟩ · **Sa|ti|ren|dich|ter** · **Sa|ti|ri|ker** (Spötter; Verfasser von Spottschriften, -gedichten) · **sa|ti|risch** (spöttisch, beißend; auf witzige Art Kritik übend); _ste

Sa|tis|fak|tion (Genugtuung [durch Zweikampf] in der feudalen u. bürgerl. Gesellschaft) ⟨*lat*⟩

Sa|trap, der, _en, _en (altpers. Statthalter) ⟨*pers* → *grch*⟩

satt; satter, satteste; sich (*Akk*) _ essen; ich bin es [*vgl.* ¹es (2)] _ (*gehoben*); ich habe es _ (*umg;* habe keine Lust mehr); etw. _ bekommen, haben (*umg*); sich an einer Sache _ sehen (*umg*) · **satt|blau;** *vgl.* blau

Sat|te, die, _, _n (*landsch;* Gefäß [für Milch, die säuern soll]) ⟨*zu* setzen⟩

Sat|tel, der, _s, *Pl* Sättel. *Zus K 365 ff.:* Sattel‿gurt usw. · **sat|tel|fest** (*meist übertr;* kenntnissicher, -reich) · **sat|teln** *K 363* · **Sat|tel|schlep|per** · **Sat|te|lung** *K 363*

satt|grün; *vgl.* blau · **Satt|heit,** die, _ · **sät|ti|gen** · **Sät|ti|gung**

Satt|ler · **Satt|le|rei**
satt|rot; *vgl.* blau · **satt|sam** (*oft abwert*; hinlänglich, genug)
Sa|tu|ra|tion (*Chem*; Sättigung; Neutralisierung) ⟨*lat*⟩ · **sa|tu|rie|ren** (befriedigen – *Chem veraltend*; sättigen) · **sa|tu|riert** (*oft abwert*; zufriedengestellt)
Sa|turn: 1. (*röm Mythol*; Fruchtbarkeitsgott) – 2. der, _s (ein Planet) ⟨*lat*⟩ · **Sa|tur|na|lien** [..ĭən] *Pl* (altröm. Volksfest) · **sa|tur|nisch**; *K 218*: saturnischer Vers (*Metrik*), *aber K 217*: Saturnisches Zeitalter (Goldenes Zeitalter)
Sa|tyr ['za:.., *österr auch* ..'tyr], der, _n *od* _s, *Pl* _n: 1. (*griech Sage*; lüsterner Naturdämon im Gefolge des Dionysos); *vgl. auch* Silen – 2. (*übertr*; grobsinnl., geiler Mensch) ⟨*grch* → *lat*⟩ · **sa|tyr|ar|tig** · **Sa|tyr|spiel** (*Literaturw*)
Satz: 1. der, _es, *Pl* Sätze – 2. der, _es (*Polygr*; das Setzen der Lettern; das Gesetzte, das zu Setzende). *Zus K 365ff.*: Satz‿lehre (*Gramm*) usw. · **Satz|aus|sa|ge** (*Gramm*); *vgl. auch K 383ff.* · **Satz|band**, das, *Pl* ..bänder (*Gramm veraltend*) · **Satz|bau**, der, _[e]s (*Gramm*) · **Satz|bau|plan** (*Gramm*) ⟨*zu* ²Plan⟩ · **Sätz|chen** · **Satz|er|gän|zung** (*Gramm*) · **Satz|ge|gen|stand** (*Gramm*); *vgl. K 383ff.* · **Satz|glied** (*Gramm*) · **...sät|zig** (*Mus*; z. B. dreisätzig [*mit Ziffer K 284* 3sätzig]) · **Satz|rei|he** (*Sprachw*); *zur Zeichensetzung vgl. K 423ff.* · **Satz|teil**, der · **Sat|zung** · **sat|zungs|ge|mäß** · **Satz|ver|bin|dung** (*Gramm*) · **satz|wei|se** *K 176* · **Satz|zei|chen**
Sau, die, _, *Pl* Säue *od*, *bes von Wildschweinen*, Sauen · **sau...**, **Sau...** (*salopp verstärkend, oft abwert*; z. B. sauwohl, saudumm, Sauwetter)
sau|ber; saub[e]rer *K 363*, sauberste; *mit Verb K 135*: sauber machen (ordentlich, gründlich machen) ⟨*lat*⟩; *vgl. aber* saubermachen; *K 135*: sich sauber halten; *vgl. aber* sauberhalten · **sau|ber|hal|ten** *K 136*; du hältst sauber; saubergehalten; sauberzuhalten · **Sau|ber|keit**, die, _ · **säu|ber|lich** · **sau|ber|ma|chen** *K 136*; *Konjugation vgl.* sauberhalten · **säu|bern** *K 363* · **Säu|be|rung**
sau|blöd *od* **sau|blö|de** (*umg*; sehr blöd) · **Sau|boh|ne**
Sauce ↑ Soße · **Sau|cie|re** [zo.. *od* so'sĭɛ:rə, *österr* so'sjɛ:r], die, _, _n [..rən] (Soßenschüssel, -napf) ⟨*lat* → *frz*⟩ · **sau|cie|ren** [zo'si:..], *auch* **so|ßen** ([Tabak] mit einer Soße behandeln) · **Sau|cis|chen** [zo'si:sçən] (kleines, dünnes Würstchen)
Sau|di-Ara|bien [..ĭən] *K 211, amtl* **Kö|nig|reich Sau|di-Ara|bien** (in Vorderasien) ⟨*nach* König Ibn Saud⟩ · **Sau|di|ara|bier** [..ĭər] *K 248*, der, _s, _ · **sau|di|ara|bisch** *K 238*
sau|en (*vom Schwein gesagt*; Junge bekommen – *derb*; Schmutz od. Flecke verursachen; unanständige Redensarten od. Witze anbringen)
sau|er *K 363*; saurer, sauerste; eine saure Gurke · **Sau|er|amp|fer** (säurehaltige Wiesenpflanze, Knöterichgewächs) · **Sau|er|dorn**, *Pl* ..dorne (Berberitze)
Saue|rei (*derb abwert*)
Sau|er|kohl, der, _[e]s (*landsch*) · **Sau|er|kraut**, das, _[e]s
Sau|er|land, das, _[e]s (Teil des Rhein. Schiefergebirges in der BRD) ('Süderland') · **Sau|er|län|der**, der, _s, _ · **sau|er|län|disch**
säu|er|lich · **Säu|er|lich|keit**, die, _ · **Säu|er|ling** (Mineralwasser; ein Knöterichgewächs) · **säu|ern**: 1. *tr K 363* (sauer machen); das Brot wird gesäuert – 2. *intr* (sauer werden); die Milch säuert · **Sau|er|stoff**, der, _[e]s (chem. Element, Gas); *Zeichen* O (Oxygen[ium], ↑ *d.*) · **Sau|er|stoff|fla|sche** *K 17* · **sau|er|stoff|hal|tig** · **sau|er|süß** · **Sau|er|teig** · **sau|er|töp|fisch** (*umg abwert*; griesgrämig); _ste · **Säue|rung** · **Sau|er|was|ser**, *Pl* ..wässer
Sauf|aus, der, _, _ (*salopp abwert*)
Sau|fe|der (*weidm*; Spieß zum Abfangen des Wildschweins)
sau|fen (*vom Tier gesagt*; trinken – *auch derb abwert*; trinken); du säufst; du soffst; du söffest; gesoffen; sauf[e]! · **Säu|fer** (*derb abwert*) · **Sau|fe|rei** (*derb abwert*)
Sau|fraß (*derb abwert*; minderwertiges Essen)
Saug|ader · **sau|gen**; du saugst; du sogst (*auch* saugtest); du sögest; gesogen (*auch* gesaugt); saug[e]!; das Kind saugt · **säu|gen**; das Kind wird gesäugt · **Sau|ger** (Gummiaufsatz zum Saugen, Nuckel) · **Säu|ge|tier**, *auch* **Säu|ger** · **saug|fä|hig** · **Saug|fä|hig|keit**, die, _ · **Saug|fla|sche** · **Säug|ling** (Kind im ersten Lebensjahr) · **Säug|lings‿pfle|ge**, **...schwe|ster**
sau|grob (*derb*) · **säu|isch** (*derb abwert*); _ste
Säul|chen · **Säu|le**, die, _, _n · **Säu|len|ab|schluß** (*Arch*) · **säu|len|för|mig** · **Säu|len‿hal|le**, **...ord|nung**, **...schaft** (*Arch*)
Saum, der, _[e]s, *Pl* Säume (Stoffeinfassung – *gehoben*; Rand) · **Säum|chen** · **¹säu|men** ([Stoff] einfassen)
²säu|men (*gehoben*; zögern)
¹Säu|mer (Werkzeug zum Säumen) ⟨*zu* ¹säumen⟩
²Säu|mer (*gehoben*; Zögernder) ⟨*zu* ²säumen⟩ · **säu|mig** · **Säu|mig|keit**, die, _
Säum|ling (beim Besäumen von Brettern abfallender Holzstreifen)
Säum|nis, die, _, ..isse *od* das, ..isses, ..isse (*gehoben*; Versäumnis)
Saum|pfad (Gebirgsweg für Lasttiere) ⟨*zu veraltet* Saum 'Last'⟩
saum|se|lig (nachlässig; langsam) · **Saum|se|lig|keit**, die, _
Sau|na, die, _, *Pl* _s *od* ..nen (finn. Dampfbad) ⟨*finn*⟩
Säu|re, die, _, _n · **säu|re‿be|stän|dig**, **...fest**
Sau|re|gur|ken|zeit *K 193*, die, *Gen* der Saurengurkenzeit, *Pl* die Saurengurkenzeiten (*umg scherzh*; [geschäftlich] ruhige Zeit) ⟨*jidd*, *zu* zoro 'Not' *u.* joker 'schwer'⟩
säu|re|hal|tig · **Säu|re|rest**, *Pl* _e (*Chem*) · **Säu|re|ver|gif|tung**
Sau|rier [..ĭər], der, _s, _ (*Paläont*; Kriechtier des Erdmittelalters) ⟨*grch* → *lat*⟩
Saus, der, _es (*lautm*); *nur in* in _ und Braus · **säu|seln** *K 363* · **sau|sen** *K 354* · **Sau|ser** (*landsch*; gärender Most – *umg*; Rausch, vergnügte Kneiperei usw.) · **Sau|se|wind** (*umg scherzh*; lebhafter, unruhiger Mensch)
Sau|ternes [so'tɛrn], der, _ (ein französ. Weißwein) ⟨*nach* dem südwestfranzös. Ort⟩
sau|wohl (*salopp*; sehr wohl)
Sa|van|ne [..v..], die, _, _n (mit Bäumen durchsetzte trop. Grassteppe) ⟨*indian* → *span*⟩
Sa|ve [..v..], die, _ (Fluß in Jugoslawien)
Sa|vo|yar|de [zavo'jardə], der, _n, _n *od* **Sa|vo|yer** [..'vɔyər] (*K 231*), der, _s, _ (Bewohner von Savoyen) · **Sa|vo|yen** [..'vɔy..] (Landsch. im SO Frankreichs) · **Sa|vo|yer**: 1. ↑ Savoyarde – 2. *als Attribut K 232*: die Savoyer Alpen · **Sa|vo|yer|kohl** *K 234* (*landsch*; Wirsingkohl) · **sa|vo|yisch**
Sa|xi|fra|ga, die, _, ..fragen (Steinbrech, eine Gebirgs- u. Steingartenpflanze) ⟨*lat*⟩
Saxone ↑ Sachse (1)
Sa|xo|phon, das, _s, _e (ein Blasinstrument) ⟨*nach* dem Erfinder Adolphe Sax [a'dɔlf _]⟩ · **Sa|xo|pho|nist** (Saxophonbläser)
Sä|zeit
S-Bahn ['ɛs..] *K 186* (Stadtbahn, Schnellbahn)
Sca|la, die, _ *od* **Mai|län|der Sca|la** (*K 232*), die, *Gen* _ _ (Operntheа-

ter in Mailand) ⟨*nach* der Familie Scala⟩
Scan|ner ['skɛnər], _s, _ (*Polygr*; elektron. Abtastgerät, z. B. für Farbwerte) ⟨*engl*⟩
Schab|bes, der, _, _ (jidd. Form von Sabbat) ⟨*hebr* → *jidd*⟩
Scha|be ⟨*zu* schaben⟩, die, _, _n: 1. *selten* **²Schwa|be** ⟨*an* ¹Schwabe *angelehnt*⟩, die, _, _n (ein Insekt) – 2. (ein Werkzeug) · **Schä|be,** die, _, _n (*fachspr*; Holzteilchen vom Flachs) · **Scha|be|fleisch** · **Schab|ei|sen** · **Scha|be|mes|ser** *od* **Schab|mes|ser,** das · **scha|ben** · **Scha|ber** · **Scha|be|rei** (*umg*)
Scha|ber|nack, der, _[e]s, _e (übermütiger Streich, Posse) ⟨,Beschimpfung'⟩
schä|big (*meist umg abwert*) ⟨,räudig'⟩ · **Schä|big|keit,** die, _ (*meist umg abwert*)
Schab|kunst, die, _
Scha|blo|ne, die, _, _n (Muster; ausgeschnittene Vorlage; herkömml. Form) ⟨*lat* → *frz* → *ndrl*⟩ · **Scha|blo|nen|ar|beit** · **Scha|blo|nen|druck,** *Pl* ..drucke · **scha|blo|nen|haft** · **scha|blo|nie|ren** *od* **scha|blo|ni|sie|ren** (nach Schablonen arbeiten; unter eine Schablone bringen)
Schabmesser ↑ Schabemesser
Scha|bot|te, die, _, _n (*Techn*; Amboßfundament) ⟨*frz*⟩
Scha|bracke [*Tr* ..brak|ke], die, _, _n (Pferde-, Satteldecke; Stoffbehang quer über dem Fenster) ⟨*türk* → *ung*⟩
Schab|sel, das, _s, _ ⟨*zu* schaben⟩ · **Schab|zi|ger,** der, _s, _ ([Schweizer] Kräuterkäse)
Schach, das, _[e]s (ein Brettspiel) ⟨*pers* → *arab* → *frz* → *ndrl*, ,König'⟩; _ [dem König]!; jmdn. in _ halten (*umg*; nicht zur Ruhe kommen lassen) · **Schach|brett**
Scha|cher, der, _s *od* **Scha|che|rei,** die, _ (*abwert*; gewinnsüchtiger Handel) ⟨*hebr*⟩
Schä|cher, der, _s, _ (*bibl*; Räuber, Mörder)
Scha|che|rer (*abwert*) · **scha|chern** *K 363* (*abwert*; Schacher treiben)
Schach|fi|gur · **schach|matt** (sehr matt) · **Schach|mei|ster** · **Schach|mei|ster|schaft** · **Schach|spiel**
Schacht, der, _[e]s, *Pl* Schächte ⟨,Schaft'⟩
Schach|tel, die, _, _n ⟨*germ* → *lat* → *ital*⟩ · **Schäch|tel|chen**
Schach|tel|halm ⟨*zu* Schaft⟩
schach|teln *K 363* ⟨*germ* → *lat* → *ital*⟩ · **Schach|tel|satz**
schach|ten (graben)
schäch|ten (nach jüd. religiöser Vorschrift schlachten) ⟨*hebr*⟩ · **Schäch|ter**
Schacht‿mei|ster, ...ofen
Schäch|tung
Schach|zug
scha|de *K 108*; es ist _ um jmdn. *od* um etw.; _, daß ...; zu _; wie _; es ist jammerschade · **Scha|de,** der, _ns, *Pl* Schäden (*veraltet*; Schaden); *nur noch in Wendungen wie* es wird dein _ nicht sein
Schä|del, der, _s, _. *Zus K 365ff.*: Schädel‿bruch usw.
scha|den · **Scha|den,** der, _s, *Pl* Schäden; _ nehmen; sich (*Dat*) _ tun; zu _ kommen · **Scha|den|er|satz,** *auch* **Scha|dens|er|satz** · **Scha|den|er|satz|an|spruch,** *auch* **Scha|dens|er|satz|an|spruch** · **Scha|den‿feu|er, ...freu|de** (die, _), **...ver|hü|tung** · **schad|haft** · **Schad|haf|tig|keit,** die, _ · **schä|di|gen** · **Schä|di|ger** (*Rechtsw*) · **Schä|di|gung** · **Schad|in|sekt** · **schäd|lich** · **Schäd|lich|keit,** die, _ · **Schäd|ling** · **Schäd|lings|be|kämp|fung,** die, _ · **schad|los;** _e Beseitigung von Müll; *meist aber in* sich (*Akk*) [an jmdm. od. etw.] _ halten; *vgl.* ...los · **Schad|los|hal|tung,** die, _ · **Schad|stoff**
Schaf, das, _[e]s, _e · **Schaf|bock** · **Schäf|chen;** *K 116*: sein _ ins trokkene bringen, im trockenen haben, ins trockene gebracht haben · **Schäf|chen|wol|ken** *Pl* · **Schä|fer,** der, _s, _ · **Schä|fe|rei** · **Schä|fer‿hund, ...poe|sie, ...stünd|chen** (*veraltend*)
Schaff, das, _[e]s, _e (*süddt, österr*; [offenes] Gefäß – *landsch*; Schrank); *vgl. auch* Schapp
Schaf|fell
schaf|fen:
1. (in [reger] Tätigkeit sein – *bes süddt*; arbeiten – *süddt, österr*; befehlen, auftragen – *umg*; etw. erreichen); du schafftest; du schafftest; geschafft; schaff[e]!; er hat von früh an geschafft; er hat die Kartoffeln in den Keller geschafft; er hat die Sache aus der Welt geschafft; es muß [endlich] Abhilfe, Ordnung, Rat, Raum, Wandel geschafft werden; etw. mit jmdm. zu schaffen haben; das schaffte ihm Verdruß
2. (schöpferisch, gestaltend hervorbringen); du schufst; du schüfest; geschaffen; schaff[e]!; Schiller hat »Wilhelm Tell« geschaffen; so ist ein repräsentativer Raum geschaffen worden
Schaf|fen, das, _s · **Schaf|fens|drang,** der, _[e]s · **schaf|fens|freu|dig** · **Schaf|fens|freu|dig|keit,** die, _ · **Schaf|fens|kraft,** die, _
Schaff|hau|sen (Stadt u. Kanton in der Schweiz) · **Schaff|hau|ser:** 1. *K 231*: der, _s, _; 2. *als Attribut K 232* · **schaff|hau|se|risch**
schaf|fig (*süddt, schweiz*; arbeitsam)
Schäff|ler, der, _s, _ (*bayr*; Böttcher) ⟨*zu* Schaff⟩
Schaff|ner, der, _s, _ (Angestellter im Verkehrswesen) · **Schaff|ne|rin,** die, _, ..innen · **schaff|ner|los;** *vgl.* ...los · **Schaf|fung,** die, _
Schaf|gar|be, die, _, _n (eine Arzneipflanze, Korbblütler) · **Schaf‿her|de, ...kä|se** · **Schaf|kopf,** der, _[e]s (ein Kartenspiel) · **Schaf|le|der**
Scha|fott, das, _[e]s, _e (Gerüst für Hinrichtungen) ⟨*lat* → *rom* → *ndrl*⟩
Schaf|pelz · **Schaf|schur** · **Schafs|kleid;** *nur in* der Wolf im _ · **Schafs|kopf,** der, _[e]s, ..köpfe (Kopf eines Schafes; ein Fisch – *auch Schimpfw*) · **Schafs|na|se** (Apfel- u. Birnensorte) · **Schaf|stall**
Schaft, der, _[e]s, *Pl* Schäfte · **schäf|ten** (mit einem Schaft versehen; Pflanzen veredeln – *noch landsch*; prügeln) · **Schaft‿le|der, ...stie|fel**
Schaf|wol|le · **Schaf|zecke** [*Tr* ...zek|ke] (ein Insekt) · **Schaf|zucht**
Schah, der, _s, _s (Titel der ehem. Herrscher von Iran) ⟨*pers*, ,König'⟩; *vgl. auch* Schach
Scha|kal, der, _s, _e (eine Wildhundart) ⟨*aind* → *pers*⟩
Scha|ke, die, _, _n (*Techn*; Ring, Kettenglied) · **Schä|kel,** der, _s, _ (*Techn*; U-förmiges Verbindungsglied aus Metall) · **schä|keln** *K 363* (*Techn*; Kettenstücke verbinden)
Schä|ker (Tändler, Schelm) ⟨*hebr*⟩ · **Schä|ke|rei** · **schä|kern** *K 363*
Scha|kun|ta|la *od* **Sa|kun|ta|la** (Titelgestalt eines altind. Märchendramas des ind. Dichters Kalidasa) ⟨*aind*⟩
schal (fade – *übertr*; geistlos)
Schal, der, _s, *Pl* _s, *auch* _e (langes, schmales Halstuch) ⟨*pers* → *engl*⟩
Schal|brett (*Bauw*; ungehobeltes od. einseitig gehobeltes Brett für Schalungszwecke)
Schäl|chen · **¹Scha|le,** die, _, _n (Trinkschale, Tasse; flaches Gefäß)
²Scha|le, die, _, _n (Hülle, Hülse) – **Scha|len** *Pl* (*weidm*; Hufe des Schalenwildes) · **Schäl|ei|sen** (*Forstw*; Werkzeug zum Entrinden) · **schä|len** · **Scha|len|kreuz** (*Techn*; Teil des Windgeschwindigkeitsmessers) · **scha|len|los,** *seltener* **schal|los;** *vgl.* ...los · **Scha|len|wild** (Sammelbez. für Rot-, Reh-, Dam-, Elch-, Gams-, Stein-, Muffel- u. Schwarzwild)
Schäl|hengst (Zuchthengst)

...scha|lig (z. B. dünnschalig)
Schalk, der, _[e]s, *Pl* _e *od* Schälke (neckischer Mensch, Schelm) ⟨‚Knecht'⟩
Scha̲l|ke, die, _, _n *(seem;* wasserdichter Abschluß einer Schiffsluke) · **scha̲l|ken** *(seem)*
scha̲lk|haft · **Scha̲lk|haf|tig|keit** *od* **Scha̲lk|heit,** die, _
Scha̲l|kra|gen
Scha̲lks|narr *(veraltet)*
Schall, der, _[e]s, *Pl* _e, *österr nur so, od* Schälle. *Zus K 365ff.:* Schall‿platte usw. · **Scha̲ll|bo|den** · **scha̲ll|däm|mend** *K 164* · **scha̲lldämp|fend** *K 164* · **Scha̲ll|dämpfer** · **scha̲ll|dicht** · **Scha̲lleiter** [*Tr* Scha̲ll|lei|ter *K 78*], der · **scha̲l|len;** es schallt; es schallte *(seltener* scholl); es schölle *od* schallete; geschallt; schall[e]! · **Scha̲ll|mau|er** · **Scha̲lloch** [*Tr* Schall|loch *K 78*]
schallos ↑ schalenlos
Scha̲ll|plat|te · **scha̲ll|schluckend** [*Tr* ...schluk|kend]; *K 164;* ein _er Baustoff · **Scha̲ll|schnel|le,** die, _ (Größenart der Akustik); *Formelzeichen v* · **scha̲ll|tot;** _er Raum · **Scha̲ll|wort,** *Pl* ..wörter *(Sprachw;* durch Lautnachahmung entstandenes Wort)
Schalm, der, _[e]s, _e *(Forstw;* in Bäume eingehauenes Zeichen)
Schal|me̲i, die, _, _en (ein Holzblasinstrument) ⟨*grch → frz*⟩ · **Schal|me̲i|en|klang**
scha̲l|men *(Forstw;* einen Baum mit einem Schalm kennzeichnen)
Scha̲l|obst (hartschalige Frucht, z. B. Haselnuß)
Scha|lo̲t|te, die, _, _n (ein Lauch u. dessen kleine Zwiebel) ⟨*nach* der phönik. Küstenstadt A̲skalon⟩
Scha̲lt|brett · **scha̲l|ten;** geschaltet; _ und walten *(übertr;* nach Gutdünken verfahren); er hat schnell geschaltet *(umg;* er hat schnell reagiert) · **Scha̲l|ter** · **Scha̲l|terraum** · **Scha̲lt|ge|trie|be** · **Scha̲ltjahr** · **Scha̲lt|kreis;** ein integrierter _ *(Elektronik)*
Scha̲l|tier (Muschel; Schnecke)
Scha̲lt‿ta|fel, ...tag · **Scha̲l|tung**
Scha̲|lung *(Bauw;* Bretterverkleidung) · **Schä̲|lung** (das Entfernen der Schale usw.)
Scha|lu̲p|pe, die, _, _n (Küstenfahrzeug – *auch für* kleines Beiboot) ⟨*ndrl → frz*⟩
Scham, die, _
Scha|ma̲|ne, der, _n, _n (Zauberpriester vieler Naturvölker) ⟨*tungus*⟩ · **Scha|ma|ni̲s|mus,** der, _ (Glaube an Schamanen) ⟨*tungus + lat*⟩

schä̲|men, sich *(Akk);* ich schäme mich dessen nicht; er schämte sich seines Verhaltens
scham|fi̲|len *(seem;* reiben, scheuern); schamfilt *K 359* ⟨*Herkunft umstritten*⟩
Scha̲m|ge|fühl, das, _[e]s · **scha̲mhaft** · **Scha̲m|haf|tig|keit,** die, _ · **schä̲|mig** *(landsch;* verschämt) · **Schä̲|mig|keit,** die, _ *(landsch)* · **scha̲m|los** *K 349; vgl.* ...los · **Scha̲m|lo|sig|keit**
Scha|mo̲t|te [*österr* ʃa'mɔt], die, _, *österr meist* **Scha|mo̲tt,** der, _s (feuerfester Ton) ⟨*dt → ital*⟩ · **Scha|mo̲t|te|stein**
Schampun ↑ Shampoo · **scham|puni̲e|ren** *od* **sham|poo|ni̲e|ren** [ʃampu.., *auch* ʃɛmpu.., *österr* ʃampo..] (mit Shampoo reinigen) ⟨*Hind → engl*⟩
scha̲m|rot · **Scha̲m|rö|te** · **Scha̲mtei|le** *Pl*
scha̲nd|bar *(veraltend)* · **Scha̲ndbu|be** *(veraltet)* · **Scha̲n|de,** die, _, *Pl (selten)* _n; *K 176:* zuschanden gehen, machen, werden
Scha̲n|deck *od* **Scha̲n|deckel** [*Tr* ...dek|kel] *(seem;* die äußerste Planke des Decks)
schä̲n|den · **Schä̲n|der** · **Scha̲ndfleck** · **schä̲nd|lich** · **Schä̲nd|lichkeit** · **Scha̲nd|mal,** *Pl* ..male, *österr nur so, od* ..mäler · **Scha̲nd|pfahl** *(hist;* Pranger) · **Scha̲nd|tat** · **Schä̲n|dung**
Schang|hai *od* **Shang|hai** [ʃaŋ'hai, *chines* ʃaŋ'xaɪ] (Stadt an der Ostküste Chinas) · **schang|hai|en** *(seem;* Handelsmatrosen mit List u. Gewalt heuern); *Part II* schanghait
Schank: 1. der, _[e]s, *Pl* Schänke *(veraltet;* Ausschank); *nur noch in Zus,* z. B. Schanktisch, Schankwirt usw. – 2. die, _, *Pl* Schanken *(österr;* Raum für den Ausschank, Theke) ⟨*zu* schenken⟩; *vgl. aber* Schenke
Scha̲n|ker, der, _s, _ *(Med;* Geschwür bei Geschlechtskrankheiten) ⟨*lat → frz*⟩
Scha̲nk|ge|rech|tig|keit[1] (frühere Bez. für Schankkonzession) · **Scha̲nk|kon|zes|sion**[1] (behördl. Erlaubnis zum Betrieb einer Schankwirtschaft) · **Scha̲nk|stube**[1] *od* **Sche̲nk|stu|be** · **Scha̲nktisch**[1] *od* **Sche̲nk|tisch** · **Scha̲nkwirt**[1] *od* **Sche̲nk|wirt** · **Scha̲nkwirt|schaft**[1] *od* **Sche̲nk|wirtschaft**

[1] *Vgl.* »Schank«. Die Zusammensetzungen mit »Schenk...« sind unmittelbar mit dem *Verb* »schenken« gebildet. – Österreichisch sind nur die Zusammensetzungen mit »Schank...« üblich.

Scha̲n|tung, *neuere Schreibung* **Shan|dong** [ʃan'duŋ] (Provinz im O Chinas) ⟨*chin,* ‚östlich der Berge'⟩ · **Scha̲n|tung|sei|de,** *schweiz u. fachspr* **Shan|tung|sei|de** ['ʃan..] *K 246* (chines. Rohseide)
[1]**Scha̲n|ze,** die, _, _n *(Milit veraltend;* Verteidigungsanlage – *seem;* Oberdeck des Achterschiffes – *auch kurz für* Sprungschanze) ⟨‚Reisigbündel'⟩
[2]**Scha̲n|ze,** die, _, _n *(veraltet;* Glückswurf, -umstand) ⟨*lat → frz*⟩; *nur noch in* in die _ schlagen (aufs Spiel setzen); *vgl. auch* Chance
scha̲n|zen *K 354* (an einer [1]Schanze arbeiten, Erdarbeiten verrichten – *umg;* schwer arbeiten) · **Scha̲nzkleid,** das, _[e]s *(seem;* Wand um das freiliegende Deck)
Schapel ↑ Schappel
Schapf, der, _[e]s, _e *od* **Scha̲p|fe,** die, _, _n *(oberdt;* Schöpfgefäß)
Scha̲p|ka, die, _, _s (Kappe, Mütze [aus Pelz]) ⟨*russ*⟩; *vgl. aber* Tschapka
Schapp, das *od* der, _s, _s *(norddt;* Schrank); *vgl.* Schaff
[1]**Scha̲p|pe,** die, _, _n *(bergm;* Tiefenbohrer)
[2]**Scha̲p|pe,** die, _, _n *(Textilwirtsch;* Abfallseide) ⟨*frz*⟩
Scha̲p|pel, *auch* **Scha̲|pel,** das, _s, _ *(landsch;* Brautkrone; Hut; Kopfputz) ⟨*lat → frz*⟩
Scha̲pp|sei|de ⟨*zu* [2]Schappe⟩
Schar: 1. die, _, _en (Menge, Gruppe); *vgl. auch K 387* – 2. das, _[e]s, _e *od* die, _, _en (Pflugschar) ⟨*zu* [1]scheren⟩
Scha|ra̲|de (Silbenrätsel) ⟨*frz*⟩
Schä̲r|baum *(Web;* Garn- od. Kettbaum)
Scha̲r|be, die, _, _n (Kormoran)
Scha̲r|bock, der, _[e]s *(veraltet;* Skorbut) ⟨*ndrl*⟩ · **Scha̲r|bockskraut,** das, _[e]s (eine Arzneipflanze, Hahnenfußgewächs)
Schä̲|re, die, _, _n, *meist Pl* (flache Felseninsel) ⟨*schwed*⟩
scha̲|ren, sich *(Akk)* · **schä̲|ren** (Webfäden aufwinden) · **scha̲|renwei|se** *K 176*
scharf; schärfer, schärfste; scharfes S *(österr für* Eszett). *Schreibung bei Verben K 135:* scharf schießen, scharf umrissen, scharf gewürzt; auf eine Sache scharf sein *(umg;* auf etwas erpicht sein). *Vgl. aber* scharfmachen · **Scha̲rf|blick,** der, _[e]s · **Schä̲r|fe,** die, _, _n · **Scha̲rf|einstel|lung** · **schä̲r|fen** · **scha̲rf|kantig** · **scha̲rf|ma|chen** *K 137 (umg;* hetzen, gegen jmdn. aufbringen, scharfe Maßregeln befürworten); du machst scharf; scharfgemacht; scharfzumachen; *aber:* scharf ma̲chen (schärfen) · **Scha̲rf|ma|cher**

(*umg abwert*; Hetzer, Befürworter scharfer Maßregeln) · **Scharf|rich|ter** · **Scharf|schüt|ze** · **scharf|sich|tig** · **Scharf|sinn,** der, _[e]s · **scharf|sin|nig** · **scharf|zah|nig**

Schär|has|pel (*Web*)

Schar|lach: 1. der, *österr* das, _s, _e (ein lebhaftes Rot); *vgl.* Blau – 2. der, _s (eine Infektionskrankheit) ⟨*grch* → *arab* → *pers* → *lat* → *rom*⟩ · **schar|la|chen** *K 363* (hochrot); *vgl.* blau · **schar|lach|far|ben** (*K 364*) *od* **schar|lach|far|big**; *vgl. auch* ...farben *u.* *K 272 ff.* · **schar|lach|rot**; *vgl.* blau

Schar|la|tan, der, _s, _e (*abwert*; Aufschneider, Schwindler, Quacksalber) ⟨*ital* → *frz*⟩ · **Schar|la|ta|ne|rie,** die, _, ..ien (*abwert*)

Scharm usw. ↑ charmant usw.

Schär|ma|schi|ne (*Web*)

Schar|müt|zel, das, _s, _ (*Milit veraltet*; kleines Gefecht, Plänkelei) ⟨*dt* → *ital*, *zu* schirmen⟩ · **schar|mut|zie|ren** (*veraltet*; plänkeln; liebeln)

Schar|nier, das, _s, _e (Drehgelenk für Türen usw.) ⟨*lat* → *frz*⟩ · **Schar|nier|band,** das, *Pl* ..bänder

Schär|pe, die, _, _n (um Taille od. Schulter getragenes [1]Band [2]) ⟨*lat* → *frz*⟩

Schär|rah|men (*Web*)

Schar|re, die, _, _n (*veraltet*; Werkzeug zum Scharren) · **Scharr|ei|sen** · **schar|ren** · **Schar|rer** · **Scharr|fuß** (*landsch*; Kratzfuß)

Schar|rier|ei|sen (*fachspr*; Steinmetzeisen) ⟨*frz*⟩ · **schar|rie|ren** (*fachspr*; mit dem Steinmetzeisen bearbeiten)

Schar|schmied (Pflugscharhersteller; Schmied)

Schar|te, die, _, _n ([tiefer] Einschnitt, Einhieb – *übertr*; Fehler, Mangel) ⟨*zu* [1]scheren⟩

Schar|te|ke, die, _, _n (*umg abwert*; wertloses Buch, Schmöker – *salopp abwert*; ältliche, unsympathische Frau) ⟨*Herkunft umstritten*⟩

schar|tig

Schär|trom|mel (*Web*)

Scha|rung (*fachspr*; Zusammentreffen zweier Faltengebirge)

Schar|wen|zel, *seltener* **Scher|wen|zel,** der, _s, _ (*Kartensp landsch*; Unter, Bube) ⟨*tschech*⟩ · **schar|wen|zeln,** *seltener* **scher|wen|zeln** *K 363* (*umg abwert*; sich dienernd hin und her bewegen); scharwenzelt *bzw* scherwenzelt *K 359*

Schasch|lyk [..lik], *auch* **Schasch|lik,** der *od* das, _s, _s (an kleinen Spießen gebratene Fleischstückchen mit Zwiebeln) ⟨*Turkspr* → *russ*⟩

schas|sen (*umg*; von der Schule od. Hochschule verweisen); du schaßt *K 354*; du schaßtest; geschaßt; schaß! *od* schasse! ⟨*lat* → *frz*⟩

schat|ten (*dicht*; Schatten geben); geschattet · **Schat|ten,** der, _s, _. *Zus K 365 ff.*: Schatten‿spiel usw. · **schat|ten|los**; *vgl.* ...los · **Schat|ten|mo|rel|le** (eine Sauerkirschsorte) · **schat|ten|reich** · **Schat|ten|riß** · **Schat|ten|sei|te,** *österr auch* **Schatt|sei|te** · **schat|tie|ren** (abschatten) ⟨*dt* + *f. E.*⟩ · **Schat|tie|rung** · **schat|tig**

Scha|tul|le, die, _, _n (Schatz-, Geld-, Schmuckkästchen) ⟨*germ* → *lat*⟩

Schatz, der, _es, *Pl* Schätze. *Zus K 365 ff.*: Schatz‿gräber usw. · **Schatz|an|wei|sung** (*Finanzw*) · **schätz|bar** · **Schätz|chen** · **schät|zen** *K 354* · **schät|zen|ler|nen** *K 142 u. 126* (zu achten beginnen); *Konjugation vgl.* kennenlernen · **Schatz|fund** (Sammelfund) · **Schät|zung** · **schät|zungs|wei|se** *K 176*

schau (*umg*; erstklassig, ausgezeichnet, prächtig, wirkungsvoll) · **Schau,** die, _, _en (Ausstellung, Überblick; [revuehafte] Darbietung); zur _ stellen; eine _ abziehen (*salopp*)

Schaub, der, _[e]s, *Pl* _e *od* Schäube u. *bei Maßangabe* (*K 308*) Schaub (*oberdt*; Garbe, Strohbund, Strohwisch); 3 Schaub

Schau|be, die, _, _n (*Mittelalter*; weiter Überrock) ⟨*arab* → *ital*⟩

Schau|büh|ne (*veraltet*; Theater)

Schau|der, der, _s, _ (ängstliches Zurückbeben) · **schau|der|bar** (*umg scherzh*; schauderhaft) · **schau|der|er|re|gend**; *vgl. aber K 163*; *K 115*: am _sten; ein schaudererregender Vorfall, *aber K 127*: großen Schauder erregend · **schau|der|haft** (*umg abwert*) · **schau|dern** *K 363*; mir *od* mich schaudert · **schau|der|voll** (*gehoben*)

schau|en

[1]Schau|er, der, _s, _ (Schreck; ehrfurchtsvolle Scheu; kurzer, heftiger Niederschlag)

[2]Schau|er, der *od* das, _s, _ (*landsch*; Schutzdach – *auch für* offener Schuppen)

[3]Schau|er, der, _s, _ (*seem*; Hafen-, Schiffsarbeiter) ⟨*ndrl*⟩

Schau|er|bild (Anblick, der jmdn. schaudern läßt) ⟨*zu* schauern⟩ · **schau|er|lich** (*auch umg*; schlecht) · **Schau|er|lich|keit**

Schau|er|mann, *Pl* ..leute (*seem*) ⟨*ndrl*⟩

schau|ern *K 363* (zittern, frösteln; Schauder empfinden); mir *od* mich schauert · **schau|er|voll** (*gehoben*)

Schau|fel, die, _, _n ⟨*zu* schieben⟩ · **schau|fel|för|mig** · **schau|feln** *K 363* · **Schau|fel|rad** · **Schau|fel|rad|bag|ger**

Schau|fen|ster

Schauf|ler, der, _s, _ (*weidm*; Damhirsch)

Schau|ka|sten

Schau|kel, die, _, _n · **Schau|ke|lei** (*umg abwert*) · **schau|keln** *K 363* · **Schau|kel|pferd** · **Schauk|ler**

Schau|lust, die, _ · **schau|lu|stig**

Schaum, der, _[e]s, *Pl* Schäume. *Zus K 365 ff.*: Schaum‿wein usw. · **schäu|men** · **schaum|ge|bremst**; ein _es Waschmittel · **Schaum|glas,** das, _es (Wärmedämmstoff) · **Schaum|gum|mi,** der · **schau|mig** · **Schaum|rei|ni|ger** · **Schaum|schlä|ger** (*auch übertr, abwert*) · **Schaum|schlä|ge|rei** (*abwert*) · **Schaum‿stoff, ...wein**

Schau|platz

schau|rig (schrecklich) · **Schau|rig|keit**

Schau|spiel · **Schau|spiel|dich|ter** · **Schau|spie|ler** · **Schau|spie|le|rin,** die, _, ..innen · **schau|spie|le|risch** · **schau|spie|lern** *K 363*; geschauspielert *K 358*; zu _ · **Schau|spiel|haus** · **Schau|spiel|kunst,** die, _

schau|ste|hen *K 134 u. 363*; *als Zusammensetzung nur im Inf u. seltener noch im Part II üblich*; du stehst zur Schau; zur Schau gestanden, *auch* schaugestanden; schauzustehen · **schau|stel|len** *K 134*; du stellst zur Schau; zur Schau gestellt, *auch* schaugestellt; schauzustellen · **Schau|stel|ler** · **Schau|stel|lung**

[1]Scheck, *schweiz auch* **[1]Check** [ʃɛk], der, _s, *Pl* _s, *österr nur so, seltener* _e (Zahlungsanweisung an eine Bank, an die Post) ⟨*pers* → *arab* → *lat* → *frz* → *engl*⟩. *Zus K 365 ff.*: Scheck‿buch usw.

Schecke[1], die, _, _n *u.* der, _n, _n, *auch* **[2]Scheck,** der, _en, _en (geschecktes Tier) ⟨*pers* → *arab* → *frz*⟩ · **scheckig**[1]; scheckigbraun (*vgl.* blau); buntscheckig · **Scheck|vieh** (scheckiges Vieh)

Sched|dach [ˈʃɛtdax] (sägezahnförmiges Dach) ⟨*engl*⟩

scheel · **scheel|blickend**[1]; *vgl. aber K 166* · **Scheel|sucht,** die, _ (*veraltend*) · **scheel|süch|tig** (*veraltend*)

Sche|fe, die, _, _n (*südd*; [1]Schote)

Schef|fel, der, _s, _ (ein altes Hohlmaß) ⟨*zu* Schaff⟩ · **schef|feln** *K 363* (*umg abwert*; zusammenraffen, geizig erraffen); es scheffelt (es

---

[1] *Tr* ..k|k..

kommt viel ein) · **schef|fel|wei|se** *K 176*

Sche|he|re|za|de [..'za:də] (Märchenerzählerin aus »1001 Nacht«) ⟨*pers*⟩

Scheib|band, das, *Pl* ..bänder (*bayr*; Brustriemen zum Karrenziehen) · **Scheib|chen** · **Schei|be,** die, _, _n · **schei|ben** (*bayr, österr*; [kegel]schieben); du schobst; du schöbest; geschoben; scheib[e]! · **Scheiben|brem|se** · **schei|ben|för|mig** · **Schei|ben|gar|di|ne** · **Schei|ben|klei|ster,** der, _s (*umg verhüll*); *meist in* so ein _! · **Schei|ben‿schie|ßen, ...wi|scher** · **schei|big** · **Scheib|tru|he** (*bayr, österr*; Schubkarren)

Scheich ⟨*arab*, ‚Ältester'⟩, *auch* **Scheik** ⟨*arab* → *engl u. frz*⟩, der, _[e]s, *Pl* _e *od* _s (Häuptling eines Beduinenstammes) · **Scheich|tum**

Schei|de, die, _, _n

Schei|degg [*schweiz* ..'dɛk], die, _ (Name zweier Alpenpässe in der Schweiz); *K 258*: die Große _, die Kleine _

Schei|de|kunst, die, _ (alter Name der Chemie) · **Schei|de|mün|ze** (kleine Geldmünze von geringem Wert) · **schei|den;** du schiedst; du schiedest; geschieden; scheid[e]! · **Schei|den|ent|zün|dung** · **Schei|de|wand** · **Schei|de|was|ser,** das, _s (*Chem veraltet*; Salpetersäure) · **Schei|de|weg** · **Schei|dung** · **Schei|dungs‿grund, ...kla|ge, ...pro|zeß**

Scheik ↑ Scheich

Schein, der, _[e]s, _e · **schein|bar** (nur dem [der Wirklichkeit nicht entsprechenden] Scheine nach); er hörte scheinbar aufmerksam zu (in Wirklichkeit dachte er an etwas anderes), *aber*: er hörte anscheinend aufmerksam zu (wie es den Anschein hatte, hörte er aufmerksam zu; es ist ziemlich sicher, daß er aufmerksam zuhörte); *vgl. auch* anscheinend · **Schein|da|sein** · **scheinen;** du schienst; du schienest; geschienen; schein[e]! · **Schein|füßchen** (*Zool*) · **Schein‿ge|fecht, ...grund** · **schein|hei|lig** (*abwert*) · **Schein|hei|lig|keit** (*abwert*) · **Schein|kauf** · **Schein|tod** · **scheintot** · **Schein|wer|fer** · **Schein|wider|stand** (*Elektrotechn*)

scheiß..., Scheiß... (*derb verstärkend*; z. B. scheißegal, Scheißkerl) · **Schei|ße,** die, _ (*derb*; Kot – *übertr, derb*; etw. Wertloses, unangenehme Angelegenheit) · **scheißen** (*derb*); du scheißt *K 354*; ich schiß, du schißt; du schissest; geschissen; scheiß[e]! ⟨*zu* [aus]scheiden⟩ · **Scheiß|kerl** (*derb*)

Scheit, das, _[e]s, *Pl* _e, *auch, österr u. schweiz nur,* _er; *vgl. aber* Grabscheit, Ortscheit

Schei|tel, der, _s, _ ⟨*zu* scheiden⟩. *Zus K 365 ff.*: Scheitel‿punkt usw. · **schei|teln** *K 363*

schei|ten (*schweiz*; Scheite machen) · **Schei|ter|hau|fen** · **scheitern** *K 363* · **Scheit|holz** · **scheitrecht** (geradlinig; flach)

Sche|kel, der, _s, _ (Währungseinheit in Israel) ⟨*hebr*⟩

Schelch, der *od* das, _[e]s, _e (*rhein u. ostfränk*; größerer Kahn)

Schel|de, die, _ (Fluß in Westeuropa)

Schelf, der *od* das, _s, _e (*Geogr, Geol*; Festlandsockel; unter dem Meeresspiegel gelegener Rand der Kontinente) ⟨*engl*⟩

Schel|fe *od* **Schil|fe,** die, _, _n (Hülse, Fruchthülse, Schale) · **schelferig** usw. ↑ schilferig usw. · **Schel|lack** (ein Harz) ⟨*ndrl*⟩

[1]**Schel|le,** die, _, _n (Klammer, Bügel zur Befestigung von Rohren) ⟨*zu* [2]Schale⟩

[2]**Schel|le,** die, _, _n (Glöckchen – *landsch*; Ohrfeige) · **schel|len** · **Schel|len,** das, _ (eine Spielkartenfarbe) · **Schel|len|as** (*Kartensp*; höchste Schellenkarte) · **Schel|len|baum** (Rassel- od. Klingelinstrument) · **Schel|len|bu|be** (*Kartensp*) · **Schel|len|ge|läut** *od* **Schel|len|ge|läu|te**

Schell|fisch ⟨*zu* [2]Schale⟩

Schellkraut ↑ Schöllkraut

Schelm, der, _[e]s, _e (Schalk – *veraltet*; Narr, Betrüger) ⟨‚Aas'⟩. *Zus K 365 ff.*: Schelmen‿roman usw. · **Schel|me|rei** · **schel|misch;** _ste

Schel|te, die, _, _n (*gehoben*; Tadelwort; ernster Vorwurf) · **schelten** (*gehoben*); du schiltst, er schilt; du schaltst *od* schaltest; er schalt; du schältest, *älter* schöltest; gescholten; schilt! · **Schelt|wort,** *Pl* ..worte (*gehoben*)

Sche|ma [*österr auch* 'sçe:..], das, _s, *Pl* _s *od* _ta, *auch* ..men (anschauliche Darstellung des Wesentlichen eines Sachverhalts; Muster, Aufriß; Entwurf) ⟨*grch*⟩; nach Schema F (*umg*) · **sche|ma|tisch;** _ste ⟨*grch* → *lat*⟩ · **sche|ma|ti|sie|ren** (nach einem Schema behandeln; in eine Übersicht bringen) · **Sche|ma|tis|mus,** der, _, ..men (*abwert*; gedankenlose Nachahmung eines Schemas – *österr auch für* Rangliste für öffentlich Bedienstete)

Schem|bart (Maske mit Bart) ⟨*zu* [2]Schemen⟩ · **Schem|bart|lau|fen,** das, _s (Fastnachtsumzug)

Sche|mel, der, _s, _ ⟨*lat*⟩

[1]**Schemen** ↑ Schema

[2]**Sche|men,** der, _s, _ (Schatten; Gespenst – *landsch*; Maske) ⟨*zu* schimmern⟩ · **sche|men|haft**

Schen|jang, *neuere Schreibung* **Shen|yang** [ʃən'iaŋ] (Stadt im NO Chinas)

Schenk, der, _en, _en (*hist*; Diener [zum Einschenken] – *veraltet*; Wirt) ⟨*zu* schenken⟩ · **Schen|ke,** die, _, _n (kleine Gastwirtschaft); *vgl. aber* Schank

Schen|kel, der, _s, _ · **Schen|kel|hals** (*Anat*) · **Schen|kel|hals|bruch,** der

schen|ken (als Geschenk geben – *noch gehoben*; einschenken)

...schenk|lig *K 362* (z. B. gleichschenklig)

Schenkstube usw. ↑ Schankstube usw. · **Schen|kung** (*Rechtsw*)

schep|pern *K 363* (*landsch umg*; klappern, klirren) ⟨*lautm*⟩

Scher|be, die, _, _n · **Scher|bel,** der, _s, _ (*landsch*; Scherbe) · **scher|beln** *K 363* (*landsch*; tanzen) · **Scher|ben,** der, _s, _ (*bayr, österr*; Scherbe) · **Scher|ben|gericht,** das, _[e]s; ein _ veranstalten

Scherbett ↑ Sorbet

Sche|re, die, _, _n · [1]**sche|ren** (abschneiden); du schorst, *auch* schertest; du schörest, *auch* schertest; geschoren, *auch* geschert; scher[e]!

[2]**sche|ren** (kümmern, angehen): 1. *a. unpersönl, veraltend*; was schert *od* schiert es ihn!; was scherte es ihn!; was hat es ihn geschert! – *b.* sich (*Akk*) _ (*umg*; sich bekümmern); du scherst dich nicht darum; du schertest dich nicht darum; du hast dich nicht darum geschert – 2. sich (*Akk*) _ (*umg*; sich fortmachen); er scherte sich; du hast dich geschert

Sche|ren‿fern|rohr, ...schlei|fer, ...schnitt · **Sche|rer**

Sche|re|rei (*umg*; Unannehmlichkeit)

Scherf|lein (kleiner Beitrag) ⟨*abgeleitet von* Scherf, einer alten, kleinen Münze⟩

Scher|ge, der, _n, _n (*abwert*; Vollstrecker der Befehle eines Machthabers; Büttel) ⟨*zu* Schar⟩ · **Scher|gen|dienst** (*abwert*)

Sche|rif, der, *Gen* _s, *Pl* _e *od Gen* _en, *Pl* _en (Ehrenbezeichnung der Nachkommen Mohammeds) ⟨*arab*, ‚erhaben'⟩

Scheriff ↑ Sheriff

Scher|kopf · **Scher|ling** (*fachspr*; geschorenes Schaffell) · **Scher|ma|schi|ne** (zum Scheren) · **Scher|maus** (Wühlmaus, Wasserratte – *süddt, österr, schweiz*; Maulwurf) · **Scher|mes|ser,** das

Scherwenzel usw. ↑ Scharwenzel usw.
Scher|wol|le
Scherz, der, _es, _e; aus _; im _
scher|zan|do [skɛr..] (*Mus*; scherzend, heiter) ⟨*dt* → *ital*⟩ · **Scher-zan|do,** das, _s, *Pl* _s *od* ..di
Scherz|ar|ti|kel
Scher|zel, das, _s, _ (*bayr, österr*; Endstück des Brotes) ⟨*lat* → *ital*⟩
scher|zen *K 354* · **Scherz|ge|dicht** · **scherz|haft** · **scherz|haf|ter|wei-se** *K 176*
Scher|zo [ˈskɛr..], das, _s, *Pl* _s *od* Scherzi (*Mus*; schnelles, meist heiteres Instrumentalstück) ⟨*dt* → *ital*⟩
Scherz|rät|sel · **scherz|wei|se** *K 176* · **Scherz|wort,** *Pl* ..worte
scheu; _[e]ste; _ sein; _ werden · **Scheu,** die, _; ohne _ · **Scheu-che,** die, _, _n (Schreckbild, -gestalt [auf Feldern usw.]) · **scheu-chen** · **scheu|en;** sich (*Akk*) _
Scheu|er, die, _, _n (*bes süddt*; Scheune)
scheu|ern *K 363* ⟨*lat* → *frz* → *ndrl*⟩ · **Scheu|er|sand** · **Scheu|er-tuch,** *Pl* ..tücher
Scheu‿klap|pen (*Pl*), **...le|der** · **scheu|los;** *vgl.* ...los
Scheu|ne, die, _, _n. *Zus K 365ff.*: Scheunen‿tor (das) usw.
Scheu|sal, das, _[e]s, _e (*abwert*) ⟨*zu* scheuen⟩ · **scheuß|lich** · **Scheuß|lich|keit**
Sche|ve|nin|gen [..v..] (Stadtteil von Den Haag, Seebad)
Schi ↑ Ski
Schicht, die, _, _en · **Schicht‿ar-beit, ...ar|bei|ter** · **Schich|te,** die, _, _n (*österr*; Schichtung; Gesteinsschicht; Überzug) · **schich-ten** · **Schich|ten|fol|ge** (*Geol*) · **Schich|ten|kopf** (*bergm*) · **Schicht-fest|me|ter,** das *od* der, *schweiz nur so* (1 m^3 lose geschichtetes Holz [im Gegensatz zu Festmeter]); *Einheitenzeichen* SFm · **...schich|tig** (z. B. dreischichtig [*mit Ziffer K 284* 3schichtig]) · **Schicht‿lohn, ...prä|mie** · **Schich|tung** · **Schicht-wech|sel** · **schicht|wei|se** *K 176* · **Schicht|wol|ke**
schick, *seltener* **chic** [ʃik] (modegerecht, elegant, geschmackvoll) ⟨*frz*⟩; das Kleid ist schick, *seltener* chic, *aber nur*: ein schickes Kleid · [1]**Schick,** der, _[e]s (modische Feinheit, Eleganz); _ haben
[2]**Schick,** der, _[e]s (richtige Ordnung, gute Lebensart – *schweiz auch für* einzelnes Handelsgeschäft) · **schicken** [*Tr* schik|ken]; sich (*Akk*) _; es schickt sich nicht · **schick|lich** (*noch gehoben*) · **Schick|lich|keit,** die, _ (*noch gehoben*) · **Schick|sal,** das, _[e]s, _e · **Schick|sals|tra|gö|die**
Schick|se, die, _, _n (*salopp abwert*; unangenehme od. zänkische weibl. Person; leichtes Mädchen) ⟨*rotw*⟩
Schickung [*Tr* Schik|kung] (*gehoben*; Schicksal, Fügung)
Schie|be|bock (*landsch*; Schubkarre[n]) · **Schie|be‿dach, ...fen-ster** · **schie|ben;** du schobst; du schöbest; geschoben; schieb[e]! · **Schie|ber** (*auch umg*; gewinnsüchtiger, unredlicher Händler) · **Schie-be|tür** · **Schieb|fach** (*landsch*; Schubfach) · **Schiebkarre[n]** ↑ Schubkarre[n] · **Schieb|leh|re** (ältere Bez. für Meßschieber) · **Schie-bung** (*auch umg*; gewinnsüchtiger Handel, Betrug)
schiech (*bayr, österr*; häßlich, zornig, furchterregend)
Schieds‿ge|richt, ...kom|mis|sion, ...rich|ter · **schieds|rich|ter|lich** · **schieds|rich|tern;** geschiedsrichtert *K 358*; zu _ · **Schieds|spruch**
schief; *K 119*: die schiefe Ebene, *aber K 258*: der Schiefe Turm von Pisa. *Schreibung bei Verben u. Partizipien K 135*: jmdn. _ ansehen (*umg*); _ gewachsen, _ gewickelt, _ gehen, *vgl. aber* schiefgehen, schiefgewickelt, schiefliegen, schieftreten · **Schie|fe,** die, _
Schie|fer, der, _s, _ (Sammelbez. für eine Gesteinsgruppe – *landsch u. österr*; Holzsplitter). *Zus K 365ff.*: Schiefer‿dach usw. · **Schie|fer|bruch,** der · **schie|fe|rig** *K 362* · **schie|fern** *K 363* (schieferig sein; mit [zerkleinertem] Schiefer bestreuen); sich (*Akk*) _ (*landsch u. österr*; sich einen Splitter einziehen)
schief|ge|hen *K 137 u. 363* (mißlingen); es geht schief; schiefgegangen; schiefzugehen; *aber*: schief (mit schiefer Haltung) gehen · **schief|ge|wickelt** [*Tr* ...wik|kelt] *K 128* (*umg*; im Irrtum); da bist du aber schiefgewickelt, *aber K 125*: du hast das Garn schief gewickelt · **Schief|heit** · **schief|lie|gen** *K 137* (*umg*; abwegige Gedanken äußern); du liegst schief; schiefgelegen; schiefzuliegen; *aber*: schief (schräg) liegen · **schief|tre|ten** *K 137* (z. B. Absätze); *Konjugation vgl.* schiefliegen; *aber*: schief treten, du bist schief getreten · **schief|wink|lig** *K 362*
schie|len ⟨zu scheel⟩ · **Schie|ler**
Schie|mann, der, _[e]s, ..männer (*norddt*; Matrose) · **schie|man|nen** (*norddt*; Matrosendienste verrichten); geschiemannt *K 358*
Schien|bein · **Schie|ne,** die, _, _n · **schie|nen** · **Schie|nen‿er|satz|ver-kehr, ...fahr|zeug, ...netz** · **Schie-nen|stoß** (Stelle, an der zwei Schienen aneinandergefügt sind) · **Schie-nen|strang**
schier: 1. *Adv* (*altertümelnd*; bald, beinahe, gar); das ist _ unmöglich – 2. *Adj* (*landsch*; lauter, rein); in _er Butter braten
Schier ↑ Ski
schie|ren (*süddt*; klären, auslesen, durchleuchten)
Schier|ling (eine Giftpflanze, Doldengewächs) · **Schier|lings|be-cher** (*hist*)
schiert ↑ *unter* [2]scheren
Schieß|baum|wol|le, die, _ · **schie-ßen;** du schießt *K 354*; du schossest, er schoß; du schössest; geschossen; schieß[e]! · **Schie|ßen,** das, _s, _; es ist zum _ (*umg*; zum Lachen) · **Schie|ßer** · **Schie|ße-rei** · **Schieß|ge|wehr** (*kinderspr*) · **Schieß|prü|gel,** der (*umg scherzh*; Gewehr) · **Schieß‿schar|te, ...stand, ...übung**
Schiet, der, _s *od* **Schie|te,** die, _ (*norddt u. umg verhüll*; Scheiße)
Schifahrer usw. ↑ Skifahrer usw.
Schiff, das, _[e]s, _e · **Schiffahrt** [*Tr* Schiff|fahrt *K 78*], die, _ · **schiff|bar;** einen Fluß _ machen · **Schiff|bar|keit,** die, _ · **Schiff|bar-ma|chung,** die, _ · **Schiff|bau,** *fachspr nur so, im allg Sprachgebrauch auch* **Schiffs|bau,** der, _[e]s · **Schiff|bruch,** der · **schiff-brü|chig** · **Schiff|brücke** [*Tr* ...brük|ke] (Pontonbrücke); *vgl. auch* Schiffsbrücke · **schif|feln** *K 363* (süddt; Kahn fahren) · **schif-fen** (*auch salopp*; regnen; urinieren) · **Schif|fer** · **Schif|fe|rin,** die, _, ..innen · **Schif|fer|müt|ze** · **Schiffs|arzt** · **Schiffsbau** ↑ Schiffbau · **Schiffs|brücke** [*Tr* ...brük|ke] (Brücke, die vom Land aufs Schiff führt – *auch für* Pontonbrücke); *vgl. auch* Schiffbrücke · **Schiffs-‿jun|ge** (der), **...ka|pi|tän, ...koch, ...la|dung, ...mann-schaft, ...mo|dell** · **Schiffs|na|me;** *vgl. auch K 129* · **Schiffs‿plan|ke, ...raum, ...rumpf, ...schrau|be, ...tau** (das), **...tau|fe, ...werft** (die), **...zim|mer|mann**
[1]**schif|ten** (*seem*; wechseln, die Lage verändern; rutschen) ⟨*engl*⟩
[2]**schif|ten** (*Bauw*; [Balken] nur durch Nägel verbinden, [zu]spitzen – *weidm*; eine abgebrochene Feder des Beizvogels ersetzen) · **Schif|ter,** der, _s, _ (*Bauw*; Dachsparren)
Schihaserl ↑ Skihaserl
Schi|is|mus, der, _ (eine Glaubensrichtung im Islam) ⟨*arab* → *lat*⟩ · **Schi|it,** der, _en, _en (Anhänger des Schiismus) · **schi|itisch**

Schi|ka|ne, die, –, –n (böswillig bereitete Schwierigkeit) ⟨frz⟩ · **Schi|ka|neur** [..'nø:r], der, –s, –e (Ränkeschmied; böswilliger Quäler) · **schi|ka|nie|ren** · **schi|ka|nös** *K 349* (boshaft)

Schikjöring ↑ Skikjöring

Schi|ko|ku *od* **Shi|ko|ku** [ʃi..] (eine der vier japan. Hauptinseln)

Schilauf usw. ↑ Skilauf usw.

Schil|cher (*österr*; hellroter Wein)

Schild: 1. der, –[e]s, –e (eine Schutzwaffe) – 2. das, –[e]s, –er (Erkennungszeichen, Aushängeschild)

Schil|dau, Gnei|se|nau|stadt (im Bez. Leipzig)

Schild|bür|ger (*übertr, iron*; törichter, engstirniger Mensch, Spießbürger) · **Schild|bür|ger|streich** (*iron*) · **Schild|drü|se** · **Schil|der|haus** · **schil|dern** *K 363* · **Schil|de|rung** · **Schild|krot,** das, –[e]s (*landsch u. österr*; Schildpatt) · **Schild‿krö|te, ...laus** · **Schild|patt,** das, –[e]s (Hornplatten der Seeschildkröten) (*zu* ²paddeln)

Schilf, das, –[e]s, –e ⟨lat⟩ · **schilf|be|deckt**

Schilfe ↑ Schelfe

schil|fen *K 364* (aus Schilf) ⟨lat⟩

schil|fe|rig *od* **schel|fe|rig** *K 362* (*landsch*) · **schil|fern** *od* **schel|fern** *K 363* (*landsch*; in kleinen Schuppen, Teilen abschälen)

Schilf|gras · **schil|fig** · **Schilf|rohr**

Schilift ↑ Skilift

Schill, der, –[e]s, –e (*bes österr*; Zander)

Schil|le|bold, der, –[e]s, –e (*norddt*; Libelle)

Schil|ler, der, –s, – (Farbenglanz; hellroter Wein). *Zus K 365ff.*: Schiller‿taft, ...wein usw.

schil|le|rig *K 362* (schillernd)

schil|le|risch *od* **schil|lersch** *K 218 u. 219* (*nach* dem Dichter Schiller) · **Schil|le|risch** *od* **Schil|lersch** *K 217 u. 219* · **Schil|ler|locke** [*Tr* ...lok|ke] *K 209* (ein Gebäck; ein geräuchertes Fischstück)

schil|lern *K 363* (*zu* schielen)

schillersch usw. ↑ schillerisch usw.

Schil|ling: 1. der, –s, *Pl* –e *u. bei Wertangabe* (*K 310*) Schilling (Währungseinheit in Österreich); *Abk* ÖS, *in Österreich* S – 2. *engl* **Shil|ling** ['ʃi..], der, –s, *Pl* –s *u. bei Wertangabe* (*K 310*) Shilling (Währungseinheit in Kenia, Tansania u. in anderen Ländern; ehem. Münzeinheit in Großbritannien [*Abk* sh]) (*zu* Schild)

schilpen ↑ tschilpen

Schi|mä|re, *auch, österr nur,* **Chi|mä|re** [ʃ.., *österr auch* ç..], die, –, –n (Trugbild, Hirngespinst) ⟨grch → lat → frz⟩ · **schi|mä|risch,** *auch, österr nur,* **chi|mä|risch** [ʃ.., *österr* ç..] (trügerisch, phantastisch); *vgl. auch* Chimäre

Schim|mel: 1. der, –s (weißl. od. grünl. Pilzüberzug auf organ. Stoffen) – 2. der, –s, – (weißes Pferd) · **Schim|mel‿ge|spann, ...hengst** · **schim|me|lig** *K 362* · **schim|meln;** es schimmelt · **Schim|mel|pilz** (*meist Pl*) · **Schim|mel|rei|ter,** der, –s (*dt Sage*; geisterhaftes Wesen; Totenführer, Beiname Wodans) · **Schim|mer** · **schim|mern;** es schimmert

Schi|mo|no|se|ki *od* **Shi|mo|no|se|ki** [ʃi..] (Hafenstadt in Japan)

Schim|pan|se, der, –n, –n (afrikan. Menschenaffe) ⟨*Bantu*, ,Wurzelgräber'⟩

Schimpf, der, –[e]s, *Pl* (*selten*) –e; mit – und Schande · **Schimp|fe,** die, – (*umg*); – kriegen · **schimp|fen** · **Schimp|fer** · **Schimp|fe|rei** (*abwert*)

schimp|fie|ren (*veraltet*; beschimpfen; verderben) ⟨lat → frz, *an* Schimpf *angelehnt*⟩

schimpf|lich · **Schimpf|na|me** · **Schimpf|wort,** *Pl* ..worte *u.* ..wörter; *vgl. auch* Wort

Schin|del, die, –, –n ⟨lat⟩ · **Schin|del|dach** · **schin|deln** *K 363*

schin|den (quälen, plagen); du schundst *od* schundest; du schündest; geschunden; schind[e]! (,enthäuten') · **Schin|der** (*abwert*) · **Schin|de|rei** (*abwert*)

schin|dern *K 363* (*obersächs*; auf dem Eise gleiten)

Schind|lu|der; *nur in* mit jmdm. – treiben (*umg*; jmdn. schmählich behandeln) · **Schind|mäh|re** (*abwert*) (*zu* ¹Mähre)

Schin|ken, der, –s, – (*zu* Schenkel). *Zus K 365ff.*: Schinken‿brötchen usw.

Schin|ne, die, –, –n, *meist Pl* (*norddt*; Kopfschuppe) (*zu* schinden)

Schin|to|is|mus *od* **Shin|to|is|mus** [ʃin..], der, – (altjapan. Religion) ⟨chin → jap → lat⟩ · **schin|toi|stisch** *od* **shin|toi|stisch**

Schip|pe, die, –, –n (Schaufel – *umg scherzh*; unmutig aufgeworfene Unterlippe, verzogener Mund) · **schip|pen** (schaufeln) · **Schip|pen,** das, – (eine Spielkartenfarbe [Grün])

Schi|ras, der, –, – (Halbpersianer, Iranpersianer, eine Pelzart) (*nach* der südiran. Stadt Schiras)

Schirm, der, –[e]s, –e. *Zus K 365ff.*: Schirm‿mütze usw. · **Schirm|bild|ver|fah|ren** (*Med*) · **schir|men** (*gehoben*) · **Schirm‿herr, ...herrschaft, ...ma|cher, ...stän|der**

Schi|ro|k|ko, der, –s, –s (warmer Mittelmeerwind) ⟨arab → ital⟩

Schirr, das, –s, –e (*schweiz*; Pferdegeschirr) · **schir|ren** · **Schirr|meister** (*hist*)

Schir|ting, der, –s, *Pl* –s *od* –e (Baumwollgewebe) ⟨engl⟩

Schis|ma ['ʃis.., *auch* 'sçis..], das, –s, *Pl* ..men *od* –ta (*Kirche*; Spaltung einer Religionsgemeinschaft) ⟨grch⟩ · **Schis|ma|ti|ker,** der, –s, – (*Kirche*; Urheber eines Schismas; Anhänger der abgetrennten Gemeinschaft; Abtrünniger) · **schis|ma|tisch** (*Kirche*)

Schisport ↑ Skisport

Schiß: 1. der, ..isses, ..isse (*derb*; Kot) – 2. der, ..isses (*übertr, derb*; Angst)

Schi|wa *od* **Shi|va** ['ʃi:va] (einer der Hauptgötter des Hinduismus) ⟨aind, ,der Gnädige'⟩

schi|zo|id (*Med*; die psychischen Zeichen der Schizophrenie aufweisend) ⟨grch⟩

Schi|zo|my|ze|ten [ʃi.., *auch* sçi..] *Pl* (*Biol, Med*; Bakterien); *Sg* Schi|zo|my|zet, der, –en ⟨grch → lat⟩

schi|zo|phren (*Med*; spaltungsirre – *übertr*; in sich zwiespältig) ⟨grch⟩ · **Schi|zo|phre|nie,** die, –, ..ien (*Med*; Spaltungsirresein – *übertr*; Zwiespältigkeit)

Schlab|be|rei (*umg*) · **schlab|be|rig** *K 362* (*umg*) · **schlab|bern** *od* **schlap|pern** *K 363* (*umg*; schlürfend trinken u. essen; lecken – *landsch*; schwätzen) ⟨lautm⟩

Schlacht, die, –, –en (*zu* schlagen)

Schlach|ta, die, – (*hist*; poln. Adel) ⟨poln⟩

Schlacht|bank, *Pl* ..bänke · **schlacht|bar** · **schlach|ten** · **Schlach|ten‿bumm|ler** (*umg scherzh*), **...ma|ler** · **Schlach|ter** (berufsmäßig Schlachtender – *norddt*; Fleischer) · **Schläch|ter** (*landsch*; Fleischer) · **Schlach|te|rei** (*norddt*; Fleischerei) · **Schläch|te|rei** (*landsch*; Fleischerei – *abwert*; Gemetzel, Metzelei) · **Schlacht‿feld, ...fest, ...hof, ...mes|ser** (das) · **schlacht|reif** · **Schlacht|roß,** *Pl* ..rosse

Schlach|tschitz, der, –en, –en (*hist*; Angehöriger der Schlachta) ⟨poln⟩

Schlacht|vieh

schlack (*bayr u. schwäb*; schlaff) · **Schlack,** der, –[e]s (*norddt*; breiige Masse; Gemisch aus Regen und Schnee) · **Schlack|darm** (*norddt*; Mastdarm)

Schlacke[1], die, –, –n (ein Nebenprodukt der Metallgewinnung; ge-

---

[1] *Tr* ..k|k..

schmolzene [u. wieder erstarrte] Asche) · **schlacken**[1] (Schlacke bilden) · **Schlacken‿bahn**[1], **...erz** · **schlacken|frei**[1] · **Schlacken|halde**[1] · **schlacken|reich**[1]

schlackern[1] *K 363* (*landsch umg*; schlenkern, schütteln – *norddt*; zugleich regnen u. schneien); es schlackert · **Schlacker|schnee**[1] (*norddt*) · **schlackig**[1] · **Schlackwurst**

Schlaf, der, _[e]s · **Schlaf|an|zug** · **Schläf|chen** · **Schlaf|couch** [..kautʃ] · **Schlä|fe,** die, _, _n (Schädelteil) · **schla|fen;** du schläfst, er schläft; du schliefst; du schliefest; geschlafen; schlaf[e]!; schlafen gehen; [sich (*Akk*)] schlafen legen · **Schlä|fen‿bein, ...gegend** · **Schla|fen|ge|hen,** das, _s · **Schla|fens|zeit** · **Schlä|fer** · **schläfern** (*noch gehoben*); mich schläfert *od* es schläfert mich

schlaff; _[e]ste · **Schlaff|heit**

Schlaf|gast, *Pl* ..gäste

Schla|fitt|chen (*übertr*; Rockschoß) (*aus* Schlagfittich = ‚Flügelschwungfeder'); *nur noch in* jmdn. am *od* beim _ nehmen, kriegen (*umg*)

Schlaf|krank|heit, die, _ · **schlaflos** *K 349*; *vgl.* ...los · **Schlaf|losig|keit,** die, _ · **Schlaf|mit|tel** · **Schlaf|müt|ze** (*umg abwert*) · **schlaf|müt|zig** (*umg abwert*) · **schläf|rig** · **Schläf|rig|keit,** die, _ · **Schlaf‿rock, ...sack** · **Schlaf|störung,** *meist Pl* · **Schlaf|sucht,** die, _ · **schlaf|süch|tig** · **Schlaf‿tablet|te, ...trunk** · **schlaf|trun|ken** · **Schlaf|trun|ken|heit,** die, _ · **Schlaf|wa|gen** · **Schlaf|wan|del** · **schlaf|wan|deln** *K 363*; du hast (*auch* bist) geschlafwandelt *K 358*; zu schlafwandeln · **Schlaf|wand|ler** · **Schlaf|wand|le|rin,** die, _, ..innen · **schlaf|wand|le|risch** · **Schlaf|zim|mer**

Schlag, der, _[e]s, ..äge; Schlag 2 Uhr, *österr* schlag 2 Uhr; Schlag auf Schlag · **Schlag‿ader, ...anfall** · **schlag|ar|tig** · **Schlag|ball** · **schlag|bar** · **Schlag|baum** · **Schlag|bohr|ma|schi|ne** · **Schlagbol|zen** · **Schla|ge,** die, _, _n (*landsch*; Hammer) · **Schlä|gel,** der, _s, _ (Bergmannshammer); *vgl. auch* Schlegel · **schla|gen;** du schlägst, er schlägt; du schlugst; du schlügest; geschlagen; schlag[e]!; jmdm. (*auch* jmdn.) ins Gesicht _; schlagende Wetter (*bergm*) · **Schlager,** der, _s, _ (modisches Lied mit eingängiger Melodie; erfolgreiches Buch, Theaterstück; Spitzenprodukt) · **Schlä|ger** (*abwert*; jmd., der schlägt – *Sport*; Fechtwaffe; Schlagholz, Racket) · **Schlä|ge|rei** · **Schla|ger|fe|sti|val** [..v..] · **schlägern** *K 363* (*österr* [*Forstw*]; Bäume fällen, schlagen) · **Schlager‿sän|ger, ...star** · **Schlä|gerung** (*österr* [*Forstw*]) · **schlag|fertig** · **Schlag|fer|tig|keit,** die, _ · **Schlag|fluß** (*veraltet*; Schlaganfall) · **Schlag|in|stru|ment** · **Schlag|licht,** *Pl* ..lichter · **Schlagobers** (*österr*; Schlagsahne) · **Schlag‿sah|ne, ...schat|ten, ...sei|te** · **Schlag|wort,** *Pl* ..worte *u.* ..wörter; *vgl. auch* Wort · **Schlag|zei|le** · **Schlag|zeug** · **Schlag|zeu|ger,** der, _s, _

Schlaks, der, _es, _e (*salopp abwert*; lang aufgeschossener, ungeschickter Mensch) (*zu* schlackern) · **schlak|sig** (*salopp abwert*)

Schla|mas|sel, der, *auch* das, *österr nur so,* _s, _, *österr auch* **Schlama|stik,** die, _, _en (*umg*; Unglück; Widerwärtiges) (*jidd*)

Schlamm, der, _[e]s, *Pl* _e *od* Schlämme · **Schlammasse** [*Tr* Schlamm|mas|se *K 78*] · **Schlammbad** · **Schlamm|bei|ßer** (ein Fisch) · **schlam|men** (Schlamm absetzen) · **schläm|men** (von Schlamm reinigen; trockene Massen mit Wasser aufbereiten); *vgl. aber* schlemmen · **schlam|mig** · **Schlämm|krei|de,** die, _

Schlamp, der, _[e]s, _e (*süddt umg abwert*; unordentlicher Mensch) · **schlam|pam|pen** (*umg*; schlemmen, sein Gut verprassen); *Part II* schlampampt · **Schlam|pe,** *auch* **Schlum|pe,** die, _, _n (*umg abwert*; unordentl. Frau) · **schlampen,** *auch* **schlum|pen** (*umg abwert*; unordentlich sein od. arbeiten) · **Schlam|per** (*landsch umg abwert*; unordentlich Arbeitender od. Gekleideter) · **Schlam|pe|rei,** *auch* **Schlum|pe|rei** (*umg abwert*; Unordentlichkeit) · **schlam|pig,** *auch* **schlum|pig** (*umg abwert*)

Schlan|ge, die, _, _n (*zu* [sich] [1]schlingen); *K 131*: Schlange stehen · **schlän|ge|lig** *K 362* · **schlän|geln, sich** (*Akk*) *K 363* · **Schlan|gen‿biß, ...haut, ...li|nie, ...mensch** (der)

schlank; _er, _[e]ste. *Schreibung bei Verben K 135*: sich (*Akk*) _ machen · **Schlank|heit,** die, _ · **schlank|weg** [*od* ..'vɛk]

schlapp (schlaff); *vgl. auch* schlappmachen

Schlap|pe, die, _, _n (*umg*; Niederlage; Verlust)

schlap|pen (schlaff, schleppend hängen od. sich bewegen) (*zu* schlapp) · **Schlap|pen,** der, _s, _ (*umg*; bequemer Hausschuh)

schlappern ↑ schlabbern

Schlapp|heit, die, _ · **Schlapp|hut,** der · **schlapp|ma|chen** *K 136* (*umg*; Anstrengungen nicht aushalten; versagen); du machst schlapp; schlappgemacht; schlappzumachen · **Schlapp|ohr** (*auch scherzh*; Hase) · **Schlapp|schwanz** (*salopp abwert*; energieloser Mensch)

Schla|raf|fe, der, _n, _n ([üppiger] Müßiggänger) (= *mhd* slûr ‚Faulenzer' + Affe) · **Schla|raf|fenland,** das, _[e]s (märchenhaftes Schlemmerland) · **Schla|raf|fen|leben,** das, _s · **Schla|raf|fia** (Schlaraffenland) (*dt* + *f. E.*) · **schla|raffisch** (müßig genießend); _ste (*zu* Schlaraffe)

schlau; _er, _[e]ste

Schlau|be, die, _, _n (*landsch*; Fruchthülle, Schale) · **schlau|ben** (*landsch*; enthülsen)

Schlau|ber|ger, der, _s, _ (*umg scherzh*; Schlaukopf) · **Schlau|berge|rei,** die, _

Schlauch, der, _[e]s, ..äuche · **schlauch|ar|tig** · **Schlauch|boot** · **schlau|chen** (Flüssigkeiten durch einen Schlauch leiten – *umg*; jmdn. scharf hernehmen, viel arbeiten lassen; auf jmds. Kosten leben) · **schlauch|för|mig** · **schlauch|los**; *vgl.* ...los; _e Reifen · **Schlauch‿pilz, ...rol|le, ...wa|gen**

Schlau|der, die, _, _n (*Arch*; eiserne Verbindung an Bauwerken) · **schlau|dern** *K 363* (*Arch*; mit Schlaudern befestigen)

Schläue, die, _ (Schlauheit) · **schlau|er|wei|se** *K 176*

Schlau|fe, die, _, _n (Schlinge)

Schlau|heit, die, _ · **Schlau|kopf** · **Schlau|mei|er** (*umg scherzh*; Schlaukopf)

Schla|wi|ner, der, _s, _ (*salopp scherzh od abwert*; Schlingel; kleiner Gauner)

schlecht; _ (= schlicht) und recht; *K 93*: im Schlechten und im Guten; *K 95*: etwas Schlechtes. *Schreibung bei Verben u. Partizipien K 135 u. 166*: schlecht gehen; schlecht machen; schlecht beraten; *K 167*: schlecht gelaunt sein; *vgl. aber* schlechtberaten, schlechtgelaunt, schlechtmachen

schlecht|be|ra|ten *K 364*; der schlechtberatene Käufer, der Käufer war schlecht beraten; *vgl. auch K 166*

schlech|ter|dings (durchaus)

schlecht|ge|launt *K 167*; schlechter gelaunt (*K 127*); am schlechtesten gelaunt; der schlechtgelaunte

---
[1] *Tr* ..k|k..

Vater, *aber:* der Vater war schlecht gelaunt
schlecht|hin [*od* ..'hin] (bloß, nur, ohne weiteres; durchaus) · **Schlech|tig|keit**
schlecht|ma|chen *K 137* (*umg*); jmdn., etw. _ (in den Augen anderer herabsetzen); ich mache schlecht; schlechtgemacht; schlechtzumachen; *aber:* schlecht machen (auf schlechte Weise ausführen); er hat die Arbeit schlecht gemacht
schlecht|weg [*od* ..'vɛk] (einfach; ohne Umstände) · **Schlecht|wet|ter**, das, _s; bei _ · **Schlecht|wet|ter|flug**
Schleck, der, _s, _e (*süddt, schweiz*; Leckerbissen, Näscherei) · **schlecken**[1] · **Schlecker**[1] (*umg*) · **Schlecke|rei**[1] (*bes süddt, österr*) · **schlecker|haft**[1] (*landsch*) · **Schlecker|maul**[1] (*umg scherzh*) · **schleckern**[1] *K 363* (*landsch*) · **schleckig**[1] (*landsch*)
Schle|gel, der, _s, _ (Werkzeug zum Schlagen – *süddt, österr, schweiz*; Kalbs-, Rehkeule); *vgl. auch* Schlägel · **schle|geln** *K 363* (mit dem Schlegel schlagen; stampfen)
Schleh|dorn, der, _[e]s, _e *od* **Schle|he**, die, _, _n (ein Strauch) · **Schle|he**, die, _, _n (1. Frucht des Schlehdorns – 2. ↑ Schlehdorn) · **Schle|hen|blü|te**
[1]**Schlei** ↑ Schleie
[2]**Schlei**, die, _ (Förde an der Ostküste Schleswig-Holsteins)
Schlei|che, die, _, _n (eine Echse) · **schlei|chen**; du schlichst; du schlichest; geschlichen; schleich[e]! · **Schlei|cher** (*abwert*) · **Schlei|che|rei** (*abwert*) · **Schleich|han|del**, der, _s · **Schleich|händ|ler** · **Schleich|weg**
Schleie, die, _, _n, *auch* [1]**Schlei**, der, _[e]s, _e (ein Karpfenfisch) ⟨*zu* Schleim⟩
Schlei|er, der, _s, _ · **Schlei|er|eu|le** · **schlei|er|haft** (*umg*; dunkel, rätselhaft) · **Schlei|er|schwanz** (ein Fisch) · **Schlei|er|stoff** · **Schlei|er|tuch**, *Pl* ..tücher
[1]**Schlei|fe**, die, _, _n (Schlinge) ⟨*zu* schlüpfen⟩
[2]**Schlei|fe**, die, _, _n (*landsch*; Schlitten; Gleitbahn) · **schlei|fen**: 1. (schärfen – *soldatenspr*; schinden); du schliffst; du schliffest; geschliffen; schleif[e]! – 2. (über den Boden ziehen; sich gleitend am Boden hin bewegen; [Festungsanlagen] dem Boden gleichmachen);

[1] *Tr* ..:k|k..

du schleiftest; geschleift; schleif[e]!
Schlei|fen|flug ⟨*zu* [1]Schleife⟩
Schlei|fer (*auch Mus*; kleine Verzierung) · **Schlei|fe|rei** · **Schleif⌣lack, ...mit|tel, ...pa|pier, ...stein** · **Schlei|fung**
Schleim, der, _[e]s, _e. *Zus K 365ff.*: Schleim⌣beutel (*Med*) usw. · **Schleim|drü|se** (*Med*) · **schlei|men** · **Schlei|mer** (*umg abwert*; Schmeichler, Heuchler) · **Schleim|haut** (*Med*) · **schlei|mig** · **Schleim|tier**
schlei|ßen (Federn vom Kiel abtrennen – *veraltet*; spalten, auseinanderreißen); du schleißt *K 354*; du schlissest *od* schleißtest; er schliß *od* schleißte; geschlissen *od* geschleißt; schleiß[e]! · **Schleiß|fe|der** · **schlei|ßig** (*landsch*; verschlissen, abgenutzt)
Schleiz (Stadt im Bez. Gera) · **Schlei|zer**: 1. *K 231*: der, _s, _; 2. *als Attribut K 232*: das Schleizer Dreieckrennen
Schle|mihl [*auch* 'ʃle:..], der, _s, _e (*umg*; Pechvogel, von Mißgeschick Verfolgter) ⟨*hebr → jidd*⟩
schlemm (*Kartensp*) ⟨*engl*⟩; *nur in* _ machen; _ werden · **Schlemm**, der, _s, *Pl* _s *od* _e (*Kartensp*; alle Stiche im Bridge od. Whist)
schlem|men (üppig leben) ⟨*zu* schlampen⟩; *vgl. aber* schlämmen · **Schlem|mer** · **Schlem|me|rei** · **schlem|me|risch**; _ste · **Schlem|mer|tum**, das, _[e]s · **Schlem|pe**, die, _, _n (Rückstand bei der Spiritusbereitung, Viehfutter)
schlen|dern *K 363* · **Schlend|rian**, der, _[e]s (*umg abwert*; Vernachlässigung von Pflichten)
Schlen|ge, die, _, _n (*norddt*; Reisigbündel; Buhne)
Schlen|ker, der, _s, _ (*umg*; schlenkernde Bewegung; kurzer Umweg) · **schlen|kern** *K 363* · **Schlenk|rich**, der, _s, _e (*obersächs*; Stoß, Schwung)
schlen|zen *K 354* (*Sportspiele*; den Ball gefühlvoll abspielen)
Schlepp|damp|fer · **Schlep|pe**, die, _, _n · **schlep|pen** · **Schlep|pen|trä|ger** · **Schlep|per** · **Schlep|pe|rei** (*umg abwert*) · **Schleppinsel** [*Tr* Schlepp|pin|sel *K 78*] (Haarpinsel) · **Schlepp⌣netz, ...schiff** · **Schlepp|start** (*Luftf*) · **Schlepp|tau**, das; ins _ nehmen
schle|sisch; *K 258*: die Schlesischen Kriege
Schles|wig ['ʃle:s..] (Stadt im N der BRD; Teil des Bundeslandes Schleswig-Holstein [BRD]) · **Schles|wi|ger**: 1. *K 231*: der, _s, _; 2. *als Attribut K 232* · **Schles|wig-Hol|stein** *K 244* (Bundesland der BRD) · **Schles|wig-Hol|stei|ner** *K 248*: 1. *K 231*: der, _s, _; 2. *als Attribut K 232* · **schles|wig-hol|stei|nisch** *K 244* · **schles|wigsch** (*K 66*) *od* **schles|wi|gisch**
Schleu|der, die, _, _n (*auch für* Zentrifuge) · **Schleu|der|ball** · **Schleu|de|rei** (*umg*) · **Schleu|der|flug** (*Luftf*; Katapultflug) · **schleu|dern** *K 363* · **Schleu|der|preis** (*umg*) ⟨*zu* [2]Preis⟩ · **Schleu|der|pum|pe** (Zentrifugalpumpe) · **Schleu|der|sitz** (*Luftf*) · **Schleu|der|start** (*Luftf*)
schleu|nig (schnell); schleunigst · **Schleu|nig|keit**, die, _
Schleu|se, die, _, _n ⟨*lat → frz → ndrl*⟩ · **schleu|sen** *K 354* (ein Schiff durch eine Schleuse bringen) · **Schleu|sen⌣tor** (das), **...wär|ter**
schleuß! ↑ schließen
Schlich, der, _[e]s, _e (*Techn*; feinkörniges Erzkonzentrat) – **Schli|che** *Pl* (Schleichwege, Kunstgriffe); jmdm. auf die _ kommen
schlicht; *vgl. auch* schlecht · **Schlich|te**, die, _, _n (*Web*; Klebflüssigkeit) · **schlich|ten** (*auch Web*; mit Schlichte behandeln) · **Schlich|ter** · **Schlicht|heit**, die, _ · **Schlicht|ho|bel** · **Schlich|tung**
Schlick, der, _[e]s, _e (Schlamm am Boden von Gewässern) ⟨*zu* schleichen⟩ · **schlicken**[1] ([sich] mit Schlick füllen) · **Schlicker|milch**[1] (*landsch*) · **schlickern**[1] *K 363* (*landsch*; [hin und her] schwanken; auf dem Eise gleiten) · **Schlick|watt** ⟨*zu* [1]Watt⟩
Schlief, der, _[e]s, _e (*landsch*; Schliff) · **schlie|fen** (*weidm, vom Dachshund gesagt*; in den Bau schlüpfen, kriechen); du schloffst; du schlöffest; geschloffen; schlief[e]! ⟨*zu* schleifen⟩ · **Schlie|fen**, das, _s (*weidm, vom Dachshund gesagt*) · **Schlie|fer**, der, _s, _ (ein Huftier – *weidm*; Dachshund) · **schlie|fig** (*landsch*; schliffig)
Schlier, der, _s (*bayr, österr*; Mergel) · **Schlie|re**, die, _, _n (*fachspr*; fadenförmige od. streifige Stelle [im Glas] – *obersächs*; schleimige Masse) · **schlie|ren** (*seem*; gleiten, rutschen) · **schlie|rig** (*obersächs*; schleimig, schlüpfrig)
schließ|bar · **Schlie|ße**, die, _, _n · **schlie|ßen**; du schließt *K 354*, er schließt (*veraltet* er schleußt); du schlossest, er schloß; du schlössest; geschlossen; schließ[e]! (*veraltet* schleuß!) · **Schlie|ßer** · **Schlie|ße|rin**, die, _, ..innen · **Schließ|fach** · **schließ|lich** · **Schließ|mus|kel** · **Schlie|ßung**

[1] *Tr* ..k|k..

Schliff: 1. der, _[e]s, _e (das Schleifen; das Geschliffensein; die geschliffene Fläche, z. B. im Glas) – 2. der, _[e]s (gutes Benehmen) – 3. der, _[e]s, _e (klitschige Stelle [im Brot]); _ backen (klitschiges Brot usw. backen – *übertr*; scheitern) · **Schliff|flä|che** *K 17* · **schlif|fig** (*vom Brot usw. gesagt*; klitschig)

schlimm; schlimmer, schlimmste; schlimmstenfalls *K 176*, *aber*: im schlimmsten Fall[e]
I. *Kleinschreibung K 115*: er ist am schlimmsten d[a]ran; es ist das schlimmste (sehr schlimm), daß ...
II. *Großschreibung*:
a) *K 94*: das ist noch lange nicht das Schlimmste; ich bin auf das *od* aufs Schlimmste gefaßt; *K 93*: sich zum Schlimmen wenden – **b)** *K 95*: nichts Schlimmes

schlimmstenfalls ↑ *unter* schlimm

Schling|be|schwer|den *Pl* ⟨*zu* ²schlingen⟩

Schlin|ge, die, _, _n ⟨*zu* ¹schlingen⟩

¹Schlin|gel, der, _s, _ (*scherzh*; vergnügter, schelmischer Mensch; freches Kerlchen) ⟨*zu* ²schlingen⟩

²Schlin|gel, das, _s, _ (*landsch*; Häkchen, Spange) ⟨*zu* ¹schlingen⟩

schlin|gel|haft (*scherzh*) ⟨*zu* ¹Schlingel⟩

¹schlin|gen (in Windungen legen); du schlangst; du schlängest; geschlungen; schling[e]!; einen Knoten _ ⟨*zu* schlank⟩; sich (*Akk*) _

²schlin|gen (gierig essen); du schlangst; du schlängest; geschlungen; schling[e]! ⟨*zu* schlendern⟩

Schlin|ger|kiel (*seem*; Seitenkiel zur Verminderung des Schlingerns) · **schlin|gern** (*von Schiffen gesagt*; um die Längsachse schwanken) ⟨*zu* ¹schlingen⟩ · **Schling|pflan|ze**

Schlipf, der, _[e]s, _e (*schweiz*; Berg-, Fels-, Erdrutsch) ⟨*zu* schlüpfen⟩

Schlipp ↑ Slip (2 *u.* 3)

Schlip|pe, die, _, _n (*norddt*; Rockzipfel – *landsch*; enger Durchgang) ⟨*zu* schlüpfen⟩ · **Schlip|per**, der, _s (*landsch*; abgerahmte, dicke Milch) · **schlip|pe|rig** *K 362* (*landsch*; gerinnend) · **Schlip|per|milch** (*landsch*) · **Schlips**, der, _es, _e (Krawatte)

Schlit|tel, das, _s, _ (*süddt*, *schweiz*; kleiner Schlitten) · **schlit|teln** (*K 363*) *od* **schlit|ten** (*landsch*, *bes schweiz*; Schlitten fahren) · **Schlit|ten**, der, _s, _; *K 131*: Schlitten fahren, du bist Schlitten gefahren, *vgl. aber* schlittenfahren · **Schlit|ten|bahn** · **schlit|ten|fah|ren** *K 126* (*umg*); mit jmdm. _ (jmdn. schurigeln, grob behandeln); du fährst schlitten; schlittengefahren; schlittenzufahren; *vgl.* Schlitten · **Schlit|ten|fah|ren**, das, _s · **Schlit|ten|fahrt** · **Schlit|ter|bahn** · **schlit|tern** *K 363* ([auf dem Eise] gleiten)

Schlitt|schuh ⟨*umgedeutet aus* Schrittschuh⟩; _ laufen *K 131*; du bist _ gelaufen · **Schlitt|schuh|bahn** · **Schlitt|schuh|lau|fen**, das, _s · **Schlitt|schuh|läu|fer**

Schlitz, der, _es, _e ⟨*zu* schleißen⟩ · **schlitz|äu|gig** · **schlit|zen** *K 354* · **schlitz|oh|rig** (*umg*; durchtrieben)

schloh|weiß (weiß wie Schloßen)

Schloß, das, ..osses, ..össer ⟨*zu* schließen⟩. *Zus K 365ff.*: Schloß‿hof usw. · **Schlöß|chen**

Schlo|ße, die, _, _n, *meist Pl* (*landsch*; Hagelkorn) · **schlo|ßen** (*landsch*); es schloßt; es hat geschloßt

Schlos|ser, der, _s, _. *Zus K 365ff.*: Schlosser‿handwerk usw. · **Schlos|se|rei** · **schlos|sern** *K 363f.* (*umg*) · **Schlos|ser|werk|statt**

Schlot, der, _[e]s, *Pl* _e, *österr nur so, auch* Schlöte (hoher, großer Schornstein – *salopp*; ungehobelter Kerl) · **Schlot|fe|ger** (*landsch*; Schornsteinfeger)

¹Schlot|te, die, _, _n (*bergm*; Hohlraum im Gestein) ⟨*Herkunft umstritten*⟩

²Schlot|te, die, _, _n (Zwiebelstengel – *landsch*; Schalotte) ⟨*nach* der phönik. Küstenstadt Askalon⟩ · **Schlot|ten|zwie|bel**

schlot|tern *K 363* (zittern; [lose hin und her] schwanken) · **schlott|rig** *K 362*

Schlucht, die, _, *Pl* _en, *dicht* ..üchte ⟨*zu* schliefen⟩

schluch|zen *K 354* · **Schluch|zer** · **Schluck**, der, _[e]s, *Pl* _e, *österr nur so, auch* ..ücke · **Schlück|chen** · **schlucken**[1] · **Schlucken**[1] *od* **Schluck|auf**, der, _s (krampfartiges Aufstoßen) · **Schlucker**[1]; *meist in* armer _ (*umg*) · **Schluck|imp|fung** · **schluck|wei|se** *K 176*

Schlu|der|ar|beit (*umg abwert*) · **schlu|dern** *K 363* (*umg abwert*; nachlässig arbeiten) ⟨*zu* schleudern⟩ · **schlud|rig** *K 362* (*umg abwert*)

Schluff, der, _[e]s, *Pl* _e *od* ..üffe (Ton; Sand, Schwimmsand – *süddt*; ²Muff)

Schluft, die, _, ..üfte (*veraltet*; Schlucht)

Schlum|mer, der, _s (*gehoben*) · **schlum|mern** *K 363* (*gehoben*) · **Schlum|mer|rol|le**

Schlumpe usw. ↑ Schlampe usw. · **schlump|rig** *K 362*

---

[1] *Tr* ..k|k..

Schlund, der, _[e]s, ..ünde ⟨*zu* ²schlingen⟩

Schlun|ze, die, _, _n (*landsch abwert*; unordentliche Frau) · **schlun|zig** (*landsch abwert*)

Schlup ↑ Slup

Schlupf: 1. der, _[e]s, ..üpfe (*veraltend*; Unterschlupf) – 2. ↑ Slip (2) · **schlüp|fen** ⟨*zu* schliefen⟩ · **Schlüp|fer** (Damenhöschen) · **schlüpf|rig** (*meist abwert*; zweideutig) · **Schlüpf|rig|keit** (*meist abwert*; Zweideutigkeit) · **Schlupf‿wes|pe**, **...win|kel**

Schlup|pe, die, _, _n (*landsch*; Schlinge, Schleife)

schlur|fen (1. mit schleifenden Füßen gehen – 2. *landsch umg*; schlürfen [1]) ⟨*lautm*⟩ · **schlür|fen** (1. geräuschvoll trinken – 2. *landsch*; schlurfen [1])

Schluß, der, ..usses, ..üsse ⟨*zu* schließen⟩. *Zus K 365ff.*: Schluß‿satz usw. · **Schlüs|sel**, der, _s, _. *Zus K 365ff.*: Schlüssel‿industrie usw. · **Schlüs|sel|bund**, der, *österr nur so, od* das, _[e]s, _e · **Schlüs|sel|chen** · **schlüs|sel|fer|tig** (bezugsfertig) · **Schlüs|sel‿fi|gur**, **...loch** · **Schlüs|sel|ro|man** (Roman, in dem wirkliche Personen od. tatsächl. Ereignisse verschlüsselt dargestellt sind) · **Schlüs|sel|stel|lung** · **Schlüs|sel|wort**, *Pl* ..wörter · **schluß|fol|gern** *K 132 u. 363*; geschlußfolgert; zu schlußfolgern · **Schluß|fol|ge|rung** · **schlüs|sig**; [sich (*Dat*)] _ werden; ich wurde mir darüber _; ein _er Beweis · **Schluß|licht**, *Pl* ..lichter · **Schluß-s** *K 106*, das, _, _ (ein Buchstabe der gebrochenen Schriften); *vgl. auch K 45* · **Schluß|wort**, *Pl* ..worte

Schlut|te, die, _, _n (*schweiz*; Jacke)

Schmach, die, _ (*gehoben*)

schmach|ten (*gehoben*; unter Entbehrungen leiden; ersehnen) · **Schmacht|fet|zen** (*salopp abwert*; rührseliges Musikstück od. Buch) · **schmäch|tig** · **Schmacht|korn**, das, *Pl* ..körner (*Landw*; verkümmertes Korn) · **Schmacht|rie|men** (*umg*; Leibgurt, Koppel [2])

schmach|voll (*gehoben*)

Schmack, der, _[e]s, _e (Mittel zum Schwarzfärben) ⟨*verkürzt aus* Sumach⟩

schmack|haft · **Schmack|haf|tig|keit**, die, _

Schmad|der, der, _s (*norddt*; [nasser] Schmutz) · **schmad|dern** *K 363* (*norddt*; schmieren, sudeln)

schmä|hen (*gehoben*) ⟨*zu* Schmach⟩ ·

schmäh|lich (*gehoben*) · **Schmäh⌣re|de, ...schrift** · **Schmäh|sucht,** die, – · **Schmä|hung** · **Schmäh⌣wort,** *Pl* ..worte
schmal; schmaler (*älter* schmäler), schmalste (*älter* schmälste) · **schmä|len** (*noch gehoben*; schelten, zanken; lästern – *weidm, vom Reh gesagt*; schrecken) · **schmä⌣lern** *K 363* (schmaler machen; verringern, verkleinern) · **Schmä|le⌣rung** · **Schmal|film** · **Schmal|hans;** *nur in* bei jmdm. ist – Küchenmeister (*umg*) · **Schmal|heit,** die, – **Schmal|kal|den** (Stadt im Bez. Suhl) · **Schmal|kal|de|ner** *od ortsüblich* **Schmal|kal|der:** 1. *K 231*: der, –s, –; 2. *als Attribut K 232*: die Schmalkald[en]er Einwohner · **schmal|kal|disch;** *K 258*: der Schmalkaldische Bund (*hist*)
schmal⌣lip|pig, ...ran|dig · **Schmal|reh** (*weidm*; das weibl. Reh im zweiten Lebensjahr) · **Schmal|spur,** die, – (*Eisenb*) · **Schmal|spur|bahn** · **schmal|spu⌣rig**
Schmal|te, *auch* **Smal|te,** die, –, –n (blauer Farbstoff für feuerfeste Glasuren) (*germ → ital*) · **schmal|ten** (*veraltend*; mit Schmalte überziehen)
Schmal|tier (*weidm*; weibl. Rot-, Dam- od. Elchwild im zweiten Lebensjahr) · **Schmal|vieh** (Kleinvieh)
Schmalz, das, –es, –e (*zu* schmelzen) · **Schmäl|ze,** die, –, –n (*fachspr*; Flüssigkeit zum Schmälzen der Wolle) · **schmal|zen** *K 354* (*Part II* geschmalzt, *seltener* geschmalzen), *österr nur so, auch* **schmäl|zen** *K 354* (*Part II* geschmälzt) (Speisen mit Schmalz zubereiten); es ist mir zu geschmalzen (*umg*; zu teuer); gesalzen und geschmalzen · **schmäl|zen** *K 354* (1. ↑schmalzen – 2. *fachspr*; Wolle vor dem Spinnen einfetten); *Konjugation vgl.* schmalzen; *vgl. aber* schmelzen (1) · **schmal|zig** (*auch umg abwert*; rührselig) · **Schmalz⌣ler,** der, –s (*bes bayr*; ein fettdurchsetzter Schnupftabak)
Schman|kerl, das, –s, –[n] (*bayr, österr*; eine süße Mehlspeise)
Schmant, der, –[e]s (*landsch*; Rahm – *auch für* Schmutz)
schma|rot|zen *K 354* (*abwert*; auf Kosten anderer leben) · **Schma⌣rot|zer** (*abwert*) · **Schma|rot|zer⌣pflan|ze, ...tier** · **Schma|rot|zer⌣tum,** das, –[e]s
Schmar|re, die, –, –n (*umg*; Narbe; lange Hiebwunde) (*zu* Schmer) · **Schmar|ren,** der, –s, – (*süddt, österr*; eine Mehlspeise – *umg abwert*; Wertloses)
Schma|sche, die, –, –n (*fachspr*; ein Lammfell) (*poln*)
Schmatz, der, –es, *Pl* –e *od* ..ätze (*umg*; schallender Kuß) · **Schmätz⌣chen** · **schmat|zen** *K 354* (*umg*; geräuschvoll essen; laut küssen) (*zu* schmecken) · **Schmät|zer** (ein Singvogel)
Schmauch, der, –[e]s (*landsch*; dikker Rauch) · **schmau|chen** (rauchen)
Schmaus, der, –es, ..äuse (leckere Mahlzeit) · **schmau|sen** *K 354* · **Schmau|se|rei**
schmecken [*Tr* schmek|ken]
Schmei|che|lei · **schmei|chel|haft** · **Schmei|chel|kätz|chen** *od* **Schmei⌣chel|kat|ze** · **schmei|cheln** *K 363* · **Schmei|chel|wort,** *Pl* ..worte · **Schmeich|ler** · **schmeich|le|risch** (*oft abwert*)
schmei|ßen: 1. (*umg*; werfen); du schmeißt *K 354*; du schmissest, er schmiß; du schmissest; geschmissen; schmeiß[e]! – 2. (*weidm*; Kot auswerfen, besudeln); geschmeißt · **Schmeiß|flie|ge**
Schmelz, der, –es, –e · **schmelz⌣bar** · **Schmelz|bar|keit,** die, – · **Schmelz|but|ter** · **Schmel|ze,** die, –, –n
schmel|zen: 1. *tr* (flüssig machen); du schmilzt, *seltener* du schmelzt *K 354*, er schmilzt, *seltener* schmelzt; du schmolzt, *seltener* du schmelztest; du schmölzest, *seltener* schmelztest; geschmolzen, *seltener* geschmelzt; schmilz!, *seltener* schmelz[e]!; *vgl. aber* schmälzen – 2. *intr* (flüssig werden); es schmilzt; es schmolz; es schmölze; geschmolzen; das Eis, der Schnee schmilzt
Schmel|zer · **Schmel|ze|rei** · **Schmelz⌣far|be, ...hüt|te, ...kä⌣se, ...ofen, ...punkt, ...schwei⌣ßung** (*Techn*), **...tie|gel** · **Schmel⌣zung**
Schmer, der *od* das, –[e]s (*landsch*; Bauchfett des Schweins) · **Schmer⌣bauch** (*umg*; »Fett«bauch)
Schmer|le, die, –, –n (ein Flußfisch)
Schmer|ling (ein Pilz) (*zu* schmieren)
Schmerz, der, –es, –en · **schmer⌣zen;** der Finger schmerzt; es schmerzt mich, das zu hören; mir schmerzt der Kopf · **Schmer|zens⌣geld** · **Schmer|zens|mut|ter,** die, – (*Rel*; Beiname Marias, der Mutter Jesu) · **schmer|zens|reich** (*gehoben*) · **Schmer|zens|schrei** · **schmerz|haft** · **Schmerz|haf|tig⌣keit,** die, – · **schmerz|lich** · **Schmerz|lich|keit,** die, – · **schmerz|los;** *vgl.* ...los · **Schmerz⌣lo|sig|keit,** die, – · **schmerz|stil⌣lend** *K 165*; eine –e Medizin, *aber K 125*: den Schmerz stillend
Schmet|ten, der, –s (*landsch u. österr*; Sahne) (*tschech*). *Zus K 365 ff.*: Schmetten⌣käse usw. · **Schmet|ter|ling** (‚Schmettenverhexer'). *Zus K 365 ff.*: Schmetterlings⌣sammlung usw. · **Schmet|ter⌣lings|blüt|ler** (*Bot*)
schmet|tern *K 363* (*lautm*)
Schmicke [*Tr* Schmik|ke], die, –, –n (*norddt*; Peitsche, Peitschenschnur)
Schmied, der, –[e]s, –e · **schmied⌣bar** · **Schmied|bar|keit,** die, – · **Schmie|de,** die, –, –n · **Schmie⌣de|ar|beit** · **Schmie|de|ei|sen** · **schmie|de|ei|sern** · **Schmie|de⌣feu|er, ...ham|mer** · **Schmie|de⌣kunst,** die, – · **Schmie|de|mei⌣ster** · **schmie|den**
Schmie|ge, die, –, –n (zusammenklappbares Winkel-, Metermaß) · **schmie|gen;** *meist* sich (*Akk*) – · **schmieg|sam** · **Schmieg|sam|keit,** die, –
Schmie|le, die, –, –n (eine Grasart) (*zu* schmal) · **Schmiel|gras**
[1]**Schmie|re,** die, –, –n (Schmiermittel – *umg abwert*; minderwertige Schauspielertruppe)
[2]**Schmie|re** (*hebr*); *nur in* – (*salopp*; Wache) stehen
schmie|ren (*auch umg*; bestechen) (*zu* Schmer) · **Schmie|rer** (*abwert*) · **Schmie|re|rei** (*abwert*) · **Schmier|fink** (*umg abwert*) · **Schmier|geld,** *meist Pl* (*umg*) · **schmie|rig** · **Schmie|rig|keit,** die, – · **Schmier⌣kä|se, ...mit|tel, ...öl, ...sei|fe**
Schmink|büch|se · **Schmin|ke,** die, –, –n · **schmin|ken**
[1]**Schmir|gel,** der, –s (*landsch*; Tabakspfeifensaft) (*zu* schmieren)
[2]**Schmir|gel,** der, –s (als Schleifmittel benutztes metamorphes Gestein) (*grch → lat → ital*) · **schmir⌣geln** *K 363* · **Schmir|gel|pa|pier** · **Schmirg|ler**
Schmiß, der, ..isses, ..isse (*zu* schmeißen) · **schmis|sig** (*umg*; schwungvoll, flott, zündend) · **Schmitz,** der, –es, –e (*Polygr*; unscharfer, verwischter Druck bei Schrift u. Bild – *landsch*; [leichter] Hieb, Schlag – *noch landsch*; Fleck, Klecks) · **Schmit|ze,** die, –, –n (*landsch*; Peitsche, Peitschenschnur) · **schmit|zen** *K 354* (*landsch*)
Schmock, der, –[e]s, *Pl* –e *od* –s (*abwert*; gesinnungsloser Journalist) (*slowen*, ‚Narr', *nach* einer Figur aus Gustav Freytags [– 'frai..] Lustspiel »Journalisten«)

Schmok, der, _s (*norddt*; Rauch) · **Schmö|ker** (*umg*; altes, minderwertiges Buch – *norddt*; Raucher) · **schmö|kern** *K 363* (*umg*; Schmöker lesen; sich in Bücher vertiefen – *norddt*; rauchen)
Schmol|le, die, _, _n (*bayr, österr*; Brotkrume)
Schmoll|ecke[1] (*umg*) · **schmol|len**
Schmölln (Stadt im Bez. Leipzig)
Schmoll|win|kel (*umg*)
Schmor|bra|ten · **schmo|ren** · **Schmor‿fleisch,** **...obst,** **...topf**
Schmu, der, _s (*umg*; leichter Betrug, unlauterer Vorteil) ⟨*hebr* → *jidd*⟩; _ machen
schmuck (*veraltend*); _er, _[e]ste · **Schmuck,** der, _[e]s, *Pl* (*selten*) _e · **schmücken**[1] · **Schmuck|kasten** *K 18* · **schmuck|los;** *vgl.* ...los · **Schmuck|lo|sig|keit,** die, _ · **Schmuck‿sa|chen** (*Pl*), **...stein** · **Schmuck|stück,** *Pl* ..stücke
Schmud|del, der, _s (*landsch umg*; Unsauberkeit, Schmutz) · **Schmudde|lei** (*landsch umg*; Sudelei) · **schmud|deln** (*landsch umg*; unsauber arbeiten, sudeln) · **schmud|dlig** *K 362* (*landsch umg*)
Schmug|gel, der, _s (gesetzwidrige Ein- od. Ausfuhr) ⟨*engl*⟩ · **Schmugge|lei** · **schmug|geln** *K 363* · **Schmug|gel|wa|re** · **Schmuggler** · **Schmugg|ler|ban|de** (*abwert*) ⟨*zu* ²Bande⟩ · **Schmugg|ler|pfad**
schmun|zeln *K 363*
Schmus, der, _es (*umg*; leeres Gerede; Schmeichelei) ⟨*zu* Schmu⟩ · **schmu|sen** *K 354* (*umg*; zärtlich sein) · **Schmu|ser** (*umg*)
Schmutt, der, _es, _e (*norddt*; feiner Regen) · **Schmutz,** der, _es (*alemann auch für* Fett). *Zus K 365ff.*: Schmutz‿schicht usw. · **schmut|zab|wei|send** · **schmutzen** *K 354* · **Schmutz|fän|ger** · **Schmutz|fink,** der, _en, *auch* _s, *Pl* _en (*umg*) · **schmut|zig** · **schmut|zig|grau;** *vgl.* blau · **Schmut|zig|keit** · **Schmutz|ti|tel** (*Buchw*; Blatt vor dem Titelblatt eines Buches)
Schna|bel, der, _s, ..äbel ⟨*zu* schnappen⟩. *Zus K 365ff.*: Schnabel‿tasse usw. · **Schnä|bel|chen** · **Schnä|be|lei** (*auch umg scherzh*; das Küssen) · **schna|bel|för|mig** · **schnä|beln** *K 363*; sich (*Akk*) _ (*auch umg scherzh*; sich küssen) · **Schna|bel|tier** (ein Kloakentier) · **schna|bu|lie|ren** (*scherzh*; [mit Behagen] essen) ⟨*dt* + *f. E.*⟩
Schnack, der, _[e]s (*norddt*; Plauderei, leeres Gerede, Unsinn) · **schnackeln**[1] *K 363* (*bayr*; schnalzen u. mit den Fingern schnellen) · **schnacken**[1] (*norddt*; plaudern)
Schna|der|hüp|fel *od* **Schna|dahüpfl,** das, _s, _ (*bayr, österr*; neckendes Stegreifliedchen) ⟨‚Schnittertanz'⟩
Schna|ke, die, _, _n (eine langbeinige Mückenart – *landsch*; Stechmücke) · **Schna|ken|stich**
Schnäll|chen · **Schnal|le,** die, _, _n (*österr auch für* Klinke) ⟨*zu* schnell⟩ · **schnal|len** (*süddt auch für* schnalzen) · **Schnal|len|schuh** · **schnal|zen** *K 354*; mit der Zunge, den Fingern _ · **Schnal|zer** · **Schnalz|laut**
Schnä|pel, der, _s, _ (ein Fisch)
schnapp! ⟨*lautm*⟩; schnipp, schnapp! · **schnap|pen** · **Schnapper** · **schnäp|pern** *K 363* (*Sport*; [den Billardball] seitlich stoßen – *landsch*; schwatzen); *vgl. aber* schneppern · **Schnapp|hahn** (*hist*; Wegelagerer) · **Schnapp|mes|ser,** das · **Schnapp|schuß** (*umg*; charakterist. Momentaufnahme) ·
Schnaps, der, _es, *Pl* Schnäpse. *Zus K 365ff.*: Schnaps‿glas usw. · **Schnaps‿bren|ner,** **...bren|nerei** · **Schnäps|chen** · **schnäp|seln** (*K 363*), *auch* **schnap|sen** (*K 354*) (*umg scherzh*)
schnar|chen · **Schnar|cher**
Schnar|re, die, _, _n · **schnar|ren** ⟨*lautm*⟩ · **Schnarr|werk** (*Mus*)
Schnat *od* **Schna|te,** die, _, ..ten (*landsch*; junges abgeschnittenes Reis; Durchhau; Flurgrenze) · **Schnä|tel,** das, _s, _ (*landsch*; Pfeifchen aus Weidenrinde)
Schnat|ter|gans (*auch Schimpfw*) · **schnat|te|rig** *K 362* · **schnat|tern** *K 363* ⟨*lautm*⟩
Schnatz, der, _es, ..ätze (*hess*; Kopfputz [der Hochzeiterin, der Taufpatin])
Schnau, die, _, _en (*norddt*; geschnäbeltes Schiff)
schnau|ben; du schnaubst; du schnaubtest (*älter* schnobst); du schnaubtest (*älter* schnöbest); geschnaubt (*älter* geschnoben); schnaub[e]!; sich (*Akk*) _ (*landsch*; sich die Nase putzen) · **Schnauf,** der, _[e]s, _e (*landsch*) · **schnaufen** · **Schnau|fer** (*umg*)
Schnau|pe, die, _, _n (*süddt*; Ausgußröhre an Gefäßen)
Schnauz|bart · **Schnäuz|chen** · **Schnau|ze,** die, _, _n (*auch derb*; Mund); *vgl. auch* Schnute · **schnau|zen** *K 354* (*salopp*) · **Schnau|zer,** der, _s, _ (eine Hunderasse) · **schnau|zig** (*salopp*; grob)
Schneck, der, _s, _en (*oberdt*; Schnecke – *oberdt Kosew*; Kind, Mädchen) · **Schnecke**[1], die, _, _n. *Zus K 365ff.*: Schnecken‿haus usw. · **schnecken|för|mig**[1]
schned|de|reng|teng! *od* **schned|de|reng|teng|teng!** (Nachahmung des Trompetenschalls)
Schnee, der, _s. *Zus K 365ff.*: Schnee‿flocke usw. · **Schnee|ball** (*auch* ein Zierstrauch) · **schneebal|len;** *nur im Inf u. Part II* (»geschneeballt« *K 358*) *gebräuchlich* · **Schnee|ball|schlacht** · **schneeblind** · **Schnee|blind|heit,** die, _ · **schnee|er|hellt** *K 185* (*dicht*); ein _er Abend · **Schnee-Eu|le** *K 184* · **Schnee|frä|se** · **schnee|ig** · **Schnee|ket|ten** *Pl* · **Schnee|kö|nig;** *nur in* sich (*Akk*) wie ein _ (*umg*; sehr) freuen
Schnee|kop|pe, die, _, *poln* **Śnież|ka** [ˈʃnɪɛʃka], *tschech* **Sněžka** [ˈsnɪɛʃka] (Berg im Riesengebirge) · **Schnee|mann,** *Pl* ..männer · **Schnee|mo|nat** (*veraltet*; Januar) · **Schnee‿schie|ber,** **...schip|pe** (*landsch*) · **Schneeschuh** (*noch landsch*); Schneeschuh laufen *K 131* · **schnee|sicher** · **Schnee|we|he** ⟨*zu* ²Wehe⟩ · **schnee|weiß** · **Schnee|witt|chen,** das, _s (eine Märchengestalt) ⟨‚Schneeweißchen'⟩
Schneid, der, _[e]s, *bayr u. österr* die, _ (*umg*; Mut, Tatkraft) · **Schneid|backen** [*Tr* ...bak|ken] *Pl* (*Techn*) · **Schneid‿boh|rer** (*Techn*), **...bren|ner** (*Techn*) · **Schnei|de,** die, _, _n · **Schneid|ei|sen** · **Schnei|del|holz,** das, _es (*Forstw*; abgehauene Nadelholzzweige) · **Schnei|de|müh|le** (Sägemühle) · **schnei|den;** du schnittst; du schnittest; geschnitten; schneid[e]! · **Schnei|der.** *Zus K 365ff.*: Schneider‿rechnung usw. · **Schnei|de|rei** · **schnei|dern** *K 363* · **Schnei|dezahn** · **schnei|dig** (tapfer, mutig, forsch) · **Schnei|dig|keit,** die, _
schnei|en; es schneit; es hat geschneit ⟨*zu* Schnee⟩
Schnei|se, die, _, _n ([gerader] Durchhau im Walde) ⟨*zu* schneiden⟩ · **schnei|teln** *K 363* (*Forstw*, *Landw*; Baum, Rebe beschneiden)
schnell; schnellstens; *K 119*: der _e Brüter (*Kernphys*); *K 258*: Schnelle Medizinische Hilfe, *Abk* SMH · **Schnelläufer** [*Tr* Schnell|läu|fer *K 78*] · **Schnell|bahn;** *Kurzw* S-Bahn *K 186* · **Schnell|dre|hen,** das, _s · **Schnell|dreh|stahl** · **Schnelle:** 1. die, _ (Schnelligkeit); *aber K 114*: auf die schnelle (*umg*;

[1] *Tr* ..k|k..

flüchtig, nebenbei) – 2. die, –, –n (*kurz für* Stromschnelle) · **schnellebig** [*Tr* schnell|le|big *K 78*] · **schnellen** · **Schnell|feu|er|geschütz** · **schnell|fü|ßig** · **Schnellfü|ßig|keit,** die, – · **Schnell|hef|ter** · **Schnel|lig|keit,** die, –, *Pl* (*selten*) –en · **Schnell‿im|biß,** **...koch|topf** · **Schnell|kraft,** die, – (Elastizität) · **Schnell|trieb|wagen** · **Schnell|waa|ge** · **Schnellzug** *od* **D-Zug** ['de:..] *K 186*; *Zeichen* D · **Schnell|zug|zu|schlag**

Schnep|fe, die, –, –n (ein Vogel) ⟨*zu* Schnabel⟩. *Zus K 365ff.*: Schnepfen‿jagd usw. · **Schnep|pe,** die, –, –n (*landsch*; Ausgußröhre an Kannen; schnabelförmige Spitze)

schnep|pern *K 363* (*Sport*; in Hohlkreuzhaltung springen); *vgl. aber* schnäppern · **Schnep|per|sprung** (*Sport*)

Schneuß, der, –es, –e (*Arch*; Fischblase, Ornament)

Schneu|ze, die, –, –n (*veraltet*; Lichtputzschere) · **schneu|zen** *K 354*; sich (*Akk*) – (*bes süddt u. österr*; sich die Nase putzen)

schnicken [*Tr* schnik|ken] (*landsch*; schnellen, zucken) · **Schnickschnack,** der, –[e]s (*umg abwert*; leeres Gerede)

schnie|ben *od* **schnie|fen** (*landsch*; schnauben); schnieben *auch mit starker Konjugation* du schnobst; du schnöbest; geschnoben

schnie|geln *K 363* (*umg*; putzen) ⟨*zu* Schnecke⟩; geschniegelt und gebügelt (*umg scherzh*; fein hergerichtet)

schnie|ke (*norddt u. berlin*; fein, schick)

Schnie|pel, der, –s, – (*landsch salopp*; Frack; Penis – *veraltend*; Geck)

Schnip|fel, der, –s, – (*landsch*; Schnipsel) · **schnip|feln** *K 363* (*landsch*) · **schnipp!**; schnipp, schnapp! · **Schnipp|chen**; *nur in* jmdm. ein – schlagen (*umg*; einen geplanten Streich zunichte machen) · **Schnippel** ↑ Schnipsel · **Schnip|pe|lei** (*umg abwert*) · **schnip|peln** *od* **schnip|seln** *K 363* (*umg*; in kleine Stücke zerschneiden) · **schnip|pen** *od* **schnip|sen** *K 354* (mit dem Finger schnellen)

schnip|pisch (*abwert*); –ste ⟨*zu* schnupfen⟩

schnipp, schnapp! · **schnips!** · **Schnip|sel** *od* **Schnip|pel,** der *od* das, –s, – (*umg*; Span, Streifen) · **schnipseln** ↑ schnippeln · **schnipsen** ↑ schnippen

Schnitt, der, –[e]s, –e ⟨*zu* schneiden⟩ · **Schnitt‿blu|me, ...boh|ne** · **Schnit|te,** die, –, –n · **Schnit|ter** (*veraltend*) · **Schnitt|flä|che** · **schnit|tig** (erntereif – *auch für* rassig, elegant, [scharf] ausgeprägt) · **Schnitt|lauch,** der, –[e]s · **Schnitt‿li|nie, ...mu|ster, ...punkt, ...ware** · **Schnitt|wun|de** · **Schnitz,** der, –es, –e (*bes süddt*; [gedörrtes] Obststückchen, Span) · **Schnitzbank,** *Pl* ..bänke · **Schnit|zel**: 1. das, –s, – (zarte Fleischscheibe zum Braten); Wiener Schnitzel – 2. das, *österr nur so, od* der, –s, – (abgeschnittenes Stückchen [Papier]). *Zu 2*: *Zus K 365ff.*: Schnitzel‿jagd usw. · **Schnit|zel|bank,** *Pl* ..bänke · **Schnit|ze|lei** (*umg*) · **schnit|zeln** *K 363* · **schnit|zen** *K 354* · **Schnitzer** (Schnitzender; Fehler) · **Schnitze|rei** · **Schnitz|mes|ser,** das

schno|bern *K 363* (*landsch*; schnuppern)

schnod|de|rig *K 362* (*umg*; vorlaut, großschnäuzig) · **Schnod|de|rigkeit** *K 362* (*umg*)

schnö|de; ein schnöder Verrat; jmdn. – behandeln · **schnö|den** (*schweiz*; schnöde reden) · **Schnö|dig|keit** (*gehoben*)

schno|feln *K 363* (*österr*; durch die Nase sprechen)

Schnor|chel, der, –s, – (Luftrohr getauchter U-Boote; Teil eines Sporttauchgerätes) ⟨*zu* schnarchen⟩ · **schnor|cheln** *K 363* (mit dem Schnorchel tauchen)

Schnör|kel, der, –s, – ⟨*zu* Schnecke⟩ · **Schnör|ke|lei** (*umg*) · **schnör|kel|haft** · **schnör|ke|lig** *K 362* · **Schnör|kel|kram** (*umg abwert*) · **schnör|keln** *K 363*

schnor|ren (*umg*; betteln) ⟨*zu* schnurren⟩ · **Schnor|rer** (*umg*; Bettler, Landstreicher)

Schnö|sel, der, –s, – (*umg abwert*; dummfrecher junger Mensch) · **schnö|se|lig** (*umg abwert*)

Schnuckel|chen[1] (Schäfchen – *auch Kosew*) · **schnuck|lig** *K 362* (*umg*; nett, hübsch, appetitlich)

schnudd|lig *K 362* (*landsch umg*; unsauber, vernachlässigt – *berlin*; appetitlich, lecker)

Schnüf|fe|lei (*umg abwert*) · **schnüf|feln** *K 363* (*auch umg abwert*; spionieren) ⟨*zu* schnauben⟩ · **Schnüff|ler** (*umg abwert*)

schnul|len (*landsch umg*) · **Schnuller,** der, –s, – (*landsch umg*; Sauger für Kleinkinder)

Schnul|ze, die, –, –n (*umg abwert*; rührseliges Kino-, Theater- od. Musikstück) (*Herkunft umstritten*) · **schnul|zig** (*umg abwert*)

[1] *Tr* ..k|k..

schnup|fen · **Schnup|fen,** der, –s, – · **Schnup|fer** · **Schnup|fe|rin,** die, –, ..innen · **Schnupf|ta|bak** · **Schnupf|tuch,** *Pl* ..tücher · **schnup|pe** (*umg*; gleichgültig); es ist mir – · **Schnup|pe,** die, –, –n (*landsch*; verkohlter Docht) ⟨*zu* Schnupfen⟩ · **schnup|pern** *K 363* ([hörbar] Luft durch die Nase einziehen) ⟨*zu* schnaufen⟩

Schnur, die, –, *Pl* Schnüre, *österr u. schweiz nur so, seltener* Schnuren · **Schnür|bo|den,** *Pl* ..böden (*Theat*; Boden über dem Bühnenraum) · **Schnür|chen**; es geht wie am – (*umg*; es verläuft zur Zufriedenheit) · **schnü|ren** (*auch weidm, bes vom Fuchs gesagt*; langsam laufen) · **schnur|ge|ra|de**[1] · **Schnurke|ra|mik,** die, – (*Urgesch*; Kultur des ausgehenden Neolithikums) · **Schnür|leib** (*veraltet*) · **Schnürl|regen** (*österr*) · **Schnürl|samt** (*österr*; Kord)

Schnurr|bart · **schnurr|bär|tig** · **Schnur|re,** die, –, –n (scherzhafte Erzählung) · **schnur|ren** ⟨*lautm*⟩; *vgl. auch* schnorren

Schnür|rie|men

schnur|rig · **Schnur|rig|keit**

Schnür‿sen|kel, ...stie|fel · **schnur|stracks** *Adv* (*umg*) · **Schnü|rung**

schnurz (*salopp*; gleichgültig); es ist mir –

Schnu|te, die, –, –n (*landsch umg*; [verdrießlich verzogener] Mund); eine – machen (schmollen)

Scho|ber, der, –s, – (Feldscheune; im Freien aufgesetzter Getreide-, Heu- od. Strohhaufen) ⟨*zu* Schaub⟩ · **Schö|berl,** das, –s, *Pl* – *od* –n (*österr*; eine Suppeneinlage) · **scho|bern** *od* **schö|bern** *K 363* (in Schober setzen)

Scho|chen, der, –s, *Pl* Schöchen (*alemann*; Heuhaufen)

[1]**Schock,** das, –[e]s, *Pl* –e u. *bei Maßangabe* (*K 308*) Schock (alte Zähleinheit = 60 Stück); 2 Schock Eier; *vgl. auch K 387*

[2]**Schock,** der, –[e]s, *Pl* –s, *selten* –e (Schreck, Schlag; heftige Nervenerschütterung) ⟨*ndrl* → *frz* → *engl*⟩ · **schockant**[2] (*veraltend*; anstößig) ⟨*ndrl* → *frz*⟩ · **schocken**[2]: 1. (*Med*; mit künstlichem, meist elektr. Schock behandeln) – 2. ↑ schockieren ⟨*ndrl* → *frz* → *engl*⟩ · **schockieren**[2] *od* **schocken**[2] (jmdn. in Entrüstung versetzen) ⟨*ndrl* → *frz*⟩

Schock|schwe|re|not! (*veraltet*); *vgl. auch* Schwerenöter

Schock|the|ra|pie, die, – (*Med*)

schock|wei|se *K 176*

[1] *Vgl. Anm. zu* [2]gerade.
[2] *Tr* ..k|k..

Schof, der, ..[e]s, ..e (*norddt*; Strohdecke – *weidm*; Kette von Wildgänsen od. -enten)
scho|fel *K 363 od* **scho|fe|lig** *K 362* (*umg*; niederträchtig, gemein; geizig) ⟨*hebr* → *jidd*⟩ · **Scho|fel**, der, ..s, .. (*umg*; schlechte Ware)
Schöf|fe, der, ..n, ..n (ehrenamtl. Richter) ⟨*zu* schaffen⟩
Schofför ↑ Chauffeur
Scho|ko|la|de, die, .., ..n ⟨*indian* → *span* → *ndrl*⟩ · **scho|ko|la|den** *K 364* (aus Schokolade) · **Scho|ko|la|den|fa|brik** · **scho|ko|la|den|far|ben** (*K 364*) *od* **scho|ko|la|den|far|big**; *vgl. auch* ...farben *u. K 272 ff.* · **Scho|ko|la|den|tor|te**
Scho|lar, der, ..en, ..en (*hist*; [fahrender] Schüler) ⟨*grch* → *lat*⟩ · **Scho|la|stik**, die, .. (mittelalterl., durch die christlichen Dogmen begrenzte philosophisch-theolog. Denkweise – *auch abwert*; Schulweisheit) · **Scho|la|sti|ker**, der, ..s, .. (Anhänger der Scholastik – *abwert*; Buchstabengelehrter, spitzfindiger Mensch) · **scho|la|stisch**; ..ste (*auch abwert*; schulmäßig)
Scho|lie [..ĭə], die, .., ..n *od* **Scho|lion**, das, ..s, ..ien [..ĭən] (erklärende, textkrit. Anmerkung bei antiken Schriftstellern) ⟨*grch*⟩
Schol|le: 1. die, .., ..n ([flacher] Erdklumpen; Eisplatte; ein Plattfisch) – 2. die, .. (*veraltend*; Heimat[boden]) · **Schol|len‿bre|cher** (*Landw*), **...ge|bir|ge** (*Geol*) · **schol|lern** *K 363* (dumpf rollen – *auch Landw*; [Land] in Schollen legen) · **schol|lig**
Schöll|kraut, *österr nur so, älter* **Schell|kraut**, das, ..[e]s ⟨*grch* → *lat*⟩
Schol|lung (Schollenbildung)
schon; *K 176*: obschon; wennschon (obgleich)
schön ⟨*zu* schauen⟩:
I. *Kleinschreibung*: **a)** *K 119*: die schöne Literatur; die schönsten Bücher (von einer Jury ausgezeichnete Bücher); **b)** *K 115*: am schönsten; auf das *od* aufs schönste
II. *Großschreibung*: **a)** *K 94*: die Schönste der Schönen; die Schönste von allen; auf das Schönste bedacht sein; *vgl. auch K 113*; **b)** *K 95*: etwas Schönes; **c)** *K 258*: Philipp der Schöne; **d)** *K 208*: Schön Rotraud
III. *Schreibung bei Verben*: **a)** *Getrenntschreibung K 135*: schön sein, werden; es schön haben; schön (in schöner Weise) färben, machen, reden, schreiben; **b)** *Zusammenschreibung vgl.* schönfärben, schönmachen, schönreden, schönschreiben, schöntun
Schön|druck, *Pl* ..drucke (*Polygr*; zuerst bedruckte Seite des Druckbogens) · **Schö|ne**: 1. die, ..n, ..n *K 341* (*auch iron*; schönes Mädchen) – 2. die, .. (*dicht*; Schönheit)
scho|nen ⟨‚schön behandeln'⟩
schö|nen (*fachspr*; [Färbungen] verschönern; Flüssigkeiten klären; Geschmack u. Geruch verbessern)
Scho|nen (Landsch. in Südschweden)
[1]**Scho|ner**, der, ..s, .. (*veraltend*; Schutzdeckchen)
[2]**Scho|ner**, der, ..s, .. (mehrmastiges Segelschiff) ⟨*engl*⟩
schön|fär|ben *K 137* ([zu] günstig darstellen); du färbst schön; schöngefärbt; schönzufärben; *aber*: schön färben (in schönen Farbtönen färben) · **Schön|fär|ber** · **Schön|fär|be|rei** ([zu] günstige Darstellung)
Schön|geist, *Pl* ..geister · **schön|gei|stig**
Schön|heit · **Schön|heits|feh|ler** · **Schön|heits|pfle|ge**, die, .. · **Schön|heits|sinn**, der, ..[e]s
Schon|kost
schön|ma|chen[1] *K 137* (*umg*; verschönern); sich (*Akk*) schönmachen; der Hund kann schönmachen (Männchen machen); *aber*: etw. schön machen (hübsch, gut ausführen)
Schon|platz (Arbeitsplatz für Wiedergenesende, Schwangere usw.)
schön|re|den[1] *K 137* (*umg*; schmeicheln) · **Schön|re|de|rei** *od* **Schön|red|ne|rei** · **Schön|red|ner** (*umg*) · **schön|schrei|ben**[1] *K 137* (Schönschrift schreiben); *aber*: schön schreiben (in einer schönen Handschrift schreiben) · **Schön|schreib|heft** · **Schön|schreib|kunst**
schön|stens (*umg*)
Schön|tu|er [..tu:ər] (*umg abwert*) · **Schön|tue|rei** (*umg abwert*) · **schön|tue|risch** (*umg abwert*) · **schön|tun**[1] *K 136* (*umg*; schmeicheln)
Scho|nung · **scho|nungs|be|dürf|tig** · **scho|nungs|los** *K 349*; *vgl.* ...los · **Scho|nungs|lo|sig|keit**, die, .. · **Schon|zeit**
Schopf, der, ..[e]s, *Pl* Schöpfe (Haarbüschel, Kopfhaar – *landsch u. schweiz*; Wetterdach, Schuppen). *Zus K 365 ff.*: Schopf‿lerche usw.
Schöpf‿brun|nen, **...ei|mer** · **schöp|fen** ⟨*zu* schaffen⟩ · **Schöp|fer** (*meist gehoben*; jmd., der schöpferisch tätig ist, Urheber – *Rel*; Gott) · **schöp|fe|risch**; ..ste · **Schöp|fer|kraft** · **Schöpf‿kel|le**, **...löf|fel** · **Schöp|fung** (*gehoben od Rel*) · **Schöp|fungs|be|richt** (*bibl*)
schöp|peln *K 363* (*landsch u. schweiz*; gern od. gewohnheitsmäßig einen Schoppen trinken; zechen)
schop|pen (*südd*, *österr*, *schweiz*; vollstopfen, nudeln – *Mode*; [sich] bauschen) ⟨*zu* schieben⟩; ein geschoppter Ärmel (*Mode*)
Schop|pen, der, ..s, .. (altes Weinmaß; kleiner Trunk) ⟨*dt* → *frz*⟩ · **schop|pen|wei|se** *K 176*
Schöps, der, ..es, ..e (*landsch u. österr*; Hammel) ⟨*slaw*⟩ · **Schöp|sen‿bra|ten** (*landsch u. österr*), **...fleisch** (*landsch u. österr*) · **Schöp|ser|ne**, das, ..n, ..n *K 341* (*österr*; Hammelfleisch)
Schorf, der, ..[e]s, ..e · **schorf|ar|tig**
Schorf|hei|de, die, .. (Naturschutzgebiet im NO der DDR)
schor|fig
Schörl, der, ..[e]s, ..e (*Mineral*; schwarzer Turmalin)
Schor|le *od* **Schor|le|mor|le**, die, .., ..n, *seltener* das, ..s, ..s (ein Erfrischungsgetränk)
Schorn|stein · **Schorn|stein|fe|ger**
Scho|se, *auch* **Cho|se** [ˈʃo:zə], *österr nur so*, die, .., ..n (*umg*; Sache, Angelegenheit; [peinl.] Vorkommnis) ⟨*lat* → *frz*⟩
[1]**Schoß** [ʃo:s]: 1. der, *Gen* Schoßes, *Pl* Schöße (Mitte od. Inneres [des Leibes]; Hüftteil mancher Kleidungsstücke) – 2. die, *Gen* Schoß, *Pl* Schoßen, *seltener* Schöße (*österr*; Damenrock) ⟨‚Ecke', ‚Zipfel'⟩
[2]**Schoß** [ʃɔs], der, *Gen* Schosses, *Pl* Schosse (junger Trieb)
Schöß|chen [ˈʃø:s..] (in der Taille angesetzter Stoffteil) ⟨*zu* [1]Schoß⟩ · **Schö|ßel**, der, ..s, .. (*österr*; Schößchen)
schos|sen (*landsch*; sprossen); du schoßt *K 354*; du schoßtest; geschoßt ⟨*zu* [2]Schoß⟩
Schoß|hünd|chen [ˈʃo:s..]
Schöß|ling [ˈʃœs..] (Ausläufer, Trieb einer Pflanze)
Schot, die, .., ..e, *auch* [1]**Scho|te**, die, .., ..n (*seem*; Segelleine) ⟨*zu* [1]Schoß⟩
[2]**Scho|te**, die, .., ..n (Fruchtform der Kreuzblütler) ⟨*zu* Scheuer⟩
[3]**Scho|te**: 1. der, ..n, ..n (*landsch salopp*; Narr) – 2. die, .., ..n (*salopp*; Narrheit, Witz) ⟨*hebr*⟩
scho|ten|för|mig · **Scho|ten|frucht**
[1]**Schott**, das, ..[e]s, ..e (*seem*; Querwand im Schiff zur wasserdichten Abtrennung) ⟨‚Schuß'⟩
[2]**Schott**, der, ..s, ..s (nordafrikan. Salzsumpf) ⟨*arab*⟩
[1]**Schot|te**, die, .., ..n (*südd*, *schweiz*; Molke)

---
[1] *Konjugation vgl.* schönfärben.

²Schot|te, der, _n, _n (norddt; junger Hering) ⟨ndrl⟩
³Schot|te, der, _n, _n, auch Schott|län|der, der, _s, _ (Bewohner von Schottland)
¹Schot|ten, der, _s, _ (süddt, österr; Quark)
²Schot|ten, der, _s, _, meist Pl (großkarierter Kleiderstoff) ⟨zu ³Schotte⟩
Schot|ter, der, _s, _ (zerkleinerte Steine; Geröll in Flüssen) ⟨zu Schutt⟩ · Schot|ter|decke [Tr ..dek|ke] · schot|tern K 363 (mit Schotter belegen) · Schot|te|rung
Schot|tin, auch Schott|län|de|rin, die, _, ..innen · schot|tisch, auch schott|län|disch; K 258: die Schottischen Hochlande · Schot|ti|sche od Schot|tisch, der, ..schen, ..schen (ein Tanz) · Schott|land (nördl. Teil Großbritanniens mit den vorgelagerten Inseln) · Schottländer ↑ ³Schotte · Schottländerin ↑ Schottin
schraffen ↑ schraffieren · ¹Schraf|fen Pl (Striche einer Schraffur – Kartogr; Bergstriche als Art der Geländedarstellung); Sg Schraf|fe, die, _
²Schraf|fen, der, _s, _ (süddt; Schramme, Rißwunde)
schraf|fie|ren, seltener schraf|fen (mit ¹Schraffen versehen; stricheln) ⟨ital → ndrl⟩ · Schraf|fur, auch Schraf|fie|rung, seltener Schraffung, die, _, _en (Strichzeichnung [auf Karten]; Strichelung)
schräg; schräg gegenüber (vgl. auch gegenüber); schräg legen, stellen · Schräg|ach|se · Schrä|ge, die, _, _n · schrä|gen (schräg abkanten) · Schra|gen, der, _s, _ (landsch; Gestell aus schräg od. kreuzweise zueinander stehenden Holzfüßen od. Pfählen; Sägebock) · Schrägheit, die, _ · schräg|hin · Schrägla|ge · schräg|lau|fend; vgl. aber K 166 · Schräg|li|nie · Schräg‿schnitt, ...schrift, ...strich · schräg|über Adv · Schrä|gung
schral (seem; schwach, ungünstig); _er Wind · schra|len (seem); der Wind schralt
Schram, der, _[e]s, ..äme (Bergb; tiefer Einschnitt) · Schram|boh|rer od Schräm|boh|rer (Bergb) · schrä|men (Bergb) · Schräm|maschi|ne (Bergb) · Schram|me, die, _, _n
Schram|mel|mu|sik K 209 ⟨nach den österr. Musikern Schrammel⟩ · Schram|mel|quar|tett K 209
schram|men · schram|mig
Schrank, der, _[e]s, ..änke. Zus K 365 ff.: Schrank‿koffer usw. · Schrank|auf|satz · Schränk|chen · Schran|ke, die, _, _n · Schränkei|sen · schrän|ken (Zähne von Sägeblättern wechselseitig biegen – vom Wild gesagt; Tritte seitlich abweichend von der Geraden setzen) · Schran|ken, der, _s, _ (österr; Schranke) · schran|ken|los K 349; vgl. ...los · Schran|ken|lo|sig|keit, die, _ · Schran|ken|wär|ter · schrank|fer|tig; _e Wäsche · Schrank|wand
Schran|ne, die, _, _n (noch süddt; Bank zum Feilhalten; Getreidemarkt)
Schranz, der, _es, ..änze (süddt, schweiz; Riß) · Schran|ze, die, _, _n, auch der, österr meist so, _n, _n (abwert; Höfling)
Schra|pe, die, _, _n (norddt; Schrappeisen) · schra|pen od schrap|pen (landsch, bes norddt; [ab]kratzen)
Schrap|nell, das, _s, Pl _e od, österr meist, _s (hist; Sprenggeschoß mit Kugelfüllung) ⟨nach dem engl. General Shrapnel ['ʃrɛpnəl]⟩
Schrapp|ei|sen · schrappen ↑ schrapen · Schrap|per (Techn; Fördergerät zum Abtragen und Bewegen von Schüttgut) · Schrap|sel, das, _s, _ (norddt; das Abgekratzte)
Schrat od Schratt, der, _[e]s, _e, auch Schrä|tel, der od das, _s, _ (Abergl; hutzliger Waldgeist)
Schratten ↑ ²Karren
Schräub|chen · Schrau|be, die, _, _n ⟨lat → rom⟩ · Schrau|bel, die, _, _n (Bot; ein Blütenstand) · schrau|ben · Schrau|ben|dre|her (fachspr; Schraubenzieher) · Schrau|ben‿schlüs|sel, ...zieher · schrau|big · Schraub|stock, der, Pl ..stöcke
Schre|ber|gar|ten K 209 (Kleingarten in Gartenkolonien) ⟨nach dem Arzt⟩
Schreck, der, _[e]s, _e od Schrecken[1], der, _s, _ · schrecken[1]: 1. tr (gehoben; in Schrecken [ver]setzen) – 2. intr (weidm, vom Wild gesagt; in Schrecken geraten; sich melden, schreien) · schreckens|bleich[1] · Schreckens[1]‿bot|schaft, ...herrschaft, ...tat · Schreck|ge|spenst · schreck|haft · Schreck|haf|tigkeit, die, _ · schreck|lich · Schreck|lich|keit, die, _ · Schrecknis, das, ..isses, ..isse (gehoben) · Schreck‿schuß, ...se|kun|de
Schrei, der, _[e]s, _e
Schreib‿ar|beit (meist Pl), ...art, ...be|darf · Schreib|block, Pl vgl. Block (3) · Schrei|be, die, _ (umg; Geschriebenes; Schreibgerät) · schrei|ben; du schriebst; du schriebest; geschrieben; schreib[e]! ⟨lat⟩; ich schreibe mich mit jmdm.; ein Wort klein, groß schreiben; K 119: ein Zirkel schreibender Arbeiter · Schrei|ben: 1. das, _s; 2. das, _s, _ (Schriftstück) · Schrei|ber · Schreibe|rei (umg abwert) · Schrei|be|rin, die, _, ..innen · Schrei|ber|ling (abwert; jmd., der schlecht [u. viel] schreibt) · schreib|faul · Schreibfaul|heit, die, _ · Schreib‿fehler, ...ma|schi|ne, ...pa|pier, ...schrank, ...schrift, ...tech|nik, ...tisch · Schrei|bung · Schreibwa|ren Pl · Schreib|wei|se, die ⟨zu ²Weise⟩
schrei|en; du schriest, wir schrie[e]n, ihr schriet; du schrieest; geschrie[e]n; schrei[e]! · schreiend; die _sten Farben (die grellsten Farben) · Schrei|er (meist abwert) · Schreie|rei (umg abwert) · Schrei|hals (umg)
Schrein, der, _[e]s, _e (noch gehoben; schrankähnliches Behältnis, bes. für Reliquien) ⟨lat⟩ · Schreiner (bes süddt, schweiz; Tischler) · Schrei|ne|rei (bes süddt, schweiz) · schrei|nern K 363 (bes süddt, schweiz)
Schreit|bag|ger (Techn) · schreiten (gehoben); du schrittst; du schrittest; geschritten; schreit[e]! · Schreit|tanz
Schrieb, der, _s, _e (umg, oft abwert; Brief) ⟨zu schreiben⟩ · Schrift, die, _, _en; K 258: die Heilige Schrift (Bibel) · Schrift‿art, ...bild · schrift|deutsch · Schriftdeutsch K 268 ff. · Schrif|ten‿nach|weis, ...rei|he, ...verzeich|nis · schrift|ge|mäß · Schrift|gie|ßer · Schrift|gie|ße|rei · Schrift|grad · Schrift|ke|gel, fachspr meist kurz Ke|gel (Polygr; die Ausdehnung des Typenmaterials von der Signaturseite zur Rükkenseite) · schrift|lich; etwas schriftlich geben; K 95: etwas Schriftliches geben · Schrift|lichkeit, die, _ (bes Rechtsw; schriftl. Fixierung) · Schrift‿pro|be, ...sach|ver|stän|di|ge (der u. die K 341), ...satz, ...set|zer · Schriftspra|che (Sprachw) · schriftsprach|lich · Schrift|stel|ler · Schrift|stel|le|rin, die, _, ..innen · schrift|stel|le|risch · schrift|stellern K 363; geschriftstellert; zu schriftstellern · Schrift|stel|ler|name · Schrift|stück, Pl ..stücke · Schrift|tum, das, _[e]s · Schriftver|kehr · Schrift|wech|sel
schrill ⟨lautm⟩ · schril|len
schrin|nen (norddt; schmerzen)

[1] Tr ..k|k..

Schrip|pe, die, –, –n (*bes berlin*; Weißbrötchen) ⟨*zu* schrappen⟩

Schritt, der, –[e]s, –e ⟨*zu* schreiten⟩; *K 308*: 5 – weit; mit 5 – Abstand; – für –, – vor – setzen; auf – und Tritt; *K 131*: – fahren, – halten · **Schrittanz** [*Tr* Schritt|tanz *K 78*] · **Schritt|län|ge** · **Schritt|ma|cher** (*auch kurz für* Herzschrittmacher) · **Schritt|ma|cher|ma|schi|ne** (*Radrennen*) · **Schritt|mes|ser,** der · **schritt|wei|se** *K 176*

Schro|fen *od* **Schrof|fen,** der, –s, –, *auch* **Schroff,** der, *Gen* –[e]s *od* –en, *Pl* –en (*süddt, österr*; Felsklippe) · **schroff** · **Schroff|heit**

schroh (*fränk-hess*; rauh, roh, grob)

schröp|fen (*auch umg*; finanziell ausnützen) ⟨*zu* schrap[p]en⟩ · **Schröpf|kopf** (*Med*)

Schropphobel ↑ Schrupphobel

Schrot, das *od* der, –[e]s, *Pl* (*selten*) –e (kleine Bleikugeln für Feuerwaffen; grobgemahlenes Getreide) · **Schrot|blatt** (mittelalterl. Kunstblatt in Metallschnitt) · **Schrot|brot** · **schro|ten** (grob zermahlen; zerkleinern); geschrotet, *älter* geschroten · **Schrö|ter** (ein Käfer) · **Schrot‿kä|fer, ...ku|gel** · **Schröt|ling** (*veraltet*; ein Metallstück) · **Schrot‿müh|le, ...sä|ge** · **Schrott,** der, –[e]s, –e (Altmetall) · **schrott|reif** · **Schrott|trans|port** *K 17*

schrub|ben (mit einem Schrubber reinigen) ⟨*zu* schrap[p]en⟩; *vgl. aber* schruppen · **Schrub|ber**

Schrul|le, die, –, –n (Laune, wunderlicher, eigensinnig festgehaltener Einfall) ⟨*zu* schrill⟩ · **schrul|len|haft** · **Schrul|len|haf|tig|keit,** die, – · **schrul|lig** · **Schrul|lig|keit,** die, –

schrumm! ⟨*lautm*⟩ · **schrumm|fi|de|bumm!**

Schrum|pel, die, –, –n (*landsch*; Falte, Runzel) · **schrum|peln** *K 363* (*landsch*; schrumpfen) · **schrump|fen** · **schrump|fig** · **Schrumpf‿le|ber** (*Med*), **...nie|re** (*Med*) · **Schrump|fung** · **schrump|lig** *K 362* (*landsch*)

Schrund, der, –[e]s, ..ünde (*süddt, österr*; Spalte, Riß [z. B. in Felsen u. Gletschern]) ⟨*zu* Schranz⟩ · **Schrun|de,** die, –, –n (Hautriß) · **schrun|dig** (*landsch*; rissig)

schrup|pen (*fachspr*; etw. grob behobeln) ⟨*zu* schrap[p]en⟩; *vgl. aber* schrubben · **Schrupp|fei|le** · **Schrupp|ho|bel,** *auch* **Schropp|ho|bel** (Zimmermanns-, Tischlerhobel)

Schruz, der, –es (*obersächs*; Minderwertiges, Wertloses)

Schub, der, –[e]s, *Pl* Schübe ⟨*zu* schieben⟩

schub|ben (*norddt*; kratzen) ⟨*ndrl*⟩; *vgl. auch* ^{1}schuppen, ^{2}schuppen

Schub|boot · **Schu|ber,** der, –s, – (Schutzkarton [für Bücher] – *österr*; Schieber [Absperrvorrichtung]) ⟨*zu* schieben⟩ · **Schub|fach**

Schu|biack, der, –s, *Pl* –s *od* –e (*umg abwert*; Schuft) ⟨*ndrl*⟩

Schub|kar|re[n], *seltener* **Schieb|kar|re[n]** · **Schub|ka|sten** · **Schub|la|de** · **Schub|mo|dul** (*Phys*) · **Schubs,** der, –es, –e, *auch* **Schupp,** der, –[e]s, –e *od* **Schups,** der, –es, –e (*landsch*; Schub, Stoß, Schwung); *vgl. auch* Schub, Schupf · **schubsen** ↑ ^{1}schuppen · **Schub|stan|ge**

schüch|tern ⟨*zu* scheu⟩ · **Schüch|tern|heit,** die, –

Schuft, der, –[e]s, –e (*abwert*) · **schuf|ten** (*umg*; hart arbeiten) · **Schuf|te|rei** (*umg abwert*) · **schuf|tig** (*abwert*) · **Schuf|tig|keit** (*abwert*)

Schuh, der, –[e]s, *Pl* –e u. *bei Maßangabe* (*K 308*) Schuh, z. B. 3 Schuh lang · **Schuh|bür|ste** · **Schuh|chen** · **Schuh|creme** [..krɛ:m], *eindeutschend* **Schuh|krem** · **Schuh|ma|cher** · **Schuh|ma|che|rei** · **Schuh|platt|ler,** *kurz* **Platt|ler** (ein Volkstanz) · **Schuh|soh|le**

Schu|ko|stecker [*Tr* ...stek|ker] *Kurzw* (*Elektrotechn*; Schutzkontaktstecker)

Schul|an|fang · **Schul|an|fän|ger** · **Schul|arzt** · **schul|ärzt|lich** · **Schul|bank,** *Pl* ..bänke · **Schul|buch**

Schuld, die, –, –en (*Pl meist für* geldliche Verpflichtungen) ⟨*zu* sollen⟩; [die] Schuld tragen; es ist meine Schuld; in Schuld geraten; *K 108*: schuld geben, haben, sein; sich (*Dat*) etwas zuschulden (*K 176*) kommen lassen; *aber*: viel, wenig Schuld geben; viel, wenig Schuld haben · **Schuld|an|er|kennt|nis** (*Rechtsw*) · **schuld|be|la|den** *K 364* (*gehoben*) · **schuld|be|wußt** · **Schuld|be|wußt|sein** · **schul|den** · **schul|den|frei** (ohne Schulden) · **schuld|frei** (ohne Schuld) · **schuld|haft** (*bes Rechtsw u. schweiz*; schuldig) · **Schuld|haft,** die, – (*hist*) · **schul|dig;** auf –, plädieren (*Rechtsw*; Schuldigsprechung beantragen) · **Schul|di|ger,** der, –s, – (*bibl*; Schuldner) · **schul|di|ger|ma|ßen** *K 176* · **Schul|dig|keit,** die, – · **Schul|dig|spre|chung** · **schuld|los;** *vgl.* ...los · **Schuld|lo|sig|keit,** die, – · **Schuld|ner** · **Schuld|ne|rin,** die, –, ..innen · **Schuld‿recht, ...schein**

Schu|le, die, –, –n (*grch* → *lat*); *K 258*: die Hohe Schule (↑ *d.*) · **schu|len** · **schul|ent|las|sen** *K 364 Adj* · **Schü|ler,** der, –s, – · **schü|ler|haft** · **Schü|le|rin,** die, –, ..innen · **Schü|ler|lot|se** · **Schü|ler|schaft,** die, –, *Pl* (*selten*) –en · **schul|frei** · **Schul|funk** · **Schul|hort;** *kurz* Hort · **Schul|in|spek|tor** · **schu|lisch** · **Schul‿kind, ...lei|ter** (der) · **Schul|mei|ster** (*noch scherzh od abwert*) · **schul|mei|ster|lich** (*noch scherzh od abwert*) · **schul|mei|stern** *K 363* (*noch scherzh od abwert*); geschulmeistert; zu –

Schulp, der, –[e]s, –e (Rückenplatte mancher Tintenfische)

Schul|pflicht, die, – · **schul|pflich|tig**

Schul|pfor|te (ehem. Fürstenschule bei Naumburg)

Schul|rat, *Pl* ..räte · **Schul‿re|form, ...schiff, ...spei|sung**

Schul|ter, die, –, –n · **Schul|ter|blatt** · **schul|tern** *K 363* · **Schul|ter|rie|men**

Schult|heiß, der, –en, –en *od* **Schul|ze,** der, –n, –n (*hist*; Gemeinde-, Ortsvorsteher) ⟨*zu* Schuld *u.* heißen ‚gebieten'⟩

Schu|lung · **Schul|weis|heit** (*meist abwert*)

schum|meln *K 363* (*umg*; [leicht] betrügen) ⟨*Herkunft umstritten*⟩

Schum|mer, der, –s, – (*landsch*; Dämmerung) · **schum|me|rig** *K 362* (*landsch*) · **schum|mern:** 1. (*landsch*; dämmern); es schummert; *K 102*: im Schummern (*landsch*; in der Dämmerung) – 2. *K 363* (*Kartogr*; [eine Landkarte] schattieren) · **Schum|mer|stun|de** (*landsch*) · **Schum|me|rung** (*Kartogr*; Schattierung)

Schum|per|lied (*landsch*; Liebeslied, derbes Volkslied) ⟨‚schandbares Lied'⟩ · **schum|pern** *K 363* (*landsch*; auf dem Schoße schaukeln)

Schund, der, –[e]s (*abwert*; Wertloses) ⟨*zu* schinden⟩ · **Schund|li|te|ra|tur** (*abwert*)

schun|keln *K 363* (schaukeln; sich hin- und herwiegen) · **Schun|kel|wal|zer**

Schupf, der, –[e]s, –e (*süddt, österr, schweiz*; Schub, Stoß, Schwung); *vgl. auch* Schubs · **schup|fen** (*süddt, österr, schweiz*; stoßen, stoßend schieben); *vgl. auch* ^{1}schuppen

Schup|fen, der, –s, – (*süddt, österr*; Schuppen, Wetterdach) ⟨*zu* Schaub⟩

Schupp ↑ Schubs

Schup|pe, die, –, –n (Haut-, Hornplättchen) ⟨*zu* schaben⟩

Schüp|pe, die, –, –n (*landsch*; Schippe) · **^{1}schup|pen** *od* **schub-**

sen (*K 354*) (*landsch*; stoßen, stoßend schieben); *vgl. auch* schubben, schupfen
²schup|pen (Schuppen, Fischschuppen entfernen); sich (*Akk*) _; *vgl. auch* schubben
Schup|pen, der, _s, _ (Nebengebäude) ⟨*zu* Schaub⟩
schüp|pen (*landsch*; schippen) · **Schüp|pen**, das, _ (*landsch*; Schippen)
Schup|pen|flech|te (*Med*) · **schup|pig**
Schups ↑ Schubs
¹Schur, die, _, _en (das Scheren, bes. der Schafe) ⟨*zu* ¹scheren⟩
²Schur, der (*veraltet*; Verdruß, Schererei); *nur noch in* jmdm. einen _ tun, es jmdm. zum _[e] tun ⟨*zu* ²scheren⟩
Schür|ei|sen · **schü|ren** · **Schü|rer**
Schurf, der, _[e]s, *Pl* Schürfe (*bergm*; das Aufsuchen nutzbarer Lagerstätten) ⟨*zu* scharf⟩ · **schür|fen**; *vgl. auch* tiefschürfend · **Schür|fer** · **Schürf|loch** (*Bergb, Bauw*)
schür|gen (*landsch*; schieben, stoßen, treiben) · **Schür|ha|ken** · **Schu|ri|ge|lei** (*umg abwert*) · **schu|ri|geln** *K 363* (*umg abwert*; quälen)
Schur|ke, der, _n, _n (*abwert*) ⟨*zu* schüren⟩ · **Schur|ken|streich** (*abwert*) · **Schur|ke|rei** (*abwert*) · **Schur|kin**, die, _, ..innen (*abwert*) · **schur|kisch**; _ste (*abwert*)
Schur|re, die, _, _n (*landsch*; Gleitbahn, Rutsche) ⟨*lautm*⟩ · **schur|ren** (*landsch*; gleiten, rutschen, schleifen; scharren) · **Schurr|murr**, der, _[e]s (*norddt*; Durcheinander; Gerümpel)
Schurz, der, _es, _e ⟨*lat*⟩ · **Schür|ze**, die, _, _n · **schür|zen** *K 354* · **Schür|zen|band**, das, *Pl* ..bänder · **Schurz|fell**
Schuß, der, *Gen* Schusses, *Pl* Schüsse ⟨*zu* schießen⟩; *K 308*: 270 _ in der Minute (*Web*); 2 _ (*auch* Schüsse) abgeben; ein _ (eine kleine Menge) Rum; in _ haben (*umg*; in Ordnung haben) · **schuß|be|reit** · **Schus|sel**: 1. der, _s, _ *od* die, _, _n (*umg*; fahrige, unruhige Person) – 2. die, _, _n (*landsch*; Schlitterbahn) ⟨*zu* Schuß⟩
Schüs|sel, die, _, _n ⟨*lat*⟩ · **Schüs|sel|chen** · **schüs|sel|för|mig**
schus|seln *K 363 f.* (*umg*; fahrig, unruhig, übereilt handeln – *landsch*; schlittern) ⟨*zu* Schuß⟩ · **Schus|ser**, der, _s, _ (*landsch*; Spielkugel) · **schus|sern** *K 363 f.* (*landsch*) · **schuß‿fer|tig, ...ge|recht** · **schus|sig** (*landsch*; [über]eilig, hastig) · **schuß|lig** *K 362 u. 364* (*umg*; fahrig, unruhig) · **Schuß‿waf|fe, ...wei|te, ...wun|de, ...zahl**
Schu|ster [ˈʃuː..., *auch* ˈʃu..., *österr nur so*], der, _s, _ (*umg*; Schuhmacher – *umg abwert*; Pfuscher) ⟨*lat*⟩ · **Schu|ster|ah|le** · **Schu|ste|rei** (*umg*) · **schu|stern** *K 363* (*auch umg abwert*; Pfuscharbeit machen) · **Schu|ster|pfriem**
Schu|te, die, _, _n (flaches, offenes Wasserfahrzeug – *veraltet*; ein Frauenhut) ⟨*ndrl*⟩
Schutt, der, _[e]s · **Schütt|bo|den** (*landsch*) · **Schüt|te**, die, _, _n (*landsch*; Bund Stroh – *schweiz*; Kornboden); zwei _n Stroh · **Schüt|tel|frost** · **schüt|teln** *K 363* · **schüt|ten**
schüt|ter (lose; undicht, gelichtet) ⟨*zu* scheiden⟩; _es Haar
schüt|tern *K 363* ([er]beben, zittern); der Boden schüttert · **Schütt|gut** · **Schutt‿hal|de, ...hau|fen, ...ke|gel** · **Schütt|ofen** · **Schütt|stein** (*schweiz*; Ausguß) · **Schütt|stroh** · **Schutt|trans|port** *K 17* · **Schutz**, der, _es, *Pl* (*Techn*:) _e · **Schütz**, das, _es, _e: 1. (*Elektrotechn*; ferngesteuerter Schalter) – 2. *auch* **²Schüt|ze**, die, _, _n (*Techn*; bewegl. Staubrett bei Wehren u. Schleusen) · **Schutz|an|zug** · **Schutz|be|foh|le|ne**, der *u.* die, _n, _n *K 341* (*noch gehoben*)
¹Schüt|ze, der, _n, _n (Schießender) ⟨*zu* schießen⟩
²Schütze ↑ Schütz (2) · **schüt|zen** *K 354* ⟨*zu* Schutt⟩
Schüt|zen, der, _s, _ (*Web*; Schiffchen, Gerät zur Aufnahme der Schußspulen) · **Schüt|zen|fest**
Schutz|en|gel
Schüt|zen|gra|ben
Schüt|zen|steue|rung *od* **Schütz|steue|rung** (*Elektrotechn*) ⟨*zu* Schütz⟩ · **Schutz‿helm, ...hül|le, ...hüt|te** · **schutz|imp|fen**; *nur im Inf u. im Part II* (»schutzgeimpft«) *gebräuchlich* · **Schutz|imp|fung** · **Schütz|ling** · **schutz|los**; *vgl.* ...los · **Schutz|lo|sig|keit**, die, _ · **Schutz|mar|ke** · **Schützsteuerung** ↑ Schützensteuerung · **Schutz|zoll** *K 18, Pl* ..zölle (*kap Wirtsch*)
Schwa|bach (Stadt im SO der BRD) · **Schwa|ba|cher**: 1. *K 231*: *a.* der, _s, _ (in Schwabach Geborener od. Wohnender); *b.* die, _ (*Polygr*; eine Schriftgattung) – 2. *als Attribut K 232*: die Schwabacher Schrift
Schwab|be|lei (*landsch umg*; Geschwätz) · **schwab|be|lig** *K 362* (*umg*; schwammig, fett; wackelnd) · **schwab|beln**: 1. *auch* **schwab|bern** (*umg, von weichen, bes gallertartigen Massen gesagt*; sich schwankend, zitternd hin und her bewegen) – 2. *K 363* (*landsch*; unnötig viel reden); *vgl. auch* schwappen · **Schwab|ber** (*seem*; ein besonderer Besen auf Schiffen) · **schwabbern** ↑ schwabbeln
¹Schwa|be, der, _n, _n ⟨*zu* Schwaben⟩
²Schwabe ↑ Schabe (1)
schwä|beln *K 363* (schwäbisch sprechen) · **Schwa|ben** (histor. Gebiet; Teil des Bundeslandes Bayern [BRD]) · **Schwa|ben|al|ter**, das, _s (*scherzh*; das 40. Lebensjahr) · **Schwa|ben|streich** · **Schwä|bin**, die, _, ..innen · **schwä|bisch**; *K 258*: die Schwäbische Alb
Schwä|bisch Gmünd (Stadt im SW der BRD)
Schwä|bisch Hall (Stadt im SW der BRD); *vgl. auch* Haller · **schwä|bisch-häl|lisch**
schwach; schwächer, schwächste. *Schreibung beim Part II vgl.* schwachbevölkert · **schwach|at|mig** · **schwach|be|völ|kert** *od* **schwach be|völ|kert** *K 166*; *K 127*: schwächer, am schwächsten bevölkert · **schwach|be|wegt**; *vgl.* schwachbevölkert · **Schwä|che**, die, _, _n · **schwä|chen** · **Schwä|che|zu|stand** · **Schwach|heit** · **schwäch|lich** · **Schwäch|lich|keit**, die, _ · **Schwäch|ling** (*abwert*) · **Schwach|ma|ti|kus**, der, _, *Pl* ..usse *od* ..ker (*scherzh*; Schwächling) ⟨*dt + f. E., an* schachmatt *angelehnt*⟩ · **schwach|sich|tig** · **Schwach|sich|tig|keit**, die, _ · **Schwach|sinn**, der, _[e]s · **schwach|sin|nig** · **Schwach|strom**, der, _[e]s · **Schwach|strom|tech|nik**, die, _ · **Schwä|chung**
Schwad, der, *seltener* das, _[e]s, _e *od* **¹Schwa|den**, der, _s, _ (Reihe abgemähten Grases od. Getreides) · **Schwad|drusch**
²Schwa|den, der, _s, _ (fetzenartig dahinziehender Dampf usw. – *Bergb*; schlechte [gefährl.] Grubenluft)
schwa|den|wei|se *K 176*
schwa|dern *K 363* (*süddt*; plätschern, schwatzen, schnattern)
Schwa|dron, die, _, _en (*Milit hist*) ⟨*lat → ital*⟩ · **Schwa|dro|neur** [..ˈnøːr], der, _s, _e (Schwätzer, Prahlhans) ⟨*ital + frz*⟩ · **schwa|dro|nie|ren** (wortreich u. aufdringlich reden; prahlen) ⟨*lat → ital*⟩
Schwa|fe|lei (*salopp abwert*; törichtes Gerede) · **schwa|feln** *K 363* (*salopp*)
Schwa|ger, der, _s, ..äger · **Schwä|ge|rin**, die, _, ..innen · **schwä|ger|lich** · **Schwä|ger|schaft** · **Schwä-**

her, der, –s, – (*veraltet*; Schwiegervater)
Schwai|ge, die, –, –n (*bayr, österr*; Sennhütte) · **schwai|gen** (*bayr, österr*; Käse bereiten) · **Schwai|ger** (*bayr, österr*; Alpenhirt)
Schwälb|chen · **Schwal|be**, die, –, –n · **Schwal|ben|nest**
Schwalk, der, –[e]s, –e (*norddt*; Dampf, Qualm; Bö) (*zu* schwelen)
schwal|ken (*norddt*; umherbummeln)
Schwall, der, –[e]s, *Pl* (*selten*) –e (Welle, Guß [Wasser]) (*zu* schwellen)
Schwalm, die, – (Fluß u. Landsch. in der mittleren BRD) · **Schwäl|mer**: 1. *K 231*: der, –s, –; 2. *als Attribut K 232*: die Schwälmer Tracht · **Schwäl|me|rin**, die, –, ..innen
Schwamm, der, –[e]s, ..ämme (*landsch u. österr auch für* Pilz) · **Schwämm|chen** · **Schwam|merl**, das, –s, –[n] (*bayr, österr*; Pilz) · **schwam|mig**
Schwan, der, –[e]s, ..äne
schwa|nen; *nur unpersönl*: es schwant mir (*umg*; ich ahne)
Schwa|nen‿ge|sang (*gehoben*), **...hals** · **schwa|nen|weiß**; *vgl.* blau
Schwang, der (*veraltet*; Schwung); *nur noch in* im Schwang[e] sein (sehr üblich sein)
schwan|ger · **Schwan|ge|ren‿be|ra|tung**, **...gym|na|stik** · **schwän|gern** *K 363* · **Schwan|ger|schaft** · **Schwan|ger|schafts‿test**, **...un|ter|bre|chung**, **...ver|hü|tung**
schwank (*gehoben*; nicht fest, unsicher) (*zu* schwingen) · **Schwank**, der, –[e]s, ..änke · **schwan|ken** · **Schwan|kung**
Schwanz, der, –es, ..änze (*zu* schwanken) · **Schwänz|chen** · **schwän|zeln** *K 363* (*auch umg iron*; sich zierend auf und ab gehen) · **schwän|zen** *K 354* (*umg*; [die Schule] absichtl. versäumen) · **Schwän|zer** (*umg*) · **Schwanz|fe|der** · **schwanz|la|stig** (*Luftf*)
schwapp!, *auch* **schwaps!** (*lautm*); schwipp, schwapp, schwupp!, *auch* schwips, schwaps, schwups! · **Schwapp**, der, –[e]s, –e, *auch* **Schwaps**, der, –es, –e (Klatsch, Schlag; Wasserguß) · **schwap|pen**, *auch* **schwap|sen** (*von Flüssigkeiten [in Gefäßen] gesagt*; klatschend an od. über den Rand schlagen); *vgl. auch* schwabbeln
Schwä|re, die, –, –n (*gehoben*; Geschwür) (*zu* schwer) · **schwä|ren** (*gehoben*; eitern); es schwärt; es schwärte; geschwärt; schwär[e]!
Schwarm, der, –[e]s, ..ärme (*zu* schwirren); *vgl. auch K 387* · **schwär|men** · **Schwär|mer** · **Schwär|me|rei** · **Schwär|me|rin**, die, –, ..innen · **schwär|me|risch**; –ste · **Schwarm|geist**, *Pl* ..geister · **schwarm|wei|se** *K 176* (*bes Milit*) · **Schwärm|zeit**
Schwar|te, die, –, –n (dicke [fette] Haut; Fell von Wildschwein u. Dachs – *Med*; Verdickung des Bindegewebes – *fachspr*; zur Verschalung dienendes rohes Brett – *umg, auch abwert*; altes [minderwertiges] Buch) · **schwar|ten** (*umg, auch abwert*; in das Lesen vertieft sein – *landsch*; derb schlagen) · **Schwar|ten|ma|gen** (eine Wurstsorte) · **schwar|tig**
schwarz; schwärzer; schwärzeste
I. *Kleinschreibung*:
a) *K 119*: schwarze Pocken; der schwarze [2]Star, der schwarze Tee, der schwarze Tod (die Pest im Mittelalter); ein schwarzer Tag; auf die schwarze Liste setzen; das schwarze Schaf
b) *K 118*: schwarz auf weiß (*umg*)
c) *K 116*: aus schwarz weiß machen wollen
II. *Großschreibung*:
a) *K 93*: der Schwarze (↑ *d.*); ins Schwarze (↑ *d.*) treffen
b) *K 258*: das Schwarze Brett (Anschlagbrett); die Schwarze Kunst (*veraltet*; Buchdruckerkunst); Schwarzen Peter spielen; das Schwarze Meer
III. *Bei Verben K 135–138 vgl.* schwarzarbeiten, schwarzfahren, schwarzgehen, schwarzhören, schwarzschlachten, schwarzsehen
IV. *In Verbindung mit dem Part II vgl.* blau, IV
V. *Farbenbezeichnungen*: *K 272 bis 280*
Schwarz, das, –[es] (schwarze Farbe); *K 274*: in Schwarz gekleidet; *vgl.* Blau
Schwarz|ar|beit (Tätigkeit für Entgelt unter Mißachtung der gewerbe- u. arbeitsrechtl. Vorschriften) · **schwarz|ar|bei|ten** *K 136*; du arbeitest schwarz; schwarzgearbeitet; schwarzzuarbeiten
Schwar|za|tal *K 246*, das, –[e]s (im SW der DDR)
schwarz|äu|gig · **Schwarz|bee|re** (*süddt, österr*; Heidelbeere) · **schwarz|braun** *K 278*; *vgl.* blau · **Schwarz|brot** · **Schwar|ze** *K 341*: 1. der *u.* die, –n, –n (dunkelhaariger Mensch) – 2. der, –n (Teufel) – 3. das, –n (schwarze Stelle); *K 96*: ins – treffen · **Schwär|ze**, die, –, –n (Farbe zum Schwarzmachen) · **schwär|zen** *K 354* (schwarz machen) · **Schwar|ze Pum|pe** *K 258* (Ort u. Braunkohlenkombinat im Bez. Cottbus)
Schwarz|er|de, die, –, –n *od* **Tscher|no|sjom** (*russ*), der, *auch* das, –[s], –e (fruchtbarer, dunkler Humusboden [Lößschicht] im S der UdSSR u. in amerikan. Steppengebieten) · **schwarz|fah|ren**[1] *K 136* (ohne Berechtigung ein Fahrzeug benutzen; ohne Entgelt mit einem öffentl. Verkehrsmittel fahren) · **Schwarz‿fah|rer**, **...fahrt** · **schwarz|ge|hen**[1] *K 136 u. 363* (*umg*; auf Wilddieberei gehen; unerlaubt eine Grenze überschreiten) · **schwarz|hö|ren**[1] *K 136* (ohne Genehmigung Rundfunk hören) · **Schwarz|hö|rer** · **Schwarz|kit|tel** (*weidm*; Wildschwein) · **schwärz|lich**; schwärzlichbraun usw.; *vgl.* blau · **schwarz|ma|len**[1] *K 136* (*umg*; pessimistisch sein) · **Schwarz|ma|ler** (*umg*) · **Schwarz|ma|le|rei** (*umg*) · **Schwarz|meer|flot|te** *K 368*, die, – · **Schwarz|meer|ge|biet** *K 368*, das, –[e]s · **Schwarz|pap|pel** · **Schwarz|plätt|chen** (Mönchsgrasmücke) · **schwarz|rot|gold**; eine schwarzrotgoldene Kordel; *vgl. K 278 f.* · **Schwarz|sau|er**, das, –s, – (ein norddeutsches Gericht) · **schwarz|schlach|ten**[1] *K 136* (ohne amtl. Genehmigung heimlich schlachten) · **schwarz|se|hen**[1] *K 136 u. 363* (*umg*; pessimistisch sein; ohne Genehmigung fernsehen) · **Schwarz|se|her** (*umg*) · **Schwarz|se|he|rei** (*umg*) · **schwarz|se|he|risch** (*umg*) · **Schwarz|specht**
Schwarz|wald, der, –[e]s (Gebirge im SW der BRD) · **Schwarz|wäl|der**: 1. *K 231*: der, –s, –; 2. *als Attribut K 232*: die Schwarzwälder Kirschtorte · **schwarz|wäl|de|risch**
Schwarz|was|ser|fie|ber, das, –s (eine Tropenkrankheit) · **schwarz|weiß** [*auch* ʃvarts'vais] *K 278*; *vgl.* blau · **Schwarz|weiß|fern|se|her** · **Schwarz|weiß|film** · **Schwarz|weiß|fo|to|gra|fie** *od* **Schwarz|weiß|pho|to|gra|phie** *K 54* · **Schwarz|wild** · **Schwarz|wur|zel** (eine Gemüsepflanze)
Schwatz, der, –es, –e (*umg*; Geplauder) · **Schwatz|ba|se** (*umg abwert*) · **Schwätz|chen** · **schwat|zen** *K 354* (*umg*) · **schwät|zen** *K 354* (*süddt*) · **Schwät|zer** (*abwert*) · **Schwät|ze|rei** (*abwert*) · **Schwät|ze|rin**, die, –, ..innen (*abwert*) · **schwät|ze|risch** (*abwert*) · **schwatz|haft** (*abwert*) · **Schwatz|haf|tig|keit**, die, – (*abwert*)
Schwe|be, die; *nur in* in der – sein,

[1] *Konjugation vgl.* schwarzarbeiten.

[sich (*Akk*)] in der _ halten · **Schwe|be◡bahn, ...bal|ken** · **schwe|ben;** schwebende Betonung (*Phon*)

Schwe|de, der, _n, _n · **Schweden,** *amtl* **Kö|nig|reich Schweden** (in Nordeuropa) · **Schwe|denpunsch** · **schwe|disch;** *vgl. K 266f.*; *K 238*: _e Gardinen (*umg*; [Gitterfenster im] Gefängnis) · **Schwedisch,** das, *Gen* _[s], *Dat* _ (Sprachbezeichnung *K 268ff.*) · **Schwe|di|sche,** das, *Gen* _n, *Dat* _n (Sprachbezeichnung *K 271*)

Schwedt (Oder) [ʃve:t] (Stadt im Bez. Frankfurt) · **Schwed|ter:** 1. *K 231*: der, _s, _; 2. *als Attribut K 232*

Schwe|fel, der, _s (chem. Element, Nichtmetall); *Zeichen* S (*für* Sulfur, ↑ *d.*) · **schwe|fel|ar|tig** · **Schwe|fel|ban|de** (*umg abwert od scherzh*; zu Streichen aufgelegte Gesellschaft; üble Gesellschaft) · **Schwe|fel|blü|te,** die, _ (*Chem*) · **schwe|fel|gelb;** *vgl.* blau · **schwefel|hal|tig** · **Schwe|fel|kies** (*Mineral*) · **Schwe|fel|kopf** (ein Pilz) · **Schwe|fel|le|ber,** die, _ (*Chem*) · **schwe|feln** *K 363* · **schwe|fel|sauer** · **Schwe|fel|säu|re,** die, _ · **schwef|lig** *K 362*; _e Säure

Schweif, der, _[e]s, _e; *vgl. auch* Schwof · **schwei|fen** (*gehoben*) (*zu* schweben) · **Schweif|sä|ge** · **Schwei|fung** · **schweif|we|deln** *K 363* (*auch abwert*; sich kriechend, schmeichlerisch benehmen); geschweifwedelt; zu _ · **Schweif|wed|ler** (*abwert*)

schwei|gen; du schwiegst; du schwiegest;geschwiegen;schweig[e]! · **Schwei|gen,** das, _s · **Schwei|gepflicht** · **Schwei|ger** · **schweigsam** · **Schweig|sam|keit,** die, _

Schwein: 1. das, _[e]s, _e (ein Haustier) – 2. das; *nur in* _ haben (*umg*; Glück haben) (‚das von der Sau Abstammende') · **Schwei|nebra|ten,** *süddt u. österr meist* **Schweins|bra|ten** · **Schwei|nefleisch,** das, _es, *süddt u. österr meist* **Schwei|ner|ne,** das, _n *K 341*; *K 312*: ein Kilo Schweinernes · **Schwei|ne|hund** (*Schimpfw*) · **Schwei|ne|ko|ben** · **Schwei|neko|fen** (*norddt*) · **Schwei|ne◡mast** (die), **...mä|ste|rei** · **Schwei|ne|rei** (*salopp abwert*) · **schwei|nern** (*bes süddt, österr*; vom Schwein stammend) · **Schweinerne** ↑ Schweinefleisch

Schwein|furt (Stadt in der mittleren BRD) · **Schwein|fur|ter:** 1. *K 231*: der, _s, _; 2. *als Attribut K 232* · **Schwein|fur|ter Grün** *K 232*, das, *Gen* _ _s (ein Farbstoff)

Schwein|igel (*umg abwert*) · **schwein|igeln** *K 363* (*umg abwert*); geschweinigelt; zu schweinigeln · **schwei|nisch** (*salopp abwert*); _ste · **Schweins◡bor|ste, ...keu|le, ...kno|chen, ...kopf** · **Schweins|le|der** · **schweins|ledern** · **Schweins◡rücken** [*Tr* ...rük|ken], **...rüs|sel**

Schweiß, der, _es (*auch weidm*; Wildblut) · **schweiß|be|deckt** · **Schweiß◡bren|ner, ...drü|se** · **schwei|ßen:** 1. *K 354* (Metallteile bei Weißglut durch Hämmern od. Aneinanderschmelzen verbinden) – 2. (*weidm, vom Wild gesagt*; bluten) · **Schwei|ßer** · **schweiß|ge|badet** · **Schweiß|ge|rät** · **schwei|ßig** · **Schweiß|stahl,** *Pl* ..stahle *od* ..stähle · **Schweiß|tech|nik** · **schweiß|trei|bend** *K 164*; *K 115*: am _sten · **schweiß|trie|fend** *K 164* · **Schweiß|tuch,** *Pl* ..tücher · **Schwei|ßung**

Schweiz, die, _, *amtl* **Schwei|ze|rische Eid|ge|nos|sen|schaft** *K 258*, die, *Gen* _n _, *kurz* **Eid|ge|nossen|schaft,** die, _ (in Mitteleuropa); *vgl. auch* Confoederatio Helvetica; *K 238*: die französische (französisch sprechende) Schweiz, *aber K 258*: die Sächsische Schweiz (in der DDR) · **Schwei|zer:** 1. *K 231*: der, _s, _ (Staatsbürger der Schweiz – *landsch*; Melker) – 2. *als Attribut K 232*: der Schweizer Jura (ein Höhenzug), der Schweizer Käse, das Schweizer Land, *aber K 233*: das Schweizerland (Land der Schweizer), die Schweizergarde · **Schwei|zer|de|gen** (Schriftsetzer, der auch das Drukken, od. Drucker, der auch das Setzen versteht) (*zu* ²Degen) · **schweizer|deutsch;** *vgl. K 266f.* · **Schweizer|deutsch,** *schweiz* **Schwy|zerdütsch** ['ʃvi:..] *K 233 u. 268ff.*, das, *Gen* _[s], *Dat* _ (mündl. Verkehrssprache der deutsch sprechenden Schweizer) · **Schwei|zer|deutsche,** *schweiz* **Schwy|zer|düt|sche** ['ʃvi:..] *K 233*, das, *Gen* _n, *Dat* _n (Sprachbezeichnung *K 271*) · **Schwei|zer|hoch|deutsch** *K 233 u. 268ff.*, das, *Gen* _[s], *Dat* _ (vorwiegend schriftl. Verkehrssprache der deutsch sprechenden Schweizer) · **Schwei|zer|hoch|deut|sche** *K 233*, das, *Gen* _n, *Dat* _n (Sprachbezeichnung *K 271*) · **schwei|ze|risch;** *K 238*: die schweizerischen Alpenpässe, *aber K 258*: die Schweizerischen Bundesbahnen (*Abk* SBB), die Schweizerische Eidgenossenschaft (↑ Schweiz) · **Schweiz|rei|se** *K 246*

Schwel|brand · **schwe|len** (langsam flammenlos [ver]brennen; glimmen) · **Schwe|le|rei** (*Techn*)

schwel|gen · **Schwel|ger** · **Schwelge|rei** · **schwel|ge|risch;** _ste

Schwel◡koh|le, ...koks

Schwel|le, die, _, _n

schwel|len: 1. *intr* (größer, stärker werden, sich ausdehnen); du schwillst, er schwillt; du schwollst; du schwöllest; geschwollen; *selten* schwill! – 2. *tr* (größer, stärker machen, ausdehnen); du schwellst; du schwelltest; geschwellt; schwell[e]! · **Schwel|ler** (Teil der Orgel u. des Harmoniums) · **Schwel|lung**

Schwel|teer · **Schwe|lung**

Schwem|me, die, _, _n (flache Stelle eines Gewässers als Badeplatz für das Vieh; saisonbedingtes überreichliches Warenangebot – *landsch*; einfache Gastwirtschaft – *österr auch für* Warenhausabteilung mit niedrigen Preisen) · **schwem|men** (‚schwimmen machen') · **Schwemm|land,** *Pl* ..länder · **Schwemm|sand**

Schwen|de, die, _, _n (durch Abbrennen urbar gemachter Wald, Rodung) · **schwen|den** (‚schwinden machen')

Schwen|gel, der, _s, _ · **schwenkbar** · **Schwenk|be|reich** · **Schwenke,** die, _, _n (*lausitz*; Schaukel) · **schwen|ken** (‚schwingen machen') · **Schwen|ker** (bauchiges Kognakglas) · **Schwenk|kran** · **Schwen|kung**

schwer; *K 119*: _es Wasser (*Chem*; eine Deuterium-Sauerstoff-Verbindung); _er Kreuzer; _e Artillerie. *Schreibung bei* **a)** *Verben vgl.* schwerfallen, schwerhalten, schwernehmen; **b)** *Adjektiven u. Partizipien II*, z. B. dieses Verhalten ist schwer verständlich, ein schwerverständliches Verhalten; *vgl. aber K 166 u. 173*

Schwer◡ar|bei|ter, ...ath|le|tik · **schwer|be|la|den**[1] *K 364* · **Schwerbe|schä|dig|te,** der *u.* die, _n, _n *K 341* · **Schwer|be|schä|dig|tenaus|weis** · **Schwer|be|waff|ne|te** *K 341* · **Schwe|re,** die, _ · **schwere|los;** *vgl.* ...los · **Schwe|re|losig|keit,** die, _ · **Schwe|re|not,** die; *nur in veralteten Fügungen wie* daß dich die _!; es ist, um die _ zu kriegen · **Schwe|re|nö|ter,** der, _s, _ (*umg scherzh*; ein keck-liebenswürdiger Mensch, bes. gegenüber Frauen) (jmd., der die ‚schwere Not' = Epilepsie verdiente) · **schwer|er|zieh|bar**[1] · **schwer|fallen** *K 137* (Mühe verursachen); es

[1] *Vgl.* schwer, b.

fällt schwer; es ist schwergefallen; schwerzufallen; *aber:* schwer fallen, z. B. er hatte das Pech, schwer zu fallen · **schwer|fäl|lig** · **Schwer|fäl|lig|keit,** die, – · **schwer|flüs|sig** (*fachspr*) · **Schwer|ge|wicht,** das, –[e]s (*Sport*) · **Schwer|ge|wichts|mei|ster** · **schwer|hal|ten** *K 137* (schwierig sein); es hält schwer; es hat schwergehalten; schwerzuhalten; *aber:* schwer halten, z. B. er konnte das Pferd nur schwer halten · **schwer|hö|rig** · **Schwer|hö|ri|gen|schu|le** · **Schwer|hö|rig|keit,** die, –

Schwe|rin (Bezirksstadt in der DDR)

Schwer|in|du|strie

Schwe|ri|ner: 1. *K 231:* der, –s, –; 2. *als Attribut K 232:* das Schweriner Schloß

Schwer|kraft, die, – · **schwer|krank** (*auch weidm;* angeschossen); ein –es Kind · **schwer|lich** (kaum) · **Schwer|ma|schi|nen|bau** · **Schwer|me|tall** · **Schwer|mut,** die, – · **schwer|mü|tig** · **Schwer|mü|tig|keit,** die, – · **schwer|neh|men** *K 137* (großes Gewicht beimessen); er hat die Nachricht schwergenommen; *aber K 127:* er hat die Nachricht zu schwer genommen · **Schwer‿öl, ...punkt** · **Schwer|spat** (*Mineral*) · **Schwerst|be|schä|dig|te,** der *u.* die, –n, –n *K 341*

Schwert [ʃve:rt], das, –[e]s, –er · **Schwer|tel,** der, *österr* das, –s, – (eine Gartenzierpflanze) · **Schwer|ter|tanz** *od* **Schwert|tanz** · **Schwert|fisch** (ein Raubfisch) · **schwert|för|mig** · **Schwert‿knauf, ...li|lie**

schwer|ver|dau|lich[1] · **schwer|ver|ständ|lich**[1] · **schwer|ver|wun|det**[1] · **Schwer|ver|wun|de|te** *K 341* · **schwer|wie|gend** *K 128; K 115:* am –sten; *K 127:* schwerwiegendere Bedenken, *aber* (mit Nachdruck): schwerer wiegende Bedenken; *K 125:* schwer wiegende Kisten

Schwe|ster, die, –, –n · **Schwe|ster|an|stalt** (eine andere, den gleichen Zwecken dienende Anstalt) · **Schwe|ster|kind** (*veraltet*) · **schwe|ster|lich** · **Schwe|ster|lich|keit,** die, – · **Schwe|ster|lie|be** (Liebe der Schwester) · **Schwe|stern|lie|be** (Liebe zw. Schwestern) · **Schwe|stern|paar** · **Schwe|stern|schaft** · **Schwe|stern|schü|le|rin**

Schwib|bo|gen (Lichterbogen – *Arch;* zw. zwei Mauerteilen frei stehender Bogen) ⟨‚Schwebebogen'⟩

---

[1] *Vgl.* schwer, b.

Schwie|ger|el|tern *Pl* ⟨*zu* Schwäher⟩ · **Schwie|ger|mut|ter,** *Pl* ..mütter · **Schwie|ger‿sohn, ...toch|ter, ...va|ter**

Schwie|le, die, –, –n ⟨*zu* schwellen⟩ · **schwie|lig**

Schwie|mel, der, –s, – (*landsch;* Rausch; Leichtsinniger, Zechbruder) · **Schwie|me|lei** (*landsch*) · **schwie|me|lig** *K 362* (*landsch;* taumelig) · **Schwie|mel|kopf** (*landsch*) · **schwie|meln** *K 363* (*landsch;* taumeln; bummeln, leichtsinnig leben)

schwie|rig ⟨*zu* Schwäre, *an* schwer *angelehnt*⟩ · **Schwie|rig|keit**

Schwimm‿art, ...bad, ...bla|se, ...dock · **Schwimmeister** [*Tr* Schwimm|mei|ster *K 78*] · **schwim|men;** du schwammst; du schwömmest, *auch* schwämmest; geschwommen; schwimm[e]; ich bin (*österr nur so*) *od* habe geschwommen · **Schwim|mer** · **Schwimm|fuß,** *Pl* ..füße · **Schwimm‿hal|le, ...haut, ...we|ste**

Schwin|del, der, –s (*auch abwert;* Betrug) · **Schwin|del|an|fall** · **Schwin|de|lei** (*umg abwert*) · **schwin|del|frei** · **schwin|del|haft** · **Schwin|del|ma|nö|ver** (*abwert*) · **schwin|deln** *K 363;* es schwindelt mir; mir schwindelt der Kopf · **schwin|den;** du schwandst; du schwändest; geschwunden; schwind[e]! · **Schwind|ler** (*abwert*) · **schwind|ler|haft** (*abwert*) · **Schwind|le|rin,** die, –, ..innen (*abwert*) · **schwind|le|risch** (*abwert*); –ste · **schwind|lig** *K 362* · **Schwind|maß,** das (*Techn*) · **Schwind|sucht,** die, – (*veraltet;* Tuberkulose) · **schwind|süch|tig** (*veraltet*) · **Schwin|dung,** die, – (*fachspr*)

Schwing|ach|se · **Schwin|ge,** die, –, –n · **Schwin|gel,** der, –s, – (ein Rispengras) · **schwin|gen** (*schweiz auch für* ringen); du schwangst; du schwängest; geschwungen; schwing[e]! · **Schwin|ger** (Boxschlag mit gestrecktem Arm – *schweiz;* Ringer) · **Schwing|fest** (*schweiz;* Ringerfest) · **Schwin|gung** · **Schwin|gungs|kreis** (*Funkw*)

schwipp!, *auch* **schwips!** ↑ *unter* schwapp! · **Schwip|pe,** die, –, –n (*noch landsch;* [schwankendes Ende einer] Peitsche) · **schwip|pen** (*landsch*) · **Schwipp|schwa|ger** (*umg;* Bruder des Ehepartners eines der eigenen Geschwister od. Schwager des Ehepartners [außer dem eigenen Bruder]) · **Schwips,** der, –es, –e (*umg;* leichter Rausch)

schwir|be|lig *K 362* (*landsch;* schwindlig) · **schwir|beln** *K 363* (*landsch;* sich im Kreise drehen) ⟨*zu* wirbeln⟩

Schwirl, der, –[e]s, –e (ein Singvogel)

schwir|ren · **Schwirr|vo|gel** (*veraltet;* Kolibri)

Schwitz|bad · **Schwit|ze,** die, –, –n (*kurz für* Mehlschwitze) · **schwit|zen** *K 354* ⟨*zu* Schweiß⟩; mich schwitzt · **schwit|zig** · **Schwitz|kur**

Schwof, der, –[e]s, –e (*umg;* öffentl. Tanzvergnügen) ⟨‚Schweif'⟩ · **schwo|fen** (*umg*)

schwoi|en ['ʃvɔy..] *od* **schwo|jen** (*seem, von Schiffen gesagt;* sich [vor Anker] drehen) ⟨*anord → ndrl*⟩

schwö|ren; du schwurst *od* schworst; du schwürest, *seltener* schwörest; geschworen; schwör[e]! auf jmdn. –; auf eine Sache –

schwul (*derb;* homosexuell) · **schwül** ⟨*zu* schwelen⟩ · **Schwü|le,** die, – · **Schwu|li|bus;** *nur in Wendungen wie* in – sein (*umg scherzh;* bedrängt sein) ⟨*dt + f. E.*⟩ · **Schwu|li|tät,** *meist Pl* (*umg;* Verlegenheit); *meist in Wendungen wie* in [großen] –en sein

Schwulst, der, –es, ..ülste (*abwert*) ⟨*zu* schwellen⟩ · **schwul|stig:** 1. (aufgeschwollen, aufgeworfen) – 2. ↑ schwülstig · **schwül|stig,** *auch* **schwul|stig,** *österr meist so* (*abwert;* überladen) · **Schwül|stig|keit,** die, – (*abwert*)

schwum|me|rig *K 362* (*landsch;* schwindlig, nicht ganz geheuer)

Schwum|se, die, – (*landsch umg;* Prügel, Hiebe)

Schwund, der, –[e]s ⟨*zu* schwinden⟩ · **Schwund|aus|gleich** (*Funkw*)

Schwung, der, –[e]s, ..ünge ⟨*zu* schwingen⟩; in – bringen; in – kommen · **Schwung‿brett, ...feder** · **schwung|haft** · **Schwung|kraft,** die, – · **Schwung‿rad, ...riemen** · **schwung|voll**

schwupp!, *auch* **schwups!** ↑ *unter* schwipp! · **Schwupp,** der, –[e]s, –e, *auch* **Schwups,** der, –es, –e (*umg;* Stoß) · **schwupp|di|wupp!**

Schwur, der, –[e]s, ..üre ⟨*zu* schwören⟩ · **Schwur|ge|richt** (Geschworenengericht)

Schwyz [ʃvi:ts] (Stadt u. Urkanton der Schweiz) · **Schwy|zer** ['ʃvi:..]: 1. *K 231:* der, –s, –; 2. *als Attribut K 232* · **Schwyzerdütsch** ↑ Schweizerdeutsch

Sci|ence-fic|tion ['saiəns'fikʃ(ə)n], die, – (wissenschaftlich-utop. Literatur) ⟨*amerik*⟩ · **Sci|ence-fic|tion-Ro|man** *K 188*

sci|li|cet ['stsi:litsɛt] (nämlich) ⟨*lat*⟩

Scooter ↑ Skooter

Scordatura ↑ Skordatur

Scotch [skɔtʃ], der, _s, _s (schott. Whisky) ⟨engl⟩

Scot|land Yard ['skɔtlənd 'ja:rd], *meist ohne Art od* der, *Gen* _ _ (das Polizeipräsidium in London – *übertr*; engl. Kriminalpolizei) ⟨engl⟩

Scrip [skrip], *eindeutschend* **Skrip**, der, _s, _s (*Wirtsch*; Gutschein) ⟨engl⟩

Scu|do, der, _, *Pl* ..di, *auch* _s (*hist*; italien. Münze) ⟨*lat* → *ital*⟩

sculp|sit (Zusatz zum Namen des Stechers auf Kupfer- u. Stahlstichen); *Abk* sc. *od* sculps. ⟨*lat*, ‚hat [es] gestochen'⟩

Scyl|la ['stsyla] (latein. Form von Skylla) ⟨*grch* → *lat*⟩; *vgl. auch* Skylla und Charybdis

Seal [si:l], der, _s, _s *od* **Seal|skin** ['si:l..], der *od* das, _s, _s (Fell der Pelzrobben) ⟨*engl*⟩ · **Seal|man|tel** · **Seal|skin**: 1. ↑ Seal – 2. der *od* das, _s, _s (glänzendes Plüschgewebe als Nachahmung des Seals)

Se|attle [si'ɛt(ə)l] (Hafenstadt im NW der USA)

Se|ba|stian *K 90* (m. Vn.) ⟨*grch*, ‚der Erhabene'⟩

Se|bor|rhoe *od* **Se|bor|rhöe** [*beide* ..'rø:], die, _, _n [..'rø:ən] (*Med*; krankhaft gesteigerte Absonderung der Talgdrüsen) ⟨*lat* + *grch*⟩

Se|cen|tist [setʃɛn..] (*Kunstwiss*; Künstler des Secentos) ⟨*lat* → *ital*⟩ · **Se|cen|to**, das, _s (*Kunstwiss*; das 17. Jh. in Italien [als Stilbegriff])

Sech, das, _[e]s, _e (*Landw*; Pflugmesser) ⟨*lat*⟩

sechs; *K 120*: zu sechsen *od* zu sechst; *vgl.* acht · **Sechs**, die, _, _en; *vgl.* [1]Acht · **Sechs|eck**[1] · **sechs|eckig**[1] [*Tr* ...ek|kig] · **sechs|ein|halb** *od* **sechs|und|ein|halb** *K 282* (*mit Ziffern* 6½ *od* 6,5); *vgl.* achteinhalb · **Sech|ser**, der, _s, _; *meist in* keinen _ wert (völlig wertlos) sein (*umg*) · **sech|ser|lei** · **sechs|fach**[1] · **Sechs|fa|che**[1], das, _n *K 341*; *vgl.* Achtfache · **Sechs|fläch|ner**[1], der, _s, _ (*Geom*) · **sechs|hun|dert**; *vgl.* hundert (1) · **sechs|mal**[1]; *vgl.* achtmal · **sechs|ma|lig**[1] · **Sechs|paß**, der, ..passes, ..passe (*Arch*; gotisches sechsbogiges Maßwerk) · **Sechs|stern** · **sechst**; *nur in der Wendung* zu sechst · **Sechs|ta|ge|ren|nen** (*mit Ziffer K 285* 6-Tage-Rennen) · **sechs|tau|send**; *vgl.* tausend (1) ·

[1] *Mit Ziffer vgl. K 284.*

sech|ste; *vgl.* achte · **sech|stel**; *vgl.* achtel · **Sech|stel**, das, *schweiz meist* der, _s, _ (‚sechster Teil'); *vgl.* Achtel · **sech|stens** · **sechs|undeinhalb** ↑ sechseinhalb · **Sechs|und|sech|zig** *K 282*, das, _ (ein Kartenspiel) · **sechs|und|zwan|zig** *K 282* · **Sechs|zy|lin|der**[1] *umg Kurzw* ([Fahrzeug mit] Sechszylindermotor) · **Sechs|zy|lin|der|mo|tor** (*mit Ziffer K 285* 6-Zylinder-Motor) · **sechs|zy|lin|drig** · **sech|zehn**; *vgl.* achtzehn · **sech|zig**; *vgl.* achtzig

Se|cret Ser|vice ['si:krit 'sœ:rvis], der, *Gen* _ _ (brit. Geheimdienst) ⟨*engl*⟩

se|da|tiv (beruhigend, einschläfernd) ⟨*lat*⟩ · **Se|da|ti|vum** [..v..], das, _s, ..va (*Pharmakol*; Beruhigungsmittel)

Se|di|ment, das, _[e]s, _e (*Geol*; Ablagerung, Absatz- od. Schichtgestein – *Med*; Bodensatz) ⟨*lat*⟩ · **se|di|men|tär** (*Geol*; durch Ablagerung entstanden) · **Se|di|men|ta|tion** (*Geol*) · **Se|di|ment|ge|stein** · **se|di|men|tie|ren** (*Geol*)

Se|dum, das, _s, ..da (Fetthenne, ein Dickblattgewächs) ⟨*lat*⟩

See *K 82*: 1. der, _s [ze:s, *auch* 'ze:əs], _n ['ze:ən, *auch* ze:n] (Binnensee) – 2. die, _, _n ['ze:ən, *auch* ze:n] (Meer); die hohe _; die offene _ · **See|aal** *K 184* · **see|ar|tig** *K 185*: 1. (meeresartig) – 2. *od* **seen|ar|tig** ['ze:ən.., *auch* 'ze:n..] (binnenseeartig) · **See|bad** · **See|bad ...** (Ortsnamenzusatz); *vgl. die betreffenden Ortsnamen* · **See|bär** · **see|be|schä|digt** (havariert) · **See-Ele|fant** *K 184* (größte Robbe) · **see|er|fah|ren** *K 185*; ein _er Kapitän · **See-Er|ze** *K 184 Pl* (Eisenerzablagerungen in Seen) · **see|fah|rend** · **See|fah|rer** · **See|fahrt** · **See|fahrts‿amt, ...buch** · **See|fahrt|schu|le** · **see|fest** · **See‿fisch, ...gang**

See Ge|ne|za|reth, der, *Gen* _s _ *od* **See von Ti|be|rias**, der, *Gen* _s _ _ (im N Palästinas)

Seegurken ↑ Seewalzen · **See|hund** (eine Robbe) · **See|hund[s]|fell** · **See‿igel, ...kar|te, ...kli|ma** · **see|krank** · **See|krank|heit**, die, _ · **See|land** (dän. Insel; Provinz in den Niederlanden)

See|le, die, _, _n · **See|len|ach|se** (*Milit*; bei Feuerwaffen) · **See|len‿heil** (*christl Rel*), **...ru|he** · **see|lens|gut** · **see|len|ver|gnügt** · **See|len|ver|käu|fer** (*seem abwert*; nicht [mehr] voll einsatzfähiges Schiff) · **see|lisch** · **Seel|sor|ge**, die, _ (*christl Rel*)

[1] *Mit Ziffer vgl. K 284.*

See|mann, *Pl* ..leute · **see|män|nisch** · **See|manns|amt** · **See|mann|schaft** (*seem*) · **See|mei|le** (*Seew*; veraltende Einheit der Länge = 1,852 km); *Einheitenzeichen* sm · **See|mi|ne** · **seenartig** ↑ seeartig (2) · **See|not**, die, _ · **See|not|ret|tungs|dienst** · **Seen|plat|te** ['ze:ən.., *auch* 'ze:n..] · **See|pferd|chen** · **See|pocke** [*Tr* ...pok|ke] (ein Krebstier) · **See|ro|se** · **See|schei|de** (ein Manteltier) · **See‿schlan|ge, ...schwal|be** · **See|streit|kräf|te** (*Pl*) · **See‿tang, ...ufer** *K 185*

See von Tiberias ↑ See Genezareth

See|wal|zen *od* **See|gur|ken** *Pl* (zu den Stachelhäutern gehörende Meerestiere) · **See|war|te** · **see|wärts** · **See|was|ser|stra|ßen|ord|nung**, die, _ · **See|weg** · **See|wet|ter|dienst** · **See|zei|chen** · **See|zun|ge** (ein Fisch)

Se|gel, das, _s, _ · **Se|gel|boot** · **se|gel|fer|tig** · **se|gel|flie|gen** *K 132*; *nur im Inf gebräuchlich* · **Se|gel|flie|ger** · **Se|gel|flug** · **Se|gel|flug|zeug** · **se|gel|los**; *vgl.* ...los · **se|geln** *K 363* · **Se|gel‿re|gat|ta, ...schiff** · **Se|gel|sport**, der, _[e]s · **Se|gel|tuch**, *Pl* ..tuche

Se|gen, der, _s, _ ⟨*zu segnen*⟩ · **se|gen|brin|gend**; *vgl. aber K 163 u. 127* · **se|gens|reich** · **Se|gens|wunsch**

Se|ger|ke|gel *K 209* (Hitzemesser für Öfen der keram. Industrie); *Zeichen* SK ⟨*nach* dem Technologen⟩ · **Se|ger|por|zel|lan** *K 209*

Seg|ge, die, _, _n (ein Riedgras)

Seg|ler

Seg|ment, das, _[e]s, _e (*Geom*; Kreis- od. Kugelabschnitt – *Anat, bes Zool*; Abschnitt des Körpers od. eines Organs) ⟨*lat*⟩ · **seg|men|tal** (*fachspr*; in Form eines Segments) · **seg|men|tär** (*fachspr*; aus Abschnitten gebildet) · **Seg|ment|bau|wei|se**, die · **Seg|ment|mas|sa|ge** [..,sa:ʒə, *österr* ..,sa:ʒ] (*Med*)

seg|nen ⟨*lat*⟩; gesegnete Mahlzeit! · **Seg|nung**, *meist Pl* (*oft iron*)

Se|gre|ga|tion (*Biol*; Ausscheidung) ⟨*lat*⟩

Seh|ach|se · **se|hen** *K 363*; du siehst, er sieht; du sahst; du sähest; gesehen; sieh[e]! (*Abk* s.); sieh[e] da!; sieh[e] dies! (*Abk* s. d.); sieh[e] oben! (*Abk* s. o.); sieh[e] unten! (*Abk* s. u.); ich habe es kommen sehen *K 361* · **se|hens|wert** · **se|hens|wür|dig** · **Se|hens|wür|dig|keit** · **Se|her** (*auch weidm*; Auge des Raubwildes sowie der Hasen) · **Se|he|rin**, die, _, ..innen · **se|he|risch** · **seh|ge|schä|digt** · **Seh|kraft**

Seh|ne, die, _, _n

seh|nen, sich (*Akk*)
Seh|nen|schei|de (*Anat*) · **Seh|nen|schei|den|ent|zün|dung**
Seh|nerv
seh|nig
sehn|lich; _st · **Sehn|sucht,** die, _, *Pl* (*selten*) ..süchte · **sehn|süch|tig** · **sehn|suchts|voll**
Seh‿öff|nung, ...or|gan
sehr; so sehr, *vgl. aber* sosehr; zu sehr, *vgl. aber* allzusehr; gar sehr; sehr viel, sehr vieles; sehr bedauerlich
Seh|schär|fe · **seh|schwach** · **Seh|schwa|chen|schu|le** · **Seh|wei|te**
Sei|ber *od* **Sei|fer,** der, _s (*landsch*; ausfließender Speichel [bes. bei kleinen Kindern]) · **sei|bern** *od* **sei|fern** *K 363* (*landsch*); *vgl. auch* sabbern
Seich, der, _[e]s *od* **Sei|che,** die, _ (*landsch derb*; Harn; schales Getränk – *landsch salopp abwert*; seichtes Gerede) · **sei|chen** (*landsch derb*)
Seiches [sɛːʃ] *Pl* (*fachspr*; Wasserspiegelschwankungen in Binnenseen) ⟨*frz*⟩
seicht; _este ⟨*zu* sinken⟩ · **Seicht|heit,** die, _ · **Seich|tig|keit,** die, _ (*abwert*)
seid; ihr seid ⟨*zu* ²sein⟩; seid wachsam!
Sei|de, die, _, _n (Gespinst der Seidenspinnerraupe; Gewebe aus diesem Gespinst) ⟨*lat*⟩. *Zus K 365ff.*: Seiden‿papier usw.
Sei|del, das, _s, _ (Gefäß; Flüssigkeitsmaß) ⟨*lat*⟩; *K 308*: 3 _ Bier
Sei|del|bast ⟨*an* Seide *angelehnt*⟩, der, _es, _e, *auch* **Kel|ler|hals,** der, _ *od* _es, *Pl* _e (ein giftiger Strauch)
sei|den *K 364* (aus Seide) · **Sei|den|at|las,** *Pl* ..atlasse · **Sei|den|bau,** der, _[e]s · **Sei|den|rau|pe** · **Sei|den|spin|ner** (ein Schmetterling) · **sei|den|weich** · **sei|dig**
Sei|fe, die, _, _n (Waschmittel – *Geol*; Ablagerung). *Zus K 365ff.*: Seifen‿pulver usw. · **sei|fen** · **sei|fen|ar|tig** · **Sei|fen|ge|bir|ge** (*Geol*; erz- od. edelsteinhaltiges Gebirge) · **Sei|fen|sie|der;** *meist in* mir geht ein _ auf (*umg*; mir wird alles klar, verständlich)
Seifer usw. ↑ Seiber usw.
Seif|fen, Kur|ort (im Bez. Karl-Marx-Stadt)
sei|fig
Sei|ge, die, _, _n (*bergm*; vertiefte Stelle zum Ablaufen des Grubenwassers) ⟨*zu mhd* seigen ‚sinken machen'⟩ · **sei|ger,** *selten* **sai|ger** (*bergm*; senkrecht) · **Sei|ger,** der, _s, _ (*noch landsch*; Uhr) · **sei|gern** *K 363* (*veraltet*; seihen; sikkern – *Hüttenw*; [sich] ausscheiden; ausschmelzen) · **Sei|ger|pro|zeß** (*Hüttenw*) · **Sei|ger|riß** (*Bergb*; Projektion einer Lagerstätte auf eine vertikale Ebene) · **Sei|ge|rung** (*Hüttenw*)
Sei|gneur [sɛ'njøːr], der, _s, *Pl* _s, *seltener* _e (*hist*; Grund-, Lehnsherr – *veraltend*; Weltmann) ⟨*lat → frz*⟩
Sei|he, die, _, _n (*landsch*; Seiher) · **sei|hen** · **Sei|her** (Filter; Rückstand beim Filtern) · **Seih|tuch,** *Pl* ..tücher
Seil, das, _[e]s, _e; *K 131*: Seil ziehen, *aber K 101*: das Seilziehen. *Zus K 365ff.*: Seil‿bahn usw. · **¹sei|len**
²sei|len (*norddt*; segeln)
Sei|ler · **Sei|ler|bahn** (Arbeitsplatz des Seilers) · **Sei|le|rei** · **Sei|ler|mei|ster** · **Seil|schaft** (die durch ein Seil verbundenen Bergsteiger) · **seil|sprin|gen** *K 133*; *nur im Inf gebräuchlich* · **seil|tan|zen** *K 133*; *nur im Inf gebräuchlich* · **Seil|tän|zer**
Seim, der, _[e]s, _e (*noch gehoben*; dicker Saft, Honigsaft) · **sei|mig** (*noch gehoben*; dickflüssig)
¹sein:
1. *Possessivpron*; *m* sein, *f* seine, *n* sein (*vgl. auch Stichwort* seine *od* seinige); sein Tisch usw.; *K 114*: er tut sein möglichstes. *Großschreibung in Titeln K 99* (*gehoben*): Seine (*Abk* S[e].), Seiner (*Abk* Sr.) Exzellenz usw.
2. sein (*dicht*) *od* seiner (*gehoben*) *Gen der Personalpron* »er« u. »¹es [1]«; ich gedenke sein[er]; ein Schatten seiner selbst
²sein *Verb*; ich bin, du bist, er ist, wir sind, ihr seid, sie sind; ich sei, du seist *od* seiest, er sei, wir seien, ihr seiet, sie seien; ich war, du warst, er war, wir waren, ihr wart *od* waret, sie waren; ich wäre, du wärst *od* wärest, er wäre, wir wären, ihr wärt *od* wäret, sie wären; seiend; gewesen; sei!, seid!; das ist (*Abk* d. i.); *vgl. auch K 159* · **Sein,** das, _s; _ oder Nichtsein; das _ und das Nichtsein; das gesellschaftliche _ (*Philos*)
sei|ne *od* **sei|ni|ge;** der, die, das sein[ig]e (*gehoben*). *Kleinschreibung K 122*: Wessen Buch ist das? Ist es das sein[ig]e? (*gehoben*) – *Großschreibung K 97*: die Sein[ig]en (seine Angehörigen); das Sein[ig]e (seine Habe, das ihm Zukommende); er muß das Sein[ig]e tun
Sei|ne ['zɛːn(ə) *od* sɛːn], die, _ (Fluß in Nordfrankreich)
Sei|ner, der, _s, _ (ein Fischereifahrzeug) ⟨*grch → lat*⟩
sei|ner|seits · **sei|ner|zeit** (*K 176*) *Adv* (damals, dann), *Abk* (*nach der ursprüngl Schreibung* seiner Zeit) s. Z.; *aber K 175*: alles zu seiner Zeit · **sei|ner|zei|tig** *Adj* · **sei|nes|glei|chen** *K 176*; er hat nicht _ · **sei|net|hal|ben** (*veraltend*) · **sei|net|we|gen** · **sei|net|wil|len;** *nur in* um _ · **seinige** ↑ seine
Seising ↑ Zeising
Seis|mik *od* **Seis|mo|lo|gie,** die, _ (Erdbebenkunde) ⟨*grch*⟩ · **seis|misch** (häufig von Erdbeben betroffen; auf Erdbeben bezüglich) · **Seis|mo|gramm,** das, _[e]s, _e (Registrierung eines Seismographen) · **Seis|mo|graph,** der, _en, _en (Gerät zum Aufzeichnen von Erdbebenwellen) · **seis|mo|gra|phisch** · **Seismologie** ↑ Seismik · **seis|mo|lo|gisch** (erdbebenkundlich) · **Seis|mo|me|ter,** das (ein Erdbebenmeßgerät) · **seis|mo|me|trisch** (durch Erdbebenmessung erhalten)
seit: 1. *Präp mit Dat*; seit einigen Tagen, seit einem Jahr[e]; *K 114*: seit kurzem, seit langem; *formelhaft in Verbindungen mit einem Adv der Zeit*: seit damals, seit gestern; *K 109*: seit alters (*gehoben*) – 2. *Konj*: seit *od* seitdem ich hier bin, ...; *vgl. K 390*
seit|ab ⟨*zu* Seite⟩
seit|dem: 1. *Adv*: seitdem ist er krank – 2. *Konj*: seitdem *od* seit er krank ist, ...; *vgl. K 390*
Sei|te, die, _, _n, *Abk* (*Buchw*) S.; jmds. grüne Seite (*scherzh*; jmds. unmittelbare Nähe); von allen Seiten; zur Seite treten. *Als Präp* (*K 110*) *mit Gen*: seitens (↑ *d.*), auf seiten, von seiten, zu seiten; *vgl. aber* Saite – *In Zus*: abseits; allerseits; meiner-, deiner-, seinerseits usw.; mütterlicherseits; polnischerseits; staatlicherseits, *vgl. K 109*; *K 176*: beiseite
Sei|ten|an|sicht · **Sei|ten|bau,** *Pl* ..bauten · **Sei|ten|hieb** · **sei|ten|lang** *K 176*, *aber K 127*: vier Seiten lang · **sei|tens** *K 110*; *Präp mit Gen* (*bürospr*); _ des Klägers wurde folgendes vorgebracht; _ einiger Verwandter, *auch* Verwandten *K 341 u. 340* · **Sei|ten|ste|chen,** das, _s · **Sei|ten|stück,** *Pl* ..stücke · **sei|ten|ver|kehrt**
seit|her (von einer gewissen Zeit an bis jetzt) · **seit|he|rig**
seit|lich · **seit|wärts;** _ gehen
Sejm [seĭm], der, _s (oberste poln. Volksvertretung) ⟨*poln*, ‚Versammlung'⟩
Se|kans, der, _, ..anten (*Math*; eine Winkelfunktion); *Kurzzeichen* sec

⟨*lat*⟩ · **Se|kan|te,** die, _, _n (*Math*; Gerade, die eine Kurve schneidet)
sek|kant (*österr*; lästig, ärgerlich) ⟨*lat* → *ital*⟩ · **Sek|ka|tur,** die, _, _en (*österr*; Belästigung, Neckerei) · **sek|kie|ren** (*österr*)
Sek|ler *od* **Szek|ler** ['sɛk..], der, _s, _ (Angehöriger eines ungar. Volksstammes in Rumänien) ⟨*ung*⟩
Se|kond, die, _, _en (*Fechtsp*) ⟨*lat* → *ital*⟩
se|kret (*veraltet*; geheim; abgesondert) ⟨*lat*⟩ · **Se|kret,** das, _[e]s, _e (Absonderung, Ausscheidung) · **Se-kre|tar,** der, _s, _e (*veraltet*; Geschäftsführer, Abteilungsleiter gelehrter Körperschaften) · **Se|kre-tär,** der, _s, _e (leitender Funktionär einer Partei od. Organisation; Schriftführer; Dienstbezeichnung; Schreibschrank; ein Greifvogel der afrikan. Steppen) (‚Geheimschreiber') · **Se|kre|ta|riat,** das, _[e]s, _e (Dienststelle eines Sekretärs; Geschäftsstelle) · **Se|kre|tä|rin,** die, _, ..innen · **se|kre|tie|ren** (*fachspr*; absondern; verschließen, geheimhalten) · **Se|kre|tion** (*Med*, *Biol*; Absonderung); die innere _ · **se-kre|to|risch** (*Med*, *Biol*)
Sekt, der, _[e]s, _e (Schaumwein) ⟨*lat* → *rom*, ‚trocken'⟩
Sek|te, die, _, _n (von einer Religionsgemeinschaft sich absondernde Gruppe) ⟨*lat*⟩ · **Sek|ten|wesen,** das, _s
Sekt|glas, *Pl* ..gläser
Sek|tie|rer, der, _s, _ (Angehöriger einer Sekte – *Polit*; Vertreter des Sektierertums) ⟨*lat*⟩ · **sek|tie|re-risch;** _ste · **Sek|tie|rer|tum,** das, _s (politisch-ideologisch schädliche Auffassung in der Arbeiterbewegung) · **Sek|tion** (Abteilung, Gruppe, Zweig; Ausschuß; Lehr- u. Forschungsbereich einer Hochschule – *Med*; Schnitt; kunstgerechte Leichenöffnung u. -zergliederung) · **Sek|tions|be|fund** (*Med*) · **Sek|tor,** der, _s, ..oren (Abschnitt, Gebietsteil – *Math*; Kreisausschnitt, Kugelausschnitt)
Se|kund|ak|kord (*Mus*) · **Se|kun-dant** (Beistand, Zeuge [bei einem Zweikampf]; Helfer im Boxkampf) ⟨*lat*⟩ · **se|kun|där** (zweitrangig, an zweiter Stelle stehend; untergeordnet, abhängig; Neben...; nachträglich hinzukommend) · **Se|kun|dar-arzt** (*österr*; Assistenzarzt) · **Se-kun|dar|leh|rer** (*schweiz*) · **Se|kun-där|roh|stoff,** *meist Pl* · **Se|kun-dar|schu|le** (*schweiz*; eine Oberschulart) · **Se|kun|där|strom** (*Elektrotechn*) · **Se|kun|där|wick|lung** *K 363* (*Elektrotechn*) · **Se|kun|da-wech|sel** (*Bankw*; zweite Ausfertigung eines Wechsels) · **Se|kun|de,** die, _, _n: 1. (*Phys*; Einheit der Zeit, SI-Basiseinheit [*Einheitenzeichen* s, *im allg Sprachgebrauch Abk* Sek.] – *Math*; Einheit des ebenen Winkels = der sechzigste Teil einer Minute [*Einheitenzeichen* ″; *vgl. auch Vorschriften für den Schriftsatz, 3.9.*] – *Polygr*; die dritte Seite eines Druckbogens mit Zahl u. Sternchen) – 2. *österr* **Se-kund,** die, _, _en (*Mus*; zweiter Ton der diaton. Tonleiter, zweistufiges Intervall) (‚zweite' [Teilung]) · **se|kun|den|lang** *K 176*, *aber K 127*: vier Sekunden lang · **Se-kun|den|zei|ger** · **se|kun|die|ren** ([im Boxkampf usw.] beistehen; helfen); jmdm. _ · **se|künd|lich,** *auch* **se|kund|lich** (in jeder Sekunde) · **Se|kun|do|ge|ni|tur,** die, _, _en (*Rechtsw hist*; Erb- u. Nachfolgerecht des zweitgeborenen Sohnes)
Se|ku|ri|tät (Sicherheit) ⟨*lat*⟩
se|la! (*umg veraltend*; abgemacht!, Schluß!) ⟨*hebr*⟩
Se|la|chier [..xiər] *Pl* (*Zool*; Sammelbez. für Haie u. Rochen); *Sg* Se|la|chier, der, _s ⟨*grch*⟩
Se|la|don ['ze:ladɔn, *auch* sela'dɔ̃:] *K 318*, der, _s, _s (veraltete Bez. für einen schmachtenden Liebhaber) ⟨*nach* der Gestalt eines französ. Schäferromans⟩ · **Se|la|don-por|zel|lan** *K 209* (chines. Porzellan mit graugrüner Glasur)
Selam! ↑ Salam! · **Se|lam|lik,** der, _s, _s (Empfangsraum im mohammedan. Hause) ⟨*arab* → *türk*⟩
selb|dritt (*veraltet*; zu dritt); Anna _ (Darstellung der heiligen Anna mit Maria u. Jesus) · **sel|be** *Pron*; im _en Augenblick · **sel|ber** (*umg*; selbst [1]) · **Sel|ber|es|sen** *K 101*, das, _s; *K 103*: Selberessen macht fett *od* selber essen macht fett (*umg*) · **Sel|ber|ma|chen** *K 101*, das, _s (*umg*) · **sel|big** (*altertümelnd*); zur _en *od* zu _er Stunde · **selbst:** **1.** *Pron*; der Mensch _; von _; *K 169*: er hat den Brief _ geschrieben, *aber*: der selbstgeschriebene Brief – **2.** *Adv* (sogar); _ der Mensch; _ wenn ...; *K 450 u. 390* · **Selbst,** das, _; ein Stück meines Selbst · **Selbst|ach-tung,** die, _ · **selb|stän|dig** · **Selb-stän|dig|keit,** die, _ · **Selbst|auf-op|fe|rung** · **Selbst|be|die|nung,** die, _ · **Selbst|be|die|nungs|gast-stät|te** · **Selbst|be|herr|schung,** die, _ · **Selbst|be|stim|mungs-recht,** das, _[e]s · **selbst|be|wußt,** *aber*: seiner selbst bewußt werden · **Selbst|be|wußt|sein** · **Selbst|bild-nis** · **Selbst|er|hal|tung,** die, _ · **Selbst|er|kennt|nis,** die, _ · **selbst|ge|fäl|lig** (*abwert*) · **Selbst-ge|fäl|lig|keit,** die, _ (*abwert*) · **Selbst|ge|fühl,** das, _[e]s · **selbst-ge|macht**; *vgl. auch* selbst (1) · **selbst|ge|schrie|ben** *K 364*; *vgl. auch* selbst (1) · **selbst|ge|spon-nen**; *vgl. auch* selbst (1) · **Selbst-ge|spräch** · **selbst|herr|lich** (*oft abwert*) · **Selbst|herr|lich|keit,** die, _ (*oft abwert*) · **Selbst|hil|fe** · **selb-stisch;** _ste (*noch gehoben*) · **Selbst|ko|sten** *Pl* · **Selbst|ko|sten-sen|kung,** die, _ · **Selbst|kri|tik** · **selbst|kri|tisch** · **Selbst|laut**; *vgl. auch K 8ff. u. 79ff.* · **selbst|lau-tend** · **selbst|los** *K 349*; *vgl.* ...los · **Selbst|lo|sig|keit,** die, _ · **Selbst-mord** · **Selbst|mör|der** · **selbst-mör|de|risch** · **selbst|quä|le|risch;** _ste · **selbst|re|dend** (*umg veraltend*; selbstverständlich) · **Selbst-stu|dium,** das, _s · **Selbst|sucht,** die, _ · **selbst|süch|tig** · **selbst|tä-tig** · **Selbst|tä|tig|keit,** die, _ · **Selbst‿täu|schung,** ...**ver|lag,** ...**ver|leug|nung,** ...**ver|sor|ger** · **selbst|ver|ständ|lich** · **Selbst|ver-ständ|lich|keit** · **Selbst|ver|ständ-nis** · **Selbst‿ver|trau|en,** ...**ver-wal|tung,** ...**ver|wirk|li|chung** · **Selbst|wähl|fern|dienst** · **Selbst-zu|frie|den|heit** · **Selbst|zweck,** der, _[e]s
sel|chen (*bayr*, *österr*; räuchern [z. B. Fleisch]) · **Sel|cher** (*bayr*, *österr*; jmd., der mit Geräuchertem handelt, Fleischer) · **Sel|che|rei** (*bayr*, *österr*; Fleisch- u. Wursträucherei) · **Selch|fleisch** (*bayr*, *österr*)
Sel|dschu|ke, der, _n, _n (*Mittelalter*; Angehöriger eines türk. Volksstammes u. Herrschergeschlechtes)
se|lek|tie|ren (*fachspr*; auswählen, aussondern) ⟨*lat*⟩ · **Se|lek|tion** (*Biol*; Auslese, Auswahl, Zuchtwahl) · **se|lek|tiv** (*auch Funkw*; trennscharf) · **Se|lek|ti|vi|tät** [..v..], die, _ (*auch Funkw*; Trennschärfe)
Se|len, das, _s (chem. Element, Nichtmetall); *Zeichen* Se ⟨*grch*⟩ · **Se|le|ne** [..nə *od* ..ne:] (*griech Mythol*; Mondgöttin) (‚Mond') · **Se|le-nit**: 1. das, _[e]s, _e (*Chem*; Salz der selenigen Säure) – 2. der, _[e]s, _e (*Mineral*; wasserhaltiges Kalziumsulfat [Gips]) ⟨*grch* → *lat*⟩ · **Se|len|zel|le** (*Phys*; ein elektrotechn. Bauelement)
Se|leu|ki|de, der, _n, _n (*Altertum*; Angehöriger einer Dynastie in Vorderasien) ⟨*nach* dem Stammvater Seleukos I., einem Feldherrn Alexanders⟩
Self|ak|tor ['sɛlfɛktər *od* zɛl'fakto:r], der, _s, _[s] (*Textiltechn*; selbsttätige Spinnmaschine) ⟨*engl*⟩ · **Self-made|man** ['sɛlfme:dmən], der, _s,

..men [..mən] (in kapitalist. Verhältnissen aus eigener Kraft [rücksichtslos] Emporgekommener)

se|lig; mein Mann _ (*noch landsch*; mein verstorbener Mann). *Schreibung bei Verben K 135*: selig machen, selig sein, selig werden; *vgl. aber* seligpreisen, seligsprechen · **Se|lig|keit** · **se|lig|prei|sen** *K 136* (*Rel*); du preist selig *K 354*; du priesest selig; seliggepriesen; seligzupreisen · **Se|lig|prei|sung** (*Rel*) · **se|lig|spre|chen** *K 136* (*Rel*); *Konjugation vgl.* seligpreisen · **Se|lig|spre|chung** (*Rel*)

Sel|le|rie ['zɛ.., *österr* ..'ri:], der, _s, _s *od* die, _, ..ien, *österr nur so* (eine Gemüsepflanze) ⟨*grch → lat → ital → frz*⟩ · **Sel|le|rie|sa|lat**

Sel|ma (w. Vn.) ⟨*engl*⟩

sel|ten *K 363*; selt[e]ner; seltenste; *K 119*: seltene Erden (*Chem*); allzuselten · **Sel|ten|erd|me|tal|le** *Pl* (*Chem*; eine Gruppe von Elementen, Metalle der seltenen Erden); *Sg* Sel|ten|erd|me|tall · **Sel|ten|heit**

Sel|ters *od* **Sel|ter:** 1. das, ..rs (*kurz für* Selterswasser) – 2. die, _, _ (*kurz für* eine Flasche Selterswasser) ⟨*nach* dem Ort Niederselters⟩ · **Sel|ters|was|ser** *od* **Sel|ter|was|ser** *K 246*, das, _s, ..wässer ([künstl.] Tafelwasser)

selt|sam · **Selt|sam|keit**

Sem, das, _s, _e (*Sprachw*; kleinster Bestandteil der Wortbedeutung) ⟨*grch*⟩ · **Se|man|tik,** die, _ (*Sprachw*): 1. *od* **Se|ma|sio|lo|gie** (Wortbedeutungslehre) – 2. (Teilgebiet der Semiotik, das die allgemeinen Beziehungen zw. den Zeichen u. ihren Bedeutungen untersucht) · **se|man|tisch** (*Sprachw*): 1. *od* **se|ma|sio|lo|gisch** (die Semantik [1] od. Semasiologie betreffend) – 2. (die Semantik [2] betreffend) · **Se|ma|phor,** das, *auch* der, *österr nur so*, _s, _e (*fachspr*; Signalmast; opt. Telegraf) ⟨,Zeichenträger'⟩ · **se|ma|pho|risch** (*fachspr*) · **Se|mem,** das, _s, _e (*Sprachw*; Bedeutungsvariante eines mehrdeutigen Wortes)

Se|me|ster, das, _s, _ (Halbjahr, Studienhalbjahr) ⟨*lat*⟩ · **...se|me|strig** (... Semester umfassend, z. B. achtsemestrig [*mit Ziffer K 284* 8semestrig])

Se|mi|fi|na|le, das, _s, *Pl* _ *od* ..finals (*Sport*; Halbfinale) ⟨*lat*⟩ · **Se|mi|ko|lon,** das, _s, *Pl* _s *od* ..la ⟨*lat + grch*⟩; *vgl. auch K 452 ff.* · **Se|mi|lu|nar|klap|pe** (*Anat*; eine Herzklappe) ⟨*lat*⟩

Se|mi|nar, das, _s, *Pl* _e, *österr u. schweiz auch* _ien [..iən] (Organisationsform des Hochschulstudiums; Bildungseinrichtung [z. B. Elternseminar]; Bildungsanstalt für Geistliche, früher auch für Lehrer) ⟨*lat*, ,Pflanzschule'⟩. *Zus K 365 ff.*: Seminar‿gruppe usw. · **Se|mi|na|rist** (Schüler einer Bildungsanstalt für Geistliche) · **se|mi|na|ri|stisch**

Se|mio|tik, die, _ (Lehre von Zeichen aller Art) ⟨*grch*⟩

se|mi|per|mea|bel (*fachspr*; »halbdurchlässig«, durchlässig für bestimmte Bestandteile) ⟨*lat*⟩; *K 363*: semipermea|ble Stoffe

Se|mit, *österr nur so, od* **Se|mi|te,** der, ..ten, ..ten (Angehöriger einer sprachlich u. anthropologisch verwandten Gruppe von Völkern, bes. in Vorderasien u. im N Afrikas) ⟨*nach* Sem, einem Sohn Noahs⟩ · **se|mi|tisch;** die, _en Sprachen · **Se|mi|tist** (Wissenschaftler auf dem Gebiet der Semitistik) · **Se|mi|ti|stik,** die, _ (Wissenschaft von den semit. Sprachen, Literaturen u. Kulturen) · **se|mi|ti|stisch**

Se|mi|vo|kal [..v..] (*Phon*; Halbvokal) ⟨*lat*⟩

Sem|mel, die, _, _n (*landsch u. österr*; Brötchen) ⟨*lat*⟩ · **sem|mel|blond** · **Sem|mel‿kloß, ...mehl, ...teig**

Sem|me|ring, der, _[s] (Alpenpaß in Österreich)

Sem|pach (Stadt in der Schweiz) · **Sem|pa|cher:** 1. *K 231*: der, _s, _; 2. *als Attribut K 232*: der Sempacher See, *schweiz* Sempachersee (*K 234*)

Sem|stwo, das, _s, _s (lokales Selbstverwaltungsorgan im zarist. Rußland) ⟨*russ*⟩

Sen, der, _[s], *Pl* _[s] *u. bei Wertangabe* (*K 310*) Sen: 1. ⟨*chin → jap*⟩ (Münzeinheit in Japan) – 2. ⟨*chin → indones*⟩ (Münzeinheit in Indonesien)

Se|nat, der, _[e]s, _e (Rat [der Alten] im alten Rom – *Pol*; erste Kammer, z. B. des Kongresses der USA – *Wiss*; Verwaltungskörperschaft einer Universität – *Rechtsw*; Richterkollegium) ⟨*lat*⟩ · **Se|na|tor,** der, _s, ..oren (Mitglied eines Senats; Ratsherr) · **se|na|to|risch** · **Se|nats‿be|schluß, ...sit|zung** · **Se|na|tus Po|pu|lus|que Ro|ma|nus** (Senat und Volk von Rom); *Abk* S. P. Q. R.

Send, der, _[e]s, _e (*veraltet*; [geistl.] Gericht) ⟨*grch → lat*⟩

Send|bo|te (*meist gehoben*) · **Sen|de‿an|la|ge, ...fol|ge, ...lei|stung** · **sen|den;** du sandtest *od* sendetest; du sendetest; gesandt *od* gesendet (*Rundf, Ferns nur so*); send[e]! · **Sen|der** · **Sen|de- und Emp|fangs|ge|rät** *K 178* · **Sen|dung**

Se|ne|gal: 1. der, _[s] (Fluß im W Afrikas) – 2. *amtl* **Re|pu|blik Se|ne|gal** (im W Afrikas) · **Se|ne|ga|le|se,** der, _n, _n · **se|ne|ga|le|sisch**

Se|ne|schall, der, _s, _e (*hist*; Oberhofbeamter im fränk. Reich) ⟨*germ → frz*⟩

Se|nes|zenz, die, _ (*Med*; das Altern; Altersschwäche) ⟨*lat*⟩

Senf, der, _[e]s, _e ⟨*grch → lat*⟩ · **Senf|gur|ke** · **Senf|korn,** *Pl* ..körner

Senf|ten|berg (Stadt im Bez. Cottbus)

Sen|ge, die, _ (*landsch umg*; Prügel [2]) · **sen|gen** (,singen machen') · **sen|ge|rig** *K 362* (*lansch*; brenzlig, angebrannt); es riecht _

Se|nhor [zɛ'njo:r], der, _s, _es [..rɛs] (Herr [portugies. Anrede]) ⟨*lat → portug*, ,der Ältere'⟩ · **Se|nho|ra,** die, _, _s (Frau [portugies. Anrede]) · **Se|nho|ri|ta** [zɛnjo..], die, _, _s (Fräulein [portugies. Anrede])

se|nil (greisenhaft; altersschwach) ⟨*lat*⟩ · **Se|ni|li|tät,** die, _ · **se|nior** (*nur hinter Personennamen für* der Ältere; *Abk* sen.); *Ggs* junior; *vgl. auch K 412* · **Se|nior,** der, _s, ..oren (der Ältere; Ältester; Vorsitzender; Sprecher; Altmeister; Angehöriger einer bestimmten Altersklasse); *Ggs* Junior

Senk|blei, das (*Bauw*) · **Sen|ke,** die, _, _n · **Sen|kel,** der, _s, _ (Schnürband) · **sen|ken** (,sinken machen') · **Sen|ker** · **Senk|fuß,** *Pl* ..füße (*Med*) · **Senk|gru|be** · **senk|recht;** *K 135*: _ stehen; *K 166*: _ stehend, z. B. _ stehende Linien (,senkelrecht') · **Senk|rech|te,** die, _[n], _n *K 343* · **Senk|recht|star|ter** (*Flugw*) · **Sen|kung** · **Senk|waa|ge** (*Techn*; Aräometer)

Senn, der, _[e]s, _e (*schweiz* _en, _en) *od* **Sen|ne,** der, _n, _n (*bayr, österr, schweiz*; Bewirtschafter einer Sennhütte; Alpenhirt); *vgl. auch* Senner · **Sen|ne:** 1. ↑ Senn – 2. die, _, _n (*bayr, österr*; Viehweide) · **sen|nen** (*bayr, österr*; Käse bereiten) · **Sen|ner** (*bayr, österr*; Senn) · **Sen|ne|rei** (*bayr, österr, schweiz*; Sennhütte, Käserei in den Alpen) · **Sen|ne|rin** *od* **Sen|nin,** die, _, ..innen (*bayr, österr, schweiz*)

Sen|nes|blät|ter *Pl* (Blätter verschiedener Kassienarten, Abführmittel) ⟨*arab → lat*⟩

Senn|hüt|te (*bayr, österr*) · **Sennin** ↑ Sennerin · **Senn|tum,** das, _s, ..tümer (*schweiz*; die einem Sennen unterstehende Viehherde) · **Senn|wirt|schaft** (*bayr, österr*)

Se|non, das, _s (*Geol*, Stufe der Oberen Kreide) ⟨*nach* der französ. Stadt Sens [sã:s], dem einstigen Hauptort des Keltenstammes der Senonen⟩ · **se|no|nisch** (*Geol*)

Se|ñor [sɛ'njɔr], der, _s, _es [..ɛs] (Herr [span. Anrede]) ⟨*lat* → *span* ‚der Ältere'⟩ · **Se|ño|ra,** die, _, _s (Frau [span. Anrede]) · **Se|ño|ri|ta,** die, _, _s (Fräulein [span. Anrede])

Sen|sal, der, _s, _e (*österr*; Handelsmakler) ⟨*pers* → *arab* → *ital*⟩

Sen|sa|tion (Aufsehen; aufsehenerregendes Ereignis) ⟨*lat* → *frz*, ‚Empfindung'⟩ · **sen|sa|tio|nell** (aufsehenerregend) · **sen|sa|tions|lü|stern** (*abwert*)

Sen|se, die, _, _n ⟨*verwandt mit* Säge⟩ · **Sen|sen|mann,** der, _[e]s (*verhüll*; der Tod) · **Sen|sen|wurf** (Handhabe am Sensenstiel)

sen|si|bel (reizempfindlich; empfindsam; feinfühlig) ⟨*lat* → *frz*⟩; *K 363*: sensi|ble Nerven · **Sen|si|bi|li|sa|tor,** der, _s, ..oren (*fachspr*; Stoff, der die Lichtempfindlichkeit fotografischer Schichten verstärkt) ⟨*lat*⟩ · **sen|si|bi|li|sie|ren** (*fachspr*; [für Licht] empfindlich[er] machen) · **Sen|si|bi|li|tät,** die, _ (Empfindlichkeit; Empfindsamkeit; Feinfühligkeit – *Funkw*; Empfangsempfindlichkeit) · **sen|si|tiv** (sehr empfindlich; leicht reizbar; feinnervig) · **Sen|si|ti|vi|tät** [..v..], die, _ (Empfindlichkeit; Überempfindlichkeit; Zartheit des Gefühlslebens) · **Sen|si|to|me|ter,** das (*Fot*; Gerät zur Messung der Lichtempfindlichkeit) ⟨*lat* + *grch*⟩ · **Sen|si|to|me|trie,** die, _ (*Fot*; Verfahren zur Lichtempfindlichkeitsmessung) · **Sen|sor,** der, _s, ..oren (*Techn*; Meßfühler; Berührungsschalter) · **sen|so|risch,** *auch* **sen|so|riell** (*Med*; die Sinne, besondere Sinnesorgane betreffend) ⟨*lat*⟩ · **Sen|so|rium,** das, _s (*Med*; Bewußtsein) – **Sen|so|rien** [..iən] *Pl* (*Med*; Gebiete der Großhirnrinde, in denen die Reize bewußt werden) · **Sen|sua|lis|mus,** der, _ (*Philos*; erkenntnistheoret. Lehre, die als alleinige Erkenntnisquelle die Sinneswahrnehmungen ansieht) · **Sen|sua|li|tät,** die, _ (Sinnlichkeit – *Med*; Empfindungsvermögen) · **sen|su|ell** (die Sinne betreffend; sinnlich [wahrnehmbar]) ⟨*lat* → *frz*⟩

Sen|ta (w. Vn.) ⟨*anord*, ‚Weg[gefährtin]'⟩

Sen|te, die, _, _n (*norddt*; [dünne, biegsame] Latte)

Sen|tenz, die, _, _en ([bekannter] Ausspruch; Denk-, Sinn-, Weisheitsspruch) ⟨*lat*, ‚Meinung'⟩ · **sen|tenz|ar|tig** · **sen|ten|ziös** *K 349* (nach Art einer Sentenz; gedrängt, zugespitzt formuliert) ⟨*lat* → *frz*⟩

Sen|ti|ment [sãti'mã:], das, _s, _s (Empfindung; Gefühl) ⟨*lat* → *frz*⟩ · **sen|ti|men|tal** [zɛntimɛn'ta:l] (*oft abwert*; gefühlvoll; rührselig) ⟨*lat* → *frz* → *engl*⟩ · **sen|ti|men|ta|lisch** (*Literaturw*) · **Sen|ti|men|ta|li|tät** (*oft abwert*; Gefühlsüberschwang, Rührseligkeit)

Se|nus|si, der, _, *Pl* _ *od* ..ssen (Anhänger eines moslem. Ordens im N Afrikas) ⟨*arab*⟩

se|pa|rat (abgesondert, einzeln) ⟨*lat*⟩ · **Se|pa|rat|ab|druck,** *Pl* ..drucke · **Se|pa|rat|druck,** *Pl* ..drucke · **Se|pa|ra|tion** (*veraltend*; Absonderung, Trennung – *Landw*; Flurbereinigung) · **Se|pa|ra|tis|mus,** der, _ (Bestreben, einen Gebietsteil von seinem bisherigen Staat abzutrennen u. zu verselbständigen bzw. an einen anderen Staat anzuschließen) · **Se|pa|ra|tist** · **se|pa|ra|ti|stisch** · **Se|pa|ra|tor,** der, _s, ..oren (*fachspr*; Gerät zum Trennen von Stoffen durch Zentrifugalkraft) · **Sé|pa|rée** [sepa're:], das, _s, _s (abgeteilter Gästeraum; Nische in einer Gaststätte) ⟨*lat* → *frz*⟩

Se|phar|dim [*od* ..'di:m] *Pl* (hebr. Bez. für die südwesteurop. Juden) ⟨*hebr*⟩

se|pia *nichtdeklinierbar* (dunkelbraun) ⟨*grch*⟩; *vgl. auch K 272ff.* · **Se|pia**: 1. *od* **Se|pie** [..ĭə], die, _, ..ien [..ĭən] (*Zool*; Tintenfisch, ein Kopffüßer) – 2. die, _ (Farbstoff); *vgl.* Blau

Sepp (m. Vn.) ⟨*Kurzf von* Joseph⟩ · **Seppl** (*Verkleinerungsf von* Sepp)

Sep|sis, die, _ (*Med*; allgemeine, durch Bakterien verursachte Blutvergiftung) ⟨*grch*, ‚Fäulnis'⟩

Sept|ak|kord *od* **Sep|ti|men|ak|kord** [*österr nur so, od* 'zɛp..] (*Mus*) · **Sep|tem|ber,** der, _[s] *K 328*, *Pl* (*selten*) _ (neunter Monat im Jahr); *Abk* Sept. ⟨*lat*, *nach* der Bez. für den siebenten Monat des röm. Kalenders⟩ · **Sep|tett,** das, _[e]s, _e (Musikstück für sieben Instrumente od. sieben Gesangsstimmen; Gruppe der sieben Ausführenden) · **Sep|ti|me** [*od* 'zɛp..], die, _, _n, *österr* **Sep|tim,** die, _, _en (*Mus*; siebenter Ton der diaton. Tonleiter; siebenstufiges Intervall) · **Septimenakkord** ↑ Septakkord

sep|tisch (*Med*; die Sepsis betreffend; nicht keimfrei) ⟨*grch*⟩

Sep|tua|ge|si|ma (*christl Rel*; der 70. Tag [neunter Sonntag] vor Ostern) ⟨*lat*, ‚siebzigster'⟩; Sonntag _ *od* Septuagesimä · **Sep|tua|gin|ta,** die, _ (angeblich von »siebzig« Gelehrten angefertigte Übersetzung des Alten Testaments ins Griechische)

Sep|tum, das, _s, *Pl* ..ten *od* ..ta (*Anat*; Scheidewand) ⟨*lat*⟩

se|pul|kral (das Grabmal od. das Begräbnis betreffend) ⟨*lat*⟩

se|quen|tiell (*Datenv*; fortlaufend, nacheinander zu verarbeiten) ⟨*lat*⟩ · **Se|quenz,** die, _, _en (Folge, Aufeinanderfolge, Reihe – *Kartensp*; mehrere aufeinanderfolgende Karten der gleichen Farbe – *Mus*; frühmittelalterl. geistl. Lied; Wiederholung einer Tonfolge auf anderer Tonstufe)

Se|que|ster, der, _s, _ (*Rechtsw*; behördlich einstweilen eingesetzter Besitzer, Verwahrer od. Verwalter einer Sache – *Med*; abgestorbenes Knochenstück) ⟨*lat*⟩ · **Se|que|stra|tion** (*Rechtsw*; behördlich einstweilen angeordnete Inbesitznahme od. Verwaltung einer umstrittenen Sache) · **se|que|strie|ren** (*Rechtsw*; eine Sequestration durchführen)

Se|quo|ie [..ĭə], die, _, _n (Mammutbaum) ⟨*indian* → *lat*⟩

Sera ↑ Serum

Sé|rac [se'rak], der, _s, _s (*Geogr*; Firnblock auf Gletschern; Eisturm) ⟨*frz*⟩

Se|rail [ze'rai(l) *od* se'ra:ĭ], das, _s, _s (»Palast« [des Sultans]; fürstl. Schloß) ⟨*pers* → *türk* → *frz*⟩

Se|raph, der, _s, *Pl* _e *od* _im ['ze:.. *od* ..'fi:m] (*A. T.*; Engel) ⟨*hebr* → *grch*⟩ · **se|ra|phisch** (zu den Engeln gehörend, engelgleich; verzückt)

Se|ra|pis *od* **Sa|ra|pis** (*ägypt Mythol*; Vegetations- u. Totengott) ⟨*ägypt* → *grch* → *lat*⟩

Ser|be, der, _n, _n (Angehöriger eines südslaw. Volkes)

ser|beln *K 363* (*schweiz*; kränkeln, welken)

Ser|bien [..ĭən], *ohne Art*, *amtl* **So|zia|li|sti|sche Re|pu|blik Ser|bien** *K 258*, die, *Gen* _n _ _ (in Jugoslawien) · **ser|bisch**; *vgl. auch K 265ff.* · **ser|bisch-kroa|tisch** *K 244*; die serbisch-kroatische Kunst; *vgl. aber* serbokroatisch

Serb|ling (*schweiz*; kränklicher Mensch, hinwelkende Pflanze)

ser|bo|kroa|tisch *K 245*; *vgl. K 266f.* · **Ser|bo|kroa|tisch,** das, *Gen* _[s], *Dat* _ (Sprachbezeichnung *K 268ff.*) · **Ser|bo|kroa|ti|sche,** das, *Gen* _n, *Dat* _n (Sprachbezeichnung *K 271*)

Seren ↑ Serum

Se|re|na|de (Abendmusik, Ständchen) ⟨*lat* → *ital* → *frz*⟩

Se|ren|ge|ti, die, _ (Landsch. in

Tansania) · **Se|ren|ge|ti-Na|tio|nal|park** *K 247*, der, _[e]s (Wildreservat)

Se|re|nis|si|mus, der, _, ..mi (*veraltet*; Durchlaucht – *iron*; Fürst eines dt. Kleinstaates) ⟨*lat*⟩

Serge ['sɛrʒə, *österr* sɛrʒ], *österr nur diese Form*, die, *österr meist* der, _, _n [..ʒ(ə)n], *eindeutschend* **Ser|sche**, die, _, _n (ein Futterstoff) ⟨*grch* → *lat* → *frz*⟩

Ser|geant [..'ʒant] (ein Unteroffiziersdienstgrad in bestimmten Ländern) ⟨*lat* → *frz*⟩

Se|rie [..iə], die, _, _n (Reihe; Folge; Gruppe) ⟨*lat*⟩ · **se|ri|ell** (in Reihen geordnet); _e Musik (*Mus*; eine Sonderform der Zwölftonmusik) · **Se|rien|bau**, *Pl* ..bauten · **Se|rien|pro|duk|tion** · **Se|rien|schal|tung** (*Elektrotechn*; Reihenschaltung) · **se|rien|wei|se** *K 176*

Se|ri|fe, die, _, _n, *meist Pl* (*Polygr*; Haarstrichansatz bei Schrifttypen) ⟨*lat* → *ndrl* → *engl*⟩ · **se|ri|fen|los** (*Polygr*); *vgl.* ...los

Se|ri|gra|phie *K 54*, die, _ (*Polygr*; Durchdruckverfahren, Schablonierverfahren) ⟨*grch*⟩

se|riös *K 349* (ernsthaft, feierlich; wichtig; gediegen; anständig) ⟨*lat* → *frz*⟩ · **Se|rio|si|tät**, die, _

Ser|mon, der, _s, _e (*umg abwert*; langweilige Rede – *veraltet*; Predigt) ⟨*lat*⟩

Se|ro|dia|gno|stik (*Med*; Krankheitserkennung durch Untersuchung des Serums) ⟨*lat* + *grch*⟩ · **Se|ro|lo|ge**, der, _n, _n · **Se|ro|lo|gie**, die, _ (Lehre von den Eigenschaften u. Reaktionen des Blutwassers) · **se|ro|lo|gisch** · **se|rös** (*Med*; blutwasserartig; auf Serum bezüglich; serumhaltig) ⟨*lat*⟩; _e Häute

Ser|pen|tin, der, _s, _e (*Mineral*; ein Schmuckstein) ⟨*lat*⟩ · **Ser|pen|ti|ne**, die, _, _n (in Schlangenlinie ansteigender Weg an Berghängen; Windung, Kehre, Kehrschleife) · **Ser|pen|ti|nen|stra|ße**

Ser|ra|del|la, die, _, ..llen (eine Futterpflanze) ⟨*portug*⟩

Sersche ↑ Serge

Se|rum, das, _s, *Pl* ..ren *od* ..ra (*Med*; Blutwasser; wäßriger Bestandteil anderer Körperflüssigkeiten; Impfstoff) ⟨*lat*⟩ · **Se|rum|be|hand|lung** (*Med*)

Ser|val [..v..], der, _s, *Pl* _e *od* _s (ein Raubtier) ⟨*lat* → *portug* → *frz*⟩

Ser|vi|ce: 1. [zɛr'vi:s] ⟨*lat* → *frz*⟩: das, *Gen* _ *od* _s [..'vi:s *od* ..'vi:səs], *Pl* _ [..'vi:s *od* ..'vi:sə] (zusammengehörendes Tafelgeschirr) – 2. ['sœ:rvis] ⟨*lat* → *frz* → *engl*⟩, der, _, _s [..vis(əs)] (Kundendienst[stelle], Bedienung) · **ser|vie|ren** [zɛr'vi:..] (bei Tisch bedienen; auftragen) ⟨*lat* → *frz*⟩ · **Ser|vier|toch|ter** (*schweiz*; Kellnerin) · **Ser|viet|te**, die, _, _n · **Ser|viet|ten|ring**

ser|vil [..v..] (*meist abwert*; unterwürfig, kriecherisch, knechtisch) ⟨*lat*⟩ · **Ser|vi|lis|mus**, der, _ *od* **Ser|vi|li|tät**, die, _ (*abwert*; Unterwürfigkeit, Kriecherei) · **Ser|vo|mo|tor** (*Techn*; Hilfsmotor) · **Ser|vus!** (süddeutscher u. österreich. vertraul. Gruß) ⟨[dein] ‚Diener!'⟩

Se|sam, der, _s, _s (eine Ölpflanze) ⟨*grch* → *lat*⟩; Sesam, öffne dich! (*Märchen*; Zauberformel) · **Se|sam|bein** (*Anat*; Knöchelchen in Gelenkkapseln) · **Se|sam|öl**, das, _[e]s

Ses|sel, der, _s, _ (*österr auch für* Stuhl) ⟨*zu* sitzen⟩ · **Ses|sel‿leh|ne**, ...**lift** · **seß|haft** · **Seß|haf|tig|keit**, die, _

Ses|sion (Tagungs-, Sitzungsperiode) ⟨*lat*⟩

Se|sterz, der, _es, _e (altröm. Silbermünze) ⟨*lat*⟩ · **Se|ster|zium**, das, _s, ..ien [..iən] (1000 Sesterze)

Se|sti|ne, die, _, _n (*Metrik*; eine Lied- u. Strophenform) ⟨*lat* → *prov* → *ital*⟩

Set [zɛt *od* sɛt]: 1. das, _[s], *Pl* Seteinheiten u. *bei Maßangabe* (*K 308*) Set (Maßeinheit für die Dickte der Monotypeschrift); 9 Set – 2. das, _s, _s (Satz, Serie zusammengehöriger Gegenstände) ⟨*engl*⟩

Seth (*ägypt Mythol*; Gott des Bösen) ⟨*ägypt* → *grch*⟩

Set|ter, der, _s, _ (eine Hunderasse) ⟨*engl*⟩

Setz|ar|beit (*bergm*; nasse Aufbereitung) · **set|zen** *K 354* (*auch weidm, von Hasen u. Hochwildarten gesagt*; gebären); sich (*Akk*) _ (‚sitzen machen') · **Set|zer** (Schriftsetzer) · **Set|ze|rei** · **Set|zer‿lehr|ling**, ...**saal** · **Setz|ka|sten** · **Setz|lat|te** (*Bauw*) · **Setz|ling** (junge Pflanze zum Versetzen; Zuchtfisch) · **Setz|ma|schi|ne** (*Polygr*) · **Set|zung** (*auch Bergb*)

Seu|che, die, _, _n ⟨*zu* siech⟩ · **Seu|chen|be|kämp|fung**, die, _ · **seu|chen|haft**

seuf|zen *K 354* ⟨*zu* saufen⟩ · **Seuf|zer** · **Seuf|zer|brücke** [*Tr* ...brük|ke], die, _ (in Venedig)

Se|vil|la [se'vilja] (Stadt im SW Spaniens)

Sè|vres ['sɛ:vr(ə)] (Vorort von Paris) · **Sè|vres|por|zel|lan** *K 246*

Se|wa|sto|pol [*od* ..'tɔ..] (Hafenstadt auf der Krim)

Sex, der, _[es] (Sexualität; [natürl.] Geschlecht – *umg kurz für* Sex-Appeal) ⟨*engl*⟩

Se|xa|ge|si|ma (*christl Rel*; der 60. Tag [achte Sonntag] vor Ostern) ⟨*lat*, ‚sechzigster'⟩; Sonntag _ *od* Sexagesimä

Sex-Ap|peal [sɛksə'pi:l], der, _s (starke [unbewußte, ungewollte] Anziehungskraft auf das andere Geschlecht); *umg kurz* Sex ⟨*engl*⟩ · **Sex|bom|be** (*salopp*; stark sexuell wirkende Frau [bes. Filmstar])

Sext|ak|kord (*Mus*; erste Umkehrung des Dreiklangs) ⟨*lat*⟩ · **Sex|tant** (Winkelmeßinstrument) · **Sex|te**, die, _, _n, *auch* **Sext**, *österr nur so*, die, _, _en (*Mus*; sechster Ton der diaton. Tonleiter; sechsstufiges Intervall) · **Sex|tett**, das, _[e]s, _e (Musikstück für sechs Instrumente od. sechs Gesangsstimmen; die sechs Ausführenden) ⟨*lat* → *ital*⟩ · **Sex|to|le**, die, _, _n (*Mus*; Figur von sechs Noten an Stelle von vier od. acht) ⟨*lat*⟩

se|xu|al..., **Se|xu|al...** (*in Zus* geschlechts..., Geschlechts...) ⟨*lat*⟩ · **Se|xu|al|hor|mon** · **Se|xua|li|tät**, die, _ (Geschlechtlichkeit, Geschlechtsleben) · **Se|xu|al|ver|bre|chen** (Sittlichkeitsverbrechen) · **se|xu|ell** ⟨*lat* → *frz*⟩, *österr nur so*, *seltener* **se|xu|al** ⟨*lat*⟩ (geschlechtlich, auf das Geschlecht bezüglich) · **Se|xuo|lo|gie**, die, _ (Wissenschaft von der Geschlechtlichkeit u. von den geschlechtl. Beziehungen) ⟨*lat* + *grch*⟩ · **se|xuo|lo|gisch** · **Se|xus**, der, _, _ [..ksu:s] (Geschlecht) ⟨*lat*⟩ · **se|xy** [..ksi] (*umg*; geschlechtlich anziehend) ⟨*engl*⟩

Sey|chel|le [se'ʃɛlə], der, _n, _n (Bewohner der Seychellen) · **Sey|chel|len** *Pl*: 1. (Inselgruppe vor der Ostküste Afrikas) – 2. *amtl* **Re|pu|blik Sey|chel|len** · **sey|chel|lisch**

Se|zes|sion (Absonderung, Trennung von einer [polit.] Gemeinschaft; Bez. für eine Künstlergruppe, die sich von einer bestehenden gelöst hat) ⟨*lat*⟩ · **Se|zes|sio|nist** (Angehöriger einer Sezession; Anhänger der Südstaaten im Sezessionskrieg) · **se|zes|sio|ni|stisch** · **Se|zes|sions|krieg** (nordamerikan. Bürgerkrieg 1861–1865)

se|zie|ren (*Anat*; [eine Leiche] öffnen, anatomisch zerlegen) ⟨*lat*⟩ · **Se|zier|mes|ser**, das (*Anat*)

S-förmig ['ɛs..] *K 186*

sfor|za|to *od* **sfor|zan|do** (*Abk* sf, sfz), *auch* **for|za|to** *od* **for|zan|do** (*Abk* fz) (*Mus*; stark akzentuiert) ⟨*lat* → *ital*⟩ · **Sfor|za|to**, das, _s, *Pl* _s *bzw* ..ti *od* **Sfor|zan|do**, das, _s, *Pl* _s *bzw* ..di (*Mus*)

sfu|ma|to (*Mal*; duftig verschwimmend) ⟨*lat → ital*⟩
Sgraf|fi|to, das, _s, *Pl* _s *od* ..ti (*Kunstwiss*; Kratzmalerei [Wandmalerei]) ⟨*grch → lat → ital*⟩
's-Gravenhage ↑ Den Haag
Sha|ba ['ʃa:..], *früher* **Ka|tan|ga** [ka'taŋga] (Provinz im S Zaïres)
Shag [ʃɛk], der, _s, _s (feingeschnittener Rauchtabak) ⟨*engl*⟩ · **Shagpfei|fe** ['ʃɛk..]
Shake [ʃe:k], der, _s, _s (Mischgetränk; engl. Modetanz) ⟨*engl*⟩
shake|spearesch ['ʃe:kspi:rʃ] *od* **shake|spea|risch** [..riʃ] *K 218* ⟨*nach* dem engl. Dramatiker Shakespeare ['ʃe:kspi:r]⟩ · **Shakespearesch** *od* **Shake|spea|risch** *K 217*
Sham|poo [ʃam'pu:, *auch* ʃɛm'pu:, *österr* ʃam'po:] *od* **Sham|poon** [ʃam'po:n, *österr nur so, od* ʃɛm'pu:n], *österr nur diese beiden Formen, eindeutschend* **Scham|pun,** das, _s, _s (ein Haarwaschmittel) ⟨*Hind → engl*⟩ · **shampoonieren** ↑ schampunieren
Shan|dong [ʃan'duŋ], *frühere Schreibung* **Schan|tung** (Provinz im O Chinas) ⟨*chin*, ‚östlich der Berge'⟩
Shanghai ↑ Schanghai
Shantungseide ↑ Schantungseide
Shan|ty ['ʃɛnti, *auch* 'ʃanti], das, _s, *Pl* _s *od* ..ties [..tiz] (Seemannslied) ⟨*lat → frz → engl*⟩
Sha|ping|ma|schi|ne ['ʃe:piŋ..] (*Techn*; Hobelmaschine) ⟨*engl*⟩
Shef|field ['ʃɛfi:lt *od* ..fi:ld] (Stadt in England)
Shen|yang [ʃən'iaŋ], *frühere Schreibung* **Schen|jang** (Stadt im NO Chinas)
She|riff ['ʃɛrif], *eindeutschend* **Scheriff,** der, _s, _s (ehrenamtl. Verwaltungsbeamter in England; Beamter mit richterl. u. polizeil. Befugnissen in den USA) ⟨*engl*⟩
Sher|lock Holmes [,ʃœ:rlɔk 'ho:mz, *auch* ,ʃɛr.. 'hɔlms] (engl. Romanfigur [Detektiv])
Sher|ry ['ʃɛri] ⟨*span → engl*⟩, der, _s, *seltener* **Je|rez** ['çe:rɛs] ⟨*nach* der südspan. Stadt Jerez de la Frontera [xe'rɛθ _ _ _]⟩, der, _ (ein span. Süßwein)
's-Hertogenbosch ↑ Herzogenbusch
Shet|land|in|seln ['ʃɛtlant.., *engl* ..lənd..] *K 246 Pl* (nordöstl. von Schottland) · **Shet|land|wol|le,** die, _
Shikoku ↑ Schikoku
Shilling ↑ Schilling
Shimonoseki ↑ Schimonoseki
Shintoismus usw. ↑ Schintoismus usw. · **Shiva** ↑ Schiwa
shocking ['ʃɔkiŋ; *Tr* shok|king] (anstößig, peinlich) ⟨*ndrl → frz → engl*⟩
Shod|dy ['ʃɔdi], das, *auch* der, _s, _s (Garn aus Woll- od. Seidenlumpen) ⟨*engl*⟩
Shop [ʃɔp], der, _[s], _s (Geschäft, Laden) ⟨*engl*⟩
Shorts [ʃɔ:rts] *Pl* (»kurze« Sport- od. Sommerhose) ⟨*engl*⟩ · **Short|sto|ry** ['ʃɔ:rtstɔ:ri], die, _, *Pl* _s *od* ..ries [..riz] (Kurzgeschichte)
Show [ʃo:], die, _, _s (Schau, Darbietung, revueartige Unterhaltungssendung) ⟨*engl*⟩ · **Show|ge|schäft** ['ʃo:..], das, _[e]s (Unterhaltungsindustrie in kapitalist. Ländern)
Shunt [ʃant], der, _s, _s (*Elektrotechn*; Nebenschlußwiderstand) ⟨*engl*⟩
Si|al, das, _[s] *Kurzw* (*Geol*; oberer Teil der Lithosphäre) ⟨*aus Si*lizium + *Al*uminium⟩
Si|am (früherer Name von Thailand) · **sia|me|sisch;** *K 238*: _e Zwillinge
Si|bi|lant (*Phon*; Zischlaut) ⟨*lat*⟩
Si|bi|rien [..iən] (der nördl. Teil Asiens) · **Si|bi|rier** [..iər], der, _s, _ · **si|bi|risch**
Si|biu (Stadt in Rumänien)
Si|byl|le: 1. [..'bi..] (w. Vn.) – 2. [..'by..], die, _, _n, *meist Pl* (*Altertum*; weissagende Priesterin; Hexe) ⟨*grch → lat*⟩ · **si|byl|li|nisch** *K 218* (wahrsagerisch, geheimnisvoll) · **Si|byl|li|nisch** *K 217*; die _en Bücher *od* die Sibyllinen *Pl* (im alten Rom befragte Orakelsprüche)
sic! [zik, *auch* zi:k] ([wirklich] so!, so steht es wörtlich da!) ⟨*lat*⟩
sich · **Sich|aus|lau|fen** *K 101*, das, _s
Si|chel, die, _, _n ⟨*lat*⟩ · **si|chel|förmig** · **si|cheln** *K 363* (mit der Sichel abschneiden, mähen)
si|cher ⟨*lat*⟩; *K 116*: im sichern (geborgen) sein; *K 115*: es ist das sicherste, das sicherste (am sichersten) ist, ..., *aber K 94*: es ist das Sicherste, was du tun kannst; Nummer Sicher (*umg verhüll*; Gefängnis); auf Nummer Sicher gehen (*umg*; kein Risiko eingehen) – *Schreibung bei Verben K 135*: sicher machen, sein usw.; *vgl. aber* sichergehen u. sicherstellen · **si|cherge|hen** *K 137 u. 363* (sich vergewissern); ich gehe sicher; sichergegangen; sicherzugehen; *aber*: sicher gehen (ohne Gefahr od. Schwanken gehen)
Si|cher|heit. *Zus K 365ff.*: Sicherheits‿ventil, ...rat usw. · **Sicher|heits|gurt** · **si|cher|heits|halber** *K 176* · **Si|cher|heits|schloß** · **si|cher|lich** · **si|chern** *K 363*; sich (*Akk*) gegen Gefahren _; sich (*Dat*) einen Platz _ · **si|cher|stel|len**[1] *K 137* (sichern; feststellen; in polizeil. Gewahrsam geben od. nehmen) · **Si|cher|stel|lung** · **Si|cherung** · **si|cher|wir|kend** *K 128*; ein sicherwirkendes Mittel, *aber K 127*: ein ganz sicher wirkendes Mittel
Sich|ler, der, _s, _ (ein Schreitvogel)
Sicht, die, _ ⟨*zu* sehen⟩; auf, bei _ (*kaufm*); auf [lange] _; außer _, in _ kommen, sein · **sicht|bar** · **Sichtbar|keit,** die, _
[1]**sich|ten** (aussondern, sondern) ⟨*zu* Sieb⟩
[2]**sich|ten** (sehen) · **Sicht|gren|ze** · **sich|tig** (*fachspr*; klar); _es Wetter · **Sich|tig|keit,** die, _ (*fachspr*) · **sicht|lich** (offenkundig)
Sich|tung ⟨*zu* [1]sichten⟩
Sicht|ver|merk · **sicht|ver|merkfrei** (*bürospr*) · **Sicht‿wech|sel** (*Bankw*), **...wei|te, ...wer|bung**
Si|chuan [sə'tʃŭan], *frühere Schreibung* **Sze|tschwan** ['sə..] (Provinz im Inneren Chinas) ⟨*chin*, ‚vier Flüsse'⟩
Sicke[2], die, _, _n (*Techn*; rinnenförmige Biegung, Kehlung; Randverzierung, -versteifung) · **sicken**[2] (*Techn*) · **Sicken|ma|schi|ne**[2] (*Techn*)
Sicker|gra|ben[2] · **Sicker|gru|be**[2] (Grube zur Versickerung der Abwässer) · **sickern**[2] ⟨*zu* seihen⟩; es sickert
si|de|risch (*bes Astron*; auf die Sterne bezogen) ⟨*lat*⟩; *K 119*: ein siderisches Jahr (Sternenjahr), *aber K 258*: das Siderische Pendel (*Abergl*)
Si|don (*Altertum*; Hafenstadt in Phönikien – *heute* Saida) ⟨*semit*⟩ · **Si|do|nier** [..iər], der, _s, _ ⟨*semit → lat*⟩ · **si|do|nisch**
sie · **Sie:** 1. *K 99* (Höflichkeitsanrede der 2. Person); jmdn. Sie nennen, das steife Sie – 2. *K 97*, die, _, *Pl* (*selten*) _s *od* _n (*umg*; weibl. Person; Weibchen bei Tieren usw.); eine _; ein Er und eine _
Sieb, das, _[e]s, _e · **sieb|ar|tig** · **Sieb|bein** (*Anat*) · **Sieb|druck:** 1. der, _[e]s (ein Druckverfahren) – 2. der, _[e]s, _e (ein Druckerzeugnis) · [1]**sie|ben** *Verb* (durchsieben)
[2]**sie|ben** *Num*; *K 120*: zu sieben *od* zu siebt, sieben auf einen Streich; *K 258*: die Sieben Raben (ein Märchen), die Sieben Schwaben (ein Märchen), die Sieben Weltwunder, die Sieben Freien Künste (*Mittelalter*); *vgl.* acht
Sie|ben, die, _, *Pl* _, *auch* _en

[1] *Konjugation vgl.* sichergehen.
[2] *Tr* ..k|k..

(*auch für* Handballmannschaft); *vgl.* [1]Acht

Sie|ben|bür|gen (dt. Form von Transsilvanien) · **Sie|ben|bür|ger:** 1. *K 231*: der, ₋s, ₋; 2. *als Attribut K 232*: die Siebenbürger Sachsen · **sie|ben|bür|gisch**

sie|ben|ein|halb *od* **sie|ben|und|ein|halb** *K 282* (*mit Ziffern* 7½ *od* 7,5); *vgl.* achteinhalb · **sie|be|ner|lei** · **sie|ben|fach**[1] · **Sie|ben|fa|che**[1], das, ₋n *K 341*; *vgl.* Achtfache

Sie|ben|ge|bir|ge, das, ₋s (Teil des Rhein. Schiefergebirges in der BRD)

Sie|ben|ge|stirn, das, ₋[e]s (eine Sterngruppe) · **sie|ben|hun|dert;** *vgl.* hundert (1) · **sie|ben|jäh|rig**[1]; *K 258*: der Siebenjährige Krieg; *vgl.* ..jährig · **Sie|ben|kampf** (*Sport*) · **sie|ben|mal**[1]; *vgl.* achtmal · **sie|ben|ma|lig**[1] · **Sie|ben|mei|len|stie|fel** *Pl* (*Märchen*) · **Sie|ben|me|ter,** der, ₋s, ₋ (*Handball*; Strafwurf) · **Sie|ben|mo|nats|kind** · **Sie|ben|sa|chen** *K 176 Pl* (*umg*; Habseligkeiten); seine ₋ packen · **Sie|ben|schlä|fer:** 1. der, ₋s, ₋ (ein Nagetier) – 2. der, ₋s (volkstüml. Bez. für den 27. Juni) · **Sie|ben|schritt,** der, ₋[e]s (ein Volkstanz) · **siebent** ↑ siebt · **sie|ben|tau|send;** *vgl.* tausend (1) · **sie|ben|te,** *österr nur so, od* **sieb|te;** *vgl.* achte · **sie|ben|tel,** *österr nur so, od* **sieb|tel;** *vgl.* achtel · **Sie|ben|tel,** *österr nur so, od* **Sieb|tel,** das, *schweiz meist* der, ₋s, ₋ (‚siebenter Teil‘); *vgl.* Achtel · **sie|ben|tens,** *österr nur so, od* **sieb|tens** · **siebenundeinhalb** ↑ siebeneinhalb · **sie|ben|und|zwan|zig** *K 282*

sieb|för|mig · **Sieb|ket|te** (*Elektrotechn*) · **Sieb|ma|cher** · **Sieb|röh|re** (*Bot*)

siebt, *auch* **sie|bent;** *nur in der Wendung* zu siebt, *auch* zu siebent · **siebte** ↑ siebente · **siebtel** usw. ↑ siebentel usw. · **siebtens** ↑ siebentens · **sieb|zehn;** *vgl.* achtzehn · **sieb|zig;** *vgl.* achtzig

siech (*veraltend*; langwierig krank) · **sie|chen** (*veraltet*) · **Siech|tum,** das, ₋[e]s (*veraltet*)

Sie|de|hit|ze

Sie|del|land, das, ₋[e]s · **sie|deln** *K 363* (*zu* sitzen)

sie|den; es sott, *auch* siedete; es sötte, *auch* siedete; gesotten, *auch* gesiedet; *K 173*: siedend heiß *od* siedendheiß · **Sie|de|punkt** · **Sie|der** · **Sie|de|rei**

Sied|ler · **Sied|ler|haus** · **Sied|lung** · **Sied|lungs|bau,** *Pl* ..bauten · **Sied|lungs|haus**

---

[1] *Mit Ziffer vgl. K 284–286.*

[1]**Sieg,** der, ₋[e]s, ₋e. *Zus K 365ff.*: Sieges⌣lauf usw.

[2]**Sieg,** die, ₋ (Fluß im W der BRD)

Sie|gel, das, ₋s, ₋ (Briefverschluß; Bekräftigung) ⟨*lat*⟩; *vgl. aber* Sigel. *Zus K 365ff.*: Siegel⌣lack usw. · **sie|geln** *K 363* · **Sie|ge|lung** *K 363*

sie|gen · **Sie|ger** · **Sie|ge|rin,** die, ₋, ..innen

Sie|ger|land, das, ₋[e]s (Landsch. an der Sieg [BRD]) · **Sie|ger|län|der:** 1. *K 231*: der, ₋s, ₋; 2. *als Attribut K 232* · **sie|ger|län|disch**

sie|ges|froh · **sie|ges|ge|wiß** · **Sie|ges|ge|wiß|heit,** die, ₋

Sieg|fried (m. Vn.) (‚Sieg‘ + ‚Schutz‘); Jung ₋ (Sagengestalt) · **Sieg|lin|de** (w. Vn.) (‚Sieg‘ + ‚Schild‘ (od. ‚Sieg‘ + ‚Schlange‘)); *Nebenf* Sieglind

sieg|reich · **Sieg|wurz,** die, ₋, ₋en (dt. Name der Gladiole)

sie|he! *od* **sieh!;** *Abk* s.; ₋ da!; *vgl.* sehen

sie|he dies!; *Abk* s. d.

sie|he oben!; *Abk* s. o.

sie|he un|ten!; *Abk* s. u.

SI-Ein|heit [ɛs'iː..] *K 186* (*Phys*); *vgl. auch* SI *im Abkürzungsverzeichnis*

Sie|ke, die, ₋, ₋n (*weidm*; Weibchen kleiner Vögel) ⟨*zu* Sie (2)⟩

Siel, das, ₋[e]s, ₋e (*fachspr*; kleine Deichschleuse; Entwässerungskanal)

Sie|le, die, ₋, ₋n (Riemen[werk der Zugtiere]); sich in die ₋n legen (*umg*; schwer arbeiten)

sie|len, sich (*Akk*) (*umg*; sich behaglich hin und her wälzen)

Sie|len|ge|schirr · **Sie|len|zeug**

Sie|mens, das, ₋, ₋ (SI-Einheit des elektr. Leitwerts); *Einheitenzeichen* S ⟨*nach* dem Ingenieur⟩ · **Sie|mens-Mar|tin-Ofen** *K 213*; *kurz* SM-Ofen *K 186* · **Sie|mens-Mar|tin-Ver|fah|ren** *K 213*

sie|na *nichtdeklinierbar* (braun) ⟨*nach* Siena⟩; *vgl. auch K 272ff.* · **Sie|na:** 1. (Stadt in Mittelitalien) – 2. ↑ Sienaerde · **Sie|na|er|de** (*K 246*), die, ₋ *od* **Ter|ra di Sie|na,** die, *Gen* ₋ ₋ ₋, *auch kurz* **Sie|na,** das, ₋s (brauner Farbstoff) ⟨*ital*⟩ · **Sie|ne|se** [ziːe..], der, ₋n, ₋n *od* **Sie|ne|ser** (*K 231*), der, ₋s, ₋ (in Siena Geborener od. Wohnender) · **Sie|ne|ser:** 1. ↑ Sienese – 2. *als Attribut K 232*: die Sieneser Kunststätten

Sier|ra, die, ₋, *Pl* ..rren *od* ₋s (Gebirgskette) ⟨*lat* → *span*, ‚Säge‘⟩

Sier|ra Leo|ne, *amtl* **Re|pu|blik Sier|ra Leo|ne** (im W Afrikas) ⟨*span*, ‚Löwengebirge‘⟩ · **Sier|ra|leo|ner** [ziɛ..] *K 248*, der, ₋s, ₋ · **sier|ra|leo|nisch** *K 238*

Sier|ra Ne|va|da [₋ ..v..], die, *Gen* ₋ ₋ (Hochgebirge in Südspanien; Hochgebirgskette im W der USA) ⟨*span*, ‚Schneegebirge‘⟩

Sie|sta, die, ₋, *Pl* ..ten *od* ₋s (Ruhe, Mittagsruhe) ⟨*lat* → *span*, ‚sechste‘ [Stunde]⟩

Siet|land, das, *Pl* ..länder (*norddt*; tiefliegendes Marschland) · **Siet|wen|dung** (*norddt*; Binnendeich)

sie|zen *K 354* (mit »Sie« anreden)

Si|gel, das, ₋s, ₋, *seltener* **Si|gle** [..g(ə)l], das *od* die, ₋, ₋n (feststehendes Abkürzungszeichen [in der Kurzschrift], Kürzel) ⟨*lat*⟩; *vgl. aber* Siegel · **Si|gil|la|rie** [..iə], die, ₋, ₋n (*Paläont*; Siegelbaum, ein Baum des Karbons)

Sig|ma, das, ₋[s], ₋s (*österr auch* ₋) (griech. Buchstabe: Σ, σ, ς)

Signa ↑ Signum · **Si|gnal** [zi'gnaːl *od* ziŋ'naːl], das, ₋s, ₋e (Zeichen; Verkehrszeichen mit festgelegter Bedeutung) ⟨*lat* → *frz*⟩. *Zus K 365ff.*: Signal⌣lampe usw. · **Si|gna|le|ment** [ziŋnalə'mɑ̃ *od* zignal(ə)'mãː], das, ₋s, ₋s *u. schweiz auch* [..'mɛnt], das, ₋[e]s, ₋e (*österr u. schweiz*; Personenbeschreibung – *Landw*; Zusammenstellung der ein bestimmtes Tier kennzeichnenden Angaben) · **Si|gnal|gast,** *Pl* ..gasten (*veraltend*; mit der Durchführung des Signalverkehrs beauftragter Matrose) · **si|gna|li|sie|ren** (ein Zeichen [weiter]geben; ankündigen) · **Si|gna|tar,** der, ₋s, ₋e (*Rechtsw*; Unterzeichner eines Vertrages) ⟨*lat*⟩ · **Si|gna|tar|staa|ten** *Pl* (Staaten, die einen internationalen Vertrag unterzeichnet haben) · **si|gna|tum** (unterzeichnet); *Abk* sign. · **Si|gna|tur,** die, ₋, ₋en (Aufschrift, Unterschrift, Zeichen, Kennzeichen; Standnummer eines Buches, Buchkennzeichnung im Katalog; Künstlerzeichen; symbol. Zeichen auf Landkarten – *Polygr*; Einkerbung an Typen; Bez. der Reihenfolge der Bogen einer Druckschrift) · **Si|gnet** [zi'gneːt], das, ₋[e]s, ₋e *od* [si'njeː], das, ₋s, ₋s (Buchdrucker-, Verleger-, Firmenzeichen) ⟨*lat* → *frz*⟩ · **si|gnie|ren** [zi'gniː.., *auch* ziŋ'niː..] ([mit Nummern] bezeichnen; unterzeichnen) ⟨*lat*⟩ · **si|gni|fi|kant** (bedeutsam, bezeichnend) · **Si|gni|fi|kanz,** die, ₋ (Bedeutsamkeit)

Si|gno|ra [si'njoː..], die, ₋, *Pl* ₋s *od* ..re (Frau [italien. Anrede]) ⟨*lat* → *ital*, ‚die Ältere‘⟩ · **Si|gno|re,** der, ₋, ..ri (Herr [italien. Anrede]) · **Si|gno|ri|na** [sinjo..], die, ₋, *Pl* ₋s, *auch* ..ne (Fräulein [italien. Anrede])

Si|gnum, das, ₋s, ..na (Zeichen, Bezeichnung; abgekürzte Unterschrift) ⟨*lat*⟩

Sig|rid (w. Vn.) ⟨*anord*, ‚Sieg' + ‚reiten'⟩

Si|grist [*schweiz* 'zi:..] (*noch schweiz*; Küster, Mesner) ⟨*lat*⟩

Si|gurd (m. Vn.) ⟨*anord*, ‚Sieg' + ‚Hüter'⟩

Sik|ka|tiv, das, _s, _e [..v..] (*Chem*; Trockenmittel für Öl- u. Druckfarben) ⟨*lat*⟩

Sik|kim (Staat im NO Indiens) · **Sik|ki|mer**, der, _s, _ · **sik|ki|misch**

Si|la|ge [..'la:ʒə, *österr* ..'la:ʒ], die, _ (*Landw*; Gärfutter; Gärfutterbereitung) ⟨*grch* → *lat* → *span* → *frz*⟩

Si|la|stik, das, _[s] *od* die, _ *Kunstw* (elastisches Gewebe aus Kunstfasern) · **Si|la|stik‿pull|over, ...stoff, ...strumpf**

Sil|be, die, _, _n ⟨*grch* → *lat*⟩ · **Sil|ben‿maß** (das), **...rät|sel** · **Sil|ben|tren|nung**; *vgl. auch K 68ff.* · **...sil|ber** *od* **...silb|ler** (z. B. Dreisilber od. Dreisilbler, der, _s, _)

Sil|ber, das, _s (chem. Element, Edelmetall); *Zeichen* Ag (Argentum, ↑ *d.*) · **Sil|ber|di|stel** · **sil|ber|far|ben** (*K 364*) *od* **sil|ber|far|big**; *vgl. auch* ...farben *u. K 272ff.* · **sil|ber‿glän|zend, ...hal|tig** · **Sil|ber|hoch|zeit** · **Sil|ber|ling** (*bibl*; eine Silbermünze) · **sil|bern** (aus Silber); *K 119*: silberne Hochzeit · **Sil|ber‿schmied, ...tan|ne**

...sil|big (z. B. dreisilbig [*mit Ziffer K 284* 3silbig]) ⟨*grch* → *lat*⟩ · **sil|bisch** (eine Silbe bildend) · **...silb|ler** ↑ ...silber

silb|rig *K 362*

Sild ⟨*dän*⟩, *seltener* **Sill** ⟨*schwed*⟩, der, _[e]s, _e (kleiner Hering)

Si|len (*griech Sage*; Erzieher u. Begleiter des Dionysos)

Si|len|tium, das, _s (*noch scherzh*; das Schweigen) ⟨*lat*⟩

Sil|hou|et|te [zi'lŭɛtə], die, _, _n (Schattenbild, -riß, Scherenschnitt) ⟨*frz*, *nach* dem Finanzminister Ludwigs XV.⟩

Silicium ↑ *unter* Silizium

si|lie|ren (Futter od. Gemüse durch natürl. Säuerung haltbar machen) ⟨*grch* → *lat* → *span*⟩

Si|li|fi|ka|tion (*Geol*; Verkieselung) ⟨*lat*⟩ · **si|li|fi|zie|ren** (*Geol*) · **Si|li|kat**, das, _[e]s, _e (*Chem*; Salz der Kieselsäure) · **Si|li|ko|ne** *Pl Kurzw* (*Chem*; Verbindungen mit Silizium, Kunststoffe); *Sg* Si|li|kon, das, _s ⟨*aus* Silizium + Ketone⟩ · **Si|li|ko|se**, die, _, _n (*Med*; Ablagerung von Steinstaub in der Lunge) ⟨*lat* + *grch*⟩ · **Si|li|zium**, das, _s (chem. Element, Halbmetall); *Zeichen* Si ⟨*lat u. fachspr* Silicium⟩

Sill ↑ Sild

Si|lo, das *od* der, _s, _s (Großspeicher; Gärfutterbehälter) ⟨*grch* → *lat* → *span*⟩. *Zus K 365ff.*: Silo‿mais usw. · **Si|lo|fut|ter**, das, _s

Si|lur, das, _s (*Geol*; drittes System des Paläozoikums) ⟨*nach* den Silurern⟩ · **Si|lu|rer**, der, _s, _ (Angehöriger eines vorkelt. Volksstammes in Wales) · **si|lu|risch** (*Geol*)

Sil|va|ner [..v..], der, _s, _ (eine Weinsorte) ⟨*lat*⟩

Sil|ve|ster [..v..], das *od* der, _s, _ (letzter Tag im Jahre) ⟨*lat*, *nach* dem Papst Silvester I.⟩. *Zus K 365ff.*: Silvester‿abend usw.

Sil|via [..v..] (w. Vn.) ⟨*lat*, *zu* silva ‚Wald'⟩

[1]**Si|ma**, die, _, *Pl* _s *od* ..men (*Arch*; Traufrinne auf dem Kranzgesims antiker Tempel) ⟨*lat*⟩

[2]**Si|ma**, das, _s *Kurzw* (*Geol*; unterer Teil der Lithosphäre) ⟨*aus Si*lizium + *Ma*gnesium⟩

Sim|bab|we [zim'bapvə] ⟨*afrik*⟩, *amtl* **Re|pu|blik Sim|bab|we** (im S Afrikas) · **Sim|bab|wer**, der, _s, _ · **sim|bab|wisch**

Sim|birsk (früherer Name von Uljanowsk)

Si|mi|li|stein (*fachspr*; unechter Schmuckstein) ⟨*lat* → *ital*⟩

Sim|men|tal, das, _[e]s (Landsch. in der Schweiz) · **Sim|men|ta|ler**: 1. *K 231*: der, _s, _; 2. *als Attribut K 232*: das Simmentaler Vieh

Si|mon (bibl. Gestalt) ⟨*hebr* → *grch*⟩

Si|mo|nie, die, _, ..ien (*kath Kirche*; Kauf od. Verkauf geistl. Ämter) ⟨*nach* dem Zauberer Simon der Apostelgeschichte⟩

sim|pel (*oft abwert*; einfach; einfältig) ⟨*lat* → *frz*⟩; *K 363*: sim|ple Kleidung · **Sim|pel**, der, _s, _ (*umg abwert*; Einfaltspinsel) · **simpeln** *K 363* (*landsch abwert*); vor sich hin _ · **Sim|plex**, das, *Gen* _[es], *Pl* _e *od Gen* _, *Pl* ..plizia (*Sprachw*; einfaches, nicht zusammengesetztes Wort) ⟨*lat*⟩; *Ggs* Kompositum · **Sim|pli|cis|si|mus**, *eindeutschend* **Sim|pli|zis|si|mus**, der, _ (Titelgestalt eines Romans von Grimmelshausen) ⟨‚der Einfältigste'⟩ · **Sim|pli|fi|ka|tion** (Vereinfachung) · **sim|pli|fi|zie|ren** · **Sim|pli|zi|tät** (*oft abwert*; Einfachheit; Einfalt)

Sim|plon, der, _[s] (Westalpenpaß) · **Sim|plon|stra|ße** *K 246*, die, _ · **Sim|plon|tun|nel** *K 246*, der, _s

Sims, der *od* das, _es, _e (waagerechte Mauerkante; vorspringender Rand; Leiste) ⟨*lat*⟩

Sim|se, die, _, _n (ein Riedgras – *landsch*; Binse)

Sim|son, *auch* **Sam|son** (bibl. Heldengestalt) ⟨*hebr*⟩

Si|mu|lant (jmd., der eine Krankheit vortäuscht) ⟨*lat*⟩ · **Si|mu|la|tion** (Vortäuschung [einer Krankheit] – *fachspr*; Nachahmung techn. Vorgänge) · **Si|mu|la|tor**, der, _s, ..oren (Untersuchungs- u. Übungsgerät, mit dem techn. Abläufe erprobt werden) · **si|mu|lie|ren** ([eine Krankheit] vortäuschen – *fachspr*; techn. Vorgänge [wirklichkeitsgetreu] nachahmen – *noch landsch*; nachsinnen, grübeln)

si|mul|tan (gemeinsam; gleichzeitig) ⟨*lat*⟩; _ spielen (*Schach*; gleichzeitig gegen verschiedene Gegner spielen) · **Si|mul|ta|ni|tät** *od* **Si|mul|ta|nei|tät** [..ne:i..] (*fachspr*; Gemeinsamkeit; Gleichzeitigkeit) · **Si|mul|tan|spiel** (*Schach*)

Si|nai [..na:i]: 1. der, _[s], *auch* **Si|nai|ge|bir|ge** (*K 246*), das, _s (Gebirgsmassiv auf der gleichnamigen Halbinsel) – 2. *ohne Art od* **Si|nai|halb|in|sel** (*K 246*), die, _ (in Vorderasien)

Si|naia [..'naja] (Stadt in Rumänien)

Si|nau, der, _s, _e (Frauenmantel, eine Arzneipflanze) ⟨*zu germ* sin ‚umfassend', ‚immer'⟩

si|ne ira et stu|dio [_ _ _ st..] (»ohne Haß und Gunst«; sachlich) ⟨*lat*⟩

Si|ne|ku|re, die, _, _n (*kath Kirche hist*; Pfründe ohne Amtsgeschäfte) ⟨*lat*, ‚ohne Sorge'⟩

si|ne lo|co (*Buchw*; ohne Ortsangabe); *Abk* s. l. ⟨*lat*⟩ · **si|ne lo|co et an|no** (*Buchw*; ohne Angabe von Ort u. Jahr); *Abk* s. l. e. a. · **si|ne tem|po|re** [_ ..re:] (ohne das akadem. Viertel, d. h. pünktlich); *Abk* s. t.

Sin|fo|nie ⟨*grch* → *lat* → *ital*⟩ *od* **Sym|pho|nie** ⟨*grch* → *lat*⟩, die, _, ..ien (großangelegtes Orchesterwerk in meist vier Sätzen) · **Sin|fo|ni|ker** ⟨*grch* → *lat* → *ital*⟩ *od* **Sym|pho|ni|ker** ⟨*grch* → *lat*⟩, der, _s, _ (Komponist von Sinfonien; *nur Pl*: Mitglieder eines Sinfonieorchesters) · **sin|fo|nisch** ⟨*grch* → *lat* → *ital*⟩ *od* **sym|pho|nisch** ⟨*grch* → *lat*⟩

Sing|aka|de|mie

Sin|ga|pur ['ziŋga.. *od* ..'pu:r] ⟨*aind*, ‚Löwenstadt'⟩: 1. *amtl* **Re|pu|blik Sin|ga|pur** (in Südostasien) – 2. (Hptst. von Singapur) · **Sin|ga|pu|rer**, der, _s, _ · **sin|ga|pu|risch**

sing|bar · **Sin|ge|be|we|gung**, die, _ · **Sin|ge‿grup|pe, ...klub** · **sin|gen**; du sangst; du sängest; gesungen; sing[e]!; *K 258*: die Singende Säge (ein Musikinstrument)

Sin|gen (Hohentwiel) (Stadt im SW

der BRD) · Sin|ge|ner: 1. *K 231*: der, _s, _; 2. *als Attribut K 232*

Sin|gha|le|se [ziŋga..], der, _n, _n (Angehöriger eines Volkes auf Ceylon) ⟨*aind*⟩ · **sin|gha|le|sisch**; *vgl. auch K 266 f.* · **Sin|gha|le|sisch** (*K 268 ff.*), das, *Gen* _[s], *Dat* _ *od* **Sin|ha|li**, das, _ (Sprachbezeichnung); auf singhalesisch (*K 267*) *od* auf Sinhali heißt es ... · **Sin|gha|le|si|sche** (*K 271*), das, *Gen* _n, *Dat* _n *od* **Sin|ha|li**, das, _ (Sprachbezeichnung)

Sin|gle ['siŋ(gə)l]: 1. die, _, _[s] (Schallplatte mit nur einem Titel je Seite) – 2. das, _[s], _[s] (*Tennis*; Einzelspiel) ⟨*lat → frz → engl*⟩

Singrün ↑ Immergrün

Sing|sang, der, _[e]s · **Sing‿spiel**, **...stim|me**

sin|gu|lär (vereinzelt [vorkommend]; seltsam, eigenartig, eigentümlich) ⟨*lat*⟩ · **Sin|gu|lar**, der, _s, _e (*Gramm*; Einzahl); *Abk* Sing.; *Ggs* Plural · **Sin|gu|la|re|tan|tum**, das, _s, *Pl* _s *od* ..riatantum (*Gramm*; Substantiv, das nur im Singular vorkommt, z. B. Durst, Solidität); *Ggs* Pluraletantum · **sin|gu|la|risch** (*Gramm*; im Singular gebraucht) · **Sin|gu|la|ri|tät** (vereinzelte Erscheinung; Seltsamkeit; Eigentümlichkeit)

Sing|vo|gel · **Sing|wei|se** ⟨*zu* [2]Weise⟩

Sinhali ↑ Singhalesisch usw.

sin|ken; du sankst; du sänkest; gesunken; sink[e]! · **Sink|ka|sten** (*fachspr*)

Sinn, der, _[e]s, _e; im engeren, im eigentlichen Sinn[e] (*Abk* i. e. S.); im weiteren Sinn[e] (*Abk* i. w. S.); bei Sinnen, von Sinnen sein · **sinn|be|tö|rend** *K 128* (*gehoben*) · **Sinn|bild** · **sinn|bild|lich** · **sin|nen**; du sannst; du sännest, *älter* sönnest; gesonnen; sinn[e]!; er ist gesonnen (willens), etwas zu unternehmen; *vgl. auch* gesinnt · **Sin|nen|lust** (*gehoben*) · **Sin|nen|reiz** (Reiz auf die Sinne, sinnl. Reiz) · **Sin|nes‿än|de|rung**, **...art**, **...or|gan** · **Sin|nes|reiz** (Reiz auf ein Sinnesorgan) · **Sin|nes‿schär|fe**, **...stö|rung**, **...täu|schung**, **...werk|zeug** · **sinn|fäl|lig**

Sinn|fei|ner [*auch* ʃin'fe:nər], der, _s, _ (Angehöriger der irischen bürgerlich-nationalist. Partei Sinn Fein ['ʃin 'fe:n]) ⟨*ir*⟩

Sinn|ge|bung · **Sinn|ge|dicht** (*Literaturw*) · **sinn|ge|mäß**

sin|nie|ren (in Nachdenken versunken sein; grübeln) ⟨*dt + f. E.*⟩ · **Sin|nie|rer**

sin|nig (sinnreich – *auch iron*; gut gemeint, aber sinnlos) · **Sin|nig|keit**, die, _ (*oft iron*) · **sinn|lich** · **Sinn|lich|keit**, die, _ · **sinn|los** *K 349*; *vgl.* ...los · **Sinn|lo|sig|keit** · **sinn|reich** · **Sinn|spruch** · **sinn‿ver|wandt**, **...voll** · **sinn|wid|rig** · **Sinn|wid|rig|keit**

Si|no|lo|ge, der, _n, _n (Wissenschaftler auf dem Gebiet der Sinologie) ⟨*grch*⟩ · **Si|no|lo|gie**, die, _ (Wissenschaft von Sprache, Literatur, Kultur u. Geschichte des chines. Volkes) · **si|no|ti|be|tisch**; die _en Sprachen

sin|te|mal (*altertümelnd*; da, weil)

Sin|ter, der, _s, _ (*Geol*; mineral. Ausscheidung aus Quellen). *Zus K 365 ff.*: Sinter‿bildung usw. · **sin|tern** (*Geol*; Sinter bilden – *Techn*; körnige od. pulverförmige, z. B. keram. Massen zusammenbacken lassen)

Sint|flut ⟨*zu germ* sin ‚umfassend'⟩

Si|nus, der, _, *Pl* _ [..nu:s] *od* ..usse (*Anat*; Ausbuchtung an Organen – *Math*; eine Winkelfunktion [*Kurzzeichen* sin]) ⟨*lat*⟩. *Zus K 365 ff.*: Sinus‿berechnung usw.

Sió|fok [*ungar* 'ʃio:fok] (Stadt am Balaton)

Sion ↑ Sitten

Sioux ↑ Dakota

Si|pho ['zi:fo], der, _s, ..onen (*Biol*; Röhre, Atemröhre bei Weichtieren) ⟨*grch → lat*⟩ · **Si|phon** ['zifɔŋ *od* zi'fo:n, *österr nur so*], der, _s, _s (Schankgefäß mit Druckheber – *österr auch umg*; Sodawasser) ⟨*grch → lat → frz*⟩. *Zus K 365 ff.*: Siphon‿verschluß usw.

Sip|pe, die, _, _n · **Sip|pen|ver|band** (*Völkerk*) · **Sipp|schaft** (*abwert*)

Sir [sœ:r] (Herr [allg. engl. Anrede ohne Hinzusetzung des Namens]; Adelstitel, nur in Verbindung mit dem Vornamen) ⟨*lat → frz → engl*⟩ · **Sire** [si:r] (Majestät [französ. Anrede]) ⟨*lat → frz*⟩

Si|re|ne, die, _, _n (Alarmvorrichtung, Nebel-, Signalhorn; verführerische Frau – *Zool*; Seekuh) ⟨*grch → lat, nach* den Meerfrauen der griech. Sage⟩ · **Si|re|nen|ge|sang** · **si|re|nen|haft** (verführerisch)

Si|rius, der, _ (ein Stern) ⟨*grch → lat*⟩ · **si|rius|fern**

Sir|rah, die, _ (ein Stern) ⟨*arab*⟩

sir|ren (mit feinem Laute surren)

Si|rup, der, _s, _e (dickflüssiger Zucker- od. Obstsaft) ⟨*arab → lat*⟩ · **Si|rup|glas**, *Pl* ..gläser

Si|sal|hanf ⟨*nach* dem mexikan. Hafen⟩

si|stie|ren (*bes Rechtsw*; [Verfahren] vorläufig nicht fortsetzen, einstellen; jmdn. veranlassen, vor einer Behörde zu erscheinen) ⟨*lat*⟩

Si|sy|phus ⟨*grch → lat*⟩ *od* **Si|sy|phos** ⟨*grch*⟩ (*griech Sage*; König von Korinth) · **Si|sy|phus|ar|beit** *K 209* (schwere, vergebliche Arbeit)

Sit|te, die, _, _n

Sit|ten, *französ* **Sion** [sjɔ̃:] (Stadt in der Schweiz)

Sit|ten‿ge|setz (*veraltend*), **...leh|re** · **sit|ten|los** *K 349*; *vgl.* ...los · **Sit|ten|lo|sig|keit** · **Sit|ten|rich|ter** (*abwert*) · **sit|ten|streng** (*veraltend*) · **Sit|ten|stren|ge** (*veraltend*) · **sit|ten|wid|rig**

Sit|tich, der, _[e]s, _e (Bez. für mehrere Papageienarten) ⟨*grch → lat*⟩

sitt|lich · **Sitt|lich|keit**, die, _ · **sitt|sam** · **Sitt|sam|keit**, die, _

Si|tua|ti|on (Sachlage; Stellung; Zustand) ⟨*lat → frz*⟩ · **Si|tua|ti|ons|ko|mik** · **Si|tua|ti|ons|plan** (Lageplan) · **si|tua|tiv** (situationsbedingt)

Sitz, der, _es, _e · **Sitz|bad** · **sit|zen**; du sitzt *K 354*; du saßest; du säßest; gesessen; sitz[e]!

sit|zen|blei|ben *K 139* (*umg*; in der Schule nicht versetzt werden – *auch für* nicht geheiratet werden); du bleibst sitzen; sitzengeblieben; sitzenzubleiben; *aber*: sitzen bleiben (nicht aufstehen) · **sit|zend** · **sit|zen|las|sen** *K 141* (*umg*; im Stich lassen – *auch für* in der Schule nicht versetzen); du läßt (*K 354*) sitzen; du hast sitzenlassen, *auch* sitzengelassen *K 361*; sitzenzulassen; er hat das Mädchen sitzenlassen, *auch* sitzengelassen; *aber*: jmdn. sitzen lassen (nicht stehen lassen); er hat den Vorwurf nicht auf sich sitzen lassen wollen · **...sit|zer** (z. B. Zweisitzer) · **Sitz|fleisch** (*umg scherzh*) · **Sitz|ge|le|gen|heit** · **...sit|zig** (z. B. viersitzig) · **Sitz|platz** · **Sit|zung**

Si|wa[h], die, _ (zur ARÄ gehörende Oase in der Libyschen Wüste)

Six|ti|na, die, _ (Kapelle in Rom) ⟨*grch → lat, nach* dem Papst Sixtus IV.⟩ · **Six|ti|nisch**; *K 258*: Sixtinische Kapelle, Sixtinische Madonna

Si|zi|lia|ner, *seltener* **Si|zi|lier** [..iər], der, _s, _ · **si|zi|lia|nisch**, *seltener* **si|zi|lisch**; *K 258*: die Sizilianische Vesper (Volksaufstand in Palermo gegen die Fremdherrschaft der Franzosen [1282]) · **Si|zi|lien** [..iən] (Insel im Mittelmeer) ⟨*grch → lat*⟩

Ska|bies [..biɛs], die, _ (*Med*; Krätze) ⟨*lat*⟩ · **ska|biös** (*Med*; krätzig); _er Ausschlag · **Ska|bio|se**, die, _, _n (ein Kardengewächs)

Ska|ger|rak, das *od* der, _s (Meeresteil der östl. Nordsee)

Ska|la, die, _, *Pl* ..len *od* _s:

1.. (Stufenfolge, Reihe – *Mus*; Tonleiter) – 2. ↑ Skale ⟨*lat* → *ital*⟩ · **ska|lar** (*Math, Phys*; durch einen Skalar dargestellt, darauf bezüglich) ⟨*lat*⟩; _e Größe · **Ska|lar,** der, _s, _e (*Math, Phys*; eine allein durch ihren Zahlenwert bestimmte Größe)

Skal|de, der, _n, _n (*Mittelalter*; altnord. Dichter u. Sänger) ⟨*anord*⟩ · **Skal|den|dich|tung**

Ska|le, die, _, _n, *auch* **Ska|la,** die, _, *Pl* ..len *od* _s (bezifferte Maßeinteilung an Meßgeräten, z. B. am Thermometer) ⟨*lat* → *ital*⟩ · **Ska|len‿an|trieb** (*fachspr*), ...**zei|ger**

Skalp, der, _s, _e (abgezogene behaarte Kopfhaut des besiegten Feindes, ehemals indian. Siegeszeichen) ⟨*anord* → *engl*⟩

Skal|pell, das, _s, _e (chirurg. Operationsmesser mit feststehender Klinge) ⟨*lat*⟩

skal|pie|ren (*hist*; den Skalp nehmen) ⟨*anord* → *engl*⟩

Skan|dal, der, _s, _e (Ärgernis; anstößiges Ereignis, Aufsehen – *landsch*; Lärm) ⟨*grch* → *lat* → *frz*⟩ · **Skan|dal|ge|schich|te** · **skan|da|lie|ren** (*landsch*; lärmen) · **skan|da|lös** *K 349* (ärgerlich; anstößig; unglaublich, unerhört)

skan|die|ren (*Metrik*; taktmäßig nach Versfüßen lesen) ⟨*lat*⟩

Skan|di|na|vien [..viən] (Halbinsel in Nordeuropa) · **Skan|di|na|vier** [..viər], der, _s, _ · **skan|di|na|visch;** *K 258*: die Skandinavische Halbinsel

Skan|dium, das, _s (chem. Element, Metall); *Zeichen* Sc (*für fachspr* Scandium, *nach lat* Scandia = Skandinavien)

Ska|pu|lier, das, _s, _e (*kath Kirche*; Schulterüberwurf der Mönchskleidung) ⟨*lat*⟩

Ska|ra|bä|en|gem|me · **Ska|ra|bä|us,** der, _, ..äen (ein Mistkäfer, der sog. Pillendreher; dessen kunstgewerbl. Nachbildung [als Siegelstein, Amulett u. ä.]) ⟨*grch* → *lat*⟩

Skat, der, _[e]s, *Pl* _e *od* _s (ein Kartenspiel) ⟨*grch* → *lat* → *ital*, ‚das Abgelegte'⟩. *Zus K 365ff.*: Skat‿turnier usw. · **ska|ten** (*umg*; Skat spielen) · **Ska|ter** (*umg*; Skatspieler) · **Skat|ord|nung,** die, _

Ske|lan, das, _s *Kurzw* (ungewebtes, tuchähnl. Textilerzeugnis) ⟨*aus Skelett* + *lat lana* (= Wolle)⟩ · **Ske|lan|tech|nik** (*Textiltechn*) · **Ske|le|ton** ['skɛlətən *od* ..tən], der, _s, _s (schwerer, niedriger Sportrennschlitten) ⟨*grch* → *lat* → *engl*⟩ · **Ske|lett** *K 13*, das, _[e]s, _e (Knochengerüst, Gerippe – *übertr*; tragendes Grundgerüst) ⟨*grch*⟩ · **Ske|lett|bau,** *Pl* ..bauten (Stahl- od. Stahlbetonbau) · **Ske|lett|bo|den** (*Geol*) · **ske|let|tie|ren** (das Skelett freilegen); ein Blatt _ (*Biol*; bis auf die Rippen abfressen)

Skep|sis, die, _ (Zweifel, Zweifelsucht) ⟨*grch*, ‚Untersuchung'⟩ · **Skep|ti|ker,** der, _s, _ (Zweifler; Vertreter des Skeptizismus) · **skep|tisch** (zweifelnd; mißtrauisch; kühl u. streng prüfend); _ste · **Skep|ti|zis|mus,** der, _ (*idealist Philos*; Richtung, die die Möglichkeit einer Wahrheitserkenntnis bezweifelt; grundsätzlich zweiflerische Haltung) ⟨*grch* → *lat*⟩

Sketch [skɛtʃ], *österr nur so*, der, _[e]s, _[e]s, *eindeutschend auch* **Sketsch,** der, _[e]s, _e (unterhaltsam-iron. u. kurzes dramat. Spiel) ⟨*grch* → *lat* → *ital* → *ndrl* → *engl*, ‚Skizze'⟩

Ski [ʃi:] *od* **Schi,** der, _s (*österr auch* _), *Pl* _er *od seltener* _ (Schneeschuh) ⟨*norw*, ‚Scheit'⟩; _ Heil!; *K 131*: _ laufen, _ fahren · **Ski|fah|rer** ['ʃi:..] *od* **Schi|fah|rer** · **Ski|fahrt** ['ʃi:..] *od* **Schi|fahrt**

Skiff, das, _[e]s, _e (*Sport*; Rennbooteiner) ⟨*germ* → *ital* → *frz* → *engl*⟩

Ski|fu|ni ['ʃi:..], der, _, _s (*schweiz*; nach dem Prinzip der Drahtseilbahn betriebener Transportschlitten) ⟨*norw* + *rom*⟩

Ski|ha|serl ['ʃi:..] *od* **Schi|ha|serl,** das, _s, _[n] (*umg*; ängstlicher Anfänger im Skilaufen; Skigefährtin) · **Ski|kjö|ring** *od* **Schi|kjö|ring** [*beide* 'ʃi:jø:riŋ], das, _s, _s (Skilauf mit Vorspann von Pferden od. Motorrädern) ⟨*norw*⟩ · **Ski|lauf** ['ʃi:..] *od* **Schi|lauf** · **Ski|lau|fen** ['ʃi:..] *od* **Schi|lau|fen,** das, _s · **Ski|läu|fer** ['ʃi:..] *od* **Schi|läu|fer** · **Ski|lift** ['ʃi:..] *od* **Schi|lift**

Skink, der, _[e]s, _e (Glatt- od. Wühlechse) ⟨*grch* → *lat*⟩

Ski|sport ['ʃi:..] *od* **Schi|sport,** der, _[e]s

Skiz|ze, die, _, _n ([erster] Entwurf, vorläufige Fassung eines Kunstwerkes; flüchtige Zeichnung; leicht hingeworfenes Prosastück) ⟨*grch* → *lat* → *ital*⟩ · **Skiz|zen|block,** *Pl vgl.* Block (3) · **skiz|zen|haft** · **Skiz|zen|map|pe** · **skiz|zie|ren** (entwerfen; andeuten; eine Skizze machen) · **Skiz|zie|rer** · **Skiz|zier|pa|pier** · **Skiz|zie|rung,** die, _

Skla|ve [..v.., *auch* ..f..], der, _n, _n (unfreier, rechtloser Mensch [bes. in der Sklavenhaltergesellschaft]) ⟨*slaw.* → *grch* → *lat* → *rom*⟩ · **Skla|ven‿ar|beit,** ...**hal|ter** (*hist*) · **Skla|ven|hal|ter|ge|sell|schaft** (*hist*) · **Skla|ven|han|del,** der, _s · **Skla|ven|händ|ler** · **Skla|ven|tum,** das, _[e]s · **Skla|ve|rei** · **Skla|vin,** die, _, ..innen · **skla|visch;** _ste (*auch abwert*; unterwürfig)

Skle|ro|se, die, _, _n (*Med*; krankhafte Gewebe- od. Organverhärtung) ⟨*grch*⟩ · **skle|ro|tisch** (*Med*; gewebeverhärtet)

Sko|lex, der, _, ..lizes [..tse:s] (*Biol, Med*; Bandwurmkopf) ⟨*grch*⟩

skon|tie|ren (*kap Wirtsch*; Skonto gewähren) ⟨*lat* → *ital*⟩ · **Skon|to,** der *od* das, _s, _s (*kap Wirtsch*; Preisnachlaß, Abzug bei sofortiger Zahlung) · **Skon|tra|tion** (*Wirtsch*; Ausgleich von Schuld u. Forderung; Warenbestandsermittlung) · **skon|trie|ren** (*Wirtsch*; [Gegenkonten] durch Skontration ausgleichen; Kasse prüfen) · **Skon|tro,** das, _s (*Wirtsch*; Aufrechnung, Ausgleich [von Gegenkonten]; Liefer-, Wechselbuch)

Skoo|ter *od* **Scoo|ter** ['sku:tər], der, _s, _[s] (Kleinauto auf Rummelplätzen) ⟨*engl*⟩

Skop|je ⟨*maked*⟩, *auch* **Skop|lje** ⟨*serbokr*⟩ (Hptst. von Makedonien [3])

Skor|but, der, _[e]s (*Med*; Vitamin-C-Mangelkrankheit) ⟨*Herkunft umstritten*⟩ · **skor|bu|tisch** (*Med*)

Skor|da|tur *od* **Scor|da|tu|ra,** die, _, ..ren (*Mus*; das Umstimmen von Saiten mancher Streich- u. Zupfinstrumente) ⟨*lat* → *ital*⟩

sko|ren (*österr Sport*; ein Tor schießen) ⟨*engl*⟩

Skor|pion: 1. der, _s, _e (ein Spinnentier mit Giftstachel; Stachelpeitsche) – 2. der, _s (ein Sternbild) ⟨*grch* → *lat*⟩ · **Skor|pions|flie|ge**

Sko|te, der, _n, _n (Angehöriger eines ehem. irischen Volksstammes in Schottland) ⟨*kelt* → *lat*⟩

Skri|bent (ein Tuschezeichengerät – *abwert*; Vielschreiber) ⟨*lat*⟩ · **Skri|bi|fax,** der, _[e]s, _e (*veraltend scherzh*; Vielschreiber, Schmierer) · **Skrip** ↑ Scrip · **Skript,** das, _s, *Pl* _en *od* _s (mit der Hand od. mit Maschine Geschriebenes; schriftl. Fassung einer Hochschulvorlesung; Arbeitsanweisung für Filmaufnahmen [*österr nur diese Bedeutung*]) · **Skripten:** 1. ↑ Skript – 2. ↑ Skriptum · **Skrip|tum,** das, _s, *Pl* ..ta *od* Skripten (Ausarbeitung, Schriftstück; schriftl. Fassung) ⟨‚Geschriebenes'⟩

skro|fu|lös *K 349* (*Med*) ⟨*lat*⟩ · **Skro|fu|lo|se,** die, _, _n (*Med*; tuberkulöse Haut- u. Lymphknotenerkrankung [bes. bei Kindern])

Skro|tal|bruch, der (*Med*) ⟨*lat*⟩ ·

Skro|tum, das, _s, ..ta (*Med*; Hodensack)
Skru|pel: 1. der, _s, _, *meist Pl* (Zweifel, Bedenken) – 2. das, _s, _ (altes Apothekergewicht) ⟨*lat*⟩ · **skru|pel|los** *K 349* (ohne Bedenken, rücksichtslos); *vgl.* ...los · **skru|pu|lös** *K 349* (übertrieben ängstlich; peinlich genau) ⟨*lat* → *frz*⟩
Skuld (*nord Mythol*; Norne der Zukunft) ⟨*anord*⟩
Skull|boot [*auch* 'skal..] (leichtes Sportruderboot) · **skul|len** (rudern) ⟨*engl*⟩ · **Skul|ler** (Sportruderer)
skulp|tie|ren (ausmeißeln) ⟨*lat*⟩ · **Skulp|tur**: 1. die, _ (Bildhauerkunst) – 2. die, _, _en (Bild[hauer]werk) · **Skulp|tu|ren|samm|lung**
Skunk, der, _s, _s (amerikan. Stinktier) ⟨*indian* → *engl*⟩ · **Skunks**, der, _es, _e (Pelz des Skunks) ⟨*urspr Pl von* Skunk⟩
Skup|schti|na, die, _, _s (die jugoslaw. Volksvertretung) ⟨*serbokr*⟩
skur|ril (possenhaft verzerrt, seltsam spaßhaft) ⟨*lat*⟩
Skye|ter|rier ['skaitɛriər] *K 246* (eine Hunderasse) ⟨*engl*, *nach* der schott. Insel Skye⟩
Skyl|la und Cha|ryb|dis [_ _ ç.. *od* k..] (*griech Sage*; zwei Meerungeheuer an einer Meerenge) ⟨*grch*⟩; zwischen _ _ _ (zw. zwei gleich großen Gefahren)
Sky|then ⟨*grch*⟩ *Pl*, *selten* **Szy|then** ⟨*grch* → *lat*⟩(*Altertum*; Nomadenvölker nördl. vom Schwarzen Meer); *Sg* Sky|the, *selten* Szy|the, der, _n · **sky|thisch** ⟨*grch*⟩, *selten* **szy|thisch** ⟨*grch* → *lat*⟩
Sla|lom, der, _s, _s (sportl. Geschicklichkeitsprüfung, bes. im Skilauf [Torlauf] u. im Kanusport) ⟨*norw*⟩ · **Sla|lom|lauf**
Slang [slɛŋ], der, _s, _s (*meist abwert*; nachlässige Umgangssprache, bes. im Englischen; Sondersprache bestimmter Bevölkerungsgruppen) ⟨*engl*⟩
S-Laut ['ɛs..] *K 106*; *vgl. auch K 37ff.*
Sla|we, der, _n, _n (Angehöriger einer indoeurop. Völkergruppe) ⟨*slaw* → *grch* → *lat*⟩ · **Sla|wen|tum**, das, _[e]s · **Sla|win**, die, _, ..innen · **sla|wisch**; die _en Sprachen · **Sla|wis|mus**, der, _, ..men (slaw. Spracheigentümlichkeit [in einer nichtslaw. Sprache]) · **Sla|wist** (Wissenschaftler auf dem Gebiet der Slawistik) · **Sla|wi|stik**, die, _ (Wissenschaft von den slaw. Sprachen u. Literaturen) · **sla|wi|stisch** · **Sla|wo|nien** [..iən] (Landsch. im N Jugoslawiens) · **Sla|wo|nier** [..ĭər], der, _s, _ · **sla|wo|nisch** · **Sla|wo|phi|le**, der, _n, _n (*hist*; ‚Slawenfreund' [Vorläufer der Panslawisten]) ⟨*slaw* + *grch*⟩
Sli|bo|witz, *auch* **Sli|wo|witz**, der, _es, _e (ein Pflaumenbranntwein) ⟨*slaw*⟩
Slip ⟨*engl*⟩: 1. der, _s, _s (Unterhöschen) – 2. der, _s *od* **Schlipp**, der, _[e]s *od* **Schlupf**, der, _[e]s (*Techn*; Unterschied zw. tatsächl. u. theoret. Vorwärtsbewegung der Schiffsschraube) – 3. der, _s, _s *od* **Schlipp**, der, _[e]s, _e (schiefe Ebene; Gleitbahn; Gleitbewegung)
Slip|per, der, _s, _(bequemer Straßenschuh – *österr*; leichter Mantel) ⟨*engl*⟩
Sliwowitz ↑ Slibowitz
Slo|gan ['slo:gən], der, _s, _s (Werbeschlagwort) ⟨*kelt* → *engl*⟩
Sloop ↑ Slup
Slo|wa|ke, der, _n, _n (Angehöriger eines westslaw. Volkes) · **Slo|wa|kei**, die, _ (dt. Name für den östl. Landesteil der ČSSR) · **slo|wa|kisch**; *vgl. K 266f.*; *K 258*: die Slowakische Sozialistische Republik (östl. Teilrepublik der ČSSR [*Abk* SSR]) · **Slo|wa|kisch**, das, *Gen* _[s], *Dat* _ (Sprachbezeichnung *K 268ff.*) · **Slo|wa|ki|sche**, das, *Gen* _n, *Dat* _n (Sprachbezeichnung *K 271*)
Slo|we|ne, der, _n, _n (Angehöriger eines südslaw. Volkes) · **Slo|we|nien** [..ĭən], *ohne Art*, *amtl* **So|zia|li|sti|sche Re|pu|blik Slo|we|nien** *K 258*, die, *Gen* _n _ _ (in Jugoslawien) · **Slo|we|nier** [..ĭər], der, _s, _ · **slo|we|nisch**; *vgl. K 266f.* · **Slo|we|nisch**, das, *Gen* _[s], *Dat* _ (Sprachbezeichnung *K 268ff.*) · **Slo|we|ni|sche**, das, *Gen* _n, *Dat* _n (Sprachbezeichnung *K 271*)
Slow|fox ['slo:fɔks] (ein Tanz) ⟨*engl*⟩
Slums [slams] *Pl* (Elendswohnviertel kapitalist. Großstädte) ⟨*engl*⟩
Slup *od* **Sloop** [slu:p] *od* **Schlup**, die, _, _s (*seem*; einmastiges Fischerei- od. Küstenfahrzeug) ⟨*engl*⟩
Smalte ↑ Schmalte
Sma|ragd, der, _[e]s, _e (*Mineral*; ein dunkelgrüner Beryll) ⟨*aind* → *grch* → *lat*⟩ · **sma|rag|den** *K 364* (aus Smaragd; smaragdfarben) · **sma|ragd|grün**; *vgl.* blau
smart [sma(:)rt] (gewandt; gerieben – *österr auch für* elegant, fein) ⟨*engl*⟩
SM-Ofen [ɛs'ɛm..] *K 186* (*kurz für* Siemens-Martin-Ofen)
Smog [smɔk], der, _s, _s (mit Nebel vermischte industrielle Luftverunreinigung in Ballungsgebieten) ⟨*engl*⟩ · **Smog|alarm**
Smok|ar|beit ['smo:k..] (eine Verzierungsarbeit an Kleidern u. Blusen) · **smo|ken** ⟨*engl*⟩
Smo|king, der, _s, *Pl* _s, *österr auch* _e ([schwarzes] Herrenjakkett) ⟨*engl*⟩
Smo|lensk (Stadt der RSFSR am Dnepr)
smor|zan|do (*Mus*; ersterbend, verklingend) ⟨*lat* → *ital*⟩
Smut|je, der, _s, _s (*seem scherzh*; Schiffskoch)
Smyr|na (früherer Name von Izmir) ⟨*grch*⟩ · **Smyr|na|er**: 1. *K 231*: der, _s, _ (in Smyrna Geborener od. Wohnender; eine Teppichart) – 2. *als Attribut K 232* · **smyr|na|isch** · **Smyr|na|tep|pich** *K 246*
Snack|bar ['snɛk..], die (Imbiß, Speisenbar) ⟨*engl*⟩
Sněžka ↑ Schneekoppe
Śnieżka ↑ Schneekoppe
Snob [snɔp], der, _s, _s (*abwert*; überlegen tuender, blasierter Mensch) ⟨*engl*⟩ · **Sno|bis|mus** [..'bis..], der, _, ..men (*abwert*) · **sno|bi|stisch** (*abwert*); _ste
so: **1.** *Adv*
a) *der Art u. Weise u. des Grades*: du kannst es so machen; bald so, bald so; das ist gar nicht so übel; *K 450*: so ..., daß ... *od* ..., so daß ...; nicht so viel (gar nichts) hat es uns genützt; so etwas (*umg* so was); so einer, so eine, so eins (*seltener* eines); so ein Mann; *umg* er geht so mit (z. B. ohne Hut)
b) *des Vergleiches*: keiner ist so gut wie du; *K 381*: so schnell wie, *älter* als möglich; es war so, wie er sagte; er verdient so viel [Geld], wie er braucht
c) *der Unbestimmtheit* (*im Sinne von* etwa; irgendwie); so gegen zehn Uhr; so gegen zwölf Leute; sich nicht so recht wohl fühlen; das Pferd hat so seine Mucken. *Vgl.* soso, soundso, sowieso
d) *Getrennt- od Zusammenschreibung*: 1. *K 175*: der Gedanke liegt mir so fern, daß ...; 2. *K 176*: sofern du kannst, ...; *vgl.* sobald, sodann, sofort usw.
2. *Konj* (*noch gehoben*; wenn): so du willst, ...; *vgl. auch K 390*
3. *Relativpron* (*veraltet*): das Dutzend Bücher, so er besaß
so|bald *Konj*: sobald wir fertig sind; *vgl. auch K 390*; *aber Adv K 175*: wir sind so bald fertig, wie du erwartet hast; *K 381*: komme so bald wie, *älter* als möglich
Socke[1], die, _, _n, *bayr u. österr* **Socken**[1], der, _s, _ ⟨*lat*⟩ · **Sockel**[1], der, _s, _ (Unterbau, unterer Mauervorsprung) ⟨*grch* → *lat* → *frz*⟩ · **Socken|hal|ter**[1]

---
[1] *Tr* ..k|k..

So|da, die, *österr meist so,* _ *od* das, _s (eine Chemikalie – *auch kurz für* Sodawasser) ⟨*arab* → *lat* → *rom*⟩
so|dann (*veraltend*)
so daß (immer getrennt geschrieben!); *vgl. auch K 450 u. 390*
So|da|was|ser, *Pl* ..wässer (kohlensäurehaltiges Wasser); *kurz* Soda
Sod|bren|nen, das, _s (brennendes Gefühl im Magen u. in der Speiseröhre) ⟨*zu* sieden⟩ · **So|de,** die, _, _n (*bes norddt*; Rasenstück; getrocknetes Stechtorfstück in Ziegelform)
So|dom (bibl. On.); _ und Gomorrha (Lasterhaftigkeit – *übertr*; Unordnung) · **So|do|mie,** die, _, *Pl* (*selten*) ..ien (Geschlechtsverkehr mit Tieren) · **So|do|mit,** der, _en, _en (Einwohner von Sodom – *übertr*; jmd., der Sodomie betreibt)
so|eben *Adv* (vor einem Augenblick)
Soest [zo:st] (Stadt im W der BRD) · **Soe|ster** [ˈzo:s..]: 1. *K 231*: der, _s, _; 2. *als Attribut K 232*
So|fa, das, _s, _s ⟨*arab* → *türk* → *frz*⟩. *Zus K 365 ff.*: Sofa‿ecke usw.
so|fern (falls) *Konj*: sofern er seine Pflicht tut, ..., *vgl. K 390, aber Adv K 175*: die Sache lag ihm so fern, daß ...
Soff, der, _[e]s (*landsch salopp*; Suff)
Sof|fit|te, die, _, _n, *meist Pl* (*Theat*; als obere Blickbegrenzung über der Bühne hängendes Dekorationsstück) ⟨*lat* → *ital*⟩ · **Sof|fit|ten|lam|pe**
So|fia (Hptst. von Bulgarien) ⟨*grch* → *bulg*⟩
So|fie [zoˈfi:, *auch* ˈzɔfi *od* zoˈfi:ə] *K 207* (w. Vn.) ⟨*Nebenf von* Sophie⟩
So|fio|ter, *auch* **So|fia|er** *K 236*: 1. *K 231*: der, _s, _; 2. *als Attribut K 232*: die Sofioter, *auch* Sofiaer Universität
so|fort *K 176*; komme sofort (im Augenblick), *aber K 175*: arbeite so (in derselben Weise) fort · **so|for|tig** · **So|fort|maß|nah|me**
Soft|eis (Speiseeis von weicher, luftiger Konsistenz) ⟨*engl*⟩ · **Soft|ware** [..wɛ:r], die, _, _s (*Datenv*; programmtechnischer Teil einer Datenverarbeitungsanlage) ⟨‚weiche Ware'⟩; *Ggs* Hardware
Sog, der, _[e]s, _e (seewärts ziehender Meeresstrom; saugende Nachströmung)
so|gar · **so|ge|nannt,** *Abk* sog.; die sogenannte gute Stube, *aber K 175*: sie wurde von ihm so genannt
sog|gen (*vom Salz gesagt*; in Kristallform niederschlagen)
so|gleich *K 176* (sofort); sie kamen sogleich, *aber K 175*: sie sind sich so gleich, daß ...
so|hin (*noch österr*; somit, also), *aber K 175*: er sagte es nur so hin (ohne besonderen Nachdruck)
Sohl|bank, *Pl* ..bänke (*Bauw*; Fenstersims) · **Soh|le,** die, _, _n (Fuß-, Schuh-, Einlege-, Talsohle – *bergm*; Boden eines Stollens; Stockwerk – *landsch*; Lüge) ⟨*lat*⟩ · **soh|len** (*landsch*; besohlen; lügen) · **Soh|len|le|der,** *österr nur so, auch* **Sohl|le|der** · **söh|lig** (*bergm*; waagerecht)
Sohn, der, _[e]s, *Pl* Söhne · **Söhn|chen** · **Soh|nes|lie|be**
sohr (*norddt*; dürr, welk)
Sohr, der, _s (*norddt*; Sodbrennen) ⟨*an* sohr *angelehnt*⟩
Söh|re, die, _ (*norddt*; Dürre) · **söh|ren** (*norddt*; verdorren)
soi|gniert [sŏaˈnji:rt] (*gehoben*; gepflegt) ⟨*germ* → *frz*⟩
Soi|ree [sŏaˈre:], die, _, ..een (Abendgesellschaft, -veranstaltung) ⟨*lat* → *frz*⟩
So|ja|boh|ne (eine Nutzpflanze, Schmetterlingsblütler) ⟨*chin* → *jap*⟩ · **So|ja‿mehl, ...öl**
So|kra|tik, die, _ (Lehrart des altgriech. Philosophen Sokrates) · **So|kra|ti|ker,** der, _s, _ (Schüler des altgriech. Philosophen Sokrates; Verfechter seiner Lehre) · **so|kra|tisch** *K 218* ⟨*nach* Sokrates⟩, _e Methode · **So|kra|tisch** *K 217*; _e Lehre
[1]**Sol**: 1. [zo:l] ⟨*lat*, ‚Sonne'⟩ (*röm Mythol*; Sonnengott) – 2. [sɔl] ⟨*lat* → *span*⟩, der, _[s], *Pl* _[s] *u. bei Wertangabe* (*K 310*) Sol (Währungseinheit in Peru)
[2]**Sol** [zo:l], das, _s, _e (*Chem*; kolloide Lösung) ⟨*lat*⟩
so|lan|ge, *seltener* **so|lang** *K 176 Konj* (während, währenddessen); solang[e] ich krank war (*vgl. K 390*), bist du bei mir geblieben, *aber Adv K 175*: du hast mich so lang[e] warten lassen, daß ...; es dauert zehnmal so lang[e] wie ...
So|la|nin, das, _s (*Biochem*; Alkaloid der Nachtschattengewächse) ⟨*lat*⟩ · **So|la|num,** das, _s, ..nen (*Bot*; Gattung der Nachtschattengewächse)
so|lar, *auch* **so|la|risch** (*Astron*; auf die Sonne bezüglich) ⟨*lat*⟩ · **So|lar|bat|te|rie** (*Phys, Elektrotechn*; Sonnenbatterie) · **So|lar|ener|gie** · **So|la|ri|sa|tion** (*Fot*; Bildumkehrmethode) · **So|la|rium,** das, _s, ..ien [..iən] (Anlage für Sonnenbäder unter künstl. ultravioletter Strahlung) · **So|lar|jahr** (*Astron*; Sonnenjahr) · **So|lar|öl** (*fachspr*; Putzöl, Treibstoff für Dieselmotoren) · **So|lar|zel|le** (*Phys, Elektrotechn*)
So|la|wech|sel (*Finanzw*; Eigenwechsel) ⟨*lat* → *ital*⟩
Sol|bad
solch: *m* solcher, *f* solche, *n* solches
I. *Substantivischer Gebrauch, stets klein zu schreiben K 120*: ein solcher, eine solche, ein solches; solche meine ich
II. *Adjektivischer Gebrauch*:
a) *unmittelbar vor dem Substantiv dekliniert, vor dem Neutrum im Nom u. Akk des Singulars auch nichtdekliniert*: solcher Stoff; solche Verschwendung; solches (*auch* solch) Wetter; von solcher Art, von solcher Gestalt, in solcher Weise (*vgl. aber* III); ein solcher Stoff, eine solche Verschwendung, ein solches Wetter; *K 333, Merke: vor stark deklinierten männl. u. sächl. Substantiven im Gen des Singulars ohne vorangehenden Art. meist schwach flektiert*, z. B. solchen Gebrauchs, solchen Ausmaßes
b) *mit folgendem Adjektiv + Substantiv dekliniert od nichtdekliniert K 330*: solcher feine Stoff *od* solch feiner Stoff; *K 340*: die Werke solcher großen (*auch* großer) Künstler *od* die Werke solch großer Künstler; bei solchem starken Regen *od* bei solch starkem Regen; solche guten (*od* gute) Bücher *od* solch gute Bücher
c) *unmittelbar vor einem substantivisch gebrauchten Adjektiv od Partizip dekliniert, im Singular auch nichtdekliniert K 341*: solches Schöne *od* solch Schönes; solche Minderjährigen *od* Minderjährige; solch Abgeordneten *od* Abgeordnete
d) *in Verbindung mit dem Indefinitpron* einer, eine, eines *u. bei folgendem unbestimmtem Artikel + Substantiv nichtdekliniert*; solch einer, solch eine, solch eins, *seltener* solch eines; solch ein Stoff, solch eine Verschwendung, solch ein Wetter (*mit vorangestelltem unbestimmtem Artikel vgl. aber* II, a)
III. *Zusammenschreibung K 176*: solcherart (↑ *d.*), solchergestalt (↑ *d.*), solchermaßen, solcherweise (↑ *d.*)
sol|cher|art *K 176*; solcherart Dinge, *aber K 175*: Dinge solcher Art · **sol|cher|ge|stalt** *K 176, aber K 175*: er war von solcher Gestalt · **sol|cher|lei** · **sol|cher|ma|ßen** *K 176* · **sol|cher|wei|se** *K 176, aber K 175*: in solcher Weise
Sold, der, _[e]s, _e (*Milit*; Bezahlung; Lohn) ⟨*lat* → *ital* → *frz*⟩

Sol|dat, der, _en, _en ⟨*lat* → *ital*⟩ · **Sol|da|ten|stie|fel** · **Sol|da|tes|ka,** die, _, ..ken (*abwert*; rohes, gewalttätiges Kriegsvolk) · **sol|da|tisch;** _ste · **Söld|ling** (*abwert*; jmd., der für Sold seine Dienste verkauft) ⟨*lat* → *ital* → *frz*⟩ · **Söld|ner,** der, _s, _ (*abwert*; einer imperialist. Macht dienender gemieteter Soldat) · **Sol|do,** der, _s, *Pl* _s *od* ..di (*hist*; italien. Silbermünze) ⟨*lat* → *ital*⟩

So|le, die, _, _n (Kochsalz- od. überhaupt Salzlösung) ⟨*slaw*⟩ · **Sol|ei** · **So|len|lei|tung**

so|lenn (*noch gehoben*; feierlich, festlich) ⟨*lat*⟩ · **So|len|ni|tät** (*noch gehoben*)

Sol|fa|ta|re, die, _, _n (*Geol*; vulkan. Ausdünstung, bes. von Wasserdampf und Schwefelwasserstoff) ⟨*nach* dem Vulkan Solfatara bei Neapel⟩

sol|feg|gie|ren [zɔlfɛˈdʒiː..] (*Mus*; Solfeggien singen) ⟨*ital*⟩ · **Sol|feg|gio** [..ˈfɛdʒo], das, _s, ..ggien [..ˈfɛdʒ(ə)n] (*Mus*; virtuose Gesangsübung)

Soli ↑ Solo (1)

so|lid, *österr nur so, od* **so|li|de** (fest, haltbar; zuverlässig; gediegen; rechtschaffen, von einwandfreiem Lebenswandel); ..deste ⟨*lat*⟩ · **so|li|da|risch** (auf Solidarität beruhend) · **so|li|da|ri|sie|ren, sich** (*Akk*) (sich solidarisch erklären); du solidarisierst dich · **So|li|da|ri|tät,** die, _ (Zusammengehörigkeitsgefühl; Übereinstimmung; gegenseitige Verpflichtung; gegenseitige Hilfe; Hilfs- u. Opferbereitschaft) · **So|li|da|ri|täts‿ak|tion, ...ba|sar, ...ge|fühl, ...spen|de** · **So|li|di|tät,** die, _ (Festigkeit, Haltbarkeit; Zuverlässigkeit; Gediegenheit)

So|ling, der *od* das, _s, _s (eine Segelbootklasse) ⟨*Herkunft umstritten*⟩

So|lin|gen (Stadt im W der BRD) · **So|lin|ger:** 1. *K 231*: der, _s, _; 2. *als Attribut K 232*: der Solinger Stahl

Sol|ip|sis|mus, der, _ (extrem-individualist. philosoph. Richtung des Idealismus) ⟨*lat*⟩ · **So|list** (Einzelsänger, -spieler) ⟨*lat* → *ital* → *frz*⟩ · **So|li|stin,** die, _, ..innen · **so|li|tär** (*Biol*; einzeln lebend) ⟨*lat* → *frz*⟩ · **So|li|tär,** der, _s, _e (großer, einzeln gefaßter Edelstein) · **So|li|tü|de,** die, _, _n (Name von Schlössern u. a.) ⟨‚Einsamkeit'⟩

Sol|jan|ka, die, _ (eine Fleischsuppe) ⟨*russ*⟩

[1]**Soll,** das, _[s], _[s] (Pflicht, Planauflage, -aufgabe – *Wirtsch*; die Belastungen enthaltende Seite eines Kontos [*Ggs* Haben]); das Soll und [das] Haben, *Gen* des Soll und [des] Habens; das Soll [über]erfüllen

[2]**Soll,** das, _s, *Pl* Sölle (*Geol*; runder kleiner See eiszeitl. Herkunft) ⟨*zu* Suhle⟩

Soll-Be|stand *K 187* (*Wirtsch*) · **Soll-Be|trag** *K 187* (*Wirtsch*) · **sol|len;** du hast das gesollt, *aber*: du hättest das nicht tun sollen *K 361*

Söl|ler, der, _s, _ (*Arch*; offene Plattform oberer Stockwerke – *landsch*; Dachboden – *schweiz*; Fußboden) ⟨*lat*⟩

Sol|ling, der, _s (Teil des Weserberglandes in der BRD)

Soll-Stär|ke *K 187*

Sol|mi|sa|tion, die, _ (*Mus*; Bez. der Stammtöne mit den Tonsilben do, re, mi, fa, sol, la, si) ⟨*frz*⟩ · **sol|mi|sie|ren** (*Mus*)

Soln|ho|fen (Ort im S der BRD) · **Soln|ho|fe|ner** *od* **Soln|ho|fer** *K 236*: 1. *K 231*: der, _s, _; 2. *als Attribut K 232*: der Solnhof[en]er Schiefer

so|lo (*meist Mus*; allein) ⟨*lat* → *ital*⟩; _ spielen, tanzen · **So|lo:** 1. das, _s, *Pl* Soli, *österr auch* _s (künstler. Einzeldarbietung; Einzelvortrag, -spiel) – 2. das, _s, _s (*Kartensp*; Alleinspiel) · **So|lo|ge|sang**

so|lo|nisch *K 218*; _e Weisheit ⟨*grch, nach* dem athen. Gesetzgeber Solon⟩ · **So|lo|nisch** *K 217*; _e Elegien

So|lo‿sän|ger, ...sze|ne

So|lo|thurn (Stadt u. Kanton in der Schweiz)

Sol|per, der, _s (*landsch*; Salzbrühe) ⟨*lat*, ‚Salpeter'⟩ · **Sol|per|fleisch** (*landsch*; Pökelfleisch)

Sol‿quel|le, ...salz

Sol|sti|tium, das, _s, ..ien [..ǐən] (*Astron*; Sonnenwende) ⟨*lat*⟩

so|lu|bel (*fachspr*; löslich, auflösbar) ⟨*lat*⟩; *K 363*: ein solu|bles Mittel

So|lu|tré|en [sɔlytreˈɛ̃ː], das, _[s] (*Urgesch*; Kulturgruppe des Jungpaläolithikums) ⟨*nach* dem Ort Solutré [sɔlyˈtreː] im O Frankreichs⟩

sol|vent [..v..] (*Bankw*; zahlungsfähig) ⟨*lat*⟩ · **Sol|venz,** die, _ (*Bankw*; Zahlungsfähigkeit) · **sol|vie|ren** (*Bankw*; auflösen; eine Schuld zahlen)

Sol|was|ser, *Pl* ..wässer

So|ma, das, _s, _ta (*Med, Psych*; Leib, Körper) ⟨*grch*⟩

So|ma|li: 1. der, _[s], _[s]: *a.* (Angehöriger eines Volkes im O Afrikas); *b. od* **So|ma|lier** [..ǐər], der, _s, _ (Staatsbürger von Somalia) – 2. das, _ (Sprachbezeichnung); auf _ heißt es ... · **So|ma|lia,** *ohne Art, amtl* **De|mo|kra|ti|sche Re|pu|blik So|ma|lia** *K 258*, die, *Gen* _n _ (im O Afrikas) · **So|ma|li|halb|in|sel** *K 246*, die, _ · **so|ma|lisch**

so|ma|tisch (*Med, Psych*; leiblich, körperlich) ⟨*grch*⟩ · **so|ma|to|gen** (*Med, Psych*; körperlich bedingt, körperlich verursacht) · **So|ma|to|lo|gie,** die, _ (*Med, Anthrop*; Lehre vom menschl. Körper)

Som|bre|ro, der, _s, _s (breitrandiger Hut) ⟨*lat* → *span*⟩

so|mit [*od* ˈzoː..] *K 176* (mithin, also); somit ist diese Angelegenheit erledigt, *aber K 175*: ich nehme es so (z. B. ohne Verpackung) mit; *vgl. auch K 390*

Som|mer, der, _s, _; _ wie Winter; des Sommers, *aber K 109*: sommers · **Som|mer|an|fang** *od* **Som|mers|an|fang** · **Som|mer‿auf|ent|halt, ...fe|rien** (*Pl*) · **Som|mer|fri|sche,** die, _, _n · **Som|mer|frisch|ler,** der, _s, _ · **Som|mer|ge|trei|de** · **Som|mer|hit|ze** · **söm|me|rig** (*landsch*; einen Sommer alt); _e Karpfen · **som|mer|lang** *K 171*, *aber K 127*: den ganzen Sommer lang · **som|mer|lich** · **Som|mer|mo|nat** · **söm|mern** *K 363* (*landsch*; etw. der Sonne aussetzen; Vieh den Sommer über auf der Weide lassen) · **Som|mer|nacht** · **Som|mer|nachts|traum** · **Som|mer|re|gen** · **som|mers** *K 109*, *aber*: des Sommers · **Sommersanfang** ↑ Sommeranfang · **Som|mer|schluß|ver|kauf** · **Som|mer|son|nen|wen|de,** die, _ · **Som|mer|spros|se** · **som|mer|spros|sig** · **Som|mer[s]|zeit** (eine Jahreszeit); *vgl. auch* Sommerzeit (2) · **Som|mer|tag** · **Söm|me|rung** (*landsch*) · **Som|mer|vo|gel** (*bes schweiz*; Schmetterling) · **Som|mer|zeit:** 1. ↑ Sommer[s]zeit – 2. die, _ (Vorverlegung der Stundenzählung während des Sommers); *K 119*: mitteleuropäische Sommerzeit; *Abk* MESZ

som|nam|bul (nachtwandelnd, schlafwandlerisch; mondsüchtig) ⟨*lat* → *frz*⟩ · **Som|nam|bu|le,** der *u.* die, _n, _n *K 343* (Nachtwandler[in]) · **Som|nam|bu|lis|mus,** der, _ (das Schlaf-, Nachtwandeln)

so|nach [*od* ˈzoː..] *K 176* (folglich, also); sonach hast du gar kein Recht, das zu behaupten, *aber K 175*: sprich es so nach, wie ich es vorspreche

So|nant (*Phon*; silbenbildender Laut) ⟨*lat*⟩ · **So|na|te,** die, _, _n (instrumentales Musikstück aus 3 od. 4 Sätzen) ⟨*lat* → *ital*⟩ · **So|na|ti|ne,** die, _, _n (kleinere Sonate)

Son|de, die, _, _n (*Bergb, Geol*;

erdöl- od. erdgasfündiges Bohrloch – *Med*; Instrument zur Einführung in Körper- od. Wundkanäle – *Raumf*; unbemannter Flugkörper) ⟨*lat* → *frz*⟩

son|der (*veraltet*; ohne) *mit Akk, stets ohne Art*: _ Furcht, _ allen Zweifel · **Son|der[|ab]|druck,** *Pl* ..drucke · **son|der|bar** · **Son|der|bar|keit** · **Son|der|be|auf|trag|te,** der *u.* die, _n, _n *K 341* · **Son|der|bund,** der (*hist*) · **Son|der|bünd|ler** (*hist*; Angehöriger des Schweizer Sonderbundes) · **Son|der|fahrt** · **son|der|glei|chen** · **Son|der|heit;** insonderheit *K 176* (*gehoben*) · **son|der|lich;** *K 95*: nichts Sonderliches (nichts Ungewöhnliches) · **Son|der|ling** · **son|dern:** 1. *Verb K 363* (*gehoben*); *vgl. auch* gesondert – 2. *Konj*; nicht [nur] ..., sondern [auch] ... (*K 401*) · **Son|der|recht** · **son|ders;** *nur noch in* samt und _ · **Son|der|schicht;** eine _ fahren · **Son|der|schu|le**

Son|ders|hau|sen (Stadt im Bez. Erfurt) · **Son|ders|häu|ser,** *auch* **Son|ders|hau|ser** *od* **Son|ders|hau|se|ner** *K 236*: 1. *K 231*: der, _s, _; 2. *als Attribut K 232*: die Sondershäuser, *auch* Sondershaus[en]er Einwohner

Son|der|stel|lung · **Son|der|zug**

son|die|ren (etw. [vorsichtig] erkunden – *Med*; mit einer Sonde untersuchen) ⟨*lat* → *frz*⟩ · **Son|die|rung**

So|nett, das, _[e]s, _e (eine Gedichtform) ⟨*lat* → *frz* → *ital*⟩

Song, der, _s, _s (Lied, Gesang, Schlager, bes. das satirisch-zeitkrit. Lied) ⟨*engl*⟩

Son|ja (w. Vn.) ⟨*russ Kurzf von* Sophie⟩

Sonn|abend; *Abk* Sa. ⟨‚Abend vor dem Sonntag'⟩; des Sonnabends, *aber K 109*: sonnabends; *vgl.* Dienstag · **Sonn|abend|abend;** *vgl.* Dienstagabend · **sonn|abend|abends** *K 109*; *vgl. auch* dienstags · **sonn|abends** *K 109, aber*: des Sonnabends; *vgl.* dienstags · **Son|ne,** die, _, _n

Son|ne|berg (Stadt im Bez. Suhl) · **Son|ne|ber|ger:** 1. *K 231*: der, _s, _; 2. *als Attribut K 232*: die Sonneberger Spielwaren

son|nen; sich (*Akk*) _ · **Son|nen|auf|gang** · **Son|nen|bat|te|rie** (*Phys, Elektrotechn*; aus Photoelementen bestehende Batterie) · **Son|nen‿blu|me, ...bril|le** · **Son|nen|ener|gie,** die, _ · **Son|nen|fin|ster|nis** · **Son|nen|fleck,** der, _[e]s, _e[n], *meist Pl* · **son|nen|hell** (*Astron*) · **Son|nen|jahr** (*Astron*) · **son|nen|klar** (*umg*) · **Son|nen|kol|lek|tor** (Anlage zur Sammlung von Sonnenenergie); *kurz* Kollektor (2) · **Son|nen‿pro|tu|be|ran|zen** (*Pl*; *Astron*), **...schei|be** · **Son|nen|schein,** der, _[e]s · **Son|nen‿schirm, ...stäub|chen, ...stich** · **Son|nen|tau,** der (eine fleischfressende Pflanze) · **Son|nen‿uhr, ...un|ter|gang** · **son|nen|ver|brannt,** *auch* **sonn|ver|brannt** · **Son|nen|wen|de,** die · **son|nig** · **Sonn|tag;** *Abk* So. ⟨‚Tag der Sonne'⟩; des Sonntags, *aber K 109*: sonntags; *vgl.* Dienstag · **Sonn|tag|abend;** *vgl.* Dienstagabend · **sonn|tag|abends** *K 109*; *vgl. auch* dienstags · **sonn|tä|gig** · **sonn|täg|lich** · **sonn|tags** *K 109, aber*: des Sonntags; sonntags und feiertags *od K 178*: sonn- und feiertags; sonntags und festtags *od K 178*: sonn- und festtags; sonntags und werktags *od K 178*: sonn- und werktags; *vgl.* dienstags · **Sonn|tags‿kind, ...rück|fahr|kar|te** · **Sonn|tags|ru|he,** die, _ · **sonnverbrannt** ↑ sonnenverbrannt · **Sonn|wend|feu|er**

so|nor (klangvoll, volltönend) ⟨*lat*⟩

sonst:

I. *Getrenntschreibung in der Bedeutung* andernfalls, unter anderen Umständen, zu andrer Zeit, außerdem, z. B. ist sonst einer, sonst jemand (*umg*: sonst wer) da?, ist sonst etwas (*umg*: sonst was) da?

II. *Zusammenschreibung in der Bedeutung* irgend..., z. B. da kann sonsteiner (*umg*: sonstwer) kommen; ich hätte bald sonstwas gesagt (*umg*)

sonst|ei|ner; *vgl.* sonst, I, II · **sonstig;** *K 114*: _es (anderes) · **sonst‿was** (*umg*), **...wer** (*umg*); *vgl.* sonst, I, II · **sonst‿wie** (*umg*), **...wo** (*umg*), **...wo|hin** (*umg*); *vgl.* sonst, II

so|oft *Konj*: sooft ich dich gesehen habe (*vgl. K 390*), hast du ...; *aber Adv K 175*: ich habe es dir so oft gesagt, daß ...

Soor, der, _[e]s, _e (*Med*; Pilzbelag in der Mundhöhle) · **Soor|pilz** (*Med*)

So|phie [zo'fi:, *auch* 'zɔfi *od* zo'fi:ə] *K 207* (w. Vn.) ⟨*grch*, ‚Weisheit'⟩; *Nebenf* ↑ Sofie, Sophia, *russ Kurzf* ↑ Sonja · **So|phi|en|kir|che** *K 209*

So|phis|mus ⟨*grch* → *lat*⟩, der, _, ..men, *selten* **So|phis|ma** ⟨*grch*⟩, das, _s, *Pl* ..men, *auch* _ta (Trugschluß mit Täuschungsabsicht; Spitzfindigkeit) · **So|phist** (griech. philosoph. Wanderlehrer, Vertreter der Sophistik – *übertr, abwert*; Wortverdreher, Klügler) ⟨*grch*⟩ · **So|phi|ste|rei** (*abwert*; Spitzfindigkeit, Spiegelfechterei) · **So|phi|stik,** die, _ (*abwert*; Kunst spitzfindiger Beweisführung; Scheinwissen) · **so|phi|stisch** (*abwert*); _ste

So|por, der, _s (*Med*; starke Benommenheit, Betäubung) ⟨*lat*⟩ · **so|po|rös** *K 349* (*Med*)

So|pot (Stadt im N Polens)

So|pran, der, _s, _e (höchste Frauen- od. Knabenstimme; Sängerin od. Sängerknabe mit Sopranstimme; Gesamtheit der Sopranstimmen im Chor) ⟨*lat* → *ital*⟩ · **So|pra|ni|stin,** die, _, ..innen

So|pra|por|te ⟨*lat* → *ital*⟩ *od* **Su|pra|por|te** ⟨*lat*⟩, die, _, _n (*Arch*; Zierfläche über Türen)

So|ra|bist (Wissenschaftler auf dem Gebiet der Sorabistik) · **So|ra|bi|stik,** die, _ (Wissenschaft von der sorb. Sprache u. Kultur) · **so|ra|bi|stisch**

Sor|ben ⟨*sorb*⟩, *früher auch* **Wen|den** ⟨*lat*⟩ *Pl* (westslaw. Volksstamm); *Sg* Sor|be, *früher auch* [2]Wen|de, der, _n

Sor|bet ⟨*arab* → *türk* → *ital* → *frz*⟩ *od* **Sor|bett** ⟨*arab* → *türk* → *ital*⟩, *auch* **Scher|bett** ⟨*arab* → *türk*⟩, der *od* das, _[e]s, _e (ein eisgekühltes Getränk)

sor|bisch ⟨*sorb*⟩; *vgl. K 266 f.* · **Sor|bisch,** das, *Gen* _[s], *Dat* _ (Sprachbezeichnung *K 268 ff.*) · **Sor|bi|sche,** das, *Gen* _n, *Dat* _n (Sprachbezeichnung *K 271*)

Sor|bit, der, _[e]s (Zuckeralkohol, Süßmittel für Diabetiker) ⟨*lat*⟩

Sor|bonne [sɔr'bɔn], die, _ (Name der Universität von Paris) ⟨*nach* dem Gründer, Robert de Sorbon [rɔ,bɛ:r də sɔr'bɔ̃:]⟩

Sor|di|no, der, _s, *Pl* _s *od* ..ni *od* **Sor|di|ne,** die, _, _n (*Mus*; Dämpfer) ⟨*lat* → *ital*⟩; *vgl. auch* con sordino

Sor|ge, die, _, _n; _ tragen · **sorgen;** sich (*Akk*) _ um ... · **Sor|gen|bre|cher** (*umg scherzh*; Alkohol) · **sor|gen|frei** · **Sor|gen|frei|heit,** die, _ · **Sor|gen‿kind, ...last** · **sor|gen|los** (ohne Sorgen); *vgl.* ...los; *vgl. aber* sorglos · **Sor|gen|lo|sig|keit,** die, _ · **Sor|ge|recht** (*Rechtsw*) · **Sorg|falt,** die, _ · **sorg|fäl|tig** ⟨‚Sorgenfalten [auf der Stirn] habend'⟩ · **Sorg|fäl|tig|keit,** die, _

Sor|ghum [..gum] *od* **Sor|gum,** das, _s (Sammelbez. für verschiedene getreideartige Gräsergattungen) ⟨*lat* → *ital* → *lat*⟩

sorg|lich (*veraltend*) · **sorg|los** *K 349* (ohne Sorgfalt, unbekümmert); *vgl.* ...los; *vgl. aber* sorgenlos · **Sorg|lo|sig|keit,** die, _ · **sorgsam** · **Sorg|sam|keit,** die, _

Sorp|tion, die, _ (*Chem*; Aufnahme eines Gases od. eines gelösten Stoffes) ⟨*lat*⟩

Sor|rent (Kur- u. Badeort an der Westküste Unteritaliens)
Sor|te, die, -, -n (Art, Gattung; Wert, Güte; Güteklasse; Gruppe einer Kulturpflanzenart) ⟨*lat* → *ital u. frz*⟩ – **Sor|ten** *Pl* (*Bankw*; ausländ. Zahlungsmittel) · **Sor|ten-aus|wahl,** **...ver|zeich|nis** · **sor|tie|ren** ([nach Sorten] ordnen, [aus]sondern, sichten, auslesen); *vgl. auch* sortiert · **Sor|tie|rer** · **Sor|tie|re|rin,** die, -, ..innen · **Sor|tier|ma|schi|ne** · **sor|tiert** (*auch Wirtsch*; hochwertig) · **Sor|ti|ment,** das, -[e]s, -e (Warenlager; Auswahlsammlung; Ladenbuchhandlung) ⟨*lat* → *ital*⟩ · **Sor|ti|men|ter,** der, -s, -(*Buchw*; Ladenbuchhändler) · **Sor|ti|ments|buch|han|del**
so|sehr *K 176 Konj*: sosehr ich das auch billige, ... (*vgl. auch K 390*); *aber Adv K 175*: er lief so sehr, daß ... · **so|so** *K 176*: 1. *Interjektion* (aha!, nun ja!) – 2. *Adv* (*umg*; fragwürdig; ungünstig)
SOS-Ruf [ɛsːoːˈɛs..] *K 186*; *vgl. auch* SOS *im Abkürzungsverzeichnis*
So|ße [*österr* zoːs], die, -, -n [..s(ə)n], *österr auch* **Soß,** die, -, -en, *fachspr* **Sau|ce** [ˈzoːsə, *österr* zoːs], die, -, -n [..s(ə)n] (Tunke) ⟨*lat* → *frz*⟩ · **soßen** ↑saucieren · **So|ßen|löf|fel**
so|ste|nu|to (*Mus*; gehalten, langsamer); *Abk* sost. ⟨*lat* → *ital*⟩
So|tho: 1. der, -[s], -(Angehöriger eines Bantuvolkes im S Afrikas) – 2. das, - (Sprachbezeichnung); auf - heißt es ...
So|tschi (Schwarzmeerkurort in der RSFSR)
Sou [suː], der, -s [suːs], *Pl* -s [suː(s)] *u. bei Wertangabe* (*K 310*) Sou (französ. 5-Centimes-Münze) ⟨*lat* → *frz*⟩
Sou|bret|te [zu.., *auch* su..], die, -, -n (Sängerin heiterer Sopranrollen) ⟨*lat* → *prov* → *frz*⟩
Sou|chong [ˈzuːʃɔŋ *od* sɔŭˈtʃuŋ], der, -s, -s (feiner chines. Tee) ⟨*chin* → *frz*⟩ · **Sou|chong|tee**
Souf|flé [suˈfleː], das, -s, -s (*Kochk*; Eierauflauf) ⟨*lat* → *frz*⟩ · **Souf|fleur** [zuˈfløːr, *auch* su..], der, -s, -e (Theatermitglied, das flüsternd die Rolle für die Schauspieler mitliest) · **Souf|fleu|se** [zuˈfløːzə, *auch* su..], die, -, -n · **souf|flie|ren**
Soul [soːl], der, -s (gefühlsbetonter Tanzmusikstil) ⟨*amerik*, ‚Seele'⟩
Sò|ul [sɔˈul] *od* **Sö|ul** (Stadt im S von Korea [1]) ⟨*korean*⟩
Sound [saunt], der, -s, -s (charakteristische Klangfarbe [einer Instrumentalgruppe]) ⟨*engl*, ‚Ton'⟩
so|und|so *K 176* (unbestimmt [wie]); soundso lang, breit, viel; Paragraph soundso; *aber K 175*: etwas so und so (so und wieder anders) erzählen; *K 104*: [der] Herr Soundso
so|und|so|viel|te; der - April; *K 100*: am Soundsovielten des Monats
Sou|per [suˈpeː], das, -s, -s (*gehoben*; festl. Abendessen mit Gästen) ⟨*germ* → *lat* → *frz*⟩ · **sou|pie|ren** (*gehoben*; das Souper einnehmen)
Sous|chef [ˈsuːʃɛf], der, -s, -s (*schweiz*; Stellvertreter des Bahnhofsvorstandes) ⟨*frz*⟩
Sou|ta|ne [zu.., *auch* su..], die, -, -n (langer Leibrock der kath. Priester) ⟨*lat* → *ital* → *frz*⟩
Sou|ter|rain [zuteˈrɛŋ *od* suteˈrɛ̃ː], das, -s, -s (*veraltend*; Kellergeschoß) ⟨*lat* → *frz*⟩
South|amp|ton [sauˈθɛmptən] (Hafenstadt an der Südküste Englands) ⟨*engl*⟩
Sou|ve|nir [suvəˈniːr], das, -s, -s ([kleines Geschenk als] Andenken) ⟨*lat* → *frz*⟩
sou|ve|rän [zuvə.., *auch* su..] (staatlich unabhängig; [unumschränkt] herrschend; erhaben, überlegen) ⟨*lat* → *frz*⟩ · **Sou|ve|rän,** der, -s, -e (*veraltend*; unumschränkter Herrscher) · **Sou|ve|rä|ni|tät,** die, - (Unabhängigkeit eines Staates; höchste Gewalt, die das gesellschaftl. Zusammenleben im Staat u. dessen Beziehungen zu anderen Staaten bestimmt) · **So|ve|reign** [ˈsɔv(ə)rin], der, -s, -s (*hist*; engl. Goldmünze) ⟨*lat* → *frz* → *engl*⟩
so|viel *K 176*:
1. *Adv*, einen *Grad* od. einen *Vergleich* bezeichnend: soviel (dieses) für heute; noch einmal soviel; doppelt soviel; halb soviel; *K 381*: soviel wie (*älter* als) möglich; soviel wie (*Abk* svw.); soviel (dasselbe) wie ein Eid; *aber K 175*: er liest so viel, daß ...; so viel [Geld] wie du habe ich auch; so viele Male, *vgl. aber* sovielmal
2. *Konj*: soviel ich weiß; *vgl. auch K 390*
so|viel|mal *K 176 Konj*: sovielmal ich dorthin ging (*vgl. auch K 390*), *aber K 175*: so viele Male hat er das gesagt
so was (*umg*; so etwas)
Sow|chos [sɔfˈxɔs *od* ..ˈçɔs], der, -, ..ose [..ˈxoːzə *od* ..ˈçoː..] *od* **Sow|cho|se** [sɔfˈxoːzə *od* ..ˈçoː..], die, -, -n *Kurzw* (staatl. landwirtschaftl. Großbetrieb in der UdSSR) ⟨*aus russ sowjetskoje chosjaistwo* ‚Sowjetwirtschaft'⟩
so|weit *K 176*:
1. *Adv*, einen *Grad* od. einen *Vergleich* bezeichnend: es ist [noch nicht] soweit (die Zeit dafür ist [noch nicht] gekommen); soweit als *od* wie möglich *K 381*; es geht ihm soweit gut; soweit bin ich einverstanden; *aber K 175*: wirf den Ball so weit wie möglich; ich kann den Weg so weit übersehen, daß ...; eine Sache so weit fördern, daß ...; so weit das Auge reicht, ...
2. *Konj* (insofern): soweit ich es übersehen kann, wird ...; *vgl. auch K 390 u. 450*; soweit als *od* wie
so|we|nig *K 176*:
1. *Adv bei Vergleichen*: er ist sowenig dazu bereit wie du; tu[e] das sowenig als *od* wie möglich *K 381*; *aber K 175*: du hast so wenig gelernt, daß ...
2. *Konj*: sowenig ich einsehen kann, daß ..., sowenig verstehe ich, daß ...; sowenig du auch gelernt hast ...; *vgl. auch K 390 u. 450*; sowenig als *od* wie
so|wie *K 176 Konj* (*vgl. auch K 390 u. 450*):
1. *im Sinne von* sobald, z. B. sowie du etwas von der Angelegenheit gehört hast, teile es mir bitte mit; *aber K 175*: so, wie es dir erzählt worden ist, kann es nicht gewesen sein
2. *zur Anknüpfung im Sinne von* und auch, aber auch, z. B. dort ist Gelegenheit zu schweren und leichten Kletterpartien sowie zu schönen Waldspaziergängen
so|wie|so *K 176*; er hätte sowieso (auf jeden Fall) zu mir kommen müssen
So|wjet [*auch* ˈsɔ.. *od* ˈzɔ..], der, -s, -s (oberste od. örtliche Volksvertretung in der UdSSR) ⟨*russ*, ‚Rat'⟩; *K 258*: der Oberste - · **So|wjet|armee,** die, - · **So|wjet|bür|ger** · **so|wje|tisch** · **So|wjet|re|pu|blik** · **So|wjetsk** (Stadt der RSFSR am Neman) · **So|wjet|stern** · **So|wjet|union,** die, - (*Abk* SU), *amtl* **Union der So|zia|li|sti|schen So|wjet|re|pu|bli|ken** *K 258*, die, *Gen* - - - -; *dt Abk* UdSSR, *russ Abk* CCCP, *in dt Umschrift* SSSR · **So|wjet|volk,** das, -[e]s
so|wohl *K 176 Konj*: sowohl ... als [auch] *od* sowohl ... wie [auch], *vgl. auch K 390, K 450 u. K 383*; *aber Adv K 175*: du siehst so wohl aus, daß ... · **So|wohl-Als-auch** *K 105*, das, -
So|zia, die, -, -s (*meist scherzh*; Beifahrerin [auf dem Mororrad od. -roller]) ⟨*lat*⟩ · **so|zia|bel** (*fachspr*; gesellschaftlich; gesellig; menschenfreundlich); *K 363*: sozia|ble Menschen · **so|zial** (gesellschaftlich, die gesellschaftl. Beziehungen der Menschen zueinander betreffend; der Gemeinschaft verbunden,

verpflichtet) ⟨*lat* → *frz*⟩; *K 119*: die soziale Frage

So|zial|de|mo|krat (Mitglied einer sozialdemokratischen Partei) ⟨*lat* + *grch*⟩ · **So|zial|de|mo|kra|tie,** die, _ (im 19. Jh. entstandene Bez. für die Arbeiterbewegung; später Bez. für reformistische Arbeiterparteien) · **so|zial|de|mo|kra|tisch;** *K 258*: die Sozialdemokratische Partei Deutschlands (*Abk* SPD) · **So|zial|de|mo|kra|tis|mus,** der, _ (bürgerlich-antimarxist. Ideologie rechter sozialdemokrat. Parteiführer)

So|zial|für|sor|ge · **So|zial|für|sor|ger** · **So|zial|für|sor|ge|rin,** die, _, ..innen · **so|zia|li|sie|ren** (vergesellschaften; kapitalist. Produktionsmittel in Volkseigentum überführen) ⟨*lat* → *frz*⟩ · **So|zia|li|sie|rung**

So|zia|lis|mus, der, _ ⟨*lat* → *frz*⟩; *K 119*: der wissenschaftliche _ · **So|zia|list** · **So|zia|li|sten|ge|setz,** das, _es (Ausnahmegesetz gegen die deutsche Arbeiterbewegung 1878 bis 1890) · **so|zia|li|stisch;** *K 119*: die sozialistische Demokratie, die entwickelte sozialistische Gesellschaft, die sozialistische ökonomische Integration (*Wirtsch*), die sozialistische Revolution, *aber K 258*: die Große Sozialistische Oktoberrevolution, die Sozialistische Einheitspartei Deutschlands (*Abk* SED), die Union der Sozialistischen Sowjetrepubliken (*vgl.* Sowjetunion), die Autonome Sozialistische Sowjetrepublik (*Abk* ASSR [als Teil eines Namens]); *K 262*: Kollektiv der sozialistischen Arbeit (ein Ehrentitel)

So|zial|po|li|tik · **so|zial|po|li|tisch** · **So|zial|ver|si|che|rung;** *Abk* SV

So|zie|tät [..tsie..] (Genossenschaft; Gesellschaft) ⟨*lat*⟩

So|zio|lin|gui|stik [..liŋ'gŭis..], die, _ (*Sprachw*; Lehre von den Wechselbeziehungen von Sprache u. Gesellschaft) ⟨*lat*⟩ · **so|zio|lin|gui|stisch** (*Sprachw*)

So|zio|lo|ge, der, _n, _n (Wissenschaftler auf dem Gebiet der Soziologie) ⟨*lat* + *grch*⟩ · **So|zio|lo|gie,** die, _ (Wissenschaft zur Erforschung komplexer Erscheinungen u. Zusammenhänge in der Gesellschaft) · **so|zio|lo|gisch**

So|zius, der, _, ..usse (Beifahrer [auf dem Motorrad od. -roller] – *kap Wirtsch*; Gesellschafter, Geschäftsteilhaber) ⟨*lat*⟩ · **So|zius|sitz**

so|zu|sa|gen *K 176* (gewissermaßen), *aber K 175*: er versucht, es so zu sagen, daß es jeder versteht

Spa [spa:] (Badeort im O Belgiens)

Spach|tel, der, _s, _ *od* die, _, _n, *österr nur so* (kleines spatenähnl. Werkzeug) ⟨*grch* → *lat* → *ital*⟩ · **spach|teln** *K 363*

spack (*bes norddt*; dürr, eng)

Spa|er [sp..]: 1. *K 231*: der, _s, _; 2. *als Attribut K 232*: die Spaer Quellen ⟨*zu* Spa⟩

Spa|gat: 1. der, _[e]s, _e (*süddt, österr*; Bindfaden) – 2. der, *österr nur so, od* das, _[e]s, _e (tänzerisch-akrobat. Beinspreizübung) ⟨*ital*⟩ · **Spa|ghet|ti** [..'gɛti] *Pl* (lange, dünne Nudeln)

spä|hen · **Spä|her** · **Spä|he|rei** · **Späh|trupp** (Patrouille)

Spa|ke, die, _, _n (*seem*; Hebel, Hebebaum) · **spa|kig** (*norddt*; schimmelnd, morsch)

Spa|lett, das, _[e]s, _e (*österr*; Fensterladen) ⟨*lat* → *ital*⟩

Spa|lier, das, _s, _e (Lattengerüst zum Hochziehen von Formobst usw.; Doppelreihe von Personen als Ehrengasse) ⟨*lat* → *ital*⟩; _ bilden · **spa|lier|bil|dend** *K 128*; spalierbildende Kinder, *aber K 127*: ein enges Spalier bildend · **Spa|lier|obst**

Spalt, der, _[e]s, _e · **spalt|bar** · **Spalt|bar|keit,** die, _ · **Spal|te,** die, _, _n (*österr auch für* Schnitz, Scheibe); *Abk* (*Buchw*) Sp. · **spal|ten;** gespaltet, *in bestimmten Wendungen auch* gespalten (↑ *d.*) · **Spal|ten|brei|te** (*Polygr*) · **spal|ten|wei|se** *K 176* · **Spal|ter** (*meist abwert*) · **...spal|tig** (z. B. zweispaltig *K 283* [*mit Ziffer K 284* 2spaltig]) · **Spalt|pro|duk|te** *Pl* (*Kernphys*; die durch Atomkernspaltung entstehenden Kerne mittlerer Ordnungszahlen) · **Spal|tung**

Span, der, _[e]s, ..äne. *Zus K 365ff.*: Span‿korb usw. · **span|ab|he|bend** *K 128* (*Techn*) · **Spän|chen**

Span|dril|le, die, _, _n (*Arch*; Bogenzwickel) ⟨*lat* → *ital*⟩

spa|nen (Späne entfernen); spanende Werkzeuge · [1]**spä|nen** ([1]abspänen)

[2]**spä|nen** (*landsch*; entwöhnen; säugen) · **Span|fer|kel**

Span|ge, die, _, _n · **Span|gen|schuh**

Spa|niel ['ʃpa:nĭəl *od* 'spɛnĭəl], der, _s, _s (eine Hunderasse) ⟨*lat* → *frz* → *engl*⟩

Spa|nien [..ĭən] ⟨*lat*⟩, *amtl* **Kö|nig|reich Spa|nien** (im SW Europas) · **Spa|nier** [..ĭər], der, _s, _

Spa|nio|len *Pl* (Bez. für die Ende des 15. Jh. aus Spanien u. Portugal ausgewiesenen Juden [Sephardim] u. ihre Nachkommen); *Sg* Spa|niole, der, _n ⟨*lat*⟩

spa|nisch; *vgl. K 266f.* ⟨*lat*⟩; *K 238*: das _e Rohr, die _e Wand · **Spa|nisch,** das, *Gen* _[s], *Dat* _ (Sprachbezeichnung *K 268ff.*) · **Spa|ni|sche,** das, *Gen* _n, *Dat* _n (Sprachbezeichnung *K 271*)

Spann, der, _[e]s, _e (oberer Teil des menschl. Fußes) · **Spann|be|ton** · **Spann|dienst** (*hist*; Frondienst); Hand- und Spanndienst leisten · **Span|ne,** die, _, _n (altes Längenmaß) · **span|nen** · **span|nend;** *K 115*: am _sten · **span|nen|lang** *K 171* (*veraltend*), *aber K 127*: drei Spannen lang · **Span|ner** · **...spän|ner** (z. B. Einspänner) · **spann|fä|hig** · **...spän|nig** (z. B. vierspännig [*mit Ziffer K 284* 4spännig]) · **Spann|kraft,** die, _ · **Spannocken** [*Tr* Spann|nok|ken *K 78*] (*Techn*) · **Spann|satz** (*Gramm*; Formbezeichnung für einen eingeleiteten Nebensatz, bei dem die Personalform des Verbs am Ende steht) · **Spann|tep|pich** · **Span|nung** · **Span|nungs|reg|ler** (*Elektrotechn*) · **Span|nungs|tei|ler** (*Elektrotechn*) · **Spann|wei|te**

Span|plat|te (*Bauw*)

Spant, das, *im Flugzeugbau auch* der, _[e]s, _en, *meist Pl*

Spar‿buch, ...büch|se, ...ein|la|ge · **spa|ren** · **Spa|rer** · **Spar|flam|me**

Spar|gel, der, _s, _ (eine Gemüsepflanze) ⟨*grch* → *lat* → *ital*⟩. *Zus K 365ff.*: Spargel‿stange usw.

Spar|gi|ro [..ʒi:..] (*Bankw*)

Spark ↑ Spörgel

Spar|kas|se · **Spar|kas|sen|buch** · **spär|lich**

Spar|ren, der, _s, _ (*Bauw*; Teil des Dachstuhls) · **Spar|ren|werk** (*Bauw*; Gebälk)

Spar|ring, das, _s, _s (*Boxsp*; Training) ⟨*lat* → *ital* → *frz* → *engl*⟩

spar|sam · **Spar|sam|keit,** die, _

Spar|ta [ʃp.., *auch* sp..]: 1. ⟨*grch* → *lat*⟩ (Stadt im S Griechenlands) – 2. *od* **La|ke|dai|mon** ⟨*grch*⟩ (*Altertum*; ein griech. Stadtstaat)

Spar|ta|kia|de [ʃp.., *auch* sp..] (Veranstaltung von Wettkämpfen in verschiedenen Sportarten in sozialist. Ländern) · **Spar|ta|kist,** der, _en, _en (*hist*; Anhänger des Spartakusbundes) · **Spar|ta|kus|bund** *K 209*, der, _es (*hist*; revolutionäre marxist. Organisation, aus der 1918 die Kommunistische Partei Deutschlands hervorging) ⟨*nach* dem Führer des bedeutendsten röm. Sklavenaufstandes⟩

Spar|ta|ner [ʃp.., *auch* sp..]: 1. ⟨*grch* → *lat*⟩, der, _s, _ (Einwohner von Sparta [1]) – 2. *od* **La|ke|dai|mo|nier** [..ĭər] ⟨*grch*⟩, der, _s, _

(*Altertum*; freier Bürger des Stadtstaates) · **spar|ta|nisch** ⟨*grch* → *lat*⟩; *K 238*: _e (strenge) Erziehung; _e (einfache) Lebensweise

Spar|te, die, _, _n (Abteilung, Fach, Gebiet; Geschäfts-, Wissens-, Sportzweig) ⟨*grch* → *lat*⟩

Spar|te|rie, die, _ (Flechtwerk aus Stroh, Span od. Bast) ⟨*grch* → *lat* → *frz*⟩

Spar|tiat [ʃparˈtĭa:t, *auch* sp..], der, _en, _en (*Altertum*; dorischer Vollbürger Spartas) ⟨*grch*⟩

spar|tie|ren [ʃp.., *auch* sp..] (*Mus*; in Partitur setzen) ⟨*lat* → *ital*⟩

spas|misch [ʃp.. *od* sp..] *od* **spas|mo|disch** (*Med*; krampfhaft, zu Krämpfen neigend) ⟨*grch*⟩ · **Spas|mus,** der, _, ..men (*Med*; Krampf) ⟨*grch* → *lat*⟩

Spaß, der, _es, ..äße ⟨*lat* → *ital*⟩. *Zus K 365ff.*: Spaß‿macher usw. · **Späß|chen** · **spa|ßen** *K 354* · **Spa|ße|rei** · **spa|ßes|hal|ber** *K 176* · **spaß|haft** · **Spaß|haf|tig|keit** · **spa|ßig**

Spa|sti|ker [ʃp.. *od* sp..], der, _s, _ (*Med*; spastisch Kranker) ⟨*grch*⟩ · **spa|stisch** (*Med*; krampfartig, krampfend)

spät; _er, _est; zu spät kommen, *K 162*: die zu spät Kommenden

[1]**Spat,** der, _[e]s, *Pl* _e *od* ..äte (*Mineral*) ⟨*zu* Span⟩

[2]**Spat,** der, _[e]s (eine Pferdekrankheit) ⟨*Herkunft umstritten*⟩

spät|abends *K 109*, *aber*: eines Spätabends · **Spät|dienst**

Spa|tel, der, _s, _, *österr nur so*, *od* die, _, _n (schmaler, flacher Stab, z. B. zum Auftragen von Salbe) ⟨*grch* → *lat* → *ital*⟩

Spa|ten, der, _s, _ · **Spa|ten|stich**

spä|ter|hin · **spä|te|stens**

Spa|tha [sp.. *od* ʃp..], die, _, *Pl* ..thae [..tɛ:] *od* ..then (*Bot*; den Blütenstand umhüllendes Hochblatt) ⟨*grch* → *lat*⟩

spat|hal|tig ⟨*zu* [1]Spat⟩

Spathen ↑ Spatha

Spät|herbst · **spät|herbst|lich**

Spatien ↑ Spatium · **Spa|tien|brei|te** [ˈʃpa:tsĭən.., *auch* ˈspa:..] (*Polygr*) · **Spa|tien|keil** (*Polygr*)

spa|tig (spatkrank) ⟨*zu* [2]Spat⟩

spa|tio|nie|ren [ʃp.., *auch* sp..], *seltener* **spa|ti|ie|ren** (*Polygr*; Wörter sperren) ⟨*lat*⟩ · **spa|tiös** (*Polygr*; weit, geräumig); _er Druck · **Spa|tium,** das, _s, *Pl* Spatien [..ĭən] (*Polygr*; Zwischenraum; Ausschlußstück)

Spät|jahr (Herbst) · **Spät|la|tein,** das, _s (die latein. Sprache etwa vom 3. bis zum 6. Jh.) · **spät|la|tei|nisch;** *vgl. auch K 265ff.* · **Spät|le|se** · **Spät|ling** · **Spät|nach|mit|tag** (*Tr* ↑ *K 78*), der; des Spätnachmittags, *aber K 109*: spätnachmittags · **spät|nach|mit|tags** (*Tr* ↑ *K 78*) *K 109*, *aber*: eines Spätnachmittags · **Spät|som|mer**

Spatz, der, _en, *auch* _es, *Pl* _en · **Spätz|chen** · **Spat|zen|nest** · **Spät|zin,** die, _, ..innen · **Spätz|le** *Pl* (*süddt*; eine Mehlspeise)

spa|zie|ren ⟨*lat* → *ital*⟩ · **spa|zie|ren|fah|ren** *K 143*; du fährst spazieren; du bist spazierengefahren; spazierenzufahren · **spa|zie|ren|ge|hen**[1] *K 363* · **Spa|zie|ren|ge|hen** *K 363*, das, _s · **spa|zie|ren|rei|ten**[1] · **Spa|zier|fahrt** · **Spa|zier|gang** · **Spa|zier|gän|ger** · **Spa|zier|stock,** der, *Pl* ..stöcke

Specht, der, _[e]s, _e (ein Vogel)

Speck, der, _[e]s, _e. *Zus K 365ff.*: Speck‿kuchen usw. · **speckig** [*Tr* spek|kig]

spe|die|ren ([Güter] versenden, befördern, verfrachten, abfertigen) ⟨*lat* → *ital*⟩ · **Spe|di|teur** [..ˈtø:r], der, _s, _e ([gewerbsmäßiger] Versender von Gütern) ⟨*lat* → *ital* → *frz*⟩ · **Spe|di|tion** ([gewerbsmäßige] Güterversendung; Versandabteilung in Betrieben) ⟨*lat* → *ital*⟩ · **Spe|di|tions|ge|schäft** · **spe|di|tiv** (*schweiz*; sofortig, rasch [vorankommend], zügig)

Speech [spi:tʃ], der, _es, _e[s] (Rede; Ansprache) ⟨*engl*⟩

Speed|way [ˈspi:dwe:], das, *auch* der, _s, _s (Disziplin im Motorradsport) ⟨*engl*⟩

Speer, der, _[e]s, _e; einen Speer werfen. *Zus K 365ff.*: Speer‿länge usw. · **Speer|wer|fen** *K 101*, das, _s

Spei|che, die, _, _n (ein Radteil; ein Knochen). *Zus K 365ff.*: Speichen‿kranz usw.

Spei|chel, der, _s ⟨*zu* speien⟩. *Zus K 365ff.*: Speichel‿drüse usw.

Spei|cher, der, _s, _ ⟨*lat*⟩ · **spei|chern** *K 363* · **Spei|cher|ofen** (*Techn*)

spei|en; du spiest, wir spie[e]n, ihr spiet; du spieest; gespie[e]n; spei[e]!

Spei|er|ling (eine Eberesche) ⟨*zu* Spier⟩

Spei|gatt (*seem*; rundes Loch in der Schiffswand zum Wasserablauf)

Speik, der, _[e]s, _e (Name mehrerer Pflanzen) ⟨*lat*⟩

Speil, der, _s, _e, *auch* **Spei|ler,** der, _s, _(Holzstäbchen [zum Verschließen des Wurstdarmes]) · **spei|len,** *auch* **spei|lern** (*K 363*)

Speis, der, _es (*süddt*; Mörtel) ⟨*lat*⟩ · **Spei|se,** die, _, _n; mit Speis und Trank *K 63* (*gehoben*) · **Spei|se‿eis,** ...**kam|mer** · **Spei|se|kar|te,** *seltener* **Spei|sen|kar|te** · **spei|sen** *K 354* · **Spei|sen‿auf|zug,** ...**fol|ge** · **Speisenkarte** ↑ Speisekarte · **Spei|sen|wa|gen** (Wagen zur Beförderung von Speisen); *vgl. aber* Speisewagen · **Spei|se‿öl,** ...**röh|re** (*Med*), ...**saal** · **Spei|se|wa|gen** (*Eisenb*); *vgl. aber* Speisenwagen · **Spei|se|was|ser,** das, _s, ..wässer (*Techn*; Wasser zum Auffüllen von Dampfkesseln) · **Spei|se‿wür|ze,** ...**zet|tel** · **Speis|ko|balt,** der, _[e]s, _e (*Mineral*) · **Spei|sung**

spei|übel

Spek|ta|bi|li|tät [sp..], die, _, _en; *meist in der Fügung* Eure (*Abk* Ew.) _ *K 99* (feierl. Anrede an den Dekan einer Fakultät) ⟨*lat*, ‚Ansehnlichkeit'⟩ · **Spek|ta|kel** [ʃp..]: 1. der, _s, *Pl* (*selten*) _ (*umg*; Lärm) – 2. das, _s, _ (*veraltet*; Schauspiel) · **spek|ta|keln** *K 363* (*umg*; lärmen) · **spek|ta|ku|lär** (aufsehenerregend)

Spektra ↑ Spektrum · **spek|tral** [ʃp.., *auch* sp..] (*Phys*; auf das Spektrum bezüglich) ⟨*lat*⟩ · **Spek|tral|ana|ly|se,** die, _ (*Phys*; Analyse mit Hilfe des Spektrums) · **Spek|tral‿lam|pe** (*Phys*), ...**li|nie** (*Phys*) · **Spektren** ↑ Spektrum

Spek|tro|me|ter [ʃp.., *auch* sp..], das (*Phys*; Gerät zur genauen Ausmessung von Spektren) ⟨*lat* + *grch*⟩ · **Spek|tro|skop,** das, _s, _e (*Phys*; Gerät zum Beobachten u. Ausmessen von Spektren) · **Spek|tro|sko|pie,** die, _ (*Phys*) · **spek|tro|sko|pisch** (*Phys*) · **Spek|trum,** das, _s, *Pl* Spektren *od* Spektra (*Phys*; durch Lichtzerlegung entstehendes Farbenbild – *übertr*; Vielfalt, reiche Auswahl) ⟨*lat*⟩

Spe|ku|lant (waghalsiger Geschäftemacher, bes. an der Börse) ⟨*lat*⟩ · **Spe|ku|la|tion** (über das sinnlich Erfaßbare hinauszielendes wirklichkeitsfremdes Denken; Versuch rein gedankenmäßiger Erkenntnis; bloßes Gedankengebäude; Berechnung ohne Grundlagen; gewagtes Geschäft) · **Spe|ku|la|tius,** der, _ (ein Pfefferkuchengebäck) ⟨*lat* → *ital* → *ndrl*⟩ · **spe|ku|la|tiv** (grübelnd; unternehmungslustig; mit Wagnis verbunden) ⟨*lat*⟩ · **spe|ku|lie|ren** (grübeln, nachsinnen; gewagte Geschäfte machen – *umg*; auf etw. rechnen)

Spe|läo|lo|gie [ʃp.. *od* sp..], die, _ (Höhlenkunde) ⟨*grch*⟩ · **spe|läo|lo|gisch**

Spelt ↑ Spelz

Spe|lun|ke, die, _, _n (*abwert*; verrufene Kneipe) ⟨*grch* → *lat*⟩

[1] *K 143; Konjugation vgl.* spazierenfahren.

Spelz, der, _es, _e *od* **Spelt,** der, _[e]s, _e (Dinkel, eine Weizenart) ⟨*Herkunft umstritten*⟩ · **Spel|ze,** die, _, _n (Teil der Ähre) · **spel|zig**

spen|da|bel (*umg*; freigebig) ⟨*lat*⟩; *K 363*: spenda|ble Laune · **Spen|de,** die, _, _n · **spen|den** · **Spen|der** · **spen|die|ren** (*umg*; spenden, reichlich geben)

Speng|ler, der, _s, _ (*bes süddt, österr, schweiz*; Klempner) ⟨*zu* Spange⟩

Spen|zer, *österr auch* **Spen|ser,** der, _s, _ (enganliegendes Jäckchen für Frauen) ⟨*engl, nach* Lord Spencer [ˈspɛnsər]⟩

Sper|ber, der, _s, _ (ein Greifvogel) ⟨‚Sperlingsaar'⟩ · **sper|bern** *K 363* (*schweiz*; scharf blicken)

Spe|renz|chen *Pl od* **Spe|ren|zien** [..ĭən] *Pl* (*umg*; Umstände, Umschweife) ⟨*lat*⟩; _ machen

Sper|ling, der, _s, _e (ein Singvogel) · **Sper|lings|vo|gel**

Sper|ma [ʃp.., *auch* sp..], das, _s, *Pl* ..men *od* _ta (*Biol*; menschl. u. tierischer Samen) ⟨*grch*⟩ · **Sper|ma|to|phy|ten** *Pl* (*Bot*; Samenpflanzen, Blütenpflanzen); *Sg* Sper|ma|to|phyt, der, _en · **Sper|mien** [..ĭən] ⟨*grch → lat*⟩ *Pl od* **Sper|ma|to|zo|en** ⟨*grch*⟩ *Pl* (*Biol*; Samenzellen); *Sg* Sper|mium ⟨*grch → lat*⟩, das, _s *od* Sper|ma|to|zo|on ⟨*grch*⟩, das, _s

Sperrad [*Tr* Sperr|rad *K 78*] (*Techn*) · **sperr|an|gel|weit** · **Sper|re,** die, _, _n · **sper|ren** (*bes süddt u. österr auch für* schließen); sich (*Akk*) _ · **Sperr‿feu|er** (*Milit*), **...ge|biet, ...holz** · **Sperriegel** [*Tr* Sperr|rie|gel *K 78*] · **sper|rig** · **Sperr|kreis** (*Elektrotechn*) · **Sperr‿müll, ...sitz** · **Sper|rung** · **Sperr|zoll,** *Pl* ..zölle

Spe|sen *Pl* (Unkosten; Auslagen) ⟨*lat → ital*⟩ · **spe|sen|frei**

Spes|sart, der, _s (Gebirge in der mittleren BRD) ⟨‚Spechtswald'⟩

spet|ten (*schweiz*; im Tag- od. Stundenlohn zur Aushilfe arbeiten) ⟨*lat → ital*⟩ · **Spet|te|rin,** die, _, ..innen (*schweiz*)

Spey|er [ˈʃpai..] (Stadt der BRD am Oberrhein) · **Spey[e]|rer** *K 236*: 1. *K 231*: der, _s, _; 2. *als Attribut K 232*: der Spey[e]rer Dom · **spey[e]|risch** *K 362*

Spe|ze|rei|en *Pl* (*veraltend*; überseeische Gewürze) ⟨*lat → ital*⟩

Spe|zi, der, _s, _s (*bes süddt, österr, schweiz*; spezieller Freund, Busenfreund) ⟨*lat*⟩ · **spe|zi|al** (*veraltet*; speziell) · **Spe|zi|al...** (Sonder..., Einzel..., Fach...) · **spe|zia|li|sie|ren;** sich (*Akk*) _ (sich [beruflich] auf ein Teilgebiet beschränken) · **Spe|zia|li|sie|rung** · **Spe|zia|list** (Fachmann) · **Spe|zia|li|ˈsten|tum,** das, _[e]s · **Spe|zia|li|tät** (Besonderheit; Fachgebiet, Hauptfach; Liebhaberei) · **spe|zi|ell** (besonders, eigentümlich; eigens; einzeln; eingehend); *K 114*: im speziellen (im einzelnen)

Spe|zies [ˈʃpeːtsĭɛs *od* ˈspeː..], die, _, _ (*bes Biol*; Art, [systemat.] Einheit – *Math*; Grundrechnungsart) ⟨*lat*⟩ · **Spe|zi|fik** [ʃp.., *auch* sp..], die, _, _en (besondere Eigenart) · **Spe|zi|fi|ka|ti|on** (Aufzählung im einzelnen; nähere Bestimmung, Stückverzeichnis) · **Spe|zi|fi|kum,** das, _s, ..ka (Besonderes, Entscheidendes – *Med*; sicheres Heilmittel) · **spe|zi|fisch** (einem Gegenstand seiner Eigenart nach zukommend; kennzeichnend; eigentümlich) · **spe|zi|fi|sche Ge|wicht,** das, *Gen* _n _[e]s, *Pl* _n _e (*veraltet*; das Verhältnis der Masse zum Volumen eines Körpers) · **Spe|zi|fi|tät** (*fachspr*; die Summe der kennzeichnenden Eigenschaften) · **spe|zi|fi|zie|ren** (*fachspr*; einzeln anführen; zergliedern) · **Spe|zi|fi|zie|rung** (*fachspr*) · **Spe|zi|men** [ˈspeːtsi.., *auch* ˈʃpeː.., *österr auch* ..ˈtsiː..], das, _s, ..imina (*veraltet*; Probe, Probearbeit)

Sphä|re, die, _, _n (Bereich, Wirkungskreis – *veraltend*; Himmelskörper, -kugel) ⟨*grch*⟩ · **Sphä|ren|mu|sik** · **sphä|risch** (*Geom*; auf die Kugel bezüglich; kugelförmig); _e Trigonometrie (Berechnung von Dreiecken, die auf der Kugeloberfläche liegen) · **Sphä|ro|id,** das, _[e]s, _e (*Geom*; kugelähnlicher Körper) · **sphä|roi|disch** (*Geom*; kugelähnlich) · **Sphä|ro|lo|gie,** die, _ (*Geom*; Kugellehre) · **Sphä|ro|me|ter,** das (*Geom*; Gerät zum Bestimmen der Krümmung von Kugelflächen)

Sphinx: 1. die, _ (*griech Sage*; Ungeheuer vor Theben, das Rätsel aufgibt – *übertr*; Sinnbild des Geheimnisvollen u. Rätselhaften) – 2. die, _, _e, *österr nur so, fachspr meist* der, _, *Pl* _e *od* Sphingen (Fabelwesen, bes. in der altägypt. Kunst) ⟨*grch → lat*⟩

Sphra|gi|stik, die, _ (Siegelkunde) ⟨*grch*⟩

Spick|aal (*bes norddt*; Räucheraal) ⟨*zu* Speck⟩ · **spicken** [*Tr* spik|ken] (Fleisch mit Speckstreifchen durchziehen – *salopp*; bestechen – *schülerspr*; abgucken) · **Spick|gans** (*bes norddt*; geräucherte Gänsebrust)

Spie|gel, der, _s, _ ⟨*lat*⟩: *Zus K 365ff.*: Spiegel‿bild usw. · **spie|gel|blank** · **Spie|gel|ei** · **Spie|gel|fech|te|rei** (*abwert*) · **Spie|gel|glas,** *Pl* ..gläser · **spie|gel|glatt** · **spie|geln** *K 363* · **Spie|gel|re|flex|ka|me|ra** · **Spie|ge|lung** *K 363*

Spie|ker (*seem*; großer Nagel; Schiffsnagel) · **spie|kern** *K 363* (*seem*; [fest]nageln)

Spie|ker|oog (eine der Ostfries. Inseln der BRD)

Spiel, das, _[e]s, _e · **Spiel‿art, ...bein, ...do|se** · **spie|len;** _ gehen; Schwarzen Peter _; den Beleidigten _; sich (*Akk*) mit etw. spielen (*österr*; etw. nicht ernsthaft betreiben); *K 128*: eine spielendleichte Aufgabe; *K 173*: die Aufgabe war spielend leicht *od* spielendleicht zu lösen · **Spie|ler** · **Spie|le|rei** (*oft abwert*) · **Spie|le|rin,** die, _, ..innen · **spie|le|risch** (ohne Anstrengung); _ste · **Spiel‿feld, ...film, ...fol|ge** · **spiel|frei** · **Spiel|hahn** (*weidm*; Birkhahn) · **Spiel‿kar|te, ...lei|ter** (der) · **Spiel|mann,** *Pl* ..leute · **Spiel|manns|dich|tung,** die, _ (*Mittelalter*) · **Spiel|manns|zug** · **Spiel‿raum, ...sa|chen** (*Pl*), **...stra|ße, ...theo|rie** (*Math*), **...wa|ren** (*Pl*), **...zeit, ...zeug**

Spier, der *od* das, _[e]s, _e (*norddt*; Spitze, Grasspitze) ⟨*zu* spitz⟩ · **Spie|re,** die, _, _n (*seem*; Stange, Rundholz) · **Spier|strauch** (ein Zierstrauch, Rosengewächs)

Spieß, der, _es, _e (eine Waffe; ein spitzes Gerät – *weidm*; Geweih ohne Sprossen – *Polygr*; zu hoch stehendes, mitdruckendes Ausschlußstück – *soldatenspr*; Hauptfeldwebel) · **Spieß|bock** (*weidm*; einjähriger Rehbock) · **Spieß|bür|ger,** *auch* **Spie|ßer** (*abwert*; beschränkter, kleinlichdenkender Mensch) · **spieß|bür|ger|lich** (*abwert*) · **Spieß|bür|ger|lich|keit,** die, _ (*abwert*) · **spie|ßen** *K 354*; sich (*Akk*) _ (*österr*; sich nicht bewegen lassen) · **spie|ße|risch** (*abwert*) · **spieß|för|mig** · **Spieß|ge|sel|le** (*abwert*; Mittäter) · **spie|ßig** (*abwert*) · **Spie|ßig|keit,** die, _ (*abwert*) · **Spieß|ru|te;** *nur noch in* Spießruten laufen · **Spieß|ru|ten|lau|fen** *K 101*, das, _s

Spi|ka [ʃp.., *auch* sp..], die, _ (ein Stern) ⟨*lat*, ‚Ähre'⟩

Spikes [ʃpaiks *od* sp..] *Pl* (Laufschuhe, Autoreifen mit Stahlstiften) ⟨*engl*⟩

Spill, das, _[e]s, *Pl* _e *od* _s (*Techn*; starke Winde) ⟨*zu* Spindel⟩ · **Spil|la|ge** [ʃpiˈlaːʒə, *auch* sp.., *österr* ..ˈlaːʒ] (*Wirtsch*; Beschädigung trockener Ware durch Eindringen von Feuchtigkeit) ⟨*dt + f. E.*⟩ · **Spil|le,** die, _, _n (*landsch*;

Spindel) · **spil|le|rig** *K 362* (dürr) · **Spil|ling,** der, –s, –e (eine kleine Pflaumenart)

Spin [spin], der, –s, –s (*Kernphys*; innerer Drehimpuls der Elementarteilchen u. Atomkerne) ⟨*engl*⟩

spi|nal [ʃp.. *od* sp..] (*Med*; auf Wirbelsäule od. Rückenmark bezüglich) ⟨*lat*⟩; –e Kinderlähmung

Spi|nat, der, –[e]s, –e ⟨*pers → arab → rom*⟩

Spind, der, *auch* das, –[e]s, –e (schmaler Schrank) ⟨*lat, zu* spenden⟩

Spin|del, die, –, –n ⟨*zu* spinnen⟩. *Zus K 365 ff.*: Spindel‿baum usw. · **spin|del|dürr**

Spi|nell, der, –s, –e (Bez. für eine Mineralgruppe) ⟨*lat*⟩

Spi|nett, das, –[e]s, –e ([kastenförmiges] kleines Cembalo) ⟨*lat → ital*⟩

Spin|na|ker [ʃp.. *od* sp..], der, –s, – (*seem*; großes Zusatzsegel auf Jachten) ⟨*engl*⟩

Spin|ne, die, –, –n · **spin|ne|feind;** *nur in* jmdm. – sein (*umg*) · **spinnen** (*auch umg*; phantasieren, verrückt sein); du spinnst; du spannst; du spännest, *älter* spönnest; gesponnen; spinn[e]! ⟨*zu* spannen⟩ · **Spin|nen|ge|we|be** *bzw* **Spinnge|we|be,** das, –s, – *od* **Spinn|webe,** die, –, –n, *österr auch* **Spinnweb,** das, –[e]s, –e · **Spin|nen|krebs** · **Spin|ner** (volkstüml. Bez. für Schmetterling, dessen Raupe sich einspinnt – *umg abwert*; Phantast, Verrückter) · **Spin|ne|rei** (*auch umg abwert*) · **Spin|ne|rin,** die, –, ..innen (*auch umg abwert*) · **Spin|ner|lied** · **Spinn|fa|ser** · **Spinngewebe** ↑ Spinnengewebe · **Spinn‿stoff, ...stu|be** · **Spinnweb, Spinnwebe** ↑ Spinnengewebe · **Spinn|wir|tel**

spi|nös [ʃp.., *auch* sp..] *K 349* (*veraltend*; schwierig, knifflig; tadelsüchtig) ⟨*lat*⟩

Spi|no|zis|mus [ʃp.. *od* sp..], der, – (Lehre des niederländ. Philosophen Spinoza [spiˈno:za:]) · **Spi|no|zist** · **spi|no|zi|stisch**

spin|ti|sie|ren (*umg*; grübeln) ⟨*Herkunft umstritten*⟩

Spion, der, –s, –e (jmd., der Spionage betreibt; Sichtglas in der Tür – *veraltend*; Spiegel am Fenster) ⟨*germ → rom, zu* spähen⟩ · **Spiona|ge** [..ˈna:ʒə, *österr* ..ˈna:ʒ], die, – ([polit., militär., wirtschaftl.] Auskundschaftung; Späherdienst) · **Spio|na|ge‿ab|wehr, ...dienst, ...or|ga|ni|sa|tion** · **spio|nie|ren** (*meist abwert*) · **Spio|nie|re|rei** (*abwert*)

Spi|räe [ʃp.., *auch* sp..], die, –, –n (Spierstrauch) ⟨*grch → lat*⟩ · **spiral** ↑ spiralförmig · **Spi|ral|boh|rer** [ʃp..] (Schrauben-, Wendelbohrer) · **Spi|ra|le,** die, –, –n (Schnecken-, Schraubenlinie; Uhrfeder) · **Spi|ra|len|an|ord|nung** · **Spi|ral|fe|der** · **spi|ral|för|mig** *od* **spi|ra|lig,** *auch* **spi|ral** (schnecken-, schraubenförmig) · **Spi|ral|li|nie**

Spirant usw. ↑ Frikativ usw.

Spi|rel|li *Pl* (spiralförmige Nudeln) ⟨*grch → lat → ital*⟩ · **Spi|ril|len** [ʃp.. *od* sp..] *Pl* (*Biol*; schraubenförmige Bakterien); *Sg* Spi|ril|le, die, –

Spi|ri|tis|mus [ʃp.. *od* sp..], der, – (der Glaube an Geister, bes. Verstorbener, u. ihre angebl. Einwirkung auf Lebende) ⟨*lat*⟩ · **Spi|ri|tist** · **spi|ri|ti|stisch** · **spiritual** ↑ spirituell · **Spiritual** ↑ Negro Spiritual · **Spi|ri|tua|lis|mus,** der, – (*idealist Philos*; Lehre, nach der das Materielle nur als Produkt od. Erscheinungsweise des Geistigen angesehen wird) ⟨*lat*⟩ · **Spi|ri|tua|list** (*idealist Philos*) · **spi|ri|tu|ell** ⟨*lat → frz*⟩ *od* **spi|ri|tu|al** ⟨*lat*⟩ (geistig; übersinnlich) · **spi|ri|tu|os** ⟨*lat*⟩, *auch* **spi|ri|tu|ös** *K 349* ⟨*lat → frz*⟩ (alkoholhaltig); spirituose Getränke · **Spi|ri|tuo|sen** *Pl* (Getränke mit hohem Gehalt an destilliertem Alkohol); *Sg* Spi|ri|tuo|se, die, – ⟨*lat*⟩ · **Spi|ri|tus:** 1. [sp..], der, –, – [..tu:s] (Hauch, Atem, Leben, Geist) – 2. [ʃp..], der, –, *Pl* – *od* ..usse (denaturierter Äthylalkohol); *umg Kurzw* Sprit (1) · **Spi|ri|tus rec|tor** [sp.. –] *K 47*, der, *Gen* – – (leitender, treibender Geist; Seele eines Unternehmens)

Spi|ro|chä|ten [ʃpiroˈçɛ:.. *od* sp..] *Pl* (*Biol*; Kleinstlebewesen, meist Krankheitserreger); *Sg* Spi|ro|chäte, die, – ⟨*grch*⟩

Spir|re, die, –, –n (ein Blütenstand)

Spis|sen, das, –s (*weidm*; die Balzlaute des Haselhahns)

Spi|tal, das, –s, ..äler (*österr u. schweiz*; Krankenhaus) ⟨*lat*⟩

Spit|tal (Stadt in Österreich) ⟨*lat*⟩

spitz; spitzer, spitzeste *K 349*; – (*umg*; kränklich) aussehen; – (stichelnd) antworten; *vgl.* spitzkriegen · **Spitz,** der, –es, –e (eine Hunderasse – *landsch*; leichter Rausch) · **Spitz|bart** · **spitz|bärtig**

Spitz|ber|gen (Insel in der Inselgruppe Svalbard)

Spitz|bo|gen · **spitz|bo|gig** · **Spitzbu|be** · **Spitz|bü|bin** · **spitz|bübisch;** –ste · **Spit|ze,** die, –, –n · **Spit|zel,** der, –s, – (*abwert*; heimlicher Kundschafter, Aushorcher, Spion) · **spit|zeln** *K 363* (*abwert*) · **spit|zen** *K 354* · **Spit|zen|be|lastungs|zeit** · **Spit|zen‿er|zeug|nis, ...film** · **Spit|zen|klöp|pe|lei** · **Spitzen|klöpp|le|rin** · **Spit|zen‿leistung, ...or|ga|ni|sa|tion** · **Spitzen|tuch,** *Pl* ..tücher · **spitz|fin|dig** (*abwert*) · **Spitz|fin|dig|keit** (*abwert*) · **Spitz|hacke** [*Tr* ...hak|ke] · **spit|zig** (*veraltend*) · **spitz|krie|gen** *K 136* (*umg*; herausbekommen, merken, begreifen); du kriegst spitz; spitzgekriegt; spitzzukriegen · **Spitz‿mar|ke** (*Polygr*), **...maus, ...na|me** · **spitz|oh|rig** · **Spitz|wege|rich** (eine Arzneipflanze) · **spitz|wink|lig** *K 362*

Spleen [ʃpli:n, *auch* sp..], der, –s, *Pl* –e *od* –s (seltsamer Einfall; Schrulle, Verschrobenheit) ⟨*grch → lat → frz → engl*⟩ · **splee|nig** [ˈʃpli:.., *auch* ˈspli:..]

Spleiß, der, –es, –e, *auch* **Spliß,** der, ..sses, ..sse (*seem*; Verbindung von zwei Seilenden, z. B. Langspleiß, *auch* -spliß) · **splei|ßen** (du spleißt *K 354*; du splissest; gesplissen; spleiß[e]!), *auch* **splis|sen** (du splißt *K 354*; du splißtest; gesplißt; splisse! *od* spliß!) (*seem*; Drahtseil- od. Tauenden miteinander verflechten)

splen|did [ʃp.. *od* sp..] (*veraltend*; freigebig; kostbar) ⟨*lat*⟩ · **Splen|didi|tät,** die, – (*veraltend*; Freigebigkeit)

Spließ, der, –es, –e (*Bauw*; Holzspan unter den Dachziegelfugen; Schindel) ⟨*zu* spleißen⟩ · **¹Splint,** der, –[e]s, –e (Vorsteck-, Sicherungsstift)

²Splint, der, –[e]s, –e (weiches Holz zw. Kern u. Borke des Baumes) ⟨*zu* Spint, ‚weiche Masse'⟩ · **Splint|holz**

Spliß, der, ..isses, ..isse (1. *landsch*; Splitter, kleiner Abschnitt – 2. ↑ Spleiß) · **splissen** ↑ spleißen

Split [split] (Hafenstadt in Jugoslawien) ⟨*lat → serbokr*⟩

Splitt, der, –[e]s, –e (zerkleinerter Naturstein [für den Straßenbau]) · **Split|ter,** der, –s, – ⟨*zu* spleißen⟩ · **split|ter|[fa|ser|]nackt** (*umg*; völlig nackt) · **split|te|rig** *K 362* · **splittern** *K 363*

Splü|gen, der, –s (Alpenpaß an der schweizerisch-italien. Grenze)

Spoi|ler [ˈʃpɔylər], der, –s, – (Luftleiteinrichtung an Fahrzeugen) ⟨*engl*⟩

Spö|ken|kie|ker [sp..] (*norddt*; Geister-, Hellseher)

spon|de|isch [sp.., *auch* ʃp..] (*Metrik*; in, mit Spondeen) ⟨*grch → lat*⟩ · **Spon|de|us,** der, –, ..een (*Metrik*; ein Versfuß)

Spon|dy|lo|se [ʃp.. *od* sp..], die, –, –n (*Med*; Abnutzungsschaden der Wirbelsäule) ⟨*grch*⟩ · **spon|dy|lo|tisch** (*Med*)

spon|giös [sp.. *od* ʃp..] *K 349* (*bes Med*; schwammig; locker) ⟨*grch* → *lat*⟩

spon|tan [ʃp.. *od* sp..] (von selbst; von innen heraus, freiwillig) ⟨*lat*⟩ · **Spon|ta|nei|tät** [..neːi..], *auch* **Spon|ta|ni|tät,** die, _ (das Handeln allein aus innerem Antrieb)

Spor, der, _[e]s, _e (*landsch*; Schimmel, Schimmelpilz)

Spo|ra|den [ʃp.. *od* sp..] *Pl* (griech. Inselgruppe in der Ägäis); *Sg* Spo|ra|de, die, _ ⟨*grch*, ‚die Zerstreuten'⟩ · **spo|ra|disch** (vereinzelt [vorkommend], zerstreut) ⟨*grch* → *lat*⟩ · **Spo|ran|gium,** das, _s, ..ien [..iən] (*Bot*; Sporenbehälter) · **Spo|re,** die, _, _n, *meist Pl* (*Bot*; ungeschlechtl. Fortpflanzungszelle) ⟨*grch*⟩

Sporen ↑ Sporn

Spo|ren|be|häl|ter (*Bot*) ⟨*zu* Spore⟩ · **Spo|ren|pflan|zen** *Pl* (*Bot*) · **spo|ren|tra|gend** (*Bot*)

Spör|gel, der, _s, _ *od* **Spark,** der, _[e]s (eine Futterpflanze) ⟨*lat*⟩

spo|rig (*landsch*; schimmelig) ⟨*zu* Spor⟩

Sporn, der, _[e]s, *Pl* Sporen, *meist Pl* ⟨*zu* Spur⟩; sich (*Dat*) die [ersten] Sporen verdienen · **spor|nen** · **Sporn|räd|chen** · **sporn|streichs** *K 109* (in größter Eile)

Spo|ro|phyt [ʃp.. *od* sp..], der, _en, _en (*Bot*; Sporen bildende Generation bestimmter Pflanzen) ⟨*grch*⟩ · **Spo|ro|zo|en** *Pl* (*Zool*; eine Gruppe der Urtierchen); *Sg* Spo|ro|zo|on, das, _s

Sport, der, _[e]s, *Pl* (*selten*) _e (Körpererziehung; Körperübungen [im Wettkampf] – *übertr*; Liebhaberei) ⟨*lat* → *frz* → *engl*⟩ · **Sport‿ab|zei|chen, ...art, ...arzt** · **spor|teln** *K 363* (*umg*; ein wenig Sport treiben) · **Sport|feld** · **Sport|fo|rum** (weiträumige Sportplatzanlage) · **Sport|ge|mein|schaft;** *Abk* SG · **sport|ge|recht** · **Sport|klub**[1]; *vgl.* Klub · **Sport|ler** · **Sport|le|rin,** die, _, ..innen · **sport|le|risch** · **sport|lich** · **Sport|lich|keit,** die, _ · **Sport|platz** · **Sports|mann,** *Pl* ..männer *od* ..leute · **sport[s]|mä|ßig** · **Sport-To|to** · **sport|trei|bend** *K 164*; die sporttreibende Jugend, *aber*: ein gelegentlich Sport treibender Mann · **Sport|welt,** die, _

[1] Die in Sportkreisen häufige Schreibung »Sportclub« (*Abk* SC) entspricht nicht den Regeln der dt. Rechtschreibung. Richtig ist die Schreibung mit *k*. *Vgl. auch K 52.*

Spot [spɔt], der, _s, _s (1. kurzer Werbetext, Werbefilm – 2. *kurz für* Spotlight) ⟨*engl*⟩ · **Spot|light** [ˈspɔtlait], das, _s, _s (*Theat*; gebündeltes Scheinwerferlicht); *kurz* Spot (2)

Spott, der, _[e]s · **Spott|bild** · **spott|bil|lig** (*umg*) · **Spott|dros|sel** (ein Singvogel) · **Spöt|te|lei** · **spöt|teln** *K 363* · **spot|ten;** er spottet über den Ungeschickten (*noch gehoben* er spottet des Ungeschickten); es spottet aller Beschreibung (*Gen*) · **Spöt|ter** · **Spöt|te|rei** · **Spott|geld,** das, _[e]s (*umg*) · **spöt|tisch;** _ste · **Spott‿na|me, ...preis** (*umg*)

Sprach|at|las, der, _ *od* ..lasses, *Pl* ..lanten (Kartenwerk zur Sprachgeographie) · **Sprach|bau,** der, _[e]s · **Spra|che,** die, _, _n · **Sprach|ecke** [*Tr* ...ek|ke] (Sprachbelehrung in Zeitungen u. Zeitschriften) · **Spra|chen|kar|te** · **Sprach‿fa|mi|lie** (*Sprachw*), **...feh|ler** · **sprach|fer|tig** · **Sprach|fer|tig|keit** · **Sprach|for|scher** · **Sprach|ge|brauch** · **Sprach|ge|fühl,** das, _[e]s · **sprach|ge|wandt** · **Sprach|ge|wandt|heit** · **Sprach|gut,** das, _[e]s · **Sprach|heil|schu|le** · **...spra|chig;** *vgl.* fremdsprachig · **Sprach|in|sel** · **Sprach|ka|bi|nett** · **Sprach|kul|tur,** die, _ · **sprach|kun|dig** · **Sprach|kun|di|gen|prü|fung** · **Sprach‿la|bor, ...leh|re** · **sprach|lich** · **...sprach|lich;** *vgl.* fremdsprachlich · **sprach|los;** *vgl.* ...los · **Sprach|mitt|ler** · **Sprach|pfle|ge,** die, _ · **sprach|rich|tig** · **Sprach|rohr** · **Sprach|schatz,** der, _es · **Sprach‿sil|be, ...ver|glei|chung** · **sprach|wid|rig** · **Sprach|wis|sen|schaft** · **Sprach|wis|sen|schaft|ler** · **sprach|wis|sen|schaft|lich**

Spray [ʃpreː *od* sp..], der *od* das, _[s], _s (Flüssigkeitszerstäuber; Sprühflüssigkeit; Sprühnebel) ⟨*ndrl* → *engl*⟩ · **Spray|do|se** [ˈʃpreː.. *od* ˈspreː..] · **spray|en;** gesprayt

Sprech‿büh|ne, ...chor (der) · **spre|chen;** du sprichst, er spricht; du sprachst; du sprächest; gesprochen; sprich! · **Spre|cher** · **Spre|che|rin,** die, _, ..innen · **spre|che|risch** · **Sprech‿er|zie|hung, ...funk, ...ge|sang** · **Sprech|kun|de,** die, _ · **sprech|kund|lich** · **Sprech‿kunst, ...sil|be** (*Phon*) · **Sprech|stun|de** · **Sprech|stun|den|hil|fe** · **Sprech|wei|se,** die, _, _n · **Sprech|werk|zeu|ge** *Pl* · **Sprech|wis|sen|schaft,** die, _ · **Sprech|zim|mer**

Spree, die, _ (Fluß im O der DDR) · **Spree-Athen** *K 242* (*scherzh*; Berlin) · **Spree|wald** *K 246*, der, _[e]s · **Spree|wäl|der:** 1. *K 231*: der, _s, _; 2. *als Attribut K 232*: die Spreewälder Tracht · **Spree|wäl|de|rin,** die, _, ..innen

Spre|he, die, _, _n (*landsch*; [1]Star)

Sprei|ßel, der, *österr* das, _s, _ (*bes süddt, österr*; Splitter, Span) · **Sprei|ßel|holz** (*österr*; Kleinholz)

sprei|ten (*noch gehoben*; ausbreiten)

spreiz|bei|nig · **Spreiz|dü|bel** · **Sprei|ze,** die, _, _n (Strebe, Stütze; Turnübung) · **sprei|zen;** du spreizt *K 354*; gespreizt ⟨*zu* sprießen⟩ · **Spreiz|fuß** (*Med*)

Spre|la|cart, das, _s *Kunstw* (Kunstharzpreßmasse)

Spren|gel, der, _s, _ (*veraltend u. österr*; Amtsgebiet [eines Pfarrers]) · **spren|gen** (‚springen machen') · **Spreng‿ge|schoß, ...kap|sel** · **Spreng|laut** (*Phon*) · **Spreng|pul|ver** · **Spreng|stoff** · **spreng|stoff|hal|tig** · **Spren|gung**

Spren|kel, der, _s, _ (Fleck) · **spren|keln** *K 363*

spren|zen *K 354* (*südwestdt*; stark sprengen; regnen)

Spreu, die, _ · **spreu|ig**

Sprich|wort, *Pl* ..wörter · **Sprich|wör|ter|samm|lung** · **sprich|wört|lich**

Sprie|gel, der, _s, _ (Verdeckbügel für Wagen – *landsch*; Aufhängeholz der Fleischer)

Sprie|ße, die, _, _n (*landsch*; Stütze, Querbalken, Stützbalken, Sprosse) · **Sprie|ßel,** das, *auch* der, _s, _ (*österr*; Sprieße) · **[1]sprie|ßen** (*landsch*; stützen); du sprießt *K 354*; du sprießtest; du sprießtest; gesprießt; sprieß[e]!

[2]sprie|ßen (*gehoben*; hervorwachsen); du sprießt *K 354*; du sprossest; er sproß; du sprössest; gesprossen; sprieß[e]!

Sprieß|holz ⟨*zu* [1]sprießen⟩

Spriet, das, _[e]s, _e (*seem*; leichte dünne Spiere)

Spring: 1. der, _[e]s, _e (*landsch*; das Sprudeln; Quell) – 2. die, _, _e (*seem*; zum ausgeworfenen Anker führende Trosse) · **Spring|brun|nen** · **sprin|gen;** du sprangst; du sprängest; gesprungen; spring[e]! · **Sprin|ger** (*auch für* eine Schachfigur) · **Sprin|ger|le,** das, _s, _ (*süddt, schweiz*; eine Gebäckart) · **Spring|flut** · **Spring|form** (eine Kuchenform) · **Spring|ins|feld,** der, _[s], _e (*scherzh*) · **Spring|kraut,** das, _[e]s (eine Zierpflanze)

Sprink|ler, der, _s, _ (Berieselungsgerät) ⟨*engl*⟩ · **Sprink|ler|an|la|ge** (selbsttätige Feuerlöschanlage)

Sprint, der, _s, _s (Kurzstreckenlauf) ⟨*engl*⟩ · **sprin|ten** (eine Kurzstrecke laufen) · **Sprin|ter** (Kurzstreckenläufer)

Sprit, der, _[e]s, *Pl* (*selten*) _e: 1. *umg Kurzw* (Spiritus) – 2. (*umg*; Benzin, Treibstoff) ⟨*lat* → *frz*⟩ · **spri|tig** (spritähnlich)

Sprit|ze, die, _, _n · **sprit|zen** *K 354* ⟨*zu* ²sprießen⟩ · **Sprit|zen|haus** · **Sprit|zer** · **sprit|zig;** _er Wein · **Spritz|kan|ne** (*schweiz*; Gießkanne) · **Spritz|pi|sto|le** (*Techn*) · **Spritz|tour** (*umg*; kleiner, vergnüglicher Ausflug)

sprö|de · **Sprö|de:** 1. die, _n, _n *K 341* (sprödes Mädchen) – 2. die, _ (Sprödigkeit) · **Sprö|dig|keit,** die, _

Sproß: 1. der, ..osses, ..osse (Pflanzentrieb – *noch gehoben*; Nachkomme) – 2. der, ..osses, ..ossen (*weidm*; das unterste Ende des Hirschgeweihs) ⟨*zu* ²sprießen⟩ · **Spröß|chen** · **Spros|se,** die, _, _n (Leiterquerholz) · **spros|sen** (*gehoben*); du sproßt *K 354*, er sproßt; du sproßtest; gesproßt; sprosse! *od* sproß! · **Spros|sen|kohl,** der, _[e]s (*österr*; Rosenkohl) · **Spros|sen|wand** (ein Turngerät) · **Spros|ser,** der, _s, _ (ein Singvogel) · **Sprös|ling** (*umg scherzh*) · **Spros|sung** (*veraltend*) · **Sprot|te,** die, _, _n (kleiner Heringsfisch)

Spruch, der, _[e]s, ..üche ⟨*zu* sprechen⟩ · **Spruch|band,** das, *Pl* ..bänder · **Spruch‿buch, ...dich|tung** · **Sprüch|lein** · **spruch|reif** (reif zur Entscheidung)

Spru|del, der, _s, _ · **spru|deln** *K 363* (*österr auch* für quirlen) · **Spru|del|stein** (*Mineral*) · **Sprud|ler** (*österr*; Quirl)

sprü|hen · **Sprüh‿feu|er, ...re|gen**

Sprung, der, _[e]s, ..ünge · **Sprung|bein** · **sprung|be|reit** · **sprung|fer|tig** · **sprung|haft** · **Sprung|lauf** · **Sprung|schan|ze** · **Sprung|tuch,** *Pl* ..tücher · **sprung|wei|se** *K 176*

Spucke [*Tr* Spuk|ke], die, _ (*umg*; Speichel) · **spucken** [*Tr* spuk|ken] ⟨*zu* speien⟩ · **Spuck|napf**

Spuk, der, _[e]s, *Pl* (*selten*) _e (angeblich wahrgenommene gespensterhafte Erscheinung); mach keinen _! (*umg*; mach keine Umstände!; störe nicht!) · **spu|ken** (gespensterhaftes Unwesen treiben) · **Spu|ke|rei** · **Spuk|ge|schich|te** · **spuk|haft**

Spu|le, die, _, _n

Spü|le, die, _, _n

spu|len

spü|len

Spu|ler

Spü|ler · **Spü|licht,** das, _[e]s, _e (*veraltend*; Spülwasser)

Spul|rad

Spü|lung · **Spül|was|ser,** *Pl* ..wässer

Spul|wurm

Spund, der, _[e]s, ..ünde (Faßverschluß; Feder; Nut) ⟨*lat* → *ital*⟩. *Zus K 365ff.*: Spund‿loch usw. · **spun|den** (*fachspr*; mit Spund versehen); gespundetes Bier · **Spun|dung,** die, _ (*fachspr*)

Spur, die, _, _en · **spür|bar** · **spu|ren** (*Skisp*; als erster im Neuschnee eine Spur fahren – *umg*; sich einordnen, einfügen; gehorchen; gut arbeiten) · **spü|ren** · **Spu|ren|ele|men|te** *Pl* (in geringsten Mengen wirksame, lebensnotwendige chem. Elemente) · **Spür|hund** · **Spur|kranz** (*Eisenb*) · **spur|los;** *vgl.* ...los · **Spür|na|se** · **spur|si|cher** · **Spür|sinn,** der, _[e]s

Spurt, der, _s, *Pl* _s *od* _e (Tempobeschleunigung innerhalb eines Rennens; höchste Anstrengung [im Endkampf]) ⟨*engl*⟩ · **spur|ten**

Spur|wei|te

Sputa ↑ Sputum

spu|ten, sich (*Akk*) (sich beeilen)

Sput|nik [ʃp.. *od* sp..], der, _s, _s (Bez. für sowjet. künstl. Erdsatelliten) ⟨*russ*⟩

Spu|tum [ʃp.. *od* sp..], das, _s, *Pl* Sputa (*Med*; Auswurf) ⟨*lat*⟩

Squat|ter [ˈskwɔtər], der, _s, _[s] (*hist*; amerikan. Ansiedler, Viehzüchter) ⟨*lat* → *frz* → *engl*⟩

Squaw [skwɔ:], die, _, _s (indian. Ehefrau) ⟨*indian* → *engl*⟩

Squi|re [ˈskwaiər], der, _[s], _s (Gutsbesitzer; engl. Titel) ⟨*lat* → *frz* → *engl*⟩

Sri Lan|ka, *ohne Art, amtl* **De|mo|kra|ti|sche So|zia|li|sti|sche Re|pu|blik Sri Lan|ka** *K 258*, die, *Gen* _n _n _ _ _ (auf Ceylon) · **Sri|lan|ker** *K 248*, der, _s, _ · **sri|lan|kisch** *K 238*

st! (*Lautwort beim Anruf* Achtung!, Ruhe!)

Staat: 1. der, _[e]s, _en (das entscheidende Machtinstrument der herrschenden Klasse); von _s wegen – 2. der, _[e]s (*umg*; Prunk, Aufwand); _ machen (sich putzen, prunken) ⟨*lat*⟩ · **Staa|ten|bund,** der · **Staa|ten|ge|mein|schaft;** *K 119*: die sozialistische _ · **staa|ten|los;** *vgl.* ...los · **staat|lich;** *K 119*: staatliches Eigentum, *aber K 258*: das Staatliche Notariat, die Staatliche Plankommission · **Staats|akt** · **Staats|an|ge|hö|ri|ge,** der *u.* die, _n, _n *K 341* · **Staats|an|ge|hö|rig|keit,** die, _ · **Staats|an|walt** · **Staats|ap|pa|rat** · **Staats|bür|ger** · **Staats|bür|ger|kun|de,** die, _ · **staats|bür|ger|lich;** die _en Rechte · **Staats‿bür|ger|schaft, ...ge|walt, ...haus|halt, ...ko|sten** (*Pl*) · **Staats|mann,** *Pl* ..männer · **staats|män|nisch** · **staats|mo|no|po|li|stisch;** _er Kapitalismus (höchstentwickelte Form des Monopolkapitalismus) · **Staats|ober|haupt** · **Staats|rat,** *Pl* ..räte · **Staats‿recht, ...se|kre|tär, ...ver|trag**

Stab, der, _[e]s, *Pl* Stäbe; 25 _ Roheisen *K 308*

Sta|bat ma|ter [st.. _] *K 47*, das, *Gen* _ _, *Pl* _ _ (*Mus*; vertonte mittelalterl. Sequenz) ⟨*lat*, *nach* den Anfangsworten ‚die [schmerzensreiche] Mutter [Jesu] stand [am Kreuz]'⟩

Stäb|chen (*auch umg*; Zigarette) · **Stab|ei|sen**

Sta|bel|le, die, _, _n (*schweiz*; Schemel, Holzstuhl) ⟨*lat* → *rom*⟩

sta|bend (*Metrik*; stabreimend)

Sta|berl, das, _[e]s, _e (Gestalt des frühen Wiener Volkstheaters)

Stab|hoch|sprin|gen, das, _s · **Stab|hoch|sprung**

sta|bil (beständig; fest; stetig) ⟨*lat*⟩ · **sta|bi|li|sie|ren** (etw. dauerhaft, standfest machen; festsetzen; festigen; eine feste Währung wiederherstellen) · **Sta|bi|li|sie|rung** · **Sta|bi|li|sie|rungs|flä|che** (*Luftf*) · **Sta|bi|li|tät,** die, _ (Festigkeit, Beständigkeit; Standfestigkeit; Gleichgewichtssicherheit)

Stab|reim (*Metrik*; Gleichheit im Anlaut mehrerer Wörter od. betonter Silben im Vers) · **stab|rei|mend** (*Metrik*) · **Stabs|of|fi|zier** (*Milit*) · **Stab|werk** (*Arch*)

stac|ca|to [staˈka:..] (*Mus*; [jede Note] kurz abgestoßen zu spielen); *Abk* stacc. ⟨*germ* → *ital*⟩ · **Staccato** ↑ Stakkato

Sta|chel, der, _s, _n ⟨*zu* stechen⟩. *Zus K 365ff.*: Stachel‿beere usw. · **Sta|chel|häu|ter** *Pl* (*Zool*; ein Stamm der Wirbellosen) · **sta|che|lig** *K 362* · **sta|cheln**

Sta|ches [..x..], der, _ (*schwäb*; Narr)

Stack, das, _[e]s, _e (*seem*; Buhne)

Sta|del, der, _s, *Pl* _, *schweiz* ..ädel (*süddt*, *österr*, *schweiz*; Scheune, kleines [offenes] Gebäude) ⟨*zu* stehen⟩

Sta|den, der, _s, _ (*landsch*; Ufer, Uferstraße) ⟨*zu* Gestade⟩

sta|dial [ʃt.. *od* st..] (stufen-, abschnittsweise) ⟨*grch* → *lat*⟩ · **Sta|dion,** das, _s, ..ien [..ĭən] (Kampfbahn, Anlage für sportl. Wettkämpfe) ⟨*grch*⟩ · **Sta|dium,** das, _s, ..ien [..ĭən] (Stand, Zustand; Stufe, Entwicklungsstufe; Abschnitt) ⟨*grch* → *lat*⟩

Stadt, die, _, ..ädte ⟨*zu* stehen⟩ · **Stadt|bahn;** *Kurzw* S-Bahn *K 186* ·

Stadt|bau, *Pl* ..bauten (ein städtischer Bau) · **stadt|be|kannt** · **Stadt|be|zirk** · **Stadt|bild,** das, –[e]s (äußeres Bild einer Stadt) · **Städt|chen** · **Städ|te|bau,** der, –[e]s (Anlage u. Planung von Städten) · **städ|te|bau|lich** · **Städ|te|bil|der** *Pl* (bildl. Darstellungen od. Beschreibungen von Städten) · **Städ|te|bund,** der (*Mittelalter*) · **Städ|ter,** der, –s, – · **Städ|te|schnell|ver|kehr** (*Eisenb*) · **Stadt|gas** · **Stadt|haus** · **städ|tisch;** *vgl. aber* stätisch · **Stadt◡kern, ...kreis** · **stadt|kun|dig;** stadt- und landkundig *K 178* · **Stadt|ord|nung** · **Stadt|plan** · **Stadt|pla|nung** · **Stadt|rand** · **Stadt|rand|sied|lung** · **Stadt|rat,** *Pl* ..räte · **Stadt◡recht, ...rund|fahrt** · **Stadt|schnell|bahn;** *Kurzw* S-Bahn *K 186* · **Stadt◡schrei|ber** (*hist*), **...teil** (der), **...tor** (das) · **Stadt|ver|ord|ne|te,** der *u.* die, –n, –n *K 341* · **Stadt|ver|ord|ne|ten|ver|samm|lung** · **Stadt|vier|tel** · **stadt|wärts**

Sta|fel, der, –s, ..äfel (*schweiz*; Alpweide)

Sta|fet|te, die, –, –n (Begleittruppe, Staffel – *hist*; [reitender] Eilbote; Meldereiter) ⟨*germ → ital, zu* stapfen⟩

Staf|fa|ge [..'fa:ʒə, *österr* ..'fa:ʒ] (Beiwerk, Belebung [eines Bildes] durch Figuren; Nebensächliches; Ausstattung) ⟨*frz → ndrl*⟩

Staf|fel, die, –, –n ⟨*zu* stapfen⟩ · **Staf|fe|lei** · **staf|fel|för|mig** · **Staf|fel◡lauf, ...läu|fer** · **staf|feln** *K 363* · **Staf|fel|rech|nung** · **Staf|fe|lung** *K 363* · **staf|fel|wei|se** *K 176*

staf|fie|ren (*Schneiderei*; Futter mit kleinen Stichen einnähen – *österr*; [Hüte] mit Putz versehen, garnieren) ⟨*frz → ndrl*⟩ · **Staf|fie|rer**

Stag, das, –[e]s, *Pl* –e *od* –en (*seem*; Drahtseil zum Befestigen von Masten u. Stangen); über – gehen (wenden)

Stag|fla|tion [ʃt.. *od* st..] *Kurzw* (*kap Wirtsch*; krisenhafte Verbindung von wirtschaftl. Stagnation u. Inflation) ⟨*aus Stag*nation + In*flation*⟩

Sta|gna|tion [ʃt.. *od* st..] (Stokkung, Stillstand) ⟨*lat*⟩ · **sta|gnie|ren**

Stahl, der, –[e]s, *Pl* ..ähle, *auch* –e (schmiedbares Eisen). *Zus K 365ff.*: Stahl◡beton usw. · **stahl|blau;** *vgl.* blau · **stäh|len** · **stäh|lern** (aus Stahl) · **stahl|hart** · **Stahl|rip|pen|bau,** *Pl* ..bauten · **Stahl|roß,** *Pl* ..rosse (*umg scherzh*; Fahrrad) · **Stahl|werk** · **Stahl|wer|ker**

sta|ken (*norddt*; [ein Boot] mit einem Staken fortbewegen – *landsch*; staksen) · **Sta|ken,** der, –s, – *od* **Sta|ke,** die, –, –n (*norddt*; lange Stange zum Schieben von Flößen u. Kähnen) · **Sta|ket,** das, –[e]s, –e (Lattenzaun) ⟨*germ → ital → ndrl*⟩ · **Sta|ke|te,** die, –, –n (*bes österr*; Holzlatte) · **Stak|ka|to** [st.. *od* ʃt..], *auch* **Stac|ca|to** [sta'ka:..], das, –s, *Pl* –s *od* ..ti (*Mus*; kurz abgestoßener Vortrag jeder Note) ⟨*germ → ital*⟩; *vgl. auch* staccato · **stak|sen** [ʃt..] (*umg*; mit steifen Schritten gehen)

Sta|lag|mit [ʃt.. *od* st..], der, *Gen* –[e]s, *Pl* –e *od Gen* –en, *Pl* –en (*Geol*; Tropfstein, der vom Höhlenboden her nach oben wächst) ⟨*grch*⟩ · **sta|lag|mi|tisch** (*Geol*) · **Sta|lak|tit,** der, *Gen* –[e]s, *Pl* –e *od Gen* –en, *Pl* –en (*Geol*; Tropfstein, der von der Höhlendecke herabwächst) · **sta|lak|ti|tisch** (*Geol*)

Stall, der, –[e]s, ..älle ⟨‚Standort'⟩. *Zus K 365ff.*: Stall◡fenster usw. · **Stallaterne** [*Tr* Stall|la|ter|ne *K 78*] · **Ställ|chen** · **stal|len** · **Stall|feind,** der, –[e]s (*schweiz verhüll*; Maul- u. Klauenseuche) · **Stal|lung**

Stam|bul [st.. *od* ʃt..] (Stadtteil von Istanbul)

Stamm, der, –[e]s, ..ämme · **Stammannschaft** [*Tr* Stamm|mann|schaft *K 78*] · **Stamm◡baum, ...buch** · **Stämm|chen** · **stam|meln** *K 363* · **stam|men** · **stam|mern** *K 363* (*norddt*; stammeln) · **Stam|mes◡ei|gen|heit, ...ge|schich|te** · **Stam|mes|kun|de,** die, – · **Stam|mes|na|me;** *vgl. K 233* · **Stamm|form** (*Gramm*) · **Stamm|gast,** *Pl* ..gäste · **Stamm|hal|ter** · **stäm|mig** · **Stäm|mig|keit,** die, – · **Stamm|ler** · **Stamm|sil|be** (*Gramm*) · **Stammutter** [*Tr* Stamm|mut|ter *K 78*], *Pl* ..mütter · **Stamm|va|ter** · **stamm|ver|wandt** · **Stamm|ver|wandt|schaft** · **Stamm|wort,** *Pl* ..wörter (*Sprachw*)

Stam|perl, das, –s, –[n] (*bayr u. österr umg*; Schnaps-, Likörglas) · **Stampf|bau,** der, –[e]s (*Bauw*) · **Stampf|be|ton** (*Bauw*) · **Stamp|fe,** die, –, –n · **stamp|fen** ⟨*zu* stapfen⟩ · **Stamp|fer** · **Stam|pi|glie** [ʃtam'piljə *od* st..], die, –, –n (*österr*; Gerät zum Stempeln; Stempelaufdruck) ⟨*germ → ital*⟩

Stand, der, –[e]s, *Pl* Stände (↑ *d.*) (*schweiz auch für* Kanton) ⟨*zu* stehen⟩; einen schweren Stand haben; *K 176*: außerstande, imstande sein, *aber K 175*: er ist gut im Stande (bei guter Gesundheit); *K 176*: instand halten, *aber*: etwas [gut] im Stande (in gutem Zustande) erhalten; *K 176*: instand setzen (ausbessern, wiederherstellen), *aber*: jmdn. in den Stand setzen, etwas zu tun; *K 176*: zustande bringen, kommen; *vgl. auch* standhalten

Stan|dard [ʃt.., *auch* st..], der, –s, –s (Richtschnur; Durchschnittsbeschaffenheit; Eichmaß; staatl. Norm) ⟨*germ → frz → engl*⟩ · **stan|dar|di|sie|ren** (normen) · **Stan|dar|di|sie|rung** (planmäßiges Ausarbeiten von staatl. Normen) · **Stan|dard|werk** (*Buchw*; grundlegendes, mustergültiges wissenschaftl. Buch)

Stan|dar|te, die, –, –n (kleinere, quadratische Fahne als Hoheitszeichen – *weidm*; Schwanz von Fuchs u. Wolf) ⟨*germ → frz*⟩

Stand◡bein, ...bild · **Ständ|chen** · **Stan|de,** die, –, –n, *schweiz nur so*, *od* **Stan|den,** der, –, – (*landsch*; Faß, Bütte) · **Stän|de** *Pl* (*hist*; durch Geburt, Besitz, Beruf usw. bevorrechtigte soziale Gruppe [mit bedeutendem polit. Einfluß])

Stan|der, der, –s, – (kurze, dreieckige, meist abgesteifte Flagge) ⟨*zu* Standarte⟩

Stän|der, der, –s, – (*auch weidm*; Bein des Federwildes) ⟨*zu* stehen⟩ · **Stän|de|rat,** der, –[e]s (*schweiz*; Vertretung der Kantone in der Bundesversammlung) · **Stan|des◡amt, ...dün|kel** (*abwert*) · **stand|fä|hig** · **Stand|geld** (Gebühr für Marktstände – *Eisenb*; Gebühr für überschrittene Entladungsfrist von Güterwagen) · **Stand|ge|richt** (*Milit*) · **Stand|glas,** *Pl* ..gläser (Meßzylinder) · **stand|haft** · **Stand|haf|tig|keit,** die, – · **stand|hal|ten** *K 133*; du hältst stand *K 112*; standgehalten; standzuhalten · **stän|dig** (ununterbrochen, dauernd) · **stän|disch** (*hist*; die Stände betreffend; nach Ständen gegliedert) · **Stand|licht,** das, –[e]s · **Stand|ort,** *Pl* ..orte (*auch Milit*) · **Stand|pau|ke** (*umg*; kräftige Ermahnung, Strafrede) · **Stand◡punkt, ...quar|tier** · **Stand|recht** (*Rechtsw veraltet*; abgekürztes Strafverfahren während des Ausnahmezustandes) · **stand|recht|lich** (*Rechtsw veraltet*) · **stand|si|cher** · **Stand|uhr, ...vo|gel**

Stan|ge, die, –, –n (*auch weidm*; Teil eines Geweihs od. Gehörns) · **stän|geln** *K 363* ([Pflanzen] an Stangen binden, mit Stangen versehen); *vgl. aber* stengeln · **Stan|gen◡boh|ne, ...holz** · **Stan|gen|pferd** (das an der Deichsel gehende Pferd eines Fahrzeugs) · **Stan|gen|rei|ter** (Reiter auf dem Stangenpferd)

Sta|nit|zel, das, –s, – (*bayr, österr*;

spitze Tüte) ⟨*ital* → *slowak u. tschech*⟩

Sta|ni|za [sta'ni:..], die, _, *Pl* _s *od* ..zen (Kosakensiedlung, -dorf) ⟨*russ*⟩

Stank, der, _[e]s (*veraltet*; Gestank – *umg*; Zank, Zwietracht) · **Stän|ke|rei** (*abwert*) · **Stän|k[e|r]er** (*abwert*) · **stän|kern** *K 363* (*abwert*) ⟨*zu* stinken⟩

Stan|niol, das, _s, _e (Blattzinn, silberglänzende Zinn- od. Aluminiumfolie) ⟨*lat*⟩ · **stan|nio|liert** (*österr umg*; in Stanniol verpackt)

stan|te pe|de [st.. _] (*umg scherzh*; »stehenden Fußes«, umgehend) ⟨*lat*⟩

¹Stan|ze [st.. *od* ʃt..], die, _, _n *od* **Ot|ta|ve|ri|me** [..v..] *Pl* (*Metrik*; achtzeilige Strophenform) ⟨*lat* → *ital*⟩

²Stan|ze [ʃt..], die, _, _n (Prägestempel, Ausschneidewerkzeug, -maschine für Bleche usw.) · **stanzen** *K 354* · **Stanz|form**

Sta|pel, der, _s, _ (Platz od. Gebäude für Lagerung von Waren; aufgeschichteter Haufen – *Schiffb*; Unterlage für ein Schiff während des Baues – *Textilwirtsch*; Faserlänge) ⟨‚Staffel'⟩; ein Schiff vom Stapel [laufen] lassen · **Sta|pel|faser** (*Textilwirtsch*)

Sta|pe|lie [ʃta'pe:liə *od* st..], die, _, _n (Ordensstern, eine Aasblume) ⟨*nach* dem niederländ. Arzt van Stapel ['sta:..]⟩

Sta|pel|lauf · **sta|peln** *K 363* · **Sta|pel|platz** · **Sta|pe|lung** *K 363*, die, _

stap|fen (schwer auftreten) · **Stapfen** *Pl* (Fußspuren); *Sg* Stap|fe, die, _, *auch* Stap|fen, der, _s

Sta|phy|lo|kok|ken [ʃt.. *od* st..] *Pl* (*Biol*; Gruppe von Eitererregern); *Sg* Sta|phy|lo|kok|kus, der, _ ⟨*grch* → *lat*⟩

Stap|ler (Fahrzeug zum Heben, Transportieren u. Stapeln von Lasten)

¹Star, der, _[e]s, _e (ein Singvogel)

²Star, der, _[e]s, _e (Sammelbez. für verschiedene Augenerkrankungen) ⟨*zu* starr⟩; *K 119*: der graue, grüne, schwarze Star. *Zus K 365ff.*: Star‿brille usw.

³Star [*meist* st..], der, _s, _s (Bühnenstern, Filmgröße) ⟨*engl*⟩

Stär, der, _[e]s, _e (*landsch*; Widder)

star|blind ⟨*zu* ²Star⟩

stä|ren (*landsch*; brünstig sein nach dem Stär)

stark; stärker, stärkste; _ sein, werden; _ erhitzt; *K 166*: das Bier ist stark verdünnt, eine stark verdünnte Lösung, *aber K 128*: die stärkstbesiedelte Landschaft

Star|ka|sten *od* **Sta|ren|ka|sten** ⟨*zu* ¹Star⟩

Stär|ke, die, _, _n (Kraft, Körperkraft; Anzahl; Dicke [einer Wand]; pflanzl. Kohlenhydrat); *vgl. aber* Sterke. *Zus K 365ff.*: Stärke‿fabrik usw. · **stär|ken** · **stark‿ker|zig, ...kno|chig, ...lei|big** · **Starkstrom,** der, _[e]s · **Stark|strom|leitung** · **Stär|kung**

Star|matz (*scherzh*; ¹Star)

Starn|ber|ger See *K 232*, der, *Gen* _ _s, *früher auch* **Würm|see,** der, _s (im Alpenvorland der BRD)

Sta|rost [st.. *od* ʃt..], der, _en, _en (*hist*; Statthalter des Königs, später Landrat im früheren Polen; Gemeindevorsteher im zarist. Rußland des 19. Jh.) ⟨*slaw*⟩ · **Sta|ro|stei** (*hist*; Amt, Verwaltungsbereich eines Starosten)

starr; _ vor Staunen · **Star|re,** die, _ · **star|ren;** von *od* vor Schmutz _ · **Starr|heit,** die, _ · **Starr|kopf** (*abwert*) · **starr|köp|fig** (*abwert*) · **Starr|krampf,** der, _[e]s · **Starrsinn,** der, _[e]s (*abwert*) · **starr|sinnig** (*abwert*) · **Starr|sucht,** die, _

Start, der, _[e]s, *Pl* _s, *seltener* _e (Beginn, Ausgangspunkt [eines Wettkampfes]; das Lösen eines Luftfahrzeugs vom Erdboden) ⟨*engl*⟩ · **Start|block,** *Pl* ..blöcke (*Sport*) · **star|ten** ([einen Wettkampf, einen Flug] beginnen) · **Star|ter** (Kampfrichter, der das Zeichen zum Start gibt; Kraftfahrzeuganlasser) · **start|klar** · **Start‿rampe, ...schuß, ...ver|bot**

Staß|furt (Stadt im Bez. Magdeburg) · **Staß|fur|ter:** 1. *K 231*; der, _s, _; 2. *als Attribut K 232*

sta|ta|risch [ʃt.. *od* st..] (stehend, verweilend; langsam fortschreitend) ⟨*lat*⟩

State De|part|ment ['ste:t di'pa:rtmənt], das, *Gen* _ _ (Auswärtiges Amt der USA) ⟨*engl*⟩

Stä|tig|keit, die, _ (*landsch, von Pferden gesagt*; Störrigkeit); *vgl. aber* Stetigkeit

Sta|tik [ʃt.. *od* st..], die, _ (Lehre vom Gleichgewicht der Kräfte) ⟨*grch*⟩

Sta|tion (Stand-, Aufenthalts-, Rastort; Halt; Haltestelle, Bahnhof; Sende- u. Empfangsstation; Einrichtung für wissenschaftl. Beobachtungen; Krankenhausabteilung) ⟨*lat*⟩ · **sta|tio|när** (standörtlich; bleibend; ortsfest; vom Arzt im Krankenhaus behandelt); _e Behandlung (*Med*) · **Sta|tio|nen|folge** · **sta|tio|nie|ren** (an bestimmte Plätze stellen; aufstellen, anstellen) · **Sta|tions|arzt** · **Sta|tionsvor|stand** (*Eisenb süddt, österr, schweiz*; Stationsvorsteher)

sta|tisch [ʃt.. *od* st..] (auf das Stehen od. auf das Gleichgewicht bezüglich) ⟨*grch*⟩

stä|tisch (*landsch, von Pferden gesagt*; widerspenstig; nicht von der Stelle zu bringen); *vgl. aber* städtisch

Sta|tist (*Theat, Filmw*; stummer Darsteller in Massenszenen) ⟨*lat*⟩ · **Sta|ti|stik:** 1. die, _ (Wissenschaft von der zahlenmäßigen Erfassung, Untersuchung u. Auswertung von Massenerscheinungen in Natur u. Gesellschaft) – 2. die, _, _en (graph. od. tabellar. Zusammenstellung statist. Untersuchungen) · **Sta|ti|sti|ker,** der, _s, _ (Bearbeiter u. Beurteiler von Statistiken) · **Sta|ti|stin,** die, _, ..innen · **sta|ti|stisch** (die Statistik betreffend; mit Zahlen belegt; der Zahl nach) · **Sta|tiv,** das, _s, _e [..v..] ([dreibeinige] Stütze, Ständer, Gestell für [fotograf., physikal. u. a.] Geräte)

Sta|tor [ʃt.. *od* st..], der, _s, ..oren (*Techn*; feststehender Teil einer elektr. Maschine) ⟨*lat*⟩

statt *K 110 od* **an|statt** *K 176* ⟨*zu* stehen⟩: 1. *Präp mit Gen*: _ seines Geschenkes; _ dessen; _ meiner – 2. *Konj*: *a. koordinierend mit dem Fall, den das Verb fordert*: _ mit Drohungen wird man besser mit Ermahnungen zum Ziel kommen; ich schrieb ihm statt dir; *b. subordinierend*: _ daß du es mir sagst; *vgl. K 450 u. K 390*; *mit Inf*: _ es mir zu sagen; *vgl. auch* Statt · **Statt,** die, _ (*gehoben*); ein gutes Wort findet eine gute Statt; an meiner Statt; an Eides, an Kindes, an Zahlungs Statt (*Rechtsw*); *K 176*: anstatt. *Schreibung bei Verben vgl.* stattfinden, stattgeben, statthaben · **Stät|te,** die, _, _n (*gehoben*) · **statt|fin|den** *K 133*; es findet statt *K 112*, *aber*: es findet eine gute Statt; es hat stattgefunden[1]; stattzufinden · **statt|ge|ben** *K 133* (*bürospr*); einem Antrag _; *Konjugation vgl.* stattfinden · **statt|ha|ben** *K 133* (*veraltet*); es hat statt *K 112*; es hat stattgehabt[1]; stattzuhaben · **statt|haft** (*gehoben*) · **Statt|hal|ter** (*hist*; Stellvertreter eines Monarchen od. einer Regierung in einem Landesteil) · **Statt|hal|ter|schaft** (*hist*)

statt|lich (ansehnlich) ⟨*zu* Staat⟩ · **Statt|lich|keit,** die, _

sta|tua|risch [ʃt.. *od* st..] (auf die

---

[1] *Falsch ist* die stattgefundene, stattgehabte [*anstatt* abgehaltene] Versammlung.

Bildhauerkunst, auf die Statue bezüglich; statuenhaft) ⟨*lat*⟩ · **Sta|tue** [..tuə], die, _, _n (Standbild, Bildsäule) · **Sta|tu|et|te,** die, _, _n (kleine Statue) ⟨*lat → frz*⟩ · **sta|tu|ie|ren** (aufstellen; festsetzen, bestimmen) ⟨*lat*⟩; ein Exempel _ (ein warnendes Beispiel aufstellen) · **Sta|tur** [ʃt..], die, _, _en (Gestalt, Wuchs) · **Sta|tus** [ʃt.. *od* st..], der, _, _ [..tu:s] (Stand; Zustand; Bestand; Vermögensstand; Rechtslage) · **Sta|tus nas|cen|di** [st.. _] *K 47*, der, *Gen* _ _ (*bes Chem*; Zustand im Augenblick des Entstehens); *vgl. auch* naszierend · **Status quo** *K 47*, der, *Gen* _ _ (*bes Rechtsw*; gegenwärtiger Zustand) · **Sta|tus quo an|te** *K 47*, der, *Gen* _ _ _ (*bes Rechtsw*; Zustand, der vor einem [bestimmten] Zeitpunkt od. Ereignis bestanden hat) · **Sta|tut** [ʃt..], das, _[e]s, _en (Satzung, Ordnung) · **sta|tu|ta|risch** (dem Statut entsprechend) · **Sta|tu|ten|än|de|rung** · **sta|tu|ten‿ge|mäß, ...wid|rig**

Stau, der, _[e]s, *Pl* _e *od* _s; im _ (zw. Ebbe u. Flut) sein · **Stau|an|la|ge**

Staub, der, _[e]s, *Pl* (*Techn*:) Stäube *od* _e ⟨*zu* stieben⟩. *Zus K 365ff.*: Staub‿beutel usw. · **staub|be|deckt** · **Staub|be|sen** (Besen zum Abstauben) · **Stäub|chen**

Stau|becken [*Tr* ...bek|ken]

stau|ben (Staub geben); es staubt · **stäu|ben** (in kleinste Teilchen zerstieben); das Wasser stäubt · **stäu|bern** *K 363* (*landsch*; Staub entfernen) · **stau|big** · **Staub|korn,** das, *Pl* ..körner · **Stäub|ling** (ein Bauchpilz) · **staub|sau|gen** *K 134*; staubgesaugt · **Staub|sau|ger** · **Staub|tuch,** *Pl* ..tücher · **Staub‿wol|ke, ...zucker** [*Tr* ...zuk|ker]

stau|chen (heftig stoßen, einen kräftigen Druck auf etw. ausüben – *umg*; zurechtweisen) · **Stau|cher,** der, _s, _ (*umg*; große Anstrengung; Zurechtweisung)

Stau|damm

Stau|de, die, _, _n (ausdauernde krautige Pflanze). *Zus K 365ff.*: Stauden‿salat (*landsch*) usw. · **stau|den** (krautig wachsen) · **stau|den|ar|tig** · **stau|dig**

stau|en (fließendes Wasser usw. zurückhalten – *seem*; Ladung auf Schiffen seefest unterbringen); sich (*Akk*) _ (sich ansammeln) · **Stau|er** (*seem*; Verlader)

Staufer ↑ Hohenstaufe · **Stau|fer|zeit,** die, _ (*hist*)

Stauf|fer|büch|se *K 209* (*Techn*; Schmierfettpresse) ⟨*nach* dem Hersteller⟩ · **Stauf|fer|fett** *K 209*, das, _[e]s

stau|nen; über etw. _ · **stau|nens|wert**

[1]Stau|pe, die, _, _n (eine Hundekrankheit) ⟨*ndrl*⟩

[2]Stau|pe, die, _, _n (*hist*; Züchtigung [am Schandpfahl]) ⟨*slaw*⟩ · **stäu|pen** (*hist*; mit Ruten züchtigen)

Stau|see, der · **Stau|ung**

Sta|ven|ha|gen, Reu|ter|stadt [..v.. _] (im Bez. Neubrandenburg)

Steak [ste:k], das, _s, _s ([kurzgebratene] Fleischscheibe) ⟨*engl*⟩

Stea|mer ['sti:mər], der, _s, _ (*seem*; Dampfer) ⟨*engl*⟩

Stea|rin [ʃt.. *od* st..], das, _s, _e (stearinsäurehaltiges Fett; techn. Stearinsäure [zur Kerzenherstellung]) ⟨*grch*⟩ · **Stea|rin|ker|ze** · **Stea|tit,** der, _[e]s, _e (*Mineral*; ein dichter Talk) ⟨*grch → lat*⟩ · **Stea|to|se,** die, _ (*Med*; Verfettung des Körpers) ⟨*grch*⟩

Stech|ap|fel (ein Nachtschattengewächs) · **Stech|becken**[1] *od* **Steck|becken**[1] (Bettpfanne, Unterschieber für Bettlägerige) · **ste|chen;** du stichst, er sticht; du stachst; du stächest; gestochen; stich! · **Ste|cher** · **Stech‿he|ber** (*fachspr*), **...mücke**[1], **...pal|me, ...schritt** · **Steck‿brief, ...do|se** · **stecken**[1]: 1. *tr* (an eine Stelle tun, unterbringen; pflanzen; festheften); du steckst; du stecktest; du stecktest; gesteckt; steck[e]! – 2. *intr* (an einer Stelle sein; festsitzen – *umg*; sich aufhalten); du steckst; du stakst *od* stecktest; du stäkest *od* stecktest; gesteckt; steck[e]! · **Stecken**[1], der, _s, _ (*bes südd*; [1]Stock, Stab) · **stecken|blei|ben**[1] *K 139*; du bleibst stecken; steckengeblieben; steckenzubleiben · **Stecken|blei|ben**[1] *K 101*, das, _s · **stecken|las|sen**[1] *K 141*; du läßt stecken *K 354*; du hast steckenlassen, *auch* steckengelassen *K 361*; steckenzulassen; man hat den Schlüssel steckenlassen, *auch* steckengelassen; jmdn. in der Patsche steckenlassen; *aber*: jmdn. Bohnen stecken lassen · **Stecken|pferd**[1] · **Stecker**[1] · **Steck|kon|takt** · **Steck|ling** (abgeschnittener Pflanzenteil, der zur Vermehrung verwendet wird) · **Steck|na|del, ...schlüs|sel, ...zwie|bel**

Ste|din|ger, der, _s, _ (*Mittelalter*; Angehöriger der niedersächsisch-fries. Bauernbevölkerung an der unteren Weser) ⟨,Gestadebewohner'⟩

Stee|ple|chase ['sti:p(ə)ltʃe:s], die, _, _n [..s(ə)n] (*Reitsp*; Hindernisrennen, Jagdrennen) ⟨*engl*⟩ · **Steep|ler** ['sti:plər], der, _s, _ (*Reitsp*; bes. für Hindernisrennen geeignetes Pferd)

Ste|fan *K 207* (m. Vn.) ⟨*Nebenf von* Stephan⟩ · **Ste|fa|nie** ['ʃtɛfani *od* ..'fa:niə, *österr* ..fa'ni:; *alle auch* st..] *K 207* (w. Vn.) ⟨*Nebenf von* Stephanie⟩ · **Stef|fen** [ʃt..] *K 207* (m. Vn.) ⟨*Nebenf von* Stephan⟩ · **Stef|fi** *K 207* (w. Vn.) ⟨*Kurzf von* Stephanie⟩

Steg, der, _[e]s, _e ⟨*zu* steigen⟩, *in Straßennamen* ↑ *K 249ff.*

Steg|odon [ʃt.. *od* st..], der, _s, ..odonten (*Paläont*; urweltl. Rüsseltier) ⟨*grch*⟩ · **Ste|go|sau|rier** [..iər], der, _s, _ *od* **Ste|go|sau|rus,** der, _, ..rier [..iər] (*Paläont*; Kriechtier des Erdmittelalters) · **Ste|go|ze|pha|le,** der, _n, _n (*Paläont*; Lurch des Erdaltertums)

Steg|reif ⟨,Steigbügel'⟩; *nur noch in* etwas aus dem _ (unvorbereitet) tun. *Zus K 365ff.*: Stegreif‿spiel usw.

Steh|auf|männ|chen · **ste|hen** *K 363*; du stehst; du standst *od* standest, *veraltet u. landsch noch* du stundest; du ständest, *älter* stündest; gestanden; steh[e]!; das kommt mir *od* mich teuer zu stehen; zu Gebote, zur Verfügung stehen; gut, schlecht stehen; ich stehe mich gut, schlecht mit jmdm.; *vgl. auch* stehend · **ste|hen|blei|ben** *K 139 u. 363* (anhalten; übrigbleiben); du bleibst stehen; stehengeblieben; stehenzubleiben; *aber*: stehen bleiben (sich nicht setzen) · **Ste|hen|blei|ben** *K 101*, das, _s · **ste|hend;** _en Fußes (sofort); alles in meinen Kräften Stehende (*K 95*) *od* stehende (*K 114*) · **ste|hen|las|sen** *K 141 u. 363* (etw. nicht anrühren, vergessen); du läßt stehen *K 354*; du hast stehenlassen, *auch* stehengelassen *K 361*; stehenzulassen; man hat den Schirm stehenlassen, *auch* stehengelassen; alles stehen- und liegenlassen *K 178*; *aber*: jmdn. stehen (jmdn. sich nicht setzen) lassen · **Ste|her** (*Radsp*; Dauerfahrer hinter einem Motorschrittmacher – *Reitsp*; Rennpferd für lange Strecken) · **Ste|her|ren|nen** · **Steh|kra|gen**

steh|len; du stiehlst, er stiehlt; du stahlst; du stählest, *älter* stöhlest; gestohlen; stiehl! · **Steh|ler** · **Stehl|sucht,** die, _

Steh‿platz, ...pult · **Steh|satz,** der, _es (*Polygr*)

Steierer usw. ↑ Steirer usw. · **Stei|er|mark,** die, _ (Bundesland in Österreich) · **Steiermärker** usw. ↑ Steirer usw.

---

[1] *Tr* ..k|k..

steif; _sein, werden. *Schreibung bei Verben vgl.* steifhalten · **Stei|fe,** die, _, _n (Steifheit; Stütze) · **stei|fen** · **steif|hal|ten** *K 137*; du hältst steif; steifgehalten; steifzuhalten; den Nacken _ (*umg*; nicht nachgeben); die Ohren _ (*umg*; den Mut nicht verlieren, gesund bleiben); *aber*: den Arm steif halten · **Steif|heit,** die, _ · **Stei|fig|keit,** die, _ · **steif|lei|nen** (aus steifem Leinen) · **Steif|lei|nen** · **Stei|fung**

Steig, der, _[e]s, _e (schmaler [steiler] Weg) · **Steig|bü|gel** · **Stei|ge,** die, _, _n (1. *landsch u. österr*; Stiege [1] – 2. ↑ Stiege [2]) · **stei|gen;** du stiegst; du stiegest; gestiegen; steig[e]! · **Stei|ger** (*Bergb*; technisch Verantwortlicher im Bergwerk) · **Stei|ge|rer** (jmd., der an einer Versteigerung teilnimmt u. bietet) · **stei|gern** *K 363* · **Stei|ge|rung** (*auch Gramm*); *vgl. K 346ff.* · **Stei|ge|rungs|stu|fe** (*Gramm*) · **Steig‿hö|he,** ...**lei|ter** (die), ...**rohr** · **Stei|gung**

steil · **Stei|le,** die, _ (*gehoben*) · **stei|len** (*dicht*; steil emporsteigen, -ragen) · **Steil|hang** · **Steil|heit,** die, _ · **Steil‿kü|ste,** ...**schrift,** ...**ufer**

Stein, der, _[e]s, _e; *K 308*: eine zwei _ starke Mauer · **Stein|ad|ler** · **stein|alt** (sehr alt) · **Stein|bau,** *Pl* ..bauten · **Stein|bock** (*auch für* ein Sternbild) · **Stein|brech,** der, _[e]s, _e (eine Gebirgs- u. Steingartenpflanze) · **Stein|bre|cher** (Zerkleinerungsmaschine für Gestein) · **Stein|bruch** ⟨*zu* [1]Bruch⟩ · **Stein‿butt,** ...**damm** · **Stein|druck** (*Polygr*): 1. der, _[e]s (ein Druckverfahren) – 2. der, _[e]s, _e (Erzeugnis dieses Druckverfahrens) · **Stein|ei|che** · **stei|nern** (aus Stein) · **Stein|er|wei|chen** *K 101*; *nur in Wendungen wie* er heult zum _ (*umg*) · **Stein|gar|ten** · **Stein|gut,** das, _[e]s, _e · **stein|gu|ten** (aus Steingut) · **stein|hart** · **Stein|hau|fen**

Stein|hu|der Meer *K 232*, das, *Gen* _ _[e]s (Binnensee im N der BRD) · **stei|nig** · **stei|ni|gen** (*hist*) · **Stei|ni|gung** (*hist*) · **Stein|koh|le** · **Stein|koh|len|berg|werk** · **Stein|koh|len|for|ma|tion,** die, _ · **Stein|kupferzeit** ↑ Chalkolithikum · **Stein|metz,** der, _en, _en · **Stein‿obst,** ...**pilz** · **stein|reich:** 1. [ˈʃtain..] (reich an Steinen) – 2. [ˈʃtainˈraiç] (sehr reich) · **Stein|salz,** das, _es (*Mineral*) · **Stein|schlag,** der, _[e]s · **Stein|schmät|zer** (ein Singvogel) · **Stein|set|zer** (Pflasterer) · **Stein|wein** (ein Frankenwein) · **Stein|zeit,** die, _ (ältester Abschnitt der Urgeschichte)

Stei|per, der, _s, _ (*landsch*; [untergestellte] Stütze) · **stei|pern** *K 363* (*landsch*)

Stei|rer *od* **Stei|er|mär|ker,** *auch* **Steie|rer** *K 236*, der, _s, _ (Bewohner der Steiermark) · **stei|risch** *od* **stei|er|mär|kisch,** *auch* **steie|risch**

Steiß, der, _es, _e. *Zus K 365ff.*: Steiß‿bein usw.

Ste|le [st..], die, _, _n (mit Bildwerk geschmückte Grabsäule, aufrecht stehende Tafel) ⟨*grch*⟩

Stel|la|ge [..ˈla:ʒə, *österr* ..ˈla:ʒ] (Gestell, Ständer) ⟨*ndrl, zu* stellen *mit französ Endung*⟩

stel|lar [ʃt.. *od* st..] (*Astron*; die Sterne betreffend) ⟨*lat*⟩ · **Stel|lar|astro|nom** ⟨*lat + grch*⟩ · **Stel|lar|astro|no|mie** (Lehre vom physikal. Aufbau u. der Anordnung der Sterne)

Stell|dich|ein, das, _s, _[s] (*veraltend*) · **Stel|le,** die, _, _n; an Stelle, *jetzt häufig* anstelle, *vgl.* an Stelle; an die Stelle treten; zur Stelle sein · **stel|len** ⟨*zu* Stall⟩; *K 135*: sich (*Akk*) taub stellen, sich (*Akk*) mit jmdm. gut stellen, kalt (an einen kühlen Ort) stellen, *vgl. aber* kaltstellen · **stel|len|wei|se** *K 176* · **Stel|ler** (*Sport*) · ...**stel|lig** (z. B. dreistellig [*mit Ziffer K 284* 3stellig])

Stel|lit, der *od* das, _[e]s, _e (eine Legierung) ⟨*lat*⟩

Stell|ma|cher (*landsch*; Wagenbauer) · **Stell|netz** · **Stel|lung** · **Stel|lung|nah|me,** die, _, _n · **Stel|lungs|krieg** · **stell|ver|tre|tend;** *K 119*: der stellvertretende Vorsitzende; *aber als Teil eines Titels K 258*: der Stellvertretende Ministerpräsident ... · **Stell|ver|tre|ter** · **Stell|werk** (*Eisenb*) · **Stell|werks|mei|ster** (*Eisenb*)

St.-Elms-Feu|er *K 213*; *vgl.* Elmsfeuer *u.* Sankt

Stelz|bein (*umg*) · **Stel|ze,** die, _, _n (*österr auch für* Eisbein); Stelzen laufen *K 131* · **stel|zen** *K 354* · **Stel|zen|läu|fer** · **Stelz|fuß,** *Pl* ..füße (*umg*) · **stel|zig** · **Stelz|wur|zel**

Stemm|bo|gen (*Skisp*) · **Stemm|ei|sen** · **Stemmeißel** [*Tr* Stemm|mei|ßel *K 78*] · **stem|men;** sich (*Akk*) _

Stem|pel, der, _s, _ ⟨*zu* stampfen⟩ · **stem|peln** *K 363* · **Stem|pel|schnei|der** · **Stem|pe|lung** *K 363*

Sten|dal (Stadt im Bez. Magdeburg)

Sten|del|wurz, die, _, _en (Name verschiedener Pflanzen)

Sten|ge, die, _, _n (*seem*; Verlängerung des Mastes) · **Sten|gel,** der, _s, _ (ein Pflanzenteil) ⟨‚kleine Stange'⟩ · **Sten|gel|blatt** · **sten|gel|blü|tig** · **Sten|gel|chen** · **sten|gel|los;** *vgl.* ...los · **sten|geln** (Stengel treiben, bilden, bekommen); die Pflanze stengelt; *vgl. aber* stängeln

Ste|no, die (*meist ohne Art*), *Gen* _ *umg Kurzw* (Stenografie) ⟨*grch*⟩ · **Ste|no|dak|ty|lo,** die, _, _s *schweiz Kurzw* (Stenodaktylographin [Stenotypistin]) · **Ste|no|graf,** *älter* **Ste|no|graph** *K 54*, der, _en, _en ([berufsmäßiger] Kurzschriftler) · **Ste|no|gra|fie,** *älter* **Ste|no|gra|phie** *K 54*, die, _, ..ien *od* **Kurz|schrift** (Kunstschrift [zur schnellen Niederschrift einer Rede, eines Diktates]); *umg Kurzw* Steno ⟨‚Engschrift'⟩ · **ste|no|gra|fie|ren,** *älter* **ste|no|gra|phie|ren** *K 54* · **ste|no|gra|fisch,** *älter* **ste|no|gra|phisch** *K 54* (kurzschriftlich) · **Ste|no|gramm,** das, _s, _e (in Kurzschrift festgehaltene Rede, aufgenommenes Diktat) · **Stenograph** usw. ↑ Stenograf usw.

Ste|no|kar|die [ʃt.. *od* st..], die, _, ..ien (*Med*; Herzbeklemmung) ⟨*grch*⟩

Ste|no|pho|no|ty|pi|stin, die, _, ..innen (Stenotypistin, die auch nach Tonbandaufzeichnungen schreibt) ⟨*grch*⟩

Ste|no|se [ʃt.. *od* st..], die, _, _n (*Med*; Verengung von Gängen od. Öffnungen) ⟨*grch*⟩

ste|no|therm [ʃt.. *od* st..] (*Biol, von Pflanzen u. Tieren gesagt*; empfindlich gegenüber Temperaturschwankungen) ⟨*grch*⟩; *Ggs* eurytherm

ste|no|top [ʃt.. *od* st..] (*Biol, von Pflanzen u. Tieren gesagt*; nur in einem od. wenigen Lebensräumen vorkommend) ⟨*grch*⟩; *Ggs* eurytop

ste|no|ty|pie|ren (in Kurzschrift aufnehmen u. danach in Maschinenschrift übertragen) ⟨*grch*⟩ · **Ste|no|ty|pi|stin,** die, _, ..innen

Sten|tor|stim|me (ungewöhnlich laute Stimme) ⟨*nach* dem stimmgewaltigen Helden der griech. Sage⟩

Step [ʃtɛp *od* stɛp], der, _s, _s ([artist.] stark rhythmisierter Tanz) ⟨*engl*⟩

Ste|phan *K 207* (m. Vn.) ⟨*grch*, ‚Kranz'⟩; *Nebenf* ↑ Stefan, ↑ Steffen · **Ste|pha|nie** [ˈʃtɛfani *od* ..ˈfa:nĭə, *österr* ..faˈni:; *alle auch* st..] *K 207* (w. Vn.) ⟨*zu* Stephan⟩; *Nebenf* ↑ Stefanie, *Kurzf* ↑ Steffi · **Ste|phans|dom** [ʃt..], der, _[e]s (in Wien) ⟨*nach* dem kath. Heiligen⟩ · **Ste|phans|tag**

Stepp|decke [*Tr* ...dek|ke]

Step|pe, die, _, _n (baumlose Ebene) ⟨*russ*⟩

¹step|pen (Stofflagen zusammennähen)
²step|pen (Step tanzen) ⟨*engl*⟩
Step|pen|gras
Step|per (Steptänzer) ⟨*engl*⟩
Step|pe|rei ⟨*zu* ¹steppen⟩ · **¹Step|pe|rin,** die, _, ..innen
²Step|pe|rin, die, _, ..innen (Steptänzerin) ⟨*engl*⟩
Stepp|ke, der, _[s], _s (*umg*; kleiner Junge)
Stepp‿ma|schi|ne, ...stich
Step|schritt · **Step|tanz** · **Step|tän|zer** · **Step|tän|ze|rin**
Ster, der, _s, *Pl* _e *od* _s *u. bei Maßangabe* (*K 308*) Ster (veraltetes forstwirtschaftl. Raummaß für Holz [= 1 m³]) ⟨*grch* → *frz*⟩; 3 Ster
Ste|ra|di|ant (SI-Einheit des Raumwinkels); *Einheitenzeichen* sr ⟨*grch* + *lat*⟩
Ster|be, die, _ (tödliche Tierkrankheit; Seuche) · **Ster|be|fall,** der · **ster|ben;** du stirbst; du starbst; du stürbest; gestorben (↑ *d.*); stirb! · **ster|bens|krank** · **Ster|bens|wort** *od* **Ster|bens|wört|chen;** *nur noch in* kein _ · **Ster|bet,** der, _s (*schweiz*; Sterben, Massensterben) · **Ster|be|tag** · **sterb|lich** · **Sterb|lich|keit,** die, _
ste|reo [ʃt.. *od* st..] (*kurz für* stereophon) ⟨*grch*⟩ · **Ste|reo,** das, _s, _s *Kurzw* (*Polygr*; Stereotypplatte, Stereotype – *Rundf*; Stereophonie)
Ste|reo|che|mie [ʃt.. *od* st..] (Gebiet der Chemie, in dem die räuml. Anordnung der Atome in den Molekülen u. die davon abhängigen Eigenschaften der chem. Verbindungen untersucht werden) ⟨*grch*⟩
stereofon usw. ↑ stereophon usw.
Ste|reo|fo|to|gra|fie [ʃt.. *od* st..] *od* **Ste|reo|pho|to|gra|phie** *K 54*: 1. die, _ (Aufnahmetechnik zur Herstellung räumlich wirkender Bilder) – 2. die, _, ..ien [..i:ən] (das einzelne Raumbild) ⟨*grch*⟩
Ste|reo|me|trie [ʃt.. *od* st..], die, _ (Geometrie der räuml. Gebilde, insbes. der Körper) ⟨*grch*⟩ · **ste|reo|me|trisch**
ste|reo‿phon [ʃt.. *od* st..] *od* **ste|reo|fon,** *auch* **ste|reo|pho|nisch** *od* **ste|reo|fo|nisch** *K 54* (räumlich klingend); *kurz* stereo ⟨*grch*⟩ · **Ste|reo|pho|nie** *od* **Ste|reo|fo|nie** *K 54*, die, _ (Aufnahme od. Wiedergabe von Tonübertragungen, die den gleichen räuml. Klangeindruck entstehen läßt wie die Originaldarbietung); *Kurzw* Stereo
Stereophotographie ↑ Stereofotografie
Ste|reo|skop [ʃt.. *od* st..], das, _s, _e (Gerät, das von geeigneten Bildpaaren eine räuml. Wahrnehmung vermittelt) ⟨*grch*⟩ · **ste|reo|sko|pisch** (*von Bildern gesagt*; körperlich erscheinend; räumlich betrachtet)
ste|reo|typ [ʃt.. *od* st..] ([fest]stehend, unveränderlich; [ständig] wiederkehrend, formelhaft – *auch abwert*; leer, abgedroschen) ⟨*grch*⟩ · **Stereotype** ↑ Stereotypplatte · **Ste|reo|ty|peur** [..'pø:r], der, _s, _e (Facharbeiter der graph. Industrie) ⟨*grch* → *frz*⟩ · **Ste|reo|ty|pie** (*Polygr*): 1. die, _ (Verfahren, mit dem von Satz od. Ätzungen Druckplatten aus einer Bleilegierung hergestellt werden) – 2. die, _, ..ien (Arbeitsraum der Stereotypeure) ⟨*grch*⟩ · **ste|reo|ty|pie|ren** (*Polygr*) · **Ste|reo|typ|plat|te** *od* **Ste|reo|ty|pe,** *dafür meist das Kurzw* **Ste|reo** (*Polygr*; feste Druckplatte, aus Schriftmetall mittels einer Mater gegossene Druckform)
ste|ril [ʃt.., *auch* st..] (keimfrei; unfruchtbar – *übertr*; unschöpferisch) ⟨*lat*⟩ · **Ste|ri|li|sa|tion** (Entkeimung; Keimfreimachung – *Biol, Med*; Unfruchtbarmachung) · **ste|ri|li|sie|ren** (*auch für* haltbar machen) · **Ste|ri|li|sie|rung** · **Ste|ri|li|tät,** die, _ (keimfreier Zustand – *Biol, Med*; Unfruchtbarkeit – *übertr*; geistiges Unvermögen)
Ste|rin [ʃt.., *auch* st..] ⟨*grch* → *lat*⟩, *fachspr* **Ste|rol** ⟨*grch* + *arab*⟩, das, _s, _e (*Biochem*; in lebenden Zellen vorhandene Kohlenwasserstoffverbindung)
Ster|ke, die, _, _n (*norddt*; Kuh, die noch nicht gekalbt hat); *vgl. aber* Stärke
Ster|let, der, _s, *Pl* _e, *österr* _s (kleiner Stör) ⟨*russ*⟩
Ster|ling ['ʃtɛr.. *od* 'stɛr.., *engl* 'stœ:r..], der, _s, *Pl* _e *u. bei Wertangabe* (K 310) Sterling (*hist*; engl. Münze) ⟨*engl*⟩; Pfund _ (↑ *d.*)
¹Stern, der, _s, _e (*seem veraltet*; Hinterteil des Schiffes, Heck) ⟨*anord* → *engl*⟩
²Stern, der, _[e]s, _e (Himmelskörper) · **Stern‿bild, ...deu|tung** · **Ster|nen|ban|ner** (Nationalflagge der USA) · **sternenhell** ↑ sternhell · **Sternenhimmel** ↑ Sternhimmel · **sternenklar** ↑ sternklar · **Ster|nen|licht,** das, _[e]s · **ster|nen|los;** *vgl.* ...los · **ster|nen|wärts** (*dicht*) · **Ster|nen|zelt,** das, _[e]s (*dicht*) · **Stern|fahrt** (sportl. Veranstaltung, deren Teilnehmer von verschiedenen Startplätzen aus einem gemeinsamen Ziel zustreben) · **stern|för|mig** · **Stern|for|scher** · **stern|ha|gel|voll** (*umg*; sehr betrunken) · **stern|hell** *od* **ster|nen|hell** · **Stern|him|mel** *od* **Ster|nen|him|mel,** der, _s · **stern|klar** *od* **ster|nen|klar** · **Stern|kun|de,** die, _ · **stern|kun|dig** · **Stern|schnup|pe** · **Stern|war|te**
Stert, der, _es, _e (*norddt*; Sterz)
Sterz, der, _es, _e (Führungs- u. Haltevorrichtung an Geräten – *landsch*; Schwanz, Schwanzende) ⟨*verwandt mit* Start⟩
stet (*gehoben*) ⟨*zu* stehen⟩; _e Vorsicht · **Ste|te** *od* **Stet|heit,** die, _ (*gehoben*)
Ste|tho|skop [ʃt.. *od* st..], das, _s, _e (*Med*; Hörrohr) ⟨*grch*⟩
ste|tig · **Ste|tig|keit,** die, _; *vgl. aber* Stätigkeit · **stets** · **stets|fort** *K 176* (*schweiz*; fortwährend)
Steu|er: 1. das, _s, _ (Lenkvorrichtung) – 2. die, _, _n (Abgabe; Beihilfe) (‚Stütze') · **Steu|er|ab|zug** · **Steu|er|ach|se** (Lenkachse) · **steu|er|bar** (steuerpflichtig) · **Steu|er|be|ra|ter** · **steu|er|bord** (*seem*; rechts); hart _!; _ voraus!; *Ggs* backbord · **Steu|er|bord,** das, *österr* der, _[e]s, _e (*seem*; die rechte Schiffsseite [von hinten gesehen]); *Ggs* Backbord · **steu|er|bords** (*seem*; rechts, auf der rechten Seite); *Ggs* backbords · **Steu|er|er|leich|te|rung** · **steu|er|frei** · **steu|er|lich** · **Steu|er|mann,** *Pl* ..männer *od* ..leute · **steu|ern** *K 363*; ein Schiff _ (lenken); der Not, dem Unwesen _ (*gehoben*; Einhalt tun); in eine Kasse _ (Steuer, Beiträge bezahlen) · **steu|er|pflich|tig** · **Steu|er‿pult, ...rad, ...ru|der** · **Steue|rung** *K 363*
Ste|ven [..v..], der, _s, _ (*seem*; die hochgezogene, gebogene Verlängerung des Kiels am Bug u. Heck eines Schiffes) ⟨*zu* Stamm⟩
Ste|ward ['stju:ərt], der, _s, _s (Fahrgastbetreuer auf Schiffen) ⟨*engl*⟩ · **Ste|war|deß** ['stju:ərdɛs *od* ..'dɛs], die, _, ..essen (Fluggastbetreuerin)
Steyr ['ʃtai(ə)r] (Stadt in Österreich)
sthe|nisch [st..] (*Med*; kraftvoll); _ste ⟨*grch*⟩
sti|bit|zen [*österr* 'ʃti..] *K 354* (*umg*; sich listig aneignen); er hat stibitzt
Stich, der, _[e]s, _e ⟨*zu* stechen⟩; im Stich lassen; Stich halten (*veraltend*; sich bewähren, widerstehen); *vgl.* stichhalten · **Stich|blatt** (Schutz am Degengriff) · **Sti|chel,** der, _s, _ (kleines Werkzeug) · **Sti|che|lei** (*meist abwert*; [boshafte] Neckerei) · **sti|cheln** *K 363* (*auch abwert*; mit Worten necken, hetzen) · **stich|fest;** hieb- und stichfest *K 178* · **stich|hal|ten** (*österr*; Stich halten); *K 133*: du hältst stich (*K 112*); du hast stichgehalten;

stichzuhalten · **stich|hal|tig,** *österr* **stich|häl|tig** · **sti|chig** (säuerlich) · **...sti|chig** (z. B. wurmstichig) · **Stich|kap|pe** (*Arch*) · **Stich|ler** (*abwert*) · **Stich|ling** (kleiner schuppenloser Knochenfisch) · **Stich|pro|be** · **Stich|punkt** ([schriftl.] Anhaltspunkt, kurzgefaßter inhaltl. Schwerpunkt) · **Stich|tag** · **Stich|wort,** *Pl* ..worte *u.* ..wörter; *vgl. auch* Wort · **Stich|wort|ver|zeich|nis**

Stick [stik], der, –s, –s, *meist Pl* (Salzstange) ⟨*engl*⟩

Stickel[1], der, –s, – (*süddt, schweiz*; Stecken, Stützstange für Erbsen, Reben usw.) · **sticken**[1] (‚Stiche machen') · **Sticker**[1] · **Sticke|rei**[1] · **Sticke|rin**[1], die, –, ..innen · **Stick|garn** · **Stick|hu|sten** (*veraltet*; Keuchhusten) · **stickig**[1] (dumpf); –e Luft · **Stick|stoff,** der, –[e]s (chem. Element, Gas); *Zeichen* N (*für* Nitrogen[ium], ↑ *d.*) · **stick|stoff|frei** *K 17*

stie|ben; du stobst *od* stobest, *auch* stiebtest; du stöbest, *auch* stiebtest; gestoben, *auch* gestiebt; stieb[e]!; *vgl. auch* Staub

Stie|fel, der, –s, – (hoher Schuh; [großes] Trinkglas in Form eines Stiefels) ⟨*lat → ital*⟩ · **Stie|fel|chen** · **Stie|fe|let|te,** die, –, –n, *meist Pl* (Halbstiefel) ⟨*lat → ital → frz*⟩ · **Stie|fel|knecht** · **stie|feln** *K 363* (*umg*; derb daherschreiten, tüchtig ausschreiten) ⟨*lat → ital*⟩; *vgl. auch* gestiefelt · **Stie|fel|schaft,** der

Stief◡el|tern (*Pl*), **...kind** · **Stief|mut|ter,** *Pl* ..mütter · **Stief|müt|ter|chen** (eine Veilchenart) · **stief|müt|ter|lich** · **Stief◡sohn, ...toch|ter, ...va|ter**

Stieg, der, –[e]s, –e (*landsch*; Steig) · **Stie|ge,** die, –, –n: 1. (Obsthorde) – 2. *österr nur so, auch* **Stei|ge,** die, –, –n ([steile, enge] Treppe) · **Stie|gen|fen|ster**

Stieg|litz, der, –es, –e (Distelfink, ein Singvogel) ⟨*slowen*⟩

Stiel, der, –[e]s, –e (Griff; Stengel) ⟨*lat*⟩; *vgl. aber* Stil · **Stiel|au|gen** *Pl* · **stie|len** (mit einem Stiel versehen) · **...stie|lig** (z. B. kurzstielig) · **stiel|los;** *vgl.* ...los; *vgl. aber* stillos · **Stiel|stich** (*Handarb*)

stie|men (*norddt*; dicht schneien; qualmen) · **Stiem|wet|ter,** das (*norddt*; Schneesturm)

stier (»starr« blickend)

Stier, der, –[e]s, –e

[1]**stie|ren** (starr blicken) ⟨*zu* starren⟩

[2]**stie|ren** (*von der Kuh gesagt*; nach dem Stier verlangen) ⟨*zu* Stier⟩ · **Stie|ren|au|ge** (*schweiz*; Spiegelei) · **stie|rig** (*von der Kuh gesagt*; brünstig, stößig) · **Stier|kampf** · **Stier|nacken** [*Tr* ...nak|ken] · **stier|nackig** [*Tr* ...nak|kig]

Stie|sel, der, –s, – (*umg abwert*; langweiliger, unhöflicher, tölpelhafter Mensch) · **stie|se|lig** *K 362* (*umg abwert*)

[1]**Stift,** der, –[e]s, –e (Bleistift, Nagel) ⟨*zu* steif⟩

[2]**Stift,** der, –[e]s, –e (*umg scherzh*; Lehrling) ⟨*hebr*⟩

[3]**Stift,** das, –[e]s, *Pl* –e (*österr nur so*), *seltener* –er (kirchl. [meist karitative] Anstalt für Hilfsbedürftige – *veraltend*; Heim für alte Menschen – *bes österr*; Kloster) ⟨‚Gründung'⟩ · **stif|ten** (gründen, spenden)

stif|ten|ge|hen *K 363* (*umg*; [heimlich] ausreißen, fliehen) ⟨*zu* [2]Stift⟩

Stif|ter ⟨*zu* [3]Stift⟩ · **Stifts|kir|che** · **Stif|tung**

Stig|ma [st.., *auch* ʃt..], das, –s, *Pl* –ta, *österr meist so, od* ..men (Kennzeichen, Wund-, Brandmal – *Bot*; Pflanzennarbe – *Zool*; Atemöffnung der Insekten) ⟨*grch*⟩ · **Stig|ma|ti|sa|tion** (*bes christl Rel*; Bez. für Hautblutungen [bes. das Erscheinen der Wundmale Christi]) ⟨*grch → lat*⟩ · **stig|ma|ti|sie|ren** •(mit Wundmalen [Christi] zeichnen; brandmarken)

Stil [ʃti:l *od* sti:l], der, –[e]s, –e (Einheit der Ausdrucksformen [eines Kunstwerkes, eines Menschen, einer Kunstrichtung usw.]; Darstellungsweise; Art, z. B. Bau-, Schreibart, Redeweise; Brauch) ⟨*lat*⟩; alten –s (Zeitrechnung nach dem Julianischen Kalender; *Abk* a. St.), neuen –s (Zeitrechnung nach dem Gregorianischen Kalender; *Abk* n. St.). *Zus K 365ff.*: Stil◡art usw.; *vgl. aber* Stiel

Stilb [ʃt.. *od* st..], das, –s, – (veraltende Einheit der Leuchtdichte); *Einheitenzeichen* sb ⟨*grch*⟩; 5 Stilb

Stil|blü|te (*Stilistik*)

Sti|lett [ʃt.. *od* st..], das, –[e]s, –e (kleiner Dolch) ⟨*lat → ital*⟩

Stilf|ser Joch *K 232*, das, *Gen* – –[e]s (Alpenpaß an der italienisch-schweizer. Grenze) · **Stilf|ser-Joch-Stra|ße** *K 247*, die, –

stil|ge|recht · **sti|li|sie|ren** (stilgemäß darstellen, formen; Naturformen künstlerisch vereinfachen) ⟨*lat*⟩ · **Sti|li|sie|rung** · **Sti|list** (ein in Dingen des Stils Erfahrener; Beherrscher der künstler., bes. der sprachl. Ausdrucksformen) · **Sti|li|stik,** die, –, –en (Stilkunde, -lehre) · **sti|li|stisch** · **Stil|kun|de,** die, – · **stil|kund|lich**

still ⟨*zu* stellen⟩; still!

I. *Kleinschreibung*: **a)** *K 114*: im stillen (unbemerkt); **b)** *K 119*: stiller Teilhaber (*kap Wirtsch*); stille Wasser

II. *Großschreibung K 258*: der Stille Ozean (Pazifischer Ozean)

III. *Schreibung bei Verben K 135*: still halten, sein, sitzen, stehen, werden; *vgl. aber* stillegen, stillhalten, stilliegen, stillschweigen, stillsitzen, stillstehen

IV. *In Verbindung mit einem Part II vgl.* stillvergnügt

Stil|le, die, –; in aller, in der – · **Stilleben** [ˈʃtil..; *Tr* Still|le|ben *K 78*] (malerische Darstellung lebod. regloser Gegenstände [Blumen, Früchte, erlegte Tiere u. ä.])

stillegen *K 136* [*Tr* still|le|gen *K 78*]; du legst still; stillgelegt; stillzulegen · **Stillegung** [*Tr* Still|le|gung *K 78*]

Stil|leh|re

stil|len · **Still|geld** (Unterstützung für stillende Mütter) · **still|ge|stan|den!** *K 160* (*Kommandospr*); *vgl.* stillstehen · **Still|hal|te|ab|kom|men** (*kap Wirtsch*) · **still|hal|ten**[1] *K 137* (erdulden, geduldig ertragen), *aber*: still (ruhig, ohne Bewegung) halten; du mußt die Lampe still halten · **stilliegen**[1] *K 137* [*Tr* still|lie|gen *K 78*] (nicht in Betrieb sein), *aber*: still (regungslos, ruhig) liegen

stil|los *K 349*; *vgl.* ...los; *vgl. aber* stiellos

still|schwei|gen[1] *K 136* · **Still|schwei|gen** · **still|schwei|gend** · **still|sit|zen**[1] *K 137* (nicht beschäftigt sein), *aber*: still (regungslos, ruhig) sitzen · **Still|stand** · **still|ste|hen**[1] *K 136 u. 363* (in der Bewegung aufhören); stillgestanden! *K 160* (*Kommandospr*); *aber*: still (ruhig, ohne Bewegung) stehen · **Stil|lung,** die, – · **still|ver|gnügt** *K 126*

stil|voll

Stimm|ab|ga|be · **Stimm|band,** das, *Pl* ..bänder · **stimm|be|rech|tigt** · **Stimm|be|rech|tig|te,** der *u.* die, –n, –n *K 341* · **Stimm|bür|ger** (*schweiz*) · **Stimm|chen** · **Stim|me,** die, –, –n · **stim|men** · **Stim|men◡ge|wirr, ...mehr|heit** · **Stimm◡ent|hal|tung** · **Stim|men|ver|hält|nis** · **Stim|mer** (jmd., der einem Instrument die richtige Tonhöhe gibt) · **stimm|fä|hig** · **Stimm|ga|bel** · **stimm|haft** (*Phon*) · **Stimm|haf|tig|keit,** die, – (*Phon*) · **stim|mig** ([überein]stimmend) · **...stim|mig** (z. B. dreistimmig [*mit Ziffer K 284* 3stimmig]) · **stimm|lich** ·

---

[1] *Tr* ..k|k..

[1] *Konjugation vgl.* stillegen.

stimm|los (*Phon*); *vgl.* ...los · **Stimm|recht** · **Stimm|rit|ze** (Lücke zw. den Stimmbändern) · **Stimmung** · **Stim|mungs‿bild, ...mache** (*umg abwert*) · **stim|mungsvoll**

Sti|mu|lans [st.. *od* ʃt..], das, –, *Pl* ..anzien [..ĭən] *od* ..antia (*Med, Pharmakol*; Anregungs-, Reizmittel) ⟨*lat*⟩ · **Sti|mu|la|tion** (*fachspr*; Anregung, Reizung) · **sti|mu|lieren** · **Sti|mu|lus** [st.., *auch* ʃt..], der, –, ..li (Reiz, Antrieb)

Stin|ka|do|res: 1. die, –, – (*umg scherzh*; schlechte Zigarre) – 2. der, –, – (*umg scherzh*; übelriechender Käse) ⟨*zu* stinken *mit span Endung*⟩ · **stin|ken**; du stankst; du stänkest; gestunken; stink[e]! · **stink|faul** (*salopp*) · **stin|kig** (*salopp abwert*) · **Stink‿stie|fel** (*Schimpfw*), **...tier**

Stint, der, –[e]s, –e (kleiner Lachsfisch)

Sti|pen|diat, der, –en, –en (Empfänger eines Stipendiums) ⟨*lat*⟩ · **Sti|pen|dist** (*bayr, österr*; Stipendiat) · **Sti|pen|dium**, das, –s, ..ien [..ĭən] (Geldunterstützung für wissenschaftl. u. künstler. Nachwuchs)

Stip|pe, die, –, –n (*landsch*; Tunke) · **stip|pen** (*landsch umg*; tupfen, tunken) · **stip|pig** (*landsch*; gefleckt, mit Pusteln besetzt) · **Stipp|vi|si|te** [..v..] (*umg*; kurzer, flüchtiger Besuch)

Stirn, *älter* **Stir|ne**, die, –, ..nen · **Stirn|band**, das, *Pl* ..bänder · **Stirn|höh|le** · **...stir|nig** (z. B. breitstirnig) · **Stirn|run|zeln**, das, –s · **Stirn|satz** (*Gramm*; Formbezeichnung eines Satzes, bei dem die Personalform des Verbs am Anfang steht) · **Stirn|wand**

Sti|ze, die, –, –n (*schweiz*; Gefäß)

St.-Ma|rien-Kir|che *K 213*; *vgl.* Marienkirche *u.* Sankt

Stoa [st..], die, – (eine griech. Philosophenschule) ⟨*grch*, ‚Säulenhalle'⟩

Stö|be|rei (*umg*) · **Stö|ber|hund** (*weidm*; zum Aufstöbern des Wildes gebrauchter Hund) · **stö|bern** *K 363* (*umg*; [heimlich] durchsuchen, durchwühlen – *landsch*; schneien – *süddt*; reinemachen); es stöbert (*landsch*; schneit) ⟨*zu* stieben⟩

Sto|cha|stik [sto'xas.. *od* ʃt..], die, – (Wahrscheinlichkeitsrechnung, bes. in der Statistik) ⟨*grch*⟩ · **sto|cha|stisch**; –er Prozeß (*Statistik*)

Sto|cher, der, –s, – (Werkzeug zum Stochern) ⟨*zu* [1]Stock⟩ · **sto|chern** *K 363*

[1]**Stock**: 1. der, –[e]s, ..öcke (Stab, Stecken – *hist*; Fußblock für Gefangene); über – und Stein; jmdn. in den – legen (*hist*) – 2. der, –[e]s, *Pl* – *od* Stockwerke *Kurzw* (Stockwerk); das Haus hat zwei –, ist zwei – hoch; ein Haus von elf –

[2]**Stock** [stɔk *od* ʃtɔk], der, –s, –s (*kap Wirtsch*; Warenvorrat, Lagerbestand; Stammkapital) ⟨*engl*⟩

stock... (*verstärkend*; z. B. stockheiser) ⟨*zu* [1]Stock⟩ · **Stock|ball|spie|le** *Pl* (*Sport*) · **stock|blind** · **Stöckchen** · **stock‿dumm** (*umg abwert*), **...dun|kel** · **Stöckel**[1]: 1. der, –s, – (hoher Absatz) – 2. das, –s, – (*österr*; Nebengebäude [bes. von Schlössern]) · **Stöckel|schuh**[1] · **stocken**[1] (nicht vorangehen; stokkig werden – *landsch, von Flüssigkeiten gesagt*; dick werden, gerinnen); ins Stocken (*K 102*) geraten, kommen; gestockte Milch (*landsch*; Dickmilch) · **Stockerl**[1], das, –s, –[n] (*bayr, österr*; Hocker) · **stockfin|ster** · **Stock|fisch** (der auf Stökken getrocknete Kabeljau – *umg abwert*; ungelenker, langweiliger Mensch) · **Stock|fleck** (Moder-, Schimmelfleck) · **stock|fleckig**[1]

Stock|holm (Hptst. von Schweden) · **Stock|hol|mer**: 1. *K 231*: der, –s, –; 2. *als Attribut K 232*

stockig[1] (stockfleckig) · **...stöckig**[1] (z. B. dreistöckig [*mit Ziffer K 284* 3stöckig]) · **Stöck|li**, das, –s, – (*schweiz*; Altenteil) · **Stockpunkt** (*Chem*; Temperaturgrad, bei dem Öl eine bestimmte Zähigkeit erreicht) · **Stock|ro|se** (ein Malvengewächs) · **Stock|schnup|fen** · **stock|taub** · **Stockung**[1] · **Stockwerk**; *Kurzw* [1]Stock

Stoff, der, –[e]s, –e ⟨*frz* → *ndrl*⟩. *Zus K 365ff.*: Stoff‿wechsel usw. · **Stoffarbe** [*Tr* Stoff|far|be *K 78*] · **Stof|fel**, der, –s, – (*umg abwert*; Flegel, Tölpel) · **stof|fe|lig** *K 362* (*umg*; tölpisch)

Stoffetzen [*Tr* Stoff|fet|zen *K 78*] · **stoff|hal|tig** · **stoff|lich** · **Stofflich|keit**, die, – · **Stoff|men|ge** (Größenart der physikal. Chemie); *Formelzeichen n* · **Stoffülle** [*Tr* Stoff|fül|le *K 78*] · **Stoff|wech|sel** (*Biol*)

stöh|nen

Stoi|ker ['sto:.., *auch* 'ʃto:..], der, –s, – (Angehöriger der Stoa – *übertr*; besonnener, gleichmütiger, unerschütterlicher Mensch) ⟨*grch*⟩ · **stoisch** (die Stoa betreffend – *übertr*; gleichmütig) · **Stoi|zis|mus** [..o:i..], der, – (Lehre u. Lebenshaltung der Stoiker – *übertr*; Leidenschaftslosigkeit, Gleichmut) ⟨*grch* → *lat*⟩

[1] *Tr* ..k|k..

Stokes [sto:ks], das, –, – (veraltende Einheit der kinemat. Viskosität); *Einheitenzeichen* St ⟨*nach* dem engl. Mathematiker u. Physiker⟩

Sto|la [st.. *od* ʃt..], die, –, ..len (altröm. Ärmelgewand; um die Schultern getragener langer, breiter Schal; Gewandstück des kath. Priesters) ⟨*grch* → *lat*⟩

Stol|berg (Harz), **Kur|ort** (im Bez. Halle)

Stoll|berg (Erzgebirge) (Stadt im Bez. Karl-Marx-Stadt)

Stol|le, die, –, –n *od* **Stol|len**, der, –s, – (ein Weihnachtsgebäck) ⟨*zu* stellen⟩ · **Stol|len**: 1. ↑ Stolle – 2. der, –s, – (Zapfen am Hufeisen od. an Fußballschuhen [zur Verhinderung des Ausgleitens] – *bergm*; waagerechter Gang – *Metrik*; Strophenabsatz [im Meistersingerlied]) · **Stol|len|bau**, der, –[e]s (*bergm*)

Stol|per, der, –s, – (*obersächs*; Fehltritt) · **Stol|per|draht** · **Stol|pe|rer** · **stol|pern** *K 363* (straucheln)

stolz; stolzer, stolzeste ⟨*zu* stelzen⟩ · **Stolz**, der, –es · **stol|zie|ren** (stolz einherschreiten) ⟨*dt* + *f. E.*⟩

Sto|ma|to|lo|gie [st.., *auch* ʃt..], die, – (Lehre von den Krankheiten der Mundhöhle) ⟨*grch*⟩ · **sto|mato|lo|gisch**

Stone|henge ['sto:nhɛndʒ, *auch* ..hɛntʃ], das, –s [..dʒəs] (bronzezeitl. Kultstätte in Südengland) ⟨*engl*⟩

stop! [ʃtɔp *od* stɔp] (*Verkehrsw*; halt! – *Telegrafenverkehr*; Punkt) ⟨*engl*⟩; *vgl. auch* stopp! *u.* stoppen

stop|fen; gestopft voll · **Stop|fen**, der, –s, – (*landsch*; Kork, Stöpsel) · **Stop|fer** · **Stopf|pilz**

stopp! [ʃtɔp] (halt!); *vgl. auch* stop! *u.* stoppen · **Stopp**, der, –s, –s (das Anhalten)

[1]**Stop|pel**, der, –s, –[n] (*österr*; Stöpsel)

[2]**Stop|pel**: 1. die, –, –n, *meist Pl* (Rest von Getreidehalmen; unrasiertes Barthaar) – 2. die, – (*Landw*; Stoppelfeld) ⟨*lat*⟩. *Zus K 365ff.*: Stoppel‿bart usw. · **stop|pe|lig** *K 362* · **stop|peln** *K 363* · **Stop|pelsaat** (Sommerzwischenfrucht)

Stop|pel|zie|her (*österr*; Korkenzieher)

stop|pen [ʃt..] (auf-, anhalten; mit der Stoppuhr messen) ⟨‚stopfen'⟩; *vgl. auch* stop! *u.* stopp!

Stop|per [ʃt..] (*Fußballsp*; Verteidigungsspieler) ⟨*engl*⟩

Stopp|licht, *Pl* ..lichter · **Stopp‿schild, ...uhr**

Stöp|sel, der, –s, – ⟨*zu* stopfen⟩ · **stöp|seln** *K 363*

[1]**Stör**, der, –[e]s, –e (ein Fisch)

[2]**Stör**, die, – (*süddt, österr, schweiz*; Arbeit, die ein Handwerker im

Hause des Kunden verrichtet); auf der _ arbeiten; auf die *od* in die _ gehen
stör|an|fäl|lig
Storch, der, _[e]s, ..örche · **Storch-bein** · **storch|bei|nig** · **stor|chen** (*umg*; wie ein Storch einherschreiten) · **Stor|chen|nest** · **Stör|chin,** die, _, ..innen · **Storch|schna|bel** (*auch für* eine Pflanze; Vorrichtung zum mechan. Verkleinern od. Vergrößern von Zeichnungen)
Store [ʃto:r], der, _s, _s (Fenstervorhang) ⟨*lat* → *ital* → *frz*⟩
stö|ren · **Stö|ren|fried,** der, _[e]s, _e · **Stö|rer** · **Stö|re|rei** (*abwert*) · **stör|frei**
stor|gen (*noch landsch*; im Lande umherziehen) ⟨*lat*⟩ · **Stor|ger** (*noch landsch*; Landstreicher, Marktschreier)
stor|nie|ren [st.. *od* ʃt..] (*Wirtsch*; berichtigen; [Buchungsfehler] durch Gegenbuchung ausgleichen; [Auftrag] rückgängig machen, *österr nur in dieser Bedeutung*) ⟨*lat* → *prov* → *ital*⟩ · **Stor|no** [st..], der, *auch* das, *österr nur so*, _s, ..ni (*Wirtsch*; Berichtigung; Rückbuchung; Löschung; Rückgängigmachung, *österr nur in dieser Bedeutung*)
stör|risch; _ste ⟨*zu* Storren ‚Baumstumpf'⟩
Stör|schutz (*Funkw*)
Stor|ting [st..], das, _s, *Pl* _e *od* _s (die norweg. Volksvertretung) ⟨*norweg*, ‚großes Thing'⟩
Stö|rung · **stö|rungs|frei**
Sto|ry ['stɔ:ri], die, _, _s (Erzählung, Geschichte – *umg*; unwahrscheinl. Geschichte) ⟨*grch* → *lat* → *frz* → *engl*⟩
Stoß, der, _es, *Pl* Stöße · **Stoß|ball,** der, _[e]s (*Billard*) · **Stoß‿dämp-fer,** **...de|gen** · **Stö|ßel,** der, _s, _ (ein Stoßgerät) · **sto|ßen;** du stößt *K 354*, er stößt; du stießest; gestoßen; stoß[e]! · **Sto|ßer** · **Stö|ßer** (*auch für* Sperber) · **Stoß|ge|bet** · **stö|ßig** (*vom Vieh gesagt*) · **Stoß-seuf|zer** · **stoß|si|cher** · **Stoß-‿stan|ge,** **...the|ra|pie** (*Med*) · **Stoß|trupp** (*Milit*) · **Stoß|ver-kehr** (Verkehr zur Zeit der stärksten Verkehrsdichte) · **stoß|wei|se** *K 176* · **Stoß|zahn**
Sto|tin|ka [st..], die, _, ..ki (Münzeinheit in Bulgarien) ⟨*bulg*⟩
Stot|te|rer · **stot|te|rig;** _ reden · **stot|tern** *K 363* (*auch umg*; in Raten zahlen) ⟨*zu* stoßen⟩; *K 102*: auf Stottern (*umg*; auf Teilzahlung) · **Stott|re|rin,** die, _, ..innen
Stotz, der, _es, _e, *österr u. schweiz nur so, od* **Stot|zen,** der, _s, _ (*landsch u. österr, schweiz*; Baumstumpf; Bottich) · **stot|zig** (*alemann*; steil)

Sto|ve [..v.. *od* ..f..], die, _, _n (*norddt*; Trockenraum)
stracks (*veraltend*; geradeswegs; unbedingt; sofort)
Stra|di|va|ri [stradi'va:..] *K 318*, die, _, _s (Geige aus der Werkstatt des Geigenbauers Antonio Stradivari)
straf|bar · **Straf|bar|keit,** die, _ · **Stra|fe,** die, _, _n · **stra|fen** · **Straf|er|laß**
straff
straf|fäl|lig · **Straf|fäl|lig|keit,** die, _
straf|fen (straff machen); sich (*Akk*) _ (sich recken) · **Straff|heit,** die, _
straf|frei · **Straf|ge|richt** · **Straf|ge-setz|buch;** *Abk* StGB · **Straf|haft,** die · **sträf|lich** · **Sträf|lich|keit,** die, _ · **straf|los;** *vgl.* ...los · **Straf|lo-sig|keit,** die, _ · **Straf|man|dat** (eine durch staatl. Organe ausgesprochene Ordnungsstrafe) · **Straf-maß,** das · **Straf|mi|nu|te** (*Sport*) · **Straf|pro|zeß|ord|nung;** *Abk* StPO · **Straf|recht** · **straf|recht-lich** · **Straf‿sa|che,** **...stoß** (*Sport*), **...tat** · **Straf‿voll|streckung** [*Tr* ..strek|kung], **...voll|zug** · **straf-wür|dig**
Strahl, der, _[e]s, _en · **strah|len;** ein strahlendschöner Tag, der Tag ist strahlend schön gewesen; *vgl. aber K 173*
sträh|len (*noch süddt, schweiz*; kämmen)
Strah|len|be|hand|lung · **Strah-len‿bio|lo|gie,** **...bre|chung** (*Opt*), **...bün|del,** **...che|mie** · **strah|len-för|mig** · **Strah|len‿for|schung,** **...kranz,** **...pil|ze** (*Pl*), **...schutz,** **...the|ra|pie** (*Med*) · **Strah|len-tier|chen** *Pl* (*Zool*) · **Strahl|flug-zeug** · **strah|lig** · **Strahl‿rohr,** **...trieb|werk** · **Strah|lung** · **Strah-lungs|gür|tel** (*Phys*)
Sträh|ne, die, _, _n, *österr* **Strähn,** der, _[e]s, _e (herabhängendes glattes Haarbüschel; zu einem Büschel zusammengebundener Garnfaden) · **sträh|nig**
Strak, das, _s, _e (*seem*; Verlauf der [gekrümmten] Schiffslinien) · **stra|ken** (*norddt*; streichen, strekken – *bes seem, von Kurven gesagt*; vorschriftsmäßig verlaufen)
Stral|sund (Hafenstadt im Bez. Rostock) · **Stral|sun|der** [*auch* ..'zun..]: 1. *K 231*: der, _s, _; 2. *als Attribut K 232*
Stra|min, der, _s, _e (*Textilwirtsch*; Gittergewebe für Kreuzstichstickerei) ⟨*lat* → *frz* → *ndrl*⟩
stramm; *K 258*: Strammer Max (eine Speise) · **stram|men** (strammziehen) · **Stramm|heit,** die, _ · **stramm|ste|hen** *K 136 u. 363*; du stehst stramm; strammgestanden; strammzustehen · **stramm|zie|hen** *K 136*

Stram|pel|an|zug · **stram|peln** *K 363* · **stramp|fen** (*süddt, österr*; stampfen; strampeln)
Strand, der, _[e]s, ..ände · **Strand-bad** · **stran|den** · **Strand‿gut,** **...ha|fer,** **...korb** · **Strand|läu|fer** (ein Schnepfenvogel) · **Stran|dung**
Strang, der, _[e]s, ..änge · **strän-gen** (*veraltend*; [ein Pferd] anspannen)
Stran|gu|la|tion [ʃt.., *auch* st..] (Erdrosselung) ⟨*grch* → *lat*⟩ · **stran|gu-lie|ren** · **Stran|gu|lie|rung**
Stra|pa|ze, die, _, _n ([große] Anstrengung) ⟨*lat* → *ital*⟩ · **stra|pa-zie|ren** (übermäßig anstrengen, stark in Anspruch nehmen; abnutzen); sich (*Akk*) _ (sich [ab]mühen, anstrengen) · **stra|pa|ziös** *K 349* (anstrengend)
Strasbourg ↑ Straßburg
Stras|burg (Stadt im Bez. Neubrandenburg); *vgl. aber* Straßburg
Straß, der, _ *od* ..asses, *Pl* ..asse (Edelsteinnachahmung aus Bleiglas) ⟨*nach* dem Erfinder⟩
straß|auf, straß|ab
Straß|burg ['ʃtra:s..], *französ* **Stras-bourg** [stras'bu:r] (Stadt im O Frankreichs) · **Straß|bur|ger:** 1. *K 231*: der, _s, _; 2. *als Attribut K 232*: das Straßburger Münster · **straß|bur|gisch**
Sträß|chen · **Stra|ße,** die, _, _n; *Abk* Str. ⟨*lat*⟩; *vgl. K 249ff. Zus K 365ff.*: Straßen‿verkehr usw. · **Stra|ßen|bahn** · **Stra|ßen|bah|ner** (*umg*) · **Stra|ßen|bau,** *Pl* ..bauten · **Stra|ßen|dorf** · **Stra|ßen|na|me;** *vgl. K 249ff.* · **Stra|ßen|ver|kehrs-ord|nung** *K 192*; *Abk* StVO · **Stra-ßen|ver|kehrs-Zu|las|sungs-Ord-nung;** *Abk* StVZO
Stra|te|ge [ʃt.. *od* st..], der, _n, _n (Feldherr, Heerführer) ⟨*grch*⟩ · **Stra-te|gie,** die, _, ..ien (*Milit*; Lehre von Vorbereitung u. Lenkung militär. Operationen – *Polit*; Wissenschaft von der Führung des revolutionären Kampfes des Proletariats) · **stra|te|gisch**
Strat|ford-upon-Avon ['strɛtfərd əˌpɔn 'e:v(ə)n] *K 247* (Stadt in England)
Stra|ti|gra|phie [st.. *od* ʃt..], die, _ (*Geol*; Schichtenkunde) ⟨*lat* + *grch*⟩ · **stra|ti|gra|phisch** (*Geol*) · **Stra|to|sphä|re,** die, _ (*Met*; Schicht der Erdatmosphäre in etwa 12–50 km Höhe) · **Stra|to|sphä-ren|flug** · **stra|to|sphä|risch** (*Met*) · **Stra|tus** [st.., *auch* ʃt..], der, _, *Pl* _wolken (*Met*; Schichtwolke) ⟨*lat*⟩
sträu|ben; sich (*Akk*) _; da hilft

kein Sträuben *K 101* · **strau|big** (*landsch*; struppig)
Strauch, der, _[e]s, ..äucher · **strauch|ar|tig**
strau|cheln *K 363*
strau|chig
Straus|berg (Stadt im Bez. Frankfurt) · **Straus|ber|ger:** 1. *K 231*: der, _s, _; 2. *als Attribut K 232*
[1]**Strauß,** der, _es, ..äuße (Blumenstrauß – *gehoben*; Kampf) ⟨*zu* strotzen⟩
[2]**Strauß,** der, _es, _e (ein Laufvogel) ⟨*grch → lat*⟩; Vogel Strauß; *vgl.* Vogel-Strauß-Politik
Sträuß|chen
Strau|ßen‿ei, ...fe|der
Strauß|wirt|schaft (*landsch*; durch Zweige kenntlich gemachte Wirtschaft für zeitweisen Ausschank selbstgezogenen Weines) ⟨*zu* [1]Strauß⟩
Streb, der, _[e]s, _e (*bergm*) · **Stre|be,** die, _, _n (schräge Stütze) · **stre|ben** · **Stre|be|pfei|ler** · **Stre|ber** (*abwert*) · **Stre|be|rei,** die, _ (*abwert*) · **stre|ber|haft** (*abwert*) · **Stre|ber|tum,** das, _[e]s (*abwert*) · **streb|sam** · **Streb|sam|keit,** die, _
streck|bar · **Streck|bar|keit,** die, _ · **Streck|bett** (*Med*) · **Strecke**[1], die, _, _n; zur _ bringen (*weidm*; erlegen) · **strecken**[1] ⟨*zu* stracks⟩; jmdn. zu Boden _ · **Strecken**[1]**‿dienst, ...flug, ...netz** · **Streckenstrich**[1] (*Polygr*); *vgl. auch Vorschriften für den Schriftsatz, 3.3.4.* · **Strecken|wär|ter**[1] (*Eisenb*) · **strecken|wei|se**[1] *K 176* · **Streck‿mus|kel, ...ver|band**
Streich, der, _[e]s, _e · **strei|cheln** *K 363* · **strei|chen;** du strichst; du strichest; gestrichen; streich[e]! · **Strei|cher** (Spieler eines Streichinstruments) · **Strei|che|rei** (*abwert*) · **streich|fä|hig** · **Streich‿flä|che, ...garn, ...holz, ...in|stru|ment, ...mu|sik, ...or|che|ster** · **Strei|chung**
Streif, der, _[e]s, _e (*gehoben*; Streifen) · **Streif|band,** das, *Pl* ..bänder (*Post*; Kreuzband für Drucksachen) · **Strei|fe,** die, _, _n (kleinerer Polizei-, Militärtrupp; Razzia) · **strei|fen** · **Strei|fen,** der, _s, _ · **Strei|fen‿dienst, ...wa|gen** · **strei|fen|wei|se** *K 176* · **Strei|fe|rei** · **strei|fig** · **Streif|licht,** *Pl* ..lichter · **Streif‿schuß, ...zug**
Streik, der, _[e]s, *Pl* _s, *seltener* _e ([meist gewerkschaftlich organisierte] Arbeitseinstellung, Ausstand) ⟨*engl, zu* streichen⟩ · **Streik|bre|cher** · **Streik|bruch,** der · **streik|brü|chig** · **strei|ken** · **Strei|ken|de,** der *u.* die, _n, _n *K 341* · **Streik|po|sten** (Posten, der Streikbrecher von der Arbeitsstätte fernhalten soll)
Streit, der, _[e]s, _e · **Streit|axt** (*hist*) · **streit|bar** · **strei|ten;** du strittst; du strittest; gestritten; streit[e]! · **Strei|ter** · **Strei|te|rei** (*abwert*) · **Streit‿fall, ...fra|ge** · **Streit|ham|mel,** *österr* **Streit|han|sel** *od* **Streit|hansl** (*umg*; streitsüchtiger Mensch) · **strei|tig** (1. *Rechtsw*; sich widersprechend – 2. ↑ strittig) · **Strei|tig|kei|ten** *Pl* · **Streit|kräf|te** *Pl* · **Streit|lust,** die, _ · **streit|lu|stig** · **Streit|sa|che** · **Streit|sucht,** die, _ · **streit|süch|tig**
strem|men (*landsch*; beengen) ⟨*zu* stramm⟩; es stremmt (sitzt zu stramm [u. beengt den Atem])
streng ⟨*zu* Strang⟩; strengstens; *K 115*: auf das *od* aufs strengste. *Schreibung bei Verben K 135*: _ sein, handeln, verfahren; *vgl. aber* strengnehmen · **Stren|ge,** die, _ · **stren|gen** (*noch landsch*; straff anziehen) · **streng|ge|nom|men** *K 160* (genaugenommen, ernsthaft betrachtet); *vgl. auch* strengnehmen · **streng|gläu|big** · **Strenggläu|big|keit** · **streng|neh|men** *K 136* (genaunehmen); du nimmst streng; strenggenommen; strengzunehmen
Stren|ze, die, _, _n (Sterndolde, ein Wiesenkraut)
Strep|to|kok|ken [ʃt.. *od* st..] *Pl* (*Biol*; Kettenspaltpilze); *Sg* Streptokok|kus, der, _ ⟨*grch → lat*⟩ · **Strep|to|my|zin,** *österr* **Strep|tomy|cin,** das, _s (*Med, Pharmakol*; ein Antibiotikum) ⟨*grch + lat*⟩
Streß [strɛs *od* ʃtrɛs], *österr meist* **Stress** [strɛːs]: 1. der, ..sses, ..sse (*Geol*; Spannungszustand in einem Körper bei Beanspruchung) – 2. der, ..sses ([gesundheitsschädigende] Überbeanspruchung des menschl. Organismus) ⟨*lat → frz → engl*⟩
Stretch [strɛtʃ], der, _[e]s, _es (Bez. für hochelast. Fäden u. Gewebe aus Chemiefasern) ⟨*engl*⟩
Streu, die, _, _en · **Streu|büch|se** · **streu|en**
streu|nen (*oft abwert*; sich herumtreiben) · **Streu|ner** (*oft abwert*)
Streu‿pul|ver, ...sand · **Streu|sel,** der *od* das, _s, _, *meist Pl* · **Streusel|ku|chen** · **Streu|sied|lung** · **Streu|ung**
Strich, der, _[e]s, *Pl* _e *u. beim Kompaß* (*K 308*) Strich ⟨*zu* streichen⟩ · **Strich|ät|zung** (*Polygr*) · **stri|cheln** *K 363* (feine Striche machen; mit feinen Strichen versehen); gestrichelte Blätter · **strich|lie|ren** (*österr*; stricheln) ⟨*dt + f. E.*⟩ · **Strich|punkt** (*Gramm veraltet*; Semikolon); *vgl. auch K 451ff.* · **Strich‿re|gen, ...vo|gel** · **strichwei|se** *K 176*
Strick, der, _[e]s, _e · **Strick|beu|tel** · **stricken**[1] · **Stricker**[1] · **Strickerei**[1] · **Stricke|rin**[1], die, _, ..innen · **Strick‿garn, ...jacke**[1], **...lei|ter** (die), **...na|del, ...strumpf, ...zeug**
Stri|du|la|tion [ʃt.. *od* st..] (*Zool*; das Zirpen der Insekten) ⟨*lat*⟩
Strie|gel, der, _s, _ (Schabeisen zum Pferdeputzen) ⟨*lat*⟩ · **striegeln** *K 363*
Strie|men, der, _s, _, *seltener* **Strieme,** die, _, _n · **strie|mig**
[1]**Strie|zel,** der, _s, _ (*landsch umg*; dreister Bursche, Lausejunge, Lausbub) ⟨*zu* Strizzi⟩
[2]**Strie|zel,** der, _s, _(*landsch u. österr*; eine Gebäckart)
strie|zen *K 354* (*landsch umg*; quälen)
strikt [ʃt.. *od* st..]: 1. *Adj* (streng; genau; pünktlich) – 2. *auch* **strik|te** *Adv* ⟨*lat*⟩; _ befolgen · **Striktur** [ʃt.. *od* st..], die, _, _en (*Med*; [krankhafte] Verengerung [von Körperkanälen])
strin|gen|do [strinˈdʒɛn..] (*Mus*; schneller werdend); *Abk* string. ⟨*lat → ital*⟩
strin|gent [strinˈgɛnt, *auch* ʃt..] (bündig, zwingend) ⟨*lat*⟩; _este
Strip|pe, die, _, _n (*landsch umg*; Band; Schnürsenkel – *umg scherzh*; Fernsprechleitung) ⟨*grch → lat → rom*⟩
Strip|per (*Techn*; Gerät zur Destillation von Öl) ⟨*engl*⟩
Strip|tease [ˈstripti:s, *auch* ˈʃtrip..], das, _, _ (Entkleidungsszene [in Nachtlokalen]) ⟨*engl*⟩
Stritt, der, _[e]s (*bayr*; Streit) · **strittig,** *auch* **strei|tig** (umstritten); die Sache, der Punkt ist strittig, *auch* streitig
Striz|zi [ˈʃtri(:)tsi], der, _s, _s (*landsch, bes österr salopp*; Strolch; Zuhälter) ⟨*tschech*⟩
Stro|bel, der, _s, _ (*landsch*; wirrer Haarschopf) · **stro|be|lig** *K 362* (*landsch*; strubbelig) · **stro|beln** *K 363* (*landsch*; struppig machen; struppig sein)
Stroh, das, _[e]s ⟨*zu* streuen⟩. *Zus K 365ff.*: Stroh‿halm usw. · **Strohblu|me** · **stro|hern** (aus Stroh) · **stro|hig** · **Stroh|kopf** (*Schimpfw*; Dummkopf) · **Stroh|mann,** *Pl* ..männer (Vogelscheuche aus Stroh; vorgeschobene Person) · **Stroh|pel|lets** *Pl* (ein Futtermittel)
Strolch, der, _[e]s, _e (*meist ab-*

[1] *Tr*..k|k..

[1] *Tr*..k|k..

wert) · **strol|chen** · **Strol|chen|fahrt** (*schweiz*; Schwarzfahrt)

Strom, der, _[e]s, ..öme · **Strom|ab|neh|mer** (*Elektrotechn*) · **strom|ab[|wärts]** · **strom|an** · **strom|auf[|wärts]** · **Strom|bett**

Strom|bo|li [st..], der, _ (Vulkan auf der gleichnamigen Insel nördl. von Sizilien)

strö|men · **Strö|mer** (*oft abwert*; Landstreicher) · **stro|mern** *K 363* (*oft abwert*) · **Strom|kreis** (*Elektrotechn*) · **Ström|ling,** der, _s, _e (Hering der Ostsee) · **Strom|li|nie** · **Strom|li|nien|form,** die, _ · **Strom|schnel|le** · **Strom|stär|ke** (*Phys*; Größenart der Elektrizität); *Formelzeichen I* · **Strö|mung** · **Strom|wen|der** (Kollektor)

Stron|tia|nit [st.., *auch* ʃt..], der, _[e]s, _e (ein Mineral) ⟨*nach* dem schott. Ort Strontian [ˈstrɔnʃiən]⟩ · **Stron|tium,** das, _s (chem. Element, Metall); *Zeichen* Sr ⟨*nach* dem Mineral Strontianit⟩

Stroph|an|thin [ʃt.. *od* st..], das, _s (*Med, Pharmakol*; ein Arzneimittel) ⟨*grch → lat*⟩ · **Stro|phe** [ʃt..], die, _, _n · **...stro|phig** (z. B. dreistrophig [*mit Ziffer K 284* 3strophig]) · **stro|phisch** (in Strophen geteilt)

Stropp, der, _[e]s, _s (*seem*; Tauschlinge, Kette – *landsch scherzh*; ¹Schlingel) ⟨*lat*⟩

strot|zen *K 354*

strub; strüber, strübste (*schweiz*; struppig; schwierig, schlimm)

strub|be|lig *K 362* · **Strub|bel|kopf** *od* **Struw|wel|kopf** (*umg*)

Stru|del, der, _s, _ (Wirbel, Wasserwirbel – *bes süddt, österr*; ein Gebäck) · **stru|deln** *K 363*

Struk|tur [ʃt.. *od* st..], die, _, _en (Gefüge, Sinngefüge; Bau; Aufbau; [innere] Gliederung) ⟨*lat*⟩ · **Struk|tu|ra|lis|mus,** der, _ (Richtung [verschiedener Ausprägung] in der modernen bürgerl. Philosophie, Sprach- u. Literaturwissenschaft) · **struk|tu|rell** · **Struk|tur|for|mel** (*Chem*) · **struk|tu|rie|ren** (die Struktur bestimmen)

Stru|ma [ʃt.. *od* st..], die, _, ..men (*Med*; Kropf) ⟨*lat*⟩ · **stru|mös** (*Med*; kropfartig); eine _e Geschwulst

Strumpf, der, _[e]s, ..ümpfe · **Strumpf|band,** das, *Pl* ..bänder · **Strümpf|chen** · **Strumpf|ho|se** · **Strumpf|wir|ker**

Strunk, der, _[e]s, ..ünke

strup|pig ⟨*zu* sträuben⟩ · **Strup|pig|keit,** die, _

Struwwelkopf ↑ Strubbelkopf · **Stru|wel|pe|ter,** der, _s, _ (eine Kinderbuchfigur)

Strych|nin [ʃt.. *od* st..], das, _s (*Biochem, Pharmakol*; ein Alkaloid, ein Arzneimittel) ⟨*grch + lat*⟩

Stu|art [ˈʃtu:art, *engl* ˈstju:ərt], der, _s, _s (Angehöriger der schottisch-engl. Königsdynastie der Stuarts) · **Stu|art|kra|gen** *K 209* (*hist*)

Stu|bai|er Al|pen *K 232 Pl* (in Italien u. Österreich)

Stub|ben, der, _s, _ (*norddt*; Baumstumpf)

Stub|ben|kam|mer, die, _ (Teil der Kreidesteilküste im O Rügens)

Stüb|chen · **Stu|be,** die, _, _n ⟨*rom*⟩ · **Stu|ben‿flie|ge, ...ge|lehr|te** (*abwert*) · **Stu|ben|hocker**[1] (*umg*) · **Stu|ben|hocke|rei**[1] (*umg abwert*)

Stubsnase ↑ Stupsnase

Stuck, der, _[e]s (mit Gipsmischung hergestellte, reliefartige Decken- od. Wandverzierung) ⟨*germ → ital, zu* ¹Stock⟩; *vgl. auch* Stukkateur usw. *Zus K 365ff.*: Stuck‿arbeit usw.

Stück, das, _[e]s, *Pl* _e, *umg auch* _en *u. bei Maßangabe* (*K 308*) Stück; *Abk* Stck. *od* St.; 3 _; mit 5 _ Stahlfedern; Stücker zehn (*umg*; ungefähr zehn); die Abgrenzung eines _ Landes; es glich einem _ groben Tuches *od* einem _ grobem Tuch · **stückeln**[1] *K 363* · **Stücke|lung**[1] *K 363*

stucken[1] (*landsch u. österr umg*; angestrengt lernen)

stücken[1] · **Stücker** ↑ *unter* Stück · **Stücke|schrei|ber**[1] (*Lit*) · **Stück|gut** (Einzelgut)

stuckie|ren[1] (mit Stuck versehen) ⟨*germ → ital, zu* ¹Stock⟩

Stück‿koh|le, ...lohn · **stück|wei|se** *K 176*; achtstückweise *K 283* (*mit Ziffer K 284* 8stückweise) · **Stück|werk**

Stu|dent (Hochschüler; Fachschüler); *Abk* Stud. ⟨*lat*⟩; *vgl.* Studiosus · **Stu|den|ten|wohn|heim** · **Stu|den|tin,** die, _, ..innen · **stu|den|tisch** · **Stu|die** [..ĭə], die, _, _n (Übung; Vorarbeit zu einem Werk der Kunst od. der Wissenschaft) · **Stu|dien|di|rek|tor** · **stu|dien|hal|ber** · **Stu|dien|rat,** *Pl* ..räte (Titel für bewährte Lehrer in der DDR) · **stu|die|ren;** ein studierter Mann · **Stu|dier|stu|be** (*veraltet*) · **Stu|dier|te,** der *u.* die, _n, _n *K 341* · **Stu|dier|zim|mer** (*veraltet*) · **Stu|di|ker,** der, _s, _ (*noch scherzh*; Student) · **Stu|dio,** das, _s, _s (Arbeitszimmer; Atelier; Film- od. Rundfunkaufnahmeraum; Versuchsbühne) ⟨*lat → ital*⟩ · **Stu|dio‿büh|ne, ...ki|no** · **Stu|dio|sus,** der, _, *Pl* ..sen *od* ..si (*oft scherzh*; Studierender, Student); *Abk* stud., z. B. stud. phil. (studiosus philosophiae [st.. ..fiɛ:] = Student der Philosophie) · **Stu|dium,** das, _s, ..ien [..ĭən]

Stu|fe, die, _, _n · **stu|fen** · **Stu|fen‿bar|ren** (*Sport*), **...fol|ge** · **stu|fen|för|mig** · **Stu|fen‿gang, ...lei|ter** (die), **...schei|be** (*Techn*) · **stu|fen|wei|se** *K 176* · **stu|fig** (mit Stufen versehen) · **...stu|fig** (z. B. einstufig, mehrstufig) · **Stu|fung**

Stuhl, der, _[e]s, ..ühle ⟨‚Gestell'⟩; *K 258*: der Heilige _ · **Stuhl|bein** · **Stühl|chen** · **Stuhl|gang,** der, _[e]s · **Stuhl|leh|ne**

Stuk|ka|teur [..ˈtø:r], der, _s, _e (Stuckarbeiter, -künstler) ⟨*germ → ital → frz*⟩ · **Stuk|ka|tur,** die, _, _en (Stuckarbeit) ⟨*germ → ital*⟩

Stul|le, die, _, _n (*norddt, bes berlin*; [belegte] Brotschnitte)

Stul|pe, die, _, _n (umgeschlagenes Stück an Ärmeln, Handschuhen u. Stiefeln) · **stül|pen** · **Stul|pen|är|mel,** *selten* **Stulp|är|mel** · **Stul|pen|stie|fel,** *selten* **Stulp|stie|fel** · **Stülp|na|se**

stumm ⟨*zu* stammeln⟩; _ sein · **Stum|me,** der *u.* die, _n, _n *K 341*

Stum|mel, der, _s, _ · **Stum|mel|af|fe** · **Stüm|mel|chen** · **stüm|meln** *K 363* (verstümmeln – *landsch*; Bäume stark zurückschneiden)

Stumm|heit, die, _

Stum|pe, der, _n, _n (*landsch*; Stumpf, Baumstumpf) · **Stum|pen,** der, _s, _ (Rohform des Filzhutes; eine Zigarrenart – *süddt*; Stumpf, Baumstumpf) · **Stüm|per** (*abwert*; Nichtskönner, Pfuscher) · **Stüm|pe|rei** (*abwert*) · **stüm|per|haft** (*abwert*) · **Stüm|pe|rin,** die, _, ..innen (*abwert*) · **stüm|per|mä|ßig** (*abwert*) · **stüm|pern** *K 363* (*abwert*)

stumpf · **Stumpf,** der, _[e]s, ..ümpfe (Überbleibsel) · **Stumpf|heit** · **Stumpf|näs|chen** · **stumpf|na|sig** · **Stumpf|sinn,** der, _[e]s · **stumpf|sin|nig** · **stumpf|wink|lig** *K 362*

Stünd|chen *od* **Stünd|lein** · **Stun|de,** die, _, _n (*Phys*; Einheit der Zeit = 60 min); *Einheitenzeichen* h (*für lat* hora [↑ d.], *im allg Sprachgebrauch Abk* Std.; eine halbe Stunde, eine viertel Stunde, *aber K 289*: eine Viertelstunde; von Stund an · **stun|den** (Frist [zur Zahlung] gewähren) · **Stun|den|geld** (*umg*) · **Stun|den|halt** (*schweiz*; stündliche Marschpause) · **Stun|den|ki|lo|me|ter** (*fälschl*; Kilometer je Stunde, Kilometer stündlich); *vgl.* Kilometer · **stun|den|lang** *K 176*, *aber K 127*: drei

---

[1] *Tr* ..k|k..

Stunden lang · **Stun|den‿lohn, ...schlag · stun|den|wei|se** *K 176* · **stun|den|weit** *K 176, aber K 127*: drei Stunden weit · **...stün|dig** (z. B. dreistündig *K 283* [drei Stunden dauernd, drei Stunden alt], *mit Ziffer K 284* 3stündig) · **stünd|lich** (jede Stunde) · **...stünd|lich** (z. B. dreistündlich *K 283* [alle drei Stunden wiederkehrend], *mit Ziffer K 284* 3stündlich) · **Stun|dung**

Stunk, der, _s (*umg abwert*; Zank, Nörgelei)

Stunt|man ['stantmən], der, _, ..men [..mən] (*Filmw*; Double für gefährl. Szenen) ⟨*engl*⟩

Stupf, der, _[e]s, _e (*süddt, schweiz*; Stoß) · **stup|fen** (*süddt, österr, schweiz*) · **Stup|fer** (*süddt, österr, schweiz*; Stoß)

stu|pid [ʃt.. *od* st..], *österr nur so, od* **stu|pi|de** (dumm, beschränkt, stumpfsinnig); ..deste ⟨*lat*⟩ · **Stu|pi|di|tät**

Stupp, die, _ (*österr*; Streupuder) · **stup|pen** (*österr*; pudern)

Stups, der, _es, _e (*umg*; Stoß) · **stup|sen** *K 354* (*umg*; stoßen) · **Stups|na|se,** *auch* **Stubs|na|se**

stur (*umg abwert*; stier; unbeweglich; hartnäckig) ⟨*zu* starr⟩ · **Stur|heit,** die, _ (*umg abwert*)

sturm (*alemann*; verworren, schwindelig) · **Sturm**: 1. der, _[e]s, ..ürme (heftiger Wind; Angriff u. a.); _ läuten; gegen etwas _ laufen; sein Barometer steht auf Sturm (*umg*; er hat schlechte Laune) – 2. der, _[e]s (*österr*; in Gärung übergegangener Most) ⟨*zu* stören⟩ · **Sturm|bock** (*hist*; ein altröm. Belagerungsgerät) · **stür|men** · **Stür|mer** · **Stür|me|rei** · **Stür|mer und Drän|ger,** der, *Gen* _s _ _s, *Pl* _ _ _ (*Literaturw*; Angehöriger des Sturm und Drang) · **Stur|mes|brau|sen** (*dicht*) · **Sturm‿flut, ...glocke**[1], **...hau|be** (*hist*) · **Sturm|hut,** der (Eisenhut) · **stür|misch** · **Sturm|la|ter|ne** · **Sturm|läu|ten,** das, _s · **sturm|reif** · **Sturm|schritt** · **Sturm und Drang,** der, *Gen* _ _ _ *od* _ _ _[e]s (*Literaturw*; dt. literar. Bewegung in der zweiten Hälfte des 18. Jh.) · **Sturm-und-Drang-Zeit** *K 189*, die, _ · **Sturm|wind**

Sturz: 1. der, _es, ..ürze (jäher Fall) – 2. der, _es, *Pl* _e *od* ..ürze (*Bauw*; Oberschwelle bei Türen u. Fenstern) · **Sturz‿acker**[1], **...bach** · **Stür|ze,** die, _, _n (*Mus*; Schalltrichter der Blechblasinstrumente – *landsch*; Topfdeckel) · **Stur|zel** *od* **Stür|zel,** der, _s, _ (*landsch*; stumpfes Ende, Stumpf, Baumstumpf) · **stür|zen** *K 354* · **Sturz|flug** · **Sturz|gut** (z. B. Kohle, Schotter) · **Sturz‿helm, ...re|gen** · **Sturz|see,** die (Brecher)

Stuß, der, ..usses (*umg abwert*; Unsinn) ⟨*hebr → jidd*⟩

Stut|buch (*Zool*; Zuchtstammbuch für Pferde) · **Stu|te,** die, _, _n

Stu|ten, der, _s, _ (*landsch*; [längl.] Weißbrot) · **Stu|ten|bäcker** [*Tr* ...bäk|ker] (*landsch*)

Stu|ten|zucht · **Stu|te|rei** (*veraltet*; Gestüt)

Stutt|gart (Hptst. von Baden-Württemberg [BRD]) · **Stutt|gart-Bad Cann|statt** *K 244* (Stadtteil von Stuttgart) · **Stutt|gar|ter**: 1. *K 231*: der, _s, _; 2. *als Attribut K 232*

Stütz, der, _es, _e (*Sport*) · **Stütz|bal|ken**

Stutz|bart

Stüt|ze, die, _, _n

stut|zen *K 354* · **Stut|zen,** der, _s, _ (kurzes Jagdgewehr; Wadenstrumpf ohne Füßling – *Techn*; Ansatzrohrstück)

stüt|zen *K 354*

Stut|zer, der, _s, _ (kurzer Herrenmantel – *abwert*; Geck – *schweiz auch für* kurzes Jagdgewehr) · **stut|zer|haft** (*abwert*)

Stutz|flü|gel

Stütz|ge|we|be (*Med*)

stut|zig; _ machen · **stüt|zig** (*noch süddt, österr*; stutzig; störrisch, widerspenstig)

Stütz‿mau|er, ...punkt · **Stüt|zung**

sty|gisch [st..] (zum Styx gehörig – *übertr*; schauerlich) ⟨*grch*⟩

Sty|lit [st.. *od* ʃt..], der, _en, _en (*christl Rel*; Säulenheiliger) ⟨*grch*⟩

Sty|rol [ʃt.. *od* st..], *fachspr* **Sty|ren,** das, _s (*Chem*; eine organische Verbindung) ⟨*grch + lat*⟩

Styx [st..], der, _ (*griech Mythol*; Fluß in der Unterwelt) ⟨*grch*⟩

Sua|da, *österr nur so, od* **Sua|de,** die, _, ..den (*oft iron*; Redefluß, Beredsamkeit) ⟨*lat*⟩

Suaheli ↑ Swahili

sua|so|risch (überredend); _ste ⟨*lat*⟩

sub|al|pin (zur unteren Vegetationsstufe der Alpen gehörig) ⟨*lat*⟩

sub|al|tern (untergeordnet; unselbständig) ⟨*lat*⟩ · **Sub|al|ter|ne,** der *u.* die, _n, _n *K 341*

sub|ant|ark|tisch (dem Übergangsgebiet zw. Antarktis u. gemäßigter Zone angehörend) ⟨*lat + grch*⟩

sub|apen|ni|nisch (am Fuße der Apenninen befindlich) ⟨*lat*⟩

sub|aqua|tisch (*Geol*; unter Wasser befindlich) ⟨*lat*⟩

sub|ark|tisch (dem Übergangsgebiet zw. Arktis u. gemäßigter Zone angehörend) ⟨*lat + grch*⟩

Sub|bot|nik, der, _s, _[s] (freiwillige kollektive Arbeit sozialist. Werktätiger ohne Entgelt) ⟨*zu russ* subbota ‚Sonnabend'⟩

Sub|dia|kon [*auch* ..'ko:n] (*kath Kirche*; Träger des untersten Grades der höheren Weihen) ⟨*lat + grch*⟩

Sub|do|mi|nan|te [*od* ..'nan..] *K 342* (*Mus*; vierte Stufe einer Tonart; der darauf stehende Dreiklang) ⟨*lat → ital*⟩

sub|fos|sil (*fachspr*; erst in geschichtl. Zeit ausgestorben) ⟨*lat*⟩

sub|gla|zi|al (*Geol*; unter dem Eise befindlich [z. B. von Schmelzwasserrinnen]) ⟨*lat*⟩

Sub|jekt, das, _[e]s, _e (*allg*; der Träger von Eigenschaften, Erlebnissen, Wirkungen – *meist abwert*; Person – *Gramm*; Satzgegenstand – *Philos*; das wahrnehmende, vorstellende u. handelnde Ich [*Ggs* Objekt]) ⟨*lat*⟩ · **Sub|jek|tion** (das Aufwerfen einer Frage, die der Fragesteller selbst beantwortet) · **sub|jek|tiv** (nur für das Subjekt gültig; persönlich, nicht sachlich; willkürlich); *Ggs* objektiv · **Sub|jek|ti|vis|mus** [..v..], der, _ (das Subjekt zum Maßstab aller Dinge machende Auffassung – *auch für* Ichbezogenheit) · **sub|jek|ti|vi|stisch** · **Sub|jek|ti|vi|tät,** die, _ (persönl. Auffassung; Voreingenommenheit, Unsachlichkeit); *Ggs* Objektivität · **Sub|jekt|satz** (*Gramm*)

Sub|kon|ti|nent (wesentl. Teil eines Kontinents) ⟨*lat*⟩; *K 238*: der indische _ (Vorderindien)

sub|ku|tan (*Med*; unter der Haut [befindlich]; unter die Haut [erfolgend]); *Abk* sc. ⟨*lat*⟩

sub|lim (erhaben; verfeinert; nur einem geläuterten Verständnis od. Empfinden zugänglich) ⟨*lat*⟩ · **Sub|li|mat,** das, _[e]s, _e (*Chem*; fester Niederschlag eines Gases beim Abkühlen; Quecksilberverbindung) · **Sub|li|ma|tion** (*Chem*; unmittelbarer Übergang vom festen in den gasförmigen Zustand u. umgekehrt) · **sub|li|mie|ren** (etw. ins Erhabene steigern, erheben, erhöhen, läutern, verfeinern – *Chem*; durch Sublimation trennen u. reinigen) · **Sub|li|mie|rung** · **Sub|li|mier|vor|rich|tung** (*Chem*) · **Sub|li|mi|tät,** die, _ (Erhabenheit)

sub|ma|rin (*bes Geol*; untermeerisch) ⟨*lat*⟩

Sub|mis|sion (*Wirtsch*; Musterausstellung der Herstellerbetriebe zur Entgegennahme von Aufträgen; Vergebung von Arbeiten durch öffentl. Aufforderung – *veraltet*; Ehr-

[1] *Tr* ..k|k..

erbietigkeit, Unterwürfigkeit; Unterwerfung) ⟨lat⟩ · **Sub|mis|si̲o̲ns|weg** (*Wirtsch*); im _[e] · **sub|mit|ti̲e̲|ren** (*Wirtsch*)

Sub|or|di|na|ti̲o̲n, die, _ (*meist Gramm*; Unterordnung) ⟨lat⟩ · **sub|or|di|na|ti̲o̲ns|wid|rig** (*veraltet*) · **sub|or|di|ni̲e̲|ren** (*meist Gramm*; unterordnen); subordinierende Konjunktion (unterordnendes Bindewort)

sub|po|la̲r (dem Übergangsgebiet zw. Polarzone u. gemäßigter Zone angehörend) ⟨lat + grch⟩

sub|si|diä̲r (*fachspr*; hilfsweise, unterstützend; behelfsmäßig) ⟨lat⟩ · **Sub|si̲|dien** [..ĭən] *Pl* (*veraltet*; Hilfsgelder [eines Staates an einen anderen])

Sub|skri|be̲nt (*Buchw*; Vor[aus]besteller) ⟨lat⟩ · **sub|skri|bi̲e̲|ren** (*Buchw*) · **Sub|skrip|ti̲o̲n** (*Buchw*; Vorbestellung [durch Namensunterschrift]; schriftl. Verpflichtung zum Kauf eines später od. in Lieferungen erscheinenden Werkes) · **Sub|skrip|ti̲o̲ns|preis** (*Buchw*)

Sub|spe̲|zies [..tsiɛs], die, _, _ (*Biol*; Unterart) ⟨lat⟩

Sub|stan|tia|li|tä̲t, die, _ (*fachspr*; Eigenschaft u. Bereich einer Substanz) ⟨lat⟩ · **sub|stan|ti̲e̲ll** (*fachspr*; wesentlich; stofflich; nahrhaft) · **sub|stan|ti|i̲e̲|ren** [..tsi..] (*fachspr*; mit Vollmacht versehen; durch Tatsachen belegen, begründen) · **Su̲b|stan|tiv** [*auch* ..'ti:f], das, _s, _e [..v..] (*Gramm*; Dingwort, Hauptwort); *Abk* Subst.; *vgl. auch K 92* · **sub|stan|ti|vi̲e̲|ren** [..v..] (*Gramm*; als Substantiv gebrauchen) · **Sub|stan|ti|vi̲e̲|rung** (*Gramm*); *vgl. K 93ff.* · **su̲b|stan|ti|visch** [*auch* ..'ti:..] (*Gramm*; dingwörtlich) · **Sub|sta̲nz,** die, _, _en (der beständige Träger wechselnder Eigenschaften; das Bleibende, das Wesentliche; das Stoffliche, die Materie)

sub|sti|tu|i̲e̲|ren (*fachspr*; an die Stelle [von etw. anderem] setzen; [als Stellvertreter] einsetzen; austauschen) ⟨lat⟩ · **Sub|sti|tu|i̲e̲|rung** (*fachspr*; bedingte Festsetzung) · **Sub|sti|tu̲t,** der, _en, _en (*veraltend*; Ersatzmann; Stellvertreter [eines Bevollmächtigten]) · **Sub|sti|tu̲|tin,** die, _, ..innen (*veraltend*) · **Sub|sti|tu|ti̲o̲n** (*fachspr*; Austausch, Ersetzung)

Sub|stra̲t, das, _[e]s, _e (*Wissensch*; Grund-, Unterlage – *Biol, Landw*; Nährboden) ⟨lat⟩

sub|su|mi̲e̲|ren (unterordnen, einordnen) ⟨lat⟩ · **Sub|sum|ti̲o̲n** (Einordnung, Einbeziehung) · **sub|sum|ti̲v** (unterstellend; vermutlich)

sub|ti̲l (zart, fein, sorgsam; spitzfindig; schwierig) ⟨lat⟩ · **Sub|ti|li|tä̲t** (Zartheit, Feinheit, Sorgsamkeit; Spitzfindigkeit)

Sub|tra|he̲nd, der, _en, _en (*Math*; abzuziehende Zahl) ⟨lat⟩ · **sub|tra|hi̲e̲|ren** (*Math*) · **Sub|trak|ti̲o̲n** (*Math*)

Su̲b|tro|pen *Pl* (zw. den Tropen u. den gemäßigten Zonen liegende Gebiete) ⟨lat + grch⟩ · **su̲b|tro|pisch** [*od* ..'tro:..] (die Subtropen betreffend)

Sub|ven|ti̲o̲n [..v..] (*Wirtsch*; [finanzielle] Beihilfe, Unterstützung, bes. aus öffentl. Mitteln) ⟨lat⟩ · **sub|ven|tio|ni̲e̲|ren** (*Wirtsch*)

Sub|ver|si̲o̲n [..v..] (Umsturz) ⟨lat⟩ · **sub|ver|si̲v** (zerstörend, umstürzend)

Su̲ch|ar|beit · **Su̲|che,** die, _, *Pl* (*nur weidm*:) _n; auf der _ sein; auf die _ gehen · **su̲|chen** · **Su̲|cher**

Sucht, die, _, *Pl* Süchte (Krankheit, Seuche; krankhaftes Verlangen [nach Rauschgift]) (*zu* siech) · **sü̲ch|tig** · **Sü̲ch|tig|keit,** die, _ · **Su̲cht|mit|tel** (z. B. Kokain)

Su|chu̲|mi [..x..] (Kurort u. Hafenstadt in Georgien)

su̲ckeln [*Tr* suk|keln] *K 363* (*landsch umg*; [in kleinen Zügen] saugen) (*zu* saugen)

Su|cre ['sukrə *od* ..kre]: 1. (Hptst. von Bolivien) – 2. der, _, _ (Währungseinheit in Ekuador) ⟨*nach* dem südamerikan. Freiheitskämpfer⟩

Sud, der, _[e]s, _e (das Sieden; das Gesottene; durch Sieden erhaltene Lösung)

Süd: 1. *ohne Art* (*fachspr*; Süden [1]), *Abk* S; aus _, nach _ u. a.; Süd und Nord – 2. der, _[e]s, _e (*seem u. dicht*; Südwind); *vgl. auch K 297*

Süd|a̲fri|ka *K 243*: 1. (der südl. Teil Afrikas) – 2. *amtl* **Re|pu|bli̲k Süd|a̲fri|ka** (an der Südspitze Afrikas) · **Süd|afri|ka̲|ner,** der, _s, _ · **süd|afri|ka̲|nisch** · **Süd|ame̲|ri|ka** *K 243* · **Süd|ame|ri|ka̲|ner,** der, _s, _ · **süd|ame|ri|ka̲|nisch**

Su|da̲n: 1. der, _s (Landsch. südl. der Sahara) – 2. *ohne Art, auch* der, _[s], *amtl* **Re|pu|bli̲k Su|da̲n** (im NO Afrikas) ⟨*arab*, ‚Land der Schwarzen'⟩ · **Su|da̲|ner,** der, _s, _: 1. (Bewohner des Sudans [1]) – 2. *od* **Su|da|ne̲|se,** der, _n, _n (Staatsbürger von Sudan [2]) · **su|da|ne̲|sisch**: 1. (Sudan [2] betreffend) – 2. *od* **su|da̲|nisch** (den Sudan [1] betreffend)

süd|ara̲|bisch · **süd|asia̲|tisch** · **Süd|a̲sien** [..ĭən] *K 243* · **Sü̲d|au|stra̲|lien** [..ĭən] *K 243* (Bundesstaat von Australien [2]) · **Süd|da|ko̲|ta** *K 243* (Staat der USA) · **sü̲d|deutsch;** *vgl. K 265ff.*

Su|de|le̲i (*umg abwert*) · **Su̲|de|ler** *K 363* (*umg abwert*) · **su̲|de|lig** *K 362* (*umg abwert*) · **su̲|deln** *K 363* (*umg abwert*; unsauber, nachlässig arbeiten) (*zu* sieden)

Sü̲|den: 1. *ohne Art* (Himmelsrichtung), *Abk* S; aus _, nach _ u. a.; *vgl. auch* Süd (1) – 2. der, _s (das südwärts gelegene Gebiet)

Sü̲|der|oog (eine der Halligen)

Süd|eu|ro̲|pa *K 243* · **süd|eu|ro|pä̲|isch** · **Süd|fra̲nk|reich** *K 243* · **süd|fran|zö̲|sisch**

Sü̲d|frucht, *meist Pl*

Su̲d|haus (Teil der Brauerei) (*zu* sieden)

Süd|ka|ro|li̲|na *K 243* (Staat der USA) · **Süd|ko|re̲a** · **Süd|ko|rea̲|ner,** der, _s, _ · **süd|ko|rea̲|nisch** · **Sü̲d|län|der,** der, _s, _ · **sü̲d|län|disch** · **sü̲d|lich;** _ des Meeres, _ vom Meere; _ von Berlin; _er Breite (*Geogr*; [*Abk* s. Br. *od* südl. Br.]); *K 119*: der südliche Sternhimmel; *aber K 258*: die Südlichen Kalkalpen

Süd|ost [..'ɔst, *in der Meteorologie* ..'o:st]: 1. *ohne Art* (*fachspr meist für* Südosten [1]), *Abk* SO; aus _, nach _ u. a. – 2. der, _s (*seem u. dicht*; Südostwind); *vgl. auch K 297*

Süd|o̲st|a̲sien [..ĭən] *K 243*

Süd|osten [..'ɔst(ə)n, *in der Meteorologie* ..'o:stən]: 1. *ohne Art* (Himmelsrichtung), *Abk* SO; aus _, nach _ u. a.; *vgl. auch* Südost (1) – 2. der, _s (das südostwärts gelegene Gebiet) · **süd|öst|lich** [..'œst.., *in der Meteorologie* ..'ø:st..] · **Süd|ost|wind** [..'ɔst.., *in der Meteorologie* ..'o:st..]

Sü̲d|pol, der, _s · **Süd|po|la̲r|ex|pe|di|tion** · **Süd|po|la̲r|meer,** das, _[e]s

Süd|rho|de̲|sien [..ĭən] (früherer Name von Simbabwe) · **Sü̲d|see,** die, _ (der äquatoriale u. südl. Teil des Pazifiks) · **Sü̲d|see|in|su|la|ner** *K 246* · **süd|si|bi̲|risch;** *K 258*: die Südsibirische Eisenbahn (*russ Kurzw* Jugsib) · **Sü̲d|sla|wen** *Pl* (Gruppe der Slawen) · **sü̲d|sla|wisch;** *vgl. auch K 265ff.* · **Süd|staa|ten** *Pl* (in den USA) · **Süd|süd|ost** [..'ɔst, *in der Meteorologie* ..'o:st], *ohne Art* (*fachspr meist für* Südsüdosten [1]), *Abk* SSO; aus _, nach _ u. a. · **Süd|süd|o̲sten:** 1. *ohne Art* (Himmelsrichtung), *Abk* SSO; aus _, nach _ u. a.; *vgl. auch* Südsüdost – 2. der, _s (das südsüdostwärts gelegene Gebiet) · **Süd|süd|o̲st|wind** · **Süd|süd|we̲st,**

ohne Art (*fachspr meist für* Südsüdwesten [1]), *Abk* SSW; aus _, nach _ u. a. · **Süd|süd|we|sten:** 1. *ohne Art* (Himmelsrichtung), *Abk* SSW; aus _, nach _ u. a.; *vgl. auch* Südsüdwest – 2. der, _s (das südsüdwestwärts gelegene Gebiet) · **Süd|süd|west|wind** · **süd|wärts** · **Süd|west:** 1. *ohne Art* (*fachspr meist für* Südwesten [1]), *Abk* SW; aus _, nach _ u. a.; – 2. der, _s (*seem u. dicht*; Südwestwind); *vgl. auch K 297* · **Süd|we|sten:** 1. *ohne Art* (Himmelsrichtung), *Abk* SW; aus _, nach _ u. a.; *vgl. auch* Südwest (1) – 2. der, _s (das südwestwärts gelegene Gebiet) · **Süd|we|ster,** der, _s, _ (wasserdichte Seemannskappe) · **süd|west|lich** · **Süd|west|wind** · **Süd|wind**

Suebe usw. ↑ Swebe usw.

Su|ez ['zu:ɛ(t)s] *od* **Su|es** ['zu:ɛs] (Hafenstadt der ARÄ am Südende des Suezkanals) · **Su|ez|ka|nal** *od* **Su|es|ka|nal** *K 246,* der, _s (zw. Mittelmeer u. Rotem Meer)

Suff, der, _[e]s (*salopp*; übermäßiges Trinken; Betrunkenheit – *salopp abwert*; [schlechtes] Getränk) ⟨*zu* saufen⟩; der stille _ · **Süf|fel,** der, _s, _ (*umg scherzh*; Säufer) · **süf|feln** *K 363* (*umg*; gern trinken) · **süf|fig** (*umg*; gut trinkbar; angenehm mundend)

süf|fi|sant (*abwert*; dünkelhaft, selbstgefällig) ⟨*lat* → *frz*⟩

Suf|fix [*od* 'zu..], das, _es, _e (*Sprachw*; Nachsilbe) ⟨*lat*⟩; *Ggs* Präfix

Suf|fra|get|te, die, _, _n (engl. Verfechterin der Frauenrechte) ⟨*lat* → *frz* → *engl*⟩

Suf|fu|sion (*Med*; Blutaustritt unter die Haut, stärkere Blutunterlaufung) ⟨*lat*⟩

Su|fi ⟨*arab*, ‚der in Baumwollkutte Gekleidete'⟩, der, _[s], _s *od* **Su|fist** ⟨*arab* → *lat*⟩, der, _en, _en (islam. Asket einer myst. Richtung) · **Su|fis|mus,** der, _ (mystisch-asket. Richtung des Islams) ⟨*arab* → *lat*⟩

Su|gam|brer, der, _s, _ (Angehöriger eines german. Volksstammes)

sug|ge|rie|ren (seelisch sehr beeinflussen; jmdm. etw. einreden; zu Vorstellungen u. Handlungen veranlassen) ⟨*lat*⟩ · **sug|ge|sti|bel** (beeinflußbar, für Suggestion empfänglich); *K 363*: suggesti|ble Menschen · **Sug|ge|sti|bi|li|tät,** die, _ (Empfänglichkeit für Beeinflussung) · **Sug|ge|stion** (ungewöhnlich starke geistig-seelische Beeinflussung; Willensübertragung) · **sug|ge|stiv** ([seelisch] beeinflussend; verfänglich) · **Sug|ge|stiv|fra|ge** (eine Frage, die jmdm. die Antwort in den Mund legt)

Suhl (Bezirksstadt in der DDR)

Suh|le, die, _, _n (*bes weidm*; morastige Wasserlache; feuchte Bodenstelle) · **suh|len, sich** (*Akk*) (*weidm, vom Rot- u. Schwarzwild gesagt*; sich in einer Suhle wälzen)

Süh|ne, die, _, _n (*gehoben*) · **Süh|ne|maß|nah|me** · **süh|nen** (*gehoben*) · **Süh|ne‿op|fer, ...rich|ter** (*Rechtsw*) · **Süh|nung** (*gehoben*)

sui ge|ne|ris (von eigener Art) ⟨*lat*⟩

Sui|te ['svi:tə] ⟨*lat* → *frz*⟩, die, _, _n: 1. (Zimmerflucht [in einem Hotel]) – 2. *od* **Par|ti|ta** ⟨*lat* → *ital*⟩, die, _, ..titen (*Mus*; Instrumentalwerk [des Barocks], Folge langsamer u. schneller Tanzsätze)

Sui|zid, der, *auch* das, _[e]s, _e (*fachspr*; Selbstmord) ⟨*lat*⟩

Su|jet [sy'ʒe:, *auch* ..'ʒɛ], das, _s, _s (Gegenstand künstlerischer Darstellung; künstler. Aufgabe, Thema) ⟨*lat* → *frz*⟩

Suk|ka|de, die, _, _n (kandierte Schale einer Zitronenart) ⟨*lat* → *ital*⟩

Suk|ku|bus, der, _, ..kkuben (*mittelalterl Abergl*; [weibl.] Buhldämon) ⟨*lat*⟩; *vgl. auch* Inkubus

suk|ku|lent (*Bot*; saftig, saftvoll) ⟨*lat*⟩ · **Suk|ku|len|te,** die, _, _n, *meist Pl* (*Bot*; ein Dickblattgewächs) · **Suk|ku|lenz,** die, _ (*Bot*; Saftfülle)

Suk|zes|sion (Nachfolge, Rechtsnachfolge; Thronfolge – *Biol*; Entwicklungsreihe) ⟨*lat*⟩ · **suk|zes|siv** *Adj* (allmählich eintretend) · **suk|zes|si|ve** [..v..] *Adv* (allmählich, nach und nach)

Su|la|we|si ⟨*indones*⟩, *auch* **Ce|le|bes** [(t)se..] ⟨*indones* → *portug*⟩ (eine der großen Sundainseln)

Sul|fat, das, _[e]s, _e (*Chem*; Salz der Schwefelsäure) ⟨*lat*⟩ · **Sul|fid,** das, _[e]s, _e (*Chem*; Verbindung von Schwefel meist mit Metallen, Salz der Schwefelwasserstoffsäure) ⟨*lat* + *grch*⟩ · **sul|fi|disch** (*Chem*; Schwefel in Form von Sulfiden enthaltend) · **Sul|fit,** das, _[e]s, _e (*Chem*; Salz der schwefligen Säure) ⟨*lat*⟩ · **Sul|fit|lau|ge** (*Chem*) · **Sul|fon|amid,** das, _[e]s, _e, *meist Pl* (*Pharmakol*; ein Arzneimittel) ⟨*lat* + *grch*⟩ · **Sul|fur,** das, _s (Schwefel); *Zeichen* S ⟨*lat*⟩

Sul|ky ['salki], das, _s, _s (*Pferdesp*; zweirädriger Wagen bei Trabrennen) ⟨*engl*⟩

Süll, der *od* das, _[e]s, _e (*seem*; Türschwelle, Rand – *Schiffb*; Platte zum Umkleiden von Luken) · **Süll|rand** (*seem*; Bootsrand, -kante)

Sul|tan, der, _s, _e (*hist*; islam. Herrschertitel) ⟨*arab* → *türk*, ‚Herrscher'⟩ · **Sul|ta|nat,** das, _[e]s, _e (Amt od. Land eines Sultans) · **Sul|ta|nin,** die, _, ..innen (Frau des Sultans) · **Sul|ta|ni|ne,** die, _, _n, *meist Pl* (große kernfreie Rosine) ⟨*arab* → *türk* → *ital*⟩

Sulz, *österr nur so, od* **Sul|ze,** die, _, ..zen (*süddt, österr, schweiz*; Sülze) ⟨*zu* Salz⟩ · **Sül|ze,** die, _, _n (Fleisch usw. in Gallert) · **sul|zen** *K 354* (*süddt, österr, schweiz*; sülzen) · **sül|zen** *K 354* · **Sülz|ko|te|lett**

Su|mach, der, _s, _e (*Bot*; Bez. für mehrere Gerbstoff liefernde Holzgewächse) ⟨*grch*⟩; *vgl. auch* Schmack

Su|ma|tra [..'ma:.., *auch* 'zu:ma..] (eine der Großen Sundainseln) ⟨*indones*⟩

Su|mer [*od* ..'me:r] (*Altertum*; das südl. Mesopotamien) ⟨*akkad*⟩ · **Su|me|rer,** der, _s, _ (*Altertum*; Angehöriger der nichtsemit. Bevölkerung Sumers) · **su|me|risch;** *vgl. K 266f.* · **Su|me|risch,** das, *Gen* _[s], *Dat* _ (Sprachbezeichnung *K 268ff.*) · **Su|me|ri|sche,** das, *Gen* _n, *Dat* _n (Sprachbezeichnung *K 271*)

summ! ⟨*lautm*⟩; summ, summ!

Sum|ma, die, _, ..mmen (*idealist Philos*; zusammenfassende, systemat. Darstellung eines theologisch-philosoph. Lehrgebäudes) ⟨*lat*⟩ · **sum|ma cum lau|de** (Note der Doktorprüfung) ⟨‚mit höchstem Lob'⟩ · **Sum|mand,** der, _en, _en (*Math*; hinzuzuzählende Zahl) · **sum|ma|risch** (kurz zusammengefaßt, bündig); _ste · **sum|ma sum|ma|rum** (alles in allem) · **Sum|ma|tion** (*fachspr*; Summenbildung, Aufrechnung) · **Sümm|chen** · **Sum|me,** die, _, _n

sum|men ⟨*lautm*⟩ · **Sum|mer** (*Elektrotechn*) · **Sum|mer|zei|chen**

sum|mie|ren (zusammenzählen, die Summe bilden; vereinigen) ⟨*lat*⟩; sich (*Akk*) summieren (anwachsen) · **Sum|mie|rung**

summ, summ! ⟨*lautm*⟩

Sumpf, der, _[e]s, *Pl* Sümpfe · **Sumpf|dot|ter|blu|me** · **sump|fen** (*salopp*; liederlich leben) · **sümp|fen** (*bergm*; entwässern) · **Sumpf|fie|ber** (Malaria) · **Sumpf|huhn** (*auch salopp scherzh*; unsolider Mensch) · **sump|fig**

Sums, der, _es (*umg*; Gerede); [einen] großen _ (viel Aufhebens) machen · **sum|sen** *K 354* (*umg*)

Sund, der, _[e]s, _e (Meerenge, bes. die zw. Ostsee u. Kattegatt)

Sun|da|in|seln *K 246 Pl* (Inselgruppe in Südostasien); *K 258*: die Großen _, die Kleinen _

Sün|de, die, -, -n (*bes Rel*) · **Sün|den|bock** (*umg*) · **Sün|den|re|gi|ster** (*umg scherzh*) · **Sün|der** · **Sün|de|rin,** die, -, ..innen · **sünd|haft;** - (*umg*; überaus) teuer · **sün|dig** · **sün|di|gen** · **sünd|teu|er** (*österr*; sehr teuer)

Sun|nit, der, -en, -en (Anhänger einer Glaubensrichtung im Islam) ⟨*arab* → *lat*⟩

su|per..., **Su|per...** (*verstärkend*; z. B. supermodern, Supermensch) ⟨*lat*⟩

sü|perb, *österr* **su|perb** [zy.. *od* zu..] (vorzüglich, prächtig, auserlesen) ⟨*lat* → *frz*⟩

su|per|fein (sehr fein) ⟨*lat*⟩

Su|per|in|ten|dent [*auch* 'zu:..], der, -en, -en, *landsch auch* [1]**De|kan** (2), der, -s, -e (*ev Kirche*; leitender Geistlicher eines Kirchenbezirkes) ⟨*lat*⟩ · **Su|per|in|ten|den|tur,** die, -, -en (Amt u. Wohnung eines Superintendenten)

Su|pe|rior, der, -s, ..oren (*kath Kirche*; Vorsteher kleinerer Klöster) ⟨*lat*⟩ · **Su|pe|rio|rin,** die, -, ..innen (*kath Kirche*) · **Su|pe|rio|ri|tät** (Überlegenheit; Übergewicht)

su|per|klug (*iron*; überklug) ⟨*lat*⟩

Su|per|la|tiv [*auch* ..'ti:f], der, -s, -e [..v..] (*Gramm*; zweite Steigerungsstufe, Meiststufe) ⟨*lat*⟩; in Superlativen sprechen (sich überschwenglich ausdrücken); *vgl. auch K 349* · **su|per|la|ti|visch** [*auch* ..'ti:viʃ] (*meist Gramm*)

Supernaturalismus usw. ↑ Supranaturalismus usw.

Su|per|no|va [..v..], die, -, ..vae [..vɛ:] (*Astron*; bes. stark ausgeprägte Nova) ⟨*lat*⟩

Superoxid ↑ Peroxid

Su|per|phos|phat, das, -[e]s (*Chem*; ein Düngemittel) ⟨*lat* + *grch* + *lat*⟩

Su|pi|num, das, -s, ..na (*Sprachw*; eine latein. Verbform) ⟨*lat*⟩

Süpp|chen · **Sup|pe,** die, -, -n ⟨*dt* → *frz*, *zu* saufen⟩ · **Sup|pen|fleisch** · **Sup|pen|kas|per,** *im »Struwwelpeter«* **Sup|pen|kas|par** · **Sup|pen-löf|fel, ...tel|ler, ...wür|fel** · **sup|pig**

Sup|ple|ant (*schweiz*; Ersatzmann in einer Behörde; Stellvertreter) ⟨*lat* → *frz*⟩ · **Sup|ple|ment,** das, -[e]s, -e (Ergänzung – *Buchw*; Ergänzungsband, -teil) ⟨*lat*⟩ · **Sup|ple|ment|band,** der, *Pl* ..bände (*Buchw*) · **Sup|ple|ment|win|kel** (*Geom*; Ergänzungswinkel) · **Sup|plent** (*österr*; Hilfslehrer)

sup|po|nie|ren (voraussetzen; unterstellen) ⟨*lat*⟩

Sup|port, der, -[e]s, -e (*Techn*; Stütze, Unterlage, Werkzeugträger, -schlitten [an Maschinen]) ⟨*lat* → *frz*⟩ · **Sup|port|dreh|bank** (*Techn*)

Sup|po|si|tion (Voraussetzung; Vermutung; Unterstellung) ⟨*lat*⟩ · **Sup|po|si|to|rium,** das, -s, ..rien [..iən] (*Med*; Zäpfchen zum Einführen)

Sup|pres|sion (*fachspr*; Unterdrükkung; Zurückdrängung; Verheimlichung) ⟨*lat*⟩ · **sup|pres|siv** (*fachspr*) · **sup|pri|mie|ren** (*fachspr*)

Su|pra|lei|ter, der (*Elektrotechn*; Leiter, der in der Nähe des absoluten Nullpunkts sprunghaft seinen Widerstand verliert) ⟨*lat* + *dt*⟩

Su|pra|na|tu|ra|lis|mus, *auch* **Su|per|na|tu|ra|lis|mus,** der, - (Glaube an Übernatürliches, -sinnliches) ⟨*lat*⟩ · **su|pra|na|tu|ra|li|stisch,** *auch* **su|per|na|tu|ra|li|stisch**

Supraporte ↑ Sopraporte

Su|pre|mat, der *od* das, -[e]s, -e *od* **Su|pre|ma|tie,** die, -, ..ien ([päpstl.] Oberherrschaft, -hoheit; Überordnung) ⟨*lat*⟩ · **Su|pre|mats|eid** (*engl Gesch*)

Su|ra|ba|ja (Hafenstadt auf Java) · **Su|ra|ba|ja|ner,** der, -s, -

Su|re, die, -, -n (Kapitel des Korans) ⟨*arab*⟩

Surf|brett ['sœ:rf..] · **sur|fen** (brettsegeln) ⟨*engl*⟩ · **Sur|fer** (Brettsegler)

Su|ri|na|me, *eindeutschend* **Su|ri|nam,** *amtl* **Re|pu|blik Su|ri|na|me** (im N Südamerikas) · **Su|ri|na|mer,** der, -s, - *od* **Su|ri|na|me|se,** der, -n, -n · **su|ri|na|misch** *od* **su|ri|na|me|sisch**

Sur|plus [*französ* syr'ply(:), *engl* 'sœ:rpləs], das, -, - (*kap Wirtsch*; Überschuß; Rest) ⟨*frz u. engl*⟩

Sur|rea|lis|mus [syre.. *od* zure..], der, - (bürgerl. Richtung in Kunst u. Literatur, die eine wirklichkeitsfremde Verschmelzung von Wirklichkeit u. Traum erstrebt) ⟨*lat* → *frz*⟩ · **Sur|rea|list** · **sur|rea|li|stisch**

sur|ren

Sur|ro|gat, das, -[e]s, -e (Ersatz; Ersatzmittel, -stoff; Behelf – *Rechtsw*; das an Stelle eines Rechts od. einer Sache bei Verlust, Zerstörung od. Veräußerung Erlangte) ⟨*lat*⟩ · **Sur|ro|ga|tion** (*Rechtsw*; das Eintreten eines Surrogats)

Su|sa (*Altertum*; eine der Hauptstädte des Perserreiches) ⟨*akkad*⟩

Su|san|ne (w. Vn.) ⟨*hebr*, ‚Lilie'⟩; *Kurzf* ↑ Suse · **Sus|chen** (*Verkleinerungsf von* Suse) · **Su|se** (w. Vn.) ⟨*Kurzf von* Susanne⟩; *Verkleinerungsf* Susi

su|spekt (verdächtig) ⟨*lat*⟩

sus|pen|die|ren (zeitweilig aufheben; [einstweilen] des Dienstes usw. entheben – *Med*; schwebend aufhängen – *Chem*; feste Teilchen in einer Flüssigkeit fein verteilen) ⟨*lat*⟩ · **Sus|pen|sion** (*auch Med*, *Chem*) · **sus|pen|siv** ([zeitweilig] aufhebend; aufschiebend) · **Sus|pen|so|rium,** das, -s, ..ien [..iən] (*Med*; Tragbeutel)

süß; süßeste *K 349*; am süßesten; süß sein, machen, werden · **Süß,** das, -es (*Polygr*; geleistete, aber noch nicht bezahlte Arbeit) · **Sü|ße,** die, - (Süßheit) · **sü|ßen** *K 354* (süß machen)

Sus|sex ['sasiks], das, -, - (eine Hühnerrasse) ⟨*nach* der engl. Grafschaft⟩

Süß|holz · **Süß|holz|rasp|ler** *K 363* (*umg*; übertrieben Schmeichelnder, bes. gegenüber Frauen) · **Sü|ßig|keit** · **Süß|kir|sche** · **süß|lich** · **Süß|most** · **Süß|mo|ste|rei** · **süß|sau|er** · **Süß|spei|se** · **Süß|stoff** · **Süß|wa|ren** *Pl* · **Süß|was|ser,** *Pl* ..wasser · **Süß|was|ser|fisch** · **Süß|wein**

Su|sten|paß, der, ..passes (in der Schweiz)

Süt|ter|lin|schrift *K 209*, die, - (dt. Normalschrift bis 1945) ⟨*nach* Ludwig Sütterlin⟩

Su|tur, die, -, -en (*Med*; Knochen-, Schädelnaht) ⟨*lat*⟩

Su|um cui|que *K 47* (»jedem [gebührt] das Seine«) ⟨*lat*⟩

Sval|bard ['sva:l..] (norweg. Inselgruppe im Europ. Nordmeer)

Swa|hi|li, *auch* **Sua|he|li,** das, - (eine ostafrikan. Bantusprache); auf Swahili, *auch* Suaheli heißt es ...

Swap|ge|schäft [*auch* 'swɔp..] (*kap Wirtsch*; ein Devisenaustauschgeschäft) ⟨*engl*⟩

Swa|si, der, -[s], -[s] (Angehöriger eines bantusprachigen Volkes) · **Swa|si|land,** *amtl* **Kö|nig|reich Swa|si|land** (im S Afrikas) · **Swa|si|län|der,** der, -s, - · **swa|si|län|disch**

Swea|ter ['sve:tər *od* 'svɛ..], der, -s, - (gestrickte od. gewirkte Überziehbluse) ⟨*engl* ‚Schwitzer'⟩

Swe|be *od* **Sue|be** ['süe:..], der, -n, -n (Angehöriger einer german. Stammesgruppe) · **swe|bisch** *od* **sue|bisch**

Swerd|lowsk [..'lɔfsk] (Stadt der RSFSR im Ural) ⟨*nach* dem sowjet. Staatsmann Swerdlow⟩

Swim|ming|pool, *auch* **Swim|ming-pool** [*beide* 'swimiŋpu:l] (*K 47*), der, -s, -s (Schwimmbekken) ⟨*engl*⟩

Swin|egel, der, -s, - (*norddt*; Igel, Schweinigel)

Swing [swiŋ, *auch* sviŋ], der, -[s] (ein Tanzmusikstil; ein Tanz – *Wirtsch*; Kreditspielraum im bilateralen Außenhandel) ⟨engl⟩ · **swin|gen;** du swingtest; geswingt

Swiss|air [..sɛ:r], die, _ (schweiz. Luftverkehrsgesellschaft) ⟨engl⟩

Sy|ba|ris (*Altertum*; Stadt in Unteritalien) ⟨grch⟩ · **Sy|ba|rit,** der, _en, _en (*auch übertr, veraltend*; Schlemmer, Schwelger) · **sy|ba|ri|tisch** (*auch übertr, veraltend*; schwelgerisch, genußsüchtig, verweichlicht)

Syd|ney ['sidni] (Hafenstadt im O Australiens)

Sye|ne (*Altertum*; *Name für* Assuan) · **Sye|nit** [zy:e..], der, _[e]s, _e (*Geol*; ein magmatisches Gestein) ⟨ägypt → grch⟩ · **Sye|nit|gneis** (*Geol*)

Sy|ko|mo|re, die, _, _n (Maulbeerfeigenbaum) ⟨grch⟩ · **Sy|ko|mo|ren|holz**

syl|la|bisch (*Sprachw*; silbenweise) ⟨grch → lat⟩ · **Syl|la|bus,** der, _, *Pl* _ *od* ..bi (Zusammenstellung; Verzeichnis [der durch den Papst verworfenen Lehren])

Syl|lep|se, die, _, _n (*Stilistik*; Beziehung eines Attributs od. Prädikats auf mehrere verschiedenartige Subjekte) ⟨grch⟩ · **syl|lep|tisch** (*Stilistik*)

Syl|lo|gis|mus, der, _, ..men (*Philos*; logischer Schluß) ⟨grch → lat⟩ · **syl|lo|gi|stisch** (*Philos*)

Syl|phe, der, _n, _n *u.* die, _, _n (*mittelalterl Sage*; Luftgeist) ⟨grch → lat⟩ · **Syl|phi|de,** die, _, _n (*mittelalterl Sage*; weibl. Luftgeist – *auch übertr*; schlankes anmutiges Mädchen)

Sylt (eine der Nordfries. Inseln der BRD)

Syl|vin [..v..], der, _s (*Chem*; ein Kalisalz) ⟨*nach* dem niederländ. Arzt Sylvius⟩

Sym|bi|ont, der, _en, _en (*Biol*; Lebewesen, das mit einem anderen in Symbiose lebt) ⟨grch⟩ · **Sym|bio|se,** die, _, _n (*Biol*; das Zusammenleben von Organismen verschiedener Art zu beiderseitigem Nutzen) · **sym|bio|tisch** (*Biol*; in Symbiose lebend)

Sym|bol, das, _s, _e (Merkmal, Wahrzeichen, Sinnbild; Bekenntnisschrift) ⟨grch → lat⟩ · **Sym|bo|lik,** die, _ (sinnbildl. Bedeutung od. Darstellung) · **sym|bo|lisch** (sinnbildlich); _ste; _e Bücher (anerkannte Bekenntnisschriften) · **sym|bo|li|sie|ren** (sinnbildlich darstellen) · **Sym|bo|lis|mus,** der, _ (bürgerl. Kunstrichtung des 19. u. 20. Jh.) · **Sym|bo|list** · **sym|bo|li|stisch**

Sym|me|trie, die, _, ..ien (Gleich-, Ebenmaß; Spiegeligkeit, Spiegelungsgleichheit) ⟨grch → lat⟩. *Zus K 365ff.*: Symmetrie‿ebene usw. · **sym|me|trisch** (gleich-, ebenmäßig; spiegelig, spiegelungsgleich)

sym|pa|the|tisch ([geheimnisvolle] Gefühlseinwirkung ausübend; geheimkräftig); _ste ⟨grch → lat⟩; *vgl. aber* sympathisch; _e Mittel (suggestive Mittel, Amulette usw.) · **Sym|pa|thie,** die, _, ..ien (Neigung, Zuneigung; seelisch-geistige Übereinstimmung); *Ggs* Antipathie · **Sym|pa|thi|kus,** der, _ (*Med*; Teil des vegetativen Nervensystems) · **Sym|pa|thi|sant** (jmd., der mit etw. od. jmdm. sympathisiert) · **sym|pa|thisch** (ansprechend; gleichgesinnt; zusagend); _ste; *vgl. aber* sympathetisch · **sym|pa|thi|sie|ren** (übereinstimmen, gleiche Neigung haben); mit jmdm. _

Symphonie usw. ↑ Sinfonie usw.

Sym|ple|ga|den *Pl* (*griech Sage*; zwei zusammenschlagende Felsen) ⟨grch⟩

Sym|po|sium ⟨grch → lat⟩ *od* **Sym|po|sion** ⟨grch⟩, das, _s, ..ien [..iən] (wissenschaftl. Tagung; altgriech. Trinkgelage)

Sym|ptom, das, _s, _e (Anzeichen; Kennzeichen; Merkmal; Krankheitszeichen) ⟨grch⟩ · **sym|pto|ma|tisch** (anzeigend; bezeichnend); _ste · **Sym|pto|ma|to|lo|gie,** die, _ (*Med*; Lehre von den Krankheitszeichen)

syn|ago|gal (auf die Synagoge bezüglich, zu ihr gehörig) ⟨grch → lat⟩ · **Syn|ago|ge,** die, _, _n (gottesdienstl. Versammlungshaus der jüd. Gemeinde) ⟨grch, ‚Versammlung'⟩

syn|an|drisch (*Bot*; mit verwachsenen Staubblättern) ⟨grch⟩

Syn|äre|se: 1. die, _ (*Chem*; Schrumpfung von Gelen bzw. Gallerten) – 2. *od* **Syn|äre|sis,** die, _, ..esen (*Sprachw*; Zusammenziehung zweier Vokale zu einer Silbe) ⟨grch⟩

syn|chron [..k..] (1. gleichlaufend, zeitgleich, gleichzeitig, übereinstimmend – 2. ↑ synchronisch) ⟨grch⟩ · **Syn|chro|nie,** die, _ (*Sprachw*; Beschreibung des Sprachzustandes eines bestimmten Zeitraumes) · **Syn|chro|ni|sa|tion** (*Filmw, Ferns*) ⟨grch → lat⟩ · **syn|chro|nisch,** *auch* **syn|chron** (*Sprachw*; den Sprachzustand eines gewissen Zeitraumes beschreibend) · **syn|chro|ni|sie|ren** (*Filmw, Ferns*; gleichlaufend machen, bes. Bild u. Ton beim Tonfilm; zu einem Tonfilm ein andersprachiges Tonband herstellen) **Syn|chro|nis|mus,** der, _, ..men (Gleichzeitigkeit, Übereinstimmung, Gleichlauf) · **syn|chro|ni|stisch** (Gleichzeitiges zusammenstellend) ⟨grch⟩; _e Tafeln · **Syn|chron‿ma|schi|ne, ...uhr**

Syn|chro|tron [..k..], das, _s, *Pl* _s *od* ..trone (*Kernphys*; Beschleuniger von geladenen Elementarteilchen) ⟨grch⟩

syn|de|tisch (*Sprachw*; durch Konjunktion verbunden) ⟨grch⟩; *vgl. aber* synthetisch

Syn|di|ka|lis|mus, der, _ (kleinbürgerl., halbanarchist. Strömung in der Arbeiterbewegung, die den Sturz des Kapitalismus ohne eine die Arbeiterklasse führende polit. Partei herbeiführen will) ⟨grch → lat⟩ · **Syn|di|ka|list** (Anhänger des Syndikalismus) · **Syn|di|kat,** das, _[e]s, _e (Amt eines Syndikus – *kap Wirtsch*; Verkaufsorganisation) · **Syn|di|kus,** der, _, *Pl* ..izi *od* ..usse (*kap Wirtsch*; Bearbeiter der Rechtsangelegenheiten von Großbetrieben od. Organisationen)

Syn|drom, das, _s, _e (*Med*; das Zusammentreffen verschiedener Symptome, die eine bestimmte Krankheit kennzeichnen) ⟨grch⟩

Syn|ek|do|che [..dɔxe:], die, _, _n (*Stilistik*; Bezeichnungsübertragung vom Allgemeinen auf ein Besonderes od. umgekehrt) ⟨grch⟩

Syn|kar|pie, die, _ (*Bot*; Verwachsung von Fruchtblättern zu einem einzigen Fruchtknoten) ⟨grch⟩

syn|kli|nal (*Geol*; muldenförmig gelagert) ⟨grch → lat⟩ · **Syn|kli|na|le,** die, _, _n (*Geol*; Mulde, Einsenkung)

Syn|ko|pe ['zynkope: *od* ..'ko:pə], die, _, ..open (*Sprachw*; Ausfall eines unbetonten Vokals im Wortinnern – *Metrik*; Zusammenziehung einer Hebung u. einer Senkung – *Mus* [*nur* ..'ko:pə]; Verlagerung des rhythm. Akzents auf einen unbetonten Taktteil durch Herüberbinden des gleichen Tones) ⟨grch → lat⟩ · **syn|ko|pie|ren** (*Sprachw, Metrik, Mus*)

Syn|od, der, _[e]s, _e (bis 1917 oberste Behörde der russisch-orthodoxen Kirche) ⟨grch → russ⟩; *K 258*: der Heilige Synod (leitende Körperschaft der russisch-orthodoxen Kirche neben dem Patriarchen von Moskau) · **syn|odal** (die Synode betreffend) ⟨grch → lat⟩ · **Syn|oda|le,** der *u.* die, _n, _n *K 342* (Mitglied einer Synode) · **Syn|odal|ver|fas|sung** · **Syn|ode,** die, _, _n (Kirchenvertretung, -versammlung) ⟨grch⟩ · **syn|odisch** (zusammentreffend)

syn|onym, *auch* **syn|ony|misch** (*Sprachw*; sinnverwandt) ⟨*grch*⟩ · **Syn|onym,** das, _s, *Pl* _e *od* ..onyma (*Sprachw*; sinnverwandtes Wort) · **Syn|ony|mik,** die, _ (*Sprachw*; Lehre von der Sinnverwandtschaft der Wörter; Sammlung von Synonymen)

Syn|op|se *od* **Syn|op|sis,** die, _, ..opsen (*fachspr*; zusammenfassende, vergleichende Übersicht; Nebeneinanderstellung textähnl. bzw. sachverwandter Schriften) ⟨*grch*⟩ · **Syn|op|tik,** die, _ (Teilgebiet der Meteorologie) · **syn|op-tisch** (*fachspr*; [übersichtlich] zusammengestellt, nebeneinandergereiht)

Syn|özie, die, _ (*Biol*; Gemischtgeschlechtigkeit) ⟨*grch* → *lat*⟩ · **syn-özisch** (*Biol*)

syn|tak|tisch (*Sprachw*; die Satzlehre betreffend) ⟨*grch*⟩; _er Fehler · **Syn|tax,** die, _ (*Sprachw*; Satzlehre)

Syn|the|se, die, _, _n (Vereinigung von Teilen zu einem Ganzen; Verbindung zweier gegensätzl. Begriffe in einem dritten – *Chem*; Aufbau einer Verbindung) ⟨*grch* → *lat*⟩ · **Syn|the|se|pro|dukt** (*Chem*; Kunststoff)

Syn|the|si|zer [ˈsinθisaizər], der, _s, _ (*Mus*; Gerät zur elektron. Klangerzeugung) ⟨*engl*⟩

Syn|the|tics [zynˈte:tiks] *od* **Syn-the|tiks** *Pl* (Bez. für Gewebe bzw. Textilien aus Kunstfasern) ⟨*grch* → *lat* → *engl*⟩ · **syn|the|tisch** (zusammenfassend, verbindend; künstlich hergestellt) ⟨*grch*⟩; *vgl. aber* syndetisch · **syn|the|ti|sie|ren** (chemisch aufbauen, aus einfacheren Stoffen herstellen) ⟨*grch* → *lat*⟩

Sy|phi|lis, die, _ (*Med*; eine Geschlechtskrankheit) ⟨*nach* dem Titel eines latein. Lehrgedichts des Italieners Fracastoro⟩ · **sy|phi|lis-krank** · **Sy|phi|lis|se|rum,** das, _s (*Pharmakol*) · **Sy|phi|li|ti|ker,** der, _s, _ (*Med*) · **sy|phi|li|tisch** (*Med*)

Sy|ra|kus (Hafenstadt an der Südostküste Siziliens) · **Sy|ra|ku|ser:** 1. *K 231*: der, _s, _; 2. *als Attribut K 232* · **sy|ra|ku|sisch**

Syr|dar|ja [sir.. *od* ..ˈja], der, _[s] (Fluß in Mittelasien)

Sy|rer, *auch* **Sy|rier** [..iər], der, _s, _ · **Sy|rien** [..iən], *ohne Art, amtl* **Sy|ri|sche Ara|bi|sche Re|pu|blik** *K 258*, die, *Gen* _n _n _ (in Vorderasien); *Abk* SAR

Sy|rinx: 1. (*griech Sage*; eine Nymphe) – 2. die, _, *Pl* Syringen (Hirtenflöte, Panflöte; Stimmorgan der Vögel) ⟨*grch*, ‚Rohr'⟩

sy|risch ⟨*zu* Syrien⟩; *K 258*: die Syrische Wüste

Syr|te, die, _, _n (Name zweier Buchten im südl. Mittelmeer) ⟨*grch* → *lat*⟩; *K 258*: die Große _, die Kleine _

Sy|stem, das, _s, _e: 1. (in sich geschlossenes, in gegliedertem Aufbau einheitlich geordnetes Ganzes; Gesamtheit zusammengehöriger Elemente u. dgl.; logischer Aufbau einer Wissenschaft – *Biol*; Einteilung der Tiere u. Pflanzen in übersichtl. Gruppen) – 2. *früher meist* **For|ma|tion** (*Geol*; Schichtenfolge mit besonderem Fossilinhalt) ⟨*grch* → *lat*, ‚Zusammenstellung'⟩ · **Sy-ste|ma|tik,** die, _, _en (Ordnungslehre; geordnete Darstellung – *Biol*; Lehre vom System der Lebewesen) · **Sy|ste|ma|ti|ker,** der, _s, _ (jmd., der ein System beherrscht; jmd., der alles in ein System bringen will; jmd., der systematisch verfährt) · **sy|ste|ma|tisch** (in ein System gebracht; sachlich gegliedert; planmäßig, folgerichtig geordnet); _ste · **sy|ste|ma|ti|sie|ren** (in ein System bringen; systematisch behandeln) · **Sy|stem|leh|re** · **sy-stem|los;** *vgl.* ...los

Sy|sto|le [..le: *od* ..ˈto:lə], die, _, _n [..ˈto:lən] (*Med*; Zusammenziehung [bes. des Herzmuskels]) ⟨*grch*⟩; *Ggs* Diastole

Szcze|cin [ˈʃtʃɛtʃin] (Hafenstadt im NW Polens)

Sze|ged [ˈsɛ..] (Stadt im S Ungarns)

Szé|kes|fe|hér|vár [ˈse:kɛʃfɛhe:rva:r] (Stadt in Mittelungarn)

Szekler ↑ Sekler

Sze|na|rist (*Filmw*; Verfasser eines Szenariums) ⟨*grch* → *lat*⟩ · **Sze|na-rium** *od* **Sze|nar** ⟨*grch* → *lat*⟩, das, _s, ..ien [..iən], *auch* **Sze|na|rio** ⟨*grch* → *lat* → *ital*⟩, das, _s, _s (*Theat*; Szenenfolge, Bühnenbuch – *Filmw*; literar. Teil des Drehbuches) · **Sze|ne,** die, _, _n (Bühne; Schauplatz; Auftritt; Vorgang; heftiger Wortwechsel) ⟨*grch* → *lat* → *frz*⟩ · **Sze|nen|wech|sel,** der, _s · **Sze|ne|rie,** die, _, ..ien (Schauplatz; Landschaftsbild; Bühnenbild, Bühnendekoration) · **sze|nisch** (bühnenmäßig)

Szepter ↑ Zepter

Sze|tschwan [ˈsə..], *neuere Schreibung* **Si|chuan** [səˈtʃüan] (Provinz im Innern Chinas) ⟨*chin*, ‚vier Flüsse'⟩

szien|ti|fisch [stsiɛn..] (*fachspr*; wissenschaftlich) ⟨*lat*⟩

Szil|la, die, _, ..llen (eine Zierpflanze, Liliengewächs) ⟨*grch* → *lat*⟩

Szin|til|la|tion (*Astron*; das Funkeln der Sterne – *Mineral*; das Aufblitzen mineral. Stoffe beim Auftreffen radioaktiver Strahlen) ⟨*lat*⟩ · **szin-til|lie|ren** (*Astron*, *Mineral*; aufblitzen, aufleuchten, flimmern)

Szyl|la (eindeutschende Form von Scylla); *vgl. auch* Skylla und Charybdis

Szythen usw. ↑ Skythen usw.

T

T [te:], das, *Gen* des T, *Pl* die T (Buchstabe)

Ta|bak [ˈta(:).. *od* ..ˈbak, *österr nur so*], der, _[e]s, *Pl* (*Sorten*:) _e (ein Nachtschattengewächs; ein nikotinhaltiges Genußmittel) ⟨*indian* → *span* → *frz*⟩; *vgl. auch* Tobak · **Ta-bak|[an|]bau,** der, _[e]s · **Ta|bak-pflan|zer** · **Ta|bak[s]_beu|tel,** ...**do|se,** ...**pfei|fe** · **Ta|bak|tra|fik,** die, _, _en (*österr*; Verkaufsstelle für Tabakwaren, Briefmarken u. Zeitungen); *Kurzw* Trafik ⟨*arab* → *ital* → *frz*⟩ · **Ta|ba|tie|re,** die, _, _n (*österr*; Tabaksdose, Zigarettendose)

ta|bel|la|risch (in der Anordnung einer Tabelle) ⟨*lat*⟩ · **ta|bel|la|ri-sie|ren** (als Tabelle anordnen) · **Ta-bel|le,** die, _, _n (listenförmig angeordnete Zusammenstellung, Übersicht, Tafel, Zahlentafel); *Abk* Tab. · **Ta|bel|len|form** · **ta|bel|len-för|mig** · **ta|bel|lie|ren** (*Datenv*; eine Tabelliermaschine einstellen u. bedienen) · **Ta|bel|lie|rer** (*Datenv*) · **Ta|bel|lier|ma|schi|ne** (*Datenv*) ⟨*lat* + *frz*⟩

Ta|ber|na|kel, das, *auch* der, _s, _ (*kath Kirche*; Altarschrein zur Aufbewahrung der geweihten Hostie) ⟨*lat*⟩

Ta|bes, die, _ (*Med*; Rückenmarksschwindsucht) ⟨*lat*⟩ · **ta|bisch** (*Med*)

Ta|blar, das, _s, _e (*schweiz*; Gestellbrett) ⟨*lat*⟩ · **Ta|bleau** [..ˈblo:], das, _s, _s (*veraltet*; Gemälde – *bes österr*; Übersicht, übersichtliche Zusammenstellung) ⟨*lat* → *frz*⟩ · **Ta|ble d'hôte** [ˌta:b(ə)l ˈdo:t] *K 47*, die, *Gen* _ _ (*veraltet*; gemeinschaftl. Gasthaustafel) ⟨*frz*⟩ · **Ta|blett,** das, _[e]s, *Pl* _s, *auch* _e (Auftrage-, Geschirrbrett) ⟨*lat* → *frz*⟩ · **Ta|blet|te,** die, _, _n

[1]**Ta|bor,** der, _[s] (*A. T.*; Berg in Palästina)

[2]**Ta|bor,** *tschech* **Tá|bor** [ˈta:bɔr] (Stadt in der ČSSR) ⟨*türk* → *tschech*⟩ · **Ta|bo|rit,** der, _en, _en (*hist*; radikaler Hussit)

ta|bu [ta'bu:, *österr nur so, auch* 'ta:..], *nur im Prädikat gebraucht* (unverletzlich; unantastbar) ⟨*polyn,* ‚verboten'⟩ · **Ta|bu,** das, _s, _s (kultisches Gebot bei Naturvölkern, gewisse Personen, Tiere, Pflanzen, Gegenstände zu meiden – *allg*; moralisches Verbot) · **ta|bu|ie|ren** *od* **ta|bui|sie|ren** (für unverletzlich, unantastbar erklären)

ta|bu|la ra|sa ⟨*lat,* ‚abradierte Schreibtafel'⟩; *nur in* _ _ machen (reinen Tisch machen, rücksichtslos Ordnung schaffen) · **Ta|bu|la|tor,** der, _s, ..oren (*Techn*; Kolonnensteller an Schreib- u. Buchungsmaschinen; Schlittentransporthebel an Rechenmaschinen) · **Ta|bu|la|tur,** die, _, _en (*Mus*; Regelsammlung der Meistersinger)

ta|chi|nie|ren [..x..] (*österr umg*; faulenzen, sich einer Arbeit entziehen) ⟨*hebr*⟩

Ta|cho|me|ter [..x..], das (*Techn*; Drehzahlmesser, bes. Fahrgeschwindigkeitsmesser) ⟨*grch*⟩ **Ta|chy|kar|die** [..x..], die, _ (*Med*; beschleunigte Herztätigkeit) ⟨*grch*⟩ · **Ta|chy|me|ter,** das (*Geodäsie*; Schnellmesser für Geländeaufnahmen) · **Ta|chy|me|trie,** die, _ (*Geodäsie*) · **Ta|chy|on,** das, _s, ..onen, *meist Pl* (*Kernphys*; hypothet. Elementarteilchen mit Überlichtgeschwindigkeit)

Täcks, *auch* **Täks,** *österr* **Tacks** [tɛks], der, _es, _e (Metall- od. Holzstift [für Schuhe]) ⟨*engl*⟩

Ta|del, der, _s, _ · **Ta|de|lei** (*umg*) · **ta|del|frei** · **ta|del|haft** · **ta|del|los** *K 349*; *vgl.* ...los · **ta|deln** *K 363* · **ta|delns|wert** · **Ta|del|sucht,** die, _ (*abwert*) · **ta|del|süch|tig** (*abwert*) · **Tad|ler** · **Tad|le|rin,** die, _, ..innen

Tadsch Ma|hal, der, *Gen* _ _s (Mausoleum in Agra [Indien]) ⟨*ind*⟩

Ta|dshi|ke [..'dʒi:..], der, _n, _n · **ta|dshi|kisch;** *vgl. K 226f.* · **Tadshi|kisch,** das, *Gen* _[s], *Dat* _ (Sprachbezeichnung *K 268ff.*) · **Tadshi|ki|sche,** das, *Gen* _n, *Dat* _n (Sprachbezeichnung *K 271*) · **Tadshi|ki|stan** [..sta(:)n], *ohne Art, amtl* **Ta|dshi|ki|sche So|zia|li|stische So|wjet|re|pu|blik** *K 258,* die, *Gen* _n _n _ (in Mittelasien)

Tael [tɛ:l *od* te:l], das, _s, _[s] (*hist*; chines. Münze u. Masseeinheit) ⟨*chin*⟩

Ta|fel, die, _, _n; *Abk* Taf. ⟨*lat*⟩. *Zus K 365ff.*: Tafel‿butter usw. · **Tä|fel|chen** · **ta|fel|för|mig** · **tafeln** *K 363* (*gehoben*; speisen) · **täfeln,** *schweiz* **tä|fern** *K 363* (mit Holztafeln bekleiden) · **Ta|fel|spitz,** der, _es, _e (*österr*; Hüftstück vom Rind) · **Ta|fel|tuch,** *Pl* ..tücher · **Tä|fe|lung,** *schweiz* **Tä|fe|rung** *K 363* · **Ta|fel|was|ser,** *Pl* ..wässer · **Tä|fer,** das, _s, _ (*schweiz*; Getäfeltes) · **täfern** ↑ täfeln · **Täferung** ↑ Täfelung

Taft, der, _[e]s, _e (ein Seiden- od. Kunstseidengewebe) ⟨*pers* → *türk* → *ital*⟩ · **taf|ten** *K 364* (aus Taft) · **Taft|kleid**

Tag, der, _[e]s, _e (*Phys*; Einheit der Zeit = 24 h); *Einheitenzeichen* d (*für lat* dies [..e:s] = Tag); am Tage, bei Tage; heute über acht Tage, heute in acht Tagen; von Tag zu Tag; Tag für Tag; vor Tag[e]; vor Tags; den ganzen Tag; guten Tag sagen; des Tag[e]s; des Tags zuvor; eines [schönen] Tag[e]s; nächsten Tag[e]s, ander[e]n Tag[e]s; im Laufe des heutigen Tag[e]s; dieser Tage; *bergm* über Tag[e], unter Tag[e] (*zuweilen auch Zusammenschreibung*)

Ta|ga|le, der, _n, _n (Angehöriger eines indones. Volkes auf den Philippinen) · **ta|ga|lisch;** *vgl. K 266f.* · **Ta|ga|lisch** (*K 268ff.*), das, *Gen* _[s], *Dat* _ *od* **Ta|ga|log,** das, _[s] (Sprachbezeichnung); auf tagalisch (*K 267*) *od* auf Tagalog heißt es ... · **Ta|ga|li|sche** (*K 271*), das, *Gen* _n, *Dat* _n *od* **Ta|ga|log,** das, _[s] (Sprachbezeichnung)

tag|aus, tag|ein · **Tag|dienst;** *Ggs* Nachtdienst · **Ta|ge|ar|beit**[1] (*hist*; Arbeit des Tagelöhners) · **Ta|ge|bau**[1], *Pl* ..baue · **Ta|ge|blatt**[1] · **Ta|ge|buch** · **Ta|ge|buch|num|mer**[1]; *Abk* Tgb.-Nr. · **Ta|ge‿dieb**[1] (*abwert*), **...geld**[1] · **ta|ge|lang** *K 176*; *aber K 127*: zwei Tage lang · **Ta|ge|lied** (*Mittelalter*) · **Ta|ge|lohn**[1] · **Ta|ge|löh|ner**[1] (*hist*; landwirtschaftl. Lohnarbeiter) · **ta|ge|löh|nern**[1] *K 363(hist)* · **ta|gen** · **Ta|ge|rei|se**[1] · **Ta|ges|an|bruch** · **Ta|ges|ar|beit** (Arbeit eines Tages) · **Ta|ges|ar|beits|norm** (*Wirtsch*; Richtwert für die Arbeitsnormung in Feld und Viehwirtschaft sowie im Gartenbau) · **Ta|ges|dienst** (24-Stunden-Dienst) · **Ta|ges|fahrt** · **Ta|ges|licht,** das, _[e]s · **Ta|ges|licht|film** (*Fot*) · **Ta|ges|ord|nung** · **Ta|ges|pres|se,** die, _ · **Ta|ges|raum** · **Ta|ges|zeit** · **Ta|ges|zei|tung**

Ta|ge|tes, die, _ (Studentenblume, ein Korbblütler) ⟨*nach* dem etrusk. Gott Tages [..gɛs]⟩

ta|ge|wei|se *K 176* · **Ta|ge|werk**[1]

---

[1] Die Form ohne *-e* in diesen Zusammensetzungen ist meist südd. u. österreichisch.

(tägl. Arbeit, Aufgabe; ein früheres Feldmaß) · **Tag|ge|bäu|de** (*bergm*; Schachtgebäude) · **tag|hell** · **...tä|gig** (z. B. sechstägig *K 283* [sechs Tage dauernd, sechs Tage alt], *mit Ziffer K 284* 6tägig) · **täg|lich** (jeden Tag); Waren des täglichen Bedarfs (*Abk* WtB) · **...täg|lich** (z. B. sechstäglich *K 283* [alle sechs Tage wiederkehrend], *mit Ziffer K 284* 6täglich) · **tags** *K 109, aber*: des Tag[e]s; tags darauf, tags zuvor · **Tag|sat|zung** (*österr bürospr*; behördlich bestimmter Termin – *schweiz hist*; Tagung der Ständevertreter) · **Tag|schicht** · **tags|über** *K 176*; *aber K 175*: den Tag über · **tag|täg|lich** · **Tag|und|nacht|glei|che** *K 192,* die, _, _n (*Astron*); *aber K 182*: Frühlings-Tagundnachtgleiche · **Ta|gung** · **Tag|wa|che,** *österr meist so, od* **Tag|wacht** (*österr u. schweiz*; Weckruf der Soldaten)

Ta|hi|ti (eine der Gesellschaftsinseln) · **Ta|hi|tier** [..tiər], der, _s, _ · **ta|hi|tisch**

Tai|fun, der, _s, _e (Wirbelsturm über ost- u. südostasiat. Küstenmeeren) ⟨*chin*⟩

Tai|ga [*od* ..'ga], die, _ (Nadelwaldgürtel, bes. in Sibirien u. Nordosteuropa) ⟨*russ*⟩

Tail|le ['taljə, *österr* 'tailjə *od* taij], die, _, _n [..jən] (Teil des Körpers zw. Brust u. Hüften – *veraltend*; Leibchen, Mieder) ⟨*lat* → *frz*⟩ · **Tail|leur** [ta'jø:r, *schweiz nur so, auch* tal'jø:r]: 1. der, _s, _e (*veraltet u. schweiz*; Schneider) – 2. das, _s, _s (*schweiz*; Schneiderkostüm) · **tail|lie|ren** [ta(l)'ji:..] (auf Taille arbeiten) · **tail|liert**

Tai|wan [tai'ŭan] ⟨*chin,* ‚Terrassenbucht'⟩, *früher* **For|mo|sa** ⟨*portug,* ‚die Schöne'⟩ (chines. Insel im Ostchines. Meer) · **Tai|wa|ner,** der, _s, _ *od* **Tai|wa|ne|se,** der, _n, _n · **tai|wa|nisch** *od* **tai|wa|ne|sisch**

Ta|jo [*span* 'taxo] ⟨*lat* → *span*⟩ *od* **Te|jo** [*portugies* 'tɛʒu] ⟨*lat* → *portug*⟩, der, _[s] (Fluß auf der Pyrenäenhalbinsel)

Take [te:k], das *od* der, _, _s (kurzer Szenenausschnitt eines Films, der eine Dialogeinheit bildet) ⟨*engl*⟩

Ta|kel, das, _s, _ (*seem*; schwere Talje; Takelage) ⟨*zu* Zacken⟩ · **Ta|ke|la|ge** [..'la:ʒə, *österr* ..'la:ʒ] (*seem*; Segelausrüstung eines Schiffes) ⟨*dt* + *f. E.*⟩ · **ta|keln** *K 363* (*seem*) · **Ta|ke|lung** *K 363* · **Ta|kel|werk,** das, _[e]s (*seem*)

Täks ↑ Täcks

Takt: 1. der, _[e]s, _e (Zeit-, Tonmaß, Zählzeit – *Techn*; Arbeitsgang im Motor; Arbeitsabschnitt bei der Fließfertigung); _ halten;

im _ bleiben; im Dreivierteltakt (*Mus*) – 2. der, _[e]s (Feingefühl; Lebensart; Zurückhaltung) ⟨*lat*⟩. *Zus K 365ff.*: Takt‿fehler usw. · **Takt|bau|wei|se,** die, _ ⟨*zu* ²Weise⟩ · **tak|ten** (*Techn*); technologisch _ (ein Werkstück sprungweise weiterleiten) · **takt|fest** · **Takt|ge|fühl,** das, _[e]s · **tak|tie|ren** (den Takt angeben)

Tak|tik, die, _, _en (*Milit*; Truppenführung im Gefecht – *übertr*; geschicktes, kluges, planmäßiges Verhalten – *Polit*; der Strategie untergeordnete, auf die laufenden Aufgaben gerichtete polit. Linie einer marxistisch-leninist. Partei) ⟨*grch*⟩ · **Tak|ti|ker,** der, _s, _ (jmd., der die Taktik beherrscht) · **tak|tisch;** _ste

takt|los; ..loseste *K 349* · **Takt|lo|sig|keit** · **Takt|maß,** das, *Pl* ..maße · **takt|mä|ßig** · **Takt|mes|ser,** der · **Takt|stock,** *Pl* ..stöcke · **Takt‿stra|ße** (*Techn*), **...ver|fah|ren** (*Techn*) · **takt|voll**

Tal, das, _[e]s, *Pl* Täler, *dicht noch* _e; zu _[e] fahren. *Zus K 365ff.*: Tal‿fahrt usw. · **tal|ab** *od* **tal[|ab]|wärts** [ta:lˈap.. *bzw* ˈta:lvɛrts]

Ta|lar, der, _s, _e (Amtskleid der Geistlichen u. der Richter) ⟨*lat*⟩ · **ta|lar|ar|tig**

tal|auf[|wärts]

Ta|lent, das, _[e]s, _e (hohe Begabung; besondere Fähigkeit; alt- u. neugriech. Massemaß; altgriech. Geldeinheit) ⟨*grch* → *lat*, ‚das Zugewogene'⟩ · **ta|len|tiert** (begabt) · **ta|lent|los** *K 349*; *vgl.* ...los · **ta|lent|voll**

Ta|ler, der, _s, _ (*hist*; eine Münze) (‚Joachimstaler' [Gulden]) · **Ta|ler|stück**

Talg, der, _[e]s, *Pl* (*Talgarten*:) _e (starres Rinder-, Hammelfett). *Zus K 365ff.*: Talg‿drüse usw. · **tal|gen** (mit Talg bestreichen) · **tal|gig**

Ta|lis|man, der, _s, _e (*Abergl*; unheilabwendender, glückbringender kleiner Gegenstand) ⟨*grch* → *arab* → *span* → *frz*⟩

Tal|je, die, _, _n (*seem*; Flaschenzug) ⟨*lat* → *ital*⟩ · **tal|jen** (*seem*; aufwinden) · **Tal|je|reep** (*seem*; ²Tau)

Talk, der, _[e]s (*Mineral*) ⟨*pers* → *arab* → *lat* → *frz*⟩ · **Talk|schie|fer**

Talk-Show [ˈtɔ:kʃo:] (*Ferns*; Unterhaltungssendung mit Interviews bekannter Persönlichkeiten) ⟨*engl*⟩

Tal|kum, das, _s (Talk in Pulverform) ⟨*pers* → *arab* → *lat*⟩ · **tal|ku|mie|ren** (Talkpulver einstreuen)

Tal|linn (Hptst. von Estland) ⟨*estn*⟩

Tal|mi, das, _s (vergoldete Kupfer-Zink-Legierung – *übertr*; Unechtes) ⟨*frz*⟩. *Zus K 365ff.*: Talmi‿gold usw. · **tal|min,** *österr* **tal|mi** *nichtdeklinierbar* (aus Talmi – *übertr*; unecht)

Tal|mud, der, _[e]s, _e (Sammlung von nachbibl. Gesetzen u. Überlieferungen der Juden) ⟨*hebr*, ‚Lehre'⟩ · **tal|mu|disch** · **Tal|mu|dist** (Talmudkenner) ⟨*hebr* → *lat*⟩

Tal|mul|de

Ta|lon [..ˈlɔŋ *od* ..ˈlɔ̃:, *österr auch* ..ˈlo:n], der, _s, _s (als Beleg dienender, abtrennbarer Teil einer Karte u. ä.; Gutschein; Spielkartenrest [beim Geben]; Kaufstein beim Dominospiel – *Mus*; Griffende des Bogens der Streichinstrumente) ⟨*lat* → *frz*⟩

Tal|schaft (*österr*, *schweiz*; Einwohnerschaft eines Tales – *auch für* Gesamtheit eines Tales) · **Tal|sper|re** · **Ta|lung** (*Geogr*) · **tal|wärts** *od* **tal|ab[|wärts]**

Ta|ma|rin|de, die, _, _n (ein trop. Baum) ⟨*arab*⟩ · **Ta|ma|ris|ke,** die, _, _n (eine immergrüne Pflanze) ⟨*arab* → *lat*⟩

Tam|bour [..bu:r], der, _s, *Pl* _e [ˈtam.. *od* ..ˈbu:rə], *schweiz auch* _en [..ˈbu:rən] (Trommler – *Arch*; Zwischenstück bei Kuppelgewölben) ⟨*pers* → *arab* → *frz*⟩ · **Tam|bour|ma|jor** (Leiter des Spielmannszuges) · **Tam|bu|rin** [*od* ..ˈri:n], das, _s, _e (kleine Handtrommel mit Schellen; Stickrahmen)

Ta|mil, das, _[s] (drawidische Sprache im S Indiens u. im N von Sri Lanka); auf _ heißt es ... · **Ta|mi|le,** der, _n, _n (Angehöriger einer Bevölkerungsgruppe im S Indiens u. im N von Sri Lanka) · **ta|mi|lisch**

Tam|pen, der, _s, _ *od* **Tamp,** der, _s, _e (*seem*; Tau-, Kettenende)

Tam|pon [tamˈpɔŋ *od* ..ˈpo:n, *österr nur so, auch* ˈtampɔŋ], der, _s, _s (Watte-, Mullbausch; Druckfarbenballen, Einschwärzballen) ⟨*germ* → *frz*⟩ · **Tam|po|na|de** [..po..] (*Med*; Aus-, Zustopfung [einer Wunde]) · **tam|po|nie|ren** (*Med*)

Tam|tam: 1. [ˈtam.., *auch* ..ˈtam], das, _s, _s (ostasiat. Metallbecken, Gong) – 2. [*meist* ..ˈtam], das, *österr nur so, auch* der, _s (*umg abwert*; Lärm; aufdringl. Werbung) ⟨*Hind* → *frz*⟩

Ta|na|gra|fi|gur *K 246* (antikes Kleinbildwerk) ⟨*nach* der altgriech. Stadt⟩

Ta|na|na|ri|ve [..v..] (früherer Name von Antananarivo)

Tand, der, _[e]s (Wertloses [mit Scheinwert]; Spielzeug) ⟨*lat*⟩ · **Tän|de|lei** · **Tän|del|markt,** *bayr u. österr umg* **Tan|del|markt** (Trödelmarkt) · **tän|deln** *K 363* (sich mit Spielereien abgeben; liebeln)

Tan|dem, das, _s, _s (Fahrrad mit zwei Sitzen hintereinander u. mit zwei Tretkurbeln) ⟨*lat* → *engl*⟩

Tänd|ler, *bayr u. österr umg* **Tand|ler** *K 363* (Trödler, Schäker) ⟨*lat*⟩

Tang, der, _[e]s, _e (Meeresalge) ⟨*dän*⟩

Tan|ga [ˈtaŋga] (Hafenstadt in Tansania) · **Tan|ga|nji|ka** (Teil von Tansania) · **Tan|ga|nji|ka|see** *K 246*, der, _s

Tan|gens [ˈtaŋgɛns], der, _, _ (*Math*; eine Winkelfunktion); *Kurzzeichen* tan ⟨*lat*⟩ · **Tan|gen|te,** die, _, _n (*Math*; Gerade, die eine Kurve berührt – *Mus*; Berührungsstift bei histor. Tasteninstrumenten) · **Tan|gen|ten|flä|che** (*Math*) · **tan|gen|tial** (*fachspr*; berührend, streifend) · **Tan|gen|tial|ebe|ne** (*fachspr*) · **tan|gie|ren** (berühren)

Tan|go [ˈtaŋgo], der, _s, _s (ein Gesellschaftstanz) ⟨*span*⟩

Tank, der, _[e]s, *Pl* _s, *seltener* _e (Großbehälter für Flüssigkeiten – *veraltet*; Tarnbez. für Panzer) ⟨*Hind* → *engl*⟩ · **tan|ken** (mit Treibstoff versehen) · **Tan|ker** (Tankschiff) · **Tan|ker|flot|te** · **Tank‿stel|le, ...wart**

Tann, der, _[e]s, _e (*dicht*; Tannenwald) ⟨*zu* Tenne⟩; im _

Tan|nat, das, _[e]s, _e (*Chem*; gerbsaures Salz) ⟨*frz* + *lat*⟩

Tänn|chen · **Tan|ne,** die, _, _n · **tan|nen** *K 364* (aus Tannenholz) · **Tan|nen‿baum, ...harz** (das), **...wald** · **Tan|nen|zap|fen**

tan|nie|ren (*fachspr*; mit Tannin behandeln) ⟨*frz*⟩ · **Tan|nin,** das, _s (Gerbsäure)

Tänn|ling (junge Tanne)

Tan|sa|nia [*auch* ..ˈza:nĭa], *ohne Art, amtl* **Ver|ei|nig|te Re|pu|blik Tan|sa|nia** *K 258*, die, *Gen* _n _ _ (im O Afrikas) ⟨*aus Tan*ganjika *u. San*sibar + ...*ia*⟩ · **Tan|sa|nier** [..ĭər], der, _s, _ · **tan|sa|nisch**

Tan|se, die, _, _n (*schweiz*; Rückentrage [für Milch])

Tan|tal [*auch* ..ˈta:l], das, _s (chem. Element, Metall); *Zeichen* Ta ⟨*nach* Tantalus⟩ · **Tan|ta|li|de,** der, _n, _n *u.* die, _, _n (*griech Sage*; Nachkomme des Tantalus) ⟨*grch* → *lat*⟩ · **Tan|ta|lus** (*griech Sage*; König in Kleinasien) · **Tan|ta|lus|qua|len** *K 209 Pl* (qualvolles Verlangen nach Unerreichbarem)

Tan|te, die, _, _n ⟨*lat* → *frz*⟩

Tan|tie|me [tãˈtĭɛ:mə], die, _, _n, *meist Pl* (Gewinnanteil, Einnahmebeteiligung) ⟨*lat* → *frz*⟩

Tanz, der, _es, *Pl* Tänze ⟨*germ* → *frz* → *ndrl*⟩ · **Tanz|bo|den,** *Pl* ..böden · **Tänz|chen** · **tän|zeln** *K 363* · **tan|zen** *K 354* · **Tän|zer** · **Tän|ze-rin,** die, _, ..innen · **tän|ze|risch** · **tanz|lu|stig** · **Tanz|mu|sik,** die, _, _en

Tao [taŏ], das, _ (Grundbegriff des Taoismus, das All-Eine) ⟨*chin,* ‚Weg'⟩ · **Tao|is|mus,** der, _ (altchines. religiös-myst. Weltanschauung) ⟨*chin* → *lat*⟩

Ta|per|greis (*umg*) · **ta|pe|rig** (*K 362*), *auch* **tapp|rig** (*landsch;* unbeholfen, gebrechlich) · **ta|pern** *K 363* (*norddt;* sich unbeholfen bewegen)

Ta|pet, das, _[e]s, _e ⟨*grch* → *lat* → *frz*⟩; *nur noch in* etwas aufs _ (*umg;* zur Sprache) bringen · **Ta-pe|te,** die, _, _n (Wandbekleidung) ⟨*grch* → *lat* → *rom*⟩. *Zus K 365 ff.:* Tapeten‿leiste usw. · **ta-pe|zie|ren** (mit Tapete bekleben – *österr auch für* mit Stoff überziehen) ⟨*grch* → *lat* → *ital*⟩ · **Ta|pe-zie|rer,** der, _s, _, *österr nur so, süddt meist* **Ta|pe|zier,** der, _s, _e · **Ta|pe|zier|werk|statt** *od* **Ta-pe|zie|rer|werk|statt**

Tap|fen *Pl* (*landsch;* Stapfen); *Sg* Tap|fe, die, _, *auch* Tap|fen, der, _s

tap|fer · **Tap|fer|keit,** die, _

Ta|pir [*österr* ta'pi:r], der, _s, _e (ein Unpaarhufer) ⟨*indian* → *span* → *frz*⟩

Ta|pis|se|rie, die, _, ..ien (Kreuzstichstickerei auf gitterartigem Gewebe; Geschäft für Handarbeiten) ⟨*grch* → *lat* → *frz*⟩ · **Ta|pis|se|rie-ge|schäft**

tap|pen · **tap|pig** (*landsch;* täppisch) · **täp|pisch;** _ste · **tapprig** ↑ taperig · **Taps,** der, _es, _e (*landsch;* Schlag – *umg;* täppischer Bursche); Hans _ (*landsch*) · **tap-sen** *K 354* (*umg;* plump auftreten) · **tap|sig** (*umg*)

Ta|ra, die, _, ..ren (Verpackung; Masse der Verpackung) ⟨*arab* → *ital*⟩

Ta|ran|tel, die, _, _n (eine Spinne) ⟨*ital, nach* der Stadt Taranto (Tarent)⟩ · **Ta|ran|tel|la,** die, _, *Pl* _s *od* ..llen (italien. Volkstanz)

Tar|busch [..'bu:ʃ], der, _[e]s, *Pl* _s *od* _e (fesartige Kopfbedeckung) ⟨*arab*⟩

tar|dan|do (*Mus;* verzögernd) ⟨*lat* → *ital*⟩

Tar|de|noi|sien [tardənŏa'zĭɛ̃:], das, _[s] (*Urgesch;* Kulturstufe des Mesolithikums) ⟨*nach* dem Ort La Fère-en-Tardenois [la fɛ:rãtard(ə)'nŏa] in Nordfrankreich⟩

Ta|rent (Hafenstadt in Unteritalien) · **Ta|ren|ter** *od* **Ta|ren|ti-ner:** 1. *K 231:* der, _s, _; 2. *als Attribut K 232:* der Tarenter *od* Tarentiner Hafen · **ta|ren|ti|nisch**

Targi ↑ Tuareg

ta|rie|ren (Masse einer Verpackung feststellen od. ausgleichen) ⟨*arab* → *ital*⟩ · **Ta|rier|waa|ge** (Feinwaage)

Ta|rif, der, _s, _e (Lohn-, Frachtsatz; vertraglich festgesetzter Preis; Preisverzeichnis) ⟨*arab* → *frz*⟩. *Zus K 365 ff.:* Tarif‿satz usw. · **ta|rif|ge-mäß** · **ta|rif|lich** · **Ta|rif|ver|trag**

tar|nen (der Sicht entziehen, verdekken, verbergen); sich (*Akk*) _ · **Tarn|kap|pe** (*Sage*)

Ta|rock, das, *österr nur so, od* der, _s, _s (ein Kartenspiel) ⟨*arab* → *ital*⟩. *Zus K 365 ff.:* Tarock‿spiel usw. · **ta|rockie|ren** [*Tr* ..rok|kie..]

Tar|pe|ji|sche Fel|sen *K 258,* der, *Gen* _n _s (Richtstätte im alten Rom)

Tar|qui|nier [..ĭər], der, _s, _ (Angehöriger des etruskisch-röm. Geschlechts der Tarquinier) · **Tar|qui-nius** (Name zweier Könige der röm. Sage)

Tar|ra|go|na: 1. (Hafenstadt im NO Spaniens) – 2. der, _s, _s (ein Süßwein) · **Tar|ra|go|ne|se,** der, _n, _n

[1]**Tar|ta|rus** ⟨*grch* → *lat*⟩ *od* **Tar|ta-ros** ⟨*grch*⟩, der, _ (*griech Mythol;* Unterwelt, Schattenreich)

[2]**Tar|ta|rus,** der, _ (*Chem;* Weinstein) ⟨*arab* → *grch* → *lat*⟩ · **Tar-trat,** das, _[e]s, _e (*Chem;* Salz der Weinsäure)

Tart|sche, die, _, _n (mittelalterlicher Schild) ⟨*germ* → *frz*⟩

Tar|tu (Stadt in Estland) ⟨*estn*⟩

Tar|tüff, der, _s, *Pl* _e *od* _s (Heuchler, Scheinheiliger) ⟨*nach* einer Figur des Komödiendichters Molière [mɔ'lĭɛ:r]⟩

Täsch|chen · **Ta|sche,** die, _, _n ⟨*lat*⟩ · **Ta|schen‿buch,** ...**ka|len-der,** ...**lam|pe,** ...**mes|ser** (das), ...**rech|ner,** ...**schirm** · **Ta|schen-spie|ler** · **ta|schen|spie|lern** *K 363;* ich taschenspielere; getaschenspielert *K 358;* zu _ · **Ta-schen|tuch,** *Pl* ..tücher

Tasch|kent (Hptst. von Usbekistan)

Täsch|ner, *süddt u. österr* **Tasch-ner** (Taschenmacher)

Tas|ma|nien [..ĭən] (Insel vor der Südostküste Australiens; Bundesstaat von Australien [2]) ⟨*nach* dem niederländ. Seefahrer Tasman⟩ · **Tas|ma|nier** [..ĭər], der, _s, _ · **tas-ma|nisch**

TASS, die, _ *Kurzw* (Nachrichtenagentur der Sowjetunion) ⟨*aus russ Telegrafnoje Agentstwo Sowjetskowo Sojusa*⟩

Täß|chen · **Tas|se,** die, _, _n (Trinkgefäß – *österr auch für* Tablett) ⟨*pers* → *arab* → *frz*⟩. *Zus K 365 ff.:* Tassen‿rand usw.

Ta|sta|tur, die, _, _en (Griff-, Tastbrett, Tastenwerk) ⟨*lat* → *ital*⟩ · **tast|bar** · **Ta|ste,** die, _, _n · **ta-sten** ⟨*lat* → *frz*⟩ · **Ta|ster** · **Tast-schrei|ben** *K 101,* das, _s (fachgerechtes Maschinenschreiben) · **Tast|sinn,** der, _[e]s

Tat, die, _, _en ⟨*zu* tun⟩

Ta|tar|beef|steak [..bi:fste:k] (Beefsteak aus rohem, geschabtem Rindfleisch) ⟨*nach* den Tataren⟩ · **Ta|ta-ren** *Pl* (die Turkvölker in der UdSSR – *Mittelalter;* die Mongolen u. die Turkvölker des Eroberers Dschingis-Khan [..'ka:n]); *Sg* Tatar, der, _en · **ta|ta|risch;** *vgl. auch K 265 ff.; K 258:* die Tatarische ASSR

tatauieren ↑ tätowieren

Tat‿be|richt, ...**be|stand** · **Ta|ten-durst** (*gehoben*) · **ta|ten|dur|stig** (*gehoben*) · **ta|ten|los;** *vgl.* ...los · **Ta|ten|lo|sig|keit,** die, _ · **Tä|ter** · **Tä|te|rin,** die, _, ..innen · **Tä|ter-schaft,** die, _ (*Rechtsw*) · **Tatform** ↑ Tätigkeitsform · **tä|tig** · **tä|ti|gen;** ein Geschäft, einen Kauf _ · **Tä-tig|keit** · **Tä|tig|keits|form** *od* **Tat-form,** die, _ (*Gramm*) · **Tä|tig-keits|wort,** *Pl* ..wörter (*Gramm*) · **Tat|kraft,** die, _ · **tat|kräf|tig** · **tät-lich;** _ werden · **Tät|lich|keit** · **Tat-mo|tiv** · **Tat|ort,** *Pl* ..orte

tä|to|wie|ren, *österr nur so, fachspr* **ta|tau|ie|ren** (die Haut durch Einschlagen, Einstechen od. Einritzen von Mustern u. Einbringen von Farbstoffen verzieren) ⟨*polyn* → *engl* → *frz*⟩

Ta|tra, die, _ (Teil der Karpaten in der ČSSR u. in Polen); *K 258:* die Hohe _, die Niedere _

Tat|sa|che · **Tat|sa|chen|be|richt** · **tat|säch|lich** [..'zɛç.. *od* 'ta:t..] · **Tat|säch|lich|keit**

Tätsch, der, _[e]s, _e (*landsch;* Brei, Backwerk)

Tat|sche, die, _, _n (*landsch;* Hand; leichter Schlag) · **tät|scheln** *K 363* · **tat|schen** *K 354* (*umg abwert;* plump anfassen)

Tat|te|rich, der, _[e]s (*umg;* [krankhaftes] Zittern) · **tat|te|rig** *K 362* (*umg*) · **tat|tern** *K 363* (*umg;* zittern)

Tat|ter|sall, der, _s, _s (Reitsportunternehmen; Reitbahn, -halle) ⟨*nach* dem Londoner Trainer⟩

tat|ver|däch|tig

Tätz|chen · **Tat|ze,** die, _, _n (Pfote, Fuß der Raubtiere; plumpe Hand)

Tat|zeit

[1]**Tau,** der, _[e]s (Niederschlag)

[2]**Tau,** das, _[e]s, _e (starkes Seil)

[3]**Tau,** das, _[s], *Pl* _s, *österr auch* _

(griech. Buchstabe; *T*, τ) ⟨*semit* → *grch*⟩
taub; sich (*Akk*) _ stellen
Täub|chen · **¹Tau|be,** die, _, _n (ein Vogel)
²Tau|be, der *u.* die, _n, _n *K 341* ⟨*zu* taub⟩
tau|be|netzt ⟨*zu* ¹Tau⟩
tau|ben|grau (blaugrau); *vgl.* blau · **Tau|ben‿nest, ...post, ...schlag** · **¹Tau|ber** *bzw* **Täu|ber,** der, _s, _ *od* **Tau|be|rich** *bzw* **Täu|be|rich,** der, _[e]s, _e
²Tau|ber, die, _ (Fluß im S der BRD)
Taub|heit, die, _
Täub|ling (ein Pilz)
Taub|nes|sel (ein Lippenblütler) · **taub|stumm** · **Taub|stum|me,** der *u.* die, _n, _n *K 341* · **Taubstumm|heit,** die, _
Tauch|boot (Unterseeboot) · **tauchen** · **Tau|cher** · **Tau|cher|glocke** [*Tr* ...glok|ke] · **Tauch‿sie|der, ...tie|fe**
¹tau|en (sich als ¹Tau ansetzen; schmelzen); es taut
²tau|en (*norddt*; mit einem ²Tau vorwärts ziehen, schleppen) · **Tauen|de** · **Tau|en|pa|pier** (*fachspr*; geglättetes Packpapier)
Tau|ern, der, _s, _ (Bez. für mehrere Übergänge in einem Teil der Ostalpen) – **Tau|ern** *Pl* (Gebirgskette der Ostalpen); *K 258*: die Hohen _, die Niederen _ · **Tau|ernbahn** *K 246*, die, _
Tau|fe, die, _, _n; *K 119*: die heilige _ · **tau|fen** ⟨*zu* tief⟩ · **Täu|fer** · **Täuf|ling** · **Tauf|na|me** · **Tauf|pate,** der (*österr nur so*) *u.* die · **Taufpa|tin**
tau|frisch ⟨*zu* ¹Tau⟩
tau|gen · **Tau|ge|nichts,** der, _ *od* _es, *Pl* _e · **taug|lich** · **Taug|lichkeit,** die, _
tau|ig (*gehoben*; betaut)
Tau|mel, der, _s · **tau|me|lig** *K 362* · **Tau|mel|lolch** (ein Ährengras) · **tau|meln** *K 363*
Tau|ner, der, _s, _ (*schweiz*; Tagelöhner)
Tau|nus, der, _ (Teil des Rhein. Schiefergebirges in der BRD) ⟨*kelt* → *lat*⟩
Tau|punkt, der, _[e]s (*Phys*) ⟨*zu* ¹Tau⟩
Tau|rus, der, _ (Gebirge in Kleinasien) ⟨*aram* → *grch* → *lat*⟩
Tausch, der, _es, _e · **tau|schen** *K 354* · **täu|schen** *K 354*; täuschend ähnlich · **Täu|scher** · **Tausche|rei** (*umg*) · **Tausch|han|del,** der, _s · **Täu|schung** · **Tausch|verfah|ren** · **tausch|wei|se** *K 176* · **Tausch|wirt|schaft,** die, _
tau|send (*als römisches Zahlzeichen* M [*für lat* Mille]; *vgl. K 291*) 1. *als bestimmtes Numerale* (= 1000): tausend Menschen; an die tausend Menschen; tausend Mark (*Abk* TM); der vierte Teil von tausend; vier [Stück] von tausend [Stück]
2. *als unbestimmtes Numerale* (= viel): tausend Grüße; einige tausend Menschen; ein paar tausend Zuschauer; viel[e] tausend Menschen; mehrere tausend Menschen; *vgl. aber* Tausend
Tau|send: 1. die, _, _en (Zahl); *vgl.* ¹Acht – 2. das, _s, _ (Maßangabe von 1000 Einheiten); ein halbes Tausend; einige Tausend Zigarren (d. h. einige Packungen von je 1000 Stück); vom Tausend (*Abk* vT *od* v. T.; *Zeichen* ‰), z. B. vier vom Tausend – 3. das, _s, *Pl* _e, *auch* _, *meist Pl* (allgemeiner Sammelbegriff; *als Pl* eine unbestimmte Zahl von Tausenden); einige, viele Tausende; einige, ein paar Tausend Menschen (*vgl. auch* tausend [2]); Tausende von Menschen; Tausende begeisterter Menschen; Tausende und aber Tausende, *österr* Tausende und Abertausende; in die Tausende gehen; unter Tausenden nicht einen finden; zu Tausenden
tau|send|ein *od* **tau|send|und|ein** *K 282*; tausendeine *od* tausendundeine Seite *bzw* tausendein *od* tausendundein Seiten; mit tausendeiner *od* tausendundeiner Seite *bzw* mit tausendein *od* tausendundein Seiten; *K 258*: Märchen aus Tausendundeiner Nacht · **tausend|eins** *od* **tau|send|und|eins** *K 282*
Tau|sen|der, der, _s, _ (eine der Zahlen von 1000 bis 9000, die durch 1000 teilbar ist; die viertletzte Ziffer [vor dem Komma] in einer mehrstelligen Zahl – *umg*; Tausendmarkschein)
tau|sen|der|lei · **tau|send|fach**[1] · **Tau|send|fa|che**[1], das, _n *K 341*; *vgl.* Achtfache · **Tau|send|fü|ßer** *Pl* (*Zool*; eine Klasse der Gliederfüßer); *Sg* Tau|send|fü|ßer, der, _s · **Tau|send|gül|den|kraut,** *österr u. schweiz* **Tau|send|gulden|kraut,** das, _[e]s (eine Arzneipflanze) · **tau|send|jäh|rig**[1]; *vgl.* ...jährig · **Tau|send|künst|ler** (*umg scherzh*) · **tau|send|mal**[1]; viele tausendmal *od* vieltausendmal *K 176, aber K 175*: viel[e] tausend Male · **tau|send|ma|lig**[1] · **Tausend|sa|sa** *od* **Tau|send|sas|sa,** *österr u. schweiz nur so*, der, _s, _[s] (Teufelskerl; vielseitiger Mensch) · **Tau|send|schön,** das, _s, _e *od* **Tau|send|schön|chen,** das, _s, _ (volkstüml. Name für mehrere Blumen) · **tau|send|ste;** der tausendste Besucher, *aber K 100*: das weiß der Tausendste nicht, vom Hundertsten ins Tausendste kommen
tau|send|stel (*mit Ziffern* $^1/_{1000}$); *K 288 f.*: ein tausendstel Gramm Radium *od* ein Tausendstelgramm Radium; auf tausendstel Millimeter *od* auf [das] Tausendstelmillimeter genau einstellen · **Tau|send|stel,** das, *schweiz meist* der, _s, _; *vgl.* Achtel · **tau|send|stens** · **tausendundein** ↑ tausendein · **tausendundeins** ↑ tausendeins
Tau|to|lo|gie, die, _, ..ien (*Stilistik*; Häufung sinngleicher, nach der Wortart gleicher Wörter, z. B. bereits schon) ⟨*grch*⟩ · **tau|to|lo|gisch** (*Stilistik*) · **tau|to|mer** (*Chem*) · **Tau|to|me|rie,** die, _ (*Chem*; ein Spezialfall der Isomerie)
Tau|trop|fen
Tau|werk, das, _[e]s ⟨*zu* ²Tau⟩
Tau|wet|ter, das, _s · **Tau|wind**
Tau|zie|hen, das, _s
Ta|ver|ne [..v..], die, _, _n (Weinschenke; Wirtshaus) ⟨*lat* → *frz od ital*⟩
Ta|xa|me|ter, das (Fahrpreisanzeiger an Mietautos) ⟨*lat* + *grch*⟩ · **Taxa|tion** (Schätzung, Abschätzung, Wertermittlung) ⟨*lat*⟩ · **Ta|xa|tor,** der, _s ..oren (Schätzer, Wertermittler) · **Ta|xe,** die, _, _n: 1. (festgesetzter Preis; Gebührenordnung) – 2. ↑ Taxi · **tax|frei** (gebührenfrei) · **Ta|xi,** das, *schweiz auch* der, _[s], _[s] *od* **Ta|xe** (2), die, _, _n *Kurzw* (Mietauto) ⟨*aus* Taxameterdroschke⟩ · **ta|xie|ren** (schätzen, Wert ermitteln) · **Ta|xie|rung** · **Taxi|fah|rer**
Ta|xus, der, _, _ (*Bot*; Eibe) ⟨*grch* → *lat*⟩ · **Ta|xus|hecke** [*Tr* ...hekke]
Tax|wert (Schätzungswert)
Tay [te:], der, _ (Fluß in Schottland)
Tay|lor|sy|stem ['te:lər..] *K 209*, das, _s (*kap Wirtsch*; Rationalisierungssystem zu erhöhter Ausbeutung der Arbeitskraft) ⟨*nach* dem amerikan. Ingenieur⟩
Ta|zet|te, die, _, _n (eine Narzissenart) ⟨*ital*⟩
Tbi|lis|si ⟨*georg*, ‚Warmbrunn'⟩, *russ* **Tif|lis** [*auch* 'tif..] (Hptst. von Georgien)
Tbk-krank *od* **Tbc-** *bzw* **Tb-krank** ↑ tuberkulosekrank
Tbk-Kran|ke [te:be:'ka:..] *od* **Tbc-** [..'tse:..] *bzw* **Tb-Kranke** [te:'be:..] *K 186*, der *u.* die
Teak|baum ['ti:k..], *eindeutschend*

[1] *Mit Ziffern vgl. K 284.*

auch **Tiek|baum** (ein ostind. Baum) ⟨*drawid* → *portug* → *engl*⟩ · **Teak|holz,** *eindeutschend auch* **Tiek|holz,** das, _es

Team [ti:m], das, _s, _s (Sportmannschaft; Arbeitsgruppe, -gemeinschaft) ⟨*engl*⟩ · **Team|ar|beit** ['ti:m..]

Tech|ne|tium [..ç..], das, _s (künstl. radioaktives chem. Element, Metall); *Zeichen* Tc ⟨*grch* → *lat*⟩

Tech|nik [..ç..]: 1. die, _ (Gesamtheit der materiellen Mittel u. der Verfahren zur Ausnutzung der Naturgesetze für die menschl. Gesellschaft; Bez. für techn. Einrichtungen, Maschinen) – 2. die, _, _en (Hand-, Kunstfertigkeit, Können, Herstellungs-, Arbeitsweise, Beherrschung von Produktionsverfahren – *österr auch kurz für* technische Hochschule) ⟨*grch*⟩; Kammer der Technik (*Abk* KDT) · **Tech|ni|ker,** der, _s, _ · **Tech|ni|kum,** das, _s, *Pl* ..ka *od* ..ken (techn. Fachschule) ⟨*grch* → *lat*⟩ · **tech|nisch** (auf die Technik bezüglich; kunstgerecht, fachgemäß) ⟨*grch*⟩; *K 119*: technisch begründete Arbeitsnorm (*Abk* TAN); *aber K 258*: Technische Normen, Gütevorschriften und Lieferbedingungen (↑TGL *im Abkürzungsverzeichnis*); *K 119*: technische Hochschule (*Abk* TH; *österr kurz* Technik [2]); technische Universität (*Abk* TU); *aber mit Namenszusatz K 259*: Technische Hochschule Ilmenau (*Abk* TH Ilmenau); Technische Universität Dresden (*Abk* TU Dresden)

tech|ni|sie|ren [..ç..] (für techn. Betrieb einrichten, Produktion durch Maschinenkraft steigern) ⟨*grch* → *lat*⟩ · **Tech|ni|sie|rung** · **Tech|ni|zis|mus,** der, _, ..men ([übertrieben] techn. Ausdrucksweise) ⟨*grch*⟩

Tech|no|kra|tie [..ç..], die, _ (imperialist. Soziallehre von der Herrschaft der Technik über Politik u. Wirtschaft) ⟨*grch*⟩

Tech|no|lo|ge [..ç..], der, _n, _n (Fachmann für Technologie) ⟨*grch*⟩ · **Tech|no|lo|gie:** 1. die, _ (Wissenschaft von der Anwendung naturwissenschaftl. Erkenntnisse zur Gewinnung von Rohstoffen u. ihrer Weiterverarbeitung) – 2. die, _, ..ien (Ausarbeitung u. Zusammenfassung der einzelnen für den Fertigungsablauf [im Betrieb] notwendigen Arbeitsgänge) · **tech|no|lo|gisch**

Tech|no|sport [..ç..], der, _[e]s ⟨*grch* + *engl*⟩ · **Tech|no|sport|ler** (Bergsteiger, der an hohen Gebäuden Reparatur- u. Pflegearbeiten ausführt)

Tech|tel|mech|tel, das, _s, _ (*umg*; Liebschaft, Flirt) ⟨*Herkunft umstritten*⟩

Teckel ↑Dackel

Ted|dy [..di], der, _s, _s (Stoffbär als Kinderspielzeug) ⟨*engl Verkl von* Theodor⟩ · **Ted|dy|bär**

Te|de|um: 1. das, _s (ein frühchristl. Hymnus) – 2. das, _s, _s (Chorwerk über dessen Textworte) ⟨*lat*⟩

Tee, der, _s, _s ⟨*chin* → *mal*⟩; *K 119*: schwarzer Tee. *Zus K 365ff.*: Tee‿löffel usw. · **Tee-Ei** *K 184* · **Tee-Ern|te** *K 184*

Teen|ager ['ti:ne:dʒər], der, _s, _, *auch* **Teen** [ti:n], der, _s, _s, *meist Pl* (jugendl. Mensch [bes. junges Mädchen] zw. 13 u. 19 Jahren) ⟨*engl*⟩

Teer, der, _[e]s, _e. *Zus K 365ff.*: Teer‿pappe usw. · **tee|ren** · **teerig** · **Teer|jacke** [*Tr* ..jak|ke] (*scherzh*; Matrose) ⟨*nach engl* Jack Tar [ˌdʒɛk 'ta:r] = Hans Teer⟩

Tee|ro|se

Te|fil|la, die, _ (jüd. Gebetsbuch) ⟨*hebr*⟩ · **Te|fil|lim,** der, _s, _ (Gebetsriemen der Juden)

Te|gel, der, _s (*Geol*; kalkreicher Ton)

Te|gern|see: 1. (Kurort im S der BRD) – 2. der, _s (Alpenrandsee) · **Te|gern|seer** [..ze:ər] *K 237*: 1. *K 231*: der, _s, _; 2. *als Attribut K 232*

Te|gu|ci|gal|pa [..si..] (Hptst. von Honduras)

Te|he|ran [*od* ..'ra:n] (Hptst. von Iran)

Teich, der, _[e]s, _e (stehendes Gewässer) · **Teich|ro|se**

teig (*landsch, vom Obst gesagt*; überreif, weich) · **Teig,** der, _[e]s, _e (dickbreiige Masse, Backmasse). *Zus K 365ff.*: Teig‿masse usw. · **teigig**

Teil, der, *in bestimmten Wendungen u. Zusammensetzungen* das (*bzw beides*), _[e]s, _e; *vgl. auch K 387*

I. *Großschreibung*: zum Teil (*Abk* z. T.); zum Teil ..., zum Teil ... (*vgl. auch K 450*); er hat sein Teil; ein gut Teil; ich für mein[en] Teil

II. *Kleinschreibung*:

a) *K 109*: teils (↑ *d.*)

b) *K 112 vgl.* teilhaben, teilnehmen

III. *Zusammenschreibung K 176*: einesteils, meinesteils, ander[e]nteils, großenteils, größtenteils, meistenteils, zuteil werden

Teil|au|to|ma|ti|sie|rung · **teilbar** · **Teil|bar|keit,** die, _ · **Teilchen** · **Teil|chen|be|schleu|ni|ger** (*Kernphys*) · **Tei|le|fer|ti|gung** · **tei|len;** durch eine Zahl _ · **Tei|ler** (*Math*) · **Teil|ha|be,** die, _ · **teilha|ben** *K 356*; du hast teil *K 112*; teilgehabt; teilzuhaben; *aber K 127*: daran keinen Teil haben · **Teil|haber** · **Teil|ha|be|rin,** die, _, ..innen · **Teil|ha|ber|schaft,** die, _ · **teil|haf|tig** (*noch gehoben*); des Vertrauens _ werden · **...tei|lig** (z. B. zehnteilig [*mit Ziffern K 284* 10teilig]) · **Teil|nah|me,** die, _ · **teil|nahms|los;** *vgl.* ...los · **Teilnahms|lo|sig|keit,** die, _ · **teilnahms|voll** · **teil|neh|men** *K 356*; *Konjugation vgl.* teilhaben; *aber K 127*: davon keinen Teil nehmen · **teil|neh|mend;** *K 115*: am _sten · **Teil|neh|mer** · **teils** *K 109*; teils ..., teils ... (*vgl. auch K 450*) · **...teils** (z. B. einesteils) · **Teil|schuld|verschrei|bung** (*Rechtsw*) · **Teilstrecke** [*Tr* ..strek|ke] · **Tei|lung** · **teil|wei|se** *K 176* · **Teil|zah|lung** · **Teil|zeit|be|schäf|ti|gung**

Te|in, das, _s (ein Alkaloid in Teeblättern) ⟨*chin* + *lat*⟩; *vgl. auch* Koffein

Teint [tɛŋ *od* tɛ̃:], der, _s, _s (Gesichts-, Hautfarbe; Zustand der Gesichtshaut) ⟨*lat* → *frz*⟩

T-Ei|sen ['te:..] *K 186* (von T-förmigem Querschnitt); Doppel-T-Eisen *K 188* (von I-förmigem Querschnitt)

Tei|ste, die, _, _n (ein Seevogel) ⟨*skand*⟩

Tejo ↑Tajo

tek|tie|ren (*Polygr*; durch Überkleben berichtigen) ⟨*lat*⟩

Tek|to|nik, die, _ (*Geol*; Lehre vom Bau der Erdkruste u. deren Bewegungsformen – *Kunstwiss*; Lehre vom inneren Aufbau eines Kunstwerkes – *Arch*; Lehre vom Ausgestalten u. Zusammenfügen von Formgliedern) ⟨*grch*⟩ · **tek|to|nisch** (*Geol, Kunstw, Arch*); _e Beben (*Geol*)

Tek|tur, die, _, _en (*Polygr*; Deckblatt, -streifen; Textberichtigung durch Überkleben) ⟨*lat*⟩

Tel Aviv [tɛl a'vi:f] (Hptst. von Israel [2])

Te|le|fon [*od* 'te:..] *K 54*, das, _s, _e; *Abk* Tel. ⟨*grch*⟩. *Zus K 365ff.*: Telefon‿gespräch usw. · **Te|le|fonat** *K 54*, das, _[e]s, _e (Telefongespräch, Anruf) ⟨*grch* → *lat*⟩ · **te|lefo|nie|ren** *K 54* ⟨*grch*⟩ · **te|le|fonisch** *K 54* · **Te|le|fo|nist** *K 54* · **Te|le|fo|ni|stin** *K 54*, die, _, ..innen

Te|le|fo|to|gra|fie *od* **Te|le|pho|to|gra|phie** *K 54* (fotograf. Fernaufnahme) ⟨*grch*⟩

te|le|gen (für Fernsehaufnahmen geeignet, fernsehwirksam) ⟨*grch*⟩

Te|le|graf *K 54*, der, _en, _en (Gerät zur Nachrichtenübermittlung in vereinbarten Zeichen, Fernschreiber) ⟨grch⟩. *Zus K 365ff.*: Telegrafen‿amt usw. · **Te|le|gra|fie** *K 54*, die, _ (das Fernschreiben, elektr. Nachrichtenübermittlung in vereinbarten Zeichen) · **te|le|gra|fie|ren** *K 54* · **te|le|gra|fisch** *K 54*; _e Antwort (Drahtantwort) · **Te|le|gra|fist** *K 54* · **Te|le|gramm,** das, _s, _e (durch Fernschreiber übermittelte Nachricht, Drahtnachricht); *Abk* Tel. *Zus K 365ff.*: Telegramm‿nachricht usw. · **Te|le|gramman|schrift**

Te|le|mach [..x] (*griech Sage*; Sohn des Odysseus) ⟨*grch → lat*⟩

Te|le|mark, der, _s, _s (*Skisp*) ⟨*nach* der südnorweg. Landschaft⟩ · **Te|le|mark|auf|sprung** (*Skisp*)

Te|le|me|ter, das (Entfernungsmesser) ⟨*grch*⟩ · **Te|le|me|trie,** die, _ (Entfernungsmessung) · **te|le|metrisch**

Te|le|ob|jek|tiv (fotograf. Objektiv für Fernaufnahmen) ⟨*grch + lat*⟩

Te|leo|lo|gie, die, _ (*idealist Philos*; Anschauung vom angeblich vorausbestimmten Zweck der Dinge u. des Geschehens) ⟨*grch*⟩ · **te|leo|logisch** (*idealist Philos*)

Te|le|path, der, _en, _en (angebl. im Sinne der Telepathie empfängl. u. befähigter Mensch) ⟨*grch*⟩ · **Tele|pa|thie,** die, _ (vermeintl. Fähigkeit, Gedanken anderer Personen ohne irgendwelche Sinneswahrnehmung zu erkennen; angebl. Gedankenübertragung) · **te|le|pa|thisch**

Telephotographie ↑ Telefotografie

Te|le|skop, das, _s, _e (Fernrohr) ⟨*grch*⟩. *Zus K 365ff.*: Teleskop‿fisch usw. · **te|le|sko|pisch** (auf das Fernrohr bezüglich; mit dem Fernrohr festgestellt)

Te|le|spiel (Bildschirmspiel) ⟨*grch*⟩

Te|le|vi|sion [..v..], die, _, _en (Fernsehen) ⟨*grch + lat*⟩

Te|lex *Kurzw* (internationale Bez. für Teilnehmerfernschreibdienst) ⟨*aus engl tele*printer [ˈtɛliˌprintər] ‚Fernschreiber' + *ex*change [iksˈtʃe:ndʒ] ‚Vermittlung'⟩

Tell el-Amarna ↑ Amarna

Tel|ler, der, _s, _ ⟨*lat → ital u. frz*⟩. *Zus K 365ff.*: Teller‿rand usw. · **Tel|ler|ei|sen** (Fanggerät für Raubwild) · **tel|ler|för|mig** · **Tel|lertuch,** *Pl* ..tücher

Tells|ka|pel|le, die, _ ⟨*nach* dem schweizer. Volkshelden Wilhelm Tell⟩

Tel|lur, das, _s (chem. Element, Halbmetall); *Zeichen* Te ⟨*lat*, ‚Erde'⟩ · **tel|lu|rig** (*Chem*); tellurige Säure (eine Sauerstoffsäure) · **tellu|risch** (*Geol*; auf die Erde bezüglich, von ihr herrührend, Erd..., irdisch); tellurische Einflüsse · **Tellu|ri|te** *Pl* (*Chem*; Salze der tellurigen Säure); *Sg* Tel|lu|rit, das, _[e]s · **Tel|lu|rium,** das, _s, ..ien [..iən] (*Astron*; Modell zur Veranschaulichung des Umlaufs der Erde um die Sonne)

Tel|tow [..to:] (Stadt im Bez. Potsdam) · **Tel|tow|er** [..to:ər; *Tr K 91*]: 1. *K 231*: der, _s, _; 2. *als Attribut K 232*: die Teltower Rübchen

Tem|pel, der, _s, _ (nichtchristl. Kultbau, geweihter Raum, Heiligtum; Gotteshaus) ⟨*lat*⟩. *Zus K 365ff.*: Tempel‿tanz usw. · **Tempel|bau,** *Pl* ..bauten · **Tempelherr** ↑ Templer · **tem|peln** *K 363* (das Tempeln spielen) · **Tem|peln,** das, _s (ein Kartenglücksspiel) · **Tempelorden** ↑ Templerorden

Tem|pe|ra|far|be (Farbe mit bestimmten Bindemitteln) ⟨*lat → ital*⟩ · **Tem|pe|ra|ma|le|rei** · **Tempe|ra|ment,** das, _[e]s, _e (Wesen, Gemütsart eines Menschen; Gemütserregbarkeit; Lebhaftigkeit) ⟨*lat*, ‚Mischung'⟩ · **tem|pe|ra|mentlos;** *vgl.* ...los · **Tem|pe|ra|mentlo|sig|keit,** die, _ · **tem|pe|rament|voll** · **Tem|pe|ra|tech|nik,** die, _ (*Mal*) · **Tem|pe|ra|tur,** die, _, _en (Wärme- od. Kältegrad, Wärme- od. Kältezustand; leichtes Fieber – *Phys*; Größenart der Thermodynamik [*Formelzeichen T*]) ⟨*lat*⟩. *Zus K 365ff.*: Temperatur‿regler usw. · **Tem|per|guß** (*fachspr*) ⟨*lat → frz → engl*⟩ · **tempe|rie|ren** (Temperatur regeln – *gehoben*; mäßigen) ⟨*lat*⟩ · **Temper|koh|le** (*fachspr*) ⟨*lat → frz → engl*⟩ · **tem|pern** *K 363* (*fachspr*; Eisenguß durch Glühverfahren hämmerbar machen, glühfrischen)

Tem|pi pas|sa|ti *K 47 Pl* (vergangene Zeiten) ⟨*ital*⟩; *vgl.* Tempo

Tem|plei|se, der, _n, _n (*mittelalterl Sage*; Gralsritter) ⟨*lat → frz*⟩ · **Temp|ler,** der, _s, _ *od* **Tem|pelherr,** der, _n, _en (*kath Kirche hist*; Angehöriger des Templerordens) · **Temp|ler|or|den** *od* **Tempel|or|den,** der, _s (*kath Kirche hist*; ein geistl. Ritterorden)

Tem|po, das, _s, *Pl* _s *od* ..pi (Zeitmaß, Geschwindigkeitsgrad; Schnelligkeit, Hast) ⟨*lat → ital*⟩; *vgl.* a tempo, Tempi passati

tem|po|ral (zeitlich, die Zeit betreffend – *Gramm*; die Zeit angebend – *Med*; die Schläfen betreffend) ⟨*lat*⟩ · **Tem|po|ral|satz** (*Gramm*; Adverbialsatz der Zeit) · **tem|po|rär** (zeitweilig, vorübergehend) · **Tem|pus,** das, _, ..pora (*Gramm*; Zeitform des Verbs – *Med*; Schläfe)

Te|na|kel, das, _s, _ (*Polygr*; Manuskripthalter am Setzkasten od. an der Setzmaschine) ⟨*lat*⟩ · **Te|na|zität,** die, _ (*fachspr*; Zähigkeit; Ziehbarkeit; Widerstandskraft)

Ten|denz, die, _, _en (Streben nach einem bestimmten Zweck; Hang, Neigung, Strömung; Entwicklungsrichtung einer Erscheinung; Stimmung [an der Börse]) ⟨*lat → frz*⟩ · **ten|den|ziell** (der Tendenz nach) · **ten|den|ziös** *K 349* (eine bestimmte Absicht auffällig verfolgend) · **Ten|der,** der, _s, _ (*Eisenb*; Vorratswagen der Dampflokomotive – *Seew*; Zubringerschiff, Begleitschiff, Hilfsfahrzeug) ⟨*lat → engl*⟩ · **ten|die|ren** (nach etw. streben, zu etw. [hin]neigen) ⟨*lat*⟩; *vgl. aber* tentieren

Te|ne|rif|fa (eine der Kanarischen Inseln)

Ten|ne, die, _, _n, *schweiz auch* **Tenn,** das, _s, _e (fester Scheunenboden)

Ten|nes|see [..ˈsi: *od* ˈtɛnɛsi:]: 1. der, _[s] (Nebenfluß des Ohio) – 2. (Staat der USA)

Ten|nis, das, _ (ein Ballspiel) ⟨*lat → frz → engl*⟩; _ spielen *K 131*. *Zus K 365ff.*: Tennis‿schläger usw.

Ten|no, der, _s, _s (Titel des japan. Kaisers) ⟨*jap*⟩

Te|nor: 1. [ˈte:..] ⟨*lat*⟩, der, _s (Sinn; Haltung; Inhalt; Wortlaut – *Rechtsw*; Urteilsformel) – 2. [..ˈno:r] ⟨*lat → ital*⟩, der, _s, *Pl* ..öre, *österr auch* _e (höchste Männerstimme; Sänger dieser Stimme; Gesamtheit der Tenorstimmen im Chor) · **Te|nor|horn,** *Pl* ..hörner · **Te|no|rist** · **Te|nor|schlüs|sel** (*Mus*)

Ten|si|de *Pl* (*Chem*; grenzflächenaktive Stoffe, z. B. waschaktive Substanzen); *Sg* Ten|sid, das, _[e]s ⟨*lat*⟩

Ten|sion (*Phys*; Spannung von Gasen u. Dämpfen; Druck) ⟨*lat*⟩

Ten|ta|kel, der *od* das, _s, _ (*Zool*; Fang- bzw. Fühlarm der Hohltiere – *Bot*; Fanghaare der Blätter fleischfressender Pflanzen) ⟨*lat*⟩ · **ten|tie|ren** (*noch landsch*; versuchen; untersuchen, prüfen – *österr umg*; beabsichtigen, vorhaben); *vgl. aber* tendieren

Te|nu|is, die, _, ..nues [..nue:s] (*Phon*; stimmloser Verschlußlaut) ⟨*lat*⟩

te|nu|to (*Mus*; ausgehalten); *Abk* ten. ⟨*lat → ital*⟩

Te|pli|ce [ˈtɛplitsɛ] (Stadt in der ČSSR)

Tepp ↑ Depp

Tep|pich, der, -s, -e ⟨*lat* → *rom*⟩. *Zus K 365ff.*: Teppich‿muster usw.

Te|ra... (Vorsatz bei Einheiten = das 10^{12}fache der genannten Einheit [z. B. Terameter]); *Vorsatzzeichen* T... (z. B. Tm) ⟨*grch*⟩ · **Te|ra|me|ter,** das *od* der, *schweiz nur so* (10^{12} m); *Einheitenzeichen* Tm

Ter|bium, das, -s (chem. Element, Metall); *Zeichen* Tb ⟨*nach* dem schwed. Ort Ytterby⟩

Term, der, -s, -e (*Math, Phys*; Glied einer Formel; Zahlenwert) ⟨*lat* → *frz*⟩ · **Ter|min,** der, -s, -e (Frist, Zeit; Zeitpunkt; Liefer-, Zahltag; Gerichtsverhandlung; Ziel) ⟨*lat*, ‚Grenze'⟩ · **ter|mi|nal** (*veraltend*; die Grenze, das Ende betreffend) · **Ter|mi|nal** ['tœ:rminəl]: 1. der, *auch* das, -s, -s (Abfertigungshalle auf Flughäfen; Containerumschlagplatz) – 2. das, -s, -s (Ein- u. Ausgabegerät einer Datenverarbeitungsanlage) ⟨*lat* → *frz* → *engl*⟩ · **ter|min|ge|mäß** [tɛr'mi:n..] · **ter|min|ge|recht** · **Termini** ↑ Terminus · **ter|mi|nie|ren** (*bürospr*; einen Termin setzen, befristen) ⟨*lat*⟩ · **Ter|min|ka|len|der** · **ter|min|lich** · **Ter|mi|no|lo|gie,** die, -, ..ien (Fachwortschatz, Gesamtheit der Fachausdrücke eines Gebiets) ⟨*lat* + *grch*⟩ · **ter|mi|no|lo|gisch** · **Ter|mi|nus,** der, -, *Pl* Termini (festgelegte Bezeichnung, Fachwort, Fachausdruck) ⟨*lat*⟩ · **Ter|mi|nus tech|ni|cus** [- ..ç..] *K 47*, der, *Gen* - -, *Pl* ..ni ..ci (Fachwort, Fachausdruck)

Ter|mi|ten *Pl* (trop. Insekten); *Sg* Ter|mi|te, die, - ⟨*lat*⟩ · **Ter|mi|ten|hü|gel**

ter|när (*fachspr*; aus drei Einheiten bestehend; dreigliedrig) ⟨*lat*⟩

Ter|pe|ne *Pl* (*Chem*; in ätherischen Ölen enthaltene Kohlenwasserstoffe); *Sg* Ter|pen, das, -s ⟨*grch* + *lat*⟩ · **ter|pen|frei** (*Chem*) · **Ter|pen|tin,** das, *seltener* der (*österr meist so*), -s, -e (Balsam verschiedener Nadelhölzer) ⟨*grch* → *lat*⟩ · **Ter|pen|tin|öl**

Ter|psi|cho|re [..çore:] (*griech Mythol*; Muse des Tanzes u. des Chorgesangs) ⟨*grch* → *lat*⟩

Terra di Siena ↑ Sienaerde

Ter|rain [tɛ'rɛŋ *od* ..'rɛ̃:], das, -s, -s (Gebiet; Gelände, Grundstück) ⟨*lat* → *frz*⟩

Ter|ra in|co|gni|ta *K 47*, die, *Gen* - - (unbekanntes Land – *übertr*; Unerforschtes) ⟨*lat*⟩ · **Ter|ra|kot|ta**: 1. die, - (gebrannter Ton) – 2. *österr nur so, auch* **Ter|ra|kot|te,** die, -, ..tten (Gefäß od. Bildwerk der Kleinkunst aus gebranntem Ton) ⟨*ital*⟩

Ter|ra|rien|kun|de [..iən..], die, - · **Ter|ra|rium,** das, -s, ..ien [..iən] (Behälter od. Freigelände bzw. Gebäude für Lurche u. Kriechtiere) ⟨*lat*⟩

Ter|ras|se, die, -, -n (Absatz, Stufe, stufenförmige Erderhebung; [nicht überdachte] Plattform am Erdgeschoß eines Hauses; erhöhter Platz) ⟨*lat* → *frz*⟩ · **ter|ras|sen|för|mig** · **Ter|ras|sen|gar|ten** · **ter|ras|sie|ren** ([ein Gebäude, einen Garten] stufenförmig anlegen, erhöhen) · **Ter|raz|zo,** der, -[s], *österr nur* -s, *Pl* ..zzi (mosaikartiger Fußboden) ⟨*lat* → *ital*⟩. *Zus K 365ff.*: Terrazzo‿platte usw.

ter|re|strisch (*Geol*; die Erde, das Festland betreffend; Erd...) ⟨*lat*⟩; ein -es Beben (Erdbeben)

Ter|rier [..iər], der, -s, - (eine Hunderasse) ⟨*lat* → *engl*⟩

ter|ri|gen (*Geol*; vom Festland stammend) ⟨*lat* + *grch*⟩; -e Ablagerungen

Ter|ri|ne, die, -, -n (Suppenschüssel) ⟨*lat* → *frz*⟩

ter|ri|to|ri|al (ein Territorium betreffend; zu einem Territorium gehörend) ⟨*lat*⟩ · **Ter|ri|to|ria|li|tät,** die, - (Zugehörigkeit zu einem Staatsgebiet) · **Ter|ri|to|ria|li|täts|prin|zip** (*Pol*) · **Ter|ri|to|ri|al|staat** (*hist*; dt. fürstl. Landesstaat) · **Ter|ri|to|rium,** das, -s, ..ien [..iən] (Gebiet; Herrschafts-, Hoheits-, Staatsgebiet)

Ter|ror, der, -s (Schrecken; Schreckensherrschaft, Gewaltanwendung) ⟨*lat*⟩. *Zus K 365ff.*: Terror‿akt, ...organisation usw. · **ter|ro|ri|sie|ren** (Terror ausüben, durch Gewaltakte einschüchtern) · **Ter|ro|ris|mus,** der, - (Ausübung von Terror; System der Gewalt- u. Schreckensherrschaft) · **Ter|ro|rist** · **Ter|ro|ri|stin,** die, -, ..innen · **ter|ro|ri|stisch** (den Terrorismus betreffend); -ste

ter|tiär (*fachspr*; die dritte Stelle in einer Reihenfolge einnehmend – *Geol*; zum Tertiär gehörend) ⟨*lat*⟩ · **Ter|tiär,** das, -s (*Geol*; ältestes System des Känozoikums) · **Ter|tium com|pa|ra|tio|nis** *K 47*, das, *Gen* - -, *Pl* ..tia - (*bes Sprachw*; das zum Vergleich herangezogene Dritte, der Vergleichspunkt)

Terz, die, -, -en (ein Fechthieb – *Mus*; der dritte Ton der diaton. Tonleiter; dreistufiges Intervall) ⟨*lat*⟩ · **Ter|zel,** der, -s, - (*weidm*; Männchen der Beizvögel) · **Ter|ze|rol,** das, -s, -e (ein- od. zweiläufige Taschenpistole) ⟨*lat* → *ital*⟩ · **Ter|zett,** das, -[e]s, -e (Musikstück für drei Singstimmen; Gruppe der drei Ausführenden) · **Ter|zi|ne,** die, -, -n (*Metrik*; Strophe von drei Versen)

Te|sching, das, -s, -s (Kleinkalibergewehr) ⟨*Herkunft umstritten*⟩

Tes|la, das, -[s], - (SI-Einheit der magnet. Flußdichte); *Einheitenzeichen* T ⟨*nach* dem kroat. Physiker⟩ · **Tes|la|strom** (hochfrequenter elektr. Strom hoher Spannung)

Tes|sar, das, -s, -e *Kunstw* (*Fot*; ein Objektivtyp)

Tes|sin: 1. der, -s (Fluß in der Schweiz u. in Oberitalien) – 2. das, -s (Kanton in der Schweiz) ⟨*kelt* → *lat* → *ital*⟩ · **Tes|si|ner**: 1. *K 231*: der, -s, -; 2. *als Attribut K 232*: die Tessiner Alpen · **tes|si|nisch**

Test, der, -[e]s, *Pl* -s, *auch* -e (Probe; qualitative od. quantitative Prüfung; psycholog. Experiment) ⟨*lat* → *frz* → *engl*⟩. *Zus K 365ff.*: Test‿bild, ...pilot usw.

Te|sta|ment, das, -[e]s, -e (*Rechtsw*; Letzter Wille, letztwillige Verfügung – *Rel*; Bibelteil) ⟨*lat*⟩; *K 258*: Altes Testament (*Abk* A. T.), Neues Testament (*Abk* N. T.) · **te|sta|men|ta|risch** (*Rechtsw*) · **Te|sta|ments|er|öff|nung** (*Rechtsw*) · **Te|sta|ments|voll|strecker** [*Tr* ...strek|ker] (*Rechtsw*) · **Te|stat,** das, -[e]s, -e (schriftl. Zeugnis, Bescheinigung, Beglaubigung) · **Te|sta|tor,** der, -s, ..oren *od* **Te|stie|rer** (*Rechtsw veraltend*; Erblasser)

te|sten (mit Hilfe von Tests prüfen) ⟨*lat* → *frz* → *engl*⟩ · **Te|ster**

te|stie|ren (bezeugen; bescheinigen – *Rechtsw*; ein Testament errichten) ⟨*lat*⟩ · **Testierer** ↑ Testator

Te|sti|mo|nium, das, -s, *Pl* ..ien [..iən] *od* ..ia (*Rechtsw veraltet*; Zeugnis) ⟨*lat*⟩

Test|strecke [*Tr* ...strek|ke]

Te|ta|nie, die, -, ..ien (*Med*; Krampfanfall bei erhaltenem Bewußtsein) ⟨*grch*⟩ · **te|ta|nisch** (*Med*; starrkrampfartig) · **Te|ta|nus,** der, - (*Med*; Wundstarrkrampf) ⟨*grch* → *lat*⟩. *Zus K 365ff.*: Tetanus‿serum usw.

Te|te ['tɛ:tə], die, -, -n (*veraltet*; Anfang, Spitze [einer Truppe]) ⟨*lat* → *frz*, ‚Kopf'⟩; an der - sein (*umg*; die Führung haben, obenauf sein) · **Tête-à-tête** [tɛ:ta'tɛ:t] *K 182*, das, -, -s (vertrauliche Zusammenkunft, Gespräch unter vier Augen) ⟨*frz*, ‚Kopf an Kopf'⟩

Te|thys, die, - (*Geol*; ein urzeitl. Meer) ⟨*nach* der griech. Sagengestalt⟩; *vgl. aber* Thetis

Te|tra|chord [..k..], der *od* das, -[e]s, -e (*Mus*; Viertonfolge innerhalb einer Quarte) ⟨*grch*⟩ · **Te|tra-**

eder, das, _s, _ (*Geom*; Vierflächner) · Te|tra|gon, das, _s, _e (*Geom*; Viereck) · Te|tra|kis|hexa|eder [..ksa,e:..], das, _s, _ (*Geom, Kristallographie*; Vierundzwanzigflächner, eine Kristallform) · Te|tra|lo|gie, die, _, ..ien (aus vier selbständigen Teilen bestehendes Literatur- od. Musikwerk) · Te|tro|de, die, _, _n (*Phys*; Vierpolröhre)

teu|er *K 363*; teurer, teuerste · **Teue|rung**

Teu|fe, die, _, _n (*bergm*; Tiefe)

Teu|fel, der, _s, _ ⟨*grch* → *lat*⟩; jmdn. zum Teufel jagen (*salopp*); zum Teufel! (*salopp*). *Zus K 365ff.*: Teufels‿kerl (*umg*) usw. · **Teu|fe|lei** (*abwert*; niederträchtige Handlung, Bosheit) · **Teu|fe|lin,** die, _, ..innen

teu|fen (*bergm*; einen Schacht herstellen, in die Tiefe führen)

teuf|lisch (niederträchtig, boshaft)

Teu|to|bur|ger Wald *K 232*, der, *Gen* _ _[e]s (Teil des Weserberglandes in der BRD) · **Teu|to|ne,** der, _n, _n (Angehöriger eines german. Volksstammes) · **Teu|to|nia** (latinisierte Form von Deutschland) · **teu|to|nisch** (die Teutonen betreffend)

Tex, das, _, _ (Einheit der Feinheit von Textilfasern = 1 g/km); *Einheitenzeichen* tex ⟨*lat*⟩

Te|xa|ner, der, _s, _ · **te|xa|nisch** · **Te|xas** (Staat der USA) · **Te|xas|fie|ber,** das, _s (Malaria der Rinder)

Text: 1. der, _es, _e (Wortlaut; Begleitworte zu Gesangsstücken; Beschriftung; Buchstelle) – 2. die, _ (*Polygr*; ein Schriftgrad) ⟨*lat*, ‚Gewebe'⟩. *Zus zu 1. K 365ff.*: Text‿kritik usw. · **Text|ab|druck,** *Pl* ..abdrucke · **tex|ten** (Werbe- od. Schlagertext verfassen) · **Tex|ter,** der, _s, _ (Verfasser von Werbe- od. Schlagertexten) · **text|ge|mäß** · **tex|tie|ren** (Text unter eine Abbildung setzen; vermerken) · **tex|til** (die Textilien, die Textiltechnik od. -industrie betreffend) · **Tex|til|fa|ser** · **Tex|ti|lien** [..iən] *Pl* (Gewebe, Webwaren, Faserstofferzeugnisse); *Sg* (*selten*) Tex|ti|lie [..iə], die, _ · **Tex|til‿in|du|strie, ...tech|nik, ...ver|ed|lung** · **Tex|tur,** die, _, _en (*Textilwirtsch*; Gewebe, Faserung – *bes Geol*; Zusammenfügung; Gefüge, Anordnung) · **Tex|tu|ra,** die, _ (*Polygr*; eine gotische Schrift) · **tex|tu|rie|ren** (*Textilwirtsch*; Gewebe- od. Faserqualität verbessern) · **Text|ver|ar|bei|tung** · **Text|wort,** *Pl* ..worte

Te|zett ['te:.., *auch* ..'tsɛt], das, _, _ (die Buchstabenverbindung »tz«); bis ins _, bis zum _ (*umg*; vollständig, bis zuallerletzt)

T-för|mig ['te:..] *K 186* (in Form eines großen T)

TGL-ge|recht [te:ge:'ɛl..] *K 186*; *vgl. auch* TGL *im Abkürzungsverzeichnis*

Thai: 1. der, _[s], _ (Angehöriger einer Völkergruppe in Südostasien, bes. in Thailand) – 2. das, _ (amtl. Sprache in Thailand); auf _ heißt es ... · **Thai|land,** *amtl* **Kö|nig|reich Thai|land** (in Hinterindien) · **Thai|län|der,** der, _s, _ (Staatsbürger von Thailand) · **thai|län|disch**

tha|las|so|gen (*Geol*; durch das Meer entstanden) ⟨*grch*⟩ · **Tha|las|so|the|ra|pie** (*Med*)

Tha|le (Stadt der DDR am Harz) · **Tha|len|ser,** der, _s, _

Tha|lia (*griech Mythol*; Muse der heiteren Dichtkunst u. des Lustspiels; eine der drei Chariten) ⟨*grch* → *lat*, ‚die Blühende'⟩

Thal|lium, das, _s (chem. Element, Metall); *Zeichen* Tl ⟨*grch* → *lat*, ‚grüner Zweig'⟩ · **Thal|lus,** der, _, ..lli (*Bot*; nicht in Wurzel, Sproß u. Blatt gegliederter Pflanzenkörper)

Thäl|mann|ba|tail|lon *K 209*, das, _s (*hist*; antifaschist. dt. Kampfeinheit im Freiheitskampf des span. Volkes) ⟨*nach* dem Führer der KPD⟩ · **Thäl|mann|pio|nier** *K 209*

Tha|randt (Stadt im Bez. Dresden) · **Tha|rand|ter:** 1. *K 231*: der, _s, _; 2. *als Attribut K 232*: der Tharandter Wald

Thea *K 207* (w. Vn.) ⟨*Kurzf von* Dorothea *u. von* Therese⟩

Thea|ter: 1. das, _s, _ (Schaubühne, Schauspiel-, Opernhaus; Vorführung, Aufführung, Spiel) – 2. das, _s (*umg*; Unruhe, Aufregung, Verstellung) ⟨*grch* → *lat*⟩. *Zus zu 1. K 365ff.*: Theater‿raum usw.

Thea|tra|lik, die, _ (*oft abwert*; schauspielerisches Wesen; Gespreiztheit, Unnatürlichkeit) ⟨*grch* → *lat*⟩ · **thea|tra|lisch** (bühnengerecht – *oft abwert*; schauspielerhaft; unnatürlich, gespreizt, gesucht); _ste

The|ba|is (*Altertum*; der obere Teil Ägyptens) ⟨*grch*⟩ · **The|ba|ner,** der, _s, _ (Bewohner von Theben) · **the|ba|nisch** · **The|ben** (*Altertum*; Stadt in Mittelgriechenland; Hptst. von Oberägypten)

The|is|mus, der, _ (*idealist Philos*; Lehre vom Dasein eines außerweltl. persönl. Gottes) ⟨*grch* → *lat*⟩; *vgl. aber* Deismus

Theiß, die, _ (Fluß in Mittel- u. Südosteuropa)

The|ist (*idealist Philos*) ⟨*grch* → *lat*⟩ · **thei|stisch** (*idealist Philos*)

The|ke, die, _, _n (Schanktisch – *landsch*; Ladentafel) ⟨*grch*, ‚Büchse'⟩

The|ma, das, _s, *Pl* ..men *od* ..mata (Aufgabe, [zu behandelnder] Gegenstand; Stoff; Grund-, Haupt-, Leitgedanke, bes. in der Musik) ⟨*grch*⟩ · **The|ma|tik,** die, _ (Art der Stellung, die Behandlung u. Ausführung eines Themas; Themenkreis, -auswahl) · **the|ma|tisch** (dem Thema entsprechend, zu ihm gehörig)

The|mis (*griech Mythol*; Göttin des Rechtes) ⟨*grch*, ‚Gesetz'⟩

Them|se, die, _ (Fluß in Südengland)

Theo *K 207* (m. Vn.) ⟨*Kurzf von* Theodor⟩

Theo|di|zee, die, _, ..een (*idealist Philos*; Versuch der Rechtfertigung Gottes hinsichtlich seiner Verantwortlichkeit für die Übel in der Welt) ⟨*grch*⟩

Theo|do|lit, der, *Gen* _[e]s, *Pl* _e *od Gen* _en, *Pl* _en (*Geodäsie*; ein Winkelmeßinstrument) ⟨*arab* → *frz* → *engl*⟩

Theo|dor *K 207* (m. Vn.) ⟨*grch*, ‚Gottesgabe'⟩; *russ Form* ↑ Fjodor, *dt Kurzf* Theo

Theo|krat, der, _en, _en (Anhänger der Theokratie) ⟨*grch*⟩ · **Theo|kra|tie,** die, _, ..ien (»Gottesherrschaft«; Staatsform, in der die gesamte gesellschaftl. Ordnung von der Religion her gestaltet wird) · **theo|kra|tisch;** _ste

Theo|lo|ge, der, _n, _n (Wissenschaftler auf dem Gebiet der Theologie) ⟨*grch*⟩ · **Theo|lo|gie,** die, _, ..ien (systemat. Darstellung einer [bes. der christl.] Religion, ihrer Geschichte, Lehre u. Praxis) · **theo|lo|gisch** · **theo|lo|gi|sie|ren** (Theologie betreiben, ihr Gebiet berühren) ⟨*grch* → *lat*⟩

Theo|rem, das, _s, _e (*Wissensch*; [mathemat.] Lehrsatz; Erkenntnis) ⟨*grch*⟩ · **Theo|re|ti|ker,** der, _s, _ (Wissenschaftler; jmd., der sich [nur] mit gedanklich-wissenschaftl. Betrachtung beschäftigt – *auch für* lebens-, weltfremder Mensch); *Ggs* Praktiker · **theo|re|tisch** (rein gedanklich; auf die Theorie bezogen); *Ggs* praktisch · **theo|re|ti|sie|ren** (Theorie treiben; Theorien entwickeln) ⟨*grch* → *lat*⟩ · **Theo|rie,** die, _, ..ien (Lehre, Lehrmeinung; wissenschaftl. Erkenntnis; systemat. gedankl. Aufbau einer Wissenschaft) ⟨*grch*, ‚das Anschauen'⟩; *Ggs* Praxis

Theo|soph, der, _en, _en (Anhänger der Theosophie) ⟨*grch*⟩ · **Theo|so|phie,** die, _, ..ien (eine myst. Gotteslehre) (,Gottesweisheit') · **theo|so|phisch**

The|ra|peut, der, _en, _en (behandelnder Arzt) ⟨*grch*, ,Pfleger'⟩ · **The|ra|peu|tik,** die, _ (Lehre von der Krankenbehandlung) · **The|ra|peu|ti|kum,** das, _s, ..ka (*Med*; Mittel zur Krankenbehandlung) ⟨*grch* → *lat*⟩ · **the|ra|peu|tisch** (die Therapie betreffend) ⟨*grch*⟩ · **The|ra|pie,** die, _, ..ien (Krankheitsbehandlung, Heilverfahren)

The|re|se *K 207* (w. Vn.) ⟨*grch* → *lat*⟩; *Kurzf* ↑ Thea, *Verkleinerungsf* ↑ Resi · **The|re|sia|nisch** *K 217* (von der Kaiserin Maria Theresia herrührend); _e Akademie (in Wien)

The|re|sien|stadt [..ĭən..] (hitlerfaschist. Konzentrationslager in der Tschechoslowakei)

ther|mal (auf Wärme bezogen, Wärme...; warme Quellen betreffend) ⟨*grch* → *lat*⟩ · **Ther|mal|bad** (Warm[quell]bad) · **Ther|mal‿quelle, ...salz** · **Ther|me,** die, _, _n (warme Heilquelle) – **Ther|men** *Pl* (öffentl. Bäder im alten Rom) · **Ther|mi|dor,** der, _[s], _s (11. Monat [19. Juli bis 17. August] des Kalenders der Französ. Revolution) ⟨*grch* → *lat* → *frz*, ,Hitzemonat'⟩ · **Ther|mik,** die, _ (*Met*; durch Bodenerwärmung angeregter Aufwind) ⟨*grch*⟩ · **Ther|mik|flug** (*Luftf*; Segelflug unter Ausnutzung der Energie von Wärmeaufwinden) · **thermisch** (die Wärme betreffend) · **Ther|mit,** das, _[e]s, _e (*Chem*; Gemisch aus Eisenoxid u. Aluminiumpulver) ⟨*grch* → *lat*⟩ · **Ther|mit|schwei|ßen,** das, _s (*Techn*)

Ther|mo|che|mie [*od* ..çe'mi:], die, _ (Lehre von den Wärmeerscheinungen bei chem. Vorgängen) ⟨*grch*⟩ · **ther|mo|che|misch** [*od* ..'çe:..]

Ther|mo|dy|na|mik ['tɛr.. *od* ..'na:..], die, _ (*Phys*; Wärmelehre) ⟨*grch*⟩ · **ther|mo|dy|na|misch** (*Phys*)

ther|mo|elek|trisch [*od* ..'lɛk..] (*Techn*); _er Ofen · **Ther|mo|elek|tri|zi|tät** [*od* ..'tɛ:t], die, _ (*fachspr*; durch Wärme erzeugte Elektrizität) ⟨*grch*⟩

Ther|mo|ele|ment, das, _[e]s, _e (*Elektrotechn*; Schaltung zum Messen von Temperaturen) ⟨*grch* + *lat*⟩

Ther|mo|graph *K 54*, der, _en, _en (*Met*; Registriergerät für die Temperatur) ⟨*grch*⟩ · **Ther|mo|gra|phie** *K 54*, die, _, ..ien (*Techn*; Verfahren zur Aufzeichnung von Temperaturunterschieden)

Ther|mo|kau|ter [*auch* 'tɛr..], der, _s, _ (*Med*; elektr. chirurg. Instrument) ⟨*grch*⟩

Ther|mo|me|ter, das (Temperaturmeßgerät, -anzeiger) ⟨*grch*⟩ · **ther|mo|me|trisch**

ther|mo|nu|kle|ar [*od* 'tɛr..] (*Phys*; auf der durch Kernumwandlung entstandenen Wärme beruhend) ⟨*grch* + *lat*⟩

ther|mo|phil (*Biol*; wärmeliebend) ⟨*grch*⟩

Ther|mo|phor, der, _s, _e (*fachspr*; Warmhaltevorrichtung; wärmespeichernder Körper) ⟨*grch*⟩

Ther|mo|plast [*od* ..'plast], der, _[e]s, _e (wärmeformbarer Plast) ⟨*grch*⟩ · **ther|mo|pla|stisch** [*od* ..'plas..]

Ther|mo|py|len *Pl* (*Altertum*; Engpaß in Mittelgriechenland) ⟨*grch*, ,warme Tore'⟩

Ther|mo|schei|be (*Bauw*) ⟨*grch*⟩

Ther|mos|fla|sche (vor Wärmeverlust u. -zufuhr schützendes Gefäß) ⟨*grch*⟩

Ther|mo|sphä|re, die, _ (*Met*; Schicht der Erdatmosphäre in etwa 85–130 km Höhe)

Ther|mo|stat, der, *Gen* _[e]s, *Pl* _e *od Gen* _en, *Pl* _en (*Techn*; Wärmeregler) ⟨*grch*⟩

Ther|mo|the|ra|pie [*od* 'tɛr..] (*Med*; Wärmeheilbehandlung) ⟨*grch*⟩

The|sau|rus, der, _, *Pl* ..ren *od* ..ri (*Wissensch*; Wort-, Wissensschatz; Sammelwerk) ⟨*grch* → *lat*⟩

The|se, die, _, _n ([wissenschaftlich zu beweisende] Behauptung; Satz, Lehrsatz) ⟨*grch* → *lat*⟩

The|seus [*od* ..'zɔys] (*griech Sage*; Bezwinger des Minotaurus) ⟨*grch* → *lat*⟩

The|sis, die, _, *Pl* Thesen (*Metrik*; Senkung) ⟨*grch*⟩

Thes|pis|kar|ren (*scherzh*; Wanderbühne, fahrende Schauspielertruppe) ⟨*nach* dem Schöpfer der altgriech. Tragödie⟩

Thes|sa|lien [..ĭən] (Landsch. im N Griechenlands) · **Thes|sa|lier** [..ĭər], der, _s, _ · **thes|sa|lisch** · **Thessaloniki** ↑ Saloniki · **thes|sa|lo|nisch**

The|ta, das, _[s], *Pl* _s, *österr auch* _ (griech. Buchstabe; Θ, ϑ) ⟨*semit* → *grch*⟩

The|tis (*griech Sage*; Meernymphe, Mutter des Achill) ⟨*grch*⟩; *vgl. aber* Tethys

Thi|dreks|sa|ga, die, _ (norweg. Sammlung dt. Heldensagen mit Dietrich von Bern als Mittelpunkt) ⟨*nach* dem Sagennamen des Ostgotenkönigs Theoderich⟩

Thim|bu (Hptst. von Bhutan)

Thing ↑ Ding (1)

Tho|ma|ner, der, _s, _ (Mitglied des Thomanerchors zu Leipzig) ⟨*nach* dem heiligen Thomas⟩ · **Tho|ma|ner|chor,** der, _s

Tho|mas *K 207* (m. Vn.) ⟨*hebr* → *grch* → *lat*, ,Zwilling'⟩; ungläubiger _, *Pl* ungläubige Thomasse ⟨*nach* der Gestalt im Neuen Testament⟩

Tho|mas|kan|tor *K 209*

Tho|mas|mehl *K 209*, das, _[e]s (ein Düngemittel) ⟨*nach* dem engl. Erfinder Thomas ['tɔməs]⟩

Thomas-Müntzer-Stadt Mühlhausen ↑ Mühlhausen, Thomas-Müntzer-Stadt

Tho|mas|ver|fah|ren *K 209*, das, _s (ein Verfahren zur Stahlerzeugung)

Tho|mis|mus, der, _ (*idealist Philos*; Lehre des italien. Scholastikers Thomas von Aquin[o]) ⟨*hebr* → *lat*⟩ · **Tho|mist** (*idealist Philos*)

Thor ⟨*anord*⟩ *od* **Do|nar** ⟨*ahd*⟩ (*nord Mythol*; Gott des Gewitters u. der Fruchtbarkeit, Sohn Odins)

Tho|ra [*auch* 'to:.., *österr nur so*], die, _ (das mosaische Gesetzbuch, die fünf Bücher Mose des Alten Testaments) ⟨*hebr*⟩

Tho|rax, der, _[es], _e (*Anat*; Brust, Brustkorb, auch der Wirbeltiere u. der Gliederfüßer) ⟨*grch*⟩

Tho|rium, das, _s (radioaktives chem. Element, Metall); *Zeichen* Th ⟨*nach* dem Gott Thor⟩

Thot[h] (*ägypt Mythol*; Gott der Weisheit u. des Zaubers) ⟨*ägypt* → *grch* → *lat*⟩

Thra|ker ⟨*grch*⟩ *od* **Thra|zier** [..ĭər] ⟨*grch* → *lat*⟩, der, _s, _ (*Altertum*; Angehöriger einer indoeurop. Völkergruppe) · **Thra|kien** [..ĭən] ⟨*grch*⟩ *od* **Thra|zien** ⟨*grch* → *lat*⟩ (Landsch. im O der Balkanhalbinsel) · **thra|kisch** ⟨*grch*⟩ *od* **thra|zisch** ⟨*grch* → *lat*⟩

Thril|ler ['θri..], der, _s, _ (reißerischer Roman, Film) ⟨*engl*⟩

Thrips, der, _, *Pl* _ *od* _e (*Zool*; ein schädl. Insekt) ⟨*grch*⟩

Throm|bo|se, die, _, _n (*Med*; Blutpfropfbildung innerhalb eines Gefäßes) ⟨*grch*⟩ · **Throm|bo|zy|ten** *Pl* (*Med*; Blutplättchen); *Sg* Throm|bo|zyt, der, _en · **Thrombus,** der, _, ..ben (*Med*; Blutpfropf) ⟨*grch* → *lat*⟩

Thron, der, _[e]s, _e ⟨*grch* → *lat* → *frz*⟩. *Zus K 365ff.*: Thron‿rede usw. · **thro|nen**

Thu|ja, *österr meist* **Thu|je,** die, _, ..jen (Lebensbaum) ⟨*grch*⟩

Thu|le (*Altertum*; sagenhafte Insel im hohen Norden) · **Thu|lium,** das, _s (chem. Element, Metall); *Zeichen* Tm

Thun (Stadt in der Schweiz) · **Thu|ner See** (*K 232*), der, *Gen* _ _s, *schweiz* **Thu|ner|see** (*K 234*), der, _s

Thun|fisch ⟨*grch → lat*⟩

Thur, die, _ (Fluß in der Schweiz) · **Thur|gau,** der, _[e]s (Kanton in der Schweiz) · **thur|gau|isch**

Thü|rin|gen (ehem. Land) · **Thü|rin|ger:** 1. *K 231*: der, _s, _; 2. *als Attribut K 232* · **Thü|rin|ger Wald** *K 232*, der, *Gen* _ _[e]s (Gebirge im SW der DDR) · **Thü|rin|ger|wald|bahn** *K 246*, die, _ · **thü|rin|gisch**

Thurn-und-Taxissch *K 216*; die Thurn-und-Taxissche Post ⟨*nach* dem italien. Adelsgeschlecht⟩

Thy|mian, der, _s, _e (eine Gewürz- u. Arzneipflanze, Lippenblütler) ⟨*grch → lat*⟩ · **Thy|mus,** der, _, ..mi (*Anat*; lymphatisches Organ bei vielen Wirbeltieren u. beim Menschen)

Thy|ri|stor, der, _s, ..oren (*Elektronik*; steuerbarer Halbleitergleichrichter) ⟨*grch + lat*⟩

Thyr|sos ⟨*grch*⟩ *od* **Thyr|sus** ⟨*grch → lat*⟩, der, _, ..rsen (Symbol der Bacchanten)

Tia|ra, die, _, ..ren (Kopfbedeckung der altpers. Könige; dreireifige Krone des Papstes) ⟨*pers → grch → lat*⟩

Ti|ber, der, _[s] (Fluß in Mittelitalien)

Ti|be|rias (Stadt am See Genezareth) ⟨*nach* dem röm. Kaiser Tiberius⟩

Ti|bet: 1. ['ti:.. *od* ..'be:t] (Hochland in Zentralasien) – 2. ['ti:..], der, _s, *Pl* _e *od* _s (ein Wollgewebe) · **Ti|be|ter,** *auch* **Ti|be|ta|ner,** *österr nur so*, der, _s, _ · **ti|be|tisch,** *auch* **ti|be|ta|nisch,** *österr nur so*; *vgl. K 266f.* · **Ti|be|tisch,** das, *Gen* _[s], *Dat* _ (Sprachbezeichnung *K 268ff.*) · **Ti|be|ti|sche,** das, *Gen* _n, *Dat* _n (Sprachbezeichnung *K 271*)

Tic [tik], der, _s, _s, *auch* **Tick,** der, _[e]s, *Pl* _s *od* _e (*Med*; nervöse Muskelzuckung) ⟨*frz*⟩

Tick: 1. der, _[e]s, _s (Besessenheit; Eigenart, Schrulle, sonderbare Angewohnheit) – 2. ↑ Tic ⟨*frz*⟩

ticken[1]

Ticket[1], das, _s, _s (Einlaß-, Fahrkarte) ⟨*ndrl → frz → engl*, ‚Zettel'⟩

tick|tack! ⟨*lautm*⟩ · **Tick|tack,** das, _[e]s

Ti|den *Pl* (*norddt*; Gezeiten) · **Ti|den|hub** (*seem*; Wasserstandsunterschied bei den Gezeiten)

tief; tiefer, tiefste; auf das *od* aufs tiefste (*K 115*) beklagen; zutiefst (*K 176*); tief unten (*K 175*); tiefblau; *K 135*: das läßt tief blicken; tief dringen

Zusammenschreibung

a) mit dem *Part I vgl.* z. B. tiefblikkend usw.

b) mit dem *Part II vgl.* z. B. tiefbewegt usw.

Tief, das, _s, _ (Fahrrinne – *Met*; Tiefdruckgebiet) · **Tief|aus|läu|fer** (*Met*) · **Tief|bau,** der, _[e]s · **tief|be|wegt;** *vgl. aber K 166* · **tief|blau;** *vgl.* blau · **tief|blickend** [*Tr* ...blik|kend]; *vgl. aber K 166*; *K 127*: tiefer blickend, am tiefsten blickend *od* tiefstblickend; der Tiefblickende *K 93*; *aber K 127*: der tiefer Blickende · **Tief|bohr|tech|nik** · **Tief|boh|rung** · **tief|drin|gend**[1] · **Tief|druck:** 1. der, _[e]s (*auch Polygr*; ein Druckverfahren) – 2. der, _[e]s, _e (*Polygr*; durch dieses Verfahren erzeugter Druck) · **Tief|druck|ge|biet** (*Met*) · **Tie|fe,** die, _, _n · **Tief|ebe|ne** (*Geogr*) · **tief|emp|fun|den**[1] *K 364*; seinen _en Dank aussprechen · **Tie|fen|be|strah|lung** (*Med*) · **Tie|fen|ge|stein** (*Geol*; in der Erdrinde erstarrtes Eruptivgestein) · **Tie|fen‿la|ge, ...mes|sung** · **Tie|fen|wir|kung,** die, _ · **tief‿ernst, ...er|schüt|tert**[1] · **Tief|gang,** der, _[e]s · **Tief|gang|mes|ser,** der (*Schiff*) · **tief|ge|fro|ren** *K 364* · **tief|ge|fühlt;** tiefstgefühlter Dank; *vgl. aber K 166* · **tief|ge|hend**[1] · **tief|ge|kühlt** *K 128*; _es Fleisch · **tief|grei|fend**[1] · **tief|grün|dig** · **Tief|kühl|fach** · **Tief|kühl|tru|he** · **Tief|la|der** (*Transportw*) · **Tief|land,** *Pl* ..länder, *seltener* ..lande · **tief|lie|gend**[1] · **Tief|punkt** · **tief|rei|chend**[1] · **Tief|schlag** (*Boxsp*; unerlaubter Schlag unterhalb der Gürtellinie) · **tief|schür|fend**[1] · **Tief|see,** die · **Tief|see|for|schung** · **Tief|sinn,** der, _[e]s · **tief|sin|nig** · **Tief|sin|nig|keit,** die, _ · **Tief|stand,** der, _[e]s · **tief|ste|hend**[1] · **Tief|ton,** *Pl* ..töne (*Phon*) · **tief|to|nig** (*Phon*) · **Tief|wurz|ler** (*Bot*)

Tie|gel, der, _s, _ (runde Pfanne – *Polygr kurz für* Tiegeldruckpresse) ⟨*grch → lat*⟩. *Zus K 265ff.*: Tiegel‿ofen usw. · **Tie|gel|druck,** *Pl* ..drucke (*Polygr*) · **Tie|gel|druck|pres|se** (*Polygr*; kleine Druckmaschine); *kurz* Tiegel

Tiekbaum usw. ↑ Teakbaum usw.

Tien|schan [tiɛn..], der, _[s] (Hochgebirge in Zentralasien) ⟨*chin*, ‚Himmelsgebirge'⟩

Tier, das, _[e]s, _e (*auch weidm*; Hirschkuh). *Zus K 365ff.*: Tier‿klinik usw. · **Tier|arzt** · **tier|ärzt|lich** · **Tier‿freund, ...gar|ten, ...hal|ter** · **tie|risch** · **Tier|kli|nik** · **Tier|kreis,** der, _es (Bez. für die 12 Sternbilder [Tierkreiszeichen], die auf der Ekliptik liegen) · **tier|lieb** · **Tier|me|di|zin,** die, _ · **Tier‿park, ...pfle|ger** · **Tier|pro|duk|tion,** die, _ · **Tier|quä|ler** · **Tier|quä|le|rei** · **Tier|reich,** das, _[e]s · **Tier|ver|such** · **Tier|welt,** die, _ · **Tier|zucht**

Tiflis ↑ Tbilissi

Ti|ger, der, _s, _ (eine Großkatze) ⟨*pers → grch → lat*⟩. *Zus K 365ff.*: Tiger‿fell usw.

ti|gern *K 363* (*umg*; schnell [umher]laufen) ⟨*Herkunft umstritten*⟩

Ti|gris, der, _ (Strom in Vorderasien) ⟨*sumer* (‚pfeilschnell' [fließendes Wasser]) *→ akkad → grch*⟩

Til|de, die, _, _n (span. Ausssprachezeichen über dem Buchstaben n [ñ, *gesprochen* nj] – *Polygr*; Wiederholungszeichen [*Zeichen* ~]) ⟨*lat → span*⟩

tilg|bar · **til|gen** ⟨*lat → engl*⟩ · **Til|gung** · **Til|gungs|sum|me** (*Wirtsch*)

Til|lo (m. Vn.) ⟨*Kurzf von* Dietrich⟩

Til|sit (früherer Name von Sowjetsk) · **Til|si|ter:** 1. *K 231*: der, _s, _ (in Tilsit Geborener od. Wohnender; eine Käsesorte) – 2. *als Attribut K 232*: der Tilsiter Käse; die Tilsiter Friedensverträge

Tim|bre ['tɛ̃:bər *od* 'tɛ̃:br(ə)], das, _s, _s [*Gen u. Pl* ..bər(s) *od* ..br(əs)] (Klangfarbe der Gesangsstimme) ⟨*grch → lat → frz*⟩ · **tim|briert** [tɛ̃..] (durch eine Klangfarbe charakterisiert)

Tim|buk|tu (Stadt in Mali)

ti|men ['taimən] (zeitl. Vorgänge aufeinander abstimmen) ⟨*engl*⟩

Times [taims *od* taimz], die, _ (eine engl. Zeitung) ⟨*engl*⟩

Ti|ming ['taimiŋ], das, _s, _s (Festlegung eines zeitl. Ablaufs [bei techn. Prozessen]) ⟨*engl*⟩

Ti|mo|kra|tie, die, _, ..ien (*Antike*; Herrschaft der Besitzenden) ⟨*grch*⟩

Ti|mor (eine der Kleinen Sundainseln) ⟨*mal*, ‚der Osten'⟩

Ti|mo|thee|gras [*od* 'ti:..], das, _es (Wiesenlieschgras) ⟨*nach* dem Amerikaner Timothy Hanson [ˌtiməθi 'hɛns(ə)n]⟩

Tim|pa|ni *Pl* (*Mus*; Pauken, Kesselpauken) ⟨*grch → lat → ital*⟩

tin|geln ['tiŋ(ə)ln] *K 363* (*abwert*; mal hier, mal dort [in anspruchslosen Unterhaltungsprogrammen] auftreten) · **Tin|gel|tan|gel** [*österr*

[1] *Tr* ..k|k..

[1] *Steigerung vgl.* tiefblickend; *vgl. auch K 166.*

..'taŋ(ə)l], das, *österr nur so, od* der, _s, _ (*abwert*; niveaulose Musik; anspruchsloses Varieté od. Tanzlokal)

tin|gie|ren (*Chem*; Farbe u. wirksame Bestandteile ausziehen) ⟨*lat*⟩ · **tin|giert** (*Chem*; gefärbt; dünn versilbert); _e Münze · **Tink|tion** (*Chem*; Färbung) · **Tink|tur,** die, _, _en (aus Drogen gewonnener, farbiger Auszug)

Tin|nef, der, _s (*umg abwert*; Schund, minderwertige Ware) ⟨*aram* → *jidd*⟩

Tin|te, die, _, _n ⟨*lat*⟩ · **Tin|ten‿faß, ...fisch, ...fleck** · **Tin|ten-klecks** · **Tin|ten|kleck|ser** (*umg abwert*) · **tin|tig**

Tip, der, _s, _s (Wink, Andeutung, Vorhersage, Hinweis – *auch für* ausgefüllter Wettschein) ⟨*engl*⟩

tipp! ⟨*lautm*⟩; tipp, tapp!

Tip|pel, der, _s, _ (*landsch*; Punkt) ⟨*zu* tupfen⟩ · **Tip|pel|bru|der** ⟨*rotwelsch*⟩ · **Tip|pel|chen** (*landsch*; Tüpfelchen); bis aufs _; das I-Tippelchen *K 106* · **Tip|pe|lei,** die, _ (*umg*) · **tip|peln** *K 363* (*landsch*; mit Punkten versehen – *umg*; mit kleinen Schritten laufen; beständig [auf der Landstraße] wandern) · **Tip|pel|tap|pel|tur,** die, _ (*obersächs*; sorgfältige, aber langsame Erledigung)

[1]**tip|pen** ([mit der Fingerspitze] leicht berühren); jmdm. auf die Schulter _

[2]**tip|pen** (*umg*; vermuten, auf eine Sache setzen; wetten) ⟨*engl*⟩

[3]**tip|pen** (*umg*; maschineschreiben) ⟨*grch* → *lat* → *frz* → *engl, an* [1]tippen *angelehnt*⟩

Tipp|schein ⟨*zu* [2]tippen⟩

tipp, tapp!

tipp|topp (*umg*; hochfein, tadellos) ⟨*engl*, ‚Spitze der Spitze'⟩

Ti|ra|de (*abwert*; Wortschwall – *Mus*; tonleiterartige Verzierung) ⟨*lat* → *ital* → *frz*⟩

Ti|ra|na (Hptst. von Albanien)

Ti|raß, der, ..asses, ..asse (*weidm*; Deckgarn, -netz) ⟨*lat* → *frz*⟩

ti|ri|li! ⟨*lautm*⟩ · **Ti|ri|li,** das, _s · **ti|ri|lie|ren** (*von Vögeln gesagt*; pfeifen, singen)

Ti|rol (Bundesland in Österreich) · **Ti|ro|ler:** 1. *K 231*: der, _s, _; 2. *als Attribut K 232*: die Tiroler Berge; ein Tiroler Tanz *od* Tirolertanz *K 233* · **Ti|ro|lienne** [tiro'liɛn], die, _, _n [..nən] (ein ländlerartiger Tanz) ⟨*frz, nach* Tirol⟩ · **ti|ro|lisch,** *österr* **ti|ro|le|risch**

ti|ro|nisch (*nach* Tiro, dem Sekretär des röm. Redners Cicero ['tsi(:)..]); *nur noch in* Tironische Noten *K 217* (altröm. Kurzschriftsystem)

Ti|ryns (*Altertum*; Stadt auf dem Peloponnes) ⟨*grch*⟩ · **Ti|ryn|ther,** der, _s, _ · **ti|ryn|thisch**

Tisch, der, _es, _e ⟨*grch* → *lat*⟩; bei _ sein; bei, am (*österr auch* beim) _ sitzen; zu _ gehen; vom grünen _ [aus]. *Zus K 365ff.*: Tisch‿bein usw. · **Tisch‿decke** [*Tr* ...dek|ke], **...läu|fer** · **Tisch|lein|deck|dich,** das, _ (*meist scherzh*) · **Tisch|ler** · **Tisch|ler|ar|beit** · **Tisch|le|rei** · **tisch|lern** · **Tisch‿plat|te, ...re|de, ...ten|nis** · **Tisch|tuch,** *Pl* ..tücher · **Tisch‿wä|sche, ...wein, ...zeit**

Ti|si|pho|ne [..ne: *od* ..'fo(:)ne:] (*griech Mythol*; eine der drei Erinnyen) ⟨*grch* → *lat*⟩

Ti|tan: 1. *fachspr* **Ti|ta|nium,** das, _s (chem. Element, Metall); *Zeichen* Ti – 2. *österr nur so, auch* **Ti-ta|ne,** der, ..anen, ..anen, *meist Pl* (*griech Mythol*; Angehöriger eines vorolymp. Göttergeschlechts – *übertr*; Riese, Kraftnatur) ⟨*grch* → *lat*⟩ · **Ti|tan|ei|sen|erz** (*Mineral*) · **ti|ta|nen|haft** · **Ti|ta|nia** (*Sage*; Feenkönigin, Gemahlin Oberons) · **Ti|ta|ni|de,** der, _n, _n *u.* die, _, _n (*griech Sage*; Nachkomme der Titanen) · **ti|ta|nisch** (riesenhaft, übermenschlich) · **Titanium** ↑ Titan (1) · **Ti|tan|säu|re,** die, _ (*Chem*)

Ti|tel, der, _s, _ (Über-, Aufschrift; Rang-, Dienstbezeichnung; Ehrenanrede – *Rechtsw*; Rechtsgrund; Abschnitt); *Abk* Tit. ⟨*lat*⟩; *vgl. K 256ff. Zus K 365ff.*: Titel‿blatt usw. · **Ti|tel‿an|wär|ter** (*Sport*), **...bo|gen** (*Polygr*) · **Ti|te|lei** (*Buchw*; Gesamtheit der dem eigentl. Buchtext vorangehenden Titelangaben einschl. Vorwort u. Inhaltsverzeichnis) · **ti|tel|los;** *vgl.* ...los · **ti|teln** *K 363* (*fachspr*; [einen Film] mit Titel versehen) · **Ti|tel|schrift** · **Ti|tel|schrift|kasten** (*Polygr*) · **Ti|tel|sei|te** · **Ti|tel-sucht,** die, _ · **ti|tel|süch|tig** · **Ti-tel|ver|tei|di|ger** (*Sport*)

Ti|ter, der, _s, _ (*Chem*; Gehalt einer Lösung an chemisch wirksamer Substanz) ⟨*lat* → *frz*⟩

Ti|ti|ca|ca|see, der, _s (in Südamerika)

Ti|to|grad (Hptst. von Montenegro) ⟨*nach* dem jugoslaw. Staatsmann Tito⟩

Ti|tra|tion (*Chem*; Bestimmung des Titers; Ausführung einer Maßanalyse) ⟨*lat*⟩ · **ti|trie|ren** (*Chem*)

tit|schen *K 354* (*landsch*; [in Flüssigkeit] eintauchen)

Tit|te, die, _, _n, *meist Pl* (*derb*; weibl. Brust)

Ti|tu|lar, der, _s, _e (Titelträger) ⟨*lat*⟩ · **Ti|tu|lar...** (nur dem Titel nach, ohne das Amt) · **Ti|tu|la|tur,** die, _, _en (Betitelung) · **ti|tu|lie-ren** (Titel geben, betiteln)

Tiu ↑ Tyr

Ti|vo|li [..v..], das, _[s], _s (Vergnügungsort; Gartentheater; italien. Kugelspiel) ⟨*nach* der Stadt in Mittelitalien⟩

tja! (*umg*; Ausruf des Vorbehalts, des nachdenklichen Zögerns) ⟨*zu* ja⟩

Tjost, die, _, _en (*Mittelalter*; Turnierzweikampf) ⟨*lat* → *frz*⟩

Tme|sis, die, _, ..esen (*Sprachw*; Trennung eines zusammengesetzten Wortes in seine Bestandteile durch ein dazwischengeschobenes Wort) ⟨*grch*⟩

Toast [to:st], der, _[e]s, *Pl* _e *od* _s (geröstete Weißbrotschnitte; Trinkspruch) ⟨*lat* → *frz* → *engl*⟩ · **toasten** ['to:s..] ([Weißbrotschnitten] rösten; einen Trinkspruch ausbringen) · **Toa|ster,** der, _s, _ (Brotröster)

Tobago ↑ Trinidad und Tobago

To|bak, der, _[e]s, _e (*veraltet*; Tabak); *nur noch in Wendungen wie* Anno _ (*umg*; in alter Zeit) ⟨*indian* → *span* → *frz*⟩

To|bel, der, *österr nur so, od* das, _s, _ (kleine Waldschlucht, Schlucht)

to|ben ⟨*zu* taub⟩

To|bi|as (m. Vn.) ⟨*hebr*⟩

To|bog|gan [*auch* tə'bɔgən], der, _s, _s (kufenloser kanad. Sportschlitten) ⟨*indian* → *engl*⟩

Tob|sucht, die, _ · **tob|süch|tig** · **Tob|suchts|an|fall**

Toccata ↑ Tokkata

Toch|ter, die, _, *Pl* Töchter (*schweiz auch für* [berufstätiges] Mädchen) · **Töch|ter|chen** · **Toch-ter|ge|schwulst** (*Med*)

Tod, der, _[e]s, *Pl* (*selten, meist dicht*) _e; zu _e hetzen, erschrekken; des Todes sein (*dicht*; sterben müssen) · **todblaß** ↑ totenblaß · **todbleich** ↑ totenbleich · **tod**[1]**‿brin|gend, ...elend, ...ernst** · **Todes**[1]**‿angst, ...an|zei|ge, ...fall** (der), **...furcht, ...ge|fahr, ...jahr, ...kampf** · **to|des|mu|tig**[1] · **To-des|not**[1] (*gehoben*); in Todesnöten · **To|des**[1]**‿op|fer, ...stoß, ...stra|fe, ...stun|de, ...tag, ...urteil** (das) · **tod|feind**[1]; jmdm. _ sein · **Tod|feind**[1] · **tod**[1]**‿ge|weiht** (*gehoben*), **...krank** · **töd|lich**[1] · **tod**[1]**‿matt, ...mü|de** · **tod|schick**[1] (*umg*; sehr schick) · **tod|si|cher**[1] (*umg*; so sicher wie der Tod) · **Tod-sün|de**[1] (*Rel*) · **tod**[1]**‿un|glück-lich, ...wund** (*gehoben*)

---

[1] *Vgl. K 22.*

Tof|fee [*od* ..'fe:, *auch* 'tɔfi], das, _s, _s (eine Art Sahnebonbon) ⟨*engl*⟩

Tof|fel *od* **Töf|fel,** der, _s, _ (*landsch*; flegelhafter, dummer Mensch)

töff, töff! ⟨*lautm*⟩ · **Töff|töff** [*od* 'tœf..], das, _s, _s (*kinderspr*; Kraftfahrzeug)

To|ga, die, _, ..gen ([altröm.] Obergewand) ⟨*lat*⟩

Tog|gen|burg, das, _[s] (Tallandschaft in der Schweiz)

To|go, *amtl* **Re|pu|blik To|go** (im W Afrikas) · **To|go|er,** der, _s, _, *auch* **To|go|le|se,** der, _n, _n · **to|go|isch,** *auch* **to|go|le|sisch**

To|hu|wa|bo|hu, das, _[s], _[s] (*umg*; Wirrwarr, wüstes Durcheinander) ⟨*hebr*, ‚wüst und leer'⟩

Toi|let|te [tõa'lɛtə, *österr* ..'lɛt], die, _, _n [..t(ə)n] (Gesellschaftskleid; [kostbare] Kleidung; Putz-, Frisiertisch; Ankleideraum; Waschraum; Abortanlage) ⟨*lat* → *frz*⟩; _ machen (sich [gut] anziehen) · **Toi|let|ten‿ar|ti|kel**[1], **...sei|fe**[1], **...spie|gel**[1]

toi, toi, toi! [tɔy tɔy 'tɔy] (*umg*; unberufen!; alles Gute!)

To|kai|er *od* **To|ka|jer,** der, _s, _ (eine Weinsorte) ⟨*nach* der Stadt Tokaj ['tokɔĭ] im NO Ungarns⟩

To|ka|mak, der, _s, _s *Kunstw* (*Kernphys*; Versuchsanlage für die gesteuerte Kernfusion) ⟨*russ*⟩

To|kio *od* **To|kyo** [..kjo:] (Hptst. von Japan) ⟨*jap*, ‚Osthauptstadt'⟩ · **To|kio|er** *od* **To|kio|ter** *K 236*: 1. *K 231*: der, _s, _; 2. *als Attribut K 232*: der Tokio[t]er Hafen

Tok|ka|ta, *auch* **Toc|ca|ta** [tɔ'ka:..], die, _, ..ten (*Mus*; fantasieartiges Instrumentalstück) ⟨*lat* → *ital*⟩

To|ko|go|nie, die, _ (*Biol*; Elternzeugung) ⟨*grch*⟩

Tokyo ↑ Tokio

Tö|le, die, _, _n (*landsch salopp abwert*; Hund, Hündin)

To|le|da|ner: 1. *K 231*: der, _s, _; 2. *als Attribut K 232*: die Toledaner Klingen · **To|le|do** (Stadt in Mittelspanien)

to|le|rant (duldsam; weitherzig; versöhnlich) ⟨*lat*⟩ · **To|le|ranz:** 1. die, _ (Duldsamkeit, bes. in religiösen Fragen) – 2. die, _, _en (*Techn*; zulässige Abweichung vom vorgeschriebenen Maß) · **to|le|rie|ren** (dulden, gewähren lassen – *Techn*; Abweichungen zulassen; schwanken)

toll · **toll|dreist**

Tol|le, die, _, _n (Büschel; Haarschopf) ⟨*zu* Dolde⟩

tol|len · **Toll|heit** · **Toll|kir|sche** · **toll|kühn** · **Toll|kühn|heit** · **Toll|wut** · **toll|wü|tig**

Tol|patsch, der, _es, _e (*umg*; ungeschickter Mensch) ⟨*ung*⟩ · **tol|pat|schig** (*umg*)

Töl|pel, der, _s, _ (*abwert*; unbeholfener, ungeschickter Mensch) ⟨*ndrl*⟩ · **Töl|pe|lei** (*abwert*) · **töl|pel|haft** (*abwert*) · **töl|pisch** (*abwert*); _ste

Tol|te|ke, der, _n, _n (Angehöriger eines ehem. indian. Kulturvolkes in Mexiko) · **tol|te|kisch**

To|lu|ol, *fachspr* **To|lu|en,** das, _s (*Chem*; ein aromat. Kohlenwasserstoff; Lösungsmittel) ⟨*indian* + *lat*⟩

To|ma|hawk ['tɔmaha:k, *engl* 'tɔməhɔ:k], der, _s, _s (Waffe der nordamerikan. Indianer) ⟨*indian* → *engl*⟩

To|ma|te, die, _, _n (ein Nachtschattengewächs u. dessen Frucht) ⟨*indian* → *span* → *frz*⟩. *Zus K 365ff.*: Tomaten‿mark usw.

Tom|bak, der, _s (Kupfer-Zink-Legierung; Goldimitation) ⟨*aind* → *mal* → *ndrl*⟩ · **tom|ba|ken** *K 364* (aus Tombak)

Tom|bo|la, die, _, *Pl* _s, *österr nur so, od* ..len (Lotteriespiel; Verlosung) ⟨*ital*⟩

Tom|my ['tɔmi], der, _s, _s (Spitzname des engl. Soldaten) ⟨*engl*, *Verkleinerung von* Thomas⟩

To|mo|gra|phie, die, _ (*Med*; ein Röntgenschichtverfahren) ⟨*grch*⟩

Tomsk (Stadt der RSFSR in Westsibirien)

[1]**Ton,** der, _[e]s, _e (ein feinkörniges Lockersediment). *Zus K 365ff.*: Ton‿krug usw.

[2]**Ton,** der, _[e]s, *Pl* Töne (Laut; Farbton) ⟨*grch* → *lat*⟩. *Zus K 365ff.*: Ton‿blende (*Rundf*) usw. · **Ton|ab|neh|mer** · **to|nal** (*Mus*; auf einen Grundton bezogen) · **To|na|li|tät,** die, _ (Bezogenheit aller Töne auf einen Grundton) · **ton|an|ge|bend** *K 164*; *K 115*: am _sten · [1]**Ton|art**

[2]**Ton|art** ⟨*zu* [1]Ton⟩ · **ton|ar|tig**

Ton|aus|fall · **Ton|band,** das, *Pl* ..bänder (*Funkw*) · **Ton|band‿auf|nah|me,** ...**ge|rät**

Ton|bank, *Pl* ..bänke (*norddt*; Laden-, Schanktisch) ⟨*ndrl*⟩

to|nen (*Fot*; den Farbton von Schwarzweißaufnahmen verbessern) ⟨*grch* → *lat*⟩ · **tö|nen** (klingen; Farbton geben)

Ton|er|de (Aluminiumoxid); *K 119*: essigsaure _ · **tö|nern** (aus [1]Ton)

Ton|fall, der, _[e]s · **Ton|film**

Ton|ga, *amtl* **Kö|nig|reich Ton|ga** (auf den Tongainseln) · **Ton|ga|er,** der, _s, _ · **Ton|ga|in|seln** *Pl* (im westl. Pazifik) · **ton|ga|isch**

ton|hal|tig ⟨*zu* [1]Ton⟩

To|ni (m. u. w. Vn.) ⟨*Kurzf von* Anton *u. von* Antonie⟩

To|nic ['tɔnik], das, _[s], _s (leicht bitter schmeckendes Mineralwasser) ⟨*engl*⟩

to|nig (tonartig) ⟨*zu* [1]Ton⟩

...to|nig (*Phon*; z. B. hochtonig) ⟨*zu* [2]Ton⟩

To|ni|ka, die, _, ..ken (*Mus*; Grundton einer Tonart; der darauf aufgebaute Dreiklang) ⟨*grch* → *ital*⟩

To|ni|kum, das, _s, ..ka (*Med*, *Pharmakol*; kräftigendes Arzneimittel) ⟨*grch* → *lat*⟩ · **to|nisch** (*Med*, *Pharmakol*; kräftigend)

Ton|lei|ter, die (*Mus*) · **ton|los;** *vgl.* ...los · **Ton|mei|ster** (*Rundf*, *Ferns*, *Filmw*)

Ton|na|ge [..'na:ʒə, *österr* ..'na:ʒ] (Rauminhalt eines Schiffes; gesamter Schiffsraum) ⟨*kelt* → *lat* → *frz*⟩ · **Tönn|chen** · **Ton|ne,** die, _, _n (großes Faß; verankertes Seezeichen – *Phys*; gesetzl. Einheit der Masse = 1000 kg [*Einheitenzeichen* t]) ⟨*kelt* → *lat*⟩ · **Ton|nen|ge|wöl|be** · **Ton|nen|le|ger** (*Seew*; Fahrzeug, das schwimmende Seezeichen auslegt) · **ton|nen|wei|se** *K 176* · **...ton|ner** (z. B. Dreitonner *K 283* [*mit Ziffer K 284* 3tonner] = Lastkraftwagen mit 3 t Ladegewicht)

Ton|qua|li|tät

Ton|sil|le, die, _, _n, *meist Pl* (*Anat*; Rachen-, Gaumenmandel) ⟨*lat*⟩ · **Ton|sil|li|tis,** die, _, ..itiden (*Med*; Mandelentzündung) ⟨*lat* + *grch*⟩

Ton|stö|rung

Ton|sur, die, _, _en (kahlgeschorene Stelle auf dem Scheitel der kath. Geistlichen) ⟨*lat*⟩

Ton|tau|be (*Sport*; Wurftaube)

Ton|trä|ger (Sammelbez. für Materialien zur Tonkonservierung, z. B. Magnetbänder) ⟨*grch* → *lat*⟩

Tö|nung (Art der Farbgebung) ⟨*grch* → *lat*⟩

To|nus, der, _ (*Med*; Spannungszustand der Muskeln u. Gefäße) ⟨*grch* → *lat*⟩

Ton|wie|der|ga|be

To|pas [to'pa:s, *österr auch* 'to:..], der, _es, _e (ein Edelstein) ⟨*grch* → *lat*⟩ · **to|pas|far|ben** (*K 364*) *od* **to|pas|far|big;** *vgl. auch* ...farben *u. K 272ff.*

Topf, der, _[e]s, *Pl* Töpfe. *Zus K 365ff.*: Topf‿pflanze usw. · **Töpf|chen**

Top|fen, der, _s (*bayr-österr*; Quark)

Töp|fer. *Zus K 365ff.*: Töpfer-

---

[1] Die Zusammensetzungen mit »Toilette...« werden im Österreichischen ohne *n* gebildet.

⌣scheibe usw. · **Töp|fe|rei** · **töp|fern:** 1. *Verb K 363* (Töpferwaren machen) – 2. *Adj* (irden, aus [1]Ton) · **Töp|fer|ton,** *Pl* ..tone
top|fit (in ausgezeichnetem Zustand, in [sportl.] Höchstform) ⟨*engl*⟩
To|pi|nam|bur, der, _s, *Pl* _s *od* _e *od* die, _, _en (*Bot*; ein Korbblütler mit eßbaren Wurzelknollen) ⟨*nach* dem brasilian. Indianerstamm der Tupinambá [..'ba]⟩
to|pisch (*Med*; örtlich [bestimmt]; äußerlich wirkend) ⟨*grch*⟩ · **To|po|graph,** der, _en, _en (Vermessungsingenieur u. Zeichner topograph. Karten) · **To|po|gra|phie:** 1. die, _, ..ien (Gesamtheit der Ausstattung eines Erdraumes [Oberflächengestalt, Siedlungen usw.] u. dessen kartograph. Darstellung) – 2. die, _ (*Med*; Zweig der Anatomie) (‚Ortsbeschreibung') · **to|po|gra|phisch;** _e Karte (Geländekarte)
topp! (*zustimmender Ausruf* es gilt!) ⟨*zu* Topf⟩
Topp, der, _s, *Pl* _e[n] *od* _s (*seem*; oberstes Ende eines Mastes od. einer Stenge – *scherzh*; oberster Rang im Theater) ⟨*ndrl*⟩ · **Töp|pel,** der, _s, _ (*landsch*; Kopffederbüschel [bei Vögeln])
top|pen: 1. ⟨*engl*⟩ (*Chem*; Benzin durch Destillation vom Rohöl scheiden) – 2. ⟨*ndrl*⟩ (*seem*; eine Rah hochziehen)
Topp|flag|ge ⟨*zu* Topp⟩ · **Topp|mast,** der (*seem*) · **Topp|se|gel** (*seem*) · **Topps|gast,** *Pl* ..gasten (*seem*; Matrose, der im Topp arbeitet)
Toque [tɔk], die, _, _s (kleiner kappenartiger Damenhut; schmales Barett) ⟨*frz*⟩
[1]Tor, das, _[e]s, _e (große Tür – *Sport*; Ziel; Zielwurf) ⟨*zu* Tür⟩; *in Straßennamen* ↑ *K 249ff.*
[2]Tor, der, _en, _en (*gehoben*; törichter Mensch)
Tord|alk, der *Gen* _[e]s, *Pl* _e *od Gen* _en, *Pl* _en (ein Tauchvogel) ⟨*schwed*⟩
To|rea|dor, der, *Gen* _s, *Pl* _e *od Gen* _en, *Pl* _en (berittener Stierkämpfer) ⟨*lat* → *span*⟩ · **To|re|ro,** der, _[s], _s (Stierkämpfer zu Fuß)
To|reut, der, _en, _en (Künstler, der Metall auf kaltem Wege bearbeitet) ⟨*grch*⟩ · **To|reu|tik,** die, _ (die Kunst, weiche Metallbleche zu bearbeiten)
Torf, der, _[e]s, _e (vermoderte Pflanzenreste; Brennstoff daraus). *Zus K 365ff.*: Torf⌣mull usw. · **tor|fig**
Tor|gau (Stadt der DDR an der Elbe) · **Tor|gau|er:** 1. *K 231*: der, _s, _; 2. *als Attribut K 232* · **tor|gau|isch**
Tor|heit
Tor⌣hö|he, ...hü|ter
tö|richt · **tö|rich|ter|wei|se** *K 176*
Tories ↑ Tory
Tö|rin, die, _, ..innen (*gehoben*)
Tor|kel, der, _s, _: 1. *od* die, _, _n (*südd*; Weinkelter) – 2. (*landsch umg*; Taumel; unverdientes Glück; ungeschickter Mensch) ⟨*lat*⟩ · **tor|keln** *K 363* (*umg*; taumeln)
tor|kre|tie|ren (*Bauw*; mit Hilfe von Druckluft betonieren) ⟨*lat*⟩
Törl, das, _s, _ (*österr*; Felsendurchgang, Gebirgsübergang) · **Tor|lauf** (*Skisp*)
Tor|na|do, der, _s, _s (Wirbelsturm in Nordamerika; Gewitterbö an der Westküste Afrikas) ⟨*lat* → *span* → *engl*⟩
Tor|ni|ster, der, _s, _ (Fell-, Segeltuchranzen [der Soldaten]) ⟨*grch* → *ung* → *slaw*⟩
To|ron|to (Stadt im SO Kanadas)
tor|pe|die|ren (*Milit*; mit Torpedo[s] beschießen, versenken – *übertr, abwert*; stören; vereiteln) ⟨*lat* → *span*⟩ · **Tor|pe|do,** der, _s, _s (*Milit*; Unterwassergeschoß). *Zus K 365ff.*: Torpedo⌣boot usw.
tor|quie|ren (*Techn*; krümmen, drehen) ⟨*lat*⟩
Torr, das, _s, _ (veraltende Einheit des Drucks ≈ 133,3 Pa); *Einheitenzeichen* Torr ⟨*nach* dem italien. Naturwissenschaftler Torricelli [..'tʃɛli]⟩
Tor|ren|te, der, _, _n (*Geogr*; Gieß-, Gebirgsbach) ⟨*lat* → *ital*⟩
Tor|res|stra|ße *K 209*, die, _ (Meeresstraße zw. Australien u. Neuguinea) ⟨*nach* dem span. Entdecker⟩
Tor|schluß, der, ..schlusses; vor _ · **Tor|schluß|pa|nik**
Tor|si|on (*Phys, Techn*; Verdrehung, Drillung) ⟨*lat*⟩ · **Tor|si|ons|fe|stig|keit** (*Phys, Techn*) · **Tor|si|ons|mo|dul** (*Phys, Techn*; Materialkonstante, die das Verhalten eines Stoffes beim Verdrehen charakterisiert) · **Tor|si|ons|waa|ge** (*Phys, Techn*) · **Tor|si|ons|win|kel** (*Phys, Techn*)
Tor|so, der, _s, *Pl* _s *od* ..si (Rumpf einer Statue; Bruchstück – *übertr*; unvollendetes Werk) ⟨*grch* → *lat* → *ital*, ‚Strunk'⟩
Tort, der, _[e]s (*veraltend*; Kränkung, Beleidigung; Unrecht; Unbill; Verdruß) ⟨*lat* → *frz*⟩; jmdm. einen _ antun
Tört|chen · **Tor|te,** die, _, _n (ein Feingebäck) ⟨*lat* → *ital*⟩ · **Tor|te|lett,** das, _[e]s, _s ([Boden für] Törtchen)
Tor|tur, die, _, _en (Folter, Marter, Qual) ⟨*lat*⟩
To|ruń ['tɔrun] (Stadt in Polen)
Tor|wäch|ter (*hist*) · **Tor|wart**
To|ry ['tɔri, *engl* 'tɔ:ri], der, _s, *Pl* _s, *engl* Tories ['tɔ:riz] (Anhänger, Mitglied der Konservativen Partei in Großbritannien) ⟨*ir* → *engl*⟩
to|sen; das Wasser tost
Tos|ka|na, *ohne Art od* die, *Gen* _ (Landsch. in Mittelitalien) · **Tos|ka|ner:** 1. *K 231*: der, _s, _; 2. *als Attribut K 232* · **tos|ka|nisch**
tot; *vgl. K 22*
I. *Kleinschreibung K 119*: der tote Punkt
II. *Großschreibung*: a) *K 93*: der, die Tote (↑ *d.*); b) *K 258*: das Tote Meer
III. *Schreibung*: a) *bei Verben K 135*: tot sein, *vgl. aber* totarbeiten usw.; b) *beim Part II*: das Kind wurde tot geboren, das totgeborene Kind; *vgl. aber K 166*
to|tal (gänzlich, völlig; Gesamt...) ⟨*lat*⟩ · **To|ta|le,** die, _, _n (*Filmw, Fot*; die ganze Szene erfassende Kameraeinstellung) · **To|tal|ein|druck** · **To|ta|li|sa|tor,** der, _s, ..oren (Wetteinrichtung bei Pferderennen); *Kurzw* Toto (1) · **to|ta|li|sie|ren** (*veraltet*; zusammenzählen) · **to|ta|li|tär** (faschistisch-diktatorisch) ⟨*lat* → *frz*, ‚umfassend'⟩ · **To|ta|li|tät,** die, _ (Gesamtheit, Vollständigkeit, Ganzheit) ⟨*lat*⟩ · **To|tal|re|flek|to|me|ter,** das (*Opt*; Gerät zur Bestimmung des Brechungsindexes) · **To|tal|scha|den** · **To|tal|vi|sion** [..v..], die, _ (*Filmw*; ein Breitwandfilmverfahren)
tot|ar|bei|ten[1] *K 136*, **sich** (*Akk*) (*umg*; sich abarbeiten); du arbeitest dich tot; totgearbeitet; totzuarbeiten · **To|te**[1], der *u.* die, _n, _n *K 341*
To|tem, das, _s, _s (von Naturvölkern als Urahn gedachtes u. deshalb verehrtes tierisches od. pflanzl. Wesen) ⟨*indian* → *engl*⟩ · **To|tem|glau|be** · **To|te|mis|mus,** der, _ (*Völkerk*; Glaube an übernatürl. Kräfte des Totems u. seine Verehrung) · **to|te|mi|stisch** (*Völkerk*)
tö|ten · **To|ten|acker**[1] [*Tr* ...ak|ker] (*veraltet*; Friedhof) · **To|ten|bah|re**[1] · **To|ten|bett**[1] · **to|ten|blaß**[1], *auch* **tod|blaß**[1] · **to|ten|bleich**[1], *auch* **tod|bleich**[1] · **To|ten**[1]⌣**eh|rung, ...grä|ber, ...hemd, ...kla|ge, ...kopf, ...mas|ke, ...star|re** · **to|ten|still**[1] · **To|ten|stil|le**[1] · **To|ten**[1]⌣**tanz, ...wa|che** · **Tö|ter** · **Tot|er|klär|te**[1], der *u.* die, _n, _n *K 341* · **tot|fah|ren**[1] *K 136*; du

[1] *Vgl. K 22.*

führst tot; totgefahren; totzufahren · **tot|ge|bo|ren**[1] *K 364*; *vgl. auch* tot, III, b · **Tot|ge|burt**[1] · **Tot|ge|glaub|te**[1], der *u.* die, _n, _n *K 341* · **Tot|ge|sag|te**[1], der *u.* die, _n, _n *K 341* · **tot|la|chen**[1,2] *K 136*, **sich** (*Akk*) (*umg*); *K 102*: das ist zum Totlachen · **tot|lau|fen**[1], **sich** (*umg*); es läuft sich tot · **tot|ma|chen**[1,3] *K 136* (*umg*) · **Tot|mann|knopf**[1] (*Eisenb*; ältere Bez. für Sicherheitsfahrschaltung bei Triebfahrzeugen)

To|to, der *od* das, _s, _s: 1. *Kurzw* (Totalisator) – 2. *österr nur* das, _s (Wetteinrichtung beim Fußballspiel usw. [*österr nur in dieser Bedeutung*]) ⟨*lat*⟩. *Zu* 2: *Zus K 365ff.*: Toto‿ergebnis usw.

Tot|punkt[1] (*Techn*; toter Punkt) · **tot|sa|gen**[1] *K 136*; *nur im Inf u. im Part II* (»totgesagt«) *gebräuchlich* · **tot|schie|ßen**[1,3] *K 136* (*umg*) · **Tot|schlag**[1], der, _[e]s · **tot|schla|gen**[1,3] *K 136* · **Tot|schlä|ger**[1] · **tot|schwei|gen**[1,3] *K 136* · **tot|stel|len**[1,2] *K 136*, **sich** (*Akk*) · **tot|tre|ten**[1,3] *K 136* · **Tö|tung**

Tou|lon [tu'lɔ̃:] (Hafenstadt in Südfrankreich)

Tou|louse [tu'lu:s *od* ..'lu:z] (Stadt im SW Frankreichs)

Tou|pet [tu'pe:], das, _s, _s (Haarersatz) ⟨*germ* → *frz*⟩ · **tou|pie|ren** (dem Haar durch Auflockern volleres Aussehen verleihen)

Tour [tu:*r*], die, _, _en (Umlauf, Drehung, Umdrehung; Runde; Ausflug, Wanderung, Reise, Fahrt; Strecke) ⟨*grch* → *lat* → *frz*⟩; auf _en kommen (hohe Geschwindigkeit erreichen); in einer _ (*umg*; ohne Unterbrechung)

Tou|rai|ne [tu'rɛ:n(ə)], die, _ (Landsch. im W Frankreichs)

tou|ren|wei|se ['tu:..] *K 176* · **Tou|ren|zahl** (*veraltet*; Drehzahl) · **Tou|ris|mus** [tu..], der, _ (Sammelbez. für Reisewesen, organisierte Ferienreisen) ⟨*grch* → *lat* → *frz* → *engl* → *frz*⟩ · **Tou|rist** ([sportl.] Wanderer, Bergsteiger; Urlaubsreisender) · **Tou|ri|sten|klas|se**, die, _ (ermäßigte Preisstufe in Hotels, auf Schiffen, bei der Bahn u. in Flugzeugen) · **Tou|ri|stik**, die, _ (Organisierung u. Pflege des Wanderns, Bergsteigens u. Reisens)

Tour|nai|tep|pich [tur'nɛ:..] *K 246* (gewebter Teppich mit plüschartigem Flor) ⟨*nach* der belg. Stadt⟩

Tour|nee [tur..], die, _, *Pl* _s *od* ..een (Rundreise, Gastspielreise von Künstlern) ⟨*grch* → *lat* → *frz*⟩ ·

tour-re|tour [tu:*r*re'tu:*r*] (*österr*; hin und zurück) ⟨*frz*⟩

To|wa|risch (Genosse, Genossin [in der UdSSR in der Anrede u. beim Namen]) ⟨*russ*⟩

Tower ['tauə*r*]: 1. der, _s (ehem. Königsburg in London) – 2. der, _s, _ (Kontrollturm auf Flughäfen) ⟨*engl*, ‚Turm'⟩ · **Tower|brücke** [*Tr* ...brük|ke], die, _

Tox|al|bu|min, das, _s, _e, *meist Pl* (*Biochem*; eiweißartiger Giftstoff) ⟨*grch* + *lat*⟩ · **To|xi|ko|lo|gie**, die, _ (Lehre von Wirkung u. Auffindung der Gifte) · **To|xi|kum**, das, _s, ..ka (*Med*; Gift) ⟨*grch* → *lat*⟩ · **To|xin**, das, _s, _e (*Med*, *Biochem*; von Krankheitserregern abgeschiedener Giftstoff) ⟨*grch* + *lat*⟩ · **to|xisch** (*Med*; giftig) ⟨*grch*⟩

Trab, der, _[e]s; *K 131*: Trab laufen, Trab rennen; *vgl. aber* Trabrennen

Tra|bant, der, _en, _en (*Astron*; Begleitstern, Mond – *hist*; Leibwächter; Bedienter; Begleiter) ⟨*tschech*⟩ · **Trabantenstadt** ↑ Satellitenstadt

tra|ben · **Tra|ber** (ein Pferd) · **Trab|ren|nen**

Trab|zon [*od* ..'zɔn] (Hafenstadt im N der Türkei) ⟨*grch* → *türk*⟩

Tra|chea [..'xe:a, *auch* 'tra..], die, _, ..een (*Anat*; Luftröhre) ⟨*grch* → *lat*⟩ · **Tra|chee**, die, _, _n (*Zool*; Atemröhre niederer Tiere – *Bot*; wasserleitendes pflanzl. Gefäß)

Tracht, die, _, _en ⟨*zu* tragen⟩; eine _ Prügel (*umg*)

trach|ten (*gehoben*) ⟨*lat*⟩; jmdm. nach dem Leben _

Trach|ten|grup|pe · **träch|tig** ⟨*zu* tragen⟩ · **Träch|tig|keit**, die, _

Tra|chyt [..x..], der, _[e]s, _e (*Geol*; ein Effusivgestein) ⟨*grch*⟩

Tra|des|kan|tie [..t(s)ĭə], die, _, _n (eine Zimmerpflanze) ⟨*nach* dem Londoner Gärtner Tradescant ['tre:dzkɛnt]⟩

Trade-Union ['tre:dju:nĭən], die, _, _s (engl. Bez. für Gewerkschaft) ⟨*engl*⟩

Tra|di|tion (Überlieferung; Herkommen, Brauch) ⟨*lat*⟩ · **Tra|di|tio|na|lis|mus** (unbedingtes Festhalten an der Überlieferung; Überbewertung des Überlieferten, Gegnerschaft gegen das Neue) · **tra|di|tio|nell** (überliefert; herkömmlich) ⟨*lat* → *frz*⟩ · **tra|di|tions|ge|mäß**

träf (*schweiz*; treffend); _er, _st

Tra|fal|gar [*span* ..'gar] (Vorgebirge an der Südspitze Spaniens)

Tra|fik, die, _, _en *Kurzw* (Tabaktrafik) ⟨*arab* → *ital* → *frz*⟩ · **Tra|fi|kant** (*österr*; Inhaber einer Tabaktrafik)

Tra|fo, der, _[s], _s *Kurzw* (Transformator)

Trag|al|tar

Tra|gant, der, _[e]s, _e (eine vorderasiat. Pflanze; Bindemittel für Pillen usw.) ⟨*grch* → *lat*⟩. *Zus K 365ff.*: Tragant‿figur usw.

Trag|band, das, *Pl* ..bänder · **trag|bar** · **Trag|decke** [*Tr* ...dek|ke]

trä|ge

Tra|ge, die, _, _n (Gestell zum Tragen [von Kranken]) · **Tra|ge|ei|gen|schaf|ten** *Pl*; ein Gewebe mit guten _ · **tra|gen**; du trägst; du trugst; du trügest; getragen; trag[e]!; *K 102*: zum Tragen kommen · **Trä|ger** · **Trä|ger|be|trieb** · **Trä|ge|rin**, die, _, ..innen · **trä|ger|los**; *vgl.* ...los · **Trä|ger|ra|ke|te** (*Raumf*) · **Tra|ge|zeit**, *auch* **Trag|zeit** (Dauer der Trächtigkeit) · **trag|fä|hig** · **Trag|fä|hig|keit**, die, _ · **trag|fest** · **Trag|fe|stig|keit** · **Trag|flä|che** · **Trag|flä|chen|boot**

Träg|heit, die, _ · **Träg|heits|mo|ment**, das (*Phys*)

Trag|him|mel (Baldachin) · **Trag|holz**

tra|gie|ren (*Theat*; eine Bühnenrolle tragisch spielen) ⟨*grch* → *lat*⟩ · **Tra|gik**, die, _ (Kunst des Trauerspiels; Verhängnis) ⟨*grch*⟩ · **Tra|gi|ker**, der, _s, _ (Dichter von Trauerspielen) · **tra|gi|ko|misch** (halb tragisch, halb komisch) · **Tra|gi|ko|mö|die** [..ĭə], die, _, _n (Drama, in dem komische u. tragische Züge gemischt sind) · **tra|gisch** (auf das Trauerspiel bezüglich; erschütternd; unheilvoll); _ste

Trag|kraft, die, _ · **trag|kräf|tig** · **Trag|luft|hal|le**

Tra|gö|de, der, _n, _n (*Theat*; Darsteller tragischer Rollen) ⟨*grch*⟩ · **Tra|gö|die** [..ĭə], die, _, _n (Trauerspiel; erschütterndes Ereignis) · **Tra|gö|dien|dich|ter** · **Tra|gö|din**, die, _, ..innen (*Theat*)

Trag|wei|te, die, _ · **Trag|werk** (*Bauw*; lastentragender Bauteil) · **Trag|zeit** ↑ Tragezeit

Train [trɛ̃:, *auch* trɛ:n, *österr nur so*], der, _s, _s (*veraltet*; Troß; Wagenzug) ⟨*lat* → *frz*⟩

Trai|ner ['trɛ:nə*r* *od* 'tre:..], der, _s, _ (Sportlehrer, der Sportler ausbildet u. auf Wettkämpfe vorbereitet; Betreuer von Rennpferden) ⟨*lat* → *frz* → *engl*⟩ · **trai|nie|ren** [trɛ.. *od* tre..] ([sich] zu sportl. Höchstleistungen ausbilden) · **Trai|ning** ['trɛ:.. *od* 'tre:..], das, _s, _s (sportl. Ausbildung u. Wettkampfvorbereitung durch regelmäßiges Üben) · **Trai|nings|an|zug**

Tra|jekt, der *od*, *österr nur*, das, _[e]s, _e (Fährschiff, Eisenbahnfährschiff) ⟨*lat*⟩ · **Tra|jek|to|rien**

---

[1] *Vgl. K 22.*
[2] *Konjugation vgl.* totarbeiten, sich.
[3] *Konjugation vgl.* totfahren.

[..iən] *Pl* (*Math, Techn*; Kurven, die sämtl. Kurven einer ebenen Kurvenschar schneiden); *Sg* Trajek|to|rie, die, _

Tra|keh|ner, der, _s, _ (ein Warmblutpferd) (*nach* dem ehem. Gestüt Trakehnen)

Trakt, der, _[e]s, _e (Strecke, Zug, Ausdehnung in die Länge [z. B. Darmtrakt]; Straßenzug; Gebäudeteil) (*lat*) · **trak|ta|bel** (*veraltet*; leicht zu behandeln, umgänglich); *K 363*: ein trakta|bler Mensch · **Trak|ta|ment,** das, _[e]s, _e (*landsch*; Behandlung; Bewirtung) · **Trak|tan|den|li|ste** (*schweiz*; Tagesordnung) · **Trak|tan|dum,** das, _s, ..den (*schweiz*; Verhandlungsgegenstand) · **Trak|tat,** das *od* der, _[e]s, _e ([wissenschaftl.] Abhandlung; religiöse Flugschrift; Vertrag) · **Trak|tät|chen** (*abwert*; frömmelnde Erbauungsschrift) · **trak|tie|ren** ([schlecht] behandeln – *veraltend*; [zu] reichlich bewirten) · **Trak|tor,** der, _s, ..oren (Zugmaschine, Schlepper) · **Trakto|rist** (Traktorfahrer) · **Trak|to|ristin,** die, _, ..innen · **Trak|trix,** die, _, ..izes [..tse:s] (*Math*; Schleppkurve)

tral|la! (*lautm*) · **tral|la|[la|]la!** [*od* 'tra..]

träl|lern *K 363*

Tram: 1. [tra:m] der, _[e]s, *Pl* _e *od* ..äme, *österr u. schweiz nur so, od* **Tra|men,** der, _s, _ (*süddt, österr, schweiz*; Balken) – 2. [tram] (*engl*), die, _, _s, *schweiz* das, _s, _s *Kurzw* (*süddt, österr, schweiz*; Tramway) · **Tram|bahn** ['tram..] (*süddt, schweiz*; Straßenbahn) · **Trä|mel,** der, _s, _ (*landsch*; Balken; [1]Stock [1]); *vgl.* Tram (1)

Tra|mon|ta|na *od* **Tra|mon|ta|ne,** die, _, ..nen (kalter Nordwind in Italien) (*lat → ital*, ‚von jenseits des Gebirges')

Tramp [trɛmp, *auch* tramp], der, _s, _s (umherziehender Gelegenheitsarbeiter [bes. in den USA] – *seem*; Frachtschiff ohne festen Fahrplan) (*engl*) · **Tram|pel** ['tram..], der *od* das, _s, _ (*umg abwert*; plumper, ungeschickter Mensch) (*zu* trappen) · **tram|peln** *K 363* (*oft abwert*; mit den Füßen stampfen) · **Trampel|tier** (zweihöckeriges Kamel – *umg abwert*; plumper, ungeschickter Mensch) (*umgedeutet aus* Dromedar) · **tram|pen** ['trɛm.., *auch* 'tram..] (über Land wandern u. dabei Fahrzeuge anhalten, um mitzufahren; als Tramp leben) (*engl*) · **Tram|per** · **Tramp|fahrt** ['tramp..] (*seem*; Fahrt eines Trampschiffes) · **Tram|po|lin,** das, _s, _e (federndes Sprungbrett) (*dt → ital*) · **Tram|polin|sprung** · **Tramp|ree|der** (*seem*) · **Tramp|schiff** (*seem*) · **Trampschiffahrt** [*Tr* Tramp|schifffahrt *K 78*] (*seem*) · **tramp|sen** *K 354* (*landsch*; trampeln)

Tram|way ['tramwe:], die, _, _s (*noch süddt, österr, schweiz*; Straßenbahn); *Kurzw* Tram (2) (*engl*)

Tran, der, _[e]s, _e (flüssiges Fett von Seesäugetieren od. Fischen) (*zu* Träne)

Tran|ce ['trã:s(ə), *auch* tra:ns], die, _, _n [..s(ə)n] (ein dem hypnot. Schlaf ähnl. Dämmerzustand) (*lat → frz → engl*) · **Tran|ce|zu|stand**

Trän|chen (*zu* Träne)

tran|chie|ren [traŋ'ʃi:rən *od* trã..], *österr auch* **tran|schie|ren** [tran..] ([ab]schneiden, Braten, Geflügel od. Fisch kunstgerecht zerlegen) (*lat → frz*) · **Tran|chier|mes|ser,** *österr auch* **Tran|schier|mes|ser,** das

Trä|ne, die, _, _n · **trä|nen** · **Tränen|drü|se** · **trä|nen|feucht** · **Tränen|gas,** das, _es · **trä|nen|reich**

tra|nig (*zu* Tran)

Trank, der, _[e]s, *Pl* (*selten*) Tränke · **Trän|ke,** die, _, _n (Tränkplatz für Tiere) · **trän|ken** (‚trinken machen') · **Trank|sa|me,** die, _ (*schweiz*; Getränk) · **Tränkstoff** (Flüssigkeit zum Tränken von Holz u. a.)

Tran|lam|pe (*auch umg abwert*; träger Mensch)

Tran|qui|li|zer, *auch* **Tran|quil|lizer** [*beide* 'trɛŋkwilaizər], der, _s, _ (*Pharmakol*; psychisch dämpfendes Arzneimittel) (*lat → engl*)

tran|quil|lo [traŋ'kvilo] (*Mus*; ruhig) (*lat → ital*)

Trans|ak|tion (*Wirtsch*; Geschäftsverfahren; größeres Bank- od. Geldgeschäft) (*lat*)

trans|al|pin *od* **trans|al|pi|nisch** ([von Rom aus] jenseits der Alpen [liegend]) (*lat*)

trans|at|lan|tisch (jenseits des Atlantiks [gelegen], den Atlantik überquerend) (*lat + grch*)

Trans|bai|ka|lien [..ĭən] (Landsch. östl. vom Baikalsee) · **trans|bai|kalisch**

transchieren usw. ↑ tranchieren usw.

Tran|sept *K 44*, der *od* das, _[e]s, _e (*Arch*; Querbau, Querschiff der Basilika) (*lat*)

Trans|fer: 1. der, _[s] (*Wirtsch*; Übertragung [von Geldsummen] aus einer Währung in eine andere – 2. der, _[s], _s (Weiterbeförderung von Personen u. Gütern) (*lat → engl*) · **trans|fe|ra|bel** (*Wirtsch*); *K 363*: der transfera|ble Rubel (Kollektivwährung der RGW-Länder) · **Trans|fer|ab|kommen** (*Wirtsch*) · **trans|fe|rie|ren** (*Wirtsch* – *österr bürospr auch für* jmdn. [an eine andere Dienststelle] versetzen) · **Trans|fer|schwie|rigkeit** (*Wirtsch*)

Trans|for|ma|tor, der, _s, ..oren (Umspanner, Gerät zum Umwandeln von Wechselstrom; Überträger); *Kurzw* Trafo · **Trans|for|mato|ren|an|la|ge** *od* **Trans|for|mator|an|la|ge** · **Trans|for|ma|toren|häus|chen** *od* **Trans|for|mator|häus|chen** · **trans|for|mie|ren** (umformen, umgestalten; [Wechselstrom] umwandeln, umspannen)

trans|fun|die|ren (*Med*; [Blut] übertragen) (*lat*) · **Trans|fu|sion** (*Med*; Überleitung, Übertragung, bes. von Blut)

Trans|gres|sion (*Geol*; Vordringen des Meeres durch Senkung des Festlands) (*lat*)

Transilvania ↑ Transsilvanien

Tran|si|stor *K 44*, der, _s, ..oren (*Elektronik*; verstärkendes Halbleiterbauelement) (*lat → engl*). *Zus K 365ff.*: Transistor‿radio usw. · **tran|si|sto|rie|ren** *od* **tran|si|stori|sie|ren** (*Elektronik*)

Tran|sit [*auch* 'tran..] *K 44*, der, _[e]s, _e (Durchfuhr [von Waren], Durchreise [von Passagieren]) (*lat → ital*) · **Tran|sit|han|del** *K 44*, der, _s · **tran|si|tie|ren** *K 44* (*fachspr*; durchgehen) · **tran|si|tiv** ['tran.., *auch* ..'ti:f] *K 44* (*Gramm*; zielend) (*lat*); *Ggs* intransitiv; transitives [..v..] Verb · **Tran|si|tiv** *K 44*, das, _s, _e [..v..] (*Gramm*; zielendes Verb); *Ggs* Intransitiv · **tran|si|to|risch** *K 44* (vorübergehend; kurzfristig) · **Tran|sit‿verkehr, ...wa|re** *K 44* · **Tran|sit|zoll** *K 44*, *Pl* ..zölle

Trans|kau|ka|sien [..ĭən] (Landschaft der UdSSR südlich des Kaukasus) · **trans|kau|ka|sisch;** *K 258*: die Transkaukasische Eisenbahn

Trans|kei [*od* ..'keĭ] (ein Bantustan)

trans|kon|ti|nen|tal (einen Erdteil durchquerend) (*lat*)

tran|skri|bie|ren *K 44* (*Sprachw*; lautgetreu in eine andere Schrift übertragen; umschreiben – *Mus*; für eine andere Besetzung umschreiben) (*lat*) · **Tran|skrip|tion** *K 44* (*Sprachw, Mus*)

Trans|li|te|ra|tion (*Sprachw*; die buchstabengetreue Übertragung in eine andere Schrift) (*lat*) · **trans|lite|rie|ren** (*Sprachw*)

Trans|mis|sion (*Techn*; Anlage zur Kraftübertragung durch Riemen auf mehrere Maschinen) (*lat*) ·

Trans|mis|sions|rie|men (*Techn*; Treibriemen) · **trans|mit|tie|ren** (*fachspr*; übertragen, übersenden)
trans|na|tio|nal (*Wirtsch*); _e Monopole
trans|ozea|nisch (jenseits des Ozeans [gelegen], den Ozean überquerend) ⟨*lat + grch*⟩
trans|pa|rent (durchscheinend; durchsichtig) ⟨*lat*⟩ · **Trans|pa|rent,** das, _[e]s, _e (großes Schriftband mit Losungen; durchscheinendes, von hinten beleuchtetes Bild) · **Trans|pa|rent|pa|pier** (Pauspapier) · **Trans|pa|renz,** die, _ (Durchsichtigkeit)
Tran|spi|ra|tion *K 44*, die, _ (Hautatmung; Schweißbildung – *Bot*; Abgabe von Wasserdampf bei der Pflanze) ⟨*lat*⟩ · **tran|spi|rie|ren** *K 44* (*auch Bot*)
Trans|plan|tat, das, _[e]s, _e (*Med*; überpflanztes Gewebestück [z. B. Haut, Knochen]) ⟨*lat*⟩ · **Trans|plan|ta|tion** (*Med*; Überpflanzung von lebendem Gewebe od. von Organen bzw. Organteilen – *Bot*; Pfropfung) · **trans|plan|tie|ren** (*Med, Biol*)
trans|po|nie|ren (*Mus*; in eine andere Tonart versetzen) ⟨*lat*⟩
Trans|port, der, _[e]s, _e (Versendung, Beförderung, Schub); *Abk* Transp. ⟨*lat → frz*⟩. *Zus K 365ff.*: Transport‿kosten (*Pl*) usw. · **trans|por|ta|bel** (beweglich, tragbar, beförderbar, fahrbar); *K 363*: ein transporta|bler Ofen · **Trans|port|an|la|ge** (Förderanlage) · **Trans|por|ter,** der, _s, _ (Transportschiff, -flugzeug, großes Kraftfahrzeug [für Ferntransporte]) ⟨*lat → frz → engl*⟩ · **Trans|por|teur** [..'tø:r], der, _s, _e (*Math*; Winkelmesser – *Techn*; Zubringer an der Nähmaschine) ⟨*lat → frz*⟩ · **trans|port|fä|hig** · **trans|por|tie|ren**
Trans|po|si|tion (Umstellung, Übertragung – *Mus*; Versetzung in eine andere Tonart) ⟨*lat*⟩
Trans|sib [*auch* 'trans..], die, _ *Kurzw* (Transsibirische Eisenbahn) ⟨*russ*⟩ · **trans|si|bi|risch** (Sibirien durchquerend); *K 258*: die Transsibirische Eisenbahn (*Kurzw* Transsib)
Trans|sil|va|nien [..'va:niən], *rumän* **Tran|sil|va|nia** (Landsch. in Rumänien); *vgl. auch* Siebenbürgen · **trans|sil|va|nisch**; *K 258*: die Transsilvanischen Alpen (die Südkarpaten)
Trans|ura|ne *Pl* (*Chem*; radioaktive Elemente mit einer Ordnungszahl größer als 92); *Sg* Trans|uran, das, _s ⟨*lat + grch*⟩
Trans|vaal [..v..] (Provinz in Südafrika [2]) ⟨*nach* dem Fluß Vaal⟩
trans|ver|sal [..v..] (*fachspr*; querlaufend, schräg) ⟨*lat*⟩ · **Trans|ver|sa|le,** die, _[n], _n *K 343* (*Geom*; Gerade, die ein Dreieck od. ein Vieleck durchschneidet); zwei _[n] · **Trans|ver|sal|ver|schie|bung** (*Geol*)
Trans|ve|stis|mus [..v..] *od* **Trans|ve|sti|tis|mus,** der, _ (*Psych, Med*; Neigung, die Kleidung des anderen Geschlechts zu tragen) ⟨*lat*⟩ · **Trans|ve|stit,** der, _en, _en (*Psych, Med*)
tran|szen|dent *K 44* (*idealist Philos*; die Grenzen von Bewußtsein u. Erfahrung überschreitend; jenseitig, übernatürlich, übersinnlich – *Math*; nicht algebraisch) ⟨*lat*⟩ · **tran|szen|den|tal** *K 44* (*idealist Philos*; aller Erfahrungserkenntnis zugrunde liegend) · **Tran|szen|denz** *K 44*, die, _ (*idealist Philos*; das die menschl. Erkenntnis überschreitende Übersinnliche)
Tra|pez, das, _es, _e (Schaukelreck – *Geom*; Viereck mit zwei ungleich langen parallelen Seiten) ⟨*grch*⟩ · **tra|pez|för|mig** · **Tra|pez|künst|ler** · **Tra|pe|zo|eder,** das, _s, _ (*Geom*; von gleichschenkligen Trapezen begrenzter Körper) · **Tra|pe|zo|id,** das, _[e]s, _e (*Geom*; Viereck ohne parallele Seiten)
Tra|pe|zunt (früherer Name von Trabzon) ⟨*grch*⟩
trapp! ⟨*lautm*⟩; trapp, trapp!
Trapp, der, _[e]s, _e (*Geol*; Bez. für verschiedene Eruptivgesteine) ⟨*schwed*⟩
[1]**Trap|pe,** die, _, _n (ein hühnerähnl. Steppenvogel) ⟨*slaw*⟩
[2]**Trap|pe,** die, _, _n (*landsch*; [schmutzige] Fußspur) · **trappeln** ↑ trippeln · **trappen** ↑ trapsen
Trap|per, der, _s, _ (nordamerikan. Pelzjäger) ⟨*engl*, ‚Fallensteller'⟩
Trap|pist (*kath Kirche*; Angehöriger eines Mönchsordens) ⟨*nach* der französ. Abtei La Trappe [la 'trap]⟩. *Zus K 365ff.*: Trappisten‿kloster usw.
Traps, der, _ *od* _es, *Pl* _e (*Techn*; Geruchsverschluß, Verschlußstück) ⟨*engl*⟩
trap|sen (*K 354*) *od* **trap|pen** (*umg*; laut auftreten)
tra|ra! ⟨*lautm*⟩ · **Tra|ra,** das, _s (*umg abwert*; Lärm, großartige Aufmachung, hinter der nichts steckt)
tra|sci|nan|do [traʃi..] (*Mus*; schleppend) ⟨*lat → ital*⟩
Tra|si|me|ni|sche See *K 258*, der, *Gen* _n _s (in Mittelitalien)
Traß, der, ..asses, ..asse (*Geol*; ein vulkanisches Sedimentgestein) ⟨*lat → ital → frz → ndrl*⟩
Tras|sant (*Bankw*; Aussteller eines Wechsels) ⟨*lat → ital*⟩ · **Tras|sat,** der, _en, _en (*Bankw*; der Bezogene im Wechselverkehr) · **Tras|se,** die, _, _n, *schweiz auch* **Tras|see,** das, _s, _s ([geplanter] Verlauf eines Verkehrsweges, einer Versorgungsleitung usw.) ⟨*lat → frz*, ‚Spur'⟩ · **tras|sie|ren**: 1. ⟨*lat → frz*⟩ (eine Trasse zeichnen, abstecken) – 2. ⟨*lat → ital*⟩ (*Bankw*; Wechsel auf jmdn. ziehen, ausstellen)
Tratsch, der, _es (*umg abwert*; Geschwätz, Klatsch) · **trat|schen** *K 354* (*umg abwert*)
Trat|te, die, _, _n (*Bankw*; gezogener Wechsel) ⟨*lat → ital*⟩
Trau|al|tar
Trau|be, die, _, _n · **trau|ben|för|mig** · **Trau|ben|kamm** (Stiel, an dem die Beeren hängen) · **Trau|ben‿saft,** ...**zucker** [*Tr* ...zuk|ker] · **trau|big** (*Bot*); _er Blütenstand
Trau|de (w. Vn.) (*Kurzf von* Gertraude)
trau|en; sich (*Akk*) _; du traust dich (*landsch* dir), etwas zu tun; *aber nur*: du traust dir den Schritt; du traust es (*vgl.* [1]es [2]) dir; du traust dich hinein; *vgl. auch* getrauen, sich
Trau|er, die, _. *Zus K 365ff.*: Trauer‿flor usw. · **Trau|er|kloß** (*umg scherzh*; langweiliger, trübseliger Mensch) · **trau|ern** *K 363* · **Trau|er|spiel** (*auch für* Tragödie)
Trau|fe, die, _, _n (*zu* triefen) · **träu|feln** *K 363*
trau|lich
Traum, der, _[e]s, ..äume (*zu* trügen)
Trau|ma, das, _s, *Pl* Traumen *od* _ta (*Psych, Med*; seelische Erschütterung; Wunde) ⟨*grch*⟩ · **trau|ma|tisch** (*Psych, Med*)
Traum|bild · **Traum|deu|ter** (*Abergl*) · **träu|men**; du träumtest, *gehoben* es träumte dir; dir träumte von ... (*gehoben*)
Traumen ↑ Trauma
Träu|mer · **Träu|me|rei** · **Träu|me|rin,** die, _, ..innen · **träu|me|risch**; _ste · **Traum|ge|bil|de** · **Traum|ge|sicht,** *Pl* ..gesichte (*gehoben*) · **traum|haft** · **traum‿ver|lo|ren,** ...**ver|sun|ken**
Trau|ner, der, _s, _ (*österr*; ein flaches Flußschiff) ⟨*nach* dem Fluß Traun⟩
trau|rig · **Trau|rig|keit,** die, _
Trau|ring
traut (*noch gehoben*; vertraut); im _en Familienkreis
Trau|tag
[1]**Trau|te** (w. Vn.) (*Kurzf von* Gertraude)

²**Trau|te**, die, _ (*umg*; Vertrauen, Mut)
Trau|to|nium, das, _s, ..ien [..ĭən] (ein elektron. Musikinstrument) ⟨*nach* dem Erfinder Trautwein⟩
Trau|ung · **Trau|zeu|ge**
tra|vers [..ˈvɛrs] (quer[gestreift]) ⟨*lat* → *frz*⟩; _e Stoffe · **Tra|vers** [..ˈvɛːr], das, _ *od* [..ˈvɛrs], das, _es (*Reitsp*; eine Gangart der Hohen Schule) · **Tra|ver|se**, die, _, _n (*Arch*; Querbalken, Ausleger – *Techn*; Querbau bei der Flußregulierung) · **tra|ver|sie|ren** (durchqueren, überschreiten)
Tra|ver|tin [..v..], der, _s, _e (*Geol*; mineral. Kalkabsatz an Quellen) ⟨*lat* → *ital*⟩
Tra|ve|stie [..v..], die, _, ..ien (*Literaturw*; Dichtung, in der ein ernster Inhalt in eine unangemessene komische Form gekleidet wird) ⟨*lat* → *ital* → *frz* → *engl*⟩ · **tra|ve|stie|ren** (*Literaturw*)
Trawl [trɔːl], das, _s, _s (*Fischerei*; Grundschleppnetz) ⟨*engl*⟩ · **Trawler** [ˈtrɔː..], der, _s, _ (ein Fischereifahrzeug)
Tre|ber *Pl* (Rückstände [beim Keltern u. Bierbrauen]) ⟨*zu* trüb⟩ · **Treber|wein**
Tre|blin|ka (hitlerfaschist. Konzentrationslager in Polen)
Tre|cen|tist [..tʃɛn..] (*Kunstwiss*; Künstler des Trecentos) ⟨*lat* → *ital*⟩ · **Tre|cen|to**, das, _s (*Kunstwiss*; das 14. Jh. in Italien [als Stilbegriff])
Treck, der, _s, _s (Zug; Fuhrwerkskolonne) ⟨*ndrl*⟩ · **trecken** [*Tr* trekken] (ziehen) · **Trecker** [*Tr* Trekker], der, _s, _ (Zugmaschine)
¹**Treff**, das, _s (eine Spielkartenfarbe [Eicheln]) ⟨*lat* → *frz*⟩
²**Treff**, der, _s, _s *umg Kurzw* (Treffpunkt) ⟨*zu* treffen⟩ · **tref|fen**; du triffst; du trafst; du träfest; getroffen; triff! · **Tref|fen**, das, _s, _ · **Tref|fer** · **treff|lich** · **Treff|lich|keit**, die, _ · **Treff|punkt**; *umg Kurzw* ²Treff · **treff|si|cher** · **Treff|si|cherheit**, die, _
Treib‿ar|beit, ...**eis** · **trei|ben**; du triebst; du triebest; getrieben; treib[e]!; zu Paaren _ · **Trei|ben**: 1. das, _s (geschäftiges Tun) – 2. das, _s, _ (Treibjagd) · **Trei|ber** (*weidm*) · **Trei|be|rei** (*auch Gartenb*; das Treiben von Pflanzen) · **Treib‿haus**, ...**jagd**, ...**rie|men**, ...**stoff**
Trei|chel, die, _, _n (*schweiz*; Kuhglocke)
Trei|del, der, _s, _n (*hist*; Zugtau zum Treideln) ⟨*lat* → *frz* → *ndrl*⟩ · **trei|deln** *K 363* (*hist*; ein Wasserfahrzeug vom Uferweg aus durch Ziehen fortbewegen) · **Trei|del|weg** (*hist*; Uferweg zum Treideln) · **Treid|ler** *K 363* (*hist*)
trei|fe (*jüd Rel*; unrein, nach dem jüd. Speisegesetz verboten) ⟨*hebr*⟩; *Ggs* koscher
Trel|le|borg (Hafenstadt in Südschweden)
Tre|ma, das, _s, *Pl* _s *od* _ta (Trennpunkte über einem von zwei getrennt auszusprechenden Vokalen, z. B. Alëuten [aleˈuːtən], ↑ *d.*) ⟨*grch*⟩
tre|mo|lan|do (*Mus*; bebend, zitternd) ⟨*lat* → *ital*⟩ · **tre|mo|lie|ren** ⟨*lat* → *ital*⟩, *seltener* **tre|mu|lie|ren** ⟨*lat*⟩ (*Mus*) · **Tre|mo|lo**, das, _s, *Pl* _s *od* ..li (*Mus*; das Tonzittern; Tongebung durch übersteigertes Beben beim Gesang) ⟨*lat* → *ital*⟩ · **Tre|mor**, der, _s, ..ores [..reːs] (*Med*; das Muskelzittern) ⟨*lat*⟩
Trem|se, die, _, _n (*bes norddt*; Kornblume)
tremulieren ↑ tremolieren
Trench|coat [ˈtrɛntʃkoːt], der, _[s], _s (Wettermantel mit Gürtel) ⟨*engl*, ‚Schützengrabenmantel'⟩
Trend, der, _s, _s (Bewegungs-, Entwicklungsrichtung; Tendenz) ⟨*engl*⟩
tren|deln *K 363* (*landsch*; trödeln) · **Trend|ler** (*landsch*)
trenn|bar · **Trenn|bar|keit**, die, _ · **tren|nen** · **Tren|ner** · **Trenn‿li|nie**, ...**punkt** · **trenn|scharf** (*Rundf*, *Funkw*) · **Trenn|schär|fe** (*Rundf*, *Funkw*) · **Tren|nung**
Tren|se, die, _, _n (leichter Pferdezaum) ⟨*span* → *ndrl*⟩
Trento ↑ Trient
Tren|zer, der, _s, _ (*weidm*; Brunft- u. Kampfschrei des Rothirsches)
trepp|auf, **trepp|ab** · **Trep|pe**, die, _, _n ⟨*zu* trappen⟩ · **Trep|pel|weg** (*bayr u. österr hist*; Treidelweg) · **Trep|pen‿ge|län|der**, ...**stu|fe**, ...**witz**
Tre|sen, der, _s, _ (*landsch*; Laden-, Schanktisch) ⟨*grch* → *lat*⟩ · **Tre|sor**, der, _s, _e (einbruch- u. feuersicherer Aufbewahrungsort, Stahlfach; Geldschrank) ⟨*grch* → *lat* → *frz*⟩. *Zus K 365ff.*: Tresor‿schlüssel usw.
Tres|pe, die, _, _n (ein Rispengras) ⟨*grch* → *lat*⟩ · **tres|pig** (*bes von Getreide gesagt*; voller Trespen)
Tres|se, die, _, _n (Borte) ⟨*frz*⟩. *Zus K 365ff.*: Tressen‿besatz usw.
Tre|ster *Pl* (*fachspr*; Rückstände [beim Keltern u. Bierbrauen]) · **Trester|wein**
tre|ten; du trittst; du tratst; du trätest; getreten; tritt!; beiseite _; jmdm., *auch* jmdn. auf den Fuß _ · **Tre|ter** · **Tre|te|rei** (*abwert*) · **Tret‿müh|le** (*umg abwert*), ...**schlitten** · **Tret|strah|ler** (Rückstrahler am Fahrradpedal)
treu; treuer, treu[e]ste *K 363* ⟨*zu* trauen⟩; zu treuen Händen übergeben (zur treuhänderischen Verwaltung übertragen); treu sein, bleiben; *vgl.* treuergeben u. treugesinnt · **Treu|bruch**, der · **treu|brü|chig** · **Treue**, die, _; auf Treu und Glauben (*umg*); meiner Treu! (*veraltet*) · **Treu|eid** · **Treue|prä|mie** · **treu|er|ge|ben** *od* **treu er|ge|ben** *K 166 u. 364* · **Treue|schwur** · **treu|gesinnt** *od* **treu ge|sinnt** *K 166* · **Treu|hand**, die, _ (*Rechtsw*) · **Treu|hän|der** (*Rechtsw*) · **Treu|hand|ge|sell|schaft** (*Rechtsw*) · **treu|her|zig** · **treu|lich** · **treu|los** *K 349*; *vgl.* ...los · **Treu|lo|sig|keit**, die, _
Tria|de, die, _, _n (Dreizahl, Dreiheit) ⟨*grch*⟩
Tri|an|gel [*österr auch* ..ˈaŋ(ə)l], der, *österr meist* das, _s, _ (*Mus*; dreieckiges Schlaginstrument – *umg*; dreieckiger Riß) ⟨*lat*⟩ · **tri|an|gu|lär** (dreieckig) · **Tri|an|gu|la|tion** (*Vermessungsw*; Festlegung eines Netzes von Dreiecken zur Landvermessung) · **Tri|an|gu|la|tions|punkt** (*Vermessungsw*; Dreiecksnetzpunkt, trigonometrischer Punkt); *Zeichen* TP · **tri|an|gu|lie|ren** (*Vermessungsw*)
Tria|non [..ˈnɔ̃ː], das, _s, _s (Name zweier Lustschlösser im Park von Versailles)
Tria|rier [..iər] *Pl* (altröm. Legionäre in der dritten Schlachtreihe) ⟨*lat*⟩
Tri|as, die, _ (*Geol*; ältestes System des Mesozoikums) ⟨*grch*⟩ · **trias|sisch** (*Geol*)
Tri|bo|che|mie, die, _ (Teilgebiet der Mechanochemie) ⟨*grch*⟩
Tri|bun, der, *Gen* _s, *Pl* _e *od Gen* _en, *Pl* _en (altröm. Volksführer) ⟨*lat*⟩ · **Tri|bu|nal**, das, _s, _e (*gehoben*; [hoher] Gerichtshof; Strafgericht; Richterstuhl) · **Tri|bu|nat**, das, _[e]s, _e (*Antike*; Amt, Würde eines Tribunen) · **Tri|bü|ne**, die, _, _n (Redner-, Zuhörer-, Zuschauerbühne; Zuhörer-, Zuschauerschaft) ⟨*lat* → *frz*⟩ · **Tri|bus**, die, _, _ [..buːs] (*Antike*; Stamm der altröm. Patrizier; Stadtviertel) ⟨*lat*⟩ · **Tri|but**, der, _[e]s, _e (*hist*; Zwangsabgabe; Zoll – *übertr*; schuldige Hochachtung). *Zus K 365ff.*: Tribut‿verpflichtung usw. · **tri|but|pflich|tig** (*hist*)
Tri|chi|ne [..ç..], die, _, _n (schmarotzender Fadenwurm) ⟨*grch* → *lat*⟩ · **tri|chi|nen|hal|tig** · **Tri|chinen|schau** · **Tri|chi|nen|schau|er** · **tri|chi|nös** *K 349* (von Trichinen

durchsetzt) · **Tri|chi|no|se,** die, _ (*Med, Vet*; Trichinenerkrankung) ⟨*grch*⟩

Trich|ter, der, _s, _ ⟨*lat*⟩ · **trich|ter|för|mig** · **trich|tern** *K 363*

Trick, der, _s, _s (Kunstgriff; Kniff) ⟨*lat → frz → engl*⟩. *Zus K 365ff.*: Trick‿film usw. · **trick|sen** (*umg*; kunstfertig, gewandt spielen, bes. beim Fußball); getrickst · **Trick-track,** das, _s, _s (Brett- u. Würfelspiel) ⟨*frz*⟩

Tri|den|ti|ner: 1. *K 231*: der, _s, _ (in Trient Geborener od. Wohnender) – 2. *als Attribut K 232* ⟨*lat, nach* Tridentum = Trient⟩ · **tri-den|ti|nisch;** *K 258*: das Tridentinische Konzil (*kath Kirche*) · **Tri-den|ti|num,** das, _s (*kath Kirche*; das Tridentinische Konzil)

Tri|du|um [..du:um], das, _s, ..duen [..duən] (*kath Kirche*; Zeitraum von drei Tagen) ⟨*lat*⟩

Trieb, der, _[e]s, _e ⟨*zu* treiben⟩ · **trieb|ar|tig** · **Trieb|fahr|zeug** · **Trieb|fe|der** · **trieb|haft** · **Trieb-haf|tig|keit,** die, _ · **Trieb|kraft** · **Trieb|le|ben,** das, _s · **trieb|mä-ßig** · **Trieb‿rad, ...sand, ...wa-gen, ...werk**

Trief|au|ge (*auch Schimpfw*) · **trief-äu|gig** (*umg*) · **trie|fen;** du trieftest (*älter* du troffst); du trieftest (*älter* du tröffest); getrieft (*älter* getroffen); trief[e]!

[1]**Triel,** der, _[e]s, _e (eine Regenpfeiferart) ⟨*lautm*⟩

[2]**Triel,** der, _[e]s, _e (*süddt*; Wamme, Maul) · **trie|len** (*süddt*; sabbern) · **Trie|ler** (*süddt*; Sabberlätzchen)

Trient, *italien* **Tren|to** (Stadt in Oberitalien); *vgl. auch* Tridentiner

Trier (Stadt im W der BRD)

Trie|re ⟨*grch*⟩, *auch* **Tri|re|me** ⟨*lat*⟩, die, _, _n (ein antikes Kriegsschiff)

Trie|rer: 1. *K 231*: der, _s, _; 2. *als Attribut K 232* ⟨*zu* Trier⟩ · **trie-risch**

Triest, *italien* **Trie|ste** (Hafenstadt im NO Italiens) · **Trie|ster:** 1. *K 231*: der, _s, _; 2. *als Attribut K 232*

Tri|eur [..'ø:r], der, _s, _e (*Landw*; Sortiermaschine für Getreide) ⟨*frz*⟩

trie|zen *K 354* (*umg*; plagen, quälen)

Tri|fo|rium, das, _s, ..ien [..iən] (*Arch*; säulengetragene Galerie mit dreifacher Bogenstellung in gotischen Kirchen) ⟨*lat*⟩

Trift, die, _, _en (1. Viehweide; Weg zur Weide; Holzflößung – 2. ↑ Drift) ⟨*zu* treiben⟩ · **trif|ten** (loses Holz flößen)

trif|tig ([zu]treffend, zwingend) ⟨*zu* treffen⟩; _er Grund · **Trif|tig|keit,** die, _

Tri|gly|phe, die, _, _n, *seltener* **Tri-glyph,** der, _s, _e (*Arch*; Dreischlitz) ⟨*grch*⟩

tri|go|nal (*Geom*; dreieckig) ⟨*grch → lat*⟩ · **Tri|go|nal|zahl** (*Geom*; Dreieckszahl) · **Tri|go|no|me|trie,** die, _ (*Geom*; Dreiecksmessung, -berechnung) ⟨*grch*⟩ · **tri|go|no-me|trisch;** _er Punkt (*Vermessungsw*; Dreiecksnetzpunkt)

tri|ko|lor (dreifarbig) ⟨*lat*⟩ · **Tri|ko-lo|re,** die, _, _n (dreifarbige Fahne, bes. die französ. Nationalflagge) ⟨*lat → frz*⟩

Tri|kot [..'ko:, *österr nur so, auch* 'tri..]: 1. das, _s, _s (enganliegendes gewirktes Kleidungsstück) – 2. der, *selten* das, _s, _s (gewirkter Stoff) ⟨*frz*⟩; *K 119*: die blauen _s, das gelbe _, *oft nach K 258*: die Blauen _s, das Gelbe _ (*Radsp*) · **Tri|ko|ta|gen** [..'ta:ʒ(ə)n] *Pl* (Gewirke u. Gestricke für Ober- u. Unterbekleidung; die daraus hergestellte Bekleidung); *Sg* Tri|ko|ta|ge [..'ta:ʒə, *österr* ..'ta:ʒ], die, _ · **Tri-kot|klei|dung** [..'ko:.., *österr nur so, auch* 'tri..] · **Tri|kot|wa|re**

Tril|ler, der, _s, _ ⟨*ital*⟩ · **tril|lern** *K 363* · **Tril|ler|pfei|fe**

Tril|lion (eine Million Billionen) ⟨*lat → ital*⟩

Tri|lo|bit, der, _en, _en (*Paläont*, urweltl. Gliederfüßer des Meeres) ⟨*grch → lat*⟩

Tri|lo|gie, die, _, ..ien (Folge von drei [zusammengehörenden] Dichtungen, Kompositionen usw.) ⟨*grch*⟩

Tri|me|ster, das, _s, _ (Zeit von drei Monaten) ⟨*lat*⟩

tri|me|trisch (*fachspr*) ⟨*grch*⟩ · **tri-me|tri|sche Axo|no|me|trie** *K 119*, die, *Gen* _n _ *od* **Tri|me|trie,** die, _ (*Geom*; axonometr. Darstellung mit verschiedenem Maßstab auf drei Achsen)

Trimm, der, _[e]s (*seem*; richtige Schwimmlage des Schiffes; der gepflegte Zustand eines Schiffes) ⟨*engl*⟩ · **trim|men** ([körperlich] leistungsfähig machen – *seem*; [Ladung, Ballast] gleichmäßig verteilen; das Schiff in Ordnung halten; Kohle zu den Kesseln befördern – *fachspr*; Hunden das Fell scheren – *Funkw*; abgleichen) · **Trim|mer** (*seem*; Heizer, der Kohle vom Bunker zu den Kesseln befördert – *Funkw*; Abgleichkondensator)

tri|morph (*fachspr*; dreigestaltig) ⟨*grch*⟩ · **Tri|mor|phis|mus,** der, _ (*fachspr*; Dreigestaltung, Dreiförmigkeit) ⟨*grch → lat*⟩

Tri|ne, die, _, _n (*Schimpfw*); dumme _

Tri|ni|dad und To|ba|go, *amtl* **Re-pu|blik Tri|ni|dad und To|ba|go** (vor der Nordküste Südamerikas) · **Tri|ni|da|der,** der, _s, _ · **tri|ni|da-disch**

Tri|ni|tät, die, _ (*Rel*; Dreieinigkeit, Dreifaltigkeit) ⟨*lat*⟩ · **Tri|ni|ta-tis|fest** (*christl Rel*; Dreifaltigkeitsfest; Sonntag nach Pfingsten)

Tri|ni|tro|to|lu|ol, das, _s (ein Sprengmittel); *Abk* TNT ⟨*grch + indian + lat*⟩

trink|bar · **Trink|bar|keit,** die, _ · **trin|ken;** du trankst; du tränkest; getrunken; trink[e]!; das Glas leer _ · **Trin|ker** · **Trin|ker|heil|an-stalt** · **Trink‿ge|fäß, ...geld, ...kur, ...röhr|chen, ...spruch** · **Trink|was|ser,** das, _s

Tri|nom, das, _s, _e (*Math*; dreigliedriger Ausdruck) ⟨*grch*⟩ · **tri|no-misch** (*Math*)

Trio, das, _s, _s (Musikstück für drei Instrumente; die drei Ausführenden; Dreizahl [von Menschen]) ⟨*lat → ital*⟩

Tri|ode, die, _, _n (*Phys*; Elektronenröhre mit drei Elektroden) ⟨*grch*⟩

Trio|le, die, _, _n (*Mus*; Figur von drei Noten an Stelle von zwei od. vier) ⟨*lat → ital*⟩

Trip, der, _s, _s (Ausflug, kurze Reise) ⟨*engl*⟩

Tri|pel, das, _s, _ (*Math*; geordneter Satz von drei Elementen) ⟨*lat → frz*⟩ · **Tri|pel|al|lianz** (*hist*; Dreibund) ⟨*frz*⟩

Tri|po|lis (Hptst. von Libyen) ⟨*grch*⟩ · **Tri|po|li|ta|nien** [..iən] (Gebiet in Libyen) · **tri|po|li|ta|nisch**

trip|peln *od* **trap|peln** *K 363* (mit kleinen, schnellen Schritten gehen) ⟨*zu* traben⟩

trip|pen (*norddt*; tropfen) · **Trip-per,** der, _s, _ (eine Geschlechtskrankheit)

Tri|pty|chon [..ç..], das, _s, *Pl* ..chen *od* ..cha (dreiteiliges Bild) ⟨*grch*⟩ · **Tri|ptyk,** *eindeutschend* **Tri|ptik,** das, _s, _s (*fachspr*; [dreiteiliger] Grenzübertrittsschein für Fahrzeuge) ⟨*grch → frz*⟩

Trireme ↑ Triere

Tri|sek|tion, die, _ (*Math*; Dreiteilung [des Winkels]) ⟨*lat*⟩

Trismegistos ↑ *unter* Hermes

trist (traurig, düster; langweilig); _este ⟨*lat → frz*⟩

Tri|stan (*mittelalterl Sage*; Ritter der Artusrunde) ⟨*kelt → frz*⟩

Tri|ste, die, _, _n (*bayr, österr, schweiz*; um eine Stange aufgehäuftes Heu od. Stroh)

Tri|tium, das, _s (*fachspr*; schweres Wasserstoffisotop); *Zeichen* T ⟨*grch → lat*⟩

[1]Tri|ton: 1. (*griech Mythol*; Meergott, Sohn des Poseidon) – 2. der, ..onen, ..onen (*griech Sage*; Seedämon) ⟨*grch*⟩

[2]Tri|ton, das, _s, ..onen (*fachspr*; Kern eines Tritiumatoms) ⟨*grch*⟩

Tri|to|nus, der, _ (*Mus*; aus drei Ganztönen bestehendes Intervall) ⟨*grch → lat*⟩

Tritt, der, _[e]s, _e ⟨*zu* treten⟩; _ halten · **Tritt‿brett, ...lei|ter** (die) · **tritt|si|cher**

Tri|umph, der, _[e]s, _e (Sieg; Siegesjubel, -feier) ⟨*grch → lat*⟩; *vgl. auch* Trumpf. *Zus K 365 ff.*: Triumph‿bogen usw. · **tri|um|phal** (herrlich, siegreich, sieghaft) · **Tri|um|pha|tor,** der, _s, ..oren (*hist*; [feierlich einziehender] Sieger) · **tri|umph|ge|krönt** · **tri|um|phie|ren** (siegen; [über einen Erfolg] jubeln)

Tri|um|vir [..v..], der, _s *od* _n, *Pl* _n (*Antike*; Mitglied eines Triumvirats) ⟨*lat*⟩ · **Tri|um|vi|rat,** das, _[e]s, _e (Dreimännerherrschaft im alten Rom)

tri|vi|al [..v..] (platt, abgedroschen, alltäglich) ⟨*lat*⟩ · **Tri|via|li|tät** (abgedroschene Redensart, Plattheit, Alltäglichkeit) · **Tri|vi|al|li|te|ra|tur,** die, _ · **Tri|vium,** das, _s (der die Grammatik, Dialektik u. Rhetorik umfassende untere Lehrgang mittelalterl. Schulen) ⟨‚Dreiweg'⟩ · **Tri|zeps,** der, _, _e (*Anat*; Wadenmuskel; Oberarmmuskel) ⟨‚Dreiköpfiger'⟩

Tro|as, die, _ (*Altertum*; Landsch. um Troja)

tro|chä|isch [..x..] (*Metrik*; aus Trochäen bestehend; auf den Trochäus bezogen) ⟨*grch*⟩ · **Tro|chä|us,** der, _, ..äen (*Metrik*; ein Versfuß) ⟨*grch → lat*⟩ · **Tro|chi|ten|kalk** (*Geol*; ein Sedimentgestein mit fossilen Seelilien) ⟨*grch*⟩

trocken[1] *K 364*: _er (herber) Sekt; _ sein, werden

I. *Großschreibung K 93*: auf dem Trocknen (auf trocknem Boden) stehen, im Trocknen (auf trocknem Boden) sitzen

II. *Kleinschreibung K 116*: auf dem trocknen sein (*umg*; nicht mehr weiterkommen, erledigt sein), im trocknen (geborgen) sein, auf dem trocknen sitzen (*umg*; in Verlegenheit sein), sein Schäfchen im trocknen (geborgen) haben, ins trockne bringen (bergen)

III. *Schreibung bei Verben K 135*: trocken bleiben, liegen, stellen; *vgl. aber* trockenlegen, trockenreiben, trockensitzen

Trocken[1]‿bo|den, ...dock · **Trocken|ei[1]** (Ei in Pulverform) · **Trocken|eis[1]** (festes Kohlendioxid) · **Trocken[1]‿füt|te|rung, ...ge|mü|se, ...hau|be, ...he|fe** · **Trocken|heit[1]**

trocken|le|gen[1] *K 137* (z. B. einen Säugling); ich lege trocken; trokkengelegt; trockenzulegen; *aber*: trocken legen (an einen trockenen Ort legen)

Trocken[1]‿platz, ...ra|sur, ...raum

trocken|rei|ben[1,2] *K 137*, *aber*: trocken reiben (ohne Zusatz von Flüssigkeit reiben)

trocken|sit|zen[1,2] *K 137* (*umg*; ohne Getränk dasitzen), *aber*: trokken sitzen (im Trocknen sitzen)

trock|nen

Trod|del, die, _, _n (Quaste); *vgl. aber* Trottel

Trö|del, der, _s (*umg*). *Zus K 365 ff.*: Trödel‿kram usw. · **Trö|de|lei** (*umg abwert*; dauerndes Zeitverschwenden) · **trö|deln** *K 363* (*umg*; die Zeit unnütz verbringen – *veraltet*; Handel mit Trödel treiben) · **Tröd|ler** (*umg*)

Troer ↑ Trojaner

Trog, der, _[e]s, ..öge

Troier ↑ Troyer

Troi|ka ['tro:ĭ.., *auch* 'trɔy..], die, _, _s (Dreigespann) ⟨*russ*⟩

Tro|ja (*Altertum*; Stadt im NW Kleinasiens) ⟨*grch*⟩ · **Tro|ja|ner** *od* **Tro|er,** der, _s, _ · **tro|ja|nisch** *od* **tro|isch**; *K 238*: die trojanischen Mauern, *aber K 258*: das Trojanische Pferd

trö|len (*schweiz*; leichtfertig verzögern) · **Trö|le|rei,** die, _ (*schweiz abwert*)

Troll, der, _[e]s, _e (*Abergl*; dämon. Wesen, Unhold, Kobold) · **Troll|blu|me** · **trol|len, sich** (*Akk*) (*umg*; sich [schnell] wegbegeben)

Trol|ley|bus ['trɔli..], der, ..busses, ..busse (*veraltend u. schweiz*; Oberleitungsomnibus) ⟨*engl*⟩

Troll|hät|tan|fäl|le *Pl* (in Südschweden)

Trom|be, die, _, _n (*Met*; Wirbelwind, Wind-, Wasser-, Sandhose) ⟨*ital*⟩

Trom|mel, die, _, _n ⟨*lautm*⟩. *Zus K 365 ff.*: Trommel‿fell usw. · **Trom|me|lei** (*oft abwert*) · **trom|meln** *K 363* · **Trom|mel|schlag** · **Trom|mel|schlä|ger** · **Trom|mel|schle|gel** · **Tromm|ler**

Trom|pe|te, die, _, _n ⟨*germ → frz*⟩ · **trom|pe|ten;** trompetet · **Trom|pe|ten|stoß** · **Trom|pe|ter**

Trope ↑ Tropus · **Tro|pen** *Pl*: 1. ↑ Tropus – 2. (heiße Zone beiderseits des Äquators) ⟨*grch*⟩ · **Tro|pen|fie|ber,** das, _s · **Tro|pen|kli|ma** · **Tro|pen|kol|ler,** der, _s · **Tro|pen|pflan|ze**

Tropf, der, _[e]s, ..öpfe (dummer, armseliger Mensch – *Med*; Vorrichtung zur tropfenweisen Infusion) ⟨*zu* triefen⟩ · **tropf|bar** · **Tröpf|chen** · **tröp|feln** *K 363* · **trop|fen** · **Trop|fen,** der, _s, _ · **Trop|fen|fän|ger** · **Trop|fen|form** (Stromlinienform) · **trop|fen|wei|se** *K 176* · **Tropf|stein** (*Geol*) · **Tropf|stein|höh|le**

Tro|phäe, die, _, _n (Beutestück, bes. Fahne usw.) ⟨*grch → lat → frz*⟩

tro|phisch (*Biol, Med*; die Gewebsernährung betreffend) ⟨*grch*⟩

Tro|pi|cal ['trɔpik(ə)l], der, _s, _s (leichter Anzugstoff) ⟨*grch → lat → engl*⟩ · **tro|pisch** (die Tropen [2] betreffend – *Stilistik*; bildlich) ⟨*grch*⟩ · **Tro|pis|mus,** der, _, ..men (*Bot*; durch einen Reiz hervorgerufene, gerichtete Krümmungsbewegung) ⟨*grch → lat*⟩ · **Tro|po|pau|se** [*od* 'tro:..], die, _ (*Met*; Obergrenze der Troposphäre) ⟨*grch*⟩ · **Tro|po|sphä|re** [*od* 'tro:.., *österr nur so*], die, _ (*Met*; unterste Schicht der Erdatmosphäre bis etwa 12 km Höhe) · **Tro|pus** ⟨*grch → lat*⟩, der, _, ..pen *od* **Tro|pe** ⟨*grch*⟩, die, _, _n (*Stilistik*; bildl. Ausdruck – *Mus*; mittelalterl. geistl. Liedform)

Troß, der, ..osses, ..osse ([militär.] Begleitmannschaft; Gefolge, Haufen) ⟨*lat → frz*⟩. *Zus K 365 ff.*: Troß‿wagen usw. · **Tros|se,** die, _, _n (*bes seem*; starkes Faser- od. Drahtseil)

Trost, der, _es ⟨*zu* trauen⟩ · **trost|be|dürf|tig** · **trost|brin|gend;** *vgl. K 163* · **trö|sten** · **Trö|ster** · **Trö|ste|rin,** die, _, ..innen · **tröst|lich** · **trost|los** *K 349*; *vgl.* ...los · **Trost|lo|sig|keit,** die, _ · **Trost|preis** · **trost|reich** · **Trost|spruch** · **Trö|stung**

Trott, der, _[e]s, _e (lässige Gangart des Pferdes, Trab – *übertr, umg*; Lässigkeit, altgewohnte Weise) ⟨*germ → ital, zu* treten⟩ · **Trot|te,** die, _, _n (*alemann*; Weinkelter)

Trot|tel, der, _s, _ (*umg abwert*; einfältiger Mensch; Dummkopf) ⟨*Herkunft umstritten*⟩; *vgl. aber* Troddel · **trot|tel|haft** (*umg abwert*)

trot|teln *K 363* (schwerfällig daherkommen, gehen) · **trot|ten** (schwer, plump einherschreiten) ⟨*germ → ital, zu* treten⟩ · **Trot|teur** [..'tø:r], der, _s, _s (Laufschuh mit flachem Absatz) ⟨*germ → frz*⟩ · **Trot|ti|nett,** das, _s, _e (*schweiz*; Kinderroller) · **Trot|toir** [trɔ'tŏa:r], das, _s, _e

---

[1] *Tr*..k|k..

[1] *Tr*..k|k..

[2] *Konjugation vgl.* trockenlegen.

(*veraltet*; Gehsteig neben der Fahrstraße)
trotz *K 110*; *Präp mit Gen*: _ des Regens; *urspr mit Dat*: _ dem Regen; *in feststehenden Wendungen mit Dat*: _ allem; _ all[e]dem · **Trotz,** der, _es; aus _; dir zum _; _ bieten
trotz|dem: 1. *Adv u. koordinierende Konj*: Du bist müde. Trotzdem willst du nicht schlafen; *vgl. K 390* – 2. *subordinierende Konj*: Trotzdem (*älter* Trotzdem daß) du müde bist, willst du nicht schlafen. *Oder*: Du willst nicht schlafen, trotzdem du müde bist; *vgl. K 390*
trot|zen *K 354*; *vgl. auch* trutzen · **Trot|zer** (*Landw*; im zweiten Vegetationsjahr keine Blüten bildende zweijährige Kulturpflanze) · **trotzig**
Trotz|kis|mus, der, _ (antisowjet. u. antikommunist. politisch-ideologische Strömung) ⟨*nach* dem russ. Politiker Trotzki⟩
Trotz|kopf · **trotz|köp|fig**
Trou|ba|dour [truba'du:r, *auch* 'tru..], der, _s, *Pl* _e *od* _s (provenzal. Minnesänger im 12. bis 13. Jh.) ⟨*grch* → *lat* → *prov* → *frz*⟩
Trous|seau [tru'so:], der, _s, _s (*veraltet*; Schlüsselbund, Brautausstattung) ⟨*lat* → *frz*⟩
Troy|er, *auch* **Troi|er** [*beide* 'trɔyər], der, _s, _ (wollenes Unterhemd der Seeleute) ⟨*prov*⟩
Troy|ge|wicht ['trɔy..] (anglo-amerikan. Masseeinheit für Edelmetalle) ⟨*nach* der französ. Stadt Troyes [tröa]⟩
Trub, der, _[e]s (Satz beim Wein u. beim Bier) · **trü|be,** *auch* **trüb;** *K 116*: im trüben fischen; er war heute trüb gestimmt, ein trübgestimmter Mensch, *vgl. aber K 166* · **Trü|be,** die, _ (*meist fachspr*)
Tru|bel, der, _s (unruhiges Treiben) ⟨*lat* → *frz*⟩
trü|ben · **Trüb|heit,** die, _ (das Trübsein) · **Trüb|nis,** die, _, ..isse (*gehoben*; das Trübsein; das Betrübtsein) · **Trüb|sal,** die, _, _e (*meist gehoben*) · **trüb|se|lig** · **Trüb|sinn,** der, _[e]s · **trüb|sinnig** · **Trü|bung**
Truch|seß, der, *Gen* ..sessen, *Pl* ..sessen *od Gen* ..sesses, *Pl* ..sesse (*Mittelalter*; Hofbeamter über Küche u. Tafel)
Truck|sy|stem [*od* 'trak..], das, _s (*hist*; Entlohnung durch Warenbezugscheine, die in den Läden des Unternehmers eingelöst werden müssen) ⟨*engl*⟩
Tru|de (w. Vn.) ⟨*Kurzf von* Gertraude⟩
tru|deln *K 363* (*Luftf*; drehend niedergehen – *landsch*; würfeln); *K 102*: ins Trudeln geraten
Trüf|fel, die, _, _n (ein unterirdisch wachsender Würzpilz; eine gefüllte Praline) ⟨*lat* → *ital* → *frz* → *ndrl*⟩ · **trüf|feln** *K 363* (mit Trüffeln füllen od. würzen) · **Trüf|fel|pa|ste|te**
Trug; *nur noch in* [mit] Lug und Trug *u. in Zus K 365ff.*: Trug‿schluß usw. · **trü|gen;** du trogst; du trögest; getrogen; trüg[e]! · **trü|ge|risch;** _ste
Tru|he, die, _, _n · **Tru|hen|deckel** [*Tr* ...dek|kel]
Trum, der *od* das, _[e]s, *Pl* _e *od* Trümer (*bergm*; Abteilung eines Schachtes – *Geol*; schmaler Gang – *Techn*; Abschnitt eines endlos umlaufenden Transportorgans) ⟨*zu* Trumm⟩
Trumm, das, _[e]s, *Pl* Trümmer (*landsch u. österr*; großes Stück) – **Trüm|mer** *Pl* (Bruchstücke, Stücke); in _ zerfallen; in _ schlagen. *Zus K 365ff.*: Trümmer‿haufen usw. · **trüm|mer|haft**
Trumpf, der, _[e]s, ..ümpfe (*Kartensp*; Blatt einer die übrigen Farben stechenden Farbe) ⟨*grch* → *lat* → *frz*⟩; *vgl. auch* Triumph. *Zus K 365ff.*: Trumpf‿farbe usw. · **trump|fen** (*Kartensp*; Trumpf ausspielen)
Trunk, der, _[e]s, ..ünke (*gehoben*) ⟨*zu* trinken⟩; ein _ Wasser[s] · **trunken;** *K 364*: ein _er Mensch; _ von *od* vor Begeisterung (*gehoben*) · **Trun|ken|bold,** der, _[e]s, _e (*abwert*) · **Trun|ken|heit,** die, _ · **Trunk|sucht,** die, _ · **trunk|süchtig**
Trupp, der, _s, _s ⟨*germ* → *frz*⟩ · **Trüpp|chen** · **Trup|pe,** die, _, _n · **Trup|pen|teil,** der (*Milit*) · **trupp|wei|se** *K 176*
Trust [trast], der, _[e]s, *Pl* _e *od* _s (Zusammenschluß kapitalist. Wirtschaftsunternehmen unter Aufgabe ihrer Selbständigkeit zu einem monopolist. Großunternehmen) ⟨*anord* → *engl*⟩ · **trust|ar|tig** ['trast..] · **trust|frei** (ohne Bindung an einen Trust)
Trut‿hahn, ...hen|ne, ...huhn
Trutz, der, _es (*veraltet*; Trotz); zu Schutz und _ · **trut|zen** *K 354* (*noch landsch*; trotzen) · **trut|zig** (*noch scherzh*)
Tryp|sin, das, _s (*Biochem*; ein Enzym der Bauchspeicheldrüse) ⟨*grch* + *lat*⟩
Tschad: 1. der, _s *od* **Tschad|see** *K 246* (im N von Sudan [1]) – 2. *amtl* **Re|pu|blik Tschad** (im Inneren Nordafrikas) · **Tscha|der,** der, _s, _ · **tscha|disch**
Tscha|ko, der, _s, _s (frühere militär. Kopfbedeckung) ⟨*ung*⟩
Tschap|ka, die, _, _s (Kopfbedeckung der Ulanen) ⟨*poln*⟩; *vgl. aber* Schapka
Tscharda ↑ Csárda · **Tschardasch** ↑ Csárdás
Tsche|che [..ç..], der, _n, _n · **tsche|chisch;** *vgl. K 266f.*; *K 238*: die tschechische Sprache, *aber K 258*: die Tschechische Sozialistische Republik (westl. Teilrepublik der ČSSR [*Abk* ČSR]) · **Tsche|chisch,** das, *Gen* _[s], *Dat* _ (Sprachbezeichnung *K 268ff.*) · **Tsche|chi|sche,** das, *Gen* _n, *Dat* _n (Sprachbezeichnung *K 271*) · **Tsche|cho|slo|wa|ke** [1], der, _n, _n · **Tsche|cho|slo|wa|kei** [1], die, _, *amtl* **Tsche|cho|slo|wa|ki|sche So|zia|li|sti|sche Re|pu|blik** *K 258*, die, *Gen* _n _n _ (in Mitteleuropa); *Abk* ČSSR · **Tsche|cho|slo|wa|kin** [1], die, _, ..innen · **tsche|cho|slo|wa|kisch** [1]
Tschel|ja|binsk [*od* ..'binsk] (Stadt der RSFSR im Ural)
Tscher|kes|se, der, _n, _n (Angehöriger eines kaukas. Volkes) · **Tscher|kes|sin,** die, _, ..innen · **tscher|kes|sisch**
Tschernosjom ↑ Schwarzerde
Tsche|ro|ke|se, der, _n, _n, *engl* **Che|ro|kee** [tʃɛrə'ki:], der, _[s], _[s] (Angehöriger einer indian. Völkerschaft in Nordamerika)
Tscher|wo|nez [..'vɔ..], der, _, *Pl* ..onzen *u. bei Wertangabe* (*K 310*) Tscherwonez (ehem. sowjet. Währungseinheit) ⟨*russ*⟩
Tschi|buk [*österr* 'tʃi:..], der, _s, _s (türk. Tabakspfeife) ⟨*türk*⟩
Tschick, der, _s, _ (*österr umg*; Zigarettenrest) ⟨*ital*⟩
Tschikosch ↑ Csikós
tschil|pen, *auch* **schil|pen** (*vom Sperling gesagt*; zwitschern)
tsching! ⟨*lautm*⟩; tschingtaratata!
Tschit|ta|gong *od* **Chit|ta|gong** ['tʃi..] *K 228* (Hafenstadt in Bangladesh)
Tscho|mo|lung|ma ⟨*tibet*⟩, der, _[s] *od* die, _, *engl* **Mount Eve|rest** [maunt 'ɛvərist] ⟨*nach* dem Engländer Everest⟩, der, *Gen* _ _[s] (höchster Berg der Erde im Himalaja)
Tschon ↑ Chon
Tschuk|tsche, der, _n, _n (Angehöriger eines Volkes im NO Sibiriens) · **Tschuk|tschen|halb|in|sel** *K 246*, die, _
tschüs!, *auch* **tschüß!** (*umg*; auf Wiedersehen!) ⟨*frz*⟩
Tse|tse|flie|ge (Überträger der Schlafkrankheit) ⟨*Bantu*⟩
T-Shirt ['ti:ʃœ:rt], das, _s, _s (leich-

[1] *Zusammenschreibung vgl. K 245.*

tes Oberbekleidungsstück mit [kurzen] Ärmeln) ⟨*engl*⟩

Tsu|na|mi, der, –, –s (durch Seebeben hervorgerufene Flutwelle) ⟨*jap*⟩

T-Trä|ger ['te:..] *K 186* (*Bauw*)

Tua|reg [*od* ..'rɛk] *Pl* (Angehöriger eines Berbervolkes in der Sahara); *Sg* Tar|gi, der, –[s] ⟨*arab* → *Berberspr*⟩

Tu|ba, die, –, *Pl* Tuben: 1. (*Mus*; Blechblasinstrument) – 2. *auch* **Tu|be,** die, –, –n (*Med*; Ohrtrompete; Eileiter) ⟨*lat*⟩

Tüb|bing, der, –s, –s (*bergm*; Tunnel-, Schachtring) ⟨*engl*⟩

Tu|be, die, –, –n (1. röhrenförmiger, schmiegsamer Behälter mit Schraubverschluß für Farben, Pasten usw. – 2. ↑ Tuba [2]) ⟨*lat*⟩ · **tube|less** ['tju:b..] (*von Autoreifen gesagt*; schlauchlos) ⟨*lat* → *frz* → *engl*⟩ · **Tuben** ↑ Tuba, Tube, Tubus

Tu|ber|kel, der, –s, –, *österr auch* die, –, –n (*Med*; Tuberkuloseknötchen) ⟨*lat*⟩ · **Tu|ber|kel|bak|terien** *Pl* (*Med*; Erreger der Tuberkulose) · **tu|ber|ku|lar** (*Med*; knotig) · **Tu|ber|ku|lin,** das, –s, –e (*Biochem*; Impfstoff aus Tuberkelbakterien) · **tu|ber|ku|lös,** *österr umg auch* **tu|ber|ku|los** [*od* 'tu:..] (*Med*; durch Tuberkelbakterien hervorgerufen) · **Tu|ber|ku|lo|se,** die, –, –n (durch Tuberkelbakterien hervorgerufene Erkrankung); *Abk* Tbk *od* Tbc *bzw* Tb · **Tu|ber|ku|lö|se,** der *u.* die, –n, –n *K 341* · **Tu|ber|ku|lo|se|be|ra|tung** · **tu|ber|ku|lo|se|krank,** *Kurzf* Tbk-krank *od* Tbc- *bzw* Tb-krank (*K 186*)

Tu|be|ro|se, die, –, –n (ein Agavengewächs) ⟨*lat* → *span*⟩

Tü|bin|gen (Stadt im SW der BRD) · **Tü|bin|ger:** 1. *K 231*: der, –s, –; 2. *als Attribut K 232*

tu|bu|lär *od* **tu|bu|lös** (*Anat*; röhren-, schlauchförmig) ⟨*lat*⟩; –e Drüsen · **Tu|bus,** der, –, *Pl* Tuben *od* ..usse (*fachspr*; Rohr, Röhre; Fernrohr)

Tuch, das, –[e]s, *Pl* Tücher *u.* (*Tucharten*:) –e. *Zus K 365ff.*: Tuch‿art usw. · **tu|chen** *K 364* (aus Tuch)

Tu|chent [..x..], die, –, –en (*bayr, österr*; mit Federn gefüllte Bettdecke, Deckbett) ⟨*tschech*⟩

Tuch|füh|lung, die, – (enge Fühlung; geringer Abstand zw. Menschen) · **Tuch|han|del,** der, –s · **Tüch|lein** · **Tuch|rock**

tüch|tig ⟨*zu* taugen⟩ · **Tüch|tig|keit,** die, –

Tücke [*Tr* ..k|k..], die, –, –n

tuckern[1] (*vom Motor gesagt*) ⟨*lautm*⟩

tückisch[1]; –ste · **tück|schen** *K 354* (*landsch*; böse, tückisch sein; heimlich grollen)

tuck|tuck! (Lockruf für Hühner) ⟨*lautm*⟩

Tü|der, der, –s, – (*norddt*; Seil od. Kette zum Anbinden des weidenden Viehes) · **tü|dern** *K 363* (*norddt*; mit einem Tüder anbinden)

Tu|dor ['tu:dɔr, *engl* 'tju:dər], der, –[s], –s (Angehöriger des engl. Königshauses der Tudors)

Tue|rei [tu:ə..] (*umg abwert*; Ziererei, Sprödetun)

Tuff, der, –s, –e (*Geol*; Sammelbez. für vulkan. Sedimentgesteine) ⟨*lat* → *ital*⟩

Tüf|tel|ar|beit (*umg*) · **Tüf|te|lei** (*umg*) · **tüf|te|lig** *K 362* (*umg*) · **tüf|teln** *K 363* (*umg*; etw. Schwieriges, Kompliziertes arbeiten; grübeln) · **Tüft|ler** (*umg*)

Tu|gend, die, –, –en ⟨*zu* taugen⟩ · **Tu|gend|bold,** der, –[e]s, –e (*iron*; allzu tugendhafter Mensch) · **tu|gend|haft** · **Tu|gend|held** (*iron*) · **tu|gend|lich** (*veraltet*) · **tu|gend|los** (*veraltend*); *vgl.* ...los · **tu|gend|sam** (*veraltet*)

Tug|rik ['tugrək], der, –s *od* –en, *Pl* –en *u. bei Wertangabe* (*K 310*) Tugrik (Währungseinheit in der MVR) ⟨*mongol*⟩

Tui|le|rien [tyil(ə)'ri:ən] *Pl* (ehem. Residenzschloß der französ. Könige in Paris) ⟨*frz*, ‚Ziegeleien'⟩

Tui|sto (*nord Mythol*; ein Gott, Stammvater der Germanen)

Tu|kan [*auch* tu'ka:n], der, –s, –e (Pfefferfresser, ein südamerikan. Vogel) ⟨*indian* → *span* → *engl* → *frz*⟩

Tu|la (Stadt im W der RSFSR) · **Tu|la|ar|beit** *K 246* (eine Silberarbeit) · **Tu|la|sil|ber** *K 246*

Tüll, der, –s, –e (netzartiges Gewebe) ⟨*nach* der französ. Stadt Tulle [tyl]⟩

Tül|le, die, –, –n (*landsch*; Röhrchen, Ausgußröhrchen)

Tüll|vor|hang

Tul|pe, die, –, –n (eine Frühjahrsblume) ⟨*pers* (‚Turban') → *türk* → *ital* → *frz* → *ndrl*⟩ · **Tul|pen|zwie|bel**

...tum (z. B. Besitztum, das[2], – [e]s, ..tümer)

[1]Tum|ba, die, –, ..ben (*Mittelalter*; sarkophagähnl. Grabmal mit liegender Figur des Toten) ⟨*grch* → *lat*⟩

[2]Tum|ba, die, –, –s (eine große Trommel) ⟨*span*⟩

Tu|mes|zenz, die, –, –en (*fachspr*; Schwellung, Anschwellung) ⟨*lat*⟩

Tum|mel, der, –s (*landsch*; Rausch) ⟨*zu* taumeln⟩ · **tum|meln** *K 363* (*noch landsch*; bewegen); *meist refl* sich (*Akk*) – (herumtollen – *landsch u. österr*; eilen, sich beeilen [*österr nur in dieser Bedeutung*]) · **Tum|mel|platz** · **Tumm|ler** (*norddt*; Trinkgefäß nach dem Prinzip des Stehaufmännchens) ⟨‚Taumler'⟩ · **Tümm|ler,** der, –s, – (eine Delphinart; eine Haustaube)

Tu|mor, der, –s, ..oren (*Med*; [bösartige] Geschwulst) ⟨*lat*⟩

Tüm|pel, der, –s, –

Tu|mult, der, –[e]s, –e (Lärm, Unruhe; Auflauf [erregter Menschenmassen]; Aufruhr) ⟨*lat*⟩ · **Tu|mul|tu|ant** (Unruhestifter, Aufrührer; Ruhestörer) · **tu|mul|tua|risch,** *auch* **tu|mul|tu|ös** (*K 349*) (lärmend, erregt; unruhig)

Tu|mu|lus, der, –, ..li (*Urgesch*; Hügelgrab) ⟨*lat*⟩

tun; ich tue, du tust, er tut, wir tun, ihr tut, sie tun; du tatst *od* tatest, er tat; du tätest; tuend; getan; tu[e]!, tut!

so tun, als ob; *K 135*: sich (*Dat*) gütlich tun; freundlich tun (sich freundlich stellen); *vgl. aber K 136*: dick[e]tun (*umg*), guttun, schöntun (*umg*), übeltun, wohltun

Tun, das, *Gen* –s; das Tun und Lassen, *Gen* des Tun und Lassens; das Tun und Treiben, *Gen* des Tun und Treibens

Tün|che, die, –, –n ⟨*semit* → *lat*, *zu* Tunika⟩ · **tün|chen** · **Tün|cher**

Tun|dra, die, –, ..ren (Kältesteppe im N Asiens, Europas u. Amerikas) ⟨*finn* → *russ*⟩

tu|nen ['tju:nən] (*Techn*; die Motorleistung erhöhen) ⟨*grch* → *lat* → *frz* → *engl*⟩ · **Tu|ner** ['tju:nər], der, –s, – (*Elektronik*; Hochfrequenzteil [bes. eines Fernsehempfängers] einschl. Mischstufe)

Tu|ne|ser: 1. ↑ Tunesier – 2. *als Attribut K 232* · **Tu|ne|sien** [..ĭən], *ohne Art, amtl* **Tu|ne|si|sche Re|pu|blik** *K 258*, die, *Gen* –n – (im N Afrikas) · **Tu|ne|sier** [..ĭər], *auch* **Tu|ne|ser,** der, –s, – · **tu|ne|sisch**

Tunguse ↑ Ewenke

Tu|nicht|gut, der, – *od* –[e]s, *Pl* –e (*umg*)

Tu|ni|ka, die, –, ..ken (altröm. Untergewand; Überwurf über den Frauenrock) ⟨*semit* → *lat*⟩

Tu|nis (Hptst. von Tunesien) · **Tu|ni|ser:** 1. *K 231*: der, –s, –; 2. *als Attribut K 232* · **tu|ni|sisch**

---

[1] *Tr* ..k|k..

[2] Die mit »...tum« gebildeten Substantive sind in der heutigen Sprache zum größten Teil Neutra; Maskulina geblieben sind »Irrtum« u. »Reichtum«.

Tun|ke, die, –, –n · tun|ken (landsch)

tun|lich; –st · Tun|lich|keit, die, –

Tun|nel, der, –s, –[s] ⟨kelt → lat → frz → engl, ‚Tonne'⟩

Tüpf|chen · Tüp|fel, der od, österr nur, das, –s, – (Pünktchen) · Tüp-fel|chen; das I-Tüpfelchen K 106; vgl. auch Tippelchen · tüp|feln K 363 · tup|fen · Tup|fen, der, –s, –, süddt, österr, schweiz Tupf, der, –[e]s, –e (Punkt [aus Farbe usw.]) · Tup|fer

Tu|pi [od ..'pi(:)]: 1. der, –[s], – (Angehöriger der Tupi-Guarani-Sprachfamilie) – 2. das, –[s] (Sprachbezeichnung); auf – heißt es ... · Tu|pi-Gua|ra|ni [od tu-'pi(:)gŭara'ni(:)], das, – (in Südamerika weitverbreitete Sprachfamilie)

Tür, die, –, –en, landsch noch Tü-re, die, –, –n

Tu|ran (Tiefland in Mittelasien) ⟨pers⟩

Tu|ran|dot (Heldin einer oriental. Erzählung) ⟨pers⟩

Tu|ra|nier [..ĭər], der, –s, – ⟨zu Turan⟩ · tu|ra|nisch

Tu|ras, der, –, Pl – od ..asse Kurzw (Techn; eine Umlenkrolle an Fördermitteln mit Ketten) ⟨aus Tour + Achse⟩

Tur|ban, der, –s, –e (eine Kopfbedeckung der Mohammedaner) ⟨pers → türk → rumän⟩ · tur|ban|ar|tig

Tur|bi|ne, die, –, –n (Techn) ⟨lat⟩ · Tur|bi|nen|an|trieb (Techn) · Tur-bo... (Techn; Turbinen..., Kreisel...) · tur|bo|elek|trisch (Techn) · Tur|bo‿ge|ne|ra|tor (Techn), ...kom|pres|sor (Techn), ...la|der (Techn), ...mo|tor (Techn) · Tur|bo|prop|trieb|werk Kurzw (Strömungstriebwerk für Flugzeuge) ⟨aus Turbo... + Propeller + Triebwerk⟩ · Tur|bo|ven|ti|la-tor [..v..] (Techn) · tur|bu|lent (wirbelnd; stürmisch, ungestüm) · Tur|bu|lenz, die, –, –en (Unruhe, ungestümes Wesen – Phys; Wirbelbildung in Strömungen)

Tür|chen · Tür|drücker [Tr ...drük-ker] · Türe ↑ Tür

Turf, der, –s, österr auch – (Pferderennbahn; Rennwesen) ⟨engl, ‚Rasen'⟩

Tür|fal|le (schweiz; Türklinke) · Tür|fül|lung

Tur|ges|zenz, die, –, –en (Biol, Med; An-, Aufschwellung; Blutreichtum) ⟨lat⟩ · tur|ges|zie|ren (Biol, Med; anschwellen; von Fülle strotzen) · Tur|gor, der, –s (Bot; Innendruck der Pflanzenzelle – Med; Spannungszustand des Gewebes)

Tu|rin (Stadt in Oberitalien) · Tu|ri-ner: 1. K 231: der, –s, –; 2. als Attribut K 232 · tu|ri|nisch

Tür|ke, der, –n, –n (Angehöriger eines Turkvolkes); vgl. auch Osmane · Tür|kei, die, –, amtl Re|pu|blik Tür|kei (in Vorderasien u. im SO Europas) · Tür|ken|bund|li|lie [..ĭə], die, –, –n, kurz Tür|ken-bund, der, –[e]s, Pl (selten) ..bünde (‚Turban') · Tür|ken|sä-bel · Tur|ke|stan [..sta(:)n] (hist; Gebiet in Zentralasien) ⟨pers, ‚Türkenland'⟩; die Turkestan-Sibirische Eisenbahn K 258 u. 244 (Kurzw Turksib) · Tür|kis, der, –es, –e (Mineral; ein Schmuckstein) ⟨frz, ‚der Türkische'⟩ · tür|kisch ⟨zu Türke u. Türkei⟩; vgl. K 266f.; K 258: das Türkische Reich (hist); vgl. auch osmanisch · Tür|kisch, das, Gen –[s], Dat – (Sprachbezeichnung K 268ff.) · Tür|ki|sche, das, Gen –n, Dat –n (Sprachbezeichnung K 271) · Tür|kisch|rot K 278; vgl. Blau · tür|ki|sen K 364 (aus Türkis bestehend; türkisfarben, vgl. blau) · tür|kis|far|ben (K 364) od tür|kis|far|big; vgl. auch ...farben u. K 272ff. · Turk|me|ne, der, –n, –n · Turk|me|nien [..ĭən], ohne Art, amtl Turk|me|ni|sche So|zia|li|sti|sche So|wjet|re|pu|blik K 258, die, Gen –n –n – (in Mittelasien) · turk|me|nisch; vgl. K 266f. · Turk|me|nisch, das, Gen –[s], Dat – (Sprachbezeichnung K 268ff.) · Turk|me|ni|sche, das, Gen –n, Dat –n (Sprachbezeichnung K 271) · Tur|ko|lo|ge, der, –n, –n (Wissenschaftler auf dem Gebiet der Turkologie) ⟨türk + grch⟩ · Tur|ko|lo|gie, die, – (Erforschung der Turksprachen u. -kulturen)

Turk|sib [auch 'turk..], die, – Kurzw (Turkestan-Sibirische Eisenbahn) ⟨russ⟩

Turk|spra|chen Pl (Zweig der altaischen Sprachfamilie) · turk-spra|chig

Tur|ku, schwed Åbo ['o:bu:] (Hafenstadt im SW Finnlands)

Turk|völ|ker Pl (Gruppe von Völkern, die Turksprachen sprechen)

Turm, der, –[e]s, Pl Türme (auch für Schachfigur) ⟨lat → frz⟩. Zus K 365ff.: Turm‿uhr usw.

Tur|ma|lin, der, –s, –e (Bez. für eine Mineralgruppe) ⟨singhal → frz⟩

Turm|bau, Pl ..bauten · Türm-chen · [1]tür|men

[2]tür|men (salopp; weglaufen, ausreißen) ⟨hebr⟩

Tür|mer · turm|hoch

Turn [tœ:rn], der, –s, –s (Luftf; Kehre, Wende) ⟨grch → lat → frz → engl⟩

Turn|an|zug · tur|nen ⟨grch → lat → frz⟩ · Tur|nen, das, –s · Tur-ner · Tur|ne|rei, die, – (umg, oft abwert) · tur|ne|risch · Turn-hal|le

Tur|nier, das, –s, –e (sportl. Wettspiel – Mittelalter; ritterl. Kampfspiel) ⟨grch → lat → frz⟩

Tur|nus, der, –, ..usse (Reihenfolge; Wechsel; Umlauf) ⟨grch → lat⟩; im –. Zus K 365ff.: Turnus‿unterricht usw. · tur|nus|mä|ßig

Tu|ron, das, –s (Geol; Stufe der Oberen Kreide) ⟨nach dem gallischen Volksstamm der Turonen⟩ · tu|ro|nisch

Tür|rie|gel · Tür|schnal|le (österr; Türklinke) · Tür|schwel|le · Tür-sturz, Pl ..sturze od ..stürze

tur|teln K 363 (scherzh; sich auffallend verliebt zeigen) ⟨lat⟩ · Tur|tel-tau|be ⟨zu [1]Taube⟩

[1]Tusch, der, –[e]s, –e (Musikbegleitung bei einem Hochruf) ⟨slaw⟩; einen – blasen

[2]Tusch ↑ Tusche · Tu|sche, die, –, –n, österr umg auch [2]Tusch, die, –, –en (Zeichentinte) ⟨lat → frz⟩

tu|scheln K 363 (heimlich [zu]flüstern)

[1]tu|schen K 354 (mit Tusche zeichnen) ⟨lat → frz⟩

[2]tu|schen K 354 (landsch; zum Schweigen bringen, beschwichtigen)

Tusch|far|be (landsch) · tu|schie-ren (fachspr; Flächen an Maschinenteilen durch ein besonderes Verfahren ebnen) ⟨lat → frz⟩ · Tusch|ka|sten (landsch; Farbkasten)

tut! ⟨lautm⟩; tut, tut!

Tüt|chen · Tu|te, die, –, –n (umg; Signalhorn, Hupe) ⟨lautm⟩ · Tü|te, die, –, –n

Tu|tel, die, –, –en (Rechtsw; Vormundschaft) ⟨lat⟩ · tu|te|la|risch (Rechtsw; vormundschaftlich)

tu|ten

Tüt|tel, der od das, –s, – (noch landsch; Pünktchen) ⟨zu Zitze⟩ · Tüt|tel|chen; nur in Wendungen wie kein – (nicht das Geringste) preisgeben (landsch umg)

tut|ti (Mus; alle) ⟨lat → ital⟩ · Tut|ti, das, –[s], –[s] (Mus; volles Orchester) · Tut|ti|frut|ti, das, –[s], –[s] (Speise aus vielen Obstsorten) ⟨ital, ‚alle Früchte'⟩

Tweed [twi:t], der, –s, Pl –s od –e [..də] (ein meliertes Gewebe) ⟨engl⟩

Twens Pl (Bez. für die »Zwanzigjährigen« beiderlei Geschlechts [zw. 20 u. 29]); Sg Twen, der, –[s] ⟨engl⟩

Twen|ter, das, –s, – (norddt; zwei-

..jähriges Pferd) ⟨‚zwei Winter alt'⟩

Twin|set, das *od* der, _s, _s (Kombination von Pullover u. dazu passender Jacke) ⟨*engl*⟩

Twist: 1. der, _es, _e (feines Baumwoll-, Füllgarn) – 2. der, _s, _s (ein Modetanz) ⟨*engl*⟩ · **Twist-off-Glas** *K 188, Pl* ..gläser (Konservenglas mit Schraubdeckel)

Two|step ['tu:stɛp], der, _s, _s (ein Gesellschaftstanz) ⟨*engl*, ‚Zweischritt'⟩

Ty|che ['ty:çe: *od* ..çə] (*griech Mythol*; Göttin des [glückl.] Zufalls u. des Schicksals) ⟨*grch*, ‚Glück'⟩

Tym|pa|non, das, _s, ..na (*Arch*; Giebelfeld [des griech. Tempels]) ⟨*grch*⟩ · **Tym|pa|num,** das, _s, ..na (*Med*; Paukenhöhle im Mittelohr – *Mus*; altgriech. Handtrommel) ⟨*grch* → *lat*⟩

Typ ⟨*grch*⟩, der, _s, _en, *fachspr* **Typus** ⟨*grch* → *lat*⟩, der, _, ..pen (Gepräge, Eigenart; Grundform, Urbild, Vorbild; Gattung, Beispiel; Bauart, Form; Aussehen) · **Ty|pe,** die, _, _n (*Polygr*; gegossener Druckbuchstabe, Letter – *österr auch für* Bauart, Form – *umg*; eigenartiger Mensch) · **ty|pen,** *auch* **ty|pi|sie|ren** (vereinheitlichen, in bestimmten Größen herstellen [bes. bei techn. Erzeugnissen]) ⟨*grch* → *lat*⟩ · **Ty|pen|bau|ele|men|te** *Pl* · **Ty|pen|druck,** *Pl* ..drucke (*Polygr*) · **Ty|pen‿leh|re** (*Psych*), **...setz|ma|schi|ne** (*Polygr*)

ty|phös (*Med*; typhusartig) ⟨*grch* → *lat*⟩ · **Ty|phus,** der, _ (eine Infektionskrankheit). *Zus K 365ff.*: Typhus‿bazillen usw.

ty|pisch (gattungsmäßig; kennzeichnend, bezeichnend; eigentümlich); _ste ⟨*grch*⟩ · **ty|pi|sie|ren** (1. typisch gestalten, nach Typen einteilen – 2. ↑ typen) ⟨*grch* → *lat*⟩ · **Ty|pi|sie|rung** (1. typ. Gestaltung – 2. ↑ Typung) · **Ty|po|graph**[1], der, _en, _en (*Polygr*; Schriftsatzgestalter) ⟨*grch*⟩ · **Ty|po|gra|phie**[1], die, _ (*Polygr*; ästhet. Gestaltung des Schriftsatzes – *veraltet*; Buchdruckerkunst) · **ty|po|gra|phisch**[1] (*Polygr*); _er Punkt (↑ Punkt) · **Ty|po|lo|gie,** die, _, ..ien (*Wissensch*; Lehre von den Typen [Grundformen]; Gliederung, Einteilung nach Typen) · **ty|po|lo|gisch** (*Wissensch*) · **Ty|pung,** *früher* **Ty|pi|sie|rung** (Vereinheitlichung technischer Erzeugnisse) ⟨*grch* → *lat*⟩ · **Typus** ↑ Typ

Tyr ⟨*anord*⟩ *od* **Tiu** ⟨*altsächs*⟩ *od* **Ziu** ⟨*ahd*⟩ (*nord Mythol*; Kriegsgott, Sohn Wodans)

Ty|rann, der, _en, _en (Gewaltherrscher, Zwingherr, Unterdrücker; selbstherrliche, rücksichtslose Person) ⟨*grch*⟩ · **Ty|ran|nei** (Willkür- u. Gewaltherrschaft, bes. eines einzelnen) · **Ty|ran|nen|tum,** das, _[e]s · **Ty|ran|nin,** die, _, ..innen · **Ty|ran|nis,** die, _ (gewaltsam errichtete Alleinherrschaft im alten Griechenland – *noch gehoben*; Tyrannei) · **ty|ran|nisch** (gewaltsam, willkürlich; selbstherrlich, rücksichtslos); _ste · **ty|ran|ni|sie|ren** (rücksichtslos unterdrücken; hart u. willkürlich behandeln) ⟨*grch* → *lat*⟩

ty|risch · **Ty|ros** *od* **Ty|rus** (*Altertum*; Stadt in Phönikien)

Tyrrhener ↑ Etrusker · **tyr|rhe|nisch;** *K 258*: das Tyrrhenische Meer

---

[1] *Vgl. K 54.*

U

U, das, *Gen* des U, *Pl* die U (Buchstabe)

U-Bahn *K 186 Kurzw* (Untergrundbahn)

übel *K 363*; übler, übelste; da kann einem übel werden; *K 95*: er hat mir nichts, viel Übles getan; *K 167*: er ist übel gelaunt, ist ihm übel gesinnt, *vgl. aber* übelberaten, übelgelaunt, übelgesinnt

Übel, das, _s, _; es ist von *od* vom _ (*gehoben*)

übel|be|ra|ten *Adj*; *K 364*: der übelberatene Freund; man hatte ihn übel beraten; *vgl. aber K 166*

übel|ge|launt; *K 167*: ein übelgelaunter Mensch, *aber*: er ist heute übel gelaunt

übel|ge|sinnt; *K 167*: ein übelgesinnter Mensch, *aber*: er war ihm stets übel gesinnt

Übel|keit · **übel|lau|nig**

übel|neh|men *K 136*; du nimmst übel; übelgenommen; übelzunehmen · **übel|neh|me|risch** · **übel|rie|chend** · **Übel|stand** · **Übel|tat** (*gehoben*) · **Übel|tä|ter** · **übel|tun;** *Konjugation vgl.* übelnehmen · **übel|wol|len;** *Konjugation vgl.* übelnehmen · **Übel|wol|len,** das, _s · **übel|wol|lend;** *K 115*: am _sten

[1]üben *Verb*

[2]üben (*landsch*; hüben, drüben, auf der oberen Seite)

über: 1. *Präp mit Dat u. Akk K 379*: das Bild hängt über der Couch, *aber*: das Bild über die Couch hängen, *vgl.* überm, übern, übers; Jugendlichen über 14 Jahre ist der Zutritt gestattet; ein Zeitraum von über 3 Monaten; mit über 100 Arbeitern; über Gebühr; über die Maßen; über Nacht; über kurz oder lang *K 118*; über dem Lesen ist er eingeschlafen; über die Wahl bin ich sehr erfreut; über einen Witz lachen

2. *Adv*: über und über (sehr; völlig); jmdm. über (überlegen) sein (*umg*); *vgl. aber* überhaben

über... *bei Verben K 360*:

a) *unfeste Zusammensetzungen*, z. B. überführen (↑ *d.*) *K 356*, du führst über, übergeführt (*K 358*), überzuführen

b) *feste Zusammensetzungen*, z. B. überführen (↑ *d.*) *K 357*, du überführst, überführt (*K 359*), zu überführen

über|all [*od* 'y:..]; von _ · **über|all|her;** von _ · **über|all|hin**

über|al|tert · **Über|al|te|rung,** die, _

Über|an|ge|bot

über|an|stren|gen; sich (*Akk*) _; du hast dich überanstrengt · **Über|an|stren|gung**

über|ant|wor|ten (*gehoben*; übergeben, überlassen); überantwortet

über|ar|bei|ten (*landsch*; länger als üblich arbeiten); übergearbeitet · **über|ar|bei|ten** (noch einmal durcharbeiten); sich (*Akk*) _ (sich überanstrengen); du hast dich überarbeitet · **Über|ar|bei|tung** (gründl. Durcharbeitung; Erschöpfung)

über|aus (sehr)

über|backen [*Tr* ...bak|ken] (*Kochk*); ein Auflauf wird überbakken

Über|bau: 1. *Pl* ..baue *od* ..bauten (*Bauw*; vorragender Oberbau, Schutzdach – *Rechtsw*; Errichtung eines Gebäudes über die Grundstücksgrenze hinaus) – 2. *Pl* (*selten*) ..baue (*Pol*; die einer bestimmten ökonomischen Basis entsprechenden polit., jurist., weltanschaul., moral. u. a. Anschauungen der Gesellschaft u. die ihnen entsprechenden Institutionen)

über|bau|en; du hast übergebaut (über die untere Mauerflucht) · **über|bau|en;** du hast die Brücke [mit einem Dach] überbaut

Über|bein (verhärtete Sehnengeschwulst an Handgelenk, Fußrükken usw.)

über|be|kom|men (*umg*): 1. jmdn. *od* etw. _ (satt bekommen) – 2. eins [mit dem Stock] _

über|be|le|gen; der Raum war überbelegt

über|be|lich|ten (*Fot*); der Film ist überbelichtet

über|be|trieb|lich

über|be|wer|ten; du hast das alles überbewertet
über|bie|ten; du hast seine Leistung überboten
über|bin|den (*schweiz*; [eine Verpflichtung] auferlegen); man hat ihr die Verantwortung überbunden
über|blat|ten (*fachspr*; mit Laschen verbinden); überblattet · **Über|blat|tung** (*fachspr*)
über|blei|ben (*umg*; übrigbleiben); es ist viel Brei übergeblieben · **Über|bleib|sel,** das, _s, _ (Rest)
über|blen|den; die Bilder werden überblendet · **Über|blen|dung** (*Filmw*; die Überleitung eines Bildes in ein anderes)
Über|blick · **über|blicken**[1]; ich habe den See überblickt
über|bor|den (*schweiz*; über die Ufer treten); der Fluß ist überbordet
über|brin|gen; er hat ihm ein Schreiben überbracht · **Über|brin|ger**
über|brücken[1]; seine Einsicht hat die Kluft überbrückt · **Über|brückung**[1]
über|bür|den (*gehoben*); er ist überbürdet · **Über|bür|dung** (*gehoben*)
über|da|chen; ein überdachtes Stadion · **Über|da|chung**
über|dau|ern ⟨*lat*⟩; sein Werk hat sein Leben überdauert
Über|decke[1] · **über|decken**[1]; du hast die Decke übergedeckt · **über|decken**[1]; mit einem Tuch überdeckt · **Über|deckung**[1]
über|den|ken; er hat das Problem überdacht
über|dies [*od* 'y:..]
über|di|men|sio|nal ⟨*lat*⟩
über|do|sie|ren ⟨*grch* → *lat* → *ndrl*⟩; er hat das Medikament überdosiert · **Über|do|sis;** eine _ Schlaftabletten
über|dre|hen; das Gewinde ist überdreht
Über|druck: 1. *Pl* ..drucke (*Polygr*; das Überziehen mit Farbendruck) – 2. *Pl* ..drücke (zu starker Druck, z. B. im Dampfkessel) · **über|drucken**[1]; überdruckt · **Über|druck|tur|bi|ne** (*Techn*)
Über|druß, der, ..drusses · **über|drüs|sig;** *meist in Wendungen wie* ich bin des Suchens (*od* ich bin das Suchen) _; es (*vgl.* ¹es [2]) _ sein, seiner _ sein
über|durch|schnitt|lich
über|eck; _ stellen
Über|ei|fer · **über|eif|rig** (*meist abwert*)
über|eig|nen (zu eigen übergeben; übertragen); das Grundstück wurde ihm übereignet · **Über|eig|nung**

[1] *Tr* ..k|k..

über|ei|len; sich (*Akk*) _; du hast dich damit nicht übereilt · **über|eilt** (*auch für* verfrüht) · **Über|ei|lung**
über|ein; das stimmt nicht überein · **über|ein|an|der.** *Schreibung bei Verben vgl.* aneinander, *K 145 u. 129*: übereinander sprechen, übereinander lachen; *aber K 148 u. 129*: übereinanderlegen, übereinanderliegen, übereinanderstellen
über|ein|kom|men; du kommst überein; übereingekommen; übereinzukommen · **Über|ein|kommen** (Abmachung) · **Über|ein|kunft,** die, _, ..künfte
über|ein|stim|men[1] · **Über|ein|stim|mung** (*auch für* Kongruenz); *zur Gramm vgl. K 382ff.*
über|ein|tref|fen[1]
über|emp|find|lich · **Über|emp|find|lich|keit**
über|er|fül|len; du übererfüllst das Soll; du hast es übererfüllt; überzuerfüllen
über|er|nährt
über|er|reg|bar · **Über|er|reg|bar|keit,** die, _
über|es|sen; du hast dir die Speise übergegessen, so daß du sie überhaupt nicht mehr magst · **über|es|sen, sich** (*Akk*); du hast dich übergessen (zuviel gegessen)
über|fah|ren; der Fährmann hat uns übergefahren (über den Fluß) · **über|fah|ren;** das Kind ist überfahren worden; er hätte mich [mit seinem Gerede] fast überfahren (*umg*) · **Über|fahrt**
Über|fall, der · **über|fal|len;** ein überfallender Kragen · **über|fal|len;** man hat ihn überfallen · **über|fäl|lig** (*bes von Schiffen od Flugzeugen gesagt*; im festgesetzten Zeitraum nicht eingetroffen); _e Kredite (*soz Wirtsch*; Kredite, die nicht nach den Kreditbestimmungen gedeckt sind od. verwendet wurden bzw. nicht fristgemäß zurückgezahlt worden sind)
Über|fang|glas, *Pl* ..gläser (*fachspr*; farbloses Glas, mit einer dünnen Schicht Farbglas überschmolzen)
über|fär|ben (*fachspr*; abfärben); die Druckschrift hat übergefärbt · **über|fär|ben** (*Textiltechn*); der Stoff braucht nur überfärbt zu werden
über|fein ⟨*lat* → *frz*⟩
über|fir|nis|sen ⟨*grch* → *lat* → *frz*⟩; überfirnißt
über|fi|schen *K 354* (den Fischbestand durch übermäßigen Fang reduzieren) · **Über|fi|schung**
über|flei|ßig
über|flie|gen (nach der anderen Seite fliegen); die Hühner sind übergeflogen · **über|flie|gen;** sie haben die Alpen überflogen; ich habe das Buch überflogen
über|flie|ßen; das Wasser ist übergeflossen · **über|flie|ßen;** die Wiese ist von Wasser überflossen
über|flü|geln *K 363* (übertreffen; überholen); er hat ihn überflügelt
Über|fluß, der, ..flusses · **über|flüs|sig** · **über|flüs|si|ger|wei|se** *K 176*
über|flu|ten; das Wasser ist übergeflutet · **über|flu|ten;** der Strom hat die Dämme, das Land überflutet · **Über|flu|tung**
über|for|dern *K 363* (mehr fordern [als zumutbar ist]); er hat mich überfordert · **Über|for|de|rung**
über|fra|gen (Fragen stellen, auf die man nicht antworten kann); man hat das Kind überfragt
über|frem|den; eine Kultur _ · **Über|frem|dung** (beherrschender ausländ. Einfluß in kapitalist. Unternehmungen)
Über|fuhr, die, _, _en (*österr*; Fähre)
über|füh|ren; er wurde in das Krankenhaus übergeführt (*auch, österr nur*, überführt) · **über|füh|ren;** der Dieb ist überführt · **Über|füh|rung** (das Überführen an einen anderen Ort; Leitung eines Verkehrsweges über einen anderen; das Nachweisen einer Tat)
über|fül|len; ein überfüllter Saal · **Über|fül|lung**
Über|funk|tion (*Med*) ⟨*lat*⟩
über|füt|tern; das Tier ist überfüttert
Über|ga|be
Über|gang · **Über|gangs_be|stim|mung, ...man|tel, ...pe|ri|ode, ...zeit**
Über|gar|di|ne ⟨*lat* → *frz* → *ndrl*⟩
über|ge|ben; *nur in* jmdm. eins übergeben (*umg*; jmdn. schlagen) · **über|ge|ben;** er hat das Geschenk _; sich (*Akk*) _ (sich erbrechen)
Über|ge|bot (höheres Gebot bei einer Versteigerung)
über|ge|hen *K 363* (hinübergehen); man war zum nächsten Verhandlungspunkt übergegangen; die Augen sind ihm übergegangen · **über|ge|hen** *K 363* (unbeachtet lassen); er hat es mit Stillschweigen übergangen · **Über|ge|hung,** die, _
über|ge|nau
über|ge|nug; genug und _
über|ge|ord|net ⟨*lat*⟩
Über|ge|päck (*Flugw*)
Über|ge|wicht, das, _[e]s
über|gie|ßen (in ein anderes Gefäß gießen; über einen Gefäßrand hinausgießen); er hat übergegossen

[1] *Konjugation vgl.* übereinkommen.

über|gie|ßen (oberflächlich gießen); er hat die Blumen nur übergossen; übergossen mit ...; *aber K 258*: die Übergossene Alm (Gletscher in den Salzburger Alpen)
über|gip|sen ⟨*semit* → *grch* → *lat*⟩; die Decke wurde neu übergipst · **Über|gip|sung**
über|gla|sen *K 354* (mit Glas dekken); die Halle ist überglast · **Über|gla|sung**
über|glück|lich
über|gol|den (mit Gold überziehen); der Tag war übergoldet
über|grei|fen (überspringen; [widerrechtlich, ungesetzlich] eingreifen); das Feuer, die Seuche hat übergegriffen · **über|grei|fen** (zu fest zugreifen); du hast dir die Hand übergriffen) · **Über|griff**
über|groß · **Über|grö|ße**
über|ha|ben (*umg*; satt haben, überdrüssig sein; übrig haben; angezogen haben); er hat das Laufen übergehabt; er hat die Jacke übergehabt
Über|halt, der, _[e]s (*Forstw*)
Über|hand|nah|me, die, _ · **über|hand|neh|men;** es nimmt überhand; es hat überhandgenommen; überhandzunehmen
Über|hang (von Zweigen, Stoff usw., *übertr* von Geld, Waren usw.) · **über|hän|gen**[1]: 1. *tr*; sie hat das Tuch übergehängt – 2. *intr*; überhängende Felsen · **über|hän|gen**[2] *tr*; sie überhängte den Käfig mit einer Decke
über|ha|sten ⟨*germ* → *frz* → *ndrl*⟩; sein Vorgehen ist überhastet · **Über|ha|stung**
über|häu|fen; jmdn. mit Ehrungen überhäufen · **Über|häu|fung**
über|haupt
über|he|ben (*umg*; hinüberheben); er hat den Sack übergehoben · **über|he|ben;** wir sind dessen überhoben; sich (*Akk*) _; er hat sich überhoben (er hat sich einen Schaden getan – *auch übertr*; er ist anmaßend gewesen) · **über|heb|lich** (anmaßend) · **Über|heb|lich|keit** · **Über|he|bung**
über|hei|zen; das Zimmer ist überheizt
über|hit|zen *K 354*; die Maschine war überhitzt · **Über|hit|zer** (Vorrichtung am Dampfkessel) · **Über|hit|zung**
über|hö|hen; der Damm wurde überhöht · **Über|hö|hung**
über|ho|len (*auch seem*; sich auf die Seite legen); das Schiff hatte nach Backbord übergeholt · **über|ho|len;** er hat ihn weit überholt; der Wagen ist überholt worden · **Über|hol|spur** · **über|ho|lungs|be|dürf|tig** · **Über|hol|ver|bot**
über|hö|ren; er hat das Klingeln überhört
über|ir|disch
über|kan|di|delt (*umg*; überspannt) ⟨*lat*⟩
über|kle|ben; ein überklebtes Plakat
Über|kleid · **über|klei|den** (*noch gehoben*; mit etw. überdecken) · **Über|klei|dung** (die Überkleider) · **Über|klei|dung** (*noch gehoben*; Überdeckung [z. B. eines Wandschadens])
über|klug
über|ko|chen ⟨*lat*⟩; die Milch ist übergekocht · **über|ko|chen** (*landsch u. österr*); das Eingemachte mußte überkocht werden
über|kom|men; das sind überkommene Bräuche; eine überkommene Verpflichtung einhalten; Rührung hat ihn überkommen
Über|kö|ten, das, _s (Steilstellung des Vorderbeins in den Zehengelenken des Pferdes)
über|krie|gen (*umg*; satt bekommen)
über|kru|sten ⟨*lat*⟩; der Boden ist mit Salz überkrustet
über|küh|len (*österr*; sich abkühlen); Speisen _ lassen
über|la|den (hinüberladen); die Kisten werden übergeladen · **über|la|den** *Verb* (zu sehr belasten); man soll den Magen nicht überladen · **über|la|den** *Adj*; *K 364*: ein mit Verzierungen überladenes Bauwerk (übermäßig ausgestattet) · **Über|la|dung** (übermäßige Belastung)
über|la|gern; überlagert · **Über|la|ge|rung** · **Über|la|ge|rungs|emp|fän|ger** (*Funkw*)
Über|land‿lei|tung, ...ver|kehr · **Über|land|zen|tra|le** (Großkraftwerk zur Übertragung von elektr. Strom auf weite Strecken)
über|lang · **Über|län|ge**
über|lap|pen (*Techn*); überlappt · **Über|lap|pungs|nie|tung** (*Techn*)
über|las|sen (*umg*; übriglassen); er hat viel Essen übergelassen · **über|las|sen** (abtreten; anheimstellen); das Kind wurde der Mutter überlassen · **Über|las|sung**
über|la|sten · **über|la|stet** · **über|la|stig** · **Über|la|stung**
über|lau|fen; das Wasser ist übergelaufen; er ist zum Feind übergelaufen · **über|lau|fen;** es überläuft mich kalt; der Arzt wird von Kranken überlaufen (*umg*) · **Über|läu|fer** (Soldat, der zum Gegner übergeht – *weidm*; Wildschwein im zweiten Jahr)
über|laut
über|le|ben; sie hat den Anfall überlebt; eine überlebte Moral · **Über|le|ben|de,** der *u.* die, _n, _n *K 341* · **Über|le|bens|chan|ce** [..ʃã:s(ə)] · **über|le|bens|groß** · **Über|le|bens|grö|ße,** die, _ · **Über|le|bens|zeit,** die, _ (*Med*)
über|le|gen (*meist umg*; darüberlegen); sie hat die Decke übergelegt · **über|le|gen:** 1. *Verb* (bedenken; nachsinnen); er hat es sich anders überlegt – 2. *Adj K 364* (leistungsfähiger; gelassen); er ist mir überlegen; mit überlegener Ruhe; *vgl. auch* überlegt · **Über|le|gen|heit,** die, _ · **über|legt** (sorgsam) · **Über|le|gung;** mit wenig _
über|lei|ten · **Über|lei|tung**
über|le|sen (flüchtig durchlesen; [bei flüchtigem Lesen] übersehen); er hat den Brief überlesen
über|lie|fern *K 363*; seine Lehre ist überliefert worden · **Über|lie|fe|rung**
Über|lie|ge|zeit (*Schiff*; Aufenthalt eines Schiffes im Hafen über die festgesetzte Zeit hinaus)
Über|lin|gen (Stadt der BRD am Bodensee) · **Über|lin|ger See** *K 232*, der, *Gen* _ _s
über|li|sten; er hat mich überlistet · **Über|li|stung**
überm *K 61* (*umg*; über dem)
Über|macht, die, _ · **über|mäch|tig**
über|ma|len (*umg*); er hat übergemalt (über den Rand gemalt) · **über|ma|len;** das Bild ist übermalt · **Über|ma|lung**
über|man|gan|sau|er ⟨*grch* → *lat*⟩; *nur noch in* übermangansaures Kali (alter Name für Kaliumpermanganat) · **Über|man|gan|säu|re,** die, _ (*Chem veraltet*; Permangansäure)
über|man|nen; der Zorn hat ihn übermannt · **über|manns|hoch**
Über|maß, das, _es; im _ · **über|mä|ßig**
über|mensch|lich
über|mit|teln *K 363*; er hat den Brief übermittelt · **Über|mitt|lung** *K 363*
über|mor|gen; _ abend *K 109*
über|mü|den; du bist übermüdet · **Über|mü|dung,** die, _
Über|mut · **über|mü|tig**
übern *K 61* (*umg*; über den)
über|nächst; _es Jahr
über|nach|ten; er hat bei uns übernachtet · **über|näch|tigt,** *älter u. österr* **über|näch|tig;** übernächtigte Augen · **Über|nach|tung**
Über|nah|me, die, _, _n · **Über|nahms|stel|le** (*österr*; Annahmestelle)
Über|na|me (*veraltet u. schweiz*; Beiname, Spitzname)

[1] *Konjugation vgl.* hängen (1 u. 2).
[2] *Konjugation vgl.* hängen (2).

über|na|tio|nal ⟨*lat*⟩
über|neh|men; sie hat das Tuch übergenommen · **über|neh|men;** er hat die Verantwortung übernommen; du hast dich übernommen (überanstrengt)
über|ord|nen ⟨*lat*⟩; die übergeordnete Stelle · **Über|ord|nung**
Über|or|ga|ni|sa|tion (Übermaß an Organisation) ⟨*grch → lat → frz*⟩
Über|pflan|zung (Transplantation) ⟨*lat*⟩
Über|plan|be|stän|de *Pl* (*Wirtsch*)
Über|pro|duk|tion ⟨*lat*⟩; relative _ (*kap Wirtsch*)
über|prü|fen ⟨*lat → frz*⟩; er hat das Ergebnis überprüft · **Über|prü|fung**
über|quel|len; es quoll über; der Teig ist übergequollen
über|quer (*veraltend u. österr*; über Kreuz) · **über|que|ren;** er hat die Straße überquert
über|ra|gen (hervorstehen); der Balken hat übergeragt · **über|ra|gen;** er hat alle überragt
über|ra|schen *K 354*; er hatte mich überrascht · **über|ra|schend;** *K 115*: am _sten · **Über|ra|schung**
über|rech|nen (rechnerisch überschlagen); er hat das Projekt überrechnet
über|re|den; ich habe ihn überredet · **Über|re|dung**
über|reich
über|rei|chen; das Diplom wurde ihm überreicht · **Über|rei|chung** · **Über|reich|wei|te** (*Nachrichtentechn*)
über|reif · **Über|rei|fe**
über|rei|ten (hinüberreiten); er ist übergeritten · **über|rei|ten;** sie haben den Gegner überritten
über|rei|zen; er ist völlig überreizt · **Über|rei|zung**
Über|rest ⟨*lat → frz u. ital*⟩
über|rie|seln; überrieselte Wiesen
Über|rock
über|rum|peln *K 363*; sie hatten uns mit ihrem plötzlichen Besuch überrumpelt · **Über|rum|pe|lung** *K 363*
über|run|den (*Sport*) ⟨*lat → frz*⟩; der Gegner wurde überrundet · **Über|run|dung** (*Sport*)
übers *K 61* (*umg*; über das); _ Jahr
über|sät; mit etw. _ (über u. über bedeckt) sein
über|satt · **über|sät|ti|gen;** das Kind war übersättigt
Über|schall|flug|zeug · **Über|schall|ge|schwin|dig|keit**
Über|schar, die, _, _en (*bergm*; zw. Bergwerken liegendes, wegen geringen Ausmaßes nicht zur Bestellung geeignetes Land)
über|schat|ten
über|schät|zen; er hat seine Kräfte überschätzt · **Über|schät|zung**
Über|schau, die, _ (*gehoben*) · **über|schau|bar** · **über|schau|en**
über|schäu|men (*auch übertr*); übergeschäumt
über|schie|ßen (*landsch*; plötzlich stark überfließen); übergeschossen · **über|schie|ßen** (nach allen Seiten hin beschießen; zu hoch schießen); überschossen
über|schläch|tig (*fachspr*; durch Wasser von oben angetrieben) ⟨*zu* schlagen⟩; _es Wasserrad · **Über|schlag** (flüchtige Berechnung; eine turnerische Übung) · **über|schla|gen;** die Stimme ist ihm übergeschlagen · **über|schla|gen**: 1. *Verb*; ich habe die Kosten überschlagen; sich (*Akk*) _; er hat sich bei dem Sturz überschlagen – 2. *Adj K 364* (lauwarm); das Wasser ist überschlagen · **über|schlä|gig,** *auch* **über|schläg|lich** (etwa, ungefähr) · **Über|schlag|la|ken**
über|schlie|ßen (*Polygr*); im Wörterbuch wurden einige Wörter überschlossen (zur Raumersparnis im Ausgang der vorhergehenden Zeile untergebracht)
über|schnap|pen; seine Stimme schnappte über; ich glaube, er ist übergeschnappt (*umg*; hat den Verstand verloren)
über|schnei|den; sich (*Akk*) _; ihre Fragen haben sich überschnitten · **Über|schnei|dung**
über|schrei|ben; das Gedicht ist nicht überschrieben; die Forderung ist überschrieben (überwiesen, übereignet) ⟨*lat*⟩ · **Über|schrei|bung** (Überweisung, Übereignung [einer Forderung usw.])
über|schrei|en; der Redner wurde von der Menge überschrien
über|schreit|bar · **über|schrei|ten;** du hast die Zeit überschritten · **Über|schrei|tung**
Über|schrift ⟨*lat*⟩; *vgl. auch K 395*
Über|schuh
über|schul|det (mit Schulden übermäßig belastet)
Über|schuß · **über|schüs|sig**
über|schüt|ten (*umg*; verschütten); du hast etwas übergeschüttet · **über|schüt|ten;** du hast mich mit Vorwürfen überschüttet
Über|schwang, der, _[e]s (überströmende Fülle, Übermaß) ⟨*zu* schwingen⟩; im _ der Gefühle; *vgl. aber* überschwenglich
über|schwap|pen (*umg*; verschütten, überlaufen); du hast ein wenig übergeschwappt; der Eimer ist übergeschwappt
über|schwem|men; das ganze Land ist überschwemmt · **Über|schwem|mung**
über|schweng|lich ⟨*zu* Überschwang⟩ · **Über|schweng|lich|keit**
über|schwer
Über|see, *ohne Art* (die »über See« liegenden Länder); nach _ gehen; Waren von, aus _; Briefe für _; in _ leben · **Über|see|damp|fer** · **Über|see|ha|fen** · **über|see|isch;** _er Handel · **Über|see|ver|kehr**
über|seh|bar · **über|se|hen** *K 363* (*umg*); du hast dir diese Bilder übergesehen · **über|se|hen** *K 363*; du hast den Fehler übersehen; du hast den großen Platz nicht übersehen können
über|sen|den; er hat mir einige Bilder übersandt · **Über|sen|dung**
über|set|zen (überfahren); der Schiffer hat den Mann übergesetzt · **über|set|zen** (in eine andere Sprache übertragen); du hast den Satz richtig übersetzt · **Über|set|zer** · **Über|set|ze|rin,** die, _, ..innen · **Über|set|zung** (Übertragung in eine andere Sprache; Kraft-, Bewegungsübertragung) · **Über|set|zungs|deutsch** (*meist abwert*) · **Über|set|zungs|feh|ler**
Über|sicht, die, _, _en · **über|sich|tig** (weitsichtig); du hast _e Augen · **Über|sich|tig|keit,** die, _ · **über|sicht|lich** (leicht zu überschauen) · **Über|sicht|lich|keit,** die, _ · **Über|sichts|kar|te**
über|sie|deln, *auch, österr nur,* **über|sie|deln** *K 363* (den Wohnort wechseln); ich sied[e]le nach Leipzig über (*auch, österr nur,* übersied[e]le nach Leipzig); ich bin übergesiedelt (*auch, österr nur,* übersiedelt); überzusiedeln · **Über|sied|lung** [*auch, österr nur,* ..'zi:d..] *K 363*
über|span|nen; du hast den Bogen überspannt · **über|spannt** (*auch für* übertrieben); _e Anforderungen; _es (übertriebenes) Wesen · **Über|spannt|heit** · **Über|span|nung**
über|spie|len; du hast den Gegner überspielt (*Sport*); die Sendung wird überspielt (*Rundf*)
über|spit|zen (übertreiben; überstark betonen, einen im Wort gelegenen Sinn nach einer Seite übermäßig stark ausdeuten) · **überspitzt** (übermäßig) · **Über|spit|zung**
über|sprin|gen; der Funke ist übergesprungen · **über|sprin|gen;** ich habe einige Seiten übersprungen
über|spru|deln; das Wasser ist übergesprudelt
über|staat|lich ⟨*lat*⟩
Über|stän|der (*Forstw*; überalterter Baum od. Bestand) · **über|stän|dig** (*Forstw, Landw*)

über|ste|chen (*Kartensp*); du hast ihn überstochen
über|ste|hen *K 363*; der Balken hat übergestanden · **über|ste|hen** *K 363*; die Gefahr ist überstanden
über|steig|bar · **über|stei|gen;** du bist übergestiegen · **über|stei|gen;** du hast den Zaun überstiegen
über|stei|gern *K 363* (überbieten); du hast ihn übersteigert · **Über|stei|ge|rung**
über|stel|len (*bürospr*; Personen weisungsgemäß einer anderen Stelle übergeben); der Täter wurde dem Gericht überstellt
Über|sterb|lich|keit, die, _ (höhere Sterblichkeit, als zu erwarten)
über|steu|ern *K 363* (*Funkw*; [einen Verstärker] überlasten) · **Über|steue|rung** *K 363*
über|stim|men; du bist überstimmt worden
über|strö|men; du bist von Dankesworten übergeströmt · **über|strö|men;** der Fluß hat die Felder überströmt
Über|strumpf
Über|stun|de; _n machen
über|stür|zen (übereilen); sich (*Akk*) _; er hat sich nicht überstürzt · **Über|stür|zung** (Übereilung)
über|ta|ge *K 176*, *häufiger* **über Tag** *od* **Ta|ge** (*bergm*); _ arbeiten
über|täu|ben; der Lärm hat alles übertäubt
über|teu|ern *K 363*; überteuerte Waren · **Über|teue|rung** *K 363*
über|töl|peln *K 363* ⟨*ndrl*⟩; du hast mich übertölpelt · **Über|töl|pe|lung** *K 363*
Über|trag, der, _[e]s, ..träge (Übertragung auf die nächste Seite) · **über|trag|bar** · **Über|trag|bar|keit,** die, _ · **über|tra|gen:** 1. *Verb*; du hast ihm das Amt übertragen; ich habe die Zahl auf die nächste Seite übertragen; sich (*Akk*) _ (übergehen auf ...); die Krankheit hat sich auf dich übertragen – 2. *Adj K 364* (*österr auch für* schon getragen, gebraucht); _e Bedeutung; _e Kleider (*österr*) · **Über|tra|ger** (*Fernmeldetechn*; Transformator) · **Über|trä|ger** (z. B. von Bazillen) · **Über|tra|gung**
über|trai|niert [..trɛ.. *od* ..tre..] (durch übermäßiges Training überanstrengt) ⟨*lat → frz → engl*⟩
über|tref|fen; du hast alle Erwartungen übertroffen
über|trei|ben; du hast die Sache übertrieben · **Über|trei|bung**
über|tre|ten; der Springer ist (beim Weitsprung) übergetreten; du bist zu uns übergetreten · **über|tre|ten** (*auch für* sich den Fuß vertreten); du hast das Gesetz übertreten · **Über|tre|tung** · **Über|tritt**
über|trock|nen (*österr*; [leicht] abtrocknen)
über|trump|fen (überbieten, ausstechen) ⟨*lat → frz*⟩; du hast ihn übertrumpft
über|tun (*umg*); du hast ein Tuch übergetan · **über|tun, sich** (*Akk*) (*umg*; sich überanstrengen); du hast dich übertan
über|tün|chen ⟨*semit → lat*⟩; der Maler hat die Wand übertüncht
über|über|mor|gen
über|ver|si|chern *K 363* (höher versichern, als es dem Wert entspricht); du hast deinen Hausrat überversichert
über|völ|kern; das Land ist übervölkert
über|voll
über|vor|tei|len; du hast ihn übervorteilt
über|wach (mehr als wach); mit _en Augen · **über|wa|chen** (beaufsichtigen); du hast die Durchführung überwacht · **Über|wa|chung**
über|wal|len; die kochende Milch ist übergewallt · **über|wal|len** (*gehoben*; überströmen; überdecken); überwallt
über|wäl|ti|gen (bezwingen); du warst ganz überwältigt · **über|wäl|ti|gend** (ungeheuer groß, gewaltig) · **Über|wäl|ti|gung**
Über|weg (Wegübergang)
über|wei|sen (zuweisen; [Geld] anweisen); er hat das Geld überwiesen
über|wei|ßen (hell überstreichen); er hat die Wände überweißt · **Über|wei|ßung**
Über|wei|sung (Zuweisung; Anweisung, Geldanweisung)
über|wend|lich (*Handarb*); _ nähen (aneinandergelegte Stoffkanten so zusammennähen, daß die Stiche über die Stoffkanten hinweggreifen); _e Naht · **über|wend|lings** (*Handarb*); _ nähen
über|wer|fen; er hat den Mantel übergeworfen · **über|wer|fen;** sie haben sich überworfen (verfeindet)
Über|wert · **über|wer|ten;** er hat seine Leistungen überwertet · **über|wer|tig** · **Über|wer|tig|keit,** die, _ · **Über|wer|tung**
über|wie|gen (*umg*; über das geforderte od. zulässige Gewicht hinausgehen); der Brief hat übergewogen · **über|wie|gen** (stärker sein als ...; Übergewicht haben); sein Einfluß hat überwogen · **über|wie|gend**
über|win|den (bezwingen, besiegen); die Krankheit ist überwunden · **Über|win|der** · **über|wind|lich** · **Über|win|dung**
über|win|tern *K 363*; der Vogel hat hier überwintert · **Über|win|te|rung,** die, _
über|wöl|ben; der Raum ist von einer Kuppel überwölbt
über|wu|chern; das Unkraut hat den Weg überwuchert · **Über|wu|che|rung**
Über|wurf (*veraltend*; ein Kleidungsstück – *österr*; Zierdecke)
Über|zahl, die, _ · **über|zäh|lig**
über|zeich|nen (über den vorgesehenen Rand zeichnen); übergezeichnete Buchstaben · **über|zeich|nen;** die Bestellung ist überzeichnet; die Person im Roman ist überzeichnet (übertrieben dargestellt)
Über|zeit, die, _ (*schweiz*; Überstunde[n]) · **Über|zeit|ar|beit,** die, _ (*schweiz*)
über|zeu|gen; du hast ihn überzeugt; überzeugter Anhänger · **Über|zeu|gung** · **Über|zeu|gungs|kraft,** die, _
über|zie|hen; er hat den Rock übergezogen; er hat ihm eins übergezogen (*umg*) · **über|zie|hen;** mit Rost überzogen; er hat den Ball überzogen (*Sport*); er hat sein Konto überzogen (*Bankw*) · **Über|zie|her** (*veraltend*)
über|züch|tet; diese Hunderasse ist _
Über|zug · **Über|zugs|pa|pier**
über|zwerch (*landsch*; quer, über Kreuz)
Ubi|quist (*Biol*; in verschiedenen Lebensräumen auftretende Pflanzen- od. Tierart) ⟨*lat*⟩ · **ubi|qui|tär** (*bes Biol*; überall vorkommend)
üb|lich
U-Bo|gen *K 186*
U-Boot *K 186 Kurzw* (Unterseeboot)
üb|rig *K 114*; im _en; ein _es; das, alles _e; die, alle _en; ein _es tun (mehr tun, als nötig ist); _ haben, sein; *vgl. aber* übrigbehalten, übrigbleiben, übriglassen
üb|rig|be|hal|ten *K 136*; du behältst übrig; du hast übrigbehalten; übrigzubehalten · **üb|rig|blei|ben** *K 136*; du bleibst übrig, du bist übriggeblieben, übrigzubleiben · **üb|ri|gens** · **üb|rig|las|sen** *K 136*; du läßt übrig *K 354*; übriggelassen; übrigzulassen
Übung · **übungs|hal|ber** *K 176*
Ücht|land, das, _[e]s (Landsch. in der Schweiz)
Ucker ↑ Uecker · **Ucker|mark**[1], die, _ (Landsch. im NO der DDR) · **Ucker|mär|ker**[1]: 1. *K 231*: der, _s, _; 2. *als Attribut K 232*: die Uckermärker Seen · **ucker|mär|kisch**[1]
Uecker[1], *früher* **Ucker**[1], die, _

[1] *Tr* ..k|k..

(Fluß im NO der DDR) · **Ueckermün|de** [y..; *Tr* Uek|ker...] (Stadt im Bez. Neubrandenburg)

Udo (m. Vn.) ⟨*Kurzf von* Ulrich⟩

U-Ei|sen ['u:..] *K 186* (Walzeisen von U-förmigem Querschnitt) · **U-Eisen-för|mig** *K 186*

Ufa [*od* 'u:..] (Stadt in der mittleren RSFSR) ⟨*russ*⟩

Ufer, das, _s, _; *in Straßennamen* ↑ *K 249ff.* · **Ufer|bau,** *Pl* ..bauten · **ufer|los;** *vgl.* ...los; *K 117*: seine Pläne gingen ins uferlose · **Ufer|losig|keit,** die, _

uff!

Uf|fi|zien [..ĭən] *Pl* (Palast mit Gemäldesammlung in Florenz) ⟨*lat → ital*⟩

U-för|mig ['u:..] *K 186*

Ugan|da, *amtl* **Re|pu|blik Ugan|da** (im O Afrikas) · **Ugan|der,** der, _s, _ · **ugan|disch**

ugrisch ⟨*Turkspr*⟩; die _en Sprachen

uh!

Uhr, die, _, _en ⟨*grch → lat → frz*⟩; Punkt, Schlag acht _; es ist zwei _ nachts; Achtuhrzug (*mit Ziffer K 285* 8-Uhr-Zug); 12.10 Uhr *od* 12[10] Uhr (*sprich* zwölf Uhr zehn) · **Ühr|chen** · **Uh|ren|in|du|strie** · **Uhr|ma|cher**

Uhu, der, _s, _s ⟨*lautm*⟩

Ui|gu|re, der, _n, _n (Angehöriger eines Turkvolkes)

ui je! (*österr*; oje!)

Ukas, der, _es, _e (Erlaß, Verordnung, Vorschrift [des Zaren]) ⟨*russ*⟩

Uke|lei, der, _s, *Pl* _e *bzw* _s *od* **²Lau|be,** der, _n, _n (ein Karpfenfisch) ⟨*slaw*⟩

Ukrai|ne [..'i:nə *od* u'krai..], die, _, *amtl* **Ukrai|ni|sche So|zia|li|stische So|wjet|re|pu|blik** *K 258*, die, *Gen* _n _n _ (im W der UdSSR) · **Ukrai|ner,** der, _s, _ · **ukrai|nisch;** *vgl. K 266f.* · **Ukrainisch,** das, *Gen* _[s], *Dat* _ (Sprachbezeichnung *K 268ff.*) · **Ukrai|ni|sche,** das, *Gen* _n, *Dat* _n (Sprachbezeichnung *K 271*)

UKW-Emp|fän|ger [u:ka:'ve:..] *K 186* (*kurz für* Ultrakurzwellenempfänger)

Ul, die, _, _en (*norddt*; Eule)

Ulan, der, _en *od* _s, *Pl* _en (*hist*; mit Lanze bewaffneter Kavallerist, Lanzenreiter) ⟨*türk → poln*⟩

Ulan-Ba|tor *od* **Ulaan|baa|tar** [..,ba:tər] (Hptst. der MVR)

Ula|nen|re|gi|ment (*hist*) · **Ulanka,** die, _, _s (*hist*; Waffenrock der Ulanen) ⟨*türk → poln*⟩

Ulan-Ude [..'dɛ] (Stadt der RSFSR östl. des Baikalsees)

Ule|ma [*od* ..'ma:], der, _s, _s (Rechts- u. Gottesgelehrter im Islam) ⟨*arab → pers → türk*⟩

ulen (*norddt*; reinigen) · **Ulen|flucht** (*norddt*): 1. die, _ (Dämmerung, Zeit des »Eulenfluges«) – 2. die, _, _en (Dachöffnung des westfäl. Bauernhauses)

Uli (m. Vn.) ⟨*Kurzf von* Ulrich⟩

Ulixes ↑ Odysseus

Ul|ja|nowsk [..'nɔfsk *od* ..'ja:..] (Stadt der RSFSR an der Wolga, Geburtsort Lenins)

Ulk, der, _[e]s, *Pl* (*selten*) _e (Spaß; Unfug) ⟨*Herkunft umstritten*⟩

Ülk, der, _[e]s, _e (*norddt*; Iltis)

ul|ken ⟨*zu* Ulk⟩ · **Ul|ke|rei** · **ul|kig** (*umg*; komisch; seltsam)

Ul|kus, das, _, *Pl* Ulzera (*Med*; Geschwür) ⟨*lat*⟩

Ul|la (w. Vn.) ⟨*Kurzf von* Ulrike *u. von* Ursula⟩

Ullr ['ul(ə)r]: 1. (*nord Mythol*; alte Kultgottheit) – 2. der, _s, _ (bes. von Skifahrern u. Bergsteigern getragenes Anhängsel) ⟨*anord*⟩

Ulm (Stadt der BRD an der Donau)

Ul|me, die, _, _n (ein Laubbaum) ⟨*lat*⟩ · **Ul|men|blatt**

Ul|mer ⟨*zu* Ulm⟩: 1. *K 231*: der, _s, _; 2. *als Attribut K 232*: das Ulmer Münster

Ul|rich (m. Vn.) ⟨‚Besitz' + ‚mächtig'⟩; *Kurzf* ↑ Udo, ↑ Uli · **Ul|ri|ke** (w. Vn.); *Kurzf* ↑ Ulla

Ul|ster: 1. ['alstər] (histor. Gebiet im N der Insel Irland) – 2. ['ulstər], der, _s, _ (schwerer Sportmantelstoff; weiter Herrenmantel) ⟨*engl*⟩

Ul|ti|ma ra|tio *K 47*, die, *Gen* _ _ (letztes Mittel) ⟨*lat*⟩ · **ul|ti|mativ** (in Form eines Ultimatums, nachdrücklich) · **Ul|ti|ma|tum,** das, _s, *Pl* ..ten, *österr nur so*, *od* _s (letzte Aufforderung, Erklärung, Mahnung; befristete Forderung [eines Staates an einen anderen Staat als letzter Akt der diplomat. Verhandlungen]) · **ul|ti|mo** (am Letzten [des Monats]) ⟨*lat → ital*⟩; _ März · **Ul|ti|mo,** der, _s, _s (*bes Bankw*; der letzte Monatstag)

Ul|tra, der, _s, _s (polit. Extremist) ⟨*lat*⟩

Ul|tra|kurz|wel|le (elektromagnet. Welle mit einer Wellenlänge von 1–10 m); *Abk* UKW ⟨*lat*⟩ · **Ul|tra-kurz|wel|len|emp|fän|ger;** *kurz* UKW-Empfänger *K 186* · **Ul|trakurz|wel|len|sen|der;** *kurz* UKW-Sender *K 186*

ul|tra|ma|rin (kornblumenblau) ⟨*lat*, ‚übers Meer' [eingeführt]⟩; *vgl.* blau · **Ul|tra|ma|rin,** das, _s; *vgl.* Blau

Ul|tra|mi|kro|skop, das, _s, _e (Mikroskop zum Nachweis kleinster Teilchen) ⟨*lat + grch*⟩

ul|tra|mon|tan (streng päpstlich gesinnt, den Ultramontanismus betreffend od. ihm gemäß) ⟨*lat*, ‚jenseits der Berge' [= Alpen]⟩ · **Ul|tra-mon|ta|ne,** der, _n, _n *K 341* (Anhänger des Ultramontanismus) · **Ul-tra|mon|ta|nis|mus,** der, _ (an die päpstliche Autorität gebundene Haltung des politischen Katholizismus)

ultrarot usw. ↑ infrarot usw.

Ul|tra|schall, der, _[e]s (Schallschwingungen, die oberhalb der Hörbarkeitsgrenze liegen) ⟨*lat*⟩ · **Ul|tra|schall‿dia|gno|stik** (*Med*), **...the|ra|pie** (*Med*), **...wel|len** (*Pl*)

Ul|tra|strah|lung (*Phys*; kosm. Höhenstrahlung) ⟨*lat*⟩

ul|tra|vio|lett [..v..] (jenseits des violetten Endes des Lichtspektrums liegend); *Abk* UV ⟨*lat + frz*⟩; ultraviolette Strahlen (*kurz* UV-Strahlen *K 186*) · **Ul|tra|vio|lett,** das, _s; *Abk* UV

Ulysses ↑ Odysseus

Uel|zen (Stadt im NO der BRD)

Ulzera ↑ Ulkus · **Ul|ze|ra|tion** (*Med*; Geschwürbildung) ⟨*lat*⟩ · **ul|ze|rös** (*Med*; geschwürig); _es Organ

um: 1. *Präp mit Akk*: um den Tisch [herum]; du hast ihn immer um dich; um vieles, nichts, ein Mehrfaches; einen Tag um den andern; um Rat fragen; um sich schlagen; *K 114*: um ein bedeutendes, ein beträchtliches, ein erkleckliches (sehr); um 6 Uhr; wir trafen uns um die achte Stunde; *K 110*: um ... willen, *mit Gen*: um einer Sache willen, um Gottes willen, um meinetwillen; *K 379*: *vor Zahlen in der Funktion eines Adv* (= etwa): das Kind war um 10 Jahre alt, wir begegneten um die 30 Jugendlichen; ums *K 61* (um das; ↑ ums), *aber*: um's (↑ Pkt. 3, c)

2. *Adv*: alles um und um kehren (*K 153*); *prädikativ*: die Zeit ist um

Schreibung bei »sein« ↑ umsein

3. *Konj* **a)** um so mehr, um so weniger, um so größer; um wieviel mehr; **b)** *mit Inf* um zu *K 441*: du kommst, um uns zu helfen; **c)** um's *K 57* (*umg*; um es): um's gleich zu sagen

4. *substantivisch gebraucht K 104*: das Um und Auf (*österr*; das Wesentliche)

um... *bei Verben K 360*:

a) *unfeste Zusammensetzungen*, z. B. umstellen *K 356* (anders stellen), du stellst um, umgestellt (*K 358*), umzustellen

b) *feste Zusammensetzungen*, z. B. umstellen *K 357* (umzingeln, umgeben), du umstellst, umstellt (*K 359*), zu umstellen

um|ackern[1] *K 363*; ein Feld wird umgeackert
um|än|dern *K 363*; das Kleid ist umgeändert
um|ar|bei|ten; ein Kleid wird umgearbeitet
um|ar|men; du hast das Kind umarmt · **Um|ar|mung**
Um|bau, *Pl* ..bauten · **um|bau|en** (baulich verändern); das Haus wurde umgebaut · **um|bau|en** (mit Bauten umschließen); der Platz wurde mit Häusern umbaut
um|be|hal|ten (*umg*); du hast den Schal _
um|be|nen|nen; der Platz wurde umbenannt · **Um|be|nen|nung**
Um|ber: 1. der, _s, _ (ein Meeresfisch) – 2. ↑ Umbra ⟨*lat*⟩
um|bet|ten (einen Kranken umlagern – *auch für* einen Fluß umleiten); der Kranke wurde umgebettet
um|bie|gen; du hast die Zweige umgebogen
um|bil|den; du hast die Abteilung umgebildet
um|bin|den; du hast ein Tuch umgebunden · **um|bin|den;** du trägst den Finger mit Leinwand umbunden
um|bla|sen; du hast das Kartenhaus umgeblasen · **um|bla|sen;** von Winden umblasen
Um|blatt (inneres Hüllblatt der Zigarre) · **um|blät|tern** *K 363*; du hast viele Seiten umgeblättert
um|blicken[1], **sich** (*Akk*); du hast dich umgeblickt
Um|bra, die, _ *od* **Um|ber,** der, _s (dunkelbraune, natürl. Erdfarbe) ⟨*lat*⟩
um|bre|chen; das Bäumchen ist umgebrochen worden · **um|bre|chen** (*Polygr*; den Schriftsatz in Seiten einteilen); der Satz wird umbrochen
Um|brien [..iən] (Landsch. in Mittelitalien)
um|brin|gen; er hat ihn umgebracht
um|brisch ⟨*zu* Umbrien⟩
Um|bruch: 1. der, _[e]s, ..brüche ([grundlegende] Änderung) – 2. der, _[e]s (*Polygr*; das Einteilen des Schriftsatzes in Seiten) · **Um|bruch|kor|rek|tur** (*Polygr*)
um|bu|chen; der Betrag wurde umgebucht
um|decken[1] ([ein Dach] neu dekken); umgedeckt
um|den|ken; *K 101*: der Prozeß des Umdenkens
um|dre|hen; du hast den Schlüssel umgedreht · **um|dre|hen** (*Polygr*); der Bogen wird umdreht · **Um|dre|hung;** ↑ *auch im Abkürzungsverzeichnis* U/min, U/s
Um|druck (*Polygr*): 1. der, _[e]s (ein veraltetes Vervielfältigungsverfahren) – 2. der, _[e]s, ..drucke (das Ergebnis dieses Verfahrens); im _ · **Um|druck|ver|fah|ren** (*Polygr*)
um|ein|an|der. *Schreibung bei Verben vgl.* aneinander; *K 145 u. 129*: sich (*Akk*) umeinander kümmern, sich (*Akk*) umeinander sorgen, *aber K 148 u. 129*: umeinanderlaufen (*umg*), umeinanderspringen (*umg*)
um|fä|cheln (*dicht*) ⟨*lat*⟩; der Wind hat uns umfächelt
um|fah|ren (fahrend umwerfen – *umg*; fahrend einen Umweg machen); das Verkehrszeichen wurde umgefahren · **um|fah|ren** (um etw. herumfahren); du hast die Insel umfahren · **Um|fahrt** · **Um|fahrung** (*österr*; Umgehungsstraße)
um|fal|len; der Eimer ist umgefallen
Um|fang, der, _[e]s · **um|fan|gen;** du hieltest sie umfangen · **umfäng|lich** · **um|fang|reich**
um|fas|sen (anders fassen); der Schmuck wird umgefaßt · **um|fassen** (umschließen; in sich begreifen); du hast ihn umfaßt, hiermit ist alles umfaßt · **um|fas|send;** *K 115*: am _sten · **Um|fas|sung**
Um|feld; das soziale _
um|flie|gen (*umg*; fliegend einen Umweg machen); das Flugzeug ist wegen des Gewitters umgeflogen · **um|flie|gen** (um etw. herumfliegen); der Platz wurde umflogen
um|flie|ßen; umflossen von ...
um|flort ⟨*lat* → *frz* → *ndrl*⟩; mit umflorten (*gehoben*; von Tränen getrübten) Augen
um|flu|ten; die Insel ist vom Wasser umflutet
um|for|men ⟨*lat*⟩; der elektr. Strom wird umgeformt · **Um|for|mer** (*Elektrotechn*) · **Um|for|mung**
Um|fra|ge; _ halten · **um|fra|gen;** du hast im Betrieb umgefragt
um|frie|den (*Part II* umfriedet), *österr nur so, auch* **um|frie|di|gen** (*Part II* umfriedigt) (mit einem Zaun umgeben) · **Um|frie|dung,** *österr nur so, auch* **Um|frie|digung**
um|fül|len; du hast den Saft umgefüllt · **Um|fül|lung**
um|funk|tio|nie|ren (eine andere Funktion geben; zweckentfremden) ⟨*lat*⟩
Um|gang · **um|gäng|lich** · **Umgangs|for|men** *Pl* · **Um|gangsspra|che** (*Sprachw*) · **um|gangssprach|lich** (*Sprachw*)
um|gar|nen; er ist umgarnt
um|gau|keln; der Falter hat die Blüten umgaukelt
um|ge|ben (*umg*); du hast ihr den Mantel umgegeben (umgehängt) · **um|ge|ben;** von Kindern umgeben · **Um|ge|bung**
Um|ge|gend (*umg*)
um|ge|hen *K 363*; du bist umgegangen (*umg*; hast einen Umweg gemacht); du bist mit ihm umgegangen (hast mit ihm verkehrt); Gespenster gehen um (*Abergl*; spuken) · **um|ge|hen** *K 363*; du hast die Bestimmung umgangen · **umge|hend** (sofort) · **Um|ge|hung** · **Um|ge|hungs|stra|ße**
um|ge|kehrt; *K 381*: du handelst gerade umgekehrt als (*nicht*: wie) dein Bruder, *aber*: ... umgekehrt, (so), wie er es vorausgesehen hatte
um|ge|stal|ten; der Platz ist umgestaltet worden
um|gie|ßen; du hast den Wein umgegossen
um|git|tern *K 363*; der Garten wurde umgittert
um|glän|zen; von Licht umglänzt
um|gol|den (*dicht*); von einem Strahlenkranz umgoldet
um|gra|ben; du hast den Garten umgegraben
um|gren|zen ⟨*slaw*⟩; der Platz wurde umgrenzt
um|gür|ten (*veraltend*); du hast dir das Schwert umgegürtet · **um|gürten** (*veraltend*); mit dem Schwert umgürtet
um|ha|ben (*umg*); du hast keinen Schal umgehabt
um|hacken [*Tr* ...hak|ken]; du hast den Baum umgehackt · **um|hacken** [*Tr* ...hak|ken] (um etw. herum hakken); die Bäume wurden umhackt
um|hal|sen; die Mutter hat ihr Kind umhalst
Um|hang · **um|hän|gen**[1] *tr*; du hast das Tuch umgehängt (locker umgelegt); du hast die Bilder umgehängt (anders gehängt) · **um|hän|gen**[1] *tr*; das Bild war mit Fahnentuch umhängt · **Um|hän|ge|ta|sche**
um|hau|en (fällen; abschlagen); du hiebst, *auch* hautest um; umgehauen; du hast den Baum umgehauen · **um|hau|en** (roh behauen); du umhautest; umhauen; das Bildwerk war roh umhauen
um|he|ben (*Polygr*); umhoben
um|her... *in unfest zusammengesetzten Verben*, z. B. umherblicken *K 356*, du blickst umher; umhergeblickt (*K 358*); umherzublicken
um|her‿fah|ren, ...ge|hen (*K 363*), **...ir|ren, ...krie|chen, ...lau|fen, ...schlei|chen, ...tra|gen, ...ziehen**
um|hin|kön|nen *K 148*; *nur noch verneint* nicht _ (nicht umgehen,

[1] *Tr* ..k|k..

[1] *Konjugation vgl.* hängen (2).

nicht vermeiden können), dies zu tun; *K 356*: du kannst nicht umhin; du hast nicht umhingekonnt (*K 358*); nicht umhinzukönnen
um|hö|ren, sich (*Akk*) (*umg*); du hast dich danach umgehört
um|hül|len; ich habe mich [mit einem Tuch] umhüllt
um|ju|beln *K 363* ⟨*lat*⟩; umjubelt
Um|kehr, die, ₋ · **um|kehr|bar** · **um|keh|ren;** er hat das ganze Haus umgekehrt · **Um|keh|rung**
um|kip|pen (*auch umg*; ohnmächtig werden); das Tintenfaß ist umgekippt
um|klam|mern *K 363*; der Ertrinkende hat den Retter umklammert · **Um|klam|me|rung** *K 363*
um|klap|pen (*auch umg*; ohnmächtig werden); er hat den Sitz im Auto umgeklappt
um|klei|den; sich (*Akk*) ₋; er hat sich umgekleidet (anders gekleidet) · **um|klei|den** (umgeben, umhüllen); umkleidet mit ..., von ... · **Um|klei|de|raum** · **Um|klei|dung,** die, ₋ · **Um|klei|dung**
um|knicken [*Tr* ..knik|ken]; er ist mit dem Fuß umgeknickt
um|kom|men; er ist bei dem Unglück umgekommen
um|ko|pie|ren (*Fot*)
um|krän|zen; sie hatten die Hochzeitstafel mit Blumen umkränzt
Um|kreis, der, ₋es · **um|krei|sen;** die Vögel hatten das Nest mehrmals umkreist · **Um|krei|sung**
um|krem|peln *K 363* (*auch umg*; völlig ändern); er hat die Ärmel umgekrempelt
Um|la|de|bahn|hof · **um|la|den;** die Waren wurden umgeladen · **Um|la|dung**
Um|la|ge (Steuer; Beitrag) · **um|lagern** *K 363* (an einen anderen Lagerplatz bringen); er hat das Getreide umgelagert · **um|la|gern** (umgeben, eng umschließen); umlagert von ... · **Um|la|ge|rung** · **Um|la|ge|rung**
Um|land, das, ₋[e]s (Gebiet um eine Stadt)
Um|lauf (*auch für* Fruchtfolge); in ₋ geben, sein (*bes von Zahlungsmitteln gesagt*) · **Um|lauf|bahn** (*Astron, Raumf*) · **um|lau|fen** (laufend umwerfen – *umg*; laufend einen Umweg machen); wir sind umgelaufen (*umg*); ein Gerücht ist umgelaufen; *Polygr* die Zeile *od* die Seite läuft um (z. B. durch Texterweiterung) · **um|lau|fen** (um etw. herumlaufen); ich habe den ganzen See umlaufen · **Um|lauf|fre|quenz,** *auch* **Dreh|zahl** (Anzahl der Umdrehungen rotierender Körper je Zeiteinheit) · **Um|lauf|mit|tel** *Pl*
Um|laut · **um|lau|ten;** ü ist das umgelautete u; *vgl. auch K 5 u. 8*
Um|le|ge|kra|gen · **um|le|gen;** er hat den Mantel umgelegt; er hat die Karten umgelegt (gewendet od. anders gelegt); Beiträge, Unkosten wurden umgelegt (verteilt) · **um|le|gen;** der Braten ist mit Gemüse umlegt · **Um|le|gung**
um|lei|ten (Verkehr, Verkehrslinien auf andere Straßen führen; eine bedrohte od. schadhafte Stelle umgehen lassen); umgeleitet · **Um|lei|tung**
um|len|ken; der Wagen wurde umgelenkt
um|ler|nen; er hat umgelernt
um|lie|gend; ₋e Ortschaften
um|man|teln *K 363* ⟨*lat*⟩; ummantelte Rohre · **Um|man|te|lung** *K 363*
um|mau|ern *K 363* (mit Mauerwerk umgeben) ⟨*lat*⟩; der Hof wurde ummauert
um|mo|deln *K 363* ⟨*lat*⟩; er hat die Wohnung umgemodelt
um|mün|zen (umprägen) ⟨*lat*⟩; das Silber wurde umgemünzt
um|nach|tet (geisteskrank) · **Um|nach|tung,** die, ₋
um|ne|beln *K 363*; er hat sie mit Zigarrenrauch umnebelt
um|packen [*Tr* ...pak|ken] (anders packen); er hat die Sachen umgepackt
um|pflan|zen (verpflanzen) ⟨*lat*⟩; er hat die Blumen umgepflanzt · **umpflan|zen** (mit Pflanzen umgeben); das Beet ist mit Rosen umpflanzt
um|pflü|gen (ein Feld mit dem Pflug aufreißen; niedrigen Pflanzenwuchs durch den Pflug vernichten); umgepflügtes Land
um|po|len (*Elektrotechn*; Plus- u. Minuspol vertauschen) ⟨*grch* → *lat*⟩
um|prä|gen; man hat die Münzen umgeprägt
um|pro|gram|mie|ren ⟨*grch* → *lat*⟩
um|quar|tie|ren (in ein anderes Quartier legen) ⟨*lat* → *frz*⟩; die Truppen wurden umquartiert
um|rah|men (mit anderem Rahmen versehen); er hat das Bild umgerahmt · **um|rah|men** (mit Rahmen versehen, einrahmen – *auch übertr*); von Locken umrahmt · **Um|rah|mung**
um|ran|gie|ren [..raŋʒi:..] (*Verkehrsw*; durch Rangieren anders stellen, umordnen); umrangiert ⟨*germ* → *frz*⟩
um|ran|ken; das Fenster ist vom Wein umrankt
um|rei|sen; er hat die Erde umreist
um|rei|ßen (einreißen; zerstören); er hat den Pfahl umgerissen · **um|rei|ßen** (einen Umriß zeichnen; andeuten); mit wenigen Zügen umrissen
um|rei|ten (reitend umwerfen – *umg*; reitend einen Umweg machen); umgeritten · **um|rei|ten;** er hat das Feld umritten
um|ren|nen; er hat das Kind umgerannt
um|rin|gen (umgeben); du umringtest; von Kindern umringt
Um|riß · **Um|riß|zeich|nung**
um|rüh|ren; sie hat den Kaffee umgerührt
um|rü|sten; die Maschine wird umgerüstet
ums *K 61* (um das); es geht ums Ganze; ein Jahr ums *od* um das and[e]re; *aber K 57*: um's (*umg*; um es), um's zu sagen; *K 56*: um's (*umg*; um des), um's Himmels willen!
um|sä|gen; er hat den Obstbaum umgesägt
um|sat|teln *K 363* (*auch übertr, umg*; einen anderen Beruf ergreifen); er hat umgesattelt
Um|satz
um|schaf|fen (umformen); der Dichter hat sein Werk später umgeschaffen
um|schal|ten (*Elektrotechn*); er hat den Strom umgeschaltet · **Umschal|ter** (*Elektrotechn*) · **Umschalt|he|bel** · **Um|schal|tung**
um|schat|ten (*gehoben*; mit Schatten umgeben); seine Augen waren umschattet
Um|schau, die, ₋; ₋ halten · **umschau|en, sich** (*Akk*); er hat sich noch einmal umgeschaut
Um|schicht (*bergm*; Wechsel) · **umschich|ten;** umgeschichtet · **umschich|tig** (wechselweise)
um|schif|fen ([in ein anderes Schiff] umladen); die Passagiere wurden umgeschifft · **um|schif|fen;** er hat die Klippe umschifft
Um|schlag (*auch für* Umladung) · **um|schla|gen** (umsetzen; umladen; plötzlich wechseln); die Güter wurden umgeschlagen; das Wetter ist umgeschlagen · **um|schla|gen** ([leicht] einpacken); die Druckbogen werden umschlagen (*Polygr*; gewendet) · **Um|schlag|platz** · **Umschlag|tuch,** *Pl* ..tücher
um|schlei|chen (belauern); sie haben das Haus umschlichen
um|schlie|ßen (*auch Polygr*; über- od. unterschließen); das Lager ist von Feinden umschlossen; der Setzer hat einige Wörter umschlossen (*Polygr*) · **Um|schlie|ßung**
um|schlin|gen; ich habe mir das Tuch umgeschlungen · **um|schlin|gen;** er hält ihn fest umschlungen
um|schmel|zen (durch Schmelzen

umformen); das Metall wurde umgeschmolzen
um|schnal|len; umgeschnallt
um|schrei|ben (neu, anders schreiben) ⟨*lat*⟩; ich habe den Artikel umgeschrieben · **um|schrei|ben** (mit anderen, meist verhüllenden Worten ausdrücken); umschrieben (*auch Med*; deutlich abgegrenzt) · **Um|schrei|bung** (Neuschreibung; andere Buchung) · **Um|schrei|bung** (andere Form des sprachlichen Ausdrucks) · **Um|schrift**
um|schu|len ⟨*grch* → *lat*⟩; er wurde umgeschult · **Um|schu|lung**
um|schwär|men; der Rosenbusch wurde von Bienen umschwärmt
um|schwe|ben; umschwebt
Um|schwei|fe *Pl*; *meist in* ohne _ (geradeheraus), keine _ machen
um|schwen|ken; er hat den Becher umgeschwenkt
Um|schwung: 1. der, _[e]s, ..schwünge – 2. der, _s (*schweiz*; Umgebung des Hauses)
um|se|geln *K 363*; er hat die Insel umsegelt · **Um|se|ge|lung** *K 363*
um|se|hen, sich (*Akk*) *K 363*; du hast dich danach umgesehen · **Um|se|hen** *K 363*; *nur in* im _ (plötzlich, sofort)
um|sein (*umg*; abgelaufen sein); *Zusammen- od Getrenntschreibung vgl.* absein
um|sei|tig · **um|seits** (*bürospr*)
um|setz|bar · **um|set|zen** (an einen anderen Platz setzen; verkaufen); er hat sein Geld umgesetzt
Um|sich|grei|fen *K 101*, das, _s
Um|sicht, die, _ · **um|sich|tig** · **Um|sich|tig|keit,** die, _
um|sie|deln *K 363*; umgesiedelt · **Um|sied|lung** *K 363*
um|sin|ken; sie ist ohnmächtig umgesunken
um so ... (*getrennt geschrieben*): um so eher, um so mehr, um so weniger [,] als ... (*vgl. K 390 u. 450*); *aber österr meist*: umso besser, umso eher, umso größer, umso lieber, *auch schon*: umsomehr, umsoweniger
um so mehr, *österr meist* (*K 176*:) **um|so|mehr** *od* **um|so mehr**
um|sonst
um|sor|gen; er hat sie liebevoll umsorgt
um so we|ni|ger, *österr meist* (*K 176*:) **um|so|we|ni|ger** *od* **umso we|ni|ger**
um|span|nen (neu, anders spannen – *auch für* transformieren); die Pferde wurden umgespannt · **um|span|nen** (umfassen); er hat den Bolzen umspannt · **Um|spanner** (*Elektrotechn*; Transformator) · **Um|spann|werk** (*Elektrotechn*)
um|spin|nen; die Spinne hat ihr Opfer umsponnen
um|sprin|gen; der Wind ist umgesprungen; er ist übel mit dir umgesprungen (*umg*) · **um|sprin|gen** (springend umgeben); umsprungen von Kindern
um|spü|len; die Wogen haben die Pflanzen umgespült · **um|spü|len;** von Wellen umspült
Um|stand; unter Umständen (*Abk* u. U.); Umstände halber, eines gewissen Umstandes halber, *aber K 176*: umständehalber, umstandshalber · **um|stän|de|hal|ber** *K 176*; *vgl.* Umstand · **um|ständ|lich** · **Um|ständ|lich|keit** · **Um|stands|be|stim|mung** (*Gramm*) · **Um|stands|für|wort** (*Gramm*) · **um|stands|hal|ber** *K 176*; *vgl.* Umstand · **Um|stands‿ka|sten** (*umg*), ...**kleid,** ...**krä|mer** (*umg*), ...**satz** (*Gramm*) · **Um|stands|wort,** *Pl* ..wörter (*Gramm*) · **um|stands|wört|lich** (*Gramm*)
um|ste|chen (*Gartenb*); wir haben das Beet umgestochen · **um|ste|chen** (Stoffrand [oberflächl.] vor dem Ausfransen sichern); du hast die Naht umstochen
um|stecken[1]; ich habe die Nadeln umgesteckt · **um|stecken**[1]; umsteckt mit ...
um|ste|hen *K 363*; umstanden von ... · **um|ste|hend** (auf der anderen Seite [eines Buches]); *K 114*: umstehendes; im umstehenden; *aber K 93*: das Umstehende (das auf der anderen Seite Gesagte), die Umstehenden (die Zuschauer); *vgl.* folgend
um|stei|gen; er ist umgestiegen
um|stel|len (anders stellen); er hat die Möbel umgestellt · **um|stel|len** (umzingeln, umgeben); das Waldstück ist von Treibern umstellt
um|stem|peln *K 363* (neu, anders stempeln); die Bescheinigung wurde umgestempelt
um|stim|men; er hat ihn umgestimmt
um|sto|ßen; er hat den Stuhl umgestoßen
um|strah|len (*gehoben*); umstrahlt von ...
um|stricken[1] (neu, anders stricken); sie hat ihre Jacke umgestrickt · **um|stricken**[1]; umstrickt ([unlösbar] umgeben, umgarnt) von ...
um|strit|ten *K 364*; diese Frage ist umstritten
um|strö|men; umströmt von ...
um|struk|tu|rie|ren ⟨*lat*⟩; der Betrieb wurde umstrukturiert
um|stül|pen; der Wind hat den Schirm umgestülpt · **um|stül|pen** (*Polygr*; Druckbogen beim Widerdruck umwenden); er hat den Bogen umstülpt
Um|sturz, *Pl* ..stürze · **um|stür|zen;** er hat das Faß umgestürzt · **Um|stürz|ler** (*abwert*) · **um|stürz|le|risch** (*abwert*); _ste
um|tau|fen (*umg*; umbenennen); umgetauft
Um|tausch, der, _es · **um|tau|schen;** ich habe die Bluse umgetauscht
um|tip|pen (*umg*; neu tippen) ⟨*grch* → *lat* → *frz* → *engl*⟩; umgetippt
um|to|sen (*gehoben*); umtost von ...
um|trei|ben (planlos umhertreiben); umgetrieben · **Um|trieb,** der, _[e]s (*Forstw*; Zeit von der Anlage eines Baumbestandes bis zum Fällen – *Landw*; die durchschnittl. Nutzungsdauer der Tiere einer Herde) – **Um|trie|be** *Pl* (heimliche Machenschaften)
Um|trunk
um|tun (*umg*); sie hat das Tuch umgetan; sich (*Akk*) nach etwas umtun
um|ver|tei|len · **Um|ver|tei|lung**
um|wach|sen *Part II*; mit Gebüsch umwachsen
Um|wälz|an|la|ge (*Techn*) · **um|wäl|zen;** er hat den Stein umgewälzt; umwälzende Neuerungen · **Um|wäl|zung**
um|wan|deln *K 363* (ändern); er war wie umgewandelt
um|wan|den (mit Wänden umgeben); man hat die freie Stelle umwandet
Um|wand|lung (Änderung)
Um|wan|dung
um|wech|seln *K 363*; er war ganz umgewechselt · **Um|wechs|lung** *K 363*
Um|weg
um|we|hen (durch Wehen zu Fall bringen); der Pfahl war vom Sturm umgeweht worden · **um|we|hen;** umweht von ...
Um|welt, die, _ · **Um|welt|be|din|gun|gen** *Pl* · **Um|welt|be|la|stung** · **Um|welt|ein|fluß** · **um|welt|feind|lich** · **um|welt|freund|lich** · **Um|welt|schutz,** der, _[e]s · **Um|welt|ver|schmut|zung**
um|wen|den; er wendete das Blatt um, hat es umgewendet; sich (*Akk*) _; er wandte *od* wendete sich um, hat sich umgewandt *od* umgewendet
um|wer|ben; sie wurde umworben; vielumworben *od* viel umworben *K 166*
um|wer|fen; das Kind hat die Vase umgeworfen

[1] *Tr* ..k|k..

um|wer|ten; umgewertet · **Um|wer|tung**

um|wickeln *K 363* [*Tr* ...wik|keln] (neu, anders wickeln); ich habe das Knäuel umgewickelt · **um|wickeln** *K 363* [*Tr* ...wik|keln]; umwickelt mit ...

um|win|den; sie hat ein Tuch umgewunden · **um|win|den;** umwunden mit ...

um|wit|tern (*meist gehoben*); von Gefahren umwittert

um|wo|gen (*meist gehoben*); umwogt von ...

um|woh|nend; die Umwohnenden *K 341* · **Um|woh|ner** (*umg*)

um|wöl|ken; der Himmel war umwölkt

um|wüh|len; der Maulwurf hat die Erde umgewühlt

um|zäu|nen; das Grundstück ist umzäunt · **Um|zäu|nung**

um|zeich|nen (neu, anders zeichnen); er hat den Entwurf umgezeichnet

um|zie|hen; ich habe mich umgezogen; wir sind umgezogen · **um|zie|hen;** der Himmel hat sich umzogen; umzogen mit ...

um|zin|geln *K 363* ⟨*lat*⟩; sie haben die Stadt umzingelt · **Um|zin|ge|lung** *K 363*

um zu; *vgl.* um (3)

Um|zug. *Zus K 365ff.*: Umzugs⌣kosten (*Pl*) usw. · **um|zugs|hal|ber** *K 176*

um|zün|geln; umzüngelt von Flammen

un|ab|än|der|lich [..'ɛn.. *od* 'un..] · **Un|ab|än|der|lich|keit,** die, –

un|ab|ding|bar [..'diŋ.. *od* 'un..] · **Un|ab|ding|bar|keit,** die, –

un|ab|hän|gig · **Un|ab|hän|gig|keit**

un|ab|kömm|lich [*od* ..'kœm..]

un|ab|läs|sig [*od* ..'lɛs..]

un|ab|seh|bar ['un.. *od* ..'ze:..]; *K 117*: die Kosten steigern sich ins unabsehbare · **Un|ab|seh|bar|keit,** die, –

un|ab|setz|bar ['un.. *od* ..'zɛts..] · **Un|ab|setz|bar|keit,** die, –

un|ab|sicht|lich [*auch* ..'ziçt..]

un|ab|weis|bar [..'vais.. *od* 'un..] · **un|ab|weis|lich**

un|acht|sam · **Un|acht|sam|keit**

un|ähn|lich · **Un|ähn|lich|keit**

un|an|fecht|bar [*od* ..'fɛçt..]

un|an|ge|bracht

un|an|ge|foch|ten *K 364*

un|an|ge|mel|det

un|an|ge|mes|sen *K 364* · **Un|an|ge|mes|sen|heit**

un|an|ge|nehm

un|an|nehm|bar ['un.. *od* ..'ne:m..] · **Un|an|nehm|bar|keit,** die, – · **Un|an|nehm|lich|keit**

un|an|sehn|lich · **Un|an|sehn|lich|keit**

un|an|stän|dig · **Un|an|stän|dig|keit**

un|an|tast|bar [..'tast.. *od* 'un..] ⟨*lat → frz*⟩ · **Un|an|tast|bar|keit,** die, –

un|ap|pe|tit|lich ⟨*lat → frz*⟩ · **Un|ap|pe|tit|lich|keit,** die, –

Un|art, die, –, –en · **un|ar|tig** · **Un|ar|tig|keit**

un|ar|ti|ku|liert (unverständlich; undeutlich ausgesprochen) ⟨*lat*⟩

un|äs|the|tisch (unschön; geschmacklos) ⟨*grch*⟩

un|auf|fäl|lig

un|auf|find|bar [*od* 'un..]

un|auf|ge|for|dert

un|auf|halt|bar [..'halt.. *od* 'un..] · **un|auf|halt|sam**

un|auf|hör|lich [*od* 'un..]

un|auf|lös|bar [..'lø:s.. *od* 'un..] · **un|auf|lös|lich**

un|auf|merk|sam · **Un|auf|merk|sam|keit**

un|auf|schieb|bar [*od* 'un..]

un|aus|bleib|lich [*od* 'un..]

un|aus|führ|bar [..'fy:r.. *od* 'un..] · **Un|aus|führ|bar|keit,** die, –

un|aus|ge|gli|chen *K 364* · **Un|aus|ge|gli|chen|heit,** die, –

un|aus|ge|wo|gen *K 364*

un|aus|lösch|lich [*od* 'un..] (*gehoben*)

un|aus|rott|bar [*od* 'un..] ⟨zu roden⟩

un|aus|sprech|bar [..'ʃprɛç.. *od* 'un..] · **un|aus|sprech|lich**

un|aus|steh|lich [*od* 'un..]

un|aus|tilg|bar [*od* 'un..] (*gehoben*) ⟨*lat → engl*⟩

un|aus|weich|lich [*od* 'un..]

Un|band, der, –[e]s, *Pl* (*selten*) –e *od* ..bände (*noch landsch*; Wildfang) · **un|bän|dig**

un|barm|her|zig · **Un|barm|her|zig|keit,** die, –

un|be|dacht; ein –es Wort · **un|be|dacht|sam** · **Un|be|dacht|sam|keit**

un|be|darft (harmlos; [geistig] anspruchslos, unbedeutend)

un|be|denk|lich · **Un|be|denk|lich|keit**

un|be|deu|tend; *K 115*: am –sten

un|be|dingt ['un.. *od* ..'diŋt] · **Un|be|dingt|heit,** die, –

un|be|fahr|bar [*od* ..'fa:r..]

un|be|fan|gen *K 364* · **Un|be|fan|gen|heit,** die, –

un|be|fleckt, *aber K 258*: die Unbefleckte Empfängnis (kath. Glaubenssatz)

un|be|frie|di|gend · **un|be|frie|digt** · **Un|be|frie|digt|heit,** die, –

un|be|fri|stet

un|be|fugt · **Un|be|fug|te,** der *u.* die, –n, –n *K 341*

un|be|greif|lich ['un.. *od* ..'graif..] · **Un|be|greif|lich|keit,** die, –

un|be|grenzt ['un.., *auch* ..'grɛntst] ⟨*slaw*⟩ · **Un|be|grenzt|heit,** die, –

un|be|grün|det

Un|be|ha|gen · **un|be|hag|lich** · **Un|be|hag|lich|keit**

un|be|hel|ligt [*od* 'un..]

un|be|herrscht

un|be|hol|fen *K 364* · **Un|be|hol|fen|heit,** die, –

un|be|irr|bar [..'ir.. *od* 'un..] · **un|be|irrt**

un|be|kannt · **un|be|kann|ter|wei|se** *K 176* · **Un|be|kannt|heit,** die, –

un|be|küm|mert [*od* ..'kym..] ⟨*lat → rom*⟩

un|be|mannt

un|be|merkt

un|be|mit|telt

un|be|nom|men [*od* 'un..]; *nur in* etw. ist *od* bleibt jmdm. –

un|be|ob|ach|tet

un|be|quem · **Un|be|quem|lich|keit**

un|be|re|chen|bar [..'rɛç.. *od* 'un..] · **Un|be|re|chen|bar|keit,** die, –

un|be|ru|fen! [*od* 'un..]

un|be|scha|det [*auch* ..'ʃa:..] *Präp mit Gen* (ohne Nachteil für ...); – seines Anspruches

un|be|schei|den *K 364* · **Un|be|schei|den|heit,** die, –

un|be|schol|ten *K 364* · **Un|be|schol|ten|heit,** die, –

un|be|schrankt (*Eisenb*; ohne Schranken) · **un|be|schränkt** [*auch* ..'ʃrɛŋkt] (nicht eingeschränkt)

un|be|schreib|lich [..'ʃraip.. *od* 'un..] ⟨*lat*⟩ · **Un|be|schreib|lich|keit,** die, –

un|be|schwert

un|be|se|hen [*od* 'un..] *K 364*

un|be|sieg|bar [..'zi:k.. *od* 'un..], *seltener* **un|be|sieg|lich** · **Un|be|sieg|bar|keit,** die, –

un|be|son|nen · **Un|be|son|nen|heit**

un|be|stän|dig · **Un|be|stän|dig|keit,** die, –

un|be|stimmt; unbestimmtes Fürwort (*Gramm*); unbestimmtes Zahlwort (*Gramm*) · **Un|be|stimmt|heit,** die, –

un|be|streit|bar [*od* 'un..] · **un|be|strit|ten** [*od* ..'ʃtri..]

un|be|tei|ligt ['un.., *auch* ..'tai..] · **Un|be|tei|ligt|heit,** die, –

un|be|tont ⟨*grch → lat*⟩

un|be|trächt|lich ['un.., *auch* ..'trɛçt..] · **Un|be|trächt|lich|keit,** die, –

un|beug|bar [..'bɔyk.. *od* 'un..] (*Gramm*) · **Un|beug|bar|keit,** die, – (*Gramm*) · **un|beug|sam** ['un.. *od* ..'bɔyk..] · **Un|beug|sam|keit,** die, –

un|be|wußt · Un|be|wußt|heit, die, –
un|be|zahl|bar [..'tsa:l.. od 'un..] · Un|be|zahl|bar|keit, die, –
un|be|zähm|bar [..'tsɛ:m.. od 'un..] · Un|be|zähm|bar|keit, die, –
Un|bil|den *Pl* (*gehoben*; Unannehmlichkeiten); die – der Witterung · Un|bill, die, – (*noch gehoben*; Unrecht) · un|bil|lig (*gehoben*) · Un|bil|lig|keit, die, – (*gehoben*)
un|bot|mä|ßig (*noch scherzh*) · Un|bot|mä|ßig|keit (*noch scherzh*)
un|brauch|bar ['un.., *auch* ..'braux..] · Un|brauch|bar|keit, die, –
Un|cle Sam [ˌaŋk(ə)l 'sɛm] (*scherzh*; [Bürger der] USA) ⟨*engl*, ‚Onkel Sam[uel]'⟩
und, *Abk* u., *Zeichen bei Firmen* &; *vgl. auch K 390 u. K 451. Feste Verbindungen*: und ähnliche[s] (*Abk* u. ä.); und dem ähnliche[s] (*Abk* u. d. ä.); und and[e]re, und and[e]res (*Abk* u. a.); und and[e]re mehr, und and[e]res mehr (*Abk* u. a. m.); und dergleichen [mehr] (*Abk* u. dgl. [m.]); und desgleichen [mehr] (*Abk* u. desgl. [m.]); und folgende [Seite] (*Abk* f.); und folgende [Seiten] (*Abk* ff.); und so fort (*Abk* usf.); und so weiter (*Abk* usw.); und viele[s] andere [mehr] (*Abk* u. v. a. [m.]); und zwar (*Abk* u. zw.)
Un|dank · un|dank|bar · Un|dank|bar|keit, die, –
und der|glei|chen [mehr]; *Abk* u. dgl. [m.] · und des|glei|chen [mehr]; *Abk* u. desgl. [m.]
un|de|fi|nier|bar [*auch* ..'ni:r..] (unbestimmbar) ⟨*lat*⟩
un|denk|bar [..'dɛŋk.., *auch* 'un..] · un|denk|lich; *nur in Wendungen wie* seit –er Zeit
Un|der|state|ment [andər'ste:tmənt], das, –s (Untertreibung) ⟨*engl*⟩
Un|de|zi|me, die, –, –n (*Mus*; elfte Stufe der diaton. Tonleiter; Intervall im Elfstufenabstand) ⟨*lat*⟩
un|dicht
Un|di|ne, die, –, –n (*Sage*; weibl. Wassergeist) ⟨*lat*⟩
Un|ding, *meist mit unbest Art, selten* das, –[e]s, –e (Unmögliches, Unsinniges); es ist ein –
un|dis|zi|pli|niert ⟨*lat*⟩ · Un|dis|zi|pli|niert|heit, die, –
und so fort; *Abk* usf. · und so weiter; *Abk* usw.
Un|du|la|tion (*Phys*; Wellenbewegung) ⟨*lat*⟩ · un|du|la|to|risch (*Phys, Geol*; wellenförmig)
un|duld|sam · Un|duld|sam|keit, die, –
un|du|lie|ren (*Phys*; sich wellenförmig bewegen) ⟨*lat*⟩
un|durch|dring|bar [..'driŋ.. *od* 'un..] · un|durch|dring|lich · Un|durch|dring|lich|keit, die, –
un|durch|führ|bar [..'fy:r.. *od* 'un..] · Un|durch|führ|bar|keit, die, –
un|durch|läs|sig · Un|durch|läs|sig|keit, die, –
un|durch|sich|tig · Un|durch|sich|tig|keit, die, –
und vie|le[s] an|de|re [mehr]; *Abk* u. v. a. [m.] · und zwar; *Abk* u. zw.; *vgl. K 420*
un|eben *K 364* · Un|eben|heit
un|echt · Un|echt|heit, die, –
un|ehr|er|bie|tig (*gehoben*) · Un|ehr|er|bie|tig|keit, die, – (*gehoben*)
un|ehr|lich · Un|ehr|lich|keit, die, –
un|ei|gen|nüt|zig · Un|ei|gen|nüt|zig|keit, die, –
un|ein|ge|schränkt
un|ei|nig · Un|ei|nig|keit
un|ein|nehm|bar [..'ne:m.. *od* 'un..] · Un|ein|nehm|bar|keit, die, –
un|eins; – sein
un|emp|find|lich · Un|emp|find|lich|keit, die, –
un|end|lich [..'ɛnt.., *auch* 'un..] (*Math*; *Zeichen* ∞); *K 114*: bis ins unendliche (unaufhörlich, immerfort), *aber K 93*: der Weg scheint bis ins Unendliche (bis in den unendl. Raum) zu führen · un|end|li|che|mal *od* un|end|lich|mal *K 176, aber*: unendliche Male · Un|end|lich|keit, die, –
un|ent|behr|lich ['un.. *od* ..'be:r..] · Un|ent|behr|lich|keit, die, –
un|ent|gelt|lich ['un.. *od* ..'gɛlt..] (ohne Entgelt) · Un|ent|gelt|lich|keit, die, –
un|ent|schie|den *K 364* · Un|ent|schie|den, das, –s, – (*Sport*; unentschiedener Ausgang eines Spieles) · Un|ent|schie|den|heit, die, –
un|ent|schlos|sen *K 364* · Un|ent|schlos|sen|heit, die, –
un|ent|wegt [*od* 'un..]
un|er|ach|tet [*od* 'un..] *Präp mit Gen* (*veraltet*; ungeachtet); – des Vorfalls
un|er|bitt|lich [..'bit.. *od* 'un..] · Un|er|bitt|lich|keit, die, –
un|er|fah|ren *K 364* · Un|er|fah|ren|heit, die, –
un|er|find|lich [*od* 'un..] (*gehoben*; unbegreiflich, rätselhaft)
un|er|forsch|lich [*od* ..'fɔrʃ..] · un|er|forscht
un|er|freu|lich
un|er|füll|bar [*od* 'un..] · Un|er|füll|bar|keit [*od* 'un..], die, – · un|er|füllt
un|er|gie|big · Un|er|gie|big|keit, die, –
un|er|gründ|lich [..'grynt.. *od* 'un..] · Un|er|gründ|lich|keit, die, –
un|er|heb|lich · Un|er|heb|lich|keit
un|er|hört [*od* 'un..] (*auch für* unglaublich)
un|er|kannt
un|er|klär|bar ['un.. *od* ..'klɛ:r..] ⟨*lat*⟩ · Un|er|klär|bar|keit, die, – · un|er|klär|lich
un|er|läß|lich [*od* 'un..] (unbedingt nötig, geboten)
un|er|laubt
un|er|le|digt
un|er|meß|lich [..'mɛs.. *od* 'un..]; *K 117*: die Kosten steigern sich ins unermeßliche (ungeheuer), *aber K 93*: der Weltraum verliert sich ins Unermeßliche · Un|er|meß|lich|keit, die, –
un|er|müd|lich [..'my:t.. *od* 'un..] · Un|er|müd|lich|keit, die, –
un|ernst; ein –es Benehmen
un|er|quick|lich · Un|er|quick|lich|keit
un|er|reich|bar [..'raiç.. *od* 'un..] · Un|er|reich|bar|keit, die, – · un|er|reicht
un|er|sätt|lich [..'zɛt.. *od* 'un..] · Un|er|sätt|lich|keit, die, –
un|er|schöpf|lich [..'ʃœpf.. *od* 'un..] · Un|er|schöpf|lich|keit, die, –
un|er|schrocken [*Tr* ..schrok|ken] *K 364* · Un|er|schrocken|heit [*Tr* ..schrok|ken..], die, –
un|er|schüt|ter|lich [..'ʃyt.. *od* 'un..] · Un|er|schüt|ter|lich|keit, die, –
un|er|schwing|lich [*od* ..'ʃviŋ..] (nicht zu bezahlen)
un|er|setz|bar ['un.. *od* ..'zɛts..] · un|er|setz|lich · Un|er|setz|lich|keit, die, –
un|er|sprieß|lich [*od* ..'ʃpri:s..]
un|er|träg|lich ['un.. *od* ..'trɛ:k..] · Un|er|träg|lich|keit, die, –
un|er|wähnt
un|er|war|tet [*auch* ..'var..]
un|er|weis|bar ['un.. *od* ..'vais..] · un|er|weis|lich
un|er|wi|dert
un|er|wünscht · Un|er|wünscht|heit, die, –
UNES|CO, die, – *Kurzw* (Organisation der Vereinten Nationen für Erziehung, Wissenschaft u. Kultur) ⟨*aus engl* United Nations Educational, Scientific, and Cultural Organization [ju,naitid 'ne:ʃ(ə)nz ɛdju,ke:ʃ(ə)nəl saiən,tifik ənd ,kaltʃərəl ɔ:rgənai'ze:ʃ(ə)n]⟩
un|fä|hig · Un|fä|hig|keit, die, –
un|fair ['unfɛ:r] (regelwidrig, unerlaubt; unfein; ohne sportl. Anstand) ⟨*engl*⟩
Un|fall · un|fall|frei · Un|fall‿ort

(der), **...ver|si|che|rung, ...wa|gen**
un|faß|bar [*od* 'un..]
un|fehl|bar [..'fe:l.. *od* 'un..] · **Un|fehl|bar|keit,** die, _
un|fein ⟨*lat* → *frz*⟩ · **Un|fein|heit**
un|fern *Präp mit Gen od mit* »*von*«: _ des Waldes *od* _ vom Walde
un|fer|tig · **Un|fer|tig|keit,** die, _
Un|flat, der, _[e]s (*noch gehoben*) · **un|flä|tig** (*abwert*) · **Un|flä|tig|keit** (*abwert*)
un|flott (*umg*); *meist in* das ist nicht _
un|folg|sam · **Un|folg|sam|keit,** die, _
un|för|mig (formlos; mißgestaltet) ⟨*lat*⟩ · **un|förm|lich** (formlos, ohne Förmlichkeit; plump)
un|fran|kiert (unfrei [Postgebühren nicht bezahlt]) ⟨*germ* → *lat* → *ital*⟩
un|frei · **un|frei|wil|lig**
un|freund|lich · **Un|freund|lich|keit**
Un|frie|de, der, _ns (*gehoben*) · **Un|frie|den,** der, _s
un|fromm
un|frucht|bar ⟨*lat*⟩ · **Un|frucht|bar|keit,** die, _ · **Un|frucht|bar|ma|chung** (*Biol, Med*)
Un|fug, der, _[e]s
un|ga|lant ⟨*arab* → *span* → *ital* → *frz*⟩
un|gang|bar [*auch* ..'gaŋ..]
Un|gar ['uŋgar], der, _n, _n: 1. *auch* **Ma|gyar** [ma'dja:r], *eindeutschend* **Ma|djar,** der, _en, _en (Angehöriger eines Volkes im Donau-Theiß-Gebiet) – 2. (Staatsbürger von Ungarn) · **un|ga|risch,** *auch* **ma|gya|risch,** *eindeutschend* **ma|dja|risch;** *vgl. K 266f.* · **Un|ga|risch,** *auch* **Ma|gya|risch,** *eindeutschend* **Ma|dja|risch,** das, *Gen* _[s], *Dat* _ (Sprachbezeichnung *K 268ff.*) · **Un|ga|ri|sche,** *auch* **Ma|gya|ri|sche,** *eindeutschend* **Ma|dja|ri|sche,** das, *Gen* _n, *Dat* _n (Sprachbezeichnung *K 271*) · **Un|garn,** *ohne Art, amtl* **Un|ga|ri|sche Volks|re|pu|blik** *K 258*, die, *Gen* _n _ (im SO Mitteleuropas); *Abk* UVR
un|gast|lich · **Un|gast|lich|keit,** die, _
un|gatt|lich (*schweiz*; grob, ungefüge)
un|ge|ach|tet *Präp mit Gen* (*gehoben*): ungeachtet meines Schmerzes; ungeachtet dessen, *aber nur* dessenungeachtet *od* desungeachtet; *in konjunktionalem Gebrauch K 450*: ungeachtet [der Tatsache], daß ...
un|ge|ahn|det (unbestraft)
un|ge|ahnt [*auch* ..'a:nt] (nicht vorhergesehen)
un|ge|bär|dig · **Un|ge|bär|dig|keit,** die, _
un|ge|be|ten *K 364*; _e Gäste
un|ge|bil|det
Un|ge|bühr, die, _ (*gehoben*) · **un|ge|büh|rend** (*veraltend*) · **un|ge|bühr|lich** (*gehoben*); _es Verhalten · **Un|ge|bühr|lich|keit** (*gehoben*)
un|ge|bun|den *K 364*; frei und _ · **Un|ge|bun|den|heit,** die, _
un|ge|deckt; _er Scheck
un|ge|dient (*Milit*; ohne militär. Ausbildung) · **Un|ge|dien|te,** der, _n, _n *K 341* (*Milit*)
Un|ge|duld, die, _ · **un|ge|dul|dig**
un|ge|eig|net
un|ge|fähr [*auch* ..'fɛ:r] (‚ohne böse Absicht'); von ungefähr (zufällig) · **un|ge|fähr|det** · **un|ge|fähr|lich** · **Un|ge|fähr|lich|keit,** die, _
un|ge|fäl|lig · **Un|ge|fäl|lig|keit**
un|ge|früh|stückt (*umg scherzh*; ohne gefrühstückt zu haben)
un|ge|fü|ge (*gehoben*; unförmig) · **un|ge|fü|gig** (unfolgsam)
un|ge|ges|sen (*umg scherzh*; ohne gegessen zu haben)
un|ge|hal|ten *K 364* (ärgerlich) · **Un|ge|hal|ten|heit,** die, _
un|ge|hei|ßen (*gehoben*)
un|ge|heu|er [*auch* ..'hɔy..] *K 363*; *K 117*: die Kosten steigern sich ins ungeheure · **Un|ge|heu|er,** das, _s, _ · **un|ge|heu|er|lich** [..'hɔy.. *od* 'un..] · **Un|ge|heu|er|lich|keit**
un|ge|hin|dert
un|ge|ho|belt (*auch übertr, abwert*; grob, ungebildet)
un|ge|hö|rig · **Un|ge|hö|rig|keit**
un|ge|hor|sam · **Un|ge|hor|sam**
Un|geist, der, _[e]s (*abwert*)
un|ge|le|gen *K 364* (unbequem); sein Besuch kam mir ungelegen · **Un|ge|le|gen|heit**
un|ge|leh|rig · **un|ge|lehrt** (*veraltet*)
un|ge|lenk (ungeschickt, unbeholfen) · **un|ge|len|kig** (steif, schwer beweglich)
un|ge|lernt; ein _er Arbeiter
Un|ge|mach, das, _[e]s, _e (*noch gehoben*; Mißgeschick; Widerwärtigkeit; Leid)
un|ge|mäß
un|ge|mein [*od* ..'main]
un|ge|mes|sen [*od* ..'mes..] *K 363f.* (*gehoben*); *K 117*: seine Ansprüche steigen ins ungemessene
un|ge|müt|lich · **Un|ge|müt|lich|keit,** die, _
un|ge|nannt
un|ge|nau
un|ge|niert ['unʒe..] (form-, zwanglos) ⟨*hebr* → *grch* → *lat* → *frz*⟩ · **Un|ge|niert|heit,** die, _
un|ge|nieß|bar ['un.. *od* ..'ni:s..] · **Un|ge|nieß|bar|keit,** die, _
un|ge|nü|gend; er hat [die Note] »ungenügend« erhalten
un|ge|nutzt *od* **un|ge|nützt**
un|ge|rächt (*gehoben*) ⟨*zu* rächen⟩
un|ge|ra|de; *vgl. auch* [1]gerade
un|ge|ra|ten; *K 364*: ein _es Kind
un|ge|rech|net; alle sonstigen Ausgaben _; *Präp mit Gen*: _ aller sonstigen Ausgaben
un|ge|recht · **un|ge|recht|fer|tigt** · **Un|ge|rech|tig|keit**
un|ge|reimt (nicht im Reim gebunden; nicht der Wahrheit entsprechend; sinnlos) ⟨*frz*⟩ · **Un|ge|reimt|heit**
un|gern
un|ge|sagt; manches blieb _
un|ge|sal|zen *K 364*
un|ge|sät|tigt (*meist Chem*); eine _e Lösung, _er Dampf
un|ge|säu|ert; ein _es Brot
[1]**un|ge|säumt** (saumlos) ⟨*zu* [1]säumen⟩
[2]**un|ge|säumt** [*od* 'un..] (*noch gehoben*; sofort) ⟨*zu* [2]säumen⟩
Un|ge|schick, das, _[e]s · **un|ge|schick|lich** · **Un|ge|schick|lich|keit** · **un|ge|schickt** · **Un|ge|schickt|heit**
un|ge|schlacht (*abwert*; plump, roh) ⟨*zu* Geschlecht⟩
un|ge|schlecht|lich; _e Fortpflanzung
un|ge|schlif|fen *K 364* (*auch übertr*; unerzogen, ungebildet) · **Un|ge|schlif|fen|heit**
un|ge|schmä|lert [*od* 'un..] (*gehoben*; ohne Einbuße)
un|ge|schmei|dig
un|ge|schminkt (*auch übertr*; den Tatsachen entsprechend, ohne Beschönigung)
un|ge|scho|ren; _ lassen
un|ge|schrie|ben *K 364*; _es Gesetz
un|ge|setz|lich · **Un|ge|setz|lich|keit**
un|ge|stal|tet, *veraltet* **un|ge|stalt** (mißgestaltet; gestaltlos)
un|ge|stem|pelt; _e Briefmarke
un|ge|stört · **Un|ge|stört|heit,** die, _
un|ge|stüm (*gehoben*; schnell, heftig) · **Un|ge|stüm,** das, _[e]s (*gehoben*); mit _
un|ge|sund
un|ge|teilt; _e Aufmerksamkeit
un|ge|treu
un|ge|trübt
Un|ge|tüm, das, _[e]s, _e
un|ge|übt
un|ge|wandt · **Un|ge|wandt|heit,** die, _
un|ge|wa|schen *K 364*
un|ge|wiß: I. *Kleinschreibung K 117*: ins ungewisse leben; aufs ungewisse handeln; im ungewissen (ungewiß) bleiben, lassen, sein –

II. *Großschreibung K 93*: eine Fahrt ins Ungewisse; das Gewisse fürs Ungewisse nehmen; ins Ungewisse steigern

Un|ge|wiß|heit

Un|ge|wit|ter (*veraltet*)

un|ge|wöhn|lich · **un|ge|wohnt** · **Un|ge|wohnt|heit**, die, _

un|ge|wollt

Un|ge|zie|fer, das, _s

un|ge|zie|mend (*gehoben*); *K 115*: am _sten

un|ge|zo|gen *K 364* · **Un|ge|zo|gen|heit**

un|ge|zwun|gen *K 364* · **Un|ge|zwun|gen|heit**, die, _

un|gif|tig

Un|glau|be, *seltener* **Un|glau|ben**, der, ..ens · **un|gläu|big** · **un|glaub|lich** [*od* 'un..]; *K 93*: es grenzt ans, geht ins Unglaubliche · **un|glaub|wür|dig**

un|gleich; ungleich groß · **un|gleich|ar|tig** · **un|gleich|för|mig** · **Un|gleich|heit** · **un|gleich|mä|ßig** · **Un|gleich|mä|ßig|keit** · **Un|glei|chung** (*Math*; ein Ausdruck für die Nichtgleichheit [Ungleichheit] zweier Größen)

un|glimpf|lich (*veraltet*)

Un|glück, das, _[e]s, _e · **un|glück|lich** · **un|glück|li|cher|wei|se** *K 176* · **un|glück|se|lig** · **Un|glücks‿fall** (der), **...ra|be** (*umg*) · **Un|glücks|wurm**, der *od* das, _[e]s, ..würmer (*umg*)

Un|gna|de, die, _; *nur in Wendungen wie* in _ fallen · **un|gnä|dig**

un|gül|tig · **Un|gül|tig|keit**, die, _

Un|gunst; zu meinen, zu meines Freundes, zu jemandes Ungunsten; *aber K 176*: zuungunsten meines Freundes · **un|gün|stig**

un|gut; nichts für _

un|halt|bar [*od* ..'halt..]; _e Zustände · **un|hal|tig** (*bergm*; kein Erz usw. enthaltend)

un|hand|lich · **Un|hand|lich|keit**, die, _

un|har|mo|nisch (*grch → lat*)

Un|heil · **un|heil|bar** ['un.. *od* ..'hail..] · **Un|heil|bar|keit**, die, _ · **un|heil|brin|gend**; *vgl. aber K 163*; *K 127*: ein großes Unheil bringend; *K 115*: am unheilbringendsten · **Un|heils|bo|te** · **un|heil|schwan|ger** · **Un|heil|stif|ter** · **un|heil|voll**

un|heim|lich [..'haim.. *od* 'un..] (nicht geheuer; unbehaglich; fremd) · **Un|heim|lich|keit**, die, _

un|höf|lich · **Un|höf|lich|keit**

Un|hold, der, _[e]s, _e (*abwert*; Wüstling – *Abergl*; böser Geist, Teufel)

uni [y'ni:] *nichtdeklinierbar* (einfarbig, nicht gemustert) (*lat → frz*); *vgl. auch K 272ff.* · **Uni** ['uni], die, _, _s *umg Kurzw* (Universität) (*frz*) · **uni|e|ren** (vereinigen) · **Uni|er|te**, der *u.* die, _n, _n *K 341* (Mitglied einer Unionskirche) · **uni|fi|zie|ren** (*fachspr*; vereinheitlichen) · **uni|form** (gleich-, einförmig; gleichmäßig) (*lat → frz*) · **Uni|form** [*od* 'uni.., *österr nur so*], die, _, _en (einheitl. Dienstkleidung) · **uni|for|mie|ren** (einheitlich kleiden – *oft abwert*; gleichmachen; äußerlich angleichen) (*lat*) · **Uni|for|mie|rung** (*auch abwert*) · **Uni|for|mi|tät**, die, _ (*oft abwert*; Einförmigkeit; Gleichmäßigkeit) (*lat → frz*) · **uni|ge|färbt** [y'ni:..] (einfarbig, nicht gemustert) · **Uni|kat** [uni..], das, _[e]s, _e (einzige Ausfertigung) (*lat*) · **Uni|kum**, das, _s, *Pl* _s *od*, *österr nur*, ..ka (etw. Seltenes, Einzigartiges – *umg*; eigenartiger Mensch) · **uni|la|te|ral** [*od* 'u..] (einseitig, nur auf einer Seite befindlich)

un|in|ter|es|sant (langweilig; reizlos) (*lat → frz*) · **un|in|ter|es|siert** (unbeteiligt, nicht angeregt)

Union, die, _, _en (Bund, Vereinigung, Verbindung, bes. von Staaten) (*lat*); Union der Sozialistischen Sowjetrepubliken (*vgl.* Sowjetunion) · **Unio|nist** (Anhänger der Union, bes. Anhänger der Einigung Nordamerikas im Bürgerkrieg 1861–1865) · **Union Jack** ['ju:nɪən 'dʒɛk], der, *Gen* _ _s, *Pl* _ _s (Bez. für die brit. Nationalflagge) (*engl*)

uni|pe|tal [*od* 'u..] (*Bot*; einblättrig) (*lat + grch*) · **uni|po|lar** [*od* 'u..] (*fachspr*; einpolig) · **Uni|po|lar|ma|schi|ne** (*Elektrotechn*; eine Gleichstrom erzeugende Maschine) · **uni|so|no** [uni'zo:no, *auch* u'ni:zono] (*Mus*; im Einklang od. in der Oktave) (*lat → ital*) · **Uni|so|no**, das, _s, *Pl* _s *od* ..ni (*Mus*; das Singen od. Spielen zu mehreren im Einklang od. in Oktaven)

Uni|ta|rier [..iər], der, _s, _ (Angehöriger einer protestant. Gruppe, die die Dreieinigkeitslehre ablehnt) (*lat*) · **Uni|ta|ris|mus**, der, _ (Streben nach Stärkung der Zentralgewalt in einem Bundesstaat, Streben nach Bildung eines Einheitsstaates)

Uni|ted Na|tions [ju'naitid 'ne:ʃ(ə)nz] *Pl* (Vereinte Nationen); *Abk* UN (*engl*); *vgl. auch* UNO

Uni|ted Press In|ter|na|tio|nal [ju'naitid _ ..'nɛʃ(ə)nəl] (Nachrichtenagentur der USA); *Abk* UPI (*engl*)

Uni|ted States of Ame|ri|ca [ju'naitid 'ste:ts ɔv ə'mɛrikə] *Pl* (Vereinigte Staaten von Amerika); *Abk* USA (*engl*)

uni|ver|sal [..v..] *od* **uni|ver|sell** (allgemein, gesamt; allumfassend) (*lat*) · **Uni|ver|sal|er|be**, der · **Uni|ver|sal|ge|schich|te**, die, _ (*veraltend*; Weltgeschichte) · **Uni|ver|sa|lien** [..iən] *Pl* (*Philos*; Allgemeinbegriffe, Art- u. Gattungsbegriffe der Scholastik) · **Uni|ver|sa|lis|mus**, der, _ (*fachspr*; Allseitigkeit, Vielseitigkeit) · **Uni|ver|sa|li|tät**, die, _ (Allseitigkeit, umfassendes Wissen) · **Uni|ver|sal|mit|tel** (*oft iron*; Allerweltsmittel) · **universell** ↑ universal · **Uni|ver|sia|de**, die, _, _n (*Sport*; Bez. für Studentenweltmeisterschaften) · **Uni|ver|si|tät** (höchste [staatl.] Bildungsstätte); *umg Kurzw* Uni (‚Gesamtheit') · **Uni|ver|si|täts‿bi|blio|thek**, **...stu|dium** · **Uni|ver|sum**, das, _s (das Weltall)

Un|ke, die, _, _n (ein Froschlurch) · **un|ken** (*umg*; Unglück prophezeien)

un|kennt|lich · **Un|kennt|lich|keit**, die, _ · **Un|kennt|nis**, die, _

Un|ken|ruf

un|klar (*lat*); *K 116*: im unklaren bleiben, lassen, sein · **Un|klar|heit**

un|klug

un|kon|trol|lier|bar [*auch* ..'li:r..] (*lat → frz*)

Un|ko|sten *Pl* (*lat*); sich (*Akk*) in _ stürzen (*umg*)

Un|kraut

un|kri|tisch (*grch*); etw. _ übernehmen

un|kul|ti|viert [..v..] (*lat*) · **Un|kul|tur**, die, _ (*abwert*)

un|kun|dig *mit Gen*: des Lesens _ (*gehoben*)

Un|land, *Pl* ..länder (*Landw*; nicht nutzbares Land [z. B. Felsen])

un|längst

un|lau|ter (*gehoben*); *K 363*: _er Wettbewerb

un|leid|lich

un|le|ser|lich · **Un|le|ser|lich|keit**

un|leug|bar [*od* 'un..]

un|lieb · **un|lieb|sam** · **Un|lieb|sam|keit**

un|li|mi|tiert (*fachspr*; unbegrenzt, unbeschränkt) (*lat → frz*)

un|lo|gisch (*grch*)

un|lös|bar ['un.. *od* ..'lø:s..] · **Un|lös|bar|keit**, die, _ · **un|lös|lich**

Un|lust, die, _ · **un|lu|stig**

un|ma|nier|lich (*lat → frz*)

un|männ|lich

Un|maß, das, _es (*gehoben*; Unzahl, übergroße Mengen)

Un|mas|se (*umg*; sehr große Masse) (*grch → lat*)

un|maß|geb|lich [*auch* ..'ge:p..] · **un|mä|ßig** · **Un|mä|ßig|keit**, die, _

un|me|lo|disch (*grch → lat*)

Un|men|ge

Un|mensch, der (*abwert*; grausamer Mensch, Wüterich) · **un|mensch-**

lich ['un.. *od* ..'mɛnʃ..] · **Unmensch|lich|keit**

un|miß|ver|ständ|lich

un|mit|tel|bar · **Un|mit|tel|bar|keit,** die, _

un|mo|dern ⟨*lat* → *frz*⟩ · **un|modisch**

un|mög|lich ['un.. *od* ..'mø:k..]; *K 95*: nichts Unmögliches verlangen · **Un|mög|lich|keit**

un|mo|ra|lisch ⟨*lat*⟩

un|mo|ti|viert [..v..] (unbegründet) ⟨*lat*⟩

un|mün|dig · **Un|mün|dig|keit,** die, _

Un|mut, der, _[e]s · **un|mu|tig** · **unmuts|voll**

un|nach|ahm|lich [*od* ..'a:m..]

un|nach|gie|big · **Un|nach|gie|bigkeit,** die, _

un|nach|sich|tig · **Un|nach|sichtig|keit,** die, _

un|nah|bar [..'na:.. *od* 'un..] · **Unnah|bar|keit,** die, _

Un|na|tur, die, _ ⟨*lat*⟩ · **un|na|türlich** · **Un|na|tür|lich|keit,** die, _

un|nenn|bar [*od* 'un..]

un|nor|mal ⟨*lat*⟩

un|nö|tig · **un|nö|ti|ger|wei|se** *K 176*

un|nütz; sich (*Akk*) _ machen

UNO, die, _ *Kurzw* (Organisation der Vereinten Nationen) ⟨*aus engl* *U*nited *N*ations *O*rganization [juˌnaitid 'ne:ʃ(ə)nz ɔ:rgənai'ze:ʃ(ə)n]⟩; *vgl. auch* United Nations

un|or|dent|lich ⟨*lat*⟩ · **Un|ordnung,** die, _

un|or|ga|nisch ⟨*grch* → *lat*⟩

un|or|tho|gra|phisch ⟨*grch*⟩

un|paar ⟨*lat*⟩ · **Un|paar|hu|fer** *od* **Un|paar|ze|her** (*Zool*) · **un|paa|rig**

un|päd|ago|gisch ⟨*grch* → *lat*⟩

un|par|tei|isch (unvoreingenommen; gerecht) ⟨*lat* → *frz*⟩ · **Un|partei|ische,** der *u.* die, _n, _n *K 341* · **un|par|tei|lich** (nicht Partei ergreifend) · **Un|par|tei|lich|keit,** die, _

un|paß: 1. *Adv* (*landsch*; zu unrechter Zeit) – 2. *Adj, nur im Prädikat üblich* (*veraltend*; unpäßlich) ⟨*lat* → *frz*⟩ · **un|pas|send;** _ste **un|pas|sier|bar** (ungangbar, nicht zu durchschreiten) ⟨*lat* → *frz*⟩ **un|päß|lich** ([leicht] krank; unwohl) ⟨*lat* → *frz*⟩ · **Un|päß|lich|keit**

un|per|sön|lich ⟨*lat*⟩

un|po|liert ⟨*lat* → *frz*⟩

un|po|li|tisch ⟨*grch* → *lat*⟩

un|prak|tisch ⟨*grch* → *lat*⟩

un|pro|duk|tiv ⟨*lat*⟩

un|pro|por|tio|niert ⟨*lat*⟩ · **Un|propor|tio|niert|heit,** die, _

un|qua|li|fi|ziert (*auch abwert*) ⟨*lat*⟩; eine _e Bemerkung (*abwert*)

Un|rast: 1. die, _ (Ruhelosigkeit) – 2. der, _es, _e (*umg veraltet*; ruheloses Kind)

Un|rat, der, _[e]s (*gehoben*) · **unrat|sam**

un|recht; in die unrechte Kehle kommen; in die unrechten *od* in unrechte Hände fallen; *K 93*: an den Unrechten kommen; *vgl.* recht

Un|recht, das, _[e]s; mit, zu Unrecht; besser Unrecht leiden als Unrecht tun; es geschieht ihm Unrecht; ein Unrecht [an]tun, begehen; im Unrecht sein; zwischen Recht und Unrecht nicht unterscheiden können

Kleinschreibung K 108: unrecht bekommen, geben, haben, sein, tun

un|recht|mä|ßig · **un|recht|mä|ßi|ger|wei|se** *K 176* · **Un|recht|mäßig|keit**

un|red|lich · **Un|red|lich|keit**

un|re|ell [..re:ɛl] ⟨*lat* → *frz*⟩

un|rein; *K 117*: ins unreine schreiben · **Un|rein|heit** · **un|rein|lich** · **Un|rein|lich|keit**

un|ren|ta|bel ⟨*lat* → *frz*⟩; *K 363*: eine unrenta|ble Arbeit

un|rett|bar [*od* ..'rɛt..]; _ verloren

un|rich|tig · **un|rich|ti|ger|wei|se** *K 176* · **Un|rich|tig|keit**

Un|ruh, die, _, _en (Teil der Uhr usw.) · **Un|ru|he** · **Un|ru|he|stifter,** *seltener* **Un|ruh|stif|ter** · **unru|hig**

un|rühm|lich

un|rund (*bes Technik*); _e Deckel

uns (*Dat u. Akk* des *Personalpron* »wir«)

un|sag|bar *od* **un|säg|lich** [*beide auch* 'un..]

un|sanft

un|schäd|lich · **Un|schäd|lich|keit,** die, _

un|scharf · **Un|schär|fe** · **Un|schärfe|be|reich** (*Fot, Opt*)

un|schätz|bar [*od* ..'ʃɛts..]

un|schein|bar · **Un|schein|barkeit,** die, _

un|schick|lich (unanständig) · **Unschick|lich|keit**

un|schlag|bar [*auch* 'un..]; eine _e Mannschaft

Un|schlitt, das, _[e]s, _e (*noch landsch*; Talg) · **Un|schlitt|ker|ze** (*noch landsch*)

un|schlüs|sig · **Un|schlüs|sig|keit,** die, _

un|schön

Un|schuld, die, _ · **un|schul|dig** · **un|schul|di|ger|wei|se** *K 176* · **unschulds|voll**

un|schwer

un|se|lig

un|ser: 1. *Possessivpron*: *m* unser, *f* uns[e]re *K 363*, *n* unser (*vgl. auch* unsere); unseres Wissens (*Abk* u. W.). *Großschreibung K 258*: Unsere Liebe Frau (*kath Rel*; Maria, Mutter Jesu); Unsrer Lieben Frau[en] Kirche

2. *Gen des Personalpron* »wir« (*gehoben*): wir sind unser (*nicht* unserer) drei; erbarme dich unser, gedenke unser (*nicht* unserer)

un|se|re *bzw* **uns|re** (*K 363*) *od* **uns|ri|ge;** der, die, das uns[e]re *od* unsrige (*gehoben*)

I. *Kleinschreibung K 122*: Wessen Bücher sind das? Sind es die unser[e]n *od* unsren *od* unsrigen? (*gehoben*)

II. *Großschreibung K 97*: die Unser[e]n *od* Unsren *od* Unsrigen (unsere Angehörigen); das Uns[e]re *od* Unsrige (unsere Habe, das uns Zukommende); wir müssen das Uns[e]re *od* Unsrige tun

un|ser|ei|ner *od* **un|ser|eins** (*umg*) · **un|se|rer|seits** *bzw* **unser|seits** *od* **uns|rer|seits** · **un|seres|glei|chen** *bzw* **un|sers|gleichen** *od* **uns|res|glei|chen** · **unse|res|teils** *od* **uns|res|teils** · **unsert|hal|ben** (*veraltend*) · **un|sertwe|gen** · **un|sert|wil|len;** *nur in* um _ · **Un|ser|va|ter,** das, _s, _ (*schweiz*; Vaterunser)

un|si|cher *K 363* ⟨*lat*⟩; *K 116*: im unsichern (zweifelhaft) sein · **Unsi|cher|heit**

un|sicht|bar · **Un|sicht|bar|keit,** die, _ · **un|sich|tig** (trüb, undurchsichtig); die Luft wird _

Un|sinn, der, _[e]s · **un|sin|nig**

Un|sit|te · **un|sitt|lich** · **Un|sitt|lichkeit**

unsre ↑ unsere · **unsrerseits** ↑ unsererseits · **unsresgleichen** ↑ unseresgleichen · **unsresteils** ↑ unseresteils · **unsrige** ↑ unsere

Un|stä|te, die, _ (*dicht*; Ruhelosigkeit, Unruhe); *vgl. aber* unstet

un|statt|haft

un|sterb|lich ['un.. *od* ..'ʃtɛrp..] **Un|sterb|lich|keit,** die, _

Un|stern, der, _[e]s (*gehoben*; Unglück)

un|stet (*gehoben*; ruhelos); *vgl. aber* Unstäte · **un|ste|tig** (*Math*)

un|still|bar [*od* 'un..]

un|stim|mig · **Un|stim|mig|keit**

un|sträf|lich [*auch* ..'ʃtrɛ:f..] (*veraltend*; sauber, ohne Vorwurf)

un|strei|tig [*auch* ..'ʃtrai..] (bestimmt)

Un|strut [..st.. *od* ..ʃt..], die, _ (Fluß im SW der DDR)

Un|sum|me (große Summe) ⟨*lat*⟩

un|sym|me|trisch ⟨*grch*⟩

un|sym|pa|thisch (unangenehm; nicht zusagend; innerlich fremd) ⟨*grch*⟩

un|sy|ste|ma|tisch ⟨*grch*⟩

un|ta|de|lig [*auch* ..'ta:..] *K 363*

Un|tat (Verbrechen) · **Un|tät|chen,**

das, _s (*landsch*; kleiner Makel); *nur in* es ist kein _ an ihm · **Un|tä|tig|keit**, die, _

un|taug|lich · **Un|taug|lich|keit**, die, _

un|teil|bar ['un.. *od* ..'tail..] · **Un|teil|bar|keit**, die, _

un|ten; von _ (*Buchw* [*Abk* v. u.]); von _ her, hinauf; nach _ hin (*vgl. aber* untenhin); man wußte kaum noch, was _ und was oben war; bei jmdm. unten durchsein (*umg*; bei jmdm. nichts mehr gelten) · **un|ten|an** · **un|ten|her**, *aber*: von unten her · **un|ten|hin**; jmdn. untenhin setzen, *aber*: nach unten hin; von unten hinauf · **un|ten|lie|gend** · **un|ten|ste|hend**; untenstehendes; *K 93*: das Untenstehende; *vgl.* folgend

un|ter *Präp mit Dat u. Akk*; *K 379*: _ dem Tisch liegend, *aber*: _ den Tisch legen (*vgl.* unterm, untern, unters); Jugendlichen unter 14 Jahren ist der Zutritt verboten; _ ander[e]m (*Abk* u. a.), _ ander[e]n (*Abk* u. a.); _ Vorbehalt (*Abk* u. V.); _ einem (*österr bürospr*; zugleich)

un|ter...: *bei Verben K 360*:
a) *unfeste Zusammensetzungen*, z. B. unterhalten (↑ *d.*) *K 356*, ich halte unter, untergehalten (*K 358*), unterzuhalten
b) *feste Zusammensetzungen*, z. B. unterhalten (↑ *d.*) *K 357*, ich unterhalte, unterhalten (*K 359*), zu unterhalten

Un|ter, der, _s, _ (*Kartensp*)

Un|ter|arm

Un|ter|bau, *Pl* ..bauten · **un|ter|bau|en**; unterbaut

un|ter|be|legt; ein _es Hotel

un|ter|be|setzt

Un|ter|bett

un|ter|be|wer|ten; unterbewertet

un|ter|be|wußt · **Un|ter|be|wußt|sein**

un|ter|bie|ten; er hat die Rekordzeit unterboten

Un|ter|bi|lanz (Fehlbetrag; Verlustabschluß) ⟨*lat → ital*⟩

un|ter|bin|den (*umg*); sie hat ein Tuch untergebunden · **un|ter|bin|den**; der Schmuggel ist unterbunden

un|ter|blei|ben; die Vorstellung ist unterblieben

Un|ter|bo|den|schutz (Korrosionsschutz für Kraftfahrzeuge)

un|ter|bre|chen; das Konzert wurde unterbrochen · **Un|ter|bre|cher** (*Elektrotechn*; Vorrichtung zum period. Ein- u. Ausschalten elektrischer Ströme) · **Un|ter|bre|chung**

un|ter|brei|ten; er hat seinen Vorschlag unterbreitet

un|ter|brin|gen; ich habe den Gast untergebracht · **Un|ter|brin|gung**

Un|ter|bruch, der, *Pl* (*selten*) ..brüche (*schweiz*; Unterbrechung)

un|ter|der|hand *K 176* (im stillen, heimlich); etwas unterderhand tun, *aber K 175*: unter der Hand (*auch für* in Arbeit) haben

un|ter|des|sen, *auch noch* **un|ter|des**

Un|ter|druck, *Pl* ..drücke (zu niedriger Druck, z. B. im Dampfkessel) · **un|ter|drücken**[1]; er hat seinen Unwillen unterdrückt · **Un|ter|drücker**[1] · **Un|ter|druck|kam|mer** (*Techn*) · **Un|ter|drück|te**, der *u.* die, _n, _n *K 341*

un|ter|ducken[1] (*umg*); er hat ihn schnell untergeduckt

un|te|re; *vgl. auch* unterste

un|ter|ein|an|der. *Schreibung bei Verben vgl.* aneinander; *K 145 u. 129*: untereinander teilen, sich untereinander vertragen, untereinander sein, etwas untereinander haben (*umg für* sich schlecht verstehen), *aber K 148 u. 129*: untereinanderlegen, untereinanderstellen

un|ter|er|nährt · **Un|ter|er|näh|rung**, die, _

un|ter|fah|ren (*Bauw*); die Grundmauer wurde neu unterfahren (erneuert, vertieft)

un|ter|fan|gen; er hat sich _, das zu tun (*gehoben*); die Mauer wird _ (*Bauw*; abgestützt) · **Un|ter|fan|gen**, das, _s, *Pl* (*selten*) _

un|ter|fas|sen (*umg*); er hat sie untergefaßt

un|ter|fer|ti|gen (*bürospr*; unterschreiben); unterfertigtes Protokoll · **Un|ter|fer|tig|te**, der *u.* die, _n, _n *K 341* (*bürospr*)

Un|ter|feue|rung *K 363* (*Techn*)

un|ter|füh|ren (*auch für* Anführungszeichen unter Wörter setzen, die sich in zwei od. mehreren aufeinanderfolgenden Zeilen untereinander wiederholen); ein Wort, eine Straße wird unterführt · **Un|ter|füh|rung** · **Un|ter|füh|rungs|zei|chen** (Zeichen „ für untereinanderstehende gleiche Wörter); *vgl. auch K 195*

Un|ter|gang, *Pl* (*selten*) ..gänge

un|ter|gä|rig; _es Bier · **Un|ter|gä|rung**

un|ter|ge|ben *K 364* · **Un|ter|ge|be|ne**, der *u.* die, _n, _n *K 341*

un|ter|ge|hen *K 363*; das Schiff ist im Sturm untergegangen

un|ter|ge|ord|net ⟨*lat*⟩

Un|ter|ge|stell

Un|ter|ge|wicht, das, _[e]s

[1] *Tr* ..k|k..

un|ter|glie|dern; der Text ist untergliedert · **Un|ter|glie|de|rung**

un|ter|gra|ben; der Gärtner hat den Dünger untergegraben · **un|ter|gra|ben**; er hat seine Gesundheit untergraben · **Un|ter|gra|bung**

Un|ter|grund, der, _[e]s · **Un|ter|grund|bahn**; *Kurzw* U-Bahn *K 186* · **un|ter|grün|dig**

Un|ter|grup|pe ⟨*germ → lat → ital → frz*⟩

un|ter|ha|ken (*umg*); sie haben sich untergehakt

un|ter|halb: 1. *Adv* – 2. *Präp mit Gen*: _ des Wehres

Un|ter|halt, der, _[e]s · **un|ter|hal|ten** (*umg*); er hat die Hand untergehalten · **un|ter|hal|ten**; die Anstalt wird von der Stadt unterhalten; sich (*Akk*) _; er hat sich gut unterhalten · **un|ter|halt|sam** · **Un|ter|halt|sam|keit**, die, _ · **Un|ter|halts|bei|trä|ge** *Pl* · **un|ter|halts|be|rech|tigt** · **Un|ter|halts|ko|sten** *Pl* · **Un|ter|halts|pflicht** · **un|ter|halts|pflich|tig** · **Un|ter|halts|zah|lung** · **Un|ter|hal|tung** · **Un|ter|hal|tungs‿elek|tro|nik** (die, _), ...**li|te|ra|tur** (die, _), ...**mu|sik** (die, _), ...**ro|man**, ...**sen|dung**

un|ter|han|deln *K 363*; die Gesandten haben lange unterhandelt · **Un|ter|händ|ler** · **Un|ter|hand|lung**

Un|ter|haus (zweite Kammer bürgerlicher Parlamente, bes. in Großbritannien)

Un|ter|hemd

Un|ter|holz, das, _es (niedriges Gehölz im Wald)

Un|ter|ho|se

un|ter|ir|disch

Un|ter|ita|lien [..iən] *K 239*

un|ter|jo|chen; er hat das Land unterjocht

un|ter|kel|lern *K 363* ⟨*lat*⟩; das Haus ist nicht unterkellert

Un|ter|kie|fer, der

Un|ter|kleid · **Un|ter|klei|dung**

un|ter|kom|men (Aufnahme finden – *österr auch für* vorkommen); er ist gut untergekommen; so etwas ist mir noch nie untergekommen (*österr*; nie vorgekommen) · **Un|ter|kom|men**, das, _s, _

un|ter|kö|tig (*landsch*; eitrig entzündet)

un|ter|krie|gen (*umg*); jmdn. _; sich (*Akk*) nicht _ lassen

un|ter|küh|len (die Körpertemperatur unter den Normalwert senken – *Phys*; eine Substanz unter den Erstarrungs- bzw. Kondensationspunkt abkühlen) · **un|ter|kühlt** (*auch für* gefühlsmäßig distanziert) · **Un|ter|küh|lung**

Un|ter|kunft, die, _, ..künfte · **Un|ter|kunfts|raum**

Un|ter|la|ge

Un|ter|land, *Pl* ..länder (tiefer gelegenes Land; Ebene) · **Un|ter|län|der,** der, _s, _ · **un|ter|län|disch**
Un|ter|laß, der; *nur in* ohne _ (ununterbrochen) · **un|ter|las|sen;** er hat es unterlassen · **Un|ter|las|sung** · **Un|ter|las|sungs|sün|de** (*umg*)
Un|ter|lauf, der, _[e]s · **un|ter|lau|fen;** es unterlaufen ihm grobe Fehler; es sind ihm einige Fehler unterlaufen; er hat ihn unterlaufen (*Sport*); mit Blut unterlaufen, *aber K 164*: blutunterlaufen · **un|ter|läu|fig** (*Techn*); _e Mahlgänge
un|ter|le|gen; untergelegter Stoff; er hat etwas untergelegt; diese Absicht hat man mir untergelegt · **un|ter|le|gen** *Verb*; die Spitze ist mit Satin unterlegt · **un|ter|le|gen** *Adj K 364*; er ist ihm unterlegen
Un|ter|leib · **un|ter|leibs|krank**
un|ter|lie|gen; unterlegen (↑ *d., Adj*)
un|term *K 61* (*umg*; unter dem); _ Dach
un|ter|ma|len; das Bild ist erst untermalt; der Vortrag wurde durch Musik untermalt
Un|ter|maß, das
un|ter|mau|ern *K 363* (*auch für* mit überzeugenden Argumenten stützen) ⟨*lat*⟩
un|ter|mee|risch (submarin, unter der Meeresoberfläche, in der Tiefe des Meeres befindlich)
Un|ter|mie|te · **Un|ter|mie|ter**
un|ter|mi|nie|ren ⟨*kelt* → *lat* → *frz*⟩ · **Un|ter|mi|nie|rung**
un|ter|mi|schen *K 354*; du hast das Wertlose mit untergemischt · **un|ter|mi|schen** *K 354*; untermischt mit Sand
un|tern *K 61* (*umg*; unter den); _ Tisch werfen
un|ter|neh|men; du hast noch nichts unternommen · **Un|ter|neh|men,** das, _s, _ · **un|ter|neh|mend** (aus, mit Unternehmungsgeist); *K 115*: am _sten · **un|ter|neh|me|risch** · **Un|ter|neh|mung** · **Un|ter|neh|mungs|geist,** der, _[e]s · **un|ter|neh|mungs|lu|stig**
Un|ter|of|fi|zier; *Abk* Uffz. ⟨*lat* → *frz*⟩ · **Un|ter|of|fi|ziers|schu|le**
un|ter|ord|nen ⟨*lat*⟩; du hast dich ihm nicht gern untergeordnet · **un|ter|ord|nend** (*auch für* subordinierend) · **Un|ter|ord|nung**
Un|ter|pfand (*gehoben*) ⟨*lat*⟩
un|ter|re|den, sich (*Akk*) (*bes schweiz*); hast du dich mit ihm unterredet? · **Un|ter|re|dung**
Un|ter|richt, der, _[e]s · **un|ter|rich|ten;** du hast ihn lange selbst unterrichtet · **un|ter|richt|lich** · **Un|ter|richts|stun|de** · **Un|ter|rich|tung** (Belehrung; Mitteilung)
Un|ter|rock
un|ters *K 61* (*umg*; unter das); _ übrige
Un|ter|saat (*Landw*; Art des Zwischenfruchtanbaus u. die Frucht selbst)
un|ter|sa|gen; du hast es ihm immer wieder untersagt
Un|ter|satz
un|ter|schät|zen *K 354*; er hat die Schwierigkeiten unterschätzt · **Un|ter|schät|zung**
un|ter|schei|den; Einzelheiten konnten nicht unterschieden werden · **Un|ter|schei|dung**
Un|ter|schen|kel
Un|ter|schicht
un|ter|schie|ben (darunterschieben); du hast ihm ein Kissen untergeschoben · **un|ter|schie|ben** (unterstellen); du hast ihm diese Bemerkung unterschoben
Un|ter|schied, der, _[e]s, _e · **un|ter|schie|den** *K 364* (verschieden, ungleich) · **un|ter|schied|lich** · **Un|ter|schied|lich|keit** · **un|ter|schieds|los;** *vgl.* ...los
un|ter|schläch|tig (*fachspr*; durch Wasser von unten angetrieben) ⟨*zu* schlagen⟩; _es Wasserrad · **un|ter|schla|gen;** mit untergeschlagenen Beinen · **un|ter|schla|gen** (betrügerisch für sich behalten, veruntreuen); du hast Gelder unterschlagen · **Un|ter|schla|gung**
un|ter|schlie|ßen (*Polygr*); der Setzer hat einige Wörter unterschlossen
Un|ter|schlupf · **un|ter|schlüp|fen,** *südd u. österr auch* **un|ter|schlup|fen;** du bist noch rechtzeitig untergeschlüpft *bzw* untergeschlupft
un|ter|schnei|den (*Bauw*; ein Bauglied auf seiner Unterfläche schräg ausarbeiten); das Gesims wurde unterschnitten · **Un|ter|schnei|dung** (*Bauw*)
un|ter|schrei|ben ⟨*lat*⟩; du hast den Brief unterschrieben; vorgelesen, genehmigt, unterschrieben (*Abk* v., g., u.)
un|ter|schrei|ten; du hast den Kostenanschlag unterschritten
Un|ter|schrift ⟨*lat*⟩; *vgl. auch K 398* · **Un|ter|schrif|ten|samm|lung** · **un|ter|schrifts|be|rech|tigt** · **Un|ter|schrifts|voll|macht**
un|ter|schwel|lig (unterhalb der Bewußtseinsschwelle [liegend]); _e Reize
Un|ter|see|boot; *Kurzw* U-Boot *K 186* · **un|ter|see|isch** [..ze:iʃ]
un|ter|set|zen; du hast den Eimer untergesetzt · **un|ter|set|zen** (mischen); untersetzt mit ...; *vgl. auch* untersetzt · **Un|ter|set|zer** (für Gläser, Töpfe usw.) · **Un|ter|set|zer** (*Techn*) · **un|ter|setzt** (von gedrungener Gestalt) · **Un|ter|setzt|heit,** die, _
un|ter|sin|ken; das Stück Blei ist im Wasser untergesunken
un|ter|spickt (*österr*; mit Fett durchzogen, durchwachsen)
Un|ter|stand · **un|ter|stän|dig** (*Bot, vom Fruchtknoten gesagt*)
un|ter|ste; der unterste Knopf, *aber K 94*: das Unterste zuoberst, das Oberste zuunterst kehren
un|ter|ste|hen *K 363*; du hast wegen des starken Regens untergestanden · **un|ter|ste|hen** *K 363*; du hast dich unterstanden (hast es gewagt); es hat keinem Zweifel unterstanden (es gab keinen Zweifel); du hast einem strengen Lehrmeister unterstanden
un|ter|stel|len; du hast den Wagen untergestellt; sich (*Akk*) _ · **un|ter|stel|len;** du bist ihm, seiner Aufsicht unterstellt; man hat ihm etwas unterstellt ([fälschlich] von ihm behauptet, [Unbewiesenes] als wahr angenommen) · **Un|ter|stel|lung** (das Unterstellen) · **Un|ter|stel|lung** (Unterordnung; [fälschliche] Behauptung)
un|ter|strei|chen; du hast deine Ansicht mit wenigen Worten unterstrichen
Un|ter|strö|mung (*fachspr*)
Un|ter|stu|fe
un|ter|stüt|zen; du hast ihn mit Geld unterstützt; der zu Unterstützende · **Un|ter|stüt|zung**
Un|ter|such, der, _s, _e (*schweiz*; Untersuchung) · **un|ter|su|chen;** der Arzt hat dich untersucht · **Un|ter|su|chung** · **Un|ter|su|chungs|haft,** die
un|ter|ta|ge *K 176*, *häufiger* **un|ter Tag** *od* **Ta|ge** (*bergm*); _ arbeiten; *vgl.* Tag · **Un|ter|ta|ge|ar|bei|ter** *od* **Un|ter|tag|ar|bei|ter,** *österr nur so* · **Un|ter|ta|ge|bau** *od* **Un|ter|tag|bau,** *österr nur so*, *Pl* ..baue
un|ter|tan (*veraltend*; untergeben) · **Un|ter|tan,** der, _s, *älter* _en, *Pl* _en (*meist abwert*) · **Un|ter|ta|nen|geist,** der, _[e]s (*abwert*) · **un|ter|tä|nig** (*veraltend abwert*; ergeben, unterwürfig) · **Un|ter|tä|nig|keit,** die, _ (*veraltend abwert*)
Un|ter|tas|se ⟨*pers* → *arab* → *frz*⟩
un|ter|tau|chen; du hast ihn mehrmals untergetaucht
Un|ter|teil, das *od* der · **un|ter|tei|len;** die Skale ist in 10 Teile unterteilt · **Un|ter|tei|lung**
Un|ter|ti|tel ⟨*lat*⟩
Un|ter|ton, *Pl* ..töne (*Mus, auch übertr*) ⟨*grch* → *lat*⟩

un|ter|trei|ben; das ist stark untertrieben · **Un|ter|trei|bung**
Un|ter|tri|ko|ta|gen [..‚ta:ʒ(ə)n] *Pl* ⟨*frz*⟩
un|ter|tun|neln *K 363* ⟨*kelt* → *lat* → *engl*⟩; man hat den Gebirgsstock untertunnelt
Un|ter|wal|den (ein Urkanton der Schweiz) · **Un|ter|wald|ner**: 1. *K 231*; der, _s, _; 2. *als Attribut K 232*
Un|ter|wä|sche, die, _
Un|ter|was|ser, das, _s (Grundwasser) · **Un|ter|was|ser|mas|sa|ge** [..‚sa:ʒə]
un|ter|wegs (auf dem Wege)
un|ter|wei|sen; du hast ihn in dieser Kunst unterwiesen · **Un|ter|wei|sung** (*schweiz auch für* Konfirmandenunterricht)
Un|ter|wel|len|born (Ort im Bez. Gera)
Un|ter|welt · **un|ter|welt|lich**
un|ter|wer|fen; sich (*Akk*) _; du hast ihn einem Verhör unterworfen · **Un|ter|wer|fung**
un|ter|wer|tig (*fachspr*) · **Un|ter|wer|tig|keit**, die, _ (*fachspr*)
un|ter|wür|fig [..'vyr.. *od* 'un..] · **Un|ter|wür|fig|keit**, die, _
un|ter|zeich|nen; du hast den Brief unterzeichnet · **Un|ter|zeich|ner** · **Un|ter|zeich|ne|te**, der *u.* die, _n, _n *K 341* (*bürospr*); *mit Bezug auf Unterschriften* der rechts, der links Unterzeichnete *od* der Rechts-, der Linksunterzeichnete
Un|ter|zeug, das, _[e]s (*umg*) · **un|ter|zie|hen**; du hast eine wollene Jacke untergezogen · **un|ter|zie|hen**; du hast dich der Prüfung unterzogen
un|tief (seicht) · **Un|tie|fe** (abgrundartige Tiefe – *Geogr*, *Seew*; seichte Stelle)
Un|tier (Ungeheuer)
un|trag|bar ['un.. *od* ..'tra:k..] · **Un|trag|bar|keit**, die, _
un|trenn|bar ['un.. *od* ..'trɛn..] · **Un|trenn|bar|keit**, die, _
un|treu · **Un|treue**
un|tröst|lich [*od* 'un..]
un|trüg|lich [*od* 'un..]
Un|tu|gend
un|über|brück|bar [*od* 'un..]
un|über|legt · **Un|über|legt|heit**
un|über|seh|bar [*od* 'un..]
un|über|setz|bar [*od* 'un..]
un|über|sicht|lich · **Un|über|sicht|lich|keit**, die, _
un|über|treff|lich [*od* 'un..] · **un|über|trof|fen** [*od* 'un..]
un|über|wind|lich [..'vint.. *od* 'un..] · **Un|über|wind|lich|keit**, die, _

un|üb|lich
un|um|gäng|lich [*auch* 'un..] (unbedingt nötig)
un|um|schränkt [*od* 'un..]
un|um|stöß|lich [*od* 'un..]
un|um|strit|ten [*od* ..'ʃtrit..] *K 364*
un|um|wun|den [*od* ..'vun..] *K 364* (offen, frei heraus)
un|un|ter|bro|chen [*od* ..'brɔ..] *K 364*
un|ver|än|der|lich ['un.. *od* ..'ɛn..] · **Un|ver|än|der|lich|keit**, die, _
un|ver|ant|wort|lich [*od* ..'ant..]
un|ver|äu|ßer|lich [*od* 'un..]
un|ver|bes|ser|lich [..'bɛs.. *od* 'un..] · **Un|ver|bes|ser|lich|keit**, die, _
un|ver|bind|lich ['un.. *od* ..'bint..] · **Un|ver|bind|lich|keit**
un|ver|blümt [*od* ..'bly:mt] (offen; ohne Umschweife)
un|ver|braucht
un|ver|brüch|lich [*od* 'un..]
un|ver|bürgt [*od* ..'byrkt]
un|ver|däch|tig [*od* ..'dɛç..]
un|ver|dau|lich · **Un|ver|dau|lich|keit**, die, _
un|ver|dient [*od* ..'di:nt] · **un|ver|dien|ter|ma|ßen** *K 176* · **un|ver|dien|ter|wei|se** *K 176*
un|ver|dor|ben *K 364*
un|ver|dros|sen [*od* ..'drɔs..] *K 363f.*
un|ver|dünnt
un|ver|ehe|licht (*bürospr*)
un|ver|ein|bar [..'ain.. *od* 'un..] · **Un|ver|ein|bar|keit**, die, _
un|ver|fälscht ['un.. *od* ..'fɛlʃt] · **Un|ver|fälscht|heit**, die, _
un|ver|fäng|lich [*od* ..'fɛŋ..]
un|ver|fro|ren ['un.. *od* ..'fro:..] *K 364* (frech; unverschämt) · **Unver|fro|ren|heit**, die, _
un|ver|gäng|lich ['un.. *od* ..'gɛŋ..] · **Un|ver|gäng|lich|keit**, die, _
un|ver|ges|sen ['un.. *od* ..'gɛs..] *K 363f.* · **un|ver|geß|lich**
un|ver|gleich|lich [*od* 'un..]
un|ver|hält|nis|mä|ßig [*od* ..'hɛlt..]
un|ver|hei|ra|tet
un|ver|hofft
un|ver|hoh|len [*od* ..'ho:..] *K 364* (geradezu; offen; freimütig)
un|ver|käuf|lich [*auch* ..'kɔyf..] ⟨*lat*⟩
un|ver|kenn|bar [*od* 'un..]
un|ver|letz|lich [..'lɛts.. *od* 'un..] · **Un|ver|letz|lich|keit**, die, _
un|ver|lösch|lich [*od* 'un..]
un|ver|mählt (*gehoben*)
un|ver|meid|bar [..'mait.. *od* 'un..] · **un|ver|meid|lich**; *K 93*: sich ins Unvermeidliche fügen
un|ver|min|dert
un|ver|mit|telt · **Un|ver|mit|telt|heit**, die, _
Un|ver|mö|gen, das, _s (Mangel an Kraft) · **un|ver|mö|gend** · **Un|ver|mö|gend|heit**, die, _ (Armut) · **Un|ver|mö|gen|heit**, die, _ (Kraftlosigkeit, das Nichtkönnen)
un|ver|mu|tet
Un|ver|nunft · **un|ver|nünf|tig**
un|ver|öf|fent|licht
un|ver|packt
un|ver|rich|tet; *K 176*: unverrichteterdinge, unverrichtetersache; *österr auch* unverrichteter Dinge, unverrichteter Sache
un|ver|rück|bar [*od* 'un..]
un|ver|schämt · **Un|ver|schämt|heit**
un|ver|schließ|bar [*od* ..'ʃli:s..] · **un|ver|schlos|sen** [*auch* ..'ʃlɔs..] *K 363f.*
un|ver|schul|det [*od* ..'ʃul..] · **un|ver|schul|de|ter|ma|ßen** *K 176* · **un|ver|schul|de|ter|wei|se** *K 176*
un|ver|se|hens [*auch* ..'ze:..] (plötzlich)
un|ver|sehrt ['un.., *auch* ..'ze:rt] (unbeschädigt) · **Un|ver|sehrt|heit**, die, _
un|ver|si|chert
un|ver|sieg|bar [..'zi:k.. *od* 'un..] · **un|ver|sieg|lich**
un|ver|söhn|lich ['un.. *od* ..'zø:n..] · **Un|ver|söhn|lich|keit**, die, _
Un|ver|stand · **un|ver|stan|den** *K 364* · **un|ver|stän|dig** (unklug) · **Un|ver|stän|dig|keit**, die, _ · **un|ver|ständ|lich** (undeutlich; unbegreiflich) · **Un|ver|ständ|lich|keit**, die, _ · **Un|ver|ständ|nis**
un|ver|sucht [*auch* ..'zu:xt]; *meist in* nichts _ lassen
un|ver|träg|lich ['un.. *od* ..'trɛ:k..] · **Un|ver|träg|lich|keit**, die, _
un|ver|tret|bar [*auch* ..'tre:t..]
un|ver|wandt; _en Blick[e]s (*gehoben*)
un|ver|wech|sel|bar [*od* 'un..]
un|ver|wert|bar [*od* 'un..]
un|ver|wes|lich [*auch* ..'ve:s..] (*veraltend*)
un|ver|wund|bar [*od* 'un..] · **un|ver|wun|det**
un|ver|wüst|lich [..'vy:st.. *od* 'un..] · **Un|ver|wüst|lich|keit**, die, _
un|ver|zagt · **Un|ver|zagt|heit**, die, _
un|ver|zeih|lich [*od* 'un..]
un|ver|zicht|bar [*od* 'un..]
un|ver|zins|lich [*od* 'un..] (*Bankw*) ⟨*lat*⟩
un|ver|züg|lich [*od* 'un..] (sofort)
un|voll|en|det [*auch* ..'ɛn..]
un|voll|kom|men ['un.., *auch* ..'kɔm..] *K 364* · **Un|voll|kom|men|heit**
un|voll|stän|dig ['un.., *auch* ..'ʃtɛn..] · **Un|voll|stän|dig|keit**, die, _

un|vor|be|rei|tet
un|vor|denk|lich; *nur noch in* seit _en Zeiten (*gehoben*)
un|vor|ein|ge|nom|men *K 364* · Un|vor|ein|ge|nom|men|heit, die, _
un|vor|her|ge|se|hen
un|vor|schrifts|mä|ßig ⟨*lat*⟩
un|vor|sich|tig · Un|vor|sich|tig|keit
un|vor|stell|bar [*od* 'un..]
un|vor|teil|haft
un|wäg|bar [*od* 'un..] · Un|wäg|bar|keit
un|wahr · un|wahr|haf|tig · Un|wahr|haf|tig|keit · Un|wahr|heit · un|wahr|schein|lich ['un.., *auch* ..'ʃain..] · Un|wahr|schein|lich|keit
un|wan|del|bar [*od* ..'van..]
un|weg|sam
un|weib|lich
un|wei|ger|lich [*od* 'un..]
un|weit *Präp mit Gen od mit* »von«: _ des Hauses *od* _ von dem (vom) Haus[e]
un|wert; *meist in* einer Sache _ sein (*noch gehoben*) · Un|wert, der, _[e]s (*gehoben*)
Un|we|sen, das, _s; sein _ treiben · un|we|sent|lich
Un|wet|ter · Un|wet|ter|scha|den
un|wich|tig
un|wi|der|leg|bar [..'le:k.. *od* 'un..] · un|wi|der|leg|lich
un|wi|der|ruf|lich [*od* ..'ru:f..]
un|wi|der|spro|chen [*od* ..'ʃprɔ..] *K 364*
un|wi|der|steh|lich [..'ʃte:.. *od* 'un..] · Un|wi|der|steh|lich|keit, die, _
un|wie|der|bring|lich [..'briŋ.. *od* 'un..] (*gehoben*) · Un|wie|der|bring|lich|keit, die, _ (*gehoben*)
Un|wil|le[n], der, ..ens · un|wil|lig
un|will|kür|lich [*auch* ..'ky:r..]
un|wirk|lich
un|wirk|sam · Un|wirk|sam|keit, die, _
un|wirsch (unfreundlich); _[e]ste ⟨,unwert'⟩
un|wirt|lich (unbewohnt, einsam; unfruchtbar) · Un|wirt|lich|keit, die, _
un|wirt|schaft|lich · Un|wirt|schaft|lich|keit, die, _
un|wis|send; *K 115*: am _sten · Un|wis|sen|heit, die, _ · un|wis|sen|schaft|lich · Un|wis|sen|schaft|lich|keit, die, _ · un|wis|sent|lich
un|wohl; du bist, dir ist _; _ sein · Un|wohl|sein; wegen _s
un|wohn|lich
Un|wucht (*fachspr*; Masseungleichheit bei schnell rotierenden Körpern)
un|wür|dig · Un|wür|dig|keit, die, _
Un|zahl, die, _ (sehr große Zahl); *vgl. auch K 387* · un|zäh|lig [..'tsɛ:.. *od* 'un..] (sehr viel) · un|zäh|li|ge|mal *K 176, aber K 175*: unzählige Male
[1]Un|ze, die, _, _n (alte Einheit der Masse [≈ 31 g], Maß für Sportgeräte) ⟨*lat*⟩
[2]Un|ze, die, _, _n (Jaguar) ⟨*grch → lat → frz*⟩
Un|zeit; *nur noch in* zur _ (zur unpassenden Zeit) [kommen] · un|zeit|ge|mäß · un|zei|tig (spät – *noch vom Obst gesagt*; unreif)
un|zen|wei|se *K 176* ⟨*zu* [1]Unze⟩
un|zer|brech|lich [*od* 'un..]
un|zer|reiß|bar [*od* 'un..]
un|zer|stör|bar [*od* 'un..]
un|zer|trenn|bar [..'trɛn.. *od* 'un..] · un|zer|trenn|lich
Un|zi|al|buch|sta|be (*hist*) · Un|zi|a|le, die, _, _n (histor. Schriftart) ⟨*lat*⟩
un|ziem|lich (*gehoben*) · Un|ziem|lich|keit, die, _ (*gehoben*)
Un|zucht, die, _ (*veraltend*) · un|züch|tig (*veraltend*)
un|zu|frie|den *K 364* · Un|zu|frie|den|heit, die, _
un|zu|gäng|lich · Un|zu|gäng|lich|keit, die, _
un|zu|läng|lich · Un|zu|läng|lich|keit
un|zu|läs|sig · Un|zu|läs|sig|keit, die, _
un|zu|mut|bar · Un|zu|mut|bar|keit
un|zu|rech|nungs|fä|hig · Un|zu|rech|nungs|fä|hig|keit, die, _
un|zu|rei|chend
un|zu|sam|men|hän|gend
un|zu|stän|dig
un|zu|stell|bar (*Post*)
un|zu|träg|lich · Un|zu|träg|lich|keit
un|zu|tref|fend
un|zu|ver|läs|sig · Un|zu|ver|läs|sig|keit, die, _
un|zweck|mä|ßig
un|zwei|deu|tig · Un|zwei|deu|tig|keit, die, _
Upa|ni|schad, die, _, ..schaden (Sammelbez. für eine Gruppe altind. Texte) ⟨*aind*⟩
Up|per|cut ['apərkat], der, _s, _s (*Boxsp*; Aufwärtshaken) ⟨*engl*⟩
üp|pig ⟨*zu* über⟩ · Üp|pig|keit, die, _
Upp|sa|la (Stadt in Schweden) · Upp|sa|la|er: 1. *K 231*: der, _s, _; 2. *als Attribut K 232*: die Uppsalaer Universität
up to date [ap tə 'de:t] (zeitgemäß, auf der Höhe) ⟨*engl*⟩
Ur, der, _[e]s, _e (Auerochse)
Ur|ab|stim|mung (unmittelbare Abstimmung [nicht über Wahlmänner])
Ur|ahn, *auch* Ur|ah|ne, der (Urgroßvater, Vorfahr) · Ur|ah|ne, die (Urgroßmutter, weibl. Vorfahr)
Ural, der, _[s] (asiatisch-europäisches Grenzgebirge in der UdSSR; Fluß der UdSSR zum Kaspischen Meer) · ura|lisch; die _en Sprachen
ur|alt · Ur|al|ter, das, _s; *K 109*: von uralters her
Ur|ämie, die, _ (*Med*; Harnvergiftung) ⟨*grch*⟩
Uran, *fachspr* Ura|nium, das, _s (radioaktives chem. Element, Metall); *Zeichen* U ⟨*nach* Uranus (2)⟩. *Zus K 365ff.*: Uran‿vorkommen usw. · Ura|nia [*od* ..'ni(:)a] (*griech Mythol*; Muse der Himmelskunde) ⟨*grch → lat*, ,die Himmlische'⟩ · Ura|nos ⟨*grch*⟩ *od* Ura|nus ⟨*grch → lat*⟩ (*griech Mythol*; der zuerst entstandene vergöttlichte »Himmel«, Ahnherr des Göttergeschlechts) · Uran|pech|erz (wichtigstes Uranerz) · Ura|nus: 1. ↑Uranos – 2. der, _ (ein Planet) ⟨*grch → lat*⟩
ur|auf|füh|ren, *nur im Inf* (*einschl* »uraufzuführen«) *u. im Part II* (»uraufgeführt«) *gebräuchlich* · Ur|auf|füh|rung (erste Aufführung von Bühnen-, Film- od. Musikwerken)
Urä|us|schlan|ge ⟨*grch → lat*⟩, die, _, _n *od* As|pis ⟨*grch*⟩, die, _, ..iden (ägypt. Brillenschlange)
ur|ban (gebildet, weltgewandt; städtisch) ⟨*lat*⟩ · ur|ba|ni|sie|ren (städtisch machen, verstädtern; verfeinern) · Ur|ba|ni|sie|rung *od* Ur|ba|ni|sa|tion (Verstädterung) · Ur|ba|ni|tät, die, _ (Bildung; Lebensart)
ur|bar; _ machen · Ur|ba|ri|sie|rung (*schweiz*; Urbarmachung) · Ur|bar|ma|chung
Ur|be|völ|ke|rung
ur|bi et or|bi ⟨*lat*, ,der Stadt [Rom] und dem Erdkreis' [den päpstl. Segen erteilen]⟩; etwas _ _ _ verkünden (etw. allgemein verkünden)
Ur|bild
ur|chig (*schweiz*; urwüchsig, echt); _er, _ste; *vgl. auch* urig
Ur|chri|sten|tum [..k..] ⟨*grch*⟩ · ur|christ|lich
Urd (*nord Mythol*; Norne der Vergangenheit) ⟨*anord*⟩
Ur|du, das, _ (eine Form des Hindustani, amtl. Sprache in Pakistan) ⟨*türk*⟩; auf _ heißt es ...
ur|ei|gen *K 364* · ur|ei|gen|tüm|lich
Ur|ein|woh|ner
Ur|el|tern *Pl*
Ur|en|kel · Ur|en|ke|lin
Ure|ter, der, _s, ..teren (*Anat*;

Harnleiter) ⟨grch⟩ · **ure|tisch** (*Med, Biol*; harntreibend)
Ur|feh|de (*Mittelalter*; eidl. Zusage, auf Rache zu verzichten) ⟨‚Ende der Fehde'⟩; _ schwören
ur|ge|müt|lich
ur|gent (*veraltend*; dringend, unaufschiebbar) ⟨*lat*⟩ · **Ur|genz,** die, _, _en (*veraltend*; Dringlichkeit, Mahnung)
ur|ger|ma|nisch ⟨*lat*⟩
Ur|ge|schich|te *od* **Vor|ge|schich|te,** die, _ (älteste Geschichte der Menschen) · **Ur|ge|schicht|ler** *od* **Vor|ge|schicht|ler,** der, _s, _ · **ur|ge|schicht|lich** *od* **vor|ge|schicht|lich**
Ur|ge|walt
ur|gie|ren (*österr*; drängen; nachdrücklich betreiben) ⟨*lat*⟩
Ur|groß|el|tern *Pl* · **Ur|groß|mut|ter,** *Pl* ..mütter · **ur|groß|müt|ter|lich** · **Ur|groß|va|ter** · **ur|groß|vä|ter|lich**
Ur|he|ber · **Ur|he|ber|recht** · **ur|he|ber|recht|lich** · **Ur|he|ber|schaft,** die, _
Uri (ein Urkanton der Schweiz)
Uri|as|brief (Brief, der dem Überbringer Unheil bringt) ⟨*hebr*, *nach* Uria[s], dem Feldherrn des altjüd. Königs David⟩
urig (urtümlich; komisch; originell); *vgl. auch* urchig
Urin, der, _s, _e (Harn) ⟨*grch* → *lat*⟩ · **Uri|nal,** das, _s, _e (Gefäß zur Aufnahme des Harns, Harnglas, -flasche) · **uri|nie|ren** (harnen) · **uri|nös** (*Med*; harnähnlich)
Ur|kan|ton (Kanton der Urschweiz) ⟨*lat* → *ital* → *frz*⟩
ur|ko|misch ⟨*grch* → *lat*⟩
Ur|kun|de, die, _, _n ⟨*zu* erkennen⟩; zu Urkund dessen (Formel in diplomat. Verträgen) · **Ur|kun|den-samm|lung** · **ur|kund|lich**
Ur|laub, der, _[e]s, _e ⟨*zu* erlauben⟩. *Zus K 365ff.*: Urlaubs‿tag usw. · **Ur|lau|ber,** der, _s, _. *Zus K 365ff.*: Urlauber‿dorf, ...zug usw. · **Ur|laubs‿an|schrift, ...platz, ...rei|se, ...ver|tre|tung**
Ur|mensch, der
Ur|mut|ter, *Pl* ..mütter (Stammmutter)
Ur|ne, die, _, _n (Aschegefäß; Behälter für Stimmzettel od. Lose) ⟨*lat*⟩ · **Ur|nen|fried|hof** · **Ur|nen-‿grab, ...hain** (*gehoben*)
Ur|ner ⟨*zu* Uri⟩: 1. *K 231*: der, _s, _; 2. *als Attribut K 232* · **ur|ne|risch** · **Ur|ner See** (*K 232*), der, *Gen* _ _s, *schweiz* **Ur|ner|see** (*K 234*), der, _s (Teil des Vierwaldstätter Sees)

uro|ge|ni|tal (*Med*; Harn- u. Geschlechtsorgane betreffend) ⟨*grch* + *lat*⟩ · **Uro|ge|ni|tal|sy|stem** (*Med*) · **Uro|lo|ge,** der, _n, _n (Facharzt für Urologie) ⟨*grch*⟩ · **Uro|lo|gie,** die, _ (Lehre von den Erkrankungen der Harnorgane) · **uro|lo|gisch**
ur|plötz|lich
Ur|pro|duk|tion (Gewinnung der Bodenschätze u. Erzeugung in Land- u. Forstwirtschaft) ⟨*lat*⟩
Ur|quell (*gehoben*; Ursprung)
Ur|sa|che · **ur|säch|lich**
ur|schen *K 354* (*obersächs*; wüsten, verschwenden)
Ur|schrift ⟨*lat*⟩ · **ur|schrift|lich**
Ur|schweiz (die Urkantone Uri, Schwyz u. Unterwalden als älteste Glieder der Eidgenossenschaft)
Ur|sel (w. Vn.) ⟨*Kurzf von* Ursula⟩
Ur|sprung · **ur|sprüng|lich** ['u:r.., *auch* ..'ʃpryŋ..]; *Abk* urspr. · **Ur|sprüng|lich|keit,** die, _ · **Ur|sprungs|ge|biet**
urst (*umg*; großartig; sehr schön) ⟨*scherzhafte Superlativbildung zu* ‚ur...'⟩
Ur|stand (*veraltet*; Urzustand) · **Ur|ständ** ⟨*zu* erstehen⟩; *nur noch in* fröhliche _ feiern
Ur|stoff · **ur|stoff|lich**
Ur|strom|tal
Ur|su|la (w. Vn.) ⟨*lat*, ‚kleine Bärin'⟩; *Kurzf* ↑ Ulla, ↑ Ursel
Ur|su|li|ne, die, _, _n *od* **Ur|su|li|ne|rin,** die, _, ..innen (*kath Kirche*; Angehörige eines kath. weibl. Ordens) ⟨*nach* der heiligen Ursula⟩
Ur|teil ['ur..], das (Richterspruch; begründete Ansicht, Meinung) · **ur|tei|len**
Ur|teils|be|grün|dung · **ur|teils|fä|hig** · **Ur|teils|fä|hig|keit,** die, _ · **ur|teils|los**; *vgl.* ...los · **Ur|teils|spruch** · **Ur|teils|ver|kün|dung** · **Ur|teils|ver|mö|gen** · **Ur|teils|voll|streckung** [*Tr* ...strek|kung] · **Ur|teils|voll|zug**
Ur|tier|chen
Ur|ti|ka|ria, die, _ (*Med*; Nesselfieber, Nesselsucht) ⟨*lat*⟩
ur|tüm|lich (dem Urzustand gemäß, ursprünglich) · **Ur|tüm|lich|keit,** die, _
Ur|typ ⟨*grch*⟩, der, _s, _en, *fachspr* **Ur|ty|pus** ⟨*grch* → *lat*⟩, der, _, ..pen (Urform, Urbild)
Uru|guay [..'güai *od* 'u..]: 1. der, _[s] (Fluß in Südamerika) – 2. *amtl* **Re|pu|blik Uru|guay** (in Südamerika) · **Uru|gua|yer:** 1. *K 231*: der, _s, _; 2. *als Attribut K 232* · **uru|gua|yisch**
Ur|ur|ahn
Ur|va|ter (Stammvater)
ur|ver|wandt · **Ur|ver|wandt|schaft**
Ur|wahl (*Pol*) · **Ur|wäh|ler** (*Pol*)

Ur|wald
Ur|welt · **ur|welt|lich**
ur|wüch|sig · **Ur|wüch|sig|keit,** die, _
Ur|zeit
Ur|zeu|gung
Ur|zu|stand · **ur|zu|ständ|lich**
Usam|ba|ra (Gebirgsplateau in Tansania) · **Usam|ba|ra|veil|chen** *K 246*
US-Ame|ri|ka|ner [u:'ɛs..] *od* **USA-Bür|ger** [u::ɛs'a:..] *K 186* · **US-ame|ri|ka|nisch** [u:'ɛs..] *K 248*
Usan|ce [y'zã:s(ə)], die, _, _n [..s(ə)n], (*kaufm*; Brauch; Gewohnheit, Gepflogenheit) ⟨*lat* → *frz*⟩
Us|be|ke, der, _n, _n ⟨*nach* Usbek, einem Khan im 14. Jh.⟩ · **us|be|kisch**; *vgl. K 266f.* · **Us|be|kisch,** das, *Gen* _[s], *Dat* _ (Sprachbezeichnung *K 268ff.*) · **Us|be|ki|sche,** das, *Gen* _n, *Dat* _n (Sprachbezeichnung *K 271*) · **Us|be|ki|stan** [..sta(:)n], *ohne Art*, *amtl* **Us|be|ki|sche So|zia|li|sti|sche So|wjet|re|pu|blik** *K 258*, die, *Gen* _n _n _ (in Mittelasien)
Use|dom [..dɔm], *poln* **Uz|nam** ['uznam] (Ostseeinsel der DDR u. Polens) · **Use|do|mer:** 1. *K 231*: der, _s, _; 2. *als Attribut K 232*
Uso, der, _s, _s (*kaufm*; Brauch, bes. Handelsbrauch) ⟨*lat* → *ital*⟩
Us|su|ri [*od* ..'su:..], der, _[s] (Grenzfluß zu China im SO der RSFSR)
usu|ell (*Wissensch*; gebräuchlich, üblich) ⟨*lat* → *frz*⟩; *Ggs* okkasionell; _e Wortbildung
Usur|pa|tion (widerrechtl. [gewaltsame] Besitz-, Machtergreifung, Aneignung) ⟨*lat*⟩ · **Usur|pa|tor,** der, _s, ..oren (jmd., der eine Usurpation begangen hat od. beabsichtigt; Thronräuber) · **usur|pie|ren** · **Usus,** der, _ (Gebrauch, Brauch; Gewohnheit, Sitte)
Utah (Staat der USA)
Ute (w. Vn.) ⟨*Kurzf der mit* Od.../Ot... (‚Besitz') *gebildeten weibl Vornamen*⟩
Uten|si|li|en [..iən] *Pl* ([notwendige] Geräte, Gebrauchsgegenstände; Hilfsmittel, Werkzeuge) ⟨*lat*⟩
Ute|rus, der, _, ..ri (*Anat*; Gebärmutter) ⟨*lat*⟩
Uti|li|ta|ris|mus, der, _ (Nützlichkeitsstandpunkt – *Philos*; frühbürgerliche ethische Lehre vom Nützlichkeitsstreben für das Individuum bzw. die Gesellschaft) ⟨*lat*⟩ · **Uti|li|ta|rist,** der, _en, _en *od* **Uti|li|ta|rier** [..iər], der, _s, _ (Anhänger des Utilitarismus; ein nur auf den Nutzen Bedachter) · **uti|li|ta|ri|stisch** (auf den Utilitarismus bezüglich; auf das Nützliche gerichtet)

Uto|pia *od* **Uto|pien** [..ĭən], das, _s (Nirgend-, Wunschland) ⟨*nach* dem Roman »Utopia« (*grch*, ‚Nirgendland') des Engländers Thomas Morus⟩ · **Uto|pie,** die, _, ..ien (Vorstellung über die Zukunft, bes. von Gesellschaft u. Technik, die nicht den objektiven Gegebenheiten entspricht; Wunschtraum, Schwärmerei) · **uto|pisch** (nirgends befindlich; nach Unmöglichem strebend, unerfüllbar; schwärmerisch); _ste; *K 119*: utopischer Sozialismus (Bez. für vormarxistische sozialist. Lehren, die nichtrealisierbare Pläne für eine sozialist. Gesellschaft entwickelten) · **Uto|pis|mus,** der, _ (Versuch, utop. Ideen in der Gegenwart zu verwirklichen) · **Utopist**

Utra|quis|mus, der, _ (eine gemäßigte Richtung der Hussiten, die das Abendmahl unter beiderlei Gestalt [Brot u. Wein] forderte) ⟨*lat*⟩

Ut|recht [..ç..] (Stadt in den Niederlanden) · **Ut|rech|ter**: 1. *K 231*: der, _s, _; 2. *als Attribut K 232*

Uva|gras [..v..] (ein Ziergras) ⟨*lat*⟩

UV-Lam|pe [u:'fau..] *K 186* (Höhensonne) · **UV-Strahlen** ↑ *unter* ultraviolett

Uvu|la [..v..], die, _, ..lae [..lɛ:] (*Anat*; Gaumenzäpfchen) ⟨*lat*⟩

Uz, der, _es, _e (*umg*; Neckerei, Fopperei) ⟨*zu* Utz, *Kurzf von* Ulrich⟩ · **uzen** *K 354* (*umg*; necken) · **Uze|rei** (*umg*)

Uznam ↑ Usedom

V

V [fau], das, *Gen* des V, *Pl* die V (Buchstabe)

Vaal [va:l], der, _[s] (Fluß in Südafrika [2])

va banque [va 'bã:k] (»es gilt die Bank« [im Glücksspiel]) ⟨*frz*⟩; va banque spielen (alles aufs Spiel, auf eine Karte setzen) · **Va|banque-spiel** [..'bã:k.. *od* ..'baŋk..], das, _[e]s

Va|de|me|kum [v..], das, _s, _s (*veraltend*; Taschenbuch; Ratgeber; Leitfaden) ⟨*lat*, ‚geh mit mir!'⟩

va|dos [v..] (*Geol*; das in der Erdkruste zirkulierende Niederschlagswasser betreffend) ⟨*lat*⟩

Va|duz [v..] (Hptst. von Liechtenstein)

vag ↑ vage · **Va|ga|bund** [v..], der, _en, _en (*veraltend*; Landstreicher, Strolch) ⟨*lat*⟩ · **va|ga|bun|die|ren** (*veraltend*; [als Landstreicher] umherziehen, strolchen); vagabundierende Ströme (*Phys*) · **Va|gant** (*Mittelalter*; Fahrender; umherziehender Sänger, Spielmann u. Dichter; fahrender Schüler) · **va|ge** ['va:gə], *selten* **vag** [va:k] (unbestimmt, ungewiß; verschwommen) · **Vag|heit** ['va:k..] (Unstetheit, Unbestimmtheit)

Va|gi|na [v..], die, _, ..nen (*Med*; weibl. Scheide) ⟨*lat*⟩ · **va|gi|nal** (*Med*; auf die weibl. Scheide bezüglich)

Va|gus [v..], der, _ (*Med*; ein Hirnnerv) ⟨*lat*⟩

Váh ↑ Waag

va|kant [v..] (leer; erledigt, unbesetzt, offen, frei) ⟨*lat*⟩ · **Va|kanz,** die, _, _en (freie Stelle – *noch landsch*; Ferien) · **Va|kat,** das, _[s], _s (*Polygr*; leere Seite) · **Va|kuo|le,** die, _, _n (*Biol*; Hohlraum in tierischen u. pflanzl. Zellen) · **Va|ku-um** [..ku:um], das, _s, ..kua (luftleerer od. luftverdünnter Raum). *Zus K 365ff.*: Vakuum‿pumpe usw. · **Va|ku|um|me|ter** [*auch* ..'me:..], das (Luftdruckmeßgerät für kleinste Drücke) · **va|ku|um-ver|packt**

Vak|zi|na|tion [v..] (*Med*; Schutzimpfung – *i. e. S.* Kuhpockenimpfung) ⟨*lat*⟩ · **Vak|zi|ne,** die, _, _n, *selten* **Vak|zin,** das, _s, _e (*Med*; Impfstoff gegen Infektionskrankheiten) · **vak|zi|nie|ren** (*Med*; mit einer Vakzine impfen)

Va|len|cia [va'lɛn(t)sĭa] (Hafenstadt im O Spaniens)

Va|len|tin ['va(:)..] (m. Vn.) ⟨*lat*, ‚der Starke'⟩ · **Va|len|tins|tag**

Va|lenz [v..], die, _, _en (*Chem*; Wertigkeit – *Sprachw*; Fähigkeit von Wörtern, Ergänzungen an sich zu binden) ⟨*lat*⟩

Va|le|ria|na [v..], die, _, ..nen (*Bot*; Baldrian) ⟨*lat*⟩

Va|le|rius [v..] (röm. En.) ⟨*lat*⟩

Va|les|ka [v..] (w. Vn.) ⟨*lat* → *poln*⟩; *Kurzf* ↑ Walli, ↑ Wally

[1]**Va|let** [va'lɛt *od* ..'le:t], das, _s, _s (*veraltet*; Abschied, Lebewohl) ⟨*lat*⟩; _ sagen, jmdm. das _ geben

[2]**Va|let** [va'le:], der, _s, _s (Bube im französ. Kartenspiel) ⟨*kelt* → *lat* → *frz*⟩

Va|leurs [va'lø:rs] *Pl* (*Mal*; Farbwerte, Farbtonabstufungen) ⟨*lat* → *frz*⟩

val|le|ra! [v.. *od* f..] · **val|le|ri, val-le|ra!**

Val|let|ta [v..] (Hptst. von Malta)

Va|lois [va'lŏa] (französ. Königshaus)

Va|lo|ren [v..] *Pl* (*Wirtsch*; Wertgegenstände, Wertpapiere) ⟨*lat*⟩ · **Va-lo|ri|sa|tion** (*kap Wirtsch*; Aufwertung, staatsmonopolist. Preisstützung) · **va|lo|ri|sie|ren** (*kap Wirtsch*)

Val|pa|rai|ser [valpara'i(:).. *od* ..'rai..]: 1. *K 231*: der, _s, _; 2. *als Attribut K 232* · **Val|pa|rai|so** (Hafenstadt in Chile) ⟨*span*, ‚Paradiestal'⟩

Va|lu|ta [v..], die, _, ..ten (Wert einer Währung, einer Ware an einem bestimmten Tag; Währung) ⟨*lat* → *ital*⟩ – **Va|lu|ten** *Pl* (ausländ. Geldsorten) · **Va|lu|ta|klau-sel** (*Wirtsch*; Festlegung eines Zahlungskurses in fremder Währung auf Rechnungen usw.) · **Va|lu-ta-Mark** *K 187* · **va|lu|tie|ren** (*Wirtsch*; ein Datum festsetzen, das bei Gutschrift od. Belastung für den Kunden maßgebend ist; den Wert angeben, bewerten) · **Val|va|tion** [valva..] (*Bankw*; Abschätzung, Wertbestimmung [von Münzen, Geldsorten]) ⟨*lat* → *frz*⟩

Vamp [vɛmp], der, _s, _s (ein Frauentyp, bes. Filmtyp einer erotisch stark anziehenden, kalt berechnenden Frau) ⟨*engl Kurzw für* Vampir⟩ · **Vam|pir** ['vam.. *od* vam-'pi:r, *österr nur so*], der, _s, _e (eine Fledermausart – *Abergl*; blutsaugendes Nachtgespenst – *übertr*; Wucherer, Blutsauger) ⟨*serbokr*⟩

van [fan *od* van] (Präposition vor [niederländ.] Familiennamen: »von«, z. B. van Dyck [fan 'daik, *niederländ* van 'dɛik]) ⟨*ndrl*⟩

Va|na|dium [v..] *od* **Va|na|din,** das, _s (chem. Element, Metall); *Zeichen* V ⟨*nach* Vanadis = Beiname der Freyja⟩

Van|cou|ver [vɛn'ku:vər] (Insel vor der Westküste Kanadas; Hafenstadt im W Kanadas)

Vandale usw. ↑ Wandale usw.

Van-Dyck-Braun [fan'daik.. *od* van-'dɛik..] *K 213*, das, _s ⟨*nach* der niederländ. Malerfamilie⟩; *vgl.* Blau

Va|nil|le [va'niljə, *österr* va'nilə *od* va'ni:jə], die, _ (aromat. Gewürzpflanze; Gewürz) ⟨*lat* → *span*⟩ · **Va-nil|le|eis** · **Va|nil|le|scho|ko|la-de** · **Va|nil|lin** [..'li:n], das, _s (ein Aromastoff)

Va|ra|na|si [v..], *eindeutschend* **Va-ra|na|schi** (Stadt im N Indiens) ⟨*aind*⟩

Va|ria [v..] *Pl* (Verschiedenes, Mannigfaltiges, Allerlei) ⟨*lat*⟩ · **va|ria-bel** (veränderlich, [ab]wandelbar, [ab]wandlungsfähig, schwankend); *K 363*: eine varia|ble Größe · **Va-ria|bi|li|tät** (Veränderlichkeit [der Arten]) · **Va|ria|ble,** die, _n, _n (*Math*; veränderl. Größe); mehrere _[n] *K 343* · **Va|rian|te,** die, _, _n (Abart, Spielart; Abweichung, Unterscheidung) · **Va|ria|tion** (Abwechslung; Abwandlung – *Mus*; Umbildung eines Themas) · **Va|rie|tät** [varie..] (*fachspr*; Verschiedenheit, Abart, Spielart); *naturwiss Abk* var. · **Va|rie|té,** *schweiz* **Va|rié|té** [*beide* varie'te:], das, _s, _s (Gebäude, Bühne für bunt wechselnde akrobatische, tänzerische, gesangliche, musikalische u. a. Darbietungen) ⟨*lat* → *frz*⟩. *Zus K 365 ff.*: Varieté_theater usw. · **va|ri|ie|ren** (verschieden sein, voneinander abweichen; verändern; abwandeln – *Mus*; ein Thema umbilden) ⟨*lat*⟩

va|ri|kös [v..] (*Med*; krampfaderig) ⟨*lat*⟩

Va|ri|nas ['va:ri.. *od* va'ri:..], der, _ (südamerikan. Tabak) ⟨*nach* der Stadt Barinas im westl. Venezuela⟩

Va|rio|me|ter [v..], das (*Phys*, *Techn*; Bez. für verschiedene Meß- u. Regelgeräte) ⟨*lat* + *grch*⟩

Va|ri|stor [v..] *K 44*, der, _s, ..oren *Kurzw* (*Elektrotechn*; spannungsabhängiger Widerstand) ⟨*aus engl* variable res*istor* ['vɛ:riəb(ə)l ri'zistər] = veränderl. Widerstand⟩

va|ris|zi|sche [v..] *od* **va|ris|ki|sche Ge|birgs|bil|dung** (*Geol*; im Paläozoikum entstandene Faltung in Eurasien u. im O Nordamerikas) ⟨*nach* den Variscі [latein. Name des german. Stammes der Waristen]⟩

Va|ri|zel|len [v..] *Pl* (*Med*; Windpocken); *Sg* Va|ri|zel|le, die, _ ⟨*lat*⟩ · **Va|ri|zen** *Pl* (*Med*; Krampfadern); *Sg* Va|rix, die, _

Va|sall [v..], der, _en, _en (*hist*; Lehnsmann, Gefolgsmann) ⟨*kelt* → *lat* → *frz*⟩ · **Va|sal|len|staat,** *Pl* ..staaten · **Va|sal|len|tum,** das, _[e]s (*hist*) · **va|sal|lisch** (*hist*)

Väs|chen [v..] · **Va|se,** die, _, _n (Ziergefäß, Gefäß) ⟨*lat*⟩

Va|se|li|ne [v.., *österr* ..'li:n], die, _, *selten* **Va|se|lin,** das, _s *Kurzw* (salbenartige Masse) ⟨*aus dt* Wasser + *grch* elaion = Öl⟩

va|sen|för|mig [v..]

va|so|mo|to|risch [v..] (*Med*; die Gefäßnerven betreffend) ⟨*lat*⟩

Va|ter, der, _s, *Pl* Väter · **Vä|terchen** · **Va|ter|haus** · **Va|ter|land,** *Pl* ..länder · **va|ter|län|disch,** *aber K 258*: der Große Vaterländische Krieg (der Sowjetunion gegen den Hitlerfaschismus); der Vaterländische Verdienstorden (*Abk* VVO) · **va|ter|lands|lie|bend** · **va|terlands|los;** *vgl.* ...los · **vä|ter|lich** · **vä|ter|li|cher|seits** · **Vä|ter|lichkeit,** die, _ · **va|ter|los;** *vgl.* ...los · **Va|ter|lo|sig|keit,** die, _ · **Va|terrecht,** das, _es · **Va|ter|schaft,** die, _ · **Va|ter[s]|na|me** (vom Namen des Vaters abgeleiteter Eigenname) · **Va|ter|un|ser,** das, _s, _ (*christl Rel*; Gebet der Christen), *aber im Gebet selbst*: Vater unser ... · **Va|ti,** der, _s, _s (*Kosef*)

Va|ti|kan [v..] ⟨*lat*⟩: 1. der, _s (Residenz des Papstes in Rom) – 2. *od* **Va|ti|kan|stadt,** die, _, *amtl* **Staat der Va|ti|kan|stadt** (päpstl. Staatsgebiet) · **va|ti|ka|nisch,** *aber K 258*: die Vatikanische Bibliothek

Vau|de|ville [vod(ə)'vi:l], das, _s, *österr meist* _, *Pl* _s (*Mus*; französ. volkstüml. Liederspiel; einzelnes Schlagerlied daraus; Singspieltheater) ⟨*nach* der nordfranzös. Landsch. Val de Vire [val də 'vi:r]⟩

Vecht [vɛxt], die, _: 1. (ehem. Mündungsarm des Rheins) – 2. ↑ Vechte · **Vech|te** ['fɛçtə], *niederländ* **Vecht** [vɛxt], die, _ (Fluß in der BRD u. den Niederlanden)

Veda usw. ↑ Weda usw.

Ve|du|te [v..], die, _, _n (*bildende Kunst*; sachlich genaue Wiedergabe einer Landschafts- od. Stadtansicht) ⟨*lat* → *ital*⟩

Ve|ge|ta|bi|lien [v..] *Pl* (*fachspr*; Pflanzenstoffe, pflanzl. Nahrungsmittel) ⟨*lat*⟩ · **ve|ge|ta|bi|lisch** *od* **ve|ge|ta|bil** (*fachspr*; pflanzlich, von Pflanzen herrührend, Pflanzen...) · **Ve|ge|ta|rier** [..iər], der, _s, _ (Pflanzenkostesser) ⟨*lat* → *frz* → *engl*⟩ · **ve|ge|ta|risch** (den Vegetarier od. den Vegetarismus betreffend; pflanzlich, Pflanzen...) · **Ve|ge|ta|ris|mus,** der, _ (Ernährung durch Pflanzenkost) · **Ve|ge|ta|ti|on** (Pflanzenwelt, -wuchs) ⟨*lat*⟩ · **Ve|ge|ta|tions_pe|ri|ode,** ..**zo|nen** (*Pl*) · **ve|ge|ta|tiv**: 1. (*Biol*; zur Vegetation gehörig, pflanzlich; ungeschlechtlich); _e [..və] Vermehrung (ungeschlechtl. Fortpflanzung) – 2. (*Med*; unbewußt); _es [..vəs] Nervensystem (dem Einfluß des Bewußtseins entzogenes Nervensystem) · **ve|ge|tie|ren** (*oft abwert*; kümmerlich, kärglich [dahin]leben)

ve|he|ment [v..] (heftig, ungestüm) ⟨*lat*⟩ · **Ve|he|menz,** die, _ · **Ve|hi|kel,** das, _s, _ (*meist abwert*; Fahrzeug – *übertr*; verdeutlichendes Hilfsmittel)

Vei|gerl, das, _s, _n (*bayr*, *österr*; Veilchen) ⟨*grch* → *lat*⟩ · **Veil|chen** · **veil|chen|blau;** *vgl.* blau · **Veil|chen|duft**

Veit [f..] (m. Vn.) ⟨‚[der im] Wald [Lebende]'⟩ · **Veits|tanz,** der, _es (*Med*; ein Nervenleiden)

Vek|tor [v..], der, _s, ..oren (*Math*, *Phys*; durch Richtung u. Betrag bestimmte Rechengröße) ⟨*lat*⟩ · **vek|to|ri|ell** · **Vek|tor|rech|nung** (*Math*)

Vela ↑ Velum · **Ve|lar** [v..], der, _s, _e *od* **Ve|lar|laut,** der, _[e]s, _e (*Phon*; Hintergaumenlaut, Gaumensegellaut) ⟨*lat*⟩

Ve|lin [ve'li:n, *auch* ve'lɛ̃:], das, _s (weiches Pergament; ungeripptes Papier) ⟨*lat* → *frz*⟩ · **Ve|lin|pa|pier**

Ve|lo [v..], das, _s, _s (*schweiz*; Fahrrad) (*Kurzw für* Veloziped); *K 131*: Velo fahren · **Ve|lo|drom,** das, _s, _e (Radrennbahn in der Halle) ⟨*lat* + *grch*⟩

Ve|lour [və'lu:r, *auch* ve..], der, _s, *Pl* _s *od* _e (1. samtartiges Leder – 2. ↑ Velours [2]) ⟨*lat* → *frz*⟩ · **Ve|lour|le|der** · **Ve|lours** [və'lu:r, *auch* ve..]: 1. der, _ [..'lu:rs], _ [..'lu:rs] (Samt; Teppichart mit aufgeschnittenen Flornoppen) – 2. *auch* **Velour,** der, _s, *Pl* _s *od* _e (samtartiges Gewebe) · **Ve|lour[s]|papier**

Ve|lo|zi|ped [v..], das, _[e]s, _e (*veraltet*; Fahrrad); *Kurzw* Velo ⟨*lat* → *frz*⟩

Velt|lin [f.. *od* v..], das, _s (Tal in Oberitalien) · **Velt|li|ner**: 1. *K 231*: der, _s, _ (im Veltlin Geborener od. Wohnender; eine Weinsorte) – 2. *als Attribut K 232*

Ve|lum [v..], das, _s, ..la (*kath Kirche*; Schultertuch, ein Teil der gottesdienstl. Kleidung der Priester; Kelchtuch – *Med*; Gaumensegel) ⟨*lat*, ‚Segel'⟩

Vel|vet ['vɛlvət], der, _s, _s (Baumwollsamt) ⟨*lat* → *engl*⟩

Ven|dée [vã'de:], die, _ (histor. Gebiet an der Westküste Frankreichs) · **Ven|de|er**: 1. *K 231*: der, _s, _; 2. *als Attribut K 232*

Ven|dé|miaire [vãde'miɛ:r], der, _[s], _s (1. Monat [22. Sept. bis 21. Okt.] des Kalenders der Französ. Revolution) ⟨*lat* → *frz*, ‚Weinmonat'⟩

Ve|ne [v..], die, _, _n (Blutader) ⟨*lat*⟩

Ve|ne|dig [v..], *italien* **Ve|ne|zia** (Hafenstadt in Oberitalien)

Ve|nen|ent|zün|dung [v..] (*Med*)

Ve|ne|ra|bi|le [vene'ra:bile:], das, _s (*kath Kirche*; das Allerheiligste, die geweihte Hostie) ⟨*lat*⟩

ve|ne|risch [v..] (*Med*; auf die Geschlechtskrankheiten bezüglich) ⟨*nach* Venus⟩; _e Krankheiten (Geschlechtskrankheiten)

Ve|ne|ter ['ve:..], der, _s, _ (*Altertum*: 1. Angehöriger eines illyr. Volkes im östl. Oberitalien – 2. Angehöriger eines kelt. Volkes in Westgallien – 3. Angehöriger einer slaw. Völkerschaft im mittleren Weichselgebiet) · **Ve|ne|tien** [ve'ne:tsiən] (Landschaft in Oberitalien) · **Venezia** ↑ Venedig · **Ve-**

ne|zia|ner, der, _s, _ · ve|ne-zia|nisch; *K 258*: die Venezianischen Epigramme (von Goethe) · Ve|ne|zo|la|ner, *auch* Ve|ne|zue-ler, der, _s, _ ⟨*zu* Venezuela⟩ · ve-ne|zo|la|nisch, *auch* ve|ne|zue-lisch · Ve|ne|zue|la, *amtl* Re|pu-blik Ve|ne|zue|la (im N Südamerikas) ⟨*span*, ‚Klein-Venedig'⟩

ve|ni, vi|di, vi|ci ['ve:ni: 'vi:di: 'vi:tsi:] (ich kam, ich sah, ich siegte) ⟨*lat*⟩

ve|nös [v..] (*Med*; die Venen betreffend) ⟨*lat*⟩

Ven|til [v..], das, _s, _e (*Techn*; Sperr- u. Regelvorrichtung) ⟨*lat*⟩ · Ven|ti|la|tion (Lüftung, Luftwechsel, Bewetterung) · Ven|ti|la|tor, der, _s, ..oren (Vorrichtung zur Lufterneuerung, Lüfter) · ven|ti|lie-ren (lüften – *übertr*; etw. sorgfältig erwägen) · Ven|til|steue|rung (*Techn*) · Ven|tôse [vã'to:s *od* ..'to:z], der, _ *od* _s [..zəs], *Pl* _s [..zəs] (6. Monat [19. Febr. bis 20. März] des Kalenders der Französ. Revolution) ⟨*lat* → *frz*, ‚Windmonat'⟩

Ven|tri|kel [v..], der, _s, _ (*Med*; Kammer [in Herz u. Hirn]) ⟨*lat*⟩ · Ven|tri|lo|quist, der, _en, _en (Bauchredner)

Ve|nus [v..]: 1. (*röm Mythol*; Göttin der Liebe u. der Schönheit) – 2. die, _ (ein Planet) ⟨*lat*⟩ · Ve|nus-berg, der, _[e]s · Ve|nus|son|de (eine Raumsonde)

ver...: *in fest zusammengesetzten Verben*, z. B. verbrennen *K 357*, du verbrennst, verbrannt, zu verbrennen

¹Ve|ra [v..] (w. Vn.) ⟨*Kurzf von* Veronika (1)⟩

²Ve|ra [v..] (w. Vn.) ⟨*slaw*, ‚Glaube'⟩; *Nebenf* ↑ Wera

ver|aa|sen (*salopp*; verschleudern, vergeuden)

ver|ab|fol|gen (*bürospr*; aus-, abgeben)

ver|ab|re|den · ver|ab|re|de|ter-ma|ßen *K 176* · Ver|ab|re|dung

ver|ab|rei|chen

ver|ab|scheu|en · ver|ab|scheu-ungs|wür|dig

ver|ab|schie|den (*auch für* rechtskräftig machen); ein Gesetz _

ver|ab|so|lu|tie|ren ⟨*lat*⟩ · Ver|ab-so|lu|tie|rung

ver|ach|ten; etw. ist nicht zu _ (*umg*; gut, schön) · Ver|äch|ter · ver|ächt|lich · Ver|ächt|lich|ma-chung, die, _ · Ver|ach|tung

Ve|ra|cruz [vera'kru:s] (Hafenstadt im O Mexikos) ⟨*span*, ‚wahres Kreuz'⟩

ver|al|bern *K 363* (*umg*; necken, zum Narren halten)

ver|all|ge|mei|nern *K 363* · Ver|all-ge|mei|ne|rung

ver|al|ten

Ve|ran|da [v..], die, _, ..den (bedeckter, geschützter Vorbau an Wohnhäusern) ⟨*Hind* → *engl*⟩ · ve-ran|da|ar|tig

ver|än|der|lich; das Barometer steht auf »veränderlich« · Ver|än|der-lich|keit, die, _ · ver|än|dern *K 363*; sich (*Akk*) _ · Ver|än|de-rung

ver|äng|sti|gen · ver|äng|stigt

ver|an|kern *K 363* ⟨*lat*⟩ · Ver|an-ke|rung

ver|an|la|gen (einschätzen) · ver-an|lagt (*auch für* mit Fähigkeiten, Anlagen ausgestattet sein); er ist künstlerisch _ · Ver|an|la|gung

ver|an|las|sen; du veranlaßt *K 354*; du veranlaßtest; veranlaßt; sich (*Akk*) veranlaßt sehen · Ver|an|las-sung

ver|an|schau|li|chen · Ver|an-schau|li|chung, die, _

ver|an|schla|gen; du veranschlagst; du veranschlagtest; veranschlagt

ver|an|stal|ten · Ver|an|stal|ter · Ver|an|stal|tung

ver|ant|wor|ten · ver|ant|wort-lich · Ver|ant|wort|lich|keit · Ver-ant|wor|tung, die, _ · ver|ant-wor|tungs|be|wußt · Ver|ant|wor-tungs|ge|fühl, das, _[e]s · ver|ant-wor|tungs|los *K 349*; *vgl.* ...los · Ver|ant|wor|tungs|lo|sig|keit, die, _ · ver|ant|wor|tungs|voll

ver|äp|peln *K 363* (*umg*; veralbern)

ver|ar|bei|ten · Ver|ar|bei|tung

ver|ar|gen (*gehoben*)

ver|är|gern *K 363* · Ver|är|ge-rung

ver|ar|men · Ver|ar|mung

ver|ar|schen (*derb*; veralbern)

ver|arz|ten (*umg*; [ärztl.] behandeln) ⟨*grch* → *lat*⟩

ver|aschen (*Chem*)

ver|ästeln, sich (*Akk*) (sich in Form von Ästchen od. Ästen verbreiten, verzweigen) · Ver|äste|lung *K 363*

ver|aus|ga|ben (*bürospr*; ausgeben); sich (*Akk*) _ (*normalspr*; sich sehr anstrengen)

ver|aus|la|gen ([Geld] auslegen)

ver|äu|ßer|li|chen (oberflächlich machen od. werden) · Ver|äu|ßer-li|chung · ver|äu|ßern *K 363* (verkaufen) · Ver|äu|ße|rung

Verb [v..], das, _s, _en (*Gramm*; Zeitwort, Tätigkeitswort) ⟨*lat*⟩ · Verba finita ↑ Verbum finitum · ver|bal (mündlich; mit Worten [gesagt] – *Gramm*; als Verb gebraucht) · Ver|bal, das, _s, _e (*schweiz*; Bericht, Protokoll) · Ver-bal|in|ju|rie [..iə] (*Rechtsw*; Beleidigung durch Worte) · Ver|ba|lis-mus, der, _ (*meist abwert*; Wortwissen, Vorherrschaft des Wortes über die Sache [im Unterricht])

ver|ball|hor|nen (durch vermeintl. Verbesserungen verschlimmern) ⟨*nach* dem Buchdrucker Bal[l]horn⟩

Ver|bal|no|te [v..] (*Diplomatie*; Schriftstück ohne Unterschrift mit dem Charakter einer vertraul. Mitteilung) ⟨*lat*⟩ · Ver|bal|sub|stan|tiv (*Sprachw*; vom Verb abgeleitetes Substantiv)

Ver|band, der, _[e]s, ..bände (*auch Milit*) · Ver|bands|kas|se · Ver-band[s]|ka|sten · Ver|bands|lei-ter, der · Ver|band[s]-päck|chen, ...stoff · Ver|band[s]|zeug, das, _[e]s

ver|ban|nen · Ver|bann|te, der *u.* die, _n, _n *K 341* · Ver|ban|nung

ver|bar|ri|ka|die|ren ⟨*lat* → *ital* → *frz*⟩

ver|bau|en

ver|bei|ßen *K 354*; sich (*Dat*) den Schmerz _; sich (*Akk*) in eine Sache _; *vgl. auch* verbissen

ver|bel|len (*weidm*; den Jäger durch Bellen zum verwundeten od. verendeten Wild hinführen)

Ver|be|ne [v..], die, _, _n (*Bot*; Eisenkraut, eine Garten- u. Arzneipflanze) ⟨*lat*⟩

ver|ber|gen; *vgl. auch* ²verborgen

Ver|bes|se|rer *K 363 f.* · ver|bes-sern *K 363 f.* · Ver|bes|se|rung *K 363 f.* · Ver|bes|se|rungs|vor-schlag

ver|beu|gen, sich (*Akk*) · Ver|beu-gung

ver|beu|len

ver|bie|gen · Ver|bie|gung

ver|bie|stert (*landsch umg*; verwirrt; in eine Meinung usw. verrannt; verärgert)

ver|bie|ten; verboten

ver|bil|den · ver|bild|li|chen · Ver-bil|dung

ver|bin|den · ver|bind|lich (höflich, zuvorkommend; verpflichtend) · Ver|bind|lich|keit · Ver|bin|dung

Ver|biß (*weidm*; Abbeißen von Knospen u. Trieben durch Wild) · ver|bis|sen *K 364* (*auch für* leidenschaftlich, versessen; ingrimmig, zornig) · Ver|bis|sen|heit, die, _

ver|bit|ten, sich (*Dat*); sich etwas _

ver|bit|tern *K 363* · Ver|bit|te|rung, die, _

ver|blas|sen *K 354*

Ver|bleib, der, _[e]s (*gehoben*) · ver|blei|ben (*gehoben*)

ver|blei|chen (bleich werden – *dicht*; sterben); du verblichst *od* verblichest; du verblichest; verblichen; verbleich[e]!; *vgl. auch* Verblichene

ver|blei|en (*Techn*; mit Blei auslegen, versehen)

ver|blen|den (*auch Bauw*; Mauerwerk mit besserem Baustoff verkleiden) · **Ver|blen|dung** (*auch Bauw*)
ver|bleu|en (*salopp*; verprügeln)
ver|bli|chen *K 364*; ein ‿es Bild · **Ver|bli|che|ne,** der *u.* die, ‿n, ‿n *K 341* (*dicht*; der *bzw* die Tote); *vgl. auch* verbleichen
ver|blö|den (*umg*) · **Ver|blö|dung,** die, ‿ (*umg*)
ver|blüf|fen; verblüfft sein · **ver|blüf|fend;** *K 115*: am ‿sten · **Ver|blüfft|heit,** die, ‿ · **Ver|blüf|fung,** die, ‿
ver|blü|hen
ver|blümt (andeutend)
ver|blu|ten; sich (*Akk*) ‿
ver|bocken [*Tr* ..bok|ken] (*umg*; falsch machen, verderben)
ver|bohrt (*umg*; sich auf etw. versteifend, starr, unvernünftig) · **Ver|bohrt|heit,** die, ‿ (*umg*)
[1]**ver|bor|gen** *Verb* (verleihen)
[2]**ver|bor|gen** *Adj K 364*; *K 117*: im verborgenen (unbemerkt, unaufgeklärt) bleiben; *K 93*: ins Verborgene sehen · **Ver|bor|gen|heit,** die, ‿
Ver|bot, das, ‿[e]s, ‿e · **Ver|bots|zei|chen**
ver|brä|men · **Ver|brä|mung**
ver|bra|ten (*umg*; verbrauchen); Geld ‿
Ver|brauch, der, ‿[e]s, *Pl* (*fachspr*) ..bräuche · **ver|brau|chen** · **Ver|brau|cher** · **Ver|brauchs|gü|ter** *Pl*
ver|bre|chen · **Ver|bre|chen,** das, ‿s, ‿ · **Ver|bre|chens|be|kämp|fung,** die, ‿ · **Ver|bre|cher** · **Ver|bre|che|rin,** die, ‿, ..innen · **ver|bre|che|risch;** ‿ste · **Ver|bre|cher|tum,** das, ‿[e]s
ver|brei|ten (weithin übertragen; bekanntmachen); sich (*Akk*) ‿ (*auch abwert*; zu ausführlich darstellen) · **ver|brei|tern** *K 363* (breiter machen) · **Ver|brei|te|rung** · **Ver|brei|tung,** die, ‿
ver|brenn|bar · **ver|bren|nen;** das Buch ist mir verbrannt; ich habe mir die Finger verbrannt · **Ver|bren|nung** · **Ver|bren|nungs|mo|tor**
ver|brie|fen (*noch gehoben*; [urkundlich] sicherstellen) ⟨*lat*⟩; ein verbrieftes Recht
ver|brin|gen; verbracht
ver|brü|dern *K 363*, **sich** (*Akk*)
ver|brü|hen
ver|bu|chen (*veraltend*; buchen); Erfolg ‿ (*übertr*; verzeichnen)
ver|bum|fie|deln *K 363* (*umg*; verschwenden; verlieren)
Ver|bum fi|ni|tum [v.. ‿] *K 47*, das, ‿s ‿, *Pl* Verba finita (*Gramm*; Bez. für eine einzelne konjugierte Form u. die Gesamtheit der konjugierten Formen des Verbs) ⟨*lat*⟩
ver|bum|meln *K 363* (*umg*; [nutzlos] verbringen; vergessen, verlieren); Zeit ‿
Ver|bund, der, ‿[e]s (Verbindung – *Techn*; Haftung zw. Beton u. Stahl) · **Ver|bund|bau|wei|se,** die, ‿ · **ver|bün|den, sich** (*Akk*) · **Ver|bün|den|heit,** die, ‿ · **Ver|bün|de|te,** der *u.* die, ‿n, ‿n *K 341* · **Ver|bund|fen|ster** · **Ver|bund|glas,** *Pl* ..gläser · **Ver|bund|ma|schi|ne** (*Techn*) · **Ver|bund|netz** (Zusammenschluß der Hochspannungsleitungen zu einem Netz) · **Ver|bund|wirt|schaft** (enge technisch-organisator. od. auch rechtlich-ökonom. Zusammenarbeit mehrerer Betriebe [bes. in der Energiewirtschaft])
ver|bür|gen, sich (*Akk*)
ver|bü|ßen (*Rechtsw*)
ver|chro|men [..k..] (mit Chrom überziehen) ⟨*grch*⟩
Ver|dacht, der, ‿[e]s · **ver|däch|tig** · **ver|däch|ti|gen** · **Ver|däch|ti|gung** · **Ver|dachts|grund**
ver|dam|men ⟨*lat*⟩ · **ver|dam|mens|wert** · **Ver|damm|nis,** die, ‿ (*Rel*) · **ver|dammt** (*auch umg*; sehr); ‿ heiß (*umg*) · **Ver|dam|mung,** die, ‿
ver|damp|fen · **Ver|damp|fer** (*Techn*) · **Ver|damp|fung**
ver|dan|ken (*schweiz auch für* Dank abstatten); jmdm. etwas ‿
ver|dat|tert (*umg*; verwirrt) ⟨*zu* tattern⟩
ver|dau|en · **ver|dau|lich;** die Speise ist leicht verdaulich, die leichtverdauliche Speise; *vgl. auch K 173* · **Ver|dau|lich|keit,** die, ‿ · **Ver|dau|ung,** die, ‿ · **Ver|dau|ungs‿or|gan, ...stö|rung**
Verde, Kap ↑ Kap Verde
Ver|deck, das, ‿[e]s, ‿e · **ver|decken** [*Tr* ..dek|ken]
Ver|den (Al|ler) ['fe:r.. (‿)] (Stadt im N der BRD) · **Ver|de|ner:** 1. *K 231*: der, ‿s, ‿; 2. *als Attribut K 232*
ver|den|ken; jmdm. etwas ‿
Ver|derb, der, ‿[e]s; auf Gedeih und ‿ · **ver|der|ben** (1. *tr* zugrunde richten; negativ beeinflussen, zu einem schlechten Menschen machen; schlecht machen – 2. *intr* schlecht, schlechter werden); du verdirbst; du verdarbst; du verdürbest; verdorben (*vgl. d.*); verdirb!; *vgl. auch* verderbt · **Ver|der|ben,** das, ‿s · **Ver|der|ber** · **ver|derb|lich** · **Ver|derb|lich|keit,** die, ‿ · **ver|derbt** (*veraltend*; [sittlich] verdorben) · **Ver|derbt|heit,** die, ‿ (*veraltend*; [sittliche] Verdorbenheit)
ver|deut|li|chen · **Ver|deut|li|chung,** die, ‿
ver|deut|schen *K 354* · **Ver|deut|schung**
ver|dicht|bar (*fachspr*) · **ver|dich|ten** · **Ver|dich|ter** · **Ver|dich|tung**
ver|dicken[1] · **Ver|dickung**[1]
ver|die|nen · **Ver|die|ner** · **Ver|dienst:** 1. der, ‿es, ‿e (Erwerb, Gewinn) – 2. das, ‿es, ‿e (Anspruch auf Dank u. Anerkennung; anerkennenswerte Leistung) · **ver|dienst|lich** · **ver|dienst|voll** · **ver|dient;** ein verdienter Mann, *aber als Ehrenbezeichnung K 258*: Verdienter Erfinder, Verdienter Meister des Sports, Verdienter Bergmann der Deutschen Demokratischen Republik, Verdienter Lehrer des Volkes usw.; sich (*Akk*) ‿ machen · **ver|dien|ter|ma|ßen** *K 176* · **ver|dien|ter|wei|se** *K 176*
Ver|dikt [v..], das, ‿[e]s, ‿e (*veraltend*; Urteilsspruch, Strafurteil) ⟨*lat* → *frz* → *engl*⟩
ver|din|gen (*veraltet*; vermieten); sich (*Akk*) ‿; du verdingtest; du verdingtest; verdungen, *seltener* verdingt; verding[e]! · **ver|ding|li|chen** · **Ver|ding|li|chung,** die, ‿
ver|dol|met|schen ([etw.] übersetzen, erklären, auslegen) ⟨*türk* → *ung*⟩
ver|don|nern *K 363* (*umg*; verurteilen) · **ver|don|nert** (*umg auch für* erschreckt)
ver|dop|peln *K 363* ⟨*lat* → *frz*⟩ · **Ver|dop|pe|lung** *K 363*
ver|dor|ben *K 364*; ‿es Fleisch; ein [sittlich] ‿er Mensch; *vgl. auch* verderbt · **Ver|dor|ben|heit,** die, ‿; *vgl. auch* Verderbtheit
ver|dor|ren; verdorrt
ver|drah|ten
ver|drän|gen
ver|drecken[1] (*umg*); verdreckt
ver|dre|hen · **ver|dreht** (*auch umg*; verwirrt, verrückt, verschroben) · **Ver|dreht|heit** · **Ver|dre|hung** (*auch umg*)
ver|drei|fa|chen
ver|dre|schen (*umg*)
ver|drie|ßen; du verdrießt *K 354*; du verdrossest, er verdroß; du verdrössest; verdrossen; verdrieß[e]!; es verdrießt mich (*gehoben*); ich will mich keine Mühe verdrießen lassen (*gehoben*) · **ver|drieß|lich** · **Ver|drieß|lich|keit**
ver|drillt (in sich verdreht) · **Ver|dril|lung**
ver|drücken[1] (*umg*; essen); sich (*Akk*) ‿ (*umg*; sich [mit schlechtem Gewissen] unauffällig entfernen)
Ver|druß, der, ..usses, ..usse
ver|duf|ten (*umg*; sich [mit schlechtem Gewissen] unauffällig entfernen)

---
[1] *Tr* ..k|k..

ver|dum|men · Ver|dum|mung, die, _
Ver|dun [vɛr'dœ:] (Stadt im NO Frankreichs)
ver|dun|keln K 363 · Ver|dun|ke|lung K 363 · Ver|dun|ke|lungs|ge|fahr K 363, die, _ (*Rechtsw*)
ver|dün|nen · Ver|dün|nung
ver|dun|sten (zu Dunst werden; langsam verdampfen) · Ver|dun|stung
ver|dur|sten
ver|dü|stern K 363
ver|dutzt (verwirrt); _ sein
ver|eb|ben
ver|edeln K 363 · Ver|ede|lung K 363
ver|ehe|li|chen (*veraltend*; verheiraten); sich (*Akk*) _ · ver|ehe|licht (*bürospr*); *Abk* verehel.; *vgl.* K 412
ver|eh|ren; *vgl. auch* hoch, II · Ver|eh|rer · Ver|eh|rung · ver|eh|rungs‿voll, ...wür|dig
ver|ei|di|gen · Ver|ei|di|gung
Ver|ein, der, _[e]s, _e; im _ mit ...; K 119: eingetragener _ (*Abk* e. V.) · ver|ein|bar · ver|ein|ba|ren · ver|ein|bar|ter|ma|ßen K 176 · Ver|ein|ba|rung · ver|ein|ba|rungs|ge|mäß · ver|ei|nen (*gehoben*; vereinigen); sich (*Akk*) _; vereint (*normalspr*); K 258: die Vereinten Nationen (*Abk* UN); *vgl. auch* United Nations, UNO *u.* UNESCO *im Wörterverzeichnis*
ver|ein|fa|chen
ver|ein|heit|li|chen
ver|ei|ni|gen; K 258: die Vereinigten Arabischen Emirate (*Abk* VAE); das Vereinigte Königreich von Großbritannien und Nordirland (↑ Großbritannien); die Vereinigten Staaten von Amerika (*vgl.* United States of America) · Ver|ei|ni|gung; Vereinigung der gegenseitigen Bauernhilfe (*Abk* VdgB); Vereinigung der Verfolgten des Naziregimes (*Abk* VVN); Vereinigung INTERHOTEL; Vereinigung volkseigener Betriebe, Vereinigung volkseigener Warenhäuser, *aber* K 259: Vereinigung Volkseigener Betriebe Chemieanlagen (*Abk* VVB ...), Vereinigung Volkseigener Warenhäuser CENTRUM (*Abk* VVW ...)
ver|ein|nah|men (*bürospr*)
ver|ein|sa|men
vereint ↑ *unter* vereinen
ver|ein|zeln K 363
ver|ei|sen (zu Eis werden; [sich] mit Eis bedecken; zu Eis machen); vereiste Wege · Ver|ei|sung
ver|ei|teln K 363 · Ver|ei|te|lung K 363
ver|ei|tern; die Wunde ist vereitert · Ver|ei|te|rung
ver|ekeln K 363; jmdm. etwas _
ver|elen|den · Ver|elen|dung, die, _ (*polit Ök*; gesetzmäßiger Prozeß der Verschlechterung der Lebensverhältnisse der Arbeiterklasse im Kapitalismus)
[1]Ve|re|na [v..] (w. Vn.) ⟨*lat*, ‚die Zurückhaltende'⟩
[2]Ve|re|na [v..] (w. Vn.) ⟨*Kurzf von* Veronika (1)⟩
ver|en|den
ver|en|gen · ver|en|gern K 363 · Ver|en|ge|rung · Ver|en|gung
ver|er|ben · Ver|er|bung
ver|estern K 363 (*Chem*; in Ester umwandeln) · Ver|este|rung (*Chem*)
ver|ewi|gen; sich (*Akk*) _ · Ver|ewig|te, der *u.* die, _n, _n K 341 · Ver|ewi|gung, die, _
ver|fah|ren (vorgehen, handeln); ich bin so verfahren; sich (*Akk*) _ (einen falschen Weg einschlagen); eine verfahrene Lage; die Bergleute haben eine Schicht verfahren (*bergm*; geleistet) · Ver|fah|ren, das, _s, _ · ver|fah|rens|recht|lich (*Rechtsw*) · Ver|fah|rens|tech|nik (Wissensgebiet von der Durchführung chemisch-techn. Prozesse) · Ver|fah|rens|tech|ni|ker
Ver|fall, der, _[e]s; in _ geraten · ver|fal|len · Ver|falls|zeit · Ver|fall|tag
ver|fäl|schen · Ver|fäl|scher
ver|fan|gen; *Part II* verfangen; sich (*Akk*) _; sich in Widersprüche _ · ver|fäng|lich; eine ‿e Frage · Ver|fäng|lich|keit
ver|fär|ben; sich (*Akk*) _ (die Farbe wechseln; blaß werden)
ver|fas|sen · Ver|fas|ser · Ver|fas|ser|schaft, die, _ · Ver|fas|sung · ver|fas|sung|ge|bend K 128 · Ver|fas|sungs|eid · ver|fas|sungs‿mä|ßig, ...treu, ...wid|rig
ver|fau|len
ver|fech|ten (für etw. [energisch] eintreten) · Ver|fech|ter
ver|feh|len (nicht treffen – *gehoben*; versäumen); sich (*Akk*) _ (sich nicht treffen) · Ver|feh|lung ([leichteres] Vergehen, Verstoß)
ver|fein|den; sich (*Akk*) mit jmdm. _
ver|fei|nern K 363 ⟨*lat* → *frz*⟩
ver|fe|men (ächten)
ver|fer|ti|gen
ver|fe|sti|gen · Ver|fe|sti|gung
ver|fet|ten · Ver|fet|tung
ver|fil|men ⟨*engl*⟩
ver|fil|zen · Ver|fil|zung
ver|fin|stern K 363 · Ver|fin|ste|rung
ver|fit|zen (*umg*; verwirren, in Unordnung bringen)
ver|fla|chen · Ver|fla|chung
ver|flie|gen (verschwinden); der Zorn ist verflogen; sich (*Akk*) _ (sich beim Fliegen verirren); das Flugzeug hat sich verflogen
ver|flie|ßen; verflossene (K 363 f.) Tage
ver|flixt (*umg*; verflucht – *auch für* ärgerlich, unangenehm)
Ver|floch|ten|heit, die, _
ver|flu|chen
ver|flüch|ti|gen (*bes Chem*; in den gasförmigen Zustand überführen); sich (*Akk*) _ (in den gasförmigen Zustand übergehen)
ver|flüs|si|gen (*bes Chem*)
Ver|folg; *nur noch in* im *od* in _ (*bürospr*; Fortgang) der Sache · ver|fol|gen · Ver|fol|ger · Ver|folg|te, der *u.* die, _n, _n K 341; Verfolgte[r] des Naziregimes (*Abk* VdN)
ver|for|men (*auch fachspr*; in Formen [hinein]bringen) ⟨*lat*⟩
ver|frach|ten · Ver|frach|ter · Ver|frach|tung, die, _
ver|fran|zen, sich (*Akk*) K 354 (*Luftf*; sich verfliegen – *auch umg*; sich verirren) ⟨*zu* Franz⟩
ver|frem|den · Ver|frem|dung
ver|frü|hen · ver|früht
ver|fü|gen (bestimmen, anordnen); über Kenntnisse _ · Ver|fü|gung
ver|füh|ren · Ver|füh|rer · ver|füh|re|risch; _ste
ver|fuhr|wer|ken (*schweiz*; verpfuschen)
Ver|ga|be, die, _; _ von Arbeiten, Aufträgen · ver|ga|ben (*schweiz*; schenken, vermachen) · Ver|ga|bung (*schweiz*)
ver|gaf|fen, sich (*Akk*) (*umg*; sich verlieben); sie hat sich in ihn vergafft
ver|gäl|len (verderben – *Chem*; ungenießbar machen; denaturieren) ⟨*zu* [1]Galle⟩; er hat ihm die Freude vergällt; vergällter Spiritus (*Chem*, *Pharmakol*) · Ver|gäl|lung (*Chem*)
ver|ga|lop|pie|ren, sich (*Akk*) (*umg*; [sich] irren, einen Mißgriff tun) ⟨*germ* → *frz*⟩
ver|gam|meln K 363 (*umg*; schlecht werden, verderben; [die Zeit] vergeuden) ⟨*dän*⟩
Ver|gan|gen|heit (*auch Gramm*) · ver|gäng|lich · Ver|gäng|lich|keit, die, _
ver|gan|ten (*noch schweiz*; zwangsweise versteigern) ⟨*lat* → *ital*, *zu* Gant⟩
ver|ga|sen K 354 ⟨*grch* → *ndrl*⟩ · Ver|ga|ser · Ver|ga|ser|kraft|stoff; *Abk* VK · Ver|ga|sung
ver|gat|tern K 363 (mit einem Gatter versehen – *Milit*; durch Signal versammeln) · Ver|gat|te|rung

(*Milit*; Signal od. Kommando beim Aufziehen der Wachen)
ver|ge|ben · **ver|ge|bens;** _ rief er; das ist _ · **ver|geb|lich** · **Ver|geb|lich|keit,** die, _ · **Ver|ge|bung,** die, _
ver|ge|gen|ständ|li|chen · **Ver|ge|gen|ständ|li|chung**
ver|ge|gen|wär|ti|gen · **Ver|ge|gen|wär|ti|gung**
ver|ge|hen *K 363* (vorübergehen, schwinden); sich (*Akk*) _ (gegen Gesetze verstoßen) · **Ver|ge|hen,** das, _s, _
ver|gei|len (*Bot*; infolge Lichtmangels aufschießen) · **Ver|gei|lung** (*Bot*; pflanzl. Mißbildung infolge Lichtmangels)
ver|gei|sti|gen · **Ver|gei|sti|gung,** die, _
ver|gel|ten; vergilt!; »Vergelt's Gott!« (*landsch u. österr, schweiz*; Danke!) · **Ver|gel|tung**
ver|ge|sell|schaf|ten · **ver|ge|sell|schaft|li|chen** · **Ver|ge|sell|schaf|tung**
ver|ges|sen; du vergißt *K 354*, er vergißt; du vergaßest; du vergäßest; vergessen; vergiß!; etw. _, *süddt, österr auch* auf, *seltener* an etw. _; die Verabredung über der Arbeit _ · **Ver|ges|sen|heit,** die, _; in _ geraten · **ver|geß|lich** · **Ver|geß|lich|keit,** die, _
ver|geu|den · **Ver|geu|der** · **ver|geu|de|risch;** _ste · **Ver|geu|dung,** die, _
ver|ge|wal|ti|gen · **Ver|ge|wal|ti|gung**
ver|ge|wis|sern, sich (*Akk*) *K 363 f.*; sie vergewissert sich seines Einverständnisses · **Ver|ge|wis|se|rung,** die, _
ver|gie|ßen *K 354*
ver|gif|ten · **Ver|gif|tung**
ver|gil|ben; vergilbte Papiere
Ver|giß|mein|nicht, das, _[s], _ (eine Blume, Borretschgewächs)
ver|git|tern *K 363* · **Ver|git|te|rung**
ver|glas|bar · **ver|gla|sen** *K 354* · **Ver|gla|sung**
Ver|gleich, der, _[e]s, _e; im _ mit *od* zu ...; *vgl. auch K 381* · **ver|gleich|bar** · **ver|glei|chen;** vergleich[e]! (*Abk* vgl.) · **Ver|gleichs|punkt** · **Ver|gleichs|satz** (*Gramm*) · **Ver|gleichs|ver|fah|ren** · **ver|gleichs|wei|se** *K 176*
ver|glim|men
ver|glü|hen
ver|gnatzt (*landsch*; verärgert, verstimmt)
ver|gnü|gen (*zu* genug); sich (*Akk*) _ · **Ver|gnü|gen,** das, _s, _ · **vergnüg|lich** · **ver|gnügt** · **Ver|gnü|gung** · **Ver|gnü|gungs|sucht,** die, _ (*abwert*) · **ver|gnü|gungs|süch|tig** (*abwert*)
ver|gol|den · **Ver|gol|de|pres|se** · **Ver|gol|dung**
ver|gön|nen ([aus Gunst] gewähren); es ist mir vergönnt
ver|göt|tern *K 363* (wie einen Gott verehren; ungewöhnlich hoch verehren) · **Ver|göt|te|rung,** die, _
ver|gra|ben
ver|grä|men (verärgern – *weidm*; [Wild] verscheuchen) · **ver|grämt** (kummervoll)
ver|grau|len (*umg*; verleiden)
ver|grei|fen; sich (*Akk*) _; er vergriff sich an fremdem Eigentum; er vergriff sich im Ton; das Buch ist vergriffen (nicht mehr lieferbar)
ver|grei|sen *K 354*
ver|grö|bern *K 363* · **Ver|grö|be|rung**
ver|grö|ßern *K 363* · **Ver|grö|ße|rung** *K 363*
ver|gucken [*Tr* ..guk|ken], **sich** (*Akk*) (*umg*; sich verlieben)
ver|gün|sti|gen · **Ver|gün|sti|gung**
ver|gü|ten (*auch Techn*; veredeln) · **Ver|gü|tung**
ver|haf|ten (festnehmen) · **ver|haf|tet** (*auch gehoben*; eng verbunden); jmdm. _ sein (*gehoben*) · **Ver|haf|te|te,** der *u.* die, _n, _n *K 341* · **Ver|haf|tung**
ver|hal|len
ver|hal|ten: 1. *Verb* (*gehoben*; zurückhalten; verschweigen – *Milit*; kurz treten); sich (*Akk*) _ (*auch für* sich benehmen); sich zueinander _; es verhält sich so – 2. *Adj K 364*; verhaltener Groll · **Ver|hal|ten,** das, _s · **Ver|hal|ten|heit,** die, _ · **Ver|hal|tens|for|schung,** die, _ (die Erforschung der Wechselbeziehung zw. Umweltreizen u. Reaktionen bei Tier u. Mensch) · **ver|hal|tens|ge|stört** (*Med*) · **Ver|hal|tens|wei|se** · **Ver|hält|nis,** das, ..isses, ..isse · **Ver|hält|nis|er|gän|zung** (*Gramm*) · **ver|hält|nis|mä|ßig** (*auch für* proportional) · **Ver|hält|nis|wahl** · **Ver|hält|nis|wort,** *Pl* ..wörter (*Gramm*) · **Ver|hal|tungs|maß|re|gel,** *meist Pl*
ver|han|deln *K 363* · **Ver|hand|lung** · **ver|hand|lungs|be|reit** · **Ver|hand|lungs‿ba|sis, ...be|reit|schaft** (die, _), **...part|ner**
ver|hän|gen; mit verhängten (*eigtl* hängengelassenen) Zügeln; *Konjugation vgl.* hängen (2) · **Ver|häng|nis,** das, ..isses, ..isse · **ver|häng|nis|voll** · **Ver|hän|gung,** die, _
ver|harm|lo|sen *K 354*
ver|härmt
ver|har|ren (*gehoben*)
ver|har|schen; der Schnee ist verharscht
ver|här|ten · **Ver|här|tung**
ver|has|peln, sich (*Akk*) *K 363* (sich [beim Sprechen] verwirren)
ver|haßt
ver|hät|scheln *K 363* (*abwert*; verzärteln) · **Ver|hät|sche|lung** *K 363* (*abwert*)
Ver|hau, der, *auch* das, _[e]s, _e · **ver|hau|en** (*umg*; durchprügeln; falsch machen); *Konjugation vgl.* hauen (2); er sieht _ (*umg*; toll, ulkig) aus; sich (*Akk*) _ (*umg*; sich [gröblich] irren)
ver|he|ben, sich (*Akk*); du hast dich verhoben
ver|hed|dern *K 363* (*umg*; verwirren); sich (*Akk*) _ (*zu* ²Hede)
ver|hee|ren (verwüsten, zerstören) · **ver|hee|rend;** *K 115*: am _sten; das ist _ (*umg*; das ist sehr unangenehm, unglaublich) · **Ver|hee|rung**
ver|heh|len (*gehoben*; verheimlichen); *vgl. auch* verhohlen
ver|hei|len · **Ver|hei|lung**
ver|heim|li|chen
ver|hei|ra|ten; sich (*Akk*) _ · **ver|hei|ra|tet;** *Abk* verh.; *vgl. auch K 412* · **Ver|hei|ra|te|te,** der *u.* die, _n, _n *K 341*
ver|hei|ßen (*gehoben*); er hat mir das verheißen; *Konjugation vgl.* ¹heißen · **Ver|hei|ßung** (*gehoben*) · **ver|hei|ßungs|voll**
ver|hei|zen (*auch salopp abwert*; gewissenlos überfordern, sinnlos opfern)
ver|hel|fen; jmdm. zu etwas _
ver|herr|li|chen · **Ver|herr|li|chung**
ver|het|zen · **Ver|het|zung**
ver|heu|ern *K 363* (*seem*; anmustern) · **Ver|heue|rung** *K 363*
ver|he|xen; *meist in* es ist wie verhext (*umg*)
ver|hin|dern *K 363* · **Ver|hin|de|rung**
ver|hoch|deut|schen
ver|hof|fen (*weidm, vom Wild gesagt*; aufmerken, sichern)
ver|hoh|len *K 364* (heimlich, verborgen) (*zu* verhehlen)
ver|höh|nen · **ver|hoh|ne|pi|peln** *K 363* (*salopp*; verspotten, verulken) · **Ver|höh|nung**
ver|hö|kern *K 363* (*umg abwert*; zu Geld machen, verkaufen)
Ver|hol|bo|je (*seem*) · **ver|ho|len** (*seem*; [ein Schiff] an eine andere Stelle bringen)
Ver|hör, das, _[e]s, _e · **ver|hö|ren**
ver|hu|deln (*landsch*; verderben)
ver|hül|len · **Ver|hül|lung**
ver|hun|dert|fa|chen
ver|hun|gern *K 363*
ver|hun|zen (*umg abwert*; verderben, verschlechtern) (*zu* hunzen) · **Ver|hun|zung** (*umg abwert*)
ver|hü|ten (verhindern)
ver|hüt|ten (Erz in Hüttenwerken

schmelzen u. zu Halbfabrikaten verarbeiten) · **Ver|hüt|tung**

Ver|hü|tung

ver|hut|zelt (*umg*; zusammengeschrumpft); ein _es Männchen

Ve|ri|fi|ka|tion [v..] *od* **Ve|ri|fi|zie|rung** (Bewahrheitung; Beglaubigung, Bestätigung) ⟨*lat*⟩ · **ve|ri|fi|zier|bar** (prüfbar) · **Ve|ri|fi|zier|bar|keit,** die, _ · **ve|ri|fi|zie|ren** (bewahrheiten; beglaubigen, bestätigen; etw. als wahr erweisen)

ver|in|ner|li|chen · **Ver|in|ner|li|chung**

ver|ir|ren, sich (*Akk*) · **Ver|ir|rung**

Ve|ris|mus [v..], der, _ (*Kunstwiss*; der Naturalismus in Literatur, bildender Kunst u. Musik in Italien) ⟨*lat*⟩ · **Ve|rist** (*Kunstwiss*) · **ve|ri|stisch** (*Kunstwiss*)

ver|ja|gen

ver|jäh|ren; der Anspruch ist verjährt · **Ver|jäh|rung**

ver|ju|beln *K 363* (*umg*; vergeuden) ⟨*lat*⟩

ver|jün|gen; sich (*Akk*) _ (*auch für* dünner werden, sich verengen) · **Ver|jün|gung** · **Ver|jün|gungs|flä|che** (*Forstw*)

ver|ju|xen *K 354* (*umg*; vergeuden) ⟨*lat*⟩

verkadmen ↑ kadmieren

ver|kal|ken (*auch umg*; alt werden, geistige Spannkraft verlieren) ⟨*lat*⟩

ver|kal|ku|lie|ren, sich (*Akk*) (falsch berechnen; falsch einschätzen) ⟨*lat*⟩

Ver|kal|kung

ver|kannt; ein _es Genie

ver|kan|ten

ver|kap|pen (unkenntlich machen) ⟨*lat*⟩; verkappter Nebensatz (*Gramm*)

ver|kap|seln *K 363* ⟨*lat*⟩ · **Ver|kap|se|lung** *K 363*

ver|kar|sten (zum Steinfeld werden) ⟨*lat* → *ital*⟩; das Land ist verkarstet · **Ver|kar|stung**

ver|kä|sen (zu Käse machen, werden) ⟨*lat*⟩; die Milch wird verkäst, die Milch verkäst

ver|kä|sten (*Bergb*; auszimmern)

Ver|kä|sung, die, _ (*fachspr*) ⟨*lat*⟩

ver|ka|tert (*umg*; [nach übermäßigem Alkoholgenuß] matt u. übernächtigt) ⟨*zu* ²Kater⟩

Ver|kauf ⟨*lat*⟩ · **ver|kau|fen** · **Ver|käu|fer** · **Ver|käu|fe|rin,** die, _, ..innen · **ver|käuf|lich** · **Ver|käuf|lich|keit,** die, _ · **Ver|kaufs‿preis, ...stel|le**

ver|kau|peln *K 363* (*umg*; unter der Hand verkaufen od. vertauschen) ⟨*zu* Kauf⟩

Ver|kehr, der, _[e]s, *Pl nur fachspr* (*selten*): _e; im _ mit ..., in _ treten · **ver|keh|ren** (*auch für* umdrehen, fälschen); er hat lange mit ihm verkehrt; ins Gegenteil verkehren; *vgl. auch* verkehrt · **Ver|kehrs|am|pel** · **ver|kehrs|arm** · **Ver|kehrs‿auf|kom|men, ...dich|te, ...dis|zi|plin, ...er|zie|hung** · **Ver|kehrs‿flug|zeug** · **ver|kehrs|frei** · **Ver|kehrs‿mit|tel, ...pla|nung** · **Ver|kehrs|re|ge|lung** *K 363* · **ver|kehrs|reich** · **Ver|kehrs|schrift** (Kürzungsgrad der Kurzschrift) · **Ver|kehrs‿si|cher|heit** (die, _), **...stau** · **Ver|kehrs|stockung** [*Tr* ...stok|kung] · **Ver|kehrs|teil|neh|mer** · **ver|kehrs|wid|rig** · **verkehrt** (umgedreht; falsch, abwegig); verkehrte Welt · **Ver|kehrt|heit**

ver|kei|len (mit Keilen befestigen – *umg*; verprügeln); sich (*Akk*) _ (sich ineinander verhaken, sich verklemmen)

ver|ken|nen; *vgl. auch* verkannt · **Ver|ken|nung,** die, _

ver|ket|ten ⟨*lat*⟩

ver|ket|zern *K 363* (schmähen, herabsetzen) ⟨*grch* → *lat* → *ital*⟩

ver|kie|seln *K 363* (*fachspr*; mit Kieselsäure durchtränken oder durchtränkt werden) · **Ver|kie|se|lung** (*fachspr*)

ver|kit|schen (*abwert*; etw. kitschig gestalten)

ver|kla|gen

ver|klam|mern *K 363* · **Ver|klam|me|rung**

ver|kla|ren (*Seew*; über Schiffsunfälle eidlich aussagen – *norddt*; erklären) ⟨*lat* → *ndrl*⟩ · **ver|klä|ren** (*meist Rel*; ins Überirdische erhöhen) ⟨*lat*⟩ · **Ver|kla|rung** (*Seew*; gerichtl. Feststellung über Schiffsunfälle) ⟨*lat* → *ndrl*⟩ · **Ver|klä|rung** (*meist Rel*) ⟨*lat*⟩

ver|klat|schen (*umg*; heimlich verleumden)

ver|klau|su|lie|ren, *österr nur so*, *auch* **ver|klau|seln** (*K 363*) ([durch Klauseln] einschränken) ⟨*lat*⟩ · **Ver|klau|su|lie|rung**

ver|kle|ben · **Ver|kle|bung**

ver|klei|den · **Ver|klei|dung**

ver|klei|nern *K 363* · **Ver|klei|ne|rung** · **Ver|klei|ne|rungs|form** (*Gramm*)

ver|klei|stern *K 363* (*umg*) · **Ver|klei|ste|rung** (*umg*)

ver|klem|men; sich (*Akk*) _ · **verklemmt** (*umg*; gehemmt, nicht natürlich) · **Ver|klemmt|heit**

ver|klin|gen

ver|klop|pen (*umg*; verprügeln; [unter dem Wert] verkaufen)

ver|klüf|ten, sich (*Akk*) (*weidm*; sich im Bau vergraben)

ver|klum|pen · **Ver|klum|pung**

ver|knacken [*Tr* ..knak|ken] (*umg*; verurteilen) · **ver|knack|sen, sich** (*Dat*); sich etwas _ (*umg*; sich etw. verstauchen)

ver|knal|len, sich (*Akk*) (*umg*; sich heftig verlieben)

ver|knap|pen · **Ver|knap|pung**

ver|knei|fen; den Schmerz verkneifen; ein verkniffener Mund; sich (*Dat*) etwas verkneifen (*umg*; sich etw. versagen; entsagen, verzichten)

ver|knö|chern *K 363* · **ver|knö|chert** (*meist umg*; alt, weltfremd, verständnislos) · **Ver|knö|che|rung**

ver|knor|peln; das Gelenk verknorpelt · **Ver|knor|pe|lung** *K 363*

ver|kno|ten

ver|knüp|fen · **Ver|knüp|fung**

ver|knu|sen; *nur in* jmdn. *od* etw. nicht _ (*umg*; ausstehen) können

¹**ver|koh|len** (*umg abwert*; veralbern, im Scherz belügen) ⟨*Herkunft umstritten*⟩

²**ver|koh|len** (organ. Stoffe bis zur Kohlebildung erhitzen; in kohlenförmigen Zustand überführen) · **Ver|koh|lung**

ver|ko|ken (zu Koks machen od. werden) ⟨*engl*⟩ · **Ver|ko|kung**

ver|kom|men (verwahrlosen); ein _er Mensch · **Ver|kom|men|heit,** die, _ · **Ver|komm|nis,** das, ..isses, ..isse (*schweiz*; Abkommen, Vertrag)

ver|kom|pli|zie|ren ⟨*lat*⟩

ver|kop|peln *K 363* ⟨*lat*⟩ · **Ver|kop|pe|lung** *K 363*

ver|kor|ken (mit einem Kork schließen) ⟨*lat* → *span* → *ndrl*⟩ · **ver|kork|sen** *K 354* (*umg*; verpfuschen)

ver|kör|nen (*fachspr*; granulieren)

ver|kör|pern *K 363* ⟨*lat*⟩ · **Ver|kör|pe|rung**

ver|ko|sten (kostend prüfen; schmecken, genießen) · **Ver|ko|ster** · **ver|kost|gel|den** (*schweiz*; in Kost geben) · **ver|kö|sti|gen** (verpflegen)

ver|kra|chen (*umg*; scheitern); sich (*Akk*) _ (*umg*; sich entzweien) · **ver|kracht** (*umg*; erfolglos); eine _e Existenz

ver|kraf|ten (fertig werden mit ...)

ver|kramp|fen, sich (*Akk*) · **verkrampft** · **Ver|kramp|fung**

ver|krie|chen, sich (*Akk*)

ver|kröp|fen (*Arch*) · **Ver|kröp|fung** (*Arch*)

ver|krü|meln *K 363* (in Krümeln verstreuen); *meist refl* sich (*Akk*) _ (*umg*; sich unbemerkt entfernen)

ver|krüm|men; sich (*Akk*) _

ver|krüp|peln *K 363* · **Ver|krüp|pe|lung** *K 363*

ver|küh|len, sich (*Akk*) (*landsch*; sich erkälten)

ver|küm|mern *K 363* ⟨*lat*⟩ · **Ver|küm|me|rung**

ver|kün|d[i|g]en; ein Urteil verkünden · **Ver|kün|d[i|g]er** · **Ver|kün|d[i|g]ung**

ver|kup|fern *K 363* ⟨*grch* → *lat*⟩ · **Ver|kup|fe|rung**

ver|kup|peln *K 363* ⟨*lat* → *ital*⟩ · **Ver|kup|pe|lung** *K 363*

ver|kür|zen ⟨*lat*⟩ · **Ver|kür|zung**

Ver|lad, der, _s (*schweiz*; Verladung) · **ver|la|den;** *Konjugation vgl.* ¹laden · **Ver|la|der** · **Ver|la|dung**

Ver|lag, der, _[e]s, _e (Betrieb, der Bücher, Zeitschriften, Musikalien, Schallplatten, Landkarten, Kunstblätter, Zeitungen herausgibt – *schweiz auch für* das Herumliegen [von Gegenständen]) · **ver|la|gern** *K 363* · **Ver|la|ge|rung** · **Ver|lags[buch|]hand|lung** · **Ver|lags|we|sen,** das, _s

ver|lan|den (*von Gewässern gesagt*; zu Land werden)

ver|lan|gen ⟨*zu* lang⟩ · **Ver|lan|gen,** das, _s, _ · **ver|län|gern** *K 363* · **Ver|län|ge|rung** · **ver|lang|sa|men**

ver|läp|pern *K 363* (*umg*; unnütz vergeuden); Geld _

Ver|laß, der, ..asses; es ist kein _ darauf · **ver|las|sen:** 1. *Verb: a.* (im Stich lassen); *b.* sich (*Akk*) auf etwas *od* jmdn. verlassen (vertrauen auf ...) – 2. *Adj K 364* (vereinsamt, allein u. hilflos) · **Ver|las|sen|heit,** die, _ · **Ver|las|sen|schaft** (*landsch u. österr, schweiz*; Hinterlassenschaft) · **ver|läß|lich** (zuverlässig) · **Ver|läß|lich|keit,** die, _

ver|lä|stern *K 363*

Ver|laub, der; *nur noch in* mit _ (*gehoben*)

Ver|lauf · **ver|lau|fen;** die Sache ist gut verlaufen; sich (*Akk*) _

ver|laut|ba|ren (*meist bürospr*; bekanntgeben, bekanntmachen); jmd. hat etw. _ lassen · **Ver|laut|ba|rung** (*bürospr*) · **ver|lau|ten** (bekanntgeben, bekanntwerden); wie verlautet, ...; er hat nichts _ lassen

ver|le|ben; *vgl. auch* verlebt · **ver|le|ben|di|gen** (anschaulich darstellen) · **ver|lebt** (durch ein leichtsinniges Leben verbraucht)

ver|le|gen: 1. *Verb* (auf eine andere Zeit od. für einen anderen Ort festlegen; an den falschen Platz legen; [Buch u. a.] in Verlag nehmen; sich (*Akk*) auf etw. verlegen – *Techn*; [Rohre u. a.] legen – *landsch*; [Geldbetrag] auslegen) ⟨*zu* legen⟩ – 2. *Adj K 364* (befangen) ⟨*zu* liegen⟩; ein _er Mensch · **Ver|le|gen|heit** · **Ver|le|ger** · **ver|le|ge|risch** · **Ver|le|gung**

ver|lei|den (leid machen); er verleidete es ihm; es ist mir verleidet · **Ver|lei|dung,** die, _

Ver|leih, der, _[e]s, _e · **ver|lei|hen** · **Ver|lei|her** · **Ver|lei|hung**

ver|lei|ten (verführen)

Ver|lei|tung

ver|ler|nen

ver|le|sen (ablesen; falsch lesen; sondern) · **Ver|le|sung**

ver|let|zen · **ver|let|zend;** *K 115*: am _sten · **Ver|let|zung**

ver|leug|nen

ver|leum|den ⟨*zu* Leumund⟩ · **Ver|leum|der** · **ver|leum|de|risch** · **Ver|leum|dung**

ver|lie|ben, sich (*Akk*) · **Ver|lieb|te,** der *u.* die, _n, _n *K 341* · **Ver|liebt|heit**

ver|lie|ren; du verlorst; du verlörest; verloren; verlier[e]! ⟨*zu* lösen⟩; sich (*Akk*) _; verloren sein, etwas verloren geben; *vgl. aber* verlorengehen · **Ver|lie|rer** · **Ver|lies,** *österr auch* **Ver|ließ,** das, _es, _e (unterird. Gefängnis, Kerker) ⟨*zu* verloren, *an* verlassen *angelehnt*⟩

ver|lo|ben; sich (*Akk*) _ · **Ver|löb|nis,** das, ..isses, ..isse (*gehoben*) · **Ver|lob|te,** der *u.* die, _n, _n *K 341* · **Ver|lo|bung**

ver|locken [*Tr* ..lok|ken] · **Ver|lockung** [*Tr* ..lok|kung]

ver|lo|gen *K 364* (lügenhaft) · **Ver|lo|gen|heit**

ver|lo|hen (*meist dicht*; lohend erlöschen)

ver|loh|nen (*umg*); sich (*Akk*) _; es verlohnt sich [nicht]; es verlohnt [sich] nicht der (*seltener* die) Mühe

ver|lo|ren|ge|hen *K 140 u. 363*; es geht verloren; es ist verlorengegangen; verlorenzugehen · **ver|lo|ren sein** *K 135*, *aber K 101*: das Verlorensein; *vgl. auch* verlieren

ver|lö|schen: 1. *tr* (auslöschen; [Schrift usw.] auslöschend verwischen); du verlöschst *K 354*; du verlöschtest; verlöscht; verlösch[e]! – 2. *intr* (erlöschen); das Feuer verlischt

ver|lo|sen *K 354* · **Ver|lo|sung**

ver|lot|tern *K 363* (*abwert*) · **Ver|lot|te|rung,** die, _ (*abwert*)

ver|lu|dern *K 363* (*umg abwert*)

ver|lum|pen

Ver|lust, der, _[e]s, _e. *Zus K 365 ff.*: Verlust‿zeiten usw.

ver|lu|stie|ren, sich (*Akk*) (*scherzh*; sich vergnügen) ⟨*dt* + *f. E.*⟩

ver|lu|stig; *meist in* einer Sache _ gehen · **ver|lust|los;** *vgl.* ...los · **ver|lust|reich**

ver|ma|chen (durch letztwillige Verfügung zuwenden) · **Ver|mächt|nis,** das, ..isses, ..isse

ver|mah|len (zu Mehl mahlen); *vgl. aber* vermalen

ver|mäh|len (*gehoben*); sich (*Akk*) _ ⟨*zu* Gemahl⟩ · **ver|mählt** (*gehoben*) · **Ver|mähl|te,** der *u.* die, _n, _n *K 341* (*gehoben*) · **Ver|mäh|lung** (*gehoben*)

ver|mah|nen (*veraltend*; ernst ermahnen) · **Ver|mah|nung** (*veraltend*)

ver|ma|le|dei|en (*noch umg*; verfluchen) ⟨*lat* → *frz*⟩

ver|ma|len ([Farben] malend verbrauchen); *vgl. aber* vermahlen

ver|männ|li|chen

ver|mar|ken (*fachspr*; vermessen) ⟨*zu* Marke⟩

ver|mark|ten (*Wirtsch*) · **Ver|mark|tung** (*Wirtsch*)

ver|mas|seln *K 363 f.* (*salopp*; verderben, falsch machen) ⟨*hebr*⟩

ver|mau|ern *K 363* ⟨*lat*⟩ · **Ver|maue|rung** *K 363*

ver|meh|ren · **Ver|meh|rung**

ver|meid|bar · **ver|mei|den**

ver|meil [vɛrˈmɛ(:)i] *nichtdeklinierbar* (hochrot) ⟨*lat* → *frz*⟩; *vgl. auch* blau · **Ver|meil,** das, _s (vergoldetes Silber)

ver|mei|nen ([irrtümlich] glauben) · **ver|meint|lich**

ver|men|gen

ver|mensch|li|chen · **Ver|mensch|li|chung,** die, _

Ver|merk, der, _[e]s, _e · **ver|mer|ken;** etwas übel _

ver|mes|sen: 1. *Verb: a.* (ausmessen); *b.* sich (*Akk*) vermessen (sich beim Messen irren; sich unterfangen, Anspruch erheben); du hast dich vermessen, alles zu sagen – 2. *Adj K 364* (anspruchsvoll, dreist); vermessen sein, werden · **Ver|mes|sen|heit,** die, _ (Kühnheit, Dreistigkeit) · **Ver|mes|sung** · **Ver|mes|sungs|in|ge|nieur;** *Abk* Verm.-Ing. · **Ver|mes|sungs|schiff**

ver|mie|sen *K 354* (*umg abwert*; verleiden) ⟨*hebr*⟩; jmdm. etw. _

ver|mie|ten · **Ver|mie|ter**

ver|min|dern *K 363*

ver|mi|nen (Minen legen; durch Minen versperren) ⟨*kelt* → *lat* → *frz*⟩

ver|mi|schen *K 354*

ver|mis|sen *K 354* · **Ver|miß|te,** der *u.* die, _n, _n *K 341*

ver|mit|teln *K 363* · **ver|mit|tels,** *österr auch* **ver|mit|telst** *Präp mit Gen*: _ des Kranes; _ eines Tropfens Öl (*vgl. K 312*); *K 379*: *mit Dat, wenn der Gen durch die Endung nicht kenntlich gemacht werden kann,* z. B. _ Flugzeugen · **Ver|mitt|ler** · **Ver|mitt|ler|rol|le** · **Ver|mitt|lung** *K 363*

ver|mö|beln *K 363* (*salopp*; verprügeln) ⟨*lat* → *frz*⟩

ver|mo|dern

ver|mö|ge *Präp mit Gen* (*veraltend*); _ seines Einflusses · **ver-**

mö|gen (*gehoben*); etwas, viel, wenig _ · **Ver|mö|gen,** das, _s, _ · **ver|mö|gend;** *K 115*: am _sten · **ver|mö|gens|los;** *vgl.* ...los · **Ver|mö|gens|steu|er** *od* **Ver|mö|gen|steu|er** *K 373*, die · **Ver|mö|gens|ver|hält|nis|se** *Pl* · **ver|mög|lich** (*süddt, schweiz*; wohlhabend) · **Ver|mög|lich|keit,** die, _ (*süddt, schweiz*)
Ver|mont [vɛr..] (Staat der USA)
ver|mor|schen; vermorscht
ver|mot|tet
ver|mum|men ⟨*frz* → *ndrl*⟩
[1]**ver|mu|ren** (*Geol*; durch Schutt verwüsten) ⟨*zu* Mure⟩
[2]**ver|mu|ren** *od* **mu|ren** (*Seew*; ein Schiff vor zwei Anker legen) ⟨*engl*⟩
ver|murk|sen (*umg*; verderben)
ver|mu|ten · **ver|mut|lich** · **Ver|mu|tung** · **ver|mu|tungs|wei|se** *K 176*
ver|nach|läs|si|gen · **Ver|nach|läs|si|gung**
ver|na|geln *K 363* · **ver|na|gelt** (*auch umg abwert*; borniert, geistig beschränkt)
ver|nar|ben
ver|nar|ren; sich (*Akk*) _; in jmdn., in etwas vernarrt sein · **Ver|narrt|heit,** die, _
ver|na|schen; ein Mädchen _ (*salopp*)
ver|ne|beln *K 363* · **Ver|ne|be|lung** *K 363*
ver|nehm|bar · **ver|neh|men** · **Ver|neh|men;** *nur in Wendungen wie* dem _ nach · **Ver|nehm|las|sung** (*schweiz*; Verlautbarung) · **ver|nehm|lich** (deutlich, klar) · **Ver|neh|mung** ([gerichtl.] Befragung) · **ver|neh|mungs|fä|hig**
ver|nei|nen · **Ver|nei|nung**
ver|nich|ten · **Ver|nich|tung**
ver|nickeln[1] *K 363* ⟨*zu* Nickel⟩ · **Ver|nicke|lung**[1] *K 363*
ver|nied|li|chen · **Ver|nied|li|chung**
ver|nie|ten · **Ver|nie|tung**
Ver|nis|sa|ge [vɛrniˈsa:ʒə], die, _, _n (Besichtigung einer Kunstausstellung mit geladenen Gästen vor der Eröffnung) ⟨*frz*⟩
Ver|nunft, die, _ ⟨*zu* vernehmen⟩ · **Ver|nünf|te|lei** (*noch abwert*) · **ver|nünf|tig** · **ver|nünf|ti|ger|wei|se** *K 176*
ver|öden · **Ver|ödung**
ver|öf|fent|li|chen · **Ver|öf|fent|li|chung**
Ve|ro|na [v..] (Stadt in Oberitalien) · **Ve|ro|ne|ser:** 1. *K 231*: der, _s, _ *od* **Ve|ro|ne|se,** der, _n, _n; 2. *als Attribut K 232*: die Veroneser Paläste · **Ve|ro|ne|ser Er|de** *K 232*, die, *Gen* _ _ (eine Farbe) · **ve|ro|ne|sisch**
Ve|ro|ni|ka [v..]: 1. (w. Vn.); *Kurzf* ↑ [1]Vera, ↑ [2]Verena, ↑ Vroni – 2. die, _, ..ken (Ehrenpreis) ⟨*grch* → *lat*⟩
ver|ord|nen ⟨*lat*⟩ · **Ver|ord|nung;** *Abk* VO
ver|pach|ten ⟨*lat*⟩
ver|packen[1] · **Ver|packung**[1]
ver|pas|sen (versäumen) ⟨*lat* → *frz*⟩; er wird ihm eins _ (*umg*; er wird ihn schlagen)
ver|pat|zen (*umg*; verderben [1])
ver|per|len (Kohlensäure verlieren) ⟨*lat*⟩
ver|pe|sten ⟨*lat*⟩
ver|pet|zen (*schülerspr*; verraten) ⟨*hebr*⟩
ver|pfän|den ⟨*lat* → *frz*⟩
ver|pflan|zen ⟨*lat*⟩
ver|pfle|gen · **Ver|pfle|gung**
ver|pflich|ten; sich (*Akk*) _; verpflichtet sein · **Ver|pflich|tung**
ver|pfrün|den (*süddt, schweiz*; gegen Hergabe von Vermögenswerten lebenslängl. Unterhalt gewähren) ⟨*lat* → *frz*⟩
ver|pfu|schen *K 354* (*umg abwert*; verderben [1])
ver|pim|peln *K 363* (*umg*; verzärteln); sich (*Akk*) _
ver|pla|nen (falsch planen – *auch für* einplanen) ⟨*lat* → *ital* → *frz*⟩
ver|plap|pern *K 363*, **sich** (*Akk*) (*umg*)
ver|plau|dern *K 363*; sich (*Akk*) _
ver|plem|pern *K 363* (*umg*; vergeuden) ⟨*zu* Plempe⟩; sich (*Akk*) _
ver|plom|ben
ver|pönt (untersagt; verachtet; verrufen) ⟨*lat*⟩
ver|pras|sen *K 354*
ver|prel|len (vor den Kopf stoßen, verärgern – *weidm*; verscheuchen); Wild _ (*weidm*)
ver|pro|vian|tie|ren [..vian..] (mit Mundvorrat, mit Lebensmitteln versorgen) ⟨*lat* → *ital*⟩
ver|puf|fen ([schwach] explodieren – *übertr*; ohne Wirkung bleiben)
ver|pul|vern [..fərn, *auch* ..vərn] *K 363* (*umg*; unnütz vergeuden) ⟨*lat*⟩
ver|pup|pen (*Zool*) ⟨*lat*⟩ · **Ver|pup|pung** (*Zool*; Umwandlung der Insektenlarve in die Puppe)
ver|pu|sten (*umg*); sich (*Akk*) _ (Luft schöpfen)
Ver|putz (Mauerbewurf) · **ver|put|zen** *K 354* (eine Mauer [mit Mörtel] bewerfen – *umg*; [Geld] durchbringen; vergeuden; [Essen] verzehren); jmdn. nicht _ können (*umg*; jmdn. nicht ausstehen können)
ver|quält (sorgenbeladen)
ver|qua|sen *K 354* (*norddt*; vergeuden) ⟨*slaw*⟩
ver|quel|len; *Konjugation vgl.* quellen (2); das Holz verquillt; *vgl. auch* verquollen
ver|quer; mir geht etwas _ (*umg*; etw. mißlingt mir)
ver|quicken[1] (vermischen; verbinden) · **Ver|quickung**[1]
ver|quol|len; *K 364*: _es Holz
ver|ram|meln *K 363* (*umg*)
Ver|rat, der, _[e]s · **ver|ra|ten** · **Ver|rä|ter** · **Ver|rä|te|rei** · **ver|rä|te|risch;** _ste
ver|rech|nen; sich (*Akk*) _ · **Ver|rech|nung** · **Ver|rech|nungs|ein|heit;** *Abk* VE
ver|recken[1] (*derb*; sterben; elend zugrunde gehen)
ver|reg|nen · **ver|reg|net;** ein _er Urlaub
ver|rei|ben
ver|rei|sen *K 354* (auf die Reise gehen); verreist
ver|rei|ßen *K 354* (*umg*; [Theaterstück usw.] sehr abfällig beurteilen – *landsch*; zerreißen); verrissen
ver|rei|ten; sich (*Akk*) _ (einen falschen Weg reiten)
ver|ren|ken; sich (*Akk*) _; sich (*Dat*) den Fuß _ · **Ver|ren|kung**
ver|ren|nen, sich (*Akk*); sich in eine Idee verrennen; in etw. verrannt (vernarrt) sein
ver|rich|ten (ausführen) · **Ver|rich|tung**
ver|rin|gern *K 363*
Ver|riß
ver|ro|hen
ver|roh|ren (*fachspr*; mit Rohren versehen; Rohre verlegen)
Ver|ro|hung, die, _
ver|rol|len (aufhören zu rollen; sich rollend entfernen, verrinnen) ⟨*lat* → *frz*⟩
ver|ro|sten ⟨*zu* rot⟩
ver|rot|ten (verfaulen, mürbe werden, zerbröckeln)
ver|rucht (*veraltend*) ⟨*zu* geruhen⟩ · **Ver|rucht|heit,** die, _ (*veraltend*)
ver|rücken[1] · **ver|rückt** (*meist umg*; besessen, unsinnig, toll) · **Ver|rück|te,** der *u.* die, _n, _n *K 341* (*umg*) · **Ver|rückt|heit** (*umg*)
Ver|ruf, der, _[e]s; *meist in* in _ bringen · **ver|ru|fen** *K 364* (in schlechten Ruf gebracht, berüchtigt)
ver|ru|ßen
Vers [fɛrs, *österr auch noch* vɛrs], der, _es, _e (»Zeile«); *Abk* V. ⟨*lat*⟩; ich kann mir keinen _ darauf *od* daraus machen (*umg*)
ver|sach|li|chen
ver|sacken[1] (*umg*; untergehen) ⟨*zu* sinken⟩

[1] *Tr*..k|k..

[1] *Tr*..k|k..

[1] *Tr*..k|k..

ver|sa|gen ([Wunsch] nicht erfüllen, zurückweisen; nicht wirken) · **Ver|sa|ger** (jmd., der etw. Erwartetes nicht leistet; nicht einschlagende Leistung) · **Ver|sa|gung**
Ver|sail|ler [vɛr'zaiər]: 1. *K 231*: der, _s, _; 2. *als Attribut K 232*: das Versailler Schloß · **Ver|sailles** [..'zai] (Stadt bei Paris)
Ver|sal [v..], der, _s, _ien [..ïən] (Großbuchstabe; Anfangsbuchstabe) ⟨*lat*⟩ · **Ver|sal|buch|sta|be**
ver|sal|zen (*auch übertr, umg*; verderben, unmöglich machen); versalzt *od* versalzen, *übertr nur so*
ver|sam|meln *K 363* · **Ver|samm|lung**
Ver|sand, der, _[e]s ⟨*zu* senden⟩ · **Ver|sand|ab|tei|lung** · **ver|sand|be|reit**
ver|san|den (voll Sand werden)
ver|sand|fer|tig · **Ver|sand|ko|sten** *Pl* · **ver|sandt** *od* **ver|sen|det**; *vgl. auch* senden
Ver|san|dung
Vers|an|fang ['fɛrs.., *österr auch noch* 'vɛrs..]; *vgl. auch K 107*
Ver|satz, der, _es (das Versetzen, das Verpfänden – *bergm*; Auffüllung abgebauter Grubenbaue) · **Ver|satz|amt** (*österr*; Leihhaus) · **Ver|satz|stück** (bewegl. [versetzbare] Bühnendekoration – *österr auch für* Pfandstück)
ver|sau|en (*derb*; beschmutzen; verderben)
ver|sau|ern *K 363* (sauer werden – *übertr, umg*; die geistige Frische u. Beweglichkeit verlieren) · **Ver|saue|rung** *K 363*
ver|säu|men · **Ver|säum|nis,** das, ..isses, ..isse · **Ver|säum|nis|ur|teil,** das (*Rechtsw*)
Vers|bau ['fɛrs.., *österr auch noch* 'vɛrs..], der, _[e]s
ver|scha|chern *K 363* (*abwert*)
ver|schaf|fen; du verschafftest; verschafft; sich (*Dat*) etwas _
ver|scha|len (mit Brettern verkleiden)
ver|schal|ken (*seem*; [Luken] schließen)
Ver|scha|lung (Auskleidung mit Brettern)
ver|schämt; ein _es Mädchen; _ tun, *aber K 101*: das Verschämttun · **Ver|schämt|heit,** die, _
ver|schan|deln *K 363* (*umg*; verunstalten) · **Ver|schan|de|lung** *K 363*
ver|schan|zen ⟨*grch → lat → ital*⟩; sich (*Akk*) _
ver|schär|fen; sich (*Akk*) _
ver|schar|ren
ver|schau|keln (*umg*; zum Narren halten, betrügen); jmdn. _
ver|schei|den (*gehoben*; sterben); *vgl. auch* verschieden (1)
ver|schen|ken (als Geschenk weggeben)
ver|scher|beln *K 363* (*umg*; verkaufen)
ver|scher|zen ([durch Leichtsinn] verlieren); sich (*Dat*) etwas _
ver|scheu|chen
Ver|schie|be|bahn|hof · **ver|schie|ben**
ver|schie|den: 1. (*gehoben*; gestorben), *Zeichen* † – 2. *K 364* (unterschiedlich) ⟨*zu* verscheiden⟩; verschieden lang
I. *Kleinschreibung K 114*: verschiedene (einige) sagen ...; verschiedenes (manches) ist mir unklar
II. *Großschreibung K 93*: er äußerte noch Verschiedenes (Dinge verschiedener Art); Ähnliches und Verschiedenes; *K 95*: etwas Verschiedenes
III. *Deklination eines folgenden Adjektivs K 340*: verschiedene gute Vorsätze; verschiedener guter, *auch* guten Vorsätze
ver|schie|den|ar|tig · **ver|schie|de|ne|mal** *K 176*, *aber K 175*: verschiedene Male · **ver|schie|de|ner|lei** · **Ver|schie|den|heit** · **ver|schie|dent|lich**
ver|schie|ßen (*auch für* ausbleichen); sich (*Akk*) _ (*umg auch für* sich heftig verlieben); *vgl. auch* verschossen
ver|schif|fen
ver|schil|fen (mit Schilf zuwachsen, zustopfen) ⟨*lat*⟩
ver|schim|meln
ver|schla|fen: 1. *Verb*; er hat den Morgen verschlafen; er hat es verschlafen, *auch* er hat sich (*Akk*) verschlafen – 2. *Adj K 364* (schläfrig, schlaftrunken; langweilig); er sieht verschlafen aus
Ver|schlag · **ver|schla|gen:** 1. *Verb* (mit Brettern absperren, verschließen); es verschlägt ihm die Sprache – 2. *Adj K 364* (gerissen, hinterhältig) · **Ver|schla|gen|heit,** die, _
ver|schlam|men; der Fluß ist verschlammt · **ver|schläm|men** (mit Schlamm füllen); die Abfälle haben die Rohre verschlämmt; sich (*Akk*) _; das Rohr hat sich verschlämmt
ver|schlam|pen (*umg abwert*; verkommen [lassen])
ver|schlech|tern *K 363*; sich (*Akk*) _ · **Ver|schlech|te|rung**
ver|schlei|ern *K 363* · **Ver|schleie|rung.** *Zus K 365ff.*: Verschleierungs‿versuch usw.
ver|schlei|men
Ver|schleiß, der, _es, _e (Abnutzung; Verbrauch – *österr auch für* Kleinverkauf) · **ver|schlei|ßen** ([sich] abnutzen – *österr auch für* im kleinen verkaufen); du verschlißt *K 354*, *österr auch* verschleißtest; verschlissen, *österr auch* verschleißt · **Ver|schlei|ßer** (*österr*) · **Ver|schlei|ße|rin,** die, _, ..innen (*österr*) · **verschleißt** ↑ verschlissen
ver|schlep|pen · **Ver|schlep|pung**
ver|schleu|dern *K 363*
ver|schlie|ßen; *vgl. auch* verschlossen
ver|schlimm|bes|sern *K 363 f.* (*umg iron*; durch vermeintliches Verbessern schlimmer machen) · **Ver|schlimm|bes|se|rung** *K 363 f.* (*umg iron*) · **ver|schlim|mern** *K 363* · **Ver|schlim|me|rung**
[1]ver|schlin|gen ⟨*zu* [1]schlingen⟩; sich (*Akk*) ineinander _
[2]ver|schlin|gen ⟨*zu* [2]schlingen⟩
ver|schlis|sen (*K 364*), *österr auch* **ver|schleißt;** *vgl. auch* verschleißen
ver|schlos|sen *K 364* (unzugänglich; verschwiegen) · **Ver|schlos|sen|heit,** die, _
ver|schlucken [*Tr* ..schluk|ken]; sich (*Akk*) _
Ver|schluß · **ver|schlüs|seln** *K 363* · **Ver|schlüs|se|lung** *K 363 f.* · **Ver|schluß|lau|te** *Pl* (*Phon*)
ver|schmach|ten
ver|schmä|hen
ver|schmel|zen; in eins _ · **Ver|schmel|zung**
ver|schmer|zen
ver|schmie|ren
ver|schmitzt (schlau, verschlagen) ⟨*zu* Schmicke⟩ · **Ver|schmitzt|heit**
ver|schmut|zen
ver|schnap|pen, sich (*Akk*) (*landsch*; sich verplappern)
ver|schnau|fen; sich (*Akk*) _
ver|schnei|den (*auch für* kastrieren) · **Ver|schnei|dung** (*auch für* Kastration) · **Ver|schnitt,** der, _[e]s (*auch für* Mischung alkohol. Flüssigkeiten) · **Ver|schnit|te|ne,** der, _n, _n *K 341*
ver|schnör|kelt
ver|schnup|fen; du bist verschnupft (erkältet – *übertr*; gekränkt); die Sache hat mich verschnupft
ver|schnü|ren · **Ver|schnü|rung**
ver|schol|len (vom Heimatort abwesend, ohne daß über Leben od. Tod des Betreffenden etw. bekannt ist; dem Gedächtnis entschwunden, lange vergangen) ⟨‚aufgehört zu schallen'⟩ · **Ver|schol|len|heit,** die, _
ver|scho|nen · **ver|schö|nen** · **ver|schö|nern** *K 363* · **Ver|schö|ne|rung** · **Ver|scho|nung,** die, _ · **Ver|schö|nung**
ver|schor|fen; die Wunde ist verschorft
ver|schos|sen *K 364* (ausgebleicht);

in jmdn. _ sein (*umg*; in jmdn. heftig verliebt sein)
ver|schrän|ken; mit verschränkten Armen · **Ver|schrän|kung**
ver|schrau|ben ⟨*lat* → *rom*⟩; *vgl. auch* verschroben
ver|schrei|ben (*auch für* falsch schreiben; gerichtlich übereignen) ⟨*lat*⟩; sich (*Akk*) _ · **Ver|schrei|bung**
ver|schrie|en *od* **ver|schri|en;** *nur in Wendungen wie* als streitsüchtig _ (angesehen, verrufen) sein
ver|schro|ben *K 364* (seltsam; wunderlich) ⟨*zu* schrauben⟩ · **Ver|schro|ben|heit**
ver|schro|ten (zu Schrot verarbeiten) · **ver|schrot|ten** (zu Schrott machen, als Altmetall verwerten)
ver|schrum|peln (*umg*; [ein-] schrumpfen) · **ver|schrump|fen**
ver|schüch|tert; er ist _
ver|schul|den · **Ver|schul|den,** das, _s; ohne [sein] _ · **Ver|schul|dung**
ver|schu|len (*fachspr*; Sämlinge ins Pflanzbeet umpflanzen) ⟨*lat*⟩ · **Ver|schu|lung** (*fachspr*)
ver|schup|fen (*landsch*; fort-, verstoßen)
ver|schüt|ten
ver|schütt|ge|hen *K 363* (*umg*; verlorengehen) ⟨*rotwelsch*⟩
Ver|schüt|tung
ver|schwä|gern *K 363*; sich (*Akk*) _ · **ver|schwä|gert** · **Ver|schwä|ge|rung**
ver|schwei|gen
ver|schwen|den (‚verschwinden machen') · **Ver|schwen|der** · **verschwen|de|risch;** _ste · **Verschwen|dung** · **Ver|schwen|dungs|sucht,** die, _ · **ver|schwen|dungs|süch|tig**
ver|schwie|gen *K 364* · **Verschwie|gen|heit,** die, _
ver|schwim|men (undeutlich werden); es verschwimmt [mir] vor den Augen; *vgl. auch* verschwommen
ver|schwin|den
ver|schwi|stern *K 363* (als od. wie Geschwister verbinden; innigst vereinigen); sich (*Akk*) _ · **ver|schwi|stert** (*auch für* zusammengehörig)
ver|schwom|men *K 364* (undeutlich) · **Ver|schwom|men|heit,** die, _
ver|schwo|ren ⟨*zu* verschwören⟩ · **ver|schwö|ren, sich** (*Akk*); *Konjugation vgl.* schwören · **Ver|schwo|re|ne** *K 363*, der *u.* die, _n, _n *K 341* · **Ver|schwö|rer** · **Verschwö|rung**
ver|se|hen; mit etwas versehen sein; sich (*Akk*) mit etwas _; sich (*Akk*) _ (aus Unachtsamkeit einen Irrtum begehen); sich (*Akk*) des Schlimmsten, keines Args _ (*veraltend*); ehe du dich's (*vgl.* [1]es [2]) versahst (*veraltend*) · **Ver|se|hen,** das, _s, _ (Irrtum) · **ver|se|hent|lich** (aus Versehen) · **Ver|seh|gang** (*kath Kirche*)
ver|seh|ren (*veraltet*; verletzen, beschädigen) ⟨*zu mhd* sêr ‚Schmerz'⟩ · **Ver|sehr|te,** der *u.* die, _n, _n *K 341* (Körperbeschädigte[r]) · **Ver|sehr|ten|sport,** der, _[e]s
ver|sei|fen (*fachspr*; Fette durch Kochen mit Alkalien in Glyzerin u. Seifen spalten)
ver|selb|stän|di|gen, sich (*Akk*)
ver|sen|den; *vgl.* senden · **Ver|sender** · **versendet** ↑versandt · **Versen|dung**
ver|sen|gen (durch Hitze beschädigen)
ver|senk|bar; eine _e Nähmaschine · **ver|sen|ken** (untertauchen; in den Grund bohren); sich (*Akk*) in etwas _ (sich in etw. vertiefen) · **Ver|sen|kung**
ver|ses|sen *K 364* (eifrig bedacht, erpicht); auf eine Sache _ sein · **Ver|ses|sen|heit,** die, _
ver|set|zen · **Ver|set|zung**
ver|seu|chen (mit Krankheitskeimen durchsetzen) · **Ver|seu|chung**
Vers|fuß [ˈfɛrs.., *österr auch noch* ˈvɛrs..], *Pl* ..füße (*Metrik*)
ver|si|chern *K 363*; ich versich[e]re dich gegen Unfall; ich versich[e]re dir mein Beileid, *gehoben*: dich meines Beileids; ich versich[e]re dir, daß ... · **Ver|si|che|rung**
ver|sickern [*Tr* ..sik|kern] · **Versicke|rung** [*Tr* ..sik|ke..]
ver|sie|geln *K 363* ⟨*lat*⟩ · **Ver|sie|ge|lung** *K 363*
ver|sie|gen (austrocknen; aufhören) ⟨*zu* seihen⟩
ver|siert [v..] (bewandert, gut unterrichtet) ⟨*lat*⟩; in einer Sache _ sein
ver|sil|bern *K 363* (mit Silber überziehen – *auch umg*; veräußern) · **Ver|sil|be|rung**
ver|sim|peln *K 363* (einfältig werden – *abwert*; vereinfachen) ⟨*lat* → *frz*⟩
ver|sin|ken; *vgl. auch* versunken · **Ver|sin|kung** (*Geol*)
ver|sinn|bild|li|chen · **Ver|sinn|bild|li|chung** · **ver|sinn|li|chen** · **Ver|sinn|li|chung,** die, _
Ver|sion [v..] (Fassung; Lesart) ⟨*lat*, ‚Wendung'⟩
ver|sip|pen (verschwägern) · **versippt** (verwandt, verschwägert) · **Ver|sip|pung,** die, _
ver|sit|zen ([die Zeit] mit Herumsitzen hinbringen)
ver|skla|ven [..f(ə)n *od* ..v(ə)n] ⟨*slaw* → *grch* → *lat*⟩ · **Ver|skla|vung,** die, _
Vers‿leh|re [ˈfɛrs.., *österr auch noch* ˈvɛrs..], **...maß** (das)
ver|soh|len (*umg*; verprügeln) ⟨*lat*⟩
ver|söh|nen ⟨*zu* Sühne⟩ · **Ver|söhner** (*meist Rel*) · **Ver|söhn|ler,** der, _s, _ (*abwert*) · **ver|söhn|le|risch;** _ste (*abwert*) · **Ver|söhn|ler|tum,** das, _[e]s (*abwert*) · **ver|söhn|lich** · **Ver|söhn|lich|keit,** die, _ · **Versöh|nung**
ver|son|nen (sinnend; nachdenklich; träumerisch) · **Ver|son|nen|heit,** die, _
ver|sor|gen · **Ver|sor|gung,** die, _ · **Ver|sor|gungs|fahr|zeug** · **Versor|gungs|kon|tor**
ver|sot|ten (*fachspr*; Schornsteinmauerwerk mit Teerausscheidungen durchdringen)
ver|spä|ten, sich (*Akk*) · **Ver|spätung**
ver|spei|sen ⟨*lat*⟩
ver|sper|ren (*auch Polygr*)
ver|spie|len; sein Leben _; ein verspieltes Kind
ver|spil|lern (*Bot*; vergeilen); die Pflanze verspillert
ver|spot|ten · **Ver|spot|tung**
ver|spre|chen; sich (*Akk*) _ (beim Sprechen einen Fehler machen – *veraltet*; sich verloben); ich verspreche mir nichts davon; *K 128*: vielversprechende Anlagen; *vgl. aber K 166* · **Ver|spre|chen,** das, _s, _ · **Ver|spre|chung** (Zusage)
ver|spren|gen · **Ver|spreng|te,** der, _n, _n *K 341* (*Milit*)
ver|spro|che|ner|ma|ßen *od* **versproch|ner|ma|ßen** *K 176*
ver|spun|den (mit einem Spund verschließen)
ver|staat|li|chen (in Staatseigentum übernehmen) ⟨*lat*⟩ · **Ver|staat|li|chung**
ver|städ|tern *K 363* (städtisch machen od. werden) · **Ver|städ|te|rung,** die, _
ver|stäh|len (*fachspr*; Kupferdruckplatten mit Eisen überziehen) · **Ver|stäh|lung** (*fachspr*)
Ver|stand, der, _[e]s ⟨*zu* verstehen⟩; bei Verstand[e] sein; zu Verstand[e] kommen · **ver|stan|des|ge|mäß** · **ver|stan|des|mä|ßig** · **Ver|stan|des‿mensch** (der), **...schär|fe** (die, _) · **ver|stän|dig** (klug, besonnen) · **ver|stän|di|gen;** sich (*Akk*) _ · **Ver|stän|dig|keit,** die, _ (Klugheit) · **Ver|stän|di|gung,** die, _ · **ver|ständ|lich** (klar) · **Ver|ständ|lich|keit,** die, _ (Klarheit) · **Verständ|nis,** das, ..isses · **ver|ständ|nis|in|nig** · **ver|ständ|nis|los** *K 349*; *vgl.* ...los · **Ver|ständ|nis|lo|sig|keit,** die, _ · **ver|ständ|nis|voll**
ver|stän|kern *K 363* (*umg abwert*)

ver|stär|ken · Ver|stär|ker · Ver|stär|ker|an|la|ge (*Elektrotechn*) · Ver|stär|kung
ver|stau|ben
ver|stau|chen · Ver|stau|chung
ver|stau|en (gut verteilt unterbringen)
Ver|steck, das, _[e]s, _e; _ spielen · ver|stecken[1] · Ver|stecken[1], das, _s; _ spielen · Ver|stecken|spielen[1], das, _s · Ver|steck|spiel · ver|steckt (*auch übertr*)
ver|ste|hen *K 363*; sich (*Akk*) zu einer, auf eine Sache _; jmdm. etwas zu _ geben; *K 142*: verstehen lernen *od* verstehenlernen
ver|stei|fen (abstützen); sich (*Akk*) _ (ungelenkig werden; sich auf eine Sache festlegen; sich in einen Gedanken verrennen) · Ver|stei|fung
ver|stei|gen, sich (*Akk*) (zu weit steigen, so daß man den Rückweg nicht findet); sich zu hoch versteigen (*übertr, gehoben*); *vgl. auch* verstiegen · ver|stei|gern *K 363* · Ver|stei|ge|rung
ver|stei|nern *K 363* (zu Stein machen, werden); mit versteinertem Gesicht (*übertr*) · Ver|stei|ne|rung
ver|stell|bar · Ver|stell|bar|keit, die, _ · ver|stel|len; sich (*Akk*) _; ich verstelle mich; er verstellt mir den Weg · Ver|stel|lung · Ver|stel|lungs|kunst
ver|step|pen (zur Steppe werden) (*russ*) · Ver|step|pung
ver|ster|ben (*gehoben*); *meist im Prät u. Part II*: verstarb; verstorben (↑ *d.*)
ver|steu|ern *K 363* · Ver|steue|rung
ver|stie|gen *K 364* (*auch für* überspannt); *vgl. auch* versteigen, sich · Ver|stie|gen|heit
ver|stim|men · ver|stimmt (*auch für* verärgert) · Ver|stim|mung
ver|stockt (*meist abwert*; seelisch verhärtet, trotzig) · Ver|stockt|heit, die, _ (*abwert*)
ver|stoh|len *K 364* (heimlich)
ver|stop|fen · Ver|stop|fung
ver|stor|ben (*gehoben*); *Abk* verst., *Zeichen* †; *vgl. auch* versterben · Ver|stor|be|ne, der *u.* die, _n, _n *K 341*
ver|stört · Ver|stört|heit, die, _
Ver|stoß · ver|sto|ßen · Ver|sto|ßung
ver|stre|ben (mit Streben ausrüsten) · Ver|stre|bung
ver|strei|chen (*auch für* vorübergehen, vergehen)
ver|streu|en

[1] *Tr* ..k|k..

ver|stricken[1]; sich (*Akk*) [in Widersprüche] _ · Ver|strickung[1]
ver|stüm|meln *K 363* (*zu* Stummel) · Ver|stüm|me|lung *K 363*
ver|stum|men
Ver|such, der, _[e]s, _e · ver|suchen; versucht sein; sich versucht fühlen · Ver|su|cher · Ver|suchs|ka|nin|chen (*meist umg*; für eine Erprobung mißbrauchte Person) · Ver|suchs|sta|tion · ver|suchs|wei|se *K 176* · Ver|su|chung
ver|süh|nen (*veraltet*; versöhnen)
ver|sump|fen · Ver|sump|fung
ver|sün|di|gen, sich (*Akk*) · Ver|sün|di|gung
ver|sun|ken; in etwas _ sein · Ver|sun|ken|heit, die, _
ver|sü|ßen
ver|ta|gen (aufschieben) · Ver|ta|gung
ver|tän|deln *K 363* ([die Zeit] nutzlos hinbringen) (*zu* Tand)
ver|ta|tur! [v..] (*Polygr*; man wende!, drehe um!); *Abk* vert., *Zeichen* Ɣ (*lat*)
Ver|tau|bung (*bergm*; Taub-, Unhaltigwerden des Erzganges)
ver|täu|en (*seem*; ein Schiff durch Taue festmachen)
ver|tau|schen · Ver|tau|schung
ver|tau|send|fa|chen
Ver|täu|ung (*seem*)
ver|te! [v..] (*Mus*; wende um!, wenden!); *Abk* v. (*lat*) · ver|te|bral (*Anat*; wirbelwärts; zum Wirbel od. zur Wirbelsäule gehörend) · Ver|te|bra|ten *Pl* (*Zool*; die Wirbeltiere); *Sg* Ver|te|brat, der, _en
ver|tei|di|gen (*zu* Tag *u.* Ding (1)) · Ver|tei|di|ger · Ver|tei|di|ge|rin, die, _, ..innen · Ver|tei|di|gung · Ver|tei|di|gungs|be|reit|schaft, die, _ · Ver|tei|di|gungs|rat; *K 258*: der Nationale Verteidigungsrat der Deutschen Demokratischen Republik · Ver|tei|di|gungs|zu|stand, der, _[e]s
ver|tei|len · Ver|tei|ler · Ver|tei|ler‿do|se (*Elektrotechn*), ...netz · Ver|tei|lung · Ver|tei|lungs|zahl
ver|teu|ern *K 363* · Ver|teue|rung *K 363*
ver|teu|feln (zur Ursache allen Übels erklären) (*grch* → *lat*) · ver|teu|felt (*salopp*; verflucht – *umg auch für* sehr)
ver|tie|fen; sich (*Akk*) in eine Sache _ · Ver|tie|fung
ver|tie|ren (zum Tier werden)
ver|ti|kal [v..] (senkrecht, lotrecht) (*lat*); *Ggs* horizontal · Ver|ti|ka|le, die, _[n], _n; zwei _[n] *K 343*; *Ggs* Horizontale · Ver|ti|kal|ebe|ne · Ver|ti|kal|kreis (*Astron*)
Ver|ti|ko [v..], das, *selten* der, _s, _s (niedriger Zierschrank) (*angeblich nach* dem Berliner Tischler Vertikow [..ko:])

[1] *Tr* ..k|k..

ver|til|gen · Ver|til|gung, die, _ · Ver|til|gungs|mit|tel
ver|tip|pen (*umg*; beim Maschineschreiben Fehler machen) (*grch* → *lat* → *frz* → *engl*); sich (*Akk*) _
ver|to|nen (in Musik setzen) (*grch* → *lat*) · ver|tö|nen (ausklingen) · Ver|to|ner · [1]Ver|to|nung (Tonschöpfung)
[2]Ver|to|nung (*Schiff*; Darstellung von Küstenansichten [auf Seekarten]) (*ndrl*)
ver|tor|fen · Ver|tor|fung (Torfbildung)
ver|trackt (*umg*; verzerrt; verwickelt; unangenehm) (*zu* trecken) · Ver|trackt|heit (*umg*)
Ver|trag, der, _[e]s, ..äge · ver|tragen (*schweiz auch für* austragen); Zeitungen vertragen (*schweiz*); sich (*Akk*) gut miteinander vertragen · ver|trag|lich (dem Vertrage nach, durch Vertrag) · ver|träg|lich (nicht zänkisch, friedfertig; bekömmlich); die Speise ist schwer verträglich, eine schwerverträgliche Speise; *vgl. auch K 173* · Ver|träg|lich|keit, die, _ · Ver|trags|bruch, der · Ver|trag|schlie|ßen|de, der *u.* die, _n, _n *K 341* · ver|trags|mä|ßig · Ver|trags|stra|fe · Ver|trags|werk|statt · ver|trags|wid|rig
ver|trau|en; *vgl. auch* vertraut · Ver|trau|en, das, _s; im _ · ver|trau|en|er|weckend [*Tr* ...wek|kend]; *K 115*: am _sten; *K 128*: ein _es Äußere[s], sein Äußeres war _; *aber K 127*: ein großes Vertrauen erweckend; *vgl. auch K 163* · Ver|trau|ens|fra|ge · Ver|trau|ens|mann, *Pl* ..leute, *selten* ..männer · Ver|trau|ens|se|lig|keit, die, _ · Ver|trau|ens‿stel|lung, ...vo|tum (*Pol*) · ver|trau|ens|wür|dig · ver|trau|lich · Ver|trau|lich|keit
ver|träumt · Ver|träumt|heit, die, _
ver|traut; mit jmdm., mit einer Sache _ sein; sich (*Akk*) mit einer Sache _ machen · Ver|trau|te, der *u.* die, _n, _n *K 341* · Ver|traut|heit
ver|trei|ben · Ver|trei|bung
ver|tret|bar; _er Standpunkt · ver|tre|ten · Ver|tre|ter · Ver|tre|tung; in _ (*Abk* i. V.[1] *od* I. V.[1]) · ver|tre|tungs|wei|se *K 176*
Ver|trieb (eine Verkaufsform) · Ver|trie|be|ne, der *u.* die, _n, _n *K 341* · Ver|triebs|ab|tei|lung
ver|trim|men (*umg*; verprügeln) (*engl*)
ver|trock|nen

[1] *Klein- u. Großschreibung entsprechend* »i. A.« (*vgl. Anm. zum Stichwort* im Auftrag).

ver|trö|deln *K 363* (*umg*; [die Zeit] unnütz hinbringen)
ver|trö|sten · **Ver|trö|stung**
ver|trot|teln *K 363* (*umg*) ⟨*Herkunft umstritten*⟩ · **ver|trot|telt** (*umg*)
ver|tü|dern *K 363* (*norddt*; in Unordnung bringen); sich (*Akk*) _
ver|tun (verschwenden); vertan; sich (*Akk*) _ (*umg*; sich irren)
ver|tu|schen *K 354* (verheimlichen, unterdrücken) · **Ver|tu|schung**
ver|übeln *K 363* (übelnehmen); jmdm. etwas _
ver|üben; ein Verbrechen _
ver|ul|ken; jmdn. _
ver|un|ei|ni|gen (entzweien); sich (*Akk*) mit jmdm. _
ver|un|fal|len (*bes schweiz*; verunglücken)
ver|un|glimp|fen (schmähen) · **Verun|glimp|fung**
ver|un|glücken[1]
ver|un|mög|li|chen (*schweiz*; unmöglich machen)
ver|un|rei|ni|gen · **Ver|un|rei|nigung**
ver|un|schicken[1] (*schweiz*; durch eigene Schuld einbüßen)
ver|un|si|chern *K 363* (unsicher machen)
ver|un|stal|ten (ungestaltet, unschön machen) · **Ver|un|stal|tung**
ver|un|treu|en (unterschlagen) · **Ver|un|treu|ung**
ver|un|zie|ren
ver|ur|sa|chen · **Ver|ur|sa|cher**
ver|ur|tei|len · **Ver|ur|tei|lung**
Ver|ve ['vɛrvə], die, _ (Begeisterung, Schwung) ⟨*lat* → *frz*⟩
ver|viel|fa|chen · **Ver|viel|fachung** · **ver|viel|fäl|ti|gen** · **Vervi**e**l|fäl|ti|ger** · **Ver|viel|fäl|ti|gung**
ver|voll|komm|nen; sich (*Akk*) _; du vervollkommnest dich · **Ver|voll|komm|nung**, die, _ · **ver|voll|komm|nungs|fä|hig**
ver|voll|stän|di|gen · **Ver|voll|stän|di|gung**
ver|wach|sen; die Bäume waren mit dem Gestrüpp dicht verwachsen, ein dichtverwachsenes Gestrüpp; *vgl. auch K 166*; mit etwas verwachsen (innig verbunden) sein; sich (*Akk*) _ (*umg*; mit dem Wachsen verschwinden); *K 364*: ein _er (schlecht, fehlerhaft gewachsener) Mensch · **Ver|wach|sung**
ver|wackeln[1] *K 363*
Ver|wahr; *nur noch in* in _ nehmen, geben · **ver|wah|ren**; sich (*Akk*) _ gegen ... (etw. ablehnen, von sich weisen) · **Ver|wah|rer** (*auch für* Depositar) · **ver|wahr|losen** *K 354* · **Ver|wahr|lo|ste**, der *u.* die, _n, _n *K 341* · **Ver|wahr|losung**, die, _ · **Ver|wahr|sam**, der, _s; *nur noch in* in _ nehmen, geben · **Ver|wah|rung**
ver|wai|sen *K 354* (elternlos werden; vereinsamen) · **Ver|wai|sung**, die, _
ver|wal|ken (*umg*; verprügeln)
ver|wal|ten · **Ver|wal|ter** · **Ver|waltung**
ver|wam|sen *K 354* (*umg*; verprügeln) ⟨*zu* Wams⟩
ver|wan|deln *K 363* · **Ver|wandlung**
ver|wandt: 1. (zu derselben Familie gehörend) – 2. *od* **ver|wen|det** (*Part II zu* verwenden) · **Ver|wandte**, der *u.* die, _n, _n *K 341* · **Verwandt|schaft** · **ver|wandt|schaftlich** · **Ver|wandt|schafts|grad**
ver|war|nen · **Ver|war|nung**
ver|wa|schen *K 364* (durch Waschen abgenutzt; verschwommen, undeutlich)
ver|wäs|sern *K 363* · **Ver|wäs|serung** *K 363 f.*
ver|we|ben; du verwebtest das ganze Garn, du hast das Garn verwebt; *übertr* du verwobst eins ins andere, du hast es ineinander (miteinander) verwoben
ver|wech|seln *K 363* · **Ver|wechslung** *K 363*
ver|we|gen *K 364* (tollkühn, draufgängerisch) ⟨*zu* wägen⟩ · **Ver|wegen|heit**
ver|we|hen
ver|weh|ren; das soll dir nicht verwehrt werden
Ver|we|hung
ver|weich|li|chen
ver|wei|gern *K 363* · **Ver|wei|gerung**
ver|wei|len; sich (*Akk*) _
ver|weint
Ver|weis, der, _es, _e (Tadel, Rüge; Hinweis) · **ver|wei|sen** (einen Hinweis geben; wegschicken, ausweisen – *noch gehoben*; tadeln, verbieten); jmdn. an jmdn. _; jmdn. des Landes _ (*gehoben*); jmdm. etw. _ (*noch gehoben*)
ver|wel|ken
ver|wend|bar · **Ver|wend|bar|keit**, die, _ · **ver|wen|den** (benutzen, anwenden); du verwendetest *od* verwandtest; du verwendetest; verwendet *od* verwandt; sich (*Akk*) _ (einsetzen); *vgl. auch* verwandt · **verwendet** ↑ verwandt (2) · **Ver|wendung**; zur besonderen _ (*Abk* z. b. V.)
ver|wer|fen; *vgl. auch* verworfen · **ver|werf|lich** (*gehoben*) · **Verwerf|lich|keit**, die, _ (*gehoben*) · **Ver|wer|fung** (*auch Geol*)
ver|wert|bar · **ver|wer|ten** · **Verwer|ter** · **Ver|wer|tung**
[1]**ver|we|sen** *K 354* (in Fäulnis übergehen, sich auflösen)
[2]**ver|we|sen** *K 354* (*veraltet*; stellvertretend verwalten)
ver|wes|lich (*veraltend*) ⟨*zu* [1]verwesen⟩ · **Ver|we|sung**
ver|wet|ten
ver|wich|sen *K 354* (*umg*; verprügeln; [Geld] vertun)
ver|wickeln *K 363* [*Tr* ..wik|keln] · **Ver|wick|lung** *K 363*
ver|wil|dern *K 363* · **Ver|wil|derung**
ver|win|den (über etw. hinwegkommen, etw. überwinden); den Schmerz _ · **Ver|win|dung** (*auch Luftf, Techn*)
ver|win|kelt
ver|wir|ken (verlustig gehen); sein Leben _
ver|wirk|li|chen (in die Wirklichkeit umsetzen) · **Ver|wirk|li|chung**
ver|wir|ren; du hast verwirrt; du bist verwirrt worden; *vgl. auch* verworren · **Ver|wir|rung**
ver|wi|schen *K 354*
ver|wit|tern (durch den Einfluß der Witterung angegriffen werden) ⟨*zu* [2]Wetter⟩ · **ver|wit|tert** · **Ver|wit|terung**
ver|wit|wet (Witwer od. Witwe geworden); *Abk* verw.; *vgl. auch K 412*
ver|wo|ben (eng verknüpft); *vgl. auch* verweben
ver|wöh|nen · **Ver|wöhnt|heit**, die, _ · **Ver|wöh|nung**, die, _
ver|wor|fen *K 364* (*auch gehoben*; ruchlos) · **Ver|wor|fen|heit**, die, _ (*gehoben*)
ver|wor|ren *K 364* (unklar, unübersichtlich; zerfahren); die Lage ist _; ein _er Kopf; *vgl. auch* verwirren · **Ver|wor|ren|heit**, die, _
ver|wund|bar · **Ver|wund|bar|keit**, die, _ · **ver|wun|den** (verletzen; kränken)
ver|wun|der|lich · **ver|wun|dern** *K 363*; sich (*Akk*) _ · **Ver|wun|derung**
Ver|wun|de|te, der *u.* die, _n, _n *K 341* · **Ver|wun|dung**
ver|wun|schen (*Märchen*; verzaubert); *K 364*: ein _es Schloß · **verwün|schen** *K 354* (verfluchen – *Märchen*; verwandeln, verzaubern) · **ver|wünscht** (verflucht); verwünscht! (Ausruf des Unwillens) · **Ver|wün|schung**
ver|wur|zeln · **Ver|wur|ze|lung** *K 363*
ver|wü|sten
ver|za|gen · **Ver|zagt|heit**, die, _
ver|zah|nen (an-, ineinanderfügen) · **Ver|zah|nung**
ver|zap|fen (durch Zapfen verbinden – *landsch*; ausschenken –

[1] *Tr* ..k|k..

umg; etw. [Übles od. Unsinniges] vorbringen, anstellen) · **Ver|zap|fung** (*Techn*)
ver|zär|teln *K 363* · **Ver|zär|te|lung**
ver|zau|bern *K 363* · **Ver|zau|be|rung**
Ver|zäu|nung
Ver|zehr, der, _[e]s (Verbrauch; Verbrauchtes, Verzehrtes; Zeche) · **ver|zeh|ren** · **Ver|zehr|zwang**, der, _[e]s
ver|zeich|nen (vermerken; falsch zeichnen) · **Ver|zeich|nis**, das, ..isses, ..isse; *Abk* Verz.
ver|zei|gen (*schweiz*; anzeigen)
ver|zei|hen · **ver|zeih|lich** · **Ver|zei|hung**, die, _
ver|zer|ren · **Ver|zer|rung**
[1]**ver|zet|teln** *K 363* (auf Karteizettel schreiben) ⟨*zu* [1]Zettel⟩; Wörter _
[2]**ver|zet|teln** *K 363* (nutzlos vergeuden, vertun) ⟨*zu* [2]Zettel⟩; sich (*Akk*) _
Ver|zet|te|lung *K 363* ⟨*zu* [1]verzetteln⟩
Ver|zicht, der, _[e]s, _e ⟨*zu* verzeihen⟩; _ leisten · **ver|zich|ten** · **Ver|zicht|lei|stung**
ver|zie|hen; sich (*Akk*) _
ver|zie|ren · **Ver|zie|rung**
ver|zim|mern *K 363* (*Bauw*) · **Ver|zim|me|rung** (*Bauw*)
[1]**ver|zin|ken** (mit Zink überziehen; Bretter in besonderer Weise aneinanderfügen)
[2]**ver|zin|ken** (*umg*; angeben, anzeigen) ⟨*lat* → *frz*⟩
Ver|zin|kung ⟨*zu* [1]verzinken⟩
ver|zin|nen · **Ver|zin|nung**
ver|zins|bar ⟨*lat*⟩ · **ver|zin|sen** · **ver|zins|lich** · **Ver|zins|lich|keit**, die, _ · **Ver|zin|sung**
ver|zo|gen *K 364*; ein _es Kind
ver|zö|gern *K 363* · **Ver|zö|ge|rung** · **Ver|zö|ge|rungs|sprung** (*Fallschirmsp*)
ver|zol|len ⟨*grch* → *lat*⟩
ver|zü|cken[1]
ver|zuckern[1] *K 363* ⟨*aind* → *pers* → *grch* → *arab* → *ital* → *lat*⟩
ver|zückt · **Ver|zückt|heit**, die, _ · **Ver|zü|ckung**[1]
Ver|zug, der, _[e]s (Verzögerung); ohne _; im _ sein; in _ geraten; in _ kommen · **Ver|zugs|zin|sen** *Pl*
ver|zwei|feln *K 363*; *K 102*: es ist zum Verzweifeln · **Ver|zweif|lung**, die, _
ver|zwei|gen, sich (*Akk*)
ver|zwickt (*umg*; unübersichtlich; schwierig)
Ves|per [f..], die, _, _n (*kath Kirche*; Abendandacht, Stundengebet – *landsch u. österr*; Mahlzeit am Nachmittag; Abendbrot; Zwischenmahlzeit) ⟨*lat*⟩ · **Ves|per|brot** (*landsch u. österr*) · **ves|pern** *K 363* (*landsch u. österr*; Imbiß einnehmen, bes. am Nachmittag od. Abend)
Ve|sta [v..] (*röm Mythol*; Göttin des häusl. Herdes) ⟨*lat*⟩ · **Ve|sta|lin**, die, _, ..innen (Priesterin der Vesta)
Ve|ste [f..], die, _, _n (*veraltet*; Festung, Burg); die Veste Coburg; *vgl. auch* Feste
Ve|sti|bül [v..], das, _s, _e (Vor-, Treppenhalle) ⟨*lat* → *frz*⟩
Ve|ston [vɛsˈtɔ̃:], der, _s, _s (*schweiz*; Männerjackett) ⟨*lat* → *ital* → *frz*⟩
Ve|suv [veˈzu:f], der, _[s] (Vulkan bei Neapel) · **Ve|su|vian** [..zuˈvi̯a:n] ⟨*lat*⟩, der, _s, _e, *veraltet* **Ido|kras** ⟨*grch*⟩, der, _ (*Mineral*; ein Edelstein) · **ve|su|visch** [..ˈzu:viʃ]
Ve|te|ran [v..], der, _en, _en (im Dienst Ergrauter, [in der Arbeiterbewegung] Bewährter; früherer Feldzugsteilnehmer) ⟨*lat*⟩ · **Ve|te|ra|nen|klub** (Kulturraum für Arbeiterveteranen) · **Ve|te|ri|när**, der, _s, _e (Tierarzt) ⟨*lat* → *frz*⟩ · **Ve|te|ri|när|me|di|zin**, die, _ (Tierheilkunde) · **Ve|te|ri|när|we|sen**, das, _s
Ve|to [v..], das, _s, _s (Einspruch; Einspruchsrecht) ⟨*lat*, ‚ich verbiete'⟩ · **Ve|to|recht**
Vet|schau [f..] (Stadt im Bez. Cottbus)
Vet|tel [f..], die, _, _n (*umg abwert*; unordentl. [altes] Weib) ⟨*lat*⟩
Vet|ter, der, _s, _n (*veraltend*; Cousin) ⟨*zu* Vater⟩ · **Vet|ter|li|wirt|schaft**, die, _ (*schweiz*; Vetternwirtschaft) · **Vet|tern|schaft** · **Vet|tern|wirt|schaft**, die, _ (*abwert*; ungerechte Bevorzugung der Verwandten)
Ve|xier|bild [v..] (eine Rätselart) ⟨*lat*⟩ · **ve|xie|ren** (*veraltend*; irreführen; quälen; necken)
via [v..] ([auf dem Wege] über) ⟨*lat*, ‚auf der Straße'⟩; _ Triest · **Via Ap|pia** *K 258*, die, *Gen* _ _ (Ausfallstraße des alten Roms) · **Via|dukt**, der, _[e]s, _e (Talbrücke, Überführung) · **Via Ma|la** *K 258*, die, *Gen* _ _, *schweiz auch* **Via|ma|la**, die, _ (Schlucht in der Schweiz)
Vi|bra|phon [v..], das, _s, _e (Schlaginstrument; Glockenspiel aus Metallplatten) ⟨*lat* + *grch*⟩ · **Vi|bra|tion** (Schwingung, Beben; Erschütterung) ⟨*lat*⟩ · **vi|bra|to** (*Mus*; bebend, in Beben versetzt) ⟨*lat* → *ital*⟩ · **Vi|bra|to**, das, _s, *Pl* _s *od* ..ti (*Mus*) · **vi|brie|ren** (schwingen, beben) ⟨*lat*⟩
vi|ce ver|sa [ˈvi:tsə ˈvɛr..] (umgekehrt); *Abk* v. v. ⟨*lat*⟩
Vi|comte [viˈkɔ̃:t], der, _[s], _s [..ˈkɔ̃:t(s)] (französ. Adelstitel) ⟨*lat* → *frz*, ‚Vizegraf'⟩ · **Vi|com|tes|se** [vikɔ̃ˈtɛs(ə)], die, _, _n [..s(ə)n] (französ. weibl. Adelstitel) ⟨‚Vizegräfin'⟩
Vic|to|ria [v..], *eindeutschend* **Vik|to|ria** (Bundesstaat von Australien [2]) ⟨*nach* der engl. Königin⟩
Vi|deo|band [ˈvi:..], das, _[e]s, ..bänder (Magnetband zur Aufzeichnung u. Wiedergabe von Fernsehsendungen) ⟨*lat*⟩ · **Vi|deo|kas|set|te**, die, _, _n (Kassette, in der ein Videoband untergebracht ist) ⟨*lat* + *frz*⟩ · **Vi|deo|re|cor|der**, der, _s, _ (Aufzeichnungs- u. Wiedergabegerät für Fernsehsendungen) ⟨*lat* + *engl*⟩; *vgl. auch* Recorder
vi|die|ren [v..] (*noch österr*; zur Kenntnis nehmen, beglaubigen, unterschreiben) ⟨*lat*⟩
Viech, das, _[e]s, _er (*umg*) · **Vie|che|rei** (*salopp*) · **Vieh**, das, _[e]s. *Zus K 365ff.*: Vieh‿pfleger usw. · **vie|hisch** (*salopp*); _ste · **Vieh|salz**, das, _es · **Vieh‿zucht**, ...**züch|ter**
viel; mehr (↑ *d.*), meist (↑ *d.*)
I. *Auch substantivisch, außer am Satzanfang, stets klein geschrieben K 120*:
a) *alleinstehend*: er redet viel; viele sagen ...; wer vieles bringt ...; ich habe viel[es] erlebt; die vielen, die ...; vieles, was ...
b) *in Verbindung mit Präpositionen*: in vielem; mit vielem; um vieles größer
II. *In Verbindung*
a) *mit einem Substantiv*: viel Geld; mein vieles Geld; *K 175*: viele Male, *aber K 176*: vielmals; *im Gen*: viel Wesens, Aufhebens, Rühmens machen
b) *mit einem substantivierten Adjektiv K 95*: 1. *Sg*: viel Gutes *od* vieles Gute; mit viel Gutem *od* mit vielem Guten; *aber K 120*, und viele[s] andere (*Abk* u. v. a.) – 2. *Pl K 341*: viele Abgeordnete, *seltener* viele Abgeordneten, *Gen*: vieler Abgeordneter, *auch* Abgeordneten
c) *mit einem Part II K 166*: der Fall wurde viel besprochen, ein viel besprochener *od* vielbesprochener Fall
d) *mit einem Adjektiv u. einem Substantiv K 340*: viel[e] gute Nachbildungen, *Gen*: vieler guter, *auch* guten Nachbildungen
III. *Bei Gradangaben*: wir haben alle gleich (ebenso) viel *K 175* (*vgl. aber* gleichviel); er weiß sehr viel, zu viel davon (*vgl. aber* zuviel); viel zuviel; viel zuwenig; er hatte allzu

[1] *Tr* ..k|k..

viele Bedenken (*vgl. aber* allzuviel [*bei* allzu]); so viel (*K 175*) arbeiten, daß ... (*vgl. aber* soviel); so viele Male (*vgl. aber K 176*: sovielmal); *K 175*: wie viele Male (*vgl. aber K 176*: wieviel u. wievielmal); er weiß viel mehr (*K 175*) als du (*vgl. aber K 176*: vielmehr); *K 175*: soundso viel, *aber K 176*: am soundsovielten Mai; *K 175*: um soviel mehr; um wieviel mehr

IV. *In Zus K 176*: vielhundertmal (↑ *d.*); vieltausendmal (↑ *d.*); vieltausendstimmig; vielerorts

V. *Steigerung der mit* »viel« *zusammengesetzten Adjektive u. Partizipien vgl. K 350f.*

Viel, das, _s; viele Wenig machen ein _ (*scherzh*) · **viel|be|sprochen**[1] *K 364* (häufig besprochen, in aller Munde) · **viel|blü|tig** · **viel|deu|tig** · **Viel|eck** (*Geom*) · **viel|eckig** [*Tr* ...ek|kig] (*Geom*) · **Viel|ehe** (Polygamie) · **viel|ehig** (polygam) · **vie|ler|lei;** auf _ Art · **vie|ler|ör|tert**[1] · **vie|ler|orts**[2] · **viel|fach** · **Viel|fa|che,** das, _n *K 341*; ein _s; um das _ (z. B. Hundertfache) vergrößern, *aber K 114*: um ein vielfaches (bedeutend) klüger sein · **Viel|fach|ge|rät** (für mehrere Zwecke verwendbares landwirtschaftl. Arbeitsgerät) · **Viel|falt,** die, _ · **viel|fäl|tig** (mannigfaltig, häufig) · **Viel|fäl|tig|keit,** die, _ · **viel|flä|chig** · **Viel|fläch|ner,** der, _s, _

Viel|fraß, der, _es, _e: 1. (*umg*; jmd., der unmäßig ißt) – 2. ⟨*umgedeutet aus norw* fjeldfross ‚Bergkater'⟩ (marderartiges Raubtier)

viel⌣ge|braucht[1], **...ge|nannt**[1] · **viel|ge|reist**[1] · **Viel|ge|rei|ste,** der *u.* die, _n, _n *K 341* · **viel|ge|stal|tig** · **Viel|ge|stal|tig|keit,** die, _ · **Viel|heit,** die, _ · **viel|hun|dert|mal** *od* **vie|le hun|dert|mal** *K 176*, *aber K 175*: viel[e] hundert Male · **viel|köp|fig** · **viel|leicht**

Viel|lieb|chen (scherzhafter Brauch, urspr. am Valentinstag) ⟨*nach* Valentin, *französisch umgestaltet zu* Philippine, *dann entstellt*⟩

viel|ma|lig · **viel|mals** *K 176*, *aber K 175*: viele Male · **Viel|män|ne|rei,** die, _ · **viel|mehr** [*od* 'fi:l..] *K 176*, *bei Berichtigung od steigerndem Gegensatz*: er ist nicht dumm, weiß vielmehr alles; *aber K 175*: er weiß viel mehr als du · **viel|sa|gend** *K 128* (bedeutungsvoll); *K 115*: am _sten · **viel|schich|tig** · **Viel|schrei|ber** (*meist abwert*) · **viel|sei|tig** · **Viel|sei|tig|keit,** die, _ · **viel|spra|chig** · **viel|stim|mig** · **Viel|stim|mig|keit,** die, _ · **viel|tau|send|mal** *od* **vie|le tau|send|mal** *K 176*, *aber K 175*: viel[e] tausend Male · **viel|um|wor|ben**[1] *K 364* · **viel|ver|spre|chend**[1]; *K 115*: am _sten · **Viel|wei|be|rei,** die, _ · **Viel|zahl,** die, _ · **Viel|zel|ler,** der, _s, _ (*Biol*) · **viel|zel|lig** (*Biol*)

Vien|tia|ne [viɛn'tja:n(ə)] (Hptst. von Laos)

vier [fi:r]; *K 120*: alle viere von sich strecken (*umg*; sich ausstrecken – *von Tieren gesagt*; verenden); auf allen vieren kriechen (*umg*); Grand mit vieren (*Skat*); er zählte bis vier; zu vieren *od* zu viert; *vgl.* acht · **Vier,** die, _, _en; *vgl.* ¹Acht · **Vier|bei|ner,** der, _s, _ (*umg*; vierbeiniges Tier) · **vier|blätt|rig**[2] *K 362* · **vier|di|men|sio|nal** (*Math*; zur vierten Dimension gehörig – *Abergl*; geisterhaft) · **Vier|eck**[2] · **vier|eckig**[2] [*Tr* ...ek|kig] · **Vier|ecks|sei|te** · **vier|ein|halb** *od* **vier|und|ein|halb** *K 282* (*mit Ziffern* 4½ *od* 4,5); *vgl.* achteinhalb · **Vie|rer,** der, _s, _ (*auch Sport*; viersitziges Ruderboot) · **vie|rer|lei;** auf _ Art · **vier|fach**[2] · **Vier|fa|che**[2], das, _n *K 341*; *vgl.* Achtfache · **Vier|far|ben|druck:** 1. der, _[e]s (ein Druckverfahren) – 2. der, _[e]s, _e (durch dieses Verfahren erzeugter Druck) · **Vier|fläch|ner**[2], der, _s, _ (*Geom*) · **Vier|fü|ßer** *Pl* (*Zool*); *Sg* Vier|fü|ßer, der, _ · **vier|fü|ßig** · **vier|hän|dig;** _ spielen · **vier|hun|dert;** *vgl.* hundert (1) · **vier|kant** (*auch seem*; rechtwinklig zur Kiellinie); _ brassen (*seem*; die Rahen rechtwinklig zur Kiellinie des Schiffes stellen) · **Vier|kant,** das *od* der, _[e]s, _e · **Vier|kant|ei|sen** · **vier|kan|tig**[1]

Vier|lan|de *Pl* (Marschlandsch. bei Hamburg)

Vier|ling, *meist Pl* · **vier|mal**[1]; *vgl.* achtmal · **vier|ma|lig**[1] · **Vier|paß,** der, ..passes, ..passe (*Arch*; gotisches vierbogiges Maßwerk) · **Vier|plät|zer,** der, _s, _ (*schweiz*; Viersitzer) · **vier|plät|zig** (*schweiz*; viersitzig) · **Vier|rad|brem|se** · **vier|räd|rig**[1] *K 362* · **vier|schrö|tig** (plump, gedrungen, stämmig) ⟨‚viereckig geschnitten', *zu* schroten⟩ · **Vier|sit|zer** · **vier|sit|zig** · **Vier|spän|ner** · **vier|spän|nig** · **vier|stim|mig** · **viert;** *nur in der Wendung* zu viert · **Vier|tak|ter**[1], der, _s, _ *Kurzw* ([Fahrzeug mit] Viertaktmotor) · **Vier|takt|mo|tor** (*mit Ziffer K 285* 4-Takt-Motor) · **vier|tau|send;** *vgl.* tausend (1) · **vier|te;** die vierte Dimension; *vgl.* achte · **vier|tei|len;** gevierteilt · **vier|tei|lig**[1] · **vier|tel** ['fir..] (*mit Ziffern* ¼); *K 288*: eine viertel Stunde, *aber K 289*: eine Viertelstunde; in drei viertel Stunden, *aber*: in einer dreiviertel Stunde *od* in einer Dreiviertelstunde; *vgl. auch* dreiviertel *u.* Viertelstunde · **Vier|tel,** das, *schweiz meist* der, _s, _ ⟨‚vierter Teil'⟩; ein Viertel des Kilos, *aber* ein Viertelkilo (*K 289*) *od* ein viertel Kilo (*K 288*); drei Viertel des Weg[e]s; es ist [ein] Viertel vor, nach acht [Uhr]; es ist [ein] Viertel [auf] acht (*landsch*; [ein] Viertel nach sieben [*mit Ziffern* ¼ 8]); der Zeiger steht auf Viertel; es ist fünf Minuten vor drei Viertel [acht]; *vgl. auch* Achtel *u.* dreiviertel · **Viertel...** (z. B. Viertelstunde) · **Vier|tel|fi|na|le,** das, _s, *Pl* _ *od* ..finals · **Vier|tel⌣ge|viert** (*Polygr*), **...jahr, ...jahr|hun|dert** · **vier|tel|jäh|rig** (ein Vierteljahr dauernd, ein Vierteljahr alt); _e Kündigung (Kündigung mit vierteljähriger Frist); *vgl.* ...jährig · **vier|tel|jähr|lich** (alle Vierteljahre wiederkehrend); _e Kündigung (jeweils zum vollen Vierteljahr mögliche Kündigung); *vgl.* ...jährlich · **Vier|tel|li|ter;** *vgl. auch* viertel · **vier|teln** *K 363* (in vier Teile teilen) · **Vier|tel|no|te** · **Vier|tel|stun|de;** eine geschlagene Viertelstunde; in zwei, nicht in drei Viertelstunden, *aber*: eine halbe bis drei viertel Stunden *od* dreiviertel Stunde; *vgl. auch* viertel *u.* dreiviertel · **vier|tel|stün|dig** (eine Viertelstunde dauernd); *vgl.* ...stündig · **vier|tel|stünd|lich** (jede Viertelstunde); *vgl.* ...stündlich · **vier|tens** ['fi:r..] · **viert|letzt;** *vgl.* drittletzt · **vierundeinhalb** ↑ viereinhalb · **vier|und|zwan|zig** *K 282*; _ Uhr (*meist mit Ziffern* 24.00 Uhr [gebräuchlich für ankommende Züge u. Busse]) · **Vie|rung** (*Arch*; Quadrat an der Schnittstelle des Lang- u. Querschiffes von Kirchen)

Vier|wald|stät|ter See [*od* 'fi:r.. _] (*K 232*), der, *Gen* _ _s, *schweiz* **Vier|wald|stät|ter|see** (*K 234*), der, _s (in der Schweiz)

vier|zehn ['fir..]; *K 258*: die Vierzehn Nothelfer (kath. Heilige); *vgl.* achtzehn

Vier|zehn|hei|li|gen [fir..] (Wallfahrtsort)

Vier|zei|ler ['fi:r..], der, _s, _ · **vier|zig** ['fir..]; *vgl.* achtzig · **Vier|zy|lin|der**[1] ['fi:r..] *umg Kurzw*

[1] *Vgl. K 166, 350, 351.*
[2] *Vgl. K 176.*

[1] *Vgl. K 166, 350, 351.*
[2] *Mit Ziffer vgl. K 284.*

[1] *Mit Ziffer vgl. K 284.*

([Fahrzeug mit] Vierzylindermotor) · **Vier|zy|lin|der|mo|tor** (*mit Ziffer K 285* 4-Zylinder-Motor) · **vier|zy|lin|drig**[1]

Viet|nam [viet..], *ohne Art, amtl* **So|zia|li|sti|sche Re|pu|blik Viet|nam** *K 258*, die, *Gen* _n _ _ (in Hinterindien); *Abk* SRV · **Viet|na|me|se,** der, _n, _n · **viet|na|me|sisch;** *vgl. K 266f.* · **Viet|na|me|sisch,** das, *Gen* _[s], *Dat* _ (Sprachbezeichnung *K 268ff.*) · **Viet|na|me|si|sche,** das, *Gen* _n, *Dat* _n (Sprachbezeichnung *K 271*)

vif [vi:f] (*veraltend*; lebendig, lebhaft) ⟨*lat* → *frz*⟩

Vi|gil [vi'gi:l], die, _, _ien [..ïən] (*kath Kirche*; Vortag hoher Feste) ⟨*lat*⟩ · **vi|gi|lant** [..gi..] (*veraltend*; wachsam, findig, pfiffig) · **Vi|gi|lanz,** die, _ (*veraltend*) · **Vi|gi|lie** [..'gi:lïə], die, _, _n (*hist*; Nachtwache [im altröm. Heer])

Vi|gnet|te [vi'njɛtə], die, _, _n (kleine Verzierung der Titel u. Blattränder [in Büchern]) ⟨*lat* → *frz*, ‚Weinrankenzierat'⟩

Vi|go|gne [vi'gɔnjə], die, _, _n (Mischgarn aus Wolle u. Baumwolle – *urspr* Wolle der Vikunja) ⟨*indian* → *span* → *frz*⟩ · **Vi|go|gne|wol|le**

Vi|kar [v..], der, _s, _e (*kath Kirche*; Amtsvertreter – *ev Kirche*; Theologe nach dem ersten Examen) ⟨*lat*⟩ · **Vi|ka|riat,** das, _[e]s, _e (*christl Kirche*; Amt eines Vikars) · **Vi|ka|rin,** die, _, ..innen (*ev Kirche*)

Vik|tor [v..] (m. Vn.) ⟨*lat*, ‚Sieger'⟩

Vik|to|ria: 1. (Sieg); _ rufen – 2. ↑ Victoria · **Vik|to|ria|blau;** *vgl.* Blau · **Vik|to|ria|grün;** *vgl.* Blau · **Vik|to|ria|nisch** *K 217*; _e Zeit (Zeit der engl. Königin Viktoria)

Vik|tua|lien [viktu'a:lïən] *Pl* (*veraltet*; Lebensmittel) ⟨*lat*⟩

Vi|kun|ja [v..], die, _, ..jen (eine Lamaart) ⟨*indian* → *span*⟩ · **Vi|kun|ja|wol|le;** *vgl.* Vigognewolle

Vil|la [v..], die, _, *Pl* Villen (Landhaus, größeres Einzelwohnhaus) ⟨*lat* → *ital*⟩

Vil|lach [f..] (Stadt in Österreich)

Villen ↑ Villa · **Vil|len|vier|tel** [v..]

Vil|nius [v..] (Hptst. von Litauen)

Vi|ne|ta [v..] (sagenhafte, vom Meer verschlungene Stadt an der Ostseeküste) ⟨*umgebildet aus* Jumneta *od* Julin, der frühgeschichtl. Vorläufersiedlung der poln. Stadt Wolin⟩

Vin|zenz [v..] (m. Vn.) ⟨*lat*, ‚der Siegende'⟩

---

[1] *Mit Ziffer vgl. K 284.*

[1]**Vio|la** ['vi:..], die, _ (Veilchen, Stiefmütterchen) ⟨*grch* → *lat*⟩

[2]**Vio|la** [vi..], die, _, *Pl* ..len, *seltener* _s (Bratsche) ⟨*lat* → *ital*, ‚Fiedel'⟩ · **Viola da gamba** ↑ Gambe

Vio|le [v..], die, _, _n (*dicht u. landsch*; Veilchen) ⟨*grch* → *lat*⟩ · **vio|lett** (veilchenfarbig) ⟨*grch* → *lat* → *ital* → *frz*⟩; *K 119*: das violette Trikot, *oft nach K 258*: das Violette Trikot (*Radsp*); *vgl.* blau · **Vio|lett,** das, _s; *vgl.* Blau

Vio|li|ne [v..], die, _, _n (Geige) ⟨*lat* → *ital*, ‚kleine [2]Viola'⟩ · **Vio|li|nist** · **Vio|lin|schlüs|sel** · **Vio|lon|cel|list** [violɔntʃɛ'list] · **Vio|lon|cel|lo,** das, _s, *Pl* _s *od* ..lli (Kniegeige, Kleinbaß); *Kurzw* Cello

Vi|per [v..], die, _, _n ([2]Otter, Giftschlange) ⟨*lat*⟩

Vire|ment [vir'mã:], das, _s, _s (*Wirtsch*; Übertragung von einem Haushaltsposten auf einen anderen) ⟨*lat* → *frz*⟩

Viren ↑ Virus

Vir|gi|nia [vir'gi:nïa, *auch* ..'dʒi:.., *österr nur so*]; 1. ⟨*lat* → *engl*⟩ (Staat der USA) – 2. ⟨*nach* Virginia (1)⟩, die, _, _s (eine Zigarrensorte) · **Vir|gi|nia|ta|bak** *K 246*

Vir|gi|ni|tät [virgi..], die, _ (Jungfräulichkeit; Unberührtheit) ⟨*lat*⟩

vi|ril [v..] (männlich) ⟨*lat*⟩ · **Vi|ri|li|tät,** die, _ (männl. Kraft; Mannbarkeit)

Vi|ro|lo|ge [v..], der, _n, _n (Virusforscher) ⟨*lat* + *grch*⟩ · **Vi|ro|lo|gie,** die, _ (Lehre von den Viren u. den Viruskrankheiten)

vir|tu|ell [v..] (der Kraft od. Möglichkeit nach vorhanden, scheinbar) ⟨*lat* → *frz*⟩

vir|tu|os [v..] *K 349* ([technisch] meisterhaft, kunstfertig) ⟨*lat* → *ital*⟩ · **Vir|tuo|se,** der, _n, _n (Künstler, Meister mit glänzender Technik [bes. in der Musik]) · **Vir|tuo|sen|tum,** das, _[e]s ([oft oberflächl.] Kunstfertigkeit) · **Vir|tuo|si|tät,** die, _ (vollkommene Beherrschung der Technik einer Kunst)

vi|ru|lent [v..] (*Med*; krankheitserregend, giftig, ansteckend) ⟨*lat*⟩ · **Vi|ru|lenz,** die, _ (*Med*; Ansteckungsfähigkeit; Fähigkeit [von Bakterien], eine Krankheit hervorzurufen) · **Vi|rus,** das, *auch* der, _, *Pl* Viren (kleinster Krankheitserreger)

Visa ↑ Visum · **vi|sa|frei** ['vi:..], *seltener* **vi|sum|frei**

Vi|sa|ge [vi'za:ʒə, *österr* ..'za:ʒ] (*salopp abwert*; Gesicht) ⟨*lat* → *frz*⟩

vis-à-vis [viza'vi:] (gegenüber) ⟨*frz*⟩ · **Vi|sa|vis,** das, _, _ [..'vi:s] (das Gegenüber)

Vis|count ['vaikaunt], der, _s, _s (engl. Adelstitel) ⟨*lat* → *frz* → *engl*, ‚Vizegraf'⟩

Visen ↑ Visum

Vishnu ↑ Wischnu

Vi|sier [v..], das, _s, _e (Zielvorrichtung – *Mittelalter*; bewegl., das Gesicht deckender Teil des Helmes) ⟨*lat* → *frz*⟩. *Zus K 365ff.*: Visier-linie usw. · **vi|sie|ren** (nach etw. sehen, zielen; eichen; mit einem Visum versehen) · **Vi|sion** (Erscheinung, Gesicht; Trugbild) ⟨*lat*⟩ · **vi|sio|när** (traumhaft; seherisch) · **Vi|sions|ra|dius** (*Astron*)

Vi|si|ta|tion [v..] (Durchsuchung; Untersuchung; Besichtigung) ⟨*lat*⟩ · **Vi|si|te,** die, _, _n (Krankenbesuch des Arztes – *veraltend*; Besuch) ⟨*lat* → *frz*⟩ · **Vi|si|ten|kar|te** (Besuchs-, Anmeldekarte) · **vi|si|tie|ren** (*veraltend*; durch-, untersuchen; besichtigen) · **Vi|sit|kar|te** (*österr*; Visitenkarte)

vis|kos [v..], *auch* **vis|kös** (*fachspr*; zähflüssig, leimartig) ⟨*lat*⟩; _e Masse · **Vis|ko|se,** die, _ (*Chem*; Zelluloseverbindung) · **Vis|ko|si|me|ter,** das (*fachspr*; Meßgerät zur Bestimmung der Viskosität) ⟨*lat* + *grch*⟩ · **Vis|ko|si|tät,** die, _ (*fachspr*; [Grad der] Zähflüssigkeit) ⟨*lat*⟩

Vi|sta [v..], die, _ (*Bankw*; Sicht, Vorzeigung [eines Wechsels]) ⟨*lat* → *ital*⟩; *vgl. auch* a vista *u.* a prima vista · **Vi|sta|wech|sel** (*Bankw*; Sichtwechsel)

vi|su|ell [v..] (das Sehen betreffend) ⟨*lat* → *frz*⟩; _er Typ (jmd., der Gesehenes leichter aufnimmt als Gehörtes [*Ggs* akustischer Typ]) · **Vi|sum** ['vi:..], das, _s, *Pl* Visa *od* Visen (Sichtvermerk auf einem Paß) ⟨*lat*, ‚das Gesehene'⟩ · **visumfrei** ↑ visafrei

vi|tal [v..] (lebenskräftig, lebenswichtig; auf das Leben bezüglich) ⟨*lat*⟩ · **Vi|tal|fär|bung** (*fachspr*; Färbung lebender Gewebe) · **Vi|ta|lien|brü|der** [..ïən..] *Pl* (Seeräuber des 14. u. 15. Jh.) ⟨*lat*, *zu* Viktualien⟩

Vi|ta|li|tät [v..], die, _ (Lebensfähigkeit, -kraft) ⟨*lat*⟩ · **Vit|amin,** das, _s, _e *Kunstw* (lebensnotwendiger Wirkstoff) ⟨*lat* + *grch* + *lat*⟩; _ C · **Vit|amin-B-hal|tig** [..'be:..], *österr* **Vit|amin-B-häl|tig** *K 186* · **Vit|amin-B-Man|gel** *K 186 u. 188*, der, _s · **vit|ami|nie|ren,** *auch* **vit|ami|ni|sie|ren** (mit Vitaminen anreichern) · **vit|amin|reich;** _e Kost · **Vit|amin|stoß**

Vi|tri|ne [v..], die, _, _n (Glasschrank; Schaukasten) ⟨*lat* → *frz*⟩ · **Vi|trio|le** *Pl* (*Chem*; Bez. für kristallwasserhaltige Sulfate zweiwertiger Metalle); *Sg* Vi|triol, das, *österr nur so, selten* der, _s ⟨*lat*⟩

Vitz|li|putz|li [v.., *auch* f..], der, _ (Schreckgestalt, Kinderschreck –

auch für Teufel) ⟨*nach* dem Stammesgott der Azteken⟩

vi|va|ce [vi'va:tʃə] (*Mus*; lebhaft, munter) ⟨*lat* → *ital*⟩ · **Vi|va|ce,** das, _, _s (*Mus*) · **vi|va|cis|si|mo** [viva'tʃisimo] (*Mus*; sehr lebhaft) · **Vi|va|cis|si|mo,** das, _s, *Pl* _s *od* ..mi (*Mus*) · **vi|vant!** ['vi:vant] (sie sollen leben!) ⟨*lat*⟩ · **Vi|va|ri|stik** [viva..], die, _ (die naturgemäße Haltung kleinerer Tiere im Vivarium) · **Vi|va|rium** [vi'va:..], das, _s, ..ien [..iən] (Behälter, auch Gebäude zur naturgemäßen Haltung kleinerer Tiere) · **vi|vat!** ['vi:vat] (er lebe!) · **Vi|vat,** das, _s, _s (das Lebehoch, Hochruf); ein _ ausbringen, rufen · **vi|vi|par** [vivi..] (*Biol*; lebendgebärend) · **Vi|vi|sek|tion** (*fachspr*; wissenschaftl. Zwecken dienende Operation am lebenden Tier) · **vi|vi|se|zie|ren** (*fachspr*)

Vi|ze... ['fi:.., *auch* 'vi:..] (*in Zus* Stellvertreter des ..., stellvertretend, z. B. Vizepräsident) ⟨*lat*, ‚an Stelle von'⟩

Vlies [fli:s], das, _es, _e, *österr auch* **Vließ,** das, _es, _e (Schaffell; Rohwolle des Schafes – *Textilwirtsch*; breite Faserschicht) ⟨*ndrl*, ‚Flaus'⟩; *K 258*: das Goldene _ (*griech Sage*; Widderfell – *hist*; hoher span. u. österr. Orden)

Vlis|sin|gen (Hafenstadt in den Niederlanden)

Vltava ↑ Moldau (1)

Vo|gel, der, _s, *Pl* Vögel · **Vo|gel|bau|er,** das, *auch* der, _s, _ (Käfig) · **Vo|gel|beer|baum** · **Vo|gel|bee|re** · **Vö|gel|chen** · **Vo|gel|dunst,** der, _es (*weidm*; feinstes Schrot) · **Vo|gel|fän|ger** · **vo|gel|frei** (*Mittelalter*; ohne Rechtsschutz) ⟨‚den Raubvögeln [zum Fraß] freigegeben'⟩ · **Vo|gel|herd** (*veraltet*; Fangplatz) · **Vo|gel|kir|sche** (Wildform der Kirsche) · **Vo|gel|mie|re** (ein Unkraut, Vogelfutter) · **vö|geln** *K 363* (*derb*; koitieren) · **Vo|gel|per|spek|ti|ve,** die, _ (Vogelschau)

Vo|gels|berg, der, _[e]s (Gebirge in der mittleren BRD)

Vo|gel|schau, die, _ · **Vo|gel|‿scheu|che, ...schutz** · **Vo|gel-Strauß-Po|li|tik** *K 188* · **Vo|gerl|sa|lat** (*österr*; Rapünzchen)

Vo|ge|sen [v..] *Pl*, *französ* **Vosges** [vo:ʒ] *Pl* (Mittelgebirge im NO Frankreichs)

Vog|ler *K 363*, der, _s, _ (*veraltet*; Vogelsteller)

Vogt, der, _[e]s, *Pl* Vögte (*hist*; Schirmherr, Richter, Verwalter) ⟨*lat*⟩ · **Vog|tei** (*hist*; Schirmherrschaft, Sitz eines Vogtes)

Vogt|land, das, _[e]s (Landsch. im S der DDR); *Abk* Vogtl. · **Vogt|län|der:** 1. *K 231*: der, _s, _; 2. *als Attribut K 232* · **vogt|län|disch**

Voile [vöa:l], der, _, _s (schleierartiges Gewebe) ⟨*lat* → *frz*⟩ · **Voile|kleid** ['vöa:l..]

Vo|ka|bel [v..], die, _, _n, *österr meist* das, _s, _ (einzelnes Wort) ⟨*lat*⟩ · **Vo|ka|bu|lar,** das, _s, *Pl* _e, *österr auch* _ien [..iən] (Wörterverzeichnis – *übertr*; Wortschatz) · **Vo|kal,** der, _s, _e (*Phon*; Selbstlaut) · **Vo|ka|li|sa|tion** (*Phon*; Bildung und Aussprache der Vokale beim Sprechen und Singen – *Sprachw*; Punktierung der hebräischen Schrift zur Vokalkennzeichnung) · **vo|ka|lisch** (*Phon*; selbstlautend) · **Vo|ka|li|se,** die, _, _n (*Mus*; Gesangsübung auf bloße Vokale) ⟨*lat* → *frz*⟩ · **vo|ka|li|sie|ren** (*Phon*; Selbstlaute aussprechen; mit Selbstlauten bezeichnen) ⟨*lat*⟩ · **Vo|kal|mu|sik** (für Gesangsstimmen bestimmte Musik) · **Vo|kal|stück,** *Pl* ..stücke (*Mus*) · **Vo|ka|tiv** [*auch* ..'ti:f], der, _s, _e [..v..] (*Gramm*; Anredefall, Ruffall, 5. Fall [der latein. Deklination])

Vo|lant [vo'laŋ *od* vɔ'lã:], der, _s, _s (Kleiderbesatz; Falbel – *veraltet*; Lenkrad, Steuer [am Kraftwagen]) ⟨*lat* → *frz*⟩

Vo|lie|re [vo'lĭɛ:rə], die, _, _n (Vogelhaus) ⟨*lat* → *frz*⟩

Volk, das, _[e]s, *Pl* Völker ⟨‚Heerhaufen'⟩; *K 387*: ein Volk Rebhühner flog auf · **Völk|chen**

Vol|ker: 1. (m. Vn.) ⟨‚Volk' + ‚Heer'⟩ – 2. (Spielmann der Nibelungen)

Völ|ker|bund, der, _[e]s (*hist*) · **Völ|ker|freund|schaft** · **Völ|ker|kun|de,** die, _ · **völ|ker|kund|lich** · **Völ|ker|na|me;** *vgl. auch K 233* · **Völ|ker|recht,** das, _[e]s · **Völ|ker|recht|ler,** der, _s, _ · **völ|ker|recht|lich** · **Völ|ker‿ver|stän|di|gung, ...wan|de|rung** (*hist*)

Volk|mar (m. Vn.) ⟨‚Volk' + ‚berühmt'⟩

Volks|ab|stim|mung · **Volks|ar|mee;** Nationale Volksarmee (*Abk* NVA) · **Volks‿be|fra|gung, ...be|geh|ren** · **volks|bil|dend** · **Volks|bil|dung,** die, _ · **Volks|buch** · **Volks|bü|che|rei** · **Volks|de|mo|kra|tie** (eine Staatsform der polit. Herrschaft der Arbeiterklasse [Diktatur des Proletariats] in der Übergangsperiode zum Sozialismus – auch Bez. für einen Staat dieser Staatsform) · **volks|de|mo|kra|tisch**

Volks|de|mo|kra|ti|sche Re|pu|blik Je|men *K 258*, die, *Gen* _n _ _ (in Südarabien); *Abk* VDRJ

Volks|dich|tung · **volks|ei|gen** *K 364*; *K 119*: ein volkseigener Betrieb, ein volkseigenes Gut, eine Vereinigung volkseigener Betriebe, *aber K 259*: Volkseigener Betrieb ... (*Abk* VEB ...), Volkseigenes Gut ... (*Abk* VEG ...), Vereinigung Volkseigener Betriebe ... (*Abk* VVB ...); *vgl. aber* Eigen · **Volks|ei|gen|tum,** das, _[e]s · **Volks|ent|scheid** · **Volks|ety|mo|lo|gie** (*Sprachw*; fälschl. Deutung unverstandener Wörter durch Umbildung und Anlehnung an bekannte, ähnlich klingende Wörter) · **Volks‿fest, ...ge|mur|mel** (*umg scherzh*), **...held** · **Volks|hoch|schu|le;** *Abk* Vh · **Volks|kam|mer,** die, _ (oberste Volksvertretung, höchstes staatl. Machtorgan der DDR) · **Volks|kor|re|spon|dent** (Werktätiger, der der sozialist. Presse bzw. dem Rundfunk über das polit., wirtschaftl. u. kulturelle Leben berichtet); *Abk* Vk. · **Volks|kun|de,** die, _ · **Volks|kund|ler,** der, _s, _ · **volks|kund|lich** · **Volks|kunst,** die, _ · **Volks|lied** · **Volks|ma|ri|ne** · **Volks|men|ge** · **Volks|mund,** der, _[e]s · **Volks|mu|sik;** *vgl. aber* Folkmusik · **Volks|po|li|zei,** die, _ (*kurz für* Deutsche Volkspolizei [*Abk* DVP]); *Abk* VP · **Volks|po|li|zist** · **Volks|re|pu|blik** (volksdemokrat. Staat); *Abk* VR · **Volks|rönt|gen|ka|ta|ster** (Verzeichnis der Ergebnisse der Röntgenreihenuntersuchungen) · **Volks|schwimm|hal|le** · **Volks|so|li|da|ri|tät,** die, _ (Massenorganisation für solidar. Hilfe in der DDR); *Abk* VS · **Volks|sport,** der, _[e]s · **Volks|spra|che** · **volks|sprach|lich** · **Volks|stück,** *Pl* ..stücke · **Volks|tanz|grup|pe** · **Volks‿tracht, ...tri|bun** (*hist*) · **volks|tüm|lich** · **Volks|tüm|lich|keit,** die, _ · **Volks‿ver|bun|den|heit** (die, _), **...ver|tre|ter, ...ver|tre|tung, ...wei|se** (die) · **Volks|wirt** · **Volks|wirt|schaft** · **volks|wirt|schaft|lich** · **Volks|wirt|schafts|plan** · **Volks|zäh|lung**

voll *od* [in bestimmten Wendungen] **vol|ler** (*vgl.* I, c)

I. a) voll *mit Gen* (*gehoben*): voll [süßen] Weines; *zuweilen mit Dat*: voll heiligem Ernst – **b)** voll *mit* »*von*«: voll von [süßem] Wein; voll von Menschen; ein von Sorgen volles Herz – **c)** voll *od die erstarrte Genitivform* voller *in Fallübereinstimmung mit dem vorangehenden Substantiv*: ein Schoppen voll [roter] Wein, mit einem Schoppen voll [rotem] Wein, einen Schoppen voll [roten] Wein; ein Schoppen voller Wein; das Glas ist voller Wein

II. *Kleinschreibung K 116*: aus dem vollen schöpfen, wirtschaften; *umg*: in die vollen (9 Kegel) gehen (*auch übertr*); ins volle greifen; zehn Minuten nach voll (*umg*); der Zeiger steht auf voll (*umg*); die Uhr schlägt voll (*umg*)
III. *Zus vgl.* Armvoll, Handvoll, Mundvoll
IV. *In Getrenntschreibung mit Verben K 135*: voll haben, sein, werden; ich muß das voll anerkennen; für etwas voll einstehen; das Maß voll machen; jmdm. die Jacke, die Hucke voll hauen, lügen (*umg*); den Mund [recht, allzu] voll nehmen (*umg*; prahlen); jmdn. nicht für voll nehmen, ansehen (*umg*); die Nase voll haben (*umg*)
V. *In Zusammenschreibung mit Verben K 360*: **a)** *in unfester Zusammensetzung K 356 u. 358*: *vgl.* z. B. vollaufen, vollfüllen, vollgießen – **b)** *in fester Zusammensetzung K 357 u. 359*: *vgl.* z. B. vollbringen, vollenden, vollführen
VI. *Schreibung bei einem Part II od einem Adj K 172*: vollverantwortlich zeichnen, *aber K 173*: er ist voll verantwortlich
volladen [*Tr* voll|la|den *K 78*]; du lädst (*auch* ladest) voll; er lädt (*auch* ladet) voll; vollgeladen; vollzuladen · **voll|auf**; _ genug · **vollau|fen** [*Tr* voll|lau|fen *K 78*]; es läuft voll; vollgelaufen; vollzulaufen · **voll|au|to|ma|tisch** · **voll|au|to|ma|ti|siert** · **voll|be|schäf|tigt** · **Voll|be|schäf|ti|gung,** die, _ · **voll|blü|tig** · **Voll|blü|tig|keit,** die, _ · **Voll|blut|pferd,** das, _[e]s, _e, *kurz* **Voll|blut,** das, _[e]s, *Pl* ..blüter (eine rein gezüchtete Pferderasse) · **voll|brin|gen** *K 137* (ausführen, vollenden); du vollbringst; vollbracht; zu _ · **Voll|dampf,** der, _[e]s · **voll|en|den**[1] · **voll|ends;** vollends wenn ... (*vgl. auch K 450*) · **Voll|en|dung** · **voller** ↑ *unter* voll, I, c · **Völ|le|rei** (*abwert*; übermäßiges Essen und Trinken)
Vol|ley|ball ['vɔle.., *auch* 'vɔli..], der, _[e]s, *meist ohne Art* (*lat → frz → engl*)
voll|füh|ren[1] · **voll|fül|len;** du füllst voll; vollgefüllt; vollzufüllen · **Voll|gat|ter** (*Techn*; eine Säge) · **voll|ge|nos|sen|schaft|lich** · **voll|ge|pfropft,** ...**ge|stopft** · **voll|gie|ßen**[2] · **voll|gül|tig** · **völ|lig** · **voll|jäh|rig** · **Voll|jäh|rig|keit,** die, _ ·

[1] *Konjugation vgl.* vollbringen.
[2] *Konjugation vgl.* vollfüllen.

Voll|jäh|rig|keits|er|klä|rung · **Voll|kerf** (*Biol*) · **voll|kom|men** [..'kɔ.. *od* 'fɔl..] · **Voll|kom|men|heit,** die, _ · **Voll|korn|brot** · **voll|ma|chen**[2] (*umg*); *vgl. aber* voll (IV) · **Voll|macht,** die, _, _en; in _ (*Abk* i. V.[3] *od* I. V.[3]) · **voll|mast** *Adv* (*seem*); _ flaggen; auf _ stehen · **Voll|ma|tro|se** (Seemann mit abgeschlossener Ausbildung) · **Voll|milch** · **Voll|mond** · **Voll|mond|ge|sicht,** *Pl* ..gesichter (*salopp scherzh*) · **voll|schlank** · **voll|schrei|ben**[2]; eine Seite _; *K 127*: eine Seite ganz vollschreiben *od* ganz voll schreiben · **Voll|spur,** die, _ (*Eisenb*; Normalspur) · **voll|spu|rig** (*Eisenb*) · **voll|stän|dig** · **Voll|stän|dig|keit,** die, _ · **voll|stel|len** · **voll|stop|fen**[2] · **voll|streck|bar** (*Rechtsw*) · **Voll|streck|bar|keit,** die, _ (*Rechtsw*) · **voll|strecken**[1,4] · **Voll|strecker**[4] · **Voll|streckung**[4] · **voll|tö|nend** · **voll|ver|ant|wort|lich;** *K 128*: ein _er Ingenieur, *aber K 173*: voll verantwortlich sein · **Voll|ver|samm|lung** · **Vollwaise** ↑ *unter* Waise · **voll|wer|tig** · **Voll|wer|tig|keit,** die, _ · **voll|wich|tig** (*Münzw*; volles Gewicht habend) · **voll|zäh|lig** · **Voll|zäh|lig|keit,** die, _ · **voll|zeich|nen**[2]; *K 136*: der Bogen ist vollgezeichnet, *aber K 125*: die Anleihe war voll gezeichnet · **voll|zie|hen** · **Voll|zug,** der, _[e]s (Vollziehung) · **Voll|zugs|ge|walt,** die, _
Vo|lon|tär [volɔŋ.., *auch* volɔn..], der, _s, _e (ein zu seiner Ausbildung [unentgeltlich] Arbeitender) (*lat → frz*, ‚Freiwilliger') · **Vo|lon|tä|rin,** die, _, ..innen · **vo|lon|tie|ren** (als Volontär arbeiten)
Vols|ker [v..], der, _s, _ (*Altertum*; Angehöriger eines italischen Volksstammes in Mittelitalien) · **vols|kisch**
Volt [vɔlt], das, _ *od* _[e]s, *Pl* _ (SI-Einheit der elektr. Spannung); *Einheitenzeichen* V (*nach* dem italien. Physiker Volta)
Vol|ta [v..], der, _s (Fluß im W Afrikas)
Vol|ta|me|ter [v..] *K 209*, das (*veraltet*; Coulombmeter) (*nach* dem italien. Physiker Volta); *vgl. aber* Voltmeter · **Volt|am|pere** [..am'pɛ:r] (SI-Einheit der elektrischen Scheinleistung = Watt); *Einheitenzeichen* V·A *od* VA
Vol|te [v..], die, _, _n (*Reitsp*;

[1] *Konjugation vgl.* vollbringen.
[2] *Konjugation vgl.* vollfüllen.
[3] *Klein- u. Großschreibung entsprechend* »i. A.« (*vgl. Anm. zum Stichwort* im Auftrag).
[4] *Tr* ..k|k..

Kreisritt; kreisförmige Wendung – *Fechtsp*; seitliches Ausweichen – *Kartensp*; [betrügerischer] Kunstgriff beim Mischen) (*lat → ital → frz*); die _ schlagen (*übertr*; einen Kniff anwenden) · **vol|tie|ren** (*Reitsp*; das Pferd in Form einer Volte wenden – *Fechtsp*; seitlich ausweichen)
Vol|ti|ge [vɔl'ti:ʒə], die, _, _n (*Reitsp*; Sprung auf das stehende od. sich bewegende Pferd) · **Vol|ti|geur** [..ti'ʒø:r], der, _s, _e (Luft-, Kunstspringer) · **vol|ti|gie|ren** [..'ʒi:..] (*Reitsp, Turnen*)
Volt|me|ter [v.. *od* ..'me:..], das (Gerät zur Bestimmung der elektr. Spannung); *vgl. aber* Voltameter · **Volt|se|kun|de** (SI-Einheit des magnet. Flusses); *Einheitenzeichen* V·s; *auch zulässig für* [2]Weber
Vo|lu|men [v..], das, _s, *Pl* _ *od* ..mina (Umfang – *Phys*; Rauminhalt [*Formelzeichen* V] – *Polygr*; Schriftrolle, Buchband [*Abk* Vol. *od* vol.]) (*lat*) · **Vo|lu|men|ein|heit** (Raumeinheit, Raummaß) · **Vo|lu|men|pro|zent** (prozentualer Raumanteil); *Einheitenzeichen* Vol.-% *K 186* · **vo|lu|mi|nös** *K 349* (umfangreich, stark, massig; vielbändig) (*lat → frz*)
Vo|lun|ta|ris|mus [v..], der, _ (*idealist Philos*; Lehre, die den [meist metaphysisch gefaßten] Willen als grundlegendes Prinzip des Seins betrachtet) (*lat*) · **vo|lun|ta|ri|stisch** (*idealist Philos*)
Vo|lu|te [v..], die, _, _n (*Arch*; spiralförmig eingerolltes Bauornament) (*lat*)
vom (von dem), *Abk* v.; mit Wirkung vom 1. Oktober *od* vom 1. Oktober an; vom 5. bis [zum] 9. Mai (*vgl.* bis); vom Hundert (*Abk* vH *od* v.H.); vom Tausend (*Abk* vT *od* v.T.) · **Vom|blatt|spiel,** das, _[e]s · **Vomhundertsatz** ↑ Hundertsatz
vo|mie|ren [v..] (*Med*; sich erbrechen) (*lat*)
Vom|tau|send|satz
von (*Abk* v.) *Präp mit Dat*; *vgl. auch K 206*
I. *Mit Zahlbestimmungen K 308*: von drei Meter Länge; in einer Entfernung von 19 bis 20 Metern, *älter* Meter (*vgl.* bis); ein Mann von 50 Jahren; von 10 Jahren an; von über 100 Büchern
II. *In örtlicher Bedeutung*: von links; von nah und fern, von weitem; von dorther; von dannen gehen (*dicht*); von vorn[e]; von Berlin nach München; von Hause weg; von Haus zu Haus; von sich werfen
III. *In zeitlicher Bedeutung*: von neuem *K 114*; von jeher; von vornherein; von jetzt an; von Stund an

(*noch gehoben*); von klein auf *K 116*; von alters her *K 109* (*gehoben*)

IV. *Die Art und Weise ausdrückend*: von der Art; von ganzem Herzen; von ungefähr; von Grund aus *od* auf; von Nutzen, von Vorteil sein, werden

V. *In übertragener Bedeutung od in feststehenden Wendungen*: von Haus aus; von Amts wegen; von Rechts wegen; *vgl. auch* wegen

VI. a) *mit folgendem bloßem Substantiv im Nom*: eine Seele von Mensch (herzensgut); eine Dame von Welt

b) *mit folgendem Substantiv mit unbestimmtem Artikel*: ein Muster von einem Schüler

von|ein|an|der. *Schreibung bei Verben vgl.* aneinander; *K 145 u. 129*: voneinander lernen, voneinander wissen, voneinander scheiden, etwas voneinander haben, weit voneinander stehen, *aber K 148 u. 129*: voneinandergehen (sich trennen)

von|nö|ten *K 176* ([dringend] nötig); _ sein · **von oben;** *Abk* v. o. · **von sei|ten** *K 110 mit Gen*: _ _ des Angeklagten · **von|stat|ten** *K 176*; *nur in* _ gehen · **von unten;** *Abk* v. u.

vor *Präp mit Dat u. Akk K 379*: vor dem Hause, *aber*: vor das Haus (*vgl. auch* vorm *u.* vors); vor sich gehen; vor mir (dir usw.) her, z. B. *K 147*: vor mir her gehen; vor mich (dich usw.) hin, z. B. *K 147*: vor mich hin brüten; *aber K 148*: vor mich *od* vor mir (*K 379*) hinstellen; den Wald vor Bäumen nicht sehen (*umg*); vor allem [andern]; *K 109*: vor abends, vor alters (*veraltet*); *vgl. auch* Christus *u.* Zeitrechnung

vor...: *in unfest zusammengesetzten Verben*, z. B. vorlesen *K 356*, du liest vor, vorgelesen, vorzulesen

vor|ab (zunächst, zuerst)

Vor|abend

vor al|ters *K 109* (*veraltet*; in alter Zeit)

vor|an; _ sein · **vor|an|ge|hen** *K 356 u. 363*; du gehst voran; vorangegangen; voranzugehen · **vor|an|ge|hend;** *K 114*: vorangehendes; im vorangehenden (weiter oben); *aber K 93*: das Vorangehende; *vgl. auch* folgend · **vor|an|kom|men**[1]

Vor|an|schlag (*Wirtsch*)

vor|an|trei|ben[1]

Vor|an|zei|ge

Vor|arl|berg [..'arl.. *od* 'fo:r..] (Bundesland in Österreich) · **Vor|arl|ber|ger:** 1. *K 231*: der, _s, _; 2. *als Attribut K 232* · **vor|arl|ber|gisch**

[1] *Konjugation vgl.* vorangehen.

vor|auf (voraus) · **vor|auf|ge|hen**[1] *K 363*

vor|aus [*od* 'fo:..]; *K 114*: im voraus; _ sein · **Vor|aus,** der, _ (*Rechtsw*) · **Vor|aus|ab|tei|lung** (*Milit*) · **vor|aus|be|zah|len,** *aber*: im voraus bezahlen · **vor|aus|ge|ben**[1] *K 356* (*Sportspiele*) · **vor|aus|ge|hen**[1] *K 363* · **vor|aus|ge|hend;** *K 114*: vorausgehendes; im vorausgehenden (weiter oben), *aber K 93*: das Vorausgehende; *vgl. auch* folgend · **vor|aus|ge|setzt;** _, daß ... (*vgl. auch K 450*) · **vor|aus|ha|ben**[1] *K 356*; etwas vor jmdm. _ · **Vor|aus|kor|rek|tur** (*Polygr*) · **Vor|aus|sa|ge** · **vor|aus|sa|gen** · **vor|aus|schicken** [*Tr* ...schik|ken] · **vor|aus|se|hen**[1] · **vor|aus|set|zen**[1]; *vgl. auch* vorausgesetzt · **Vor|aus|set|zung;** unter der _, daß ... (*vgl. K 450*) · **Vor|aus|sicht,** die, _; aller _ nach; in der _, daß ... · **vor|aus|sicht|lich** · **Vor|aus|ver|mächt|nis** (*Rechtsw*) · **vor|aus|wis|sen**[1]

Vor|bau, *Pl* ..bauten · **vor|bau|en** (*auch für* vorbeugen); ein kluger Mann baut vor

vor|be|dacht; er hat diesen Umstand _; _ sein, handeln · **Vor|be|dacht,** der; *nur noch in* mit _ (mit Absicht, bewußt); ohne _ (ohne vorherige Überlegung)

Vor|be|deu|tung (*Abergl*)

Vor|be|din|gung (Voraussetzung; Bedingung)

Vor|be|halt, der, _[e]s, _e (Bedingung); mit, unter _ · **vor|be|hal|ten;** du behältst [es] dir vor · **vor|be|halt|lich** *Präp mit Gen* (*bürospr*): _ des Einspruchs · **vor|be|halt|los;** *vgl.* ...los · **Vor|be|halts|gut** (*Rechtsw*)

vor|bei; _ (vorüber) sein · **vor|bei|ge|hen**[1] *K 363* · **Vor|bei|marsch**

Vor|be|mer|kung

Vor|be|ra|tung

vor|be|rei|ten · **Vor|be|rei|tung**

Vor|be|richt

vor|be|sagt (*veraltet*; eben genannt)

Vor|be|scheid

Vor|be|spre|chung

vor|be|straft

vor|beu|gen (verhüten) · **Vor|beu|gung**

vor|be|zeich|net (*veraltet*; eben genannt)

Vor|bild · **vor|bild|lich** · **Vor|bild|lich|keit,** die, _ · **Vor|bil|dung**

Vor|bo|te

vor|brin|gen

Vor|büh|ne

vor|da|tie|ren (ein Datum früher legen – *auch für* ein späteres Datum ansetzen) ⟨*lat* → *frz*⟩ · **Vor|da|tie|rung**

[1] *Konjugation vgl.* vorangehen.

vor|dem [*auch* 'fo:r..] (*veraltend*; früher)

Vor|der‿ach|se, ...an|sicht

vor|der|asia|tisch · **Vor|der|asien** [..iən] *K 239*

vor|de|re; *K 258*: der Vordere Orient; *vgl. auch* vorderst · **Vor|der|fuß,** *Pl* ..füße · **Vor|der|gau|men** · **Vor|der|gau|men|laut** (*Phon*) · **Vor|der|grund** · **vor|der|grün|dig**

vor|der|hand *K 176* (einstweilen) ⟨*zu* vor⟩

Vor|der|hand, die, _ ⟨*zu* vorder⟩

Vor|der|in|dien [..iən] *K 239* (Halbinsel in Südasien)

Vor|der|la|der (*hist*; von vorn zu ladende Feuerwaffe) · **Vor|der|mann,** *Pl* ..männer · **Vor|der‿rad, ...satz** (*Gramm*) · **vor|derst;** der vorderste [Läufer]; *aber K 94*: er will immer der Vorderste sein · **Vor|der|ste|ven** (*seem*) · **Vor|der|teil,** das, *auch* der · **Vor|der|tür**

vor|dring|lich (besonders dringlich)

Vor|druck, *Pl* ..drucke

vor|ehe|lich

vor|ei|lig · **Vor|ei|lig|keit**

vor|ein|an|der. *Schreibung bei Verben vgl.* aneinander; *K 145 u. 129*: voreinander fliehen, sich (*Akk*) voreinander verstecken, sich (*Akk*) voreinander schämen, sich (*Akk*) voreinander stellen, *aber K 148 u. 129*: voreinanderlegen, voreinanderstellen

vor|ein|ge|nom|men *K 364* · **Vor|ein|ge|nom|men|heit,** die, _

vor|eis|zeit|lich

Vor|el|tern *Pl* (Vorfahren, Ahnen)

vor|ent|hal|ten; du enthältst vor; vorenthalten; vorzuenthalten

Vor|ent|schei|dung

Vor|er|be (*Rechtsw*): 1. der (die Person) – 2. das (die Sache)

vor|erst

Vor|es|sen (*schweiz*; Ragout)

Vor|fahr, der, _en, _en · **vor|fah|ren** · **Vor|fahrt,** die, _

Vor|fall, der

Vor|feld (*auch Sprachw*)

vor|fer|ti|gen · **Vor|fer|ti|gung**

Vor|flu|ter (*Wasserw*; Abzugs-, Entwässerungsgraben)

Vor|freu|de

vor|fri|stig; den Plan _ erfüllen

Vor|führ|da|me · **vor|füh|ren** · **Vor|füh|rer** · **Vor|füh|rung**

Vor|ga|be (eine Festlegung, die als Richtlinie dienen soll – *Sport*; Vergünstigung, bewilligter Vorsprung)

Vor|gang · **Vor|gän|ger**

Vor|gar|ten

vor|ge|ben

Vor|ge|bir|ge

vor|geb|lich
vor|ge|faßt; eine _e Meinung
vor|ge|fer|tigt; _e Teile
Vor|ge|fühl
Vor|ge|le|ge (*Techn*; eine Übertragungsvorrichtung)
vor|ge|le|sen, ge|neh|migt, un|ter|schrie|ben (*Rechtsw*; gerichtl. Formel); *Abk* v., g., u.
vor|ge|nannt (*bürospr*; obengenannt)
Vor|ge|richt (Vorspeise)
vor|ger|ma|nisch
Vorgeschichte usw. ↑ Urgeschichte usw.
Vor|ge|schmack, der, _[e]s
Vor|ge|setz|te, der *u.* die, _n, _n *K 341*
vor|ge|stern; _ abend *K 109* · **vor|gest|rig**
Vor|ge|wen|de (*Landw*; schmaler Streifen am oberen u. unteren Ende eines Feldes, der zum Wenden der Maschinen dient)
Vor|griff
vor|ha|ben; etwas _ · **Vor|ha|ben,** das, _s, _ (Plan, Absicht)
Vor|halt (*Mus*; verzögerter Eintritt eines konsonanten Tones – *Milit*; beim Zielen zu berücksichtigende Strecke, die ein bewegl. Ziel vom Abschuß bis zum Auftreffen des Geschosses zurücklegt – *noch schweiz*; Vorhaltung) · **vor|hal|ten** (ermahnen, vorwerfen) · **Vor|hal|tung,** *meist Pl* (ernste Ermahnung)
Vor|hand, die, _: 1. (*Zool*; vorderer Rumpfabschnitt des Pferdekörpers) – 2. (*Kartensp*); in _ sein, sitzen; die _ haben
vor|han|den; _ sein · **Vor|han|den|sein,** das, _s
Vor|hang. *Zus K 365ff.*: Vorhang⌣stange usw. · **vor|hän|gen** · **Vor|hän|ge|schloß**
Vor|haus (*landsch u. österr*; Hauseinfahrt, -flur)
Vor|haut (*Anat*)
vor|her [*od* ..'he:r] (früher); lange vorher; *K 145*: etwas vorher wissen, sagen, *vgl. aber K 148*: vorherbestimmen, vorhergehen, vorhersagen
vor|her|be|stim|men *K 148*; es bestimmt vorher; vorherbestimmt; vorherzubestimmen; er glaubt, daß es ihm vorherbestimmt sei; *aber K 145*: vorher bestimmen (im voraus bestimmen); er hat die Maßnahme vorher bestimmt · **Vor|her|be|stim|mung**
vor|her|ge|hen *K 148 u. 363* (vorangehen); *Konjugation vgl.* vorherbestimmen; ..., wenn Regen dem Gewitter vorhergeht, *aber K 145*: vorher gehen (vorzeitig aufbrechen) · **vor|her|ge|hend** *K 160*; *K 114*: vorhergehendes; im vorhergehenden (weiter oben), *aber K 93*: das Vorhergehende; *vgl. auch* folgend · **vor|he|rig** [*od* 'fo:r..]
Vor|herr|schaft
Vor|her|sa|ge, die, _, _n · **vor|her|sa|gen** *K 148* (voraussagen); *Konjugation vgl.* vorherbestimmen; *aber K 145*: vorher sagen; das konntest du vorher (früher) sagen
vor|hin [*od* 'fo:r..]
vor|hin|ein; *nur in* im _ (*landsch*; von vornherein)
Vor|hof
Vor|hut, die, _, _en
vo|rig; vorigen Jahres (*Abk* v. J.); vorigen Monats (*Abk* v. M.); *K 114*: der, die, das vorige; im vorigen (*veraltend*; weiter vorher), *aber K 93*: die Vorigen (z. B. Personen des vorhergehenden Auftritts in einem Theaterstück), das Vorige (die vorigen Ausführungen); *vgl. auch* folgend
Vor|jahr · **vor|jäh|rig**
Vor|kam|mer ⟨*grch → lat*⟩
Vor|kämp|fer ⟨*lat*⟩
Vor|kauf (*Wirtsch*) ⟨*lat*⟩ · **Vor|käu|fer** (*Wirtsch*) · **Vor|kaufs|recht** (*Rechtsw*)
Vor|kehr, die, _, _en (*schweiz*; Vorkehrung) · **Vor|keh|rung** (sichernde Maßnahme); _[en] treffen
Vor|kennt|nis, *meist Pl*
Vor|klas|si|ker ⟨*lat*⟩
vor|knöp|fen (*umg*; zurechtweisen); sich (*Dat*) jmdn. _
vor|kom|men · **Vor|kom|men,** das, _s, _ · **Vor|komm|nis,** das, ..isses, ..isse
vor|kra|gen (*Arch*; herausragen – *auch für* herausragen lassen)
vor|la|den; *Konjugation vgl.* [2]laden · **Vor|la|d⌣|schein** · **Vor|la|dung** (*bes Rechtsw*)
Vor|la|ge
Vor|land, *Pl* ..länder
Vor|lauf (*auch Chem, beim Destillieren*; die zuerst übergehende Flüssigkeit – *Sport*; Ausscheidungslauf); wissenschaftlicher _ (Erarbeitung wissenschaftl. Erkenntnisse zur Sicherung der zukünftigen Aufgaben von Gesellschaft u. Volkswirtschaft) · **Vor|läu|fer** · **vor|läu|fig**
vor|laut ⟨‚vorschnell Laut gebend' (*urspr vom Hund gesagt*)⟩
vor|le|gen · **Vor|le|ger** (kleiner Teppich) · **Vor|le|ge|schloß**
vor|le|sen; *vgl. auch* vorgelesen · **Vor|le|se|pult** · **Vor|le|ser** · **Vor|le|sung**
vor|letzt; zu _; der vorletzte [Läufer], *aber K 93*: er ist der Vorletzte der Klasse
Vor|lie|be, die, _ · **vor|lieb|neh|men,** *älter* **für|lieb|neh|men;** du nimmst vorlieb; vorliebgenommen; vorliebzunehmen
vor|lie|gend; *K 114*: vorliegendes; im vorliegenden (*bürospr*; hier), *aber K 93*: das Vorliegende; *vgl. auch* folgend
vor|lü|gen (*umg*); jmdm. etwas _
vorm *K 61* (*umg*; vor dem); _ Hause
vor|ma|chen (*umg*); jmdm. etwas _
Vor|macht · **Vor|macht|stel|lung**
Vor|ma|gen (*Zool*)
vor|ma|lig (*veraltend*) · **vor|mals** (*veraltend*); *Abk* vorm.
Vor|märz, der, _es (Periode vor der Märzrevolution von 1848) ⟨*lat*⟩
Vor|mensch, der (*Anthrop*; Bez. für Vorläufer des Urmenschen)
Vor|merk|buch · **vor|mer|ken** · **Vor|mer|kung**
vor|mi|li|tä|risch; _e Ausbildung
vor|mit|tag[1]**;** *K 109*: heute, gestern, morgen _; Dienstag vormittag *od* Dienstagvormittag · **Vor|mit|tag**[1]**,** der; des Vormittags, eines Vormittags, *aber K 109*: vormittags · **vor|mit|tä|gig**[1] · **vor|mit|täg|lich**[1] · **vor|mit|tags**[1] *K 109* (*Abk* vorm.), *aber*: des Vormittags; Dienstag vormittags; dienstags vormittags · **Vor|mit|tags|spa|zier|gang**[1]
Vor|mund, der, _[e]s, *Pl* _e *od* ..münder ⟨*zu mhd* munt ‚Schutz'⟩ · **Vor|mund|schaft** · **vor|mund|schaft|lich**
vorn: 1. [fɔrn], *umg* **vor|ne;** von _ anfangen – 2. [fo:rn] *K 61* (*umg*; vor den)
Vor|nah|me, die, _, _n (*bürospr*; das Vornehmen)
Vor|na|me; *vgl. auch K 204ff.*
vorn|an[2] [*od* 'fɔrn..] (ganz vorn) · **vorne** ↑ vorn (1)
vor|nehm; vornehm tun (*abwert*) · **vor|neh|men;** sich (*Dat*) etwas vornehmen · **Vor|nehm|heit,** die, _ · **vor|nehm|lich** (*gehoben*; besonders) · **Vor|nehm|tue|rei,** die, _ (*umg abwert*)
vorn|her|aus[2]**;** _ setzen (*auch Polygr*; ohne Einzug setzen) · **vorn|her|ein**[2]**;** von _; zum _ (*schweiz*) · **vorn|hin**[2] · **vorn|über**[2]**;** _ fallen · **vorn|über|ge|beugt**[2]**;** *vgl. aber K 169* · **vorn|weg**[2] [*od* 'fɔrn..]
Vor|ort, *Pl* ..orte · **Vor-Ort-Bild** *K 188* (*bergm*; zeichnerische Darstellung od. fotograf. Aufnahme der Abbaustelle[n]) · **Vor|ort⌣ver|kehr,** **...zug**
Vor|po|sten ⟨*lat → ital*⟩ · **Vor|po|sten|ge|fecht**
vor|pre|schen (nach vorn eilen)
vor|pro|gram|mie|ren ⟨*grch → lat*⟩

---

[1] *Tr* ↑ *K 178.*
[2] *Umg* vorne...

Vor|rang, der, _[e]s ⟨*germ* → *frz*⟩ · **vor|ran|gig** · **Vor|rang|stel|lung**

Vor|rat, der, _[e]s, ..räte. *Zus K 365ff.*: Vorrats‿schrank usw. · **vor|rä|tig;** _ halten

Vor|raum

vor|rech|nen

Vor|recht

Vor|re|de · **Vor|red|ner**

Vor|rei|ter

vor|rich|ten · **Vor|rich|tung**

vor|rücken [*Tr* ...rük|ken]

vors *K 61* (*umg*; vor das); _ Haus

Vor|saal (*bes obersächs*; Flur, Korridor, Diele)

vor|sa|gen; jmdm. _

Vor|sai|son [..zɛ,zɔŋ] ⟨*lat* → *frz*⟩

Vor|sän|ger

Vor|satz: 1. der (Absicht) – 2. der, *fachspr* das (*Polygr*). *Zus K 365ff.*: Vorsatz‿blatt (*Polygr*) usw. · **vor|sätz|lich** · **Vor|sätz|lich|keit,** die, _

Vor|schein; *nur noch in* zum _ kommen, bringen

vor|schie|ßen (*umg*); jmdm. Geld _

Vor|schiff (*seem*; Teil des Schiffes vor dem Mast)

Vor|schlag · **Vor|schlag|ham|mer** · **Vor|schlags|recht,** das, _[e]s

vor|schnell; _ urteilen

Vor|schrift ⟨*lat*⟩ · **vor|schrifts|mä|ßig** *od* **vor|schrifts|ge|mäß**

Vor|schub, der (*auch Techn*); _ leisten · **Vor|schub|lei|stung**

Vor|schul|er|zie|hung

Vor|schuß. *Zus K 365ff.*: Vorschuß‿kasse usw. · **vor|schuß|wei|se** *K 176*

vor|schüt|zen (vorgeben, als Entschuldigung bringen)

vor|se|hen *K 363*; sich (*Akk*) _ · **Vor|se|hung** (*Rel*)

vor|set|zen

Vor|sicht; Vorsicht! (als Warnung) · **vor|sich|tig** · **Vor|sich|tig|keit,** die, _ · **vor|sichts|hal|ber** *K 176* · **Vor|sichts|maß|re|gel**

Vor|sil|be ⟨*grch* → *lat*⟩

vor|sint|flut|lich (*umg*)

Vor|sitz, der, _es · **Vor|sit|zen|de,** der *u.* die, _n, _n *K 341*; *Abk* Vors. · **Vor|sit|zer** (*seltener für* Vorsitzender)

Vor|sor|ge, die, _ · **Vor|sor|ge|un|ter|su|chung** · **vor|sorg|lich**

Vor|spann, der, _[e]s, _e (*auch Rundf u. Filmw*) · **vor|span|nen**

Vor|spei|se ⟨*lat*⟩

vor|spie|geln *K 363* ⟨*lat*⟩ · **Vor|spie|ge|lung** *K 363*

Vor|spiel · **vor|spie|len**

vor|spre|chen · **Vor|spruch** (Prolog)

Vor|sprung

Vor|stadt · **Vor|städ|ter** · **vor|städ|tisch**

Vor|stand · **Vor|stands|mit|glied**

Vor|stecker [*Tr* ...stek|ker] (Pflock, Keil zum Vorstecken) · **Vor|steck‿keil, ...na|del**

vor|ste|hen *K 363* · **vor|ste|hend;** *K 114*: vorstehendes; im vorstehenden (*bürospr*; weiter oben), *aber K 93*: das Vorstehende; *vgl. auch* folgend · **Vor|ste|her|drü|se** (*Anat*) · **Vor|steh|hund**

vor|stell|bar · **vor|stel|len;** sich (*Akk*) jmdm. _; sich (*Dat*) den Vorgang, jmdn. [gut] _ können · **vor|stel|lig;** *nur in* _ werden (*bürospr*) **Vor|stel|lung**

Vor|ste|ven (*Schiff*)

Vor|stop|per (*Fußball*) ⟨*engl*⟩

Vor|stoß

Vor|stra|fe

Vor|stu|fe

Vor|tag

Vor|tän|zer ⟨*germ* → *frz* → *ndrl*⟩

vor|täu|schen · **Vor|täu|schung**

Vor|teil, der; von _; im _ sein · **vor|teil|haft**

Vor|trab, der, _[e]s, _e (*veraltet*)

Vor|trag, der, _[e]s, ..äge · **Vor|tra|gen|de,** der *u.* die, _n, _n *K 341* · **Vor|trags‿fol|ge, ...künst|ler, ...rei|he**

vor|treff|lich · **Vor|treff|lich|keit,** die, _

Vor|tritt, der, _[e]s; jmdm. den _ lassen

Vor|trupp ⟨*germ* → *frz*⟩

Vor|tuch, *Pl* ..tücher (*landsch*; Schürze; Serviette); *vgl. auch* Fürtuch

vor|tun (*umg*); die Schürze _

Vor|tur|ner ⟨*grch* → *lat* → *frz*⟩

vor|über; _ sein

vor|über...; *in unfest zusammengesetzten Verben*, z. B. vorübergehen *K 356*; du gehst vorüber; vorübergegangen; vorüberzugehen **vor|über|ge|hen** *K 363*; *vgl.* vorüber... · **vor|über|ge|hend**

Vor|un|ter|su|chung

Vor|ur|teil, das · **vor|ur|teils|frei** · **vor|ur|teils|los** *K 349*; *vgl.* ...los · **Vor|ur|teils|lo|sig|keit,** die, _

Vor|vä|ter *Pl* (*gehoben*; Vorfahren)

Vor|ver|kauf ⟨*lat*⟩ · **Vor|ver|kaufs|stel|le**

vor|ver|le|gen

vor|vor|ge|stern (*umg*) · **vor|vo|rig** (*umg*; vorletzt); _e Woche

Vor|wahl (*auch kurz für* Vorwählnummer) · **vor|wäh|len** · **Vor|wähl|num|mer** (Ortsnetzkennzahl beim Fernsprechverkehr)

vor|wal|ten (*veraltend*); die allgemein _de Stimmung; unter [den] _den Umständen

Vor|wand, der, _[e]s, ..ände (vorgeschützter Grund)

Vor|wär|mer (*Techn*)

vor|wärts; vor- und rückwärts *K 180*. *Schreibung bei Verben*: **I.** *Getrenntschreibung K 145*, z. B. vorwärts bringen (nach vorn bringen) **II.** *Zusammenschreibung K 148*, z. B. vorwärtsbringen (fördern)

vor|wärts|brin|gen *K 148* (fördern); du bringst vorwärts; vorwärtsgebracht; vorwärtszubringen; *aber K 145*: vorwärts bringen (nach vorn bringen)

vor|wärts|ge|hen *K 148 u. 363* (besser werden); *Konjugation vgl.* vorwärtsbringen; *aber K 145*: vorwärts gehen (nach vorn gehen); vor- und rückwärts gehen (*K 180*)

vor|weg · **Vor|weg|nah|me,** die, _ · **vor|weg|neh|men;** du nimmst vorweg; vorweggenommen; vorwegzunehmen

Vor|weg|wei|ser (*Verkehrsw*)

vor|wei|sen

Vor|werk (*veraltend*; Hof, der zu einem landwirtschaftl. Gut gehört)

vor|wie|gend

Vor|wis|sen; ohne mein _ · **vor|wis|sen|schaft|lich**

Vor|witz, *älter* **Für|witz,** der, _es · **vor|wit|zig,** *älter* **für|wit|zig**

Vor|wo|che · **vor|wö|chig**

Vor|wort, *Pl* ..worte (Vorreden) *u.* ..wörter (*österr*; Präpositionen); *vgl. auch* Wort

Vor|wurf (Tadel – *Kunstwiss*; Gegenstand künstlerischer Darstellung) · **vor|wurfs‿frei, ...voll**

vor|zäh|len; Geld _

Vor|zei|chen · **vor|zeich|nen** · **Vor|zeich|nung**

vor|zei|gen · **Vor|zei|ge|ver|merk**

Vor|zeit · **vor|zei|ten** *K 176* (*dicht*; vor langen Zeiten) · **vor|zei|tig** (verfrüht) · **vor|zeit|lich** (der Vorzeit angehörend) · **Vor|zeit|mensch,** der

vor|zie|hen

Vor|zim|mer · **Vor|zim|mer|wand** (*österr*; Garderobe, Kleiderablage)

Vor|zug · **vor|züg|lich** [*od* 'fo:r.., *österr nur so*] · **Vor|zugs|preis** · **Vor|zugs|schü|ler** (*österr*; besondere Vergünstigungen genießender guter Schüler) · **vor|zugs|wei|se** *K 176*

Vosges ↑ Vogesen

vo|tie|ren [v..] (abstimmen, beschließen; sich entscheiden) ⟨*lat* → *engl* → *frz*⟩ · **Vo|tiv|bild** (*kath Kirche*) ⟨*lat*⟩ · **Vo|tum,** das, _s, *Pl* ..ten *od* ..ta (Gelübde; Urteil; Stimme; Gutachten, Spruch)

Vou|cher ['vautʃər], der *od* das, _s, _[s] (Gutschein, Reisebürobon [für Übernachtung, Speisen u. a. Leistungen]) ⟨*lat* → *frz* → *engl*⟩

Vou|te ['vu:tə], die, _, _n (*Bauw*; Gewölbe; Rundung, Hohlkehle zw.

Decke u. Wand; Schräge zur Vergrößerung der Balkenhöhe im Stahlbetonbau) ⟨*lat* → *frz*⟩

Voy|eur [vŏa'jø:r], der, ₋s, ₋e (jmd., der andere bei sexueller Betätigung beobachtet u. dabei Befriedigung empfindet) ⟨*lat* → *frz*⟩

Vro|ni [f.., *auch* v..] (w. Vn.) ⟨*Kurzf von* Veronika (1)⟩

vul|gär [v..] (gewöhnlich; gemein; alltäglich) ⟨*lat*⟩ · **Vul|gär|la|tein,** das, ₋s (latein. Umgangssprache als Grundlage für die Entwicklung der roman. Sprachen) · **Vul|gär|ma|te|ria|lis|mus** (kleinbürgerl., simplifizierende materialist. Strömung in Deutschland in der Mitte des 19. Jh.) · **Vul|ga|ta,** die, ₋ (*kath Kirche*; als authentisch geltende latein. Bibelübersetzung) · **vul|go** (gemeinhin)

Vul|kan [v..]: 1. (*röm Mythol*; Gott des Feuers u. der Schmiedekunst) – 2. der, ₋s, ₋e (feuerspeiender Berg) ⟨*lat*⟩ · **Vul|kan|fi|ber,** die, ₋, *auch* **Fi|ber,** die, ₋, ₋n (lederartiger Werkstoff aus Zellulose) · **Vul|ka|ni|sa|tion** (*Techn*; Anlagerung von Schwefel an Kautschuk) ⟨*lat* → *engl* → *frz*⟩ · **vul|ka|nisch** (von Vulkanen herrührend) ⟨*lat*⟩ · **Vul|ka|ni|sier|an|stalt** · **vul|ka|ni|sie|ren** (*Techn*; Kautschuk mit Schwefel behandeln) ⟨*lat* → *engl* → *frz*⟩ · **Vul|ka|nis|mus,** der, ₋ (*Geol*; Gesamtheit der vulkan. Erscheinungen) ⟨*lat*⟩

Vy|lan [v..], das, ₋s *Kunstw* (Bez. für Textilien mit hohem Anteil an PIVIACID)

W

W [ve:], das, *Gen* des W, *Pl* die W (Buchstabe)

Waadt, die, ₋, *auch* **Waadt|land,** das, ₋[e]s (Kanton in der Schweiz) · **Waadt|län|der:** 1. *K 231*: der, ₋s, ₋; 2. *als Attribut K 232* · **waadt|län|disch**

Waag, die, ₋, *slowak* **Váh** [va:x], der, ₋ (Fluß in der ČSSR)

Waa|ge, die, ₋, ₋n ⟨*zu* wägen⟩ · **Waa|ge|bal|ken** · **Waa|gen|fa|brik** · **waa|ge|recht,** *auch* **waag|recht,** *österr nur so* · **Waa|ge|rech|te,** *auch* **Waag|rech|te,** *österr nur so*, die, ₋n, ₋n *K 341* · **Waag|scha|le**

Waal, die, ₋ (Mündungsarm des Rheins)

wab|be|lig *K 362* (*umg*) · **wab|beln** (*umg*); es wabbelt

Wa|be, die, ₋, ₋n (Zellenbau des Bienenstockes) ⟨*zu* weben⟩ · **Wa|ben|ho|nig**

Wa|ber|lo|he (*german Mythol*; flackernde, leuchtende Flamme, Glut) · **wa|bern** (*landsch*; flakkern); es wabert ⟨*zu* weben⟩

wach. *Schreibung bei Verben K 135*: ₋ bleiben, [er]halten, machen, sein, werden; *vgl. aber* wachhalten, wachrufen, wachrütteln

Wach|au *K 90*, die, ₋ (Landsch. in Österreich)

Wachbeamte ↑ Wachmann · **Wach|dienst**[1] · **Wa|che**[1], die, ₋, ₋n; ₋ halten, stehen · **wa|chen;** über jmdn. ₋ · **wa|che|ste|hend**[1] *K 164* · **Wach|feu|er**[1] · **wach|ha|bend**[1] · **Wach|ha|ben|de**[1], der *u.* die, ₋n, ₋n *K 341* · **wach|hal|ten** *K 137* ([eine Erinnerung] lebendig erhalten); du hältst wach; wachgehalten; wachzuhalten; sein Interesse muß wachgehalten werden; *aber*: wach [er]halten (nicht schlafen lassen) · **Wach|hund**[1] · **Wach|mann**[1], *Pl* ..leute *od* ..männer *od* **Wa|che|be|am|te** (*österr*; Polizist) · **Wach|mann|schaft**[1]

Wa|chol|der, der, ₋s, ₋ (ein Strauch). *Zus K 365ff.*: Wacholder‿beere usw.

Wach|po|sten[1] · **wach|ru|fen**[2] *K 136* · **wach|rüt|teln**[2] *K 136 u. 363*

Wachs, das, ₋es, ₋e

wach|sam · **Wach|sam|keit,** die, ₋

Wachs|boh|ne ⟨*zu* Wachs⟩

wachseln ↑ ²wachsen

¹wach|sen (größer werden); du wächst *K 354*, er wächst; du wuchsest; du wüchsest; gewachsen; wachse! *od* wachs!; jmdm. gewachsen sein

²wach|sen, *österr meist* **wach|seln** (mit Wachs glätten); du wachst *K 354*, er wachst; du wachstest; gewachst; wachse! *od* wachs! · **wäch|sern** (aus Wachs) · **Wachs|ker|ze** · **Wachsleinwand** ↑ Wichsleinwand · **Wachs|licht,** *Pl* ..lichte *od* ..lichter · **Wachs|stock,** *Pl* ..stöcke

Wach|stu|be[1]

Wachs|tuch, *Pl* ..tuche, *auch* ..tücher ⟨*zu* Wachs⟩

Wachs|tum, das, ₋[e]s ⟨*zu* ¹wachsen⟩

wachs|weich ⟨*zu* Wachs⟩

[1] Die Form »Wacht...« bzw. »wacht...« ist älter u. zuweilen dichterisch gebraucht; *vgl.* Wacht. Sie hat sich in bestimmten Zusammensetzungen bis heute gehalten, z. B. in »Wachtmeister«.

[2] *Konjugation vgl.* wachhalten.

Wacht, die, ₋, ₋en (*dicht*; Wache)

Wäch|te, die, ₋, ₋n (überhängende Schneemasse)

Wach|tel, die, ₋, ₋n (ein kleiner Hühnervogel). *Zus K 365ff.*: Wachtel‿ruf usw. · **Wach|tel|kö|nig** (eine Ralle)

Wäch|ter · **Wacht**[1]**‿mei|ster, ...po|sten** · **Wach|traum** · **Wacht|turm**[1] · **Wach|zu|stand**

Wacke[2], die, ₋, ₋n (*noch landsch*; bröckeliges Gestein)

wacke|lig[2] *K 362*; ₋ stehen (*auch umg*; dem Bankrott nahe sein) · **Wackel|kon|takt**[2] · **wackeln**[2] *K 363*

wacker[2] (*veraltend*) ⟨*zu* wach⟩

Wacker|stein[2] (*landsch*; Gesteinsbrocken)

Wa|dai (Landsch. in Tschad)

Wad|di|ke, die, ₋ (*norddt*; Molke, Käsewasser)

Wa|de, die, ₋, ₋n. *Zus K 365ff.*: Waden‿krampf usw. · **wa|den|lang;** ein ₋es Kleid

Wa|di, das, ₋s, ₋s (wasserloses Flußtal in Nordafrika u. im Vorderen Orient) ⟨*arab*⟩ · **Wa|di Hal|fa** (Stadt in Sudan [2])

Waf|fe, die, ₋, ₋n

Waf|fel, die, ₋, ₋n ⟨*ndrl, zu* Wabe⟩ · **Waf|fel|ei|sen**

Waf|fen|platz (*schweiz*; Garnison) · **Waf|fen|still|stand** · **waff|nen** (*veraltet*; mit Waffen versehen); sich (*Akk*) ₋

Wagadugu ↑ Ouagadougou

wäg|bar

Wa|ge|hals (*veraltend*) · **wagehal|sig** ↑ waghalsig

Wä|gel|chen (kleiner Wagen)

Wa|ge|mut · **wa|ge|mu|tig** · **wa|gen;** du wagtest; gewagt; sich (*Dat u. Akk*) ₋; wage dir das nicht; wage dich nicht in seine Nähe

wä|gen, *gebräuchlicher* **²wie|gen;** du wägst; du wogst; du wögest; gewogen (↑ *d.*); wäg[e]!

Wa|gen, der, ₋s, *Pl* ₋, *österr auch* **Wä|gen;** *K 258*: der Große ₋, der Kleine ₋ (Sternbilder). *Zus K 365ff.*: Wagen‿burg (*hist*) usw. · **Wa|gen|he|ber** · **Wa|gen|park**

Wa|ge|stück (*gehoben*)

Wag|gon [va'gɔŋ, *österr* ..'go:n], der, ₋s, *Pl* ₋s, *österr auch* ₋e, *u. bei Maßangabe* (*K 308*) Waggon (Bahnwagen; Bahnwagenladung) ⟨*germ* → *engl* → *frz*⟩; 3 Waggon Kartoffeln · **wag|gon|wei|se** *K 176*

wag|hal|sig, *österr nur so, od* **wa|ge|hal|sig**

Wag|ner, der, ₋s, ₋ (*süddt, österr, schweiz*; Wagenbauer) · **Wag|ne|ria|ner** ⟨*nach* dem Opernkomponi-

[1] *Vgl. Sp. 2, Anm. 1.*

[2] *Tr* ..k|k..

sten Richard Wagner) · **Wag|ner-oper** *K 209*

Wag|nis, das, ..isses, ..isse

Wä|gung (*fachspr*)

Wä|he, die, _, _n (*alemann*; ein flacher Kuchen)

Wah|ha|bit [vaha..], der, _en, _en (Angehöriger einer islam. Sekte) (*arab*)

Wahl, die, _, _en · **wähl|bar** · **Wähl|bar|keit,** die, _ · **wahl|be-rech|tigt** · **Wahl|be|rech|ti|gung** · **Wahl|el|tern** *Pl* (*österr*; Adoptiveltern) · **wäh|len** · **Wäh|ler** · **Wäh-ler|auf|trag** · **wäh|le|risch;** _ste · **Wäh|ler|schaft** · **Wäh|ler|ver-samm|lung** · **Wahl⌣gang, ...hei-mat**

wäh|lig (*norddt*; wohlig; munter, übermütig)

Wahl|kind (*österr*; Adoptivkind) · **Wahl⌣kreis, ...li|ste, ...lo|kal** · **wahl|los;** *vgl.* ...*los* · **Wahl⌣ord-nung, ...recht, ...spruch, ...ur-ne** · **Wähl|ver|mitt|lung** (*Fernsprechw*) · **Wahl|ver|samm|lung** · **wahl|ver|wandt** · **Wahl|ver|wandt-schaft** · **Wahl|wer|ber** (*österr*; Wahlkandidat)

Wahn, der, _[e]s · **Wahn|bild** · **wäh-nen** (*gehoben*) · **wahn|schaf|fen** *K 364* (*norddt*; häßlich, mißgestaltet) · **Wahn|sinn,** der, _[e]s · **wahn|sin|nig** · **Wahn|witz,** der, _es · **wahn|wit|zig**

wahr (wirklich); sehr wahr!; nicht wahr?; wahr oder nicht wahr, es wird geglaubt; *K 119*: der wahre Jakob (*umg scherzh*; der rechte Mann)
Schreibung bei Verben K 135: wahr machen, sein, sprechen, werden; für wahr halten; *vgl. aber* wahrhaben u. wahrsagen

wah|ren (bewahren); seinen Vorteil zu _ suchen (*gehoben*)

wäh|ren (*gehoben*; dauern) (*zu* Wesen)

wäh|rend: 1. *Präp mit Gen*: _ des Sommers, _ zweier, dreier Jahre; *mit Dat, wenn der Gen nicht eindeutig kenntlich gemacht werden kann* (*K 379*): _ fünf Jahren, _ elf Monaten; 2. *Konj*: _ ich beim Kranken blieb, holte sie den Arzt; *vgl. auch K 390* · **wäh|rend|des-sen,** *auch* **wäh|rend|dem** (*beide auch Konj*; *vgl. auch K 390*)

wahr|ha|ben *K 136*; *nur noch in* etwas nicht wahrhaben (nicht zugeben) wollen · **wahr|haft** (*noch gehoben*): 1. *Adj* (wahrheitsliebend) – 2. *Adv* (wirklich) · **wahr|haf|tig** [..'haf.., *auch* 'va:r..] (wahr; wirklich, tatsächlich) · **Wahr|haf|tig-keit,** die, _ · **Wahr|heit** · **wahr-heits⌣ge|mäß, ...ge|treu** · **Wahr-heits|lie|be,** die, _ · **wahr|heits-lie|bend** · **wahr|lich** (*noch gehoben*)

wahr|nehm|bar (*zu* wahren) · **wahr|neh|men** *K 136*; du nimmst wahr; wahrgenommen; wahrzunehmen · **Wahr|neh|mung**

wahr|sa|gen *K 136* (*Abergl*; angeblich die Zukunft verkünden); du wahrsagst; gewahrsagt; zu _ · **Wahr|sa|ge|rei** (*Abergl*) · **Wahr-sa|ge|rin,** die, _, ..innen (*Abergl*)

währ|schaft (*schweiz*; dauerhaft, haltbar, echt)

Wahr|schau, die, _ (*seem*; Wahrzeichen; Warnung) (*zu* wahren); Wahrschau! (Vorsicht!) · **wahr-schau|en** *K 136* (*seem*; warnen); du wahrschaust; gewahrschaut; zu _

wahr|schein|lich [*auch* 'va:r..] · **Wahr|schein|lich|keit** · **Wahr-schein|lich|keits|rech|nung,** die, _ (*Math*)

Wah|rung, die, _ (Aufrechterhaltung, Behauptung)

Wäh|rung (staatl. Ordnung des Geldwesens, Geldverfassung eines Staates) · **Wäh|rungs|re|form**

Wahr|zei|chen (*zu* wahren)

Waid, der, _[e]s, _e (eine Färberpflanze; blauer Farbstoff)

Wai|se, die, _, _n (elternloses Kind [Vollwaise] – *seltener für* vater- od. mutterloses Kind [Halbwaise]) · **Wai|sen|kind**

Wa|ke, die, _, _n (*norddt*; Öffnung in der Eisdecke)

Wal, der, _[e]s, _e (ein Meeressäugetier)

Wal|chen|see [..ç..], der, _s (im Alpengebiet der BRD)

Wald, der, _[e]s, *Pl* Wälder

Wal|dai|hö|he, die, _ *od* **Wal|dai-hö|hen** *Pl* (im W der UdSSR)

Wald|amei|se · **wald|aus, wald-ein** · **Wäld|chen**

Wal|de|mar (m. Vn.) (‚walten' + ‚berühmt'); *Nebenf* ↑ Woldemar

Wal|den|ser, der, _s, _ (Angehöriger einer von Petrus Waldus im 12. Jh. gegründeten Sekte)

Wal|des|dun|kel (*gehoben*) · **Wal-des|rau|schen,** das, _s (*gehoben*) · **Wald|horn,** *Pl* ..hörner · **wal|dig** · **Wald|in|ne|re** · **Wald|mei|ster,** der, _s (ein Labkraut) (*Herkunft umstritten*) · **Wald|ohr|eu|le** · **Wald|schrat[t]** (*Abergl*; ein Waldgeist) · **Wald|schutz|ge|biet** (unter Naturschutz stehender Wald) · **Wald|stät|te** *Pl* (die drei Urkantone am Vierwaldstätter See [Uri, Schwyz u. Unterwalden] u. der Kanton Luzern) · **Wald|ster|ben,** das, _s · **Wal|dung** · **wald|wärts**

Wa|len|see, der, _s (in der Schweiz)

Wales [we:ls *od* we:lz] (Halbinsel im W Englands)

Wal|fang · **Wal|fang|boot** · **Wal-fän|ger** · **Wal|fang|flot|te** · **wal-fang|trei|bend;** *vgl. aber K 163*

Wäl|ger|holz (*landsch*; Nudelholz) · **wäl|gern** *K 363* (*landsch*; [Teig] ausrollen)

Wal|hall [*auch* ..'hal] *od* **Wal|hal|la,** die, *Gen mit Art* _, *ohne Art* _s (*german Mythol*; Halle Wodans, Aufenthalt der im Kampf Gefallenen) · **Wal|hal|la:** 1. ↑ Walhall – 2. die, _ (Ruhmeshalle bei Regensburg)

Wa|li|ser, der, _s, _ (Bewohner von Wales); *vgl. aber* Walliser · **wa|li-sisch**

Wal|ke, die, _, _n (*Textiltechn*; Verfilzmaschine; Vorgang des Verfilzens) · **wal|ken** (*fachspr*; schlagen, kneten; verfilzen – *umg*; prügeln)

Wal|kü|re [*auch* 'val..], die, _, _n (*nord Mythol*; Kampf-, Schildjungfrau)

[1]**Wall,** der, _[e]s, *Pl* _e *u. bei Maßangabe* (*K 308*) Wall (altes dt. Zählmaß, bes. für Fische [= 80 Stück]) (*anord*); 2 Wall

[2]**Wall,** der, _[e]s, *Pl* Wälle (Erdaufschüttung, Mauerwerk usw.) (*lat*)

Wal|lach [*österr auch* va'lax], der, _[e]s, _e (*österr auch* _en, _en) (verschnittener Hengst) (*nach* dem früheren Namen einer rumän. Landschaft)

[1]**wal|len** (sprudeln)

[2]**wal|len** (*veraltet*; wallfahren, pilgern)

wäl|len (*landsch*; wallen lassen, zum Kochen bringen) (*zu* [1]wallen); gewällte Kartoffeln; *vgl. aber* wellen

wall|fah|ren; du wallfahrst; du wallfahrtest; gewallfahrt; zu _; *vgl. auch* wallfahrten · **Wall|fah|rer** · **Wall|fahrt** · **wall|fahr|ten** (*veraltend u. österr*; wallfahren); du wallfahrtest; du wallfahrtetest; gewallfahrtet; zu _ · **Wall|fahrts|kir|che** · **Wall|fahrts|ort,** *Pl* ..orte

Wall|gra|ben (*zu* [2]Wall)

Wall|holz (*schweiz*; Nudelholz)

Wal|li (w. Vn.) (*Kurzf von* Valeska *u. von* Walburg (‚walten' + ‚Schutz')); *Nebenf* Wally

Wal|lis, das, _ (Kanton in der Schweiz) (*lat*, ‚Tal') · **Wal|li|ser:** 1. *K 231*: der, _s, _; 2. *als Attribut K 232*: die Walliser Alpen; *vgl. aber* Waliser

Wal|lo|ne, der, _n, _n (Nachkomme romanisierter Kelten u. Germanen in Belgien u. Nordfrankreich); *vgl. aber* Walone · **wal|lo-nisch;** *vgl. K 266f.* · **Wal|lo|nisch,** das, *Gen* _[s], *Dat* _ (Sprachbe-

zeichnung *K 268 ff.*) · **Wal|lo|ni|sche,** das, *Gen* _n, *Dat* _n (Sprachbezeichnung *K 271*)
Wall|street ['wɔ:lstri:t], die, _ (die Finanzoligarchie der USA) ⟨*nach* der Straße in New York⟩
Wal|lung ⟨*zu* ¹wallen⟩
Wal|ly [..li] (w. Vn.) ⟨*Kurzf von* Valeska *u. von* Walburg (,walten' + ,Schutz')⟩; *Nebenf* Walli
Walm, der, _[e]s, _e (*Bauw*; dreieckkige Dachfläche – *landsch*; Welle, Wirbel, das Wallen) · **Walm|dach** (*Bauw*)
Wal|nuß ⟨,welsche Nuß'⟩ · **wal|nuß|groß**
Wa|lo|ne, die, _, _n (*Bot*; Gerbstoff enthaltender Eichenfruchtbecher) ⟨*grch* → *lat*⟩; *vgl. aber* Wallone
Wal|pur|gis|nacht (Nacht vor dem 1. Mai) ⟨*nach* der Äbtissin Walburg⟩
Wal|rat, der *od* das, _[e]s (fester Bestandteil des Öles aus den Kopfhöhlen des Pottwals) · **Wal|rat|öl,** das, _[e]s · **Wal|roß** (eine Robbe)
Wal|ser|tal, das, _[e]s (in Österreich) ⟨*nach* den Wallisern⟩; *K 258*: das Große _, das Kleine _
Wal|statt, die, _, ..stätten (*veraltet*; Kampfplatz, Schlachtfeld)
wal|ten (*gehoben*; sich einer Sache sorgend annehmen); seines Amtes _; _ lassen; schalten und _ (*normalspr*)
Wal|ter *K 208* (m. Vn.) ⟨,walten' + ,Heer'⟩; *Nebenf* ↑ Walther · **Wal|tha|ri|lied** ['val.., *auch* ..'ta:..] *K 209*, das, _[e]s (*Lit*) · **Wal|ther** *K 208* (m. Vn.) ⟨*Nebenf von* Walter⟩ · **Wal|traud** (w. Vn.) ⟨,walten' + ,Kraft' (od. ,walten' + ,lieb')⟩; *Nebenf* Waltraut, Waltrud
Wal|ze, die, _, _n · **wal|zen**; *K 354* · **wäl|zen** *K 354*; sich hin und her wälzen · **Wal|zen|bruch,** *Pl* ..brüche · **wal|zen|för|mig** · **Walzenstraße** ↑ Walzstraße · **Wal|zer** (ein Gesellschaftstanz) · **Wäl|zer** (*umg*; dickleibiges Buch) · **Wälz|la|ger** (*Techn*) · **Walz|stahl** · **Walz|stra|ße** *od* **Wal|zen|stra|ße** (*Techn*) · **Walz|werk**
Wam|me. 1. die, _, _n (Hautfalte in Verlängerung des Halses [bei Rindern] – *Pelzw*; Bauchteil des Felles mancher Tiere) – 2. ↑ Wampe ⟨*zu* wabbeln⟩ · **Wam|pe,** *auch* **Wam|me,** die, _, _n (*umg abwert*; Schmerbauch)
Wam|pum [*od* vam'pu:m], der, _s, _e (Gürtel mit aufgereihten Muschelscheibchen od. Schneckengehäusen [nordamerikan. Indianer]) ⟨*indian*⟩
Wams, das, _es, *Pl* Wämser (kurze, enge Jacke der Männer des 15. bis 17. Jh.) ⟨*grch* → *lat* → *frz*⟩
Wand, die, _, *Pl* Wände. *Zus K 365 ff.*: Wand‿uhr usw.
¹**Wan|da** (w. Vn.) ⟨*poln*⟩
²**Wan|da** (w. Vn.) ⟨*Kurzf der mit* Wendel... (,Wandalin') *gebildeten weibl Vornamen*⟩
Wan|da|le, *auch* **Van|da|le** [v..], *österr u. schweiz meist so*, der, _n, _n (Angehöriger eines german. Volksstammes – *abwert*; zerstörungswütiger Mensch) · **wan|da|lisch,** *auch* **van|da|lisch,** *österr u. schweiz meist so* (die Wandalen betreffend – *abwert*; zerstörungswütig) · **Wan|da|lis|mus,** *auch* **Van|da|lis|mus,** *österr u. schweiz meist so*, der, _ (*abwert*; blinde Zerstörungswut) ⟨*germ* → *frz*⟩
Wan|del, der, _s; Handel und Wandel; du hast _ geschafft · **wan|del|bar** · **Wan|del|bar|keit** · **Wan|del‿gang,** ...**hal|le** · **wan|deln** *K 363* (*gehoben*) ⟨*zu* ¹winden⟩; sich (*Akk*) _ · **Wan|del|stern** (alte Bez. für einen Planeten)
Wan|der‿büh|ne, ...**dü|ne** · **Wan|de|rer** *K 363* · **Wan|der|fah|ne** · **Wan|der|ge|wer|be** (ambulantes Gewerbe) · **Wan|der|le|ben,** das, _s · **Wan|der|lust,** die, _ · **wan|der|lu|stig** · **wan|dern** *K 363* · **Wan|der|po|kal** (Sportpreis) · **Wan|der|schaft,** die, _ · **Wan|der|stab** · **Wan|de|rung** · **Wan|der|vo|gel** (*meist scherzh*; jmd., der oft u. gern wandert)
Wand|ler (*Techn*) · **Wand|lung**
Wand|re|rin *K 363*, die, _, ..innen
Wands|becker[1] [*Tr* ...bek|ker] **Bo|te** *K 232*, der, *Gen* _ _n (ehem. Zeitung) · **Wands|bek** (Stadtteil von Hamburg)
Wand|tep|pich · **Wan|dung** · **Wand|zei|tung**
Wa|ne, der, _n, _n, *meist Pl* (*nord Mythol*; Angehöriger des Göttergeschlechts der Wanen) ⟨*anord*⟩
Wan|ge, die, _, _n (*oft gehoben*) · **Wan|gen|mus|kel**
Wan|ger|oo|ge (eine der Ostfries. Inseln der BRD)
wa|nisch (*nord Mythol*; zu den Wanen gehörig; nach Art der Wanen) ⟨*anord*⟩
Wan|kel|mut (*noch gehoben*) · **wan|kel|mü|tig** (*noch gehoben*) · **Wan|kel|mü|tig|keit,** die, _ (*noch gehoben*) · **wan|ken**
wann; dann und _
Wan|ne, die, _, _n ⟨*lat*⟩
Wan|ne-Ei|ckel [*Tr* ...-Eik|kel] *K 244* (Stadt im W der BRD)

[1] In alter Schreibung des Ortsnamens.

wan|nen *Adv* (*veraltet*); von _ (woher, von wo)
Wan|nen|bad
Wann|see, der, _s (Havelsee in Westberlin)
Wanst, der, _es, *Pl* Wänste (Tierbauch – *salopp*; dicker Bauch)
Want, die, _, _en, *meist Pl* (*seem*; Tauwerk zum Verspannen des Mastes) ⟨*ndrl*⟩
Wan|ze, die, _, _n ⟨,Wandlaus'⟩ · **wan|zen** *K 354* (*volkstüml*; von Wanzen reinigen) · **Wan|zen|ver|til|gung**
Wa|pi|ti, der, _[s], _s (nordamerikan. Rothirsch) ⟨*indian*⟩
Wap|pen, das, _s, _ ⟨*ndrl*, ,Waffen'⟩ · **Wap|pen‿schild** (der *od* das), ...**spruch** · **wapp|nen** (*oft gehoben*; Vorsorge treffen); sich (*Akk*) mit Geduld _ (versehen)
Waräger ↑ Normannen (2)
Wa|ra|ne *Pl* (eine Echsenfamilie); *Sg* Wa|ran, der, _s ⟨*arab* → *frz*⟩
War|dein, der, _[e]s, _e (*hist*; Münzprüfer, Prüfer) ⟨*germ* → *lat* → *frz* → *ndrl*⟩ · **war|die|ren** (*hist*; [den Gehalt der Münzen] prüfen)
Wa|re, die, _, _n ⟨,Verwahrtes'⟩ · **Wa|ren|an|ge|bot** · **Wa|ren|fonds** [..fɔŋ, *auch* ..fɔ̃:] (*Wirtsch*) · **Wa|ren|haus** · **Wa|ren|kun|de,** die, _ (*Handel*) · **Wa|ren|pro|duk|tion** · **Wa|ren|zei|chen**
¹**Warf,** der *od* das, _[e]s, _e (*Web*; Aufzug)
²**Warf, Warft** ↑ Wurt
warm; wärmer, wärmste; *K 135*: das Essen _ halten, stellen; *vgl. aber* warmhalten · **Warm|bier** · **Warm|blut** ↑ Warmblutpferd · **Warm|blü|ter,** der, _s, _ (1. Tier, dessen Körpertemperatur nahezu unabhängig von der Außentemperatur ist, z. B. Vogel, Säugetier usw. – 2. ↑ Warmblutpferd) · **warm|blü|tig** (*Biol*) · **Warm|blut|pferd,** das, _[e]s, _e, *kurz* **Warm|blut,** das, _[e]s, *Pl* ..blüter (leichte, lebhafte Pferderasse) · **Wär|me,** die, _ · **Wär|me‿däm|mung,** ...**grad** · **wär|me|iso|lie|rend** · **Wär|me‿ka|pa|zi|tät** (*Phys*), ...**leh|re,** ...**lei|ter** (der) · **wär|men** · **Wär|me|pum|pe** (*Techn*; Anlage zur Gewinnung von Wärmeenergie, z. B. aus Grundwasser) · **Wär|mer** · **Wär|me‿reg|ler,** ...**spei|cher** (*fachspr*) · **Wärm|fla|sche** · **warm|hal|ten** *K 137*; du hältst warm; warmgehalten; warmzuhalten; *nur in* sich jmdn. _ (*umg*; sich jmdn. geneigt erhalten), *aber*: warm halten (in warmem Zustand erhalten) · **Warm|haus** (Gewächshaus) · **warm|her|zig** · **Warm|her|zig|keit,** die, _ · **Warm|lau|fen,** das, _s · **Warm|luft,** die, _ · **Warm-**

luft|hei|zung · **Warm|was|ser|ver|sor|gung**
War|na (Hafenstadt in Bulgarien)
Warn|an|la|ge
War|ne|mün|de (Stadtteil von Rostock, Seebad u. Fährhafen) ⟨*nach* dem Fluß Warnow⟩
war|nen · **War|ner** · **Warn|ge|rät**
War|now [..no:], die, _ (Fluß im N der DDR)
Warn|ruf · **War|nung** · **Warn|zei|chen**
Warp, der, _[e]s, _e (*seem*; Schlepp-, Verholanker) ⟨*ndrl*⟩ · **Warp|an|ker** (*seem*) · **war|pen** (*seem*; durch Schleppanker fortbewegen)
War|rant [*od* ˈvɔrənt], der, _s, _s (*Wirtsch*; Lager-, Pfandschein) ⟨*engl*⟩
War|schau, *poln* **War|sza|wa** [varˈʃa(:)va] (Hptst. von Polen) · **War|schau|er:** 1. *K 231*: der, _s, _; 2. *als Attribut K 232*: der Warschauer Vertrag · **war|schau|isch**
Wart, der, _[e]s, _e (*veraltet*; Wärter); *nur noch in Zus,* z. B. Torwart · **Wart|burg,** die, _ · **Wart|burg|fest** (*hist*) · **War|te,** die, _, _n (Beobachtungsort); *übertr in Wendungen wie* von meiner _ (meinem Standpunkt) aus · **war|ten;** jmdn. _ lassen; Kranke _ (*gehoben*; pflegen); auf dich wartet eine Überraschung (*gehoben*: deiner wartet ...) · **Wär|ter** · **War|te‿saal, ...zeit, ...zim|mer** · **War|tung** · **war|tungs|frei;** _e Motoren
war|um
Wärz|chen · **War|ze,** die, _, _n · **war|zen|för|mig** · **war|zig**
was:
1. *Interrogativpron*: was tust du?; was für ein Buch ist das?; was für Bücher sind das?; was Wunder, wenn ...
2. *Relativpron*: was (das, was) du tun mußt, tue gleich!; das, was du gesagt hast; etwas, was einer Betrachtung wert ist; du hast gelogen, was ich dir nicht verzeihe; alles, einiges, vieles, was ...; das Beste, das Gute, was ...; *aber nur*: das Wort, das du gesagt hast
3. *Indefinitpron*: **a)** was du [auch] immer tust – **b)** *umg für* etwas (*satzeinleitend kann es nur bei einem substantivierten Adj stehen*): was Besseres mußt du tun!; tu was Besseres!; ist was los?
Wa|sa, der, _[s], _ (Angehöriger des schwed. Herrschergeschlechts der Wasa)
Wasch|au|to|mat · **wasch|bar** · **Wasch‿bär, ...becken** [*Tr* ...bekken] · **Wä|sche,** die, _, _n · **Wasch-Eau-de-Co|log|ne** [..o:dəko,lɔnjə] *K 188* · **wasch|echt** · **Wä|sche|ge|schäft** · **wa|schen;** du wäschst *K 354*, er wäscht; du wuschest; du wüschest; gewaschen; wasch[e]! · **Wä|sche|rei** · **Wä|sche|rin,** die, _, ..innen · **Wä|sche‿schleu|der, ...schrank** · **Wasch|haus** · **Wasch|lap|pen** (*auch salopp abwert*; Mensch ohne Tatkraft) · **Wasch|le|der** (sämischgegerbtes, waschbares Leder, bes. für Handschuhe) · **wasch|le|dern** (aus Waschleder) · **Wasch‿ma|schi|ne, ...schüs|sel, ...sei|fe** · **Wa|schung** · **Wasch|zet|tel** (*scherzh*; vom Verlag stammende Bücherempfehlung)
Wa|sen, der, _s, _ (*landsch*; feuchter Dunst – *landsch u. österr*; Rasen)
Wa|shing|ton [ˈwɔʃiŋt(ə)n] (Hptst. u. Staat der USA) ⟨*nach* dem ersten Präsidenten der USA⟩
Was|ser, das, _s, *Pl* _ u. (*Mineral-, Spül-, Abwasser usw.*:) Wässer; zu Wasser und zu Lande · **was|ser‿ab|wei|send** (*K 128*), **...arm** · **Was|ser|bad** · **Wäs|ser|chen;** kein _ trüben können (*umg*; harmlos sein) · **Was|ser|dampf** · **was|ser|dicht** · **Was|ser|flug|zeug** · **Was|ser|glas:** 1. das, _es, ..gläser (ein Trinkglas) – 2. das, _es (*Chem*; wäßrige, zähe Flüssigkeit, Binde- u. Imprägniermittel) · **Was|ser|ho|se** (Wasser mitführender Wirbelsturm) · **Was|ser|jung|fer** (Libelle) · **Wasserkante** ↑ *unter* Waterkant · **Was|ser|klo|sett;** *Abk* WC; *vgl. auch K 52* · **Was|ser‿kraft, ...kunst** (*Arch*), **...lauf, ...lei|tung** · **Was|ser|mann,** der, _[e]s (ein Sternbild) · **Was|ser|müh|le** · **was|sern** (*von Flugkörpern gesagt*; auf das Wasser niedergehen); das Flugzeug wassert
wäs|sern *K 363f.* (in Wasser legen, z. B. Salzheringe; [dem Boden] Wasser zuführen) · **Was|ser|ni|xe** (*german Sage*) · **Was|ser|not,** die, _ (*veraltend*; Mangel an Wasser); *vgl. aber* Wassersnot · **Was|ser|pest,** die, _ (eine Wasserpflanze) · **Was|ser|rat|te** (*auch umg scherzh*; Seemann; jmd., der sich gern im Wasser tummelt) · **Was|ser|recht** · **was|ser|recht|lich** · **was|ser|reich** · **Was|ser‿rohr, ...schei|de** (*Geogr*) · **was|ser|scheu** · **Was|ser|scheu** · **Was|sers|not** (*veraltet*; Überschwemmung); *vgl. aber* Wassernot · **Was|ser‿spei|er, ...spie|gel** · **Was|ser|sport** · **Was|ser|stands|an|zei|ger** · **Was|ser|stoff,** der, _[e]s (chem. Element, Gas); *Zeichen* H (*für* Hydrogenium, ↑ *d.*) · **Was|ser|stoff|bom|be,** *kurz* **H-Bom|be** [ˈha:..] *K 186* · **Was|ser|stoff|io|nen|kon|zen|tra|tion,** die, _ (*Chem*; Gehalt an Wasserstoffionen in der Volumeneinheit einer Flüssigkeit); *vgl. auch* *p*H-Wert · **Was|ser|stoff|per|oxid**[1], *älter* **Was|ser|stoff|su|per|oxid**[1], das, _[e]s (ein Desinfektions- u. Bleichmittel) · **Was|ser|stra|ße** · **Was|ser|sucht,** die, _ · **was|ser|süch|tig** · **Was|ser|tre|ten** · **Was|se|rung** (das Wassern von Flugkörpern) · **Wäs|se|rung** · **Was|ser|waa|ge** · **was|ser|wan|dern** *K 132*; *nur im Inf u. Part II* (»wassergewandert«) *gebräuchlich* · **Was|ser‿weg, ...werk** · **Was|ser|wirt|schaft,** die, _ · **Was|ser|zäh|ler** · **Was|ser|zei|chen** (im Papier) · **wäß|rig** *K 363f.* · **Wäß|rig|keit** *K 363f.*, die, _
wa|ten
Wa|ter|kant, die, _ (*norddt*; Küste) (‚Wasserkante')
Wa|ter|loo (Ort in Belgien)
Wa|ter|proof [ˈwɔ:tərpru:f], der, _s, _s (*fachspr*; wasserdichtes Material; Regenmantel) ⟨*engl*⟩
Wat|sche, die, _, _n *od* **Wat|schen,** die, _, _ (*bayr u. österr umg*; Ohrfeige)
wat|scheln *K 363* ⟨*zu* wackeln⟩
wat|schen *K 354* (*bayr u. österr umg*; ohrfeigen)
[1]**Watt,** das, _[e]s, _en (*norddt*; seichter, küstennaher, bei Ebbe mit Ausnahme der Priele trockener Meeresteil der Nordsee) ⟨*zu* waten⟩
[2]**Watt,** das, _s, _ (SI-Einheit der Leistung); *Einheitenzeichen* W ⟨*nach* dem engl. Ingenieur James Watt [dʒe:mz ˈwɔt]⟩
Wat|te, die, _, _n ⟨*frz* → *ndrl*⟩
Wat|ten|meer ⟨*norddt*⟩
wat|tie|ren (mit Watteeinlage versehen) ⟨*frz* → *ndrl*⟩
Watt|me|ter [*od* ..ˈme:..] *K 209*, das (elektr. Leistungsmeßgerät) · **Watt|se|kun|de** *K 209* (SI-Einheit der Energie); *Einheitenzeichen* W · s; *auch zulässig für* Joule
Wat|vo|gel
Wau|wau [*od* ..ˈvau], der, _s, _s (*kinderspr*; Hund)
We|be, die, _, _n (*österr*; Gewebe [für Bettzeug]) · **We|be|lei|ne** (*seem*; »gewebte« Sprosse der Wanten) · **we|ben;** du webtest (*gehoben u. schweiz auch* wob[e]st); du webtest (*gehoben u. schweiz auch* wöbest); gewebt (*gehoben u. schweiz auch* gewoben); web[e]!; leben und weben (*eigtl* sich hin und her bewegen) · [1]**We|ber**
[2]**We|ber,** das, _s, _ (SI-Einheit des

[1] *Vgl.* Fußnote zu »Oxid«.

magnet. Flusses u. der magnet. Polstärke); *Einheitenzeichen* Wb ⟨*nach* dem Physiker Wilhelm Weber⟩; *vgl. auch* Voltsekunde

We|be|rei · **We|ber|knecht,** der, _[e]s, _e, *auch* **Kan|ker,** der, _s, _ (ein langbeiniges Spinnentier) · **We|ber|schiff|chen,** *auch* **Web-schiff|chen** · **We|ber|vo|gel** · **Web‿garn, ...ma|schi|ne, ...pelz, ...stuhl**

Wech|sel, der, _s, _ · **Wech|sel-balg,** der (*Abergl*; von bösen Geistern vertauschtes, mißgestaltetes Neugeborenes) · **Wech|sel|be|zie-hung** · **Wech|sel|fie|ber,** das, _s (Malaria) · **Wech|sel‿geld, ...jah-re** (*Pl*) · **wech|seln** *K 363* · **wech-sel|sei|tig** · **Wech|sel|strom** · **Wech|sel|warm|blü|ter** *od* **Kalt-blü|ter** (*Zool*; Tier, dessen Körpertemperatur von der Außentemperatur abhängt, z. B. Fisch) · **wech|sel-wei|se** *K 176* · **Wech|sel|wir|kung**

Weck, Wecke ↑ ²Wecken

wecken[1] (wachmachen); jmds. Interesse _ · **¹Wecken**[1], das, _s

²Wecken[1], *österr nur so*, der, _s, _, *auch* **Wecke**[1], die, _, _n *bzw* **Weck,** der, _[e]s, _e (*süddt, österr*; Weizenbrötchen; längl. Brot)

Wecker[1]

Weck|glas *K 209*, *Pl* ..gläser ⟨*nach* dem Erfinder⟩

Weck|ruf

We|da, *auch* **Ve|da** [v..], der, _[s], *Pl* ..den *od* _s (Name der ältesten Literaturdenkmäler der Inder) ⟨*aind*, ‚Wissen'⟩

Wed|da *Pl* (kleinwüchsige Urbevölkerung auf Ceylon)

We|del, der, _s, _ · **we|deln** *K 363*

we|der; weder ... noch ... *K 404, 405 u. 450*

Wedg|wood|wa|re ['vɛtʃvut.. *od* 'wɛdʒwud..] *K 209* (feines Steingut) ⟨*nach* dem engl. Töpfer⟩

we|disch, *auch* **ve|disch** [v..] (auf die Weden bezüglich) ⟨*aind*⟩

Week|end ['vi:k:ɛnt], das, _[s], _s (»Wochenende«) ⟨*engl*⟩ · **Week-end|haus**

weg [vɛk] (*umg*); in einem weg; weg damit!; über etwas weg (hinaus) sein; ganz weg (entzückt, außer sich) sein; *aber*: wegarbeiten usw.

weg... [vɛk..]; *in unfest zusammengesetzten Verben*, z. B. wegwerfen *K 356*, du wirfst weg, weggeworfen, wegzuwerfen

Weg [ve:k], der, _[e]s, _e; *in Straßennamen* ↑ *K 249ff.*; halbwegs, unterwegs, *K 176*; allerwegen (*veraltet*), gerade[n]wegs (↑ *d.*); keineswegs; zuwege bringen, [gut] zuwege sein (*umg*; wohlauf sein); seinen Weg machen (*umg*); *aber*: wegmachen (*umg*); seines Weges gehen; im Weg[e] stehen (hinderlich sein)

We|ga, die, _ (ein Stern) ⟨*arab*⟩

weg|be|kom|men[1] (*auch umg*; Schaden davontragen; etwas verstehen, erfahren)

Weg|be|rei|ter · **We|ge|bau,** *Pl* ..bauten · **We|ge|geld** · **We|ge|la-ge|rer** *K 363*

we|gen *K 110*; *Präp mit Gen* (*umg u. österr auch mit Dat*): wegen Mangels an Beweisen, wegen des Vaters *od* des Vaters wegen, wegen des starken Andrangs, der Leute wegen; meinetwegen usw.; wegen Verträgen *K 379*

In feststehenden Wendungen: von Amts wegen, von Rechts wegen, von Staats wegen, von Todes wegen; von wegen! (*umg*; auf keinen Fall!)

We|ger, der, _s, _ (*Schiffb*; Schiffsplanke) ⟨*zu altsächsisch* weg ‚Wand'⟩

We|ge|rich, der, _s, _e (eine Arzneipflanze)

we|gern *K 363* (*Schiffb*; die Innenseite der Spanten mit Planken belegen) ⟨*zu* Weger⟩ · **We|ge|rung** (*Schiffb*)

We|ge|un|fall

Weg|fall, der, _[e]s · **weg|fal|len**[1] (unterbleiben)

Weg|ga|be|lung *K 363*

Weg|gen, der, _s, _ (*schweiz*; ²Wecken)

Weg|ge|nos|se · **weg|ha|ben**[1]; etw. _ (*umg*; begriffen haben, gut können); einen _ (*umg*; verrückt od. betrunken sein) · **weg|kom-men**[1] (*umg*); das Geld ist weggekommen; gut dabei _ · **weg|krie-gen**[1] (*umg*); *vgl.* wegbekommen

weg|kun|dig

weg|lau|fen[1]

Weg|lei|tung (*schweiz*; Anweisung) · **weg|los;** *vgl.* ...los

weg‿ma|chen[1] (*umg*), **...müs-sen**[1] (*umg*), **...neh|men**[1]

Weg|rand · **Weg|schei|de,** die, _, _n, *österr* **Weg|scheid,** die, _, _en (*veraltend*)

weg|schlei|chen[1]; sich (*Akk*) _ · **weg|set|zen**[1]; das Geschirr _; sich (*Akk*) über eine Sache _ (*umg*) · **weg|steh|len**[1], **sich** (*Akk*) (*umg*; [sich] wegschleichen)

Weg‿über|füh|rung, ...über-gang, ...un|ter|füh|rung · **Weg-war|te** (Zichorie) · **weg|wärts** · **Weg|wei|ser**

weg|wer|fen[1]; sich (*Akk*) _ · **weg-wer|fend** · **Weg|werf|win|del**

Weg‿zeh|rung, ...zei|chen

Weg|zug

weh: 1. *Adj*: ein wehes Gefühl; wund und _; einen wehen Finger haben (*umg*) – 2. *Adv*: _ sein, tun; mir ist _, mir tut der Kopf _

Weh, das, _[e]s, *älter* **¹We|he,** das, _s (*gehoben*; Schmerz); das Wohl und Wehe; mit Ach und Weh (*normalspr*)

Weh|dag, der, _s, _e (*norddt*; Schmerz, Krankheit, Unglück) · **we|he!** *od* **weh!** *Interjektion*; weh mir! (*veraltet*); o weh; ach und weh schreien, *aber K 104*: ein »Wehe!« ausrufen · **¹We|he:** 1. ↑ Weh – 2. die, _, _n, *meist Pl* (das Zusammenziehen der Gebärmutter zur Austreibung der Leibesfrucht)

²We|he, die, _, _n (zusammengewehte Schnee- od. Sandanhäufung) · **we|hen**

weh|kla|gen; du wehklagst; gewehklagt; zu _

Wehl, das, _[e]s, _e *od* **Weh|le,** die, _, _n (*norddt*; Küstenbucht, Wasserloch)

weh|lei|dig (*abwert*) · **Weh|lei|dig-keit** (*abwert*) · **Weh|mut,** die, _ · **weh|mü|tig;** de- und wehmütig *K 180* · **Weh|mü|tig|keit,** die, _ · **weh|muts|voll** (*gehoben*)

Wehr: 1. die, _, _en; *meist in* sich (*Akk*) zur _ setzen (sich verteidigen) – 2. das, _[e]s, _e (Stauanlage) · **Wehr|dienst,** der, _es · **weh|ren;** sich (*Akk*) [seiner Haut] _; jmdm. etw. _ (*gehoben*; jmdm. etw. verbieten) · **Wehr|er|zie-hung** · **Wehr|gang** (*hist*) · **wehr-haft** · **Wehr|haf|tig|keit,** die, _ · **Wehr|kir|che** · **Wehr|kun|de,** die, _ · **wehr|los** *K 349*; *vgl.* ...los · **Wehr|lo|sig|keit,** die, _ · **Wehr-pflicht,** die, _; *K 119*: die allgemeine _ · **wehr|pflich|tig** · **Wehr-pflich|ti|ge,** der, _n, _n *K 341*

Weh|weh, das, _s, _s (*kinderspr*) · **Weh|weh|chen,** das, _s, _ (*scherzh*)

Weib, das, _[e]s, _er (*heute oft abwert*) · **Weib|chen** (Bez. für ein weibl. Tier)

Wei|bel, der, _s, _ (*noch schweiz*; Gerichtsdiener, Amtsbote) · **wei-beln** *K 363* (*noch schweiz*; werbend umhergehen)

Wei|ber|feind (*umg*) · **wei|bisch** (*abwert*); _ste · **Weib|lein;** *meist in* Männlein und _ (*Pl*) · **weib|lich;** _es Geschlecht · **weib|li|cher-seits** · **Weib|lich|keit,** die, _

weich ⟨*zu* ¹weichen⟩; _ klopfen; das Fleisch ist weich geklopft, weichgeklopftes Fleisch (*K 166*); *K 137*: Leder weich machen, *aber*: jmdn. weichmachen (*umg*; gefügig machen)

---

[1] *Tr* ..k|k..

[1] *Konjugation vgl.* weg...

Weich|bild (Flur, Bezirk, wo das Ortsrecht gilt) ⟨*lat* vicus ['vi:kus] ‚Häusergruppe'⟩
[1]**Wei|che,** die, _, _n (Umstellvorrichtung einer Gleisverbindung) ⟨*zu* [2]weichen⟩. *Zus K 365ff.*: Weichen‿steller usw.
[2]**Wei|che:** 1. die, _ (Weichheit, weiche Stelle) – 2. die, _, _n, *meist Pl* (der weiche Körperteil zw. Rippen u. Hüften, bes. bei Pferden) ⟨*zu* weich⟩
[1]**wei|chen** (ein-, aufweichen, weich machen); du weichtest; geweicht; weich[e]!
[2]**wei|chen** (nachgeben; weggehen); du wichst; du wichest; gewichen!; weich[e]!
weich‿ge|klopft[1], **...ge|kocht**[1] · **weich|ge|sot|ten**[1] *K 364* · **Weich|heit** · **weich|her|zig** · **Weich|her|zig|keit,** die, _ · **Weich|kä|se** · **weich|lich** (*abwert*) · **Weich|lich|keit,** die, _ (*abwert*) · **Weich|ling** (*abwert*) · **Weich|ma|cher** (*Chem*) · **weich|scha|lig**
[1]**Weich|sel,** *poln* **Wis|ła** ['visla, *poln* 'viswa], die, _ (Fluß in Polen)
[2]**Weich|sel,** die, _, _n (*landsch*; eine Sauerkirschsorte). *Zus K 365ff.*: Weichsel‿kirsche usw. · **Weich|sel|rohr** (*landsch*; Pfeifenrohr aus Weichselholz)
Weich|sel|zopf (eine Haarverfilzung) ⟨*poln, an* [1]Weichsel *angelehnt*⟩
Weich|spü|ler · **Weich|tei|le** *Pl* · **Weich|tie|re** *Pl* (*Zool*) · **Weich|wer|den,** das, _s
[1]**Wei|de,** die, _, _n (ein Baum). *Zus K 365ff.*: Weiden‿kätzchen usw.
[2]**Wei|de,** die, _, _n (Grasland) · **Wei|de|land,** *Pl* ..länder · **Wei|del|gras,** das, _es · **Wei|de|mo|nat** (*veraltet*; Mai) · **wei|den** (auf die Weide gehen [lassen]); sich (*Akk*) an etw. _ · **Wei|de|platz**
weid|ge|recht[2] · **weid|lich** (gehörig, tüchtig) · **Weid|ling,** der, _s, _e (*südwestdt, schweiz*; Fischerkahn) · **Weid|loch**[2] (*weidm*; After beim Wild) · **Weid|mann**[2], *Pl* ..männer; Weidmanns Heil! · **weid|män|nisch**[2]; _ste · **Weid|mes|ser**[2], das · **Weid|sack**[2] (*weidm*; Pansen) · **Weid|werk**[2], das, _[e]s ([Kunst der] Jagd) · **weid|wund**[2] (*weidm*; verwundet durch Schuß in die Eingeweide)
Wei|fe, die, _, _n (*Textiltechn*; eine Garnwinde) · **wei|fen** (*Textiltechn*; [Garn] haspeln)
wei|gern *K 363*; er weigerte mir den Gehorsam (*veraltet*); sich (*Akk*) _ · **Wei|ge|rung**
Weih|bi|schof (*kath Kirche*)
[1]**Wei|he,** die, _, _n (ein Greifvogel)
[2]**Wei|he,** die, _, _n (*gehoben*; Weihung) · **wei|hen** (*gehoben*); sich (*Akk*) einer Sache _; dem Untergang geweiht
Wei|her, der, _s, _ (*landsch, bes süddt*; flacher Teich) ⟨*lat*⟩
Wei|he|stun|de (*gehoben*) · **wei|he|voll** (*gehoben*) · **Weih|kes|sel** (Weihwasserkessel) · **Weih|nacht,** die, _ (*gehoben*) · **weih|nach|ten** (*dicht*); es weihnachtet; geweihnachtet; zu _ · **Weih|nach|ten:** 1. das, _, *oft ohne Art, in Wunschformeln u. bes süddt, österr, schweiz im Pl*; _ ist da, *bes süddt, österr, schweiz* die _ sind da; fröhliche _!; an, zu Weihnachten – 2. das, _s, _ (*umg*; Weihnachtsgeschenk) · **weih|nacht|lich** · **Weih|nachts‿baum, ...fest, ...ge|schenk** · **Weih|nachts|mann,** *Pl* ..männer · **Weih|nachts‿py|ra|mi|de, ...spiel, ...stol|le[n], ...tel|ler** · **Weih|nachts|zeit,** die, _ · **Weih|rauch** · **weih|räu|chern** *K 363* · **Wei|hung** (*gehoben*) · **Weih|was|ser,** das, _s (*kath Kirche*) · **Weih|was|ser|kes|sel** (*kath Kirche*)
weil; *vgl. K 390*; [all]dieweil (*veraltend*)
wei|land (*altertümelnd*; vormals); Schmidt, _ Bürgermeister in B., hatte ... · **Weil|chen;** warte ein _!; ein _ ruhen · **Wei|le,** die, _; damit hat es gute Weile; das hat noch lange Weile (*vgl. aber* Langeweile); eine kurze Weile bleiben (*vgl. aber* Kurzweil); *K 176*: mittlerweile, nächtlicherweile · **wei|len** (*gehoben*; sich aufhalten, bleiben)
Wei|ler, der, _s, _ (kleine dörfl. Siedlung) ⟨*lat*⟩
Wei|mar (Stadt im Bez. Erfurt) · **Wei|ma|rer** *K 236*: 1. *K 231*: der, _s, _; 2. *als Attribut K 232*: das Weimarer Schloß · **wei|ma|risch**
Wein, der, _[e]s, _e ⟨*lat*⟩; jmdm. reinen Wein einschenken. *Zus K 365ff.*: Wein‿beere usw. · **Wein|bau,** der, _[e]s · **wein|bau|end** *K 128* · **Wein|bau|er,** der, _n, *selten* _s, *Pl* _n · **Wein|berg|schnecke** [*Tr* ...schnek|ke] · **Wein|brand,** der, _s, ..brände
wei|nen · **wei|ner|lich**
Wein|geist, der, _es · **Wein|hau|er** (*österr*; Winzer) · **wei|nig** (weinhaltig) · **Wein|kauf** (Trunk zur Besiegelung eines Geschäftes) · **Wein|mo|nat** (*veraltet*; Oktober) · **wein|rot;** *vgl.* blau · **Wein|stein,** der, _[e]s (ein Salz der Weinsäure) · **Wein|stock,** der, *Pl* ..stöcke · **Wein|trau|be**
wei|se (klug); _ste (*zu* wissen); *vgl.* weismachen u. weissagen
...wei|se *K 176*
[1]**Wei|se,** der *u.* die, _n, _n *K 341* (kluger Mensch)
[2]**Wei|se,** die, _, _n (Art; Singweise)
Wei|sel, die, _, _n, *auch* der, _s, _ (Bienenkönigin) · **wei|sen** (‚weise machen'); du weist *K 354*, er weist; du wiesest, er wies; gewiesen; weis[e]! · **Wei|ser** · **Weis|heit** · **Weis|heits|zahn** · **weis|lich** (*veraltend*; wohlerwogen) · **weis|ma|chen;** ich mache weis; weisgemacht; weiszumachen; jmdm. etw. _ (jmdm. etw. vormachen, einreden); *vgl. aber* weiß machen (↑[2]weiß) · [1]**weiß** ↑ wissen
[2]**weiß** (von weißer Farbe); _este *K 349*; *vgl.* blau; *K 135*: weiß machen (*vgl. aber* weismachen), weiß sein, weiß werden; *vgl. aber* weißnähen u. weißwaschen
I. *Kleinschreibung*: **a)** *K 119*: weiße Kohle (Wasserkraft); ein weißer Rabe (Bez. für eine Seltenheit); der weiße Tod (Tod in Schnee und Eis)
b) *K 166*: etwas schwarz auf weiß (schriftlich) haben *od* besitzen *od* nach Hause tragen (*umg*); aus schwarz weiß machen
II. *Großschreibung*: **a)** *K 93*: eine Weiße (Berliner Weißbier); das Weiße in den Augen
b) *K 258*: die Weiße Flotte; das Weiße Meer; das Weiße Haus (Amtssitz des Präsidenten der USA)
III. *Schreibung beim Part II vgl.* blau, IV
Weiß, das, _[es] (weiße Farbe); *vgl.* Blau
weis|sa|gen; du weissagst; geweissagt; zu _ · **Weis|sa|ger** · **Weis|sa|ge|rin,** die, _, ..innen · **Weis|sa|gung**
Weiß|bier · **Weiß|bin|der** (*landsch*; Anstreicher; Böttcher) · **Weiß|blech** · **Weiß|brot** · **Weißbuche** ↑ Hainbuche · **Wei|ße:** 1. die, _ (*meist gehoben*; das Weißsein) – 2. die, _, _n (Berliner Weißbier); *K 342*: 3 _n · **Weißei** ↑ Eiweiß · **wei|ßen** (weiß färben od. machen; tünchen); du weißt *K 354*, er weißt; du weißtest; geweißt; weiß[e]!
Wei|ßen|fels (Stadt im Bez. Halle)
Wei|ße|ritz, die, _ (Fluß im S der DDR); *K 258*: die Rote _, die Wilde _
Weiß|fisch · **weiß|ge|klei|det;** *vgl.* blau, IV · **Weiß|ger|ber** · **Weiß|ger|be|rei** (Alaungerberei) · **weiß|glü|hend;** *vgl. aber K 166* · **Weiß|glut,** die, _

---
[1] *Vgl. aber K 166.*
[2] Die Schreibweise mit »ai« ist etymologisch falsch.

weiß Gott!; das war _ _ (wahrhaftig) nicht viel (*umg*)

weiß|grau; *vgl.* blau · **Weiß|kä|se** · **Weiß|kohl** *od* **Weiß|kraut,** *österr nur so* · **weiß|lich** (dem Weiß ähnlich) · **Weiß|ling** (ein Schmetterling) · **weiß|nä|hen** *K 136*; du nähst weiß; weißgenäht; weißzunähen · **Weiß|nä|he|rin** · **Weißrusse** ↑ *unter* Belorusse · **Weiß|sucht,** die, _ (Albinismus) · **Weiß|tan|ne** · **Weiß|wa|ren** *Pl* · **weiß|wa|schen**[1] *K 137*; jmdn. weißwaschen (*umg*; jmdn. als unschuldig hinstellen); sich (*Akk*) weißwaschen (*umg*; sich herausreden); *aber*: die Wäsche [ganz] weiß waschen · **Weiß|wein**

Weis|tum (*Mittelalter*; Aufzeichnung von Rechtsgewohnheiten u. Rechtsbelehrungen) · **Wei|sung** (Auftrag, Befehl) · **wei|sungs|ge|mäß;** _ handeln

weit; weiter, weiteste; weit besser; weit mehr; viele Meilen weit, *aber K 176*: meilenweit; von weit her, *aber K 176*: weither; das ist nicht weit her (*umg*; nicht bedeutend); er lief so weit, daß ..., *vgl. aber* soweit; den Mund weit aufmachen; es weit bringen; *K 176*: allzuweit

I. *Kleinschreibung*:

a) *K 114*: bei weitem; von weitem; ohne weiteres (*österr auch* ohneweiters); bis auf weiteres; im weiteren darlegen; des weiter[e]n berichten

b) *K 118*: weit und breit

c) *K 115*: am weitesten

II. *Großschreibung*:

a) *K 93*: das Weite suchen (ausreißen); sich (*Akk*) ins Weite verlieren (*übertr*); das Weitere hierüber folgt alsbald; Weiteres (das Genauere, Ausführlichere) findet sich an der genannten Stelle; von hier aus wird Weiteres veranlaßt werden

b) *K 95*: alles *od* einiges Weitere demnächst; des *od* alles Weiter[e]n enthoben *od* überhoben sein (*gehoben*)

III. *Schreibung beim Part II*: er ist weit (*od* weiter *od* am weitesten *K 127*) gereist, ein weitgereister Mann; *vgl. aber K 166*

weit|ab [*od* ..'ap] *K 176*, *aber*: die Leiter steht zu weit ab · **weit|aus** *K 176* · **weit|blickend** [*Tr* ..blik-kend] *K 128*; *Steigerung vgl.* weitgehend · **Wei|te,** die, _, _n · **wei|ten;** sich (*Akk*) _

wei|ter; und so weiter (*Abk* usw.); *vgl. auch* weit, III

Schreibung bei Verben

I. *Getrenntschreibung K 145*:

a) wenn ein *Umstand des Grades* (weiter als) ausgedrückt wird: er kann weiter gehen als ich

b) wenn »weiter« betont *im Sinne von* »weiterhin« gebraucht wird: diese Möglichkeiten bestanden und werden auch weiter (weiterhin) bestehen

II. *Zusammenschreibung K 148*, wenn »weiter« ausdrückt:

a) die *Fortdauer einer Handlung* in der Bedeutung von »vorwärts«; *vgl.* weiterbefördern

b) die *Fortdauer eines Zustandes*; *vgl.* weiterbestehen

wei|ter|be|för|dern[1] *K 363*, *aber*: der Kraftverkehr kann Stückgut weiter befördern als die Eisenbahn · **wei|ter|be|ste|hen**[1] *K 363* (fortbestehen) · **wei|ter|bil|den**[1] (fortbilden) · **Wei|ter|bil|dung** · **wei|ter|emp|feh|len**[1] · **wei|ter|ent|wickeln**[1] [*Tr* ..k|k..] *K 363* · **Wei|ter|ent|wick|lung** *K 363* · **wei|ter|er|zäh|len**[1] · **wei|ter|ge|ben**[1] · **wei|ter|ge|hen**[1] *K 363* (den Weg fortsetzen; weitermachen, fortfahren), *aber*: ich kann weiter gehen als du · **wei|ter|hel|fen**[1] · **wei|ter|hin** · **wei|ter|kom|men**[1] · **wei|ter|kön|nen**[1] · **wei|ter|lei|ten**[1] · **wei|ter|ma|chen** *K 126* (*umg*; fortfahren), *aber K 125*: weiter machen (*umg*; erweitern) · **wei|ters** (*österr*; des weiteren, weiterhin, ferner) · **wei|ter|sa|gen**[1] · **Wei|te|rung** (*bürospr*; Folge[rung]) · **wei|ter|ver|ar|bei|ten**[1] · **wei|ter|ver|brei|ten**[1], *aber*: diese Pflanze ist weiter verbreitet als jene · **wei|ter|ver|mie|ten**[1] · **wei|ter|wis|sen**[1]; nicht mehr _ · **wei|ter|wol|len**[1] · **wei|ter|zah|len**[1] · **wei|ter|zie|hen**[1]

weit|ge|hend *K 128*; *Steigerung K 351*: weiter gehend (*österr* weitergehend) *od* weitgehender; weitestgehend *od* weitgehendst; *K 127*: das scheint mir zu weitgehend, eine zu weitgehende *od* eine zu weit gehende Erklärung; *aber K 175*: das scheint mir zu weit zu gehen · **weit|ge|reist**[1] · **Weit|ge|rei|ste,** der *u.* die, _n, _n *K 341* · **weit|her** [*od* ..'he:r] (aus großer Ferne), *aber K 175*: von weit her, das ist nicht weit her (*umg*; nicht viel wert) · **weit|her|zig** · **weit|hin** [*od* ..'hin] · **weit|hin|aus** [*od* ..'naus] · **weit|läu|fig** · **Weit|läu|fig|keit,** die, _ · **weit|ma|schig** · **weit|schich|tig** · **weit|schwei|fig** · **Weit|schwei|fig|keit,** die, _ · **Weit|sicht,** die, _ · **weit|sich|tig** · **Weit|sich|tig|keit,** die, _ · **Weit|sprung** · **weit|tra|gend** *K 128*; *Steigerung vgl.* weitgehend · **Wei|tung** · **weit|ver|brei|tet**[1] · **weit|ver|zweigt**[1]

Wei|zen, der, _s (*zu* [2]weiß). *Zus K 365ff.*: Weizen‿mehl usw.

welch (zu dieser Form *vgl.* II, 2); *m* welcher, *f* welche, *n* welches

I. *Relativpronom, aber nur in den deklinierten Formen*; *Gen des Sg*: *m u. n* dessen (*dicht noch* des), *f* deren; *Gen des Pl für alle drei Geschlechter*: deren; *vgl. K 352*

II. *Interrogativpron*:

1. *Substantivischer Gebrauch*: Welcher *od* welches ist der treffendste Ausdruck? Welche *od* welches ist die beste Antwort? Welches ist das treffendste Wort? Welche *od* welches sind die treffendsten Ausdrücke?

2. *Adjektivischer Gebrauch in Frage u. Ausruf*

a) *unmittelbar vor dem Substantiv dekliniert, vor dem Neutrum im Nom u. im Akk des Sg auch nichtdekliniert*: welcher Mann, welche Frau, welches *od* welch Kind; von welcher Art, von welcher Gestalt, in welcher Weise (*vgl. aber* II, 3); welche Begeisterung!; welches *od* welch Ereignis!; *K 333*, *Merke*: *vor stark deklinierten männl. u. sächl. Substantiven im Gen des Sg ohne vorangehenden Art meist schwach flektiert*, z. B. welchen Namens?, welchen Grades?

b) *mit folgendem Adjektiv + Substantiv dekliniert od nichtdekliniert K 334 u. 333*: welcher schöne Tag *od* welch schöner Tag; welche schönen (*selten noch* schöne) Tage *od* welch schöne Tage

c) *unmittelbar vor einem substantivisch gebrauchten Adjektiv od Partizip dekliniert od nichtdekliniert K 341*: welcher Schwerbeschädigte *od* welch Schwerbeschädigter; welche Abgeordneten *od* Abgeordnete (*Pl*)

d) *bei folgendem unbestimmtem Artikel + Substantiv nichtdekliniert*: welch ein Mann, welch eine Frau, welch ein Kind; von welch einer Schönheit

3. *Zusammenschreibung K 176*: welcherart, welchergestalt (*bürospr*), welcherweise (*vgl. aber* II, 2, a)

III. *Indefinitpron*: *nur Sg des Neutrums* welches *u. Pl* welche, z. B. Hat noch jemand Geld? Ich habe welches. Hast du Eier zu Hause? Ja, ich habe welche.

wel|cher|art[2] · **wel|cher|ge|stalt**[2] (*bürospr*) · **wel|cher|lei** · **wel|cher|wei|se**[2] *K 176*

Wel|fe, der, _n, _n (Angehöriger

---

[1] *Konjugation vgl.* weißnähen.

[1] *Vgl.* weiter. I *u.* II.

[1] *Vgl.* weit, III.

[2] *Vgl.* welch, II, 3 *u.* 2, a.

bzw. Anhänger der Dynastie der Welfen)

welk · **wel|ken** · **Welk|heit,** die, _

Well|blech · **Wel|le,** die, _, _n; *K 119*: die grüne _ (*Verkehrsw*) · **wel|len;** sich (*Akk*) _; gewelltes Blech; gewelltes Haar; *vgl. aber* wällen · **wel|len|ar|tig** · **Wel|len-bad, ...berg, ...bre|cher** · **wel-len|för|mig** · **Wel|len|kalk,** der, _[e]s (*Geol*; Stufe des Unteren Muschelkalks) · **Wel|len-län|ge** (*Phys*), **...li|nie** · **Wel|len|rei|ten,** das, _s (*Sport*) · **Wel|len|rei|ter** (*Sport*) · **Wel|len-schlag, ...sit-tich, ...tal** · **Wel|ler,** der, _s, _ (*Bauw*; Lehm, Ton, mit Stroh vermischt, zur Ausfüllung von Fachwerk) · **Wel|ler|ar|beit** (*Bauw*; Kleibarbeit) · **wel|lern** *K 363* (*Bauw*; Weller herstellen, Holzwerk der Fachwerkwand mit Weller ausfüllen; kleiben) · **Wel|ler|wand** (*Bauw*) · **Well|fleisch** · **wel|lig** · **Wel|lig|keit,** die, _

Wel|ling|ton ['vɛliŋtən, *engl* 'wɛliŋ-t(ə)n] (Hptst. von Neuseeland)

Well|rad (*Techn*)

Wel|pe, der, _n, _n (Hunde-, Wolfsjunges)

Wels, der, _es, _e (ein Fisch) ⟨*zu* Wal⟩

welsch (*veraltet*; romanisch [bes. italienisch u. französisch], *urspr* keltisch – *i. w. S.*, *meist abwert*; fremdländisch, unverständlich) ⟨*nach* dem kelt. Stamm der Volcae ['vɔltsɛ:]⟩; *K 238*: die _e Schweiz (die französ. Schweiz) · **Wel|sche,** der *u.* die, _n, _n *K 341* (*veraltet*; Bewohner von Welschland) · **Welsch|kohl** *od* **Welsch|kraut,** *österr nur so* · **Welsch|land,** das, _[e]s (*veraltet*; Italien u. angrenzendes italien. Sprachgebiet – *schweiz*; französ. Schweiz) · **Welsch-schwei|zer** (*veraltet*; Bewohner der welschen Schweiz)

Welt, die, _, _en; *K 258*: die Alte _ (veraltete Bez. für Afrika, Asien u. Europa), die Neue _ (Bez. für Amerika), *aber*: eine neue Welt erschließt sich mir · **Welt|all** · **welt-an|schau|lich** · **Welt|an|schau-ung** · **welt-be|kannt, ...be|rühmt** · **Welt|best|lei|stung** · **welt|be|we-gend** *K 165* · **Welt|bund,** der, _[e]s; *K 258*: Weltbund der Demokratischen Jugend (*Abk* WBDJ) · **Welt|bür|ger** (*im 18. Jh. aufgekommene Lehnübersetzung für* Kosmopolit) · **wel|ten|fern** (*gehoben*; ganze Welten fern); *vgl. aber* weltfern · **welt|ent|rückt** *K 164* (*gehoben*)

Wel|ter|ge|wicht, das, _[e]s (*Sport*) ⟨*engl*⟩

welt|fern (*gehoben*; weltabgewandt); *vgl. aber* weltenfern · **Welt|fest-spie|le** *Pl* · **welt|fremd** · **Welt|frie-dens-be|we|gung, ...kon|greß** · **Welt|frie|dens|rat,** der, _[e]s · **Welt|ge|schich|te,** die, _ · **Welt-ge|werk|schafts|bund,** der, _[e]s; *Abk* WGB · **Welt|ju|gend|tag** (Festtag der fortschrittl. Jugend aller Länder) · **Welt|krieg;** der erste _, der zweite _, *oft nach K 258*: der Erste _, der Zweite _ · **welt|lich** · **Welt|mann,** *Pl* ..männer (Mann mit sicherem u. gewandtem Auftreten) · **welt|män|nisch;** _ste · **Welt-meer** · **Welt|mei|ster** · **Welt|ni-veau** [..,vo:], das, _s · **welt|of|fen** · **Welt|po|kal** (*Sport*) · **welt|po|li-tisch** · **Welt|post|ver|ein,** der, _[e]s · **Welt|raum** · **Welt|raum-fah|rer** · **Welt|raum|fahrt** · **Welt-raum|flug** · **Welt|raum|for-schung** · **Welt-reich** (*hist*), **...rei-se, ...re|kord** · **Welt|ruf,** der, _[e]s (Berühmtheit) · **Welt-stadt, ...teil** (der) · **welt|weit** · **Welt|wirt-schaft,** die, _ · **Welt|wun|der;** *K 258*: die Sieben _ · **Welt|zeit|uhr**

wem (*Dat zu* wer [↑ *d.*]) · **Wem|fall,** der (*Gramm veraltet*; Dativ); das Wemfall-e *K 106* (*vgl. auch K 296, 297 u. 306*)

wen (*Akk zu* wer [↑ *d.*])

¹Wen|de, die, _, _n (Wendung; Turnübung)

²Wende ↑ Wenden

Wen|de|hals (ein Vogel) · **Wen|de-kreis** (*Geogr, Techn*) · **Wen|del,** die, _, _n (schraubenförmige Wicklung des Glühdrahtes bei Lampen) · **Wen|del|boh|rer** (Spiralbohrer) · **Wen|del|trep|pe**

wen|den (‚winden machen'):

1. (*a.* in entgegengesetzte Richtung wenden; *b.* umkehren, die Gegenseite herauskehren); du wendetest; gewendet; *zu a*: der Wagen wendete, hat gewendet; *zu b*: er wendete den Anzug, das Heu, sie hat den Braten, den Rock gewendet; bitte wenden! (*Abk* b. w.)

2. (in eine andere Richtung drehen, wenden); du wendetest *od* wandtest; gewendet *od* gewandt; sie wendete *od* wandte kein Auge von ihm; er wendete *od* wandte seine Schritte zum Hof

3. sich (*Akk*) _; *vgl. auch die Bedeutung von* wenden (1 *u.* 2); das Blättchen (die Lage) wendete sich; er wandte *od* wendete sich an ihn; er hat sich zur Flucht gewandt, *auch* gewendet

Vgl. auch gewandt

Wen|den *Pl* (1.*Mittelalter*; Bez. für verschiedene slaw. Stämme u. Völkerschaften – 2. ↑ Sorben); *Sg* ²Wen|de, der, _n ⟨*lat*⟩

Wen|de|punkt · **Wen|der** (Wendegerät) · **Wen|de|schlei|fe** (*Verkehrsw*) · **wen|dig** · **Wen|dig|keit,** die, _

Wen|din, die, _, ..innen ⟨*zu* Wenden⟩ · **wen|disch**

Wen|fall, der (*Gramm veraltet*; Akkusativ)

we|nig *K 120* (‚beweinenswert')

I. ein wenig (etwas, ein bißchen); ein weniges, mit ein wenig Geduld; ein klein wenig; einiges wenige; das, dies, dieses wenige; weniges genügt; die wenigen; wenige glauben; einige wenige; mit wenig[em] auskommen; mit wenigen (*älter* wenig) Worten; um so weniger (*österr meist* umsoweniger *od* umso weniger); wie wenig gehört dazu!; *K 95*: wenig Gutes *od* weniges Gute; du weißt auch zu wenig, *aber*: du weißt zuwenig; ein Zuwenig an Fleiß

II. *Deklination der Adjektive in Verbindung mit* »wenige«: *K 340*: wenige gute Vorsätze

III. *Steigerung*:

Komparativ: mit weniger zufrieden sein; weniger Gäste; er hat nichts gesagt, viel weniger sich gefreut; nichts weniger als (durchaus nicht); nicht[s] mehr und nicht[s] weniger als ...; *aber K 176*: nichtsdestoweniger

Superlativ: *K 115*: es ist das wenigste; das wenigste, was du tun kannst, ist ...; am, zum wenigsten; er beschränkt sich auf das wenigste; die wenigsten; wenigstens

We|nig, das, _s, _; viele _ machen ein Viel (*scherzh*) · **We|nig|bor-ster** *Pl* (*Zool*; eine Gruppe der Ringelwürmer); *Sg* We|nig|bor|ster, der, _s

wenn; *vgl. K 390*; wenn ich nachgäbe, geschähe großes Unheil *od* würde großes Unheil geschehen; wenn auch; wenngleich ich Hans heiße – *Großschreibung K 104*: das Ob und Wenn; das Wenn und [das] Aber; die Wenn und [die] Aber; viel[e] Wenn und Aber · **wenn-gleich** · **wenn|schon;** wennschon, dennschon

Wen|zel, der, _s, _ (*Kartensp*; Unter) ⟨*slaw*⟩

wer:

1. *Interrogativpron*: wer ist da?; Halt! Wer da? (Postenanruf)

2. *Relativpron*: wer (derjenige, welcher) das tut, [der] ...

3. *Indefinitpron* (*umg*):

a) wer es [auch] immer tut, ...

b) *umg für* jemand (*es steht niemals satzeinleitend*): ist wer da?

We|ra (w. Vn.) (*Nebenf von* ²Vera)

Wer|be|lei|ter, der

Wer|bel|lin|see, der, _s (im O der DDR)
wer|ben; du wirbst; du warbst; du würbest; geworben; wirb! · **Wer|ber** · **wer|be|risch** · **Wer|be|schrift** · **Wer|be|text** · **Wer|be|tex|ter,** der, _s, _ (jmd., der Werbetexte verfaßt) · **Wer|be|trom|mel** · **wer|be|wirk|sam** · **werb|lich** (die Werbung betreffend) · **Wer|bung**
Wer|cho|jansk [..ç.. *od* ..x..] (ein Kältepol der Erde in Ostsibirien); *vgl. auch* Oimjakon
Wer|dan|di (*nord Mythol*; Norne der Gegenwart) ⟨*anord*⟩
Wer|de|gang
wer|den; du wirst, er wird; du wurdest (*dicht auch* wardst), er wurde (*dicht auch* ward), wir wurden; du würdest; werdend (↑ *d.*); geworden *od* worden (*unterschiedliche Anwendung s. u.*); werd[e]!; er wird noch (*umg*; es wird noch etwas aus ihm); wird's bald? (*umg*); zuteil werden (*noch gehoben*); damit mir nicht übel wird; er meinte, Fritz würde kommen; ich würde gehen *od* ich ginge, wenn ich das wüßte
Anwendung des Part II »geworden« u. »worden«: **a)** *als selbständiges Verb od als Kopula steht das Part II mit ge...*: Was ist aus ihm geworden? Er ist Arzt geworden. – **b)** *nach einem anderen Part II steht stets das Part II ohne ge...*: Er ist betrogen worden. · **wer|dend;** eine _e Mutter
Wer|der: 1. der, _s, _ (Flußinsel; Landstrich [zw. Fluß u. stehenden Gewässern]) – 2. Werder (Havel) (Stadt im Bez. Potsdam) ⟨*zu* wehren⟩
Wer|fall, der (*Gramm veraltet*; Nominativ)
wer|fen (*auch von Tieren gesagt*; gebären); du wirfst; du warfst; du würfest; geworfen; wirf!; sich (*Akk*) _
Werft, die, _, _en (Anlage zum Bauen u. Ausbessern von Schiffen) ⟨*ndrl, zu mhd* werben ‚sich drehen'⟩
Werg, das, _[e]s (Flachs-, Hanfabfall) ⟨*zu* Werk⟩
Wer|geld (*hist*; Manngeld, Sühnegeld im german. Recht) ⟨*zu ahd* wer ‚Mann'⟩
wer|gen *K 364* (aus Flachs od. Hanf)
Werk, das, _[e]s, _e ⟨*zu* wirken⟩; ans Werk!; ans Werk, zu Werke gehen; ins Werk setzen · **Werk|bü|che|rei** · **Wer|kel,** das, _s, _[n] (*österr umg*; Leierkasten, Drehorgel) · **wer|keln** *K 363* (*landsch*; sich handwerklich betätigen) · **wer|ken** (tätig sein; arbeiten, bearbeiten; Werkunterricht haben) · **...wer|ker** (z. B. Chemiewerker) · **werk|ge|recht** · **Werk‿kü|che, ...lei|ter** (der), **...mei|ster** · **werks|ei|gen** · **Werk|statt,** *seltener* **Werk|stät|te,** *Pl* ..stätten · **Werk|stattage** *Pl* [*Tr* ...statt|ta|ge *K 78*] · **Werk|statt|wa|gen** · **Werk|stoff** · **werk|stoff|ge|recht** · **Werk|stoff|in|ge|nieur** · **Werk|stofforschung** [*Tr* ...stoff|for|schung *K 78*], die, _ · **Werk|stück** · **Werk[s]|woh|nung** · **Werk|tag** (Wochentag); des Werktags, *aber K 109*: werktags · **werk|täg|lich** · **werk|tags** *K 109*, *aber*: des Werktags; sonntags und werktags *od K 178*: sonn- und werktags · **werk|tä|tig** · **Werk|tä|ti|ge,** der *u.* die, _n, _n *K 341*, *meist Pl* · **Werk|un|ter|richt** · **Werk|ver|trag** · **Werk|zeug** · **Werk|zeug|ka|sten** · **Werk|zeug|ma|cher** · **Werk|zeug|ma|schi|ne**
Wer|mut, der, _[e]s (eine Arzneipflanze, Korbblütler – *übertr, gehoben*; Bitteres, Bitterkeit) · **Wer|mut[s]|trop|fen** · **Wer|mut|wein**
Wer|ner *K 208* (m. Vn.) ⟨‚wehren' + ‚Heer' (od. ‚warnen' + ‚Heer')⟩; *Nebenf* Wernher
Wer|ni|ge|ro|de (Stadt der DDR am Harz) · **Wer|ni|ge|ro|der,** *ortsüblich auch* **Wer|ni|ge|rö|der:** 1. *K 231*: der, _s, _; 2. *als Attribut K 232*: das Wernigeroder Rathaus · **wer|ni|ge|ro|disch,** *ortsüblich auch* **wer|ni|ge|rö|disch**
Wer|ra, die, _ (Fluß in der DDR u. der BRD)
Wer|re, die, _, _n (*landsch*; Maulwurfsgrille; Gerstenkorn am Auge)
Werst, die, _, *Pl* _en *u. bei Maßangabe* (*K 309*) Werst (altes Wegemaß im zaristischen Rußland = 1066,78 m) ⟨*russ*⟩; 5 Werst
wert; Goldes _; er ist es _ (*vgl.* [1]es [2]); es ist nichts _; 2 Mark _; keinen Heller _ sein; _e Gäste! *Schreibung bei Verben vgl.* werthalten, wertschätzen · **Wert,** der, _[e]s, _e (Bedeutung; Geltung); auf etwas _ legen · **Wert|ar|beit** · **wert|be|stän|dig** · **Wert|be|stän|dig|keit,** die, _ · **Wert|brief** · **wer|ten** · **Wert|er|hal|tung,** die, _ · **Wert|er|mitt|lung** (Taxation) · **wert|frei** (ohne Werturteil, objektiv) · **wert|ge|min|dert** · **wert|hal|ten** *K 136* (hochschätzen); du hältst wert, wertgehalten, wertzuhalten
Wer|ther, der, _[s] (*kurz für* Goethes Briefroman »Die Leiden des jungen Werthers«)
Wer|tig|keit · **wert|los** *K 349*; *vgl.* ...los · **Wert|lo|sig|keit** · **Wert|maß,** das · **wert|mä|ßig** · **Wert‿mes|ser** (der), **...pa|pier** · **Wert|sa|che** (*meist Pl*) · **wert|schät|zen**[1] *K 136* · **Wert|schrift** (*schweiz*; Wertpapier) · **Wer|tung** · **Wert|ur|teil,** das · **wert|voll**
wer|wei|ßen (*schweiz*; hin und her raten); du werweißest; gewerweißt; zu _
Wer|wolf (*Abergl*; ein Mensch, der sich zeitweise in einen Wolf verwandelt) ⟨‚Mannwolf'⟩
wes (*Gen zu* wer [↑ *d.*]; *ältere Form von* wessen); _ das Herz voll ist, des gehet der Mund über (*Sprichw*); _ Geistes Kind
In Zus: weshalb, weswegen
We|sen, das, _s, _; viel _ (*älter* _s) machen (*umg*) · **we|sen|haft** (*noch gehoben*) · **We|sen|heit,** die, _ (*noch gehoben*) · **we|sen|los;** *vgl.* ...los · **We|sens|art** · **we|sens‿ei|gen, ...fremd** · **we|sens|gleich** · **We|sens|gleich|heit** · **We|sens|zug** · **we|sent|lich;** *K 114*: im wesentlichen; *K 93*: das Wesentliche; *K 95*: etwas, nichts Wesentliches
We|ser, die, _ (Fluß im N der BRD) · **We|ser|berg|land** *K 246*, das, _[e]s · **We|ser|ge|bir|ge** *K 246*, das, _s (Teil des Weserberglandes)
Wes|fall, der (*Gramm veraltet*; Genitiv); das Wesfall-s *K 106*; *vgl. auch K 293 u. 294* · **wes|halb** [*od* 'vɛs..]
We|sir, der, _s, _e (*hist*; Minister mohammedan. Staaten) ⟨*arab*, ‚Träger'⟩ · **We|si|rat,** das, _[e]s, _e (*hist*; Amt, Würde eines Wesirs) ⟨*arab* + *lat*⟩
Wes|pe, die, _, _n ⟨*zu* weben⟩ · **Wes|pen‿nest, ...stich**
wes|sen (*Gen zu* wer [↑ *d.*]); *vgl. auch* wes
Wes|so|brunn (Ort im S der BRD) · **Wes|so|brun|ner:** 1. *K 231*: der, _s, _; 2. *als Attribut K 232*: das Wessobrunner Gebet (eines der ältesten dt. Sprachdenkmäler)
West: 1. *ohne Art* (*fachspr*; Westen [1]); *Abk* W; aus _, nach _ u. a.; West und Ost – 2. der, _[e]s, _e (*seem u. dicht*; Westwind); *vgl. auch K 297*
West|afri|ka *K 243* · **West|al|pen** *K 243 Pl* · **West|au|stra|lien** [..ĭən] *K 243* (Bundesstaat von Australien [2]) · **West|ber|lin** *K 243* (Stadt mit besonderem polit. Status); *Abk* WB · **West|ber|li|ner:** 1. *K 231*: der, _s, _; 2. *als Attribut K 232* · **west|deutsch**
We|ste, die, _, _n ⟨*lat* → *ital* → *frz*⟩
We|sten: 1. *ohne Art* (Himmelsrichtung), *Abk* W; aus _, nach _ u. a.; *vgl. auch* West (1) – 2. der, _s (das westwärts gelegene Gebiet)

---
[1] *Konjugation vgl.* werthalten.

We|sten‿fut|ter, ...ta|sche
We|stern, der, _[s], _ ([amerikan.] Filmgenre) ⟨*engl*⟩
We|ster|wald, der, _[e]s (Teil des Rhein. Schiefergebirges in der BRD) · **we|ster|wäl|disch** · **West-eu|ro|pa** *K 243* · **west|eu|ro|pä-isch;** *K 238*: die _e Zeit (*Abk* WEZ)
West|fa|le, der, _n, _n · **West|fa-len** (Teil des Bundeslandes Nordrhein-Westfalen [BRD]) · **West|fä-lin,** die, _, ..innen · **west|fä|lisch;** *K 238*: der westfälische Schinken, *aber K 258*: der Westfälische Friede[n] · **Westfälische Pforte** ↑ Porta Westfalica
West|in|dien [..ĭən] *K 243* (früher auch Bez. für die Inselwelt Mittelamerikas)
We|sting|house|brem|se [..haus..] *K 209* (*Eisenb*; eine Luftdruckschnellbremse) ⟨*nach* dem nordamerikan. Ingenieur⟩
west|lich; _ des Gebirges, _ vom Gebirge; _ von Berlin; _er Länge (*Abk* w. L. *od* westl. L.); *K 258*: Westliche Dwina · **West|min|ster-ab|tei,** die, _ (in London) · **West-nord|west,** *ohne Art* (*fachspr meist für* Westnordwesten [1]), *Abk* WNW; aus _, nach _ u. a. · **West-nord|we|sten:** 1. *ohne Art* (Himmelsrichtung), *Abk* WNW; aus _, nach _ u. a.; *vgl. auch* Westnordwest – 2. der, _s (das westnordwestwärts gelegene Gebiet) · **West-nord|west|wind** · **west-öst|lich;** *K 244*, *aber K 245 u. 258*: Westöstlicher Diwan (Gedichtsammlung Goethes [Goethe schrieb: West-östlicher Divan])
West|over [..v..], der, _s, _ *Kurzw* (ärmelloser Pullover) ⟨*aus Weste* + Pull*over*⟩
west|rö|misch; *K 258*: das Weströmische Reich (*hist*)
West|sa|moa *K 243* (Inselstaat im westl. Pazifik) · **West|sa|moa|ner** · **west|sa|moa|nisch**
West|sla|wen *Pl* (Gruppe der Slawen) · **west|sla|wisch;** *vgl. auch K 265 ff.*
West|süd|west, *ohne Art* (*fachspr meist für* Westsüdwesten [1]), *Abk* WSW; aus _, nach _ u. a. · **West-süd|we|sten:** 1. *ohne Art* (Himmelsrichtung), *Abk* WSW; aus _, nach _ u. a.; *vgl. auch* Westsüdwest – 2. der, _s (das westsüdwestwärts gelegene Gebiet) · **West|süd|west-wind**
West|vir|gi|nia [..virˈgi:nĭa, *auch* ..ˈdʒi:..] *K 243* (Staat der USA)
west|wärts
wes|we|gen
wett (quitt); _ sein, werden; *vgl. aber* wetteifern, wettlaufen, wettmachen, wettrennen, wettstreiten, wetturnen · **Wett|be|werb,** der, _[e]s, _e; *K 119*: der sozialistische Wettbewerb · **Wett|be|wer|ber** (Konkurrent) · **Wett|be|werbs|be-din|gung** · **Wett|be|werbs|ver-pflich|tung** · **Wet|te,** die, _, _n; um die _ laufen · **Wett|ei|fer** · **Wett|ei|fe|rer** · **wett|ei|fern** *K 132 u. 363*; gewetteifert; zu _ · **wet-ten** · [1]**Wet|ter,** der (Wettender)
[2]**Wet|ter,** das, _s, _ (zeitl. Ablauf der meteorolog. Erscheinungen an einem Ort – *Bergb*; Luft- u. Gasgemische in der Grube); schlagende Wetter (*Bergb*; explosible Gemenge von Grubengas u. Luft). *Zus K 365 ff.*: Wetter‿bericht usw.
Wet|ter|au *K 90*, die, _ (Landsch. in der mittleren BRD)
wet|ter‿be|stän|dig, ...fest · **Wet-ter|füh|lig|keit,** die, _ · **Wet|ter-kar|te** (*Met*) · **Wet|ter|kun|de,** die, _ · **wet|ter|kun|dig** · **wet|ter-kund|lich** · **wet|ter|leuch|ten;** es wetterleuchtet; gewetterleuchtet; zu _ · **Wet|ter|leuch|ten,** das, _s (‚Wettertanz') · **wet|tern:** 1. (stürmen, donnern u. blitzen); es wettert – 2. *K 363* (*umg*; derb schelten) · **Wet|ter|sa|tel|lit** (*Met*) · **Wet|ter-vor|her|sa|ge** · **Wet|ter|war|te** · **wet|ter|wen|disch** (unbeständig, launisch)
Wetteufel [*Tr* Wett|teu|fel *K 78*] · **Wett|fah|rer**
Wet|tin (Stadt im Bez. Halle); Haus _ (ehem. Dynastie) · **Wet|ti|ner:** 1. *K 231*: der, _s, _; 2. *als Attribut K 232* · **wet|ti|nisch**
Wett|kampf · **Wett|kämp|fer** · **Wett|lauf** · **wett|lau|fen,** *nur im Inf üblich* · **Wett|lau|fen,** das, _s · **Wett|läu|fer** · **wett|ma|chen** *K 133* (ausgleichen); du machst wett; wettgemacht; wettzumachen · **wett|ren|nen,** *nur im Inf üblich* · **Wett|ren|nen** · **Wett|ru|dern,** das, _s · **Wett|streit** · **wett|strei|ten,** *nur im Inf üblich* · **wetturnen** [*Tr* wett|tur|nen *K 78*], *nur im Inf üblich* · **Wetturnen** [*Tr* Wett|tur|nen *K 78*], das, _s, _
wet|zen *K 354*
Wetz|lar (Stadt in der mittleren BRD)
Wetz‿stahl, ...stein
Wey|mouths|kie|fer [ˈvaimu:ts..], die ⟨*nach* Lord Weymouth [lɔ:rd ˈwe:məθ]⟩
Whig [vik, *engl* wig], der, _s, _s (Angehöriger der brit. liberalen Partei) ⟨*kelt* → *engl*⟩
Whis|ky [ˈviski, *engl* ˈwiski], der, _s, _s (ein Trinkbranntwein) ⟨*kelt* → *engl*⟩
Whist [vist, *engl* wist], das, _[e]s (ein Kartenspiel) ⟨*engl*⟩ · **Whist|spiel**
Wichs, der, _es (*bürgerlich-studentisch*; Galatracht) ⟨*zu* Wachs⟩; in vollem _ (*umg*); sich (*Akk*) in _ werfen (*umg*) · **Wichs|bür|ste** · **Wich|se:** 1. die, _, _n (Lederputzmittel) – 2. die, _ (*umg*; Prügel [2]); Wichse kriegen (*umg*; geprügelt werden) · **wich|sen** *K 354* · **Wichs|lein|wand** *od* **Wachs|lein-wand** (*österr*; Wachstuch)
Wicht, der, _[e]s, _e (Kobold – *umg*; kleiner Kerl – *abwert*; elender Kerl)
Wich|te, die, _, _n (*Phys veraltet*; Dichte)
Wich|tel|männ|chen (*Märchen*; Hausgeist) ⟨*zu* Wicht⟩
wich|tig ⟨*aus* gewichtig⟩; *K 95*: alles Wichtige, etwas Wichtiges, nichts Wichtiges, nichts Wichtigeres, als Wichtigstes; wichtig tun; sich (*Akk*) wichtig machen · **Wich|tig|keit** · **wich|tig|tu|end** · **Wich|tig|tu|er** · **Wich|tig|tue|rei** · **wich|tig|tue-risch;** _ste
Wicke[1], die, _, _n (eine Futterpflanze, Blume, Schmetterlingsblütler) ⟨*lat*⟩; in die _n gehen (*landsch umg*; verlorengehen)
Wickel[1], der, _s, _ · **wickeln**[1] *K 363*, *vgl. auch* schiefgewickelt · **Wickel|rock**[1]
Wicken|an|bau[1], der, _[e]s · **Wicken|blü|te**[1]
Wick|ler (ein Schmetterling) · **Wick-lung** *K 363*
Wid|der: 1. der, _s, _ (männl. Zuchtschaf) – 2. der, _s (ein Sternbild)
wi|der (*meist gehoben*; [ent]gegen); *Präp mit Akk*: wider den Stachel löcken; wider Willen; wider besseres Wissen; hin und wider (hin und her), *aber*: hin und wieder (gelegentlich, zuweilen); *K 104*: das Für und [das] Wider; das Für oder [das] Wider
wi|der...: *in Verbindung mit Verben K 360*: **a)** *in unfest zusammengesetzten Verben*, z. B. widerhallen *K 356*, es hallt wider, widergehallt (*K 358*), widerzuhallen – **b)** *in fest zusammengesetzten Verben*, z. B. widersprechen *K 357*; du widersprichst, widersprochen (*K 359*), zu widersprechen
wi|der|bor|stig (hartnäckig widerstrebend)
Wi|der|christ [..k..], der, _[s] (*Rel*; Gegenspieler Christi) ⟨*grch* → *lat*⟩
Wi|der|druck: 1. der, _[e]s, ..drücke (Gegendruck) – 2. der, _[e]s, ..drucke (*Polygr*; Bedrucken

[1] *Tr* ..k|k..

der Rückseite des schon einseitig bedruckten Bogens)
wi|der|ein|an|der (*veraltet*). *Schreibung bei Verben K 145*: widereinander streiten; *aber K 148*: widereinanderprallen; *vgl. auch K 129*
wi|der|fah|ren (*gehoben*); mir ist ein Unglück _
Wi|der|ha|ken
Wi|der|hall, der · **wi|der|hal|len;** widergehallt
Wi|der|halt, der, _[e]s (Stütze)
Wi|der|hand|lung (*schweiz*; Zuwiderhandlung)
Wi|der|kla|ge (*Rechtsw*; Gegenklage)
wi|der|klin|gen; widergeklungen
Wi|der|la|ger (*Techn*; Auflagerfläche für Bogen, Gewölbe, Träger) · **wi|der|leg|bar** · **wi|der|le|gen;** widerlegt
wi|der|lich (*abwert*) · **Wi|der|lich|keit** (*abwert*) · **wi|dern** (*noch gehoben*; ekeln); es widert mich
wi|der|na|tür|lich ⟨*lat*⟩ · **Wi|der|na|tür|lich|keit**
Wi|der|part, der, _[e]s, _e (*noch gehoben*; Gegner, Gegnerschaft) ⟨*lat → frz*⟩; _ geben, _ halten (sich widersetzen)
wi|der|recht|lich · **Wi|der|recht|lich|keit**
Wi|der|re|de
Wi|der|rist (erhöhter Teil des Rükkens bei Vierfüßern)
Wi|der|ruf; bis auf _ · **wi|der|ru|fen** (zurücknehmen); er hat die Beleidigung widerrufen · **wi|der|ruf|lich** [*od* ..'ru:f..]
Wi|der|sa|cher, der, _s, _
Wi|der|schein (Gegenschein) · **wi|der|schei|nen;** widergeschienen
Wi|der|see, die (*seem*; rücklaufende Brandung)
wi|der|set|zen, sich (*Akk*) (Widerstand leisten); widersetzt · **wi|der|setz|lich** · **Wi|der|setz|lich|keit** (Widerstand, Unbotmäßigkeit)
Wi|der|sinn, der, _[e]s (Unsinn) · **wi|der|sin|nig** · **Wi|der|sin|nig|keit**
wi|der|spen|stig · **Wi|der|spen|stig|keit**
wi|der|spie|geln (*K 356*), *auch* **wi|der|spie|geln** (*K 357*); sich (*Akk*) _; die Ereignisse spiegeln sich wider, *auch* widerspiegeln sich; die Ereignisse haben sich widergespiegelt, *auch* widerspiegelt · **Wi|der|spie|ge|lung** *K 363*
Wi|der|spiel (*veraltend*)
wi|der|spre|chen; mir wird widersprochen · **Wi|der|spruch;** antagonistischer _ · **wi|der|sprüch|lich** ·
Wi|der|spruchs|geist: 1. der, _es (Neigung zu widersprechen) – 2. der, _es, _er (*umg*; jmd., der gern widerspricht) · **wi|der|spruchs|los;** *vgl.* ...los · **wi|der|spruchs|voll**
Wi|der|stand; antifaschistischer _; elektrischer _ (*Phys*) · **Wi|der|stands|be|we|gung** · **wi|der|stands|fä|hig** · **Wi|der|stands|fä|hig|keit,** die, _ · **Wi|der|stands|kampf** · **Wi|der|stands|kämp|fer** · **Wi|der|stands|kraft** · **wi|der|stands|los** *K 349*; *vgl.* ...los · **Wi|der|stands|lo|sig|keit,** die, _ · **wi|der|ste|hen** *K 363*; widerstanden
Wi|der|strahl · **wi|der|strah|len;** widergestrahlt
wi|der|stre|ben; widerstrebt · **Wi|der|stre|ben,** das, _s · **wi|der|stre|bend;** *K 115*: am _sten
Wi|der|streit · **wi|der|strei|ten;** widerstritten
Wi|der|ton, der, _[e]s (*Bot*; Frauenhaar) ⟨*Herkunft umstritten*⟩
wi|der|wär|tig · **Wi|der|wär|tig|keit**
Wi|der|wil|le, *seltener* **Wi|der|wil|len,** der, ..ens · **wi|der|wil|lig** · **Wi|der|wil|lig|keit**
Wi|dia, das, _s *Kunstw* (ein Hartmetall) · **Wi|dia|boh|rer**
wid|men; sich (*Akk*) jmdm. _; sich einer Sache _ · **Wid|mung** (*österr auch für* Spende, Stiftung)
wid|rig ⟨*zu* wider⟩; _e Umstände · **wid|ri|gen|falls** *K 176* (*bürospr*) · **Wid|rig|keit**
wie; *Zeichensetzung vgl. K 450*; so schnell wie (*älter* als) möglich, *aber nur*: er ist ebenso groß wie ich *K 381*; er ist so erzürnt, wie ich es noch nie gesehen habe (*vgl. auch K 390*); sowohl ... wie ..., z. B. sowohl die bildende Kunst wie das Kunstgewerbe haben (*K 383*) dadurch Anregungen empfangen; wie lange; wie oben (*Abk* w. o.); wie oft; wie sehr; wie, wenn er doch käme?; und wie!; wie [auch] immer; es kommt auf das Wie (*K 104*) an; *vgl. auch* wieso, wiewohl, als
Wie|bel, der, _s, _ (*landsch*; Kornkäfer) · **wie|beln** *K 363* (*landsch*; sich lebhaft bewegen – *obersächs*; gleichmäßig stopfen, flicken) ⟨*zu* weben⟩; *vgl. auch* wiefeln
Wie|de, die, _, _n (*süddt*; Zweig zum Binden)
Wie|de|hopf, der, _[e]s, _e (ein Vogel) ⟨*Herkunft umstritten*⟩
wie|der (nochmals, erneut; zurück); um *od* für nichts und wieder nichts; hin und wieder (gelegentlich, zuweilen); *aber*: hin und wider (hin und her); *vgl. auch* wider
Schreibung bei Verben K 129:
I. *Zusammenschreibung* (*K 148*), wenn der *Ton nur* auf »wieder...« *od nur* auf dem folgenden Verb liegt, z. B. wiederbringen, wiederholen; wiederholen, wiederherstellen
II. *Getrenntschreibung* (*K 145*), wenn der *Ton verteilt* ist, z. B. wieder bringen, wieder herstellen
Unterschiedliche Schreibung zeigt unterschiedliche Bedeutung an, z. B. wiederaufnehmen (erneut beginnen), *aber*: wieder aufnehmen (abermals vom Boden aufheben)
III. *Konjugation*: Mit Ausnahme von »wiederholen« sind alle Zusammensetzungen mit »wieder...« *unfeste Zusammensetzungen* (*K 356*), z. B. wiederbringen: du bringst wieder, wiedergebracht, wiederzubringen; wiederherstellen: du stellst wieder her, wiederhergestellt, wiederherzustellen; *aber* (*als Ausnahme*) wiederholen: du wiederholst, wiederholt (*K 359*), zu wiederholen
Wie|der|ab|druck, *Pl* ..abdrucke
Wie|der|an|pfiff, der, _[e]s (*Sport*)
Wie|der|auf|bau, der, _[e]s · **wie|der|auf|bau|en**[1]
Wie|der|auf|nah|me; _ des Verfahrens (*Rechtsw*) · **wie|der|auf|neh|men**[1]
wie|der|auf|rich|ten[1] (trösten)
wie|der|auf|su|chen[1]
wie|der|auf|tau|chen[1]
wie|der|be|kom|men[1] (zurückerhalten); ich habe das Buch wiederbekommen; *aber*: wieder bekommen (erneut, ein zweites Mal erhalten)
wie|der|be|le|ben[1] · **Wie|der|be|le|bung** · **Wie|der|be|le|bungs|ver|such**
wie|der|brin|gen[1] (zurückbringen)
wie|der|ein|fal|len[1] (ins Gedächtnis zurückkommen); *aber*: wieder einfallen (nochmals einfallen); das Kartenhaus ist wieder eingefallen
wie|der|ein|set|zen[1] (an den alten Platz zurücksetzen); *aber*: wieder einsetzen (nochmals einsetzen, z. B. beim Spiel) · **Wie|der|ein|set|zung;** _ in den vorigen Stand (*Rechtsw*)
wie|der|er|hal|ten[1]; ich habe das Buch wiedererhalten
wie|der|er|ken|nen[1]
wie|der|er|lan|gen[1]
wie|der|er|set|zen[1]
wie|der|er|stat|ten[1]
wie|der|er|zäh|len[1], *aber*: wieder erzählen
wie|der|fin|den[1]
wie|der|for|dern[1] *K 363* (zurückfordern)
Wie|der|ga|be · **wie|der|ge|ben**[1]

---

[1] *Zusammenschreibung vgl.* wieder, I. *Auch Getrenntschreibung ist möglich; vgl.* wieder, II. *Zur Konjugation vgl.* wieder, III.

(zurückgeben); ein Gedicht gut _ (vortragen); *aber*: wieder geben; der Schmerz hat sich bald wieder gegeben
wie|der|ge|bo|ren *K 364* (*Rel*) · **Wie|der|ge|burt** (*Rel*)
wie|der|ge|win|nen[1], *aber*: wieder gewinnen; sein Los hat schon wieder gewonnen
wie|der|gut|ma|chen[1]
wie|der|ha|ben[1]
wie|der|her|rich|ten[1]
wie|der|her|stel|len[1] (in den früheren Zustand zurückbringen), *aber*: wieder herstellen (nochmals anfertigen; wieder an seinen Platz stellen)
wie|der|ho|len[1], *aber*: wieder holen · **wie|der|ho|len**[2] (nochmals sagen, tun); du wiederholst; wiederholt; zu _ · **wie|der|holt** (mehrmals) · **Wie|der|ho|lung** (nochmaliges Sagen, Tun) · **Wie|der|ho|lungs|fall,** der, *meist bürospr in* im _[e] · **Wie|der|ho|lungs|kurs** (*auch schweiz*; jährl. Militärübung)
Wie|der|hö|ren, das, _s; auf _!
wie|der|käu|en (*auch übertr, abwert*; etw. bis zum Überdruß vorbringen od. tun) · **Wie|der|käu|er**
Wie|der|käu|fer (*Rechtsw*) ⟨*lat*⟩ · **Wie|der|kaufs|recht,** das, _[e]s (*Rechtsw*)
Wie|der|kehr, die, _ (*gehoben*) · **wie|der|keh|ren**[1] (zurückkommen); *aber*: wieder kehren; er muß die Straße wieder (nochmals) kehren
wie|der|kom|men[1], *aber*: wieder kommen · **Wie|der|kunft,** die, _ (*gehoben*)
wie|der|se|hen[1] *K 363* · **Wie|der|se|hen** *K 363*, das, _s; auf _!
Wie|der|tau|fe (*Rel*) · **Wie|der|täu|fer** (*Rel hist*; Anhänger der Erwachsenentaufe)
wie|der|um
Wie|der|vor|la|ge, die, _ (*bürospr*); zur _ (*Abk* z. Wv.)
Wie|der|wahl · **wie|der|wäh|len**[1], *aber*: wieder wählen
wie|feln *K 363* (*süddt, schweiz*; wiebeln)
wie|fern (*veraltet*; inwiefern)
Wie|ge, die, _, _n ⟨*zu* bewegen⟩ · **wie|geln** *K 363* (*landsch*; leise wiegen) · **Wie|ge|mes|ser,** das · [1]**wie|gen** (schaukeln; zerkleinern); du wiegst; du wiegtest; gewiegt; wieg[e]!; gewiegte Petersilie
[2]**wie|gen** ⟨*zu* wägen⟩; du wiegst; du wogst; du wögest; gewogen (↑ *d.*); wieg[e]!: 1. *tr*, *häufig noch* **wä|gen** (↑ *d.*) (die Masse [*häufig noch* das Gewicht] bestimmen); der Bäcker wiegt das Brot – 2. *intr* (eine Masse [*häufig noch* ein Gewicht] haben); das Brot wiegt zwei Kilo
Wie|gen|druck, *Pl* ...drucke (Inkunabel) · **Wie|gen‿fest, ...lied**
Wie|hen|ge|bir|ge, das, _s (Teil des Weserberglandes in der BRD)
wie|hern
Wiek, die, _, _en (*norddt*; [kleine] Bucht an der Ostsee)
Wie|land (*german Sage*; kunstreicher Schmied) · **Wie|lands|lied,** das, _[e]s
wie lan|ge; _ _ ist es her!
Wie|ling, die, _, _e (*seem*; Fender [aus [2]Tau od. Leder] für Boote)
Wie|men, der, _s, _(*landsch*; Latte, Lattengerüst [zum Trocknen u. Räuchern]; Hühnerstange) ⟨*lat* → *prov* → *ndrl*⟩
Wien (Hptst. von Österreich) · **Wiener:** 1. *K 231*: *a.* der, _s, _ (in Wien Geborener od. Wohnender); *b.* die, _, _, *meist Pl* (*kurz für* Wiener Würstchen) – 2. *als Attribut K 232*: die Wiener Würstchen, der Wiener Kongreß (1815) · **wie|ne|risch** · **wie|nern** *K 363* (*umg*; polieren, putzen) · **Wie|ner Neu|stadt** *K 232* (Stadt in Österreich) · **Wie|ner|stadt** *K 234*, die, _ (volkstüml. Bez. Wiens) · **Wie|ner|wald** *K 234*, der, _[e]s (nordöstl. Ausläufer der Alpen)
Wieng|tschan [vĭɛŋ'tʃan] (früherer Name von Vientiane)
wie oben; *Abk* w. o. · **wie oft**
Wie|pe, die, _, _n (*norddt*; Strohwisch)
Wies|ba|den (Hptst. von Hessen [BRD]) · **Wies|ba|de|ner** *od* **Wies|bad|ner** *K 236*: 1. *K 231*: der, _s, _; 2. *als Attribut K 232* · **wies|ba|disch,** *auch* **wies|ba|densch**
Wie|se, die, _, _n
wie sehr, *österr als Konj* **wie|sehr;** *vgl. K 390*
Wie|sel, das, _s, _ (eine Marderart) ⟨,kleiner Iltis'⟩; flink wie ein _ · **wie|seln** *K 363* (*landsch*; sich [wie ein Wiesel] eilig bewegen)
Wie|sen|tal · **Wies|land,** *Pl* ..länder (*schweiz*; Wiesenland)
wie|so; ich weiß nicht, _ es geschehen konnte
wie|ten (*landsch*; Unkraut jäten)
wie|viel [..'fi:l *od* 'vi:..]; wieviel Personen, *aber*: wie viele Personen; ich weiß nicht, wieviel er hat; [um] wieviel mehr; *vgl.* viel, III · **wie|vie|ler|lei** · **wie|viel|mal** *K 176*, *aber K 175*: wie viel[e] Male; *vgl.* viel, III · **wie|viel|te;** *K 100*: der Wievielte ist heute?
wie|weit *K 176*; *vgl. auch K 390* (inwieweit); ich weiß nicht, wieweit (ob) er sich irrt, *aber K 175*: wie weit ist es von hier bis ...?
wie we|nig; *vgl.* wenig
wie|wohl *K 176*; *vgl. auch K 390* (*veraltend*; obgleich); die einzige, wiewohl wertvolle Belohnung, *aber K 175*: wie wohl du aussiehst!
Wight [wait] (Insel vor der Südküste Englands)
Wig|wam, der, _s, _s (Indianerhütte od. -zelt) ⟨*indian* → *engl*, ,Haus'⟩
Wikinger ↑ Normannen (2) · **Wi|kin|ger|sa|ge** *K 233*, die, _ · **Wi|kin|ger|schiff** *K 233* · **wi|kin|gisch**
Wi|la|jet, das, _[e]s, _s (Verwaltungseinheit in der Türkei) ⟨*arab* → *türk*⟩
wild; *K 135*: _ sein, wachsen, werden · **Wild,** das, _[e]s · **Wild|bahn** (größeres, gehegtes Revier) · **Wild|bret,** das, _s (Fleisch des Wildes – *veraltet*; Wild) ⟨*zu* Braten⟩ · **Wild|dieb** · **wild|die|ben** *K 132*; du wilddiebst; gewilddiebt; zu _ · **Wild|die|be|rei** · **Wil|de|rer** (Wilddieb) · **wil|dern** *K 363* · **Wild|fang** (ausgelassenes, mutwilliges Kind) · **wild|fremd** (völlig fremd) · **Wild|he|ger** (*weidm*) · **Wild|heit** · **Wild|kat|ze** · **wild|le|bend** *K 128* · **Wild|le|der** (Leder aus Wildfellen) · **Wild|ling** (*fachspr*; unveredelter Baum od. Strauch; wildes Tier – *veraltend*; unbändiger [junger] Mensch) · **Wild|nis,** die, _, ..isse · **wild|ro|man|tisch** *K 126* · **Wild|schwein** · **wild|wach|send** *K 128* · **Wild|wech|sel** · **Wild|wuchs** · **wild|wüch|sig**
Wil|fried (m. Vn.) ⟨,Wille' + ,Schutz'⟩ · **Wil|helm** (m. Vn.) ⟨,Wille' + ,Schutz'⟩; *engl Form* ↑ William, *engl Kurzf* ↑ Willy (*eindeutschend* ↑ Willi) · **Wil|hel|mi|nisch** *K 217*; _e Zeit (Zeit der Herrschaft des Kaisers Wilhelm II.)
Wil|helm-Pieck-Stadt Gu|ben (im Bez. Cottbus)
Wil|helms|ha|ven [..f..] (Hafenstadt der BRD an der Nordsee) · **Wil|helms|ha|ve|ner:** 1. *K 231*: der, _s, _; 2. *als Attribut K 232*
Wil|le, der, _ns, *seltener* **Wil|len,** der, _s; *K 258*: der Letzte Wille; wider Willen, mit Willen; ohne Wissen und Willen; jmdm. zu Willen sein; voll guten Willens sein; *aber K 108*: willens sein (*gehoben*; beabsichtigen) · **wil|len;** um ... willen; *K 110*: um Gottes _, um des Friedens _, um seiner selbst _; *aber*: um meinet-, deinet-, seinet-, ihret-, unsert-, euret-, dessent-, derentwillen · **Willen** ↑ Wille · **Wil|lens|er|klä|rung** · **Wil|lens|kraft,** die, _ ·

---
[1] *Vgl. S. 540, Sp. 3, Anm. 1.*
[2] *Schreibung u. Konjugation vgl.* wieder, I *u.* III.

wil|lens sein *K 109* (*gehoben*; beabsichtigen) · **Wil|lens|stär|ke,** die, _ · **wil|lent|lich** (*gehoben*)

will|fah|ren (*Part II* willfahrt *K 359*), *auch* **will|fah|ren** (*Part II* gewillfahrt *K 358*) (*gehoben*); du willfahrst; du willfahrtest; zu _ · **will|fäh|rig** (*gehoben*)

Wil|li (m. Vn.) ⟨*eindeutschende Schreibung von* Willy⟩ · **Wil|liam** ['wiliəm] (m. Vn.) ⟨*engl Form von* Wilhelm⟩

wil|lig (bereitwillig); sich _ fügen · **Wil|lig|keit,** die, _ · **will|kom|men** *K 364*; _ heißen, _ sein · **Will|kom|men,** das, *österr nur so, auch* der, _s, _, *auch* **Will|komm,** der, _s, _e; ein fröhliches Willkommen!; einen Willkomm zurufen · **Will|kom|mens⌣gruß, ...trunk** · **Will|kür,** die, _ · **Will|kür|akt** · **will|kür|lich**

Wil|ly [..li] (m. Vn.) ⟨*engl Kurzf von* Wilhelm⟩ · **Wil|mar** (m. Vn.) ⟨,Wille' + ,berühmt'⟩

Wim|ble|don ['wimb(ə)ldən] (Stadtteil von London)

wim|meln; es wimmelt

wim|men (*schweiz*; Trauben lesen) ⟨*lat*⟩

[1]**Wim|mer,** der, _s, _ (*veraltend*; Knorren; Maser, Maserholz – *landsch, bes süddt*; kleines Geschwür, Warze)

[2]**Wim|mer:** 1. die, _, _n (*landsch u. schweiz*; Weinlese) – 2. der, _s, _ (*landsch u. schweiz*; Winzer) ⟨*lat*⟩

Wim|mer|holz (*abwert*; Geige, Laute) · **wim|me|rig** · **Wim|mer|ka|sten** (*abwert*; Klavier)

Wim|merl, das, _s, _[n] (*österr*; Pikkel, Hitze-, Eiterbläschen)

wim|mern *K 363* ⟨*lautm*⟩

Wim|met, der, _s *od* die, _, *österr meist* das, _s (*süddt, österr, schweiz*; Weinlese) ⟨*lat*⟩

Wim|pel, der, _s, _ ([schmale] dreieckige Flagge)

Wim|per, die, _, _n

Wim|perg, der, _[e]s, _e, *auch* **Wim|per|ge,** die, _, _n (*Arch*; got. Spitzgiebel)

Wim|per|haar · **Wim|pern|tu|sche** · **Wim|per|tier|chen** *Pl* (*Zool*; eine Gruppe der Urtierchen)

Wind, der, _[e]s, _e ⟨*zu* wehen⟩ · **Wind|beu|tel** · **Wind|bruch** ⟨*zu* [1]Bruch⟩ · **Wind|büch|se** (Luftgewehr) · **Wind|druck,** der, _[e]s

Win|de, die, _, _n (Hebevorrichtung; Kletterpflanze)

Wind|ei (*Biol*; Vogelei mit weicher Schale, Fließei – *Med*; abgestorbene Leibesfrucht)

Win|del, die, _, _n · **win|deln** *K 363* (in Windeln wickeln) · **win|del|weich** (*umg*) · [1]**win|den** (drehen); du wandest; du wändest; gewunden; wind[e]!

[2]**win|den** (windig sein – *weidm*; wittern); es windete; gewindet; das Wild windet · **Wind|er|hit|zer** · **Win|des|ei|le;** *nur in* in *od* mit _ · **Wind|fang** (*auch weidm*; Nase des Schalenwildes [außer Schwarzwild]) · **Wind|flüch|ter,** der, _s, _ (Bez. für vom Wind verformte Holzgewächse) · **Wind|hauch**

Wind|hoek [..huk], *dt Form* **Windhuk** (Hptst. von Namibia) ⟨*afrikaans*, ,Windecke'⟩

Wind|ho|se (Luftwirbel, Wirbelsturm)

Wind|hund (*auch übertr, abwert*; leichtsinniger Mensch) · **win|dig** (*auch umg abwert*; leer, prahlerisch, unsicher) · **Wind|jacke** [*Tr* ...jak|ke] · **Wind|jam|mer,** der, _s, _ (*seem*; großes Segelschiff) · **Wind|licht;** *vgl.* Licht · **Wind|macher** (*umg*) · **Wind|ma|che|rei** (*umg abwert*) · **Wind|müh|le** · **Wind|müh|len|flü|gel** · **Windpocken** [*Tr* ...pok|ken] *Pl* (eine Kinderkrankheit) · **Wind|rös|chen** (Anemone) · **Wind|ro|se** (Windrichtungs-, Kompaßscheibe)

Winds|braut, die, _ (*dicht*; starker, tobender Wind) ⟨,Wirbel[wind]'⟩

Wind|schat|ten, der, _s (windgeschützte Seite)

wind|schief ⟨*zu* [1]winden⟩

wind|schlüp|fig (*fachspr*) · **windschnit|tig** (*fachspr*) · **Wind|schutzschei|be** · **Wind|schutz|strei|fen** (*Landw*)

Wind|sor ['vintsər] (Stadt in Südengland; Name des engl. Königshauses)

Wind|spiel ([kleiner] Windhund) ⟨*nach* den Wenden⟩

Wind⌣stär|ke, ...stil|le

Wind|sur|fer [..sœ:rfər], der, _s, _ (Brettsegler) ⟨*engl*⟩ · **Wind|surfing** [..fiŋ], das, _s (Brettsegeln)

Win|dung

Wind|ver|hält|nis|se *Pl*

Win|fried (m. Vn.) ⟨*aengl*, ,Freund' + ,Schutz'⟩

Win|gert, der, _s, _e (*landsch u. schweiz*; Weingarten, -berg)

Win|golf, der, _s, _e (*nord Mythol*) ⟨*anord*, ,Freundeshalle'⟩

Wink, der, _[e]s, _e · **Win|kel,** der, _s, _ · **Win|kel⌣ei|sen, ...ha|ken, ...maß** (das), **...mes|ser** (der), **...zug** · **win|ken;** gewinkt (*landsch u. scherzh* gewunken) · **Win|ker** · **Win|ker|flag|ge** (*seem*) · **wink|lig** *K 362*

Win|ni|peg (Stadt im S Kanadas) · **Win|ni|peg|see** *K 246*, der, _s

Winsch, die, _, _en (*seem*; Winde)

Win|se|lei (*abwert*) · **win|seln** *K 363* (*lautm*)

Win|ter, der, _s, _; Sommer wie _, des Winters, *aber K 109*: winters · **Win|ter|an|fang** *od* **Win|ters|anfang** · **Win|ter|ba|den,** das, _s · **Win|ter|dienst** · **win|ter|fest** · **Win|ter|fri|sche,** die, _, _n · **Winter⌣frucht, ...gar|ten, ...ge|treide, ...kohl** · **win|ter|lang** *K 176*, *aber K 127*: den ganzen Winter lang · **win|ter|lich** · **Win|ter|ling** (im Winter blühende Staude, Hahnenfußgewächs) · **Win|ter|mo|nat** · **win|tern** (*gehoben*); es wintert · **Win|ter|nacht** · **Win|ter|rei|fen** · **win|ters** *K 109*, *aber*: des Winters · **Wintersanfang** ↑ Winteranfang · **Win|ter|schlaf** · **win|ter|schlafend** *K 164* · **Win|ter|son|nen|wen|de** · **Win|ter|sport** · **Winter[s]|zeit**

Win|ter|thur (Stadt in der Schweiz) ⟨*gallorom*⟩

Win|te|rung (*Landw*)

Win|ze, die, _, _n (*landsch*; Weindrossel [Vogel]) ⟨*lat*⟩ · **Win|zer,** der, _s, _

win|zig ⟨*zu* wenig⟩ · **Win|zig|keit**

Wip|fel, der, _s, _ · **Wip|pe,** die, _, _n (eine Schaukel) · **wip|pen** · **Wipp|sterz** (*landsch*; Bachstelze)

wir (*früher bei Herrschern* Wir [entsprechend dem latein. Pluralis majestatis]); *Gen* unser, *Dat, Akk* uns; _ alle, _ beide; *K 338*: _ Werktätigen (*veraltend* _ Werktätige), _ frohen Menschen

Wir|bel, der, _s, _ ⟨*zu mhd* werben ,sich drehen'⟩ · **wir|be|lig** *K 362* · **wir|bel|los;** *vgl.* ...los · **Wir|bel|lose** *Pl* (wirbellose Tiere) · **wir|beln** *K 363* · **Wir|bel⌣säu|le, ...tier**

wir|ken ⟨*zu* Werk⟩ · **Wir|ker** · **Wirke|rei** · **Wir|ke|rin,** die, _, ..innen · **wirk|lich;** *K 135*: _ (tatsächlich) machen (*umg*); *vgl. aber* wirklichmachen · **Wirk|lich|keit** · **Wirklich|keits|form** (*Gramm*) · **wirklich|keits|ge|treu** · **wirk|lichma|chen** *K 137* (*umg*; verwirklichen); du machst es wirklich; wirklichgemacht; wirklichzumachen; *aber*: wirklich machen (*umg*); du hast den Fehler wirklich (tatsächlich) gemacht · **wirk|sam** · **Wirksam|keit** · **Wirk|stof|fe** *Pl* (für den normalen Ablauf der Lebensvorgänge notwendige organ. Verbindungen) · **Wir|kung;** mit _ vom 1. Oktober [an] · **wir|kungs|los** *K 349*; *vgl.* ...los · **Wir|kungs|losig|keit,** die, _ · **wir|kungs⌣reich, ...voll** · **Wirk|wa|ren** *Pl* (Maschenwaren) · **Wirk|zeit**

wirr · **Wir|ren** *Pl* · **Wirr|heit,** die, _ · **Wirr|kopf** (*meist abwert*) · **Wirrnis,** die, _, ..isse (*gehoben*) · **Wirr-**

warr, der, ₋s · **wirsch** (*landsch*; aufgeregt; ärgerlich); ₋[e]ste

Wir|sing, der, ₋s *od* **Wir|sing|kohl,** der, ₋[e]s ⟨*lat* → *ital*⟩

Wirt, der, ₋[e]s, ₋e

Wir|tel, der, ₋s, ₋ (*fachspr*; Spulenring – *Bot*; Aststellung in Form eines Quirls)

wir|ten (*schweiz*; den Wirtsberuf ausüben) · **Wir|tin,** die, ₋, ..innen · **wirt|lich** (gastlich) · **Wirt|lich|keit,** die, ₋ · **Wirt|schaft** · **wirt|schaf|ten;** gewirtschaftet · **Wirt|schaf|te|rin,** die, ₋, ..innen · **Wirt|schaft|ler** (Fachkraft, die sich auf Wirtschaftsfragen spezialisiert hat) · **wirt|schaft|lich;** *K 119*: die wirtschaftliche Rechnungsführung · **Wirt|schaft|lich|keit,** die, ₋ · **Wirt|schafts|po|li|tik** · **wirt|schafts|po|li|tisch** · **Wirt|schafts|wis|sen|schaft** · **Wirt|schafts|zweig**

Wirts|haus · **Wirts‿leu|te** (*Pl*), **...pflan|ze** (*Biol*), **...tier** (*Biol*)

Wirz, der, ₋es, ₋e (*schweiz*; Wirsing) ⟨*lat* → *ital*⟩

Wisch, der, ₋es, ₋e (*salopp abwert*)

Wi|sche, die, ₋ (eine Niederung im W der DDR) ⟨‚Wiese'⟩

wi|schen *K 354* · **Wi|scher** · **Wi|schi|wa|schi,** das, ₋s (*salopp abwert*; Gewäsch, Unsinn)

Wisch|nu *od* **Vish|nu** ['viʃnu] (*ind Rel*; einer der Hauptgötter des Hinduismus) ⟨*aind*⟩

Wis|con|sin [wis'kɔnsin]: 1. der, ₋s (Nebenfluß des Mississippi) – 2. (Staat der USA)

Wi|sent, der, ₋[e]s, ₋e (ein Wildrind)

Wisła ↑ Weichsel

Wis|mar (Hafenstadt im Bez. Rostock)

Wis|mut, *fachspr* **Bis|mut,** das, ₋[e]s (chem. Element, Metall); *Zeichen* Bi (*für lat* Bismutum) ⟨*zu* ‚Wiese' *u.* ‚muten'⟩

wis|pern, *selten* **wis|peln** *K 363* (flüstern)

Wiß|be|gier[|de], die, ₋ · **wiß|be|gie|rig** · **wis|sen;** du weißt, er weiß, ihr wißt; du wußtest; du wüßtest; gewußt; wisse!; weiß Gott (*umg*); er geht Gott weiß wohin (*umg*); für Gott weiß was halten (*umg*); und wenn man mir wer weiß was bietet (*umg*); jmdn. glücklich wissen; was ich nicht weiß, macht mich (*eigtl* mir) nicht heiß (*sprichw*); ich werde dich das wissen lassen (dich benachrichtigen) · **Wis|sen,** das, ₋s; meines Wissens (*Abk* m. W.); unseres Wissens (*Abk* u. W.); wider besseres ₋; wider ₋ und Willen; ohne ₋ · **Wis|sen|de,** der *u.* die, ₋n, ₋n *K 341* (in ein Geheimwissen, Wissen usw. eingeweihter Mensch) · **Wis|sen|schaft** · **Wis|sen|schaft|ler,** *österr u. schweiz auch noch* **Wis|sen|schaf|ter,** der, ₋s, ₋ · **wis|sen|schaft|lich;** der ₋e Kommunismus; die wissenschaftlich-technische Revolution · **Wis|sen|schaft|lich|keit,** die, ₋ · **Wis|sen|schafts|wis|sen|schaft,** die, ₋ · **Wis|sens|drang,** der, ₋[e]s · **Wis|sens‿durst, ...spei|cher, ...trieb** · **wis|sens|wert** · **wis|sent|lich**

wist! (*Zuruf an Zugtiere* links!)

Wistarie ↑ Glyzine

Wit|frau (*noch landsch*; Witwe)

Wit|tels|bach (Burg); Haus ₋ (ehem. Dynastie) · **Wit|tels|ba|cher,** der, ₋s, ₋ (Angehöriger der ehem. Dynastie der Wittelsbacher)

Wit|ten|berg, Lu|ther|stadt (im Bez. Halle) · **Wit|ten|ber|ge** (Stadt an der Elbe im Bez. Schwerin) · **Wit|ten|ber|ger:** 1. Wit|ten|ber|ger ⟨*zu* Wittenberg⟩: *a. K 231*: der, ₋s, ₋; *b. als Attribut K 232* – 2. Wit|ten|ber|ger ⟨*zu* Wittenberge⟩: *a. K 231*: der, ₋s, ₋; *b. als Attribut K 232* · **wit|ten|ber|gisch:** 1. wit|ten|ber|gisch ⟨*zu* Wittenberg⟩; *K 258*: die Wittenbergische Nachtigall (Bez. für den Reformator Martin Luther) – 2. wit|ten|ber|gisch ⟨*zu* Wittenberge⟩

wit|tern *K 363* (dem Geruch nachspüren, Geruch bemerken) ⟨*zu* ²Wetter⟩ · **Wit|te|rung** · **wit|te|rungs|be|dingt**

Witt|ling (ein Schellfisch)

Wit|tum (*hist*; [der überlebenden Ehefrau] »gewidmetes« Gut) ⟨*zu* widmen, *an* Witwe *angelehnt*⟩

Wit|we, die, ₋, ₋n; *Abk* Wwe. · **Wit|wen|schaft** · **Wit|wen|schlei|er** · **Wit|wen|tum,** das, ₋[e]s · **Wit|wer,** der, ₋s, ₋ · **Wit|wer|schaft** · **Wit|wer|tum,** das, ₋[e]s

Witz, der, ₋es, ₋e ⟨*zu* wissen⟩ · **Witz|bold,** der, ₋[e]s, ₋e (*umg*, *oft abwert*) · **Wit|ze|lei** · **wit|zeln** *K 363* · **wit|zig** · **Wit|zig|keit,** die, ₋ · **Witz|wort,** *Pl* ..worte

Wla|di|wo|stok [*od* ..'stɔk] (Hafenstadt an der Südostküste der RSFSR) ⟨*russ*⟩

wo; ₋ immer; ₋ nicht übertreffen, so doch erreichen (*veraltet*); *K 151*: wo du hingehst, *aber*: wohin du gehst [*das gleiche gilt für*: woher, woherum, wohinaus]; die Zeit, wo ...; die Stunde, wo ... · **wo|an|ders** *K 176* (an einem anderen Ort); ich werde ihn woanders suchen, *aber K 175*: wo anders (wo sonst) als hier sollte ich ihn suchen? · **wo|an|ders|hin;** ₋ legen

wob|beln (*Funkw*; Frequenzen verschieben) ⟨*engl*⟩

wo|bei

Wo|che, die, ₋, ₋n · **Wochen‿bett, ...blatt** · **Wo|chen|en|de** · **Wo|chen|end|haus** · **wo|chen|lang** *K 176*, *aber K 127*: fünf, viele Wochen lang · **Wo|chen|markt** · **Wo|chen|tag;** des Wochentags, *aber K 109*: wochentags · **wo|chen|tags** *K 109*, *aber*: des Wochentags · **wö|chent|lich** (jede Woche) · **...wö|chent|lich** (z. B. dreiwöchentlich *K 283* [alle drei Wochen wiederkehrend], *mit Ziffer K 284* 3wöchentlich) · **wo|chen|wei|se** *K 176* · **...wö|chig,** *seltener* **...wo|chig** (z. B. dreiwöchig, *seltener* dreiwochig [*mit Ziffer K 284* 3wöchig, *seltener* 3wochig] = drei Wochen alt, dauernd) · **Wöch|ne|rin,** die, ₋, ..innen

Wocken [*Tr* Wok|ken], der, ₋s, ₋ (*norddt*; Rocken)

Wo|dan, *auch* **Wo|tan** ⟨*germ*⟩ *od* **Odin** ⟨*anord*⟩ (*nord Mythol*; Oberhaupt der german. Götterwelt)

Wod|ka, der, ₋s, ₋s (ein Trinkbranntwein) ⟨*russ*, ‚Wässerchen'⟩

wo|durch · **wo|für**

Wo|ge, die, ₋, ₋n (*gehoben*) ⟨*zu* bewegen⟩

wo|ge|gen

wo|gen (*gehoben*) · **Wo|gen|schlag** (*gehoben*)

wo|her[1] · **wo|her|um**[1] · **wo|hin**[1] · **wo|hin|aus**[1] · **wo|hin|ge|gen** · **wo|hin|ter**

wohl; wohler, wohlste; *in bestimmten Fügungen im Sinne von* gut *auch*: besser (↑ *d.*), beste (↑ *d.*) ⟨*zu* ²wollen⟩; ₋ oder übel; ₋ sein; mir ist ₋; mir ist ₋ zumute (↑ *d.*), ums Herz; sich ₋ fühlen, befinden; mir ist es immer ₋ gegangen *od* ergangen; ₋ ihm! (*noch gehoben*); ₋ bekomm's!; ₋ daran tun (*gehoben*); er wird es ₋ (wahrscheinlich) tun, *vgl. aber* wohltun u. wohlwollen

In Zus: gleichwohl (*veraltend*), obwohl, sowohl, wiewohl (*veraltend*)

Wohl, das, ₋[e]s; auf dein ₋!; zum ₋!; das ₋ und Wehe

wohl|an! (*noch gehoben*) · **wohl|auf!** (*gehoben*); wohlauf sein · **wohl|be|dacht**[2] · **Wohl|be|fin|den** · **Wohl|be|ha|gen** · **wohl|be|hal|ten**[2] *K 364* · **wohl|be|kannt;** *K 351*: besser bekannt, bestbekannt · **wohl|be|ra|ten**[3] *K 364* · **wohl|er|fah|ren**[2] *K 364* (*noch gehoben*) · **Wohl|er|ge|hen,** das, ₋s · **wohl|er|wo|gen**[2] *K 364* · **Wohl|fahrt,** die, ₋ (*noch gehoben*; das Wohl[ergehen]) · **wohl|feil** (*veral-*

---

[1] *Vgl.* wo *u. K 151.*

[2] Die gesteigerten Formen sind nicht üblich.

[3] *Steigerung vgl.* wohlbekannt.

tend); _er, _ste · **Wohl|ge|bo|ren** (*veraltet*); *vgl. auch* euer · **Wohl|ge|fal|len**, das, _s · **wohl|ge|fäl|lig**; _er, _ste · **wohl|ge|lit|ten** *K 364* (*gehoben*); _er, _ste · **wohl|ge|meint**[1]; ein _er Rat · **wohl|ge|merkt** · **wohl|ge|mut** (*gehoben*); _er, _ste · **wohl|ge|ord|net**[1] (*gehoben*) · **wohl|ge|ra|ten** *K 364*; _er, _ste · **Wohl|ge|ruch** · **wohl|ge|sinnt**; _er, _este · **wohl|ge|stal|tet**, *veraltet* **wohl|ge|stalt** (wohlgeformt); *vgl. aber K 166* · **wohl|ha|bend**; _er, *K 115*: am _sten · **Wohl|ha|ben|heit**, die, _ · **woh|lig** (so beschaffen, daß man sich wohl fühlt) · **Woh|lig|keit**, die, _ · **wohl|klin|gend**; _er, *K 115*: am _sten · **Wohl|laut** (*gehoben*) · **wohl|lau|tend** (*gehoben*); _er, *K 115*: am _sten · **Wohl|le|ben**, das, _s · **wohl|mei|nend**; _er, *K 115*: am _sten · **wohl|rie|chend**; _er, *K 115*: am _sten · **wohl|schmeckend** [*Tr* ...schmek|kend]; _er, *K 115*: am _sten · **wohl sein** · **Wohl|sein**, das, _s; zum Wohlsein! · **Wohl|stand**, der, _[e]s; im _leben · **Wohl|tat** · **Wohl|tä|ter** · **Wohl|tä|te|rin** · **wohl|tä|tig** (*veraltend*); _er, _ste · **Wohl|tä|tig|keit** (*veraltend*) · **wohl|tu|end**; _er, *K 115*: am _sten · **wohl|tun** *K 137* (Wohltaten erweisen; angenehm sein); du tust wohl; das hat mir wohlgetan; wohlzutun; *aber*: wohl tun (wahrscheinlich tun); du wirst es wohl tun; wohl daran tun (*gehoben*) · **wohl|über|legt**[2] · **wohl|un|ter|rich|tet**[2] · **wohl|ver|sorgt**[2] (*gehoben*) · **wohl|ver|wahrt**[2] (*gehoben*) · **wohl|weis|lich** · **wohl|wol|len** *K 137* (*veraltend*); du willst mir wohl; du hast mir stets wohlgewollt; wohlzuwollen; *aber*: wohl wollen (wahrscheinlich wollen); du wirst es wohl wollen · **Wohl|wol|len**, das, _s · **wohl|wol|lend**; _er, *K 115*: am _sten

Wohn|bau, *Pl* ..bauten · **Wohn|be|zirks|aus|schuß** · **Wohn|block**, *Pl* ..blocks *od* ..blöcke · **woh|nen** · **Wohn|ge|biet** · **wohn|haft** (*bürospr*; wohnend) · **Wohn|haus** · **Wohn|heim** · **Wohn|kul|tur**, die, _ · **Wohn|la|ge** · **wohn|lich** (angenehm zu bewohnen) · **Wohn|lich|keit**, die, _ · **Wohn⌣raum**, ...**schei|be**, ...**sitz**, ...**stu|be** · **Woh|nung** · **Woh|nungs|bau**, der, _[e]s · **Woh|nungs|bau|kom|bi|nat**; *Abk* WBK · **Woh|nungs|bau|pro|gramm** · **woh|nungs|los**; *vgl.* ...los · **Woh|nungs|not** · **Wohn⌣wa|gen**, ...**zim|mer**

Wöhr|de, die, _, _n (*norddt*; um das Wohnhaus gelegenes Ackerland)

Woi|lach ['vɔylax], der, _s, _e (wollene Decke, bes. Pferdedecke; Satteluntarlage) (*russ*)

Wo|je|wo|de, *auch* **Woi|wo|de** [vɔy..], der, _n, _n (*hist*; Fürst, Statthalter; Vorsteher einer Provinz in Polen) (*slaw*, ‚Heerführer') · **Wo|je|wod|schaft**, *auch* **Woi|wod|schaft** (poln. Provinz)

wöl|ben · **Wöl|bung**

Wol|de|mar (m. Vn.) (*Nebenf von* Waldemar)

Wolf: 1. der, _[e]s, *Pl* Wölfe – 2. (m. Vn.) (‚Wolf' u. *Kurzf der mit* Wolf... (‚Wolf') *gebildeten männl Vornamen*)

wöl|fen (*vom Fuchs u. Wolf, seltener vom Hund gesagt*; gebären)

Wolf|gang (m. Vn.) (‚Wolf' + ‚gehen'); *Kurzf* ↑ Wolf

Wolfgangsee ↑ Sankt-Wolfgang-See

Wöl|fin, die, _, ..innen · **wöl|fisch**

Wolf|ram: 1. (‚Wolf' + ‚Rabe') (m. Vn.); *Kurzf* ↑ Wolf – 2. (‚Wolfsdreck'), das, _s (chem. Element, Metall); *Zeichen* W · **Wolf|ra|mit**, das, _s (*Mineral*) (*zu* Wolfram (2))

Wolfs|gru|be · **Wolfs|hun|ger** (*umg*) · **Wolfs|milch** (eine Pflanze) · **Wolfs|ra|chen** (angeborene Gaumenspalte) · **Wolfs|spitz** (eine Hunderasse)

Wol|ga, die, _ (Strom im W der UdSSR)

Wol|gast (Hafenstadt im Bez. Rostock)

Wol|go|grad (Stadt der RSFSR an der Wolga)

Wölk|chen · **Wol|ke**, die, _, _n · **Wol|ken|bruch**, der · **Wol|ken|krat|zer** (Hochhaus) · **Wol|ken|kuckucks|heim** [*Tr* ...kuk|kucks...] (Luftgebilde, Hirngespinst) · **wol|ken|los**; *vgl.* ...los · **wol|kig**

Wollappen [*Tr* Woll|lap|pen *K 78*] · **Wollaus** [*Tr* Woll|laus *K 78*] · **Woll|decke** [*Tr* ...dek|ke] · **Wol|le**, die, _, _n (*auch für* Haar von Kaninchen u. Hasen) · **[1]wol|len** *K 364* (aus Wolle)

[2]wol|len (*zu* wählen); ich will, du willst; du wolltest; du wolltest; gewollt; wolle!; ich habe das nicht gewollt, *aber K 361*: ich habe helfen wollen; sein Bestes wollen; dem sei, wie ihm wolle (*gehoben*)

wöl|len (*weidm*; das Gewölle auswerfen)

Woll⌣garn, ...**ge|we|be**, ...**gras**, ...**haar** · **Woll|käm|mer** · **Woll|käm|me|rei** · **Woll⌣knäu|el**, ...**spin|ne|rei**, ...**stoff**

Wol|lust, die, _, ..lüste (*zu* wohl) · **wol|lü|stig**

Woll|wa|ren *Pl*

WOL|PRY|LA [*od* 'vɔl..], *auch* **Wol|pry|la**, die, _ *Kurzw* (Bez. für den Polyakrylnitrilfaserstoff der DDR) (*aus Wolfen* + *Premnitz* + *Polyakrylnitril* + *lat* lana (= Wolle))

Wo|ly|nien [..ĭən] (Landsch. im W der UdSSR)

Wom|bat, der, _s, _s (austral. Beuteltier) (*austral* → *engl*)

wo|mit · **wo|mög|lich**; womöglich (vielleicht) kommt er

Won, der, _[s], *Pl* _[s] *u. bei Wertangabe* (*K 310*) Won (Währungseinheit in der KDVR) (*korean*)

wo|nach · **wo|ne|ben** · **wo nicht** (*veraltet*); *vgl.* wo

Won|ne, die, _, _n · **Won|ne|ge|fühl**

Won|ne|mo|nat (*veraltend*; Mai) (‚Weidemonat', *an* Wonne *angelehnt*)

won|ne|trun|ken *K 364* (*dicht*) · **won|nig** (*gehoben*) · **won|nig|lich** (*veraltet*)

Woog, der, _[e]s, _e (*landsch*; Teich; tiefe Stelle im Fluß)

wor|an · **wor|auf** · **wor|aus**

Worce|ster|so|ße ['vustər.. *od* 'wus..] *K 246* (scharfe Gewürztunke) (*nach* der engl. Stadt)

wor|den; *vgl.* werden

wor|ein · **wor|in**

Wör|litz (Stadt im Bez. Halle) · **Wör|lit|zer**: 1. *K 231*: der, _s, _; 2. *als Attribut K 232*: der Wörlitzer Park

Worms (Stadt der BRD am Oberrhein) · **Worm|ser**: 1. *K 231*: der, _s, _; 2. *als Attribut K 232*: der Wormser Dom · **worm|sisch**

Worps|we|de (Ort im N der BRD)

Wort, das, _[e]s, *Pl* Wörter *u.* Worte, und zwar:

1. *Wörter als Pl*, wenn es sich um einzelne Wörter ohne Rücksicht auf den Zusammenhang handelt (z. B. Fachwörter) – 2. *Worte als Pl*, wenn es sich um eine zusammenhängende Gruppe handelt (z. B. Begrüßungsworte); auch für bedeutsame einzelne Wörter (z. B. drei Worte nenn' ich euch, inhaltsschwer)

aufs Wort; Wort für Wort; mit einem Wort; mit ander[e]n Worten (*Abk* m. a. W.); mit guten Worten; mit wenig[en] Worten; Wort halten; beim Wort nehmen; zu Wort[e] kommen; dies waren seine [letzten] Worte; nicht viel[e] Worte machen; geflügelte Worte; goldene Worte; dieses Verzeichnis enthält 80000 Wörter

---

[1] Die gesteigerten Formen sind nicht üblich.

[2] *Steigerung vgl.* wohlbekannt.

Wort⌣art (Gramm), ...aus|wahl · Wort|bil|dung; vgl. auch K 365 ff. · Wort|bruch, der · wort|brü|chig · Wört|chen · Wor|te|ma|cher (abwert) · Wor|te|ma|che|rei (abwert) · Wör|ter|buch · Wort|feld (Sprachw; eine Reihe von Wörtern, die eine Gruppe eng zusammengehörender Dinge, Erscheinungen od. Begriffe bezeichnen) · Wort⌣fol|ge (Sprachw), ...form (Sprachw), ...ge|fecht · Wort|geo|gra|phie K 54 (Sprachw) · Wort|ge|schich|te (Sprachw) · wort|ge|treu · Wort|grup|pe (Sprachw) · wort|karg · Wort|karg|heit, die, _ · Wort|klas|se (Gramm) · Wort|klau|ber (abwert) · Wort|klau|be|rei (abwert) · Wort|laut · Wort|leh|re · wört|lich; wörtliche Rede (Gramm; direkte Rede); vgl. auch K 487 · wort|los; vgl. ...los · wort|reich · Wort|reich|tum, der, _[e]s · Wort|schatz, der, _es · Wort|schwall, der, _[e]s · Wort⌣spiel, ...stamm (Gramm), ...streit · Wort|wech|sel · wort|wört|lich (Wort für Wort) · Wort|zu|sam|men|set|zung; vgl. auch K 365 ff.

wor|über · wor|um; ich weiß nicht, worum es sich handelt · wor|un|ter · wo|selbst (veraltet)

Wo|stok (sowjet. Forschungsstation in Antarktika, ein Kältepol der Erde) ⟨russ. ‚Osten'⟩

Wotan ↑ Wodan

wo|von · wo|vor

Woy|zeck ['vɔy..] (Titelgestalt eines Dramas des Dichters Georg Büchner), in der Schreibung Woz|zeck (Titelgestalt einer Oper von Alban Berg)

wo|zu · wo|zwi|schen

wrack (bes seem; beschädigt, ausbesserungsbedürftig – auch für unbrauchbar, nicht mehr ausbesserungsfähig) ⟨ndrl⟩; wrack werden · Wrack, das, _[e]s, Pl _s, selten _e (gestrandetes od. in beschädigtem Zustand steuerlos treibendes Schiff – auch für alter Schiffskörper – übertr; körperlich heruntergekommener Mensch)

Wra|sen, der, _s, _ (norddt; Dampf, Dunst)

wrig|gen, auch wricken [Tr wrik|ken] (seem; ein Boot durch einen am Heck hin und her bewegten [2]Riemen fortbewegen)

wrin|gen (bes norddt; nasse Wäsche auswinden); du wrangst; du wrängest; gewrungen; wring[e]!; vgl. auswringen

Wroc|ław ['vrɔtslaf, poln 'vrɔtswaf] (Stadt im SW Polens)

Wru|ke, die, _, _n (mecklenburg; Kohlrübe) ⟨Herkunft umstritten⟩

Wu|cher, der, _s ⟨zu [1]wachsen⟩ · Wu|cher|blu|me · Wu|che|rer (abwert) · Wu|che|rin, die, _, ..innen (abwert) · wu|che|risch · wu|chern K 363 · Wu|che|rung · Wu|cher|zin|sen Pl · Wuchs, der, _es, Pl Wüchse · Wuchs|stoff, meist Pl (fachspr; das Wachstum der Pflanzen steuerndes Hormon)

Wucht, die, _, _en ⟨zu [2]Gewicht⟩ · Wucht|baum (landsch; Hebebaum) · wuch|ten (umg; Schweres heben; schwer arbeiten) · wuch|tig · Wuch|tig|keit, die, _

wüh|len · Wüh|ler · Wüh|le|rei (meist abwert) · wüh|le|risch (meist abwert); _ste · Wühl|maus

Wuhne ↑ Wune

Wuhr, das, _[e]s, _e od Wuh|re, die, _, _n (bayr u. alemann; Wehr [2], Buhne) · Wuhr|baum (bayr u. alemann)

Wulst, der, _es, Pl Wülste, fachspr _e od die, _, Pl Wülste ⟨zu wölben⟩ · wul|stig · Wulst|lin|ge Pl (eine Pilzfamilie)

wum|mern K 363 (umg; dumpf dröhnen); es wummert

wund; sich die Finger _ schreiben; sich _ laufen; sich _ reiben · Wun|de, die, _, _n

Wun|der, das, _s, _; _ tun; sein blaues _ erleben; kein _; was _, wenn ..., aber mit Kleinschreibung K 109 (umg): er denkt, wunder was er kann; er glaubt, wunder was getan zu haben; aber ohne Komma: er war wunder wie stolz. Zus K 365 ff.: Wunder⌣blume (Bot) usw. · wun|der|bar; K 93: das grenzt ans Wunderbare · wun|der|lich (eigenartig) · Wun|der|lich|keit · wun|dern: 1. nur unpersönl: es wundert mich, daß ...; mich wundert, daß ... – 2. sich (Akk) _ K 363 · wun|der|neh|men K 133 (gehoben); es[1] nimmt mich wunder K 112; es hat mich wundergenommen; es braucht mich nicht wunderzunehmen · wun|der|schön · Wun|der|tier · wun|der|voll

Wund|fie|ber, das, _s · Wund|in|fek|tion · wund|lie|gen, sich (Akk) K 126 · Wund|mal, Pl ..male (gehoben, meist Rel) · Wund|starr|krampf

Wu|ne od Wuh|ne, die, _, _n (Fischerei; ins Eis gehauenes Loch)

Wunsch, der, _es, Pl Wünsche · wünsch|bar (schweiz; wünschenswert) · Wün|schel|ru|te (Abergl) · wün|schen K 354 · wün|schens|wert · Wunsch|form (Gramm) · Wunsch|kind · Wunsch|kon|zert · wunsch|los K 349; vgl. ...los · Wunsch|satz (Gramm) · Wunsch|zet|tel

wupp|dich! (umg; husch!; geschwind!) ⟨zu wippen⟩ · Wupp|dich, der, _s, _s (umg; schnelle, plötzl. Bewegung)

Wup|per, die, _ (Fluß im W der BRD) · Wup|per|tal (Stadt im W der BRD)

Wür|de, die, _, _n ⟨zu wert⟩ · wür|de|los K 349; vgl. ...los · Wür|de|lo|sig|keit · Wür|den|trä|ger (oft gehoben) · wür|de|voll · wür|dig · wür|di|gen; jmdn. keines Blickes _ · Wür|dig|keit, die, _ · Wür|di|gung

Wurf, der, _[e]s, Pl Würfe. Zus K 365 ff.: Wurf⌣bahn usw.

Wür|fel, der, _s, _. Zus K 365 ff.: Würfel⌣becher usw. · wür|fe|lig K 362 · wür|feln K 363 · Wür|fel|zucker [Tr ...zuk|ker]

Wurf|sen|dung (Postw) · Wurf|tau|be (Sport) · Wurf|tau|ben|schie|ßen (Sport)

wür|gen; es würgt mich im Halse · Wür|ger (ein Singvogel)

Wurm: 1. der, _[e]s, Pl Würmer (wirbelloses Tier) – 2. das, _[e]s, Pl Würmer (umg; hilfloses Kind) · Würm|chen · wur|men (umg); es wurmt mich (es ärgert, kränkt mich) · Wurm|fort|satz (Med; Fortsatz des Blinddarms) · wur|mig

Würmsee ↑ Starnberger See

wurm|sti|chig

Wurst, die, _, Pl Würste; mir ist alles Wurst[1] (umg; ganz gleichgültig); Wurst[1] wider Wurst[1]! (umg; wie du mir, so ich dir!); es geht um die Wurst[1] (umg; um die Entscheidung). Zus K 365 ff.: Wurst⌣brötchen usw. · Würst|chen, das, _s, _, österr Wür|stel, das, _s, _[n] · Wur|stel, der, _s, _ (bayr, österr; Hanswurst) · Wur|ste|lei[1] (umg abwert; Schlendrian) · wur|steln[1] K 363 (umg; im alten Schlendrian fortarbeiten, fortleben; plan- u. ziellos arbeiten) · wur|sten (Wurst machen) · wur|stig[1] (umg; gleichgültig) · Wur|stig|keit[2], die, _ (umg)

Wurt, die, _, _en bzw Wur|te, die, _, _n od [2]Warf bzw Warft, die, _, _en (norddt; Erdaufschüttung unter dem Marschen- od. Hallighaus)

Würt|tem|berg (ehem. Land, jetzt Teil des Landes Baden-Württemberg [BRD]) · Würt|tem|ber|ger: 1. K 231: der, _s, _; 2. als Attribut K 232 · würt|tem|ber|gisch

Wurt|zit, der, _[e]s, _e (Mineral)

---

[1] Urspr alter Gen von »es« (vgl. [1]es [2]), heute als Nom (vgl. [1]es [1]) aufgefaßt.

---

[1] Umg meist Wurscht usw.
[2] Umg meist wurschtig usw.

(*nach* dem französ. Chemiker Wurtz [vyr(t)s])
Würz|burg (Stadt in der mittleren BRD) · **Würz|bur|ger:** 1. *K 231*: der, _s, _; 2. *als Attribut K 232* · **würz|bur|gisch**
Wür|ze, die, _, _n
Wur|zel, die, _, _n (Teil der Pflanze – *Math*; Grundzahl einer Potenz); _n schlagen. *Zus K 365 ff.*: Wurzel‿faser usw. · **Wür|zel|chen** · **wur|zel|echt;** _e Rose · **Wur|zel-fü|ßer** *Pl* (*Zool*; eine Gruppe der Urtierchen); *Sg* Wur|zel|fü|ßer, der, _s · **wur|zel|los;** *vgl.* ...los · **Wur-zel|lo|sig|keit,** die, _ · **wur|zeln** *K 363*; die Pflanze wurzelt; tief _ · **Wur|zel|stock,** *Pl* ..stöcke · **Wur-zel|werk,** das, _[e]s
wür|zen *K 354* · **Würz|fleisch** · **wür|zig,** *selten* **ge|wür|zig** · **Würz-mit|tel** · **Wür|zung**
Wu|schel|haar (*umg*; lockiges od. unordentl. Haar) · **wu|sche|lig** *K 362* (*umg*)
wu|se|lig *K 362* (*landsch*; sich lebhaft bewegend) · **wu|seln** *K 363* (*landsch*; sich schnell bewegen; geschäftig hin u. her eilen)
wüst; _este · **Wust,** der, _es (wüstes Durcheinander; Schutt, Unrat) · **Wü|ste,** die, _, _n · **wü|sten** (verschwenden) · **Wü|ste|nei** · **Wü-sten|kö|nig** (*dicht*; Löwe) · **Wü-sten|step|pe** · **Wüst|ling** (*abwert*; ausschweifender Mensch) · **Wü-stung** (*Mittelalter*; verlassene Siedlung mit Flur)
Wut, die, _. *Zus K 365 ff.*: Wut‿ausbruch usw. · **wü|ten** · **wü|tend** · **wut|ent|brannt** · **Wü|te|rich,** der, _s, _e (*abwert*) · **wü|tig** (*veraltend*)
wutsch! (*umg*; schnell!, husch!) (*lautm*)
wut|schäu|mend
wut|schen *K 354* (*landsch umg*; schnell, eilig sein)
wut|schnau|bend
Wy|an|dot|te [vaiən'dɔtə], das, _, _s *od* die, _, _n (ein Huhn) (*nach* dem nordamerikan. Indianerstamm Wyandot ['waiəndɔt])
Wyo|ming [wai'o:miŋ] (Staat der USA)

X

[1]X [iks], das, *Gen* des X, *Pl* die X (Buchstabe für die Lautfolge ks) (*grch*)
[2]X (röm. Zahlzeichen für 10) (*lat*); jmdm. ein X für ein U vormachen (*umg*; täuschen, anführen [*eigtl* in betrügerischer Absicht beim »Anschreiben« eine 10 (X) aus einer 5 (V = U) machen])
[3]X [iks], das, *Gen* des X, *Pl* die X: 1. (*Math*; unbekannte Größe); *vgl. auch* x – 2. (*allg*; Zeichen für Unbekanntes u. Ungenanntes) (*arab → span* od. *ital*); die Stadt X, Herr X · **x:** 1. (*Math*; Bez. für eine unbekannte Größe); *vgl. auch* [3]X – 2. (*allg*; Bez. für eine unbestimmte Zahl); x Leute, x Verpflichtungen; *aber*: x-beliebig *K 186* (*umg*), jeder x-beliebige *K 114* (*umg*); *vgl. auch* x-fach, x-mal, x-te
Xan|ten (Stadt der BRD am Niederrhein)
Xan|thin, das, _s (*Biochem*; Stoffwechselverbindung) (*grch + lat*)
Xan|thip|pe, die, _, _n (*umg abwert*; zanksüchtiges Weib) (*grch, nach* der angeblich zanksüchtigen Frau des altgriech. Philosophen Sokrates)
Xan|tho|phyll, das, _s, _e (*Bot*; gelber Pflanzenfarbstoff) (*grch*)
xan|tisch (*zu* Xanten)
Xa|ver [..v..] (m. Vn.) (*nach* dem Geburtsort des span. Missionars Franz Xaver)
X-Bei|ne ['iks..] *K 186 Pl* (*zu* [1]X) · **X-bei|nig** *K 186*
x-beliebig ↑ x (2)
X-Chro|mo|som ['ikskro..] *K 186* (*Biol*; geschlechtsbestimmendes Chromosom) (*zu* [1]X)
Xe|nie [..iə], *österr nur so*, die, _, _n *od* **Xe|nion,** das, _s, ..ien [..iən] (*Literaturw*; eine Art spottendes Epigramm) (*grch*, ‚Gastgeschenk') · **xenogam** usw. ↑ allogam usw. · **Xe-non,** das, _s (chem. Element, Edelgas); *Zeichen* Xe (‚das Fremde')
Xe|ro|gra|phie *od* **Xe|ro|gra|fie** *K 54*, die, _, ..ien (Vervielfältigungs- u. Druckverfahren) (*grch*) · **xe|ro|gra|phisch** *od* **xe|ro|gra-fisch** *K 54* · **Xe|ro|ko|pie** (xerographisch hergestellte Kopie) · **xe|ro-phil** (*Bot*; die Trockenheit liebend) (*grch*) · **Xe|ro|phyt,** der, _en, _en (*Bot*; Trockenheit liebende Pflanze)
x-fach ['iks..] *K 186* (*zu* x (2)) · **X-fa-che** *K 186 u. 93*, das, _n *K 341* (*zu* [3]X (2)); *vgl.* Achtfache
Xi, das, _[s], *Pl* _s, *österr auch* _ (griech. Buchstabe: $\Xi\ \xi$)
x-mal ['iks..] *K 186* (*zu* x (2)) · **x-te** *K 186*; *K 176*: zum x-ten Male; x-te Potenz · **X-te** *K 186*, der, _n, _n (*zu* [3]X (2))
Xu [su:], der, _[s], *Pl* _[s] *u. bei Wertangabe* (*K 310*) Xu (Münzeinheit in Vietnam) (*vietnames*)
Xylen ↑ Xylol · **Xy|lo|graph,** der, _en, _en (Holzschneider) (*grch*) · **Xy|lo|gra|phie,** die, _, ..ien (Holzschneidekunst, Holzschnitt) · **xy|lo-gra|phisch** · **Xy|lol,** *fachspr* **Xy-len,** das, _s, _e (*Chem*; ein Lösungsmittel u. ein Ausgangsprodukt für Synthesen) (*grch + lat*) · **Xy|lo-phon,** das, _s, _e (ein Musikinstrument) (*grch*)

Y

Y ['ypsilɔn], das, *Gen* des Y, *Pl* die Y (Buchstabe); *vgl.* Ypsilon
Yacht ↑ Jacht
Ya|gi|an|ten|ne ['ja:..] *K 209* (*Elektrotechn*) (*nach* dem japan. Erfinder)
Yak [jak], *auch* **Jak,** der, _s, _s (tibetan. Wildrind) (*tibet*)
Ya|mous|sou|kro [jamu'sukro] (Hptst. der Republik Côte d'Ivoire)
Yams|wur|zel ['jams..], *auch* **Jams-wur|zel** (eßbare Wurzelknolle einer Kletterpflanze aus dem trop. Amerika) (*afrik → portug → engl*)
Yan|kee ['jɛŋki], der, _s, _s (*oft abwert*; Spitzname für den Bewohner der USA) (*ndrl → engl*) · **Yan-kee-doo|dle** ['jɛŋki'du:d(ə)l], der, _[s] (volkstüml. Nationallied [aus dem 18. Jh.] u. zeitweilig Nationalhymne der USA) (*engl*)
Ya|oun|dé [ja;un'de:], *eindeutschend* **Jaun|de** (Hptst. von Kamerun)
Yard [ja:rt], das, _s, *Pl* _s *u. bei Maßangabe* (*K 308*) Yard (veraltende Einheit der Länge in Großbritannien u. den USA = 91,4 cm); *Einheitenzeichen* yd (*engl*); 10 yd
Yawl [jɔ:l], die, _, _s (ein anderthalbmastiges Segelsportboot) (*engl*)
Yel|low|stone-Na|tio|nal|park [,jɛlosto:n..] *K 247*, der, _[e]s (Naturschutzgebiet in den USA)
Yen [(j)ɛn], der, _[s], *Pl* _[s] *u. bei Wertangabe* (*K 310*) Yen (Währungseinheit in Japan) (*chin → jap*)
Ygg|dra|sil ['yk..] (*nord Mythol*; die Weltesche, der Weltbaum) (*anord*)
Ymir ['y:mir] (*nord Mythol*; Urriese, aus dessen Körper die Welt geschaffen wurde) (*anord*)
Yoga ↑ Joga
Yoghurt ↑ Joghurt
Yogi ↑ Jogi
Yokohama ↑ Jokohama
York [jɔrk] (Stadt in England)
Yp|si|lon ['yp..], das, _[s], *Pl* _s, *österr auch* _: 1. (griechischer Buchstabe: *Υ, υ*) – 2. (aus dem Griechischen übernommener Buchstabe des Alphabets, der im Deutschen gewöhnlich den Laut-

wert eines Ü, im Engl. u. Span. den eines J, im Französ. den eines I hat)

Ysop ['i:zɔp], der, _s, _e (eine Arznei- u. Gewürzpflanze, Lippenblütler) ⟨*hebr → grch → lat*⟩

Yt|ter|bium [y'tɛr..], das, _s (chem. Element, Metall); *Zeichen* Yb ⟨*nach* dem schwed. Fundort Ytterby⟩ · **Yt|ter|er|den** ['ytər..] *Pl* (*Chem*; Sammelbez. für eine Gruppe von Seltenerdmetallen) · **Yt|trium,** das, _s (chem. Element, Metall); *Zeichen* Y

Yuan [jan], der, _[s], *Pl* _[s] *u. bei Wertangabe* (*K 310*) Yuan (Währungseinheit in China) ⟨*chin*⟩

Yu|ca|tán [juka'tan] (Halbinsel im O Mexikos)

Yuc|ca ['juka], die, _, _s (Palmlilie, ein mittelamerikan. Agavengewächs) ⟨*indian → span*⟩

Yu|kon ['ju:kɔn]: 1. der, _ (Fluß im NW Nordamerikas) – 2. *od* **Yukon-Ter|ri|to|rium,** das, _s (im NW Kanadas)

Yverdon ↑ Iferten

Yvonne [i'vɔn] (w. Vn.) ⟨*frz*⟩

Z

Vgl. auch C *und* K

Z [tsɛt], das, *Gen* des Z, *Pl* die Z (Buchstabe); von A bis Z

zach (*landsch*; zaghaft; geizig)

zack! (*salopp*); zack, zack!

Zacke[1], die, _, _n, *süddt u. österr auch* **Zacken**[1], der, _s, _ (Spitze) · **zacken**[1] (mit Zacken versehen; zackig machen) · **Zacken**[1]**‿kro|ne, ...lit|ze**

zackern[1] *K 363* (*landsch*; zu Acker fahren, ackern)

zackig[1] (*umg auch für* schneidig)

zag (*gehoben*; zaghaft)

Za|gel, der, _s, _ (*landsch*; Schwanz, Zopf)

za|gen (*gehoben*); zittern und zagen, *aber K 102*: mit Zittern und Zagen · **zag|haft** · **Zag|haf|tig|keit,** die, _ · **Zag|heit,** die, _ (*gehoben*)

Za|greb ['za:..] (Hptst. von Kroatien)

zäh; zäher, *K 115*: am zäh[e]sten · **Zä|heit** [*Tr K 36*], die, _ · **zäh|flüs|sig** · **Zä|hig|keit,** die, _

Zahl, die, _, _en (rechner. Größe [*Abk* Z.] – *auch für* Numerus) ⟨‚Einschnitt'⟩; es gibt nur zehn arabische Ziffern (von 0 bis 9), aber unendlich viele Zahlen; *vgl. K 281 ff. u.* Ziffer · **Zahl|ad|verb** (*Gramm*; Zahlumstandswort) · **zahl|bar** (zu bezahlen) · **zähl|bar** (was gezählt werden kann) · **Zahl|box** · **Zähl|brett**

zäh|le|big

zah|len; ich möchte _ (*häufig für* ich möchte bezahlen); einen hohen Preis _; Lohn _ · **zäh|len** · **Zah|len|kom|bi|na|tion** · **Zah|len|lot|to** · **zah|len|mä|ßig** · **Zah|ler** · **Zäh|ler** · **Zahl|kar|te** · **Zahl|kell|ner** · **zahl|los**; *vgl.* ...los · **zahl|reich** · **Zähl|rohr** (*Kernphys*; Gerät zum Nachweis ionisierender Strahlung) · **Zah|lung**; an _s Statt (*Rechtsw*) · **Zäh|lung** · **Zah|lungs‿ab|kom|men, ...bi|lanz** · **zah|lungs|fä|hig** · **Zah|lungs‿frist, ...mit|tel** · **Zahl|wort,** *Pl* ..wörter (*Gramm*)

zahm ⟨*zu* Zimmer⟩ · **zähm|bar** · **zäh|men** · **Zahm|heit,** die, _ · **Zäh|mung**

Zahn, der, _[e]s, *Pl* Zähne · **Zahn|arzt** · **zahn|ärzt|lich** · **Zahn|be|hand|lung** · **Zähn|chen** · **Zahn|durch|bruch** · **zäh|ne|flet|schend** *K 165*; ein _er Tiger, *aber K 127*: die Zähne fletschend · **Zäh|ne|klap|pern,** das, _s · **zah|nen** (Zähne bekommen) · **zäh|nen,** *auch* **zäh|neln** (mit zahnförmigen Zacken versehen) · **zahn|krank** · **Zahn|laut** (*Phon*) · **zahn|los**; *vgl.* ...los · **Zahn|lo|sig|keit,** die, _ · **Zahn|me|di|zin,** die, _ · **Zahn|rad** · **Zahn|rad|bahn** · **Zahn|schmerz,** *meist Pl*

Zäh|re, die, _, _n (*dicht*; Träne)

Zäh|rin|ger, der, _s, _ (Angehöriger des Fürstengeschlechts der Zähringer) ⟨*nach* der Stammburg Zähringen bei Freiburg im Breisgau⟩

Zain, der, _[e]s, _e (*landsch*; Weidengerte; Metallstab – *weidm*; Schwanz des Dachses)

Zaï|re [za'i:r(ə)]: 1. (Teilstrecke des Kongo [1]) – 2. *amtl* **Re|pu|blik Zaï|re** (im mittleren Afrika) – 3. (Währungseinheit in Zaïre) · **Zaï|rer,** der, _s, _ · **zaï|risch**

Za|ko|pa|ne [*poln* za..] (poln. Kurort am Fuße der Tatra)

Zam|ba ['sam..] *od* [2]**Sam|ba,** die, _, _s (weibl. Nachkomme aus der Verbindung von Negriden u. Indianern) ⟨*span*⟩ · **Zam|bo** *od* [2]**Sam|bo,** der, _s, _s (männl. Nachkomme aus der Verbindung von Negriden u. Indianern)

Zan|der, der, _s, _ (ein Speisefisch) ⟨*slaw*⟩

Zan|ge, die, _, _n · **zan|gen|för|mig** · **Zan|gen|ge|burt**

Zank, der, _[e]s · **Zank|ap|fel,** der, _s · **zan|ken**; sich (*Akk*) _ · **Zän|ker** (*abwert*) · **Zan|ke|rei** *od* **Zän|ke|rei** (*abwert*) · **zän|kisch** (*abwert*); _ste · **zank|süch|tig**

Zapf, der, _[e]s, *Pl* Zäpfe (1. *süddt*; Ausschank – 2. ↑ Zapfen) · **Zäpf|chen** (zapfenartige Verlängerung des weichen Gaumens; Medikamentform) · **Zäpf|chen-R** *K 186* (*Phon*) · **zap|fen** · **Zap|fen,** der, _s, _, *selten* **Zapf,** der, _[e]s, *Pl* Zäpfe · **Zap|fen|streich** (*Milit*; Abendsignal zur Rückkehr in die Unterkunft) ⟨‚Schlag auf den Zapfen' (zum Verschließen des Schenkfasses)⟩; *K 258*: der Große _ · **Zap|fen|zie|her** (*alemann*; Korkzieher) · **Zap|fer** · **Zapf‿säu|le, ...stel|le**

za|po|nie|ren *Kunstw* (mit Zaponlack behandeln, überstreichen) · **Za|pon|lack** (ein farbloser Schutzlack)

zap|pe|lig *K 362* · **zap|peln** *K 363*

zap|pen|du|ster (*umg*; zu Ende, aus) ⟨*Herkunft umstritten*⟩

Zar, der, _en, _en (*hist*; Herrschertitel bei Russen, Serben, Bulgaren) ⟨*lat → grch → slaw*⟩

Zaragoza ↑ Saragossa

Za|ren|fa|mi|lie, die, _ (*hist*) ⟨*lat → grch → slaw*⟩ · **Za|re|witsch,** der, _[e]s, _e (*hist*; Sohn des Zaren) · **Za|rew|na** [..'rɛv..], die, _, _s (*hist*; Tochter des Zaren)

Zar|ge, die, _, _n (*fachspr*; Einfassungsrahmen bei Tür- u. Fensteröffnungen; Seitenwand der Streichinstrumente, auch bei Gitarre u. Zither)

Za|rin, die, _, ..innen (*hist*) ⟨*lat → grch → slaw*⟩ · **Za|ris|mus,** der, _ (*hist*) · **za|ri|stisch** (*hist*)

zart; _er, _este; zartblau usw.; *vgl.* blau · **zart|be|sai|tet** (empfindsam, sensibel); *vgl. aber K 166*; *Steigerung K 351*; zarter besaitet, zartest besaitet, *auch* zartbesaiteter, zartbesaitetste · **zart|blau** *K 278*; *vgl.* blau · **Zär|te|lei** (*meist abwert*) · **zär|teln** *K 363* · **zart|füh|lend** *K 128*; _er, _ste; *K 115*: am _sten · **Zart|heit** · **zärt|lich** · **Zärt|lich|keit**

Za|sel *od* **Za|ser,** die, _, _n (*noch landsch*; Faser) · **za|sern** *K 363* (*noch landsch*; fasern)

Zä|sium, das, _s (chem. Element, Metall); *Zeichen* Cs (*für lat u. fachspr* Caesium ['tsɛ:..]) ⟨‚Blaugraues'⟩

Za|ster, der, _s (*salopp*; Geld) ⟨*aind → Zig*⟩

Zä|sur, die, _, _en (Einschnitt, Pause [in einem Vers]) ⟨*lat*⟩

Zat|tel|tracht, die, _ (mittelalterl. Kleidermode)

Zau|ber, der, _s, _ · **Zau|be|rei** · **Zau|be|rer** *K 363* · **Zau|ber|flö|te** · **Zau|be|rin,** *auch* **Zaub|re|rin,** die,

---

[1] *Tr* ..k|k..

_, ..innen · **zau|be|risch** · **Zau|ber|kunst** · **Zau|ber|künst|ler** · **zau|bern** *K 363* · **Zau|ber|wort,** *Pl* ..worte *u.* ..wörter; *vgl.* Wort · **Zaubrerin** ↑ Zauberin
Zau|de|rei (*meist abwert*) · **Zau|de|rer** *K 363* · **zau|dern** *K 363*
Zaum, der, _[e]s, *Pl* Zäume (Kopfriemenzeug für Zug- u. Reittiere) ⟨*zu* ziehen⟩; im _ halten · **zäu|men** · **Zaum|zeug**
Zaun, der, _[e]s, *Pl* Zäune · **Zäun|chen** · **zäu|nen** (einzäunen) · **Zaun|gast,** *Pl* ..gäste · **Zaun|kö|nig** (ein Singvogel) · **Zaun[s]|pfahl;** ein Wink mit dem _ (deutlicher Hinweis)
Zau|pe, die, _, _n (*landsch*; Hündin – *landsch abwert*; liederl. weibl. Person)
zau|sen *K 354* · **zau|sig** (*österr*; zerzaust)
Ze|ba|oth *Pl* ⟨*hebr,* ‚himmlische Heerscharen'⟩; der Herr _ (*A. T.*; Beiname Gottes)
Ze|bra, das, _s, _s (gestreiftes afrikan. Wildpferd) ⟨*Bantu → portug*⟩ · **ze|bra|ar|tig** · **Ze|bra|strei|fen** (*umg*; Fußgängerüberweg)
Ze|bro|id, das, _en, _en (*Zool*; Kreuzung zw. Zebra u. Pferd) ⟨*portug + grch*⟩
Ze|bu, der *od* das, _s, _s (afrikan. u. asiat. Buckelrind) ⟨*frz*⟩
Zech|bru|der (*umg*) · **Ze|che,** die, _, _n; die _ bezahlen · **ze|chen** (*veraltend*) · **Ze|cher** (*veraltend*) · **Ze|che|rei** (*veraltend*)
Ze|chi|ne, die, _, _n (*hist*; venezian. Goldmünze) ⟨*arab → ital*⟩
Zech|prel|ler · **Zech|prel|le|rei**
Zech|stein, der, _[e]s (*Geol*; jüngere Abteilung des Perms) ⟨*Herkunft umstritten*⟩
Zeck, der *od* das, _[e]s (*landsch*; ein Kinderspiel)
Zecke[1], die, _, _n (parasitisch lebende Milbe)
zecken[1] (*landsch*; Zeck spielen, haschen; necken, reizen); necken und _
Ze|dent (*Rechtsw*; jmd., der seinen Anspruch abtritt) ⟨*lat*⟩
Ze|der, die, _, _n (immergrüner Nadelbaum) ⟨*hebr → grch → lat*⟩ · **ze|dern** (aus Zedernholz) · **Ze|dern|holz**
ze|die|ren (*Rechtsw*; [einen Anspruch, eine Forderung] abtreten, übertragen) ⟨*lat*⟩
Zee|se, die, _, _n (*Fischerei*; in der Ostsee verwendetes Schleppnetz) · **Zee|sen|boot** (*Fischerei*)

[1] *Tr* ..k|k..

Ze|he, die, _, _n, *seltener* **Zeh,** der, _[e]s, _en; die große Zehe, *seltener* der große Zeh, die kleine Zehe, *seltener* der kleine Zeh · **Ze|hen|spit|ze**
zehn (*als römisches Zahlzeichen* X; *vgl. K 291*); *K 120*: zu zehnen *od* zu zehnt; *K 258*: die Zehn Gebote (*bibl*); *vgl.* acht · **Zehn,** die, _, _en; *vgl.* [1]Acht · **zehn|ein|halb** *od* **zehn|und|ein|halb** *K 282* (*mit Ziffern* 10½ *od* 10,5); *vgl.* achteinhalb · **Zeh|ner,** der, _s, _ (*auch umg*; Zehnpfennigstück) · **zeh|ner|lei** · **Zeh|ner|packung**[1] (*mit Ziffern K 286* 10er-Packung) · **Zeh|ner|sy|stem** · **zehn|fach**[2] · **Zehn|fa|che**[2], das, _n *K 341*; *vgl.* Achtfache · **Zehn|fin|ger-Blind|schreib|me|tho|de** *od* **...-Blind|schrei|be|me|tho|de** *K 182*, die, _ · **Zehn|fin|ger|sy|stem,** das, _s · **Zehn|fläch|ner**[2], der, _s, _ (*Geom*) · **Zehn|fü|ßer** *Pl* (*Zool*; eine Gruppe der Kopffüßer); *Sg* Zehn|fü|ßer, der, _s · **Zehn|jahr|fei|er** *od* **Zehn|jah|res|fei|er** (*mit Ziffern K 285* 10-Jahr[es]-Feier) · **Zehn|kampf** (*Sport*) · **Zehn|klas|sen|schu|le** (10klassige allgemeinbildende polytechn. Oberschule) · **zehn|mal**[2]; *vgl.* achtmal · **zehn|ma|lig**[2] · **Zehn|pfen|nig|mar|ke** (*mit Ziffern K 285* 10-Pfennig-Marke *od* 10-Pf-Marke) · **zehnt;** *nur in der Wendung* zu zehnt · **Zehnt** *od* **Zehn|te,** der, ..ten, ..ten (mittelalterl. Steuer, auch Kirchensteuer [in Naturalien]) ⟨‚zehnter' [Teil]⟩; den Zehnten fordern, geben · **zehn|tau|send;** *K 100*: die oberen Zehntausend; *vgl.* tausend (1) · **zehn|te;** *vgl.* achte · **zehn|tel;** *vgl.* achtel · **Zehn|tel,** das, *schweiz meist* der, _s, _ ⟨‚zehnter Teil'⟩; *vgl.* Achtel · **zehn|teln** *K 363* (in zehn Teile teilen) · **zehn|tens** · **zehnundeinhalb** ↑ zehneinhalb
zeh|ren · **Zehr‿geld** (*veraltet*), **...pfen|nig** (*veraltet*) · **Zeh|rung** (*veraltet*)
Zei|chen, das, _s, _; _ setzen · **Zei|chen|block,** *Pl vgl.* Block (3) · **Zei|chen|heft** · **Zei|chen|set|zung,** die, _; *vgl. auch K 390ff.* · **Zei|chen‿spra|che, ...stift** (der) · **zeich|nen;** *vgl. auch* gezeichnet · **Zeich|ner** · **zeich|ne|risch** · **Zeich|nung**
zei|deln *K 363* (*noch landsch*; Honigwaben ausschneiden) · **Zeid|ler** (*noch landsch*; Imker) · **Zeid|le|rei** (*noch landsch*; Bienenzucht)
Zei|ge|fin|ger · **zei|gen;** sich (*Akk*) erkenntlich _ · **Zei|ger**

[1] *Tr* ..k|k..
[2] *Mit Ziffern vgl. K 284.*

zei|hen (*noch gehoben*); du ziehst, *selten* du zeihtest; du ziehest; geziehen; zeih[e]!; jmdn. des Verrats _
Zei|land, der, _[e]s, _e (Name mehrerer Pflanzen)
Zei|le, die, _, _n; *Abk* Z. · **Zei|len|gieß|ma|schi|ne** (*Polygr*) · **Zei|len‿län|ge, ...maß** (das) · **zei|len|wei|se** *K 176*
Zei|sel|bär (*landsch*; Tanzbär)
zei|sen *K 354* (*bayr*; Verworrenes auseinanderrupfen)
Zei|sig, der, _[e]s, _e (ein Finkenvogel) ⟨*tschech*⟩; ein lockerer _ (*umg scherzh*; leichtfertiger Mensch) · **Zei|sig|fut|ter**
Zei|sing, *auch* **Sei|sing,** das, _s, _e (*seem*; kurzes Tau) ⟨*germ → frz → ndrl*⟩
Zeiss Je|na, *kurz für* **VEB Carl Zeiss JE|NA** · **Zeißsch** *K 217* (von Carl Zeiß, dem Begründer der Zeisswerke in Jena, herrührend); das Zeißsche Erbe · **Zeisssch** ⟨*nach* dem VEB Carl Zeiss JENA⟩; *K 217*: das Zeisssche Entzerrungsgerät
zeit (*K 110*) *Präp mit Gen*: _ meines Lebens
Zeit, die, _, _en; *Formelzeichen t* (*Phys*); *K 119*: mitteleuropäische _ (*Abk* MEZ); osteuropäische _ (*Abk* OEZ); westeuropäische _ (*Abk* WEZ); einige _, eine kurze _ lang, *aber K 176*: eine Zeitlang; es ist an der _; auf _ (*Abk* a. Z.); außer der _; über die _ [hinaus]; von _ zu _; vor der _; zur _ (*Abk* z. Z. *od* z. Zt.), *österr u. schweiz* zurzeit; zu meiner, seiner, unsrer _; _ haben, sein, werden; es (*vgl.* [1]es [2]) ist [hohe] _; ach du liebe *od* du meine Zeit! (*umg*) – *Vgl.* allezeit, derzeit, jederzeit, seinerzeit, beizeiten, vorzeiten, zuzeiten, zeitlebens
Zeit‿ab|schnitt, ...al|ter, ...an|ga|be, ...an|sa|ge · **Zeit|auf|nah|me** (*Fot*) · **Zeit|auf|wand** · **zeit|auf|wen|dig** · **Zeit|er|spar|nis** · **Zeit|fah|ren,** das, _s (*Sport*) · **Zeit|form** (*Gramm*) · **zeit‿ge|bun|den** (*K 364*), **...ge|mäß** · **Zeit|ge|nos|se** · **zeit|ge|nös|sisch** · **zeit|ge|recht** (*österr, schweiz*; rechtzeitig) · **Zeit|ge|schmack** · **zeit|gleich** · **zei|tig,** *österr umg auch* **zeit|lich** (früh, beizeiten) · **zei|ti|gen** (*gehoben*; hervorbringen – *österr*; reif werden) · **Zeit|kar|te** · **Zeit|ki|no** · **Zeit|lang** *K 176*, die, _; *nur in* eine Zeitlang, *aber K 175*: einige Zeit lang, eine kurze Zeit lang · **Zeit|lauf,** *Pl* ..läuf[t]e, *meist Pl* (*gehoben*) · **zeit|le|bens** *K 176*, *aber K 110*: zeit meines Lebens · **zeit|lich:** 1. (*Rel*; irdisch); *K 93*: das Zeitliche segnen (*veraltend verhüll*; sterben) – 2. ↑ zeitig · **Zeit|lohn** ·

zeit|los; *vgl.* ...los · **Zeit|lu|pe,** die, _ (*Filmw*) · **Zeit|maß,** das · **Zeit-mes|sung** · **zeit|nah** · **Zeit|neh-mer** (*Sport*) · **Zeit|punkt** · **Zeit|raf-fer** (*Filmw*) · **zeit|rau|bend** *K 165*; *K 115*: am _sten · **Zeit|raum** · **Zeit-rech|nung;** unserer _ (*Abk* u. Z.); vor unserer _ (*Abk* v. u. Z.) · **Zeit-schrift;** *Abk* Zs. *od* Zschr. · **Zeit-schrif|ten|auf|satz** · **zeit|spa-rend** · **Zei|tung** · **Zei|tung|le|sen** *K 101*, das, _s · **Zei|tungs‿in|se-rat,** **...kiosk,** **...le|ser,** **...pa|pier** · **Zei|tungs|satz,** der, _es · **zeit|ver-geu|dend** *K 165*; *K 115*: am _sten · **Zeit|ver|treib,** der, _[e]s, _e · **zeit|wei|lig** · **zeit|wei|se** *K 176* · **Zeit|wert** (*Versiche-rungsw*) · **Zeit|wort,** *Pl* ..wörter (*Gramm*)

Zeitz (Stadt im Bez. Halle)

Zeit|zei|chen (*Rundf*)

Zeit|zer: 1. *K 231*: der, _s, _; 2. *als Attribut K 232*

Zeit|zün|der

Ze|le|brant (*kath Kirche*; die Messe lesender Priester) ⟨*lat*⟩ · **Ze|le|bra-tion** (*kath Kirche*; Feier [des Meß-opfers]) · **ze|le|brie|ren** (*oft iron*; feierlich begehen – *kath Kirche*; eine Messe lesen) · **Ze|le|bri|tät** (Berühmtheit, berühmte Person)

Zell (häufiger On. im S der BRD, in Österreich u. der Schweiz) ⟨*lat*⟩

Zel|la-Meh|lis *K 244* (Stadt im Bez. Suhl)

Zell|at|mung, die, _ (*Biol*) · **Zel-le,** die, _, _n ⟨*lat*⟩ · **zel|len|för-mig** · **Zel|len|leh|re,** die, _ · **Zel-len|schmelz** (*Kunstwiss*) · **Zell|ge-we|be** · **Zell|glas,** das, _es (ein Kunststoff) · **Zellhorn** ↑ Zelluloid · **...zel|lig** (z. B. einzellig) · **Zell|kern** (*Biol*) · **zel|lo|pha|niert** (*Buchw*; mit Buchdecke versehen, die mit Zellglas kaschiert ist); *Abk* zelloph. ⟨*lat* → *grch*⟩ · **Zell|stoff** (Produkt aus Zellulose) · **Zellstoffabrik** [*Tr* Zell|stoff|fa|brik *K 78*] · **zel|lu|lar** *od* **zel|lu|lär** (aus Zellen gebildet) ⟨*lat*⟩ · **Zel|lu|loid** [..'lɔyt] ⟨*lat* + *grch*⟩, *seltener* **Zell|horn** ⟨*lat*⟩, das, _[e]s (ein Kunststoff) · **Zel|lu|lo-se,** die, _, _n (Hauptbestandteil der pflanzl. Zellwände) ⟨*lat*⟩ · **Zellu-losenitrat** ↑ Nitratzellulose · **Zell-wol|le,** die, _

Ze|lot, der, _en, _en (Glaubenseife-rer) ⟨*grch*⟩ · **ze|lo|tisch** (glaubens-eifrig); _ste · **Ze|lo|tis|mus,** der, _ (übersteigerter Glaubenseifer) ⟨*grch* → *lat*⟩

Zelt, das, _[e]s, _e · **Zelt|bahn** · **Zelt|blatt** (*österr*; Zeltbahn) · **zel-ten** (im Zelt wohnen) · **[1]Zelter** ↑ Zeltler

[2]Zel|ter, der, _s, _ (auf Paßgang ab-gerichtetes Damenreitpferd) ⟨*span*⟩

Zelt|la|ger, *Pl* ..lager · **Zelt|ler,** *auch* **[1]Zel|ter,** der, _s, _ (jmd., der zeltet) · **Zelt‿pflock,** **...pla|ne** · **Zelt|stock,** *Pl* ..stöcke

Ze|ment: 1. der, _[e]s, *Pl* (*Sorten:*) _e (ein Baustoff; Gesteinsbinde-mittel) – 2. der *od* das, _[e]s (*Med*; Knochengewebe der Zahnwurzel) ⟨*lat*, ‚Bruchstein'⟩ · **Ze|men|ta|tion** (*fachspr*; Härtung der Stahloberflä-che) · **ze|men|tie|ren** (mit Zement-mörtel überziehen; verkitten – *fachspr*; die Zementation durchfüh-ren) · **Ze|ment|sack** · **Ze|ment-spritz|ver|fah|ren,** das, _s (*Techn*)

Zend|awe|sta, das, _ (mittelpers. Kommentar zum Awesta) ⟨*pers*, ‚Kommentar und Grundtext'⟩; *vgl.* Awesta

Ze|ner|dio|de (*Phys*; eine Halblei-terdiode) ⟨*nach* dem amerikan. Physiker C. Zener ['zɛnər]⟩

Ze|nit, der, _[e]s (Scheitelpunkt [des Himmels]) ⟨*arab* → *span* → *ital*⟩ · **Ze|nit|hö|he**

Zenotaph ↑ Kenotaph

zen|sie|ren (Zensuren erteilen; der Zensur unterwerfen) ⟨*lat*⟩ · **Zen-sor,** der, _s, ..oren (amtl. Prüfer, Beurteiler – *Antike*; röm. Beamter, der den Zensus durchführte) · **zen-so|risch** (den Zensor betreffend) · **Zen|sur:** 1. die, _, _en (Leistungs-, Beurteilungsgrad [im Schulzeug-nis]) – 2. die, _ (Prüfung von Druck- u. Bühnenwerken usw.) · **Zen|su|ren|durch|schnitt** · **zen-su|rie|ren** (*österr*; der Zensur (2) unterwerfen) · **Zen|sus,** der, _, _ [..zu:s] (*fachspr*; Volkszählung – *Antike*; Einstufung der altröm. Bür-ger nach Vermögen usw.)

Zent, die, _, _en (*Mittelalter*; ein 100 Familien umfassendes Herr-schafts- bzw. Gerichtsgebiet) ⟨*lat*, ‚hundert'⟩

Zentaur ↑ Kentaur

zen|te|si|mal (hundertteilig) ⟨*lat*⟩ · **Zen|te|si|mal|tei|lung**

zent|frei (*Mittelalter*; dem Zentge-richt nicht unterworfen) ⟨*lat*⟩

Zen|ti...[1] (Vorsatz bei Einheiten = der hundertste Teil der genannten Einheit [z. B. Zentimeter]); *Vorsatz-zeichen* c... (z. B. cm) ⟨*lat*⟩

Zen|ti|fo|lie [..ĭə], die, _, _n (eine Rosensorte) ⟨*lat*, ‚die Hundertblätt-rige'⟩

Zen|ti|me|ter[2] [*od* ..'me:..], das *od* der, *schweiz nur so* ($\frac{1}{100}$ m); *Ein-heitenzeichen* cm ⟨*lat* + *grch*⟩ · **Zen|ti|me|ter|maß,** das

Zent|ner, der, _s, _ (alte Einheit der Masse = 50 kg); *Abk* Ztr. ⟨*lat*⟩ · **Zent|ner|ge|wicht** · **zent|ner-schwer** *K 176*, *aber K 127*: fünf Zentner schwer · **zent|ner|wei|se** *K 176*; dreizentnerweise (*mit Ziffer K 284* 3zentnerweise)

zen|tral (in der Mitte; im Mittel-punkt befindlich, von ihm ausge-hend) ⟨*grch* → *lat*⟩; *K 258*: Zentra-ler Kurierdienst (*Abk* ZKD), Zen-trale Parteikontrollkommission [der SED] (*Abk* ZPKK)

Zen|tral|afri|ka|ner, der, _s, _ (Staatsbürger der ZAR) · **zen|tral-afri|ka|nisch;** *K 258*: der Zentral-afrikanische Graben (*Geol*) · **Zen-tral|afri|ka|ni|sche Re|pu|blik** *K 258*, die, *Gen* _n _; *Abk* ZAR ·

Zen|tral|asien [..ĭən]

Zen|tra|le, die, _, _n (Mittel-, Ausgangspunkt; Hauptstelle; Fern-sprechvermittlung) ⟨*grch* → *lat*⟩ · **Zen|tral‿ge|walt,** **...hei|zung**

Zen|tra|li|sa|tion (Zusammenzie-hung, Vereinigung in einem Punkt; einheitl. Lenkung durch eine zen-trale Stelle) ⟨*grch* → *lat* → *frz*⟩ · **zen|tra|li|sie|ren** (zusammenzie-hen, in einem Punkt vereinigen) · **Zen|tra|li|sie|rung** · **Zen|tra|lis-mus,** der, _ (System der Leitung von Staat, Wirtschaft usw. von einer Stelle aus) ⟨*grch* → *lat*⟩; *K 119*: der demokratische _ · **zen|tra|li|stisch** (nach Zusammenziehung, Verein-heitlichung strebend; vom Mittel-punkt, von zentralen Stellen aus be-stimmt); _ste · **Zen|tral|ko|mi|tee** (leitendes Organ, bes. der marxi-stisch-leninistischen Parteien); *Abk* ZK · **Zen|tral|rat;** _ der Freien Deutschen Jugend · **Zen|tral|vor-stand**

Zentren ↑ Zentrum · **Zen|trier-boh|rer** (*Techn*) · **zen|trie|ren** (*meist Techn*; auf den Mittelpunkt einstellen) ⟨*grch* → *lat*⟩ · **Zen|trier-vor|rich|tung** (*Techn*)

zen|tri|fu|gal (*Phys*; auf der Wir-kung der Zentrifugalkraft beru-hend) ⟨*grch* + *lat*⟩; *Ggs* zentripe-tal · **Zen|tri|fu|gal|kraft** (*Phys*; bei Drehbewegungen auftretende, nach außen gerichtete Fliehkraft); *Ggs* Zentripetalkraft · **Zen|tri|fu|gal-pum|pe** (*Techn*; Kreisel- od. Schleuderpumpe) · **Zen|tri|fu|ge,** die, _, _n (*Techn*; Maschine zum Scheiden verschiedener Stoffe durch Fliehkraft, Schleuder) · **zen-tri|fu|gie|ren** (*Techn*; mit Hilfe der Zentrifuge zerlegen); Milch _

zen|tri|pe|tal (*Phys*; nach dem Mit-telpunkt einer Drehbewegung hin gerichtet, zur Mitte strebend) ⟨*grch*

---

[1] Nur bei bisher schon üblichen De-zimalen u. Vielfachen von Einhei-ten.

[2] *Vgl. K 50, 52.*

+ *lat*); *Ggs* zentrifugal · **Zen|tri|pe|tal|kraft** (*Phys*); *Ggs* Zentrifugalkraft

zen|trisch (im Mittelpunkt befindlich) ⟨*grch* → *lat*⟩ · **Zen|tri|win|kel** (*Geom*; Mittelpunktswinkel)

Zen|trum, das, _s, *Pl* Zentren (Mitte, Mittelpunkt, Hauptsitz; Innenstadt) ⟨*grch* → *lat*⟩; *K 119*: agrochemisches Zentrum (*Abk* ACZ), *aber K 259*: Agrochemisches Zentrum Delitzsch · **Zen|trum|boh|rer** (*Techn*)

Zeo|lith, der, *Gen* _[e]s, *Pl* _e *od Gen* _en, *Pl* _en (Sammelbez. für eine Mineralgruppe)

Ze|pha|lo|po|den ⟨*grch* → *lat*⟩, *auch* **Ke|pha|lo|po|den** ⟨*grch*⟩ *Pl* (*Zool*; Kopffüßer, Tintenfische)

Ze|phir: 1. *auch* **Ze|phyr,** der, _s (*dicht*; milder, leichter Wind) – 2. der, _s, _e [*österr* ..'fi:rə] ([gestreiftes] Baumwollgewebe) ⟨*grch* → *lat*⟩ · **Ze|phir|wol|le**

Zep|pe|lin, der, _s, _e *od* **Zep|pe|lin|luft|schiff** *K 209*, das, _[e]s, _e ⟨*nach* dem Erfinder⟩

Zep|ter, das, *auch* der, *österr meist* **Szep|ter,** das, _s, _ (Herrscherstab) ⟨*grch* → *lat*⟩

zer...: *in fest zusammengesetzten Verben*, z. B. zerteilen *K 357*, du zerteilst, zerteilt, zu zerteilen

Zer *od* **Ze|rium,** das, _s (chem. Element, Metall); *Zeichen* Ce (*für lat u. fachspr* Cerium) ⟨*nach* dem Planetoiden Ceres⟩

Zer|be|rus, der, _, _se (*scherzh*; strenger, grimmiger Wächter) ⟨*grch* → *lat*, *nach* Kerberos, dem Hund der griech. Sage, der die Unterweltspforte bewacht⟩

zer|blät|tern *K 363*

zer|bom|ben ⟨*grch* → *lat* → *ital* → *frz*⟩

zer|bre|chen · **zer|brech|lich** · **Zer|brech|lich|keit,** die, _

zer|bröckeln *K 363* [*Tr* ..brök|keln]

Zerbst (Stadt im Bez. Magdeburg) · **Zerb|ster:** 1. *K 231*: der, _s, _; 2. *als Attribut K 232*: die Zerbster Bregenwurst (eine Kochwurst)

Ze|rea|lien [..ĭən] *Pl* (Feldfrüchte, bes. Getreide) ⟨*lat*, *nach* der röm. Göttin Ceres⟩

ze|re|bral (*Med*; zum Großhirn od. zu Großhirnteilen gehörig) ⟨*lat*⟩

Ze|re|mo|nie [*auch* ..'mo:nĭə, *österr nur so*], die, _, ..ien [*auch* ..'mo:nĭən, *österr nur so*] (feierl. Handlung; Förmlichkeit) ⟨*lat*⟩ · **ze|re|mo|niell** (feierlich; förmlich) · **Ze|re|mo|niell,** das, _s, _e (einzuhaltende Vorschriften bei feierl. Anlässen) · **Ze|re|mo|nien|mei|ster** [..ĭən..] (*hist*) · **ze|re|mo|niös** *K 349* (steif, förmlich; gemessen) ⟨*lat* → *frz*⟩

zer|fah|ren: 1. *Verb* (durch vieles Fahren beschädigen) – 2. *Adj K 364* (zerstreut, verwirrt) · **Zer|fah|ren|heit,** die, _

Zer|fall, der, _[e]s · **zer|fal|len** · **Zer|falls|pro|dukt** (*Phys*)

zer|fet|zen

zer|fle|dern *od* **zer|fled|dern** *K 363* ([durch häufigen Gebrauch] abnutzen, zerreißen) ⟨*zu* flattern⟩

zer|flei|schen *K 354*

zer|furcht; eine _e Stirn

zer|ge|hen *K 363* (sich auflösen, flüssig werden)

zer|gen (*landsch*; necken)

zer|glie|dern

zer|hau|en; *Konjugation vgl.* hauen (2)

Zerium ↑ Zer

zer|klei|nern *K 363*

zer|klüf|tet

zer|knal|len

zer|knirscht

zer|knit|tern *K 363*

zer|kör|nen (granulieren)

zer|las|sen; *K 364*: _e Butter

zer|le|gen · **Zer|leg|spiel**

zer|le|sen *K 364* (durch vieles Lesen abgenutzt); ein _es Buch

zer|lö|chern *K 363*

zer|lumpt (in Lumpen zerrissen; in Lumpen gekleidet)

zer|mal|men

zer|mar|tern *K 363* ⟨*grch* → *lat*⟩; sich (*Akk*) _; sich (*Dat*) den Kopf _

zer|mür|ben

Ze|ro ['ze:..], die, _, _s *od* das, _s, _s (Null, Nichts) ⟨*arab* → *frz*⟩

zer|plat|zen

zer|pul|vern [..f.., *auch* ..v..] *K 363* (pulverisieren) ⟨*lat*⟩

zer|quet|schen

Zerr|bild

zer|reib|bar · **zer|rei|ben**

zer|rei|ßen · **Zer|reiß|pro|be**

zer|ren

zer|ris|sen *K 364* (zerfetzt, zerlumpt – *auch übertr*; zwiespältig, mit sich zerfallen) · **Zer|ris|sen|heit,** die, _

Zer|rung

zer|rüt|ten (in Unordnung bringen; zerstören, verderben) ⟨*zu* reuten⟩

zer|schel|len (völlig zerbrechen) ⟨*zu* schallen⟩

zer|schla|gen: 1. *Verb* (zerbrechen, zertrümmern) – 2. *Adj K 364* (völlig erschöpft)

zer|schmet|tern *K 363*

zer|schnei|den

zer|schrammt ([über und über] mit Schrammen bedeckt)

zer|schrün|det ([über und über] von Schrunden, Rissen zerfurcht)

zer|set|zen

zer|sin|gen (durch Zusätze od. Auslassungen den ursprüngl. Wortlaut eines Volksliedes ändern)

zer|spa|nen (*Techn*) · **Zer|spa|ner** · **Zer|spa|nungs|fach|ar|bei|ter**

zer|split|tern *K 363* (in Splitter zerschlagen; in Splitter zerfallen); sich (*Akk*) _ (sich allzu vielen Dingen widmen, nichts Rechtes erreichen)

zer|spren|gen

zer|stäu|ben · **Zer|stäu|ber** · **zer|stie|ben**

zer|stö|ren · **Zer|stö|rer**

zer|strei|ten, sich (*Akk*)

zer|streu|en; sich (*Akk*) _ (*auch für* sich vergnügen, ablenken, erholen) · **zer|streut** (*auch für* unaufmerksam, sich mit den Gedanken woanders befindend) · **Zer|streut|heit** · **Zer|streu|ung**

zer|stückeln *K 363* [*Tr* ..stük|keln] · **Zer|stücke|lung** [*Tr* ..stük|ke..] *K 363*

zer|talt (*Geogr*; durch Täler stark gegliedert); ein _es Gelände

zer|tei|len

Zer|ti|fi|kat, das, _[e]s, _e (*veraltend*; [amtl.] Bescheinigung, Bestätigung, Beglaubigung) ⟨*lat*⟩ · **zer|ti|fi|zie|ren** (*veraltend*; [amtl.] bescheinigen, bestätigen, beglaubigen)

zer|trüm|mern *K 363*

Zer|ve|lat|wurst [zɛrvə.. *od* tsɛr..], die, _, ..würste ⟨*lat* → *ital*⟩

Zer|würf|nis, das, ..isses, ..isse (*gehoben*)

zer|zau|sen

Zes|sion (*Rechtsw*; Abtretung, Übertragung [eines Anspruchs]) ⟨*lat*⟩

Ze|ta, das, _[e]s, *Pl* _s, *österr auch* _ (griech. Buchstabe: *Z*, *ζ*) ⟨*semit* → *grch*⟩

Ze|ter; *nur noch in* _ und Mord[io] schreien · **Ze|ter|ge|schrei** (*umg*) · **ze|ter|mor|dio;** *nur noch in* _ schreien · **ze|tern** *K 363* (*umg abwert*; schimpfen – *veraltet*; wehklagend [um Hilfe] schreien)

[1]Zet|tel, der, _s, _ (Streifen, kleines Blatt Papier) ⟨*grch* → *lat*⟩. *Zus K 365ff.*: Zettel‿kasten usw.

[2]Zet|tel, der, _s, _ (*Web*; Kette, Reihenfolge der Kettfäden) ⟨*zu mhd* zetten ‚verstreuen'⟩. *Zus K 365ff.*: Zettel‿maschine usw. · **zet|teln** *K 363* (*landsch*; verstreuen, weithin ausbreiten; unübersichtlich arbeiten)

zeuch!, zeuchst, zeucht ↑ ziehen

Zeug, das, _[e]s, _e ⟨*zu* ziehen⟩ · **Zeug|druck,** *Pl* ..drucke (*Textilwirtsch*; bedruckter Stoff) · **Zeu|ge,** der, _n, _n. *Zus K 365ff.*: Zeugen‿aussage usw. · **zeu|gen:** 1. *tr* (hervorbringen, erzeugen); Kinder _ – 2. *intr* (Zeugnis ablegen, bezeugen); es zeugt von Fleiß · **Zeu|genschaft,** die, – · **Zeug|haus** (*veraltet*; Arsenal) · **Zeu|gin,** die, –, ..innen · **Zeug|nis,** das, ..isses, ..isse · **Zeugs,** das, – (*umg abwert*; Zeug) · **Zeu|gung** · **zeu|gungs|fähig** · **Zeu|gungs|fä|hig|keit,** die, –

Zeus (*griech Mythol*; oberster Gott, Herrscher über Himmel u. Erde) · **Zeus|tem|pel**

Zib|be, die, –, –n (*bes norddt*; Mutterschaf, -kaninchen)

Zi|be|be, die, –, –n (*süddt, österr*; eine Rosinenart) ⟨*arab → ital*⟩

Zi|bet [..bɛt], der, –s (Drüsenabsonderung der Zibetkatze) ⟨*afrik → arab → ital*⟩ · **Zi|bet|kat|ze**

Zi|cho|rie [..'ço:riə, *auch* ..'ko:..], die, –, –n (Wegwarte, ein Korbblütler; ein Kaffeezusatz) ⟨*grch → lat → ital*⟩ · **Zi|cho|rien|kaf|fee,** der, –s

Zicke[1], die, –, –n (weibl. Ziege – *auch Schimpfw*) · **Zickel**[1], das, –s, –[n] · **zickeln**[1] (*von der Ziege gesagt*; Junge werfen)

Zicken[1] *Pl* (*umg*; Dummheiten); [keine] – machen

zickig[1] (*umg abwert*) ⟨*zu* Zicke⟩

Zick|zack, der, –[e]s, –e; im Zickzack laufen, *aber*: zickzack laufen. *Zus K 365ff.*: Zickzack‿linie usw.

Zi|der, der, –s (Obstwein, bes. Apfelwein) ⟨*hebr → grch → lat → frz*⟩

Zie|che, die, –, –n (*süddt u. österr umg*; Bettbezug) ⟨*grch → lat*⟩

Ziech|ling (*fachspr*; Ziehklinge, Schaber des Tischlers)

Zie|fer, das, –s (*südwestdt*; Federvieh)

Zie|ge, die, –, –n. *Zus K 365ff.*: Ziegen‿bock usw.

Zie|gel, der, –s, – ⟨*lat*⟩ · **Zie|gelbren|ner** · **Zie|gel|bren|ne|rei** · **Zie|ge|lei** · **Zie|gel|roh|bau,** *Pl* ..bauten · **zie|gel|rot;** *vgl.* blau · **Zie|gel|stein**

Zie|gen|bart (*auch für* ein Pilz) · **Zie|gen|mel|ker** (ein Vogel) · **Ziegenpeter** ↑ Mumps

Zie|ger, *schweiz* **Zi|ger,** der, –s, – (*alemann, bayr*; Quark[käse], Kräuterkäse)

Zieg|ler (*veraltet*; Ziegelbrenner) ⟨*lat*⟩

Zieh|brun|nen · **zie|hen;** du zogst; du zögest; gezogen; zieh[e]!; *veraltet u. dicht noch die 2. u. 3. Pers Sg des Präs* du zeuchst, er zeucht *u. der Imp* zeuch!; den kürzer[e]n – *K 116*; auf sich (*Akk*) –; *vgl.* großziehen, strammziehen · **Zieh‿harmo|ni|ka, ...kind** (*landsch*) · **Ziehung**

Ziel, das, –[e]s, –e. *Zus K 365ff.*: Ziel‿scheibe usw. · **Ziel|bahn|hof** · **ziel|be|wußt** · **zie|len** · **Ziel|fo|togra|fie** *od* **Ziel|pho|to|gra|phie** *K 54* (*Sport*) · **Ziel|ge|ra|de** (*Sport*; letztes gerades Bahnstück vor dem Ziel) · **ziel|ge|rich|tet** · **ziel|los;** *vgl.* ...los · **Ziel|lo|sig|keit,** die, – · **Zielphotographie** ↑ Zielfotografie · **ziel|si|cher** · **ziel|stre|big** · **Zielstre|big|keit,** die, –

zie|men (*noch gehoben*); ihm ziemt Milde; es ziemt sich nicht für mich

Zie|mer, der, –s, – (Rückenbraten [bei Wild]; Prügelwerkzeug)

ziem|lich

zie|pen (*bes norddt*; zupfend ziehen; einen Pfeifton von sich geben)

Zier, die, – (*dicht*) · **Zie|rat,** der, –[e]s, –e (*gehoben*) · **Zier|de,** die, –, –n · **zie|ren** (*gehoben*); sich (*Akk*) – (*normalspr*) · **Zie|re|rei** (*abwert*) · **Zier‿fisch, ...gar|ten, ...ge|höl|ze** (*Pl*) · **zier|lich** · **Zierlich|keit,** die, – · **Zier‿pflan|ze, ...pup|pe**

Zie|sel, der, *österr* das, –s, – (ein Nagetier) ⟨*slaw*⟩

Ziest, der, –es, –e (eine Arzneipflanze) ⟨*sorb*⟩

Zif|fer, die, –, –n (schriftl. Zeichen zum Ausdruck der Zahl); *Abk* Ziff. ⟨*arab → ital*⟩; arabische, römische Ziffern (*K 290 u. 291*); *vgl. auch* Zahl · **Zif|fer|blatt** · **Zif|fer[n]|kasten** (*Polygr*) · **Zif|fer|schrift** · **...ziff|rig** *K 362* (z. B. zweiziffrig [*mit Ziffer K 284* 2ziffrig])

...zig *K 477*; *umg in Zus wie* ...zigtausend, ...zig Millionen, *vgl. K 282*

Zi|ga|ret|te, die, –, –n ⟨*indian → span → frz*, ‚kleine Zigarre'⟩. *Zus K 365ff.*: Zigaretten‿schachtel usw. · **Zi|ga|ril|lo,** das *od* der, –s, –s, *umg auch* die, –, –s (kleine Zigarre) ⟨*indian → span*⟩ · **Zi|garre,** die, –, –n (*auch umg*; Verweis, Rüge) ⟨*indian → span → frz*⟩. *Zus K 365ff.*: Zigarren‿asche usw.

Ziger ↑ Zieger

Zi|geu|ner, der, –s, – (Angehöriger eines über viele Länder verstreuten indoeurop. Volkes) ⟨*Herkunft umstritten*⟩ · **zi|geu|ner|haft** · **Zi|geune|rin,** die, –, ..innen · **zi|geu|nerisch** · **Zi|geu|ner|le|ben,** das, –s (*umg*; unstetes Leben) · **zi|geunern** *K 363* (*umg*; ein Zigeunerleben führen)

Zi|ka|de, die, –, –n (zirpendes grillenähnl. Insekt) ⟨*lat → rom*⟩

Zi|lia|ten *Pl* (*Zool*; die Wimpertierchen); *Sg* Zi|lia|te, die, – ⟨*lat*⟩

Zil|le, die, –, –n (*landsch u. österr*; leichtgebauter, flacher Lastkahn für die Flußschiffahrt – *österr auch für* Fahrzeug der Wasserpolizei; Kahn) ⟨*slaw*⟩

Zil|ler|tal *K 246*, das, –[e]s (im S Österreichs) · **Zil|ler|ta|ler:** 1. *K 231*: der, –s, –; 2. *als Attribut K 232*: die Zillertaler Alpen

Zil|li (w. Vn.) ⟨*Kurzf von* Cäcilie⟩; *Nebenf* Cilli

Zimbel ↑ Cymbal (2)

Zimber ↑ Kimber

Zi|ment, das, –[e]s, –e (*bayr, österr*; altes geeichtes metallenes zylindrisches Schankmaß) ⟨*lat → ital*⟩

Zim|mer, das, –s, –. *Zus K 365ff.*: Zimmer‿ofen usw. · **Zim|mer|arbeit** ⟨*zu* Zimmerer⟩ · **Zim|me|rei** · **Zim|me|rer** · **Zim|mer|flucht** (zusammenhängende größere Reihe von [stattl.] Zimmern) · **Zim|merherr** (*österr*; Untermieter) · **Zimmer|ling** (*bergm*; Zimmermann) · **Zim|mer|mann,** *Pl* ..leute · **Zimmer|mei|ster** · **zim|mern** *K 363* · **Zim|me|rung** (*meist bergm*) · **...zimm|rig** *K 362* (z. B. zweizimmrig [*mit Ziffer K 284* 2zimmrig])

zim|per|lich (*abwert*) · **Zim|perlich|keit,** die, – (*abwert*)

[1]Zimt, der, –s (*umg abwert*; wertloses Zeug; alberner Kram) ⟨*jidd*⟩

[2]Zimt, der, –[e]s, –e (ein Gewürz) ⟨*mal → hebr → lat*⟩ · **Zimt|baum** · **Zimt|öl,** das, –[e]s · **Zimt|säu|re,** die, –

Zin|der, der, –s, –, *meist Pl* (ausgeglühte Steinkohle) ⟨*engl*⟩

Zi|ne|ra|rie [..iə], *auch* **Zi|ne|ra|ria,** die, –, ..ien [..iən] (eine Zimmerpflanze) ⟨*lat*, ‚Aschenkraut'⟩

Zin|gu|lum, das, –s, *Pl* –s *od* ..la (Gürtelschnur des Gewandes kath. Geistlicher) ⟨*lat*⟩

[1]Zink, das, –[e]s (chem. Element, Metall); *Zeichen* Zn ⟨*zu* [1]Zinke⟩. *Zus K 365ff.*: Zink‿blech usw.

[2]Zink, der, *Gen* –en, *auch Gen* –es, *Pl* –e *od* **[1]Zin|ken,** der, –[s], – (altes Blasinstrument) ⟨*Herkunft umstritten*⟩

Zink|blen|de (*Mineral*; wichtigstes Zinkerz) ⟨*zu* [1]Zink⟩

[1]Zin|ke, die, –, –n (Zacke)

[2]Zin|ke, die, –, –n, *meist Pl* (Gaunerzeichen) ⟨*lat → frz*⟩ · **[1]zin|ken** (mit Gaunerzeichen [Zinken] versehen – *salopp abwert*; verraten); gezinkte Spielkarten

[2]zin|ken *K 364* (von, aus Zink) ⟨*zu* [1]Zink⟩

[1]Zinken ↑ [2]Zink

[2]Zin|ken, der, –[s], – (*umg scherzh*; grobe, dicke Nase)

Zin|ken|blä|ser, *älter* **Zin|ke|nist** ⟨*zu* [2]Zink⟩

...zin|kig (z. B. dreizinkig [*mit Ziffer K 284* 3zinkig]) ⟨*zu* [1]Zinke⟩

Zinn, das, –[e]s (chem. Element, Metall); *Zeichen* Sn (*für lat* Stan-

---

[1] *Tr* ..k|k..

num [st..]). *Zus K 365 ff.*: Zinn-⌣geschirr usw.

Zin|ne, die, _, _n (zahnartiger Mauerabschluß – *schweiz*; umfriedetes Flachdach)

zin|nern (von, aus Zinn) · **Zinn|fo-lie** (Blattzinn)

Zin|nie [..ĭə], die, _, _n (eine Sommerblume, Korbblütler) ⟨*nach* dem Botaniker J. G. Zinn⟩

Zinn|kraut, das, _[e]s (Ackerschachtelhalm)

Zin|no|ber: 1. der, _s, _ (häufigstes Quecksilbermineral) – 2. der, _s (*umg*; Unfug, Blödsinn) – 3. der, *auch* das, _s, *österr nur so* (eine rote Farbe) ⟨*pers* → *grch* → *lat* → *frz*⟩ · **zin|no|ber|rot;** *vgl.* blau · **Zin|no|ber|rot;** *vgl.* Blau

Zinn|stein (wichtigstes Zinnerz)

Zinn|wal|dit, der, _[e]s, _e (*Mineral*; ein Glimmer) ⟨*nach* dem Ort Zinnwald im Erzgebirge⟩

Zins: 1. der, _es, _en *meist Pl* (Ertrag) – 2. der, _es, _e (*hist*; Abgabe – *süddt, österr, schweiz*; Miete) ⟨*lat*⟩ · **zins|bar** · **Zin|sen|be|rech-nung** · **Zin|ses|zins,** *Pl* ..zinsen · **Zins|fuß,** *Pl* ..füße · **Zins|gro-schen** (*Mittelalter*) · **zins|los;** *vgl.* ...los · **zins|pflich|tig** (*Mittelalter*) · **Zins|satz** · **Zins|zahl** (*Wirtsch*)

Zi|on (*übertr*; Jerusalem) ⟨*nach* einem Hügel von Jerusalem⟩ · **Zio-nis|mus,** der, _ (nationalist. Bewegung in der jüd. Bourgeoisie, die zur Gründung des Staates Israel führte) ⟨*hebr* → *lat*⟩ · **Zio|nist** · **zio-ni|stisch**

Zipf, der, _[e]s (*bes süddt*; Pips) ⟨*lat*⟩

Zip|fel, der, _s, _ · **Zip|fel|müt|ze** · **zipf|lig** *K 362*

Zip|pe, die, _, _n (*landsch*; Singdrossel)

Zip|per|lein, das, _s (*veraltet*; Fußgicht) ⟨*zu mhd* zipfen ‚trippeln'⟩

Zipp|ver|schluß (*österr*; Reißverschluß) ⟨*engl*⟩

Zir|bel|drü|se (*Biol*) · **Zir|bel|kie-fer,** die

Zirconium ↑ *unter* Zirkonium

zir|ka (ungefähr, etwa); *Abk* ca. ⟨*grch* → *lat, dt Schreibung für lat* circa⟩ · **Zir|kel,** der, _s, _ (*auch für* kleiner [geselliger] Kreis von Menschen; kleine Lern- u. Arbeitsgemeinschaft) · **zir|keln** *K 363* (einen Kreis ziehen; [ab]messen) · **Zir|kel-schluß** (*Logik*; Schluß, in dem das zu Beweisende zur Beweisführung benutzt wird)

Zir|kon: 1. der, _s, _e (*Mineral*) ⟨*pers* → *arab* → *frz*⟩ – 2. ↑ Zirkonium · **Zir|ko|nium** *od* **Zir|kon,** das, _s (chem. Element, Metall); *Zeichen* Zr ⟨*pers* → *arab* → *frz* → *lat, fachspr* Zirconium⟩

zir|ku|lar *od* **zir|ku|lär** (kreisförmig) ⟨*grch* → *lat*⟩ · **Zir|ku|lar,** das, _s, _e (*noch österr*; Rundschreiben) · **Zir|ku|lar|no|ten** *Pl* (*Diplomatie*; gleichlautende Noten einer Regierung an fremde Staaten) · **Zir|ku|la-tion** (Kreislauf, Umlauf; Austausch) · **zir|ku|lie|ren** (umlaufen, die Runde machen, kreisen); das Schriftstück zirkuliert (ist in Umlauf) · **Zir|kum|flex,** der, _es, _e (*Phon*; ein Dehnungszeichen); *Zeichen* ˆ ⟨*lat*⟩; *vgl. auch* Accent circonflexe · **Zir|kum|po|lar|stern** (*Astron*; Stern, der während der tägl. Umdrehung der Erde über dem Horizont bleibt) · **Zir|kus:** 1. der, _, ..usse (großes Zelt od. festes Gebäude zur Vorführung von Tierdressuren u. a.; altröm. Kampfspielbahn) – 2. der, _ (*umg*; quirlendes, lärmendes Durcheinander) ⟨*grch* → *lat*, ‚Kreis'⟩ · **Zir|kus|rei|ter**

Zir|pe, die, _, _n (Zikade) · **zir|pen** ⟨*lautm*⟩

Zir|rho|se, die, _, _n (*Med*; Schrumpfung) ⟨*grch* → *lat*⟩ · **zir-rho|tisch** (*Med*)

Zir|ro|ku|mu|lus, der, _, ..li (*Met*; hohe Schäfchenwolke, Federhaufenwolke) ⟨*lat*⟩ · **Zir|ro|stra|tus,** der, _, _ (*Met*; Federschichtwolke) · **Zir|rus,** der, _, *Pl* ..rren *od* Zirruswolken (*Met*; hohe Feder-, Faser-, Eiswolke)

zir|zen|sisch (den Zirkus betreffend; im Zirkus abgehalten) ⟨*grch* → *lat*⟩; _e Spiele (*im alten Rom*)

zis|al|pin *od* **zis|al|pi|nisch** (*Geogr*; diesseits der Alpen [von Rom her gesehen]) ⟨*lat*⟩

Zi|sche|lei (*meist abwert*) · **zi-scheln** *K 363* · **zi|schen** *K 354* · **Zisch|laut** (*Phon*)

Zi|se|leur [..ˈløːr], der, _s, _e, *auch* **Zi|se|lie|rer,** der, _s, _ (Künstler, der ziseliert; Metallstecher) ⟨*lat* → *frz*⟩ · **zi|se|lie|ren** ([Ornamente] in Metall graben, stechen) · **zi|se|liert;** feinziseliertes Geschmeide; *aber*: er hat das Geschmeide [so] fein ziseliert; *vgl. K 166*

Zis|so|ide, die, _, _n (*Math*; eine ebene Kurve dritter Ordnung) ⟨*grch* → *lat*, ‚Efeublattlinie'⟩

Zi|ste, die, _, _n (*Urgesch*; Urne; Kiste; Kapsel) ⟨*grch* → *lat*⟩ · **Zi-ster|ne,** die, _, _n (Behälter zum Sammeln von Regenwasser) · **Zi-ster|nen|was|ser,** das, _s

Zi|ster|zien|ser, der, _s, _ (*kath Kirche*; Angehöriger eines Ordens) ⟨*nach* dem französ. Stammkloster Cîteaux [siˈtoː] = Cistercium⟩

Zist|ro|se (ein Strauch des Mittelmeergebietes) ⟨*grch* + *lat*⟩

Zi|ta|del|le, die, _, _n (*hist*; Kernwerk einer Festung od. einer alten Stadt) ⟨*lat* → *ital* → *frz*, ‚kleine Stadt'⟩

Zi|tat, das, _[e]s, _e (wörtlich angeführte Belegstelle; bekannter Spruch, Ausspruch) ⟨*lat*⟩ · **Zi|ta-ten|le|xi|kon**

Zi|ther, die, _, _n (ein Zupfinstrument) ⟨*grch* → *lat*⟩

zi|tie|ren (wörtlich anführen; zum Erscheinen auffordern) ⟨*lat*⟩

Zi|trin, der, _s, _e (*Mineral*; ein gelber Bergkristall) ⟨*grch* + *lat*⟩ · **Zi-tro|nat,** das, _[e]s, _e (kandierte Schale einer besonderen Zitronenart) ⟨*grch* → *lat* → *ital* → *frz*⟩ · **Zi-tro|ne,** die, _, _n ⟨*grch* → *lat* → *ital*⟩ · **Zi|tro|nen|fal|ter** · **zi|tro-nen|far|ben** (*K 364*) *od* **zi|tro|nen-far|big;** *vgl. auch* ...farben *u. K 272 ff.* · **Zi|tro|nen|saft,** der, _[e]s · **Zi|trus|früch|te** *Pl* (Zitronen, Apfelsinen u. ä.) ⟨*grch* → *lat*⟩

Zit|tau (Stadt im Bez. Dresden) · **Zit-tau|er:** 1. *K 231*: der, _s, _; 2. *als Attribut K 232*: das Zittauer Gebirge

Zit|ter|aal · **zit|tern** *K 363* · **Zit|ter-pap|pel** · **Zit|ter|ro|chen** (ein Fisch) · **zitt|rig** *K 362*

Zit|wer, der, _s, _ (Wurzelknolle der Kurkuma) ⟨*pers* → *arab* → *lat*⟩ · **Zit|wer|sa|men** (ein Wurmmittel)

Zit|ze, die, _, _n (Saugwarze der weibl. Säugetiere)

Ziu ↑ Tyr

zi|vil [..v..] (bürgerlich; nichtmilitärisch) ⟨*lat*⟩ · **Zi|vil,** das, _s (bürgerl. Kleidung [im Unterschied zur Uniform]) · **Zi|vil|cou|ra|ge** [..kuˌraːʒə] (Mut, die eigene Überzeugung zu vertreten) · **Zi|vil|ge|setz-buch;** *Abk* ZGB · **Zi|vi|li|sa|tion** (Gesittung; [äußere] Bildung; die materielle Seite der Kultur [der jeweiligen gesellschaftl. Entwicklungsstufe]) ⟨*lat* → *frz*⟩ · **Zi|vi|li|sa-tions|krank|heit** · **zi|vi|li|sa|to-risch** · **zi|vi|li|siert** (dem Stand gesellschaftl. höher entwickelter Völker kulturell angeglichen; gebildet, gesittet; verfeinert) · **Zi|vi|list** (Bürger im Unterschied zum Uniformträger) ⟨*lat*⟩ · **Zi|vil|pro|zeß** (gerichtl. Verfahren zur Entscheidung von zivilrechtl. Rechtsstreitigkeiten) · **Zi|vil|pro|zeß|ord|nung;** *Abk* ZPO · **Zi|vil|recht,** das, _[e]s (Teil des Rechts, der die persönl. u. vermögensrechtl. Beziehungen der Bürger regelt) · **zi|vil|recht|lich** · **Zi-vil|stands|amt** (*schweiz*; Standesamt) · **Zi|vil|ver|tei|di|gung,** die, _

Zło|ty [ˈsloti, *poln* ˈzwɔti], der, _s, *Pl* _s *u. bei Wertangabe* (*K 310*) Złoty

(Währungseinheit in Polen); *Abk* Zł ⟨*poln*⟩

Znü|ni, der *od* das, _s (*schweiz*; Vormittagsimbiß) ⟨‚zu neun' [Uhr]⟩

Zo|bel, der, _s, _ (ein marderartiges Tier; dessen Pelz) ⟨*russ*⟩ · **Zo|bel-pelz**

Zo|ber, der, _s, _ (*landsch*; Zuber)

zockeln ↑ zuckeln

Zo|dia|kal|licht, das, _[e]s (*Astron*; Tierkreislicht, von der Sonne ausgehender, kegelförmiger Lichtschein längs des Tierkreises) ⟨*grch* → *lat*⟩ · **Zo|dia|kus,** der, _ (*Astron*; Tierkreis)

Zo|fe, die, _, _n (*hist*)

zö|gern *K 363* ⟨*zu* ziehen⟩ · **Zög-ling** (*veraltend*)

Zo|he, die, _, _n (*südwestdt*; Hündin)

Zöl|en|te|ra|ten *Pl* (*Zool*; die Hohltiere, z. B. Quallen); *Sg* Zöl|en|terat, der, _en ⟨*grch* → *lat*⟩

Zö|li|bat, das, *auch* der, _[e]s (*kath Kirche*; Ehelosigkeit) ⟨*lat*⟩ · **Zö|li-bats|zwang,** der, _[e]s (*kath Kirche*)

[1]**Zoll,** der, _[e]s, *Pl* Zölle (Abgabe) ⟨*grch* → *lat*⟩

[2]**Zoll,** der, _[e]s, _ (alte Einheit der Länge); *Einheitenzeichen* ″; *K 308*: 3 Zoll breit; ³/₄ Zoll (³/₄″; *vgl. Vorschriften für den Schriftsatz, 3.9.*); *vgl. auch* zollang, zollbreit, Zollbreit, zollhoch · **zollang** [*Tr* zoll-lang *K 78*] *K 176*; ein zollanges Stück, *aber K 127*: das Stück ist einen Zoll lang

zoll|bar (*fachspr*)

zoll|breit *K 176*; ein zollbreites Stück, *aber K 127*: das Stück ist einen Zoll breit · **Zoll|breit,** der, _, _; keinen _ zugeben

zol|len (*gehoben*; erweisen, zuteil werden lassen) ⟨*zu* ¹Zoll⟩; jmdm. Dank _

...zöl|ler (z. B. Achtzöller [*mit Ziffer K 284* 8zöller], der, _s, _) ⟨*zu* ²Zoll⟩

Zoll|er|klä|rung · zoll|frei · Zoll‿gesetz, ...gren|ze

zoll|hoch; ein zollhohes Stück, *aber K 125*: das Stück ist einen Zoll hoch · **...zöl|lig,** *österr nur so, od* **...zol|lig** (z. B. vierzöllig *od* vierzollig [*mit Ziffer K 284* 4zöllig *od* 4zollig])

Zollinie [*Tr* Zoll|li|nie *K 78*] · **Zöll-ner,** der, _s, _ (*hist*; Zolleinnehmer) · **zoll|pflich|tig**

Zoll|stock, der, *Pl* ..stöcke (ältere Bez. für Gliedermaßstab)

Zö|me|te|rium, das, _s, ..ien [..iən] (*Frühchristentum*; Ruhestätte, Kirchhof) ⟨*grch* → *lat*⟩

zo|nal, *auch* **zo|nar** (zu einer Zone gehörend, sie betreffend) ⟨*grch* → *lat*⟩ · **Zo|ne,** die, _, _n (Erdgürtel; Gebiet, Gebietsstreifen – *Geol*; kleinste Einheit der geolog. Schichtenfolge); *K 119*: die gemäßigte Zone (*Geogr*) · **Zo|nen|ta|rif** (*Verkehrsw, Fernsprechw*)

Zö|no|bium, das, _s, ..ien [..iən] (*Biol*; Vereinigung einzelliger Organismen zu einem Verband) ⟨*grch* → *lat*⟩

Zoo [tso:], der, _[s], _s *Kurzw* (zoologischer Garten) ⟨*grch*⟩; *vgl.* zoologisch · **zoo|gen** [tso:o..] (*Geol*; aus tierischen Resten gebildet) · **Zoo-lith,** der, *Gen* _[e]s, *Pl* _e *od Gen* _en, *Pl* _en (*Geol*; Tierversteinerung) · **Zoo|lo|ge,** der, _n, _n (Wissenschaftler auf dem Gebiet der Zoologie) · **Zoo|lo|gie,** die, _ (Tierkunde, -wissenschaft) · **zoo|lo-gisch** (tierkundlich); *K 119*: ein zoologischer Garten (*Kurzw* Zoo), *aber K 259*: der Zoologische Garten (*Kurzw* Zoo) Leipzig

Zoom [zu:m], das, _s, _s (*Fot*; Objektiv mit stufenlos veränderbarer Brennweite) ⟨*engl*⟩

Zo|on po|li|ti|kon *K 47*, das, *Gen* _ _ (*Philos*; [der Mensch als] gesellschaftl. Wesen [nach dem altgriech. Philosophen Aristoteles]) ⟨*grch*⟩ · **Zoo|tech|ni|ker** [*auch* ..'tɛç..] (*Landw*)

Zopf, der, _[e]s, *Pl* Zöpfe (*Sg auch umg*; überholte Einrichtung, Anordnung; Rückständigkeit) · **Zöpf-chen · zop|fig** (*abwert*) · **Zopf|stil,** der, _[e]s (*Kunstwiss*; letzter Ausläufer des Renaissancestils) · **Zopf-zeit,** die, _ (*hist*)

Zo|res, der, _ (*landsch*; Not, Wirrwarr, Ärger, Umstände) ⟨*hebr*⟩; keinen _ machen

Zorn, der, _[e]s · **Zorn|ader · zorn-ent|brannt · Zor|nes|aus|bruch** *od* **Zorn|aus|bruch · zor|nig · zorn|schnau|bend**

zo|roa|strisch *K 218* ⟨*pers* → *grch* → *lat*, *nach* Zarathustra *od* Zoroaster, dem Stifter der altpers. Religion des Parsismus⟩ · **Zo|roa-strisch** *K 217*

Zo|te, die, _, _n (*abwert*; obszöner Witz) · **zo|ten** (*abwert*) · **Zo|ten-rei|ßer** (*abwert*) · **zo|tig** (*abwert*)

[1]**Zot|te,** die, _, _n (*landsch*; Schnauze od. Ausgießer eines Topfes)

[2]**Zot|te,** die, _, _n (kleine Gewebsausstülpung, z. B. im Darm) · **Zot-tel,** die, _, _n (Haarbüschel) · **Zot-tel|bär · zot|te|lig** *K 362* · **zot|teln** *K 363* (*umg*; langsam gehen) · **zot-tig**

Zscho|pau: 1. (Stadt im Bez. Karl-Marx-Stadt) – 2. die, _ (Fluß im S der DDR)

zu; um auf den Berg zu gehen; *aber*: auf jmdn. zugehen; *Komma bei Infinitiven mit* »zu« *vgl. K 439 u. 441*

1. *Präp mit Dat*: zu ebener Erde; zum Haus[e] hinaus; zu rechter Zeit; zu einem Drittel; zu Bett gehen; die Haare stehen einem zu Berge (*umg*); zu Ohren kommen; zu Recht bestehen (*vgl. aber* zurecht); zu zwei[e]n; zu zweit

2. *Adv*: ab und zu; *umg prädikativ*: die Tür ist zu (geschlossen); nach Norden zu; nur zu!, immer zu! (*umg*; *vgl. aber* immerzu); nahezu. *Schreibung mit* »sein« *vgl.* absein, zusein

3. *zur Bezeichnung des Übermaßes* zu viel (*vgl. aber* zuviel); zu wenig (*vgl. aber* zuwenig); zu weit; zu spät kommen; zu ..., als daß (*vgl. K 450*)

4. Bilden »zu«, »zum«, »zur« einen *Teil des Gebäudenamens* u. stehen sie *am Anfang* dieses Eigennamens, so sind sie *groß* zu schreiben, z. B. Gasthof »Zur Traube«, *aber*: »Gasthof zur Traube«; *vgl.* zum, zur *u. K 260*. Bei *Familiennamen* schwankt die Schreibung der Präposition; *vgl. K 206*

5. *Zusammensetzung mit*

a) *Substantiven K 176*: *vgl.* z. B. zufolge, zugrunde, zugunsten, zuschulden, zuwege

b) *Superlativen K 171*: z. B. zuerst, zuletzt, zumeist, zutiefst

c) *Präpositionen*: zugegen (*gehoben*), zuvor, zuwider

d) *unfest zusammengesetzten Verben*: z. B. um es mitzuteilen, zurückzulegen, *aber*: um zu unterbrechen

zu...: *in unfest zusammengesetzten Verben*, z. B. zusagen *K 356*, du sagst zu, zugesagt, zuzusagen

zu|al|ler|al|ler|letzt *K 171* · **zu|al-ler|erst** *K 171* · **zu|al|ler|letzt** *K 171*

zu|äu|ßerst *K 171* (*veraltend*)

zu|bal|lern *K 363* (*umg*; mit Nachdruck zuschlagen); die Tür _

Zu|bau, der, _[e]s, _ten (*österr*; Anbau; hinzugebautes Gebäude)

Zu|be|hör, das (*österr nur so*), *seltener* der, _[e]s, *Pl* (*selten*) _e, *schweiz auch* _den · **Zu|be|hör-teil,** das, *seltener* der, *meist Pl*

Zu|ber, der, _s, _ (*landsch*; Holzbottich mit zwei Handgriffen)

zu|be|rei|ten · Zu|be|rei|tung

zu|bil|li|gen

zu|brin|gen · Zu|brin|ger (*Verkehrsw*) · **Zu|brin|ger|bus · Zu-brin|ger|dienst** (*Verkehrsw*)

Zu|bu|ße (*veraltet*; Geldzuschuß)

Zucht: 1. die, _, _en (Züchtung) – 2. die, _ (*veraltend*; Erziehung; Gehorsam) ⟨*zu* ziehen⟩ · **Zucht|buch** · **züch|ten** · **Züch|ter** · **züch|te|risch** · **Zucht|haus** (*hist*) · **Zucht|häus|ler** (*veraltet abwert*) · **Zucht|hengst** · **züch|tig** (*noch scherzh*; sittsam; verschämt) · **züch|ti|gen** (*gehoben*) · **Züch|ti|gung** (*gehoben*) · **zucht|los** *K 349* (*veraltend); vgl.* ...los · **Zucht|tier** · **Züch|tung** · **Zucht|wahl**

zuck! usw. ↑ *unter* ruck! usw. · **zuckeln**[1], *seltener* **zockeln**[1] *K 363* (*umg*; sich [stoßweise] langsam fortbewegen) · **zucken**[1]; es zuckt mir in den Gliedern · **zücken**[1] (rasch ziehen); den Bleistift _ (*umg scherzh*)

Zucker[1], der, _s, _ ⟨*aind* → *pers* → *grch* → *arab* → *ital* → *lat*⟩ · **Zucker|cou|leur**[1] [..ku,lø:r] (gebrannter Zucker zum Färben von Getränken) · **zucker|hal|tig**[1] · **Zucker|hut**[1], der · **zucke|rig**[1] *K 362* · **Zuckerl**[1], das, _s, _[n] (*süddt, österr*; Bonbon) · **zuckern**[1] *K 363* (süßen) · **Zucker**[1]‿**plätzchen**, ...**raf|fi|ne|rie**, ...**rohr**, ..**rü|be** · **zucker|süß**[1]

Zuckfuß ↑ Hahnentritt · **Zuckung**[1]

zu|dem (*gehoben*; überdies)

Zu|drang, der, _[e]s · **zu|dring|lich** · **Zu|dring|lich|keit**

zu ei|gen; _ _ geben, haben, machen, nehmen · **zu|eig|nen** (*gehoben*; [ein Buch] widmen; zu eigen geben) · **Zu|eig|nung** (*gehoben*)

zu|ein|an|der. *Schreibung bei Verben vgl.* aneinander; *K 145 u. 129*: zueinander sprechen, zueinander stellen, *aber K 148 u. 129*: zueinanderfinden, zueinanderkommen

zu|er|ken|nen · **Zu|er|ken|nung**, die, _

zu|erst; der zuerst genannte Verfasser ist nicht mit dem zuletzt genannten zu verwechseln; *aber*: zu zweit

Zu|fahrt · **Zu|fahrts|stra|ße**

Zu|fall, der · **zu|fäl|lig** · **zu|fäl|li|ger|wei|se** *K 176* · **Zu|fäl|lig|keit** · **Zu|falls|er|geb|nis**

Zu|flucht · **Zu|fluchts|ort**, *Pl* ..orte · **Zu|fluchts|stät|te** (*gehoben*)

zu|fol|ge (*K 176*) *Präp mit vorangestelltem Dat, bürospr noch mit folgendem Gen*: dem Befehl _; _ des Befehls (*bürospr*). *In Zus*: demzufolge (↑ *d.*)

zu|frie|den *K 364 u. 135*: _ machen, sein, werden; *vgl. aber* zufriedengeben, zufriedenlassen, zufriedenstellen; ich bin es (*vgl.* [1]es [2]) _ · **zu|frie|den|ge|ben** *K 136*, **sich** (*Akk*) (sich beruhigen, nichts weiter verlangen); du gibst dich zufrieden; zufriedengegeben; zufriedenzugeben · **Zu|frie|den|heit**, die, _ · **zu|frie|den|las|sen** *K 136* (in Ruhe lassen); du läßt zufrieden; zufriedengelassen; zufriedenzulassen · **zu|frie|den|stel|len** *K 136*; *Konjugation vgl.* zufriedenlassen · **Zu|frie|den|stel|lung**, die, _

zu|fü|gen; jmdm. Schaden _

Zu|fuhr, die, _, _en · **Zu|füh|rung**

[1]**Zug**, der, _[e]s, *Pl* Züge ⟨*zu* ziehen⟩; _ um _; Dreiuhrzug (*mit Ziffer K 285* 3-Uhr-Zug)

[2]**Zug** (Stadt u. Kanton in der Schweiz)

Zu|ga|be

Zu|gang · **zu|gäng|lich**, *selten* **zu|gän|gig** (leicht Zugang gewährend) · **Zu|gäng|lich|keit**, die, _

Zug|brücke [*Tr* ...brük|ke]

zu|ge|dacht (*gehoben*); dies Geschenk habe ich ihm _

zu|ge|ge|ben; zugegeben, daß ... (*vgl. K 450*)

zu|ge|gen (*gehoben*); _ bleiben, sein

zu|ge|hen *K 363*; auf jmdn. _; ..., daß die Tür nicht zugeht (*umg*)

zu|ge|hö|rig · **Zu|ge|hö|rig|keit**, die, _

zu|ge|knöpft (*auch umg*; abweisend, verschlossen)

Zü|gel, der, _s, _ ⟨*zu* ziehen⟩ · **Zü|gel|hand** (*Reitsp*) · **zü|gel|los** *K 349*; *vgl.* ...los · **Zü|gel|lo|sig|keit** · **zü|geln** *K 363* (*schweiz auch für* umziehen) · **Zü|ge|lung** *K 363*

Zü|gen|glöck|lein (*bayr, österr*; Sterbeglocke)

Zu|ger ⟨*zu* [2]Zug⟩: 1. *K 231*: der, _s, _; 2. *als Attribut K 232* · **zu|ge|risch** · **Zu|ger See** *K 232*, der, *Gen* _ _s, *schweiz* **Zu|ger|see** *K 234*

zu|ge|stan|den; zugestanden, daß ... (*vgl. K 450*) · **Zu|ge|ständ|nis** · **zu|ge|ste|hen** *K 363*; er gestand ihm einen Anteil zu

zu|ge|tan; *meist in* jmdm. _ (wohlwollend, freundlich gesinnt) sein; *vgl. auch* zutun

Zug|füh|rer (*Eisenb, Milit*) · **zu|gig** (windig) · **zü|gig** (flott vorangehend, in einem Zuge – *schweiz*; zugkräftig) · **Zug|kraft** · **zug|kräf|tig**

zu|gleich

Zug|lei|ne · **Zug|luft**, die, _ · **Zug|ma|schi|ne** · **Zug|mit|tel**

Zu|griff

zu|grun|de *K 176*; zugrunde gehen, legen, liegen, richten

Zug|spitz|bahn *K 246* · **Zug|spit|ze**, die, _ (höchster Alpengipfel der BRD)

zu|gun|sten *K 176*; *vgl.* Gunst

zu|gu|te *K 176*; *meist in* zugute halten, kommen, tun

zu gu|ter Letzt; *vgl.* Letzt

zug|wei|se *K 176*

zu|hal|ten; jmdm. den Mund _ (*umg*) · **Zu|häl|ter** · **Zu|häl|te|rei**, die, _

zu|hau|en; *Konjugation vgl.* hauen

zu|hauf *K 176* (*gehoben*)

zu Hau|se *od* **zu Haus**; *vgl.* Haus · **Zu|hau|se** *K 176*, das, _s (Heimat); er hat kein _ mehr, *aber*: ich bin zu Hause *od* zu Haus

Zu|heiß|wer|den *K 101*, das, _s

zu|hin|terst *K 171*

zu|höchst *K 171*

Zu|hö|rer · **Zu|hö|rer|schaft**

Zui|der|see ['zɔydər..], die, _ (ehem. Nordseebucht in den Niederlanden) ⟨*ndrl*, ‚Südsee'⟩

zu|in|nerst *K 171* (*gehoben*)

zu|knöp|fen; *vgl. auch* zugeknöpft

zu|kom|men; jmdm. etwas _ lassen; es kommt mir zu (es gebührt mir)

Zu|kost

Zu|kunft, die, _ (*auch Gramm*) ⟨*zu* zukommen ‚herannahen'⟩. *Zus K 365ff.*: Zukunfts‿hoffnung usw. · **zu|künf|tig** · **Zu|künf|ti|ge**, der *u.* die, _n, _n *K 341* (*umg*; Verlobte) · **zu|kunfts‿freu|dig** (*gehoben*), ...**reich**, ...**träch|tig**, ...**wei|send**

Zu|la|ge

zu|lan|de *K 176*; *nur in* bei uns _ (*veraltend*; daheim); hierzulande, *aber*: zu Wasser und zu Lande

zu|lan|gen (*umg*) · **zu|läng|lich** (hinreichend) · **Zu|läng|lich|keit**, die, _

zu|las|sen · **zu|läs|sig** (erlaubt) · **Zu|läs|sig|keit**, die, _ · **Zu|las|sung** · **Zu|las|sungs|schein**

zu|lau|fen; du mußt Wasser _ lassen; auf jmdn. _

zu|le|gen (*umg*); sich (*Dat*) etw. _; einen Schritt _ (schneller gehen)

zu|lei|de *K 176*: *nur in* _ tun

zu|letzt *K 171* ⟨*zu* laß⟩, *aber K 127*: zu guter Letzt (*vgl.* Letzt)

zu|lie|be, *österr auch* **zu|lieb** *K 176*; _ tun; dem zuliebe (dieser Sache od. diesem Menschen zuliebe); ein Ziel, dem zuliebe ich alles opfern würde

Zu|lie|fer|be|trieb · **Zu|lie|fe|rer** · **Zu|lie|fer|in|du|strie** · **zu|lie|fern** *K 363*

zul|len (*landsch*; saugen)

Zulp, der, _[e]s, _e (*obersächs u. thüring*; Sauger) · **zul|pen** (*obersächs u. thüring*; saugen)

Zu|lu ['tsu:..]: 1. der, _[s], _[s] (Angehöriger eines Bantuvolkes im S Afrikas) – 2. das, _[s] (Sprachbezeichnung); auf _ heißt es ...

zum *K 61* (= zu dem); *K 114*: _ höchsten, mindesten, wenigsten; _

---

[1] *Tr* ..k|k..

ersten Male, *aber K 176*: _ erstenmal; _ letzten Male, *aber K 176*: _ letztenmal; _ Teil (*Abk* z. T.); *K 116*: jmdn. _ besten haben, halten, etw. _ besten kehren, lenken, wenden; es steht nicht _ besten (nicht gut), *aber K 94*: zum Besten der Hochwassergeschädigten; Hotel »Zum Löwen« (*vgl.* zu, 4)

zu|ma|chen (*umg*; schließen), *aber*: es ist nichts zu machen

zu|mal *K 176*: 1. *Adv* – 2. *Konj*: _ [da], _ wenn (*vgl. K 450*)

zum Bei|spiel; *Abk* z. B.; *vgl. K 202 u. 420*

zu|meist *K 176*

zu|min|dest *K 176* (zum mindesten)

zum Teil; *Abk* z. T.; zum Teil ..., zum Teil ... (*vgl. auch K 450*)

zu|mu|te *K 176*; *meist in* mir ist wohl, übel _ · **zu|mu|ten** · **Zu|mu|tung**

zu|nächst: 1. *Adv* – 2. *Präp mit Dat* (*gehoben*): dem Hause _ *od* _ dem Hause · **Zu|nächst|lie|gen|de,** das, _n *K 341*

Zu|nah|me, die, _, _n (Vermehrung, Erhöhung)

Zu|na|me (Familienname – *auch für* Beiname)

zün|den (*schweiz auch für* leuchten, heimleuchten) · **zün|dend;** *K 115*: am _sten · **Zun|der,** der, _s (altes Zündmittel – *Techn*; Oxidschicht auf Metallen – *umg*; Prügel) · **Zün|der** (Vorrichtung zum Entzünden von Explosivstoffen) · **Zun|der|schwamm** (ein Pilz) · **Zünd|holz** · **Zünd|hölz|chen** · **Zünd‿hüt|chen, ...ker|ze** · **Zünd|schnur,** *Pl* ..schnuren *od* ..schnüre · **Zün|dung**

zu|neh|men; *vgl. auch* ab (1)

Zu|nei|gung

Zunft, die, _, *Pl* Zünfte (*hist*) ⟨*zu* ziehen⟩ · **zünf|tig** (*auch umg*; ordentlich, tüchtig) · **Zünft|ler,** der, _s, _ (*hist*; Angehöriger einer Zunft) · **Zunft|mei|ster** (*hist*) · **Zunft|we|sen,** das, _s (*hist*)

Zun|ge, die, _, _n; Zungen-R *K 106* (*Phon*) · **zün|geln;** die Flamme züngelt · **Zun|gen|fer|tig|keit,** die, _ · **Zun|gen|laut** (*Phon*) · **Züng|lein;** das _ an der Waage

zu|nich|te *K 176*; _ machen, werden

zu|nie|derst *K 171* (*südd*)

Züns|ler (Kleinschmetterling, Lichtmotte)

zu|nut|ze *K 176*; _ machen, *aber*: zu Nutz und Frommen (*veraltet*)

zu|oberst *K 171*; das Unterste _ kehren

zu|packen [*Tr* ...pak|ken]

zu|paß, *auch* **zu|pas|se** *K 176* ⟨*lat → frz → ndrl*⟩; *nur in* _ kommen

zup|fen ⟨*zu* Zopf⟩ · **Zupf|gei|ge** (*umg*; Gitarre) · **Zupf|gei|gen|hansl,** der, _s (eine Volksliedersammlung)

zu|pro|sten

zur *K 61* (= zu der); _ Zeit (*Abk* z. Z. *od* z. Zt.; *vgl.* Zeit); Gasthaus »Zur Linde« (*vgl.* zu, 4); _ Folge haben; sich _ Ruhe begeben, setzen; _ Schau stellen

zu|rau|nen (*gehoben*); jmdm. etwas _

Zürcher usw. ↑ Züricher usw.

Zu|re|chen|bar|keit, die, _ · **zu|rech|nungs|fä|hig** · **Zu|rech|nungs|fä|hig|keit,** die, _

zu|recht *K 176*, *aber*: zu Recht bestehen · **zu|recht|brin|gen** · **zu|recht|fin|den, sich** (*Akk*) · **zu|recht‿kom|men, ...le|gen, ...ma|chen** (*umg*), **...rücken** [*Tr* ...rük|ken] · **zu|recht|set|zen;** jmdm. den Kopf _ (*umg*) · **zu|recht|stel|len** · **zu|recht|wei|sen** · **Zu|recht|wei|sung** · **zu|recht|zim|mern** *K 363*

zu|re|den; jmdm. gut _ · **Zu|re|den,** das, _s; auf vieles _; trotz allem _ *od* trotz allen, *älter* alles _s

Zü|rich (Stadt u. Kanton in der Schweiz) · **Zü|rich|biet,** das, _[e]s (Gebiet um Zürich) · **Zü|ri|cher,** *schweiz* **Zür|cher:** 1. *K 231*: der, _s, _; 2. *als Attribut K 232*: die Züricher, *schweiz* Zürcher Universität · **zü|ri|che|risch,** *schweiz* **zür|che|risch** · **Zü|ri|cher See** (*K 232*), der, *Gen* _ _s, *schweiz* **Zür|cher|see** *od* **Zü|rich|see** *K 246*

Zu|rich|te|bo|gen (*Polygr*) · **zu|rich|ten** · **Zu|rich|ten,** das, _s · **Zu|rich|ter** · **Zu|rich|tung**

zu|rie|geln *K 363*

zür|nen ⟨*zu* Zorn⟩

zur|ren (*seem*; festbinden) ⟨*lat → frz → ndrl*⟩ · **Zur|ring,** der, _s, _s (*seem*; Leine zum Zurren)

zu|rück ⟨‚auf den Rücken'⟩; _ sein, nicht mehr _ können

zu|rück...: *in unfest zusammengesetzten Verben*, z. B. zurücklegen *K 356*, ich lege zurück, zurückgelegt, zurückzulegen

zu|rück|be|hal|ten · **Zu|rück|be|hal|tung,** die, _ · **Zu|rück|be|hal|tungs|recht,** das, _[e]s (*Rechtsw*)

zu|rück|be|kom|men

zu|rück|drän|gen

zu|rück|er|bit|ten

zu|rück|for|dern *K 363*

Zu|rück|ga|be · **zu|rück|ge|ben**

zu|rück|hal|ten; sich (*Akk*) _ · **Zu|rück|hal|tung,** die, _

zu|rück|keh|ren

zu|rück|kom|men

zu|rück|las|sen

zu|rück|le|gen (*österr auch für* [ein Amt, eine Funktion] niederlegen)

Zu|rück|nah|me, die, _ · **zu|rück|neh|men**

zu|rück|schrecken [*Tr* ...schrek|ken]: 1. *tr*; du hast ihn zurückgeschreckt – 2. *intr*; du bist davor zurückgeschreckt

zu|rück|set|zen · **Zu|rück|set|zung,** die, _

zu|rück|ste|hen *K 363*

zu|rück|stel|len (*österr auch für* zurückgeben, -senden) · **Zu|rück|stel|lung**

zu|rück|strah|len

zu|rück|über|set|zen

zu|rück|wei|sen · **Zu|rück|wei|sung**

zu|rück|wer|fen

zu|rück|zie|hen; sich (*Akk*) _

Zu|ruf

zur Ver|fü|gung; _ _ haben, stellen

zur Zeit (*Abk* z. Z. *od* z. Zt.), *österr u. schweiz* **zur|zeit** *K 176*; *vgl. auch* Zeit

Zu|sa|ge · **zu|sa|gen;** es sagt mir zu (behagt mir) · **zu|sa|gend** (passend; willkommen); *K 115*: am _sten

zu|sam|men ⟨*zu* sammeln⟩; zusammen mit ...; *Schreibung bei Verben*:

a) *Getrenntschreibung K 145*, z. B. zusammen (gemeinsam, gleichzeitig) binden

b) *Zusammenschreibung K 148*, z. B. zusammenbinden (in eins binden); du bindest zusammen; zusammengebunden; zusammenzubinden

Vgl. auch K 129

Zu|sam|men|ar|beit, die, _ · **zu|sam|men|ar|bei|ten**[1] *K 148* (im Zusammenhang, aufeinander abgestimmt arbeiten), *aber K 145*: zusammen (gleichzeitig) arbeiten

Zu|sam|men|bau, *Pl* ..baue

zu|sam|men|bin|den[1] *K 148* (in eins binden); *aber K 145*: zusammen (gleichzeitig) binden

zu|sam|men|blei|ben[1] *K 148*

zu|sam|men|bre|chen[1] *K 148* · **Zu|sam|men|bruch,** der

zu|sam|men|drück|bar

zu|sam|men|fü|gen[1] *K 148* · **Zu|sam|men|fü|gung**

zu|sam|men|füh|ren[1] *K 148* (zueinander hinführen), *aber K 145*: zusammen (gemeinsam) führen

Zu|sam|men|halt, der, _[e]s

Zu|sam|men|hang; im _; in _ bringen · **zu|sam|men|hän|gend** · **zu|sam|men|hang[s]|los;** *vgl.* ...los · **Zu|sam|men|hang[s]|lo|sig|keit,** die, _

zu|sam|men|kom|men[1] *K 148* (sich treffen, versammeln), *aber K 145*: zusammen (gemeinsam) kommen · **Zu|sam|men|kunft,** die, _, ..künfte

---

[1] *Konjugation vgl.* zusammen, b.

zu|sam|men|läp|pern[1] *K 148*, **sich** (*Akk*) (*landsch*; aus Kleinigkeiten zusammenkommen); es läppert sich zusammen
zu|sam|men|lau|fen[1] *K 148* (sich treffen; gerinnen), *aber K 145*: zusammen (miteinander) laufen
zu|sam|men|le|ben[1] *K 148*, **sich** (*Akk*) (sich zusammenfinden), *aber K 145*: zusammen (gemeinsam) leben · **Zu|sam|men|le|ben,** das, _s
zu|sam|men|le|gen[1] *K 148* · **Zu|sam|men|le|gung**
zu|sam|men|rot|ten[1] *K 148*, **sich** (*Akk*) (*meist abwert*) ⟨*lat → frz*⟩
Zu|sam|men|schau, die, _
zu|sam|men|schrei|ben[1] *K 148*, *aber K 145*: zusammen (gemeinsam) schreiben
zu|sam|men|schwei|ßen[1] *K 148*
Zu|sam|men|sein, das, _s
zu|sam|men|set|zen[1] *K 148*; zusammengesetztes Wort (*Gramm*) · **Zu|sam|men|set|zung** (*auch Gramm*); *vgl. auch K 365ff.*
zu|sam|men|stel|len[1] *K 148* · **Zu|sam|men|stel|lung**
Zu|sam|men|stoß · **zu|sam|men|sto|ßen**[1] *K 148*
zu|sam|men|wir|ken[1] *K 148*
zu|sam|men|zie|hen[1] *K 148*, *aber K 145*: zusammen (gemeinsam) ziehen · **zu|sam|men|zie|hend;** _es Mittel · **Zu|sam|men|zie|hung**
zu|samt (*veraltet*) *Präp mit Dat*: _ den Wurzeln
Zu|satz · **Zu|satz|ga|ran|tie** · **zu|sätz|lich** (hinzukommend)
zu|schan|den *K 176*; *nur in* _ machen, werden
zu|schan|zen (*umg*; zu etw. verhelfen) ⟨*zu* [2]Schanze⟩; jmdm. etwas _
Zu|schau|er · **Zu|schau|er|raum**
zu|schicken [*Tr* ...schik|ken]
Zu|schlag (*auch Eisenb*) · **zu|schla|gen;** jmdm. etw. _ (bei einer Versteigerung); die Tür _ · **zu|schlag|frei** · **Zu|schlag|kar|te** · **zu|schlag|pflich|tig** · **Zu|schlag|stoff** (*Bauw*)
Zu|schnei|de|ma|schi|ne · **zu|schnei|den** · **Zu|schnei|der** · **Zu|schnitt**
zu|schrei|ben ⟨*lat*⟩; die Schuld dem Wetter _ · **Zu|schrift**
zu|schul|den *K 176*; *nur in* sich (*Dat*) etwas _ kommen lassen
Zu|schuß
zu|schu|stern *K 363* (*umg*; zusetzen; zukommen lassen) ⟨*lat*⟩
zu|se|hends (beim Zusehen; rasch; offenkundig)
zu|sein (*umg*); *Zusammen- od Getrenntschreibung vgl.* absein

zu sei|ten (*K 110*) *mit Gen*: zu seiten des Festzuges
zu|set|zen; jmdm. mit Worten _
zu|si|chern *K 363*
Zu|spät|kom|men|de, der *u.* die, _n, _n *K 341*; *vgl. auch* spät
Zu|spei|se (*landsch*) ⟨*lat*⟩
zu|sper|ren (*bes süddt, österr*; schließen, abschließen)
zu|spre|chen · **Zu|spruch,** der, _[e]s (Anklang, Zulauf; Trost); großen, viel _ haben
Zu|stand. *Zus K 365ff.*: Zustandsänderung usw. · **zu|stan|de** *K 176*; _ bringen, kommen · **Zu|stan|de|brin|gen,** das, _s · **Zu|stan|de|kom|men,** das, _s · **zu|stän|dig** (maßgebend) · **Zu|stän|dig|keit**
zu|stat|ten *K 176*; *nur in* _ kommen
zu|ste|hen *K 363*; es steht mir [nicht] zu
Zu|stell|an|la|ge (*Post*) · **zu|stel|len** · **Zu|stel|lung**
zu|stim|men · **Zu|stim|mung**
zu|stop|fen
zu|sto|ßen *K 354*
Zu|strom, der, _[e]s
zu|stut|zen *K 354*
zu|ta|ge *K 176*; *nur in Wendungen wie* _ bringen, fördern, treten usw.
Zu|tat, die, _, _en, *meist Pl*
zu|teil *K 176*; *nur in* _ werden (*gehoben*) · **zu|tei|len** · **Zu|tei|lung**
zu|tiefst *K 171* (aufs tiefste; völlig, sehr; im Innersten)
zu|tra|gen; sich _ · **Zu|trä|ger** (*oft abwert*) · **Zu|trä|ge|rei** (*abwert*) · **zu|träg|lich** (nützlich) · **Zu|träg|lich|keit,** die, _
zu|trau|en; ich traue es (*vgl.* [1]es [2]) mir zu · **Zu|trau|en,** das, _s · **zu|trau|lich** · **Zu|trau|lich|keit**
zu|tref|fend; *K 115*: am _sten · **Zu|tref|fen|de,** das, _n *K 341*; *K 95*: etwas Zutreffendes; *vgl. auch* Nichtzutreffende
Zu|tritt, der, _[e]s
zut|schen *K 354* (*umg*; saugen)
zu|tun (*umg*; schließen; hinzufügen); ich habe kein Auge zugetan; Wasser zutun; *vgl. auch* zugetan · **Zu|tun** (Hilfe, Unterstützung); *nur noch in* ohne mein, dein usw. Zutun · **zu|tun|lich,** *auch* **zu|tu|lich** (*veraltend*; zutraulich, anschmiegend)
zu|un|gun|sten *K 176* (zum Nachteil); *vgl. auch* Ungunst
zu|un|terst *K 171*; das Oberste _ kehren
zu|ver|läs|sig · **Zu|ver|läs|sig|keit,** die, _
Zu|ver|sicht, die, _ · **zu|ver|sicht|lich** · **Zu|ver|sicht|lich|keit,** die, _
zu|viel; *K 129*: er weiß zuviel, *aber*: er weiß viel, ja zu viel davon; du hast viel zuviel gesagt; besser zuviel als zuwenig, *aber K 93*: ein Zuviel ist besser als ein Zuwenig; *vgl. auch* viel, III · **Zu|viel,** das, _s
zu|vor (vorher), *Schreibung bei Verben vgl.* zuvorkommen u. zuvortun
zu|vor|derst *K 171* (ganz vorn) · **zu|vör|derst** *K 171* (*veraltend*; zuerst, vor allem)
zu|vor|kom|men *K 148*; du kommst ihm zuvor; zuvorgekommen; zuvorzukommen · **zu|vor|kom|mend** (liebenswürdig); *K 115*: am _sten · **Zu|vor|kom|men|heit,** die, _
zu|vor|tun *K 148* (*gehoben*); *Konjugation vgl.* zuvorkommen; es jmdm. zuvortun; *aber K 145*: zuvor (vorher) tun
Zu|waa|ge, die, _ (*bayr, österr*; Knochenbeigabe zum Fleisch)
Zu|wachs, der, _es, *Pl* (*fachspr*) ..wächse · **zu|wach|sen** · **Zu|wachs|ra|te**
Zu|war|ten, das, _s (untätiges Abwarten)
zu|we|ge *K 176* (fertig, gut imstande); *nur in Wendungen wie* _ bringen; gut _ sein (*umg*; wohlauf sein)
zu|wei|len *K 176*
zu|wei|sen · **Zu|wei|sung**
zu|wen|den · **Zu|wen|dung**
zu|we|nig; *K 129*: du weißt zuwenig, du weißt viel zuwenig, *aber*: du weißt auch zu wenig!; *vgl. auch* wenig · **Zu|we|nig,** das, _s
zu|wer|fen
zu|wi|der; _ sein, werden; das *od* er ist mir _; dem Verbot _ (*gehoben*); ein zuwiderer Mensch *od* Kerl (*landsch*). *Schreibung bei Verben vgl.* zuwiderhandeln
zu|wi|der|han|deln *K 148 u. 363*; du handelst zuwider; zuwidergehandelt; zuwiderzuhandeln; dem Verbot zuwiderhandeln, *aber K 145*: dem Verbot zuwider handeln (Handel treiben) · **zu|wi|der|han|delnd** · **Zu|wi|der|han|deln|de,** der *u.* die, _n, _n *K 341* (*noch bürospr*) · **Zu|wi|der|hand|lung**
zu|wi|der|lau|fen *K 148* (entgegenwirken); *Konjugation vgl.* zuwiderhandeln; dem Gesetz _
zu|zäh|len
zu|zei|ten *K 176* (bisweilen), *aber*: zu Zeiten der Bauernkriege, zu meinen Zeiten
zu|zie|hen; jmdn. _; sich (*Dat*) ein Leiden _ · **Zu|zug** · **Zu|züg|ler,** *schweiz* **Zu|zü|ger** · **zu|züg|lich** (*bürospr*; hinzukommend); *Präp mit Gen*: _ der Zinsen, *dafür aber besser* mit den Zinsen; *auch mit Dat* (*K 379*): _ vierzehn Tagen
Zvie|ri ['tsfi:əri], der *od* das, _s (*schweiz*; Nachmittagsimbiß) ⟨‚zu vier' [Uhr]⟩
zwacken [*Tr* zwak|ken] (*umg*; zwikken, kneifen; plagen)

---
[1] *Konjugation vgl.* zusammen, b.

Zwang, der, _[e]s, ..änge · **zwängen** · **zwang|haft** · **Zwang|huf**, der, _[e]s (eine Hufkrankheit) · **zwangläufig** usw. ↑ zwangsläufig usw. · **zwang|los**; *vgl.* ...los · **Zwang|lo|sig|keit** · **Zwangs|la|ge** · **zwangs|läu|fig**, *Techn* **zwang|läu|fig** · **Zwangs|läu|fig|keit**, *Techn* **Zwang|läu|fig|keit**, die, _ · **Zwangs‿ver|gleich**, **...ver|stei|ge|rung**, **...voll|streckung** [*Tr* ...strek|kung] (*Rechtsw*), **...vor|stel|lung** (*Psych*) · **zwangs|wei|se** *K 176*

zwan|zig; *vgl.* achtzig

zwar (‚in Wahrheit'); und zwar (*Abk* u. zw.); er rief, und zwar so laut, daß ... (*vgl. K 420*)

zwat|ze|lig (*südwestdt*; zappelig) · **zwat|zeln** *K 363* (*südwestdt*; zappeln, unruhig sein)

Zweck, der, _[e]s, _e (‚Pflock in der Mitte der Zielscheibe'); zum Zweck[e]; *vgl. auch* zwecks · **Zweck|bau**, *Pl* ..bauten · **zweck|dien|lich** · **Zwecke** [*Tr* Zwek|ke], die, _, _n (kurzer Nagel mit breitem Kopf) · **zweck|ent|frem|det** · **zweck|ent|spre|chend**; *K 115*: am _sten · **zweck|ge|bun|den** *K 364* · **zweck|ge|mäß** · **zweck|los**; *vgl.* ...los · **Zweck|lo|sig|keit**, die, _ · **zweck|mä|ßig** · **Zweck|mä|ßig|keit**, die, _ · **zwecks** (*bürospr*) *Präp mit Gen*: _ weiteren Studiums, *besser* um weiterzustudieren · **Zweck|satz** (*Gramm*) · **Zweck|stil** · **zweck‿voll**, **...wid|rig**

Zweh|le, die, _, _n (*bes schweiz, alemann u. rhein*; Tisch-, Handtuch)

zwei[1]; *Gen* zweier *od* zwei, *Dat* zweien *od* zwei; *K 337*: zweier guter (*selten* guten) Menschen; *K 120*: er ist mit zwei[en] seiner Brüder verreist; zu zweien *od* zu zweit; zwei oder mehr Beispiele; *vgl.* acht

Zwei, die, _, _en; *vgl.* zwei, *Anm. 1* u. ¹Acht

Zwei|ach|ser[2], der, _s, _ (Wagen mit zwei Achsen) · **zwei|ach|sig**[2] · **Zwei|bei|ner**, der, _s, _ (*umg scherzh*; Mensch) · **zwei|bei|nig** · **zwei|deu|tig** · **Zwei|deu|tig|keit** · **zwei|ei|ig**; _e Zwillinge · **zwei|ein|halb** *od* **zwei|und|ein|halb** *K 282* (*mit Ziffern* 2½ *od* 2,5); *vgl.* achteinhalb · **Zwei|er**, der, _s, _ (*auch Sport*; zweisitziges Ruderboot) · **Zwei|er|bob** (*Sport*) · **zwei|er|lei**; auf _ Art · **zwei|fach**[1], *älter* **zwie|fach** · **Zwei|fa|che**[1], *älter* **Zwie|fa|che**, das, _n *K 341*; *vgl.* Achtfache · **Zwei|fa|mi|lien|haus** [*od* ..'mi:..] (*mit Ziffer K 285* 2-Familien-Haus) · **Zwei|far|ben|druck**: 1. der, _[e]s (ein Druckverfahren) – 2. der, _[e]s, _e (durch dieses Verfahren erzeugter Druck) · **Zwei|far|ben|[druck|]ma|schi|ne** · **zwei|far|big**[1], *österr* **zwei|fär|big**[1]; *vgl. auch* ...farbig

Zwei|fel, der, _s, _; außer allem _; über allen *od* jeden _ erhaben; in *od* im _ sein · **zwei|fel|haft** · **zwei|fel|los**; *vgl.* ...los · **zwei|feln** *K 363* · **Zwei|fels|fall**, der; im _[e] · **Zwei|fels|fra|ge** · **zwei|fels‿frei**, **...oh|ne** · **Zwei|fel|sucht**, die, _ · **Zweif|ler**

Zwei|flüg|ler *Pl* (*Zool*; Insekten, deren Hinterflügel zu kleinen Schwingkölbchen umgebildet sind)

Zweig, der, _[e]s, _e; auf keinen grünen _ kommen · **Zweig‿bahn**, **...be|trieb**

zwei|ge|schlech|tig · **Zwei|ge|spann** (Doppelgespann) · **zwei|ge|stri|chen** *K 364* (*Mus*); das _e C

Zweig|ge|schäft

zwei|glei|sig; _e Strecke · **Zwei|hän|der**, der, _s, _ (Schwert, das mit zwei Händen geschwungen wird) · **zwei|hän|dig** · **zwei|häu|sig** (*Bot*; mit männl. u. weibl. Blüten auf zwei Pflanzen) · **Zwei|häu|sig|keit**, die, _ (*Bot*) · **Zwei|heit**, die, _ · **zwei|hun|dert**; *vgl.* hundert (1) · **Zwei|kampf** · **zwei|mal**[1]; *vgl.* achtmal · **zwei|ma|lig**[1] · **Zwei|mark|stück** (*mit Ziffer K 285* 2-Mark-Stück) · **Zwei|ma|ster**, der, _s, _ (Segelschiff mit zwei Masten) · **zwei|ma|stig**[1] · **Zwei|per|so|nen|stück** [*od* ..'zo:..] (*Theat*) · **Zwei|rad** · **zwei|räd|rig**[1] *K 362* · **Zwei|rei|her** (Anzug, dessen Jacke zwei Knopfreihen aufweist) · **zwei|rei|hig**[1] · **zwei|sam** (*dicht*) · **Zwei|sam|keit** (*dicht*) · **zwei|schläf|rig** (*K 362*) *od* **zwei|schlä|fig**; ein _es Bett · **zwei|schnei|dig** · **zwei|schü|rig** (*von Wiesen gesagt*; zwei Ernten liefernd) · **zwei|sei|tig**[1] · **Zwei|sit|zer** · **zwei|sit|zig** · **zwei|söm|me|rig** (*von Fischen gesagt*; zwei Sommer alt) · **Zwei|spän|ner** · **zwei|spän|nig** · **zwei|spra|chig** · **zwei|spu|rig**[1]; eine _e Fahrbahn · **zwei|stim|mig** · **zwei|stün|dig**[1] (zwei Stunden dauernd, zwei Stunden alt); eine _e Fahrt; *vgl.* ...stündig · **zwei|stünd|lich**[1] (alle zwei Stunden); _ einen Teelöffel voll; *vgl.* ...stündlich · **zweit**; *nur in* zu zweit · **Zwei|tak|ter**[1], der, _s, _ *Kurzw* ([Fahrzeug mit] Zweitaktmotor) · **Zwei|takt|mo|tor** (*mit Ziffer K 285* 2-Takt-Motor) · **zwei|tau|send**; *vgl.* tausend (1) · **Zweit|aus|fer|ti|gung** · **Zweit|druck**, *Pl* ..drucke · **zwei|te**[2]; *K 120*: der zweite (der Reihe nach); er hat wie kein zweiter (anderer) gearbeitet; der zweite [*oft nach K 258*: der Zweite] Weltkrieg; *K 258*: die Zweite *od* II. Internationale; das Zweite Gesicht (*Abergl*; vermeintl. Gabe, Zukünftiges vorauszusehen); *vgl. auch* achte · **zwei|tei|lig**[1] · **zwei|tens** · **Zweit|frucht** (*Landw*) · **Zweit|ge|rät** · **Zweit|klaß|wa|gen** (*schweiz*) · **zweit|letzt**; *vgl.* drittletzt · **Zwei|tou|ren|ma|schi|ne** [..'tu:..] (*Polygr*; *mit Ziffer K 285* 2-Touren-Maschine) · **zwei|tou|rig**[1] · **Zweit|schrift** · **zweiundeinhalb** ↑ zweieinhalb · **zwei|und|zwan|zig** *K 282* · **Zwei|zei|ler**, der, _s, _ · **Zwei|zim|mer|woh|nung** (*mit Ziffer K 285* 2-Zimmer-Wohnung) · **Zwei|zy|lin|der**[1] *umg Kurzw* ([Fahrzeug mit] Zweizylindermotor) · **Zwei|zy|lin|der|mo|tor** (*mit Ziffer K 285* 2-Zylinder-Motor)

Zwen|ke, die, _, _n (ein Süßgras)

zwerch (*landsch u. österr*; quer); überzwerch · **Zwerch|fell** · **zwerch|fell|er|schüt|ternd** *K 165*

Zwerg, der, _[e]s, _e · **Zwerg|baum** · **zwer|gen|haft** · **Zwer|gen|volk** (*Sage, Märchen*; Volk von Zwergen [Erdgeistern]); *vgl. aber* Zwergvolk · **Zwerg|huhn** · **Zwer|gin**, die, _, ..innen · **Zwerg|obst** · **Zwerg|volk** (kleinwüchsiges Volk, z. B. die Pygmäen in Afrika); *vgl. aber* Zwergenvolk

Zwet|sche, *landsch u. schweiz* **Zwetsch|ge**, *österr* **Zwetsch|ke**, die, _, _n ([Pflaume] ‚aus Damaskus') · **Zwet|schen|schnaps**

Zwickau[3] (Stadt im Bez. Karl-Marx-Stadt) · **Zwickau|er**[3]: 1. *K 231*: der, _s, _; 2. *als Attribut K 232*

Zwicke[3], die, _, _n (*landsch*; Zange zum Zwicken – *veraltet*; Zwecke – *Zool*; als Zwilling mit männl. Kalb geborenes Kuhkalb) · **Zwickel**[3], der, _s, _ (keilförmiger Einsatz in

---

[1] Wegen der leichteren Unterscheidbarkeit gegenüber »drei« ist »zwo« (eine veraltete, ursprüngl. nur feminine Form) im Fernsprechverkehr üblich geworden und von da in die Verkehrssprache gedrungen. Die veraltete Form »zwote« für die Ordinalzahl »zweite« ist gleichfalls sehr verbreitet, aber aus Deutlichkeitsgründen nicht nötig.

[2] *Mit Ziffer vgl. K 284.*

[1] *Mit Ziffer vgl. K 284.*

[1] *Mit Ziffer vgl. K 284.*

[2] *Über die veraltete Form* zwote *vgl.* zwei, *Anm. 1.*

[3] *Tr* ..k|k..

Kleidungsstücken – *Arch*; dreieckiges Verbindungsstück) · **zwicken**[1] (kneifen – *österr auch für* Fahrschein lochen) · **Zwicker**[1] (Klemmer) · **Zwick|müh|le** (eine Stellung im Mühlespiel – *übertr, umg*; mißliche Lage)

Zwie|back, der, _[e]s, *Pl* ..bäcke, *auch, österr nur,* _e (‚zweimal Gebackenes'); *vgl. auch* Einback u. Biskuit

Zwie|bel, die, _, _n ⟨*lat*⟩ · **Zwie|bel|fi|sche** *Pl* (*Polygr*; durcheinandergeratene Buchstaben) · **Zwie|bel|mu|ster,** das, _s (pflanzl. Ornamente, bes. auf Porzellan) · **zwie|beln** *K 363* (*umg*; quälen, plagen, übertriebene Anforderungen stellen)

zwiefach usw. ↑ zweifach usw. · **zwie|fäl|tig** (*veraltend*) · **Zwie|ge|sang** (*gehoben*) · **Zwie|ge|spräch** · **Zwie|laut** (*Phon*) · **Zwie|licht,** das, _[e]s (Dämmerlicht) · **zwie|lich|tig**

Zwie|sel, die, _, _n *od* der, _s, _ (*landsch*; Gabelzweig; Gabelung) · **Zwie|sel|bee|re** (*landsch*; Vogelkirsche) · **Zwie|sel|dorn,** *Pl* ..dörner (*landsch*; Stechpalme) · **zwie|se|lig** *K 363* (*landsch*; zweispaltig, gezweit) · **zwie|seln, sich** (*Akk*) (*landsch*; sich gabeln, spalten)

Zwie|spalt, der, _[e]s, *Pl* (*selten*) _e · **zwie|späl|tig** · **Zwie|späl|tig|keit,** die, _ · **Zwie|spra|che;** _ halten · **Zwie|tracht,** die, _ (*gehoben*); _ säen · **zwie|träch|tig** (*gehoben*)

zwil|chen *K 364* (aus Zwillich gefertigt) · **Zwil|le,** die, _, _n (*landsch*; kleine Schleuder) · **Zwil|lich,** *auch* **Zwilch,** der, _[e]s, _e (zweifädiges Gewebe) · **Zwil|ling,** *meist Pl* · **Zwil|lings‿for|schung, ...ge|burt, ...paar**

Zwing|burg (*hist*) · **Zwin|ge,** die, _, _n (zum Ein- od. Zusammenspannen verwendetes Werkstück) · **zwin|gen;** du zwangst; du zwängest; gezwungen; zwing[e]! · **zwin|gend** · **Zwin|ger:** 1. der, _s, _ (Hundehütte mit eingezäuntem Auslauf; Käfig für wilde Tiere) – 2. der, _s (Barockbau in Dresden) · **Zwing|herr** (*hist*)

Zwing|lia|ner, der, _s, _ (Anhänger der Lehre des schweizer. Reformators Zwingli)

zwin|kern *K 363* (blinzeln)

zwir|beln *K 363* (wirbelnd drehen)

Zwirn, der, _[e]s, *Pl* (*Zwirnarten:*) _e ⟨*zu* zwei⟩ · **zwir|nen:** 1. *Verb* (Garne zusammendrehen) – 2. *Adj K 364* (aus Zwirn) · **Zwir|ne|rei** (Zwirnfabrik) · **Zwirns|fa|den,** *Pl* ..fäden

zwi|schen *Präp mit Dat od Akk K 379*: _ den Tischen stehen, *aber*: _ die Tische stellen; _ Furcht und Hoffnung; _ dir und mir

Zwi|schen|akt (*Theat*) · **zwi|schen|be|trieb|lich;** *K 119*: eine zwischenbetriebliche Einrichtung, *aber K 259*: Zwischenbetriebliche Einrichtung ... (*Abk* ZBE ...) · **Zwi|schen|deck** · **Zwi|schen|decke** [*Tr* ...dek|ke]

zwi|schen|drein [*od* 'tsvi..] (dazwischen [*auf die Frage* wohin?]). *Schreibung bei Verben vgl.* zwischendreinschlagen · **zwi|schen|drein|schla|gen** *K 148* (dazwischenschlagen); du schlägst zwischendrein; zwischendreingeschlagen; zwischendreinzuschlagen; *aber K 145*: zwischendrein schlagen (nicht stoßen)

zwi|schen|drin [*od* 'tsvi..] (*umg*; dazwischen [*auf die Frage* wo?]). *Schreibung bei Verben vgl.* zwischendrinliegen · **zwi|schen|drin|lie|gen**[1] *K 148* (*umg*; dazwischenliegen)

zwi|schen|durch [*od* 'tsvi..]. *Schreibung bei Verben vgl.* zwischendurchfallen · **zwi|schen|durch|fal|len**[1] *K 148* (*umg*; dazwischen hindurchfallen)

Zwi|schen‿fall (der), **...frucht** (*Landw*) · **zwi|schen|ge|nos|sen|schaft|lich;** *K 119*: eine zwischengenossenschaftliche Einrichtung; *aber K 259*: Zwischengenossenschaftliche Einrichtung ... (*Abk* ZGE ...) · **Zwi|schen|ge|schoß** · **Zwi|schen|han|del,** der, _s · **Zwi|schen|händ|ler** · **zwi|schen|hin|ein** (*noch schweiz*) · **Zwi|schen|kie|fer,** der · **zwi|schen|mensch|lich;** _e Beziehungen · **Zwi|schen‿pro|dukt, ...raum** · **Zwi|schen|satz** (*Gramm*); *vgl. auch K 428* · **Zwi|schen|spiel** · **zwi|schen|staat|lich** · **Zwi|schen|trä|ger** (*abwert*) · **Zwi|schen|zeit** · **zwi|schen|zeit|lich** (*bürospr*; inzwischen) .

Zwist, der, _[e]s, _e · **Zwi|stig|keit** (*gehoben*)

zwit|schern; der Vogel zwitschert ⟨*lautm*⟩

Zwit|ter, der, _s, _ (Lebewesen mit männl. u. weibl. Geschlechtsorganen) ⟨*zu* zwei⟩ · **Zwit|ter|blü|te** (*Bot*; Blüte mit Staubgefäßen und Stempel) · **zwit|ter|haft** · **Zwit|ter|tum,** das, _[e]s (*Biol*) · **zwitt|rig** *K 362* · **Zwitt|rig|keit,** die, _

zwo ↑ *unter* zwei, *Anm. 1* · **zwölf;** zu zwölfen *od* zu zwölft; *K 258*: die Zwölf Nächte (nach Weihnachten); *vgl.* acht · **Zwölf,** die, _, _en; *vgl.* [1]Acht · **Zwölf|eck**[1] · **zwölf|eckig**[1] [*Tr* ...ek|kig] · **zwölf|ein|halb** *od* **zwölf|und|ein|halb** *K 282* (*mit Ziffern* 12½ *od* 12,5); *vgl.* achteinhalb · **Zwöl|fer,** der, _s, _ · **Zwöl|fer|lei** · **zwölf|fach**[1] · **Zwölf|fa|che**[1], das, _n *K 341*; *vgl.* Achtfache · **Zwölf|fläch|ner**[1], der, _s, _ (*Geom*) · **zwölf|mal**[1]; *vgl.* achtmal · **zwölf|ma|lig**[1] · **zwölft;** *nur in der Wendung* zu zwölft · **Zwölf|ta|fel|ge|set|ze** *Pl* (*hist*; altröm. Gesetzessammlung) · **zwölf|tau|send;** *vgl. auch* tausend (1) · **zwölf|te;** *vgl.* achte · **zwölf|tel;** *vgl.* achtel · **Zwölf|tel,** das, *schweiz meist* der, _s, _ (‚zwölfter Teil'); *vgl.* Achtel · **zwölf|tens** · **Zwölf|ton|mu|sik,** die, _ (eine Kompositionstechnik) · **zwölfundeinhalb** ↑ zwölfeinhalb · **zwote** ↑ *unter* zwei, *Anm. 1*

Zy|an, das, _s (*Chem*; eine gasförmige Verbindung von Kohlenstoff u. Stickstoff) ⟨*grch* → *lat*⟩ · **Zy|an|ka|li,** *österr nur so, od* **Zy|an|ka|lium,** das, _s (das stark giftige Kaliumsalz der Blausäure) ⟨*grch* + *arab*⟩ · **Zya|no|ty|pie:** 1. die, _ (ein Lichtpausverfahren) – 2. die, _, ..ien (die durch dieses Verfahren hergestellte Kopie) ⟨*grch* → *lat*⟩ · **Zy|an|was|ser|stoff,** der, _[e]s (*Chem*; Blausäure)

zygomorph ↑ dorsiventral · **Zy|go|te,** die, _, _n (*Biol*; Tier- od. Pflanzenzelle nach der Befruchtung) ⟨*grch*⟩

Zy|kas, die, _, _ (Palmfarn) ⟨*grch* → *lat*⟩ · **Zy|kas|we|del**

Zykladen ↑ Kykladen

Zy|kla|men, das, _s, _, *österr* **Zy|kla|me,** die, _, _n (*Bot*; Alpenveilchen) ⟨*grch* → *lat*⟩ · **Zyklen** ↑ Zyklus · **Zy|kli|ker** *Pl* ([altgriech.] Dichter, deren Werke zu einem Zyklus vereinigt worden sind) · **zy|klisch** (kreisläufig, -förmig; sich auf einen Zyklus beziehend; regelmäßig wiederkehrend); _e Krise (*polit Ök*; periodisch wiederkehrende Wirtschaftskrise im Kapitalismus) · **Zy|klo|gramm,** das, _s, _e (graph. Hilfsmittel zur Optimierung von technolog. Abläufen) · **Zy|klo|ide,** die, _, _n (*Math*; eine Rollkurve) · **Zy|klo|id|schup|pe** (rundliche Schuppe [bei Knochenfischen]) · **Zy|klon,** der, _s, _e (Wirbelsturm – *Techn*; Fliehkraftabscheider als Entstaubungsanlage) ⟨*grch* → *engl*⟩ · **Zy|klo|ne,** die, _, _n (*Met*; atmosphär. Tiefdruckgebiet) · **Zy-**

---

[1] *Tr* ..k|k..

[1] *Konjugation vgl.* zwischendreinschlagen.

[1] *Mit Ziffern vgl. K 284.*

klop, der, _en, _en (*griech Sage*; einäugiger Riese) ⟨*grch* → *lat*⟩ · **Zy·klo|pen|mau|er** ([frühgeschichtl.] Mauer aus unbehauenen Bruchsteinen) · **zy|klo|pisch** (riesenhaft; ungeschlacht); _ste · **Zy|klo|thy|me,** der *u.* die, _n, _n *K 341* (*Psych, Med*; Mensch mit stark wechselnden Stimmungen) · **Zy|klo|thy·mie,** die, _ (*Psych, Med*) · **Zy|klo·tron,** das, _s, *Pl* _s *od* ..trone *Kunstw* (*Kernphys*; Gerät zur Beschleunigung atomarer geladener Teilchen) · **Zy|klus,** der, _, *Pl* Zyklen (Kreis, Kreislauf; Zusammenfassung; Folge, Reihe; regelmäßige Wiederkehr)

Zy|lin|der [tsi.. *od* tsy..], der, _s, _ (Walze; röhrenförmiger Hohlkörper [zur Kolbenführung]; hoher Männerhut) ⟨*grch* → *lat*⟩. *Zus K 365 ff.*: Zylinder‿glas usw. · **...zy|lin|drig** (mit ... Zylindern versehen, z. B. achtzylindrig [*mit Ziffer K 284* 8zylindrig]) · **zy|lin|drisch** (walzenförmig)

Zy|ma|se, die, _ (*Biol*; ein Gärung bewirkendes Enzym in der Hefe) ⟨*grch*⟩

Zymbal ↑ Cymbal

zy|mo|tisch (*Biol*; Gärung bewirkend) ⟨*grch*⟩

Zy|ni|ker, der, _s, _ (bewußt schamloser Mensch; bissiger Spötter) ⟨*grch* → *lat*⟩; *vgl. aber* Kyniker · **zy|nisch** (schamlos; verächtlich; spottend; bewußt gemein denkend); _ste; *vgl. aber* kynisch · **Zy|nis·mus,** der, _, ..men (beißender Spott; rohe Offenheit; Schamlosigkeit); *vgl. aber* Kynismus

Zy|per|gras (ein Riedgras, Zierpflanze) ⟨*semit* → *grch* → *lat*⟩

Zy|pern: 1. (Insel im östl. Mittelmeer) – 2. *amtl* **Re|pu|blik Zy·pern**

Zy|per‿sei|de, ...wein

Zy|prer, der, _s, _ *od* **Zy|pri|ot,** der, _en, _en (Staatsbürger von Zypern)

Zy|pres|se, die, _, _n (ein Nadelbaum) ⟨*semit* → *lat* → *ital*⟩ · **zy·pres|sen** (aus Zypressenholz) · **Zy|pres|sen‿hain, ...holz**

Zypriot ↑ Zyprer · **zy|prisch** *od* **zy|prio|tisch**

Zy|ste, die, _, _n (*Med*; eine mit Flüssigkeit gefüllte Geschwulst – *Biol*; mit derber Haut umgebene Hülle niederer Tiere) ⟨*grch* → *lat*⟩ · **Zy|sto|sko|pie,** die, _, ..ien (*Med*; Blasenspiegelung)

Zy|to|de, die, _, _n (*Biol*; Zelle ohne Kern) ⟨*grch* → *lat*⟩ · **zy|to·gen** (*Biol*; zellenbildend; von der Zelle gebildet) · **Zy|to|lo|gie,** die, _ (*Biol, Med*; Zellenlehre) · **zy|to·lo|gisch** (*Biol, Med*; zellkundlich) · **Zy|to|plas|ma** (*Biol*; Zellplasma)

Verzeichnis von Abkürzungen, Einheitenzeichen und Zeichen

Zur Beachtung: Im Text des Wörterverzeichnisses und des Leitfadens verwendete, *nicht allgemein übliche* Abkürzungen und Zeichen sind in den Benutzungshinweisen sowie in der Einführung in Anlage und Aufbau des Wörterverzeichnisses unter 8.4. und 9.4. aufgeführt.

Das folgende Abkürzungsverzeichnis enthält alle im Wörterverzeichnis bei den betreffenden Stichwörtern angegebenen Abkürzungen, Einheitenzeichen und Zeichen sowie einige zusätzliche Abkürzungen.
Hinter der Abkürzung, dem Einheitenzeichen oder dem Zeichen steht in der Regel lediglich das Wort, für das die Abkürzung, das Einheitenzeichen oder das Zeichen gilt (z. B. **Abf.** Abfahrt). Bei Abkürzungen, die lediglich als Abkürzungen gebräuchlich sind (z. B. BBC), sind die ausgeschriebenen Vollformen nicht in das Wörterverzeichnis aufgenommen worden; sie werden im Abkürzungsverzeichnis ausführlich erläutert.
Die Abkürzungen für die Tonartbezeichnungen sind nur im Wörterverzeichnis angeführt. Das gilt ebenso für die Kurzwörter (z. B. Alu, Mio). *Zeichen* wie ©, % usw. sind gesondert auf S. 572 erklärt. Ein Pfeil (↑) verweist auf eine Abkürzung, ein Einheitenzeichen, ein Zeichen innerhalb des Abkürzungsverzeichnisses oder auf ein Stichwort im Wörterverzeichnis, das weitere Aufklärung gibt.

A

a	(*veraltend*) Ar, *schweiz* Are
a	Beschleunigung (*Phys*)
a.	↑ A.
a...	Atto... (↑ *d.*)
A	Ampere
Å	[ɔ:] (*veraltend*) Ångström
A. *od* a.	Anno *od* anno
a. a.	ad acta
a. a. O.	am angeführten Ort *od* am angegebenen Ort (*Buchw*; Hinweis auf ein schon früher als Quelle angegebenes Werk)
Abb.	Abbildung
abds.	abends
Abf.	Abfahrt
ABF	Arbeiter-und-Bauern-Fakultät
Abg.	Abgeordnete[r]
ABGB	Allgemeines Bürgerliches Gesetzbuch (*Österreich*)
ABI	[a:be:'i:] Arbeiter-und-Bauern-Inspektion
Abk.	Abkürzung
ÄBK	Ärzteberatungskommission
Abs.	Absatz (*Buchw*)
Abs.	Absender
Abschn.	Abschnitt (*Buchw*)
Abt.	Abteilung (↑ *d.* [2])
ABV	Abschnittsbevollmächtigter
a c.	a conto
a. c.	anni currentis (des laufenden Jahres) ⟨*lat*⟩
Ac	↑ Aktinium
accel.	accelerando
a. Chr. [n.]	ante Christum [natum] [_ k.. _] (vor Christus, vor Christi [Geburt]) ⟨*lat*⟩
ACZ	agrochemisches Zentrum
a d.	a dato
a. D.	↑ A. D.
a. D.	außer Dienst
A. D. *od* a. D.	Anno Domini *od* anno Domini
Adj.	Adjektiv
AdK	Akademie der Künste der DDR
AdL	Akademie der Landwirtschaftswissenschaften der DDR
ad lib.	ad libitum
ADMV	Allgemeiner Deutscher Motorsportverband
ADN	Allgemeiner Deutscher Nachrichtendienst
Adr.	Adresse (↑ *d.* [1])
Adv.	Adverb
AdW	Akademie der Wissenschaften der DDR
AE	[a:'e:] Arbeitseinheit
AE	[a:'e:] astronomische Einheit (↑ astronomisch)
a. f.	anni futuri (des künftigen Jahres) ⟨*lat*⟩
AFC	[a:ɛf'tse:] automatic frequency control [ɔ:tə'mɛtik 'fri:kwənsi kən'tro:l] (automatische Frequenzkontrolle) ⟨*engl*⟩
AFP	Agence France Presse (↑ *d.*)
a. G.	als Gast
Ag	↑ Silber
AG	[a:'ge:] Aktiengesellschaft
AG	[a:'ge:] Arbeitsgemeinschaft
AGB	Arbeitsgesetzbuch
AGL	Abteilungsgewerkschaftsleitung
Ah	Amperestunde
AHB	Außenhandelsbetrieb
ahd.	althochdeutsch
Ahd.	Althochdeutsch[e]
aJ	Attojoule
Akk.	Akkusativ
AKW	Atomkraftwerk
Al	Aluminium
a. m.	ante meridiem [_ ..dĭɛm] (vormittags) ⟨*lat*⟩
Am	Amerizium
Anh.	Anhang (*Buchw*)
Ank.	Ankunft
Anm.	Anmerkung
anord.	altnordisch
Anord.	Altnordisch[e]
AO	[a:'o:] Anordnung

a. p.	anni praeteriti [_ prɛ..] (des vorigen Jahres) ⟨*lat*⟩
AP	Associated Press (↑ *d.*)
API	[a:pe:'i:] Association Phonétique Internationale [asɔsĭa,sĭɔ̃: fɔne,tik ɛ̃tɛrnasĭɔ'nal] (Internationale Phonetische Vereinigung) ⟨*frz*⟩
apl.	außerplanmäßig
APN	[a:pe:'ɛn] Agenstwo petschati Nowosti (Presseagentur Nowosti) ⟨*russ*⟩
APO	[a:pe:'o:] Abteilungsparteiorganisation
Apr.	April
APW	Akademie der Pädagogischen Wissenschaften der DDR
Ar	Argon
ARÄ	[a:ɛr'ɛ:] Arabische Republik Ägypten (↑ Ägypten [3])
arc	↑ Arkus
Art.	Artikel (Abschnitt)
As	Arsen (↑ ^{1}Arsen)
A · s	Amperesekunde
asb	(*veraltend*) Apostilb
ASK	Armeesportklub
ASMW	Amt für Standardisierung, Meßwesen und Warenprüfung
ASSR	[a:ɛs:ɛs'ɛr] *als Teil eines Namens* Awtonomnaja Sowjetskaja Sozialistitscheskaja Respublika (Autonome Sozialistische Sowjetrepublik) ⟨*russ*⟩
a. St.	alten Stils (*Zeitrechnung nach dem Julianischen Kalender*)
at	(*veraltend*) technische Atmosphäre (↑ Atmosphäre [2, b])
At	Astat
A. T.	Altes Testament
atm	(*veraltend*) physikalische Atmosphäre (↑ Atmosphäre [2, a])
Au	↑ Gold
Aufl.	Auflage (*Buchw*)
Aug.	August (↑ *d.* [2])
Ausg.	Ausgabe (*Buchw*)
ausschl.	ausschließlich (↑ *d.* [3])
AWG	Arbeiterwohnungsbaugenossenschaft
a. Z.	auf Zeit

B

b.	bei[m]
B	Bor
Ba	Barium
bar	(*veraltend*) Bar (↑ ^{3}Bar)
Bat.	Bataillon
BBC	[*engl* bi:bi:'si:] British Broadcasting Corporation [,britiʃ 'brɔ:dka:stiŋ kɔ:*r*pə're:ʃ(ə)n] (Britische Rundfunkgesellschaft) ⟨*engl*⟩
BBS	Betriebsberufsschule
BBZ	Berufsberatungszentrum
Bd.	Band (↑ ^{1}Band [1])
Bde.	Bände (↑ ^{1}Band [1])
Be	Beryllium
begr.	begraben
beif.	beifolgend
Beil.	Beilage
Bem.	Bemerkung
bes.	besonders
betr.	betreffend, betreffs
Betr.	Betreff
bez.	bezahlt
bez.	bezüglich (↑ *d.* [2])
Bez.	Bezeichnung
Bez.	Bezirk
Bf.	Bahnhof
bfn.	brutto für netto
BfN	Büro für Neuererwesen
bfr, *Pl* **bfrs**	belg. Franc[s] (↑ Franc)
bfrs	↑ bfr
Bg.	Bogen [Papier]
BGB	Bürgerliches Gesetzbuch (*noch BRD*)
BGL	Betriebsgewerkschaftsleitung
BH	(*umg*) Büstenhalter
BHG	Bäuerliche Handelsgenossenschaft
Bi	↑ Wismut
Bk	Berkelium
BKK	Braunkohlenkombinat
BKV	Betriebskollektivvertrag
Bl.	Blatt [Papier]
BN	Betriebsnummer
BPO	Betriebsparteiorganisation
Bq	Becquerel
Br	Brom
Br.	Breisgau
BRD	Bundesrepublik Deutschland
brosch.	broschiert
BRT	Bruttoregistertonnen
BSG	Betriebssportgemeinschaft
btto.	brutto
Bttr.	Batterie (*Milit*)
b. w.	bitte wenden!
BWV	Bach-Werke-Verzeichnis
bzw.	beziehungsweise

C

c *od* **ct,** *Pl* **cts**	Cent[s] (↑ Cent)
c...	Zenti... (↑ *d.*)
C	Coulomb
C	↑ hundert
C	↑ Kohlenstoff
°C	Grad Celsius; *vgl.* S. 716 (3.9.)
ca.	↑ zirka
Ca	↑ Kalzium
Ca	↑ Karzinom
CAD/CAM	[kɛd'kɛm] computer aided design/manufacturing [kɔm'pju:tə*r* 'e:did di'zain/ ,mɛnju'fɛktʃəriŋ] (»rechnergestützter Entwurf«/»rechnergestützte Produktion«) ⟨*engl*⟩
cal	(*veraltend*) Kalorie
cand.	↑ Kandidat
cand. med.	candidatus medicinae [_ ..ɛ:] (Kandidat der Medizin) ⟨*lat*⟩
cand. phil.	candidatus philosophiae [_ ..ɛ:] (Kandidat der Philosophie) ⟨*lat*⟩
c[and]. r[ev]. m[in].	candidatus reverendi ministerii [_ ..v.. ..ri:i:] (Predigtamtskandidat) ⟨*lat*⟩
CCCP	↑ Sowjetunion
cd	Candela
Cd	↑ Kadmium
CD	Corps diplomatique
CDU	Christlich-Demokratische Union
Ce	↑ Zer
Cf	↑ Kalifornium
CH	Confoederatio Helvetica
CIA	[*engl* si:ai:'e:] Central Intelligence Agency ['sɛntrəl in'tɛlidʒ(ə)ns 'e:dʒ(ə)nsi] (»Zentrale Nachrichtenagentur«, zentrale Organisation des Geheimdienstes der USA) ⟨*engl*⟩
Cl	Chlor
cm	↑ Zentimeter
cm^2	Quadratzentimeter
cm^3	Kubikzentimeter
Cm	Curium
Co	↑ Kobalt
Co.	↑ Kompanie
cod. *od* **Cod.**	↑ Kodex
con sord.	con sordino
cos	↑ Kosinus

cosec	↑ Kosekans
cot	↑ Kotangens
cr.	currentis (des laufenden Jahres od. Monats) ⟨*lat*⟩
Cr	Chrom
cresc.	crescendo
c. r. m.	↑ c[and]. r[ev]. m[in].
Cs	↑ Zäsium
ČSR	[tʃeːɛsˈɛr] Česká socialistická republika [ˈtʃɛska: ˈsɔtsialistitska: ˈrɛ..] (Tschechische Sozialistische Republik) ⟨*tschech*⟩
ČSSR	[ˈtʃeːɛsːɛsˈɛr] Československá socialistická republika [ˈtʃɛskɔslɔvɛnska: ˈsɔtsialistitska: ˈrɛ..] (Tschechoslowakische Sozialistische Republik) ⟨*tschech*⟩
CSU	Christlich-Soziale Union (*BRD*)
ct, *Pl* cts	Centime[s] (↑ Centime)
ct	↑ c
c. t.	cum tempore
cts	↑ c
cts	↑ ct
Cu	↑ Kupfer
cwt	↑ Hundredweight

D

d	↑ Tag
d, auch D	Durchmesser (↑ *d.*)
d...	Dezi... (↑ *d.*)
D	Deuterium
D	↑ fünfhundert
D	Schnellzug *od* D-Zug
D	↑ *d*
D. *od* D. theol.	doctor theologiae [_ ..ɛ:] (Ehrendoktor der prot. Theologie) ⟨*lat*⟩; *vgl. aber* Dr. theol.
da...	Deka... (↑ *d.*)
d. Ä.	der Ältere (*bei Eigennamen*)
dag	Dekagramm
dat.	datum (geschrieben) ⟨*lat*, ‚gegeben'⟩
Dat.	Dativ
DB	Deutsche Bücherei
DB	Deutsche Bundesbahn (*BRD*)
DBD	Demokratische Bauernpartei Deutschlands
d. c.	da capo
d. d.	de dato (*kaufm*; vom Tage der Ausstellung an) ⟨*lat*⟩
DDR	Deutsche Demokratische Republik

decresc.	decrescendo
del.	deleatur, Deleatur
del. *od* delin.	delineavit
delin.	↑ del. *od* delin.
den	(*veraltet*) Denier
desgl.	desgleichen; *vgl. aber* dgl.
Dez.	Dezember
DFD	Demokratischer Frauenbund Deutschlands
D. G.	Dei gratia (von Gottes Gnaden) ⟨*lat*⟩
DGB	Deutscher Gewerkschaftsbund (*BRD*)
dgl.	dergleichen; *vgl. aber* desgl.
d. Gr.	der Große (*bei Eigennamen*)
d. h.	das heißt
DHfK	Deutsche Hochschule für Körperkultur
d. i.	das ist
Di.	Dienstag
dim.	diminuendo
Din	jugoslaw. Dinar
DIN	↑ *Wörterverzeichnis*
Dipl.	Diplom... (↑ *d.*); *vgl. auch nachstehende Beispiele in Verbindung mit der Fachbezeichnung*
Dipl.-Biol.	Diplombiologe
Dipl.-Chem.	Diplomchemiker
Dipl.-Hist.	Diplomhistoriker
Dipl.-Ing.	Diplomingenieur
Dipl.-Ing.-Ök.	Diplomingenieurökonom
Dipl.-Math.	Diplommathematiker
Dipl.-Med.	Diplommediziner
Dipl.-Ök.	Diplomökonom
Dipl.-Päd.	Diplompädagoge
Dipl.-Phys.	Diplomphysiker
Dipl.-Psych.	Diplompsychologe
Dir.	Direktor (↑ *d.* [1])
Disk.	Diskont[o]
Diss.	Dissertation
d. J.	der Jüngere (*bei Eigennamen*)
d. J.	dieses, desselben Jahres
DK	Dezimalklassifikation
DK	Dieselkraftstoff
DKP	Deutsche Kommunistische Partei (*BRD*)
dkr	dänische Krone (*Münzw*)
dl	Deziliter
DLB	Dienstleistungsbetrieb
DLK	Dienstleistungskombinat
dm	Dezimeter
dm^2	Quadratdezimeter
dm^3	Kubikdezimeter
d. M.	dieses, desselben Monats
DM	Deutsche Mark (↑ ¹Mark)

DNA	Deutscher Normenausschuß (*BRD*)
DNS	Desoxyribonukleinsäure
do. *od* dto.	dito, *österr* detto
d. O.	der Obige
Do.	Donnerstag
Doz.	Dozent[in]
DP	Deutsche Post
DPA *od* dpa	Deutsche Presse-Agentur (*BRD*)
dpt	Dioptrie
d. R.	der Reserve
Dr. [1]	doctor (akadem. Grad, Doktor eines Wissenschaftszweiges [nach Promotion A erworben]) ⟨*lat*⟩
DR	Deutsche Reichsbahn
Dr. agr.	doctor agriculturarum, *älter* doctor agronomiae[2] [_ ..ɛ:] (Doktor der Landwirtschaft [einschl. Gartenbau u. Tierzucht] *od* Landwirtschaftswissenschaft) ⟨*lat*⟩
Dr. Dr.	doctor, doctor (doppelter Doktorgrad) ⟨*lat*⟩
Dr. e. h.	Doktor ehrenhalber; *vgl. auch* Dr. h. c.
Dr. ... habil.[2]	doctor ... habilitatus (habilitierter Doktor), *nur in Verbindung mit der Fachbezeichnung*, z. B. Dr. phil. habil. (doctor philosophiae [_ ..ɛ:] habilitatus = habilitierter Doktor der Philosophie) ⟨*lat*⟩
Dr. h. c.	doctor honoris causa (Ehrendoktor, Doktor ehrenhalber) ⟨*lat*⟩; *vgl. auch* Dr. e. h.
Dr.-Ing.	Doktoringenieur
Dr. jur.	doctor juris (Doktor des Rechts *od* der Rechtswissenschaften) ⟨*lat*⟩
DRK	Deutsches Rotes Kreuz [in der DDR]
Dr. med.	doctor medicinae [_ ..ɛ:] (Doktor der Medizin [einschl. Zahnheilkunde]) ⟨*lat*⟩
Dr. med. dent.[2]	doctor medicinae dentariae [_ ..ɛ: ..ɛ:] (Doktor der Zahnheilkunde) ⟨*lat*⟩

---

1 In Verbindung mit der Fachbezeichnung (z. B. Dr. rer. pol.) bringt das Abkürzungsverzeichnis Beispiele an alphabet. Stelle.

2 In der DDR bis 1969 verliehen.

Dr. med. vet.	[_ _ 'vɛt] doctor medicinae veterinariae [_ ..ɛ: v..ɛ:] (Doktor der Tierheilkunde) ⟨*lat*⟩
Dr. oec.	[_ 'œk] doctor oeconomicae [_ øk..ɛ:], *älter* **Dr. rer. oec.**[1] [_ _ 'œk] doctor rerum oeconomicarum [_ _ øk..] (Doktor der Wirtschaftswissenschaften) ⟨*lat*⟩
Dr. paed.	[_ 'pɛt] doctor paedagogicae [_ pɛd..ɛ:], *älter* doctor paedagogiae[1] [_ pɛd..ɛ:] (Doktor der Pädagogik) ⟨*lat*⟩
Dr. phil.	doctor philosophiae [_ ..ɛ:] (Doktor der Philosophie) ⟨*lat*⟩
Dr. rer. mil.	doctor rerum militarium (Doktor der Militärwissenschaften) ⟨*lat*⟩
Dr. rer. nat.	doctor rerum naturalium (Doktor der Naturwissenschaften) ⟨*lat*⟩
Dr. rer. oec.	↑ Dr. oec.
Dr. rer. pol.	doctor rerum politicarum (Doktor der Staatswissenschaften) ⟨*lat*⟩
Dr. rer. silv.	doctor rerum silvaticarum [_ _ ..v..], *älter* doctor rerum silvestrium[1] [_ _ ..v..] (Doktor der Forstwissenschaften) ⟨*lat*⟩
Dr. sc. ...	doctor scientiae [_ ..ɛ:] ... (Doktor der ...wissenschaften, *eigtl* »Doktor der ...wissenschaft« [nach Promotion B erworben]), *meist in Verbindung mit der Fachbezeichnung,* z. B. Dr. sc. pol. (doctor scientiae politicarum = Doktor der Staatswissenschaften)
Dr. sc. techn.	doctor scientiae technicarum [_ ..ɛ: _] (Doktor der techn. Wissenschaften)
Dr. theol.	doctor theologiae [_ ..ɛ:] (Doktor der [prot. od. kath.] Theologie) ⟨*lat*⟩; *vgl. aber* D. *od* D. theol.
DSF	Gesellschaft für Deutsch-Sowjetische Freundschaft

[1] In der DDR bis 1969 verliehen.

dt	Dezitonne
D. theol.	↑ D.
dto.	↑ do.
DTSB	Deutscher Turn- und Sportbund der DDR
Dtzd.	(*veraltet*) Dutzend
Dupl.	Duplikat, *auch* Duplum
DVP	Deutsche Volkspolizei
Dy	Dysprosium
dyn	(*veraltend*) Dyn
dz	(*veraltet*) Doppelzentner

E

E	Eilzug
E...	Exa... (↑ *d.*)
ebd.	ebenda
e. c.	exempli causa (beispielshalber) ⟨*lat*⟩
ed.	1. ediert (herausgegeben) – 2. edidit [auf dem Titelblatt von Büchern] (hat [es] herausgegeben) ⟨*lat*⟩; *vgl. auch* edd.
Ed.	Edition
edd.	ediderunt [auf dem Titelblatt von Büchern] (haben [es] herausgegeben) ⟨*lat*⟩; *vgl. auch* ed.
EDV	elektronische Datenverarbeitung
EDVA	elektronische Datenverarbeitungsanlage
EEG	[e:e:'ge:] Elektroenzephalogramm
eG *od* **e. G.**	eingetragene Genossenschaft
EG	[e:'ge:] Europäische Gemeinschaft
eGmbH *od* **e.G.m.b.H.**	eingetragene Genossenschaft mit beschränkter Haftpflicht
e. h.	ehrenhalber
e. h.	(*österr*) eigenhändig
eidg.	eidgenössisch
eigtl.	eigentlich
einschl.	einschließlich
EKG, *auch* **Ekg**	Elektrokardiogramm
ELN	Erzeugnis- und Leistungsnomenklatur
em.	emeritiert
e. m.	eiusdem mensis (desselben Monats) ⟨*lat*⟩
entspr.	entsprechend
entw.	entweder
EOS	[e:o:'ɛs] ↑ Oberschule
Er	Erbium
Erdg.	Erdgeschoß
erg	(*veraltend*) Erg
Es	Einsteinium
Es	Exasekunde
Esc	Escudo, *Zeichen* $
ESP	[e:ɛs'pe:] Einführung in die sozialistische Produktion
etc.	et cetera
ETH	Eidgenössische Technische Hochschule (in Zürich)
Eu	Europium
ev.	evangelisch
eV	Elektronenvolt
e. V.	eingetragener Verein
Ev.	Evangelium (↑ *d.* [2])
ev.-luth.	evangelisch-lutherisch
EVP	Einzelhandelsverkaufspreis, Endverbraucherpreis, Endverkaufspreis
ev.-ref.	evangelisch-reformiert
evtl.	eventuell (↑ *d.* [2])
Ew.	↑ euer (1, b)
EWG	Europäische Wirtschaftsgemeinschaft
Ew. M.	↑ Majestät (2)
Ex	Expreßzug
Ex. *od* **Expl.**	Exemplar
exc. *od* **excud.**	excudit
ex. gr.	exempli gratia (beispielshalber, beispielsweise) ⟨*lat*⟩
exkl.	exklusive
Expl.	↑ Ex.
Exz.	Exzellenz

F

f	forte
f	Frequenz (*Phys*)
f.	und folgende [Seite]
f. *od* **F.**	Femininum
f...	Femto... (↑ *d.*)
F	Farad
F	Fluor
F *od* **FF**	französ. Franc[s] (↑ Franc)
°F	Grad Fahrenheit; *vgl.* S. 716 (3.9.)
F.	↑ f. *od* F.
Fa.	Firma
FA	Facharbeiter
FDGB	Freier Deutscher Gewerkschaftsbund
FDJ	Freie Deutsche Jugend
FDP	Freie Demokratische Partei (*BRD*)
Fe	↑ Eisen
Febr.	Februar
fec.	fecit
ff	↑ Effeff
ff	fortissimo
ff.	und folgende [Seiten]
FF	↑ F *od* FF
FF *od* **FFW**	freiwillige Feuerwehr

fff	fortefortissimo, fortissississimo
FFW	↑ FF *od* FFW
FGB	Familiengesetzbuch
FHO	Fachhandelsorganisation
Fig.	Figur (↑ *d.* [1])
FIR	[ɛf:i:'ɛr] Fédération Internationale des Résistants [federaˈsjɔ̃: ɛ̃tɛrnasjɔˈnal dɛ reˈzisˈtɑ̃:] (Internationale Föderation der Widerstandskämpfer) ⟨*frz*⟩
FKK	Freikörperkultur
fl. *od* Fl.	Florin
flx	Femtolux
fm	Femtometer
Fm	Festmeter
Fm	Fermium
fmk	Finnmark (↑ *d.* [1])
FPG	Fischereiproduktionsgenossenschaft
fr, *Pl* frs	Franc[s] (↑ *d.*)
Fr	Franzium
Fr	*Sg u. Pl* (*schweiz*) Franken (↑ Franken [2])
Fr.	Frau
Fr.	Freitag
Frhr.	Freiherr
Frl.	Fräulein
frnhd.	↑ frühnhd.
Frnhd.	↑ Frühnhd.
frs	↑ fr
frühnhd. *od* frnhd.	frühneuhochdeutsch
Frühnhd. *od* Frnhd.	Frühneuhochdeutsch[e]
Ft	Forint
fud.	fudit
Fw.	Feldwebel
fz	↑ sf
FZR	freiwillige Zusatzrentenversicherung

G

g	Gramm
g	österreich. Groschen
g	Fallbeschleunigung (*Phys*)
G *od* Gs	(*veraltet*) Gauß
G...	Giga ... (↑ *d.*)
Ga	Gallium
gal	Gallone
GBl.	Gesetzblatt
Gd	Gadolinium
Ge	Germanium
GE	[ge:'e:] Getreideeinheit
geb.	geboren; *Zeichen* *
geb.	gebunden (*Buchw*)
Gebr.	Gebrüder
Gefr.	Gefreiter
gegr.	gegründet
geh.	geheftet (*Buchw*)
gem.	gemäß (*Präp*)
gen.	genannt
Gen.	Genitiv, *selten* Genetiv
Gen.	Genosse
Genn.	Genossin
gesch.	geschieden
gest.	gestorben; *Zeichen* †
gez.	gezeichnet
ggf.	gegebenenfalls
GHG	Großhandelsgesellschaft
GmbH *od* G.m.b.H.	Gesellschaft mit beschränkter Haftung
GMD	Generalmusikdirektor
GΩ	Gigaohm
gon	Gon
GOST	↑ *Wörterverzeichnis*
GPG	gärtnerische Produktionsgenossenschaft
Gr.	Gros (↑ *d.* [2])
grad	Gradient
gr.-kath.	griechisch-katholisch
Gs	↑ G
GST	Gesellschaft für Sport und Technik
GV *od* GVE	Großvieheinheit
GVE	↑ GV
GW	Gerstenwert
GWh *od* GW · h	Gigawattstunde
Gy	Gray

H

h	⟨*lat* hora = die Stunde⟩ *Einheitenzeichen für* Stunde zur Angabe einer *Zeitdauer* sowie *in Zus* u. *festen Wendungen*, z. B. 6 h (= 6 Stunden), kWh (= Kilowattstunde), km/h (= Kilometer je Stunde)
h...	Hekto... (↑ *d.*)
H	Henry (↑ *d.* [2])
H	↑ Wasserstoff
H.	Heft (*Buchw*)
ha	Hektar, *schweiz* Hektare
h. a.	hoc anno (in diesem Jahr[e]) ⟨*lat*⟩
h. a.	huius anni (dieses Jahres, in diesem Jahr[e]) ⟨*lat*⟩
Hb	Hämoglobin
Hbf.	Hauptbahnhof
h. c.	honoris causa; *vgl. auch* ehrenhalber
hd.	hochdeutsch
Hd.	Hochdeutsch[e]
h. e.	hoc est (das ist, das heißt) ⟨*lat*⟩
He	Helium
Hf	Hafnium
HF	Hochfrequenz
hfl	holländ. Gulden (↑ holländisch)
hg. *od* hrsg.	herausgegeben (*Buchw*)
Hg	↑ Quecksilber
Hg. *od* Hrsg.	Herausgeber (*Buchw*)
HGB	Handelsgesetzbuch
HGL	Hausgemeinschaftsleitung
hl	Hektoliter
hl., *für den Pl* hll.	heilig
h. l.	hoc loco (an diesem Ort[e]) ⟨*lat*⟩
hll.	↑ hl.
h. m.	huius mensis (dieses Monats, in diesem Monat) ⟨*lat*⟩
HNO-...	Hals-Nasen-Ohren-... (z. B. HNO-Klinik)
Ho	Holmium
HO	[ha:'o:]: 1. »Handelsorganisation«, Bez. für den staatl. Einzelhandel in der DDR – 2. Verkaufsstelle, Kaufhaus, Gaststätte der Handelsorganisation
hPa	Hektopascal
Hptm.	Hauptmann
Hptst.	Hauptstadt
Hr.	Herr
Hrn.	Herrn *Dat Sg*
hrsg.	↑ hg.
Hrsg.	↑ Hg.
Hs., *Pl* Hss.	Handschrift[en]
Hss.	↑ Hs.
HV	Hauptverwaltung
Hz	Hertz

I

I	↑ eins [2, c]
I	↑ Jod
I	↑ Stromstärke
i. A. *od* I. A.	im Auftrag; *vgl. auch die Fußnote zum Stichwort* im Auftrag *im Wörterverzeichnis*
i. allg.	im allgemeinen
ide. *od* ideu.	indoeuropäisch
ideu.	↑ ide.
IDFF	Internationale Demokratische Frauenföderation
idg.	indogermanisch
i. e. S.	im engeren, im eigentlichen Sinn[e]
i. f.	ipse fecit
IG	[i:'ge:] Industriegewerkschaft
IG	[i:'ge:] Interessengemeinschaft
i. H.	im Hause
IHK	Industrie-und-Handels-Kammer

IHK Internationale Handelskammer
IHS Ingenieurhochschule
IHS *od* **I. H. S.** (kirchl. Symbol, Christusmonogramm) ⟨*nach* den ersten drei griech. Buchstaben des Namens »Jesus«, *gedeutet als lat Abk für* in hoc salus = darin [liegt] das Heil *od* in hoc signo [vinces ('vintse:s)] = in diesem Zeichen [wirst du siegen]⟩
i. J. im Jahr[e]
ikr isländ. Krone (*Münzw*)
ill. illustriert
Ill. Illustration
I. M. Innere Mission
I. M. ↑ Majestät (2)
imp. ↑ impr.
impr. *od* **imp.** imprimatur
in Inch
In Indium
I. N. C. in nomine Christi
Ind. Indikativ
Ind. Industrie
I. N. D. in nomine Dei, in nomine Domini
Inf. Infinitiv
Ing. Ingenieur
Ing.-Ök. Ingenieurökonom
Inh. Inhaber[in]
inkl. inklusive
I. N. R. I. Jesus Nazarenus Rex Judaeorum [_ _ _ ..ε..] (»Jesus von Nazareth, König der Juden«; Kreuzesinschrift) ⟨*lat*⟩
Inst. Instanz
IOC [i:o:'tse:, *engl* ai:o:'si:] International Olympic Committee [intər'nɛʃ(ə)nəl o'limpik kə'miti] (Internationales Olympisches Komitee) ⟨*engl*⟩
IPR Industriepreisreform
IPU [i:pe:'u:] Interparlamentarische Union
i. R. im Ruhestand
Ir Iridium
I. R. Imperator Rex
IRK Internationales Rotes Kreuz
ISB Internationaler Studentenbund
i. T. in der Trockenmasse
I_v Lichtstärke (*Phys*)
i. V. *od* **I. V.** in Vertretung; in Vollmacht; *vgl. auch die Fußnote zum Stichwort* im Auftrag *im Wörterverzeichnis*
i. w. S. im weiteren Sinn[e]

J

J Jod
J Joule
Jan. Januar
JAR [jɔt:a:'ɛr] Jemenitische Arabische Republik
Jb. Jahrbuch
Jbb. Jahrbücher
Jg. Jahrgang
Jgg. Jahrgänge
Jh. Jahrhundert
JH Jugendherberge
jmd. jemand
JP Junge Pioniere
jr. *od* **jun.** junior (*nur hinter Personennamen*)

K

k (*veraltend*) Karat (↑ *d.* [1])
k... Kilo... (↑ *d.*)
K Kalium
K Kelvin
Kap. Kapitel (*Buchw*)
kart. kartoniert
kath. katholisch
kcal (*veraltend*) Kilokalorie
Kčs Koruna (↑ Krone [3])
KDT Kammer der Technik
KDVR Koreanische Demokratische Volksrepublik
KfL Kreisbetrieb für Landtechnik
kfm. kaufmännisch
Kfm. Kaufmann
Kfz Kraftfahrzeug
kg Kilogramm
KG Kommanditgesellschaft
KG Konsumgenossenschaft
KGD Konzert- und Gastspieldirektion
kgl. königlich
Kgl. Königlich (*in Titeln*)
kHz Kilohertz
kJ Kilojoule
k. J. kommenden *od* künftigen Jahres
k. k. kaiserlich-königlich
K. K. Kaiserlich-Königlich (*in Titeln*)
KKW Kernkraftwerk
Kl. (*veraltet*) Klafter
Kl. Klasse
km Kilometer
km² Quadratkilometer
km³ Kubikkilometer
k. M. kommenden *od* künftigen Monats
km/h Kilometer je Stunde
kn Knoten (*Seew*)
kN Kilonewton
kΩ Kiloohm
k. o. knockout
K. o. Knockout (↑ *d.*)
Koll. Kollege, *seltener* Kollegin
Kolln. Kollegin, *auch für* Kollegen *bzw.* Kolleginnen (*Pl*)
Komm. Kommission
Komp. ↑ Kp.
Konj. Konjunktiv
Kop. Kopeke
kp (*veraltend*) Kilopond
Kp. *od* **Komp.** Kompanie, *schweiz auch* Kompagnie (*Milit*)
kPa Kilopascal
KPD Kommunistische Partei Deutschlands
KPdSU Kommunistische Partei der Sowjetunion
kp · m (*veraltend*) Kilopondmeter
KPTsch [ka:pe:'tʃe:] Kommunistische Partei der Tschechoslowakei
Kr Krypton
Kr Króna (↑ Krone [4])
Kr ↑ Krone (*Münzw*)
Kr. Kreis (↑ *d.*)
KSZE Konferenz über Sicherheit und Zusammenarbeit in Europa
Kt. Kanton (↑ ²Kanton)
Kto. Konto (↑ *d.*)
Ku Kurtschatovium
k. u. k. kaiserlich und königlich
kV Kilovolt
KV Köchelverzeichnis
kVA *od* **kV · A** Kilovoltampere
kW Kilowatt
KW Kurzwelle
kWh *od* **kW · h** Kilowattstunde
KZ Konzentrationslager

L

l Liter
l Länge (*Phys*)
l. lies!
l. links
L ↑ fünfzig
L. [li'ne:] Linné (*bei botan u. zoolog Namen*)

L. *od* Lit.	Lira, *Pl* Lire (↑ *d.*)
La	Lanthan
l. c.	loco citato
LDPD	Liberal-Demokratische Partei Deutschlands
led.	ledig
leg.	legato
lfd.	laufend
lfd. J.	laufenden Jahres *u.*
od l. J.	laufendes Jahr
lfd. M.	laufenden Monats *u.*
od l. M.	laufender Monat
lfd. Nr.	laufende[r] Nummer
lfm	laufenden Meters *u.* laufendes Meter
lfr.	luxemburg. Franc[s]
Pl lfrs	(↑ Franc)
lfrs	↑ lfr
lg	Logarithmus (bei Basis 10)
Li	Lithium
Lic., *schweiz* lic.	Lizentiat
lim	Limes (*Math*)
liq.	Liquor
Lit.	↑ L. *od* Lit.
Lit.	Literatur
l. J.	↑ lfd. J.
LKG	Leipziger Kommissions- und Großbuchhandel
LKW *od* Lkw	Lastkraftwagen
lm	Lumen (*Phys*)
l. M.	↑ lfd. M.
ln *od* log nat	Logarithmus (bei Basis e)
LN	landwirtschaftliche Nutzfläche
log	Logarithmus (bei irgendeiner Basis)
log nat	↑ ln
LP	Langspielplatte
LPG	landwirtschaftliche Produktionsgenossenschaft
LPG (P)	landwirtschaftliche Produktionsgenossenschaft (Pflanzenproduktion)
LPG (T)	landwirtschaftliche Produktionsgenossenschaft (Tierproduktion)
LSD	Lysergsäurediäthylamid (ein Suchtmittel)
LSG	Landschaftsschutzgebiet
lt.	laut (*Präp*)
ltd. *od* Ltd.	limited
Ltn.	Leutnant
Lu	Lutetium
Lw	Lawrencium
LW	Langwelle
lx	Lux
ly	Lichtjahr

M

m	Mehrwert
m	Meter
m	Masse (*Phys*)
m...	Milli... (↑ *d.*)
m^2	Quadratmeter
m^3	Kubikmeter
m. *od* M.	Maskulinum
M	Mark (↑ ¹Mark)
M	Mille; *vgl. auch* tausend
M	↑ tausend
M *od* Mx	(*veraltet*) Maxwell
M' *od* Mc	Mac (↑ *d.*)
M.	↑ m.
M.	Monsieur
M...	Mega... (↑ *d.*)
ma.	mittelalterlich
mA	Milliampere
Ma	Mach
MA	Mittelalter
M. A.	(*veraltet*) Magister Artium (Magister [↑ *d.*] der [freien] Künste, [früherer] akademischer Grad) ⟨*lat*⟩
Mag.	Magister (↑ *d.*)
m. A. n.	meiner Ansicht nach
m. a. W.	mit ander[e]n Worten
MAZ	magnetische Aufzeichnung (*Ferns*)
mbar	(*veraltend*) Millibar
m. c.	mensis currentis (des laufenden Monats) ⟨*lat*⟩
Mc	↑ M'
md.	mitteldeutsch
Md	Mendelevium
Md. *od* Mrd.	Milliarde[n]
M. d. V. *od* MdV	Mitglied der Volkskammer
m. E.	meines Erachtens
MESZ	[ɛmːeːɛsˈtsɛt] mitteleuropäische Sommerzeit
MEZ	[ɛmːeːˈtsɛt] mitteleuropäische Zeit
mf	mezzoforte
mg	Milligramm
mg/g	Milligramm je Gramm
Mg	Magnesium
MG	Maschinengewehr
Mgr.	Monseigneur
Mgr. *od* Msgr.	Monsignore
mhd.	mittelhochdeutsch
Mhd.	Mittelhochdeutsch[e]
MHz	Megahertz
Mi.	Mittwoch
Mill.	Million[en]
min	Minute (*Phys*)
Min.	Minute (↑ *d.*)
MJ	Megajoule
MK	Maschinenkanone
ml	Milliliter
mlat.	mittellateinisch
Mlat.	Mittellatein(isch[e])
Mlle.	(*schweiz ohne Punkt*) Mademoiselle
Mlles.	(*schweiz ohne Punkt*) Mesdemoiselles (↑ Mademoiselle)
mm	Millimeter
mm^2	Quadratmillimeter
mm^3	Kubikmillimeter
m. m.	mutatis mutandis (mit den notwendigen Abänderungen) ⟨*lat*⟩
MM.	Messieurs (↑ Monsieur)
M. M.	Mälzels Metronom
Mme.	(*schweiz ohne Punkt*) Madame
Mmes.	(*schweiz ohne Punkt*) Mesdames (↑ Madame)
MMM	Messe der Meister von morgen
mmol	Millimol
Mn	Mangan
Mo	Molybdän
MΩ	Megaohm
Mo.	Montag
mod.	moderato
mol	Mol
mot.	motorisiert
mp	mezzopiano
m. p.	manu propria
Mp	(*veraltend*) Megapond
MPa	Megapascal
MPi	[ɛmˈpiː] Maschinenpistole
Mr.	Mister
MR	Medizinalrat
Mrd.	↑ Md.
Mrs.	Mistreß
m/s	Meter je Sekunde
Ms. *od* Mskr.	Manuskript (↑ *d.*)
Msgr.	↑ Mgr.
Mskr.	↑ Ms.
Mss.	Manuskripte
m. v.	mezza voce
MVR	Mongolische Volksrepublik
m. W.	meines Wissens
MW	Megawatt
MW	Mittelwelle
Mx	↑ M *od* Mx

N

n	Neutron
n	Stoffmenge (*Phys*)
n. *od* N.	Neutrum
n...	Nano... (↑ *d.*)
N	Newton
N	Nord[en] (↑ *d.* [1])
N	↑ Stickstoff
N.	↑ n.
Na	Natrium
Nachf. *od* Nchf.	Nachfolger[in]

nachm.	nachmittags
Nb	Niob[ium]
n. Br.	nördlicher Breite
od nördl. Br.	
Nchf.	↑ Nachf.
n. Chr.	nach Christus
n. Chr. G.	nach Christi Geburt
nd.	niederdeutsch
Nd	Neodym
Nd.	Niederdeutsch[e]
ndl.	niederländisch
NDPD	National-Demokratische Partei Deutschlands
Ne	Neon
nF	Nanofarad
NF	Nationale Front der DDR (↑ national)
NH	Normalhöhe
nhd.	neuhochdeutsch
Nhd.	Neuhochdeutsch[e]
Ni	Nickel (↑ *d.* [2])
n. J.	nächsten Jahres
nkr	norweg. Krone (*Münzw*)
N. L.	Niederlausitz
nlat.	neulateinisch
Nlat.	Neulatein(isch[e])
nm	Nanometer
n. M.	nächsten Monats
N · m	Newtonmeter
NN	Normalnull
N. N.	nomen nescio (unbekannten Namens, z. B. Herr N. N.) ⟨*lat*⟩
NNO	Nordnordost, Nordnordosten (↑ *d.* [1])
NNW	Nordnordwest, Nordnordwesten (↑ *d.* [1])
No	Nobelium
No.	Numero (↑ *d.*)
NO	[ɛn'o:] Nordost[en] (↑ *d.* [1])
NOK	[ɛn:o:'ka:] Nationales Olympisches Komitee
Nom.	Nominativ
nördl. Br.	↑ n. Br.
Not.	Notar
Nov.	November
Np	Neper
Np	Neptunium
NPT	Nationalpreisträger
Nr[n].	Nummer[n]
NRT	Nettoregistertonnen
NS	Nielsbohrium
NSG	Naturschutzgebiet
n. St.	neuen Stils (*Zeitrechnung nach dem Gregorianischen Kalender)*
N. T.	Neues Testament
NVA	Nationale Volksarmee
NW	Nordwest[en] (↑ *d.* [1])

O

o.	↑ od.
O	Ost[en] (↑ *d.* [1])
O	↑ Sauerstoff
Oe	[ø:] (*veraltet*) Oersted
°O	Öchsle
o. ä.	oder ähnliche[s]
OAU	[o:a:'u:] Organization of African Unity [ɔ:gənai'ze:ʃ(ə)n ɔv 'ɛfrikən 'ju:niti] (»Organisation für afrikan. Einheit«) ⟨*engl*⟩
o. B.	ohne Befund (*Med*)
OB	[o:'be:]
od OBM	[o:be:'ɛm] Oberbürgermeister
ÖBB	Österreichische Bundesbahnen
obd.	oberdeutsch
Obd.	Oberdeutsch[e]
OBM	↑ OB
od., *teils* o.	oder
o. d. ä.	oder dem ähnliche[s]
OEZ	[o:e:'tsɛt] osteuropäische Zeit
OF	[o:'ɛf] Operationsforschung
Ofw.	Oberfeldwebel
o. g.	obengenannt
OG	Oberstes Gericht der DDR
OHG	Offene Handelsgesellschaft
OIRT	[o:i:ɛr'te:] Organisation Internationale de Radiodiffusion et Télévision [..,sjɔ̃: ɛ̃tɛrnasjɔ,nal də ..fy,zjɔ̃: e televi'zjɔ̃:] (»Internationale Rundfunk- u. Fernsehorganisation«, der vor allem sozialist. Staaten angehören) ⟨*frz*⟩
o. J.	ohne Jahr (*Buchw*)
o. k. *od* O. K.	okay
Okt.	Oktober
ö. L.	östlicher Länge
od östl. L.	
O. L.	Oberlausitz
Oltn.	Oberleutnant
OMR	Obermedizinalrat
ONO	[o:ɛn'o:] Ostnordost, Ostnordosten (↑ *d.* [1])
o. O.	ohne Ort (*Buchw*)
o. O. u. J.	ohne Ort u. Jahr (*Buchw*)
op.	Opus
opp.	Opera *Pl* (↑ Opus)
OPW	Obschtschi park wagonow [..ʃtʃi _ ..ɔf] (gemeinsamer Güterwagenpark) ⟨*russ*⟩
Os	Osmium
OS	[o:'ɛs] ↑ Oberschule
ÖS *od* S	↑ Schilling (1)
OSL	Oberstleutnant
OSO	[o:ɛs'o:] Ostsüdost, Ostsüdosten (↑ *d.* [1])
östl. L.	↑ ö. L.
OZ	[o:'tsɛt] Oktanzahl

P

p	↑ Penny
p	piano
p	(*veraltend*) Pond
p	typographischer Punkt (↑ Punkt)
p., pinx.	pinxit
od pxt.	
p...	Piko... (↑ *d.*)
P	Personenzug
P	Phosphor (↑ *d.* [1])
P	(*veraltend*) Poise
P.	Papa (↑ [2]Papa)
P.	Pastor
P.	Pater
P...	Peta... (↑ *d.*)
Pa	Pascal
Pa	Protaktinium
PA	[pe:'a:] Personalausweis
PAO	[pe:a:'o:] Preisanordnung
p. a. p.	poco a poco
part.	parterre
Part.	Parterre (↑ *d.* [1])
Pb	↑ [2]Blei
pc	Parsec
p. Chr. [n.]	post Christum [natum] [_ k.. _] (nach Christus, nach Christi [Geburt]) ⟨*lat*⟩
Pd	Palladium (↑ *d.* [2])
pF	Pikofarad
Pf	Pfennig (↑ *d.*)
Pfd.	(*veraltet*) Pfund
PGH	Produktionsgenossenschaft des Handwerks
ph	(*veraltet*) Phot
pH, *in Maschinenschrift* pH	pH-Wert
pharm.	pharmazeutisch
phon	Phon
pinx.	↑ p.
pizz.	pizzicato
Pkt.	Punkt
PKW *od* Pkw	Personenkraftwagen
PLO	[pe:ɛl'o] Palestine Liberation Organization ['pɛlistain libə're:ʃ(ə)n ɔ:rgənai'ze:ʃ(ə)n] (Palästinensische Befreiungsorganisation) ⟨*engl*⟩
Plur.	Plural
PLZ	Postleitzahl
p. m.	post meridiem [_ ..diɛm] (nachmittags) ⟨*lat*⟩

p. m.	post mortem (nach dem Tode) ⟨*lat*⟩
p. m.	pro memoria
Pm	Petameter
Pm	Promethium
Po	Polonium
Pos.	Position
POS	[pe:o:ˈɛs] ↑ Oberschule
pp	pianissimo
Pp. *od* Ppbd.	Pappband (*Buchw*)
PP.	Patres (↑ Pater)
P. P.	praemissis praemittendis [prɛ:ˌmisi:s prɛ:mi-ˈtɛndi:s] (»unter Vorausschickung des Vorauszuschickenden«, d. h. des gebührenden Titels) ⟨*lat*⟩
Ppbd.	↑ Pp.
ppp	pianopianissimo
Pr	Praseodym
Prim.	Primararzt, -ärztin (↑ *d.*)
Prof.	Professor
Pron.	Pronomen
prot.	protestantisch
Prov.	Provinz (↑ *d.* [1])
PS	(*veraltend*) Pferdestärke
PS *od* P. S.	Postskript[um]
PSF	Postschließfach
p. t.	pro tempore (für jetzt, vorläufig) ⟨*lat*⟩
Pt	Platin
P. T.	praemisso titulo [..ɛ:.. _] (nach vorausgeschicktem [gebührendem] Titel) ⟨*lat*⟩
Pu	Plutonium
PVC	Polyvinylchlorid
pxt.	↑ p.

Q

q	Quintal
Q	(Symbol für Qualität, höchstes Gütezeichen in der DDR)
q. e. d.	quod erat demonstrandum
qm	(*veraltet*) ↑ m^2
qu.	quästioniert (fraglich, in Rede stehend) ⟨*lat*⟩

R

r od R	Radius
r.	rechts
R	recommandé [rəkɔmã-ˈde:] (*Post*; eingeschrieben) ⟨*lat → frz*⟩
R	(*veraltend*) Röntgen
R	↑ *r*
Ra	Radium
rad	Radiant
R. A. F.	Royal Air Force
Rb	Rubidium
Rbd *od* RBD	Reichsbahndirektion
Rbl.	Rubel
Rc.	↑ Rp. od Rc.
Re	Rhenium
Red.	Redaktion
ref.	reformiert
Ref.	Referent
resp.	respektive
rf., rfz. *od* rinf.	rinforzato *od* rinforzando
rfz.	↑ rf.
Rgt.	Regiment (↑ *d.* [2])
RGW	Rat für Gegenseitige Wirtschaftshilfe
rh	Rhesusfaktor negativ
Rh	Rhesusfaktor positiv
Rh	Rhodium
Rhld.	Rheinland (*BRD*)
rinf.	↑ rf.
R. I. P.	requiescat in pace!
rit. *od* ritard.	ritardando
rit. *od* riten.	ritenuto
ritard.	↑ rit. *od* ritard.
riten.	↑ rit. *od* riten.
r.-k.	↑ röm.-kath.
RKV	Rahmenkollektivvertrag
Rm	(*veraltend*) Raummeter
Rn	Radon
RNS	Ribonukleinsäure
röm.-kath., *österr auch* r.-k.	römisch-katholisch
Rp.	Rappen
Rp. *od* Rc.	recipe!
RP	réponse payée [reˌpɔ̃:s pɛˈje:] (*Post*; bezahlte Antwort) ⟨*frz*⟩
RSFSR	Rossiskaja Sowjetskaja Federatiwnaja Sozialistitscheskaja Respublika (Russische Sozialistische Föderative Sowjetrepublik) ⟨*russ*⟩
RT	Registertonne
Ru	Ruthenium

S

s	Sekunde (*Phys*)
s.	sieh[e]!
S	↑ ÖS
S	Schwefel
S	Siemens
S	Süd[en] (↑ *d.* [1])
S.	San (↑ *d.*)
S.	Sant' (↑ *d.*)
S.	São (↑ *d.*)
S.	Seite (*Buchw*)
S.	↑ S[e].
S. *od* Sta.	Santa (↑ *d.*)
Sa.	Samstag, Sonnabend
SAR	[ɛs:a:ˈɛr] Syrische Arabische Republik
sb	(*veraltend*) Stilb
Sb	↑ Antimon
SBB	Schweizerische Bundesbahnen
s. Br. *od* südl. Br.	südlicher Breite
sc.	subkutan
sc. *od* sculps.	sculpsit
Sc	↑ Skandium
SC	↑ Sportklub; *vgl. auch die Fußnote zum Stichwort im Wörterverzeichnis*
sculps.	↑ sc. *od* sculps.
s. d.	sieh[e] dies!
Se	Selen
S[e].	↑ [1]sein (1)
sec	↑ Sekans
SED	[ɛs:e:ˈde:] Sozialistische Einheitspartei Deutschlands
Sek.	Sekunde (↑ *d.* [1])
S[e]. M.	↑ Majestät (2)
sen.	senior (*nur hinter Personennamen*)
Sept.	September
seq.	sequens (folgend) ⟨*lat*⟩
seqq.	sequentes [..te:s] (die Folgenden) ⟨*lat*⟩
SEW	[ɛs:e:ˈve:] Sozialistische Einheitspartei Westberlins
sf *od* sfz, *auch* fz	sforzato (↑ *d.*)
SFm	Schichtfestmeter
sfr, *Pl* sfrs	schweizer. Franc[s] (↑ Franc)
sfr, *Pl* sfrs	Schweizer Franken (↑ Franken [2])
SFRJ	Sozialistische Föderative Republik Jugoslawien
sfrs	↑ sfr (schweizer. Franc[s])
sfrs	↑ sfr (Schweizer Franken)
sfz	↑ sf
SG	Sportgemeinschaft
SGB	sozialistischer Großhandelsbetrieb
sh	Shilling (↑ Schilling [2])
Si	Silizium
SI	[ɛsˈi:] Système International d'Unités [sisˌtɛ:m ɛ̃tɛrnasiɔˌnal dyniˈte:] (Internationales Einheitensystem [physikalischer u. technischer Größen]) ⟨*frz*⟩
sign.	signatum

sin	Sinus (*Math*)
Sing.	Singular
SK	Segerkegel
skr	schwed. Krone (*Münzw*)
s. l.	sine loco; *vgl. auch* o. O.
s. l. e. a.	sine loco et anno; *vgl. auch* o. O. u. J.
sm	Seemeile (*Seew*)
Sm	Samarium
S. M.	↑ S[e]. M.
SMH	Schnelle Medizinische Hilfe
Sn	↑ Zinn
s. o.	sieh[e] oben!
So.	Sonntag
SO	[ɛs'o:] Südost[en] (↑ *d.* [1])
sog.	sogenannt
SOS	[ɛs:o:'ɛs] internationales Seenotzeichen (*gedeutet als* Save our souls ['se:v ˌauər 'so:lz] *bzw* our ship! [ˌauər 'ʃip] = Rette[t] unsere Seelen *bzw* unser Schiff!) ⟨*engl*⟩
sost.	sostenuto
Sp.	Spalte (*Buchw*)
SPD	Sozialdemokratische Partei Deutschlands
S. P. Q. R.	Senatus Populusque Romanus
sr	Steradiant
Sr	Strontium
Sr.	↑ [1]sein (1)
SR	Sanitätsrat
SRR	Sozialistische Republik Rumänien
SRV	Sozialistiche Republik Vietnam
ss.	Sante (↑ *d.*)
ss.	Santi (↑ *d.*)
SSO	Südsüdost, Südsüdosten (↑ *d.* [1])
SSR	[ɛs:ɛs'ɛr] Slovenská socialistická republika ['slɔvɛnska: 'sɔtsialistitska: 'rɛ..] (Slowakische Sozialistische Republik) ⟨*slowak*⟩
SSR	*als Teil eines Namens* Sowjetskaja Sozialistitscheskaja Respublika (Sozialistische Sowjetrepublik) ⟨*russ*⟩
SSSR	↑ Sowjetunion
SSW	Südsüdwest, Südsüdwesten (↑ *d.* [1])
s. t.	sine tempore
St	(*veraltend*) Stokes
St *od* St.	Saint (↑ *d.*)
St.	Sankt (↑ *d.*)
St.	↑ St *od* St.
St.	↑ Stck.

S. T.	salvo titulo [..v.. _] (mit Vorbehalt des richtigen Titels) ⟨*lat*⟩
Sta.	↑ S. *od* Sta.
stacc.	staccato
Stck. *od* St.	Stück
Std.	Stunde (↑ *d.*)
Ste	Sainte (↑ *d.*)
StGB	Strafgesetzbuch
StPO	Strafprozeßordnung
Str.	Straße
string.	stringendo
stud.	Studiosus (↑ *d.*); *in Verbindung mit der Fachrichtung,* z. B. stud. phil.; *vgl. die entsprechenden Abkürzungen bei* Dr.
Stud.	Student
StVO	Straßenverkehrsordnung
StVZO	Straßenverkehrs-Zulassungs-Ordnung
s. u.	sieh[e] unten!
SU	[ɛs'u:] Sowjetunion (↑ *d.*)
Subst.	Substantiv
südl. Br.	↑ s. Br.
s. v.	sub voce [_ v..] (unter dem Wort, Stichwort) ⟨*lat*⟩
SV	Sozialversicherung
s. v. v.	sit venia verbo! [_ v.. v..] (man verzeihe das [harte] Wort!) ⟨*lat*⟩
svw.	soviel wie
SW	Südwest[en] (↑ *d.* [1])
s. Z.	seinerzeit (↑ *d.*)

T

t	Tonne (*Phys*)
T	Temperatur
T	Tesla
T	Tritium
T...	Tera... (↑ *d.*)
Ta	Tantal
Tab.	Tabelle
Taf.	Tafel
tan	Tangens
TAN	[te:a:'ɛn] technisch begründete Arbeitsnorm (z. B. TAN-Bearbeiter)
Tb	Terbium
Tb	↑ Tbk
Tbc	↑ Tbk
Tbk *od* Tbc *bzw* Tb	Tuberkulose
Tc	Technetium
tdw	ton deadweight ['tan 'dɛdwe:t] (Maßeinheit zur Angabe der Tragfähigkeit von Schiffen) ⟨*engl*, ‚Tonne Totlast'⟩
Te	Tellur
Tel.	Telefon
Tel.	Telegramm
ten.	tenuto
tex	Tex
Tgb.-Nr.	Tagebuchnummer
TGL	(Symbol für staatliche Standards der DDR, stets in Verbindung mit einer Standardnummer) ⟨*urspr Abk für T*echnische Normen, *G*ütevorschriften und *L*ieferbedingungen⟩
Th	Thorium
TH	technische Hochschule
Ti	Titan (↑ *d.* [1])
Tit.	Titel
Tl	Thallium
Tm	Terameter
Tm	Thulium
TM	tausend Mark [der Deutschen Demokratischen Republik]
TNT	Trinitrotoluol
TP	Triangulationspunkt
Transp.	Transport
Tsd.	Tausend
TU	[te:'u:] technische Universität

U

u	atomare Masseeinheit (↑ atomar)
u.	und; *vgl. auch* et *im Wörterverzeichnis*
U	Uran
u. a.	und and[e]re[s]
u. a.	unter ander[e]m, unter ander[e]n
u. ä.	und ähnliche[s]
u. a. m.	und and[e]re[s] mehr
u. d. ä.	und dem ähnliche[s]
u. desgl. [m.]	und desgleichen [mehr]
u. dgl. [m.]	und dergleichen [mehr]
u. d. M. *od* u. M.	unter dem Meeresspiegel
ü. d. M. *od* ü. M.	über dem Meeresspiegel
UdSSR	Union der Sozialistischen Sowjetrepubliken; *vgl. auch* Sowjetunion
u. E.	unseres Erachtens
Uffz.	Unteroffizier
UKW	Ultrakurzwelle
u. M.	↑ u. d. M.
ü. M.	↑ ü. d. M.
U/min	Umdrehung je Minute
UN	[u:'ɛn] United Nations
UPI	[*engl* ju:pi:'ai] United Press International [ju'naitid 'prɛs intər'nɛʃ(ə)nəl] (»Vereinigte Internationale Presse«,

	Nachrichtenbüro der USA) ⟨*engl*⟩
urspr.	ursprünglich
U/s	Umdrehung je Sekunde
USA	[u:ɛs'a:] United States of America
usf.	und so fort
usw.	und so weiter
UTP	Unterrichtstag in der sozialistischen Produktion
u. U.	unter Umständen
u. V.	unter Vorbehalt
UV	[u:'fau]: 1. ultraviolett (z. B. UV-Strahlen) – 2. Ultraviolett
u. v. a. [m.]	und viele[s] andere [mehr]
UVR	Ungarische Volksrepublik
u. W.	unseres Wissens
u. Z.	unserer Zeitrechnung
u. zw.	und zwar

V

v	Geschwindigkeit, Schallschnelle (*Phys*)
v.	verte!
v.	1. vide! ['vi:de:] (sieh[e]!) – 2. vidi ['vi:di:] (ich habe gesehen) ⟨*lat*⟩; *vgl. auch* vdt. *u.* vid.
v.	vom *bzw* von (↑ *d.*)
V	↑ fünf
V	Vanadium
V	Volt
V	Volumen (*Phys*)
V.	Vers (↑ *d.*)
VA *od* V · A	[fau'a:] Voltampere
VAE	[fau:a:'e:] Vereinigte Arabische Emirate
v. Chr.	vor Christus
v. Chr. G.	vor Christi Geburt
VdgB	Vereinigung der gegenseitigen Bauernhilfe
VDJ	Verband der Journalisten der DDR
VdN	Verfolgte[r] des Naziregimes
VDRÄ	Volksdemokratische Republik Äthiopien
VDRJ	Volksdemokratische Republik Jemen
vdt.	vidit ['vi:..] (er [sie] hat [es] gesehen) ⟨*lat*⟩; *vgl. auch* v. (vide!) *u.* vid.
VE	[fau'e:] Verrechnungseinheit
VEB	[fau:e:'be:] volkseigener Betrieb (↑ volkseigen)
VEG	[fau:e:'ge:] volkseigenes Gut (↑ volkseigen)
VEG (P)	volkseigenes Gut (Pflanzenproduktion)
VEG (T)	volkseigenes Gut (Tierproduktion)
verehel.	verehelicht
verh.	verheiratet
Verm.-Ing.	Vermessungsingenieur
verst.	verstorben; *Zeichen* †
vert.	vertatur!
verw.	verwitwet
Verz.	Verzeichnis
vgl.	vergleich[e]!
v., g., u.	vorgelesen, genehmigt, unterschrieben
vH *od* v. H.	↑ Hundert (2)
Vh	Volkshochschule
vid.	videatur! [v..] (man sehe nach!) ⟨*lat*⟩; *vgl. auch* v. (vide!) *u.* vdt.
v. J.	vorigen Jahres
Vk.	Volkskorrespondent
VK	Vergaserkraftstoff
VKSK	Verband der Kleingärtner, Siedler und Kleintierzüchter
v. M.	vorigen Monats
VMI	volkswirtschaftliche Masseninitiative
v. o.	von oben
VO	[fau'o:] Verordnung
VOB	[fau:o:'be:] Vereinigung organisationseigener Betriebe
Vogtl.	Vogtland
Vol. *od* vol.	Volumen (↑ *d.*)
Vol.-%	Volumenprozent
vorm.	vormals
vorm.	vormittags
Vors.	Vorsitzende[r]
VP	Volkspolizei (↑ *d.*)
VPKA	Volkspolizei-Kreisamt
VR	Volksrepublik
VRB	Volksrepublik Bulgarien
VRP	Volksrepublik Polen
V · s	Voltsekunde; *vgl. auch* ²Weber
VS	Volkssolidarität
v. s. pl.	verte, si placet! [v.. _ _] (bitte zu wenden!) ⟨*lat*⟩
vT *od* v. T.	↑ Tausend (2)
v. u.	von unten
v. u. Z.	vor unserer Zeitrechnung
v. v.	vice versa
VVB	↑ volkseigen *u.* Vereinigung
VVN	Vereinigung der Verfolgten des Naziregimes
VVO	Vaterländischer Verdienstorden
VVS	vertrauliche Verschlußsache
VVW	↑ Vereinigung

W

W	Watt (↑ ²Watt)
W	West[en] (↑ *d.* [1])
W	Wolfram (↑ *d.* [2])
WAO	[ve:a:'o:] wissenschaftliche Arbeitsorganisation
Wb	Weber (↑ ²Weber)
WB	Westberlin
WBDJ	Weltbund der Demokratischen Jugend
WBK	Wohnungsbaukombinat
WC	Wasserklosett
WE	[ve:'e:] Wohnungseinheit
westl. L.	↑ w. L.
WEZ	[ve:e:'tsɛt] westeuropäische Zeit
WGA	Wohngebietsausschuß
WGB	Weltgewerkschaftsbund
Wh *od* W · h	Wattstunde
WHO	[ve:ha:'o:, *engl* ˌdablju:ˌe:tʃ'o:] World Health Organization ['wœ:rld 'hɛlθ ɔ:rgənai'ze:ʃ(ə)n] (Weltgesundheitsorganisation) ⟨*engl*⟩
w. L. *od* westl. L.	westlicher Länge
WNW	Westnordwest, Westnordwesten (↑ *d.* [1])
w. o.	wie oben
WPO	Wohngebietsparteiorganisation
W · s	Wattsekunde; *vgl. auch* Joule
WSW	Westsüdwest, Westsüdwesten (↑ *d.* [1])
WtB	Waren des täglichen Bedarfs
Wwe.	Witwe

X

X	↑ zehn
Xe	Xenon

Y

Y	Yttrium
Yb	Ytterbium
yd	Yard

Z

Z. Zahl
Z. Zeile
ZAR [tsɛtǀaːˈɛr] Zentralafrikanische Republik
z. B. zum Beispiel
ZBE zwischenbetriebliche Einrichtung (↑ zwischenbetrieblich)
z. b. V. zur besonderen Verwendung
zelloph. zellophaniert
ZGB Zivilgesetzbuch
ZGE zwischengenossenschaftliche Einrichtung (↑ zwischengenossenschaftlich)
z. H. zu Händen
Ziff. Ziffer
ZK Zentralkomitee
ZKD Zentraler Kurierdienst
Zł Złoty
Zn Zink (↑ [1]Zink)
ZPKK Zentrale Parteikontrollkommission
ZPO Zivilprozeßordnung
Zr Zirkon[ium]
Zs. *od* **Zschr.** Zeitschrift
Zschr. ↑ Zs.
z. T. zum Teil
Ztr. (*veraltet*) Zentner
ZV Zivilverteidigung
z. Wv. zur Wiedervorlage
z. Z. zur Zeit,
od **z. Zt.** *österr u. schweiz* zurzeit

Zeichen und Symbole

Allgemeines

*	geboren
†	gestorben, verstorben
§	Paragraph[1]
§§	Paragraphen[1]
″	Zoll[1] (↑ [2]Zoll)
″	(*veraltet*) Inch

Akzente u. Aussprachezeichen

´	Akut; Accent aigu
`	Gravis; Accent grave
^	Zirkumflex; Accent circonflexe
~	Tilde (↑ *d.* [1])
¨	Trema
’	Auslassungszeichen; Apostroph[1]

Buchwesen u. Buchdruck

©	Copyright (Urheberrechtsvermerk)
ɣ	vertatur
₰	deleatur
{}	Akkolade (↑ *d.* [1])
„	Unterführungszeichen[1]
„…“, »…«, «…» *od* ‚…‘	Anführungszeichen[1]
~	Wiederholungszeichen (↑ Tilde [2])

Handel u. Wirtschaft

&	und[1]
№	Numero
./.	abzüglich (↑ *d.* [2])
℔	(*veraltet*) Pfund (↑ *d.* [1])
%	Prozent
‰	Promille[1]
$	Dollar, Escudo, Peso
£	Pfund Sterling

Mathematik u. Naturwissenschaften

△	Dreieck (*Geom*)
□	Quadrat (*Geom*)
+	plus; Pluszeichen[1]; positiv
−	minus; Minuszeichen[1]; negativ
· *od* ×	mal (↑ Mal II), Malzeichen[1] (↑ *d.*)
:	durch (↑ *d.* [1]), Divisionszeichen (↑ Division [1])
=	Gleichheitszeichen[1]
>	größer als
<	kleiner als
∟	rechter Winkel (*Geom*)
∫	Integral
∞	unendlich
~	proportional (*Geom*)
≈	angenähert, nahezu gleich
∅	Durchmesser
°	Grad[1] (↑ *d.* [2 *u.* 3])
′	Minute[1] (*Math*)
″	Sekunde[1] (*Math*)
^{c}	Neuminute
^{cc}	Neusekunde
ε	Dielektrizitätskonstante
^{g}	(*veraltend*) Neugrad
μ	Permeabilität
µ…	Mikro… (↑ *d.*)
µF	Mikrofarad
µg	Mikrogramm
µm	Mikrometer (↑ *d.* [1])
π	Ludolfsche Zahl; Pi
Ω	Ohm
^{2}	↑ Quadrat…
^{3}	↑ Kubik…

Musik

♯	Kreuz, Erhöhungszeichen
♭	B, Erniedrigungszeichen
♮	Quadrat, Auflösungszeichen
𝄐	Fermate, Haltezeichen

---

[1] *Vgl. auch die entsprechenden Stichwörter im Abschnitt »Vorschriften für den Schriftsatz«, S. 705ff.*

Deutsches Alphabet

Das deutsche Alphabet besteht aus 26 Buchstaben. Die unterschiedlichen S-Schreibungen sind im Leitfaden erläutert (*vgl. Anm. 1*). Die Umlaute (ä, Ä, ö, Ö, ü, Ü) sowie die Diphthonge (au, eu, äu, ei, ai) sind nicht mit in der nachfolgenden Aufstellung enthalten.

In der Übersicht bringen wir das Alphabet in Druckschriften und in Kurrentschriften. Als Beispiele für die Druckschriften stehen eine runde und eine gebrochene Schrift. Von den Kurrentschriften geben wir die in unseren Schulen gültige Schulausgangsschrift und die sogenannte deutsche Schrift, die nicht mehr gelehrt wird. In der letzten Spalte steht die Aussprache des Buchstabennamens.

Druckschriften				Kurrentschriften				
runde Schrift		gebrochene Schrift		lateinische Schrift (Schulausgangs-schrift)		deutsche Schrift		Aussprache des Buchstabennamens
a	A	𝔞	𝔄	a	A	a	A	a:
b	B	𝔟	𝔅	b	B	b	B	be:
c	C	𝔠	ℭ	c	C	c c	C	tse:
d	D	𝔡	𝔇	d	D	d	D	de:
e	E	𝔢	𝔈	e	E	e	E	e:
f	F	𝔣	𝔉	f	F	f	F F	ɛf
g	G	𝔤	𝔊	g	G	g	G	ge:
h	H	𝔥	ℌ	h	H	h	H H	ha:
i	I	𝔦	ℑ	i	I	i	I	i:
j	J	𝔧	𝔍	j	J	j	J	jɔt
k	K	𝔨	𝔎	k	K	k	K K	ka:
l	L	𝔩	𝔏	l	L	l	L	ɛl
m	M	𝔪	𝔐	m	M	m	M	ɛm
n	N	𝔫	𝔑	n	N	n	N	ɛn
o	O	𝔬	𝔒	o	O	o	O	o:
p	P	𝔭	𝔓	p	P	p	P P	pe:
q	Q	𝔮	𝔔	q	Q	q	Q	ku:
r	R	𝔯	ℜ	r	R	r	R	ɛr
s[1]	S	ſ[1] 𝔰[1]	𝔖	s	S	ſ s	S	ɛs ˈʃlusˈɛs
ß[1]		ß[1]		ß		ß		ɛsˈtsɛt
t	T	𝔱	𝔗	t	T	t	T	te:
u	U	𝔲	𝔘	u	U	u	U	u:
v	V	𝔳	𝔙	v	V	v	V	fau
w	W	𝔴	𝔚	w	W	w	W	ve:
x	X	𝔵	𝔛	x	X	x	X	iks
y	Y	𝔶	𝔜	y	Y	y	Y	ˈypsilɔn
z	Z	𝔷	ℨ	z	Z	z	Z	tsɛt

[1] *Vgl. hierzu K 37–K 45.*

Griechisches Alphabet

Das griechische (altgriechische) Alphabet besteht aus 24 Buchstaben. Einige Besonderheiten werden in Anmerkungen erklärt.

In der Übersicht ist das Alphabet in kursiver griechischer Druckschrift enthalten, wie sie heute noch in der klassischen Philologie verwendet wird. Sie stimmt im wesentlichen mit der handgeschriebenen Form überein. Eine Reihe griechischer Buchstaben wird auch in Formeln verschiedener Wissenschaften verwendet.

Bei der Wiedergabe der griechischen Buchstaben mit Hilfe lateinischer unterscheidet man zwischen Transkription und Transliteration. Die Transkription stammt aus der klassischen Philologie und ist die übliche Form, in der griechische Eigennamen und sonstige aus dem Griechischen übernommene Wörter im Deutschen geschrieben werden. Die rückübertragbare Transliteration dient vorwiegend Zwecken der Information und Dokumentation – vor allem in Bibliothekskatalogen und Bibliographien. Die in der Übersicht angegebene Transliteration beruht auf der letzten Empfehlung der Internationalen Organisation für Standardisierung (Nr. 843 von 1968).

Buchstabe klein	groß	Buchstabenname und Aussprache	Transkription		Transliteration	
α[1]	*A*[1]	Alpha [ˈalfa:]	a	A	a	A
β	*B*	Beta [ˈbe:ta:]	b	B	b	B
γ	*Γ*	Gamma [ˈgamma:]	g[2]	G[2]	g	G
δ	*Δ*	Delta [ˈdɛlta:]	d	D	d	D
ε[1]	*E*[1]	Epsilon [ˈɛpsilɔn]	e	E	e	E
ζ	*Z*	Zeta [ˈtse:ta:]	z	Z	z	Z
η[1]	*H*[1]	Eta [ˈe:ta:]	e	E	ē	Ē
ϑ θ	*Θ*	Theta [ˈte:ta:]	th	Th	th	Th
ι[1,3]	*I*[1,3]	Jota [ˈjo:ta:]	i	I	i	I
ϰ	*K*	Kappa [ˈkapa:]	k	K	k	K
λ	*Λ*	Lambda [ˈlampda:]	l	L	l	L
μ	*M*	My [my:]	m	M	m	M
ν	*N*	Ny [ny:]	n	N	n	N
ξ	*Ξ*	Xi [ksi:]	x	X	x	X
ο[1]	*O*[1]	Omikron [ˈɔmikrɔn]	o	O	o	O
π	*Π*	Pi [pi:]	p	P	p	P
ϱ	*P*	Rho [ro:]	r[4]	R[4]	r	R
σ ς[5]	*Σ*	Sigma [ˈzigma:]	s	S	s	S
τ	*T*	Tau [tau]	t	T	t	T
υ[1,6]	*Y*[1,6]	Ypsilon [ˈypsilɔn]	y	Y	u	U
φ	*Φ*	Phi [fi:]	ph	Ph	f	F
χ	*X*	Chi [çi:]	ch	Ch	h	H
ψ	*Ψ*	Psi [psi:]	ps	Ps	ps	Ps
ω[1]	*Ω*[1]	Omega [ˈo:mega:]	o	O	ō	Ō

Anmerkungen zum griechischen Alphabet

[1] Der Spiritus asper ῾ (Kennzeichen des behauchten Lautes) vor oder über dem Vokal am Anfang eines griechischen Wortes – bei Diphthongen über dem 2. Vokal – wird in der Transkription durch h, H als Anfangsbuchstabe, in der Transliteration durch das Zeichen ` vor dem Wort wiedergegeben. Der Spiritus lenis ᾿ (Kennzeichen des unbehauchten Lautes) wird bei Transkription und Transliteration nicht berücksichtigt. Die Akzente ´ (Akut), ` (Gravis) und ῀ (Zirkumflex) bleiben beim Transkribieren unberücksichtigt und werden beim Transliterieren übernommen.

[2] Vor γ, ϰ, ξ, χ wird γ im Deutschen als n transkribiert (γγ = ng).

[3] Griechische Diphthonge aus α, ε, ο, υ und nachgestelltem ι (αι, ει, οι, υι) werden wie ihre Einzelbuchstaben transkribiert und transliteriert. Jota in Verbindung mit α, η, ω als Jota subskriptum (daruntergeschriebenes Jota [ᾳ, ῃ, ῳ]) oder in Verbindung mit Versalbuchstaben als Jota adskriptum (danebengeschriebenes Jota [Αι, Ηι, Ωι am Wortanfang bzw. ΑΙ, ΗΙ, ΩΙ bei Versalschreibung]) wird als nachgestelltes j, J transliteriert. In der Transkription bleiben Jota adskriptum und Jota subskriptum unberücksichtigt.

[4] Am Wortanfang ist ϱ, Ρ im Griechischen stets mit ῾ (Spiritus asper) versehen und wird bei der Transkription als rh, Rh wiedergegeben; verdoppeltes ϱ (ϱϱ) innerhalb eines Wortes wird als rrh transkribiert.

[5] Am Wortende wird statt σ stets ς verwendet.

[6] Im Griechischen bildet υ (nachgestellt) mit α, ε, η, ο Diphthonge, von denen ου als Monophthong u und αυ, ευ, ηυ als au, eu, eu transkribiert werden. In der Transliteration werden sie wie ihre Einzelbuchstaben behandelt.

Russisches Alphabet

Die kyrillische Schrift ist die verbreitetste nichtlateinische Buchstabenschrift. Sie wird in slawischen und nichtslawischen Sprachen verwendet.
Das russische Alphabet besteht aus 32 Buchstaben, von denen zwei Hilfsbuchstaben sind (ъ und ь). Es gibt zwei fakultative diakritische Zeichen – das Trema (¨) über dem Buchstaben e zur Bezeichnung eines betonten o bzw. jo und den Akut (´) als Betonungszeichen.

Die Tabelle enthält neben der geradstehenden Druckschrift die seit 1971 in den Schulen der DDR verbindliche Kurrentschrift. Darauf folgt die jeweilige russische Aussprachebezeichnung, die Transkription und in der letzten Spalte die Transliteration.

Die Transkription dient der Wiedergabe russischer Wörter mit lateinischen Buchstaben oder Buchstabenverbindungen ohne diakritische Zeichen, vor allem in der Presse, im Fernsehen, in populärwissenschaftlicher Literatur und in der Belletristik. Für die Transkription wurde die von Prof. Dr. W. Steinitz ausgearbeitete Transkriptionstabelle weiterentwickelt (veröffentlicht in den »Richtlinien zur einheitlichen deutschen Wiedergabe russischer Eigennamen in der Deutschen Demokratischen Republik [Transkriptionsrichtlinien]«, Akademie der Wissenschaften der DDR, Zentralinstitut für Sprachwissenschaft, Berlin 1972 – als Manuskript vervielfältigt).

Die Transliteration dient der rückübertragbaren Wiedergabe russischer Wörter mit Hilfe lateinischer Buchstaben und diakritischer Zeichen, vor allem in der Information und Dokumentation und bei wissenschaftlichen Arbeiten. Die in der Tabelle angegebenen Schriftzeichen entsprechen dem Standard TGL 37 116 vom Juni 1981 und der letzten von der Internationalen Organisation für Standardisierung herausgegebenen Empfehlung (Nr. 9 von 1986). Die bei den Buchstaben х, Х, щ, Щ, ю, Ю und я, Я in Klammern angegebenen Transliterationsformen mit mehreren Buchstaben des lateinischen Alphabets können noch verwendet werden, wenn eine Umstellung auf die Transliterationsformen mit nur einem Buchstaben und diakritischem Zeichen mit unvertretbar hohem Aufwand verbunden wäre. In solchen Fällen sind innerhalb eines Textes generell die geklammerten Formen anzuwenden.

Druckschrift		Kurrentschrift		Aussprache des Buchstabennamens	Transkription		Transliteration	
а	А	а	А	a	a	A	a	A
б	Б	б	Б	bɛ	b	B	b	B
в	В	в в	В	vɛ	w	W	v	V
г	Г	г	Г	gɛ	g	G	g	G
д	Д	д	Д	dɛ	d	D	d	D
е[1]	Е[1]	е	Е	jɛ	e/je[2]	E/Je[2]	e	E
ё[1]	Ё[1]	ё	Ё	jɔ	o/jo[3]	O/Jo[3]	ë	Ë
ж	Ж	ж	Ж	ʒɛ	sh	Sh	ž	Ž
з	З	з	З	zɛ	s	S	z	Z
и	И	и	И	i	i	I	i/ï[4]	I
й	Й	й	Й	i'kratkɔjɛ	i/j[5] (unbezeichnet)[5]	I/J[5]	j	J
к	К	к	К	ka	k	K	k	K
л	Л	л	Л	ɛł	l	L	l	L
м	М	м	М	ɛm	m	M	m	M
н	Н	н	Н	ɛn	n	N	n	N
о	О	о о	О	ɔ	o	O	o	O
п	П	п	П	pɛ	p	P	p	P
р	Р	р	Р	ɛr	r	R	r	R
с	С	с	С	ɛs	ss/ß/s[6]	S	s	S
т	Т	т	Т	tɛ	t	T	t	T
у	У	у	У	u	u	U	u	U
ф	Ф	ф	Ф	ɛf	f	F	f	F
х	Х	х	Х	xa	ch	Ch	h (ch)	H (Ch)
ц	Ц	ц	Ц	tsɛ	z	Z	c	C
ч	Ч	ч	Ч	tʃɛ	tsch	Tsch	č	Č
ш	Ш	ш	Ш	ʃa	sch	Sch	š	Š
щ	Щ	щ	Щ	ʃtʃa	schtsch	Schtsch	ŝ (šč)	Ŝ (Šč)
ъ	Ъ	ъ	Ъ	'tvĭɔrdy znak	unbezeichnet		″	
ы	Ы	ы	Ы	jɛ'ry	y		y	
ь	Ь	ь ь	Ь Ь	'mĭaxki znak	j/unbezeichnet[7]		′	
э	Э	э	Э	ɛ[8]	e	E	è	È
ю	Ю	ю	Ю	ju	ju	Ju	û (ju)	Û (Ju)
я	Я	я	Я	ja	ja	Ja	â (ja)	Â (Ja)

[1] Ob es sich um ein e oder um ein ë handelt, muß im Bedarfsfall in Wörterbüchern nachgeschlagen werden.

[2] Im Anlaut, nach Vokal, ъ und ь = je (Егорьевск – Jegorjewsk, Фадеев = Fadejew, Объедков – Objedkow), nach Konsonant und й = e (Ленин – Lenin, Кайев – Kajew), vor einem Vokal = ë (Неупокоев – Nëupokojew).

[3] Nach ж, ч, ш, щ = o (Пугачёв – Pugatschow, Хвощёв – Chwoschtschow), sonst immer jo (Ёлкин – Jolkin, Воробьёв – Worobjow).

[4] ï nur nach Vokal (Каиров – Kaïrov, Моисеев – Moïsejev).

[5] Nach a, o, y, ю ohne nachfolgenden Vokal = i (Чайка – Tschaika, Толстой – Tolstoi, Вилюйск – Wiljuisk), im Anlaut, nach e sowie vor e und o = j (Йошкар-Ола – Joschkar-Ola, Андрей – Andrej, Кайев – Kajew), nach и, ы bleibt й unbezeichnet (Горький – Gorki, Зелёный – Seljony).

[6] Zwischen Vokalen, zwischen й und Vokal, zwischen Vokal und ъ = ss (Сусанин – Sussanin, Гайсин – Gaissin, Весъегонск – Wessjegonsk), nach Vokal vor x und in einigen Sonderfällen = ß (Восход – Woßchod, Десятина – Deßjatine), in sonstigen Fällen = s (Симонов – Simonow, Смоленск – Smolensk).

[7] Vor a, и, o = j (Ильич – Iljitsch, Миньович – Minjowitsch), sonst unbezeichnet (Гоголь – Gogol, Горький – Gorki).

[8] Auch э оборотное [ɛ aba'rɔtnɔjɛ] genannt.

Leitfaden

der deutschen Rechtschreibung mit Hinweisen auf grammatische Schwierigkeiten

1. Zur Rechtschreibung

Die nachfolgenden Regeln fußen auf den »Regeln für die deutsche Rechtschreibung«, d. h. auf den Vereinbarungen, die nach der II. Orthographischen Konferenz von 1901 maßgebend wurden und noch heute gültig sind. Wegen der Schwierigkeiten, besonders bei der Groß- und der Kleinschreibung sowie bei der Getrennt- und der Zusammenschreibung, werden erläuternde Zusätze und Beispiele gegeben. Um die Benutzung des Leitfadens zu erleichtern, ist der Stoff mit Hilfe von Kennzahlen am Seitenrand übersichtlicher gegliedert und durch das anschließende Register aufgeschlüsselt.

1.1. Rechtschreibung der Laute

1.1.1. Grundregeln

Auch wenn im Deutschen Laute und Buchstaben nicht in jedem Fall übereinstimmen, ist eine korrekte Aussprache vielfach eine wichtige Voraussetzung für richtiges Schreiben. Bei Vokalen und Umlauten ist auf die Klangfarbe zu achten, bei Konsonanten z. B. darauf, ob sie stimmhaft oder stimmlos sind. 1

Beispiele: Hefe – Höfe; spielen – spülen; Bube – Puppe; Grenze – Kränze

Bei Ableitungen und flektierten Formen beachte man den Stamm des Wortes oder verwandte Wörter. 2

Beispiele: Ärmel (*weil*: Arm), vergällen (*weil*: Galle), bewähren (*weil*: wahr); täuschen (*weil*: Tausch), räumlich (*weil*: Raum); leidlich (*weil*: leiden), Leitsatz (*weil*: leiten); flugs (*weil*: fliegen); sie gediehen (*weil*: gedeihen), sie schrieen (*weil*: schreien); er schalt (*weil*: schelten); es schallt (*weil*: schallen); Nieswurz (*weil*: niesen), Nießbrauch (*weil*: genießen)

b, *d*, *g* werden im Wort- und im Silbenauslaut stimmlos gesprochen, also wie *p*, *t*, *k*, aber die Schreibung bleibt. Sie richtet sich im Neuhochdeutschen nach der Schreibung im Inlaut. 3

Beispiele: b *in* Kalb (*weil*: Kälber) *gesprochen wie* p *in* plump; d *in* Rad (*weil*: Räder) *gesprochen wie* t *in* Rat; g *in* lag (*weil*: liegen) *gesprochen wie* k *in* Dank

Manchmal ist die Bezeichnung der Laute willkürlich oder entspricht einem früheren, heute nicht mehr erkennbaren Lautstand. Dann muß man sich das Wortbild einprägen (↑ *K 5–7*). 4

Bei einer beschränkten Anzahl von Wörtern wird die Länge des Vokals bezeichnet (↑ *K 8–10*).
Die Kürze des Vokals wird oft durch Doppelschreibung des folgenden Konsonanten bezeichnet (↑ *K 11ff.*).

1.1.2. Einzelregeln für die Schreibung der Vokale

1.1.2.1. Umlaute und Diphthonge

Bei einer Reihe von Wörtern kann die Schreibung nicht ohne weiteres erschlossen werden. Man schlage deshalb im Wörterverzeichnis nach.

5 *ä* und *äu* schreibt man häufig auch dann, wenn ein Stammwort mit *a* oder *au* nicht vorhanden oder nicht mehr erkennbar ist.

Beispiele: Gebärde, verbrämen, gebären, Schädel; dräuen, Säule, räuspern, März (*lat* Martius)

Als alter Umlaut zu *a* wird oft *e* geschrieben.

Beispiele: behende, Eltern, emsig, Ente, Esche, fertig, Hering, Krempe, Lerche (= ein Vogel), abspenstig, Stengel, Wildbret, überschwenglich, welsch

6 *äu* und *eu* haben die gleiche Aussprache. In entsprechenden Wörtern wird der Diphthong graphisch oft verschieden bezeichnet.

Beispiele: Knäuel (*zu*: Knaul), aber: Greuel (*trotz*: grauen); bläuen (= blau färben), aber: bleuen, einbleuen, verbleuen (*trotz scheinbarer Verwandtschaft mit* blau); gräulich (*zu*: grau), aber: greulich (*trotz*: grauenhaft); leugnen, Leumund, verleumden, was da kreucht und fleugt, es deuchte

7 *ai* und *ei* haben die gleiche Aussprache. Mit *ai* schreibt man eine kleine Gruppe von Wörtern und deren Ableitungen.

Beispiele: Haifisch, Hain, Kaiser, Laib (= Brotform), Laich, laichen, Laie, Mai, Maid, Maie, Mais, Maische, Rain (= Feldrain), Saite (auf der Geige), Waid (= eine Farbpflanze), Waise (= elternloses Kind); Main, Mainz
Bekannte Fremdwörter: Bai (= Bucht), Balalaika, Kai, Lakai, Taifun, Tokaier

Zum Zusammentreffen mehrerer Vokale ↑ *K 184*.

1.1.2.2. Länge des Vokals (Dehnung)

8 Bei einigen Wörtern mit langem *a*, *e* oder *o* und deren Ableitungen wird die Länge des Vokals durch seine Verdoppelung gekennzeichnet. Es handelt sich besonders um folgende Wörter (außer Eigennamen):

aa: Aal, Aar (= Adler), Aas, Haar, Maar, Maat, Paar, Saal, Saat, Staat, Waage
ee: Beere, Beet, Fee, Geest, Heer, Klee, Lee, leer, Meer, Reede (= Ankerplatz), Reep (= Seil), scheel, Schnee, See, Seele, Speer, Tee, Teer
oo: Boot, Moor (= Sumpfland), Moos

Ableitungen: aalen, waagerecht, verheeren, bemoost usw.

> Merke: Bei Umlaut wird nur der einfache Vokal geschrieben.
>
> Beispiele: Pärchen (*zu*: Paar), Bötchen (*zu*: Boot), Säle (*zu*: Saal)

9 Vor *l*, *m*, *n*, *r* wird die Länge des Vokals, wenn sie überhaupt bezeichnet wird, meist durch Dehnungs-*h* (stummes *h*) gekennzeichnet.

Beispiele: hohl, lahm, Sahne, Uhr; aber *ohne Dehnungs-h*: holen, Scham, Span, Spur, Ursprung

Langes *i* wird in ursprünglich deutschen Wörtern, in Lehnwörtern und in den Endungen *-ie*, *-ier* und *-ieren* fremder Herkunft *ie* geschrieben. 10

Beispiele: Diele, zielen, wieder (= nochmals), Stiel (= Stengel); Spiegel, Fieber (= erhöhte Körpertemperatur), Radieschen, Miene (= Gesichtsausdruck); Havarie, Manier, buchstabieren

Ohne Dehnungszeichen steht langes *i* ausnahmsweise in einigen deutschen Wörtern und im allgemeinen in Fremdwörtern.

Beispiele: Biber, Igel, Augenlid, wider (= gegen), mir, wir, dir, du gibst, er gibt, gib; Bibel, Fiber (= Faser), Fibel, Sirup, Tiger, Gardine, Lawine, Maschine, Juni, Kolibri

1.1.2.3. Kürze des Vokals

In Wortstämmen, die auf einen Konsonanten ausgehen, wird die Kürze des vorangehenden betonten Vokals durch Verdoppelung des Konsonanten gekennzeichnet, aber bei *k* gewöhnlich durch *ck*, bei *z* durch *tz*. 11

Beispiele: paddeln; Fall, fällig, Fallstrick; hoffen, Hoffnung, er hofft (*vgl. auch K 2*); Kuckuck; Witz, Schwätzer

Merke: Nach *l*, *n*, *r* folgt niemals *ck* bzw. *tz*.

Verdoppelt werden die Konsonanten *n* und *s* in den Suffixen *-in* und *-nis* und in Wörtern auf *-as*, *-is*, *-us*, wenn sie nach kurzem Vokal in deklinierten Formen stehen. 12

Beispiele: Bäuerin – Bäuerinnen; Hindernis – Hindernisse, des Hindernisses; Atlas – Atlasse, Iltis – Iltisse, Omnibus – Omnibusse; *vgl. auch K 235.*

Fremdwörter ändern im Deutschen oft ihre Schreibung: 13

Sie verdoppeln nach kurzem, betontem Vokal einen ursprünglich einfach geschriebenen Konsonanten. *Vgl. auch K 11.*

Beispiele: Etappe (*aus frz*: étape), Kontrolle (*aus frz*: contrôle), Skelett (*aus grch*: skeletos)

Sie vereinfachen häufig nach unbetontem Vokal einen ursprünglich doppelt geschriebenen Konsonanten.

Beispiele: Perücke (*aus frz*: perruque), Pomade (*aus frz*: pommade), kartonieren (*aus frz*: cartonner)

Die Konsonantenverdoppelung nach kurzem, betontem Vokal tritt nicht ein 14

bei einer Reihe einsilbiger, innerhalb des Satzes meist schwach betonter Wörter,

Beispiele: an, in, mit, um, von; ab, ob, bis, gen, weg; es, das, was, wes, des; man; hat

bei einigen veralteten Wortformen, die in Zusammensetzungen erhalten geblieben sind,

Beispiele: Brombeere, Himbeere, Damwild, Herberge, Herzog, Walnuß

bei Wörtern, in denen mehr als ein zum Stamm gehöriger Konsonant dem Vokal folgt,

Beispiele: Pfand, Hirt, Samt, Zimt (aber *veraltet*: Sammet, Zimmet), Rumpf, Schaft, Silber, Pendel, Vernunft; *deshalb auch*: Gespinst (aber: spinnen), Geschwulst (aber: schwellen), Geschäft (aber: schaffen), Auskunft, Zukunft (aber: kommen)

bei den Konsonantenverbindungen *ch*, *sch*, *ng*.

Beispiele: Pech, Woche; Frösche; Stengel

1.1.3. Einzelregeln für die Schreibung von Konsonanten

1.1.3.1. Zusammentreffen von drei gleichen Konsonanten

15 Treffen in einer Zusammensetzung drei gleiche Konsonanten zusammen, so schreibt man bei folgendem Vokal nur zwei Konsonanten.

Beispiele: Schiffahrt, Brennessel, Ballettänzerin (↑ *auch K 19*)

Bei Trennung werden alle drei Konsonanten geschrieben (↑ *K 78*).

16 Merke: Bei *dennoch, Dritteil* und *Mittag* schreibt man auch bei der Worttrennung den Konsonanten nur zweimal: *den-noch, Drit-teil, Mit-tag* (↑ *K 78*)

17 Folgt auf drei gleiche Konsonanten noch ein vierter, anderer Konsonant, so müssen alle drei gleichen Konsonanten stets geschrieben werden.

Beispiele: Auspuffflamme, Pappplakat; *getrennt*: Auspuff-flamme, Papp-plakat

18 Nach *ck* darf *k*, nach *tz* darf *z* nicht ausfallen.

Beispiele: Postscheckkonto, Schutzzoll

19 Die Buchstabenverbindungen *ph*, *rh* und *th* in Wörtern aus dem Griechischen entsprechen einem Laut.

Beispiele: Alphabet, katarrhalisch, Balletttheater; *getrennt*: Al-phabet, katar-rhalisch, *K 78*: Ballett-theater

Bei möglichen Mißverständnissen ↑ *K 183.*

1.1.3.2. Gleich- und ähnlichklingende Konsonanten

d, t, dt, th

20 *d* steht immer in der Endung des Partizips I.

Beispiele: bedeutend, reizend, eilend; *deshalb auch*: am bedeutendsten, am reizendsten, eilends, die Resultierende. *Vgl.* aber *K 21.*

d steht in den Suffixen *-and* und *-end* bei Fremdwörtern mit passiver Bedeutung.

Beispiele: Summand (= Zahl, die addiert werden soll), Dividend (= Zahl, die dividiert werden soll), Legende (= etwas, was gelesen werden soll), Diplomand (= jemand, der das Diplom erwerben soll)

d steht als eingeschobenes Wohlklangszeichen.

Beispiel: morgendlich

21 *t* steht immer in dem Präfix *ent-*.

Beispiele: entsagen, entweder, entgegen, Entfernung; aber: endgültig (*von*: Ende)

t steht als Endung des Partizips II schwacher Verben.

Beispiele: gefragt, gelebt, gerannt, verblüht

t steht als Endung in der 3. Person des Singulars des Präsens und in der 2. Person des Plurals aller Zeiten.

Beispiele: er schreibt, sie singt, ihr schreibt, ihr spracht, ihr werdet, ihr habt; aber: ihr seid

t steht als eingeschobenes Wohlklangszeichen.

Beispiele: anderthalb, meinetwegen, dessentwegen, eigentlich (*aus*: eigen), gelegentlich (*aus*: gelegen), hoffentlich (*aus*: hoffen), versehentlich (*aus*: versehen), aber *K 20*: zusehends (*aus*: zusehend), eilends (*aus*: eilend)

t steht in den Suffixen *-ant* und *-ent* bei Fremdwörtern mit aktiver Bedeutung.

Beispiele: Musikant (= einer, der musiziert), Student (= einer, der studiert)

Tod oder *tot* werden nach folgenden Regeln unterschieden: *d* schreibt man in Substantiven und Adjektiven, die mit dem Substantiv *Tod* gebildet sind. **22**

Beispiele: Todsünde, Todesangst, Todesfall; todbereit, todbringend, todesmutig, tödlich

Eine Zusammensetzung mit dem Substantiv *Tod* liegt auch dann vor, wenn die Bedeutung des Superlativs ausgedrückt werden soll.

Beispiele: todernst (= sehr ernst), todsicher, todmüde, todblaß, todbang, todfeind, Todfeind

t schreibt man in Substantiven, Adjektiven und Verben, die mit dem Adjektiv *tot* oder dessen Substantivierung *der Tote* zusammengesetzt sind.

Beispiele: Totgeburt, Totenbett, Totengräber, totenblaß, totenstill; totsagen, totschweigen, sich totlachen, es ist zum Totlachen

Auslautendes *d* des Wortstammes bleibt bei folgendem *t* der Flexionsendung erhalten. **23**

Beispiele: er sandte, gesandt, Gesandter, Gesandtschaft, er wandte, bewandt, gewandt (aber: das Gewand), verwandt, Verwandter, er versandte, versandt (aber: der Versand), beredt (aber: beredsam, Beredsamkeit)

th steht in deutschen Wörtern nicht mehr. In Fremdwörtern (↑ *K 55*) und in Namen (↑ *K 207, 208, 222, 227*) ist es noch erhalten. **24**

t für den Z-Laut ↑ *K 53*.

f, v, ph

f steht in deutschen Wörtern (aber: *K 26*) und in völlig eingebürgerten Fremdwörtern. **25**

Beispiele: für, füllen, Ferse, Efeu; Elefant, Elfenbein, Fasan, Sofa

v wird in einigen deutschen Wörtern und deren Ableitungen sowie in den Präfixen *ver-* und *vor-* geschrieben. **26**

Beispiele: Vater, Vetter, Vieh, viel, vier, Vogel, Volk, voll, von, vor, vordere, vorn; vergessen, Versuch; *als Inlaut in*: Frevel

Sonst kommt *v* nur in Fremd- und Lehnwörtern vor.

Beispiele: brav, Malve, Nerv, Pulver, Veilchen, Vers, Vesper, Vogt

ph schreibt man nur in Fremdwörtern (↑ *K 54*).

-ig, -ich, -lich, -icht

Bei Substantiven sind die Endungen *-ig* und *-ich* zu unterscheiden. **27**

Beispiele *für* -ig: Essig, Honig, König, Pfennig, Reisig, Zeisig; *die Eigennamen auf* -wig z. B. Hedwig, Ludwig

Beispiele *für* -ich: Bottich, Drillich, Fittich, Kranich, Pfirsich, Rettich, Teppich, Zwillich; *alle Wörter auf* -rich, z. B. Enterich, Fähnrich, Wüterich; Heinrich, Erich

28 Bei Adjektiven und Adverbien sind die Suffixe *-ig* und *-lich* zu unterscheiden.

Beispiele: geistig, gütig; geistlich, gütlich, allmählich

In Wortpaaren mit *-ig* und *-lich* hat die Bildung mit *-ig* oft eine nähere Beziehung zum Verb, die Form mit *-lich* eine nähere Beziehung zum Substantiv.

Beispiele: geschäftige Leute (= Leute, die schaffen), geschäftliche Vereinbarung (= Vereinbarung im Handel); fremdsprachiger Unterricht (= in fremder Sprache abgehaltener Unterricht), fremdsprachlicher Unterricht (= Unterricht über eine fremde Sprache)

In Zeitangaben bezeichnet *-ig* die Dauer, *-lich* die Wiederholung.

Beispiele: ein dreimonatiger Besuch, in dreimonatlichen Abständen

Endet der Stamm auf *-l*, so schreibt man immer *-ig*.

Beispiele: neb[e]lig (*weil*: Nebel), stach[e]lig, wink[e]lig, unzählig, nörg[e]lig

29 Zur Aussprache des Suffixes *-ig* ist folgendes zu merken:

Wenn kein Suffix mit Ich-Laut folgt, so ist *g* wie *ch* in *ich* zu sprechen.

Beispiele: Zähigkeit; mächtig, Pfennig (aber *als* g *im Silbenanlaut*: mächti-ge, Pfenni-ge)

Wenn ein weiteres Suffix mit Ich-Laut folgt, so ist *g* wie *k* in *kaum*, aber nicht behaucht, zu sprechen.

Beispiele: ewiglich, lediglich

30 Das Suffix *-icht* wird in deutschen Wörtern immer mit *ch* geschrieben.

Beispiele: Kehricht, töricht (aber: Predigt [*eine fremde Wortbildung*])

x, chs, gs, ks, cks

31 Die Schreibung *x* wird nur in folgenden deutschen Wörtern und deren Ableitungen gebraucht:

Axt, Hexe, Nixe, Faxen, kraxeln

In anderen deutschen Wörtern dagegen schreibt man *chs*.

Beispiele: Achse, Achsel, Büchse, Dachs, Deichsel, drechseln, Eidechse, Lachs, Fuchs, Luchs, Ochse, sechs, Wachs, wechseln

x steht aber in vielen Fremdwörtern.

Beispiele: Axiom, Jux, lax, Luxus, Sphinx, Xylophon, Xerxes, Alexander; *im Präfix* ex-, z. B. exportieren, Examen

32 Je nach dem Stamm des Wortes wird *gs, ks* oder *cks* geschrieben.

Beispiele: flugs (*weil*: Flug); du hinkst (*weil*: hinken); Häcksel (*weil*: hacken), Knicks (*weil*: knicken), Klecks (*weil*: klecken)

1.1.3.3. H-Laut

33 Im Anlaut und in der Wortfuge wird *h* gesprochen. Es wird nicht gesprochen als Dehnungs-*h* und als sogenanntes silbentrennendes *h*.

Beispiele: Haus, Hausherr, gehören; aber: Zahl, Jahr; Ruhe, gehen

34 *h* wird geschrieben zwischen einfachem Vokal und folgendem *e* oder einfachem Umlaut und folgendem *e* oder zwischen *ie* und folgendem *e*.

Beispiele: Schlehe, drohen, Truhe; Krähe, höher, brühen (aber: säen); fliehen, ziehen, wiehern (aber: knien [*weil*: Knie]). *Vgl. auch den folgenden 3. Abs.*

h wird nicht geschrieben zwischen den Diphthongen *au, äu, eu* und folgendem *e*.

Beispiele: Klaue, dauern, Knäuel, teuer, Feuer, aber: rauhes Wetter (*Flexionsform zu*: rauh)

Die Schreibung von *h* zwischen *ei* und folgendem *e* ist auf Grund verschiedener Wortherkunft unterschiedlich.

Beispiele: gedeihen, weihen, Reihe, Weiher, seihen; aber: sie seien (*zu*: sein), schreien, Kleie

Die Schreibung von *h* schwankt zuweilen zwischen Wörtern der gleichen Wortfamilie.

Beispiele: bejahen (aber: ja), blühen (aber: Blüte), glühen (aber: Glut)

In Formen des Präteritums mit *ie* richtet sich die Schreibung nach dem Infinitiv. **35**

Beispiele: es gedieh (*weil*: gedeihen), er schrie (*weil*: schreien)

Stoßen in Zusammensetzungen zwei *h* zusammen, so werden beide geschrieben, außer bei dem Suffix *-heit*. Hier lebt das abgestoßene *h* auch in der Silbentrennung nicht wieder auf. **36**

Beispiele: Rohholz, rauhhaarig; aber: Rauheit, Roheit, Hoheit (*getrennt*: Rau-heit, Ro-heit, Ho-heit)

1.1.3.4. S-Laut

Es besteht ein Unterschied zwischen lateinischer Schrift (*im Druck* zwischen runden Schriften) und der alten sog. deutschen Schrift (*im Druck* den seltener verwendeten gebrochenen Schriften), da die lateinische Schrift nur drei S-Schreibungen (s, ß, ss) kennt, die deutsche Schrift aber vier (ſ, s, ß, ſſ).
In der Aussprache wird zwischen stimmhaftem und stimmlosem S-Laut unterschieden. Im Anlaut von deutschen Wortstämmen werden *sp* und *st* wie *schp* und *scht* gesprochen.

1.1.3.4.1. In der lateinischen Schrift steht s für ſ und s der deutschen Schrift. Das bezieht sich auch auf die entsprechenden Druckschriften (↑ *K 44, 45*). **37**

Beispiele: Häuser, Haus, Häuslein, Häuſer, Haus, Häuslein

ß steht für stimmlosen S-Laut im Inneren nichtzusammengesetzter Wörter nach langem Vokal oder Diphthong. **38**

Beispiele: Füße, größer, heißen

ß steht für inlautendes *ss*, wenn ein *e* ausfällt und der Ausfall nicht durch Apostroph angedeutet wird. *Vgl. auch K 364.*

Beispiele: wäßrig (wässerig), ein angemeßner (angemessener) Lohn; faß!, laß!, aber *K 39*: ich fass', ich lass'

ß steht in dem Präfix *miß-* (*zu*: missen) und im Auslaut aller Wörter und Wortstämme, die im Inlaut mit *ß* oder *ss* geschrieben werden.

Beispiele: Mißtrauen, mißbilligen; Gruß, grüßt, Sproß, zerreißt, vergeßlich, vergiß, vergeßt

> Merke: Die Schreibform, die in der älteren handgeschriebenen lateinischen Schrift für *ß* üblich war, stellt eine Verbindung des langen ſ mit dem Schluß-*s* der deutschen Schrift dar. Das ſ ist also kein h der deutschen Schrift; *ß* ist daher nie als *hs* zu schreiben.

Zur Silbentrennung *vgl. K 74*.
ß in fremdsprachigem Satz ↑ *Vorschriften für den Schriftsatz, 1.3.*

39 *ss* wird jeder S-Laut geschrieben, dem ein kurzer Vokal vorangeht und ein Vokal folgt.

Beispiele: Fässer, Tasse, vergessen, müssen, Adresse; *vgl.* aber *K 38.*

Deshalb steht *ss* auch in den deklinierten Formen der Wörter auf *-as, -is, -nis, -us.*

Beispiele: des Atlasses, des Iltisses, Zeugnisse, Omnibusse; *vgl. auch K 235.*

ss bleibt, wenn ein folgendes *e* oder *i* durch Apostroph ersetzt wird.

Beispiele *K 57*: ich lass', aber *der Imperativ* (*K 65*): laß!; *K 58*: überflüss'ge Worte

Beachte den Wechsel zwischen *ss* und *ß* in Formen ein und desselben Verbs.

Beispiele: essen, gegessen, sie rissen, gerissen (*kurzer Vokal geht voran*); aber *nach langem Vokal* (*K 38*): sie aßen, reißen

ss steht in Fremdwörtern bei Lautangleichung (Assimilation) eines *d* an ein folgendes *s.*

Beispiele: Assistent, Assonanz, assoziieren

40 Nur wenn in einer runden Schrift *ß* fehlt, darf an seiner Stelle *ss* verwendet werden. Beachte aber *K 42.*

41 Das Schriftzeichen *ß* fehlt als Großbuchstabe. Es wird ersetzt durch *SS* oder, falls Mißverständnisse möglich sind, durch *SZ.*

Beispiele: STRASSE, ROCKSCHÖSSE; IN MASSEN GENOSSEN, *hier besser*: IN MASZEN GENOSSEN

Personennamen können aus Gründen der Eindeutigkeit bei Versalschreibung in Personaldokumenten mit dem kleinen Buchstaben *ß* geschrieben werden.

42 *SS* (*ss*) oder seltener *SZ* sind als Ersatz für *ß* einfache Laute. Sie dürfen also nicht getrennt werden. Die ganze Buchstabengruppe bleibt bei Worttrennung entweder auf der Zeile (*vgl. Beispiel* mußten) oder kommt auf die nächste Zeile (*vgl. Beispiel* grüßen). *Vgl. auch* Hinweise für das Maschinenschreiben, 1.3.1.–1.3.4.

Beispiele: muss-ten, grü-ssen, GRÜ-SSE, MA-SZE

43 Wenn drei *S* bzw. *s* (↑ *K 40*) zusammenstoßen, darf keines ausfallen. Bei Häufungen in Zusammensetzungen empfiehlt es sich, den Erläuterungsbindestrich (↑ *K 187*) anzuwenden.

Beispiele: KONGRESS-SAAL, MASS-STAB, SCHLOSS-STRASSE, STOSS-STANGE; *vgl. auch K 40*: Kongresssaal, Massstab, Schlossstrasse, Stossstange *oder*: Kongress-Saal, Mass-Stab, Schloss-Strasse, Stoss-Stange

1.1.3.4.2. In der deutschen Schrift (*im Druck* in gebrochenen Schriften) gelten für die S-Laute die gleichen Regeln wie in der lateinischen Schrift (*im Druck* in runden Schriften); aber das einfache *s* wird im An- und Inlaut durch ſ (langes *s*), im Auslaut von Wörtern und Silben durch s (Schluß-*s*) wiedergegeben.

Folgende Schreibregeln sind zu beachten:

44 ſ (langes *s*) steht im Silbenanlaut.

Beispiele: ſagen, Heimſuchung, unſäglich, Mikroſkop

ſ steht im Inlaut für stimmhaftes *s* zwischen Vokalen.

Beispiele: Reiſe, Kuſine, Epiſode (↑ *letzten Abs.*), leſen, beweiſen ſ steht im Inlaut nach ch und anderen Konsonanten und am Anfang von Sprechsilben.

Beispiele: wachſen, Erbſe, muckſen, Rätſel, Stöpſel, Häckſel; Drangſal, mühſam

ſ steht immer in der Lautverbindung ſp und ſt, wenn im Stamm nicht ß oder ſſ geschrieben wird (*vgl. K 38, 39*). Außerdem steht ſ immer in der Lautverbindung ſch.

Beispiele: Weſpe, Kaſper, Veſper; Bürſte, Reſt, er raſt, Kliſtier; aber: er genießt, er ſpaßt, gefaßt; Eſche, waſchen

ſ wird geschrieben, wenn der S-Laut nur scheinbar im Auslaut steht. Das ist der Fall, wenn ein folgendes unbetontes *e* ausfällt. *Vgl. auch K 64, 57.*

Beispiele: Baſler (*weil*: Baſel), Drechſler (*weil*: drechſeln), Pilſner (*weil*: Pilſen), erwieſne Aufmerkſamkeit (*weil*: erwieſen)
Ich blaſ' das Horn (*eigentlich*: ich blaſe)

ſ steht in Fremdwörtern, wenn es Anlaut der Sprachsilbe ist.

Beispiele: Abſziſſe, Aſpirant, Reſpekt, Diſtrikt, abſurd

Hierher gehören auch die slawischen Namen auf -ſki und -ſky.

Beispiele: Doſtojewſki, Tſchaikowſki, Komenſky

ſ steht in den mit *trans-* zusammengesetzten Wörtern vor k, p, z, wenn es zum folgenden Wortteil gehört und das Schluß-*s* des Präfixes trans- schon im Lateinischen abgefallen ist.

Beispiele: Tranſkription, tranſpirieren, tranſzendent; aber *als Silbenauslaut*: Transfer, Transkaukaſien, Transparent, Transſilvanien

ſ steht immer in dem lateinischen Präfix *abs-*. Das *s* dieses Präfixes wird nicht mehr als Silbenauslaut empfunden.

Beispiele: abſtinent, abſtrakt, Abſzeß

ſ steht aussprachegemäß in einigen Fremdwörtern vor Vokal, obwohl es der Herkunft nach Auslaut der vorangehenden Silbe ist.

Beispiele: Epiſode, Proſodie, Proſelyt, tranſitiv; aber: Transaktion

> Merke: Die sprachlichen Veränderungen, die unter den letzten drei Punkten erwähnt sind, wirken sich auf die Worttrennung aus. *Vgl. K 86.*

s (Schluß-*s*) steht im Auslaut von Wörtern und Silben, wenn ihm im Inlaut ſ entspricht. **45**

Beispiele: bös (böſe), Gas (Gaſe), Häschen (Haſe), Reisholz (Reiſig), Häusler (Häuſer); lies! (leſen), blas! (blaſen); aber *K 44*: ich blaſ'

s steht vor k, n, w.

Beispiele: Askeſe, Humoreske, Maskulinum, Muskat, Muskel; Gleisner, Klausner, Mesner; Oswald

s steht in Wörtern auf -as, -is, -nis, -us.

Beispiele: Atlas, Kürbis, Zeugnis, Omnibus; aber: ſſ *in der deklinierten Form* (↑ *K 39*); *vgl. auch K 235.*

s steht in Fremdwörtern vor m und als Auslaut der Sprachsilbe.

Beispiele: Materialismus, Desinfektion, Diskont, transponieren, Ischias; aber *K 39*: Diſſonanz

s steht als Fugen-*s* (↑ *K 370ff.*).

Beispiele: Geburtstag, vorſichtshalber, Freundeskreis, Lebenshaltung

ſ steht in einigen deutschen Wörtern trotz heutiger entsprechender Wortform mit ſſ.

Beispiele: des (*veraltet für*: dessen), wes (*veraltet für*: wessen), deshalb, deswegen, indes, Wesfall

1.2. Fremdwörter

46 Jede Sprache war und ist bestrebt, gebräuchliche Fremdwörter sich anzupassen. Dieses Sichanpassen, in unserem Falle die Eindeutschung, ist ein allmählicher Vorgang, der vom reinen Fremdwort zu geringer oder stärker eingedeutschten Formen in Schreibung, Flexion, Aussprache, manchmal auch in der Bedeutung führt. Der Duden kann diese sprachgeschichtliche Tatsache nicht übergehen, gerade weil er normative Bedeutung für die deutsche Rechtschreibung besitzt.
Die wissenschaftliche Fachsprache folgt der eindeutschenden Schreibung oft nur zögernd, doch sollte auch hier der historischen Entwicklung Beachtung geschenkt und die Aneignungsfähigkeit unserer Sprache nicht eingeschränkt werden.
Zur Flexion ↑ *K 304–307.*
Zur Silbentrennung ↑ *K 86–89.*

1.2.1. Reine Fremdwörter

47 Fremdwörter behalten in der Regel (↑ aber *K 48, 49*) die fremde Aussprache, Betonung und Schreibweise. Substantive werden mit großem Anfangsbuchstaben geschrieben.

Beispiele: Refrain [re'frɛŋ *od* rə'frɛ̃:], Jalousie [ʒalu'zi:], Team [ti:m], Mensa, Logis [lo'ʒi:]

Fremde Vokabeln behalten ihre fremde Schreibweise vollständig.

Beispiele: O sancta simplicitas, tabula rasa machen
Dem »sitting-room« der Engländer entspricht unser »Wohnzimmer«.

Stehen fremde Vokabeln mit Artikel und ohne Anführungszeichen, so werden sie groß geschrieben, bei mehrgliedrigen Wörtern nur der erste Teil.

Beispiele: eine Terra incognita, die Tür zum Sitting-room

1.2.2. Eindeutschungen

48 Häufig gebrauchte Fremdwörter folgen in Schreibung, Aussprache und Flexion im allgemeinen deutschen Regeln.

Beispiele: Büro (*statt*: Bureau), des Büros; Fassade (*statt*: Façade); Baracke (*statt*: Baraque); Reneklode (*auch*: Reineclaude); Friseuse (*eindeutschend*: Frisöse)

Länger hält sich im allgemeinen die Betonung, wie sie in der Herkunftssprache üblich ist; aber auch da tritt bei häufigem Gebrauch Eindeutschung ein.

Beispiele: Kaffee, *auch* Kaffee; Konsum (= Verkaufsstelle), *neben*: Konsum (= Verbrauch)

Bei einzelnen Konsonanten ist der Eindeutschungsvorgang besonders vorgeschritten:

c oder *k* oder *z*

49 Mit *c* schreibt man reine Fremdwörter.

Beispiele: Café, Camera obscura, Copyright, per procura, accrescendo, Annonce, Service, Curaçao, Cembalo, Appendicitis acuta

50 Die eindeutschende Schreibung für *c* setzt sich in geläufigen Fremdwörtern immer

mehr durch. Sie richtet sich nach der Aussprache des *c* in den betreffenden Fremdwörtern.
Man spricht und schreibt *k* vor *a*, *o*, *u* und vor Konsonanten, man spricht und schreibt *z* vor *e* und *i*, und man schreibt oft schon *ss* für französisches *ç*, *ß* für französisches *c*.

Beispiele: Kaffee, Kamera, Kopie, Konstrukteur, Protokoll, Korps, Karton, akute Appendizitis; exklusive, inklusive
Medizin, Offizin, Prozeß, Polizei, Partizip, Kruzifix, Zirkus – zirzensisch, Fazit, Szene, Diözese; Fassade, Fasson; Soße

Statt *cc* [*gespr* k] schreibt man *kk*, statt *cc* [*gespr* kts] schreibt man *kz*.

Beispiele: Akkusativ, Akkord; Akzent, Akzise

Merke: Die eindeutschende Schreibung gilt besonders bei deutschen Neubildungen aus dem fremden Stamm. **51**

Beispiele: Zentner (*zu*: centum), bezirzen (*zu*: Circe), Makadam (*nach dem Erfinder* McAdam); *vgl. auch K 205, 207.*

Abkürzungen, denen die ursprüngliche Schreibung des Fremdwortes zugrunde liegt, verhindern die eindeutschende Schreibung des ausgeschriebenen Wortes nicht. **52**

Beispiele: cand.: Kandidat, cm: Zentimeter, Ca: Kalzium, WC: Wasserklosett

t oder z in der Lautverbindung -*ti*- [*gespr* tsi] **53**

-*ti*- schreibt man bei rein lateinischen Formen,

Beispiele: Nuntius, Reagentia, Horatius

in eingedeutschten Formen, wenn der Hauptton folgt oder *k* vorangeht.

Beispiele: Nation, Patient, Differential, martialisch; Rektion, Sektion, Aktie

z schreibt man
in eingedeutschten Formen, in denen die auf *t* folgenden Vokale abgeworfen wurden,

Beispiele: Differenz (*aus*: differentia), Toleranz (*aus*: tolerantia), Horaz (aus: Horatius)

in der Regel in eingedeutschen Formen, in denen die betonte Silbe vorangeht,

Beispiele: Grazie, Grazien (*aus*: gratia, gratiae)

meist auch schon bei Pluralformen aus lateinischen Partizipien I.

Beispiele: Reagenzien, Ingredienzien, aber *nur*: Formantien

Merke: Die Schreibung in den Ableitungen richtet sich nach dem Stammwort, auch wenn der Ton verschoben ist.

Beispiele: graziös, national

ph oder *f*

Hier ist der Eindeutschungsvorgang mit seinen Schwankungen in der Schreibung besonders sichtbar. **54**
ph ist bei der Mehrheit der Fremdwörter noch die übliche Schreibung.

Beispiele: Alphabet, Apostroph, Katastrophe, Orthographie, Phase, Philosophie, Phlegma, Physik

In bestimmten Fremdwörtern sowie in deren Ableitungen und Zusammensetzungen schreibt man neben *ph* schon *f* (*wie*: Biographie, Geographie), zuweilen vorrangig *f*.

Beispiele: Foto (bes. in der Bedeutung Lichtbild) *od.* Photo; Graphik *od.* Grafik, Polygraphie *od.* Polygrafie

In einigen Fällen hat sich die Schreibung mit *f* allgemein durchgesetzt.

Beispiele: Telefon, Telegraf, Stenograf

Das gilt auch für die entsprechenden Ableitungen und Zusammensetzungen. Nur F-Schreibung gilt vor allem bei frühen Lehnwörtern.

Beispiele: Elefant (aber: Elephantiasis), Fasan

In Schwankungsfällen bringt der Duden beide Schreibungen.

th oder *t*

55 *th* schreibt man nur noch in Fremdwörtern und einigen Lehnwörtern aus dem Griechischen.

Beispiele: Apotheke, Arithmetik, Athlet, authentisch, Diphtherie, Diphthong, Methode, Pantheismus, Rhythmus, Thermometer; Panther, Thron, Zither; *vgl. auch K 207, 208, 222, 227.*
Aber: autonom, Ester (chem. Verbindung), Etymologie, Hypotenuse, Sabbat, Wermut, Zenit

Verweise:

Eindeutschende Schreibung von Namen ↑ *K 205, 208; 223–225.*
Eindeutschende Konsonantenverdoppelung oder -vereinfachung ↑ *K 13.*

1.3. Apostroph

1.3.1. Schreibung mit Apostroph

56 Der Apostroph steht für ausgelassene Buchstabengruppen

bei Verkürzung des Artikels oder Pronomens (meist umgangssprachlich),

Beispiele: Es war 'n schöner Tag; wie 'ne Lerche; ... und 's Mädchen sprach; vor 's (= des) Nachbars Haus; gehn S' (= Sie)!; *vgl.* aber *K 60, 61.*

in verkürzten Zusammensetzungen mit *hin-*,

Beispiele: 'nauf, 'naus, 'nüber

(Kleinschreibung auch am Satzanfang ↑ *K 123*)

in verkürzten Flexionsformen.

Beispiele: ... das macht, er ist gericht'; ... und kein' Dank dazu haben

Die Kurzformen der mit *her-* gebildeten Zusammensetzungen wie *heran, herauf* und *herein* stehen überwiegend ohne Apostroph.

Beispiele: ran, rauf, rein (aber immer ohne Apostroph: Reinfall, reinfallen)

57 Der Apostroph steht für ausgelassenes *e* (*vgl.* aber *K 64*)

bei dem Pronomen *es*,

Beispiele: Geht's gut? Ist's wahr? Wenn's möglich ist! Um's zu sagen ...; *vgl.* aber *K 61.*

> Merke: Die verkürzte Form wird auch am Satzanfang klein geschrieben. *Vgl. auch K 123.*
>
> Beispiele: 's brennt! 's brennt! 's war schade, daß er ...

bei Substantiven

für ausgelassenes Schluß-*e* (*vgl.* aber *K 63, 64*) und für ausgelassenes, zur Grundform gehöriges *e* im Innern des Wortes, wenn die gekürzten Formen gekünstelt wirken; *vgl. auch K 39*,

Beispiele: die Ros' auf der Brust; in Reih'n; Trau'r

bei Verben

in der 1. Person des Singulars des Präsens,

Beispiele: Ich lass' es nicht zu. Ich heiß' es ihn tun. Ich blas' auf dem Horn. Ich wandr', ich tippl', ich fordr' (*im allgemeinen nur in gebundener Rede*)

in der 1. und 3. Person des Singulars des Präteritums,

Beispiele: Das hatt' ich nicht erwartet! Ich faßt' ihn. Das Wasser rauscht', das Wasser schwoll. (Goethe)

in der 1. und 3. Person des Singulars in den Konjunktivformen.

Beispiele: Gott grüß' dich! Hätt' ich das gewußt!

Der Apostroph steht für ausgelassenes *i* bei Adjektiven (meist in gebundener Rede). **58**

Beispiele: ein ew'ger Bund, ird'sche Freuden, moos'ge Steine, überflüss'ge Worte (*zur S-Schreibung ↑ K 39*)

Schreibungen wie *in diesen heilgen Hallen ..., heilge Nacht* usw. sind daneben auch gebräuchlich.

Der Apostroph steht als Notbehelf zur Kennzeichnung des Genitivs bei Namen auf *s, ß, ss, x, chs, z, tz, cz* [*gespr* tʃ], *š* [*gespr* ʃ], *ce* [*gespr* s], englisches *th* [*gespr* θ, ð] und bei deren Abkürzungen (aber *K 62*; *vgl. auch K 316*). **59**

Beispiele: Rubens' (R.') Gemälde, Leibniz' (L.') Philosophie (aber *K 62*: Lessings [L.s] Schriften), Marx' (M.') Hauptwerk, Fritz' (F.') Gesicht, Sienkiewicz' Roman, Beneš' Romane, Anatole France' (A. F.') Romane, Adam Smith' (A. S.') Wirtschaftstheorie

In *Gedichten und mundartlichen Texten* kann der Apostroph das Verständnis erleichtern, doch sollte man seine Anwendung auf das Notwendigste beschränken. **60**

Beispiele: hinner't (*für*: hinner et [= hinter es]), bi't (*für*: bi et [= bei dem]), an'n (= an einen *od.* an den), in'n (*für*: in en [= in einen *od.* in den])

1.3.2. Schreibung ohne Apostroph

Der Apostroph steht nicht bei Verschmelzung von Präposition und Artikel. Die Präpositionen *an, bei, hinter, in, über, unter, von, vor, zu* verschmelzen mit folgendem *dem* ohne Apostroph zu *am, beim, hinterm, im, überm, unterm, vom, vorm, zum*. Dementsprechend verschmilzt *zu* mit *der* zu *zur*. **61**

Beispiele: beim Wort, unterm Dach, zur Mitte

Die Präpositionen *an, auf, durch, für, hinter, in, über, um, unter, vor* verschmelzen – besonders in der Umgangssprache – mit einem folgenden *das* ohne Apostroph zu *ans, aufs, durchs, fürs, hinters, ins, übers, ums, unters, vors*.

Beispiele: ans Fenster, unters Dach

Der Apostroph steht nicht bei Namen, die einen besonderen Genitiv bilden können, und nicht bei deren Abkürzungen. **62**

Beispiele: Ilses (I.s) Eltern, Buschs (B.s) Verse, Lessings (L.s) Schriften (aber *K 59*: Leibniz' [L.'] Schriften)

63 Der Apostroph steht nicht für ausgelassenes Schluß-*e* bei formelhaften Wortpaaren.

Beispiele: Freud und Leid, mit Müh und Not, mit Lieb und Lust

64 Der Apostroph steht nicht bei der kürzeren von zwei möglichen Wortformen.

Beispiele: Abenteurer (*für*: Abenteuerer); das Neuste (*für*: das Neueste); andre, unsre (*für*: andere, unsere); zu zwein (*für*: zu zweien); müd, öd, spröd, leis usw. (*für*: müde, öde, spröde, leise usw.); die goldne (*für*: goldene) Kugel; wäßrig (*für*: wässerig, *vgl. auch K 38*); ich wandre, ich wechsle (*vgl.* aber *K 57*); gehn, sehn, schrein (*für*: gehen, sehen, schreien); geborne (*für*: geborene); heut (*für*: heute)

Hierher gehören auch nichtdeklinierte Formen des Adjektivs.

Beispiele: ein golden Band, ein neu Gesetz, manch Ritter wert

65 Der Apostroph steht nicht bei Imperativformen des Singulars.

Beispiele: komm!, bring!, sag!, blas!, laß!

66 Der Apostroph steht nicht für das ausgelassene *i* von *-isch* bei Ableitungen von Namen (↑ *K 219*).

Beispiele: Grimmsche Märchen, Bachsche Fuge, Hegelsche Philosophie, Berlepschsche Nisthöhle

67 Der Apostroph steht nicht bei deklinierten Abkürzungen.

Beispiele: des LKWs, die LKWs; des Jg. (= des Jahrgangs), des Jh. (= des Jahrhunderts), d. M. (= dieses Monats). *Vgl. auch K 313.*

Zum Apostroph bei abgekürzten Namen ↑ *K 59, 62.*

Verweis:

Zur Schreibung von Kurzformen der mit *her-* gebildeten Zusammensetzungen ↑ *K 56.*

1.4. Silbentrennung (Worttrennung am Zeilenende)

Das Trennungszeichen wird bei runden Schriften im Druck sowie auch in der gültigen lateinischen Schreibschrift durch -, bei gebrochenen Schriften im Druck durch ⸗, in der sogenannten deutschen Schreibschrift durch „ wiedergegeben.
Die Grundregeln für die Trennung deutscher Wörter gelten auch für viele Fremdwörter; deshalb werden in den folgenden Ausführungen als Beispiele deutsche und fremde Wörter gebracht.
Einige Sonderregeln der Fremdworttrennung stehen zusätzlich unter *K 86–89.*
Zusammentreffen von Trennungszeichen und Bindestrich ↑ *K 70.*

1.4.1. Grundregeln für deutsche und fremde Wörter

68 Nichtzusammengesetzte (einfache) Wörter werden am Zeilenende so getrennt, wie sie sich beim langsamen Sprechen in Silben gliedern lassen. *Vgl. K 90.*

Beispiele: tre-ten, lie-ber, Män-ner, Lie-fe-rung, brann-ten, Bri-se; Mo-tiv; *vgl.* aber *K 79.*

69 Zusammengesetzte Wörter werden nach ihren sprachlichen Bestandteilen getrennt, auch wenn die Trennung nicht der üblichen Aussprache entspricht (*vgl. auch K 83, K 90*). Innerhalb ihrer Bestandteile trennt man nach Sprechsilben (↑ *K 68*).

Beispiele: Ei-weiß, Frosch-schenkel; Donners-tag (↑ *K 75*); dar-in, be-ob-achten (↑ *K 83*), Vor-aus-setzung; Atmo-sphäre, Chir-urg, Inter-esse (↑ *K 89*), Post-scheck-konto (↑ *K 18*)

Bei der Trennung zusammengesetzter Wörter vermeide man sinnentstellende Trennungen. Sie stören den Leseablauf. **70**

Beispiele: Spar-gelder (nicht: Spargel-der); Spiel-eröffnung *od.* Spieleröff-nung (nicht: Spieler-öffnung); Text-illustration *od.* Textillu-stration (nicht: Textil-lustration); be-erben (nicht: beer-ben); be-inhalten (nicht: bein-halten)

Bei Zusammensetzungen mit Erläuterungsbindestrich (↑ *K 182–193*) ist der Bindestrich bei Worttrennung gleichzeitig Trennungszeichen. Die Schreibung des Anfangsbuchstabens des Wortes auf der neuen Zeile bleibt unverändert.

Beispiele: Haushalt-Mehrzweckküchenmaschine: Haushalt-
*M*ehrzweckküchenmaschine; aber: Haushalt-Mehrzweck-
*k*üchenmaschine

Zusammengesetzte Wörter, deren Bestandteile nicht ohne weiteres erkennbar sind, trennt man nach Sprechsilben. Das gilt besonders für deutsche Namen (↑ *K 90*) und auch schon für viele Fremdwörter. *Vgl.* aber *K 89.* **71**

Beispiele: Lö-bau, Ge-le-nau; Dra-ma-turg, Epi-so-de, Ma-la-ria, Rhap-so-die, stra-te-gisch, tran-si-tiv

1.4.2. Trennung von Konsonanten

Ein einzelner Konsonant kommt in nichtzusammengesetzten Wörtern immer auf die folgende Zeile. *Vgl. auch K 85.* **72**

Beispiele: tre-ten, Fa-xen, rei-zen; Ho-ri-zont, Ko-sak, ren-ta-bel (aber *K 86*: ren-ta-bler), Nation (↑ *K 88*)

Von mehreren Konsonanten zwischen Vokalen kommt in nichtzusammengesetzten Wörtern der letzte auf die folgende Zeile. *Vgl. auch K 85.* **73**

Beispiele: Kres-se, flag-gen, flagg-ten, and-re, wid-rig; Tan-te, Fis-kus; *vgl.* aber *K 86.*

Die Verbindungen *ch*, *ph*, *rh*, *sch*, *sh* und *th* werden nicht getrennt, wenn sie einen Laut bezeichnen. **74**

Beispiele: Tü-cher, Nym-phe, Diar-rhoe, Wä-sche (aber: Väs-chen), Bu-shel, Zi-ther, äs-thetisch

ß bezeichnet immer einen Laut.

Beispiele: Bu-ße, grö-ßer, hei-ßen; muß-ten, wäß-rig, ein angemeß-ner Lohn; aber *K 73*: wäs-serig, ein angemes-sener Lohn; *vgl. auch K 38, 39.*

Zur Trennung von *SS*, *ss* und *SZ* (als Ersatz für *ß*) ↑ *K 42.*

Bestimmte Konsonantenverbindungen folgen Sonderregeln:

Die Konsonantenverbindung *st* bleibt in nichtzusammengesetzten Wörtern immer ungetrennt, auch wenn der Stamm dadurch zerrissen wird. **75**

Beispiele: ge-stern, gest-rig, Mei-ster, Most-rich, Sech-stel; Regi-ster; *vgl. auch K 86*: Magistrale; sie ra-sten (*Präsens von* rasten), sie ra-sten (*Präteritum von* rasen); bemoo-ste Baumstämme

In Zusammensetzungen, in denen zwischen *s* und *t* die Wortfuge liegt (↑ *K 370ff.*), werden beide Konsonanten getrennt.

Beispiele: Diens-tag, Donners-tag, Sams-tag, Freiheits-taumel (aber: Freiheits-strafe); äs-thetisch (*K 74*)

76 Die Verbindung *ck* zwischen Vokalen wird bei Trennung zu *k-k*.

Beispiele: lok-ken, Barak-ke; aber: deck-ten (*K 73*), Win-ckelmann (*K 90*), Postscheck-konto (*K 18*)

77 Die Verbindungen *chs*, *dt*, *ng*, *nk*, *pf*, *sp*, *tz* werden getrennt, wenn ihnen ein Vokal folgt.

Beispiele: wach-sen, Füch-se (aber *K 73*: Füchs-lein), drech-seln (aber *K 73*: Drechs-ler), städ-tisch, Fin-ger, Rechnun-gen, len-ken (aber *K 73*: lenk-ten), pfrop-fen, Karp-fen, Wes-pe, krat-zen (aber *K 73*: kratz-ten, *K 18*: Schutz-zoll)

Zur Trennung der Verbindung *gn* in Fremdwörtern ↑ *K 87*.

78 Zusammensetzungen, bei denen von drei zusammenstoßenden gleichen Konsonanten einer entfiel (↑ *K 15*), schreibt man bei der Worttrennung wieder mit allen drei Konsonanten.

Beispiele: Schiff-fahrt, griff-fest, Still-leben, programm-mäßig, Brenn-nessel, Ballett-theater (aber *K 15*: Schiffahrt, programmäßig, Brennessel; *K 19*: Balletttheater)
Aber immer: den-noch, Drit-teil, Mit-tag; *vgl. auch K 16*.

1.4.3. Trennung von Vokalen

79 Ein einzelner Vokal wird nicht abgetrennt. Zweisilbige Wörter, von denen eine Silbe nur aus einem Vokal besteht, sind deshalb untrennbar. *Vgl. auch K 80.*

Beispiele: Abend, Esel, Oder, Ufer, Uhu, Taue; Echo, Idee

Auch bei mehrsilbigen Wörtern und bei Präfixen wirkt sich diese Regel aus.

Beispiele: Amei-se, Apri-ko-se (*K 86*); ano-mal, Evo-lu-tion

Nur in Notentexten ist die Abtrennung eines einzelnen Vokals manchmal unvermeidlich.

80 Vokale mit zwei oder mehr als zwei Lautzeichen, die eine Klangeinheit bilden (einlautige Vokalgruppen in Fremdwörtern, Doppelvokale, Diphthonge oder Vokal + Dehnungs-*h*), dürfen in sich nicht getrennt werden. *Vgl. auch K 88.*

Beispiele: Waa-ge, Mee-re, Mau-rer, Ruod-lieb, Leh-rer; Coif-feur [kõa'fø:r], Ray-on [rɛ'jɔŋ, *auch* rɛ'jõ:], Beef-steak ['bi:fste:k], Roya-list [rõaja'list], Eau [o:] (*in*: Eau de Cologne)

Sie können als Ganzes abgetrennt werden.

Beispiele: Aa-le, Au-ge, ei-nen, Eu-le, ah-nen; Au-tor

81 Zusammenstoßende Vokale dürfen getrennt werden, wenn jeder einzelne silbisch ausgesprochen wird.

Beispiele:
innerhalb des Wortes: Ei-er; na-iv, Alëu-ten *od.* Alë-uten, Kyrenai-ka *od.* Kyrena-ika; Oze-an (*wäre sonst gar nicht trennbar*; *vgl. K 88*), aber *untrennbar K 79*: Taue; *nur*: ae-rob [a:e'ro:p]
vor Suffixen: Trau-ung; mißtrau-isch; ägä-isch, das Ägäi-sche *od.* Ägä-ische Meer, malai-isch *od.* ma-laiisch, *bei zwei zusammenstoßenden* i *in der flektierten Form nur*: der Malai-ische *od.* Malaiische Archipel; konstruie-ren *od.* konstru-ieren, Individu-um *od.* Indivi-duum, Muse-um *od.* Mu-seum; Zyklo-ide *od.* Zy-kloide
nach Präfixen ↑ *K 83*
in Zusammensetzungen: Bau-auftrag, See-aal, schnee-erhellt, see-erfahren, Garantie-übernahme, Dodeka-eder

Zur Nottrennung ↑ *K 88*.

Wörter, die im Singular auf *ee* oder *ie* enden, erhalten im Plural nur *n*, auch wenn die Endsilbe [ən] gesprochen wird. Diese Konsonantenverbindung ist nicht trennbar. Sie wird zusammen mit dem vorangehenden Konsonanten auf die neue Zeile gebracht. Manche Wörter trennt man besser gar nicht. 82

Beispiele: Ar-meen, Li-vreen; De-mo-kra-tien; Ideen, Seen, auf den Knien

1.4.4. Trennungsregeln für Präfixe und Suffixe

Die Präfixe und die mit Konsonant beginnenden Suffixe werden so abgetrennt, als wären sie Teile von Zusammensetzungen (↑ *K 69*). 83

Beispiele: be-pflanzt, be-stehend, ent-arten, Emp-fang, Er-eignis, Ver-ein, zer-trümmern; Präambel, Ek-liptik, Ab-szisse, At-tribut, sub-lim, Trans-parent, Ko-existenz, As-sessor (aber *K 79*: Aspekt)
Schön-heit, fröh-lich, wach-sam, Wachs-tum; Abonne-ment, Egois-mus

Merke: Die Verkleinerungssilbe *-lein* ist eine Zusammenziehung aus ursprünglich zwei Suffixen (mittelhochdeutsch: *-[e]l* + *-în*), von denen auch jede für sich allein auftreten kann. Bei Wörtern auf *-[e]l* ist heute die eigentliche Verkleinerungssilbe nur *-ein* (mittelhochdeutsch: *-în*). Wir schreiben mit Recht nur ein *l* in den entsprechenden Wörtern. Dieses kommt bei Trennung entsprechend *K 72* mit auf die neue Zeile. 84

Beispiele: Schlüsselein, Schüsselein, Eng[e]lein, Eselein
Getrennt: Schlüsse-lein, Schüsse-lein, Eng[e]-lein, Ese-lein

Zum Suffix *-heit* ↑ *K 36*.

Mit Vokal beginnende Suffixe nehmen einen vorangehenden Konsonanten bei der Trennung mit auf die neue Zeile. *Vgl. K 72, K 73.* 85

Beispiele: Leh-rer, Lehre-rin, Karo-linger, male-risch, asia-tisch, Hei-mat, Ar-mut; aber *K 69*: Klein-od

Hierher gehören vor allem auch das Suffix *-ig* (↑ *K 28*) mit vorangehendem stammauslautendem *l* und das Suffix *-ung*.

Beispiele: stach-lig, neb-lig, hei-lig; Nah-rung, Zei-tung, Nibe-lungen

Von fremden Suffixen sind hier besonders zu beachten *-al*, *-an*, *-and*, *-ant*, *-ei*, *-ent*, *-ie*, *-ier*, *-ion*, *-ist*, *-ium*, *-ius*, *-ur* usw.

Beispiele: Futte-ral, Vete-ran, Sum-mand, Liefe-rant, Tür-kei, Refe-rent, Melo-die, Bar-bier, Hote-lier [..'lie:], Konjunk-tion, Hor-nist, Benefi-zium, Ra-dius, Liga-tur; aber *K 86*: Spek-trum, Magi-strat

Zu den mit Vokal beginnenden Suffixen, denen ein Vokal unmittelbar vorangeht, ↑ *K 81*.
Zu den mit Konsonant beginnenden Suffixen ↑ *K 83*.

1.4.5. Sonderregeln für Fremdwörter

Untrennbar sind in Fremdwörtern die Verbindungen von Verschluß- und Reibelauten mit *l* und *r*, also *bl*, *cl*, *dl*, *fl*, *gl*, *kl*, *pl*, *tl*, *vl*; *br*, *cr*, *dr*, *fr*, *gr*, *kr*, *pr*, *tr*, *vr*. 86

Beispiele: Pu-blikum, flexi-bler Einband (↑ *K 363*), Zy-klone, Qua-drat, Spek-trum, manövrieren; *deshalb auch nur*: Apri-kose

Die Lautfolge *st* + *r* bleibt ungetrennt, wenn keine Wortfuge vorliegt.

Beispiele: Di-strikt, Magi-strat, ga-strisch, aber: Christ-rose; *in deutschen Wörtern* ↑ *K 75*

Beachte die Trennung entsprechend *K 44*.

Beispiele: Tran-skription, tran-spirieren, tran-szendent; aber: ab-strakt, ab-stinent, Ab-szeß; tran-sitiv, Epi-sode, Pro-sodie

87 Untrennbar ist die Konsonantenverbindung *gn*.

Beispiele: Ma-gnet, Pro-gnose, Si-gnet, igno-rieren

88 Zwei oder mehr als zwei zusammentreffende Vokale innerhalb eines Fremdwortes werden entsprechend *K 80*, *K 81* getrennt (Beispiele siehe dort). In Schwankungsfällen, d. h. vor allem in Wörtern mit *ea*, *ia*, *ie*, *io* usw., ist die Trennung der Vokalgruppe nur als Nottrennung anzusehen. Man trenne das Wort zwischen solchen Vokalen besser nicht, sondern, wenn möglich, an anderer Stelle.

Beispiele: ozea-nisch; asia-tisch, Va-rian-te, ge-nia-le Leistung; ma-te-riell, ma-te-riel-ler Nutzen; Na-tion, Na-tio-nen

Zu diesen Schwankungsfällen zählen auch Wörter mit *ay*, *ey*, *oy* usw.

Beispiele: Ray-on; Plä-doyer, loy-al, Loya-li-tät

Bei einer Reihe von Wörtern ist es schon üblich, diese Buchstabengruppe zu trennen.

Beispiele: Ca-yenne, Fa-yence, Ma-yon-nai-se

89 In schwierigen Fällen der Trennung von Fremdwörtern empfiehlt es sich, im Wörterverzeichnis nachzuschlagen. Besonders Wörter aus dem Griechischen und Lateinischen trennt man oft nach sprachlichen Bestandteilen (Morphemen). *Vgl. aber K 71.*

Beispiele: auto-chthon, Chir-urg, Chrys-antheme, Hekt-ar, Ho-spital, Päd-agoge; Inter-esse

Wörter aus Fremdsprachen, deren sprachliche Bestandteile (Morpheme) nicht ohne spezielle Vorkenntnisse erschließbar sind, werden nach den im Deutschen gültigen Regeln getrennt (↑ *K 68*).

Beispiele: Ban-tu (*nach sprachlichen Bestandteilen eigentlich* Ba-ntu); Sim-bab-we (*nach sprachlichen Bestandteilen eigentlich* Si-mba-bwe)

1.4.6. Trennungsregeln für Namen

90 Die Trennung von Namen (geographischen Namen, Familiennamen, Personennamen) richtet sich nach den allgemeinen Regeln.
Nichtzusammengesetzte Namen werden entsprechend *K 68*, *72–79* getrennt.

Beispiele: *K 72*: Ja-mai-ka; *K 73*: Dres-den, Mos-kau; *K 74*: Goe-the, Mar-tha; *K 75*: Se-bastian; *K 77*: Baut-zen, Lüt-zow; *K 79*: Emil; *K 79*, *86*: Adria, Ebro, Elek-tra; *K 81*, *86*: An-dre-as, Ka-la-brien; *K 79*, *87*: Agnes

Erschließbare Zusammensetzungen werden nach *K 69* getrennt.

Beispiele: Rams-au, Wüns-dorf (bei Berlin), Fried-rich, Wolf-ram, Bert-ram, Ru-precht, Ro-switha

Schwer erkennbare Zusammensetzungen können entsprechend *K 71* nach Sprechsilben getrennt werden.

Beispiele: Ge-le-nau, Lö-bau, Wun-storf (bei Hannover), aber: Tschaikow-ski (*K 44*)

Auch *ck* wird im Namen regelgemäß (*K 76*) getrennt.

Beispiele: Zwik-kau, Nek-kar, Sek-kendorff; aber: Mac-kenzie (Strom in Nordamerika, nach dem britischen Reisenden Alexander Mackenzie)
Da diese Trennung das Namensbild ändert, vermeide man sie möglichst. Man trenne z. B., wenn durchaus nötig, nur: *Secken-dorff.*

Bei Zusammentreffen von *ck* mit einem Konsonanten wird *ck* nicht in *kk* aufgelöst, z. B. *Win-ckelmann.*

Ableitungen von Namen werden regelgemäß getrennt, selbst wenn sich das Namensbild dadurch ändert. **91**

Beispiele: *K 73*: Mar-xis-mus, Kan-tia-ner; *K 72, 75*: le-ni-ni-stisch; La-mar-ckis-mus (*K 90, Abs. 6*)

In Ableitungen von Namen auf *-ow* bleibt *-ow* ungetrennt, wenn es den Laut [o:] bezeichnet (*K 80*). Man nimmt *-ow* mit dem vorangehenden Konsonanten auf die nächste Zeile. Das Suffix *-er* kann nur notfalls abgetrennt werden.

Beispiele: *K 73, 80*: Tel-tow:er Rübchen, *K 75, 80*: Gü-strow:er Industrie

1.5. Groß- und Kleinschreibung

Im Gegensatz zu anderen Sprachen ist im heutigen Deutsch die Großschreibung nicht nur auf Namen und Satzanfänge beschränkt. Es ergeben sich häufig Schwierigkeiten, die auch durch ausführliche Richtlinien nicht völlig behoben werden können. In Zweifelsfällen schreibe man mit kleinem Anfangsbuchstaben.

1.5.1. Großschreibung

1.5.1.1. Substantive

Alle eigentlichen Substantive werden groß geschrieben. **92**

Beispiele: Karl, Berlin, der Mensch, das Buch, die Seide, die Genossenschaft, die Freiheit, das Dutzend; das Hundert, das Tausend (*jetzt meist als substantivierte Numeralien angesehen*)
Er tut ihm ein Leid an (aber *K 108*: Er tut ihm leid). Er hat seinen Teil daran (aber *K 112*: Er hat teil).

1.5.1.2. Adjektive und Partizipien

Groß schreibt man Adjektive und Partizipien in rein substantivischer Bedeutung. *Vgl. aber K 116.* **93**

Beispiele: der Alte (aber *K 114*: Er ist noch der alte), die Schöne, das Versonnene und Stille, das Dur, das Moll, [das] e-Moll (*K 106*); Entsprechendes, Junge und Alte (aber *K 118*: jung und alt); die Schönste der Schönen, das Erstrebenswerteste im Leben (aber *K 113*: das erstrebenswerteste aller Ziele); im Technisch-Fachlichen, zum Guten, der für das Gute Kämpfende, die der Gefahr Entronnenen, das wahrhaft Große, das noch nie Dagewesene, das sehr klein Gedruckte; die zu Prüfenden, das groß zu Druckende; das Großgeschriebene (*rechtschreiblich*), aber: das groß Geschriebene (*die Schriftgröße betreffend*)

Der Superlativ wird groß geschrieben, wenn die entsprechende Form des Positivs groß zu schreiben ist oder ein Substantiv eingesetzt werden kann. Das gilt vor allem, wenn der Superlativ Subjekt oder Objekt des Satzes ist. **94**

Beispiele: Er nahm das Nötigste (das Nötige) mit. Das Beste (das Gute) soll den Kindern zukommen (aber *K 115*: Es ist das beste [gut], sofort zu schreiben). Er hatte mit dem Äußersten (dem Schlimmsten, dem schlimmsten Ereignis, der schlimmsten Nachricht) gerechnet (aber *K 115*: Er war auf das äußerste [sehr] erschrocken).

Groß schreibt man Adjektive und Partizipien in substantivischer Bedeutung nach *alles, etwas, genug, nichts, viel, wenig, allerlei* und ähnlichen Wörtern. Die Deklinationsendung zeigt den substantivischen Charakter an. **95**

Beispiele: alles Gute, alles Mögliche ([alle Möglichkeiten]; aber *K 114*: alles mögliche [allerlei]); alles Zustandegekommene, etwas Nüchtern-Kaltes (aber *K 120*: etwas anderes), manch Angenehmes, viel Schönes, allerlei Sehenswertes

96 Groß schreibt man substantivierte Adjektive und Partizipien in stehenden Redensarten mit Verben, wenn sie ihre ursprüngliche wörtliche Bedeutung haben.

Beispiele: bis ins Unendliche gehend, sich im Unendlichen verlieren, ins Leere starren, ins Lächerliche ziehen, über ein Kleines (eine Kleinigkeit) streiten (aber *K 114*: über ein kleines [bald] kommen)

Bei diesen stehenden Verbindungen läßt sich nicht immer eindeutig entscheiden, ob wörtliche oder übertragene Bedeutung vorliegt. *Vgl. auch K 117.*

Verweise:

Großschreibung von Adjektiven und Partizipien als Teile von Namen und Titeln ↑ *K 258, 259.*
Schreibung von Adjektiven bei mehrteiligen Tier- und Pflanzennamen ↑ *K 254.*
Großschreibung von Adjektiven, die von Personennamen abgeleitet sind, ↑ *K 217.*
Großschreibung der von Orts- und Ländernamen abgeleiteten Wortformen auf *-er* ↑ *K 231, 232.*
Schreibung von zusammengesetzten Adjektiven, deren Bestimmungswort eine groß zu schreibende Abkürzung ist, ↑ *K 186.*

1.5.1.3. Pronomen

97 Groß schreibt man die substantivierten Pronomen.

Beispiele: das liebe Ich (aber *K 120*: Das mache ich!); ein Er und eine Sie (aber *K 120*: er und sie); die Seinigen (= seine Angehörigen); das Mein und das Dein (aber *K 120*: mein und dein verwechseln, *K 122*: das ist meine Feder, und das ist die deine); ein gewisser Jemand

Beachte aber die Hauptregel für die Schreibung von Pronomen (*K 120*).

98 Groß schreibt man die Anredeformen der Personalpronomen und die entsprechenden Possessivpronomen mit den zugehörigen deklinierten Formen sowie die deklinierten Formen des Reflexivpronomens im Dativ und im Akkusativ in Briefen und ähnlichen Mitteilungen, in Aufrufen und Erlassen, in Grabinschriften und Nachrufen, auf Spruchbändern und in Widmungen. Auch bei Bemerkungen unter Aufsätzen, Diktaten u. ä. empfiehlt sich die Großschreibung.

Beispiele: Liebe Gretel! Ich hoffe, daß es Dir und Euch allen gut geht und daß Du Deine Ferien angenehm verlebst ... Das hast Du gut erzählt. Gib Dir mehr Mühe! Eltern, achtet auf Eure Kinder! Hast Du Dir das Buch gekauft? Hast Du Dich umgezogen? *Vgl.* aber *K 121.*

99 Immer werden groß geschrieben

die Höflichkeitsanrede *Sie* und das entsprechende Possessivpronomen *Ihr* mit den zugehörigen deklinierten Formen, gleichviel ob die Anrede einer Person oder mehreren Personen gilt (das auf die Anrede bezogene undeklinierte Reflexivpronomen *sich* wird dagegen immer klein geschrieben),

Beispiele: Haben Sie Ihren Ausweis erhalten? Können Sie es sich vorstellen? Sie haben sich hier einzufinden.

die landschaftlich noch übliche volkstümliche Anrede mit *Ihr, Euch, Euer, Eure* usw. (*statt*: Sie, Ihnen, Ihr, Ihre usw.) an eine Person oder an mehrere Personen,

Beispiel: Habt Ihr (*statt*: Haben Sie) das nicht gesehen?

die veraltete Anrede in der dritten Person des Singulars an Mann oder Frau,

Beispiele: Schweig Er! Gehe Sie! *Vgl.* aber *K 121.*

die Possessivpronomen der zweiten und dritten Person in Verbindung mit historischen Titeln der Anrede.

Beispiele: Eure (*od.*: Euer) Exzellenz, Seine Exzellenz, Seine Magnifizenz

Im religiösen Schrifttum werden oft die sich auf Gott oder Christus beziehenden Personal- oder Possessivpronomen groß geschrieben.

1.5.1.4. Numeralien

Groß schreibt man die substantivierten Numeralien **100**

als Namen von Zahlen,

Beispiele: die Eins (aber *K 120*: eins trinken, alle für einen), die Fünf, eine Sieben, die »verhängnisvolle« Dreizehn

als Zahleinheiten oder Zahlverhältnisse,

Beispiele: das Hundert, das Tausend, in Dreiviertel der Länge, ein Achtel (aber *als Adjektiv*: ein achtel Kilo)

als bestimmte substantivische Begriffe.

Beispiele: die Zensur Eins (aber: die Zensur »eins«); der Erste (= der Tüchtigste), der Zweite der Klasse (dem Rang, der Leistung nach); aber *K 120*: der erste, der zweite usw. (in der Reihenfolge); der Erste, Zweite, Fünfzehnte, Letzte (eines Monats [ohne Monatsangabe]); aber *K 120*: der erste, zweite, fünfzehnte, letzte Juni; in den Fünfzigern (Lebensalter) sein, in die Fünfziger kommen; aber *K 120*: die fünfziger Jahre dieses Jahrhunderts; ein Dritter (= Unbeteiligter); es gibt noch ein Drittes; der Dritte im Bunde; aber *K 120*: der eine, der andere, der dritte usw.; der Junge ist unser Einziger (aber *K 120*: das einzige wäre, ...); vom Hundertsten ins Tausendste (= in immer mehr Einzelheiten) kommen

Großschreibung von Numeralien als Teile von Namen und Titeln ↑ *K 258, 259.*

1.5.1.5. Substantivierte Infinitive

Substantivierte Infinitive schreibt man groß. Hinzutretende nähere Bestimmungen, Attribute ausgenommen, werden mit ihnen zusammengeschrieben. **101**

Beispiele: das Lesen, das Schreiben, das Ringen; das Lautlesen (aber: das laute Lesen), das Großschreiben, das Fensterputzen (aber *K 103*), das Zuheißwerden; beim Zustandekommen, es ist zum Aufunddavonlaufen.

Längere Fügungen werden durchgekoppelt. Dabei wird das erste Wort der Fügung groß geschrieben, da das Ganze zum Substantiv geworden ist. Außerdem wird der Infinitiv, der meist am Ende steht, aber dort nicht stehen muß, groß geschrieben; denn er ist der substantivierte Teil der ganzen Fügung.

Beispiele: *K 188*: das In-den-Tag-hinein-Leben, das So-Tun-als-ob, es ist zum Auf-und-davon-Laufen

> Merke: Sehr lange Fügungen dieser Art sind unübersichtlich und sprachlich unschön. Sie lassen sich mühelos durch einen Nebensatz ersetzen.
>
> Beispiel: in der Lage sein, es noch nicht begreifen zu können (nicht: in der Lage des Noch-nicht-Begreifenkönnens sein)

Zur Schreibung substantivierter Partizipien ↑ *K 162.*

102 Infinitive nach einer Präposition (*auch* nach mit Artikel verschmolzener Präposition) gelten als Substantive.

Beispiele: auf Biegen oder Brechen, Freude am Tanzen, mit Zittern und Zagen, ins Stocken geraten, zum Tragen kommen; zum Fensterputzen (↑ aber *K 103*)

> Merke: Man muß den Infinitiv mit *zu* von dem substantivierten Infinitiv mit *zum* unterscheiden.
>
> Beispiele: Es gibt viel zu lachen; aber: Es ist zum Lachen. Es ist, um aus der Haut zu fahren; aber: Es ist zum Aus-der-Haut-Fahren.

103 Infinitive ohne Artikel, die Subjekt oder Objekt sind, können als Verb oder als Substantiv aufgefaßt werden, also je nach der Auffassung klein oder groß geschrieben werden.

Beispiele: Siegfried lernte schmieden; Siegfried lernte Schmieden (= das Schmieden); [zu] irren ist menschlich; [das] Irren ist menschlich

Infinitive mit substantivischer Bedeutung werden groß geschrieben.

Beispiele: Reden ist Silber, Schweigen ist Gold. Essen und Trinken hält Leib und Seele zusammen. Die Klasse hat heute Lesen und Schreiben. Ihm verging Hören und Sehen.

Treten nähere Bestimmungen zum Infinitiv, so geben diese für dessen Schreibung den Ausschlag. Objekte und Adverbialbestimmungen fordern Kleinschreibung, Attribute aber Großschreibung des Infinitivs.

Beispiele: Man muß auch zur rechten Zeit schweigen können. Auch zur rechten Zeit [zu] schweigen will gelernt sein. Auch das Schweigen zur rechten Zeit will gelernt sein. Zu ihrer Tätigkeit gehörte das Putzen der Fenster.

1.5.1.6. Adverbien, Präpositionen, Konjunktionen und Interjektionen

104 Groß schreibt man die substantivierten Adverbien, Präpositionen, Konjunktionen und Interjektionen.

Beispiele: das Ja oder Nein, das Auf und Nieder, das Diesseits, das Wenn und Aber, in einem Hui

105 Merke: Werden mehrteilige Konjunktionen wie *entweder – oder, teils – teils, sowohl – als auch* substantiviert, so gilt jeder Teil, der durch dazwischentretende Wörter im Satz abgetrennt werden kann, als Substantiv. Die Teile werden groß geschrieben und durchgekoppelt.

> Beispiele: das Entweder-Oder, das Teils-Teils

Bei manchen solcher Konjunktionen bilden zwei Teile eine Einheit, die auch im Satzzusammenhang nicht durch Dazwischentreten anderer Wörter getrennt werden kann. Dann schreibt man sinngemäß nur den ersten Teil der Einheit groß.

Beispiele: das Als-ob, Sowohl-Als-auch

1.5.1.7. Einzelbuchstaben

106 Man schreibt Einzelbuchstaben in der Regel groß, es sei denn, daß sie nur in der Kleinschreibung vorkommen oder daß man sie bewußt als klein geschriebene Zeichen setzen will. In Zusammensetzungen stehen einzelne Buchstaben mit Bindestrich (↑ *K 186*).

Beispiele: das S, von A bis Z, das Zungen-R, der S-Laut; aber: das s in Rose, das Binde-s, das Schluß-s, das ß, das Dehnungs-h; in A-Dur, in a-Moll; die Schreibung mit f *od.* die Schreibung mit F bei Grafik, die ph-Schreibung *od.* die Ph-Schreibung

1.5.1.8. Satzanfänge

Groß schreibt man das erste Wort eines Satzganzen und das erste Wort von Überschriften. *Vgl.* aber *K 123.* 107

Beispiele: Wie kann man sich selbst kennenlernen? Durch Betrachten niemals, wohl aber durch Handeln. Versuche, deine Pflicht zu tun, und du weißt gleich, was an dir ist. Was aber ist deine Pflicht? Die Forderung des Tages. (Goethe)

> Merke: Die Gewohnheit, in Gedichten jede Zeile mit großem Anfangsbuchstaben zu beginnen, ist veraltet. Man schreibt heute nur groß, wenn die Zeile mit einem Substantiv, einem Namen, einer Höflichkeitsanrede oder einem neuen Satz beginnt.

1.5.2. Kleinschreibung

Klein schreibt man jedes Wort, das nicht zur Klasse der Substantive gehört, und jedes Substantiv, das der Form oder der Bedeutung nach in eine andere Wortart übergetreten ist. 108

1.5.2.1. Substantive in der Funktion anderer Wortarten

Als Adjektive gebrauchte Substantive werden klein geschrieben. Hierher gehören die Substantive *Angst, Feind, Freund, Not, Recht, Unrecht, Schaden* und *Schuld,* die im Prädikat – z. T. schon seit sehr langer Zeit – adjektivische Natur angenommen haben, und die Wörter *bange, gram, leid, weh,* die wir jetzt als Substantive kennen, die aber ursprünglich keine waren.

In solchen Fällen sind manchmal in unterschiedlichen syntaktischen Fügungen Groß- und Kleinschreibung möglich. Eine Verneinung mit *kein* fordert immer Großschreibung.

Beispiele: Mir ist, wird [nicht] angst (aber: ich habe [keine] Angst). Das ist [nicht] schade (aber: das ist sein eigener Schade[n], kein Schade[n]); schade, daß du nicht dabei warst; du warst nicht dabei, schade! Er ist ihm [nicht] feind (aber: er ist ihm [kein] Feind). Es ist [nicht] recht, unrecht; er tut [nicht] recht, unrecht (aber: er tut ein, kein Unrecht). Er hat recht, er behält recht, er tut recht. Ihm ist angst und bange. Er tut ihm [nicht] leid (aber: er tut ihm ein Leid an, kein Leid an). Er tut ihm [nicht] weh[e]; er schreit ach und weh (aber: mit Ach und Weh).

> Merke: In den Fügungen *Genüge tun, Schaden tun* schreibt man die Substantive immer mit großem Anfangsbuchstaben.

Als Adverbien gebrauchte Substantive werden klein geschrieben, auch bei Zusammensetzungen und Ableitungen. 109

Beispiele: anfangs, kreuz und quer; möglicherweise, unverrichteterdinge, beizeiten. *Vgl. auch K 176.*
morgen abend, heute nacht
Er ging abends aus. Er ging dienstags aus. (Aber *K 92*: Er ging am Abend, des Abends, eines Abends aus. Er ging [am] Dienstag, des Dienstags, eines Dienstags aus.) Er hatte mich seinerzeit benachrichtigt. (Aber *K 92*: Alles zu seiner Zeit.)

Als Präpositionen gebrauchte Substantive oder zu Präpositionen gewordene Fügungen (↑ *auch K 176*) werden klein geschrieben. 110

Beispiele: dank, kraft, laut, statt, trotz, angesichts, behufs, betreffs, mittels, seitens; inmitten, infolge, zufolge, zugunsten, zuungunsten; auf seiten, um – willen, von – wegen; auf seiten des Angeklagten (aber *K 92*: auf der Seite des Angeklagten). *Vgl. auch K 176.*

111 Als unbestimmte Numeralien und Pronomen gebrauchte Substantive werden klein geschrieben.

Beispiele: ein bißchen (= ein wenig) Brot, ein paar (= einige) Federn (aber *K 92*: ein Paar Schuhe)

112 Substantive, die den ersten Bestandteil unfest zusammengesetzter Verben bilden, werden in getrennter Stellung klein geschrieben. *Vgl.* aber *K 131–134.*

Beispiele: stattfinden: Es findet statt; teilhaben: Er hat teil; wundernehmen: Es nimmt mich wunder. (Aber *K 92*: Er findet eine gute Statt. Er hat seinen Teil daran.)

1.5.2.2. Adjektive, Partizipien und Adverbien

113 Alleinstehende Adjektive und Partizipien mit Artikel werden klein geschrieben, wenn ein vorher oder nachher genanntes Substantiv ergänzt werden kann.

Beispiele: Anwesend waren begeisterte und gleichgültige Menschen; die gleichgültigen (*ergänze*: Menschen) galt es zu gewinnen. Sie ist die schönste der Frauen (die schönste Frau). Alle Schüler haben um 8 Uhr dazusein; die zu prüfenden (*ergänze*: Schüler) werden aufgerufen.

Entsprechendes gilt auch vom substantivisch gebrauchten Possessivpronomen (↑ *K 122*).

114 Adjektive, Partizipien und Adverbien mit Artikel (also der Form nach substantivierte) werden klein geschrieben, wenn man sie durch ein bloßes Adjektiv oder Partizip, ein Adverb oder Pronomen ersetzen kann.
Das gilt auch für artikellose Adjektive und Partizipien.

Beispiele: Es ist ihm ein leichtes (= sehr leicht). Es ist das gegebene (= gegeben). Wir danken im voraus (= vorher). Er hörte ähnliches (= solches) auch von ihr.
des breiteren, des öfteren darlegen, des langen und breiten auseinandersetzen, des weiteren erklären (aber *K 93*: jemanden des Weiteren [= weiterer Überlegungen, weiterer Mühe usw.] entheben)
aufs neue, bis auf weiteres, im wesentlichen, im voraus, ohne weiteres, von neuem, vor kurzem, von klein auf, im großen und ganzen, im allgemeinen (= meist) (aber *K 93*: sich im Allgemeinen [= in allgemeinen Äußerungen] bewegen)
Er ist noch immer der alte (= derselbe); jeder beliebige, jeder x-beliebige, der erste beste (= jeder), alles mögliche (= allerlei), das folgende (= dieses), folgendes, im folgenden

115 Der Superlativ mit *am* wird klein geschrieben, wenn er Prädikativum oder Modalbestimmung ist.

Beispiele: Sie schreibt am deutlichsten (= sehr deutlich). Es ist am besten, die Wahrheit zu sagen (aber *K 94*: es fehlt ihm am Nötigsten); am bedeutendsten (*vgl. auch K 20*)

Der Superlativ mit *das* wird klein geschrieben, wenn man dafür die entsprechenden Formen mit *am* oder *sehr* oder ein entsprechendes Adjektiv oder Adverb setzen kann.

Beispiele: Es ist das richtigste (= am richtigsten, sehr richtig), ihm zu schreiben.
Sie bekommen mit ehestem (= so früh wie möglich) Nachricht.

Manchmal sind Groß- und Kleinschreibung möglich.

Beispiele: Er kämpfte bis zum Äußersten (= bis zum Tode) *od.* bis zum äußersten (= sehr). Er tat nicht das Geringste (= die geringsten Dinge) *od.* das geringste (= gar nichts). Er sammelte alles Übrige (= alles Übriggebliebene) *od.* alles übrige (= alles andere). Er tat sein Möglichstes (= erschöpfte alle Möglichkeiten) *od.* sein möglichstes (= alles).

Bei einem Bedeutungsunterschied muß man sich für eine Schreibung entscheiden.

Beispiele: Er war auf das Äußerste, auf das Furchtbarste (= die schlimmste Nachricht, das schlimmste Ereignis) gefaßt. Oder: Er war auf das äußerste (= sehr) erregt.

Substantivisch gebrauchte Adjektive werden in festen Redewendungen mit übertragener Bedeutung klein geschrieben. 116

Beispiele: im dunkeln tappen (= nicht unterrichtet sein); aber *K 93*: im Dunkeln (= bei Dunkelheit) umhertappen
im trüben fischen (= unredlich handeln), den kürzeren ziehen, zum besten halten, im reinen sein, ins gleiche bringen

Bei solchen stehenden Verbindungen läßt sich nicht immer eindeutig entscheiden, ob sie in wörtlicher oder in übertragener Bedeutung gebraucht sind. Um Verwirrungen zu vermeiden, folgt der Duden in solchen Fällen grundsätzlich der Regel, im Zweifelsfalle klein zu schreiben. 117

Beispiele: beim alten bleiben, im argen liegen, zum besten kehren, ins klare kommen, ins reine schreiben, ins trockene bringen, im verborgenen bleiben, in die vollen gehen, aus dem vollen schöpfen

Substantivisch gebrauchte Adjektive werden als unflektierbare Paare klein geschrieben, wenn sie in ihrer Einzelbedeutung zugunsten einer neuen, oft übertragenen Gesamtbedeutung verblaßt sind. 118

Beispiele: jung und alt (aber *K 93*: Junge und Alte); bei groß und klein, durch dick und dünn, über kurz oder lang, schwarz auf weiß, im großen [und] ganzen

Adjektive und Partizipien in fester Verbindung mit einem Substantiv werden klein geschrieben, wenn sie mit dem Substantiv zusammen zwar eine Begriffseinheit, aber keinen Eigennamen oder Titel (↑ *K 256ff.*) bilden. Sie stellen als Einheit eine Gattungsbezeichnung dar. 119

Beispiele: der absolute Nullpunkt, die technisch begründete Arbeitsnorm, die technische Revolution, die technische Zeichnerin; der kaufmännische Angestellte, die medizinisch-technische Assistentin, ein normannischer Eroberungszug, die innere Medizin (aber *K 258*: die Innere Mission), das anatomische Institut (aber *K 259*: das Anatomische Institut der Karl-Marx-Universität Leipzig), die allgemeinbildende polytechnische Oberschule (aber *K 259*: Allgemeinbildende Polytechnische Oberschule Neustadt), olympische Ehren, das olympische Feuer, das olympische Dorf (aber *K 258*: die Olympischen Spiele, das Internationale Olympische Komitee)

Verweise:

Kleinschreibung der von Namen abgeleiteten Adjektive auf *-isch* ↑ *K 218, 219, 238.*
Kleinschreibung der von Personennamen abgeleiteten Adjektive auf *-istisch* ↑ *K 221.*
Schreibung von Adjektiven in Tier- und Pflanzennamen ↑ *K 254.*

1.5.2.3. Pronomen und Numeralien

Pronomen und Numeralien werden mit Ausnahme der bei *K 97, 100, 258* und *259* genannten Fälle klein geschrieben, auch wenn der bestimmte oder unbestimmte Artikel oder ein Wort wie *alles, nichts, einige* usw. vorangeht. 120

Beispiele: man, jemand, niemand, jeder, etwas, nichts, alle, etliche[s], einige[s], einzelne[s], manche[s], wenige[s], jedermann; einer, eins, beide, zu zweien, zu dritt, es schlägt acht, eine Zahl durch zwei teilen; um [das Jahr] neunzehnhundert
derselbe, der einzelne, der nämliche, ein jeglicher, die übrigen, alles übrige, der eine, der andere, alle anderen, die beiden, alle beide, das meiste, das mindeste; der erste, der zweite, der letzte (der Reihe nach); auf allen vieren kriechen, alle neun[e] werfen; etwas anderes, nichts anderes, wenig anderes, einige wenige. *Vgl. auch K 114.*
Aber *K 97*: ein gewisses Etwas, das Nichts; *K 100*: die Eins, der Erste, der Zweite, der Letzte (dem Rang nach); *K 258*: Beethovens Neunte (= die Sinfonie Nr. 9)

121 Auch Personalpronomen in der Anrede werden mit Ausnahme der in *K 98* und *99* angeführten Fälle klein geschrieben.

Beispiele: Ach, du wirst schon vernünftiger werden. Ich kenne dich ja. Siehst, Vater, du den Erlkönig nicht? (Goethe)

122 Das substantivisch gebrauchte Possessivpronomen wird klein geschrieben, wenn ein vorher oder nachher genanntes Substantiv ergänzt werden kann.

Beispiele: Ich brauche kein fremdes Werkzeug. Ich nehme meines (oder: das meine, das meinige). *Vgl. auch K 113.*

1.5.2.4. Sonderfälle

123 Klein schreibt man, wenn der Satz mit einem Apostroph beginnt.

Beispiele: *K 56*: 'n schöner Wahn war es. *K 57*: 's ist ewig schade um ihn!

Klein schreibt man, wenn der Satz mit Auslassungspunkten beginnt, also unvollständig ist. Dies gilt auch für Überschriften und Buchtitel.

Beispiel: ... und sagte kein einziges Wort (*vgl. K 477*)

Klein schreibt man, wenn der Satz mit abgekürztem *von* (*v.*) eines Familiennamens beginnt (↑ *K 206*).

Klein schreibt man in bestimmten Fällen nach Satzzeichen, die sonst Großschreibung verlangen, und zwar
nach Ausrufezeichen ↑ *K 427*,
nach Fragezeichen ↑ *K 427*,
nach Doppelpunkt ↑ *K 457*.

Verweise:

Klein- oder Großschreibung von Infinitiven ↑ *K 101–103*.
Klein- oder Großschreibung von Einzelbuchstaben ↑ *K 106*.

1.6. Getrennt- und Zusammenschreibung

124 Dem Wandel von der Getrennt- zur Zusammenschreibung liegt oft ein Bedeutungswandel zugrunde. Er ist also in erster Linie ein sprachlicher, erst in der Folge ein rechtschreiblicher Vorgang. Wesentlich ist, daß die Schreibung sinnvoll und unmißverständlich ist.
Da die Entwicklung nicht abgeschlossen ist und das Nebeneinander gedanklich zusammengehöriger Wörter oft eine verschiedene Deutung zuläßt, ergeben sich häufig Fälle, wo beide Schreibungen möglich sind und wo man die persönliche Entscheidung gelten lassen muß.
Bedeutung, Betonung und Schreibung sind oft voneinander abhängig. Die Betonung kann Hinweise für die Schreibung geben.

1.6.1. Grundregeln

125 Man schreibt getrennt, wenn jedes der nebeneinanderstehenden gedanklich zusammengehörigen Wörter seine eigene Bedeutung hat.
Das gilt auch bei übertragener Bedeutung des Ganzen.

Beispiele: sauber aussehen, verloren dastehen

Man schreibt zusammen, wenn eine bedeutungsmäßig enge Verbindung der Wörter **126**
besteht. Das ist der Fall, wenn die Zusammensetzung ohne Bedeutungsveränderung der einzelnen Teile als Ganzheit empfunden wird,

Beispiele: reinemachen, sauberhalten, sich wundliegen, verlorengehen, gefangennehmen, geradesitzen

wenn ein Wort der Fügung die Gesamtbedeutung maßgebend beeinflußt, d. h. bei Bedeutungsabschattung,

Beispiele: zusammen laufen (= gleichzeitig, gemeinsam laufen), aber: zusammenlaufen (= sich vereinigen; gerinnen); leer laufen (= ungenutzt laufen: eine leer laufende Maschine), aber: leerlaufen (= auslaufen: ein leerlaufendes Faß)

wenn die Wörter in ihrer Einzelbedeutung zugunsten einer neuen, oft übertragenen Gesamtbedeutung verblassen. Manchmal wird dabei aus einer Wortgruppe ein neues Wort einer anderen Wortklasse.

Beispiele: richtig stellen (= an den richtigen Platz stellen), aber: richtigstellen (= berichtigen); schwer wiegend, aber: schwerwiegend (= gewichtig); in der Folge (= in Zukunft), aber: infolge (*Präposition*); zu Zeiten (= zu der Zeit), aber: zuzeiten (= manchmal) (*Adverb*); so bald (= so früh), aber: sobald (*Konjunktion*); *vgl. auch K 176.*

Tritt zu einem Teil der Zusammensetzung eine nähere Bestimmung, so wird das ganze **127**
Wort wieder getrennt geschrieben.

Beispiele: meterlang, aber: ein Meter lang; umständehalber, aber: besonderer Umstände halber; jmdm. nahetreten, aber: jmdm. zu nahe treten

Ist das Bestimmungswort ein Komparativ, so sind je nach der persönlichen Auffassung des Schreibenden und nach dem Zusammenhang folgende Schreibungen möglich:

Zusammenschreibung, wenn die Bedeutung abgeschattet oder verblaßt ist (*K 126*) oder wenn der adjektivische Charakter betont werden soll (*K 128*),
Getrenntschreibung, wenn der Komparativ als selbständiges Wort angesehen wird (*K 125*) oder wenn er durch Betonung herausgehoben ist (*K 129*).
Es handelt sich um den Komparativ von Wörtern wie *tiefblickend*, *leichtfaßlich*, *naheliegend*, *weitschauend*; *K 126*: *hochgestellte Persönlichkeiten* usw.
Gehört die nähere Bestimmung zur ganzen Zusammensetzung, dann bleibt die Zusammenschreibung gewahrt.

Beispiele: ein naheliegendes Beispiel, ein näher liegendes Beispiel, ein sehr naheliegendes Beispiel; ein weitgehendes Zugeständnis, ein ziemlich weitgehendes Zugeständnis; ein aufsehenerregender Fall, ein sehr aufsehenerregender Fall (aber: ein großes Aufsehen erregender Fall)

Zusammengesetzte Verben oder einfache Verben mit näherer Bestimmung bleiben zusammengeschrieben bzw. getrennt, wenn sie als Infinitiv mit *zu* oder als Partizip II gebraucht werden.

Beispiele: kennenlernen: Du hast Gelegenheit, ihn kennenzulernen, du hast ihn kennengelernt; haltmachen: Wir haben dort haltzumachen, dort haltgemacht; maßregeln: ohne zu maßregeln, gemaßregelt; wiederholen: um zu wiederholen, ich habe wiederholt; auswendig lernen: Es ist nötig, viel auswendig zu lernen, er hat gut auswendig gelernt; leer laufen: Die Maschine hatte leer zu laufen, ist wieder leer gelaufen.

Man schreibt zusammen, wenn eine Dauereigenschaft ausgedrückt wird. Die Regel gilt **128**
vor allem für zusammengesetzte Adjektive und Partizipien.

Beispiele: der feuerspeiende Berg, fremdbestäubte Pflanzen, nichtmetallische Werkstoffe, die dichtbesiedelte Gegend, gleichbleibendes Wetter, gleichberechtigte Mitglieder, festhaftende Ladungen

129 Die Betonung kann Hinweise für die Schreibung geben.

Starkton eines Gliedes, besonders – aber nicht immer – des ersten, weist in der Regel auf Zusammenschreibung.

Beispiele: geringschätzen, kennenlernen, verlorengehen, wiederholen; andersdenkend, strenggenommen, neugeboren; vollschlank
wiederholen; infolge, außerstande, zugrunde

Verteilter Ton weist auf Trennung.

Beispiele: in Frage stellen, sich bereit erklären
Der Himmel ist hell gestirnt. Du mußt aufwärts fahren. *Vgl. auch K 152.*

Manchmal sind beide Betonungen und folglich auch beide Schreibungen möglich.

Beispiele: volltönend *od.* voll tönend; nichtöffentlich *od.* nicht öffentlich; weiterentwickeln *od.* weiter entwickeln; *vgl. auch K 137, 163, 166, 170, 173.*

130 In einigen Fällen, besonders bei Fügungen aus Adjektiv, Partizip bzw. Adverb und Verb, ist eine eindeutige Entscheidung für Getrennt- oder Zusammenschreibung nicht immer möglich, weil sich durch die Kriterien der Bedeutung und der Betonung unterschiedliche Sichtweisen ergeben können.
Im Wörterverzeichnis ist in solchen Fällen die Entscheidung zugunsten einer Schreibung getroffen worden. Das schließt nicht aus, daß die andere Schreibung mit Hilfe der Bedeutung oder der Betonung im Sinne von *K 125, 126* oder *129* begründet werden kann.

Verweise:

Schreibung von substantiviertem Infinitiv + näherer Bestimmung ↑ *K 101.*
Schreibung von substantiviertem Partizip + näherer Bestimmung ↑ *K 162.*

1.6.2. Substantiv + Verb

131 Getrenntschreibung entsprechend *K 125* bei Fügungen, in denen trotz fehlenden Artikels das Satzgliedverhältnis und damit die Eigenbedeutung jedes Wortes deutlich bleibt.

Beispiele: Bock springen: er springt Bock, da er Bock springt; Auto fahren, Schlange stehen, Feuer fangen, Gefahr laufen, in Frage stellen, Dank sagen (*auch K 132*: danksagen); *vgl. auch K 134.*

Zusammenschreibung entsprechend *K 126*

132 bei Verben, die aus zusammengesetzten Substantiven abgeleitet sind; hier bleibt das Substantiv fester Bestandteil (↑ *K 155*; *K 357*),

Beispiele: brandmarken: ich brandmarke, habe gebrandmarkt, um zu brandmarken; handhaben, maßregeln, nachtmahlen (*österr*); segelfliegen (*vgl.* aber *K 133*)

133 im Infinitiv und bei den Partizipien von Verben, die aus einer Fügung von Substantiv im Akkusativ oder im Präpositionalfall + Verb entstanden sind, wie *haushalten, maßhalten*, auch *haltmachen, hohnsprechen, wundernehmen, kopfstehen* (= auf dem Kopf stehen) u. a.

Beispiele: um hauszuhalten, haushaltend, sie hat hausgehalten; um kopfzustehen, kopfstehend, er hat kopfgestanden; *nur im Infinitiv*: seiltanzen

Im Präsens und im Präteritum werden diese Verben wie unfest zusammengesetzte Verben (*K 356*) behandelt, d. h., das erste Glied wird im Hauptsatz von der Personalform getrennt und nachgestellt.

Beispiele: sie hält, hielt haus; es nimmt, nahm mich wunder; er steht, stand kopf; aber: da sie haushielt; daß es wundernimmt; wenn er kopfsteht.

Zur Schreibung des Substantivs bei solchen Verben *vgl. auch K 134.*

Verschiedene oder schwankende Schreibung konjugierter Formen des gleichen zusammengesetzten Verbs sind ein Zeichen der Entwicklung von der Getrennt- zur Zusammenschreibung. **134**

Beispiele: kegelschieben: ich schiebe Kegel, ich habe Kegel geschoben, um Kegel zu schieben, kegelschiebend *od.* Kegel schiebend
radfahren: ich fahre Rad, ich bin radgefahren, um radzufahren, radfahrend
schaustellen: ich stelle zur Schau, ich habe zur Schau gestellt, *auch* schaugestellt
Beachte *auch*: Ich bin gestern Ski und heute eisgelaufen; ich kann rad-, aber nicht Auto fahren

Verweise:

Substantivierte Infinitive ↑ *K 101.*
Getrennt- und Zusammenschreibung von Substantiv + Partizip ↑ *K 163–165.*
Schreibung bei hervorhebender Wortumstellung ↑ *K 152.*

1.6.3. Adjektiv oder Partizip + Verb

Getrenntschreibung entsprechend *K 125.* **135**

Beispiele: auswendig lernen, sich bereit erklären, diät leben, groß schreiben, reif sein, reif werden, getrennt schreiben, verborgen bleiben

Zusammenschreibung entsprechend *K 126* im Infinitiv, in den beiden Partizipien und im Nebensatz. **136**

Beispiele: blind[zu]schreiben, brach[zu]liegen, einig[zu]gehen, fein[zu]schleifen, klar[zu]machen; gefangen[zu]halten, verloren[zu]gehen, zufrieden[zu]stellen; blindschreibend, brachliegend usw.; gefangenhaltend usw.; sie hat blindgeschrieben, die Wiese hat brachgelegen, er hat feingeschliffen, das Schiff wurde klargemacht, er wurde gefangengehalten, die Kunden wurden zufriedengestellt; wenn sie blindschrieb, da wir einiggingen, weil der Brief verlorenging

Im Präsens und im Präteritum werden diese Verben wie unfest zusammengesetzte Verben behandelt (*K 356*), d. h., das erste Glied wird getrennt und nachgestellt.

Beispiele: Sie schrieb blind, die Wiese lag brach, sie gingen darin einig, er schleift fein, sie machten das Schiff klar, sie hielten ihn gefangen, der Brief ging verloren.

Je nach der Bedeutung wird manchmal die gleiche Fügung getrennt (*K 125*) oder zusammengeschrieben (*K 126*). **137**

Beispiele: frei sprechen (= ohne Vorlage sprechen), aber: freisprechen (von Schuld); sein Leiden läßt ihn leicht fallen (= hinfallen), er ist leicht gefallen, aber: es wird ihm leichtfallen (= keine Mühe verursachen), es ist ihm leichtgefallen; ohne Geländer kann man hier nicht sicher gehen (ohne zu stolpern, zu stürzen), aber: sichergehen (= kein Risiko eingehen)

Bei hinzutretender näherer Bestimmung oder bei Komparation (Steigerung) wird entsprechend *K 127* verfahren. **138**

Beispiele: Du mußt stillsitzen; aber: Du mußt ganz still sitzen. Es ist ihm leichtgefallen; aber: Es ist ihm leichter gefallen als mir.

Schreibung bei hervorhebender Wortumstellung ↑ *K 152.*

1.6.4. Verb + Verb

Es handelt sich hier besonders um Zusammensetzungen mit *bleiben*, *gehen*, *lassen*, *lernen* als Grundwort und um Zusammensetzungen mit *spazieren* als erstem Bestandteil.

139 *bleiben*

Getrenntschreibung entsprechend *K 125*, wenn man den Gegensatz ausdrücken will.

Beispiele: sitzen bleiben (= nicht aufstehen), stehen bleiben (= sich nicht setzen)

Zusammenschreibung entsprechend *K 126*, wenn *bleiben* nur als Verstärkung zum dabeistehenden Verb empfunden wird oder bei neuer, übertragener Bedeutung.

Beispiele: haftenbleiben, stehenbleiben (= nicht weitergehen); liegenbleiben, sitzenbleiben (= nicht versetzt werden; nicht geheiratet werden); steckenbleiben (= nicht weiterkommen; nicht weitersprechen können); stehenbleiben (z. B. *von der Uhr gesagt*).

140 *gehen*

Getrenntschreibung entsprechend *K 125* bei konkreter Bedeutung des Verbs *gehen*.

Beispiele: turnen gehen, schwimmen gehen; aber *K 143*: spazierengehen

Zusammenschreibung entsprechend *K 126* bei verblaßter Bedeutung.

Beispiel: verlorengehen: da alles verlorenging, verlorengegangen ist

141 *lassen*

Getrenntschreibung entsprechend *K 125*, wenn *lassen* die Bedeutung von *veranlassen*, *zulassen* hat.

Beispiele: einen Aufsatz schreiben lassen; den Mörder hängen lassen; jemanden nicht sitzen, sondern stehen lassen; die Dame sitzen lassen (= ihr einen Sitzplatz anbieten); Erbsen stecken lassen. *Vgl. auch K 361.*

Zusammenschreibung entsprechend *K 126* bei bedeutungsmäßig enger Verbindung beider Verben, besonders in übertragener Bedeutung.

Beispiele: die Hoffnung fahrenlassen (= aufgeben), den Mantel hängenlassen (= vergessen; nicht wegnehmen), sitzenlassen (= nicht versetzen; im Stiche lassen), stehenlassen (= vergessen; nicht anrühren), steckenlassen (= vergessen; nicht herausziehen), alles stehen- und liegenlassen. *Vgl. auch K 361.*

142 *lernen*

Getrenntschreibung entsprechend *K 125*. Das dabeistehende Verb kann grammatisch und inhaltlich als selbständig aufgefaßt werden (*lernen* im Sinne von *erlernen*).

Beispiele: sprechen lernen, schreiben lernen, singen und spielen lernen, Klavier spielen lernen

Zusammenschreibung entsprechend *K 126*.
Das Verb *lernen* kennzeichnet lediglich eine Bedeutungsabschattung des mit ihm zusammengesetzten Verbs. Das Ganze ist aber eine Einheit.

Beispiele: achtenlernen (nicht: das Achten lernen, sondern: jemanden zu achten beginnen), kennenlernen, schätzenlernen (= zu schätzen beginnen), kennen- und schätzenlernen (aber: kennen und ausführen lernen)

143 *spazieren*

Zusammenschreibung mit dem dabeistehenden Verb entsprechend *K 126*; denn die Fügung drückt eine Bedeutungsabschattung des Grundwortes aus.

Beispiele: spazierengehen, spazierenfahren, spazierenreiten

1.6.5. Adverb + Verb

1.6.5.1. Grundregeln

Die Schreibung richtet sich nach *K 125* und *126*. Die Betonung (*K 129*) ist manchmal ein Hinweis. **144**
Den verschiedenen Betonungsmöglichkeiten stehen aber nur zwei Schreibmöglichkeiten gegenüber.

Getrenntschreibung entsprechend *K 125*, **145**

wenn das Adverb seinen Charakter als selbständiges Satzglied bewahrt hat,

Beispiele: Wir müssen aufwärts fahren. Du mußt da bleiben, wohin du gestellt bist. Ich werde mich daran (= dorthin, an diesen Tisch) setzen. Ich bin hin und her (= ohne Richtung und Ziel) gelaufen. *Vgl.* aber *K 148*.

wenn der Gegensatz hervorgehoben wird (*vgl. auch K 149*), **146**

Beispiele: Ich werde von dort kommen und dorthin gehen. Er ist hin und her gelaufen, nicht gefahren. *Vgl.* aber *K 148*.

wenn die Zusammenschreibung bedeutungsmäßig oder im Satzzusammenhang sinnlos wirkt. **147**

Beispiele: betrübte Augen hinter einem her machen (denn: Augen machen, nicht: Augen hermachen), auf seinen Rat hin arbeiten, vor sich hin lachen (nicht: hinarbeiten, hinlachen), sich bis ins Herz hinein schämen (nicht: hineinschämen)

Zusammenschreibung entsprechend *K 126*. **148**

Beispiele: Mit seiner Gesundheit wird es aufwärtsgehen (= besser werden). Er muß dableiben (= nicht fortgehen; nachsitzen). Ich werde alles daransetzen (= opfern; mich ernstlich bemühen). Ich werde auf mein Ziel hinarbeiten.
Man sah ihn eilig daherkommen, dahingehen. Wir werden uns wiedersehen. Du mußt dich in diesen Stoff hineinleben. Er ist hin- und hergelaufen (= hin- und wieder zurückgelaufen); etwas hinter sich herziehen

1.6.5.2. Besondere Fälle

Bei *entlang, herab, herauf, herunter, hinab, hinan, hinauf, hinaus, hinüber, hinunter* + Verb ist sowohl Getrennt- als auch Zusammenschreibung möglich, wenn ein Akkusativ als Lokalbestimmung bei der Fügung steht. **149**

Beispiele: die Treppe hinauf gehen *od.* die Treppe hinaufgehen; die Stufen, nicht den Fahrweg hinauf gehen *od.* die Stufen, nicht den Fahrweg hinaufgehen; die Treppe hinauf, nicht hinunter gehen *od.* die Treppe hinauf-, nicht hinuntergehen

Man schreibt getrennt bei betonter Gegensätzlichkeit des Verbs (*K 146*).

Beispiele: die Treppe hinauf gehen (nicht: rennen); eine Last den Berg hinauf schieben (nicht: ziehen)

Steht die Fügung ohne Akkusativ als Lokalbestimmung, so kann man nur zusammenschreiben.

Beispiele: eine Last hinaufschieben (nicht: -ziehen), den Ball hinauf- und hinunterwerfen

Bei *dahinab, dahinauf, dahinaus, dahinunter* usw. oder *mitten darin, mitten darunter* usw. + Verb sind zwei Schreibungen möglich: Trennung des Adverbs vom Verb oder Zusammenschreibung des zweiten Teiles mit dem Verb. **150**

Beispiele: wenn er dahinein geht *od.* da hineingeht; als er dorthinunter sprang *od.* dort hinuntersprang

151 Bei Fügungen mit *woher, wohin, wohinaus* usw. + Verb können die zusammengesetzten Fragewörter – besonders umgangssprachlich – auseinanderrücken, so daß *her, hin* usw. vor dem Verb stehen. In solchen Fällen werden diese Adverbien entsprechend *K 126* mit dem Verb zusammengeschrieben.

Beispiele: woher er kommt *od.* wo er herkommt; wohin er geht *od.* wo er hingeht

152 In hervorhebender oder dichterischer Wortumstellung erhalten die beiden Bestandteile eines unfest zusammengesetzten Verbs ein stärkeres Eigengewicht (↑ *K 125*). Sie werden deshalb getrennt geschrieben.

Beispiele: Aus hielt er, bis er das Ufer gewann. (Fontane) Nicht einmal an sah sie ihn dabei. (E. Claudius) Zusammen schreibt man ...

Der Infinitiv und die Partizipien von unfest zusammengesetzten Verben werden auch in hervorhebender Wortumstellung zusammengeschrieben.

Beispiele: Aufspringen und hinausstürmen war eins. Zusammengeschrieben werden ...

153 Gehäufte Adverbien vor Verben werden als selbständige Adverbialbestimmungen vom Verb getrennt.

Beispiele: um und um wenden, auf und davon laufen, drunter und drüber gehen, drauf und dran sein, sich hin und her wiegen, hin und her laufen, auf und ab gehen (ohne bestimmte Richtung, z. B. aus Angst). Aber *als Wortbestandteil* (*K 178*): auf- und abspringen (von der Straßenbahn), hin- und herlaufen (zu einem Ziel und zurück)

Fügungen aus Adverb + mehreren Verben kann man getrennt oder zusammenschreiben.

Beispiele: Wie es durcheinander braust und klingt! Wie die Kinder durcheinanderrannten und -purzelten!

Adverb + Partizip ↑ *K 169.*

1.6.6. Präposition bzw. Präfix + Verb

154 Getrenntschreibung entsprechend *K 125* bei hervorhebender Wortstellung, ausgenommen den Infinitiv und die Partizipien. Beispiele: *vgl. K 152.*

Für die Zusammenschreibung gilt folgendes:

155 Auf dem Präfix betonte Verben sind unfest gebildet (*K 356*); auf dem Verb betonte Präfixbildungen sind fest (*K 357*).

Beispiele: antreffen: ich treffe an, ich habe angetroffen; aber: durchqueren: ich durchquere, ich habe durchquert

156 Einige dieser Verben können sowohl unfest als auch fest gebildet sein. Dabei ändert sich die Bedeutung (*K 360*).

Beispiele: überlaufen: das Wasser läuft über, ist übergelaufen, aber: überlaufen: es überläuft mich kalt, hat mich kalt überlaufen
durchdringen: er drang mit seiner Stimme nicht durch, ist nicht durchgedrungen; aber: durchdringen: Mut und Begeisterung durchdrang ihn, von Mut und Begeisterung war er durchdrungen.

1.6.7. Zur Schreibung von Zusammensetzungen mit »haben«, »sein« oder »werden«

157 Die Fügungen folgen den Grundregeln *K 125* und *K 126*; bei Fügungen mit Adverb ist *K 144ff.* zu beachten. Es empfiehlt sich aber, im Einzelfall im WV nachzuschlagen.

Zusammensetzungen mit *haben* bilden unfest zusammengesetzte Verben (*K 356*). 158

Beispiele: innehaben, teilhaben, anhaben: er hat inne, hat teil, hat an; da er innehat, teilhat, anhat; innegehabt, teilgehabt, angehabt; innezuhaben, teilzuhaben, anzuhaben

Zusammensetzungen mit *sein* und *werden* werden nur im Infinitiv und als Partizipien und dementsprechend in den zusammengesetzten Zeiten zusammengeschrieben. 159

Beispiele: aussein: es wird aussein, es hat auszusein, ausseiend, es ist ausgewesen; aber: obgleich es aus ist, aus war
innewerden: er wird es innewerden, er hat es innezuwerden, innewerdend, innegeworden; aber: obgleich er dessen inne wird, inne wurde

1.6.8. Substantiv oder Adjektiv oder Adverb oder Pronomen + Partizip

1.6.8.1. Grundregeln

Fügungen, die im Infinitiv zusammengeschrieben werden, werden in der Regel (aber *K 163–165*) auch als Partizipien zusammengeschrieben. 160

Beispiele: preisgeben: preisgebend, preisgegeben; sonnenbaden: sonnenbadend, sonnengebadet; feinstbearbeiten: feinstbearbeitend, feinstbearbeitet; aufwärtsgehen (= besser werden): aufwärtsgehend, aufwärtsgegangen

Bei Fügungen, die im Infinitiv getrennt geschrieben werden, gelten für Partizipien folgende Regeln: Getrenntschreibung, wenn im Partizip klar die Tätigkeit zum Ausdruck kommt oder wenn jeder Teil der Fügung eine selbständige Bedeutung hat. 161
Zusammenschreibung, wenn man die ganze Fügung als [gattungsbezeichnende] Eigenschaft entsprechend *K 128* auffassen muß oder kann.
Es ist zu unterscheiden, ob eine Fügung verbalen oder adjektivischen Charakter hat.

Beispiele: sich Bahn brechen: sich durch das Dickicht Bahn brechend; eine bahnbrechende Erfindung, die Erfindung war bahnbrechend; ein dahin gehender Antrag; schnell dahingehende Tage

Substantivisch gebrauchte Partizipien mit näherer Bestimmung werden in der Regel getrennt geschrieben. 162

Beispiele: die in den Tag hinein Lebenden, der an den Pranger der öffentlichen Meinung Gestellte

1.6.8.2. Substantiv + Partizip

Steht das Substantiv im Akkusativ – solche Fügungen sind nur mit dem Partizip I möglich –, so sind bei attributivem Gebrauch beide Schreibungen richtig, wenn nicht *K 127* od. *K 128* gilt. 163

Beispiele: fußballspielende *od.* Fußball spielende Jungen, ein geschichtemachendes *od.* Geschichte machendes Ereignis, fahnenschwingende *od.* Fahnen schwingende Jugend; aber *K 127*: bunte Fahnen schwingende Jugend

In prädikativer Verwendung ist bei diesen Fügungen die Zusammenschreibung üblich geworden, weil das erste Glied meist Starkton trägt. In manchen Fällen sind beide Schreibungen richtig.

Beispiele: Der Anblick war schwindelerregend. Die Sonne ist lebenspendend. Er stand Flöte spielend *od.* flötespielend im Zimmer.

Man schreibt zusammen, wenn die Fügung entsprechend *K 128* eine die Gattung kennzeichnende Eigenschaft, besonders eine Dauereigenschaft, bezeichnet. 164

Beispiele: ein feuerspeiender Berg, laubtragende Bäume (= Laubbäume), kiementragende Fische, spanabhebende Werkzeugmaschinen, schalldämpfende Geräte, die metallverarbeitende Industrie

Das gilt vor allem, wenn das Substantiv in einem unbezeichneten Präpositionalfall zum Partizip steht, d. h. besonders bei allen Fügungen aus Substantiv + Partizip II.

Beispiele: freudestrahlende (= vor Freude strahlende) Menschen, postlagernde Sendungen; dampfgehärtete Betonblöcke, ein druckluftangetriebenes Hebewerk, fußballbegeisterte Zuschauer, milieubedingte Eigenschaften, ein teilzerstörtes Bauwerk
Ich sende den Brief postlagernd. Das Gebäude war (wurde) teilzerstört. Die Eigenschaften sind milieubedingt.

165 Man schreibt zusammen, wenn die Getrenntschreibung infolge des fehlenden Artikels unorganisch wirkt oder einen sinnvollen Leseablauf stört.

Beispiele: einige blütensuchende Insekten, die brieflesende Frau, ein herzerquickender Anblick, der Anblick war herzerquickend; aber *K 127*: ein Augen und Herz erquickender Anblick, die einen Brief lesende Frau

1.6.8.3. Adjektiv + Partizip

166 Je nach der Betonung (*K 129*) werden die Fügungen getrennt (*K 125*) oder zusammengeschrieben (*K 126*). *Vgl. auch K 127* und *128.*

Beispiele: die lang ersehnte Hilfe, die fröhlich singenden Kinder, ein weiß, purpurn bis blaßlila blühender Kreuzblütler, der schwer erkrankte *od.* schwererkrankte Freund, das frisch gebackene *od.* frischgebackene *od.* frischbackene Brot, der voll besetzte *od.* vollbesetzte Bus, ein viel besprochener *od.* vielbesprochener Fall

Im Prädikat schreibt man Fügungen aus Adjektiv + Partizip II gewöhnlich getrennt, wenn nicht eine adjektivische Dauereigenschaft entsprechend *K 128* ausgedrückt wird.

Beispiele: Der Roman war breit angelegt. Das Brot wurde frisch gebacken, war frisch gebacken *od.* frischbacken. Der Bus war voll besetzt *od.* vollbesetzt. Der Fall wurde viel besprochen, war viel besprochen.

1.6.8.4. Vom Substantiv abgeleitete Partizipialformen

167 Solche Fügungen werden mit dem vorangehenden Adjektiv bei attributivem Gebrauch gewöhnlich zusammengeschrieben, im Prädikat in der Regel getrennt.

Beispiele: gelaunt (*aus*: Laune): mein gutgelaunter Freund; der hellgestirnte Himmel; sein andersgearteter Bruder
Mein Freund war gut gelaunt. Der Himmel ist hell gestirnt. Sein Bruder ist anders geartet *od.* andersgeartet.

168 Merke: Einige solcher Fügungen werden rein adjektivisch aufgefaßt und deshalb immer zusammengeschrieben (*K 128*).

Beispiele: ein hochbetagter Mann, ein wohlgeformter Krug
Der Mann war hochbetagt. Der Krug ist wohlgeformt.

1.6.8.5. Pronomen oder Adverb + Partizip

169 Entsprechend *K 161* können diese Fügungen getrennt oder zusammengeschrieben werden. Sie haben meist adjektivischen Charakter, so daß die Zusammenschreibung häufiger ist.

Beispiele: Das ist ein selbstgemachtes Kleid. Ist das Kleid selbstgemacht?
Aber: Sie hat das Kleid selbst gemacht. Der Dichter wurde oben erwähnt. (Aber: der obenerwähnte *od.* oben erwähnte Dichter)

Substantivierung von Fügungen mit Partizip ↑ *K 162.*

1.6.9. »nicht« + Partizip oder Adjektiv

Die Schreibung solcher Fügungen schwankt. Wegen ihres adjektivischen Charakters werden sie nach *K 128* oft zusammengeschrieben. In prädikativer Verwendung ist Getrenntschreibung üblich, in Einzelfällen aber auch Zusammenschreibung berechtigt. **170**

Beispiele: ein nicht erfüllter *od.* nichterfüllter Wunsch, nichtinfektiöse Krankheiten, nichtmetallische Werkstoffe, eine nichtöffentliche Sitzung, eine nichtamtliche Nachricht
Der Wunsch war nicht erfüllt. Diese Sitzung ist nicht öffentlich *od.* nichtöffentlich. Die Nachricht war nicht amtlich *od.* nichtamtlich.

1.6.10. Getrennt- oder Zusammenschreibung mit Adjektiven

1.6.10.1. Substantiv oder Verbalstamm oder Numerale oder Pronomen oder Adverb oder Präposition + Adjektiv

Diese Fügungen werden entsprechend *K 126* zusammengeschrieben. **171**

Beispiele: felsenfest, lernbegierig, eintönig, selbstgefällig, hinfällig, vorlaut

> Merke: Zusammengeschrieben wird immer die Verbindung der Präposition *zu* mit einem Superlativ.
>
> Beispiele: zuhöchst, zumeist, zutiefst

1.6.10.2. Adjektiv oder Partizip + Adjektiv

Zusammengeschrieben wird entsprechend *K 126*, **172**

wenn die Fügung eine Abschattung des Grundwortes darstellt (*K 126*)
oder eine Dauereigenschaft (*K 128*)
oder eine Ableitung aus einer Zusammensetzung (*K 132*)
oder eine Ableitung aus einer Fügung von Adjektiv + Substantiv.

Beispiele: ein feuchtwarmer Umschlag; ein halbrunder Bogen; eine grobkörnige Masse; ein heißhungriges Kind; ein rechtwinkliges Dreieck
Der Umschlag war feuchtwarm. Der Bogen ist halbrund. Die Masse ist grobkörnig. Das Kind ist heißhungrig. Das Dreieck ist rechtwinklig.

Neben der Zusammenschreibung ist auch Getrenntschreibung möglich, wenn das Bestimmungswort als Adverbialbestimmung gewertet wird. *Vgl. auch K 166, 280.* **173**

Beispiele: eine schwerverdauliche *od.* schwer verdauliche Speise, ein leichtverständliches *od.* leicht verständliches Buch, kochendheißes *od.* kochend heißes Wasser

Im Prädikat sind oft beide Schreibungen richtig; Getrenntschreibung wird vorgezogen.

Beispiele: Die Speise ist schwer verdaulich *od.* schwerverdaulich. Das Buch ist leicht verständlich *od.* leichtverständlich. Das Wasser ist kochend heiß *od.* kochendheiß.

Nur Getrenntschreibung ist möglich **174**

entsprechend *K 125*, wenn sich Gegensätze gegenüberstehen,

Beispiele: ein halb wollenes, halb baumwollenes Gewebe; ein halb rundes, halb eckiges Zimmer

entsprechend *K 127*, wenn zu einem Teil der Fügung eine nähere Bestimmung hinzukommt.

Beispiel: ein sehr leicht verständliches Buch; das Buch ist sehr leicht verständlich

Verweise:

Bindestrich zwischen Adjektiven ↑ *K 189.*
Getrennt- oder Zusammenschreibung bei Adjektiv + Partizip ↑ *K 160, 166.*

1.6.11. Adverbien, Präpositionen und Konjunktionen aus Fügungen

175 Die Getrenntschreibung der Fügung bleibt entsprechend *K 125* bestehen, wenn jedes Wort seine ursprüngliche Bedeutung, Flexion und Wortart beibehält.

Beispiele: einige Male, zum ersten Male, an vielen Orten, in der Folge (= in Zukunft), zu seinen Gunsten. Kannst du so bald kommen? Das ist eben so (= nun einmal so).

176 Zusammenschreibung tritt entsprechend *K 126* ein, wenn die ganze Fügung zu einem Wort mit den Wesenszügen nur noch einer bestimmten Wortart wird.
Die Bedeutung ändert sich dabei vielfach, muß sich aber nicht ändern. *Vgl. auch K 109, 110.*

Beispiele: einigemal, zum erstenmal, einhalbmal, vielerorts, vielerorten
(Die ganze Fügung ist zum Adverb geworden, aber die Bedeutung hat sich nicht geändert. Das Substantiv ist nicht dekliniert oder hat erstarrte Flexionsformen.)
infolge, zufolge, zugunsten
(Die ganze Fügung ist zur Präposition geworden.)
Sobald du kommst ... Das ist ebenso (= genauso); aber: das ist eben so (= nun einmal so).
(Aus zwei Adverbien ist eine Konjunktion bzw. ein zusammengesetztes Adverb geworden. In beiden Fällen hat sich die Bedeutung geändert.)

Hierher gehören auch die Ableitungen mit *-weise.*
Dieses Suffix tritt an Adjektive und Substantive und bildet in der Regel Adverbien.

Beispiele: Sie ließ unbekannterweise grüßen. Er verkaufte die Ware stückweise.

Als attributive Adjektive können solche Ableitungen gebraucht werden, wenn ihr erstes Glied ein Substantiv ist und das Beziehungswort von einem Verb abgeleitet ist.

Beispiele: der stückweise Verkauf, die probeweise Anstellung (aber nicht: der stückweise Preis)

Verweise:

Schreibung mit Erläuterungsbindestrich ↑ *K 182ff.*
Getrennt- und Zusammenschreibung
von Farben ↑ *K 278–280,*
von Zahlen ↑ *K 282–287, 289.*
Zusammensetzungen mit Abkürzungen ↑ *K 186.*

1.7. Bindestrich

177 Es gibt im Deutschen zwei Gebrauchsformen des Bindestriches: den Ergänzungsbindestrich (*K 178–181*) und den Erläuterungsbindestrich (*K 182–193*), der auch als Durchkopplungsbindestrich (*K 188–191*) gesetzt werden kann.
Der Bindestrich muß sinnvoll gesetzt werden. *Vgl.* die Beispiele zu *K 178, 180, 182.*
Der Ergänzungsbindestrich steht in Zusammenstellungen von zusammengesetzten und abgeleiteten Wörtern für einen ihnen gemeinsamen Bestandteil, der um des Wohlklangs oder um der Kürze willen nur einmal genannt ist.
Der Erläuterungsbindestrich ersetzt keinen Wortteil, sondern dient in mehrteiligen Wörtern, die eigentlich zusammengeschrieben werden müßten, der Übersichtlichkeit und Klarheit. Die Schreibung des Wortes hinter dem Bindestrich richtet sich nach der Wortklasse, der es angehört.
Erläuterungsbindestrich bei Silbentrennung ↑ *K 70.*

1.7.1. Ergänzungsbindestrich

1.7.1.1. Schreibung mit Ergänzungsbindestrich

Der Ergänzungsbindestrich steht für das folgende gemeinsame Grundwort oder für das vorangestellte gemeinsame Bestimmungswort. 178

Beispiele: Personen- und Güterverkehr, Arbeiter- und Bauernstudenten (aber *K 189*: Arbeiter-und-Bauern-Staat), Brot- und Weißbäckerei, Funksende- und -empfangsgeräte; saft- und kraftlos; ab- und zunehmen (aber *K 145, 153*: ab und zu [= gelegentlich] nehmen); bergauf und -ab, herbeirufen und -winken

Wenn der Ergänzungsbindestrich ein gemeinsames Bestimmungswort vertritt, wird das ihm folgende Grundwort auch als Substantiv in der Regel (aber *K 179*) klein geschrieben.

Beispiele: Jugendlust, -leid und -liebe; Gepäckannahme und -ausgabe; Drahtbearbeitungs- und -verarbeitungsmaschinen

Merke: Das dem Ergänzungsbindestrich folgende Grundwort wird groß geschrieben, 179

wenn das Bestimmungswort schon mit einem Grundwort durch Erläuterungsbindestrich verbunden ist,

Beispiel: Haftpflicht-Versicherungsbestimmungen und -Versicherte

wenn zu dem Bestimmungswort ein erklärender Zusatz tritt.

Beispiele: Harmonie- (Blas-) Musik, Fernschreib- (Telex-) Netz, 4:3- (2:1-) Sieg (*vgl. auch* Vorschriften für den Schriftsatz, 4.4.)

Mit Überlegung ist der Ergänzungsbindestrich bei Präfixen und Suffixen zu gebrauchen. Sinnlose, irreführende oder sprachlich falsche Wortbildungen dürfen nicht entstehen, selbst wenn die Bindestrichsetzung rechtschreiblich richtig ist. 180

Beispiele: Be- und Entladung, Be- und Entladetechnik; Ein- und Ausgang; Freund-, nicht Feindschaft; Fischbearbeitungs- und -verarbeitungsmaschine (nicht: Fischbe- und -verarbeitungsmaschine); Auf- und Untergang der Sonne, *auch*: Sonnenaufgang und -untergang (nicht: Sonnenauf- und -untergang); Anonymität und Pseudonymität (nicht: An- und Pseudonymität); Bezeichnung und Kennzeichnung (nicht: Be- und Kennzeichnung); alle Bequemlichkeiten und Nachlässigkeiten (nicht: alle Bequemlich- und Nachlässigkeiten); Saat- und Pflanzgut für Heil- und Gewürzpflanzen (nicht: Heil- und Gewürz-Saat- und -Pflanzgut)

1.7.1.2. Schreibung ohne Ergänzungsbindestrich

Der Ergänzungsbindestrich steht nicht bei einem Adjektiv, zu dem das Grundwort eines folgenden zusammengesetzten Substantivs zu ergänzen ist. 181

Beispiele: keramische und Glasindustrie (aber: Glas- und keramische Industrie), laufende und Sparkonten (aber: Spar- und laufende Konten), kommunistische und Arbeiterparteien. *Vgl. auch K 253.*

1.7.2. Erläuterungsbindestrich

1.7.2.1. Schreibung mit Erläuterungsbindestrich

Mit Erläuterungsbindestrich stehen unübersichtliche Zusammensetzungen, im allgemeinen solche mit mehr als drei oder vier selbständigen längeren Einzelwörtern. Auf sinnvolle Setzung ist zu achten. *Vgl.* aber *K 192.* 182

Beispiele: Arbeiter-Sinfonieorchester, auch: Arbeitersinfonieorchester (nicht: Arbeitersinfonie-Orchester), Omnibus-und-Obus-Vorort-Linienführung, Haushalt-Mehrzweckküchenmaschine

183 Der Erläuterungsbindestrich steht zur Verdeutlichung bei zweiteiligen Zusammensetzungen, wenn diese auch im Satzzusammenhang mißverständlich sein können.

Beispiele: *für* Druckerzeugnis *im Zweifelsfalle*: Drucker-Zeugnis *od.* Druck-Erzeugnis; *für* Musikerleben *im Zweifelsfalle*: Musiker-Leben *od.* Musik-Erleben

184 Der Erläuterungsbindestrich steht zwischen zusammengesetzten Substantiven beim Zusammentreffen von drei gleichen Vokalen.

Beispiele: Armee-Einheit, Kaffee-Ersatz, Tee-Ernte, See-Elefant, Zoo-Orchester, Hawaii-Inseln. *Vgl.* aber *K 185.*

185 Zusammengesetzte Adjektive und Partizipien, in denen drei gleiche Vokale zusammentreffen, werden zusammengeschrieben.

Beispiele: schneeerhellt, seeerfahren

Beim Zusammentreffen von zwei gleichen Vokalen oder von mehreren verschiedenen Vokalen oder von drei gleichen Konsonanten schreibt man immer zusammen. *Vgl. K 15, 17.*

Beispiele: Zebraart, zebraartig; Wolgaufer, Seineufer; Seeufer, Donauauen, Kräfteausgleich, Energieersparnis, Melodieinstrumente; *K 15*: Brennessel, Schiffahrt; *K 17*: Sauerstoffflasche, fetttriefend

186 Der Erläuterungsbindestrich steht zur Verdeutlichung

in Zusammensetzungen mit Einzelbuchstaben,

Beispiele: G-Laut, E-Lok, E-Lok-Führer; S-Bahn, S-Bahn-Linie; x-beliebig, x-fach (aber *K 284*: 3fach); Fugen-s, Dativ-e; α-Strahlen

in Zusammensetzungen mit Abkürzungen und Zeichen, die als selbständige Wörter gesprochen werden,

Beispiele: DDR-Bürger, LPG-Mitglied, UKW-Antenne, Betriebs-HO; Dipl.-Ing.; Na-haltig, H_2O-gesättigt, Vol.-%, Bestell-Nr.

in der Verbindung von Einzelbuchstaben mit Ableitungssilben.

Beispiele: der x-te, zum x-ten Male, die n-te Potenz

Zusammengesetzte Substantive, deren Bestandteile in abgekürzter Form stehen, schließen das abgekürzte Grundwort mit Erläuterungsbindestrich und großem Anfangsbuchstaben an. *Vgl.* aber *K 197.*

Beispiele: Telegrammadresse: Tel.-Adr., Tagebuchnummer: Tgb.-Nr., Diplomingenieur: Dipl.-Ing., Diplomlandwirt: Dipl.-Landw., Doktoringenieur: Dr.-Ing., Diplomingenieurökonom: Dipl.-Ing.-Ök.

Der Erläuterungsbindestrich steht auch in zusammengesetzten Substantiven, bei denen nur der erste Bestandteil abgekürzt ist.

Beispiele: Abteilungsleiter: Abt.-Leiter; Auskunftsbüro: Ausk.-Büro

> Merke: Da die Groß- oder Kleinschreibung von Abkürzungen und Zeichen feststeht, kann diese Schreibung sich in der Zusammensetzung nicht nach dem Grundwort richten.
>
> Beispiele: FDGB-Mitglied, FDGB-eigen; km-Bereich, Na-haltig; UV-Strahlen, UV-Strahlen-gefährdet (aber: strahlengefährdet), UV-bestrahlt; Vitamin-B-haltig (aber: vitaminhaltig)
>
> Zusammensetzungen mit Kurzwörtern stehen ohne Bindestrich.
>
> Beispiele: Akkubehälter, Busfahrt, Fotoatelier

Ableitungen von Abkürzungen werden mit dem Suffix zusammengeschrieben. *Vgl. auch K 203.*

Beispiele: FDJler, abclich *od.* abecelich, 5%ig

Der Erläuterungsbindestrich kann zur besonderen Hervorhebung der Einzelteile auch bei zweiteiligen Zusammensetzungen stehen. Er soll in solchen Fällen nur benutzt werden, um Besonderes auszudrücken oder Leseschwierigkeiten vorzubeugen. Vor willkürlichem Gebrauch des Erläuterungsbindestriches ist zu warnen. **187**

Beispiele: die Hoch-Zeit jugendlichen Überschwangs; »Vom Panoptikum zum Pan-Optikum« (ein Traktat über den Film)

In manchen Fügungen muß der Bindestrich gesetzt werden.

Beispiele: Ach-Laut, Ist-Bestand, Soll-Seite, Haben-Saldo, Kann-Bestimmung, Ich-Erzählung (aber: Ichsucht, Ichform), Fis-Dur; SCHLOSS-STRASSE (↑ *K 43*); Saint-Simon, Saint-Simonismus (↑ *K 210*)

Der Erläuterungsbindestrich kann als Durchkopplungsbindestrich stehen: **188**
Der Durchkopplungsbindestrich verbindet die einzelnen Teile des Bestimmungswortes mit dem Grundwort oder das Bestimmungswort mit dem mehrteiligen Grundwort.

Beispiele: die De-facto-Anerkennung, der Pro-Kopf-Verbrauch (*vgl. auch K 192*), die b-Moll-Tonleiter; Gute-Nacht-Geschichten für die Kleinen, Science-fiction-Roman, S-Kurven-reich (*vgl. auch K 186, Merke*)

Vgl. auch mehrgliedrige substantivierte Infinitive, *K 101*; Familien- und Personennamen, *K 213, 216*; geographische Namen, *K 247*; Straßennamen, *K 252*; Gebäudenamen, *K 255*; Zusammensetzungen mit Zahlen, *K 285–287.*

Der Durchkopplungsbindestrich verbindet koordinierte Substantive, die durch *und* verbunden werden können, miteinander und mit dem Grundwort, wenn sie als Einheit aufgefaßt werden sollen, dabei aber ihre Eigenbedeutung behalten. Koordinierte Adjektive werden ebenfalls gekoppelt, wenn sie als Einheit attributiv gebraucht sind oder verselbständigt substantiviert werden. **189**

Beispiele: September-Oktober-Heft (ein Heft für September und Oktober), der Klee-Gras-Anbau, der Soll-Ist-Vergleich, die Ebbe-Flut-Wirkung, Chrom-Mangan-Nickel-Stahl (eine Stahlart, aber: Chrom- und Nickelstähle [mehrere Stahlarten]), Hals-Nasen-Ohren-Heilkunde (*auch mit Ergänzungsbindestrich* [*K 178*]: Hals-, Nasen- und Ohrenheilkunde), Hals-Nasen-Ohren-Arzt, Arbeiter-und-Bauern-Staat (= Staat der Arbeiter und Bauern)
nüchtern-kalte Gebäude, die südwest-nordöstliche Streichrichtung des Gebirges, ein heiter-spöttisches Liebesgedicht, das Technisch-Fachliche (aber *K 126*: das Ewigweibliche, die Ewiggestrigen)

Zum Bindestrich bei Adjektiv + Substantiv ↑ *K 193.*
Vgl. auch Familien- und Personennamen, *K 213*; Straßennamen, *K 252*; Gebäudenamen, *K 255.*

Merke: Zusammensetzungen, zwischen deren Teilen sinngemäß *und* zu denken ist, stehen in der Regel ohne Bindestrich. **190**

Beispiele: Hemdhose, Strichpunkt, Dichterkomponist, Königinmutter; taubstumm, bittersüß; schwarzrotgolden (↑ aber *K 279*)

Der Durchkopplungsbindestrich steht bei Substantivierung von Fügungen, die zusammengeschrieben Leseschwierigkeiten bereiten. **191**

Beispiele: das Auf-die-lange-Bank-Schieben, ein zärtliches Tête-à-tête, ein dichtes Kopf-an-Kopf-Stehen

Manchmal sind statt der Durchkopplungsbindestriche auch Anführungsstriche möglich.

Beispiele: ein inniges »Ich hab' dich lieb«, *besser als*: ein inniges Ich-hab'-dich-lieb; der »Mach mit!«-Wettbewerb, *besser als*: Mach-mit-Wettbewerb

1.7.2.2. Schreibung ohne Erläuterungsbindestrich

192 Ohne Erläuterungsbindestrich stehen übersichtliche Zusammensetzungen, d. h. solche bis zu drei oder vier selbständigen Einzelwörtern. *Vgl.* aber *K 188*.

Beispiele: Lohnbuchhaltung, Zweitklaßwagen (*schweiz*), Steinkohlenbergwerk, Saaletalsperre (*K 246*), Eisenbahnfahrplan; das Vomblattspiel, Schotterbettreinigungsmaschine, Prokopfverbrauch (*auch nach K 188*: Pro-Kopf-Verbrauch, ↑ *d.*)

Hierher gehören auch bestimmte anreihende Zusammensetzungen (↑ *K 190*).

1.7.2.3. Schwankungsfälle

193 Zusammensetzungen mit dekliniertem Adjektiv als erstem Teil werden im allgemeinen nicht gekoppelt.

Beispiele: die Langeweile, das Hohelied, in der Saurengurkenzeit, eine Loseblattsammlung *od.* Loseblatt-Sammlung. *Vgl. auch K 368.*

Bei neueren Bildungen ist auch Durchkopplung üblich.

Beispiele: eine Rotkreuzschwester *oder* eine Rote-Kreuz-Schwester; die Rote-Rüben-Suppe, *neben*: die Roterübensuppe

Schreibung von Farbbezeichnungen ↑ *K 278–280.*

1.7.3. Mischung von Ergänzungs- und Erläuterungsbindestrich

194 Wenn in einer Fügung beide Bindestriche angewendet werden müssen, richtet sich die Schreibung nach den Regeln des Erläuterungsbindestriches.

Beispiele: die -ung-Formen, die -ig- und -lich-Ableitungen, Maul-und-Klauenseuche-Bekämpfung (aber *K 178*: Maul- und Klauenseuche), Waren-Ein-und-Ausgangsbuch

Zur Verwendung des Schrägstriches ↑ *Vorschriften für den Schriftsatz, 3.4.*

1.7.4. Auslassung des Bindestrichs bei Unterführungen

195 Wird in listenartigen Aufführungen der erste Bestandteil eines Koppelwortes unterführt, so gilt die Unterführung zugleich für den Bindestrich.

Auch das Komma fällt dann weg.

Beispiele:

Berlin-Buch	Salz, lose .... 0,32 M je kg
„ Friedrichsfelde	„ abgepackt .... 0,44 M je kg
„ Oberschöneweide	

Wird der zweite Bestandteil unterführt, so muß der Bindestrich wiederholt werden.

Beispiel: Ä-Laut
E- „
Ei- „

Vgl. auch Vorschriften für den Schriftsatz, 5.4.

1.8. Abkürzungen und Kurzwörter

Abkürzungen sind Einzelbuchstaben oder Buchstabenfolgen, die für ein Wort stehen. In den Naturwissenschaften, besonders in Chemie, Mathematik und Physik, werden sie Zeichen bzw. Einheitenzeichen genannt. **196**

Beispiele: u., Jg.; Fe, km, atm

Initialwörter werden aus Zusammensetzungen oder Fügungen gebildet. Die Anfangsbuchstaben der einzelnen Bestandteile werden in der Regel in Großbuchstaben und ohne Punkt (↑ *K 199, 200*) aneinandergereiht und meist als Einzelbuchstaben gesprochen. Ergeben sich Silben, können sie in bestimmten Fällen auch als solche gesprochen werden.

Beispiele: BRT (*für*: Bruttoregistertonne), BGL (*für*: Betriebsgewerkschaftsleitung), LKW (*für*: Lastkraftwagen), SED (*für*: Sozialistische Einheitspartei Deutschlands); BAUKEMA (*für*: Bau-, Baustoff- und Keramikmaschinen), DEFA (*für*: Deutsche Film-Aktiengesellschaft); *vgl. K 186.*

Als Kurzwörter bezeichnet man

die Kurzformen mehrsilbiger Wörter,

Beispiele: Akku (*für*: Akkumulator), Foto (*für*: Fotografie), Trafo (*für*: Transformator)

Kunstwörter, die aus einzelnen Buchstaben oder Silben eines mehrsilbigen Wortes oder einer Wortgruppe zusammengesetzt sind und als neues, selbständiges Wort gebraucht werden.

Beispiele: Fewa (*aus*: Feinwaschmittel), Mitropa (*für*: Mitteleuropäische Schlafwagen- und Speisewagen-AG), Moped (*aus*: Motor und Pedal)

Der Alltag macht den Gebrauch von Abkürzungen und Kurzwörtern verständlich; oft werden sie nicht mehr als solche empfunden. Zu einer regelrechten »Abkürzungssprache« aber sollte man es nicht kommen lassen. Der oft ins Feld geführte »Zeitgewinn« wird mit Sprachverarmung und häufiger Unverständlichkeit zu teuer erkauft. Allgemein gebräuchliche Abkürzungen sind im »Verzeichnis von Abkürzungen, Einheitenzeichen und Zeichen« im Anschluß an das Wörterverzeichnis zusammengestellt.

1.8.1. Abkürzungen mit Punkt

Mit Punkt schreibt man einzelne Buchstaben, abgekürzte Wörter (auch abgekürzte zusammengesetzte Substantive), die im vollen Wortlaut gesprochen werden. **197**

Beispiele: ahd. (*gespr*: althochdeutsch), i. A. (*gespr*: im Auftrag), Jg. (*gespr*: Jahrgang), d. M. (*gespr*: des Monats), Mo. (*gespr*: Montag), Nr. (*gespr*: Nummer), Bf. (*gespr*: Bahnhof), vgl. (*gespr*: vergleiche), usw. (*gespr*: und so weiter), Tel.-Adr. (*gespr*: Telegrammadresse); *vgl. auch K 200.*

Post- und bahnamtliche Abkürzungen ↑ *K 229.*
Mit Punkt schreibt man Abkürzungen von Titeln und Berufsbezeichnungen, auch wenn sie heute z. T. als selbständige Wörter gesprochen werden (↑ *K 200*).

Beispiele: Dr. med. vet. (= doctor medicinae veterinariae; *meist gespr*: Doktor med. vet. *od.* Doktor der Tierheilkunde), Dr. sc. paed. (= doctor scientiae paedagogicae; *meist gespr*: Doktor sc. paed. *od.* Doktor der pädagogischen Wissenschaften [*eigtl* ... Wissenschaft]), stud. phil. (= studiosus philosophiae; *meist gespr*: stud. phil. *od.* Student der Philosophie), Dipl.-Ing. (= Diplomingenieur, ↑ *K 186*)

Mit Punkt schreibt man Abkürzungen für Maße, die nicht in das Dezimalsystem gehören. **198**

Beispiele: Dtzd. (*für*: Dutzend), Std. (*für*: Stunde), Pfd. (*für*: Pfund); *vgl.* aber *K 201.*

Vgl. Apostroph bei Abkürzungen: *K 59, 62, 67.*

1.8.2. Abkürzungen ohne Punkt

199 Ohne Punkt schreibt man die als selbständige Wörter gesprochenen Abkürzungen und Initialwörter. *Vgl. auch K 186.*

Beispiele: das Kfz [ka:ɛf'tsɛt] (*für*: Kraftfahrzeug), der LKW *od.* Lkw [ɛlka:'ve:] (*für*: Lastkraftwagen)

200 Merke: Manche Abkürzungen dieser Gruppe, vor allem solche aus fremden Sprachen, haben nach der ursprünglichen Regel noch den Abkürzungspunkt.

Beispiele: k.o. [ka:'o:] (*für*: knockout), der K. o., K.-o.-Schlag, Dr. med.

201 Ohne Punkt schreibt man häufig gebrauchte Abkürzungen, Einheitenzeichen und Zeichen aus Wissenschaft, Technik und Wirtschaft (Maße, Maßeinheiten, chemische Elemente, Himmelsrichtungen usw.).

Beispiele: m (*für*: Meter), kg (*für*: Kilogramm), A (*für*: Ampere), Ra (*für*: Radium), SW (*für*: Südwest), vH *neben*: v. H. (*für*: vom Hundert), M (*für*: Mark der Deutschen Demokratischen Republik); eine Mauer von 2 m Höhe, aber: die Höhe in Metern (nicht: in m) angeben; *vgl.* aber *K 198.*

1.8.3. Abkürzungen am Satzanfang und am Satzende

202 Abkürzungen, die für ein Wort gebraucht werden, schreibt man am Satzanfang mit großem Anfangsbuchstaben.

Beispiele: Vgl. ... Ebd. ...; *vgl.* aber *K 206.*

Statt Abkürzungen, die für mehrere Wörter stehen, werden am Satzanfang, außer in Fußnoten, die Vollformen verwendet. *Vgl. auch Vorschriften für den Schriftsatz, 4.1.*

Beispiele: Zum Beispiel habe ich ... Das heißt ...

Klein geschriebene Wörter mit Apostroph am Satzanfang ↑ *K 123.*

Am Satzende ist der Abkürzungspunkt zugleich Schlußpunkt. Er zählt aber nicht zu den Auslassungspunkten.

Beispiele: Berlin liegt etwa 50 m ü. d. M. ... 50 m ü. d. M. ...

Auf andere Satzzeichen hat ein zum vorhergehenden Wort gehöriger Abkürzungspunkt keinen Einfluß. Sie werden entsprechend der Satzkonstruktion gesetzt.

Beispiele: Geläufige Abkürzungen sind usw., u. a., m. E. Was bedeutet die Abkürzung Dr. med.?

1.8.4. Abkürzungen und Zeichen in Ableitungen und Zusammensetzungen

203 Abkürzungen und Zeichen + Suffix werden ohne Zwischenraum geschrieben. Die Abkürzung steht ohne Punkt.

Beispiele: FDJler, BGLer, 100%ig

Abkürzungen in Zusammensetzungen ↑ *K 186, 287.*

Verweise:

Deklination der Abkürzungen und der Kurzwörter ↑ *K 313, 314.*

1.9. Personen-, Familien- und Vornamen

1.9.1. Grundregeln

Familiennamen behalten die amtlich eingetragene Schreibung – bei älteren die historisch belegte oder seit langem übliche Schreibung –, auch wenn sie den sonst gültigen Rechtschreibregeln widerspricht. **204**

Beispiele: Götz, Goetze, Goethe, Kneipp, Franz Liszt, Friedrich List, die Komponisten Oscar Straus, Richard Strauss, Johann Strauß

Für die Schreibung der Vornamen gelten die allgemeinen Rechtschreibregeln; jedoch wird dem einzelnen bei der amtlichen Festsetzung der Schreibung eine gewisse Freiheit zugebilligt.

Beispiele *vgl. K 208.*

Historische Namen behalten im allgemeinen ihre ursprüngliche Schreibung. Bei K-Aussprache des C-Lautes kann zuweilen auch die eindeutschende Schreibweise eintreten. **205**

Beispiele: GutsMuths, Luther, Walther von der Vogelweide, Theoderich, Thusnelda; Cicero, Circe, Cato; Kyros *od.* Cyrus; Konstantin

Präpositionen wie *von, van, de, ten, zu* vor Familiennamen werden in der Regel vom Familiennamen getrennt und zu Beginn des Satzes groß, sonst klein geschrieben. Abgekürztes *von* (*v.*) ist auch am Satzanfang klein zu schreiben, um Verwechslungen mit abgekürzten Vornamen zu vermeiden. *Vgl. auch Vorschriften für den Schriftsatz, 4.1.1.4.* **206**

Beispiele: Hast du de Coster gelesen? Von Ossietzky kämpfte für den Frieden. v. Ossietzky kämpfte für den Frieden.
Aber *überkommene Zusammenschreibung*: Abderhalden, Zurbuchen, Vonhof usw.

Zusammensetzungen ↑ *K 213.*

1.9.2. Schreibung fremder Personen-, Familien- und Vornamen

Fremde Familiennamen behalten ihre Schreibung. Bei Sprachen, die nicht die lateinischen Buchstaben verwenden, wird transkribiert (z. B. Russisch, Griechisch) oder transliteriert. **207**

Beispiele: Shakespeare, Flaubert; *mit Transkription*: Tolstoi, Tschechow (*vgl.* S. 575f.), Euripides (*vgl.* S. 574f.)

Chinesische Namen werden in der seit 1958 in China gültigen Lateinumschrift geschrieben. Der Familienname steht vor dem Vornamen. Gewöhnlich ist er einsilbig, selten zweisilbig. Der Vorname ist meist zweisilbig, seltener einsilbig. Zweisilbige Familien- und Vornamen werden jeweils zusammengeschrieben.

Beispiele: Lu Xun, Mao Zedong, Quyang Shan, Sima Xiangru

Koreanische Namen werden nach der seit 1. März 1983 in der DDR verbindlichen Transkriptionsordnung wiedergegeben. Der Familienname steht vor dem Vornamen. Die Familiennamen sind meist einsilbig, die Vornamen meist zweisilbig. Alle Namenbestandteile schreibt man groß, die zweisilbigen werden zusammengeschrieben.

Beispiele: Pak Sòngtschhol, Ri Sanghwa, Song Jòng, *aber wie bisher*: Kim Il Sung

Bei dreiteiligen vietnamesischen Namen wird der mittlere Teil mit kleinem Buchstaben begonnen. Neuerdings findet sich aber auch Großschreibung aller drei Bestandteile. Es wird kein Bindestrich gesetzt.

Beispiele: Ho chi Minh, *auch* Ho Chi Minh; Pham van Dong, *auch* Pham Van Dong

Bei zweiteiligen Namen werden beide Teile groß geschrieben, und es wird ebenfalls kein Bindestrich verwendet.

Beispiele: Truong Chinh, Nguyen Xien

Mehrsilbige japanische Namen werden zusammengeschrieben.

Beispiele: Harunobu, Utamaro (Familiennamen japanischer Maler); Kyoshi (Vorname), Saito (Familienname)

Vornamen fremder Herkunft werden in fremder Schreibung wiedergegeben.

Beispiele: Bartholomäus, Katharina, Matthias, Theodor, Dorothea, Thea, Thomas, Ruth; Daphne, Sophia, Sophie; Charles, René, Mike [maik], Peggy; Anja; Enrico; Silvia

Bei Vornamen fremder Herkunft, die häufig sind, neigt man zur eindeutschenden Schreibung.

Beispiele: Kathrin *und* Katrin, Käthe *und* Käte, Martha *und* Marta; Joseph *und* Josef, Stephan *und* Stefan, Steffen, Sophie *und* Sofie; Sven *und* Swen; Clara, *häufiger*: Klara, Carola *und* Karola; Marco *und* Marko; Annette *und* Annett; *vgl. auch K 208.*

Zur Schreibung von Doppelnamen ↑ *K 208.*

1.9.3. Schreibung deutscher Namen

208 Sprachgeschichtlich falsche Buchstaben werden nicht geschrieben. Deshalb fällt sprachgeschichtlich falsches *h* weg, sprachgeschichtlich falsches *ph* wird *f* geschrieben.

Beispiele: Berta, Helmut; Rudolf, Rolf, Ralf, Adolf

Die Schreibung *th* kann in deutschen Vornamen bei angestammtem *h* gewahrt werden; die Schreibung ohne *h* ist aber vorzuziehen und in Schwankungsfällen anzuwenden.

Beispiele: Dieter (*auch noch*: Diether), Günter (*auch noch*: Günther), Walter (*auch noch*: Walther)

Ihr altes *h* behalten meist auch heute noch einige Vornamen nach dem Vorbild geschichtlicher Namensträger.

Beispiele: Thusnelda, Lothar, Roswitha; *vgl. auch K 205*;
wegen der sprachlichen Herkunft: Mathilde (*aus*: Mecht + Hilde)

Die K-Schreibung ist der C-Schreibung vorzuziehen, auch wenn amtliche Eintragung mit *C* noch möglich ist. *Vgl. auch K 204.*

Beispiele: Karl (*auch noch*: Carl), Kurt (*auch noch*: Curt), Konrad (*auch noch*: Conrad), Oskar (*auch noch*: Oscar); *vgl. auch K 207.*

Zwei zu einem Vornamen verschmolzene Vornamen werden zusammengeschrieben; Doppelnamen können zusammengeschrieben oder mit Bindestrich geschrieben werden.

Beispiele: Marianne, Rosemarie, Annemarie; Hansjoachim (*oder*: Hans-Joachim), Karlheinz (*oder*: Karl-Heinz); Eva-Maria (*oder*: Evamaria)

Das nichtdeklinierte Adjektiv steht unverbunden vor dem Vornamen.

Beispiele: Jung Siegfried, Klein Lieschen, Schön Rotraud

1.9.4. Zusammensetzungen mit Personen-, Familien- und Vornamen

Zusammensetzungen mit Personen-, Familien- und Vornamen werden in der Regel zusammengeschrieben. *Vgl.* aber *K 210, 211* und *264*. **209**

Beispiele: Bachkantate, Schillerausgabe, Bunsenbrenner, Dieselmotor, Schiffsdiesel, Röntgenstrahlen, Achillesferse, Mariatheresientaler, Beringmeer, Bessemerbirne

Zusammensetzungen aus Namen + Substantiv zur Bezeichnung von Betrieben, Firmen, Universitäten, Schulen und ähnlichen Institutionen werden so geschrieben, wie sie amtlich festgelegt sind. *Vgl. auch K 264.*

Zusammensetzungen mit einem Vornamen als Grundwort werden zusammengeschrieben, wenn das zugehörige Bestimmungswort kein Familienname und keine Berufsbezeichnung ist.

Beispiele: Gänseliesel, Wurzelsepp, Heulsuse, Meckerfritze

Bei Doppelnamen und in Zusammensetzungen mit dem Namen als Grundwort wird der Erläuterungsbindestrich (*K 187*) gesetzt. **210**

Beispiele: Müller-Partenkirchen; Blumen-Müller

Hierher gehören auch umgangssprachliche Formen der Nachstellung des Vornamens hinter den Familiennamen oder hinter eine Berufsbezeichnung.

Beispiele: [die] Meyer-Irmgard, [die] Kluge[n]-Ilse, [der] Stülpner-Karl; [die] Bäcker-Anna, [der] Fleischer-Hannes

Der Erläuterungsbindestrich steht auch in französischen Namen mit *Saint*, *Sainte*, *St*, *Ste* und deren Ableitungen.

Beispiele: Saint-Denis, Saint-Simon, St-Denis, Sainte-Anne, Ste-Anne; Saint-Simonismus

Aber Namen mit *Sankt* ↑ *K 240.*

Wenn der Name als Bestimmungswort besonders betont oder hervorgehoben werden soll, kann der Erläuterungsbindestrich (*K 187*) stehen. **211**

Beispiele: Johannes-Passion (*neben*: Johannespassion), Matthäus-Evangelium (*neben*: Matthäusevangelium); *vgl. auch K 264.*

Die Setzung des Erläuterungsbindestriches (*K 187*) empfiehlt sich, wenn dem Namen ein zusammengesetztes Grundwort folgt. **212**

Beispiele: Goethe-Geburtshaus, Leibniz-Oberschule

Der Durchkopplungsbindestrich (*K 188, 189*) steht, wenn mehrteilige Namen (auch mit *Sankt*, *Saint* usw.) oder mehrere Namen das Bestimmungswort bilden. *Vgl. auch K 247, 252, 255.* **213**

Beispiele: Carl-Maria-v.-Weber-Preis, Von-Ardenne-Schüler, Van-Gogh-Ausstellung, Van-Dyck-Braun, Siemens-Martin-Ofen, ein Brahms-und-Mozart-Abend; Peter-I.-Insel; Sankt-Elms-Feuer *od.* St.-Elms-Feuer, Sankt-Marien-Kirche *od.* St.-Marien-Kirche

Zum Erläuterungsbindestrich bei entsprechenden Ableitungen ↑ *K 210, 248.*

> Beachte: Entgegen der rechtschreiblichen Regel wird der Bindestrich mitunter irrtümlich nur zwischen Familiennamen und Grundwort gesetzt. Man übersieht dabei, daß die Einheit von Vorname + Familienname, nicht der Familienname allein, das Bestimmungswort der Zusammensetzung ist. *Vgl. K 213.* **214**

1.9.5. Adjektivischer Gebrauch von Personen-, Familien- und Vornamen

215 Mit einem Personen- oder Familiennamen zusammengesetzte Adjektive schreibt man zusammen.

Beispiele: goethebegeistert, lutherfreundlich, cäsarfeindlich, herkulesstark

216 Adjektivisch gebrauchte Fügungen aus Titel + Namen oder aus mehrteiligen Namen oder aus mehreren Namen werden regelgemäß (*K 188, 189*) durch Bindestrich verbunden.

Beispiele: die Dr.-Müllersche Apotheke, der de-Costersche Roman; die Thurn-und-Taxissche Post, R.-Strausssches Orchesterkolorit; das Rudolf-Köhlersche Ehepaar, die Kant-Laplacesche Theorie (↑ *K 220*)

217 Die von Familien- oder Personennamen oder von Vornamen abgeleiteten Adjektive auf *-isch* schreibt man groß, wenn die persönliche Leistung oder Zugehörigkeit gemeint ist. *Vgl. auch K 219, 220.*

Beispiele: der Goethische (*auch*: Goethesche) Erlkönig, die Homerischen Epen, die Elisabethanische Regierung; Mosaische Bücher

218 Die von Familien- oder Personennamen oder von Vornamen abgeleiteten Adjektive auf *-isch* schreibt man klein, wenn sie entsprechend *K 119* nur die Gattung des folgenden Substantivs näher kennzeichnen oder wenn sie soviel bedeuten wie *nach der Art von, nach dem Vorbild von, im Geiste von. Vgl. auch K 219, 220.*

Beispiele: ein fast goethisches (*auch*: goethesches) Gedicht, ein homerisches Gelächter, das elisabethanische Drama; *auch*: das kopernikanische Weltsystem, der pythagoreische Lehrsatz; die nachbeethovensche Epoche, die vorwilhelminische Zeit

219 Statt des Suffixes *-isch* steht bei Namen, die auf einen Konsonanten ausgehen, häufig *-sch* ohne Apostroph. *Vgl. auch K 66.*

Beispiele: Schillersche Gedankenlyrik, Gaußsche Summen, Berlepschsche Nisthöhlen

220 Deutsche Namen auf *-e* verlieren vor dem Suffix *-isch* das *-e* oder hängen nur *-sch* an.

Beispiele: Goethe, Heine: ein Goethisches (*auch*: Goethesches) Gedicht, in heinischer (*auch*: heinescher) Manier

Das gilt auch für geographische Namen.

Beispiel: Halle: Hallisches (*od.*: Hallesches) Tor

Englische und französische Namen auf stummes *-e* hängen nur *-sch* an oder verlieren vor der Endung *-isch* dieses *-e*.

Beispiele: Shakespeare, Laplace: Shakespearesche (*auch*: Shakespearische) Dramen, Kant-Laplacesche (*auch*: Kant-Laplacische) Theorie

Italienische Namen auf *-e* oder *-i* erhalten nur die Endung *-sch*.

Beispiele: das Dantesche Zeitalter, Rossinische Opern, das Garibaldische Freikorps, eine galvanische Batterie

221 Von Personennamen abgeleitete Adjektive auf *-istisch* werden immer klein geschrieben, soweit sie nicht Bestandteil von Titeln bzw. Eigennamen sind (*vgl. K 258f.*).

Beispiele: eine darwinistische Auffassung, die marxistisch-leninistische Wissenschaft, *aber*: *K 258*: Marxistische Blätter (Zeitungstitel)

Verweise:

Kommasetzung bei Vorname + Familienname und bei Titel + Familienname ↑ *K 411.*
Silbentrennung bei Familiennamen ↑ *K 90, 91.*
Deklination von Familien- und Personennamen ↑ *K 315–323.*

1.10. Geographische Namen

1.10.1. Grundregeln

Die Schreibung deutscher geographischer Namen richtet sich im allgemeinen nach den Regeln der Rechtschreibung. **222**

Beispiele: *K 239*: Niedersachsen, Langendorf, Oberhof, Altdorf; *K 244*: Berlin-Schönefeld; *K 188*: Rhein-Main-Donau-Großschiffahrtsstraße; *K 258*: das Rote Meer, der Stille Ozean, die Sächsische Schweiz; *K 243*: Nordamerika, Südfrankreich, Südostasien

Zum Gebrauch des Artikels bei einem geographischen Namen *vgl.* das betreffende Stichwort im Wörterverzeichnis.
Die deutschen geographischen Namen folgen aber nicht immer den jetzt gültigen rechtschreiblichen Regeln (*vgl. auch K 227*).

Manchmal sind alte Schreibungen erhalten geblieben.

Beispiele: Thüringen, Rhein, Rothenburg, Tharandt

Manchmal haben sich landschaftliche Schreibungen durchgesetzt.

Beispiele: Bremerhaven [..f..]; Duisburg [ˈdy:s..], Juist [jy:st] (*niederdeutsche Schreibung*); Soest [zo:st] (*e ist Dehnungszeichen*)

Manchmal findet sich regelgemäße und alte Schreibung im gleichen Wort.

Beispiele: Köthen, Kyritz

Für fremde geographische Namen gilt folgendes:

Bei einer Reihe bekannter und häufig gebrauchter geographischer Namen hat sich eine deutsche Form eingebürgert. **223**

Beispiele: Brüssel, Mailand, Prag, Warschau, Moskau; die Karpaten, das Kaspische Meer

Eine Reihe anderer geographischer Namen zeigt eindeutschende Schreibung der fremden Formen. **224**

Beispiele: Ekuador, Kalkutta, Korsika, Kostarika, Kuba, Nikaragua

> Merke: Fremde geographische Namen mit deutschen Endungen und deutsche Ableitungen werden eingedeutscht geschrieben. **225**
>
> Beispiele: Kalifornien (*für*: California), Sizilien (*für*: Sicilia), die Beskiden (*für*: Beskidy, Beskydy), die Kordilleren (*für*: Cordilleras), Jugoslawien (*für*: Jugoslavija); ekuadorianisch (*von*: Ecuador)

In allen übrigen Fällen werden die fremden geographischen Namen in fremder Schreibung, wenn nötig, in der üblichen Transkription, wiedergegeben. **226**

Beispiele: Calais, Cambridge, Ceylon (Insel), Toulon, Washington, die Rocky Mountains
Beispiele *in Transkription*: Kap Deshnjow, Gorki, Grosny; Tokio, Jokohama (*deutsche Transkription*), Tokyo, Yokohama (*englische Transkription*)

1.10.2. Behördliche Schreibung

227 In deutschsprachigen Ortsnamen richtet sich die behördliche Schreibung nicht immer nach den rechtschreiblichen Grundsätzen.

Beispiele: Klausdorf (Bez. Potsdam), aber: Clausdorf (Bez. Rostock); Clausthal-Zellerfeld (in Niedersachsen [BRD]); Celle (in Niedersachsen [BRD]); Kalbe (Milde), aber: Calbe (Saale); Koblenz (am Rhein [BRD]), aber: Koblentz (Bez. Neubrandenburg), Coblenz (Bez. Dresden)
Talheim (in Baden-Württemberg [BRD]), Freital (Bez. Dresden), aber: Thale (im Harz), Hohenstein-Ernstthal (Bez. Karl-Marx-Stadt)
Öschelbronn (in Baden-Württemberg [BRD]), aber: Oelsnitz (im Vogtland); Ückeritz (auf Usedom), aber: Ueckermünde (Bez. Neubrandenburg)

Auch bei mehrteiligen Ortsnamen verfährt die behördliche Schreibung nicht nach einheitlichen Grundsätzen.

Beispiele: Großsteinberg (Bez. Leipzig), aber: Groß Flotow (Bez. Neubrandenburg); Altgarz (Bez. Potsdam), aber: Alt Gaarz (Bez. Neubrandenburg); Neubrandenburg, aber: Neu Lübbenau (Bez. Cottbus), Neu-Bamberg (Rheinland-Pfalz [BRD]). *Vgl. auch K 239.*
Klostermansfeld (Bez. Halle), aber: Kloster Zinna (Bez. Potsdam); Königsmark (Bez. Magdeburg), aber: Königs Wusterhausen (Bez. Potsdam)

(Die Klammerzusätze zu den Beispielen in *K 227* sind Lagebezeichnungen.)

Wir empfehlen, die Ableitungen auf *-er* und *-isch* von solchen mehrteiligen geographischen Namen, bei denen die Fügung eine *Gattungsbezeichnung* (*Appellativum*) ist, in allen Fällen zusammenzuschreiben (↑ *auch K 238, 242 u. 248*).

Beispiele: das Königswusterhausener Jagdschloß (*zu*: Königs Wusterhausen), die Neulübbenauer Gurken (*zu*: Neu Lübbenau); die neubrandenburgische Bevölkerung (*zu*: Neubrandenburg)

Dagegen werden von getrennt geschriebenen mehrteiligen Ortsnamen abgeleitete geographische *Eigennamen* getrennt geschrieben, wenn sie amtlich so registriert sind (↑ *auch K 232*).

Beispiele: der Alt Schweriner See (*zu*: Alt Schwerin), *aber, entsprechend der obigen Empfehlung* (*3. Abs.*): die Altschweriner Straßen

228 Bei fremden geographischen Namen folgt die Schreibung in der Regel dem fremden Schriftbild bzw. den jeweiligen Transkriptionsrichtlinien.

Beispiele: Canberra, Conakry, Kinshasa, New York, Sri Lanka, Zaïre

229 Die post- und bahnamtlich oft ohne Punkt angewendete Schreibung von Zusätzen für Ortsnamen ist nur für den innerbetrieblichen Verkehr der Post (z. B. im Heft über die »Postleitzahlen der Deutschen Demokratischen Republik«) und der Bahn (z. B. im Kursbuch) gültig. In allen sonstigen Veröffentlichungen muß nach der gültigen Rechtschreibung der Punkt gesetzt, oder es muß ausgeschrieben werden.

Beispiele: Berka v. d. Hainich *od.* Berka vor dem Hainich, *statt postamtl* Berka v d Hainich; Freiberg (Sachs.) *od.* Freiberg (Sachsen), *statt post- u. bahnamtl* Freiberg (Sachs); Augustusburg (Erzgeb.) *od.* Augustusburg (Erzgebirge), *statt postamtl* Augustusburg (Erzgeb); Spremberg (N. L.) *od.* Spremberg (Niederlausitz), *statt postamtl* Spremberg (NL); Leipzig Hbf. *od.* Leipzig Hauptbahnhof, *statt bahnamtl* Leipzig Hbf

Sachlich und rechtschreiblich richtig, wenn auch nicht post- u. bahnamtlich üblich, ist auch:

Beispiele: Augustusburg i. Erzgeb., Naumburg a. d. Saale, Freiberg i. Sa.

Himmelsrichtungen folgen dem Ortsnamen meist ohne Bindestrich.

Beispiele: *bahnamtl* Gera Süd, Werdau Nord, Potsdam West

Zu vermeiden sind unklare und grammatisch falsche Abkürzungen. **230**

Beispiele: nicht: Halle a. S., sondern: Halle a. d. S. *od.* Halle (Saale); nicht: Frankfurt-Oder, sondern: Frankfurt a. d. O. *od.* Frankfurt (Oder); nicht gut: Neustadt a. R., besser: Neustadt am Rennsteig *od.* Neustadt (Rennsteig)

1.10.3. Ableitungen von geographischen Namen

1.10.3.1. Ableitungen auf -er von geographischen Namen

Ableitungen auf *-er* von geographischen Namen sind ursprünglich Substantive. Aus dem Genitiv ihres Plurals hat sich in den meisten Fällen adjektivischer Gebrauch entwickelt (*vgl. K 232*). **231**

Beispiele: der Leipziger, der Rheinländer, der Italiener, der Karl-Marx-Städter (*K 188*); Hamburger Hafen (*aus*: Hafen der Hamburger)

Die attributiv, also wie ein Adjektiv gebrauchten Formen werden entsprechend ihrer Herkunft immer groß geschrieben und sind im Gegensatz zu wirklichen Adjektiven nicht deklinierbar. **232**

Beispiele: der Rostocker Hafen, im Rostocker Hafen (aber: der neue Hafen, im neuen Hafen); ein Leipziger Student, Leipziger Studenten (aber: ein fleißiger Student, fleißige Studenten); die Naumburger Straße, in der Naumburger Straße; Karl-Marx-Städter Maschinen, am Karl-Marx-Städter Bahnhof

Solche Ableitungen können auch Bestandteil eines Eigennamens sein. Ihre Großschreibung kann zusätzlich mit *K 258* begründet werden.

Beispiele: Wiener Neustadt (Stadt in Niederösterreich), Allgäuer Alpen, Brandenburger Tor; Naumburger Dom, im Naumburger Dom; Potsdamer Abkommen

Im Gegensatz zu den Ableitungen auf *-er* von geographischen Namen werden Völker- und Stammesnamen auf *-er* und geographische Namen, bei denen *-er* zum Wortstamm gehört, mit dem folgenden Substantiv zusammengeschrieben. *Vgl. K 246.* **233**

Beispiele: die Schweizergarde (= Garde aus Schweizern), aber: die Schweizer Berge (= Berge in der Schweiz); die Sabinerberge

Oft sind beide Schreibungen sinnvoll.

Beispiele: Tiroler Fest (= Fest in Tirol) *und* Tirolerfest (= Fest der Tiroler); Glarner Geschichten *und* Glarnergeschichten

Bei manchen geographischen Namen und bei geographischen Sachbezeichnungen wird die Ableitung auf *-er* mit dem Grundwort zusammengeschrieben. **234**

Beispiele: Wienerwald, Greinerwald; Burgunderwein

Besonders in der Schweiz neigt man zu dieser Schreibung.

Beispiele: Thunersee (*schweiz für*: Thuner See)

Entsprechend *K 12* kann vor der Endung *-er* der schließende Konsonant eines Namens verdoppelt werden, wenn ihm ein kurzer Vokal vorangeht. Es empfiehlt sich, bei solchen Bildungen im Wörterverzeichnis nachzuschlagen. Manche Ableitungen werden mit, andere ohne Konsonantenverdoppelung bevorzugt. **235**

Beispiele: *K 12*: Putbus – Putbusser *od.* Putbuser; Lissabon – Lissabonner; Cottbus – Cottbuser *od.* Cottbusser; aber: London – Londoner; Amsterdam – Amsterdamer

Vorangehender langer Vokal: Lebus – Lebuser; Paris – Pariser; Turin – Turiner; Am[b]ras – Am[b]raser Handschrift

236 Bei Ortsnamen sind oft verschiedene Formen der Ableitung auf *-er* möglich. *Vgl. Wörterverzeichnis.*

Beispiele: Bas[e]ler (*vgl. auch K 44*), Dresd[e]ner, Münch[e]ner, Spey[e]rer, Salzgitt[e]rer, Kaiserslauter[n]er; Saarbrücker, *auch*: Saarbrückener; Nordhäuser, *auch*: Nordhaus[en]er; Weimarer, *auch*: Weimaraner; *nur*: Bremer, Binger

237 Tritt die Endung *-er* an geographische Namen auf *-ee*, so schreibt man nur zwei *e*. *Vgl. auch K 251.*

Beispiele: Weißensee – die Weißenseer; Hiddensee – Hiddenseer Badegäste

Geographische Namen, die an sich schon auf *-er* enden, ↑ *K 246.*

1.10.3.2. Ableitungen auf -isch von geographischen Namen

238 Ableitungen auf *-isch* von geographischen Namen werden – auch in enger Verbindung mit einem Substantiv (*K 119*) – klein geschrieben, falls sie nicht Teile von Namen (*K 241, 258*) sind. *Vgl. auch K 220 u. 244.*

Beispiele: tschechisches Bier, spanisches Grün, schwäbische Spätzle (*aber K 258*: die Schwäbische Alb), vogtländische Klöße, rumänisches Erdöl; *auch*: schleswig-holsteinische Häfen, baden-württembergische Kurorte

Ableitungen auf *-isch* aus Doppelnamen werden zusammengeschrieben.

Beispiele: Kapverdische Inseln (*zu*: Kap Verde), sanktgallische Handschriften (*zu*: Sankt Gallen)

Nichtdeklinierte Ableitungen auf *-isch* + Substantiv werden zusammengeschrieben, wenn das Substantiv kein geographischer Name ist. *Vgl.* aber *K 241, 248.*

Beispiele: Kölnischwasser, Preußischblau

1.10.4. Zusammensetzungen mit geographischen Namen

239 Geographische Namen mit *alt, neu, groß, klein, ober, mittel, nieder, unter* usw. werden zusammengeschrieben, da sie übersichtlich sind. Das gilt auch für Zusammensetzungen mit *äquatorial, zentral* usw. (↑ *K 192*).

Beispiele: Neukaledonien, Großbritannien, Kleinasien, Oberbayern, Niedersachsen, Unteritalien, Zentralasien; Oberwiesenthal, Unterwellenborn

Die behördliche Schreibung folgt nicht immer diesem Grundsatz. *Vgl. auch K 227.*

Beispiel: Äquatorial-Guinea

240 *Sankt* (oder die entsprechende englische, italienische, spanische oder portugiesische Form) + Orts- oder Personenname bleibt getrennt.

Beispiele: Sankt Bernhard, Sankt Blasien, Sankt (St.) Andreasberg, Saint Louis, San Remo, Santa Cruz, San Sebastián, São Paulo

Die französischen Formen *Saint* (*St*) und *Sainte* (*Ste*) werden durch Bindestrich mit dem Namen verbunden.

Beispiele: Saint-Denis *od.* St-Denis, Saint-Germain *od.* St-Germain; Sainte-Croix *od.* Ste-Croix (*Die Abkürzungen* St *und* Ste *stehen ohne Punkt!*)

Verweise:

Ableitungen auf *-isch* zu solchen Namen ↑ *K 238.*
Ableitungen auf *-er* zu solchen Namen ↑ *K 248.*
Mehrgliedrige Zusammensetzungen mit solchen Namen ↑ *K 247, 213.*

Ländernamen, in denen ein nichtdekliniertes Adjektiv auf *-isch* vorangestellt ist, werden gekoppelt, um die Einheit des Namens zu kennzeichnen. **241**

Beispiel: Französisch-Guayana

Die Schreibung der in gleicher Weise gebildeten Ortsnamen richtet sich entsprechend *K 227* nicht immer nach den rechtschreiblichen Regeln.

Beispiele: Windischleuba, Schwäbisch Hall

Zusammensetzungen, die nicht dem tatsächlichen Ortsnamen entsprechen, sind zu koppeln (↑ *K 187*). Ihre Ableitungen schreibt man zusammen. **242**

Beispiele: Klein-Paris (*nach Goethe für*: Leipzig), Alt-Wien, Elb-Florenz (*für*: Dresden); *vgl.* aber *K 243.*

Aber *als Ableitung*: das Altwiener Theater, altwienerisch

Geographische Namen mit vorangestellten Himmelsrichtungen schreibt man zusammen. Für die Ableitungen auf *-er* gilt *K 231, K 232.* **243**

Beispiele: Nordamerika, Südfrankreich, Westindien; aber *engl. Namen*: South Dakota

Geographische Namen, die aus mehreren Teilnamen bestehen oder mit Gattungsbezeichnungen (Appellativa) zusammengesetzt sind, werden gekoppelt. Das gilt auch für ihre adjektivischen Ableitungen. *Vgl.* aber *K 229.* **244**

Beispiele: Dresden-Pillnitz, Dresden-Neustadt, Basel-Stadt, Nordrhein-Westfalen, Leipzig-Anger-Crottendorf; nordrhein-westfälisch

Adjektivische Fügungen, deren Einzelteile selbständig sind oder als selbständig betrachtet werden sollen, werden sinngemäß gekoppelt.

Beispiele: die deutsch-sowjetische Freundschaft, ein englisch-amerikanisches (= anglo-amerikanisches) Abkommen

Bildet die Zusammensetzung eine Bedeutungseinheit, so wird zusammengeschrieben. **245**

Das gilt von Substantiven.

Beispiele: Afroamerikaner, Angloamerikaner (= Amerikaner afrikanischer bzw. englischer Abstammung), Tschechoslowakei

Das gilt auch von Adjektiven.

Beispiele: seine angloamerikanische Abstammung, deutschschweizerische Zeitungen (= Zeitungen der deutschsprachigen Schweiz), die indoeuropäische Sprachfamilie, die afroasiatische Bevölkerung

Häufig findet sich bei solchen Zusammensetzungen das Fugenelement *o.* Die entsprechenden Adjektive werden zusammengeschrieben, wenn nicht eindeutig der Tatbestand von *K 244* (*Abs. 2*) vorliegt.

Tritt ein geographischer Name als Bestimmungswort zu einem Substantiv, so schreibt man entsprechend *K 192* zusammen, wenn die Zusammensetzung übersichtlich bleibt. **246**

Beispiele: Poebene, Fidschiinseln, Elbufer, Saaletalsperre, Cromagnonrasse

Dementsprechend schreibt man auch geographische Namen, die an sich schon auf *-er* enden, mit dem Grundwort zusammen.

Beispiele: Großglockner – Großglocknermassiv; Hartmannsweiler – Hartmannsweilerkopf; Hannover – Hannoverplatz. *Vgl. auch K 251.*

Entsprechend *K 187* kann der Erläuterungsbindestrich gesetzt werden, wenn man den Namen besonders hervorheben will.

Beispiel: Bandung-Konferenz

247 Schwer übersichtliche Zusammensetzungen werden gekoppelt oder durchgekoppelt.

Beispiele: *K 184*: Hawaii-Inseln, *K 188*: La-Plata-Mündung, Peter-I.-Insel, Rhein-Main-Donau-Großschiffahrtsstraße, *K 240*: Sankt-Gotthard-Paß *od.* St.-Gotthard-Paß, Saint-Germain-en-Laye *od.* St-Germain-en-Laye

248 Ableitungen aus mehrgliedrigen geographischen Namen werden in der Regel gekoppelt.

Beispiele: Bad-Schandauer (*zu*: Bad Schandau), Sankt-Gall[en]er *K 236* (*zu*: Sankt Gallen)

Es haben sich aber auch Fälle der Zusammenschreibung eingebürgert.

Beispiele: Sierraleoner (*zu*: Sierra Leone), Sanmarinese (*zu*: San Marino), Srilanker (*zu*: Sri Lanka)

Entsprechende Ableitungen auf *-isch* ↑ *K 238.*
Zusammensetzungen aus Abkürzungen + Ableitungen von geographischen Namen müssen immer gekoppelt werden (↑ *K 186*).

Beispiele: St.-Gall[en]er (*K 236*); US-amerikanisch

Deklination geographischer Namen ↑ *K 324f.*

1.11. Straßen-, Brücken-, Flurnamen usw.

249 Die Straßen-, Brücken-, Flurnamen usw. sind Eigennamen (*K 257*). Ihre Schreibung richtet sich nach den geltenden Rechtschreibregeln:

250 Zusammen schreibt man Straßennamen usw.

mit einfachem oder zusammengesetztem Namen oder mit einem anderen Substantiv als Bestimmungswort; dieses kann nichtdekliniert oder dekliniert sein,

Beispiele: *nichtdekliniertes Bestimmungswort*: Goethestraße, Semmelweisstraße, Herderplatz, Gabelsbergerstraße, Wikingerdamm; Angerbrücke, Bahnhofstraße; Göltzschtalbrücke, Immanuelkirchstraße (*nach*: Immanuelkirche); GutsMuthsstraße

dekliniertes Bestimmungswort: Georgenstraße, Mathildenweg; Friedensplatz

mit nichtdekliniertem Adjektiv als Bestimmungswort,

Beispiele: Neumarkt, Altmarkt, Schmalweg

mit Bestimmungswort aus dekliniertem oder nichtdekliniertem Adjektiv + Substantiv.

Beispiele: Heiligengeistkirchhof, Hohetorstraße, Grüneturmgasse; *nach K 188 auch*: Heiligen-Geist-Kirchhof, Hohe-Tor-Straße usw.

> Merke: Wenn das Adjektiv nicht nur zum Bestimmungswort, sondern zum ganzen Namen gehört, steht es getrennt.
>
> Beispiele: Obere Steinstraße, Große Ulrichgasse

251 Getrennt geschrieben werden Straßennamen usw.

mit Präpositionen,

Beispiele: Unter den Linden, Am Tiefen Graben

mit deklinierten Adjektiven (↑ aber *K 250*); diese werden, wenn sie zum Namen gehören (*K 258*), groß geschrieben,

Beispiele: Breite Straße, Lange Gasse, Mittlere Holdergasse, Tiefer Graben, Am Breiten Pfuhl, Obere Albertstraße (aber *wenn* »ober« *nicht zum Namen gehört*: obere Albertstraße); in der Langen Gasse, am Tiefen Graben

mit nachfolgenden Attributen,

Beispiele: Platz der Republik, Straße der Deutsch-Sowjetischen Freundschaft

Formen mit Ableitungen auf *-er* und *-isch* von geographischen Namen (*K 232, 237, 238*).

Beispiele: Leipziger Straße, Grimmaische Straße, Plötzenseer Damm (*K 237*), Tiroler Straße (*od. K 233*: Tirolerstraße)

> Merke: Straßennamen usw. aus Ortsnamen, die an sich schon auf *-er* enden, schreibt man entsprechend *K 246* mit dem Grundwort zusammen.
>
> Beispiele: Hannoverplatz, Ahrweilerweg, Gebweilerlandstraße, Gedserstraße

Mehrteilige Straßennamen usw. werden entsprechend *K 188* und *K 189* mit Bindestrich geschrieben (*vgl.* aber *K 214*). **252**

Beispiele: Carl-Maria-von-Weber-Platz *od.* Carl-Maria-v.-Weber-Platz, Von-Ossietzky-Straße, St.-Annen-Gasse (*K 240*), St.-Pöltener Straße (*K 232, 248*), Marx-Engels-Platz, Professor-Dr.-Koch-Straße, Eugen-d'Albert-Straße, Geschwister-Scholl-Straße

Rechtschreiblich verschieden gebildete Straßennamen werden nach den in *K 250–252* genannten Regeln zusammengefaßt. *Vgl. auch K 181.* **253**

Beispiele: Ecke Motz- und Jägerstraße, Ecke Breite, Gustav-Adolf- und Jägerstraße, Ecke Mainzer [Straße]/Johann-Gutenberg-Straße; Ecke der Dresdner und Gabelsbergerstraße, Ecke der Gabelsberger- und Dresdner Straße; Ecke der Dresdner und Johann-Sebastian-Bach-Straße, Ecke Johann-Sebastian-Bach- und Dresdner Straße

1.12. Pflanzen- und Tiernamen

Bei Pflanzen- und Tiernamen schreibt man das charakterisierende Adjektiv klein (*vgl. aber folgenden Abs.*), wenn die Verbindung des attributiven Adjektivs mit dem Substantiv eine Gattungsbezeichnung (ein Appellativum) ist. *Vgl. auch K 119.* **254**

Beispiele: die fliegenden Fische, australische Laufvögel

Man schreibt das attributive Adjektiv oder Partizip groß, wenn es mit dem Substantiv einen Eigennamen, z. B. eine Art, Unterart oder Rasse, bildet.

Beispiele: der Schwarze Holunder, der Sibirische Tiger, die Gute Luise, das Deutsche Veredelte Landschwein, der Deutsche Schäferhund

1.13. Gebäudenamen usw.

Die Schreibung von Gebäudenamen, Namen von Denkmälern usw. folgt gewöhnlich den Regeln der Rechtschreibung. **255**

Beispiele: *K 209, 211*: das Goethehaus *od.* das Goethe-Haus; *K 212*: das Goethe-Geburtshaus; *K 209*: die Thomaskirche; *K 213*: die Werner-Seelenbinder-Halle, die Friedrich-Schiller-Universität; *K 246*: die Pleißenburg; *K 258*: das Alte Rathaus in Leipzig, Hotel Vier Jahreszeiten; *K 260*: Gasthaus Zur Post, die Gasthöfe Zum Goldenen Löwen und Zur Blühenden Linde, *auch*: Gasthof

Goldener Löwe, Gasthof Blühende Linde; *K 189*: Goethe-Schiller-Denkmal; *K 192*: das Völkerschlachtdenkmal

Für den Gebrauch der Anführungsstriche gilt sinngemäß das in *K 261* und *K 326* Ausgeführte.

1.14. Titel und mehrteilige Eigennamen

256 Unter dem Begriff »Titel« versteht man nicht nur Berufs-, Rang- und Ehrenbezeichnungen, sondern auch die Namen von Behörden und Organisationen, von Zeitungen, Büchern, Dichtungen usw. Titel in diesem Sinne sind Eigennamen.

Der Eigenname ist immer die Bezeichnung für eine bestimmte Person oder Sache. In seiner Beschränkung auf ein bestimmtes, konkretes Einzelnes liegt sein Wesen.

257 Die mehrteiligen Eigennamen sind rechtschreiblich zu unterscheiden von Fügungen, in denen Adjektive, Partizipien oder Numeralien mit dem folgenden Substantiv eine Gattungsbezeichnung (ein Appellativum) bilden (*K 119*).

Beispiele: Indischer Ozean (= Eigenname), aber: indischer Tee (= Gattungsbezeichnung)

1.14.1. Grundregel

258 Adjektive, Partizipien, Pronomen und Ordinalzahlen werden groß geschrieben, wenn sie Teil eines Namens oder Titels sind, das Ganze also einen Eigennamen darstellt.

Hierher gehören:

der Name oder Titel einer bestimmten Person,

Beispiele: Holbein der Jüngere, Peter der Große; Heinrich der Achte (VIII.) (aber *K 120*: Heinrich, der achte seines Namens), Seine Exzellenz (*K 99*); Notker der Deutsche (aber *K 266*: die deutsche Sprache); Verdienter Erfinder (Ehrentitel)

der Name einer bestimmten Zeitung oder Zeitschrift, eines Kunstwerkes usw.,

Beispiele: Neues Deutschland, Biologische Rundschau (aber *K 119*: biologische Forschungen), Beethovens Neunte, wir hörten die Neunte Sinfonie

bestimmte geographische Namen,

Beispiele: die Westfälische Pforte (aber *K 238*: der westfälische Schinken), der Stille Ozean (aber *K 119*: das stille Meer), die Übergossene Alm (in den Salzburger Alpen)

attributiv gebrauchte Ableitungen auf *-er* von geographischen Namen (↑ *K 232*),

der Name eines bestimmten geschichtlichen Ereignisses,

Beispiele: die Große Sozialistische Oktoberrevolution, der Westfälische Friede

der Name einer bestimmten Partei, Organisation usw., eines bestimmten Unternehmens u. dgl. (*vgl. auch K 264*),

Beispiele: die Sozialistische Einheitspartei Deutschlands; der Freie Deutsche Gewerkschaftsbund; die Innere Mission; der VEB Vereinigte Wettspielbetriebe; Internationales Olympisches Komitee, die Olympischen Spiele; aber *K 119*: die sozialistischen Staaten, die innere Medizin, die internationale Arbeiterbewegung, das olympische Feuer

der Name eines bestimmten Gebäudes (↑ *K 255*),

Beispiele: das Alte Rathaus in Leipzig, das Weiße Haus in Washington, das Britische Museum

der Name einer bestimmten Straße, eines bestimmten Platzes usw. (↑ *K 249ff.*),

Beispiele: die Tiefe Straße, der Rote Platz (in Moskau); aber: der tiefe Graben, der große Platz

andere Eigennamen.

Beispiele: der Internationale Frauentag (= ein bestimmter Tag: 8. März), der Große Bär, der Kleine Wagen (= Namen von Sternbildern); Schwarzer Peter (= ein Kartenspiel), der Goldene Schnitt (= ein bestimmtes mathematisches Verhältnis). *Vgl.* aber *K 119.*

Gebrauch der Anführungszeichen bei Titeln ↑ *K 261, 326.*

1.14.2. Einzelregeln zur Schreibung

Verbindungen, deren adjektivische Attribute sonst mit kleinem Anfangsbuchstaben geschrieben werden, ändern als Eigennamen ihre Schreibung. Bei Institutionen, Schulen, Hochschuleinrichtungen usw. gilt auch die verkürzte Form – ohne Nennung der Institution usw. – als Eigenname, wenn eindeutig Bezug auf die Einzeleinrichtung genommen wird. **259**

Beispiele: die deutsch-sowjetische Freundschaft, aber: Gesellschaft für Deutsch-Sowjetische Freundschaft; der volkseigene Betrieb, aber: Volkseigener Betrieb Bibliographisches Institut Leipzig; das physiologisch-chemische Institut, aber: das Physiologisch-Chemische Institut der Karl-Marx-Universität Leipzig; die ständige Kommission, aber: die Ständige Kommission für Volkspolizei und Justiz des Bezirkstages Leipzig; der pädagogische Rat, aber: der Pädagogische Rat der Leibniz-Oberschule; die polytechnische Oberschule (*K 119*), aber: Polytechnische Oberschule Neustadt; die dritten (*od.* III.) Weltfestspiele, aber: die Straße der Dritten (*od.* III.) Weltfestspiele

Die Präposition und der im Nominativ stehende Artikel werden als Teil des Titels oder Eigennamens groß geschrieben, wenn sie am Anfang stehen. Sie werden jedoch klein geschrieben, wenn das vorangehende Substantiv zum Titel bzw. Eigennamen gehört. *Vgl. auch K 206.* **260**

Beispiele: Gasthof Zum Goldenen Löwen *od.* Gasthof »Zum Goldenen Löwen« (aber: Gasthof zum Goldenen Löwen *od.* Gasthof zum »Goldenen Löwen«); Rembrandts Gemälde Der Raub des Ganymed *od.* Rembrandts Gemälde »Der Raub des Ganymed«

Schreibung des Artikels bei deklinierten Titeln ↑ *K 326.*

In Titeln von Kunstwerken, in denen das Adjektiv oder Partizip nicht das erste Wort ist, wird dieses Adjektiv oder Partizip klein geschrieben, wenn der Titel unflektiert zitiert wird. **261**

Beispiele: Goethe, Der getreue Eckart; Keller, Der grüne Heinrich; Seghers, Das siebte Kreuz; Fadejew, Die junge Garde; Kleist, Der zerbrochene Krug; Nicolai, Die lustigen Weiber von Windsor

Wird der Name des Kunstwerkes innerhalb eines Satzes flektiert, schreibt man groß. Anführungszeichen können gesetzt werden, wenn dem Schreiber der Titel nicht deutlich genug erscheint.

Beispiele: Wir lesen Kellers Grünen Heinrich *od.* »Grünen Heinrich«. Wir sehen Nicolais Lustige Weiber von Windsor *od.* »Lustige Weiber von Windsor«. Zur Deklination *vgl. auch K 326.*

Nicht zum wesentlichen Substantiv gehörige Adjektive innerhalb eines Titels oder Eigennamens werden häufig klein geschrieben. **262**

Beispiel: Vereinigung der gegenseitigen Bauernhilfe

Fügungen wie *technischer Leiter, ökonomischer Direktor, leitender Arzt* usw. werden als Funktionsbezeichnungen in bestimmten Fällen (z. B. in der Unterschriftszeile) groß geschrieben. **263**

264 Namen von Betrieben, Firmen, Universitäten, Schulen und ähnlichen Institutionen werden so geschrieben, wie sie amtlich festgelegt und eingetragen sind. Diese Schreibungen sind mannigfaltig; sie entsprechen leider nicht immer den rechtschreiblichen Regeln.

Beispiele: VEB Leuna-Werke »Walter Ulbricht«; Verlag Die Wirtschaft; Henschelverlag; Akademie-Verlag; Dietz Verlag (*regelgemäß eigentlich, entsprechend K 209*: Dietzverlag, *gegebenenfalls, entsprechend K 211*: Dietz-Verlag); Jäger & Koch, Max Blechschmidt, Korkfabrik; die Humboldt-Universität zu Berlin

Amtlich festgelegte Zusätze werden regelgemäß ohne Komma angeschlossen.

Beispiele: Volk und Wissen Volkseigener Verlag; Ernst Müller KG

Der folgende Ortsname steht ohne Komma, wenn er zur amtlichen Benennung gehört, sonst mit Komma.

Beispiele: Martin-Luther-Universität Halle–Wittenberg, VEB Bibliographisches Institut Leipzig, aber: VEB Schuh- und Lederwarenfabrik, Altenburg

Durch Warenzeichen geschützte Namen entsprechen nicht immer den Regeln der Rechtschreibung.

Verweise:

Kommasetzung bei Titel und folgendem Familiennamen ↑ *K 411.*
Deklination von Titeln und mehrteiligen Eigennamen ↑ *K 320–323, 326, 327.*

1.15. Sprachbezeichnungen auf -isch (-sch)

265 Diese Sprachbezeichnungen sind der Wortart nach Adjektive. Sie können wie alle Adjektive auch adverbial oder substantivisch gebraucht werden. Nach ihrem Gebrauch richtet sich die rechtschreibliche Form.

1.15.1. Adjektivischer Gebrauch

266 Kleinschreibung als bloßes Attribut.

Beispiele: die assyrische Keilschrift, die lateinische Übersetzung, die deutsche Sprache

Großschreibung als Teil eines Titels ↑ *K 257, 258.*

1.15.2. Adverbialer Gebrauch

267 Bei adverbialem Gebrauch (Frage: Wie?) wird die Sprachbezeichnung klein geschrieben.

Beispiele: einen Namen russisch betonen, ein Fremdwort deutsch aussprechen, sich englisch (= auf englische Art) kleiden, einen Brief lateinisch schreiben, ein französisch diktierter Brief, etwas deutsch, englisch, russisch ausdrücken; deutsch (= in deutscher Sprache) sprechen, schreiben, reden, unterrichten; sich niederdeutsch unterhalten. *Vgl. auch K 269, 270.*

Adverbialer Gebrauch liegt im allgemeinen (aber *K 271*) auch bei Fügungen mit Präposition ohne Artikel vor.

Beispiele: Wie heißt das auf russisch (*auch*: in russisch), auf gut deutsch?; »hora«, zu deutsch: Stunde

1.15.3. Substantivischer Gebrauch

Bei substantivischem Gebrauch (Frage: Was?) wird die Sprachbezeichnung groß geschrieben. 268

Beispiele: Er kann, lernt, versteht Deutsch, Russisch usw. *od.* kein Deutsch usw. *od.* nicht Deutsch usw. *od.* gut Deutsch usw., er spricht gut[es] Deutsch; eine Übersetzung aus dem Englischen ins Italienische; das Wörterbuch Deutsch-Russisch benutzen

Bei substantivischem Gebrauch sind Formen mit und ohne Endungs-*e* möglich. Näheres dazu *vgl. K 271.*

1.15.4. Schwankungsfälle

Eine Sprachbezeichnung kann klein oder groß geschrieben werden, je nachdem, ob man sie adverbial (Frage: Wie?) oder substantivisch (Frage: Was?) aufgefaßt wissen will. Ein sachlicher Unterschied wird dadurch kaum oder gar nicht ausgedrückt. 269

Beispiele: er schreibt, spricht deutsch *od.* Deutsch; er spricht gut englisch *od.* Englisch; er spricht besser deutsch *od.* Deutsch als englisch *od.* Englisch; die deutsch sprechende *od.* Deutsch sprechende Bevölkerung

> Merke: Die Fügung *deutsch, englisch, russisch* usw. *sprechend* kann auch als Dauereigenschaft aufgefaßt werden. Nach *K 128* ist deshalb auch Zusammenschreibung möglich.
>
> Beispiele: die deutschsprechende Bevölkerung, die englischsprechenden Länder

Wenn ein sachlicher Unterschied vorliegt, muß die Sprachbezeichnung je nach der Bedeutung klein oder groß geschrieben werden. 270

Beispiele: er unterrichtet, lehrt, hält die Stunde deutsch, russisch, englisch (= in deutscher, russischer, englischer Sprache [*K 267*]); er unterrichtet, lehrt, hält [eine Stunde] Deutsch, Englisch, Russisch (= als Lehrfach [*K 268*])

1.15.5. Substantivisch gebrauchte Sprachbezeichnungen auf -isch (-sch) ohne -e oder mit -e

Die Form ohne -*e* wird gebraucht, wenn die Sprachbezeichnung irgendwie näher bestimmt ist, besonders wenn man die Sprache eines einzelnen oder einer bestimmten Gruppe meint. 271

Beispiele: das beste Deutsch, gutes Deutsch, in diesem Deutsch, im heutigen Deutsch, mein (dein, sein) Deutsch, die Aussprache seines Deutsch[s] (aber *Abs. 2 nur*: die Aussprache des Deutschen usw.), Miltons Englisch, Moskauer Russisch; das Altfranzösisch des Rolandsliedes, das Mittelhochdeutsch Walthers von der Vogelweide; das Schriftdeutsch, das Pidgin-Englisch

Die Form mit -*e* bezeichnet die Sprache ganz allgemein und wird immer mit dem bestimmten Artikel, aber ohne sonstige nähere Bestimmungen gebraucht.

Beispiele: aus dem Deutschen ins Russische übersetzen; die Formen des Griechischen, die Aussprache des Deutschen, Englischen, Russischen usw. (aber *entsprechend Abs. 1 nur*: die Aussprache seines Deutsch[s], Englisch[s] usw.); das Deutsche im Gegensatz zum Französischen

Beide Formen sind möglich, wenn die Sprachbezeichnung im Sinne von *Lehrfach* steht.

Beispiele: die Zensur in Russisch *od.* im Russischen, ein Lehrauftrag für Mittelhochdeutsch *od.* für das Mittelhochdeutsche; aber *nur*: ein Lehrstuhl für Deutsch

Verweis:

Deklination substantivisch gebrauchter Sprachbezeichnungen auf *-isch* (*-sch*) ↑ *K 345.*

1.16. Farbbezeichnungen

272 Farbbezeichnungen sind ihrer Wortart nach Adjektive.

273 Für die Groß- oder Kleinschreibung der Farbbezeichnungen ist maßgebend, ob sie als ein Substantiv, ein Adjektiv oder ein Adverb gebraucht werden.
Zur Komparation (Steigerung) von Farbbezeichnungen *vgl. K 346*. Für Zusammensetzungen gelten die Regeln des Adjektivs (↑ Bindestrich, *K 189, 193*; Zusammen- und Getrenntschreibung, *K 166, 171 ff.*).

274 Groß schreibt man Farbbezeichnungen bei substantivischem Gebrauch (*K 93*) und als Teile von Namen (*K 258*).

Beispiele: das erste Grün; die Farben Rot und Gelb; leuchtende Farben wie [die Farben] Rot, Gelb, Grün und Blau; den Farbeindruck Weiß erwecken; mit Blau bemalt, in Rot gekleidet, die Dame in Schwarz, in den Modefarben Blau und Lind; *K 232*: Pariser Blau, Berliner Blau, Schweinfurter Grün; *K 238*: Preußischblau; *K 258*: das Rote Meer, das Weiße Haus (in Washington)
Zarte Pastelltöne wurden gewählt: Meergrün und ein zartes Flieder. Ihre Lieblingsfarbe ist Blau. Rot, Orange, Gelb, Gelbgrün, Grün, Blaugrün, Zyanblau, Indigo, Violett sind die Farben des weißen Sonnenlichtes (*vgl. auch K 276*). Blau, Flieder und Rehbraun kleidet Sie besonders gut. Er gab Rot zu, spielte Grün aus (beim Kartenspiel). Der Übergang zwischen Hell und Dunkel (= zwischen Tag und Nacht).

275 Klein schreibt man adjektivisch und adverbial gebrauchte Farbbezeichnungen.

Beispiele: der blaue Himmel, ein moosgrünes Kleid. Das Kleid ist moosgrün. Die Kirsche ist hellrot. Malerei grau in grau (= Grisaille [Maltechnik]), jemandem etwas schwarz auf weiß zeigen.

276 In einigen Fällen kann man sich für Groß- oder Kleinschreibung entscheiden.

Beispiele: *K 274*: Die Farben des weißen Sonnenlichtes sind: Rot, Orange, Gelb, Gelbgrün, Grün, Blaugrün, Zyanblau, Indigo, Violett *oder K 272, 275*: rot, orange, gelb usw. *K 274*: Die Farben entsprechen der neuesten Mode: Meergrün, Amethyst *oder K 275*: meergrün, amethyst (aber *nur K 274*: Meergrün und ein zartes Flieder). Aus Rot (*od.* rot) wird Grün (*od.* grün).

277 Farbbezeichnungen, die ursprünglich Substantive waren, werden nicht dekliniert. In der Schreibung folgen sie den in *K 273–276* angegebenen Regeln.

Beispiele: *K 275*: beige, chamois, champagner, creme, erika, flieder, lila, lind, lavendel, oliv, orange, rosa, rosenholz, türkis; ein rosa Kleid, die rosa Bänder; ihr Mantel war oliv; *K 274*: in Lind oder Türkis; Champagner, Erdbeer, Haselnuß sind Modefarben.

Um diese Formen deklinieren zu können oder sie als Adjektive zu kennzeichnen, setzt man gern *-farben* oder *-farbig* dazu. *Vgl. auch K 364.*

Beispiele: ein lilafarbenes Tuch, ein silberfarbenes Grau, mit einem beigefarbenen Kragen *oder*: ein lilafarbiges Tuch usw. Ihr Mantel war rosenholzfarben.

278 Zusammen schreibt man Farbbezeichnungen entsprechend den Grundregeln der Getrennt- und Zusammenschreibung,
wenn sie eine Bedeutungsabschattung und damit eine neue Farbe darstellen (*K 126, 171, 172*),

Beispiele: ein gelblichgrünes Gemisch, eine dunkelblaue Mütze, violettroter Granit; ein Stoff in Dunkelrosenholz; Stopftwist in Lachsrosa
Der Mantel war flaschengrün, taubenblau, hellmoosgrün.

wenn das Nebeneinander unmißverständlich ist.

Beispiele: schwarzweiße und farbige Bilder, das blaugelbe Wappen Leipzigs, eine grünweiße Fahne, die rotweißgrüne Fahne, die Fahne Rotweißgrün (*K 274*), die Schwarzweißkunst, eine Schwarzweiß-Wiedergabe (*K 187*)

Gekoppelt schreibt man zusammengesetzte Farbbezeichnungen, **279**

wenn Mißverständnisse möglich sind (*K 183*),

Beispiele: ein blaurotes Tuch (= violett), aber: ein blau-rotes Tuch (= mit blauen und roten Streifen); mit schönen, klaren Streifen in Rot-Braun und Grün-Gelb (*K 274*)

wenn die Farbbezeichnungen entsprechend *K 187* herausgehoben werden sollen.

Beispiele: die Fahne Rot-Weiß-Grün; in den modischen Farbkombinationen Braun-Mais-Beige und Rot-Hellbraun-Dunkelblau; Muster in Rot-Schwarz, schmale Streifen in Blau-Weiß; mit silbrig-aschfarbenen Blättern

Entsprechend *K 166, 173* schwankt die Schreibung manchmal. Man kann zusammenschreiben oder trennen. **280**

Beispiele: ein leuchtendrotes *od.* ein leuchtend rotes Kleid; eine blaugestreifte *od.* eine blau gestreifte Schürze
Das Kleid war leuchtendrot *od.* leuchtend rot. Die Schürze ist blaugestreift *od.* blau gestreift. *Dagegen nur: K 127*: ein blau und rot gestreiftes Kleid; *K 128*: blendendweiße Wäsche

1.17. Zahlen und Ziffern

Die Ziffer ist das Schriftzeichen für einen Zahlenwert. Es gibt unendlich viele Zahlen, aber nur einige Ziffern (*vgl. K 290, 291*). Jede Zahl ist in Ziffern zu schreiben, wenn sie eine besondere Bedeutung hat und die Aufmerksamkeit auf sich lenken soll, insbesondere immer vor Zeichen und vor Abkürzungen von Maßen, Maßeinheiten, Währungsbezeichnungen usw. **281**

Groß- und Kleinschreibung ausgeschriebener Zahlen ↑ *K 100, 120.*

1.17.1. Zusammenschreibung von Zahlen, Zusammensetzungen und Ableitungen mit ausgeschriebenen Zahlen

Mehrteilige Zahlen unter einer Million und gemischte Zahlen schreibt man zusammen; mehrteilige Zahlen über eine Million werden getrennt. **282**

Beispiele: vierundzwanzig, siebenhundert[und]zweiunddreißig, neunzehnhundertachtundsiebzig; acht[und]einhalb, zwei[und]dreiviertel; aber: eine Million zweihundert[und]einundzwanzigtausend, vier Millionen achthundertsechsundvierzigtausendfünfhundert[und]neun

Zur Schreibung von Zahlengruppen, Fernsprechnummern u. Nummern von Postscheckkonten *vgl. Vorschriften für den Schriftsatz, 2.2.*, und *Hinweise für das Maschinenschreiben, 3.10. ff.*

Zusammensetzungen und Ableitungen mit einer ausgeschriebenen Zahl als erstem Bestandteil werden immer zusammengeschrieben. **283**

Beispiele: ein Dreitonner, ein Achtzylindermotor, Fünfhundertjahrfeier, Dreizimmerwohnung, eine Zwei- bis Dreizimmerwohnung, die Fünftagewoche, im Dreivierteltakt. *Zur Schreibung in Ziffern vgl. K 284, 285.*
zweimal, achtundzwanzigmal, dreifach, dreisilbig, vierzehnkarätig, zweimonatlich, siebenunddreißiggradig, hundertprozentig, vierteljährlich, achtstückweise. *Zur Schreibung in Ziffern vgl. K 284.*

Zahladjektive auf *-er* werden in der Regel vom folgenden Substantiv getrennt. Sie werden aber mit diesem zusammengeschrieben, wenn das Ganze ein Begriff geworden ist.

Beispiele: die achtziger Jahre, die Achtundvierziger Revolution; aber: in den Achtzigerjahren sein, in Zwölferreihen, eine Einundsechzigerbildröhre

284 Wird die Zahl in Ziffern geschrieben, so wird das einfache Grundwort oder das Suffix ohne Bindestrich mit Kleinschreibung angeschlossen. *Vgl. auch Vorschriften für den Schriftsatz, 2.6.*

Beispiele: ein 3tonner, ein 8zylinder; 3fach, das 3,5fache, 1,3mal, 3silbig, 14karätig, 37gradig, 100%ig *od.* 100prozentig, 80ste, die 48er Revolution; 8stückweise; aber *K 186*: die x-te Größe, das n-Eck, 2^n-Eck

285 Ist die Zusammensetzung mehrgliedrig bzw. folgen der in Ziffern geschriebenen Zahl Einzelbuchstaben oder Abkürzungen, so muß entsprechend *K 188* durchgekoppelt werden. Dagegen steht bei Sorten- bzw. Typenbezeichnungen zwischen Buchstabe und Ziffer kein Bindestrich, da sie eine untrennbare Einheit bilden (*vgl. Vorschriften für den Schriftsatz, 2.6.2.*).

Beispiele: 8-Zylinder-Motor, 800-Jahr-Feier, 2-Zimmer-Wohnung, eine 2–3-Zimmer-Wohnung, die 5-Tage-Woche, die 20-Pfennig-Marke, das 5-cm-Rohr, die ½-kg-Büchse; aber: A4-Format, V8-Motor, IFA-W50-Fertigungsprogramm

286 Ist der erste Teil der Zusammensetzung ein Zahlenverhältnis, eine Ableitung auf *-er* von in Ziffern geschriebenen Zahlen oder ein Bruch, so steht der Erläuterungsbindestrich. Ein Substantiv als Grundwort wird mit großem Anfangsbuchstaben angeschlossen.

Beispiele: der 8:6-Sieg, der 8:6- (5:3-) Sieg, *auch* 8:6(5:3)-Sieg, 24 mm × 36 mm-Format, die 4 × 100-m-Staffel; in 12er-Reihen, 61er-Bildröhre, im ⅜-Takt, aber *K 284*: 3½prozentig

287 Merke: Die Kopplung dient der Klarheit.

Beispiele: 2-kg-Büchsen *od.* Zweikilogrammbüchsen (= Büchsen, die zwei Kilogramm fassen); 2 kg-Büchsen *od.* 2 Kilogrammbüchsen (= zwei Büchsen, die je 1 kg fassen); 2 kg Büchsen (= eine Anzahl Büchsen, z. B. als Sekundärrohstoff, im Gewicht von 2 kg)

1.17.2. Bruchzahlen

288 Ausgeschriebene Bruchzahlen sind entweder Substantive oder Adjektive und werden dementsprechend groß oder klein geschrieben.

Beispiele: ein Drittel, ein Viertel, ein Zwanzigstel, drei Achtel, drei Achtel Mehl, in Dreiviertel der Länge, auf einem Sechstel der Erde; aber: ein drittel Kilo, drei achtel Kilo, ein zehntel Gramm Platin; *vgl. K 289.*

289 Bruchzahlen werden mit einer folgenden Maßeinheit zusammengeschrieben, wenn das Ganze als Maßeinheit zu werten ist.

Beispiele: Viertelmeter, Achtelkilo, Zehntelgramm, 3 Zehntelgramm Platin

Als Maßeinheit gebrauchte substantivische Bruchzahlen werden im Plural nicht dekliniert.

Beispiele: Stoff in drei Viertel *od.* Dreiviertel der Länge, mit fünf Achtel Gewinnanteil, Kosten zu drei Zehntel des Gesamtbetrages
Aber *ohne Maßcharakter*:
In zwei Dritteln seiner Rede behandelte er Wirtschaftsfragen.

Dezimale Teilungen werden durch Komma, nicht durch Punkt gekennzeichnet.

Beispiele: 3,5; 7,1304; 24,00 M; 7,250 km; 0,760 kp (aber *K 394*: 23.00 Uhr)

Zur Schreibung von Bruchzahlen in Ziffern ↑ *K 286.*

1.17.3. Arabische und römische »Zahlen«

Unsere Zahlen werden in arabischer Art mit Hilfe von 10 Ziffern geschrieben: 0, 1, 2, 3, 4, 5, 6, 7, 8, 9. Sie werden im Zehnersystem zusammengefaßt. **290**

Beispiele: 1 Tausender + 9 Hunderter + 5 Zehner + 0 Einer = 1950

In römischer Art schreibt man sie mit Hilfe von 7 Ziffern: **291**
I = 1, V = 5, X = 10, L = 50, C = 100, D = 500, M = 1000

Gleiche Einer, Zehner, Hunderter werden addiert.

Beispiele: III = 3, XXX = 30, CCC = 300

Stehen mehrere ungleiche Ziffern nebeneinander, so muß man die kleinere addieren, wenn sie der größeren folgt; man muß sie jedoch subtrahieren, wenn sie der größeren vorangeht.

Beispiele: VI = 6, CX = 110, MC = 1100; IV = 4, XC = 90, CM = 900

Bei den Römern und im Mittelalter galten dabei für die subtraktive Schreibweise folgende Regeln:

Es dürfen in einer Zahl nicht mehr als 3 gleiche Ziffern nebeneinanderstehen.
Es dürfen nur die Dezimalen (I, X, C) von einer größeren Zahl abgezogen werden.

Es darf nur von Zahlen abgezogen werden, die aus einem Zeichen bestehen (z. B. nicht von: XX). Die längeren Formen römischer Zahlen haben sich erst in neuerer Zeit besonders in der Architektur eingebürgert, sind aber nicht zu empfehlen. Man kann also z. B. 1949 folgendermaßen schreiben:

MCMIL *od.* MCMXLIX *od.* MDCDIL, *neuerdings auch* MCMXXXXIX

2. Zur Flexion

2.1. Zur Deklination des Substantivs

mit Ausnahme der Abkürzungen (*K 313, 314*) und der Eigennamen (*K 315ff.*)

2.1.1. Starker Genitiv bei deutschen Substantiven

Die Genitivendung soll grundsätzlich nicht unterdrückt werden. **292**

Beispiele: die Erforschung des Weltalls, ein Maler des Wiener Biedermeiers, in der letzten Nummer des Neuen Deutschlands

Die volle Form auf *-es* ist bei starken einsilbigen Maskulina und Neutra üblich, besonders im vorangestellten Genitiv. Um des Wohlklangs willen wird zuweilen die kurze Form auf *-s* vorgezogen. *Vgl. K 294.* **293**

Beispiele: des Rates, des Rades, des Strauches, des Tages; des Tages Lauf (aber *K 294*: tags darauf)

Die volle Form muß bei Substantiven auf *-s*, *-ß*, *-x*, *-chs*, *-z*, *-tz* stehen. *Vgl.* aber *K 316.*

Beispiele: des Hauses, des Geheimnisses, des Fußes, des Reflexes, des Fuchses, des Geizes, des Antlitzes

Die volle Form wird bevorzugt bei Substantiven auf *-sch* und *-st* und bei sonstiger Konsonantenhäufung am Ende des deklinierten Substantivs.

Beispiele: des Rausches, des Hirsches, des Nestes, des Obstes, des Gespenstes, des Kitsches (*od.* Kitschs), des Schimpfes, des Sumpfes

Volle und kurze Form schwanken bei mehrsilbigen deutschen Substantiven, die auf betonte Silbe ausgehen.

Beispiele: des Erfolg[e]s, des Gestüt[e]s, des Verruf[e]s

Der Satzrhythmus entscheidet manchmal, ob die Endung *-es* od. *-s* zu wählen ist.

294 Die kurze Form auf *-s* verwendet man bei mehrsilbigen Maskulina und Neutra mit unbetonter Endsilbe und vor allem in erstarrten, oft adverbialen Wendungen.

Beispiele: des Gärtners, des Jünglings, des Gänserichs; tags darauf, höheren Orts, unterwegs

Man verwendet sie überwiegend als Flexionsendung des Grundwortes bei Zusammensetzungen; hier ist aber auch die volle Form richtig.

Beispiele: des Bergwerks, des Webstuhls; *auch*: des Bergwerkes, des Webstuhles

2.1.2. Dativ-e bei deutschen Substantiven

295 Das Setzen des Dativ-*e* hängt vom landschaftlichen Gebrauch und vom Wohllaut ab. Es ist heute jedoch mehr und mehr im Schwinden begriffen.

296 Mit Dativ-*e* können heute noch einsilbige Substantive mit langem Stammvokal stehen, die auf stimmhaften Konsonanten enden.

Beispiele: im Staube liegen, am Tage arbeiten; aber *K 297*: bei Tag und Nacht, im Wald und auf der Heide

In festen Redewendungen ist das Dativ-*e* noch ziemlich häufig.

Beispiele: zu Kreuze kriechen; zugrunde gehen, zustande kommen

297 Ohne Dativ-*e* stehen

Substantive, die auf Vokal enden,

Beispiele: dem Uhu, in dem Verhau, im Heu

Substantive, die ohne Artikel unmittelbar hinter einer Präposition stehen, vor allem auch Wortpaare,

Beispiele: aus Holz, in Öl gemalt, mit Stolz; von Ort zu Ort, von Haus und Hof, von Haus aus (aber *beide Formen*: zu Haus[e], nach Haus[e])

die Namen der Windrichtungen in gehobener Sprache,

Beispiele: dem Nord ausgesetzt, vom West gebläht

Substantive im Dativ, die zu einer Maßangabe im Dativ gehören. *Vgl. auch K 308.*

Beispiele: bei einem Glas kühlem Bier, mit einem Tropfen Blut. *Vgl. auch K 306.*

2.1.3. Dativ und Akkusativ auf -n oder auf -en

298 Maskulina im Genitiv auf *-n* oder auf *-en* behalten diese Endung auch im Dativ und Akkusativ.

Beispiele: Er gab dem Boten einen Auftrag. Er dankte dem Helden der Arbeit. Er sandte den Boten. Er begrüßte den Helden der Arbeit.

Dies gilt besonders auch für die schwach deklinierten Fremdwörter. Die Endung *-en* darf im Dativ und im Akkusativ nicht fehlen. *Vgl.* aber *K 299.*

Beispiele: Man wählte ihn zum Präsidenten. Der Professor half dem Studenten. Er begrüßte den Präsidenten. Der Professor prüfte den Studenten.

Nichtdekliniert stehen solche Substantive nur, wenn sie eng verbunden ohne Artikel stehen und von einer Präposition abhängen. **299**

Beispiele: der Verkehr von Mensch zu Mensch, der Unterschied zwischen Mensch und Tier; eine für Patient und Arzt erfreuliche Wendung in der Krankheit; über Satellit

2.1.4. Besondere Fälle der Pluralbildung

Maskulina und Neutra auf *-el* und *-er* haben in der Regel im Nominativ des Plurals keine besondere Endung; einige haben die Endung *-n.* **300**

Beispiele: die Gipfel, die Würfel; aber: die Muskeln, die Stacheln
die Teller, die Messer; aber *einige Substantive* -n, *z. B.* die Bauern, die Vettern, die Bayern

Feminina auf *-el* und *-er* bilden, soweit sie keinen Umlaut haben, den Plural auf *-n.* **301**

Beispiele: die Achseln, die Gabeln, die Kartoffeln; die Adern, die Kiefern, die Flügelmuttern
Aber *mit Umlaut ohne* -n: die Mütter, die Töchter

Das Plural-*s* steht **302**

bei vielen Fremdwörtern (*vgl. K 307*),

bei niederdeutschen Wörtern, die im Hochdeutschen heimisch geworden sind,

Beispiele: das Wrack: die Wracks, *selten* die Wracke; der Steppke: die Steppkes

bei deutschen und fremden Substantiven, die auf Vokal enden,

Beispiele: die Uhus, die Echos; die Vatis, die Muttis

bei Abkürzungen und Kurzwörtern (*vgl. K 313, 314*), bei Familiennamen (*vgl. K 319*).

Nach niederdeutschem Vorbild hat sich das Plural-*s* in der Umgangssprache eingebürgert. In der Literatursprache ist es zu meiden. **303**

Beispiele: die Jungs *od.* die Jungens, die Mädels, die Kumpels; *besser*: die Jungen, die Mädel, die Kumpel

Zur Pluralbildung von Maß- und Mengenangaben ↑ *K 308, 309.*

2.1.5. Zur Deklination der Fremdwörter

Der Genitiv des Singulars heimisch gewordener Fremdwörter richtet sich im allgemeinen nach den deutschen Regeln. Die stark deklinierten Fremdwörter bilden ihn meist mit bloßem *-s.* **304**

Beispiele: der Singular, des Singulars; der Teint, des Teints; das, *auch* der Gulasch, des Gulasch[e]s (↑ *K 294*); der Student, des Studenten
das Uran, des Urans; das Kollektiv, des Kollektivs
die Saison, der Saison; die Relevanz, der Relevanz

Fremde Maskulina und Neutra auf *-s, -ß, -z, -x* und auf *-st* haben im Genitiv nur *-es,* wenn sie durch häufigen Gebrauch als eingedeutscht gelten können.

Beispiele: des Kongresses, des Komplexes, des Morastes; aber: des Apex, des Apis, des Atlas *od.* Atlasses, des Indexes *od.* Index, des Rhinozeros *od.* Rhinozerosses

305 Die Fremdwörter auf *-us* bleiben bis auf wenige Ausnahmen, die auf *-ismus* ausnahmslos, im Singular undekliniert.

Beispiele: der Rhythmus, des Rhythmus, dem Rhythmus, den Rhythmus; der Spiritus, des Spiritus usw.; der Sozialismus, des Sozialismus usw.
Aber: der Omnibus, des Omnibusses, dem Omnibus, den Omnibus; der Fidibus, des Fidibusses (*neben*: des Fidibus)

Manche Fremdwörter können stark und schwach dekliniert werden.

Beispiele: Der Papagei, des Papageien *od.* des Papagei[e]s, die Papageien *od.* die Papageie; der Partisan, des Partisans *od.* Partisanen

Viele Fremdwörter haben im Deutschen ein anderes Genus angenommen. Noch heute bestehen Schwankungen. Manchmal ist der Genusunterschied durch einen Bedeutungsunterschied bedingt.

Beispiele: der *od.* das Bonbon; das *od.* der Liter; der, *selten* das Chor (Kirchenraum), aber *nur*: der Chor (Gesangsgemeinschaft)

306 Stark deklinierte Fremdwörter enden im Dativ nicht auf *-e*.

Beispiele: mit dem Samowar, im Senat, auf dem Balkon, im Omnibus, mit einem Bluff, an einem Problem

307 Die Pluralbildung der Fremdwörter entspricht oft deutschen Regeln. Viele haben aber auch die Endung *-s*. Manche haben ihre fremde Endung behalten. Oft gibt es Doppelformen.

Beispiele: die Magazine, die Omnibusse, die Pfiffikusse, die Direktoren, die Rhythmen; die Hotels, die Beefsteaks, die Genies, die Schecks (*seltener*: die Schecke), die Streiks (*seltener*: die Streike)
die Balkons *od.* Balkone; Fakten, *auch noch* Fakta, Pronomen *od.* Pronomina, Themen *od.* Themata
nur mit fremder Endung z. B. Numeri, Kasus, Termini technici

Falsch sind doppelte Endungen.

Beispiel: nicht Visas, sondern die Visa *od.* die Visen

Häufig gebrauchte englische Substantive auf *-y* behalten im Deutschen auch im Plural *y* vor der Endung *-s* und werden nicht nach englischer Regel mit *-ie* geschrieben.

Beispiele: das Baby – die Babys; die Party – die Partys

2.1.6. Zur Deklination der Maß- und Mengenangaben

308 Maskulina und Neutra als Maß- und Mengenangaben bleiben im Plural undekliniert. *Vgl.* aber *K 311.*

Beispiele: 100 Sack Weizen (aber *K 311*: 100 Weizensäcke), einige Hundert Zigarren (= Packungen von je 100 Stück), mit 2 Bund Stroh, der Preis von 3 Paar Schuhen
50 g (*sprich*: Gramm) Butter, ein Verbrauch von 150 kW (*sprich*: Kilowatt) Strom und 50 m^3 (*sprich*: Kubikmeter) Gas, 3 % (*sprich*: Prozent) Zinsen

Beachte die Deklination von *Meter, Liter, Pfennig, Taler, Zentner* und ähnlichen Angaben.

Beispiele: eine Mauer von 2 m (*sprich*: Meter) Höhe, ein Gefäß von 2 l (*sprich*: Liter) Inhalt; aber: eine Mauer von 2 m (*sprich*: Metern, *älter* Meter), ein Gefäß von 2 l (*sprich*: Litern, *älter* Liter)

Im Singular wird die Maßbestimmung dekliniert, gelegentlich statt der Maßangabe das folgende Substantiv. *Vgl.* aber *K 312.*

Beispiele: wegen eines Glases Wein, das Zugießen eines Liters Wasser; *auch*: wegen eines Glas Weines, das Zugießen eines Liter Wassers

Das Dativ-*e* fällt meist weg.

Beispiele: von einem Paar Stiefel, mit einem Sack Weizen

Feminine Maß- und Mengenangaben werden dekliniert. **309**

Beispiele: mit 10 Flaschen Bier, 3 Schüsseln Bohnen, mit mehreren Tafeln Schokolade, 3 Millionen Einwohner, 4 Portionen Essen; *vgl.* aber den *nächsten Absatz.*

Geldbezeichnungen ohne auslautendes -*e* bleiben als Wertangaben in der Regel undekliniert. *Vgl.* aber den *nächsten Absatz.* **310**

Beispiele: ein Preis von 20 M, von 90 Pfennig, von 200 Rubel, von 100 Złoty, von einigen Dollar, von mehreren Forint

Fremde Geldbezeichnungen findet man heute vorwiegend dekliniert. Bei auslautendem gesprochenem -*e* wird immer dekliniert.

Beispiele: ein Preis von 100 Złotys, einigen Dollars, mehreren englischen Pfunden, von 20 Kronen, 30 Drachmen, 100 Rupien, 100 Peseten (*auch*: 100 Pesetas)

Wenn Maß-, Mengen- und Geldbezeichnungen reine Gegenstandsbezeichnungen sind, werden sie im Plural dekliniert. **311**

Beispiele: 10 Fässer mit Wein (aber *K 308*: 10 Faß Wein). Er goß Wasser in 2 Gläser. (Aber *K 308*: Er trank 2 Glas Wasser.) 20 Paare tanzten. (Aber *K 308*: Eine Lieferung von 20 Paar Schuhen wurde erwartet.) Einige Pfennige klimperten in der Tasche. (Aber *K 308*: Das ist nur einige Pfennig wert.)

Von der Maß- und Mengenangabe ist der Mengenbegriff, z. B. *Anzahl, Reihe* usw., zu unterscheiden. Er wird dekliniert. Das von ihm abhängige Substantiv folgt den unter *K 312* gegebenen Regeln. Sein Einfluß auf das Prädikat des Satzes ↑ *K 387.*

Steht das der Maß- oder Mengenangabe folgende Substantiv im Singular und ohne ein Attribut, so hat es in der Regel keine Deklinationsendung. **312**

Beispiele: der Preis eines Schoppens Wein; wegen eines Tropfens Öl, bei einer Flasche Wein, bei einem Glas Tee

Steht das Substantiv im Plural oder mit einem Attribut, so tritt es gewöhnlich in den gleichen Kasus wie die Maßbestimmung. *Vgl.* aber *K 308.*

Beispiele: mit einem Dutzend Bleistiften, wegen eines Glases polnischen Wodkas, bei einem Glas kühlem Wein, mit 6 Paar wollenen Strümpfen, bei einem Glas Dunklem. Hier ist ein Glas süßer Wein. Er trinkt 2 Glas süßen Wein.

In gehobener Sprache steht das zur Maß- und Mengenangabe gehörende Substantiv im Genitiv. *Vgl. auch K 308.*

Beispiele: ein Glas perlenden Weins *od.* Weines, ein Dutzend duftender Rosen, ein Trunk Wassers

2.2. Zur Deklination der Abkürzungen, Initial- und Kurzwörter

Initialwörter (↑ *K 196*) werden im Singular gewöhnlich nicht dekliniert. Bei Maskulina und Neutra ist aber die Endung -*s* möglich. **313**

Im Plural wird ebenfalls nicht dekliniert, wenn kein Mißverständnis (Verwechslung mit dem Singular) möglich ist. Sonst wird die Endung *-s* ohne Apostroph, aber keine andere Endung angefügt.

Beispiele: der LKW, des LKW (*auch*: des LKWs), die LKW (*bei Mißverständnissen*: die LKWs); das WC, des WC (*auch*: des WCs), die WC (*bei Mißverständnissen*: die WCs)

Abkürzungen mit Punkt (*K 197, 198*) erhalten keine Deklinationsendung.

Beispiele: des Jg. (= des Jahrgangs), des Jh. (= des Jahrhunderts), d. M. (= des, dieses, desselben Monats), des Koll. (= des Kollegen), der Kolln. (= der Kollegin), die Koll. (= die Kollegen), die Kolln. (= die Kolleginnen)

Der Plural wird manchmal durch Verdoppelung des ausgehenden Buchstabens ausgedrückt.

Beispiele: Mss. (= Manuskripte), Maa. (= Mundarten); S. 5ff. (= S. 5 u. die folgenden Seiten)

Bei Eigennamen, bei denen die Abkürzung als ein wesentlicher Bestandteil vorangestellt ist, wird nur die Abkürzung dekliniert.

Beispiele: der VEB Bibliographisches Institut Leipzig, des VEB Bibliographisches Institut Leipzig (*auch*: des VEBs Bibliographisches Institut Leipzig); *Pl.*: die VEBs Taxi sämtlicher Bezirksstädte

Zur Schreibung und Deklination abgekürzter Namen und Titel ↑ *K 59, 62*; *K 321, 322.*

314 Kurzwörter werden dekliniert.

Beispiele: des Akkus, die Akkus; des Busses, die Busse; des Zoo[s], die Zoos; des Labors, die Labors *od.* Labore; die Uni, der Uni, die Unis; die Mitropa, der Mitropa

2.3. Zur Deklination der Namen

2.3.1. Personen-, Familien- und Vornamen

315 Im Genitiv des Singulars steht *-s*, wenn der Name nicht schon durch ein zugehöriges, vorangehendes Wort als Genitiv kenntlich ist. Von mehreren Namen einer Person erhält dann nur der letzte eine Endung.

Beispiele: die Ermordung Cäsars, Goethes Werke, Onkel Bräsigs Briefe, Lehrer Hohbergers Unterricht, die Regierungszeit Ludwigs XIV. (= des Vierzehnten; *vgl. auch K 320*), aber: die Ermordung des Cäsar, die Briefe des Onkels Bräsig; der Beruf Wolf-Norberts, die Regierungszeit Karl Augusts, die Orgelwerke Johann Sebastian Bachs, aber: die Orgelwerke des Johann Sebastian Bach, die Illustrationen Fritz Koch-Gothas, aber: die Illustrationen des Fritz Koch-Gotha

316 Bei Namen, die auf einen Zischlaut enden, also auf *s, ß, ss, x, chs, z, tz, ce* [*gespr* s], *cz* [*gespr* tʃ], *š* [*gespr* ʃ] und engl. *th* [*gespr* θ, ð], wird der Genitiv statt mit *-s* durch den Artikel oder ein dekliniertes Pronomen oder durch den Apostroph (↑ *K 59*) gekennzeichnet, oder der Genitiv wird durch eine Wendung mit *von* ersetzt. Bei deutschen Namen ist auch noch die alte Genitivendung *-ens* möglich.

Beispiele: das Ei des Kolumbus; der Brief unseres Hans, Hans' Brief *od.* der Brief von Hans *od.* Hansens Brief; Richard Strauss' Opern *od.* die Opern von Richard Strauss; Marx' »Kapital«; Professor Fuchs' Rede; Horaz' Lyrik; Götz' *od.* Götzens eiserne Hand; Anatole France' Romane *od.* die Romane von Anatole France; die Verfilmung von Sienkiewicz' Roman, Beneš' Schriften; Smith' Wirtschaftstheorie

317 Bei Familiennamen mit Präpositionen wird in der Regel der Familienname dekliniert.

Beispiele: die Opern Carl Maria v. Webers, Leonardo da Vincis Gemälde

Wird der Familienname deutlich als Ortsname empfunden, so wird bei vorangehendem Substantiv der Vorname, bei nachfolgendem der Ortsname dekliniert.

Beispiele: der Parzival Wolframs von Eschenbach, aber: Wolfram von Eschenbachs Parzival

Bei Familien- und Personennamen, die zu Gattungsbezeichnungen (Appellativa) geworden sind, schwankt die Deklination. Die Form mit Deklinationsendung ist vorzuziehen. *Vgl. auch K 324.* **318**

Beispiele: die Leistungen des Diesels, die Neuauflage des Dudens

Familiennamen können im Plural undekliniert bleiben. Werden sie ohne Artikel gebraucht, so erhalten sie die Endung *-s*, Namen auf *s, ss, ß, c, chs, z, tz* ohne Artikel die Endung *-ens.* **319**

Beispiele: die Grimm[s], die Müller[s] und Schulze[s]; Grimms, Fiedlers, Müllers, Schulze[n]s; Fuchsens, Götzens

Familiennamen + Titel usw. **320**

Steht beim Familien- oder Personennamen ein Titel, eine Berufs- oder Verwandtschaftsbezeichnung, aber kein Artikel, so erhält nur der Name und, wenn vorhanden, auch der Beiname die Flexionsendung. *Vgl. auch K 322.*

Beispiele: Direktor Seiferts Unterricht, die Briefe Onkel Bräsigs, König Ludwigs XIV. (= des Vierzehnten) Regierung, Diplomingenieur *od.* Dipl.-Ing. (↑ *K 186, 197*) Richters Arbeit

Steht ein Artikel dabei, so erhält nur der Titel bzw. auch der Beiname, aber nie der Name eine Flexionsendung.

Beispiele: der Unterricht des Direktors Seifert, die Briefe des Onkels Bräsig, die Regierung des Königs Ludwig XIV. (= des Vierzehnten); die Arbeit des Diplomingenieurs Richter, des Dipl.-Ing. (↑ *K 321*) Richter

Bei mehreren mit dem Namen verbundenen Titeln mit Artikel wird im allgemeinen nur der erste Titel dekliniert.

Beispiele: die Anordnung des Chefarztes Professor Müller *od. als Apposition* (*K 418*) des Chefarztes, Professors Müller *od.* Professor Müllers; aber: Chefarzt Professor Müllers Anordnung

Merke: *Doktor* (*Dr.*) gilt als Bestandteil des Namens, wird also nicht besonders dekliniert. **321**

Beispiele: Dr. Müllers Vortrag, der Vortrag Dr. Müllers, *auch*: der Vortrag des Dr. Müller; Professor Dr. Otto Ungers Familie, die Familie Professor Dr. Otto Ungers, *auch*: die Familie des Professors Dr. Otto Unger

Bei abgekürzten Berufsbezeichnungen steht keine Flexionsendung. (*Vgl. K 313, 320.*)

Beispiele: der Vortrag des Dipl.-Ing. Richter (*gespr*: des Diplomingenieurs R...), des Dipl.-Math. Müller (*gespr*: des Diplommathematikers M...)

Herr wird vor Familien- und Personennamen stets dekliniert. **322**

Beispiele: Herrn Seiferts Unterricht, der Unterricht Herrn Seiferts
Herrn Koch habe ich mitgeteilt, daß ...

Titel und Berufsbezeichnungen, die auf *Herr* folgen, müssen nicht unbedingt dekliniert werden. *Vgl. auch K 320.*

Beispiele: Herrn Direktor Seiferts Unterricht, der Unterricht des Herrn Direktor[s] Seifert; der Vortrag des Herrn Dipl.-Ing. Richter, des Herrn Diplomingenieur[s] Richter; *ohne Namen*: des Herrn Direktor[s], des Herrn Professor[s]

323 Bezeichnungen wie *Kollege, Genosse* usw. stellt man am besten dem Titel *Herr* gleich und dekliniert sie.

Beispiele: Ich las Kollegen Müllers Vorschläge. Ich schrieb [an] Kollegen Müller, [an] Genossen Müller. Ich möchte dem Genossen Vorsitzenden die Frage beantworten.
Ohne Namen: des Kollegen Redakteur[s], des Genossen Oberstleutnant[s]

2.3.2. Geographische Namen

324 Geographische Namen erhalten in der Regel das Genitiv-*s*.

Beispiele: die Industrie Hohenstein-Ernstthals, Berlins Lage; die Wirtschaft des heutigen Finnlands, der Wiederaufbau des zerstörten Dresdens (*auch schon*: des heutigen Finnland, des zerstörten Dresden); *K 316*: die Geschichte von Worms, *ältere Ausdrucksweise*: Wormsens Geschichte; nördlich Berlins, *auch*: nördlich Berlin *od.* von Berlin

Für geographische Namen, die zu Gattungsbezeichnungen (Appellativa) geworden sind, gilt sinngemäß *K 318.*

325 Fremde geographische Namen nehmen das Genitiv-*s* an, wenn sie eingedeutscht sind oder häufig gebraucht werden.

Beispiele: die Stromschnellen des Kongo[s], die Mündung des Tiber[s], des Sambesi[s], der Ausbruch des Vesuv[s], des Ätna[s]; aber *nur*: die beiden Ufer des Rheins

Das Plural-*s* wird heute oft abgestoßen.

Beispiel: die zwei Amerika

Die Deklination mehrteiliger geographischer Namen folgt den allgemeinen Regeln.

Beispiele: die Lage Berlin-Schönefelds; an den Küsten des Atlantischen Ozeans; in den Hohen Tauern; die Länge der Rhein-Main-Donau-Großschiffahrtsstraße; die Lage des Kaps der Guten Hoffnung, des Kaps Arkona *od.* Kap Arkonas, Kap Arkonas Lage; die Geschichte Sankt Gallens; *vgl. auch K 326.*

2.3.3. Mehrteilige Eigennamen

326 Mehrteilige Eigennamen sind zu deklinieren. Tritt ein Artikel hinzu, so wird auch dieser dekliniert.
Das gilt sowohl für Gesprochenes als auch für Geschriebenes; Anführungszeichen machen einen Titel oder Eigennamen nicht »unantastbar«.

Beispiele: die Leitartikel des Neuen Deutschlands *od.* des »Neuen Deutschlands« (*Titel*: Neues Deutschland); ein Artikel aus der »Technik«, *weniger empfehlenswert*: aus der Technik (*Titel*: Die Technik); in Nathan dem Weisen *od.* in »Nathan dem Weisen« (*Titel*: Nathan der Weise); in den Lustigen Weibern von Windsor *od.* in den »Lustigen Weibern von Windsor« (*Titel*: Die lustigen Weiber von Windsor); die Veröffentlichungen der Sächsischen Akademie der Wissenschaften (*Name*: Sächsische Akademie der Wissenschaften); neben dem Goldenen Löwen *od.* neben dem »Goldenen Löwen« (*Gasthofsname*: Goldener Löwe); eine Fahrt mit dem Fliegenden Holländer *od.* mit dem »Fliegenden Holländer« (*Name des Schiffes bzw. des Autobusses*: Fliegender Holländer); in der Hohen Straße 24 (*Name*: Hohe Straße); *vgl. auch K 325.*

Zur Groß- und Kleinschreibung *vgl. K 261.*
Setzt man Anführungszeichen (*vgl. auch K 261, 487ff.*), so kann der am Anfang des Eigennamens stehende und zu ihm gehörende Artikel nur dann eingeschlossen werden, wenn er durch Deklination nicht verändert ist.

Beispiele: Sie lasen »Das Kapital« *od.* das »Kapital« *od.* Das Kapital, *weniger empfehlenswert*: das Kapital. (*Titel des Werkes*: Das Kapital)
Er rezitierte »Das Lied von der Glocke« *od.* das »Lied von der Glocke« *od.* Das Lied von der Glocke, *weniger empfehlenswert*: das Lied von der Glocke. (*Titel*: Das Lied von der Glocke)

Ist der am Anfang des Eigennamens stehende und zu ihm gehörende Artikel dagegen durch Deklination verändert, so kann er nicht in die Kennzeichnung durch Anführungszeichen einbezogen werden.

Beispiele: im »Kapital«, ein Zitat aus dem »Lied von der Glocke«

> Merke: Das über Anführungszeichen Ausgeführte gilt sinngemäß auch für Eigennamen, die nicht mehrteilig sind.
>
> Beispiel: Die Vertonung des »Erlkönigs« (*Titel bei Goethe*: Erlkönig)

Geht der im Genitiv stehende Name des Verfassers dem Titel unmittelbar voran, so fällt der Artikel beim Titel weg. **327**

Beispiele: Schillers Taucher *od.* Schillers »Taucher« (*Titel*: Der Taucher); aus Lessings Jungem Gelehrten *od.* aus Lessings »Jungem Gelehrten« (*Titel*: Der junge Gelehrte)

Allerdings gibt es auch grammatisch bedingte Ausnahmen von dieser Regel.

Beispiel: Shakespeares Der Widerspenstigen Zähmung *od.* Shakespeares »Der Widerspenstigen Zähmung« (*Titel*: Der Widerspenstigen Zähmung)

Bei anderen Eigennamen mit Artikel muß sinngemäß verfahren werden.

Beispiel: Dresdens Zwinger (*landläufige Bezeichnung*: der Zwinger)

Will man den Eigennamen nicht »verletzen«, dann muß man die Gattungsbezeichnung (das Appellativum) zu Hilfe nehmen.

Beispiele: ein Zitat aus Marx' Werk »Das Kapital«; Verse aus der Ballade »Die Kraniche des Ibykus«; ein Artikel aus der Zeitschrift »Die Technik«; eine Melodie aus der Oper »Die lustigen Weiber von Windsor«; im Gasthof »Goldener Löwe«; mit dem Schiff »Fliegender Holländer«

2.3.4. Monatsnamen

Monatsnamen können im Genitiv undekliniert bleiben. Die Monate auf *-er* bewahren das Genitiv-*s* noch verhältnismäßig oft. In Verbindung mit dem Wort *Monat* und mit den Adverbialbestimmungen *Anfang*, *Mitte*, *Ende* bleiben die Monatsnamen immer undekliniert. **328**

Beispiele: des 1. Mai *od.* Mai[e]s; des 1. Novembers, *auch*: November; des Monats November; Anfang Mai, Mitte Juli, Ende Dezember

Im Plural bleiben die Monatsnamen auf *-er* undekliniert; *Juni* und *Juli* erhalten die Endung *-s*, die übrigen die Endung *-e*.

2.3.5. Zum Genus (Geschlecht) von Schiffsnamen

Schiffsnamen sind vorwiegend Feminina. Schiffsnamen nach Ländern, Städten und anderen geographischen Namen sind immer Feminina. **329**

Beispiele: die Rostock, die Leipzig, die Europa, die Kap Arkona

Auch Schiffsnamen nach männlichen Personen werden überwiegend als Feminina, seltener als Maskulina gebraucht.

Beispiele: die (*seltener*: der) Fritz Heckert, der Stapellauf der (*seltener*: des) Heinrich Heine

Schiffsnamen nach Tieren entsprechen im allgemeinen dem Genus des Tiernamens.

Beispiele: der Tiger, der Kormoran, der Falke, die Möwe

Bei Schiffsnamen nach Sachbezeichnungen steht in der Regel das dem Worte zukommende Genus oder das Femininum.

Beispiele: der Diplomat, die Völkerfreundschaft, das Kreuz des Südens, die Vorwärts

Deklinierte Schiffsnamen mit Anführungszeichen ↑ *K 326*.

2.4. Zur Deklination des Adjektivs und des Partizips

330 Die Art der Deklination des Adjektivs und des adjektivisch gebrauchten Partizips richtet sich danach, ob ihm ein Artikel, Pronomen oder Numerale mit voller starker Deklinationsendung (*-[e]s, -er, -[e]m*) vorausgeht oder nicht. Alle Formen des bestimmten Artikels gelten als stark dekliniert.

2.4.1. Attributives Adjektiv

331 Adjektive ohne vorangehenden Artikel, vorangehendes Pronomen oder Numerale (*vgl. auch K 341*) werden stark dekliniert, d. h., sie enden mit dem gleichen Buchstaben wie die entsprechende Form des bestimmten Artikels.

Beispiele: gute*r* Rat (de*r* R.), frische*s* Gemüse (da*s* G.), gut*e* Nachricht (di*e* N.), bei gute*m* Wein (bei de*m* W.), mit gute*r* Nachricht (mit de*r* N.), gut*e* Ratschläge (di*e* R.), eine Menge gute*r* Ratschläge (de*r* R.), mit gute*n* Nachrichten (mit de*n* N.), bei der Heimleitung eingehend*e* Anfragen (di*e* A.)

332 Im Genitiv des Singulars steht jetzt jedoch vor Maskulina und Neutra die Endung *-en*, d. h., das Adjektiv wird schwach dekliniert.

Beispiele: reinen Herzens (*älter*: reines Herzens), stehenden Fußes, eilenden Laufes

333 Hat der vorangehende unbestimmte Artikel bzw. das Pronomen oder Numerale keine Deklinationsendung, dann werden die folgenden Adjektive stark dekliniert (↑ *K 331*).

Beispiele: ein (mein, dein, sein, unser, euer, ihr, Ihr) an den Stadtbezirk gerichtetes Schreiben; du lieber Kerl; mir fremdem Manne kam man mißtrauisch entgegen; kein anderer, solch herrliches Wetter, mit welch großem Eifer; die Kraft acht starker Männer; viel guter Wein, genug frisches Gemüse, mit wenig frischem Gemüse

Das vor dem Substantiv stehende Pronomen oder unbestimmte Numerale wird ebenso wie der Artikel stark dekliniert.

Beispiele: mit dem Sinn jenes Satzes, mit dem Sinn jenes langen Satzes; in keinem Falle, in keinem besonderen Falle

> Merke: Die Pronomen *all, andere, jeder, manch, solch, welch* ohne vorangehenden Artikel werden vor einem stark deklinierten männlichen oder sächlichen Substantiv im Genitiv des Singulars meist schwach dekliniert.
>
> Beispiele: allen Ernstes (*für*: alles Ernstes); Menschen jeden Alters (*für*: jedes Alters), anderen Alters, anderenfalls, jedenfalls, manchen Mannes, solchen Wetters, welchen Geschlechts
>
> Diese Regel gilt nicht vor substantiviertem Adjektiv.
>
> Beispiele: die Beschreibung alles Möglichen, das Streben jedes Guten, die Mitteilung manches Erfreulichen

334 Nach dem bestimmten Artikel oder den deklinierten Formen des unbestimmten Artikels, nach deklinierten Formen eines Pronomens oder eines unbestimmten Numerale wird das Adjektiv schwach dekliniert.

Beispiele: das Mienenspiel der staunenden Kinder, unter dem (einem, diesem, deinem) starken Eindruck; ein Tatbestand, dessen unerwartete Auswirkungen ...; welcher (solcher) gewaltigen Arbeit bedurfte es ...; er war sich keiner schwerwiegenden Verfehlung bewußt.

Merke: Das schwach deklinierte Adjektiv endet im Nominativ, vor Feminina und Neutra auch im Akkusativ, auf *-e*. **335**

Beispiele: der (dieser, jeder usw.) große Beifall, die (diese, jede usw.) große Überraschung, das (dieses, jedes usw.) große Ereignis, manche große Überraschung, jeglicher vorgesehene Rechtsschutz; ohne diese große Überraschung, durch jedes große Ereignis

Mehrere beieinanderstehende Adjektive oder Partizipien haben alle die gleichen Flexionsendungen. Sie folgen den in *K 331–335* gegebenen Regeln. Steht das unmittelbar dem Substantiv vorausgehende Adjektiv mit diesem Substantiv in engerem Zusammenhang, so wird dieses Adjektiv auch schwach dekliniert. **336**
Vgl. auch K 341.

Beispiele: *K 331*: guter Wein – guter, alter Wein; du lieber Kerl – du lieber, guter Kerl; mit herzlichem Dank – mit tiefgefühltem, herzlichem Dank; bei polnischem Wodka – bei klarem polnischem Wodka, *auch* bei klarem polnischen Wodka
K 332: der Genuß guten Weines – der Genuß guten, alten Weines
K 333: ein (mein, dein usw.) guter Wein – ein (mein, dein usw.) guter, alter Wein
K 334: der Genuß des (eines, meines usw.) guten Weines – der Genuß des (eines, meines usw.) guten, alten Weines
K 335: der (dieser, jeder usw.) gute Wein – der (dieser, jeder usw.) gute, alte Wein

Folgende Schwankungsfälle in der Deklination von Adjektiven mit Pronomen oder Numerale (*vgl. auch K 341*) sind zu beachten:

Nach stark deklinierten Kardinalzahlen wird das folgende Adjektiv oder Partizip heute überwiegend stark dekliniert. **337**

Beispiele: die Vereinbarung zweier guter (*selten*: guten) Freunde; die Freundschaft dreier benachbarter (*selten*: benachbarten) Völker

Nach den Personalpronomen *wir* und *ihr* hat sich die schwache Deklination weitgehend durchgesetzt. **338**

Beispiele: wir frohen Menschen, ihr lieben Leute

Manchmal kann man im Zweifel sein, ob das vorausgehende Wort ein Pronomen, ein unbestimmtes Numerale oder ein Adjektiv ist. Deshalb schwankt die Deklination des folgenden Adjektivs vor allem in Verbindungen mit *viel, wenig, andere, folgend.* Es empfiehlt sich, diese Wörter wie Adjektive zu behandeln und das folgende Adjektiv entsprechend *K 336* zu deklinieren. **339**

Beispiele: mit vielem anderem Gepäck, *auch*: mit vielem anderen Gepäck, *nur*: mit viel anderem Gepäck; mit wenigem gutem Stoff, *auch*: mit wenigem guten Stoff, *nur*: mit wenig gutem Stoff; mit anderem gutem Gerät, *auch*: mit anderem guten Gerät; derartige unliebsame Ereignisse, *auch*: derartige unliebsamen Ereignisse

Nach *folgend* (ohne vorausgehenden Artikel) wird ein Adjektiv oder Partizip im Singular überwiegend schwach, im Plural überwiegend stark dekliniert.

Beispiele: folgendes neue (*im Nominativ auch*: neues) Gesetz, folgende neue (*auch*: neuen) Gesetze, die Bestimmungen folgender neuer (*auch*: neuen) Gesetze

Das Wort *beide* betrachtet man heute überwiegend als Pronomen. Das ihm folgende Adjektiv wird wie bei der Gruppe *irgendwelche, welche, manche* usw. behandelt. *Vgl. K 340.*

Bei einer Reihe unbestimmter Pronomen und Numeralien schwankt im Plural aus dem in *K 339* angegebenen Grunde die Deklination des folgenden Adjektivs oder Partizips. **340**
Nach *alle* und *keine* werden Adjektive und Partizipien heute schwach dekliniert.

Beispiele: alle friedliebenden Völker, die Namen aller Verdienten Lehrer des Volkes; keine großen Worte wählen, keiner großen Worte bedürfen

Nach *beide, irgendwelche, welche, manche, solche, sämtliche* wird heute das folgende Adjektiv oder Partizip schwach oder stark dekliniert. Die schwache Deklination gewinnt an Einfluß.

Beispiele: sämtliche neuen (*auch*: neue) Mitglieder, die Anschriften sämtlicher neuen (*auch*: neuer) Mitglieder; manche bildenden (*od.* bildende) Künstler, die Werke mancher bildenden (*od.* bildender) Künstler; beide erkennbaren (*auch noch*: beide erkennbare) Merkmale, die wirtschaftlichen Belange beider verbündeten (*auch*: verbündeter) Staaten

Nach *andere, einige, etliche, mehrere, verschiedene, viele, wenige* wird das Adjektiv oder Partizip im Nominativ und Akkusativ heute fast nur stark dekliniert, im Genitiv vorwiegend stark, aber auch schwach.

Beispiele: viele neue Bücher, die Einbände vieler neuer (*auch*: neuen) Bücher

2.4.2. Substantiviertes Adjektiv

Es sind drei Gruppen zu unterscheiden:

Adjektiv und Partizip, substantivisch gebraucht (*K 341*),
Adjektiv und Partizip, zum Substantiv geworden (*K 342*),
Adjektiv und Partizip, auf dem Wege zum Substantiv (*K 343*).

341 Die substantivierten Adjektive und Partizipien bilden die weitaus größte Gruppe. Sie folgen den Deklinationsregeln des attributiven Adjektivs (↑ *K 330–340*).

Beispiele: *K 331*: Junge und Alte, Altes und Neues, mit Altem und Neuem; eine Gruppe Werktätiger
K 333: ein Werktätiger, ein Angestellter; mein Verwandter, unser Delegierter; du Lieber; etwas Schönes, mit viel Schönem, manch Großer, manch Erfreuliches; zwei Delegierte
K 334: dem Gesandten, die Angestellten; eines Werktätigen; das Mienenspiel dieses Staunenden; unseren Kranken; von manchem Erfreulichen, mit vielem Schönen (*vgl. auch K 339*); welcher Verwandten erinnerte er sich?; die Zahl aller Berufstätigen
K 335: der Weise, dieser Große, das Innere des Hauses, die Einsame, das große Ganze
K 336: ein großes Ganzes (*auch K 335*: Ganze)
K 337: der Streit zweier Mächtiger (*selten*: Mächtigen); die Reden zweier Abgeordneter (*selten*: Abgeordneten)
K 338: wir Werktätigen (*seltener*: wir Werktätige), ihr Werktätigen (*seltener*: ihr Werktätige), ihr Jubelnden und Singenden (*seltener*: ihr Jubelnde und Singende)
K 339: mit vielem anderem *od.* mit vielem anderen; aus wenigem Gutem *od.* aus wenigem Guten
K 340: die Zahl aller Berufstätigen, keine Arbeitslosen; sämtliche Schwerbeschädigten (*auch*: Schwerbeschädigte); manche Kleinen (*od.* Kleine); im Kreise solcher Bekannten (*od.* Bekannter); viele Starke, wenige Kranke, die Ankunft verschiedener Erholungsuchender (*auch*: Erholungsuchenden), beide Jugendlichen (*auch*: Jugendliche), das Gepäck beider Reisenden (*auch noch*: beider Reisender)

342 Die zu Substantiven gewordenen Adjektive und Partizipien werden als Maskulina und Feminina schwach, als Neutra stark dekliniert.

Beispiele: die Brünette – der Brünette, die Brünetten; die [Berliner] Weiße – der [Berliner] Weiße, die [Berliner] Weißen; die Blonde [= weiße Seidenspitze] – der Blonde, die Blonden (aber *K 341*: die Blonde [= blondes Mädchen] – der Blonden, die Blonden); der Invalide – des Invaliden, die Invaliden
das Isobar – des Isobars, die Isobare

343 Einige substantivisch gebrauchte Adjektive sind auf dem Wege, Substantive zu werden. Ihre Deklination ist deshalb z. T. adjektivisch (*K 341*), z. T. substantivisch (*K 342*).

Beispiele: die Gerade, der Geraden, zwei Gerade (*K 341*) – *auch*: zwei Geraden (*K 342*); die Horizontale, der Horizontalen (*K 341*) *od.* der Horizontale (*K 342*) – zwei Horizontale (*K 341*) *od.* zwei Horizontalen (*K 342*)

Hierher gehören auch *Parallele, Vertikale, Normale, Isobare* usw. *Vgl. Wörterverzeichnis.*

Die Deklination substantivierter Adjektive schwankt in Sonderfällen, und zwar **344**

bei substantivierten Adjektiven, wenn sie als Neutrum gebraucht werden und ihnen ein stark dekliniertes Adjektiv vorangeht (↑ *K 335, 336, 341*),

Beispiele: ein großes Ganzes, *auch*: Ganze; sein ganzes Inneres, *auch*: Innere; mit zerrüttetem Innerem, *auch*: Inneren

im Dativ des Singulars nach einem Dativ des Personalpronomens (↑ *K 341, 342*),

Beispiele: mir als Verwandten (*auch*: mir als Verwandtem), ihm als Vorsitzenden (*auch*: ihm als Vorsitzendem)

im Genitiv des Plurals (↑ *K 331, 341, 342*).

Beispiele: im Kreise guter Bekannter (*auch*: Bekannten); die Namen dreier Angestellter (*auch*: Angestellten)

Zur Deklination substantivisch gebrauchter Sprachbezeichnungen auf *-isch* (*-sch*) *vgl. K 268 ff.* **345**

Die sich vom Adjektiv nicht unterscheidende substantivierte Form dieser Sprachbezeichnung kann im Genitiv die Endung *-s* erhalten oder bleibt in allen Fällen undekliniert.

Beispiele: das Deutsch, das Russisch, das Englisch: die Aussprache seines Deutsch[s], seines Russisch[s], seines Englisch[s]; in gutem Deutsch, Russisch, Englisch

Die vom Adjektiv durch die Endung *-e* unterschiedene substantivische Form dieser Sprachbezeichnungen wird schwach dekliniert, d. h., sie bekommt im Genitiv und Dativ die Endung *-en.*

Beispiele: das Deutsche, das Russische, das Englische: die Aussprache des Deutschen, des Russischen, des Englischen; seine Zensur im Deutschen, im Russischen, im Englischen

2.4.3. Zur Komparation (Steigerung) des Adjektivs und Partizips

Adjektive, deren Bedeutung die Vorstellung eines Mehr oder Minder ausschließt, werden nicht kompariert, außer in übertragener Bedeutung. **346**

Beispiele: dreieckig, jährlich, mündlich, tot, stumm, leer, golden, schwarz, lebendig; aber: schwärzester Tag, die lebendigste Schilderung

Partizipien werden nur kompariert, wenn sie Adjektive geworden sind. **347**

Beispiele: die schreiendsten (= grellsten) Farben, die ausgesprochensten (= schärfsten) Gegensätze; aber *nur*: die schreienden Kinder, der ausgesprochene Dank

Manche Adjektive werden mit und ohne Umlaut kompariert. *Vgl. Wörterverzeichnis.* **348**

Beispiele: bang: banger *od.* bänger, am bangsten *od.* bängsten; blaß: blasser, *seltener*: blässer, am blassesten, *seltener*: blässesten; fromm: frommer *od.* frömmer, am frommsten *od.* frömmsten; gesund: gesünder, *seltener*: gesunder, am gesündesten, *seltener*: gesundesten; glatt: glatter, *umgangssprachlich*: glätter, am glattesten, *umgangssprachlich*: glättesten; naß: nasser, *auch*: nässer, am nassesten, *auch*: nässesten; schmal: schmaler, *älter*: schmäler, am schmalsten, *älter*: schmälsten

Ohne Umlaut werden die Adjektive mit *au* kompariert.

Beispiel: schlau: schlauer, am schlausten *od.* schlauesten

349 Bei der Bildung des Superlativs ist folgendes zu beachten:

Adjektive auf *s, ß, st, x, z* haben das Suffix *-est.*

Beispiele: am krausesten; am süßesten; die heißeste Jahreszeit; das festeste Gewebe; die laxeste Moral; die kürzeste Frist; am spitzesten; aber: am größten

Mehrsilbige Adjektive und Partizipien, die nicht auf der Endsilbe betont sind, besonders auch Adjektive auf *-isch*, haben das Suffix *-st*. Auslautendes *d* oder *t* darf vor *st* nicht entfallen (*vgl. auch K 115*).

Beispiele: die reizendsten Kinder, der geachtetste Mann, am verwegensten, am berüchtigtsten; der närrischste und komischste Mensch; aber *mit Ton auf der letzten Silbe der Grundform*: im gereiztesten Tone

350 In zusammengesetzten Adjektiven wird nur das zweite Glied kompariert.

Beispiele: der tollkühnste Versuch, die altmodischste Tracht, in großzügigster Weise

351 In zusammengesetzten Partizipien II wird im allgemeinen nur das erste Glied kompariert.

Beispiele: der noch besser versorgte, bestversorgte Kranke; höhergestellte, höchstgestellte Persönlichkeiten. *Vgl. auch K 127.*

Bei zusammengesetzten Partizipien I schwankt die Komparation.

Beispiele: ein wohlschmeckenderes Gericht, schwerwiegendere (*mit Nachdruck gesprochen*: schwerer wiegende) Bedenken, weitgehendste (*od.* weitestgehende) Nachsicht, ein näherliegendes Argument, der nächstliegende Grund

Zur Zusammen- und Getrenntschreibung bei den Komparationsstufen ↑ *K 127.* Zur Groß- und Kleinschreibung des Superlativs ↑ *K 94, 115.*

2.5. Zur Deklination des Pronomens

352 *deren* und *dessen* sind beide Relativ- oder Demonstrativpronomen. Sie unterscheiden sich in Numerus (Zahl) und Genus (Geschlecht).
deren ist der Genitiv des Singulars mit Bezug auf ein Femininum oder der Genitiv des Plurals mit Bezug auf alle drei Genera; *dessen* ist der Genitiv des Singulars mit Bezug auf ein Maskulinum oder Neutrum.
Beide Formen erhalten keine anderen Deklinationsendungen. Beide Formen stehen

als Relativpronomen,

Beispiele: die Vorstellung, deren ich mich erinnere; die Bestellung, mit deren Eingang wir rechnen; Erlebnisse, deren wir uns erinnern; Bücher, mit deren Erscheinen, mit deren neuem Erscheinen wir rechnen
der Film, dessen ich mich erinnere; das Buch, mit dessen Empfang wir rechnen, mit dessen baldigem Eingang wir rechnen

als Demonstrativpronomen.

Man kann *derselben* bzw. *desselben* dafür einsetzen und verwendet es statt des possessiven *ihr* bzw. *sein*, wenn Mißverständnisse möglich sind.

Beispiele: ihre Freundin und deren Tochter; die Dome, ihre Erbauer und deren Lebensschicksale; die Tänzerin und deren (*besser*: ihr) prachtvoller Schmuck
sich dessen erinnern; sein Freund und dessen Tochter; mein Freund und dessen (*besser*: seine) Tochter

derer ist nur Genitiv des Plurals und nur Demonstrativpronomen. Es kann immer durch *derjenigen* ersetzt werden. **353**

Beispiele: die Zahl derer, die wir kennen; die Berufe der Bewohner des Gebirges und derer des Flachlandes

Zur Deklination von Pronomen + Adjektiv ↑ *K 333, 334, 338–340, 344.*

2.6. Zur Konjugation des Verbs

2.6.1. Besonderheiten bei der Konjugation im Präsens

Verben, deren Stamm auf einen *S*-Laut ausgeht (*s, ß, ss, x, z, tz*), bilden die 2. Person des Singulars im Indikativ des Präsens gewöhnlich – auch im Österreichischen – mit der Endung *-t*, aber auch noch mit *-est*. Ein auslautendes *ß* nach kurzem Vokal wird vor *-est* zu *ss*. **354**

Beispiele: du liest, *auch noch* liesest; du reist, *auch noch* reisest; du reißt, *auch noch* reißest; du läßt, *auch noch* lässest; du wächst, *auch noch* wächsest; du mixt, *auch noch* mixest; du reizt, *auch noch* reizest; du sitzt, *auch noch* sitzest; du vergißt, *auch noch* vergissest; *vgl. auch K 38 und 44.*

Verben mit *sch* als Stammauslaut bilden die 2. Person des Singulars im Indikativ des Präsens mit *-st*, aber auch noch mit *-est*.

Beispiele: du naschst, *auch noch* naschest; du wäschst, *auch noch* wäschest

Im Konjunktiv muß in der 2. Person des Singulars *-est* stehen.

Beispiele: du lassest, du wachsest; du naschest, du waschest

Zur Auslassung des *e* bei Verben auf *-eln*, *-ern* und auf *-en* ↑ *K 363.*

2.6.2. Zum Gebrauch von »haben« und »sein« bei zusammengesetzten Zeiten

haben steht **355**

bei allen transitiven und transitiv gebrauchten Verben,

Beispiele: Ich habe [ihn] gefragt, ich habe die Frage beantwortet; ich habe Sand gefahren.

bei allen reflexiven Verben,

Beispiele: Ich habe mich gefreut. Hast du dir eingebildet, daß ...?

bei denjenigen intransitiven Verben, die einen Vorgang nur in seinem Verlauf, nicht in der Vollendung bezeichnen oder die einen Zustand benennen, z. B. *antworten, blühen, brennen, frieren, schlafen, leben.*

Beispiele: Ich habe geantwortet, die Blume hat geblüht, die Kohle hat gebrannt, ich habe gefroren, er hat geschlafen, er hat gelebt.

sein steht

bei denjenigen intransitiven Verben, die auf Vollendung eines Vorgangs gerichtet sind, die also einen neuen Zustand bezeichnen, z. B. *erkranken, genesen, verblühen, verbrennen, erfrieren, einschlafen, sterben,*

Beispiele: Er ist erkrankt, sie ist genesen, die Blume ist verblüht, die Kohle ist verbrannt, die Zehen sind erfroren, er ist eingeschlafen, er ist gestorben.

sinngemäß bei den Verben der Bewegung (*vgl.* aber *Merke*).

Beispiele: Ich bin gegangen, gekommen; er ist gelaufen, gewandert; wir sind gefahren, gesegelt; ich bin durch die Gegend geirrt.

> Merke: Transitiv gebrauchte Verben der Bewegung werden mit *haben* verbunden.
>
> Beispiele: Er hat den Wagen gefahren, er hat das Flugzeug nach Moskau geflogen. Aber: Er ist im Wagen gefahren, er ist nach Moskau geflogen.
>
> Beachte: Ich habe im Zimmer [einen Walzer] getanzt. Aber (*1. Abs. unter* »sein«): Ich bin ins Zimmer getanzt.

Die oberdeutsche Form *er ist gesessen, er ist gestanden* ist nicht literatursprachlich; sie faßt das entsprechende Verb im Sinne des 1. Absatzes unter »sein« auf.

2.6.3. Zur Konjugation unfest und fest zusammengesetzter und präfigierter Verben

356 Unfest zusammengesetzte und präfigierte Verben werden, ebenso wie die von zusammengesetzten Substantiven abgeleiteten Verben (*vgl.* dazu aber *K 357*, Beachte), auf dem 1. Glied betont. Im Präsens und im Präteritum des Aktivs wird das erste Glied bzw. abtrennbare Präfix nachgestellt. Hierher gehören

Verben mit *ab, an, auf, aus, bei, dar, ein, fort, her, hin* (und deren Zusammensetzungen wie *herauf, hinaus* usw.), *mit, nach, nieder, vor, weg, zu, zurück, zusammen* als erstem Bestandteil,

Beispiele: abbrechen: ich breche ab usw., ich brach ab usw.; hinaufgehen: ich gehe hinauf usw., ich ging hinauf usw.

Verben mit *durch, hinter, über, um, unter, wider, wieder* und *voll* als betontem erstem Bestandteil, *vgl.* aber *K 360,*

Beispiele: unterbringen: ich bringe unter usw., ich brachte unter usw.; vollfüllen: er füllt den Eimer voll, er füllte den Eimer voll

Verben mit einem im Akkusativ oder Präpositionalfall stehenden Substantiv als erstem Bestandteil. *Vgl. auch K 133.*

Beispiele: kopfstehen: ich stehe kopf usw., ich stand kopf usw.; haushalten: sie hielt haus; haltmachen: ich machte halt

Zur Bildung des Partizips II bei unfest zusammengesetzten Verben ↑ *K 358 ff.*

357 Fest zusammengesetzte und präfigierte Verben werden auf dem 2. Glied betont.

Hierher gehören

Verben mit den Präfixen *be-, ent-* oder *emp-, er-, ge-, ver-, zer-,*

Beispiele: begehen: ich begehe usw., ich beging usw.; entfallen: es entfällt, es entfiel; verbieten: ich verbiete usw., ich verbot usw.

Verben mit *durch, hinter, über, um, unter, wider, wieder* und *voll* als unbetontem erstem Bestandteil. *Vgl.* aber *K 360.*

Beispiele: unterbrechen: ich unterbreche usw., ich unterbrach usw.; vollziehen: ich vollziehe usw., ich vollzog usw.

Beachte: Verben, die aus zusammengesetzten Substantiven abgeleitet sind, gelten nicht als zusammengesetzte Verben, werden aber wie fest zusammengesetzte konjugiert.

Beispiel: wetteifern: ich wetteifere usw., ich wetteiferte usw.

Zur Bildung des Partizips II bei fest zusammengesetzten Verben ↑ *K 358ff.*

2.6.4. Präfix ge- beim Partizip II

Mit dem Präfix *ge-* stehen die Partizipien aller einfachen Verben und der zusammengesetzten Verben, die auf der 1. Silbe betont sind. Unfest zusammengesetzte Verben haben das Präfix *ge-* zwischen ihren beiden Bestandteilen. **358**

Beispiele: brechen: gebrochen, wetteifern: gewetteifert; abbrechen: abgebrochen, unterbringen: untergebracht, vollaufen: vollgelaufen, kopfstehen: kopfgestanden

Ohne das Präfix *ge-* stehen die Partizipien der Verben, die den Ton nicht auf der ersten Silbe haben. Hierher gehören auch die Verben mit der Endung *-ieren.* **359**

Beispiele: bezwingen: bezwungen, verreisen: verreist, vollziehen: vollzogen, unterbrechen: unterbrochen; buchstabieren: buchstabiert, studieren: studiert; aber: zieren: geziert (*-ier* gehört zur Stammsilbe); *vgl. auch K 360.*

Bei schwankender oder sich ändernder Betonung ändert sich auch die Form des Partizips II. In Zusammensetzungen und Präfixbildungen mit *durch, hinter, über, um, unter, wider, wieder* und mit *voll* ändert sich in diesem Falle auch die Bedeutung. **360**

Beispiele: liebkosen: sie liebkost ihn, sie hat ihn geliebkost *od.* liebkosen: sie liebkost ihn, sie hat ihn liebkost; unterhalten: ich halte unter, ich habe die Hand untergehalten; unterhalten: ich unterhalte sie, ich habe sie unterhalten

Infinitiv statt des Partizips II **361**

Die Verben *brauchen* (im Sinne von: *müssen*), *dürfen, können, lassen, mögen, müssen, sollen, wollen* und *heißen, hören, sehen,* beschränkt auch *helfen* und *machen,* stehen im Perfekt und Plusquamperfekt als Infinitiv statt als Partizip II, wenn sie mit einem anderen Infinitiv zusammentreffen.

Beispiele: Das hättest du nicht zu tun brauchen. Er hat nicht kommen dürfen. Wir haben den Termin erfüllen können. Ich hatte dich kommen sehen. Du hast mich lachen machen (*auch*: gemacht).

Bei *lassen* und *hören* findet sich auch schon das Partizip II.

Beispiele: Du hast es fallenlassen, *auch*: fallengelassen. Wir haben die Hoffnung nicht fahrenlassen, *auch*: fahrengelassen. Ich habe ihn singen hören, *auch schon*: gehört. Aber *nur*: Ich habe dich kommen lassen. Wir haben es bleibenlassen.

Bei passiver Konstruktion steht das Partizip II.

Beispiel: Der Schirm war liegengelassen worden; *dafür besser*: man hat den Schirm liegenlassen, *auch*: liegengelassen.

2.7. Zur Auslassung des »e« in Suffixen

Folgen in einem Wort der betonten Silbe zwei unbetonte Silben, von welchen die erste ein *e* enthält, kann dieses *e* ausfallen. In manchen Fällen wird die Form ohne *e* (z. B. *eklig, mufflig, kitzlig*), in anderen die Form mit *e* (z. B. *hutzelig, krümelig, schwabbelig*) bevorzugt. **362**

363 Auslassung kann eintreten
bei Verben auf *-eln* und *-ern* in der 1. Person des Singulars im Indikativ des Präsens,

Beispiele: ich handle *od.* handele; ich wandere *od.* wandre; ich wechsle *od.* wechsele; ich rassele *od.* raßle (↑ *K 364, Merke*)

> Beachte: Bei Verben mit langem Stammvokal fällt in der Umgangssprache das *e* der Endung vor *-n* oft aus.
>
> Beispiele: gehn und stehn, gehn lassen, *neben*: gehen und stehen, gehen lassen

bei Substantiven auf *-ung* und *-er*, die von Verben auf *-eln* und *-ern* abgeleitet sind, und bei Substantiven auf *-el* vor dem Suffix *-lein* (*vgl. auch K 84*).

Manchmal ist die Form ohne *e* die übliche.

Beispiele: Handlung, Wandlung, Entwicklung, Vermittlung; Abenteurer; Spieglein

Manchmal ist die Form mit *e* die übliche.

Beispiele: Entwässerung, Verbesserung (*vgl. auch K 364, Merke*); Wanderer, Zauberer; Eselein

Bei zugehörigen femininen Ableitungen auf *-in* kann nicht nur *-e-*, sondern auch *-er-* wegfallen. Im Sprachgebrauch sind bei den verschiedenen Wörtern verschiedene Formen üblich.

Beispiele: Abenteuerin *od.* Abenteurerin; Zauberin, *auch* Zaubrerin; Wandrerin, *seltener*: Wandererin *od.* Wanderin

Auslassung tritt auch ein bei Adjektiven und Pronomen auf *-el*, *-er* oder *-en*.

Beispiele: edle, *auch noch* edele Menschen, komfortable (*K 86*) Zimmer (aber: komfortabel); sie waren munterer *od.* muntrer; ein bescheidenes, *auch* bescheidnes Kind (*vgl. K 364*)

Hat sowohl das 1. als auch das 2. Suffix ein unbetontes *e*, so sind drei Formen möglich, da auch das 2. Suffix sein *e* aufgeben kann.

Beispiele: mit heiterem *od.* heitrem *od.* heiterm Sinn; von anderen *od.* andren *od.* andern Freunden; unseres *od.* unsres *od.* unsers; euerem *od.* eurem *od.* euerm

364 Bei Partizipien II und Adjektiven auf *-en* ist im allgemeinen die volle Form vorzuziehen.

Beispiele: eine ungezwungene Unterhaltung, ein rosenholzfarbenes Kleid

Formen mit drei unbetonten *e* sind zu vermeiden.

Beispiel: es gab heitrere Tage, Tage, die heitrer waren (nicht: es gab heiterere Tage)

> Merke: Ein *s* des Stammes bleibt vor ausgelassenem *e* bestehen; ein *ss* des Stammes wird zu *ß*. *Vgl. K 38* und *44*.

3. Zur Zusammensetzung von Substantiven, Adjektiven usw.

365 Unter einer Zusammensetzung (Komposition) versteht man die Verbindung mehrerer Wörter zu einem selbständigen Wortganzen (Kompositum).
Sie besteht aus einem Bestimmungswort und einem Grundwort. Das Bestimmungswort trägt gewöhnlich den Hauptton. In der Regel (*vgl.* aber *K 368*) wird nur das Grundwort flektiert.

Beispiele: Waldbrand, hellgrau; Waldbrände, mit hellgrauen Schuhen

3.1. Zusammensetzungen ohne Fugenelement

Bei den Zusammensetzungen ohne Fugenelement tritt das Bestimmungswort unverändert vor das Grundwort. Zu diesen Zusammensetzungen gehören auch fest zusammengesetzte Verben (*K 357*). **366**

Beispiele: Wortbildung, Großvater, Hochhaus, Goethehaus (*K 209*), hellblond

Merke: Das *-e* beim Bestimmungswort mancher Zusammensetzungen ist keine Flexionsendung, sondern der Rest des ursprünglichen Stammauslautes. Die volle Form ist literatursprachlich, die Form ohne *-e* ist meist süddeutsch und österreichisch. **367**

Beispiele: Tageblatt, *süddt u. österr* Tagblatt, Gänsebraten, *süddt u. österr* Gansbraten

Auch das *-en* bei Bestimmungswörtern ist manchmal Stammauslaut, und zwar bei Verbalstämmen auf *-n*.

Beispiele: Zeichenstift (*zu*: zeichn|en), Rechenheft (*zu*: rechn|en)

In manchen Zusammensetzungen kann das Adjektiv des 1. Gliedes dekliniert werden. **368**

Beispiele: die Langeweile, aus Langeweile *od.* Langerweile; die Sauregurkenzeit, in der Saurengurkenzeit; der Dummejungenstreich, die Folgen eines Dumme[n]jungenstreiches; das Hohelied, aus dem Hohenlied, in Salomos Hohemlied; die Rote-Kreuz-Schwester, der Roten-Kreuz-Schwester

In der Regel stehen derartige Zusammensetzungen mit nichtdekliniertem Adjektiv.

Beispiele: Hochland, Tiefton, Mittelgebirge; Schönwetterperiode, Kaltluftströmung, Warmwasserheizung, Rotkreuzschwester, Schwarzmeergebiet

3.2. Zusammensetzungen mit Fugenelement

Bei den Zusammensetzungen mit Fugenelement hat das Bestimmungswort einen Laut oder eine Lautgruppe, die einer Deklinationsendung gleicht. **369**

Beispiele: Waldesrauschen, Wirtshaus, Lieblingsgebiet, Frauenkirche, sonnenklar; Wörterbuch; herzensgut

Fugenelemente sind das Fugen-*s* und die Fugenelemente *-n*, *-en* und *-er*.

3.2.1. Fugen-s

Die mit oder ohne *-s-* gebildeten Zusammensetzungen sind im Wörterverzeichnis besonders berücksichtigt. In Zweifelsfällen schlage man daher zunächst dort nach.

Nach dem Schwund der alten volltönenden Endungen drückte das Fugen-*s* auch andere Abhängigkeitsverhältnisse als das des reinen Genitivs aus. Es griff stark auf Feminina über und selbst auf Bestimmungswörter, die eigentlich einen Plural ausdrükken. **370**

Beispiele: Lieblingsbuch, Zwillingsbrüder, Reitersmann, Geburtstag; Mietskaserne, wissensdurstig, Hilfsmittel, Liebesbrief; Freundeskreis, Schiffsverkehr, Dreikönigstag

Mit Fugen-*s* stehen **371**

stark deklinierte Maskulina und Neutra, die ein deutliches Genitivverhältnis zum Grundwort ausdrücken,

Beispiele: Ortsbestimmung, Schiffsladung, erfolgssicher

Bestimmungswörter, die substantivierte Infinitive sind,

Beispiele: Leidensweg, Schmerzensgeld, Verfahrensweise, Vermögenssteuer (↑ aber *K 373*)

Bestimmungswörter mit den Suffixen *-heit*, *-keit*, *-schaft*, *-tum*, *-ung*, *-ut*, *-ion*, *-ität*, überwiegend auch solche mit *-ing* und *-ling*,

Beispiele: Schönheitssinn, wahrheitsgetreu, Heiterkeitserfolg, Eigenschaftswort, Eigentumsbegriff, Bevölkerungszuwachs, Armutszeugnis, Universitätsbibliothek, Habilitationsschrift; Heringsfang, Frühlingskleid (aber: Wirsingkohl, jünglinghaft *od.* jünglingshaft)

mehrfache Zusammensetzungen zur Kennzeichnung der Fuge zwischen dem zusammengesetzten Bestimmungswort und dem Grundwort.

Beispiele: Weihnachtszeit (aber: Nachtzeit), Handwerkszeug (aber: Werkzeug), Aussichtsturm (aber: Sichtweite), vorschriftsgemäß (aber: schriftgemäß)

372 Ohne Fugen-*s* stehen

Bestimmungswörter, die als Objekt im Akkusativ oder als Präpositionalfall bei einem Partizip stehen,

Beispiele: richtungweisend (= die Richtung weisend); meerumschlungen (= vom Meer umschlungen)

die einsilbigen Feminina und die meisten mehrsilbigen auf *-e*.

Beispiele: Prachtkerl; Wärmeleiter, Einnahmequelle, Hilferuf (aber: Hilfsmittel, Liebesbrief, Geschichtsunterricht, Mietsleute)

373 Manche Zusammensetzungen werden amtlich ohne Fugen-*s* geschrieben. *Vgl.* aber *K 371.*

Beispiele: Einkommensteuer, Vermögensteuer, Körperschaftsteuer *und die anderen Zusammensetzungen mit* »Steuer«. *Vgl.* aber Wörterverzeichnis.

3.2.2. -en oder -n als Fugenelemente

374 Maskulina, die ursprünglich schwach dekliniert wurden, und Feminina – sie stehen jetzt im Singular in allen Fällen ohne Endung – haben beim Bestimmungswort oft das Fugenelement *-en* od *-n.*

Beispiele: Maiensonne, Hahnenkampf, Schwanenhals; Tannenbaum, Sonnenschein, Frauenkirche, Seelenruhe, madonnenähnlich

3.2.3. Schwankungsfälle und Doppelformen

375 Oft haben sich in bestimmten Zusammensetzungen unterschiedliche Formen des Bestimmungswortes durchgesetzt. Zum Teil sind sie landschaftlich bedingt.

Beispiele: Kalbsbraten, aber: Kalbfleisch; Kindbettfieber, aber: Kindskopf, von Kindesbeinen an, Kindergarten; Zinsfuß, aber: Zinseszins, Zinsenberechnung; Mannweib, aber: Mannsbild, Mannesmut, Männerchor; Rinderbraten, *süddt u. österr meist* Rindsbraten, aber: Rindfleisch

376 Bei verschiedener Bedeutung sind verschiedene Formen berechtigt.

Beispiele: Landsmann (= aus der gleichen Gegend Stammender), aber: Landmann (= Bauer); Wassersnot (= Not durch Überschwemmung), aber: Wassernot (= Mangel an Wasser); Tagesarbeit (= die Arbeit eines Tages), aber: Tagarbeit (im Gegensatz zur Nachtarbeit); weltfern (= weltabgewandt), aber: weltenfern (= ganze Welten weit entfernt)

377 Bei vorhandenen Doppelformen ohne Bedeutungsunterschied sind beide Formen gleichberechtigt.

Beispiele: Kapital[s]erhöhung, Miet[s]streitigkeiten, Zehnjahr[es]feier

In gehobener Sprache und besonders in bewußt altertümlich gefaßter Rede ist die vollere Form auf *-es* od. *-en* wirksamer.

Beispiele: Festesstimmung, Mondenschein, Erdenrund; *neben*: Feststimmung, Mondschein, Erdball

Wenn sich eine Form mit *-s* noch nicht durchgesetzt hat, verdient die Form ohne *-s* den Vorzug. **378**

Beispiele: Fabrikgebäude, Obstaufkaufstelle, Erholungsuchende

Verweise:

Adjektiv + Substantiv als Bestimmungswort ↑ *K 368.*
Zur Zusammenschreibung ↑ *K 124–130.*
Zur Setzung des Bindestrichs ↑ *K 177ff.*

4. Zur Syntax

4.1. Zur Rektion (Fallsetzung) bei Präpositionen

Die Präpositionen *an, auf, hinter, neben, in, über, unter, vor* und *zwischen* können sowohl den Dativ als auch den Akkusativ nach sich haben: **379**

Mit dem Dativ stehen sie, wenn in dem bezeichneten Verhältnis ein Beharren, eine Ruhelage, ein bestehender Zustand zum Ausdruck kommen soll (Frage: Wo?).

Beispiele: Die Blumen stehen auf dem Tisch. Das Buch wurde in der Schule eingeführt. Er besteht auf seiner Forderung (*seltener mit Akkusativ*: Er besteht auf seine Forderung).

Mit dem Akkusativ stehen sie, wenn in dem bezeichneten Verhältnis die Bewegung zum Ausdruck kommen soll, wenn wir in dem Verhältnis das Ziel eines Vorganges sehen (Frage: Wohin?).

Beispiele: Er stellt die Blumen auf den Tisch. Er wurde in diesen Kreis eingeführt.

In Fügungen, die weder ein Verhältnis der Ruhe noch eines der Bewegung oder Richtung darstellen, stehen die Präpositionen *auf* und *über* mit dem Akkusativ, die übrigen mit dem Dativ.

Beispiele: Ich werde dich auf jede Weise unterstützen. Du kannst mir aufs Wort glauben. Ich freue mich über alle Maßen. Ich freue mich über dein Glück. Aber: Ich zweifle an der Nachricht. Er tat es in meinem Namen.

Mehrere Präpositionen, von denen jede einen anderen Kasus verlangt, sollen (*vgl.* aber *den übernächsten Abs.*) nur dann bei einem gemeinsamen Substantiv stehen, wenn das Substantiv ohne Artikel gebraucht ist oder wenn die Endungen der verschiedenen Kasus gleichlauten, und zwar

im Singular in allen drei Genera,

Beispiele: mit oder ohne (ohne oder mit) Ausweis, mit oder ohne Farbe, mit oder ohne Buch

im Plural nur bei der Endung *-en* od. *-n*.

Beispiele: mit oder ohne Blumen, aber: mit (den) Freunden oder ohne (die) Freunde

Um umständliche Wiederholungen zu vermeiden, richtet sich das Substantiv manchmal nach der letzten Präposition.

Beispiele: um und neben ihr (Bürger), aus und ins Französische (Renn)

Präpositionen mit dem Genitiv werden statt mit diesem mit dem Dativ verbunden, wenn sich der Genitiv nicht vom Nominativ und vom Akkusativ unterscheidet.

Beispiele: innerhalb 8 Tagen, während 4 Jahren, mangels Plänen; aber: innerhalb einer Woche, während des Sommers, mangels eines genauen Planes

an [*die*], *bei*, *bis* [*zu*], *gegen*, *um* können vor Zahlen den Charakter eines Adverbs (= *etwa*) haben. In dieser Funktion beeinflussen sie den Kasus des folgenden Substantivs nicht. Dieser wird vom Verb bestimmt.

Beispiele: An [die] 10 Verwandte waren anwesend. An [die] 10 Verwandten half er. Die Maschine liefert bis [zu] 6 gut lesbare Durchschläge. Bis [zu] 10 Jugendlichen wollten sie Quartier geben.

Bei *bis zu* + Numerale + Substantiv als Attribut steht das Substantiv im Dativ. Es richtet sich nach *zu*.

Beispiele: Aufsätze bis zu 8 Seiten, Kinder bis zu 10 Jahren

Verweise:

Zur Großschreibung ↑ *K 104*.
Zur Zusammen- und Getrenntschreibung ↑ *K 176*; *K 154–156*.
Zur Verschmelzung von Präposition und Artikel ↑ *K 61*.
Präpositionen in Verbindung mit Namen ↑ *K 206*.

4.2. Datum

380 Das Datum wird von Orts-, Tages- und Zeitangaben durch Komma getrennt.

Beispiele: Leipzig, den (*auch*: am) 6. April 1984; Leipzig, 6. 4. 1984; Freitag, den 6. April 1984; übermorgen, den 6. April, findet die Sitzung statt

Das Datum behandelt man am besten als Apposition zur Tagesangabe. Es verlangt dann den gleichen Fall wie diese und wird in Kommas eingeschlossen.

Beispiele: Die Versammlung findet am Sonnabend, dem 25. Februar, statt. *Oder*: Die Versammlung findet Sonnabend, den 25. Februar, statt. Der Kongreß dauerte von Freitag, dem 28. September, bis Mittwoch, den 3. Oktober.

Dem Datum folgende Zeitangaben werden als Aufzählungen behandelt (*K 400*).

Beispiele: Die Versammlung findet am Sonnabend, dem 25. Februar, abends statt; ..., 18 Uhr statt; ..., nachmittags 15 Uhr statt.

Vor einer folgenden Ortsangabe steht nur dann ein Komma, wenn dieses die Apposition abschließt.

Beispiele: Die Versammlung findet Sonnabend, den 25. Februar, in der Kongreßhalle statt. Aber: Die Versammlung findet Sonnabend, den 25. Februar, 18 Uhr in der Kongreßhalle statt.

Das Datum kann auch als selbständiger Akkusativ der Zeit neben der Tagesangabe aufgefaßt werden. Es wird dann als Glied einer Aufzählung (*K 400*) behandelt, d. h., nach dem Datum steht nur ein Komma, wenn weitere Zeitangaben folgen. Diese werden nicht in Kommas eingeschlossen.

Beispiele: Die Versammlung findet Sonnabend, den 25. Februar statt. Aber: Die Versammlung findet Sonnabend, den 25. Februar, 18 Uhr statt; ... findet Sonnabend, den 25. Februar, 15 Uhr in der Kongreßhalle statt.

Das als Attribut stehende Datum steht ohne Komma. Klammern sind möglich.

Beispiel: Der Ministerratsbeschluß Nr. ... vom 4. 9. 1975 zeigt ... Der Ministerratsbeschluß Nr. ... (4. 9. 1975) zeigt ...

4.3. Zum Vergleich mit »als« und »wie«

Im Vergleich steht bei Gleichheit des Verglichenen – auch in der Verneinung – die Konjunktion *wie*. **381**

Beispiele: Ich arbeite ebenso wie er. Du bist so groß wie ich. Du bist fast ebenso groß wie ich. Heute ist es nicht so warm wie gestern.

In bestimmten Redewendungen hat sich *als* neben *wie* erhalten: so schnell wie, *älter* als möglich, so bald wie, *älter* als möglich

Bei Ungleichheit des Verglichenen steht *als*. Die Ungleichheit wird ausgedrückt durch den Komparativ oder durch Wörter wie *anders*, *niemand*, *nichts*, *entgegengesetzt*, *umgekehrt*.

Beispiele: Ich arbeite mehr als ihr. Der Film war ganz anders, als ich erwartet hatte. Niemand als du wird noch erwartet.

Nach Ausdrücken wie *doppelt*, *dreifach*, *dreimal* usw. sind beide Konjunktionen richtig.

Beispiel: doppelt so groß wie, doppelt so groß als

Zur Zeichensetzung bei Vergleichen ↑ *K 422*, *429*.

4.4. Zur Kongruenz (Übereinstimmung)

4.4.1. Zur Kongruenz im Genus

Das Deutsche fordert die Kongruenz (Übereinstimmung) im Genus (Geschlecht) nicht so streng wie z. B. das Lateinische. **382**

Beispiele: Was hat das Mädchen? Ist sie (*auch*: es) immer so? Ihr Fräulein Tochter *od.* Ihre Fräulein Tochter. Aber: Sehr geehrte Frau [Müller] und sehr geehrter Herr Müller! Liebe Frau und liebe Kinder! (Nicht: Sehr geehrte Frau und Herr Müller! Liebe Frau und Kinder!), Ihr (nicht: Ihre) Hans Müller und Frau.

Bei neueren Berufsbezeichnungen für die Frau gilt überwiegend die maskuline Form, bei akademischen Titeln nur diese.

Beispiele: der Lehrling Inge Müller; sie war Laborantenlehrling, ist Industriekaufmann; Frau Staatssekretär (*auch*: Frau Staatssekretärin), Frau Sanitätsrat Nibe; Fräulein Dr. (= Doktor) E., Professor Anna Müller, Verdienter Lehrer (Arzt usw.) des Volkes (*so amtlich*); *in der Schweiz*: Frau Nationalrätin

4.4.2. Zur Kongruenz in der Person

Nach kopulativ verbundenen Subjekten der 1. und 3. Person und der 1. und 2. Person folgt das Verb in der 1. Person des Plurals. **383**

Beispiele: Ich und er kommen. Er oder ich kommen. Ich sowohl als Hans kommen. Wir und Hans kommen. Weder er noch ich wußten den schönen Vers zu Ende. (Stifter) Nur du und ich (nur ich und du) kennen das. Weder ich noch du (weder du noch ich) wußten davon. Ihr und ich(, wir) kommen.

Bei der 2. und 3. Person als Subjekt steht im Prädikat die 2. Person des Plurals, oft mit zusammenfassendem *ihr*.

Beispiele: Er und du (du und er), ihr werdet kommen. Weder ihr noch der Papst könnt etwas Besseres erdenken. (Goethe) Er und du (du und er) werdet kommen. Ihr und sie werdet kommen.

Bezieht sich ein Relativpronomen auf ein Personalpronomen der 1. oder 2. Person, so wird entweder das Personalpronomen im Relativsatz wiederholt, oder dessen Prädikat folgt dem Relativpronomen als Subjekt.

Beispiele: Du, der du mein Freund bist; du, der mein Freund ist. Was kann ich tun, der selbst hilflos ist? (Schiller)

4.4.3. Zur Kongruenz im Numerus (in der Zahl)

384 Das Prädikat stimmt im allgemeinen mit dem Subjekt im Numerus überein.

Beispiele: Das Kind liest. Die Kinder lesen. Wald, Wiese, Feld zeigen sich im Frühlingskleid. Briefmarken und Sport bringen ihm Ausgleich zur Arbeit. Kritik und Selbstkritik sind zu üben (*vgl. auch K 386*). Ruhe und Ordnung sind nötig.

Merke: Ist eines der Subjekte verneint, so ist in der Regel das bejahte für das Prädikat maßgebend.

Beispiele: Ein alt Gesetz, nicht ich, gebietet's dir. (Goethe) Nicht die glücklichen Umstände, sondern sein Fleiß hat ihn vorwärtsgebracht. Nicht seine Erzählkunst, sondern seine Gedichte haben uns mitgerissen.

Folgt dem Subjekt eine Apposition in anderem Numerus, so richtet sich das Prädikat nur nach dem Subjekt.

Beispiele: Seine Kinderjahre, die schöne, unvergeßliche Zeit, blieben eine kostbare Erinnerung. Schon sein Äußeres, besonders seine markanten Gesichtszüge und sein offener Blick, läßt darauf schließen, daß …

385 Bei kopulativen Konjunktionen wie *sowohl … als auch*, *nicht nur … sondern auch*, *weder … noch* usw. steht das Prädikat meist im Plural.

Beispiele: Sowohl der Birnbaum als auch die Kirsche haben durch den Frost gelitten. … daß … weder Maß, noch Verhältnis, noch Stellung … dem Auge angenehm bleiben. (Goethe) Weder sein Name noch sein Vorname(,) noch sein Beruf sind mir bekannt (*vgl. auch K 386*). Nicht nur die Aufgabe, vor dem Schreiben genau nachzudenken, sondern auch die Pflicht, das Geschriebene sorgfältig durchzuarbeiten, werden oft vernachlässigt (*vgl. auch K 386*). Weder du noch ich können helfen (*vgl. auch K 383*).

Die Konjunktion *oder* (weniger gut: *beziehungsweise* [*bzw.*]) wird in der Regel disjunktiv gebraucht. Der Numerus des finiten Verbs richtet sich nach dem Numerus des letzten Gliedes der Aufzählung.

Beispiele: Peter oder seine Freunde haben das getan. Die Schwestern oder Peter hat das getan. Peter oder Regine hat das getan.

386 Das Prädikat steht im Singular,

wenn die Wortreihe der Subjekte eine Einheit darstellt oder darstellen soll,

Beispiele: Gleich und gleich gesellt sich gern. An ihm ist Hopfen und Malz verloren. In diesem Jahr wurde »Hermann und Dorothea« gelesen. [Die Form] »Männer« ist ein Plural. Kritik und Selbstkritik ist zu üben (*vgl. auch K 384*). Es trägt Verstand und rechter Sinn mit wenig Kunst sich selber vor. (Goethe)

wenn man in einer Reihe von Substantiven im Singular bewußt jedes einzelne Glied hervorheben will,

Beispiele: Und ein Arm und ein glänzender Nacken wird bloß. (Schiller) Meister rührt sich und Geselle. (Schiller) Schlucken und Prusten, das Geheul der Alten, einförmiges Geschwätz floß ihnen zusammen. (Seghers) Weder sein Name noch sein Vorname(,) noch sein Beruf ist mir bekannt (*vgl. auch K 385*).

bei Uhrzeitangabe und mathematischen Aufgaben.

Beispiele: Es schlägt zehn Uhr. Zehn Uhr ist vorbei. Vier plus fünf ist neun. Zehn minus drei ist sieben. Vier mal fünf ist zwanzig. Zehn durch zwei ist fünf. Zwei hoch drei (2^3) ist acht. 7 M + 5 M ist gleich (=) 12 M.

Das Prädikat kann im Singular stehen, wenn ihm in einer Reihe von Subjekten in Singular und Plural ein Singular am nächsten steht.

Beispiele: Die Mitschüler und jedermann gab zu, ... (Hesse) Im Osten winkte das Völkerschlachtdenkmal, die Türme und die Essen von Leipzig. Weder du noch ich kann helfen (*vgl. auch K 385*).

Bei Mengenbegriffen wie *Anzahl, Dutzend, Gruppe, Haufen, Menge, Reihe, Schar* usw. + Substantiv kann das Prädikat im Singular oder im Plural stehen, je nachdem, ob man das Gezählte als abhängigen Kasus oder die ganze Fügung als Subjekt empfindet. **387**

Beispiele: Eine Menge Bücher wurde verkauft. Eine Anzahl Briefe erreichte ihn. Oder: Eine Menge Bücher wurden verkauft. Eine Anzahl Briefe erreichten ihn. 100 g Fleisch werden gewiegt *od.* wird gewiegt.

Bei folgendem Genitiv, besonders mit Artikel, oder bei einem Präpositionalfall richtet sich das Prädikat am besten nach dem Numerus des Mengenbegriffs.

Beispiele: Eine Menge dieser Bücher (*umgangssprachlich*: von diesen Büchern) wurde verkauft. Mengen guten Stoffes wurden verkauft.

In Sätzen mit *sein, werden, heißen* als Prädikat gilt folgendes:

Steht das Subjekt im Singular, der gleichgesetzte Nominativ (das Prädikativum) im Plural, so steht das Verb im Plural.

Beispiele: Nur die Hälfte des Urlaubs waren schöne Tage. Eine Meile sind 7½ km. ..., daß der größte Teil der Anwesenden Jugendliche waren.

In der Regel steht auch der Plural, wenn das Subjekt im Plural, das Prädikativum im Singular steht.

Beispiel: Diese Äpfel sind ein Hochgenuß.

Sind Subjekt und Prädikativum nicht eindeutig zu unterscheiden, so schwankt der Gebrauch von Singular und Plural des Verbs.

Beispiele: 100 Stück pro Tag sind (ist) das Ziel. Drei Mark waren (war) damals eine große Summe.

4.4.4. Zur Kongruenz im Kasus (Fall)

Die Apposition stimmt mit ihrem Beziehungswort im Kasus überein. *Vgl.* aber *K 389.* **388**

Beispiele: das Drama Nathan der Weise, aus »Nathan dem Weisen«
Ich als dein Freund rate dir. Ich rate dir als meinem Freund.
... durch den Chefarzt als verantwortlichen Leiter der Klinik, mit dem Chefarzt als verantwortlichem Leiter der Klinik ... (*vgl. auch K 389*).
Vgl. auch K 380, Datum.

Entgegen der Regel kann die nachgestellte Apposition manchmal im Nominativ stehen: **389**

Auf Buchtiteln erscheint die nachgestellte Berufsbezeichnung oft nichtdekliniert.

Beispiel: Deutsche Grammatik von W. Wilmanns, ordentlicher Professor

Auch der Name bei Zusätzen mit *geb., verw.* usw. wird nicht dekliniert:

Beispiel: ... seiner Ehefrau, Ilse geb. (= geborene) Kluge (*vgl. auch K 412*)

Die Apposition mit *als* steht im Nominativ,

wenn sie mit dem Beziehungswort eng verknüpft ist,

Beispiele: die Persönlichkeit Lessings als Mensch und Dichter, der Beschluß des Kreisgerichtes Leipzig-Nord als Vormundschaftsgericht; mit dem Käufer als geschätzter Kunde (*neben*: ... als geschätztem Kunden)

wenn sich die Apposition weniger auf das unmittelbar vorangehende Substantiv als vielmehr auf das zu ihm gehörige Verbalsubstantiv bezieht.

Beispiele: Die Verdienste Humboldts als Naturforscher wurden hervorgehoben (= die Verdienste als Naturforscher). Er sprach von der Bedeutung der Literatur als bewußtseinsbildender Faktor (= die Bedeutung als bewußtseinsbildender Faktor)

In der Apposition mit *wie* ist die Kongruenz Regel. Aber auch hier dringt schon der Nominativ ein.

Beispiel: in einer Zeit wie der unsrigen (*auch schon*: ... wie die unsrige)

4.5. Zur Verbstellung bei Konjunktionen in zusammengesetzten Sätzen

390 Die koordinierenden Konjunktionen *aber*, *allein* (= *aber*), *denn*, *nämlich* (= *denn*), *sondern*, *oder*, *und* beeinflussen die Wortstellung nicht. Die Stellung von Subjekt und Verb bleibt so, wie wenn die Konjunktion nicht steht.

Beispiele: Alle gehen, und ich soll bleiben. Du bist sonst so lebhaft, und heute bist du so still. Sein Kind ist sicher wieder gesund; denn er sieht so froh aus.

Konjunktionaladverbien (als koordinierende Konjunktionen gebrauchte Adverbien) haben Satzgliedwert und verursachen, daß das Subjekt immer hinter der Personalform des Verbs steht.

Beispiele: Sein Kind ist sicher wieder gesund, deshalb sieht er so froh aus. Halb zog sie ihn, halb sank er hin ... (Goethe)

Subordinierende Konjunktionen leiten Nebensätze ein. Bei solchen Konjunktionalsätzen steht die Personalform des Verbs am Ende.

Beispiel: Er ist glücklich, weil sein Kind wieder gesund ist.

Merke: Bei Vergleichssätzen mit *als*, die die Nichtwirklichkeit ausdrücken, stehen die Verbformen des Prädikats wie in Hauptsätzen.

Beispiele: Er tat, als schliefe er fest. Es schien, als hätte er fest geschlafen.

5. Zur Zeichensetzung

Die Satzzeichen sind Gliederungs-, Ton- und Pausenzeichen. Sie bringen Ordnung in das Geschriebene. In ihrem Stärkegrad unterscheiden sie sich. Die deutsche Zeichensetzung ist vor allem grammatisch-logisch begründet.

5.1. Punkt

5.1.1. Schreibung mit Punkt

391 Der Punkt steht am Schluß eines Aussagesatzes. Als Tonzeichen deutet er eine Senkung der Stimme an.

Beispiele: Ich kann es dir nicht sagen. Wir krochen ins Zelt, und bald lagen wir in tiefem Schlaf. Es ist ungewiß, was er tut.

Der Punkt steht an Stelle des Ausrufezeichens nach Wunsch- und Befehlssätzen, die ohne Nachdruck gesprochen werden. **392**

Beispiele: Bitte geben Sie mir das Buch. Siehe § 61 der Zivilprozeßordnung. Du sollst sofort nach Hause kommen.

Merke: Bei abhängigen Befehls-, Wunsch-, Ausrufe- und Fragesätzen richtet sich das Schlußzeichen des ganzen Satzes immer nach der Form des Hauptsatzes. **393**

Beispiele: Ich wünschte, es wäre soweit. (*Hauptsatz*: Ich wünschte.) Tür nicht öffnen, bevor der Zug hält! (*Hauptsatz*: Tür nicht öffnen!) Weißt du, wer er ist? (*Hauptsatz*: Weißt du?)

Der Punkt steht nach Ordinalzahlen. **394**

Beispiele: Sonntag, den 15. April; Ramses II., ein König im alten Ägypten

Der Punkt trennt Zahlen in der Dezimalklassifikation, bei der Abschnittsnumerierung und bei nichtdezimaler Teilung.

Beispiele: DK-Zahl 677.472.4; Abschnitt 4.2.1.; 24.00 Uhr

Der Punkt steht nach gewissen Abkürzungen (↑ *K 197, 198, 203*).

5.1.2. Schreibung ohne Punkt

Der Punkt steht nicht nach Überschriften, Buch- und Zeitungstiteln (auch wenn sie ganze Sätze sind). **395**

Beispiel: Schnee verschüttet die Dörfer

Auch der unter dem Wort *Betreff* stehende Text gilt als Überschrift, steht also ohne Punkt am Ende. *Vgl. auch K 458.*

Beispiel: Betreff
Unentschuldigtes Fehlen

Der Punkt steht nicht nach selbständigen Datumsangaben am Kopf eines Schreibens. **396**

Beispiel: Leipzig, den (*od.* am) 1. Mai 1984 *od.* Leipzig, 1. Mai 1984 *od.* Leipzig, 1. 5. 1984 *od.* Leipzig, 1. 5. 84

Vgl. auch die Hinweise für das Maschinenschreiben, 3.21.2.

Der Punkt steht nicht nach Anschriften in Briefen und auf Umschlägen (außer bei Abkürzungen, die mit Punkt geschrieben werden [↑ *K 197*]). **397**

Beispiel:	*oder:*
Herrn	Herrn
Dr. phil. Dr. jur. h. c. Max Meyer	Dr. phil. Dr. jur. h. c. Max Meyer
An der Märchenwiese 25(,) I(,) r.	An der Märchenwiese 25[I r]
Leipzig	Leipzig
7030	7030

Der Punkt steht nicht nach Schlußformeln und Unterschriften von Briefen. **398**

Beispiel:
... bleibt es also bei unserer Vereinbarung, daß wir uns morgen abend am Hauptbahnhof treffen.
Mit herzlichem Gruß
[Dein] Werner

Auf den Punkt nach der Unterschrift wird auch dann verzichtet, wenn Grußformel und Name einen Satz bilden.

Beispiel: Es grüßt Dich herzlich
Deine Renate

Der Punkt steht nicht nach bestimmten Abkürzungen (↑ *K 199–201*).

5.1.3. Besondere Fälle

Der Punkt in Verbindung mit anderen Satzzeichen ↑ Anführungszeichen, *K 492*; ↑ Gedankenstrich, *K 474*; ↑ Klammern, *K 480, 482.*

5.2. Komma

399 Das Komma ist im Deutschen ein Hilfsmittel für die logische Gliederung des Satzes. Man darf es deshalb nicht gefühlsmäßig setzen. Es gliedert sinnvoll innerhalb eines Satzganzen. Es schließt die Gedankenfolge nicht so entschieden ab wie der Punkt und trennt weniger stark als das Semikolon (↑ *K 452*). Das Komma steht nicht, wenn Satzglieder eng zusammengehören.

5.2.1. Komma zwischen Satzgliedern

5.2.1.1. Koordinierte Satzglieder

400 Das Komma setzt man bei Aufzählungen. *Vgl.* aber *K 404.*

Beispiele: Frühling, Sommer, Herbst und Winter; die jahraus, jahrein wiederkehrenden Vögel; die frachtfrei, ungefalzt gelieferten Bogen

Alles rennet, rettet, flüchtet. Bald ist er hier, bald dort. Wir wünschen alles, alles Gute. Im August, im August blühn die Rosen. Schnell wachsen die Stunden zu Tagen, die Tage zu Wochen, die Wochen zu Monaten, die Monate zu Jahren. Er arbeitete in einem Zimmereibetrieb, als Schlosser in einer Fabrik und schließlich als Kraftfahrer.
Vgl. auch K 403, 420, 450.

Bei kurzen Aufzählungen, die untereinanderstehen, evtl. mit Kommandostrichen gegliedert sind, können die Kommas zwischen den einzelnen Gliedern wegfallen. Nach dem letzten Glied der Aufzählung steht ein Punkt, wenn dieses – in Verbindung mit der einleitenden Aussage – den gesamten Satz beendet.

Beispiel:

Ein guter sprachlicher Ausdruck kann beispielsweise erreicht werden durch(:)
- Klarheit der Gedanken
- logische Verknüpfung der Sätze
- das Vermeiden von Phrasen.

Die Verwendung des Kommandostriches oder anderer Gliederungszeichen hat auf die Zeichensetzung keinen Einfluß.
Bestehen die einzelnen Aufzählungsglieder aus längeren Sinneinheiten oder aus Sätzen (z. B. bei Inhaltsverzeichnissen, Dienstvorschriften), so ist die jeweils erforderliche Zeichensetzung sowohl innerhalb als auch am Ende des Satzes zu berücksichtigen. *Vgl. auch K 455.*

401 Das Komma fordern immer adversative Konjunktionen, auch wenn sie nachgestellt sind. Das Komma steht deshalb z. B. immer bei *aber, allein* (= *aber*), *doch, jedoch, dennoch, gleichviel, vielmehr, sondern.*

Beispiele: eine gute, aber teure Ware; ich gehe, du aber nicht; ihr geliebter, doch ach so flatterhafter Bruder; eine nicht nur überraschende, sondern auch erfreuliche Nachricht; ein brauchbarer, wenn auch kleiner Tiegel. *Vgl. auch K 423, 450, 454.*

Kein Komma steht zwischen Adjektiven, deren letztes mit dem folgenden Substantiv einen Gesamtbegriff bildet. **402**

Beispiele: die Deutsche Demokratische Republik, die letzten großen Ferien, interessante physikalische Versuche, klarer polnischer Wodka

Merke: Das Komma kann den Sinn verändern. **403**

Beispiele: die oberen zerstörten Stockwerke (= die unteren Stockwerke sind auch zerstört), aber *K 400*: die oberen, [und zwar] zerstörten Stockwerke (= die unteren Stockwerke sind nicht zerstört); der dritte für die Krankheit kritische Tag (= drei kritische Tage), aber: der dritte, [und zwar] für die Krankheit kritische Tag (= ein kritischer Tag)

Kein Komma steht bei der Koordination grammatisch gleichartiger Satzglieder, wenn zwischen ihnen eine der folgenden Konjunktionen steht: *und, oder, entweder – oder, weder – noch, nicht – noch, sowohl – als auch, sowohl – wie, als* und *wie* im Vergleich (↑ *K 381*), *wie* (= *und*), *sowie* (= *und*). **404**

Beispiele: Er fährt bei gutem oder schlechtem oder unsicherem Wetter. Er hatte nie geraucht noch je Alkohol genossen. (*Weitere Beispiele ↑ K 450 bei den entsprechenden Konjunktionen.*)

Merke: Wenn der zweite Teil der genannten Konjunktionen sich wiederholt, kann ein Komma gesetzt werden. **405**

Beispiele: Weder Bäume noch Sträucher(,) noch Blumen(,) noch Gras bedeckten den Sand. Sowohl er selbst als seine Eltern(,) als auch seine Brüder und Schwestern billigten es. Aber *K 400*: Weder Bäume noch Sträucher, weder Blumen noch Gras bedeckten den Sand.

Kein Komma steht in der Regel zwischen Numerale oder Pronomen und folgendem Adjektiv oder Possessivpronomen. **406**

Beispiele: drei schöne Tage, einige alte Meister, in diesen unseren Anschauungen. Aber: andere(,) erfreuliche Nachrichten, der dritte(,) kritische Tag; *vgl. auch K 403.*

Kein Komma steht hinter Artikel, Pronomen oder Numerale, auch wenn zwischen ihm und dem folgenden Adjektiv oder Partizip ein Einschub steht. **407**

Beispiele: der dir gewiß bekannte Kurort; ein diesen Gegenstand behandelndes Buch; durch meine von Freunden unterstützten Handlungen; die wenn nicht erreichte, so doch (*K 401*) zumindest erstrebte Form; …, daß ein wenn auch nur scheinbarer Verzicht einen großen Fehler darstellen würde.

Das Komma steht bei Angaben von Buchtiteln und bei Aufzählungen von Stellenangaben in Büchern. Zwischen dem Ort der Herausgabe und der Jahreszahl des Erscheinens wird es meistens nicht mehr gesetzt. **408**

Beispiele: Heinz Fiukowski, Sprecherzieherisches Elementarbuch, 3., überarbeitete Auflage, Leipzig(,) 1978; Wolfgang Fleischer, Wortbildung der deutschen Gegenwartssprache, 5., durchgesehene Auflage, VEB Bibliographisches Institut(,) Leipzig(,) 1983; Deutsche Nationalbibliographie, Jg. 1949, Heft 52, S. 2820; W. Fleischer, a. a. O.(,) S. 265; in der »Sprachpflege«, Jg. 1984, Heft 1, S. 12(,) lesen wir …

Von anderen Darstellungsmöglichkeiten seien genannt:

Heinz Fiukowski: Sprecherzieherisches Elementarbuch, 3., überarbeitete Auflage, Leipzig(,) 1978; Müller, Max: Der Stahlbetonbau, Wien, Schulze & Co.(,) 1956. *Vgl. auch K 456.*

409 Kein Komma ist üblich bei Hinweisen auf Gesetze, Verordnungen usw.

Beispiel: § 6 Abs. 8 Satz 2 der Verordnung

410 Das Komma verdeutlicht die Aufzählung nebeneinanderstehender Wohnungsangaben.

Beispiel: Roßlauer Str. 6, Leipzig, 7022

Eine folgende Ortsbezeichnung wird vom Familiennamen durch Komma getrennt.

Beispiele: Kürzel, Jena (aber als Teil des Familiennamens *K 210*: Müller-Partenkirchen); Gebrüder Fürst, Crimmitschau (*vgl. auch K 264*)

Bei Wohnungsangaben im weiterführenden Satz kann man diese als Apposition im Sinne von *K 418* auffassen und in Kommas einschließen.

Beispiel: Die PGH Fotostudio Leipzig, Goldschmidtstr. 12, Leipzig, 7010 (,) hat ...

411 Dem Familiennamen vorangehende Namen und Titel werden ohne Komma gesetzt; ihm folgende werden vom Familiennamen durch Komma getrennt.

Beispiele: Theodor Hermann Helfried Kluge; Direktor Prof. Dr. phil. Dr. jur. Otto Unger; aber: Kluge, Theodor Hermann Helfried; Unger, Otto, Prof. Dr. phil. Dr. jur., Direktor; Nationalpreisträger Hervorragender Wissenschaftler Prof. Dr. Max Müller

412 Zum Namen gehörige nachgestellte Appositionen bzw. Zusätze wie *geb.*, *verw.*, *jun.* usw. fügt man in der Regel ohne Komma an.

Beispiele: Holbein der Ältere, die Politik Heinrichs des Löwen; Fritz Müller jun., die Anschrift Otto Kürzels sen.; Frau Martha verw. Kluge, der Geburtsort Agnes Hobergers geb. Wagner; Frau Regine Schmidt geb. Kühn wird gebeten (*auch als Apposition K 418*: Frau Regine Schmidt, geb. Kühn, wird gebeten). *Vgl. auch K 389.*

Verweise:

Familienname + Ortsbezeichnung ↑ *K 410.*
Das Komma bei Datumsangaben ↑ *K 380.*
Das Komma bei Zahlenangaben ↑ *K 289.*

5.2.1.2. Hervorgehobene Satzglieder

413 Das Komma trennt die betonte Anrede ab.

Beispiele: Hans, paß doch auf! So hört doch, Kinder, was ich sage! Was sagen Sie, Fräulein Müller? Du, komm mal her! Herzliche Grüße Dir, liebe Ruth, von ...
Aber *ohne Komma, wenn die Anrede nicht hervorgehoben ist*: Ihr Kinder müßt ruhiger sein. Du als mein Freund wirst mich verstehen. Ich möchte euch Kindern etwas erzählen.

In Briefen kann nach der Anrede statt des Ausrufezeichens ein Komma gesetzt werden. In diesem Falle muß das folgende Wort, wenn es kein Substantiv ist, klein geschrieben werden.

414 Das Komma steht bei betonter Interjektion und bei betonter oder bekräftigender Bejahung oder Verneinung.

Beispiele: Oh, das ist schade. Zwei Seelen wohnen, ach, in meiner Brust. (Goethe) Ja, da haben Sie recht (↑ *K 450*, ja). Nein, das möchte ich keinesfalls. Gewiß, das habe ich erwartet. Aber *ohne Komma, wenn die Interjektion unbetont ist*: O wunderbares, tiefes Schweigen! Ach nein! Ach geh! Pfui Schande!

415 Das Komma steht nach Satzgliedern, die durch ein Pronomen oder Adverb wieder aufgenommen werden.

Beispiele: Die kleine Biene, sie plagt sich sehr. Über die Felder, da pfeift der Wind.

Das Komma steht bei hervorgehobenen Satzgliedern, die als Ellipse (Auslassungssatz) aufgefaßt werden können. **416**

Beispiele: In der Tat [*für*: Es war in der Tat so], das Persönliche war hier das Entscheidende. (*Vgl.* aber *K 417*: In der Tat war das Persönliche hier das Entscheidende.)
Man beachte Wortstellung und Betonung!

Kein Komma steht in der Regel (aber *K 416*) bei Adverbialbestimmungen. **417**

Beispiele: Mit aufgeknöpftem Kragen steht er vor uns. Vor der Fertigung der Wagen muß der Motor genügend ausprobiert werden. Ich komme so bald wie möglich.

5.2.1.3. Nachgestellte Satzglieder und -gliedteile

Die nachgestellte Apposition wird in der Regel in Kommas eingeschlossen. Sie hebt stärker hervor und ist selbständiger als ein bloßes Attribut im gleichen Fall. **418**

Beispiele: Ich besuchte den Kaufmann Lang, meinen Freund, und bat ihn, ... Wallenstein, ein Mensch mit vielen Vorzügen, aber auch mit einer Reihe von Fehlern, hat ... Der Oberingenieur, Müller, hält diese Maßnahme für richtig. Ein Oberingenieur, Müller, hält diese Maßnahme für richtig. *Auch*: Ludwig IV., der Bayer, ...; Antiochus III., der Große, ...

Aber kein Komma steht, wenn das nachgestellte Attribut mit dem Bezugswort eine Einheit bildet.

Beispiele: Der Oberingenieur Müller hält diese Maßnahme für richtig. Ein Oberingenieur Müller hält diese Maßnahme für richtig. Ludwig XIV. (Ludwig der Vierzehnte), Alexander der Große, Albertus Magnus, *auch*: Antiochus II. Theos, Seleukos I. Nikator, Gustav VI. Adolf

> Merke: Man muß manchmal, um Mißverständnisse zu vermeiden, zwischen Apposition und Aufzählung unterscheiden. Die Kommasetzung kennzeichnet unterschiedliche Sachverhalte.
>
> *Apposition*: Karl, mein Bruder, und ich trafen uns (= zwei Personen).
> *Aufzählung* (*K 400*): Karl, mein Bruder und ich trafen uns (= drei Personen).
> *Vgl. auch K 403.*

Zwischen Kommas stehen ein nachgestelltes Adjektiv oder Partizip mit Artikel oder mehrere nachgestellte Adjektive oder Partizipien. Die Fügungen gelten als Appositionen. **419**

Beispiele: Soll der Freund mir, der liebende, sterben? (Schiller)
Mehrere Mitarbeiter, sprachkundig und schreibgewandt, werden gesucht. Waren in allen Preislagen, teure und billige, finden Sie dort.

In festen und dichterischen Fügungen steht ein nachgestelltes unverändertes Adjektiv ohne Komma.

Beispiele: Hänschen klein; Röslein rot

> Merke: In der Sprache der Wirtschaft werden unterscheidende Merkmalsangaben, seien es Eigenschafts-, Maßangaben oder sonstige nähere Bestimmungen, nachgestellt und durch Komma getrennt.
>
> Beispiele: Salz, lose; Stahl, gewalzt; Strömungskupplungen, regelbar, drehmomentbegrenzt; Menübesteck aus rostfreiem Stahl, 24teilig; Kaffeekanne, 1,5 l; Bowle, geschliffen, mit sechs Bechern(,) 13,75 M; Badezimmerschrank, 440 × 270 × 110 [mm]

Das beim Wochentag stehende Datum als Apposition ↑ *K 380.*

Nachgestellte Fügungen mit *also, besonders, das heißt, das ist, insbesondere, namentlich, nämlich, und zwar, und das, wie* (= *z. B.*), *z. B.* und ähnliche werden in der Regel wie Appositionen behandelt und in Kommas eingeschlossen. Als Faustregel diene **420** die Frage, ob man die Kommas sinngemäß durch Klammern ersetzen kann oder nicht. Wenn dies nicht der Fall ist, sind solche Fügungen als weitere Aufzählungen (*K 400*) anzusehen, und nur vor die Fügung ist ein Komma zu setzen. Es ergeben sich Schwankungsfälle.

Beispiele: Wir werden dich nächste Woche, [und zwar] vielleicht schon Dienstag, erwarten. Ich werde euch nächste Woche, vielleicht auch schon diese(,) besuchen. Man muß Wege frei machen, [und zwar] zum Brunnen, zu den Ställen, zu den Heu- und Strohschobern(,) und wo der Bauer sonst noch zu tun hat. (Aber ohne besondere Hervorhebung *K 417*: ... Wege frei machen zum Brunnen, ...) *Weitere Beispiele ↑ K 450 bei den obengenannten Konjunktionen. Vgl.* aber *K 380.*

421 Das Komma steht vor nachgestellten Satzgliedern, an die sich Nebensätze anschließen.

Beispiele: Er gab ihr das Messer nicht, aus Sorge, daß sie sich verletzen könne. Alle die zahllosen Ackerstreifen ... schmolzen in der Ebene zusammen, in einem Abendfrieden, der von Leiden und Mühen nichts wußte. (A. Seghers)

422 Bei einem Vergleich, der kein vollständiger Satz ist, steht kein Komma. *Vgl.* aber *K 429, 440.*

Beispiele: Er ist größer als ich. Ich bin so groß wie du. Cicero ist berühmter als Redner denn als Staatsmann. ... eine Pflanze, deren Blüte weiß gleich der eines Gänseblümchens aussah. *Vgl. auch K 450, als und wie.*

5.2.2. Komma zwischen Sätzen

5.2.2.1. Hauptsätze

423 Das Komma trennt koordinierte Hauptsätze, auch wenn sie durch *und* oder *oder* und ähnliche Konjunktionen verbunden sind. Die koordinierten Sätze können auch Satzgefüge sein.

Beispiele: Der Dichter sprach, die Zuhörer lauschten, am Schluß jubelte ihm alles zu. Die Arbeit der ständigen Kommission ist immer dann wirkungsvoll, und ihre Mitglieder und Helfer sind immer dann mit Eifer bei der Sache, wenn sie unterstützt werden. Sind wir einer Meinung, oder habt ihr Einwände vorzubringen? Ich komme, aber du (*od.* du aber) gehst. Er sprach laut, aber wir verstanden ihn nicht, da der Sturm brauste (*K 454*: Er sprach laut; aber ...). *Vgl. auch K 451.*

424 Das Komma vor *und* und *oder* braucht nicht zu stehen, wenn die verbundenen Sätze kurz sind, das gleiche Subjekt haben und gedanklich eng zusammenhängen oder wenn Imperative miteinander verbunden werden.

Beispiele: Er grübelte und er grübelte. Er las oder er schrieb. Nimm und lies! *Vgl. auch K 451 (5.2.3.3.2.)*

425 Das Komma vor *und* und *oder* steht nicht, wenn die verbundenen Sätze ein Satzglied gemeinsam haben. Beispiele *vgl. K 451 (5.2.3.3.2.).*

5.2.2.2. Schaltsätze (Parenthesen)

426 Ein Schaltsatz ist ein in einen anderen Satz (Haupt- oder Nebensatz) eingeschalteter Hauptsatz. Er wird in Kommas eingeschlossen.

Beispiele: »Du siehst«, sprach die Mutter, »recht gut aus.« Er verachtete, zu seiner Ehre sei es gesagt, billige Ausreden. Wenn sich aber, wir hoffen es nicht, der Zustand verschlimmern sollte, müssen wir operieren.

Außer bei wörtlicher Rede können an die Stelle der Kommas auch Klammern (↑ *K 479*) oder Gedankenstriche (↑ *K 469*) treten.

Zum Zusammentreffen des Kommas mit anderen Satzzeichen bei Schaltsätzen ↑ *K 470, 480.*

Das Komma steht nicht, wenn die dem Hauptsatz vorangehende wörtliche Rede durch Ausrufe- oder Fragezeichen abgeschlossen wird. In solchen Fällen wird nach dem Ausrufezeichen und nach dem Fragezeichen klein geschrieben. 427

Beispiele: »Paß auf!« rief er. »Hörst du?« fragte sie.

5.2.2.3. Satzgefüge mit einem Nebensatz oder mehreren Nebensätzen

Das Komma steht zwischen übergeordnetem und untergeordnetem Satz, d. h. zwischen Haupt- und Nebensatz und zwischen Nebensätzen verschiedenen Grades (↑ *K 431*). Der Nebensatz kann seiner Stellung nach Vorder-, Zwischen- oder Nachsatz sein. Der Zwischensatz wird sinngemäß in Kommas eingeschlossen. 428

Beispiele: Wo ein Wille ist, ist auch ein Weg. Hunde, die bellen, beißen nicht. Das Betragen ist ein Spiegel, in dem jeder sein Bild zeigt. Er erklärte, er sei krank. Tür nicht öffnen, bevor der Zug hält!

Auch bei vergleichenden Nebensätzen (Vergleichssätzen) steht das Komma. 429

Beispiele: Er ist größer, als ich bin. Du kommst mit dem Bus schneller ans Ziel, als wenn du die gleiche Strecke mit dem Zug zurücklegst. Es ist gekommen, wie ich es voraussah.
Vgl. auch K 440, aber *K 422.*

> Merke: Häufig stehen Nebensätze innerhalb von zusammengezogenen Sätzen mit *und.* Vor *und* muß in allen diesen Fällen ein Komma gesetzt werden; denn der Nebensatz ist zu Ende, und der übergeordnete Satz beginnt wieder. 430
>
> Beispiel: Wir hoffen, daß wir Ihnen mit dieser Auskunft gedient haben, und grüßen Sie ...

Nebensätze, die vom gleichen übergeordneten Satz abhängen, heißen Nebensätze gleichen Grades oder gleichgeordnete Nebensätze. Nebensätze, die einander untergeordnet sind, heißen Nebensätze verschiedenen Grades. 431

Das Komma steht bei Nebensätzen gleichen Grades, wenn sie nicht durch *und* oder *oder* verbunden sind. 432

Beispiele: Das ist es, was wir brauchen, wofür wir kämpfen und worauf wir einmal stolz sein werden. Ich höre, daß du nicht nur nichts gespart hast, sondern daß du sogar noch die früheren Ersparnisse vergeudest. Ich weiß weder, wie ich in den Wagen stieg, noch, wie ich die Strecke schaffte.
Aber *ohne Komma*: So kam es, daß die Musik bereits im Leben des jungen Bach eine Rolle spielte und [daß] er schon früh mit der Orgel vertraut wurde. Ich frage dich, wie du darüber denkst und ob du zufrieden bist.

Das gilt auch von uneingeleiteten Nebensätzen.

Beispiele: Er erklärte, er sei krank, er müsse liegen und wir könnten mit seiner Anwesenheit nicht rechnen.

Das Komma trennt entsprechend *K 428* Nebensätze verschiedenen Grades, auch wenn *und* oder *oder* dazwischensteht. 433

Beispiele: Er war zu klug, um in die Falle zu gehen, die man ihm gestellt hatte. Da schon mehr als eine Woche meines Urlaubs vergangen ist, so daß ich bald an die Rückreise denken muß, und da ich außerdem befürchte, Sie bei meiner Rückkehr nicht mehr anzutreffen, sende ich Ihnen heute die herzlichsten Grüße.

5.2.2.4. Ellipsen, Infinitiv- und Partizipialkonstruktionen

434 Das Komma steht bei der Ellipse (beim Auslassungssatz) so, als wäre der Satz vollständig.

Beispiele: Vielleicht [geschieht es], daß er noch kommt. Wir unterbreiten Ihnen nachstehend, wie [es] gewünscht [wurde], ein Angebot. Ich weiß nicht, was [ich] anfangen [soll]. Und kein Mensch wußte, von wem [es kam].

435 Merke: Die Aufforderung *bitte* kann entweder als dringender Wunsch (= [*ich*] *bitte* [*Sie herzlich darum*]) oder als bloße Höflichkeitsformel aufgefaßt werden. Im ersten Falle wird *bitte* durch Komma abgetrennt, im zweiten steht es ohne Komma.

Beispiele: Möchten Sie, bitte, zu mir kommen? Bitte, kommen Sie doch zu mir! – Kommen Sie doch bitte einmal zu mir! Bitte nicht rauchen!

436 Erweiterte Partizipien werden durch Komma abgetrennt oder in Kommas eingeschlossen.

Beispiele: Von dieser Seite betrachtet, läßt sich sagen ... Er trat in den Saal, von der Pracht des Festes angelockt. Vor Wut schnaubend, stürzte sich der Stier auf den Torero. Der Stier stürzte sich, vor Wut schnaubend, auf den Torero.

Hierher rechnet man auch Fügungen, bei denen man formal *habend* oder *seiend* ergänzen kann.

Beispiele: Frau von Briest, eine Handarbeit in den Händen, rückte gleichfalls näher an den Kamin. (Fontane)
Instetten, schon ein Jahr im Amt, war in seinem Kessiner Hause. (Fontane)

437 Die Kommasetzung steht frei, wenn beim Partizip nur ein Adjektiv oder Adverb als nähere Bestimmung steht oder wenn zwei Partizipien durch *und* verbunden sind.

Beispiele: Fröhlich singend(,) zogen wir durch die Straßen. Wir zogen(,) fröhlich singend(,) durch die Straßen. Verwundet und entkräftet(,) wankte er herein. *Nur:* Er wankte verwundet und entkräftet herein.

Bei Nachstellung des erweiterten Partizips oder koordinierter Partizipien wird das Komma gesetzt.

Beispiele: Wir zogen durch die Straßen, fröhlich singend. Er wankte herein, verwundet und entkräftet.

Freistellen muß man die Kommasetzung auch bei Partizipialformen wie *entsprechend* sowie festen Fügungen wie *strenggenommen, genaugenommen, wie gesagt.*

Beispiele: Entsprechend den ergangenen Anweisungen(,) teile ich Ihnen mit, daß ... Den ergangenen Anweisungen entsprechend(,) teile ich Ihnen mit, daß ...
Strenggenommen(,) handelt es sich hier um ein Vergehen. Es handelt sich hier(,) strenggenommen(,) um ein Vergehen.

438 Kein Komma wird gesetzt, wenn das Partizip allein steht oder deutlich den Charakter einer Präposition hat.

Beispiele: Singend zogen wir durch die Straßen. Wir zogen singend durch die Straßen. Erfreut berichtete Hans über das erfolgreiche Spiel. Bitte den Fragebogen ausgefüllt zurücksenden! Der Beschluß wurde ungeachtet aller Schwierigkeiten durchgeführt. Ungeachtet aller Schwierigkeiten wurde der Beschluß durchgeführt.

439 Man unterscheidet zwischen erweitertem und nichterweitertem Infinitiv. Erweiterte Infinitive sind solche, bei denen mehr als *zu* steht. Schon Infinitive mit *anstatt zu, ohne zu, um zu, als zu* gelten als erweitert.

Der erweiterte Infinitiv wird in der Regel durch Komma abgetrennt oder in Kommas eingeschlossen. **440**

Beispiele: Wir bedauern, Sie warten lassen zu müssen. Ihm zu schreiben, habe ich keine Zeit. Seine Bereitschaft, anderen zu helfen, ist anerkennenswert. Wir bitten Sie, sich bis morgen zu gedulden. Wir bitten Sie, Sorge zu tragen, daß ...
Anstatt zu handeln, redete er nur. Er ging, ohne zu murren. Mit todernstem Gesicht und ohne mit der Wimper zu zucken, erzählte er. (Aber *K 417*, *400*: Ohne mit der Wimper zu zucken und mit todernstem Gesicht erzählte er.) Er kam, um zu arbeiten. Die jungen Vögel haben nichts zu tun, als die Schnäbel aufzusperren, wenn die Alten kommen. Aber: Ich will jetzt nichts als meine Ruhe haben (↑ *K 442*). *Vgl. auch K 429*.
Mehrere Infinitive: Er war bereit, ihm zu raten und [jederzeit] zu helfen. Ihm zu raten und [jederzeit] zu helfen, war er bereit.

Merke: **441**
Infinitive mit einfachem *zu* im Sinne von *um zu* gelten als erweitert.

Beispiel: Er kam, zu helfen (= Er kam, um zu helfen).

Bei nichterweiterten Infinitiven des Passivs steht die Kommasetzung frei.

Beispiele: Ich nehme an(,) verstanden worden zu sein. Die Teilnehmer hatten hier größere Möglichkeiten(,) untergebracht zu werden.

Das Komma steht nicht, wenn der erweiterte Infinitiv oder mehrere erweiterte Infinitive dem Hauptsatz als Subjekt vorangehen und kein Korrelat ihren Platz im Hauptsatz einnimmt (*vgl. auch K 449*). **442**

Beispiele: Den Rasen zu betreten ist verboten. Einmal wöchentlich mit wenig Fett [zu] schmieren ist für dieses Lager ausreichend. Einmal wöchentlich mit wenig Fett [zu] schmieren und zweimal leicht [zu] ölen ist ausreichend.

Aber mit Komma, wenn der Infinitiv dem Hauptsatz folgt.

Beispiel: Es ist verboten, den Rasen zu betreten.

Das Komma steht nicht, wenn der erweiterte Infinitiv oder mehrere erweiterte Infinitive ohne *zu* stehen.

Beispiele: Die Jungen halfen den Wagen ziehen. Ich will jetzt nichts als allein sein und mich ausruhen.

Das Komma steht nicht, wenn der erweiterte Infinitiv mit dem Hauptsatz verschränkt ist. **443**

Beispiel: Das wollen wir euch zu erklären versuchen (*für*: Wir wollen versuchen, euch das zu erklären).

Das Komma steht nicht vor dem erweiterten Infinitiv nach *haben*, *glauben*, *hoffen*, *suchen* und ähnlichen Verben, wenn diese ohne nähere Bestimmung stehen und, in ihrer eigentlichen Bedeutung verblaßt, mit dem Infinitiv eine Einheit bilden. Im Zweifelsfalle setze man das Komma. **444**

Beispiele: Sie haben nichts zu verlieren (*Prädikat*: zu verlieren haben). Er glaubt dies alles genau zu wissen (*Prädikat*: zu wissen glauben = angeblich wissen). Sie pflegte den Kindern Geschichten zu erzählen (*Prädikat*: zu erzählen pflegen = oft erzählen). Wir hofften dich auf dem Bahnhof zu treffen.
Aber *mit Komma*: Wir hofften gestern vergeblich, dich noch einmal sprechen zu können. Wir glauben dir, es ehrlich gemeint zu haben.

Der nichterweiterte Infinitiv wird in der Regel (↑ aber *K 446*, *447*, *449*) nicht durch Komma abgetrennt. **445**

Beispiele: Es ist Zeit anzufangen. Die Sängerin begann zu singen. Er hatte den Mut zu handeln

und die Kraft zu kämpfen. Zu schreiben hatte ich keine Veranlassung. Zu schreiben oder zu telegrafieren hatte ich keine Veranlassung.
Vgl. aber *K 448*: Zu schreiben oder Ihnen umgehend zu telegrafieren, hatte ich keine Veranlassung.

446 Das Komma steht vor dem nichterweiterten Infinitiv,

wenn er als Subjekt dem Prädikat folgt,

Beispiele: Es wird dir guttun, auszuruhen. Des Menschen Recht ist [es], zu arbeiten. (Aber: Auszuruhen wird dir guttun. Zu arbeiten ist des Menschen Recht.) Wir haben helle Klassenzimmer, in denen es Freude macht, zu unterrichten. Es ist besser, zuzugreifen, als tatenlos daneben zu stehen.

wenn Mißverständnisse vermieden werden sollen.

Beispiele: Sie rieten ihm, zu folgen. Sie rieten, ihm zu folgen. – Vielleicht gäbe es gerade jetzt Grund für dich, zu sprechen. Vielleicht gäbe es gerade jetzt Grund, für dich zu sprechen. – Er hatte im Grunde kein anderes Bedürfnis als das, zu schaffen. Er hatte im Grunde kein anderes Bedürfnis, als das zu schaffen.

447 Das Komma kann stehen, wenn vom nichterweiterten Infinitiv ein Nebensatz abhängt.

Beispiele: Er schrieb in der Absicht(,) zu erfahren, ob sein Besuch angenehm sei. Er ging so weit(,) zu behaupten, daß der Mensch, der eine helle Kindheit gehabt habe, nie völlig Schiffbruch zu erleiden vermöge. (Andersen Nexö)

448 Mehrere nichterweiterte Infinitive, die unmittelbar aufeinanderfolgen, werden nur dann durch Komma abgetrennt, wenn sie zwischen Teilen eines Hauptsatzes oder hinter ihm bzw. hinter einem übergeordneten Nebensatz stehen.
Vgl. aber *K 445*.

Beispiele: Ohne den Willen, zu lernen und zu arbeiten, wirst du es zu nichts bringen. Er ist immer bereit, zu raten und zu helfen. Aber: Zu raten und zu helfen ist er immer bereit.

Steht ein nichterweiterter Infinitiv mit einem erweiterten zusammen, so gelten die Regeln für den erweiterten Infinitiv.

Beispiel: Zu raten und ihm jederzeit zu helfen, war er bereit.

449 Wenn im Hauptsatz ein Korrelat für einen erweiterten oder nichterweiterten Infinitiv steht, wird immer Komma gesetzt.

Beispiele: Dieser Aufforderung nachzukommen, *das* bedeutet angestrengte Arbeit (*vgl.* aber *K 442*). Zu lernen, *das* ist sein größter Wunsch. Ich denke nicht *daran*, einzuwilligen.

5.2.3. Komma bei Konjunktionen

450 Die folgende Aufstellung reiht Konjunktionen, bei denen die Zeichensetzung erfahrungsgemäß Schwierigkeiten macht, besonders mehrteilige Konjunktionen und konjunktionale Fügungen, alphabetisch aneinander, um die Setzung des Kommas deutlich zu machen.

5.2.3.1. Grundsätzliches zur Zeichensetzung bei mehrteiligen Konjunktionen

5.2.3.1.1. Bilden die Teile einer mehrteiligen Konjunktion eine Bedeutungseinheit, so steht das Komma sinngemäß vor der ganzen Fügung.

Beispiele: Er bot seine Hilfe an, *ohne daß* wir ihn erst bitten mußten. Er tat es, *ungeachtet daß* es verboten war. Ich freue mich auf die Feier, *zumal wenn* du mitkommst.

5.2.3.1.2. Hat jeder Teil seine Eigenbedeutung gewahrt, so steht das Komma sinngemäß vor der eigentlichen Konjunktion, also vor *als, daß, weil, wenn, wie* usw.

Beispiel: Er erhielt das Buch *unter der Bedingung, daß* er es bald zurückbrächte.

Bei den Fügungen dieser Gruppe, die aus Verbform + eigentlicher Konjunktion bestehen, ist die Verbform oft in Kommas eingeschlossen.

Beispiele: Ich brauche die Ware nicht, *abgesehen [davon], daß* der Preis zu hoch ist. Ich werde kommen, *es sei denn, daß* mich Krankheit hindert.

5.2.3.1.3. In einer Reihe von Fügungen ist für die Zeichensetzung entscheidend, ob die der eigentlichen Konjunktion vorangehende Adverbialbestimmung deutlich zum Hauptsatz gehört. In diesem Falle folgt das Komma, sonst geht es voran.

Beispiele: Ich käme *insbesondere, wenn* Ursula da wäre. Aber: Ich käme gern, *insbesondere wenn* Ursula da wäre. Er merkte *kaum, daß* es dunkel wurde. Aber: Es war dunkel, *kaum daß* man die Umrisse erkannte.

5.2.3.1.4. Die der eigentlichen Konjunktion vorangehende Bestimmung kann manchmal als Ellipse (*K 434*) aufgefaßt werden. Dann wird sie in Kommas eingeschlossen. Diese Auffassung ist nicht zwingend.

Beispiel: *K 434*: Ich werde ihm gegenüber abweisend oder entgegenkommend sein, je nachdem(,) ob er hartnäckig oder sachlich ist.

5.2.3.2. Alphabetische Reihe der Konjunktionen

aber

K 401: Das schöne, aber kalte Wetter hielt an.
K 423: Ich gehe fort, aber du bleibst da. Ich gehe fort, du aber bleibst da. Er sprach lauter, aber da der Sturm brauste, verstanden wir ihn nicht. *In diesen Beispielen kann auch das Semikolon (K 454) gesetzt werden.*

abgesehen [davon], daß

Komma ↑ *5.2.3.1.2., Abs. 2*

als

K 428: Er sah ein Licht blinken, als er das Fenster öffnete.
K 429: Ihr seid größer, als ich [es] bin.
K 422: Er ist größer als ich.
K 440: Es ist besser zuzugreifen, als tatenlos beiseite zu stehen. Es gibt keinen größeren Irrtum, als zu glauben, dies sei von mir angeordnet worden.
Du brauchst nichts zu tun, als ruhig zu bleiben.

als in mehrteiligen Konjunktionen

↑ *als daß*
↑ *gleichsam als*
↑ *erst als*
↑ *insofern als*
↑ *sowohl – als auch*
↑ *um so eher als*
↑ *um so mehr als*
↑ *um so weniger als*

als daß

Komma ↑ *5.2.3.1.1.*

angenommen, daß

Komma ↑ *5.2.3.1.2., Abs. 2*

anstatt daß; *anstatt zu*

Komma ↑ *5.2.3.1.1.*

auch, wenn oder ..., *auch wenn*

Komma ↑ *5.2.3.1.3.*

ausgenommen, daß oder *ausgenommen, wenn*

Komma ↑ *5.2.3.1.2., Abs. 2*

außer daß oder *außer wenn* oder *außer wo* usw.

Komma ↑ *5.2.3.1.1.*

bald – bald

Komma ↑ *teils – teils*

besonders

K 400: Birnen, Pflaumen, besonders aber Äpfel esse ich gern.
K 420: Obst, besonders Äpfel, esse ich gern.

besonders, wenn oder ..., *besonders wenn*

Komma ↑ *5.2.3.1.3.*

beziehungsweise (*bzw.*)

K 423: Er ist flüchtig, bzw. er verbirgt sich.
K 425: Er ist flüchtig bzw. verbirgt sich.

daher

K 434: Er erhielt eine Prämie, daher seine Freude.
K 423: Er erzählte spannend, daher hatte er aufmerksame Zuhörer. *In diesem Beispiel kann auch das Semikolon* (*K 454*) *gesetzt werden.*

darum

Komma ↑ *daher*

das heißt (*d. h.*)

K 420: ... Arzt, d. h. Heilkundiger und Menschenfreund. Betrachte die Berge, d. h. den Hintergrund des Bildes, und vergleiche ... Wir werden ihn am 12. September, d. h. an deinem Geburtstag(,) einladen. Wenn man die Berge, d. h. den Hintergrund des Bildes(,) betrachtet, erkennt man ...
K 423: Das habe ich gesagt, d. h., den genauen Wortlaut weiß ich nicht mehr.
K 432: Nach der Art, wie der Laut gebildet wird, d. h., wie die Luft entweicht, unterscheidet man ...

das ist (*d. i.*)

K 420: Omega, d. i. langes O, ist der letzte Buchstabe des griechischen Alphabets.

daß in mehrteiligen Konjunktionen

↑ *abgesehen [davon], daß*
↑ *als daß*
↑ *angenommen, daß*
↑ *[an]statt daß*
↑ *außer daß*
↑ *es sei denn, daß*
↑ *gesetzt [den Fall], daß*
↑ *in der Annahme, daß*
↑ *in der Hoffnung, daß*
↑ *kaum daß*
↑ *ohne daß*
↑ *so daß*
↑ *unter der Bedingung* (*Voraussetzung*), *daß*
↑ *vorausgesetzt, daß*
↑ *zugegeben, daß*
↑ *zugestanden, daß*

deshalb, deswegen

Komma ↑ *daher*

einerseits – and[e]rerseits oder *anderseits*

Komma ↑ *teils – teils*

einesteils – ander[e]nteils

Komma ↑ *teils – teils*

entweder – oder

K 404: Entweder sie kommt oder ruft an [oder schreibt oder schickt einen Boten].
K 423: Entweder sie kommt, oder sie ruft an. Entweder ich komme, oder du rufst an.

erst, als oder *erst, wenn* und ..., *erst als* oder ..., *erst wenn*

Komma ↑ *5.2.3.1.3.*

es sei denn, daß

Komma ↑ *5.2.3.1.2., Abs. 2*

geschweige [denn], ... oder *geschweige, daß* bzw. *geschweige denn, daß* oder ..., *geschweige daß*

Komma ↑ *5.2.3.1.2., Abs. 2*

gesetzt, daß oder *gesetzt den Fall, daß*

Komma ↑ *5.2.3.1.2., Abs. 2*

gleichsam als oder *gleichsam als ob*

Komma ↑ *5.2.3.1.1.*

im Falle, daß oder ..., *im Falle daß*

Komma ↑ *5.2.3.1.3.*

in der Annahme oder *Erwartung* oder *Hoffnung, daß*

Komma ↑ *5.2.3.1.2., Abs. 1*

insbesondere

Komma ↑ *besonders*

insbesondere, wenn oder ..., *insbesondere wenn*

Komma ↑ *5.2.3.1.3.*

insofern, als oder ..., *insofern als* oder ..., *insofern*

Komma ↑ *5.2.3.1.3.*

insoweit, als oder ..., *insoweit als* oder ..., *insoweit*

Komma ↑ *5.2.3.1.3.*

ja

Tausende, ja Zehntausende sind gekommen. Ich komme ja schon! Daß mir das ja nicht wieder vorkommt!
Aber *K 414*: Ja, ich komme schon. Ja, wenn du denkst, dann ...

je – desto

Komma: je ..., desto ...

jedoch

K 401: Er versuchte es nochmals, jedoch vergebens.
K 423: Er versuchte es nochmals, jedoch es war vergebens. Er versuchte es nochmals, es war jedoch vergebens. *In diesen Beispielen kann auch das Semikolon (K 454) gesetzt werden.*

je – je

Komma: je ..., je ...

je nachdem, ... oder *je nachdem, ob* oder *je nachdem, wie* und ..., *je nachdem* oder ..., *je nachdem ob* oder ..., *je nachdem wie*

Komma ↑ *5.2.3.1.4.*

jetzt – jetzt

Komma ↑ *teils – teils*

je – um so

Komma: je ..., um so ...

kaum, daß oder ..., *kaum daß*

Komma ↑ *5.2.3.1.3.*

namentlich, wenn oder ..., *namentlich wenn*

Komma ↑ *5.2.3.1.3.*

nämlich wenn

Komma ↑ *namentlich, wenn*

nicht – noch

Komma ↑ *weder – noch*

nicht nur – sondern auch

K 401: Sie war Siegerin nicht nur im Hochsprung, sondern auch im Kugelstoßen.
K 423: Sie war nicht nur im Hochsprung Siegerin, sondern auch im Weitsprung war sie die Beste.

nicht – sondern

K 401: Dieser Mann müßte nicht »Bach«, sondern »Meer« heißen. (Beethoven)
Ich kritisiere ihn nicht, um ihn herabzusetzen, sondern um ihm zu helfen. Er sah es nicht, sondern hörte es nur.

nicht sowohl – als oder *nicht sowohl – als auch* oder *nicht sowohl – als vielmehr* oder *nicht sowohl – als auch vielmehr* und dieselben Fügungen mit *wie* anstatt mit *als*

Komma ↑ *sowohl – als*

ob – ob

Komma ↑ *teils – teils*

oder

Komma ↑ *und* (*K 451*)

ohne daß

Komma ↑ *5.2.3.1.1.*

ohne zu

K 439: Er arbeitet, ohne zu rasten.

selbst wenn

Komma ↑ *5.2.3.1.1.*

sobald (= *sowie*)

K 428: Ich komme, sobald es möglich ist.

so bald wie

K 428: Ich komme so bald, wie es möglich ist.
K 417: Ich komme so bald als möglich.

so ..., daß oder *so, daß ...* und *..., so daß* (stets getrennt geschrieben!)

K 428: Er schrie so laut, daß ihn jeder hörte. Er schrie so, daß ihn jeder hörte. Er schrie laut, so daß ihn jeder hörte.

sondern

Komma ↑ *nicht – sondern*

sowie (= *sobald*)

K 428: Er traf seine Maßnahmen, sowie er die erste Kunde von dem Vorfall erhielt.

sowie (= *und*)

K 404: Dort ist Gelegenheit zu leichten und schweren Kletterpartien sowie zu vielen schönen Waldspaziergängen und zu Ausflügen in die nähere und weitere Umgebung.

sowohl – als oder *sowohl – als auch* und *sowohl – wie* oder *sowohl – wie auch*

K 404: Sowohl der Vater als (*od.* als auch) die Mutter sind berufstätig. Sowohl der Vater wie (*od.* wie auch) die Mutter sind berufstätig. Der Vater sowohl als (*od.* als auch) die Mutter sind berufstätig. Der Vater sowohl wie (*od.* wie auch) die Mutter sind berufstätig. Er glaubt, daß dieser Roman den Leser sowohl unterhält als auch belehrt.
K 432: Er glaubt sowohl, daß dieser Roman den Leser unterhält, als auch, daß er ihn belehrt.
K 405: Die Entgegnung beeinflußte sowohl den Sprecher als auch seine Freunde(,) als auch alle anderen Anwesenden.

teils – teils

K 400: Die Gäste waren teils jung, teils etwas älter.
K 423: Teils lag noch Schnee auf den Straßen, teils war er schon geschmolzen.

Es handelt sich um eine Aufzählung. Das Komma steht immer, gleichviel ob Satzteile oder ganze Sätze verbunden werden (*K 400, 423*). Entsprechende Fügungen sind:

bald – bald, einerseits – and[e]rerseits, einesteils – ander[e]nteils, je – desto, je – je, jetzt – jetzt, je – um so, ob – ob, zum Teil – zum Teil

um so eher, als

Komma ↑ *5.2.3.1.2., Abs. 1*

um so mehr, als

Komma ↑ *5.2.3.1.2., Abs. 1*

um so weniger, als

Komma ↑ *5.2.3.1.2., Abs. 1*

um zu

K 439: Er kam, um zu helfen. *Vgl. auch* »zu«.

und

Komma ↑ *5.2.3.3.* (*K 451*)

und + subordinierende Konjunktion

Komma ↑ *5.2.3.3.1., Abs. 2*; *5.2.3.3.2., Abs. 2*

ungeachtet daß

Komma ↑ *5.2.3.1.1.*

ungeachtet dessen, daß

Komma ↑ *5.2.3.1.2., Abs. 1*

unter der Bedingung oder *Voraussetzung, daß*

Komma ↑ *5.2.3.1.2., Abs. 1*

vollends wenn

Komma ↑ *5.2.3.1.1.*

vorausgesetzt, daß

Komma ↑ *5.2.3.1.2., Abs. 1*

weder – noch

K 400: Weder Baum noch Strauch, weder Blumen noch Gras haben ...
K 404: Weder er noch sie haben das gewußt.
K 405: Ich weiß weder seinen Namen noch seinen Vornamen(,) noch seinen Beruf(,) noch seine Anschrift(,) noch den Grund seines Besuches.
K 423: Weder hat sie es gewußt, noch hat sie es geahnt.

weder – weder (veraltet)

K 404: Bin weder Fräulein, weder schön ... (Goethe)

wenn in mehrteiligen Konjunktionen

↑ *auch wenn*
↑ *ausgenommen*(,) *wenn*
↑ *außer wenn*
↑ *besonders*(,) *wenn*
↑ *erst*(,) *wenn*
↑ *insbesondere*(,) *wenn*
↑ *namentlich*(,) *wenn*
↑ *nämlich wenn*
↑ *selbst wenn*
↑ *vollends wenn*
↑ *zumal wenn*

wie (= *und*)

Komma ↑ *sowie* (= *und*)

wie (komparativ)

K 422: Er wehrte sich wie ein Verzweifelter. Es war eine ebenso überraschende wie erfreuliche Nachricht. Metalle wie Gold und Silber sind Edelmetalle. Du bist so groß wie ich.
K 418: Einige Schüler, wie Schulze, Schmidt und Lehmann, machen mir Freude.
K 428, 429: Es ist gekommen, wie ich es voraussah.

wunder was oder *wunder wie*

Komma ↑ *5.2.3.1.1.*

zu (= *um zu*)

K 441: Er kam, zu helfen.

zugegeben, daß oder *zugestanden, daß*

Komma ↑ *5.2.3.1.2., Abs. 2*

zumal da oder *zumal wenn*

Komma ↑ *5.2.3.1.1.*

zum Beispiel (*z. B.*)

K 420: Besondere Vogelarten, z. B. der Schneefink, die Felsenschwalbe, das Alpenschneehuhn und der Steinadler, zeigen sich in diesem Gebiet.

451

5.2.3.3. Konjunktion »und«

(Die Regeln gelten auch für *oder*.)

5.2.3.3.1. Die Konjunktion *und* steht mit Komma,

wenn sie selbständige Sätze oder Sätze mit Auslassungen verbindet,

Beispiele: *K 423*: Es wurde immer kälter, und der Wind blies von Norden.
K 434: Nur noch wenige Minuten [sind es], und wir können beginnen.

wenn sie zusammen mit einer anderen Konjunktion einen erweiterten Infinitiv oder einen Nebensatz einleitet,

Beispiele: *K 423*: Er kletterte hinauf, und als er die Luke öffnete, sah er, was vorgefallen war. Ein Bach wird zum Hindernis, und um es zu überwinden, setzt er zum Sprunge an.
K 400 od. 420: Der neue Fragebogen(,) und wie man ihn ausfüllen muß. Sie kaufte Butter, Zukker(,) und was sie sonst noch brauchte. Butter, Zucker(,) und was sie sonst noch brauchte(,) kaufte sie ein. Sie kaufte Butter, Zucker(,) und was sie sonst noch brauchte(,) im Konsum. Aus Interesse(,) und um sich weiterzubilden(,) nahm er an dem Kursus teil. *Vgl. auch 5.2.3.3.2.*

wenn sie nach abgeschlossenem Nebensatz einen Hauptsatz fortsetzt,

Beispiele: *K 430*: Wir konnten nicht weiterfahren, weil der Wagen beschädigt war, und mußten zu Fuß unseren Weg fortsetzen. Wir hoffen, Ihnen mit dieser Auskunft gedient zu haben, und grüßen Sie ...

wenn eine Apposition vorangeht,

Beispiel: *K 418*: Franz, mein Bruder, und ich gingen spazieren (= 2 Personen).
Aber *Aufzählung* (*K 400*): Franz, mein Bruder und ich gingen spazieren (= 3 Personen).

wenn sie eine nachgestellte betonte Bestimmung einleitet, wie *und das* oder *und zwar* oder bloßes *und* im Sinne dieser Fügungen.

Beispiele: *K 420*: Er gab nicht nach, und [das] mit Recht. Ich werde dich besuchen, und zwar bald. Er war zur Verantwortung bereit, und zu welch hoher Verantwortung! Wir werden dich nächste Woche, und zwar möglichst schon Dienstag, besuchen.

5.2.3.3.2. Bei der Konjunktion *und* kann das Komma weggelassen werden,

wenn sie Satzglieder oder kurze, eng zusammengehörige Hauptsätze verbindet,

Beispiele: *K 400, 404*: Frühling und Sommer; gut und billig
K 400: Sie kaufte Butter, Zucker(,) und was sie sonst noch brauchte. Aus Interesse(,) und um sich weiterzubilden(,) nahm er an dem Kursus teil. *Vgl. auch 5.2.3.3.1., Abs. 2.*
K 424: Er lernte und er lernte. Geh hin und überzeuge dich selbst! Gehen Sie(,) und versuchen Sie das selbst!

wenn sie Hauptsätze mit gemeinsamem Satzglied (zusammengezogene Sätze) verbindet,

Beispiele: *K 425*: Diese Aufgabe erfordert alle Kraft und verlangt gründliche Vorarbeit. Hans hackte und Klaus schichtete das Holz. Ich las eine Zeitung und mein Bruder ein Buch. Sie erhob sich, sprach »Ich danke euch« und ging.

wenn sie Nebensätze gleichen Grades (mit gemeinsamem Satzglied im Hauptsatz) verbindet.

Beispiele: *K 432*: Sie hat ein Kleid, das schön ist und [das] zugleich wärmt. Ich nehme an, daß er fortgegangen ist und daß er bald zurückkommt. Hätten deine Eltern es erlaubt und hättest du Zeit, so könntest du mitgehen.

5.3. Semikolon

452 Das Semikolon trennt stärker als das Komma, aber nicht so entschieden wie der Punkt. Im Gegensatz zum Punkt trennt und vereinigt das Semikolon zugleich. Diese Zwitterstellung hat zur Folge, daß man für seine Anwendung nur Richtlinien, keine strengen Regeln geben kann.
Das Semikolon steht zwischen inhaltlich zusammenhängenden Hauptsätzen.

Beispiel: Die Rätsel, welche Menschen sich aufgeben, sind ungelöst am schönsten; nach der Lösung gehen sie uns nicht mehr viel an. (L. Thoma)

Das Semikolon steht im mehrfach zusammengesetzten Satz bzw. bei mehreren Satzverbindungen zur übersichtlicheren Gliederung. *Vgl. auch K 457.* 453

Beispiel: Der Mond ist aufgegangen, die goldnen Sternlein prangen am Himmel hell und klar; der Wald steht schwarz und schweiget, und aus den Wiesen steiget der weiße Nebel wunderbar. (M. Claudius)

Das Semikolon steht zwischen den Sätzen einer Satzverbindung, häufig vor *denn*, 454
auch vor *darum, daher, deshalb, doch, jedoch, aber. Vgl. auch K 450.*

Beispiele: Er erkannte ihn nicht sogleich wieder; denn er hatte ihn viele Jahre lang nicht gesehen. Die Erde ist eine Kugel; daher ist stets nur die Hälfte von der Sonne beleuchtet. »Alles Alte, soweit es Anspruch darauf hat, wollen wir lieben«, sagt Fontane; »aber für alles Neue sollten wir recht eigentlich leben.«

Das Semikolon steht bei Aufzählungen, um Gruppen gleichartiger Bestandteile kennt- 455
lich zu machen und voneinander zu trennen.

Beispiel: Roggen, Weizen, Gerste; Butter, Fett, Pflanzenöle; Fleisch und Fisch; Obst, Gemüse und Kartoffeln sind lebenswichtige Bestandteile der Ernährung.

Bei Inhaltsverzeichnissen, Aufzählungen mit Kommandostrichen, Dienstvorschriften u. ä. kann das Semikolon (an Stelle eines Punktes) jeweils am Ende der einzelnen untereinanderstehenden Aufzählungen gesetzt werden, wenn diese aus Sätzen bestehen und wenn ein inhaltlicher Zusammenhang zwischen den einzelnen Aufzählungsgliedern deutlich gemacht werden soll. *Vgl. auch K 400.*

5.4. Doppelpunkt

Der Doppelpunkt kündigt an und weckt Spannung.

Der Doppelpunkt steht mit Großschreibung des folgenden Wortes 456

vor der wörtlichen Rede,

Beispiel: Ein altes Sprichwort sagt: »Wo ein Wille ist, da ist auch ein Weg.«

vor vollständigen Sätzen,

Beispiel: Die Regel lautet: Das Substantiv wird groß geschrieben.

bei Buchtiteln nach dem Verfassernamen, ↑ *K 408.*

Der Doppelpunkt steht mit Kleinschreibung des folgenden Wortes, falls dieses kein 457
Substantiv ist,

vor Aufzählungen, auf die zusammenfassend hingewiesen wird,

Beispiel: Sie hat folgende Pflichten: die Post zu ordnen, Briefe und Telegramme zu besorgen, Auskünfte zu geben und den Fernsprecher zu bedienen.

vor Satzstücken,

Beispiele: Er soll übersetzen: dem kranken Mann. Deutsch: sehr gut

bei Vordrucken als Hinweis auf die folgende Angabe,

Beispiel: Familienstand: ...

vor Sätzen, die eine Zusammenfassung des Vorangegangenen oder Folgerungen daraus enthalten,

Beispiele: Beethoven: ein Wille, der alle Schranken bricht. Groß und klein, jung und alt: sie alle waren gekommen.

in mehrfach zusammengesetzten Sätzen (Perioden) vor dem als Zusammenfassung folgenden Hauptsatz.

Beispiel: Wer nur deswegen ein Biedermann ist, damit die Welt ihn desto höher schätze; wer nur deshalb recht handelt, damit seine Tugend zur Kenntnis der Menschen gelange: der ist nicht der Mann, von dem man viele Dienste erwarten darf. (Schiller)

458 Kein Doppelpunkt steht, wenn der Ausführung, Erläuterung oder Aufzählung *d. h.*, *d. i.*, *z. B.*, *als*, *wie*, *nämlich* vorausgeht. In solchen Fällen steht vor *d. h.* usw. ein Komma.

Beispiele: Im Handwerkskasten befinden sich Werkzeuge, z. B. Hammer, Zange und Bohrer. Sie schwimmen, rudern, laufen, springen, d. h., sie treiben viel Sport. *Vgl. auch K 450.*

Kein Doppelpunkt steht in Briefen nach dem Wort *Betreff* (*vgl. auch K 395*).

Beispiel: Betreff
Grundsätzliche Stellungnahme

Verweise:

Doppelpunkt in Verbindung mit anderen Satzzeichen
↑ Gedankenstrich und Doppelpunkt, *K 473*, ↑ Gedankenstrich statt Doppelpunkt, *K 476*, ↑ runde Klammern und Doppelpunkt, *K 480.*

5.5. Fragezeichen

Man häufe keine Fragezeichen. Mehrere Fragezeichen schwächen die Wirkung dieses Satzzeichens nur ab und sagen nichts Neues.

459 Das Fragezeichen steht nach einem selbständigen Fragesatz (auch in der Überschrift) und nach einem Fragewort. *Vgl.* aber *K 393.*

Beispiele: Hat er ihn gesehen? »Wohin so schnell?« fragte er (*K 427*). Auf die Frage »Wem?« steht der Dativ. Wann? Weshalb?

460 Das eingeklammerte Fragezeichen kennzeichnet zweifelhafte Angaben.

Beispiel: Der Mann behauptete, das Geld gefunden (?) zu haben.

461 Das Fragezeichen steht nicht nach Ausrufen in Frageform. *Vgl. K 463, 466.* Das Fragezeichen steht nach abhängigen Fragesätzen nur, wenn der Hauptsatz ein Fragesatz ist.

Beispiel: Weißt du, wieviel Sternlein stehen…? Aber: Er fragte, wo das Rathaus ist. *Vgl. K 393.*

Verweise:

Das Fragezeichen in Verbindung mit anderen Satzzeichen ↑ Anführungszeichen, *K 492*, ↑ Komma, *K 427*, ↑ Gedankenstrich, *K 472, 473*, ↑ Klammern, *K 480, 481.*
Groß- oder Kleinschreibung nach Fragezeichen ↑ *K 107, 427, 460.*

5.6. Ausrufezeichen

Man setze kein Ausrufezeichen, wo ein Punkt genügt. Unbegründete Häufung schwächt das Zeichen in seiner Wirkung ab.

462 Das Ausrufezeichen steht nach Befehl, Aufforderung, Warnung und Wunsch (auch in der Überschrift).

Beispiele: Los! Aufgepaßt! Das läßt du gefälligst sein! Achtung! Vorsicht! Kurve! Vorsicht, Glas! Grüß die Freunde! »Wäre er doch hier!« sagte er. Aber *K 392*: Siehe § 25.

Das Ausrufezeichen steht nach einem Ausruf der Gemütsbewegung – sei er ein Ausrufesatz oder ein einzelnes Wort – und nach bestimmten Grußformeln, auch am Briefschluß. *Vgl. auch K 466, 467.* **463**

Beispiele: Wie mich das freut! Wir grüßen die Jugend! Wie schön! Heda! Au! Freundschaft! Glück auf! usw.

Stehen mehrere zusammengehörige Interjektionen, so wird bei Nachdruck hinter jedem einzelnen ein Ausrufezeichen gesetzt; sonst werden sie durch Komma getrennt, und das Ausrufezeichen steht am Ende.

Beispiele: Piff, paff! »Nein, nein!« rief sie. *Oder mit Nachdruck*: »Nein! Nein!« rief sie.

Das Ausrufezeichen steht meist nach der Anrede am Briefanfang. Das folgende Wort wird groß geschrieben. *Vgl.* aber *K 413.* **464**

Das eingeklammerte Ausrufezeichen innerhalb des Satzes kennzeichnet eine Angabe, die bezweifelt wird oder besonders hervorgehoben werden soll. **465**

Beispiel: Er will ohne Unterbrechung 20 (!) Stunden gelaufen sein.

Das Ausrufezeichen steht nach Ausrufen in Frageform. **466**

Beispiel: Wie lange ist das her! (Ausruf des Erstaunens)
Aber: Wie lange ist das her? (Frage [Antwort: Ein Jahr])

Das Ausrufezeichen steht in der Regel nicht am Briefschluß nach der Grußformel (↑ *K 398*). *Vgl.* aber *K 463.* **467**
Das Ausrufezeichen steht nicht nach Wunsch- und Befehlssätzen, die ohne Nachdruck gesprochen werden. *Vgl. K 392.*
Das Ausrufezeichen steht bei abhängigen Aufforderungs- oder Ausrufesätzen nur, wenn der Hauptsatz ebenfalls ein Aufforderungs- oder Ausrufesatz ist. *Vgl. K 393.*

Verweise:

Das Ausrufezeichen in Verbindung mit anderen Satzzeichen ↑ Anführungszeichen, *K 492*, ↑ Gedankenstrich, *K 471*, ↑ Klammern, *K 480, 481.*
Kleinschreibung nach Ausrufezeichen ↑ *K 427.*

5.7. Gedankenstrich

5.7.1. Verwendung des Gedankenstrichs

Der Gedankenstrich bezeichnet eine Pause, die einen Wechsel ankündigt.

Der Gedankenstrich zwischen Sätzen bezeichnet **468**

den Wechsel der Sprechenden,

Beispiel: »Mein Sohn, was birgst du so bang dein Gesicht?« – »Siehst, Vater, du den Erlkönig nicht?« (Goethe)

den Übergang zu etwas anderem.

Beispiel: ... Ihren Wunsch können wir leider nicht erfüllen. – Gestern erhielten wir Nachricht von Herrn Schmidt ...

469 Der Gedankenstrich kann bei einer längeren Pause stehen, z. B.

zwischen Überschriften,

Beispiel: Inhalt: Rechnungsarten – Zinsrechnung – Rechenhilfen – Zahlenspiele

zwischen Ankündigungs- und Ausführungsbefehl,

Beispiel: Rumpf vorwärts beugen – beugt!

bei Abbruch der Rede, bei Verschweigen des Gedankenabschlusses, wenn man nicht Auslassungspunkte (*K 477*) setzen will (*vgl. auch K 474*),

Beispiele: »Verlassen Sie das Zimmer, oder –!« Er ist ein elender –

bei Vorbereitung auf etwas Unerwartetes,

Beispiel: Plötzlich – ein Ruf des Entsetzens, der Körper schwankte ...

vor und nach eingeschobenen Satzteilen und ganzen Sätzen (Parenthesen) statt des Kommas (*K 426*) oder statt der Klammern (*vgl. K 479*).

Beispiel: Wir traten aus dem Walde, und ein wunderschönes Bild – die Sonne kam eben durch die Wolken – breitete sich vor uns aus.

5.7.2. Gedankenstrich in Verbindung mit anderen Satzzeichen

470 Ein Komma wird hinter den zweiten Gedankenstrich gesetzt, wenn es auch ohne Einschaltung stehen müßte.

Beispiele: Sie wundern sich – so schreiben Sie –, daß ich so selten von mir hören lasse. (*Ohne Einschaltung*: Sie wundern sich, daß ...) Aber: Sie wundern sich – so schreiben Sie – und sind sehr enttäuscht. (*Ohne Einschaltung*: Sie wundern sich und sind sehr enttäuscht.)

471 Ist die Einschaltung ein Ausruf, so steht ein Ausrufezeichen vor dem zweiten Gedankenstrich.

Beispiele: Ich fürchte – hoffentlich zu Unrecht! – deine Zerstreutheit. *K 470*: Ich fürchte – hoffentlich zu Unrecht! –, daß du das Buch vergessen hast.

472 Ein Fragezeichen steht vor dem zweiten Gedankenstrich, wenn die Einschaltung eine Frage ist.

Beispiele: Er lehrte uns – erinnern Sie sich? – das Vertrauen zu uns selbst. *K 470*: Er lehrte uns – wissen Sie es noch? –, Vertrauen zu uns selbst zu haben.

473 Ein Doppelpunkt tritt hinter den zweiten Gedankenstrich, wenn unmittelbar nach diesem die wörtliche Rede beginnt.

Beispiel: Verächtlich rief er – er wandte kaum den Kopf dabei –: »Was willst du?«

Ist die Einschaltung eine Frage oder ein Ausruf, so tritt das Frage- bzw. Ausrufezeichen vor den zweiten Gedankenstrich, der Doppelpunkt hinter ihn.

Beispiele: Verächtlich rief er – was glaubst du wohl? –: »Scher dich zum Teufel!« Verächtlich rief er – welche Schande! –: »Scher dich zum Teufel!«

474 Steht ein Gedankenstrich am Satzende, so folgt, wenn es sich um einen Ausrufe- oder Fragesatz handelt, ein Ausrufe- bzw. Fragezeichen. Beim Aussagesatz aber steht kein Punkt, da dieser den Gedankenabschluß kennzeichnet, der durch den Gedankenstrich verschwiegen werden soll.

Beispiele: ↑ *K 469. Vgl. auch K 477.*

5.7.3. Gedankenstrich an Stelle anderer Satzzeichen

Der Gedankenstrich steht statt des Kommas, wenn dieses zu schwach erscheint. **475**

Beispiele: Ich wartete lange – aber vergebens. Über die Dauer seines Aufenthaltes in der Stadt äußerte er sich überaus unbestimmt; als aber die Konsulin bemerkte: »Ich erwarte in jedem Augenblick meinen Sohn zum Frühstück, Herr Permaneder; machen Sie uns das Vergnügen, ein Butterbrot mit uns zu essen ...?« – da nahm er diese Einladung, noch ehe sie ausgesprochen war, mit einer Bereitwilligkeit an, als habe er darauf gewartet. (Thomas Mann)

Der Gedankenstrich steht statt des Doppelpunktes, wenn dieser zu sachlich oder zu betont wirkt. **476**

Beispiel: Vor allem aber fehlte die Hauptsache – die Schönheit.

Der Gedankenstrich kann statt der runden Klammern stehen (*K 479*).

Gedankenstrich statt der Auslassungspunkte ↑ *K 477.*

Verweise:

Gedankenstrich im Sinne von *bis* und als Streckenstrich *vgl. Wörterverzeichnis* (Stichwort *bis*), *Vorschriften für den Schriftsatz, 3.3.2., 3.3.4.*

Gedankenstrich als Beziehungszeichen *vgl. Vorschriften für den Schriftsatz 3.3.5.*

Gedankenstrich als Kommandostrich *vgl. Vorschriften für den Schriftsatz 3.3.6.*

Schrägstrich als Beziehungszeichen *vgl. Vorschriften für den Schriftsatz 3.4.1.*

Schrägstrich als Satzzeichen *vgl. Vorschriften für den Schriftsatz 3.4.2.*

5.8. Auslassungspunkte

Um den Abbruch einer Rede, das Verschweigen eines Gedankenabschlusses zu bezeichnen, verwendet man statt des Gedankenstrichs (↑ *K 469*) besser 3 Auslassungspunkte, besonders wenn in demselben Satz der Gedankenstrich bereits in anderer Funktion verwendet ist. Zu den 3 Auslassungspunkten am Schluß eines Satzes tritt kein Schlußpunkt, jedoch ein Ausrufe- bzw. Fragezeichen, wenn es sich um einen abgebrochenen Ausrufe- oder Fragesatz handelt. Ein vorangehender Abkürzungspunkt wird gesetzt. **477**

Beispiele: Er gab den Takt an: »Eins–zwei, eins–zwei ...« Der Horcher an der Wand ... ...50 m ü. d. M. ... Daß dich der ...! Und was macht Hans? Ist er denn noch ...?

Auslassungspunkte können nicht für das Komma stehen.
Auslassungspunkte setzt man, um ausgelassene Wortteile zu kennzeichnen, z. B. ausgelassene Zehner, wenn man (umgangssprachlich) eine unbestimmte Zahl von Tausendern, Millionen usw. ausdrücken will. *Vgl. Vorschriften für den Schriftsatz, 5.5.*

Beispiele: weitere ...zigtausend Menschen, einige ...zig Millionen Kilometer; ...farben *od.* ...farbig (vielfarben *od.* -farbig, lilafarben *od.* -farbig); ...tonner (Dreitonner, Viertonner)

5.9. Klammern

5.9.1. Runde Klammern

Runde Klammern schließen erklärende Zusätze ein. **478**

Beispiele: Halle (Saale); demzufolge (infolgedessen, deshalb)
Er hat den (allerdings nur undeutlichen) Vorwurf überhört. *Vgl. auch K 483, 486.*

479 An die Stelle der runden Klammern können, sofern sie erklärende Zusätze oder Schaltsätze einschließen, auch Gedankenstriche (*K 469*) oder Kommas (*K 426*) treten.

Beispiel: Der Aussichtsturm (1949 wiederhergestellt) bietet einen großartigen Rundblick.
Oder:
Der Aussichtsturm – 1949 wiederhergestellt – bietet einen großartigen Rundblick.
Oder:
Der Aussichtsturm, 1949 wiederhergestellt, bietet einen großartigen Rundblick.

480 Ausrufezeichen, Fragezeichen, Punkt, Doppelpunkt und Komma stehen hinter der schließenden runden Klammer, wenn sie auch ohne den eingeschlossenen Zusatz gesetzt werden müßten.

Beispiele: Äußere Dich endlich zu meinem wohlgemeinten Vorschlag (vgl. meinen Brief vom 5. 1. 1984)! Beharrst Du auf Deinem Vorschlag (vgl. Deinen Brief vom 5. 1. 1984)? Das ist jetzt meine Meinung (zugleich mein endgültiger Vorschlag). Sie sprach zu ihm (das waren die letzten Worte der Sterbenden): »Ich danke dir für alles Gute!« Sie wundern sich (so schreiben Sie), daß ich so selten von mir hören lasse.

481 Ausrufe- und Fragezeichen stehen vor der schließenden runden Klammer, wenn sie unmittelbar zu dem eingeschlossenen Zusatz gehören.

Beispiele: Das geliehene Buch (denke an dein Versprechen!) hast du noch nicht zurückgegeben. Du wolltest mir doch (weißt du es noch?) das Buch leihen.

Das in runde Klammern eingeschlossene Ausrufe- oder Fragezeichen soll die Aufmerksamkeit auf das vorangehende Wort lenken. *Vgl. auch K 460, 465.*

Beispiele: Er will das Geld gefunden (!) haben. Er will das Geld gefunden (?) haben.

482 Der Punkt steht vor der schließenden runden Klammer, wenn die Einschließung ein ganzer Satz ist, der einem vorangehenden Satz hinzugefügt ist.

Beispiele: Sie wundern sich über mein langes Schweigen. (Das zeigt mir Ihr letzter Brief.) Ich kann Ihnen heute mitteilen, daß ...

5.9.2. Eckige Klammern

483 In eckige Klammern setzt man besondere Erläuterungen zu einem bereits eingeklammerten Text.

Beispiel: Ich teile Ihnen mit (das ist jetzt mein fester Entschluß [vgl. meinen Brief vom 5. 1. 1984]), daß ich von meiner Forderung nicht abgehen werde.

484 Eckige Klammern verwendet man, wenn bei der Wiedergabe fremder Ausführungen eigene Zusätze kenntlich gemacht werden sollen.

Beispiel: Er schrieb in seinem letzten Brief: »Wenn wir die Kinder beobachten [er meinte damit seine beiden Jüngsten], so haben wir doch manchen Grund, uns zu freuen ...«

485 In eckige Klammern kann man Buchstaben, Wortteile oder Wörter setzen, die auch weggelassen werden dürfen.

Beispiele: Kopp[e]lung, gern[e]; Neulatein[isch]; ein Dolmetscher ist ein [berufsmäßiger] Übersetzer
Aus rechtschreiblichen Gründen nicht *empfehlenswert*: [Voraus]bestellung, [Dauer]bezug usw.; *vgl. auch Vorschriften für den Schriftsatz, 4.5.*

486 Eckige Klammern setzt man in Nachschlagewerken und Wörterbüchern häufig statt runder Klammern bei erklärenden Zusätzen. *Vgl. auch K 478.*

5.10. Anführungszeichen

Die Anführungszeichen werden im deutschen Schriftsatz sowohl in der Form „...“ als auch in den Formen »...« und «...» und in der Form der halben Anführungszeichen ‚...‘ (*K 490*) verwendet. *Vgl. auch Vorschriften für den Schriftsatz, 3.1.*

5.10.1. Anwendung von Anführungszeichen

Anführungszeichen stehen bei wörtlicher Rede, wörtlich wiedergegebenen Gedanken (*vgl.* aber *K 490*) und bei wörtlicher Anführung von Textstellen aus Büchern, Briefen u. a., und zwar am Anfang und am Ende des Ganzen. **487**

Beispiele: Er sagte (meinte, schrieb, dachte): »Morgen werde ich in Berlin sein.« »Morgen werde ich in Berlin sein«, sagte (meinte, schrieb, dachte) er.

Wird die Rede unterbrochen, so wird jeder der getrennten Teile in Anführungszeichen gesetzt.

Beispiel: »Nun gut«, rief er, »ich werde es tun!«

Wörtlich angeführte Belegstellen, kurze Aussprüche, einzelne Wörter, Buchtitel u. ä. werden auch in Anführungszeichen eingeschlossen.

Anführungszeichen stehen am Anfang und Ende von Zitaten, zur Kennzeichnung des Titels von Büchern, Zeitungen, Dichtungen usw. (*vgl. auch K 326*) und zur Hervorhebung einzelner Wörter und Wortteile. **488**

Beispiele: »Die Treue, sie ist doch kein leerer Wahn«, heißt es in Schillers »Bürgschaft«. Beim Stichwort »Abend« finden Sie Angaben über die Rechtschreibung von Tageszeiten. Ein »Mikrotom« ist ein »Klein«- oder Dünn»schneider«. Der Äquator (Erd»gleicher«) ist ... Du bist mir vielleicht ein »feiner Freund«!

Die Anführungszeichen können wegbleiben, wenn aus dem Wortlaut eindeutig hervorgeht, daß es sich um einen Buchtitel, eine Gedichtüberschrift oder dergleichen handelt. **489**

Beispiel: Die erste Aufführung von Schillers Tell fand in Weimar statt. *Vgl. auch K 261, 326.*

Ohne Anführungszeichen können hervorzuhebende Wörter, Silben und Buchstaben stehen, wenn sie auf andere Weise kenntlich gemacht werden, im Druck besonders durch Sperrung oder durch abweichende Schriftart.

Beispiele: Nach der Präposition längs steht der Genitiv, seltener der Dativ. Die Laute *a, e, i, o, u* sind Vokale.

Halbe Anführungszeichen erhält eine Anführung oder eine wörtliche Rede, die in einem bereits mit Anführungszeichen versehenen Text steht. **490**

Beispiel: »Das war eine Arie aus den ‚Lustigen Weibern von Windsor‘«, antwortete er.

Oft werden wörtlich wiedergegebene Gedanken im Gegensatz zur wörtlichen Rede nur in halbe Anführungszeichen gesetzt.

Beispiel: »Das schmeckt wunderbar«, sagte er und dachte: ‚Wenn es nur nicht so teuer wäre!‘

5.10.2. Anführungszeichen und Satzzeichen

Das Komma steht immer nach dem schließenden Anführungszeichen. **491**

Beispiel: »Es ist möglich«, sagte er, »daß wir heute noch abreisen.«

492 Punkt, Frage- und Ausrufezeichen stehen nur dann vor den schließenden Anführungszeichen, wenn sie zur wörtlichen Rede oder zur Anführung gehören. In allen übrigen Fällen stehen sie dahinter.

Beispiele:
Punkt: Er erwiderte: »Jeder hat sein eigenes Urteil.«
Aber: Wir lasen Goethes »Braut von Korinth«.

Fragezeichen: »Wie geht es dir?« redete er ihn an. Als er mich fragte: »Weshalb darf ich das nicht?«, war ich sehr verlegen. Aber: Wer kennt den »Erlkönig«?

Ausrufezeichen: Sie sprach: »Verlaß mich nicht!« »Laß mich gehen!« rief er. Aber: Komme mir nicht wieder mit deinem »Ich kann nicht«! Nennen Sie mir ein geflügeltes Wort aus Goethes »Faust«!
Fröhlich rief er: »Guten Morgen!« *Oder*: Fröhlich rief er »Guten Morgen!«. Das »Mach mit!«-Programm (*K 191*)

Zu große Häufung von Satzzeichen ist zu vermeiden.

Beispiele: Als er mich fragte: »Kennst du den Roman ‚Kleiner Mann, was nun?'[?]«, war ich sehr verlegen. Warum sagte Kohlhaas: »Heute ist mein glücklichster Tag[.]«?

5.11. Zusammenfassende Grundregeln zur Zeichensetzung

Der Punkt (*K 391 ff.*) steht am Schluß des Aussagesatzes (des einfachen Satzes oder eines Satzes mit Attributen, Objekten, Adverbialbestimmungen oder mit Nebensätzen).

Das Komma (*K 399 ff.*) steht

- bei Aufzählungen von gleichartigen Satzteilen oder Nebensätzen gleichen Grades, außer wenn die Glieder der Aufzählung durch *und* oder *oder* verbunden sind,
- in der Satzverbindung, d. h. zwischen koordinierten Sätzen,
- überall da, wo Sätze verschiedenen Grades (Haupt- und Nebensatz oder Nebensätze verschiedenen Grades) zusammenstoßen,
- vor *und* bzw. *oder* nur zwischen vollständigen Hauptsätzen oder wenn an der betreffenden Stelle Sätze verschiedenen Grades zusammenstoßen,
- vor nachträglichen genaueren Bestimmungen,
- vor und nach der nachgestellten Apposition,
- vor oder nach erweiterten Infinitiven, wenn zum Infinitiv mehr als das Wörtchen *zu* gehört,
- bei erweiterten Partizipien.

Das Semikolon (*K 452 ff.*) steht häufig vor *denn*, auch vor *darum*, *deswegen*, *aber* usw.

Der Doppelpunkt (*K 456 ff.*) ist ein Ankündigungszeichen.

Das Fragezeichen (*K 459 ff.*) steht nach selbständigen Fragesätzen oder nach alleinstehenden Fragewörtern.

Das Ausrufezeichen (*K 462 ff.*) steht nach Ausrufen und Aufforderungen, nach Wunsch und Befehl.

Der Gedankenstrich (*K 468 ff.*) ist immer ein Pausenzeichen.

Die Klammern (*K 478 ff.*) schließen erläuternde Zusätze ein.

Register zum »Leitfaden«

Mit Hilfe dieses Registers wird der »Leitfaden der deutschen Rechtschreibung mit Hinweisen auf grammatische Schwierigkeiten« alphabetisch aufgeschlüsselt.

Zur Beachtung:

Das Registerstichwort ist bei Wiederholungen durch einen Strich ersetzt, auch wenn es mehrteilig ist.
Der Strich bezieht sich jedoch nicht auf die dem Stichwort folgenden Zusätze.

Zahlenangaben in arabischen Ziffern bedeuten *Kennzahlen*. Die wichtigsten Kennzahlen sind durch halbfetten Druck hervorgehoben.

↑ verweist auf ein Stichwort, bei dem das Verweisstichwort entweder mit genannt ist oder für das es die Sammelbezeichnung darstellt.
vgl. verweist auf Kennzahlen, in denen das Registerstichwort nicht grundsätzlich behandelt wird, aber wesentlich im Zusammenhang mit anderen Problemen ist.
= verweist auf ein Stichwort, mit dem das Verweisstichwort bedeutungsgleich ist.

Vorschriften für den Schriftsatz

Für die einheitliche Herstellung von Druckerzeugnissen sind folgende Regeln und Hinweise zu beachten. Sie ergänzen die typographisch-technischen Vorschriften im Fachbereichstandard TGL 10-081.

Ausschlußangaben erfolgen in Geviertprozenten (Prozent vom Schriftgrad) und – für den Handsatz – in typographischen Punkten, bezogen auf den Schriftgrad 9 Punkt (für kleinere oder größere Schriftgrade sind entsprechend kleinere oder größere Ausschlußstücke zu verwenden).

1. Besonderheiten beim Setzen von Buchstaben

1.1. Buchstaben I/i und J/j

1.1.1. In runden Druckschriften wird zwischen dem Vokal I und dem Konsonanten J unterschieden.

1.1.2. Der Vokal I/i und der Konsonant J/j sind, weil sie verschiedenen Lautwert haben, in Wörterverzeichnissen *getrennt* zu halten.

1.2. Buchstaben Ä/ä, Ö/ö und Ü/ü

Im deutschen Satz ist es *unzulässig*, für die Umlaute Ä, Ö, Ü behelfsweise Ae, Oe, Ue oder gar AE, OE, UE und für die Umlaute ä, ö, ü behelfsweise ae, oe, ue zu setzen. Ausgenommen sind Personen-, Familien- und Vornamen sowie geographische Namen.

1.3. Buchstaben ss und ß

Zur Schreibung der S-Laute *vgl. K 37–45.*
Im fremdsprachigen Satz behalten deutsche Namen ihr *ß*.

Beispiele: der Codex Weißenburgensis; Monsieur Aßmann a été ...; Signor Große ...

Beim Satz aus gebrochenen Schriften (z.B. Fraktur) ist der Unterschied zwischen langem s (ſ) und Schluß-s (s) zu beachten *(vgl. K 44 u. 45).*

1.4. Ligaturen

Als Ligaturen bezeichnet man zwei oder mehrere Buchstaben, die auf dem Schriftträger zu *einem* Zeichen vereinigt sind. Sie entstanden aus technischen Gründen und wurden bereits von Gutenberg verwendet. Sprachlich sind sie bedeutungslos.
Heute haben Ligaturen – vor allem im Maschinen- und Lichtsatz – kaum noch Daseinsberechtigung. Sie belasten die Tastaturen der Setzmaschinen und verursachen oft Korrekturen.

1.4.1. Ligaturen im deutschen Satz

Beim Satz mit Ligaturen sind folgende Regeln anzuwenden:

1.4.1.1. Ligaturen dürfen die sprachliche Richtigkeit nicht stören; die zu einer Ligatur vereinigten Buchstaben müssen im Wortstamm zusammengehören. Bei Endungen auf -fig und -fisch wird dagegen die Ligatur fi benutzt.

Beispiele: hoffen, gehofft, Hoffnung; finden, Pfiff; streifig, spezifisch; äffisch oder äffisch, muffig oder muffig, Offizier oder Offizier, diffizil oder diffizil; fleißig, Pflaume
lachen, Krach; backen, gepackt; voll, Welle; ſtets, Raſtſtelle; benutzen, Satz; ſicher; Eſche; eſſen; Blitzſtrahl

1.4.1.2. Ligaturen dürfen nicht angewendet werden, wenn die Buchstaben, die eine Ligatur bilden können, in Zusammensetzungen unmittelbar vor und hinter der Wortfuge stehen.

Beispiele: auffangen, begrifflich, Briefinhalt, Auflage (aber: Aufl.)
zwölfteilig, Stillehre, entziehen

1.4.1.3. In Zweifelsfällen wird die Ligatur so gesetzt, wie das Wort nach Sprechsilben gegliedert ist.

Beispiele: knifflig, Mufflon, Schnüffler, Souffleur

1.4.1.4. Ferner können Ligaturen gesetzt werden, wenn von drei gleichen Konsonanten einer weggelassen wird.

Beispiele: Schiffahrt, Stoffaser
Schnelläufer, Nullage

1.4.1.5. Im *Sperrsatz* sind Ligaturen nicht anzuwenden. Das gilt bei Sperrsatz aus gebrochenen Schriften jedoch nicht für die Ligaturen ch, ck und tz.
In gebrochenen Schriften wird an Stelle der Ligatur ſt bei Sperrsatz ſ und t getrennt, jedoch nicht gesperrt gesetzt.

1.4.2. Ligaturen im Fremdsprachensatz

1.4.2.1. In *lateinischen* Wörtern werden die Ligaturen æ und œ nicht angewendet.

Beispiele: Asa foetida, Confoederatio Helvetica, Lacrimae Christi

1.4.2.2. In *französischen* Wörtern wird, auch wenn diese im deutschen Satz verstreut vorkommen, Æ und æ, Œ und œ gesetzt *(vgl. 1.5.)*.

Beispiele: die Schreibungen »Ægide« neben »Égide«, Œuvres de …, das Wort »sœur« …

1.4.2.3. In *dänischen* und *norwegischen* Wörtern ist Æ/æ anzuwenden *(vgl. 1.5.)*.

1.5. Wichtige Buchstaben und Buchstabenverbindungen in fremden Sprachen

Französisch: Æ, æ, Œ, œ *(vgl. 1.4.2.2.)*
Dänisch: Å, å, Æ, æ *(vgl. 1.4.2.3.)*; Ø, ø
Norwegisch: Å, å, Æ, æ *(vgl. 1.4.2.3.)*; Ø, ø
Schwedisch: Å, å, Ä, ä, Ö, ö
Niederländisch: IJ und ij sind meist Ligaturen; sie werden auch im Sperrsatz verwendet.
Finnisch: ä (kurz), ää (lang), ö (kurz), öö (lang)
Ungarisch: Ö, ö, Ü, ü (kurz), Ő, ő, Ű, ű (lang)

Polnisch, Tschechisch:

In polnischen und tschechischen Namen ist **ck** keine Ligatur. Es ist also auch im Satz aus gebrochenen Schriften c + k zu setzen, da es sich um gesprochenes z [ts] + k handelt.

Beispiele: Chodowiecki, Mickiewicz; Chodowiecki, Mickiewicz

Für den Satz aus gebrochenen Schriften ist außerdem folgendes zu beachten:
In *nordischen Personennamen*, die auf -ſen, -ſon enden, ist der vorausgehende S-Laut als s zu setzen.

Beispiele: Gulbransſen, Jonasſon

In *polnischen Personennamen* wird der Laut »sch« durch ſz (nicht durch sz) bezeichnet.

Beispiel: Lukaſzewſki

In *slawischen Personennamen* auf -ſki und -ſky wird ſ gesetzt *(vgl. K 44).*

Beispiele: Doſtojewſki, Komenſky

1.6. Substantive aus fremden Sprachen

In deutschen Texten setzt man Substantive aus fremden Sprachen mit großem Anfangsbuchstaben, sofern sie ohne Klammern oder Anführungszeichen stehen.

Beispiele: Das ist ihm eine Terra incognita. Aber: Das ist ihm eine »terra incognita«. Der »sitting-room« der Engländer entspricht unserem Wohnzimmer. Das Wort Thron (θρόνος, thronos) ist ein Fremdwort.

Bei mehrteiligen fremdsprachigen Bestimmungswörtern einer Zusammensetzung ist nur das erste Wort der Bestimmungswortgruppe groß zu setzen.

Beispiele: De-facto-Anerkennung, A-cappella-Chor, Alla-breve-Takt, Know-how-Vertrag, Status-quo-Klausel

1.7. Runde Schriften im Satz aus gebrochenen Schriften

1.7.1. Alle *Fremdwörter* romanischen Ursprungs, die nicht durch deutsche Flexionsmerkmale oder durch deutsche Schreibung eingedeutscht erscheinen, setzt man im Satz aus *gebrochenen* Schriften in der Regel aus *runden* Schriften. Sprachliche Übergänge sind möglich.

Beispiele: Das ſieht in praxi anders aus. Er hatte noch etwas in petto. Er hat 2000 M a conto des Herrn E. gezahlt. Mit ſeinem »dolce far niente« (*od.* ſeinem Dolcefarniente) iſt ...

Dies gilt auch für die unter 1.6. genannten Wendungen.

Beispiele: Das iſt ihm eine Terra incognita. Ein ſolcher Lapsus linguae durfte ihm nicht paſſieren. Er entpuppte ſich als Agent provocateur.

Auch die italienischen Fachausdrücke der Musik werden im Satz aus gebrochenen Schriften meist aus runden Schriften gesetzt.

Beispiele: ... etwas mehr moderato, nicht ſo ſehr vivace ...; ... hat andante geſpielt ...

1.7.2. *Fremdwörter*, die durch deutsche Flexionsmerkmale oder durch deutsche Schreibung eingedeutscht erscheinen oder die mit deutschen Wörtern zusammengesetzt sind, werden im Satz aus gebrochenen Schriften ebenfalls aus gebrochenen Schriften gesetzt.

Beispiele: Er ſpielte das Andante mit viel Gefühl. Er hat eine Akontozahlung geleiſtet.

Dasselbe gilt für Zeitungsnamen usw.

Beispiele: In der „Times" ſtand ... In der „Humanité" (*od.* In der Zeitung „l'Humanité") ſtand ... „l'Humanité" und „Le Monde" ſchreiben ...

1.7.3. *Fremde Personennamen* und *fremde geographische* Namen passen sich im Satz aus gebrochenen Schriften der Textschrift an.

Beispiele: Michelangelo Buonarroti war ein berühmter Künstler. Cherbourg ist eine bekannte Stadt an der Kanalküste.

1.7.4. Wenn im Satz aus gebrochenen Schriften ein Teil einer Wortzusammensetzung aus einer runden Schrift gesetzt werden muß, so werden *Bindestriche* aus einer gebrochenen Schrift gesetzt.

Beispiel: Das Schiff sandte SOS-Rufe.

In besonderen Fällen können Bindestriche aus beiden Schriftarten in einem Wort auftreten.

Beispiel: Die Tänze des Staatstheater-Corps-de-ballet wurden begeistert aufgenommen.

2. Besonderheiten beim Setzen von Zahlen *(vgl. auch K 281–291)*

2.1. Allgemeines

Die alte Buchdruckerregel, nach der die Zahlen von 1 bis 12 in Buchstaben und die Zahlen von 13 an in Ziffern zu setzen seien, ist unbegründet. Alle Zahlen (auch die Zahlen von 1 bis 12) sind in Ziffern zu setzen, wenn die Zahl im Textzusammenhang von Bedeutung ist und deshalb die Aufmerksamkeit auf sich lenken soll.

Beispiele: eine Keilwelle mit 8 Nuten; dieses Heft umfaßt 24 Seiten; die Maschine hat 2 Wellen, 4 Spindeln, 1 verstellbare Formatplatte und 8 Stellschrauben

Zusammengesetzte Zahlen dürfen nicht teils in Ziffern, teils in Buchstaben gesetzt werden.

Beispiel: vier- bis fünftausend Menschen
Falsch: 4- bis 5tausend Menschen

Vor Einheitenzeichen, Geldsorten usw. wird jede Zahl in Ziffern gesetzt.

Beispiele: 110 m, 14 kg, 8 M; eine Länge von 7 cm, eine Temperaturdifferenz von 15 K, die Zimmertemperatur beträgt +20 °C

Setzt man diese Bezeichnungen aus, so kann die vorangehende Zahl in Ziffern oder in Buchstaben wiedergegeben werden.
Einheiten ohne Zahlenwerte sollten im allgemeinen mit dem ausgeschriebenen Namen der Einheit oder ihrer Vielfachen oder Teile angegeben werden.

Beispiel: Temperaturangaben in Grad Celsius

Von dieser Regelung kann in Tabellenköpfen, auf Formblättern u. ä. außerhalb des eigentlichen Textes abgewichen werden.

Beispiele: Maße in mm, Toleranzangaben in µm

2.2. Zahlengruppen

2.2.1. Der Übersichtlichkeit halber werden Zahlen mit mehr als 3 Ziffern von den Einern aus nach links und rechts in Dreiergruppen gegliedert. In solchen Fällen wird zwischen die einzelnen Zahlengruppen Ausschluß von etwa 15 Geviertprozent (1 Punkt) gesetzt. Vor der ersten Dezimale steht das Komma.

Beispiele: 2 224 km, 592 181,50 M; 57,295 78°

Seiten- und Spaltenzahlen sind nur ganz selten größer als vierstellig und deshalb noch übersichtlich. Aus diesem Grunde ist es hier nicht üblich, Gruppen zu bilden.
Dasselbe gilt für *Jahreszahlen.*

2.2.2. Bei *Uhrzeitangaben* wird, da es sich hier um nichtdezimale Teilungen handelt, die Stundenzahl von der Minutenzahl durch einen *Punkt* getrennt. Zulässig ist auch die Angabe der Minutenzahl mit hochstehenden Ziffern.

Beispiele: 6.30 Uhr, 20.45 Uhr, *auch* 6^{30} Uhr, 20^{45} Uhr

2.2.3. *Fernsprechnummern* werden in Zweiergruppen von rechts nach links getrennt. Man verwendet beim Setzen Ausschluß von etwa 20 Geviertprozent (2 Punkt).

Beispiele: 1 08, 22 24, 6 78 41, 59 21 81

2.2.4. *Fernschreibnummern* werden ohne Zwischenraum gesetzt. Die Gruppenbildung wurde aufgegeben.

Beispiele: 4221, 628327

2.2.5. Bei den Nummern der *Postscheckkonten* werden die letzten beiden Ziffern durch Ausschluß von etwa 20 Geviertprozent (2 Punkt) abgetrennt, oder die Leitzahl wird durch einen größeren Schriftgrad kenntlich gemacht. In diesem Fall wird kein Zwischenraum gesetzt *(vgl. aber 2.2.6.)*.

Beispiele: 22 24, 678 41 *od.* 2224, 67841

2.2.6. Die Nummern EDV-gerechter *Bank-* und *Postscheckkonten* bestehen aus drei Zahlengruppen, die durch Bindestriche verbunden sind. Sie erhalten keinen Zwischenraum.

Beispiele: 5611-17-385, 6712-40-41518, 7199-68-300523

2.2.7. Bei vierstelligen *Postleitzahlen* werden keine Gruppen gebildet. Postleitzahlen mit mehr als 4 Ziffern (z. B. in der UdSSR) müssen zwischen der dritten und vierten Stelle einen Ausschluß von etwa 20 Geviertprozent (2 Punkt) erhalten. Bei Sendungen, die die DDR verlassen, ist in der Empfängeranschrift vor der Postleitzahl das entsprechende Leitkennzeichen anzugeben. Zwischen Leitkennzeichen und Postleitzahl ist ein *Bindestrich* (kein Gedankenstrich!) mit einem Zwischenraum von jeweils etwa 20 Geviertprozent (2 Punkt) zu setzen. In der Absenderangabe steht die Postleitzahl ohne Zwischenräume unter der Ortsangabe.

Beispiele: 1500, 8010, 7124; H - 1054, UdSSR - 117 526; DDR - 9512

2.2.8. Bei den Nummern von *Standards* werden Zahlengruppen gebildet, wenn die Zählnummer aus mehr als 4 Ziffern besteht. Der Raum vor den letzten 3 Ziffern beträgt etwa 20 Geviertprozent (2 Punkt). Ist der Zählnummer eine Ordnungsnummer (Kennzahl) vorangestellt, so ist zwischen Ordnungsnummer und Zählnummer ein *Bindestrich* (kein Gedankenstrich!) ohne Zwischenraum zu setzen. Nummern von Teilen (bisher Blattnummern) werden mit einem Schrägstrich angefügt.

Beispiele: TGL 5596, TGL 11 801, TGL 0-16 511, TGL 10-081, TGL 16-662 284, TGL 48-2211, TGL 6710/01

2.2.9. Bei *Logarithmen* können Zweier-, Dreier- und Vierergruppen gebildet werden. Entscheidend ist die Übersichtlichkeit.

Bei *vierstelligen* Logarithmen werden im allgemeinen keine Gruppen gebildet. Bei *fünfstelligen* Logarithmen wird erst eine Zweier- und dann eine Dreiergruppe gebildet, bei *siebenstelligen* Logarithmen erst eine Dreier- und dann eine Vierergruppe.

Beispiele:	10,64 477	00 647	009 0257
	10,64 419	01 072	009 4509
	10,64 360	01 494	009 8756
	10,64 302	01 912	010 3000
	10,64 243		010 7239
			011 1474

2.2.10. Bei Zahlenkolonnen und tabellarischen Aufstellungen sind die Stellen gleicher Wertigkeit, z. B. Hunderter, Zehner, Einer, Zehntel, Hundertstel ..., untereinander anzuordnen.

Beispiele:	10,23	580 kg	1 km
	12 418,3	23,758 kg	= 1 000 m
	3 729,487 35	1 325,2 kg	= 10 000 dm
	571,9	3,25 kg	= 100 000 cm
	678 983,25		= 1 000 000 mm

2.2.11. Bei der *Abschnittsnumerierung* nach TGL 37 103 wird nach jeder Nummer in jeder Stufe, auch der letzten, ein Punkt gesetzt. Der Punkt nach der letzten Nummer darf auch dann nicht weggelassen werden, wenn die Gliederungszahl im laufenden Text vorkommt. Zwischen die einzelnen Nummern wird kein Zwischenraum gesetzt.

Beispiel: Nach Abschnitt 3.5.11.2. wird ...

2.3. Hausnummern

Bei mehreren Hausnummern setzt man entweder den *Gedankenstrich (vgl. auch 3.3.2.)* oder den *Schrägstrich (vgl. auch 3.4.1.)* ohne Zwischenraum; gelegentlich steht auch die Abkürzung »u.«.

Beispiele: Burgstraße 14–18, Burgstraße 14/18; Burgstraße 14 u. 16, Burgstraße 14, 16 u. 18

2.4. Datumsangaben *(vgl. auch K 380 und 396)*

Man schreibt für Tag und Monat die Zahlen mit Punkten (Ordinalzahlen). Die Jahresangabe steht ohne Punkt (Kardinalzahl).

Beispiele: am 8. 5. 1928 geboren *od.* am 08. 05. 1928 geboren;
Leipzig, [den] 30. 11. 1982 *od.* Leipzig, [den] 30. 11. 82

2.5. Abgekürzte Jahreszahlen

Bei Angabe eines Zeitraumes mit Hilfe abgekürzter Jahreszahlen wird der *Schrägstrich* verwendet *(vgl. auch 3.4.1.)*.

Beispiele: 1903/04, 1914/18, 08/15

2.6. Zahlen in Zusammensetzungen und Ableitungen *(vgl. auch K 284 ff.)*

2.6.1. Zwischen der Zahl als erstem Bestandteil und den folgenden Wortteilen ist kein Zwischenraum üblich.

Beispiele: ein 3tonner, 3fach, 100%ig, ½zöllig, ¾fach

Merke: Bei Zusammenfassungen ist die Regel über den Ergänzungsbindestrich *(K 178)* zu beachten. Dabei wird zwischen Zahlenangabe und Bindestrich kein Zwischenraum gesetzt.

Beispiel: ½-, ¼- und ⅛zöllig

2.6.2. Eine besondere Regelung verlangen Format-, Typen- oder Sortenbezeichnungen, die aus einem (oder mehreren) Buchstaben und einer Ziffer oder Zifferngruppe bestehen. Hier beträgt der Zwischenraum zwischen Buchstabe und Ziffer höchstens 15 Geviertprozent (1,5 Punkt), da beide Teile der Bezeichnung eine untrennbare Einheit bilden. Bei Kopplung und Durchkopplung steht zwischen Buchstabe und Ziffer *kein* Bindestrich *(vgl. aber Hinweise für das Maschinenschreiben, 3.20.).*

Beispiele: die Formate A4 und A5, der Mähdrescher E512, das Vitamin B2 (*oder* B_2); im A4-Format, V2A-Stähle, ein V8-Reihenmotor, der MKC1-Kondensator, die E512-Besatzung; der Vitamin-B2-Komplex (*oder*: der Vitamin-B_2-Komplex)

3. Besonderheiten beim Setzen von Zeichen[1]

3.1. Anführungszeichen *(vgl. auch K 487–492)*

Im deutschen Schriftsatz werden vor allem die Formen „…“ und »…« verwendet. Die Kennzeichnung «…» ist besonders in Frankreich üblich; sie hat im Satz mit runden Schriften auch im Deutschen Eingang gefunden.

Muß innerhalb einer Anführung ein weiterer Satzteil angeführt werden, so sind folgende Kennzeichnungen empfehlenswert:

„… ‚…‘ …“ *u.* »… ›…‹ …«

Möglich sind auch folgende Anführungen:

«… ‹…› …»

Bei dreifacher Anführung innerhalb eines Satzes kann wie folgt verfahren werden:

„… ‚… ›…‹ …‘ …“ *od.*
»… ›… ‚…‘ …‹ …« *od.*
«… ‹… ‚…‘ …› …»

Für *einzelne* aus fremden Sprachen angeführte *Wörter* ist die Sprache des laufenden Textes maßgebend.

Beispiele: Die italienischen „carabinieri“ sind … Oder: Die italienischen »carabinieri« sind …

Werden *ganze Sätze* oder *Abschnitte* aus fremden Sprachen angeführt, so sollte man sich der in der betreffenden Sprache üblichen Anführungszeichen bedienen.

Beispiele: “Early to bed and early to rise makes a man healthy, wealthy, and wise.”
«Frate, frate! Libera chiesa in libero stato!» waren Cavours letzte Worte.

In der Sprachwissenschaft werden zur Kennzeichnung einer Bedeutungsangabe einfache Anführungszeichen oder gelegentlich auch das Zeichen für das Winkelmaß *Minute* (′) gebraucht.

Beispiele: **Sammelsurium** *n.* ‚Mischmasch‘. Nd. *sammelsur n.* ‚saures Gericht aus gesammelten Speiseresten‘.
[2]**Hader** *m.* ‘Lumpen’, mhd. *hader* ‘zerrissenes Stück Zeug’, ahd. *hadara f.* ‘Lappen’.
Das deutsche Wort *sicher* geht auf das lateinische Wort *securus* ′ohne Sorge′ zurück (lat. se ′ohne′, cura ′Sorge, Pflicht′).

[1] Sonderzeichen für die Satzherstellung siehe TGL 37 773/01 ff.
Vorschriften und Regeln für die Wiedergabe von Formeln in Druckerzeugnissen siehe TGL 29 447.

3.2. **Apostroph** *(vgl. auch K 56–67)*

Dem Apostroph geht, wenn er den Wegfall des Wortanfangs kenntlich macht, der normale Wortzwischenraum voran.

Beispiele: so 'n Mann; ich komm' 'naus; ob 's Wetter so bleibt?

Eine Ausnahme machen Verbindungen wie *sich's, geht's*, weil sie als Ganzes empfunden werden. Das gilt auch für Zusammenziehungen wie *ich hab's* (aus: ich habe es) und *ich glaub's* (aus: ich glaube es), wo außerdem – trotz der Auslassung von zwei *e* – nur *ein* Apostroph zu setzen ist.

3.3. **Gedankenstrich**

In neueren Schriften ist der Gedankenstrich meist um etwa ein Drittel kürzer als das Minuszeichen. Er ist deshalb zwischen Zahlen nicht als Minuszeichen zu verwenden.

Gedankenstriche können als Zeichen für eine Gedankenunterbrechung, eine Pause oder in der Funktion verschiedener Satzzeichen stehen *(vgl. K 468–476)*.

Beispiele: Er wartete lange – aber vergebens.
(Gedankenstrich in der Funktion eines Kommas)
Ich fürchte – hoffentlich zu Unrecht – deine Zerstreutheit.
(Gedankenstriche in der Funktion von Klammern)

Ein Gedankenstrich sollte nicht am Anfang einer Zeile stehen.
Ausnahmsweise darf ein Gedankenstrich am Zeilenanfang stehen bei Schmalsatz bis etwa 12 Cicero und wenn es sich um den ersten Gedankenstrich vor einem eingeschobenen Satzteil handelt (Gedankenstriche in der Funktion von Klammern).

3.3.1. **Gedankenstrich als Zeichen für »gegen«**

Der für das Wort *gegen* verwendete Gedankenstrich wird ohne Zwischenraum gesetzt.

Beispiel: das Fußballspiel FC Vorwärts Frankfurt (Oder)–FC Karl-Marx-Stadt

Am Zeilenende und am Zeilenanfang ist der Gedankenstrich durch das Wort *gegen* zu ersetzen.

3.3.2. **Gedankenstrich oder Auslassungspunkte zwischen Zahlen als Zeichen für »bis«**

Der Strich für »bis« zwischen Zahlenangaben wird ohne Zwischenraum gesetzt.

Beispiele: ein Preis von 3–4 M; Burgstraße 14–18; 600–700 M
(*nicht empfehlenswert, da mißverständlich*: 6–700 M)

Merke: Wo nach dem Zusammenhang ein Mißverständnis möglich ist, ferner am Zeilenende oder am Zeilenanfang wird *bis* ausgesetzt; im Registersatz kann der Gedankenstrich jedoch stehenbleiben.

Werden Zahlen in *Buchstaben* wiedergegeben, dann ist stets »bis« zu setzen *(zur Schreibung von Zahlen in Buchstaben vgl. auch 2.1.)*.

Beispiele: viertausend bis fünftausend Menschen, vier- bis fünftausend Menschen
Falsch: 4- bis 5tausend Menschen *od.* 4–5tausend Menschen

In der Wortgruppe »von/vom ... bis ...« darf »bis« nur dann durch den Gedankenstrich ersetzt werden, wenn es einen Zwischenwert (ungefähren Wert) angibt.

Beispiel: Das Rohr hat eine Länge von 4–5 m.
Aber: Die Sitzung dauerte von 8 bis 11 Uhr.

Im *wissenschaftlichen Satz* werden, um Verwechslungen mit dem Minuszeichen zu vermeiden, an Stelle des Gedankenstrichs zwischen Zahlen als Zeichen für »bis« die Auslassungspunkte gesetzt. Die Auslassungspunkte stehen auf der Schriftlinie *(vgl. auch 5.5.1.)* und schließen sich ohne Zwischenraum an die Zahlenangaben an.

Beispiele: ein Rohr von 15...18 mm Durchmesser;
eine Gittervorspannung von −3...−5 V;
$x_1 \in \{1, 2, 3, \ldots, 9\}$
$\frac{1}{2}, \frac{1}{3}, \frac{1}{4}, \ldots, \frac{1}{n}$

In *Standards* muß »bis« immer ausgeschrieben werden.

3.3.3. Gedankenstrich als Zeichen für einen nichtexistierenden Wert

In der Bedeutung »null«, »keine Wertangabe« wird bei Geldbeträgen der Gedankenstrich ohne Zwischenraum dem Zahlenwert angefügt oder vorangestellt.

Beispiele: 6,–M, –,50 M

3.3.4. Gedankenstrich als Streckenstrich

Bei Streckenangaben in Fahrplänen usw. ist als *Streckenstrich* ein kurzer Gedankenstrich (schrifttypischer, normaler Gedankenstrich oder Halbgeviert-Gedankenstrich) zu verwenden. Streckenstriche sind mit 10 Geviertprozent (1 Punkt) Zwischenraum zu setzen, sofern das verwendete Zeichen nicht bereits genügend Vor- und Nachbreite besitzt.

Beispiele: die Strecke Leipzig Hbf – Bad Elster; die Friedensfahrt Berlin – Prag – Warschau

Merke: Zwischen den Gliedern mehrteiliger Namen müssen Bindestriche stehen *(vgl. K 244)*. Dies ist beim Zusammentreffen von Streckenstrich und Bindestrich besonders zu beachten.

Beispiele: die Strecke Berlin-Schöneweide – Wünsdorf – Doberlug-Kirchhain – Elsterwerda; auf der Straße Karl-Marx-Stadt – Hohenstein-Ernstthal

3.3.5. Gedankenstrich als Beziehungszeichen

Als *Beziehungszeichen* im Sinne von »und« oder zur Kennzeichnung eines bestimmten Verhältnisses verschiedener Personen, Sachen, Einrichtungen usw. zueinander steht der Gedankenstrich dort, wo zwei (oder mehrere) Substantive, vor allem *Namen*, unflektiert nebeneinandergestellt sind, aber kein Kompositum bilden.

Beispiele: DDR – UdSSR in fester Freundschaft; das Verhältnis Film – Literatur; Industriegewerkschaft Textil – Bekleidung – Leder; Martin-Luther-Universität Halle – Wittenberg; das Industriegebiet um Leipzig – Halle – Merseburg

Als Beziehungszeichen ist der Gedankenstrich auch dort üblich, wo in einer Zusammensetzung einfache Namen und Doppelnamen, vor allem solche aus fremden Sprachen, zusammentreffen.

Beispiele: »Die Schulze-Boysen – Harnack-Organisation im antifaschistischen Kampf« (Buchtitel)

Häufig wird in solchen Fällen auch der *Schrägstrich* angewendet *(vgl. auch 3.4.1.)*.

Der Zwischenraum vor und nach dem Gedankenstrich beträgt etwa 10 Geviertprozent (1 Punkt). (Beim Maschinenschreiben ist je 1 Leeranschlag auszuführen, damit sich der Gedankenstrich vom Bindestrich unterscheidet.)

3.3.6. Gedankenstrich als Kommandostrich

Als *Kommandostrich* (gelegentlich auch Ordnungsstrich oder Stabsstrich genannt) dient der Gedankenstrich der Hervorhebung von Aufzählungsgliedern und steht an Stelle von Gliederungszahlen oder -buchstaben am Anfang der Zeile.

Beispiel: Der Informationsbedarf für die ökonomische Sicherung des Reproduktionsprozesses umfaßt vor allem
- Informationen über die Kosten nach Ausgaben und Ausführungsformen,
- ausführliche Informationen über die erforderlichen Kapazitäten,
- Informationen über die Kosten der Herstellung, untergliedert nach Arbeitsgängen, Verantwortungsbereichen und Druckorten.

3.4. Schrägstrich

3.4.1. Als *Beziehungszeichen* hat der Schrägstrich verschiedene Aufgaben. Er wird verwendet

im Sinne von »je«,

Beispiele: 80 km/h, 100 Ew./km^2

im Sinne von »bis« *(vgl. auch 2.3. und 2.5.)*,

Beispiele: Burgstraße 14/18, in den Jahren 1945/49

im Sinne von »zum«,

Beispiel: um die Wende vom 17./18. Jahrhundert

im Sinne von »entweder – oder«,

Beispiel: Ich/Wir bestelle[n] hiermit ...

zur Kennzeichnung eines Verhältnisses verschiedener Angaben zueinander, z. B. bei Bruchzahlen (bei Satz mit schrägem Bruchstrich),

Beispiele: $^{3}/_{4}$, $^{1}/_{1000}$ s, $^{6}/_{8}$-Takt

bei Diktatzeichen (Diktierender/Schreibender),

Beispiele: Lg/Schi, 12/N, la/schi

bei Aktenzeichen (Abteilung/Fach/Nummer),

Beispiel: B/IV/255

bei bibliographischen Angaben (z. B. Jahrgang/Heftnummer),

Beispiel: »Sprachpflege« 1975/7

in Wörterverzeichnissen und Registern zwischen nebeneinanderstehenden Stichwörtern,

Beispiel: indem/nachdem/seitdem/trotzdem (zur Einleitung von Nebensätzen) .... S. 9

bei sonstigen Angaben, in denen ein bestimmtes Verhältnis durch andere Zeichen, etwa durch Bindestrich, Komma oder Doppelpunkt, nicht zweifelsfrei ausgedrückt werden kann.

Beispiele: ein technisches Wörterbuch deutsch-russisch/russisch-deutsch; Rechts/Rechts-Bindungen von Kulierwaren; eine Grünanlage an der Berggarten-/Ecke Fritzschestraße[1]; Studienplätze in Mathematik/Naturwissenschaften; Marx/Engels, Werke, Band 8, Seite 560; die Schulze-Boysen/Harnack-Organisation

In allen diesen Fällen ist der Schrägstrich ohne Zwischenraum zu setzen.

---

[1] Die unter 4.4. angegebenen Schreibweisen sollten bevorzugt werden.

Nicht empfehlenswert ist der Schrägstrich zur genaueren Bestimmung von Ortsangaben sowie von Datumsangaben. Man schreibe und setze

nicht:	*sondern:*
⟨Halle/S.⟩	Halle a. d. S. *od.* Halle (Saale)
⟨Sonneberg/Th.⟩	Sonneberg i. Th. *od.* Sonneberg (Thür.)
⟨Lindenthal/Leipzig⟩	Lindenthal bei Leipzig *od.* Lindenthal (Kr. Leipzig)
3/5/1975	3. 5. 1975

Vgl. auch K 229 u. 230.

3.4.2. Als *Satzzeichen* wird der Schrägstrich lediglich dort gebraucht, wo gebundene Rede in fortlaufenden Zeilen wiedergegeben wird und mit seiner Hilfe die Zeilenanfänge gekennzeichnet werden sollen. In diesem Fall ist vor und nach dem Schrägstrich normaler Wortzwischenraum zu setzen. Der Schrägstrich darf nicht an einem Zeilenanfang stehen.

Beispiel: Nun will der Lenz uns grüßen, / von Mittag weht es lau; / aus allen Wiesen sprießen / die Blumen rot und blau. / Draus wob die braune Heide / sich ein Gewand gar fein / und lädt im Festtagskleide / zum Maientanze ein.

3.5. Satzzeichen

3.5.1. Wenn Doppelpunkt, Semikolon, Fragezeichen und Ausrufezeichen in einer Schrift nicht bereits eine erhöhte Vorbreite (Fleisch) besitzen, werden sie durch Ausschluß von etwa 10 Geviertprozent (1 Punkt) vom letzten Buchstaben des vorangehenden Wortes getrennt, auch wenn dieses Wort nicht gesperrt ist.

3.5.2. Der Doppelpunkt wird nicht nur als ankündigendes und zusammenfassendes Satzzeichen, sondern auch als Beziehungszeichen gebraucht, und zwar

im Sinne von »zu«,

Beispiele: ein überraschender 6:2-Sieg; das Handballspiel endete 27:21

im Sinne von »und«.

Beispiel: 8:19,4 min (= 8 min und 19⁴⁄₁₀ s)

Der Doppelpunkt ist als Operationszeichen (Rechenzeichen) zu benutzen, wenn kein Sonderzeichen für Division vorhanden ist. Zum Satz der Zwischenräume *vgl. 3.6.1.*

3.6. Operations- und Relationszeichen

3.6.1. Zu den *Operations-* und *Relationszeichen* gehören solche Rechenzeichen wie Plus, Minus, Multiplikationspunkt, Multiplikationskreuz, Divisionspunkte, Gleichheitszeichen, »Element von«, »kleiner als oder gleich«.
Beiderseits von Operations- und Relationszeichen ist ein Zwischenraum von 15 Geviertprozent (1,5 Punkt) zu setzen *(vgl. TGL 29 447).*

Beispiele: $7 - 3 = 4$; $a + b = c$; $12 : 3 = 4$; $a \leqq 5$; $x \in \{1, 2, 3\}$

3.6.2. *Vorzeichen* stehen ohne Zwischenraum vor dem Zahlenwert. Das gilt auch für Minus- und Pluszeichen vor Temperaturgraden in der Bedeutung »unter Gefrierpunkt« bzw. »über Gefrierpunkt«.

Beispiele: eine Toleranz bis ±3 mm ist zulässig; −3 °C; +28 °C

3.6.3. Für die Anwendung von Multiplikationspunkt und -kreuz in Formeln gilt TGL 29 447.
Steht das Multiplikationszeichen (×) bei Formatangaben am Zeilenanfang oder Zeilenende, so ist dafür das Wort *mal* zu setzen.
In Zusammenrückungen wie 1×, 2×, 3× usw. (für: *einmal, zweimal, dreimal* als Modaladverbien) ist zwischen Zahl und Multiplikationskreuz kein Zwischenraum zu setzen.

Beispiel: 2× vorstreichen und 1× lackieren

3.7. Paragraphzeichen

3.7.1. Das Paragraphzeichen kann angewendet werden, wenn das Wort *Paragraph* in Verbindung mit nachgestellten Zahlenangaben vorkommt, gleichgültig, ob es mit oder ohne Artikel gebraucht wird.
Zur Kennzeichnung des *Plurals* werden zwei Paragraphzeichen (§§) gesetzt.

Beispiele: § 28, in § 28, nach § 34 Abs. 1 und 2 AGB, des § 30 Abs. 3 AGB, der § 115, im § 68, die Bestimmungen des § 67 ff. StGB; §§ 9–15 *od.* §§ 9 bis 15, die §§ 9–15 *od.* die §§ 9 bis 15

3.7.2. Das Paragraphzeichen darf nicht angewendet werden, wenn dem Wort *Paragraph* keine Zahlenangabe folgt.

Beispiele: Der Paragraph ist ...; dieser Paragraph, des Paragraphen, die zwei Paragraphen, diese vielen Paragraphen

3.8. Prozent- und Promillezeichen

Zwischen Zahl und Prozent- oder Promillezeichen ist ein geringerer als der normale Wortzwischenraum innerhalb der Zeile zu setzen.

Beispiele: 25 %, 2,1 ‰

Aber kein Zwischenraum ist zu setzen bei Zusammensetzungen mit Ziffern und Prozentzeichen.

Beispiel: 25%ig

3.9. Gradzeichen

3.9.1. Bei der Angabe von *Winkelgraden* ist das Gradzeichen ohne Zwischenraum an den Zahlenwert zu setzen.

Beispiele: 15° östlicher Länge, ein Winkel von 45°

Auch die Zeichen für die Winkelmaße *Minute* (′) und *Sekunde* (″) sowie das *Fußzeichen* (′) und das *Zollzeichen* (″) werden dem Zahlenwert ohne Zwischenraum angefügt.

Beispiele: 51°23′13″ nördlicher Breite; ¾″ Durchmesser

3.9.2. Bei Angabe von *Temperaturgraden* ist nach dem Zahlenwert ein Zwischenraum von etwa 15 Geviertprozent (1,5 Punkt) notwendig; das Gradzeichen ist ohne Zwischenraum an das Zeichen für die Temperaturskale zu setzen *(vgl. auch 3.6.2.)*.

Beispiel: 15 °C

Das Minus- und das Pluszeichen stehen als Vorzeichen ohne Zwischenraum vor dem Zahlenwert.

Beispiel: −3 °C

3.10. Et-Zeichen

Das Et-Zeichen (&) ist gleichbedeutend mit der Abkürzung für »und« (u.), darf aber nur bei Firmennamen angewendet werden. In Zusammensetzungen ist Durchkopplung erforderlich.

Beispiele: Meyer & Co., Müller & Schulze KG; ein Meyer-&-Co.-Erzeugnis

Das Et-Zeichen sollte nie am Zeilenende stehen.

3.11. Fußnoten, Fußnoten- und Anmerkungszeichen

Fußnoten werden mit großem Anfangsbuchstaben begonnen und mit einem Punkt abgeschlossen, sofern sie vollständige Sätze oder Auslassungssätze (Ellipsen) sind.

Beispiele: [1] Für den Fremdsprachensatz gelten die in der jeweiligen Sprache üblichen Regeln.
[2] Vgl. »Sprachpflege« 1970/7, S. 154.

Fußnoten, die nur aus einem Wort oder aus mehreren Wörtern ohne Satzzusammenhang bestehen, werden mit kleinem Anfangsbuchstaben begonnen (sofern das betreffende Wort nicht die Großschreibung verlangt) und ohne Schlußpunkt gesetzt.

Beispiele: [1] z. B. Fichtenholz
[2] a. a. O.(,) Seite 23

Es ist vertretbar, keinen Unterschied in der formalen Behandlung von Einzelwörtern und Sätzen zu machen und alle Fußnoten einheitlich mit großem Anfangsbuchstaben zu beginnen und mit einem Punkt abzuschließen.

Hochgestellte Ziffern ohne Klammer verdienen als Fußnoten- und Anmerkungszeichen den Vorzug sowohl vor Ziffern mit Klammer als auch vor Sternen oder Kreuzen mit und ohne Klammer. Eine Ausnahme bilden *mathematische Werke*. Um Verwechslungen mit Exponenten zu vermeiden, sind Fußnotenziffern bei Formeln und mathematischen Ausdrücken mit Klammer zu setzen. Hochgestellte Sterne dürfen nur dann als Fußnotenzeichen benutzt werden, wenn sie nicht als mathematische Zeichen vorkommen.

Fußnoten- und Anmerkungszeichen stehen hinter dem *Wort*, auf das sie sich beziehen.

Beispiele: ... diese winzige Länge von wenigen Mikrometern[1], die ...
Dieses Lebewesen hatte eine Länge von nur einigen Mikrometern[1]. Es war also mit bloßem Auge nicht wahrnehmbar.

---
[1] Ein Mikrometer (μm) = $\frac{1}{1000}$ mm.

Ähnlich wie Fußnotenziffern werden die in eckigen Klammern stehenden normalgroßen Zahlen behandelt, die auf Anmerkungen am Ende des Artikels oder des Buches hinweisen. Bei mehreren unmittelbar nebeneinanderstehenden Hinweiszahlen wird nur *ein* Klammerpaar verwendet, und die Zahlen sind durch Komma zu trennen. An Stelle eckiger Klammern sind auch Schrägstriche gebräuchlich.

Beispiel: Untersuchungen beim Kaltfließpressen [1] ergaben, daß durch entsprechende Wahl der Werkzeuggeometrie [2, 3, 4] die Umformkraft beeinflußt werden kann.

Die Stellung des Fußnoten- und Anmerkungszeichens beim Zusammentreffen mit *Satz- und Anführungszeichen* sei an Beispielen mit Fußnotenziffern erläutert.

Als Faustregel gilt: Die Fußnotenziffer steht *nach* dem schließenden Satzzeichen, wenn sie sich auf den ganzen Satz bezieht; sie steht *vor* dem schließenden Satzzeichen, wenn sie sich auf das unmittelbar vorangehende Wort oder auf die unmittelbar vorangehende Begriffseinheit (Wortgruppe) bezieht.

Die folgenden Beispiele zeigen die in der Praxis vorkommenden verschiedenen Stellungen der Fußnotenziffer. Da vom Setzer im allgemeinen nicht verlangt werden kann, die Stellung der Fußnotenziffern in schwierigen Fällen zu prüfen, sollten die nachstehenden Regeln bereits bei der Manuskriptbearbeitung, also in der Redaktion, im Lektorat oder bei der Vorauskorrektur, genau befolgt werden.

3.11.1. Die Fußnote bezieht sich auf den ganzen Satz. Die Fußnotenziffer steht *hinter* dem schließenden Satzzeichen.

Beispiel: Auf Tafeln, reich illustriert, sehen wir die Entwicklung der Produktionsgenossenschaften.[1]

3.11.2. Die Fußnote bezieht sich auf das letzte Wort im Satz. Die Fußnotenziffer steht *vor* dem schließenden Satzzeichen.

Beispiel: Auf Tafeln, reich illustriert, sehen wir die Entwicklung der Produktionsgenossenschaften[1].

3.11.3. Die Fußnote bezieht sich auf die letzte Begriffseinheit im Satz. Die Fußnotenziffer steht *vor* dem schließenden Satzzeichen.

Beispiel: Auf Tafeln, reich illustriert, sehen wir die Entwicklung der landwirtschaftlichen Produktionsgenossenschaften[1].

3.11.4. Die Fußnote bezieht sich auf das vor dem Komma stehende Wort (ähnlich wie Beispiel 3.11.2.). Die Fußnotenziffer muß *vor* das Komma gesetzt werden.

Beispiel: Auf Tafeln[1], reich illustriert, sehen wir die Entwicklung der landwirtschaftlichen Produktionsgenossenschaften.

3.11.5. Die Fußnote bezieht sich auf das vor dem Komma stehende Satzstück (nicht auf das letzte Wort oder auf die letzte Begriffseinheit). Die Fußnotenziffer steht deshalb *hinter* dem Komma.

Beispiel: Die Entwicklung der landwirtschaftlichen Produktionsgenossenschaften,[1] die auf reich illustrierten Tafeln dargestellt war, bezeichnete der Redner als deutliches Kennzeichen unseres sozialistischen Aufbaus.

3.11.6. Die Fußnotenziffer steht stets *vor* dem Doppelpunkt, gleichgültig, ob sich die Fußnote auf das letzte Wort, auf die letzte Begriffseinheit oder auf den ganzen vor dem Doppelpunkt stehenden Satz bezieht.

Beispiel: Das ist das Kennzeichnende in der Entwicklung der landwirtschaftlichen Produktionsgenossenschaften[1]: In jeder Phase unseres sozialistischen Aufbaus haben die werktätigen Bauern entscheidende Erfolge erzielt.

3.11.7. Die Fußnote bezieht sich auf das ganze Zitat. Die Anführungszeichen stehen *nach* dem schließenden Satzzeichen, und danach folgt die Fußnotenziffer.

Beispiel: »Die Theorie wird zur materiellen Gewalt, wenn sie die Massen ergreift.«[1]

3.11.8. Die Fußnote bezieht sich nur auf den angeführten Teil des Satzes. Das schließende Satzzeichen ist *hinter* die Fußnotenziffer zu setzen.

Beispiel: Karl Marx spricht in diesem Zusammenhang von der »materiellen Gewalt«[1].

3.11.9. Die Fußnote bezieht sich wie in den Beispielen 3.11.1. und 3.11.7. auf den ganzen Satz. Die Fußnotenziffer folgt dem schließenden Satzzeichen.

Beispiel: Karl Marx spricht in diesem Zusammenhang von der »materiellen Gewalt«.[1]

3.11.10. Die Fußnote bezieht sich auf das ganze Zitat, das durch gewöhnlichen Text unterbrochen wurde. Zeichenreihenfolge: schließendes Satzzeichen, Schlußanführungszeichen, Fußnotenziffer.

Beispiel: »Die Theorie wird«, wie Karl Marx sagte, »zur materiellen Gewalt, wenn sie die Massen ergreift.«[1]

3.11.11. Fußnoten erläutern mehrere angeführte Begriffe. Demnach kommt die letzte Fußnotenziffer *vor* das schließende Satzzeichen.

Beispiel: Es folgten Auszeichnungen mit den Titeln »Held der Arbeit«[1] und »Verdienter Aktivist«[2].

3.11.12. Die Fußnote bezieht sich auf das ganze Zitat, innerhalb dessen zwei Begriffe einfach angeführt wurden. Die Fußnotenziffer steht *hinter* dem Schlußanführungszeichen.

Beispiel: Abschließend sagte der Direktor: »Mit dem Titel ›Held der Arbeit‹ werden zwei Kollegen ausgezeichnet. Drei Kollegen erhalten die Auszeichnung ›Verdienter Aktivist‹.«[1]

3.11.13. Die Fußnote bezieht sich nur auf den letzten einfach angeführten Begriff. Die Fußnotenziffer steht *vor* dem satzschließenden Punkt.

Beispiel: Abschließend sagte der Direktor: »Mit dem Titel ›Held der Arbeit‹ werden zwei Kollegen ausgezeichnet. Drei Kollegen erhalten die Auszeichnung ›Verdienter Aktivist‹[1].«

Merke: Hochgestellte Ziffern werden in Literaturhinweisen auch zur Kennzeichnung der *Auflage* verwendet. Damit sie nicht als Fußnotenzeichen angesehen werden können, sind sie *vor* das Erscheinungsjahr zu setzen, und zwar ohne Zwischenraum.

Beispiel: ^{3}1975 (= 3. Auflage, erschienen im Jahre 1975)

4. Typographisch-rechtschreibliche Besonderheiten

4.1. Abkürzungen

4.1.1. Abkürzungen am Satzanfang und am Satzende

4.1.1.1. Am Satzanfang werden Abkürzungen, die für ein Wort stehen, groß geschrieben *(vgl. K 202).*

Beispiele: Vgl., Cf., Ebd., Desgl.; aber: v. für »von« bei Familiennamen *(vgl. 4.1.1.4.)*

4.1.1.2. Steht eine mit Punkt geschriebene Abkürzung am Ende eines Satzes, so ist der Abkürzungspunkt zugleich Schlußpunkt *(vgl. K 202).* Wenn jedoch die Abkürzung in Anführungszeichen oder in Klammern steht, ist hinter das schließende Anführungszeichen oder hinter die schließende Klammer noch der Satzpunkt zu setzen.

Beispiele: Statt der lateinischen Abkürzung *etc.* verwende man die deutsche Abkürzung *usw.*
Aber: Statt der lateinischen Abkürzung »etc.« verwende man die deutsche Abkürzung »usw.«. Mit Punkt schreibt man Abkürzungen, die im vollen Wortlaut gesprochen werden (beispielsweise *usw., usf., desgl.*).

4.1.1.3. Abkürzungen, die für mehrere Wörter stehen, werden am Satzanfang ausgesetzt *(vgl. K 202).*

Beispiele: Das heißt ... (statt: D. h.); Zum Beispiel ... (statt: Z. B.)

Am Anfang einer *Fußnote* stehende Abkürzungen dieser Art werden jedoch nicht ausgesetzt.

4.1.1.4. Präpositionen vor Familiennamen, z. B. *von, van, de, ten, zu,* werden am Satzanfang groß geschrieben *(vgl. K 206).* Nur abgekürztes »von« (v.) bleibt am Satzanfang unverändert, oder es wird ausgesetzt und groß geschrieben *(vgl. K 206).* Zu beachten ist auch die Schreibung in Straßennamen *(vgl. K 252).*

Beispiele: Zur Mühlen war Zeuge. Von Haller kam ... Oder: v. Haller kam ...

In Namenverzeichnissen, bei Literaturangaben u. dgl. werden Präpositionen vor Namen stets klein geschrieben.

4.1.2. Zusätze bei Personennamen

4.1.2.1. Präpositionen vor Familiennamen *vgl. 4.1.1.4.*

4.1.2.2. Ohne Zwischenraum werden gesetzt:

O'Brien, M'Donald *od.* McDonald *od.* MacDonald (bei Silbentrennung: Mc-Donald, Mac-Donald, *im Notfall* O'-Brien, M'-Donald, M'Do-nald, McDo-nald, MacDo-nald)

4.1.3. Zusätze bei Ortsnamen

4.1.3.1. Kürzt man Zusätze bei Ortsnamen ab, so setzt man hinter die Abkürzung einen Punkt *(vgl. K 197).*

Beispiele: Frankfurt a. d. O., Halle a. d. S.

4.1.3.2. Post- und bahnamtliche Schreibung von Zusätzen *vgl. K 229 und K 230.*

4.1.4. Einzelne Abkürzungen

4.1.4.1. Jg., Bd., H., S., Nr., Anm.
Wörter wie *Jahrgang, Band, Heft, Seite, Nummer, Anmerkung* dürfen nur dann abgekürzt werden, wenn ihnen kein Artikel vorangeht und wenn die Zahlenangabe folgt.

Beispiele: Jg. 13, Bd. 2, H. 3, S. 25, Anm. 2

Sie werden dagegen ausgesetzt, wenn der Artikel oder die Zahlenangabe vorausgeht.

Beispiele: auf der Seite 25, die Anmerkung 2, des Jahrgangs; 13. Jahrgang, 2. Band, der 2. Band, 3. Heft, in dem 2. Band, im 3. Heft

Merke: In Literaturverzeichnissen, Fußnoten, Tabellen usw. darf von dieser Regelung abgewichen werden.

4.1.4.2. usw., etc., ca.
Im deutschen Satz ist als Abkürzung für *und so weiter* stets *usw.* zu setzen. Die Abkürzung *etc.* sollte im Deutschen gemieden und durch *usw.* ersetzt werden. Statt *ca.* ist im deutschen Satz das Wort *etwa* (ungefähr) zu setzen.

4.1.4.3. Zwischen einer Seitenzahl und dem Buchstaben **f.** (= und folgende [Seite]) oder den Buchstaben **ff.** (= und folgende [Seiten]) sollte der Zwischenraum etwa 10 Geviertprozent (1 Punkt) betragen. Ebenso ist zu verfahren bei Numerierungen, deren Untergliederung durch angefügte Buchstaben erfolgt.

Beispiele: vgl. S. 285 f., Abb. 25 a, Holbeinstr. 5 b, Formel (32 a)

4.2. Interpunktion bei Bildunterschriften und Formeln

Bildunterschriften, die nur aus einem Wort oder aus mehreren Wörtern ohne Satzzusammenhang bestehen, werden ohne Punkt gesetzt.
Besteht eine Bildunterschrift jedoch aus einem vollständigen Satz, so wird sie mit einem Punkt abgeschlossen. Bei Bildunterschriften aus zwei oder mehr vollständigen Sätzen erhält auch der letzte Satz den Schlußpunkt.
Innerhalb eines Satzes sollen *Formeln*, auch wenn sie freistehen, im Hinblick auf die Interpunktion wie Satzglieder behandelt werden. Nach komplizierten chemischen Strukturformeln können die Interpunktionszeichen weggelassen werden.

4.3. Groß- und Kleinschreibung in Tabellen

Das erste Wort der einzelnen Felder des Tabellenkopfes und der ersten Spalte des Tabellenfußes ist mit großem Anfangsbuchstaben zu setzen, wenn der Text die Funktion einer Überschrift für die betreffende Spalte bzw. für die folgenden Tabellenfelder der Tabellenzeile erfüllt.
In den übrigen Feldern des Tabellenkopfes und des Tabellenfußes ist das erste Wort im Hinblick auf den Anfangsbuchstaben so zu setzen, wie es die Rechtschreibregeln verlangen.

Beispiele:

Polarkoordinatensysteme	Grundgebilde	Geometrisch	Analytisch
		wird ein Punkt P_3 festgelegt durch	
schiefwinklige	zwei unter dem Winkel ω zueinander geneigte Geraden	zwei von P_1 und den Achsen begrenzte Strecken	zwei Zahlen, die Maßzahlen dieser Strecken: Abszisse und Ordinate
rechtwinklige	zwei unter 90° zueinander geneigte Geraden	die zwei Lote von P_1 auf die Achsen	zwei Zahlen, die Maßzahlen dieser Lote: Abszisse und Ordinate

Form	Typische Merkmale
Strophenlied	Alle Strophen haben die gleiche Melodie und Begleitung.
Variiertes Strophenlied	Die Strophen sind in Melodie und Begleitung oder nur in einem von beiden variiert.
Durchkomponiertes Lied	Jede Strophe ist dem Textinhalt entsprechend anders vertont.

4.4. Unterbrochene Wortverbindungen

Wortverbindungen, die durch erklärende Zusätze unterbrochen oder ergänzt werden, erhalten normalen Wortzwischenraum zwischen den einzelnen Bestandteilen *(vgl. auch K 179, 180 und 253).*

Beispiele: Fernschreib- (Telex-) Anschluß, 3:2- (1:0-) Sieg; Magen- (und Darm-) Beschwerden; Friedrich- (Ecke Leipziger) Straße *od.* Friedrich-, Ecke Leipziger Straße, aber: Friedrich- (Ecke Behren-) Straße *od.* Friedrich-, Ecke Behrenstraße, Ecke Friedrich- und Behrenstraße; Nord-Süd- (Brenner-) Expreß; die wappen- (oder medaillon-) tragenden Figuren; die Horizontal- (waagerechten) Kolonnen, die waagerechten (Horizontal-) Kolonnen; Transport- usw. Kosten.
Aber: drei- (oder vier)fach, Ent- (oder Be)ladung

4.5. Zusammengezogene Worterklärungen

Um Platz zu sparen, können in Wörterverzeichnissen, Anzeigen usw. Erklärungen zusammengezogen werden.

Beispiele: Füll[feder]halter = Füllfederhalter, Füllhalter; ein Doppel[stück] = ein Doppelstück, ein Doppel; Abteilungsleiter(innen) = Abteilungsleiter und/oder Abteilungsleiterinnen

Zusammenziehungen wie *[Metall]mischung* sind aus rechtschreiblichen Gründen nicht zu empfehlen; sie werden deshalb in dieser Ausgabe des Dudens nicht verwendet.

5. Typographisch-technische Besonderheiten

5.1. Schriftauszeichnung

Wenn Eigennamen durch Sperrung, Kursivschrift, fette Schrift, Versalien, Kapitälchen usw. hervorgehoben werden, gilt folgendes:

5.1.1. Das *Deklinations-s* wird stets mit ausgezeichnet.

Beispiele: Die Bemühungen Dudens um eine einheitliche Rechtschreibung ...
Die Bemühungen *Dudens* um eine einheitliche Rechtschreibung ...
Die Bemühungen DUDENS um eine einheitliche Rechtschreibung ...
Die Bemühungen DUDENS um eine einheitliche Rechtschreibung ...

5.1.2. *Präpositionen* vor Familiennamen (z. B. von, van, de) werden ebenfalls stets mit ausgezeichnet, da sie unmittelbar zum Namen gehören. Vor einem Namen stehende *abgekürzte Titel* (z. B. Prof., Dr., Dipl.-Phys., Ing.) können, aber müssen nicht mit ausgezeichnet werden.

Beispiele: Der Erlanger Germanist Rudolf von Raumer forderte wie Dr. (*auch* Dr.) Konrad Duden eine einheitliche Rechtschreibung.
Der flämische humanistische Dichter *de Coster* lebte von 1827 bis 1879.
Das Hauptreferat hielt PROF. DR. PHIL. HABIL. (*auch* Prof. Dr. phil. habil.) RUDOLF BEIER.

Bei Auszeichnung eines Namens durch *Versalien* empfiehlt es sich nicht, Titel, vor allem wenn sie umfangreich sind, ebenfalls in Versalien zu setzen.

Beispiele: Nicht: PROF. DR. PHIL. HABIL. DR. PAED. H. C. ERNST SCHUMANN, DR. JUR. KURT WAGNER
sondern: Prof. Dr. phil. habil. Dr. paed. h. c. ERNST SCHUMANN Dr. jur. KURT WAGNER

5.1.3. Die Ableitungsendung *-[i]sch* wird stets aus der Grundschrift gesetzt und bei Sperrung nicht mit gesperrt.

Beispiele: die Schillerschen Balladen, die *Schiller*schen Balladen, die SCHILLERschen Balladen, die SCHILLERschen Balladen

Im durchgehenden Sperrsatz dagegen wird alles gesperrt.

Beispiel: Die bekanntesten Schillerschen und Goetheschen Balladen sind im sogenannten Balladenjahr 1797 entstanden ...

5.1.4. Wird bei Zusammensetzungen aus Eigenname + Substantiv *nur der Eigenname* durch Versalien oder Kapitälchen hervorgehoben, so ist das Substantiv dem Eigennamen durch Bindestrich anzufügen.

Beispiele: GOETHE-Feier, ARISTOTELES-Übersetzung (nicht: GOETHEfeier, ARISTOTELESübersetzung)

5.1.5. Im Versaliensatz sind Abkürzungen von Staats-, Partei-, Organisationsnamen u. dgl., die *aus Groß- und Kleinbuchstaben* bestehen (z. B. UdSSR, KPdSU, VdgB, eGmbH), einheitlich in Versalien zu setzen: UDSSR, KPDSU, VDGB, EGMBH. Dies gilt jedoch nicht für die gesetzlich festgelegten physikalisch-technischen Einheiten und ähnliche Abkürzungen und Zeichen aus Wissenschaft und Technik (z. B. m, kg, s, h, kWh, mF; Ra, Fe; cosec).

5.1.6. Im wissenschaftlichen Satz werden Eigennamen (hauptsächlich Autorennamen) nur dann aus *Kapitälchen* gesetzt, wenn sie allein stehen oder wenn einer der unter 5.1.1. und 5.1.3. genannten Fälle gegeben ist.

Beispiele: Bei seinen Bemühungen um eine einheitliche Rechtschreibung war Konrad DUDEN darauf bedacht, ...
Die Bemühungen DUDENS um eine einheitliche Rechtschreibung ...

Dagegen erfolgt keine Auszeichnung des Eigennamens, wenn dieser für eine Sache benutzt wird.

Beispiel: In der neuesten Dudenausgabe ...; in der neuesten Ausgabe des Dudens ...

5.2. Auszeichnung von Satzzeichen im gemischten Satz

5.2.1. Wird in einem Satz ein einzelnes Wort oder eine einzelne Zahl ausgezeichnet (halbfett, fett, kursiv usw.), so gehört das Satzzeichen (Punkt, Komma, Semikolon, Doppelpunkt, Ausrufezeichen, Fragezeichen, Gedankenstrich, Anführungszeichen, Klammern) zum Grundtext und wird nicht ausgezeichnet.

Beispiele: Das Wort **Fenster** – ahd. **fenstar** – ist lateinischen Ursprungs (das gilt auch für das Wort **Mauer**).
Dann fragte der **Lehrer**: »Kennt ihr das lateinische Wort **camera**?«
Zschr. »Sprachpflege« Jg. 22, **1973**, S. 20ff.

5.2.2. Satzzeichen innerhalb einer Aufzählung ausgezeichneter Wörter gehören zur Auszeichnung und werden ebenfalls halbfett, fett oder kursiv gesetzt. Das gilt auch für Anführungszeichen und Klammern.

Beispiel: Fachwörter, die auf Namen berühmter Wissenschaftler zurückzuführen sind, rechnet man zu den Internationalismen, z. B. **Ohm, Volt, Hertz (Kilohertz, Megahertz).**

Stehen die ausgezeichneten Wörter wie im vorstehenden Beispiel am *Ende* des Satzes, so ist aus optischen Gründen auch der Schlußpunkt aus der Auszeichnungsschrift zu setzen.

5.2.3. Steht ein ausgezeichnetes Wort oder eine ausgezeichnete Zahl *allein* in Klammern oder Anführungszeichen, so gehören diese Satzzeichen zur Auszeichnung und sind gleichfalls halbfett, fett oder kursiv zu setzen.

Beispiele: Sehr große Schriftgrade **(Plakatschriften)** werden aus Holz oder Preßstoff hergestellt.
Die Einzelbuchstaben-Setzmaschine wird kurz als **»Taster«** bezeichnet.
Zschr. »Sprachpflege« Jg. 22 **(1973)**, S. 20ff.

5.3. Sperren (Spationieren)

5.3.1. Zur Verwendung von Ligaturen im Sperrsatz *vgl. 1.4.1.5.*

5.3.2. Vornamen *vor* gesperrten Familiennamen sind mit zu sperren, Vornamen *hinter* dem Familiennamen (wie in Tabellen, Literaturverzeichnissen usw.) dagegen nicht.

5.3.3. Zahlen sind im Sperrsatz mit zu sperren *(vgl. aber Hinweise für das Maschinenschreiben, 4.3.).*

5.3.4. Punkt, Komma, Semikolon, Doppelpunkt, Bindestrich, Apostroph, Frage- und Ausrufezeichen sowie Anführungszeichen sind in normal gesperrtem Satz nach TGL 10-081 mit zu sperren. Klammern bleiben ungesperrt.

5.4. Unterführen

5.4.1. Unterführungen sind, wenn möglich, zu vermeiden. Wörter und Abkürzungen dürfen nur dann unterführt werden, wenn sie sich mindestens zweimal wiederholen, also dreimal untereinander vorkommen.

5.4.2. Zum Unterführen verwendet man die tiefstehenden Anführungszeichen („). Sie werden unter den Anfang des zu unterführenden Wortes gesetzt *(vgl. Hinweise für das Maschinenschreiben, 2.7.2.)*. Unterführungen unter die Mitte des zu unterführenden Wortes sind ebenfalls noch gebräuchlich.

5.4.3. Zahlen, Einzelbuchstaben sowie Einheitenzeichen und Zeichen für Geldsorten (z. B. t, m, kg, min, M, £) werden nicht unterführt.

5.4.4. Wird von mehrteiligen Ausdrücken nur ein Teil unterführt, so sind die besonderen Hinweise für den Bindestrich und das Komma *(K 195)* zu beachten.

Beispiele: Berlin-Buch | Zigarren, lose
„ Friedrichsfelde | „ in 20-Stück-Packungen
„ Lichtenberg | „ „ 50-„ „
„ Oberschöneweide | „ „ 100-„ „

5.4.5. Werden mehrere Wörter unterführt, so wird das Unterführungszeichen auch dann unter jedes einzelne Wort gesetzt, wenn die Wörter nebeneinanderstehend ein Ganzes bilden.

Beispiel: Unterlauterbach b. Treuen (Vogtl.), Grundstück Nr. 20
„ „ „ „ „ „ 21
„ „ „ „ „ „ 30

5.4.6. In Registern, Wörterbüchern u. dgl. wird meist der Gedankenstrich (–) oder die Tilde (~) als Ersatz für ein Wort, einen Wortteil, eine Begriffseinheit verwendet. Ebenso können dafür Einzüge gesetzt werden.

5.5. Auslassungspunkte

5.5.1. Ausgelassene Wortteile, Wörter, Satzteile und Sätze sind durch drei Punkte zu bezeichnen. Als Auslassungspunkte *(vgl. K 477)* sind schriftabhängige Zeichen auf Schriftlinie in Geviertbreite zu verwenden. Falls die verwendete Schrift keine schriftabhängigen Auslassungspunkte *(vgl. 3.3.2.)* besitzt, müssen normale Punkte mit einem Zwischenraum von 10 Geviertprozent (1 Punkt) zwischen den Punkten gesetzt werden. In Wörterbüchern und im Schmalsatz darf auf den Zwischenraum verzichtet werden.

5.5.2. Stehen die Auslassungspunkte für einen Wortteil, so ist kein Zwischenraum zu setzen, wenn die schriftabhängigen Auslassungspunkte verwendet werden. Bei Satz mit normalen Punkten ist davor und danach ein Raum von etwa 10 Geviertprozent (1 Punkt) zu setzen.

Beispiele: Einige …zigtausend Menschen waren gekommen.
»So 'ne Sch…!« fluchte er.

5.5.3. Werden ganze Wörter, Satzteile oder Sätze ausgelassen, so liegt vor und hinter den Auslassungspunkten normaler Wortzwischenraum.

5.5.4. Bei abgebrochenen Sätzen entfällt nach den Auslassungspunkten der Schlußpunkt. Das gilt ebenso für abgebrochene Sätze in Anführungszeichen, sofern das Angeführte mit einem Doppelpunkt angekündigt ist. Ausrufe- und Fragezeichen sollten jedoch nicht weggelassen werden.

Beispiele: Du mußt fleißiger sein, sonst …
Erregt antwortete sie: „Wenn du nicht sofort gehst, dann …"
Aber: Den Abschluß bildete das Lied „Wer hat dich, du schöner Wald …?".

5.5.5. Bei Auslassungspunkten am Anfang eines Satzes darf der Schlußpunkt des vorhergehenden Satzes nicht weggelassen werden. Das gilt auch für ausgelassene vollständige Sätze sowie für Auslassungspunkte nach einem abgeschlossenen Satz.

Beispiele: Nur Wüstentiere hausen dort, und Eulen füllen die Häuser. ... und Bocksgeister führen dort ihre Tänze auf.
Der König Belsazar gab einmal seinen Großen – es waren ihrer tausend – ein großes Gastmahl, und er zechte mit den tausend. ... Sie zechten und priesen ihre Götter aus Gold und Silber, aus Erz, Eisen, Holz und Stein. ...

5.6. Einheitenzeichen und Formelzeichen

Zeichen für die gesetzlichen Einheiten und für die gesetzlichen Vorsätze sind im Druck durch geradestehende Buchstaben zu kennzeichnen, z. B. m für Meter, µ für Mikro..., V für Volt.
Formelzeichen (Symbole) für physikalische Größen sind stets in Kursivbuchstaben zu setzen, z. B. *m* für Masse, *µ* für Permeabilität, *V* für Volumen *(vgl. TGL 29 447).*

5.7. Wortzwischenraum und Raumverteilung

Nach dem Fachbereichstandard TGL 10-081 »Typographisch-technische Vorschriften« muß der normale *Wortzwischenraum* etwa ein Drittel der Schriftgröße betragen. Besonders breit oder besonders schmal laufende Schriften erfordern einen von dieser Regel abweichenden Ausschluß. Bei größeren Schriftgraden soll er weniger als ein Drittel betragen.

5.7.1. Beim *Handsatz* ist nach TGL 10-081 in nachstehenden Fällen ein geringerer als der für den Schriftgrad normale Ausschluß zu verwenden: nach dem Komma, nach dem Abkürzungspunkt, nach dem Punkt hinter Ordinalzahlen, nach dem Apostroph, vor den Versalien A, J, T, V, W und Y der runden (Antiqua-) Schriften, zwischen Zahlen und Einheitenzeichen oder Abkürzungen, zwischen dem Paragraphzeichen und der Nummer des Paragraphen sowie zwischen einer Zahl und dem Prozentzeichen oder dem Promillezeichen.

5.7.2. Beim *Maschinensatz* gilt diese Regel nur für den Abkürzungspunkt, für den Punkt hinter Ordinalzahlen, für den Abstand zwischen einer Zahl und dem Einheitenzeichen oder dem Zeichen für Geldsorten usw., für den Abstand zwischen dem Paragraphzeichen und der Nummer des Paragraphen sowie zwischen einer Zahl und dem Prozentzeichen oder dem Promillezeichen.

5.7.3. Ausgangszeilen eines Abschnittes sollten möglichst nicht am Kopf einer Spalte oder Seite stehen. Dagegen ist es statthaft, die erste Zeile eines Abschnittes an den Fuß einer Spalte oder Seite zu stellen.

5.8. Silbentrennung

Silbentrennungen, die das Erfassen des Wortinhaltes erschweren, sind zu vermeiden, sofern dadurch nicht die Gleichmäßigkeit der Wortzwischenräume stark beeinträchtigt wird. Zur Zulässigkeit von Silbentrennungen *vgl. K 68–91.*
Bei Silbentrennungen müssen am Ende einer Zeile mindestens 2 Buchstaben, am Anfang der nächsten Zeile mindestens 3 Buchstaben stehen.

Beispiele: Wa-gen, Er-fah-rung; aber: Augen-blick

Merke: Bei Silbentrennung zusammengesetzter Wörter in der Wortfuge sowie bei schmalen Satzbreiten mit weniger als 40 Buchstaben je Zeile (bei Zeitungssatz) bzw. 30 Buchstaben je Zeile (bei Werksatz) dürfen 2 Buchstaben am Anfang der nächsten Zeile stehen.

Beispiele: wo-zu, Spiegel-ei

Im Blocksatz sollen im allgemeinen nicht mehr als 3 Zeilen mit Silbentrennungen aufeinanderfolgen. Mehr als 3 aufeinanderfolgende Trennungen sind zulässig, wenn diese Beschränkung sehr unterschiedliche Wortzwischenräume ergeben würde.

5.9. Untrennbare Wort- und Zahleinheiten am Zeilenende

Einteilige abgekürzte Titel und Vornamen dürfen am Zeilenende nicht vom Familiennamen getrennt werden. Das gleiche gilt für Ordnungszahlen und den zugehörigen Begriff, für Seitenzahlen in Verbindung mit *f.* (und folgende [Seite]) oder mit *ff.* (und folgende [Seiten]) sowie für Zahlen in Verbindung mit Einheitenzeichen oder Geldsorten.

Beispiele: Dr. Becker, M. Schmidt; 10. Kapitel, X. Parteitag; 10 m, 970 hPa, 150 M

Übersicht über wichtige Standards für Manuskript- und Satzherstellung

TGL	Titel
6699	Briefblätter A 4 und A 5 Hochformat; Gestaltung
6710/01	Maschinengeschriebene Manuskripte für Bücher, Broschüren und Zeitschriften; technische Forderungen
6710/02	–; Begriffe, Arbeitsanweisungen bei Export und Import
7073	Typographische Maße
7293	Satzspiegel für Bücher und Broschüren
11 616	Informationsquellen; Titelseiten in Büchern und Broschüren
25 209	Manuskripte für Bücher, Broschüren und Zeitschriften zur Weiterverarbeitung im Lichtsatz
28 268	Schriftkästen; Anordnung und Belegung der Fächer
29 447	Formeln in Druckerzeugnissen; Ausführung
29 451	Satzherstellung im Blei- und Lichtsatz; technologische Varianten
31 548	Einheiten physikalischer Größen
33 040	Lichtsatz; technische Forderungen, Prüfung
33 264	Regeln für das Maschinenschreiben
34 230	Vektoren, Tensoren; Schreibweise
37 103	Informationsquellen; Abschnittsnumerierung
37 104	Informationsquellen; Eindruck des bibliographischen Nachweises
37 108	Bücher, Broschüren, Zeitschriften und Zeitungen; Impressum
37 773/01	Sonderzeichen für die Satzherstellung; Begriffe und Kennzeichnung
37 773/02	–; schriftabhängige Sonderzeichen
37 773/03	–; schriftunabhängige Hinweiszeichen
37 773/04	–; schriftunabhängige mathematische Sonderzeichen
0-1302	Mathematische Zeichen
0-1304	Formelzeichen für allgemein angewandte physikalische Größen
0-16 511	Korrekturzeichen und ihre Anwendung
10-020	Klassifikation der Druckschriften
10-081	Typographisch-technische Vorschriften
10-116	Handsatz; technische Forderungen, Prüfung
10-117	Zeilenguß-Maschinensatz; technische Forderungen, Prüfung
10-118	Einzelbuchstaben-Maschinensatz; technische Forderungen, Prüfung

6. Korrekturvorschriften (nach TGL 0-16 511[1])

6.0. Vorbemerkungen

Korrekturzeichen dienen zur Kennzeichnung von Satzfehlern und typographisch-technischen Mängeln sowie zum Eintragen von Autorkorrekturen.

Im allgemeinen wird jede Korrektur durch zwei identische Zeichen angegeben: das eine Zeichen steht an der zu korrigierenden Stelle, das andere auf dem Rand neben dem Text, in dem sich der Fehler befindet. Die Änderung ist rechts neben das wiederholte Korrekturzeichen zu schreiben. (Eine Ausnahme bilden erklärende Zeichen, die auf dem Rand nicht wiederholt werden oder die ohne Text erscheinen.)

Korrekturen auf Fahnenabzügen sind rechts, auf Umbruchabzügen auf dem äußeren Rand anzubringen. Auf Abzügen mit mehrspaltigem oder über 28 Cicero breitem Satz dürfen Korrekturen auch auf den linken Rand geschrieben werden.

Damit keine Verwechslungen entstehen, dürfen unterschiedliche Fehler auf demselben Abzug nur dann mit gleichen Korrekturzeichen gekennzeichnet werden, wenn die Korrekturzeichen genügend weit voneinander entfernt sind. Deutliche Korrekturzeichen und deutliche Schrift sind unerläßlich. Erläuterungen, die keine Textänderungen darstellen, sind mit einem Kreis zu umranden. Jeder Korrekturabzug muß mit Datum versehen und unterschrieben sein.

6.1. Zeichen für das Auswechseln, Tilgen und Einfügen

6.1.1. Mit den Zeichen | ⌋ ⌈ ⌊ ⌉ ⌉̄ ⌊̄ ⌈̄ ⌋̲ ⫯ ⫰ ⊤ ⊥ ⊤̄ ⊥̲ sind f|lsche, verk|hrt stehende oder beschä⌋igte ⌈uchstaben⌊ Ziffern und Zeiche⌉ zu korrigieren⌊ — |a ⌋e ⌈d ⌊B ⌉, ⌉n ⌊.

Müssen Groß- und Kleinbuchstaben mit einheitlichem Bild ausgewechselt werden (z. B. O o, V v, Z z), so sind die Kleinbuchstaben mit ⊥wei darübergesetzten und die Großbuchstaben mit zwei daruntergesetzten ⊤trichen zu kennzeichnen. (Das gilt jedoch nicht für die Korrektur mathematischer und phonetischer Texte.) — ⊥z̿ ⊤S̳

Fehlt ein Buchstabe, so str⫯cht man den vorangehenden oder den folgenden Buchstaben ⫰rch und wiederholt ihn auf dem Rand zusammen mit dem fehlenden. — ⫯ei ⫰du

[1] Dieser Standard ist innerhalb des Rates für Gegenseitige Wirtschaftshilfe mit den sozialistischen Ländern abgestimmt worden.

6.1.2. Sind zwei oder mehrere nebeneinanderstehende falsche Buchstaben, Ziffern, Zeichen oder ganze Wörter zu korrigieren, so wären sie mit einem der ~~vo~~rstehenden Zeichen durchgestrichen (⊓ ⊔ ⊔ ⊔⊓ ⊓ ⊢⊣ ⊢⊣ ⊢⊣ ⊢⊣), und auf dem Rand ~~werden nach~~ ~~dem~~ wiederholte Korrekturzeichen die richtigen Buchstaben usw. zu ~~zeichn~~en. — ⊓erd ⊢⊣nach ⊢⊣ sind neben ⊢ das ⊢⊣ schreib

6.1.3. Ein über mehrere Zeilen gehender falscher Text wird mit dem Zeichen ⊠ , ⊠ oder ⊠ durchgestrichen. Der richtige Text ist auf den Rand neben das wiederholte Zeichen zu schreiben.

Beispiel:

Neben orthographischen, grammatischen und ~~festgestellten Fehler auf dem Korrekturabzug, wobei er für die Korrektur bestimmte Zeichen benutzt, die~~ sein, z. B. Verstöße gegen die typographisch-technischen Vorschriften. — ⊠ Interpunktions-fehlern können im Satz auch technische Fehler enthalten

Bei Platzmangel kann der richtige Text mit dem Korrekturzeichen auch auf den oberen oder unteren Rand geschrieben werden.

6.1.4. Sind Buchstaben, Ziffern, Zeichen usw. zu tilgen, so ist das Korrekturzeichen ₰ rechts$ neben die 29 Zeichen zu setzen, die in den ~~in den~~ Absätzen 6.1.1., 6.1.2. und 6.1.3. aufgeführt sind. — |₰ ⊔₰ ⌈₰ ⊢⊣₰

Bei kyrillischer Schrift ist das Zeichen ₰ anzuwenden.

6.1.5. Muß ein Wort oder müssen mehrere Wörter eingefügt werden, so wird dies durch eins der nachstehenden Zeichen kenntlich gemacht (V V V V V); das Fehlende V auf dem Rand hinzugeschrieben. Bei größeren Auslassungen verweise man auf das Manuskript, wo die betreffende Stelle zu kennzeichnen ist. — V wird

6.1.6. Muß eine Zeile oder müssen mehrere Zeilen eingefügt werden, so ist eins der nachstehenden Zeichen (< < <) zwischen die beiden Zeilen zu setzen, zwischen die das Ausgelassene gehört. Der einzufügende Text ist neben das auf dem Rand wiederholte Zei- <
das Manuskript zu verweisen. — < chen zu schreiben. Wurde viel Text ausgelassen, so ist auch hier auf

6.1.7. Sollen Tabellen, Bilder, Formeln oder Fußnoten eingefügt werden, so sind die Zeichen ——□ ——○ ——△ ——// an die Stelle zu setzen, wo die Einfügung vorgenommen werden soll. Dabei ist die Nummer der Tabelle, des Bildes usw. anzugeben.

6.2. Zeichen zum Umstellen von Satzelementen und zur Anordnung von Exponenten und Indizes

6.2.1. Umzustellende Buchstaben, Ziffern, Zeichen und Wörter werden mit dem Zeichen ∿ oder ⊔⊓ umfaßt, das auf dem Rand zu weiderholen ist, oder Absatz nach 6.1.2. berichtigt.

6.2.2. Sind mehrere Wörter umzustellen, so ist die richtige Reihenfolge durch Ziffern über den Wörtern anzugeben. In der richtigen Reihenfolge sind auf dem Rand die Ziffern zu wiederholen. |i LA 1234567

6.2.3. Mehrere verstellte Zeilen kennzeichnet man durch Numerierung in der richtigen Reihenfolge.

Beispiel:

Ein jeder lebt's, nicht vielen ist's bekannt, 2
und wo ihr's packt, da ist's interessant. 3
Greift nur hinein ins volle Menschenleben! 1

6.2.4. Gehört ein Wortteil, ein Wort oder eine Gruppe von Wörtern in eine andere Zeile, so wird der umzustellende Text umrandet und mit einem Pfeil an die Stelle geführt, an der er stehen soll. Das Zeichen ist auf dem Rand zu wiederholen.

6.2.5. Eine Zeile oder mehrere unmittelbar untereinanderstehende Zeilen werden umgestellt, indem sie seitlich mit einer Klammer erfaßt werden, von der aus ein Pfeil zur richtigen Stelle führt.

Beispiel:

Ein Manuskript, das mit automatisch arbeitenden sorgfältig zu redigieren. Je höher die Setzleistung je Zeiteinheit ist, um so ungünstiger wirken sich Zeilensetz- und -gießmaschinen abgesetzt werden soll, ist, bevor es zum Satz gegeben wird, besonders Korrekturen auf den Ablauf des Fertigungsprozesses und auf die Kosten eines Erzeugnisses aus.

6.2.6. Falsche Einrückung, vergessener Einzug oder verschobener Satz ist mit einer Linie, an die ein Pfeil führt, oder mit Klammern zu kennzeichnen.

Bei schwierigen Korrekturen in mathematischen Formeln und dergleichen ist zu empfehlen, die richtige Satzausführung auf dem Rand anzugeben und Zeichen nach Absatz 6.1.1., 6.1.2. oder 6.2.7. zu verwenden.

6.2.7. Als Exponenten oder Indizes zu setzende Ziffern und Buchstaben sind wie folgt zu kennzeichnen:
Exponent 1. Ordnung mit dem Zeichen ∨, Exponent 2. Ordnung mit dem Zeichen ⩔ (das Zeichen ist unter die Ziffer oder unter den Buchstaben zu setzen);
Index 1. Ordnung mit dem Zeichen ∧, Index 2. Ordnung mit dem Zeichen ⩓ (das Zeichen ist über die Ziffer oder über den Buchstaben zu setzen).

Beispiele: $H\overset{\wedge}{2}O$, $ex\underset{\vee\vee}{n}$, y_{n3} ∧ ∨ ⩔ ⩓

6.3. Zeichen zur Änderung des Ausschlusses und des Durchschusses

6.3.1. Zu kleiner Zwischenraum zwischen Wörtern oder Zeichen wird mit dem Zeichen Y oder ⅄ vergrößert. Y

6.3.2. Zu großer Zwischenraum zwischen Wörtern oder Zeichen wird ⤒ mit dem Zeichen ⤒ oder ⤓ verkleinert. ⤒

6.3.3. Zu tilgender Zwischenraum zwischen Wortteilen oder Zeichen wird mit dem Zeichen ↕ angegeben. ↕

6.3.4. Fehlender Ausschluß zwischen Wörtern oder Zeichen wird mit dem Zeichen ⌶ angegeben. ⌶
Wurden zwei Wörter mit Bindestrich gesetzt, die zusammengeschrieben werden müssen, so ist der Bindestrich mit dem Zeichen ↕ durchzustreichen und das Zeichen auf dem Rand zu wiederholen. Sind die Wörter getrennt zu setzen, dann ist der Bindestrich mit dem Zeichen ⌶ durchzustreichen. Das Zeichen ⌶ ist ebenfalls, und zwar zusammen mit dem Deleaturzeichen nach Absatz 6.1.4., zu verwenden, wenn an Stelle des Zwischenraums ein Buchstabe gesetzt wurde. ↕ ⌶ ⌶₰

6.3.5. Zu geringer Durchschuß wird mit dem Zeichen ≻—— oder ——≺ gekennzeichnet.

6.3.6. Zu weiter Durchschuß wird mit dem Zeichen ⟵ oder ⟶ gekennzeichnet.

Falls erforderlich, ist auf dem Rand über den Zeichen nach Absatz 6.3.1., 6.3.2. und 6.3.4. oder neben den Zeichen nach Absatz 6.3.5. und 6.3.6. die Größe des gewünschten Zwischenraums anzugeben.

6.3.7. Ist der Zwischenraum zu tilgen, so ist das Zeichen ⟵⟶ zu verwenden.

6.3.8. Ist der Zwischenraum zwischen Wörtern oder innerhalb von Wörtern, die g e s p e r r t gesetzt sind, auszugleichen, so ist in alle vom Normalen abweichenden Zwischenräume das Zeichen ⌊ zu setzen und auf dem Rand einige Male zu wiederholen. ⌊⌊⌊

6.4. Zeichen für einen Absatz, für auf Mitte zu stellende Zeilen und für Änderung der Schrift

6.4.1. Ein Absatz wird durch das Zeichen ⌋⌈ im Text verlangt. (Bei kyrillischer Schrift ist das Zeichen Z anzuwenden.)

6.4.2. Eine Zeile wird angehängt, indem man mit dem Zeichen ⌐‾‾‾⌐ das Ende der vorangehenden und den Anfang der anzuhängenden Zeile verbindet.

6.4.3. Soll eine Zeile auf Mitte gestellt werden, so sind die Zeichen ⟶ und ⟵ an den Anfang und das Ende der neu auszuschließenden Zeile zu setzen.

Beispiel:

⟶Vorbereitung zum Druck⟵
Die Fahnen, die im Verlag gelesen werden, sind an die Druckerei zurückzuschikken, die den Satz gemäß den Anweisungen in den Abzügen korrigiert und dann umbricht.
Vom umbrochenen Satz werden nochmals Korrekturabzüge hergestellt, die vom Autor und im Verlag gelesen werden. Bevor mit dem Druck der Auflage begonnen wird, muß von der Satzform nochmals ein Abzug für die letzte Kontrolle, die Maschinenrevision, hergestellt werden.

6.4.4. Mit dem Zeichen ‐ ‐ ‐ ‐ sind die zu sperrenden Wörter oder Wortteile zu unterstreichen. Das Zeichen ist auf dem Rand zu wiederholen. ‐ ‐ ‐ ‐ ‐

6.4.5. Mit dem Zeichen ◡◡◡◡ wird Aufheben der Sperrung verlangt. Das Zeichen ist auf dem Rand zu wiederholen. ◡◡◡

6.4.6. Mit dem Zeichen ⌊____⌋ sind die Wörter zu unterstreichen oder die Zeilen zu erfassen, die aus einer anderen Schrift gesetzt werden sollen. Auf dem Rand ist neben dem wiederholten Zeichen die gewünschte Schrift anzugeben. (Für die Kennzeichnung der Schrift kann man auch die entsprechenden Zeichen nach ⌊TGL 6710/01⌋ verwenden.) ⌊____⌋ *kursiv!*

6.5. Zeichen für das Verbessern technischer Satzfehler

6.5.1. Verkehrt stehende Zeilen oder andere Satzelemente sind seitlich mit einer Linie zu kennzeichnen, neben der das Zeichen γ steht.

6.5.2. Nicht Linie haltende Satzränder werden mit je einem senkrechten Strich an beiden Seiten der Kolumne gekennzeichnet.

6.5.3. Verrutschte Buchstaben und schief stehende andere Teile der Druckform werden durch parallele Striche an diesen Stellen und auf dem Rand gekennzeichnet.

Beispiel:

Zur Kennzeichnung technischer Fehler (z. B. falscher Zwischenräume zwischen den Wörtern, Anwendung einer andern Schrift oder falscher Stand einzelner — γ
Satzteile) dienen besondere Zeichen, die es gestatten, den vom Setzer verursachten Fehler ohne Erläuterung zu korrigieren. || ═

6.5.4. Ligatur wird verlangt, indem man die fälschlich einzeln nebeneinandergesetzten Buchstaben mit einem Zeichen nach Absatz 6.1.2. durchstreicht und auf dem Rand mit einem Bogen darunter wiederholt.

Eine fälschlich gesetzte Ligatur wird auf die gleiche Weise durchgestrichen und auf dem Rand mit einem senkrechten Strich zwischen den Buchstaben wiederholt.

Beispiele: schaffen, Farbfilm; Auflage   ff fi f|l

6.5.5. Durch mehrere Zeilen gehende untereinanderstehende Wortzwischenräume – Treppenfall, Gasse oder Gießbach genannt – sind durch zwei parallele Linien zu kennzeichnen, die auf dem Rand wiederholt und mit einer horizontalen Linie durchgestrichen werden.

Beispiel:

Licht- oder Fotosetzmaschinen liefern Satzvorlagen für alle Druckverfahren, insbesondere aber für Offset- und Tiefdruck. Zu unterscheiden sind Fotosetzmaschinen, die in Aufbau und Arbeitsweise den herkömmlichen Setzmaschinen gleichen, und solche, die neue Arbeitsprinzipien anwenden.

6.5.6. Spieße, d. h. mitdruckenden Ausschluß und Durchschuß, streicht man mit dem Zeichen # durch, das auf dem Rand zu wiederholen ist.   #

6.5.7. Verschmutzte und zu stark oder zu schwach druckende Schriftzeichen sowie schlechte Linienanschlüsse sind mit einem Kreis zu kennzeichnen, der auf dem Rand wiederholt wird. 

6.5.8. Falsche Linien sind zu durchkreuzen. Wird eine feine Linie verlangt, so ist ein Kreuz zu machen; mit zwei Kreuzen verlangt man eine stumpffeine, mit drei Kreuzen eine halbfette und mit vier Kreuzen eine fette Linie. (Das Zeichen für die fette Linie bezieht sich auf eine 2-Punkt-Linie.) Auf dem Rand sind die Kreuze zu wiederholen. Werden andere Linienarten verlangt, so sind diese auf dem Rand namentlich zu nennen.

6.5.9. Mit dem Zeichen  oder  wird das Verlängern einer Linie angedeutet, wobei der Pfeil die Richtung der Verlängerung angibt. Das Zeichen ist auf dem Rand zu wiederholen.

6.5.10. Mit dem Zeichen  oder  wird das Verkürzen einer Linie angedeutet. Das Zeichen ist auf dem Rand zu wiederholen.

Beispiel:

6.5.11. Bei Unklarheiten im Manuskript wird die betreffende Stelle vom Setzer mit auffälligen Zeichen blockiert. Auf dem Abzug weist der Korrektor mit dem Zeichen 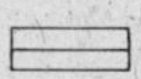, das auf dem Rand zu wiederholen und mit einem Fragezeichen zu versehen ist, auf die Blockade hin.

Beispiel:
Bei der Einführung von Schnellsetzmethoden und des Lichtsatzes muß auch die Qualität der Manuskripte und MMMMMMM grundlegend verbessert werden. 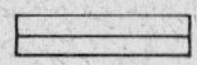 ?

6.5.12. Ein gleiches falsches oder beschädigtes Schriftzeichen, das in mehreren Fahnen oder Seiten vorkommt, ist mit einem Kreuz zu kennzeichnen. Die betreffenden Zeilen sind mit einer Linie zu versehen. Das

Zeichen × ist auf dem oberen Rand des Abzuges mit dem Schriftzeichen zu wiederholen. ——× ——×

Mit dem Zeichen ——× sind auch alle die Zeilen anzugeben, die aus technischen Gründen neu zu setzen sind oder bereits umgesetzt wurden. Betrifft dies mehrere unmittelbar aufeinanderfolgende Zeilen, so können diese mit einer Klammer zusammengefaßt werden. Neben die Klammer ist das Kreuz zu setzen. ×

6.6. Zeichen zur Aufhebung einer Korrektur

Soll eine Korrektur rückgängig gemacht werden, so sind auf dem Rand das Korrekturzeichen und die Korrektur durchzustreichen, und im Satz ~~sind~~ unter die fälschlich korrigierte Stelle Punkte zu setzen. Radieren ist unzulässig.

Register zu den »Vorschriften für den Schriftsatz«

Die *Auswahl* der ins Register aufgenommenen Wörter erfolgte nach dem Stichwort- und Schlagwortprinzip.
Das Registerstichwort ist *bei Wiederholungen* durch einen Strich ersetzt, auch wenn es *mehrteilig* ist.
Nicht in Klammern stehende Zahlenangaben beziehen sich auf die *Seiten*, eingeklammerte auf die *Abschnitte*. Die wichtigsten Abschnitte sind durch halbfett gesetzte Zahlen hervorgehoben.
Als Verweiszeichen sind ↑ und *vgl. auch* verwendet.

Hinweise für das Maschinenschreiben

(nach TGL 33 264)

0. Vorbemerkung

Regeln für das Maschinenschreiben sind nötig, damit die Schriftzeichen des Tastenfeldes der Schreibmaschine einheitlich angewendet und die Schriftstücke zweckmäßig und übersichtlich angeordnet werden. Dadurch wird die Schreibarbeit erleichtert, Arbeitskraft gespart und die Arbeitsproduktivität erhöht.

Den Hinweisen für das Maschinenschreiben liegen die gültigen Standards für das Maschinenschreiben, für das Tastenfeld, für Briefblätter und für Briefumschläge zugrunde.

Manuskripte für Bücher, Broschüren und Zeitschriften sind unter Beachtung der dafür speziell gültigen Standards zu schreiben, und zwar in der Regel im A4-Format, zweizeilig, mit 30 Zeilen und einer Zeilenbreite von 60 Anschlägen.

1. Buchstaben

1.1. Die Buchstaben *I* und *J* dürfen nicht ausgetauscht werden.

`Ich danke sehr für Ihre Information.` Nicht: `Jch danke sehr für Jhre Jnformation.`

1.2. Alle Schreibmaschinen müssen für die Ziffern 0 und 1 besondere Typen haben. Nur wenn diese auf älteren Schreibmaschinen fehlen, sind *als Ersatz* das große *O* und das kleine *l* zu schreiben. *Vgl. 3.1.*

1.3. Alle Schreibmaschinen müssen eine besondere Type für *ß* haben.

1.3.1. Wenn auf älteren Schreibmaschinen eine besondere Type für ß fehlt, ist *als Ersatz* *ss* zu schreiben. Falls Mißverständnisse möglich sind, steht *sz* für ss.

1.3.2. Da es auch in der Schreibmaschinenschrift keinen Großbuchstaben für ß gibt, muß behelfsmäßig *SS* geschrieben werden. Wo Mißverständnisse möglich sind, steht *SZ* für SS. Personennamen können aus Gründen der Eindeutigkeit bei Versalschreibung in Personaldokumenten mit *ß* geschrieben werden.

```
Gruß = Gruss, GRUSS; in Meißen = in Meissen, IN MEISSEN; in Maßen = in Maszen,
IN MASZEN (= mäßig)  aber: in Massen, IN MASSEN (= viel)
```

1.3.3. Als Ersatz für ß sind ss/SS oder sz/SZ *einfache Laute*; deshalb dürfen sie nicht getrennt werden. Bei Silbentrennung bleibt die Buchstabengruppe entweder auf der Zeile (*vgl. Beispiel* mußten) oder sie kommt geschlossen auf die nächste Zeile (*vgl. Beispiel* Straße).

```
muß-ten = muss-ten, MUSS-TEN; Stra-ße = Stra-sse, STRA-SSE; in Ma-ßen = in Ma-
szen, IN MA-SZEN (= mäßig) aber: in Mas-sen, IN MAS-SEN (= viel)
```

1.3.4. Wenn *drei* s/S zusammentreffen, darf keins ausfallen. Es empfiehlt sich, den Erläuterungsbindestrich zu verwenden.

Maßstab = Massstab, MASSSTAB, besser: Mass-Stab, MASS-STAB; Maßsachen = Masssachen, MASSSACHEN, besser: Mass-Sachen, MASS-SACHEN

1.4. Der Kleinbuchstabe *o* wird auch als Zeichen benutzt.

1.4.1. Als Gradzeichen bei *Winkelangaben* wird das kleine o um einen halben Zeilenabstand hochgestellt und ohne Leerraum an die Kardinalzahl angeschlossen.

Ein rechter Winkel hat 90°, ein gestreckter Winkel 180°, ein Vollwinkel 360°.
Aber: der 50. Grad nördl. Br.; ein auf Grad 10 geschriebenes Schriftzeichen

1.4.2. Als Gradzeichen bei *Temperaturangaben* bildet das hochgestellte kleine o mit dem Kennbuchstaben der Temperaturskale eine Einheit, so daß dazwischen kein Leerraum steht. Der Leerraum steht aber nach der Kardinalzahl. Nach dem Plus- bzw. dem Minuszeichen ist kein Leeranschlag auszuführen. *Vgl. 2.17.1. und 2.11.7.*

Das Thermometer sank heute von +4 °C auf -1 °C. Lagertemperatur 60 °C ± 5 K
Aber: Das Thermometer fiel rasch um einige Grad.

Beachte: Bei Angabe von Temperaturdifferenzen wird das Kurzzeichen °C durch K ersetzt.

1.4.3. Als *Promillezeichen* wird das kleine o in Verbindung mit dem Schrägstrich verwendet, aber nicht hochgestellt. *Vgl. 2.13.5.*

1.5. Die um einen halben Zeilenabstand hochgestellten kleinen *g* (= das Gon), *c* (= hundert) und *cc* (= hundert mal hundert) werden als Zeichen für Neugrad, Neuminute und Neusekunde bei *Winkelangaben* benutzt. Sie stehen ohne Leerraum nach der Zahl.

$1^g = 100^c$, $1^c = 100^{cc}$, $1^g = 10\,000^{cc}$; ein Winkel von $37^g\ 65^c\ 83^{cc} \approx 37{,}6583^g$

1.6. Das kleine *x* mit Leerraum davor und danach wird bei *Flächen- und Raumangaben* verwendet.

Briefblätter im Format A5 (= 148 mm x 210 mm)

2. Zeichen

2.1. Punkt (.)

2.1.1. Als *Satzzeichen* folgt der Punkt dem Wort oder Schriftzeichen ohne Leerraum. Nach dem Punkt ist ein Leeranschlag auszuführen.

Endlich ist es soweit. Das Startsignal ertönt. Die Spannung löst sich.

2.1.1.1. Zum Punkt bei Sperrschrift *vgl. 4.3.*

2.1.1.2. Zum Punkt bei aufeinanderfolgenden Satzzeichen *vgl. 2.9.*

2.1.2. Auch der *Abkürzungspunkt* folgt den Abkürzungen ohne Leerraum, soweit sie nach den Rechtschreibregeln überhaupt mit Punkt geschrieben werden. Nach jedem Abkürzungspunkt ist ein Leerraum erforderlich, auch bei Abkürzungen, die für mehrere Wörter stehen. Am Satzende ist der Abkürzungspunkt zugleich Schlußpunkt.

Vgl. unser Rundschreiben Nr. 12 v. 14. 8. Einsendeschluß ist der 15. Sept. d. J.
Dr. med. Herzberger ist z. Z. in Urlaub. Rom wurde im 8. Jh. v. u. Z. gegründet.

2.1.3. Für ausgelassene Textteile sind *3 Auslassungspunkte* mit Leerraum davor und danach zu schreiben. Sie schließen am Satzende den Schlußpunkt mit ein. Andere Satzzeichen werden jedoch ohne Leerraum angefügt.

Die Reparaturen sind binnen sechs Wochen auszuführen. Auch: ... innerhalb ...
"Das weiß ich", sagte sie, "trotzdem ..." Sie schwieg und blickte uns ruhig an.
Wer kennt nicht das verbreitete Sprichwort "Wer andern eine Grube gräbt ..."!

2.1.4. Bei *Ordinalzahlen* steht nach dem Punkt ein Leerraum.

2. Lehrjahr; IV. Quartal; Greifswald, den 25. 11. 1985

2.1.5. Bei *nichtdezimalen Teilungen* wird der Punkt ohne Leerraum davor und danach verwendet.

Die Besprechung beginnt pünktlich 7.15 Uhr, Ende voraussichtlich gegen 9.45 Uhr.
cwt 1.3.23 = 99,333 kg; yds 13.1.8 = 12,40 m

2.1.6. Als *Multiplikationszeichen* wird der Punkt mit Leerraum davor und danach geschrieben.

6 . 4 = 24

2.1.7. Zum Punkt bei der Abschnittsnumerierung *vgl. 3.5.*

2.2. Komma (,)

2.2.1. Als *Satzzeichen* folgt das Komma dem Wort oder Schriftzeichen ohne Leerraum. Nach dem Komma ist ein Leeranschlag auszuführen.

Roggen, Weizen, Gerste, Hafer und Mais; Frühling, Sommer, Herbst und Winter;
Nach l, n, r folgt niemals ck bzw. tz.

2.2.1.1. Zum Komma bei Sperrschrift *vgl. 4.3.*

2.2.1.2. Zum Komma bei aufeinanderfolgenden Satzzeichen *vgl. 2.9.*

2.2.2. Bei Dezimalzahlen wird das Komma als *Dezimalzeichen* benutzt und steht ohne Leerraum davor und danach.

Das Buch kostet 12,75 M. Für dieses Kleid werden etwa 3,50 m Stoff benötigt.

2.2.3. Unter Konsonanten gesetzt, wird das Komma zum Ersatz für ein ähnlich aussehendes *Aussprachezeichen* einiger fremder Sprachen.

die französische Stadt Alençon; die Städte Constanţa und Bucureşti in Rumänien

2.3. Semikolon (;)

2.3.1. Das Semikolon folgt dem Wort oder Schriftzeichen ohne Leerraum. Nach dem Semikolon ist ein Leeranschlag auszuführen.

Sie erkannten ihn nicht gleich wieder; denn sie hatten ihn lange nicht gesehen.

2.3.1.1. Zum Semikolon bei Sperrschrift *vgl. 4.3.*

2.3.1.2. Zum Semikolon bei aufeinanderfolgenden Satzzeichen *vgl. 2.9.*

2.4. Doppelpunkt (:)

2.4.1. Als ankündigendes oder zusammenfassendes *Satzzeichen* folgt der Doppelpunkt dem Wort oder Schriftzeichen ohne Leerraum. Nach dem Doppelpunkt ist ein Leeranschlag auszuführen.

Sie beherrscht die folgenden Sprachen in Wort und Schrift: Russisch, Polnisch, Bulgarisch und Tschechisch. Groß und klein, jung und alt: alle waren gekommen.

2.4.1.1. Zum Doppelpunkt bei Sperrschrift *vgl. 4.3.*

2.4.1.2. Zum Doppelpunkt bei aufeinanderfolgenden Satzzeichen *vgl. 2.9.*

2.4.2. Als *Divisions-* und als *Verhältniszeichen* wird der Doppelpunkt mit Leerraum davor und danach geschrieben.

Die Karte der Insel Rügen ist im Maßstab 1 : 75 000 gezeichnet. 75 m : 15 = 5 m
Das Fußballspiel endete mit einem 4 : 2- (2 : 1-) Sieg der Oberligamannschaft.

2.4.3. Als *Trennungszeichen* zwischen Stunden, Minuten und Sekunden bei *Zeitangaben in Sportberichten* wird der Doppelpunkt ohne Leerraum davor und danach verwendet.

Die erste Strecke legten die Fahrer in 8:14,3 min (= 8 min 14,3 s) zurück.

2.5. Frage- und Ausrufezeichen (? !)

2.5.1. Frage- und Ausrufezeichen folgen dem Wort oder Schriftzeichen ohne Leerraum. Nach dem Zeichen ist ein Leeranschlag auszuführen.

Wieviel Stunden habt ihr daran gearbeitet? Achtung! Augen auf im Straßenverkehr!

2.5.1.1. Zu Frage- und Ausrufezeichen bei Sperrschrift *vgl. 4.3.*

2.5.1.2. Zu Frage- und Ausrufezeichen bei aufeinanderfolgenden Satzzeichen *vgl. 2.9.*

2.6. Klammern ( ) [ ]

Im Tastenfeld der Schreibmaschine gibt es nur die *runden Klammern.*

2.6.1. Die runden Klammern stehen ohne Leerraum vor und nach den Wörtern oder Schriftzeichen, die eingeklammert werden. Vor der Anfangs- und nach der Schlußklammer ist ein Leeranschlag auszuführen. In Wörtern, die durch Klammern unterbrochen werden, entfallen die Leerräume.

Die Meßschrauben (älter Mikrometerschrauben) sind Meßgeräte für kleinste Längen.
Das Lager des VEB Maschinenbau befindet sich in der Stein- (Ecke Breite) Straße.
Aber: u. a. m. = und and(e)re(s) mehr; drei- (oder vier)fach; Arbeiter(innen)

2.6.1.1. Zu Klammern bei Sperrschrift *vgl. 4.3.*

2.6.1.2. Zu Klammern bei aufeinanderfolgenden Satzzeichen *vgl. 2.9.*

2.6.2. Die runde Schlußklammer wird nach hochgestellten Ziffern und Zeichen bei *Fußnoten* nicht mehr benutzt. *Vgl. 2.19.1.*

2.6.3. Zu *eckigen Klammern vgl. 2.13.7.*

2.7. Anführungszeichen (")

Im Tastenfeld der Schreibmaschine gibt es nur die oberen Anführungszeichen "...". Diese stehen auch für die Formen „...“ und »...«, die vor allem im deutschen Schriftsatz gebräuchlich sind.

2.7.1. Bei *Anführungen* stehen die Anführungszeichen ohne Leerraum vor und nach den Wörtern oder Schriftzeichen, die angeführt werden. Vor dem Zeichen am Anfang und nach dem Zeichen am Schluß der Anführung ist ein Leeranschlag auszuführen.

```
Mit den Worten "Wie herrlich leuchtet mir die Natur! Wie glänzt die Sonne! Wie
lacht die Flur!" beginnt das "Mailied" von Goethe.
```

2.7.1.1. Zum Anführungszeichen bei Sperrschrift *vgl. 4.3.*

2.7.1.2. Zum Anführungszeichen bei aufeinanderfolgenden Satzzeichen *vgl. 2.9.*

2.7.2. Bei *Unterführungen* steht das Anführungszeichen unter dem ersten Schriftzeichen der vorhergehenden Zeile. Zahlen dürfen nicht unterführt werden. Nach dem Summenstrich wird ebenfalls nicht unterführt.
Folgt auf ein Wort, das unterführt wird, ein Satzzeichen oder – z. B. in Koppelwörtern – ein Bindestrich, so zählen diese zu dem vorausgehenden Wort oder Schriftzeichen. Sie entfallen daher für die Unterführung. Nach nichtunterführten Wörtern oder Schriftzeichen jedoch wird der Bindestrich wiederholt.

```
Leipzig-Lindenau     15 Eintrittskarten, unnumeriert, A-Block      395,15 M
"      Plagwitz      15 "                "            B-"          115,45 "
"      Leutzsch      15 "                "            C-"          510,60 M
                                                                   ========

Frankfurt (Oder)-Güldendorf     10-Pf-Briefmarke     U-Bahn-Streckenverzeichnis
"         "      Klingetal      20-" "               S-"    "
```

2.7.3. Als Zeichen für *Zoll* (altes Längenmaß) und für *Sekunde* (Winkelmaß) wird das Anführungszeichen ohne Leerraum hinter die Zahl gesetzt. Nach dem Anführungszeichen ist jedoch ein Leeranschlag auszuführen.

```
einige Gasrohre von 3/4" Durchmesser; 11° 23' 12" östlicher Länge von Greenwich
```

2.8. Apostroph (')

2.8.1. Als *Auslassungszeichen* steht der Apostroph in bestimmten Fällen für Laute, die an sich zu sprechen und zu schreiben sind. Der Apostroph tritt ohne Leeranschlag hinter das Wort. Bezeichnet der Apostroph den weggefallenen Wortanfang, so steht ein Leerraum davor, dagegen nicht in Verbindungen wie »geht's«, »sich's«, »wenn's« u. a., weil sie als Ganzes empfunden werden.

```
ein ew'ger Bund, Engels' Schriften; 's ist schade! Wie geht's?
```

2.8.1.1. Zum Apostroph bei Sperrschrift *vgl. 4.3.*

2.8.1.2. Zum Apostroph bei aufeinanderfolgenden Satzzeichen *vgl. 2.9.*

2.8.2. Als Zeichen für *Minute* (Winkelmaß) wird der Apostroph ohne Leerraum nach der Zahl geschrieben.

Leipzig liegt 12° 23', Berlin 13° 25' und Dresden 13° 44' östlich von Greenwich.

2.8.3. Als *halbes Anführungszeichen* wird der Apostroph verwendet, wenn in einem bereits mit Anführungszeichen versehenen Text wiederum Textteile angeführt werden sollen. Die halben Anführungszeichen sind in bezug auf Leerräume wie die vollständigen Anführungszeichen zu behandeln. *Vgl. 2.7.1.*

Er schrieb mir: "Die Neuinszenierung der 'Mutter Courage' gefiel mir sehr gut."

2.9. Aufeinanderfolgende Satzzeichen

Folgen in einem Satz zwei oder mehr Satzzeichen aufeinander, so unterbleibt zwischen ihnen der Leeranschlag. Vor dem zweiten Gedankenstrich ist jedoch immer ein Leeranschlag auszuführen. *Vgl. 2.11.3.*

Den Brief bekamen wir erst am 6. d. M., nicht am 4., wie vereinbart worden war.
Er sagte: "Ihr seid im Unrecht." Heraus damit, oder -! Kennt ihr den "Erlkönig"?
Wir vermuten - hoffentlich täuschen wir uns! -, daß er uns bald verlassen wird.
Du hattest mir doch versprochen (erinnerst du dich noch?), das Buch zu besorgen.
"Ich vergess'", sagte er, "weder dich noch ihn." Er will es gefunden (!) haben.
Sie fragten mich: "Kennst du schon die Ausstellung 'Die Eroberung des Kosmos'?"

2.10. Grundstrich (_)

Der Grundstrich steht am »Grunde« der Schriftzeichen, d. h. dicht unter der Schreibzeile. Da er oberes Schriftzeichen auf der Taste ist, muß er mit Umschaltung geschrieben werden. Der Grundstrich darf nicht mit dem Mittestrich verwechselt werden. *Vgl. 2.11.*

2.10.1. Beim Unterstreichen werden die Grundstriche aneinandergereiht. Es entsteht eine geschlossene Linie, weil die Striche sich überdecken. Zum Unterstreichen ist der Wagen ohne Zeilenschaltung an den Anfang des zu unterstreichenden Textteils zu führen. Der *Unterstreichungsstrich* beginnt unter dem ersten und endet unter dem letzten Schriftzeichen des hervorzuhebenden Teils. Leerräume zwischen den Wörtern werden mit unterstrichen. Satzzeichen, die am Ende einer Unterstreichung stehen, sind ebenfalls mit zu unterstreichen. Bei längerem Unterstreichen empfiehlt es sich, den Umschaltfeststeller zu benutzen.

Sie brauchen Montag die Waren. Wir werden auf alle Fälle kommen. Vorsicht, Glas!
Sie hatten beschlossen, diese Angelegenheit neu zu regeln, und zwar gründlich.

2.10.2. In mehrzeiligen *Überschriften* wird nur die letzte Zeile unterstrichen. Die Länge des Striches richtet sich nach der längsten Zeile.

Untersuchungen zur Bestimmung des Zeitbedarfs für das Umschalten von
Klein- auf Großschreibung bei handangetriebenen Schreibmaschinen

2.10.3. Zum mehrzeiligen *Betreff* in Briefen *vgl. 6.7.2.*

2.10.4. Als *Summenstrich* wird der Grundstrich ebenfalls ohne Zeilenschaltung geschrieben. Seine Länge richtet sich nach der längsten Zeile der Aufstellung. *Beispiele vgl. 2.10.5.*

2.10.5. Als *waagerechter Bruchstrich* steht der Grundstrich wiederum ohne Zeilenschaltung unter dem Zähler des Bruches, der um einen halben Zeilenabstand hochgestellt wird. Der Bruchstrich reicht vom ersten bis zum letzten Schriftzeichen des Bruches.

```
33 085,45 M         99 415,65 M
 8 345,18 "            683,-- "      20 400 . 4,5 . 54
   419,12 "              4,95 "      ----------------- = 2,7 . 51 = 137,7
-----------        ------------          100 . 360                  =====
41 849,75 M        100 103,60 M
===========        ============
```

2.10.6. Als *Trennungsstrich* zwischen Text und *Fußnoten* ist der Grundstrich fünfmal anzuschlagen. *Vgl. 2.19.4.*

2.10.7. Zur Bildung von *eckigen Klammern* wird der Grundstrich oben und unten an den Schrägstrich angesetzt. *Vgl. 2.13.7.*

2.11. Mittestrich (–)

Der Mittestrich ist das untere Schriftzeichen auf der letzten Schreibtaste der Unterreihe und wird daher ohne Umschaltung geschrieben. Der Mittestrich steht über der Zeile, etwa in der »Mitte« eines Kleinbuchstabens. Aneinandergereiht ergibt er eine unterbrochene Linie. Der Mittestrich darf nicht mit dem Grundstrich verwechselt werden. *Vgl. 2.10.*

2.11.1. Als *Silbentrennungszeichen* darf nur der Mittestrich, nie der Doppelstrich verwendet werden. Er steht ohne Leerraum hinter dem abgetrennten Wortteil.

Fen-	Stra-	Ma-	war-	Zuk-	Ro-	Vit-	So-	Päd-	Hekt-
ster	ße	gnet	um	ker	heit	amin	wjet	agoge	ar

2.11.2. Als *Ergänzungsbindestrich* steht der Mittestrich ohne Leerraum nach bzw. vor dem Wort oder Wortteil. Als *Erläuterungs-* und *Durchkopplungsbindestrich* wird er ohne Leerraum davor und danach geschrieben.

Arbeiter- und Bauernstudenten, 3- oder 4gliedrig, Gepäckannahme und -ausgabe;
Klee-Ernte, HO-Warenhaus, Arbeiter-und-Bauern-Staat, Ernst-Thälmann-Straße

2.11.3. Als *Gedankenstrich* ist der Mittestrich mit Leerraum davor und danach zu schreiben. Vor dem zweiten Gedankenstrich ist ebenfalls ein Leeranschlag auszuführen. Auf den Gedankenstrich folgende Satzzeichen werden ohne Leeranschlag angeschlossen. *Vgl. 2.9.*

Achtung - fertig - los! Er ist doch ein gewissenloser -! Schweigen Sie, sonst -!
Es ist nicht das erstemal - erinnern Sie sich noch? -, daß wir darüber sprechen.

2.11.4. Als *Kommandostrich* vor Aufzählungsgliedern steht der Mittestrich an der Fluchtlinie. Der Text ist nach einem Leerraum anzuschließen. Die Aufzählungsglieder werden untereinander und vom Text durch eine Leerzeile abgesetzt. Sollte ein Aufzählungsglied mehrere Zeilen umfassen, so werden die folgenden Zeilen auf Grad 12 eingerückt. *Vgl. 4.4.2.*

Man verwendet den Mittestrich sehr vielseitig, z. B.

- als Silbentrennungsstrich,
- als Bindestrich in den Gebrauchsformen des Ergänzungsbindestrichs und des Erläuterungs- und Durchkopplungsbindestrichs,
- als Gedankenstrich,
- als Kommandostrich zur Hervorhebung von Aufzählungsgliedern, die untereinanderstehen.

Der Mittestrich dient nicht zum Unterstreichen; dafür wird nur der Grundstrich benutzt.

2.11.5. Als *Streckenstrich* steht der Mittestrich mit Leerraum davor und danach. Besondere Aufmerksamkeit ist nötig, wenn Streckenstrich und Durchkopplungsbindestrich zusammentreffen.

die Friedensfahrt Berlin - Prag - Warschau, die Strecke Leipzig - Zwickau - Aue; Umleitung über Friedrichstraße - Wilhelm-Pieck-Straße - Rosenthaler Straße

2.11.6. *An Stelle von »bis«* darf zuweilen der Mittestrich (mit Leerraum davor und danach) geschrieben werden. In der Wortgruppe »von/vom ... bis ...« darf »bis« nur dann durch den Strich ersetzt werden, wenn es einen Zwischenwert angibt.

Geschäftszeit: werktags 10 - 15 Uhr; auf den Seiten 45 - 101; in den §§ 10 - 12; Talstraße 12 - 14; Das Rohr hat eine Länge von 4 - 5 m.
Aber: Die Sitzung dauerte von 8 bis 11 Uhr.

2.11.7. Als *Minuszeichen* kann der Mittestrich Rechen- oder Vorzeichen sein. Als Rechenzeichen steht der Mittestrich mit Leerraum davor und danach. Als Vorzeichen negativer Zahlen ist er ohne folgenden Leerraum zu schreiben. Beim Zeichen ± steht der Mittestrich als Minusstrich einen halben Zeilenabstand unter dem Pluszeichen.

16 - 7 = 9, a - b = c, -8 + 5 = -3, Temperatur -6 °C; Tastentiefgang 5 mm ± 1 mm

2.11.8. *An Stelle von »gegen« in Sportberichten* steht der Mittestrich mit Leerraum davor und danach.

Das spannende Fußballspiel 1. FC Lok Leipzig - Wismut Aue endete 2 : 1 (1 : 0).

2.11.9. Als *Ersatz für die Ziffer Null* darf der Mittestrich bei der dezimalen Schreibweise von Geldbeträgen in folgenden Fällen verwendet werden: Bei Beträgen unter einer Mark steht vor dem Komma entweder eine Null oder ein Strich. Bei vollen Markbeträgen stehen nach dem Komma entweder zwei Nullen oder zwei Striche. Im fortlaufenden Text und in listenartigen Aufstellungen, die nur volle Beträge enthalten, dürfen das Dezimalzeichen (Komma) und die beiden Nullen oder Striche weggelassen werden.

0,09 M oder -,09 M; 50 000,00 M oder 50 000,-- M oder 50 000 M;
aber: 0,375 kg

2.11.10. Als *Querstrich* wird der Mittestrich gelegentlich zur Bildung zusammengesetzter Zeichen verwendet. Wenn die Sondertype £ im Tastenfeld fehlt, dient das große *L* mit Querstrich als Zeichen für *Pfund* (Währungseinheit in einer Anzahl von Ländern, z. B. Pfund Sterling). Ebenso werden Ł und ł für den *harten L-Laut* der polnischen Sprache durch Überschlagen des großen *L* und des kleinen *l* mit dem Mittestrich gewonnen.

Die Ware ist mit 37 151,-- Ł versichert. Die polnischen Städte Łódź und Wrocław

2.12. Doppelstrich (=)

2.12.1. Als *Gleichheitszeichen* wird der Doppelstrich mit je einem Leeranschlag davor und danach geschrieben. Auf die Anfangsklammer folgt das Gleichheitszeichen jedoch ohne Leerraum.

144 : 12 = 12; 4 : 8 = 6 : 12; der Goldene Schnitt (= ein bestimmtes mathematisches Verhältnis)

2.12.2. Als *Ergebnisstrich* wird der Doppelstrich ohne Leerräume aneinandergereiht. Er steht nach vorheriger Zeilenschaltung eine Zeile unter dem Ergebnis. *Beispiele vgl. 2.10.5.*

2.13. Schrägstrich (/)

Der Schrägstrich wird stets ohne Leeranschlag davor und danach geschrieben. *Vgl. 5.11.*

2.13.1. Der Schrägstrich wird als *Bruchstrich* verwendet. In gemischten Zahlen ist nach der ganzen Zahl ein Leeranschlag auszuführen, auch wenn das Sonderzeichen ⁄ geschrieben wird. *Vgl. 3.7.*

`2/3, 3/8, 14 2/7, 4 1/3; 1/2-, 1/4- und 1/8zöllig`

2.13.2. Der Schrägstrich wird *im Sinne von »je«* gebraucht.

`60 km/h, Drehzahl 750 U/min, 100 Blatt Schreibmaschinenpapier 70 g/m`^{2}

2.13.3. Der Schrägstrich bezeichnet das Verhältnis verschiedener Angaben zueinander. Er steht z. B. bei *Diktatzeichen* (Diktierender/Schreibender), bei *bibliographischen Angaben* (Jahrgang/Heftnummer) und bei *fortlaufend numerierten Schriftstücken* (laufende Nummer/Jahr/Quartal).

`Lg/Ku; in der "Sprachpflege" 1984/3, Seite 51; Auftrag Nr. 9/84; Vertrag 36/85/I`

2.13.4. Der Schrägstrich steht *im Sinne von »bis«* bei Angabe eines Zeitraums mit abgekürzten Jahreszahlen und beim Anschluß von Wohnungsnummern an die Hausnummer.

`Winter 1984/85, Jahresdurchschnitt 1981/85; Marsweg 28/04`

2.13.5. Mit Schrägstrich wird auch das *Promillezeichen* gebildet: kleines o, Schrägstrich und zweimal das kleine o anschlagen.
Beachte: Das Prozentzeichen darf nicht bei der Bildung des Promillezeichens verwendet werden. *Vgl. 2.14.*

`1 o/oo von 32 000 M = 32 M; 3/4 o/oo von 24 000 M = 18 M`

2.13.6. Weitere *zusammengesetzte Zeichen* werden durch Überschlagen mit dem Schrägstrich gewonnen. Zur Bezeichnung von Ø und ø in dänischen und norwegischen Wörtern sind das große O und das kleine o mit dem Schrägstrich zu überschlagen. Fehlt das *Dollarzeichen* $ im Tastenfeld, so wird das große S mit dem Schrägstrich überschlagen.

`Schlafwagen Berlin - København; der Physiker H. Chr. Ørsted; ein Betrag von 10 $`

2.13.7. Aus dem Schrägstrich und dem Grundstrich können bei Bedarf *eckige Klammern* gebildet werden. *Vgl. 2.10.7.* Sie können aber auch nachträglich handschriftlich in den Text eingefügt werden. In bezug auf Leerräume sind sie wie die runden Klammern zu behandeln. *Vgl. 2.6.1.*

`Das Wort Stenografie (aus griech. stenos [eng] und graphein [schreiben]) wurde 1602 von John Willis geprägt.`

2.14. Prozentzeichen (%)

Das Prozentzeichen wird mit Leeranschlag davor und danach geschrieben. Steht es innerhalb einer Zusammensetzung, unterbleiben die Leeranschläge. Das Zeichen % ist nicht zur Bildung des Promillezeichens zu verwenden. *Vgl. 2.13.5.*

```
Neusilber (Alpaka) enthält 45 - 66 % Kupfer, 10 - 26 % Nickel und als Rest Zink.
Folgende Schreibweisen sind zulässig: fünfprozentig oder 5prozentig oder 5%ig.
```

2.15. Paragraphzeichen (§)

Das Paragraphzeichen wird mit Leeranschlag davor und danach geschrieben. Es wird nur verwendet, wenn eine Zahlenangabe folgt. Der Plural wird durch §§ (ohne Leerraum dazwischen) wiedergegeben.

```
§ 5 des Gesetzes, in § 6 Abs. 2 der Verfügung, an Hand des § 3, die §§ 9 und 14;
aber: im ersten Paragraphen. Das Kapitel besteht aus 18 Paragraphen (§§ 5 - 22).
```

2.16. Et-Zeichen (&)

Das Et-Zeichen (Und-Zeichen, Firmenzeichen) entspricht der Abkürzung *u.* für »und«. Es wird nur in meist älteren Firmenbezeichnungen verwendet, die aus Personennamen bestehen. Vor und nach dem Et-Zeichen steht ein Leerraum.

```
VEB Breitkopf & Härtel;
aber: VOLK UND WISSEN VOLKSEIGENER VERLAG BERLIN
```

2.17. Pluszeichen (+)

2.17.1. Das Pluszeichen kann Rechen- oder Vorzeichen sein. Als Rechenzeichen steht das Pluszeichen mit Leerraum davor und danach. Als Vorzeichen positiver Zahlen ist es ohne folgenden Leerraum zu schreiben.

```
4 + 5 = 9, a + b = c; -3 + 7 = +4, Temperatur +12 °C
```

2.17.2. Zum Pluszeichen bei Fußnoten *vgl. 2.19.2.*

2.17.3. Zum Zeichen ± *vgl. 2.11.7.*

2.18. Aussprachezeichen (´ ` ^)

2.18.1. Auf der Akzenttaste befindet sich unten der *Akut* oder *Accent aigu* (´) und oben der *Gravis* oder *Accent grave* (`). Aus beiden wird der *Zirkumflex* oder *Accent circonflexe* (^) zusammengesetzt.
Nach dem Anschlagen der Akzenttaste bleibt der Wagen stehen, so daß der Buchstabe ohne Rückschaltung unter den Akzent geschrieben werden kann. *Also*: Erst den Akzent anschlagen, dann den Buchstaben!

```
Kommuniqué, Café, Csárdás, die polnische Stadt Poznań; Pfeifen aus Bruyèreholz,
der französische Physiker André Marie Ampère (aber: Ampere als Einheit der elek-
trischen Stromstärke); die südfranzösische Stadt Nîmes unweit des Rhônedeltas,
Crêpe de Chine
```

2.18.2. Zum Komma als Aussprachezeichen *vgl. 2.2.3.*

2.18.3. Zum Mittestrich als Aussprachezeichen *vgl. 2.11.10.*

2.18.4. Zum Schrägstrich als Aussprachezeichen *vgl. 2.13.6.*

2.18.5. Aussprachezeichen, die sich mit den Schriftzeichen des Tastenfeldes nicht bilden lassen, werden *handschriftlich* eingefügt.

die Stadt Plzeň in der ČSSR, der Cañon (= tief eingeschnittenes Tal), die französische Schriftstellerin Frau von Staël, die schwedische Hafenstadt Luleå, die Donaustadt Brăila in Rumänien

2.19. Fußnotenzeichen und Hinweise auf Fußnoten

2.19.1. Als Hinweise auf Fußnoten und als Fußnotenzeichen werden *Ziffern* und *Zeichen* (z. B. *Sternchen* und *Kreuze*) ohne Schlußklammer verwendet. Nur bei Formeln und mathematischen Ausdrücken sind hinter die Fußnotenziffern Schlußklammern zu setzen, um Verwechslungen mit Exponenten zu vermeiden. Im Text werden die Ziffern und Zeichen ohne Leerraum an das vorangehende Schriftzeichen angeschlossen und um einen halben Zeilenabstand *hochgestellt*. Das Sternchen braucht nicht hochgestellt zu werden.

2.19.2. Als Kreuz ist das *Pluszeichen* zu verwenden. Mehr als drei Zeichen sind unübersichtlich. Ziffern sind Zeichen vorzuziehen. Wenn Zeichen im Tastenfeld fehlen, müssen sie nachträglich *handschriftlich* in den Text eingesetzt werden.

2.19.3. Zum Zeilenabstand *vgl. 6.4.2.*

2.19.4. Die Fußnotenzeichen werden untereinander am Fuß der Seite unter einer *Linie aus 5 Grundstrichen* aufgeführt und hier nicht hochgestellt. *Vgl. 2.10.6.*

Der große (Körper-) Blutkreislauf. Aus der linken Herzkammer gelangt das arterielle[1] Blut in die Aorta[2], die sich dann in die Arterien[3] und weiter in die feinen Körperkapillaren[4] verzweigt ...

_____

1 in den Lungen gereinigt, sauerstoffreich
2 Hauptschlagader
3 Schlagadern
4 Haargefäße

3. Ziffern und Zahlen

3.1. Die Ziffern *0* und *1* sind grundsätzlich mit den besonderen Typen dafür zu schreiben. *Vgl. 1.2.*

am 10. 10. d. J.; Abfahrt 10.00 Uhr; 10 % von 10 000 M

3.2. Zum Komma bei Dezimalzahlen *vgl. 2.2.2.*

3.3. Zum Punkt bei nichtdezimalen Teilungen *vgl. 2.1.5.*

3.4. Zum Doppelpunkt bei nichtdezimalen Teilungen *vgl. 2.4.3.*

3.5. Für die *Abschnittsnumerierung* werden in Schriftwerken aller Art arabische Ziffern benutzt. Es sind Hauptabschnitte (1. Stufe), Abschnitte (2. Stufe) und erforderlichenfalls Unterabschnitte (3. und weitere Stufen) zu bilden, die von 1. an fortlaufend numeriert werden. Ist der erste Abschnitt eine Vorbemerkung, ein Vorwort, eine Einleitung oder ähnliches, so kann diesem Abschnitt die Ziffer „0." gegeben werden. Nach jeder Nummer einer Gliederungsstufe, auch nach der letzten Nummer, ist ein Punkt zu setzen. *Vgl. TGL 37103.*

Beispiel für ein Inhaltsverzeichnis

```
0.        Einleitung
1.        Geschichte der Schreibmaschine
1.1.      Zeit der Vorversuche
1.2.      Beginn der serienmäßigen Herstellung
1.3.      Zeit der modernen Schreibmaschine
2.        Volkseigene Schreibmaschinenindustrie in der DDR
3.        Handbetriebene Schreibmaschinen
3.1.      Großschreibmaschinen
3.1.1.    Maschinengestell und Verkleidung
3.1.2.    Tastenfeld
3.1.2.1.  Anordnung der Tasten
3.1.2.2.  Tastenabstände
3.1.3.    Typenhebelgetriebe
.
.
.
6.        Zusammenfassung
```

3.6. Im *fortlaufenden Text* wird nach den Abschnittsnummern mit einem Leeranschlag weitergeschrieben, wenn die jeweilige Abschnittsnummer ohne Überschrift steht und deshalb nicht im Inhaltsverzeichnis erscheint.

Beispiel für die Gliederung eines Textes

```
2.2. Gestaltung des zentralen Schreibbüros

2.2.1. Raumbedarf

2.2.1.1. Das zentrale Schreibbüro umfaßt den Raum für die Leiterin,
die Schreibarbeitsräume, den Pausenraum und die Diktierkabine.

2.2.1.2. Der Raum für die Leiterin ist den Schreibarbeitsräumen
vorgelagert. Nur hier werden Schreibaufträge angenommen und zurück-
gegeben, Schreibauftraggeber beraten und andere Besucher empfangen.

                                             2
2.2.1.3. Für die Schreibarbeitsräume sind 5 - 6 m  Bodenfläche je
Arbeitsplatz vorzusehen. Nach TGL 116-0715 muß zwischen ...
```

3.7. In *Zahlenaufstellungen* werden *Brüche* einheitlich ohne das Sonderzeichen ⁄ geschrieben. *Vgl. 2.13.1.* Die schrägen Bruchstriche stehen untereinander. Zwischen ganzer Zahl und Bruch ist gegebenenfalls mehr als ein Leerraum erforderlich.

```
127 1/2    127 1/2     16       2/5      2  3/4  Dtzd.
            12 3/4      4     14/15     16  5/6  "
             5 5/8    121    101/105     5 11/12 "
```

3.8. Zum Summenstrich *vgl. 2.10.4.*

3.9. In *Zahlenaufstellungen* stehen in jeder Gruppe die *letzten Zahlen oder Schriftzeichen* untereinander, Komma (Dezimalzeichen) steht jedoch unter Komma.

```
Sie erhalten Abschriften von folgenden drei Rechnungen:

     Rechnung Nr.    24 vom  9.  1. 19.. über   134,45 M
     "        "     750 "   12. 10. 19.. "    3 326,38 "
     "        "   1 058 "    3. 12. 19.. "       98,05 "
```

```
1. Std.   8.00 -  8.45 Uhr        85,2          I. Quartal 19..
2. "      8.55 -  9.40 "         184,483 6     II.  "       19..
3. "     10.00 - 10.45 "       7 345,73       III.  "       19..
```

3.10. Zahlen von mehr als drei Ziffern vor oder hinter der Stelle des Dezimalzeichens dürfen der besseren Übersicht wegen von dieser Stelle aus durch Leerräume in *Dreiergruppen* gegliedert werden. Den Punkt statt des Leerraums zu verwenden ist nicht zulässig.

```
226837,75 M oder 226 837,75 M      1950845 Einwohner oder 1 950 845 Einwohner
4315,375 kg oder 4 315,375 kg      Ausweis Nr. 4216 oder Ausweis Nr. 4 216
14,3974 oder 14,397 4              0,132 455 961 3 : 0,386 97 = 0,342 29
```

3.11. Vierstellige Postleitzahlen im internationalen Postverkehr werden nicht durch Leerräume gegliedert. Bei mehr als vier Ziffern (z. B. in der ČSSR) erhalten sie jedoch zwischen der dritten und vierten Stelle einen Leerraum.

3.11.1. Beim Postverkehr innerhalb der DDR und mit Ländern, mit denen kein Leitkennzeichen vereinbart wurde, beginnt die Postleitzahl auf Briefblättern in der Empfängeranschrift an der Fluchtlinie (*vgl. 6.1.*), auf Postkarten bei Grad 35, auf Briefumschlägen (U 7) bei Grad 30. Sie ist im Postverkehr innerhalb der DDR mit je einem Leerraum zwischen den Ziffern zu schreiben. Im internationalen Postverkehr richtet sich die Anschrift nach der im Empfängerland üblichen Form. Das vereinbarte Leitkennzeichen wird mit der Postleitzahl durch einen Bindestrich verbunden. Bei Anschriften von Ländern, mit denen kein Leitkennzeichen vereinbart wurde, entfällt die Angabe der Ziffer 0. Das Bestimmungsland ist unter der Anschrift, durch eine Leerzeile von ihr getrennt, anzugeben.

```
Inland:   Leipzig        Ausland:   H-1054 Budapest      1505 Sofia
          7 0 1 0
```

3.11.2. Bei Anschriften im laufenden Text ist die Postleitzahl, wenn der Bestimmungsort nicht gesperrt geschrieben ist, nur durch einen Leerraum vom Bestimmungsort abzusetzen.

```
Anfragen richten Sie bitte an VEB Maschinenbau, Oelsnitzer Str. 7, Plauen, 9900
```

3.12. *Fernsprechnummern* werden postamtlich von rechts nach links durch Leerräume in zweistellige Gruppen gegliedert.

```
Sie können unsere Redaktion unter den Rufnummern 3 12 56 oder 3 21 58 erreichen.
```

3.13. *Fernschreib-* (*Telex-*) *Nummern* werden ohne Gliederung durch Leerräume geschrieben. Dies entspricht der Anordnung im Namengeber des Fernschreibers und der Schreibweise im Verzeichnis der Telexteilnehmer.

```
112896, 51773, 62265
```

3.14. In den *Nummern der Postscheckkonten* stehen wie bei Bankkontonummern nach der vierten und sechsten Stelle Bindestriche. Bei Platzmangel (z. B. in Vordrucken) kann nach den ersten vier Stellen abgesetzt werden.

```
Wir bitten um Überweisung auf unser Konto 6691-17-584.
```

3.15. Die *Bankkontonummern* bestehen aus drei Zahlengruppen: Territorialnummer und Nummer des Kreditinstituts (zusammen 4 Stellen) – Kontenart (2 Stellen) – Kundennummer (Stellenzahl verschieden). Zwischen den Zahlengruppen steht jeweils ein Bindestrich.

```
Unsere Postscheckkontonummer ist 7199-58-100070   o d e r   7199-
                                                            58-100070.
```

3.16. Die *Schlüsselnummern* der Erzeugnis- und Leistungsnomenklatur der DDR (ELN) enthalten acht Datenstellen, die durch drei Leerstellen gegliedert sind.
Die Binnenhandels-Schlüsselliste zum Warenumsatz und Warenfonds (HSL) weist sieben Datenstellen und drei Leerstellen auf. Die Schreibweise ist aus dem folgenden Beispiel ersichtlich.

```
ELN 138 25 12 0

HSL 57 71 20 0
```

3.17. Bei *Nummern von Standards*, die aus mehr als 4 Ziffern bestehen, steht ein Leerraum vor den letzten 3 Ziffern. Eine der Nummer vorangestellte Kennzahl (Ordnungsnummer) wird mit dem Mittestrich ohne Leerraum davor und danach angeschlossen. Falls eine Blattnummer anzugeben ist, folgt sie nach einem Schrägstrich ohne Leerraum.

```
TGL 6699, TGL 20 972, TGL 10-081, TGL 22 133/01
```

3.18. Bei Hausnummern, die mit Buchstaben untergliedert sind, werden *Zahl und Buchstaben*, um Mißverständnisse zu vermeiden, mit Leerraum geschrieben.

```
Waldstraße 4 a

Essener Straße 41 b
```

3.19. Für die Angabe des *Stockwerks* gibt es unterschiedliche Schreibungen. Teilweise ist sie in der *Wohnungsnummer* verschlüsselt angegeben.

3.19.1. Das *Stockwerk* kann mit einer römischen Zahl ohne Punkt bezeichnet werden. Sie steht dann nach einem Leerraum hinter der Hausnummer bzw. dem Komma.

```
Löbauer Straße 68 II  oder  Löbauer Straße 68, II
```

3.19.2. Bei vierstelligen *Wohnungsnummern* bezeichnen die zwei ersten Ziffern das Geschoß, die beiden anderen die Nummer der Wohnung im Geschoß. Diese vierstellige Nummer wird mit Schrägstrich an die Hausnummer angeschlossen.

```
Köpenicker Landstraße 235/0402
```

Neben der genannten Angabe der Wohnungsnummer sind gelegentlich auch andere Anschriftsangaben zu finden, wie beispielsweise der Anschluß einer dreistelligen Wohnungsnummer mit Schrägstrich an die Hausnummer.

3.20. *Einheiten aus Buchstaben und Zahl*, besonders Typen- und Sortenbezeichnungen, werden ohne Leerraum geschrieben[1]. *Vgl. aber Vorschriften für den Schriftsatz 5.7.3.*

```
Vitamin-B2-Komplex
```

3.21. Beim *Datum* richtet sich die Schreibweise nach dem verfügbaren Schreibraum.

3.21.1. Die Monatsangabe kann als abgekürzter Monatsname oder als Zahl mit Punkt (als Ordinalzahl) geschrieben werden.

---

[1] Laut TGL 33 264, verbindlich ab 1.4.1988, sollen Formatbezeichnungen mit Leerraum geschrieben werden. Bei Zusammensetzungen muß dann nach K 189/285 im Leitfaden durchgekoppelt werden: A-4-Format usw.

3.21.2. Die Jahreszahl kann, wenn Mißverständnisse ausgeschlossen sind, unter Auslassung des Jahrhunderts geschrieben werden. Nach der Jahreszahl steht kein Punkt, da sie Kardinalzahl ist.

3. September 1985 oder 3. Sept. 1985 oder 3. 9. 1985 oder 3. 9. 85 oder (auf Urkunden u. dgl.) 03. 09. 1985 oder 03. 09. 85 oder (nur bei Platzmangel auf Vordrucken usw.) 3.9.1985 oder 3.9.85 bzw. 03.09.1985 oder 03.09.85

3.21.3. Beim Datum steht nach der Ortsangabe oft entweder »am« oder »den«. Diese Wörter dürfen auch weggelassen werden.

Leipzig, am 21. November 1985; Leipzig, den 21. November 1985;
Leipzig, 21. November 1985

3.21.4. In Aufstellungen ist bei der Schreibweise des Datums in Zahlen die Anordnung zu beachten.

5. 8. 1985		5. 8.1985		5. 8.85
12. 10. 1985	o d e r	12.10.1985	o d e r	12.10.85
3. 5. 1985		3. 5.1985		3. 5.85

3.21.5. Wird ein Zeitraum durch abgekürzte Jahreszahlen bezeichnet, ist der Schrägstrich zu verwenden. *Vgl. 2.13.4.*

3.22. *Produkte allgemeiner Zahlen* werden ohne Leerraum geschrieben.
Beispiele vgl. 3.23.

3.23. Exponenten und Indexe folgen dem vorausgehenden Schriftzeichen ohne Leerraum.

$8^3 = 512$; $(a + b)^3 = a^3 + 3a^2b + 3ab^2 + b^3$; $10^{-6} = 0{,}000\ 001$; a_3, b_n, H_2SO_4, H_2O

3.24. *Seitenzahlen* sind rechts oben ab Grad 70 zu schreiben, auf der Rückseite des Blattes links oben ab Grad 10.

3.25. Zu Fußnotenzahlen *vgl. 2.19.*

3.26. Zu Winkelangaben *vgl. 1.4.1., 1.5., 2.7.3., 2.8.2.*

3.27. Zu Temperaturangaben *vgl. 1.4.2.*

4. Hervorhebungen

Stellen im Text, die von besonderer Bedeutung sind und sofort die Aufmerksamkeit auf sich lenken sollen, können hervorgehoben werden. Mittel der Hervorhebung sind Unterstreichen, Einrücken, Sperren, Untereinanderstellen von Aufzählungsgliedern, Großbuchstaben und Farbwechsel. Diese Mittel können einzeln oder kombiniert angewendet werden.

4.1. Zum *Unterstreichen* ist nur der Grundstrich zu benutzen. *Vgl. 2.10.1.*

4.2. Beim *Einrücken* beginnt man die Zeilen nicht an der Fluchtlinie (*vgl. 6.1.*), sondern auf Grad 15. Eingerückte Textteile werden vom vorangehenden und vom folgenden Text durch je eine Leerzeile getrennt. *Beispiel vgl. 4.4.1.*

4.3. Beim *Sperren* folgen die Schriftzeichen nicht unmittelbar, sondern durch Leerräume getrennt aufeinander. Jedes gesperrt geschriebene Wort wird von dem vorausgehenden und dem folgenden Wort durch je drei Leeranschläge abgesetzt. Satzzeichen nach gesperrt geschriebenen Wörtern und Zeichen, die zum gesperrt geschriebenen Wort gehören, werden wie Buchstaben des Wortes behandelt, d. h., sie sind in die Sperrschrift einzubeziehen. Zahlen (ausgenommen Postleitzahlen im Anschriftfeld) und postalische Zusätze zu Ortsnamen dürfen nicht gesperrt geschrieben werden. (*Vgl. aber Vorschriften für den Schriftsatz, 5.3.3.*)

```
Die Übungen finden   n i c h t   m o n t a g s ,   sondern   m i t t w o c h s
und   f r e i t a g s   statt. Wir sind nun ohne weiteres in der Lage,   t ä g -
l i c h   5000   S t ü c k   zu liefern. Kommt er mit Kurt oder   a l l e i n ?
Auf   " E r i k a "   und   " O p t i m a "   schreibt man in vielen Ländern.
Beachten Sie unsere neue Anschrift: PGH Bau,   B e r g a   (Elster), 6602.
```

4.4. *Aufzählungen* können durch Untereinanderstellen der einzelnen Glieder hervorgehoben werden.

4.4.1. *Kurze* Aufzählungsglieder werden als Einrückungen geschrieben. Zwischen den Aufzählungsgliedern steht keine Leerzeile. Vor den Aufzählungsgliedern dürfen Zahlen oder Buchstaben stehen. Die einzuhaltenden Leerzeilen sind in dem folgenden Beispiel durch Punkte angedeutet.

```
... werden die Kosten der Schreibarbeiten wesentlich durch die
    .
    Verfahren bei der Übermittlung des Schreibstoffs
.
beeinflußt. Hierfür ergab ein Test den folgenden Kostenindex:
    .
    a) Tonträgerdiktat        100
    b) Kurzschriftkonzept     121
    c) Stenogrammdiktat       134
    d) Langschriftkonzept     209
    e) Maschinendiktat        218
.
In unserem Betrieb wird sich eine Arbeitsgruppe mit der ...
```

4.4.2. *Längere* abgesetzte Aufzählungsglieder werden durch Kommandostriche, Zahlen oder Buchstaben bezeichnet. Die Kommandostriche, Zahlen oder Buchstaben stehen am Zeilenanfang. Der Text beginnt dahinter nach einem Leerraum und wird in einer einheitlichen Fluchtlinie geschrieben. Die Aufzählungsglieder sind untereinander und vom Text durch je eine Leerzeile zu trennen. *Beispiel vgl. 2.11.4.*

4.5. Bei Hervorhebung durch *Großbuchstaben* ist zu beachten, daß es auch in der Schreibmaschinenschrift keinen Großbuchstaben für ß gibt. *Vgl. 1.3.2.*

4.6. Um durch *Farbwechsel* hervorheben zu können, müssen zweifarbige Bänder (z. B. schwarz-rot) so eingezogen werden, daß die farbige Zone unten liegt.

5. Leerräume (Leeranschläge)

Je ein Leerraum (Anschlag der Leertaste) steht vor und nach ausgeschriebenen Wörtern, Abkürzungen, Wortvertretern und Zahlen, ferner vor und nach Auslassungen, die durch drei Punkte gekennzeichnet sind, sowie vor und nach dem Mittestrich als Gedankenstrich und Streckenstrich. Mit je einem Leerraum danach werden Satzzeichen, Kommandostrich und Zeichen für Winkelmaße und Zoll geschrieben.

5.1. *Wortvertreter* (d. h. Schriftzeichen, die als Ersatz für ein Wort stehen und als Wort gesprochen werden, z. B. %, &, §, §§ und *Abkürzungen* wie f., ff., z. B., u. a.) sind in bezug auf Leerräume wie Wörter zu behandeln. *Vgl. 1.6., 2.1.6., 2.4.2., 2.11.6., 2.11.7., 2.11.8., 2.12.1., 2.13.5., 2.14., 2.15., 2.16., 2.17.* (*Vgl.* aber *5.11.*)

5.2. Die Satzzeichen Punkt (*vgl. 2.1.1.*), Komma (*vgl. 2.2.1.*), Semikolon (*vgl. 2.3.1.*), Doppelpunkt (*vgl. 2.4.1.*), Fragezeichen (*vgl. 2.5.1.*) und Ausrufezeichen (*vgl. 2.5.1.*) folgen dem Wort oder Schriftzeichen ohne Leerraum.

5.3. Anführungszeichen (*vgl. 2.7.1.*), halbe Anführungszeichen (*vgl. 2.8.3.*) und Klammern (*vgl. 2.6.*) stehen ohne Leerraum vor oder nach den Wörtern oder Schriftzeichen, die eingeschlossen werden.

5.4. Zu Leerräumen bei aufeinanderfolgenden Satzzeichen *vgl. 2.9.*

5.5. Zu Leerräumen bei Sperrschrift *vgl. 4.3.*

5.6. Zu Leerräumen bei Postleitzahlen *vgl. 6.5.11.* (*Beispiel*).

5.7. Zu Leerräumen bei den nur in Zahlen geschriebenen Datumsangaben *vgl. 3.21., 3.21.1., 3.21.2.*

5.8. An Zahlen werden die Zeichen für die Winkelmaße Grad (*vgl. 1.4.1., 1.5.*), Minute (*vgl. 1.5., 2.8.2.*) und Sekunde sowie für Zoll (*vgl. 1.5., 2.7.3.*) ohne Leeranschlag angeschlossen. Exponenten und Indexe (*vgl. 3.23.*) folgen dem vorausgehenden Schriftzeichen ohne Leerraum.

5.9. Einheiten aus Buchstaben und Zahl (*vgl. 3.20.*) und Produkte allgemeiner Zahlen (*vgl. 3.22.*) werden nicht durch Leerräume unterbrochen.

5.10. Zu Leerräumen bei Hinweiszeichen auf Fußnoten und bei Fußnotenzeichen *vgl. 2.19.1.*

5.11. Der Schrägstrich wird immer ohne Leeranschlag davor und danach geschrieben, auch wenn er Wortvertreter ist und als »je«, »pro«, »für«, »in« oder »bis« gelesen wird. *Vgl. 2.13.1., 2.13.2., 2.13.3., 2.13.4., 3.17.*

5.12. In Vordrucken, z. B. in den Bezugszeichenzeilen der Briefblätter, dürfen Leeranschläge nur bei Platzmangel unterbleiben.

6. Schreiben in Wirtschaft und Verwaltung

Für den Schriftverkehr in Wirtschaft und Verwaltung werden zum überwiegenden Teil standardisierte Vordrucke benutzt. Die hierfür in Frage kommenden Regelungen sind auch für Briefblätter ohne Aufdruck, wie sie vorwiegend im privaten Schriftverkehr verwendet werden, sinngemäß anzuwenden.
Zu den Gradangaben in den folgenden Abschnitten *vgl. 6.14.* (*Tabelle*).

6.1. Ausrichten

6.1.1. Die in die Schreibmaschine eingespannten Vordrucke (z. B. Briefblätter A 4 und A 5, Postkarten A 6) werden so ausgerichtet, daß ein auf Grad 10 (12) geschriebenes Schriftzeichen an der Fluchtlinie steht.

6.1.2. Bei Briefblättern A 4 und A 5 wird die Fluchtlinie durch den Beginn des ersten Buchstabens im Feld für die Postanschrift des Absenders bestimmt. *Vgl. 6.15.*

6.1.3. Bei Postkarten A 6 wird die Fluchtlinie durch den Beginn des *ersten vorgedruckten Leitwortes* der Bezugszeichenzeile angegeben.

6.1.4. Briefblätter und Postkarten ohne Aufdruck sowie Briefumschläge werden so ausgerichtet, daß ihr linker Rand unter dem *Nullstrich* des Papierhalters liegt.

6.2. Zum Zeilenanfang
6.3. Zum Zeilenschluß } *vgl. 6.14.* (*Tabelle*).

6.4. Zeilenabstand

6.4.1. Im allgemeinen ist mit einzeiligem Zeilenabstand zu schreiben (Abstand von Zeile zu Zeile = 4,25 mm).

6.4.2. Bei gehäuftem Auftreten von hoch- oder tiefgestellten Schriftzeichen ist ein größerer Zeilenabstand zulässig.

6.4.3. In Schreiben besonderer Art, z. B. in Glückwunschschreiben, darf mit größerem Zeilenabstand geschrieben werden. In Manuskripten ist größerer Zeilenabstand Vorschrift.

6.5. Empfängeranschrift

In der Empfängeranschrift sind die postalischen Bestimmungen genau zu beachten, damit die Postsendungen ohne Verzug dem Empfänger zugestellt werden können. *Vgl. 3.11.1. und 6.5.10.*

6.5.1. Die *Reihenfolge* der Angaben in der Empfängeranschrift auf Briefblättern, Postkarten und Briefumschlägen ist wie folgt:

Zeile 1 Empfänger
Zeile 2 Zusätze zum Empfänger
Zeile 3 frei
Zeile 4 Straße, Hausnummer/Wohnungs-, Fachnummer oder Postfach, Postschließfach, postlagernd
Zeile 5 frei
Zeile 6 Bestimmungsort
Zeile 7 frei
Zeile 8 Postleitzahl
Zeile 9 frei
Unterstreichungen im Anschriftfeld entfallen. *Beispiele vgl. 6.5.10.*

6.5.2. In besonders langen Anschriften dürfen bei Platzmangel die über der siebenten Zeile stehenden Leerzeilen beschriftet werden. Zeile 7 und 9 müssen jedoch immer frei bleiben.

6.5.3. Auf Briefumschlägen und Postkarten wird die erste Zeile der Empfängeranschrift unter der halben Höhe geschrieben, d. h. bei Briefumschlägen auf Zeile 14, bei Postkarten auf Zeile 12. *Vgl. 6.15.*

6.5.4. Zu *unterstreichen* sind stets: Zusatzleistungen, die in der freien Zeile über der Postanschrift des Absenders auf dem Briefblatt stehen. Bei Fensterumschlägen sind sie auf dem Umschlag über dem Fenster zu wiederholen.

6.5.5. Auf normalen Briefumschlägen stehen die Zusatzleistungen mit einer Zeile Abstand unter der Postanschrift des Absenders, bei Postkarten mit einer Zeile Zwischenraum über Zeile 12 (also auf Zeile 10).

6.5.6. Bei der *Bezeichnung des Empfängers* ist die Präposition »an« überflüssig. Man schreibt zum Beispiel: Fräulein Erika Müller; *nicht*: An Fräulein Erika Müller.
Bei Schreiben an Personen nimmt die Bezeichnung des Empfängers im allgemeinen zwei Zeilen ein. Zeile 1 enthält die Personenstandsangabe »Herrn«, »Frau« oder »Fräulein« und gegebenenfalls den Beruf; auf Zeile 2 stehen Vor- und Familienname, davor etwaige Titel.
Bei Schreiben an Dienststellen, Organisationen, Betriebe usw. steht auf Zeile 1, mitunter noch auf weiteren Zeilen, der Name, und oft ist darunter auf einer besonderen Zeile die Abteilung, die nachgeordnete Stelle usw. vermerkt.

6.5.7. Ist der Bestimmungsort ein *Ort ohne Postdienststelle*, wird die Postleitzahl des Ortes angegeben, der die postalische Versorgung übernimmt. Der Postort wird unter Voranstellung des Wortes »Post« unter dem Bestimmungsort vermerkt.

6.5.8. Bei Postsendungen des internationalen Verkehrs ist die Bezeichnung des Bestimmungslandes in der im Deutschen üblichen Kurzform zu verwenden.

6.5.9. An Stelle der Wohnungsangaben (Straße, Hausnummer, Stockwerk bzw. Wohnungsnummer) stehen gegebenenfalls die Angaben »Postlagernd«, »Postfach« oder »Postschließfach«. Bei Briefzustellanlagen (Fachanlagen) ist unter dem Straßennamen die Fachnummer anzugeben.

6.5.10. Das *Anschriftfeld* auf Briefblättern ist 40 mm × 85 mm groß. Es kann neun Schreibzeilen aufnehmen und von Grad 10 bis Grad 40, also in 31 Schreibschritten, beschriftet werden. Im folgenden sind Musteranschriften aufgeführt. Jeder Punkt bedeutet eine Leerzeile.

Musteranschriften

```
Kollegin
Erika Müller
.
An der Himmelsleiter 2
.
Gera
.
6 5 0 0
.
```

```
Herrn Rechtsanwalt
Dr. Wolfram Opitz
.
Gerhart-Hauptmann-Str. 7 - 9
.
Berlin
.
1 1 9 7
.
```

```
Frau
Anna Krüger
.
Dorfstr. 6 a
Johannshof
Post Alt Schönau
.
2 0 6 1
.
```

```
Kulturbund der DDR
Bezirkssekretariat
Herrn S. Bergner
Postschließfach 25
.
Cottbus 12
.
7 5 0 0
.
```

```
Frau
Dr. Jermila Broucekovâ
.
Vàclavské nam̀. 41
.
CS-150 00 Praha 5, Smichov
.
.
.
```

```
Frau
Elena Karamischewa
.
ul. Geo Milew 37
.
1505 Sofia
.
Bulgarien
.
```

6.6. Bezugszeichenzeile

6.6.1. Die Bezugszeichenzeile besteht aus *vorgedruckten Leitwörtern.* Die Abstände zwischen den Leitwortanfängen müssen durch 2,6 teilbar sein (*vgl. 6.14.* [Tabelle]), damit wiederholtes Ausrichten des Vordrucks beim Beschreiben vermieden wird. Die maschinenschriftlichen Angaben sind so unter die vorgedruckten Leitwörter der Bezugszeichenzeile zu setzen, daß der erste Anschlag jeweils unter dem ersten Buchstaben des betreffenden Leitworts steht. Längere Angaben werden notfalls auf zwei Zeilen verteilt.

6.6.2. Die *Rufnummer* ist unter dem entsprechenden Leitwort einzudrucken oder maschinenschriftlich einzusetzen. Bei Einwahlanlagen wird die Einwahlsammelnummer eingedruckt und die Nummer der jeweiligen Nebenstelle maschinenschriftlich angefügt. Bei handvermittelten Anlagen folgt die Nummer der Nebenstelle nach einem Schrägstrich.

6.6.3. Unter dem Leitwort *Datum* am Ende der Bezugszeichenzeile wird das *Absendedatum* des Briefes eingetragen. Bei schmalen Briefformaten dürfen bei Platzmangel die Datumsangaben in der abgekürzten Form geschrieben werden. *Vgl. 3.21.2.*

6.7. Betreff

6.7.1. Der Betreff ist die stichwortartige Inhaltsangabe des Briefes. Ist auf dem Briefblatt das Leitwort »Betreff« eingedruckt, wird mit dem Wortlaut des Betreffs eine Zeile unter die-

sem vorgedruckten Leitwort begonnen. Fehlt das Leitwort, so ist der Wortlaut durch eine Leerzeile von der letzten Bezugszeichenzeile zu trennen.
Der Betreff beginnt an der Fluchtlinie. Er wird ohne Schlußpunkt geschrieben und wird unterstrichen.

Betreff
Erfahrungsaustausch der Schreibbüroleiterinnen

6.7.2. Ist der Wortlaut des Betreffs umfangreicher als eine Zeile, wird er sinngemäß auf zwei oder mehrere Zeilen verteilt. Beim *mehrzeiligen Betreff* wird nur die letzte Zeile unterstrichen. Die Länge des Striches richtet sich nach der längsten Betreffzeile.

Betreff
Registraturmittel für die Aufbewahrung
von Lochkarten und Lochstreifen

6.7.3. Nach dem Betreff steht, unabhängig vom Format des Briefbogens bzw. Vordrucks, stets nur eine Leerzeile.

6.7.4. Zum Betreff gehören auch die *Behandlungsvermerke.* Sie geben Hinweise für die Bearbeitung des Briefes (er soll z. B. vertraulich behandelt oder eilig bearbeitet werden). Behandlungsvermerke stehen nach drei Leerräumen hinter dem Betreff. Sie beginnen mit großem Anfangsbuchstaben. Damit sie sich deutlich vom Betreff abheben, werden sie gesperrt geschrieben, aber nicht unterstrichen. Wie beim Betreff steht auch nach den Behandlungsvermerken kein Satzzeichen.

Betreff
Beurteilung der Kollegin Birgit Kunze   V e r t r a u l i c h

Eine längere Betreffsangabe ist so kurzzeilig zu schreiben, daß der Behandlungsvermerk noch im Anschluß an die letzte Betreffzeile geschrieben werden kann.

Betreff
Verlegung der Arbeitsbesprechung des
Zentralen Wettschreibausschusses   E i l t

6.8. Anrede

Die Anrede beginnt an der Fluchtlinie. Sie wird vom folgenden Text durch eine Leerzeile getrennt. Nach der Anrede steht in der Regel ein Ausrufezeichen, es darf aber statt dessen auch ein Komma geschrieben werden (*vgl. auch im Leitfaden der deutschen Rechtschreibung K 464 u. 413*). Von der Wahl des Satzzeichens hängt dann die Groß- oder die Kleinschreibung des folgenden Textanfangs ab. (Punkt = Leerzeile)

Werte Kollegen!	Werte Kollegen,
.	.
Wir danken Ihnen herzlich für ...	wir danken Ihnen herzlich für ...

6.9. Text

6.9.1. Alle Zeilen des Textes mit Ausnahme der Einrückungen beginnen an der *Fluchtli-*

nie. Man bemühe sich auch um einen möglichst gleichmäßigen *rechten Rand*. Maschinenschreiber müssen die Regeln der Silbentrennung genau kennen.

6.9.2. Gute Gliederung des Briefes erleichtert das Verständnis und gibt ihm eine gefällige Form.
Absätze im Text sind durch Leerzeilen zu kennzeichnen, nicht durch Einrückungen. Auf Postkarten dürfen bei Platzmangel Absätze durch Gedankenstriche angedeutet werden.

6.10. Grußformel

6.10.1. Die Grußformel wird von der letzten Textzeile durch eine Leerzeile getrennt.

6.10.2. Zum Beginn der Grußformel *vgl. 6.14.* (*Tabelle*).

6.10.3. Nach der Grußformel darf kein Schlußzeichen stehen (z. B. »Mit sozialistischem Gruß«, »Mit kollegialem Gruß«, »Hochachtungsvoll«, »Mit freundlichen Grüßen«). Oft wird zu Unrecht ein Ausrufezeichen geschrieben.
Beachte: Nach dem Bergmannsgruß »Glück auf!«, dem Gruß der Freien Deutschen Jugend »Freundschaft!«, dem Gruß der Sportler »Sport frei!« u. ä. steht das Ausrufezeichen.

6.11. Unterschriftszeilen

6.11.1. Wird der *Name des Betriebes, der Dienststelle, der Organisation usw.* am Schluß des Briefes wiederholt, so ist er vom Text oder von der Grußformel durch eine Leerzeile zu trennen. Er soll, damit ein glatter Schreibablauf gesichert ist, nach Möglichkeit auf dem gleichen Grad wie die Grußformel beginnen.

6.11.2. Für die *Unterschrift* ist genügend Platz frei zu lassen. Die Zahl der Leerzeilen nach dem Gruß oder dem Namen des Betriebes, der Dienststelle, der Organisation usw. richtet sich nach dem noch vorhandenen Platz und nach weiteren Erfordernissen.

6.11.3. Es ist zweckmäßig, die *Namen der Unterschreibenden* darunter in Maschinenschrift zu wiederholen. Unter dem Namen wird, wenn nötig, die *Dienststellung* angegeben.

6.12. Anlagen- und Verteilervermerke

6.12.1. Die *Überschriften* des Anlagen- und Verteilervermerks werden unterstrichen. (Punkt = Leerzeile)

6.12.2. Zum Zeilenanfang und Zeilenschluß des Anlagen- und Verteilervermerks *vgl. 6.14.* (*Tabelle*).

```
Anlagen
1 Klischeevorlage
1 Bildverzeichnis

Durchschlag
an Herstellungsabt.
```

6.12.3. Der *Anlagenvermerk* beginnt in der Regel auf gleicher Höhe wie die maschinenschriftliche Wiederholung der Namen. Bei Platzmangel steht er nach einer Leerzeile unter der letzten Textzeile. *Vgl. 6.15.*

6.12.4. Der *Verteilervermerk* steht nach einer Leerzeile unter dem Anlagenvermerk. Die Leerzeile darf bei Platzmangel unterbleiben. Wenn der Anlagenvermerk fehlt, tritt der Verteilervermerk an seine Stelle.

6.13. Absender

6.13.1. Die Absenderanschrift auf Briefumschlägen beginnt unter Grad 5 auf Zeile 5, vom oberen Rand gerechnet. Die Postleitzahl wird hier nicht gesperrt, steht aber im internationalen Verkehr hinter dem Leitkennzeichen »DDR« mit Bindestrich.

```
Eva Meier              Karl Krausé
Leninallee 37 b        Paunsdorfer Str. 2
Gera                   Leipzig
6500                   DDR-7042
```

6.13.2. Zum Zeilenanfang und Zeilenschluß der Absenderanschrift *vgl. 6.14.* (*Tabelle*).

6.14. Tabelle der Gradangaben

	Zeilenanfang		Zeilenende			
			Schlußrandsteller		Die Zeilen sollen nicht hinausreichen über	
	Vorderseite[1] Grad[2]	Rückseite Grad[2]	Vorderseite[1] Grad[2]	Rückseite Grad[2]	Vorderseite[1] Grad[2]	Rückseite Grad[2]
Empfängeranschrift						
Briefblatt A 4, A 5	10 (12)				40 (45)	
Postkarte A 6[4]	30 (35)				50 (60)	
Briefumschlag U 7	30 (35)				55 (65)	
Briefumschlag U 5	50 (55)				75 (85)	
Absenderanschrift[3]						
Postkarte A 6	5 (6)				25 (30)	
Briefumschlag U 7	5 (6)				30 (35)	
Briefumschlag U 5	10 (12)				35 (40)	
Text						
Briefblatt A 4	10 (12)	10 (12)	75 (85)	70 (80)		
Briefblatt A 5	10 (12)	10 (12)	55 (65)	50 (60)		
Postkarte A 6		10 (12)		55 (65)		
Gruß						
Briefblatt A 4	45 (50)	45 (50)				
Briefblatt A 5	30 (35)	30 (35)				
Postkarte A 6		30 (35)				
Anlagen- und Verteilervermerke						
Briefblatt A 4	10 (12)	10 (12)			40 (45)	40 (45)
Briefblatt A 5	10 (12)	10 (12)			25 (30)	25 (30)
Einrückungen						
Briefblatt A 4	15 (17)	15 (17)	75 (85)	70 (80)		
Briefblatt A 5	15 (17)	15 (17)	55 (65)	50 (60)		

Bei Anwendung elektronischer Schreibmaschinen ist sinngemäß zu verfahren. Beim Briefblatt A 4 darf die Abweichung vom Zeilenschluß auf der Vorderseite ±5 Anschläge betragen.

[1] Vorderseite = Anschriftseite
[2] Nicht eingeklammerte Gradzahlen für Schreibmaschinen mit 2,6-mm-Wagenschritt. Eingeklammerte Gradzahlen für Schreibmaschinen mit 2,25-mm-Wagenschritt.
[3] Nur schreiben, wenn nicht eingedruckt!
[4] Die Postleitzahl beginnt (nur auf Postkarten) bei Grad 35 (40).

6.15. Musterbriefe

Briefumschlag C 6 (U 7) (verkleinert) ohne Fenster

GRAD 5 (6) GRAD 30 (35)

Kurt Ihle
Waldstr. 8
Zeitz
4900

Einschreiben

Herrn Professor
Dr.-Ing. Brockmann

Holzhäuser Str. 280

Leipzig

7 0 2 7

Postkarte A 6 (verkleinert)

GRAD 5 (6) GRAD 30 (35)

Eva Meier
Leninallee 37 b
Gera
6500

Einschreiben

Herrn Professor
Dr.-Ing. Brockmann

Holzhäuser Str. 280

Leipzig

7 0 2 7

Briefblatt A 5 hoch (verkleinert)

Sprachpflege · Zeitschrift für gutes Deutsch

REDAKTION

VEB BIBLIOGRAPHISCHES INSTITUT LEIPZIG

Redaktion der Zeitschrift „Sprachpflege", Postschließfach 130, Leipzig, DDR - 7010

Herrn
Matthias Schmidt

Terrassenufer 15

Dresden

8 0 1 0

Ihre Zeichen	Ihre Nachricht vom	Rufnummer	Unsere Zeichen	Datum
	16.3.84	28 72 03	Gö/Br	21.3.84

Betreff

Sehr geehrter Herr Schmidt!

Wir freuen uns sehr über Ihr Interesse an unserer Zeitschrift und werden Ihnen selbstverständlich sofort ein Probeheft zugehen lassen. Ein Bezug der "Sprachpflege" direkt vom Verlag ist allerdings nicht möglich. Sie müßten sich wegen eines Abonnements an das für Sie zuständige Postamt wenden.

Mit freundlichen Grüßen

Redaktion "Sprachpflege"

Görner
Leitender Redakteur

Grimmaische Str. 28	Fernschreiber	Drahtwort	Stb Leipzig	Postscheckkonto
Leipzig, DDR - 7010	512 773 bibli dd	Biblio Leipzig	5611-17-385	7499-53-118 14

III-18-253 Ag 401-4-83

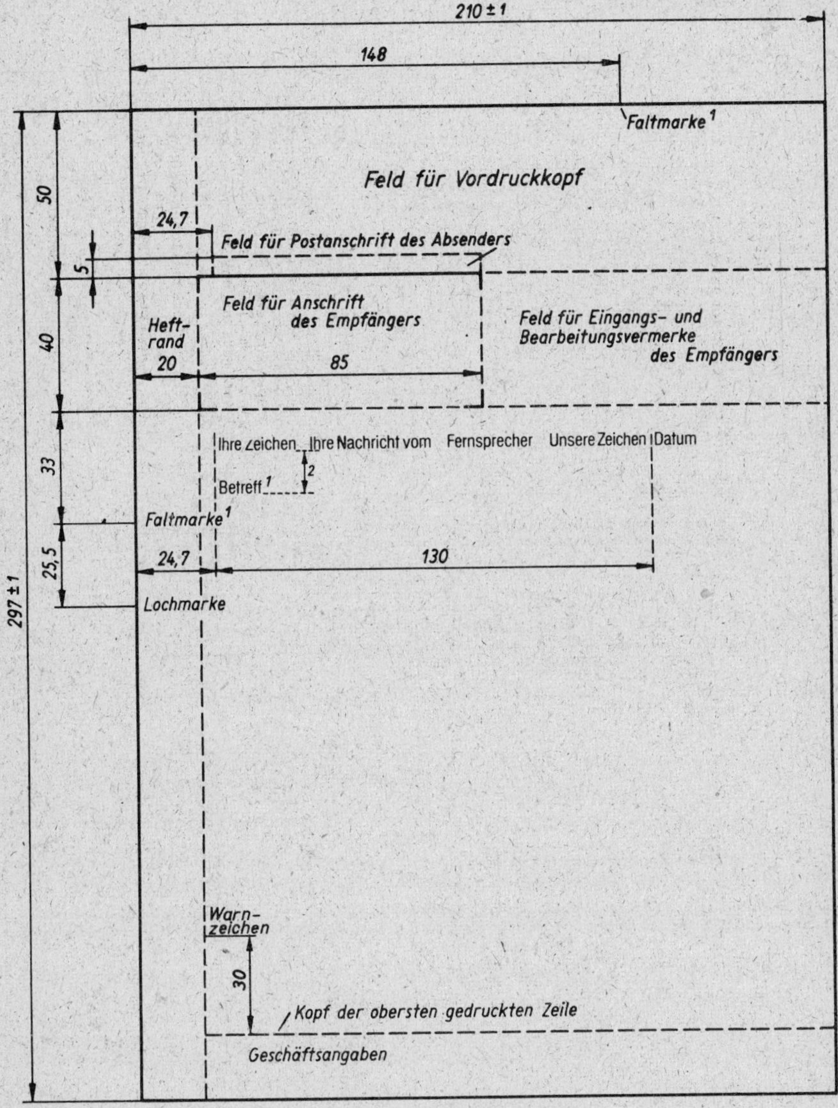

1 *Kann auf Wunsch des Bestellers entfallen*

2 *12,75 mm oder 8,5 mm*

Briefblatt A 4 (verkleinert) mit Anschriftfeld (Vordruck nach TGL 6699)

VEB VERLAG
ENZYKLOPÄDIE
LEIPZIG

VEB Verlag Enzyklopädie Leipzig, PSF 130, Leipzig, DDR - 7010

Herrn
Professor Michiya Kawabati

Komachi 1-11-7

J-248 Kamakura

Ihre Zeichen	Ihre Nachricht vom	Fernsprecher	Unsere Zeichen	Datum
ka	8.1.1984	78 01	ma-pu	1. Febr. 1984

<u>Veröffentlichungen auf dem Gebiet "Deutsch als Fremdsprache"</u>

Sehr geehrter Herr Professor!

In Ihrem Schreiben teilten Sie uns mit, daß Sie gern ständig von uns darüber informiert werden möchten, welche Titel auf dem Gebiet "Deutsch als Fremdsprache" im Angebot bzw. zu erwarten sind.

Einen umfassenden Überblick über die Veröffentlichungen dazu bietet Ihnen unser Katalog "Deutsche Sprache", den wir unserem Brief als Anlage beifügen. Zusätzlich gibt Ihnen der ebenfalls beigelegte Katalog 1984 einen Überblick über das gesamte Veröffentlichungsprogramm unseres Verlages.

Auch in Zukunft werden wir Sie jeweils über unsere neu erscheinenden Publikationen unterrichten.

Mit freundlichen Grüßen

VEB VERLAG ENZYKLOPÄDIE LEIPZIG

Maier
Werberedakteur

<u>Anlagen</u>
1 Katalog "Deutsche Sprache"
1 Katalog 1984

Ag 401 21 82 3 18 54

Gerichtsweg 26 Leipzig, DDR - 7010 | Fernschreiber 512773 bibli dd | Drahtwort Enzy Leipzig | Stb Leipzig 5611-17-385 | Postscheckkonto Leipzig 7499-53-11814 | Betriebs-Nr. 93909268

Briefblatt A4 (verkleinert) nach TGL 6699

Register zu den »Hinweisen für das Maschinenschreiben«

Die *Auswahl* der ins Register aufgenommenen Wörter erfolgte nach dem Stichwort- und Schlagwortprinzip. Das Registerstichwort ist *bei Wiederholungen* durch einen Strich ersetzt, auch wenn es *mehrteilig* ist. Nicht in Klammern stehende Zahlenangaben beziehen sich auf die *Seiten*, eingeklammerte auf die *Abschnitte*. Die wichtigsten Abschnitte sind durch *halbfett* gesetzte Zahlen hervorgehoben.
Als Verweiszeichen sind ↑ und *vgl. auch* verwendet.

Beispiele zur Deklination von Substantiven und Adjektiven[1]

Substantive

			stark			
m	*Nom/Akk* *Gen* *Dat*	*Sg*	der/den des dem	Pfad Pfad[e]s[2] Pfad[4]	Baum Baum[e]s[2] Baum[4]	Leib Leib[e]s[2] Leib[4]
	Nom/Akk/Gen *Dat*	*Pl*	die/die/der den	Pfade Pfaden	Bäume Bäumen	Leiber Leibern
n	*Nom/Akk* *Gen* *Dat*	*Sg*	das des dem	Maß Maßes[3] Maß[4]		Bild Bild[e]s[2] Bild[4]
	Nom/Akk/Gen *Dat*	*Pl*	die/die/der den	Maße Maßen		Bilder Bildern
f	*Nom/Akk/Dat/* *Gen*	*Sg*	die/die/der/ der	Kenntnis	Luft	
	Nom/Akk/Gen *Dat*	*Pl*	die/die/der den	Kenntnisse Kenntnissen	Lüfte Lüften	

Adjektive

			mit bestimmtem Artikel[8]	ohne Artikel[10]
m	*Nom/Akk* *Gen* *Dat*	*Sg*	der große[9]/den großen Mann des großen Mann[e]s dem großen Mann[4]	dichter/dichten Nebel dichten[11] Nebels dichtem Nebel
	Nom/Akk *Gen* *Dat*	*Pl*	die großen Männer der großen Männer den großen Männern	dichte Nebel dichter Nebel dichten Nebeln
n	*Nom/Akk* *Gen* *Dat*	*Sg*	das kleine[9] Kind des kleinen Kindes dem kleinen Kind[4]	helles Licht hellen[11] Licht[e]s hellem Licht[4]
	Nom/Akk *Gen* *Dat*	*Pl*	die kleinen Kinder der kleinen Kinder den kleinen Kindern	helle Lichter heller Lichter hellen Lichtern
f	*Nom/Akk* *Gen/Dat*	*Sg*	die junge[9] Frau der jungen Frau	kleine Bucht kleiner Bucht
	Nom/Akk *Gen* *Dat*	*Pl*	die jungen Frauen der jungen Frauen den jungen Frauen	kleine Buchten kleiner Buchten kleinen Buchten